D1719013

Jürgen Ulber

Arbeitnehmerüberlassungsgesetz

Kommentar für die Praxis

Kommentar für die Praxis

Jürgen Ulber

AÜG
Arbeitnehmer-
überlassungsgesetz

3. Auflage

Bund-Verlag

Bibliografische Information Der Deutschen Bibliothek
Die Deutsche Bibliothek verzeichnet diese Publikation in der Deutschen
Nationalbibliografie; detaillierte bibliografische Daten sind im Internet über
http://dnb.ddb.de abrufbar

3. Auflage 2006
© 1998 by Bund-Verlag GmbH, Frankfurt am Main
Herstellung: Inga Tomalla, Frankfurt am Main
Umschlag: Neil McBeath, Stuttgart
Satz: Dörlemann Satz, Lemförde
Druck: freiburger graphische betriebe
Printed in Germany 2006
ISBN 3-7663-3608-8

www.bund-verlag.de

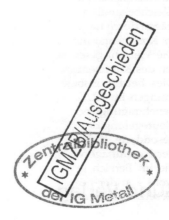

Vorwort zur 3. Auflage

Seit Erscheinen der zweiten Auflage im Jahre 2002 haben sich die Verhältnisse im Bereich der Arbeitnehmerüberlassung grundlegend verändert. Vor allem die sog. Hartz-Reformen haben die rechtlichen Rahmenbedingungen, unter denen Betriebe Leiharbeitnehmer einsetzen können, erheblich ausgeweitet. Insbesondere der Wegfall der gesetzlich festgelegten Höchstüberlassungsdauer hat viele Unternehmen dazu veranlasst, Dauerarbeitsplätze nicht mehr über tariflich gesicherte Arbeitsplätze zu besetzen. Die hiermit verbundenen Probleme bei der Abgrenzung zur Arbeitsvermittlung und der Identifizierung der Grenzen, die sich aus der Funktion der Arbeitnehmerüberlassung als Instrument der vorübergehenden Personalbedarfsdeckung ergeben, bilden einen Schwerpunkt der Kommentierung.

Die Zielsetzung des Gesetzgebers über eine weitgehende Deregulierung der gesetzlichen Vorschriften zur Arbeitnehmerüberlassung und die Einführung von Personal-Service-Agenturen zu einem Abbau der Arbeitslosigkeit beizutragen, ist erwartungsgemäß nicht eingetreten. Dasselbe gilt für die Einfügung des Grundsatzes der Gleichstellung von Leiharbeitnehmern mit Stammarbeitnehmern des Einsatzbetriebs, der eine Vielzahl neuer juristischer Probleme aufgeworfen hat, die im Kommentar behandelt werden. Die Zielsetzung des Gesetzgebers, der Diskriminierung von Leiharbeitnehmern Einhalt zu gebieten, wurde nicht nur verfehlt, sondern in ihr Gegenteil verkehrt. Die Spaltung der Belegschaften in Stammarbeitnehmer mit relativ gesicherten Arbeitsbedingungen und Einkommen und Arbeitnehmern, die gezielt als Niedriglöhner auf den gleichen Arbeitsplätzen eingesetzt werden, hat sich vertieft. Die hiermit verbundenen Probleme hinsichtlich der Einhaltung des Gleichheitsgrundsatzes, aber auch die tarifrechtlichen Fragen, die mit der Einführung des tarifdispositiv ausgestalteten Gleichbehandlungsgrundsatzes und dem Abschluss von Dumpinglohntarifverträgen durch fragwürdige Arbeitnehmervereinigungen verbunden sind, werden im Kommentar umfassend erörtert.

Die Vielzahl gesetzlicher Änderungen seit dem Jahre 2002 hat in großen Teilen des Kommentars eine grundlegende Überarbeitung erforderlich gemacht. Dies betrifft insbesondere die Aufhebung von Arbeitnehmerschutzbestimmungen im AÜG, die Neuregelungen im Arbeitsvermittlungs- und Arbeitsgenehmigungsrecht, die Novellierung des Schwarzarbeitsgesetzes und die Neuregelung des Ausländerrechts im Zuge der EU-Osterweiterung. Auf eine gesonderte Kommentierung des Arbeitnehmer-Entsendegesetzes wurde in der Neuauflage verzichtet. Im Hinblick auf die grundlegenden Änderungen, die im Bereich grenzüberschreitender Dienstleistungen in nächster Zeit sowohl von der beabsichtigten EU-Dienstleistungsrichtlinie als auch von dem Gesetzentwurf der Bundesregierung ausgehen, wird eine gesonderte Kom-

Vorwort zur 3. Auflage

mentierung erscheinen, wenn die neuen rechtlichen Rahmenbedingungen geklärt sind.

Frankfurt, August 2005   Jürgen Ulber

Vorwort zur 1. Auflage

Die Arbeitnehmerüberlassung als Beschäftigung betriebsfremder Arbeitnehmer hat in den letzten Jahrzehnten eine sprunghafte Entwicklung genommen. Zusammen mit der Beschäftigung von Arbeitnehmern im Rahmen von Werkverträgen oder als Scheinselbstständige stehen in vielen Betrieben heute über ein Viertel der beschäftigten Arbeitnehmer nicht mehr in einem Arbeitsverhältnis zum Beschäftigungsbetrieb. Auswirkungen hat dies nicht nur auf den Geltungsbereich von Tarifverträgen und Betriebsvereinbarungen. Mit der Arbeitnehmerüberlassung und sonstigen Formen der Fremdfirmenarbeit werden gezielt bestehende Dauerarbeitsplätze im Betrieb abgebaut und durch ungeschützte Beschäftigungsverhältnisse ersetzt. Zugleich steigt die Zahl illegaler Beschäftigungsverhältnisse ständig an.

Ursache dieser Entwicklung sind insbesondere geänderte personalpolitische Strategien der Betriebe sowie die gesetzlichen Novellierungen der Regierungskoalition im Bereich der Arbeitnehmerüberlassung: Durch Verlängerung der Überlassungsdauer auf zwölf Monate, durch Aufweichung der Befristungsverbote und durch Aufhebung von Bestimmungen zum Schutz des Leiharbeitnehmers wurden in den Letzten Jahren die vormals bestehenden Grenzen des Einsatzes betriebsfremder Arbeitnehmer sukzessive beseitigt. Die Gesetzesänderungen stehen mit den verfassungsrechtlichen Zielvorgaben der Entscheidungen des Bundesverfassungsgerichts vom 14.4.1967 und des Bundessozialgerichts vom 29.7.1970 nicht in Einklang. Nach diesen Entscheidungen muss bei der Arbeitnehmerüberlassung u.a. das Arbeitsverhältnis von Leiharbeitnehmern den Einsatz in Drittbetrieben überdauern und das Beschäftigungsrisiko in Zeiten mangelnder Beschäftigungsmöglichkeiten beim Verleiher verbleiben. Mit dem Arbeitsförderungsgesetz wurden diese Grundlagen im Gesetz beseitigt. Seither können Leiharbeitnehmer auch befristet beschäftigt werden, wobei hierbei nicht einmal die Grenzen gelten sollen, die für Normalarbeitsverhältnisse zur Anwendung kommen.

Sowohl zum Schutz der Leiharbeitnehmer als auch zur Sicherung der bestehenden Arbeitsplätze in den Einsatzbetrieben setzt sich der DGB seit Jahren für eine Novellierung des Rechts der Arbeitnehmerüberlassung und der Mitbestimmung des Betriebsrats bei Fremdfirmenarbeit ein. Solange der Gesetzgeber untätig bleibt, sind vor allem die Betriebsräte in den Einsatzbetrieben gefordert, wirksame Strategien zu entwickeln, um den Einsatz betriebsfremder Arbeitnehmer einzudämmen und die betroffenen Arbeitnehmer zu schützen. Der vorliegende Kommentar zeigt insoweit die Handlungsmöglichkeiten des Betriebsrats auf und erläutert neben den Bestimmungen des Arbeitnehmerüberlassungsgesetzes und des Arbeitnehmer-Entsendegesetzes auch andere Formen des Einsatzes betriebsfremder Arbeitnehmer unter Einbeziehung von gemeinschaftsrechtlichen Normen bei grenzüberschreitender Entsendung von Arbeitnehmern. Entsprechend dem Charakter des Arbeitnehmerüberlassungsgesetzes als Arbeitsschutz-gesetz wird dabei der rechtliche Handlungsrahmen schwerpunktmäßig aus der Perspektive des Arbeitnehmerschutzes erläutert. In rechtspolitischer Hinsicht enthalten die Ausführungen wichtige Aspekte, um die politische Auseinander-setzung um eine Novellierung des Arbeitnehmerüberlassungsgesetzes argu-mentativ weiterzuführen. Für den DGB steht die Novellierung des Rechts der Fremdfirmenarbeit weiterhin auf der Tagesordnung.

Düsseldorf, Juni 1998

Dr. Ursula Engelen-Kefer
Stellvertretende Vorsitzende
des Deutschen Gewerkschaftsbundes

Inhaltsverzeichnis

Einleitung – Arbeitnehmerüberlassungsgesetz

Arbeitnehmerüberlassung – Kommentierung

Inhaltsverzeichnis

Anhang 4

Anhang 5

Anhang 6

Anhang 7

Anhang 8

Abkürzungsverzeichnis

(Zeitschriften werden, soweit nichts Anderes angegeben, nach Jahr und Seite zitiert, Entscheidungssammlungen nach Band und/oder Jahr und Seite)

a. A.	anderer Ansicht
a.a.O.	am angegebenen Ort
ABA	Arbeit, Beruf und Arbeitslosenhilfe (Fachzeitschrift für die Aufgabengebiete der Bundesanstalt für Arbeit; ab 1975: Arbeit und Beruf – AuB)
abgedr.	abgedruckt
ABl.	Amtsblatt
abl.	ablehnend
ABlEG	Amtsblatt der Europäischen Gemeinschaften
Abs.	Absatz
ABS-BZA	Arbeitsbedingungen und Sozialleistungen der Mitgliedsfirmen des Bundesverbandes Zeitarbeit
Abschn.	Abschnitt
abw.	abweichend
a. E.	am Ende
a.e.c.	argumentum e contrario (Umkehrschluss)
AEntG	Arbeitnehmer-Entsendegesetz
AEVO	Arbeitserlaubnisverordnung
a. F.	alte(r) Fassung
AFG	Arbeitsförderungsgesetz
AFKG	Arbeitsförderungs-Konsolidierungsgesetz
AFRG	Arbeitsförderungs-Reformgesetz
AG	Aktiengesellschaft; Amtsgericht
AiB	Arbeitsrecht im Betrieb (Zeitschrift)
AktG	Aktiengesetz
allg.	allgemein(e/er/es)
allg. M.	allgemeine Meinung
Alt.	Alternative
a. M.	andere Meinung
amtl.	amtlich
amtl. Begr.	amtliche Begründung
ANG	Arbeitsnachweisgesetz
ANBA	Amtliche Nachrichten der Bundesanstalt für Arbeit
ÄndG	Änderungsgesetz
Anh.	Anhang
Anm.	Anmerkung
ANÜ	Arbeitnehmerüberlassung
AnwBl	Anwaltsblatt (Zeitschrift)
AO	Abgabenordnung
AöR	Archiv des öffentlichen Rechts (Zeitschrift); zitiert

	nach Band und Seite; Erscheinungsjahr des Bandes in Klammern
AP	Arbeitsrechtliche Praxis (Nachschlagewerk des Bundesarbeitsgerichts); zitiert nach Gesetz, Paragraph und laufender Nummer
AR-Blattei	Arbeitsrecht-Blattei
ArbG	Arbeitsgericht
ArbGeb	Der Arbeitgeber (Zeitschrift)
ArbGG	Arbeitsgerichtsgesetz
ArbnErfG	Gesetz über Arbeitnehmererfindungen
ArbPlSchG	Arbeitsplatzschutzgesetz
ArbR	Arbeitsrecht
ArbRBerG	Erstes Arbeitsrechtsbereinigungsgesetz
ArbRGeg	Das Arbeitsrecht der Gegenwart (zitiert nach Band und Seite, Erscheinungsjahr des Bandes in Klammern)
ArbSchG	Arbeitsschutzgesetz
ArbStättV	Arbeitsstättenverordnung
ArbVG 92	Entwurf eines Arbeitsvertragsgesetzes 1992 (BR-Ds. 293/95)
ArbZG	Arbeitszeitgesetz
ArbZRG	Gesetz zur Vereinheitlichung und Flexibilisierung des Arbeitszeitrechts
arg.	argumentum
Arge	Arbeitsgemeinschaft
arg. e	Argument aus
ArGV	Arbeitsgenehmigungsverordnung
Art.	Artikel
ASAV	Anwerbestoppausnahme-Verordnung
ASiG	Gesetz über Betriebsärzte, Sicherheitsingenieure und andere Fachkräfte für Arbeitssicherheit (Arbeitssicherheitsgesetz)
AsylVfG	Asylverfahrensgesetz
AT	Allgemeiner Teil
AuA	Arbeit und Arbeitsrecht (Zeitschrift)
AuB	Arbeit und Beruf (Zeitschrift)
AÜG	Gesetz zur Regelung der gewerbsmäßigen Arbeitnehmerüberlassung (Arbeitnehmerüberlassungsgesetz)
AÜKostV	Verordnung über Kosten der Erlaubnis zur gewerbsmäßigen Arbeitnehmerüberlassung
AufenthG	Aufenthaltsgesetz
AufenthaltsG/EWG	Aufenthaltsgesetz/EWG
Aufl.	Auflage
AuR	Arbeit und Recht (Zeitschrift)
ausdr.	ausdrücklich
ausf.	ausführlich
AuslG	Ausländergesetz
AVAVG	Gesetz über Arbeitsvermittlung und Arbeitslosenversicherung
AVG	Angestelltenversicherungsgesetz
AVermV	Arbeitsvermittlerverordnung

Abkürzungsverzeichnis

AVM	Arbeitsvermittlung
AWG	Außenwirtschaftsgesetz
Az.	Aktenzeichen
AZO	Arbeitszeitordnung
BA	Bundesanstalt für Arbeit/Bundesagentur für Arbeit
BABl.	Bundesarbeitsblatt (Zeitschrift)
BAG	Bundesarbeitsgericht
BAGE	Amtliche Sammlung der Entscheidungen des Bundes-arbeitsgerichts
BAnz.	Bundesanzeiger
BAT	Bundesangestelltentarifvertrag
BayLSG	Bayerisches Landessozialgericht
BayObLG	Bayerisches Oberstes Landesgericht
BayOBLGSt	Entscheidungen des Bayerischen Obersten Landes-gerichts in Strafsachen
BayVBl	Bayerische Verwaltungsblätter (Zeitschrift)
BayVerfGH	Bayerischer Verfassungsgerichtshof
BayVGH	Bayerischer Verwaltungsgerichtshof
BB	Der Betriebs-Berater (Zeitschrift)
BBG	Bundesbeamtengesetz
BBiG	Berufsbildungsgesetz
Bd.	Band
BDA	Bundesvereinigung Deutscher Arbeitgeberverbände
Bde.	Bände
BDI	Bundesverband der Deutschen Industrie
BDSG	Bundesdatenschutzgesetz
Bearb.	Bearbeiter/Bearbeiterin/Bearbeitung
bearb.	bearbeitet
Begr.	Begründung
Bem.	Bemerkung
ber.	berichtigt
BErzGG	Bundeserziehungsgeldgesetz
BeschFG 1985	Beschäftigungsförderungsgesetz vom 26.4.1985 i.d.F. v. 22.12.1989
Beschl.	Beschluss
BeschV	Beschäftigungsverordnung
BeschVerfV	Beschäftigungsverfahrensverordnung
Bespr.	Besprechung
bestr.	bestritten
betr.	betreffend
BetrAVG	Gesetz zur Verbesserung der betrieblichen Alters-versorgung (Betriebsrentengesetz)
BetrR	Der Betriebsrat (Zeitschrift); ab 1988 Beilage zu »Gewerk-schaftliche Umschau« (Zeitschrift)
BetrVG	Betriebsverfassungsgesetz
BetrVG 1952	Betriebsverfassungsgesetz vom 11.10.1952
BfA	Bundesversicherungsanstalt für Angestellte
BFH	Bundesfinanzhof
BFHE	Sammlung der Entscheidungen und Gutachten des Bundesfinanzhofs

14

BG	Die Berufsgenossenschaft (Zeitschrift)
BGB	Bürgerliches Gesetzbuch
BGBl.	Bundesgesetzblatt
BGH	Bundesgerichtshof
BGHSt	Amtliche Sammlung der Entscheidungen des Bundesgerichtshofs in Strafsachen
BGHZ	Amtliche Sammlung der Entscheidungen des Bundesgerichtshofs in Zivilsachen
BillBG	Gesetz zur Bekämpfung der illegalen Beschäftigung
BKartA	Bundeskartellamt
BKGG	Bundeskindergeldgesetz
BKK	Die Betriebskrankenkasse (Zeitschrift)
Bl.	Blatt
BlStSozArbR	Blätter für Steuerrecht, Sozialversicherung und Arbeitsrecht (Zeitschrift)
BMTV	Bundesmontagetarifvertrag (Metall)
BMWA	Bundesministerium für Wirtschaft und Arbeit
BPersVG	Bundespersonalvertretungsgesetz
BPL	Bundesverband Personal-Leasing
BR	Bundesrat; Betriebsrat
BRAGO	Bundesrechtsanwaltsgebührenordnung
BRD	Bundesrepublik Deutschland
BR-Ds.	Bundesrats-Drucksache
BR-Info	Informationen für den Betriebsrat (Zeitschrift)
BReg.	Bundesregierung
BRRG	Beamtenrechtsrahmengesetz
BRTV	Bundesrahmentarifvertrag (Bau)
BSG	Bundessozialgericht
BSGE	Amtliche Sammlung der Entscheidungen des Bundessozialgerichts
BSHG	Bundessozialhilfegesetz
Bsp.	Beispiel; Beispiele
BStatG	Bundes-Statistikgesetz
BStBl.	Bundessteuerblatt
BT	Deutscher Bundestag
BT-Ds.	Bundestags-Drucksache
BT-Prot.	Protokoll des Deutschen Bundestages
Buchst.	Buchstabe
BuReg	Bundesregierung
BUrlG	Bundesurlaubsgesetz
BVerfG	Bundesverfassungsgericht
BVerfGE	Amtliche Sammlung der Entscheidungen des Bundesverfassungsgerichts
BVerwG	Bundesverwaltungsgericht
BVerwGE	Amtliche Sammlung der Entscheidungen des Bundesverwaltungsgerichts
BZA	Bundesverband Zeitarbeit e. V.
bzgl.	bezüglich
BZRG	Bundeszentralregistergesetz
BZVO	Beitragszahlungsverordnung

Abkürzungsverzeichnis

bzw.	beziehungsweise
cic	culpa in contrahendo (Verschulden bei Vertragsschluss)
CIETT	Confédération internationale des entreprises de travail temporaire (Internationaler Verband der Zeitarbeitsunternehmen)
CMV	Christlicher Metallarbeiter-Verband
CR	Computer und Recht (Zeitschrift)
DA-BA	Bundesagentur für Arbeit, Durchführungsanweisung zum Arbeitnehmerüberlassungsgesetz (AÜG) hinsichtlich der Abgrenzung zwischen Arbeitnehmerüberlassung und anderen Formen drittbezogenen Personaleinsatzes
DAG	Deutsche Angestelltengewerkschaft
DB	Der Betrieb (Zeitschrift)
DBlR	Dienstblatt der Bundesanstalt für Arbeit, Rechtsprechung
DDR	Deutsche Demokratische Republik
ders.	derselbe
DEÜV	Datenerfassungs- und Übermittlungsverordnung
DGB	Deutscher Gewerkschaftsbund
d.h.	das heißt
dies.	dieselbe(n)
Diss.	Dissertation
DJT	Deutscher Juristentag
DKK-Verfasser	Däubler/Kittner/Klebe (Hrsg.), Betriebsverfassungsgesetz mit Wahlordnung, 9. Aufl. 2004
DL	Dienstleistungen
DÖV	Die Öffentliche Verwaltung (Zeitschrift)
DOK	Die Ortskrankenkasse (Zeitschrift)
Dok.	Dokument
DR	Deutsches Recht (Zeitschrift)
DRK	Deutsches Rotes Kreuz
Ds.	Drucksache
DStR	Deutsches Steuerrecht (Zeitschrift)
DuR	Demokratie und Recht (Zeitschrift)
d.V.	der Verfasser
DVBl	Deutsches Verwaltungsblatt (Zeitschrift)
DVO	Durchführungsverordnung
E	Entscheidung(en); Entwurf
ebd.	ebenda
EFTA	European Free Trade Association (Europäische Freihandelszone)
EFZG	Entgeltfortzahlungsgesetz
EG	Einführungsgesetz; Europäische Gemeinschaft(en)
EGAO	Einführungsgesetz zur Abgabenordnung
EGBGB	Einführungsgesetz zum Bürgerlichen Gesetzbuch
EGKS	Europäische Gemeinschaft für Kohle und Stahl
EGRiLi	Richtlinien der EG-Kommission
EGStGB	Einführungsgesetz zum Strafgesetzbuch
EGV	Vertrag zur Gründung der Europäischen Wirtschaftsgemeinschaft
Einf.	Einführung

Einl.	Einleitung
Entsch.	Entscheidung
entspr.	entsprechend
Entw.	Entwurf
Erf.Ber.	Bericht der Bundesregierung über Erfahrungen bei der Anwendung des Arbeitnehmerüberlassungsgesetzes – AÜG; ab dem 5. Erfahrungsbericht: Bericht der Bundesregierung über Erfahrungen bei der Anwendung des Arbeitnehmerüberlassungsgesetzes – AÜG – sowie über die Auswirkungen des Gesetzes zur Bekämpfung der illegalen Beschäftigung – BillBG
Erl.	Erläuterung
ERTV	Entgeltrahmentarifvertrag
EStG	Einkommensteuergesetz
etc.	et cetera
ETV	Entgelttarifvertrag
EU	Europäische Union
EuGH	Europäischer Gerichtshof
EuGHE	Sammlung der Entscheidungen des Europäischen Gerichtshofes
EuGVÜ	Europäisches Gerichtsstands- und Vollstreckungsabkommen
EU-RiLi	Richtlinie der Europäischen Kommission
EuroAS	Europäisches Arbeits- und Sozialrecht (Zeitschrift)
EUV	Vertrag über die Europäische Union
EuZW	Europäische Zeitung für Wirtschaftsrecht
e.V.	eingetragener Verein
EVÜ	Übereinkommen von Rom v. 19.6.1980 über das auf vertragliche Schuldverhältnisse anzuwendende Recht
EWG	Europäische Wirtschaftsgemeinschaft
EWG-VO	Verordnung der Europäischen Wirtschaftsgemeinschaft
EWiR	Entscheidungen zum Wirtschaftsrecht (Zeitschrift); zitiert nach Gesetz, Paragraph, Jahr und Nummer
EWR	Europäischer Wirtschaftsraum
EzA	Entscheidungssammlung zum Arbeitsrecht (zitiert nach Gesetz, Paragraph und Nummer)
EzAÜG	Entscheidungssammlung zum AÜG (zitiert nach Gesetz und Stichwort)
f., ff.	folgend(e)
FESTL	Fitting/Engels/Schmidt/Trebinger/Linsenmaier, Betriebsverfassungsgesetz mit Wahlordnung, Handkommentar, 22. Aufl. 2004
FG	Finanzgericht
FGO	Finanzgerichtsordnung
FN	Fußnote
FR	Frankfurter Rundschau (Zeitung)
FreizügV/EG	Verordnung über die allgemeine Freizügigkeit von Staatsangehörigen der Mitgliedstaaten der Europäischen Union (Freizügigkeitsverordnung/EG-FreizügVO/EG)
FS	Festschrift

Abkürzungsverzeichnis

G	Gesetz
GBl.	Gesetzblatt; Gesetzblatt der Länder und Deutschen Demokratischen Republik
GBR	Gesamtbetriebsrat
GbR	Gesellschaft bürgerlichen Rechts
GebrMG	Gebrauchsmustergesetz
gem.	gemäß
GenG	Gesetz betreffend die Erwerbs- und Wirtschaftsgenossenschaften (Genossenschaftsgesetz)
Ges.; ges.	Gesetz; gesetzlich; Gesellschaft
GesO	Gesamtvollstreckungsordnung
GewArch.	Gewerbe-Archiv (Zeitschrift)
GewO	Gewerbeordnung
GG	Grundgesetz für die Bundesrepublik Deutschland
ggf.	gegebenenfalls
GK	Gemeinschaftskommentar
GKSK	Gnade/Kehrmann/Schneider/Klebe, Betriebsverfassungsgesetz, Basiskommentar 10. Aufl. 2001
GmbH	Gesellschaft mit beschränkter Haftung
GmbH & Co (KG)	Gesellschaft mit beschränkter Haftung und Compagnie (Kommanditgesellschaft)
GmbHG	Gesetz betreffend die Gesellschaften mit beschränkter Haftung
GMBl.	Gemeinsames Ministerialblatt
GMH	Gewerkschaftliche Monatshefte
GS	Großer Senat
GSG	Gesetz zur Sicherung und Strukturverbesserung der gesetzlichen Krankenversicherung
GüKG	Güterkraftverkehrsgesetz
GVBl.	Gesetz- und Verordnungsblatt
GVG	Gerichtsverfassungsgesetz
GWB	Gesetz gegen Wettbewerbsbeschränkungen
h.A.	herrschende Ansicht
HAG	Heimarbeitsgesetz
Halbs.	Halbsatz
HandbAR	Kittner/Zwanziger, Arbeitsrecht – Handbuch für die Praxis, 3. Aufl. 2005
HandwO	Handwerksordnung
HAuslG	Gesetz über die Rechtsstellung heimatloser Ausländer im Bundesgebiet
HBl.	Handelsblatt (Zeitschrift)
HGB	Handelsgesetzbuch
hins.	hinsichtlich
HKHH	Hennig/Kühl/Heuer/Henke, Kommentar zum AFG, Stand Mai 1997
h.L.	herrschende Lehre
h.M.	herrschende Meinung
HOAI	Honorarordnung für Architekten und Ingenieure
Hrsg.; hrsg.	Herausgeber; herausgegeben

HSG	Hess/Schlochauer/Glaubitz, Kommentar zum BetrVG, 4. Aufl. 1993
HVBG	Hauptverband der gewerblichen Berufsgenossenschaften
HzA	Handbuch zum Arbeitsrecht
i.a.	im Allgemeinen
IAA	Internationales Arbeitsamt
IAB	Institut für Arbeitsmarkt- und Berufsforschung der Bundesanstalt für Arbeit
IAO	Internationale Arbeitsorganisation
i.d.F.	in der Fassung
i.d.R.	in der Regel
i.d.S.	in diesem Sinne
i.e.	im Einzelnen
i.e.S.	im engeren Sinne
i. Erg.	im Ergebnis
IG	Industriegewerkschaft
iGZ	Interessenverband Deutscher Zeitarbeitsunternehmen e.V.
ILO	International Labour Organization (Internationale Arbeitsorganisation)
insbes.	insbesondere
insges.	insgesamt
INZ	Interessengemeinschaft Nordbayerischer Zeitarbeitsunternehmen e.V.
IPR	Internationales Privatrecht
i.R.d.	im Rahmen des/der
i.R.v.	im Rahmen von
i.S.d.	im Sinne der/des
i.S.e.	im Sinne einer
ISO-Studie 1980	Möller/Schaible/Winkel/Zill, Leiharbeit – Formen und Auswirkungen, Forschungsbericht Nr. 25 des ISO-Institutes Köln, 1980
i.S.v.	im Sinne von
IT-ArGV	Verordnung über die Arbeitsgenehmigung für hochqualifizierte ausländische Fachkräfte der Informations- und Kommunikationstechnologie
i.Ü.	im Übrigen
i.V.m.	in Verbindung mit
i.w.S.	im weiteren Sinne
IW	Institut der deutschen Wirtschaft
JA	Juristische Arbeitsblätter (Zeitschrift)
JArbSchG	Jugendarbeitsschutzgesetz
JR	Juristische Rundschau (Zeitschrift)
JuMiG	Justizmitteilungsgesetz und Gesetz zur Änderung kostenrechtlicher Vorschriften und anderer Gesetze
jur.	juristisch
JZ	Juristenzeitung (Zeitschrift)
KA	Kurzarbeit
Kap.	Kapitel
KAPOVAZ	kapazitätsorientierte variable Arbeitszeit

Abkürzungsverzeichnis

KG	Kammergericht (Berlin); Kommanditgesellschaft
KGaA	Kommanditgesellschaft auf Aktien
KO	Konkursordnung
Komm.	Kommentar
krit.	kritisch
KRHS	Klebe/Ratayczak/Heilmann/Spoo, Betriebsverfassungsgesetz, Basiskommentar mit Wahlordnung, 12. Aufl., 2005
KSchG	Kündigungsschutzgesetz
Kug	Kurzarbeitergeld
LAA	Landesarbeitsamt
LAG	Landesarbeitsgericht
LAGE	Entscheidungen des Landesarbeitsgerichts (zitiert nach Paragraph, Gesetz und laufender Nummer)
LAN	Leiharbeitnehmer
LG	Landgericht
Lit.	Literatur
lit.	litera (Buchstabe)
LPVG	Landespersonalvertretungsgesetz
LS	Leitsatz
LSG	Landessozialgericht
LStDV	Lohnsteuer-Durchführungsverordnung
LVA	Landesversicherungsanstalt
m.	mit
m. abl. Anm.	mit ablehnender Anmerkung
m.a.W.	mit anderen Worten
m. ausf. Nachw.	mit ausführlichen Nachweisen
max.	maximal(e/er/es)
MBl	Ministerialblatt
MDR	Monatsschrift für Deutsches Recht (Zeitschrift)
MiArbG	Gesetz über Mindestarbeitsbedingungen
Mitbest.	Die Mitbestimmung (Zeitschrift)
MitbestG	Mitbestimmungsgesetz
m. krit. Anm.	mit kritischer Anmerkung
MOE	Mittel- und Osteuropa
MTB II	Manteltarifvertrag für die Arbeiter des Bundes
MTV	Manteltarifvertrag
MuSchG	Mutterschutzgesetz
MVZ	Mittelstandsvereinigung Zeitarbeit
m.w.N.	mit weiteren Nachweisen
m.W.v.	mit Wirkung vom
n.F.	neue(r) Fassung
NachwG	Nachweisgesetz
NJW	Neue Juristische Wochenschrift (Zeitschrift)
Nr.	Nummer(n)
n. rkr.	nicht rechtskräftig
NRW	Nordrhein-Westfalen
NS	Niedersachsen
n.v	nicht veröffentlicht
NVwZ	Neue Zeitschrift für Verwaltungsrecht

NZA	Neue Zeitschrift für Arbeitsrecht (bis 1992: Neue Zeitschrift für Arbeits- und Sozialrecht)
NZA-RR	Neue Zeitschrift für Arbeitsrecht- Rechtsprechungsreport
o.	oben
o.a.	oben angegeben(e/er)
OECD	Organization for Economic Cooperation and Development (Organisation für wirtschaftliche Zusammenarbeit und Entwicklung)
o.g.	oben genannt
OHG	offene Handelsgesellschaft
OLG	Oberlandesgericht
OVG	Oberverwaltungsgericht
OWiG	Gesetz über Ordnungswidrigkeiten
OWL	Ostwestfalen-Lippe
PBefG	Personenbeförderungsgesetz
Personal	Personal, Mensch und Arbeit im Betrieb (Zeitschrift)
PersR	Der Personalrat (Zeitschrift)
PersV	Die Personalvertretung (Zeitschrift)
PersVG	Personalvertretungsgesetz
Prot.	Protokolle
PSA	Personalserviceagentur
PSV	Pensionsversicherungsverein
pVV	positive Vertragsverletzung
RAG	Reichsarbeitsgericht; amtliche Sammlung der Entscheidungen des Reichsarbeitsgerichts (Band und Seite)
RdA	Recht der Arbeit (Zeitschrift)
RdErl.	Runderlass
RdSchr.	Rundschreiben
RefE 1975	Referentenentwurf eines »Ersten Gesetzes zur Änderung des AÜG« aus dem Jahre 1975
RefEntw.	Referentenentwurf
RegBez.	Regierungsbezirk
RegBl.	Regierungsblatt
RegEntw.	Regierungsentwurf
RG	Reichsgericht
RGBl.	Reichsgesetzblatt
Rh-Pf.	Rheinland-Pfalz
RiLi	Richtlinien
RIW	Recht der Internationalen Wirtschaft (Zeitschrift)
rkr.	rechtskräftig
RMBl.	Reichsministerialblatt
Rn.	Randnummer(n)
RRG 1992	Rentenreformgesetz 1992
Rs.	Rechtssache
Rspr.	Rechtsprechung
RTV	Rahmentarifvertrag
Rundschr.	Rundschreiben
RVO	Reichsversicherungsordnung
Rz.	Randziffer(n)
S.	Satz; Seite

Abkürzungsverzeichnis

s.	siehe
s.a.	siehe auch
SAE	Sammlung arbeitsrechtlicher Entscheidungen (Zeitschrift)
Schl.-Holst.	Schleswig-Holstein
Schr.	Schreiben
SchwarzArbG	Gesetz zur Bekämpfung der Schwarzarbeit
SchwbG	Schwerbehindertengesetz
SG	Sozialgericht
SGB	Sozialgesetzbuch
SGB I	SGB, I. Buch – Allgemeiner Teil
SGB III	SGB, III. Buch – Arbeitsförderung
1. SGB III–ÄndG	Erstes Gesetz zur Änderung des Dritten Buches Sozialgesetzbuch und anderer Gesetze (Erstes SGB III–Änderungsgesetz – 1. SGB III–ÄndG)
SGB IV	SGB, IV. Buch – Gemeinsame Vorschriften für die Sozialversicherung
SGB V	SGB, V. Buch – Gesetzliche Krankenversicherung
SGB VI	SGB, VI. Buch – Gesetzliche Rentenversicherung
SGB VII	SGB, VII. Buch – Gesetzliche Unfallversicherung
SGB VIII	SGB, VIII. Buch – Kinder- und Jugendhilfe
SGB IX	SGB, IX. Buch – Rehabilitation und Teilhabe behinderter Menschen
SGB X	SGB, X. Buch – Verwaltungsverfahren, Zusammenarbeit der Leistungsträger und ihre Beziehungen zu Dritten
SGG	Sozialgerichtsgesetz
SGZ	Schutzgemeinschaft Zeitarbeit e.V.
SKWPG	Erstes Gesetz zur Umsetzung des Spar-, Konsolidierungs- und Wachstumsprogramms
Slg.	Sammlung
s.o.	siehe oben
sog.	so genannt(e/er)
SozR	Sozialrecht, Rechtsprechung und Schrifttum, bearbeitet von den Richtern des Bundessozialgerichts
SozSich	Soziale Sicherheit (Zeitschrift)
SozVers	Die Sozialversicherung (Zeitschrift)
Sp.	Spalte
SprAuG	Sprecherausschussgesetz
st. Rspr.	ständige Rechtsprechung
StGB	Strafgesetzbuch
StPO	Strafprozessordnung
str.	streitig
s.u.	siehe unten
SV KorrG	Gesetz zu Korrekturen in der Sozialversicherung und zur Sicherung der Arbeitnehmerrechte
SWG	Schlechtwettergeld
SZ	Süddeutsche Zeitung
Tab.	Tabelle
teilw.	teilweise
TV	Tarifvertrag

TVG	Tarifvertragsgesetz
TV-Mindestlohn	Tarifvertrag zur Regelung des Mindestlohns im Baugewerbe im Gebiet der Bundesrepublik Deutschland
u.	und; unten; unter
u. a.	unter anderem; und andere
Übk.	Übereinkommen
UmwBerG	Umwandlungsbereinigungsgesetz
UmwG	Umwandlungsgesetz
unstr.	unstreitig
Unterabs.	Unterabsatz
unveröff.	unveröffentlicht
Urt.	Urteil
usw.	und so weiter
u. U.	unter Umständen
UVEG	Unfallversicherungs-Eingliederungsgesetz
UWG	Gesetz gegen den unlauteren Wettbewerb
UZwG	Gesetz über den unmittelbaren Zwang bei Ausübung öffentlicher Gewalt durch Vollzugsbeamte des Bundes
v.	vom; von
VA	Verwaltungsakt
v. a.	vor allem
VBG	Verwaltungsberufsgenossenschaft
ver.di	Gewerkschaft vereinigte Dienstleistungen
Vereinb.	Vereinbarung
Verf.	Verfasser
VME	Verband der Metall- und Elektroindustrie
5. VermBG	Fünftes Vermögensbildungsgesetz
Veröff.; veröff.	Veröffentlichung; veröffentlicht
VerwArch	Verwaltungsarchiv (Zeitschrift)
VerwGH	Verwaltungsgerichtshof
VerwR	Verwaltungsrecht
VerwRat	Verwaltungsrat
VG	Verwaltungsgericht
VGH	Verfassungsgerichtshof
vgl.	vergleiche
VGV	Verordnung über die Vergabe öffentlicher Aufträge
VO	Verordnung
VOB	Verdingungsordnung für Bauleistungen
Voraufl.	Vorauflage
Vorbem.	Vorbemerkung
VRTV	Vorruhestandstarifvertrag (Baugewerbe)
VTV	Tarifvertrag über das Sozialkassenverfahren (Baugewerbe)
VwGO	Verwaltungsgerichtsordnung
VwKostG	Verwaltungskostengesetz
VwVfG	Verwaltungsverfahrensgesetz
VwVG	Verwaltungsvollstreckungsgesetz
VwZG	Verwaltungszustellungsgesetz
WahlO	Wahlordnung

Abkürzungsverzeichnis

2. WiKG	Zweites Gesetz zur Bekämpfung der Wirtschafts-kriminalität
wistra	Zeitschrift für Wirtschaft, Steuer, Strafrecht
WRV	Weimarer Reichsverfassung
WSA	Wirtschafts- und Sozialausschuss (EG)
WSI-Mitt.	WSI-Mitteilungen (Zeitschrift des Wirtschafts- und Sozialwissenschaftlichen Instituts des DGB in der Hans-Böckler-Stiftung)
www	world wide web
ZAR	Zeitschrift für Ausländerrecht und Ausländerpolitik
z. B.	zum Beispiel
ZDG	Zivildienstgesetz
ZfA	Zeitschrift für Arbeitsrecht
ZfS	Zentralblatt für Sozialversicherung, Sozialhilfe und Versorgung (Zeitschrift für das Recht der Sozialen Sicherheit)
ZGR	Zeitschrift für Unternehmens- und Gesellschaftsrecht
ZHR	Zeitschrift für das gesamte Handelsrecht und Wirtschafts-recht (früher: Zeitschrift für das gesamte Handelsrecht und Konkursrecht)
Ziff.	Ziffer(n)
ZIP	Zeitschrift für Wirtschaftsrecht (bis 1982: Zeitschrift für Wirtschaftsrecht und Insolvenzpraxis)
zit.	zitiert
ZPO	Zivilprozessordnung
ZRP	Zeitschrift für Rechtspolitik
z. T.	zum Teil
ZTR	Zeitschrift für Tarif-, Arbeits- und Sozialrecht des öffentlichen Dienstes
zust.	zuständig
zutr.	zutreffend
ZVEH	Zentralverband der Deutschen Elektrohandwerke
ZVK	Zusatzversorgungskasse des Baugewerbes
z. Zt.	zurzeit

Literaturverzeichnis

Altvater/Hamer/Ohnesorg/Peiseler, Bundespersonalvertretungsgesetz, Kommentar, 5. Aufl. 2004
Ascheid, Kündigungsschutzrecht – Die Kündigung des Arbeitsverhältnisses, 1993

Bachmeister/Trittin/Mayer, Kündigungsschutzgesetz, Kommentar, 3. Aufl., 2004
Baumbach/Hueck, Kommentar zum GmbH-Gesetz, 17. Aufl. 2000
Becker, F., Leitfaden zur gewerbsmäßigen Arbeitnehmerüberlassung (Zeitarbeit), 4. Aufl. 1985
Becker, F., Nachtrag zu Becker/Wulfgramm, Kommentar zum Arbeitnehmerüberlassungsgesetz, 3. Aufl. 1986 (zit.: Becker, Nachtrag)
Becker/Etzel/Fischermeier/Friedrich/Lipke/Pfeifer/Rost/Spilger/Weigand/H. Wolf, Gemeinschaftskommentar zum Kündigungsschutzgesetz und zu sonstigen kündigungsschutzrechtlichen Vorschriften, 5. Aufl. 1998 (zit.: KR-*Bearbeiter*)
Becker/Wulfgramm, Kommentar zum Arbeitnehmerüberlassungsgesetz, 3. Aufl. 1985
Berg/Platow/Schoof/Unterhinninghofen, Tarifvertragsgesetz und Arbeitskampfrecht, Basiskommentar, 2005
Berger, Thyssen gegen Wallraff, 1988 (zit.: *Berger* 1988)
Berger, Tatort Arbeitsmarkt, 1990 (zit.: *Berger* 1990)
Boemke, Arbeitnehmerüberlassungsgesetz, Kommentar, 2002
Boemke/Lembke, Nachtrag zum Arbeitnehmerüberlassungsgesetz, 2003
Böttcher/Krüger, Ungeschützte Beschäftigungsverhältnisse, 1995
Buschmann/Dieball/Stevens-Bartol, Das Recht der Teilzeitarbeit, Kommentar für die Praxis, 2. Aufl. 2001
Buschmann/Ulber, Flexibilisierung: Arbeitszeit-Beschäftigung, 1989 (zit.: *Buschmann/Ulber* 1989)
Buschmann/Ulber, Arbeitszeitgesetz, Basiskommentar, 4. Aufl. 2004 (zit.: *Buschmann/Ulber*, ArbZG)

Däubler, Das Grundrecht auf Mitbestimmung, 4. Aufl. 1976
Däubler, Das Arbeitsrecht, Bd. 1, 15. Aufl. 1998 (zit.: *Däubler*, Bd. 1); Bd. 2, 11. Aufl. 1998 (zit.: *Däubler*, Bd. 2)
Däubler, Tarifvertragsrecht, 3. Aufl., 1993 (zit.: Däubler, TVR)
Däubler/Kittner/Klebe (Hrsg.), Betriebsverfassungsgesetz, Kommentar für die Praxis, 9. Aufl. 2004 (zit.: DKK-*Verfasser*)
Däubler/Kittner/Lörcher, Internationale Arbeits- und Sozialordnung, 2. Aufl. 1994
Düwell/Lipke, Arbeitsgerichtsgesetz, Kommentar, 2. Aufl., 2005
Düwell/Weyand, Agenda 2010, Neues Recht bei Kündigung und Abfindung, 2004

Literaturverzeichnis

Eicher/Schlegel/-Söhngen SGB III, Kommentar (Loseblattsammlung)

Erdlenbruch, Die betriebsverfassungsrechtliche Stellung gewerbsmäßig überlassener Arbeitnehmer, 1992

Erichsen/Martens, Allgemeines Verwaltungsrecht, 9. Aufl. 1992

ErfK, Erfurter Kommentar zum Arbeitsrecht, 5. Aufl., 2005 (zit.: ErfK-Bearbeiter)

Fabricius/Kraft/Wiese/Kreutz/Oetker/Raab/Weber, Betriebsverfassungsgesetz, Gemeinschaftskommentar, Band I, 7. Aufl. 2002; Band II, 7. Aufl. 2002 (zit.: GK-Bearbeiter)

Fangmann/Blank/Hammer, Grundgesetz, Basiskommentar, 2. Aufl. 1996

Fitting/Engels/Schmidt/Trebinger/Linsenmaier, Betriebsverfassungsgesetz mit Wahlordnung, 22. Aufl. 2004, (zit.: *FESTL*)

Franßen/Haesen, Arbeitnehmerüberlassungsgesetz (AÜG), Kommentar (Loseblattsammlung), 1974

Frerichs/Möller/Ulber, Leiharbeit und betriebliche Interessenvertretung, 1981

Gagel, Arbeitsförderungsgesetz, Kommentar (Loseblattsammlung)

Galperin/Löwisch, Kommentar zum Betriebsverfassungsgesetz, Bd. I u. II, 6. Aufl. 1982

Gick, D., Gewerbsmäßige Arbeitnehmerüberlassung zwischen Verbot und Neugestaltung, 1984

GK-AFG, Gemeinschaftskommentar zum Arbeitsförderungsgesetz (AFG), (Loseblattsammlung), (zit.: GK-AFG/*Bearbeiter*)

Gnade/Kehrmann/Schneider/Klebe/Ratayczak, Betriebsverfassungsgesetz, Basiskommentar, 10. Aufl. 2002 (zit.: GKSKR, BetrVG)

Gleitze/Krause/v. Maydell/Merten, Gemeinschaftskommentar zum Sozialgesetzbuch – Gemeinsame Vorschriften für die Sozialversicherung (GK-SGB IV), 1992 (zit.: GK-SGB IV/*Bearbeiter*)

Grimm/Brock, Praxis der Arbeitnehmerüberlassung, 2004

Hamann, Erkennungsmerkmale der illegalen Arbeitnehmerüberlassung in Form von Scheindienst- und Scheinwerkverträgen, 1995

Hempel, Das Spannungsverhältnis zwischen dem sozialen Schutz der Arbeitnehmer und den wirtschaftlichen Interessen der Verleiher und Entleiher bei der Arbeitnehmerüberlassung, 1975

Hennig/Kühl/Heuer/Henke, Arbeitsförderungsgesetz, Kommentar zum AFG, Stand Mai 2002 (zit.: *HKHH*)

Hess/Schlochauer/Glaubitz, Betriebsverfassungsgesetz, 6. Aufl. 2003 (zit.: HSG, BetrVG)

Hueck/v. Hoyningen-Huene, Kündigungsschutzgesetz, Kommentar, 11. Aufl. 1992

Hunold, Subunternehmer und freie Mitarbeiter, 2. Aufl. 1993

Joost, Betrieb und Unternehmen als Grundbegriffe des Arbeitsrechts, 1988

KassHandb, Kasseler Handbuch zum Arbeitsrecht, 2. Aufl. 2000

Kempen/Zachert/Kittner/Däubler, Tarifvertragsgesetz, Kommentar, 3. Aufl. 1997

Kittner/Däubler/Zwanziger, Kündigungsschutzrecht, 6. Aufl., 2004

Kittner/Trittin, Kündigungsschutzrecht, Kommentar, 3. Aufl. 1997

Kittner/Zwanziger, Arbeitsrecht, Handbuch für die Praxis, 3. Aufl. 2005 (zit.: AR-Handb./Bearbeiter)

Klebe/Ratayczak/Heilmann/Spoo, Betriebsverfassungsgesetz, Basiskommentar mit Wahlordnung, 12 Aufl. 2005

Knigge/Ketelsen/Marschall/Wittrock, Kommentar zum Arbeitsförderungsgesetz (AFG), 3. Aufl. 1996

Koberski/Asshoff/Hold, Arbeitnehmer- Entsendegesetz, Kommentar, 2. Aufl., 2002

Kock, Die austauschbare Belegschaft, Flexibilisierung durch Fremdfirmen und Leiharbeit, 1990

Kohte, Arbeitnehmerhaftung und Arbeitnehmerrisiko, 1981

Kopp/Schenke, Verwaltungsgerichtsordnung, 13. Aufl. 2003

Kopp, Verwaltungsverfahrensgesetz, 8. Aufl. 2004

Kopp/Schenke, Verwaltungsgerichtsordnung, Kommentar, 13. Aufl. 2003

Krüger, Zum Verbot der Leiharbeit, 1986

Kunz/Wedde, EFZR, Entgeltfortzahlungsrecht, 2. Aufl., Kommentar, 2005

Löwisch, Betriebsverfassungsgesetz, 5. Aufl., 2002

Löwisch/Rieble, Tarifvertragsgesetz, Kommentar, 1992

Lohre/Mayer/Stevens-Bartol (Hrsg.), Arbeitsförderungsrecht, Basiskommentar mit Anordnungen, 3. Aufl. 2000

Meyer-Ladewig, SGG, Sozialgerichtsgesetz mit Erläuterungen, 7. Aufl. 2002

MünchArbR, Münchener Handbuch zum Arbeitsrecht, 3 Bde., 2. Aufl. 2000 (zit.: Münch-ArbR-*Bearbeiter*)

MünchKomm, Münchener Kommentar zum Bürgerlichen Gesetzbuch, Bd. 1: Allgemeiner Teil (§§ 1–240), AGB-Gesetz; Bd. 2: Schuldrecht – Allgemeiner Teil (§§ 241–432); Bd. 3: Schuldrecht – Besonderer Teil, 1. Halbband (§§ 433–651k); Bd. 3: Schuldrecht – Besonderer Teil, 2. Halbband (§§ 652–853), 4. Aufl. 2000

Neumann/Biebl, Arbeitszeitgesetz, 14. Aufl. 2004

Niesel, Sozialgesetzbuch/ Arbeitsförderung – SGB III, 2. Aufl., 2002

Nikisch, Arbeitsrecht, Bd. I, 1961

Nipperdey I, Arbeitsrecht, Textsammlung (Loseblattsammlung), Stand: April 1997

Palandt, Bürgerliches Gesetzbuch, 63. Aufl. 2003 (zit.: Palandt-*Bearbeiter*)

Peters/Sautter/Wolff, Kommentar zur Sozialgerichtsbarkeit (Loseblattsammlung), Stand: Februar 1993

Pieroth, Arbeitnehmerüberlassung unter dem Grundgesetz, 1982

Plander, Der Betriebsrat als Hüter zwingenden Rechts, 1982

Preis, Arbeitsrecht, 2. Aufl., 2003

Ramm (Hrsg.), Arbeitsrecht und Politik, 1966

Richardi, Betriebsverfassungsgesetz, Kommentar, 9. Aufl. 2004

Sandmann/Marschall, Kommentar zum Arbeitnehmerüberlassungsgesetz (Loseblattsammlung), Stand: 2005

Sannwald, Gesetz zur Bekämpfung der Schwarzarbeit, 1988

Schaub, Arbeitsrechts-Handbuch, 10. Aufl. 2002

Schoden, Nachweisgesetz, Textausgabe mit Kurzkommentierung, 1996

Schönefelder/Kranz/Wanka, Arbeitsförderungsgesetz (Loseblattsammlung), Stand: Mai 1992

Schoof, Betriebsratspraxis von A bis Z, 7. Aufl., 2005

Literaturverzeichnis

Schüren, Arbeitnehmerüberlassungsgesetz, Kommentar, 2. Aufl. 2003 (zit.: Schüren/Bearbeiter)

Schubel/Engelbrecht, Kommentar zum Gesetz über gewerbsmäßige Arbeitnehmerüberlassung, 1973

Stahlhacke/Preis, Kündigung und Kündigungsschutz im Arbeitsverhältnis, 7. Aufl. 1999

Stege/Weinspach/Schiefer, Betriebsverfassungsgesetz, 9. Aufl. 2002

Thüsing, Arbeitnehmerüberlassungsgesetz, Kommentar, 2005 (zit. Thüsing/Bearbeiter)

Tröndle/Fischer, Strafgesetzbuch und Nebengesetze, 52. Aufl. 2004

Ulber, Arbeitnehmer in Zeitarbeitsfirmen, 2. Aufl. 2004

Urban-Crell/Schulz, Arbeitnehmerüberlassung und Arbeitsvermittlung, 2003

Wagner/Hinrichs/Ulber, »Moderner Sklavenhandel« – Fremdfirmeneinsatz durch Leiharbeit und Werkverträge, 1990

Wahsner u.a., »Heuern und Feuern«, Arbeitsrecht nach der Wende, 1985

Wallraff, Ganz unten, 1985

Wannagat, Sozialgesetzbuch (Loseblattsammlung), Stand: Mai 1993 (zit.: *Wannagat/Bearbeiter*)

Weyand/Düwell, Das neue Arbeitsrecht, 2005

Wiedemann, Tarifvertragsgesetz, Kommentar, 6. Aufl. 1999

Windbichler, Arbeitsrecht im Konzern, 1989 (zit.: *Windbichler*, S.)

Zöller, Zivilprozessordnung, Kommentar, 22. Aufl. 2001

Arbeitnehmerüberlassungsgesetz (AÜG)

Gesetzestext

Gesetz zur Regelung der gewerbsmäßigen Arbeitnehmerüberlassung (Arbeitnehmerüberlassungsgesetz – AÜG) vom 7. August 1972 (BGBl. I S. 1393) und zur Änderung anderer Gesetze in der Fassung der Bekanntmachung vom 3. Februar 1995 (BGBl. I S. 158), zuletzt geändert durch Artikel 6 Nr. 4 des Gesetzes zur Änderung des Aufenthaltsgesetzes und weiterer Gesetze vom 14. März 2005 (BGBl. I S. 721)

Artikel 1
Gesetz zur Regelung der gewerbsmäßigen Arbeitnehmerüberlassung (Arbeitnehmerüberlassungsgesetz – AÜG)

§ 1 Erlaubnispflicht

(1) Arbeitgeber, die als Verleiher Dritten (Entleihern) Arbeitnehmer (Leiharbeitnehmer) gewerbsmäßig zur Arbeitsleistung überlassen wollen, bedürfen der Erlaubnis. Die Abordnung von Arbeitnehmern zu einer zur Herstellung eines Werkes gebildeten Arbeitsgemeinschaft ist keine Arbeitnehmerüberlassung, wenn der Arbeitgeber Mitglied der Arbeitsgemeinschaft ist, für alle Mitglieder der Arbeitsgemeinschaft Tarifverträge desselben Wirtschaftszweiges gelten und alle Mitglieder auf Grund des Arbeitsgemeinschaftsvertrages zur selbständigen Erbringung von Vertragsleistungen verpflichtet sind. Für einen Arbeitgeber mit Geschäftssitz in einem anderen Mitgliedstaat des Europäischen Wirtschaftsraumes ist die Abordnung von Arbeitnehmern zu einer zur Herstellung eines Werkes gebildeten Arbeitsgemeinschaft auch dann keine Arbeitnehmerüberlassung, wenn für ihn deutsche Tarifverträge desselben Wirtschaftszweiges wie für die anderen Mitglieder der Arbeitsgemeinschaft nicht gelten, er aber die übrigen Voraussetzungen des Satzes 2 erfüllt.

(2) Werden Arbeitnehmer Dritten zur Arbeitsleistung überlassen und übernimmt der Überlassende nicht die üblichen Arbeitgeberpflichten oder das Arbeitgeberrisiko (§ 3 Abs. 1 Nr. 1 bis 3), so wird vermutet, daß der Überlassende Arbeitsvermittlung betreibt.

(3) Dieses Gesetz ist mit Ausnahme des § 1b Satz 1, des § 16 Abs. 1 Nr. 1b und Abs. 2 bis 5 sowie der §§ 17 und 18 nicht anzuwenden auf die Arbeitnehmerüberlassung

1. zwischen Arbeitgebern desselben Wirtschaftszweiges zur Vermeidung von Kurzarbeit oder Entlassungen, wenn ein für den Entleiher und Verleiher geltender Tarifvertrag dies vorsieht,

2. zwischen Konzernunternehmen im Sinne des § 18 des Aktiengesetzes, wenn der Arbeitnehmer seine Arbeit vorübergehend nicht bei seinem Arbeitgeber leistet, oder

3. in das Ausland, wenn der Leiharbeitnehmer in ein auf der Grundlage zwischenstaatlicher Vereinbarungen begründetes deutsch-ausländisches Gemeinschaftsunternehmen verliehen wird, an dem der Verleiher beteiligt ist.

§ 1a Anzeige der Überlassung

(1) Keiner Erlaubnis bedarf ein Arbeitgeber mit weniger als 50 Beschäftigten, der zur Vermeidung von Kurzarbeit oder Entlassungen an einen Arbeitgeber einen Arbeitnehmer bis zur Dauer von zwölf Monaten überläßt, wenn er die Überlassung vorher schriftlich der Bundesagentur für Arbeit angezeigt hat.

(2) In der Anzeige sind anzugeben
1. Vor- und Familiennamen, Wohnort und Wohnung, Tag und Ort der Geburt des Leiharbeitnehmers,
2. Art der vom Leiharbeitnehmer zu leistenden Tätigkeit und etwaige Pflicht zur auswärtigen Leistung,
3. Beginn und Dauer der Überlassung,
4. Firma und Anschrift des Entleihers.

§ 1b Einschränkungen im Baugewerbe

Gewerbsmäßige Arbeitnehmerüberlassung in Betriebe des Baugewerbes für Arbeiten, die üblicherweise von Arbeitern verrichtet werden, ist unzulässig. Sie ist gestattet
1. zwischen Betrieben des Baugewerbes und anderen Betrieben, wenn diese Betriebe erfassende, für allgemeinverbindlich erklärte Tarifverträge dies bestimmen,
2. zwischen Betrieben des Baugewerbes, wenn der verleihende Betrieb nachweislich seit mindestens drei Jahren von denselben Rahmen- und Sozialkassentarifverträgen oder von deren Allgemeinverbindlichkeit erfasst wird.

Abweichend von Satz 2 ist für Betriebe des Baugewerbes mit Geschäftssitz in einem anderen Mitgliedstaat des Europäischen Wirtschaftsraumes gewerbsmäßige Arbeitnehmerüberlassung auch gestattet, wenn die ausländischen Betriebe nicht von deutschen Rahmen- und Sozialkassentarifverträgen oder für allgemeinverbindlich erklärten Tarifverträgen erfasst werden, sie aber nachweislich seit mindestens drei Jahren überwiegend Tätigkeiten ausüben, die unter den Geltungsbereich derselben Rahmen- und Sozialkassentarifverträge fallen, von denen der Betrieb des Entleihers erfasst wird.

§ 2 Erteilung und Erlöschen der Erlaubnis

(1) Die Erlaubnis wird auf schriftlichen Antrag erteilt.

(2) Die Erlaubnis kann unter Bedingungen erteilt und mit Auflagen verbunden werden, um sicherzustellen, daß keine Tatsachen eintreten, die nach § 3 die Versagung der Erlaubnis rechtfertigen. Die Aufnahme, Änderung oder Ergänzung von Auflagen sind auch nach Erteilung der Erlaubnis zulässig.

(3) Die Erlaubnis kann unter dem Vorbehalt des Widerrufs erteilt werden, wenn eine abschließende Beurteilung des Antrags noch nicht möglich ist.

(4) Die Erlaubnis ist auf ein Jahr zu befristen. Der Antrag auf Verlängerung der Erlaubnis ist spätestens drei Monate vor Ablauf des Jahres zu stellen. Die Erlaubnis verlängert sich um ein weiteres Jahr, wenn die Erlaubnisbehörde die Verlängerung nicht vor Ablauf des Jahres ablehnt. Im Fall der Ablehnung gilt die Erlaubnis für die Abwicklung der nach § 1 erlaubt abgeschlossenen Verträge als fortbestehend, jedoch nicht länger als zwölf Monate.

(5) Die Erlaubnis kann unbefristet erteilt werden, wenn der Verleiher drei aufeinanderfolgende Jahre lang nach § 1 erlaubt tätig war. Sie erlischt, wenn der Verleiher von der Erlaubnis drei Jahre lang keinen Gebrauch gemacht hat.

§ 2a Kosten

(1) Für die Bearbeitung von Anträgen auf Erteilung und Verlängerung der Erlaubnis werden vom Antragsteller Kosten (Gebühren und Auslagen) erhoben.
(2) Die Vorschriften des Verwaltungskostengesetzes sind anzuwenden. Die Bundesregierung wird ermächtigt, durch Rechtsverordnung die gebührenpflichtigen Tatbestände näher zu bestimmen und dabei feste Sätze und Rahmensätze vorzusehen. Die Gebühr darf im Einzelfall 2500 Euro nicht überschreiten.

§ 3 Versagung

(1) Die Erlaubnis oder ihre Verlängerung ist zu versagen, wenn Tatsachen die Annahme rechtfertigen, daß der Antragsteller
1. die für die Ausübung der Tätigkeit nach § 1 erforderliche Zuverlässigkeit nicht besitzt, insbesondere weil er die Vorschriften des Sozialversicherungsrechts, über die Einbehaltung und Abführung der Lohnsteuer, über die Arbeitsvermittlung, über die Anwerbung im Ausland oder über die Ausländerbeschäftigung, die Vorschriften des Arbeitsschutzrechts oder die arbeitsrechtlichen Pflichten nicht einhält;
2. nach der Gestaltung seiner Betriebsorganisation nicht in der Lage ist, die üblichen Arbeitgeberpflichten ordnungsgemäß zu erfüllen;
3. dem Leiharbeitnehmer für die Zeit der Überlassung an einen Entleiher die im Betrieb dieses Entleihers für einen vergleichbaren Arbeitnehmer des Entleihers geltenden wesentlichen Arbeitsbedingungen einschließlich des Arbeitsentgelts nicht gewährt, es sei denn, der Verleiher gewährt dem zuvor arbeitslosen Leiharbeitnehmer für die Überlassung an einen Entleiher für die Dauer von insgesamt höchstens sechs Wochen mindestens ein Nettoarbeitsentgelt in Höhe des Betrages, den der Leiharbeitnehmer zuletzt als Arbeitslosengeld erhalten hat; Letzteres gilt nicht, wenn mit demselben Verleiher bereits ein Leiharbeitsverhältnis bestanden hat. Ein Tarifvertrag kann abweichende Regelungen zulassen. Im Geltungsbereich eines solchen Tarifvertrages können nicht tarifgebundene Arbeitgeber und Arbeitnehmer die Anwendung der tariflichen Regelungen vereinbaren.
(2) Die Erlaubnis oder ihre Verlängerung ist ferner zu versagen, wenn für die Ausübung der Tätigkeit nach § 1 Betriebe, Betriebsteile oder Nebenbetriebe vorgesehen sind, die nicht in einem Mitgliedstaat der Europäischen Wirtschaftsgemeinschaft oder einem anderen Vertragsstaat des Abkommens über den Europäischen Wirtschaftsraum liegen.
(3) Die Erlaubnis kann versagt werden, wenn der Antragsteller nicht Deutscher im Sinne des Artikels 116 des Grundgesetzes ist oder wenn eine Gesellschaft oder juristische Person den Antrag stellt, die entweder nicht nach deutschem Recht gegründet ist oder die weder ihren satzungsmäßigen Sitz noch ihre Hauptverwaltung noch ihre Hauptniederlassung im Geltungsbereich dieses Gesetzes hat.
(4) Staatsangehörige der Mitgliedstaaten der Europäischen Wirtschaftsgemeinschaft oder eines anderen Vertragsstaates des Abkommens über den Europäischen Wirtschaftsraum erhalten die Erlaubnis unter den gleichen Voraussetzungen wie deutsche Staatsangehörige. Den Staatsangehörigen dieser Staaten stehen gleich Gesellschaften und juristische Personen, die nach den Rechtsvorschriften dieser Staaten gegründet

sind und ihren satzungsgemäßen Sitz, ihre Hauptverwaltung oder ihre Hauptniederlassung innerhalb dieser Staaten haben. Soweit diese Gesellschaften oder juristische Personen zwar ihren satzungsmäßigen Sitz, jedoch weder ihre Hauptverwaltung noch ihre Hauptniederlassung innerhalb dieser Staaten haben, gilt Satz 2 nur, wenn ihre Tätigkeit in tatsächlicher und dauerhafter Verbindung mit der Wirtschaft eines Mitgliedstaates oder eines Vertragsstaates des Abkommens über den Europäischen Wirtschaftsraum steht.

(5) Staatsangehörige anderer als der in Absatz 4 genannten Staaten, die sich aufgrund eines internationalen Abkommens im Geltungsbereich dieses Gesetzes niederlassen und hierbei sowie bei ihrer Geschäftstätigkeit nicht weniger günstig behandelt werden dürfen als deutsche Staatsangehörige, erhalten die Erlaubnis unter den gleichen Voraussetzungen wie deutsche Staatsangehörige. Den Staatsangehörigen nach Satz 1 stehen gleich Gesellschaften, die nach den Rechtsvorschriften des anderen Staates gegründet sind.

§ 4 Rücknahme

(1) Eine rechtswidrige Erlaubnis kann mit Wirkung für die Zukunft zurückgenommen werden. § 2 Abs. 4 Satz 4 gilt entsprechend.

(2) Die Erlaubnisbehörde hat dem Verleiher auf Antrag den Vermögensnachteil auszugleichen, den dieser dadurch erleidet, daß er auf den Bestand der Erlaubnis vertraut hat, soweit sein Vertrauen unter Abwägung mit dem öffentlichen Interesse schutzwürdig ist. Auf Vertrauen kann sich der Verleiher nicht berufen, wenn er

1. die Erlaubnis durch arglistige Täuschung, Drohung oder eine strafbare Handlung erwirkt hat;
2. die Erlaubnis durch Angaben erwirkt hat, die in wesentlicher Beziehung unrichtig oder unvollständig waren, oder
3. die Rechtswidrigkeit der Erlaubnis kannte oder infolge grober Fahrlässigkeit nicht kannte.

Der Vermögensnachteil ist jedoch nicht über den Betrag des Interesses hinaus zu ersetzen, das der Verleiher an dem Bestand der Erlaubnis hat. Der auszugleichende Vermögensnachteil wird durch die Erlaubnisbehörde festgesetzt. Der Anspruch kann nur innerhalb eines Jahres geltend gemacht werden; die Frist beginnt, sobald die Erlaubnisbehörde den Verleiher auf sie hingewiesen hat.

(3) Die Rücknahme ist nur innerhalb eines Jahres seit dem Zeitpunkt zulässig, in dem die Erlaubnisbehörde von den Tatsachen Kenntnis erhalten hat, die die Rücknahme der Erlaubnis rechtfertigen.

§ 5 Widerruf

(1) Die Erlaubnis kann mit Wirkung für die Zukunft widerrufen werden, wenn

1. der Widerruf bei ihrer Erteilung nach § 2 Abs. 3 vorbehalten worden ist;
2. der Verleiher eine Auflage nach § 2 nicht innerhalb einer ihm gesetzten Frist erfüllt hat;
3. die Erlaubnisbehörde aufgrund nachträglich eingetretener Tatsachen berechtigt wäre, die Erlaubnis zu versagen, oder
4. die Erlaubnisbehörde aufgrund einer geänderten Rechtslage berechtigt wäre, die Erlaubnis zu versagen; § 4 Abs. 2 gilt entsprechend.

(2) Die Erlaubnis wird mit dem Wirksamwerden des Widerrufs unwirksam. § 2 Abs. 4 Satz 4 gilt entsprechend.

(3) Der Widerruf ist unzulässig, wenn eine Erlaubnis gleichen Inhalts erneut erteilt werden müßte.

(4) Der Widerruf ist nur innerhalb eines Jahres seit dem Zeitpunkt zulässig, in dem die Erlaubnisbehörde von den Tatsachen Kenntnis erhalten hat, die den Widerruf der Erlaubnis rechtfertigen.

§ 6 Verwaltungszwang

Werden Leiharbeitnehmer von einem Verleiher ohne die erforderliche Erlaubnis überlassen, so hat die Erlaubnisbehörde dem Verleiher dies zu untersagen und das weitere Überlassen nach den Vorschriften des Verwaltungsvollstreckungsgesetzes zu verhindern.

§ 7 Anzeigen und Auskünfte

(1) Der Verleiher hat der Erlaubnisbehörde nach Erteilung der Erlaubnis unaufgefordert die Verlegung, Schließung und Errichtung von Betrieben, Betriebsteilen oder Nebenbetrieben vorher anzuzeigen, soweit diese die Ausübung der Arbeitnehmerüberlassung zum Gegenstand haben. Wenn die Erlaubnis Personengesamtheiten, Personengesellschaften oder juristischen Personen erteilt ist und nach ihrer Erteilung eine andere Person zur Geschäftsführung oder Vertretung nach Gesetz, Satzung oder Gesellschaftsvertrag berufen wird, ist auch dies unaufgefordert anzuzeigen.

(2) Der Verleiher hat der Erlaubnisbehörde auf Verlangen die Auskünfte zu erteilen, die zur Durchführung des Gesetzes erforderlich sind. Die Auskünfte sind wahrheitsgemäß, vollständig, fristgemäß und unentgeltlich zu erteilen. Auf Verlangen der Erlaubnisbehörde hat der Verleiher die geschäftlichen Unterlagen vorzulegen, aus denen sich die Richtigkeit seiner Angaben ergibt, oder seine Angaben auf sonstige Weise glaubhaft zu machen. Der Verleiher hat seine Geschäftsunterlagen drei Jahre lang aufzubewahren.

(3) In begründeten Einzelfällen sind die von der Erlaubnisbehörde beauftragten Personen befugt, Grundstücke und Geschäftsräume des Verleihers zu betreten und dort Prüfungen vorzunehmen. Der Verleiher hat die Maßnahmen nach Satz 1 zu dulden. Das Grundrecht der Unverletzlichkeit der Wohnung (Artikel 13 des Grundgesetzes) wird insoweit eingeschränkt.

(4) Durchsuchungen können nur auf Anordnung des Richters bei dem Amtsgericht, in dessen Bezirk die Durchsuchung erfolgen soll, vorgenommen werden. Auf die Anfechtung dieser Anordnung finden die §§ 304 bis 310 der Strafprozeßordnung entsprechende Anwendung. Bei Gefahr im Verzuge können die von der Erlaubnisbehörde beauftragten Personen während der Geschäftszeit die erforderlichen Durchsuchungen ohne richterliche Anordnung vornehmen. An Ort und Stelle ist eine Niederschrift über die Durchsuchung und ihr wesentliches Ergebnis aufzunehmen, aus der sich, falls keine richterliche Anordnung ergangen ist, auch die Tatsachen ergeben, die zur Annahme einer Gefahr im Verzuge geführt haben.

(5) Der Verleiher kann die Auskunft auf solche Fragen verweigern, deren Beantwortung ihn selbst oder einen der in § 383 Abs. 1 Nr. 1 bis 3 der Zivilprozeßordnung bezeichneten Angehörigen der Gefahr strafgerichtlicher Verfolgung oder eines Verfahrens nach dem Gesetz über Ordnungswidrigkeiten aussetzen würde.

§ 8 Statistische Meldungen

(1) Der Verleiher hat der Erlaubnisbehörde halbjährlich statistische Meldungen über

1. die Zahl der überlassenen Leiharbeitnehmer getrennt nach Geschlecht, nach der Staatsangehörigkeit, nach Berufsgruppen und nach der Art der vor der Begründung des Vertragsverhältnisses zum Verleiher ausgeübten Beschäftigung,
2. die Zahl der Überlassungsfälle, gegliedert nach Wirtschaftsgruppen,
3. die Zahl der Entleiher, denen er Leiharbeitnehmer überlassen hat, gegliedert nach Wirtschaftsgruppen,
4. die Zahl und die Dauer der Arbeitsverhältnisse, die er mit jedem überlassenen Leiharbeitnehmer eingegangen ist,
5. die Zahl der Beschäftigungstage jedes überlassenen Leiharbeitnehmers, gegliedert nach Überlassungsfällen,

zu erstatten. Die Erlaubnisbehörde kann die Meldepflicht nach Satz 1 einschränken.

(2) Die Meldungen sind für das erste Kalenderhalbjahr bis zum 1. September des laufenden Jahres, für das zweite Kalenderhalbjahr bis zum 1. März des folgenden Jahres zu erstatten.

(3) Die Erlaubnisbehörde gibt zur Durchführung des Absatzes 1 Erhebungsvordrucke aus. Die Meldungen sind auf diesen Vordrucken zu erstatten. Die Richtigkeit der Angaben ist durch Unterschrift zu bestätigen.

(4) Einzelangaben nach Absatz 1 sind von der Erlaubnisbehörde geheimzuhalten. Die §§ 93, 97, 105 Abs. 1, § 111 Abs. 5 in Verbindung mit § 105 Abs. 1 sowie § 116 Abs. 1 der Abgabenordnung gelten nicht. Dies gilt nicht, soweit die Finanzbehörden die Kenntnisse für die Durchführung eines Verfahrens wegen einer Steuerstraftat sowie eines damit zusammenhängenden Besteuerungsverfahrens benötigen, an deren Verfolgung ein zwingendes öffentliches Interesse besteht, oder soweit es sich um vorsätzlich falsche Angaben des Auskunftspflichtigen oder der für ihn tätigen Personen handelt. Veröffentlichungen von Ergebnissen auf Grund von Meldungen nach Absatz 1 dürfen keine Einzelangaben enthalten. Eine Zusammenfassung von Angaben mehrerer Auskunftspflichtiger ist keine Einzelangabe im Sinne dieses Absatzes.

§ 9 Unwirksamkeit

Unwirksam sind:

1. Verträge zwischen Verleihern und Entleihern sowie zwischen Verleihern und Leiharbeitnehmern, wenn der Verleiher nicht die nach § 1 erforderliche Erlaubnis hat,
2. Vereinbarungen, die für den Leiharbeitnehmer für die Zeit der Überlassung an einen Entleiher schlechtere als die im Betrieb des Entleihers für einen vergleichbaren Arbeitnehmer des Entleihers geltenden wesentlichen Arbeitsbedingungen einschließlich des Arbeitsentgelts vorsehen, es sei denn, der Verleiher gewährt dem zuvor arbeitslosen Leiharbeitnehmer für die Überlassung an einen Entleiher für die Dauer von insgesamt höchstens sechs Wochen mindestens ein Nettoarbeitsentgelt in Höhe des Betrages, den der Leiharbeitnehmer zuletzt als Arbeitslosengeld erhalten hat; Letzteres gilt nicht, wenn mit demselben Verleiher bereits ein Leiharbeitsverhältnis bestanden hat; ein Tarifvertrag kann abweichende Regelungen zulassen; im Geltungsbereich eines solchen Tarifvertrages können nicht tarifgebundene Arbeitgeber und Arbeitnehmer die Anwendung der tariflichen Regelungen vereinbaren,
3. Vereinbarungen, die dem Entleiher untersagen, den Leiharbeitnehmer zu einem Zeitpunkt einzustellen, in dem dessen Arbeitsverhältnis zum Verleiher nicht mehr

besteht; dies schließt die Vereinbarung einer angemessenen Vergütung zwischen Verleiher und Entleiher für die nach vorangegangenem Verleih oder mittels vorangegangenem Verleih erfolgte Vermittlung nicht aus,

4. Vereinbarungen, die dem Leiharbeitnehmer untersagen, mit dem Entleiher zu einem Zeitpunkt, in dem das Arbeitsverhältnis zwischen Verleiher und Leiharbeitnehmer nicht mehr besteht, ein Arbeitsverhältnis einzugehen.

§ 10 Rechtsfolgen bei Unwirksamkeit

(1) Ist der Vertrag zwischen einem Verleiher und einem Leiharbeitnehmer nach § 9 Nr. 1 unwirksam, so gilt ein Arbeitsverhältnis zwischen Entleiher und Leiharbeitnehmer zu dem zwischen dem Entleiher und dem Verleiher für den Beginn der Tätigkeit vorgesehenen Zeitpunkt als zustande gekommen; tritt die Unwirksamkeit erst nach Aufnahme der Tätigkeit beim Entleiher ein, so gilt das Arbeitsverhältnis zwischen Entleiher und Leiharbeitnehmer mit dem Eintritt der Unwirksamkeit als zustande gekommen. Das Arbeitsverhältnis nach Satz 1 gilt als befristet, wenn die Tätigkeit des Leiharbeitnehmers bei dem Entleiher nur befristet vorgesehen war und ein die Befristung des Arbeitsverhältnisses sachlich rechtfertigender Grund vorliegt. Für das Arbeitsverhältnis nach Satz 1 gilt die zwischen dem Verleiher und dem Entleiher vorgesehene Arbeitszeit als vereinbart. Im übrigen bestimmen sich Inhalt und Dauer dieses Arbeitsverhältnisses nach den für den Betrieb des Entleihers geltenden Vorschriften und sonstigen Regelungen; sind solche nicht vorhanden, gelten diejenigen vergleichbarer Betriebe. Der Leiharbeitnehmer hat gegen den Entleiher mindestens Anspruch auf das mit dem Verleiher vereinbarte Arbeitsentgelt.

(2) Der Leiharbeitnehmer kann im Falle der Unwirksamkeit seines Vertrages mit dem Verleiher nach § 9 Nr. 1 von diesem Ersatz des Schadens verlangen, den er dadurch erleidet, daß er auf die Gültigkeit des Vertrages vertraut. Die Ersatzpflicht tritt nicht ein, wenn der Leiharbeitnehmer den Grund der Unwirksamkeit kannte.

(3) Zahlt der Verleiher das vereinbarte Arbeitsentgelt oder Teile des Arbeitsentgelts an den Leiharbeitnehmer, obwohl der Vertrag nach § 9 Nr. 1 unwirksam ist, so hat er auch sonstige Teile des Arbeitsentgelts, die bei einem wirksamen Arbeitsvertrag für den Leiharbeitnehmer an einen anderen zu zahlen wären, an den anderen zu zahlen. Hinsichtlich dieser Zahlungspflicht gilt der Verleiher neben dem Entleiher als Arbeitgeber; beide haften insoweit als Gesamtschuldner.

(4) Der Leiharbeitnehmer kann im Falle der Unwirksamkeit der Vereinbarung mit dem Verleiher nach § 9 Nr. 2 von diesem die Gewährung der im Betrieb des Entleihers für einen vergleichbaren Arbeitnehmer des Entleihers geltenden wesentlichen Arbeitsbedingungen einschließlich des Arbeitsentgelts verlangen.

(5) *(Aufgehoben)*

§ 11 Sonstige Vorschriften über das Leiharbeitsverhältnis

(1) Der Nachweis der wesentlichen Vertragsbedingungen des Leiharbeitsverhältnisses richtet sich nach den Bestimmungen des Nachweisgesetzes. Zusätzlich zu den in § 2 Abs. 1 des Nachweisgesetzes genannten Angaben sind in die Niederschrift aufzunehmen:

1. Firma und Anschrift des Verleihers, die Erlaubnisbehörde sowie Ort und Datum der Erteilung der Erlaubnis nach § 1,
2. Art und Höhe der Leistungen für Zeiten, in denen der Leiharbeitnehmer nicht verliehen ist.

(2) Der Verleiher ist ferner verpflichtet, dem Leiharbeitnehmer bei Vertragsschluß ein Merkblatt der Erlaubnisbehörde über den wesentlichen Inhalt dieses Gesetzes auszuhändigen. Nichtdeutsche Leiharbeitnehmer erhalten das Merkblatt und den Nachweis nach Absatz 1 auf Verlangen in ihrer Muttersprache. Die Kosten des Merkblatts trägt der Verleiher.

(3) Der Verleiher hat den Leiharbeitnehmer unverzüglich über den Zeitpunkt des Wegfalls der Erlaubnis zu unterrichten. In den Fällen der Nichtverlängerung (§ 2 Abs. 4 Satz 3), der Rücknahme (§ 4) oder des Widerrufs (§ 5) hat er ihn ferner auf das voraussichtliche Ende der Abwicklung (§ 2 Abs. 4 Satz 4) und die gesetzliche Abwicklungsfrist (§ 2 Abs. 4 Satz 4 letzter Halbsatz) hinzuweisen.

(4) § 622 Abs. 5 Nr. 1 des Bürgerlichen Gesetzbuchs ist nicht auf Arbeitsverhältnisse zwischen Verleihern und Leiharbeitnehmern anzuwenden. Das Recht des Leiharbeitnehmers auf Vergütung bei Annahmeverzug des Verleihers (§ 615 Satz 1 des Bürgerlichen Gesetzbuchs) kann nicht durch Vertrag aufgehoben oder beschränkt werden; § 615 Satz 2 des Bürgerlichen Gesetzbuchs bleibt unberührt.

(5) Der Leiharbeitnehmer ist nicht verpflichtet, bei einem Entleiher tätig zu sein, soweit dieser durch einen Arbeitskampf unmittelbar betroffen ist. In den Fällen eines Arbeitskampfes nach Satz 1 hat der Verleiher den Leiharbeitnehmer auf das Recht, die Arbeitsleistung zu verweigern, hinzuweisen.

(6) Die Tätigkeit des Leiharbeitnehmers bei dem Entleiher unterliegt den für den Betrieb des Entleihers geltenden öffentlich-rechtlichen Vorschriften des Arbeitsschutzrechts; die hieraus sich ergebenden Pflichten für den Arbeitgeber obliegen dem Entleiher unbeschadet der Pflichten des Verleihers. Insbesondere hat der Entleiher den Leiharbeitnehmer vor Beginn der Beschäftigung und bei Veränderungen in seinem Arbeitsbereich über Gefahren für Sicherheit und Gesundheit, denen er bei der Arbeit ausgesetzt sein kann, sowie über die Maßnahmen und Einrichtungen zur Abwendung dieser Gefahren zu unterrichten. Der Entleiher hat den Leiharbeitnehmer zusätzlich über die Notwendigkeit besonderer Qualifikationen oder beruflicher Fähigkeiten oder einer besonderen ärztlichen Überwachung sowie über erhöhte besondere Gefahren des Arbeitsplatzes zu unterrichten.

(7) Hat der Leiharbeitnehmer während der Dauer der Tätigkeit bei dem Entleiher eine Erfindung oder einen technischen Verbesserungsvorschlag gemacht, so gilt der Entleiher als Arbeitgeber im Sinne des Gesetzes über Arbeitnehmererfindungen.

§ 12 Rechtsbeziehungen zwischen Verleiher und Entleiher

(1) Der Vertrag zwischen dem Verleiher und dem Entleiher bedarf der Schriftform. In der Urkunde hat der Verleiher zu erklären, ob er die Erlaubnis nach § 1 besitzt. Der Entleiher hat in der Urkunde anzugeben, welche besonderen Merkmale die für den Leiharbeitnehmer vorgesehene Tätigkeit hat und welche berufliche Qualifikation dafür erforderlich ist sowie welche im Betrieb des Entleihers für einen vergleichbaren Arbeitnehmer des Entleihers wesentlichen Arbeitsbedingungen einschließlich des Arbeitsentgelts gelten; Letzteres gilt nicht, sowie die Voraussetzungen einer der beiden in § 3 Abs. 1 Nr. 3 und § 9 Nr. 2 genannten Ausnahmen vorliegen.

(2) Der Verleiher hat den Entleiher unverzüglich über den Zeitpunkt des Wegfalls der Erlaubnis zu unterrichten. In den Fällen der Nichtverlängerung (§ 2 Abs. 4 Satz 3), der Rücknahme (§ 4) oder des Widerrufs (§ 5) hat er ihn ferner auf das voraussichtliche Ende der Abwicklung (§ 2 Abs. 4 Satz 4) und die gesetzliche Abwicklungsfrist (§ 2 Abs. 4 Satz 4 letzter Halbsatz) hinzuweisen.

(3) *(Aufgehoben)*

§ 13 Auskunftsanspruch des Leiharbeitnehmers

Der Leiharbeitnehmer kann im Falle der Überlassung von seinem Entleiher Auskunft über die im Betrieb des Entleihers für einen vergleichbaren Arbeitnehmer des Entleihers geltenden wesentlichen Arbeitsbedingungen einschließlich des Arbeitsentgelts verlangen; dies gilt nicht, soweit die Voraussetzungen einer der beiden in § 3 Abs. 1 Nr. 3 und § 9 Nr. 2 genannten Ausnahmen vorliegen.

§ 14 Mitwirkungs- und Mitbestimmungsrechte

(1) Leiharbeitnehmer bleiben auch während der Zeit ihrer Arbeitsleistung bei einem Entleiher Angehörige des entsendenden Betriebs des Verleihers.

(2) Leiharbeitnehmer sind bei der Wahl der Arbeitnehmervertreter in den Aufsichtsrat im Entleiherunternehmen und bei der Wahl der betriebsverfassungsrechtlichen Arbeitnehmervertretungen im Entleiherbetrieb nicht wählbar. Sie sind berechtigt, die Sprechstunden dieser Arbeitnehmervertretungen aufzusuchen und an den Betriebs- und Jugendversammlungen im Entleiherbetrieb teilzunehmen. Die §§ 81, 82 Abs. 1 und die §§ 84 bis 86 des Betriebsverfassungsgesetzes gelten im Entleiherbetrieb auch in bezug auf die dort tätigen Leiharbeitnehmer.

(3) Vor der Übernahme eines Leiharbeitnehmers zur Arbeitsleistung ist der Betriebsrat des Entleiherbetriebs nach § 99 des Betriebsverfassungsgesetzes zu beteiligen. Dabei hat der Entleiher dem Betriebsrat auch die schriftliche Erklärung des Verleihers nach § 12 Abs. 1 Satz 2 vorzulegen. Er ist ferner verpflichtet, Mitteilungen des Verleihers nach § 12 Abs. 2 unverzüglich dem Betriebsrat bekanntzugeben.

(4) Die Absätze 1 und 2 Satz 1 und 2 sowie Absatz 3 gelten für die Anwendung des Bundespersonalvertretungsgesetzes sinngemäß.

§ 15 Ausländische Leiharbeitnehmer ohne Genehmigung

(1) Wer als Verleiher einen Ausländer, der einen erforderlichen Aufenthaltstitel nach § 4 Abs. 3 des Aufenthaltsgesetzes, eine Aufenthaltsgestattung oder eine Duldung, die zur Ausübung der Beschäftigung berechtigen, oder eine Genehmigung nach § 284 Abs. 1 des Dritten Buches Sozialgesetzbuch nicht besitzt, entgegen § 1 einem Dritten ohne Erlaubnis überläßt, wird mit Freiheitsstrafe bis zu drei Jahren oder mit Geldstrafe bestraft.

(2) In besonders schweren Fällen ist die Strafe Freiheitsstrafe von sechs Monaten bis zu fünf Jahren. Ein besonders schwerer Fall liegt in der Regel vor, wenn der Täter gewerbsmäßig oder aus grobem Eigennutz handelt.

§ 15a Entleih von Ausländern ohne Genehmigung

(1) Wer als Entleiher einen ihm überlassenen Ausländer, der einen erforderlichen Aufenthaltstitel nach § 4 Abs. 3 des Aufenthaltsgesetzes, eine Aufenthaltsgestattung oder eine Duldung, die zur Ausübung der Beschäftigung berechtigen, oder eine Genehmigung nach § 284 Abs. 1 des Dritten Buches Sozialgesetzbuch nicht besitzt, zu Arbeitsbedingungen des Leiharbeitsverhältnisses tätig werden läßt, die in einem auffälligen Mißverhältnis zu den Arbeitsbedingungen deutscher Leiharbeitnehmer stehen, die die gleiche oder eine vergleichbare Tätigkeit ausüben, wird mit Freiheitsstrafe bis zu drei Jahren oder mit Geldstrafe bestraft. In besonders schweren Fällen ist die Strafe Freiheitsstrafe von sechs Monaten bis zu fünf Jahren; ein besonders schwerer

Fall liegt in der Regel vor, wenn der Täter gewerbsmäßig oder aus grobem Eigennutz handelt.

(2) Wer als Entleiher

1. gleichzeitig mehr als fünf Ausländer, die einen erforderlichen Aufenthaltstitel nach § 4 Abs. 3 des Aufenthaltsgesetzes, eine Aufenthaltsgestattung oder eine Duldung, die zur Ausübung der Beschäftigung berechtigen, oder eine Genehmigung nach § 284 Abs. 1 des Dritten Buches Sozialgesetzbuch nicht besitzen, tätig werden läßt oder
2. eine in § 16 Abs. 1 Nr. 2 bezeichnete vorsätzliche Zuwiderhandlung beharrlich wiederholt,

wird mit Freiheitsstrafe bis zu einem Jahr oder mit Geldstrafe bestraft. Handelt der Täter aus grobem Eigennutz, ist die Strafe Freiheitsstrafe bis zu drei Jahren oder Geldstrafe.

§ 16 Ordnungswidrigkeiten

(1) Ordnungswidrig handelt, wer vorsätzlich oder fahrlässig

1. entgegen § 1 einen Leiharbeitnehmer einem Dritten ohne Erlaubnis überläßt,
1a. einen ihm von einem Verleiher ohne Erlaubnis überlassenen Leiharbeitnehmer tätig werden läßt,
1b. entgegen § 1b Satz 1 gewerbsmäßig Arbeitnehmer überläßt oder tätig werden läßt,
2. einen ihm überlassenen ausländischen Leiharbeitnehmer, der einen erforderlichen Aufenthaltstitel nach § 4 Abs. 3 des Aufenthaltsgesetzes, eine Aufenthaltsgestattung oder eine Duldung, die zur Ausübung der Beschäftigung berechtigen, oder eine Genehmigung nach § 284 Abs. 1 des Dritten Buches Sozialgesetzbuch nicht besitzt, tätig werden läßt,
2a. eine Anzeige nach § 1a nicht richtig, nicht vollständig oder nicht rechtzeitig erstattet,
3. einer Auflage nach § 2 Abs. 2 nicht, nicht vollständig oder nicht rechtzeitig nachkommt,
4. eine Anzeige nach § 7 Abs. 1 nicht, nicht richtig, nicht vollständig oder nicht rechtzeitig erstattet,
5. eine Auskunft nach § 7 Abs. 2 Satz 1 nicht, nicht richtig, nicht vollständig oder nicht rechtzeitig erteilt,
6. seiner Aufbewahrungspflicht nach § 7 Abs. 2 Satz 4 nicht nachkommt,
6a. entgegen § 7 Abs. 3 Satz 2 eine dort genannte Maßnahme nicht duldet,
7. eine statistische Meldung nach § 8 Abs. 1 nicht, nicht richtig, nicht vollständig oder nicht rechtzeitig erteilt,
8. einer Pflicht nach § 11 Abs. 1 oder Abs. 2 nicht nachkommt.

(2) Die Ordnungswidrigkeit nach Absatz 1 Nr. 1 bis 1b kann mit einer Geldbuße bis zu fünfundzwanzigtausend Euro, die Ordnungswidrigkeit nach Absatz 1 Nr. 2 mit einer Geldbuße bis zu fünfhunderttausend Euro, die Ordnungswidrigkeit nach Absatz 1 Nr. 2a und 3 mit einer Geldbuße bis zu zweitausendfünfhundert Euro, die Ordnungswidrigkeit nach Absatz 1 Nr. 4 bis 8 mit einer Geldbuße bis zu fünfhundert Euro geahndet werden.

(3) Verwaltungsbehörden im Sinne des § 36 Abs. 1 Nr. 1 des Gesetzes über Ordnungswidrigkeiten sind für die Ordnungswidrigkeiten nach Absatz 1 Nr. 1 bis 2a die Behörden der Zollverwaltung, für die Ordnungswidrigkeiten nach Absatz 1 Nr. 3 bis 8 die Bundesagentur für Arbeit.

(4) § 66 des Zehnten Buches Sozialgesetzbuch gilt entsprechend.

(5) Die Geldbußen fließen in die Kasse der zuständigen Verwaltungsbehörde. Sie

trägt abweichend von § 105 Abs. 2 des Gesetzes über Ordnungswidrigkeiten die notwendigen Auslagen und ist auch ersatzpflichtig im Sinne des § 110 Abs. 4 des Gesetzes über Ordnungswidrigkeiten.

§ 17 Durchführung

Die Bundesagentur für Arbeit führt dieses Gesetz nach fachlichen Weisungen des Bundesministeriums für Wirtschaft und Arbeit durch. Verwaltungskosten werden nicht erstattet.

§ 18 Zusammenarbeit mit anderen Behörden

(1) Zur Verfolgung und Ahndung der Ordnungswidrigkeiten nach § 16 arbeiten die Bundesagentur für Arbeit und die Behörden der Zollverwaltung insbesondere mit folgenden Behörden zusammen:
1. den Trägern der Krankenversicherung als Einzugsstellen für die Sozialversicherungsbeiträge,
2. den in § 71 des Aufenthaltsgesetzes genannten Behörden,
3. den Finanzbehörden,
4. den nach Landesrecht für die Verfolgung und Ahndung von Ordnungswidrigkeiten nach dem Schwarzarbeitsbekämpfungsgesetz zuständigen Behörden,
5. den Trägern der Unfallversicherung,
6. den für den Arbeitsschutz zuständigen Landesbehörden,
7. den Rentenversicherungsträgern,
8. den Trägern der Sozialhilfe.
(2) Ergeben sich für die Bundesagentur für Arbeit oder die Behörden der Zollverwaltung bei der Durchführung dieses Gesetzes im Einzelfall konkrete Anhaltspunkte für
1. Verstöße gegen das Schwarzarbeitsbekämpfungsgesetz,
2. eine Beschäftigung oder Tätigkeit von Ausländern ohne erforderlichen Aufenthaltstitel nach § 4 Abs. 3 des Aufenthaltsgesetzes, eine Aufenthaltsgestattung oder eine Duldung, die zur Ausübung der Beschäftigung berechtigen, oder eine Genehmigung nach § 284 Abs. 1 des Dritten Buches Sozialgesetzbuch,
3. Verstöße gegen die Mitwirkungspflicht nach § 60 Abs. 1 Satz 1 Nr. 2 des Ersten Buches Sozialgesetzbuch gegenüber einer Dienststelle der Bundesagentur für Arbeit, einem Träger der gesetzlichen Kranken-, Pflege-, Unfall- oder Rentenversicherung oder einem Träger der Sozialhilfe oder gegen die Meldepflicht nach § 8a des Asylbewerberleistungsgesetzes,
4. Verstöße gegen die Vorschriften des Vierten und Siebten Buches Sozialgesetzbuch über die Verpflichtung zur Zahlung von Sozialversicherungsbeiträgen, soweit sie im Zusammenhang mit den in den Nummern 1 bis 3 genannten Verstößen sowie mit Arbeitnehmerüberlassung entgegen § 1 stehen,
5. Verstöße gegen die Steuergesetze,
6. Verstöße gegen das Aufenthaltsgesetz,
unterrichten sie die für die Verfolgung und Ahndung zuständigen Behörden, die Träger der Sozialhilfe sowie die Behörden nach § 71 des Aufenthaltsgesetzes.
(3) In Strafsachen, die Straftaten nach den §§ 15 und 15a zum Gegenstand haben, sind der Bundesagentur für Arbeit und den Behörden der Zollverwaltung zur Verfolgung von Ordnungswidrigkeiten
1. bei Einleitung des Strafverfahrens die Personendaten des Beschuldigten, der Straftatbestand, die Tatzeit und der Tatort,

2. im Falle der Erhebung der öffentlichen Klage die das Verfahren abschließende Entscheidung mit Begründung zu übermitteln. Ist mit der in Nummer 2 genannten Entscheidung ein Rechtsmittel verworfen worden oder wird darin auf die angefochtene Entscheidung Bezug genommen, so ist auch die angefochtene Entscheidung zu übermitteln. Die Übermittlung veranlaßt die Strafvollstreckungs- oder die Strafverfolgungsbehörde. Eine Verwendung

1. der Daten der Arbeitnehmer für Maßnahmen zu ihren Gunsten,
2. der Daten des Arbeitgebers zur Besetzung seiner offenen Arbeitsplätze, die im Zusammenhang mit dem Strafverfahren bekanntgeworden sind,
3. der in den Nummern 1 und 2 genannten Daten für Entscheidungen über die Einstellung oder Rückforderung von Leistungen der Bundesagentur für Arbeit

ist zulässig.

(4) Gerichte, Strafverfolgungs- oder Strafvollstreckungsbehörden sollen den Behörden der Zollverwaltung Erkenntnisse aus sonstigen Verfahren, die aus ihrer Sicht zur Verfolgung von Ordnungswidrigkeiten nach § 16 Abs. 1 Nr. 1 bis 2 erforderlich sind, übermitteln, soweit nicht für die übermittelnde Stelle erkennbar ist, daß schutzwürdige Interessen des Betroffenen oder anderer Verfahrensbeteiligter an dem Ausschluß der Übermittlung überwiegen. Dabei ist zu berücksichtigen, wie gesichert die zu übermittelnden Erkenntnisse sind.

§ 19 Übergangsvorschrift

§ 1 Abs. 2, § 1b Satz 2, die §§ 3, 9, 10, 12, 13 und 16 in der vor dem 1. Januar 2003 geltenden Fassung sind auf Leiharbeitsverhältnisse, die vor dem 1. Januar 2004 begründet worden sind, bis zum 31. Dezember 2003 weiterhin anzuwenden. Dies gilt nicht für Leiharbeitsverhältnisse im Geltungsbereich eines nach dem 15. November 2002 in Kraft tretenden Tarifvertrages, der die wesentlichen Arbeitsbedingungen einschließlich des Arbeitsentgelts im Sinne des § 3 Abs. 1 Nr. 3 und des § 9 Nr. 2 regelt.

Artikel 2
Änderung des Sozialgerichtsgesetzes

Das Sozialgerichtsgesetz wird wie folgt geändert:

1. Dem § 86 wird folgender Absatz 4 angefügt:
   »(4) Absatz 3 gilt entsprechend, wenn eine Erlaubnis nach Artikel 1 § 1 des Gesetzes zur Regelung der gewerbsmäßigen Arbeitnehmerüberlassung vom 7. August 1972 (Bundesgesetzbl. I S. 1393) zurückgenommen, widerrufen oder nicht verlängert wird.«
2. § 97 Absatz 2 wird wie folgt geändert:
   a) Nach Satz 1 wird folgender Satz 2 eingefügt:
      »Dasselbe gilt, wenn ein Verwaltungsakt angefochten wird, mit dem eine Erlaubnis nach Artikel 1 § 1 des Gesetzes zur Regelung der gewerbsmäßigen Arbeitnehmerüberlassung vom 7. August 1972 (Bundesgesetzbl. I S. 1393) zurückgenommen, widerrufen oder nicht verlängert wird.«
   b) Die bisherigen Sätze 2 und 3 werden Sätze 3 und 4.
3. § 97 Abs. 3 Satz 2 erhält folgende Fassung:
   »Absatz 2 Satz 4 gilt entsprechend.«

Artikel 3
Änderung sozialversicherungsrechtlicher Vorschriften

§ 1 Änderung der Reichsversicherungsordnung

Die Reichsversicherungsordnung wird wie folgt geändert:

1. Nach § 317 wird folgender § 317a eingefügt:

   »§ 317a

   (1) Wird ein Arbeitnehmer von einem anderen Arbeitgeber gegen Vergütung einem anderen (Entleiher) zur Arbeitsleistung überlassen, so hat dieser den Arbeitnehmer, dessen Arbeitgeber sowie Beginn und Ende der Überlassung zu melden. § 318a gilt entsprechend.

   (2) Der Bundesminister für Arbeit und Sozialordnung bestimmt durch Rechtsverordnung mit Zustimmung des Bundesrates Inhalt, Form und Frist der Meldung nach Absatz 1, die Stelle, bei der die Meldung zu erstatten ist, und das Nähere über die weitere Bearbeitung der Meldung.«

2. Dem § 393 wird folgender Absatz 3 angefügt:

   »(3) Für die Erfüllung der Zahlungspflicht des Arbeitgebers haftet der Entleiher (§ 317a) wie ein selbstschuldnerischer Bürge. Seine Haftung beschränkt sich auf die Beitragsschulden für die Zeit, für die ihm der Arbeitnehmer überlassen worden ist. Er kann die Zahlung verweigern, solange die Kasse den Arbeitgeber nicht unter Fristsetzung gemahnt hat und die Frist nicht verstrichen ist. § 28 Abs. 1 gilt.«

3. § 520 wird wie folgt geändert:
   a) Dem Absatz 1 wird folgender Satz 3 angefügt:
      »§ 393 Abs. 3 gilt.«
   b) Absatz 2 erhält folgende Fassung:
      »(2) Die §§ 317a und 318a gelten.«

4. § 708 wird wie folgt geändert:
   a) Nach Absatz 2 wird folgender Absatz 3 eingefügt:
      »(3) Die Vorschriften einer Berufsgenossenschaft gelten im Falle des § 648 auch für Versicherte, deren Arbeitsunfälle eine andere Berufsgenossenschaft zu entschädigen hat.«
   b) Der bisherige Absatz 3 wird Absatz 4.

5. In § 713 werden die Worte »durch ein Unternehmen« durch die Worte »durch Beschäftigte eines Unternehmens« ersetzt.

6. Dem § 729 wird folgender Absatz 4 angefügt:
   »(4) § 393 Abs. 3 gilt entsprechend.«

7. Dem § 1396 Abs. 1 wird folgender Satz 2 angefügt:
   »§ 393 Abs. 3 gilt entsprechend.«

8. Dem § 1401 wird folgender Absatz 5 angefügt:
   »(5) Zahlt der nach § 393 Abs. 3 Haftende die Beiträge, so trägt die Einzugsstelle die Angaben nach Absatz 2 in die Versicherungskarte ein; steht der Einzugsstelle die Versicherungskarte nicht zur Verfügung, so stellt sie eine Bescheinigung mit den in Absatz 2 genannten Angaben aus und übersendet diese dem zuständigen Träger der Rentenversicherung.«

9. § 1543c Abs. 1 wird wie folgt geändert:
   a) Nach Satz 1 wird folgender Satz 2 eingefügt:
      »Dies gilt auch gegenüber einer anderen Genossenschaft, die den Unfall zu entschädigen hat.«
   b) Der bisherige Satz 2 wird Satz 3.

10. Dem § 1553 wird folgender Absatz 4 angefügt:
»(4) Im Falle des § 648 hat jeder Unternehmer den Unfall dem zur Entschädigung verpflichteten Versicherungsträger anzuzeigen. Der Unternehmer, der einem anderen Versicherungsträger angehört, hat diesem ein weiteres Stück seiner Anzeige zu übersenden.«

§ 2 Änderung des Angestelltenversicherungsgesetzes

Das Angestelltenversicherungsgesetz wird wie folgt geändert:
1. Dem § 118 Abs. 1 wird folgender Satz 2 angefügt:
   »§ 393 Abs. 3 der Reichsversicherungsordnung gilt entsprechend.«
2. Dem § 123 wird folgender Absatz 5 angefügt:
   »(5) Zahlt der nach § 393 Abs. 3 der Reichsversicherungsordnung Haftende die Beiträge, so trägt die Einzugsstelle die Angaben nach Absatz 2 in die Versicherungskarte ein; steht der Einzugsstelle die Versicherungskarte nicht zur Verfügung, so stellt sie eine Bescheinigung mit den in Absatz 2 genannten Angaben aus und übersendet diese dem zuständigen Träger der Rentenversicherung.«

§ 3 Änderung des Reichsknappschaftsgesetzes

1. § 114 wird wie folgt geändert:
   a) Absatz 1 Satz 4 erhält folgende Fassung:
      »§ 393 Abs. 3 und § 397a der Reichsversicherungsordnung gelten entsprechend.«
   b) Folgender Absatz 3 wird angefügt:
      »(3) Zahlt der nach § 393 Abs. 3 Reichsversicherungsordnung Haftende Beiträge zur Rentenversicherung der Arbeiter oder Angestellten, so gilt § 1401 Abs. 5 der Reichsversicherungsordnung.«
2. § 115 erhält folgende Fassung:
                              »§ 115
   Unterbleibt die Anmeldung nach § 114 Abs. 2, so kann die Bundesknappschaft die Zahlung der Versicherten, für welche Beiträge zu entrichten sind sowie die Höhe des beitragspflichtigen Entgelts nach ihrem Ermessen bestimmen.«

Artikel 4
Änderung des Arbeitsförderungsgesetzes

Das Arbeitsförderungsgesetz vom 25. Juni 1969 (Bundesgesetzbl. I S. 582), zuletzt geändert durch das Zweite Gesetz zur Änderung und Ergänzung des Arbeitsförderungsgesetzes vom 19. Mai 1972 (Bundesgesetzbl. I S. 791), wird wie folgt geändert:
1. § 179 Satz 1 wird wie folgt geändert:
   a) Die Worte »die Zahltage (§ 393)« werden durch die Worte »die Zahltage (§ 393 Abs. 1 Satz 1 und 2 sowie Abs. 2) und die Haftung des Entleihers als selbstschuldnerischer Bürge (§ 393 Abs. 3)« ersetzt.
   b) Der Klammerzusatz »(§ 520)« wird durch den Klammerzusatz »(§ 520 Abs. 1 Satz 1 und 2)« ersetzt.

2. § 227 erhält folgende Fassung:

»§ 227

Wer

1. ohne vorherige Zustimmung der Bundesanstalt nach § 18 Abs. 1 Satz 2 oder ohne Auftrag der Bundesanstalt nach § 23 Abs. 1 Satz 2 einen Arbeitnehmer für eine Beschäftigung als Arbeitnehmer im Ausland oder im Ausland für eine Beschäftigung als Arbeitnehmer im Inland anwirbt oder vermittelt oder

2. einen nichtdeutschen Arbeitnehmer, der die nach § 19 Abs. 1 Satz 1 erforderliche Erlaubnis nicht besitzt, ohne Auftrag der Bundesanstalt nach § 23 Abs. 1 Satz 1 im Inland vermittelt,

wird mit Freiheitsstrafe bis zu einem Jahr oder mit Geldstrafe nicht unter tausend Deutsche Mark bestraft.«

3. In § 229 Abs. 2 wird das Wort »dreitausend« durch das Wort »zehntausend« ersetzt; vor dem Wort »geahndet« wird eingefügt: », jedoch nicht unter tausend Deutsche Mark,«.

Artikel 5
Änderung des Ausländergesetzes

Dem § 24 des Ausländergesetzes vom 28. April 1965 (Bundesgesetzbl. I S. 353), zuletzt geändert durch das Kostenermächtigungs-Änderungsgesetz vom 23. Juni 1970 (Bundesgesetzbl. I S. 805), wird folgender Absatz eingefügt:

»(6a) Wer einen nichtdeutschen Arbeitnehmer, der nach § 12 Abs. 1 Satz 1 den Geltungsbereich dieses Gesetzes unverzüglich zu verlassen hat, beschäftigt, haftet für die Abschiebekosten. Absatz 6 Satz 1 bleibt unberührt.«

Artikel 6
Schlussvorschriften

§ 1   Berlin-Klausel *(gegenstandslos)*

Dieses Gesetz gilt nach Maßgabe des § 13 Abs. 1 des Dritten Überleitungsgesetzes vom 4. Januar 1952 (Bundesgesetzbl. I S. 1) auch im Land Berlin. Rechtsverordnungen, die auf Grund dieses Gesetzes erlassen werden, gelten im Land Berlin nach § 14 des Dritten Überleitungsgesetzes.

§ 2   Krankenversicherung der unständig Beschäftigten
im Land Hamburg *(gegenstandslos)*

(1) Der Senat der Freien und Hansestadt Hamburg kann für die unständig Beschäftigten (§ 441 der Reichsversicherungsordnung) bis zu einer bundeseinheitlichen Neuregelung Näheres über die zur Durchführung der Krankenversicherung erforderlichen

Meldungen, über Berechnung, Zahlung und Nachweis der Krankenversicherungsbeiträge sowie über Berechnung und Zahlung der Barleistungen bestimmen. In der Rechtsverordnung kann auch bestimmt werden,

1. dass die Arbeitgeber von unständig Beschäftigten ihren Beitragsteil selbst zu tragen haben,

2. dass die Arbeitgeber dabei den Beitragsteil für den Versicherten zu verauslagen haben, wenn dieser seiner Pflicht zur Beitragsentrichtung nicht nachgekommen ist,

3. welche Zeit als vorübergehend im Sinne des § 446 der Reichsversicherungsordnung anzusehen ist,

4. welche Verstöße gegen Pflichten, die die Rechtsverordnung Arbeitgebern oder unständig Beschäftigten auferlegt, als Ordnungswidrigkeit mit einer Geldbuße geahndet werden können.

(2) Ordnungswidrig handelt, wer vorsätzlich oder fahrlässig einer Rechtsverordnung nach Absatz 1 zuwiderhandelt, soweit diese für einen bestimmten Tatbestand auf diese Bußgeldvorschrift verweist. Die Ordnungswidrigkeit kann mit einer Geldbuße geahndet werden. Verwaltungsbehörde im Sinne des § 36 Abs. 1 Nr. 1 des Gesetzes über Ordnungswidrigkeiten ist die Krankenkasse. Die Geldbußen fließen in deren Kasse; sie werden wie Gemeindeabgaben beigetrieben. Die Krankenkasse trägt abweichend von § 105 Abs. 2 des Gesetzes über Ordnungswidrigkeiten die notwendigen Auslagen; sie ist auch ersatzpflichtig im Sinne des § 110 Abs. 4 des Gesetzes über Ordnungswidrigkeiten.

§ 3 Übergangsregelung *(gegenstandslos)*

Wenn Verleiher, die bei Inkrafttreten des Gesetzes gewerbsmäßig Arbeitnehmer überlassen, die Erlaubnis nach Artikel 1 § 1 binnen zwei Monaten nach Inkrafttreten des Gesetzes beantragen, gilt die Erlaubnis bis zur Entscheidung der Erlaubnisbehörde über den Antrag als erteilt, sofern kein Versagungsgrund nach Artikel 1 § 3 Abs. 2 vorliegt. Wird die Erlaubnis versagt, so gilt dies als Widerruf einer Erlaubnis.

§ 3a Zeitliche Begrenzung der Verlängerungsregel[1]

(1) Mit Wirkung vom 1. Januar 2001 werden Artikel 1 § 1a, Artikel 1 § 16 Abs. 1 Nr. 2a und in Artikel 1 § 16 Abs. 2 die Zahl »2a« und das nachfolgende Komma gestrichen sowie in Artikel 1 § 3 Abs. 1 Nr. 6 und in Artikel 1 § 16 Abs. 1 Nr. 9 jeweils das Wort »neun« durch das Wort »drei« ersetzt.

(2) Absatz 1 gilt nicht für Verträge zwischen Verleiher und Entleiher, wenn die Überlassung an den Entleiher vor dem 1. Januar 2001 begonnen hat.

---

1 mit Wirkung vom 1.4.1997 aufgehoben durch Art. 63 Nr. 15 AFRG vom 24.3.1997 (BGBl. I S. 594)

§ 3b Übergangsvorschrift zum Gesetz über den Nachweis der für ein Arbeitsverhältnis geltenden wesentlichen Bedingungen (Nachweisgesetz)[1]

Hat ein Leiharbeitsverhältnis bereits am 28. Juli 1995 bestanden, ist dem Leiharbeitnehmer auf sein Verlangen eine Urkunde oder eine schriftliche Vereinbarung im Sinne des Artikels 1 § 11 Abs. 1 unverzüglich auszuhändigen, es sei denn, eine früher ausgestellte Urkunde oder eine schriftliche Vereinbarung enthält alle nach Artikel 1 § 11 Abs. 1 erforderlichen Angaben.

§ 4 Inkrafttreten

Dieses Gesetz tritt zwei Monate nach seiner Verkündung in Kraft. Artikel 6 § 2 tritt am Tage nach der Verkündung in Kraft.

---

[1] eingefügt durch das Gesetz zur Anpassung arbeitsrechtlicher Bestimmungen an das EG-Recht vom 20.7.1995 (BGBl. I S. 946)

Bekanntmachung der Neufassung des Arbeitnehmerüberlassungsgesetzes

vom 3. Februar 1995

Auf Grund des Artikels 4 des Beschäftigungsförderungsgesetzes 1994 vom 26. Juli 1994 (BGBl. I S. 1786) wird nachstehend der Wortlaut des Arbeitnehmerüberlassungsgesetzes in der seit 1. August 1994 geltenden Fassung bekannt gemacht. Die Neufassung berücksichtigt:

1. die teils am 12. August 1972, teils am 11. Oktober 1972 in Kraft getretenen Artikel 2 bis 6 des Gesetzes vom 7. August 1972 (BGBl. I S. 1393),
2. den am 1. Januar 1975 in Kraft getretenen Artikel 250 Nr. 5 des Gesetzes vom 2. März 1974 (BGBl. I S. 469),
3. den am 1. Mai 1985 in Kraft getretenen Artikel 8 Abs. 1 Nr. 7 des Gesetzes vom 26. April 1985 (BGBl. I S. 710),
4. die Fassung der Bekanntmachung des Artikels 1 des Arbeitnehmerüberlassungsgesetzes vom 14. Juni 1985 (BGBl. I S. 1068),
5. den am 1. Januar 1986 in Kraft getretenen Artikel 11 des Gesetzes vom 20. Dezember 1985 (BGBl. I S. 2484),
6. den am 1. August 1986 in Kraft getretenen Artikel 7 des Gesetzes vom 15. Mai 1986 (BGBl. I S. 721),
7. den am 1. Januar 1989 in Kraft getretenen Artikel 11 des Gesetzes vom 20. Dezember 1988 (BGBl. I S. 2330),
8. den am 30. Dezember 1989 in Kraft getretenen § 1 Abs. 3 des Gesetzes vom 22. Dezember 1989 (BGBl. I S. 2406),
9. den am 1. Januar 1991 in Kraft getretenen Artikel 12 Abs. 5 des Gesetzes vom 9. Juli 1990 (BGBl. I S. 1354),
10. den am 29. September 1990 in Kraft getretenen Artikel 1 des Gesetzes vom 23. September 1990 in Verbindung mit Anlage I Kapitel VIII Sachgebiet E Abschnitt II Nr. 2 des Einigungsvertrages vom 31. August 1990 (BGBl. 1990 II S. 885, 1038),
11. den am 1. Januar 1994 in Kraft getretenen Artikel 101a des Gesetzes vom 27. April 1993 (BGBl. I S. 512, 2436),
12. den am 1. Januar 1994 in Kraft getretenen Artikel 2 des Gesetzes vom 21. Dezember 1993 (BGBl. I S. 2553),
13. den am 1. August 1994 in Kraft getretenen Artikel 3 des Gesetzes vom 26. Juli 1994 (BGBl. I S. 1786).

Bonn, den 3. Februar 1995

Der Bundesminister
für Arbeit und Sozialordnung
Norbert Blüm

Einleitung – Arbeitnehmerüberlassungsgesetz

Literaturhinweise

Bachner, Der Betriebsübergang nach § 613a BGB, AiB 1996, 291; *Bahl,* Leiharbeit als flexible Arbeitsmarktreserve und Dumpingstrategie gegen die gewerkschaftliche Tarifpolitik, GMH 1979, 443; *Bauer/Krets,* Gesetze für moderne Dienstleistungen am Arbeitsmarkt, NJW 2003, 537; *Bauschke,* Die so genannte Fremdfirmenproblematik, NZA 2000, 1201; *Becker,* Zur Abgrenzung des Arbeitnehmerüberlassungsvertrages gegenüber anderen Vertragstypen mit drittbezogenem Personaleinsatz, ZfA 1978, 131; *ders.,* Aktuelle Fragen der Arbeitnehmerüberlassung, BlStSozArbR 1980, 369; *ders.,* Abgrenzung der Arbeitnehmerüberlassung gegenüber Werk- und Dienstverträgen, DB 1988, 2561; *ders.,* Leitfaden zur gewerbsmäßigen Arbeitnehmerüberlassung (Zeitarbeit), 1985; *ders.,* Zur Neuregelung der Arbeitnehmerüberlassung durch das Beschäftigungsförderungsgesetz, BlStSozArbR 1985, 195; *ders.,* Zur geplanten EG-Richtlinie über Leiharbeit und befristete Arbeitsverträge, ZRP 1982, 260; *Becker/Wulfgramm,* Kommentar zum Arbeitnehmerüberlassungsgesetz, 3. Aufl. 1985; *dies.,* Neuregelung der gewerbsmäßigen Arbeitnehmerüberlassung, BlStSozArbR 1982, 81; *Bode/Brose/Voswinkel,* Die Regulierung der Deregulierung, Zeitarbeit und Verbändestrategie in Frankreich und Deutschland, 1994; *Boewer,* Die Auswirkungen des Arbeitnehmerüberlassungsverbots auf die Bauwirtschaft, DB 1982, 2033; *Bogs,* Recht der gewerblichen Arbeitnehmerüberlassung in der Entwicklung, BB 1971, 277; *Böhm,* Flucht aus dem Zeitvertrag in die Zeitarbeit, NZA 2004, 823; *Borgaes/Wahsner,* Leiharbeit und Fremdfirmenarbeit, DuR 1982, 363; *Bryde,* Verfassungsfragen der Neuregelung des Arbeitsförderungsrechts, unveröffentl. Gutachten für die HBSt., 1996; *Bückle,* Beschäftigung von Leiharbeitnehmern ohne Arbeitserlaubnis, BB 1981, 1529; *Bückle/Handschuch/Walzel,* Aktuelle Probleme der Arbeitnehmerüberlassung, GewArch. 1982/229; *Buschmann/Ulber,* Flexibilisierung : Arbeitszeit-Beschäftigung, 1989; *Dauner-Lieb,* Der innerbetriebliche Fremdfirmeneinsatz auf Dienst- und Werkvertragsbasis zwischen AÜG und BetrVG, NZA 1992, 817; *Däubler,* Die neue Leiharbeit, KJ 2003, 17; *Däubler 1996,* Verfassungsrechtliche Probleme der AFG-Reform, unveröffentl. Gutachten; *Deeke,* Zur Kontroverse um das »Vermittlungsmonopol« der Bundesanstalt für Arbeit, WSI-Mitt. 1992, 459; *Denck,* Zur Haftung des Verleihers bei Arbeitsunfällen von Arbeitnehmern des Entleihers, ZfA 1989, 265; *Dubischar,* Inhalt und Schutzbereich von Bewachungsverträgen, NJW 1989, 3241; *Duda,* Auswüchse der Leiharbeit mit dem AÜG gestoppt, SozSich 1973, 69; *Eichenhofer,* Das Arbeitsvermittlungsmonopol der Bundesanstalt für Arbeit und das EG-Recht, NJW 1991, 2857; *Engelbrecht,* Einzelprobleme bei der Anwendung des Arbeitnehmerüberlassungsgesetzes, BB 1973, 481; *Feuerborn/Hamann,* Neuregelung im Arbeitnehmerüberlassungsgesetz, BB 1994, 1346ff.; *Franßen/Haesen,* Arbeitnehmerüberlassungsgesetz, Kommentar (Loseblattausgabe), 1974; *Franzen,* Entwicklungstendenzen im europäischen und nationalen Recht des Betriebsübergangs, DZWir 1996, 397; *Frerichs/Möller/Ulber*, Leiharbeit und betriebliche Interessenvertretung, 1981; *Geiger*, info als 2002, 202; *Göbel*, Arbeitnehmerüberlassung, Werkverträge und verschobene Arbeitgeberrisiken (II), BlStSozArbR 1973, 324; *Hager*, Grundrechte im Privatrecht, JZ 1994, 393; *Halbach*, Betriebsverfassungsrechtliche Aspekte des Einsatzes von Leiharbeitnehmern und Unternehmenarbeiter, DB 1980, 2389; *Hamann*, Erkennungsmerkmale der illegalen Arbeitnehmerüberlassung in Form von Scheindienst- und Scheinwerkverträgen, 1995; *ders.*, Beteiligungsrechte des Betriebsrats beim Einsatz von Fremdpersonal, WiB 1996, 369; *Hanau*, Sozialrechtsreform ohne Juristen?, ZIP 2003, 187; *Heinze*, Rechtsprobleme des sog. echten Leiharbeitsverhältnisses, ZfA 1976, 183; *Hempel*, Das Spannungsverhältnis zwischen dem sozialen Schutz der Arbeitnehmer und den wirtschaftlichen Interessen der Verleiher und der Entleiher bei der Arbeitnehmerüberlassung, 1975; *Henssler*, Aufspaltung, Ausgliederung und Fremdvergabe, NZA 1994, 294; *Herbst/Krüger*, Einsatz von Fremdfirmen-Arbeitnehmern im Betrieb und Möglichkeiten der Gegenwehr für den Betriebsrat, AiB 1984, 167; *Hersch-Kreinsen*, Leiharbeit in Maschinenbaubetrieben, WSI-Mitt. 8/1983; *v. Hoyningen-Huene*, Subunternehmervertrag oder illegale Arbeitnehmerüberlassung?, BB 1985, 1669; *Humold*, Fortentwicklung des Einstellungsbegriffs in der Rechtsprechung des BAG, NZA 1998, 1025; *Joost*, Zur Erlaubnispflicht und Strafbarkeit bei betriebsbedingten Arbeitnehmerüberlassungen, DB 1980, 161; *Kaiser*, Unerlaubte Arbeitnehmerüberlassung als moderne Form des Sklavenhandels, Kriminalistik 1981, 450; *Kaligin*, Tätigkeit von Bauunternehmen aus Polen und der CSFR in Deutschland, NZA 1992, 1111; *Kastleiner*, Leiharbeit – Krebsgeschwür in unserer Gesellschaft, SozSich 1981, 138; *Klöpper*, Werkvertragsarbeiten von Arbeitnehmern aus Osteuropa im Rahmen von Regierungsabkommen, AiB 1993, 682; *Knigge*, Die Abstellung von Arbeitnehmern an eine baugewerbliche Arbeitsgemeinschaft, DB 1982, Beil. 4; *Konzen*, Arbeitsrechtliche Drittbeziehung – Gedanken über Grundlagen und Wirkungen der »gespaltenen Arbeitgeberstellung«, ZfA 1982, 259; *Kraus*, Gestaltung von Nachunternehmerverträgen, NJW 1997, 223; *Kreuder*, Kurzarbeit bei Outsourcing, BB 1997, 94; *Krüger*, Illegaler Arbeitskräfteverleih über Scheinwerkverträge, Mitbest. 1981, 245; *ders.*, Leiharbeit – Zur Entwicklung eines personalpolitischen Flexibilisierungs-Instruments, WSI-Mitt. 1987, 423; *Leinemann*, Fit für ein neues Arbeitsvertragsrecht?, BB 1996, 1381; *Leisten*, Einstweilige Verfügung zur Sicherung von Mitbestimmungsrechten beim Einsatz von Fremdfirmen, BB 1992, 266; *Leitner*, Arbeitnehmerüberlassung in der Grauzone zwischen Legalität und Illegalität, 1990; *ders.*, Abgrenzung zwischen Werkvertrag und Arbeitnehmerüberlassung, NZA 1991, 293; *Leube*, Arbeitsschutzgesetz: Pflichten des Arbeitgebers und der Beschäftigten zum Schutz anderer Personen, BB 2000, 302; *Leve*, Das Vermieten von Maschinen, SozArb 1972, 383; *Löwisch*, Schutz der Selbstbestimmung durch Fremdbestimmung, ZfA 1996, 293; *Ludewig*, Konjunktur im Menschenverleih, Mitbest. 1985, 240; *Marschall*, Gelöste und ungelöste Fragen der Arbeitnehmerüberlassung, RdA 1983, 18; *ders.*, Die Abgrenzung zwischen Werkvertrag und Arbeitnehmerüberlassung, NZA 1984, 150; *Marschner*, Die Abgrenzung der Arbeitnehmerüberlassung von anderen Formen des Personaleinsatzes, NZA 1995, 668; *Martens*, Die Arbeitnehmerüberlassung im Konzern, DB 1985, 2144; *Martens*, Hafenbetrieb und Hafenarbeit nach dem Gesamthafenbetriebsgesetz, NZA 2000, 449; *Mastmann/Stark*, Vertragsgestaltung bei Personalentsendungen ins Ausland, BB 2005, 1849; *Maurer/Herbert*, Das Arbeitsvermittlungsmonopol der Bundesanstalt für Arbeit im Lichte des nationalen und internationalen

Rechts, NZA 1991, 416; *ders.*, Neuregelung der Leiharbeit notwendig?, DB 1975, 303; *Mayer*, Der Schutz der Leiharbeitnehmer und das AÜG, ArbuR 1974, 353; *ders.*, Leiharbeit in den USA, WSI-Mitt. 1987, 208; *ders.*, Werkvertragsarbeitnehmer aus Osteuropa, BB 1993, 1428; *ders.*, Betriebliche Verteilung von Arbeitsplätzen – Die personalpolitische Bedeutung und Problematik von Flexibilisierungsstrategien am Beispiel der Leiharbeit, in: Jahrbuch für Sozialökonomie und Gesellschaftstheorie 1982, 218; *ders.*, ABM und tarifliche Entlohnung in den neuen Bundesländern, AuR 1993, 309; *Mayer-Maly*, Das Leiharbeitsverhältnis, ZfA 1972, 1; *Mayer/Paasch*, Das Verbot der Leiharbeit im Baugewerbe unter dem Grundgesetz, BB 1984, 1943; *dies.*, Arbeitnehmer 2. Klasse, Leiharbeitsverbot und Beschäftigungspraxis im Baugewerbe, 1986; *Melms/Lipinski*, BB 2004, 2409; *Schönfeld*, Zeitarbeit – eine Branche im Umbruch, AuA 2003, 8; *Moritz*, Inkrafttreten des Arbeitnehmerüberlassungsgesetzes, BB 1972, 1569; *Müller/Seifert*, Deregulierung aus Prinzip? – Eine Diskussion der Vorschläge der Deregulierungskommission zum Arbeitsmarkt, WSI-Mitt. 1991, 489; *Mummenhoff*, Arbeitnehmerüberlassung bei Freigabe der Arbeitsvermittlung, DB 1992, 1982; *Pallasch/Stekkermeier*, Freiheit der Arbeitsvermittlung und staatliches Monopol, NZA 1991, 913; *Pfau/Spiekermann/Wahsner u.a.*, Selbst ist der Mann? Zur Selbstständigkeit von Verkaufsfahrern, 1986; *Pieroth*, Arbeitnehmerüberlassung unter dem Grundgesetz, 1982; *Pohle*, Die Unterrichtung des Betriebsrats über die Beschäftigung von freien Mitarbeitern, BB 1999, 2401; *Ramm*, Die Aufspaltung der Arbeitgeberfunktionen, ZfA 1973, 263; *ders.*, Eine Kritik des Arbeitnehmerüberlassungsgesetzes, DB 1973, 1170; *Randstad*, Chancen 2004, 2004; *Reipen*, Vermittlungsorientierte Arbeitnehmerüberlassung durch die Personal-Service-Agentur, BB 2003, 787; *Richter*, Die Änderung von Arbeitsbedingungen kraft des Direktionsrechts des Arbeitgebers unter Beachtung der Beteiligung des Betriebsrats (I), DB 1989, 2378; *Röwekamp*, Verfassungsrechtliche Aspekte der neueren Entwicklung der Arbeitnehmerüberlassung, ArbuR 1984, 323; *Rolfs*, Die Verfassungswidrigkeit der geplanten Abfindungen auf das Arbeitslosengeld, DB 1996, 2126; *Sahl/Stang*, Das Arbeitnehmerentsendegesetz und die Europäische Entsenderichtlinie, AiB 1996, 652; *Schaub*, Die Abgrenzung der gewerbsmäßigen Arbeitnehmerüberlassung von Dienst- und Werkverträgen sowie sonstigen Verträgen der Arbeitsleistung an Dritte, NZA 1985, Beil. 3, 1; *Sandmann*, Illegale Arbeitnehmerüberlassung, Schwerwiegende Schäden, BABl. 1984, 12; *Schüren/Diebold*, Sozialversicherung bei Arbeitnehmerüberlassung, NZA 1994, 241/296; *Schnorr*, Die gewerbsmäßige Arbeitnehmerüberlassung, RdA 1972, 194; *Schubel*, Beschäftigungsförderungsgesetz und Arbeitnehmerüberlassung, BB 1985, 1606; *Spiolek*, Wer zahlt die Sozialversicherungsbeiträge bei illegaler Arbeitnehmerüberlassung, BB 1991, 1038; *Steinbach*, Gefährdungen der Arbeitnehmer durch Leiharbeit, WSI-Mitt. 1980, 263; *Trümmer*, Anm. zu BAG v. 28.5.1995 – 7 ABR 59/94, AiB 1996, 241; *Ulber*, Personal-Service-Agenturen und Neuregelung der Arbeitnehmerüberlassung, AuR 2003, 7; *Ulber*, Rechtliche Grenzen des Einsatzes von betriebsfremden Arbeitnehmern und Mitbestimmungsrechte des Betriebsrats, AuR 1982, 54; *ders.*, Leiharbeit und Beschäftigungsinteressen, Mitbest. 1985, 339; *ders.*, Von der vorübergehenden Arbeitnehmerüberlassung zur entgeltlichen Arbeitsvermittlung auf Dauer, AuR 2001, 451; *Vielhaber*, Die Gewerbsmäßigkeit der Arbeitnehmerüberlassung, BB 1973, 384; *Vogl*, Das neue Arbeitsschutzgesetz, NJW 1996, 2753; *Waas*, Das so genannte »mittelbare Arbeitsverhältnis«, RdA 1993, 253; *Wagner*, Die werkvertragsbedingte Beschäftigung betriebsfremder Arbeitnehmer als Einstellung i.S.d. § 99 BetrVG, ArbuR 1992, 40; *Wagner/Ulber/Hinrichs*,

»Moderner Sklavenhandel«, in: Schriftenreihe der IG-Metall Nr. 132, 1991, IG-Metall (Hrsg.); *Walle*, Betriebsverfassungsrechtliche Aspekte beim werkvertraglichen Einsatz von Fremdpersonal, NZA 1999, 518; *Wank*, Anm. zu BAG v. 15.6.1983, SAE 1985, 71, 74; *ders.*, Die »neue Selbstständigkeit«, DB 1992, 90; *Weber*, Das aufgespaltene Arbeitsverhältnis, 1992; *Weinkopf*, Arbeitskräftepools – eine Alternative zur gewerblichen Leiharbeit?, WSI-Mitt. 1993, 569; *Weissmann*, Zulässige Arbeitsgemeinschaften nach der Neuregelung des AÜG, BB 1989, 907; *Wiese*, Beteiligungsrechte des Betriebsrats bei Drittbeziehungen des Arbeitgebers, NZA 2003, 1113.

A. Anwendungsbereich des AÜG

Das Gesetz zur Regelung der gewerbsmäßigen Arbeitnehmerüberlassung **1**
(**Arbeitnehmerüberlassungsgesetz – AÜG**) erstreckt sich von seinem **Anwendungsbereich** auf alle Formen der Beschäftigung, bei denen der Arbeitnehmer
von seinem Vertragsarbeitgeber **einem Dritten zur Arbeitsleistung überlassen**
wird. Die ANÜ setzt in tatsächlicher Hinsicht voraus, dass drei rechtlich selbstständige natürliche oder juristische Personen beteiligt sind, die untereinander in
wechselseitigen, nicht notwendigerweise vertraglich begründeten Rechtsbeziehungen stehen, Die Besonderheit dieser Rechtsbeziehungen liegt darin, dass zwischen zwei der Beteiligten ein Arbeitsverhältnis bestehen muss und der Arbeitnehmer einem Dritten, dem keine arbeitsvertraglich begründete Rechtsstellung
zukommt, auf Grund eines Vertrages mit dem Arbeitgeber zur Arbeitsleistung zur
Verfügung gestellt wird (vgl. *Ulber*, Arbeitnehmer in Zeitarbeitsfirmen, 23ff.).
Die ANÜ ist eine Form des drittbezogenen Personaleinsatzes oder auch der **2**
Fremdfirmenarbeit. Unter dem **Begriff** der Fremdfirmenarbeit sind alle **Formen
des Personaleinsatzes** innerhalb der räumlichen und/oder organisatorischen
Einheit eines Betriebs (Einsatzbetrieb) zu fassen, bei denen die Personen,
die die Arbeitsleistung faktisch erbringen, in einem Arbeitsverhältnis zu einer
anderen natürlichen oder juristischen Person (Entsende-Unternehmen) stehen
(Fremdfirmenarbeitnehmer; *Buschmann/Ulber* 1989, 90). Soweit hierbei zwischen
dem Entsende-Unternehmen und dem Arbeitnehmer ein Arbeitsverhältnis besteht und dem Einsatzbetrieb bei der Erbringung der Arbeitsleistung gegenüber
dem Fremdfirmenarbeitnehmer zumindest partielle **Arbeitgeberbefugnisse** zukommen, handelt es sich um Fremdfirmenarbeit in Form der ANÜ.
Das **Arbeitnehmerüberlassungsrecht** ist das **Sonderarbeitsrecht des drittbezo-** **3**
genen Personaleinsatzes, bei dem einem Dritten hinsichtlich der Erbringung der
Arbeitsleistung des Fremdfirmenarbeitnehmers Arbeitgeberbefugnisse zukommen. Für den Bereich der ANÜ enthält das Gesetz eine Reihe eigener Begriffsdefinitionen: Der Arbeitgeber, der den Arbeitnehmer einem Dritten zur Arbeitsleistung überlässt, wird als **Verleiher** bezeichnet (§ 1 Abs. 1 Satz 1). Im
Unterschied zum Dritten, dem lediglich eine partielle Arbeitgeberstellung zukommt, ist er **Vertragsarbeitgeber** des Arbeitnehmers. Der Dritte, dem der
Arbeitnehmer zur Arbeitsleistung überlassen wird und in dessen Betrieb der
Arbeitnehmer seine Arbeitsleistung erbringt, ist **Entleiher** i.S.d. Bestimmungen
des AÜG (§ 1 Abs. 1 Satz 1). Das besondere Rechtsverhältnis zwischen Arbeitgeber und Arbeitnehmer wird als **Leiharbeitsverhältnis** (vgl. § 11) bezeichnet,
der auf Grund des Leiharbeitsverhältnisses überlassene Arbeitnehmer als **Leiharbeitnehmer** (§ 1 Abs. 1 Satz 1). Hierbei ist es unerheblich, ob die Überlassung
gewerbsmäßig oder nichtgewerbsmäßig erfolgt; hinsichtlich der Formen nichtgewerbsmäßiger ANÜ sind allerdings nicht alle Bestimmungen des AÜG uneingeschränkt anwendbar.

4 Das **AÜG** enthält keine umfassende Kodifizierung des Rechts der ANÜ. Insbesondere das **AEntG** ist bei Fremdfirmenarbeit **neben dem AÜG** zu beachten (vgl. §§ 1 Abs. 2a, 7 AEntG). Das sektorale Verbot der gewerbsmäßigen ANÜ in Betriebe des Baugewerbes ist mit Wirkung vom 1.1.1998 durch Art. 63 Nr.5, 85 Abs. 3 AFRG als § 1b in das AÜG eingefügt worden. Für eine Reihe von Formen der ANÜ ist eine Anwendbarkeit des AÜG ausgeschlossen (§ 1 Abs. 1 Satz 2, Abs. 3), sodass insoweit auf **allgemeine arbeitsrechtliche Grundsätze** bei der Entsendung von Arbeitnehmern Rückgriff genommen werden muss. Auch können Maßnahmen auf Grund spezialgesetzlicher, öffentlich-rechtlicher Vorschriften das Vorliegen von ANÜ ausschließen (z.B. bei Jugendhilfemaßnahmen nach dem SGB VIII, BAG v. 11.6.1997 – 7 AZR 487/96; zur Abordnung nach § 5 Abs. 5 AsylVerfG vgl. BAG v. 5.3.1997 – 7 AZR 357/96 – NZA 1997, 1165). Dasselbe gilt bei allen sonstigen Formen des Einsatzes von Arbeitnehmern in Drittbetrieben, bei denen die Begriffsmerkmale einer ANÜ nicht erfüllt sind.

5 Die wichtigsten gesetzlichen Bestimmungen, die neben dem AÜG bei Fremdfirmenarbeit zu beachten sind, sind im **BGB**, insbesondere in den Bestimmungen über die **Ausgestaltung des Weisungsrechts** des Arbeitgebers (§ 613 Satz 2 BGB) und zum **Werkvertrag** (§§ 631 ff. BGB), sowie in den Vorschriften des SGB III zur Arbeitsvermittlung (§§ 35 ff., 292 ff. SGB III) enthalten. Zunehmend beeinflussen auch **Normen des EU-Rechts** das Recht der ANÜ und der Fremdfirmenarbeit. Dies betrifft die Gleichstellung von Staatsangehörigen aus EU-Staaten mit Inländern hinsichtlich der Niederlassungs- und Dienstleistungsfreiheit sowie hinsichtlich des Rechts auf Freizügigkeit (s.u. Einl. F. Rn.23ff.); es betrifft aber auch die materiellen Arbeitsbedingungen des Arbeitsverhältnisses, für die insbesondere die EG-Richtlinie 91/383 zu atypischen Arbeitsverhältnissen (ausf. dazu Einl. F. Rn.38ff.) anwendbar ist.

6 Entsprechend dem **Schutzzweck des AÜG**, den arbeits- und sozialrechtlichen Schutz der betroffenen Leiharbeitnehmer sicherzustellen, enthält das Gesetz besondere arbeitsrechtliche Bestimmungen (z.B. §§ 9, 11) die als **arbeitsrechtliche Sonderbestimmungen** den allgemeinen Vorschriften des Arbeitsrechts vorgehen und nicht zur Disposition der Parteien des Arbeitsvertrags stehen. Bedeutsam sind in diesem Zusammenhang auch die Rechtsfolgen, die sich für das Arbeitsverhältnis bei Verstößen gegen Bestimmungen des Arbeitsrechts ergeben, wobei der Schutz des Leiharbeitnehmers sowohl über eine Erweiterung des Bestandsschutzes (§ 11 Abs. 4) als auch über ein gesetzlich fingiertes Arbeitsverhältnis zum Drittbetrieb (§ 10 Abs. 1, § 1 Abs. 2) gewährleistet werden soll (vgl. hierzu Einl. D. Rn.47ff.).

7 In gewerberechtlicher Hinsicht enthält das Gesetz ein **Verbot gewerbsmäßiger ANÜ mit Erlaubnisvorbehalt**; die Ausübung des Gewerbes ist daher von der vorherigen Erteilung einer besonderen **Erlaubnis der Bundesagentur für Arbeit** (BA; § 1 Abs. 1 Satz 1) abhängig. Die Erlaubnispflicht besteht dabei unabhängig von sonstigen gewerberechtlichen Genehmigungspflichten, denen ggf. zusätzlich Rechnung getragen werden muss (BAG v. 8.11.1978 – 5 AZR 261/77 – AP Nr.2 zu § 1 AÜG). Durch § 3 Abs. 1 wird die Ausübung des Gewerbes dabei erweiterten **Zulässigkeitsvoraussetzungen** unterworfen, deren Nichteinhaltung auch bei erteilter Erlaubnis zur Untersagung der Gewerbeausübung durch die BA führen kann. Durch erweiterte Eingriffs- und Kontrollbefugnisse der BA (z.B. §§ 6, 7 und 8) sowie besondere Straf- und Ordnungswidrigkeitentatbestände (§§ 15, 15a, 16) soll dabei sichergestellt werden, dass nur zuverlässige Verleiher das Gewerbe ausüben können.

In **vermittlungsrechtlicher Hinsicht** trifft das AÜG in § 1 Abs. 2 eine wichtige **8** Regelung zur Abgrenzung der ANÜ von der Arbeitsvermittlung. Ist diese Grenze zulässiger ANÜ zur unzulässigen Arbeitsvermittlung überschritten, kommt zum Schutze des betroffenen Arbeitnehmers ein fingiertes Arbeitsverhältnis zum Einsatzbetrieb zustande (vgl. Einl. D. Rn. 47 ff.; str.).

B. Entstehungsgeschichte

Literaturhinweise

Düwell, Gesetzliche Änderungen im Recht der Arbeitnehmerüberlassung, AiB 1996, 576; *ders.*, Änderungen des AÜG durch das Arbeitsförderungs-Reformgesetz, BB 1997, 48; *Bepler*, Der Betriebsbegriff des Kündigungsschutzgesetzes und die Kleinbetriebsklausel, AuR 1997, 54; *Feuerborn/Hamann*, Liberalisierung der Arbeitnehmerüberlassung durch das Arbeitsförderungs-Reformgesetz, BB 1997, 2530, *Groeger*, Arbeitsrechtliche Aspekte des neuen Arbeitnehmerüberlassungsgesetzes, DB 1998, 470; *Ulber*, Arbeitsrecht im Arbeitgeberinteresse, Eine Erfolgsbilanz nach vier Jahren Politik des Sozialabbaus, AiB 1986, 267; *ders.*, Von der vorübergehenden Arbeitnehmerüberlassung zur entgeltlichen Arbeitsvermittlung auf Dauer, AuR 2001, 451; *ders.*, Personal-Service-Agenturen und Neuregelung der Arbeitnehmerüberlassung, AuR 2003, 7.

I. Entwicklung bis 1945

1 Die ANÜ im Interessengeflecht von Arbeitnehmern, die eine Arbeitsstelle suchen, Arbeitgebern, die auf der Suche nach Arbeitnehmern sind, und Dritten, die bei dem Findungsprozess mitwirken, hat **rechtsgeschichtlich** ihre Wurzeln in der reinen Stellenvermittlung (*Pieroth* 1982, 27 ff.). Im Bereich der privaten **Stel-**

lenvermittlung zeigte sich dabei von Anbeginn, dass das Gewerbe durch finanzielle **Ausbeutung der Notlage** Stellensuchender und eine tendenzielle Affinität zur **Kriminalität** gekennzeichnet war. Schon das Stellenvermittlergesetz vom 2.6.1910 (RGBl. I S. 860, vgl. hierzu *Schüren/Schüren*, Einl. Rn. 23 ff.) versuchte diesen Missständen entgegenzuwirken und bestimmte in § 2 Abs. 2 Nr. 2, dass die Erlaubnis zur Stellenvermittlung zu versagen sei, wenn »... ein Bedürfnis zur Stellenvermittlung nicht vorliegt.« Ein solches Bedürfnis sei insbesondere dann nicht anzuerkennen, wenn für den Ort oder den wirtschaftlichen Bezirk ein öffentlicher gemeinnütziger Arbeitsnachweis in ausreichendem Umfang bestehe. Mit dieser Regelung wurde die **Arbeitsvermittlung** nicht nur zur **öffentlichen Aufgabe** erklärt, sondern es wurde gleichzeitig der Grundsatz festgelegt, dass die private Arbeitsvermittlung nur dann und nur in den Sektoren zugelassen werden darf, in denen der Staat keine ausreichende Infrastruktur zur Stellenvermittlung zur Verfügung stellen kann.

Die **ANÜ als Bestandteil der Arbeitsvermittlung** wurde erstmals im **Arbeits-** **2** **nachweisgesetz (ANG)** vom 27.7.1922 (RGBl. I S. 857) geregelt, wobei die gewerbsmäßige Stellenvermittlung einschließlich der ANÜ mit Wirkung vom 1.1.1931 verboten wurde. § 48 Abs. 5 Arbeitsnachweisgesetz lautete:

»Als gewerbsmäßige Stellenvermittlung gilt ferner die Zuweisung von Arbeitnehmern, deren Arbeitskraft der Zuweisende dritten Personen für vorübergehende Beschäftigung zur Verfügung stellt, ohne selbst die Ausrüstung mit den erforderlichen Werkzeugen und die sozialen Versicherungslasten des Arbeitgebers für die vermittelten Personen zu übernehmen«.

Die Regelung wurde mit der Verabschiedung des **Gesetzes über Arbeitsvermittlung und Arbeitslosenversicherung (AVAVG)** vom 16.7.1927 (RGBl. I S. 187) in § 54 Abs. 3 AVAVG wörtlich übernommen.

Durch § 4 der Verordnung vom 26.11.1935 (RGBl. I S. 1361) zur Durchführung **3** des Gesetzes über Arbeitsvermittlung, Berufsberatung und Stellenvermittlung (RGBl. I S. 1281) wurde § 54 AVAVG ersatzlos aufgehoben. Bezüglich der ANÜ wurden durch Erlass des Reichsarbeitsministers vom 20.12.1941 (RABl. I S. 6) die Arbeitsämter angewiesen, das Ausleihen von Arbeitskräften zu verhindern und darauf hinzuwirken, dass die ausgeliehenen Arbeitnehmer unmittelbare Arbeitsverhältnisse mit dem Einsatzbetrieb begründeten.

II. Nachkriegsentwicklung bis zum Erlass des AÜG

Durch die Novelle zum AVAVG vom 23.12.1956 (vgl. BGBl. I S. 1018) wurde **4** die frühere Vorschrift des § 54 Abs. 1 AVAVG fast wortgleich übernommen und als § 37 Abs. 3 AVAVG in der Fassung vom 3.4.1957 (BGBl. I S. 321) wie folgt gefasst:

»Als Arbeitsvermittlung gilt ferner die Zuweisung von Arbeitnehmern, deren Arbeitskraft der Zuweisende regelmäßig dritten Personen für eine Beschäftigung zur Verfügung stellt, ohne selbst die Arbeit auf eigene Rechnung ausführen zu lassen und ohne selbst die Ausrüstung mit den erforderlichen Werkzeugen für die zugewiesenen Arbeitskräfte zu übernehmen.«

Dadurch war die **gewerbsmäßige ANÜ** in Form von unechten Leiharbeitsverhältnissen als Verstoß gegen das Verbot privater Arbeitsvermittlung **untersagt**.

III. Entscheidung des BVerfG vom 4.4.1967

5 Auf die **Verfassungsbeschwerde** der Firma »Adia-Interim« hob das *BVerfG* mit Urteil vom 4.4.1967 (1 BvR 84/65 – BVerfGE 21, 261) § 37 Abs. 3 AVAVG als mit dem Grundrecht der freien Berufswahl unvereinbar auf, bestätigte aber am gleichen Tag die **Verfassungsgemäßheit des staatlichen Arbeitsvermittlungsmonopols** (1 BvR 126/63 – BVerfGE 21, 245).

6 Dem Urteil kommt sowohl hinsichtlich der Frage, unter welchen **Voraussetzungen** die gewerbsmäßige ANÜ zugelassen werden muss, als auch hinsichtlich der Frage, welche rechtlichen **Gestaltungsgrenzen** hierbei einzuhalten sind, eine entscheidende Bedeutung zu. Das *BVerfG* stellt in der Entscheidung zunächst fest, dass eine ANÜ dann nicht vorliege, wenn der zugewiesene Arbeitnehmer in den Betrieb der Dritten Person derart eingeordnet wird, dass er nach der ganzen Gestaltung der gegenseitigen Beziehungen – wenn auch nur auf kurze Dauer – deren Arbeitnehmer wird, wobei es unwesentlich sei, ob der zugewiesene Arbeitnehmer gleichzeitig an ein irgendwie geartetes Vertragsverhältnis zum zuweisenden Unternehmer gebunden bleibe (sog. **Einordnungstheorie**). Eine nicht der verbotenen Arbeitsvermittlung unterfallende ANÜ sei nur denkbar, wenn der überlassene Arbeitnehmer nicht in den Betrieb des Dritten als Arbeitnehmer eingeordnet werde, sondern lediglich in arbeitsrechtlichen Beziehungen zum zuweisenden Unternehmen verbleibe (*BVerfG*, a.a.O.). Diese **verfassungsrechtlichen Grundentscheidungen** sind auch heute noch bei der Abgrenzung von Arbeitsvermittlung und ANÜ zu beachten. Vermittlungsrechtlich zulässig ist eine ANÜ nur, wenn allein zwischen Verleiher und Leiharbeitnehmer eine arbeitsvertragliche Beziehung begründet wird, das Arbeitsverhältnis während der Beschäftigung im Entleiherbetrieb fortbesteht und diese Beschäftigung überdauert und der Verleiher den Lohn auch dann zu zahlen hat, wenn der Arbeitnehmer zeitweise nicht überlassen werden kann (*BSG* v. 29.7.1970 – 7 RaR 44/68 – EzAÜG Nr. 3).

7 Fasst man diese Aussagen zusammen, hat der **Gesetzgeber** bei der Ausgestaltung der ANÜ in Abgrenzung zur Arbeitsvermittlung sicherzustellen, dass
– die Einsätze des Arbeitnehmers beim Dritten regelmäßig nur von kurzer Dauer sind und damit zeitlich eine **Grenze der Einsatzfrist** festgeschrieben wird,
– das Arbeitsverhältnis von Leiharbeitnehmern den Einsatz bei Dritten überdauert (**Synchronisationsverbot**, vgl. § 9 Rn. 308),
– das **Betriebsrisiko** und die Pflicht zur **Lohnfortzahlung in Zeiten mangelnder Überlassungsmöglichkeiten** beim Verleiher verbleibt (Ausschluss der Abdingbarkeit des § 615 Satz 1 BGB, vgl. § 11 Abs. 4 Satz 1).
Die vom *BVerfG* angenommene Übernahme der Arbeitgeberpflichten durch den Verleiher begründet dabei zugleich die verfassungsmäßige Grundlage der Zulässigkeit der gewerbsmäßigen ANÜ (*Wahsner u.a.* 1985, 124; *Röwekamp*, AuR 1984, 323).

8 Das *BVerfG* hielt das **Verbot gewerbsmäßiger ANÜ** als Verstoß gegen das **Grundrecht auf freie Berufswahl** nach Art. 12 Abs. 1 GG für **verfassungswidrig**, weil das Verbot nicht zum Schutze eines überragenden Gemeinschaftsguts notwendig sei (*BVerfG*, a.a.O.) und Missstände bis zur Verabschiedung des § 37 Abs. 3 AVAVG nicht aufgetreten seien. Angesichts der Entwicklung und des Ausmaßes illegaler Beschäftigung (vgl. Einl. E. Rn. 11) bestehen insoweit heute andere Voraussetzungen. Die Entscheidung hindert den Gesetzgeber daher nicht, angesichts dieser **Missstände** erneut ein Verbot der gewerbsmäßigen ANÜ zu erlassen (zur Reichweite der Bindungswirkung des § 31 BVerfGG vgl. *BVerfG* v. 6.10.1987 – 1 BvR 1086, 1468 u. 1623/82 – DB 1988, 605). Als Bereiche, die das Vorliegen von Missständen begründen können, führt das *BVerfG* insoweit sowohl den Kündigungsschutz, die tarifliche Vergütung und den Urlaub als auch die Vereinbarung besonders hoher Vertragsstrafen auf (*BVerfG*, a.a.O.). Schon die Laufzeit der statistisch erfassten Leiharbeitsverhältnisse (vgl. Einl. E. Rn.8, 10) zeigt insoweit, dass die Umgehung des Kündigungsschutzes im Bereich der ANÜ den Normalfall darstellt und Missstände im Rahmen der bestehenden Missbrauchsgesetzgebung nicht beseitigt werden können.

Das *BVerfG* geht in der Entscheidung weiter davon aus, dass ANÜ nur in sehr begrenztem Umfang eine **wirtschaftliche Funktion** erfüllen könne, z.B. wegen des **vorübergehenden Ausfalls eines ständigen Arbeitnehmers** oder wegen vorübergehender dringender Arbeiten, die nicht mit der Stammbelegschaft erledigt werden können. »Dafür, dass in Betrieben längere Zeit hindurch fremde Arbeitnehmer tätig sind, die ihnen von anderen Unternehmen überlassen sind (...), spricht kaum eine Lebenserfahrung« (*BVerfG*, a.a.O.). Im Hinblick auf den systematischen und dauerhaft geplanten Einsatz von Leiharbeitnehmern (vgl. Einl. C. Rn.2ff.) haben sich die Erscheinungsformen und die Funktion von Leiharbeit grundsätzlich verändert. Durch Leiharbeit werden heute Dauerarbeitsplätze in den Betrieben abgebaut, ein **Schutz von Dauerarbeitsplätzen** über die Missbrauchsgesetzgebung des AÜG konnte insoweit nicht erreicht werden. **9**

Letztlich ist auch das besondere **wirtschaftliche Bedürfnis**, nach dem ANÜ-Verträge »die Arbeitskraft solcher Arbeitnehmer, die aus verschiedenen Gründen keine Dauerstellung, auch nicht für eine Teilzeitbeschäftigung, annehmen können oder wollen« (*BVerfG*, a.a.O.) heute nicht mehr der für die ANÜ ausschlaggebende Grund. Vielmehr sucht der überwiegende Teil der Leiharbeitnehmer eine Festanstellung. Darauf bezogen mobilisiert die ANÜ jedoch nicht zusätzliche Arbeitskräfte, sondern ihre **Funktion** besteht lediglich darin, bei vorhandenen Beschäftigungsmöglichkeiten in Einsatzbetrieben eine unmittelbare Begründung von Arbeitsverhältnissen zu den Einsatzbetrieben zu verhindern und die **Beschäftigungsrisiken** des Einsatzbetriebs auf Verleiher **zu verlagern**, die ihrerseits faktisch die Beschäftigungsrisiken unter Umgehung des Synchronisationsverbots und der Zahlung von Dumpinglöhnen auf die Arbeitnehmer verlagern (*Krüger*, S. 116ff.). **10**

IV. Verabschiedung des AÜG

Auf Grund des Urteils des *BVerfG* vom 4.4.1967 stellte das *BSG* in seiner Entscheidung vom 29.7.1970 (7 RAr 44/68 – BSGE 31, 235) **Abgrenzungskriterien** zwischen zulässiger ANÜ und unzulässiger Arbeitsvermittlung auf. Entscheidend ist danach, ob der **Schwerpunkt der arbeitsrechtlichen Beziehungen** des Arbeitnehmers in seinem Verhältnis zum Verleiher oder in seinem Verhältnis zum Entleiher liegt. Maßgeblich hierfür sei u.a., ob das Arbeitsverhältnis zum Verleiher auch während der Beschäftigung im Entleiherbetrieb fortbestehe und diese Beschäftigung überdauere und der Verleiher für Zeiten mangelnder Einsatzmöglichkeiten bei Entleihern zur Lohnfortzahlung verpflichtet sei (sog. **Schwerpunkttheorie**). Mit den Grundsatzentscheidungen des *BVerfG* vom 4.4.1967 und des BSG vom 29.7.1970 waren die **Grundstrukturen des Leiharbeitsverhältnisses** im Wesentlichen entwickelt (*Bode/Brose/Voswinkel*, S. 76ff.): **11** die alleinige Arbeitgebereigenschaft des verleihenden Arbeitgebers, das Synchronisationsverbot, die Lohnfortzahlungspflicht bei fehlenden Einsatzmöglichkeiten in Entleiherbetrieben sowie eine zeitliche Begrenzung der Überlassungsdauer.

12 Da die Zahl der Verleihunternehmen nach dem Urteil des *BVerfG* ständig zunahm und die Missstände auf dem Gebiet der ANÜ offenkundig wurden (vgl. *Sandmann/Marschall*, Einl. Anm. 16 ff.), leitete die Bundesregierung dem Bundesrat am 24.4.1971 (BR-Ds. 200/71) den Entwurf eines Gesetzes zur Regelung der gewerbsmäßigen ANÜ zu. Ziel des Gesetzes war u.a., »bei der Arbeitnehmerüberlassung Verhältnisse herzustellen, die den **Anforderungen des sozialen Rechtsstaates** entsprechen und eine Ausbeutung der betroffenen Arbeitnehmer ausschließen« (amtl. Begr. der BReg. v. 15.8.1971 – BT-Ds. VI/2303, S. 9). Nach Abschluss der parlamentarischen Beratungen und der Aufnahme von Änderungsvorschlägen des Ausschusses für Arbeit und Sozialordnung (vgl. BT-Ds. VI/3505 und Bericht des Abgeordneten Jaschke zu BT-Ds. VI/3505) wurde der Regierungsentwurf am 21.6.1972 in zweiter und dritter Lesung einstimmig verabschiedet (BR-Ds. 370/72) und nach Zustimmung des Bundesrats am 7.8.1972 verkündet (BGBl. I S. 1393).

13 Das Gesetz verfolgte bis zu den sog. Hartz-Gesetzen (Rn. 52 ff.) in erster Linie das **Ziel**, die betroffenen Arbeitnehmer zu schützen, Missständen auf dem Gebiet der ANÜ vorzubeugen und Verstößen gegen Vorschriften des Arbeits-, Vermittlungs-, Sozialversicherungs- und Steuerrechts wirksam zu begegnen (*Becker/Wulfgramm*, Einl. Rn. 118 ff.; *Sandmann/Marschall*, Einl. Anm. 21 ff.; *Schüren/Schüren*, Einl. Rn. 46 ff.). Hierzu enthält das Gesetz in § 1 ein **Verbot der ANÜ mit Erlaubnisvorbehalt**, nach dem gewerbsmäßige ANÜ nur mit Erlaubnis der BA ausgeübt werden darf. In § 3 sind die wichtigsten Gründe aufgeführt, unter denen eine Erlaubnis versagt werden muss, wobei durch die in §§ 4, 5 enthaltenen Regelungen zur Rücknahme und zum Widerruf der Erlaubnis sichergestellt werden soll, dass auch bei erteilter Erlaubnis **nur zuverlässige Verleiher** das Gewerbe ausüben dürfen. § 3 soll dabei insbesondere die Einhaltung aller Arbeitgeberpflichten des Verleihers sicherstellen (Abs. 1 Nr. 1 und 2), eine Umgehung der Synchronisationsverbote durch Ausschluss bestimmter rechtlicher Gestaltungsmöglichkeiten verhindern (Abs. 1 Nr. 1 i.V.m. § 11 Abs. 4 Satz 2) und Diskriminierungen der LAN beim Einsatz in Entleihbetrieben unterbinden (§ 3 Abs. 1 Nr. 3). Der Zweck der Erlaubnispflicht und des darin enthaltenen Verbots langfristiger ANÜ besteht aber auch darin, die **nachteiligen arbeitsmarktpolitischen Auswirkungen** auf den Bestand von Dauerarbeitsverhältnissen zu unterbinden und Strategien der Einsatzbetriebe entgegenzuwirken, die darauf abzielen, sich den arbeitsrechtlichen Verpflichtungen gegenüber Stammarbeitnehmern zu entziehen (BT-Ds. VI/2303, S. 9; *Becker/Wulfgramm*, Einl. Rn. 118).

14 Die **Versagungstatbestände** bei beantragten Erlaubnissen dienen dabei gleichzeitig der **Abgrenzung** zulässiger ANÜ und unzulässiger Arbeitsvermittlung. § 1 Abs. 2 stellt darauf bezogen die Vermutung auf, dass bei Nichteinhaltung der üblichen Arbeitgeberpflichten oder Nichtübernahme des Arbeitgeberrisikos unzulässige Arbeitsvermittlung vorliegt.

Der **arbeitsrechtliche Schutz** des Leiharbeitnehmers wird entsprechend den vom BVerfG aufgestellten Vorgaben in verschiedener Weise besonders ausgestaltet. § 9 soll u.a. sicherstellen, dass Leiharbeitsverhältnisse nur im Rahmen legaler ANÜ abgeschlossen werden. § 11 erweitert diesen Schutzzweck und verpflichtet den Verleiher zur Dokumentation der Arbeitsbedingungen (Abs. 1), sichert die Einhaltung der besonderen Arbeitgeberpflichten zur Lohnfortzahlung bei mangelnden Beschäftigungsmöglichkeiten (Abs. 4) und stellt die Einhaltung des Arbeitsschutzes von Leiharbeitnehmern auch bei Beschäftigung in Drittbetrieben sicher (Abs. 6). Zum **Schutz der Tarifautonomie** enthält § 9 Nr. 2 ein Gleichstellungsgebot hinsichtlich der materiellen Arbeitsbedingungen und § 11 Abs. 5 ein individuelles Leistungsverweigerungsrecht des Leiharbeitnehmers bei Arbeitskämpfen in Einsatzbetrieben, verbietet jedoch den Entleihern nicht, Leiharbeitnehmer als Streikbrecher in Arbeitskämpfen einzusetzen. Um den Leiharbeitnehmer gegen Verstöße des Verleihers gegen Vorschriften des AÜG oder des Arbeitsvermittlungsrechts zu schützen, fingiert das Gesetz in diesen Fällen nach §§ 10 Abs. 1, 1 Abs. 2 das Zustandekommen eines Arbeitsverhältnisses zum Entleiher.

Der **arbeits- und sozialversicherungsrechtliche Schutz** des Leiharbeitnehmers wird u. a. durch eine Mithaftung des Entleihers für die Sozialversicherungsbeiträge (vgl. Art. 4 Rn. 1) und entsprechende Meldepflichten verstärkt (Art. 3 und 4). Gleiches gilt für die Steuerpflichten und die Übernahme der Kosten der Abschiebung eines illegal beschäftigten Ausländers (vgl. Einl. G. Rn. 44; Art. 5). Verstöße gegen das AÜG werden daneben durch Art. 1 §§ 15, 15a, 16 und durch Art. 4 straf- und ordnungswidrigkeitenrechtlich sanktioniert.

V. Gesetzesänderungen seit In-Kraft-Treten des AÜG

Auf Grund eines Beschlusses des Bundestags vom 2.9.1981 (vgl. BT-Ds. 9/975, S. 5) hat die Bundesregierung in regelmäßigen Abständen von derzeit vier Jahren **Erfahrungsberichte** über die Anwendung des AÜG vorzulegen. Die bislang vorgelegten Erfahrungsberichte (v. 30.6.1974 – BT-Ds. 7/2365; v. 30.6.1976 – BT-Ds. 7/5631; v. 30.6.1978 – BT-Ds. 8/2025; v. 30.6.1980 – BT-Ds. 8/4479; v. 30.6.1984 – BT-Ds. 10/1934; v. 30.6.1988 – BT-Ds. 11/2639; v. 30.6.1992 – BT-Ds. 12/3180; v. 10.10.1996 – BT-Ds. 13/5498; v. 6.9.1996 – BT-Ds. 13/5498; v. 4.10.2000 – BT-Ds. 14/4220) sowie die veröffentlichten Statistiken zur ANÜ zeigen insoweit, dass die bestehenden gesetzlichen Regelungen zur ANÜ nicht ausreichen, um geordnete Verhältnisse auf diesem Teilarbeitsmarkt herzustellen. Von daher forderten der **DGB** und insbesondere die IG Bau-Steine-Erden und die IG Metall früher ein **generelles Verbot der gewerbsmäßigen ANÜ** (*Wagner/Ulber/Hinrichs*, S. 10), was sich politisch nicht durchsetzen ließ. Der Gesetzgeber hat auf die Missbräuche und Verstöße gegen Bestimmungen des AÜG und AFG unterschiedlich reagiert, wobei bis Mitte der 80er-Jahre eher Einschränkungen hinsichtlich der Zulässigkeit der ANÜ und eine Verschärfung von Sanktionen bei Verstößen im Vordergrund der Gesetzgebung standen. Seit Verabschiedung des sog. BeschFG 1985 haben eher die Aufhebung vormaliger Restriktionen, erweiterte Möglichkeiten zur Beschäftigung von Leiharbeitnehmern und die Legalisierung vormals verbotener Formen der ANÜ die Gesetzgebung geprägt.

1. Gesetzesänderungen bis zur Verabschiedung des BeschFG 1985

Durch Art. 250 EGStGB vom 2.3.1974 (BGBl. I S. 469) wurden Art. 1 §§ 7, 14 (a. F.), 15 und 16 sowie Art. 6 § 2 geändert. Die wichtigsten Änderungen betrafen hierbei die Heraufsetzung der Höchststrafe bei Vergehen nach § 15 auf drei Jahre Freiheitsstrafe und die Anhebung der Bußgeldhöhen in § 16. Eine weitere Verschärfung der Strafbarkeit illegaler ANÜ brachte das am 1.7.1975 in Kraft getretene Gesetz zur Änderung des AFG und AÜG vom 25.6.1975 (BGBl. I S. 1542). Hin-

15

16

sichtlich der Beschäftigung ausländischer Arbeitnehmer ohne Arbeitserlaubnis wurden § 15 Abs. 2 und § 15a neu eingefügt und damit auch die **Beschäftigung ausländischer Arbeitnehmer** ohne Arbeitserlaubnis durch den Entleiher unter Strafe gestellt.

Durch Art. 88 des am 1.1.1977 in Kraft getretenen Einführungsgesetzes zur Abgabenordnung (EGAO; BGBl. I S. 3341) wurde Art. 1 § 8 Abs. 4 hinsichtlich der Einhaltung des Statistikgeheimnisses geändert bzw. ergänzt. Bei Steuerstraftaten und einem entsprechenden öffentlichen Interesse an der Durchführung eines Verfahrens kann nach Art. 1 § 8 Abs. 4 Satz 3 das Statistikgeheimnis durchbrochen werden.

17 Eine wichtige Änderung brachte die Neufassung des § 6 Abs. 1 Nr. 2 ArGV (früher § 6 Abs. 1 AEVO) durch die Verordnung vom 22.2.1974 (BGBl. I S. 365). Nach der Neufassung ist die **Arbeitserlaubnis** nach § 1 ArGV **zu versagen**, wenn der ausländische Arbeitnehmer eine **Tätigkeit als Leiharbeitnehmer** im Inland aufnehmen will (vgl. Einl. G. Rn.35 ff.).

18 Mit den Gesetzesentwürfen der Bundesregierung vom 4.9.1981 (BR-Ds. 368/81) und dem gleich lautenden Entwurf der Fraktionen von SPD und F.D.P (BT-Ds. 9/800) sollte wirksam gegen die **illegale Beschäftigung** in ihren sozial- und wirtschaftspolitisch schädlichen Erscheinungsformen (illegale ANÜ, illegale Ausländerbeschäftigung, Schwarzarbeit) angegangen werden. Nach Abschluss der parlamentarischen Beratungen trat das **Gesetz zur Bekämpfung der illegalen Beschäftigung (BillBG**; BGBl. I S. 1390) am 1.1.1982 in Kraft. Mit dem Gesetz wurde zum einen die Verpflichtung zur Zusammenarbeit der an der Bekämpfung illegaler Beschäftigung beteiligten Behörden (§ 18) und die Verpflichtung der BA zur Schaffung der organisatorischen Voraussetzungen zur Verfolgung von Ordnungswidrigkeiten (§ 19 a.F.) sowie die Erhebung von Verwaltungsgebühren für die Bearbeitung von Anträgen auf Erteilung und Verlängerung der Erlaubnis festgeschrieben (§ 2a). Daneben wurde ein **Bußgeldtatbestand gegen Entleiher** eingeführt, die Leiharbeitnehmer beschäftigen, ohne dass der Verleiher die erforderliche Erlaubnis besitzt (§ 16 Abs. 1 Nr. 1a), und die Überlassung von Leiharbeitnehmern durch Verleiher unter Verstoß gegen die Höchsteinsatzfrist nach Art. 1 § 3 Abs. 1 Nr. 6 a.F. bußgeldbewehrt (§ 16 Abs. 1 Nr. 9). Im neu gefassten § 14 werden daneben die **betriebsverfassungs- und personalvertretungsrechtliche Stellung** des Leiharbeitnehmers sowie die wichtigsten Beteiligungsrechte der Betriebs- und Personalräte geregelt.

19 Gleichzeitig mit dem BillBG trat am 1.1.1982 die durch das Gesetz zur Konsolidierung der Arbeitsförderung vom 22.12.1981 (BGBl. I S. 1497) geschaffene Vorschrift des § 12a AFG a.F. in Kraft. Mit der Vorschrift soll den besonderen Missständen in der **Bauwirtschaft** Rechnung getragen werden. Die Vorschrift enthält ein **sektorales Verbot der gewerbsmäßigen** ANÜ in Betriebe des Baugewerbes für Arbeiten, die üblicherweise von Arbeitern verrichtet werden (vgl. Erl. zu § 1b). Durch Beschluss des *BVerfG* vom 6.10.1987 (1 BvR 1086, 1468 und 1623/82 – BVerfGE 77, 84) wurde die Vorschrift als mit dem GG vereinbar erklärt (zu weiteren Einzelheiten vgl. § 1b Rn. 3 ff.).

2. Gesetzesänderungen seit Inkrafttreten des BeschFG 1985

20 Obwohl die Missstände im Bereich der ANÜ auch nach Inkrafttreten des BillBG anhielten, hat der Gesetzgeber nach der Verabschiedung des sektoralen Verbots der gewerbsmäßigen ANÜ in der Bauwirtschaft im Wesentlichen keine Maßnahmen mehr ergriffen, um durch gesetzliche Regelungen geordnete Verhältnisse auf diesem Teilarbeitsmarkt zu gewährleisten. Vielmehr wurde mit dem am 1.5.1985 in Kraft getretenen sog. **Beschäftigungsförderungsgesetz 1985 (BeschFG 1985)** vom 26.4.1985 (BGBl. I S. 710) der umgekehrte Weg beschritten. Der entscheidende **Perspektivenwechsel der Gesetzgebung** lag hierbei darin, dass nicht mehr der Arbeitnehmerschutz im Vordergrund der Gesetzesänderungen im Bereich der ANÜ steht, sondern der Arbeitnehmerschutz im Bereich der ANÜ sukzessive aufgeweicht wird (*Leinemann*, BB 1996, 1381), um den Einsatzbetrieben mehr Möglichkeiten zu geben, die Begründung eigener Beschäftigungsverhältnisse zu vermeiden und Stammarbeitsplätze abzubauen (*Ulber*, AiB 1986, 267; *Wahsner u.a.* 1985, 15). Die vorgegebenen Zielsetzungen des BeschFG 1985, zusätzliche Beschäftigungsmöglichkeiten zu schaffen (vgl. BT-Ds. 10/2102, S. 18, 42), wurden hierbei zu keinem Zeitpunkt erreicht. Vielmehr gleichen etwaige bei den Verleihern entstehende zusätzliche Beschäftigungsmöglichkeiten, die mit der Erweiterung der Einsatzmöglichkeiten von Leiharbeitnehmern durch das BeschFG 1985 verbunden sind, die Verluste an Dauerarbeitsplätzen in den Entleiherbetrieben nicht einmal aus (*Bosch/Seiffert*, WSI-Mitt. 1984, 581), sodass im Ergebnis die **Arbeitslosigkeit durch die Ausweitung von Leiharbeit erhöht** wurde (*Wahsner u.a.* 1985, 124). Abgesehen davon, dass durch ANÜ quantitativ betrachtet generell kein erhöhtes gesamtwirtschaftliches Arbeitsvolumen und damit auch keine zusätzlichen Möglichkeiten der Beschäftigung entstehen, sondern das bestehende Arbeitsvolumen im Rahmen anders gearteter Beschäftigungsverhältnisse umgeschichtet wird, ist auch das vom Gesetzgeber vorgegebene Ziel, nach dem durch Leiharbeit bzw. befristete Arbeitsverhältnisse zu einem Abbau von Mehrarbeit und damit mittelbar zu neuen Beschäftigungsmöglichkeiten beigetragen werden könne, nicht erreicht worden (vgl. Bericht der BA v. 14.5.1992 zum 7. Erfahrungsbericht der Bundesregierung, S. 25). Vielmehr ist parallel zum Anwachsen der Leiharbeit auch ein Anwachsen der Mehrarbeit festzustellen, die mit 2.6 Mrd. Überstunden in 1995 nach einer Repräsentativbefragung des Kölner ISO-Instituts einen Höchststand erreicht hatte. Die Politik der **Deregulierung** (*Müller/Seifert*, WSI-Mitt. 1991, 489) führt insoweit nicht zu einer Umverteilung des potenziellen gesamtwirtschaftlichen Arbeitsvolumens zugunsten der Einstellung von Arbeitslosen, sondern erweitert lediglich die Möglichkeiten der Betriebe, Neueinstellungen durch Nutzung beschäftigungs- und arbeitszeitpolitischer Flexibilisierungsinstrumente zu vermeiden bzw. bestehende Stammarbeitsplätze abzubauen.

In einem ersten Schritt wurde mit dem BeschFG 1985 die **Höchsteinsatzfrist** des § 3 Abs. 1 Nr. 6 a.F. von vormals drei (zunächst befristet bis zum 31.12.1989) auf **sechs Monate erweitert**. Im Hinblick auf die grundsätzlichen Zielsetzungen des AÜG, Leiharbeit nur als Instrument zur Abdeckung vorübergehender Auftragsspitzen zuzulassen und einen Abbau bestehender Stammarbeitsplätze bei Entleihern zu verhindern, kann eine derartige Ausweitung der Einsatzmöglichkeiten von Leiharbeitnehmern auf Stammarbeitsplätzen im Einsatzbetrieb nur im Rahmen übergeordneter arbeitsmarktpolitischer Gesamtinteressen als verfassungsrechtlich unbedenklich bewertet werden. Die **Verringerung der Arbeitslosenquote** ist als solche eine gesetzgeberische Zielsetzung, die auch **temporäre Eingriffe** in die Struktur der bestehenden Stammarbeitsverhältnisse in Entleiherbetrieben rechtfertigt. Hierbei ist jedoch zu fordern, dass die gesetzgeberischen Maßnahmen geeignet sind, die arbeitsmarktpolitischen Ziele auch zu erreichen. Im Hinblick auf die Abdeckung eines vorübergehenden zusätzlichen Arbeits-

21

kräftebedarfs stellt insoweit der Abbau von Mehrarbeit durch die gesetzliche Erweiterung der Einsatzmöglichkeiten von Leiharbeitnehmern eine verfassungsrechtlich unbedenkliche Zielsetzung dar. Der Abbau von Mehrarbeit muss hierbei aber auch eintreten bzw. Bedingung dafür sein, dass Leiharbeitnehmer zusätzlich eingestellt werden. Die vorliegenden Daten belegen, dass durch Ausweitung der Einsatzmöglichkeiten von Leiharbeitnehmern gerade kein Mehrarbeitsabbau erreicht wurde (vgl. Bericht der BA v. 14.5.1992 zum 7. Erfahrungsbericht der Bundesregierung, S. 25). Daneben hat der Gesetzgeber auch darauf verzichtet, einschränkende Regelungen zur Anordnung von Mehrarbeit zu treffen. Vielmehr hat er genau entgegengesetzt im ArbZG die individuell zulässigen Arbeitszeiten der Arbeitnehmer erweitert und den Anreiz der Unternehmen, ein überschüssiges Arbeitsvolumen über Mehrarbeit abzudecken, u.a. durch Wegfall gesetzlicher Mehrarbeitszuschläge gesteigert. Die in § 3 Abs. 1 Nr. 6 a.F. geregelten über drei Monate hinausgehenden (befristeten) Möglichkeiten zum Einsatz von Leiharbeitnehmern können daher **nur dann als verfassungsrechtlich unbedenklich** angesehen werden, wenn der Gesetzgeber entweder für vorübergehende Auftragsspitzen Mehrarbeit oder Leiharbeit nur alternativ zulässt oder aber den Einsatz von Leiharbeitnehmern von der Vermeidung von Mehrarbeit abhängig macht. Hiermit werden sowohl der **Funktion von Mehrarbeit und Leiharbeit** Rechnung getragen als auch die **verfassungsrechtlichen Grenzen betrieblicher Flexibilisierung** eingehalten (vgl. *BVerfG* v. 6.10.1987 – 1 BvR 1086, 1468 u. 1623/82 – BVerfGE 77, 84).

22 Neben der Änderung des § 3 Abs. 1 Nr. 6 a.F. wurde durch das BeschFG 1985 § 1 Abs. 2 redaktionell neu gefasst. Durch den geänderten Gesetzeswortlaut wurde klargestellt, dass das Vorliegen einer Tatbestandsvariante ausreicht, um die Vermutung der unerlaubten Arbeitsvermittlung zu begründen (*Becker/Wulfgramm*, Einl. Rn. 137; *Sandmann/Marschall*, Einl. Anm. 37a). Daneben wurden die **Straf- und Ordnungswidrigkeitenbestimmungen** des AÜG dahingehend ergänzt, dass durch § 15a die illegale Beschäftigung ausländischer Arbeitnehmer durch Entleiher wie bei Verleihern unter Strafe gestellt wurde und in den Fällen des § 16 Abs. 1 Nr. 9 die vormals bestehende vorherige Beanstandung von Verstößen durch die BA entfiel.

23 Eine wichtige Ergänzung brachte das BeschFG 1985 durch die Neuregelung der **Konzernleihe** und der **ANÜ auf Grund Tarifvertrag** durch den neu eingefügten § 1 Abs. 3 (vgl. § 1 Rn. 233 ff.). Im Anwendungsbereich der Vorschrift ist das AÜG insgesamt nicht anwendbar. Wegen des vollständigen Ausschlusses von Arbeitnehmern von den Arbeitnehmerschutzbestimmungen des AÜG bestehen hinsichtlich der Vergleichbarkeit der Interessenlage mit Arbeitnehmern, die ansonsten im Rahmen gewerbsmäßiger oder nichtgewerbsmäßiger ANÜ verliehen werden, **verfassungsrechtliche Bedenken**. Die Vorschrift verstößt gegen die EG-Richtlinie Nr. 91/383 (vgl. Einl. F. Rn. 38 ff.).

24 Durch das Siebte Gesetz zur Änderung des AFG vom 10.2.1985 (BGBl. I S. 2484) wurde § 1 Abs. 1 um Satz 2 ergänzt und die Abordnung von **Arbeitnehmern an eine Arge** unter bestimmten Voraussetzungen der Einordnung als ANÜ entzogen (vgl. § 1 Rn. 175 ff.). Die Regelung trat am 1.1.1986 in Kraft und sollte – vor allem Wünschen der Bauwirtschaft entsprechend – wirtschaftlich sinnvolle Formen der **Kooperation verschiedener Unternehmen** in gemeinsamen Projekten fördern. Durch das Steuerbereinigungsgesetz 1986 vom 19.12.1985 (BGBl. I S. 2436) traten die neu geschaffenen bzw. geänderten Vorschriften der §§ 38 Abs. 1 Satz 1, 41 Abs. 2 Satz 2, 42d Abs. 6 bis 8 und 51 Abs. 1 Nr. 2b EStG mit Wirkung vom 25.12.1985 (vgl. Art. 25 Abs. 2 Steuerbereinigungsgesetz 1986) in Kraft. Während der Entleiher nach § 28e Abs. 2 SGB IV bei erlaubter ANÜ ohne Einschränkungen wie ein **selbstschuldnerischer Bürger** haftet (vgl. Art. 3 Rn. 6 u. 8), ist die gesamtschuldnerische **subsidiäre Lohnsteuerhaftung des Entleihers** bei legaler (anders bei illegaler) ANÜ an bestimmte Voraussetzungen geknüpft (vgl. § 42d Abs. 6 EStG). Kann der Entleiher nachweisen, dass er die Kontrollmeldungen abgegeben hat, oder konnte der Entleiher ohne Verschulden davon ausgehen, dass keine ANÜ vorliegt, entfällt die gesamtschuldnerische Subsidiärhaftung des Entleihers für die Lohnsteuer. Bei Überlassung durch einen ausländischen Verleiher (vgl. § 38 Abs. 1 Satz 1 Nr. 2 EStG) gilt dies nur, wenn der Entleiher den nach § 51 Abs. 1 Nr. 2d EStG vorgesehenen Mitwirkungspflichten nachgekommen ist.

Durch das **Zweite Gesetz zur Bekämpfung der Wirtschaftskriminalität** **25** **(2. WiKG)** vom 15.5.1986 (BGBl. I, S. 721) wurde in § 10 ein neuer Abs. 3 eingefügt und eine **gesamtschuldnerische Haftung von Entleiher und Verleiher für die Sozialversicherungsbeiträge** in den Fällen angeordnet, in denen der Verleiher wegen Unwirksamkeit des Arbeitsvertrages nach § 9 Nr. 1 nicht Arbeitgeber des Leiharbeitnehmers ist, aber dennoch hinsichtlich der Vergütungspflichten faktisch Arbeitgeberfunktionen wahrnimmt (vgl. § 10 Rn. 76 f.). Hinsichtlich der Lohnsteuerhaftung des Verleihers gilt insoweit § 42d Abs. 7 EStG. Soweit es die gesamtschuldnerische Haftung des Verleihers für die Beiträge zur Sozialversicherung und zur BA angeht, wurde § 10 Abs. 3 durch das Gesetz zur Einordnung der Vorschriften über die Meldepflichten des Arbeitgebers in der Kranken- und Rentenversicherung sowie im Arbeitsförderungsrecht und über den **Einzug des Gesamtsozialversicherungsbeitrags** in das Vierte Buch Sozialgesetzbuch – Gemeinsame Vorschriften für die Sozialversicherung – vom 20.12.1988 (BGBl. I S. 2330) geändert, da § 28e Abs. 2 SGB IV die Beitragspflichten von Verleiher und Entleiher regelt.

Mit dem Gesetz zur Verlängerung beschäftigungsfördernder Vorschriften **26** **(BeschFG 1990)** wurde die durch das BeschFG 1985 bis zum 31.12.1989 befristete Heraufsetzung der Höchstüberlassungsdauer auf sechs Monate gem. § 3 Abs. 1 Nr. 6 a.F. trotz arbeitsmarktpolitischer Wirkungslosigkeit (Rn. 20 f.) wiederum befristet bis zum 31.12.1995 verlängert. Neu eingefügt wurde gleichzeitig § 1a, der **für Kleinbetriebe** mit weniger als 20 Beschäftigten unter bestimmten Voraussetzungen eine **anzeigepflichtige, aber erlaubnisfreie ANÜ** für höchstens drei Monate vorsah. Zu den Voraussetzungen zählte u.a., dass die Überlassung im gleichen Wirtschaftszweig und zwischen Betrieben desselben oder des unmittelbar angrenzenden Handwerkskammerbezirks erfolgt. Keine Mehrheit im Bundestag erzielte der Gesetzentwurf des Bundesrates zur Bekämpfung von Lohndumping v. 7.6.1991 (BR-Ds. 153/91), der einen verstärkten Schutz von Leiharbeitnehmern sowie einen besseren Schutz der Stammbelegschaften verfolgte.

Auf der Grundlage der Anlage I, Kapitel VIII, Sachgebiet E, Abschnitt II Nr. 2 des **26a** **Einigungsvertrags** vom 31.8.1990 (BGBl. II S. 1038) wurde § 20 als – heute gegenstandslose – Übergangsregelung in das Gesetz eingefügt.

Durch das **Abkommen über den Europäischen Wirtschaftsraum (EWR-** **27** **Abkommen)** vom 2.5.1992 (BGBl. 1993 II S. 266), das den Staatsangehörigen der Mitgliedstaaten die Rechte auf Freizügigkeit und Niederlassungsfreiheit gewährte (vgl. Einl. F. Rn. 6 ff.), wurde auch eine Anpassung der Bestimmungen über die **Erlaubniserteilung für ausländische Verleiher** aus dem erweiterten EWR notwendig. Durch Art. 101a des am 1.1.1994 in Kraft getretenen Gesetzes zur Ausführung des Abkommens vom 2.5.1992 über den Europäischen Wirtschaftsraum (**EWR-Ausführungsgesetz**) vom 27.4.1993 (BGBl. I S. 512) wurde insoweit § 3 Abs. 2 und 4 geändert, so dass seither Staatsangehörige des EWR unter den gleichen Voraussetzungen wie deutsche Staatsangehörige die Erlaubnis zur ANÜ erteilt bekommen.

28 Einschneidende Änderungen im Bereich der ANÜ, insbesondere auch in Abgrenzung zur Arbeitsvermittlung, waren mit dem am 1.1.1994 in Kraft getretenen **Ersten Gesetzes zur Umsetzung des Spar-, Konsolidierungs- und Wachstumsprogramms (1. SKWPG)** vom 21.12.1993 (BGBl. I S. 2353) verbunden. Durch Art. 1 des **1. SKWPG** wurde § 23 AFG a.F. nach Form und Inhalt völlig neu gestaltet und in §§ 23a bis c, 24, 24a bis c AFG a.F. ergänzende Vorschriften getroffen, nach denen die **gewerbsmäßige Vermittlung von Arbeitnehmern** zukünftig unter bestimmten Voraussetzungen für eine auf drei Jahre befristete **Erprobungsphase** zulässig sein sollte (vgl. Einl. D. Rn.15ff.). Durch Art. 2 des 1. SKWPG wurde die **zulässige Höchstdauer der Überlassung** von Leiharbeitnehmern nach § 3 Abs. 1 Nr.6 a.F. auf **neun Monate** erweitert (zu den verfassungsrechtlichen Bedenken s.o. Rn.21) und § 1a dahingehend geändert, dass auf die vorher bestehende räumliche Begrenzung der Kollegenhilfe auf denselben oder unmittelbar angrenzenden Handwerkskammerbezirk verzichtet wurde. Außerdem wurde § 3 Abs. 5 in das Gesetz eingefügt und damit die Möglichkeit geschaffen, auf der Grundlage internationaler Abkommen auch **Ausländern aus Nicht-EWR-Staaten** die Erlaubnis zur ANÜ zu erteilen.

29 Durch Art. 1 des **Beschäftigungsförderungsgesetzes 1994 (BeschFG 1994)** vom 26.7.1994 (BGBl. I S. 1786) wurde das **Alleinvermittlungsrecht der BA aufgehoben** und § 23 AFG i.d.F. des 1. SKWPG entsprechend geändert. Ersatzlos gestrichen wurden hierbei die bisherigen Absätze 2, 3 und 7. Durch die Gesetzesänderung war es seit dem auch **Verleihern, die die Erlaubnis zur ANÜ besitzen**, gestattet, **gewerbsmäßige Arbeitsvermittlung** mit Erlaubnis der BA auszuüben (vgl. Einl. D. Rn.38ff.). Durch Art. 3 des BeschFG 1994 wurde die zunächst bis zum 31.12.1995 befristete Heraufsetzung der Höchstüberlassungsdauer von neun Monaten nach § 3 Abs. 1 Nr.6 i.d.F. des 1. SKWPG bis zum 31.12.2000 verlängert (vgl. Art. 6 § 3a AÜG a.F.). Außerdem wurde in § 3 Abs. 1 Nr.5 a.F. eine Sonderregelung zur Nutzung der ANÜ für die **Vermittlung Schwervermittelbarer** geschaffen und entgegen der Grundstruktur der ANÜ eine zielgruppenspezifische Ausnahme vom Verbot der Deckungsgleichheit (vgl. § 9 Rn.308) vorgesehen. Durch Art. 2 des Gesetzes zur Anpassung arbeitsrechtlicher Bestimmungen an das EG-Recht vom 20.7.1995 (BGBl. I S. 946) wurde § 11 Abs. 1 Satz 2 an die Richtlinie 91/593/EWG angepasst und die **Dokumentationspflichten des Verleihers** bzgl. der wesentlichen Bedingungen des Arbeitsverhältnisses erweitert. In Zusammenhang mit dem Nachweisgesetz wurde in Art. 6 § 3b eine Übergangsregelung für Leiharbeitsverhältnisse geschaffen, die bereits vor Inkrafttreten des Gesetzes am 28.7.1995 bestanden.

30 Bei **grenzüberschreitenden Dienstleistungen** ist das am 1.3.1996 in Kraft getretene **Arbeitnehmer-Entsendegesetz (AEntG)** vom 26.2.1996 (BGBl. I S. 227) zu beachten, das bei Vorliegen der gesetzlichen Voraussetzungen auch im Bereich grenzüberschreitender ANÜ (§ 1 Abs. 2a AEntG) zu einer Vereinheitlichung der Wettbewerbsbedingungen beitragen soll. Rechtspolitisch ist das Gesetz insofern von Bedeutung, als der Gesetzgeber erstmals auch die Sicherung der Tarifautonomie (vgl. BR-Ds. 523/95, S. 6) zum Anlass nimmt, um Eingriffe in die arbeitsvertragliche Gestaltungsfreiheit bei Missständen auf dem Arbeitsmarkt vorzunehmen. Auch die EG-Entsende-Richtlinie wird zukünftig den rechtlich zulässigen Gestaltungsrahmen grenzüberschreitender Formen der Fremdfirmenarbeit wesentlich beeinflussen (vgl. Einl. F. Rn. 56a ff.).

Durch Art. 5 des Gesetzes zur Umsetzung der **EG-Rahmenrichtlinie Arbeitsschutz** und weiterer Arbeitsschutz-Richtlinien vom 7.8.1996 (BGBl. I S. 1246) wurden die **Unterrichtungs- und Dokumentationspflichten** von Verleiher und Entleiher durch Ergänzungen der §§ 11 Abs. 1 und 6, 12 Abs. 1 erweitert. **31**

Mit Wirkung vom 1.6.1998 wurde § 18 durch Artikel 29 des **Justizmitteilungsgesetzes und Gesetzes zur Änderung kostenrechtlicher Vorschriften und anderer Gesetze (JuMiG)** vom 18.6.1997 (BGBl. I S. 1430) um die **Absätze 3 und 4** ergänzt. Durch die eingefügten Vorschriften werden die Rechtsgrundlagen für **erweiterte Mitteilungspflichten** bzw. -möglichkeiten der Strafverfolgungs- und Strafvollstreckungsbehörden sowie der Gerichte **bei Straftaten und Ordnungswidrigkeiten** nach §§ 15, 15a und § 16 Abs. 1 Nr. 1 bis 2 geschaffen. In § 11 Abs. 1 Satz 2 Nr. 3 wurden durch das Gesetz zur Änderung des Bürgerlichen Gesetzbuchs und des Arbeitsgerichtsgesetzes vom 29. Juni 1998 (BGBl. I S. 1694) eine Anpassung des Wortlauts der Vorschrift an die Bestimmungen der Nachweis-Richtlinie 91/533/EWG vorgenommen. **31a**

Eine weitere Änderung des AÜG erfolgte durch Art. 41 des 4. Euro-Einführungsgesetzes vom 21.12.2000 (BGBl. I S. 1983) durch Anpassung der Bußgeldrahmen des § 16 Abs. 2 an die Euro-Umstellung zum 1.1.2002. **31b**

3. Gesetzesänderungen seit Verabschiedung des AFRG

a) Gesetzgebungsverfahren

Mit der Verabschiedung des **Gesetzes zur Reform der Arbeitsförderung (Arbeitsförderungs-Reformgesetz – AFRG)** vom 24.3.1997 (BGBl. I S. 594) wurde das Recht der **ANÜ teilweise grundlegend neu gestaltet**. Die wesentlichen Änderungen zum Bereich der ANÜ waren bereits in Art. 68 des Referenten-Entwurfes zum AFRG vom 15.4.1996 enthalten. Im Verlauf des Gesetzgebungsverfahrens erfuhr der Entwurf vor allem hinsichtlich der ursprünglich nicht geplanten Heraufsetzung der Höchsteinsatzdauer des § 3 Abs. 1 Nr. 6 a.F. auf zwölf Monate Veränderungen durch Art. 64 Nr. 6e des Gesetzentwurfes der Fraktionen der CDU/CSU und der F.D.P. vom 28.6.1996 (BT-Ds. 13/4941). Die Änderungsanträge der Fraktionen der CDU/CSU zum Gesetzentwurf beinhalteten im Wesentlichen redaktionelle Änderungen bzw. Vorschriften zur Zusammenarbeit der Behörden. **32**

In der **Beschlussempfehlung des Vermittlungsausschusses** zum AFRG (BT-Ds. 13/6444) wurden bezüglich des vom Bundestag am 7.11.1996 beschlossenen Gesetzes Änderungen vorgeschlagen, die von der Koalitionsmehrheit im Bundestag am 12.12.1996 abgelehnt wurden (Plenarprotokoll 13/148.13425 C). Parallel hierzu hatte die Bundesregierung erklärt, an weiteren Verhandlungen mit dem Bundesrat bezüglich des zustimmungspflichtigen Gesetzes (*Düwell*, AiB 1996, 576) nicht mehr festzuhalten und gestaltete ihren eigenen Gesetzesentwurf zum AFRG (BT-Ds. 13/5676) derart um, dass eine **Zustimmungspflicht durch den Bundesrat** entfiel. AusgangsPunkt des Gesetzgebungsverfahrens war fortan der Gesetzentwurf der Bundesregierung unter Einbeziehung der Änderungsanträge der Fraktionen der CDU/CSU und der F.D.P. bzw. der beschlossenen Änderungsanträge (i.d.F. der Beschlussempfehlung BT-Ds. 13/5935) unter Er- **33** gänzung der Änderungsanträge, die zur Vermeidung der Zustimmungsbedürftigkeit des Gesetzes erforderlich waren. Das Gesetz wurde am 31.1.1997 in dritter Lesung vom Bundestag gegen die Stimmen der Opposition verabschiedet und im BGBl. I S. 594 verkündet.

34 Die gesetzlichen Bestimmungen des AFRG traten grundsätzlich am 1.1.1998 in Kraft (Art. 83 Abs. 1 AFRG). Jedoch enthält Art. 83 Abs. 3 AFRG eine Sonderregelung zum Bereich der ANÜ, wonach eine Reihe der gesetzlichen Änderungen des Art. 63 AFRG bereits am 1.4.1997 in Kraft getreten sind.

b) Inhalt und Kritik des Gesetzes

35 Art. 63 AFRG brachte die seit Bestehen des AÜG einschneidendsten Änderungen im Bereich der ANÜ mit sich. Mit Art. 63 AFRG, dessen Vorschriften großen Teils schon am 1.4.1997 in Kraft getreten sind (vgl. Art. 83 Abs. 3 AFRG), wurden z.T. grundlegende **strukturelle Änderungen hinsichtlich der Funktion zulässiger ANÜ** vorgenommen. Die im AÜG vorgenommenen Gesetzesänderungen entsprechen ausschließlich den Wünschen und Forderungen der Arbeitgeberverbände und des BZA nach **Beseitigung von Arbeitnehmerschutzvorschriften** im AÜG, insbesondere der Forderung nach einer weiteren Verlängerung der Überlassungsdauer, der allgemeinen Zulassung befristeter Leiharbeitsverträge und der Aufhebung bzw. Lockerung des Synchronisationsverbots (vgl. 8. Erf.-Ber. der BuReg, BT-Ds. 13/5498, 27 f.). Die Gesetzesänderungen sind insoweit Ausdruck einer veränderten Perspektive des Gesetzgebers, Rechtsnormen des Arbeitsschutzes den Bedürfnissen und Forderungen der Arbeitgeber unterzuordnen (*Ulber*, AiB 1986, 267). Die soziale Schutzbedürftigkeit des Leiharbeitnehmers bleibt dabei unerwähnt (*Düwell*, AuA 1997, 255).

36 In der Begründung zu Art. 63 des **Gesetzentwurfes** (v. 18.6.1996, BT-Ds. 13/4941, Allgemeiner Teil, S. 140) werden die **Zielsetzungen** so umschrieben, dass durch Beseitigung beschäftigungshemmender Vorschriften die Schaffung zusätzlicher Arbeitsplätze gefördert werden solle, den **Bedürfnissen der Wirtschaft** nach flexibleren Formen des Personaleinsatzes **Rechnung getragen werden** solle und hierbei die zum Schutz des Leiharbeitnehmers bestehenden arbeits- und sozialrechtlichen Schutzvorschriften unverändert bleiben (a.a.O., S. 247). Diesem Anspruch wird das Gesetz nur hinsichtlich der erweiterten Spielräume der Unternehmen zum flexiblen Arbeitseinsatz gerecht. Wie das Bundeswirtschaftsministerium durch ein Schreiben des damaligen Staatssekretärs Ludewig vom 24.6.1996 an den Präsidenten des BZA zu Recht feststellt, hat die Bundesregierung die Änderungen des AÜG »nicht zuletzt auf Drängen des Bundeswirtschaftsministeriums« beschlossen, womit »Ihren (d.h. des BZA) Forderungen, die Sie dem Bundeswirtschaftsministerium in der Vergangenheit übermittelt hatten, weitgehend Rechnung getragen sein dürfte«.
Der **DGB** hatte demgegenüber bereits in seiner Stellungnahme vom 10.6.1996 durch eine Erklärung des Bundesvorstandes darauf hingewiesen, dass der Entwurf insgesamt sowohl aus arbeitsmarkt- und sozialpolitischen Gründen als auch aus finanzpolitischen Gründen abzulehnen sei und hatte zudem darauf hingewiesen, dass das Gesetz erheblichen **verfassungsrechtlichen Bedenken** begegnen würde.

37 Im Folgenden sollen einige Probleme benannt werden, die auch im Rahmen der übrigen **Deregulierungsgesetzgebung** von Bedeutung sind und die sich insbesondere auf die Frage konzentrieren, inwieweit »Ungleichgewichtslagen« auf dem Teilarbeitsmarkt der ANÜ so schwer wiegen, dass die Vertragsfreiheit durch zwingendes Gesetzesrecht begrenzt oder ergänzt werden muss und inwieweit die im AFRG vorgenommenen Änderungen gegen das Gebot verstoßen, dass der Gesetzgeber nicht tatenlos zusehen darf, wenn offensichtliche Fehlentwicklungen vorliegen (BVerfG v. 7.2.1990 – 1 BvR 26/84 – AP Nr. 65 zu Art. 12 GG).

Verfassungsrechtliche Probleme ergeben sich zunächst hinsichtlich der **Beteiligung von Gesetzgebungsorganen** bei der Verabschiedung des Gesetzes bzw. der Missachtung der Einflussrechte von Gesetzgebungsorganen – insbesondere des Bundesrats – im Zusammenhang mit der Entstehungsgeschichte des AFRG und der im Artikelgesetz versteckten und einer öffentlichen Diskussion nicht zugänglichen Änderungen des AÜG (*Düwell*, BB 1997, 46). Hier sei lediglich darauf hingewiesen, dass es mit den im Grundgesetz normierten Grundsätzen der Gesetzgebung in einer parlamentarischen Demokratie nicht zweifelsfrei vereinbar ist, zustimmungspflichtigen Gesetzen, die vom Bundesrat abgelehnt wurden, dadurch ihr Inkrafttreten zu ermöglichen, dass zustimmungspflichtige Teile aus dem Gesetzgebungsverfahren einfach eleminiert werden bzw. Teile, die sich im ursprünglichen Entwurf auf Zustimmungspflichten des Bundesrats bezogen und von diesem abgelehnt wurden, einfach »redaktionell« zu streichen (vgl. z.B. die Änderungsvorschläge der Fraktionen der CDU/CSU und F.D.P. zu Art. 1 AFRG, §§ 286 Abs. 1, 287 Abs. 1, 292 Abs. 2 Satz 3 SGB III, BT-Ausschuss-Ds. 889/890 und 911/930 sowie Beschlussempfehlung BT-Ds. 13/5935). **38**

Neben der Missachtung des Willens von Gesetzgebungsorganen unterliegen die Neuregelungen hinsichtlich ihres materiellen Inhalts in großen Teilen **verfassungsrechtlichen Bedenken** (zur Verfassungswidrigkeit vgl. auch *Bryde* 1996; *Rolfs*, DB 1996, 2126; *Mayer*, ArbuR 1993, 309; *Däubler* 1996) oder lassen zumindest erhebliche Zweifel an der Verfassungsgemäßheit aufkommen (*Feuerborn/ Hamann*, BB 1997, 2530). Im Hinblick auf die Novellierung stellt sich bei einer Vielzahl von Vorschriften die Frage, ob und inwieweit trotz der Aufhebung gesetzlicher Normen des Arbeitnehmerschutzes die Norm (ggf. nach neu zu entwickelnden verfassungsrechtlichen Grundsätzen) weiterhin angewandt werden muss, weil die Aufhebung als solche – insbesondere unter Berücksichtigung des **Verbots sozialen Rückschrittes** – nicht mehr verfassungsgemäß ist. Auch stellt sich bei einer Reihe durch das AFRG novellierter Vorschriften die Frage, ob auch unterhalb der Ebene der Verfassungswidrigkeit einzelner Normen (d.h. soweit nicht ohnehin gegen das **Rechtsstaatsgebot** verstoßend) eine **Rechtswidrigkeit von Gesetzen** gegeben sein kann, wenn die rechtliche Würdigung durch den Gesetzgeber unrichtig ist bzw. sich als »gesetzgeberische Panne« (*Kasseler Handbuch/Düwell* 4.5 Rn. 55) erweist (z.B. bei der Aufhebung von § 13 AÜG a.F., s.u. Rn. 40f. oder bei der Änderung von § 3 Abs. 1 Nr. 5 a.F., vgl. § 3 Rn. 99) oder aber verschiedene Normen für sich genommen verfassungsgemäß sind, im systematischen Gesetzeszusammenhang jedoch zu **unauflösbaren Wertungswidersprüchen** führen (vgl. hierzu § 1a Rn. 3f. bzw. § 3 Rn. 2, 6). **39**

Die durch Art. 63 Nr. 9 AFRG vorgenommene ersatzlose **Aufhebung des § 13 a.F. AÜG** wurde vom Gesetzgeber u.a. damit begründet, dass sie nicht in das AÜG gehöre und wegen des Wegfalls des Alleinvermittlungsrechts der BA entfallen könne (BT-Ds. 13/4941, S. 250). Diese gesetzgeberische Würdigung ist ersichtlich nicht richtig (so auch *Düwell*, BB 1997, 48). Auch unabhängig davon, ob sich der Gesetzgeber bei Aufhebung des § 13 a.F. bewusst war, dass hiermit der Sozialschutz des Arbeitnehmers beseitigt wird (so *Groeger*, DB 1998, 470, der annimmt, dass sich der Gesetzgeber zu diesem Ziel nur nicht bekennen wollte), oder ob **40** man annimmt, dass sich der Gesetzgeber der Reichweite der Änderung nicht bewusst war (so *Feuerborn/Hamann*, BB 1997, 2530), wirft dies zunächst die Frage auf, wie **Gesetze** zu behandeln sind, die in tatsächlicher und/oder rechtlicher **Hinsicht objektiv bestehendem Recht nicht Rechnung tragen.** Im Hinblick auf die Begründung zur Aufhebung des § 13 a.F. gewinnt dies zunächst hinsichtlich der **Annahme des Gesetzgebers** Bedeutung, die Vorschrift stehe nicht im Zusammenhang mit der ANÜ. Nach nahezu einhelliger Auffassung lag die Bedeutung des § 13 a.F. vor allem im Schutz des Leiharbeitnehmers in den Fällen des § 1 Abs. 2. Aber auch die zweite Annahme des Gesetzgebers, die Schutzvorschrift könne wegen des Wegfalls des Alleinvermittlungsrechts entfallen, ist **unrichtig.** Zwar hatte es der Gesetzgeber versäumt, im Zuge der Zulassung privater Arbeitsvermittlung die Vorschrift des § 13 a.F. an die neuen gesetzlichen Regelungen (Rn. 28 f.) anzupassen. § 13 a.F. stand jedoch in keinem Zeitpunkt im Zusammenhang mit Fällen rechtlich zulässiger Arbeitsvermittlung, sondern bezog sich seit jeher ausschließlich auf **Fälle illegaler Arbeitsvermittlung und Beschäftigung.** § 13 a.F. sollte insoweit sicherstellen, dass der Schutz des Arbeitnehmers, der über den Arbeitsvertrag nicht erreicht werden kann, durch das Gesetz hergestellt wird. Gerade in den Fällen, in denen der Arbeitsvertrag die **grundrechtlich geschützten Freiheitsinteressen des Arbeitnehmers** nicht mehr ausreichend wahrt, muss jedoch die Rechtsordnung schützend eingreifen und den Arbeitnehmer vor belastender Fremdbestimmung bewahren (*BVerfG* v. 7. 2. 1990 – 1 BvR 26/84 – AP Nr. 65 zu Art. 12 GG).

41 Eine **ersatzlose Streichung des Schutzes des Arbeitnehmers** bei illegaler Beschäftigung, der seinerseits zum **Kern der Sozialstaatsgarantie** gehört, überschreitet die Gestaltungsfreiheit des Gesetzgebers. Die hiermit verbundene grundsätzliche Frage, inwieweit der Gesetzgeber durch Deregulierung von Arbeitnehmerschutzbestimmungen (d.h. auch durch Entrechtlichung und Entrechtung sozial besonders schutzbedürftiger Personengruppen) besonders schutzbedürftige Arbeitnehmergruppen ihres vormaligen Schutzes berauben darf, bedarf einer vertiefenden verfassungsrechtlichen Erörterung, der sich das BAG in seiner Entscheidung vom 28. 6. 2000 (7 AZR 100/99, AuR 2001, 149 m. krit. Anm. *Ulber*) entzieht. Mit Hinweis auf eine (angeblich) bevorstehende Kodifikation des Arbeitsrechts durch ein Arbeitsgesetzbuch, die eine vorgezogene Regelung im AÜG nicht angebracht erscheinen lasse (so Sandmann/Marschall, Art. 1 § 9 Rn. 2), können die verfassungsrechtlichen Bedenken nicht zurückgestellt werden. Vielmehr werden diese Bedenken eher verstärkt, wenn der Gesetzgeber auf einen erkannten arbeits- und sozialschutzrechtlichen Regelungsbedarf besonders abhängiger Arbeitnehmergruppen derart reagiert, dass nicht das Schutzniveau erhöht, sondern durch Deregulierung genau umgekehrt der bestehende Schutz aufgebrochen bzw. ganz aufgehoben wird. Im Hinblick auf die ersatzlose Aufhebung des § 13 a.F. ist die **Grenze eines sozialstaatsgerechten Abbaus von Arbeitnehmerschutzbestimmungen überschritten;** Art. 63 Nr. 9 AFRG ist daher **nicht verfassungsgemäß.** Bei der Rechtsanwendung muss weiterhin der Kerngehalt der Regelung des § 13 beachtet werden. Dies ergibt sich auch aus der erklärten **Zielsetzung des Gesetzgebers,** dass trotz der gesetzlichen Neuregelungen »die dem Schutz des Arbeitnehmers dienenden Vorschriften, die sozialversicherungsrechtlichen und arbeitsrechtlichen Bestimmungen des AÜG, unberührt bleiben« (BT-Ds. 13/4941, S. 247).
Soweit nicht wegen verfassungswidriger Aufhebung durch den Gesetzgeber § 13 a.F. weiterhin unmittelbar anzuwenden ist, muss zumindest in **verfassungskon-**

former Auslegung der gesetzlichen Neuregelungen die Fiktion eines Arbeitsverhältnisses entweder über § 1 Abs. 2 unmittelbar (Einl. D. Rn. 48 ff.) oder über eine analoge Anwendung des § 10 auf die bisher § 13 unterliegenden Fallgestaltungen angenommen und zumindest auf die Fälle erstreckt werden, in denen andernfalls kein ausreichender **arbeits- und sozialrechtlicher Schutz des Arbeitnehmers** bei illegaler Beschäftigung erreicht werden könnte (*Düwell*, AuA 1997, 253). Daneben sind dort, wo der Gesetzgeber regelungsfreie Räume schafft und hierdurch die Vertragspraxis dem freien Spiel der Kräfte unbegrenzt aussetzt, die zivil- und arbeitsrechtlichen Grundnormen (§§ 138, 242, 315 BGB) von der Rechtsprechung unter Berücksichtigung der objektiven Grundentscheidungen der Grundrechte anzuwenden (*BVerfG* v. 7.2.1990 – 1 BvR 26/84 – AP Nr. 65 zu Art. 12 GG).

Die Grenzen verfassungsrechtlich zulässiger Gestaltungsfreiheit des Gesetzgebers wurden auch durch die **Heraufsetzung der höchstzulässigen Überlassungsdauer** von Leiharbeitnehmern auf zwölf Monate (Art. 63 Nr. 3 Buchst. b, 7 Buchst. e AFRG) sowie die Aufhebung der Befristungsbestimmung des Art. 6 AÜG a. F. (Art. 63 Nr. 15 AFRG) überschritten (a. A. *Sandmann/Marschall*, Art. 1 § 3 Anm. 37). Schon die vormalige Zulassung einer über drei Monate hinausgehenden Überlassung unterlag erheblichen verfassungsrechtlichen Bedenken, die nur mit der in Art. 6 § 3a AÜG a. F. vorgenommenen Befristung des Gesetzes zurückgestellt werden konnten (Rn. 21). Die Zulässigkeit eines zwölf Monate andauernden Arbeitseinsatzes in Drittbetrieben unter Eingliederung des Arbeitnehmers **widerspricht** jedoch den **Zielsetzungen des Gesetzes**, die bestehenden **Dauerarbeitsplätze** in Entleihbetrieben gegen die Zerstörung durch Leiharbeit **zu schützen** und schränkt den vom AÜG bezweckten sozialen Schutz des Arbeitnehmers weiter ein (*Feuerborn/Hamann*, BB 1997, 2530). Daneben kann aber auch bei einer einjährigen dauerhaften Beschäftigung eines Leiharbeitnehmers bei demselben Entleiher nicht mehr davon gesprochen werden, dass der **Schwerpunkt des Arbeitsverhältnisses** beim bisherigen Verleiher verbleibt. Eine zwölfmonatige Beschäftigung bei einem Arbeitgeber hat nicht mehr nur vorübergehenden Charakter, sondern führt zur **vollständigen Eingliederung** des Arbeitnehmers in den Betrieb, in dem die Beschäftigung in tatsächlicher Hinsicht ausgeübt wird. Dies übersehen *Säcker/Kuhnart*, die eine Verfassungswidrigkeit des § 3 Abs. 1 Nr. 6 AÜG a. F. wegen der Einschränkung der Überlassungsdauer auf zwölf Monate annehmen (ZfA 2001, 124/132). Eine **Ungleichbehandlung** der Stammbelegschaft des Einsatzbetriebs, einschließlich selbst kurzzeitig befristet beschäftigter Arbeitnehmer, mit Leiharbeitnehmern, die zwölf Monate die gleiche Arbeit verrichten, verstößt gegen den arbeitsrechtlichen Gleichbehandlungsgrundsatz und das **Gleichheitsgebot des Art. 3 GG**, die als objektive Grundentscheidung der Verfassung auch im Rahmen des Zivilrechts und der ANÜ zu beachten sind (*BVerfG* v. 7.2.1990 – 1 BvR 26/84 – AP Nr. 65 zu Art. 12 GG). Die Zielsetzung des Gesetzgebers, »den Wünschen der Wirtschaft Rechnung zu tragen« (BT-Ds. 13/4941, S. 247 f.), kann insoweit keinen Einfluss auf die verfassungsrechtliche Bewertung haben. Die reine **formale Arbeitgeberstellung des Verleihers** erschöpft sich bei einer zwölfmonatigen Überlassung in der Wahrnehmung einer Zahlstellenfunktion bei gleichzeitiger Abschöpfung eines Teils der vom Leiharbeitnehmer beim Entleiher erbrachten Leistung und entgeltpflichtigen Wertschöpfung und erfüllt juristisch den Tatbestand einer Arbeitsvermittlung, der nach der in § 35 Abs. 1 Satz 2 SGB III getroffenen Regelung schon bei Begründung eines Beschäftigungsverhältnisses erfüllt ist und nicht den Ab-

42

schluss eines Arbeitsvertrages voraussetzt. Der Tatbestand einer zwölfmonatigen, in den Entleiherbetrieb eingegliederten Beschäftigung von Leiharbeitnehmern unter Wahrnehmung des Direktionsrechts durch den Entleiher deutet im Einzelfall auch auf eine **rechtsmissbräuchliche Nutzung** des Instruments der ANÜ bzw. der Umgehung gesetzlicher (z.B. KSchG), tariflicher und betrieblicher Regelungen zum Arbeitnehmerschutz hin, die die Struktur des AÜG als Missbrauchsgesetzgebung gegen ausbeuterisches Verhalten des Arbeitgebers in ihr Gegenteil verkehrt. Abgesehen davon lässt sich die Regelung nicht mehr mit dem in § 14 geregelten Ausschluss des passiven Wahlrechts von Leiharbeitnehmern beim Entleiher vereinbaren (*Becker/Wulfgramm*, Art. 1 § 14 Rn. 32).

43 Fasst man die Bedenken gegen die mit dem AFRG vorgenommenen Novellierungen der Vorschriften des AÜG zusammen, so wird es erforderlich, die Möglichkeiten einer **verfassungskonformen Interpretation** der Neufassung der §§ 1 Abs. 2, 3 Abs. 1 vorzunehmen. Eine teleologische Reduktion auf Fälle nichtgewerbsmäßiger ANÜ ist hierbei jedoch nach § 3 Abs. 1 Einleitungssatz ausgeschlossen, da die Norm grundsätzlich alle erlaubnispflichtigen gewerbsmäßigen Formen der ANÜ erfasst. Soweit man nicht ohnehin eine unmittelbare Geltung der Grundrechte im Privatrecht bejaht (*Hager*, JZ 1994, 373) und daher – auch unabhängig von § 9 Nr. 2 – zu einem Anspruch des Leiharbeitnehmers auf Gleichbehandlung mit der Stammbelegschaft des Entleihers hinsichtlich aller Arbeitsbedingungen gelangt, ist eine verfassungskonforme, restriktive Interpretation dahin geboten, dass bezogen auf die Dauer der Beschäftigung von LAN der Gestaltungsrahmen unabhängig von der Dauer der Überlassung nur bei einem sachlich begründeten und einem der Funktion der ANÜ entsprechenden vorübergehenden Ausfall eines Stammarbeitnehmers bei einem Entleiher ausgeschöpft werden darf. Den **verfassungsrechtlichen Grenzen** einer zulässigen und funktionsgerechten Nutzung gewerbsmäßiger ANÜ (Rn. 6 f.) kann so zumindest in gewissem Rahmen Rechnung getragen werden. Außerdem könnten Bedenken gegen die Neuregelung aus Gesichtspunkten der Umgehung des Kündigungsschutzes wegen der vergleichbaren Situation mit befristet beschäftigten Stammarbeitnehmern teilweise entkräftet werden. Unter dem Gesichtspunkt einer verfassungskonformen Interpretation der Norm bestehen auch keine Bedenken dagegen, einer **rechtsmissbräuchlichen Nutzung** des Gestaltungsinstruments der Leiharbeit für die Besetzung von Dauerarbeitsplätzen unter Berücksichtigung verfassungsrechtlicher Grundentscheidungen mit den Mitteln zivilrechtlicher Generalklauseln zu begegnen (*Löwisch*, ZfA 1996, 295). Dennoch darf nicht verkannt werden, dass die (auch gegenüber befristet Beschäftigten) bestehende **Ungleichbehandlung** von Leiharbeitnehmern und Stammbelegschaft hinsichtlich der materiellen Arbeitsbedingungen und der Ansprüche aus dem Arbeitsverhältnis trotz des in § 9 Nr. 2 geregelten Gleichstellungsgebotes in Konflikt mit dem Willkürverbot des Art. 3 GG gerät (*Ulber*, AuR 2001, 453).

44 Auch die durch Art. 63 Nr. 7 Buchst. b, c und d AFRG vorgenommenen Änderungen des § 3 Abs. 1 Nr. 3, 4 und 5 a. F., nach denen fortan bei **Verstößen gegen das Synchronisationsverbot** nur im **Wiederholungsfall** die Erlaubnis versagt werden sollte, greifen grundlegend in die Strukturen zulässiger ANÜ ein und sind mit Problemen bei der Interpretation und Anwendung der Normen verbunden. Eine vollständige Abschaffung des Synchronisationsverbotes würde dazu führen, dass den Verleiher kein echtes eigenes Arbeitgeberrisiko mehr trifft und er faktisch die Stellung eines Arbeitsvermittlers hat (*Feuerborn/Hamann*, BB 1997, 2531). Auch sind die Rechtsfolgen der gesetzlichen Neuregelungen häufig unklar

(*Groeger*, DB 1998, 473). Die **Grenzziehungen zwischen ANÜ und Arbeitsvermittlung** werden hierdurch verwischt und der arbeits- und sozialrechtliche Schutz des Leiharbeitnehmers entgegen den Zwecksetzungen des historischen Gesetzgebers auf ein Niveau herabgesetzt, das zum Teil **unterhalb des Schutzstandards des Normalarbeitsverhältnisses** liegt. Vormals befristete Ausnahmeregelungen (vgl. Art. 6 § 3a AÜG a.F., Art. 63 Nr. 15 AFRG), die nur unter den außergewöhnlichen Verhältnissen des Arbeitsmarkts verfassungsrechtlich allenfalls vorübergehend toleriert werden konnten (Rn. 21), werden vom Gesetzgeber inhaltlich erweitert und dabei zum Normaltatbestand erklärt. Die bedenkenswerte Kritik *Leinemanns* (BB 1996, 1381) am Arbeitsrechtlichen Beschäftigungsförderungsgesetz 1996 (BeschFG 1996) vom 25.9.1996 (BGBl. I S. 1476), in der unter Hinweis auf die historisch belegte **Wirkungslosigkeit von Notverordnungen** zu Recht darauf hingewiesen wird, dass »ein Ruch von Brüning« umgeht (*Leinemann*, BB 1996, 1383), findet im AFRG ihre Fortsetzung. Wegen der grundsätzlichen Bedeutung der Auseinandersetzung mit diesem Problem muss auf die Kommentierung zu den einzelnen Vorschriften des AÜG (vgl. z.B. § 3 Rn. 2) verwiesen werden. Auch im Zusammenhang mit der Novellierung der Vorschriften des AÜG zum Synchronisationsverbot sind jedoch die Grundüberlegungen des Gesetzgebers, nach denen die Einschränkung befristeter Leiharbeitsverträge nur unter dem Gesichtspunkt der Belastung der Sozialversicherung gewichtig sind und eine entsprechende Gestaltungspflicht des Gesetzgebers zur Folge hätten (amtl. Begr. BT-Ds. 13/4941 S. 249) nicht zutreffend. Die Regelungen des § 3 enthalten Arbeitgeberpflichten zum Arbeitgeberrisiko (vgl. § 1 Abs. 2) und zu den hieraus Folgenden Vergütungspflichten des Arbeitgebers (§ 11 Abs. 4) sind somit – zumindest auch – arbeitsrechtliche Schutznormen, die unabhängig davon bestehen, ob im Falle der Nichtbeschäftigung des Leiharbeitnehmers Ansprüche gegen einen Sozialversicherungsträger bestehen oder nicht. Eine **Reduktion der Schutzzwecke** des § 3 Abs. 1 aus Gesichtspunkten der Belastung der Sozialversicherung würde dem systematischen Zusammenhang und den gesetzlich definierten Schutzzwecken der Norm im Hinblick auf § 1 Abs. 2 widersprechen. Daher sind aufgehobene Normen auch weiterhin unter dem Gesichtspunkt der arbeitsrechtlichen Schutzzwecke der Norm anzuwenden, um entsprechend dem verfassungsrechtlich bestehenden Gebot, das bestehende **Machtungleichgewicht im (Leih-)Arbeitsverhältnis auszugleichen** (*BVerfG* v. 7.2.1990 – BvR 26/84 – AP Nr. 85 zu Art. 12 GG; v. 28.1.1992 – 1 BvR 1025/82 u.a. – ArbuR 1992, 187).

Aus Art. 12 Abs. 1 GG folgt insoweit eine **Gestaltungspflicht des Gesetzgebers**, zum Schutz von Arbeitnehmern Vorkehrungen zu treffen, wenn es an einem annähernden Kräftegleichgewicht der Beteiligten fehlt (*BVerfG* v. 7.2.1990 – 1 BvR 26/84 – AP Nr. 65 zu Art. 12 GG). Dort, wo der Gesetzgeber dieser Gestaltungspflicht nachgekommen ist und entsprechende Schutznormen erlassen hat, ist eine **Aufhebung dieser Normen** verfassungsrechtlich nur dann unbedenklich, wenn der die Gestaltungspflicht auslösende Sachverhalt nicht mehr vorliegt. Das **strukturelle Machtungleichgewicht im Leiharbeitsverhältnis** hat sich jedoch während der gesamten Laufzeit des AÜG nicht verbessert. Vielmehr verweisen schon die Daten zur Laufzeit der Leiharbeitsverhältnisse und die überproportional hohen Beendigungsfälle (Einl. E. Rn. 8, 10) darauf, dass der Bestandsschutz für Leiharbeitsverhältnisse – insbesondere unter Berücksichtigung der verfassungsrechtlichen Vorgaben zur Tragung des Betriebsrisikos durch den Verleiher (Rn. 7) – mit den Mitteln des Arbeitsvertrages nicht gewährleistet werden kann.

Die in §§ 3 Abs. 1 Nr. 3 bis 5, 9 Nr. 2, 3 AÜG a. F. vormals enthaltenen Bestimmungen zum Bestandsschutz im Leiharbeitsverhältnis, die der entsprechenden gesetzgeberischen Gestaltungspflicht entsprachen, konnten daher (insbesondere ohne Berücksichtigung der sozialen Schutzbedürftigkeit des Leiharbeitnehmers, vgl. *Düwell*, AuA 1997, 253) nicht in verfassungskonformer Weise aufgehoben werden. Die Aufhebung ist verfassungswidrig, sodass sich insbesondere für die Rechtsprechung das Problem stellt, wie – auch unabhängig von Vorlagebeschlüssen nach Art. 100 Abs. 1 GG – die Normen im Rahmen der Rechtsanwendung möglichst verfassungs- und europarechtskonform angewandt werden können (*Bepler*, AuR 1997, 54).

45 Neu eingefügt wurde durch Art. 63 Nr. 3 Buchst. c dd AFRG die Vorschrift des § 1 Abs. 3 Nr. 3 zur **grenzüberschreitenden ANÜ** durch **deutsch-ausländische Gemeinschaftsunternehmen** auf der Grundlage zwischenstaatlicher Vereinbarungen. Bei Vorliegen der Voraussetzungen der Vorschrift wird nunmehr auch die grenzüberschreitende Entsendung von Arbeitnehmern im Rahmen von ANÜ ermöglicht, ohne dass die Bestimmungen des AÜG einzuhalten sind.

46 Die durch Art. 63 Nr. 5 AFRG erfolgte Übernahme des § 12a AFG a. F. in das AÜG (§ 1b AÜG) erfolgte aus Gründen der Gesetzessystematik und mit Ausnahme der Gesetzesüberschrift ohne inhaltliche Änderungen. Soweit i. ü. durch Art. 63 AFRG Änderungen des AÜG erfolgten, wird auf die Kommentierung zu den entsprechenden Vorschriften des AÜG verwiesen. Gleiches gilt hinsichtlich des unterschiedlichen **Zeitpunktes des Inkrafttretens** der Normen (vgl. Art. 83 Abs. 1 und 3 AFRG).

c) Weitere Gesetzesänderungen

47 Ein von der **Fraktion der CDU/CSU** eingebrachter **Gesetzesentwurf** zur Flexibilisierung von Vorschriften des AÜG (v. 22. 6. 1999, BT-Ds. 14/1211) wurde auf Beschlussempfehlung des Ausschusses für Arbeit und Sozialordnung (v. 5. 4. 2001, BT-Ds. 14/5807) vom Bundestag mehrheitlich abgelehnt (vgl. BT-Plenarprotokoll v. 1. 6. 2001, S. 17133). Mit dem Gesetzesentwurf sollte u. a. die Überlassungsdauer nach § 3 Abs. 1 Nr. 6 auf 36 Monate verlängert, bei Tarifbindung des Verleihers das Synchronisationsverbot aufgehoben und die Beschränkungen beim Abschluss befristeter Leiharbeitsverhältnisse beseitigt werden (zur Verfassungswidrigkeit des Entwurfes vgl. *Ulber*, BT-Ausschuss-Ds. 14/527).

48 Durch Art. 2 des Gesetzes zur Reform der Betriebsverfassung (v. 23. 7. 2001, BGBl. I S. 1852; BetrVerf-Reformgesetz) wurde der vormals bestehende Ausschluss von Leiharbeitnehmern vom aktiven Wahlrecht zur Betriebsratswahl in Entleiherbetrieben aufgehoben. Gleichzeitig wurde § 7 BetrVG dahingehend ergänzt, dass Arbeitnehmern, die dem Entleiherbetrieb länger als drei Monate überlassen werden, das aktive Wahlrecht zum Betriebsrat des Entleihers zusteht.

49 Durch Art. 7 des Gesetzes zur Reform der arbeitsmarktpolitischen Instrumente **(Job-AQTIV-Gesetz** v. 10. 12. 2001, BGBl. I, S. 3443) wurde der höchstzulässige **Überlassungszeitraum** nach § 3 Abs. 1 Nr. 6 auf **24 Monate** heraufgesetzt. Hiermit verbunden wurde in § 10 ein neuer Abs. 5 eingefügt, wonach dem Leiharbeitnehmer nach dem 12. Monat eines ununterbrochenen Einsatzes bei einem Entleiher diejenigen Arbeitsbedingungen (einschließlich des Arbeitsentgeltes) zu gewähren sind, die für vergleichbare Arbeitnehmer des Entleihers gelten. Die Heraufsetzung der Höchstüberlassungsdauer auf 24 Monate, die nach der amtl.

Begründung ausschließlich »Wünschen der Praxis« (d.h. der Wirtschaft) Rechnung tragen soll (vgl. BT-Ds. 14/6944, S. 136), begegnet erheblichen verfassungsrechtlichen Bedenken (vgl. Rn. 42 ff. u. *Ulber*, AuR 2001, 451). Ähnliches gilt auch für die Beschränkung der beim Entleiher geltenden materiellen Arbeitsbedingungen auf den Zeitraum nach einem 12 Monate dauernden Einsatz (vgl. Einl. C. Rn. 11 ff.; *Ulber*, AuR 2001, 451).

Durch Art. 7 Nr. 2 Job-AQTIV-Gesetz wurde § 14 Abs. 2 Satz 1 um den **Ausschluss** der Leiharbeitnehmer vom **passiven Wahlrecht** im Entleiherbetrieb ergänzt. Gleichzeitig erfolgte eine redaktionelle Anpassung des § 16 Abs. 1 Nr. 9 an die Anhebung des höchstzulässigen Überlassungszeitraumes auf 24 Monate. Eingefügt wurde daneben eine neue Nr. 5, wonach Verstöße gegen die Gewährung der nach § 10 Abs. 5 zu gewährenden Arbeitsbedingungen als Ordnungswidrigkeit mit einer Geldbuße bis zu 2500 Euro geahndet werden können. **50**

Durch das **Gesetz zur Erleichterung der Bekämpfung von illegaler Beschäftigung und Schwarzarbeit** (v. 23. 7. 2002, BGBl. I S. 2787) wurden m.W.v. 10. 8. 2002 die Straf- bzw. Bußgeldvorschriften der §§ 15a Abs. 2 Nr. 1, 16 Abs. 2 bei Entleih von Ausländern ohne die erforderliche Arbeitsgenehmigung verschärft. **51**

4. Das Erste Gesetz für Moderne Dienstleistungen am Arbeitsmarkt

Mit dem am 1. 1. 2003 in Kraft getretenen Ersten Gesetz für moderne Dienstleistungen am Arbeitsmarkt (v. 23. 12. 2002, BGBl. I S. 4607; zur Übergangsregelung bis zum 31. 12. 2003 vgl. § 19) wurden die seit Bestehen des AÜG gravierendsten Veränderungen im Recht der ANÜ vorgenommen. Zum Schutz des LAN erforderliche Bestimmungen wurden aufgehoben und die ANÜ funktional und strukturell verändert. U.a. wurden die besonderen Bestimmungen zur **Befristung** des Leiharbeitsverhältnisses und zum **Synchronisationsverbot** (§ 3 Abs. 1 Nr. 3 bis 5 a.F.; vgl. Voraufl. § 3 Rn. 66 ff.) aufgehoben und die Regelungen zur **Höchstüberlassungsdauer** eines Einsatzes von LAN (§§ 1 Abs. 2, 3 Abs. 1 Nr. 6 a.F.; vgl. Voraufl. § 3 Rn. 111) ersatzlos gestrichen. Gegen die Aufhebung der zum Schutz des LAN geforderten gesetzlichen Bestimmungen bestehen – insbesondere wegen der Verpflichtung des Gesetzgebers eine Höchstgrenze der Einsatzdauer als Abgrenzungskriterium zur Arbeitsvermittlung festzulegen (Rn. 7) – dieselben verfassungsrechtlichen Bedenken wie gegen die Neuregelung der ANÜ im Rahmen der AFRG. Insoweit kann auf die Erläuterungen Rn. 38 ff. verwiesen werden. **52**

Die Deregulierung der ANÜ basierte auf dem Bericht der Kommission »Moderne Dienstleistungen am Arbeitsmarkt (sog. **Hartz-Kommission**), demzufolge eine Deregulierung der Zeitarbeit angestrebt werden sollte, um das Beschäftigungspotenzial in diesem Sektor auszuschöpfen (S. 157 des Berichts). Nach der Zielsetzung der Hartz-Kommission sollten mit der Ausweitung von Leiharbeit rund 800 000 Arbeitsplätze geschaffen werden, davon rund 500 000 in sog. Personal-Service-Agenturen (Rn. 54). Hierzu bedurfte es nach Auffassung der Kommission einer weiteren Deregulierung der ANÜ. Dementsprechend wird nach der amtl. Begründung die ANÜ »folgerichtig von all denjenigen Regelungen befreit, die bisher als Schutzmaßnahme notwendig waren, weil Leiharbeit auf Grund des Zusammentreffens hoher Flexibilitätsanforderungen mit relativ geringen Entgelten vielfach als prekär angesehen werden musste« (vgl. BT-Ds. 15/25 S. 24). Weder an den Flexibilitätsanforderungen noch an der Niedriglohnung von Leiharbeit hat sich seit Verabschiedung des Gesetzes etwas geän- **53** dert (vgl. § 9 Rn. 228 ff.). Die Grundannahmen des Gesetzgebers haben sich insoweit schon kurz nach Verabschiedung des Gesetzes als falsch erwiesen. Dies gilt insbesondere für die **arbeitsmarktpolitischen Zielsetzungen** und die Annahme, dass durch Leiharbeit Überstunden abgebaut würden (vgl. amtl. Begründung BT-Ds. 15/25 S. 23). Wegen des fortbestehenden besonderen Schutzbedürfnisses von LAN ist der Gesetzgeber gefordert, geeignete Maßnahmen zur Wiederherstellung des Schutzes von LAN zu ergreifen.

54 Ebenfalls auf Vorschlag der sog. Hartz-Kommission wurde die **vermittlungsorientierte ANÜ** in § 37c SGB III neu geregelt. Die Vorschrift verfolgt den Zweck, durch die Installierung von sog. **Personal-Service-Agenturen (PSA)** und deren finanzieller Förderung zur Eingliederung von arbeitslosen, insbesondere schwer vermittelbaren Arbeitnehmern beizutragen. Zielgröße war hierbei die Integration von zusätzlich 500 000 Arbeitslosen in den ersten Arbeitsmarkt. Das Instrument hat sich zwischenzeitlich als arbeitsmarktpolitischer Flop erwiesen und wird lediglich von kommerziellen Verleihern genutzt um zusätzliche Subventionen zu erhalten. Ende 2004 gab es noch 607 PSA mit einer Gesamtzahl von 34873 Arbeitsplätzen, von denen nur 74 % tatsächlich besetzt waren. Noch verschwindend geringer ist die Zahl der PSA-Beschäftigten, die tatsächlich in ein Arbeitsverhältnis zum Entleiher übernommen wurden. Wenn überhaupt eine unmittelbare Einstellung des LAN erfolgt, ist diese meist kurzzeitig befristet. Eine dauerhafte Existenzsicherung des LAN tritt jedoch in den wenigsten Fällen ein.

55 Neu eingefügt wurde durch das Gesetz der **Grundsatz der Nichtdiskriminierung** von Leiharbeitnehmern gegenüber Stammarbeitnehmern (§§ 3 Abs. 1 Nr. 3, 9 Nr. 2, 10 Abs. 4 n. F.), der schon vormals in nahezu allen Mitgliedsstaaten der EU eine Selbstverständlichkeit war (vgl. RiLi-Vorschlag der Kommission v. 20. 3. 2002, KOM (2002) 149 endgültig, S. 5 ff.). Hiermit in Zusammenhang wurde dem LAN ein **Auskunftsanspruch** gegen den Entleiher bzgl. der bei diesen anwendbaren Arbeitsbedingungen eingeräumt (§ 13 n. F.), der jedoch durch das Dritte Gesetz für moderne Dienstleistungen am Arbeitsmarkt (v. 23. 12. 2003, BGBl. I S. 2848) m. W. v. 1. 1. 2004 wieder eingeschränkt wurde. Das Gesetz sieht Ausnahmen von den Grundsätzen des **equal-pay** und **equal-treatments** vor. Bei Neueinstellung eines zuvor Arbeitslosen als LAN können für die ersten sechs Wochen der Beschäftigung Abweichungen vom Gleichbehandlungsgrundsatz vereinbart werden. Bei Anwendung eines **Tarifvertrages zur ANÜ** sollen die gesetzlichen Vorschriften zur Nichtdiskriminierung insgesamt nicht zur Anwendung kommen. Eine einzelvertraglich vereinbarte Inbezugnahme eines entsprechenden Tarifvertrages soll dabei ausreichen. Wegen der strukturellen Organisationsschwäche der Gewerkschaften im Bereich der ANÜ hat die Tarifdispositivität der Normen faktisch dazu geführt, dass die Diskriminierung von LAN gegenüber Stammarbeitnehmern des Entleihers weiterhin den Normalfall darstellt und Leiharbeit als Niedriglohnsektor ausgeweitet werden konnte. Das vom Gesetzgeber geforderte »angemessene Schutzniveau« von Tarifverträgen zur ANÜ (vgl. BT-Ds. 15/25 S. 24) konnte durchgängig nicht erreicht werden.

56 Geändert wurden durch das Gesetz auch die Bestimmungen zur **ANÜ im Baugewerbe** (§§ 1 Abs. 1 Satz 3, 1b Satz 2 u. 3 n. F.). Soweit Betriebe des Baugewerbes allgemeinverbindlich erklärten Tarifverträgen unterliegen, ist die ANÜ nunmehr nach § 1b Satz 2 gestattet. Parallel dazu wurde die ANÜ für Baubetriebe mit Sitz in EWR an das Gemeinschaftsrecht angepasst (§§ 1 Abs. 1 Satz 3, 1b Satz 3 n. F.; vgl. hierzu *EuGH* v. 25. 10. 2001, NZA 2001, 1299).

5. Gesetzesänderungen nach dem Ersten Gesetz für moderne Dienstleistungen am Arbeitsmarkt

Durch das **Dritte Gesetz über moderne Dienstleistungen am Arbeitsmarkt** **57** (v. 23.12.2003, BGBl. I S. 2848) wurden die Vorschriften des AÜG infolge der Umstrukturierung der Arbeitsverwaltung redaktionell an die Bundesagentur für Arbeit angepasst. Gleichzeitig wurden der Auskunftsanspruch des LAN nach § 13 sowie die Dokumentationspflichten des Entleihers bzgl. der anwendbaren Arbeitsbedingungen (§ 12 Abs. 1 Satz 3) auf Fälle, in denen der gesetzliche Gleichbehandlungsgrundsatz nach §§ 3 Abs. 1 Nr. 3, 9 Nr. 2 Anwendung findet, beschränkt. Daneben wurde § 9 Nr. 3 dahin gehend ergänzt, dass die Vereinbarung zusätzlicher Vermittlungsprovisionen an Verleiher entgegen der Rechtsprechung des *BGH* (v. 3.7.2003, BB 2003, 2015) zulässig ist.

Durch das **Gesetz über den Arbeitsmarktzugang im Rahmen der EU-Erwei-** **58** **terung** (v. 23.4.2004, BGBl. I S. 602; vgl. Einl. F Rn. 4) wurde § 18 Abs. 1 u. 4 geändert.

C. Erscheinungsformen und Gefährdungs-bereiche der Fremdfirmenarbeit

I. Einleitung

Die gewerbsmäßige ANÜ nach § 1 Abs. 1 Satz 1 ist heute ein **personalpolitisches** **1** **Instrument** der Betriebe, um unter Vermeidung der Begründung eigener Arbeitsverhältnisse den erforderlichen Personalbedarf abzudecken. Neben und verzahnt mit dem Einsatz von Leiharbeitnehmern im Betrieb werden eine Vielzahl weiterer sowohl unternehmungs- und gesellschaftsrechtlicher als auch arbeitszeit- und beschäftigungspolitischer Instrumente genutzt, um Beschäftigungsrisiken betrieblicherseits auf Dritte zu verlagern.

Im Rahmen von Strategien des **Outsourcing** werden hierbei ganze Betriebe, Betriebsteile oder Funktionen aus dem Unternehmen ausgegliedert und anschließend durch andere rechtlich selbstständige Rechtsträger durchgeführt. Die allgemeine Tendenz zur Verkürzung der Fertigungstiefe und zum Einsatz von Zulieferern führt hierbei zu einem Abbau von Arbeitsplätzen in der Finalproduktion bei gleichzeitiger **Verlagerung der Beschäftigungsrisiken** auf die Fremdfirmen, die ihrerseits versuchen, die Risiken auf Subunternehmen bzw. über Formen der sog. neuen Selbstständigkeit (vgl. *Pfau/Spiekermann/Wahsner u.a.* 1986, 25; *Grafe*, AuA 1997, 119) auf den Arbeitnehmer zu verlagern. Solange hierbei die Fremdfirmen innerhalb eigener, räumlich vom Fremdleistungsbezieher getrennter Betriebsstätten die Arbeiten durchführen, sind hiermit zwar eine Reihe arbeits- und betriebsverfassungsrechtlicher Folgeprobleme verbunden (»Interessenvertretung entlang der logistischen Kette«, vgl. DKK-*Däubler*, Einl. Rn. 73). Die unternehmensrechtliche, betriebs- und arbeitsorganisatorische Eigenständigkeit sowie die ausschließliche arbeitsvertragliche Bindung und Betriebszugehörigkeit des Arbeitnehmers zum Fremdbetrieb sind jedoch gewährleistet. Anders stellt sich demgegenüber die Situation dar, wenn **Fremdleistungen** nicht in räumlich getrennten Betriebsstätten, sondern **innerhalb desselben Betriebs** durchgeführt werden. Vom äußeren Erscheinungsbild hat sich hier im Betrieb meist keine Veränderung ergeben. Die vertraglichen Grundlagen, auf denen die Arbeitnehmer im Betrieb ihre Arbeit erbringen, unterscheiden sich jedoch von denen der Stammbelegschaft. Fremdvergaben bezüglich der Reinigungs- und Pförtnerdienste oder auch bezüglich der Kantinendienste u.ä. sind insoweit nicht die Folge des Wegfalls betrieblicher Funktionen oder Teilfunktionen, sondern dienen allein dem Ziel, betriebliche Stammarbeitsplätze abzubauen und die Beschäftigungsrisiken auf Dritte zu verlagern (*Mayer*, Jahrbuch 1982, 218). In personalpolitischer Hinsicht bleibt dabei der Einsatzbetrieb weiter daran interessiert, die **Arbeitsleistung** von Arbeitnehmern zu erhalten, sodass fraglich ist, ob in diesen Fällen vertragliche Gestaltungsformen zulässig sind, die nicht den zwingenden Bestimmungen des AÜG unterliegen (vgl. hierzu Rn. 81 ff.).

II. Fremdfirmenarbeit als Instrument betrieblicher Beschäftigungspolitik

2 Fremdfirmenarbeit dient dem Zweck, betriebswirtschaftlichen Bedürfnissen kooperierender Unternehmen Rechnung zu tragen; sie ist dagegen nicht auf die Befriedigung arbeitsmarktpolitischer Bedürfnisse ausgerichtet (*Schnorr*, RdA 1972, 193). Entgegen weit verbreiteter Auffassung trägt sie nicht zu einer Öffnung betrieblicher Teilarbeitsmärkte zur Einstellung von Arbeitslosen bei, sondern verhindert über die **Herausbildung geschlossener** – gegenüber dem allgemeinen Arbeitsmarkt abgeschotteter – **Teilarbeitsmärkte** der kooperierenden Unternehmen, dass Arbeitslose in das Erwerbsleben integriert werden können.

Eines der klassischen Ziele des Einsatzes von Fremdfirmenarbeitnehmern ist es, **Lohn- und Lohnnebenkosten** einzusparen. Diese Kosten treffen grundsätzlich die Fremdfirma als Arbeitgeber, der Einsatzbetrieb kann durch Rückgriff auf die Fremdfirmenarbeitnehmer auf die Beschäftigung eigener sozialversicherungs- und tarifrechtlich geschützter Arbeitnehmer verzichten. Lohnkostenüberlegungen bilden, vor allem in den arbeits- und wenig kapitalintensiven Bereichen der Wirtschaft (z.B. Reinigung, Bau, Montage), den maßgeblichen Grund, auf Fremdfirmenarbeit auszuweichen und die typischen Risiken und Lohnkosten des Arbeitgebers auf den Verleiher zu verlagern (*Bückle/Handschuch/Walzel*, GewArch. 1982, 209; *Wagner/Ulber/Hinrichs* 1991, 11 ff.). Die Verleiher ihrerseits geben die entleiherseitig beabsichtigten Lohnkostensenkungen an die Leiharbeitnehmer weiter. Statistisch betrachtet beträgt das monatliche Durchschnittseinkommen eines Leiharbeitnehmers gegenüber der Gesamtwirtschaft lediglich 63,4 % mit sinkender Tendenz (*Rudolph/Schröder*, MittAB 1997, 102). Die hiermit verbundenen Einsparpotenziale für die Entleiher sind enorm. Die Personalzusatzkosten je Arbeitnehmer lagen nach Angaben des IW im Jahre 1995 bei 37260 DM, was 80,1 Prozent des Direktentgelts entspricht. Insbesondere in den neuen Bundesländern wird dabei auf Leiharbeitnehmer als Flexibilisierungsinstrument **zur Senkung von Personalzusatzkosten** zurückgegriffen (SZ v. 18.2.1997). Die Fremdfirmen ihrerseits versuchen, den Personalzusatzkosten dadurch zu entgehen, dass entweder illegale oder aber solche Beschäftigungsverhältnisse begründet werden, die nicht oder nur in eingeschränktem Maße den Bestimmungen des Sozialversicherungsrechts unterliegen. Nach einer vom BMA in Auftrag gegebenen Studie des IAB gab es in Deutschland im Jahr 1996 180000 bis 430000 Scheinselbstständige, hinzu kommen 330000 bis 1 Mio. Personen, die scheinselbstständigen Nebentätigkeiten nachgehen (HBl. v. 9.12.1996; *Ballauf*, Mitbest. 1997, 15; *Grafe*, AuA 1997, 119). Von den ca. 390000 Beschäftigten im Gebäudereiniger-Handwerk sind über 90 Prozent unterhalb der Geringfügigkeitsgrenzen beschäftigt (vgl. *Ulber*, Mitbest. 1985, 339).

3 Neben der Einsparung von Nebenkosten bilden die Strategie der **Verlagerung von Beschäftigungsrisiken** auf Fremdbetriebe und der **Flexibilisierung des Arbeitskräfteeinsatzes** einen entscheidenden Grund dafür, dass immer mehr betriebliches Arbeitsvolumen über Fremdfirmenarbeitnehmer abgearbeitet wird

(*Krüger*, WSI-Mitt. 1987, 423). Schwankungen des Produktionsvolumens lassen sich ohne Einhaltung der gesetzlichen oder tariflichen Bestimmungen zum Kündigungsschutz und ohne Entlassungs-, Fluktuations- bzw. Sozialplankosten (diese betragen bei einem qualifizierten Facharbeiter mit einem jährlichen Marktwert von 30000 € rund 35000 €, *Borgaes/Wahsner*, DuR 1982, 363) ausgleichen. Über ein **Heuern und Feuern** der Fremdfirmenarbeitnehmer lässt sich jederzeit ein erhöhter Personalbedarf in der einen Phase abdecken und einem verringerten Personalbedarf in der anderen Phase durch Freisetzung Rechnung tragen (vgl. Bericht der BA v. 8.4.1988, S. 8, für die Zeit vom 1.1.1984 bis 31.12.1987).

Die frühere Personalpolitik des Heuerns und Feuerns der Stammbelegschaft **4** (*Wahsner u.a.*, 1985), entsprechend konjunkturellen, saisonalen oder marktbedingten Schwankungen Arbeitnehmer zu entlassen bzw. wiedereinzustellen, bestimmt heute nicht mehr die Personalpolitik der Unternehmen. Auch Formen der **Produktion auf Halde** bzw. der Anordnung von Mehrarbeit in der einen und Kurzarbeit in der anderen Phase, um Schwankungen des Produktionsvolumens durch Verstetigung der Arbeitsverhältnisse Rechnung zu tragen, ist heute nicht mehr gängige Praxis. Vielmehr sind die Unternehmen seit Mitte der 70er-Jahre zu einer **systematischen Personal-(Abbau-)Planung** übergegangen, bei der in einem ersten Schritt die **Personalreservequoten** (die ca. 25 bis 30 Prozent der Gesamtbelegschaft ausmachten) aus der Personalbedarfsrechnung herausgenommen werden (sog. **Personalpolitik der mittleren Linie**). Die hiermit verbundene und eingeplante ständige Unterdeckung des Personalbestands lässt sich nicht allein über innerbetriebliche Maßnahmen der Arbeitsintensivierung bzw. den Einsatz von Mehrarbeit ausgleichen. Fremdfirmenarbeit wurde vielmehr unabhängig von ihrer rechtlichen Gestaltungsform notwendiger Bestandteil der betrieblichen Personaleinsatzplanung. Fremdfirmenarbeit ist dabei nicht nur die Folge des Personalabbaus in den Einsatzbetrieben; sie bildet gleichzeitig eine wichtige Voraussetzung dafür, dass die Unternehmen im Rahmen der Politik der personellen Unterdeckung Stammarbeitsplätze abbauen können und stellt insofern ein **personalpolitisches Rationalisierungsinstrument** dar (*Mayer*, Jahrbuch 1982, 218; zum Abbau von Stammarbeitsplätzen vgl. 9. Erfahrungsbericht der BuReg, S. 14).

Seit Anfang der 80er-Jahre sind die Unternehmen zunehmend von der vorbe- **5** schriebenen Personalpolitik der mittleren zur sog. **Personalpolitik der unteren Linie** übergegangen. Zielsetzung ist hierbei, Beschäftigungsrisiken auszuschließen und nur noch das Mindestmaß an Personal zu beschäftigen, das nach den Unternehmensplanungen bei geringstem Auftragsvolumen vorgehalten werden muss. Seit Aufhebung der bis zum 31.12.2003 geltenden Höchsteinsatzfrist für Leiharbeitnehmer (§ 3 Abs.1 Nr.6 AÜG a.F.) werden zunehmend auch Dauerarbeitsplätze und ganze Abteilungen nicht mehr über eine Eigenbeschäftigung, sondern über den Einsatz von Leiharbeitnehmern besetzt. In der Automobil-, aber auch in der Elektroindustrie hat dies dazu geführt, dass bis zu 30% der Dauerarbeitsplätze nur noch mit Leiharbeitnehmern besetzt werden. Bei der Fa. Karmann in Rheine sind Mitte 2004 etwa die Hälfte der ca. 1500 Arbeitsplätze nur noch mit Leiharbeitnehmern besetzt gewesen. Der hiermit verbundene gesteigerte Flexibilisierungsbedarf wird verstärkt durch die **Auflösung einer Lagerhaltung** und damit verbundener Möglichkeiten zur Verstetigung der Produktion, wobei neue **Logistikkonzepte** gleichzeitig mit Zielsetzungen der Unternehmen verbunden werden, just-in-time (d.h. am Tage der Bestellung) zu produzieren. Markt- und Auftragsschwankungen schlagen so unmittelbar und ohne zeitliche Streckungsmöglichkeiten auf das betriebliche Produktions- und Gesamtarbeitsvolumen durch, wodurch der Flexibilisierungsbedarf weiter steigt. Obwohl die Schwankungsbreiten des Produktionsvolumens anwachsen und sich gleichzeitig auch die Zyklen der Schwankungen vermehren sowie in zeitlicher Hinsicht verkürzen, muss im Rahmen der betrieblichen Personalplanung sichergestellt werden, dass jederzeit ein ausreichender Bestand an qualifiziertem Personal zur Verfügung steht und etwaige Personalüberhänge bzw. Personalengpässe vermieden werden.

6 Auch die laufende Auseinandersetzung um die **Ausweitung der arbeitszeitpolitischen Flexibilisierungsinstrumente** ist vor diesem Hintergrund zu sehen. Sie bildet mit der Politik der beschäftigungspolitischen Flexibilisierung eine verzahnte Einheit. Beiden liegt die Überlegung zugrunde, dass Friktionen zwischen Personalbedarf und Personalbestand nicht im Rahmen gesicherter Dauer-Normalarbeitsverhältnisse mit Bestandsschutz und festen Arbeitszeiten gelöst werden sollen und daher auch nicht Grundlage der betrieblichen Personalpolitik sein können. Aus dieser Überlegung heraus sind insbesondere die Großbetriebe dazu übergegangen, im Rahmen einer systematischen **Personalplanung** die Belegschaften in zwei Gruppen von Arbeitnehmern zu spalten: In eine Kern- oder Stammbelegschaft mit gesicherten Dauerarbeitsverhältnissen einerseits und in eine Randbelegschaft andererseits, die sich schwerpunktmäßig durch die Aufhebung des Bestandsschutzes auszeichnet. Zur **Kernbelegschaft** zählen insbesondere Arbeitnehmer mit einem hohen Grad an – meist betriebsspezifischen – Qualifikationen. Ihr Umfang wird festgelegt auf der Grundlage des niedrigsten Produktionsvolumens, das über einen bestimmten Zeitabschnitt errechnet wird. Durch ein großzügiges betriebliches Gratifikationssystem, über- und außertarifliche Zulagen u.ä. wird dabei eine starke Bindung der Arbeitnehmer an den Betrieb erreicht. Demgegenüber soll die **Randbelegschaft** vor allem den Personalbedarf abdecken, der dem Risiko mangelnder Beschäftigungsmöglichkeiten unterliegt und sich hinsichtlich der Produktionsschwankungen nicht auf einen verstetigten Personalsockel vorausschauen lässt. Die Ausschaltung von Beschäftigungsrisiken soll dabei vor allem mit den personalpolitischen Instrumentarien des Einsatzes betriebsfremder Arbeitnehmer bzw. solcher Arbeitnehmer, die keinen Bestandsschutz genießen, gewährleistet werden. **Vertragstypen** und Einsatzformen, die im Bereich der betriebsexternen Randbelegschaft anzutreffen sind, sind u.a. die befristeten Arbeitsverhältnisse, die sog. freien Unternehmerarbeiter/die neuen Selbstständigen, die Heimarbeiter, Kurzzeitaushilfen, freie Mitarbeiter, Franchise-Arbeitnehmer, die legale und illegale Leiharbeit sowie der Werkvertrag und der Scheinwerkvertrag (vgl. Rn. 79 ff.). All diese Vertragsformen zeichnen sich dadurch aus, dass sie – ohne die Barriere des Kündigungsschutzes überwinden zu müssen – jederzeit vom außerbetrieblichen Arbeitsmarkt abberufen und auf diesen zurückgeworfen werden können.

7 Die grobe **Spaltung der Belegschaften** in Teile mit und ohne Bestandsschutz ist bei tendenziellem Abbau betrieblicher Stammarbeitsplätze mit der Gefahr von Rekrutierungsproblemen und Abhängigkeiten vom außerbetrieblichen Arbeitsmarkt verbunden. Dies gilt insbesondere für Phasen, in denen das Produktionsvolumen relativ kurzfristig und/oder sprunghaft ansteigt. Hier muss gewährleistet sein, dass eine Vielzahl von Arbeitnehmern auf dem **betriebsexternen (Reserve-)Arbeitsmarkt** (abruf-)bereitsteht, was auf Grund anderer Vertragspflichten der Fremdfirmen nicht immer gesichert ist. Daneben besitzen Fremdfirmenarbeitnehmer, vor allem, wenn sie jahrelang im Betrieb beschäftigt werden, häufig ein derart betriebsspezifisches Know-how, dass ein Ersatz durch sonstige betriebsexterne Arbeitnehmer nicht problemlos erfolgen kann. Dies alles hat zur Folge, dass die Betriebe in dem Maße, in dem sie auf den Einsatz betriebsfremder Arbeitnehmer zurückgreifen, auch in Abhängigkeiten von Fremdfirmen geraten können und autonom steuerbare Anpassungsmöglichkeiten verlieren. Um dieser Gefahr begegnen zu können, sind die Unternehmen seit einigen Jahren dazu übergegangen, mit Fremdfirmen **Rahmenvereinbarungen** zu treffen, nach denen die Fremdfirmen verpflichtet sind, bei entsprechender Anforderung der Einsatzbetriebe das jeweils erforderliche Personal mit den entsprechenden Qualifikationsprofilen zur Verfügung zu stellen, ohne dass die Einsatzbetriebe ihrerseits verpflichtet wären, für auftrags- bzw. beschäftigungslose Zeiten den Fremdfirmen das Vorhalterisiko vergüten zu müssen. Der Verlagerung des Beschäftigungsrisikos bei Abrufbeschäftigungen entspricht somit auf Unternehmensebene eine Vertragsgestaltung, bei der die **Fremdfirmen auf Abruf** verpflichtet sind, Arbeiten im Drittbetrieb durchzuführen. Die mit der Verlagerung von Beschäftigungsrisiken auf die Fremdfirmen verbundenen Kostenbelastungen versuchen diese ihrerseits durch Absenkung der materiellen Standards der Arbeitsverhältnisse und nicht zuletzt auch durch ein Ausweichen auf Formen illegaler Beschäftigung – insbesondere in Form der illegalen Ausländerbeschäftigung – zu verlagern. Die Ausweitung geringfügiger Beschäftigungsverhältnisse, die sog. **Flucht aus dem Normalarbeitsverhältnis** im Rahmen der sog. Scheinselbstständigkeit, die Flucht aus dem Tarifvertrag sowie der Anstieg illegaler Beschäftigung im Bereich der Fremdfirmenarbeit (vgl. Einl. E. Rn. 11) finden ihre Ursache nicht nur in einem ausbeuterischen Gewinnstreben der Fremdunternehmen selbst, sondern sind im Wesentlichen auch Folge der Auslagerung der Beschäftigungsrisiken durch finanziell gesunde Großunternehmen auf relativ finanzschwache Klein- und Mittelbetriebe bzw. Verleiher.

Um beschäftigungspolitischen Abhängigkeiten von den Fremdfirmen zu entgehen, sind die Unternehmen daneben seit einigen Jahren dazu übergegangen, das flexible außerbetriebliche Randbelegschaftspotenzial um den **Aufbau einer innerbetrieblichen Flexibilisierungsreserve** zu ergänzen. Zielgruppe ist hierbei die betrieblich verbliebene (Rest-)Stammbelegschaft, die durch eine stärkere **Flexibilisierung der Arbeitszeit** ergänzend zu den außerbetrieblichen beschäftigungspolitischen Flexibilisierungspotentialen den erhöhten Schwankungsbreiten im Arbeitsvolumen Rechnung tragen soll. Instrumente, die in diesem Zusammenhang zu nennen sind, sind u.a. Ausweitung der Teilzeitarbeit, gleitende und versetzte Arbeitszeiten, Arbeitszeit-Konten, Ausweitung von Schicht-, Nacht- und Wochenendarbeit, Kurzarbeit und Mehrarbeit, KAPOVAZ, Jahresarbeitszeiten, Jobsharing-Verhältnisse und vieles andere mehr. Auch die Flexibilisierung der Arbeitszeit der Stammbelegschaften soll die Betriebe in die Lage versetzen, Schwankungen des Arbeitsvolumens auszugleichen, ohne dass Neueinstellungen erforderlich werden. Gegenüber dem Einsatz betriebsfremder Arbeitnehmer ist diese Strategie jedoch mit dem Nachteil verbunden, dass die Beschäftigungsrisiken betrieblicherseits nicht vollständig externalisiert werden können. Andererseits ist die Arbeitszeitflexibilisierung aber mit dem Vorteil verbunden, Schwankungen des Arbeitsvolumens jederzeit mit dem vorhandenen Stammpersonal ausgleichen zu können, ohne dass personelle Rekrutierungsprobleme entstünden. Sie bildet daher im Rahmen des Flexibilisierungskonzepts der Arbeitgeber die notwendige Ergänzung zum Einsatz betriebsfremder Arbeitnehmer.

8

9 Die bisherigen Ausführungen betrafen nur jenen Teil des Flexibilisierungskonzepts, bei dem Schwankungen des Arbeitsvolumens durch unterschiedliche beschäftigungs- und arbeitszeitpolitische Maßnahmen betriebsbezogen abgefedert werden sollen. In jüngster Zeit treten darüber hinaus Strategien der Personalanpassung in Erscheinung, bei denen verstärkt **Formen des flexiblen überbetrieblichen Arbeitskräfteaustausches** praktiziert werden. Zielsetzung ist auch hierbei, das betriebliche Stammpersonal auf dem geringstmöglichen Stand zu halten, der erforderlich ist, um Personalüberhänge auszuschließen. Ein **Sinken des Arbeitsvolumens** wird jedoch nicht mehr in Form von sozialplanpflichtigen Entlassungen, Kurzarbeit oder anderen innerbetrieblichen Maßnahmen (z.B. Qualifizierungsmaßnahmen) ausgeglichen, sondern die überschüssigen Arbeitskräfte werden betrieblicherseits gehalten und an andere Betriebe **vorübergehend ausgeliehen**. Derartige Formen des überbetrieblichen Arbeitskräfteaustausches sind vor allem aus Großkonzernen mit eigenen ANÜ-Gesellschaften (z.B. VW, Bayer-AG) bekannt. Sie gewinnen aber auch in übrigen Bereichen der Wirtschaft zunehmend an Bedeutung (vgl. *Melms/Lipinski*, BB 2004, 2409). Die Vorteile für die Betriebe sind hierbei nahe liegend: Abgesehen davon, dass betriebliche Zusatzleistungen bzw. Lohnnebenkosten bei Kurzarbeit bzw. Sozialplankosten u.ä. eingespart werden können, erhalten sich die Betriebe eine Belegschaft, die die betriebsspezifischen Besonderheiten kennt. Darüber hinaus können die Arbeitgeber bei gewerbsmäßiger ANÜ auch noch einen unternehmerischen Gewinn aus dem Verleihgeschäft erzielen. Weniger positiv sind dagegen die Auswirkungen derartiger betriebsübergreifender Formen des Personalaustausches auf den **Arbeitsmarkt** zu beurteilen: Waren die Betriebe, bei denen ein erhöhter Personalbedarf entsteht, bislang gezwungen, Arbeitskräfte aus dem betriebsexternen Arbeitsmarkt – und damit vor allem Arbeitslose – einzustellen, so bleiben die Betriebstore für Arbeitslose mittels des überbetrieblichen Arbeitskräfteaustauschs und hiermit verbundener **geschlossener überbetrieblicher Arbeitsmärkte** endgültig geschlossen.

III. Gefährdungsbereiche der Fremdfirmenarbeit

10 Die **Gewerkschaften** stehen seit jeher der Fremdfirmenarbeit und der Leiharbeit skeptisch gegenüber. Dies gilt sowohl für den legalisierten wie für den illegalen Bereich der ANÜ. Obwohl jedoch das Thema einen breiten Raum in der gewerkschaftlichen Diskussion einnimmt und fast täglich über neue Fälle von Missständen und z.T. Menschenhandel in den Medien berichtet wird, lässt sich feststellen, dass, genährt durch eine sensationshungrige Presse, die **öffentliche Diskussion** um die Problematik der Fremdfirmenarbeit sich meist auf spektakuläre Fälle illegaler Beschäftigung beschränkt. So wichtig eine derartige Diskussion zur Verdeutlichung der Auswüchse ist, sie verstellt dennoch oft den Blick für die Gefahren, die vom legalisierten Bereich der Fremdfirmenarbeit ausgehen. Die Probleme und Gefahren, die aus dem legalisierten Bereich der Leiharbeit erwachsen, werden insoweit allgemein nur unzureichend thematisiert. Dies ist schon deswegen zu beklagen, weil die legalisierte **Leiharbeit** häufig nichts Anderes darstellt als den **Einstieg in Armut und illegale Beschäftigung**. Es ist vor allem aber auch problematisch, weil die enormen Gefährdungen, die von der legalisierten Leiharbeit für die Interessen der betroffenen Arbeitnehmer, für den Bestand und die Sicherung von Arbeitsplätzen und nicht zuletzt auch für die Handlungsfähigkeit kollektiver gewerkschaftlicher und betrieblicher Interessenvertretung ausgehen, zunehmend aus dem Blickfeld geraten. Im folgenden sollen daher einige zentrale Gefährdungsbereiche aufgezeigt werden, die die Notwendigkeit verdeutlichen, neben gesetzlichen auch betriebliche und gewerkschaftliche Aktivitäten zum Schutz von Fremdfirmenarbeitnehmern zu entfalten.

1. Tarifpolitische Aspekte

Die **Spaltung der Belegschaften** in Arbeitnehmer mit und ohne Betriebszu- **11** gehörigkeit bewirkt, dass Teile der Belegschaften nicht mehr den gesetzlichen, tariflichen und betrieblichen Regelungen des Betriebs unterliegen, in dem Arbeitnehmer ihre Arbeitsleistung erbringen. Das Prinzip der **Tarifeinheit** im Betrieb – eine tragende Säule im arbeitsrechtlichen Regelungssystem – ist dadurch zerstört. Der seit dem 1.1.2004 geltende Gleichbehandlungsgrundsatz von §§ 3 Abs. 1 Nr. 3, 9 Nr. 2 AÜG hat hieran nichts geändert, vielmehr ermöglichen die abgeschlossenen TV zur ANÜ ein verstärkes **Lohndumping**. Auswirkungen hat die Zerstörung des Prinzips der Tarifeinheit zunächst für die betriebsfremden Arbeitnehmer selbst, da sie oft ohne jeden tarifvertraglichen Schutz sind oder einem TV zur ANÜ mit Niedrigstlöhnen unterfallen (*Wagner/Ulber/Hinrichs* 1991, 15; vgl. § 9 Rn. 172). Selbst in den Bereichen, in denen Tarifverträge mit Verleihen abgeschlossen wurden, werden die Tariflöhne der Branche regelmäßig unterschritten, z.T. werden auch Hungerlöhne gezahlt. Gefahren erwachsen auch daraus, dass über Fremdfirmenarbeit immer mehr Arbeitnehmer aus dem **Geltungsbereich der Tarifverträge** im Einsatzbetrieb herausfallen und sich Fremdfirmenarbeit damit auch als ein Instrument der Arbeitgeber zur sog. Flucht aus den Tarifverträgen darstellt. Dies gilt für die Leiharbeit ebenso wie für den Werkvertrag, es gilt im legalen gleichermaßen wie im illegalen Bereich (*Bahl*, GMH 1979, 443).

Um den Gefahren, die mit der ANÜ für die Tarifeinheit im Betrieb verbunden **12** sind, zu begegnen, versuchen eine Reihe gemeinnütziger Verleihfirmen wie Gebas und **START-Zeitarbeit** (vgl. *Weinkopf/Kohne*, 1985) einen anderen Weg zu gehen. Hier wird, begrenzt auf die Zielgruppe **schwervermittelbarer Arbeitnehmer** (*dies.*, a.a.O., S. 48, 71), versucht, ANÜ im Rahmen der Reintegration von Arbeitslosen in den ersten Arbeitsmarkt sozialverträglich zu gestalten (vgl. *Weinkopf*, BR-Info 1996, 200). Hierzu wurden Firmentarifverträge abgeschlossen, die vorsehen, dass sich das Arbeitsentgelt des Leiharbeitnehmers nach den im Entleiherbetrieb geltenden tariflichen Vorschriften richtet. Durch diese Klausel wird das Prinzip der Tarifeinheit im Betrieb gesichert und gleichzeitig verfassungsrechtlichen Bedenken, die auf Grund der Ausgestaltung der materiellen Arbeitsbedingungen von Leiharbeitsverhältnissen im Hinblick auf Art. 9 GG bestehen, begegnet.

Die Zerstörung des Prinzips der Tarifeinheit durch Fremdfirmenarbeit hat auch **13** Auswirkungen auf die Durchsetzungsfähigkeit der Gewerkschaften in **Tarifauseinandersetzungen** (vgl. *Melms/Lipinski*, BB 2004, 2409). Können betriebsfremde Arbeitnehmer – mangels unmittelbarer Betroffenheit – ohnehin nur schwer für Tarifkämpfe im Einsatzbetrieb gewonnen werden, so würde selbst eine aktive Beteiligung an Streiks im Einsatzbetrieb von vornherein nur eine eingeschränkte Wirkung entfalten können. Der ökonomische Druck, der von etwaigen Arbeitsniederlegungen ausginge, träfe nicht den Betrieb, in dem gestreikt wird, sondern er würde die Fremdfirma treffen.

Noch wichtiger sind aber die Gefährdungen, die sich für gewerkschaftlich geführte Streiks daraus ergeben, dass betriebsfremde Arbeitnehmer als **Streikbre-**

cherreserve in Tarifkämpfen eingesetzt werden können. Wird das bestehende Machtungleichgewicht zwischen Arbeitgeber und Gewerkschaften durch die zu verzeichnenden Eingriffe des Gesetzgebers in die Tarifautonomie (z. B. § 174 SGB III, § 146 SGB III) ohnehin zugunsten der Arbeitgeber verschoben, so steht ihnen über die Existenz einer außerbetrieblichen Streikbrecherreserve in Form der Fremdfirmenarbeitnehmer ein weiteres Druckmittel zur Verfügung. Soweit betriebsfremde Arbeitnehmer überhaupt – und wenn, dann anderen – Tarifverträgen unterliegen, sind sie an die dort geltende Friedenspflicht gebunden. Der gewerkschaftlich-betrieblichen Streikleitung fällt dann die Aufgabe zu, diesen Arbeitnehmern (mit Notausweisen ausgestattet) den Betriebszugang zu ermöglichen, damit sie die Produktion aufrechterhalten können. Dass **Leiharbeitnehmer** hierbei auf Grund ihrer ökonomischen Abhängigkeit und ihrer Organisationsschwäche keinen Widerstand gegen den Einsatz in bestreikten Betrieben entfalten können, versteht sich trotz der in § 11 Abs. 5 AÜG enthaltenen Sonderregelung von selbst. Gerichtliche Auseinandersetzungen um das **individuelle Leistungsverweigerungsrecht** von Leiharbeitnehmern nach § 11 Abs. 5 AÜG sind nicht bekannt geworden. So konnten z. B. während der 84er-Streiks zur Durchsetzung der 38,5-Stunden-Woche in der Metallindustrie Leiharbeitnehmer aus England nach Baden-Württemberg eingeflogen werden, um die Produktion zumindest z. T. aufrechtzuerhalten.

14 Die **tarifpolitischen Aspekte der Fremdfirmenarbeit** lassen sich dahin zusammenfassen, dass

– der Geltungsbereich tariflicher Normen nur noch den zunehmend kleiner werdenden Teil der Stammbelegschaften erfasst, der noch den Tarifbestimmungen unterliegt;

– die Mobilisierbarkeit und Unterstützung der Belegschaften für tarifpolitische Forderungen der Gewerkschaften wegen der betriebsexternen Randbelegschaften nur noch eingeschränkt zu erreichen ist;

– im Arbeitskampf Fremdfirmenarbeitnehmer entweder mangels Tarifgebundenheit oder aber, weil sie einem anderen Tarifvertrag unterliegen, unter die Friedenspflicht fallen und daher als Streikbrecherreserve der Arbeitgeber die Handlungsfähigkeit der Gewerkschaften in Tarifauseinandersetzungen schwächt.

Es bleibt Aufgabe des Gesetzgebers, den mit Fremdfirmenarbeit verbundenen Gefährdungen der Tarifautonomie Rechnung zu tragen. Tarifvertragliche Verbote, die – wie in den USA (vgl. *Mayer*, WSI-Mitt. 1987, 208) – die Vergabe von Arbeiten an Fremdfirmen und den Einsatz von Leiharbeitnehmern untersagen, sind auf Grund der bestehenden Kräfteverhältnisse in der Bundesrepublik z. Zt. nicht durchsetzbar. Einem **erneuten Verbot der gewerbsmäßigen ANÜ** stehen schon aus Gründen der Tarifautonomie keine verfassungsrechtlichen Bedenken entgegen (vgl. Stellungnahme des DGB zum 6. Erfahrungsbericht der Bundesregierung vom 21. 3. 1988, S. 46f.). Das *BVerfG* hat in seiner Entscheidung vom 6. 10. 1987 (1 BvR 1086, 1468 u. 1623/82 – BVerfGE 77, 84) die **Beeinträchtigung der Effektivität tariflicher Normsetzung** durch die legalisierte gewerbsmäßige ANÜ und die weiteren Auswirkungen dieses Gesetzes auf den Arbeitsmarkt und auf die sozialen Belange für eine ausreichende Grundlage erachtet, ein Verbot der gewerbsmäßigen ANÜ durch den Gesetzgeber auszusprechen.

2. Aspekte der Herrschaftssicherung

Schon die Existenz gespaltener Belegschaften in Arbeitnehmer mit und ohne **15** volle Betriebszugehörigkeit erschwert für Gewerkschaften und betriebliche Interessenvertretungen die Möglichkeiten, **interessenvereinheitlichende Forderungen** aufzustellen und durchzusetzen, die möglichst alle Arbeitnehmer unter den Gesichtspunkten einer Gleichbehandlung erfassen und daher breite Unterstützung erhalten. Daneben erhalten die Arbeitgeber durch die Möglichkeit, Stammarbeitsplätze mit betriebsfremden Arbeitnehmern zu besetzen, ein zusätzliches Druckmittel, um Forderungen der Gewerkschaften und Betriebsräte mit Verweis auf den verstärkten Einsatz von Fremdfirmenarbeitnehmern, die durchweg ungünstigere Arbeitsbedingungen haben bzw. akzeptieren (müssen), abzuwehren. Auswirkungen kann dies z.B. bei **tariflichen Lohnforderungen** bzw. bei betrieblichen Forderungen nach Erhöhung von Leistungs-/Erschwerniszulagen oder allgemein bei arbeitszeit- und humanisierungspolitischen Forderungen haben. Auf Grund der Unsicherheit ihrer ungeschützten Beschäftigungsverhältnisse sind Fremdfirmenarbeitnehmer hier bereit bzw. gezwungen, inhumane Arbeitsbedingungen zu akzeptieren sodass für den Einsatzbetrieb geltende Vorschriften des Arbeitsschutzes mittels ihres Einsatzes unterlaufen werden können (*Hirsch-Kreinsen*, WSI-Mitt. 1982, 283; *Frerichs/Möller/Ulber* 1981, 29). Die Enthüllungen von *Günter Wallraff* beim Thyssen-Konzern (*Wallraff*, Ganz unten, 1985) bestätigen dies in eindrucksvoller Weise und haben bedauerlicherweise auch heute noch Gültigkeit.

Zunehmend größere Bedeutung gewinnt der Einsatz betriebsfremder Arbeit- **16** nehmer im Rahmen von Prozessen zur Veränderung der Techno-Struktur, der Arbeitsorganisation, des Arbeitskräfteeinsatzes oder der Arbeitszeitgestaltung. Beispielhaft lässt sich das Problem bei der **Einführung neuer Technologien/ Fertigungsverfahren** verdeutlichen. Die hiermit meist verbundene Zielsetzung, die Maschinenlaufzeiten/**Betriebsnutzungszeiten** auszudehnen (z.B. durch Ausweitung/Einführung der Schichtarbeitsweise, von Nachtarbeit, Sonn- und Feiertagsarbeit sowie über Regelungen zur Mehrarbeit) ist meist mit negativen Folgen für die Stammarbeitnehmer verbunden und stößt daher auf den Widerstand der Belegschaften und der betrieblichen Interessenvertretungen. Daneben trifft das Ziel der vollkontinuierlichen Auslastung neuer Anlagen bei den Stammbelegschaften häufig auf Grenzen der Gestaltung von Arbeitszeit- und Arbeitskräfteeinsatz, die sich aus tariflichen oder betriebsvereinbarungsmäßigen Regelungen ergeben. Hinzu kommt, dass die **Mitbestimmungsrechte der Betriebsräte** in Fragen der Arbeitszeit für die Arbeitgeber eine Barriere darstellen, die es zu überwinden gilt. Da diese Grenzen nur teilweise beim Einsatz betriebsfremder Arbeitnehmer zu beachten sind, lassen sich die Zielsetzungen der Arbeitgeber über den Einsatz betriebsfremder Arbeitnehmer konfliktfreier durchsetzen. Der vom *ArbG Mannheim* entschiedene Fall (8 BVGa 8/87 – AiB 1987, 143) zeigt, wie fantasievoll die Arbeitgeber hierbei im Einzelfall vorgehen können: Dort hatte der Betriebsrat zum Abbau eines dauerhaft anhaltenden hohen Überstundenvolumens Neueinstellungen gefordert. Der Arbeitgeber hatte demgegenüber dauerhaft Sonderschichten am Samstag beantragt, was der Betriebsrat ablehnte. Daraufhin wendet sich der Arbeitgeber an einen Verleiher, der sich bereit erklärt, mit dem Teil der Belegschaft, der zur Leistung von Mehrarbeit bereit war, einen **befristeten, kapazitätsorientierten Teilzeit-Leiharbeitsvertrag** abzuschließen, was anschließend auch geschieht. Auf dieser

Grundlage entleiht der Zweitarbeitgeber dann beim Verleiher seine eigenen Arbeitnehmer und setzt sie samstags im Betrieb ein. Im konkreten Fall hat zwar das ArbG entschieden, dass die Durchführung der Arbeiten am Samstag wegen Verstoßes gegen zwingende Mitbestimmungsrechte des Betriebsrats unzulässig ist, dennoch zeigt der Fall, dass Leiharbeitnehmer vom Arbeitgeber eingesetzt werden, um – selbst erfolgreichen – Widerstand des Betriebsrates zu unterlaufen und autonom und mitbestimmungsfrei die Arbeitszeit zu gestalten bzw. Samstagsarbeit im Betrieb einzuführen (vgl. *Hirsch-Kreinsen*, WSI-Mitt. 1983, 283). Hinzu kommt oft, dass hierbei (mangels Betroffenheit der Stammarbeitnehmer) nur in eingeschränktem Maße Widerstand seitens der Stammbelegschaften zu befürchten ist. Die Spaltung der Belegschaften in Arbeitnehmer mit und ohne arbeitsvertragliche Betriebszugehörigkeit fördert insoweit **Entsolidarisierungsprozesse**.

Unter Herrschaftsaspekten lässt sich daher feststellen, dass der Einsatz von Fremdfirmenarbeitnehmern auch dazu dienen kann, die Arbeitgeber von Legitimations-Problemen und Begründungszwängen bei Maßnahmen zur Veränderung bzw. Verschlechterung von Arbeitsbedingungen zu befreien.

3. Auswirkungen auf die Mitbestimmung

17 Die Zahl der **regelmäßig im Betrieb beschäftigten Arbeitnehmer** ist in vielerlei Hinsicht für die Sicherung von Arbeitnehmerinteressen von Bedeutung. So setzt § 23 Abs. 1 Satz 3 KSchG voraus, dass mehr als zehn Arbeitnehmer im Betrieb beschäftigt sein müssen, damit das KSchG überhaupt Anwendung findet und ein sozialer Schutz bei Kündigungen erreicht werden kann (vgl. hierzu *Bepler*, AuR 1997, 54). Nach Ansicht des BAG zählen die betriebsfremden Arbeitnehmer bei der Zahl der regelmäßig Beschäftigten nicht mit, sodass der Arbeitgeber erreichen kann, über den Aufbau einer betriebsexternen Randbelegschaft die jeweiligen **Schwellenwerte** zu unterschreiten und damit den sozialen Schutz außer Kraft zu setzen (v. 16. 4. 2003, – DB 2003, 2128; vgl. § 14 Rn. 49a ff.). Dies gilt besonders dann, wenn umfangreiche (Massen-)Entlassungen anstehen und daher die Interessen der Belegschaften besonders betroffen sind: Ein **Interessenausgleich** bei Betriebsänderungen oder sogar bei Stilllegung des ganzen Betriebs kann vom Arbeitgeber dadurch verhindert werden, dass er im Vorfeld der Maßnahmen bei gleichzeitiger Beschäftigung von Fremdfirmenarbeitnehmern, die nicht nach § 7 Satz 2 BetrVG wahlberechtigt sind, die Zahl der Stammarbeitnehmer unter zwanzig wahlberechtigte Arbeitnehmer absinken lässt (vgl. § 111 BetrVG). Bei reinem Personalabbau kann er sogar verhindern, dass ein **Sozialplan** überhaupt noch erzwingbar ist: Die durch das BeschFG 1985 eingefügte Vorschrift des § 112a BetrVG setzt insoweit hohe Schwellenwerte voraus, in die grundsätzlich nur die Stammbelegschaft einbezogen wird. Baut der Arbeitgeber etwa im Zusammenhang mit umfangreichen Entlassungen auch die Zahl der betriebsfremden Arbeitnehmer ab, besteht die Gefahr, dass damit gleichzeitig die Erzwingbarkeit von Sozialplänen entfällt. Sind etwa in einem Betrieb mit 26 Beschäftigten fünf Fremdfirmenarbeitnehmer eingesetzt und will der Arbeitgeber zehn Arbeitsplätze einsparen, so kann er ohne Einhaltung des KSchG die fünf betriebsfremden Arbeitnehmer entlassen und hinsichtlich der übrigen fünf Arbeitnehmer betriebsbedingte Kündigungen aussprechen, ohne dass die Voraussetzungen zur Erzwingbarkeit eines Sozialplans nach § 112 Abs. 1 Nr. 1 BetrVG unmittelbar noch erfüllt sind.

Ungeachtet der generellen Schwierigkeiten bei der Bestimmung der regelmäßigen Belegschaftsstärke (vgl. *BAG* v. 10.12.1996 – 1 ABR 43/96) ist **die Beschäftigung von Fremdfirmenarbeitnehmern** bei der Bestimmung der Zahl der regelmäßig Beschäftigten unterschiedlich danach **zu berücksichtigen,** ob sie dauerhafte Aufgabenstellungen im Betrieb wahrnehmen oder ob es sich um vorübergehend anfallende Aufgaben handelt. Entscheidend ist insoweit darauf abzustellen, wie viele **Arbeitsplätze** i.d.R. im Betrieb besetzt werden müssen (vgl. *LAG Hamm* v. 3.4.1997 – 4 Sa 693/96 – DB 1997, 881); der Zahl der abgeschlossenen Arbeitsverträge kommt insoweit allenfalls indizielle Bedeutung zu. So sind Arbeitnehmer, die lediglich zur Vertretung befristet beschäftigt werden, unabhängig davon, ob ein befristeter Arbeitsvertrag abgeschlossen wird oder ein Leiharbeitnehmer beschäftigt wird, bei der Bestimmung der Zahl der regelmäßig Beschäftigten nicht mitzuzählen. Ebenso wie ein Derartiges »Doppelzählen« (*LAG Hamm*, a.a.O.) ausgeschlossen ist, ist jedoch umgekehrt auch ein »Herauszählen« von Beschäftigten (GKSKR, BetrVG, § 9 Rn.3) ausgeschlossen, wenn ein Arbeitsplatz **dauerhaft** mit Arbeitnehmern besetzt wird (einschließlich der Leiharbeitnehmer). Auf das zugrunde liegende Rechtsverhältnis kommt es hierbei, wie bei sonstigen Bestimmungen der Betriebsverfassung (Rn.148f.), nicht an (a.A. BAG v. 10.3.2004 – 7 ABR 49/03 – BB 2004, 2753).

Der Einsatz betriebsfremder Arbeitnehmer kann nicht nur die **Schutzrechte der Stamm- und Randbelegschaften** bei umfangreichen Entlassungsmaßnahmen beeinträchtigen (vgl. die Schwellenwerte der §§ 17ff. KSchG; zur Einbeziehung von LAN in die Beschäftigungsquote vgl. § 73 Abs. 1 SGB IX). Er kann sich ebenso bei Einstellungsmaßnahmen, Versetzungen, Ein- und Umgruppierungen nach § 99 BetrVG negativ auswirken. Auch hier kann durch Fremdfirmenarbeit die **Zahl der wahlberechtigten Arbeitnehmer** unter zwanzig herabgesenkt werden, sodass die Mitbestimmungsrechte entfallen.

18

Das Unterlaufen der gesetzlichen Schwellenwerte mittels der Beschäftigung betriebsfremder Arbeitnehmer wirkt sich aber nicht nur auf die Mitbestimmung sowie den sozialen Schutz der Arbeitnehmer aus. Auch die im BetrVG geregelten institutionalisierten Mitwirkungsmöglichkeiten werden – bis zum **Wegfall des Betriebsrats** schlechthin – eingeschränkt. Dies betrifft sowohl die Frage, ob überhaupt ein Betriebsrat errichtet werden kann, als auch dessen Größe sowie die Zahl der freigestellten Betriebsratsmitglieder. Da § 1 BetrVG auf die Zahl von mindestens drei wählbaren Arbeitnehmern abstellt, § 14 Abs. 2 Satz 1 aber **die Wählbarkeit von Arbeitnehmern** im Einsatzbetrieb ausschließt, können die Schwellenwerte zur Installierung eines Betriebsrats mit Leiharbeitnehmern unterlaufen werden. Für Arbeitnehmer, die legal im Rahmen eines Werkvertrages eingesetzt werden, gilt dies gleichermaßen.

Auch bei der **Zahl der Betriebsratsmitglieder** nach § 9 BetrVG gelten je nach Zahl der im Betrieb eingesetzten Arbeitnehmer unterschiedliche Regeln: Sind im Betrieb 51 oder weniger wahlberechtigte Arbeitnehmer beschäftigt, so müssen die Fremdfirmenarbeitnehmer, die nicht nach § 7 Satz 2 BetrVG wahlberechtigt sind, unberücksichtigt bleiben. Sind dagegen über 51 Arbeitnehmer beschäftigt, so zählen zur Bestimmung der Betriebsratsgröße alle Arbeitnehmer, unabhängig davon, ob sie wahlberechtigt sind oder nicht (str.; vgl. *Frerichs/Möller/Ulber* 1981, 89), mit. Auf Grund der bestehenden betriebsverfassungsrechtlichen Regelungsdefizite tritt hier das Problem auf, ob entsprechend dem Sinn und Zweck des § 9 BetrVG, wonach die Größe des Betriebsrats entsprechend der von ihm vertretenen Zahl von Arbeitnehmern wachsen soll (*FESTL*, § 9 BetrVG Rn.5), auch

Fremdfirmenarbeitnehmer, deren Interessen (auch) der Betriebsrat des Einsatzbetriebs in unterschiedlicher Weise zu vertreten hat (vgl. Rn. 136 ff. u. § 14 Rn. 62 ff.), mitzählen. Gleiches gilt für die Zahl der freigestellten Betriebsratsmitglieder nach § 38 BetrVG (ablehnend: *BAG* v. 10.3.2004 – 7 ABR 49/03 – BB 2004, 2753 und v. 22.10.2003 – 7 ABR 3/03; vgl. § 14 Rn. 49a).

Der Einsatz betriebsfremder Arbeitnehmer kann i.ü. die Zahl der in der Regel beschäftigten Arbeitnehmer herabsenken und damit bestehende Handlungsmöglichkeiten im Betrieb einschränken. So hängen die Installierung eines **Wirtschaftsausschusses** (vgl. § 106 Abs. 1 BetrVG) oder auch die Unterrichtungspflichten des Arbeitgebers gegenüber der Belegschaft (vgl. § 110 Abs. 1 BetrVG) davon ab, wie viele Arbeitnehmer in der Regel im Betrieb beschäftigt sind. Diese Rechte können durch den Abbau der Stammbelegschaft bei gleichzeitigem Einsatz von Fremdfirmenarbeitnehmern dadurch unterlaufen werden, dass die jeweils gültigen Schwellenwerte sukzessive unterschritten werden und damit auch das Unternehmen aus der Mitbestimmung herausfällt. Diese Gefahr gilt verstärkt im Zusammenwirken mit Betriebsaufspaltungen bzw. Unternehmensaufteilungen sowie neuen Produktions- und Logistikkonzepten und der damit verbundenen Auslagerung/Vergabe von Arbeiten nach außen.

Zusammenfassend lässt sich daher festhalten, dass durch den Einsatz betriebsfremder Arbeitnehmer die Gefahr besteht, dass die gesetzlich maßgeblichen Schwellenwerte unterschritten und damit die Mitwirkungsrechte des Betriebsrats eingeschränkt werden können. Auswirkungen kann dies z.B. darauf haben, ob überhaupt ein Betriebsrat errichtet werden kann und wie groß die Zahl der Betriebsratsmitglieder und der Freistellungen ist. Aber auch die Mitbestimmungsrechte bei personellen Einzelmaßnahmen und bei Betriebsänderungen können durch Fremdfirmenarbeit eingeschränkt werden bis hin zu dem Problem, dass bei einem Abbau der Belegschaft ein Sozialplan nicht mehr erzwingbar ist.

4. Gefährdung der sozialen Sicherheit – Zwei-Klassen-Gesellschaft im Arbeitsrecht?

19 Die gezielte **Spaltungsstrategie** der Arbeitgeber in Arbeitnehmer mit und ohne arbeitsvertragliche Betriebszugehörigkeit zum Beschäftigungsbetrieb hat dazu geführt, dass Fremdfirmenarbeitnehmer häufig als »Arbeitnehmer zweiter Klasse« mit ungeschützten Beschäftigungsverhältnissen u. ä. bezeichnet werden. Ihre Ursache findet eine derartige Auffassung in einer häufig anzutreffenden Praxis, nach der Leiharbeitnehmern Arbeiten zugewiesen werden, die von der Stammbelegschaft wegen der unzureichenden und belastenden Arbeitsbedingungen nicht oder nur widerwillig ausgeführt werden (*Paasch*, Mitbest 1986, 395). Im Umkehrschluss kann dies bei den Stammbelegschaften den Eindruck erwecken, sie befänden sich im Unterschied zur Randbelegschaft in gesicherten Dauerarbeitsverhältnissen mit geregelten Arbeitsbedingungen. Ebenso wie die desorientierende Diskussion um Interessengegensätze zwischen »Arbeitsuchenden« und »Arbeitsplatzbesitzern« sind derartige Einschätzungen mit der Gefahr verbunden, die Einsicht in die **gemeinsame Betroffenheit** aller Arbeitnehmer zu erschweren und den Kampf gegen Missstände nicht zwischen den Betriebsparteien, sondern innerhalb der Arbeitnehmerschaft auszutragen. Die Einsicht, dass Fremdfirmenarbeit für die Gesellschaft und alle Arbeitnehmer gleichermaßen Gefahren mit sich bringt, ist jedoch eine wesentliche Voraussetzung dafür, Missstände im Bereich der Fremdfirmenarbeit zu beseitigen, **Diskriminierungen** der Fremdfirmenarbeitnehmer im Betrieb zu begegnen und **Formen illegaler Fremdfirmenarbeit** zu verhindern. Hinsichtlich des Entgeltes ist dabei die Ungleichbehandlung von Leiharbeitnehmern in den letzten zwei Jahrzehnten ständig angewachsen: Verdiente ein Leiharbeitnehmer 1980 noch 77,4 Prozent des durchschnittlichen Monatseinkommens sank die Zahl über 71,7 Prozent (1990) auf 63,4 Prozent (1995; vgl. 9. Erfahrungsbericht der BuReg., S. 15). Die Einkommenssituation von LAN hat sich nach einer Studie des DIW in den letzten zwanzig Jahren ständig verschlechtert (*Kvasnicka*, Lohneffekte der Zeitarbeit, DIW-Wochenbericht 49/02): danach ist das durchschnittliche Monatseinkommen von LAN gegenüber den sonstigen Arbeitnehmern von 77,4% (1980) über 71,7% (1990) auf 63,4% (1995) gesunken (vgl. 9. Erfahrungsbericht der BuReg, S. 15). Die abgeschlossenen Tarifverträge zur ANÜ, die überwiegend zu weiteren Einkommenseinbußen geführt haben, sind hierbei nicht berücksichtigt (vgl. *Nienhüser/Matiaske*, WSI-Mitt. 2003, 466). Sie haben jedoch die Lohndumpingspirale im Bereich der ANÜ nicht durchbrechen können (vgl. § 9 Rn. 247).

Gefahren gehen von der Fremdfirmenarbeit auch für die **Sicherheit der bestehenden Arbeitsplätze**, der Arbeitsbedingungen und der Sicherheit der Einkommen aus. Notwendige Voraussetzung der beschäftigungspolitischen Strategie der unteren Linie (Rn. 5) ist, dass bei einem Personalbedarf oberhalb dieser Linie ein Arbeitskräftereservoir zur Verfügung stehen muss, das jederzeit abgerufen werden kann. Fremdfirmenarbeit ist nicht nur Folge des Abbaus von Stammarbeitsplätzen, sondern sie bildet gleichzeitig die Voraussetzung dafür, dass die Unternehmen **Rationalisierungskonzepte** in Form des Abbaus von Stammarbeitsplätzen durchsetzen können. Trotz der unternehmerischen Entscheidungsfreiheit bei der Auslagerung von Arbeiten ist es dem Arbeitgeber aber verwehrt, Arbeiten an Subunternehmen bei Beibehaltung der bisherigen betrieblichen Organisationsstruktur und Arbeitsabläufe zu vergeben und deshalb betriebsbedingte **Kündigungen** auszusprechen (*LAG Düsseldorf* v. 10.2.2004 – 6 Sa 1723/03). Je weniger Widerstände das Management gegen den Einsatz betriebsfremder Arbeitnehmer befürchten muss, je größer sind die Möglichkeiten im Betrieb, Stammarbeitsplätze abzubauen. Die Rationalisierung führt dabei nicht lediglich dazu, dass infolge natürlicher Fluktuation freiwerdene Arbeitsplätze nicht mehr besetzt werden. Vielmehr kann der parallel verlaufende Aufbau der betriebsexternen Randbelegschaft auch dazu führen, dass ganze Abteilungen (z.B. Reinigung, Versand, Instandhaltung) sukzessive aufgelöst werden mit der Folge, dass die hierin liegende Betriebsänderung in **Entlassungen** endet oder aber zu Einschränkungen hinsichtlich der Möglichkeiten führt, über Versetzungen, über die Einrichtung von Mischarbeitsplätzen u.ä. betriebsbedingte Kündigungen zu vermeiden. Daneben führt das Flexibilisierungskonzept der Arbeitgeber und der hiermit verbundene Abbau der Personalreserven dazu, dass Schwankungen des Arbeitsvolumens nicht mehr unter Rückgriff auf die innerbetriebliche Personalreserve ausgeglichen werden können, sondern neben der Beschäftigung von Fremdfirmenarbeitnehmern auch über **Verlängerungen bzw. Verkürzungen der Arbeitszeiten der Stammbelegschaften.** Unplanbare und überlange Arbeitszeiten sind jedoch immer mit erhöhten Arbeitsbelastungen verbunden und laufen genau jenen humanisierungs- und freizeitpolitischen Zielsetzungen zuwider, mit denen die Gewerkschaften die Forderungen nach Verkürzung der wöchentlichen Arbeitszeit bei Beibehaltung der höchstzulässigen Arbeitszeit von acht Stunden täglich/40 Stunden wöchentlich durchgesetzt

20

haben. Das oben beschriebene Beispiel (Rn. 16) zeigt dabei, dass eine zunächst auf die Fremdfirmenarbeitnehmer beschränkte Einführung des Zwei-Schicht-Systems oder der Samstagsarbeit **Sachzwänge** auslösen kann, in deren Folge dann auch für die Stammbelegschaften die Schichtarbeitsweise oder Wochenendarbeit eingeführt werden muss.

Neben diesen arbeitszeitlichen Belastungsfaktoren führt der wechselnde Einsatz betriebsfremder Arbeitnehmer, die die Betriebsabläufe nicht genau kennen, dazu, dass die Stammbelegschaften ständig mit der Zusatzaufgabe belastet werden, Fremdfirmenarbeitnehmer einzuarbeiten, einzuweisen, sie mit den betrieblichen Gegebenheiten vertraut zu machen u.v.a.m. (vgl. *Steinbach*, WSI-Mitt. 1980, 263). **Kommunikation**, die diese rein arbeitstechnischen Kontakte überschreitet, ist demgegenüber nicht möglich, denn wenige Tage oder Wochen nach Aufnahme ihrer Tätigkeit haben die Fremdfirmenarbeitnehmer den Betrieb wieder verlassen. Der kurzzeitige Einsatz von Fremdfirmenarbeitnehmern und die kurze Dauer ihrer Beschäftigungsverhältnisse, die erhöhte Sicherheitsrisiken und eine erhöhte **Unfallhäufigkeit** mit sich bringen (*Bauschke*, NZA 2000, 1201), zwingen sie dabei häufig dazu, sich insbesondere im **Leistungslohn** maximal zu verausgaben, um die anschließende Phase der Arbeitslosigkeit finanziell überstehen zu können. Für die Einsatzbetriebe bietet sich so die Chance, Leistungsnormen neu festzusetzen und hierbei auch von der Stammbelegschaft eine **erhöhte Normalleistung** zu fordern. Die hiermit verbundene Intensivierung der Arbeit der Stammbelegschaften – vor allem im Akkord – wird noch dadurch verstärkt, dass Fremdfirmenarbeitnehmer wegen unzureichender Vorkenntnisse oft nur die leichteren, weniger zeitaufwändigen, repetitiven und monotonen Teilarbeiten zugeteilt bekommen, die im Rahmen des Gesamtakkords an sich einen Ausgleich für die schwierigeren, zeitaufwändigeren und ein hohes Maß an Konzentration erfordernden Arbeitsgänge darstellen. Letztere müssen dann von der erfahrenen Stammbelegschaft durchgeführt werden, wobei das Lohnniveau von ihnen nur gehalten werden kann, wenn sie sich einem erhöhten Leistungsdruck aussetzen. Das Problem der **Leistungsverdichtung** wird dabei noch dadurch verschärft, dass über den Einsatz betriebsfremder Arbeitnehmer inhumane Arbeitsbedingungen im Betrieb konserviert oder gar verschlechtert werden können. Der ständigen Beschwerde von Belegschaft und Betriebsräten, Arbeitsschutzbestimmungen im Betrieb würden nicht beachtet, zusätzliche Maßnahmen des Gesundheitsschutzes seien erforderlich u.ä., kann der Arbeitgeber so den Boden entziehen, indem er die betroffenen Arbeitsplätze einfach Fremdfirmenarbeitnehmern zuweist.

IV. Rechtliche Gestaltungsformen der Fremdfirmenarbeit

21 Die unterschiedlichen **Erscheinungsformen der Fremdfirmenarbeit** sowie die unterschiedliche Ausgestaltung der Leistungsbeziehungen der beteiligten Unternehmen auf Grund der Vertragsfreiheit führen auch zu unterschiedlichen rechtlichen Problemen, die häufig schon bei der juristischen **Einordnung des Vertragstyps** beginnen. Lediglich für den Bereich der ANÜ steht mit dem AÜG eine umfassende und einheitliche Kodifizierung des Rechts der Fremdfirmenarbeit zur Verfügung. I.ü. muss die Lösung arbeitsrechtlicher Probleme, die mit Fremdfirmenarbeit verbunden sind, meist aus allgemeinen arbeitsrechtlichen Grundsätzen erschlossen werden, wobei die vorhandenen Gesetze, insbesondere die Bestimmungen des BGB, nur unzureichend den arbeitsrechtlichen Problemen, die mit der veränderten Funktion der Fremdfirmenarbeit im Betrieb verbunden sind, Rechnung tragen. Darauf bezogen sollen im folgenden die wichtigsten Vertragstypen und **vertraglichen Gestaltungsformen** erläutert werden, die neben der ANÜ heute der Fremdfirmenarbeit im Betrieb das Gepräge geben.

1. Der Werkvertrag als Erscheinungsform der Fremdfirmenarbeit

a) Funktion des Werkvertrages

Neben der ANÜ stellt der Einsatz von Arbeitnehmern aus Drittbetrieben im Rahmen von Werkverträgen die wichtigste **Erscheinungsform der Fremdfirmenarbeit** dar. Während zunächst nur **arbeitsintensive Bereiche** (z.B. Reinigungsdienste, Küchen- und Bewachungsdienste) von den Unternehmen unter Auflösung der bestehenden Arbeitsverhältnisse an Dritte im Rahmen von Werkverträgen vergeben wurden, sind mittlerweile **alle Produktions- und Dienstleistungsbereiche** mit dem Werkvertrag als Instrument der Abdeckung von Personalbedarf konfrontiert. Bei der Ausführung von **Bauaufträgen** stellt der Einsatz von Werkverträgen im Rahmen der Vergabe durch Generalunternehmen an **Subunternehmen** (zur rechtlichen Wirksamkeit von Verträgen mit Subunternehmen vgl. *Kraus*, NJW 1997, 223; *Redeker*, CR 1999, 137) und an Sub-Subunternehmen heute sogar die gängige Form zur Bewältigung des Arbeitsanfalls dar. Aber auch in der Chemie- und Metallwirtschaft sind neben den arbeitsintensiven Montagebereichen auch die Bereiche der unmittelbaren Produktion und die Verwaltungs- und Dienstleistungsbereiche betroffen (*Hirsch-Kreinsen*, WSI-Mitt. 1982, 283).

22

Von seiner **Funktion** her hat der Werkvertrag im Rahmen unternehmerischer Gesamtplanungen eine wesentliche Veränderung erfahren, da der Einsatzbereich des Werkvertrages heute nicht mehr (allein) auf Hilfszwecke oder Sekundärfunktionen (*Hamann* 1995, 29) des Betriebs oder auch der Produktion in vor- oder nachgelagerten Randbereichen beschränkt ist, sondern **Hauptzwecke des Betriebs** bis in die unmittelbare Produktion hinein **über den Einsatz von Werkvertragsarbeitnehmer** verfolgt werden. Im Rahmen der Unternehmensplanung verändert sich dabei der Werkvertrag als Bestandteil des Einkaufs hin zum **Instrument der Personalbedarfsplanung** und darauf beruhender Personalbedarfsdeckung. Im Hinblick auf die gesetzliche Grundkonstruktion des Werkvertrages, nach der der **Geschäftswille** auf ein Werk als Ziel, das mittels Arbeit erreicht wird, gerichtet sein muss (§ 631 Abs. 2 BGB), hat sich die Ziel-Mittel-Relation heute weitgehend umgekehrt. Zielsetzung der Unternehmen ist es, vorhandene Arbeit mit (bei anderen Arbeitgebern beschäftigten) Arbeitnehmern abzudecken und dies nicht über die Begründung von Stammarbeitsverhältnissen, sondern mit dem Mittel werkvertraglicher Arbeitnehmer zu erreichen.

23

Weder die Rechtspolitik noch die h.M. in Literatur und Rechtsprechung tragen diesem **Perspektiven- und Funktionswechsel** auch nur annähernd Rechnung. Zwar geht auch das BAG (v. 31.1.1989 – 1 ABR 72/87 – DB 1989, 982) davon aus, dass der Einsatz von Fremdfirmenarbeitnehmern im Rahmen von Werkverträgen heute Bestandteil der Personalplanung ist und daher u.a. die Mitwirkungsrechte des Betriebsrats nach § 92 Abs. 2 BetrVG auslöst (s.u. Rn. 166). Dennoch werden bei der Frage, nach welchen schuldrechtlichen Grundsätzen der Einsatz der Arbeitnehmer im Einsatzbetrieb beurteilt werden soll, nicht arbeitsrechtliche Grundsätze zum Ausgangspunkt gewählt, sondern es werden die Vorschriften

24

des BGB über den Werkvertrag zurunde gelegt. Die ohnehin auf Grund gesetzgeberischer Regelungsdefizite vorhandenen **Abgrenzungsprobleme** zwischen Werkvertrag und Arbeitnehmerüberlassung (s.u. Rn.33ff.) werden durch die neuere Rechtsprechung noch dadurch verschärft, dass selbst hinsichtlich des **Direktionsrechts des Arbeitgebers** als eines der wichtigsten im Arbeitsrecht angesiedelten Abgrenzungskriterien Aufweichungen stattfinden, die auf das (dispositive) werkvertragliche **Anweisungsrecht des Bestellers** nach § 645 Abs. 1 Satz 1 BGB gestützt werden (vgl. *BAG* v. 1.12.1992 – 1 ABR 30/92 – EzAÜG § 14 AÜG Betriebsverfassung Nr.35).

25   Die zu beobachtende Tendenz in der Rechtsprechung, Fremdfirmenarbeitnehmer sukzessive dem arbeitsrechtlichen Normengefüge zu entziehen, verstärkt die **Zielsetzungen** der Unternehmen, mittels des Werkvertrages **arbeitsrechtliche Bestimmungen außer Kraft zu setzen** (zu den arbeits- und sozialrechtlichen Einschränkungen vgl. *Bauschke*, NZA 2000, 1203). Diesbezüglich bieten die dispositiven Normen des Werkvertragsrechts eine Reihe von Vorteilen, die sich im Rahmen eines Arbeitsvertrages oder sonstiger unmittelbarer oder mittelbarer arbeitsrechtlicher Bindungen nicht erzielen lassen. Unter dem Gesichtspunkt verstärkter Flexibilisierungserfordernisse in der Produktion, Strategien der Kostensenkung im Bereich der Lohn- und Lohnnebenkosten, insbesondere aber unter dem generellen Gesichtspunkt, Produktions- und Beschäftigungsrisiken betrieblicherseits auf Dritte, d.h. auch auf andere Unternehmen und Zulieferer, zu verlagern, gewinnt der Werkvertrag für die Unternehmen zunehmend an Bedeutung.

b) Rechtlicher Gestaltungsrahmen

26   Die besonderen **Schutzvorschriften**, die bei der ANÜ den vertraglichen Gestaltungsrahmen zwingend begrenzen, finden beim Werkvertrag nur in sehr engen Grenzen Anwendung. **Ausländer aus Nicht-EU-Staaten** erhalten als Leiharbeitnehmer grundsätzlich keine Arbeitsgenehmigung (vgl. Einl. G. Rn.35ff.), und selbst bei Arbeitnehmerüberlassung innerhalb des EWR sind neben den Bestimmungen des AÜG europarechtliche Normen einzuhalten. Im Rahmen der **Werkvertragsabkommen** bzw. auf Grundlage der Dienstleistungs- und Niederlassungsfreiheit im EU-Raum (vgl. Einl. F. Rn.11ff.) lassen sich demgegenüber Aufgaben innerhalb der Unternehmen durch **Einsatz von Arbeitskräften aus Billiglohnländern** im Rahmen von Werkverträgen erledigen, die im Rahmen der ANÜ nicht abgedeckt werden könnten. Im Baugewerbe ist der Werkvertrag sogar das einzige Instrument, um über die Möglichkeiten der §§ 1b Satz 2, 1 Abs. 1 Satz 2 hinaus Fremdfirmenarbeitnehmer im Rahmen der betrieblichen Arbeitsorganisation zu Arbeiten heranziehen zu können (ausführlich zu den illegalen Praktiken ausländischer Firmen und Strohmanngesellschaften 9. Erfahrungsbericht der BuReg, S. 37).

27   Die erhöhten, zur Unterauslastung bzw. Beschaffungsproblemen führenden **Schwankungsbreiten des Produktions- und Arbeitsvolumens** sind hinsichtlich der betrieblichen Beschäftigungspolitik mit dem Problem verbunden, dass die Beschäftigungsrisiken insbesondere in Phasen des Produktionsrückganges entweder mit unproduktiven Kosten der Kurzarbeit oder aber mit Fluktuationskosten bei Entlassungen verbunden sind. Der Werkvertrag bietet hier den Unternehmen die Möglichkeit, sowohl in zeitlicher Hinsicht als auch bezüglich des Umfangs der erforderlichen Leistungen durch entsprechende Befristungen und

durch die Nutzung der bestehenden (dispositiven gesetzlichen) Gestaltungsmöglichkeiten eine Kongruenz von auch kurzzeitig oder kurzfristig auftreten-
dem Arbeitsanfall mit der erforderlichen Anzahl an Arbeitskräften über entsprechende werkvertragliche Absprachen zu erreichen. Da die **Arbeitnehmer als
Erfüllungsgehilfen** des Werkunternehmers nicht in vertraglichen Beziehungen
zum Einsatzbetrieb stehen, treffen den Einsatzbetrieb weder die arbeitsrechtlichen Risiken aus § 615 BGB noch die Sozialplan- oder sonstigen mit etwaigen
Entlassungen verbundenen Kosten, die mit einem Rückgang des Produktionsvolumens bei Eigenbeschäftigung verbunden wären. Diese **Risiken können**
vielmehr kostenneutral auf Werkunternehmer **verlagert werden**, wobei diese
ihrerseits versuchen, über den **Einsatz von Subunternehmen** die Risiken weiter-
zureichen. Den Risiken und Restriktionen, denen die Unternehmen bei der Kündigung von Arbeitsverhältnissen ausgesetzt sind, entspricht zwar die Pflicht
des Werkbestellers, den vertraglich im Voraus festgelegten Leistungserfolg und
-umfang ohne einseitige Lösungsmöglichkeit auch vollständig vergüten zu müssen. Diesen Risiken entziehen sich die Einsatzbetriebe jedoch regelmäßig dadurch, dass entweder in entsprechenden Rahmenvereinbarungen oder auch im
Einzelfall **vertragliche Möglichkeiten zur ordentlichen und außerordentlichen
Kündigung des Werkvertrages** vereinbart werden, die den Erfordernissen unterschiedlicher Kapazitätsauslastungen Rechnung tragen. Der **kapazitätsorientierte variable Werkvertrag** lässt zwar kaum noch erkennen, welcher identifi-
zierbare Leistungserfolg i.S.d. Werkvertragsrechts überhaupt geschuldet wird.
Die großzügige Rechtsprechung des BAG zur Zulässigkeit von Werkverträgen
im Rahmen betrieblicher Daueraufgabenstellung (*BAG* v. 5.3.1991 – 1 ABR
39/90 – AP Nr. 90 zu § 99 BetrVG 1972) eröffnet den Unternehmen allerdings
Spielräume, die den gängigen Missbrauch des Werkvertrages als Instrument der
Personalbedarfsdeckung nicht unterbinden können.

Die **Zielsetzung**, die **Lohnkosten zu senken** und durch untertarifliche Bezah- **28**
lung, Strategien zur Flucht aus dem Tarifvertrag u.a., **Wettbewerbsvorteile** zu
erlangen (zu Friktionen vgl. *Bauschke*, NZA 2000, 1201), lässt sich insbesondere
bei hohem gewerkschaftlichem Organisationsgrad, aber auch auf Grund der Bestimmungen des Tarifrechts (§ 4 Abs. 3 bis 5 TVG) oder des BetrVG (§ 77 Abs. 3
BetrVG) im Rahmen bestehender Arbeitsverhältnisse nur eingeschränkt erreichen. Werkvertragsarbeitnehmer unterliegen in der Regel nicht den **Tarifverträgen des Einsatzbetriebes**, sie fallen allenfalls bei eigener Tarifbindung des Werkunternehmens unter einen Tarifvertrag und sind – nicht zuletzt auch auf Grund
der ökonomischen Abhängigkeit ihres Arbeitgebers vom Werkbesteller – faktisch gezwungen, die vom Einsatzbetrieb vorgegebenen Preiskonditionen (allerdings unter Abzug des sog. Unternehmergewinns) gleichzeitig als Einkommens-
konditionen zu akzeptieren. Über den Werkvertrag werden damit nicht nur eine
Vielzahl von Arbeitnehmern dem persönlichen Geltungsbereich eines an sich
fachlich und räumlich anwendbaren Tarifvertrages entzogen. Vielmehr folgt aus
dem Umstand mangelnder Tarifgebundenheit des Werkunternehmers gleichzeitig, dass die Fremdfirmenarbeitnehmer im Falle von **Arbeitskämpfen** weiterhin
in Streikbetrieben eingesetzt werden können und im Unterschied zur ANÜ (vgl.
§ 11 Abs. 5) **kein Leistungsverweigerungsrecht** besitzen. Der Werkvertrag ist
insoweit heute auch ein Instrument der Arbeitgeber im Arbeitskampf, Druck auf
Arbeitnehmer und Gewerkschaften auszuüben und stellt bei fortschreitendem
Anstieg der Fremdfirmenarbeit tendenziell eine **Gefahr für die Tarifautonomie**
dar. Die durch die bestehenden Möglichkeiten zum Einsatz von Fremdfirmen-

arbeitnehmern grundsätzlich gestörte Kampfparität von Arbeitgeber und Gewerkschaften im Arbeitskampf erfordert auch hinsichtlich des Werkvertrages, dass der Gesetzgeber eine dem Gedanken des § 11 Abs. 5 entsprechende Regelung schafft, die der gesetzgeberischen Verpflichtung zur Gewährleistung eines funktionsfähigen Systems der Tarifautonomie Rechnung trägt.

29 Ebenso wie hinsichtlich der direkten Lohnkosten sollen die Wettbewerbsbedingungen der Unternehmen auch durch **Abbau** von Lohnnebenkosten mittels des Werkvertrages verbessert werden. Dies gilt insbesondere im Bau- sowie im Montagebereich, wo die Lohnnebenkosten tendenziell hoch sind und von nicht tarifgebundenen (Sub-)Unternehmen eingespart werden können. Noch stärker gilt dies im Reinigungsgewerbe und sonstigen besonders lohnintensiven Bereichen, da hier nicht nur eine untertarifliche Bezahlung erfolgt, sondern die Beschäftigungsverhältnisse überwiegend unterhalb der Grenzen der Sozialversicherungspflicht abgeschlossen werden.

Ansprüche auf Grund betrieblicher **Sozialleistungspakete im Einsatzbetrieb** stehen den Werkvertragsarbeitnehmern ebenso wenig zu. Nicht nur bestehende Betriebsvereinbarungen werden insoweit hinsichtlich ihres Geltungsbereiches eingeschränkt. Auch die Institutionen sowie die **Rechte und Beteiligungsrechte des Betriebsrats** werden **eingeschränkt**, indem die Fremdfirmenarbeitnehmer bei der Ermittlung maßgeblicher betriebsverfassungsrechtlicher Schwellenwerte i.d.R. nicht berücksichtigt werden (vgl. z.B. §§ 38, 99, 106, 111 BetrVG; s.o. Rn. 17). Entsprechendes gilt für die Mitbestimmung im Unternehmen (vgl. § 1 Abs. 1 MitbestG 1976; § 76 BetrVG 1952). Da insbesondere die Rechtsprechung in den letzten Jahren verstärkt dazu neigt, den Einsatz von Arbeitnehmern im Rahmen von Werkverträgen den Mitwirkungsrechten des Betriebsrats nach § 99 BetrVG zu entziehen, bietet sich den Unternehmen über den Einsatz von Werkverträgen generell die Möglichkeit, die **betriebliche Beschäftigungspolitik** weitgehend autonom von der kollektiven Interessenvertretung der Stammbelegschaft zu steuern. Der Werkvertrag – auch in seiner Funktion als Rationalisierungsinstrument – stellt sich damit auch im Einsatzbetrieb als zusätzliches Instrument des Arbeitgebers dar, die in den Mitbestimmungsgesetzen austarierte Machtbalance zwischen Unternehmer und abhängig Beschäftigten zu verschieben und das tendenziell auf kooperative Sozialpartnerschaft angelegte System industrieller Beziehungen infrage zu stellen.

30 Ein wichtiges **Motiv** für die Unternehmen, auf den Werkvertrag als Instrument der Personalbedarfsdeckung auszuweichen, liegt auch in dem Umstand, dass die Bestimmungen des **AÜG** als Arbeitnehmerschutzgesetz einem Einsatz betriebsfremder Arbeitnehmer **Grenzen** setzen, die mittels anderer (außerhalb des Arbeitsrechts angesiedelter) vertraglicher Gestaltungsformen **unterlaufen werden** sollen. Der Einsatz von Leiharbeitnehmern stößt auf rechtliche Schranken und ist bei Verstößen mit Sanktionen verbunden, die ein Interesse der Unternehmen begründen, betriebsfremde Arbeitnehmer außerhalb des Geltungsbereichs des AÜG zu beschäftigen (*Ulber*, AuR 1982, 54). Die gesetzliche Regelung zum **equal-pay** und **equal-treatment** (§§ 3 Abs. 1 Nr. 3, 9 Nr. 2 AÜG), nach der Leiharbeitnehmern die im Entleiherbetrieb geltenden materiellen Arbeitsbedingungen zu gewähren sind (§ 9 Rn. 72 ff.), widerspricht der Zielsetzung der Einsatzbetriebe, über den Einsatz von Fremdfirmenbeschäftigten Lohn- und Lohnnebenkosten dauerhaft einzusparen. Daneben steht die Funktion der **ANÜ als Instrument zur vorübergehenden Personalbedarfsdeckung** (vgl. Einl. B Rn. 42 f.) Rationalisierungsstrategien entgegen, bei denen der Abbau eigener Beschäftigungsverhältnisse durch eine dauerhafte und langfristige Beschäftigung betriebsfremder Arbeitnehmer kompensiert werden muss. Zwar hat der Gesetzgeber mit der Aufhebung des § 3 Abs. 1 Nr. 6 AÜG die Möglichkeiten der Betriebe zur Auflösung von Dauerarbeitsverhältnissen und Ausweitung der Fremdfirmenarbeit erheblich erweitert; die mit der »fraktalen Fabrik« verbundene Zielsetzung, auch dauerhaft und kontinuierlich anfallende Arbeiten in der Montage und Produktion über Fremdfirmenbeschäftigte zu erledigen, lässt sich jedoch innerhalb der zeitlich begrenzten Einsatzdauer für Leiharbeitnehmer nicht erreichen.

Im Unterschied zum Werkvertrag treffen den Entleiher hinsichtlich der Leiharbeitnehmer daneben **Schutzpflichten** (vgl. § 11 Abs. 6), und der Einsatzbetrieb kann sowohl hinsichtlich der Einstellungsentscheidungen (§ 14 Abs. 3) als auch hinsichtlich eines Großteils von Maßnahmen im Bereich sozialer Angelegenheiten (§ 87 BetrVG) nicht mitbestimmungsfrei entscheiden. Noch wichtiger sind jedoch die arbeitsrechtlichen **Folgen**, die sich bei **Formen illegaler Arbeitnehmerüberlassung** aus § 10 ergeben. Die dort geregelten Rechtsfolge eines fingierten Arbeitsverhältnisses, die hinsichtlich der latent vorhandenen Gefahr des Übergangs von legaler zu illegaler Arbeitnehmerüberlassung ständig eintreten kann, läuft der mit Fremdfirmenarbeit verbundenen Zielsetzung Arbeitsverhältnisse abzubauen diametral entgegen. Zwar birgt auch der Werkvertrag die Gefahr in sich, in Formen illegaler Arbeitnehmerüberlassung hineinzuwachsen oder umzuschlagen; sowohl die mangelnden Kontrollmöglichkeiten der Arbeitsverwaltung als auch die Beweisschwierigkeiten für Dritte lassen die insoweit bestehenden Risiken für die Unternehmen jedoch als gering erscheinen. Die bei Arbeitnehmerüberlassung bestehenden **Meldepflichten** und **Kontrollmöglichkeiten** der BA finden im Rahmen von Werkverträgen keine Anwendung; Überwachungsmöglichkeiten sind hier nur bei Einsatz von **Werkvertragsarbeitnehmern aus Drittstaaten** (vgl. Einl. F. Rn. 66 ff.) bzw. im Rahmen des AEntG gegeben.

Die einem werkvertraglichen Einsatz zugrunde liegenden **Arbeitsverträge** unterscheiden sich gegenüber der ANÜ gerade dadurch, dass die für Leiharbeitsverträge notwendige **Leiharbeitnehmerklausel** (vgl. § 1 Rn. 37), nach der der Arbeitgeber abweichend von § 613 Satz 2 BGB befugt ist, das Weisungsrecht auf einen Dritten zu übertragen, **nicht vereinbart** wird. Der Werkvertrag weist allerdings gegenüber der ANÜ einen gravierenden Nachteil auf. Das **Weisungsrecht** muss hier uneingeschränkt beim entsendenden Unternehmen bleiben, ein flexibler Einsatz der Arbeitnehmer nach Anweisung des Einsatzbetriebs ist ausgeschlossen (zu den Umgehungsformen s. Rn. 67 ff.). Vielmehr ist für einen Einsatz des Arbeitnehmers in Drittbetrieben auf werkvertraglicher Grundlage lediglich erforderlich, dass der Arbeitgeber aufgrund einer arbeitsvertraglichen **Versetzungsabrede** befugt ist, in Wahrnehmung und unter vollständiger Ausübung seines Direktionsrechts den Arbeitnehmer in Betriebsstätten eines Dritten tätig werden zu lassen. Rechtsdogmatisch stellt eine derartige Abordnungsklausel die Vereinbarung eines einseitigen Leistungsbestimmungsrechts (§ 315 Abs. 1 BGB) durch den Arbeitgeber dar (*Maschmann*, RdA 1996, 24). Wird der Arbeitnehmer trotz fehlender Vereinbarung zu § 613 Satz 2 BGB einem Dritten überlassen und übt der Arbeitgeber das arbeitsbezogene Direktionsrecht zumindest teilweise aus, liegt hierin ein Verstoß gegen die üblichen Arbeitgeberpflichten i.S.d. §§ 1 Abs. 2, 3 Abs. 1 Nr. 1. Die wichtigste Folge hiervon ist, dass in diesem Fall ein Arbeitsverhältnis zum Einsatzbetrieb fingiert wird (vgl. § 1 Rn. 223; Einl. D. 48), und zwar unabhängig davon, ob sich der Werkunternehmer vorsorglich die

31

32

Erlaubnis zur ANÜ nach § 1 Abs. 1 Satz 1 besorgt hat, um die **Fiktionswirkungen des § 10 Abs. 1** zu **umgehen** (dies übersehen *Becker/Wulfgramm*, Art. 1 § 10 Rn. 13).

c) Abgrenzungskriterien von Werkvertrag und Arbeitnehmerüberlassung

aa) Geschäftsinhalt und Vertragstext

33 Der **rechtliche Gestaltungsrahmen** ist durch das Werkvertragsrecht des BGB und das AÜG vorgegeben. Er bestimmt auch den **Vertragstyp**, nach dem sich die Rechtsbeziehungen der Vertragsparteien richten. Die Einordnung des Vertrags als Werkvertrag oder ANÜ-Vertrag richtet sich dabei im Wesentlichen danach, ob die Herbeiführung eines bestimmten Arbeitsergebnisses/Leistungserfolges im Vordergrund der Vertragszwecke steht oder ob es dem Einsatzbetrieb darauf ankommt, Arbeitskräfte zur Arbeitsleistung zu erhalten (*BAG* v. 31. 3. 1993 – 7 AZR 338/92 – DB 1993, 2337). Für die rechtliche Einordnung des Vertrags ist allein dessen **Geschäftsinhalt** und nicht eine von den Vertragsparteien gewählte Vertragsbezeichnung oder eine von ihnen gewünschte Rechtsfolge entscheidend (*BAG* v. 30. 1. 1991 – 7 AZR 497/89 – AP Nr. 8 zu § 10 AÜG; *BGH* v. 25. 2. 2002 – X 83/00 – NZA 2002, 1086).Die Vertragsparteien können die **zwingenden Schutzvorschriften des AÜG** nicht dadurch umgehen, dass sie einen vom tatsächlichen Geschäftsinhalt abweichenden Vertragstyp wählen (*BGH*, a.a.O.). Die Prüfung der Voraussetzungen eines Werkvertrages darf sich daher nicht auf die Würdigung der schriftlichen Vereinbarungen beschränken, sondern muss auch dessen **tatsächliche Durchführung** mit einbeziehen (*BAG*, a.a.O.). Widersprechen die schriftlichen Vereinbarungen der tatsächlichen Durchführung des Vertrages, entscheidet im Zweifel die praktische Handhabung und die tatsächliche Durchführung über den Geschäftsinhalt (*BAG* v. 28. 1. 1989 – 1 ABR 90/88 – AP Nr. 5 zu § 11 AÜG). Dasselbe gilt bei **Regelungslücken** oder Fehlen einer vertraglichen Regelung (vgl. *BGH* v. 16. 7. 2002 – X ZR 27/01 – BB 2002, 2039). Gem. § 631 Abs. 1 BGB setzt der **Werkvertrag** voraus, dass sich der Unternehmer zur **Herstellung des versprochenen Werkes**, der Besteller zur Entrichtung der vereinbarten **Vergütung** verpflichtet. Gegenstand des Werkvertrages kann sowohl die Herstellung oder Veränderung einer Sache als auch ein anderer **durch Arbeit oder Dienstleistung herbeizuführender Erfolg** sein (§ 631 Abs. 2 BGB; zur Herstellung von Individualsoftware als Werkvertrag vgl. BGH, WM 1971, 615). Charakteristisch für den Werkvertrag ist, dass sich ein (Werk-)Unternehmer gegenüber einem anderen Unternehmer (Werkbesteller) zur Herbeiführung eines bestimmten, individualisierbaren und messbaren **Arbeitsergebnisses** unter Einsatz eigener Arbeitskräfte verpflichtet und die Durchführung sowie die Abwicklung des Vertrages eigenständig organisiert. Wird der Werkvertrag innerhalb der Betriebsstätten des Bestellers ausgeführt, bleiben die Arbeitnehmer auch während des Einsatzes im Drittbetrieb als **Erfüllungsgehilfen** (§ 278 BGB) ausschließlich gegenüber dem Werkunternehmer als Arbeitgeber arbeitsvertraglich gebunden. Die Tätigkeit von Erfüllungsgehilfen eines Werkunternehmers ist von der Tätigkeit von Leiharbeitnehmern im Rahmen einer ANÜ zu unterscheiden. Die Notwendigkeit der Unterscheidung ergibt sich u.a. aus dem in § 1 AÜG enthaltenen Definitionselement der »Überlassung« von Arbeitnehmern zur Arbeitsleistung (*Schüren/Hamann*, § 1 Rn. 178; *Marschner*, NZA 1995, 668). Die zwingenden Vorschriften des AÜG können nicht dadurch **umgangen** werden, dass die

Vertragsparteien einen vom tatsächlichen Geschäftsinhalt abweichenden Vertragstyp wählen (BGH v. 25.6.2002 – X ZR 83/00 – NZA 2002, 1086).

ANÜ liegt vor, wenn dem Entleiher Arbeitskräfte zur **Arbeitsleistung** zur Verfügung gestellt werden, die er nach seinen Vorstellungen und Zielen im Betrieb wie eigene Arbeitnehmer einsetzt. Die Arbeitnehmer werden hierbei voll in den Betrieb des Entleihers eingegliedert und führen die Arbeiten allein nach dessen Weisungen aus (*BAG* v. 31.3.1993 – 7 AZR 338/92 – DB 1993, 2337). Es müssen immer die Schranken eingehalten bleiben, die der vertraglichen Gestaltungsfreiheit durch das arbeitsrechtliche Weisungsrecht des Arbeitgebers gesetzt sind. Diese Schranken sind z.B. überschritten, wenn der Einsatzbetrieb den Fremdfirmenbeschäftigten Weisungen erteilt (vgl. Rn.67ff.) oder die Fremdfirmenarbeitnehmer mit den Stammarbeitnehmern nach Weisung des Einsatzbetriebs vermischt arbeiten (vgl. Rn.39, 42; *Boemke*, § 1 Rn.37; HandbAR/*Bachner*, § 131 Rn.9; *Schüren/Hamann*, § 1 Rn.63; a.A. BAG, a.a.O.). Für derartige Formen der Kopperation ist in § 1 Abs. 1 Satz 2 AÜG eine abschließende Ausnahmeregelung getroffen worden, sodass die Übertragung von Weisungsrechten auf Dritte außerhalb einer Arge immer den Tatbestand einer ANÜ erfüllt (zum Weisungsrecht vgl. § 1 Rn.188a). Im Rahmen der ANÜ beschränken sich die **Leistungspflichten des Verleihers** auf die Beschaffung, die **Auswahl und das Zurverfügungstellen der Arbeitnehmer**, seine **Haftung** ist auf ein **Auswahlverschulden** bezüglich der überlassenen Arbeitnehmer begrenzt (BAG, a.a.O.), während der Werkunternehmer erfolgsbezogen für ein Arbeitsergebnis haftet (Rn.38ff.). Für die Abgrenzung von ANÜ und Werkvertrag ist dabei unerheblich, ob die Haftung oder sonstige besondere gesetzliche Pflichten des Verleihers abbedungen oder eingehalten werden. Die Vorschriften des AÜG kommen unabhängig davon zur Anwendung, ob der Verleiher seinen gesetzlichen Pflichten nachkommt oder ob er zuverlässig ist und seine Arbeitgeberpflichten korrekt erfüllt (*BAG* v. 30.1.1991 – 7 AZR 497/89 – AP Nr. 8 zu § 10 AÜG).

33a Besondere Abgrenzungsprobleme können auftreten, wenn mehrere rechtlich selbstständige Unternehmen die Arbeitnehmer gemeinsam in derselben Betriebsstätte zur Verfolgung arbeitstechnischer Zwecke einsetzen. Bei einem derartigen **Gemeinschaftsbetrieb** (§ 1 Abs. 1 Satz 2 und Abs. 2 BetrVG; vgl. Rn. 137) liegen die Entscheidungsbefugnisse in personellen und sozialen Angelegenheiten bei einer (im Innenverhältnis der beteiligten Unternehmen geregelten) gemeinsamen Betriebsleitung (vgl. *BAG* v. 21.2.2001, NZA 2002, 56); im (Außen-) Verhältnis zum **Arbeitnehmer** bleibt jedoch allein das Unternehmen, mit dem der Arbeitnehmer den Arbeitsvertrag geschlossen hat, Arbeitgeber und ist allein weisungsbefugt. Eine Übertragung von Weisungsbefugnissen auf einen anderen Arbeitgeber scheidet demnach beim Gemeinschaftsbetrieb aus, so dass schon begrifflich keine ANÜ vorliegt (i.E. ebenso *Boemke*, § 1 Rn. 35; *Schüren/Hamann*, § 1 Rn. 60). Zu unterscheiden hiervon sind die Fälle, in denen mehrere rechtlich selbstständige Unternehmen an einem gemeinsam geleiteten **Gemeinschaftsunternehmen** gesellschaftsrechtlich beteiligt sind. Werden hier Arbeitnehmer eines der beteiligten Unternehmen im Gemeinschaftsunternehmen unter dessen Leitung eingesetzt, liegt ANÜ vor (*Boemke*, § 1 Rn. 36; *Schüren/Hamann*, § 1 Rn. 55f.).

33b Soweit mehrere Unternehmen im Rahmen einer **unternehmerischen Zusammenarbeit** gemeinsame Ziele verfolgen, insbesondere wenn Arbeitnehmer im Rahmen gemeinsamer Projekte zusammenarbeiten, soll nach der Rechtsprechung des *BAG* (v. 25.10.2000 – 7 AZR 487/99 – NZA 2001, 259) die für eine ANÜ notwendige Übertragung des Weisungsrechts zur eigenen Disposition eines Dritten nicht vorliegen, wenn das Fremdunternehmen mit dem Einsatz beim Dritten **eigene Betriebszwecke** verfolgt. Soweit das *BAG* unmittelbar mit dem Arbeitsergebnis verbundene eigene Betriebszwecke eines Fremdunternehmens als taugliches Abgrenzungskriterium zwischen ANÜ und Werkvertrag zu Grunde legt, kann dem zugestimmt werden. (Zusätzliche) Voraussetzung ist jedoch immer, dass hierbei die Grenzen eingehalten bleiben, die sich aus der Trennung der Weisungsbefugnisse der beteiligten Arbeitgeber bezüglich des eingesetzten Personals ergeben.

34 Die **rechtlichen Rahmenbedingungen** ermöglichen sowohl im Rahmen eines ANÜ-Vertrages als auch eines Werkvertrages den Einsatz von Fremdfirmenarbeitnehmern im Betrieb. Dennoch können die Unternehmen nicht frei darüber entscheiden, ob sie wahlweise den einen oder anderen Vertragstyp wählen. Die **Zuordnung** richtet sich vielmehr danach, ob – wie beim Werkvertrag – die Herbeiführung eines bestimmten **Arbeitsergebnisses/Leistungserfolges** im Vordergrund steht oder ob es dem Einsatzbetrieb darauf ankommt, Arbeitskräfte zur Arbeitsleistung zu erhalten (*BAG* v. 31.3.1993 – 7 AZR 338/92 – DB 1993, 2337). Über die **rechtliche Einordnung** eines Vertrages als ANÜ-Vertrag oder als Werkvertrag entscheidet allein der **Geschäftsinhalt** und nicht eine von den Vertragsparteien gewünschte Rechtsfolge oder eine Bezeichnung, die dem tatsächlichen Geschäftsinhalt nicht entspricht (*BAG* v. 30.1.1991 – 7 AZR 497/89 – AP Nr.8 zu § 10 AÜG). Widersprechen die vertraglich vereinbarten Leistungspflichten der tatsächlichen Durchführung des Vertrages bzw. den tatsächlich ausgeübten Tätigkeiten der Fremdfirmenarbeitnehmer, entscheidet **im Zweifel** die praktische Handhabung und **tatsächliche Durchführung** des Vertrages über den Geschäftsinhalt (*BAG* v. 28.1.1989 – 1 ABR 90/88 – AP Nr.5 zu § 11 AÜG; *BGH* v. 21.1.2003 – X ZR 261/01 – NZA 2003, 616). Da der **Werkvertrag** im Unterschied zum ANÜ-Vertrag (vgl. § 12) grundsätzlich **keiner Schriftform** bedarf, lässt sich der Geschäftswille häufig nicht aus den Vertragsunterlagen entnehmen. Insbesondere in den Fällen, in denen Subunternehmer (bzw. Sub-Subunternehmer) sich gegenüber einem Generalunternehmer verpflichten, werkvertragliche Leistungen unter Einsatz eigener Arbeitnehmer zu erbringen, soll meist nur das Vorliegen gewerbsmäßiger ANÜ verschleiert werden (vgl. BT-Ds. 8/4479, S. 139; zum Scheinwerkvertrag s. Rn.79ff.), sodass eine schriftliche Fixierung der Vertragspflichten meist ganz unterbleibt. Eine ähnliche Problematik tritt in den Fällen langfristiger Vertragsbeziehungen auf (vgl. *BAG* v. 30.1.1991 – 7 AZR 497/89 – AP Nr.8 zu § 10 AÜG), wenn die vertraglichen Konditionen zwar in einem **Rahmenvertrag** festgelegt sind, die im Rahmen der Vertragsabwicklung durchgeführten Einzelaufträge jedoch ohne weitere schriftliche Vereinbarungen ausgeführt werden.

34a Bei der Abgrenzung von Werkvertrag und ANÜ spielt die Frage, wer im Rahmen der Durchführung des Vertrags das **Weisungsrecht des Arbeitsgebers** ausübt eine entscheidende Rolle (vgl. Rn. 61ff.). Dennoch kann nicht der Auffassung gefolgt werden, die das Weisungsrecht als alleinmaßgebliches Abgrenzungskriterium zu Grunde legt (so: *Boemke*, § 1 Rn. 74; ähnlich *Schüren/Hamann*, § 1 Rn 180), zumal auch nach dieser Auffassung die Kriterien des Werkvertrages geprüft werden müssen, da »ANÜ ausscheidet, wenn es sich zweifelsfrei um einen Werk- oder Dienstvertrag handelt« (*Schüren/Hamann*, § 1 Rn. 184). Auch eine ihrer Art nach nur **weisungsgebundene Tätigkeit**, bei deren Ausübung in tatsächlicher Hinsicht keine Weisungen des Arbeitgebers erfolgen, kann sowohl den

Tatbestand der ANÜ als auch die Kriterien eines Werkvertrages erfüllen (a.A. *Schüren/Hamann*, § 1 Rn. 220 wegen angeblich fehlender Fremdsteuerung). Von daher kann nicht allein auf Grund der Ausübung des Weisungsrechts oder anderer einzelner Abgrenzungskriterien (Rn. 38 ff.) zwingend von einem bestimmten Vertragstyp ausgegangen werden. Vielmehr sind die Abgrenzungskriterien jeweils einzelfallbezogen im Wege einer **wertenden Gesamtbetrachtung** zu gewichten (*BAG* v. 30. 1. 1991 – 7 AZR 497/89 – AP Nr. 8 zu § 10 AÜG; *Schüren/Hamann*, § 1 Rn. 149).

bb) Rechtsnormen zur Abgrenzung

Im Unterschied zu den Rechtsordnungen anderer europäischer Staaten (z.B. § 4 **35** Abs. 2 AÜG Österreich; Art. 1 Abs. 3 des Gesetzes v. 23. 10. 1960, Nr. 169 Italien) **fehlen** im deutschen Recht spezifische **gesetzliche Abgrenzungskriterien für Werkvertrag und ANÜ**. Eine gesetzliche Regelung der Abgrenzungsfragen wurde im Verlauf des Gesetzgebungsverfahrens zur Verabschiedung des AÜG für nicht sachdienlich erachtet (vgl. Bericht des Ausschusses für Arbeit und Sozialordnung, BT-Ds. VI/3505, S. 2). Nach Verabschiedung des AÜG erwies sich diese Einschätzung jedoch als falsch. Die Abgrenzungsproblematik hat vielmehr gravierend zugenommen, worauf nicht zuletzt die Vielzahl höchstrichterlicher Entscheidungen verweist. Auch die Erfahrungsberichte der Bundesregierung (vgl. z.B. BT-Ds. VII/2365, S. 10 und BT-Ds. VII/5631, S. 7, BT-Ds. 14/4220, 36 ff.) verweisen auf die praktischen Schwierigkeiten, sodass schon im Jahre 1975 ein **Referentenentwurf** erarbeitet wurde, der widerlegbare Vermutungtatbestände für das Vorliegen von ANÜ enthielt.

cc) Einzelne Abgrenzungskriterien

Der Referentenentwurf (Rn. 35) enthielt Folgenden **Regelungsvorschlag**: **36** *»Beschränkt sich die Tätigkeit eines Arbeitgebers im Wesentlichen auf die Entsendung seiner Arbeitnehmer in andere Betriebe oder entsendet ein Arbeitgeber Arbeitnehmer in den Betrieb eines anderen Arbeitgebers und leisten die Arbeitnehmer*
1. ihre Arbeit nach Weisungen des anderen Arbeitgebers oder
2. die gleiche Arbeit wie andere Arbeitnehmer des anderen Arbeitgebers oder
3. ihre Arbeit im Wesentlichen mit Material und Werkzeug des anderen Arbeitgebers oder
4. ihre Arbeit, ohne dass der entsendende Arbeitgeber für das Ergebnis ihrer Arbeit haftet oder
5. Arbeit, die gegenüber dem entsendenden Arbeitgeber auf der Grundlage von Zeiteinheiten vergütet wird,
so wird vermutet, dass gewerbsmäßige Arbeitnehmerüberlassung vorliegt.«

Wenngleich die geplante gesetzliche Regelung die Abgrenzungsproblematik nur unvollständig gelöst hätte (kritisch *Becker*, ZfA 1978, 131), werden im Entwurf eine Reihe wesentlicher Fragen zur Abgrenzungsproblematik entschieden. Die geplante Ergänzung hätte zwar nicht zu einer Neudefinition oder Erweiterung der Abgrenzungskriterien geführt; sie enthielt aber klarstellende Präzisierungen, die bei im Übrigen unveränderter Gesetzeslage auch heute noch Gültigkeit besitzen (Rn. 38 ff.). Die **Grundüberlegungen des Gesetzentwurfes** verdienen auch heute noch (eine eher verstärkte) Beachtung. Der Entwurf geht aus der **Perspek-**

tive des Arbeitsschutzes, des Schutzbedürfnisses der Arbeitnehmer und der **Begrenzung der Beschäftigung von Fremdfirmenarbeitnehmern auf Dauerarbeitsplätzen** des Einsatzbetriebs davon aus, dass der Einsatz von Werkvertragsarbeitnehmern nur eingeschränkt zulässig ist. Vergleicht man die Regelungsvorschläge mit der jüngsten Rechtsprechung des BAG (vgl. z.B. die Entscheidungen zum Anweisungsrecht bzw. zur Zulässigkeit von arbeitsbezogenen Stundenverrechnungseinheiten v. 14.8.1985 – 5 AZR 225/84 – NZA 87, 130; v. 30.1.1991 – 7 AZR 497/89 – AP Nr.8 zu § 10 AÜG) so zeigt sich ein grundlegender **Perspektivenwechsel** (anders etwa *LAG Köln* v. 9.8.1989 – 5 TaBV 3/89 – EzAÜG BetrVG Nr.57). Dieser drückt sich insbesondere darin aus, dass die Grundorientierungen nicht mehr vom Arbeitnehmerschutz, sondern tendenziell eher von den Interessen der Unternehmer an der Vermeidung von Eigenbeschäftigung geprägt sind. Bedenklich stimmen insoweit auch die Ausführungen des BAG in der Entscheidung vom 5.3.1991 (1 ABR 39/90 – AP Nr.90 zu § 99 BetrVG 1972), die einen »liberalen Kurs« andeutet (*Schüren/Hamann*, § 1 Rn.158). Dort heißt es wörtlich: »Bei der Prüfung der Frage, ob sich das Flämmen der Brammen durch Arbeitnehmer der Fa. X. als bloße Arbeitnehmerüberlassung darstellt, kann auch *nicht unberücksichtigt* bleiben, dass es sich bei der Fa. X um ein *großes Unternehmen* handelt, dessen Unternehmenszweck gerade Dienstleistungen in der Industrie und vornehmlich in der Stahlindustrie sind. Dieser Umstand macht zumindest deutlich, dass gerade auch in der Stahlindustrie Arbeitsvorgänge anfallen, deren Übertragung zur eigenverantwortlichen Erledigung auf darauf spezialisierte Unternehmen üblich ist.«

Besonders unter Berücksichtigung rechtsstaatlicher Grundsätze können Gesetzesverstöße, die auf »üblichen Praktiken« der Unternehmen beruhen oder auch für Großbetriebe andere Maßstäbe anlegen als für Kleinbetriebe, nicht zum Maßstab juristischer Abgrenzungskriterien erhoben werden. Vielmehr ist der Gesetzgeber auch aus dem Gesichtspunkt, dass das **Rechtsstaatsgebot** eine **Vorhersehbarkeit der Rechtslage** gebietet (*BVerfG* v. 25.1.1984 – NJW 1984, 1743), gefordert, eindeutige und praktikable Abgrenzungskriterien zu verabschieden (*Hamann* 1995, 68).

37 Das Fehlen genau definierter gesetzlich festgelegter Abgrenzungsmerkmale zwischen ANÜ und Werkvertrag hat zu einer Fülle kasuistischer – und zwischen den Gerichtszweigen z.T. unterschiedlicher – Rechtsprechung und damit verbundenen Rechtsunsicherheiten geführt (ErfK/*Wank*, § 1 AÜG Rn. 19). Soweit man hier abstrakte **Orientierungskriterien** definieren will, lassen sich folgende Hauptgruppen bilden, die bei der Abgrenzung Berücksichtigung finden müssen:

– Erfolgsbezogenheit der vertraglich geschuldeten Leistung und der Vergütung (Rn. 38ff. u. 45ff.)

– Vereinbarung und Erstellung eines qualitativ und quantitativ individualisierbaren Arbeits-/Werkergebnisses (Rn. 42ff.);

– Tragung des Unternehmerrisikos einschließlich der Haftung und Gewährleistung (Rn. 47 u. 51ff.)

– Eigene Unternehmensorganisation mit entsprechender personeller und sächlicher Ausstattung an Betriebsmitteln und Kapital (Rn. 55ff. u. 60ff.)

– Unternehmerische Organisations- und Dispositionsfreiheit des Werkunternehmers gegenüber dem Besteller (Rn. 51ff.);

– Eigenverantwortliche Organisation der Arbeitsabläufe nach Art, Ort, Dauer und Zeit sowie Planung, Koordination und Durchführung der Arbeitseinsätze (Rn. 58ff.)

- Abrechnung nach Festpreisen, Mengen, Aufmaßen u.ä. erfolgsabhängigen Vergütungen oder nach Arbeitsstunden (Rn. 44 ff.)
- Ausübung des arbeitsbezogenen Weisungsrechts (Rn. 67 ff.)
- Eingliederung in die Betriebsabläufe oder die Arbeitsorganisation bzw. Personalplanung des Einsatzbetriebs (Rn. 67 ff., 75)
- Zusammenarbeit von Stammbelegschaft und Fremdfirmenarbeitnehmern (Rn. 42, 73)
- Übernahme von Tätigkeiten der Stammbelegschaft und Ausgleich fehlender Arbeitskräfte des Einsatzbetriebs (Rn. 75)
- Ausübung des Weisungsrechts durch den Werkunternehmer gegenüber seinen im Betrieb des Bestellers eingesetzten Arbeitnehmern (Rn. 61 ff.).

Die auf der Grundlage von § 17 nach fachlicher Weisung des BMWA erlassene **DA zu Art. 1 § 1 AÜG** enthält eine Reihe von Abgrenzungskriterien zur ANÜ und sonstigen Formen der Fremdfirmenbeschäftigung. Den DA kommt jedoch nur eine **verwaltungsinterne Bedeutung** innerhalb der Arbeitsverwaltung zu, ihre Regelungen können nicht als Rechtsquelle zur Lösung des juristischen Abgrenzungsproblems herangezogen werden (vgl. auch *BAG* v. 28.9.1988 – 1 ABR 85/87 – AiB 1989, 222 m. Anm. *Ulber*). Die Bedeutung der DA liegt in ihrer Bindungswirkung gegenüber allen Dienststellen der BA im Erlaubnisverfahren sowie bei der Verfolgung illegaler Formen der ANÜ (*Sandmann/Marschall*, Art. 1 § 1 Rn. 20a).

dd) Erfolgsbezogenheit des Werkvertrages

Der Werkvertrag kann sowohl auf die Herstellung und Veränderung einer Sache **38** als auch auf einen anderen durch Arbeit herbeizuführenden Erfolg gerichtet sein (§ 631 BGB). **Vertragsinhalt** kann sowohl ein körperliches (z.B. Errichtung eines Baus) als auch ein unkörperliches (z.B. Erstattung eines Gutachtens) **Arbeitsergebnis** sein. Nur soweit ein mangelfreies, konkret bestimmtes und abgrenzbares Arbeitsergebnis geschuldet ist, das hinsichtlich seiner Erstellung ausschließlich dem Werkunternehmer zurechenbar ist, kommt das Vorliegen eines Werkvertrages in Betracht. Dies gilt auch beim Subunternehmerverhältnis (vgl. *Redeker*, CR 1999, 138).

Soweit lediglich **eng umgrenzte, zeitlich befristete Aufgabenstellungen** (z.B. Dachreparatur) infrage stehen oder Arbeiten erledigt werden sollen, für die beim Einsatzunternehmen weder das hierzu benötigte qualifizierte Personal noch die nötigen Werkzeuge, Maschinen oder auch Infrastruktur vorhanden sind, entsteht in der Regel kein Zweifel, dass es dem Besteller allein auf den für den Werkvertrag typischen Leistungserfolg ankommt und für ihn die hierzu erforderlichen Arbeitsleistungen ohne Bedeutung sind. Die hier vorliegenden Vertragsabsprachen indizieren insoweit das Vorliegen eines Werkvertrages.

Anders sieht es dagegen in den Fällen aus, in denen das Unternehmen zur Ver- **39** folgung der eigenen Betriebszwecke die **werkvertraglichen Leistungen dauerhaft benötigt** oder aber die Leistungen gleichermaßen oder auch parallel mit den eigenen Arbeitnehmern erbracht werden bzw. bislang erbracht wurden. Die **Erfolgsbezogenheit** des Werkvertrages **erfordert** nicht nur, dass das geschuldete **Arbeitsergebnis** sich qualitativ und quantitativ von den Arbeitsergebnissen der Stammbelegschaft abhebt und **individualisieren lässt** (*Göbel*, BlStSozArbR 1973, 328). Sie setzt daneben auch voraus, dass bei Vertragsschluss und vor Beginn der Werkerstellung der **Leistungsgegenstand** genau beschrieben ist (*BAG*

v. 16.6.1998 – 1 ABR 59/97 – EzAÜG § 14 AÜG Betriebsverfassung Nr. 41). Die vertragliche Beschreibung eines bestimmten Ziels (z. B. Funktionieren einer Anlage) reicht hierfür nicht aus (*BGH* v. 16.7.2002 – X ZR 27/01 – BB 2002, 2039). Auch soweit erst durch eine einseitige **Anordnung des Werkbestellers** die vertraglich geschuldete Leistung bestimmt wird, liegt kein Werkvertrag, sondern AÜ vor (*BAG* v. 9.11.1994 – 7 AZR R 217/94 – AP Nr. 18 zu § 1 AÜG; zu Rahmenverträgen vgl. Rn. 39a), wobei die Bestimmung des Leistungsgegenstandes auch nicht vom sog. Anweisungsrecht des Werkbestellers (Rn. 71 ff.) erfasst wird. Wird der Gegenstand der zu erbringenden Leistungen erst durch Weisungen des Bestellers bestimmt, deutet dies regelmäßig auf AÜ hin (*BAG* v. 30.1.1991 – 7 AZR 497/89 – AP Nr. 8 zu § 10 AÜG). Ist der Leistungsgegenstand vor Durchführung des Werkvertrags dagegen allgemein festgelegt, ist unter Berücksichtigung aller Umstände des Einzelfalls zu ermitteln, welche Bedeutung einer im Vertrag vorgenommenen Aufgabenbeschreibung zukommt (*BGH* v. 16.7.2002 – X ZR 27/01 – BB 2002, 2039). Eine Umschreibung des angestrebten Erfolges in einer **Grobskizze** reicht nicht aus, damit der Werkunternehmer im Verhältnis der Parteien für den Erfolg einstehen soll (*BGH*, a.a.O.). Vielmehr müssen die zu erbringenden Leistungen in einem **Leistungsverzeichnis** festgelegt sein (*BAG* v. 9.11.1994, a.a.O.). Ein Werkvertrag setzt voraus, dass das Ende der Laufzeit durch Erfüllung des Leistungsanspruchs des Bestellers feststeht und nach diesem Zeitpunkt nur noch (keine zusätzliche Vergütungspflichten auslösende) Gewährleistungsansprüche des Bestellers Grundlage einer Tätigkeit der Fremdfirmenarbeitnehmer im Einsatzbetrieb sein können. Ist der vertraglich festgelegte Leistungsgegenstand derart unbestimmt, dass er erst durch Anordnungen des Auftraggebers konkretisiert wird, liegt AÜ vor (*BAG* v. 9.11.1994 – 7 AZR R 217/94 – AP Nr. 18 zu § 1 AÜG).

39a   Insbesondere bei längerfristigen Geschäftsbeziehungen werden oft allgemeine **Rahmenvereinbarungen** getroffen, die sich auf die Regelung allgemeiner Vertragsbedingungen beschränken. Eine Konkretisierung der Leistungspflichten erfolgt dann durch **Einzelaufträge**, schriftliche Bestellungen u. ä. Diese Einzelverträge und deren tatsächliche Durchführung entscheiden letztlich über den **Vertragstyp**. Erfüllt der Einzelauftrag nicht die Voraussetzungen eines Werkvertrages oder läuft der einzelne Arbeitsprozess ohne Zutun des Fremdunternehmers (dann AÜ; vgl. *Schüren/Hamann*, § 1 Rn. 224), ist auch dann die Anwendung des Werkvertragsrechts ausgeschlossen, wenn der Rahmenvertrag i. Ü. alle Merkmale eines Werkvertrages aufweist. Dies gilt auch, wenn die zum Abschluss von Werkverträgen befugten Repräsentanten des Werkbestellers von der dem Werkvertrag entgegenstehenden tatsächlichen Durchführung keine Kenntnis haben (a. A. *BAG* v. 27.1.1993 – 7 AZR 476 – EzAÜG § 10 Fiktion Nr. 75). In der Praxis bestehen die Einzelaufträge häufig nur aus einem kurzen formularmäßigen Vermerk oder Bestellzettel. Hier sind ergänzend die Regelungen des Rahmenvertrages heranzuziehen. Die Inhalte des Rahmenvertrages können dabei auch herangezogen werden, um den tatsächlichen Geschäftswillen der Parteien zu ermitteln. Umfangreiche Regelungen zur **Freistellung** des Bestellers **von einer Haftung,** die nach Werkvertragsrecht eine »Selbstverständlichkeit« sind, oder Vertragsklauseln, die nach Werkvertragsrecht nicht regelungsbedürftig sind, deuten darauf hin, dass der Wille der Vertragsparteien nicht auf einen Werkvertrag, sondern auf AÜ gerichtet war (*BGH* v. 25.6.2002 – X ZR 83/00 – NZA 2002, 1086). **Verdeckte AÜ** liegt auch vor, wenn der geschuldete Leistungserfolg noch nicht fixiert ist, sondern nur die Bedingungen geregelt werden, unter denen das Werk später erstellt werden soll. Es fehlt hier noch an einer werkvertraglichen Leistung (zu weitgehend insoweit *Dauner-Lieb*, Anm. zu BAG v. 30.1.1991, SAE 1992, 219, wonach nahezu alle betrieblichen Leistungen als werkvertragsfähig nach außen vergeben werden können). Darüber hinaus wird bei Rahmenvereinbarungen meist vom Werkbesteller durch Einzelweisung korrigierend in die Arbeitsabläufe eingegriffen. Hier liegt auch dann verdeckte ANÜ vor, wenn im Werkvertrag unterschiedliche Handlungsschemata vereinbart sind, die je nach Bedarf vom Werkbesteller abgerufen werden können (KassHandb/ *Düwell*, 4.5 Rn. 155 f.). Dasselbe gilt, wenn der Leistungsgegenstand und die Art und Weise seiner Herstellung derart konkret beschrieben sind, dass für eine selbstständige Leistungserbringung durch den Werkunternehmer kein Raum bleibt (*BAG* v. 30.1.1991 AP Nr. 8 zu § 10 AÜG; *Schüren/Hamann*, § 1 Rn. 225).

40 Gegenstand des Werkvertrages muss eine werkvertragsfähige Leistung sein. Von einer **werkvertragsfähigen Leistung** kann nur gesprochen werden, wenn das zur Abnahme bzw. zur Vollendung vorgesehene Werk (§§ 640 Abs. 1, 646 BGB) auch als konkretes herzustellendes Werkstück feststeht und von vornherein ausreichend genau beschrieben ist (a. A. *OLG Düsseldorf* v. 18.7.1997 – 22 U 3/97 – CR 97, 732). Allgemein formulierte Leistungsgegenstände (z.B. Reparaturarbeiten an Anlagen, Maschinenbedienung, Ableistung des Schreibbedarfs) stellen keinen **abgrenzenbaren Leistungserfolg** i.S.d. Werkvertragsrechts dar; es geht hier tatsächlich nur um bloße Arbeitsleistung als Vertragsgegenstand, d.h. um ANÜ (*LAG Frankfurt* v. 11.7.1989 – 4 TaBV 211/88 – EzAÜG BetrVG Nr. 56; für den Bewachungsvertrag vgl. *LAG Nürnberg* v. 29.5.1985 – 3 TaBV 6/84 – EzAÜG § 1 AÜG Erlaubnispflicht Nr. 15). Nach der Rechtsprechung des BAG ist es zwar zulässig, auch ständig wiederkehrende Wartungs- und Installationsarbeiten, die der Erfüllung des Betriebszweckes des Einsatzbetriebs zu dienen bestimmt sind, an Fremdfirmen zu vergeben (*BAG* v. 30.1.1991 – 7 AZR 497/89 – AP Nr. 8 zu § 10 AÜG); der **ständig wiederkehrende Leistungszweck** als solcher muss hierbei jedoch i.S. eines zeitlich und gegenständlich bestimmten Leistungserfolgs im Rahmen eines jeweils selbstständig abzuschließenden und zu beurteilenden Werkvertrages festgelegt werden (§ 632a BGB). Die Verpflichtung zur rechtzeitigen Herstellung des Werkes (§ 636 Abs. 1 BGB) erfordert gerade **bei Daueraufgaben eine zeitlich begrenzte Leistungsverpflichtung** im Rahmen eines rechtlich selbstständig zu beurteilenden und in sich abgeschlossenen Werkvertrages, andernfalls liegt ANÜ vor.

41 Dies schließt nicht aus, dass zeitlich unmittelbar hintereinander geschlossene Werkverträge auf die gleichen (nicht jedoch dieselben) Leistungszwecke gerichtet sein können. Soweit und solange der vertraglich festgelegte **Leistungsgegenstand** jedoch derart **unbestimmt** ist, dass er erst durch Weisungen des Auftraggebers konkretisiert werden muss, liegt **ANÜ** vor (*BAG* v. 9.11.1994 – 7 AZR 217/94 – BB 1995, 1295).

42 In jedem Fall muss gewährleistet sein, dass sich der **Leistungsgegenstand** qualitativ und quantitativ **von den betrieblichen Eigenleistungen des Werkbestellers abhebt** und der Werkerfolg dem Fremdunternehmen **als eigene, selbstständig erbrachte Leistung** zugerechnet werden kann. Die notwenige **Individualisierung** des werkvertraglichen Leistungsgegenstandes bzw. -erfolges setzt voraus, dass im Rahmen eines (Gesamt-)Arbeitsprozesses **absonderbare Arbeiten** betroffen sind und das werkvertragliche Arbeitsergebnis von den Arbeiten der Arbeitnehmer des Bestellers abgrenzbar ist (*BAG* v. 28.11.1989, BB 1990, 1343). Nur wenn die Arbeitsergebnisse des Werkunternehmers hinreichend individualisierbar sind, sind sie auch dem Werkunternehmer zurechenbar und können i.S.d. § 640 BGB abgenommen werden, was notwendige Voraussetzung für einen Werkvertrag ist (*BAG* v. 14. 6. 1984 – 2 AZR 215/83 – EzAÜG § 631 BGB Werkvertrag Nr. 7). Fehlt es an einem **abnahmefähigen Werk** (so im Fall *BAG* v. 8. 11. 1978 – 5 AZR 261/77 – AP Nr. 2 zu § 1 AÜG bzgl. der Bewachung), spricht dies für ANÜ. Die vom Werkunternehmer eingesetzten Arbeitnehmer müssen ohne Mitwirkung und Einflussnahme des Bestellers bzw. der Stammbelegschaft des Einsatzbetriebs das Werk eigenständig erstellen. Soweit der Werkunternehmer die hiermit verbundenen **werkvertragstypischen Organisationspflichten** nicht erfüllt oder nicht erfüllen kann, deutet dies auf ANÜ hin. Ein **vermischtes Arbeiten** von Fremdfirmenarbeitnehmern und Stammbelegschaft, an dessen Ende erst das (gemeinsame) Arbeitsergebnis feststeht, ist im Rahmen des Werkvertrages nicht möglich (*SG Hamburg* v. 23. 11. 2004 – S 13 AL 5/99; *Bauschke*, NZA 2000, 1202; *Hammacher*, BB 1997, 1686).

43 *(Offen gehalten)*

ee) Vergütungspflichten

44 Die Vertragsparteien können die Höhe der **Vergütung** nach § 631 Abs. 1 BGB **frei vereinbaren**, die Vergütung muss sich jedoch immer **auf den Leistungserfolg beziehen**. Wird dieser Leistungserfolg i.S.d. § 631 Abs. 2 BGB durch Arbeit oder Dienstleistung herbeigeführt, umfasst der einheitliche Vergütungsanspruch alle Aufwendungen, die dem Werkunternehmer in Ausführung des Auftrags entstehen, d.h. über die lohnbezogenen Bestandteile hinaus enthält die Vergütung gleichzeitig immer auch Teile für sonstige Aufwendungen (z.B. Gemeinkosten, die Kosten einer Nacherfüllung; § 635 Abs. 2 BGB) und den **Unternehmergewinn**. Schon aus diesem Grunde deuten Vergütungsabsprachen, die (identisch mit einem Leistungslohn) lediglich auf der **Abrechnung nach Stundensätzen** basieren, darauf hin, dass ein über die (leistungslohnorientierte) Arbeitsleistung hinausgehender werkvertraglicher Leistungserfolg und darauf bezogene Erfüllungspflichten des Werkunternehmers nicht dem Vertragszweck und dem Geschäftswillen der Vertragsparteien entsprechen (*SG Hamburg* v. 28. 11. 2004 – S 13 AL 5/99; *BGH* v. 13. 6. 2001 – 3 StR 126/01 – NZA 2001, 599).

45 Die **Vergütungshöhe** beim Werkvertrag ist **ausschließlich vom werkvertraglichen Erfolg bestimmt**; wie viel Arbeitsaufwand zur Erreichung des Erfolgs erforderlich ist oder ob sich der Arbeitsaufwand als nutzbringend erweist bzw. im Rahmen der Kalkulationen bewegt, die bei der Vertragsabsprache zugrunde gelegt wurden, ist unbeachtlich und entspricht dem typischen Risiko des Werkunternehmers. Regelmäßig werden daher **Pauschal- und Festpreisvereinbarungen** für die Erstellung des Werkes getroffen. Die Praxis rückt jedoch zunehmend von derartigen Pauschalvereinbarungen ab und nimmt die Abrechnung nach Stundenverrechnungssätzen, d.h. nach geleisteten Arbeitsstunden, vor. Wird innerhalb des Werkvertrages nach **Stundensätzen** abgerechnet oder orientieren sich die **Bemessungsgrundlagen der Vergütung** an den geleisteten Arbeitsstunden, muss erkennbar sein, welche selbstständigen Leistungen des Werkunternehmers, die über die reine Arbeitsleistung der eingesetzten AN hinausgehen, vergütet werden. Die auf das Einstehen des werkvertraglichen Erfolges gerichtete **unternehmerische Tätigkeit** muss Ausgangspunkt der Vergütung i.S.d. § 631 Abs. 1 BGB sein und muss sich grundsätzlich in der Vergütung niederschlagen. Zu Recht wird dies entsprechend dem Regierungsentwurf (s. o. Rn. 35) als Indiz für das Vorliegen eines ANÜ-Vertrages gewertet (*BSG* v. 11. 2. 1988 – 7 RAr 5/86 – DB 1989, 930; *SG Hamburg* v. 23. 11. 2004 – S 13 AL 5/99; KassHandb/*Düwell*, 4.5 Rn. 130; *Sandmann/Marschall*, Art. 1 § 1 Rn. 19; *Frerichs/Möller/Ulber* 1981, 104; *Schaub*, NZA 1985, 5). Das *BAG* (v. 14. 8. 1985 – NZA 1987, 130; v. 30. 1. 91 – 7 AZR 497/89 – AP Nr. 8 zu § 10 AÜG; v. 1. 12. 1992 – EzA § 99 BetrVG 1972 Nr. 110) vertritt allerdings die Auffassung, dass allein die Tatsache, dass die Abrechnung weitgehend nicht nach Festpreisen, sondern nach Stundenverrechnungseinheiten vereinbart worden ist, nicht zwingend auf das Vorliegen eines ANÜ-Vertrages schließen lässt. Werden die geleisteten Stunden auf **Abrechnungsbögen** des Bestellers festgehalten, spricht das jedoch auch nach Auffassung des *BAG* für ANÜ (v. 25. 6. 1986 – 5 AZR 508/83 – EzAÜG § 10 AÜG Vertrauensschaden Nr. 1). Bei Vergütungsregelungen auf der Grundlage der Personalkosten des Werkunternehmers muss zu den Personalkosten immer ein Gemeinkosten- und Gewinnanteil hinzukommen (vgl. den Fall *BAG* vom 15. Juli 1992 – 7 AZR 398/91). Auch allgemein gehaltene Formulierungen wie »Vertrag über Ausgleichszahlungen« deuten auch nach Auffassung des BAG darauf hin, dass die Arbeitsleistung im Vordergrund des Vertragszweckes steht (vgl. *BAG* v. 16. 6. 1998 – 1 ABR 59/97 – EzAÜG § 14 AÜG Betriebsverfassung Nr. 41) und ANÜ vorliegt.

Ein Teil der Literatur vertritt die Auffassung, dass die **Vergütungsmodalitäten** **46** als Abgrenzungskriterium zwischen Werkvertrag und ANÜ völlig außer Betracht bleiben müssen (*Hamann* 1995, 181; *Boemke*, § 1 Rn. 74). Begründet wird dies u. a. damit, dass zwischen den Vergütungsmodalitäten und der Handhabung des Arbeitseinsatzes, insbesondere der Ausübung des arbeitsbezogenen Weisungsrechts, jeglicher Sachzusammenhang fehle (so *Hamann* 1995, 182). Diese Auffassung geht allerdings davon aus, dass die Abgrenzungskriterien nicht aus den Vertragsbeziehungen zwischen Fremdunternehmer und Einsatzbetrieb abzuleiten sind, sondern allein danach bestimmt werden müssen, ob positiv festgestellt werden kann, dass der Arbeitnehmer nicht an einen Dritten überlassen wird (*Schüren/Hamann*, § 1 Rn. 185). Dieser Auffassung kann nicht gefolgt werden, da sie die Verpflichtungen aus dem Werkvertrag in zwei unterschiedliche Leistungspflichten und auch Vertragsbeziehungen aufspalten würde: Einerseits in nach arbeitsrechtlichen Grundsätzen zu beurteilende Beziehungen zwischen Arbeitnehmer und Fremdunternehmen bzw. Einsatzbetrieb, andererseits in hiervon unabhängige, dem Werkvertragsrecht unterliegende schuldrechtliche Beziehungen, die ihrerseits ebenfalls die zur Herstellung des Werkes erforderlichen Arbeitsleistungen erfassen. Nach seiner Grundkonzeption ist der **Werkvertrag** jedoch gerade **kein gemischter Vertrag**, vielmehr entfallen in den (nach zwingenden arbeitsrechtlichen Grundsätzen zu beurteilenden) Fällen verdeckter ANÜ auch alle werkvertraglichen Pflichten einschließlich der Gewährleistungspflichten (s. u. Rn. 57 ff.). Umgekehrt finden **ausschließlich** die Regeln des **Werkvertragsrechts** Anwendung, wenn die vertragschließenden Unternehmen von einem ANÜ-Vertrag ausgehen, die Arbeitnehmer ihre Arbeitsleistung jedoch tatsächlich nur im Rahmen der werkvertragsbezogenen Arbeitsanweisungen des Unternehmens (§ 631 Satz 2 BGB) erbringen. In diesem Fall würden die Rechtsfolgen des § 10 selbst dann nicht eintreten, wenn die Parteien bei Abschluss des Werkvertrages von einer unzulässigen ANÜ ausgegangen wären.

Eine **erfolgsbezogene Vergütung** auf der Grundlage von Stundenverrechnungs- **47** sätzen liegt nicht vor, wenn durch die (arbeits-)**zeitbezogene Vergütungsabsprache** gleichzeitig **typische Leistungspflichten des Werkunternehmers entfallen** bzw. in die Risikoverteilung beim Werkvertrag eingegriffen wird. Gem. §§ 631,

633 BGB schuldet der Unternehmer die Erstellung eines mangelfreien Werkes, allein hierfür ist der Besteller nach § 631 Abs. 1 BGB vergütungspflichtig. Kosten und Arbeitszeitaufwand, die der Unternehmer zur **Beseitigung von Mängeln** aufbringt, gehen daher ausschließlich zu seinen Lasten (§ 635 Abs. 2 BGB); bei Nichtbeseitigung ist der Besteller berechtigt, den Mangel nach erfolgloser Fristsetzung zur Nacherfüllung auf Kosten des Unternehmers zu beseitigen (§§ 634 Nr. 2, 637 Abs. 1 BGB).

Zeiteinheitsbezogene Vergütungsabsprachen, die für Mängelbeseitigungen im Rahmen des § 635 BGB eine (zusätzliche) Vergütung vorsehen, werden insoweit nicht vom Vergütungsbegriff des § 631 Abs. 1 BGB erfasst und widersprechen der werkvertragstypischen **Risikoverteilung**. Vom Besteller zur Mängelbeseitigung zeitbezogen zusätzlich vergütete Arbeiten stellen nicht mehr eine Vergütung für den durch Arbeit herbeizuführenden **mangelfreien Erfolg** i.S.d. § 631 Abs. 2 BGB dar, sondern sind Vergütung für die Arbeitsleistung als solche. In den Fällen, in denen **Vergütungsabsprachen nach Zeiteinheiten** erfolgen, liegt daher immer **ANÜ** vor, wenn die von Fremdfirmenarbeitnehmern aufgewandte Zeit zur Mängelbeseitigung selbständig vergütet wird (vgl. Rn. 53).

48 Die Rechtsprechung des *BAG* zur eingeschränkten Tauglichkeit von **Stundenverrechnungsabsprachen als Grundlage der Abgrenzung** (*BAG* v. 30. 1. 1991 – 7 AZR 497/89 – AP Nr. 8 zu § 10 AÜG; v. 9. 11. 1994 – 7 AZR 217/94 – BB 1995, 1294) bedeutet nicht, dass den Vergütungsmodalitäten jegliche Bedeutung für die Abgrenzung abgesprochen wird (so *Hamann*, 1995, 181). Vielmehr vertritt das BAG die Auffassung, dass aus der Tatsache, dass nach Stundenverrechnungssätzen abgerechnet wird, allein nicht zwingend auf eine ANÜ geschlossen werden muss (aber kann). Insoweit weicht die Rechtsprechung nicht von der auch in der Literatur vertretenen Auffassung ab, dass den einzelnen werkvertragsbezogenen **Abgrenzungskriterien** lediglich **indizielle Bedeutung** zukommt, wobei die Vermutung vom Unternehmen widerlegt werden kann. Auch in den Fällen, in denen eine Abrechnung nach Zeiteinheiten vorgenommen wird, kann das Vorliegen einer **ANÜ erfolgreich widerlegt werden**, wenn Umstände vorgetragen werden können, die für das Vorliegen eines Werkvertrages sprechen (*Sandmann/Marschall*, Art. 1 § 1 Rn. 19). Die eigentliche Auseinandersetzung um den Stellenwert von Vergütungsabsprachen auf Stundenbasis geht daher weniger um die Frage der Tauglichkeit als Abgrenzungskriterium als vielmehr um die Frage, von welchem Tatbestand (Werkvertrag oder ANÜ) auszugehen ist, wer die **Beweislast** trägt und welchen Darlegungspflichten der Anspruchsteller Rechnung tragen muss. In eindeutigen Fällen, insbesondere bei offen illegaler ANÜ unter dem Deckmantel des **Scheinwerkvertrages** (Rn. 79 ff.), reicht der Nachweis, dass arbeitsbezogen abgerechnet wird, regelmäßig aus, um das Vorliegen einer ANÜ darzulegen.

49 Andererseits sind auch Fallkonstellationen denkbar, in denen zeitbezogenen Vergütungsabsprachen keinerlei Bedeutung für die Abgrenzung zukommt. Dies trifft insbesondere in den Fällen zu, in denen in sich abgeschlossene Teilleistungen des Werkes i.S.d. § 632 a BGB erbracht werden oder sich der Arbeitsaufwand nicht im Voraus kalkulieren lässt und daher bei der Vereinbarung der Vergütung keine **ausreichende Grundlage der Preisbildung** für den Unternehmer bilden kann (z. B. Reparatur einer Anlage, wenn die Ursache des Defektes nicht identifizierbar ist). Im Unterschied zu den anders gelagerten Fällen der Übertragung von Daueraufgaben (Rn. 28, 30, 40) auf Fremdfirmen beschränken sich die Ansprüche des Bestellers hier allein auf einen bestimmten, vertraglich feststehenden werkvertraglichen Erfolg, dem eine als dienstvertragliche Leistung zu qualifizierende arbeitszeitbezogene Leistungshandlung vorangeht; auf den Inhalt und Umfang der Arbeiten nimmt jedoch der Besteller keinerlei weiteren Einfluss, die Ausführung des Werkvertrages liegt außerhalb der ihm zurechenbaren Sphäre.

Ist im Rahmen bestimmter Regelungswerke eine Abrechnung nach Stundensätzen zugelassen (z.B. HOAI), kann allein auf Grund der Vergütungsabsprache nicht von einer ANÜ ausgegangen werden (vgl. DA-BA Nr. 1.1.7).

Auch bei der Frage, ob die Vergütung werkvertragskonform geregelt ist oder sich **50** als reines Entgelt für die Arbeitsleistung der entsandten Arbeitnehmer darstellt, ist nicht auf Wortlaut und Text der Vereinbarungen, sondern auf die tatsächliche **Handhabung der Vergütungspraxis** abzustellen. Um Formen der **ANÜ zu verschleiern**, wird in der Praxis häufig nach geleisteten Arbeitsstunden abgerechnet, in der Vertragsurkunde sind jedoch werkvertragstypisch Festpreise vereinbart oder es wird nach Aufmaßen oder Mengen abgerechnet (vgl. 7. Erfahrungsbericht der Bundesregierung, BT-Ds. 12/3180, S. 30). Die **Abrechnung nach Werkmaßen** steht einer ANÜ allerdings nur entgegen, soweit die übrigen Kriterien nicht für die Annahme von ANÜ sprechen (*BSG* v. 27.8.1987 – 2 Ru 41/85 – DB 1989, 930). Liegen **Festpreisvereinbarungen nur pro forma** vor, ist von **ANÜ** auszugehen (*Sandmann/Marschall*, Art. 1 § 1 Rn. 19). Aber auch, wenn tatsächlich nach Aufmaß oder Mengen abgerechnet wird, kann gewerbsmäßige ANÜ vorliegen (vgl. *LSG Schleswig-Holstein* v. 29.3.1978 u. v. 19.4.1978 – L 1 Ar 63/77 u. L 1 Ar 20/76). Ist die Vergütung von einem mengenmäßig bestimmten Arbeitsergebnis abhängig, deutet dies insbesondere in den Fällen auf ANÜ hin, in denen die Struktur der Vergütungsvereinbarung sich im Wesentlichen mit einer **leistungsabhängigen Vergütungsabsprache** im Rahmen eines Arbeitsverhältnisses (z.B. Akkord- oder Prämienlohnvereinbarung) deckt (Rn. 44).

ff) *Gewährleistungs- und Abnahmepflichten*

Hinsichtlich der Hauptleistungspflichten sowie der **Haftung** bestehen zwischen **51** dem Einsatz von Erfüllungsgehilfen im Rahmen von Werkverträgen und der Überlassung von Arbeitnehmern erhebliche Unterschiede. Bei **ANÜ** trifft den Verleiher lediglich die Pflicht, dem Entleiher hinsichtlich der erforderlichen beruflichen, fachlichen und persönlichen Voraussetzungen **geeignete Arbeitnehmer zur Verfügung zu stellen**; er hat eine ordnungsgemäße **Auswahl zu treffen** (Rn. 33). Bei Auswahlverschulden haftet er aus positiver Vertragsverletzung (*Becker/Wulfgramm*, Art. 1 § 12 Rn. 39). Fehlerhafte Leistungen des überlassenen Arbeitnehmers stellen weder einen Verstoß gegen Hauptleistungspflichten des Verleihers dar noch begründen sie für den Entleiher Schadensersatzansprüche.

Demgegenüber gehört beim **Werkvertrag** die **Herstellung eines fehler- und mangelfreien Werkes** zu den **Hauptleistungspflichten des Werkunternehmers** (§ 633 Abs. 1 BGB). Das hiermit verbundene **Unternehmerrisiko** hat ausschließlich der Werkunternehmer zu tragen (vgl. *LAG Köln* v. 9.8.1989, LAGE § 99 BetrVG 1972 Nr. 28; ErfK/*Wank*, § 1 AÜG Rn. 23ff.). Er muss alle **organisatorischen Voraussetzungen schaffen** und die erbrachten Leistungen – einschließlich der dabei eingesetzten Erfüllungsgehilfen – fortlaufend überwachen, um sachgerecht beurteilen zu können ob das Werk bei Auslieferung mangelfrei ist (*BGH* v. 12.3.1992 – VII ZR 5/91 – DB 1992, 1338). Für **Vertragsverletzungen** durch Verschulden seiner Erfüllungsgehilfen (§ 278 BGB) muss er ebenso einstehen wie ggf. für deren deliktisches Handeln (§ 831 BGB). Bis zur Abnahme (§ 640 BGB) bzw. bis zur Vollendung (§ 646 BGB) trägt der Werkunternehmer die **Leistungs- und Vergütungsgefahr** (§ 644 Abs. 1 BGB). Soweit die Tätigkeit der Fremdfirmenarbeitnehmer – auch unabhängig von einem Vertretenmüssen des Werkunternehmers – nicht zu dem gewünschten Erfolg führt, erhält der Werkunternehmer für seine bisherige Tätigkeit keine Vergütung (zur Fälligkeit vgl. § 641 BGB) und bleibt weiterhin verpflichtet, ohne zusätzliches Entgelt den geschuldeten werkvertraglichen Erfolg herbeizuführen (Rn. 47). Ist das erstellte Werk **mit Mängeln behaftet,** kann der Besteller – ebenfalls ohne weitere Vergütungspflicht – Beseitigung des Mangels verlangen (§§ 634 Nr. 1, 635 Abs. 2 BGB) bzw. im Verzugsfall den Mangel durch Dritte beseitigen lassen und Aufwendungsersatz verlangen (§§ 634 Nr. 2, 637 BGB).

52 Die gesetzliche Regelung der Hauptleistungs- und Gewährleistungspflichten des Werkunternehmers enthält eine klare **Risikoverteilung** für Fremdunternehmen und Einsatzbetriebe. Für den Einsatzbetrieb steht die bei Abschluss des Werkvertrages vereinbarte Vergütung als Kostenfaktor fest, um eine bestimmte betriebliche Aufgabe über Fremdfirmenarbeit erledigen zu lassen. Weitere Risiken liegen ausschließlich beim Fremdunternehmen und brauchen in der Kostenplanung nicht berücksichtigt zu werden. Demgegenüber **trägt der Werkunternehmer** nicht nur das **Risiko des Leistungserfolgs,** er trägt daneben auch die **Arbeitgeberrisiken** für seine Erfüllungsgehilfen und sonstige Risiken, die aus dem Einsatz im Fremdbetrieb erwachsen (z.B. §§ 278, 831 BGB). Ist die Verpflichtung des Werkunternehmers, für Schäden aufzukommen, die seine Arbeitnehmer verursachen, abbedungen, spricht dies gegen das Vorliegen eines Werkvertrages (*BSG* v. 11.2.1988 – 7 RAr 5/86 – DB 1989, 930). Umgekehrt spricht eine vertragliche Regelung zur Gewährleistung, so weit sie tatsächlich praktiziert wird, für einen Werkvertrag (*Schüren,* WiVerw. 2001, 186).

Ist im Werkvertrag eine von der Hauptleistungspflicht (mangelfreie Erstellung eines Werkes bei Ausschluss weiterer Vergütungsansprüche) oder von den Gewährleistungsbestimmungen **abweichende Regelung** getroffen worden oder werden die Bestimmungen zum Unternehmerrisiko faktisch nicht eingehalten, wird das Vorliegen von **ANÜ vermutet** (*BAG* v. 31.5.1989 – 5 AZR 173/88 – EzAÜG § 631 BGB Werkvertrag Nr. 23; *Sandmann/Marschall,* Art. 1 § 1 Rn. 18; *Urban-Crell/Schulz,* Rn. 51; a. A. *Boemke,* § 1 Rn. 74; *Hamann* 1995, 182). Die Vermutung kann widerlegt werden, wenn dem Haftungsausschluss berechtigte Interessen zugrunde liegen und die vom Gesetz abweichende Haftungsregelung zulässig ist (z.B. nach den Bestimmungen der VOB; vgl. *Marschner,* NZA 1995, 669). Die **gesetzlichen Haftungsregelungen** wegen Werkmängeln sind grundsätzlich **abdingbar** (*Palandt-Thomas,* § 637 Rn. 1). Grenzen sind durch §§ 639, 138 BGB gesetzt. Wird der Besteller beispielsweise durch einen Ausschluss der Gewährleistungsrechte weitgehend rechtlos gestellt, ist die Vereinbarung unwirksam (*Becker/Wulfgramm,* Art. 1 § 12 Rn. 35). Es ist ein Indiz für ANÜ, wenn der Vertrag die Gewährleistungspflichten derart begrenzt, dass sie in keinem Verhältnis zu den tatsächlichen Risiken und Gefahren stehen (*SG Hamburg* v. 23.11.2004 – S 13 AL 5/99; Marschner, NZA 95, 670). Zu berücksichtigende Elemente der Gewährleistungspflichten sind hierbei u.a. summenmäßige Haftungsbeschränkungen, die Vereinbarung von Kündigungsmöglichkeiten mit kurzer Kündigungsfrist, die Einrede des nichterfüllten Vertrags (§ 320 BGB), die Wandelung oder die Minderung gem. § 634 BGB, der Schadensersatz wegen Nichterfüllung (§ 635 BGB) oder das Recht zum Rücktritt vom Vertrag (§ 636 BGB).

Verzichtet demgegenüber der **Besteller auf einzelne Haftungsregeln**, so ist **53** danach zu unterscheiden, auf welche Tatbestände sich der Haftungsausschluss bezieht: Die Hauptleistungspflicht beim Werkvertrag besteht in der Erstellung eines mangelfreien Werkes (§ 633 Abs. 1 BGB). Wird diese **Primärleistungspflicht abbedungen**, kann die **Vermutung** für das Vorliegen von ANÜ **nicht widerlegt werden**. Übernimmt etwa eine Fremdfirma die Reparatur der Anlagen und soll der Vergütungsanspruch unverändert auch dann bestehen, wenn die Reparaturarbeiten nicht zum Erfolg führen, steht die **Arbeitsleistung** im Vordergrund der Vertragszwecke, die erfolgreiche **Werkerstellung** ist allenfalls gewünschte **Folge der Arbeitsleistung**. ANÜ liegt auch vor, wenn ein Unternehmen zur Behebung von Mängeln von seinem **Selbstbeseitigungsrecht** nach § 637 BGB Gebrauch macht und dazu die **Arbeitnehmer des Fremdunternehmens einsetzt** (*BayObLG* v. 18. 12. 1995 – 3 ObOWi 108/95 – BB 1996, 1556; KassHandb/*Düwell*, 4.5 Rn. 127). Bei den Gewährleistungsansprüchen wird man danach unterscheiden müssen, ob der vereinbarte Haftungsausschluss bzw. die Haftungsbegrenzung die behaupteten werkvertraglichen Zielsetzungen gegenüber sonstigen Zielsetzungen in den Hintergrund treten lässt. Die Laufzeit der **Verjährungsfristen** (§ 634 a BGB) kann grundsätzlich verkürzt werden, ebenso kann die Haftung für die Rechtzeitigkeit der Herstellung eines Werkes abbedungen werden, ohne dass dies zu einer Vermutung von ANÜ führt (*Sandmann/Marschall*, Art. 1 § 1 Rn. 18). Die Absprachen dürfen jedoch – insbesondere in den Fällen, in denen nach Stundenverrechnungssätzen abgerechnet wird – nicht dazu führen, dass der Werkunternehmer für die Arbeiten, die nach dem ursprünglich vorgesehenen Erfüllungszeitpunkt aufgewandt werden, **eine über die ursprünglich vereinbarte Vergütung hinausgehende Vergütung** erhält. Dies deutet auf ANÜ hin.

Die **Abnahmefähigkeit** der konkreten Werkleistung und die tatsächliche Abnahme (§ 640 BGB) sind notwendige Voraussetzungen für das Vorliegen eines Werkvertrages (*BAG* v. 14. 6. 1984 – 2 AZR 215/83 – EzAÜG § 631 BGB Werkvertrag Nr. 7). Regelungen, die sich auf die **Abnahmepflicht** (§ 640 BGB) oder die hiermit verbundenen Folgen für die Fälligkeit der Vergütung (§ 641 BGB) beziehen, sind im Grundsatz (einschließlich des Verzichts auf Abnahme, Palandt-Thomas, § 640 Rn. 1) zulässig. Die Praxis der Abnahme beim Einsatz betriebsfremder Arbeitnehmer deutet jedoch vor allem bei langfristigen Leistungsbeziehungen häufig auf ANÜ hin. Nimmt der Besteller das Werk oder Teile des Werkes überhaupt nicht ab, deutet dies darauf hin, dass am Eintritt eines werkvertraglichen Erfolges kein oder ein gegenüber anderen Vertragszwecken nur reduziertes Interesse besteht. **Fälligkeitsabsprachen**, die über werkfortschrittsbezogene Zahlungsmodalitäten hinausreichen (vgl. § 632 a BGB), lassen sich dem Werkvertragstyp nur zuordnen, wenn es sich um Ratenzahlungen für das zu erstellende Werk handelt und die für das Werk vereinbarte Gesamtvergütung nicht überschritten wird. Wird dagegen nach **Stundenverrechnungssätzen** oder gar auf **Stundenlohnbasis** abgerechnet, deuten Absprachen, nach der die Vergütung je nach erreichtem Stundenvolumen in bestimmten Zeitabständen zu entrichten ist, darauf hin, dass die Arbeitsleistung und nicht eine abnahmefähige Werkleistung den Geschäftsinhalt bilden. Es liegt dann ANÜ vor.

54

gg) Eigenständige Unternehmens- und Betriebsorganisation des Werkunternehmers

55 Der Werkunternehmer muss die zum Eintritt eines werkvertraglichen Erfolges erforderlichen organisatorischen Voraussetzungen mitbringen. Ist der Unternehmer nach der **Unternehmens- und Betriebsorganisation** oder seiner personellen und materiellen Ausstattung überhaupt nicht in der Lage, einen anderen Geschäftszweck als ANÜ zu verfolgen, kann eine werkvertragliche Leistung nicht vorliegen (*BAG* v. 9.11.1994, BB 1995, 1293; ErfK/*Wank*, § 1 AÜG Rn. 15; *FESTL*, § 5 BetrVG Rn. 248; *Marschner*, NZA 1995, 669; *Schaub*, NZA 1985, Beil. 3, 4; kritisch *Hamann* 1995, 183). Beim Werkvertrag organisiert der Werkunternehmer als Arbeitgeber die zur Erreichung des wirtschaftlichen Erfolges notwendigen Handlungen selbst und bedient sich dabei seiner Arbeitnehmer lediglich als Erfüllungsgehilfen (*BAG* v. 8.11.1978 AP Nr. 2 zu § 1 AÜG, u.v. 30.1.1991. – 7 AZR 497/89 – AP Nr. 8 zu § 10 AÜG). Der Werkunternehmer muss über eine eigene **Betriebsorganisation** verfügen, um die werkvertraglichen Arbeiten getrennt von der Betriebsorganisation des Bestellers durchführen zu können (*ArbG Bochum* v. 30.3.1999, a.a.O.). Von einer eigenständigen Betriebsorganisation kann nur dort gesprochen werden, wo der Werkunternehmer einen **eigenen Betriebszweck** verfolgt und die Durchführung des Werkvertrages im Bestellerbetrieb diesem Betriebszweck dient. Sind die Betriebszwecke von Besteller- und Werkunternehmensbetrieb identisch und dient der Einsatz der Fremdfirmenbeschäftigten dem unmittelbaren Betriebszweck des Bestellerbetriebs, deutet dies darauf hin, dass die Fremdfirmenbeschäftigten nicht im Rahmen einer Arbeitsorganisation des Werkunternehmers eingesetzt werden, die einem selbstständigen Betriebszweck dient. Vielmehr deutet dies darauf hin, dass die Fremdfirmenbeschäftigten eingegliedert in der Betriebsorganisation des Bestellers arbeiten und damit ANÜ vorliegt (vgl. *BAG* v. 28.11.1989, BB 1990, 1343 u.v. 22.6.1994, NZA 1995, 462).

Die Ausübung der **Organisationsgewalt** ist nach allgemeiner Auffassung ein entscheidendes **Kriterium der Abgrenzung** von Werkvertrag und Arbeitnehmerüberlassung (*Schaub*, NZA 1985, Beil. 3, S. 4; kritisch *Hamann* 1995, 183). Während bei der ANÜ der Entleiher den Arbeitnehmer wie eigene Arbeitnehmer im Rahmen der bestehenden Betriebsabläufe und Betriebsorganisation nach eigenen Vorstellungen einsetzt, organisiert der Werkunternehmer die zur Erreichung eines wirtschaftlichen Erfolgs notwendigen Handlungen nach seinen eigenen betrieblichen Voraussetzungen und **setzt die Arbeitnehmer ausschließlich nach seinen Dispositionen** beim Werkbesteller **ein** (vgl. *BAG* v. 31.3.1993 – 7 AZR 338/92 – DB 1993, 2337). Dies ist nur der Fall, wenn die Erledigung der Arbeiten auch nach **Ort, Art, Dauer und Zeit** vom Werkunternehmer bestimmt wird (*BAG* v. 16.6.1998 – 1 ABR 59/97 – EzAÜG § 14 AÜG Betriebsverfassung Nr. 41; *SG Hamburg* v. 23.11.2004 – S 13 AL 5/99). Nur soweit die Fremdfirmenarbeitnehmer nicht in den Einsatzbetrieb eingegliedert sind, sondern eine betriebsorganisatorisch selbstständige Einheit bilden, spricht dies für das Vorliegen eines Werkvertrages (*BSG* v. 11.2.1988 – 7 RAr 5/86 – DB 1989, 930). Wird die **Arbeitsorganisation** vom Bestellerbetrieb vorgegeben oder dient die Tätigkeit der Fremdfirmenbeschäftigten im Rahmen dieser Arbeitsorganisation der Verwirklichung des arbeitstechnischen Zwecks des Bestellerbetriebs (vgl. *BAG* v. 1.8.1989, AiB 1990, 200), deutet dies mangels einer dem Werkunternehmer zurechenbaren eigenständigen Betriebsorganisation (vgl. hierzu auch *LAG Bremen* v. 27.8.2003 – 2 Sa 78/03) auf ANÜ hin.

Dasselbe gilt, wenn die Zuteilung der Arbeitnehmer zu bestimmten Arbeitsgruppen oder Schichten und deren Einsatz im Rahmen von Einzelaufträgen vom Werkbesteller bestimmt oder wesentlich mitbestimmt wird.

Die unternehmerische Organisationsgewalt liegt nicht mehr in den Händen des **56** Werkunternehmers, wenn der **Einsatzbetrieb** in ständigem Kontakt mit dem **Einsatzleiter** einer Fremdfirma die für die Werkerstellung notwendigen Informationen und Anweisungen erteilt (*BAG* v. 26. 9. 1996 – 2 AZR 200/96). Erweisen sich die weisungsbefugten Personen des Werkunternehmers lediglich als **Werkzeuge des Einsatzunternehmens**, kann von einer eigenverantwortlichen Organisation und eigenen Dispositionsbefugnissen des Werkunternehmers nicht gesprochen werden.

An einer Wahrnehmung der unternehmerischen Organisationsgewalt fehlt es **57** häufig, wenn sich der Werkunternehmer (als Generalunternehmer) seinerseits bei der Erstellung des Werkes des werkvertraglichen Einsatzes von **Subunternehmen** bedient. Ein **Subunternehmervertrag** liegt dabei vor, wenn ein Drittunternehmen im Rahmen oder in Abwicklung eines Werkvertrages anderer Unternehmen einen konkreten Auftrag zur Erstellung eines bei Vertragschluss abgegrenzten Teiles der Werkerstellung erhält (*Redeker*, CR 1999, 137). Vertragsbeziehungen bestehen dabei nur zwischen Werkbesteller und Werkunternehmer einerseits und Hauptauftragnehmer und Subunternehmer andererseits. Wird eine **Einzelperson** als Subunternehmer beschäftigt, kommt die Tätigkeit im Rahmen eines Werkvertrages und nicht als Arbeitnehmer nur in Betracht, wenn der Arbeitnehmer selbst ein Gewerbe angemeldet hat (*ArbG Wetzlar* v. 31. 10. 1995 – 1 Ca 290/95 – BB 1996, 700). Gegenüber dem Besteller bleibt der Generalunternehmer eigenverantwortlich zur gesamten mangelfreien Erstellung des vereinbarten Werkes verpflichtet; durch Aufspaltung der hierzu erforderlichen Arbeitsgänge bedient er sich jedoch für bestimmte in sich abgeschlossene Teile/Abschnitte des Werkes anderer Unternehmen. Die hierbei abgeschlossenen **Verträge zwischen General- und Subunternehmen** müssen ihrerseits allen Kriterien eines jeweils **selbstständig zu beurteilenden Werkvertrages** i.S.e. abgeschlossenen Teilleistung (§ 632 a BGB) entsprechen (vgl. hierzu *SG Hamburg* v. 23. 11. 2004 – S 13 AL 5/99). Es muss nicht nur eine werkvertragsfähige Leistung geschuldet sein (Rn. 40), sondern das Subunternehmen muss nach seiner Betriebsorganisation seinerseits die organisatorischen Voraussetzungen zur Erbringung einer eigenständigen werkvertraglichen Leistung mitbringen, insbesondere muss es aber den Arbeitskräfteeinsatz selbst planen und steuern. Ist etwa der Werkbesteller ermächtigt, bestimmte **Arbeitnehmer**, die vom Fremdunternehmen entsandt werden, **zurückzuweisen**, liegt ANÜ vor (*Marschall*, NZA 1984, 151).

Auch beim Subunternehmen müssen die **Arbeitnehmer als Erfüllungsgehilfen** des Subunternehmers tätig werden (*Becker/Wulfgramm*, Einl. Rn. 30). Sie dürfen weder Erfüllungsgehilfen des Generalunternehmers sein noch in irgendeiner Form in die Arbeitsorganisation des Bestellers integriert sein, insbesondere dürfen die Fremdfirmenarbeitnehmer nicht mit Arbeitnehmern des Bestellers eingebunden in einen **Schichtplan** ihre Tätigkeit verrichten (*LAG Nürnberg* v. 29. 5. 1985 – 3 TaBV 6/84 – EzAÜG § 1 AÜG Erlaubnispflicht Nr. 15). Überwiegend sind diese Voraussetzungen beim Subunternehmerverhältnis nicht erfüllt, vielmehr werden die vom Subunternehmer zur Verfügung gestellten Arbeitskräfte meist vom Generalunternehmer/Besteller angewiesen. Der Werkvertrag wird dabei nur dazu genutzt, um das Vorliegen gewerbsmäßiger ANÜ zu verschleiern (vgl. BT-Ds. 8/4479, S. 13). Je breiter der vom Generalunternehmen geschuldete **Leistungserfolg** durch Beauftragung von Subunternehmen **atomisiert** wird, desto stärker spricht dies auch für eine Vermutung, dass ANÜ vorliegt.

58 Es ist ausschließlich Sache des Werkunternehmers die Maßnahmen zu ergreifen die er zur Herbeiführung des werkvertraglichen Erfolgs für erforderlich hält. Der Besteller kann grundsätzlich nur bei Vertragsschluss **Vorgaben** zum Vertragsinhalt machen, die zur Bestimmung von Inhalt, Umfang sowie Art und Beschaffenheit des zu erstellenden Werkes **notwendig** sind. I.Ü. sind **hinsichtlich der Ausführung** nur solche Vorgaben zulässig, die sich aus den vorhandenen betrieblichen Rahmenbedingungen (z.B. Betriebszeiten, Ladenöffnungszeiten, Immissionsschutzvorschriften) im Einsatzbetrieb ergeben oder eine erforderliche Mitwirkungshandlung des Bestellers i.S.d. § 642 Abs. 1 BGB darstellen. Beim Werkvertrag können zwar die Einzelheiten bzgl. Ausführung, Umfang, Güte, Ort und Zeit der Erbringung der Leistungen vertraglich im Voraus festgelegt werden. Dem Unternehmer muss aber bei der Durchführung der Arbeiten ein eigener **Entscheidungsspielraum** verbleiben (*BAG* v. 1.12.1992, AuR 1993, 338). Wird die Planung, Organisation und Durchführung der Arbeiten vom Werkbesteller vorgegeben, oder richten sich sogar die einzelnen Durchführungsschritte nach **Vorgaben** des Bestellers (z.B. Schnittmuster), kann von einem unternehmerischen Entscheidungsspielraum des Werkunternehmers nicht mehr gesprochen werden (*BGH* v. 25.6.2002 – X ZR 83/00 – NZA 2002, 1086). Dasselbe gilt, wenn der Einsatzbetrieb Anweisungen hinsichtlich der Arbeitsabläufe erteilt (*LAG Berlin* v. 25.7.1988, EzAÜG § 10 AÜG Fiktion Nr. 63). Das sog. **Anweisungsrecht des Werkbestellers** (vgl. § 645 Abs. 1 BGB) ändert an der Pflichtenverteilung zur **selbstständig organisierten Durchführung des Werkvertrages** grundsätzlich nichts. Ungeachtet der Bedeutung des Anweisungsrechts für die Ausübung des Weisungsrechts (Rn. 67ff.) betrifft das auf § 645 Abs. 1 Satz 1 BGB gestützte Anweisungsrecht (*BAG* v. 31.3.1993 – 7 AZR 338/92 – AP Nr. 2 zu § 9 AÜG) lediglich die Frage der Vergütungsgefahr. Die vom Werkunternehmer zu erbringenden Leistungen und damit auch die von ihm **eigenverantwortliche Organisation der Erfüllungshandlung** beurteilen sich (auch als Problem der Leistungsgefahr) grundsätzlich nicht nach den in § 645 BGB geregelten Fällen des Übergangs der Vergütungsgefahr auf den Besteller, soweit er Anweisungen erteilt. I.ü. sind Anweisungen des Bestellers von § 645 Abs. 1 Satz 1 BGB nur erfasst, soweit sie sich auf die Ausführung der Arbeiten, **nicht jedoch auf die Hauptleistungspflichten** beziehen. Ob eine Anweisung im Einzelfall Modalitäten der Ausführung (*Palandt-Thomas*, § 645 Rn. 8) oder vertraglich vereinbarte Hauptleistungspflichten betrifft, richtet sich nach den Umständen des Einzelfalles. Beispielsweise kann die gewünschte Verlegung eines Rohres an anderer als der vereinbarten Stelle vom Anweisungsrecht gedeckt sein, wenn der Aufwand und die Risiken für den Unternehmer gleich bleiben. Ist hiermit jedoch ein **anderer Aufwand** für den Unternehmer verbunden (z.B. andersartige Befestigungssysteme), kann der Besteller sich nicht auf ein Anweisungsrecht berufen, sondern er muss eine einvernehmliche Vertragsänderung erreichen. Das BAG hält es im Rahmen des Werk- und Dienstvertragsrechts für zulässig, die geschuldete Dienstleistung vertraglich bis in Einzelheiten so zu regeln, dass dem Vertragsunternehmer hinsichtlich der Art und Weise der Ausführung der Dienste kaum noch ein großer **Entscheidungsspielraum** bleibt (*BAG* v. 5.3.1991 – 1 ABR 39/90 – DB 1991, 1335; v. 31.3.1993 – 7 AZR 338/92 – DB 1993, 2338). Die Einzelheiten der Ausführungen sind dabei aber vertraglich als **Hauptleistungspflichten** zu regeln, können ihre Rechtsgrundlage jedoch nicht in einem einseitigen Anweisungsrecht des Werkbestellers finden. Sind die Einzelheiten der Vertragsdurchführung detailliert vom Werkbesteller vorgegeben und verbleibt dem Werkunternehmer hierdurch ein so geringer Entscheidungsspielraum, dass von selbstbestimmten Entscheidungen nicht mehr gesprochen werden kann, kann dem Werkunternehmer keine **eigenverantwortliche Leitungsqualität** mehr zuerkannt werden (*LAG Hamm* v. 13. 3. 1996 – 3 TaBV 66/95; *SG Hamburg* v. 23. 11. 2004 – S 13 AL 5/99).

Sind nicht nur die Modalitäten der Ausführung, sondern Hauptleistungspflich- **59** ten von **Änderungswünschen** des Bestellers betroffen, kann das Anweisungsrecht keine Anspruchsgrundlage sein. Gewünschte Änderungen des vertraglich vereinbarten Leistungsinhalts und -umfangs erfordern neue vertragliche Grundlagen. Die Reparatur einer anderen als der vereinbarten Maschine oder eine Erhöhung vertraglich vereinbarter Stückzahlen stellen sich als **Vertragsänderungen oder -erweiterungen** dar, die nicht vom Anweisungsrecht erfasst sind.

Den Änderungswünschen entsprechende tatsächliche **Ausführungshandlungen**, die von Fremdfirmenarbeitnehmern **ohne Zustimmung des Werkunternehmers** erbracht werden, können sich – soweit kein Zweitarbeitsverhältnis begründet wird (Rn. 66) – als ANÜ darstellen, deren Tatbestand und Rechtsfolgen nicht durch nachträgliche Zustimmung (§ 184 Abs. 1 BGB) beseitigt werden können. Die Rechtsfolgen der Vermutungstatbestände des § 1 Abs. 2 oder die Fiktionswirkungen des § 10 Abs. 1 lassen sich nicht durch rechtsgeschäftliches Handeln der Beteiligten nachträglich beseitigen.

Zu den Organisationspflichten des Werkunternehmers gehört, dass er die erfor- **60** derlichen **sächlichen und personellen Hilfsmittel** selbst **zur Verfügung stellt**. Er muss Art und Ablauf der Arbeiten selbst bestimmen. Der Unternehmer hat die **Betriebsmittel** und die **Betriebsstoffe** sowie das **gesamte Werkzeug** einschließlich der einzusetzenden **Maschinen zur Verfügung zu stellen** (*SG Hamburg* v. 23. 11. 2004 – S 13 AL 5/99; *Frerichs/Möller/Ulber* 1981, 104; *Henssler*, NZA 1994, 302; vgl. auch Einl. B Rn. 4). Abweichungen hiervon lässt das Werkvertragsrecht nur bzgl. eines vom Besteller gelieferten Stoffes (§ 645 Abs. 1 Satz 1 BGB) zu. Ist der Unternehmer nicht in der Lage, die zur Erfüllung des Werkvertrages erforderlichen Betriebsmittel zur Verfügung zu stellen, wird das Vorliegen von ANÜ vermutet (*Schaub*, § 120 I 3). Fehlt es schon an der hierfür erforderlichen **Kapitalausstattung**, deutet dies auf ANÜ hin. Ist der Unternehmer nach seiner personellen und materiellen Ausstattung überhaupt nicht in der Lage, einen anderen Geschäftszweck als ANÜ zu verfolgen, liegt keine werkvertragliche Leistung vor (*Marschner*, NZA 1995, 669). Der Besteller muss in diesen Fällen darlegen, inwieweit sein Geschäftswille über den Zweck, Arbeitnehmer zur Arbeitsleistung zu erlangen, hinausgeht. Bei **Bereitstellung der Betriebsmittel durch den Besteller** kann die Vermutung nur dann widerlegt werden, wenn der Werkunternehmer für die Dauer der Betriebsmittelüberlassung die volle **Verfügungsgewalt** erlangt und sich die Bereitstellung nicht (umgekehrt zur Verteilung der Leistungspflichten beim Werkvertrag) als vertragliche Leistungspflicht des Bestellers darstellt. Bei fehlender eigener technischer Ausstattung zur Erfüllung werkvertraglicher Pflichten bestehen auch Zweifel, ob der Unternehmer überhaupt **in der Lage** ist, die für die Erfüllung des Werkvertrages notwendigen **fachlichen Weisungen zu erteilen** (vgl. BAG v. 9. 11. 1994 – 7 AZR 217/94 – BB 1995, 1295). Handelt es sich um größere Maschinen (Verladekräne, Gabelstapler o. ä.) und werden diese nicht vom Werkunternehmer gestellt, erfüllt deren Bedienung durch Fremdfirmenarbeitnehmer grundsätzlich den Tatbestand der ANÜ (zur Abgrenzung von der Überlassung von Maschinen mit Bedienungspersonal vgl. Rn. 100 ff.).

61 Neben den sächlichen Mitteln fällt auch die **Entscheidung über** den zur Ausführung des Werkvertrages erforderlichen **Personal- und Qualifikationsbedarf** und -aufwand sowie der Einsatz der erforderlichen Arbeitnehmer ausschließlich in **die Organisationsgewalt des Werkunternehmers**. Werkvertragstypische Pflichten des Werkunternehmers sind u.a.:

- Gewährung von Urlaub und Freizeit,
- Durchführung der Anwesenheitskontrolle
- Entscheidung über Auswahl der eingesetzten Arbeitnehmer (Zahl, Qualifikation und Person),
- Ausbildung und Einarbeitung,
- Bestimmung der Arbeitszeit und Anordnung von Überstunden,
- Überwachung der Ordnungsgemäßheit der Arbeitsabläufe (vgl. DA der BA Nr. 1.1.7).

Werden derartige Funktionen vom Einsatzbetrieb wahrgenommen, spricht dies für ANÜ (vgl. auch *Bauschke*, NZA 2000, 1206). Soweit *Hamann* Weisungen oder Absprachen, die sich auf die Person der eingesetzten Fremdfirmenarbeitnehmer beziehen, als Abgrenzungskriterium für untauglich hält (*Schüren/Hamann*, § 1 Rn. 197 ff.) kann dem nicht gefolgt werden, zumal er seine Auffassung weitgehend auf Sachverhalte stützt, die zwingenden Normen des Arbeitsschutzes unterliegen (a.a.O. Rn. 193, 196, 198).

Ist im Vertrag die konkrete **Zahl der eingesetzten Arbeitnehmer** aufgeführt (*Henssler*, NZA 1994, 302) oder sind sogar bestimmte, **namentlich** genannte Personen zum Einsatz im Drittbetrieb geschuldet, ist regelmäßig von **ANÜ** auszugehen (*BAG* v. 14. 8. 1985, EzAÜG § 10 AÜG Fiktion; *Sandmann/Marschall*, Art. 1 § 1 Rn. 15). Die Zahl der Erfüllungsgehilfen kann grundsätzlich nicht vom Besteller bestimmt werden (*Frerichs/Möller/Ulber* 1981, 104). Nur wenn sich aus der Betriebs- und Arbeitsorganisation des Bestellers Grenzen bezüglich einer Höchstzahl einzusetzender Arbeitnehmer ergeben, sind **Ausnahmen** denkbar. Sollen etwa mehrere Maschinen mit unterschiedlichen Stillstandzeiten repariert oder gewartet werden oder soll eine Installation zum Zwecke der Fortführung der Produktion schrittweise vorgenommen werden, liegt ein **berechtigtes Interesse des Bestellers** vor, die Dispositionsfreiheit des Werkunternehmers hinsichtlich der Zahl der einzusetzenden Arbeitnehmer bzw. des Zeitpunktes der Leistungshandlung zu begrenzen. **Bei namentlicher Nennung** der einzusetzenden Personen steht allerdings das Interesse des Einsatzbetriebs an der Überlassung des Arbeitnehmers derart im Vordergrund, dass regelmäßig von **ANÜ** auszugehen ist. Der Werkunternehmer muss berechtigt sein, den Einsatz und Austausch seiner Erfüllungsgehilfen jederzeit nach eigenen Erfordernissen zu steuern. **Personalentscheidungen** darf ausschließlich er als Arbeitgeber treffen. Fehlt es an einer **Ersetzungsbefugnis** des Werkunternehmers hinsichtlich der Gestellung des Personals oder ist der Besteller berechtigt, bestimmte Arbeitnehmer als Erfüllungsgehilfen des Werkunternehmers zurückzuweisen, liegt i.d.R. ANÜ vor (*OLG München* v. 24. 3. 1983 – 24 U 424/82 – EzAÜG § 631 BGB Werkvertrag Nr. 3; *Sandmann/Marschall*, Art. 1 § 1 Anm. 16). Lediglich soweit der Besteller ein berechtigtes Interesse hat, bestimmte Personen nicht in seinem Betrieb zu dulden (bei strafbaren Handlungen gegen den Besteller bzw. dessen Arbeitnehmer; Vorstrafen, die typischerweise in der Branche begangen werden; Warenhausdiebstähle u. ä.), kann auf die Personalauswahl seitens des Bestellers Einfluss genommen werden.

62 Die Entscheidung, welche **Qualifikationsvoraussetzungen** Arbeitnehmer zur Erfüllung des Werkvertrages mitbringen müssen, liegt ebenfalls ausschließlich beim Werkunternehmer (*SG Hamburg* v. 23. 11. 2004 – S 13 AL 5/99). Das rechtlich erhebliche Interesse des Bestellers muss sich insoweit auf den werkvertraglichen Erfolg beschränken; seine diesbezüglichen Gewährleistungsansprüche beruhen nur auf mangelhaften Arbeitsergebnissen (§§ 633 ff. BGB), nicht jedoch auf mangelnden qualifikatorischen oder sonstigen Voraussetzungen oder Schlechtleistungshandlungen der Erfüllungsgehilfen des Werkunternehmers. Sind die **Qualifikationen** daher **im Werkvertrag festgelegt** oder ist der Besteller berechtigt, Arbeitnehmer ohne bestimmte Qualifikationen zurückzuweisen, liegt **ANÜ** vor (HandbAR/*Bachner*, § 131, 13; *Sandmann/Marschall*, Art. 1 Rn. 16; *Henssler*, NZA 1994, 302). Ausnahmen sind hier denkbar, soweit Arbeitnehmer auf Grund von Rechtsvorschriften bestimmte Voraussetzungen erfüllen müssen, um die Tätigkeit ausüben zu dürfen (vgl. z. B. den Fall der Bewachung von Militäreinrichtungen, *BAG* v. 31. 3. 1993 – 7 AZR 338/92 – DB 1993, 2338).

Der Unternehmer übt keine für den Werkvertrag typische eigene Personalhoheit **63** aus, wenn sich der Einsatz der Erfüllungsgehilfen im Rahmen einer vom Einsatzbetrieb vorgegebenen Arbeitsorganisation bewegt (*SG Hamburg* v. 23. 11. 2004 – S 13 AL 5/99). Ausgeschlossen ist es daher, im Rahmen eines Werkvertrages Fremdfirmenarbeitnehmer bei Bedarf als **Springer** einzusetzen, wenn Stammarbeitnehmer ausfallen (*ArbG Hamm* v. 4. 12. 1986 – 4 BV 35/86 – EzAÜG § 14 AÜG Betriebsverfassung Nr. 9). Vielmehr ist die Grenze zur ANÜ dann überschritten, wenn der Einsatzbetrieb die Fremdfirmenarbeitnehmer zusammen mit eigenen Stammarbeitnehmern **in einer Arbeitsgruppe** arbeiten lässt (*Dauner-Lieb*, NZA 1992, 820). Da bei Gruppenarbeit (vgl. § 87 Abs. 1 Nr. 13 BetrVG; § 14 Rn. 127b) der Arbeitnehmer in den betrieblichen Gesamtablauf, und damit in die Betriebsorganisation des Einsatzbetriebes, eingegliedert sein muss, können Fremdfirmenarbeitnehmer auf werkvertraglicher Basis nicht im Rahmen von Systemen der Gruppenarbeit eingesetzt werden. Auch hier läge ein unzulässiges vermischtes Arbeiten und damit ANÜ vor. Die zulässige werkvertragsfähige Leistung endet an der Schnittstelle, an der der Einsatzbetrieb durch ein ihm zurechenbares Verhalten an der Erstellung bzw. Weitererstellung des Werkes mitwirkt.

Bei **zergliederten, arbeitsteiligen Prozessen** kann **nur hinsichtlich der einzel- 64 nen Teilfunktionen** ein (in sich abgeschlossener) **Werkvertrag** in Frage kommen (z. B. werksinternes Transportwesen). Ein vermischtes Arbeiten am **Fließband** ist dagegen ausgeschlossen. Erst recht scheidet der Einsatz von Fremdfirmenarbeitnehmern im Rahmen von Werkverträgen aus, wenn im Rahmen neuer Formen der Arbeitsorganisation (kontinuierlicher Verbesserungsprozess, Gruppenarbeit etc.) eine dem einzelnen Arbeitnehmer zurechenbare Arbeitsleistung nicht mehr gegeben ist oder der einzelne Arbeitnehmer für eine Vielzahl von Funktionen verantwortlich ist. Das sog. Ende der Arbeitsteilung hat insoweit gleichzeitig zur Folge, dass nicht mehr die Teilfunktionen, sondern allenfalls eine **betriebsorganisatorisch eigenständige Gesamtfunktion** in Form der Fremdfirmenarbeit wahrgenommen werden kann. Dies ist gewährleistet, wenn der Werkvertrag innerhalb einer **organisatorischen Einheit** im Einsatzbetrieb abgewickelt wird, die infolge **organisatorischer Abgrenzbarkeit** und relativer Selbstständigkeit die in § 4 Satz 1 Nr. 2 BetrVG beschriebenen Voraussetzungen **eines Betriebsteils** i. S. d. § 4 Abs. 1 Satz 1 BetrVG erfüllt (HandbAR/*Bachner*, § 131 Rn. 9; a. A. ErfK/ *Wank* § 1 AÜG Rn. 26; *Schüren/Hamann*, § 1 Rn. 174), da hier eine den Einsatz der Arbeitnehmer bestimmende Leitung institutionalisiert ist, von der das Weisungsrecht allein ausgeübt wird (*BAG* v. 28. 6. 1995 – 7 ABR 59/94 – NZA 1996, 276). I. ü. sind betriebliche **Teilfunktionen nur dann** als werkvertragsfähige Leistungen **ausgliederbar**, wenn der Einsatzbetrieb die Funktion statt durch Fremdvergabe auch durch Gründung einer **betriebsorganisatorisch eigenständigen Einheit** wahrnehmen lassen könnte (*BSG* v. 11.2.1988 – 7R Ar 5/86, DB 1989, 930). Ein Betriebsteil ist ebenso wie der Werkvertrag darauf gerichtet, durch einen organisatorisch selbstständigen Betrieb **unter eigener Leitung eigene Betriebszwecke** zu verfolgen (*BAG* v. 28.6.1995 – 7 ABR 59/94 – m. Anm. *Trümner*; *FESTL*, § 4 Rn.7ff.). Er unterscheidet sich damit weder hinsichtlich der Funktion noch hinsichtlich seiner abgrenzbaren Stellung im Rahmen der arbeitsteilig angelegten betrieblichen Gesamtprozesse hinsichtlich der Eigenständigkeit der Betriebsorganisation vom Werkvertrag, der durch Fremdfirmen im Betrieb ausgeführt wird. Der Werkvertrag ist daher als Vertragstyp nur dann zulässig, wenn er entweder räumlich weit vom Einsatzbetrieb erfüllt wird (räumliche Ausgliederung) oder durch (i.S.d. § 631 BGB abgrenzbaren) Aufgabenbereich und Organisation eigenständig (d.h. vollständig aus der Organisation des Einsatzbetriebs ausgegliedert) ausgeführt wird (*Ulber*, AuR 1982, 58).

65 Wird demgegenüber der Einsatz der Arbeitnehmer des Fremdunternehmers und des Werkbestellers von einem einheitlichen Leitungsapparat gesteuert, liegt im betriebsverfassungsrechtlichen Sinne ein **gemeinsamer Betrieb mehrerer Unternehmen** vor (§ 1 Abs. 2 BetrVG), wenn die in einer Betriebsstätte vorhandenen Betriebsmittel für die verfolgten arbeitstechnischen Zwecke zusammengefasst, geordnet und gezielt eingesetzt werden (*LAG Hamm* v. 13.3.1996 – 3 TaBV 66/95). Ein derartiger Gemeinschaftsbetrieb von Fremd- und Einsatzunternehmen ist jedoch im Rahmen eines Werkvertrages ausgeschlossen, da beim Werkvertrag im Unterschied zur vertraglich vereinbarten Kooperation von Unternehmen (s.o. Rn.33) die **Eigenständigkeit der Betriebsorganisation Zulässigkeitskriterium** der Vertragsgestaltung ist (HandbAR/*Bachner*, § 131 Rn.9). Nur soweit der Unternehmer über eine eigenständige Betriebsorganisation verfügt, mittels derer er die übernommenen Funktionen bzw. Werkvertragspflichten auch eigenständig erfüllen kann (vgl. *Wank*, Anm. zu BAG v. 15.6.1983 – 5 AZR 111/81 – SAE 1985, 76), kann auch ein i.S.d. Werkvertragsrechts abgrenzbarer, dem Fremdunternehmer zurechenbarer Leistungserfolg geschuldet sein bzw. erbracht werden.

66 Grundsätzlich kein werkvertragsrechtliches Problem – sondern allenfalls ein Problem der illegalen ANÜ – stellt es demgegenüber dar, wenn Fremdfirmenarbeitnehmer vom Einsatzbetrieb **ohne Kenntnis, Duldung oder Zustimmung des Werkunternehmens** außerhalb des vereinbarten Vertragsgegenstandes **zu Arbeiten eingesetzt** werden. Hier ist die Arbeitsleistung bzw. der Leistungserfolg nicht dem Werkunternehmer, sondern ausschließlich dem Verhalten von Besteller und Fremdfirmenarbeitnehmer zuzuordnen (*BAG* v. 26.5.1995 – 7 AZR 850/94). Ein wirksam zustande gekommener Werkvertrag bleibt hiervon ebenso unberührt wie die gegenseitigen Leistungspflichten. Im Einzelfall kann hier (auch durch konkludentes Verhalten) ein **Zweitarbeitsverhältnis** zwischen Fremdfirmenarbeitnehmer und Einsatzbetrieb vereinbart sein. Dies erfordert jedoch, dass den Einsatzbetrieb hinsichtlich dieses Arbeitsverhältnisses alle Arbeitgeberpflichten treffen sollen und dem Arbeitnehmer insbesondere ein **eigener Vergütungsanspruch** gegen den (Zweit-)Arbeitgeber zusteht. **Zahlt der (Zweit-)Arbeitgeber** dem Arbeitnehmer **keinen Lohn**, ist er insoweit im Umfang der außervertraglich erbrachten Arbeitsleistung **ungerechtfertigt zu Lasten des Werkunternehmers bereichert**. Entsprechendes gilt, soweit der Arbeitnehmer neben den Lohnansprüchen aus dem Zweitarbeitsverhältnis die geleistete Arbeitszeit von seinem Hauptvertragsarbeitgeber zusätzlich vergütet erhält.

Wird die Herstellung des Werkes durch das eigenmächtige Verhalten des Werkbestellers verzögert, ist der Werkunternehmer ungeachtet des weiter bestehenden Vergütungsanspruchs wegen des vertragswidrigen **kollusiven Verhaltens von Werkbesteller und Arbeitnehmer** berechtigt, Schadensersatz aus positiver Forderungsverletzung zu verlangen (§§ 280ff., 241 Abs. 2 BGB). Je nach Verstoß des Arbeitnehmers gegen seine Pflichten aus dem Arbeitsverhältnis kann der Werkunternehmer berechtigt sein, das Arbeitsverhältnis auf Grund vertraglicher Vereinbarung (z.B. Abrede zur Unzulässigkeit der Aufnahme eines Zweitarbeitsverhältnisses) oder aber aufgrund der Schwere des Verstoßes (Wiederholungsfall trotz Abmahnung etc.) ordentlich oder auch außerordentlich zu kündigen.

Duldet oder billigt der Werkunternehmer demgegenüber die von Arbeitnehmern außerhalb des Vertragsgegenstandes geleisteten Arbeiten im Einsatzbetrieb oder lässt er sich diese vergüten, muss er sich dies in seiner Arbeitgeberstellung auch zurechnen lassen, d.h. es liegt ANÜ vor (*Schaub*, § 120 I 3).

hh) Weisungsrecht und Wahrnehmung von Arbeitgeberfunktionen

Die im Rahmen eines Werkvertrages eingesetzten **Arbeitnehmer** unterliegen **als**   **67**
Erfüllungsgehilfen des Werkunternehmers ausschließlich seinem **arbeitsbezogenen Weisungsrecht** und bleiben auch während der Tätigkeit beim Besteller in die Betriebsorganisation des Werkunternehmers **eingegliedert** (allg.M., *BAG* v. 10.2.1977 – 2 ABR 80/76 – AP Nr.9 zu § 103 BetrVG 1972; v. 31.3.1993 – 7 AZR 338/92 – DB 1993, 2337 ErfK/*Wank*, § 1 AÜG Rn.15; *Sandmann/Marschall*, Art. 1 § 1 Rn.13f.; *Frerichs/Möller/Ulber* 1981, 100f.; *Göbel*, BlStSozArbR 1973, 330; *Hamann* 1995, 213). Demgegenüber ist die Ausübung des arbeitsbezogenen Weisungsrechts durch den Einsatzbetrieb/Entleiher konstitutives Merkmal der ANÜ (vgl. § 1 Rn.14); der **Leiharbeitnehmer** ist für die Zeit seiner Tätigkeit **beim Entleiher** in dessen Betriebsorganisation **eingegliedert**. Die Unterstellung des Arbeitnehmers unter das Direktionsrecht des Drittunternehmens (insbesondere hinsichtlich Art, Ort, Dauer und Zeit der Arbeitsleistung) stellt i.d.R. ein eindeutiges Indiz für das Vorliegen von ANÜ dar (*SG Hamburg* v. 23.11.2004 – S 13 AL 5/99; *Becker/Wulfgramm*, Art. 1 § 12 Rn.36c). Soweit das **Weisungsrecht** durch den Vertragsarbeitgeber **auf den Inhaber des Beschäftigungsbetriebs übertragen** wird, liegt **immer ANÜ** vor; auf die schuldrechtliche Einordnung des Vertrages kommt es dabei nicht an (*Boemke*, § 1 Rn.81; *Feuerborn*, CR 1995, 98), da die Erlaubnispflicht nach § 1 Abs. 1 AÜG aus Gesichtspunkten des Arbeitnehmerschutzes die vertraglichen Gestaltungsmöglichkeiten einschränkt (*BGH* v. 25.6.2002 – X ZR 83/00 – NZA 2002, 1086; *Bauschke*, NZA 2000, 1203). Die Ausgestaltung des Weisungsrechts wird in Rechtsprechung und Literatur weitgehend als das wichtigste Abgrenzungskriterium behandelt (BGH, a.a.O.), wobei z.T. sogar die Auffassung vertreten wird, das arbeitsbezogene Weisungsrecht bilde das alleinige Abgrenzungskriterium (*Hamann* 1995, 129ff.; *Schüren/Hamann*, § 1 Rn.188ff.). Bei der Frage, wer im Rahmen von Fremdfirmenarbeit das Weisungsrecht ausübt, kommt es ausschließlich auf die **tatsächliche Handhabung** in der Praxis an. Fälle, in denen schon nach den vertraglichen Vereinbarungen das Weisungsrecht auf den Besteller übertragen wird, sind selten; das Vorliegen von ANÜ ist hier evident. Häufiger anzutreffen sind demgegenüber Vertragsklauseln, bei denen die Art und Weise der Erstellung des Werkes sowie hierauf bezogene Arbeits- und Verhaltenserfordernisse der Arbeitnehmer sehr differenziert beschrieben werden (vgl. *BAG* v. 5.3.1991 – 1 ABR 39/90 – DB 1991, 1335) oder in

denen dem Besteller ein weitgehendes werkvertragliches Anweisungsrecht eingeräumt wird (Rn. 71 f.).

68 Die Ausübung des Weisungsrechts durch den Werkunternehmer setzt zunächst voraus, dass er zur **Ausübung der Leitungsmacht** über die Fremdfirmenarbeitnehmer **selbst** oder durch von ihm bestellte Repräsentanten die **arbeitsbezogenen Anweisungen** beim Besteller **erteilt** (*BGH* v. 12. 2. 2003, NJW 2003, 1821). Eine Übertragung der Dispositionsbefugnisse oder des Weisungsrechts auf Dritte (z. B. auf den Werkbesteller oder auf etwaige sonstige natürliche oder juristische Personen, die im Einsatzbetrieb tätig werden) ist unzulässig (vgl. auch § 613 Satz 2 BGB). Vielmehr muss der werkvertragliche Einsatz beim Besteller durch geeignetes und eigenverantwortlich handelndes (KassHandb/*Düwell*, 4.5 Rn. 139) **Leitungspersonal** gesteuert und überwacht werden, andernfalls ist der Werkunternehmer nicht imstande, die für ein Arbeitsverhältnis typischen Entscheidungen zu treffen (*BAG* v. 5. 5. 1992 – 1 ABR 78/91 – AP Nr. 97 zu § 99 BetrVG 1972; v. 9. 11. 1994 – 7 AZR 217/94 – DB 1995, 1295); es liegt ANÜ vor (*BAG* v. 25. 6. 1986 – 5 AZR 508/83 – EzAÜG § 10 Vertrauensschaden Nr. 1). Allein die Möglichkeit, über vorhandenes Leitungspersonal das Weisungsrecht im Drittbetrieb auszuüben, reicht nicht aus um die Vermutung zu widerlegen; vielmehr muss das **Weisungsrecht auch tatsächlich vom Werkunternehmer ausgeübt** werden (*BAG* v. 30. 1. 1991 – 7 AZR 497/89 – AP Nr. 8 zu § 10 AÜG). Diese Voraussetzung ist nicht erfüllt, soweit der Einsatzbetrieb die Arbeitgeberstellung lediglich formal vom Werkunternehmer oder seiner Repräsentanten ausüben lässt, z. B. wenn der Einsatzbetrieb dem Werkunternehmer oder dessen Repräsentanten, häufig über sog. Kolonnenführer, die für die Umsetzung seiner Entscheidungen notwendigen Informationen oder Weisungen erteilt (*BAG* v. 26. 9. 1996 – 2 AZR 200/96; *Schüren/Hamann*, § 1 Rn. 223) oder ein gemeinsames Leitungsorgan der Werkvertragsparteien die Arbeitsläufe steuert (*Walle*, NZA 1999, 519). Eine derartige Steuerung durch den Einsatzbetrieb liegt auch vor, wenn die Tätigkeit des Arbeitnehmers im Rahmen von **Qualitätskontrollen** ohne Wahrnehmung eines Weisungsrechts kontrolliert wird, da auch hier Arbeitgeberfunktionen wahrgenommen werden, die beim Werkvertrag ausschließlich dem Werkunternehmer zustehen (*BGH* v. 25. 6. 2002 – X ZR 83/00 – NZA 2002, 1086). Abgesehen von Werkverträgen geringerer Bedeutung (z. B. einer Schreibmaschinenreparatur) oder in den Fällen, in denen nur kurzzeitig einzelne Arbeitnehmer im Drittbetrieb eingesetzt werden, deutet der Umstand, dass der Werkunternehmer überhaupt nicht die **personellen Voraussetzungen zur Ausübung von Leitungsmacht** besitzt oder vor Ort (*Hamann* 1995, 159; *Sandmann/Marschall*, Art. 1 § 1 Rn. 13) über kein Leitungspersonal verfügt, das die Arbeiten der Arbeitnehmer organisiert und ihnen Weisungen erteilt, auf ANÜ hin (*FESTL*, § 5 BetrVG Rn. 248). Der Werkunternehmer besitzt in derartigen Fällen nicht die betrieblichen und personellen Voraussetzungen zur Ausübung seiner Arbeitgeberpflichten; es liegt ANÜ vor (*BAG* v. 9. 11. 1994 – 7 AZR 217/94 – BB 1995, 1293). Zu den erforderlichen **Aufsichtspflichten** des Werkunternehmers gehört es, durch positives Tun alle erforderlichen Aufsichtsmaßnahmen zu ergreifen, wozu neben der Bestellung auch die sorgfältige Auswahl und Überwachung von Aufsichtspersonal gehört (vgl. auch § 130 Abs. 1 Satz 1 OWiG und § 16 Rn. 24, 41).

69 Soweit Tätigkeiten betroffen sind, die auf Grund ihres hohen Anforderungsprofils entweder keine Weisungen oder **spezielle Qualifikationen und Fertigkeiten** erfordern, die nicht über eigene Arbeitnehmer des Bestellers ausgeführt werden können, kann demgegenüber nicht allein wegen fehlenden Leitungspersonals auf ANÜ geschlossen werden. In diesen Fällen ist jedoch zu prüfen, ob überhaupt ein werkvertraglicher Erfolg geschuldet ist und die eingesetzten Arbeitnehmer von der Betriebsorganisation des Einsatzbetriebs abgesonderte Aufgabenstellungen selbstständig erledigen. Sind die Fremdfirmenarbeitnehmer in die Betriebsabläufe des Einsatzbetriebs (etwa durch vermischtes Arbeiten) integriert oder können die von ihnen übernommenen Teilfunktionen nur im Rahmen von fest **vorgegebenen Arbeitsabläufen** des Einsatzbetriebs ausgeführt werden, liegt ANÜ vor (*SG Hamburg* v. 23. 11. 2004 – S 13 AL 5/99; *Sandmann/Marschall*, Art. 1 § 1 Rn. 14; *Hamann 1995*, 212).

Die Unternehmen können Verstöße gegen das Weisungsrecht nicht dadurch **umgehen**, dass die Arbeitsausführungshandlungen vertraglich so detailliert festgelegt werden, dass sich eine **Ausübung von Weisungsbefugnissen** durch den Werkunternehmer als Arbeitgeber **erübrigt**. Verbleibt dem Werkunternehmer auf Grund der vertraglichen Absprachen oder der tatsächlichen Gegebenheiten bei der Durchführung ein so **geringer Entscheidungsspielraum**, dass von selbstbestimmten, ihm zurechenbaren Entscheidungen, insbesondere im personellen Bereich, nicht mehr gesprochen werden kann, kann Weisungen des Werkunternehmers keine Leitungsqualität mehr zuerkannt werden (*LAG Hamm* v. 13. 3. 1996 – 3 TABV 66/95). Zwar können die Unternehmen den Vertragsgegenstand und die Leistungspflichten durch Detailregelungen fixieren und damit Unsicherheiten bei der Bestimmung des Leistungsumfangs vermeiden (*BAG* v. 5. 3. 1991 – 1 ABR 39/90 – DB 1991, 1335); derartige Festlegungen können sich jedoch gerade nicht auf das Weisungsrecht beziehen, da das **Weisungsrecht** wegen § 613 Satz 2 BGB **der Regelungsbefugnis Dritter entzogen** ist. Das Gleiche gilt auch, wenn aus dem Anweisungsrecht des Werkbestellers Anhaltspunkte dafür gewonnen werden sollen, ob ein Werkvertrag oder aber eine ANÜ vorliegt (vgl. z. B. *BAG* v. 5. 3. 1991 – 1 ABR 39/90 – DB 1991, 1335). **70**

Die Unzulässigkeit einer Wahrnehmung des arbeitgeberischen Direktionsrechts durch den Werkbesteller schließt nicht aus, dass der Besteller bei der Durchführung der Arbeiten **im Einzelfall** betriebsspezifische Weisungen erteilt (Arbeitsschutz, Anweisungen zur Schadensvermeidung etc.). Daneben kann dem Werkbesteller ein vertraglich vorgesehenes **Anweisungsrecht** zustehen (§ 645 BGB; *Marschner*, NZA 95, 670). Das Anweisungsrecht darf nur werkbezogen, d. h. gegenständlich begrenzt auf das **Arbeitsergebnis** bzw. die konkret zu erbringende Werkleistung, ausgeübt werden (*BAG* v. 25. 6. 1986 – 5 AZR 508/83 – a.a.O.; *Thüsing/Waas*, § 1 Rn. 74). Beziehen sich die Weisungen dagegen auf die Art und Weise der Arbeitsleistung, deutet dies auf ANÜ hin (*BAG*, ebd.) Die Grenze wird überschritten, wenn der Besteller erst durch seine Anweisungen den Gegenstand der vom Arbeitnehmer zu erbringenden Leistung bestimmt (*BAG* 15. 7. 1992 – 7 AZR 398/91 – EzAÜG § 10 AÜG Fiktion Nr. 73). Auch darf die Ausübung eines Anweisungsrechts nicht dazu führen, dass damit zugleich Einsatz und Arbeit des einzelnen Arbeitnehmers unmittelbar für ihn bindend organisiert werden (*BAG*, a.a.O.). Die Ausübung des werkvertraglichen Anweisungsrechts darf nicht dazu führen, dass hierdurch die ausschließlich vom Werkunternehmer geschuldete Arbeitsleistung des Arbeitnehmers konkretisiert wird (*BAG*, a.a.O.). Das **Anweisungsrecht** ist **gegenständlich auf** den jeweils geschuldeten **Leistungserfolg begrenzt** (*BAG* v. 9. 11. 1994 – 7 AZR 217/94 – DB 1995, 1566; *Becker/Wulfgramm*, Art. 1 § 12 Rn. 36c; *Thüsing/Waas*, § 1 Rn. 74; *Marschall*, NZA 1984, 151; *Schaub*, NZA 1985, Beil. 3, S. 5). Es kann an der **arbeitsbezogenen Alleinweisungsbefugnis des Werkunternehmers** als Arbeitgeber nichts ändern. Weisun- **71** gen des Werkbestellers stellen nur dort ein Problem des werkvertraglichen Anweisungsrechts und nicht des Direktionsrechts des Arbeitgebers dar, wo die Weisung im Rahmen und auf der Grundlage der spezifischen werkvertraglichen Vereinbarungen beruht. Fehlt es an einer vertraglichen Absprache oder stützt der Werkbesteller das Weisungsrecht lediglich auf eine allgemeine Üblichkeit, wird das Weisungsrecht im Rahmen der typischen Befugnisse des Arbeitgebers ausgeübt (BAG, a.a.O.). In seinen jüngsten Entscheidungen neigt das *BAG* allerdings dazu, die **Grenzen zwischen Anweisungsbefugnis** des Bestellers einerseits **und Weisungsrecht** des Werkunternehmers andererseits zu verwischen, indem das Anweisungsrecht gleichzeitig die qua Werkvertrag übertragene Ausübung von arbeitsbezogenen Weisungsrechten des Werkunternehmers umfassen soll (*BAG* v. 5.3.1991 – 1 ABR 39/90 – AP Nr. 90 zu § 99 BetrVG 1972). Weisungen des Einsatzbetriebs, die sich auf Pflichten des Arbeitgebers gegenüber dem Werkhersteller als Auftraggeber beziehen, sollen alleine die Betriebszwecke des Werkunternehmers fördern und daher einem Werkvertrag nicht entgegenstehen (*BAG* v. 22.6.1994 – 7 AZR 286/93 – AP Nr. 16 zu § 1 AÜG; kritisch zu dieser Rechtspr. Erf Komm/*Wank*, § 14 AÜG Rn. 16 ff.). Auch nach Auffassung des BAG sind aber die Grenzen des Anweisungsrechtes überschritten, wenn der Einsatzbetrieb die Erledigung der Arbeiten nach Zeit und Ort bestimmen kann (v. 16.6.1998 – 1 ABR 59/97 – EzAÜG § 14 AuG Betriebsverfassung Nr. 41).

72 Insbesondere *Hamann* (1995, 81 und 117 ff.) hat diese Rechtsprechung mit überzeugenden Argumenten kritisiert, da sie der **Alternativität arbeitsrechtlicher Weisungen** einerseits **und werkvertraglicher Ausführungsanweisungen** andererseits nicht Rechnung trage (*Schüren/Hamann*, § 1 Rn. 201), daneben zu einer den Zwecksetzungen des AÜG zuwiderlaufenden Funktionsgleichheit von Arbeitnehmerüberlassung und Werkvertrag führe und schließlich die in § 645 Abs. 1 Satz 1 BGB geregelten Haftungsfolgen in unzulässiger Weise zur Grundlage für die Übertragbarkeit des Weisungsrechts umfunktioniere. Auch i. ü. steht die Literatur den Entscheidungen des *BAG* zur Reichweite des Anweisungsrechts kritisch gegenüber (vgl. *Dauner-Lieb*, Anm. zu BAG v. 13.5.1992 – EzA § 10 AÜG Nr. 4; *Hager*, Anm. zu *BAG* v. 5.3.1991 – SAE 1992, 232; *Kreuder*, AuR 1993, 318; *Schüren/Hamann*, § 1 Rn. 200 ff.). Es wird darauf verwiesen, dass das Anweisungsrecht nur **projektbezogene Ausführungsanweisungen** erfasse, wobei sich diese nicht auf die einzelne Arbeitsverrichtung beziehen dürfen (*Becker/Wulfgramm*, Art. 1 § 1 Rn. 39), sondern nur auf die **Beschaffenheit** des herzustellenden Projektes (*Becker*, DB 1988, 2561). Beziehen sich die Anweisungen des Werkbestellers auf die Festlegung von Leistungsgegenstand oder Leistungsumfang eines Werkes, sind sie vom Anweisungsrecht des Werkbestellers nach § 645 Abs. 1 Satz 1 BGB nicht gedeckt (*BAG* v. 9.11.1994 – 7 AZR 217/94 – AP Nr. 18 zu § 1 AÜG). Das **nach § 613 Satz 2 BGB nicht übertragbare Weisungsrecht** muss bei werkvertraglichem Einsatz **ausschließlich beim Werkunternehmer** bleiben, andernfalls liegt ANÜ vor (a. A. *Schüren/Hamann* § 1 Rn. 214). Ob und ggf. in welcher Form der Besteller von einem werkvertraglichen Anweisungsrecht Gebrauch macht, ist demgegenüber hinsichtlich der Frage des Weisungsrechts als Abgrenzungskriterium unerheblich. In diesem Zusammenhang ist auch auf die gravierenden beschäftigungspolitischen Folgen der Rechtsprechung des *BAG* zum Anweisungsrecht hinzuweisen. Praktisch lassen sich hiermit alle betrieblichen Daueraufgaben, die unmittelbarer Bestandteil des Produktionsprozesses sind, zwanglos auf werkvertraglicher Grundlage auslagern (*Hamann* 1995, 80 f.). Selbst wenn dies »üblich« ist (*BAG* v. 5.3.1991 – 1 ABR 39/90 – AP Nr. 90 zu § 99

BetrVG 1972 a.E.), ist zu beachten, dass alle auf unternehmerischer Entscheidungsfreiheit beruhenden »Outsourcing-Entscheidungen« der Unternehmen gleichzeitig immer auch auf **arbeitsrechtliche Grenzen** stoßen, die von den Unternehmen auch aus Praktikabilitätsgründen nicht überschritten werden dürfen. Richtigerweise stellt das *BAG* in seiner Entscheidung vom 9.11.1994 (7 AZR 217/94 – BB 1995, 1295) daher fest, dass es sich um ANÜ handelt, wenn der vertragliche **Leistungsgegenstand** derart **unbestimmt und allgemein gehalten** ist, dass er erst durch zusätzliche Weisungen oder Anweisungen des Einsatzbetriebs konkretisiert wird.

Die Zuweisung einer bestimmten Arbeitsaufgabe an einer bestimmten Stelle des Betriebes, die Bestimmung des täglichen Arbeitsbeginns oder -endes oder die Anordnung von Überstunden sind Kernbestandteil des **Direktionsrechts des Arbeitgebers** und müssen ausschließlich vom Werkunternehmer angeordnet werden (*BAG* v. 5.3.1991, DB 1991, 1334). Erhält der Arbeitnehmer sowohl vom Werkunternehmer als auch vom Einsatzbetrieb in Bezug auf die Arbeitsleistung Weisungen, deutet dies regelmäßig auf ANÜ hin (a.A. *Schüren/Hamann*, § 1 Rn. 214). Auch **vermischtes Arbeiten** mit Arbeitnehmern des Bestellers deutet auf die Ausübung des Weisungsrechts durch den Besteller hin (*BAG* v. 25.6.1986 – 5 AZR 508/83 – a.a.O.; *Boemke*, § 1 Rn. 89; *ErfK/Wank*, § 1 AÜG Rn. 17;). Das arbeitsbezogene Weisungsrecht des Werkunternehmers umfasst in diesem Zusammenhang insbesondere: **73**

– Entscheidung über die Auswahl der eingesetzten Arbeitnehmer (auch beim Einsatz)
– die Ausbildung und Einarbeitung
– die Bestimmung der Arbeitszeit und die Anordnung von Überstunden
– die Gewährung von Urlaub und Freizeit
– die Durchführung der Anwesenheitskontrolle
– die Überwachung der Ordnungsmäßigkeit der Arbeitsabläufe
– Gestellung der Arbeitskleidung.

Wird **Arbeitskleidung** getragen, die den Arbeitnehmer als Arbeitnehmer des Bestellers ausweist, deutet dies auf ANÜ hin (*BAG* v. 25.6.1986 – 5 AZR 508/83 – a.a.O.). Werden die Aufgaben i.Ü. vom angeblichen Werkbesteller wahrgenommen, spricht dies für eine gewerbsmäßige ANÜ (*Marschner*, NZA 95, 669, FN 8). Neben dem Weisungsrecht hat der Werkunternehmer gegenüber seinen Arbeitnehmern auch alle sonstigen **Arbeitgeberfunktionen wahrzunehmen**. Über die Wahrnehmung der allgemeinen Fürsorgepflichten hinaus gehören hierzu insbesondere diejenigen Aufgaben, die nach § 87 Abs. 1 BetrVG zum Kreis der mitbestimmungspflichtigen sozialen Angelegenheiten zählen (zum Mitbestimmungsrecht des Betriebsrats s. Rn. 156 ff.). **Anwesenheits- oder Torkontrollen** oder die Wahrnehmung sonstiger Überwachungsfunktionen hinsichtlich der Arbeitsweise und des Verhaltens der Arbeitnehmer durch den Einsatzbetrieb stellen die Wahrnehmung von Arbeitgeberfunktionen und damit ein Indiz für das Vorliegen von ANÜ dar (*Frerichs/Möller/Ulber* 1981, 101; *v. Hoyningen-Huene*, BB 1985, 1673). Dasselbe gilt, soweit der Werkunternehmer verpflichtet ist, dem Werkbesteller Personal- oder **Anwesenheitslisten** vorzulegen bzw. **Sozialeinrichtungen** oder Sozialräume des Bestellers durch die Fremdfirmenbeschäftigten benutzt werden (*Schaub*, § 120 I 3).

Soweit die Aufzeichnung von Anwesenheitszeiten ausnahmsweise im Rahmen von arbeitszeitbezogenen Vergütungsabsprachen einem berechtigten Interesse der Vertragsparteien entspricht, ist eine zeitbezogene Aufzeichnung zulässig. Sie **74** darf grundsätzlich jedoch keine **arbeitnehmerbezogenen Daten** enthalten. **Kontroll- und Überwachungsfunktionen,** die sich auf das Verhalten der Arbeitnehmer beziehen, müssen im Rahmen der Kontrollpflichten des Werkunternehmers von diesem bzw. der beauftragten Aufsichtsperson (vgl. *BAG* v. 25.6.1986 – 5 AZR 507/83 – EzAÜG § 1 AÜG Gewerbsmäßige Arbeitnehmerüberlassung Nr. 20) selbst wahrgenommen werden. Nur soweit der Werkunternehmer von der Torkontrolle über die Sicherheit des Arbeitsplatzes bis zur Wahrnehmung aller **arbeitsorganisatorischen Arbeitgeberfunktionen** auf dem Betriebsgelände des Einsatzbetriebs **eigenverantwortlich** »schalten und walten« kann, sind Verdachtsmomente gegen das Vorliegen von ANÜ nicht gegeben (*Ulber,* AuR 1982, 57).

75 Bestimmt der Einsatzbetrieb Beginn und Ende der **Arbeitszeit** des Arbeitnehmers, ordnet er Mehrarbeit an oder bestimmt er über die Pausen oder das Arbeitstempo, nimmt er Arbeitgeberfunktionen wahr (ErfK/*Wank,* § 1 AÜG Rn. 18a); das Vorliegen von ANÜ wird vermutet. Dasselbe gilt, soweit **Zeiten des Urlaubs** oder sonstige Arbeitsbefreiungen vom Einsatzbetrieb bestimmt werden oder den Arbeitnehmer **Abmeldepflichten** gegenüber dem Einsatzbetrieb bei Verlassen des Arbeitsplatzes treffen sollen (*LAG Berlin* v. 1.9.1989, LAGE § 611 BGB Arbeitgeberbegriff Nr. 2).

76 Erfolgt der Einsatz der Fremdfirmenbeschäftigten im Rahmen einer vom Einsatzbetrieb vorgegebenen **Arbeitsorganisation,** sind Arbeitsanweisungen nicht mehr dem Weisungsrecht des Werkunternehmers zuzurechnen, wenn in den Modalitäten der Arbeitsausführung ansonsten keine bedeutsamen Unterschiede zur Stammbelegschaft bestehen (BAG v. 14.6.1984, EzAÜG § 631 BGB Werkvertrag Nr. 7; BGH v. 25.6.2002 – X ZR 83/00 – NZA 2002, 1086; *Thüsing/Waas,* § 1 Rn. 76). Übernimmt das Fremdunternehmen Tätigkeiten, die sonst von **Stammarbeitnehmern** des Einsatzbetriebs wahrgenommen werden, indiziert dies das Vorliegen von ANÜ (*BAG* v. 14.6.1989, AP Nr. 5 zu § 14 AÜG; *SG Hamburg* v. 23.11.2004 – S 13 AL 5/99; *Thüsing/Waas,* § 1 Rn. 76). Die **Arbeitsleistung** der Fremdfirmenbeschäftigten steht im Vordergrund der Vertragszwecke, wenn die Fremdfirmenbeschäftigten ständig oder je nach betrieblichem Arbeitsbedarf des Bestellers fehlende Stammarbeitskräfte ersetzen sollen (*SG Hamburg* v. 23.11.2004 – S 13 AL 5/99). Hier ist nur der Entleiher in der Lage, den Arbeitskräftebedarf zu übersehen und nach eigener Terminplanung zu koordinieren, der Einsatz der Fremdfirmenbeschäftigten ist Bestandteil einer **vom Einsatzbetrieb gesteuerten Arbeitsorganisation.** Wird die Planungssicherheit beim flexiblen Personaleinsatz erst durch die Beschäftigung der Fremdfirmenarbeitnehmer ermöglicht, ist der Werkvertrag integraler Bestandteil der **Personalplanung** des Einsatzbetriebs und nicht eine ausgelagerte Teilfunktion, die im Rahmen der Arbeitsorganisation eines Dritten ausgeführt wird. Werden die Arbeiten normalerweise mit Stammarbeitnehmern erledigt und soll der **Arbeitskräftebedarf** über Fremdfirmenarbeitnehmer gedeckt werden, liegt immer ANÜ vor. Dabei kommt es nicht darauf an, ob den Fremdfirmenbeschäftigten die Weisungen im Einzelfall vom Fremdunternehmen erteilt werden. Die Arbeitnehmer sind hier derart in die Betriebsabläufe des Entleihers integriert, dass von der Wahrnehmung eigenständiger Arbeitgeberfunktionen durch den Werkunternehmer nicht gesprochen werden kann.

d) Rechtsfolgen bei Verstößen

Spricht nach den zuvor (Rn. 33 ff.) aufgeführten Kriterien eine **Vermutung** dafür, **77** dass kein Werkvertrag, sondern **ANÜ** vorliegt, sind hinsichtlich der Rechtsfolgen alle Bestimmungen des AÜG maßgeblich (§ 117 Abs. 2 BGB). Der Werkvertrag ist gem. § 117 Abs. 1 BGB unwirksam. Dies gilt auch für ggf. eingesetzte **Arbeitnehmer von Subunternehmen** (*LAG Baden-Württemberg* v. 13. 6. 1989 – 14 TaBV 11/89 – EzAÜG BetrVG Nr. 38; *BGH* v. 13. 6. 2001 – 3 SZR 126/01 – NStZ 2001, 464). Besitzt der überlassende angebliche Werkunternehmer nicht die nach § 1 Abs. 1 Satz 1 erforderliche Erlaubnis oder liegt ein Fall vermuteter Arbeitsvermittlung nach § 1 Abs. 2 vor, wird ein **Arbeitsverhältnis zum Einsatzbetrieb fingiert** (Einl. D. Rn. 47 ff.). Neben den Ansprüchen aus diesem Arbeitsverhältnis haftet der Werkbesteller dabei auch für den Gesamtsozialversicherungsbeitrag nach § 10 Abs. 3 AÜG, § 28e Abs. 2 Sätze 2 und 3 SGB IV (*BGH*, a.a.O.). Da der zwischen dem entsendenden Unternehmer und dem Einsatzunternehmen abgeschlossene Vertrag **rechtlich als ANÜ-Vertrag zu werten** ist, der Werkunternehmer sich somit als Verleiher und der Besteller als Entleiher behandeln lassen müssen, bedarf der Vertrag nach § 12 Abs. 1 der **Schriftform**, die sich auf alle Vertragspunkte, Nebenabsprachen, etwaige Vertragsänderungen oder -ergänzungen bezieht (*Becker/Wulfgramm*, Art. 1 § 12 Rn. 15; *Schüren/Feuerborn*, § 12 Rn. 13). Ist die Schriftform nicht eingehalten, ist der Vertrag nichtig (§ 134 BGB). Auch i. ü. ist der Vertrag nichtig, soweit die Vermutung des § 1 Abs. 2 reicht oder die Erlaubnis nach § 1 fehlt (s. § 9 Nr. 1). Die **Rückabwicklung** richtet sich hierbei wie in den sonstigen Fällen illegaler ANÜ nach bereicherungsrechtlichen Grundsätzen (§§ 812 ff. BGB; *BGH* v. 8. 11. 1979 – VII ZR 337/78 – AP Nr. 2 zu § 10 AÜG; v. 17. 1. 1984 – VI ZR 187/82 – DB 1984, 1194; v. 25. 6. 2002 – X ZR 83/00 – NZA 2002, 1086; *Becker/Wulfgramm*, Art. 1 § 1 Rn. 51e; *Schüren/Feuerborn*, § 1 Rn. 19). Im Einzelfall kann es gegen Treu und Glauben (§ 242 BGB) verstoßen, wenn sich eine Vertragspartei auf den Formmangel oder die Nichtigkeit beruft. Hat etwa der Einsatzbetrieb – ohne zurechenbares Vertretenmüssen des entsendenden Unternehmens – den Arbeitnehmer wie eigene Arbeitnehmer eingesetzt und allein durch dieses Verhalten den Tatbestand einer ANÜ geschaffen, kann er sich nicht der ursprünglich vereinbarten Vergütungspflicht (§ 631 Abs. 1 BGB) entziehen, diese bleibt vielmehr neben darüber hinausgehenden Schadensersatzansprüchen erhalten.

Im Streitfalle trifft die **Darlegungs- und Beweislast** diejenige Partei, die aus **78** Umständen, die ergeben, dass es sich um ANÜ handelt, für sich günstige Rechtsfolgen herleiten will (*BAG* v. 30. 1. 1991 – 7 AZR 497/89 – AP Nr. 8 zu § 10 AÜG). Bei Klagen des Arbeitnehmers (insbesondere im Zusammenhang mit § 10) oder bei Beschlussverfahren des Betriebsrats (z.B. im Zusammenhang mit Verfahren nach § 101 BetrVG) haben daher zunächst Arbeitnehmer bzw. Betriebsrat die Umstände darzulegen und zu beweisen, die das Vorliegen einer ANÜ begründen bzw. nach § 1 Abs. 2 vermuten lassen. Liegen nach den aufgeführten Kriterien (Rn. 33 ff.) einzelne Anhaltspunkte für das Vorliegen einer ANÜ vor, muss von der gegnerischen Partei die **Vermutung widerlegt** bzw. der **Gegenbeweis angetreten** werden, dass den Indizien keine ins Gewicht fallende Bedeutung zukommt, die das Vorliegen eines Werkvertrages infrage stellen. Hierbei müssen die einzelnen Kriterien qualitativ gewichtet und im Rahmen einer **wertenden Gesamtbetrachtung** im Hinblick auf das Vorliegen von ANÜ überprüft werden (*BAG* v. 30. 1. 1991, AP Nr. 8 zu § 10 AÜG; *LAG Frankfurt* v. 11. 7. 1989 – 4 TaBV

211/88 – AiB 1990, 77 m. Anm. *Paasch*). Dient der Vertrag offensichtlich der **Umgehung von Arbeitgeberpflichten** des Verleihers oder Einsatzbetriebs, muss die tatsächliche Ausgestaltung als Werkvertrag zurücktreten (*SG Hamburg* v. 23.11.2004 – S 13 AL 5/99). Verstöße gegen das Weisungsrecht oder gegen die Wahrnehmung von Arbeitgeberfunktionen durch den Einsatzbetrieb haben hierbei das stärkste Gewicht. Ein **Entlastungsbeweis** dürfte hier nur in Ausnahmefällen gelingen, beispielsweise, wenn weder Werkunternehmer noch Besteller von der Ausübung des Weisungsrechts durch Repräsentanten des Einsatzbetriebs Kenntnis hatten, ohne dies vertreten zu müssen (vgl. *BAG* v. 18.2.2003 – 3 AZR 160/02 – DB 2003, 2181). Nicht gefolgt werden kann der Rechtsprechung des *BAG*, dass ein Arbeitnehmer nicht bereits dann überlassen wird, wenn er auf Grund seines Arbeitsvertrages zwar auch Weisungen des Dritten zu befolgen hat, er aber allein innerhalb der Betriebsorganisation seines Arbeitgebers für diesen tätig wird (so *BAG* v. 22.6.1994 – 7 AZR 286/93 – AP Nr. 16 zu § 1 AÜG). I.ü. kommt es wesentlich darauf an, inwieweit der Werkvertrag einen über die Arbeitsleistung des Arbeitnehmers hinausgehenden Gehalt besitzt, der dem vorgegebenen werkvertraglichen Leistungserfolg ein substanziell deutliches Gewicht gibt.

e) Der Scheinwerkvertrag

79 Der sog. **Scheinwerkvertrag** ist dadurch gekennzeichnet, dass die beteiligten Unternehmen bei Vertragsschluss einen **ANÜ-Vertrag** abschließen wollen und in Kenntnis dieses Umstandes **dennoch zum Schein einen Werkvertrag abschließen**. Der Scheinwerkvertrag ist i.d.R. kein (nichtiges) Scheingeschäft i.S.d. § 117 Abs. 1 BGB, da der **rechtliche Bindungswille** bei den Vertragsparteien **vorhanden** ist und übereinstimmend die Rechtsfolgen einer ANÜ eintreten sollen (Palandt-*Heinrichs*, § 117 Rn. 3). Es liegt vielmehr eine rechtlich unerhebliche absichtliche Falschbezeichnung vor (falsa demonstratio non nocet; a.A. *Urban-Crell/Schulz*, Rn. 60).

80 Die Motive von Verleihern und Entleihern einen Scheinwerkvertrag abzuschließen können unterschiedlich sein (*Bode/Brose/Voswinkel* 1994, 88). Die erste Fallgestaltung ist dadurch gekennzeichnet, dass die Beteiligten zwar **wissentlich falsch** das Vorliegen eines Werkvertrages behaupten, von vornherein jedoch gar nicht den Versuch unternehmen, beweisrelevante Umstände für das Vorliegen eines Werkvertrages zu schaffen (**offen illegale Arbeitnehmerüberlassung**). Abgesehen davon, dass das Fremdunternehmen in diesen Fällen häufig gar nicht über die Betriebsmittel und -organisation zur Durchführung eines Werkvertrags verfügt (vgl. Rn. 60), wird hier meist weder eine schriftliche Vereinbarung getroffen noch versucht das Entsendeunternehmen zumindest teilweise Funktionen wahrzunehmen die auf den Abschluss eines Werkvertrages schließen lassen könnten. In diesen Fällen kommt mit der Arbeitsaufnahme des Arbeitnehmers ein Arbeitsverhältnis zum Einsatzunternehmen nach § 10 zustande (vgl. Erl. zu § 10). Wie in sonstigen Fällen kollusiven Verhaltens bei illegaler ANÜ richten sich die **gegenseitigen Ansprüche von Verleiher und Entleiher nach bereicherungsrechtlichen Grundsätzen** (vgl. § 9 Rn. 16 ff., § 12 Rn. 29). Die Bereicherung des Entleihers durch Nutzung der Arbeitskraft des Arbeitnehmers braucht dieser nach § 817 Satz 2 BGB wegen des beiderseitigen Gesetzesverstoßes allerdings nicht herauszugeben (*Schüren/Schüren*, § 9 Rn. 48). Hat der Entleiher jedoch die Vergütung erstattet, kann er sie aus den vorgenannten Gründen nicht zurückfordern.

Eine weitere Fallgruppe des Scheinwerkvertrages bilden die Werkverträge, die zunächst wirksam begründet wurden, im Verlauf der Abwicklung und Ausführung aber auf Grund vielerlei möglicher Umstände in ANÜ umschlagen (vgl. *Bauschke*, NZA 2000, 1202). Die wichtigste Fallgruppe ist dadurch gekennzeichnet, dass die Vertragsparteien einen ANÜ-Vertrag abschließen wollen, die rechtlichen Rahmenbedingungen des AÜG aber einer Realisierung der hiermit verbundenen Geschäftszwecke entgegenstehen und zur **Umgehung überlassungsbezogener Rechtsnormen** zum Schein ein **Werkvertrag** abgeschlossen wird. Sowohl bei der Abfassung der Vertragsurkunde als auch bei der Abwicklung unternehmen die Unternehmen in diesen Fällen alle Anstrengungen, um nach dem äußeren Erscheinungsbild das Vorliegen eines Werkvertrages vorzutäuschen. Durch »verfeinerte Verschleierungspraktiken« wird in die Werkverträge ein Mindestmaß an Kriterien aufgenommen, die »vordergründig für einen Werkvertrag sprechen« (vgl. Bericht der BA v. 14.5.1992 zum 7. Erfahrungsbericht der Bundesregierung, S. 37f.). Allein die Vereinbarung werkvertraglicher Gewährleistungspflichten oder Zahlungsmodalitäten können dem zugrunde liegenden Vertragsverhältnis nicht sein arbeitsrechtliches Gepräge nehmen (*BAG* v. 9.11.1994 – 7 AZR 217/94 – AP Nr. 18 zu § 1 AÜG). Die **Motive** der Unternehmen sind vielschichtig. Sie können z.B. darin bestehen, billige **ausländische Leiharbeitnehmer** entgegen § 40 Abs. 1 Nr. 2 AufenthG, § 6 Abs. 1 Nr. 2 ArGV zu beschäftigen oder die kostenreduzierenden Möglichkeiten der Inanspruchnahme von Werkvertragskontingenten zu nutzen (vgl. Einl. F. Rn. 78). Insbesondere bei Entsendungen aus dem Ausland sind illegale und kriminelle Praktiken der Unternehmen ausgeprägt. Zunehmend gründen hier ausländische Hintermänner Briefkastenfirmen oder sog. »Strohmanngesellschaften«, die Subunternehmerleistungen anbieten oder im Rahmen von Werklieferungsverträgen auftreten. Ganze Kreise von Unternehmen sind dabei in ein Netz von Scheinfirmen, Scheingeschäftsführern, illegalen Verleihern und illegal tätigen Arbeitnehmern integriert (vgl. 9. Erfahrungsbericht der BuReg, S. 37). Häufig soll durch einen Scheinwerkvertrag auch nur den Kontrollmöglichkeiten, die für die Arbeitsverwaltung im Falle der Beantragung und Erteilung der Erlaubnis zur Arbeitnehmerüberlassung bestehen, ausgewichen werden. Zunehmend stehen die Umgehungsformen auch mit Strategien des Outsourcing in Zusammenhang, da die dauerhafte Auslagerung betrieblicher Teilfunktionen im Rahmen der ANÜ nur begrenzt möglich ist. Sollen durch eine formal als Werkvertrag abgeschlossene Vereinbarung die Ziele und Schutzzwecke des AÜG umgangen werden, ist das Vorliegen eines ANÜ-Vertrages zu bejahen (ErfK/*Wank*, § 1 AÜG Rn. 26). Eine derartige **Umgehung** ist insbesondere anzunehmen, wenn der Vertrag dem Zweck dient, eine Inanspruchnahme des Einsatzbetriebs durch die Fremdfirmenbeschäftigten aus arbeitsrechtlichen Grundsätzen zu vermeiden (*BGH* v. 25.6.2002 – X ZR 83/00 – NZA 2002, 1086). Bedeutung haben in diesem Zusammenhang insbesondere die Fälle, in denen ein Verleiher die **Gleichbehandlungsgrundsätze** der §§ 3 Abs. 1 Nr. 3, 9 Nr. 2 durch Abschluss eines Werkvertrages umgehen will. Da der gesetzliche Gleichbehandlungsgrundsatz nur im Leiharbeitsverhältnis Anwendung findet (§ 9 Rn. 72), richten sich die materiellen Arbeitsbedingungen beim Werkvertrag ausschließlich nach den arbeitsvertraglichen Absprachen bzw. nach den tariflichen Regelungen der Branchentarifverträge, soweit sie auf das Arbeitsverhältnis Anwendung finden. Kommen demgegenüber auch bei einem angeblich werkvertraglichen Einsatz die TV zur ANÜ zu Anwendung, deren Geltungsbereich sich auf Fälle reiner ANÜ beschränkt (§ 9

Rn. 152), ist das Vorliegen eines Werkvertrags ausgeschlossen. Die Arbeitsleistung des Arbeitnehmers erfolgt hier immer auf der Grundlage von ANÜ, wobei es nicht darauf ankommt, ob der Einsatzbetrieb dem LAN in tatsächlicher Hinsicht Weisungen erteilt.

82 Da beim Scheinwerkvertrag der **Geschäftswille auf ANÜ gerichtet** ist, richten sich sowohl die Wirksamkeit des ANÜ-Vertrages als auch die arbeitsvertraglichen Beziehungen ausschließlich nach dem AÜG (§ 117 Abs. 2 BGB; zu den Rechtsfolgen s. Rn. 77 ff.). Sind die **Bestimmungen des AÜG eingehalten** und liegt eine **Erlaubnis zu ANÜ** vor, sind die Hauptleistungspflichten der vertragsschließenden Parteien – auch soweit ursprünglich werkvertragsbezogene Pflichten vereinbart wurden, die nicht selbstständige nebenvertragliche Pflichten betreffen – auf die Rechte und Pflichten beschränkt, die für Verleiher und Entleiher auch sonst bei ANÜ bestehen (vgl. § 9 Rn. 7 ff.). In den **Fällen illegaler ANÜ** sind Leistungsansprüche oder auch Gewährleistungs- oder Mängelbeseitigungsansprüche demgegenüber grundsätzlich ausgeschlossen. Auch die Rechtsfolgen für die Arbeitsverhältnisse ergeben sich in diesen Fällen ausschließlich nach den Bestimmungen des AÜG, insbesondere kommt § 10 Abs. 1 zur Anwendung (vgl. § 10 Rn. 24, 33).

83 Da die Rechtsfolgen des § 10 beim Scheinwerkvertrag den Interessen des Einsatzbetriebs zur Externalisierung von Beschäftigungsrisiken diametral entgegenstehen, schließen die Unternehmen zunehmend nur noch mit solchen Mischunternehmen **Werkverträge**, die **gleichzeitig im Besitz der Erlaubnis** nach § 1 Abs. 1 sind (vgl. Einl. D. Rn. 38 ff.). Auch bei dieser Form des Scheinwerkvertrages gehen die beteiligten Firmen davon aus bzw. nehmen billigend in Kauf, dass ANÜ vorliegt. Die hiermit verbundenen **Beschäftigungsrisiken** (vgl. § 10 i.V.m. § 9 Nr. 1) **sollen** jedoch teilweise **ausgeschlossen werden**. Die Beteiligten schließen einen Werkvertrag, halten jedoch für die Fälle, in denen der Werkvertrag durch Dritte infrage gestellt wird, **vorsorglich** eine **Arbeitnehmerüberlassungserlaubnis** bereit. Auch bei Besitz einer Erlaubnis zur ANÜ können jedoch die Rechtsfolgen des § 1 Abs. 2 beim Scheinwerkvertrag nicht ausgeschlossen werden. Im Streitfall kann insoweit dahin gestellt bleiben, ob der Überlassende gegen die Arbeitgeberpflichten oder das Arbeitgeberrisiko nach § 3 Abs. 1 verstößt oder das fingierte Arbeitsverhältnis nach § 10 Abs. 1 zustande kommt (*BAG* v. 18.2.2003 – 3 AZR 160/02 – AP Nr. 5 zu § 13 AÜG). Auch für Werkbesteller, die nur Werkunternehmer mit Erlaubnis zur ANÜ beauftragen, wird beim Scheinwerkvertrag ein fingiertes Arbeitsverhältnis begründet (Einl. D. Rn. 48 ff.). Ob i.ü. die Zielsetzungen der Unternehmen bei Vorliegen einer Erlaubnis erreicht werden können, hängt davon ab, ob einem **Mischunternehmen** (vgl. § 1 Rn. 168) eine Erlaubnis zur ANÜ erteilt wurde. Ggf. können diese sich nicht wahlweise darauf berufen, der Arbeitnehmer sei als Erfüllungsgehilfe des Werkunternehmers oder als Leiharbeitnehmer eines Entleihers eingesetzt.

84 Soweit **Mischunternehmen** die **Erlaubnis erhalten** wollen, müssen sowohl die betriebs- als auch arbeitsorganisatorischen Voraussetzungen hierfür vorliegen (vgl. § 1 Rn. 161). Wegen der unterschiedlichen arbeitsrechtlichen Rahmenbedingungen (vgl. z.B. § 9 Nr. 2 bis 5), der Meldepflichten (§ 8) und sonstiger Pflichten (z.B. §§ 11 f.) muss die **Tätigkeit als Verleiher von** der gleichzeitig ausgeübten **Tätigkeit als Werkunternehmer** betriebsorganisatorisch **getrennt** sein. Andernfalls liegt ein Verstoß gegen § 3 Abs. 1 Nr. 1 und 2 vor, sodass trotz Erlaubnis ein Arbeitsverhältnis zum Entleiher begründet wird (vgl. Einl. D. Rn. 47 ff.). Der Arbeitgeber kommt seinen üblichen **Arbeitgeberpflichten** oder seinen arbeitsvertraglichen Pflichten i.S.d. § 3 Abs. 1 Nr. 1 (die dem Arbeitgeber gegenüber dem Arbeitnehmer i.d.R. gerade nicht die Übertragung des Weisungsrechts gestatten, § 613 Satz 2 BGB) nicht nach, wenn er gegenüber dem Arbeitnehmer nicht **eindeutig erklären kann, auf welcher rechtlichen Grundlage** er seinen **Einsatz im Drittbetrieb** erbringen soll. Der Arbeitnehmer hat ein berechtigtes Interesse daran zu wissen, ob sein Einsatz im Drittbetrieb außerhalb der Bestimmungen des AÜG erfolgt und ob er bei Nichteinhaltung von Bestimmungen den Verlust seines Arbeitsplatzes beim bisherigen Beschäftigungsunternehmen riskiert (krit. *Schüren/Schüren*, § 10 Rn. 156ff.). Kann das Fremdunternehmen bei Beginn der Arbeitsaufnahme nicht eindeutig erklären, auf welcher rechtlichen Grundlage der Einsatz im Drittbetrieb erfolgen soll oder erweist sich die vorgenommene Einordnung des Vertragstyps als falsch, besitzt der Unternehmer nicht die in § 3 Abs. 1 Nr. 1 vorausgesetzte Zuverlässigkeit und erfüllt auch nicht die üblichen Arbeitgeberpflichten. Unabhängig vom Vorliegen einer Erlaubnis ist daher der Vermutungstatbestand des § 1 Abs. 2 immer erfüllt und es treten die Rechtsfolgen illegaler ANÜ ein. Einer Strategie der Unternehmen, über die vorsorglich beantragte Erlaubnis einen Teil der Rechtsfolgen illegaler Scheinwerkverträge auszuschließen, bleibt daher der Erfolg aus Rechtsgründen versagt (Rn. 83). Unvereinbar hiermit ist die teilweise zu beobachtende **Praxis der Arbeitsverwaltung,** ihrerseits auf die Beantragung einer Erlaubnis durch Mischunternehmen zu drängen. Die zugrunde liegende Zielsetzung, mit der Erlaubniserteilung gleichzeitig die Kontrollinstrumente bei ANÜ (§ 7) zu erlangen, ist zwar angesichts des Ausmaßes illegaler ANÜ verständlich. Dennoch dürfen hierbei die gesetzlichen Voraussetzungen der Erlaubniserteilung bzw. des Widerrufs nicht qua Verwaltungsakt aufgehoben oder eingeschränkt werden. Vielmehr hat die **Erlaubnisbehörde bei Zweifeln an der Zuverlässigkeit** des Verleihers die **Erlaubnis zu versagen** (§ 3 Abs. 1) bzw. eine erteilte Erlaubnis zu widerrufen (§ 5 Abs. 1).

2. Der Dienstvertrag

Im Unterschied zum Werkvertrag ist der **Dienstvertrag** nicht erfolgsbestimmt durch die Herstellung eines messbaren Arbeitsergebnisses (*BGH* v. 16.7.2002, BB 2002, 2039), sondern dadurch gekennzeichnet, dass der Dienstverpflichtete lediglich eine **Tätigkeit in Form** einer gattungsmäßig umschriebenen (*Becker*, DB 1988, 2561) **Leistung von Diensten** gegen Entgelt **schuldet** (§ 611 Abs. 1 BGB). Im Rahmen von Dienstverträgen tätige Personen sind häufig Arbeitnehmer, wegen ihrer wirtschaftlichen Abhängigkeit oft aber zumindest arbeitnehmerähnliche Personen (*BAG* v. 14.1.1997 – 5 AZB 22/96). Da Art und Inhalt der Dienstleistungen gesetzlich nicht eingeschränkt sind (§ 611 Abs. 2 BGB), lassen sich mit dem Dienstvertrag nahezu alle betrieblichen Funktionen abdecken. Zwar ist auch der Arbeitsvertrag Dienstvertrag, der Dienstvertrag kann jedoch unter Beachtung der Vorschriften der §§ 611ff. BGB auch außerhalb des arbeitsrechtlichen Normengefüges **mit einem Selbstständigen** abgeschlossen werden, wenn nicht die Leistung abhängiger Arbeit geschuldet werden soll (vgl. hierzu *SG Hamburg* v. 23.11.2004 – S 13 AL 5/99). Dies beurteilt sich nach § 7 Abs. 4 SGB IV auf Grundlage der tatsächlichen Ausgestaltung und Handhabung des Rechtsverhältnisses; die Bezeichnung des Vertragstyps durch die Parteien ist grundsätzlich unmaßgeblich (*BAG* v. 28.11.1990 – 4 AZR 198/90 – AP Nr. 137 zu § 1 TVG Tarifverträge Bau u.v. 6.8.2003 – 7 AZR 180/03 – BB 2004, 669; *LG München* v. 15.5.1997 – 17 HRO 759/97 – NZA 1997, 943).

85

Der Dienstvertrag eignet sich für die Unternehmen als Instrument der Personal-bedarfsdeckung unter gleichzeitiger **Verlagerung betrieblicher Beschäftigungs-risiken** mit der Zielsetzung Restriktionen des Arbeitnehmerschutzes außer Kraft zu setzen Arbeitgeberpflichten zu vermeiden und Lohnnebenkosten, insbeson-dere die Entrichtung von Sozialversicherungsbeiträgen, einzusparen.

Nach der Gesetzeskonzeption ist der **Dienstvertrag** zwar **personen- und nicht** – wie der Werkvertrag – **erfolgsbezogen** konzipiert (§ 613 Satz 1 BGB; *Schüren/Hamann*, § 1 Rn. 248; *Thüsing/Waas*, § 1 Rn. 85). Infolge der Abdingbarkeit der Vorschrift (*Palandt-Putzo*, § 613 Rn. 1) kann jedoch die **Übertragung der Dienst-leistungspflichten auf Dritte** – soweit nicht höchstpersönliche Pflichten infrage stehen – vertraglich vereinbart werden, erst recht ist der Einsatz von **Erfüllungs-gehilfen** (§ 278 BGB) möglich (s.a. *Schüren/Hamann*, § 1 Rn. 249). Der Dienstver-trag gibt damit den Unternehmen die Möglichkeit, auch umfangreiche betrieb-liche Funktionen, die nur im Zusammenwirken mehrerer Personen arbeitsteilig erledigt werden können, auf Fremdbetriebe dauerhaft zu verlagern und die betrieblichen Stammarbeitsplätze aufzulösen (zum Problem des Betriebsüber-gangs s. Rn. 163 ff.). Wegen seiner Nähe zur ANÜ wird ein Dienstvertrag unter Einsatz von Erfüllungsgehilfen nur in engen Grenzen für zulässig erachtet (*MünchArbR/Marschall*, § 174 Rn. 37) und teilweise als Indiz für das Vorliegen von ANÜ bewertet (*LAG Berlin* v. 25. 7. 1988, EzAÜG § 10 AÜG Fiktion Nr. 63). Bei einer Einzelperson stellt jedoch das dauerhafte Tätigwerden für einen Arbeitgeber i.d.R. ein Indiz für das Vorliegen eines Arbeitsverhältnisses dar (§ 7 Abs. 4 Satz 1 Nr. 2 SGB IV; *LAG Berlin* v. 25. 7. 1988, a.a.O.).

a) Abgrenzung

86 Die **Abgrenzung des Dienstvertrages** von anderen Vertragsformen – insbe-sondere vom Werkvertrag – kann im Einzelfall schwierig sein. Bei gleichem wirt-schaftlichem Erfolg können die vertraglichen Absprachen durchaus unterschied-lichen Vertragstypen zuzuordnen sein (zur Abgrenzung zum **Handelsvertreter** vgl. *BAG* v. 2. 3. 1994 – 5 AZR 462/93 – EzAÜG BetrAV Nr. 3; zum **Bewachungs-vertrag** vgl. *Dubischar*, NJW 1989, 3241; zum unzulässigen **Umgehungsgeschäft im Güterkraftverkehr** vgl. *ArbG Ludwigshafen* v. 12. 3. 1996 – 1 Ca 1809/95 – DB 1996, 1527). Hinsichtlich der Zielsetzung der Unternehmen, Arbeitgeber-risiken durch Fremdfirmenarbeit zu externalisieren, gewinnen hierbei nur diejeni-gen Abgrenzungskriterien Bedeutung, die gegenüber der ANÜ berücksichtigt werden müssen. Beim Dienstvertrag führt dies zu der Schwierigkeit, dass die beim Werkvertrag aus der Ausgestaltung der Gewährleistungs- und Vergütungs-pflichten hinsichtlich der Risikoverteilung gewonnenen Kriterien mangels entsprechender Regelung im Dienstvertragsrecht nicht oder nur eingeschränkt angewandt werden können. Die aus dem **Leistungsgegenstand**, der **Organisa-tionsgewalt** sowie der Wahrnehmung von **Arbeitgeberfunktionen** gewonnenen Kriterien (Rn. 57 ff. u. 68 ff.) finden jedoch auch beim Dienstvertrag entspre-chende Anwendung (*BAG* v. 1. 11. 1992 – 1 ABR 30/92). Zumindest die Rechtspre-chung wendet daher **die Abgrenzungskriterien von Werkvertrag und Dienst-vertrag zur ANÜ meist einheitlich** an (*BAG*, a.a.O.; *Boemke*, § 1 Rn. 69).

b) Vergütung

Beim Dienstvertrag unterliegt die **Vergütungsabsprache** der freien Vereinbarung   **87**
der Parteien. Bei fehlender Vergütungsabsprache richtet sich der Vergütungsanspruch nach § 612 Abs. 1 und 2 BGB. Da der Dienstverpflichtete **Arbeitsleistungen schuldet**, ist eine Abrechnung der **Vergütung auf Stundenbasis** grundsätzlich kein Kriterium, das auf eine ANÜ hindeutet. Vielmehr umfasst die
Vergütung beim freien Dienstvertrag die bei der ANÜ neben den Lohnkosten
des entsendenden Unternehmens entstehenden Lohnnebenkosten, die Gemeinkosten sowie Gewinn- und Risikozuschläge (*BAG* v. 1. 12. 1992 – 1 ABR 30/92). In
den Fällen, in denen sich die Funktion des Dienstunternehmers faktisch auf
die Auszahlung der Vergütung an die im Drittbetrieb eingesetzten Arbeitnehmer
beschränkt, er mithin lediglich als Strohmann fungiert (vgl. § 1 Rn. 20), kann eine
Vermutung für ANÜ angenommen werden.

c) Organisationsgewalt

Ebenso wie der Werkunternehmer muss der Dienstunternehmer die **Organisa-**   **88**
tion der Dienstleistung in eigener Planungshoheit und unternehmerischer Verantwortung sowie mittels eigener betrieblicher Leitungshierarchie **selbstständig
gewährleisten** (*Becker*, DB 1988, 2566). Werden die im Dienstvertrag beschriebenen Aufgaben regelmäßig durch Arbeitnehmer erfüllt, die im Einsatzbetrieb
beschäftigt sind, ist dies ein Indiz für eine Eigenbeschäftigung des Auftraggebers
(vgl. § 7 Abs. 4 Satz 1 Nr. 3 SGB IV). Beim freien Dienstvertrag muss der zur
Dienstleistung Verpflichtete die **Regie über Ort, Zeit und Art der Erbringung
seiner Dienste** haben (*Adomeit*, NJW 1996, 1712). Die zu erbringenden Dienstleistungen müssen selbstständig und unter eigener Verantwortung und nach eigenem Plan ausgeführt werden (*BayOLG* v. 20. 2. 1979 – 3 ObOWi 272/78 – AP Nr. 3
zu § 1 AÜG; *Becker/Wulfgramm*, Art. 1 § 1 Rn. 39b; *Sandmann/Marschall*, Art. 1
§ 1 Nr. 21). Beschränkt sich die vom Unternehmen geschuldete Dienstleistung in
personeller Hinsicht darauf, dem Auftraggeber **Arbeitnehmer zur Verfügung zu
stellen**, ohne dass hier in relevantem Umfang eigene Dispositionen oder Planungen erforderlich sind (z. B. dauerhafte Überlassung einer bestimmten Arbeitnehmergruppe), deutet dies auf das Fehlen einer unternehmerischen Dienstleistung
i.S.d. freien Dienstvertrages hin (*Dauner-Lieb*, NZA 1992, 820). Der Dienstunternehmer muss immer die **Dienstleistung als solche schulden**, im Reinigungsver-
trag müssen beispielsweise die Reinigungsarbeiten bzgl. bestimmter Objekte
und nicht nur das bloße Zurverfügungstellen von Reinigungspersonal geschuldet sein. Über die eingesetzten **Betriebsmittel** oder auch die Zahl der eingesetzten Arbeitnehmer hat allein der Dienstunternehmer zu entscheiden. Ist bei
Abschluss des Dienstvertrages der Leistungsgegenstand einschl. des Ortes und
der Zeit der Leistungserbringung bereits durch den Drittbetrieb festgelegt, ist
Vertragsgegenstand die weisungsgebende Tätigkeit von Arbeitnehmern (*BAG*
v. 26. 7. 1995 – 5 AZR 22/94 – AP Nr. 79 zu § 611 BGB Abhängigkeit), die Entsendung erfüllt damit den Tatbestand der ANÜ.

Die Arbeiten müssen innerhalb einer **eigenen Betriebsorganisation** des Dienst-   **89**
unternehmers organisiert und durchgeführt werden (*OLG Düsseldorf* v. 25. 2.
1981, GewA 1981, 276; *Urban-Crell/Schulz*, Rn. 57; *ErfK/Wank*, § 1 AÜG Rn. 31).
Je näher die Dienstleistung dabei an die (hauptsächlichen) Betriebszwecke des
Einsatzbetriebs heranreicht, desto mehr Zweifel ergeben sich am Vorliegen einer

eigenständigen Betriebsorganisation des Dienstunternehmers. Erbringt der Mitarbeiter die Dienstleistung im Rahmen **einer vom Dritten bestimmten Arbeitsorganisation**, ist er grundsätzlich **Arbeitnehmer** (BAG, a.a.O.). Bei Reinigungsarbeiten ist die Frage, ob die Arbeiten innerhalb der Betriebsorganisation des Dienstunternehmens oder des Auftraggebers ausgeführt werden unterschiedlich danach zu beantworten ob es sich um die Reinigung der Bürgersteige außerhalb des Betriebsgeländes, die Reinigung der Betriebsstätte oder die laufende Reinigung der Maschinen handelt. Die beim Werkvertrag aus den Voraussetzungen einer eigenständigen Betriebsorganisation gewonnenen Abgrenzungskriterien (vgl. Rn. 64 f.) können in diesem Zusammenhang auf den Dienstvertrag entsprechend übertragen werden.

90 Zum **Bewachungsvertrag** führt das *BAG* (v. 8. 11. 1978 – 5 AZR 261/77 – AP Nr. 2 zu § 1 AÜG) aus, dass ein Dienstvertrag dann ausscheide, wenn das Fremdunternehmen die Sicherungskräfte dem Einsatzbetrieb überlässt, damit dieser sich die Arbeitnehmer **für eigene Betriebszwecke** nutzbar macht; dies sei ANÜ. Diese Grundsätze relativiert das *BAG* jedoch in seiner Entscheidung vom 31. 3. 1993 (7 AZR 338/92 – AP Nr. 2 zu § 9 AÜG) dahin, dass auch beim Dienstvertrag ein **Anweisungsrecht** des Auftraggebers bestehe, das ihn berechtige, die geschuldete Dienstleistung bis in Einzelheiten hinein vertraglich genau zu regeln. Der Umstand, dass dem Dienstverpflichteten kaum noch ein größerer Entscheidungsspielraum hinsichtlich der Art und Weise der Ausführung verbleibe, spreche nicht für das Vorliegen von ANÜ (*BAG*, a.a.O.). Dieser Rechtsprechung, die i. ü. eine Auseinandersetzung mit der grundlegenden Entscheidung vom 8. 11. 1978 (5 AZR 261/1977 – AP Nr. 2 zu § 1 AÜG) vermissen lässt (s. zu Recht *Eckardt*, Anm. zu BAG v. 31. 3. 1993 – AP Nr. 2 zu § 9 AFG), stehen diejenigen Bedenken gegenüber, die sich auch beim Werkvertrag hinsichtlich der Bedeutung des Weisungsrechts ergeben (Rn. 24, 35, 84). Zwar lässt sich aus § 618 Abs. 1 BGB ein dem Anweisungsrecht beim Werkvertrag vergleichbares eingeschränktes **Anordnungsrecht** des Dienstleistungsberechtigten **hinsichtlich der Art und Weise der Dienstleistung** entnehmen. Die vertraglich vereinbarte Einräumung oder Ausübung dieses Anweisungsrechts darf jedoch nicht dazu führen, dass der Leistungsgegenstand oder die Organisation der Erfüllungshandlungen sich nicht mehr als eine dem Dienstunternehmen zurechenbare selbständige Leistung darstellen. Einschränkungen oder Vorbehalte bezüglich der Dienstleistungspflichten des Unternehmers können die Vermutung für das Vorliegen von ANÜ auch dann nicht infrage stellen, wenn der Vorbehalt sachlich notwendig ist (*BAG* v. 5. 11. 1978 – 5 AZR 261/77 – AP Nr. 2 zu § 1 AÜG).

d) Ausübung von Arbeitgeberfunktionen

91 Ebenso wie beim Werkvertrag ist die **Wahrnehmung von Arbeitgeberfunktionen**, insbesondere die Ausübung des Weisungsrechts und der Personalhoheit, das wichtigste Kriterium, um den Dienstvertrag zu Fremdleistungen von der ANÜ abzugrenzen (ErfK/*Wank*, § 1 AÜG Rn. 31; *Schüren/Hamann*, § 1 Rn. 257). Die entscheidende Besonderheit des freien Dienstvertrages (im Unterschied zum Arbeitsvertrag) besteht darin, dass der Dienstverpflichtete bei der Ausführung der Dienste nicht **weisungsgebunden** ist, sondern über **Art und Weise**, insbesondere über **Zeit und Ort** der Leistungserbringung im Rahmen der vertraglichen Pflichten **frei bestimmen** kann (*Palandt-Putzo*, § 611 Rn. 24). Sind diese Dispositionsbefugnisse des Dienstunternehmers vertraglich abbedungen oder werden

die Befugnisse im Rahmen der Vertragsabwicklung durch den Dienstberechtigten wahrgenommen, liegt kein Dienstvertrag vor, sondern der Einsatz der
»Erfüllungsgehilfen« des Dienstunternehmers stellt sich als ANÜ dar (*BSG* v.
23.6.1982, DBiR Nr.2790a AFG/§ 13 – SozRecht 4100 § 13 Nr.6; Becker/Wulf-
gramm, Art. 1 § 12 Rn.127ff.; *Sandmann/Marschall*, Art. 1 § 1 Rn.21; *Schüren/
Hamann*, § 1 Rn.257). Nur soweit sich aus der vertraglichen Vereinbarung ergeben sollte, dass der Dienstvertrag von vornherein als Arbeitsvertrag abgeschlossen werden sollte und die vom Dienstverpflichteten eingesetzten Arbeitnehmer
im Rahmen eines **mittelbaren Arbeitsverhältnisses** beim Einsatzbetrieb arbeiten
sollten (Rn.121f.), kann das Vorliegen von ANÜ ausgeschlossen sein.

Der Dienstunternehmer hat über den **Einsatz eigenen Leitungspersonals** dafür **92**
Sorge zu tragen, dass alle **arbeitsbezogenen Weisungen** ausschließlich im Rahmen seiner Personalhoheit ergehen und keine **Eingliederung** der Arbeitnehmer
in die Betriebsabläufe des Einsatzbetriebs stattfindet. Wird das erforderliche Leitungspersonal nicht zur Verfügung gestellt oder **arbeiten die Arbeitnehmer vermischt** mit Stammarbeitnehmern des Einsatzbetriebs (z.B. bei Projektarbeiten),
ist keine selbstständige Dienstleistung geschuldet, sondern dem Einsatzbetrieb
kommt es auf die Erlangung von Arbeitnehmern zur Arbeitsleistung an. Es liegt
dann ANÜ vor. Der Ort der auszuführenden Dienstleistung kann dabei Anhaltspunkte dafür liefern, ob eine Eingliederung vorliegt. Die Bewachung von Außen-
anlagen, Pförtnerdienste am Betriebseingang oder die Bewachung von Depots
bzw. die Wartung von Maschinen u.ä. besitzen eine unterschiedlich abgestufte
Nähe zu den vom Einsatzbetrieb geplanten und gesteuerten Betriebsabläufen.
Stellt sich die Dienstleistung als Bestandteil einer vom Einsatzbetrieb gesteuerten
Ablauforganisation dar, liegt **ANÜ** vor, eine Einschränkung über die Berücksichtigung eines Anordnungsrechts des Dienstberechtigten ist abzulehnen (Rn.90).

Soweit es sich nicht um **Maßnahmen des Arbeitsschutzes** handelt, die das Ein- **93**
satzunternehmen gleichermaßen wie der Dienstverpflichtete als Arbeitgeber zu
treffen hat (§ 618 Abs. 1 BGB), ist ausschließlich das Dienstunternehmen zur Ausübung des Weisungsrechts befugt, insbesondere dürfen die unter den Katalog
sozialer Angelegenheiten (§ 87 BetrVG) fallenden **Arbeitgeberfunktionen** nicht
vom Einsatzbetrieb ausgeübt werden. Bestimmung über Beginn und Ende der
täglichen Arbeitszeit, Anordnung von Mehrarbeit, Urlaubsgewährung oder
Sonstige, die Leistungspflichten aus dem Arbeitsverhältnis berührende Entscheidungen müssen **ausschließlich vom Dienstunternehmen** wahrgenommen
werden. Werden diese Funktionen – insbesondere das Weisungsrecht bezüglich
der Arbeitszeit – auch nur teilweise durch den Einsatzbetrieb wahrgenommen,
liegt ANÜ vor (*Sandmann/Marschall*, Art. 1 § 1 Rn.21). Ansonsten gelten die zum
Werkvertrag gemachten Ausführungen entsprechend.

e) Rechtsfolgen bei Verstößen

Stellt sich der Einsatz der Arbeitnehmer nicht als dienstvertraglicher Einsatz, **94**
sondern als ANÜ dar, gelten die gleichen Rechtsfolgen wie beim Werk- und
Scheinwerkvertrag. Auf die entsprechenden Ausführungen (Rn.77ff.) wird verwiesen.

3. Freie Mitarbeit

95 Auch der Einsatz sog. **freier Mitarbeiter** im Rahmen freier Werk- und Dienstverträge eröffnet den Unternehmen die Möglichkeit, betriebliche Funktionen auszulagern und im Rahmen außerhalb des Arbeitsrechts angesiedelter vertraglicher Gestaltungsformen erledigen zu lassen. Soweit der Vertrag unmittelbar zwischen Einsatzunternehmen und freiem Mitarbeiter abgeschlossen wird, wirft dies schwierige **Abgrenzungsprobleme zum Arbeitsvertrag** auf. Anhaltspunkte für eine nichtselbstständige Arbeit sind insbesondere eine Tätigkeit nach Weisungen und eine Eingliederung in die Arbeitsorganisation des Einsatzbetriebes (vgl. § 7 Abs. 1 SGB IV). Ergänzend hierzu sind die Tätigkeitsmerkmale des § 7 Abs. 4 Satz 1 SGB IV bei der Abgrenzung heranzuziehen. Nach den von der Rechtsprechung aufgestellten Grundsätzen kommt es entscheidend auf den **Grad der persönlichen Abhängigkeit** an, in der sich der zur Dienstleistung Verpflichtete befindet (vgl. BAG v. 13. 1. 1983 – 5 AZR 149/82 – AP Nr. 42 zu § 611 BGB Abhängigkeit; v. 9. 6. 1993 – 5 AZR 123/92 – AP Nr. 66 zu § 611 BGB Abhängigkeit). Erbringt der Mitarbeiter seine Dienstleistung im Rahmen einer **von Dritten bestimmten Arbeitsorganisation** oder ist er in diese **eingegliedert**, ist er typischerweise **Arbeitnehmer** (*BAG* v. 12. 9. 1996 – 5 AZR 104/95 – DB 1997, 1037; BGH v. 13. 6. 2001 – 3 StR 126/01 – wistra 2001, 464). Die Eingliederung in eine fremde Arbeitsorganisation zeigt sich dabei insbesondere, wenn der Beschäftigte einem Weisungsrecht des Arbeitgebers unterliegt, das Inhalt, Durchführung, Zeit, Dauer und Ort der Tätigkeit betreffen kann (*BAG* v. 9. 5. 1996 – 2 AZR 438/95 – ZIP 1996, 1879). Trotz der Abgrenzungsprobleme zum Arbeitsverhältnis ergeben sich zur ANÜ bei diesen Fallkonstellationen keine Berührungspunkte, solange es an einer Drittbeziehung fehlt.

96 Anders stellt sich die Problematik dar, wenn das freie Mitarbeiterverhältnis **nicht unmittelbar mit dem Einsatzbetrieb** begründet wird, sondern ein Unternehmen einen Dienst- oder Werkvertrag mit einem Fremdunternehmen abschließt, das sich seinerseits zur Erfüllung eines **freien Mitarbeiters als Subunternehmer** bedient (hinsichtlich der Abgrenzung zum Dienstverschaffungsvertrag s. Rn. 92 ff.). Derartige freie Mitarbeiterverträge können die Vermutung indizieren, dass die für ANÜ typischen Arbeitgeberrisiken umgangen werden sollen (*BAG* v. 15. 12. 1999, NZA 2000, 534; BSG v. 29. 7. 1970 – 7 RAr 44/68 – AP Nr. 9 zu § 37 AVAVG; *LAG Baden-Württemberg* v. 28. 6. 1984 – 7 Sa 129/83 – EzAÜG § 10 AÜG Fiktion Nr. 30).

96a Die Anwendbarkeit des AÜG setzt allerdings immer voraus, dass die **Tätigkeit** der im Drittbetrieb eingesetzten Person **die eines Arbeitnehmers** ist (*BAG* v. 9. 11. 1994 – 7 AZR 217/94 – DB 1995, 1566). Bei Ausübung der Tätigkeiten freier Mitarbeiter in Drittbetrieben ist diese Voraussetzung erfüllt, soweit die Tätigkeit entgegen dem freien Mitarbeiterverhältnis gerade nicht selbstständig, sondern **eingegliedert** in die Betriebsabläufe des unmittelbaren Vertragspartners in persönlicher Abhängigkeit/Weisungsgebundenheit ausgeführt wird (vgl. § 7 Abs. 1 SGB IV). Für die Anwendung des AÜG ist es bei »freien Mitarbeitern« allein entscheidend, ob die Tätigkeit im Einsatzbetrieb die eines Arbeitnehmers ist. Dies beurteilt sich nach den vertraglichen Absprachen sowie der **faktischen Durchführung** des Vertrages (*LG München* v. 15. 5. 1997 – 17 HRO 759/97 – NZA 1997, 943). Soweit die Tätigkeit im Einsatzbetrieb tatsächlich weisungsgebunden ausgeführt wird, handelt es sich um ANÜ, die sich hinsichtlich der Rechtsfolgen in vollem Umfang nach den Bestimmungen des AÜG richtet. Den an Fremdfirmen-

arbeit beteiligten Unternehmen ist es verwehrt, über vertragliche Gestaltungsformen zwischen Verleiher und Dienstleistungsverpflichtetem, die außerhalb
des Arbeitsrechts angesiedelt sind, den **Tatbestand einer ANÜ zu umgehen.** Die
Frage beurteilt sich vielmehr ausschließlich nach dem tatsächlichen Geschäftsinhalt und der praktischen Durchführung.

Arbeitet ein **freier Mitarbeiter im Rahmen eines Subunternehmerverhältnis-** **97**
ses (zum Erfordernis der Gewerbeanmeldung in diesem Fall vgl. *ArbG Wetzlar*
v. 31. 10. 1995 – 1 Ca 290/95 – BB 1996, 2083) **eingegliedert** in die **Organisation**
eines Drittbetriebs oder werden die **Anweisungen** hinsichtlich Arbeitszeit,
-ort und -inhalt der geschuldeten Dienstleistung vom Drittbetrieb derart erteilt,
dass der Drittbetrieb entscheidet, ob und wann die Arbeitsleistung zu erbringen
ist (*LAG Düsseldorf* v. 28. 8. 1995 – 14 Ta 330/94 – BB 1995, 2275), liegt **ANÜ** vor
(*Becker/Wulfgramm*, Art. 1 § 1 Rn. 49d; vgl. hierzu § 1 Rn. 29). Dies gilt insbesondere, wenn der freie Mitarbeiter kein eigenes **Betriebskapital** einsetzt, indem er
beispielsweise die Räumlichkeiten und die sächlichen Betriebsmittel seines Vertragspartners nutzt (*BAG* v. 2. 3. 1994 – 5 AZR 462/93 – EzAÜG BetrAVG Nr. 3). Es
kommt nicht darauf an, ob das freie Mitarbeiterverhältnis vor der Überlassung
wirksam begründet wurde oder nicht. Allein die vertragliche Bindung des freien
Mitarbeiters, auf Weisung seines Vertragspartners beim Dritten weisungsgebundene Tätigkeiten zu übernehmen, begründet den Tatbestand der ANÜ (*Sand-*
mann/Marschall, Art. 1 § 1 Rn. 10). Auch das *BAG* stellt bei der Frage der Abgrenzung von ANÜ und freier Mitarbeit durch Erfüllungsgehilfen wesentlich auf
die vertraglichen Vereinbarungen zwischen Einsatz- und Fremdunternehmen
ab und nimmt die Abgrenzung danach vor, ob die vertraglichen Beziehungen,
auf deren Grundlage der freie Mitarbeiter im Einsatzbetrieb tätig wird, ihrem
Geschäftsinhalt nach auf ANÜ gerichtet sind (*BAG* v. 9. 11. 1994 – 7 AZR 217/94 –
DB 1995, 1566).

Besonderheiten ergeben sich bei ansonsten zulässigem Einsatz freier Mitarbeiter **98**
nur, soweit durch **kollusives Verhalten** von freiem Mitarbeiter und Einsatzbetrieb ohne Duldung oder Einverständnis des Fremdunternehmers **Weisungs-**
rechte wahrgenommen oder der freie Mitarbeiter in die Betriebsorganisation
eingegliedert wird. Hier kommt die **Begründung eines (Zweit-)Arbeitsverhält-**
nisses zwischen freiem Mitarbeiter und Einsatzunternehmen in Betracht (Rn. 59,
66), das nicht auf § 10 beruht. Liegt der Entsendung daneben auch ein rechtlich
nicht zu beanstandender freier Mitarbeitervertrag zu Grunde, kann sich der freie
Mitarbeiter nicht darauf berufen, auf Grund der Fiktionswirkungen des § 10
seien auch seine Verpflichtungen aus dem freien Mitarbeiterverhältnis erloschen.
Er bleibt vielmehr zur Leistung verpflichtet und muss ggf. Schadensersatz leisten
(*OLG Frankfurt* v. 12. 7. 1989 – 7 U 230/88 – BB 1990, 778).

Auch beim Einsatz freier Mitarbeiter steht dem **Betriebsrat** des Einsatzbetriebs **99**
das **Mitbestimmungsrecht bei Einstellungen** nach § 99 BetrVG zu, soweit i. ü.
die Voraussetzungen der Vorschrift erfüllt sind (vgl. § 14 Rn. 134 ff.). I. ü. gelten
hinsichtlich der betriebsverfassungsrechtlichen Stellung des freien Mitarbeiters
und der Mitwirkungsrechte des Betriebrates die für den Einsatz von Arbeitnehmern auf werkvertraglicher Grundlage geltenden Grundsätze (vgl. Rn. 123 ff.)
entsprechend. Um dem Betriebsrat die Prüfung seiner Mitbestimmungsrechte zu
ermöglichen, kann der Betriebsrat nach § 80 Abs. 2 BetrVG verlangen, dass ihm
von dem betroffenen Personenkreis Name, Anschrift, Qualifikation, vorgesehene
Vergütung, Arbeits- und Aufenthaltsgenehmigung, Art und Zweck des geplanten Einsatzes, Länge und Verteilung der Arbeitszeit sowie die Bewerbungsunter-

lagen vorgelegt werden (*BAG* v. 15.12.1998 – 1 ABR 9/98; *ArbG Frankfurt* v. 26.9.1985 – 5 BV 14/85 – EzAÜG Betriebsverfassung Nr. 5; *Pohle*, BB 1999, 2401).

4. Dienstverschaffungs- und Gestellungsverträge

a) Dienstverschaffungsvertrag und Arbeitnehmerüberlassung

100 Ein **Dienstverschaffungsvertrag** liegt vor, wenn eine Partei verpflichtet ist, der anderen Partei die Dienste eines oder mehrerer Dritter zu verschaffen (ErfK/*Wank*, § 1 Rn. 39; MünchKomm/*Müller-Glöge*, § 611 Rn. 35; zum Geschäftsbesorgungsvertrag vgl. Rn. 112). Auch dem Dienstverschaffungsvertrag liegt die Zielsetzung zugrunde, dem Vertragspartner die Dienste eines Dritten zu verschaffen. Im Unterschied zur ANÜ, bei der die Arbeitsleistung des Dritten den Vertragszweck bestimmt, muss der Geschäftsinhalt beim Dienstverschaffungsvertrag auf die Verschaffung einer **selbstständigen Dienstleistung eines Dritten** gerichtet sein (*Urban-Crell/Schulz*, AÜG Rn. 53; a.A. *Schüren/Hamann*, § 1 Rn. 264). Die Anwendbarkeit des AÜG auf **Dienstverschaffungsverträge** beurteilt sich nach den **Geschäftszwecken**, auf die der Vertrag gerichtet ist. Auch dem Dienstverschaffungsvertrag liegt die **Zielsetzung** zugrunde, dem Vertragspartner die Dienste eines Dritten zu verschaffen, wobei der **Dritte nach eigenen Vorstellungen des Vertragspartners** und **nach dessen Weisungen** zur Erreichung eigener Ziele eingesetzt werden soll. Soll der Dritte die Dienste weisungsgebunden im Rahmen eines eigenständigen **Vertrages mit dem Einsatzunternehmen** erbringen, ist der Tatbestand einer **Arbeitsvermittlung** gegeben (*Schüren/Hamann*, § 1 Rn. 266; Einl. D Rn. 4). Arbeitsvertragliche Beziehungen zu einem der Vertragspartner schließen einen Dienstverschaffungsvertrag aus (s.a. DA BA Nr. 1.1.9). Nur soweit die Tätigkeit des Dritten in wirtschaftlicher und sozialer **Selbstständigkeit und Unabhängigkeit** geleistet wird, liegt ein nicht den Bestimmungen über Arbeitsvermittlung und ANÜ unterliegender Dienstverschaffungsvertrag vor (*Sandmann/Marschall*, Art. 1 § 1 Rn. 22).

101 Ist der Dienstverschaffungsvertrag demgegenüber darauf gerichtet, dass der Dritte **nicht** in **unmittelbare arbeitsvertragliche Beziehungen zum Einsatzbetrieb** (zum Interimsmanagement vgl. *Urban-Crell/Schulz* Rn. 64 ff.) treten soll, sondern sich seine Vertragsbeziehungen auf den Dienstleistungsverschaffer beschränken, ist der Dienstverschaffungsvertrag entweder auf das Zurverfügungstellen eines (Sub-)Unternehmers (zur freien Mitarbeit vgl. Rn. 95 ff.) oder auf ANÜ gerichtet. Ein derartiger Bereitstellungsvertrag (zum Begriff vgl. *BAG* v. 1.6.1994 – 6 AZR 7/93 – AP Nr. 11 zu § 10 AÜG) ist immer dann eine **ANÜ**, wenn die **Leistungspflichten** des zur Dienstverschaffung Verpflichteten darauf gerichtet sind, **Mitarbeiter** anzustellen und dem Einsatzunternehmen **zur Dienstleistung zur Verfügung zu stellen** (*BAG*, a.a.O.).

b) Gestellungsverträge

102 Bei den sog. **Schwestern-Gestellungsverträgen**, die von Schwesternorganisationen in Krankenhäusern und sonstigen Pflegeeinrichtungen zur Ausführung von Pflegediensten mit dem jeweiligen Träger geschlossen werden, handelt es sich i.d.R. um **Dienstverschaffungsverträge**. Die Besonderheit der Verträge liegt allerdings darin, dass die eingesetzten Personen meist auf **mitgliedschaftlicher und nicht auf arbeitsvertraglicher Grundlage** ihre Arbeiten verrichten und daher nicht als Arbeitnehmer tätig werden (vgl. *BAG* v. 3.6.1975 – 1 ABR 98/74 – AP Nr. 1 zu § 5 BetrVG 1972 Rotes Kreuz; v. 4.7.1979 – 5 AZR 8/78 – AP Nr. 10 zu § 611 BGB Rotes Kreuz; v. 20.2.1986 – AP Nr. 2 zu § 5 BetrVG 1972 Rotes Kreuz; v. 6.7.1995 – 5 AZR 9/93 – AP Nr. 22 zu § 5 ArbGG 1979; v. 26.9.2002 – 5 AZB 19/01 – DB 2003, 47; *LAG Hamm* v. 9.9.1971 – 8 Sa 448/71 – AP Nr. 3 zu § 611 BGB Ordensangehörige). Da durch den Gestellungsvertrag selbst keine arbeitsrechtlichen Beziehungen zwischen dem Träger der Pflegeeinrichtung und dem eingesetzten Pflegepersonal begründet werden (zur Sozialversicherungspflicht ohne Vorliegen eines Arbeitsverhältnisses vgl. *BSG* v. 27.6.1996 – 11 RAr 111/95), wird bei Gestellungsverträgen angenommen, dass grundsätzlich **kein ANÜ-Vertrag** vorliege (*BAG* v. 4.7.1979 – 5 AZR 8/78 – AP Nr. 10 zu § 611 BGB Rotes Kreuz; *Becker/Wulfgramm*, Einl. Rn. 33). Dies ist zutreffend, soweit die **Schwesternschaft selbst** den **Einsatz** der Schwestern **organisiert** und für die fachlich korrekte Erbringung der Pflegeleistung verantwortlich ist (*BAG* v. 1.6.1994 – 7 AZR 7/93 – AP Nr. 11 zu § 10 AÜG; v. 6.7.1995 – 5 AZB 9/93 – AP Nr. 22 zu § 5 ArbGG 1979). Arbeiten dagegen die Schwestern eingegliedert in die Betriebsorganisation der Pflegeeinrichtung und übt diese das Weisungsrecht aus, sind die Begriffsmerkmale einer ANÜ auch hinsichtlich der erforderlichen Arbeitnehmereigenschaft (§ 1 Rn. 22) erfüllt. Der Einsatz der Schwestern in der Pflegeeinrichtung erfüllt alle Merkmale des Arbeitnehmerbegriffs (§ 1 Rn. 23), die mitgliedschaftliche Rechtsbeziehung zur personalgestellenden Einrichtung ändert daran nichts (so auch *Boemke*, § 1 Rn. 24; *Schüren/Hamann*, § 1 Rn. 46; *Thüsing/Waas*, § 1 Rn. 37 f.). Da jedoch die ärztliche und pflegerische Versorgung »arbeitstechnisch untrennbar miteinander verbunden sind«, liegt zwischen dem Träger der Einrichtung und der Organisation der Pflegedienste i.d.R. ein **einheitlicher Betrieb** nach § 1 Abs. 2 Nr. 1 BetrVG vor (*BAG* v. 14.12.1994 – 7 ABR 26/94 – AP Nr. 3 zu § 5 BetrVG 1972 Rotes Kreuz), sodass die **Gastschwestern betriebsverfassungsrechtlich dem Trägerbetrieb zuzuordnen** sind.

Steuert der **Träger selbst** den Pflegedienst oder den **Personaleinsatz**, gibt er die Arbeitsanweisungen oder werden die nach dem Gestellungsvertrag geschuldeten Pflegedienste **vermischt mit Stammarbeitnehmern des Trägers** ausgeführt, so ist der Tatbestand der **ANÜ** erfüllt (*SG Hamburg* v. 23.11.2004 – S 13 AL 5/99). Auch bei den Gestellungsverträgen kommt der tatsächlichen Ausübung des **Weisungsrechts** für die Abgrenzung zur ANÜ eine entscheidende Bedeutung zu (*Schüren/Hamann*, § 1 Rn. 264; *Mayer-Maly*, Anm. zu BAG v. 4.7.1979 – AP Nr. 10 zu § 611 BGB Rotes Kreuz). Die Begründung vereinsrechtlicher Arbeitspflichten darf nicht zur Umgehung zwingender arbeitsrechtlicher Schutzbestimmungen führen (*BAG* v. 22.3.1995 – 5 AZR 21/94 – AP Nr. 21 zu § 5 ArbGG 1979). Steuert oder organisiert die Schwesternschaft nicht selbst den Einsatz der Schwestern und ist sie nicht für die fachlich korrekte Erbringung der Pflegeleistung verantwortlich, liegt ANÜ vor (*BAG* v. 1.1.1994 – 7 AZR 7/93 – DB 1994, 2549). Wird das Weisungsrecht vom Träger der Einrichtung ausgeübt, liegt ANÜ nicht nur vor, soweit die Arbeitsleistung sog. **Gastschwestern** (d.h. Arbeitnehmerinnen der Schwesternschaften, *BAG* v. 4.7.1979, a.a.O.) betroffen ist, sondern auch bezüglich der **Ordensschwestern** liegt ANÜ vor, da es für das Vorliegen einer ANÜ ausreicht, dass die Tätigkeit im Einsatzbetrieb als solche die Merkmale einer weisungsgebundenen Tätigkeit eines Arbeitnehmers erfüllt (Rn. 96).

Ist im Rahmen von Schwestern-Gestellungsverträgen der Tatbestand der ANÜ erfüllt, liegt i.d.R. ein Fall **nichtgewerbsmäßiger ANÜ** vor (s.a. *Schüren/Hamann*, § 1 Rn. 46; *Hamann* 1995, 40 f.; offen gelassen in *BAG* v. 4.7.1979, a.a.O.). Die

103

104

Rechtsfolgen von Verstößen gegen Bestimmungen des AÜG gelten – wenn auch eingeschränkt – auch in Fällen nichtgewerbsmäßiger ANÜ (vgl. § 1 Rn. 205); die **Vermutungstatbestände des § 1 Abs. 2** sind jedoch im Lichte der Besonderheiten des mitgliedschaftlichen Status der Ordensschwestern anzuwenden, da seitens der Schwesternorganisationen keine arbeitsrechtlichen Grundsätzen unterliegenden Arbeitgeberfunktionen wahrgenommen werden (a.A. *Schaub*, NZA 1985, Beil. 3, S. 5, der wegen der Nichtgewerbsmäßigkeit die Bestimmungen des AÜG generell für unanwendbar hält).

105 Bei **Gastschwestern**, die im Rahmen von **Arbeitsverträgen** mit den Schwesternorganisationen beschäftigt sind, ergeben sich demgegenüber keine Besonderheiten gegenüber den sonstigen Fällen nichtgewerbsmäßiger ANÜ.

106 Die Regeln des **kollektiven Arbeitsrechts**, die allgemein bei nichtgewerbsmäßiger ANÜ Anwendung finden (vgl. § 14 Rn. 4, 34), gelten unabhängig vom Status der eingesetzten Pflegepersonen uneingeschränkt auch in den Fällen der Schwestern-Gestellungsverträge, in denen auf Grund der tatsächlichen Durchführung ANÜ vorliegt. Dem Betriebsrat der Sozialeinrichtung, in der die Schwestern eingegliedert eingesetzt werden sollen, steht u. a. das **Mitbestimmungsrecht** nach § 99 BetrVG **bei Einstellungen** zu (*BAG* v. 22. 4. 1997 – 1 ABR 74/96 – DB 1997, 936).

c) Sonstige Dienstverschaffungsverträge

107 Auch der **Transfervertrag zwischen Vereinen des DFB** über die befristete **Ausleihe von Lizenzfußballspielern** (vgl. hierzu *Brömmekamp* 1988, 130 ff.) kann einen Dienstverschaffungsvertrag darstellen. Die arbeitsvertraglichen Absprachen bei der Spielerausleihe folgen jedoch nicht der Konzeption der ANÜ, sondern es wird mit dem bisherigen Verein ein **ruhendes (Zweit-)Arbeitsverhältnis** mit Wiedereinstellungsklausel und mit dem »ausleihenden« Verein ein befristetes Arbeitsverhältnis abgeschlossen (zu dieser vertraglichen Konstruktion vgl. auch § 1 Rn. 24, 30, 76 ff.). Im Rahmen dieses befristeten Arbeitsverhältnisses rückt der ausleihende Verein in die volle Arbeitgeberstellung ein, der Berufsfußballspieler wird mit allen Rechten und Pflichten dessen Arbeitnehmer und hat zusätzlich den Schutz, nach Ablauf der Befristung bei seinem früheren Arbeitgeber wieder arbeiten zu können. Bedenken dagegen, dass mit dieser Konstruktion das AÜG umgangen wird (vgl. *Hamann* 1995, 66), ergeben sich nicht. Eine objektive Funktionswidrigkeit des Rechtsgeschäfts könnte nur angenommen werden, wenn ohne sachlich berechtigten Grund der Zweck zwingender Normen des AÜG durch die gewählte rechtliche Gestaltungsmöglichkeit missbräuchlich umgangen würde (*BAG* v. 12. 10. 1960 – 3 AZR 65/56 – AP Nr. 16 zu § 620 BGB Befristeter Arbeitsvertrag). Die Rechtsstellung des Lizenzfußballspielers geht aber infolge des **Doppelarbeitsverhältnisses** über die Schutzzwecke des AÜG hinaus, eine Umgehung von Bestimmungen des AÜG liegt daher regelmäßig nicht vor (s. a. *Brömmekamp* 1988, 130 ff.).

5. Personalgestellung als vertragliche Nebenleistung

108 Die Vergabe einer Vielzahl betrieblicher Teilfunktionen an Dritte im Rahmen gemischter Verträge führt dazu, dass bei einer Reihe von Verträgen die Personalgestellung eine notwendige Nebenleistungspflicht darstellt. Eine Fallgruppe bildet die **Überlassung von Betriebsmitteln** durch Dritte unter gleichzeitigem Einsatz des erforderlichen **Bedienungspersonals**. Neben der Überlassung von

Maschinen mit Bedienungspersonal in Form einer Vermietung, Verpachtung oder eines Verkaufs von Baumaschinen sind hier Fälle des Verleasens von Fahrzeugen, Flugzeugen, Schiffen oder ganzer EDV-Anlagen (zur Funktionsnachfolge nach § 613a BGB vgl. Rn. 172 ff.) oder auch des Vermietens funktionsgerechter Räumlichkeiten (vgl. *OLG Düsseldorf* v. 30. 4. 2002, BB 2002, 2339) unter gleichzeitiger Gestellung des erforderlichen Personals zu nennen. Daneben werden Teilfunktionen dadurch ausgelagert, dass ein Fremdunternehmen mit der **Herstellung eines Teilproduktes** beauftragt wird, der Vertrag sich jedoch nicht auf die Lieferung dieses Teilproduktes beschränkt, sondern dieses Produkt im Rahmen der Betriebs- und Arbeitsorganisation des Auftraggebers von Arbeitnehmern des Fremdunternehmens eingebaut wird (**»Zulieferer ans Band«**). Bei derartigen gemischten Verträgen mit kauf-, miet- oder werkvertraglichen Hauptleistungspflichten einerseits und arbeitsvertraglichen Elementen andererseits (*Becker/ Wulfgramm*, Einl. Rn. 26) werden im Unterschied zum Werkvertrag die Arbeitnehmer nicht (zumindest nicht allein) als Erfüllungsgehilfen des entsendenden Unternehmens tätig, sondern sie sollen von vornherein nach den Betriebszwecken des Einsatzbetriebs und im Rahmen der dort bestehenden Arbeitsorganisation **eingegliedert** in die Betriebsabläufe die Arbeiten verrichten.

Stellt man allein auf die durchzuführenden Arbeiten ab und wird das Weisungsrecht zumindest partiell vom Einsatzbetrieb ausgeübt, ist der Tatbestand der ANÜ erfüllt (auf das Weisungsrecht des Mieters stellen auch *Becker/Wulfgramm*, Einl. Rn. 26, ab), zumindest ist von einem sog. echten Leiharbeitsverhältnis auszugehen (*BAG* v. 5. 5. 1988 – 8 AZR 484/85 – DB 1989, 131). Eine zumindest vorübergehende ANÜ liegt z. B. vor, wenn ein Kraftfahrer mit Betriebsmitteln des Empfängers nach dessen Weisungen Entladetätigkeiten verrichtet (*OLG Hamm* v. 24. 2. 1984 – 9 U 91/83). I. ü. ist bei der Frage, ob sich das Vertragsverhältnis auch als ANÜ darstellt, maßgeblich auf die tatsächliche **Handhabung des Weisungsrechts** abzustellen (*Schaub*, § 120 I 5a). Hieraus folgert ein Teil des Schrifttums zu Recht, dass die Gestellung des Personals immer den **Tatbestand der ANÜ** erfüllt, wobei auch auf die Schutzzwecke des AÜG verwiesen wird (*Boemke*, § 1 Rn. 32; KassHandb/*Düwell*, 4.5 Rn. 159; *Schüren/Hamann*, § 1 Rn. 240: *Hamann*,1995, 272; *Kania*, NZA 1994, 871). Demgegenüber wird von der Rechtsprechung und einem Teil der Literatur danach unterschieden, welche **Hauptzwecke** dem Vertrag sein Gepräge geben und ob die Personalgestellung als vertragliche Nebenleistung lediglich eine unselbstständige Annexverpflichtung zur Maschinengestellung darstelle (*BAG* v. 16. 6. 1982 – 4 AZR 862/79 – EzAÜG § 5 TVG Nr. 1; v. 17. 2. 1993 – 7 AZR 167/92 – DB 1993, 2288; *KG Berlin* v. 13. 9. 1995 – 2 Ss 112/93 – 5 Ws (B) 216/93 – EzAÜG § 611 BGB Abgrenzung Nr. 6; *Becker/Wulfgramm*, Art. 1 § 1 Rn. 31; *Sandmann/Marschall*, Art. 1 § 1 Rn. 21; *Schaub*, NZA 1985, Beil. 3, S. 3). Nach dieser sog. **Absorbtionstheorie** folgenden Auffassung (*Becker/Wulfgramm*, Einl. Rn. 26) ist von gewerbsmäßiger ANÜ nur dann auszugehen, wenn die Arbeitsleistung innerhalb des gemischten Vertrages im Vordergrund des Vertragszwecks steht, der **wirtschaftliche Wert** der zur Verfügung gestellten Maschinen demgegenüber zurücktritt (ErfK/*Wank*, § 1 AÜG Rn. 37; *Mayer/Paasch* 1986, 15; zu Recht a. A. *Schüren/Hamann*, § 1 Rn. 242; KassHandb/*Düwell* 4.5 Rn. 159). Bei der Überlassung von **Großanlagen** oder wertvollen Spezialmaschinen soll danach keine ANÜ vorliegen (*Schaub*, NZA 1985, Beil. 3, S. 3), bei Ausrüstung mit einfachen Werkzeugen (*Becker/Wulfgramm*, Art. 1 § 1 Rn. 31) oder bei Zurverfügungstellung einer Schreibmaschine mit Arbeitskräften soll demgegenüber eine erlaubnispflichtige ANÜ vorliegen (*Becker*, DB 1988, 2561). M. E. ist

109

bei der Frage, ob die Bestimmungen des AÜG in den Fällen der Überlassung von Maschinen mit Bedienungspersonal Anwendung finden, davon auszugehen, dass in allen Fällen, in denen die Tatbestandsmerkmale einer ANÜ vorliegen, die zwingenden Bestimmungen des AÜG Anwendung finden (vgl. *Schüren/Hamann*, § 1 Rn. 240 ff.). Die über ANÜ hinausgehenden Vertragszwecke können – selbst wenn sie im Vordergrund stehen oder wirtschaftlich betrachtet überwiegen – nicht die im AÜG festgelegten zwingenden Normen des Arbeitsschutzes beseitigen. Erfüllt die tatsächlich ausgeübte Tätigkeit des überlassenen Arbeitnehmers den Tatbestand der ANÜ, richtet sich die Überlassung des Bedienungspersonals (auch) nach den Bestimmungen des AÜG. Das Vorliegen von ANÜ als solche zu verneinen, obwohl die Voraussetzungen von ANÜ vorliegen (s. DA-BA Nr. 1.8), ist ein Widerspruch in sich. Eine andere Frage ist es demgegenüber, ob die **ANÜ gewerbsmäßig oder nichtgewerbsmäßig ausgeübt** wird und inwieweit die unterschiedlichen Formen der Überlassung auf Grund des AÜG auch unterschiedlichen Voraussetzungen und Rechtsfolgen unterliegen.

110 Die h. M. geht im Prinzip davon aus, dass die Überlassung von Maschinen mit Bedienungspersonal nicht den erlaubnispflichtigen Tatbestand einer gewerbsmäßigen ANÜ erfüllt (vgl. BT-Ds. VI/2303, S. 10; *Becker/Wulfgramm*, § 1 Rn. 31) und daher § 1 nicht anwendbar sei (*Schaub*, NZA 1995, Beil. 3, S. 3). Dem ist zuzustimmen, soweit die **Überlassung des Bedienungspersonals nichtgewerbsmäßig** i. S. d. § 1 Abs. 1 Satz 1 erfolgt, was sich nach den allgemeinen Grundsätzen beurteilt. Gewerbsmäßige Arbeitnehmerüberlassung erfordert dabei nicht, dass die Gewinnerzielung durch Verleih von Arbeitnehmern Hauptzweck oder überwiegender Zweck des Vertrages ist, sondern sie liegt bereits dann vor, wenn durch die ANÜ **mittelbar wirtschaftliche Vorteile** für den Verleiher erzielt werden. Dies ist bei der Überlassung von Maschinen mit Bedienungspersonal typischerweise der Fall (s. a. § 1 Rn. 154 ff.; *Schüren/Hamann*, § 1 Rn. 244). Allerdings scheidet eine gewerbsmäßige ANÜ dann aus, wenn sie **nur gelegentlich** und nicht auf Dauer angelegt ist. Erfolgt dagegen die Überlassung der Maschinen mit Bedienungspersonal **dauerhaft** (z. B. bei Vermietung von EDV-Anlagen), so ist entgegen der h. M. von der Gewerbsmäßigkeit der ANÜ auszugehen (zum Betriebsübergang in diesen Fällen vgl. *Schaub*, § 120 I 5b). Zur Erreichung der beabsichtigten Vertragszwecke sind die beteiligten Unternehmen insoweit darauf verwiesen, entweder andere vertragliche Gestaltungsformen (insbesondere den Werkvertrag) zu wählen oder aber alle Bestimmungen des AÜG einzuhalten.

111 Soweit im Einzelfall nur eine gelegentliche **nichtgewerbsmäßige ANÜ** vorliegt, entfällt lediglich die Erlaubnispflicht nach § 1 Abs. 1 Satz 1. Alle übrigen Bestimmungen des AÜG, die für Fälle nichtgewerbsmäßiger ANÜ anwendbar sind, sind dagegen zu beachten (vgl. § 1 Rn. 146). V. a. der auch im Rahmen nichtgewerbsmäßiger ANÜ vorübergehende Charakter von Zeitarbeit begrenzt daher die Möglichkeiten der Unternehmen, mittels vertraglicher Konstruktionen zur Überlassung von Maschinen mit Bedienungspersonal **dauerhaft anfallende Arbeiten** betrieblicherseits unter Beibehaltung der bestehenden Arbeitsorganisation und unter Aufrechterhaltung des Direktionsrechts bezüglich der eingesetzten Arbeitnehmer zu externalisieren.

6. Geschäftsbesorgungsvertrag

Der **Geschäftsbesorgungsvertrag** i.S.d. § 675 BGB unterliegt als **besonderer Fall** **112**
des freien Dienst- oder Werkvertrages (*Sandmann/Marschall*, Art. 1 § 1 Rn. 24;
Schüren/Hamann, § 1 Rn. 259) hinsichtlich der Abgrenzung zur ANÜ denselben
Kriterien wie der Werkvertrag (vgl. *BAG* v. 6.8.2003 – 7 AZR 180/03 – BB 2004,
669; Boemke, § 1 Rn. 71; ErfK/*Wank*, § 1 AÜG Rn. 31; einschränkend *Schüren/*
Hamann, § 1 Rn. 261). Der Geschäftsbesorgungsvertrag ist auf eine **selbstständige**
Tätigkeit wirtschaftlicher Art in fremdem Interesse gerichtet (z. B. Rechts-
beratung, Maklertätigkeit, Spediteur), der Geschäftsführer kann sich bei der
Ausführung auch des Einsatzes von **Erfüllungsgehilfen** (§ 278 BGB) bedienen.
Da der Geschäftsbesorgungsvertrag in der Praxis meist nur bei atypischen
Aufgabenstellungen oder im Rahmen betrieblicher Hilfsfunktionen eingesetzt
wird, treten in der Praxis kaum Abgrenzungsprobleme auf (vgl. hierzu *BGH*
v. 25.6.2003 – X ZR 83/00 – NZA 2002, 1086 u.v. 16.7.2002 – X ZR 27/01 – BB
2002, 2039). Wie beim Werkvertrag liegt ANÜ vor, wenn die entsandten Arbeitnehmer in die betrieblichen Arbeitsabläufe eingegliedert sind und dem Weisungsrecht des Einsatzbetriebs unterliegen.

7. Personalführungsgesellschaften

a) Personaleinsatzbetriebe

Die **Personalführungsgesellschaft** ist dadurch gekennzeichnet, dass eine **recht-** **113**
lich selbstständige Gesellschaft von mehreren Unternehmen oder Konzernen
(zur konzerninternen Personalführungsgesellschaft vgl. § 1 Rn. 248) zum Zwecke
der gemeinsamen Personalbeschaffung, -zuweisung und -führung gegründet
wird (*Becker/Wulfgramm*, Art. 1 § 1 Rn. 32; *Schaub*, NZA 1985, Beil. 3, S. 3). Entsprechend der unterschiedlichen Funktion, die eine Personalführungsgesellschaft
wahrnehmen kann, ergeben sich auch unterschiedliche Berührungspunkte zur
ANÜ bzw. Arbeitsvermittlung (*Becker*, DB 1988, 2561).
Beschränkt sich die Aufgabe der Personalführungsgesellschaft darauf, mit eige- **114**
nem Personal und eigenen Betriebsmitteln die **Personalverwaltung** (z. B. Lohn-
und Gehaltsbuchhaltung) für Dritte zu übernehmen, scheidet grundsätzlich das
Vorliegen von ANÜ oder Arbeitsvermittlung aus. Der vorübergehende Einsatz
der von der Personalführungsgesellschaft beschäftigten Arbeitnehmern in Betriebsstätten der Auftraggeber erfüllt in der Regel nicht den Tatbestand der ANÜ,
da hier entweder **eigene Aufgaben** der Personalführungsgesellschaft wahrgenommen werden oder aber vom Einsatzbetrieb keine arbeitsbezogenen Weisungen erteilt werden können. Etwas Anderes gilt nur, soweit der Einsatzbetrieb nur
einen **Teil** der Verwaltungsaufgaben auf die Personalführungsgesellschaft übertragen hat und bei ihm eingesetzte Arbeitnehmer der Personalführungsgesellschaft auch Aufgaben im Rahmen der verbliebenen Teilfunktionen wahrnehmen
bzw. ein Fall vermischten Arbeitens vorliegt (Rn. 42).
Werden von der Personalführungsgesellschaft Aufgaben der **Personalberatung** **115**
wahrgenommen und zu diesem Zwecke Arbeitnehmer im Drittbetrieb eingesetzt, erfolgt dies regelmäßig auf der Grundlage von Werk- oder Dienstverträgen. Allerdings kann im Einzelfall ANÜ vorliegen. Insbesondere in den Fällen, in
denen über die Personalberatung hinaus auch Weisungsbefugnisse des Einsatzbetriebs auf den Personalberater übertragen werden (vgl. hierzu den vom *ArbG*

Marburg v. 10.12.1992 – 2 BV 91/92 – entschiedenen Fall) oder der Berater gar in die Weisungsrechtshierarchie des Einsatzbetriebs **eingegliedert** arbeitet, kann ANÜ vorliegen. Demgegenüber kann Arbeitsvermittlung vorliegen, wenn eine **erfolgsorientierte Vergütung** vereinbart wurde. Keine Arbeitsvermittlung liegt vor, wenn sich der Schwerpunkt der Beratungstätigkeit auf die Aufstellung von Auswahlkriterien oder die fachliche und persönliche Geeignetheit von Bewerbern beschränkt. Die Personalberatung muss sich auf eine Dienstleistung für das Drittunternehmen beschränken, sie darf nicht i.S. einer Berufsberatung als Dienstleistung gegenüber den Arbeitnehmern erbracht werden (Einl. D. Rn. 21).

116　Nimmt die Personalführungsgesellschaft für andere Unternehmen Aufgaben der **Personalbeschaffung** wahr, indem sie ihnen Arbeitnehmer **vermittelt** oder Arbeitsverhältnisse in deren Namen abschließt, ohne selbst in die Arbeitgeberstellung einzurücken, liegt der Tatbestand gewerbsmäßiger Arbeitsvermittlung vor (s.a. *Becker*, DB 1988, 2561; *Schüren/Hamann*, § 1 Rn. 586); deren Zulässigkeit richtet sich nach den allgemeinen Kriterien.

117　**Stellt die Personalführungsgesellschaft** die Arbeitnehmer **selbst ein und überlässt sie anschließend** Unternehmen auf der Grundlage eines ANÜ-Vertrages zur Arbeitsleistung, liegt ANÜ vor (*BAG* v. 3.12.1997 – 7 AZR 764/97; *Becker/Wulfgramm*, Art. 1 § 1 Rn. 32; *Boemke*, § 1 Rn. 190; *Schüren/Hamann*, § 1 Rn. 587; zur Sonderregelung nach § 5 Abs. 5 AsylVerfG vgl. BAG v. 5.3.1997 – 7 AZR 357/96; zur konzerninternen ANÜ vgl. § 1 Rn. 248). Dies gilt insbesondere für **unternehmensübergreifend operierende Personaleinsatzbetriebe**, welche mit anderen Unternehmen meist langfristig angelegte Kooperationsverträge schließen, die auf die Zurverfügungstellung von Personal im Bedarfsfalle gerichtet sind. Bei Konzernarbeitsverhältnissen ist hierbei im Einzelfall zu prüfen, ob die Personalgestellung auch in tatsächlicher Hinsicht auf der Grundlage eines ANÜ-Vertrages erfolgt (*BAG* v. 3.12.1997 – 7 AZR 764/97; vgl. § 1 Rn. 248). Auch sog. **Beschäftigungsgesellschaften**, betriebsorganisatorisch eigenständige Einheiten i.S.d. § 216b Abs. 3 Nr. 2 SGB III oder gemeinnützige Beschäftigungsgesellschaften die Arbeitnehmer an Drittunternehmen zur Arbeitsleistung abordnen, betreiben ANÜ. Allein deren überwiegend **gemeinnützige Betätigung** schließt hierbei nicht die Gewerbsmäßigkeit aus (vgl. § 1 Rn. 156). Selbst in Fällen, in denen die Vergütung für die ANÜ nicht die Lohnkosten der Arbeitnehmer abdeckt, kann ein mittelbarer wirtschaftlicher Vorteil erzielt werden, da das Beschäftigungsunternehmen von einem Teil der ohnehin aufzubringenden Lohnkosten entlastet wird. Auch **gemeinnützige Beschäftigungsgesellschaften**, die ANÜ betreiben, bedürfen daher grundsätzlich einer **Erlaubnis** nach § 1 Abs. 1 Satz 1 (*Schüren/Hamann*, § 1 Rn. 587). Betreibt die Personalführungsgesellschaft ANÜ, unterliegt die Personalgestellung im Einzelfall allen Einschränkungen des AÜG. Ihre Funktion ist insoweit auf Fälle vorübergehenden Arbeitskräftemangels der angeschlossenen Unternehmen beschränkt. Darüber hinausgehende Funktionen können unter Beachtung vermittlungsrechtlicher Bestimmungen von ihr nur im Rahmen anderer vertraglicher Gestaltungsformen (z.B. durch Freistellung des Arbeitnehmers im Rahmen eines ruhenden Arbeitsverhältnisses und Abschluss eines befristeten Arbeitsvertrages zwischen Arbeitnehmer und Einsatzunternehmen) wahrgenommen werden (vgl. § 1 Rn. 78f.).

b) Gesamthafenbetrieb

Einen Sonderfall des Personaleinsatzbetriebs stellen **Gesamthafenbetriebe** i.S.   **118**
des Gesetzes über die Schaffung eines besonderen Arbeitgebers für Hafenarbeiter vom 3.8.1950 (BGBl. I S. 352) dar. Gesamthafenbetriebe (zur Definition vgl. BAG v. 14.12.1988 – 5 AZR 809/87 – AP Nr. 4 zu § 1 GesamthafenbetriebsG) sind **überbetriebliche Arbeitgeber,** die als gemeinsame Einrichtungen der zuständigen Arbeitgeberverbände und Gewerkschaften zur Ermöglichung stetiger Arbeitsverhältnisse der Hafenarbeiter durch schriftliche Vereinbarung gebildet werden (§ 1 Abs. 1 Satz 1 GesamthafenbetriebsG). Nach § 2 Abs. 1 GesamthafenbetriebsG sind die Gesamthafenbetriebe u.a. befugt, sowohl den Begriff der Hafenarbeit als auch ihr Aufgaben verbindlich festzulegen. Die Funktion des Gesamthafenbetriebes besteht darin, einen Personalbedarf im Rahmen der **Hafenarbeit,** den die Hafeneinzelbetriebe nicht mit eigenem Personal abdecken können, über Personalanforderungen beim Gesamthafenbetrieb auszugleichen. Soweit im Zusammenhang mit der Tätigkeit von Gesamthafenbetrieben die Voraussetzungen von ANÜ vorliegen, ist die **Anwendbarkeit des AÜG** nicht durch das GesamthafenbetriebsG ausgeschlossen (*LSG Schleswig-Holstein* v. 29.3.1978 – L 1 Ar 63/77 – EzAÜG § 6 AÜG Nr. 2; vgl. § 1 Rn. 156, 169; *Boemke*, § 1 Rn. 38; *Schüren/Schüren*, Einl. Rn. 19; a.A. *Sandmann/Marschall*, § 1 Anm. 46). Dieses gegenüber dem AÜG von 1972 frühere Gesetz ist nicht lex specialis gegenüber dem AÜG (*Sandmann/Marschall*, Art. 1 § 1 Rn. 45 f.), sondern das Verhältnis zum AÜG bestimmt sich grundsätzlich nach dem Grundsatz »lex posterior derogat legi priori« (i.Erg. ebenso *Schüren/Schüren*, Einl. Rn. 19).

Durch die Bildung eines Gesamthafenbetriebs nach § 1 Abs. 1 Gesamthafen-   **119**
betriebsG erlangt der Gesamthafenbetrieb nur bezüglich der Betriebe, die **verbandszugehörig** sind, eine (vorrangige) Berechtigung, Hafenarbeiter ausschließlich durch Arbeitnehmer, die im Besitz einer sog. **Hafenarbeits-Karte** sind, einzusetzen (BAG v. 6.12.1995 – 5 AZR 307/94 – AP Nr. 9 zu § 1 GesamthafenbetriebsG), soweit nicht der Gesamthafenbetrieb gem. § 1 Abs. 2 GesamthafenbetriebsG auch auf Außenseiter erstreckt wird. Die Hafeneinzelbetriebe dürfen außer ihren Arbeitnehmern nur solche Mitarbeiter mit Hafenarbeit beschäftigen, die ihnen vom Gesamthafenbetrieb zugeteilt wurden (*Martens*, NZA 2000, 450). Bei Verstößen steht dem Gesamthafenbetrieb ein Unterlassungsanspruch zu (s.a. *BAG* v 26.2.1992 – 5 AZR 99/91 – NZA 1992, 720). Eine Monopolstellung kommt ihm hierbei nicht zu. Reedereien können daher Hafenarbeiten durch eigene Arbeitnehmer durchführen, soweit sie nicht gleichzeitig einen Hafenbetrieb unterhalten und Hafenarbeiten ausführen (*BAG*, a.a.O., unter Aufgabe der früheren Rechtsprechung; v. 26.2.1992 – 5 AZR 99/91 – AP Nr. 6 zu § 1 GesamthafenbetriebsG).

Nach § 1 Abs. 1 Satz 2 GesamthafenbetriebsG ist den Gesamthafenbetrieben eine **erwerbswirtschaftliche Tätigkeit** gesetzlich **untersagt,** sodass bei legaler Betätigung der Gesamthafenbetriebe das Vorliegen einer gewerbsmäßigen Arbeitnehmerüberlassung i.S.v. § 1 Abs. 1 Satz 1 grundsätzlich ausgeschlossen ist (*Becker/Wulfgramm*, Einl. Rn. 28; *Sandmann/Marschall*, § 1 Rn. 46; *Schüren*, Einl. Rn. 19). Außerdem stellt der Gesamthafenbetrieb regelmäßig selbst die Arbeitnehmer ein (*BAG* v. 2.11.1993 – 1 ABR 36/93 – DB 1994, 985), sodass er nicht Dritter i.S.d. § 1 Abs. 1 Satz 1 ist. Bei Überlassung von Arbeitnehmern **zwischen den Mitgliedsunternehmen** oder an Dritte ist demgegenüber regelmäßig der Tatbestand gewerbsmäßiger ANÜ erfüllt (*Sandmann/Marschall*, Art. 1 § 1 Rn. 46; *Schüren/Schüren*, Einl. Rn. 19).

120 Soweit Gesamthafenbetriebe die Begriffsmerkmale **nichtgewerbsmäßiger ANÜ** erfüllen, ergeben sich unter Beachtung der Schutzzwecke des AÜG einerseits und der Besonderheiten der Arbeitgeberstellung des Gesamthafenbetriebs andererseits Besonderheiten (zur Mitbestimmung des Betriebsrats bei Versetzungen vgl. *BAG* v. 2.11.1993 – 1 ABR 36/93 – DB 1994, 985). Gesamthafenarbeiter stehen während ihrer Abordnung zum Einsatzbetrieb in der Regel in einem **Doppelarbeitsverhältnis** (*BAG* v. 25.11.1992 – 7 ABR 7/92 – RdA 1993, 189; v. 2.11.1993 – 1 ABR 36/93 – DB 1994, 985), in dessen Rahmen die **Arbeitgeberfunktionen** zwar in der für ANÜ typischen Art **gespalten** sind. Im Unterschied zur ANÜ nimmt der Gesamthafenbetrieb (in Wahrnehmung von Verleiherfunktionen) jedoch überwiegend **subsidiäre Arbeitgeberfunktionen** wahr, insbesondere die Lohnzahlungspflicht trifft in erster Linie unmittelbar den Einsatzbetrieb. Damit sind beim Gesamthafenbetrieb die üblichen Arbeitgeberpflichten i.S.d. § 1 Abs. 2 von vornherein eingeschränkt, die Schutzzwecke des AÜG sind durch die besondere Stellung des Gesamthafenbetriebs als zusätzlicher, subsidiär haftender Arbeitgeber mehr als sichergestellt (s.a. *Hamann* 1995, 58). Die Vermutung des § 1 Abs. 2 kann daher bei nichtgewerbsmäßiger ANÜ durch Gesamthafenbetriebe auf Grund der Besonderheiten der Arbeitgeberstellung i.d.R. als widerlegt gelten, soweit nicht Tatsachen vorgetragen werden können, die auf die Nichteinhaltung der für Gesamthafenbetriebe typischen Arbeitgeberpflichten schließen lassen.

8. Mittelbares Arbeitsverhältnis

121 Ein **mittelbares Arbeitsverhältnis** liegt vor, wenn ein **Arbeitnehmer von einem Mittelsmann (Zwischenmeister)** als Erfüllungsgehilfe i.S.d. § 278 BGB beschäftigt wird (*Waas*, RdA 1993, 155), der **selbst (Haupt-)Arbeitnehmer** eines Dritten ist, wobei jedoch die Arbeit mit Wissen des Dritten unmittelbar für diesen geleistet wird (*BAG* v. 22.7.1982 – 2 AZR 57/81 – EzAÜG § 611 BGB Leiharbeitsverhältnis Nr. 5). Bedeutung hat das mittelbare Arbeitsverhältnis heute bei Formen der sog. »Neuen Selbstständigkeit« (*Wank*, DB 1992, 90 ff). Mangelt es an einer **unternehmerischen Entscheidungsfreiheit** des Mittelsmanns und kann dieser keinen **Gewinn** erzielen, liegt ein Missbrauch des Rechtsinstituts vor (*BAG* v. 20.7.1982 – 3 AZR 446/80 – DB 1983, 645; *LAG Köln* v. 23.1.1989 – 5 Sa 1028/88 – NZA 1989, 601). Im Unterschied zur gewerbsmäßigen ANÜ ist der **Mittelsmann** als Zwischenmeister nicht ein gewerbsmäßig tätiger selbstständiger Unternehmer, sondern er ist **selbst Arbeitnehmer** eines Dritten (*Schüren/Hamann*, § 1 Rn. 270; *Thüsing/Waas*, § 1 Rn. 92; *Schaub*, NZA 1985, Beil. 3, S. 5; a.A. *Otto*, Anm. zu *BAG* v. 29.6.1988 – 7 AZR 552/86 – AP Nr. 1 zu § 25 HAG, der eine Arbeitnehmerstellung des Zwischenmeisters nicht für erforderlich hält). Das **Arbeitsverhältnis** zum Zwischenmeister ist dabei an dessen Arbeitsverhältnis zum Unternehmer **gekoppelt** und endet mit diesem (*BAG* v. 9.4.1957 – 3 AZR 435/54 – AP Nr. 2 zu § 611 BGB Mittelbares Arbeitsverhältnis).

122 Aus dem unterschiedlichen **Zweck der Einstellung** durch einen Zwischenmeister (Hilfsfunktionen für die eigenen arbeitsvertraglichen Pflichten) und einem Verleiher (gewerbsmäßige Überlassung an andere Unternehmen) wird z.T. geschlossen, dass das mittelbare Arbeitsverhältnis keine besondere Erscheinungsform der gewerbsmäßigen ANÜ sei (*Becker/Wulfgramm*, Einl. Rn. 31). Dem kann in dieser Allgemeinheit nicht gefolgt werden. Ob im Einzelfall die tatbestandlichen Voraussetzungen einer **ANÜ** vorliegen, beurteilt sich ausschließlich nach der praktischen **Handhabung und Durchführung der Verträge.** Übt das Unternehmen und nicht der Zwischenmeister das **Weisungsrecht** aus, liegt ANÜ auch dann vor, wenn das Weisungsrecht mittelbar über den Zwischenmeister als Werkzeug wahrgenommen wird (s. a. *Schüren/Hamann*, § 1 Rn. 270 ff.). Der **Geschäftsinhalt** des Vertrags zwischen Unternehmer und Zwischenmeister ist hier auf ANÜ gerichtet; die Anwendbarkeit des AÜG kann nicht dadurch umgangen werden, dass durch (arbeits-)vertragliche Absprache zwischen Verleiher und Entleiher die Voraussetzungen einer ANÜ bzw. die Verleihereigenschaft abbedungen werden. Auch soweit die Tätigkeit des Zwischenmeisters nichtgewerbsmäßig erfolgt, kommt daher bei einer der ANÜ entsprechenden Ausübung des Weisungsrechts ein Arbeitsverhältnis nach § 10 Abs. 1 zustande (s. a. *Schüren/ Hamann*, § 1 Rn. 271 f; *Thüsing/Waas*, § 1 Rn. 92).

9. Werkvertrag und Betriebsverfassung

Ebenso wie die ANÜ und sonstige Formen der Fremdfirmenarbeit, bei denen der **123** Arbeitnehmer seine **Arbeitsleistung nicht in den Betriebsstätten** des Vertragsarbeitgebers **erbringt**, berührt auch der Einsatz von Arbeitnehmern auf werk- und dienstvertraglicher Basis die betrieblichen Abläufe und die **Betriebsorganisation** sowohl im entsendenden Betrieb als auch im Einsatzbetrieb. Auch die **Arbeitsbedingungen** der betroffenen Arbeitnehmer (z. B. Pflicht zur auswärtigen Arbeitsleistung, ständig wechselnde Einsatzorte, Wegezeiten) sind bei werkvertraglichem Einsatz mit denen von Leiharbeitnehmern **vergleichbar.** Dies gilt insbesondere, wenn man mit der Rspr. des *BAG* die zwischen dem arbeitsbezogenen Weisungsrecht des Arbeitgebers und dem werkvertraglichen Anweisungsrecht des Werkbestellers (Rn. 71) bestehenden Grenzen dahin verschiebt, dass zumindest Teile des Direktionsrechts faktisch auch durch den Einsatzbetrieb wahrgenommen werden können. Trotz dieser Vergleichbarkeit der Interessenlage und der betrieblichen Auswirkungen des Fremdfirmeneinsatzes bei ANÜ und werkvertraglichem Einsatz hat der Gesetzgeber lediglich für die Arbeitsbedingungen von Leiharbeitnehmern und deren betriebsverfassungsrechtliche Stellung im Betrieb im AÜG besondere gesetzliche Regelungen getroffen (vgl. §§ 9, 11, 14 AÜG).

a) Betriebsverfassungsrechtliche Stellung des Arbeitnehmers

Da der Arbeitnehmer **beim Werkvertrag** ausschließlich in arbeitsvertraglichen **124** Beziehungen zum Werkunternehmer steht, bleibt er auch während des Einsatzes in Drittbetrieben **Arbeitnehmer seines Stammbetriebs** und ist daher **betriebsverfassungsrechtlich diesem Betrieb zugeordnet** (*Becker/Wulfgramm*, Art. 1 § 14 Rn. 27; *DKK-Trümner*, § 5 Rn. 90; *Richardi*, § 5 Rn. 91; *FESTL*, § 5 Rn. 242; *GK-Kreutz*, § 7 Rn. 53; *Schüren/Hamann*, § 14 Rn. 519). Zum Betrieb i. S. d. BetrVG gehören auch **Betriebsausstrahlungen.** Es ist nicht notwendig, dass der Arbeitnehmer seine Arbeitsleistung in den Betriebsstätten des Arbeitgebers erbringt (*Richardi*, § 5 Rn. 59), sodass der Arbeitnehmer auch bei werkvertraglichem Einsatz in Drittbetrieben weiterhin Angehöriger des **entsendenden** Betriebs bleibt. Alle Individualrechte der Betriebsverfassung kommen daher für den Arbeitnehmer unmittelbar im entsendenden Unternehmen zur Anwendung. Der **Fremdfirmenarbeitnehmer** hat insoweit die **gleiche Rechtstellung wie ein Stammarbeitnehmer** des entsendenden Unternehmens. Von seiner Rechtstellung im entsendenden Unternehmen ergeben sich insoweit keine Besonderheiten, insbesondere steht dem Arbeitnehmer auch während des Fremdfirmeneinsatzes das Recht zu, an Betriebsversammlungen des Arbeitgeberbetriebs teilzunehmen (§§ 42 ff. BetrVG), Sprechstunden des Betriebsrats aufzusuchen (§ 39 BetrVG) oder auch die Mitwirkungs- und Beschwerderechte nach §§ 81 ff. BetrVG wahrzunehmen (*Becker/Wulfgramm*, Art. 1 § 14 Rn. 71).

125 Im **Einsatzbetrieb** ist die betriebsverfassungsrechtliche Stellung des Arbeitnehmers im Unterschied zur Leiharbeit (vgl. § 14 Abs. 2) nicht besonders gesetzlich geregelt. Hier können sich Rechte des Arbeitnehmers (abgesehen von der Frage einer Analogiefähigkeit des § 14 AÜG; vgl. *Walle*, NZA 1999, 519) grundsätzlich nur unmittelbar aus den Bestimmungen des BetrVG ableiten lassen. Der betriebsverfassungsrechtliche Arbeitnehmerbegriff (vgl. § 1 Rn. 22, 27) ist dabei weiter zu fassen als im Arbeitsvertragsrecht. Insbesondere soll der Schutz der betrieblichen Mitbestimmung auch dort gewährleistet werden, wo Arbeitnehmer an externen Arbeitsplätzen ihre Arbeit erbringen oder dem Weisungsrecht des Einsatzbetriebes unterliegen (vgl. Entwurf d. BuReg für das BetrVerf-Reformgesetz, Begründung Teil A. III. 3). Dies gilt z.B. hinsichtlich des auch vom **Einsatzbetrieb zu beachtenden Arbeitsschutzes** (*Leube*, BB 2000, 302), da Fremdfirmenarbeitnehmer als Beschäftigte i.S.d. § 2 Abs. 2 ArbSchG unabhängig von den Vertragsbeziehungen der beteiligten Unternehmen den Schutzbestimmungen des Gesetzes unterliegen (DKK-*Kittner*, § 99 Rn. 61; vgl. § 8 Abs. 1 und 2 ArbSchG). Schon aus dem allgemeinen Grundsatz der **Gleichbehandlung der Betriebsangehörigen** ordnet § 75 Abs. 1 BetrVG an, dass die **im Betrieb tätigen Personen**, d.h. auch solche Personen, die nicht in einem Arbeitsverhältnis zum Beschäftigungsbetrieb stehen (DKK-*Berg*, § 75 Rn. 5; *Dietz/Richardi* § 75 Rn. 6; *FESTL*, § 75 Rn. 11; *Halbach*, DB 1980, 2394; *Plander*, AiB 1990, 19), von Arbeitgeber und Betriebsrat zu schützen sind. Daher kann – auch ungeachtet des sonstigen Meinungsstreits über die betriebsverfassungsrechtliche Stellung von Fremdfirmenarbeitnehmern – nicht der teilweise vertretenen Auffassung gefolgt werden, nach der Arbeitnehmer auf der Grundlage von Werk- oder Dienstverträgen generell keine Betriebsverfassungsrechte im Einsatzbetrieb in Anspruch nehmen können (so aber *Becker/Wulfgramm*, Art. 1 § 14 Rn. 72; *Schüren/Hamann*, § 14 Rn. 538; GK-*Kreutz*, § 75 Rn. 12, § 7 Rn. 43). Durch § 80 Abs. 2 Satz 1 BetrVG wird insoweit klargestellt, dass sich die allgemeinen Aufgaben des Betriebsrates und die darauf bezogenen Unterrichtungspflichten auch auf Personen erstrecken, die nicht in einem Arbeitsverhältnis zum Einsatzbetrieb stehen.

126 Unterliegt der beschäftigte Arbeitnehmer **faktisch dem Weisungsrecht** des Einsatzbetriebs und ist er in diesen Betrieb derart eingegliedert, dass er sich von vergleichbaren (Stamm-)Arbeitnehmern im Wesentlichen nur durch das Fehlen einer arbeitsvertraglichen Beziehung zum Betriebsinhaber unterscheidet, steht dies einer die Betriebsangehörigkeit zum Einsatzbetrieb begründenden **Arbeitnehmereigenschaft** i.S.d. § 5 Abs. 1 BetrVG nicht entgegen, sondern reicht zu deren Begründung aus (*LAG Frankfurt* v. 25.1.1985, BB 1985, 2173; *LAG Hamm* v. 16.3.1988 – 3 TaBV 76/87 – DB 1988, 2058). Die Rechtsprechung nimmt eine derartige Eingliederung bei Einsatz von Fremdfirmenarbeitnehmern dann an, wenn die **Eingliederung** des Mitarbeiters dazu führt, dass – regelmäßig nur vorübergehend – ein Teil der Arbeitgeberstellung des Fremdunternehmens auf das Beschäftigungsunternehmen übergeht (*BAG* v. 30.8.1994 – 1 ABR 3/94 – RdA 1995, 182; v. 18.10.1994 – 1 ABR 9/94 – DB 1995, 382).

127 Soweit abgrenzbare Aufgabenstellungen betroffen sind, die nur **vorübergehend** und **kurzzeitig** anfallen, ist eine Eingliederung von Fremdfirmenbeschäftigten in die Arbeitsorganisation des Einsatzbetriebs i. d. R. ausgeschlossen, wenn nicht im Einzelfall dennoch Arbeitgeberfunktionen vom Werkbesteller wahrgenommen werden. Bei **dauerhaften und komplexen Aufgabenstellungen** werden Fremdleistungen demgegenüber nur dann nicht eingegliedert in die Betriebsorganisation des Einsatzbetriebs erbracht, wenn sie bei eigener Organisation durch den Werkbesteller die Voraussetzungen des § 4 Abs. 1 Satz 1 Nr. 2 BetrVG erfüllen (*Ulber*, *AuR* 1982, 54; Rn. 64). Dies ergibt sich aus der Identität der betriebsorganisatorischen Voraussetzungen des Betriebsteils nach § 4 Abs. 1 Satz 1 Nr. 2 BetrVG und der organisatorischen Voraussetzungen bei der Durchführung von Werkverträgen in Drittunternehmen. Der Werkvertrag setzt zwingend voraus, dass sowohl der Aufgabenbereich des Werkunternehmers als auch die Organisation bei der Durchführung eigenständig und selbstständig außerhalb der Betriebs- und Arbeitsorganisation des Einsatzbetriebs liegen. Auch muss der Werkvertrag im Rahmen einer selbstständigen, vom Einsatzbetrieb unabhängigen, Leitungsstruktur durchgeführt werden (vgl. hierzu *LAG Bremen* v. 27. 8. 2003 – 2 Sa 78/03). Bei Erfüllung dieser Voraussetzungen enthält § 4 Abs. 1 Satz 1 Nr. 2 BetrVG die **zwingende gesetzliche Wertung** (*FESTL*, § 4 BetrVG Rn. 3), dass der wahrgenommene Aufgabenbereich nicht dem Hauptbetrieb zuzuordnen ist, sondern rechtlich als selbstständiger Betrieb zu behandeln ist. Ist dies schon bei eigener Organisation durch den Werkbesteller der Fall, muss dies erst recht gelten, wenn ein Fremdunternehmen die Arbeiten organisiert. Eine **Eingliederung** von Fremdfirmenbeschäftigten und eine Betriebszugehörigkeit zum Einsatzbetrieb ist daher ausgeschlossen, wenn der Werkvertrag durch den Werkunternehmer i.S.v. § 4 Abs. 1 Satz 1 Nr. 2 BetrVG durch Aufgabenbereich und Organisation eigenständig durchgeführt wird. Erfüllt der Werkvertrag nicht diese Voraussetzungen, spricht umgekehrt eine Vermutung dafür, dass die Durchführung der werkvertraglichen Arbeiten Bestandteil der Betriebsorganisation des Einsatzbetriebs ist und von einem einheitlichen **Betrieb** auszugehen ist. Dies schließt einen rechtmäßigen Einsatz der Fremdfirmenarbeitnehmer auf werkvertraglicher Grundlage regelmäßig aus (Rn. 65).

Steht die Vergabe von Fremdleistungen mit einer **Umstrukturierung von Unternehmen** im Zusammenhang, und führt ein infolge der Unternehmensspaltung abgespaltener Betrieb oder Betriebsteil zukünftig Arbeiten als Fremdleistungen durch, ist von einem **gemeinsamen Betrieb** mehrerer Unternehmen auszugehen (DKK-*Trümner*, § 1 Rn. 109; vgl. § 1 Abs. 1 Satz 2, Abs. 2 BetrVG). Die Fremdfirmenbeschäftigten sind dann ausschließlich diesem Gemeinschaftsbetrieb zugeordnet und werden uneingeschränkt durch den dort gewählten BR vertreten. Dasselbe gilt auch außerhalb von Unternehmensumstrukturierungen, wenn die Betriebsmittel und die Stamm- und Fremdfirmenbeschäftigten von den beteiligten Unternehmen gemeinsam eingesetzt werden (§ 1 Abs. 2 Nr. 1 BetrVG). Werden die arbeitstechnischen Zwecke des Einsatzbetriebes über dessen **Leitungsapparat** (*BAG* v. 18. 10. 2000, AP Nr. 49 zu § 15 KSchG) hinsichtlich der personellen, technischen und immateriellen Mittel sowohl für die Stammbelegschaft als auch für die Fremdfirmenbeschäftigten einheitlich gesteuert, sind die Voraussetzungen eines Gemeinschaftsbetriebs erfüllt (vgl. *BAG* v. 18. 4. 1989 – 1 ABR 97/87 – DB 1990, 179; DKK-*Trümner*, § 1 Rn. 78d; *FESTL*, § 1 Rn. 81; *Schüren/Hamann*, § 1 Rn. 59). Sind die Fremdleistungen und die Eigenleistungen arbeitszwecktechnisch untrennbar miteinander verbunden, ist von einem Gemeinschaftsbetrieb auszugehen (*BAG* v. 19. 12. 1994 – 7 ABR 26/94 – EzA § 1 BetrVG 1972 Nr. 9). Bei einer ARGE (vgl. § 1 Rn. 179 ff.) liegt daher regelmäßig

127a

ein Gemeinschaftsbetrieb vor (*BAG* v. 11.3.1975, AP Nr.1 zu § 24 BetrVG 1972).

128 Liegt keine eigenständige betriebliche Organisationseinheit des Fremdunternehmers vor und arbeitet der Fremdfirmenbeschäftigte **eingegliedert** in den vom Einsatzbetrieb **organisierten betrieblichen (Gesamt-)Arbeitsprozess**, ist grundsätzlich von einer **doppelten Betriebszugehörigkeit des Arbeitnehmers** auszugehen, soweit nicht im Einzelfall die Voraussetzungen eines gemeinsamen Betriebs nach § 1 Abs. 2 BetrVG gegeben sind (Rn. 147; vgl. *BAG* v. 24.1.1996 – 7 ABR 10/95 – DB 1996, 2131; *LAG Hessen* v. 1.7.1996 – 10 Sa 1192/95 – NZA 1997, 41; *Kreuder*, AuR 1993, 316). Dies bestimmt sich nach objektiven Gesichtspunkten. Es kommt nicht darauf an, ob der Drittbetrieb das arbeitsbezogene Weisungsrecht ausdrücklich oder nach außen erkennbar auch ausübt. Ausreichend ist, dass der Fremdfirmenarbeitnehmer auf Grund der arbeitsorganisatorischen Gesamtplanung **wie ein Stammarbeitnehmer betriebliche Funktionen** erfüllen soll (arg. e § 7 Abs. 4 Satz 1 Nr.3 und 5 SGB IV) und der Einsatzbetrieb die Erfüllung der Funktionen auf Grund des Vertrages mit dem entsendenden Betrieb auch verlangen kann. **Arbeitsbezogene Weisungen**, die gegenüber der Stammbelegschaft gleichermaßen arbeitsbezogene Weisungen auf Grund des Direktionsrechts des Arbeitgebers darstellen, verlieren ihren Charakter als Arbeitgeberweisungen nicht dadurch, dass sie (auch) Ausfluss des Anweisungsrechts des Werkbestellers sind. Die **partielle Ausübung von Arbeitgeberbefugnissen** reicht insoweit aus, um eine – zumindest partielle – Betriebszugehörigkeit der Fremdfirmenarbeitnehmer auch zum Einsatzbetrieb zu begründen. Maßgebend für den Begriff der Eingliederung ist, »ob die zu verrichtende Tätigkeit ihrer Art nach eine weisungsgebundene Tätigkeit ist, die der Verwirklichung des arbeitstechnischen Zwecks des Betriebs zu dienen bestimmt ist und daher vom Arbeitgeber organisiert werden muss« (st. Rspr., vgl. zuletzt *BAG* v. 30.8.1994 – 1 ABR 3/94 – RdA 1995, 182 m.w.N.), wobei der Arbeitgeber »wenigstens einen Teil der Arbeitgeberstellung übernimmt« (*BAG*, a.a.O., m.w.N.). Diese Voraussetzungen sind in den Fällen, in denen auf der Grundlage langfristiger Geschäftsbeziehungen Werkverträge dauerhaft im Fremdbetrieb erfüllt werden, regelmäßig erfüllt (*SG Hamburg* v. 23.11.2004 – S 13 AL 5/99; vgl. § 7 Abs. 4 Satz 1 Nr.2 SGB IV), sodass hier im Grundsatz von einer **partiellen Betriebszugehörigkeit** des Arbeitnehmers auch zum Einsatzbetrieb auszugehen ist (a.A. *Schüren/Hamann*, § 14 Rn.549).

129 Aus der partiellen Betriebszugehörigkeit folgt nicht, dass dem Arbeitnehmer sowohl im entsendenden als auch im aufnehmenden Unternehmen dieselbe betriebsverfassungsrechtliche Rechtstellung zukommt. Vielmehr hängt der Umfang seiner Rechte beim Beschäftigungsunternehmen sowohl von der **Intensität der Eingliederung**, des Ausmaßes der Ausübung von Weisungsbefugnissen durch den Dritten sowie der Integrationstiefe der Zugehörigkeit zur Gesamtbelegschaft ab. Eine schematische Gleichbehandlung aller Fälle von Fremdfirmenarbeit verbietet sich insoweit.

130 Aus der Schutzfunktion des § 75 Abs. 1 Satz 1 BetrVG, die sich auf **alle im Betrieb tätigen Personen** erstreckt (Rn.125; § 14 Rn.62ff.), folgt, dass sich der Arbeitnehmer bei ungerechter Behandlung an die zuständigen Stellen des Fremdunternehmens wenden können muss. Die **Mitwirkungs- und Beschwerderechte des Arbeitnehmers** nach §§ 81ff. BetrVG gelten insoweit grundsätzlich auch für Fremdfirmenarbeitnehmer, soweit sie nicht allein die arbeitsvertragliche Beziehung des Arbeitnehmers berühren (z. B. §§ 82 Abs. 2, 83 BetrVG; vgl. *Plander*, AiB 1990, 19; a.A. *Becker/Wulfgramm*, Art. 1 § 14 Rn.72; *Schüren/Hamann*, § 14 Rn.521).

Dies ergibt sich auch aus Art. 10 Abs. 2, 12 Abs. 2 der EG-Richtlinie 89/391. Der **Werkvertrag** ist insoweit auch als **Vertrag mit Schutzwirkung zugunsten** der durch den Werkunternehmer **eingesetzten Arbeitnehmer** zu verstehen (*Gaul*, AuR 1995, 448). Insbesondere in Fragen des Arbeitsschutzes ist das Beschäftigungsunternehmen daher verpflichtet, den Arbeitnehmer aufzuklären (§ 81 Abs. 1 Satz 2 BetrVG), entsprechenden Beschwerden des Arbeitnehmers ist nach §§ 84, 85 BetrVG nachzugehen (vgl. auch §§ 8 ff., 15 ff. ArbSchG). Zum Zwecke der Beschwerde kann der Arbeitnehmer auch die **Sprechstunden** eines im Drittbetrieb vorhandenen Betriebsrats aufsuchen (a. A. *Becker/Wulfgramm*, Art. 1 § 14 Rn. 72; *Schüren/Hamann*, § 14 Rn. 521).

Soweit Fremdfirmenarbeitnehmern betriebsverfassungsrechtlich eine partielle **131** Betriebsangehörigkeit zukommt, haben sie auch ein **Teilnahmerecht an Betriebsversammlungen** (§ 42 BetrVG). Im Übrigen liegt es jedoch im Ermessen des Betriebsrats, ob er Fremdfirmenbeschäftigte zu Betriebsversammlungen als Gäste einlädt (bei ANÜ vgl. § 14 Abs. 2 Satz 2). Eines Einverständnisses des Arbeitgebers bedarf es hierzu nicht (*BAG* v. 13. 9. 1977 – 1 ABR 67/75 – AP Nr. 1 zu § 42 BetrVG 1972; DKK-*Berg*, § 42 Rn. 5; *FESTL*, § 42 Rn. 17 ff.). Stimmberechtigt in der Betriebsversammlung sind allerdings nur die Arbeitnehmer, denen ein originäres Teilnahmerecht zusteht (*FESTL*, § 42 Rn. 27); die Teilnahme von Fremdfirmenarbeitnehmern als Gäste schließt sie von Abstimmungen grundsätzlich aus. Bei Teilnahme von Fremdfirmenarbeitnehmern an Betriebsversammlungen in Drittbetrieben besteht seitens des Einsatzbetriebs keine **Vergütungspflicht** hinsichtlich der ausfallenden Arbeitszeit (vgl. § 44 Abs. 1 BetrVG); die diesbezüglichen Pflichten treffen ausschließlich das entsendende Unternehmen als Vertragsarbeitgeber.

Bei der **Wahl des Betriebsrats** im Einsatzbetrieb haben Fremdfirmenbeschäftigte **132** nur im Rahmen von § 7 Satz 2 BetrVG ein aktives Wahlrecht (vgl. § 14 Rn. 47 ff.). Der Anwendungsbereich der Vorschrift ist nicht auf die ANÜ nach dem AÜG begrenzt (*FESTL*, § 7 Rn. 41), sondern erfasst alle Formen der Fremdfirmenarbeit, bei denen die Durchführung der Arbeiten eine partielle Ausübung von Arbeitgeberbefugnissen durch den Einsatzbetrieb mit sich bringen. Übt der Einsatzbetrieb bei werkvertraglichem Einsatz partielle Arbeitgeberbefugnisse aus, sind die Fremdfirmenbeschäftigten **zur Arbeitsleistung überlassene Arbeitnehmer** i. S. d. § 7 Satz 2 BetrVG (ausdrücklich offengehalten in *BAG* v. 21. 7. 2004 – 7 ABR 38/03). Dasselbe gilt, wenn dem Einsatz der Fremdfirmenarbeitnehmer die Funktion zukommt, eine an sich von Stammarbeitnehmern zu erbringende Arbeitsleistung zu ersetzen oder bei einem langfristigen Einsatz von Fremdfirmenbeschäftigten auf werk- oder dienstvertraglicher Grundlage (*KRHS*, § 7 BetrVG Rn. 4 ff.; *Däubler*, AuR 2001, 4). Im Übrigen steht Fremdfirmenbeschäftigten weder das aktive noch das passive **Wahlrecht** (DKK-*Schneider*, § 17 Rn. 19; *Schüren/ Hamann*, § 14 Rn. 520; krit. hier zu *Plander*, AiB 1990, 19), soweit nicht die Voraussetzungen eines gemeinsamen Betriebs gegeben sind (*Kreuder*, AuR 1993, 324; Rn. 43, 128). Dies gilt auch in den Fällen, in denen die betroffenen Arbeitnehmer den Arbeitnehmerbegriff im betriebsverfassungsrechtlichen Sinne auch hinsichtlich des Einsatzbetriebs erfüllen. § 14 Abs. 2 Satz 1 enthält insoweit die allgemeine Wertung des Gesetzgebers, dass weder eine Eingliederung des Arbeitnehmers in den Drittbetrieb noch die Ausübung des Direktionsrechts durch den Dritten ausreicht, um Fremdfirmenarbeitnehmern das passive Wahlrecht einzuräumen. Diese Wertung muss erst recht gelten, wenn – wie beim Werkvertrag – Arbeitgeberfunktionen nur partiell ausgeübt werden dürfen.

133 Die beim Werkvertrag geltenden Grundsätze zur betriebsverfassungsrechtlichen Stellung des Arbeitnehmers finden sinngemäß auch bei den **anderen Formen der Fremdfirmenarbeit** Anwendung, soweit sie nicht den Bestimmungen des AÜG unterfallen.

134 In den Fällen illegaler **Scheinwerkverträge**, die rechtlich als Fälle (illegaler) gewerbsmäßiger ANÜ zu behandeln sind, kommt dem Arbeitnehmer nicht nur eine partielle, sondern eine **doppelte Betriebszugehörigkeit** zu, solange die ANÜ tatsächlich vollzogen wird (so zu Recht *Schüren/Hamann*, § 14 Rn. 477) oder der Arbeitnehmer nicht eines der beiden Arbeitsverhältnisse beendet (*BAG* v. 19.3.2003 – 7 AZR 267/02 – EZA § 1 AÜG Nr. 12). Da der Arbeitnehmer in diesen Fällen über § 10 Abs. 1, § 1 Abs. 2 AÜG Arbeitnehmer des Fremdbetriebs wird und in ein (auch in betriebsverfassungsrechtlicher Hinsicht) vollwertiges Arbeitsverhältnis eintritt, stehen ihm im Drittbetrieb ebenso wie der sonstigen Stammbelegschaft **alle Rechte aus dem BetrVG unmittelbar** zu (*Becker/Wulfgramm*, § 14 Rn. 74; DKK-*Schneider*, § 7 Rn. 21; GK-*Kreutz*, § 7 Rn. 41; *Halbach*, DB 1980, 2394). Solange das Arbeitsverhältnis faktisch vom (früheren) Vertragsarbeitgeber abgewickelt wird, gehört der Arbeitnehmer daneben auch der Belegschaft des entsendenden Unternehmens an. Wie in sonstigen **Fällen der Unwirksamkeit des Arbeitsvertrages** bleibt der Arbeitnehmer auch in den Fällen **Arbeitnehmer i.S.d. BetrVG**, in denen der Arbeitsvertrag infolge des fingierten Arbeitsverhältnisses nach § 10 Abs. 1, § 1 Abs. 2 AÜG (vgl. Einl. D. Rn. 69 f.) unwirksam ist (*FESTL*, § 5 Rn. 20). Ihm stehen insoweit alle betriebsverfassungsrechtlichen Individualrechte zu, solange der illegale Scheinwerkvertrag tatsächlich durchgeführt wird (*Schüren/Hamann*, § 14 Rn. 477; a. A. *Becker/Wulfgramm*, Art. 1 § 14 Rn. 75, 70). Hinsichtlich der weiteren Einzelheiten kann insoweit auf die Kommentierung zu § 14 (Rn. 5) verwiesen werden.

b) Rechte des Betriebsrats des Entsendebetriebs

135 Besteht im **Betrieb des Werkunternehmers** ein **Betriebsrat**, nimmt dieser auch während des Einsatzes im Fremdbetrieb alle Aufgaben nach dem BetrVG uneingeschränkt wahr (*Schüren/Hamann*, § 14 Rn. 518 ff.; *Walle*, NZA 1999, 519). Der Werkunternehmer hat bei **Abschluss des Werkvertrages** darauf zu achten, dass der Betriebsrat auch bei Einsatz des Arbeitnehmers im Drittbetrieb seine Aufgaben wahrnehmen kann, insbesondere ist sicherzustellen, dass der Betriebsrat den Arbeitnehmer **am auswärtigen Arbeitsplatz aufsuchen** und die Arbeitsstätten besichtigen kann (vgl. hierzu *BAG* v. 13.6.1989 – 1 ABR 4/88 – DB 1989, 2439). Verwehrt das Fremdunternehmen dem Betriebsrat den **Betriebszugang**, liegt hierin ein Verstoß gegen die Pflichten des Werkbestellers aus dem Werkvertrag, dem Werkunternehmer die Organisationsgewalt zur Erfüllung des Werkvertrages zu belassen und bildet ein Indiz für das Vorliegen eines Scheinwerkvertrages. Die Wahrnehmung der Mitwirkungsrechte des Entsendebetriebsrats wird auch für die Zeit der auswärtigen Arbeitsleistung der Arbeitnehmer nicht berührt (*Ulber*, AuR 1982, 54). Allerdings ergeben sich aus der Verpflichtung des Arbeitnehmers zur auswärtigen Arbeitsleistung sowie dessen tatsächlicher Beschäftigung innerhalb der Betriebsstätten eines Dritten eine Reihe von Besonderheiten.

136 Werden Fremdfirmenbeschäftigte (wie z. B. Montage- oder Bauarbeitnehmer) nach der Eigenheit ihres Arbeitsverhältnisses nicht ständig an einem bestimmten Arbeitsplatz beschäftigt (zur Versetzungsabrede s. o. Rn. 32), liegen die Begriffsmerkmale einer **Versetzung** i.S.d. § 95 Abs. 3 BetrVG nicht vor, sodass dem Betriebsrat bei der Zuweisung von Einsatzbetrieben insoweit kein Mitbestimmungsrecht nach § 99 BetrVG zusteht (DKK-*Kittner*, § 99 Rn. 112; *FESTL*, § 99 Rn. 135). Ist demgegenüber mit der Natur der vom Arbeitnehmer geschuldeten Tätigkeit keine Arbeitsleistung an wechselnden Arbeitsorten verbunden (wie z. B. bei Mischunternehmen; vgl. § 1 Rn. 39, 41 f.), liegt bei einer Entsendung in einen Drittbetrieb nicht nur eine mitbestimmungspflichtige Versetzung vor, sondern es bedarf einer **ergänzenden Vertragsabsprache** zwischen Arbeitnehmer und entsendendem Arbeitgeber (*LAG Baden-Württemberg* v. 19. 4. 1985 – 12 Sa 10/85 – EzAÜG § 10 AÜG Fiktion Nr. 39). **Vertraglich vereinbarter Leistungsort** ist im Zweifel nur der Beschäftigungsbetrieb; der Arbeitgeber ist ohne besondere Vereinbarung nicht befugt, den jeweiligen Leistungsort einseitig durch Weisung zu bestimmen (*Molitor*, DB 1995, 2601).

Sollen Fremdfirmenarbeitnehmer **dauerhaft** (»ständig«) bei einem Fremdunternehmen ihre Arbeitsleistung erbringen, ist der Ausnahmetatbestand des § 95 Abs. 3 Nr. 2 BetrVG nicht erfüllt. In diesem Fall steht dem Betriebsrat bei der Versetzung das Mitbestimmungsrecht nach § 99 BetrVG zu (*BAG* v. 20. 9. 1990 – 1 ABR 37/90 – AiB 1991, 121). Sollen bisherige Stammarbeitnehmer zukünftig auch in Betriebsstätten Dritter ihre Arbeitsleistung erbringen, stellt die hiermit verbundene erhebliche Änderung der Umstände, unter denen der Arbeitnehmer seine Arbeit erbringen muss (vgl. § 95 Abs. 3 Satz 1 BetrVG), eine **Versetzung** dar. Dasselbe gilt, wenn ein bisheriges Werkunternehmen Arbeitnehmer zukünftig auch als Leiharbeitnehmer einsetzen will. Abgesehen davon, dass in der **Erweiterung der Betriebszwecke** regelmäßig eine interessenausgleichs- und sozialplanpflichtige **Betriebsänderung** liegt (vgl. § 1 Rn. 126a) und daher zunächst das Interessenausgleichsverfahren abgeschlossen sein muss (vgl. § 1 Rn. 173), ist der Betriebsrat hier berechtigt, seine Zustimmung zu verweigern, wenn der Verleiher sich noch nicht im Besitz einer gültigen Erlaubnis befindet oder die Überlassung ansonsten nicht mit den Bestimmungen des AÜG in Einklang steht.

Da das **Direktionsrecht beim Werkvertrag** ausschließlich beim entsendenden Werkunternehmen verbleiben muss, finden die zur Begrenzung des Direktionsrechtes bestehenden **Beteiligungsrechte** des Betriebsrats **auch während des Einsatzes** von Fremdfirmenarbeitnehmern **in Drittbetrieben** in vollem Umfang Anwendung (*Schüren/Hamann*, § 14 Rn. 549). Dies gilt insbesondere für die Mitwirkungsrechte des Betriebsrats des Entsendebetriebs in sozialen Angelegenheiten nach § 87 Abs. 1 BetrVG. Auch soweit die **Ordnung des Betriebs** und das **Verhalten der Fremdfirmenbeschäftigten im Einsatzbetrieb** betroffen sind (§ 87 Abs. 1 Nr. 1 BetrVG), hat der Betriebsrat des entsendenden Unternehmens uneingeschränkt mitzubestimmen (zur biometrischen Zugangskontrolle vgl. *BAG* v. 27. 1. 2004 – 1 ABR 7/03 – NZA 2004, 189). Soweit **Betriebsvereinbarungen** zu den Regelungsgegenständen des § 87 Abs. 1 BetrVG abgeschlossen wurden, ist deren Einhaltung auch während des Einsatzes von Arbeitnehmern in Drittbetrieben sicherzustellen. Die **Durchführungspflichten** nach § 77 Abs. 1 Satz 1 BetrVG verpflichten den Werkunternehmer insoweit, den Werkvertrag so zu gestalten und abzuschließen dass die unmittelbare und zwingende Geltung von Betriebsvereinbarungen (§ 77 Abs. 4 BetrVG) auch während des Fremdfirmeneinsatzes sichergestellt ist (*BAG* v. 18. 4. 2000 – 1 ABR 22/99 – AP Nr. 33 zu § 87 BetrVG 1972 Überwachung). Dasselbe gilt bezüglich der Gewährleistung der Arbeitsschutzpflichten durch Werkunternehmer und -besteller (§ 8 Abs. 1 und 2 ArbSchG; *Vogl*, NJW 1996, 2753). Verstößt der Werkunternehmer gegen seine betriebsverfassungsrechtlichen Pflichten, ist der Arbeitnehmer zur **Leistungs-**

137

verweigerung berechtigt, dem BR steht ein Unterlassungsanspruch zu, der im Wege der einstweiligen Verfügung durchgesetzt werden kann (*BAG*, a.a.O.). Ist nach Aussagen des Entsendebetriebs eine Durchführung des Vertrages auf Grund der Einsatzbedingungen im Drittbetrieb auf der Grundlage bestehender Betriebsvereinbarungen nicht möglich, muss der Arbeitgeber zunächst – soweit unter Beachtung der gesetzlichen und tariflichen Regelungssperren des § 87 Abs. 1 Einleitungssatz BetrVG zulässig – eine Änderung der Betriebsvereinbarung (notfalls durch Spruch einer Einigungsstelle) erreichen. Die **Einhaltung der Mitbestimmungsrechte** aus § 87 Abs. 1 BetrVG ist **Wirksamkeitsvoraussetzung** für Maßnahmen des Arbeitgebers.

138 Hinsichtlich der Pflicht des Arbeitnehmers zur auswärtigen Arbeitsleistung sind im Rahmen von Werkverträgen ebenso wie bei der ANÜ **Sonderregelungen für Montagearbeitnehmer** im Rahmen der Regelungsgegenstände des § 87 Abs. 1 BetrVG **zulässig**. Eine Ungleichbehandlung mit der übrigen Stammbelegschaft ist jedoch nur unbedenklich, wenn sie allein mit der Pflicht zur auswärtigen Arbeitsleistung in Verbindung steht. Spezifische Einsatzbedingungen in Drittbetrieben rechtfertigen es grundsätzlich nicht, abweichende Arbeitsbedingungen für Fremdfirmenarbeitnehmer zu vereinbaren. Typisches Merkmal des Werkvertrages ist es gerade, dass das Ob und Wie der Erfüllung des Werkvertrages ausschließlich in der **Organisationsgewalt des Werkunternehmers** und damit des Entsendebetriebs verbleibt, sodass ein zur Ungleichbehandlung berechtigender Regelungsbedarf beim legalen Werkvertrag grundsätzlich nicht entstehen kann. Soweit der Werkbesteller in die Organisationsautonomie des Entsendebetriebs durch Vorgaben eingreift, rechtfertigt dies nicht eine Änderung oder Differenzierung von Arbeitsbedingungen, sondern begründet eine Vermutung dafür, dass der Einsatz der Fremdfirmenarbeitnehmer eingegliedert in die Betriebsabläufe des Einsatzbetriebs erfolgen soll und daher eine Vermutung für das Vorliegen von ANÜ spricht (Rn. 42, 55 ff.).

139 Folgt man der h.M., nach der dem Betriebsrat des Einsatzbetriebs keine oder nur eingeschränkte betriebsverfassungsrechtliche Befugnisse bei Einsatz von Arbeitnehmern auf dienst- oder werkvertraglicher Basis zustehen (*Becker/Wulfgramm*, Art. 1 § 14 Rn. 127; *Schüren/Hamann*, § 14 Rn. 538), muss ausschließlich der Betriebsrat im Entsendebetrieb alle Befugnisse aus § 87 Abs. 1 Nr. 1 BetrVG wahrnehmen (so *Becker/Wulfgramm*, Art. 1 § 14 Rn. 127). Dies wird weder dem **Schutzbedürfnis des Arbeitnehmers** noch der **Schutzfunktion der Mitbestimmungsrechte** aus § 87 Abs. 1 BetrVG, erst recht aber nicht der **Interessenlage der Parteien des Werkvertrages** gerecht. Sowohl hinsichtlich des Arbeitsschutzes als auch hinsichtlich des allgemeinen Persönlichkeitsschutzes, der auch für Werkvertragsarbeitnehmer gilt (Rn. 136 f.), ist ein Arbeitnehmer auf werkvertraglicher Basis ebenso schutzbedürftig wie die Stammbelegschaft oder auch im Fremdbetrieb eingesetzte Leiharbeitnehmer. Ebenso wie der Verleiherbetriebsrat bei ANÜ ist auch im Rahmen von Werkverträgen der **Betriebsrat des Entsendebetriebs** rechtlich und auch rein tatsächlich **nicht in der Lage**, seine **Schutzfunktionen** (z.B. in Hinblick auf § 87 Abs. 1 Nr. 1 BetrVG) im Einsatzbetrieb wirksam **wahrzunehmen**. Daher ist in allen Fragen, die das Verhalten des Arbeitnehmers und die **Ordnung im Einsatzbetrieb** betreffen, nicht nur eine betriebsverfassungsrechtlich eingeräumte Rechtsposition des Fremdfirmenarbeitnehmers (Rn. 124), sondern auf der Grundlage von § 75 Abs. 1 Satz 1 BetrVG auch ein **Beteiligungsrecht des Betriebsrats des Einsatzbetriebs** gegeben, das neben den Mitbestimmungsrechten des BR des Entsendebetriebs (Rn. 137) besteht (Rn. 156).

Nur so lässt sich i.ü. auch eine Berechtigung der Fremdfirma ableiten, die Benutzung von **Werksausweisen** vorzuschreiben, Torkontrollen vorzunehmen oder **Kontroll-Listen** über Fremdfirmenarbeitnehmer zu führen, die u.a. auch Auskunft über die Arbeitszeit der Fremdfirmenbeschäftigten geben. Wenn die h.M. dem Fremdunternehmen auch beim Werkvertrag derartige Kontrollrechte einräumt (vgl. § 14 Rn.68), folgt eine derartige Berechtigung nicht schon aus dem Werkvertrag, der zwingende Mitbestimmungsrechte des Betriebsrats des Entsendebetriebs aus § 87 Abs. 1 BetrVG nicht einschränken kann (*BAG v. 27.1.2004 –* 1 ABR 7/03 – NZA 2004, 556). Vielmehr folgt eine derartige Berechtigung nur aus der **originären Zuständigkeit** des Betriebsrats des Einsatzbetriebs, auch für Arbeitnehmer auf werkvertraglicher Grundlage im Rahmen des § 87 Abs. 1 Nr. 1 BetrVG zuständig zu sein.

Dasselbe gilt hinsichtlich der Verwendung technischer Einrichtungen, die das **140** Verhalten oder die Leistung von Fremdfirmenarbeitnehmern **überwachen** (§ 87 Abs. 1 Nr. 6 BetrVG). Die gegenteilige Auffassung kommt im Übrigen auch mit Bestimmungen des **Bundesdatenschutzgesetzes (BDSG)** vom 20.12.1990 (BGBl. I S. 2954) in Konflikt, da nur Personalakten im Allgemeinen nicht dem BDSG unterliegen (*BAG v. 6.6.1984 – 5 AZR 286/81 – AP Nr.7 zu § 611 BGB Persönlichkeitsrecht*), die Datenübermittlung an Dritte aber § 3 Abs. 9 BDSG unterliegt und daher nur mit **Einwilligung des betroffenen Arbeitnehmers**, die den besonderen Voraussetzungen des BDSG genüge tun muss (§ 4 Abs. 3 BDSG), zulässig ist. Nach hier vertretener Auffassung folgt aus der partiellen Zuständigkeit des Betriebsrats des Einsatzbetriebs sowie aus der partiellen Betriebszugehörigkeit des Arbeitnehmers im Einsatzbetrieb auf werkvertraglicher Grundlage, dass Eingriffe in den Datenschutz des Fremdfirmenarbeitnehmers durch die **Einbeziehung in den Geltungsbereich diesbezüglicher Betriebsvereinbarungen** beim Drittunternehmen **legitimiert** sind (*Schüren/Hamann*, § 14 Rn.525).

Eine ausschließliche **Zuständigkeit des Betriebsrats des Entsendebetriebs** ist **141** bei dienst- und werkvertraglichem Einsatz im Bereich der **Arbeitszeit**, der **Urlaubs- und Lohnfragen** sowie des betrieblichen Vorschlagswesens gegeben (§ 87 Abs. 1 Nr.2 bis 5, 10 bis 12 BetrVG). Die betroffenen Regelungsgegenstände berühren ausschließlich den Arbeitsvertrag zwischen Arbeitgeber und Arbeitnehmer und betreffen Direktionsrechte des Arbeitgebers, die beim Werkvertrag auch partiell nicht auf den Einsatzbetrieb übertragen werden dürfen (Rn.67ff.). Werden hierzu im Widerspruch vom Einsatzbetrieb Direktionsrechte ausgeübt (etwa durch Anordnung von Mehrarbeit für Fremdfirmenarbeitnehmer), ist dies ein Indiz für das Vorliegen eines Scheinwerkvertrages.

c) Abordnung von Arbeitnehmern an Arbeitsgemeinschaften

Besonderheiten ergeben sich bei der **Abordnung von Arbeitnehmern zu einer** **142** **Arbeitsgemeinschaft (Arge), d**ie als besondere Form der Fremdfirmenarbeit nach § 1 Abs. 1 Satz 2 rechtlich nicht als ANÜ zu werten ist (vgl. § 1 Rn.182ff.). Erfolgt die Abstellung von Arbeitnehmern an die Arge als **Freistellung** (vgl. § 1 Rn.176) in der Form, dass für die Zeit der Abordnung ein **ruhendes Arbeitsverhältnis** zum bisherigen Arbeitgeber vereinbart wird und für die Zeit der Abordnung gleichzeitig ein befristetes Arbeitsverhältnis zur Arge begründet wird (vgl. § 9 Abs. 1 BRTV Bau), steht dem Betriebsrat des abgebenden Betriebs wie in sonstigen Fällen der Vereinbarung eines ruhenden Arbeitsverhältnisses kein Mitbestimmungsrecht unter dem Gesichtspunkt der Versetzung zu (*LAG Düsseldorf*

v. 10. 12. 1973, DB 1974, 1628; a. A. *FESTL*, § 99 Rn. 134; differenzierend DKK-*Kittner*, § 99 Rn. 111). Auch die spätere Wiederaufnahme des ruhenden Arbeitsverhältnisses unterliegt nicht (unter dem Gesichtspunkt der Einstellung) der Mitbestimmung des Betriebsrats nach § 99 BetrVG (*LAG Mecklenburg-Vorpommern v. 15. 6. 1996 – 1 Sa 62/95 – NZA 1997, 51;* DKK-*Kittner*, § 99 Rn. 47; *Richardi*, § 99 Rn. 45; a. A. *Schüren/Hamann*, § 14 Rn. 453). Besteht **bei der Arge ein Betriebsrat**, so ist dieser bei der Beschäftigung abgeordneter Arbeitnehmer unter dem Gesichtspunkt der (befristeten) **Einstellung nach § 99 BetrVG** zu beteiligen (*FESTL*, § 99 Rn. 52; *Schüren/Hamann*, § 14 Rn. 443). Der abgeordnete Arbeitnehmer ist **in Fällen der Freistellung** hinsichtlich der **Wahl des Betriebsrats bei der Arge** sowohl **wahlberechtigt als auch wählbar** (*Schüren/Hamann*, § 14 Rn. 439).

143 Liegen die besonderen Voraussetzungen einer **Abordnung** zu einer Arge nach § 1 Abs. 1 Satz 2 vor, so ist § 14 unmittelbar auch dann nicht anwendbar, wenn das **Weisungsrecht auf die Arge übertragen** wird (vgl. hierzu § 1 Rn. 182; *Schüren/Hamann*, § 14 Rn. 434). Da bei der Abordnung das bisherige Arbeitsverhältnis zum abordnenden Betrieb in den Fällen des § 1 Abs. 1 Satz 2 unverändert aufrechterhalten bleibt, ergeben sich bei der Abordnung sowohl hinsichtlich der betriebsverfassungsrechtlichen Stellung des Arbeitnehmers als auch hinsichtlich des Betriebsrats des Entsendebetriebs keine Besonderheiten. Wie bei Werkvertrag und Arbeitnehmerüberlassung bleibt die Anwendbarkeit der Bestimmungen des BetrVG im entsendenden Betrieb auch für die Zeit der Abordnung uneingeschränkt aufrechterhalten. Eines Rückgriffs auf eine (analoge) Anwendung des § 14 bedarf es insoweit nicht.

144 Anders stellt sich demgegenüber die betriebsverfassungsrechtliche Situation bei der Arge dar, da selbst bei Übertragung des Weisungsrechts und vollständiger **Eingliederung des Arbeitnehmers in den Argebetrieb** nach § 1 Abs. 1 Satz 2 **im Rechtssinne keine ANÜ** vorliegt. Von einer »strukturellen Verschiedenheit« zwischen der Abordnung von Arbeitnehmern zu einer Arge und der gewerbsmäßigen Arbeitnehmerüberlassung«, die eine analoge Anwendung des § 14 ausschließt (so *Schüren/Hamann*, § 14 Rn. 436), kann jedoch angesichts der **identischen Interessenlage** und Schutzbedürftigkeit des entsandten Arbeitnehmers sowie im Hinblick auf die **Gleichstellungspflichten** nach der EG-Richtlinie 91/383 nicht gesprochen werden. Für eine analoge Anwendung (des grundsätzlich analogiefähigen § 14 AÜG; vgl. *Walle*, NZA 1999, 519) besteht wegen des in § 1 Abs. 1 Satz 2 AÜG enthaltenen Ausschlusses der Anwendbarkeit des AÜG kein Raum (*Schüren/Hamann*, § 14 Rn. 436) aber auch kein Bedürfnis. Da der Arbeitnehmer **eingegliedert in den Betrieb der Arge** beschäftigt ist, ist er im betriebsverfassungsrechtlichen Sinne auch als **deren Arbeitnehmer** zu behandeln (vgl. § 1 Rn. 177, 199). Dies gilt gleichermaßen in den Fällen, in denen die Arge selbst einen eigenständigen Betrieb darstellt, wie in den Fällen, in denen die in der Arge zusammengeschlossenen Unternehmen die Voraussetzungen eines Gemeinschaftsbetriebs (Rn. 64f., 127a) erfüllen (vgl. *BAG v. 11. 3. 1975*, AP Nr. 1 zu § 24 BetrVG 1972; DKK-*Trümner*, § 1 Rn. 77). Dem Betriebsrat der Arge stehen insoweit alle Rechte zu, die bei der Beschäftigung von Stammarbeitnehmern gegeben sind (*Schüren/Hamann*, § 14 Rn. 437, 442; *FESTL*, § 5 BetrVG Rn. 229; differenzierend *Becker*, Nachtrag zum AÜG, Art. 1 § 1 Rn. 22, der die für echte Leiharbeitsverhältnisse geltenden Grundsätze anwenden will; a. A. *Boemke*, § 14 Rn. 10). Ausgenommen sind hiervon nur solche Beteiligungsrechte, die sich auf Regelungsgegenstände beziehen, die ausschließlich in der nicht suspendierten arbeitsvertraglichen Beziehung zum Entsendebetrieb belassen bleiben müssen (z. B. Lohnzahlungspflichten, Urlaubsgewährung). Die bei Einstellung und Beschäftigung von Leiharbeitnehmern anwendbaren Bestimmungen des BetrVG gelten insoweit gleichermaßen und unmittelbar, ohne dass es eines Rückgriffs auf § 14 bedürfte. Dasselbe gilt aber auch bezüglich aller sonstigen Bestimmungen des BetrVG, die auch bei Leiharbeitnehmern zur Anwendung kommen (vgl. Erl. zu § 14).

d) Rechte des Betriebsrats des aufnehmenden Betriebs

Von ihrer faktischen Stellung im Betrieb unterscheiden sich Arbeitnehmer, die **145** auf werkvertraglicher Basis eingesetzt werden, heute kaum noch von Leiharbeitnehmern und häufig auch nicht von der Stammbelegschaft. Soweit die Schutzfunktionen des Betriebsrats betroffen sind, erstrecken sich auch seine Mitwirkungsrechte auf **alle im Betrieb tätigen Personen** (vgl. § 75 Abs. 1 BetrVG). Dass Fremdfirmenarbeitnehmer in einem arbeitsvertraglichen Verhältnis zu einem Dritten stehen, steht dem nicht entgegen (§ 7 Satz 2 BetrVG; GKSK, BetrVG, § 7 Rn. 6). Soweit sich die Beteiligungsrechte nicht unmittelbar aus dem BetrVG ableiten, bestehen zur Schließung von Regelungslücken keine Bedenken, § 14 AÜG analog anzuwenden (*Walle*, NZA 1999, 519; a. A. *Schüren/Hamann*, § 14 Rn. 518). Wegen der bestehenden Rechtsunsicherheiten sollten aber auch die Betriebs- und Tarifvertragsparteien die Möglichkeiten des § 3 BetrVG nutzen, um eine wirksame Interessenvertretung von Fremdfirmenbeschäftigten in den Einsatzbetrieben zu gewährleisten. Fremdfirmenbeschäftigung erfolgt immer auf der Grundlage einer Zusammenarbeit von Unternehmen i.S.d. § 3 Abs. 1 Nr. 3 BetrVG, sodass ein Tarifvertrag (nicht jedoch eine Betriebsvereinbarung; vgl. § 3 Abs. 2 BetrVG) eine Einbeziehung aller Fremdfirmenarbeitnehmer in die Betriebsverfassung des Einsatzbetriebes vorsehen kann.

Nach verbreiteter Ansicht stehen dem Betriebsrat des Einsatzbetriebs bei **Be-** **146** **schäftigung betriebsfremder Arbeitnehmer auf werkvertraglicher Grundlage** nur in äußerst eingeschränktem Umfang Beteiligungsrechte zu (*BAG v. 9.7.1991 – 1 ABR 45/90 – AP Nr. 94 zu § 99 BetrVG 1972; Becker/Wulfgramm*, Art. 1 § 14 Rn. 131; *Boemke*, § 14 Rn. 8; *Schüren/Hamann*, § 14 Rn. 526 ff.). Die Gegenmeinung (*Plander*, AiB 1990, 19; *Ulber*, AuR 1982, 54) verweist demgegenüber darauf, dass der **Werkvertrag** von seiner **personalpolitischen Funktion** her mit der ANÜ vergleichbar sei, die eingesetzten Arbeitnehmer desselben Schutzes bedürften wie Leiharbeitnehmer (vgl. hierzu auch amtl. Bgr. zum Entw. des BetrVerf-Reformgesetzes, Teil A. III. 3) und die **Mitbestimmungsrechte** des Betriebsrats des Einsatzbetriebs **nicht** durch den Einsatz von Fremdfirmenarbeitnehmern auf werkvertraglicher Grundlage **umgangen werden dürfen.** Besonders umstritten ist in diesem Zusammenhang, ob die **Mitbestimmungsrechte** des Betriebsrats bei **Einstellungen** nach § 99 BetrVG auch bei Einsatz von Arbeitnehmern auf werkvertraglicher Grundlage zur Anwendung kommen. Von der Beantwortung der Frage hängt nicht nur ab, inwieweit der Unternehmer mitbestimmungsfrei den Abbau von Stammarbeitsplätzen im Betrieb vornehmen kann; vielmehr gehen von ihr auch erhebliche Auswirkungen auf den Arbeitsmarkt, auf die Reichweite von Tarifverträgen und Betriebsvereinbarungen sowie auf die Handlungsmöglichkeiten des Betriebsrats bei der Bekämpfung von Formen illegaler Beschäftigung aus. Hinsichtlich der **Mitbestimmungsrechte** ist grundsätzlich davon auszugehen, dass die Beteiligungsrechte des Betriebsrats im Einsatzbetrieb ebenso wie bei ANÜ auch den **Zweck** verfolgen, **illegale Formen der Beschäftigung im Betrieb zurückzudrängen** (*Becker*, AuR 1982, 372).

147 Eine Nichtanwendbarkeit der Betriebsverfassung des Einsatzbetriebs auf Fremdfirmenarbeitnehmer ließe sich nur rechtfertigen, wenn die betriebsverfassungsrechtliche Stellung des Arbeitnehmers immer an dasselbe Unternehmen als **Rechtsträger von Arbeitgeberpflichten** anknüpfen würde. Dies ist jedoch nicht erforderlich. Insbesondere beim **Gemeinschaftsbetrieb mehrerer Unternehmen** (Rn. 33a), der regelmäßig vorliegt, wenn der Kern der Arbeitgeberfunktionen im sozialen und personellen Bereich von derselben institutionellen Leitung ausgeübt wird (*BAG* v. 3.12.1997 – 7 AZR 764/96 – AP Nr. 19 zu § 1 AÜG; vgl. § 1 Abs. 2 BetrVG), ist anerkannt, dass auch Arbeitnehmer verschiedener Arbeitgeber gemeinsam einem Betrieb angehören können und ein **gemeinsamer Betriebsrat** alle betriebsverfassungsrechtlichen Funktionen ausüben kann (*BAG* v. 24.1.1996 – 7 ABR 10/95 – DB 1996, 2131; *LAG Hamm* v. 13.3.1996 – 3 TaBV 66/95). Allein die räumliche Nähe und das räumliche Zusammenwirken reichen dabei zwar nicht aus, um die Grundsätze des Gemeinschaftsbetriebs auch auf die Beschäftigung von Fremdfirmenarbeitnehmern anzuwenden; die von der Rechtsprechung früher geforderte **Führungsvereinbarung** zwischen den Unternehmen kann hierbei – zumindest konkludent (vgl. hierzu *LAG Hessen* v. 1.7.1996 – 10 Sa 1162/95 – NZA 1997, 41) – auch im abgeschlossenen **Werkvertrag** liegen (z.B. bei Projektarbeiten). Auf Grund der in § 1 Abs. 2 Nr. 1 BetrVG seit dem 28.7.2001 geltenden Neuregelung kommt es jedoch auf die Führungsvereinbarung nicht mehr an, der gemeinsame Einsatz der Arbeitnehmer in tatsächlicher Hinsicht reicht aus. Daneben enthält § 1 Abs. 2 Nr. 2 BetrVG den allgemeinen Rechtsgedanken, dass selbst ein Rechtsträgerwechsel, verbunden mit einer Spaltung des Betriebs, das Vorliegen einer **gemeinsamen Führung des Betriebs indiziert**, wenn die Organisation des gespaltenen Betriebs nicht geändert wird. Diese Voraussetzungen sind bei Fremdfirmenarbeit immer dann erfüllt, wenn den Betriebszwecken des Einsatzunternehmens dienende Funktionen oder Teilfunktionen für eine Erreichung von dessen Betriebszwecken unverzichtbar sind und fremdvergeben werden, um zukünftig statt mit eigenen Arbeitnehmern mit Arbeitnehmern anderer Rechtsträger ausgeübt zu werden (vgl. Kreuder, AuR 1993, 324; a.A. Walle, NZA 1999, 519, der bei gemeinsam ausgeübter Leitungsmacht der Werkvertragsparteien das Vorliegen eines Werkvertrages generell verneint). Die **Organisation des betrieblichen Gesamtprozesses** liegt hier weiter in der Hand des Einsatzbetriebs. Allein die Übertragung von Funktionen auf Dritte bewirkt keine organisatorische Änderung des »gespaltenen Betriebs« i.S.d. § 1 Abs. 2 Nr. 2 BetrVG (Rn. 127a). Aus dem Rechtsgedanken des § 1 Abs. 2 BetrVG folgt daher, dass eine **betriebsverfassungsrechtliche Zuständigkeit des Betriebsrats des Einsatzbetriebs** für Fremdfirmenarbeitnehmer immer gegeben ist, wenn diese innerhalb der Gesamtorganisation des Einsatzbetriebs faktisch Aufgaben wahrnehmen, deren Erfüllung auf Dauer bzw. mit einer gewissen Regelmäßigkeit notwendig ist (*LAG Baden-Württemberg* v. 26.11.1999 – 16 TaBV 9/98; *SG Hamburg* v. 23.11.2004 – S 13 AL 5/99). Auf die Dauer des Einsatzes oder die Person des Fremdfirmenarbeitnehmers kommt es hierbei – ebenso wie bei befristet beschäftigten Arbeitnehmern – ebenso wenig an wie darauf, ob den Fremdfirmenarbeitnehmern vom Einsatzbetrieb konkrete Weisungen erteilt werden müssen, soweit es sich bei Eigenbeschäftigung um eine weisungsgebundene Tätigkeit handeln würde.

aa) Allgemeine Rechte

Auszugehen ist davon, dass nach § 75 Abs. 1 BetrVG die **allgemeinen Grund-** **148** **sätze zur Behandlung von Betriebsangehörigen für alle im Betrieb tätigen Personen** und damit auch für Arbeitnehmer auf werkvertraglicher Basis gelten (vgl. § 14 Rn. 62 ff.; *FESTL*, § 75 BetrVG Rn. 11; *Plander*, AiB 1990, 19; *Walle*, NZA 1999, 520). Die hieraus folgenden Schutzpflichten treffen sowohl den Einsatzbetrieb als auch den Betriebsrat als **Handlungspflichten.** Sie haben insoweit nicht nur diskriminierende Ungleichbehandlungen zu unterlassen, sondern sie müssen aktiv für die **Gewährleistung des Persönlichkeitsschutzes** der betriebsfremden Arbeitnehmer eintreten (*FESTL*, § 75 BetrVG Rn. 23). Hieraus folgt, dass ein genereller Ausschluss von Werkvertragsarbeitnehmern von betriebsverfassungsrechtlichen Kompetenzen des Betriebsrats des Einsatzbetriebs nicht gerechtfertigt ist (a. A. *BAG* v. 9.7.1991 – 1 ABR 45/90 – AP Nr. 94 zu § 99 BetrVG 1972). Daneben folgt aus der EG-Richtlinie 91/383 sowie aus § 8 Abs. 1 Satz 2 ArbSchG, dass der Einsatzbetrieb auch bei werkvertraglichen Einsatzformen das **gleiche Schutzniveau** zwischen Fremdfirmenarbeitnehmern und Stammbelegschaft im Einsatzbetrieb im Hinblick auf die Sicherheit und den Gesundheitsschutz am Arbeitsplatz zu **gewährleisten** hat. Die Einhaltung von Normen des Arbeitsschutzes ist insoweit eine allgemeine Aufgabe des Betriebsrats. Sie beschränkt sich nach **§ 80 Abs. 2 Satz 1 BetrVG** nicht auf Stammarbeitnehmer, sondern berechtigt den Betriebsrat, die Einhaltung aller im Betrieb geltenden Normen auch im Zusammenhang mit dem Einsatz von Fremdfirmenarbeitnehmern zu überwachen. Hierzu gehören auch die Bestimmungen des AÜG (*Becker/Wulfgramm*, Art. 1 § 14 Rn. 131; *Schüren/Hamann*, § 14 Rn. 523). Aber auch hinsichtlich der übrigen Aufgaben i. S. d. § 80 Abs. 1 BetrVG ist eine Überwachungspflicht des Betriebsrats des Einsatzbetriebs gegeben. Soweit Rechte des Betriebsrats beim Einsatz von Werkvertragsarbeitnehmern betroffen sind, kann in diese Rechte nicht durch die Vereinbarungen zwischen Einsatzbetrieb und Auftragnehmer eingegriffen werden (*BAG* v. 13.6.1989, AP Nr. 36 zu § 80 BetrVG 1972). Vielmehr hat sowohl der Auftraggeber als auch der Auftragnehmer durch eine entsprechende Vertragsgestaltung sicherzustellen, dass die Betriebsverfassungsrechte des jeweiligen Betriebsrats sowohl bei der **Vertragsgestaltung** als auch bei dessen tatsächlicher Durchführung uneingeschränkt ausgeübt werden können (*BAG* v. 18.4.2000 – 1 ABR 22/99 – AP Nr. 9 zu § 98 BetrVG 1972 Überwachung u. v. 27.1.2004 – 1 ABR 7/03 – DB 2004, 1733; *Wiese*, NZA 2003, 1118).

Korrespondierend mit den Überwachungspflichten des Betriebsrats (die auch **149** die Besichtigung von Arbeitsplätzen der Fremdfirmenarbeitnehmer sowie Gespräche mit ihnen umfassen, s. o. Rn. 126) hat der Einsatzbetrieb den Betriebsrat und nach § 106 Abs. 3 Nr. 10 BetrVG auch den Wirtschaftsausschuss (*Walle*, NZA 1999, 520) im Zusammenhang mit dem Einsatz von Arbeitnehmern auf werkvertraglicher Grundlage umfassend zu **unterrichten** und ihm die erforderlichen **Unterlagen zur Verfügung zu stellen** (*Becker/Wulfgramm*, Art. 1 § 14 Rn. 131; *Schüren/Hamann*, § 14 Rn. 523). Nach § 80 Abs. 2 Satz 1 BetrVG erstrecken sich die Unterrichtungspflichten auf die Beschäftigung von allen Personen, die nicht in einem Arbeitsverhältnis zum Arbeitgeber stehen. Bestandteil der Unterrichtungspflicht ist neben der **Vorlage abgeschlossener Werkverträge** auch die **Vorlage von Kontroll-Listen**, die die Namen der im Betrieb des Arbeitgebers tätigen Fremdfirmen, die Einsatztage und -zeiten sowie den Zeitpunkt des Betretens und Verlassens des Betriebs durch die jeweiligen Arbeitnehmer der Fremdfirmen enthalten (*BAG* v. 31.1.1989 – 1 ABR 82/87 – AP Nr.33 zu § 80 BetrVG 1972; v. 9.7.1991 – 1 ABR 45/90 – AP Nr.94 zu § 99 BetrVG 1972; *FESTL*, § 5 BetrVG Rn.249). Auch kann der Betriebsrat des Einsatzbetriebes den Status des eingesetzten Arbeitnehmers im arbeitsgerichtlichen Beschlussverfahren klären lassen (*Kasseler Handbuch/Düwell* 4.5 Rn.282).

150 Ergeben sich **Verstöße** des Arbeitgebers **gegen im Einsatzbetrieb geltende Normen**, hat der Betriebsrat beim Arbeitgeber auf Abhilfe hinzuwirken und den Arbeitgeber, soweit Mitbestimmungsrechte des Betriebsrats berührt sind, zur Einhaltung und Durchführung des entsprechenden Mitbestimmungsverfahrens aufzufordern. Ergibt sich im Rahmen der Prüfung, dass es sich nicht um einen echten Werkvertrag, sondern um einen **Scheinwerkvertrag** handelt, bei dem ein Arbeitsverhältnis des Arbeitnehmers zum Einsatzbetrieb fingiert wird (vgl. § 10 Rn.6ff.; Einl. D. Rn.47ff.), bestehen für den Betriebsrat die **Mitbestimmungsrechte nach § 99 BetrVG bei Einstellungen** nur, soweit der Arbeitnehmer noch nicht seine Tätigkeit im Betrieb aufgenommen hat (DKK-*Kittner*, § 99 Rn.57; *Schüren/Hamann*, § 14 Rn.493). Im Übrigen bestehen jedoch keine Möglichkeiten des Betriebsrats, das Zustandekommen eines fingierten Arbeitsverhältnisses über die Geltendmachung von Mitbestimmungsrechten nach § 99 BetrVG zu verhindern (vgl. § 14 Rn.141, 186; a.A. *Schüren/Hamann*, § 14 Rn.493). Vielmehr hat der Betriebsrat hinsichtlich der Arbeitnehmer, die auf Grund eines fingierten Arbeitsverhältnisses Stammarbeitnehmer des Einsatzbetriebs geworden sind und deren Rechtsstellung daher einem vertraglich begründeten Arbeitsverhältnis gleichgestellt ist (*BAG* v. 30.1.1991 – 7 AZR 497/89 – AP Nr.8 zu § 10 AÜG), dieselben Schutzfunktionen wahrzunehmen, die ihm auch gegenüber sonstigen bereits eingestellten Stammarbeitnehmern obliegen.

bb) Beteiligungsrechte bei der Personal- und Unternehmensplanung

151 Sind Arbeitnehmer auf werkvertraglicher Grundlage im Betrieb beschäftigt oder plant der Unternehmer, zukünftig Arbeiten im Rahmen der Fremdvergabe auf Dritte zu übertragen, sind sowohl die **Beteiligungsrechte des Betriebsrats bei der Personalplanung** (§ 92 BetrVG) und Beschäftigungssicherung (§ 92a BetrVG) und bei **Betriebsänderungen** (§§ 111ff. BetrVG) als auch die Rechte des **Wirtschaftsausschusses** nach §§ 106ff. BetrVG berührt (vgl. § 14 Rn.76). Darüber hinaus kann eine Fremdvergabe im Einzelfall auch die Mitbestimmungsrechte bei Sozialeinrichtungen i.S.d. § 87 Abs. 1 Nr.8 BetrVG auslösen, z.B. wenn die Spülküche oder die Kantine ausgelagert wird (*ArbG Köln* v. 25.3.1998 – 7 BV 232/96 – AiB 1999, 346 m. Anm. *Vormbaum-Heinemann*).

152 Da der Einsatz von Fremdfirmenarbeitnehmern auf werkvertraglicher Basis Bestandteil der Planung von Personaleinsatz und Personalbedarfsdeckung des Einsatzbetriebs ist (vgl. Einl. B. Rn.4; *Eichhorn*, AiB 1996, 647; *Kreuder*, AuR 1993, 316; *Plander*, AiB 1990, 19; *Ulber*, AuR 1982, 54; *Walle*, NZA 1999, 520), hat der Unternehmer die diesbezüglichen **Planungen** mit dem Betriebsrat nach § 92 Abs. 1 BetrVG **zu beraten**. Hierzu hat er die entsprechenden Unterlagen vorzulegen und insbesondere Auskunft über Anfall und Umfang von Arbeiten im Fremdleistungsbereich zu geben (*BAG* v. 9.7.1991 – 1 ABR 45/90 – AP Nr.94 zu § 99 BetrVG 1972). Der Betriebsrat kann nach § 92 Abs. 2 BetrVG Vorschläge zum **Einsatz von Fremdfirmenarbeitnehmern im Rahmen der Personalplanung** unterbreiten, die sowohl auf eine Verhinderung bzw. einen Abbau bestehender Fremdfirmenarbeit im Betrieb als auch auf den Einsatz von Fremdfirmenarbeitnehmern im Rahmen der Personalbedarfsdeckung gerichtet sein können (*BAG* v. 31.1.1989 – 1 ABR 72/87 – AP Nr.33 zu § 80 BetrVG 1972; v. 9.7.1991 – 1 ABR 45/90 – AP Nr.94 zu § 99 BetrVG 1972 u. v. 15.12.1998 – 1 ABR 9/98; *Jetzig*, DB 1989, 978; *Plander*, AiB 1990, 19; *Schüren/Hamann*, § 14 Rn.525). Zur Beschäftigungssicherung (§ 92a BetrVG) kann der Betriebsrat auch Vorschläge zu einem Abbau der Fremdvergabe und zur Ausgliederung von Arbeit machen (vgl. § 14 Rn.77f.). Ist durch eine nach § 92a BetrVG zulässige Betriebsvereinbarung eine Fremdfertigung (*FESTL*, § 92a BetrVG Rn.9) ausgeschlossen, kann der Betriebsrat die Fremdvergabe im Wege der einstweiligen Verfügung untersagen lassen (*ArbG Oldenburg* v. 10.6.1997 – 1 BV 6a 1/97; vgl. auch *ArbG Köln*, a.a.O.).

Der Einsatz von Fremdfirmenarbeitnehmern steht immer im Zusammenhang mit wirtschaftlichen Angelegenheiten i.S.d. § 106 Abs. 3 BetrVG, berührt insbesondere wesentliche Interessen der Stammarbeitnehmer am Erhalt ihrer Arbeitsplätze (vgl. § 106 Abs. 3 Nr.10 BetrVG). Der Unternehmer hat daher den **Wirtschaftsausschuss** über die Fremdleistungsplanung und den werkvertraglichen Einsatz von Arbeitnehmern nach § 106 Abs. 2 BetrVG **zu informieren** und ihm die hierzu erforderlichen **Unterlagen vorzulegen** (*BAG* v. 9.7.1991 – 1 ABR 45/90 – AP Nr.94 zu § 99 BetrVG 1972; *Schüren/Hamann* § 14 Rn.546; *Eichhorn*, AiB 1996, 647). Im Unterschied zu § 80 Abs. 2 BetrVG (Rn.149) ist der Unternehmer im Rahmen des § 106 Abs. 2 BetrVG von sich aus verpflichtet, die Werkverträge und sonstigen Planungsunterlagen vorzulegen; eines Verlangens des Betriebsrats bedarf es insoweit nicht. Die **Vorlagepflichten** des Unternehmens beschränken sich auf alle vorhandenen bzw. abgeschlossenen Verträge und Vertragsentwürfe (ggf. einschließlich etwaiger Nebenabsprachen) und bestehen nur **gegenüber dem Wirtschaftsausschuss**. Der Betriebsrat kann nicht eine unmittelbare Aushändigung der Verträge an sich verlangen, insbesondere steht ihm kein Anspruch zu, den Arbeitgeber zur rechtzeitigen Vorlage zukünftiger Verträge zu verpflichten (*BAG*, a.a.O.).

153

Will der Unternehmer **Arbeitsplätze abbauen** und zukünftig mit Fremdfirmenarbeitnehmern besetzen, löst dies die Beteiligungsrechte des Betriebsrats nach §§ 111ff. BetrVG aus (*BAG* v. 6.12.1988 – 1 ABR 47/87 – AP Nr.26 zu § 111 BetrVG 1972; v. 18.10.1994 – 1 ABR 9/94 – DB 1995, 382; offen gehalten in *LAG Baden-Württemberg* v. 17.5.1996 – 6 TaBV 4/96 – AiB 1996, 492; wie hier DKK-*Däubler*, § 111 Rn.31ff.; *Schüren/Hamann*, § 14 Rn.547). Wird hierbei eine ganze Abteilung oder betriebliche Funktion aufgelöst, ist die Aufstellung eines **Sozialplans** nicht an ein Überschreiten der Schwellenwerte des § 112a BetrVG geknüpft (Henssler, NZA 1994, 304). Insoweit kann auf die Ausführungen zu § 14 (Rn.92) verwiesen werden. Bei Fortbestand der Arbeitsplätze kann die **Rationalisierungsmaßnahme** als solche **unwirksam sein** (vgl. § 14 Rn.92), daneben sind aber i.d.R. betriebsbedingte Kündigungen in diesen Fällen ausgeschlossen (vgl. § 14 Rn.90). Soweit die betrieblichen Funktionen als solche weiter bestehen und zukünftig lediglich durch Fremdfirmenarbeitnehmer ausgeübt werden sollen besteht daneben regelmäßig Anlass zu prüfen ob ein **Betriebsübergang** nach § 613a BGB vorliegt (Rn.163ff.).

154

Sollen **bei Beschäftigung von Fremdfirmenarbeitnehmern** im Betrieb gleichzeitig Stammarbeitnehmer gekündigt werden, ist eine **Kündigung der Arbeitnehmer sozial ungerechtfertigt** i.S.d. § 1 Abs. 2 Satz 1 KSchG, wenn eine Weiterbeschäftigung des Arbeitnehmers auf Arbeitsplätzen, die von Fremdfirmenarbeitnehmern eingenommen werden, möglich ist (*BAG* v. 26.9.1996 – 2 AZR 478/96 – AuR 1996, 454 u. v. 26.9.2002 – 2 AZR 636/01 – NZA 2003, 549; für den

155

öffentlichen Dienst insoweit anders *BAG* v. 15. 3. 1991 – 2 AZR 582/90 – AP Nr. 28 zu § 2 KSchG 1969). Die grundsätzlich zwingenden Bestimmungen des KSchG gehen insoweit den dispositiven Bestimmungen des Vertragsrechts bezüglich der Fremdfirmenarbeit vor und können nicht durch Abschluss von Verträgen, die auf Fremdfirmenarbeit gerichtet sind, umgangen werden.

cc) Mitbestimmung in sozialen Angelegenheiten (§ 87 BetrVG)

156 Aus den allgemeinen **Fürsorgepflichten** des Einsatzbetriebs und eines dort Bestehenden Betriebsrats für alle im Betrieb tätigen Personen (§ 75 Abs. 1 BetrVG) folgt, dass dem Betriebsrat auch bei werkvertraglichem Einsatz von Arbeitnehmern alle Mitbestimmungsrechte aus § 87 Abs. 1 BetrVG zustehen, die dem allgemeinen **Persönlichkeitsschutz** des Fremdfirmenarbeitnehmers dienen (z. B. § 8 Abs. 1 und 2 ArbSchG; vgl. Rn. 128 ff.). Dies betrifft sowohl Fragen der **Ordnung des Betriebs** und des Verhaltens von Fremdfirmenarbeitnehmern im Betrieb als auch die dem Persönlichkeitsschutz und dem vorbeugenden **Arbeits- und Gesundheitsschutz** dienenden Mitbestimmungstatbestände des § 87 Abs. 1 BetrVG (§ 87 Abs. 1 Nr. 1, 5, 6, 7; *Eichhorn*, AiB 1996, 647; *Kreuder*, AuR 1993, 316; *Leube*, BB 2000, 303; *Plander*, AiB 1990, 19). Würden hier dem Betriebsrat des Einsatzbetriebs keine Kompetenzen zugestanden, würden die Mitbestimmungsrechte nach §§ 87 und 89 BetrVG für Fremdfirmenarbeitnehmer ebenso wie für Leiharbeitnehmer weitgehend ins Leere gehen (vgl. *BAG* v. 9. 3. 1976 – 1 ABR 53/74; *Halbach*, DB 1980, 2394; *Mayer*, AuR 1974, 353). Im Übrigen ist immer dann ein Mitbestimmungsrecht des Betriebsrats des Einsatzbetriebs gegeben, wenn und soweit der Einsatzbetrieb gegenüber den Fremdfirmenbeschäftigten einen Teil der Arbeitgeberbefugnisse wahrnimmt (*Schüren/Hamann*, § 14 Rn. 550). Ordnet der Einsatzbetrieb z. B. Überstunden an, von denen auch Fremdfirmenbeschäftigte erfasst werden, erstreckt sich das Mitbestimmungsrecht des Einsatzbetriebsrats nach § 87 Abs. 1 Nr. 3 BetrVG auch auf die Fremdfirmenarbeitnehmer (*Schüren/Hamann*, § 14 Rn. 550; weitergehend *Walle*, NZA 1999, 520, der in Fragen der Arbeitzeit generell ein Mitbestimmungsrecht nach § 87 Abs. 1 Nr. 2 und 3 BetrVG bejaht). Darüber hinaus wird für die eingesetzten Fremdfirmenbeschäftigten nur im Einzelfall eine Schutzfunktion des Betriebsrats des Einsatzbetriebs hinsichtlich der Regelungstatbestände des § 87 Abs. 1 BetrVG gegeben sein können (z. B. bei Sozialeinrichtungen i. S. d. § 87 Abs. 1 Nr. 8 BetrVG, ArbG Köln v. 25. 3. 1998 – 7 BV 232/96 – AiB 1999, 346 oder bei der Vergabe von Werkswohnungen an Dritte nach § 87 Abs. 1 Nr. 9 BetrVG, vgl. *BAG* v. 29. 7. 1992 – 1 ABR 22/92 – AP Nr. 7 zu § 87 BetrVG 1972 Werksmietwohnung; v. 25. 2. 1997 – 1 ABR 69/96 – GmbHR 1997, R239 m. Anm. *Weber*). Umstritten ist, wieweit sich die Mitbestimmungsrechte des Betriebsrats in Frage der Ordnung des Betriebs nach § 87 Abs. 1 Nr. 1 BetrVG auch auf Fremdfirmenbeschäftigte erstrecken. Das *BAG* verneint in seiner Entscheidung zu **Zugangskontrollsystemen** (v. 27. 1. 2004 – 1 ABR 7/03 – DB 2004, 1733; zustimmend *Hornung/Steidle*, AuR 2005, 204) ein Mitbestimmungsrecht des Betriebsrats des Einsatzbetriebs, gibt jedoch dem BR des entsendenden Werkunternehmens ein Recht zur Mitbestimmung, wenn dessen Arbeitnehmer im Einsatzbetrieb einer Zugangskontrolle unterworfen werden sollen. Der Entscheidung ist zuzustimmen, soweit darauf abgestellt wird, dass der Betriebsbegriff i. R. d. § 87 Abs. 1 Nr. 1 BetrVG funktional zu verstehen sei, und sich das Mitbestimmungsrecht daher auch auf Arbeitnehmer erstreckt, die räumlich betrachtet außerhalb des Betriebs die Arbeit verrichten. Hieraus folgt jedoch nicht, dass durch ein Mitbestimmungsrecht des Entsendebetriebsrats das Mitbestimmungsrecht des Einsatzbetriebsrats ausgeschlossen ist. Sowohl aus der Funktion des Mitbestimmungsrechts, das betriebliche Zusammenleben und Zusammenwirken der Arbeitnehmer zu regeln (*BAG* a.a.O.) als auch aus § 75 Abs. 1 BetrVG ergibt sich insoweit, dass sowohl das Einsatzunternehmen als auch ein dort bestehender Betriebsrat den Persönlichkeitsschutz von Fremdfirmenbeschäftigten zu gewährleisten haben (Rn. 148), so dass sich das dem Schutz dieses Rechts dienende Mitbestimmungsrecht nach § 87 Abs. 1 Nr. 1 BetrVG auch auf Fremdfirmenarbeitnehmer erstrecken muss. Die gegenteilige Auffassung steht nicht im Einklang mit Art. 2 Abs. 2 der RiLi 91/283 EWG (Einl. F Rn. 46).

Die eigentliche Bedeutung des Mitbestimmungsrechts des Betriebsrats nach § 87 **157** Abs. 1 BetrVG liegt jedoch in den Auswirkungen, die sich aus der **Schutzfunktion des Mitbestimmungsrechts für die bestehende Stammbelegschaft** ergeben und mittelbar auch die Rahmenbedingungen des Einsatzes betriebsfremder Arbeitnehmer beeinflussen. Allgemein anerkannt ist insoweit, dass durch den Einsatz von Arbeitnehmern auf werkvertraglicher Grundlage nicht die Mitbestimmungsrechte des Betriebsrats nach § 87 Abs. 1 Nr. 2 und 3 BetrVG **umgangen** werden dürfen (vgl. *BAG* v. 22.10.1991 – 1 ABR 28/91 – DB 1992, 686; *Wiese*, NZA 2003, 1120), indem beispielsweise Arbeitnehmer auf werkvertraglicher Grundlage mitbestimmungsfrei für **Mehrarbeit oder Sonderschichten** eingesetzt werden, die bei der Stammbelegschaft den mitbestimmungspflichtigen Tatbestand des § 87 Abs. 1 Nr. 3 BetrVG auslösen würden (*LAG Baden-Württemberg* v. 11.5.1988 – 9 TaBV 2/88 – AiB 1988, 314; *LAG Frankfurt* v. 19.4.1988 – 5 TaBV GA 52/88 – BB 1988, 2464; *ArbG Mannheim* v. 1.7.1987 – 8 BG 8/87 – AiB 1987, 141; *Däubler*, Bd. 1, 546 f.; DKK-*Klebe*, § 87 Rn. 6; *Buschmann/Ulber* 1989, 110 f.; *Leisten*, BB 1992, 269; *Plander*, AiB 1990, 19; a.A. *Dauner-Lieb*, NZA 1992, 825). Muss ein erhöhter Arbeitsanfall abgearbeitet werden, der nicht im Rahmen der betriebsüblichen Normalarbeitszeit bewältigt werden kann, kann der Arbeitgeber das bestehende **Initiativrecht des Betriebsrats** bei der Anordnung von Mehrarbeit (DKK/*Klebe*, § 87 Rn. 89) nicht dadurch **umgehen**, dass er mitbestimmungsfrei mit Fremdfirmen den Einsatz betriebsfremder Arbeitnehmer vereinbart. Der Arbeitgeber muss vielmehr bei bestehendem Mitbestimmungs- und Initiativrecht des BR zunächst ein Einvernehmen bezüglich der Bewältigung des zusätzlichen Arbeitsvolumens über Mehrarbeit oder andere Formen der flexiblen Arbeitszeitgestaltung erzielen, um Fremdfirmenarbeitnehmer im Betrieb einsetzen zu können (zu den Folgen bei Nichteinigung s. Rn. 158). Selbst in den Fällen, in denen ein werk- oder dienstvertraglicher Einsatz von Fremdfirmenbeschäftigten nicht dem Mitbestimmungsrecht nach § 99 BetrVG unterliegt, ist es einem Unternehmen in Fällen eines vorübergehend erhöhten Personalbedarfs daher verwehrt, mitbestimmungsfrei betriebsfremde Arbeitnehmer im Betrieb einzusetzen. Die Mitbestimmungsrechte des Betriebsrates kommen bei Fremdfirmenarbeit immer zur Anwendung, wenn sich durch die Beschäftigung von Fremdfirmenarbeitnehmern Auswirkungen auf die Stammbelegschaft ergeben bzw. ein Koordinierungsbedarf entsteht (i.E. ebenso *Schüren/Hamann*, § 14 Rn. 550; *Bauschke*, NZA 2000, 1201; GKSKR, BetrVG, § 87 Rn. 6a). Weicht die Arbeitszeit der Fremdfirmenarbeitnehmer mit Auswirkungen auf die Stammarbeitnehmer von deren Arbeitszeit ab, hat der Betriebsrat nach § 87 Abs. 1 Nr. 2 und 3 BetrVG mitzubestimmen (*BAG* v. 25.2.1997 – 1 ABR 69/96 – DB 1997, 536; *Eichhorn*, AiB 1996, 647). Dasselbe gilt, wenn im Betrieb Gruppenarbeit eingeführt ist und Fremdfirmenbeschäftigte Aufgaben wahrnehmen sollen, die bislang von Stammarbeitnehmern im Rahmen von Gruppenarbeitssystemen erledigt wurden (zur Zulässigkeit vgl. Rn. 42 u. 51 ff.). Der Einsatz der Fremdfirmenbeschäftigten bewirkt hier die Mitbestimmung bei der Durchführung von Gruppenarbeit nach § 87 Abs. 1 Nr. 13 BetrVG (vgl. § 14 Rn. 127b).

158 Macht der BR von seinem Initiativrecht (Rn. 157) Gebrauch oder hat er die **Zustimmung** für Mehrarbeit oder Wochenendarbeit für die Stammbelegschaft oder auch für Leiharbeitnehmer nach § 87 Abs. 1 Nr. 2 und 3 BetrVG **verweigert**, muss der Arbeitgeber zunächst das Mitbestimmungsverfahren nach § 87 BetrVG bis in die **Einigungsstelle** durchführen, bevor er Maßnahmen ergreift, die auf den Einsatz von Fremdfirmenarbeitnehmern in der gewünschten Arbeitszeit abzielen (*ArbG Wiesbaden* v. 23.7.1997 – 7 BV 3/97 – NZA 1998, 165; a.A. *Henssler*, NZA 1994, 303). Beachtet er die Mitbestimmungsrechte des Betriebsrats nicht und setzt er Fremdfirmenarbeitnehmer ohne Zustimmung des Betriebsrats im Betrieb ein, steht dem Betriebsrat wegen der **Umgehung der Mitbestimmungsrechte** nach § 87 BetrVG ein **Anspruch auf Unterlassung der Beschäftigung** von Fremdfirmenarbeitnehmern zu (*BAG* v. 22.10.1991 – 1 ABR 28/91 – AiB 1992, 458), der auch im Wege der einstweiligen Verfügung durchgesetzt werden kann (*ArbG Mannheim*, a.a.O.; Däubler, Bd. 1, 547). Dem Unternehmer ist es daher verwehrt, einseitig über den Einsatz von Arbeitnehmern auf werkvertraglicher Basis die Betriebszeiten auszudehnen oder Schicht- bzw. Wochenendarbeit im Betrieb einzuführen. Hieraus folgt u.a. auch, dass der Arbeitgeber **bei vereinbarter Kurzarbeit** im Betrieb einen unerwarteten Anstieg des Arbeitsvolumens nicht über den Einsatz von Arbeitnehmern auf werkvertraglicher Basis mitbestimmungsfrei abarbeiten lassen kann. Selbst wenn man die Wiederherstellung der betriebsüblichen Arbeitszeit bei vorzeitiger Beendigung von Kurzarbeit grundsätzlich nicht der Mitbestimmung des Betriebsrats nach § 87 Abs. 1 Nr. 3 BetrVG unterwirft (so *BAG* v. 21.11.1978 – 1 ABR 67/76 – AP Nr. 2 zu § 87 BetrVG 1972 Arbeitszeit; a.A. zu Recht DKK-*Klebe*, § 87 Rn. 91; *FESTL*, § 87 Rn. 151), ist der Schutzzweck der Norm, Entgeltansprüche der Arbeitnehmer bei Kurzarbeit zu sichern (*BAG*, a.a.O.; vgl. auch DKK-*Klebe*, § 87 Rn. 90), in der vorbeschriebenen Fallkonstellation betroffen, sodass ein ohne die Zustimmung des Betriebsrats **erfolgender Einsatz von Fremdfirmenarbeitnehmern** während einer vereinbarten Kurzarbeitsperiode ebenfalls eine **unzulässige Umgehung der Mitbestimmungsrechte** des Betriebsrats des Einsatzbetriebs darstellt. Eine unzulässige Umgehung der Mitbestimmungsrechte des Betriebsrats kommt über mitbestimmungspflichtige Fragen zur Arbeitszeit hinaus auch bei anderen Regelungsgegenständen des § 87 Abs. 1 BetrVG in Betracht, etwa wenn der Betriebsrat die Einführung von Leistungslohnsystemen abgelehnt hat (zur Mitbestimmung nach § 87 Abs. 1 Nr. 10 BetrVG vgl. *BAG* v. 20.11.1990 – 1 AZR 643/89 – BB 1991, 835) und der Arbeitgeber Fremdfirmenarbeitnehmer im **Akkord- oder Prämienlohn** einsetzt.

dd) Mitbestimmungsrechte des Betriebsrats bei Einsatz von Fremdfirmenarbeitnehmern (§ 99 BetrVG)

159 Nach § 99 BetrVG ist der Betriebsrat bei der **Einstellung von Arbeitnehmern** zu beteiligen. Das der Einstellung zugrunde liegende **Rechtsverhältnis** ist grundsätzlich **unbeachtlich**, wobei die Kriterien des Arbeitnehmerbegriffs nicht erfüllt sein müssen (*BAG* v. 15.12.1998 – 1 ABR 9/98; v. 19.6.2001 – 1 ABR 25/00 – BB 2002, 47). Auch die Beschäftigung von **Arbeitnehmern eines Subunternehmers**

bei einem Generalunternehmer kann daher die Beteiligungsrechte eines beim Generalunternehmer bestehenden Betriebsrats auslösen (*LAG Köln* v. 27.1.1989 – 9 TaBV 59/88). Da eine dem § 14 Abs. 3 für ANÜ entsprechende Vorschrift für werkvertragliche Einsatzformen fehlt, hängt die Frage, ob dem Betriebsrat auch bei der Beschäftigung von Fremdfirmenarbeitnehmern außerhalb von ANÜ ein Mitbestimmungsrecht nach § 99 BetrVG zusteht, davon ab, ob der Einsatz von Arbeitnehmern auf werkvertraglicher Grundlage die Begriffsmerkmale einer Einstellung i.S.d. § 99 BetrVG erfüllt. § 14 Abs. 3 steht einer Anwendung von § 99 BetrVG auf andere Formen des Fremdfirmeneinsatzes grundsätzlich nicht entgegen (*BAG* v. 15.4.1986 – 1 ABR 44/84 – AP Nr. 35 zu § 99 BetrVG 1972 u. v. 11.9.2001 – 1 ABR 14/01 – SAE 2002, 202; a. A. *Boemke*, § 14 Rn. 8 f.; *Thüsing/ Thüsing*, § 14 Rn. 10).

Nach st. Rechtspr. des *BAG* liegt eine mitbestimmungspflichtige Einstellung vor, **160** wenn Personen in den Betrieb eingegliedert werden, um zusammen mit den dort beschäftigten Arbeitnehmern den arbeitstechnischen Zweck des Betriebes durch weisungsgebundene Tätigkeit zu verwirklichen (*BAG* v. 30.8.1994 – 1 ABR 3/94 – AP Nr. 6 zu § 99 BetrVG 1972). Eine **Einstellung** i.S.d. § 99 BetrVG kann sowohl in der **Begründung eines Arbeitsverhältnisses** als auch in der **tatsächlichen Arbeitsaufnahme** durch den Arbeitnehmer liegen (*BAG* v. 12.7.1988 – 1 ABR 85/86 – AP Nr. 54 zu § 99 BetrVG 1972; DKK-*Kittner*, § 99 Rn. 37; GK-*Kraft*, § 99 Rn. 18; *Eichhorn*, AiB 1996, 647; *Ulber*, AuR 1982, 54), wobei es für das Vorliegen einer Einstellung nach Auffassung des *BAG* nur noch auf die **tatsächliche Beschäftigung** im Betrieb ankommen soll (*BAG* v. 28.4.1992 – 1 ABR 73/91 – AP Nr. 98 zu § 99 BetrVG 1972). Das **Fehlen eines Arbeitsvertrages** zwischen Fremdfirmenarbeitnehmer und Einsatzunternehmen ist daher kein Grund, das Vorliegen einer Einstellung i.S.d. § 99 BetrVG zu verneinen. Vielmehr kommt es im Anwendungsbereich des § 99 BetrVG weder auf das **Rechtsverhältnis** an, auf dessen Grundlage die tatsächliche Beschäftigung erfolgt, noch darauf, ob die beschäftigte Person überhaupt die Merkmale des **Arbeitnehmerbegriffs** erfüllt (*BAG* v. 15.4.1986 – 1 ABR 44/84 – AP Nr. 35 zu § 99 BetrVG 1972). Auch die tatsächliche Beschäftigung von Selbstständigen oder freien Mitarbeitern kann daher eine Einstellung i.S.d. § 99 BetrVG sein (*BAG* v. 15.12.1998 – 1 ABR 9/98). Infolge der **Funktion des Mitbestimmungsrechts** bei Einstellungen, die kollektiven Interessen der bereits im Betrieb vorhandenen Stammbelegschaft zu wahren (*BAG* v. 22.4.1997, NZA 1997, 1297), kommt es entscheidend darauf an, ob die Fremdfirmenbeschäftigten auf Grund ihrer ausgeübten Tätigkeit so in die Arbeitsprozesse integriert sind und mit der Stammbelegschaft im Betrieb (auch als »sozialem Gebilde«, vgl. *Kreuder*, AuR 1993, 316) zusammenarbeiten, dass es vom tatsächlichen Erscheinungsbild und der tatsächlichen Arbeitsgestaltung keinen Unterschied macht, ob diese Mitarbeiter zum Arbeitgeber in einem Arbeitsverhältnis stehen oder nicht (*BAG*, a.a.O.; *Leisten*, BB 1992, 266). Aus § 14 Abs. 3 AÜG ergibt sich insoweit, dass eine **Übernahme** des Arbeitnehmers zur Arbeitsleistung ausreicht, um das Mitbestimmungsrecht bei Einstellungen zu begründen (vgl. § 14 Rn. 145 ff.). Eine »volle Eingliederung« der Fremdfirmenarbeitnehmer ist nicht erforderlich. Diese nimmt das *BAG* an, wenn der Arbeitnehmer zur **Verwirklichung** eines unveränderten **arbeitstechnischen Zweckes des Einsatzbetriebs** im Rahmen einer **weisungsgebundenen Tätigkeit** mit Stammarbeitnehmern zusammenarbeitet (*BAG*, a.a.O.; GKSK, § 99 Rn. 5). Dabei braucht die Tätigkeit nur ihrer Art nach eine weisungsgebundene Tätigkeit zu sein; darauf, ob und von wem ggf. tatsächlich Weisungen hinsichtlich dieser Tätigkeit erteilt werden, kommt es nicht entscheidend an (*BAG* v. 1. 8. 1989 – 1 ABR 54/88 – AP Nr. 68 zu § 99 BetrVG 1972; *FESTL*, § 99 BetrVG Rn. 34).

161 Die Überbetonung des Merkmals der Eingliederung i.S.d. Rspr. des *BAG* (kritisch auch *FESTL*, § 99 BetrVG Rn. 31; *Walle, NZA* 1999, 521) als Voraussetzung von Mitbestimmungsrechten des Betriebsrats des Einsatzbetriebs bei der Einstellung führt nicht nur zu einer Beweislastverschiebung zulasten des Betriebsrats, sondern sie verlagert die Rechtsfrage, ob Mitbestimmungsrechte nach dem BetrVG bestehen, auf die zivilrechtlich zu beurteilende Frage der Abgrenzung von Werkvertrag und ANÜ (vgl. Rn. 33 ff.; § 1 Rn. 131 ff.; kritisch auch *Hunold*, NZA 1998, 1028). Die Mitbestimmungsrechte des Betriebsrats bei Einstellung betriebsfremder Arbeitnehmer werden so weitgehend auf den Einsatz von Leiharbeitnehmern reduziert, obwohl der Einsatz von Fremdfirmenarbeitnehmern auf werkvertraglicher Grundlage die Beschäftigungsinteressen der Belegschaft vom Umfang her eher stärker berührt. Das Bestehen von Mitbestimmungsrechten des Betriebsrats bei Einstellungen ist jedoch auch aus der Funktion und den Schutzzwecken des § 99 BetrVG für die Stammbelegschaft zu beurteilen (*Dauner-Lieb*, NZA 1992, 822). Da meist ausschließlich der Arbeitgeber über die zur Beurteilung des Sachverhalts notwendigen Kenntnisse verfügt, ist es dem Betriebsrat in der Praxis trotz des bestehenden Auskunftsanspruchs (Rn. 139) nur selten möglich den Nachweis einer Eingliederung zu führen. Dies gilt insbesondere unter Berücksichtigung der Auffassung des *BAG*, nach der das Anweisungsrecht des Werkbestellers arbeitsbezogene Weisungen einschließen kann (vgl. § 1 Rn. 134).

162 Die Voraussetzungen einer **Einstellung i.S.d. Zuweisung eines bestimmten Arbeitsbereichs** durch den Arbeitgeber (*Däubler*, Bd. 1, 588; Richardi, § 99 Rn. 29) sind bei der Beschäftigung von Fremdfirmenarbeitnehmern in den meisten Fällen erfüllt. Wird zumindest ein **Teil des Weisungsrechts** vom Einsatzbetrieb ausgeübt (*BAG* v. 15. 12. 1998 – 1 ABR 9/98 – NZA 1999, 722) oder liegt die **Steuerung des Personaleinsatzes** oder der Arbeitsabläufe zumindest partiell und nicht unwesentlich beim Einsatzbetrieb, löst dies immer das Mitbestimmungsrecht nach § 99 BetrVG aus. Dabei ist es unerheblich, ob es sich wegen der Wahrnehmung von Arbeitgeberbefugnissen durch den Einsatzbetrieb noch um einen (echten) Werkvertrag handelt (vgl. Rn. 67 ff.) und § 99 BetrVG unmittelbar Anwendung findet, oder ob nicht tatsächlich ein **Fall verdeckter ANÜ** (so: *Schüren/Hamann*, § 14 Rn. 545; *FESTL*, § 99 Rn. 63 ff.) vorliegt. Liegt wegen nicht werkvertragskonformer Handhabung des Weisungsrechts ein Fall verdeckter ANÜ vor, z. B. weil der Auftraggeber eigene Arbeitnehmer zu den gleichen Arbeiten einsetzt wie Fremdfirmenbeschäftigte (*Henssler*, NZA 1994, 303) ist der BR nach § 99 BetrVG i.V.m. § 14 Abs. 3 AÜG ebenso zu beteiligen wie beim illegalen Scheinwerkvertrag (*BAG* v. 28. 9. 1988, AP Nr. 60 zu § 99 BetrVG; *Schüren/Hamann*, § 14 Rn. 493; vgl. § 14 Rn. 139 ff.).

163 Umstritten ist, unter welchen Voraussetzungen allein die **tatsächliche Beschäftigung von Fremdfirmenarbeitnehmern** im Betrieb eine **Einstellung** i.S.d. § 99 BetrVG darstellt. Auszugehen ist hierbei vom **Zweck der Norm**, den Schutz der bereits im Betrieb Beschäftigten durch Mitsprache des Betriebsrats bei der personellen Zusammensetzung des Arbeitsverbundes zu gewährleisten (*BAG* v. 22. 4. 1997, NZA 1997, 1297; *FESTL*, § 99 Rn. 35). Dieser betriebliche Arbeitsverbund ist immer betroffen, soweit Aufgaben oder Funktionen im Betrieb wahrgenommen werden, die im Rahmen einer arbeitsteilig angelegten Gesamtorganisation der **Verwirklichung der arbeitstechnischen Zwecke** des Betriebs dienen

(*BAG* v. 19. 6. 2001 – 1 ABR 25/00 – BB 2002, 47). Diese Voraussetzungen sind bei Fremdfirmenarbeit nahezu immer erfüllt, wenn keine abgrenzbaren Tätigkeiten vorliegen (*Wiese*, NZA 2003, 1113) oder es zu einer **Zusammenarbeit** von Stamm- und Fremdfirmenbeschäftigten kommt und die unternehmerischen Gestaltungs- befugnisse nicht vollständig beim Fremdunternehmen liegen (*BAG* v. 13. 3. 2001 – 1 ABR 34/00). Soweit daher die kollektiven Interessen der Stammbelegschaft durch den Einsatz von Erfüllungsgehilfen auf werkvertraglicher Basis berührt werden, werden auch die Beteiligungsrechte des Betriebsrats nach § 99 BetrVG ausgelöst (*Becker*, AuR 1982, 380). Wenn das *BAG* selbst bei Ausübung unver- zichtbarer Hilfsfunktionen im Betrieb im Rahmen der Produktion unter Hinweis auf eine »im arbeitsteiligen Wirtschaftsleben übliche Praxis« (*BAG* v. 18. 10. 1994 – 1 ABR 9/94 – AP Nr. 5 zu § 99 BetrVG 1972 Einstellung; v. 5. 3. 1991 – 1 ABR 39/90 – AP Nr. 90 zu § 99 BetrVG 1972) eine Eingliederung verneint, obwohl hier das Zusammenwirken von Fremdfirmenarbeitnehmern und Stammbelegschaft im Rahmen einer einheitlichen Arbeitsorganisation notwendige Voraussetzung für die Verwirklichung der arbeitstechnischen Zwecke des Betriebs ist, kann dem nicht gefolgt werden. Soweit durch den Fremdfirmeneinsatz der Normzweck des § 99 BetrVG betroffen ist, die Mitsprache des BR bei der personellen Zusammen- setzung des Arbeitsverbandes zu gewährleisten, ist daher im Einzelfall auch das Mitbestimmungsrecht bei der Beschäftigung betriebsfremder Arbeitnehmer gegeben (*FESTL*, § 99 Rn. 35; *Kreuder*, AuR 1993, 316; *Leisten*, BB 1992, 266; *Wagner*, AuR 1992, 40).

Wie das *BAG* im Zusammenhang mit dem **Gemeinschaftsbetrieb** mehrerer **164** Unternehmen zu Recht feststellt, lässt sich **trotz formal-rechtlich getrennter Ausübung von Arbeitgeberfunktionen** ein arbeitsteilig angelegter, abteilungs- übergreifender Personaleinsatz zur Erbringung technischer Dienst- und Werk- leistungen nur durch die **einheitliche Ausübung entsprechender Weisungs- rechte** hinsichtlich Ort, Zeit, Umfang und Güte der zu erbringenden Arbeitsleistung bewerkstelligen (*BAG* v. 24. 1. 1996 – 7 ABR 10/95 – DB 1996, 2131). Wenn unter diesen Voraussetzungen sogar die Bildung eines gemeinsa- men Betriebsrats geboten ist, können keine höheren oder zusätzlichen Anforde- rungen gestellt werden, wenn es um die Voraussetzungen einer Eingliederung von Fremdfirmenbeschäftigten zur Auslösung von Mitbestimmungsrechten des Betriebsrats bei Einstellungen geht.

Allgemeine Zweckmäßigkeitserwägungen, wie z. B. die vom *BAG* unterstellte **165** »übliche Praxis« (Rn. 163), haben bei der Frage, ob der Schutzzweck des § 99 BetrVG berührt ist außer Betracht zu bleiben. Dies gilt auch für die Auffassung des *BAG*, dass die Frage, ob bei werkvertraglichen Einsatzformen Mitbestim- mungsrechte des Betriebsrats gegeben sind, auch danach zu beantworten sei, ob es sich bei der Fremdfirma »um ein großes Unternehmen handelt« (so *BAG* v. 21. 6. 1991 – 1 ABR 39/90 – AP Nr. 90 zu § 99 BetrVG 1972). Gerade bei **flexiblen Formen der betrieblichen Beschäftigungspolitik** muss der Schutz des Arbeit- nehmers über **kollektive Schutzeinrichtungen** gesichert werden (*BVerfG* v. 6. 10. 1987 – 1 BvR 1086, 1468 und 1623/82 – EzAÜG AFG Nr. 22). Fehlt es an einer **Absonderbarkeit von Tätigkeiten oder Funktionen**, ist auch die für den Einstel- lungsbegriff maßgebliche Eingliederung gegeben (*BAG* v. 28. 11. 1989 – 1 ABR 90/88 – DB 1990, 1139; v. 5. 3. 1991 – 1 ABR 39/90 – AP Nr. 90 zu § 99 BetrVG 1972), und zwar auch dann, wenn man hierbei nicht schon generell eine ANÜ annimmt (*Dauner-Lieb*, NZA 1992, 822; *Henssler*, NZA 1994, 303). I. d. R. fehlt es an einer Ab- sonderbarkeit, wenn der Arbeitsbereich des Fremdfirmenbeschäftigten i. S. d. § 81

BetrVG (vgl. *BAG* v. 2.4.1996 – 1 AZR 743/95) gleichermaßen auch von Stammarbeitnehmern abgedeckt werden kann oder der Auftraggeber eigene Arbeitnehmer **zu den gleichen Arbeiten einsetzt** wie Fremdfirmenbeschäftigte (*Henssler*, NZA 1994, 303; vgl. auch § 7 Abs. 4 Satz 1 Nr. 3 und 5 SGB IV). Arbeiten Fremdfirmenarbeitnehmer in gleicher Weise wie fest angestellte Arbeitnehmer und verrichten sie letztlich die gleiche Tätigkeit wie diese, ist die Eingliederung zu bejahen (*BAG* v. 30.8.1994 – 1 ABR 3/94 – AP Nr. 6 zu § 99 BetrVG 1972 Einstellung; a. A. ErfK/*Wank*, § 14 AÜG Rn. 17 f.). Ist die Durchführung von Arbeiten der Fremdfirmenarbeitnehmer von **Vorleistungen der Stammbelegschaft** abhängig, scheidet eine Absonderbarkeit von Tätigkeiten grundsätzlich aus (*LAG Frankfurt* v. 11.7.1989 – 2 TaBV 211/88 – AiB 1990, 77). Die von den Fremdfirmenarbeitnehmern ausgeübten Tätigkeiten sind hier unselbstständiger Teil eines vom Einsatzbetrieb vorgegebenen Arbeitsablaufes. Bei **Pförtner- oder Überwachungsdiensten** liegen nur dann absonderbare Tätigkeiten vor, wenn die Dienste lediglich dem Außenschutz der Betriebsanlagen bzw. der Gewährleistung der äußeren Rahmenbedingungen der Produktion dienen (*LAG Düsseldorf* v. 24.6.1987 – 14 TaBV 39/87 – DB 1987, 2159; a. A. BAG v. 28.11.1989 – 1 ABR 90/88 – AP Nr. 5 zu § 14 AÜG), nicht jedoch der Verwirklichung der arbeitstechnischen Zwecke des Betriebs. Eine **Mitverwirklichung der arbeitstechnischen Zwecke** reicht hierbei aus (*LAG Baden-Württemberg* v. 28.2.1989 – 14 TaBV 14/88 – AiB 1989, 319), soweit sie zu einem ordnungsgemäßen Funktionieren des Betriebsablaufes beiträgt (DKK-*Kittner*, § 99 Rn. 60; *Leisten*, BB 1992, 266). Dies ist insbesondere dann der Fall, wenn im Vertrag das Leistungsverhältnis derart ausgestaltet ist, dass dem Auftragnehmer faktisch keine eigenen Dispositionsmöglichkeiten mehr verbleiben (*ArbG Bochum* v. 30.3.1993 – 2 BV 8/93 – AuR 1993, 338; *LAG Köln* v. 28.2.1990 – 5 TaBV 65/89 – BB 1991, 139; DKK-*Kittner*, § 99 Rn. 60).

166 Mit der vorbeschriebenen, auf **objektive Funktionskriterien** und **äußeres Gestaltungsbild** abstellenden Definition des Eingliederungsbegriffs wird sowohl dem Funktionswandel des Werkvertrages hin zu einem Instrument der Personalplanung als auch einer dem Normzweck des Mitbestimmungsrechts aus § 99 BetrVG entsprechenden Berücksichtigung der Interessen der Stammbelegschaft Rechnung getragen. In seiner Entscheidung vom 5.3.1991 (1 ABR 39/90 – AP Nr. 90 zu § 99 BetrVG 1972) hat das *BAG* insoweit eine Kehrtwende vollzogen und den Grundsatz aufgestellt, dass es »darauf, inwieweit äußere Umstände eine Zusammenarbeit mit den Arbeitnehmern des Betriebs notwendig machen, nicht ankommt«. Vielmehr müssten die Fremdfirmenarbeitnehmer selbst in die Arbeitsorganisation des Arbeitnehmers eingegliedert werden, dieser müsse die **»Personalhoheit«** über diese Personen haben (so auch *Henssler*, NZA 1994, 303). Die Bedeutung der Eingliederung in die Arbeitsorganisation des Arbeitgebers wird hierdurch entgegen den Werkvertragsvorschriften in ihr Gegenteil verkehrt. Die **Zulässigkeit des Werkvertrages** hängt davon ab, dass der Werkvertrag **vollständig außerhalb der Arbeitsorganisation des Einsatzbetriebs** vom Werkunternehmer eigenverantwortlich erfüllt werden kann (*Ulber*, AuR 1982, 54). Die Personalhoheit i.S.d. arbeitsrechtlichen Weisungsbefugnis soll nach Ansicht des *BAG* erst berührt sein, wenn die **Weisung** seitens des Einsatzbetriebs **nicht mehr vom werkvertraglichen Anweisungsrecht** des Werkbestellers nach § 645 BGB **erfasst** wird (*BAG* v. 1.12.1992 – 1 ABR 30/92 – AuR 1993, 338; krit. *Kreuder*, AuR 1993, 316). Die Grenze ist hierbei überschritten, wenn der Einsatzbetrieb die Erledigung der Arbeiten nach Zeit und Ort bestimmen kann (*BAG* v. 16.6.1998 – 1 ABR 59/97 – EzAÜG § 14 AÜG Betriebsverfassung Nr. 41). I. ü.

sollen selbst fachliche Weisungen des Einsatzbetriebs unschädlich sein, wenn sie dem Arbeitnehmer lediglich übergangsweise »zur Einarbeitung« erteilt würden, da »durch dieses Anlernen die Arbeitnehmer der Fremdfirma nicht für den Betrieb des Arbeitgebers tätig [werden], sondern umgekehrt die Arbeitnehmer des Arbeitgebers für die Fremdfirma« (*BAG* v. 9. 7. 1991 – 1 ABR 45/90 – AP Nr. 94 zu § 99 BetrVG 1972; v. 18. 10. 1994 – 1 ABR 9/94 – AP Nr. 5 zu § 99 BetrVG 1972 Einstellung). Schon die nach Werkvertragsrecht zwingenden Verpflichtungen des Unternehmers, in eigener Verantwortung ausreichend qualifiziertes Personal zur Verfügung zu stellen und die notwendigen Kompetenzen und Führungskräfte einzusetzen, die den geschuldeten werkvertraglichen Erfolg auch hinsichtlich der Gewährleistungspflichten der **alleinigen Organisationsverantwortung des Werkunternehmers** zurechenbar machen, lassen Zweifel aufkommen, ob der Ausgangspunkt der Überlegungen des *BAG* richtig gewählt ist. Die Entscheidung lässt sich auch nicht mit der ansonsten vom *BAG* vertretenen Position vereinbaren, dass die regelmäßig nur vorübergehende, wenigstens **teilweise Ausübung von Weisungsrechten** ausreicht, um eine Eingliederung zu begründen (*BAG* v. 30. 8. 1994 – 1 ABR 3/94 – AP Nr. 6 zu § 99 BetrVG 1972 Einstellung; v. 18. 10. 1994 – 1 ABR 9/94 – AP Nr. 5 zu § 99 BetrVG 1972 Einstellung; v. 13. 3. 2001 – 1 ABR 34/00). Auch die **teilweise Ausübung von Arbeitgeberfunktionen** z. B. dadurch, dass der Einsatzbetrieb über die Zuweisung von Arbeitsaufgaben oder den Arbeitsablauf entscheidet, löst regelmäßig die Beteiligungsrechte nach § 99 BetrVG beim Einsatz von Fremdfirmenbeschäftigten aus (*LAG Baden-Württemberg* v. 27. 3. 2003 – 14 TaBV 11/02 – AiB 2004, 117 m. Anm. *Stather; Schüren/Hamann* § 14 Rn. 532, 538). Würde man der Auffassung des *BAG* folgen, wären kaum Fälle denkbar, bei denen ein legaler Fremdfirmeneinsatz dem Mitbestimmungsrecht des Betriebsrats unterliegt, da in den Fällen, in denen der Arbeitgeber »die für ein Arbeitsverhältnis typischen Entscheidungen trifft« (*BAG,* a.a.O.), meist ein Scheinwerkvertrag oder eine Fallgestaltung im Rahmen von ANÜ gegeben ist. Eine **Abgrenzbarkeit von Werkvertrag und verdeckter ANÜ** ist auf der Grundlage der Position des *BAG* kaum noch möglich (*FESTL,* § 99 Rn. 62; § 99 Rn. 12c; DKK-*Kittner,* § 99 Rn. 59; *Dauner-Lieb,* NZA 1992, 817; *Kreuder,* AuR 1993, 316; *Leisten,* BB 1992, 266; *Wagner,* AuR 1992, 40). Die Ansicht des *BAG* steht im Widerspruch zu den Schutzzwecken der Mitbestimmungsrechte aus § 99 BetrVG. Wenn das *BAG* ausführt, dass »mit Ausnahme einer zu vernachlässigenden Möglichkeit der Störung des Betriebsfriedens« die nach § 99 Abs. 2 Nr. 3, 5 und 6 BetrVG geschützten Interessen der Belegschaft durch den Einsatz von Erfüllungsgehilfen des Werkunternehmers nicht berührt seien und »deren bloße Beschäftigung auf die Arbeitsplätze und die Arbeitsverhältnisse der im Betrieb beschäftigten Arbeitnehmer des Auftraggebers keine Auswirkungen [habe]« (*BAG,* a.a.O.), steht dies weder mit der Funktion des Werkvertrages als **Instrument personalpolitischer Flexibilisierung** im Einklang (Rn. 23), noch wird es den rechtstatsächlichen Entwicklungen und den mit Fremdfirmenarbeit verbundenen Belastungen und Gefährdungen für die Stammbelegschaft gerecht. Wie das *BAG* in anderem Zusammenhang zu Recht feststellt, sind im Rahmen der Personalplanung nach § 92 BetrVG auch Betriebsvereinbarungen zu den Kriterien und den Grenzen des Einsatzes von Arbeitnehmern auf werkvertraglicher Grundlage zulässig (Rn. 142), sodass der Einsatzbetrieb den Betriebsrat bei der **Umsetzung von Personalplänen in personelle Einzelmaßnahmen** zu beteiligen hat (*Ulber,* AuR 1982, 54). Das **Zustimmungsverweigerungsrecht** des Betriebsrats bei Einstellung von Fremdfirmenbeschäftigten ist darauf bezogen das **In-**

strument zur Vermeidung von Verstößen gegen Betriebsnormen (DKK-*Kittner*, § 99 Rn. 60), und zwar unabhängig von der dem Fremdfirmeneinsatz zugrunde liegenden Vertragsgestaltung (*Plander*, AiB 1990, 19).

167 Entsprechendes (Rn. 166) gilt für **Auswahlrichtlinien** oder auch innerbetriebliche Stellenausschreibungen (§ 99 Abs. 2 Nr. 2 und 5 BetrVG), deren Regelungen bzw. Schutzfunktionen nicht durch einen mitbestimmungsfreien Einsatz betriebsfremder Arbeitnehmer auf Arbeitsplätzen im Einsatzbetrieb **unterlaufen** werden dürfen.

168 Bestehen darüber hinaus (wie nach § 2 Abs. 1 und 2 MTV Rheinisch-Westfälischer Steinkohlenbergbau; vgl. *Kock* 1990, 166) **tarifvertragliche Regelungen**, die den Fremdfirmeneinsatz begrenzen bzw. von bestimmten Bedingungen abhängig machen, müssen dagegen erfolgende Verstöße vom Betriebsrat im Rahmen der Zustimmungsverweigerung nach § 99 Abs. 2 Nr. 1 BetrVG geltend gemacht werden können (*LAG Baden-Württemberg* v. 18. 10. 1995 – 2 TaBV 3/95). Dies gilt unabhängig davon, ob der Einsatzbetrieb Arbeitgeberbefugnisse wahrnimmt oder die »Personalhoheit« ausübt. Allein entscheidend ist hier der Umstand, dass die Fremdfirmenbeschäftigten aufgrund ihrer tatsächlichen Beschäftigung betriebliche Teilfunktionen ausführen, die die Beschäftigungsinteressen bzw. die Arbeitsbedingungen der Stammbelegschaft berühren (*ArbG Wiesbaden* v. 23. 7. 1977 – 7 BV 3/97 – NZA 1988, 165).

169 Unter Beachtung des **Schutzzweckes des Mitbestimmungsrechts nach § 99 BetrVG** ist daher bei Beschäftigung betriebsfremder Arbeitnehmer eine Einstellung nur zu verneinen, wenn es sich entweder um einmalige, nicht wiederholte oder auf Dauer angelegte Aufträge für ein abgrenzbares Werk handelt (z. B. einmalige Reparatur einer Maschine, *Hammacher*, BB 1997, 1686; Ulber, AuR 1982, 54) oder es Tätigkeiten betrifft, die nicht den arbeitstechnischen Zwecken des Betriebs in einer Weise dienen, dass sie für den ordnungsgemäßen Ablauf unentbehrlich sind (DKK-*Kittner*, § 99 Rn. 60; GKSK, BetrVG, § 99 Rn. 6; *Däubler*, Bd. 1, 588 f.; *Leisten*, BB 1992, 269; *Buschmann/Ulber* 1989, 110; a. A. *Hunold*, NZA 1998, 1030).

170 Das Mitbestimmungsrecht nach § 99 BetrVG wird bei einer Einstellung von Arbeitnehmern entweder in dem **Zeitpunkt** ausgelöst, in dem der Arbeitsvertrag abgeschlossen wird oder der Arbeitnehmer die Arbeit in tatsächlicher Hinsicht aufnimmt. Fallen die beiden Zeitpunkte auseinander, löst die jeweils erste Maßnahme das Mitbestimmungsrecht aus (*BAG* v. 28. 4. 1992, AP Nr. 98 zu § 99 BetrVG 1972, 114; DKK-*Kittner*, § 99 Rn. 37; *FESTL*, § 99 Rn. 32). Bei Abschluss eines **Rahmenvertrags**, der eine Verpflichtung des Arbeitnehmers zur Arbeitsaufnahme enthält und nur den Zeitpunkt der Arbeitsaufnahme offen hält, ist der BR bereits vor Abschluss des Vertrags und nicht erst bei der späteren Arbeitsaufnahme zu beteiligen (*BAG*, a.a.O.; DKK-*Kittner*, § 99 Rn. 43). Übertragen auf die Beschäftigung betriebsfremder Arbeitnehmer bedeutet dies, dass in den Fällen, in denen die Beschäftigung von Fremdfirmenarbeitnehmern das Mitbestimmungsrecht nach § 99 BetrVG auslöst, der Einsatzbetrieb das Mitbestimmungsverfahren ggf. bereits in dem Zeitpunkt einzuleiten hat, in dem ein **Rahmenvertrag über werk- oder dienstvertragliche Leistungen** abgeschlossen werden soll, der das Fremdunternehmen gegenüber dem Einsatzbetrieb zur Erbringung der Leistungen verpflichtet.

171 **Verstößt der Arbeitgeber gegen die Mitbestimmungsrechte** des Betriebsrats bei der Einstellung von Arbeitnehmern auf werkvertraglicher Basis, kann der Betriebsrat nach § 101 BetrVG die **Aufhebung der Einstellung** bzw. Beschäftigung der Fremdfirmenarbeitnehmer **verlangen** (*BAG* v. 1. 8. 1989 – 1 ABR 54/88 – AP

Nr. 68 zu § 99 BetrVG 1972; *Dauner-Lieb*, NZA 1992, 823). Der Anspruch kann ggf. im Wege der **einstweiligen Verfügung** geltend gemacht werden (*LAG Frankfurt* v. 19. 4. 1988 – 5 TaBV GA 52/88; *ArbG Hameln* v. 12. 10. 1990 – 2 BvGA 15/90 – DB 1990, 2611; *Leisten*, BB 1992, 266; *Wagner*, AuR 1992, 45). Wird die Beschäftigung der Fremdfirmenarbeitnehmer während eines nach § 101 BetrVG anhängigen Beschlussverfahrens beendet, kann die Streitfrage im **Feststellungsverfahren** geklärt werden (*LAG Hamm* v. 8. 4. 1981 – 12 TaBV 21/81), wenn die Streitfrage durch Beschäftigung anderer Fremdfirmenarbeitnehmer jederzeit wieder aufleben kann (*BAG* v. 14. 5. 1974 – 1 ABR 40/73 – AP Nr. 2 zu § 99 BetrVG 1972).

V. Fremdvergabe und Betriebsübergang

Es unterliegt grundsätzlich der **unternehmerischen Entscheidungsfreiheit**, **172** welche wirtschaftlichen Zwecke mit einem Betrieb verfolgt werden sollen und ob bzw. in welchem Umfang hierbei **betriebliche Eigenleistungen** erbracht oder **durch Fremdleistungen ergänzt bzw. ersetzt** werden sollen (*BAG* v. 17. 6. 1999 – 2 AZR 522/99 – NJW 2000, 378). Tendenziell bewirken Strategien zur Verkürzung der Fertigungstiefe, des Outsourcing sowie der Auslagerung nicht wertschöpfender Bereiche hierbei, dass der Kreis der in Eigenleistung erbrachten betrieblichen Funktionen sinkt und betrieblicherseits bei gleichzeitigem Arbeitsplatzabbau externalisiert wird. Die Gestaltungsinstrumente, die hierbei eingesetzt werden, differieren und sind mit unterschiedlichen Folgen sowohl hinsichtlich der Organisation der Arbeitsprozesse in den Unternehmen als auch hinsichtlich der Beschäftigungssicherung und Rechtsstellung der vom Arbeitsplatzabbau betroffenen Arbeitnehmer verbunden.

Soweit die unternehmerische Entscheidung darauf gerichtet ist, **Betriebe** oder **173** wesentliche Betriebsteile unter Aufgabe der bisherigen Betriebszwecke ganz **stillzulegen** oder nur noch eingeschränkt zu betreiben und infolgedessen **Arbeitsplätze abgebaut** werden müssen, handelt es sich um eine der Mitwirkung des Betriebsrats unterliegende **Betriebsänderung** (§ 111 Satz 2 Nr. 1 BetrVG). Dasselbe gilt, wenn Stammarbeitsplätze abgebaut und anschließend mit Fremdfirmenarbeitnehmern besetzt werden sollen (*Hamann*, WiB 1996, 369). Die anschließende Vergabe der Aufgaben an Fremdunternehmen (soweit sie nicht weiterhin in die Betriebsorganisation eingegliedert ausgeführt werden; vgl. *Eichhorn*, AiB 1996, 647) unterliegt als unternehmerische Entscheidung keinen arbeitsrechtlichen, im Wesentlichen auch keinen betriebsverfassungsrechtlichen Restriktionen (zu Ausnahmen bei Kündigung der Stammarbeitnehmer und gleichzeitiger Wiederbesetzung der Arbeitsplätze durch Fremdfirmenarbeitnehmer vgl. *BAG* v. 26. 9. 2002 – 2 AZR 636/01 – NZA 2003, 549; Rn. 167 u. § 14 Rn. 90, 169). Auch den Auftragnehmer treffen hinsichtlich der Arbeitnehmer des bisherigen Beschäftigungsbetriebs keine Verpflichtungen; ein **Betriebsübergang** nach § 613a BGB ist **bei Stilllegung des Betriebs grundsätzlich ausgeschlossen** (zur Funktionsnachfolge s. Rn. 177 ff.).

Die meist mit Fluktuationskosten (v. a. Abfindungen) verbundene Form der **Still-** **174** **legung oder Teilstilllegung von Betrieben** ist von den Fällen zu unterscheiden, in denen der Betrieb oder Betriebsteil als solcher erhalten bleibt, durch **gesellschafts- oder unternehmensrechtliche Umstrukturierungen** jedoch die bisherige Arbeitgeberstellung des Beschäftigungsbetriebs aufgehoben oder verändert wird. Handelt es sich hierbei lediglich um Fälle der Veräußerung von Gesellschaftsanteilen/des **Gesellschafterwechsels**, tritt kein Arbeitgeberwechsel ein und es liegt auch kein Fall des Betriebsübergangs nach § 613a BGB vor (*BAG* v. 12.7.1990 – 2 AZR 39/90 – DB 1991, 340; *FESTL*, § 1 Rn.119; *Schiefer*, RdA 1994, 84). Der Vorteil dieser Form des Outsourcing liegt für die Unternehmen darin, dass Fluktuationskosten nicht entstehen und die bisherigen Gesellschaften zukünftig keinen Beschäftigungsrisiken mehr ausgesetzt sind.

175 Werden demgegenüber **Unternehmen aufgespalten** (z.B. nach § 123 UmwG) und bestehende **Betriebe oder Betriebsteile** einem neuen Unternehmen oder dessen Rechtsnachfolger **übertragen** und zugeordnet, liegt ein **Betriebsübergang nach § 613a BGB** vor (s.a. §§ 324, 123 UmwG). Sieht man von der gesamtschuldnerischen Haftung nach § 613a Abs. 2 BGB, §§ 133f. UmwG ab, so enden mit dem Betriebsübergang alle Beschäftigungsrisiken und arbeitsvertraglichen Pflichten des bisherigen Beschäftigungsunternehmens fluktuationskostenfrei. Allerdings muss der **Erwerber** im bisherigen Umfang in alle Rechte und Pflichten als **Arbeitgeber** eintreten, insbesondere hat er in personalpolitischer Hinsicht nicht die Möglichkeit, Arbeitnehmer des erworbenen Betriebs zu kündigen und anschließend durch andere Arbeitnehmer zu ersetzen (§ 613a Abs. 4 BGB, §§ 324, 323 Abs. 1 UmwG). Diese **eingeschränkte Kündigungsmöglichkeit des Erwerbers**, verbunden mit der zwingend vorgeschriebenen Aufrechterhaltung der bisherigen materiellen Arbeitsbedingungen (§ 613a Abs. 1 BGB), widerspricht der grundsätzlichen Zielsetzung der Unternehmen, mittels des Outsourcing (Lohn-)Kosten zu senken. Da die Lohn- und Lohnnebenkosten nach einem Betriebsübergang für den Erwerber (zumindest für den nach § 613a Abs. 1 Satz 2 BGB vorgeschriebenen Zeitraum) nicht reduziert werden können, **verteuert sich** unter Berücksichtigung des Unternehmergewinns bei der Vergütungshöhe der **Anteil der Arbeitskosten** für den bisherigen Beschäftigungsbetrieb, soweit der Erwerber für die Erreichung der Betriebszwecke weiterhin erforderliche bisherige Eigenleistungen zukünftig als Fremdfirmenleistungen vom Betriebsübernehmer beziehen muss. Daher sind die Unternehmen bestrebt, möglichst **vertragliche Gestaltungsformen** einzusetzen, die unter **Umgehung der Rechtsfolgen des § 613a BGB** eine für beide Unternehmen von arbeitsrechtlichen Restriktionen freie Fremdvergabe ermöglichen.

176 Ist mit einer Unternehmensaufspaltung gleichzeitig eine **Betriebsaufspaltung** verbunden (vgl. z.B. § 321 UmwG) oder werden Betriebe oder Betriebsteile auf- bzw. abgespalten und gleichzeitig auf einen anderen Rechtsträger übertragen, treten nicht nur die **Rechtsfolgen des § 613a BGB** ein, sondern es liegt gleichzeitig auch eine interessenausgleichs- und sozialplanpflichtige **Betriebsänderung** vor (vgl. § 111 Satz 2 Nr.3 BetrVG). Die Auslagerung und Fremdvergabe in Form der Betriebsspaltung mit anschließendem Betriebsübergang erweist sich deshalb für die Unternehmen in jeder Hinsicht als die ungünstigste Form der Verlagerung (zum Vorliegen eines Gemeinschaftsbetriebs vgl. Rn.127a).

177 Die mit einer Fremdvergabe bisheriger Eigenleistungen verbundenen Rechtsfolgen der §§ 111ff. BetrVG, § 613a BGB treten nur ein, wenn die **organisatorischen Veränderungen** einen **Betrieb oder Betriebsteil betreffen**. Werden betriebliche Funktionen (z.B. Reinigungsarbeiten) vollständig an Dritte vergeben, betrifft dies den Kernbereich der Betriebsorganisation und stellt daher eine Betriebsänderung i.S.d. § 111 Satz 3 Nr.4 BetrVG dar (*ArbG München* v. 22.2.2000 – 23 BV 19/00 – AiB 2000, 766). Dem Betriebsbegriff (zum Meinungsstand vgl. DKK-*Trümner*, § 1 Rn.31ff. m.w.N.) kommt insoweit eine entscheidende Bedeutung bei der Frage zu, ob die Übertragung bisheriger Aufgaben auf Dritte den Tatbestand eines Betriebsübergangs i.S.d. § 613a BGB erfüllt und ob die Aufgaben »arbeitnehmerfrei« auf Dritte übertragen und anschließend von Fremdfirmenbeschäftigten ausgeübt werden können. Sowohl in den Fällen der Betriebsänderung als auch in den Fällen des § 613a BGB wurde bislang nach allgemeiner Auffassung vom allgemeinen **Betriebsbegriff** ausgegangen, wonach der Betrieb eine **organisatorische Einheit** darstellt, innerhalb derer das Unternehmen mithilfe von sächlichen und immateriellen Mitteln allein oder mithilfe von Arbeitnehmern bestimmte arbeitstechnische Zwecke fortgesetzt verfolgt (*BAG* v. 14. 9. 1988 – 7 ABR 10/87 – AP Nr. 9 zu § 1 BetrVG 1972; v. 29. 9. 1988 – 2 AZR 107/88 – AP Nr. 76 zu § 613a BGB; *Gaul*, ZTR 1995, 345; krit. *Joost* in Anm. z. BAG v. 29. 9. 1988, a.a.O.). Bei Inhaberwechsel wurde dabei begrifflich die sog. **Funktionsnachfolge von der Betriebsnachfolge unterschieden.** Während bei der **Betriebsnachfolge** über bestimmte betriebliche Aufgabenstellungen und Funktionen hinaus auch die zur Aufgabenerledigung bereits **vorhandene Betriebsorganisation übertragen** wird, beschränkt sich die **Funktionsnachfolge** auf die vertragliche **Übernahme von betrieblichen Funktionen durch Dritte** im Rahmen einer bei diesen bestehenden oder neu zu schaffenden Betriebsorganisation (*Röder/Baeck*, NZA 1994, 543). Das *BAG* hatte im Dienstleistungsbereich seit jeher die **Übertragung immaterieller Betriebsmittel** für einen Betriebsübergang ausreichen lassen (*BAG* v. 26. 9. 1988 – 2 AZR 107/88 – AP Nr. 76 zu § 613a BGB). Für Handels- und Dienstleistungsbetriebe, deren Betriebsvermögen hauptsächlich aus Rechtsbeziehungen besteht, wurde auf immaterielle Betriebsmittel wie Kundenstamm, Geschäftsbeziehungen zu Dritten, »Know-how« und »Goodwill« abgestellt (*BAG* v. 9. 2. 1994 – 2 AZR 781/93 – BB 1994, 1217), wobei der Eintritt in Liefer- und Abnahmeverträge, die Übernahme von Schutzrechten, Geschäftslisten und Kundenlisten oder auch die Einführung des Unternehmens auf dem Markt einen Betriebsinhaberwechsel herbeiführen konnte. Das *BAG* hat jedoch hinsichtlich des **unmittelbar produktiven Sektors** immer auf die **Übertragung der »wesentlichen Betriebsmittel«** (zur sukzessiven Übertragung vgl. *BAG* v. 16. 2. 1993 – 3 AZR 347/92 – DB 1993, 1374) abgestellt und eine Anwendbarkeit des § 613a BGB auf die bloße Übernahme betrieblicher Funktionen durch Erledigung von Aufträgen durch Dritte abgelehnt (*BAG* v. 29. 9. 1988 – 2 AZR 107/88 – AP Nr. 76 zu 613a BGB; v. 18. 10. 1990 – 2 AZR 172/90 – AP Nr. 88 zu § 613a BGB). Nach dieser Rechtsprechung setzte ein Betriebsübergang die Übertragung materieller oder immaterieller Betriebsmittel voraus; allein die Übernahme bestimmter betrieblicher Aufgabenstellungen oder unternehmerischer Tätigkeitsbereiche konnte als **reine Funktionsnachfolge** nicht die Rechtswirkungen des § 613a BGB auslösen (a. A. *Joost* 1988, 382 ff.).

Demgegenüber hat der *EuGH* bei der Beurteilung der Frage, ob ein **Betriebsübergang i.S.d. EG-Richtlinie 98/50** v. 29. 6. 1998 (jetzt RL 2001/23 EG) vorliegt, immer darauf abgestellt, ob die übertragene Einheit beim Übergang ihre **Identität** behält, was u.a. zu bejahen sei, wenn der **Betrieb tatsächlich weitergeführt oder wiederaufgenommen** werde (*EuGH* v. 18. 3. 1986 – Slg. 1986, 1119 Tz 12; v. 19. 5. 1992 – Slg. 1992, 3189). Diese Grundsätze finden auch Anwendung, wenn im Rahmen der Vergabe öffentlicher Aufträge (vgl. Einl. F. Rn. 53 ff.) zwei Unternehmen nacheinander beauftragt werden (*EuGH* v. 25. 1. 2001 – Rs. C-172/99 – NZA 2001, 249) oder wenn innerhalb eines Konzerns Aufgabenverlagerungen stattfinden (*EuGH* v. 2. 12. 1999 – Rs. C-234/98 – EuroAS 2000, 28). Mit Urteil vom 14. 4. 1994 hat der *EuGH* diese Grundsätze weiter präzisiert (Rs. C-392/92 – NZA 1994, 545). Danach setzt ein Betriebsübergang nicht notwendigerweise die Übertragung sächlicher oder immaterieller Betriebsmittel voraus, sondern es ist auf

178

die Wahrung der **Identität der wirtschaftlichen Einheit** abzustellen, die bereits dann erhalten bleibt, wenn **dieselbe oder eine gleichartige Geschäftstätigkeit** vom neuen Inhaber tatsächlich **weitergeführt oder wieder aufgenommen** wird (*EuGH*, a.a.O.; ErfK/Preis § 613a Rn. 7). Im entschiedenen Fall führte die Anwendung dieser Grundsätze zu dem Ergebnis, dass die Übertragung von Reinigungsaufgaben, die das Unternehmen bisher selbst erledigte, auf ein Reinigungsunternehmen einen Betriebsübergang i.S.d. EG-Richtlinie 77/187 darstellt und das Arbeitsverhältnis der einzigen Reinigungskraft, die diese Aufgabe bisher wahrnahm, auf den Auftrags-/Betriebsübernehmer überging (zur Übertragung einer Vertragsbedingung vgl. *EuGH* v. 7.3.1996 – Rs. C-171/94 und C-172/94 – DB 1996, 693). Eine Identität der wirtschaftlichen Einheit wird nicht schon dann fortgeführt, wenn allein eine Tätigkeit (wie Reinigungs- oder Bewachungsarbeiten) fortgeführt wird (*LAG Köln* v. 12.8.2004 – 6 TaBV 42/04 – BB 2005, 612). Die Ausgliederung von Reinigungstätigkeiten stellt zwar immer eine nach § 111 Satz 3 Nr. 4 BetrVG interessenausgleichs- und sozialplanpflichtige Betriebsänderung dar (*ArbG München* v. 22.2.2000 – 23 BV 19/00 – AiB 2000, 766 m. Anm. *Hamm*); für einen Betriebsübergang müssen jedoch weitere Merkmale hinzukommen wie Fortführung der Arbeitsorganisation, der Betriebsmethoden oder die Übernahme von Betriebsmitteln, Führungskräften oder die **Gesamtheit von Arbeitnehmern**, die durch eine gemeinsame Tätigkeit dauerhaft miteinander verbunden sind (*EuGH* v. 10.12.1998 – Rs. 127/96 – NZA 1999, 253; *BAG* v. 11.12.1997 – 8 AZR 426/94 – AP Nr. 171 zu § 613a BGB; ErfK/*Preis*, § 613a BGB Rn. 11). Die Übernahme einer Gesamtheit von Arbeitnehmern liegt dabei vor, wenn die übernommenen Tätigkeiten oder Teile hiervon weitgehend friktionslos von der übernommenen Belegschaft ausgeführt werden (enger insoweit *BAG* v. 10.12.1998 – 8 AZR 676/97). Demgegenüber liegt kein Betriebsübergang vor, wenn die Arbeitsorganisation, in der die Arbeitnehmer bislang arbeiteten, aufgelöst und die übernommenen Tätigkeiten in der bereits bestehenden Arbeitsorganisation des Übernehmers aufgehen.

Im Hinblick auf die **Fremdfirmenarbeit** gewinnt die Rspr. des *EuGH* zur Funktionsnachfolge eine entscheidende Bedeutung, da die **Fremdvergabe bisheriger Eigenleistungen** nicht nur die **Übernahme der Arbeitnehmer durch die Fremdfirma** bewirkt, sondern gleichzeitig zu einer Beendigung der arbeitsvertraglichen Bindungen der Arbeitnehmer zum bisherigen Beschäftigungsbetrieb führt, die wegen des gesetzlichen Übergangs der Arbeitsverhältnisse von den Unternehmen nicht beeinflusst werden kann (*Kreuder*, BB 1997, 94; a.A. *LAG Köln* v. 11.12.1996 – 7 (11) 802/96 – NZA 1997, 244; zum Widerspruchsrecht des Arbeitnehmers vgl. § 613a Abs. 6 BGB).

179 Die Reaktionen, die die Entscheidung über die juristische Literatur hinaus in der Öffentlichkeit unter dem Oberbegriff »Outsourcing out« (*Bauer*, BB 1994, 1433) gefunden hat (*Bucher*, DB 1994, 1417; *Blomeyer*, EWiR § 613a BGB 1995, 755; *Commandeur*, NJW 1996, 2537; *Gaul*, ZTR 1995, 344, 387; *Hanau*, ZIP 1994, 1038; *Junker*, NJW 1994, 2527; *Röder/Baeck*, NZA 1994, 542; *Trittin*, CR 1995, 47; *Zwanziger*, DB 1995, 1331), deuten darauf hin, dass die **Risiken**, die mit der Fremdvergabe **hinsichtlich der Rechtsfolgen des § 613a BGB** verbunden sind, die unternehmerischen Entscheidungen und die unternehmerischen Handlungsfreiheiten beim Outsourcing erheblich einschränken (*Röder/Baeck*, NZA 1994, 544). Die **Kritiker** gehen davon aus, dass der *EuGH* deutsches Recht – insbesondere die hiernach notwendige begriffliche **Unterscheidung von Unternehmen und Betrieb** – nicht beachtet habe (krit. zur Rspr. des EuGH insgesamt *Mülbert*, ZHR 1995, 2). Zu wenig beachtet wird hierbei, dass **Rechtssetzungsakte auf europäischer Ebene** nicht nur in dem Rahmen gelten, den das deutsche Recht zur Verfügung stellt, sondern zwangsläufig **auf das deutsche Recht verändernd** einwirken. Umsetzungsdefizite auf der Ebene nationaler Gesetzgebung rechtfertigen es nicht, Normen des Europarechts im Rahmen von Rechtsprechung und Exekutive unberücksichtigt zu lassen (vgl. *Ende*, AuR 1997, 137). Die Gerichte haben § 613a BGB gemeinschaftskonform auszulegen (*EuGH* v. 13.11.1990 – Rs. C-106/89 – Slg. 1990, 4156; BAG v. 15.12.1992 – BB 1993, 433; v. 2.4.1996 – 1 ABR 47/95; zu der unmittelbar rechtsbindenden Wirkung der Entscheidung für die öffentliche Verwaltung vgl. auch *Gaul*, ZTR 1995, 349), sodass ein Großteil der Fremdvergaben, die nach der früheren Rspr. des BAG auf Grund reiner Funktionsnachfolge aus dem Anwendungsbereich des § 613a BGB ausgeklammert waren, fortan nur unter Berücksichtigung des Übergangs der Arbeitsverhältnisse vorgenommen werden kann. Wenn z.B. das LAG *Schleswig-Holstein* an den bislang vom *BAG* entwickelten Rechtsgrundsätzen festhalten und der gegenteiligen *EuGH*-Rechtsprechung nicht folgen will (*LAG Schleswig-Holstein* v. 10.2.1995 – 6 Sa 236/94 – LAGE § 613a BGB Nr.39; so auch *LAG Düsseldorf* v. 2.2.1995 – 16 Sa 364/95 – LAGE § 613a BGB Nr.343), geht es zu Unrecht davon aus, dass eine **gemeinschaftsrechtskonforme Auslegung** durch den *EuGH* nur die letztinstanzlichen Gerichte i.S.d. Art. 177 Abs. 3 EGV bindet (vgl. *BAG* v. 2.4.1996 – 1 ABR 47/95 – DB 1996, 1725). Das *LAG Hamm* (v. 11.10.1994 – 11 Sa 1900/93) sowie das *ArbG Hamburg* (v. 4.7.1994 – 21 Ca 392/93 – DB 1994, 1424) haben daher zu Recht unter Berücksichtigung der Rechtsprechung des *EuGH* entschieden, dass die Übertragung der Aufgaben eines zentralen **Reinigungsdienstes** auf eine Fremdfirma den Tatbestand des Betriebsteilübergangs nach § 613a BGB erfüllt. Ob i.ü. die Entscheidung des *EuGH* dazu führen wird, alle Fälle der Funktionsnachfolge als Betriebsübergang nach § 613a BGB zu bewerten, ist fraglich (vgl. *Hanau*, Anm. zu *EuGH* v. 14.4.1994, ZIP 1994, 1038). Eine Bindungswirkung kann im konkret zu entscheidenden Fall fehlen (vgl. *LAG Düsseldorf* v. 9.11.1994, DB 1995, 275).

Bei der Frage der **Reichweite der Entscheidungen des EuGH** auf die Anwendbarkeit des § 613a BGB sind immer die vom *EuGH* selbst aufgestellten **einschränkenden Voraussetzungen** zu beachten (*Franzen*, DZWir 1996, 397). Danach ist die **Wahrung der Identität der wirtschaftlichen Einheit** das entscheidende Kriterium, ob ein Unternehmensübergang i.S.d. EG-Richtlinie 2001/23 vorliegt (*EuGH* v. 14.4.1994 – Rs. C-392/92). Der Betriebsübergang muss dabei **eine auf Dauer angelegte wirtschaftliche Einheit** betreffen. Die Übertragung der Ausführung bestimmter Projekte, etwa die Fertigstellung eines Baus, reicht auch dann nicht zur Annahme eines Betriebsübergangs aus, wenn der Bauunternehmer die Arbeitnehmer und das Material dem neuen Bauunternehmer zur Verfügung stellt (*EuGH* v. 19.9.1995 – Rs. C-48/94 – EuroAS 1995, 171). Die Identität ist allerdings nicht nur gegeben, wenn die Arbeiten weiterhin an demselben Arbeitsplatz verrichtet werden (*Bauer*, BB 1994, 1435), wie z.B. bei der vertraglichen Übertragung der Verantwortung für einen Dienstleistungsbereich eines Unternehmens (Kantine, Pförtnerdienste, vgl. *EuGH* v. 12.11.1992 – Rs. C-209/91). Als Problem der **Abgrenzung zwischen Betriebs- bzw. Betriebsteilstillegung und Betriebsübergang** ist vielmehr darauf abzustellen, ob die **betriebliche Funktion** und Aufgabe, so wie sie bisher bestand und benötigt wurde, **aufrechterhalten bleiben soll** (*Ekhenge*, ZIP 1995, 1225) oder ob sie als betriebsnotwendige Funktion (auch i.S.d. Betriebs- und Produktionsgemeinschaft, vgl. *BAG* v. 27.4.1995 – 8 AZR 197/94 – AP Nr.128 zu § 613a BGB) entfällt. Bei der **Betriebsteilstillegung**

180

ist davon auszugehen, dass nicht nur die **Betriebszwecke** des betroffenen Bereichs nach der Unternehmerentscheidung aufgehoben werden, sondern i.d.R. auch die Aufgabenstellungen, die der Betrieb/Betriebsteil bisher erfüllte, auf unbestimmte Zeit und bezüglich unvorhersehbarer Umstände (*BAG* v. 27.3.1991 – 2 AZR 474/90) **entfallen** (z.B. Aufgabe bzw. Einschränkung der Produktion/der Produktpalette). Der **Betriebsübergang** ist demgegenüber dadurch gekennzeichnet, dass die Betriebszwecke und **Funktionen weiterausgeübt** werden (andere Veränderungen sind in diesem Zusammenhang kein Problem des Betriebsübergangs, a.e.c. § 613a Abs. 4 Satz 2 BGB). Nach den vom *EuGH* aufgestellten Grundsätzen ist dabei nicht auf den Übergang wesentlicher Betriebsmittel abzustellen, sondern auf die **Übernahme eines unternehmerischen Tätigkeitsbereichs** (*LAG Hessen* v. 1.7.1996 – 10 Sa 1162/95 – NZA 1997, 41). Hat der **bisherige Betriebsinhaber** an der Erfüllung der bisherigen Betriebszwecke und Funktionen ein fortbestehendes eigenes Interesse und will er die erforderlichen Arbeiten zukünftig über Fremdfirmen beziehen, liegt regelmäßig ein Betriebsübergang vor. Voraussetzung ist dabei, dass keine Verlagerung des Betriebssitzes/der Betriebsstätte stattfindet (*BAG* v. 20.4.1989 – 2 AZR 431/88 – DB 1989, 2334).

181 Die **Betriebsstilllegung und** der **Betriebsübergang** schließen sich bei der Aufgabe bisheriger Eigenleistungen im Grundsatz wechselseitig aus (*BAG* v. 28.4.1988 – 2 AZR 623/87 – AP Nr.74 zu § 613a BGB; ErfK/*Preis*, § 613a BGB Rn.56; *FESTL*, § 1 Rn.117). § 111 BetrVG ist in den Fällen des § 613a BGB grundsätzlich nicht anwendbar (zu Ausnahmen vgl. *BAG* v. 27.6.1995 – 1 ABR 69/94 – BB 1996, 1504 m. Anm. *Kohte*; v. 10.12.1996 – 1 ABR 32/96 – BB 1997, 1587; *Bachner*, AiB 1996, 291). Dies rechtfertigt sich insbesondere aus dem bestehenden gesetzlichen Kündigungsschutz. Die Auflösung der personellen Mittel hat kündigungsschutzrechtlich zur Voraussetzung, dass der **Arbeitsplatz** auf Dauer entfällt (*BAG* v. 17.6.1999 – 2 AZR 522/98 – NJW 2000, 378 u.v. 26.9.2002 – 2 AZR 636/01 – NZA 2003, 549; anders zum Kündigungsschutz bei bestehendem Werkvertrag *BAG* v. 11.5.2000 – 2 AZR 54/99) und sich der Arbeitskräftebedarf auf Dauer vermindert (HandbAR/*Becker*, § 92 Rn.30). Dies ist **nicht der Fall**, wenn die **Funktionen weiterausgeübt** werden sollen (*LAG Düsseldorf* v. 10.2.2004 – 6 Sa 1723/03; vgl. § 1 Abs. 2 KSchG), der Arbeitnehmer mithin in Weiterführung betrieblicher Aufgabenstellungen weiter beschäftigt werden kann (*BAG* v. 26.9.1996 – 2 AZR 478/96 – AuR 1996, 454; § 14 Rn.169). Beim Inhaberwechsel ist die Auflösung der personellen Mittel allein wegen des Betriebsübergangs nach § 613a Abs. 4 BGB ausgeschlossen. Bleiben daher die betrieblichen Aufgaben und Funktionen – ohne dass zusätzliche, als Betriebsänderungen zu qualifizierende Maßnahmen erfolgen – erhalten, scheidet eine Kündigung auch unter dem Gesichtspunkt der unzulässigen Umgehung der Schutzzwecke des § 613a BGB aus (vgl. § 14 Rn.90; a.A. *Gaul*, ZTR 1995, 391).

182 Nur soweit über den reinen Arbeitsplatzabbau hinaus weitere unternehmerische Maßnahmen getroffen werden, die den Tatbestand einer Betriebsänderung auslösen (z.B. Änderungen des Leistungsorts), kann daher die Aufrechterhaltung des Arbeitsverhältnisses, egal ob im bisherigen Beschäftigungsunternehmen oder beim Betriebserwerber, vermieden werden. Dies ist z.B. der Fall, wenn trotz Aufrechterhaltung der bisherigen Betriebszwecke eine Verlagerung der Aufgabenwahrnehmung den Tatbestand der **Verlegung des Betriebs oder wesentlicher Betriebsteile** (§ 111 Satz 2 Nr.2 BetrVG) erfüllen würde. Führt daher der Auftragnehmer in räumlich getrennten anderen Betriebsstätten zukünftig die Arbeiten – unabhängig davon, ob es sich um Produktions- oder Dienstleistungen handelt – durch, liegt eine Betriebsänderung vor; ein Betriebsübergang ist ausgeschlossen.

Sollen die **Arbeiten** dagegen **im Rahmen der bestehenden Betriebsabläufe** und **183** der bestehenden Betriebsorganisation **weiter ausgeführt** werden und unter Auflösung der bestehenden Arbeitsverhältnisse fortan Arbeitnehmer von Fremdunternehmen eingesetzt werden, **liegt** – auch unabhängig davon, ob ein Betriebsübergang aufgrund Funktionsnachfolge vorliegt – **i.d.R. ANÜ vor**, und zwar unabhängig davon, ob nur einzelne Arbeitsplätze oder ganze Betriebe oder Betriebsteile betroffen sind. Arbeitnehmer, die von Dritten **zum Zwecke der Arbeitsleistung** überlassen werden, d.h. unter Übernahme betrieblicher Funktionen und tatsächlicher Aufgabenstellungen **im Rahmen der bestehenden Arbeitsorganisation integriert arbeiten** sollen, können nur als Leiharbeitnehmer im Rahmen des AÜG eingesetzt werden. Zulässig ist dies allerdings nur, soweit nicht dauerhafte Aufgabenstellungen betroffen sind.

Die Rechtsfolgen des § 613a BGB treten bei beabsichtigter Fremdvergabe erst **184** recht ein, wenn sämtliche **Betriebsmittel bestehen bleiben** und die **Verfügung** über diese Betriebsmittel **Dritten übertragen** wird (ErfK/*Preis*, § 613a BGB Rn. 20). Wird etwa eine bisherige Montagehalle an einen Dritten vermietet (der Abschluss eines Mietvertrages reicht insoweit für einen Betriebsübergang i.S.v. § 613a BGB aus; Rn. 163) und werden die erforderlichen Montagearbeiten fortan von Dritten – betriebsorganisatorisch getrennt (andernfalls liegt ANÜ vor, s.o. Rn. 43, 123 f.) – durchgeführt, gehen die Arbeitsverhältnisse nach § 613a BGB auf den Übernehmer über (zum Übergang eines Küchen- und Restaurationsbetriebs vgl. *LAG Köln* v. 12.10.1995 – 5 Sa 749/95 – NZA 1996, 327). Die Rechtsfolgen des § 613a BGB treten dabei auch ein, wenn der **Auftrag später neu vergeben wird** und die **Betriebsmittel** vom neuen Auftragnehmer **weiterbenutzt** werden (*BAG* v. 27.7.1994 – 7 ABR 37/93 – DB 1995, 431). Ist dies nicht der Fall und hat auch die **Zahl oder die Sachkunde des bisher eingesetzten Personals für den neuen Auftragnehmer keine Bedeutung**, liegt **kein Betriebsübergang** vor (*EuGH* v. 11.3.1997 – Rs. C-13/95 – NZA 1997, 433). Dies gilt nach dem Urteil des *EuGH* v. 19.9.1995 (Rs. C-48/94 – EuroAS 1995, 171 ff.) auch, soweit ein bereits **begonnener Auftrag** zwecks **Fertigstellung einem anderen Unternehmen befristet übertragen** werden soll; hier liegt **ANÜ** vor, wenn der Auftrag mit den bisherigen Arbeitnehmern des vorherigen Auftragnehmers vom neuen Auftragnehmer abgewickelt wird.

Insgesamt lässt sich festhalten, dass eine europarechtskonforme, den Grund- **185** sätzen der Funktionsnachfolge entsprechende Interpretation des § 613a BGB in Fällen der Auslagerung und Fremdvergabe in einer Vielzahl von Fällen zu einem Übergang der Arbeitsverhältnisse führt. V.a. in den Fällen der **Auftragsvergabe identischer, bislang in Eigenleistung erbrachter betrieblicher Teilfunktionen** werden i.d.R. die Rechtsfolgen von § 613a BGB ausgelöst (*Gaul*, ZTR 1995, 347). Für den Betriebsübergang kommt es insoweit entscheidend darauf an, ob infolge der Übertragung einer Einheit eine **Fortführung** der bisher in Eigenregie erbrachten **Tätigkeiten** möglich ist (ErfK/*Preis*, § 613a BGB Rn. 6). Wird die wirtschaftliche Einheit auf der Grundlage des Rechtsgeschäfts tatsächlich weitergeführt, ist von einem Betriebsübergang auszugehen (*EuGH* v. 12.11.1992, AP Nr. 5 zu EWG-Richtlinie Nr. 77/187). Eindeutig ausgeschlossen ist ein Betriebsübergang nur in den Fällen, in denen der Betrieb bzw. Betriebsteil vollständig stillgelegt und die Arbeiten von einem Dritten in dessen Betriebsstätten räumlich getrennt von der bisherigen Betriebsstätte ausgeführt werden. Werden demgegenüber betriebliche Funktionen oder Teilfunktionen weiterhin in den Betriebsstätten des Auftraggebers/Einsatzbetriebs ausgeführt, steigt der Übernehmer also lediglich in eine bestehende Struktur ein und sollen die Funktionen zukünftig lediglich statt von Eigenbeschäftigten von Fremdbeschäftigten wahrgenommen werden, liegt i.d.R. auch ein Betriebsübergang i.S.d. § 613a BGB vor. Dies gilt auch in den Fällen, in denen **keine Betriebsmittel übertragen** werden oder materiellen Betriebsmitteln im Rahmen der Aufgabenerledigung nur eine geringe Bedeutung zukommt. Die Übertragung von Reinigungsarbeiten, Bewachungs- und Instandhaltungsaufgaben (zu den auslagerbaren Bereichen vgl. auch *Trittin*, CR 1995, 48) ist daher i.d.R. mit einem Übergang der Arbeitsverhältnisse verbunden. Erst recht gilt dies für **Produktionstätigkeiten** (»Montagearbeiten durch Zulieferer am Band«), die unter Nutzung der bisherigen Betriebsmittel durchgeführt werden. Verwendet der zukünftige Auftragnehmer wesentliche Betriebsmittel des bisherigen Geschäftsinhabers, ist nach den Grundsätzen des Anscheinsbeweises davon auszugehen, dass ein rechtsgeschäftlicher Betriebsübergang vorliegt (*Gaul*, ZTR 1995, 346). Mit dem durch die Rspr. des *EuGH* **erweiterten Geltungsbereich des § 613a BGB** wird dabei nicht eine wirtschaftlich sinnvolle Fremdvergabe ausgeschlossen, sondern es wird lediglich unseriösen Praktiken des Outsourcing ein Ende bereitet (*Trittin*, CR 1995, 48).

186 Die teilweise geäußerte Befürchtung, dass die Ausweitung des Anwendungsbereichs von § 613a BGB auf Fälle der **Funktionsnachfolge entgegen den verfolgten Schutzzwecken** für die Arbeitnehmer z.T. **ungünstiger** sei (s. *Hanau*, ZIP 1994, 1040), erscheint unbegründet. Dem betroffenen Arbeitnehmer steht in diesen Fällen immer das **Recht zum Widerspruch** nach § 613a Abs. 6 BGB zu (st.Rspr., vgl. *BAG* v. 22.4.1993 – 2 AZR 50/92 – AP Nr. 103 zu § 613a BGB), sodass das Arbeitsverhältnis des Arbeitnehmers beim Betriebsveräußerer aufrechterhalten werden kann. Von einem »vorweggenommenen Widerspruch« des Arbeitnehmers kann hierbei ohne **ausdrückliche Erklärung** des Arbeitnehmers nicht ausgegangen werden (a.A. *Kania*, NZA 1994, 871). Selbst wenn man bei **Ausübung dieses Widerspruchsrechts** dem *BAG* folgt, wonach der Arbeitnehmer sich im Falle einer anschließend erfolgenden betriebsbedingten Kündigung trotz § 613a Abs. 4 BGB nur dann auf eine fehlerhafte Sozialauswahl berufen kann, wenn ein objektiv vertretbarer Grund für den Widerspruch vorlag (*BAG* v. 7.4.1993 – 2 AZR 449/91 – DB 1993, 1878; *LAG Hamm* v. 19.7.1994 – 6 Sa 30/94 – DB 1994, 2242; krit. *Henssler*, NZA 1994, 921), dürfte **in den Fällen der Fremdvergabe** i.d.R. eine **Kündigungsmöglichkeit seitens des Arbeitgebers ausgeschlossen** sein. Soweit die Funktion zukünftig über ANÜ ausgeübt werden soll, fehlt es mangels Wegfalls des Arbeitsplatzes schon an einem dringenden betrieblichen Erfordernis i.S.v. § 1 Abs. 2 KSchG (Rn. 154f., alte 167). Dasselbe gilt in den Fällen, in denen der bisherige Beschäftigungsbetrieb ohne Übertragung der sächlichen Betriebsmittel die Funktionen zukünftig im Wege der Auftragsvergabe durch Dritte abdecken will. Von einem Wegfall des Arbeitsplatzes könnte hier nur gesprochen werden, wenn der Dritte die Funktionen dauerhaft und endgültig in eigener Autonomie erfüllen könnte. Dies ist im Rahmen der regelmäßig befristet abgeschlossenen Leistungsverträge bei Fremdvergabe gerade nicht der Fall. Ungeachtet des konkret abgeschlossenen Vertrages bleibt vielmehr sowohl die Aufgabenstellung als auch der **Arbeitsplatz als solcher erhalten**; er soll lediglich vorübergehend über Fremdfirmenarbeit besetzt werden. Von daher ist **es dem Arbeitgeber zuzumuten**, für die Laufzeit des Vertrages durch geeignete Maßnahmen eine **Weiterbeschäftigungsmöglichkeit für den betroffenen**

Arbeitnehmer zu schaffen. Neben einer Versetzung sind hierbei ggf. auch Möglichkeiten zur Begrenzung des fremdvergebenen Auftragsvolumens und Möglichkeiten der ordentlichen und außerordentlichen Kündigung des Auftrags auszuschöpfen.

Die **unternehmerische Handlungsfreiheit** steht dem nicht entgegen (in der Entscheidung des *BAG* v. 30. 4. 1987, NZA 1987, 786, blieb § 613a BGB unberücksichtigt). Insoweit ist zunächst zu berücksichtigen, dass **dringende betriebliche Erfordernisse** i.S.d. § 1 Abs. 2 Satz 1 KSchG, die einer Weiterbeschäftigung entgegenstehen, nur anerkannt werden können, wenn die betrieblichen Erfordernisse **nicht auf einem Verhalten des Unternehmers beruhen**, das allein darauf gerichtet ist, die Voraussetzungen für den Ausspruch betriebsbedingter Kündigungen zu schaffen. Zielsetzung der Fremdvergabe ist es jedoch meist allein, betriebliche Arbeitsplätze aufzulösen und die Beschäftigungsrisiken zu externalisieren (Rn. 2). Daneben ist auch zu berücksichtigen, dass **in den Fällen der Fremdvergabe** bzw. des Eintritts der Rechtsfolgen des § 613a BGB jegliche **Kündigungen** »wegen des Betriebsübergangs« **ausgeschlossen** sein sollen (§ 613a Abs. 4 BGB). Da die Auftragsvergabe insoweit nur befristet erfolgt und nach Ablauf der Vertragsdauer die Beschäftigungsmöglichkeiten beim Betriebserwerber entfallen, liegt keine dauerhafte Auflösung der bestehenden Betriebsorganisation vor, sondern es kommt dem bisherigen Beschäftigungsunternehmen wesentlich darauf an, dass die von ihm geschaffene Einheit und die damit verbundene Möglichkeit, die bestehen bleibenden Betriebszwecke zu verwirklichen erhalten bleibt (vgl. hierzu *BAG* v. 27. 4. 1995 – 8 AZR 197/94 – AP Nr. 128 zu § 613a BGB); ein Wegfall von Arbeitsplätzen liegt somit nicht vor.

In zeitlicher Hinsicht wirkt das **Kündigungsverbot des § 613a Abs. 4 BGB** bei Betriebsübergängen (sehr weitgehend *Commandeur*, NJW 1996, 2537, der § 613a BGB bei Teilbetriebsübertragungen auch auf Arbeitnehmer, die nicht im übertragenen Betriebsteil beschäftigt sind, anwendet) mit anschließender Fremdvergabe **über den Zeitpunkt des Betriebsübergangs fort.** Zwischen der befristeten **Auftragsvergabe** mit Betriebsübergang **und einer späteren Kündigung** des Arbeitnehmers, dessen Arbeitsverhältnis auf den Erwerber übergegangen ist, besteht ein **unmittelbarer Zusammenhang,** der bei einer ggf. nach Vertragsablauf ausgesprochenen Kündigung zu berücksichtigen ist, weil der Kündigungsgrund im Zeitpunkt des Abschlusses des dem Betriebsübergang zugrunde liegenden Rechtsgeschäfts vorhersehbar geschaffen wird. Bezüglich des Kündigungsrechts des Betriebsveräußerers bei Widerspruch des Arbeitnehmers gegen den Übergang seines Arbeitsverhältnisses ist darüber hinaus zu berücksichtigen, dass bei Rückgabe etwaiger Betriebsmittel des Übernehmers nach Ablauf des zugrunde liegenden Fremdleistungsvertrages seinerseits ein Betriebsübergang i.S.v. § 613a BGB vorliegt und die beiden Betriebsübergänge Bestandteil eines einheitlichen Rechtsgeschäfts sind (*BAG* v. 27. 4. 1995 – 8 AZR 197/94 – AP Nr. 128 zu § 613a BGB). Vom Sinn und Zweck des § 613a Abs. 4 BGB kann es jedoch weder einen Unterschied ausmachen, zu welchem Zeitpunkt der konkrete Betriebsübergang als solcher ursächlich für die Kündigung ist oder wird, noch kommt es nach dem Wortlaut der Bestimmung darauf an, ob die **Kündigung vom bisherigen Arbeitgeber oder vom Übernehmer ausgesprochen** wird. Zumindest in den Fällen befristeter Fremdvergabe ist es daher zur Vermeidung von Umgehungen des beim Betriebsübergang bestehenden besonderen Kündigungsschutzes gerechtfertigt, **jegliche Kündigungsmöglichkeit** durch den bisherigen Arbeitgeber, die in der Fremdvergabe ihre Ursache hat, **auszuschließen.**

187

188

D. Abgrenzung von Arbeitnehmer-überlassung und Arbeitsvermittlung

Vermittlungsrechtliche Normen des SGB III

§ 35 SGB III
Vermittlungsangebot, Eingliederungsvereinbarung

(1) Die Agentur für Arbeit hat Ausbildungsuchenden, Arbeitsuchenden und Arbeitgebern Ausbildungsvermittlung und Arbeitsvermittlung (Vermittlung) anzubieten. Die Vermittlung umfaßt alle Tätigkeiten, die darauf gerichtet sind, Ausbildungsuchende mit Arbeitgebern zur Begründung eines Ausbildungsverhältnisses und Arbeitsuchende mit Arbeitgebern zur Begründung eines Beschäftigungsverhältnisses zusammenzuführen. Die Agentur für Arbeit stellt sicher, dass Arbeitslose und Ausbildungssuchende, deren berufliche Eingliederung voraussichtlich erschwert ist, eine verstärkte vermittlerische Unterstützung erhalten.
(2) Die Agentur für Arbeit hat durch Vermittlung darauf hinzuwirken, daß Ausbildungsuchende eine Ausbildungsstelle, Arbeitsuchende eine Arbeitsstelle und Arbeitgeber geeignete Arbeitnehmer und Auszubildende erhalten. Sie hat dabei die Neigung, Eignung und Leistungsfähigkeit der Ausbildungsuchenden und Arbeitsuchenden sowie die Anforderungen der angebotenen Stellen zu berücksichtigen.
(3) Kann die Agentur für Arbeit nicht feststellen,
1. in welche berufliche Ausbildung der Ausbildungsuchende oder
2. in welche berufliche Tätigkeit der arbeitslose oder von Arbeitslosigkeit bedrohte Arbeitsuchende
vermittelt werden kann oder welche Maßnahmen der aktiven Arbeitsförderung vorgesehen werden können, soll sie die Teilnahme an einer Maßnahme der Eignungsfeststellung vorsehen.
(4) In einer Eingliederungsvereinbarung, die die Agentur für Arbeit zusammen mit dem Arbeitslosen oder Ausbildungsuchenden trifft, werden für einen zu bestimmenden Zeitraum die Vermittlungsbemühungen der Agentur für Arbeit, die Eigenbemühungen des Arbeitslosen oder Ausbildungsuchenden sowie, soweit die Voraussetzungen vorliegen, künftige Leistungen der aktiven Arbeitsförderung festgelegt. Dem Arbeitslosen oder Ausbildungsuchenden ist eine Ausfertigung der Eingliederungsvereinbarung auszuhändigen. Die Eingliederungsvereinbarung ist sich ändernden Verhältnissen anzupassen; sie ist fortzuschreiben, wenn in dem Zeitraum, für den sie zunächst galt, die Arbeitslosigkeit oder Ausbildungsplatzsuche nicht beendet wurde. Sie ist spätestens nach sechsmonatiger Arbeitslosigkeit, bei arbeitslosen und ausbildungsuchenden Jugendlichen nach drei Monaten, zu überprüfen.

§ 36 SGB III
Grundsätze der Vermittlung

(1) Die Agentur für Arbeit darf nicht vermitteln, wenn ein Ausbildungs- oder Arbeitsverhältnis begründet werden soll, das gegen ein Gesetz oder die guten Sitten verstößt.

(2) Die Agentur für Arbeit darf Einschränkungen, die der Arbeitgeber für eine Vermittlung hinsichtlich Geschlecht, Alter, Gesundheitszustand oder Staatsangehörigkeit des Ausbildungsuchenden und Arbeitsuchenden oder ähnlicher Merkmale vornimmt, die regelmäßig nicht die berufliche Qualifikation betreffen, nur berücksichtigen, wenn diese Einschränkungen nach Art der auszuübenden Tätigkeit unerläßlich sind. Ist eine Religionsgemeinschaft Arbeitgeber, dürfen außerdem Einschränkungen der Vermittlung zu ihr und zu ihren karitativen und sozialen Einrichtungen hinsichtlich der Zugehörigkeit zu einer Religionsgemeinschaft berücksichtigt werden. Im übrigen darf eine Einschränkung hinsichtlich der Zugehörigkeit zu einer Gewerkschaft, Partei, Religionsgemeinschaft oder vergleichbaren Vereinigung nur berücksichtigt werden, wenn
1. der Ausbildungs- oder Arbeitsplatz in einem Tendenzunternehmen oder -betrieb im Sinne des § 118 Abs. 1 Satz 1 des Betriebsverfassungsgesetzes besteht und
2. die Art der auszuübenden Tätigkeit diese Einschränkung rechtfertigt.

(3) Die Agentur für Arbeit darf in einem durch einen Arbeitskampf unmittelbar betroffenen Bereich nur dann vermitteln, wenn der Arbeitsuchende und der Arbeitgeber dies trotz eines Hinweises auf den Arbeitskampf verlangen.

(4) Die Agentur für Arbeit ist auch bei der Vermittlung von unständig Beschäftigten nicht verpflichtet zu prüfen, ob der vorgesehene Vertrag ein Arbeitsvertrag ist. Soll jedoch erkennbar ein Arbeitsverhältnis nicht begründet werden, darf sie unständig Beschäftigte nur vermitteln, wenn bei ihnen der Anteil selbständiger Tätigkeiten nicht überwiegt.

§ 288a SGB III
Untersagung der Berufsberatung

(1) Die Agentur für Arbeit hat einer natürlichen oder juristischen Person oder Personengesellschaft, die Berufsberatung betreibt (Berufsberater), die Ausübung dieser Tätigkeit ganz oder teilweise zu untersagen, sofern dies zum Schutz der Ratsuchenden erforderlich ist. Bei einer juristischen Person oder Personengesellschaft kann auch einer von ihr für die Leitung des Betriebes bestellten Person die Ausübung der Tätigkeit ganz oder teilweise untersagt werden, sofern dies zum Schutz der Ratsuchenden erforderlich ist.

(2) Im Untersagungsverfahren hat die betreffende Person auf Verlangen der Agentur für Arbeit
1. die Auskünfte zu erteilen, die zur Durchführung des Verfahrens erforderlich sind, und
2. die geschäftlichen Unterlagen vorzulegen, aus denen sich die Richtigkeit ihrer Angaben ergibt.
Sie kann die Auskunft auf solche Fragen verweigern, deren Beantwortung sie selbst oder einen in § 383 Abs. 1 Nr. 1 bis 3 der Zivilprozeßordnung bezeichneten Angehörigen der Gefahr strafrechtlicher Verfolgung oder eines Verfahrens nach dem Gesetz über Ordnungswidrigkeiten aussetzen würde.

(3) Soweit es zur Durchführung der Überprüfung erforderlich ist, sind die von der Agentur für Arbeit beauftragten Personen befugt, Geschäftsräume der betreffen-

*den Person während der üblichen Geschäftszeiten zu betreten. Die Person hat Maß-
nahmen nach Satz 1 zu dulden.*
*(4) Untersagt die Agentur für Arbeit die Ausübung der Berufsberatung, so hat es
die weitere Ausübung dieser Tätigkeit nach den Vorschriften des Verwaltungs-Voll-
streckungsgesetzes zu verhindern.*

§ 289 SGB III
Offenbarungspflicht

*Der Berufsberater, der die Interessen eines Arbeitgebers oder einer Einrichtung wahr-
nimmt, ist verpflichtet, dem Ratsuchenden deren Identität mitzuteilen; er hat darauf
hinzuweisen, daß sich die Interessenwahrnehmung auf die Beratungtätigkeit auswirken kann. Die Pflicht zur Offenbarung besteht auch, wenn der Berufsberater zu
einer Einrichtung Verbindungen unterhält, deren Kenntnis für die Ratsuchenden zur
Beurteilung einer Beratung von Bedeutung sein kann.*

§ 290 SGB III
Vergütungen

*Für eine Berufsberatung dürfen Vergütungen vom Ratsuchenden nur dann verlangt
oder entgegengenommen werden, wenn der Berufsberater nicht zugleich eine Vermittlung von Ausbildungs- oder Arbeitsplätzen betreibt oder eine entsprechende
Vermittlung in damit zusammenhängenden Geschäftsräumen betrieben wird. Entgegen Satz 1 geschlossene Vereinbarungen sind unwirksam.*

§ 292 SGB III
Auslandsvermittlung, Anwerbung aus dem Ausland

*Das Bundesministerium für Wirtschaft und Arbeit kann durch Rechtsverordnung be-
stimmen, dass die Vermittlung für eine Beschäftigung im Ausland außerhalb der Europäischen Gemeinschaft oder eines anderen Vertragsstaates des Abkommens über den
Europäischen Wirtschaftsraum sowie die Vermittlung und die Anwerbung aus diesem
Ausland für eine Beschäftigung im Inland (Auslandsvermittlung) für bestimmte Berufe
und Tätigkeiten nur von der Bundesagentur durchgeführt werden dürfen.*

§ 296 SGB III
Vermittlungsvertrag zwischen einem Vermittler und einem Arbeitsuchenden

*(1) Ein Vertrag, nach dem sich ein Vermittler verpflichtet, einem Arbeitsuchenden
eine Arbeitsstelle zu vermitteln, bedarf der schriftlichen Form. In dem Vertrag ist
insbesondere die Vergütung des Vermittlers anzugeben. Zu den Leistungen der Vermittlung gehören auch alle Leistungen, die zur Vorbereitung und Durchführung
der Vermittlung erforderlich sind, insbesondere die Feststellung der Kenntnisse des
Arbeitsuchenden sowie die mit der Vermittlung verbundene Berufsberatung. Der
Vermittler hat dem Arbeitsuchenden den Vertragsinhalt in Textform mitzuteilen.*
*(2) Der Arbeitsuchende ist zur Zahlung der Vergütung nach Absatz 3 nur verpflich-
tet, wenn infolge der Vermittlung des Vermittlers der Arbeitsvertrag zustande gekommen ist. Der Vermittler darf keine Vorschüsse auf die Vergütungen verlangen
oder entgegennehmen.*
*(3) Die Vergütung einschließlich der auf sie entfallenden gesetzlichen Umsatzsteuer
darf den in § 421g Abs. 2 genannten Betrag nicht übersteigen, soweit nicht durch*

Rechtsverordnung für bestimmte Berufe oder Personengruppen etwas anderes be-stimmt ist. Bei der Vermittlung von Personen in Au-pair-Verhältnisse darf die Vergü-tung 150 Euro nicht übersteigen.

(4) Ein Arbeitsuchender, der dem Vermittler einen Vermittlungsgutschein vorlegt, kann die Vergütung abweichend von § 266 des Bürgerlichen Gesetzbuchs in Teil-beträgen zahlen. Die Vergütung ist nach Vorlage des Vermittlungsgutscheins bis zu dem Zeitpunkt gestundet, in dem die Agentur für Arbeit nach Maßgabe von § 421g gezahlt hat.

§ 296a SGB III
Vergütungen bei Ausbildungsvermittlung

Für die Leistungen zur Ausbildungsvermittlung dürfen nur vom Arbeitgeber Vergü-tungen verlangt oder entgegengenommen werden. Zu den Leistungen zur Ausbil-dungsvermittlung gehören auch alle Leistungen, die zur Vorbereitung und Durchfüh-rung der Vermittlung erforderlich sind, insbesondere die Feststellung der Kenntnisse des Ausbildungsuchenden sowie die mit der Ausbildungsvermittlung verbundene Be-rufsberatung.

§ 297 SGB III
Unwirksamkeit von Vereinbarungen

Unwirksam sind
1. Vereinbarungen zwischen einem Vermittler und einem Arbeitsuchenden über die Zahlung der Vergütung, wenn deren Höhe die nach § 296 Abs. 3 zulässige Höchstgrenze überschreitet, wenn Vergütungen für Leistungen verlangt oder entgegengenommen werden, die nach § 296 Abs. 1 Satz 3 zu den Leistungen der Vermittlung gehören oder wenn die erforderliche Schriftform nicht eingehalten wird und
2. Vereinbarungen zwischen einem Vermittler und einem Ausbildungsuchenden über die Zahlung einer Vergütung,
3. Vereinbarungen zwischen einem Vermittler und einem Arbeitgeber, wenn der Vermittler eine Vergütung mit einem Ausbildungsuchenden vereinbart oder von diesem entgegennimmt, obwohl dies nicht zulässig ist, und
4. Vereinbarungen, die sicherstellen sollen, dass ein Arbeitgeber oder ein Ausbil-dungsuchender oder Arbeitsuchender sich ausschließlich eines bestimmten Ver-mittlers bedient.

§ 298 SGB III
Behandlung von Daten

(1) Vermittler dürfen Daten über zu besetzende Ausbildungs- und Arbeitsplätze und über Ausbildungsuchende und Arbeitnehmer nur erheben, verarbeiten und nutzen, soweit dies für die Verrichtung ihrer Vermittlungstätigkeit erforderlich ist. Sind diese Daten personenbezogen oder Geschäfts- oder Betriebsgeheimnisse, dürfen sie nur erhoben, verarbeitet oder genutzt werden, soweit der Betroffene im Einzelfall nach Maßgabe des § 4a des Bundesdatenschutzgesetzes eingewilligt hat. Übermittelt der Vermittler diese Daten im Rahmen seiner Vermittlungstätigkeit einer weiteren Person oder Einrichtung, darf diese sie nur zu dem Zweck verarbeiten oder nutzen, zu dem sie ihr befugt übermittelt worden sind.

Einleitung D

(2) Vom Betroffenen zur Verfügung gestellte Unterlagen sind unmittelbar nach Abschluss der Vermittlungstätigkeit zurückzugeben. Die übrigen Geschäftsunterlagen des Vermittlers sind nach Abschluss der Vermittlungstätigkeit drei Jahre aufzubewahren. Die Verwendung der Geschäftsunterlagen ist zur Kontrolle des Vermittlers durch die zuständigen Behörden sowie zur Wahrnehmung berechtigter Interessen des Vermittlers zulässig. Personenbezogene Daten sind nach Ablauf der Aufbewahrungspflicht zu löschen. Der Betroffene kann nach Abschluss der Vermittlungstätigkeit Abweichungen von den Sätzen 1, 3 und 4 gestatten; die Gestattung bedarf der Schriftform.

§ 301 SGB III
Verordnungsermächtigung

Das Bundesministerium für Wirtschaft und Arbeit wird ermächtigt, durch Rechtsverordnung zu bestimmen, dass für bestimmte Berufe oder Personengruppen Vergütungen vereinbart werden dürfen, die sich nach dem dem Arbeitnehmer zustehenden Arbeitsentgelt bemessen.

Inhaltsübersicht   Rn.

Literaturhinweise

Bauer, Zum Nebeneinander erlaubter Arbeitnehmerüberlassung und erlaubter Arbeitsvermittlung, NZA 1995, 203; *Bauschke*, Die so genannte Fremdfirmenproblematik, NZA 2000, 1201; *Becker*, Die gewerbsmäßige Arbeitnehmerüberlassung und das staatliche Vermittlungsmonopol, DB 1972, 728; *Behrend*, Neues zum Scheinwerkvertrag: Die vermutete Arbeitsvermittlung im AÜG, BB 2001, 2641; *dies.*, Arbeitnehmerüberlassung bis zu 24 Monaten – Job-AQTIV mit Hindernissen, NZA 2002, 372; *Bethge*, Ist das Vermittlungsmonopol der Bundesanstalt für Arbeitsvermittlung und Arbeitslosenversicherung mit dem Grundgesetz vereinbar?, NJW 1964, 91; *Böhm*, Flucht aus dem Zeitvertrag in die Zeitarbeit, NZA 2004, 823; *Bogs*, Pressefreiheit und staatliche Arbeitsvermittlung, SGB 1967, 577; *Borgaes*, Private Ausbildungsstellenvermittlung – Ende der Ausbildungsstellenmisere?, in: Wahsner u.a., 1985, 136; *Brors/Schüren*, BB 2004, 2749; *Bückle/Handschuch/Walzel*, Aktuelle Probleme der Arbeitnehmerüberlassung, GewArch 1982, 209; *Däubler*, Die neue Leiharbeit, KJ 2003, 17; *ders.*, Das umgesetzte Hartz-Modell: Bittere Pillen im Arbeits- und Sozialrecht, AiB 2002, 729; *Deeke*, Zur Kontroverse um das Vermittlungsmonopol der BA, WSI-Mitt. 1992, 459; *Döser*, Personalberatung und Arbeitsvermittlung, BB 1976, 1371; *Düwell*, Änderungen des AÜG durch das Arbeitsförderungsreformgesetz, BB 1997, 46; *ders.*, Deregulierung der Arbeitnehmerüberlassung – Abbau beschäftigungshemmender Vorschriften, AuA 1997, 253; *Eichenhofer*, Das Arbeitsvermittlungsmonopol der BA und das EG-Recht, NJW 1991, 913; *Eisenträger*, Personalberatung und Arbeitsvermittlung, BB 1977, 298; *ders.*, Rechtsfragen der Arbeitsvermittlung (Monopol oder staatliche Aufgabe, beauftragter Vermittler, Schwarzvermittlung), AuB 1978, 65; *Engelen-Kefer*, Vermittlungsmonopol der BA muss unangetastet bleiben, SozSich 1983, 225; *Groeger*, Arbeitsrechtliche Aspekte des neuen Arbeitnehmerüberlassungsgesetzes, DB 1998, 470; *Feuerborn/Hamann*, Liberalisierung der Arbeitnehmerüberlassung durch das Arbeitsförderungsreformgesetz, BB 1997, 2530; *Hamann*, Die Neuregelung der Arbeitsvermittlung, NZA 1995, 244; *ders.*, Fiktion eines Arbeitsverhältnisses zum Entleiher bei vermuteter Arbeitsvermittlung nach dem Arbeitsförderungs-Reformgesetz 1997, BB 1999, 1654; *Hoppe*, Das Ermittlungsrecht der Bundesanstalt für Arbeit zur Bekämpfung der illegalen Beschäftigung und des Leistungsmissbrauchs, DB 1982, 2571; *Kappus*, Bildschirmtext und Arbeitsvermittlung, BB 1989, 489; *Karasch*, Ist das Vermittlungsmonopol der BA noch zeitgemäß?, SozFortschritt, 1983, 11; *Knopp*, Probleme des Arbeitsmarktes und die gesetzliche Neuregelung, DB 1982, 111; *König*, Erste Erfahrungen bei der Privaten Arbeitsvermittlung, AuA 1996, 262; *Kossens*, DB 2002, 843; *Krüger*, Verbot der Leiharbeit –Gewerkschaftsforderung und Grundgesetz, 1986; *Kühl*, Das Ende des Vermittlungsmonopols?, ABA 1971, 241; *Maier*, Die geschichtliche Entwicklung des Alleinvermittlungsrechts der BA, AuB 1993, 2, 40; *Mann*, Das Vermittlungsmonopol als Verpflichtung, AuB 1983, 257; *Marschall*, Das Gesetz zur Bekämpfung der illegalen Beschäftigung, NJW 1982, 1363; *Marschner*, Das neue Recht der Arbeitsvermittlung, AuB 1994, 307; *ders.*, Die neuen Regelungen zur privaten Arbeitsvermittlung, DB 1994, 1774; *Mohr/Pomberg*, Die Änderung der Rechtsprechung zu der vermuteten Arbeitsvermittlung nach dem Arbeitnehmerüberlassungsgesetz, DB 2001, 590; *Mummenhoff*, Arbeitnehmerüberlassung bei Freigabe der Arbeitsvermittlung, DB 1992, 1982; *Pallasch*, Freiheit der Arbeitsvermittlungund staatliches Monopol, NZA 1991, 913; *Rieble*, Maklerprovision für Personalvermittler, DB 1994, 1776; *Säcker/Kühnast*, Die vermutete Arbeitsvermittlung, ZfA 2001, 117; *Schaub*, Flexibilisierung des Personaleinsatzes, BB 1998, 2106; *Schmitt*, Die Ausbildungsstellenvermittlung im Blickpunkt der Öffentlichkeit, AuB 1985, 35; *Schüren/Behrend*, Arbeitnehmerüberlassung nach der Reform, Risiken der neuen Freiheit, NZA 2003, 521; *Schüren/Riederer v. Paar*, Risiken nichtiger Tarifverträge in der Leiharbeit AuR 2004, 243; *Stypmann*, Keine Bestrafung des unerlaubt handelnden Verleihers wegen Hinterziehung von Arbeitnehmer-Beitragsteilen, NJW 1983, 95; *Theuerkauf*, Das Monopol der BA im Licht der Rechtsprechung, AuB 1993, 193, 23; *Ulber*, Anm. zu BAG v. 28.6.2000, AuR 2001, 149; *Walwei*, Arbeitsvermittlung im Europäischen Vergleich, ASP 1992, 43; *ders.*, Zum Regulierungsbedarf bei Zulassung privater Arbeitsvermittlung, Mitt. aus der Arbeitsmarkt- und Berufsforschung 1993, 285; *ders.*, Deregulierung und Regulierung der Arbeitsvermittlung, AuA 1994, 372.

I. Bestimmungen zur Arbeitsvermittlung

1 Während das *BVerfG* in seiner Entscheidung vom 4.4.1967 (1 BvR 84/65 – BVerfGE 21, 261) die Zulässigkeit gewerbsmäßiger ANÜ weitgehend noch danach bestimmte, ob das (seinerzeit uneingeschränkt bestehende) staatliche Arbeitsvermittlungsmonopol der BA durch Leiharbeit im Kern beeinträchtigt wird (vgl. Einl. B. Rn.5ff.), kommt den vermittlungsrechtlichen Bestimmungen des SGB III (§§ 288aff. SGB III) seit der **Zulassung privater Arbeitsvermittler** durch Art. 1 Nr. 3 BeschFG 1994 vom 26.7.1994 (BGBl. I S. 1972) ein veränderter Stellenwert zu. Im Hinblick auf die ANÜ hat das **Arbeitsvermittlungsrecht** heute vor allem die **Funktion**, zulässige Formen der ANÜ von der Arbeitsvermittlung **abzugrenzen**.
Gewerberechtlich hat dies erhebliche Bedeutung, da Verstöße gegen das Vermittlungsrecht zur Versagung der Erlaubnis zur ANÜ (vgl. §§ 3 Abs. 1 Nr. 1, 1 Abs. 2 AÜG) führen. Ebenso bedeutsam ist die Abgrenzung aber auch für die Fragen, wer Arbeitgeber des vermittelten bzw. überlassenen Arbeitnehmers ist (Rn.46f.) und ob der zwischen den beteiligten Unternehmen abgeschlossene Überlassungs-/Vermittlungsvertrag wirksam ist (§ 9 Nr. 1 AÜG; vgl. Rn.44).
2 Die wesentlichen **Bestimmungen zur Arbeitsvermittlung** wurden durch Art. 1 des AFRG vom 24.3.1997 (BGBl. I S. 594) in den §§ 35, 288aff. SGB III neu geregelt. Mit dem Gesetz wurden insbesondere die Bestimmungen zur privaten Ausbildungs- und Arbeitsvermittlung weiter dereguliert. Durch das Gesetz vom 23.2.2002 (BGBl. I S. 1330) wurden auch die erlaubnisrechtlichen Beschrän-

kungen des § 291 SGB III a.f. beseitigt und die vormals bestehende ArbeitsvermittlungsVO aufgehoben (vgl. hierzu Vorauflage Einl. D Rn. 24ff.). Seit dem 24.3.2002 ist die private Arbeitsvermittlung **ohne Erlaubnis** der BA zulässig. Mit dem Gesetz wurde gleichzeitig das Vermittlungsmonopol der BA für eine Beschäftigung im Ausland (§ 292 SGB III a.f.) aufgehoben. Daneben wurde § 296 SGB III unter Verstoß gegen die ILO-Konvention Nr. 181 dahin geändert, dass der Vermittler auch mit dem Arbeitsuchenden ein **erfolgsorientiertes Vermittlungshonorar** vereinbaren kann. Die Zahlung des Honorars kann dabei auch mit einem sog. **Vermittlungsgutschein** (Rn. 30) erfolgen.

Quasi als Ersatz für die Aufhebung der Erlaubnispflicht hatte der Gesetzgeber **2a** in einer Entschließung des Bundestages dazu aufgefordert, freiwillige Qualitätsstandards für die private Arbeitsvermittlung zu entwickeln. Dieser Aufforderung sind die Verbände der Personalvermittlung nachgekommen und haben am 12.12.2003 eine **Vereinbarung über Qualitätsstandards für private Personalund Arbeitsvermittlung** unterzeichnet. Ziel der Vereinbarung ist die Qualitätssicherung in der Vermittlungsbranche. Die Standards umfassen die persönlichen und fachlichen Voraussetzungen, legen institutionelle Rahmenbedingungen fest (z.B. Geschäftsbedingungen) und definieren Rahmenbedingungen zur Ausübung der Tätigkeit als Vermittler. Die Vereinbarung entfaltet auch für die Mitglieder der unterzeichnenden Verbände keine rechtlichen Bindungen. **Verstöße** können jedoch zur Untersagung der Gewerbeausübung führen, wenn die Voraussetzungen des § 35 GewO erfüllt sind (vgl. Rn. 33).

Ziel der Deregulierung der Bestimmungen zur Arbeitsvermittlung war, einen **2b** »Wettbewerb zwischen Arbeitsämtern und privaten Vermittlern« zu ermöglichen (vgl. BT – Ds. 14/8546) und Arbeitsuchenden möglichst kurzfristig ein dauerhaftes Arbeitsverhältnis zu vermitteln. Diese Zielsetzung wurde seit der Aufhebung des staatlichen Arbeitsvermittlungsmonopols von Anfang an verfehlt. Von 5000 im Jahre 2000 zugelassenen Arbeitsvermittlern konnten lediglich 46000 Arbeitsuchende vermittelt werden (FR v. 18.2.2002). Die Ausgabe der Vermittlungsgutscheine hat an dieser **Negativbilanz** nichts geändert. So hatte z.B. das Landesarbeitsamt Hessen in der Zeit von April 2002 bis Oktober 2003 über 31000 Vermittlungsgutscheine ausgegeben; von diesen wurden jedoch nur 4% eingelöst (FR v. 12.11.2003), wobei offen bleibt, ob die Einlösung überhaupt zu einer Festeinstellung führte. I.E. erweist sich die Aufhebung des staatlichen Arbeitsvermittlungsmonopols damit allein als ein (für die Beitragszahler teuer erkauftes) zusätzliches Geschäft für privat tätige Arbeitsvermittler. Ein Beitrag zur Bewältigung des Problems der Massenarbeitslosigkeit ist hiermit jedoch nicht verbunden.

II. Arbeitsvermittlung nach § 35 Abs. 1 SGB III

Erfüllt der Einsatz des Arbeitnehmers im Drittbetrieb den Tatbestand einer **Ar** **3** **beitsvermittlung**, finden die Vorschriften des **AÜG** grundsätzlich **keine Anwendung**. Eine Ausnahme bilden die Vorschriften des AÜG, die die Rechtsfolgen einer nach § 1 Abs. 2 vermuteten Arbeitsvermittlung (vgl. Rn. 47 ff.) regeln.

Nach der **Legaldefinition** des § 35 Abs. 1 Satz 2 SGB III liegt **Arbeitsvermittlung** **4** vor, wenn die Tätigkeit darauf gerichtet ist, Arbeitsuchende mit Arbeitgebern zur Begründung eines Beschäftigungsverhältnisses zusammenzuführen (vgl. *BSG* v. 11.5.1967, SozR 4000 Nr. 2, 3 zu § 4 AFG), insbesondere um dem Arbeitsuchenden den Abschluss eines **Arbeitsverhältnisses mit einem Dritten** zu ermöglichen. Keine Arbeitsvermittlung liegt daher vor, wenn ein Vermittler, der gleichzeitig ANÜ betreibt, dem Arbeitsuchenden lediglich ein Arbeitsverhältnis mit dem eigenen Verleihbetrieb verschafft. Anders ist die Rechtslage, wenn der Arbeitnehmer einem Dritten zunächst als LAN überlassen wird, und für den Fall der Bewährung die Übernahme des LAN vereinbart ist (vermittlungsorientierte ANÜ). Hier hat die ANÜ Vermittlungsfunktion, so dass der Überlassende im Zeitpunkt der Überlassung sowohl die allgemeine Gewerbeberechtigung als auch die Erlaubnis zur ANÜ haben muss (*Schüren/Hamann*, § 1 Rn. 354; *Thüsing/Waas*, § 1 Rn. 107). **Kettenvermittlungen** in der Form, dass die vermittelnde Stelle oder Person den Arbeitnehmer an einen Vermittler vermittelt, der seinerseits zur Begründung eines Arbeitsverhältnisses mit einem Dritten tätig wird, sind mit § 35 Abs. 1 SGB III unvereinbar (vgl. Rn. 24). Weder der Agentur für Arbeit noch privaten Arbeitsvermittlern ist es daher gestattet, einen arbeitsuchenden Arbeitnehmer an einen anderen Vermittler zu vermitteln. Die Beauftragung eines Dritten mit der Vermittlung ist demgegenüber nach § 37 SGB III zulässig. Selbst wenn man die Arbeitsverwaltung (entgegen hier vertretener Ansicht; vgl. Rn. 20) für berechtigt hält, Arbeitnehmer an Verleiher zum Zwecke der Aufnahme eines Leiharbeitsverhältnisses zu vermitteln, muss daher ausgeschlossen sein, dass der Verleiher (insbesondere soweit er auch Arbeitsvermittlung betreibt; vgl. Rn. 38 ff.) den Arbeitnehmer lediglich einem anderen Arbeitgeber zur Begründung eines Arbeitsverhältnisses vermittelt. Die einzige gesetzlich zugelassene Ausnahme stellt insoweit die PSA dar (vgl. § 37c SGB III Rn. 2). Sind die Begriffsmerkmale einer Arbeitsvermittlung erfüllt, scheidet eine Anwendbarkeit der gesetzlichen Bestimmungen zur ANÜ grundsätzlich auch dann aus, wenn **gleichzeitig** die Tatbestandsmerkmale einer **ANÜ** erfüllt sind (*Schüren/Schüren*, § 1 Rn. 344). Die vermittlungsrechtlichen Bestimmungen des SGB III gelten dabei auch bei **grenzüberschreitender Arbeitsvermittlung** (vgl. hierzu Walwei, AuA 1994, 372) und bei Auslandsvermittlung. Die Berechtigung zur AVM umfasst grundsätzlich auch die Anwerbung aus und die Vermittlung in Staaten des EU-/EWR-Wirtschaftsraums (§ 292 Abs. 1 SGB III) im Rahmen grenzüberschreitender Arbeitsvermittlung. Dies gilt allerdings nicht für diejenigen Staaten, die **am staatlichen Arbeitsvermittlungsmonopol** festhalten (*Walwei*, AuA 1994, 373).

5 Ist die im Rahmen der Vermittlungsbemühungen tätig werdende natürliche oder juristische Person **personenidentisch mit dem Arbeitgeber,** bei dem ein Arbeitsverhältnis begründet werden soll oder handelt die vermittelnde Person ausschließlich nach Weisungen des vorgesehenen Arbeitgebers, liegt keine Arbeitsvermittlung vor.

Umgekehrt liegt jedoch in allen Fällen, in denen Vermittler und Arbeitgeber unterschiedliche rechtlich selbstständige natürliche oder juristische Personen sind, bei Vorliegen der sonstigen Voraussetzungen Arbeitsvermittlung vor. Auswirkungen hat dies vor allem bei der Personalbedarfsdeckung im Rahmen des Konzerns, von Argen, im Gesamthafenbetrieb oder sonstigen im Rahmen der ANÜ **privilegierten Unternehmen** (vgl. § 1 Abs. 1 Satz 2, Abs. 3 Nr. 2 und 3; Gesetz über die Schaffung eines besonderen Arbeitgebers für Hafenarbeiter v. 3. 7. 1950 – BGBl. I S. 352), da die insoweit greifenden Sonderbestimmungen mangels entsprechender Regelungen im SGB III auf die Arbeitsvermittlung auch nicht entsprechend anwendbar sind.

1. Arbeits- und Beschäftigungsverhältnis

Ob ein **Arbeits- oder Beschäftigungsverhältnis** begründet werden soll, beurteilt **6**
sich mangels einer eigenen arbeitsförderungsrechtlichen Definition nach den allgemeinen arbeitsrechtlichen Grundsätzen (*Niesel*, SGB III, § 25 Rn. 3 ff.). Bei einem
Arbeitsverhältnis muss der Arbeitnehmer insbesondere zur Leistung **fremd
bestimmter, abhängiger oder unselbstständiger Arbeit** unter Leitung und nach
Weisung des Arbeitgebers verpflichtet sein (*Schaub*, § 29 I 1). Die Vermittlung
von Selbstständigen fällt daher i.d.R. nicht unter den Tatbestand einer Arbeitsvermittlung, wobei die Abgrenzung im Einzelfall schwierig sein kann. Bei
Künstlern, die i.d.R. von Agenturen betreut werden, handelt es sich grundsätzlich um abhängig Beschäftigte, deren Vermittlung den Tatbestand des § 35 Abs. 1
Satz 2 SGB III erfüllt (*BSG* v. 30. 11. 1973, BSGE 37, 1; v. 23. 6. 1982, SozR 4100 Nr. 6
zu § 13). Unerheblich ist, ob es sich um **Führungskräfte** oder leitende Angestellte
handelt, da deren Vermittlung ebenfalls unter § 35 Abs. 1 SGB III fällt (*Lohre/
Mayer/Stevens-Bartol*, § 13 Rn. 4).
Unter den Begriff des Beschäftigungsverhältnisses i.S.d. § 35 Abs. 1 Satz 2 SGB III
fallen nicht nur Arbeitsverhältnisse. Vielmehr ist es Ziel des Gesetzgebers, **alle
Arten nichtselbstständiger Arbeit** zu erfassen (BT-Ds. 13/4941, S. 160), sodass
auch ohne Ausübung des arbeitsrechtlichen Direktionsrechts ein Beschäftigungsverhältnis i.S.d. Vorschrift vorliegen kann, wenn die Ausübung der Tätigkeit im wesentlichen nach Plänen und Vorgaben des Dritten erfolgen soll.

2. Ausschluss einer Arbeitsvermittlung

Die in § 35 Abs. 1 Satz 2 SGB III vorgenommene Definition der Arbeitsvermitt- **7**
lung gilt auch im Rahmen der §§ 292 ff. SGB III (vgl. BT-Ds. 13/4941, S. 207),
sodass alle auf die **Begründung von Beschäftigungsverhältnissen** mit Dritten
gerichteten Tätigkeiten den Tatbestand der AVM erfüllen. Dabei kommt es nicht
darauf an, ob die Arbeitsvermittlung **gewerbsmäßig oder nichtgewerbsmäßig**
betrieben wird (*Schüren/Schüren*, § 1 Rn. 360). Keine Arbeitsvermittlung liegt vor,
wenn **Stellenangebote** oder -gesuche in allgemein zugänglichen Medien angeboten werden. Unter den Begriff der **Medien** fallen alle Publikationen, die Funktionen der Presse, des Rundfunks oder des Fernsehens wahrnehmen, wobei **allgemeiner Zweck** der Medien die Berichterstattung und Meinungsäußerung
i.S.d. Art. 5 GG sein muss (BT-Ds. 13/4941, S. 208). Die Herausgabe reiner **Stel-
lenanzeigenblätter** stellt keine AVM dar (*Schüren/Hamann*, § 1 Rn. 353).

3. Abgrenzung von Arbeitnehmerüberlassung und Arbeitsvermittlung

Die Abgrenzung zwischen ANÜ und Arbeitsvermittlung ist in Literatur und **8**
Rechtsprechung umstritten. Die praktischen Schwierigkeiten hatten sich nach
Inkrafttreten des AÜG vermindert, insbesondere hatte sich der vorher beste-
hende Meinungsstreit zum **aufgespaltenen** bzw. **Doppel-Arbeitsverhältnis**
(vgl. *BSG* v. 29. 7. 1970 – 7 RAr 44/68 – BSGE 31, 235) erledigt, da das AÜG im
Grundsatz immer nur von einem Arbeitsverhältnis entweder zum Verleiher oder
zum Entleiher ausgeht (zum fingierten Arbeitsverhältnis vgl. Rn. 64).
Da der Ausschluss einer Arbeitsvermittlung Voraussetzung für das Vorliegen
einer zulässigen Arbeitnehmerüberlassung ist (vgl. § 1 Rn. 169 ff.; *Schüren/
Hamann*, § 1 Rn. 329), hat die **Abgrenzung** zunächst bei der Frage Bedeutung, ob

begrifflich überhaupt eine Arbeitnehmerüberlassung nach § 1 Abs.1 Satz 1 AÜG vorliegt. Daneben hat die Abgrenzung insbesondere Bedeutung bei der vermuteten Arbeitsvermittlung nach § 1 Abs. 2 AÜG sowie in den Fällen, in denen ein Arbeitsvermittler gleichzeitig Arbeitnehmerüberlassung betreibt (Rn. 38). Vor allem nach der Aufhebung der **Höchsteinsatzfrist** des § 3 Abs. 1 Nr. 6 a. F. kommt der Abgrenzung von Arbeitsvermittlung und ANÜ eine entscheidende Bedeutung zu, wenn LAN langfristig auf **Dauerarbeitsplätzen** in Entleihbetrieben eingesetzt werden sollen. Die verfassungsrechtliche Zulässigkeit von ANÜ hängt u. a. davon ab, dass der Einsatz des LAN zeitlich befristet erfolgt und das Leiharbeitsverhältnis den Einsatz beim Dritten überdauert (Einl. B Rn. 7). Eine **entleiherbezogene Einstellung** durch den Verleiher erfüllt daher regelmäßig die Voraussetzungen einer Arbeitsvermittlung (vgl. § 1 Rn. 201b, 216, 219 und § 9 Rn. 311 ff., 326). Dabei liegt auch aus Sicht des Entleihers eine Arbeitsvermittlung vor, da er dauerhaft zugewiesene Arbeitnehmer zur uneingeschränkten und zeitlich unbegrenzten Nutzung beschäftigen will. Allein der Wille des Entleihers, zur Einsparung von Lohnkosten und zur Umgehung des Kündigungsschutzes den Überlassenden als Verleiher und nicht als Arbeitsvermittler in Anspruch nehmen zu wollen, vermag hieran nichts zu ändern. Dabei ist auch zu berücksichtigen, dass der Gesetzgeber mit dem **Diskriminierungsverbot** gerade verhindern will, dass im Betrieb zwei Klassen von Arbeitnehmern bestehen, sondern LAN und Stammbelegschaft grundsätzlich gleichbehandelt werden sollen (problematisch insoweit *BAG* v. 25. 1. 2005 – 1 ABR 61/03 – DB 2005, 1693). Eine Personalpolitik, die darauf basiert, dass LAN dauerhaft diskriminiert und im Einsatzbetrieb zwei Klassen von Arbeitnehmern mit unterschiedlichen Arbeitsbedingungen geschaffen und ausgeweitet werden, steht mit den Zwecken des Diskriminierungsverbots nicht im Einklang. Das Diskriminierungsverbot steht auch nicht zur Disposition der Betriebsparteien beim Entleiher (vgl. § 9 Rn. 72, 214). Der in der Praxis weit verbreitete Konsens, über die Beschäftigung von LAN als Niedriglöhner die materiellen Arbeitsbedingungen der Stammbelegschaft zu sichern oder gar zu verbessern, kann die gesetzlichen Wertungsgrundlagen zur diskriminierungsfreien Behandlung von LAN in den Einsatzbetrieben nicht außer Kraft setzen (vgl. § 9 Rn. 227).

9 Das *BVerfG* hat in seiner Entscheidung vom 4.4.1967 für die **Abgrenzung** von Arbeitsvermittlung und ANÜ weitgehend darauf abgestellt, in welchen Betrieb der Arbeitnehmer letztlich eingegliedert werden soll (*BVerfG* v. 4.4.1967 – 1 BvR 64/65; vgl. Einl. B. Rn. 6). Entscheidend sei, ob der zugewiesene Arbeitnehmer in den Betrieb des Dritten derart **eingegliedert** ist, dass er nach der ganzen Gestaltung der gegenseitigen Beziehungen – wenn auch nur von kurzer Dauer – dessen Arbeitnehmer wird (*BVerfG*, a.a.O.; so auch HKHH, § 13 Anm. 2). Die Tätigkeit eines Arbeitsvermittlers erschöpfe sich darin, »dass der Vermittler einen arbeitsuchenden Arbeitnehmer einem Arbeitgeber mit dem Ziel der Begründung des Arbeitsverhältnisses zuführt und mit dieser Tätigkeit, insbesondere mit dem Abschluss eines Arbeitsvertrages, die Tätigkeit des Vermittlers ihr Ende findet« (*BVerfG*, a.a.O.).

10 Nach der vom *BSG* vertretenen **Schwerpunkttheorie** (*BSG* v. 29.7.1970 – 7 RAr 44/68 – AP Nr. 9 zu § 37 AVAVG), die der gesetzlichen Konzeption des AÜG zugrunde liegt (*Bückle/Handschuch/Walzel*, GewArch 1982, 249), ist bei der Abgrenzung von ANÜ und Arbeitsvermittlung darauf abzustellen, ob der Schwerpunkt der arbeitsrechtlichen Beziehungen des Arbeitnehmers in seinem Arbeitsverhältnis zum Verleiher oder in seinem Verhältnis zum Entleiher liegt. Dies ist i.d.R.

nicht der Fall, wenn für eine zwischen Entleiher und Arbeitnehmer vereinbarte Befristung kein Sachgrund gegeben wäre, weil der zu besetzende Arbeitsplatz eine dauerhafte Aufgabenerledigung erfordert (*BAG* v. 1. 6. 1994 – 7 AZR 7/93 – BB 1994, 2549). Neben der Frage, ob wegen der **Eingliederung** des Arbeitnehmers in den Entleiherbetrieb der Schwerpunkt des Arbeitsverhältnisses nicht bei der vermittelnden/überlassenden Person liegt, ist danach wesentlich darauf abzustellen, ob Leiharbeitnehmer und Verleiher durch ein den jeweiligen Arbeitseinsatz **überdauerndes** Arbeitsverhältnis verbunden sind. Ist das Arbeitsverhältnis nicht unabhängig von einem Überlasssungsvertrag eingegangen worden und überdauert es diesen nicht, liegt Arbeitsvermittlung vor (*KG Berlin* v. 26. 1. 2000 – 2 Ss 2/00 – EzAÜG § 16 Nr. 13).

Ungeachtet der Frage, ob die Eingliederung allein ein taugliches Abgrenzungskriterium darstellt, wird durch die Entscheidungen klargestellt, dass eine ANÜ nur dann in Betracht kommt, wenn die arbeitsvertragliche Bindung des »Vermittlers« den **Zeitraum der Tätigkeit** des Arbeitnehmers **beim Dritten überdauert** (*Säcker/Kühnast*, ZfA 2001, 123). Maßgeblicher Zeitpunkt bei der Frage, ob ANÜ oder Arbeitsvermittlung vorliegt, ist der Zeitpunkt des Vertragsschlusses, in dem die arbeitsvertraglichen Pflichten des Arbeitnehmers begründet werden. Ist der Geschäftswille der Vertragsparteien zu diesem Zeitpunkt darauf gerichtet, das Arbeitsverhältnis an die Dauer des Einsatzes beim Dritten zu koppeln, liegt i. d. R. Arbeitsvermittlung vor. Enden die arbeitsvertraglichen Bindungen mit der Beendigung des Arbeitseinsatzes beim Dritten gleichzeitig zur vermittelnden Person und zum Einsatzbetrieb, ist eine ANÜ grundsätzlich ausgeschlossen. Das **Synchronisationsverbot** des § 3 Abs. 1 Nr. 5 a. F. hatte insoweit nur klarstellende Funktion. Auch ohne Erfüllung des Tatbestandes des § 3 Abs. 1 Nr. 5 a. F. erfüllen **Verstöße** gegen das Synchronisationsverbot immer auch den Tatbestand eines Verstoßes gegen vermittlungsrechtliche Bestimmungen nach § 3 Abs. 1 Nr. 1 und führen zur **Versagung der Erlaubnis** zur ANÜ (vgl. § 3 Rn. 67). **11**

Wenn der angebliche Verleiher nur **Hilfsfunktionen** für den Einsatzbetrieb wahrnimmt und »keine echten arbeitsvertraglichen Beziehungen zum Überlassenden« (so *Sandmann/Marschall*, Art. 1 § 1 Rn. 40a) bestehen, ist das Vorliegen von ANÜ ausgeschlossen. Soweit das entsendende Unternehmen nur formal die **Arbeitgeberstellung** einnimmt, etwa indem es lediglich als **Zahlstelle** fungiert und den Lohn ausbezahlt, übernimmt es nicht die typischen Arbeitgeberpflichten und das Arbeitgeberrisiko (vgl. § 1 Abs. 2); *eine ANÜ scheidet aus* (*BayObLG* v. 15. 5. 1981 – 3 ObOWi 73/81 – DB 1981, 1460). Die Übernahme von Funktionen der Besetzung und Betreuung des Arbeitnehmers durch den Arbeitsvermittler nach Abschluss des Arbeitsvertrages mit einem Dritten steht dem Vorliegen von Arbeitsvermittlung nicht entgegen. In den Fällen des sog. Scheinwerkvertrages (vgl. Einl. C. Rn. 79 ff.), in denen der angebliche Werkunternehmer mit dem Besteller nach geleisteten Arbeitsstunden abrechnet, liegt meist eine (unzulässige) Arbeitsvermittlung vor. Dies gilt insbesondere bei Einsatz von Arbeitnehmern aus dem Ausland sowie in den Fällen, in denen das Arbeitsverhältnis des Arbeitnehmers zum angeblichen Werkunternehmen die Zeit des Einsatzes beim Besteller nicht überdauert. **12**

III. Das Vermittlungsmonopol der Arbeitsverwaltung nach § 35 SGB III

1. Entstehungszusammenhang und verfassungsrechtliche Aspekte

13 Bereits im Arbeitsnachweisgesetz von 1922, später im AVAVG (§ 35 AVAVG), war das **Alleinrecht der BA zu Berufsberatung, Arbeitsvermittlung und Ausbildungsstellenvermittlung** normiert gewesen. Der hiermit verbundene Eingriff in das Grundrecht der Berufsfreiheit (Art. 12 Abs. 2 GG; vgl. *BVerfG* v. 4. 4. 1967 – 1 BvR 126/65 – BVerfGE 21, 245) oder auch der Kunstfreiheit (*BVerfG* v. 24. 9. 1973 – 1 BvR 459/70) ist nicht verfassungswidrig (*BSG* v. 26. 3. 1992 – 11 RAr 25/90 – EzAÜG § 1 AÜG Arbeitsvermittlung Nr. 14 m.w.N.). Vielmehr diente das **Arbeitsvermittlungsmonopol** seit jeher dem Schutz besonders wichtiger Gemeinschaftsgüter (Bekämpfung der Arbeitslosigkeit, Behebung des Mangels an Arbeitskräften) und ist zur Gefahrenabwehr sowie zur Vermeidung von Ausbeutung schutzloser Arbeitnehmer, die »auf Verwertung [ihrer] Arbeitskraft im Dienste eines Arbeitgebers angewiesen« sind (*BVerfG*, a.a.O.), **unentbehrlich.**

14 Das Arbeitsvermittlungsmonopol war in Teil 2 II des **ILO-Übereinkommens Nr. 96** (abgelöst durch das noch nicht ratifizierte ILO-Übereinkommen Nr. 181), das von der Bundesrepublik ratifiziert war, ebenfalls abgesichert. Dieses Abkommen wurde durch die Bundesregierung 1993 gekündigt, was Voraussetzung für die Zulassung privater Arbeitsvermittlung durch die in § 291 SGB III a. F. enthaltene Neuregelung war. Nach dem ILO-Übereinkommen Nr. 88 war Deutschland verpflichtet, eine flächendeckende, unentgeltliche Arbeitsverwaltung bereitzustellen die eine befriedigende Arbeitsvermittlung für Arbeitsuchende gewährleistet. Im Rahmen des EG-Gemeinschaftsrechts ist das Arbeitsvermittlungsmonopol ebenfalls zugelassen. Der EuGH hat allerdings für den Bereich der Vermittlung von **Führungskräften** einen Missbrauch des Dienstleistungsmonopols der BA angenommen (*EuGH* v. 23. 4. 1991, NJW 1991, 2841), da die BA nicht in der Lage sei, Führungskräfte zu vermitteln (vgl. *Mummenhoff*, DB 1992, 1982).

15 Mit dem **1. SKWPG** vom 21. 12. 1993 (BGBl. I S. 2353) wurde das private **Gewerbe der Arbeitsvermittlung** zunächst nur auf drei Jahre befristet zugelassen. Durch Aufhebung der zeitlich begristeten Erprobungsphase wurde mit dem BeschFG 1994 ab dem 1. 8. 1994 Privatpersonen generell gestattet, mit Erlaubnis der BA Arbeitsvermittlung zu betreiben. Die damit verbundene **Aufhebung des Vermittlungsmonopols** der BA unterliegt **verfassungsrechtlichen Bedenken**. Die Gründe, die vormals im Hinblick auf den Schutz wichtiger Gemeinschaftsgüter sowie zur Gefahrenabwehr das staatliche Arbeits- und Vermittlungsmonopol unentbehrlich machten (vgl. *Borgaes*, in: Wahsner u. a., 1985, 144), haben sich weder seit dem Arbeitsnachweisgesetz noch unter Geltung des AVAVG oder des AFG verändert. Wie das *BSG* noch in seiner Entscheidung vom 26. 3. 1992 (11 RAr 25/90 – EzAÜG § 1 AÜG Arbeitsvermittlung Nr. 14) feststellt, gebührt dem dem Schutz besonders wichtiger Gemeinschaftsgüter dienenden Arbeitsvermittlungsmonopol gegenüber der Berufswahl eines selbstständigen Arbeitsvermittlers der **Vorrang**, »weil es zur Abwehr von Gefahren, die diesem Gemeinschaftsgut drohen, nachweisbar oder wenigstens höchstwahrscheinlich **unentbehrlich** [Hervorhebung d. Verf.] ist«. Massenarbeitslosigkeit, ein Mangel an Ausbildungsplätzen sowie ein in Teilbereichen vorhandener Facharbeitmangel auf Grund entsprechender Kostenabbaustrategien der Unternehmen kennzeichnen seit Jahren die Arbeitsmarktsituation in der Bundesrepublik. Der besorgniserregende **Anstieg illegaler Beschäftigung** (vgl. Einl. E. Rn. 17) zeigt daneben, dass von geordneten Verhältnissen auf dem Arbeitsmarkt immer weniger gesprochen werden kann. Geeignete Maßnahmen des Gesetzgebers zur Gegensteuerung sind daher dringend geboten. Während arbeitsmarktpolitischen Bedürfnissen noch durch entsprechende Einschränkungen im 1. SKWPG Rechnung getragen wurde (vgl. § 23 Abs. 3 AFG i.d.F. des 1. SKWPG), wurden die entsprechenden **Schutzbestimmungen** mit dem Inkrafttreten des BeschFG 1994 (Anhang IV/96), ergänzt durch das Gesetz vom 26.7.1994 (BGBl. I S. 1792, Anhang IV/97), **aufgehoben**, sodass die private Arbeitsvermittlung nunmehr völlig unabhängig von der Situation und der Entwicklung auf dem Arbeitsmarkt zulässig ist. Die Frage, ob die private Arbeitsvermittlung unter arbeitsmarktpolitischen oder sonstigen Gesichtspunkten zweckmäßig ist, ist für die Ausübung des Gewerbes unerheblich.

Die ständig voranschreitende **Deregulierung** der Arbeitsbedingungen sowohl aufgrund entsprechender Arbeitgeberstrategien als auch auf Grund der gesetzgeberisch betriebenen Politik des **sukzessiven Abbaus von Normen des Arbeitsschutzes** führt nicht nur zur Entrechtlichung des Arbeitsschutzes als solchem, sondern daneben auch zur **Entrechtung der Arbeitnehmer** selbst. Die Deregulierung führt daher nicht nur zum Abbau von Arbeitnehmerschutz, sie führt gleichzeitig zu einem erhöhten **Regelungsbedarf** durch den Gesetzgeber, der insbesondere dem Umstand Rechnung tragen muss, dass das im Arbeitsverhältnis bestehende **Machtungleichgewicht** zwischen Arbeitgeber und Arbeitnehmer durch geeignete gesetzgeberische Maßnahmen ausgeglichen wird (*BVerfG* v. 28.1.1992 – 1 BvR 1025/82 und 1 BvL 16/83 – AuR 1992, 187 m. Anm. *Blanke/Diederich*). Nicht ausreichend ist es dabei, wenn in der Begründung zum Entwurf des 1. SKWPG (Anhang IV/92; BT-Ds. 12/5502, S. 24 – zu Nr. 4) lediglich die mittlerweile als unrichtig erwiesene **Einschätzungsprärogative** vorgenommen wird, durch die Tätigkeit gewerblicher Vermittler könne zur Behebung gewisser Aktionsschwächen der staatlichen Arbeitsvermittlung in bestimmten Bereichen beigetragen werden (von den 3032 Erlaubnisinhabern konnten 1995 höchstens 4200 Erwerbslose in zumeist befristete Tätigkeiten vermittelt werden, *König*, AuA 1996, 262; vgl. Rn. 2b), und hierbei festgestellt wird, dass der berechtigte Schutz des Arbeitsuchenden hierdurch nicht beeinträchtigt werden müsse (ähnlich die Begründung zum Entwurf des BeschFG 1994 der Fraktionen CDU/CSU und F.D.P v. 1.2.1994 – BT-Ds. 12/6719 –, nach dem durch private Arbeitsvermittlung »für den Arbeitsmarktausgleich zusätzliche personelle Ressourcen erschlossen« werden). Ob § 35 GewO diesen Schutzbedürfnissen Rechnung tragen kann, ist zweifelhaft; der Gesetzgeber wäre jedoch verpflichtet gewesen, den **Mindestschutz des Arbeitsuchenden** gesetzlich zu regeln und nicht auf die Ebene von Rechtssetzungsakten der Verwaltung zu verlagern. **16**

Gerade bei der Arbeitsuche, deren Erfolg für den Arbeitnehmer gleichzeitig über dessen **Existenzsicherung** entscheidet, kann nur durch gesetzliche Bindung des Vermittlers an Gesetz und Recht (vgl. § 36 SGB III) sowie insbesondere an die verfassungsrechtlichen Grundsätze der **Gleichbehandlung** und des **Sozialstaatsgebots** und der Würde des Menschen eine sozialadäquate Arbeitsvermittlung gewährleistet werden, sodass die Chancengleichheit der Arbeitsuchenden gewahrt, soziale **Diskriminierung** ausgeschlossen und die notwendige Steuerbarkeit von Arbeitsmarkt und Berufsbildung garantiert sind (vgl. *BSG* v. 14.12.2000 – B 11/7 AL 30/99 R – NZA-RR 2001, 650). Die ohnehin statistisch geringe **Bedeutung der Arbeitsvermittlung** seit Aufhebung des Arbeitsvermittlungsmonopols (die an dem Erfordernis privater Arbeitsvermittlung generell **17**

Zweifel aufkommen lässt) beschränkt sich im Wesentlichen auf qualifizierte Tätigkeiten für bestimmte Arbeitgeber und grenzt damit ein Großteil der Arbeitslosen von bestehenden Möglichkeiten zur Erlangung einer Arbeitsstelle aus (*Sell*, info also 2002, 195; zur geringen Bedeutung der privaten Arbeitsvermittlung vgl. auch *Walwei*, AuA 1994, 372).

18 Die **mangelnde** rechtliche Bindung privater Vermittler an die Grundsätze der Gleichbehandlung führt dabei zu **Diskriminierungen** der besonders benachteiligten Arbeitnehmergruppen auf dem Arbeitsmarkt. Insbesondere bei illegaler **Ausländerbeschäftigung** durch Vermittlung aus Mitgliedstaaten der EU ist eine Entwicklung festzustellen, die den Gesetzgeber wegen elementarer **Verstöße gegen Grundrechts- und Menschenrechtsgrundsätze** zum Einschreiten zwingen müsste (vgl. Einl. E. Rn. 17 ff.). Exemplarisch sei in diesem Zusammenhang auf den Fall eines italienischen Unternehmensberaters und Vermittlers verwiesen, der Kroaten an inländische Gaststättenbetriebe vermittelte, in denen die Arbeitnehmer bei 16 Stunden täglicher Arbeitszeit einen täglichen Lohn von 2,50 DM vergütet bekamen. (Aus Mangel an Beweisen für gewerbsmäßiges Handeln konnte in diesem Fall lediglich eine Geldstrafe von 5400 DM verhängt werden; FR v. 18. 2. 1997.) Dadurch, dass der Vermittler durch seine Tätigkeit gleichzeitig, zumindest faktisch, partielle **Auswahlentscheidungen** über die Person des Bewerbers trifft, werden der den Arbeitgeber verpflichtende Gleichbehandlungsgrundsatz (vgl. v. a. §§ 611a f. BGB) rechtsmissbräuchlich unterlaufen und die dem Betriebsrat bei Einstellungsentscheidungen zustehenden **Mitbestimmungsrechte** (z. B. nach § 99 BetrVG) eingeschränkt.

19 Trotz grundsätzlicher verfassungsrechtlicher Bedenken gegen die Zulassung privater Arbeitsvermittlung wird man in verfassungskonformer Auslegung dem **Betriebsrat** das Recht einräumen müssen, die Vorlage der Bewerbungsunterlagen aller Bewerber, die nach dem ausgeschriebenen Stellenprofil vom Vermittler aus Sicht eines Dritten vernünftigerweise in eine Auswahlentscheidung einzubeziehen sind, im Rahmen des Anhörungsverfahrens nach § 99 BetrVG verlangen zu können.

2. Reichweite des Vermittlungsmonopols

20 Die **Arbeitsvermittlung** und die **Ausbildungsvermittlung** werden als Folge der allgemeinen Zulassung der privaten Arbeitsvermittlung durch das BeschFG 1994 seit dem 1. 8. 1994 und der Zulassung der privaten Ausbildungsvermittlung durch Art. 1 AFRG ab dem 1. 1. 1998 nicht mehr vom **Vermittlungsmonopol** erfasst. Soweit Arbeitsvermittlung durch die BA betrieben wird, ist sie an die Grundsätze des § 36 SGB III gebunden. Danach dürfen Arbeitnehmer u. a. nur für solche Arbeitsverhältnisse vermittelt werden, die nicht gegen ein Gesetz oder die guten Sitten verstoßen. Nach der amtl. Begr. soll das Verbot auch verhindern, dass die Arbeitsverwaltung an der Begründung von Arbeitsverhältnissen zu tarifwidrigen Bedingungen mitwirkt (vgl. BT-Ds. 13/4941; *Lohre/Mayer/Stevens-Bartol*, AFR, § 36 Rn. 1 f.). Wegen der im Bereich der ANÜ gezahlten Niedriglöhne (vgl. § 9 Rn. 228), die häufig gegen § 139 BGB verstoßen, ist daher eine Vermittlung von Arbeitnehmer an Verleiher durch die BA in vielen Fällen nicht zulässig. Entsprechendes gilt für die Verhängung einer **Sperrzeit** nach § 144 Abs. 1 Satz 1 Nr. 2 SGB III bei Ablehnung der Aufnahme einer zumutbaren Beschäftigung bei einem Verleiher (vgl. hierzu *BSG* v. 8. 11. 2001 – B 11 AL 31/01 R – NZA-RR 2002, 657). Verstößt das vereinbarte Arbeitsentgelt wegen Lohnwuchers (z. B. bei einem Stundenlohn eines Helfers von 11,00 DM) gegen die guten Sitten ist das Arbeitsverhältnis unzumutbar und eine Sperrfrist kann nicht verhängt werden (*SG Berlin* v. 18.1.2002 – S 58 AL 2003/01 – info also 2002, 114).

Die **Berufsberatung**, d.h. die Erteilung von Rat und Auskunft in Fragen der Berufswahl einschließlich des Berufswechsels (§ 30 SGB III), war trotz der Zulassung privater Arbeitsvermittlung durch das BeschFG 1994 zunächst ausschließlich der BA vorbehalten geblieben (vgl. §§ 4, 25 AFG a.F.). Mit der Neuregelung der Arbeitsförderung durch Art. 1 AFRG ist auch dieses **Monopol** mit Wirkung vom 1.1.1998 **aufgehoben** worden. §§ 288a ff. SGB III enthalten lediglich Vorschriften zur Offenbarungspflicht von Berufsberatern sowie relativ unbedeutende Einschränkungen zur Vergütungsvereinbarung. Eine ursprünglich in § 288 SGB III vorgesehene Bestimmung, nach der einem privat tätigen Berufsberater die Tätigkeit zu untersagen war, wenn dies zum Schutz der Ratsuchenden erforderlich ist, wurde durch einen entsprechenden Änderungsantrag der Fraktionen der CDU/CSU und der F.D.P. in den weiteren Beratungen zum Gesetz zunächst ersatzlos gestrichen. Durch Art. 1 des 1. SGB-III-ÄndG wurde jedoch die **Untersagung der Berufsberatung** (vgl. § 288a SGB III) nachträglich in das Gesetz eingefügt und gleichzeitig in § 404 Abs. 2 Nr. 6 SGB III eine Bußgeldvorschrift aufgenommen, wonach Zuwiderhandlungen gegen vollziehbare Anordnungen nach § 288a Abs. 1 SGB III mit einem Bußgeld bis zu 25 000 Euro geahndet werden können. § 288a Abs. 1 Satz 1 SGB III enthält eine Legaldefinition des **Berufsberaters**, nach der jede natürliche oder juristische Person oder Personengesellschaft, die Berufsberatung betreibt, die Begriffsmerkmale des Berufsberaters erfüllt. Die Berufsberatung ist eine notwendige Voraussetzung zur Ausübung des **Grundrechts auf freie Berufswahl** (BVerfG v. 4.4.1967 – 1 BvR 126/63 – BVerfGE 21, 245). Durch die Zulassung privater Berufsberatung wird die **Gewährleistung von Grundrechten** an Private **delegiert**. Dies unterliegt erheblichen verfassungsrechtlichen Bedenken, zumal die in §§ 29 ff. SGB III aufgestellten Grundsätze der Berufsberatung nur die Arbeitsämter, nicht jedoch private Berufsberater verpflichten. Schon mangels einer entsprechenden Infrastruktur sind private Berufsberater in ihren Möglichkeiten von vornherein eingeschränkt, Ratsuchenden eine ausreichende Information und einen Überblick über die Arbeitsmarktchancen (§ 30 Satz 1 SGB III) zu geben. Dies gilt insbesondere unter Einbeziehung des EWR in die Arbeitsberatung (§ 29 Abs. 3 SGB III). Nach der **EG-Sozialcharta** (Titel I Nr. 1 und 4) hat jeder Arbeitnehmer in der EG gleichermaßen das Recht auf europaweite freie Wahl und Ausübung des Berufs. Diesem Zweck dient auch die EWG-Verordnung Nr. 2434/92 zur Änderung des zweiten Teils der EWG-Verordnung Nr. 1612/68 (v. 27.7.1992 – Abl. v. 26.8.1992 Nr. L 245), die einen EG-weiten Datenverbund und **einen Austausch von Stellen- und Bewerberangeboten** vorsieht. Die Regelungen des SGB III zur privaten Berufsberatung genügen diesen Anforderungen insbesondere nach Wegfall der statistischen Meldepflichten nach § 299 SGB III a.F. nicht und verstoßen insoweit gegen die in Art. 13 ff. EWG-Verordnung Nr. 1612/68 enthaltenen Mitwirkungspflichten; sie sind daher auch **gemeinschaftsrechtswidrig**.

Soweit die Vermittlung in berufliche **Ausbildungsstellen** betroffen ist, bestand bis zum Inkrafttreten des SGB III grundsätzlich auch ein **Vermittlungsmonopol der BA**, soweit nicht einer der Ausnahmetatbestände des § 29 Abs. 4 AFG a.F. erfüllt war. Die Zulassung privater Ausbildungsberatung unterliegt ebenso wie die private Berufsberatung **verfassungs- und europarechtlichen Bedenken**. Eine Vermittlung in berufliche Ausbildungsstellen setzt nach der Legaldefinition des § 35 Abs. 1 Satz 2 SGB III voraus, dass die Tätigkeit auf das Zustandekommen eines Ausbildungsverhältnisses gerichtet ist. Die Ausbildungsverhältnisse müssen dabei insbesondere den **Tarifverträgen** und den auf Grund des Gesetzes über die Festsetzung von Mindestarbeitsbedingungen vom 1.1.1952 (BGBl. I S. 17) festgelegten Grundsätzen entsprechen (§ 36 Abs. 1 SGB III). Der gegenüber § 16 AFG a.F. geänderte Wortlaut des § 36 Abs. 1 SGB III umfasst nach den Zielsetzungen des Gesetzgebers auch das Verbot, am Zustandekommen von Arbeits- und Arbeitsausbildungsverhältnissen zu tarifwidrigen Bedingungen mitzuwirken (BT-Ds. 13/4941, S. 160).

Keine Vermittlung in Ausbildungsstellen liegt vor, wenn der Auszubildende im Rahmen seiner Ausbildung zu Ausbildungszwecken vom ausbildenden Betrieb nur vorübergehend in einen anderen Betrieb entsandt wird, selbst wenn er hierbei als Arbeitnehmer im betriebsverfassungsrechtlichen Sinne (§ 5 Abs. 1 BetrVG) in den Betrieb des Dritten eingegliedert wird. Etwas Anderes gilt hier nur, soweit der Auszubildende im Drittbetrieb faktisch wie ein **Arbeitnehmer** eingesetzt wird. In derartigen Fällen sind neben den Bestimmungen über die Ausbildungsstellenvermittlung auch die Bestimmungen über ANÜ und Arbeitsvermittlung (einschließlich deren Abgrenzung, s.o. Rn. 8 ff.) anwendbar.

23 Bezüglich der Arbeitsvermittlung ist das bis zum 1.4.1994 nahezu uneingeschränkt geltende Arbeitsvermittlungsmonopol der BA faktisch aufgehoben. Lediglich bei **Auslandsbezug** außerhalb des EU-Wirtschaftsraumes gelten Einschränkungen soweit eine entsprechende Rechtsverordnung des BMWA erlassen wird. Besonderheiten gelten nach § 8 IT-ArGV im Rahmen der sog. **Green-card-Regelung** (Einl. G. Rn. 20). Danach wird Arbeitsvermittlern auf Antrag für die Vermittlung hoch qualifizierter ausländischer Fachkräfte der Informations- und Kommunikationstechnologie eine besondere Erlaubnis für die Vermittlung aus dem Ausland erteilt.

IV. Gewerbe der privaten Arbeitsvermittlung

24 Von wenigen Einschränkungen des SGB III (wie z.B. einer unzulässigen Kettenvermittlung; Rn. 4) abgesehen, wird die private Arbeitsvermittlung heute rechtlich wie jedes andere **Dienstleistungsgewerbe** behandelt. Die **Gewerbsmäßigkeit** der Arbeitsvermittlung beurteilt sich nach den gleichen Grundsätzen wie bei der ANÜ. Insoweit kann auf die Kommentierung zu § 1 AÜG (Rn. 146 ff.) verwiesen werden. Die gesetzlichen Bestimmungen zur Arbeitsvermittlung finden aber auch bei Formen nichtgewerbsmäßiger Arbeitsvermittlung und bei der **PSA** Anwendung (Rn. 7). Im Unterschied zur Vermittlung durch die Agenturen für Arbeit unterliegt der private Arbeitsvermittler nicht den öffentlich-rechtlichen Vorschriften. Die in §§ 36, 121 SGB III aufgestellten Grundsätze der Vermittlung gelten aber entsprechend § 97 SGB X auch für die private Arbeitsvermittlung (*Geiger*, info also 2002, 202). Selbst wenn das vermittelte Arbeitsverhältnis wegen der Sittenwidrigkeit der Arbeitsbedingungen nichtig ist (§ 138 BGB), berührt dies solange nicht die Wirksamkeit des Vermittlungsvertrages, wie der Vermittler nicht selbst den Arbeitsuchenden vorsätzlich sittenwidrig schädigen wollte.

25 Der private Arbeitsvermittler hat wie jeder andere Gewerbetreibende das Gewerbe anzumelden und einen **ordnungsgemäßen Betrieb** des Gewerbes sicherzustellen. Das Gesetz definiert insoweit über die in § 298 SGB III enthaltenen Pflichten zur Behandlung von **Daten** hinaus keine Kriterien. Allgemeine Voraussetzung ist aber, dass der Vermittler für die Ausübung des Gewerbes die notwendige **Zuverlässigkeit** besitzt. Erweist sich, dass der Vermittler unzuverlässig ist,

kann die Ausübung des Gewerbes durch die Behörden der Gewerbeaufsicht nach § 35 GewO untersagt werden. Bei privaten Arbeitsvermittlern, die auch Arbeitnehmerüberlassung betreiben, erstreckt sich die Zuverlässigkeitsprüfung auch auf die Tätigkeit als Verleiher. Dies ergibt sich aus § 1 Abs. 2 AÜG, wonach in den dort beschriebenen Fällen illegaler ANÜ Arbeitsvermittlung vermutet wird. Fälle **vermuteter Arbeitsvermittlung** sind nicht nur als Verstöße gegen die Pflichten des Verleihers, sondern gleichzeitig auch als Verstöße gegen die Pflichten eines Vermittlers zu behandeln. Ein derartiger Verstoß liegt z. B. vor, wenn der Vermittler das Gewerbe nicht betriebsorganisatorisch vom ANÜ-Gewerbe derart trennt (vgl. § 3 Abs. 1 Nr. 2 AÜG), dass Missbrauchsformen ausgeschlossen sind. Dies gilt insbesondere bei Mischunternehmen.

1. Personal- und Unternehmensberater

Soweit Personal- und Unternehmensberatungsfirmen Aufgaben im Rahmen der **26** **Personalbedarfsdeckung für Dritte** entgeltlich durchführen, ist grundsätzlich davon auszugehen, dass Arbeitsvermittlung vorliegt (*BGH* v. 23. 10. 1974 – IV ZR 7/73 – EzAÜG § 1 AÜG Arbeitsvermittlung Nr. 3; v. 12. 4. 1978 – IV ZR 157/75 – EzAÜG § 1 AÜG Arbeitsvermittlung Nr. 4), soweit sie sich nicht wegen ihrer Geringfügigkeit als gelegentliche und unentgeltliche Empfehlung von Arbeitskräften darstellt.

Bleibt das arbeitskräftesuchende Unternehmen selbst Herr des Verfahrens, liegt keine Arbeitsvermittlung vor (*Lohre/Mayer/Stevens-Bartol*, § 13 Rn. 7; zum eingeschränkten Mitbestimmungsrecht des Betriebsrates vgl. *BAG* v. 18. 12. 1990 – 1 ABR 15/90 – DB 1991, 969). Wendet sich demgegenüber ein **Arbeitsuchender** aus eigenem Entschluss selbst an die Beratungsfirma, liegt immer Arbeitsvermittlung vor. Dies gilt auch in den Fällen, in denen das Beratungsunternehmen gleichzeitig die Erlaubnis zur ANÜ besitzt. Stellt die Personalberatungsfirma gleichzeitig eine selbständige **Personalführungsgesellschaft** dar und stellt selbst Arbeitnehmer ein, liegt keine Arbeitsvermittlung, sondern bei Überlassung der Arbeitnehmer an Dritte eine erlaubnispflichtige ANÜ vor (*Becker/Wulfgramm*, Einl. Rn. 27). Dies gilt auch in den Fällen, in denen rechtlich selbstständige **Beschäftigungsgesellschaften** (vgl. Einl. C. Rn. 117) oder auf der Grundlage von § 216b SGB III gebildete sog. Personaleinsatzbetriebe den Personalbedarf anderer Unternehmen durch Gestellung von Arbeitnehmern abdecken.

2. Personalführungsgesellschaften im Konzern

Die Kriterien, nach denen die Tätigkeiten einer Beratungsfirma den Tatbestand **27** der Arbeitsvermittlung erfüllen, gelten grundsätzlich auch in den Fällen, in denen das **Beratungsunternehmen** in einen **Konzern- oder Unternehmensverbund** eingegliedert ist. Je nach Ausgestaltung des Arbeitsvertrages kann jedoch die Tätigkeit bei einer Personalführungsgesellschaft (vgl. Becker/Wulfgramm, Einl. Rn. 27 ff.) rechtlich unterschiedlich einzuordnen sein. Stellt die Personalführungsgesellschaft als Arbeitgeber den Arbeitnehmer selbst ein oder wird ein **Konzernarbeitsverhältnis** mit ihr als Vertragsarbeitgeber geschlossen, erfüllt dies weder den Tatbestand einer Arbeitsvermittlung noch den einer ANÜ. Das Unternehmen nimmt hier alle bei der Personalsuche und -einstellung erforderlichen Mitwirkungshandlungen selbst vor. Etwas anderes gilt jedoch, wenn im Rahmen der Durchführung des Arbeitsvertrages – oder sogar schon bei Abschluss des Arbeitsvertrages – beabsichtigt ist, dass die Personalführungsgesellschaft als **konzernangehöriges Verleihunternehmen** dauerhaft Arbeitnehmer an andere Tochtergesellschaften entsenden will. Hier liegt im Einzelnen eine erlaubnispflichtige gewerbsmäßige ANÜ vor; das Konzernprivileg nach § 1 Abs. 3 Nr. 2 greift in diesen Fällen nicht ein (vgl. BT-Ds. 10/3206, S. 33). Bedeutung hat dies insbesondere für sog. selbstständige **Personaleinsatz- und Reservebetriebe** im Konzern, die häufig zur Vermeidung von Massenentlassungen im Rahmen des § 216b SGB III gebildet werden und entsprechend dem schwankenden Personalbedarf konzernangehöriger (aber auch nicht konzernangehöriger) Unternehmen Arbeitnehmer verleihen. Ist die Tätigkeit des Personaleinsatzbetriebs darüber hinaus – z. B. auf Grund eines Interessenausgleichs nach §§ 111 ff. BetrVG – darauf gerichtet, dem Arbeitnehmer im Rahmen eines bei einem Konzernunternehmen beschlossenen, umfangreichen Personalabbaus einen Arbeitsplatz bei einem Dritten zu verschaffen, liegt Arbeitsvermittlung vor. Da eine dem § 1 Abs. 3 Nr. 2 vergleichbare Bestimmung zur konzernbezogenen Arbeitsvermittlung fehlt, gilt dies bei Fehlen eines Konzernarbeitsverhältnisses grundsätzlich auch dann, wenn ein konzernangehöriges Unternehmen den Arbeitnehmer einem **anderen konzernangehörigen Unternehmen** zum Abschluss eines (neuen) Arbeitsvertrages vermittelt. Etwas Anderes gilt hier nur, soweit der Abschluss des neuen Arbeitsvertrages Folge einer konzernbezogenen vorzunehmenden Sozialauswahl bei Kündigungen ist (vgl. *BAG* v. 27. 11. 1991 – 2 AZR 255/91 – DB 1992, 1247) oder der Zweck der Vermittlung ausschließlich auf die Vermeidung von Arbeitslosigkeit für den zu kündigenden Arbeitnehmer gerichtet ist.

3. Vermittlungsvergütung (§ 296 SGB III)

28 Beauftragt ein Arbeitsuchender (nicht jedoch ein Arbeitgeber) einen Vermittler und soll die Vermittlung gegen ein Entgelt erfolgen, muss die **Vergütung** im schriftlichen Vermittlungsvertrag ausgewiesen werden (§ 296 Abs.1 Satz 1 und 2 SGB III). Bei fehlender Angabe oder bei Nichteinhalten der **Schriftform**, liegt keine wirksame Vergütungsabrede vor (vgl. § 125 Satz 1 BGB).

29 Die **Vereinbarung** einer Vergütung ist unabhängig davon zulässig, ob ein Arbeitsuchender oder ein Arbeitgeber den Vermittler beauftragt. Ist der Vermittler jedoch nach § 37a SGB III von einer Agentur für Arbeit mit der Vermittlung beauftragt, kann er neben einem ggf. zu zahlenden Vermittlungshonorar nach § 37a Abs. 4 SGB III nicht zusätzlich eine Vermittlungsgebühr vom Arbeitslosen verlangen (zur PSA vgl. § 37c SGB III Rn. 24). Lediglich für die **Ausbildungsvermittlung** bestimmt § 296a SGB III, dass eine Vergütung ausschließlich vom Arbeitgeber verlangt werden kann.

Soweit ein Arbeitsuchender den Vermittler beauftragt hat, besteht gem. § 296 Abs. 2 Satz 1 SGB III eine Verpflichtung zur **Zahlung** der Vermittlungsgebühr nur, wenn auf Grund der Tätigkeit des Vermittlers (Kausalität) der Arbeitsvertrag mit einem Dritten zustande kommt (**erfolgsorientierte Vermittlungsgebühr**; zur PSA vgl. § 37c SGB III, Rn. 24). Die Vergütungspflicht wird dabei nicht schon durch das Zustandekommen irgendeines Arbeitsvertrages ausgelöst, sondern nur, wenn »der Arbeitsvertrag« wie im Vermittlungsvertrag vereinbart zustande kommt. Eine erfolgreiche Vermittlung liegt daher nur vor, wenn das vermittelte Arbeitsverhältnis die Merkmale aufweist, die im Vermittlungsvertrag festgelegt wurden. Sollte z. B. ein unbefristetes Arbeitsverhältnis vermittelt werden, wird aber lediglich ein befristetes Arbeitsverhältnis angeboten (Rn. 44), sind die Voraussetzungen einer Vergütungspflicht nach § 296 Abs.1 Satz 2 SGB III selbst dann nicht erfüllt, wenn der Arbeitsuchende das Angebot auf Abschluss des befristeten Vertrags annimmt. Betreibt der Vermittler gleichzeitig ANÜ und kommt ein Leiharbeitsvertrag mit dem Vermittler als Verleiher zustande, liegt keine Vermittlung i.S.d. § 296 Abs. 2 SGB III vor (Rn. 4; *Palandt-Sprau*, § 652 Rn. 16; zur Vermittlungsgebühr nach vorangegangener ANÜ vgl. § 9 Rn. 340ff.).

Der Höhe nach ist die Vermittlungsgebühr bis zu einem **Höchstbetrag von** **30** **2500 €**, (der auch sonstige Aufwendungen nach § 652 Abs. 2 BGB einschließt) frei vereinbar (§§ 296 Abs. 3 Satz 1, 421g Abs. 2 Nr.3 SGB III). Dabei darf sie für Arbeitslose in den ersten drei Monaten der Arbeitslosigkeit höchstens 1500 € betragen und für Arbeitnehmer mit Anspruch auf einen Vermittlungsgutschein die in § 421g Abs. 2 SBG III genannten Beträge nicht überschreiten (§ 296 Abs. 3 Satz 2 SGB III). Durch den Verweis auf § 421g Abs. 2 Satz 3 SGB III wird nicht nur klargestellt, dass die Vermittlungsgebühr nur in Raten fällig wird (*Kossens*, DB 2002, 843); dadurch, dass die den Betrag von 1000 € übersteigende zweite Rate erst nach einer **Dauer des Beschäftigungsverhältnisses von sechs Monaten** fällig wird, wird gleichzeitig der Höchstbetrag für kurzzeitige Arbeitsverhältnisse auf diesen Betrag begrenzt und der volle Betrag nur bei Zustandekommen eines Beschäftigungsverhältnisses von mehr als sechs Monaten geschuldet. Einen **Vermittlungsgutschein** erhalten Arbeitslose mit Anspruch auf Entgeltersatzleistungen nach § 421g SGB III nach einer dreimonatigen Arbeitslosigkeit von den Agenturen für Arbeit. Durch den Vermittlungsgutschein, der vom Vermittler akzeptiert werden muss, sollen die Kosten des Arbeitslosen bei Einschaltung eines privaten Arbeitsvermittlers gedeckt werden.

4. Die Berechtigung zur privaten Arbeitsvermittlung

Durch das Gesetz vom 23.3.2002 (BGBl. I S. 1130) ist die bis zum 24.4.2002 erfor- **31** derliche **Erlaubnis zur Arbeitsvermittlung** ersatzlos entfallen (zur früheren Rechtslage vgl. Vorauflage Einl. D Rn. 31ff.). In der Gesetzesbegründung heißt es hierzu lediglich, dass es in erster Linie Aufgabe der privaten Dienstleister selbst und ihrer Verbände sei, **Qualitätsstandards** zu entwickeln (Rn. 2a) und durchzusetzen (vgl. Ds. 14/2171 des Ausschusses für Arbeit und Sozialordnung S. 11). Im Hinblick auf den am Allgemeinwohl orientierten sozialstaatlichen Vermittlungsauftrag und die mit der Arbeitsvermittlung verbundenen Erfordernisse des Arbeitnehmerschutzes (Rn. 20f.) ist dies eine verfassungsrechtlich bedenkliche Grundorientierung (kritisch auch *Niesel/Brand*, SGB III, § 296 Rn 6). Die Privatisierung des Vermittlungsgewerbes hätte insoweit zumindest einer Erweiterung der Instrumente zur Überwachung und ggf. auch zur Untersagung des Gewerbes bedurft. Auch die diesbezüglichen gesetzlichen Möglichkeiten (§§ 293ff. SGB III a.F.) wurden jedoch (mit dem Hinweis darauf, dass dies nur eine Folgeänderung sei; ebd.) aufgehoben. Dabei wird die Überwachung noch dadurch erschwert, dass die Zuständigkeit für die Überwachung des Vermittlungsgewerbes nicht mehr bei der weitaus sachnäheren BA, sondern bei den **Gewerbeaufsichtsämtern** liegt. Nur im Bereich der Straf- und Bußgeldbestimmungen der §§ 404 Abs. 2 Nr.9 bis 13, 406 SGB III ist noch eine Zuständigkeit der BA gegeben. In einem nahezu rechtsfreien Raum bewegen **sich die Formen nichtgewerbsmäßiger Arbeitsvermittlung** (§ 291 Abs. 2 SGB III a.F.), die nur über das allgemeine Polizei- und Ordnungsrecht überwacht werden können (*Urban-Crell/Schulz*, Rn. 1391).

32 Nach § 1 Abs.1 GewO ist jede natürliche und juristische Person berechtigt, das Gewerbe der privaten Arbeitsvermittlung zu betreiben. Die gewerbsmäßige Arbeitsvermittlung muss lediglich nach § 14 Abs. 1 Satz 1 GewO bei der nach Landesrecht zuständigen Gewerbebehörde **angezeigt** werden. Die **Gewerbsmäßigkeit** beurteilt sich nach denselben Grundsätzen wie bei der ANÜ (vgl. § 1 AÜG Rn. 146 ff.). Die Anzeige wird dem Vermittler im **Gewerbeschein** nach § 15 Abs. 1 GewO bestätigt.

33 Die Ausübung des Gewerbes der Arbeitsvermittlung kann solange hingenommen werden, wie der Vermittler die hierzu erforderliche **Zuverlässigkeit** besitzt. Bei mangelnder Zuverlässigkeit ist die Ausübung der gewerbsmäßigen Arbeitsvermittlung nach § 35 Abs. 1 GewO zu **untersagen** (vgl. Rn. 38 ff.). Die Zuverlässigkeit ist nur gegeben, wenn der Vermittler das Gewerbe im Einklang mit der Rechtsordnung ausübt. Dies ist z.B. nicht der Fall, wenn er Arbeitnehmer in illegale oder sonstige Beschäftigungsverhältnisse vermittelt, die für den Arbeitnehmer unzumutbar sind, z.B. weil die Arbeitsbedingungen unzumutbar sind oder der Arbeitgeber der Scientology-Sekte angehört (*LSG Rheinland-Pfalz* v. 20.9.2001 – L 1 AL 49/01). Bei der Zuverlässigkeit handelt es sich um einen unbestimmten Rechtsbegriff ohne Beurteilungsspielraum, der der vollen gerichtlichen Nachprüfung unterliegt (*BSG* v. 14.12.2000 – B 11/7 AL 30/99 R – NZA-RR 2001, 650). Eine gesetzliche Definition der Zuverlässigkeit wurde durch den Gesetzgeber nicht getroffen, jedoch ist § 3 Abs. 1 Nr.1 und 2 entsprechend anwendbar (vgl. § 3 Rn. 22 ff.), soweit sich aus der mangelnden Arbeitgeberstellung des Vermittlers nicht etwas Anderes ergibt. Die Eignung des Antragstellers setzt voraus, dass er zumindest elementare **Kenntnisse** des Vermittlungsrechts - und – wegen der Abgrenzungsproblematik – auch des Arbeitnehmerüberlassungsrechts besitzt (vgl. *BSG* v. 6.2.1992 – 7 RAr 140/90 – BB 1992, 2365). Die Unzuverlässigkeit ist immer gegeben, wenn dem Vermittler ein Verstoß gegen das SchwarzArbG zur Last gelegt wird. **Schwarzarbeit** leistet u.a., wer als erbringer von Dienstleistungen (wie der Arbeitsvermittlung) die Aufnahme des Gewerbes nicht **anzeigt** (§ 1 Abs. 2 Nr.4 SchwarzArbG). Nach § 2 Abs. 1a SchwarzArbG prüfen die zur Verfolgung von Ordnungswidrigkeiten zuständigen Behörden der Gewerbeaufsicht (§§ 12 Abs. 1 Nr.2, 8 Abs. 1 Nr.1 Buchst. d SchwarzArbG) ob der Arbeitsvermittler seiner Anzeigepflicht nach § 14 GewO nachgekommen ist. **Verstöße** sind nach § 8 Abs. 1 Nr.1 Buchst. d SchwarzArbG mit einem Bußgeld bis zu 50 000 € bewehrt.

33a Liegen die Voraussetzungen für eine Untersagungsverfügung wegen mangelnder Zuverlässigkeit vor, was bei Vorliegen der Voraussetzungen des § 1 Abs. 2 immer der Fall ist (*Boemke*, § 1 Rn. 158), hat die Aufsichtsbehörde zu prüfen, ob dem Vermittler ggf. auch andere von ihm betriebene Gewerbe zu untersagen sind (*sog. erweiterte Gewerbeuntersagung nach §§ 3, 35 Abs.1 Satz 2 GewO*). Bei mangelnder Zuverlässigkeit eines Vermittlers, der gleichzeitig ANÜ betreibt, ist nach § 3 Abs. 1 Nr.1 AÜG auch die Erlaubnis zur Arbeitnehmerüberlassung zu versagen (Rn. 38). Zuständig für den Widerruf dieser Erlaubnis ist die BA, die auch für Untersagungsverfügungen im Bereich der ANÜ nach § 6 AÜG die ausschließliche Zuständigkeit besitzt (zur gegenseitigen Unterrichtungspflicht vgl. § 18 Abs. 1 Nr.6 AÜG).

a) Kritik an der gesetzlichen Regelung

Nach der im 1. SKWPG getroffenen Neuregelung der privaten Arbeitsvermitt- **34** lung war eine **gleichzeitige Tätigkeit** als Arbeitsvermittler und Verleiher ausdrücklich ausgeschlossen. Damit sollte einerseits den Abgrenzungserfordernissen von Arbeitsvermittlung und ANÜ Rechnung getragen werden. Darüber hinaus sollte verhindert werden, dass unter dem organisatorischen Dach eines Unternehmens Arbeitnehmer zwischen ANÜ und Arbeitsvermittlung hin- und hergeschoben werden können und so des sozialen Schutzes beraubt werden (*Lohre/Mayer/Stevens-Bartol*, § 23 Rn. 4). Die diesbezüglichen Erkenntnisse und Erfordernisse des Arbeitsschutzes wurden vom Gesetzgeber nur wenige Monate nach der Verabschiedung des 1. SKWPG vom 31. 12. 1993 beiseite geschoben, was bezüglich des Umgangs des Gesetzgebers mit dem Arbeitsschutz unter rechts- und sozialstaatlichen Gesichtspunkten zu großer Besorgnis Veranlassung gibt.

Arbeitnehmer, die unter Beteiligung von zwei Unternehmen ihre Arbeitsleistung **35** erbringen – unabhängig davon, ob es sich um Arbeitsvermittlung, ANÜ, Werkverträge oder sonstige Formen der Beteiligung von Drittfirmen handelt –, sind latent der **Gefahr** ausgesetzt, in die **illegale Beschäftigung** abzugleiten. Das besorgniserregende Ausmaß illegaler Beschäftigung einschließlich der Formen verdeckter illegaler ANÜ (vgl. Einl. E. Rn. 17) ließ sich zwar auch durch das Arbeitsvermittlungsmonopol der BA nicht vollständig verhindern, jedoch waren die **Grenzen** zwischen erlaubter ANÜ und verbotener privater Arbeitsvermittlung durch dieselbe Person i.S.d. Rechtssicherheit und des sozialen Schutzes des Arbeitnehmers, aber auch unter dem Gesichtspunkt des **Schutzes von Dauerarbeitsplätzen** in den Einsatzbetrieben klar gezogen.

Wie die gängige Praxis zeigt, beriefen sich schon bislang die Unternehmen **36** im Rahmen der Formen illegaler ANÜ darauf, dass die Vorschriften des Werkvertragsrechts Anwendung fänden, was trotz vorhandener juristischer Abgrenzungskriterien faktisch zur **Handlungsunfähigkeit** der Arbeitsverwaltung **bei der Verfolgung von Verstößen** führt. Daneben führt die insbesondere vom *BAG* vertretene Auffassung zur Darlegungs- und Beweislast des Arbeitnehmers (*BAG* v. 9. 4. 1987 – 2 AZR 206/86 – AuR 1988, 156 m. Anm. *Ulber*) bei der Geltendmachung des Beschäftigungsanspruchs aus fingiertem Arbeitsverhältnis dazu, dass das **Risiko der Abgrenzung** zwischen legaler und illegaler Beschäftigung **auf den Arbeitnehmer verlagert** wird.

Dieselben Probleme treten verstärkt auf, wenn dieselbe Person, die ANÜ betreibt, **gleichzeitig Arbeitsvermittlung** betreiben darf. Wie beim Scheinwerkvertrag ist die Möglichkeit eröffnet, je nach Interessenlage entweder das Vorliegen einer ANÜ oder einer Arbeitsvermittlung zu behaupten. Allein die **betriebsorganisatorische Trennung** von Arbeitsvermittlung und ANÜ, die für das **Vorliegen angemessener Geschäftsräume** (vgl. § 3 Rn. 77) erforderlich ist, löst nur z.T. die Schwierigkeiten, die sich ähnlich beim Scheinwerkvertrag stellen. Über die – wie beim Scheinwerkvertrag – bestehenden Darlegungsschwierigkeiten bei bestehenden Unklarheiten über das Vorliegen von ANÜ oder Arbeitsvermittlung hinaus ist der Arbeitnehmer in Streitfällen faktisch **schutzlos** gestellt. Behauptet z.B. der Verleiher/Vermittler, dass eine Arbeitsvermittlung vorliegt, und wird dies vom Einsatzbetrieb bestritten, besteht kein Zahlungsanspruch des Arbeitnehmers mehr, der unabhängig von der Erfüllung der Beweisdarlegungspflichten durchsetzbar wäre. Die in § 13 AÜG a.F. getroffene Regelung, wonach bei behaupteter Arbeitsvermittlung durch den entsprechenden Arbeitgeber ohne weitere Beweisschwierigkeiten des Arbeitnehmers sowohl (arbeitsvertragliche) Zahlungsansprüche gegenüber dem Einsatzbetrieb als auch Schadensersatzansprüche gegen den Vermittler bestanden (*Becker/Wulfgramm*, Art. 1 § 13 Rn. 5), findet bei einer **erlaubten privaten Arbeitsvermittlung** für Ansprüche gegen den Vermittler keine Anwendung mehr.

37 Insgesamt betrachtet dient die Neuregelung zur Zulässigkeit privater Arbeitsvermittlung auch für Verleihbetriebe allein dem Zweck, die Möglichkeiten der Unternehmen zur flexiblen, risikolosen Personalbedarfsdeckung unter Vermeidung gesicherter Dauerarbeitsverhältnisse zu erweitern und dabei **bislang illegale Praktiken** in der Verleihbranche **zu legalisieren**. Gesichtspunkte des zwingend gebotenen **Arbeitsschutzes** werden hierbei in einer verfassungsrechtlich bedenklichen Art und Weise den **Wünschen der Wirtschaft** nach deregulierten und flexibleren Formen des Personaleinsatzes **geopfert**. Eine Novellierung der Vorschriften zur privaten Arbeitsvermittlung, die sozial- und rechtsstaatlichen Anforderungen an einen geordneten Arbeitsmarkt und an einen adäquaten Arbeitsschutz Rechnung trägt, ist daher dringend geboten. Ein **Verbot der privaten Arbeitsvermittlung** unterliegt insofern keinen verfassungsrechtlichen Bedenken, da sozial unwertige Tätigkeiten vom Normbereich des Art. 12 GG grundsätzlich nicht erfasst werden (BVerfGE 22, 286).

b) Besonderheiten bei Ausübung von Arbeitsvermittlung und Arbeitnehmerüberlassung

38 Betreibt **dieselbe** natürliche oder juristische Person oder Personengesellschaft neben der Arbeitsvermittlung auch Arbeitnehmerüberlassung (sog. **Doppelgewerbe**, früher Doppelerlaubnis), muss im Rechtsverkehr eindeutig erkennbar werden, in welchem der beiden Gewerbe die Person im Einzelfall tätig wird (*Sandmann/Marschall*, § 1 Anm. 39). Eine Arbeitnehmerüberlassung setzt nach § 1 Abs. 1 Satz 1 AÜG voraus, dass keine Arbeitsvermittlung vorliegt (Rn. 8; vgl. § 1 Rn. 160 ff.). Die jeweilige Tätigkeit muss sich daher immer **eindeutig** und zweifelsfrei entweder als Arbeitsvermittlung oder als ANÜ darstellen und **abgrenzen** lassen (*LAG Baden-Württemberg* v. 3. 12. 1998 – 11 Sa 31/98; *Schüren/Hamann*, § 1 Rn. 346). Überschneidungen von ANÜ und Arbeitsvermittlung sind unzulässig. Eine ANÜ ist nur in den Grenzen der im AÜG (als Ausnahmeregelungen zu § 613 Satz 2 BGB) abschließend festgelegten Gestaltungsmöglichkeiten zulässig (*Schüren/Schüren*, Einl. Rn. 12). Erfolgt keine eindeutige Zuordnung (Rn. 42) oder ist diese dem Gewerbetreibenden nicht möglich, besitzt er weder die erforderliche **Zuverlässigkeit** zur Arbeitsvermittlung (Rn. 33), noch erfüllt er die Zuverlässigkeitskriterien für die Erlaubnis zur ANÜ nach § 3 Abs. 1 Nr. 1 AÜG. In diesem Fall ist sowohl die Ausübung des Vermittlungsgewerbes zu untersagen (Rn. 33) als auch die Erlaubnis zur Arbeitnehmerüberlassung nach § 5 Abs. 1 Nr. 3 AÜG zu widerrufen (Rn. 33a).

39 Wegen der schwerwiegenden Rechtsfolgen von Unklarheiten bei der Zuordnung hat die Untersagung beider Gewerbe i. d. R. schon bei **erstmaligem und einmaligem Verstoß** zu erfolgen. Dies gilt insbesondere in den Fällen, in denen auf Grund des äußeren Erscheinungsbildes der Betriebsstätte entweder überhaupt keine angemessenen **Geschäftsräume** vorhanden sind, was bei Briefkastenfirmen oder Räumlichkeiten, die keinen öffentlich zugänglichen Publikumsverkehr gestatten (z. B. Wohnräume), generell der Fall ist (vgl. § 3 Rn. 77). Dasselbe gilt, wenn für einen Dritten im Rechtsverkehr die Büroräume von ihrem **äußeren Er-**

scheinungsbild her keine Rückschlüsse darauf zulassen, ob der Erlaubnisinhaber im Rahmen der Berechtigung zur Arbeitsvermittlung oder zur ANÜ tätig wird.

Neben der räumlichen Gestaltung der Betriebsstätte müssen auch die **Betriebsorganisation** (vgl. § 3 Abs. 1 Nr. 2), die Führung der Geschäftsbücher sowie die **Arbeitsorganisation** bezüglich der Erfüllung der Pflichten als Arbeitgeber des Leiharbeitnehmers einerseits (vgl. § 3 Abs. 1 Nr. 1) oder als Vermittler andererseits so voneinander **getrennt** sein, dass Zweifel an der Zuordnung der jeweiligen Tätigkeit als Vermittler oder Verleiher ausgeschlossen sind. Insoweit müssen unternehmensrechtlich und **betriebsorganisatorisch getrennte Einheiten** vorhanden sein, die jeglichen Zweifel an der Zuordnung und Abgrenzung der Tätigkeit ausschließen. **40**

Die vorstehenden Grundsätze gelten entsprechend, wenn **Mischunternehmen**, d. h. Unternehmen, die sowohl eigene Betriebszwecke im Produktions- oder Dienstleistungsbereich verfolgen als auch ANÜ betreiben (vgl. Einl. C. Rn. 83) oder darüber hinaus auch noch im Rahmen von Werk- oder sonstigen Verträgen Arbeitsleistungen in Drittunternehmen erbringen, zusätzlich **Arbeitsvermittlung** betreiben wollen. Hier muss im Rahmen der Betriebsorganisation und hinsichtlich des Auftretens im Rechtsverkehr für Dritte nicht nur die Zuordnung des Tätigwerdens zur ANÜ oder Arbeitsvermittlung erkennbar sein, sondern zusätzlich muss auch gewährleistet sein, dass **Abgrenzungsprobleme** bezüglich der Erbringung werkvertraglicher Leistungen und den sonstigen Dienstleistungen (ANÜ / Arbeitsvermittlung) **ausgeschlossen** sind. **41**

Die aus dem Schuldverhältnis nach §§ 241 Abs. 2, 311 Abs. 3 BGB (vgl. Rn. 17) folgende **Verpflichtung** des Gewerbetreibenden, Dritten zu Beginn der Geschäftsbeziehungen **zu erklären**, ob er als **Vermittler oder Verleiher** tätig werden will, besteht sowohl gegenüber dem Arbeitgeber, der den Arbeitnehmer zum Zwecke der Personalbedarfsdeckung einsetzen will, als auch gegenüber dem betroffenen Arbeitnehmer. Verstößt der Gewerbetreibenden gegen diese Pflicht, so ist er unabhängig von sonstigen Rechtsfolgen unzulässiger ANÜ oder Arbeitsvermittlung nach § 280 Abs. 1 BGB u. a. aus culpa in contrahendo (§ 311 Abs. 2 BGB) zum **Schadensersatz** verpflichtet. **42**

Allein der erklärte **Geschäftswille** des Erlaubnisinhabers oder die Vereinbarung der Vertragsparteien reichen nicht aus, um die Tätigkeit als Arbeitsvermittlung oder ANÜ zu qualifizieren. Vielmehr ist die rechtliche **Einordnung des Vertragstyps** ausschließlich anhand objektiver Kriterien vorzunehmen (*Sandmann/ Marschall*, Art. 1 § 1 Anm. 39). Es kommt allein darauf an, ob der Geschäftswille darauf gerichtet ist, dem Arbeitsuchenden den **Abschluss eines Arbeitsverhältnisses** bzw. das Zustandekommen eines Beschäftigungsverhältnisses mit einem Dritten zu ermöglichen (vgl. *BSG* v. 11.5.1976, SozR 4000, Nr. 2 Seite 3 zu § 4 AFG; Rn. 47). Die Kriterien der Rechtsprechung zur **Abgrenzung** von zulässiger ANÜ und Scheinwerkvertrag (vgl. Einl. C. Rn. 33 ff.), wonach es im Zweifel entscheidend auf die **tatsächliche Durchführung** der vertraglichen Absprachen ankommt, können hierbei entsprechend herangezogen werden. Soll die vermittelnde Person nach Ausübung der Vermittlungtätigkeit keine Arbeitgeberpflichten übernehmen (vgl. § 1 Abs. 2 AÜG), liegt unabhängig vom Willen der Vertragsparteien oder einer Falschbezeichnung des Vertragstypes ANÜ vor. Das Arbeitsverhältnis zum Einsatzbetrieb wird hierbei i. d. R. schon durch das **konkludente Verhalten** der Beteiligten begründet (*Bauer*, NZA 1995, 204). **43**

5. Unwirksamkeit von Vermittlungsverträgen

44 Die Beauftragung des Vermittlers erfolgt durch einen privatrechtlichen **Vermittlungsvertrag** (§ 296 Abs. 1 Satz 1 SGB III), auf den die Bestimmungen des **Mäklervertrags** nach § 652 BGB Anwendung finden (*Urban-Crell/Schulz* Rn. 1394). Unzulässig sind Abreden, nach denen sich der Arbeit- oder Ausbildungsuchende oder ein Arbeitgeber ausschließlich eines bestimmten Vermittlers bedienen darf (§ 297 Nr. 4 SGB III).

Ergänzend sind gem. §§ **296f. SGB III** bei Beauftragung eines privaten Arbeitsvermittlers durch einen Arbeitsuchenden (nicht jedoch durch einen Arbeitgeber oder einen sonstigen Dritten) bestimmte Mindestvorschriften zu beachten. Danach ist der Vertrag bei Nichteinhalten der **Schriftform** unwirksam (§ 125 Satz 1 BGB) und der Vertragsinhalt dem Arbeitsuchenden in Textform auszuhändigen (§ 296 Abs.1 Satz 4 SGB III).

In dem schriftlichen Vertrag sind die wesentlichen gegenseitigen **Leistungspflichten** festzuhalten. Die Angaben zu den Leistungspflichten des Vermittlers müssen eine eindeutige Zuordnung der Leistung als Arbeitsvermittlung ermöglichen und klare **Grenzziehungen zur Arbeitnehmerüberlassung** enthalten. Auch eine vereinbarte Vergütung ist im schriftlichen Vertrag anzugeben (§ 296 Abs. 1 Satz 2 SGB III; vgl. Rn. 28ff.). Im Übrigen bestimmt sich der wesentliche Inhalt des Vertrages nach dem Stellen- und Arbeitsplatzprofil, den Qualifikationsanforderungen, Gehaltsvorstellungen u.ä., die dem Arbeitsuchenden oder dem Arbeitgeber vorschweben. Eine vom Arbeitsuchenden gewünschte Befristung des Arbeitsverhältnisses ist notwendiger Bestandteil des Vermittlungsvertrages (vgl. Rn. 29). Auch der Umfang der Leistungen (Inserate, gezielte Ansprache bestimmter Arbeitgeber, Vorauswahl o.ä.), die der Vermittler auf Grund des Vertrages erbringen soll, ist im Vertrag festzuhalten. Die Feststellung der Kenntnisse und Fertigkeiten sowie die erforderliche Berufsberatung sind ebenfalls wesentliche Bestandteile des Vertrages (§ 296 Abs. 1 Satz 3 SGB III).

Ist der Vermittlungsvertrag (z.B. wegen Nichtbeachtung der Schriftform nach § 296 Abs. 1 Satz 1 SGB III oder bei Kettenvermittlung, vgl. Rn. 4 u. § 37c SGB III Rn. 2) **unwirksam**, entstehen grundsätzlich keine Primärleistungsansprüche der Beteiligten. Nur eine Teilunwirksamkeit tritt in den Fällen des § 297 SGB III ein. Regeln die Beteiligten die vertraglichen Beziehungen auf der Grundlage von ANÜ, sind die Verträge mit dem Vermittler jedoch als Vermittlungsverträge einzuordnen, ist der mit dem Arbeitsuchenden geschlossene (Vermittlungs-)Vertrag schon wegen Nichteinhalten der Schriftform unwirksam. Ein infolge der Vermittlung geschlossener oder fingierter Arbeitsvertrag bleibt von den Unwirksamkeitsfolgen aber unberührt (Rn. 46).

45 Die vorbeschriebenen Unwirksamkeitsfolgen treten auch ein, wenn die Arbeitsvermittlung nach § 1 Abs. 2 AÜG vermutet wird (vgl. Rn.47ff.; *HessLAG* v. 26.5.2000 – 2 Sa 423/99 – DB 2000, 1968; *Hamann*, BB 1999, 1654; a.A. *Boemke*, BB 2000, 2524). Die vermutete Arbeitsvermittlung ist von ihren Rechtsfolgen her grundsätzlich wie eine Arbeitsvermittlung zu behandeln (*KassHandb/Düwell*, 4.5. Rn. 297; *Kaufmann*, Rn. 45). Da die Vermutung in den Fällen gewerbsmäßigen Handelns eines Verleihers nicht widerlegbar ist (vgl. § 1 Rn. 206), ist das zugrunde liegende Rechtsgeschäft wie eine Arbeitsvermittlung i.S.d. § 35 Abs. 1 SGB III zu behandeln. Damit ergreifen die Vermutungswirkungen des § 1 Abs. 2 AÜG auch die zugrunde liegenden Rechtsgeschäfte zwischen Verleiher/Vermittler und Drittunternehmen. Der abgeschlossene Personalgestellungsvertrag ist daher in den Fällen des § 1 Abs. 2 AÜG als Scheinüberlassungsvertrag **unwirksam**. Diese Rechtsfolge tritt (unabhängig davon, ob der Arbeitsvertrag zum Dritten nicht schon auf Grund konkludenten Vertragsschlusses zustande kommt; vgl. Rn. 43, 47) auch ein, wenn der angebliche Verleiher in den Fällen des § 1 Abs. 2 AÜG gleichzeitig erlaubte Arbeitsvermittlung betreibt (*Schüren/Hamann*, § 1 Rn. 351; *Hamann*, BB 1199, 1655; KassHandb/*Düwell*, 4.5 Rn. 300). Die Rechtswidrigkeit von Verstößen gegen das AÜG kann nicht durch die Ausübung von ANÜ- und Arbeitsvermittlungsgewerbe und eine rechtsmissbräuchliche Inanspruchnahme der Vermittlungsberechtigung (Rn. 25) beseitigt werden (Einl. C Rn. 83). Dies gilt auch, wenn die Vertragsparteien bei Vertragsschluss irrtümlich von einem ANÜ-Vertrag ausgingen, tatsächlich aber eine zulässige Arbeitsvermittlung vorlag (Rn. 43). Der ANÜ-Vertrag ist hier wegen falscher Wahl der Rechtsform als **Scheinüberlassungsvertrag** zu behandeln, dessen Rechtsfolgen sich allein nach vermittlungsrechtlichen Grundsätzen richten (vgl. Bauer, NZA 1995, 204).

6. Arbeitsrechtliche Folgen von vermittlungsrechtlichen Verstößen

Ist der **Vermittlungsvertrag unwirksam** oder liegt bei einem ANÜ-Vertrag **46** Arbeitsvermittlung vor, berührt die Unwirksamkeit dieser Verträge nicht das Zustandekommen oder den Bestand des zwischen Arbeitnehmer und Dritten begründeten **Arbeitsverhältnisses** (*Schüren/Hamann*, § 1 Rn. 362; *Feuerborn/Hamann*, BB 1997, 2534). Ein auf der Grundlage illegaler Arbeitsvermittlung geschlossener Arbeitsvertrag ist wirksam (*Schüren/Hamann*, § 1 Rn. 362; *Thüsing/Waas*, § 1 Rn. 109). Dies folgt aus dem erklärten Willen des Gesetzgebers, den arbeits- und sozialrechtlichen Schutz auch nach Wegfall des § 13 AÜG a.F. aufrechtzuerhalten (vgl. BT-Ds. 13/4941, S. 247; § 13 AÜG Rn. 2 f.; vgl. auch *Säcker/Kühnast*, ZfA 2001, 117). Auch ein **Berufsausbildungsvertrag** wird von der Nichtigkeit des zugrunde liegenden Vermittlungsgeschäftes nicht erfasst (*BAG* v. 30. 5. 1969 – 5 AZR 256/68 – AP Nr. 4 zu § 35 AVAVG). Der Arbeitsvertrag zwischen Arbeitnehmer und Dritten ist auch in den Fällen wirksam, in denen der Vermittler im **Namen des Dritten** den Arbeitsvertrag abschließt, da die zum Abschluß des Arbeitsvertrages erteilte **Vollmacht** von der Unwirksamkeit des Vermittlungsvertrages i.d.R. nicht erfasst wird (§ 139 BGB). Die Nichtigkeitsfolgen von § 296 f. SGB III beschränken sich insoweit auf Fälle, in denen der Vermittler selbst Vertragspartei ist.

Bestehen **Zweifel**, ob die Tätigkeit den Tatbestand einer Arbeitsvermittlung oder den Tatbestand einer ANÜ ohne Erlaubnis erfüllt, ist es bezüglich der hieraus folgenden arbeitsrechtlichen Ansprüche grundsätzlich unerheblich, ob deren Geltendmachung auf § 10 AÜG oder auf das bei illegaler Arbeitsvermittlung fingierte Arbeitsverhältnis mit dem Dritten (vgl. Rn. 48) gestützt wird. Insoweit bestehende Zweifel gehen nicht zulasten des Arbeitnehmers, sodass trotz der Aufhebung des § 13 AÜG a.F. der Schutz des Arbeitnehmers im vormals bestehenden Umfang aufrechterhalten bleibt (vgl. Voraufl. § 13 Rn. 2).

V. Vermutete Arbeitsvermittlung nach § 1 Abs. 2 AÜG

1. Das fingierte Arbeitsverhältnis

47 Da die nach § 1 Abs. 2 AÜG vermutete Arbeitsvermittlung wie eine Arbeitsvermittlung zu behandeln ist (vgl. Rn. 45) kommt in den Fällen, in denen die Vermutung des § 1 Abs. 2 AÜG nicht widerlegt werden kann (vgl. § 1 Rn. 206), ein **Arbeitsverhältnis mit dem Dritten** zustande. Dies gilt zunächst in den Fällen, in denen der **Geschäftswille** von Verleiher, Entleiher und Arbeitnehmer **von Anfang an gemeinsam** dahingeht, dass der Schwerpunkt des Arbeitsverhältnisses beim Entleiher liegen soll (vgl. Rn. 43 und 45) oder den Verleiher kein eigenes Arbeitgeberrisiko trifft (*Behrend*, BB 2001, 2641). Unabhängig von der Vertragsbezeichnung wollen die Beteiligten hier übereinstimmend, dass den »Verleiher« von vornherein keine Pflichten treffen sollen, die über eine Beschaffung des Arbeitnehmers (und damit die Verpflichtungen eines Vermittlers) hinausreichen; der Arbeitnehmer will die für das Arbeitsverhältnis typischen Vertragspflichten ausschließlich gegenüber dem »Entleiher« (als dauerhaft faktischem Arbeitgeber) erfüllen. Dies gilt in den Fällen gewerbsmäßiger ANÜ nicht nur bei Befristung des Arbeitsverhältnisses, sondern auch, wenn die Beteiligten schon zu Beginn der Überlassung übereinstimmend wollen, dass der LAN ausschließlich oder zeitlich unbegrenzt bei einem Entleiher eingesetzt werden soll (vgl. § 1 Rn. 215 f.). Die Rechtsfolgen der §§ 1 Abs. 2, 3 Abs. 1 beschränken sich hier auf die gewerberechtlichen Folgen für den Entzug der Erlaubnis. Steht demgegenüber **vor dem Einsatz** des Arbeitnehmers im Einsatzbetrieb nicht bereits fest, dass der Einsatz gegen einen der Tatbestände des § 3 Abs. 1 verstößt oder ist ein derartiger Verstoß nicht vom Geschäftswillen des Leiharbeitnehmers (mit-)getragen, kommt ein Arbeitsverhältnis zwischen Entleiher und Verleiher allein auf der Grundlage der Vertragsabsprachen nicht zustande. Bis zum Wegfall des § 13 AÜG a. F. war in Literatur und Rechtsprechung unstrittig, dass in allen Fällen illegaler Arbeitsvermittlung, auch soweit sie nach § 1 Abs. 2 AÜG vermutet wurde, ein Arbeitsverhältnis mit dem Dritten/Entleiher zustande kam (*BAG* v. 10.2.1977 – 2 ABR 80/76 – AP Nr. 9 zu § 103 BetrVG 1972; *Becker/Wulfgramm*, Art. 1 § 13 Rn. 3; *Franßen/Haesen*, Art. 1 § 13 Anm. 2 ff.; *Sandmann/Marschall*, Art. 1 § 13 Anm. 3; *Schubel/Engelbrecht*, Art. 1 § 13 Anm. 36). Dies galt sowohl für Fälle gewerbsmäßiger als auch nicht gewerbsmäßiger ANÜ (Boewer, DB 1982, 2036; vgl. § 1 Rn. 206). Nach Wegfall der Vorschrift durch Art. 1 AFRG v. 24.3.1997 (BGBl. I S. 594; vgl. § 13 Rn. 2 ff.) war jedoch ein heftiger Meinungsstreit darüber entstanden, welche arbeitsrechtlichen Folgen von einer nach § 1 Abs. 2 AÜG vermuteten Arbeitsvermittlung ausgehen. Ein Teil des Schrifttums (ErfK/*Wank*, 2. Aufl., § 13 AÜG Rn. 3; *Groeger*, DB 1998, 471; *Säcker/Kühnast*, ZfA 2001/116 f.) schloss aus dem Wegfall des § 13 AÜG a. F., dass in den Fällen einer nach § 1 Abs. 2 AÜG vermuteten Arbeitsvermittlung gleichzeitig auch der Wegfall des (vormals auf der Grundlage von § 13 AÜG a. F. entwickelten; vgl. § 13 AÜG Rn. 5) fingierten Arbeitsverhältnisses folge. Das *BAG* hat sich dieser Auffassung in seiner grundlegenden Entscheidung vom 28.6.2000 (7 AZR 100/99 – AuR 2001, 149 m. Anm. *Ulber*) weitgehend angeschlossen. Auffällig kurz begründet wird die mit der Entscheidung verbundene Änderung der Rechtsprechung (vgl. die Kritik von *Mohr/Pomberg*, DB 2001, 590 und *Ulber*, a.a.O.) mit dem »schwachen Argument« (so *Mohr/Pomberg*, a.a.O.), dass ein etwaiger Wille des Gesetzgebers, trotz Streichung des § 13 AÜG die Fiktion eines Arbeitsverhältnisses zwischen

Entleiher und Arbeitnehmer eintreten zu lassen, im Gesetzestext keinen Niederschlag gefunden habe (*BAG*, a.a.O.). I.E. ist das *BAG* hierbei der Auffassung, dass sich die Rechtsfolgen des § 1 Abs. 2 AÜG auf die gewerberechtliche Folge des Entzugs der Erlaubnis beschränken, so weit das fingierte Arbeitsverhältnis nicht vor dem 1.4.1997 begründet wurde (*BAG* v. 19.03.2003 – 7 AZR 269/02). Der **Schutzfunktion** des AÜG als Arbeitnehmerschutzgesetz (vgl. BT-Ds. VI/3505) wird dies ebenso wenig gerecht wie dem Schutz des einzelnen Arbeitnehmers (*Hamann*, BB 1999, 1656). Die Auffassung des *BAG* verstößt daneben gegen die gemeinschaftsrechtliche Verpflichtung, bei Verstößen gegen Bestimmungen zur ANÜ wirksame Sanktionen gegen Verleiher und Entleiher vorzusehen. Dies gilt insbesondere hinsichtlich der Entscheidungen des *EuGH* zur grenzüberschreitenden konzerninternen ANÜ, zu §§ 1 Abs. 1 Satz 2, 1b und zum Betriebsbegriff des AEntG (v. 25.10.2001 – Rs. C-49/98 – DB 2001, 2723 u. Rs. C-493/99 – EzA § 1 AÜG Nr. 11, Rs. C-50/98, Rs. C-52 – 54/98). Folgt man der Auffassung des *BAG*, haben Verstöße gegen § 3 Abs. 1 für den Entleiher weder arbeits- noch ordnungswidrigkeitenrechtliche Konsequenzen, da ohne ein fingiertes Arbeitsverhältnis keinerlei arbeitsvertragliche Ansprüche gegen den Entleiher bestehen, und der Entleiher nicht nach § 16 Abs. 1 mit einem Bußgeld belangt werden kann (vgl. § 16 Rn. 21).

48 Die Auffassung des *BAG* (vgl. auch v. 19.3.2003 – 7 AZR 269/02) widerspricht dem bei Aufhebung des § 13 AÜG a.F. erklärten Willen des Gesetzgebers und ist daher abzulehnen. In der Gesetzesbegründung zum AFRG wird ausdrücklich darauf hingewiesen, dass durch die Aufhebung der Vorschrift der **arbeits- und sozialrechtliche Schutz des Arbeitnehmers** uneingeschränkt aufrechterhalten bleiben soll (vgl. BT-Ds. 13/4941, S. 247). Sie widerspricht daneben auch dem Gesetzeszweck und dem Willen des historischen Gesetzgebers, der mit den Bestimmungen des AÜG zum Schutz des Arbeitnehmers sicherstellen wollte, dass bei allen Formen unzulässiger Arbeitsvermittlung der Dritte als **Arbeitgeber** in Anspruch genommen werden kann (vgl. BT-Ds. VI/2303, S. 15). Dieser gesetzgeberische Wille kann weder anders interpretiert noch durch richterliche Rechtsfortbildung ausgeschaltet werden (*Mohr/Pomberg*, DB 2001, 592). Es unterliegt keinen Zweifeln, dass zu diesem Schutz auch das zum Zeitpunkt der Verabschiedung des Gesetzes allgemein anerkannte fingierte Arbeitsverhältnis gehört. Die Auffassung, nach der § 1 Abs. 2 keine arbeitsrechtliche Bedeutung mehr zukommt, ist auch deshalb überholt, weil der Gesetzgeber die Vorschrift auch bei der Novellierung des AÜG durch das Erste Gesetz für moderne Dienstleistungen am Arbeitsmarkt (und damit nach der Rechtsprechungsänderung des BAG) nicht nur beibehalten hat, sondern den Vermutungstatbestand sogar auf Verstöße gegen die Gleichbehandlungspflichten aus § 3 Abs. 1 Nr. 3 erweitert hat (vgl. § 1 Rn. 223c). Darauf bezogen bleiben die Vertreter der gegenteiligen Auffassung jede Begründung schuldig, dass der Wille des Gesetzgebers bei der Neufassung des § 1 Abs. 2 darauf gerichtet war, einen nicht gegebenen Anwendungsbereich der Norm um weitere Fälle einer Nichtanwendbarkeit zu ergänzen.

48a Das fingierte Arbeitsverhältnis konnte sich auch unter der Geltung des § 13 AÜG a.F. nicht allein auf den Wortlaut der Norm, die lediglich den Entgeltschutz regelte, stützen (a.A. *Boemke*, § 1 Rn. 155), sondern wurde aus den allgemeinen Schutzzwecken des AÜG entwickelt (vgl. *BAG* v. 23.11.1988 – 7 AZR 24/88 – DB 1989, 1572). § 13 AÜG a.F. setzte dabei voraus, dass ein Arbeitsverhältnis zustande kommt und dass ein unter Verstoß gegen vermittlungsrechtliche Normen zustande gekommenes Arbeitsverhältnis wirksam ist (*Hamann*, BB 1999, 1654).

Fraglich kann nur sein, auf welcher Rechtsgrundlage der Gesetzgeber das Zustandekommen eines fingierten Arbeitsverhältnisses nach Wegfall des § 13 AÜG a.F. angenommen hat. Ausgangspunkt der Überlegungen muss dabei sein, dass die Fälle einer nach § 1 Abs. 2 AÜG vermuteten Arbeitsvermittlung den Fällen einer Arbeitsvermittlung gleichzusetzen sind (vgl. Rn.45) und daher auch die Rechtsfolgen einer Arbeitsvermittlung (Arbeitsverhältnis zum Einsatzbetrieb) eintreten (*Hamann*, a.a.O.; *Mohr/Pomberg*, a.a.O.; *Schüren/Behrend*, NZA 2003, 526). Ein Teil der Literatur kommt aus dieser Überlegung heraus zu dem Schluss, dass in den Fällen von Verstößen gegen § 3 Abs. 1 AÜG **unmittelbar auf der Grundlage des § 1 Abs. 2 AÜG** ein Arbeitsverhältnis zwischen Entleiher und Arbeitnehmer fingiert wird (KassHandb/*Düwell*, 4.5. Rn.297, 299, 314, GK-*Kreutz*, § 7 Rn.41; *Sandmann/Marschall*, Art. 1 § 1 Anm. 67; *Feuerborn*, Anm. zu BAG v. 28.6.2000, EzA § 1 AÜG Nr.10; *Hager*, SAE 2000, 320; *Hamann*, BB 1999, 1654; *Schaub*, BB 1998, 2111; *Ulber* in Anm. zu BAG v. 28.6.2000, AuR 2001, 149), wobei das Arbeitsverhältnis zwingend sei (*Behrend*, BB 2001, 2643). Für diese Auffassung spricht, dass die Tätigkeit des »Verleihers« in den Fällen vermuteter Arbeitsvermittlung als Vermittlungtätigkeit i.S.d. § 35 SGB III zu behandeln ist und daher gem. § 35 Abs. 1 Satz 2 SGB III darauf gerichtet ist, den Arbeitnehmer mit einem anderen Arbeitgeber zur Begründung eines Beschäftigungsverhältnisses mit dem Dritten zusammenzuführen (*Ulber*, a.a.O.; GK-*Kreutz*, § 7 Rn.41). Als anderer Arbeitgeber i.S.d. § 35 Abs. 1 Satz 2 SGB III kommt in den Fällen des § 1 Abs. 2 AÜG nur derjenige Arbeitgeber in Betracht, der die Arbeitsleistung des Arbeitnehmers willentlich in Anspruch nimmt, d.h. der Entleiher. Soweit die Voraussetzungen des § 1 Abs. 2 AÜG erfüllt sind, kommt daher i.d.R. ein **fingiertes Arbeitsverhältnis** zum Entleiher zustande (*Schönfeld*, AuA 2003, 11).

49 Ein Teil des Schrifttums gelangt in den Fällen einer nach § 1 Abs. 2 AÜG vermuteten Arbeitsvermittlung über eine **analoge Anwendung des § 10 Abs. 1 AÜG** zu einem fingierten Arbeitsverhältnis zwischen Entleiher und Arbeitnehmer (*Hess-LAG* v. 26.5.2000 – 2 SA 423/99 – DB 2000, 1968; *Bauschke*, NZA 2000, 1207; *Düwell*, AuA 1997, 255; *Feuerborn/Hamann*, DB 1997, 534; *Schaub*, § 120 Rn.70). Nach hier vertretener Auffassung kommt eine analoge Anwendung des § 10 AÜG nicht in Betracht, da das fingierte Arbeitsverhältnis schon aus § 1 Abs. 2 AÜG folgt und es daher an einer Regelungslücke fehlt. Soweit man dem nicht folgt, stehen einer analogen Anwendung des § 10 AÜG in den Fällen vermuteter Arbeitsvermittlung keine Bedenken entgegen. Nicht gefolgt werden kann der insoweit entgegenstehenden Auffassung des *BAG* (a.a.O.), nach der die Situation des Leiharbeitnehmers in den Fällen des § 1 Abs. 2 AÜG mit den Fällen des § 10 AÜG nicht vergleichbar sei. Sowohl in den Fällen des § 10 Abs. 1 als auch des § 1 Abs. 2 handelt der Verleiher illegal, was nach dem Gesetz wegen des hiermit verbundenen **Verstoßes gegen Arbeitgeberpflichten** – (und nicht nur gewerberechtliche Pflichten) jeweils arbeitsrechtliche Konsequenzen hat. Ebenso wie § 10 Abs. 1 soll § 1 Abs. 2 den Arbeitnehmer vor illegal tätigen Verleihern schützen. Die Auffassung, dass ein Arbeitnehmer, der bei einem Verleiher tätig ist, der seine Arbeitgeberpflichten erfüllt und lediglich die Erlaubnis nicht besitzt, schutzbedürftiger ist, als ein Arbeitgeber, der sich die Erlaubnis verschafft hat, seine Arbeitgeberpflichten aber nicht erfüllt, kann nicht gefolgt werden. Die Vorschriften von §§ 10 Abs. 1, 1 Abs. 2 sind Arbeitnehmerschutzvorschriften und sollen den LAN vor illegal tätigen Verleihern schützen, nicht jedoch dem Verleiher die Möglichkeit eröffnen, Arbeitsverhältnisse zu begründen und fortzusetzen, bei denen er die typischen Arbeitgeberpflichten eines Verleihers nicht erfüllt. Auch das *BAG* (a.a.O.) kommt in seiner Entscheidung zu dem Ergebnis, dass in den Fällen des § 1 Abs. 2 AÜG die Erlaubnis zur ANÜ gem. § 3 Abs. 1 AÜG zu versagen ist, was im Ergebnis dazu führt, dass auch das Arbeitsverhältnis des Leiharbeitnehmers zum Verleiher nach Wegfall der Erlaubnis beendet wird (vgl. § 1 Rn. 207; § 2 Rn. 48). Damit verlöre der Arbeitnehmer ohne adäquaten Ausgleich durch Gesetzesverstöße des Arbeitgebers letztlich seinen Arbeitsplatz (*Feuerborn/Hamann*, BB 1997, 2534). Die Folgen eines Wegfalls der Erlaubnis in den Fällen des § 1 Abs. 2 AÜG sind damit vergleichbar mit den Fällen, in denen auf Grund einer von vornherein fehlenden Erlaubnis kein Arbeitsverhältnis zum Verleiher zustande kommt und ein Arbeitsverhältnis zum Entleiher nach § 10 Abs. 1 AÜG fingiert wird. § 10 AÜG enthält insoweit den allgemeinen Rechtsgedanken, dass Verstöße gegen Bestimmungen des AÜG nicht dazu führen sollen, dass eine dauerhafte Beschäftigung des Leiharbeitnehmers (auch faktisch) gefährdet ist (*Ulber*, a.a.O.) und der Leiharbeitnehmer ohne Arbeit dasteht (*Groeger*, DB 1998, 471). Soweit man in den Fällen des § 1 Abs. 2 AÜG nicht schon auf der Grundlage der Norm ein fingiertes Arbeitsverhältnis annimmt, kommt daher in analoger Anwendung des § 10 Abs. 1 AÜG ein Arbeitsverhältnis zwischen Entleiher und Leiharbeitnehmer zustande.

2. Vertragsfreiheit des Entleihers

Das gesetzlich fingierte Arbeitsverhältnis ist mit einem Eingriff in die durch Art. 2 Abs. 1 GG geschützte **Vertragsfreiheit des Entleihers** verbunden, da die für das Zustandekommen des Arbeitsvertrages notwendigen Willenserklärungen der Vertragsparteien gesetzlich ersetzt werden (vgl. § 1 Rn. 221). Ein derartiger Eingriff begegnet nur dann keinen verfassungsrechtlichen Bedenken, wenn er geeignet und erforderlich ist, um die gesetzgeberischen Zielsetzungen des AÜG zu verwirklichen und in einem angemessenen Verhältnis zum Gewicht der verfassungsmäßig gewährleisteten Vertragsfreiheit steht. Eine Berufung auf die Vertragsfreiheit ist in den Fällen illegaler ANÜ allerdings ausgeschlossen, soweit der Entleiher als Grundrechtsträger in Ausübung der Vertragsfreiheit gegen bestehende Gesetze verstößt (wie z. B. bei Verstößen gegen § 1b AÜG; vgl. § 1b Rn. 22) oder die Vertragsfreiheit missbraucht, um bestehendes Recht zu umgehen. Im Hinblick auf die Fallgestaltungen des § 1 Abs. 2 i.V.m. § 3 Abs. 1 AÜG unterliegt danach das gesetzlich fingierte Arbeitsverhältnis bei einer auf Dauer angelegten Tätigkeit des LAN beim Entleiher keinen verfassungsrechtlichen Bedenken (KassHandb/*Düwell*, 4.5. Rn. 298; *Ulber* in Anm. zu BAG v. 28.8.2000, AuR 2001, 149; a.A. BAG v. 28.6.2000 – 7 AZR 100/99 – a.a.O.). Hier liegt i.d.R. eine missbräuchliche Kombination von ANÜ und Arbeitsvermittlung vor (*Düwell*, AuA 1997, 254). Mit der Arbeitsaufnahme kommt hier ein Arbeitsverhältnis zum Entleiher zustande (Rn. 56; s.a. HessLAG v. 26.5.2000, AuR 2000, 395; GK-*Kreutz*, § 7 Rn. 41). Durch dieses Ergebnis wird auch vermieden, dass der Einsatzbetrieb durch Abschluss illegaler Scheinwerkverträge in rechtswidriger Weise Arbeitsplätze dauerhaft mit Fremdfirmenbeschäftigten besetzt, ohne das Beschäftigungsrisiko tragen zu müssen. Die Änderung der Rechtsprechung des *BAG* (a.a.O.) führt insoweit zu unlösbaren Wertungswidersprüchen zur Funktion der Arbeitnehmerüberlassung und zur Funktion der Erlaubnis, Dauerarbeitsplätze beim Entleiher zu schützen (vgl. *BAG* v. 23.11.1988 – 7 AZR 34/88 – AP Nr. 14 zu § 1 AÜG).

50

3. Fallgestaltungen des fingierten Arbeitsverhältnisses

a) Scheinwerkvertrag und fingiertes Arbeitsverhältnis

51 Liegt ein **Scheinwerkvertrag** vor (vgl. Einl. C Rn. 79 ff.), finden die Bestimmungen des AÜG zur ANÜ Anwendung (Einl. C Rn. 82). Dies gilt auch, wenn sich die Arbeitsbedingungen des Arbeitnehmers während des Einsatzes im Fremdunternehmen nach einem TV zur ANÜ richten (Einl. C Rn. 81). Ist der Überlassende nicht im Besitz der Erlaubnis, kommt ein fingiertes Arbeitsverhältnis zum Entleiher nach § 10 Abs. 1 AÜG zustande. Liegt demgegenüber eine **Erlaubnis zur ANÜ** vor, wird das Vorliegen von AVM nach § 1 Abs. 2 AÜG vermutet, wenn der Verleiher nicht alle Arbeitgeberpflichten und das Arbeitgeberrisiko eines Verleihers erfüllt (*BAG* v. 18. 2. 2003 – 3 AZR 160/02 – DB 2003, 2181; vgl. § 1 Rn. 199 ff.). Hat der Überlassende bei einem **längerfristigen** werkvertraglichen Einsatz von vornherein nicht die Absicht, den LAN über das Ende der Überlassung hinaus zu beschäftigen, liegt Arbeitsvermittlung vor (*Schüren/Schüren*, Einl. Rn. 738 f. u. § 1 Rn. 634; *Thüsing/Waas*, § 1 Rn. 146; Ulber, AuR 2003, 7) und es kommt ein Arbeitsverhältnis mit dem Einsatzbetrieb zustande (*Schüren/Behrend*, NZA 2003, 526). Zu den Arbeitgeberpflichten des (Schein-)Werkunternehmers gehört auch, dass er dem LAN für die Zeit der Überlassung die nach §§ 3 Abs. 1 Nr. 3, 9 Nr. 2 AÜG **beim Entleiher maßgeblichen Arbeitsbedingungen** (vgl. § 9 Rn. 82 ff.) einschließlich des Arbeitsentgelts gewährt. Verstößt er hiergegen, wird nach § 1 Abs. 2 das Vorliegen von Arbeitsvermittlung vermutet, mit der Folge, dass ein Arbeitsverhältnis zum Einsatzbetrieb fingiert wird.

b) Verstöße gegen Arbeitgeberpflichten (§ 3 Abs. 1 Nr. 1 bis 3 AÜG)

52 Soweit **Verstöße gegen die Arbeitgeberpflichten** des Verleihers (§ 3 Abs. 1 Nr. 1 bis 3 AÜG) zur Vermutung von Arbeitsvermittlung führen, sind die jeweiligen Verstöße i.d.R. nicht dem Entleiher zurechenbar. Hier müssen besondere Umstände hinzutreten, um verfassungsrechtlichen Bedenken gegen ein gesetzlich zustande kommendes Arbeitsverhältnis zu begegnen. Derartige Umstände liegen z. B. vor, wenn Verstöße gegen das Synchronisationsverbot (§ 1 Rn. 73 f.) mit **Wissen des Entleihers** erfolgen oder die befristete Laufzeit des Leiharbeitsvertrages nur erfolgt, um einen vom Entleiher gewünschten befristeten Einsatz des Leiharbeitnehmers unter **Umgehung** des arbeitgeberseitigen Beschäftigungsrisikos zu ermöglichen. Hier kennt der Entleiher die Umstände, die zu einem Verstoß führen, sodass ihm auch die Rechtsfolgen des Verstoßes zurechenbar sind. Daneben liegen hier alle Verfügungsrechte über die Arbeitskraft des Leiharbeitnehmers beim Entleiher. Liegt aber die eigentliche Arbeitgeber-Arbeitnehmerbeziehung und der **Schwerpunkt des Arbeitsverhältnisses** nicht im Verhältnis Verleiher – Leiharbeitnehmer (vgl. Rn. 9 ff.) ist es auch gerechtfertigt, den faktischen Arbeitgeber als Vertragsarbeitgeber zu behandeln.

53 Auch in den sonstigen Fällen des § 3 Abs. 1 Nr. 1 bis 3 AÜG ist der mit einem fingierten Arbeitsverhältnis verbundene Eingriff in die Abschlussfreiheit des Entleihers gerechtfertigt, soweit er von dem Verstoß **Kenntnis** hat oder bei der Erfüllung der tatbestandlichen Voraussetzungen des Verstoßes **mitwirkt**. Soll der LAN beim Entleiher nur eingesetzt werden, um die dort geltenden materiellen Arbeitsbedingungen zu unterlaufen, und verstößt der Verleiher gegen die **Gleichbehandlungspflichten** aus § 3 Abs. 1 Nr. 3, ist der Verstoß dem Entleiher zurechenbar (vgl. auch *LAG Berlin* v. 7.1.2005 – 6 Sa 2008/04 – BB 2005, 672: einschränkend *Schüren/Schüren*, § 1 Rn. 632). Betreibt der Verleiher z.B. nur eine Briefkastenfirma (vgl. Rn. 12) oder fungiert er sonst lediglich als Strohmann, ist der hierin liegende Verstoß gegen § 3 Abs. 1 Nr. 2 AÜG (vgl. § 3 Rn. 23) dem Entleiher zurechenbar, wenn er sich eines derartigen Verleihers bedient. Eine Berufung auf die Vertragsfreiheit wäre hier rechtsmissbräuchlich. Entsprechendes gilt z.B., wenn der Verleiher während der Zeit des Einsatzes im Entleihbetrieb gegen Bestimmungen des Arbeitsschutzes i.S.d. § 3 Abs. 1 Nr. 1 AÜG verstößt (zur Verantwortlichkeit des Entleihers vgl. § 11 Abs. 6 AÜG) oder illegal Ausländer vom Verleiher beschäftigt und beim Entleiher eingesetzt werden. I.ü. ist das Zustandekommen eines Arbeitsverhältnisses nach § 1 Abs. 2 AÜG in allen Fällen gerechtfertigt, in denen ein eigener Tatbeitrag des Entleihers vorliegt oder der Verstoß mit Kenntnis oder Duldung des Entleihers erfolgt. Hier ist es dem Entleiher verwehrt, sich auf die Vertragsfreiheit zu berufen.

VI. Inhalt des Arbeitsverhältnisses bei illegaler Arbeitsvermittlung

1. Rechtsfolgen bei unzulässiger Arbeitsvermittlung

Liegt ein Fall illegaler Arbeitsvermittlung vor ist der **Vertragswille** von Arbeit- **54** nehmer und Drittem von vornherein auf den Abschluss eines zwischen ihnen unmittelbar zustande kommenden **Arbeitsvertrages** gerichtet. Dauer, Inhalt und Sonstige materielle Arbeitsbedingungen richten sich bei diesem Vertragsverhältnis ausschließlich nach den vertraglichen Absprachen (s.o. Rn. 46).

2. Vermutete Arbeitsvermittlung nach § 1 Abs. 2 AÜG

a) Inhalt des Arbeitsverhältnisses

Mit welchem Inhalt, zu welchen **Arbeitsbedingungen** und mit welcher Dauer **55** das nach § 1 Abs. 2 AÜG fingierte Arbeitsverhältnis zustande kommt, ist im Gesetz nicht geregelt. Zum Teil wurde zu § 13 a.F. die Auffassung vertreten, § 10 Abs. 1 sei in diesen Fällen entsprechend anzuwenden (*Becker/Wulfgramm*, Art. 1 § 13 Rn. 5; *Schüren*, 1. Aufl. § 13 Rn. 39), teilweise wird eine entsprechende Anwendbarkeit wegen des Charakters des § 10 Abs. 1 als Sondervorschrift ganz abgelehnt (*BAG* v. 26.7.2000 – 7 AZR 45/99 – BB 2001, 99; GK-*Kreutz*, § 7 Rn. 41) oder nur mit Einschränkungen (*Franßen/Haesen*, Art. 1 § 13 Anm. 3ff.) vertreten.

Da das kraft Gesetzes zustande gekommene Arbeitsverhältnis an die faktische **56** Arbeitgeberstellung des Entleihers anknüpft, beginnt es i.d.R. mit dem **Beginn der Arbeitsaufnahme** beim Dritten (*BAG* v. 23.11.1988 – 7 AZR 34/88 – AP Nr. 14 zu § 1 AÜG). Die **Vermutung** des § 1 Abs. 2 tritt bereits ein, wenn die Absicht des Verleihers vorliegt, gegen Pflichten, die in § 3 Abs. 1 genannt sind, zu verstoßen (*BAG* v. 28.9.1988 – 1 ABR 85/87 – AiB 1989, 222, m. Anm. *Ulber*). Bei Vorliegen bestimmter Voraussetzungen kann die **Vermutung** in den Fällen nichtgewerbsmäßiger ANÜ **widerlegt** werden (vgl. hierzu § 1 Rn. 213ff.). Die Vermutung des § 1 Abs. 2 kann jedoch nicht durch den Nachweis **widerlegt** werden, dass der Überlassende den Arbeitnehmer nicht zur Begründung eines Arbeitsverhältnisses, sondern nur zur Arbeitsleistung überlassen habe, da der Gesetzgeber gerade Überlassungen, die die Voraussetzungen des § 1 Abs. 2 erfüllen, unterbinden wollte (*BAG* v. 23.11.1988 – 7 AZR 34/88 – AP Nr. 14 zu § 1 AÜG). Daneben soll durch § 1 Abs. 2 auch sichergestellt werden, dass Zweifel bezüglich der Frage, ob ein Fall illegaler ANÜ oder illegaler Arbeitsvermittlung vorliegt, nicht zu Lasten des Arbeitnehmers gehen (vgl. Rn. 7).

b) Inhalt bei Unwirksamkeit des Vertrags zum Überlassenden

57 Ist der Vertrag zwischen Arbeitnehmer und Überlassendem **unwirksam** (vgl. Rn. 44) oder liegt nach der Ausgestaltung der Vertragsbeziehungen objektiv Arbeitsvermittlung vor, gingen die Beteiligten jedoch beim Abschluss der Verträge vom Vorliegen einer ANÜ aus, können die arbeitsvertraglichen Absprachen zwischen Überlassendem und LAN nur in begrenztem Umfang die **materiellen Arbeitsbedingungen des fingierten Arbeitsverhältnisses** bestimmen. Die für ein Leiharbeitsverhältnis vereinbarten Arbeitsbedingungen können hier allenfalls i.S.v. Mindestarbeitsbedingungen zugrunde gelegt werden (*Brors/Schüren*, BB 2004, 2749; vgl. auch § 10 Abs. 1 Satz 4 AÜG). I.Ü. richten sich die Arbeitsbedingungen jedoch nach den beim **Entleiher geltenden Regelungen** (*BAG* v. 18.2.2003 – 3 AZR 160/02 – DB 2003, 2181). Dies gilt auch für Ansprüche aus Systemen der **betrieblichen Altersversorgung** (*BAG*, a.a.O.). Aus dem **Gleichbehandlungsgrundsatz** ist der Dritte verpflichtet, den Arbeitnehmer so zu stellen wie vergleichbare Stammarbeitnehmer (*Schüren/Schüren*, § 1 Rn. 630), was ggf. eine Nachversicherung im betrieblichen Altersversorgungssystem einschließt (*BAG* v. 2.3.1994 – 5 AZR 462/93 – EzAÜG BetrAVG Nr. 3). § 13 AÜG a.F. stellte insoweit lediglich klar, dass ein vertraglich vereinbarter Ausschluss dieses Arbeitsverhältnis betreffende Ansprüche unwirksam ist. Das Gleichstellungsgebot bezieht sich dabei auf arbeitsvertragliche, betriebliche und tarifliche Regelungen, darüber hinaus aber auch auf alle sonstigen Normen des Arbeitsschutzes. Beim fingierten Arbeitsverhältnis unterliegt der Leiharbeitnehmer damit insbesondere hinsichtlich der geschuldeten Vergütung einem Nichtschlechterstellungsschutz. Beim Entleiherarbeitgeber bestehende günstigere Regelungen gelten dabei auch für das fingierte Arbeitsverhältnis.

58 Besonderheiten gelten, wenn das Arbeitsverhältnis mit dem Überlassenden **befristet** vereinbart wurde oder sonstige den Kündigungsschutz einschränkende oder verkürzende Vereinbarungen getroffen wurden. War die Befristungsabrede unwirksam (vgl. § 9 Rn. 337 ff.), gilt dies auch im fingierten Arbeitsverhältnis (s.o. Rn. 57; zum unbefristeten Arbeitsverhältnis vgl. auch *BAG* v. 21.3.1990 – 7 AZR 198/89 – AP Nr. 15 zu § 1 AÜG). Beruft sich der Entleiher auf die Befristung, muss der Leiharbeitnehmer innerhalb einer Frist von drei Wochen Klage beim Arbeitsgericht erheben (§ 17 Satz 1 TzBfG). War die Befristung dagegen wirksam, erstreckt sich die ursprünglich getroffene Befristungsabsprache nur dann auf das fingierte Arbeitsverhältnis, wenn in der Person des Arbeitnehmers liegende Gründe die Befristung rechtfertigen (a.A. für die Rechtslage vor dem TzBfG *BAG* v. 28.6.2000 – 7 AZR 45/99 - BB 2001, 98). Bei Verabschiedung des TzBfG ist der Gesetzgeber davon ausgegangen, dass das unbefristete Arbeitsverhältnis den Normalfall darstellt (vgl. amtl. Begr. BT-Ds. 14/4374, S. 12), und Abweichungen vom unbefristeten Arbeitsverhältnis grundsätzlich nur im Rahmen einer arbeitsvertraglichen Absprache auf der Grundlage von § 14 Abs. 1 bis 3 TzBfG zulässig sind. Eine derartige vertragliche Absprache liegt in den Fällen des gesetzlich fingierten Arbeitsverhältnisses nicht vor. Mangels einer spezialgesetzlichen Regelung im AÜG ist daher das nach § 1 Abs. 2 AÜG zustande gekommene Arbeitsverhältnis grundsätzlich unbefristet. Die Beendigung der Vertragsbeziehungen zum Vermittelnden hat auf Bestand und Laufzeit des fingierten Arbeitsverhältnisses keine Auswirkungen (*Schüren/Schüren*, § 1 Rn. 636).

Im Ergebnis ist daher das fingierte Arbeitsverhältnis grundsätzlich **unbefristet,** **59** soweit nicht das Arbeitsverhältnis zum entsendenden Unternehmen bestehen bleibt oder in der Person des Arbeitnehmers liegende Gründe die Befristung rechtfertigen. Eine **Befristung des fingierten Arbeitsverhältnisses** ohne sachlichen Grund kann dabei nicht nach § 14 Abs. 3 Satz 2 TzBfG vereinbart werden, da zu dem vormals bestehenden fingierten Arbeitsverhältnis ein enger sachlicher Zusammenhang besteht und nicht erstmalig ein Arbeitsverhältnis zum Beschäftigungsbetrieb begründet wird (*BAG* v. 8. 12. 1988 – 2 AZR 308/88 – AP Nr. 6 zu § 1 BeschFG 1985).

c) Unerlaubte Arbeitsvermittlung und vertraglich begründetes Arbeitsverhältnis

In den Fällen unerlaubter Arbeitsvermittlung kommt von vornherein ausschließ- **60** lich ein Arbeitsverhältnis mit dem Dritten zustande, ein Arbeitsverhältnis mit der vermittelnden Person kann schon wegen der Unwirksamkeit aller mit dem Vermittler getroffenen Absprachen nicht in Betracht kommen (vgl. Rn. 44). Anders ist dies jedoch in den Fällen, in denen der Arbeitnehmer in einem vertraglich begründeten Arbeitsverhältnis zum bisherigen Arbeitgeber stand und nunmehr nach § 1 Abs. 2 AÜG ein Arbeitsverhältnis zu einem anderen Arbeitgeber fingiert wird. Bis zur Aufhebung des § 13 AÜG a. F. bestand in Rechtsprechung und Schrifttum weitgehend Einigkeit, dass in den Fällen des § 1 Abs. 2 AÜG, d. h. bei Verstößen gegen § 3 Abs. 1 AÜG, ein Arbeitsverhältnis zum Überlassenden nicht wirksam zustande kam bzw. mit dem Eintritt der Rechtsfolgen des § 1 Abs. 2 AÜG gleichzeitig das **Arbeitsverhältnis mit dem bisherigen Arbeitgeber/** Verleiher automatisch **erlosch** (BAG v. 10. 2. 1977 – 2 ABR 80/86 – AP Nr. 9 zu § 103 BetrVG 1972; *Becker/Wulfgramm*, Art. 1 § 3 Rn. 51e; ErfK/*Wank*, § 1 Rn. 70; *Sandmann/Marschall*, Art. 1 § 1 Anm. 64; vgl. Voraufl. § 13 Rn. 9ff.). Dogmatisch begründet wurde diese Auffassung damit, dass Arbeitsverträge, die unter Verletzung des § 3 Abs. 1 AÜG abgeschlossen werden, wegen Verstoßes gegen die Vorschriften zur Arbeitsvermittlung gem. § 134 BGB nichtig seien (*Becker/Wulfgramm*, Art. 1 § 1 Rn. 54e). In seiner Entscheidung v. 15. 4. 1999 (7 AZR 437/97 – NZA 2000, 102) hat das *BAG* diese Auffassung ausdrücklich aufgegeben und die Position vertreten, dass in den Fällen des § 1 Abs. 2 AÜG grundsätzlich nicht von einer Beendigung des Arbeitsverhältnisses zum bisherigen Arbeitgeber ausgegangen werden kann (so auch *Boemke*, § 1 Rn. 156; GK-*Kreutz*, § 7 Rn. 41), sondern das bisherige Arbeitsverhältnis neben das gesetzlich fingierte Arbeitsverhältnis tritt. Das **Doppelarbeitsverhältnis** besteht dabei unabhängig davon, ob es sich um einen Fall gewerbsmäßiger oder nichtgewerbsmäßiger ANÜ handelt (*BAG* v. 19. 3. 2003 – 7 AZR 267/02 – EzA § 1 AÜG Nr. 12). Das *BAG* begründet die Rechtsprechungsänderung u. a. damit, dass Ansprüche gegen den Entleiher aus dem fingierten Arbeitsverhältnis nicht die Rechtsstellung gegenüber dem Verleiher beeinträchtigen sollen. Auch widerspreche es den Schutzzwecken der gesetzlichen Regelungen zum fingierten Arbeitsverhältnis, dem Arbeitnehmer vertraglich begründete Rechte gegenüber seinem Vertragsarbeitgeber zu nehmen, ohne dass dies gesetzlich angeordnet ist.

Der Auffasung des *BAG*, nach der das bisherige Arbeitsverhältnis zum Ver- **61** tragsarbeitgeber neben dem fingierten Arbeitsverhältnis bestehen bleibt, ist im

Grundsatz zuzustimmen (vgl. Rn. 73f.). Die uneingeschränkte Annahme einer generellen Beendigung des bisherigen Arbeitsverhältnisses (so: *Sandmann/ Marschall*, § 1 Anm. 43; *Thüsing/Waas*, § 1 Rn. 155) verbietet sich schon aus dem Umstand, dass in den Fällen des § 1 Abs. 2 AÜG (u.a. wegen des damit verbundenen Eingriffs in die Vertragsfreiheit) nicht immer ein Arbeitsverhältnis zum Entleiher zustande kommt (vgl. Rn. 50ff.). In den diesbezüglichen Fällen würde eine Beendigung des Arbeitsverhältnisses zum Vertragsarbeitgeber zu dem unhaltbaren Ergebnis führen, dass der Arbeitnehmer weder sein Arbeitsverhältnis zum Überlassenden behält, noch ein Arbeitsverhältnis zum Entleiher erhält. Ein derartiges Ergebnis widerspräche den Zielsetzungen des AÜG, den Arbeitnehmer vor Verlust des Arbeitsverhältnisses zu schützen. Daneben unterliegt eine ohne Willen der Vertragsparteien eintretende Beendigung des Arbeitsverhältnisses verfassungsrechtlichen Bedenken im Hinblick auf die **Vertragsfreiheit** und das durch Art. 12 GG geschützte Grundrecht auf **freie Wahl des Arbeitsplatzes** (*LAG Hamburg* v. 18.1.1991 – 3 Sa 51/90 – EzAÜG § 13 AÜG Nr. 3).

Grundsätzlich rechtfertigen es die mit dem AÜG verfolgten Zwecke des Arbeitnehmerschutzes, dem Leiharbeitnehmer ein **Wahlrecht** dahingehend einzuräumen, ob er das Arbeitsverhältnis zum Verleiher fortsetzen oder das fingierte Arbeitsverhältnis zum Entleiher geltend machen will (*Bauer*, NZA 1995, 205; *Mohr/Plomberg*, DB 2001, 593), wenn nicht sonstige im Allgemeininteresse bestehende Schutzzwecke vorgehen. Hierdurch werden auch verfassungsrechtliche Bedenken gegen ein gesetzlich begründetes Arbeitsverhältnis bezüglich des durch Art. 12 GG geschützten Grundrechtes auf freie Wahl des Arbeitsplatzes ausgeräumt (vgl. *LAG Hamburg* v. 18.1.1991 – 3 Sa 51/90 – EzAÜG § 13 AÜG Nr. 3), was i.ü. auch die Einräumung eines Widerspruchsrechtes des Leiharbeitnehmers analog § 613a BGB rechtfertigen würde (*HessLAG* v. 6.3.2001 – 2/9 Sa 1246/00; *ArbG Köln* v. 7.3.1996 – 17 Ca 6257/95 – DB 1996, 1342 mit zust. Anm. Wrede).

d) Bestand des Doppelarbeitsverhältnisses bei nichtgewerbsmäßiger ANÜ

62 Sowohl bezüglich der **arbeitsvertraglichen Stellung des Arbeitnehmers** als auch bezüglich der Widerlegbarkeit der Vermutung nach § 1 Abs. 2 bestehen erhebliche Unterschiede zwischen den Formen nichtgewerbsmäßiger und gewerbsmäßiger ANÜ (§ 1 Rn. 209). Bei **nichtgewerbsmäßiger ANÜ** ist der Arbeitnehmer immer nur vorübergehend bei einem Dritten tätig, der **Schwerpunkt seiner arbeitsvertraglichen Beziehungen** – auch i.S.d. tatsächlichen Erbringung der Arbeitsleistung – muss jedoch bei seinem Vertragsarbeitgeber liegen; andernfalls liegt gewerbsmäßige ANÜ vor (vgl. § 1 Rn. 37). Auch ist zu berücksichtigen, dass dem befristeten Einsatz des Arbeitnehmers beim Dritten in den Fällen nichtgewerbsmäßiger ANÜ meist eine besondere, **befristete vertragliche Absprache** zugrunde liegt (vgl. § 9 Rn. 25ff.), nach der die Rechte und Pflichten aus dem zugrunde liegenden Arbeitsvertrag (auch hinsichtlich des Stammbetriebs als ständigem Leistungsort) nach Ablauf der Überlassungsfrist vollständig fortgesetzt werden sollen (vgl. § 9 Rn. 25). Sowohl diese vertraglichen Absprachen und der darauf gerichtete Bindungswille als auch der Umstand, dass der Arbeitnehmer bei nichtgewerbsmäßiger ANÜ darauf vertrauen kann, dass er nach der Überlassungszeit wieder bei seinem (konkret feststehenden) Vertragsarbeitgeber arbeitet, unterscheiden sich sowohl hinsichtlich der Funktion als auch hinsichtlich der Schutzbedürftigkeit des Arbeitnehmers von der gewerbsmäßigen ANÜ. Hier weiß der Arbeitnehmer vor der Überlassung weder, ob für ihn nach seinem konkreten Einsatz beim Dritten eine Beschäftigungsmöglichkeit bei einem anderen Entleiher angeboten werden kann, noch ist ihm in der Regel der nachfolgende Einsatzbetrieb bekannt. Der entscheidende **Unterschied** in den Fällen vermuteter Arbeitsvermittlung nach § 1 Abs. 2 besteht aber darin, dass Verstöße gegen § 3 Abs. 1 bei gewerbsmäßiger ANÜ zur Versagung der Erlaubnis und damit zum Wegfall jeglicher Beschäftigungsmöglichkeit beim Verleiher führen, während in den Fällen nichtgewerbsmäßiger ANÜ das Gewerbe und die Betriebszwecke, deren Erfüllung der Arbeitsvertrag in der Hauptsache dient, weiter bestehen bleiben.

Sowohl hinsichtlich der arbeitsvertraglichen Stellung als auch hinsichtlich der **63** tatsächlichen Beschäftigungsmöglichkeiten und damit der Sicherheit des Arbeitsplatzes ist daher (vgl. Rn. 62) die Schutzbedürftigkeit des Arbeitnehmers bei nichtgewerbsmäßiger ANÜ eine andere als bei gewerbsmäßiger ANÜ. Während Rechtsprechung und Literatur bis zur Aufhebung des § 13 AÜG a. F. überwiegend davon ausgingen, dass bei nichtgewerbsmäßiger ANÜ der Eintritt der Rechtsfolgen des § 13 AÜG a. F. gleichzeitig zur Beendigung des Arbeitsverhältnisses zum bisherigen Vertragsarbeitgeber führte (*BAG* v. 10. 2. 1977 – 2 ABR 80/76 – AP Nr. 9 zu § 103 BetrVG 1972 u. v. 23. 11. 1988 – 7 AZR 34/88 AP Nr. 14 zu § 1 AÜG; *Becker/Wulfgramm*, Art. 1 § 1 Rn. 51e; *Schubel/Engelbrecht*, Art. 1 § 13 Anm. 11), hat das BAG in seiner Entscheidung vom 15. 4. 1999 (7 AZR 437/97 – NZA 2000, 102) eine Änderung der Rechtsprechung eingeleitet (vgl. Rn. 60 f.). Danach führt die Begründung eines Arbeitsverhältnisses zwischen Arbeitnehmer und Entleiher bei einer nach § 1 Abs. 2 AÜG als Arbeitsvermittlung zu bewertenden nichtgewerbsmäßigen ANÜ nicht zur Beendigung des mit dem Verleiher bestehenden Arbeitsverhältnisses. Dieser Auffassung ist zuzustimmen, da die Schutzzwecke des § 1 Abs. 2 AÜG einem uneingeschränkten Eintritt der Beendigung des bisherigen Arbeitsverhältnisses entgegenstehen (*HessLAG* v. 6. 3. 2001, 2/9 Sa 1246/00; *ArbG Köln* v. 9. 2. 1996 – 2 Ca 6262/95 – BB 1996, 800 m. Anm. *Liebscher*, vgl. auch *BAG* v. 19. 03. 2003 – 7 AZR 269/03).

Im Grundsatz ist daher davon auszugehen, dass die Erfüllung des Tatbestandes **64** des § 1 Abs. 2 AÜG **bei nichtgewerbsmäßiger ANÜ grundsätzlich nicht** (zulasten des Arbeitnehmers) zur **Beendigung des bisherigen Arbeitsverhältnisses** führt, sondern dem Arbeitnehmer arbeitsvertragliche Ansprüche sowohl gegenüber dem bisherigen Arbeitgeber als auch gegenüber dem Entleiher-Arbeitgeber auf Beschäftigung i.S. eines **Doppelarbeitsverhältnisses** zustehen (*BAG*, a.a.O.; *LAG Hamburg* v. 18. 1. 1991 – 3 Sa 51/90 – EzAÜG § 13 AÜG Nr. 3; *Schüren/ Schüren*, § 1 Rn. 445; *GK-Kreutz*, § 7 Rn. 41; *Bauer*, NZA 1995, 205; a. A. *Sandmann/ Marschall*, § 1 Anm. 43, nach denen immer nur ein Arbeitsverhältnis bestehen kann). Dem Arbeitnehmer steht insoweit ein **Wahlrecht** zu, welches Arbeitsverhältnis zukünftig erfüllt werden soll (Rn. 61; *HessLAG* v. 6. 3. 2001 – 2/9 Sa 1246/00). Dies entspricht auch dem Zweck des Gesetzes, da durch die Vorschrift nur sichergestellt werden sollte, dass der Arbeitnehmer den Dritten, bei dem er seine Arbeitsleistung erbringt, in allen Fällen, in denen die Überlassung gleichzeitig den Tatbestand illegaler Arbeitsvermittlung erfüllt, als Arbeitgeber in Anspruch nehmen kann (BT-Ds. VI/2303, S. 15).

Da es dem Arbeitnehmer bei Bestehen eines **Doppelarbeitsverhältnisses** auf **64a** Dauer unmöglich ist, seinen Arbeitspflichten gegenüber beiden Arbeitgebern gleichzeitig nachzukommen, ist strittig, ob und ggf. zu welchem Zeitpunkt den Arbeitnehmer eine **Pflicht zur Ausübung des Wahlrechts** trifft. Wegen der Abwicklungsschwierigkeiten beim Doppelarbeitsverhältnis wird insoweit teilweise die Auffassung vertreten, dass den Arbeitnehmer entsprechend dem Widerspruchsrecht beim Betriebsübergang (§ 613a Abs. 6 BGB) bzw. zur Erklärungspflicht nach § 12 Satz 1 KSchG eine **Wahlpflicht** trifft, sich für die Fortsetzung des vertraglich begründeten oder des gesetzlich fingierten Arbeitsverhältnisses zu entscheiden (*LAG Hamburg* v. 25.1.2002 – 6 Sa 75/01; *Bauer*, NZA 1995, 205). Die Rechtsstellung des Arbeitnehmers beim Betriebsübergang bzw. beim Doppelarbeitsverhältnis während des Kündigungsschutzprozesses ist jedoch eine andere als bei vermuteter Arbeitsvermittlung, weil der Arbeitnehmer durch die Arbeitsleistung beim Entleiher gleichzeitig auch seine Arbeitspflichten gegenüber dem Überlassenden vertragsgemäß erfüllt (BAG v. 19.3.2003 – 7 AZR 269/02 – EzA § 1 AÜG Nr. 12). Eine Analogie zu §§ 613a Abs. 6 BGB, 12 Satz 1 KSchG verbietet sich daher (*BAG*, a.a.O.). Vielmehr gelten für jedes der beiden Arbeitsverhältnisse die allgemeinen arbeitsrechtlichen Bestimmungen über die Beendigung von Arbeitsverhältnissen (*BAG*, a.a.O.).

e) Bestand des Doppelarbeitsverhältnisses bei gewerbsmäßiger ANÜ

65 Bei **gewerbsmäßiger ANÜ ohne Erlaubnis** ordnet § 9 Nr. 1 zwingend die Unwirksamkeit des Arbeitsverhältnisses zum Verleiher an. Die hieraus resultierenden Rechtsfolgen sind in § 10 Abs. 1 spezialgesetzlich geregelt (vgl. § 10 Rn. 5 ff.; zum ausländischen Leiharbeitsverhältnis vgl. Einl. F. Rn. 4). Danach kommt bei Zustandekommen eines fingierten Arbeitsverhältnisses zum Entleiher nach § 10 Abs. 1 i.d.R. kein weiteres arbeitsvertragliches Verhältnis zum Überlassenden in Betracht (vgl. § 9 Rn. 25 ff.).

66 In den Fällen des § 1 Abs. 2 i.V.m. § 3 Abs. 1 fehlt eine dem § 9 Nr. 1 entsprechende Bestimmung. Insoweit könnte zwar eine analoge Anwendung des § 9 Abs. 1 in den Fällen einer nach § 1 Abs. 2 vermuteten Arbeitsvermittlung bei gewerbsmäßiger ANÜ in Betracht kommen. § 9 Nr. 1 beschränkt jedoch von seinen **Tatbestandsvoraussetzungen** her die Rechtsfolgen ausdrücklich auf den Fall, dass die Erlaubnis von vorne herein fehlt, während in den Fällen des § 1 Abs. 2 die Erlaubnis zur ANÜ nur von der Rechtsfolgenseite (§ 3 Abs. 1) berührt wird. Daneben würde eine analoge Anwendung auch auf einen unzulässigen Eingriff in die Vertragsfreiheit des LAN hinauslaufen. Von daher sind die Folgen des § 1 Abs. 2 für das Arbeitsverhältnis bei nichtgewerbsmäßiger und gewerbsmäßiger ANÜ grundsätzlich gleich zu behandeln. Dem hat sich nunmehr auch das *BAG* in seiner Entscheidung v. 19.3.2003 (7 AZR 269/02 – EzA § 1 AÜG Nr. 12) angeschlossen. Danach besteht das vertraglich zum Überlassenden begründete Arbeitsverhältnis auch in den Fällen gewerbsmäßiger ANÜ neben dem nach § 1 Abs. 2 fingierten Arbeitsverhältnis zum Entleiher fort (GK-*Kreutz*, § 7 Rn. 41).

67 Verstößt der Verleiher dadurch gegen seine Arbeitgeberpflichten, dass er gegen die Vorschriften zur **Befristung** oder gegen das **Synchronisationsverbot** verstößt (§ 9 Rn. 314, 339e), sind die Vertragsabsprachen zwar unwirksam, berühren jedoch nicht das Zustandekommen eines wirksamen Arbeitsvertrags zum Verleiher (§ 9 Rn. 337). Aus § 16 TzBfG folgt insoweit, dass bei Verstößen gegen das Befristungsrecht, das Arbeitsverhältnis wirksam bleibt, so dass entsprechende Verstöße auch in den Fällen vermuteter Arbeitsvermittlung nicht zu einer Beendigung des Arbeitsverhältnisses mit dem Verleiher führen.

3. Beendigung des Doppelarbeitsverhältnisses

Sowohl das fingierte Arbeitsverhältnis als auch das daneben fortbestehende **68** Arbeitsverhältnis zum Überlassenden sind normale Arbeitsverhältnisse, deren Beendigung sich nach den allgemeinen arbeitsrechtlichen Grundsätzen richtet. Danach kann sowohl das fingierte als auch das vertraglich begründete Arbeitsverhältnis jederzeit durch **Aufhebungsvertrag** beendet werden. Auch eine **Kündigung** der Arbeitsverhältnisses ist unter Beachtung der allgemeinen Vorschriften zum Kündigungsschutz jederzeit möglich. Der Überlassende kann jedoch eine betriebsbedingte Kündigung nicht auf Gründe stützen, die in Zusammenhang mit dem fingierten Arbeitsverhältnis stehen. Insoweit ist ausschließlich der Arbeitnehmer befugt, eine Entscheidung über den Fortbestand des Arbeitsverhältnisses zum Überlassenden oder zum Entleiher zu treffen (i.E. ebenso *BAG* v. 19. 3. 2003 – 7 AZR 269/02 – EzA § 1 AÜG Nr. 12). Wird das bisherige vertragliche oder das fingierte Arbeitsverhältnis beendet, berührt die Beendigung eines der beiden Arbeitsverhältnisse nicht den Bestand des anderen Arbeitsverhältnisses (*Schüren/Schüren*, § 1 Rn. 636).

Solange der Arbeitnehmer beim Dritten in tatsächlicher Hinsicht seine Arbeit erbringt, ist dem Arbeitnehmer möglich, die vertraglichen Pflichten sowohl gegenüber dem Überlassenden als auch dem Dritten, zu erfüllen. Endet der Einsatz **69** beim Dritten, ist es ihm jedoch in tatsächlicher Hinsicht nicht möglich, für den Überlassenden und den Dritten gleichzeitig tätig zu sein. Von daher wird die Auffassung vertreten, dem Arbeitnehmer obliege insoweit eine Pflicht zur Ausübung eines Wahlrechts zwischen dem bisherigen vertraglichen und dem fingierten Arbeitsverhältnis (*LAG Hamburg* v. 25.1.2002 – 6 Sa 75/01; *Bauer*, NZA 1995). Demgegenüber lehnt das *BAG* sowohl das Bestehen eines **Wahlrechts** als auch eine entsprechende Pflicht zu dessen Ausübung mit der Begründung ab, dass das Gesetz weder ein Wahlrecht noch eine **Wahlpflicht** vorsehe (*BAG* v. 19. 3. 2003 – 7 AZR 269/02 – EzA § 1 AÜG Nr. 12).

Dass dem Arbeitnehmer das Recht zusteht, über den Fortbestand beider Vertragsbeziehungen zu entscheiden (und ihm in diesem Sinne auch ein Wahlrecht **70** zusteht), folgt schon aus dem Grundsatz der Vertragsfreiheit. Fraglich kann nur sein, ob aus diesem Recht auch eine **Pflicht zur Ausübung** besteht. Solange die Tätigkeit des Arbeitnehmers beim Dritten ohne Widerspruch des Überlassenden fortgesetzt wird, besteht i.d.R. keine Verpflichtung zur Ausübung des Wahlrechts und damit zur Beendigung des Arbeitsverhältnisses zum Überlassenden (i.E. ebenso *BAG*, a.a.O.). I.Ü. ist jedoch davon auszugehen, dass der Arbeitnehmer seine Rechte aus den beiden Arbeitsverhältnissen nur solange wahrnehmen kann, wie er ein berechtigtes Interesse an deren Fortbestand hat. Ein derartiges Interesse entfällt nicht schon dadurch, dass der Einsatz des Arbeitnehmers beim Entleiher auf Veranlassung des Überlassenden beendet wird. Vielmehr kommt es wesentlich darauf an, in welchem Zeitpunkt der Arbeitnehmer erfährt, dass wegen der Vermutungswirkungen des § 1 Abs. 2 ein fingiertes (und vom Entleiher anerkanntes) Arbeitsverhältnis zum Dritten besteht. Hat der Arbeitnehmer zur Klärung der Rechtslage nach § 256 Abs. 1 ZPO, § 46 ArbGG **Feststellungsklage** erhoben (zur Zulässigkeit vgl. *BAG* v. 18.2.2003 – 3 AZR 160/02 – DB 2003, 2181), ist er erst nach rechtskräftigem Abschluss des Verfahrens verpflichtet, eine Entscheidung darüber zu treffen, welches Arbeitsverhältnis er fortsetzen will. Ohne **positive Kenntnis** vom rechtlichen Bestand eines fingierten Arbeitsverhältnisses ist er nicht verpflichtet, von seinem Wahlrecht

Gebrauch zu machen, so dass auch eine Verwirkung des Wahlrechts ohne Kenntnis ausscheidet.

71 Erkennt der **Entleiher** das Zustandekommen des fingierten Arbeitsverhältnisses gegenüber dem Arbeitnehmer an, ist der Arbeitnehmer verpflichtet, dem Entleiher zu erklären, ob er seine Arbeit beim Entleiher zukünftig im Rahmen dieses Arbeitsverhältnisses leisten will oder ob er sich auf das fortbestehende Arbeitsverhältnis zum Überlassenden berufen will. Dem Arbeitnehmer ist hierbei eine **Überlegungsfrist** entsprechend den für das vertragliche Arbeitsverhältnis geltenden Kündigungsfristen einzuräumen ist. Ist der Arbeitseinsatz beim Entleiher bereits beendet und äußert sich der Arbeitnehmer trotz Anerkenntnis und Aufforderung durch den Entleiher nicht, verstößt es gegen die Grundsätze von Treu und Glauben (§ 242 BGB), wenn er sich später dennoch auf den Fortbestand des Arbeitsverhältnisses beruft.

72 Unter besonderen Voraussetzungen kann die Berufung des LAN gegenüber dem Entleiher auf das fingierte Arbeitsverhältnis **rechtsmissbräuchlich** sein. Dies ist z. B. der Fall, wenn er im Zusammenwirken mit dem Verleiher einen Verstoß gegen § 3 Abs. 1 AÜG herbeiführt (§ 10 Rn. 9, 22) oder Verstöße gegen Vorschriften über die Ausländerbeschäftigung selbst verursacht hat. Dasselbe gilt, wenn sich der Arbeitnehmer bei einem werkvertraglichen Einsatz als Stammarbeitnehmer ausgibt und auf Grund dessen Weisungen seitens des Werkbestellers erhält und befolgt.

73 Solange beim Doppelarbeitsverhältnis nicht eines der beiden Arbeitsverhältnisse einvernehmlich aufgehoben oder durch Kündigung beendet wird, bestehen die Arbeitsverhältnisse nebeneinander fort. Wird eines der beiden Arbeitsverhältnisse beendet, berührt dies nicht den Fortbestand des anderen Arbeitsverhältnisses. Der Arbeitnehmer kann jedoch bei Vorliegen besonderer Umstände den Anspruch auf Geltendmachung des Arbeitsverhältnisses **verwirken** (§ 242 BGB; einschränkend *BAG* v. 18. 2. 2003 – 3 AZR 160/02 – DB 2003, 2181; zu weitgehend *LAG Köln* v. 28. 1. 2002 – 2 Sa 272/01 – NZA-RR 2002, 458). Hierfür müssen jedoch besondere Umstände vorliegen, insbesondere muss der Überlassende bei Vorliegen von Anhaltspunkten für eine vermutete Arbeitsvermittlung von sich aus eine Klärung herbeiführen, ob ggf. ein fingiertes Arbeitsverhältnis zustande gekommen ist (*BAG* v. 19. 3. 2003 – 7 AZR 269/02 – EzA § 1 AÜG Nr. 12). Fordert einer der beiden Arbeitgeber den Arbeitnehmer nach Klärung der Rechtslage auf, sich zu erklären, ob er die Fortsetzung des Arbeitsverhältnisses verlangt, ist der Arbeitnehmer verpflichtet, binnen einer angemessenen Frist, eine Entscheidung zu treffen. Erklärt er sich nicht innerhalb der Frist, verwirkt der Arbeitnehmer den Anspruch auf Berufung auf das Arbeitsverhältnis. Der Bestand des jeweils anderen Arbeitsverhältnisses bleibt hiervon unberührt.

74–77 *(offengehalten)*

4. Beendigung des Betriebsratsamts beim Doppelarbeitsverhältnis

78 Da das **Betriebsratsamt** nach § 24 Nr. 3 BetrVG mit der Beendigung des Arbeitsverhältnisses zwingend **erlischt**, erlischt auch in den Fällen des § 1 Abs. 2 AÜG ein Betriebsratsamt im bisherigen Beschäftigungsbetrieb, soweit gleichzeitig das **Arbeitsverhältnis endet** (*BAG* v. 10. 2. 1977 – 2 ABR 80/76 – AP Nr. 9 zu § 103 BetrVG 1972). Da das Arbeitsverhältnis zum Überlassenden in den Fällen des § 1 Abs. 2 neben dem fingierten Arbeitsverhältnis bestehen bleibt (Rn. 60), bleibt auch das **Betriebsratsamt** bestehen, solange nicht das Arbeitsverhältnis zum

Überlassenden beendet wurde. Das Gleiche gilt, wenn das Arbeitsverhältnis des Betriebsratsmitglieds während der Zeit des vorübergehenden Einsatzes beim Dritten lediglich ruht (vgl. § 1 Rn. 76ff.). Erklärt der Arbeitnehmer nach Ablauf des Ruhenszeitraums, dass er nur das fingierte Arbeitsverhältnis zum Entleiher fortsetzen will, wird damit auch das vormalige Arbeitsverhältnis zum Verleiher beendet. In diesem Fall erlischt gleichzeitig auch das bisherige Betriebsratsamt.

VII. Ordnungswidrigkeiten

Die private **Arbeitsvermittlung ohne Gewerbeanzeige** erfüllt die Voraussetzun- **79** gen einer Ordnungswidrigkeit nach § 146 Abs. 2 Nr. 1 GewO, die mit einer Geldbuße bis zu 1000 Euro geahndet werden kann. Trotz der rechtlichen Gleichsetzung von verbotener Arbeitsvermittlung ohne Gewerbeanzeige mit einer nach § 1 Abs. 2 AÜG **vermuteten Arbeitsvermittlung** kann § 146 Abs. 2 Nr. 1 GewO bei Verstößen gegen § 3 Abs. 1 AÜG auch dann nicht angewandt werden, wenn die Vermutung des § 1 Abs. 2 AÜG nicht widerlegt werden kann (vgl. § 1 Rn. 223; a. A. *BSG* v. 16. 12. 1976, EzAÜG § 1 Arbeitsvermittlung Nr. 4; *OLG Oldenburg* v. 8. 2. 1995, BB 1995, 1358). Wird eine Geldbuße von mehr als 200 Euro verhängt, ist das Gewerbezentralregister über einen rechtskräftigen Bußgeldbescheid gem. § 405 Abs. 5 SGB III zu unterrichten (vgl. § 19 Rn. 2). Bei einer **Auslandsvermittlung** unter Verstoß gegen § 292 Abs. 2 SGB III kann nach § 404 Abs. 2 Nr. 9 SGB III ein Bußgeld bis zu 30000 Euro verhängt werden.

VIII. Gewerberechtliche Folgen bei vermittlungsrechtlichen Verstößen

Verstößt ein privater Arbeitsvermittler gegen vermittlungsrechtliche Bestim- **80** mungen, ist die Ausübung der gewerbsmäßigen Arbeitsvermittlung nach § 35 Abs. 1 GewO zu untersagen (Rn. 33). Dies gilt auch für Verstöße, die zu einer **vermuteten Arbeitsvermittlung** nach § 1 Abs. 2 AÜG führen, da derjenige, der gegen Bestimmungen des AÜG verstößt, grundsätzlich nicht die Zuverlässigkeit besitzt, um Arbeitsvermittlung zu betreiben (*Boemke*, BB 2000, 2525). Eine daneben bestehende Erlaubnis zur Arbeitnehmerüberlassung ist gleichermaßen zwingend zu widerrufen (*Boemke*, a.a.O.; *Säcker/Kühnast*, ZfA 2001, 132).

E. Rechtstatsächliche Entwicklungen

Literaturhinweise

Böhm, Demontage der »Billig-Tarifverträge« in der Zeitarbeit: Wachsende Risiken für die Kunden, DB 2005, 2023; *Kossens, Das* Gesetz zur Bekämpfung der Schwarzarbeit und damit zusammenhängender Steuerhinterziehung, BB 2004, 2; *Pfarr/Bothfeld/Bradtke/Kimmich/Schneider/Ullmann*, REGAM-Studie: Atypische Beschäftigung in den Betrieben – eingesetzt zur Umgehung des Kündigungsschutzes?, BB 2004, 602; *Promberger*, Leiharbeit 2004: Hohe Erwartungen, in der Praxis kaum realisiert, IAB, Mai 2005.

I. Einleitung

1 Vergleicht man die Tatsachen, die das *BVerfG* im Jahre 1967 seiner Entscheidung vom 4.4.1967 zur Verfassungswidrigkeit des Verbots gewerbsmäßiger ANÜ zugrunde legte (vgl. Einl. B. Rn.5ff.), mit den realen Entwicklungen und Verhältnissen auf dem Gebiet der ANÜ, wird deutlich, dass die ANÜ in tatsächlicher Hinsicht sowohl gravierende quantitative als auch qualitative **Veränderungen** erfahren hat. Hierbei handelt es sich vor allem um folgende Grundannahmen des *BVerfG* (vgl. *Krüger* 1986, 37ff.):
– geringe quantitative Bedeutung der ANÜ,
– Schaffung von Arbeitsplätzen bei Verleihern,
– Beschränkung der ANÜ auf Aushilfsfälle,
– Mobilisierung zusätzlicher Arbeitskräfte auf dem Arbeitsmarkt,
– Nichtauftreten gravierender Missstände beim arbeits- und sozialversicherungsrechtlichen Schutz.

II. Umfang der erlaubnispflichtigen Arbeitnehmerüberlassung

Während nach den Unterlagen der BA im Jahre 1968 nur 145 Verleiher bekannt **2** waren, stieg die Zahl der Verleiher bis zum Inkrafttreten des AÜG im Jahre 1972 auf 1046 an (*Leve*, SozSich 1982, 383). Anschließend sank die Zahl der Verleiher, die nunmehr der Erlaubnis der BA nach § 1 Abs. 1 bedurften, bis 1976 auf ihren historischen Tiefstand von 718 Erlaubnisinhabern. Seither **steigt die Zahl der Verleihfirmen**, die mit Erlaubnis der BA ANÜ betreiben, **kontinuierlich** an. Bis zum Jahre 1984 verdoppelte sich ihre Zahl auf 1502 (Stichtag 30. 6. 1984), was einem Anstieg von ca. 100 zusätzlichen Verleihern pro Jahr entsprach. Mit Inkrafttreten des BeschFG 1985 und den anschließenden insbesondere im BeschFG 1990 und dem BeschFG 1994 enthaltenen **Novellierungen des AÜG**, die auf eine Ausweitung der Einsatzmöglichkeiten von Leiharbeitnehmern auf Dauerarbeitsplätzen in Entleiherbetrieben abzielten und bislang untersagte Formen der ANÜ gesetzlich zuließen (vgl. Einl. B. Rn. 20 ff.), trat ein **sprunghafter Anstieg der Erlaubnisinhaber** ein. Stieg die Zahl bis 1985 auf 2017, waren 1989 bereits 5034 Verleiher im Besitz der Erlaubnis (Stichtag jeweils 30. 6. d. J.). Im Jahre 1999 stieg die Zahl auf 9232 Erlaubnisinhaber (Stichtag 31. 12.) an. Nach Inkrafttreten des Ersten Gesetzes für moderne Dienstleistungen am Arbeitsmarkt (vgl. Einl. B Rn. 52 ff.) stieg die Zahl der zugelassenen Verleiher weiter an und erreichte mit 15 070 Erlaubnisinhabern (Stichtag: 30. 6. 2004) ihren vorläufigen Höchststand. Dabei wurden die mit der Hartz-Gesetzgebung verbundenen beschäftigungspolitischen Wirkungen weit verfehlt. Selbst bei »großzügiger« Betrachtung kommt das IAB allenfalls auf einen Übernahmeeffekt von 12 % (*Promberger*, 10). Daneben stieg die Zahl der rechtlich unselbstständigen Zweigniederlassungen, für die keine gesonderte Erlaubnis erforderlich ist. Die Daten verweisen dabei darauf, dass ANÜ auf Grund veränderter Personalplanungskonzepte der Einsatzbetriebe zwar von saisonalen, im Unterschied zu den 70er-Jahren jedoch nicht von konjunkturellen Schwankungen abhängig ist (a. A. *Sandmann/Marschall*, Einl. Anm. 26). Der in nahezu allen Wirtschaftssektoren zu verzeichnende Beschäftigtenabbau der letzten Jahre war vielmehr von einem verstetigten Anstieg der Beschäftigungsverhältnisse von Verleihern begleitet (Wachstumsrate 2004: 14,7 %).

Innerhalb der konzessionierten Verleihbranchen haben sich dabei entscheidende qualitative Veränderungen ergeben. Überwogen bis zum Jahre 1985 noch die Verleihbetriebe, die ausschließlich oder überwiegend ANÜ betrieben (1046 reine Verleihfirmen zu 971 Mischunternehmen, Stichtag 30. 6. d. J.), hat sich anschließend eine Schwerpunktverlagerung der Erlaubnisinhaber hin zu einem steigenden **Übergewicht der sog. Mischunternehmen** gegenüber Verleihern, die ausschließlich ANÜ betreiben, ergeben: 1986 überstieg die Zahl der Erlaubnisinhaber, die Mischunternehmen betrieben, bereits diejenige der reinen Verleihunternehmen. Der Anteil der Mischunternehmen an den Erlaubnisinhabern betrug 2004 (Stichtag 30. 6) mit 7917 gegenüber nur 7153 Erlaubnisinhabern, die ausschließlich oder überwiegend ANÜ betreiben, mehr als die Hälfte.

Während von den 7153 Verleihbetrieben, die ausschließlich ANÜ betreiben, le- **3** diglich 5012 zum jeweiligen Stichtag keinen LAN beschäftigten, weisen die amtlichen Statistiken der BA aus, dass die Mehrzahl der Mischunternehmen zu den jeweiligen Stichtagen überhaupt **keinen Leiharbeitnehmer beschäftigt** hatte (vgl. 9. Erfahrungsbericht der BuReg, S. 8). Von den 7917 Mischbetrieben mit Erlaubnis hatten zum Stichtag 30. 6. 2004 4021 Betriebe überhaupt keinen LAN beschäftigt. Die Erlaubniserteilung erfüllt insoweit nicht mehr ihre Schutzfunktion, Formen illegaler ANÜ zu unterbinden, sondern dient entgegen den Schutzzwecken des Gesetzes dazu, Formen illegaler ANÜ über sog. **Vorhalteerlaubnisse** zu erleichtern (vgl. Bericht der BA v. 14.5.1992 zum 7. Erfahrungsbericht der Bundesregierung, S. 10). Abgesehen davon, dass die Praxis der Erlaubnisbehörden (trotz statistisch nachweislich andauernder Nichtbeschäftigung von Leiharbeitnehmern), an Mischunternehmen Erlaubnisse zu erteilen, nicht mit den Bestimmungen des AÜG im Einklang steht (vgl. § 2 Abs. 5 Satz 2), erscheint es mit den gesetzlichen **Pflichten der Erlaubnisbehörde** nicht vereinbar, dass die BA bei Mischbetrieben auf eine Prüfung der Betriebsorganisation verzichtet (Bericht der BA, a.a.O., S. 12). Der Gesetzgeber ist insoweit gefordert, gesetzliche Änderungen des Erlaubnisrechts vorzunehmen die geordnete Verhältnisse im Bereich der Mischunternehmen gewährleisten. Im Hinblick auf die veränderten Verhältnisse im Bereich der ANÜ steht die Bindungswirkung der Entscheidung des *BVerfG* vom 6.10.1987 (vgl. § 1b Rn. 4 ff.) insoweit auch einem (auch von den Verleiherverbänden geforderten) Verbot der gewerbsmäßigen ANÜ bei Mischunternehmen nicht entgegen.

4   Die vorbeschriebenen (Rn. 2) Daten geben nur über den Umfang gewerbsmäßiger ANÜ Auskunft, soweit der Verleiher seiner Verpflichtung zur Beantragung einer Erlaubnis nach § 1 Abs. 1 Satz 1 nachkommt. Nicht erfasst sind hierbei der Bereich nichtgewerbsmäßiger ANÜ sowie alle Formen der ANÜ, die nach den Bestimmungen des AÜG von der Erlaubnispflicht befreit sind. Hierzu zählen u.a. die Abordnung an eine Arge gem. § 1 Abs. 1 Satz 2, die ANÜ auf Grund Tarifvertrages sowie die Konzernleihe (§ 1 Abs. 3 Nr. 1 und 2) und die ANÜ zur Vermeidung von Kurzarbeit oder Entlassungen in Kleinbetrieben gem. § 1a. Selbst wenn man den (weitaus überwiegenden) Teil illegaler ANÜ außer Acht lässt (Rn. 11), zeigt sich, dass der Teilarbeitsmarkt der ANÜ heute ein Ausmaß angenommen hat, das sich grundlegend von den Verhältnissen zurzeit der Entscheidung des *BVerfG* im Jahre 1967 unterscheidet.

III. Kreis der betroffenen Arbeitnehmer

5   Parallel zur Zahl der Erlaubnisinhaber ist auch die **Zahl der Arbeitnehmer**, die als Leiharbeitnehmer beschäftigt sind, sprunghaft angewachsen. Waren es im Jahre 1984 noch 31746 Arbeitnehmer, die am jeweiligen Stichtag (31.12. d.J.) als Leiharbeitnehmer beschäftigt waren, stieg die Zahl nach Inkrafttreten des BeschFG 1985 auf 46946 und über 116875 (31.12.1990) auf 286362 Leiharbeitnehmer (31.12.1999) an. Nicht zuletzt durch die Deregulierung der ANÜ im Zuge der Hartz-Reformen hat die Zahl der LAN mit 399789 zum Stichtag 30.6.2004 ihren vorläufigen Höchststand erreicht. Der Anteil der 20–24-Jährigen mit einem Leiharbeitsvertrag lag bereits im Juni 2002 bei 9,2 %, der Anteil der 25-29-Jährigen sogar bei 15,8 % der Beschäftigten der Gesamtwirtschaft (Pfarr u.a., BB 2004, 602). Diese stichtagsbedingten Daten geben selbst im Bereich der legalisierten ANÜ nur einen **unvollkommenen Überblick** über das tatsächliche Ausmaß der Beschäftigung von Leiharbeitnehmern. Abgesehen von den Fällen der ANÜ, die der Erlaubnispflicht nicht unterliegen (Rn. 3), sind in den Daten nur die Fallzahlen erfasst, bei denen der Verleiher seinen **Meldepflichten** nach § 8 ordnungsgemäß nachgekommen ist. Die VBG Hamburg hat im Jahr 2003 insgesamt 752532 Arbeitnehmern in der Zeitarbeitsbranche registriert. Im Juni 1999 betrug der Anteil der Leiharbeitnehmer an allen sozialversicherungspflichtigen Beschäftigten

1,05 Prozent (1995: 0,63 Prozent; vgl. 9. Erfahrungsbericht der BuReg, S. 14). Im Jahre 2004 betrug die **Leiharbeitsquote** bereits 1,51 % (IAB-Kurzbericht Nr. 14 v. 15. 8. 2005). Die **Statistiken der BA** zur ANÜ, die in den laufenden Statistiken zum Arbeitsmarkt nicht mehr enthalten sind, geben seit 1982 keine Auskunft über die Zahl der Überlassungsfälle, weil seither aus unverständlichen Gründen darauf verzichtet wird, die Zahl der Entleiher, der Überlasssungsfälle und der Beschäftigungstage bei Entleihern zu veröffentlichen. Bereits 1989 ging die BA auf Grund interner Berechnungen von ca. 750000 bis 800000 Überlassungsfällen jährlich aus (ANBA 1990, 740). Für das Jahr 1994 geht der DGB von **über 1 Mio. Überlassungsfällen** aus (Stellungnahme des DGB zum 8. Erfahrungsbericht der Bundesregierung v. 30. 11. 1995, S. 5). Die erneute Erfassung und Veröffentlichung der Daten in den ANBA wäre nicht nur geeignet, das wahre Ausmaß der betroffenen Arbeitnehmer zu ermitteln, sondern könnte auch einen Eindruck davon geben, inwieweit durch den Einsatz von Leiharbeitnehmern Arbeitsplätze in den Einsatzbetrieben zerstört werden und die Begründung von gesicherten Normalarbeitsverhältnissen verhindert wird.

Nicht nur die Zahl der betroffenen Leiharbeitnehmer hat sich seit der Entscheidung des *BVerfG* vom 4. 4. 1967 (1 BvR 84/65 – BVerfGE 21, 261) grundlegend verändert. Auch die **soziale Struktur der Arbeitnehmer** und der Stellenwert der ANÜ für deren Existenzsicherung hat sich seither prinzipiell gewandelt. Ging das *BVerfG* im Jahre 1967 noch davon aus, dass ANÜ der Mobilisierung solcher Arbeitskräfte diene, »die aus verschiedenen Gründen keine Dauerstellung … annehmen können oder wollen« (BVerfG, a.a.O.), ist die Gruppe der Leiharbeitnehmer heute dadurch gekennzeichnet, dass **Arbeitnehmer, die eine Dauerstellung suchen**, den weitaus überwiegenden Teil der ANÜ ausmachen (zu den subjektiven Orientierungen von Leiharbeitnehmern vgl. *Brose/Jorendt/Meyer/Wohlrab* 1982, 53). Nicht Studenten, Hausfrauen, Rentner o.ä. Personen, die möglicherweise nur vorübergehend an einem Hinzuverdienst ein Interesse haben, prägen heute das Bild des Leiharbeitnehmers, sondern für die betroffenen Arbeitnehmer bildet das **Leiharbeitsverhältnis die einzige Existenzgrundlage**. Da selbst die Dauer der amtlich registrierten Leiharbeitsverhältnisse zum überwiegenden Teil unter drei Monaten liegt (Rn. 8), führt die zugelassene ANÜ dazu, dass Arbeitnehmer, die eine Dauerbeschäftigung suchen, faktisch über das Instrument der ANÜ in **ungesicherte kurzzeitige Beschäftigungsverhältnisse** bei Verleihern abgedrängt werden. Der DGB geht davon aus, dass die Gesamtarbeitslosigkeit ohne die »legale« Leiharbeit um mehrere hunderttausend Arbeitslose niedriger wäre (vgl. Stellungnahme des DGB zum 6. Erfahrungsbericht der Bundesregierung v. 21. 3. 1988, S. 29). Obwohl dies mit **sozialstaatlichen Prinzipien** nicht im Einklang steht und trotz des insoweit seit Jahren bestehenden gesetzgeberischen Handlungsbedarfs ist derzeit nicht erkennbar, dass der Gesetzgeber hieraus Schlussfolgerungen zieht. Die mit Art. 63 AFRG beschlossenen Änderungen des AÜG (vgl. Einl. B. Rn. 32 ff.) und die Hartz–Gesetze (Einl. B Rn. 52 ff.) weisen insoweit eher in eine andere Richtung.

6

Parallel zur veränderten Funktion der ANÜ für die Existenzsicherung der betroffenen Arbeitnehmer hat auch eine Veränderung der **Berufsgruppen** stattgefunden. Neben **ungelernten und angelernten Tätigkeiten** lag der Schwerpunkt der ANÜ nach dem Urteil des *BVerfG* vom 4. 4. 1967 zunächst im kaufmännischen Bereich, verschob sich aber in den Jahren bis 1972 mehr und mehr auf gewerbliche Berufe (*Leve*, SozSich 1972, 384; Duda, SozSich 1973, 70). Die Zahl der Hilfsarbeiter ohne nähere Tätigkeitsangabe macht heute weniger als ein Drittel der Tätig-

7

keiten von männlichen Leiharbeitnehmern aus, während allein **Schlosser, Montierer** und zugeordnete Metallberufe 36,5 Prozent aller Leiharbeitnehmer ausmachen (vgl. 9. Erfahrungsbericht der BuReg., S. 9). Die Verschiebungen im **Qualifikationsprofil** der Leiharbeitnehmer lassen dabei nicht nur erkennen, dass in den Einsatzbetrieben selbst qualifizierte Arbeitsplätze mit Leiharbeitnehmern besetzt werden. Sie bewirken auch, dass sich der sog. Facharbeitermangel tendenziell verstärkt und gefährden den Standort Deutschland infolge der hiermit verbundenen Dequalifizierungsprozesse. Da die Einsatzbetriebe v.a. im Bereich der **Montage** immer mehr auf Fremdfirmenarbeitnehmer zurückgreifen und ihre Ausbildungsaktivitäten einschränken oder ganz einstellen, die Verleiher aber ihrerseits nahezu ausnahmslos keine berufliche Bildung durchführen, sind in bestimmten Berufsfeldern (z.B. Schlosser, E-Schweißer) teilweise keine Facharbeiter auf dem freien Arbeitsmarkt mehr zu erhalten. Die BA kommt insoweit in ihrem Bericht zum 7. Erfahrungsbericht der Bundesregierung zu dem Ergebnis, dass zur **Behebung des Facharbeitermangels** Eigeninitiativen der Einsatzbetriebe selbst bei Anlern- und Helfertätigkeiten kaum noch ergriffen werden und sich die Behauptung der Verleiher, trotz des Facharbeitermangels sei ein Ausbau oder Erhalt des Stammpersonals beabsichtigt, als reine Schutzbehauptung erweist (BA, a.a.O., S. 48 f.; zur arbeitsmarktpolitischen Verantwortung des Arbeitgebers vgl. auch § 2 Abs. 1 SGB III). Gesichtspunkte der zunehmenden Dequalifizierung müssen verstärkt in das Blickfeld von Überlegungen zur Novellierung des Rechts der ANÜ gerückt werden, zumal die BA ihren gesetzlichen Aufgaben im Bereich der beruflichen Bildung (vgl. § 29ff. SGB III) infolge der Fremdfirmenarbeit nur noch in eingeschränktem Umfang nachkommen kann.

IV. Dauer der Leiharbeitsverhältnisse

8 Ein wesentliches Merkmal zulässiger gewerbsmäßiger ANÜ bildet die Voraussetzung, dass die **Dauer des Arbeitsverhältnisses** des Leiharbeitnehmers die Zeiten der Einsatzmöglichkeiten bei Entleihern überdauern muss und Befristungen des Arbeitsverhältnisses grundsätzlich ausgeschlossen sind. Das AÜG hat dem **Synchronisationsverbot** durch entsprechende gesetzliche Regelungen Rechnung tragen wollen und dem Verleiher als Arbeitgeber eine besondere Vergütungspflicht bei Annahmeverzug auferlegt (§ 11 Abs. 4; vgl. § 1 Rn. 56ff. und § 11 Rn. 99ff.). Schon die amtliche Statistik der BA zeigt, dass die gesetzlichen Bestimmungen zur Dauer des grundsätzlich unbefristeten Leiharbeitsverhältnisses zum weitaus überwiegenden Teil nicht eingehalten werden und selbst im Bereich der mit Erlaubnis der BA betriebenen ANÜ die **Illegalität den Normalfall** kennzeichnet. Die Daten der BA zur Beendigung und Begründung von Leiharbeitsverhältnissen verweisen darauf, dass weder die eingeschränkte Zulässigkeit befristeter Arbeitsverhältnisse (vgl. § 9 Rn. 313ff.) noch die eingeschränkte Zulässigkeit von Kündigungen (§ 9 Rn. 339cff.) eingehalten werden. Vergleicht man die Zahl der beschäftigten Leiharbeitnehmer jeweils mit den innerhalb des vorangegangenen Halbjahres beendeten Leiharbeitsverhältnissen, ergibt sich z.B. für den Stichtag 30.6.2004, dass den 399789 beschäftigten Leiharbeitnehmern 277270 Beendigungsfälle im vorangegangenen Halbjahr gegenüberstehen. Die **Fluktuationsrate** ist daher besonders hoch, von einem gesicherten Dauerarbeitsverhältnis entsprechend den gesetzlichen Vorgaben kann nicht gesprochen werden.

Eine **Steuerbarkeit des Arbeitsmarkts** entsprechend den in § 1 SGB III formulier- **9**
ten beschäftigungspolitischen Zielvorgaben sowie den entsprechenden Aufgaben der BA (vgl. § 1 Abs. 2 SGB III) ist im Bereich der ANÜ schon seit Jahren nicht
mehr gegeben (*Bückle/Handschuch/Walzel*, GewArch 1982, 209). Obwohl die Vergleichsdaten darauf hindeuten, dass normalerweise ständig die Voraussetzungen von Massenentlassungen i.S.d. § 17 Abs. 1 KSchG gegeben sind, ist kein Fall
bekannt, in dem ein Verleiher eine Anzeige nach § 17 KSchG erstattet hat. Ebenfalls ist kein Fall ersichtlich, in dem nach den Bestimmungen der §§ 111 ff. BetrVG
ein Interessenausgleich oder Sozialplan erstellt wurde. Der insoweit vorliegenden **Diskriminierung** entlassener Leiharbeitnehmer gegenüber Arbeitnehmern,
die in einem Normalarbeitsverhältnis stehen, lässt sich mit den bestehenden gesetzlichen Regelungen nicht wirksam entgegenwirken.

Auch die weiteren Daten der amtlichen Statistik zeigen, dass die **Beschäfti-** **10**
gungsunsicherheit im Bereich der ANÜ besonders hoch ist und die kurzzeitige
bzw. tageweise Beschäftigung den Normalfall darstellt. So bestanden von den im
Zweiten Halbjahr 2004 beendeten 277270 Leiharbeitsverhältnissen 165271 weniger als drei Monate, darunter 39762 weniger als eine Woche (vgl. auch 9. Erfahrungsbericht der BuReg, S. 10). Von geordneten Verhältnissen auf dem Teilarbeitsmarkt der ANÜ kann angesichts dieser Daten keine Rede sein. Vielmehr
zeigen sie, dass der arbeits- und sozialrechtliche Schutz der Arbeitnehmer im Bereich der ANÜ nicht gewährleistet ist und Verstöße des Verleihers gegen seine
Arbeitgeberpflichten den Regelfall darstellen.

V. Tarifverträge

Obwohl LAN gegenüber Stammarbeitnehmern erhöhten Arbeitsbelastungen **11**
ausgesetzt sind, betrug ihr Arbeitsentgelt bis zur Einfügung des Gleichstellungsgrundsatzes nach §§ 3 Abs. 1 Nr. 3, 9 Nr. 2 allenfalls $\frac{2}{3}$ eines Normalbeschäftigten
(*Wallwei*, EuroAS 2002, 161). Seit Geltung des Gleichstellungsgrundsatzes und
dem damit verbundenen Abschluss von **TV zur ANÜ** ist das Einkommens-
niveau von LAN weiter gesunken. Das Armutsrisiko ist besonders hoch (*Promberger*, 13). Bereits die ersten Abschlüsse von TV zur ANÜ durch die nahezu
mitgliederlose CGZP (vgl. § 9 Rn. 190 ff.) mit neu gegründeten Arbeitgeberverbänden wie INZ und MVZ enthielten mit Tarifentgelten im Grundlohn zwischen
€ 6,30 und € 15,30 (West; Ost: € 5,70/12,20) Tarifentgelte, die zumindest zu
einem Teil den Tatbestand des **Lohnwuchers** erfüllen (§ 9 Rn. 137, 246). Die
anschließend von der DGB-Tarifgemeinschaft und den Verbänden von BZA und
iGZ erzielten Tarifabschlüsse, konnten dieses Niedrigniveau nur geringfügig
verbessern (vgl. § 9 Rn. 228).

Die auf der Grundlage des tarifdispositiv ausgestalteten **Gleichbehandlungs-** **12**
grundsatzes abgeschlossenen Niedriglohn-TV zur ANÜ (§ 9 Rn. 172) haben selbst
die Erwartungen der Verleiher übertroffen. Während die Branche im Verlauf des
Gesetzgebungsverfahrens noch auf die Kostensteigerungen eines equal-pay hin-
wiesen, wirbt z. B. der Verleiher Randstad damit, dass die Kosten (= Entlohnung)
eines LAN infolge der TV zur ANÜ um ca. 30 % gesenkt werden konnten (Randstad, 2004, 5). Da die Leiharbeitnehmer meist keiner Tarifbindung unterliegen,
wurden Leiharbeitsverhältnisse, die vormals bessere Arbeitsbedingungen enthielten, häufig gekündigt (zur Unwirksamkeit einer **Änderungskündigung** vgl. *LAG
Düsseldorf* v. 22.2.2005 – 8 Sa 1756/04 – DB 2005, 1116; § 9 Rn. 339e) oder »freiwillig«
dahingehend geändert, dass zukünftig die Bedingungen eines TV zur ANÜ gelten.

13 Trotz der in den ersten TV geregelten Niedriglöhne hat sich die Tendenz zur weiteren Verschlechterung der Einkommenssituation von LAN über TV-Abschlüsse der **CGZP** in den beiden letzten Jahren fortgesetzt. Durch Abschluss von Firmentarifverträgen, die das Niveau sukzessive absenken, und durch Flächentarifverträge mit immer neuen Arbeitgeberverbänden wurde ab dem 1.7.2005 ein Tarifentgelt von € 5,80 (West) und € 5,52 (Ost) vereinbart (vgl. § 2 ETV B.V.D./CGZP). Von Tarifverhandlungen oder -auseinandersetzungen ist dabei nichts bekannt geworden. Vielmehr erwecken die Abschlüsse eher den Eindruck, dass die CGZP lediglich als Instrument der Verleiher dient, um Dumpinglöhnen in der Branche Geltung zu verschaffen (*Böhm*, DB 2005, 2023). Die CGZP besitzt insoweit nicht die für eine **Tariffähigkeit** (§ 9 Rn. 190 ff.) notwendige Fähigkeit, eigene tarifpolitische Vorstellungen zu entwickeln und diese in Tarifverhandlungen der Arbeitgeberseite zu vermitteln (vgl. hierzu LAG Baden-Württemberg v. 1.10.2004 – 4 TaBV 1/04 – AuR 2005, 335).

14 Die mit der CGZP abgeschlossenen Dumpinglohn-Tarifverträge führen unter Verstoß gegen das Sozialstaatsprinzip für eine immer größere Zahl von LAN dazu, trotz des Bestehens eines Vollzeitarbeitsverhältnisses ihre Existenz nicht mehr ohne ergänzende staatliche Leistungen sichern zu können. Die zusätzliche Belastung des Staatshaushalts ist dabei von verminderten Leistungsansprüchen der LAN gegen die Sozialversicherungsträger begleitet. Obwohl eine **Zumutbarkeit** der Beschäftigung bei der Vermittlung in Leiharbeitsverhältnisse nur angenommen werden kann, wenn auf das Arbeitsverhältnis die Gleichstellungsgrundsätze von §§ 3 Abs. 1 Nr. 3, 9 Nr. 2 Anwendung finden, oder ein TV zur ANÜ gleichwertige Regelungen (§ 9 Rn. 227 ff.) enthält, hält die Agentur für Arbeit in Darmstadt mittlerweile einen Lohn von weniger als € 4,00 für ausreichend, um bei Nichtannahme der Beschäftigung eine Sperrzeit zu verhängen.

15 Auch innerhalb der Verleihbranche führen die von der CGZP vereinbarten tariflichen Niedriglöhne zu einem **Verdrängungswettbewerb** von Verleihern mit angemessenen Arbeitsbedingungen durch Verleiher, die gezielt das Lohndumping zur Erzielung von Wettbewerbsvorteilen einsetzen. Diejenigen Verleiher, die sich an die Gleichstellungsgrundsätze von §§ 3 Abs. 1 Nr. 3, 9 Nr. 2 halten oder einem mit der DGB-Tarifgemeinschaft abgeschlossenen Tarifvertrag unterliegen, geraten infolge des Lohndumpings zunehmend unter Wettbewerbsdruck. Folge davon ist u.a., dass der Geltungsbereich der mit BZA und iGZ abgeschlossenen Tarifverträge immer weiter eingeengt wird und die Tarifverträge der CGZP durch **arbeitsvertragliche Bezugnahme** immer breiter angewandt werden. Die an den zwischen BZA und DGB geschlossenen Tarifvertrag gebundene Fa. Manpower, hat mittlerweile ein eigenständiges Unternehmen gegründet, das nicht mehr der Tarifbindung von BZA unterliegt, sondern die Christen-Tarifverträge anwendet. Um diesem Prozess Einhalt zu gebieten, ist der Gesetzgeber gehalten wirksame Schritte gegen den Missbrauch der tarifdispositiven Gesetzesbestimmungen zu unternehmen, wobei insbesondere ein Wegfall der Möglichkeit, über einzelvertragliche Bezugnahme jeden beliebigen TV zur ANÜ anzuwenden (§ 9 Rn. 286), eine geeignete gesetzgeberische Maßnahme darstellt. Bis dahin ist die Erlaubnisbehörde verpflichtet, Verleihern die sich den Verpflichtungen nach §§ 3 Abs. 1 Nr. 3, 9 Nr. 2 AÜG durch Anwendung nichtiger Tarifverträge entziehen, die Erlaubnis zu versagen.

16 Mit dem Ersten Gesetz für moderne Dienstleistungen am Arbeitsmarkt (Einl. B Rn. 52 ff.) wurde durch die Gründung von **PSA** eine neue Form der **vermittlungsorientierten Arbeitnehmerüberlassung** geschaffen (vgl. § 37c SGB III

Rn. 1 ff.). Nach den Zielsetzungen des Gesetzgebers sollten hierdurch 500 000 Arbeitslose in das Erwerbsleben integriert werden (Einl. B Rn. 53 f.). Seit Gründung der PSA wurden zwar bis Juni 2005 117 241 Arbeitslose eingestellt; jedoch nur 32 627 haben einen (meist befristeten) Arbeitsplatz gefunden (kritisch zu den arbeitsmarktpolitischen Wirkungen *Reipen*, BB 2003, 787; *Ulber*, AuR 2003, 7). Die privat betriebenen PSA wurden von den Verleihern eher dazu benutzt, die Gewinnmargen über die von der BA gezahlten Prämien sowie die gesetzlich vorgesehene Niedrigentlohnung (vgl. § 3 Abs. 1 Nr. 3, 9 Nr. 2 AÜG; § 9 Rn. 116 ff.) zu erhöhen, als Bemühungen zur Vermittlung Arbeitsloser anzustellen. Der **Missbrauch** der PSA ist weit verbreitet (vgl. Der Spiegel vom 29. 7. 2005). Auffallend häufig werden die Arbeitslosen nur am Monatsende eingestellt und im nächsten Monat wieder entlassen, um bei einer zweitägigen Beschäftigung zwei Fallpauschalen zu kassieren (IAB-Kurzbericht 2 v. 15. 1. 2004). Die Missbrauchspraxis konnte auch durch eine Verschärfung der Vergaberegeln durch die BA nicht beseitigt werden (vgl. stern.de v. 1. 8. 2005, Das stille Scheitern der Personal-Service-Agenturen). Die strengeren Anforderungen haben jedoch dazu beigetragen, dass die Zahl der bei der BA gemeldeten PSA von 821 (Februar 2005) auf 442 (Juli 2005) sank. Dennoch hat die Subventionierung der PSA zu **Wettbewerbsverzerrungen** geführt, die auch solide operierende Verleiher dazu bewegen, sich den Verpflichtungen aus § 9 Nr. 2 sowie den TV zur ANÜ zu entziehen.

VI. Illegale Beschäftigung und gesamtgesellschaftliche Schäden

Schwer wiegende **Missbräuche** im Bereich der amtlich registrierten ANÜ (diese **17** sind vor allem bei langjährig tätigen Verleihern zu verzeichnen, vgl. 8. Erfahrungsbericht der Bundesregierung v. 6. 9. 1996, BT-Ds. 13/5498) sowie die offenkundigen Verstöße gegen Bestimmungen des AÜG machen nur einen geringen Teil der **illegalen Beschäftigung** im Bereich der Fremdfirmenarbeit aus. Abgesehen von den Fällen des unerlaubten Verleihs von Arbeitnehmern ohne Erlaubnis, die sich naturgemäß nicht statistisch erfassen lassen, hat die BA in den Jahren 1996 bis 1999 14 410 Ermittlungsverfahren wegen unerlaubter ANÜ eingeleitet und in 2811 Fällen das Verfahren an die Staatsanwaltschaft wegen des Verdachts einer Straftat abgegeben. Dabei wurden in 494 Fällen Verwarnungen und in 6435 Fällen Geldbußen verhängt (vgl. 9. Erfahrungsbericht der BuReg, S. 29). Entsprechend dem Anstieg illegal tätiger Verleiher ist auch die Zahl der illegal tätigen Entleiher im Zeitraum 1996 bis 1999 auf 16 711 (1992 bis 1995: 11 340) angestiegen. Diese Daten sind allerdings nicht repräsentativ für die tatsächliche Größenordnung der illegalen ANÜ. Sie sind nach Angaben der BA lediglich »Ausdruck der Ermittlungskapazitäten der Dienststellen«, wobei »die **Dunkelziffer** ein Vielfaches der aufgedeckten Verstöße betragen [dürfte]« (Bericht der BA v. 14. 5. 1992 zum 7. Erfahrungsbericht der Bundesregierung, S. 32 f.; zu Defiziten des Arbeitsstrafrechts vgl. *Reinecke*, AuR 1997, 139). In seiner Stellungnahme zum 8. Erfahrungsbericht der Bundesregierung v. 30. 11. 1995 geht der DGB davon aus, dass pro Jahr mehr als 1 Mio. Menschen ein oder mehrmals jährlich im Rahmen unerlaubter ANÜ eingesetzt werden.

Der Schwerpunkt der Fremdfirmenarbeit einschließlich der illegalen Formen liegt allerdings seit jeher im Bereich der Werkverträge und der illegalen **Scheinwerkverträge** (vgl. Bericht der BA v. 14. 5. 1992 zum 7. Erfahrungsbericht der Bundesregierung, S. 31). Nach empirischen Untersuchungen beträgt das Verhältnis zwischen legalen Werkverträgen und illegalen Scheinwerkverträgen, die meist gleichzeitig einen Fall illegaler ANÜ darstellen, 1 : 5 (vgl. ISO-Studie, 1980). Trotz des sektoralen Verbots gem. § 1b zählen das **Bauhaupt- und Baunebengewerbe** zu den Bereichen, in denen illegale Praktiken der ANÜ schwerpunktmäßig anzutreffen sind. In den Jahren 1992 bis 1999 vervierfachte sich die Zahl der aufgegriffenen Fälle auf 2037 gegenüber 490 Fällen von 1992 bis 1995 (vgl. 9. Erfahrungsbericht der BuReg, S. 30/33/39). Allein die Finanzverwaltung eines Landes schätzt, dass durch illegale ANÜ 170000 steuer- und sozialversicherungspflichtige Arbeitsverhältnisse weggefallen sind (ebd.). Nach Angaben der BA gehen jährlich 1 Mio. regulärer Arbeitsverhältnisse verloren, der Bund Deutscher Kriminalbeamter geht von rund 500000 illegal Beschäftigten in Deutschland aus (HBl. v. 17. 10. 1996). Nach Schätzung des Wirtschaftsprofessors *Schneider* beläuft sich das Volumen der Schwarzarbeit im Jahre 2000 auf 643 Mrd. DM, das entspricht im Westen und in den neuen Bundesländern einem Anteil von 14 Prozent des Bruttoinlandsproduktes (NRZ v. 30. 10. 2000). Im Jahre 2004 betrug der Anteil 16,2 % des Bruttoinlandsprodukts. Das Bundesfinanzministerium geht für das Jahr 2000 von einem Verlust an Steuereinnahmen i.H.v. 125 Mrd. DM und einem Verlust an Sozialbeiträgen i.H.v. 110 Mrd DM aus. Schwarzarbeit (vgl. § 1 SchwarzArbG) tritt besonders häufig im Rahmen der Erbringung von Dienstleistungen auf. Diese unmittelbaren volkswirtschaftlichen Schäden illegaler Beschäftigung sind tendenziell begleitet von weiteren Schäden, die von der sog. **Sogwirkung der Schattenwirtschaft** ausgehen. Da durch die illegale Einsparung von Lohn- und Lohnnebenkosten illegale Dienstleistungsanbieter kostengünstiger auf dem Markt operieren können, geraten Unternehmen, die ihren gesetzlichen und arbeitsvertraglichen Pflichten nachkommen, zunehmend unter Konkurrenzdruck. Dies führt dazu, dass auch bislang solide auf dem Markt operierende Unternehmen auf Formen illegaler Beschäftigung ausweichen. Das gilt insbesondere für die Beschäftigung von Arbeitnehmern auf der Grundlage von Werkvertragsabkommen (vgl. Einl. F. Rn. 62 ff.), bei denen das gegenseitige **Unterbieten von Billiglöhnen** die Unternehmen für illegale Praktiken besonders anfällig macht (vgl. 9. Erfahrungsbericht der BuReg, S. 39, 45 f.).

18 Das **AEntG** ist ein erster begrüßenswerter Schritt, mit dem der Gesetzgeber versucht, einem auf **Lohndumping und illegaler Beschäftigung** beruhenden **ruinösen Wettbewerb** Einhalt zu gebieten. Über die von ausländischen Unternehmen ausgehenden Gefährdungen der Existenz inländischer Unternehmen hinaus müssen jedoch über das AEntG hinaus auch für inländische Unternehmen und Arbeitnehmer gesetzliche Regelungen getroffen werden, die die Existenz solcher Unternehmen sichern, die entsprechend ihren gesetzlichen Verpflichtungen und ihren Verpflichtungen als Arbeitgeber den geltenden Regelungen im System industrieller Beziehungen Rechnung tragen. Angesichts der Entwicklungen und der Lage auf dem Leiharbeitsmarkt sind insoweit ein **erneutes Verbot der Leiharbeit** bzw. die Festlegung gesetzlicher Mindestarbeitsbedingungen nicht nur notwendig (*Borgaes/Wahsner*, DuR 1982, 374), sondern stellen auch ein legitimes, erforderliches und verfassungsrechtlich unbedenkliches gesetzgeberisches Gestaltungsmittel dar (zur Ausweitung des Anwendungsbereichs des AEntG vgl. Gesetzentwurf der BuReg. v. 19. 5. 2005, BR-Ds. 362/05).

19 Die Überlegungen des *BVerfG* zur Zulässigkeit des sektoralen Verbots im Bereich der Bauwirtschaft treffen gleichermaßen auch auf andere Wirtschaftssektoren zu; **einem erneuten Verbot** stehen daher verfassungsrechtliche Erwägungen nicht entgegen. Das *BVerfG* hat in seiner Entscheidung vom 6. 10. 1987 (1 BvR 1086/82 – BVerfGE 77, 84; vgl. § 1b Rn. 3 ff.) deutlich hervorgehoben, dass das Interesse an der Nutzung betriebswirtschaftlicher Vorteile des flexiblen Fremdfirmeneinsatzes in Form der Leiharbeit gegenüber dem wirksamen Schutz des Arbeitsmarkts und der sozialen Sicherheit sowie tariflicher Normsetzung zurückzutreten habe. Der insoweit gegebene Handlungsbedarf, über Maßnahmen des Gesetzgebers (z.B. punktuelle Novellierung des AÜG, Einführung von globalen oder sektoralen Verboten) Missstände im Bereich der ANÜ zu beseitigen und den sozialen Schutz der betroffenen Arbeitnehmer sicherzustellen, steht außer Zweifel (*Becker/Wulfgramm*, Einl. Rn. 70b).

F. Fremdfirmenarbeit mit Auslandsbezug

Literaturhinweise

Biebach, Der Sozialstaat der Bundesrepublik in der Europäischen Gemeinschaft, Sozialökonomische Beiträge 1991, 45 ff.; *Bittner*, Arbeitsrechtlicher Gleichbehandlungsgrundsatz und ausländisches Arbeitsvertragsstatut, NZA 1993, 161; *Corne-*

lissen, Die Entsendung von Arbeitnehmern innerhalb der Europäischen Gemeinschaft und die soziale Sicherheit, RdA 1996, 329; *Däubler*, Arbeitsrecht und Auslandsbeziehungen, AuR 1990, 1; *ders.*, Der Richtlinienvorschlag zur Entsendung von Arbeitnehmern, EuZW 1993, 370; *Deinert*, Arbeitnehmerentsendung im Rahmen der Erbringung von Dienstleistungen innerhalb der Europäischen Union, RdA 1996, 339; *Dötsch*, Neuere Rechtsprechung zum europäischen Sozialrecht, AuA 2000, 72; *Eichenhofer*, Arbeitsrechtliche Folgen der Arbeit ohne Arbeitserlaubnis, NZA 1987, 732; *Eser*, Kollisionsrechtliche Probleme bei grenzüberschreitenden Arbeitsverhältnissen, RIW 1992, 1; *Flämig*, Der Arbeitnehmer im Ausland, AuA 2001, 446; *Gerau*er, Rechtliche Situation bei Fehlen einer Rechtswahl beim Auslandseinsatz, BB 1999, 2083; *Gutmann*, Werkvertragsarbeitnehmer im Streit, DB, 1997, 1977; *Hanau*, Gutachten »Rechtsprobleme der Entsendung ausländischer Arbeitnehmer ins Inland«, 1993; *Hanau/Heyer*, Rechtliche Regelungen bei grenzüberschreitender Arbeitnehmerentsendung in der EG, Mitbest. 1993, 16; *Heintzen*, Vergabefremde Ziele im Vergaberecht, ZHR 2001, 62; *Kaligin*, Tätigkeit von Bauunternehmen aus Polen und der CSFR in Deutschland, NZA 1992, 1111; *Kaufmann*, Gewerkschaftliche Vorstellungen zur Regelung atypischer Arbeitsverhältnisse, EuroAS 1996, 112; *Kienle/Koch*, Grenzüberschreitende Arbeitnehmerüberlassung- Probleme und Folgen, DB 2001, 922; *Klöpper*, Werkvertragsarbeiten von Arbeitnehmern aus Osteuropa im Rahmen von Regierungsabkommen, AiB 1993, 682 ff.; *Koenigs*, Rechtsfragen des Arbeitnehmer-Entsendegesetzes und die EG-Entsenderichtlinie, DB 1997, 225; *Link*, Gretchenfrage: Treueerklärung, AuA 2000, 468; *Lörcher*, Ungeschützte Arbeitsverhältnisse, PersR 1991, 73; *ders.*, Die Normen der Internationalen Arbeitsorganisation und das Arbeitsrecht der Bundesrepublik, RdA 1994, 284; *Löwisch*, Tariftreueverpflichtung im Vergaberecht und Koalitionsfreiheit, DB 2001, 1090; *Lorenz*, Das Arbeitsstatut nach dem Gesetz zur Neuregelung des Internationalen Privatrechts, RdA 1989, 220; *ders.*, Arbeitnehmer-Entsendegesetz (AEntG), Gesetzestext und Materialien mit einer Einführung, 1996; *Mayer*, Werkvertragsarbeitnehmer aus Osteuropa, BB 1993, 1428; *Pulte*, Internationales Arbeitsrecht, AuR 1990, 285; *Sahl/Stang*, Das Arbeitnehmer-Entsendegesetz und die Europäische Entsenderichtlinie, AiB 1996, 652; *Schlachter*, Grenzüberschreitende Arbeitsverhältnisse, NZA 2000, 57; *Schwab*, Anm. zu KG Berlin v. 20. 5. 1998, AuR 1998, 504; *Schnorr*, Aspekte des Internationalen Privatrechts der gewerbsmäßigen Arbeitnehmerüberlassung (Zeitarbeit), ZfA 1975, 143; *ders.*, Die gewerbsmäßige Arbeitnehmerüberlassung, RdA 1972, 194; *Seifert*, Rechtliche Probleme von Tariftreueerklärungen, ZfA 2001, 1; *Selmayr*, Gemeinschaftsrechtliche Entsendungsfreiheit und Entsendegesetz, ZfA 1996, 615; *Thüsing*, Günstigkeitsvergleich und Ausweichklauseln in Art. 30 EGBGB, BB 2003, 898.

I. Einleitung

Die zunehmende nationalstaatliche Grenzen überschreitende Verflechtung **1** der Unternehmen und Konzerne, der Wegfall von Zoll- und Handelsschranken innerhalb der EU sowie die zunehmende international arbeitsteilig angelegte Erbringung von Produktions- und Dienstleistungen auf Grund neuer Produktions- und Logistikkonzepte (vgl. Einl. C. Rn. 1 ff.) bewirken eine zunehmende Notwendigkeit, **die Rechtsvorschriften im internationalen Rahmen**, insbesondere aber auch innerhalb der EU, zu **vereinheitlichen** (zum Problem der Internationalisierung des Arbeitsschutzes vgl. Maschmann, BB 1995, 146). Die in Art. 27 ff. EGBGB enthaltenen Grundsätze vermögen nur unvollkommen die Probleme zu lösen, die sich aus den Formen grenzüberschreitender Arbeitsteilung ergeben. Dies gilt v.a. für **kollisionsrechtliche Probleme**, die außerhalb des Arbeitsvertragsrechts bestehen (*Hönsch*, NZA 1988, 113). Für den Bereich der **grenzüberschreitenden ANÜ** ist nach dem **Territorialitätsprinzip** sichergestellt, dass die gewerberechtlichen Vorschriften des **AÜG für alle Entsendeformen mit Inlandsbezug zur Anwendung** kommen (*Becker/Wulfgramm*, Art. 1 § 3 Rn. 101; *Sandmann/Marschall*, Art. 1 § 3 Anm. 57; *Thüsing/Thüsing*, Einl. Rn. 45; *Schüren/Feuerborn*, Einl. Rn. 578f.). Das AÜG gilt insoweit sowohl bei Überlassung von Leiharbeitnehmern durch inländische Verleiher ins Ausland als auch bei Überlassung von Leiharbeitnehmern durch ausländische Verleiher an einen inländischen Entleiher (*BSG* v. 29.6.1984 – 12 RK 38/82 – EzAÜG § 10 AÜG Fiktion Nr. 29). **Ausländische Verleiher** können daher eine Erlaubnis zur gewerbsmäßigen ANÜ nach § 1 Abs. 1 Satz 1 nur erhalten, wenn sie neben den gewerberechtlichen Voraussetzungen des AÜG auch die gewerberechtlichen Zulässigkeitsvoraussetzungen des ausländischen Staates erfüllen (*Becker/Wulfgramm*, Art. 1 § 3 Rn. 101; *Sandmann/Marschall*, Art. 1 § 3 Anm. 58; *Boemke*, Einl. Rn. 13; *Schüren/Feuerborn*, Einl. Rn. 579; *Thüsing/Thüsing*, Einl. Rn. 45). Ist nach dem Recht des Herkunftslandes die gewerbsmäßige ANÜ verboten oder nur eingeschränkt zulässig, kann eine Verleiherlaubnis im Inland nur unter Beachtung dieser Einschränkungen erteilt werden.

2 Ob der **Arbeitnehmer** im Rahmen grenzüberschreitender Formen der Fremdfirmenarbeit zur Erbringung seiner **Arbeitsleistung im Ausland** verpflichtet ist, beurteilt sich ausschließlich nach den zugrunde liegenden **vertraglichen Absprachen** mit dem Arbeitgeber. Soweit die Tätigkeit entsprechend ihrer Eigenart nicht typischerweise mit Auslandseinsätzen verbunden ist (z.B. Auslandsvertrieb), kann – ohne ausdrücklich anders lautende Vereinbarungen – eine Verpflichtung des Arbeitnehmers zur Arbeitsleistung hinsichtlich des Leistungsortes grundsätzlich nur im räumlichen Geltungsbereich des arbeitsrechtlichen Normensystems des jeweiligen Herkunftslandes angenommen werden (*BAG* v. 20.4.1989, NZA 1990, 32). Ist der Arbeitnehmer nach dem Arbeitsvertrag verpflichtet, auch vorübergehend im Ausland tätig zu sein, gilt bei **Sitz des Arbeitgebers im Inland** grundsätzlich **deutsches Recht** und damit auch das AÜG, soweit die Arbeitsvertragsparteien nicht ausnahmsweise und ausdrücklich nach Art. 27 Abs. 2 EGBGB vereinbart haben, dass der Vertrag für die Zeit der Entsendung dem Recht des anderen Staates unterliegen soll (*BAG* v. 26.7.1995 – 5 AZR 216/94 – AP Nr. 7 zu § 157 BGB).

3 Die Wirkungen der **freien Rechtswahl** werden durch **Art. 30 Abs. 1 EGBGB** beschränkt (vgl. hierzu *Mastmann/Stark*, BB 2005, 1849). Dem Arbeitnehmer darf durch die freie Rechtswahl nicht der arbeitsrechtliche Schutz entzogen werden, der ihm durch **zwingende Bestimmungen** des Rechts zustünde, das ohne Rechtswahl anzuwenden wäre. Ob dies zutrifft, ist ggf. im Wege eines Günstigkeitsvergleichs zu bestimmen (vgl. *LAG Baden-Württemberg* v. 15.10.2002 – 11 Sa 49/02, BB 2003, 900; *Thüsing*, BB 2003, 898). Zwingende Normen stellen insbesondere die Bestimmungen des AÜG dar (Rn. 4). Mangels einer Rechtswahl ist hier das **deutsche Arbeitsrecht anwendbar**, wenn der Leiharbeitnehmer auf Grund seines Arbeitsvertrages seine Arbeit gewöhnlich im Inland verrichtet **und nur vorübergehend ins Ausland entsandt** wird (Art. 30 Abs. 2 Nr. 1 EGBGB; *Schüren/Feuerborn*, Einl. Rn. 606). Die Vereinbarung einer sog. »Rückkehrklausel« kann hierfür ein Indiz sein (*Gerauer*, BB 1999, 2084). Bei der Frage, ob ein derart vorübergehender Einsatz vorliegt, ist auch auf Art. 14 Nr. 1a der VO 1408/71/EWG (Rn. 26 ff.) abzustellen, wobei nur zeitlich befristete Arbeitseinsätze das Merkmal vorübergehend erfüllen können (*Schlachter*, NZA 2000, 59; weiter gehend *Thüsing/Thüsing*, Einl. Rn. 56).

Wird der Leiharbeitnehmer **ständig in verschiedenen Staaten** eingesetzt, richtet sich die Anwendbarkeit deutschen Rechts grundsätzlich danach, ob sich die **Niederlassung**, die den Leiharbeitnehmer eingestellt hat, im Inland befindet (Art. 30 Abs. 2 Nr. 2 EGBGB; *Deinert*, RdA 1996, 339; *Schüren/Feuerborn*, Einl. Rn. 603; a. A. *Boemke*, Einl. Rn. 17, der auf den Betriebssitz abstellt). Von Unternehmen mit Sitz in Deutschland abgeschlossene Arbeitsverträge unterliegen daher auch bei ständig wechselnden Auslandseinsätzen deutschem Recht. Dies gilt i. d. R. auch für das **BetrVG** (*BAG* v. 22. 3. 2000 – 7 ABR 34/98 – DB 2000, 2330; *Thüsing/Thüsing*, Einl. Rn. 52).

Schwieriger zu beurteilen sind die Fälle, in denen deutsche Unternehmen im Ausland weitere Unternehmen oder Niederlassungen betreiben oder ausländische Unternehmen **im Ausland Arbeitsverhältnisse begründen**, die im Inland durchgeführt werden. Sind diese Arbeitsverhältnisse – insbesondere, soweit sie befristet sind – von vornherein darauf gerichtet, dass der Arbeitnehmer seine Arbeitsleistung überwiegend oder vorrangig in Deutschland erbringen soll, ist unabhängig von der Staatsangehörigkeit des Arbeitnehmers nach Art. 30 Abs. 2 Nr. 1 EGBGB deutsches Arbeitsrecht anwendbar; der **tatsächliche Mittelpunkt** der Tätigkeit (vgl. hierzu *EuGH* v. 9. 1. 1997 – Rs. C-383/95 – NZA 1997, 225) des Arbeitnehmers liegt hier im Inland. Die zwingenden Bestimmungen deutschen Rechts können hier auch nicht im Rahmen der freien Rechtswahl nach Art. 27 EGBGB umgangen werden (*ArbG Wesel* v. 3. 5. 1995 – 3 Ca 361/94 – AuR 1995, 475; *Boemke*, Einl. Rn. 18, 21). Ausschließlich deutsches Recht wäre z. B. anzuwenden, wenn der Arbeitnehmer nach ausländischem Recht zulässigerweise dauerhaft nach Deutschland verliehen werden könnte und hier dauerhaft bei einem Entleiher als Leiharbeitnehmer eingesetzt würde.

Wird demgegenüber das Arbeitsverhältnis im Ausland begründet und wird der Arbeitnehmer nicht regelmäßig, sondern nur in Bedarfsfällen vorübergehend in Deutschland eingesetzt, unterliegt das Arbeitsverhältnis nach Art. 30 Abs. 2 EGBGB dem ausländischen Recht (zum Inlandsbezug eines Arbeitsverhältnisses und zur Betriebsverfassung vgl. auch *BAG* v. 7. 12. 1989 – 2 AZR 228/89 – DB 1990, 992).

Die Frage, nach welcher Rechtsordnung das Arbeitsverhältnis begründet wird, ist **4** zu trennen von der Frage, ob bei grenzüberschreitender ANÜ mit Inlandsbezug die Bestimmungen des AÜG anzuwenden sind. Art. 34 EGBGB bestimmt, dass deutsches Recht unabhängig von dem Recht, das auf den Vertrag Anwendung findet, gilt, soweit der Sachverhalt zwingend geregelt ist. **Derart zwingende nationalstaatliche Regelungen** sind v. a. angesprochen, wenn sie **im öffentlichen Interesse Beschränkungen der Vertragsfreiheit beinhalten**. Da das AÜG im öffentlichen Interesse bestehende ordnungspolitische Funktionen verfolgt, gelten nach Art. 34 EGBGB die arbeitsrechtlichen Bestimmungen des **AÜG** und das BetrVG auch für Arbeitsverhältnisse, die ansonsten einem ausländischen Arbeitsvertrags-Statut unterliegen (*Becker/Wulfgramm*, Art. 1 § 3 Rn. 103; *Schüren/Feuerborn*, Einl. Rn. 612; einschränkend *Boemke*, Einl. Rn. 14 u. 21). Darüber hinaus können insbesondere **allgemeinverbindlich erklärte Tarifverträge** dann auf aus dem Ausland entsandte Arbeitnehmer gem. Art. 34 EGBGB angewandt werden, wenn sich der persönliche Geltungsbereich entsprechend dem **Arbeitsortsprinzip** auf jedes Arbeitsverhältnis erstreckt, bei dem die Arbeit in dem jeweiligen Tarifgebiet verrichtet wird (*Deinert*, RdA 1996, 339). Ansonsten verdrängt ein ausländischer Tarifvertrag einen inländischen Tarifvertrag selbst in den Fällen der Allgemeinverbindlicherklärung (*Schlachter*, NZA 2000, 64; a. A. *Däubler*, DB 1995, 727).

In zeitlicher Hinsicht ist die Anwendbarkeit deutscher Rechtsnormen auf die **Zeit der Inlandstätigkeit beschränkt**. Das dem Inlandseinsatz zugrunde liegende Rechtsverhältnis bleibt i. ü. unberührt und sein Bestand und Inhalt richten sich weiterhin nach ausländischem Recht. Da auch § 10 Abs. 1, § 1 Abs. 2 AÜG zu den zwingenden Vorschriften i.S.v. Art. 34 EGBGB zählen (*Becker/Wulfgramm*, Art. 1 § 3 Rn.103; *Schüren/Feuerborn*, Einl. Rn.613; *Thüsing/Thüsing*, Einl. Rn.60), folgt aus der räumlich beschränkten Geltung deutschen Rechts für die Fälle des Zustandekommens eines fingierten Arbeitsverhältnisses bei ANÜ, dass das zum entsendenden Unternehmen bestehende Arbeitsverhältnis nicht erlischt (vgl. § 10 Rn.5, 34ff.). Soweit der Arbeitnehmer nicht die Staatsangehörigkeit eines EU-Mitgliedstaates besitzt, verstößt das fingierte Arbeitsverhältnis regelmäßig gegen das Beschäftigungsverbot gem. § 4 Abs. 3 AufenthG (zu den Rechtsfolgen vgl. Einl. G Rn. 41ff.). Auch die **Gleichstellungsansprüche** nach §§ 3 Abs. 1 Nr.3, 9 Nr.2 gehören zu den zwingenden Normen i.S.d. Art. 34 EGBGB (*Schüren/Feuerborn*, Einl. Rn. 612; s.a. Rn. 25). Eine **Beschränkung** der über Art. 34 EGBGB anwendbaren Normen **auf Bestimmungen**, die eine bestimmte **Ausgestaltung des Leiharbeitsverhältnisses** vorschreiben (vgl. *Becker/Wulfgramm*, Art. 1 § 3 Rn.103), ist **nicht gerechtfertigt** (i.Erg. wie hier Sandmann/Marschall, Art. 1 § 3 Anm. 69).

II. Fremdfirmenarbeit innerhalb der EU-/EWR-Binnengrenzen

1. Rahmenregelungen

5 Innerhalb des Wirtschaftsraums der EU waren die Mitgliedstaaten seit jeher bemüht, im Wege der sukzessiven **Rechtsangleichung** die Rahmenbedingungen für grenzüberschreitende Formen des Personaleinsatzes zu vereinheitlichen. Auch über den Wirtschaftsraum der EU hinaus hat die Gemeinschaft versucht, über **Assoziierungsabkommen** andere Staaten an die Gemeinschaft heranzuführen. Verstärkt gilt dies in den letzten Jahren u.a. für die Zusammenarbeit mit den Ländern des ehemaligen RGW bzw. der MOE-Staaten.

6 Das am 2.5.1992 unterzeichnete »**Abkommen über den Europäischen Wirtschaftsraum« (EWR-Abkommen)** ist am 1.1.1994 in Kraft getreten (EuZW 1994, 67). Durch das Anpassungsprotokoll vom 17.3.1993 (BGBl. II S. 1295) erstreckte sich sein Geltungsbereich auf Österreich, Finnland, Island, Liechtenstein, Norwegen und Schweden. Die Folgen des Abkommens für das inländische Recht sind im Ausführungsgesetz vom 24.4.1993 (BGBl. I S. 512) geregelt. Nach dem Beitritt von Finnland, Österreich und Schweden zur EU ist das Abkommen vor allem für Arbeitnehmer aus Island und Norwegen von Bedeutung.

7 Nach Art. 1 Abs. 2 erstreckt sich das EWR-Abkommen u.a. auf eine Harmonisierung der **Regeln zur Freizügigkeit und zum freien Dienstleistungsverkehr**. Mit Ausnahme des öffentlichen Dienstes sind nach Art. 28 EWR-Abkommen Angehörige der Unterzeichnerstaaten hinsichtlich der Freizügigkeit der Arbeitnehmer dem nach Art. 39 EGV privilegierten Personenkreis aus der EU gleichzustellen (vgl. § 12 FreizügigkeitsG/EU), sodass alle für Arbeitnehmer aus EU-Staaten geltenden arbeits- und sozialrechtlichen Bestimmungen gleichermaßen für Arbeit-

nehmer aus den EFTA-Staaten gelten. Dies gilt entsprechend für das Nieder-
lassungsrecht (Art. 31 ff. EWR-Abkommen) und für Dienstleistungen (Art. 36 ff.
EWR-Abkommen). Für den Bereich der **Fremdfirmenarbeit** lässt sich daher feststellen, dass sowohl hinsichtlich der Rechtsnormen, die für die Unternehmen
oder Arbeitgeber gelten, als auch hinsichtlich der Normen, die für Arbeitnehmer
anwendbar sind, seit dem 1.1.1994 grundsätzlich **keine unterschiedliche Behandlung von Angehörigen der EU-Staaten und der EFTA-Staaten** erfolgen
kann. Die **grenzüberschreitende ANÜ** unterliegt daher innerhalb des EU-Wirtschaftsraums grundsätzlich den gleichen rechtlichen Voraussetzungen (Sand-
mann/Marschall, Einl. Rn.49a; zu den EU-Beitrittsstaaten vgl. Rn.14a, 18a).

Auch ohne konkretisierende Rechtsvorschriften auf EU-Ebene bilden in allen **8**
Bereichen der Fremdfirmenarbeit die **Vorschriften des EWG-Vertrages (EGV)**
eine Grenze dafür, qua nationalstaatlicher Gesetzgebung unterschiedliche Normen für inländische Unternehmen bzw. Arbeitnehmer und solche aus anderen
EU-Staaten zu schaffen bzw. anzuwenden. Für den Bereich der Fremdfirmenarbeit bedeutsam sind hier insbesondere die im EGV festgelegten **Rechte auf
Freizügigkeit** (Art. 39 f. EGV) und **soziale Sicherheit** (Art. 42 EGV), das **Nieder-
lassungsrecht** (Art. 43 ff. EGV), welches den Unternehmen die Niederlassungsfreiheit in einem anderen Mitgliedstaat garantiert, sowie das **Dienstleistungsrecht** (Art. 49 ff. EGV), das jedem Unternehmen auch ohne sich in einem anderen
Mitgliedstaat niederzulassen, erlaubt, dort Dienstleistungen zu erbringen.

Hinsichtlich der Rechte und des sozialen Schutzes der **(Wander-)Arbeitnehmer** **9**
sind insbesondere die auf Grund von Art. 40, 42 EGV erlassene Verordnung
Nr. 1612/68 vom 15.10.1968 über die **Freizügigkeit der Arbeitnehmer** innerhalb
der Gemeinschaft (ABlEG Nr. L 257/1) sowie die Verordnung Nr. 1408/71 vom
14.6.1971 zur Anwendung der Systeme der sozialen Sicherheit auf Arbeitnehmer und deren Familien, die innerhalb der EG zu- oder abwandern (ABlEG Nr. L
149/2), zu nennen (Rn. 23 ff.).

Daneben ist auf die Richtlinie der EU-Kommission vom 27.6.1980 für eine ge- **10**
meinschaftliche Aktion im Bereich der gewerbsmäßigen Arbeitnehmerüberlassung (zur EG-Richtlinie Atypische Arbeit s. u. Rn. 38 ff.) sowie auf das **ILO-Übereinkommen** Nr. 96 bzw. 181 zur entgeltlichen Arbeitsvermittlung (vgl. Gesetz v.
15.4.1954 – BGBl. II S. 456 hinzuweisen das jedoch am 17.10.1992 aufgekündigt
wurde, vgl. Einl. D. Rn.14). Die Aufkündigung ist ein Jahr nach ihrer Registrie-
rung wirksam geworden. Andere Staaten der Gemeinschaft unterliegen jedoch
weiterhin den Bestimmungen dieses Abkommens, sodass bei der Entsendung
von Arbeitnehmern aus der Bundesrepublik in die betreffenden Staaten die Vorschriften des ILO-Übereinkommens Nr. 96 bzw. 181 weiterhin zu beachten sind.

2. Niederlassungsfreiheit

Gem. Art. 43 bis 48 EGV ist es jedem Unternehmen der Gemeinschaft erlaubt, **11**
sich als juristische oder natürliche Person in einem anderen Mitgliedstaat **niederzulassen** oder Zweigniederlassungen zu gründen, ohne die im Mitgliedstaat ggf.
geltenden erschwerten Bedingungen für die Gründung von Niederlassungen
einholen zu müssen (*EuGH* v. 9.3.1999 – Rs. C-212/97 – NJW 1999, 2027). **Auflagen und Beschränkungen**, die auch für Inländer in den Mitgliedstaaten gelten,
verstoßen nicht gegen die Niederlassungsfreiheit. Ein Verstoß kommt insoweit nur in Betracht, wenn die Zulassung oder auch die tatsächliche Ausübung
des Gewerbes von EU-ansässigen Unternehmen an andere, zusätzliche oder er-

schwerende Bedingungen geknüpft ist. Für reine Produktions- oder Dienstleistungsunternehmen bestehen daher grundsätzlich keine Schwierigkeiten, innerhalb des EU-Wirtschaftsraums im Inland und Ausland Niederlassungen zu gründen.

Besonderheiten gelten jedoch im Bereich der **ANÜ** und der **privaten Arbeitsvermittlung**. Auf Grund der EG-Richtlinie Nr. 67/43 vom 12.1.1967 (ABlEG 1967, S. 140) über die Verwirklichung der Niederlassungsfreiheit für selbstständige Tätigkeiten auf dem Gebiet der Immobiliengeschäfte und einiger sonstiger Dienste für das Geschäftsleben wird die Dienstleistungsfreiheit auch für **private Stellenvermittlungsbüros** und Bürohilfsdienste garantiert (vgl. Art. 3 Abs. 2a und e), sodass – allerdings unter Beachtung der nationalstaatlich unterschiedlichen Regelungen zur Zulässigkeit – **ausländische Vermittlungsunternehmen** innerhalb der EU-Binnengrenzen unter denselben Voraussetzungen Arbeitsvermittlung im Inland betreiben können wie inländische (*Schüren/Feuerborn*, Einl. Rn. 453 vgl. § 3 Rn. 126).

12 Da die EG-Richtlinie Nr. 67/43 auf **Verleihunternehmen** entsprechend anzuwenden ist (*Becker/Wulfgramm*, Einl. Rn. 75a; *Schnorr*, RdA 1972, 201), ist auch ausländischen Verleihunternehmen im Rahmen des EU-Niederlassungsrechts unter denselben Voraussetzungen die **Erlaubnis zur gewerbsmäßigen ANÜ** zu erteilen wie inländischen Unternehmen. Dies bedeutet einerseits, dass ausländischen Unternehmen mit Sitz im Inland die Erlaubnis nach § 1 Abs. 1 auch dann zu erteilen ist, wenn dem Unternehmen nach ausländischem Recht die Erteilung einer Erlaubnis (z.B. wegen einer entsprechenden Verbotsregelung) versagt ist oder nur eingeschränkt oder nur unter bestimmten Auflagen oder Bedingungen erteilt werden darf. Umgekehrt ist deutschen Unternehmen innerhalb der EU-Binnengrenzen unter denselben Voraussetzungen die Erlaubniszu erteilen wie den jeweils national ansässigen Unternehmen. Ungeachtet der Frage, ob und ggf. unter welchen Voraussetzungen nach nationalstaatlicher Regelung im jeweiligen Mitgliedstaat ANÜ zulässig ist, richtet sich der **Anspruch auf Erlaubniserteilung** auf der Grundlage der Niederlassungsfreiheit ausschließlich danach, in welchem EU-Mitgliedstaat ANÜ gewerbsmäßig **betrieben** werden soll. Ob das jeweils ausländische Unternehmen hierbei nach nationalem Recht des Herkunftslandes eine entsprechende Erlaubnis besitzt oder überhaupt ANÜ betreiben darf oder tatsächlich betreibt, ist unbeachtlich (so auch *Becker/Wulfgramm*, Einl. Rn. 75a).

13 Ausländische Verleiher haben in der Bundesrepublik nur dann einen Anspruch auf Erlaubniserteilung, wenn sie nicht gegen Normen verstoßen, die zur **Versagung der Erlaubnis** auch gegenüber inländischen Verleihern berechtigen bzw. verpflichten. Hinsichtlich der Einhaltung arbeitsrechtlicher Vorschriften (vgl. § 3 Abs. 1 Nr. 1) folgt daraus, dass nicht nur die **Arbeitsverträge** deutscher Arbeitnehmer ausländischer Verleiher allen im Inland gültigen Normen entsprechen müssen, sondern dass auch die arbeitsvertraglichen Regelungen **ausländischer Leiharbeitnehmer** ausländischer Verleiher nach binnenstaatlichem Arbeitsrecht des Mitgliedstaates uneingeschränkt zulässig sein müssen (*Becker/Wulfgramm*, Einl. Rn. 75a). Ein nach französischem Recht zulässiger befristeter Leiharbeitsvertrag führt daher zur Versagung der Erlaubnis, wenn die Befristung nach § 14 TzBfG unwirksam ist (vgl. § 9 Rn. 304 ff.; Nr. 3; *Becker/Wulfgramm*, Einl. Rn. 75a). Die aus den Regelungen der Mitgliedstaaten folgenden Einschränkungen der unternehmerischen Handlungsfreiheit, die gleichzeitig die Niederlassungsfreiheit berühren, können nicht dadurch umgangen werden, dass das Unternehmen

lediglich im Rahmen der Dienstleistungsfreiheit tätig wird (Rn. 15). Das Erfordernis einer festen Niederlassung darf die Dienstleistungsfreiheit jedoch nur beschränken, wenn es für die Erreichung des verfolgten Zieles unerlässlich ist (*EuGH* v. 25. 10. 2001 – Rs. C-493/99).

3. Dienstleistungsfreiheit

Will ein Unternehmen aus einem EU-Mitgliedstaat in einem anderen Mitgliedstaat zeitlich begrenzte **Dienstleistungen erbringen**, ohne sich dort niederzulassen, steht ihm dieses Recht auf Grund des EU-Dienstleistungsrechts (Art. 49 bis 55 EGV) gleichermaßen wie inländischen Unternehmen zu (*EuGH* v. 27. 3. 1990 – Rs. C-113/89 – Slg. 1990, 1414). Drittstaatenangehörigen, die rechtmäßig eine Niederlassung innerhalb der Gemeinschaft gegründet haben, steht dieses Recht nur zu, soweit es durch den jeweiligen Mitgliedstaat ausdrücklich zuerkannt wird (zum Richtlinienvorschlag auf der Grundlage von Art. 49 Abs. 2 EGV vgl. EurosAS 1999, 2f.). Vom Dienstleistungsrecht erfasst werden zunächst alle Tätigkeiten, die im Rahmen von **Dienst- und Werkverträgen** innerhalb des EWR grenzüberschreitend erbracht werden, wobei dem Unternehmen grundsätzlich das Recht zusteht, das bei ihm **beschäftigte eigene Personal** mitzubringen (*Geiger*, EGV, Art. 16 Rn. 14; s. u. Rn. 21f.). Auch die **private Arbeitsvermittlung** wird von der Dienstleistungsfreiheit erfasst (Art. 3 Abs. 2a und e der EG-Richtlinie Nr. 47/43 v. 12. 1. 1967, ABlEG 1967, S. 140), was entsprechend auch für die **gewerbsmäßige ANÜ** gilt (*EuGH* v. 27. 3. 1990 – Rs. C-113/89 – Slg. 1990, 1414, Rn. 16; Becker/Wulfgramm, Einl. Rn. 75a; s. o. Rn. 11f.).

14

Besonderheiten gelten, soweit Unternehmen aus den in § 284 Abs. 1 SGB III genannten **EU-Beitrittsstaaten** grenzüberschreitend Dienstleistungen erbringen. Ihnen steht zwar grundsätzlich das Recht auf Dienstleistungsfreiheit zu, die Entsendung von Arbeitnehmern ist jedoch für Unternehmen der Beitrittsstaaten durch die Übergangsregelungen im Beitrittsvertrag in einigen Dienstleistungssektoren begrenzt. Insbesondere für das **Baugewerbe** und verwandte Wirtschaftszweige (vgl. Anhang zu RiLi 96/71 EG) sowie die Gebäudereinigung hat Deutschland insoweit von seinem Recht Gebrauch gemacht, den Einsatz von Arbeitnehmern aus EU-Beitrittsstaaten während der Übergangsfrist weiterhin den nationalen Bestimmungen und bilateralen Vereinbarungen zu unterwerfen. Dazu zählen insbesondere die **Werksvertragsabkommen** (vgl. Einl. G, Rn. 12 u. 59; Rn. 66ff.).

14a

Unter Beachtung der **Grenzen**, die sich nach dem **Recht der jeweiligen Mitgliedstaaten** auch für inländische Unternehmen hinsichtlich der Dienstleistungsfreiheit ergeben (dies wird z. B. von *Selmayr*, ZfA 1996, 650, der das AEntG mit Art. 49f. EGV für unvereinbar hält, übersehen), kann daher ein Unternehmen die bei ihm beschäftigten Arbeitnehmer innerhalb der Grenzen des EU-Binnenmarkts grundsätzlich unbeschränkt einsetzen. Grenzen werden z. B. durch die zwingenden Normen des Arbeitsschutzes, zwingende gesetzliche oder tarifliche **Mindestarbeitsbedingungen** (vgl. § 7 AEntG; § 1 Abs. 1 Satz 2 AÜG) oder auch Tariftreueerklärungen (Rn. 53aff.) gesetzt. Grundsätzlich sind alle dem Schutz des Arbeitnehmers dienenden Vorschriften des Mitgliedstaates auch von ausländischen Dienstleistern im Inland zu beachten. Der *EuGH* (v. 9. 8. 1994 – Rs. C-43/93 – EuZW 1994, 600) hat insoweit anerkannt, dass die Mitgliedstaaten **tarifliche Mindestlohnvereinbarungen** auf alle in ihrem Hoheitsgebiet tätigen Arbeitnehmer ausdehnen können, ohne gegen Art. 49 EGV zu verstoßen (*EuGH*

15

v. 15.3.2001 – Rs. C-165/98). Mit der Dienstleistungsfreiheit vereinbar ist dies jedoch nur, solange das ausländische Unternehmen die Möglichkeit besitzt, auch ohne Gründung einer Niederlassung die für Inlandsunternehmen zulässigen Tätigkeiten auszuüben. Mit dem Ersten Gesetz für moderne Dienstleistungen am Arbeitsmarkt (v. 23.12.2003, BGBl. I S. 4607) hat Deutschland nunmehr im Bereich der ANÜ der Rechtsprechung des EuGH Rechnung getragen und die Voraussetzungen zur grenzüberschreitenden ANÜ im Baugewerbe (§ 1b Satz 3 AÜG) und bei Beteiligung an einer ARGE (§ 1 Abs. 1 Satz 3 AÜG) gemeinschaftsrechtskonform geändert (§ 1 Rn. 4f.). Die Erbringung grenzüberschreitender Dienstleistungen darf auch i.ü. nicht von der Einhaltung aller Vorschriften abhängig gemacht werden, die für eine Niederlassung im Inland gelten, wenn hierdurch die praktische Wirksamkeit der Bestimmungen des EGV zur Dienstleistungsfreiheit genommen wird (*EuGH* v. 15.3.2001 – Rs. C-165/98). Bei grenzüberschreitenden Dienstleistungen in **Grenzgebieten** der Mitgliedstaaten, die lediglich kurzzeitig und in Teilzeit erbracht werden, können sich aus dem Grundsatz der Erforderlichkeit und Verhältnismäßigkeit Einschränkungen ergeben (*EuGH*, a.a.O.; § 37 BeschV). **Genehmigungspflichten** oder sonstige formelle Voraussetzungen, die im Inland für Dienstleistungsunternehmen bestehen, sind von einem EU-ausländischen Dienstleister nur dann (zusätzlich) einzuhalten, wenn derartige Formerfordernisse nicht denen des Niederlassungsstaates entsprechen oder der ausländische Dienstleister die Formerfordernisse des Niederlassungsstaates nicht erfüllt (*EuGH* v. 9.3.2000 – Rs. C-358/98 – NZA 2000, 431). Eine Berufung auf die Dienstleistungsfreiheit ist nur statthaft, soweit sich die eingesetzten Arbeitnehmer auf ein **eigenes Recht auf Freizügigkeit** nach Art. 39 EGV berufen können, ihre Tätigkeit in einem anderen Mitgliedstaat somit auf Grund EG-Gemeinschaftsrechts nicht unterbunden werden kann. Hat der aus dem Mitgliedstaat entsandte, vermittelte oder überlassene Arbeitnehmer keinen eigenen gemeinschaftsrechtlichen Anspruch auf Freizügigkeit, kann das Unternehmen den Arbeitnehmer in einem anderen Mitgliedstaat nur unter Beachtung der Grenzen des EU-Freizügigkeitsrechts einsetzen.

15a In den Sektoren, in denen die **Dienstleistungsfreiheit** für Unternehmen der EU-Beitrittsstaaten **eingeschränkt** ist (vgl. Rn. 14a), ist ein Einsatz ausländischer AN (einschließlich solcher mit Staatsangehörigkeit des EU-Beitrittsstaats) ausgeschlossen. Für die anderen Wirtschaftssektoren gelten die vom EuGH in der Rechtssache Van der Elst aufgestellten Kriterien (vgl. Rn. 21), wonach der entsandte Arbeitnehmer zur Stammbelegschaft gehören und vor der vorübergehenden Entsendung mindestens ein Jahr bei dem Unternehmen beschäftigt sein muss.

4. Recht auf Freizügigkeit

16 Auf Grund des **EU-Freizügigkeitsrechts** (Art. 39 EGV) steht jedem EU-Staatsangehörigen das Recht zu, sich innerhalb der EU-Binnengrenzen als Arbeitnehmer frei zu bewegen, aufzuhalten und einer **Erwerbstätigkeit nachzugehen**. Hierbei gelten sowohl das Diskriminierungsverbot (vgl. Art. 12 EGV) als auch der **Grundsatz auf Inländergleichbehandlung**, d.h., jede auf unterschiedlicher Nationalität beruhende unterschiedliche Behandlung bezüglich Beschäftigung, Entlohnung und Arbeitsbedingungen ist untersagt (*Schüren/Feuerborn*, Einl. Rn. 444). Art. 39 EGV und Art. 43 EGV stehen insoweit jeder nationalen Regelung entgegen, die geeignet ist, die Ausübung der durch den EG-Vertrag garantierten grundlegenden Freiheiten durch die Gemeinschaftsangehörigen zu behindern oder »weniger attraktiv zu machen« (*EuGH* – Rs. C-19/92 – Slg. 1993, I-1697). Hiermit unvereinbar ist es z.b., wenn nach dem Recht eines Mitgliedstaates die Ausübung einer Beschäftigung durch Angehörige der EU-Staaten davon abhängig gemacht wird, ihren Wohnsitz oder gewöhnlichen Aufenthalt im Inland zu haben (*EuGH* v. 9.3.2000 Rs. C-355/98 – NZA 2000, 431). Aus dem Grundrecht der Freizügigkeit folgt allerdings nicht zwingend, dass aus Mitgliedstaaten der EU entsandten Arbeitnehmern auch die am Arbeitsort im Inland geltenden **Arbeits- und Beschäftigungsbedingungen** zu gewähren sind. Vielmehr ist hier auf Grund der engeren Bindung des Arbeitsverhältnisses an den Entsendestaat meist die ausländische Regelung maßgeblich (Art. 30 Abs. 2 EGBGB; zur EU-Entsende-Richtlinie s.u. Rn.49ff.).

Auch Staatsangehörige der **Schweiz** haben nunmehr ab dem 1.4.2004 auf Grund des Freizügigkeitsabkommens EU/Schweiz das Recht auf Freizügigkeit (Einl. G Rn. 7). **16a**

Die auf Grundlage von Art. 39 und Art. 40 EGV erlassene Verordnung Nr.1612/ **17** 68 vom 15.10.1968 über die **Freizügigkeit der Arbeitnehmer** innerhalb der Gemeinschaft (ABlEG Nr. L 257/1) sowie die Verordnung Nr. 1408/71 (vgl. Rn.26ff.) konkretisieren dieses Recht (vgl. auch FreizügV/EG vom 17.7.1997, BGBl. I S. 1810). Auf Grund Art. 39 EGV (vgl. *EuGH* v. 4.4.1974 – Rs. C-167/73 – Slg. 1974, 359ff.) sowie der Verordnung Nr. 1612/68 hat der Arbeitnehmer (im Unterschied zu den EU-Richtlinien) **unmittelbare Ansprüche auf Freizügigkeit** im Rahmen der Inländergleichbehandlung. Art. 7 Abs. 4 der VO Nr.1612/68 verbietet auch eine diskriminierende **Ungleichbehandlung auf Grund tarifvertraglicher Regelungen**, wobei unerheblich ist, ob diese durch Gesetz vorgegeben sind (*BAG* v. 8.8.1996 – 6 AZR 771/93 A). Nach Art. 3 Abs. 1 Unterabs. 1 i.V.m. Abs. 2a der VO Nr.1612/68 sind daher die Bestimmungen des SGB III über Anwerbung und Vermittlung von Arbeitnehmern im Ausland auf EG- und EWR-Ausländer nicht anwendbar (vgl. § 291 SGV III); es sind nur die auch für deutsche Arbeitnehmer geltenden Beschränkungen durch allgemeine vermittlungsrechtliche Vorschriften zu beachten.

Vom EU-Freizügigkeitsrecht werden grundsätzlich alle **Arbeitnehmer** erfasst. **18** Besonderheiten gelten bei Arbeitnehmern aus den Beitrittsstaaten der EU (vgl. Rn.18a u. Einl. F Rn.4, 11ff.). Der Arbeitnehmerbegriff ist dabei weit zu fassen ist (so auch *Schüren/Feuerborn*, Einl. Rn.447) und muss nicht alle Begriffsmerkmale des allgemein gültigen Arbeitnehmerbegriffs erfüllen. Ausreichend ist insoweit, dass die Arbeitsleistung für einen anderen nach dessen Weisung gegen Vergütung erbracht wird (*EuGH* v. 3.7.1986 – Rs. C-66/85 – Slg. 1986, 2121ff.). Unstrittig steht daher allen EU-Staatsangehörigen, die als **Erfüllungsgehilfen** im Rahmen von Werk- und Dienstverträgen eingesetzt werden, das Recht zu, ebenso wie Inländer ihre Tätigkeiten zu verrichten. Aber auch **Arbeitsuchende**, die eine abhängige Beschäftigung eingehen wollen, sind jeweils wie Inländer zu behandeln und fallen als Arbeitnehmer unter den Kreis der Personen, auf die sich die Tätigkeit privater Arbeitsvermittlung erstreckt (vgl. Einl. D. Rn.21). Auch **Leiharbeitnehmer** fallen unter die Vorschriften des EU-Freizügigkeitsrechts (*Becker/Wulfgramm*, Einl. Rn.75c; *Schüren/Feuerborn*, Einl. Rn.447; offengehalten in *EuGH* v. 17.12.1981 – Rs. C-279/80 – AP Nr.9 zu Art. 177 EG-Vertrag), soweit sie in einem für Arbeitsverhältnisse typischen Abhängigkeitsverhältnis stehen (vgl. auch Art. 1 der EU-Richtlinie zu atypischen Arbeitsverhältnissen Rn.38ff.).

18a Nur eingeschränkt kommt das EU-Freizügigkeitsrecht für Arbeitnehmer aus den **Beitrittsstaaten** zur Anwendung (vgl. Einl. G Rn. 11 ff.). Sie bedürfen grundsätzlich einer Arbeitsberechtigung bzw. Arbeitserlaubnis/EU (§ 284 Abs. 2 SGB III). Nach § 284 Abs. 4 Satz 2 SGB III genießen sie bei der Erteilung Vorrang gegenüber Angehörigen von Drittstaaten. Ausgeschlossen ist die Erteilung der Genehmigung, wenn der Arbeitnehmer als LAN tätig werden will (§ 40 Abs. 1 Nr. 2 AufenthG, § 6 Abs. 1 Nr. 2 ArGV; vgl. Einl. G Rn. 35 f.). Eine unbefristete **Arbeitserlaubnis/EU** erhalten die Staatsangehörigen, soweit sie am 1.5.2004 oder später für einen ununterbrochenen Zeitraum von mindestens 12 Monaten zum Arbeitsmarkt zugelassen waren. Zeiten der vorübergehenden Entsendung aus dem Ausland, insbesondere Zeiten der Beschäftigung als **Werkvertragsarbeitnehmer** werden dabei nicht angerechnet (§ 12a Abs. 1 Satz 2 ArGV).

19 Nicht unmittelbar erfasst vom EU-Freizügigkeitsrecht oder der Verordnung Nr. 1612/68 werden dagegen **ausländische Arbeitnehmer**, die die **Staatsangehörigkeit von Drittstaaten** besitzen. Infolge der unterschiedlichen Regelungen der EU-Staaten, insbesondere zum Staatsangehörigkeits- und Ausländerrecht, zum Aufenthalts- und Arbeitserlaubnisrecht, aber auch zum Arbeits- und Sozialrecht schlechthin, treten daher erhebliche Probleme auf, wenn Unternehmen sich auf die Dienstleistungsfreiheit nach Art. 43 EGV berufen und hierbei der **Einsatz ausländischer Arbeitnehmer aus Drittstaaten** innerhalb EU-Binnengrenzen infrage steht. Soweit sich das Unternehmen bei Einsatz von Arbeitnehmern aus Drittstaaten ausschließlich im Rahmen des EU-Niederlassungsrechts bewegt, treten keine Probleme auf. Eine unterschiedliche Behandlung innerhalb desselben Mitgliedstaates für in- und ausländische Unternehmen ist insoweit ausgeschlossen und nationalstaatliche Normen, die die unternehmerische Handlungsfreiheit begrenzen, treffen hier unterschiedslos alle Unternehmen des EU-Wirtschaftsraums.

20 Probleme treten demgegenüber auf, wenn Unternehmen sich auf die **Dienstleistungsfreiheit** nach Art. 43 EGV berufen können und im Rahmen der Ausführung von Verträgen **Arbeitnehmer grenzüberschreitend im EU-Raum entsenden**, überlassen oder vermitteln wollen, deren Beschäftigung zwar nach jeweiligem Inlandsrecht des Entsendestaates keinen Beschränkungen unterliegt, aber im Einsatzstaat nicht oder nur unter anderen oder zusätzlichen Voraussetzungen zulässig ist. Relevant wird das Problem beispielsweise, wenn der Arbeitnehmer aus dem Drittstaat nach jeweiligem Inlandsrecht keiner Arbeitserlaubnis bedarf (oder eine derartige besitzt), nach dem Recht des Einsatzortes jedoch eine besondere oder weitere Erlaubnis benötigt oder sogar von einer Erlaubniserteilung ausgeschlossen ist (vgl. z. B. § 6 Abs. 1 ArGV). Fraglich ist, ob und ggf. inwieweit die **unternehmerische Betätigungsfreiheit** im Rahmen der Art. 43 ff. EGV dann **Beschränkungen** unterliegt, wenn sich ein Arbeitnehmer im Rahmen des grenzüberschreitenden Einsatzes nicht auf Art. 39 ff. EGV berufen kann und nach dem Recht des Einsatzortes seine Beschäftigung nicht oder nur eingeschränkt zulässig ist. Der auf Art. 49 Abs. 2 EGV gestützte EU-Richtlinienvorschlag über Dienstleistungen im Binnenmarkt (v. 13.1.2004, EU-Ds. 5161/05) sieht die Einführung des sog. »**Herkunftslandsprinzip**« vor, wonach bei grenzüberschreitenden Dienstleistungen ausschließlich das Recht des Entsendestaats zur Anwendung kommen soll. Sowohl aus ordnungspolitischen Gründen als auch wegen der gravierenden Auswirkungen für die Beschäftigung und die Entgeltbedingungen konnte der Vorschlag bislang nicht die erforderliche Zustimmung gewinnen.

Grundsätzlich hat das Unternehmen im Rahmen seiner **unternehmerischen Entscheidungsfreiheit** nach Art. 43 ff. EGV das Recht, bei der Durchführung von Dienstleistungsverträgen **frei** darüber zu **entscheiden, mit welchem Personal** – gleich welcher Staatsangehörigkeit – **es den Vertrag erfüllt**. Teilweise wird hieraus die Schlussfolgerung gezogen, dass im Rahmen der Erbringung von Dienstleistungen nach Art. 43 EGV die Regelungen zur Freizügigkeit nach Art. 39 ff. EGV sowie der Verordnung Nr. 1612/68 vom 14.6.1971 bei der Beschäftigung von Angehörigen aus Drittstaaten nicht anwendbar seien (*Kirchhoff*, DB 1990, 263 f.). Diese Auffassung geht somit von einem **Vorrang** der Vorschriften der Art. 43 ff. EGV zur Dienstleistungsfreiheit gegenüber den (diese verdrängenden) Vorschriften zur Freizügigkeit aus (*Hailbronner-Nachbaur*, EuZW 1992, 106), was jedoch im EGV keine Stütze findet. Der *EuGH* hat in seiner Entscheidung vom 27.3.1990 (Rs. C-113/89 – Slg. 1990, 1417 ff. – Rn. 12) festgestellt, dass Art. 43 f. EGV einen **Mitgliedstaat daran hindern**, dem in einem anderen Mitgliedstaat ansässigen Erbringer von Dienstleistungen **zu verbieten, mit seinem gesamten Personal** frei in das Gebiet des erstgenannten Staates **einzureisen**, oder die Einreise von einschränkenden Bedingungen abhängig zu machen (vgl. auch *EuGH* v. 21.10.2004 – Rs. C-445/03 – NZA 2005, 99). Den Verstoß gegen das Diskriminierungsverbot sieht der *EuGH* hierbei darin, dass – im Unterschied zu den im Aufnahmeland ansässigen Konkurrenten – das entsendende Unternehmen nicht auf sein gesamtes Personal Rückgriff nehmen kann (*EuGH*, a.a.O.). In der Rechtssache Van der Elst hat der *EuGH* (v. 9.8.1994 – Rs. C-43/93, Slg. 1994 I, 3803 ff.) diese Grundsätze bestätigt und das Verlangen einer strafbewehrten Arbeitserlaubnis für unzulässig erklärt (*Stahlberg*, EuroAS 1997, 119). Generelle Schlussfolgerungen für die Frage, ob und ggf. in welchem Rahmen Beschränkungen des Einsatzes von Arbeitnehmern aus Drittstaaten den Bestimmungen des EGV zur Dienstleistungsfreiheit widersprechen, dürfen aus den Entscheidungen nicht gezogen werden. Auch aus der Entscheidung des *EuGH* zum Verbot der Verpflichtung zur doppelten Abführung von Arbeitgebersozialversicherungsbeiträgen (*EuGH* v. 3.2.1982 – Rs. C-62 und 63/81 – Slg. 1982, 223 ff.) lässt sich – zumindest hinsichtlich der Frage der **Reichweite arbeitserlaubnisrechtlicher Vorschriften** – keine eindeutige Aussage entnehmen. Dennoch lässt sich den Entscheidungen des *EuGH* der allgemeine Grundgedanke entnehmen, dass nationalstaatliche Regelungen zur Begrenzung der Freizügigkeit auch dann die Dienstleistungsfreiheit diskriminierungsfrei gewährleisten müssen, wenn sie sich außerhalb der nach Art. 39 ff. EGV zu gewährleistenden Freizügigkeit bewegen. **Begrenzende Rechtsnormen** in den einzelnen EU-Staaten sind daher **zulässig**, soweit sie aus zwingenden Gründen des Allgemeininteresses unerlässlich sind (*EuGH* v. 9.7.1997 – Rs. C-222/95) und nicht auf eine diskriminierende Behandlung ausländischer Mitkonkurrenten hinauslaufen (zur Nichtanwendbarkeit des § 10 auf Bedienstete internationaler Organisationen vgl. *Henrichs*, RdA 1995, 158). Insofern ist zwar immer der Kernbereich der Dienstleistungsfreiheit zu beachten. Andererseits darf jedoch die Berufung eines ausländischen Konkurrenten auf Art. 43 ff. EGV nicht dazu führen, dass der **inländische Mitkonkurrent** dadurch **beeinträchtigt** wird. Die Dienstleistungsfreiheit garantiert zwar die diskriminierungsfreie Gleichbehandlung ausländischer Unternehmen, sie räumt ihnen jedoch keinen Anspruch auf eine privilegierte Ausübung der unternehmerischen Betätigungsfreiheit in den Fällen ein, in denen ein inländisches Unternehmen Beschränkungen (wie z.B. nach dem AEntG) unterliegt. Hinsichtlich des **Arbeitserlaubnisrechts** folgt hieraus, dass die jeweils in den Mitgliedstaaten geltenden

Beschränkungen dann keinen Verstoß gegen das Diskriminierungsverbot der Art. 49 f. EGV darstellen, wenn sie von den in der EU ansässigen Unternehmen einheitlich einzuhalten sind. Für das Arbeitserlaubnisrecht der Bundesrepublik sind diese Voraussetzungen erfüllt, sodass bei der **Beschäftigung von Drittstaatenangehörigen** im Rahmen der Erbringung von Dienstleistungen grundsätzlich immer eine **Arbeitsgenehmigung/EU** nach § 284 SGB III oder ein Aufenthaltstitel nach § 4 Abs. 3 Satz 1 AufenthG (vgl. Einl. G Rn. 15) **erforderlich** ist.

22 Soweit **Leiharbeitnehmer aus Drittstaaten** innerhalb der EU-Binnengrenzen **grenzüberschreitend überlassen** werden sollen, stellen bestehende Begrenzungs- oder Ausschlussnormen (vgl. § 40 Abs. 1 Nr. 2 AufenthG; § 6 Abs. 1 Nr. 2 ArGV) keinen Verstoß gegen die durch Art. 43 f. EGV garantierte Dienstleistungsfreiheit dar, solange das Recht aller EU-Staatsangehörigen auf Freizügigkeit und damit auch auf Zugang zu diesem Teilarbeitsmarkt gewährleistet ist. Zwar fällt auch die ANÜ unter den gemeinschaftsrechtlichen Begriff der Dienstleistungsfreiheit; durch die Zuführung von ausländischen Arbeitnehmern aus Drittstaaten werden jedoch dem Arbeitsmarkt des Aufnahmestaates (und damit dem EU-Binnenwirtschaftsraum) zusätzliche Arbeitnehmer zugeführt, die die Beschäftigungsmöglichkeiten aller (jeweils gleichzubehandelnden) EU-Arbeitnehmer beeinträchtigen (EuGH v. 27. 3. 1990 – Rs. C-113/89 – Slg. 1990, 1444 Rn. 16). Durch den Einsatz der Arbeitnehmer aus Drittstaaten werden hier die Rechte der EU-Arbeitnehmer auf Freizügigkeit als solche beeinträchtigt, eine Umgehung unter Berufung auf das Dienstleistungsrecht ist insoweit nicht gestattet (so auch Kirchhoff, DB 1990, 264).

5. EU-Verordnungen

a) EU-Verordnung Freizügigkeit

23 Die auf Grund Art. 40 EGV vom Rat erlassene Verordnung Nr. 1612/68 über die **Freizügigkeit der Arbeitnehmer innerhalb der Gemeinschaft** vom 15. 10. 1968 (ABlEG Nr. L 257/1), zuletzt geändert durch Verordnung Nr. 2434/92 vom 27. 7. 1992 (ABlEG vom 26.8.1992, Nr. L 245/1) gewährt sowohl Arbeitnehmern als auch deren Familien volle Freizügigkeit in der EU. Nach Art. 1 bis 6 der VO besitzen alle Staatsangehörigen eines Mitgliedstaates einen **diskriminierungsfreien Zugang zur Beschäftigung**. Von Angehörigen der EU-Staaten darf daher weder eine Arbeitserlaubnis verlangt werden noch dürfen den Arbeitnehmern sonstige Beschränkungen hinsichtlich der Zulassung oder Ausübung der Tätigkeit auferlegt werden, die für Inländer nicht gelten. Nur soweit die Besonderheit der zu vergebenden Stelle spezielle Sprachkenntnisse erfordert (z. B. im Bereich von Sprachlehr- oder Übersetzungstätigkeiten), können gem. Art. 3 Abs. 1 Satz 2 der VO 1612/68/EWG Sonderbedingungen aufgestellt werden.

24 Gem. Art. 16 Abs. 3 der VO 1612/68/EWG genießen Staatsangehörige aus den Mitgliedstaaten wie Inländer ggf. **Vorrang bei der Arbeitsvermittlung** gegenüber den Arbeitnehmern aus Nichtmitgliedstaaten (vgl. auch § 285 Abs. 4 Satz 2 SGB III für Angehörige der EU-Beitrittsstaaten). Da die Verordnung nach Art. 249 EGV unmittelbare Geltung besitzt, treffen die diesbezüglichen Pflichten auch **privattätige Arbeitsvermittler**.

25 In Art. 7 bis 12 der VO 1612/68/EWG ist die Verpflichtung festgeschrieben, Arbeitnehmer aus den Mitgliedstaaten **im Hinblick auf alle Arbeitsbedingungen** – einschließlich der Entlohnung – sowie hinsichtlich der sozialen und steuerlichen Vergünstigungen mit inländischen Arbeitnehmern **gleichzubehandeln.** Bezogen auf die grenzüberschreitende ANÜ, aber auch auf die übrigen grenz-überschreitenden Formen der Fremdfirmenarbeit innerhalb der EU, ergeben sich insoweit erhebliche Probleme, wie dem Gleichbehandlungsgebot mangels besonderer EU-rechtlicher Vorschriften (zur Entsende-Richtlinie s. u. Rn. 49 ff.), aber auch mangels spezifischer und abgestimmter Umsetzungsregelungen in den Mitgliedstaaten Rechnung getragen werden kann. Wird etwa ein **Leiharbeitnehmer** aus einem anderen EU-Mitgliedstaat in die Bundesrepublik entliehen, hat der Entleiher zwar die öffentlich-rechtlichen Vorschriften des Arbeitsschutzes gleichermaßen zu beachten wie bei Inländern (§ 11 Abs. 6). Hinsichtlich der Entlohnung ist der Arbeitnehmer aber nur dann gleichgestellt, wenn die **Gleichstellungsgrundsätze** der §§ 3 Abs. 1 Nr. 3, 9 Nr. 2 AÜG (die zu den zwingenden Normen i.S.d. Art. 30 Abs.1 EGBGB zählen; vgl. Rn. 3) nicht durch einen **Tarifvertrag zur ANÜ** abbedungen sind (vgl. § 9 Rn. 77 ff.; a. A. Sandmann/Marschall, Einl. Anm. 55, die die Gewährung der Arbeitsbedingungen von Stammarbeitnehmern generell ausschließen). Da ein Unternehmen mit Sitz im Ausland grundsätzlich nicht dem Geltungsbereich der deutschen Tarifverträge unterliegen kann, würden Konflikte auftreten, wenn für deutsche Leiharbeitsverhältnisse qua beiderseitiger Tarifbindung der Gleichbehandlungsgrundsatz außer Kraft gesetzt ist, für ausländische Leiharbeitsverhältnisse aber mangels der Möglichkeit zur Tarifbindung gelten würde. Bei materieller Gleichwertigkeit kann daher auch eine **ausländische Kollektivvereinbarung** den Anforderungen eines TV zur ANÜ entsprechen (§ 9 Rn. 150a). Daneben hat der Gesetzgeber für den Bereich der wesentlichen Arbeitsbedingungen i.S.d. §§ 3 Abs. 1 Nr. 3, 9 Nr. 2 AÜG einschließlich des Arbeitsentgelts den Konflikt dadurch gelöst, dass die abweichenden TV zur ANÜ auch qua **einzelvertraglicher Bezugnahme** auf das Arbeitsverhältnis Anwendung finden (vgl. auch § 7 Abs. 1 Nr. 4 AEntG). Diese Möglichkeit besteht auch, soweit das Leiharbeitsverhältnis ausländischem Recht unterliegt (§ 9 Rn. 290a). Machen die Arbeitsvertragsparteien von dieser Möglichkeit nicht Gebrauch, ist der ausländische Verleiher wie ein inländischer Verleiher verpflichtet, die gesetzlichen Gleichstellungsansprüche zu erfüllen. Eines Rückgriffs auf die Regeln des Konfliktrechts bedarf es insoweit nicht. Etwas anderes gilt jedoch für die Arbeitsbedingungen, die nicht den Gleichbehandlungsgrundsätzen von §§ 3 Abs. 1 Nr. 3, 9 Nr. 2 AÜG unterliegen (vgl. § 9 Rn. 82), was insbesondere die Begrenzungen für die **Befristung** des Leiharbeitsverhältnisses (§ 9 Rn. 304 ff.) nach dem TzBfG betrifft. Hier können Konflikte auftreten, wenn eine Befristung nach dem Recht des Entsendestaats zulässig ist, nach dem TzBfG die Befristung aber unwirksam ist und die Vermutung für Arbeitsvermittlung nach §§ 1 Abs. 2, 3 Abs. 1 Nr. 1 AÜG auslöst. *Becker/Wulfgramm* lösen die Problematik dadurch, dass sie nach den **Regeln des Konfliktrechts** immer diejenige Rechtsordnung für anwendbar erklären, unter der der Leiharbeitsvertrag geschlossen wurde und nehmen hiervon nur den Bereich der zwingenden Vorschriften des Arbeitsschutzes aus (*Becker/Wulfgramm*, Einl. Rn. 75c). Auch i.Ü. lässt sich diese Ansicht auf den Wortlaut des Art. 7 Abs. 1 der VO 1612/68/EWG stützen, der Diskriminierungen hinsichtlich der Entlohnung des Arbeitnehmers nur »auf Grund seiner Staatsangehörigkeit« ausschließt. In der Praxis beschäftigen jedoch die Unternehmen im Inland ausländische Leiharbeitnehmer häufig (dies betrifft insbesondere Leiharbeitnehmer aus Großbritannien) erklärtermaßen gerade aus der **Zielsetzung** heraus, dass diese ausländischen Leiharbeitnehmer billiger sind. Derart **mittelbare Diskriminierungen** stellen einen Verstoß gegen das Gleichbehandlungsgebot dar (vgl. auch Art. 141 Abs. 2 EGV). Verleiher und Entleiher sind hier gehalten, den Leiharbeitnehmer hinsichtlich der Entlohnung zumindest so zu stellen wie **vergleichbare deutsche Leiharbeitnehmer** (s. a. § 75 Abs. 1 BetrVG). Auch kann der Betriebsrat seine Zustimmung zur Einstellung (vgl. Erl. zu § 14) wegen des vorliegenden Verstoßes gegen das Diskriminierungsverbot im Rahmen des § 99 BetrVG verweigern. In begründeten Fällen muss dem eingesetzten Leiharbeitnehmer die Differenz zwischen ortsüblicher Entlohnung und vom ausländischen Verleiher tatsächlich gezahltem Lohn erstattet werden. Letztlich besteht jedoch ohne die Schaffung weiterer einheitlicher gemeinschaftsrechtlicher Vorschriften bei grenzüberschreitender Fremdfirmenarbeit die Gefahr, dass inländische Unternehmen durch den Einsatz von Leiharbeitnehmern aus anderen EU-Mitgliedstaaten die aus Art. 7ff. der VO 1612/68/EWG resultierenden **Gleichbehandlungspflichten umgehen** (*Becker/Wulfgramm*, Einl. Rn. 75d).

b) EU-Verordnung Soziale Sicherheit

26   Nach Art. 42 EGV ist der Rat aufgefordert, das **Recht auf Freizügigkeit** durch Maßnahmen zu **gewährleisten**, die auch den sozialen Schutz der Arbeitnehmer und deren Angehöriger bei Ausübung einer Arbeit in einem anderen EU-Mitgliedstaat sicherstellen. Darauf beruhend verabschiedete der Rat die **Verordnung 1408/71/EWG Soziale Sicherheit** vom 14. 6. 1971 (Verordnung Nr. 1408/71 über die Anwendung der Systeme der sozialen Sicherheit auf Arbeitnehmer und Selbstständige sowie deren Familienangehörige, die innerhalb der Gemeinschaft zu- und abwandern [ABlEG Nr. L 149/2], in der Neufassung der VO Nr. 2001/83/EWG des Rates vom 2. 6. 1983 [ABlEG Nr. L 203], zuletzt geändert durch VO Nr. 1247/92/EWG bis 1249/92/EWG des Rates vom 30. 4. 1992 [ABlEG Nr. L 136/1]). Ergänzend hierzu wurde die VO Nr. 574/72/EWG vom 21. 3. 1972 zur Durchführung der VO Nr. 1408/71/EWG erlassen (ABlEG Nr. L 74/1 in der Neufassung der VO Nr. 2001/81/EWG des Rates vom 2. 6. 1983 [ABlEG Nr. L 230], zuletzt geändert durch VO Nr. 1248/92/EWG vom 30. 4. 1992 [ABlEG Nr. L 136/7]).

27   In Art. 1 bis 12 der VO 1408/71/EWG sind allgemeine Vorschriften zu den Instituten der sozialen Sicherungssysteme sowie eine Vielzahl von Begriffsdefinitionen enthalten. Nach Art. 2 Nr. 1 der VO sind deren Vorschriften nicht auf Arbeitnehmer, die **Staatsangehörige eines Drittstaates** sind, anwendbar. Sie gelten jedoch vollumfänglich, soweit Arbeitnehmer aus den EU-Beitrittsstaaten ins Inland entsandt werden (*Schüren/Feuerborn*, Einl. Rn. 637; *Thüsing/Thüsing*, Einl. Rn. 68). Art. 12 bis 17 der VO regeln die Frage, welche Rechtsordnung im Einzelfall anwendbar ist. Die Art. 18ff. der VO regeln die verschiedenen Leistungsarten bezüglich der Sicherungssysteme und legen die Grundsätze der materiellen Ansprüche der Wanderarbeitnehmer fest (hinsichtlich der Einzelheiten vgl. ausführlich *Egger*, WBl. 1992, 148; *Schulte*, EuR 1982, 358; *Wanders*, EuR 1985, 1559; zur Rechtsprechung des EuGH instruktiv: *Dötsch*, AuA 2000, 72).

28   Nach Art. 13 der VO 1408/71/EWG unterliegt ein **grenzüberschreitender Einsatz von Arbeitnehmern** innerhalb der EU immer nur den Rechtsvorschriften eines Mitgliedstaates (Abs. 1), wobei in Abs. 2a festgelegt wird, dass grundsätzlich die Rechtsvorschriften des Staates anzuwenden sind, in denen der Arbeitnehmer seine Tätigkeit tatsächlich verrichtet **(lex loci laboris); d**arauf, wo sich der ständige Wohnsitz des Arbeitnehmers oder die Betriebsstätte des Arbeitgebers oder Unternehmens befindet, kommt es grundsätzlich nicht an. Dies gilt

auch für die Zahlung von **Kurzarbeitergeld**, solange das Arbeitsverhältnis im Inland bestehen bleibt (*EuGH* v. 15.3.2001, Rs. C-444/98). Arbeitnehmer, die im Rahmen der verschiedenen Formen der Fremdfirmenarbeit grenzüberschreitend im Inland eingesetzt werden, unterliegen danach grundsätzlich den deutschen Vorschriften des Sozialversicherungsrechts.

Eine wichtige Ausnahme von diesem Grundsatz ist jedoch in Art. 14 Nr. 1 Buchst. a) der VO 1408/71/EWG enthalten. Die Vorschrift lautet:

»Vom Grundsatz des Artikels 13 Absatz 2 Buchstabe a) gelten folgende Ausnahmen und Besonderheiten:

1.a) Eine Person, die im Gebiet eines Mitgliedstaats von einem Unternehmen, dem sie gewöhnlich angehört, im Lohn- oder Gehaltsverhältnis beschäftigt wird und die von diesem Unternehmen zur Ausführung einer Arbeit für dessen Rechnung in das Gebiet eines anderen Mitgliedstaats entsandt wird, unterliegt weiterhin den Rechtsvorschriften des ersten Mitgliedstaats, sofern die voraussichtliche Dauer dieser Arbeit zwölf Monate nicht überschreitet und sie nicht eine andere Person ablöst, für welche die Entsendungszeit abgelaufen ist;

1.b) geht eine solche Arbeit, deren Ausführung aus nicht vorhersehbaren Gründen die ursprünglich vorgesehene Dauer überschreitet, über zwölf Monate hinaus, so gelten die Rechtsvorschriften des ersten Mitgliedstaats bis zur Beendigung dieser Arbeit weiter, sofern die zuständige Behörde des Mitgliedstaats, in dessen Gebiet der Betreffende entsandt wurde oder die von dieser Behörde bezeichnete Stelle dazu ihre Genehmigung erteilt; diese Genehmigung ist vor Ablauf der ersten zwölf Monate zu beantragen. Sie darf nicht länger als zwölf Monate erteilt werden.«

Eine Entsendung i.S.d. Art. 14 Nr. 1 Buchst. a) der VO 1408/71/EWG liegt immer vor, wenn eine direkte arbeitsvertragliche Verbindung zwischen dem entsendenden Unternehmen und dem Arbeitnehmer für die Zeit der Entsendung bestehen bleibt (*Cornelissen*, RdA 1996, 329), insbesondere wenn das entsendende Unternehmen **während der Entsendung Arbeitgeber** bleibt. Diese Voraussetzung ist allerdings nur erfüllt, wenn das entsendende Unternehmen nicht lediglich administrative Tätigkeiten für ein Unternehmen mit Sitz in einem anderen Mitgliedstaat ausübt, sondern regelmäßig einer nennenswerten eigenen Geschäftstätigkeit nachgeht (*EuGH* v. 9.11.2000, Rs. C-404/98, EuroAS 2000, 182). Es bleibt daher beim Grundsatz des lex loci laboris, wenn die inländische Unternehmensgruppe lediglich formal die Arbeitnehmer von einem Unternehmen eines anderen Mitgliedstaates beschäftigen lässt, um sie dann im Inland einzusetzen.

Für den Bereich der ANÜ ist Art. 14 Nr. 1 Buchst. a) **anwendbar** (*EuGH* v. 17.12.1970 – Rs. C-35/70; *Becker/Wulfgramm*, Art. 1 § 3 Rn. 104; *Sandmann/Marschall*, Art. 1 § 3 Rn. 70; *Schüren/Feuerborn* Einl. Rn. 637), soweit der Leiharbeitnehmer lediglich zwölf Monate bei einem Entleiher beschäftigt werden soll und er nicht im Rahmen rollierender Verfahren einen anderen Leiharbeitnehmer ersetzt. Hier liegt nach § 5 Abs. 1 SGB IV eine **Einstrahlung** des ausländischen Sozialversicherungsrechtes vor (zu Ausnahmen bei konzerninterner Versendung vgl. *BSG* v. 7.11.1996 – 12 RK 79/94 – DB 1997, 835), sodass auch die Regelun über die selbstschuldnerische Bürgenhaftung des (inländischen) Entleihers nach § 28e Abs. 2 Satz 1 SGB IV keine Anwendung findet (*Schüren/Feuerborn*, Einl. Rn. 638; *Thüsing/Thüsing*, Einl. Rn. 69). Überschreitet demgegenüber die **voraussichtliche** Überlassungsdauer zwölf Monate, sind die Voraussetzungen einer Einstrahlung

29

auf Grund der in Art. 13 Abs. 2 Buchst. a) und Art. 14 Nr. 1 der VO Nr. 1408/71 EWG zwingend angeordneten Geltung des Rechts des Einsatzortes nicht erfüllt (vgl. § 6 SGB IV). § 5 Abs. 1 SGB IV findet in diesen Fällen keine Anwendung, sodass die betroffenen Arbeitnehmer in diesen Fällen der Kranken-, Unfall-, Renten- und Sozialversicherung in der Bundesrepublik unterliegen. Etwas Anderes kann hier nur gelten, wenn im Rahmen des Art. 14 Nr. 1 Buchst. b) für einen zunächst für zwölf Monate vorgesehenen Einsatz für einen weiteren Zeitraum von höchstens zwölf Monaten eine Ausnahmegenehmigung der zuständigen Genehmigungsbehörde erteilt wird (zur Richtigkeitsgewähr einer entsprechenden Bescheinigung vgl. *EuGH* v. 10.2.2000 – Rs. C-202/97).

30 Werden Leiharbeitnehmer von einem inländischen Verleiher an einen **Entleiher in einem anderen Mitgliedstaat** zeitlich begrenzt verliehen, bleibt grundsätzlich das deutsche Sozialversicherungsrecht anwendbar, wenn die Entsendung im voraus zeitlich begrenzt ist; es liegt eine **Ausstrahlung** i.S.v. § 4 Abs. 1 SGB IV vor. Übersteigt der voraussichtliche oder tatsächliche Auslandseinsatz zwölf Monate, liegen demgegenüber die Voraussetzungen des Art. 14 Buchst. 1a) der VO Nr. 14087/71 EWG nicht vor. Es liegt dann eine **Einstrahlung** vor und die Vorschriften des ausländischen Sozialversicherungsrechtes finden Anwendung (*Thüsing/Thüsing*, Einl. Rn. 68 f.). Dasselbe gilt, wenn Arbeitnehmer im Rahmen rollierender Verfahren nach jeweils zwölf Monaten ausgetauscht werden (vgl. Rn. 29). Unabhängig hiervon gelten die Vorschriften des vorübergehenden ausländischen Arbeitsorts bzgl. Arbeitsschutz und Arbeitssicherheit (z.B. Arbeitszeit) während der Zeiten des Auslandseinsatzes (*Gerauer*, BB 1999, 2083). Die Vorschriften des AÜG bleiben bei einer ANÜ daneben bestehen, soweit nicht der Sonderfall einer ANÜ auf der Grundlage zwischenstaatlicher Vereinbarungen nach § 1 Abs. 3 Nr. 3 AÜG vorliegt (*BAG* v. 22.3.2000 – 7 ABR 34/98 – DB 2000, 2330; vgl. § 6 SGB IV).

31 Bei **illegalen Formen der ANÜ** ist danach zu unterscheiden, ob die Entsendung nach oder aus dem Inland erfolgt. Hat ein ausländischer Verleiher den Leiharbeitnehmer z.B. ohne die auch für ihn nach § 1 Abs. 1 erforderliche Erlaubnis (vgl. § 3 Rn. 49 ff.) an einen inländischen Entleiher verliehen, kommt gem. § 10 Abs. 1 ein Arbeitsverhältnis zum inländischen Entleiher zustande, womit gleichzeitig die tatbestandlichen Voraussetzungen des Art. 14 Nr. 1 Buchst. a) entfallen. Auch sozialversicherungsrechtlich wird damit ein Beschäftigungsverhältnis i.S.d. § 3 Nr. 1 SGB IV fingiert (*BSG* v. 25.10.1988, BSGE 64, 145); der betroffene Arbeitnehmer unterliegt den **sozialversicherungsrechtlichen Bestimmungen nach deutschem Recht** (*Thüsing/Thüsing*, Einl. Rn. 70).

32 Hat demgegenüber ein inländischer Verleiher bei der **Überlassung** eines Arbeitnehmers **in einen anderen Mitgliedstaat** gegen Vorschriften des AÜG verstoßen, kann er sich nicht darauf berufen, dass das Leiharbeitsverhältnis nach § 9 Nr. 1 unwirksam ist. Bei sonstigen Verstößen bleibt er auch bei Zustandekommen eines fingierten Arbeitsverhältnisses nach § 1 Abs. 2 AÜG zur Beitragszahlung verpflichtet (vgl. Art. 3 AÜG Rn. 7, 9; *Schüren/Feuerborn*, Einl. Rn. 641).

33 Art. 14 Nr. 1 Buchst. a) der VO 1408/71/EWG ist grundsätzlich auch bei allen anderen Formen der Fremdfirmenarbeit mit Entsendung in einen anderen Mitgliedstaat anwendbar; er gilt insbesondere auch bei **Auslandseinsatz im Rahmen von Werk- und Dienstverträgen**. Soweit in diesen Fällen der höchstzulässige **zeitliche Rahmen von zwölf Monaten** überschritten wird und keine Ausnahmegenehmigung nach Art. 14 Nr. 1 Buchst. b) der VO 1408/71/EWG vorliegt (zum Antragsverfahren siehe *Cornelissen*, RdA 1996, 329), unterliegt der

Arbeitnehmer gem. Art. 13 Abs. 2 Buchst. a) der VO den Vorschriften des Mitgliedstaates, in dem er seine Arbeit tatsächlich ausübt. I. ü. gelten die Grundsätze der **Ausstrahlung** nach § 4 Abs. 1 SGB IV für Arbeitnehmer, deren Entsendung ins Ausland infolge der Eigenart der Beschäftigung (z. B. Montagearbeiter) oder vertraglich im Voraus zeitlich begrenzt ist.

Wertungswidersprüche zwischen den Bestimmungen der VO 1408/71/EWG **34** und den Bestimmungen des SGB IV zur Ausstrahlung und Einstrahlung sind nach § 6 SGB IV, der den **Vorrang überstaatlichen Rechts** vorsieht (zu dem auch Verordnungen auf EU-Ebene zählen, vgl. Art. 189 Abs. 2 EWG-Vertrag), zu lösen. In der Praxis wird nahezu in allen Fällen, in denen der Auslandseinsatz nach der Eigenart der Beschäftigung oder vertraglich im Voraus zeitlich begrenzt ist, ausschließlich nach den Bestimmungen der §§ 4 Abs. 1 und 5 Abs. 1 SGB IV verfahren. Dies ist unproblematisch, soweit auf der Grundlage von Art. 17 der VO 1408/71/EWG vom zuständigen Bundesverband der Ortskrankenkassen **zwischenstaatliche Vereinbarungen** zu Ausnahmen zu Art. 13 und 14 der VO vereinbart sind. Die ständige Übung, bei Auslandstätigkeiten ein fünfjähriges Verbleiben in der deutschen Sozialversicherung zu genehmigen und selbst Verlängerungsanträgen wohlwollend zuzustimmen (vgl. *Däubler/Kittner/Lörcher*, Int. ASO, S. 994), unterliegt insoweit erheblichen rechtlichen Bedenken (vgl. *EuGH* v. 16. 2. 1995 – Rs. C-425/93 – EuroAS 1995, 49; *Flämig*, AuA 2001, 446; *Schlachter*, NZA 2000, 59).

Dies gilt auch bezüglich der Umsetzung des **IAO-Übereinkommens Nr. 97** **35** **über Wanderarbeiter** vom 1. 7. 1949 (BGBl. 1959, II S. 87), dessen Art. 6 Abs. 1 Buchst. b) u. a. ein generelles **Gleichbehandlungsgebot** in Bezug auf die Systeme der sozialen Sicherheit vorsieht. Die gleiche Regelung ist im IAO-Übereinkommen Nr. 118 über die Gleichbehandlung von Inländern und Ausländern in der sozialen Sicherheit vom 28. 6. 1962 (BGBl. 1970 II S. 802) enthalten. Dem IAO-Übereinkommen Nr. 118 kommt insbesondere für Arbeitnehmer aus Staaten Bedeutung zu, mit denen die Bundesrepublik bisher noch kein **Sozialversicherungsabkommen** abgeschlossen hat. In diesen Fällen ist eine restriktive Anwendung von § 5 Abs. 1 SGB IV geboten (vgl. *BSG* v. 1. 7. 1999 – B 12 KR 2/99 R – AuA 2000, 288).

I. ü. ist jedoch aus Gründen des Vertrauensschutzes und der Rechtssicherheit für **36** die betroffenen Unternehmen und Arbeitnehmer die bestehende Verwaltungspraxis zu §§ 4 und 5 SGB IV zugrunde zu legen, sodass bei grenzüberschreitendem Einsatz von Arbeitnehmern im Rahmen von Werkverträgen innerhalb der EU-Binnengrenzen grundsätzlich davon auszugehen ist, dass die sozialversicherungsrechtlichen Bestimmungen des Mitgliedstaates gelten, in dem das Arbeitsverhältnis mit dem Arbeitgeber geschlossen ist.

6. EU-Richtlinien

In Punkt 7 der **Gemeinschaftscharta der sozialen Grundrechte** der Arbeit- **37** nehmer vom 9. 12. 1989 (*Däubler/Kittner/Lörcher*, Int.ASO, Nr. 409, S. 926 ff.; seit 1. 7. 1999 in der revidierten Fassung in Kraft) ist u. a. der Grundsatz verankert, dass die Verwirklichung des Binnenmarktes zu einer **Verbesserung der Lebens- und Arbeitsbedingungen der Arbeitnehmer** in der EU führen muss, wobei ausdrücklich das befristete Arbeitsverhältnis, die Teilzeitarbeit sowie Leih- und Saisonarbeit als Regelungskomplexe benannt werden, die innerhalb der EU **auf dem Wege des Fortschritts** aneinander angepasst werden sollen.

a) EU-Richtlinie Atypische Arbeit

38 In Ausführung des Auftrags der EG-Sozialcharta hatte die Kommission dem Rat am 29.6.1990 Vorschläge für drei Richtlinien (1. zur Verbesserung der Arbeitsbedingungen; 2. zur Verhinderung von Wettbewerbsverzerrungen sowie 3. zur Verbesserung der Sicherheit und des Gesundheitsschutzes von Zeitarbeitnehmern) vorgelegt (ABlEG Nr. C 224 vom 8.9.1990, S. 4ff.). Von diesen Vorschlägen ist bislang nur der Dritte verwirklicht worden (vgl. *Kaufmann*, EuroAS 1996, 112). Der Ministerrat hat am 25.6.1991 die Richtlinie des Rates zur Ergänzung der Maßnahmen zur Verbesserung der Sicherheit und des Gesundheitsschutzes von **Arbeitnehmern mit befristetem Arbeitsverhältnis oder Leiharbeitsverhältnis (EWG-Richtlinie 91/383 Atypische Arbeit**; ABlEG Nr. L 206/19 vom 29.7.1991, S. 16) verabschiedet. Ein auf der Grundlage von Art. 138f. EGV im Jahre 1999 von den Sozialpartnern unternommener Versuch, im Wege der Sozialvereinbarung einheitliche Mindestarbeitsbedingungen für Leiharbeitnehmer festzulegen, scheiterte insbesondere wegen des Widerstandes der deutschen Arbeitgeber, die materiellen Arbeitsbedingungen der Einsatzbetriebe (wie in den meisten EU-Staaten geregelt) entsprechend den in Art. 141 Abs. 2 EGV aufgestellten Grundsätzen der Gleichbehandlung auch auf Leiharbeitnehmer zu erstrecken. Die EU-Kommission ist nunmehr gefordert, auf politischem Wege eine Richtlinie zur sozialen Sicherheit und zum sozialen Schutz von Leiharbeitnehmern (vgl. Art. 137 Abs. 3 1. Spiegelstrich EGV) zu erlassen.

38a Die EU-Kommission hat zwar einen Entwurf zur Regelung der Arbeitsbedingungen von LAN vorgelegt (KOM [2002] 702 endgültig); Der Entwurf konnte jedoch trotz mehrmaliger Abänderungen bislang (insbesondere wegen des Widerstands von Großbritannien und der deutschen Arbeitgeber) bislang nicht in eine Richtlinie umgesetzt werden (vgl. *Sandmann/Marschall*, Einl. Anm. 59).

39 Von ihrem **materiellen Gehalt** her fällt die EU-Richtlinie 91/383 weit hinter frühere Vorschläge der EG-Kommission (vgl. z.B. Vorschlag der Kommission vom 30.4.1982 zur Regelung der Zeitarbeit, BR-Ds. 211/82) zurück (*Becker/Bader*, ZRP 1982, 260). Dies betrifft insbesondere Vorschläge, die auf den Schutz von Dauerbeschäftigungsverhältnissen durch missbräuchlichen Einsatz von Leiharbeitnehmern sowie Regelungen zur Unterbindung der grenzüberschreitenden ANÜ abzielen (Abschnitte 2 und 3 des Entwurfes vom 30.4.1982).

40 Nach Art. 10 Abs. 1 der EU-Richtlinie 91/383 waren die Mitgliedstaaten verpflichtet, die (auf Art. 118a EGV gestützte) **Richtlinie bis spätestens 31.12.1992 umzusetzen.** Dieser Verpflichtung ist die Bundesrepublik bislang **nicht vollständig** nachgekommen, sodass die Wirkungen der Richtlinie zurzeit noch begrenzt sind (vgl. *Lörcher*, AuR 1994, 450 m.w.N.; s.a. § 11 Rn. 3). Soweit die Richtlinie nicht umgesetzt ist, ergeben sich aus ihr unmittelbare Auswirkungen für den Bereich des öffentlichen Dienstes (*LAG Hamm* v. 9.6.1994 – 17 Sa 166/94 – AuR 1994, 468), gegenüber dem Staat oder dessen Aufsichtsbehörden (*EuGH* v. 9.10.1997 – Rs. C-253/96 – C 258/96) sowie im Rahmen der Rechtsanwendung hinsichtlich einer **richtlinienkonformen Auslegung** durch die Gerichte (*EuGH* v. 13.11.1990 – Rs. C-106/89 – Slg. 1990, 4135 Rn. 8; BAG v. 2.4.1996 – 1 ABR 47/95). Die Bundesrepublik hat zwar mit dem **ArbSchG** vom 7.8.1996 (BGBl. I S. 1246) sowie der VO vom 4.12.1996 (BGBl. I S. 1841) den Umsetzungserfordernissen – wenn auch nur eingeschränkt – hinsichtlich verschiedener EG-Arbeitsschutzrichtlinien Rechnung tragen wollen. Die **verabschiedeten Regelungen** tragen jedoch insbesondere **im Bereich der ANÜ** den Anforderungen der Richtlinie 91/383/EWG nicht vollständig Rechnung (*Schüren/Feuerborn*, Einl. Rn. 481; s. u. Rn. 42 f.).

Der in Art. 2 Abs. 1 festgelegte Zweck der Richtlinie 91/383/EWG ist darauf **41** gerichtet, das **gleiche Schutzniveau** zwischen Leiharbeitnehmern und sonstigen Arbeitnehmern des Entleihers im Hinblick auf die Sicherheit und den Gesundheitsschutz am Arbeitsplatz zu gewährleisten. Der **Entleiher wird** u. a. **verpflichtet**, den Leiharbeitnehmer vor Arbeitsaufnahme über das Tätigkeitsprofil des Arbeitsplatzes zu unterrichten (Art. 3) und zu unterweisen (Art. 4). Der Arbeits- und Gesundheitsschutz soll durch eine ärztliche bzw. verwaltungsmäßige **Kontrolle** verbessert und sichergestellt werden (Art. 5 und 6). Art. 7 der Richtlinie enthält darüber hinaus besondere **Auskunfts- und Unterrichtungspflichten** für den Entleiher hinsichtlich des Qualifikationsprofils der Arbeitsplätze, während Art. 8 unbeschadet der Verantwortung des Verleihers den Entleiher verpflichtet, die Einhaltung des Arbeitsschutzes eigenverantwortlich sicherzustellen.

Mit dem **ArbSchG** sollte die **Umsetzung** der EG-Richtlinie 91/383/EWG vor- **42** genommen werden, wobei insbesondere Art. 3 der Richtlinie nach der **amtl. Begründung** umgesetzt werden sollte. Diese Einschätzung ist bezogen auf die eingeschränkten Schutzzwecke der Richtlinie hinsichtlich Arbeitsschutz sowie Unterrichtungs- und Unterweisungspflichten des Entleihers zutreffend, zumal das ArbSchG insoweit zusätzliche spezifische Regelungen enthält, die auch für Leiharbeitnehmer gelten. Die Umsetzung lässt allerdings unberücksichtigt, dass sich der **Anwendungsbereich** der Richtlinie 91/383/EWG gem. Art. 1 Nr. 2 **auf alle Leiharbeitsverhältnisse erstreckt.** Auch gilt die Richtlinie für alle **gewerbsmäßig und nichtgewerbsmäßig tätigen Verleiher**, da der Unternehmensbegriff EG-rechtlich nicht voraussetzt, dass die ausgeübte Tätigkeit auf Gewinn ausgerichtet ist (*EuGH* v. 8.6.1994 – Rs. C-382/92 – EuroAS 1994, 8). Soweit die in dieser Vorschrift aufgestellten Voraussetzungen eines Leiharbeitsverhältnisses erfüllt sind, sind gleichzeitig immer auch die Begriffsmerkmale einer ANÜ nach dem AÜG erfüllt. Der Anwendungsbereich der Richtlinie nach Art. 1 Nr. 2 geht insoweit über den Kreis der Arbeitnehmer hinaus, die nach deutschem Recht die Begriffsmerkmale des Leiharbeitnehmers erfüllen. **Über das AÜG hinaus** muss daher die nationale Arbeitsschutzgesetzgebung den Zwecksetzungen des Art. 2 und den sonstigen **Vorschriften der Richtlinie Rechnung** tragen, wenn die Begriffsmerkmale des Art. 1 Abs. 2 erfüllt sind. Auswirkungen hat dies vor allem auf die **Formen der ANÜ, für die das AÜG entweder überhaupt nicht gilt** (vgl. § 1 Abs. 3 Nr. 1 bis 3) oder für die lediglich qua gesetzlicher Fiktion das Vorliegen einer ANÜ ausgeschlossen ist (§ 1 Abs. 1 Satz 2).

Die insoweit bestehenden **Umsetzungsdefizite** (*Schüren/Feuerborn*, Einl. Rn. 481) **43** könnten im Rahmen des Tatbestandes nach § 1 Abs. 1 Satz 2 dadurch behoben werden, dass die Schutzbestimmungen der Richtlinie 91/383/EWG durch den Gesetzgeber auch hinsichtlich der **Abordnung von Arbeitnehmern** im Rahmen einer Arge für anwendbar erklärt werden. Etwas Anderes gilt jedoch bezüglich der in **§ 1 Abs. 3 Nr. 1 bis 3 geregelten Formen der ANÜ**. Die EG-Richtlinie stellt insoweit stärker als das deutsche Recht weitgehend auf den **Arbeitsschutz am tatsächlich ausgeübten Arbeitsplatz** ab und verpflichtet in erster Linie den Entleiher, Schutz- und Fürsorgepflichten gegenüber den Leiharbeitnehmern wahrzunehmen. Durch die in § 1 Abs. 3 getroffene Regelung werden jedoch die Leiharbeitnehmer vollständig aus den Arbeitsschutzbestimmungen des AÜG herausgenommen, der Entleiher wird von seinen diesbezüglichen Pflichten befreit und **selbst bei Verstößen des Entleihers gegen den Arbeitsschutz greifen**

die Bestimmungen des AÜG nicht ein. Damit steht bezogen auf § 1 Abs. 3 die Herausnahme der Leiharbeitnehmer aus den Schutzbestimmungen des AÜG als solche im **Widerspruch zur Richtlinie** 91/383/EWG, sodass die hier infrage stehenden Überlassungsformen der Konzernleihe (vgl. § 1 Rn. 246 ff.), der tariflich geregelten ANÜ innerhalb desselben Wirtschaftszweigs (vgl. § 1 Rn. 233 ff.) sowie der Auslandsüberlassung an Gemeinschaftsunternehmen (vgl. § 1 Rn. 259 ff.) einer grundsätzlichen **gesetzlichen Neuregelung** bedürfen.

44 Dies gilt unabhängig davon, ob die ANÜ gewerbsmäßig oder nichtgewerbsmäßig betrieben wird, da von Art. 1 Nr. 2 der Richtlinie 91/383/EWG sowohl **Formen gewerbsmäßiger als auch nichtgewerbsmäßiger ANÜ** erfasst werden (s. o. Rn. 42). Auch **gemeinnützige**, nicht auf Gewinn ausgerichtete **Unternehmen** fallen grundsätzlich unter den Anwendungsbereich von EG-Richtlinien (*EuGH* v. 8.6.1994 – Rs. C-382/92 – EuroAS 1994, 8). Die **Auswirkungen** der Richtlinie **auf die Betriebsverfassung** finden ebenfalls in den vorliegenden Gesetzentwürfen zur Umsetzung der EG-Richtlinien keine Berücksichtigung.

45 Soweit man (wie *Schüren/Feuerborn*, Einl. Rn. 476, mit vertretbaren Argumenten) davon ausgeht, dass Art. 2 Abs. 2 der Richtlinie 91/383/EWG eine allgemeine **Verpflichtung des Entleihers zur Gleichbehandlung und Gleichstellung** enthält, wäre trotz der ab dem 27.7.2001 geltenden Neuregelung nicht nur **§ 14 Abs. 2 Satz 1 novellierungsbedürftig.** Es müssten auch diejenigen **Bestimmungen des BetrVG**, die z. Zt. – insbesondere soweit Schwellenwerte für die Rechte und Beteiligungsrechte des Betriebsrats gelten – **Leiharbeitnehmer unberücksichtigt** lassen (§ 14 Rn. 49a), an die Richtlinie angepasst werden (so *Schüren/ Feuerborn*, Einl. Rn. 471). Der von *Schüren* – rechtspolitisch zu Recht – vertretene Ansatz setzt allerdings voraus, dass man die **kollektiven Normen des BetrVG** gleichzeitig als individuelle Normen des Arbeitsschutzes i.S.v. Art. 2 Abs. 2 der Richtlinie begreift. Diese Bestimmung grenzt die Gleichbehandlungspflichten des Entleihers allerdings ein, da sie ausdrücklich nur gelten soll, »soweit es sich um die Sicherheit und den Gesundheitsschutz am Arbeitsplatz und insbesondere um die Inanspruchnahme individueller Schutzeinrichtungen handelt«. Eindeutig einbezogen sind damit Leiharbeitnehmer in all diejenigen Normen des BetrVG und darauf beruhender betrieblicher **Regelungen beim Entleiher**, die den **Arbeits- und Gesundheitsschutz** betreffen (z. B. §§ 87 Abs. 1 Nr. 2 und 7, 88 Nr. 1, 89 BetrVG, vgl. § 14 Rn. 40). Aber auch die Inanspruchnahme des Entleihers als individuelle Schutzeinrichtung i.S.d. Art. 2 Abs. 2 der Richtlinie hat zur Folge, dass Leiharbeitnehmer alle insoweit bestehenden Rechte der sonstigen Arbeitnehmer im Betrieb (z. B. §§ 81 ff. BetrVG) in Anspruch nehmen können.

46 Nach der Begriffsdefinition des Art. 1 Abs. 2 der Richtlinie 91/383/EWG ist der Kreis der in den Schutzbereich einbezogenen Arbeitnehmer weiter gesteckt als der **Kreis der Arbeitnehmer**, der nach deutschem Recht die Begriffsmerkmale eines Leiharbeitnehmers erfüllt. Auswirkungen hat dies vor allem für **Arbeitnehmer, die im Rahmen von Werk-, Dienst- und sonstigen Verträgen mit Fremdfirmenbezug arbeiten** und nicht unter die Bestimmungen des AÜG fallen (zur Abgrenzung vgl. Einl. C. Rn. 33 ff.). Nach Art. 1 Abs. 2 der Richtlinie sind alle Arbeitnehmer, die »für und unter Kontrolle des entleihenden Unternehmens …« arbeiten, vom Schutzgehalt der Richtlinie erfasst. Hieraus folgt, dass Kontrollrechte des Einsatzbetriebs unabhängig von den unterschiedlichen normativen Voraussetzungen einer ANÜ nach dem Recht der EU-Staaten dann die **Schutzwirkungen der Richtlinie** auslösen, **wenn der Arbeitnehmer** von seinem Arbeitgeber in einem Drittbetrieb eingesetzt wird und hierbei (zumindest partiell) der Kontrolle des Einsatzbetriebes hinsichtlich des Verhaltens im Betrieb bzw. bei der Leistungserbringung unterliegt. Die Übertragung des **Weisungsrechts** auf den Einsatzbetrieb ist insoweit ebenso wenig erforderlich wie eine **Eingliederung** i.S.d. Rspr. des *BAG* (vgl. Einl. C. Rn. 117). Die Ausübung eines werkvertraglich begründeten **Anweisungsrechts** des Bestellers gegenüber dem Arbeitnehmer löst daher ebenso die Schutzwirkungen der Richtlinie aus wie etwa der Einsatz einer Stechuhr oder sonstiger Kontrolleinrichtungen, die die Ordnung des Betriebs und das Verhalten der Fremdfirmenarbeitnehmer im Einsatzbetrieb (§ 87 Abs. 1 Nr. 1 BetrVG; vgl. Einl. C. Rn. 130, 146) betreffen. Soweit daher die Begriffsmerkmale des Art. 1 Nr. 2 der Richtlinie 91/383/EWG auf **Fremdfirmenarbeitnehmer** zutreffen, **die nicht Leiharbeitnehmer i.S.d. AÜG sind**, ist die Richtlinie in gleichem Umfang wie für Leiharbeitnehmer anwendbar.

Soweit die Richtlinie nicht vollständig innerstaatlich umgesetzt ist, gilt sie im Privatrechtsverkehr grundsätzlich nicht unmittelbar. Im Zusammenhang mit schon bestehenden nationalen Vorschriften des individuellen und kollektiven Arbeitsrechts ergibt sich bei **richtlinienkonformer Interpretation** dennoch schon jetzt eine Fülle von Anwendungsmöglichkeiten (*Gaul*, AuR 1995, 445). Unmittelbar gebunden an die Richtlinie sind auch ohne Umsetzung Staat und Behörden. Auswirkungen hat dies vor allem für die Tätigkeit der Erlaubnisbehörden im Rahmen der Durchführung des AÜG (vgl. § 2 Rn. 29). **47**

I. ü. kommen Ansprüche des einzelnen Arbeitnehmers aus Staatshaftung wegen des Verstoßes nationaler Gesetzgebung gegen EG-Recht in Betracht (vgl. *EuGH* v. 5.3.1996 – Rs. C-46/93 u. C-48/93 – ZIP 1996, 561 u. v. 10.7.1997 – Rs. C-373/95 – NZA 1997, 988). **48**

b) EU-Entsende-Richtlinie

aa) *Entstehungszusammenhang*

Der europäische Binnenmarkt, die Dienstleistungsfreiheit und die Arbeitnehmerfreizügigkeit haben die Wanderungsbewegungen auf dem europäischen Arbeitsmarkt dahin verstärkt, dass der Anteil **dauerhaft beschäftigter ausländischer Arbeitnehmer** aus EU-Mitgliedstaaten in Deutschland ständig anwuchs. Die Verordnung 1408/71/EWG zur sozialen Sicherheit von Arbeitnehmern und deren Familien, die innerhalb der Gemeinschaft zu- und abwandern, stellt den sozialen Schutz der Arbeitnehmer vor allem bei solchen grenzüberschreitenden Dienstleistungen nur eingeschränkt sicher, die die Dauer von einem Jahr nicht überschreiten (Rn. 33 ff.). Bei nur vorübergehenden grenzüberschreitenden Dienstleistungen trägt die Verordnung nur eingeschränkt dem Umstand Rechnung, dass auch der Anteil der Arbeitnehmer, die nur vorübergehend aus EU-Mitgliedstaaten im Inland ihre Arbeit leisten, ständig angewachsen ist. Die IG Bauen-Agrar-Umwelt schätzt, dass ca. 200000 entsandte Arbeitskräfte allein aus den alten EU-Mitgliedstaaten jährlich auf deutschen Baustellen eingesetzt sind. Hinzukommen etwa 30000 Arbeitnehmer aus den mittel- und osteuropäischen Staaten. Im Unterschied zu unmittelbar im Inland begründeten Arbeitsverhältnissen **unterliegen diese vorübergehend entsandten Arbeitnehmer** i.d.R. **nicht den in Deutschland geltenden Sozial-, Tarif- und Arbeitsbedingungen** (vgl. Rn. 4 ff., 29 ff.), sodass z.B. für einen entsandten portugiesischen Facharbeiter etwa 15 Euro Lohnkosten anfallen, während ein inländisches Unternehmen ca. 30 Euro für eine Facharbeiterstunde kalkulieren muss (*Lorenz* 1996, 9). Neben der **49** hiermit verbundenen **Diskriminierung ausländischer Arbeitnehmer** führt die Entwicklung zu **Wettbewerbsverzerrungen** und zu einem Konkurrenzdruck, der auch mit Betriebsschließungen und damit einem Anstieg der Arbeitslosigkeit verbunden sein kann.

50 Sowohl zur Verhinderung von Wettbewerbsverzerrungen und zur Förderung des länderübergreifenden Dienstleistungsverkehrs als auch zum Schutz der betroffenen Arbeitnehmer hatte die EG-Kommission bereits am 28. 6. 1991 den **Entwurf einer EU-Entsende-Richtlinie** (Vorschlag für eine Richtlinie des Rates über die Entsendung von Arbeitnehmern im Rahmen der Erbringung von Dienstleistungen – ABlEG Nr. C 225/6 vom 30. 8. 1991) vorgelegt, der 1993 durch einen geänderten Entwurf (ABlEG Nr. C 187/5 vom 9. 7. 1993) ersetzt wurde. Der wesentliche materielle Gehalt des ersten Richtlinien-Vorschlages bestand u.a. in Vorschriften zu Arbeitszeit und Pause, zur Arbeitssicherheit und in Regelungen zu Mindestlohn und Urlaub, die verbindlich in Gesetzen oder Tarifverträgen festgelegt werden sollten. Gemeinschaftsrechtlich stellt die Verpflichtung zur Gewährung gleicher Mindestarbeitsbedingungen nach dem **Arbeitsortsprinzip** keinen Verstoß gegen die Dienstleistungsfreiheit nach Art. 49f. EGV dar, wenn diese zwingend auch alle Inländer erfassen (*EuGH* v. 9. 8. 1994 – Van der Elst – Slg. 1994, 3803). Wegen des Widerstandes verschiedener EU-Mitgliedstaaten ließen sich diese Entwürfe zunächst nicht umsetzen. Erst nachdem eine Reihe europäischer Länder (vgl. z.B. Art. 341-5 des Kode du Travail, durch den in Frankreich seit 1993 ausländischen Arbeitnehmern in allen Branchen der Mindestlohn zusteht) und insbesondere Deutschland (vgl. § 1 AEntG Rn. 1) nationale Gesetze zur Anwendbarkeit der jeweils gültigen nationalen Arbeitsbedingungen auch für die Arbeitsverhältnisse entsandter Arbeitnehmer getroffen hatten und v.a. Italien und Portugal ihre ablehnende Haltung aufgaben, verständigte sich der Ministerrat am 29. 3. 1996 auf die (in Anhang 1 abgedruckte) Fassung einer **EU-Entsende-Richtlinie** Nr. 96/71/EG, die als »Gemeinsamer Standpunkt« am 3. 6. 1996 im Ministerrat **beschlossen** wurde. Nach der Sitzung des Sozialausschusses am 24. 9. 1996 hat das Europäische Parlament der Richtlinie, die gegen die Stimmen der Briten und bei Enthaltung Portugals verabschiedet wurde, im Rahmen des Verfahrens nach Art. 189b Abs. 2 EGV zugestimmt. Die Richtlinie ist gem. Art. 189 Satz 3 EGV seit dem 16. 12. 1996 **für alle Mitgliedstaaten verbindlich** (ABlEG Nr. L 18/1ff. v. 21. 1. 1997).

51 Die Richtlinie wird insbesondere auf Art. 7 des von zwölf Mitgliedstaaten am 19. 6. 1980 unterzeichneten **Übereinkommens über das auf vertragliche Schuldverhältnisse anwendbare Recht** gestützt, wonach u.a. den zwingenden Bestimmungen eines Mitgliedstaates, in dessen Hoheitsgebiet der Arbeitnehmer vorübergehend entsandt wird, Wirkung verliehen werden kann. Daneben stützt sich die Richtlinie als Regelung zur Dienstleistungsfreiheit (Geltung des Arbeitsortsprinzips) auf Art. 47 Abs. 2 i.V.m. Art. 55 EGV, sodass die Richtlinie auch gegen den Willen einzelner Mitgliedstaaten mit Mehrheit beschlossen werden konnte (*Hanau*, NJW 1996, 1369).

bb) Umsetzung der Richtlinie

52 Die EU-Entsende-Richtlinie bedurfte spätestens drei Jahre nach deren Annahme der **Umsetzung in nationales Recht** (vgl. Art. 7 Abs. 1 der RiLi), hätte somit spätestens am 16. 12. 1999 umgesetzt werden müssen. Mit der Verabschiedung des AEntG v. 26. 12. 1996 war zunächst nur ein Teil der Bestimmungen der Richtlinie in nationales Recht umgesetzt worden. So machte z. B. die Einbeziehung der **Entsendefälle von Leiharbeitnehmern** Anpassungen des AEntG an die EU-Entsenderichtlinie (Art. 1 Abs. 3 Buchst. d) erforderlich. Für diesbezügliche Regelungen zur ANÜ sind dabei die von Rat und Kommission in Nr. 19 ihrer Erklärungen zu Art. 1 Abs. 3 Buchst. c) enthaltenen Feststellungen von Bedeutung, dass die Mitgliedstaaten befugt sind, die jeweils geltenden nationalen Bestimmungen zur ANÜ auch auf Unternehmen anzuwenden, die keinen Sitz in ihrem Hoheitsgebiet haben (s. a. Art. 3 Abs. 9 der RiLi). Durch Art. 9 des 1. SGB III-ÄndG wurde die **grenzüberschreitende ANÜ** in den Geltungsbereich des AEntG (§ 1 Abs. 2a; vgl. § 1 AEntG Rn. 1) einbezogen. Für die ANÜ in **multinationalen Konzernen oder Unternehmensgruppen** bedarf es jedoch wegen der in § 1 Abs. 3 AÜG getroffenen Sonderregelung (vgl. § 1 Rn. 246) noch der Umsetzung (vgl. Art. 1 Abs. 3 Buchst. b) der EU-Entsende-Richtlinie; vgl. auch Rn. 43).

Der Kreis der **Arbeits- und Beschäftigungsbedingungen**, die für entsandte **52a** Arbeitnehmer Anwendung finden müssen, ist in Art. 3 der EU-Entsende-Richtlinie weiter gesteckt als in § 1 Abs. 1 Satz 1 AEntG für den Bereich von Bauleistungen vorgesehen, wobei die gesetzlichen Rechts- und Verwaltungsvorschriften allgemein für anwendbar erklärt werden. Nur für den **Baubereich** eröffnet die Richtlinie darüber hinaus die Möglichkeit, zwingende Arbeitsbedingungen auch über allgemeinverbindlich erklärte Tarifverträge festzulegen. Dabei werden ausschließlich die im Anhang zu Art. 3 Abs. 1 2. Spiegelstrich der Entsende-Richtlinie abschließend aufgezählten Tätigkeitsfelder (vgl. Anhang 1) einbezogen. Die EU-Entsende-Richtlinie bezieht sich auf **alle Branchen und Formen von Dienstleistungen** (zum Begriff vgl. Art. 50 EGV), die grenzüberschreitend erbracht werden (*Däubler*, NJW 1999, 607). Diesem Erfordernis wurde durch die mit Art. 10 Nr. 7 des SVKorrG (v. 19. 12. 1998, BGBl. I S. 3843) vorgenommene Einfügung des § 7 in das AEntG teilweise Rechnung getragen, obwohl zwingende gesetzliche Regelungen zum Mindestentgelt einschließlich der Überstundensätze weiterhin fehlen (vgl. § 7 AEntG). Die Fraktionen von SPD und Bündnis 90/Die Grünen hatten zwar am 10. 5. 2005 (BT-Ds. 15/5445) einen Gesetzentwurf zur Änderu des AEntG eingeracht, der die **Aufhebung der Beschränkung** des Gesetzes auf den Baubereich vorsah; der Entwurf konnte jedoch wegen der Auflösung des Bundestags nicht mehr in der 15. Legislaturperiode verabschiedet werden.

Eine wichtige Regelung wird in Art. 3 Abs. 1 Buchst. c) der Entsende-Richtlinie **53** hinsichtlich der Befugnis der Mitgliedstaaten zur **Festlegung der maßgeblichen Mindestlohnsätze** einschließlich der Überstundeneinsätze getroffen. Danach können Mitgliedstaaten, deren Rechts- oder Verwaltungsvorschriften Mindestlohnsätze nicht festlegen, den in einem **Tarifvertrag** festgelegten Mindestlohnsatz einer bestimmten Lohngruppe als einheitliches Mindestentgelt anwenden. Das Fehlen einer Allgemeinverbindlicherklärung reicht hierbei aus, um den jeweiligen Mindestlohnsatz festzulegen. Nicht erforderlich ist insoweit, dass die Möglichkeit zur Allgemeinverbindlicherklärung im Mitgliedstaat generell nicht gegeben ist (a. A. *Hanau*, NJW 1996, 1369), da die Richtlinie nach ihrem Wortlaut lediglich voraussetzt, dass entsprechende Mindestlohnsätze nicht in Rechts- oder Verwaltungsvorschriften der Mitgliedstaaten festgelegt werden, mithin allein an die faktische Existenz entsprechend verbindlicher Mindestlohnsätze angeknüpft wird (vgl. auch Art. 1 Abs. 8 Unterabs. 2 der RiLi). Die entgegenstehende Auffassung würde dazu führen, dass durch die Ablehnung einer Allgemeinverbindlicherklärung die materiellen Regelungen der Richtlinie nicht zur

Anwendung kämen, was mit den **Grundsätzen europarechtskonformer Auslegung** nicht vereinbar ist, daneben aber auch einen Verstoß gegen die **Verpflichtungen** aus der Richtlinie **zur Umsetzung und zur Bereitstellung geeigneter Verfahren bei der Einhaltung** ihrer Bestimmungen darstellen würde.

53a Mit dem Erlass der Richtlinie sind Rechtsunsicherheiten beseitigt, die bislang bei der **Vergabe öffentlicher Aufträge** (vgl. § 6 AEntG, 2f.) bestanden, wenn öffentliche Auftraggeber bei Ausschreibungen nur solche Unternehmen zuließen, die die für den Arbeitsort geltenden **Tarifverträge** einhielten (vgl. *LG Hamburg* v. 9.8.1985 – 74 O 562/84). Derartige Auflagen waren zwar schon vorher zulässig, denn durch die Anordnung der zwingenden Geltung von Tarifverträgen für alle Arbeitnehmer auf einer Baustelle bzw. eines Betriebes wird lediglich dem **Prinzip der Tarifeinheit im Betrieb** Rechnung getragen (vgl. Einl. C. Rn. 11 ff.) und damit verfassungsrechtlichen Bedenken gegen Formen der Fremdfirmenarbeit auf der Grundlage untertariflicher Bezahlung entgegengewirkt. Die EU-Richtlinie stellt insoweit klar, dass die Anordnung der zwingenden Geltung der Tarifverträge für alle in- und ausländischen Arbeitgeber, immer eine zulässige (und gleichzeitig geforderte) **Wettbewerbsbedingung** ist, die im Vergabeverfahren berücksichtigt werden kann und die damit nicht gegen die Dienstleistungsfreiheit verstößt (vgl. Art. 50 Satz 3 EGV). Dementsprechend sehen auch die Leitlinien der Europäischen Kommission v. 15.10.2001 zur Auftragsvergabe öffentlicher Auftraggeber die Berücksichtigung sozialer Belange bei der Vergabeentscheidung vor.

53b Auch soweit **Verwaltungsvorschriften** zum Vergabeverfahren die Berücksichtigung von Angeboten davon abhängig machen, dass der Bieter die tarifvertraglichen Bestimmungen über den in Art. 3 EU-Entsende-Richtlinie enthaltenen Katalog von Mindestarbeitsbedingungen hinaus vollständig einzuhalten hat (vgl. Fachliche Weisung der Baubehörde Hamburg v. 10.5.1984 – Z 32/602.011-1), ergeben sich keine gemeinschaftsrechtlichen Bedenken (a.A. *Seifert*, ZfA 2001, 1; offengehalten in *OLG Düsseldorf* v. 6.12.2004, NzBau 2005, 239). Durch Art. 7 und Nr. 12 der Erwägungsgründe der EU-Entsende-Richtlinie wird insoweit ausdrücklich das Recht der Mitgliedstaaten anerkannt, auch durch Verwaltungsvorschriften die Geltung von Tarifverträgen umfassend auf alle im Inland tätigen Arbeitnehmer zu erstrecken. Damit unterliegen auch sog. **Tariftreueerklärungen** (d.h. Verpflichtungserklärungen der Unternehmen, dass die Tarifverträge sowohl von ihnen als auch von ggf. eingesetzten Subunternehmen eingehalten werden), die auf Rechts- oder Verwaltungsvorschriften beruhen, grundsätzlich keinen gemeinschaftsrechtlichen Bedenken, wenn sie in Entsprechung von Art. 50 Satz 3 EGV für In- und Ausländer gleichermaßen gelten. Die Erstreckung von Mindestlöhnen i.S. zwingender Gründe des Allgemeininteresses auf ausländische Arbeitgeber umfasst dabei die Kompetenz, die Regelung mit geeigneten Mitteln durchzusetzen (*EuGH* v. 23.11.1999 – Rs. C 369/96 – NZA 2000, 85).

53c Umstritten ist im Zusammenhang mit Tariftreueerklärungen, ob diesbezügliche Verpflichtungen der Unternehmen auch auf **landesrechtlicher Grundlage** (vgl. § 97 Abs. 4 GWB) begründet werden können. Die Auseinandersetzung (vgl. hierzu *Link*, AuA 2000, 470 m.w.N.) konzentriert sich dabei auf die Wirksamkeit einer entsprechenden in § 1 Abs. 1 und 2 des Berliner Vergabegesetzes (VgGBln v. 9.7.1999, GVBl. S. 369) enthaltenen Regelung, die Problematik besteht jedoch auch hinsichtlich der Regelung in anderen Bundesländern (vgl. z.B. Bay Bauaufträge-Vergabegesetz v. 28.6.2000, BayGVBl. S. 364 oder Tariftreuegesetz NRW). Nach § 1 Abs. 1 Satz 2 VgGBln soll die Vergabe von Bauleistungen nur mit der Auflage erfolgen, dass die Unternehmen bei der Ausführung von Bauleistungen ihre Arbeitnehmer nach den jeweils in Berlin geltenden Entgelttarifen entlohnen und dies auch von ihren Nachunternehmen verlangen (vgl. auch BT-Ds. 14/7796). Der *BGH* hält diese Bestimmung u.a. nicht mit Art. 74 Abs. 1 Nr. 12 GG vereinbar und hat die Frage durch Beschluss v. 18.1.2000 (KVR 23/98, DB 2000, 465) dem *BVerfG* gem. Art. 100 Abs. 1 GG, § 80 BVerfGG zur Entscheidung vorgelegt. Die insoweit vorgetragenen Bedenken des *BGH* vermögen nicht zu überzeugen (vgl. *Heintzen*, ZHR 2001, 70f.). In § 97 Abs. 4 2. Halbsatz GWB ist ausdrücklich die Möglichkeit vorgesehen, auch durch Landesgesetz vergaberechtliche Anforderungen an Auftragnehmer zu stellen. Damit hat der Gesetzgeber den Kompetenzkatalog nach Art. 74 Abs. 1 GG gerade zugunsten der Länder formell und inhaltlich erweitert (*Schwab*, NZA 2001, 706). Die Vorschrift gilt auch für öffentliche Bauaufträge i.S.d. Art. 6 Abs. 1 der EU-Baukoordinierungsrichtlinie (v. 14.6.1993, Abl. I. 199, 54). § 97 Abs. 4 2. Halbsatz GWB trifft keine Unterscheidung zwischen (unwirksamer) materieller und (zulässiger) formeller Regelungskompetenz (vgl. *BGH*, a.a.O.). Eine derartige Unterscheidung würde dazu führen, dass jede landesrechtliche Regelung im Anwendungsbereich der 6. GWB-Novelle an der Sperrwirkung bundesgesetzlicher Regelungskompetenz scheitern würde (*Heintzen*, a.a.O.).

Bedenken gegen die Zulässigkeit der Tariftreueerklärung werden vom *BGH* (a.a.O.) auch im Hinblick auf Art. 9 Abs. 3 GG und § 5 TVG, § 20 Abs. 1 GWB, Art. 31 GG (so *Löwisch*, DB 2001, 1090; Seifert, ZfA 2001, 1) erhoben. Die Bedenken des *BGH* vermögen jedoch auch in diesem Zusammenhang nicht zu überzeugen. Vorab sei darauf hingewiesen, dass die Auseinandersetzung um Tariftreueerklärungen im Bereich von **Bauleistungen** ohnehin nur den Bereich tariflicher Leistungen erfassen kann, der die **Mindestentgelte** allgemeinverbindlich erklärter Tarifverträge nach § 1 Abs. 1 und 3 AEntG überschreitet. Da auf der Grundlage des AEntG (auch durch Rechtsverordnung) allgemeinverbindlich erklärte Tarifverträge alle tarif- und nicht tarifgebundenen sowie alle in- und ausländischen Arbeitgeber gleichermaßen zwingend verpflichten (vgl. § 1 AEntG Rn. 34f.), kommt einer Tariftreueerklärung insoweit allenfalls eine klarstellende Funktion zu. Ein Gesetz oder eine Rechtsverordnung hat gleichermaßen nur deklaratorische Bedeutung. § 1 VgBBln bezieht sich jedoch nicht nur auf diese Mindestentgelte, sondern auch auf die darüber hinaus gehenden, im Flächentarifvertrag geregelten Tariflöhne. Gemeinschaftsrechtliche Bedenken wegen Verstoßes gegen die Dienstleistungsfreiheit (vgl. Rn. 15) können insoweit im Hinblick auf Art. 50 Satz 3 EGV nicht erhoben werden, da in- und ausländische Bieter gleichermaßen die Tarifverträge anwenden sollen (vgl. Rn. 53a). Daneben sieht Art. 3 Abs. 1 der EU-Entsende-Richtlinie ausdrücklich die Festlegung von allgemein gültigen Arbeitsbedingungen auch durch Rechts- und Verwaltungsvorschriften (mithin auch öffentlich-rechtlichen Vergabevorschriften) vor. Soweit der *BGH* (a.a.O.) eine **Sperrwirkung des § 5 TVG** für landesrechtliche Regelungen und einen Verstoß gegen die **negative Koalitionsfreiheit** (Art. 9 Abs. 3 GG; vgl. hierzu auch *BVerfG* v. 18.7.2000 – 1 BvR 948/00 – AuA 2000, 437) wegen einer unterstellten »weit gehenden Allgemeinverbindlichkeit der Berliner Tariflöhne auf bestimmten Märkten« feststellt (kritisch hierzu *Schwab*, AuR 1998, 507), ist schon die Annahme, dass allein auf Grund eines Einvernehmens im Tarifausschuss nach § 5 TVG eine Allgemeinverbindlichkeit hergestellt werden könne, im Hinblick auf die in § 1 Abs. 3a AEntG vorgesehene Möglichkeit zum Erlass einer Rechtsverordnung nicht richtig. Darüber sind jedoch die Tarifautonomie bzw.

53d

das Tarifrecht als Bezugspunkte der Bedenken des *BGH* auch deswegen ungeeignet, weil § 1 VgGBln (und auch Tariftreueerklärungen) keinen zwingenden Anspruch des Arbeitnehmers aus dem Tarifvertrag begründen (vgl. § 1 AEntG Rn. 36) und damit keine Berührungspunkte hinsichtlich der tarifrechtlichen Folgen (vgl. §§ 4 Abs. 1 Satz 1, 5 Abs. 4 TVG) von Allgemeinverbindlicherklärungen oder abgeschlossener Tarifverträge aufweisen. Allein aus Gründen der **Sicherung gleicher Wettbewerbsbedingungen** der Anbieter wird der persönliche Geltungsbereich abgeschlossener Tarifverträge (deren Regelungsgehalt weiter in der Autonomie der Tarifvertragsparteien verbleibt) erweitert. Inwieweit eine Regelung, die der Sicherung gleicher Wettbewerbsbedingungen dient, aus verfassungsrechtlichen Gründen nicht zulässig sein soll, ist nicht erkennbar. Dabei ist auch zu berücksichtigen, dass das Wettbewerbs- und Vergaberecht in die gesamte Rechts- und Sozialordnung eingebettet ist (vgl. Schwab, a.a.O.), und daher auch arbeitsmarkt- und sozialpolitische Kriterien das Vergaberecht bestimmen können (vgl. Rn. 53a). Dies gilt um so mehr, als der *EuGH* (v. 21.9.1999 – Rs. C-67/96 – AuR 2000, 26 m. Anm. *Blanke*) einen **Vorrang des Tarifrechts** vor dem Wettbewerbsrecht festgestellt hat, und Arbeitsmarktregelungen nicht den Wettbewerbsbestimmungen des Art. 81 EGV unterliegen (*Link*, AuA 2000, 470). Letztlich sei auch darauf hingewiesen, dass den Staat nach Art. 3 Abs. 1 EU-Entsende-Richtlinie sogar eine eigene Gestaltungspflicht trifft, Regelungen zu den Arbeitsbedingungen zu treffen, soweit ein Schutz der Arbeitnehmer über Tarifverträge nicht hergestellt werden kann (vgl. hierzu §§ 1 AEntG Rn. 31, 7 AEntG). Von daher sind auch gesetzliche Bestimmungen, die eine Einhaltung der Tariftreue über **Vertragsstrafen** sicherstellen, zulässig (*OLG Düsseldorf* v. 6.12.2004 – VII – Verg 79/04 – NTBau 2005, 239).

cc) Geltungsbereich der Richtlinie

54 Nach Art. 1 gilt die Entsende-Richtlinie für alle **Unternehmen**, die auf der Grundlage eines bestehenden Arbeitsverhältnisses **Arbeitnehmer länderübergreifend in das Hoheitsgebiet eines anderen Mitgliedstaates entsenden.** Begrifflich liegt dabei eine Entsendung bei jedem im Voraus bestimmten, zeitlich begrenztem, beschäftigungsbedingtem Ortswechsel eines Arbeitnehmers von einem Staat in einen anderen vor (*Geraub*, BB 1999, 2083). Nach Art. 1 Abs. 4 darf **Unternehmen aus Nicht-EU-Staaten** keine günstigere Behandlung zuteil werden als Unternehmen mit Sitz im EWR, d.h., die Mitgliedstaaten werden verpflichtet, die Inhalte der Richtlinie auf **alle aus dem Ausland entsandten Arbeitnehmer** einheitlich auf einem Mindestniveau zur Anwendung zu bringen. Unerheblich ist insoweit, ob das entsendende Unternehmen seinen Sitz in der EU hat. Eine Entsendung liegt in allen Fällen vor, in denen ein Arbeitnehmer (zum Begriff vgl. Art. 2 Abs. 2) **vorübergehend** im Hoheitsgebiet eines Staates tätig wird, in dem er nicht normalerweise (Herkunftsland) arbeitet (*Selmayr*, ZfA 1996, 618).

Von der Richtlinie erfasst werden **unabhängig von der Branche** alle Unternehmen, die Arbeitnehmer während eines begrenzten Zeitraums in das Hoheitsgebiet eines anderen Mitgliedstaates entsenden, in dem der Arbeitnehmer normalerweise, d.h. regelmäßig, nicht seine Arbeitsleistung erbringt. Eine Beschränkung auf den **Baubereich** enthält die Richtlinie nicht. Soweit die zu verrichtenden Arbeiten geringfügig sind (Art. 3 Abs. 5 Entsende-Richtlinie), einen Monat nicht überschreiten (Art. 3 Abs. 3 Entsende-Richtlinie) oder in Zusammenhang mit der **Erstmontage** oder dem Ersteinbau im Rahmen von Lieferverträgen stehen, deren Dauer acht Tage nicht überschreitet (Art. 3 Abs. 2 Entsende-Richtlinie), sind nationalstaatliche Sonderregelungen zur Einschränkung des Anwendungsbereiches der Richtlinie zulässig.

dd) Arbeits- und Beschäftigungsbedingungen

Nach Art. 3 EU-Entsende-Richtlinie muss hinsichtlich der **Arbeits- und Beschäftigungsbedingungen** garantiert werden, dass die Rechts- und Verwaltungsvorschriften des Mitgliedstaates, in dessen Hoheitsgebiet die Arbeitsleistung erbracht wird, auch **für grenzüberschreitend entsandte Arbeitnehmer** vom ersten Tag der Entsendung an **zwingend** i.S.d. Art. 7 Abs. 2 EVÜ (Art. 34 EGBGB) **als Mindestarbeitsbedingungen** gelten. Art. 3 Abs. 1 u. Abs. 7) der Entsende-Richtlinie stellen dabei klar, dass die Arbeitsbedingungen des **Arbeitsortes** entsprechend dem **Günstigkeitsprinzip** nur dann zwingend zur Anwendung kommen, soweit sie günstiger sind als nach dem auf das Arbeitsverhältnis sonst anwendbarem Recht. Dies betrifft u.a. die **höchstzulässigen Arbeitszeiten** und die **Mindestruhezeiten** (Abs. 1 Buchst. a), die **Bedingungen für Leiharbeitnehmer** (Abs. 1 Buchst. d) sowie Arbeitnehmerschutzbestimmungen zu Sicherheit, Arbeitshygiene und Gesundheitsschutz am Arbeitsplatz (Abs. 1 Buchst. e). Einbezogen werden auch die **Mindestlohnsätze** einschl. der Überstundensätze (Abs. 1 Buchst. c) sowie der bezahlte Mindestjahresurlaub (Abs. 1 Buchst. c). **Entsendezulagen**, die nicht der Erstattung tatsächlich entstandener Aufwendungen dienen (zur Kostentragungspflicht des Arbeitgebers bei auswärtiger Übernachtung als Bestandteil tariflicher Auslösungen vgl. *BAG* v. 14.2.1996 – 5 AZR 978/94; vgl. auch § 120c Abs. 4 GewO), sind nach Art. 3 Abs. 7 der Entsende-Richtlinie als Bestandteil des Mindestlohns zu berücksichtigen, wobei das Mindestarbeitsentgelt immer bezogen auf die **Arbeitsstunde** zugrunde zu legen ist. Sowohl beim bezahlten Jahresurlaub als auch beim Mindestlohnsatz sind auch die Beiträge zu den tariflich oder gesetzlich geregelten einzelstaatlichen Sozialkassen und die Leistungen dieser Sozialkassen zu berücksichtigen, sofern diese nicht zum Bereich der sozialen Sicherheit gehören. **Vorschriften zu Schutzmaßnahmen** von Schwangeren, Kindern und Jugendlichen einschl. bestehender Systeme der Lohnfortzahlung (vgl. § 7 AEntG) gelten in Fällen der Entsendung von Arbeitnehmern ebenso wie der Grundsatz der Gleichbehandlung von Mann und Frau sowie sonstiger Nichtdiskriminierungsbestimmungen (Abs. 1 Buchst. f) und g).

55

ee) Durchsetzung von Ansprüchen

Die **Durchsetzung** der Ansprüche des Arbeitnehmers aus dem Arbeitsverhältnis (einschließlich etwaiger Ansprüche aus Art. 3) hat grundsätzlich **in dem Mitgliedstaat** zu erfolgen, in dem das Arbeitsverhältnis des Arbeitnehmers begründet wurde und der **Arbeitnehmer regelmäßig seine Arbeitsleistung** erbringt (vgl. Art. 5 Nr. 1 EuGVÜ; für Arbeitnehmer aus der Türkei vgl. *BAG* v. 17.7.1997 – 8 AZR 328/95). Maßgeblich ist hierbei der tatsächliche Mittelpunkt der Tätigkeit des Arbeitnehmers (*EuGH* v. 9.1.1997 – Rs. C-383/95 – NZA 1997, 225). Unabhängig hiervon und daneben wird dem Arbeitnehmer durch Art. 6 der Entsende-Richtlinie die Möglichkeit eröffnet, die in Art. 3 der Entsende-Richtlinie gewährleisteten Arbeits- und Beschäftigungsbedingungen bei Entsendungen **auch am Ort der tatsächlichen Arbeitsleistung** geltend zu machen (vgl. § 8

56

AEntG). Die gerichtliche Geltendmachung von Ansprüchen im Entsendestaat ist dabei auf die in Art. 3 der Entsende-Richtlinie abschließend aufgeführten Mindestbedingungen beschränkt, sodass eine sachliche **Zuständigkeit der Gerichte des Entsendestaates** für Ansprüche, die über den Regelungsgehalt des Art. 3 Entsende-Richtlinie hinausgehen (z. B. ein die Mindestlohnsätze nach Art. 3 Abs. 1 Buchst. c) übersteigendes Gehalt), nicht gegeben ist.

Der nach Art. 6 Entsende-Richtlinie maßgebliche **Gerichtsstand des tatsächlichen Arbeitsortes** ist durch Art. 10 Nr. 6 des 1. SGB-III-ÄndG seit dem 1.1.1998 in § 8 AEntG geregelt.

c) Arbeitnehmerüberlassung und Arbeitnehmerentsendung (§ 1 Abs. 2a AEntG)

56a Soweit Arbeitnehmer grenzüberschreitend überlassen werden, sind die Bestimmungen des AEntG, insbesondere auch § 7 Abs. 1 Nr. 4, ggf. neben den Bestimmungen des AÜG einzuhalten (*Boemke*, Einl. Rn. 20; *Schüren/Feuerborn*, Einl. Rn. 607; ErfK/*Schlachter*, § 7 AEntG, Rn. 2; einschränkend *Thüsing/Thüsing*, Einl. Rn. 62). Danach haben sowohl inländische als auch ausländische Arbeitgeber (§ 1 Abs. 1 Satz 1 und 3 AEntG), die Bauleistungen i.S.d. § 1 Abs. 1 AEntG erbringen, die in einem allgemeinverbindlich erklärten TV oder in einer Rechtsverordnung nach § 1 Abs. 3a AEntG Mindestarbeitsbedingungen zu gewähren. Nach § 1 Abs. 2a AEntG gilt dies auch, wenn ein Arbeitnehmer (aus dem Ausland oder Inland) als LAN bei einem Entleiher beschäftigt wird und der Entleiher dem Geltungsbereich des allgemeinverbindlich erklärten Tarifvertrags unterliegt. Das AEntG ist **nicht lex specialis** gegenüber sonstigen arbeitsrechtlichen Normen. Für den Baubereich stellt § 1 Abs. 2a AEntG klar, dass ein allgemeinverbindlich erklärter Tarifvertrag nach Abs. 1 oder 2 auch bei grenzüberschreitender ANÜ Anwendung findet. Ergänzend gilt dabei immer § 7 Abs. 2 Nr. 4 und Abs. 2 AEntG. Die Vorschrift erweitert nicht die Formen gesetzlich zulässiger ANÜ, sodass insbesondere das sektorale **Verbot der gewerbsmäßigen ANÜ** zu beachten ist (vgl. § 1b AÜG). Im Geltungsbereich des § 1b Satz 1 AÜG sind daher grenzüberschreitende Arbeitnehmerentsendungen in Form von ANÜ unzulässig. Soweit im Geltungsbereich des AEntG zulässigerweise Arbeitnehmer überlassen werden (vgl. § 1b Satz 2 und 3 AÜG), ist zu beachten, dass die bei Entleihern geltenden Tarifverträge außerhalb des Anwendungsbereichs von § 9 Nr. 2 AÜG im Rahmen der Gleichstellungsregelungen von §§ 3 Abs. 1 Nr. 3, 9 Nr. 2 AÜG als **Mindestarbeitsbedingungen** anzuwenden sind, soweit kein TV zur ANÜ zur Anwendung kommt. Die Mindestarbeitsbedingungen von § 1 Abs. 1 Satz 1 AEntG kommen nur solange zur Anwendung, wie sie günstigere Arbeitsbedingungen für den LAN enthalten. I.Ü. gelten jedoch sowohl die Gleichstellungsgrundsätze der §§ 3 Abs. 1 Nr. 3, 9 Nr. 2 AÜG als auch davon abweichende **TV zur ANÜ** uneingeschränkt auch für solche Fälle der ANÜ, die den Bestimmungen des AEntG unterliegen. Außerhalb der gesetzlichen Gleichstellungsgrundsätze nach dem AÜG oder allgemeinverbindlich erklärter Tarifverträge nach dem AEntG können beim Entleiher geltende Tarifverträge mangels gleicher Branchenzugehörigkeit auch dann nicht auf das Leiharbeitsverhältnis Anwendung finden, wenn der Entleiher Bauleistungen erbringt (*LAG Hessen* v. 19.12.1972 – 3 Sa 486/72, EzAÜG § 1 TVG Tarifverträge Nr. 2). Durch **Abs. 2a** wird klargestellt, dass in den Fällen nichtgewerbsmäßiger ANÜ sowie der ANÜ im Bereich von Tätigkeiten des **Baunebengewerbes** bzw. des Handwerks (die nicht vom sektoralen Verbot der ANÜ im Bau erfasst werden) dem Leiharbeitnehmer der Mindestlohn nach dem AEntG zu zahlen ist (*Gaul*, NJW 1998, 648; vgl. Rn. 46ff.). I.ü. wird das Verbot der ANÜ im Baubereich durch Abs. 2a nicht berührt (vgl. § 1b AÜG Rn. 6). Bei **Abordnungen** von Arbeitnehmern ausländischer Unternehmen an eine **Arge** gem. § 1 Abs. 1 Satz 2 AÜG sind neben den Bestimmungen des AÜG (vgl. § 1 AÜG Rn. 175ff.) auch die Bestimmungen des AEntG einzuhalten.

Bei der Erteilung einer Erlaubnis zur ANÜ an **Verleiher mit Sitz im Ausland** **56b** (vgl. § 3 Abs. 3 bis 5 AÜG) hat die Erlaubnisbehörde zu prüfen, ob der Verleiher ggf. die Bestimmungen des AEntG einhält. Bei Verstößen ist die Erlaubnis wegen Nichteinhaltung der arbeitsrechtlichen Pflichten nach § 3 Abs. 1 Nr. 1 AÜG zu versagen.

Das AEntG findet auch Anwendung, soweit Arbeitnehmer von Betrieben oder **56c** **Unternehmen multinationaler Konzerne oder Unternehmensgruppen** ins Inland entsandt werden (vgl. Art. 1 Abs. 3 Buchst. b) EU-Entsende-Richtlinie). Soweit die Entsendung hierbei in Form der konzerninternen ANÜ (§ 1 Abs. 3 AÜG) erfolgt, muss das verleihende ausländische Konzernunternehmen im Besitz der Erlaubnis nach § 1 Abs. 1 Satz 1 AÜG sein (vgl. § 1 AÜG Rn. 267).

Keine ANÜ liegt in den Fällen vor, in denen das **Arbeitsverhältnis** des Arbeit- **56d** nehmers zum ausländischen Unternehmen während der Zeit der Entsendung ins Inland lediglich **ruht** und für die Zeit des Inlandseinsatzes ein Arbeitsverhältnis mit einem inländischen Unternehmen abgeschlossen wird (vgl. zu dieser Fallgestaltung § 1 AÜG Rn. 76ff.). Hier unterliegt das Arbeitsverhältnis insgesamt inländischem Recht, sodass eine Anwendbarkeit des AEntG (vgl. § 1 Abs. 1 Satz 1 AEntG) und der EU-Entsende-Richtlinie (vgl. Art. 1 Abs. 3 der EU-Entsende-Richtlinie) auf der Grundlage von Abs. 1 Satz 3 gegeben ist.

Durch Art. 10 Nr. 1a des 1. SGB III-ÄndG wurde **Abs. 2a** in § 1 AEntG eingefügt **56e** und mit Wirkung vom 1.1.1999 durch Art. 10 Nr. 1 Buchst. b) des SVKorrG (v. 19.12.1998, BGBl. I S. 3843) neu gefasst. Durch die Vorschrift wird klargestellt, dass auch aus dem Ausland **entsandte Leiharbeitnehmer**, die einem inländischen Entleiher überlassen werden, einem für allgemeinverbindlich erklärten Tarifvertrag bzw. einer Rechtsverordnung nach Abs. 3a unterliegen und **Anspruch auf den Mindestlohn** haben, der auch durch einen TV zur ANÜ nicht unterschritten werden kann. Die Vorschrift ist verfassungsgemäß (*BVerfG* v. 6.10.1987 – 1 BvRb 1086, 1468 u. 1623/82 – BVerfGE 77, 84). Sie soll verhindern, dass sich Einsatzbetriebe im Inland den Bestimmungen des AEntG entziehen können (amtl. Begr. BT-Ds. 13/8994, S. 90).

Abs. 2a ist in allen Fällen der ANÜ anwendbar, in denen Leiharbeitnehmer einem **56f** **Entleiher** überlassen werden, dessen **Betrieb** einem allgemeinverbindlich erklärten Tarifvertrag nach Abs. 1 oder 2 unterliegt (vgl. § 1 AÜG Rn. 103). Die Vorschrift gilt auch für inländische Verleiher im Baunebengewerbe, insbesondere im Bereich des Elektrohandwerks, soweit dort ANÜ zulässig ist (*Marschall*, NZA 1998, 634; vgl. § 1b AÜG Rn. 14). Voraussetzung für die **Anwendbarkeit** des Abs. 2a ist lediglich, dass die Tätigkeit des Leiharbeitnehmers beim Entleiher in den Geltungsbereich eines für allgemeinverbindlich erklärten Tarifvertrages oder einer Rechtsverordnung nach § 1 Abs. 3a AEntG fällt. Wegen des Abstellens auf die **ausgeübte Tätigkeit** stellt die Vorschrift klar, dass der allgemeinverbindlich erklärte Tarifvertrag bei Entsendung von Leiharbeitnehmern aus dem Ausland hinsichtlich des Mindestlohns immer nach dem Arbeitsortsprinzip zur Anwendung kommt und insoweit bestehende Zweifel nicht zulasten des Arbeitnehmers gehen. Daneben ordnet Abs. 2a einen **Vergütungsanspruch** des Leiharbeitnehmers hinsichtlich des Mindestlohns auch für die Fälle eines **unwirksamen Leiharbeitsvertrages** – insbesondere bei Verstößen gegen das sektorale Verbot der ANÜ im Bau nach § 1b AÜG – an. Der Mindestentgeltanspruch hängt allein davon ab, ob die Tätigkeit als solche einem allgemeinverbindlich erklärten Tarifvertrag unterliegt.

56g Soweit die Voraussetzungen des Abs. 2a erfüllt sind, hat der ausländische oder inländische Verleiher das im allgemeinverbindlich erklärten Tarifvertrag oder in der Rechtsverordnung nach Abs. 3a vorgeschriebene **Mindestentgelt** zu zahlen. Der Begriff des Mindestentgelts ist dabei identisch mit den Begriffsmerkmalen des Mindestentgeltes i.S.d. § 1 Abs. 1 Satz 1 Nr. 1.

56h § 7 AEntG schreibt einen **Mindestbestand an Arbeitsbedingungen** unabhängig vom betroffenen Wirtschaftszweig in allen Fällen einer Entsendung von Arbeitnehmern ausländischer Arbeitgeber in das Inland vor. Der Katalog der in Abs. 1 enthaltenen Mindestarbeitsbedingungen entspricht dabei nach Inhalt und Wortlaut den Vorgaben des Art. 3 Abs. 1 Buchst. a) bis g) EU-Entsende-Richtlinie, es wurde jedoch auf einen ausdrücklichen Hinweis auf den (nach der Richtlinie zulässigen) **Ausschluss zusätzlicher betrieblicher Altersversorgungssysteme** verzichtet. Abs. 2 ergänzt für den Bereich grenzüberschreitender Bauleistungen die in § 1 Abs. 1 und 3 enthaltenen Verpflichtungen zur Zahlung der Mindestentgelte und des Mindesturlaubes.

56i § 7 ergänzt die inländischen Rechtsnormen, die auf Grund des internationalen Privatrechtes ohnehin für alle in das Inland entsandten Arbeitnehmer gelten (vgl. amtl. Begr. BT-Ds. 14/45, S. 27). Die Normen des Arbeitsschutzes finden schon auf Grund des Art. 34 EGBGB uneingeschränkt auf alle im Inland tätigen ausländischen Arbeitnehmer Anwendung (vgl. hierzu Rn. 3 ff.). Durch § 7 wird die Anwendbarkeit dieser zwingend geltenden Normen nicht eingeschränkt, sondern allenfalls erweitert (*Däubler*, RIW 2000, 258). Der in Abs. 1 aufgeführte Katalog von Mindestarbeitsbedingungen stellt (z.B. bezogen auf die in Art. 5 bis 7 EU-Richtlinie 93/104 EG geregelten Urlaubs- und Arbeitszeitvorschriften) in erster Linie eine Klarstellung dar, schränkt jedoch die Verpflichtungen des ausländischen Arbeitgebers zur Einhaltung aller öffentlich-rechtlichen Normen des Arbeitsschutzes nicht ein.

56j Adressat der in § 7 enthaltenen Verpflichtungen sind ausschließlich **Arbeitgeber mit Sitz im Ausland**, die auf der Grundlage ausländischen Rechts einen **Arbeitnehmer** beschäftigen und ins Inland entsenden. Auf die Staatsangehörigkeit des Arbeitnehmers kommt es hierbei nicht an. Insbesondere der Einsatz von Werkvertragsarbeitnehmern aus MOE-Staaten unterliegt dem Anwendungsbereich der Norm (zu weitergehenden Ansprüchen vgl. Rn. 75 ff.). Die Arbeitnehmereigenschaft (vgl. § 1 Rn. 11) beurteilt sich dabei ausschließlich nach deutschem Recht (vgl. Art. 2 Abs. 2 EU-Entsende-Richtlinie), sodass auch **Scheinselbstständige** aus dem Ausland den Bestimmungen des § 7 unterliegen. Soweit auf das Arbeitsverhältnis des ausländischen Arbeitnehmers ohnehin deutsches Recht Anwendung findet, bedarf es keines Rückgriffes auf § 7. Die Vorschrift erweitert gegenüber Arbeitgebern mit Sitz im Ausland nicht die im Inland zwingend zu beachtenden Vorschriften deutscher Arbeitgeber und verstößt daher auch nicht gegen das gemeinschaftsrechtliche Diskriminierungsverbot (vgl. Art. 3 Abs. 8 Unterabs. 3 EU-Entsende-Richtlinie).

§ 7 findet in allen Fällen Anwendung, in denen der entsandte Arbeitnehmer im Inland rein **tatsächlich beschäftigt** wird (ErfK/*Schlachter*, § 7 AEntG Rn. 2). Damit werden grundsätzlich alle grenzüberschreitenden ANÜ **aus** dem Ausland vom

Anwendungsbereich der Norm erfasst. Auf die Wirksamkeit des Arbeitsverhältnisses oder das der Entsendung zugrunde liegende Rechtsverhältnis (z. B. Werk-, Dienst- oder Arbeitnehmerüberlassungsvertrag) kommt es ebensowenig an wie auf die Branche, in der der entsandte Arbeitnehmer tätig werden soll. Nur für grenzüberschreitende **Bauleistungen** enthält Abs. 2 wegen der bereits in § 1 Abs. 1 und 3 enthaltenen Regelungen zu Mindestentgelt und Mindesturlaub eine von Abs. 1 abweichende Regelung.

Abs. 1 findet auf **alle** in das Inland **entsandten Arbeitnehmer** für die Dauer ihrer **56k** Beschäftigung Anwendung. Für **Bauleistungen** gilt dies jedoch nur, soweit keine Regelungen nach § 1 Abs. 1 in allgemeinverbindlich erklärten Tarifverträgen bestehen (Abs. 2; vgl. Rn. 22). **Rechts- und Verwaltungsvorschriften** i.S.d. Vorschrift sind alle gesetzlichen Regelungen, Rechtsverordnungen (z.B. die BaustellenV) und Verwaltungsvorschriften, die im Zusammenhang mit den Regelungsgegenständen von Nr. 1 bis 7 stehen. Auch die Runderlasse der BA oder Verwaltungsakte der Aufsichtsbehörden (z.B. Untersagungsverfügungen nach § 17 Abs. 2 ArbZG) zählen zu den Rechtsvorschriften, die der ausländische Arbeitgeber gegenüber seinen im Inland eingesetzten Arbeitnehmern einzuhalten hat. Keine unmittelbare Anwendung finden dagegen im Rahmen des § 7 Abs. 1 AEntG (auch allgemeinverbindlich erklärte) tarifvertragliche Normen oder Betriebsvereinbarungen. § 7 enthält lediglich eine Verpflichtung zur Einhaltung von im Inland geltenden öffentlich-rechtlich begründeten Mindestarbeitsbedingungen, sonstige oder darüber hinaus geltende Ansprüche des Arbeitnehmers gegen den ausländischen Arbeitgeber richten sich ausschließlich nach ausländischem Recht. Nach § 7 Abs. 1 Nr. 1–3 sind einem in das Inland verliehenen LAN für die Zeit des Inlandseinsatzes u.a. die gesetzlichen Höchstarbeitszeiten und Mindestruhezeiten nach dem ArbZG sowie der bezahlte Mindesturlaub und die gesetzlichen Mindestentgeltsätze einschließlich der Überstundensätze zu gewähren. Hierzu zählen an sich Entgeltansprüche nach den Gleichstellungsgrundsätzen von §§ 3 Abs. 1 Nr. 3, 9 Nr. 2, 10 Abs. 4, insoweit ist jedoch Nr. 4 lex specialis. Nr. 5 bis 7 sichern demgegenüber die Einhaltung von Bestimmungen zum Arbeitsschutz sowie zur Nichtdiskriminierung.

Nach Nr. 4 sind bei der **Überlassung von Arbeitnehmern** aus dem Ausland alle **56l** im Inland geltenden Rechtsnormen, die sich auf deren »Bedingungen« beziehen, zu beachten. Unter **Bedingungen** sind dabei sowohl die arbeitsrechtlichen als auch die gewerbe-, vermittlungs- und erlaubnisrechtlichen Bestimmungen zur ANÜ zu verstehen. Durch den Zusatz »insbesondere durch Leiharbeitsunternehmen« wird klargestellt, dass alle Formen der Überlassung von Arbeitnehmern erfasst werden und sich der Anwendungsbereich der Norm nicht auf gewerbsmäßig tätige Verleiher beschränkt, die eine Erlaubnis zur ANÜ nach § 1 Abs. 1 Satz 1 AÜG haben. Nr. 4 ist daher auch in allen Fällen **nichtgewerbsmäßiger ANÜ** sowie in den Fällen des § 1 Abs. 3 AÜG anwendbar. Bei grenzüberschreitender **konzerninterner ANÜ** sind die rechtlichen Rahmenbedingungen des AÜG (vgl. § 1 AÜG Rn. 246ff.) ebenso zu beachten wie bei der Erbringung werkvertraglicher Leistungen im Rahmen einer ARGE (vgl. § 1 AÜG Rn. 175ff.).

Im Hinblick darauf, dass ausländischen Arbeitnehmern aus Drittstaaten nach **56m** § 40 Abs. 1 Nr. 2 AufenthG, § 6 Abs. 1 Nr. 2 ArGV grundsätzlich keine **Arbeitserlaubnis** erteilt wird, wenn sie im Inland als Leiharbeitnehmer tätig werden wollen (vgl. Einl. G. Rn. 35 f.), konzentriert sich der Anwendungsbereich der Vorschrift auf Arbeitgeber aus Mitgliedstaaten und auf Fallgestaltungen, bei denen der ausländische Verleiher nicht die nach § 1 Abs. 1 Satz 1 AÜG erforderliche Erlaubnis benötigt. Nr. 4 stellt dabei klar, dass die **gewerberechtlichen Vorschriften** des AÜG einschließlich des Erlaubnisrechts (als Bedingung der Überlassung) in vollem Umfang auf Verleiher aus EU-Mitgliedstaaten Anwendung finden (vgl. § 3 AÜG Rn. 137 ff.), die Arbeitnehmer in das Inland verleihen dürfen.

56n Zu den Bedingungen i.S.d. § 7 Abs. 1 Nr. 4 AEntG zählen auch die **Gleichbehandlungsansprüche** eines LAN nach §§ 3 Abs. 1 Nr. 3, 9 Nr. 2, 10 Abs. 4 AEntG, deren Charakter als **gesetzliche Vorschriften** unberührt bleibt, wenn ein TV zur ANÜ zur Anwendung kommt. Danach hat auch ein Verleiher, der ohne Betriebssitz im Inland Arbeitnehmer aus dem Ausland in das Inland verleiht, bei mangelnder Tarifbindung an einen TV zur ANÜ die von einem vergleichbaren Arbeitnehmer des Entleihers zu beanspruchenden materiellen Arbeitsbedingungen (einschließlich des Arbeitsentgelts) zu gewähren (vgl. § 9 Rn. 73 ff.). Ist es dem ausländischen Verleiher mangels Betriebssitzes im Inland nicht möglich, die Tarifbindung an einen Tarifvertrag zur ANÜ zu erreichen, ist eine Anwendung der Gleichstellungsgrundsätze dennoch ausgeschlossen, wenn der ausländische Verleiher einem gleichwertigen ausländischen Kollektivvertrag unterliegt. Zu den Bedingungen, die der ausländische Arbeitgeber einzuhalten hat, gehören auch die Rechtsnormen, die die rechtlichen Grenzen zulässiger Formen der ANÜ abstecken (z.B. das sektorale Verbot im Baubereich nach § 1b AÜG; vgl. die Erl. zu § 1b AÜG) oder die sich auf die spezifischen **Arbeitgeberpflichten** eines Verleihers erstrecken. Der ausländische Verleiher hat daher die in §§ 1 Abs. 2, 3 Abs. 1 Nr. 1 bis 3 AÜG enthaltenen Arbeitgeberpflichten ebenso einzuhalten wie das in § 11 Abs. 4 Satz 2 AÜG geregelte besondere Vergütungsrisiko (vgl. Erl. § 11 AÜG Rn. 28).

56o § 7 AEntG stellt für den entsandten Arbeitnehmer eine eigenständige **Anspruchsgrundlage** dar, um für die Zeit des Inlandseinsatzes die in Abs. 1 enthaltenen Mindestarbeitsbedingungen von dem ausländischen Arbeitgeber zu verlangen. Die diesbezüglichen Erfüllungsansprüche können (ungeachtet eines im Ausland eröffneten Rechtsweges) nach § 8 AEntG vor den deutschen Gerichten für Arbeitssachen geltend gemacht werden. Eine entsprechende Klage ist jedoch grundsätzlich nur bzgl. des Kataloges der gesetzlichen **Mindestarbeitsbedingungen** i.S.d. Abs. 1 zulässig. Darüber hinausgehende Ansprüche des Arbeitnehmers sind nach dem Recht geltend zu machen, das auf das Arbeitsverhältnis Anwendung findet.

III. Grenzüberschreitende Fremdfirmenarbeit außerhalb der EU-Binnengrenzen

57 Unternehmen, die außerhalb der Grenzen des EU-Binnenmarktes ansässig sind, können sich grundsätzlich nicht auf die Grundsätze des EGV zur Niederlassungs- bzw. Dienstleistungsfreiheit berufen. Ebenso sind die Rechte auf Freizügigkeit auf EU-Staatsangehörige begrenzt. Soweit nicht **bilaterale Übereinkommen zwischen EU-Staaten und Drittstaaten** bestehen (vgl. z.B. Art. 3 des bilateralen Niederlassungsabkommens mit dem Iran vom 17.2.1929, in Kraft seit dem 11.1.1931 – RGBl. 1931 II S. 9 –), nach dem ein unmittelbarer Anspruch auf Zulassung gegeben ist), die ihrerseits mit gemeinschaftsrechtlichen Grundsätzen übereinstimmen, bestehen daher grundsätzlich keine Ansprüche oder Rechte von ausländischen Unternehmen oder Arbeitnehmern, innerhalb der EU-Binnengrenzen einer unternehmerischen oder Erwerbstätigkeit nachgehen zu dürfen.

1. EU-Abkommen und Assoziierungsverträge

Auf EU-Ebene sind mit verschiedenen **Drittstaaten** Abkommen getroffen wor- **58** den, die auch die Ausübung eines Gewerbes innerhalb der EU-Binnengrenzen betreffen. Wenngleich Rechtscharakter und Reichweite der Vorschriften stark voneinander abweichen, besteht die politische **Zielsetzung** der Verträge jeweils darin, sukzessive bestehende (gegenseitige) **Beschränkungen der Dienstleistungs- bzw. Niederlassungsfreiheit** zwischen den EU-Staaten und Drittstaaten **abzubauen.**

a) Das Europäische Niederlassungsabkommen

Das **Europäische Niederlassungsabkommen** vom 13.12.1955, das in der **59** Bundesrepublik seit dem 23.2.1965 in Kraft ist (BGBl. 1959 II S. 998; BGBl. 1965 II S. 1099), fällt von seinem materiellen Gehalt her hinter die Rechte aus dem EGV zurück. Sein persönlicher **Geltungsbereich** erstreckt sich auf **natürliche Personen** (*Becker/Wulfgramm*, Art. 1 § 3 Rn. 85; *Schüren/Schüren*, Einl. Rn. 449) und ihren nach Art. 48 EGV gleichgestellten Gesellschaften. Da das **Recht auf Erwerbstätigkeit** nach Art. 10 des Abkommens den Staatsangehörigen **keine unmittelbaren Ansprüche** auf Gewährung von Rechten aus der Dienstleistungs- und Niederlassungsfreiheit gewährt, sondern nur eine völkerrechtliche Verpflichtung der Vertragsstaaten begründet (*Becker/Wulfgramm*, Art. 1 § 3 Rn. 85), kommt dem Abkommen derzeit allenfalls im Hinblick auf die Türkei eine (unter Berücksichtigung des bestehenden Assoziierungsabkommens der EU allerdings geringe) Bedeutung zu. Staatsangehörige der übrigen Staaten, für die das Abkommen gilt, können sich demgegenüber infolge EU- oder EWR-Vertragsstaatenzugehörigkeit des Herkunftslandes unmittelbar auf die weitreichenderen Vorschriften des EGV zur Niederlassungs- und Dienstleistungsfreiheit berufen.

b) Das Abkommen zur Gründung einer Assoziation zwischen der Europäischen Wirtschaftsgemeinschaft und der Türkei (64/733/EWG)

Das **Assoziierungsabkommen mit der Türkei** (ABlEG Nr. 219 vom 29.12.1964, **60** S. 3687; BGBl. 1964 II S. 510) verfolgt die Zielsetzung, die Türkei schrittweise an die Rahmenbedingungen im EU-Wirtschaftsraum heranzuführen »und den Abstand zwischen der türkischen Wirtschaft und der Wirtschaft der Mitgliedstaaten der Gemeinschaft zu verringern« (Präambel). In Art. 14 des Abkommens ist insoweit vorgesehen, dass sich die Vertragsstaaten von den Bestimmungen der Art. 55, 56 EGV und Art. 58 bis 65 EGV leiten lassen wollen, um bestehende **Beschränkungen des Dienstleistungsverkehrs untereinander aufzuheben.** In Art. 13 des Abkommens wird die Absicht erklärt, die Niederlassungsfreiheit in Anlehnung an die Vorschriften des EGV zu gewähren. Art. 12 des Abkommens enthält hinsichtlich der **schrittweisen Einführung der Freizügigkeit** der Arbeitnehmer untereinander ebenfalls eine **Absichtserklärung** der Vertragsstaaten, die dahin geht, sich von den Grundsätzen der Art. 39 f. EGV leiten zu lassen, »um untereinander die Freizügigkeit der Arbeitnehmer schrittweise herzustellen« (a.a.O.). Das Zusatzprotokoll zum Assoziierungsabkommen (v. 13.12.1970, BGBl. 1972 II S. 385) bekräftigt diese Willensbekundungen, enthält aber in dessen Art. 36 den Ablauf des 22. Jahres nach Zustandekommen des Assoziierungsabkommens (1.12.1986) als Endzeitpunkt der schrittweisen Herstellung der Freizügigkeit.

Auf dieser Grundlage wurden durch Beschluß Nr. 1/80 des Assoziationsrates über die Entwicklung der Assoziation (ANBA 1981, 2) u.a. die **Zugangsrechte türkischer Arbeitnehmer zum Arbeitsmarkt der Mitgliedstaaten** verbessert (Art. 6 des Beschlusses; vgl. Einl. G Rn. 28 ff.).

61 Trotz des **Ablaufs der Übergangsfrist** ist Art. 12 des Assoziierungsabkommens **keine unmittelbar anwendbare Norm** (zu völkerrechtlichen Bedenken vgl. *Hänlein*, EuroAS 1997, 21) und räumt den Staatsangehörigen der Vertragsparteien keine unmittelbaren Ansprüche ein (vgl. *EuGH* v. 30. 9. 1987 – Rs. C-12/86 – Slg. 1987, 3719; v. 10. 9. 1996 – Rs. c-277/94 – EuroAS 1996, 168). Arbeitnehmer und Unternehmen aus der Türkei unterliegen daher grundsätzlich den gleichen Beschränkungen wie sonstige Ausländer aus Nicht-EU- oder Nicht-EWR-Vertragsstaaten. Etwas Anderes gilt nach Auffassung des *EuGH* allerdings hinsichtlich der **Beschlüsse des Assoziationsrates,** insbesondere hinsichtlich des Beschlusses Nr. 1/80 bzgl. des Zugangsrechts türkischer Arbeitnehmer zum Arbeitsmarkt (*EuGH* v. 30. 9. 1987, NJW 1988, 1442; vgl. hierzu Einl. G. Rn. 28 ff.). Nach Auffassung des *EuGH* ist Art. 6 Abs. 1, 3. Gedankenstrich des Beschlusses dahin gehend auszulegen, dass ein türkischer Arbeitnehmer bei vierjähriger Beschäftigung auch dann ein Aufenthaltsrecht zur Suche eines Arbeitsplatzes für einen angemessenen Zeitraum besitzt, wenn er das vorangegangene Arbeitsverhältnis durch Eigenkündigung beendet hat (*EuGH* v. 23. 1. 1997 – Rs. C-171/95). Dem ist das *BSG* in seiner Entscheidung vom 10. 9. 1998 (B 7 AL 70/97 R, SozSi 1999, 296) gefolgt. Daneben hat das *BAG* (v. 22. 3. 2000 – 7 AZR 226/98) Art. 10, der die Gleichstellung von türkischen und deutschen Arbeitnehmern hinsichtlich der Arbeitsbedingungen vorsieht, für unmittelbar anwendbar erklärt.

c) Die EU-Assoziierungsabkommen mit Polen und Ungarn

62 Die mit **Polen und Ungarn** geschlossenen **Abkommen vom 16. 12. 1991 zur Gründung einer Assoziation** verfolgen die Zielsetzung, die MOE-Staaten schrittweise in die Gemeinschaft zu integrieren. Im Unterschied zu den Assoziierungsabkommen mit der Türkei kommt den entsprechenden Abkommen mit Polen und Ungarn sowohl unter dem Gesichtspunkt der internationalen Konkurrenzfähigkeit als auch in arbeitsmarktpolitischer Hinsicht eine erhebliche Bedeutung zu. Dies gilt insbesondere, soweit polnische und ungarische Unternehmen, die im Rahmen bestehender **Gastarbeitnehmer- oder auch Werkvertragsvereinbarungen** mit den Mitgliedstaaten (s. u. Rn. 65 ff.) Arbeitnehmer in der Bundesrepublik einsetzen wollen, aus Art. 41 der Abkommen Rechtsansprüche auf Weitergeltung der entsprechenden Vereinbarungen herleiten können. Soweit es die Vereinbarungen für die Beschäftigung entsandter Arbeitnehmer im Rahmen wirtschaftlicher Kooperation betrifft, die Deutschland mit Ungarn und Polen geschlossen hat, bleiben diese Vereinbarungen nach dem **EU-Beitritt** in den Wirtschaftsbereichen in Kraft, in denen die Dienstleistungsfreiheit weiterhin eingeschränkt ist (Rn. 14a).

63 Nach Art. 41 der Abkommen sollen die auf Grund bilateraler Abkommen bestehenden **Rechte der Arbeitnehmer auf Freizügigkeit** beibehalten und verbessert werden. Aus der Denkschrift zu den Europaabkommen ergibt sich hierbei, dass die Rechte auf Freizügigkeit sich sowohl auf die Gastarbeitnehmer- als auch auf die Werkvertragsvereinbarungen beziehen sollen (BT-Ds. 12/4275, S. 177). Auf Grund der mit dem EU-Beitritt erlangten Niederlassungsfreiheit und eingeschränkten Dienstleistungsfreiheit (Rn. 14a) haben die Abkommen vor allem im

Bausektor und im Rahmen der Werkvertragsvereinbarungen Bedeutung. Dennoch lassen sich für die Unternehmen **keine unmittelbaren Ansprüche** herleiten, auf Grund der Regelungen zur Niederlassungs- und Dienstleistungsfreiheit polnische Arbeitnehmer uneingeschränkt oder zumindest im Rahmen der bestehenden Kontingente im EU-Wirtschaftsraum einzusetzen.

Demgegenüber gewähren die **Vorschriften über den Dienstleistungsverkehr** **64** (vgl. Art. 55 der Abkommen) **keine unmittelbaren Ansprüche**, mitgebrachtes Personal innerhalb der Gemeinschaft einsetzen zu können. Der Einsatz von Arbeitnehmern polnischer und ungarischer Unternehmen in Deutschland im Rahmen von Werk- und Dienstverträgen kann daher z. Zt. nicht unmittelbar auf die Abkommen gestützt werden. Vielmehr unterliegt deren Einsatz nach Art. 58 Abs. 2 der Abkommen den jeweiligen Vorschriften der EU-Staaten über Einreise, Beschäftigung und Niederlassung natürlicher Personen sowie der Erbringung von Dienstleistungen. Von daher **unterliegen polnische Arbeitnehmer** sowohl hinsichtlich der Arbeitserlaubnis und Arbeitnehmerüberlassung als auch hinsichtlich der Arbeitsvermittlung **allen Beschränkungen**, die auch ansonsten für Arbeitnehmer **aus Nicht-EU- bzw. Nicht-EWR-Staaten** gelten (vgl. Einl. G Rn. 11).

2. Regierungsabkommen mit Drittstaaten zur Erbringung werkvertraglicher Leistungen bzw. zu Fortbildungszwecken

Soweit zwischenstaatliche Vereinbarungen, **Gastarbeiterabkommen** oder **Re-** **65** **gierungsabkommen zur Erbringung werkvertraglicher Leistungen** mit EU-Beitrittstaaten oder mit Drittstaaten außerhalb der EU abgeschlossen wurden, ist den ausländischen Arbeitnehmern die **Aufnahme einer Tätigkeit im Inland** nur gestattet, soweit sie entweder im Besitz eines Aufenthaltstitels bzw. einer Arbeitsberechtigung oder einer sog. **Zulassungsbescheinigung** (vgl. § 10 ArGV) sind (zur gemeinschaftskonformen Anwendung der Abkommen vgl. *Gutmann*, DB 1997, 1977). In den Vereinbarungen sind diesbezüglich meist die näheren Einzelheiten geregelt, unter denen die Beschäftigung in Deutschland ausgeübt werden darf. Nach §§ 17 ff. Aufenthaltsgesetz können die zwischenstaatlichen Vereinbarungen vorsehen, dass vom Zustimmungserfordernis der BA zum Aufenthaltstitel (vgl. Einl. G Rn. 16) abgesehen werden kann. Ergänzend gelten die §§ 39 ff. BeschV (vgl. §§ 38, 41 Abs. 1 u. 3 BeschV). I. Ü. wird von den Möglichkeiten einer Zulassungsbescheinigung des BA nach § 10 ArGV – abgesehen von Saisonarbeitnehmern (s. u. Rn. 83) – nur noch in den seltensten Fällen (z. B. Schweiz) Gebrauch gemacht. Auch soweit daher Regierungsabkommen abgeschlossen wurden, kann in der Praxis davon ausgegangen werden, dass die aus Drittstaaten entsandten Arbeitnehmer entweder der Erteilung einer Arbeitsberechtigung/EU nach § 284 Abs. 1 SGB III oder eines Aufenthaltstitels bzw. eines Arbeitserlaubnisersatzes bedürfen.

a) Werkvertragsabkommen

Mit einer Reihe von Beitrittsstaaten bestehen **Regierungsabkommen**, nach **66** denen **entgegen dem bestehenden Anwerbestopp** ausländische Arbeitnehmer im Rahmen von Werkverträgen in der BRD arbeiten können (vgl. Der Spiegel 25/1989, S. 56 ff. »Ostelbiens Junker waren menschlicher«). Von den inländischen Unternehmen werden die Abkommen seit jeher dazu genutzt, Stammarbeitsplätze abzubauen und die Lohnkosten zu senken (*Kaligin*, NZA 1992, 1992; *Klöpper*, AiB 1993, 682). Der Unterschied zu früheren Abkommen besteht darin, dass die **neueren Abkommen** den Einsatz der Werkvertragsarbeitnehmer zum Großteil unabhängig von der **Lage und Entwicklung auf dem Arbeitsmarkt** vorsehen (vgl. z.B. Art. 1 Abs. 1 der deutsch-rumänischen Regierungsvereinbarung), so dass von der BA nur noch geprüft wird, ob die aufenthaltsrechtlichen Voraussetzungen erfüllt sind und ob Versagungsgründe gem. § 40 Abs. 1 Nr. 2 AufenthG, § 6 ArGV vorliegen (vgl. RdErl. Nr. 137/90 v. 2.11.1990, DA 4.20.110; zur Arbeitserlaubnis vgl. § 3 ASAV und Einl. G. Rn. 48 ff.). Nach dem 9. Erfahrungsbericht der BuReg (BT-Ds. 14/4220, S. 35) betrug das Gesamtkontingent von Oktober 1999 bis September 2000 53700 Werkvertragsarbeitnehmer, wobei Polen ein Jahreskontingent von 21670 Werkvertragsarbeitnehmern zusteht. Mit 58 Prozent des Kontingentes liegt der Schwerpunkt im Baubereich (zur Kontingentierung in der Bauwirtschaft vgl. § 3 Abs. 2 ASVO; § 39 Abs. 3 BeschV; Einl. G. Rn. 31).

67   Schon im Bericht des Präsidenten der BA an den Bundesminister für Arbeit vom 5.9.1991 (Ia6 – 5751) hat dieser darauf hingewiesen, dass auffallend häufig die Werkvertragsarbeitnehmer gezielt im Rahmen unerlaubter ANÜ eingesetzt werden. In ihrem Bericht zum 7. Erfahrungsbericht der Bundesregierung vom 14.5.1992, S. 31, kommt die BA zu dem Ergebnis, dass die sprunghafte **Zunahme illegaler ANÜ aus Ost- und Südosteuropa** als gravierend und Besorgnis erregend angesehen werden muss (vgl. auch 9. Erfahrungsbericht der BuReg, S. 35). In den Regierungsabkommen ist teilweise geregelt, dass **bei Vorliegen von ANÜ keine Arbeitserlaubnis** erteilt wird (vgl. z.B. Änderung der deutsch-ungarischen Vereinbarung v. 21.8.1992 – BGBl. II S. 1151 – Art. 10). I.Ü. kommen § 40 Abs. 1 Nr. 2 AufenthG, § 6 Abs. 1 Nr. 2 ArbGV zur Anwendung (vgl. Einl. G Rn. 35 f.). Daneben wird darauf hingewiesen, dass die Fälle der Beschäftigung ohne die erforderliche Erlaubnis zunehmen und die **Entlohnung** nicht – wie in den Regierungsabkommen vorgesehen – dem Lohn entspricht, den die deutschen Tarifverträge für vergleichbare Tätigkeiten vorsehen. Bei überwiegend illegaler Beschäftigung sind Löhne von 4,– €/Std. keine Seltenheit (vgl. SZ v. 13.9.1995, »Mit dem Arbeitsamt auf Razzia am Bau«). Daneben wird beklagt, dass **Verstöße** bei erstmalig unerlaubter ANÜ oder Beschäftigung ohne Aufenthalts- und Arbeitserlaubnis lediglich zu einer **Kontingentkürzung** führen (vgl. Art. 8 der deutsch-polnischen Regierungsvereinbarung).

68   Die Praxis des Einsatzes von Werkvertragsarbeitnehmern auf der Grundlage der Regierungsabkommen hat zu einem **Abbau von Arbeitsplätzen** insbesondere in der Metall- und Bauwirtschaft und zu einem **Lohndumping** durch die ausländischen Unternehmen geführt (*Mayer*, BB 1993, 1428). Die meist illegal (als ANÜ mit Niedriglöhnen bis unter 3 Euro/Std.) ausgeführten Werkverträge (vgl. *BGH* v. 21.03.2003, NZA 2003, 616) führen v.a. in den lohnintensiven Sektoren dazu, dass inländische Unternehmen, die sich an die arbeits- und sozialversicherungsrechtlichen Bestimmungen halten und daneben auch die bestehenden (im Bausektor überwiegend allgemeinverbindlich erklärten) Tarifverträge einhalten, einer nicht mehr verkraftbaren **Konkurrenzsituation** ausgesetzt sind (*Sahl/Stang*, AiB 1996, 652). Der **Bundesrat** hat in seiner Entschließung vom 18.12.1992 (BR-Ds. 650/92) auf den Zusammenhang des Einsatzes ausländischer Werkvertragsarbeitnehmer einerseits und die Entlassung bzw. Kurzarbeit in der Bundesrepublik lebender Arbeitnehmer andererseits hingewiesen und u.a. eine Verringerung der Kontingente, einen Verzicht auf die Zusatzkontingente im Baubereich und eine **Gleichstellung der Werkvertragsarbeitnehmer hinsichtlich aller Ent-**

lohnungsbedingungen gefordert. Der Runderlass der BA vom 1.10.1993 (5751 [40]/7413 i.d.F. v. 20.4.1995 – Ia6 – 5751 [15] A), der u.a. die **Quotierung** nach § 3 Abs. 2 ASAV betrifft, trug diesen Überlegungen nur ansatzweise Rechnung.

Eine Gleichstellung hinsichtlich der **Arbeitsbedingungen** von Arbeitnehmern **68a** aus Drittstaaten ist schon im Hinblick auf Art. 9 Abs. 3 GG erforderlich, weil an der Verfassungsmäßigkeit der Werkvertragsabkommen ernsthafte Zweifel bestehen (so *Hanau* in seinem Gutachten »Rechtsprobleme der Entsendung ausländischer Arbeitnehmer ins Inland«, 1993, 34). Auch bestehen im Hinblick auf die Dienstleistungsfreiheit erhebliche europarechtliche Bedenken gegen die Zulässigkeit und Wirksamkeit der Vereinbarungen (so mit überzeugender Begründung *Hanau*, a.a.O.; vgl. BT-Ds. 13/8738), zumal durch die Abkommen sowohl der Zugang von Unternehmen aus EWR-Staaten zum bundesrepublikanischen Markt als auch die Arbeitsmöglichkeiten qua EU-Recht privilegierter ausländischer Arbeitnehmer (vgl. Rn. 16 ff.) eingeschränkt werden. Werkvertragsabkommen sind daher unzulässig, soweit eine gemeinschaftsrechtskonforme Auslegung der Abkommen ausscheidet (vgl. *Gutmann*, DB 1997, 1977). Einem Teil der Bedenken ist durch die mit dem SVKorrG vorgenommenen Ergänzungen des AEntG Rechnung getragen worden. Danach unterliegen auch Werkvertragsarbeitnehmer den nach §§ 1, 7 AEntG zwingend anzuwendenden Mindestarbeitsbedingungen bei grenzüberschreitenden Dienstleistungen. Darüber hinaus gehende Verpflichtungen aus den Regierungsabkommen (vgl. Rn. 75 ff.) bleiben hiervon unberührt.

Sowohl für die Vermittlung ausländischer Arbeitnehmer durch die BA als auch **69** für die Erteilung der Arbeitserlaubnis hat der Arbeitgeber gem. §§ 1 und 4 der Anordnung des Verwaltungsrats der BA (v. 24.3.1993; ANBA 1993, 357 i.d.F. der 1. ÄndVO v. 14.3.1996, ANBA 1996, 1097) **Gebühren** in unterschiedlicher Höhe zu entrichten. Die Gebühr für die Erteilung des Werkvertrages beträgt derzeit 200 €, die Arbeitserlaubnisgebühr beträgt für jeden Arbeitnehmer für jeden angefangenen Kalendermonat der Beschäftigung 90 €.

aa) Inhalt der Abkommen

Die Bundesregierung hat mit elf Staaten Regierungsabkommen über die Entsen- **70** dung ausländischer Arbeitnehmer im Rahmen von Werkvertragsabkommen abgeschlossen, die insgesamt 13 Staaten erfassen. Neben Tschechien, Slowakei, Kroatien, Slowenien, Mazedonien und Bosnien-Herzegowina (vgl. *Kessler*, AuA 1999, 308) sind u.a. mit folgenden Staaten Werkvertragsabkommen geschlossen worden:

- Polen (v. 30.5.1990 – BGBl. II S. 602 i.d.F. v. 13.1.1992 – BGBl. II S. 93, ergänzt durch das Zusatzabkommen v. 28.5.1993 – BGBl. II S. 1125);
- Ungarn (v. 17.2.1989 – BGBl. II S. 244 i.d.F. v. 21.8.1992 – BGBl. II S. 1151);
- Türkei (v. 18.11.1991 – DBl. der BA 183/91 v. 18.12.1991);
- Tschechoslowakei (v. 12.6.1991 – BGBl. II S. 820 i.d.F. v. 6.1.1993 – BGBl. II S. 178);
- Rumänien (v. 28.3.1991 – BGBl. II S. 666 i.d.F. v. 13.5.1991 – BGBl. II S. 822);
- Bulgarien (v. 8.7.1991 – BGBl. II S. 863);
- Lettland (v. 12.11.1992 – BGBl. II S. 1204).

Von ihrem **Inhalt** her sind in den Vereinbarungen jeweils bestimmte **Höchstkon-** **71** **tingente** von Arbeitnehmern in Mannjahren festgelegt, die im Rahmen von Werkverträgen eingesetzt werden dürfen (*Mayer*, BB 1993, 1428), und die jährlich an die Entwicklungen auf dem deutschen Arbeitsmarkt angepasst werden. Mit rund der Hälfte bilden polnische Werkvertragsarbeitnehmer den größten Anteil.

72 Das ausländische Unternehmen muss **im Rahmen eines Werkvertrages** tätig werden, was sich ausschließlich nach deutschem Recht beurteilt. Neben den zwingenden öffentlich-rechtlichen Normen des Arbeitsschutzes (Art. 34 EGBGB) sind die Abgrenzungskriterien zur ANÜ und sonstigen Formen des drittfirmenbezogenen Personaleinsatzes zu beachten.

73 **Nicht von den Abkommen erfasst** werden z. B. **Dienstverträge** oder Formen der **Arbeitnehmerüberlassung,** vielmehr muss das Unternehmen im Inland echte Werkvertragsleistungen erbringen (*Kaligin*, NZA 1992, 1112). Auch setzen die Abkommen voraus, dass die Werkverträge mit **Arbeitnehmern als Erfüllungsgehilfen** des ausländischen Unternehmens ausgeführt werden. Der Einsatz von Selbstständigen oder die Ausführung des Werkvertrages allein durch den Werkunternehmer ist untersagt. Der **Gegenstand des Werkvertrages** ist nach den Abkommen darauf **beschränkt,** dass anspruchsvolle, überwiegend von qualifizierten Arbeitnehmern zu erbringende Aufgaben den Gegenstand des – grundsätzlich nur auf zwei Jahre – befristeten Werkvertrages bilden (vgl. § 39 Abs. 1 BeschV). Soweit nur Tätigkeiten angelernter oder ungelernter Arbeitnehmer zur Durchführung des Werkvertrages erforderlich sind, kommen die Abkommen nicht zur Anwendung, d.h., eine Arbeitsberechtigung/EU bzw. ein Aufenthaltstitel wird nicht erteilt (vgl. Einl. G Rn. 18; zum Verfahren vgl. Kaligin, NZA 1992, 1111). Bei mehreren zeitlich nacheinander auszuführenden Werkverträgen muss der Arbeitnehmer zwischenzeitlich mindestens so lange im Heimatstaat verblieben sein, wie er bei Ausführung des ersten Werkvertrages in der Bundesrepublik verweilte. **Eine dauerhafte Beschäftigung desselben Arbeitnehmers** im Inland im Rahmen von Werkverträgen ist daher **ausgeschlossen.** Insoweit folgen die Abkommen dem allgemeinen Rechtsgedanken, dass über den Einsatz von Fremdfirmenarbeitnehmern keine Dauerarbeitsplätze besetzt bzw. zerstört werden sollen (vgl. § 1 Rn. 166).

74 Die Abkommen finden in der Regel nur Anwendung, soweit die Werkverträge in Deutschland ausgeführt werden. Soll demgegenüber der Werkvertrag auf der Grundlage einer **Unternehmenskooperation** von deutschem und vertragsangehörigem Unternehmen in einem Drittstaat ausgeführt werden (vgl. z.B. Art. 1 Abs. 2 des deutsch-rumänischen Abkommens), sind die Zulassungskriterien der **Abkommen nicht anwendbar.** Eine Arbeitserlaubnis ist in diesen Fällen nur notwendig, soweit die Arbeitnehmer aus den Drittstaaten zur Vorbereitung oder bei der Ausführung des Werkvertrages vorübergehend im Inland eingearbeitet werden (vgl. hierzu z. B. RdErl. Nr. 137/90 v. 2. 11. 1990, DA 4.20.111).

75 Nach den Abkommen müssen die **Arbeitsbedingungen,** insbesondere die Entlohnung (zu den Mindestentgelten im Bau vgl. § 1 AEntG), den Bedingungen entsprechen, die **deutsche Arbeitnehmer für vergleichbare Tätigkeiten** erhalten (vgl. § 39 Abs. 2 Satz 1 AufenthG; Art. 5 Abs. 1 der Regierungsvereinbarung mit der Türkei, DBl. BA 183/91 v. 18. 12. 1991; *Mayer*, BB 1993, 1428). Dies bedeutet, dass neben den Bruttolöhnen gleichzeitig die sonstigen gesetzlichen, tariflichen und betrieblichen Sozialleistungspakete in eine **Vergleichsrechnung** einzubeziehen sind. In der Praxis sind diese Voraussetzungen nahezu nie erfüllt. Die Ursache liegt zum einen darin, dass die Arbeitsverwaltung die Arbeitserlaubnis schon dann erteilt, wenn die Nettolöhne der ausländischen Arbeitnehmer mit deutschen Tariflöhnen vergleichbar sind und tarifliche Lohnnebenleistungen nicht dem Entlohnungsbegriff der Abkommen zugerechnet werden (vgl. RdErl.

Nr. 137/90 v. 2.11.1990). Auch werden die Kosten für Unterkunft und Verpflegung der ausländischen Arbeitnehmer in Abzug gebracht (*Kaligin*, NZA 1992, 1113).

Noch bedeutsamer ist jedoch, dass die **ausländischen Unternehmen** nach bestehender Praxis **nicht dem deutschen Sozialversicherungs- und Abgabenrecht unterliegen** sollen und damit ein Großteil der Lohnnebenkosten, die ein deutscher Wettbewerber aufzubringen hat, aus der Vergleichsrechnung herausfallen (vgl. hierzu auch das deutsch-polnische Sozialversicherungsabkommen v. 25.4.1973 – BGBl. II S. 926, nach dessen Art. 4 Abs. 1 aus Polen entsandte Arbeitnehmer für die Dauer von 24 Monaten vom Anwendungsbereich des deutschen Kranken-, Unfall- und Rentenversicherungsrechtes ausgenommen sind). **76**

Ob dem ausländischen Arbeitnehmer tatsächlich zumindest die von der BA zugrunde gelegten »Nettolöhne« gezahlt werden, lässt sich kaum beurteilen, da entsprechende **Kontrollinstrumente z. Zt. fehlen**. Insofern gewinnt die Frage Bedeutung, ob die ausländischen Arbeitnehmer gestützt auf die Abkommen einen **Anspruch auf Zahlung deutscher tariflicher Nettolöhne** herleiten können soweit sie die nach dem AEntG zwingenden Mindestentgelte überschreiten (vgl. § 8 AEntG). Eine nach Art. 249 EGV für Rechtsverordnungen vorgesehene unmittelbare Drittwirkung wird man den Abkommen kaum beimessen können. *Hanau* weist allerdings mit überzeugender Begründung darauf hin, dass die **Anwendbarkeit deutschen Arbeitsrechts** für einen Teil der Fälle der Entsendung aus Art. 30 EGBGB folgt (*Hanau* 1993, 22 ff.). Nach Art. 30 Abs. 2 Nr. 1 EGBGB ist ausländisches Recht nur dann anwendbar, wenn der Arbeitnehmer im Rahmen des Werkvertrages »**vorübergehend**« entsandt wird (vgl. auch *BAG* v. 22.6.1994 – 7 AZR 286/93 – AP Nr. 16 zu § 1 AÜG). Hierunter sind alle die Fälle zu subsumieren, bei denen der Arbeitnehmer gewöhnlicherweise seinen mit dem ausländischen Unternehmen abgeschlossenen Arbeitsvertrag im Heimatstaat erfüllt und **ausnahmsweise und befristet** in Deutschland arbeitet. Der gewöhnliche Arbeitsort des Ausländers im Ausland bzw. eine vorübergehende Entsendung liegen demgegenüber nicht vor, wenn der Arbeitnehmer **ausschließlich** zum Zwecke der Entsendung nach Deutschland eingestellt wird oder aber das Arbeitsverhältnis im Ausland für einen Zeitraum abgeschlossen wurde, der nicht deutlich die Zeit der Entsendung nach Deutschland übersteigt (*Hanau* 1993, 23 f.). **77**

bb) Verstöße gegen Vorschriften der Abkommen

Der **Sinn und Zweck der Werkvertragsarbeitnehmervereinbarungen** wird »durch missbräuchliche Ausnutzung beeinträchtigt« (vgl. 9. Erfahrungsbericht der BuReg, S. 36), indem die ausländischen Firmen lediglich das gewünschte Personal zur Verfügung stellen und damit **bewusst unerlaubte ANÜ betreiben**, oftmals verbunden mit Straftaten nach dem AufenthG, Vorenthalten und Veruntreuung von Arbeitsentgelt (§ 266a StGB) und Steuerhinterziehung nach § 370 AO (vgl. 9. Erfahrungsbericht der BuReg, S. 36). **78**
Die Rechtsfolgen von Verstößen gegen die Abkommen sind zu einem großen Teil in den Abkommen bzw. entsprechenden Zusatzabkommen (vgl. z.B. deutsch-polnische Zusatzvereinbarung v. 28.5.1993 – BGBl. II S. 1125) geregelt. **Sanktioniert** sind danach vor allem **Verstöße** gegen die zahlenmäßig begrenzte **Kontingentierung**, das **Arbeitserlaubnisrecht**, die Pflicht zur Zahlung **vergleichbarer Tariflöhne** und **Formen illegaler ANÜ**. Die festgelegten Sanktionen bestehen meist darin, dass die Unternehmen bei der Verteilung der Kontingente zukünftig

(zumindest für einen bestimmten Zeitraum, vgl. Art. 8 Abs. 4 des deutsch-polnischen Abkommens v. 28.5.1993 – BGBl. II S. 1125) nicht berücksichtigt werden dürfen bzw. die Arbeitnehmer keine Arbeitserlaubnis mehr erhalten.

Die **arbeits- und sozialrechtlichen Folgen** von Verstößen sind demgegenüber in den Abkommen selbst nicht geregelt. Hier gelten vielmehr die allgemeinen Grundsätze sowie die Bußgeld- und Strafvorschriften, die bei illegalen Formen der Fremdfirmenarbeit zur Anwendung kommen, wobei ausschließlich deutsches Recht anwendbar ist (Art. 34 EGBGB). Bedeutung hat dies v.a. für die Formen illegaler ANÜ, insbesondere bei Verstößen gegen das sektorale Verbot der ANÜ im Baugewerbe nach § 1b. In diesen Fällen greift (unter Berücksichtigung der Besonderheiten des Arbeitserlaubnisrechts, vgl. Einl. G Rn. 35 ff.) die Fiktion nach § 10 ein, d.h., es kommt ein Arbeitsverhältnis zwischen dem ausländischen Arbeitnehmer und dem Einsatzbetrieb zustande. Auf dieses Arbeitsverhältnis ist auch das deutsche Sozialversicherungsrecht anwendbar.

b) Gastarbeitnehmer-Abkommen

79 Die Bundesregierung hat u.a. mit den Ländern
- Ungarn (v. 22.2.1990 – BGBl. II S. 148 i.d.F. v. 11.5.1992 – BGBl. II S. 401),
- Polen (v. 5.2.1991 – BGBl. II S. 501; sowie zur Aus- und Weiterbildung von Fach- und Führungskräften der Wirtschaft v. 2.5.1990 – BGBl. II S. 50),
- Tschechoslowakei (v. 24.8.1989 – BGBl. II S. 1018),
- Lettland (v. 2.6.1992 – BGBl. II S. 1207),
- Rumänien (v. 10.6.1992 – BGBl. II S. 494),
- Albanien (v. 17.1.1992 – BGBl. II S. 116),
- Bulgarien (v. 4.2.1992 – BGBl. II S. 403),

Abkommen über die Beschäftigung von Arbeitnehmern zur Erweiterung ihrer beruflichen und sprachlichen Kenntnisse abgeschlossen.

80 Auch die **Beschäftigung von Gastarbeitnehmern** ist jeweils **kontingentiert** (auf ca. 100–1500 Arbeitnehmer) und an bestimmte Zwecksetzungen und persönliche Voraussetzungen der Arbeitnehmer gebunden. Der entscheidende (arbeitsrechtliche) Unterschied zu den Werkvertragsarbeitnehmern liegt darin, dass die Gastarbeitnehmer **im Inland ein Arbeitsverhältnis begründen**, das den Tarifverträgen sowie allen sonstigen arbeitsrechtlichen und sozialversicherungsrechtlichen Bestimmungen der Bundesrepublik unterliegt.

81 **Zielsetzung** der Vereinbarungen ist jeweils, Arbeitnehmern der vertragschließenden Länder durch Arbeitsaufenthalte im Partnerland die Gelegenheit zu geben, ihre **sprachlichen und beruflichen Kenntnisse zu erweitern** und zu vertiefen (*Wagner/Ulber/Hinrichs* 1991, 23). Als **Zugangsvoraussetzung** müssen die Bewerber eine abgeschlossene Berufsausbildung, einen vergleichbaren Qualifikationsstand sowie Grundkenntnisse der deutschen Sprache besitzen und dürfen nicht jünger als 18 und nicht älter als 35 bis 40 Jahre sein.

82 Die **Dauer des Aufenthalts** ist nach § 40 BeschV, § 2 Abs. 3 Nr. 1 ASAV auf höchstens 18 Monate beschränkt (zu Ausnahmen vgl. § 2 Abs. 5 ASAV). Die Durchführung der Vereinbarung obliegt jeweils der Zentralstelle für Arbeitsvermittlung der BA (ZVS) in Frankfurt, die auch die Arbeitnehmer vermittelt. Im Unterschied zu den Werkvertragsarbeitnehmern wird Gastarbeitnehmern keine Arbeitserlaubnis, sondern eine Zulassungsbescheinigung erteilt (§ 10 ArGV), die regelmäßig ohne besondere Arbeitsmarktprüfung ausgestellt wird. Ebenso wie bei Saisonarbeitnehmern ist auch bei Gastarbeitnehmern eine Vermittlung durch private Arbeitsvermittler oder eine Beschäftigung oder Überlassung als Leiharbeitnehmer ausgeschlossen.

c) Saisonarbeitnehmer

Für **Saisonbeschäftigungen** kann gem. § 18 BeschV in bestimmten Wirtschaftssektoren auf Grund von Absprachen der BA mit der Arbeitsverwaltung des Herkunftslandes mit Genehmigung der BA ein Aufenthaltstitel erteilt werden. Derartige Vermittlungsabsprachen bestehen u. a. mit Polen, Ungarn, Slowenien, der Tschechischen Republik, der Slowakischen Republik. Daneben können auch unterhalb der Ebene von Regierungsabsprachen auf der Grundlage von Rechtsverordnungen bzw. Weisungen des Bundesministeriums für Wirtschaft und Arbeit Arbeitserlaubnisse nach § 42 AufenthG für **Ausländer**, die ihren Wohnsitz oder gewöhnlichen Aufenthalt im Ausland haben, erteilt werden. Voraussetzung ist hierbei, dass der Arbeitnehmer auf Grund einer Verfahrensabsprache der BA mit der Arbeitsverwaltung des Herkunftslandes vermittelt wurde (§ 4 Abs. 1 Satz 1 ASAV). Die Dauer der Beschäftigung ist dabei begrenzt (vgl. Einl. G. Rn. 49). Im Unterschied zu Gastarbeitnehmern werden die Saisonarbeitnehmer ohne weitere (insbesondere Qualifizierungs-) Zwecksetzungen als normale Arbeitnehmer im Inland eingesetzt, überwiegend in lohnintensiven Bereichen wie Waldarbeiten, Landwirtschaft und Weinbau sowie Hotel- und Gaststättengewerbe (vgl. § 4 ASAV). Eine Vermittlung als **Leiharbeitnehmer** ist hierbei ausgeschlossen. **83**

Die Zulassung von Saisonarbeitnehmern ist kontingentiert. Durch Runderlass der BA vom 23. 12. 1997 (AZ: 5400.1A/5010.71 etc.) ist die Zahl der Zulassungen für das Jahr 1998 gegenüber 1996 um 10 % reduziert worden. Für die Betriebe, die auf ausländische Saisonkräfte in der Vergangenheit zurückgegriffen haben, wirkt sich die Reduzierung u. a. dadurch aus, dass grundsätzlich nur 75 % der früher zugelassenen Saisonkräfte zugelassen werden und bei einem höheren Bedarf zunächst inländische Arbeitnehmer eingestellt werden müssen. Aus arbeitsmarktpolitischen Gründen war die Zulassung der Saisonarbeitnehmer durch den Runderlass der BA vom 23. 12. 1997 zunächst auf Fälle beschränkt, in denen derselbe Saisonarbeitnehmer bereits im Vorjahr legal beim anfordernden Arbeitgeber beschäftigt war. Durch Runderlass der BA vom 16. 2. 1998 wurde diese Zulassungsbeschränkung jedoch wieder aufgehoben. **83a**

Die **Arbeitsbedingungen** der Arbeitnehmer einschl. der Entlohnung müssen denen vergleichbarer deutscher Arbeitnehmer entsprechen (§ 39 Abs. 2 Satz 1 AufenthG). Auch unterliegt das Arbeitsverhältnis der vollen Sozialversicherungspflicht, sodass neben den arbeitsmarktpolitischen Problemen hinsichtlich der Saisonarbeitnehmer auf Grund der gesetzlichen Voraussetzungen keine Gefahr des Lohndumpings gegeben ist. Eine **mittelbare Diskriminierung der Saisonarbeitnehmer** findet dennoch statt, da die Einsatzbetriebe meist weder tarifgebunden sind noch über einen Betriebsrat verfügen und die Kontrollmöglichkeiten der Arbeitsverwaltung bei Nichteinhaltung des **Gebots gleicher Mindestarbeitsbedingungen** sehr begrenzt sind. **84**

G. Recht der Ausländerbeschäftigung

Sozialgesetzbuch III

(Auszüge)

§ 284 SGB III
Arbeitsgenehmigung-EU für Staatsangehörige der neuen EU-Mitgliedstaaten

(1) Staatsangehörige der Staaten, die nach dem Vertrag vom 16. April 2003 über den Beitritt der Tschechischen Republik, der Republik Estland, der Republik Zypern, der Republik Lettland, der Republik Litauen, der Republik Ungarn, der Republik Malta, der Republik Polen, der Republik Slowenien und der Slowakischen Republik zur Europäischen Union (BGBl. 2003 II S. 1408) der Europäischen Union beigetreten sind, und deren freizügigkeitsberechtigte Familienangehörige dürfen eine Beschäftigung nur mit Genehmigung der Bundesagentur für Arbeit ausüben und von Arbeitgebern nur beschäftigt werden, wenn sie eine solche Genehmigung besitzen, soweit nach Maßgabe des EU-Beitrittsvertrages abweichende Regelungen als Übergangsregelungen der Arbeitnehmerfreizügigkeit Anwendung finden.
(2) Die Genehmigung wird befristet als Arbeitserlaubnis-EU erteilt, wenn nicht Anspruch auf eine unbefristete Erteilung als Arbeitsberechtigung-EU besteht. Die Genehmigung ist vor Aufnahme der Beschäftigung einzuholen.
(3) Die Arbeitserlaubnis-EU kann nach Maßgabe des § 39 Abs. 2 bis 4 und 6 des Aufenthaltsgesetzes erteilt werden.
(4) Ausländern nach Absatz 1, die ihren Wohnsitz oder gewöhnlichen Aufenthalt im Ausland haben und eine Beschäftigung im Bundesgebiet aufnehmen wollen, darf eine Arbeitserlaubnis-EU für eine Beschäftigung, die keine qualifizierte Berufsausbildung voraussetzt, nur erteilt werden, wenn dies durch zwischenstaatliche Vereinbarung bestimmt ist oder aufgrund einer Rechtsverordnung zulässig ist. Für die Beschäftigungen, die durch Rechtsverordnung zugelassen werden, ist Staatsangehörigen aus den Mitgliedstaaten der Europäischen Union nach Absatz 1 gegenüber Staatsangehörigen aus Drittstaaten vorrangig eine Arbeitserlaubnis-EU zu erteilen, soweit dies der EU-Beitrittsvertrag vorsieht.
(5) Die Erteilung der Arbeitsberechtigung-EU bestimmt sich nach § 12a Arbeitsgenehmigungsverordnung.
(6) Das Aufenthaltsgesetz und die aufgrund des § 42 des Aufenthaltsgesetzes erlassenen Rechtsverordnungen zum Arbeitsmarktzugang gelten entsprechend, soweit sie für die Ausländer nach Absatz 1 günstigere Regelungen enthalten. Bei Anwendung der Vorschriften steht die Arbeitsgenehmigung-EU der Zustimmung zu einem Aufenthaltstitel nach § 4 Abs. 3 des Aufenthaltsgesetzes gleich.

§ 287 SGB III
Gebühren für die Durchführung der Vereinbarungen über
Werkvertragsarbeitnehmer

(1) Für die Aufwendungen, die der Bundesagentur und den Behörden der Zollverwaltung bei der Durchführung der zwischenstaatlichen Vereinbarungen über die Beschäftigung von Arbeitnehmern auf der Grundlage von Werkverträgen entstehen, kann vom Arbeitgeber der ausländischen Arbeitnehmer eine Gebühr erhoben werden.

(2) Die Gebühr wird für die Aufwendungen der Bundesagentur und der Behörden der Zollverwaltung erhoben, die im Zusammenhang mit dem Antragsverfahren und der Überwachung der Einhaltung der Vereinbarungen stehen, insbesondere für die

1. *Prüfung der werkvertraglichen Grundlagen,*
2. *Prüfung der Voraussetzungen für die Beschäftigung der ausländischen Arbeitnehmer,*
3. *Zusicherung, Erteilung und Aufhebung der Zustimmung zur Erteilung einer Aufenthaltserlaubnis zum Zwecke der Beschäftigung oder der Arbeitserlaubnis-EU,*
4. *Überwachung der Einhaltung der für die Ausführung eines Werkvertrages festgesetzten Zahl der Arbeitnehmer,*
5. *Überwachung der Einhaltung der für die Arbeitgeber nach den Vereinbarungen bei der Beschäftigung ihrer Arbeitnehmer bestehenden Pflichten einschließlich der Durchführung der dafür erforderlichen Prüfungen nach § 2 Abs. 1 Nr. 4 des Schwarzarbeitsbekämpfungsgesetzes durch die Behörden der Zollverwaltung sowie*
6. *Durchführung von Ausschlussverfahren nach den Vereinbarungen.*

Die Bundesagentur wird ermächtigt, durch Anordnung die gebührenpflichtigen Tatbestände zu bestimmen, für die Gebühr feste Sätze vorzusehen und den auf die Behörden der Zollverwaltung entfallenden Teil der Gebühren festzulegen und zu erheben.

(3) Der Arbeitgeber darf sich die Gebühr nach den Absätzen 1 und 2 von dem ausländischen Arbeitnehmer oder einem Dritten weder ganz noch teilweise erstatten lassen.

(4) Im Übrigen sind die Vorschriften des Verwaltungskostengesetzes anzuwenden.

§ 288 SGB III
Verordnungsermächtigung und Weisungsrecht

(1) Das Bundesministerium für Wirtschaft und Arbeit kann durch Rechtsverordnung

1. *Ausnahmen für die Erteilung einer Arbeitserlaubnis an Ausländer, die keine Aufenthaltsgenehmigung besitzen,*
2. *Ausnahmen für die Erteilung einer Arbeitserlaubnis unabhängig von der Arbeitsmarktlage,*
3. *Ausnahmen für die Erteilung einer Arbeitserlaubnis an Ausländer mit Wohnsitz oder gewöhnlichem Aufenthalt im Ausland,*
4. *die Voraussetzungen für die Erteilung einer Arbeitserlaubnis sowie das Erfordernis einer ärztlichen Untersuchung von Ausländern mit Wohnsitz oder gewöhnlichem Aufenthalt im Ausland mit deren Einwilligung für eine erstmalige Beschäftigung,*
5. *das Nähere über Umfang und Geltungsdauer der Arbeitserlaubnis,*
6. *weitere Personengruppen, denen eine Arbeitsberechtigung erteilt wird, sowie die zeitliche, betriebliche, berufliche und regionale Beschränkung der Arbeitsberechtigung,*

7. *weitere Ausnahmen von der Genehmigungspflicht sowie*
8. *die Voraussetzungen für das Verfahren und die Aufhebung einer Genehmigung näher bestimmen.*

(2) Das Bundesministerium für Wirtschaft und Arbeit kann der Bundesagentur zur Durchführung der Bestimmungen dieses Unterabschnittes und der hierzu erlassenen Rechtsverordnungen sowie der von den Organen der Europäischen Gemeinschaften erlassenen Bestimmungen über den Zugang zum Arbeitsmarkt und der zwischenstaatlichen Vereinbarungen über die Beschäftigung von Arbeitnehmern Weisungen erteilen.

Gesetz über den Aufenthalt, die Erwerbstätigkeit und die Integration von Ausländern im Bundesgebiet (Aufenthaltsgesetz – AufenthG)

(Auszüge)

Verkündet als Artikel I des Gesetzes zur Steuerung und Begrenzung der Zuwanderung und zur Regelung des Aufenthalts und der Integration von Unionsbürgern und Ausländern (Zuwanderungsgesetz, BGBl. 2004 I, Seite 1950). Zuletzt geändert durch Artikel 23 des Gesetzes zur Umbenennung des Bundesgrenzschutzes in Bundespolizei vom 21.06.2005 (BGBl. I S. 1818)

§ 4
Erfordernis eines Aufenthaltstitels

(1) Ausländer bedürfen für die Einreise und den Aufenthalt im Bundesgebiet eines Aufenthaltstitels, sofern nicht durch Recht der Europäischen Union oder durch Rechtsverordnung etwas anderes bestimmt ist oder auf Grund des Abkommens vom 12. September 1963 zur Gründung einer Assoziation zwischen der Europäischen Wirtschaftsgemeinschaft und der Türkei (BGBl. 1964 II S. 509) (Assoziationsabkommen EWG/Türkei) ein Aufenthaltsrecht besteht. Die Aufenthaltstitel werden erteilt als
1. *Visum (§ 6),*
2. *Aufenthaltserlaubnis (§ 7) oder*
3. *Niederlassungserlaubnis (§ 9).*
(2) Ein Aufenthaltstitel berechtigt zur Ausübung einer Erwerbstätigkeit, sofern es nach diesem Gesetz bestimmt ist oder der Aufenthaltstitel die Ausübung der Erwerbstätigkeit ausdrücklich erlaubt. Jeder Aufenthaltstitel muss erkennen lassen, ob die Ausübung einer Erwerbstätigkeit erlaubt ist. Einem Ausländer, der keine Aufenthaltserlaubnis zum Zweck der Beschäftigung besitzt, kann die Ausübung einer Beschäftigung nur erlaubt werden, wenn die Bundesagentur für Arbeit zugestimmt hat oder durch Rechtsverordnung bestimmt ist, dass die Ausübung der Beschäftigung ohne Zustimmung der Bundesagentur für Arbeit zulässig ist. Beschränkungen bei der Erteilung der Zustimmung durch die Bundesagentur für Arbeit sind in den Aufenthaltstitel zu übernehmen.
(3) Ausländer dürfen eine Beschäftigung nur ausüben, wenn der Aufenthaltstitel es erlaubt, und von Arbeitgebern nur beschäftigt werden, wenn sie über einen solchen Aufenthaltstitel verfügen. Dies gilt nicht, wenn dem Ausländer auf Grund einer zwischenstaatlichen Vereinbarung, eines Gesetzes oder einer Rechtsverordnung die Erwerbstätigkeit ohne den Besitz eines Aufenthaltstitels gestattet ist.
(4) Eines Aufenthaltstitels bedürfen auch Ausländer, die als Besatzungsmitglieder eines Seeschiffes tätig sind, das berechtigt ist, die Bundesflagge zu führen.

(5) Ein Ausländer, dem nach dem Assoziationsabkommen EWG/Türkei ein Aufenthaltsrecht zusteht, ist verpflichtet, das Bestehen des Aufenthaltsrechts durch den Besitz einer Aufenthaltserlaubnis nachzuweisen. Die Aufenthaltserlaubnis wird auf Antrag ausgestellt.

§ 7
Aufenthaltserlaubnis

(1) Die Aufenthaltserlaubnis ist ein befristeter Aufenthaltstitel. Sie wird zu den in den nachfolgenden Abschnitten genannten Aufenthaltszwecken erteilt. In begründeten Fällen kann eine Aufenthaltserlaubnis auch für einen von diesem Gesetz nicht vorgesehenen Aufenthaltszweck erteilt werden.
(2) Die Aufenthaltserlaubnis ist unter Berücksichtigung des beabsichtigten Aufenthaltszwecks zu befristen. Ist eine für die Erteilung, die Verlängerung oder die Bestimmung der Geltungsdauer wesentliche Voraussetzung entfallen, so kann die Frist auch nachträglich verkürzt werden.

Abschnitt 4
Aufenthalt zum Zweck der Erwerbstätigkeit

§ 18
Beschäftigung

(1) Die Zulassung ausländischer Beschäftigter orientiert sich an den Erfordernissen des Wirtschaftsstandortes Deutschland unter Berücksichtigung der Verhältnisse auf dem Arbeitsmarkt und dem Erfordernis, die Arbeitslosigkeit wirksam zu bekämpfen. Internationale Verträge bleiben unberührt.
(2) Einem Ausländer kann ein Aufenthaltstitel zur Ausübung einer Beschäftigung erteilt werden, wenn die Bundesagentur für Arbeit nach § 39 zugestimmt hat oder durch Rechtsverordnung nach § 42 oder zwischenstaatliche Vereinbarung bestimmt ist, dass die Ausübung der Beschäftigung ohne Zustimmung der Bundesagentur für Arbeit zulässig ist. Beschränkungen bei der Erteilung der Zustimmung durch die Bundesagentur für Arbeit sind in den Aufenthaltstitel zu übernehmen.
(3) Eine Aufenthaltserlaubnis zur Ausübung einer Beschäftigung nach Absatz 2, die keine qualifizierte Berufsausbildung voraussetzt, darf nur erteilt werden, wenn dies durch zwischenstaatliche Vereinbarung bestimmt ist oder wenn auf Grund einer Rechtsverordnung nach § 42 die Erteilung der Zustimmung zu einer Aufenthaltserlaubnis für diese Beschäftigung zulässig ist.
(4) Ein Aufenthaltstitel zur Ausübung einer Beschäftigung nach Absatz 2, die eine qualifizierte Berufsausbildung voraussetzt, darf nur für eine Beschäftigung in einer Berufsgruppe erteilt werden, die durch Rechtsverordnung nach § 42 zugelassen worden ist. Im begründeten Einzelfall kann eine Aufenthaltserlaubnis für eine Beschäftigung erteilt werden, wenn an der Beschäftigung ein öffentliches, insbesondere ein regionales, wirtschaftliches oder arbeitsmarktpolitisches Interesse besteht.
(5) Ein Aufenthaltstitel nach Absatz 2 und § 19 darf nur erteilt werden, wenn ein konkretes Arbeitsplatzangebot vorliegt.

Abschnitt 8
Beteiligung der Bundesagentur für Arbeit

§ 39
Zustimmung zur Ausländerbeschäftigung

(1) Ein Aufenthaltstitel, der einem Ausländer die Ausübung einer Beschäftigung erlaubt, kann nur mit Zustimmung der Bundesagentur für Arbeit erteilt werden, soweit durch Rechtsverordnung nicht etwas anderes bestimmt ist. Die Zustimmung kann erteilt werden, wenn dies in zwischenstaatlichen Vereinbarungen, durch ein Gesetz oder durch Rechtsverordnung bestimmt ist.

(2) Die Bundesagentur für Arbeit kann der Erteilung einer Aufenthaltserlaubnis zur Ausübung einer Beschäftigung nach § 18 zustimmen, wenn

1.   *a) sich durch die Beschäftigung von Ausländern nachteilige Auswirkungen auf den Arbeitsmarkt, insbesondere hinsichtlich der Beschäftigungsstruktur, der Regionen und der Wirtschaftszweige, nicht ergeben und*

     b) für die Beschäftigung deutsche Arbeitnehmer sowie Ausländer, die diesen hinsichtlich der Arbeitsaufnahme rechtlich gleichgestellt sind oder andere Ausländer, die nach dem Recht der Europäischen Union einen Anspruch auf vorrangigen Zugang zum Arbeitsmarkt haben, nicht zur Verfügung stehen oder

2.   *sie durch Prüfung nach Satz 1 Nr. 1 Buchstabe a und b für einzelne Berufsgruppen oder für einzelne Wirtschaftszweige festgestellt hat, dass die Besetzung der offenen Stellen mit ausländischen Bewerbern arbeitsmarkt- und integrationspolitisch verantwortbar ist,*

und der Ausländer nicht zu ungünstigeren Arbeitsbedingungen als vergleichbare deutsche Arbeitnehmer beschäftigt wird. Für die Beschäftigung stehen deutsche Arbeitnehmer und diesen gleichgestellte Ausländer auch dann zur Verfügung, wenn sie nur mit Förderung der Agentur für Arbeit vermittelt werden können. Der Arbeitgeber, bei dem ein Ausländer beschäftigt werden soll, der dafür eine Zustimmung benötigt, hat der Bundesagentur für Arbeit Auskunft über Arbeitsentgelt, Arbeitszeiten und sonstige Arbeitsbedingungen zu erteilen.

(3) Absatz 2 gilt auch, wenn bei Aufenthalten zu anderen Zwecken nach den Abschnitten 3, 5, 6 oder 7 eine Zustimmung der Bundesagentur für Arbeit zur Ausübung einer Beschäftigung erforderlich ist.

(4) Die Zustimmung kann die Dauer und die berufliche Tätigkeit festlegen sowie die Beschäftigung auf bestimmte Betriebe oder Bezirke beschränken.

(5) Die Bundesagentur für Arbeit kann der Erteilung einer Niederlassungserlaubnis nach § 19 zustimmen, wenn sich durch die Beschäftigung des Ausländers nachteilige Auswirkungen auf den Arbeitsmarkt nicht ergeben.

(6) Staatsangehörigen derjenigen Staaten, die nach dem Vertrag vom 16. April 2003 über den Beitritt der Tschechischen Republik, der Republik Estland, der Republik Zypern, der Republik Lettland, der Republik Litauen, der Republik Ungarn, der Republik Malta, der Republik Polen, der Republik Slowenien und der Slowakischen Republik zur Europäischen Union (BGBl. 2003 II S. 1408) der Europäischen Union beigetreten sind, kann von der Bundesagentur für Arbeit eine Beschäftigung, die eine qualifizierte Berufsausbildung voraussetzt, unter den Voraussetzungen des Absatzes 2 erlaubt werden, soweit nach Maßgabe dieses Vertrages von den Rechtsvorschriften der Europäischen Gemeinschaft abweichende Regelungen Anwendung finden. Ihnen ist Vorrang gegenüber zum Zweck der Beschäftigung einreisenden Staatsangehörigen aus Drittstaaten zu gewähren.

§ 40
Versagungsgründe

(1) Die Zustimmung nach § 39 ist zu versagen, wenn
1. das Arbeitsverhältnis auf Grund einer unerlaubten Arbeitsvermittlung oder Anwerbung zustande gekommen ist oder
2. der Ausländer als Leiharbeitnehmer (§ 1 Abs. 1 des Arbeitnehmerüberlassungsgesetzes) tätig werden will.
(2) Die Zustimmung kann versagt werden, wenn
1. der Ausländer gegen § 404 Abs. 1 oder 2 Nr. 2 bis 13 des Dritten Buches Sozialgesetzbuch, § 10 oder § 11 des Schwarzarbeitsbekämpfungsgesetzes oder gegen die §§ 15, 15a oder § 16 Abs. 1 Nr. 2 des Arbeitnehmerüberlassungsgesetzes schuldhaft verstoßen hat oder
2. wichtige Gründe in der Person des Ausländers vorliegen.

§ 42
Verordnungsermächtigung und Weisungsrecht

(1) Das Bundesministerium für Wirtschaft und Arbeit kann durch Rechtsverordnung mit Zustimmung des Bundesrates Folgendes bestimmen:
1. Beschäftigungen, für die eine Zustimmung der Bundesagentur für Arbeit (§ 17 Satz 1, § 18 Abs. 2 Satz 1, § 19 Abs. 1) nicht erforderlich ist,
2. Berufsgruppen, bei denen nach Maßgabe des § 18 eine Beschäftigung ausländischer Erwerbstätiger zugelassen werden kann, und erforderlichenfalls nähere Voraussetzungen für deren Zulassung auf dem deutschen Arbeitsmarkt,
3. Ausnahmen für Angehörige bestimmter Staaten,
4. Tätigkeiten, die für die Durchführung dieses Gesetzes stets oder unter bestimmten Voraussetzungen nicht als Beschäftigung anzusehen sind.
(2) Das Bundesministerium für Wirtschaft und Arbeit kann durch Rechtsverordnung ohne Zustimmung des Bundesrates Folgendes bestimmen:
1. die Voraussetzungen und das Verfahren zur Erteilung der Zustimmung der Bundesagentur für Arbeit; dabei kann auch ein alternatives Verfahren zur Vorrangprüfung geregelt werden,
2. Einzelheiten über die zeitliche, betriebliche, berufliche und regionale Beschränkung der Zustimmung nach § 39 Abs. 4,
3. Ausnahmen, in denen eine Zustimmung abweichend von § 39 Abs. 2 erteilt werden darf,
4. Beschäftigungen, für die eine Zustimmung der Bundesagentur für Arbeit nach § 4 Abs. 2 Satz 3 nicht erforderlich ist,
5. Fälle, in denen geduldeten Ausländern abweichend von § 4 Abs. 3 Satz 1 eine Beschäftigung erlaubt werden kann.
(3) Das Bundesministerium für Wirtschaft und Arbeit kann der Bundesagentur für Arbeit zur Durchführung der Bestimmungen dieses Gesetzes und der hierzu erlassenen Rechtsverordnungen sowie der von den Europäischen Gemeinschaften erlassenen Bestimmungen über den Zugang zum Arbeitsmarkt und der zwischenstaatlichen Vereinbarungen über die Beschäftigung von Arbeitnehmern Weisungen erteilen.

Gesetz über die allgemeine Freizügigkeit von Unionsbürgern (Freizügigkeitsgesetz/EU – FreizügG/EU)

(Auszüge)

Verkündet als Artikel 2 des Gesetzes zur Steuerung und Begrenzung der Zuwanderung und zur Regelung des Aufenthalts und der Integration von Unionsbürgern und Ausländern (Zuwanderungsgesetz, BGBl. 2004 I, Seite 1950). Zuletzt geändert durch Artikel 25 des Gesetzes zur Umbenennung des Bundesgrenzschutzes in Bundespolizei vom 21.06.2005 (BGBl. I S. 1818). Dieses Gesetz trat am 01.01.2005 in Kraft und löste das AufenthG/EWG ab.

§ 1
Anwendungsbereich

Dieses Gesetz regelt die Einreise und den Aufenthalt von Staatsangehörigen anderer Mitgliedstaaten der Europäischen Union (Unionsbürger) und ihrer Familienangehörigen.

§ 5
Bescheinigung über das gemeinschaftsrechtliche Aufenthaltsrecht, Aufenthaltserlaubnis-EU

(1) Freizügigkeitsberechtigten Unionsbürgern und ihren Familienangehörigen mit Staatsangehörigkeit eines Mitgliedstaates der Europäischen Union wird von Amts wegen eine Bescheinigung über das Aufenthaltsrecht ausgestellt.
(2) Familienangehörigen, die nicht Unionsbürger sind, wird von Amts wegen eine Aufenthaltserlaubnis-EU ausgestellt.
(3) Die zuständige Ausländerbehörde kann verlangen, dass die Voraussetzungen des Rechts nach § 2 Abs. 1 innerhalb angemessener Fristen glaubhaft gemacht werden. Für die Glaubhaftmachung erforderliche Angaben und Nachweise können von der zuständigen Meldebehörde bei der meldebehördlichen Anmeldung entgegengenommen werden. Diese leitet die Angaben und Nachweise an die zuständige Ausländerbehörde weiter. Eine darüber hinausgehende Verarbeitung oder Nutzung durch die Meldebehörde erfolgt nicht.
(4) Der Fortbestand der Erteilungsvoraussetzungen kann aus besonderem Anlass überprüft werden.
(5) Sind die Voraussetzungen des Rechts nach § 2 Abs. 1 innerhalb von fünf Jahren nach Begründung des ständigen Aufenthalts im Bundesgebiet entfallen, kann der Verlust des Rechts nach § 2 Abs. 1 festgestellt und die Bescheinigung über das gemeinschaftsrechtliche Aufenthaltsrecht eingezogen und die Aufenthaltserlaubnis-EU widerrufen werden. § 3 Abs. 3 Satz 2 gilt entsprechend.

Inhaltsübersicht

Literaturhinweise

Becker/Schaffner, Arbeitserlaubnis und Arbeitsvertrag, AuR 1977, 76; *Brill*, Der ausländische Arbeitnehmer in der arbeitsgerichtlichen Rechtsprechung, BB 1976, 1276; *Dübbers*, Aufhebung des »Clever-Erlasses« – ein Neuanfang im Arbeitserlaubnisrecht, AuR 2001, 457; *Edenfeld*, Der Einsatz ausländischer Arbeitnehmer beim Abbau von Altanlagen, DB 1996, 2226; *Eichenhofer*, Arbeitsrechtliche Folgen der Arbeit ohne Arbeitserlaubnis, NZA 1987, 732; *Engels*, Auswirkungen der fehlenden Arbeitserlaubnis auf das Arbeitsverhältnis ausländischer Arbeitnehmer, RdA 1976, 165; *Gaul/Lunk*, Greencard: Chancen und Probleme bei der Beschäftigung ausländischer Arbeitnehmer im IT-Bereich, DB 2000, 1281; *Gutmann*, Werkvertragarbeitnehmer im Streit, DB 1997, 1977; *Hanau*, Die neuere Entwicklung der Gleichbehandlung ausländischer Arbeitnehmer in der Bundesrepublik Deutschland, Europarecht 1974, 197; *Kessler*, Neue Rechtslage bei Beschäftigung von Ausländern, AuA 1999, 306; *Marschner*, Die Arbeitserlaubnis für ausländische Arbeitnehmer, BB 1995, 774; *ders.*, Änderungen des Arbeitserlaubnisrechts im Hinblick auf die Beschäftigung von Saisonarbeitnehmern, NZA 1997, 472; *ders.*, Neuregelungen des Zugangs von Asylbewerbern zum deutschen Arbeitsmarkt, DB 2001, 385; *Mastmann/Oberwinter*, Vorübergehender Einsatz ausländischer Mitarbeiter, AuA 2005, 24; *Mayer*, Werkvertragsarbeitnehmer aus Osteuropa, BB 1993, 1428; *Pietzcker*, Die Arbeitsaufnahme ausländischer Arbeitnehmer in Deutschland, DB 1997, 1514; *Reyer*, Gesetzliche Bestimmungen und Rechtsprechung zum Recht der ausländischen Arbeitnehmer, BlStSozArbR 1973, 81; *Rixen*, Personal-Service-Agenturen im Schnittfeld von Sozial-, Haushalts- und Vergaberecht-Strukturen des Arbeitsvermittlungsrechts der §§ 37c, 434 V SGB III, BB 2001, 1681; *Roland*, Die Beschäftigung ausländischer Arbeitnehmer – Konsequenzen und Zusammenspiel sozialversicherungs-, arbeitserlaubnis- und ausländerrechtlicher Vorschriften, SozVers 1987, 281; *Schwerdtfeger*, Die Arbeitserlaubnis nach § 19 AFG und nach dem Grundgesetz, SGB 1983, 373; *Selmayr*, Gemeinschaftsrechtliche Entsendungsfreiheit und Entsendegesetz, ZfA 1996, 615; *Werner*, Überlegungen zur Arbeitserlaubnisverordnung, ZAR 1985, 82.

I. Rechtliche Rahmenbedingungen

1   Das Recht der Ausländerbeschäftigung ist durch das **Zuwanderungsgesetz** (ZuwG v. 30.7.2004, BGBl. I 1950; Anh. I/56) völlig neu ausgestaltet worden. In Art. 1 wird das vormalige Ausländergesetz durch das **Aufenthaltsgesetz** abgelöst. Das AufenthG gilt für alle **Ausländer** aus Nicht-EU-Staaten und regelt sowohl die Aufenthalts- als auch die Arbeitsberechtigung von Ausländern. Die vormalige Trennung von Aufenthalts- und Arbeitsgenehmigungsrecht wurde aufgehoben. Seit dem 1.1.2005 gibt es nur noch einen **Aufenthaltstitel** zur Ausübung einer Beschäftigung (§ 18 AufenthG), der entweder als befristete, verlängerbare Aufenthaltserlaubnis (§ 7 AufenthG) oder als unbefristete Niederlassungserlaubnis (§ 9 AufenthG) erteilt wird. Die bislang parallel laufenden Genehmigungsverfahren werden durch ein **internes Zustimmungsverfahren** zwischen den Ausländerbehörden und der Arbeitsverwaltung ersetzt. Federführend ist hierbei die Ausländerbehörde, bei der auch der Antrag auf Erteilung des Aufenthaltstitels zu stellen ist.

2   Der vormals bestehende **Anwerbestopp** für nicht- und geringqualifizierte ausländische Arbeitskräfte bleibt auch nach Inkrafttreten des ZuwG bestehen. Wurde vor dem 1.1.2005 eine Arbeitsgenehmigung erteilt, behält diese bis zum Ablauf ihrer Geltungsdauer Gültigkeit (§ 105 AufenthG; Eicher/Schlegel-Söhngen, § 284 Rn. 66).

3   Das in Art. 2 des Zuwanderungsgesetzes geregelte **Freizügigkeitsgesetz/EU** regelt demgegenüber das Aufenthalts- und Einreiserecht von **Unionsbürgern**, für die das AufenthG nicht gilt (§ 1 Abs. 2 Nr. 1 AufenthG) und löst das vormalige Aufenthaltsgesetz/EWG ab. § 284 SGB III trifft daneben besondere Regelungen über die Arbeitsgenehmigung von Angehörigen der nach dem Vertrag v. 16.4.2003 (BGBl. II S. 1408) beigetretenen **neuen EU-Mitgliedstaaten**. Eine uneingeschränkte Freizügigkeit für Arbeitnehmer aus den Beitrittsstaaten wird es erst ab 1.5.2011 geben.

4   Für Staatsangehörige aus den **Beitrittsstaaten** (mit Ausnahme Zyperns) enthält der **EU-Beitrittsvertrag** (v. 16.4.2003, BGBl. II S. 1408)eine 7-jährige Übergangsregelung (sog. 2+3+2-Regelung), innerhalb deren die Mitgliedsstaaten die auf Grund des EU-Freizügigkeitsrechts bestehenden Zugangsmöglichkeiten zum Arbeitsmarkt beschränken können. Deutschland hat mit dem Gesetz über den Arbeitsmarktzugang im Rahmen der EU-Erweiterung (v. 23.4.2004, BGBl. I S. 602) von diesem Recht Gebrauch gemacht, so dass in der **Übergangszeit** das nationale und bilaterale Arbeitsgenehmigungsrecht in Deutschland für Angehörige der Beitrittsstaaten zunächst weiterhin Gültigkeit besitzt (Rn. 11). Danach bedürfen Arbeitnehmer aus den Beitrittsstaaten bei Aufnahme einer Beschäftigung weiterhin einer **Arbeitsgenehmigung/EU**. Wird die Genehmigung erteilt, gilt auch für Arbeitnehmer aus den Beitrittsstaaten das Freizügigkeitsgesetz/EU (§§ 12 und 13).

5   Ergänzend zum AufenthG gelten für die Ausländerbeschäftigung die auf der Grundlage von § 42 Abs. 1 und 2 AufenthG erlassenen **Rechtsverordnungen**. Die **Beschäftigungsverordnung** (BeschV v. 22.11.2004; BGBl. I S. 2937/Anlage 2 zu § 288) regelt die Zulassung von **neu einreisenden** Ausländern zur Ausübung einer Beschäftigung, während die **Beschäftigungsverfahrensverordnung** (BeschVerfV v. 22.11.2004 (BGBl. I S. 2934/Anlage 3 zu § 288) die Zulassung von **im Inland lebenden** Ausländern regelt. Soweit die BeschV zur Anwendung kommt, ersetzt sie die ASAV und die ArGV.

Neben den Verordnungen auf der Grundlage von § 42 Abs. 1 und 2 AufenthG **6** gelten die auf Grundlage von § 288 Abs. 1 SGB III erlassene **Anwerbestoppausnahmeverordnung** (ASVO i.d.F. v. 23.4.2004, BGBl. I S. 602) und die Verordnung über die Arbeitsgenehmigung für **hoch qualifizierte Fachkräfte** der Informations- und Kommunikationstechnologie (IT-ArGV v. 11.7.2000, BGBl. I S. 1146) weiter. Auch die **Arbeitsgenehmigungsverordnung** (ArGV v. 17.9.1998, BGBl. I S. 2899, i.d.F. des Gesetzes v. 23.4.2004, BGBl. I S. 602) gilt (eingeschränkt) weiter, allerdings nur für Arbeitnehmer aus den Beitrittsstaaten.

Auch unabhängig von der Erweiterung der EU sind die Grundsätze des **Frei** **7** **zügigkeitsrechts** (Einl. F Rn. 16ff.) auf immer mehr Staaten ausgedehnt worden. Dies betrifft insbesondere die Beschäftigung von Ausländern auf der Grundlage **zwischenstaatlicher Vereinbarungen** (§§ 17, 18 Abs. 2, 19 Abs. 1 Satz 1 AufenthG, § 3 ASAV; Rn. 45f.) sowie die Beschäftigung von IT-Spezialisten nach der Verordnung über die Arbeitsgenehmigung für hoch qualifizierte ausländische Fachkräfte der Informations- und Kommunikationstechnologie (IT-ArGV). Auch Staatsangehörige aus der **Schweiz** genießen nunmehr auf Grundlage des Freizügigkeitsabkommens EU/Schweiz ein Recht auf uneingeschränkten Arbeitsmarktzugang.

Besonderheiten gelten für **Arbeitnehmer aus der Türkei**, denen auf Grund des **8** Abkommens zur Gründung einer Assoziation zwischen der EWG und der Türkei v. 12.9.1963 (BGBl. II 1964, 509 und BGBl. II 1972 S. 385; vgl. Rn. 28) in beschränktem Umfang ein Recht auf Freizügigkeit zusteht und die nach § 4 Abs. 5 AufenthG nur ihr Aufenthaltsrecht nachweisen müssen.

Für **Asylbewerber** kann grundsätzlich nur unter den Voraussetzungen des **9** § 10 AufenthG ein Aufenthaltstitel erteilt werden. Das Beschäftigungsverbot ist jedoch durch § 61 Abs. 2 AsylVfG dahingehend aufgelockert worden, dass einem Asylbewerber mit Zustimmung der BA dann eine Beschäftigung erlaubt ist, wenn sich der Asylbewerber ein Jahr lang erlaubt oder geduldet in Deutschland aufgehalten hat (vgl. auch § 3 Satz 1 ArGV, und VO v. 8.12.2000, BGBl. I S. 1684; *Dübbers*, AuR 2001, 457; *Marschner*, DB 2001, 385).

II. Beschäftigung von Staatsangehörigen der EU-Mitgliedstaaten

1. Staatsangehörige aus der EU und dem EWR

Arbeitnehmer, die **Staatsangehörige von EU-Mitgliedstaaten** sowie des EWR **10** sind und nicht zum Kreis der Beitrittsstaaten nach § 284 Abs. 1 SGB III zählen, sind wie Inländer zu behandeln. Sie genießen nach § 1 Abs. 1 und Abs. 2 Nr. 1 FreizügG/EU das Recht auf Freizügigkeit, wenn sie einer Beschäftigung im Inland nachgehen wollen, oder von Dienstleistungserbringern aus anderen Mitgliedsstaaten in das Inland entsandt werden (*EuGH* v. 21.10.2004 – Rs. C-445/03 – NZA 2005, 99). Sie können unter denselben Voraussetzungen wie Deutsche einer Erwerbstätigkeit im Inland nachgehen (Inländergleichbehandlung). Angehörige von Mitgliedstaaten der EU sowie des EWR benötigen daher außerhalb des Anwendungsbereichs von § 284 Abs. 1 SGB III keine Arbeitsgenehmigung und auch keinen Aufenthaltstitel (vgl. § 12 FreizügG, § 4 Abs. 1 Satz 1 AufenthG). Nach § 5 Abs. 1 FreizügG ist freizügigkeitsberechtigten Unionsbürgern eine **Bescheinigung über das Aufenthaltsrecht** zu erteilen.

2. Staatsangehörige aus den EU-Beitrittsstaaten

11 Staatsangehörige aus den in § 284 Abs. 1 SGB III abschließend aufgeführten **Beitrittsstaaten** bedürfen in der Übergangsfrist (Rn. 4) mit Ausnahme von Arbeitnehmern aus Zypern und Malta i.d.R. weiterhin einer **Arbeitsgenehmigung/ EU** der **BA, bevor** sie im Inland tätig werden wollen (§ 11 Abs. 2 ArGV). Auf Grund des EU-Beitrittsvertrags können die Mitgliedstaaten im Rahmen des sog. 2+3+2-Modells die Arbeitnehmerfreizügigkeit durch nationale Maßnahmen für die ersten sieben Jahre nach dem Beitritt unter Einhaltung bestimmter Formerfordernisse einschränken. Von dieser Möglichkeit hat der deutsche Gesetzgeber durch das Gesetz über den Arbeitsmarktzugang im Rahmen der EU-Erweiterung (v. 23.4.2004, BGBl. I S. 2) Gebrauch gemacht. Die Erteilung der Genehmigung steht im **Ermessen der BA** (*Eicher/Schlegel-Söhngen*, § 284 SGB II Rn.46; vgl. auch Rn. 12).

12 § 284 Abs. 1 Satz 1 SGB III enthält für den betroffenen Personenkreis ein grundsätzliches **Beschäftigungsverbot mit Erlaubnisvorbehalt** der BA (*Eicher/Schlegel-Söhngen*, § 284 Rn. 1). Eine Beschäftigung darf danach nur ausgeübt oder vom Arbeitgeber angenommen werden, wenn der Arbeitnehmer bei Aufnahme der Beschäftigung im Besitz einer Genehmigung der BA ist. Die Genehmigung wird grundsätzlich befristet als **Arbeitserlaubnis/EU** erteilt (§ 284 Abs. 2 SGB III). Das Verfahren richtet sich nach § 12a ArGV (§ 284 Abs. 5 SGB III). War der ausländische Arbeitnehmer nach dem 1. Mai 2004 für einen ununterbrochenen Zeitraum von mindestens zwölf Monaten in Deutschland zum Arbeitsmarkt zugelassen, wird ihm eine unbefristete **Arbeitsgenehmigung/EU** erteilt (§ 284 Abs. 2 SGB III, § 12a Abs. 1 Satz 1 ArGV) Er ist dann nach § 13 Freizügigkeitsgesetz/EU wie ein Inländer zu behandeln. Dies gilt nach § 12a Abs. 1 Satz 1 ArGV aber nicht für Arbeitnehmer, die im Rahmen der **Dienstleistungsfreiheit** (Einl. F Rn.14a, 62) oder der bilateralen Abkommen über **Werkvertragsarbeitnehmer** von einem ausländischen Arbeitgeber ins Inland entsandt werden (vgl. Rn. 53).

13 Hinsichtlich der Voraussetzungen, unter denen eine Arbeitsberechtigung/EU i.Ü. erteilt werden kann, bestimmt § 284 Abs. 3 SGB III, dass die allgemeinen Voraussetzungen bei der Ausländerbeschäftigung nach § 39 Abs. 2 bis 6 AufenthG einzuhalten sind. Die Zustimmung zu einem Aufenthaltstitel gem. § 4 Abs. 3 AufenthG steht nach § 284 Abs. 6 Satz 2 SGB III der Erteilung einer Arbeitsgenehmigung/EU gleich. Insoweit kann auf die Erläuterungen zum AufenthG (Rn. 15ff.) verwiesen werden.

14 Setzt die Beschäftigung des Arbeitnehmers **keine qualifizierte Ausbildung** voraus, darf eine Arbeitserlaubnis/EU nach § 284 Abs. 4 Satz 1 SGB III nur erteilt werden, wenn dies in einer **zwischenstaatlichen Vereinbarung** (vgl. Einl. Rn. 45ff.) oder einer Rechtsverordnung vorgesehen ist. Für diesen Personenkreis gilt faktisch der **Anwerbestopp** nach der ASAV (vgl. § 18 Abs. 3 AufenthG).

III. Beschäftigung von Ausländern aus Nicht-EU-Mitgliedstaaten mit Zustimmung der Bundesagentur für Arbeit

15 Nach § 4 Abs. 3 Satz 1 AufenthG dürfen ausländische Arbeitnehmer aus **Nicht-EU-Mitgliedstaaten** eine Beschäftigung im Inland nur ausüben und von Arbeitgebern nur beschäftigt werden, wenn sie im Besitz eines **Aufenthaltstitels** sind, der die Beschäftigung erlaubt. Abzustellen ist hierbei darauf, ob die Tätigkeit im Inland im Rahmen eines **Arbeitsverhältnisses** ausgeübt wird (*OLG Hamm*

v. 23. 11. 2000 – 1 Ss 1037/2000 – NZA-RR 2001, 430). Ob der Arbeitgeber ein in- oder ausländisches Unternehmen ist, ist unmaßgeblich (*Edenfeld*, DB 1996, 2226). Es besteht ein grundsätzliches Beschäftigungsverbot mit Erlaubnisvorbehalt (Rn. 12) **Verstöße** sind nach § 404 Abs. 2 und 3 SGB III bußgeldbewehrt (Rn. 38). Die legale Ausübung der Beschäftigung setzt in der Regel nur eine Aufenthalts- erlaubnis (§ 7 Abs. 1 AufenthG) voraus, deren Inhalt und Dauer je nach **Auf- enthaltszweck** differieren kann. Die Trennung von Arbeits- und Aufenthalts- genehmigungen ist durch das AufenthG aufgehoben. Keines Aufenthaltstitels bedürfen Ausländer u. a., wenn in einer **zwischenstaatlichen Vereinbarung** auf den Besitz eines Aufenthaltstitels verzichtet wird (§ 4 Abs. 3 Satz 2 AufenthG; vgl. Rn. 45 ff.).

Dient der Aufenthaltstitel der **Aufnahme einer Beschäftigung,** muss vor der Erteilung entweder eine **Zustimmung der BA** vorliegen oder es muss in einer Rechtsverordnung oder zwischenstaatlichen Vereinbarung auf das Zustim- mungserfordernis verzichtet sein (§ 18 Abs. 2 AufenthG). Eine Zustimmung ist dabei nicht erforderlich, wenn einer der Ausnahmetatbestände der §§ 4 ff. BeschV erfüllt sind. Danach sind u. a. **leitende Angestellte, wissenschaftliche Mitarbeiter, Journalisten** und **kurzfristig** aus dem Ausland entsandte Arbeit- nehmer unter bestimmten Voraussetzungen vom Erfordernis der Zustimmung durch die BA befreit. **16**

Setzt die Beschäftigung eine **mindestens dreijährige qualifizierte Berufsausbil- dung** voraus (§ 25 BeschV), kann die BA eine Zustimmung nach §§ 39, 18 Abs. 4 Satz 1 AufenthG für bestimmte Berufsgruppen erteilen, wenn dies in einer Rechtsverordnung nach § 42 AufenthG vorgesehen ist. In §§ 26 ff. BeschV sind die entsprechenden Berufgruppen abschließend geregelt. Danach kann inbesondere für IT-Fachkräfte (vgl. hierzu Rn. 7) und akademische Berufe (§ 27 BeschV) sowie für leitende Angestellte (§ 28 BeschV) die Genehmigung erteilt werden. Daneben kann für Hochschulabsolventen, die im Rahmen eines grenzüberschreitenden **konzernweiten Austauschprogramms** tätig werden, für höchstens drei Jahre die Zustimmung erteilt werden (§ 31 Satz 1 Nr. 1 BeschV). **17**

Setzt die Beschäftigung **keine qualifizierte Berufsausbildung** voraus (z. B. bei Helfertätigkeiten), darf der Aufenthaltstitel nur erteilt werden, wenn dies in ei- ner Rechtsverordnung nach § 42 oder in einer zwischenstaatlichen Vereinbarung zugelassen wurde (§ 18 Abs. 3 AufenthG). In §§ 17 ff. BeschV sind insoweit ab- schließend (vgl. § 17 Abs. 1 BeschV) die Tätigkeiten aufgeführt, für die die BA eine Zustimmung erteilen **kann.** Nach § 18 BeschV gilt dies insbesondere für **Sai- sonbeschäftigungen** (vgl. Rn. 49). **18**

Die Aufenthaltserlaubnis für **Ausbildungszwecke** ist in § 16 AufenthaltsG ge- regelt und berechtigt für 90 Tage zur Ausübung einer Beschäftigung (Abs. 4). Zum Zwecke der **betrieblichen Aus- und Weiterbildung** kann die Erlaubnis nur erteilt werden, wenn dies in einer Rechtsverordnung nach § 42 oder in einer zwischenstaatlichen Vereinbarung bestimmt ist (§ 17 AufenthG). § 2 BeschV re- gelt insoweit, für welche Fallgestaltungen bei Durchführung eines **Praktikums** die Erteilung des Aufenthaltstitels ohne Zustimmung der BA erteilt werden kann. **19**

Mit Zustimmung der BA kann einem **hochqualifizierten** Ausländer eine **Nie- derlassungserlaubnis** erteilt werden (§ 19 Abs. 2 AufenthG; § 3 BeschV). Hier- von zu unterscheiden sind Tätigkeiten, die von **hochqualifizierten Arbeitneh- mern** im Bereich der Informations- und Kommunikationstechnologie nach der IT-ArGV (v. 28. 7. 2000, BGBl. I S. 1146) für hoch qualifizierte Fachkräfte der Infor- **20** mations- und Kommunikationstechnologie (sog. **Greencard-Regelung**) ausgeübt werden. In diesen Bereichen kann eine Arbeitserlaubnis an Hoch- und Fachhochschulabsolventen bis zur Gesamtdauer von fünf Jahren (§ 6 Abs. 2 IT-ArGV) im Rahmen des Gesamtkontingentes von zunächst 10000 Erlaubnissen (§ 5 IT-ArGV) erteilt werden, wobei eine Verlängerung der Erlaubnis auch unabhängig von der Arbeitsmarktlage erteilt werden kann (§ 6 Abs. 2 und 3 IT-ArGV; zur Kritik vgl. *Gaul/Lunk*, DB 2000, 1281). Die **Erteilung einer Arbeitserlaubnis** auf der Grundlage der IT-ArGV setzt voraus, dass die IT-Fachkräfte ein Arbeitsverhältnis mit einem inländischen Arbeitgeber begründen. Sie dürfen daher weder als Selbstständige noch auf der Grundlage grenzüberschreitender Arbeitnehmerüberlassung als verliehene Arbeitnehmer im Inland arbeiten (*Gaul/Lunk*, DB 2000, 1283; vgl. B5 RdErl BA v. 26.7.2000).

IV. Grundsätze und Verfahren des Genehmigungsrechts bei Ausländerbeschäftigung

21 Zuständig für die Erteilung eines Aufenthaltstitels sind die **Ausländerbehörden.** Soweit die Aufenthaltserlaubnis zur Aufnahme einer Beschäftigung im Inland berechtigen soll, ist eine Erteilung jedoch i.d.R. nur mit **Zustimmung der BA** zulässig. Das Verfahren richtet sich bei einem im Inland lebenden Ausländer nach der **Beschäftigungsverfahrensverordnung** (BeschVerfV v. 22.11.2004, BGBl. I S. 2934) und bei neueinreisenden Ausländern nach der **Beschäftigungsverordnung** (BeschV v. 22.11.2004, BGBl. I S. 2937).

22 Eine Zustimmung der BA ist nicht erforderlich, wenn dies in einer **Rechtsverordnung** nach § 42 AufenthaltsG bestimmt wird (§ 39 Abs. 1 Satz 1 AufenthG). Nach § 41 Abs. 3 BeschV gilt dies auch, wenn in einer **zwischenstaatlichen Vereinbarung** vom Erfordernis einer Arbeitserlaubnis oder -genehmigung abgesehen wird. I. Ü. **kann** die Zustimmung u.a. erteilt werden, wenn dies in zwischenstaatlichen Vereinbarungen vorgesehen ist (§ 39 Abs. 1 Satz 2 AufenthG).

23 Der ausländische Arbeitnehmer ist verpflichtet, **vor** Aufnahme der Beschäftigung die Erteilung oder Verlängerung des Aufenthaltstitels bzw. der Arbeitsberechtigung EU zu **beantragen** (BAG v. 26.6.1996 – 5 AZR 872/94 – BB 1996, 2045; § 11 Abs. 1 ArGV). Die **Erlaubnis ist zu versagen**, soweit in der Branche oder auch in den fachlich oder räumlich betroffenen Teilarbeitsmärkten ein Arbeitskräfteüberhang besteht (§ 39 Abs. 2 AufenthG), was angesichts der bestehenden **Massenarbeitslosigkeit** überwiegend der Fall ist (zu Ausnahmen bei Härtefällen vgl. § 1 Abs. 2 ArGV). Können andere bevorrechtigte Arbeitnehmer, d.h. sowohl deutsche als auch sonstige Staatsangehörige der EU, auf den Arbeitsplatz vermittelt werden, steht dies regelmäßig der Erteilung der allgemeinen Arbeitserlaubnis entgegen (§ 285 Abs. 1 Satz 1 Nr. 2 und Satz 2 SGB III; § 39 Abs. 2 Satz 1 AufenthG; *Marschner*, BB 1995, 775). Die Erteilung der Arbeitserlaubnis setzt voraus, dass der Ausländer nicht zu ungünstigeren **Arbeitsbedingungen** als vergleichbare deutsche Arbeitnehmer beschäftigt wird. Ziel der Vorschrift ist es Lohndumping zu verhindern, und zwar sowohl zum Schutze des Ausländers vor ausbeuterischer Beschäftigung als auch um Verdrängungseffekte zuungunsten bevorrechtigter Arbeitnehmer zu verhindern (BT-Ds. 13/4931, S. 206). Sind die Voraussetzungen des § 1 ArGV erfüllt, besteht ein **Rechtsanspruch** auf Erteilung der Arbeitserlaubnis/EU (*BSG* v. 14.2.1978 – 7 RAr 81/76 – AP Nr. 5 zu § 19 AFG). Die Beurteilung der BA unterliegt hierbei der vollen gerichtlichen Überprüfung (*BSG* v. 22.1.1977, a.a.O.).

Ob ein Ausländer eines Aufenthaltstitels zur Aufnahme einer Beschäftigung bedarf, richtet sich danach, ob er eine Beschäftigung **im Inland** im Rahmen eines **Arbeitsverhältnisses** (*OLG Hamm* v. 23.11.2999 – 1 SsOWi 1037/2000, NZA-RR 2001, 430) ausüben will. Ob der Arbeitgeber ein in- oder ausländisches Unternehmen ist, ist unmaßgeblich (*Edenfeld*, DB 1996, 2226). Das in § 4 Abs. 3 Satz 1 AufenthG enthaltene **Beschäftigungsverbot von Ausländern mit Erlaubnisvorbehalt** wird sowohl durch die Bestimmungen des Aufenthaltsgesetzes als auch durch Vorschriften der **Arbeitsgenehmigungsverordnung** (ArGV v. 17.9.1998, BGBl. I S. 2893 i.d.F. v. 23.7.2004), der **Anwerbestoppausnahme-Verordnung** (ASAV v. 17.9.1998, BGBl. I S. 2893 i.d.F. v. 23.4.2004, BGBl. I S. 602) sowie des **BeschVerfV** und der **BeschV** (Rn. 13) konkretisiert. Ein Aufenthaltstitel darf danach gem. § 40 Abs. 1 Nr.1 und 2 AufenthG, § 6 Abs. 1 Nr.1 und 2 ArGV u.a. dann nicht erteilt werden, wenn der Arbeitnehmer auf Grund einer unerlaubten Arbeitsvermittlung oder als **Leiharbeitnehmer** beschäftigt werden soll (Rn.35ff.). | **24**

Die **Funktion** der Vorschriften zur Ausländerbeschäftigung besteht u.a. darin, aus arbeitsmarktpolitischen Gründen die Beschäftigung von Ausländern im Inland steuern und begrenzen zu können (*BSG* v. 10.10.1978 – 7 Rar 39/77 – BSGE 47, 93; vgl. §§ 18 Abs.1, 39 Abs. 2 Satz 1 Nr.2a AufenthG), um dem **Vorrang** der Beschäftigungsansprüche deutscher und gleichgestellter Staatsangehöriger (§ 39 Abs. 2 Satz 1 Nr.2b AufenthG) Rechnung tragen zu können (*Kessler*, AuA 1999, 306). Daneben soll durch die **Auskunftspflicht des Arbeitgebers** über Arbeitszeit, Arbeitsentgelt und sonstige Arbeitsbedingungen (§ 39 Abs. 2 Satz 3 AufenthG) sichergestellt werden, dass Formen illegaler Beschäftigung verhindert und Lohndumping vermieden wird. | **25**

Soweit nach den Bestimmungen der BeschV die Aufnahme einer Beschäftigung zustimmungspflichtig ist, kann die BA die Zustimmung nur erteilen, wenn sich die Beschäftigung nicht nachteilig auf den Arbeitsmarkt auswirkt, kein bevorrechtigter Arbeitnehmer zur Verfügung steht (Rn. 27) und der Ausländer gegenüber deutschen Arbeitnehmern nicht zu **ungünstigeren Arbeitsbedingungen** beschäftigt wird (§ 39 Abs. 2 AufenthG; *Mastmann/Oberwinter*, AuA 2005, 26). | **26**

Zur Sicherung des **vorrangigen Beschäftigungsanspruchs** von Inländern und ihnen gleichgestellten Staatsangehörigen der EU darf die BA eine Zustimmung nach § 39 Abs. 2 AufenthG nur erteilen, wenn für die Beschäftigung des Ausländers keine privilegierten Personen zur Verfügung stehen und sich aus der Ausländerbeschäftigung keine nachteiligen Auswirkungen auf dem Arbeitsmarkt ergeben (§ 39 Abs. 2 AufenthG). Die Behörden der Zollverwaltung prüfen, ob Ausländer nicht entgegen § 284 Abs. 1 SGB III, § 4 Abs. 3 S. 1 AufenthG zu **ungünstigeren Arbeitsbedingungen** als vergleichbare deutsche Arbeitnehmer beschäftigt werden (§ 2 Abs. 1 Nr.4 SchwarzArbG). Zur Durchführung der Prüfungen sind sie nach §§ 3f. SchwarzArbG u.a. befugt, die Geschäftsräume des Arbeitgebers zu betreten und Einsicht in Geschäftsunterlagen zu nehmen. | **27**

V. Beschäftigung von Arbeitnehmern aus der Türkei

Das Arbeitsgenehmigungsrecht nach dem AufenthG ist grundsätzlich auch bei der Beschäftigung von Arbeitnehmern aus der Türkei anwendbar. Besonderheiten ergeben sich jedoch aus dem Assoziierungsabkommen zwischen der EU und der Türkei vom 19.9.1963 (BGBl. 1964 II S. 510), dem Zusatzprotokoll vom 23.11.1970 (BGBl. 1972 II S. 385; BGBl. 1973 II S. 113) sowie dem Beschluss | **28**

Nr. 1/80 des Assoziationsrates über die Entwicklung der Assoziation (ANBA 1981, 2; vgl. Einl. F. Rn. 60 f.). Hinsichtlich der Arbeitserlaubnis heißt es in Art. 6 des Beschlusses Nr. 1/80 wie folgt:

»Artikel 6
(1) Vorbehaltlich der Bestimmungen in Artikel 7 über den freien Zugang der Familienangehörigen zur Beschäftigung hat der türkische Arbeitnehmer, der dem regulären Arbeitsmarkt eines Mitgliedstaats angehört, in diesem Mitgliedstaat
– nach einem Jahr ordnungsgemäßer Beschäftigung Anspruch auf Erneuerung seiner Arbeitserlaubnis bei dem gleichen Arbeitgeber, wenn er über einen Arbeitsplatz verfügt;
– nach drei Jahren ordnungsgemäßer Beschäftigung – vorbehaltlich des den Arbeitnehmern aus den Mitgliedstaaten der Gemeinschaft einzuräumenden Vorrangs – das Recht, sich für den gleichen Beruf bei einem Arbeitgeber seiner Wahl auf ein unter normalen Bedingungen unterbreitetes und bei den Arbeitsämtern dieses Mitgliedstaates eingetragenes Stellenangebot zu bewerben;
– nach vier Jahren ordnungsgemäßer Beschäftigung freien Zugang zu jeder von ihm gewählten Beschäftigung im Lohn- oder Gehaltsverhältnis.
(2) Der Jahresurlaub und die Abwesenheit bei Mutterschaft, Arbeitsunfall oder kurzer Krankheit werden den Zeiten ordnungsgemäßer Beschäftigung gleichgestellt. Die Zeiten unverschuldeter Arbeitslosigkeit, die von den zuständigen Behörden ordnungsgemäß festgestellt worden sind sowie die Abwesenheit wegen langer Krankheit werden zwar nicht den Zeiten ordnungsgemäßer Beschäftigung gleichgestellt, berühren jedoch nicht die auf Grund der vorherigen Beschäftigungszeit erworbenen Ansprüche.
(3) Die Einzelheiten der Durchführung der Absätze 1 und 2 werden durch einzelstaatliche Vorschriften festgelegt.«

29 Nach Art. 6 Abs. 1 des Beschlusses Nr. 1/80 des Assoziationsrates darf einem türkischen Arbeitnehmer nach einjähriger Tätigkeit bei ein und demselben Arbeitgeber (*EuGH* v. 29.5.1997 – Rs. C-386/95 – AuR 1997, 413) und nach **dreijähriger Tätigkeit im Inland** die Verlängerung der Arbeitserlaubnis nur versagt werden, wenn dies nach Lage und Entwicklung auf dem Arbeitsmarkt, insbesondere unter Berücksichtigung der Arbeitslosigkeit von Arbeitnehmern aus den EU-Mitgliedstaaten, unumgänglich ist (*EuGH* v. 30.9.1997 – Rs. C-98/96). Nach einem Jahr der Beschäftigung bei einem Arbeitgeber hat der Arbeitnehmer einen Anspruch auf Verlängerung der Erlaubnis bei diesem Arbeitgeber (*Kessler*, AuA 1999, 307) und nach vier Jahren darf die unbeschränkte Arbeitserlaubnis nicht mehr räumlich beschränkt werden. Sie ermöglicht dann einen freien Zugang zu allen Beschäftigungen. Der *EuGH* hat in seinen Entscheidungen vom 16.12.1992 und vom 5.10.1994 (Rs. C-237/91 – NVwZ 1991, 255 und Rs. C-355/93 – EuZW 93, 96) entschieden, dass **Art. 6 unmittelbar geltendes Recht** ist (vgl. auch *BAG* v. 22.3.2000 – 7 AZR 226/98 zu Art. 10), sodass ein türkischer Arbeitnehmer, soweit er sich erlaubterweise in der EU aufhält, nach einem Jahr legaler Beschäftigung (hierzu zählt auch ein auf § 19 BSHG beruhender Arbeitsvertrag; vgl. EuGH v. 26.11.1998 – Rs. C-1/97 – EuroAS 1–2/1999, 4) **Anspruch** auf Erneuerung der Arbeitserlaubnis für denselben Arbeitgeber, nach vier Jahren darüber hinaus freien Zugang zu jeder Beschäftigung hat (*EuGH* v. 23.1.1997 – Rs. C-171/95 – EuroAS 1997, 16; vgl. auch § 1 Abs. 2 Satz 3 AEVO). Der Anspruch auf Erteilung einer Arbeitserlaubnis schließt dabei ein **Aufenthaltsrecht** ein (*EuGH* v.

23.1.1997, a.a.O.; *Gutmann*, AuR 1997, 391). Die Beschlüsse des Assoziationsrates sind Bestandteil der Rechtsordnung der EU und gehen insoweit nationalem Recht vor (*BSG* v. 10.9.1998 – B 7 AL 102/97 R – SozSi 1999, 296).

Bei der umstrittenen Frage des Anspruchs auf Erteilung einer Arbeitserlaubnis **30** für türkische Staatsangehörige ist zu beachten, dass nach Art. 6 Abs. 3 des Beschlusses Nr.1/80 des Assoziationsrates die Einzelheiten der Durchführung des Art. 6 durch einzelstaatliche Vorschriften festzulegen sind. Hieraus folgt, dass die sonstigen Voraussetzungen, die ein ausländischer Arbeitnehmer für die Erteilung einer Arbeitserlaubnis nach nationalem Recht erfüllen muss, weiterhin der **autonomen Rechtsetzungsmacht der Mitgliedstaaten** unterliegt. § 4 Abs. 1 und 5 AufenthG bestimmt, dass für türkische Arbeitnehmer, denen nach dem Abkommen ein (aus dem Recht auf Arbeitsmarktzugang abgeleitetes) Aufenthaltsrecht zusteht, ein Aufenthaltstitel nicht erteilt werden braucht. Stattdessen ist ihnen auf Antrag eine **Aufenthaltserlaubnis** zu erteilen. I.Ü. gilt die BeschVerfV (§ 15).

Bei **erstmaliger Aufnahme einer Beschäftigung** kann ein Antrag auf Erteilung **31** des Aufenthaltstitels nicht auf den Beschluss Nr.1/80 des Assoziationsrates gestützt werden. Jedoch hat der türkische Arbeitnehmer mit zeitlich zunehmendem berechtigtem Aufenthalt in einem Mitgliedstaat auch einen unmittelbaren Anspruch auf Erteilung des Aufenthaltstitels. Das grundsätzlich bestehende Beschäftigungsverbot für ausländische Arbeitnehmer ohne Erlaubnis tätig zu werden bleibt jedoch auch bei **langjährigem Aufenthalt in einem anderen Mitgliedstaat** (nach Art. 6 des Beschlusses Nr.1/80 ist nicht auf den Gesamtaufenthalt in der EU abzustellen) für türkische Arbeitnehmer bestehen. Insoweit ist § 40 Abs. 1 Nr.2 AufenthG in vollem Umfang auf türkische Arbeitnehmer anzuwenden, sodass für einen Einsatz türkischer Arbeitnehmer als **Leiharbeitnehmer** in den ersten Jahren der Beschäftigung keine Genehmigung erteilt werden darf.

VI. Besonderheiten bei grenzüberschreitender Fremdfirmenarbeit

Die Grundsätze des Aufenthaltsrechts gelten grundsätzlich unabhängig davon, **32** welche **Staatsangehörigkeit der Arbeitgeber** des im Inland beschäftigten ausländischen Arbeitnehmers besitzt. Die Ausübung eines Gewerbes im Inland durch ein ausländisches Unternehmen im Rahmen der Niederlassungsfreiheit hat grundsätzlich keine Auswirkungen auf die Geltung des AufenthG. Etwas anderes gilt jedoch, wenn ein ausländischer Arbeitgeber im Rahmen der Dienstleistungsfreiheit im Ausland beschäftigte Staatsangehörige aus Drittstaaten in das Inland **entsendet**. Die **Beschränkungen des Arbeitsgenehmigungsrechts**, insbesondere die aus § 40 Abs. 1 AufenthG, § 6 Abs. 1 Nr.2 ArGV folgenden Beschränkungen, sind auch zu beachten, wenn **Werk- oder Verleihunternehmen** aus den EU-Mitgliedstaaten ausländische Arbeitnehmer aus Drittstaaten im Inland einsetzen wollen (vgl. Einl. F Rn.65). Haben die Ausländer auch ihren **Wohnsitz** in Drittstaaten, darf eine Arbeitserlaubnis grundsätzlich nicht erteilt werden. Dementsprechend ist auch bei Entsendung von Arbeitnehmern aus Drittstaaten durch Unternehmen eines Mitgliedstaates die Arbeitserlaubnis nur unter eingeschränkten Voraussetzungen zu erteilen (vgl. RdErl. der BA v. 8.8.1995, kritisch wegen europarechtlicher Bedenken *Selmayr*, ZfA 1996, 629). Soweit Verleihunternhmen mit Erlaubnis der BA (vgl. § 3 Abs. 4) zulässigerweise Arbeitnehmer in die Bundesrepublik überlassen dürfen, fallen Arbeitnehmer aus Nicht-EU-Staaten uneingeschränkt unter die Beschränkungen des AufenthG bzw. von § 284

SGB III. Das **Verbot von § 40 Abs. 1 Nr. 2 AufenthG, § 6 Abs. 1 Nr. 2 ArGV** kann mithin nicht umgangen werden, indem inländische Verleiher einen Geschäftssitz im EU-Ausland gründen und von dort aus Arbeitnehmer aus den Nicht-EU-Staaten ins Inland verleihen. Verstößt ein inländisches Verleihunternehmen hiergegen, ist die **Erlaubnis** zur ANÜ nach § 3 Abs. 1 Nr. 1 wegen Verstoßes gegen die Vorschriften über die Arbeitserlaubnis zu versagen.

33 Für **kurzzeitig entsandte Arbeitnehmer** aus dem Ausland befreit § 11 BeschV für bestimmte Fallgestaltungen vom Erfordernis der Zustimmung der BA. Voraussetzung ist, dass die Tätigkeit im Inland innerhalb von zwölf Monaten höchstens drei Monate ausgeübt wird und die Person ihren gewöhnlichen Aufenthalt im Ausland beibehält.

1. Montage-, Instandhaltungs- und Reparaturarbeiten (§ 9 Nr. 5a ArGV)

34 Für bestimmte Fälle der **Entsendung** aus dem Ausland kann die BA ohne Vorrangprüfung nach § 39 Abs. 2 Satz 1 Nr. 1 AufenthG die Zustimmung zu einem Aufenthaltstitel auch erteilen, wenn die Dauer der Tätigkeit im Inland drei Monate übersteigt. Nach § 35 BeschV gilt dies z. B. für Arbeitnehmer eines ausländischen **Fertighausherstellers** zum Zwecke der Aufstellung und Montage. Nach § 36 BeschV gilt dasselbe u. a. für Arbeitnehmer, die für länger als drei Monate (höchstens jedoch für drei Jahre; § 36 Satz 2 BeschV) für die Aufstellung und **Montage** von Maschinen, Anlagen und Programmen der elektronischen Datenverarbeitung entsandt werden. Nach § 11 Satz 1 Nr. 1 BeschV unterliegt der Einsatz ausländischer Arbeitnehmer bei Montage-, Instandhaltungs- oder Reparaturarbeiten **angelieferter Maschinen** nicht dem Erfordernis der Zustimmung der BA (vgl. *Edenfeld*, DB 1996, 2226). I. Ü. sind nach § 11 Satz 1 BeschV Montagearbeiten durch ausländische Arbeitnehmer nur dann erlaubnisfrei, wenn Anlagen oder Maschinen betroffen sind, die im Rahmen von **Werklieferungsverträgen** oder ähnlichen Verträgen geschuldet sind, bei denen die Arbeiten sich lediglich als untergeordneter Geschäftszweck darstellen (vgl. *BayObLG* v. 24. 7. 1978 – 3 OWi 84/78 – AP Nr. 6 zu § 19 AFG). Unter **Montage** wird das Aufstellen, Zusammenbauen und fest Verbinden gelieferter und verwendungsfertiger Anlagen oder Maschinen verstanden. Anlagen i. S. d. Norm sind solche Einrichtungen, die eine selbstständige, in sich abgeschlossene verwendungsfähige technische Einheit darstellen. Die Bestuhlung von öffentlichen Einrichtungen stellt insoweit keine Anlagenmontage dar (a. A. *Rixen*, BB 2001, 1681). Der Missbrauch ist insbesondere im Rahmen des Einsatzes von osteuropäischen Arbeitskräften besonders hoch (vgl. 9. Erfahrungsbericht der BuReg, S. 44).

2. Besonderheiten bei Arbeitnehmerüberlassung (§ 40 Abs. 1 Nr. 2 AufenthG; § 6 Abs. 1 Nr. 2 ArGV)

35 Will der Arbeitgeber einen bestimmten ausländischen Arbeitnehmer beschäftigen (vgl. *BSG* v. 14. 2. 1978 – 7 RAr 81/76 – AP Nr. 5 zu § 19 AFG), muss nachgewiesen sein, dass er trotz entgegenstehender allgemeiner Arbeitsmarktsituation keinen geeigneten deutschen oder bevorrechtigten Arbeitnehmer findet (*BSG* v. 22. 7. 1982 – 7 RAr 92/81 – AP Nr. 8 zu § 19 AFG; vgl. Rn. 23).

36 Ausgeschlossen ist die Erteilung einer Genehmigung, wenn der Ausländer als **Leiharbeitnehmer** im Inland tätig werden will (§ 40 Abs. 1 Nr. 2 AufenthG; § 6 Abs. 1 Nr: 2 ArGV). Will der **ausländische Arbeitnehmer** aus Drittstaaten oder

den Beitrittsstaaten eine Tätigkeit als **Leiharbeitnehmer** in der Bundesrepublik aufnehmen, so ist die **Arbeitserlaubnis** bei erstmaliger Ausübung einer Tätigkeit als Leiharbeitnehmer nach § 40 Abs. 1 Nr. 2 AufenthG, § 6 Abs. 1 Nr. 2 ArGV **zu versagen**. Die Vorschrift steht im Einklang mit dem GG und der nach Art. 49 ff. EWG-Vertrag garantierten Dienstleistungsfreiheit (*LSG Bremen* v. 31. 10. 1974 – L 5 BR 3/74 – EzAÜG § 1 Erlaubnispflicht Nr. 1; vgl. auch Einl. F. Rn. 22). Leiharbeitnehmer aus Nicht-EU-Staaten befinden sich daher regelmäßig nicht im Besitz einer Arbeitserlaubnis, soweit sie nicht aus anderen Gründen einen Rechtsanspruch auf Erteilung eines unbeschränkten Aufenthaltstitels haben. Bei Ablehnung des Aufenthaltstitels bzw. einer Arbeitsberechtigung/EU für eine Beschäftigung als Leiharbeitnehmer kann auch kein vorläufiger Rechtsschutz nach § 97 SGG gewährt werden (*LSG Stuttgart* v. 3. 12. 1974 – L 5a Ar 37/74 B – EzAÜG § 1 AÜG Sozialrecht Nr. 2). Einem **Verleiher** obliegt bei der beabsichtigten Einstellung insoweit eine besondere **Prüfungspflicht**, ob der Leiharbeitnehmer sich im Besitz der Arbeitserlaubnis befindet. Insbesondere hat er sich die Arbeitserlaubnis vorlegen zu lassen und in den Lohnunterlagen zu dokumentieren (§ 2 BetrÜVO). Auch der Entleiher hat sich die Erlaubnis vorlegen zu lassen und in den Lohnunterlagen zu dokumentieren (§ 2 BetrÜVO). Besteht beim Arbeitgeber bzw. Entleiher ein Betriebsrat, ist der Arbeitgeber bei der Einstellung bzw. der Entleiher beim Einsatz des Leiharbeitnehmers verpflichtet, dem **Betriebsrat** im Rahmen des Anhörungsverfahrens nach § 99 Abs. 1 Satz 1 BetrVG (z. B. durch Gewährung von **Einsichtnahme** in die vorgelegte Arbeitserlaubnis) Gelegenheit zu geben, das Vorliegen einer Berechtigung zur Beschäftigung als LAN zu überprüfen. Lässt sich nicht zweifelsfrei das Vorliegen einer wirksamen Berechtigung feststellen (wobei zu berücksichtigen ist, dass der Aufenthaltstitel in der Regel nur befristet erteilt wird), darf der Arbeitgeber den Arbeitnehmer nicht beschäftigen. Der Betriebsrat ist verpflichtet, die Zustimmung zur Einstellung wegen Verstoßes gegen Gesetz und Verordnung nach § 99 Abs. 2 Nr. 1 BetrVG zu verweigern.

3. Besonderheiten bei unerlaubter Arbeitsvermittlung

Keine Arbeitserlaubnis darf auch erteilt werden, wenn das Arbeitsverhältnis auf einer **unerlaubten Arbeitsvermittlung oder Anwerbung** beruht (§ 40 Abs. 1 Nr. 1 AufenthG, § 6 Abs. 1 Nr. 1 ArGV). Die dem Arbeitgeber obliegenden Prüfungspflichten bezüglich der Arbeitserlaubnis von ausländischen Leiharbeitnehmern (Rn. 36) gelten in diesem Fall entsprechend. Dasselbe gilt bezüglich der Rechte des Betriebsrats beim Entleiher bzw. Verleiher im Rahmen des Anhörungsverfahrens nach § 99 Abs. 2 BetrVG.

37

VII. Rechtsfolgen von Verstößen

1. Ordnungswidrigkeiten und Straftaten (§§ 404 ff. SGB III)

§ 4 Abs. 3 Satz 1 AufenthG, § 284 Abs. 1 Satz 1 SGB III enthält ein ausdrückliches **Beschäftigungsverbot** für den Arbeitgeber, ausländische Arbeitnehmer ohne Erlaubnis zu beschäftigen oder mit der Beschäftigung vor der Erteilung der Arbeitsgenehmigung zu beginnen (vgl. Rn. 12 und 15). **Verstöße** hiergegen können nach § 404 Abs. 2 Nr. 3 f. SGB III mit einem Bußgeld bis zu 250 000 Euro, bei Beschäftigung des Ausländers zu unverhältnismäßig ungünstigen Arbeitsbedin-

38

gungen sogar mit Freiheitsstrafe bis zu drei Jahren oder mit Geldstrafe (§ 10 Abs. 1 SchwarzArbG), in besonders schweren Fällen (Abs. 2) bis zu fünf Jahren geahndet werden (vgl. auch Rn. 19). Setzt ein Generalunternehmer **Subunternehmer** für Werk- oder Dienstleistungen ein, die ihrerseits ausländische Arbeitnehmer ohne eine Genehmigung beschäftigen, kann daneben auch ein Bußgeld bis zu 500000 Euro nach § 404 Abs. 1 lit. b) SGB III verhängt werden. In den Fällen des § 10 SchwarzArbG handelt dabei auch der Entleiher ordnungswidrig i.S.d. § 406 Abs. 2 Nr. 3 SGB III (*OLG Hamm* v. 14. 11. 1980 – 5 SsOWi 1967/80 – AP Nr. 7 zu § 19 AFG). Bei ANÜ gelten i.ü. zusätzlich die Bestimmungen der §§ 15, 15a und 16 Abs. 2 Nr. 2; auf die Kommentierung bei diesen Vorschriften wird verwiesen (s.a. § 16 Rn. 29). Wird bei Verstößen gegen § 404 Abs. 1 Nr. 3, Abs. 2 Nr. 2 SGB III, § 8 Abs. 2 Nr. 1 Buchst. a und Nr. 3 SchwarzArbG eine Geldbuße von mehr als 100 Euro bzw. 200 Euro verhängt, ist nach § 405 Abs. 5 SGB III/§ 12 Abs. 4 SchwarzArbG das Gewerbezentralregister zu unterrichten (vgl. § 19 Rn. 2).

39 Beauftragt ein Unternehmer im Rahmen von Werk- oder Dienstleistungen einen **Subunternehmer**, von dem er weiß oder fahrlässig nicht weiß, dass dieser im Rahmen der Auftragsdurchführung ausländische Arbeitnehmer ohne Aufenthaltstitel einsetzt oder sich weiterer Subunternehmer bedient, die ihrerseits Ausländer entsprechend beschäftigen, handelt er ordnungswidrig gem. § 404 Abs. 1 lit. b) SGB III, was mit einem Bußgeld bis zu 500000 Euro geahndet werden kann (§ 406 Abs. 3 SGB III).

40 Wird eine in § 404 Abs. 2 Nr. 3 SGB III bezeichnete Handlung vorsätzlich begangen und wird der Arbeitnehmer zu Arbeitsbedingungen beschäftigt, die in einem **auffälligen Missverhältnis** zu den Arbeitsbedingungen vergleichbarer deutscher Arbeitnehmer stehen, ist die Tat nach § 10 Abs. 1 SchwarzArbG mit Geldstrafe oder Freiheitsstrafe bis zu drei Jahren (in schweren Fällen nach Abs. 2 mit Freiheitsstrafe von sechs Monaten bis zu fünf Jahren) strafbewehrt.

Beschäftigt der Arbeitgeber entgegen § 284 Abs. 1 SGB III oder § 4 Abs. 3 AufenthG gleichzeitig **mehr als fünf Ausländer** oder **wiederholt** er beharrlich eine in § 404 Abs. 2 Nr. 3 oder 4 SGB III bezeichnete Handlung, macht er sich nach § 11 Abs. 1 SchwarzArbG strafbar. Handelt er aus **grobem Eigennutz** kann eine Freiheitsstrafe bis zu drei Jahren oder Geldstrafe verhängt werden (vgl. auch Art. 4 Rn. 3 ff., 9 ff.).

2. Arbeitsvertragliche Folgen

41 **Verstöße** gegen das Beschäftigungsverbot von Ausländern führen nach h.M. grundsätzlich nicht zur Unwirksamkeit des Arbeitsvertrages nach § 134 BGB (*BAG* v. 13. 1. 1977 – 2 AZR 423/75 v. 19. 1. 1976 – 3 AZR 66/75 und v. 16. 12. 1976 – 3 AZR 716/75 – AP Nr. 2, 3 und 4 zu § 19 AFG und vom 26. 2. 2003 – 5 AZR 690/01 – NZA 2004, 314; *Däubler*, Bd. 2, Rn. 1668; *Engels*, RdA 1976, 174; *Niesel*, SGB III, § 284 Rn. 7). Dies gilt auch, soweit ein **fingiertes Arbeitsverhältnis** zum Entleiher betroffen ist (*OLG Hamm* v. 14. 11. 1980 – 5 Ss Owi 1967/80 – AP Nr. 7 zu § 19 AFG; vgl. § 15 Rn. 20 f.). Das fingierte Arbeitsverhältnis ist ein Normalarbeitsverhältnis, das nicht gegen § 40 Abs. 1 Nr. 2 AufenthG verstößt (a. A. *Schüren/Feuerborn*, Einl. Rn. 613)

42 Die Unwirksamkeit des Arbeitsvertrages kann sich jedoch aus anderen Gründen ergeben. Bei der Beschäftigung ausländischer Arbeitnehmer als Leiharbeitnehmer ist insoweit zu berücksichtigen, dass § 40 Abs. 1 Nr. 2 AufenthG, § 6 Abs. 1 Nr. 2 ArGV die Beschäftigung als solche verbietet und nicht in der Person des

Ausländers liegende Gründe einer Erlaubniserteilung entgegenstehen. Hier ist der Arbeitsvertrag nach § 134 BGB ebenso unwirksam wie in den Fällen, in denen die Vertragsparteien das Arbeitsverhältnis gem. § 158 BGB unter der aufschiebenden bzw. auflösenden Bedingung der Erteilung eines Aufenthaltstitels geschlossen haben und die Erteilung später versagt wird. Dass der Arbeitsvertrag i. Ü. i. d. R. wirksam ist, lässt sich dogmatisch damit begründen, dass § 4 Abs. 3 AufenthG, § 284 Abs. 1 Satz 1 SGB III nur die **tatsächliche Beschäftigung** (und die auch nur für eine Arbeitsaufnahme im Inland) untersagt und der Ausschluss von Primärleistungspflichten nach § 275 Abs. 1 BGB die Wirksamkeit des zugrunde liegenden Vertrages nach § 311a Abs. 1 BGB grundsätzlich unberührt sein lässt. Bei fehlender Erlaubnis zur Beschäftigung ist der Arbeitgeber nach § 4 Abs. 3 AufenthG, § 284 Abs. 1 Satz 1 SGB III gehindert, die Arbeitsleistung zu verlangen, der Arbeitnehmer ist von der Leistungspflicht aus dem Arbeitsverhältnis nach § 275 Abs. 1 BGB befreit. Das Fehlen der Arbeitserlaubnis stellt einen wichtigen Grund zur **ordentlichen Kündigung** i.S.d. § 314 Abs. 1 BGB dar, wobei mindestens die gesetzlichen Kündigungsfristen als angemessene Frist i.S.d. § 314 Abs. 3 BGB einzuhalten sind. Wird die Verlängerung einer Arbeitserlaubnis versagt, ist der Arbeitgeber ebenfalls berechtigt, das Arbeitsverhältnis personenbedingt ordentlich zu kündigen (*LAG Hamm* v. 9. 2. 1999 – 6 SA 1700/98 – DB 1999, 639).

Soweit das Arbeitsverhältnis trotz fehlender **Arbeitserlaubnis vollzogen** wird, **43** ist es entsprechend den Grundsätzen des **faktischen Arbeitsverhältnisses** für die Vergangenheit wie ein gültiges Arbeitsverhältnis zu behandeln (*Schüren/ Feuerborn*, Einl. Rn. 614). Wegen des zwingenden Beschäftigungsverbots nach § 4 Abs. 3 AufenthG, § 284 Abs. 1 Satz 1 SGB III darf der Arbeitnehmer aber in tatsächlicher Hinsicht nicht zur Arbeit herangezogen werden. Der Arbeitgeber ist berechtigt, das Arbeitsverhältnis ordentlich zu kündigen, da ein in der Person des Arbeitnehmers liegender Grund einer Weiterbeschäftigung entgegensteht (*Däubler*, Bd. 2, 799).

Soweit der Arbeitnehmer wegen der fehlenden Arbeitserlaubnis abgeschoben **44** werden muss, hat der Arbeitgeber die **Kosten der Abschiebung** zu tragen (§ 66 Abs. 4 AufenthG).

3. Gewerberechtliche Folgen

Verstößt ein Verleiher gegen die Vorschriften zur Ausländerbeschäftigung, ist **44a** ihm die **Erlaubnis** nach § 3 Abs. 1 Nr. 1 AÜG zu versagen (vgl. § 3 AÜG Rn. 44 ff.). Dies gilt insbesondere, wenn er LAN überlässt, denen nach § 40 Abs. 1 Nr. 2 AufenthG die Aufnahme einer Beschäftigung als LAN verboten ist. Desgleichen ist einem privaten Arbeitsvermittler die Ausübung des Gewerbes zu untersagen, wenn ihm Verstöße gegen § 40 Abs. 1 Nr. 1 AufenthG, § 6 Abs. 1 Nr. 1 ArGV zur Last gelegt werden.

VIII. Ausnahmeregelungen bei zwischenstaatlicher Vereinbarung

Auf Grund zahlreicher **zwischenstaatlicher Vereinbarungen** sind auch außer- **45** halb des persönlichen Anwendungsbereichs des EU-Freizügigkeitsrechts (vgl. Einl. F. Rn. 16 ff.) viele **(Wander-)Arbeitnehmer** von den für Ausländer geltenden aufenthaltsrechtlichen Vorschriften befreit bzw. auch über § 4 Abs. 1 AufenthG hinaus **privilegiert** zu behandeln. Die in den Abkommen getroffenen Regeln zur

Arbeitsberechtigung lassen das Erfordernis eines Aufenthaltstitels nur entfallen, wenn dies in den zwischenstaatlichen Vereinbarungen ausdrücklich bestimmt ist (Rn. 22). In diesem Fall gehen die in den Abkommen getroffenen Regeln zur Arbeitserlaubnis § 4 Abs. 3 AufenthG, § 284 Abs. 1 Satz 1 SGB III vor (*BSG* v. 22.11.1977 – 7 RAr 5/77 – SozR 4001, Nr. 10 zu § 103). Allerdings befreien die Abkommen in der Regel nicht von der Verpflichtung, vor Aufnahme einer Beschäftigung im Inland im Besitz eines gültigen Aufenthaltstitels zu sein (§ 39 Abs. 1 Satz 2 AufenthG). Sie gewähren jedoch meist unter erleichterten Voraussetzungen einen Rechtsanspruch auf Erteilung der Zustimmung der BA (Rn. 1). Dies gilt v.a. auch für **türkische Staatsangehörige** (vgl. Rn. 28 ff.).

46 Für die Erteilung von Arbeitserlaubnissen an ausländische Arbeitnehmer, die aufgrund einer zwischenstaatlichen Vereinbarung auf der Grundlage von Werkverträgen tätig werden, kann auf der Grundlage einer entsprechenden Rechtsverordnung vom Arbeitgeber eine **Arbeitserlaubnisgebühr** erhoben werden. Nach § 1 und § 4 der VO des Verwaltungsrates der BA vom 24.3.1993 (ANBA 1993, 757) i.d.F. der Ersten Änderungs-VO vom 14.3.1996 (ANBA 1996, 1097) haben ausländische Arbeitgeber in unterschiedlich festgelegter Höhe sowohl für die **Vermittlung** von ausländischen Arbeitnehmern als auch für die **Erteilung von Arbeitserlaubnissen** auf Grund zwischenstaatlicher Vereinbarungen Gebühren zu entrichten (vgl. Einl. F. Rn. 69).

47 Über die EU-Vereinbarungen hinaus sind Folgende bedeutsame zwischenstaatliche Vereinbarungen zu nennen:

– Iran: Verträge v. 17.2.1929 (RGBl. 1930 II S. 1002, 1006; BGBl. 1955 II S. 829; vgl. dazu BSG v. 10.10.1978 – 7/12 RAr 39/77).

– Polen: Vereinbarung über Vereinfachungen für die Beschäftigung entsandter Arbeitnehmer im Rahmen wirtschaftlicher Kooperation v. 30.10.1979 (BGBl. 1979 I S. 1164).

– Schweiz: Vertrag v. 13.11.1909 (RGBl. 1911 S. 887); Vereinbarung v. 19.12. 1953 (GMBl. 1959 S. 22).

– Ungarn: Vereinbarungen über Erleichterungen bei der Arbeitsaufnahme im Rahmen wirtschaftlicher Zusammenarbeit v. 24.9.1981 (BGBl. 1981 II S. 904).

– USA: Freundschafts-, Handels- und Schifffahrtsvertrag v. 29.10.1954 (BGBl. 1956 II S. 487, 763).

– Staatenlose: Übereinkommen v. 28.9.1954 über die Rechtsstellung von Staatenlosen, ratifiziert durch Gesetz v. 12.4.1976 (BGBl. 1976 II S. 474).

48 Praktisch bedeutsamer sind demgegenüber die verschiedenen **Regierungsabkommen mit MOE-Staaten** über die Beschäftigung ausländischer Arbeitnehmer im Rahmen von Werkverträgen sowie die sog. **Gastarbeiter-Vereinbarungen** zur Erweiterung der beruflichen und sprachlichen Kenntnisse ausländischer Arbeitnehmer (vgl. Einl. F. Rn. 79 ff.; Anhang 5). Die Gastarbeitnehmerabkommen gelten für Staatsangehörige der EU-Beitrittsstaaten hinsichtlich der Berechtigung zur Aufnahme einer Beschäftigung weiter.

IX. Saisonarbeitnehmer

49 Für **Saisonarbeitnehmer** können auf Grund der Runderlasse der BA vom 23.12.1997 und vom 16.2.1998 (AZ: 5400.1A/5010.71 etc.), die auf Weisungen des Bundesministeriums für Arbeit und Sozialordnung nach § 288 Abs. 2 SGB III

beruhen, **Arbeitserlaubnisse** erteilt werden (vgl. auch Einl. F Rn. 83 ff.). Die diesbezüglich von der BA getroffenen Vermittlungsabsprachen mit den EU-Beitrittsstaaten gelten fort. Ergänzend regelt § 18 BeschV unter welchen Voraussetzungen Saisonbeschäftigungen für ausländische Arbeitnehmer zulässig sind. **Zulassungsbeschränkungen** ergeben sich aus § 4 ASAV. Danach darf die Arbeitserlaubnis bei Vollzeitbeschäftigten (mit einer Arbeitszeit von mindestens 30 Stunden wöchentlich und mindestens durchschnittlich sechs Stunden täglich) jeweils nur bis zu insgesamt vier Monaten jährlich (§ 18 Satz 1 BeschV; Unterbrechungen sind möglich) erteilt werden, wenn entweder mit der Arbeitsverwaltung des Herkunftslandes (so z. B. mit Polen, Ungarn und Rumänien) Absprachen über das Verfahren der Auswahl und Vermittlung getroffen wurden oder der Arbeitnehmer mit Zustimmung oder im Auftrag der BA vermittelt worden ist. Die **Vermittlung** ist dabei auf das Gewerbe von Land- und Forstwirtschaft, im Hotel- und Gaststättengewerbe, in der Obst- und Gemüseverarbeitung sowie in Sägewerken beschränkt (§ 18 BeschV), wobei ein **Betrieb** ab 1.1.1998 grundsätzlich nur für **höchstens acht Monate** Saisonarbeiter beschäftigen darf (§ 18 Satz 2 BeschV; § 4 Abs. 1 Satz 2 ASAV). Eine Ausnahme gilt nach § 18 Satz 3 BeschV, § 4 Abs. 1 Satz 3 ASAV für Betriebe des Obst-, Gemüse-, Wein-, Hopfen- und Tabakanbaus, für die keine zeitliche Begrenzung vorgeschrieben wird. Private Arbeitsvermittler sind nicht befugt, Saisonarbeitnehmer zu vermitteln. Auch dürfen Saisonarbeitnehmer nicht als **Leiharbeitnehmer** beschäftigt oder überlassen werden (s. o. Rn. 35 ff.). Obwohl bei Saisonarbeitnehmern die Erteilung der Arbeitserlaubnis von einer Arbeitsmarktprüfung abhängig ist, werden jährlich ca. 100000 bis 200000 Arbeitserlaubnisse in diesem Bereich erteilt (Mayer, BB 1993, 1428), für neu einreisende landwirtschaftliche Saisonarbeitnehmer allein 144300 im Jahre 1995.

X. Anwerbestoppausnahme-Verordnung (ASAV)

Seit dem **Anwerbestoppbeschluss** der Bundesregierung vom 23.11.1973 findet **50** seitens der BA keine **Anwerbung** von Arbeitnehmern im Ausland mehr statt. Mit der Verordnung über **Ausnahmeregelungen** für die Erteilung einer Arbeitserlaubnis an neu einreisende ausländische Arbeitnehmer (**Anwerbestoppausnahme-Verordnung – ASAV** vom 17.9.1998, BGBl. I S. 2893) sind auf der Grundlage von § 288 Abs. 1 Nr. 3 SGB III Möglichkeiten eröffnet worden, Ausländern mit gewöhnlichem Wohnsitz oder Aufenthalt im Ausland eine Arbeitserlaubnis nach § 285 Abs. 1 SGB III zu erteilen. Im Zusammenhang mit Fremdfirmenarbeit sind hier v. a. § 2 ASAV (Ausbildung und Weiterbildung), § 3 ASAVO (Werkverträge) und § 7 ASAV (zwischenstaatliche Vereinbarungen) zu nennen (Anhang 4). Im Einzelfall kann die BA daneben nach § 302 Abs. 2 SGB III die **Zustimmung zur Anwerbung** erteilen. Die ASAV hat heute nur noch für Arbeitnehmer aus den EU-Beitrittsstaaten Bedeutung (Rn. 6).

Nach § 2 Abs. 2 Nr. 2 ASAV kann für die dort genannten **Einarbeitungs- und** **51** **Ausbildungszwecke**, die nach § 2 Abs. 3 Nr. 1 ASAV auch eine Fortbildung und Umschulung (allerdings nach § 2 Abs. 1 Nr. 4 2. Halbsatz ASAV i. d. R. keine Erstausbildung) umfassen, eine je nach Vorliegen der unterschiedlichen Voraussetzungen befristete Arbeitserlaubnis von einem Jahr bis zu 18 Monaten erteilt werden. Daneben kann nach § 2 Abs. 3 Nr. 2 ASAV Ausländern bis zu 18 Monaten eine Arbeitserlaubnis erteilt werden, wenn sie im Rahmen **bestehender** **Geschäftsbeziehungen** (insbes. bei sog. joint-ventures) mit einem deutschen

Geschäftspartner vorübergehend in dessen Geschäftspraxis oder Arbeitsweise eingeführt werden sollen. Diese Voraussetzung ist nicht erfüllt, wenn deutsche Unternehmen in Osteuropa lediglich Scheinfirmen gründen, um die dort eingestellten Arbeitskräfte unter dem Deckmantel von Einarbeitungs-, Fort- oder Ausbildungszwecken im Inland arbeiten zu lassen (vgl. hierzu 9. Erfahrungsbericht der BuReg, S. 44).

52 Die Voraussetzungen des § 2 ASAV sind nur erfüllt, wenn die **Qualifizierungszwecke** gegenüber den sonstigen Tätigkeiten des Arbeitnehmers im Betrieb deutlich überwiegen. Wird demgegenüber der Arbeitnehmer in den Betrieb eingegliedert und erhält der Arbeitnehmer eine – wenn auch gegenüber den sonstigen Beschäftigten geringere – **Vergütung** für seine Tätigkeit, kann die Arbeitserlaubnis nicht auf Grund der ASAV erteilt werden. Wird der Arbeitnehmer in diesen Fällen von einem ausländischen Arbeitgeber entsandt, liegt je nach Sachverhaltskonstellation entweder illegale ANÜ (z.B. wenn der Verleiher die Vergütung zahlt) oder auch illegale Arbeitsvermittlung (so, wenn der Einsatzbetrieb im Inland die Vergütung bezahlt) vor. Die **Abgrenzung** zwischen den von § 2 ASAV erfassten Formen der Aus- und Weiterbildung von normalen Arbeitstätigkeiten ist im Einzelfall schwierig. In der Praxis wird man darauf abstellen müssen, ob die Tätigkeit des ausländischen Arbeitnehmers auch im Rahmen bestehender betrieblicher, tariflicher oder gesetzlicher Regelungen als Aus- und Weiterbildungsmaßnahme zu qualifizieren ist oder ob nach dem Tätigkeitsprofil und den **tatsächlichen ausgeübten Tätigkeiten** Arbeiten infrage stehen, die nach bestehenden Vergütungsregelungen (insbesondere durch Tarifvertrag) normalerweise arbeitsentgeltpflichtig sind.

53 Soweit auf Grund **zwischenstaatlicher Vereinbarung** ausländische Arbeitnehmer zur Erfüllung von **Werkverträgen** beschäftigt werden sollen (vgl. Einl. F. Rn. 66), kann nach § 3 ASAV die Arbeitserlaubnis/EU bzw. der Aufenthaltstitel grundsätzlich nur bis zur Vollendung des Werkes und in der Regel höchstens für zwei Jahre erteilt werden. (§ 39 Abs. 1 BeschV; zu Werkverträgen im Rahmen der EU-Dienstleistungsfreiheit vgl. Einl. F Rn. 66 ff).

54 Über die vorgenannten Ausnahmefälle hinaus können nach § 7 ASAV weitere Ausnahmen erteilt werden, soweit dies in **zwischenstaatlichen Vereinbarungen** vorgesehen ist.

H. Personal-Service-Agenturen (§ 37c SGB III)

§ 37c SGB III
Personal-Service-Agentur

(1) Jede Agentur für Arbeit hat die Einrichtung mindestens einer Personal-Service-Agentur sicherzustellen. Aufgabe der Personal-Service-Agentur ist insbesondere, eine Arbeitnehmerüberlassung zur Vermittlung von Arbeitslosen in Arbeit durchzuführen sowie ihre Beschäftigten in verleihfreien Zeiten zu qualifizieren und weiterzubilden.
(2) Zur Einrichtung von Personal-Service-Agenturen schließt die Agentur für Arbeit namens der Bundesagentur mit erlaubt tätigen Verleihern Verträge. Für die Verträge mit den Personal-Service-Agenturen gilt das Vergaberecht. Kommen auf diese Weise Verträge nicht zu Stande, ist das ursprüngliche Vergabeverfahren aufzuheben und ein neues Vergabeverfahren über denselben Leistungsgegenstand durchzuführen. Die Agentur für Arbeit kann für die Tätigkeit der Personal-Service-Agenturen ein Honorar vereinbaren. Eine Pauschalierung ist zulässig. Werden Arbeitnehmer von der Personal-Service-Agentur an einen früheren Arbeitgeber, bei dem sie während der letzten vier Jahre mehr als drei Monate versicherungspflichtig beschäftigt waren, überlassen, ist das Honorar entsprechend zu kürzen.
(3) Sind Verträge nach Absatz 2 nicht zu Stande gekommen, kann sich die Agentur für Arbeit namens der Bundesagentur an Verleihunternehmen beteiligen. Kreditaufnahmen von Mehrheitsbeteiligungen sind nur in Form von Gesellschafterdarlehen der Bundesagentur zulässig. Der Bundesrechnungshof prüft die Haushalts- und Wirtschaftsführung der Personal-Service-Agenturen, an denen die Agenturen für Arbeit namens der Bundesagentur mehrheitlich beteiligt sind. Die nach § 370 erforderliche Zustimmung ist entbehrlich. Absatz 2 Satz 6 gilt entsprechend.
(4) Kommt auch eine Beteiligung nach Absatz 3 nicht zu Stande, kann die Agentur für Arbeit namens der Bundesagentur eigene Personal-Service-Agenturen gründen. Absatz 3 Satz 2, 3 und 4 gilt entsprechend.
(5) In den Fällen des Absatzes 3 oder 4 hat die Agentur für Arbeit mindestens einmal jährlich zu prüfen, ob zu einem späteren Zeitpunkt Verträge nach Absatz 2 geschlossen werden können.

Inhaltsübersicht

Literaturhinweise

Böhm, Gesetzgebung korrigiert Rechtsprechung zur Provision für Arbeitsvermittlung nach Arbeitnehmerüberlassung, DB 2004, 1150; *Dahl*, Die Arbeitsvermittlungsprovision nach vorangegangener Arbeitnehmerüberlassung, DB 2002, 1374; *Hümmerich/Holthausen/Welslau*, NZA 2003, 7; *Lembke*, BB 2003, 98; *Reipen*, Vermittlungsorientierte Arbeitnehmerüberlassung durch die Personal-Service-Agentur (PSA), BB 2003, 787; *Rixen*, Personal-Service-Agenturen im Schnittfeld von Sozial-, Haushalts- und Vergaberecht – Strukturen des Arbeitsvermittlungsrechts der §§ 37c, 434 V SGB III, BB 2001, 1681; *Ulber,* Personal-Service-Agenturen und Neuregelung der Arbeitnehmerüberlassung, AuR 2003,7; *Wank*, NZA 2003, 14.

I. Entstehungszusammenhang und Gesetzeszweck

1 Die Vorschrift, nach der flächendeckend in jeder Agentur für Arbeit mindestens eine **Personal-Service-Agentur (PSA)** gegründet werden muss, wurde im Zuge der Hartz-Reformen durch Art. 1 Nr. 6 des Ersten Gesetzes für moderne Dienstleistungen am Arbeitsmarkt (v. 23.12.2002, BGBl. I S. 4607) in das SGB III eingefügt. Das Gesetz ist am 1.1.2003 in Kraft getreten. Es beschränkt sich auf einige grundsätzliche Regelungen im Zusammenhang mit der Errichtung der PSA und der Zusammenarbeit mit den Agenturen für Arbeit. Lediglich § 434g Abs. 5 SGB III enthält hinsichtlich der dem Arbeitnehmer zu gewährenden Mindestarbeitsbedingungen einschließlich des Entgelts eine bis zum 31.12.2003 befristete Sonderregelung. § 37c SGB III wurde im Zuge der Umstrukturierung der früheren Bundesanstalt für Arbeit zur Bundesagentur für Arbeit mit Wirkung vom 1.1.2004 redaktionell an die neuen Begrifflichkeiten angepasst.

2 **Ziel** des Gesetzes ist über eine **vermittlungsorientierte Arbeitnehmerüberlassung** zum Abbau der Arbeitslosigkeit beizutragen (vgl. Gesetzentwurf der Fraktionen von SPD und Bündnis90/Die Grünen v. 5.11.2002, BT-Ds. 15/25). Diese

Form der ANÜ unterliegt neben den Bestimmungen des AÜG auch den vermittlungsrechtlichen Bestimmungen des SGB III (vgl. Einl. D Rn. 24) und stellt (im Hinblick auf die Vermittlung der BA an einen Vermittler) eine Ausnahme zur grundsätzlich unzulässigen Kettenvermittlung dar (vgl. Einl. D Rn. 4). Der Zweck der Vorschrift liegt damit nicht in der Begründung eines dauerhaften Leiharbeitsverhältnisses bei einem Verleiher, sondern in der vorübergehenden Beschäftigung als Leiharbeitnehmer zum Zwecke der Begründung eines dauerhaften **sozialversicherungspflichtigen Normalarbeitsverhältnisses** bei einem Dritten. § 37c erweitert in seinem Anwendungsbereich die Formen zulässiger Arbeitnehmerüberlassung (vgl. aber Rn. 44). Die Vorschrift beseitigt insbesondere den Eintritt der Vermutungswirkungen des § 1 Abs. 2 AÜG. Auch bei beabsichtigter Arbeitsvermittlung wird im Rahmen der Tätigkeit einer PSA grundsätzlich kein Leiharbeitsverhältnis wegen Nichtübernahme der Arbeitgeberpflichten oder des Arbeitgeberrisikos begründet (vgl. § 1 AÜG, Rn. 194 ff.; *Leisten*, BB 2003, 790).

Die Schaffung der PSA bildet das Kernstück der Hartz-Reformen und soll einen **3** wesentlichen Beitrag zur Reintegration von Arbeitslosen in das Erwerbsleben leisten (vgl. *Ulber*, AuR 2003, 7). Die Zielgröße lag bei 50 000 – 75 000 Vermittlungen pro Jahr (*McKinsey*, PSA, 29). Dieses Ziel konnte das Gesetz erwartungsgemäß nicht erreichen. Dies betrifft insbesondere die Zielsetzung Arbeitslosen über eine vermittlungsorientierte Arbeitnehmerüberlassung eine Anschlussbeschäftigung bei einem Entleiher zu verschaffen. Von den bis Oktober 2004 beendeten 9005 PSA-Leiharbeitsverhältnissen konnten lediglich 11 % in eine sozialversicherungspflichtige Beschäftigung bei einem Entleiher vermittelt werden (IAB-Kurzbericht 2/2004 v. 15. 1. 2004, 3). Hierbei bleibt offen, ob es sich bei diesem Arbeitsverhältnis um ein unbefristetes Arbeitsverhältnis handelt oder ob das Arbeitsverhältnis infolge Kündigung oder aus sonstigen Gründen nur von kurzer Dauer war (Einl. E Rn. 16).

II. Aufgaben der PSA (Abs. 1 Satz 2)

Nach Abs. 1 Satz 2 ist es insbesondere Aufgabe der PSA, Arbeitslose vorrangig **4** durch Arbeitnehmerüberlassung zu vermitteln. Die Überlassung durch die PSA stellt dabei nur das Mittel dar. Vorrangiges Ziel ist die **Vermittlung in ein Normalarbeitsverhältnis bei einem Dritten** (§ 4 Abs. 2 SGB III). Dies schließt nicht nur die Vermittlung an einen anderen Verleiher (Rn. 2), sondern auch die Gründung einer PSA allein zum Zwecke der Arbeitnehmerüberlassung aus.

Durch das Wort »insbesondere« wird klargestellt, dass sich die Tätigkeit einer **5** PSA im Einzelfall auch auf die reine Vermittlung von Arbeitslosen konzentrieren kann. Gem. Abs. 2 Satz 1 sollen aber dementsprechende Vermittlungstätigkeiten erlaubt tätigen Verleihern vorbehalten bleiben. Alleinentscheidend ist im Übrigen, dass der Arbeitslose über die Beschäftigung in der PSA eine dauerhafte Beschäftigungsmöglichkeit erlangen kann.

Gegenüber der Vermittlung haben Aufgaben der **Qualifizierung und Weiter-** **6** **bildung** eine nachrangige Funktion, zumal eine qualifizierte Weiterbildungsmaßnahme schon auf Grund der kurzen Verweildauer in der PSA ausscheidet. Verleihfreie Zeiten sind allerdings für diese Zwecke zu nutzen (Abs. 1 Satz 2). Weist ein Verleiher nicht die entsprechenden personellen und organisatorischen Voraussetzungen auf, ist er beim Vergabeverfahren (Rn. 12) auszuschließen.

III. Gründung der PSA (Abs. 1 Satz 1, Abs. 2)

1. Verpflichtung zur Gründung von PSA

7 **Abs. 1 Satz 1** enthält einen Gesetzesauftrag, nach dem jede Agentur für Arbeit **verpflichtet** ist, in ihrem Wirkungsbereich mindestens eine PSA zu errichten. Die Verpflichtung besteht auch, wenn die Agentur bereits in der Vergangenheit Verträge zur vermittlungsorientierten gemeinnützigen Arbeitnehmerüberlassung abgeschlossen hatte. Diese Verträge bleiben von der gesetzlichen Neuregelung in § 37c SGB III unberührt. Die Zahl der PSA ist dabei nicht nach oben begrenzt, jedoch sind durch die begrenzte Aufnahmefähigkeit des regionalen Arbeitsmarktes sowie die Zahl der in Frage kommenden Arbeitslosen natürliche Grenzen gesetzt. Die Errichtung der PSA kann auch bezirksübergreifend erfolgen (vgl. BT-Ds. 15/25 S. 27). Die Agenturen für Arbeit sind ihrer Verpflichtung zur Errichtung von PSA mittlerweile durchgängig nachgekommen, so dass heute ein flächendeckendes Netz von PSA besteht.

2. Errichtung der PSA durch Verleiher (Abs. 2)

8 Nach **Abs. 2 Satz 1** haben die Agenturen für Arbeit vorrangig erlaubt tätige **Verleiher** mit der Gründung der PSA zu beauftragen. Zur Beauftragung eines Verleihers ist bei erfolglosem ersten ein zweites Vergabeverfahren durchzuführen (Abs. 2 Satz 3). Erst bei erfolgloser Durchführung dieses Verfahrens ist eine Beteiligung der Arbeitsverwaltung an einem PSA-Verleihunternehmen (Abs. 3) bzw. die Gründung der PSA durch die Bundesagentur selbst (Abs. 4) zulässig.

9 Auf die **Rechtsform** des Verleihers, der eine PSA gründen will, kommt es nicht an. Auch ist es unerheblich, ob die Arbeitnehmerüberlassung den Hauptzweck des Verleihunternehmens bildet, oder ob es sich um ein **Mischunternehmen** handelt. Mischunternehmen dürften jedoch in der Regel nicht die Voraussetzungen zur ordnungsgemäßen Erledigung der Vermittlungsaufgaben einer PSA erfüllen.

10 Ein Verleiher ist nicht nur dann i.S.d. Vorschrift **erlaubt tätig**, wenn er sich im Besitz der Erlaubnis nach § 1 Abs. 1 Satz 1 AÜG befindet. Vielmehr können grundsätzlich alle Unternehmen, die im Rahmen der Bestimmungen des AÜG Arbeitnehmerüberlassung betreiben, mit der Gründung einer PSA beauftragt werden. Auch Unternehmen, die gemeinnützige oder sonstige Formen **nicht gewerbsmäßiger Arbeitnehmerüberlassung** betreiben, kommen daher als Träger einer PSA in Betracht. Ausgeschlossen sind allerdings Unternehmen, die nur zur Vermeidung von Kurzarbeit oder Entlassungen Arbeitnehmerüberlassung betreiben (vgl. §§ 1 Abs. 3 Nr. 1, 1a AÜG). Auch die Konzernleihe (§ 1 Abs. 3 Nr. 2 AÜG) oder **Konzerne**, die mit Erlaubnis Arbeitnehmerüberlassung nur zwischen konzernangehörigen Unternehmen oder Betrieben betreiben, sind vom Anwendungsbereich der Vorschrift ausgeschlossen. Der Zweck der subventionierten PSA liegt in der Vermittlung eines Arbeitsverhältnisses zu einem Dritten, nicht jedoch darin, rechtlich und/oder wirtschaftlich verflochtenen Unternehmen eine subventionierte zusätzliche Zeit der Erprobung von Arbeitnehmern bei Einstellungen zu ermöglichen. Auch **Beschäftigungsgesellschaften**, die neben der Durchführung von Transfermaßnahmen nach § 216b SGB III häufig mit Erlaubnis ANÜ betreiben, scheiden als Träger einer PSA grundsätzlich aus, da die in ihr beschäftigten Arbeitnehmer nicht arbeitslos sind (Rn. 27 ff.).

Da die vermittlungsorientierte ANÜ einer PSA sowohl als (vorgeschaltete) ANÜ **10a** als auch als Arbeitsvermittlung zu qualifizieren ist (Rn. 59), muss sich die PSA (soweit erforderlich) sowohl im Besitz einer Erlaubnis zur ANÜ befinden als auch eine **allgemeine Gewerbeerlaubnis** zur **Arbeitsvermittlung** haben (*Schüren/Hamann*, § 1 Rn. 354; *Thüsing/Waas*, § 1 Rn. 107).

Da die Verträge mit tätigen Verleihern abgeschlossen werden, muss das Verleih- **11** unternehmen bereits vor Gründung der PSA bestehen und in tatsächlicher Hinsicht Arbeitnehmer verliehen haben. Nicht erforderlich ist, dass die PSA in einem rechtlich selbstständigen Unternehmen betrieben wird. Erforderlich ist nur, dass die Arbeitnehmerüberlassung in der PSA organisatorisch und hinsichtlich des Mitarbeiterstamms getrennt von den sonstigen Betriebszwecken durchgeführt wird. Insoweit reicht die Bildung einer **betriebsorganisatorisch eigenständigen Einheit** (z.B. selbständige Abteilung, unselbständige Zweigniederlassung) aus, wenn die Betriebsorganisation dieser Einheit i.S.d. § 3 Abs. 1 Nr. 2 AÜG eine selbständige und ordnungsgemäße Erfüllung der Aufgaben der PSA getrennt von den sonstigen gewerblichen Tätigkeiten des Verleihers gewährleistet (*Ulber*, AuR 2003, 13).

3. Auswahl und Beauftragung der Verleiher durch die BA

Zur Errichtung und zum Betrieb der PSA schließen die Agenturen für Arbeit im **12** Auftrag der BA Verträge mit den Verleihern ab. Für die Verträge gilt das **Vergaberecht** (Abs. 2 Satz 2). Hierzu zählen insbesondere das GWB, die Vergabeverordnung (VgV) und die Verdingungsordnung für Leistungen Teil 1 (VOL/A). Da der Auftragswert bzgl. der Verträge mit der PSA regelmäßig unter 200 000 € liegt, kann die Vergabe in einem nationalen Verfahren erfolgen und bedarf keiner EU-weiten Ausschreibung. Da nur Verleiher, die den besonderen Aufgaben der PSA gerecht werden, als Träger in Betracht kommen, erfolgt die Vergabe in der Praxis aus Zweckmäßigkeitserwägungen (vgl. § 3 Nr. 1 Abs. 4 VOL/A) im Wege der freihändigen Vergabe mit vorgeschaltetem Teilnahmewettbewerb. Durch den im Bundesausschreibungsblatt bekannt gemachten **Teilnahmewettbewerb** wird sichergestellt, dass den Anforderungen einer PSA anhand der Teilnahmebedingungen Rechnung getragen wird und nur solche Bieter bei der Vergabe berücksichtigt werden, die die erforderliche Geeignetheit und Zuverlässigkeit (Rn. 14) besitzen (§ 7 Nr. 4 VOL/A). Im Rahmen der anschließenden **freihändigen Vergabe** (§ 3 Nr. 4h VOL/A) werden die Bieter aufgefordert, ihrerseits Angebote zu machen, die ihre Leistungen im Rahmen der PSA beschreiben.

Die Angebote erfolgen auf der Grundlage der **Verdingungsunterlagen**, die den **13** Bietern von den Agenturen für Arbeit zugesandt werden. Bezogen auf die PSA werden darin spezifische Bedingungen aufgestellt, die von den Bietern zu erfüllen sind. Neben den in § 3 Abs. 1 Nr. 1 AÜG genannten Voraussetzungen hat der Bieter sich insbesondere zu verpflichten, ausschließlich Arbeitslose zu beschäftigen, die ihm von der Agentur für Arbeit vorgeschlagen wurden, die Arbeitsverträge entsprechend den Integrationszwecken des PSA-Leiharbeitsverhältnisses (Rn. 33 ff.) zu gestalten, und **ein wirtschaftliches und organisatorisches Konzept** zur Akquisition von Aufträgen geeigneter Entleiher einschließlich einer Einschätzung der erwarteten Vermittlungsquote vorzulegen.

Die Bieter haben im Rahmen des freihändigen Vergabeverfahrens weder einen **14** Anspruch auf Berücksichtigung bei der Vergabe noch einen subjektiven Bieterschutz. Bei der Auswahlentscheidung ist zunächst zu prüfen, ob die Bieter die für den Betrieb einer PSA erforderliche **Geeignetheit und Zuverlässigkeit** besitzen (§ 7 Nr. 4 VOL/A). Dies richtet sich in erster Linie danach, ob der Verleiher das Gewerbe der Arbeitnehmerüberlassung in der Vergangenheit ordnungsgemäß betrieben hat. Daneben muss die Form der bisherigen Ausübung die Prognose rechtfertigen, dass er die Arbeitnehmerüberlassung vermittlungsorientiert ausüben und Qualifizierungs- und Weiterbildungsmaßnahmen in verleihfreien Zeiten durchführen kann (*Ulber*, AuR 2003, 13). Hierbei sind u.a. die vereinbarten **Qualitätsstandards** für Arbeitsvermittlung (Einl. D Rn. 2a) zu Grunde zu legen.

15 I.Ü. erfolgt die **Auswahlentscheidung** durch die Agenturen für Arbeit nach Wirtschaftlichkeitskriterien. Nach § 26 Nr. 3 VOL/A erhält grundsätzlich das wirtschaftlichste Angebot den Zuschlag. Darauf bezogen werden die Angebote der Bieter meist mit einem äußerst niedrigen Grundbetrag abgegeben, der (wie sich an der Insolvenz von dem PSA-Betreiber Maatwerk zeigt; FR v. 18.2.2004) nur in unzureichendem Maß einen ordnungsgemäßen Betrieb der PSA ermöglicht. Das wirtschaftlichste Angebot muss nicht das billigste Angebot sein, sondern je nach Umfang der Vermittlungsleistungen und des Steigerungsgrads der Vermittlungsfähigkeit der zugewiesenen Arbeitslosen kann auch ein im Vergleich zu anderen Bietern höherer Preis der wirtschaftlichste sein.

16 Hat die Agentur für Arbeit die Auswahlentscheidung getroffen, beauftragt sie im Namen der Bundesagentur für Arbeit das PSA-Unternehmen im Wege des **Vertrages** (Abs. 2 Satz 1).

4. Errichtung der PSA bei Erfolglosigkeit des Vergabeverfahrens (Abs. 3 und 4)

17 Erweist sich das Vergabeverfahren als erfolglos, ist es aufzuheben und ein **zweites Vergabeverfahren** durchzuführen (Abs. 2 Satz 3). Auch dieses Verfahren richtet sich nach den zu 3. (Rn. 12 ff.) dargestellten Regeln. Führt auch das zweite Vergabeverfahren nicht zum Abschluss eines Vertrages mit einer PSA, ist gem. Abs. 3 zunächst zu prüfen, ob eine PSA durch **Beteiligung der Bundesagentur** an einem bestehenden Verleihunternehmen errichtet werden kann (Abs. 3 Satz 1). Trotz des Wortlauts der Vorschrift als Kann-Bestimmung sind die Agenturen verpflichtet, in dieser Richtung aktiv zu werden, da sie sonst dem in Abs. 1 Satz 1 enthaltenen Gesetzesauftrag (Rn. 7) nicht nachkommen können. Die Form und der Umfang der Beteiligung sind im Gesetz nicht vorgeschrieben. Abs. 3 Satz 2 schreibt nur vor, dass bei Mehrheitsbeteiligungen Kreditaufnahmen nur in Form von Gesellschafterdarlehen erfolgen dürfen. I. Ü. hat sich die Beteiligung an den Prinzipien der Wirtschaftlichkeit (§ 7 BHO) und den Kriterien des § 65 Abs. 1 BHO zu orientieren. Danach muss die Beteiligung u.a. einen angemessenen Einfluss der Agenturen auf die PSA sicherstellen und eine Haftungsbeschränkung vorsehen. Aus der **Haftungsbeschränkung** folgt mittelbar, dass Beteiligungen nach Abs. 3 nur an Verleihunternehmen, die juristische Personen des Privatrechts sind, erfolgen dürfen. Kommt es zu einer Beteiligung, erfolgt die Gründung der PSA durch Vertrag zwischen dem Verleihunternehmen und der Agentur für Arbeit namens der Bundesagentur. Eine Zustimmung des Bundesarbeits- und Finanzministeriums nach § 373 SGB III ist dabei entbehrlich (Abs. 3 Satz 4).

18 Kommt auch eine PSA mit Beteiligung der Bundesagentur nach Abs. 3 nicht zu Stande, müssen die Agenturen namens der Bundesagenturen eine **eigene PSA**

gründen **(Abs. 4 Satz 1)**. Eine Rechtsform ist hierbei nicht vorgesehen, jedoch ergibt sich aus dem Grundsatz der Haftungsbeschränkung (Rn. 17), dass die PSA nur in Form einer juristischen Person betrieben werden darf. Gründe für einen Ausschluss der öffentlich-rechtlichen Rechtsform sind nicht ersichtlich (a.A. *Schüren/Reipen*, § 37c Rn. 44).

Wird eine PSA mit mehrheitlicher Beteiligung der BA nach Abs. 3 und 4 gegrün-　**19** det, prüft der Bundesrechnungshof deren **Haushalts- und Wirtschaftsführung** (Abs. 3 Satz 3). Bei Minderheitsbeteiligung erfolgt eine Prüfung im Rahmen von §§ 111, 93 BHO.

(Abs. 5) Soweit eine Beteiligung der BA nach Abs. 3 oder die Gründung einer　**20** eigenen PSA nach Abs. 4 erforderlich wird, ist mindestens einmal jährlich zu **prüfen**, ob zu einem späteren Zeitpunkt ein Vertrag nach Abs. 2 mit einem Verleiher abgeschlossen werden kann. Ist dies der Fall, muss bei Abschluss eines entsprechenden Vertrages gewährleistet sein, dass die Arbeitsverträge mit der PSA, die bislang mit Beteiligung der Bundesagentur betrieben wurde, wie vereinbart durchgeführt werden. Andernfalls muss die bisherige PSA ihren Geschäftsbetrieb aufrecht erhalten, bis alle Arbeitsverträge abgewickelt sind.

IV. Finanzierungsgrundlagen und staatliche Förderung der PSA (Abs. 2 Satz 4 bis 6)

Als betriebsorganisatorisch eigenständige Einheiten bestehender Verleiher ha-　**21** ben die PSA die Kosten ihres Betriebes grundsätzlich aus den erwirtschafteten Erträgen zu finanzieren. Dies folgt schon daraus, dass die PSA nicht über Subventionen Wettbewerbsvorteile gegenüber den sonstigen Verleihunternehmen erlangen darf. Lediglich hinsichtlich der spezifischen Aufgabenstellungen einer PSA (Rn. 4ff.) kann daher eine **ergänzende staatliche Förderung** in Betracht kommen (§ 65 Abs. 1 Nr. 1 BHO). In diesem Rahmen kann die Bundesanstalt nach Abs. 2 Satz 4 Leistungen an eine PSA als **Ermessensleistungen der aktiven Arbeitsförderung** (§ 3 Abs. 4 und 5 SGB III) erbringen.

Abs. 2 Satz 4 sieht vor, dass für die Erfüllung der Aufgaben einer PSA ein **Hono-**　**22** **rar** vereinbart werden kann. Das Honorar kann dabei sowohl als Betriebskostenzuschuss als auch einzelbezogen vereinbart werden. Die Agenturen vereinbaren jedoch regelmäßig ein mit zunehmender Beschäftigung in der PSA abnehmendes **einzelfallbezogenes Honorar**. Dieses wird in pauschalierter Form (Abs. 2 Satz 5) als degressiv ausgestaltete monatliche Fallpauschale bzw. Vermittlungsprämie gezahlt.

Mit der aufgabenorientierten **monatlichen Fallpauschale**, die eine Lohnsubven-　**23** tion darstellt, sind alle Aufwendungen der PSA im Zusammenhang mit der Beschäftigung abgegolten. Zusätzliche Leistungen der aktiven Arbeitsmarktförderung (z.B. Eingliederungszuschüsse) oder Zuschüsse für notwendige Qualifizierungsmaßnahmen werden nicht erbracht. Auch deckt die Fallpauschale das Risiko beschäftigungsfreier Zeiten (§ 11 Abs. 4 Satz 2 AÜG) in vollem Umfang ab.

Die **erfolgsorientierte Vermittlungsprämie**, die von 200% des Grundbetrages　**24** bei Vermittlung in den ersten drei Monaten auf 100% nach dem 6. Monat fällt, soll demgegenüber einen Anreiz darstellen, den PSA-Beschäftigten ein gesichertes Normalarbeitsverhältnis bei einem Entleiher oder einem sonstigen Dritten zu verschaffen. Rechtsgrundlage der Prämie ist § 37a Abs. 4 SGB III. Die Zahlung der Vermittlungsprämie auf der Grundlage von Abs. 2 Satz 4 schließt die Zahlung einer zusätzlichen Vermittlungsprämie nach § 296 Abs. 2, § 421g Abs. 1

Satz 1 SGB III und § 9 Nr. 3 Halbs. 2 AÜG aus (§ 421g Abs. 3 Nr. 1 SGB III; § 9 Rn. 351). Auch setzt die Zahlung der Vermittlungsprämie voraus, dass die erfolgreiche Vermittlung auf entsprechende Vermittlungsaktivitäten der PSA zurückzuführen ist. Kann der Arbeitnehmer etwa auf Grund eigener Bemühungen bei einem Dritten ein Arbeitsverhältnis begründen oder geht das Arbeitsverhältnis ausschließlich auf Vermittlungsbemühungen der Arbeitsverwaltung zurück, scheidet die Zahlung einer Vermittlungsprämie aus.

25 Die Zahlung der Prämie unterliegt bei der vermittlungsorientierten Arbeitnehmerüberlassung keinen rechtlichen Bedenken (§ 9 Nr. 3 AÜG; kritisch: *Buchner*, DB 2003, 1510). Rechtsgrundlage des Vermittlungshonorars ist entsprechend der Aufgabenstellung der PSA Abs. 2 Satz 4, der gegenüber § 37a SGB III lex specialis ist. Daher verstößt die Zahlung der Vermittlungsprämie auch in den Fällen der Beteiligung der Bundesagentur an der PSA nach Abs. 3 nicht gegen das Gebot unentgeltlicher Arbeitsvermittlung nach § 43 Abs. 1 SGB III (a. A. *Urban-Crell/Schulz*, AÜG, Rn. 1220). Daraus folgt aber auch, dass die PSA nicht zusätzlich zur Vermittlungsprämie eine weitere Vermittlungsgebühr von einem Entleiher auf der Grundlage von § 9 Nr. 3 AÜG beanspruchen kann. Gegenüber sonstigen privat tätigen Arbeitsvermittlern würde dies auf eine unzulässige Subventionierung der PSA hinauslaufen (vgl. *Böhm*, DB 2004, 1150). Erhält die PSA von einem Entleiher oder einem sonstigen Dritten eine Vermittlungsprämie, darf insoweit kein zusätzliches Honorar seitens der Bundesagentur gezahlt werden (Rn. 58). Dies folgt schon daraus, dass die finanziellen Zuwendungen an die PSA immer nur als ergänzende staatliche Förderung (Rn. 18) erbracht werden dürfen.

26 (Abs. 2 Satz 6) Die Zahlung der monatlichen Fallpauschale ist **ausgeschlossen**, wenn der Arbeitnehmer von der PSA an einen Entleiher überlassen wird, bei dem der Arbeitnehmer während der letzten vier Jahre mehr als vier Monate beschäftigt war. Unberührt hiervon bleibt in diesem Fall die Zahlung einer Vermittlungsprämie, was textlich dadurch klargestellt wird, dass das Honorar nur zu **kürzen** ist.

V. Kreis der geförderten Arbeitnehmer

27 Die Funktion der PSA beschränkt sich nach Abs. 1 Satz 2 darauf, **Arbeitslose** (§ 118 SGB III) in ein reguläres Beschäftigungsverhältnis zu vermitteln. Als Zielgruppe einer PSA kommen daher nur Arbeitnehmer in Betracht, die vorübergehend beschäftigungslos sind und eine **versicherungspflichtige,** mindestens 15 Stunden wöchentlich umfassende **Beschäftigung** suchen. Weitere Einschränkungen sind nach dem Gesetz nicht vorgesehen. Insbesondere hat die im Rahmen der Diskussion über die Vorschläge der Hartz-Kommission ursprünglich vorgesehene Beschränkung auf schwervermittelbare Arbeitnehmer keinen Eingang in das Gesetz gefunden. Auch eine Beschränkung auf Arbeitslose, die einen Anspruch auf Lohnersatzleistungen haben, ist mit dem Gesetz nicht vereinbar (a. A. Reipen, BB 2003 788).

28 Einschränkungen bei der Zielgruppe ergeben sich aus den spezifischen Aufgaben einer staatlich geförderten PSA. Aus Sicht der Beitragszahler und aus Gemeinwohlerwägungen ist die spezifische Förderung nur gerechtfertigt, wenn die Chance besteht, dass der Arbeitslose durch das PSA-Arbeitsverhältnis wieder eine dauerhafte Existenzsicherung erlangt und damit die Gemeinschaft der Beitragszahler langfristig entlastet. Dies ist nicht nur der Fall, wenn der Arbeitslose einen Anspruch auf Arbeitslosengeld hat (a. A. *Schüren/Reipen*, § 37c SBG III

Rn. 60). Vielmehr rechtfertigt sich eine besondere staatliche Förderung gerade für solche Arbeitnehmer, die besondere **Vermittlungshemmnisse** aufweisen und daher ungleich schwerer in der Lage sind, aus eigener Kraft ein Beschäftigungsverhältnis zu erlangen. Soweit nicht auf die Berechtigung zum Bezug von Arbeitslosengeld abgestellt wird, sind daher auch im Rahmen des § 37c SGB III die Kriterien, die allgemein bei Eingliederungszuschüssen den Kreis **förderungsbedürftiger Arbeitnehmer** bestimmen (§§ 217, 218 Abs. 1 SGB III), heranzuziehen (*Schüren/Reipen*, § 37c SGB III, Rn. 60). Vorrangig sind daher schwervermittelbare Arbeitnehmer in einer PSA zu beschäftigen.

Soweit es sich um arbeitslos gemeldete Arbeitnehmer handelt, sind die Agenturen nach § 37a Abs. 1 Satz 2 SGB III berechtigt, jeden **vermittelbaren Arbeitslosen** einer PSA zuzuweisen (zur Grundrechtsbindung der BA vgl. *Ulber*, AuR 2003, 14). Einschränkungen hinsichtlich des **Zuweisungsrechts** ergeben sich jedoch aus Gründen der Grundrechtsbindung (vgl. Einl. D Rn. 17; *Ulber*, AuR 2003, 14) und der Wirtschaftlichkeit der Mittelverwendung, dem Grad der Förderbedürftigkeit des Arbeitslosen sowie den Grenzen der Leistungsfähigkeit einer PSA (z.B. nur Möglichkeit zu Kurzzeitqualifizierungen in verleihfreien Zeiten). Ist z.B. absehbar, dass ohne weitere Maßnahmen der Arbeitsförderung (z.B. Qualifizierungsmaßnahmen) keine Übernahme des Arbeitnehmers in ein reguläres Beschäftigungsverhältnis zu erwarten ist, ist eine Beschäftigung in einer PSA zweckwidrig. Dasselbe gilt bei einer vorliegenden Leistungsminderung, die es ausschließt, den besonderen Belastungen der Arbeitnehmerüberlassung gerecht zu werden o. ä. **29**

Die Ausübung des Zuweisungsrechts erfolgt unabhängig von der Qualifikation der Beschäftigten oder der Höhe des vormals bezogenen Arbeitsentgeltes oder des Arbeitslosengeldes. Hier sind in erster Linie die allgemeinen **Zumutbarkeitskriterien** (§ 121 SGB III) maßgeblich. Diese dürfen jedoch nicht dazu missbraucht werden, aus fiskalpolitischen Gründen vornehmlich die Bezieher von Entgeltersatzleistungen für eine Beschäftigung in der PSA vorzusehen oder diese Beschäftigung zum Absenken entsprechender Leistung nach einer Beschäftigung in der PSA zu missbrauchen. Durch die Beschäftigung in der PSA soll der Arbeitslose zusätzlich gefördert werden, sie stellt jedoch keine (über §§ 140 ff. SGB III hinausgehende) zusätzliche Sanktionsmöglichkeit dar, Arbeitslose zur Aufnahme einer bestimmten Beschäftigung zu zwingen. **30**

Der Arbeitslose kann der Zuweisung aus wichtigem Grund widersprechen (§ 37a Abs. 1 Satz 2 SGB III). Obwohl sich im Normalfall erhebliche Bedenken gegen die Zumutbarkeit einer Beschäftigung als Leiharbeitnehmer ergeben (vgl. Einl. E Rn. 7), ist eine Zumutbarkeit im Rahmen einer Beschäftigung bei einer PSA grundsätzlich zu bejahen. Durch die Einfluss- und Kontrollmöglichkeiten der Agenturen für Arbeit lassen sich hier die gängigen Missstände bei der Leiharbeit weitgehend vermeiden. Die **Ablehnung einer Beschäftigung** in einer PSA löst daher regelmäßig eine **Sperrzeit** beim Bezug von Arbeitslosengeld nach § 140 Abs. 1 Satz 1 Nr. 2 SGB III aus. Dies gilt allerdings nicht, wenn der Arbeitslose einen gewichtigen Grund für die Ablehnung vorbringen kann. Neben den allgemeinen Regeln der Zumutbarkeit (Rn. 30) kommen hier insbesondere Gründe in Betracht, nach denen die Beschäftigung in der PSA für das berufliche Weiterkommen des Arbeitslosen eher hinderlich ist. So kann beispielsweise für einen gelernten Facharbeiter, der über eine Maßnahme der Eingliederung wieder in seinem erlernten Beruf tätig sein kann, eine Beschäftigung für Hilfstätigkeiten in einer PSA unzumutbar sein. **31**

32 Die gewichtigsten Bedenken gegen die Zumutbarkeit einer Beschäftigung in einer PSA ergeben sich jedoch aus der **Höhe des Entgeltes**, das dem Arbeitnehmer von der PSA gezahlt wird. Eine **Zumutbarkeit** der Beschäftigung kann beim Leiharbeitsverhältnis nur angenommen werden, wenn auf das Arbeitsverhältnis die Gleichstellungsgrundsätze von §§ 3 Abs. 1 Nr. 3, 9 Nr. 2 Anwendung finden, oder ein TV zur ANÜ gleichwertige Regelungen enthält. Soweit der Arbeitnehmer nicht Anspruch auf die beim Entleiher gewährten Arbeitsbedingungen hat (vgl. § 9 Rn. 72 ff.), besteht regelmäßig Veranlassung, die Entgelthöhe auf ihre Zumutbarkeit zu überprüfen. Die gilt auch, soweit das Entgelt auf einer tarifvertraglichen Regelung beruht (vgl. § 3 Rn. 54a). Neben dem Lohn-Leistungsverhältnis sind dabei auch die finanziellen Verhältnisse des Arbeitslosen vor Aufnahme der Beschäftigung in der PSA zu berücksichtigen. Aus §§ 3 Abs. 1 Nr. 3, 9 Nr. 2 AÜG ergibt sich der allgemeine Grundsatz, dass die PSA allenfalls in den ersten sechs Wochen der Beschäftigung ein am bisherigen Arbeitslosengeld orientiertes **Mindestentgelt** zahlen darf, die folgenden Zeiten der Beschäftigung jedoch höher vergütet werden müssen. Wird hiergegen verstoßen, ist der Arbeitslose berechtigt, die Aufnahme einer Beschäftigung in einer PSA abzulehnen.

VI. Besonderheiten des Beschäftigungsverhältnisses

1. Anwendbarkeit des allgemeinen Arbeitsvertragsrechts

33 § 37c enthält keine besonderen Vorgaben zur Ausgestaltung des Beschäftigungsverhältnisses mit der PSA. Das Arbeitsverhältnis muss jedoch die Voraussetzungen eines **sozialversicherungspflichtigen Beschäftigungsverhältnisses** i.S.d. § 7 Abs. 1 SGB IV erfüllen. Ein **Ausbildungsverhältnis** kann mit der PSA nicht begründet werden. Soweit sich nicht aus der besonderen Aufgabenstellung der PSA etwas anderes ergibt, finden die allgemeinen arbeitsrechtlichen Vorschriften zum Arbeitsverhältnis Anwendung. Danach wird das **Arbeitsverhältnis** durch Vertrag zwischen der PSA als Arbeitgeber und dem von der Agentur vorgeschlagenen Arbeitslosen als Arbeitnehmer begründet. Die gegenseitigen Rechte und Pflichten richten sich ausschließlich nach den Bestimmungen dieses Arbeitsvertrages.

34 § 37c begründet für den Arbeitnehmer **keinen Abschlusszwang** zur Begründung eines Arbeitsverhältnisses. Soweit der betroffene Arbeitslose das Angebot der PSA auf Abschluss eines Arbeitsvertrages ablehnt, droht ihm jedoch gem. § 140 Abs. 1 Satz 1 Nr. 2 SGB III die Verhängung einer Sperrzeit (Rn. 27). Auch für die PSA besteht im Verhältnis zum zugewiesenen Arbeitslosen keine Verpflichtung, ihn in ein Arbeitsverhältnis zu übernehmen. Die im Rahmen des Vergabeverfahrens gegenüber der BA abgegebenen Verpflichtungserklärungen (Rn. 13) und der mit der BA abgeschlossene Vertrag (Rn. 16) ist kein Vertrag zugunsten Dritter und begründet keinen Rechtsanspruch des zugewiesenen Arbeitslosen gegenüber der PSA auf Abschluss eines Arbeitsvertrages.

35 Auch bei der Festlegung von Gegenstand und Umfang der Leistungspflichten unterliegen die Vertragsparteien keinen Beschränkungen. Weder der Vertrag zwischen PSA und BA noch das Zuweisungsrecht der BA (Rn. 29) beschränken die **Vertragsfreiheit** von PSA und Arbeitnehmer. Die Vertragsparteien sind weder verpflichtet, ein (vermittlungsorientiertes) Leiharbeitsverhältnis zu begründen und dieses zu befristen noch sind sie gezwungen, das Arbeitsverhältnis als sozialversicherungspflichtiges Arbeitsverhältnis auszugestalten. Bei Verstößen muss die BA allerdings eine Förderung in vollem Umfang verweigern.

Entsprechen die Bedingungen des Arbeitsverhältnisses nicht den zwischen PSA **36** und Agentur für Arbeit getroffenen Abmachungen oder entsprechen sie nicht der mit dem Arbeitslosen getroffenen Eingliederungsvereinbarung nach § 35 Abs. 4 SGB III ist dies ein wichtiger Grund i.S.v. § 144 Abs. 1 Satz 1 SGB III, den Abschluss des Arbeitsvertrages **abzulehnen**, ohne dass eine Sperrzeit verhängt werden kann. Dasselbe gilt, wenn die PSA dem zugewiesenen Arbeitslosen ein nicht zumutbares Arbeitsverhältnis (Rn. 30ff.) anbietet.

2. Befristung des Arbeitsverhältnisses

Aus der Aufgabenstellung der PSA, dem Arbeitslosen nach einer möglichst kur- **37** zen Verweildauer ein Normalarbeitsverhältnis bei einem Dritten zu verschaffen, folgt, dass die PSA berechtigt sein muss, das Arbeitsverhältnis kurzfristig zu beenden. Regelmäßig wird daher das PSA-Beschäftigungsverhältnis als **befristetes Arbeitsverhältnis** mit einer Laufzeit von mindestens neun Monaten abgeschlossen.

Da die **erstmalige Befristung** auch beim Leiharbeitsverhältnis bis zu einer Lauf- **38** zeit von zwei Jahren **ohne sachlichen Grund** erfolgen kann (§ 14 Abs. 2 TzBfG; vgl. § 9 AÜG Rn. 304ff.), kann auch das PSA-Beschäftigungsverhältnis i.d.R. ohne sachlichen Grund befristet werden. Uneingeschränkt gilt dies für Arbeitnehmer, die bei Beginn des Beschäftigungsverhältnisses das 58. Lebensjahr vollendet haben (§ 14 Abs. 3 TzBfG).

Die Befristung des Arbeitsverhältnisses ist regelmäßig durch **sachliche Gründe** **39** i.S.d. § 14 Abs. 1 Satz 2 TzBfG gerechtfertigt. Zweck des Arbeitsverhältnisses ist, dem Arbeitnehmer möglichst rasch ein Arbeitsverhältnis mit einem Dritten zu verschaffen. Dieser Zweck ist in dem Zeitpunkt erfüllt, in dem der Arbeitnehmer eine Beschäftigung bei einem Dritten beginnen kann. Dies spricht dafür, nur ein befristetes Interesse des LAN an der Beschäftigung in der PSA anzunehmen und daneben auch eine zulässige **Zweckbefristung** des PSA-Beschäftigungsverhältnisses (§ 15 Abs. 2 TzBfG) anzuerkennen (*Thüsing*, DB 2003, 446; *Ulber*, AuR 2003, 7; a.A. *Schüren/Reipen*, § 37c SGB III Rn. 98). Letztlich ist die Befristung jedoch auch durch **in der Person des Arbeitnehmers liegende Gründe** (§ 14 Abs. 1 Satz 2 Nr. 6 TzBfG) gerechtfertigt (*Wank*, NZA 2003, 21). Da der Arbeitnehmer auch während der Laufzeit des Arbeitsvertrages mit der PSA gegenüber der Arbeitsverwaltung verpflichtet bleibt, einem von der PSA oder der Agentur für Arbeit unterbreiteten Vermittlungsangebot nachzukommen und bei vorliegender Zumutbarkeit ein Arbeitsverhältnis mit einem Dritten zu begründen, hat er schon zur Vermeidung von Sperrzeiten ein eigenes Interesse daran, bei einer entsprechenden Fallgestaltung das Arbeitsverhältnis zur PSA jederzeit beenden zu können. Die Beschäftigung in der PSA dient insoweit lediglich der **Überbrückung** von Zeiten der Arbeitslosigkeit bis zur Möglichkeit einer Beschäftigung im ersten Arbeitsmarkt (*Schüren/Reipen*, § 37c SGB III, Rn. 93).

3. Beendigung des Arbeitsverhältnisses

Soweit das Arbeitsverhältnis **kalendermäßig befristet** ist, endet es mit Ablauf **40** der vereinbarten Zeit (§ 15 Abs. 1 TzBfG). Damit endet das i.d.R. bis zu zwölf Monaten befristete PSA-Arbeitsverhältnis spätestens nach zwölf Monaten. Vorher kann es nur beendet werden, wenn eine **Zweckerreichung** nach § 15 Abs. 2 TzBfG eintritt oder eine Möglichkeit zur ordentlichen Kündigung nach § 15 Abs. 3 TzBfG gegeben ist. Soweit man den Zweck des PSA-Arbeitsverhältnisses darin sieht, Zeiten bis zur Aufnahme einer sozialversicherungspflichtigen Beschäftigung bei einem Dritten zu überbrücken (Rn. 39), endet das Arbeitsverhältnis bei einer entsprechenden Befristungsabrede mit dem Beginn der Laufzeit (nicht schon mit dem Abschluss) des neuen Arbeitsverhältnisses.

41 Regelmäßig wird in den Arbeitsverträgen mit einer PSA vereinbart, dass der Arbeitnehmer berechtigt ist, das Arbeitsverhältnis zum Zwecke der Aufnahme einer Beschäftigung bei einem Dritten jederzeit ordentlich zu **kündigen**. Soweit nicht die Tarifverträge zur Arbeitnehmerüberlassung nach § 622 Abs. 4 BGB andere Kündigungsfristen vorsehen, gilt i. d. R. eine **Kündigungsfrist** von 4 Wochen zum 15. oder zum Ende des Kalendermonats (§ 622 Abs. 1 BGB). Die PSA ist jedoch aus ihrer besonderen Verpflichtung zur Begründung eines Arbeitsverhältnisses mit einem Dritten beizutragen (Rn. 4 ff.) gem. § 242 BGB verpflichtet, einer ohne Einhaltung der Kündigungsfrist gewünschten **Aufhebung des Arbeitsverhältnisses** zuzustimmen. Verstößt die PSA gegen diese Verpflichtung, ist der Arbeitnehmer berechtigt, das Arbeitsverhältnis mit dem Dritten zum vereinbarten Zeitpunkt aufzunehmen und die Arbeitsleistung bei der PSA einzustellen.

42 Auch das PSA-Arbeitsverhältnis kann gem. § 626 BGB von Arbeitgeber und Arbeitnehmer **außerordentlich gekündigt** werden. Insoweit gelten die allgemeinen arbeitsrechtlichen Grundsätze (vgl. § 1 AÜG Rn. 97). Einschränkungen können sich jedoch aus den Besonderheiten der in einer PSA beschäftigten Arbeitnehmergruppe ergeben. Bekannte Vermittlungshemmnisse können nur in beschränktem Umfang eine außerordentliche Kündigung rechtfertigen. Verstößt ein langzeitarbeitsloser Arbeitnehmer z. B. wiederholt gegen seine Verpflichtung zur Einhaltung des Arbeitsschutzes, ist eine außerordentliche Kündigung nur in Ausnahmefällen, in denen der Arbeitnehmer vorsätzlich handelt und sich beharrlich weigert, sein Verhalten zu ändern, zulässig. Hier muss die PSA zum Zwecke der Reintegration des Arbeitnehmers vielmehr verstärkte Anstrengungen unternehmen, den Arbeitnehmer in Fragen des Arbeitsschutzes zu qualifizieren.

4. Leiharbeitsverhältnisse mit der PSA

43 Durch § 37c Abs. 1 Satz 2 wird der Abschluss eines Arbeitsverhältnisses nicht auf Leiharbeitsverhältnisse beschränkt. Dennoch werden von den PSA regelmäßig ausschließlich **Leiharbeitsverhältnisse** abgeschlossen. Die Zulässigkeit und Wirksamkeit dieser Leiharbeitsverhältnisse, die auch als sozialversicherungspflichtiges **Teilzeitarbeitsverhältnis** abgeschlossen werden können, richtet sich nach den allgemeinen arbeitsrechtlichen Grundsätzen. Insbesondere sind die Bestimmungen von AÜG und AEntG einzuhalten. Ausgeschlossen ist danach ein sog. **Kettenverleih**, d.h. der Verleih an einen anderen Verleiher (vgl. § 1 AÜG Rn. 20, 81a). I. Ü. kann auf die Erläuterung der Vorschriften in diesem Kommentar verwiesen werden.

44 Besonderheiten ergeben sich aus dem **vermittlungsorientierten Charakter** der Arbeitnehmerüberlassung einer PSA. Im Unterschied zur normalen Arbeitnehmerüberlassung (vgl. § 1 Rn. 131 ff.) ergeben sich beim Verleih von PSA-Beschäftigten keine vermittlungsrechtlichen Bedenken, wenn ein Entleiher die an sich gewollte Einstellung durch den Abschluss eines Arbeitnehmerüberlassungsvertrages zunächst vermeidet oder verzögert. Insoweit entspricht es den Zwecken des Arbeitnehmerüberlassungsvertrages mit einer PSA, wenn der Entleiher versucht, den LAN zunächst ohne eigenes Beschäftigungsrisiko zu **erproben** und die Entscheidung über die Begründung eines Arbeitsverhältnisses mit dem LAN erst später zu treffen (zur Vermittlungsprovision vgl. Rn. 24, 62). Steht demgegenüber bei Beginn der Überlassung fest, dass der LAN im Anschluss an die ANÜ vom Entleiher übernommen wird (z.b. indem dem LAN ein unbedingter Anspruch auf Übernahme eingeräumt ist), liegt keine vermittlungsorientierte ANÜ, sondern insgesamt eine Arbeitsvermittlung vor. Die Arbeitgeberstellung der PSA beschränkt sich hier auf die Funktion einer Zahlstelle.

Der vermittlungsorientierte Charakter der Arbeitnehmerüberlassung sowie der **45** Eingliederungszweck des Beschäftigungsverhältnisses können zu **Beschränkungen des Direktionsrechtes** führen, z.b. bei den Inhalten der geforderten Arbeitsleistung, der Auswahl geeigneter Entleiher oder der Art und Weise, in der die Arbeit zu erbringen ist. Das Direktionsrecht muss insoweit so ausgeübt werden, dass die konkret geforderte Arbeit das Ziel der Eingliederung fördert. Ob dies der Fall ist, richtet sich neben der Art der Tätigkeit nach den jeweils unterschiedlichen persönlichen und qualifikatorischen Voraussetzungen des betroffenen Arbeitnehmers unter Einhaltung der Grenzen der Zumutbarkeit (Rn. 30 ff.). Der Einsatz in einem **Saisonarbeitsbetrieb** oder in einem Betrieb, der i.d.R. keine ausreichenden Beschäftigungsmöglichkeiten zur Begründung von Dauerarbeitsverhältnissen hat, scheidet insoweit als geeigneter Entleiher aus. Dasselbe gilt für den Einsatz in Betrieben oder Branchen (z.b. Reinigungsgewerbe), die ihre Arbeitnehmer in einem relevanten Umfang nur im Rahmen von **geringfügigen Beschäftigungsverhältnissen** beschäftigen. Auch soweit auf Grund der subjektiven Voraussetzungen des Arbeitnehmers ausgeschlossen werden kann, dass eine spätere Übernahme durch einen Entleiher erfolgt, ist dem Arbeitnehmer eine entsprechend zugewiesene Arbeit nur zumutbar, wenn die Eingliederungszwecke hierdurch nicht beeinträchtigt, sondern gefördert werden. Ist es einer/einem Alleinerziehenden aus Gründen der **Vereinbarkeit von Familie und Beruf** nicht möglich Schichtarbeit zu leisten, oder liegen gesundheitliche Beeinträchtigungen vor, die es dem Arbeitnehmer auf Grund der Art des Betriebs oder der Arbeitsorganisation (z.b. bei Ungeeignetheit zur Nachtarbeit) verunmöglichen, auch dauerhaft bei dem Entleiher zu arbeiten, ist ein dennoch zugewiesener Arbeitsplatz nicht zumutbar und widerspricht den Eingliederungszwecken des Arbeitsverhältnisses.

Wegen des vermittlungsorientierten und befristeten Leiharbeitsverhältnisses hat **46** die PSA **aktive Maßnahmen** zu ergreifen, damit der Arbeitnehmer während der Laufzeit des Beschäftigungsverhältnisses bei einem Dritten ein sozialversicherungspflichtiges Arbeitsverhältnis aufnehmen kann. Sie hat insbesondere solche Entleiher zu suchen und auszuwählen, bei denen eine Bereitschaft zur späteren Übernahme zugewiesener Arbeitnehmer oder die Durchführung qualifikationsfördernder Einarbeitungsmaßnahmen erkennbar ist. Auch muss die PSA bei der Beschäftigung Schwachstellen des Arbeitnehmers aufsuchen und geeignete Maßnahmen zu deren Beseitigung ergreifen.

Zu den Handlungspflichten der PSA gehört auch die Durchführung von **Qua-** **47** **lifizierungs- und Weiterbildungsmaßnahmen** in verleihfreien Zeiten (Abs. 1 Satz 2). Die berufliche Qualifizierung hat gegenüber der Arbeitnehmerüberlassung nachrangige Bedeutung. Solange Möglichkeiten zur Beschäftigung bei einem Entleiher bestehen, ist eine Qualifizierung ausgeschlossen. Die (Kurzzeit-)

Qualifizierungsmaßnahmen sind daher so zu organisieren, dass der Beschäftigte jederzeit wieder für einen Verleih zur Verfügung steht. Erweist sich im Verlauf der Beschäftigung, dass ein grundlegender Qualifizierungsbedarf besteht, sind die Möglichkeiten der beruflichen Weiterbildung nach §§ 77 ff. SGB III zu prüfen. Für die Durchführung entsprechender Maßnahmen kommt eine PSA als Maßnahmeträger jedoch nicht in Betracht.

5. Materielle Arbeitsbedingungen einschließlich des Entgelts

48 Als grundsätzlich normales Leiharbeitsverhältnis richten sich die **materiellen Arbeitsbedingungen** einschließlich des Arbeitsentgelts auch beim PSA-Leiharbeitsverhältnis nach den allgemeinen Vorschriften. Insbesondere sind die Bestimmunen des AÜG und des AEntG einzuhalten. Insoweit kann auf die Erläuterungen zu diesen Gesetzen verwiesen werden. Da auf die PSA-Arbeitsverträge soweit ersichtlich ausnahmslos **Tarifverträge zur Arbeitnehmerüberlassung** angewandt werden, spielen die in § 9 Nr. 2 AÜG enthaltenen Grundsätze des equal-pay und equal-treatment in der Praxis keine Rolle.

49 Soweit die Tarifverträge zur Arbeitnehmerüberlassung wirksame Regelungen enthalten (vgl. hierzu § 9 AÜG Rn. 196 ff.), finden sie grundsätzlich auch im PSA-Beschäftigungsverhältnis Anwendung. Besonderheiten können sich hier jedoch wegen des vermittlungsorientierten Charakters der Arbeitnehmerüberlassung ergeben. Zu beachten ist z.B., dass sich aus der jederzeit bestehenden Verpflichtung zur Aufnahme eines Dauerarbeitsverhältnisses bei einem Dritten (Rn. 39) Abweichungen beim Kündigungsschutz und der Abkürzung von Kündigungsfristen ergeben können. Auch können sich aus bestehenden Vermittlungshemmnissen (Rn. 27) Einschränkungen bei den Anforderungen an die sog. **Normalleistung** des Arbeitnehmers (vgl. § 1 Rn. 94, 122) ergeben.

50 Die Verpflichtung des Verleihers zur Fortzahlung der Vergütung in verleihfreien Zeiten (§ 11 Abs. 4 Satz 2 AÜG) hat in § 37c Abs. 1 Satz 2 SGB III eine besondere Ausprägung erfahren. **Verleihfreie Zeiten** sind danach unter Fortzahlung der Vergütung für Qualifizierungsmaßnahmen zu nutzen. Eine Umgehung der Vorschrift über eine anderweitige Beschäftigung (z.B. in der Personalverwaltung der PSA) in verleihfreien Zeiten, ist ausgeschlossen. Beschäftigt die PSA den Arbeitnehmer in verleihfreien Zeiten ist die geleistete Arbeit zusätzlich zu vergüten. Die PSA kann ihre besonderen Verpflichtungen auch nicht dadurch umgehen, dass sie etwaige verleihfreie Zeiten im Rahmen von **Arbeitszeitkonten** oder sonstigen Systemen der Arbeitszeitflexibilisierung in einen Zeitausgleich einbezieht. Dies gilt selbst in den Fällen, in denen beim normalen Leiharbeitsverhältnis ein Zeitausgleich vereinbart werden kann (vgl. § 11 AÜG Rn. 43 ff.).

6. Betriebsverfassungsrechtliche Stellung des PSA-Beschäftigten

51 Da der PSA-Beschäftigte als Arbeitnehmer im Rahmen eines Arbeitsverhältnisses beschäftigt ist, richtet sich seine **betriebsverfassungsrechtliche Stellung** nach den allgemeinen beim Leiharbeitsverhältnis zur Anwendung kommenden Bestimmungen. Auf die Erläuterungen zu § 14 AÜG (Rn. 9 ff.; 47 ff.) kann insoweit verwiesen werden.

52 Besteht bei der PSA ein **Betriebsrat**, kommen die für einen Verleiherbetrieb geltenden Bestimmungen der Betriebsverfassung in vollem Umfang zur Anwendung (vgl. § 14 Rn. 24 ff.).

Wird die PSA als **rechtlich selbstständiges Unternehmen** gegründet, ist die Bil- **53**
dung eines Betriebsrates wegen der kurzen Laufzeit der Arbeitsverhältnisse sowie der hohen Fluktuation erheblich erschwert, wenn nicht gar ausgeschlossen.
Hier ist es zwar zulässig, auf tarifvertraglicher Grundlage nach § 3 Abs. 1 Nr. 3
BetrVG eine besondere Vertretungsstruktur zu vereinbaren. Um einen betriebsverfassungsrechtlichen Schutz von PSA-Beschäftigten zu gewährleisten, besteht
hier dennoch ein gesetzgeberischer Handlungsbedarf.

Wird die PSA als **betriebsorganisatorisch eigenständige Einheit** eines bestehen- **54**
den Verleihunternehmens gegründet (Rn. 11), ist fraglich, ob ein bei diesem
Unternehmen bestehender Betriebsrat betriebsverfassungsrechtlich auch für die
PSA-Beschäftigten zuständig ist.

7. Rechtsstellung des PSA-Beschäftigten beim Entleiher

Die Rechtsstellung des PSA-Beschäftigten bei einem Entleiher unterscheidet sich **55**
im Grundsatz nicht von der eines normalen Leiharbeitnehmers. Insoweit kann
auf die Kommentierung zum AÜG verwiesen werden (vgl. § 14 AÜG Rn. 47 ff.).
Auch unterliegt das dem Entleiher übertragene **Direktionsrecht** (vgl. § 1 *AÜG*
Rn. 17 ff.) grundsätzlich keinen Beschränkungen. Abweichungen können sich
hier aus dem vermittlungsorientierten Charakter der Arbeitnehmerüberlassung
sowie darauf beruhenden Abreden im Arbeitnehmerüberlassungsvertrag ergeben (vgl. Rn. 2). Insbesondere ist der Entleiher berechtigt, den Arbeitnehmer
auch bei bestehendem Arbeitsvertrag **abzuwerben** und zum Zeitpunkt einer
zulässigen Beendigung des PSA-Beschäftigungsverhältnisses (Rn. 38 f.) einzustellen.

Auch die **betriebsverfassungsrechtliche Stellung** des PSA-Beschäftigten im **56**
Entleiherbetrieb unterscheidet sich nicht von der anderer Leiharbeitnehmer. Auf
die Erläuterungen zu § 14 AÜG (Rn. 47 ff.) kann insoweit verwiesen werden.

Besteht im Entleiherbetrieb ein Betriebsrat, richten sich dessen Rechte und Pflich- **57**
ten bei der Beschäftigung von PSA-Arbeitnehmern nach den gleichen Grundsätzen wie bei sonstigen Leiharbeitnehmern (vgl. § 14 Rn. 62 ff.). Insbesondere
kommen die Mitwirkungsrechte bei sozialen und personellen Angelegenheiten
zur Anwendung, so dass die **Einstellung** von PSA-Beschäftigten der Mitbestimmung des Entleiherbetriebsrats nach § 99 BetrVG unterliegt. Im Einzelfall kann
dabei ein **Zustimmungsverweigerungsgrund nach § 99 Abs. 2 Nr. 3 BetrVG**
auch vorliegen, wenn im Betrieb bereits beschäftigte Leiharbeitnehmer durch
PSA-Beschäftigte verdrängt werden sollen. Die Chancen von beschäftigten Leiharbeitnehmern, beim Entleiher die Übernahme in ein Normalarbeitsverhältnis
zu erreichen, dürfen durch die Einstellung von PSA-Beschäftigten nicht zweckwidrig vereitelt werden. Durch die vermittlungsorientierte Arbeitnehmerüberlassung sollen **zusätzliche Beschäftigungsmöglichkeiten** erschlossen werden.
Eine Beeinträchtigung bestehender Beschäftigungsverhältnisse oder eine Verschärfung des Verdrängungswettbewerbs um bestehende Arbeitsplätze verstößt
demgegenüber gegen die Gesetzeszwecke des § 37c SGB III zum PSA-Arbeitsverhältnis und stellt sich von daher auch als Gesetzesverstoß i.S.d. § 99 Abs. 2 Nr. 1
BetrVG dar.

Beabsichtigt der Entleiher den Leiharbeitnehmer in ein Dauerarbeitsverhältnis **58**
zu **übernehmen**, bedarf es des Abschlusses eines selbstständigen Arbeitsvertrags. Die Beschäftigungszeiten als LAN sind dabei anzurechnen (a. A. bei
Wiedereinstellung: *BAG* v. 27. 2. 2002 – 9 AZR 38/01 – NZA 2002, 1232). Die per-

sonelle Maßnahme bedarf als Einstellung der erneuten Durchführung des Mitbestimmungsverfahrens nach § 99 BetrVG (§ 14 Rn. 138).

VI. Rechtsbeziehung zwischen PSA und Entleiher

59 Auch die Überlassung von Arbeitnehmern durch eine PSA erfolgt auf der Grundlage eines schriftlichen **Arbeitnehmerüberlassungsvertrages**, dessen Voraussetzungen und Wirkungen sich nach den allgemeinen Grundsätzen richten (vgl. die Erläuterungen zu § 12 AÜG). Danach hat die PSA u.a. die Pflicht, dem Entleiher einen für die Zwecke des Vertrages geeigneten Arbeitnehmer zur Verfügung zu stellen. Bei Verstößen trifft sie grundsätzlich eine Haftung aus **Auswahlverschulden**. Auch die Rechte und Pflichten des Entleihers aus dem Arbeitnehmerüberlassungsvertrag unterscheiden sich nicht gegenüber denen bei Beschäftigung sonstiger Leiharbeitnehmer. Besonderheiten können sich jedoch aus dem vermittlungsorientierten Charakter der Arbeitnehmerüberlassung und den Vermittlungshemmnissen des betroffenen Personenkreises ergeben. Da bei der Überlassung von LAN durch eine PSA i.d.R. gleichzeitig eine spätere Übernahmemöglichkeit durch den Entleiher vereinbart wird, ist der Vertrag zwischen Verleiher und Dritten sowohl als ANÜ-Vertrag als auch als Vermittlungsvertrag zu qualifizieren (*Schüren/Hamann*, § 1 Rn. 354; *Thüsing/Waas*, § 1 Rn. 107).

60 Die PSA trifft eine vertragliche Nebenpflicht, den Entleiher auf bestehende **Vermittlungshemmnisse hinzuweisen**. Dies gilt nicht nur, soweit hiermit besondere Arbeitsschutzpflichten verbunden sind (z.B. bei Schwerbehinderten), sondern insbesondere in den Fällen, in denen die Hemmnisse das Leistungsvermögen des Arbeitnehmers und daher dessen erwartbare Normalleistung (Rn. 49) beeinträchtigen. Verstößt die PSA gegen diese Hinweispflichten, ist der Entleiher berechtigt, den von der PSA zugewiesenen Arbeitnehmer abzulehnen und eine Ersatzgestellung zu verlangen.

61 Ist die PSA ihren **Hinweis- und Aufklärungspflichten** zur Person des überlassenen Arbeitnehmers nachgekommen, und hat der Entleiher den zugewiesenen Arbeitnehmer in Kenntnis etwaiger Leistungshemmnisse zunächst beschäftigt, kann er den Arbeitnehmer danach nicht mit Verweis auf die Vermittlungshemmnisse (z.B. wegen hierdurch bedingter Schlechtleistungen) zurückweisen und die Gestellung einer Ersatzkraft verlangen (Verstoß gegen das Verbot des venire contra faktum proprium). Dasselbe gilt, wenn die vom Entleiher zu zahlende Überlassungsvergütung mit Rücksicht auf die **Lohnsubventionierung** des PSA-Leiharbeitsverhältnisses (Rn. 21 ff.) von der üblichen Vergütung nach unten abweicht. Auch in diesem Fall ist es dem Entleiher verwehrt, mit Rücksicht auf Leistungshemmnisse des überlassenen Arbeitnehmers einerseits die Vergütung zu reduzieren, andererseits aber die **Leistungspflichten** der PSA und des überlassenen Arbeitnehmers an der Normalleistung (Rn. 49) zu orientieren.

62 Beabsichtigt der Entleiher die **Übernahme** des zugewiesenen Leiharbeitnehmers in ein Normalarbeitsverhältnis, sind entsprechende Abwerbungsaktivitäten nach § 9 Nr. 3 AÜG (vgl. § 9 AÜG Rn. 340 ff.) auch dann zulässig, wenn die Übernahme des LAN nicht im ANÜ-Vertrag vereinbart war (vgl. Rn. 44). Bei der vermittlungsorientierten Arbeitnehmerüberlassung sind die Voraussetzungen einer nach § 9 Nr. 3 zulässigen Abwerbung in dem Zeitpunkt erfüllt, in dem der PSA-Beschäftigte wegen der Besonderheiten des Arbeitsvertrages eine Beendigung des Arbeitsverhältnisses verlangen kann (vgl. Rn. 38 f.). Die Vereinbarung einer nach § 9 Nr. 3 AÜG (nicht jedoch nach § 9 Nr. 4) zulässigen **Vermittlungsgebühr** (a. A. *Schüren/Hamann*, § 1 Rn. 354, die auch die Zahlung einer Vermittlungsgebühr durch den LAN nach § 9 Nr. 4 für zulässig erachten) führt im Falle der Übernahme zu einer entsprechenden Leistungspflicht des Entleihers. Die Agentur für Arbeit ist dann jedoch aus dem Grundsatz der nachrangigen Förderung (Rn. 21) berechtigt, die Zahlung einer Vermittlungspauschale (Rn. 24) zu verweigern.

VIII. Übergangsregelung bei bis zum 31. 12. 2003 gegründeter PSA (§ 434g Abs. 5 SGB III)

§ 434g SGB III enthält eine Übergangsregelung für Verträge über die Gründung **63** einer PSA, die ihren **Geschäftsbetrieb** vor dem 31. 12. 2003 aufnahm. Danach durfte der Vertrag nach § 37c Abs. 2 SGB III nur dann von der Agentur für Arbeit abgeschlossen werden, wenn sich die Arbeitsbedingungen der in der PSA beschäftigten Arbeitnehmer einschließlich des Entgeltes nach einem **Tarifvertrag zur Arbeitnehmerüberlassung** richten.

Die Anwendbarkeit des Tarifvertrages kann sowohl auf Grund unmittelbarer **64** Tarifbindung als auch durch einzelvertragliche Bezugnahme erfolgen. Voraussetzung ist jedoch, dass es sich um einen wirksamen **Flächentarifvertrag der Leiharbeitsbranche** handelt (vgl. § 9 Rn. 293 ff.), der die wesentlichen Arbeitsbedingungen einschließlich des Entgeltes abschließend regelt (*Ulber*, AuR 2003, 12; § 9 Nr. 2 AÜG). Bei arbeitsvertraglicher Bezugnahme muss daneben das gesamte Tarifwerk einbezogen sein (*Reipen*, BB 2003, 789).

Soweit in Übereinstimmung mit § 434g SGB III Verträge abgeschlossen wurden, **65** war die PSA nur **bis zum 31. 12. 2003** verpflichtet, die **Arbeitsverhältnisse** einem Tarifvertrag zu unterstellen. Ab dem 1. 1. 2004 sind dagegen alle PSA in der Entscheidung frei, ob sie das PSA Beschäftigungsverhältnis einem Tarifvertrag unterwerfen oder sich das Arbeitsverhältnis nach den gesetzlichen Bestimmungen des AÜG richtet.

Wegen des niedrigen Niveaus der Tarifverträge finden auf alle PSA-Beschäfti- **66** gungsverhältnisse die abgeschlossenen Tarifverträge zur Arbeitnehmerüberlassung Anwendung. Von daher hat die Vorschrift die Gründung von PSA nicht behindert, sondern hat auf Grund der vereinbarten Niedriglöhne eher deren **Rahmenbedingungen und Wirkungsmöglichkeiten** verbessert. Verstärkt gilt dies, da mit der Bindung an den Tarifvertrag gleichzeitig die ansonsten erst mit Wirkung vom 1. 1. 2004 geltenden Änderungen des AÜG zur Erleichterung der Befristung, zur Aufhebung des Synchronisationsverbots und zum Wegfall der Höchstüberlassungsdauer in Anspruch genommen werden konnten (vgl. § 19 AÜG).

Arbeitnehmerüberlassung – Kommentierung

Gesetz zur Regelung der gewerbsmäßigen Arbeitnehmerüberlassung (Arbeitnehmerüberlassungsgesetz – AÜG) vom 7. August 1972 (BGBl. I S. 1393) und zur Änderung anderer Gesetze in der Fassung der Bekanntmachung vom 3. Februar 1995 (BGBl. I S. 158), zuletzt geändert durch Artikel 6 Nr. 4 des Gesetzes zur Änderung des Aufenthaltsgesetzes und weiterer Gesetze vom 14.3.2005 (BGBl. I S. 721)

Artikel 1
Gesetz zur Regelung der gewerbsmäßigen Arbeitnehmerüberlassung (Arbeitnehmerüberlassungsgesetz – AÜG)

§ 1 Erlaubnispflicht

(1) Arbeitgeber, die als Verleiher Dritten (Entleihern) Arbeitnehmer (Leiharbeitnehmer) gewerbsmäßig zur Arbeitsleistung überlassen wollen, bedürfen der Erlaubnis. Die Abordnung von Arbeitnehmern zu einer zur Herstellung eines Werkes gebildeten Arbeitsgemeinschaft ist keine Arbeitnehmerüberlassung, wenn der Arbeitgeber Mitglied der Arbeitsgemeinschaft ist, für alle Mitglieder der Arbeitsgemeinschaft Tarifverträge desselben Wirtschaftszweiges gelten und alle Mitglieder auf Grund des Arbeitsgemeinschaftsvertrages zur selbständigen Erbringung von Vertragsleistungen verpflichtet sind. Für einen Arbeitgeber mit Geschäftssitz in einem anderen Mitgliedstaat des Europäischen Wirtschaftsraumes ist die Abordnung von Arbeitnehmern zu einer zur Herstellung eines Werkes gebildeten Arbeitsgemeinschaft auch dann keine Arbeitnehmerüberlassung, wenn für ihn deutsche Tarifverträge desselben Wirtschaftszweiges wie für die anderen Mitglieder der Arbeitsgemeinschaft nicht gelten, er aber die übrigen Voraussetzungen des Satzes 2 erfüllt.

(2) Werden Arbeitnehmer Dritten zur Arbeitsleistung überlassen und übernimmt der Überlassende nicht die üblichen Arbeitgeberpflichten oder das Arbeitgeberrisiko (§ 3 Abs. 1 Nr. 1 bis 3), so wird vermutet, daß der Überlassende Arbeitsvermittlung betreibt.

(3) Dieses Gesetz ist mit Ausnahme des § 1b Satz 1, des § 16 Abs. 1 Nr. 1b und Abs. 2 bis 5 sowie der §§ 17 und 18 nicht anzuwenden auf die Arbeitnehmerüberlassung

1. zwischen Arbeitgebern desselben Wirtschaftszweiges zur Vermeidung von Kurzarbeit oder Entlassungen, wenn ein für den Entleiher und Verleiher geltender Tarifvertrag dies vorsieht,

2. zwischen Konzernunternehmen im Sinne des § 18 des Aktiengesetzes, wenn der Arbeitnehmer seine Arbeit vorübergehend nicht bei seinem Arbeitgeber leistet, oder

3. in das Ausland, wenn der Leiharbeitnehmer in ein auf der Grundlage zwischenstaatlicher Vereinbarungen begründetes deutsch-ausländisches Gemeinschaftsunternehmen verliehen wird, an dem der Verleiher beteiligt ist.

§ 1 AÜG

§ 1 AÜG

Literaturhinweise

Bauer/Krets, Gesetze für moderne Dienstleistungen am Arbeitsmarkt, NJW 2003, 537; *Bauschke*, Die so genannte Fremdfirmenproblematik, NZA 2000, 1201; *Becker*, Zur Abgrenzung des Arbeitnehmerüberlassungsvertrages gegenüber anderen Vertragstypen mit drittbezogenem Personaleinsatz, ZfA 1978, 131; *ders.*, Aktuelle Fragen der Arbeitnehmerüberlassung, BlStSozArbR 1980, 369; *ders.*, Abgrenzung der Arbeitnehmerüberlassung gegenüber Werk- und Dienstverträgen, DB 1988, 2561; *ders.*, Der arbeits- und sozialrechtliche Status des Leiharbeitnehmers, ZIP 1984, 782; *ders.*, Haftungsfragen bei der gewerbsmäßigen Arbeitnehmerüberlassung, NJW 1976, 1827; *ders.*, Leiharbeitsverhältnis und Kündigungsschutz, Das Arbeitsrecht der Gegenwart 1984, 35; *ders.*, Leitfaden zur gewerbsmäßigen Arbeitnehmerüberlassung (Zeitarbeit), 1985; *ders.*, Zur Neuregelung der Arbeitnehmerüberlassung durch das Beschäftigungsförderungsgesetz, BlStSozArbR 1985, 195; *ders.*, Zur geplanten EG-Richtlinie über Leiharbeit und befristete Arbeitsverträge, ZRP 1982, 260; *Behrend*, Neues zum Scheinwerkvertrag: Die vermutete Arbeitsvermittlung im AÜG, BB 2001, 2641; *dies.*, Neues zum Scheinwerkvertrag, Die vermutete Arbeitsvermittlung im AÜG, BB 2001, 2641; *dies.*, Arbeitnehmerüberlassung bis zu 24 Monaten – Job-AQTIV mit Hindernissen, NZA 2002, 372; *Benkert*, Änderungen im Arbeitnehmerüberlassungsgesetz durch »Hartz III«, BB 2004, 998; *Bode/Brose/Voswinkel*, Die Regulierung der Deregulierung, Zeitarbeit und Verbändestrategien in Frankreich und Deutschland, 1994; *Böhm*, Zeitenwende bei der Zeitarbeit: Start mit Irritationen, NZA 2003, 828; *ders.*, Flucht aus dem Zeitvertrag in die Zeitarbeit, NZA 2004, 823; *ders.*, »Zweite Belegschaften«: Mehr Flexibilität und geringere Personalkosten durch onsite management, NZA 2005, 554; *Boewer*, Die Auswirkungen des Arbeitnehmerüberlassungsverbots auf die Bauwirtschaft, DB 1982, 2033; *Bogs*, Recht der gewerblichen Arbeitnehmerüberlassung in der Entwicklung, BB 1971, 277; *Borgaes/Wahsner*, Leiharbeit und Fremdfirmenarbeit, DuR 1982, 363; *Bötzmann/Musial*, Annahmeverzug und Meldepflicht im Arbeitnehmerüberlassungsgewerbe, NZA 1997, 17; *Brors/Schüren*, Kostensenkung durch konzerninterne Arbeitnehmerüberlassung, BB 2005, 494; *dies.*, Konzerninterne Arbeitnehmerüberlassung zur Kostensenkung, BB 2004,

2745; *Bückle*, Beschäftigung von Leiharbeitnehmern ohne Arbeitserlaubnis, BB 1981, 1529; *Bückle/Handschuch/Walzel*, Aktuelle Probleme der Arbeitnehmer-überlassung, GewArch. 1982, 229; *Dahl*, Betriebsbedingte Kündigung eines Leih-arbeitsverhältnisses wegen Auftragsrückgangs, DB 2003, 1626; *Däubler*, Die neue Leiharbeit, KJ 2003, 99; *ders.*, Das umgesetzte Hartz-Modell: Bittere Pillen im Arbeits- und Sozialrecht, AiB 2002, 729; *Däubler*, Probleme beim Übergang zum neuen Betriebsverfassungsrecht, DB 2001, 1669; *Dauner-Lieb*, Der innerbetrieb-liche Fremdfirmeneinsatz auf Dienst- und Werkvertragsbasis zwischen AÜG und BetrVG, NZA 1992, 817; *Deeke*, Zur Kontroverse um das »Vermittlungs-monopol« der Bundesanstalt für Arbeit, WSI-Mitteilungen 1992, 459; *Denck*, Zur Haftung des Verleihers bei Arbeitsunfällen von Arbeitnehmern des Entleihers, ZfA 1989, 265; *Dubischar*, Inhalt und Schutzbereich von Bewachungsverträgen, NJW 1989, 3241; *Düwell*, Arbeitnehmerüberlassung in Betrieben des Baugewer-bes, BB 1995, 1082; *ders.*, Deregulierung der Arbeitnehmerüberlassung – Abbau beschäftigungshemmender Vorschriften, AuA 1997, 253; *ders.*, Änderung des AÜG durch das Arbeitsförderungs-Reformgesetz, BB 1997, 46; *ders.*, Änderungen im Arbeitsrecht durch das Job-AQTIV-Gestz, BB 2002, 98; *Eichenhofer*, Das Arbeitsvermittlungsmonopol der Bundesanstalt für Arbeit und das EG-Recht, NJW 1991, 2857; *Fabricius*, Rechtsprobleme gespaltener Arbeitsverhältnisse im Konzern, 1982; *Feuerborn/Hamann*, Neuregelung im Arbeitnehmerüberlassungs-gesetz, BB 1994, 1346 ff.; *dies.*, Liberalisierung der Arbeitnehmerüberlassung durch das Arbeitsförderungs-Reformgesetz, BB 1997, 2530; *Fiedler/Winter*, Fle-xibel arbeiten, Personal 2005, 19; *Freitag*, Über die Freiwilligkeit freiwilliger Leistungen, NZA 2002, 294; *Frerichs/Möller/Ulber*, Leiharbeit und betriebliche Interessenvertretung, 1981; *Friedhofen/Weber*, Rechtsprobleme des befristeten Arbeitsverhältnisses nach Art. 1 § 1 des Beschäftigungsförderungsgesetzes 1985, NZA 1985, 337; *Frik*, Die Befristung von Leiharbeitsverträgen nach dem Teilzeit- und Befristungsgesetz, NZA 2005, 386 ff.; *Furier*, Leiharbeitnehmer im Betrieb, AIB 2004, 360; *Gaul*, Arbeitnehmerüberlassung im Konzern, BB 1996, 1224; *Göbel*, Arbeitnehmerüberlassung, Werkverträge und verschobene Arbeitgeberrisiken (II), BlStSozArbR 1973, 324; *Goeger*, Arbeitsrechtliche Aspekte des neuen Arbeit-nehmerüberlassungsgesetzes DB 1998, 470; *Grobys/Schmidt/Brocker*, Verfassungs-mäßigkeit von »Equal Pay«?, NZA 2003, 777; *Hallbach*, Betriebsverfassungsrecht-liche Aspekte des Einsatzes von Leiharbeitnehmern und Unternehmerarbeiter, DB 1980, 2389; *Hamann*, Erkennungsmerkmale der illegalen Arbeitnehmerüber-lassung in Form von Scheindienst- und Scheinwerkverträgen, 1995; *ders.*, Fiktion eines Arbeitsverhältnisses zum Entleiher bei vermuteter Arbeitsvermittlung nach dem Arbeitsförderungs-Reformgesetz, BB 1999, 1654; *ders.*, Gleichbehand-lungsgrundsatz im AÜG, BB 2005, 2185; *Hartmann*, Scientology, ich klage an, 1994; *Hauptverband der Deutschen Bauindustrie e. V.*, Arbeitsgemeinschaftsvertrag, Fassung 1987 (zit.: Arge-Mustervertrag); *Heinze*, Rechtsprobleme des sog. echten Leiharbeitsverhältnisses, ZfA 1976, 183; *Hempel*, Das Spannungsverhältnis zwi-schen dem sozialen Schutz der Arbeitnehmer und den wirtschaftlichen Interes-sen der Verleiher und der Entleiher bei der Arbeitnehmerüberlassung, 1975; *Herbst/Krüger*, Einsatz von Fremdfirmen-Arbeitnehmern im Betrieb und Mög-lichkeiten der Gegenwehr für den Betriebsrat, AiB 1984, 167; *Hirsch-Kreinsen*, Leiharbeit in Maschinenbaubetrieben, WSI-Mitt. 1983, 283; *v. Hoyningen-Huene*, Subunternehmervertrag oder illegale Arbeitnehmerüberlassung?, BB 1985, 1669; *Hümmerich/Spirolke*, Allgemeiner Unterlassungsanspruch des Betriebsrats bei Betriebsänderung, BB 1996, 1986; *Hunold*, Die Rechtsprechung zum Direktionsrecht des Arbeitgebers, NZA 2001, 337; *Immenga*, Rechtsfolgen unzulässiger Leih-arbeitsverhältnisse, BB, 1972, 805; *Joost*, Zur Erlaubnispflicht und Strafbarkeit bei betriebsbedingten Arbeitnehmerüberlassungen, DB 1980, 161; *Kaiser*, Unerlaubte Arbeitnehmerüberlassung als moderne Form des Sklavenhandels, Kriminalistik 1981, 450; *Kaligin*, Tätigkeit von Bauunternehmen aus Polen und der CSFR in Deutschland, NZA 1992, 1111; *Kastleiner*, Leiharbeit – Krebsgeschwür in unserer Gesellschaft, SozSich 1981, 138; *Klöpper*, Werkvertragsarbeiten von Arbeitneh-mern aus Osteuropa im Rahmen von Regierungsabkommen, AiB 1993, 682; *Knigge*, Die Abstellung von Arbeitnehmern an eine baugewerbliche Arbeitsge-meinschaft, Diss. Freiburg 1976; *ders.*, Die Abstellung von Arbeitnehmern an eine baugewerbliche Arbeitsgemeinschaft, DB 1982, Beil. 4; *Konzen*, Arbeitsrechtliche Drittbeziehung – Gedanken über Grundlagen und Wirkungen der »gespaltenen Arbeitgeberstellung« –, ZfA 1982, 259; *Krüger*, Illegaler Arbeitskräfteverleih über Scheinwerkverträge, Mitbest. 1981, 245; *ders.*, Leiharbeit – Zur Entwicklung eines personalpolitischen Flexibilisierungs-Instruments, WSI-Mitt. 1987, 423; *ders.*, Verbot der Leiharbeit, 1986; *Leisten*, Einstweilige Verfügung zur Sicherung von Mitbestimmungsrechten beim Einsatz von Fremdfirmen, BB 1992, 266; *Leitner*, Arbeitnehmerüberlassung in der Grauzone zwischen Legalität und Illegalität, 1990; *ders.*, Abgrenzung zwischen Werkvertrag und Arbeitnehmerüberlassung, NZA 1991, 293; *Lembke*, Die »Hartz-Reform« des Arbeitnehmerüberlassungs-gesetzes, BB 2003, 98; *Leve*, Das Vermieten von Maschinen, SozArb 1972, 383; *Lorenz/Schwedes*, Das Beschäftigungsförderungsgesetz, DB 1985, 1077; *Ludewig*, Konjunktur im Menschenverleih, Mitbest. 1985, 250; *Marschall*, Gelöste und ungelöste Fragen der Arbeitnehmerüberlassung, RdA 1983, 18; *ders.*, Die Abgren-zung zwischen Werkvertrag und Arbeitnehmerüberlassung, ZfA 1984, 150; *Marschner*, Die Abgrenzung der Arbeitnehmerüberlassung von anderen Formen des Personaleinsatzes, NZA 1995, 668; *Martens*, Die Arbeitnehmerüberlassung im Konzern, DB 1985, 2144; *Maschmann*, Abordnung und Versetzung im Kon-zern, RdA 1996, 24; *Mastmann/Offer*, Ausgewählte Probleme der Leiharbeit, AuA 2005, 331; *dies.*; AuR 2005, 330; *Maurer/Herbert*, Das Arbeitsvermittlungsmonopol der Bundesanstalt für Arbeit im Lichte des nationalen und internationalen Rechts, NZA 1991, 416; *Mayer*, Der Schutz der Leiharbeitnehmer und das AÜG, AuR 1974, 353; *ders.*, Werkvertragsarbeitnehmer aus Osteuropa, BB 1993, 1428; *ders.*, Betriebliche Verteilung von Arbeitsplätzen – Die personalpolitische Bedeu-tung und Problematik von Flexibilisierungsstrategien am Beispiel der Leiharbeit, in: Jahrbuch für Sozialökonomie und Gesellschaftstheorie 1982, 218; *Mayer/Paasch*, Das Verbot der Leiharbeit im Baugewerbe unter dem Grundgesetz, BB 1984, 1943; *dies.*, Arbeitnehmer 2. Klasse, Leiharbeitsverbot und Beschäftigungs-praxis im Baugewerbe, 1986; *Mohr/Pomberg*, Die Änderung der Rechtsprechung zu der vermute-ten Arbeitsvermittlung nach dem Arbeitnehmerüberlassungs-gesetz, DB 2001, 590; *Mummenhoff*, Arbeitnehmerüberlassung bei Freigabe der Arbeitsvermittlung, DB 1992, 1982; *Nanninga*, Die Haftung im Rahmen der gewerbsmäßigen Arbeitnehmerüberlassung, AuB 1977, 266; *Osnabrügge*, Die sachgrundlose Befristung von Arbeitsverhältnissen nach § 14 II TzBfG, NZA 2003, 644; *Pallasch/Stekkermeier*, Freiheit der Arbeitsvermittlung und staatliches Monopol, NZA 1991, 913; *Pfau/Spiekermann/Wahsner u.a.*, Selbst ist der Mann? Zur Selbstständigkeit von Verkaufsfahrern, 1986; *Pfarr/Bothfeld/Bradtke/Kimmich/Schneider/Ullmann*, REGAM-Studie: Atypische Beschäftigung in den Betrieben – eingesetzt zur Umgehung des Kündigungsschutzes?, BB 2004, 602; *Pieroth*, Arbeitnehmerüberlassung unter dem Grundgesetz, 1982; *Ramm*, Die Aufspaltung der Arbeitgeberfunktionen (Leiharbeitsverhältnis, mittelbares Arbeitsverhältnis, Arbeitnehmerüberlassung und Gesamthafenverhältnis), ZfA 1973, 263; *ders.*, Eine Kritik des Arbeitnehmerüberlassungsgesetzes, DB 1973, 1170; *Reim*, Neue Flexibilität bei der Leiharbeit, ZTR 2003, 106; *ders.*, Neue Wege bei der Leiharbeit – Die Änderung des Arbeitnehmerüberlassungsgesetzes zum 1.1.2003, AiB 2003, 73; *ders.*, Gleichbehandlung von Leiharbeitnehmern, AiB 2005, 203; *Rieble/Gistel*, Konzernpersonaldienstleister und Gemeinschaftsbetrieb, NZA 2005, 242; *Röwekamp*, Verfassungsrechtliche Aspekte der neueren Entwicklung der Arbeitnehmerüberlassung, AuR 1984, 323; *Rüthers*, Mehr Beschäftigung durch Entrümpelung des Arbeitsrechts?, NJW 2003, 546; *Sandmann*, Illegale Arbeitnehmerüberlassung, Schwerwiegende Schäden, BABl. 1984, 12; *Schaub*, Die Abgrenzung der gewerbsmäßigen Arbeitnehmerüberlassung von Dienst- und Werkverträgen sowie sonstigen Verträgen der Arbeitsleistung an Dritte, NZA 1985, Beil. 3; *ders.*, Flexibilisierung des Personaleinsatzes, BB 1998, 2106; *Schönfeld*, Zeitarbeit – eine Branche im Umbruch, AuA 2003, 8; *Schubel*, Beschäftigungsförderungsgesetz und Arbeitnehmerüberlassung, BB 1985, 1606; *Schüren*, Tarifverträge ohne mitgliedschaftliche Legitimation – eine Skizze, Festschrift 50 Jahre Bundesarbeitsgericht, 877; *ders.*, Festschrift für Däubler, 99 ff.; *Schüren/Behrend*, Arbeitnehmerüberlassung nach der Reform, Risiken der neuen Freiheit, NZA 2003, 521; *Schüren/Riederer v. Paar*, Risiken nichtiger Tarifverträge in der Leiharbeit AuR 2004, 243; *Sohl/Bachner*, Die Neuregelung der Arbeitnehmerüberlassung im Baugewerbe, NZA 1994, 1063; *Spiolek*, Wer zahlt die Sozialversicherungsbeiträge bei illegaler Arbeitnehmerüberlassung, BB 1991, 1038; *Steinbach*, Gefährdungen der Leiharbeitnehmer durch Leiharbeit, WSI-Mitt. 1980, 263; *Ulber*, Rechtliche Grenzen des Einsatzes von betriebsfremden Arbeitnehmern und Mitbestimmungsrechte des Betriebsrats, AuR 1982, 54; *ders.*, Leiharbeit und Beschäftigungsinteressen, Mitbest. 1985, 339; *ders.*, Anm. zu BAG v. 28.6.2000, AuR 2001, 149; *ders.*, Von der vorübergehenden Arbeitnehmerüberlassung zur entgeltlichen Arbeitsvermittlung auf Dauer, AuR 2001, 453; *ders.*, Personal-Service-Agenturen und Neuregelung der Arbeitnehmerüberlassung, AuR 2003, 7; *Vielhaber*, Die Gewerbsmäßigkeit der Arbeitnehmerüberlassung, BB 1973, 384; *Waas*, Das so genannte »mittelbare Arbeitsverhältnis«, RdA 1993, 253; *Wagner*, Die werkvertragsbedingte Beschäftigung betriebsfremder Arbeitnehmer als Einstellung i.S.d. § 99 BetrVG, ArbuR 1992, 40; *Wagner/Ulber/Hinrichs*, »Moderner Sklavenhandel«, in: IGM (Hrsg.), Schriftenreihe der IGM Nr. 132, 1991; *Wank*, Die »neue Selbstständigkeit«, DB 1992, 90; *ders.*, Der neue Entwurf eines Arbeitsschutzgesetzes, DB 1996, 1134; *Weber*, Das aufgespaltene Arbeitsverhältnis, 1992; *Weinkopf*, Arbeitskräftepools – eine Alternative zur gewerblichen Leiharbeit?, WSI-Mitt. 1993, 569; *dies.*, Arbeitnehmerüberlassung aus der Sicht von Betriebsräten, BR-Info 1996, 200; *Weisemann*, Zulässige Arbeitsgemeinschaften nach der Neuregelung des AÜG, BB 1989, 907; *Wiese*, Beteiligungsrechte des Betriebsrats bei Drittbeziehungen des Arbeitgebers, NZA 2003, 1113; *Willemsen/Annuß*, Kostensenkung durch konzerninterne Arbeitnehmerüberlassung, BB 2005, 437; *Zumbeck*, »Ein Strohmann, Kein Verleiher«, Mitbestimmung 2005, 68.

§ 1 AÜG

I. Einleitung

1. Grundüberlegungen

1 § 1 legt die **Grundstrukturen zulässiger ANÜ** fest. Danach ist die gewerbsmäßige ANÜ grundsätzlich verboten, soweit der Verleiher sich nicht im Besitz einer besonderen Erlaubnis der BA befindet. Nichtgewerbsmäßige Formen der ANÜ bedürfen demgegenüber nicht der Erlaubnis. Veränderte wirtschaftliche Rahmenbedingungen, insbesondere das seit Anfang der 80er-Jahre veränderte Verständnis des Gesetzgebers von Funktion und Reichweite der Normen des Arbeitsschutzes, haben auch zu veränderten rechtlichen Rahmenbedingungen zulässiger gewerbsmäßiger und nichtgewerbsmäßiger ANÜ geführt (vgl. Einl. B.).

2 Während die auftretenden Missstände und Rechtsverstöße 1981 den Gesetzgeber veranlaßten, zumindest für den **Bausektor** ein **sektorales Verbot** anzuordnen und restriktivere Bestimmungen zur ANÜ zu erwägen, ist die Gesetzgebung seit Anfang der 80er Jahre dadurch gekennzeichnet, sowohl die Zulässigkeit des ANÜ-Gewerbes auszudehnen als auch die Einsatzmöglichkeiten von Leiharbeitnehmern auf Arbeitsplätzen in Drittbetrieben zu erweitern. Die hiermit verbundene **Einschränkung von Normen des Arbeitsschutzes** wird dabei teilweise soweit betrieben, dass das gesamte AÜG als Schutzgesetz auf die ANÜ keine Anwendung mehr finden soll (vgl. § 1 Abs. 3).
Neben der **Deregulierung gesetzlicher Normen** des Arbeitsschutzes findet auch eine zweite neue Grundlinie der Arbeitsschutzgesetzgebung seit Anfang der 80er Jahre in den gesetzlichen Normen zur ANÜ ihren Niederschlag. Vormals zwingende Normen des Arbeitsschutzes werden im Rahmen des arbeitsrechtlichen Normensystems zur Disposition der Tarifvertrags- oder Betriebsparteien gestellt (zum Problem von Flexibilisierung und arbeitsrechtlichem Normensystem vgl. *Buschmann/Ulber* 1989, 25 ff.) oder vollständig aufgelöst. Durch das Erste Gesetz für moderne Dienstleistungen am Arbeitsmarkt (v. 23. 12. 2002, BGBl. I S. 4607) wurden vormals zum Schutz des LAN bestehende Vorschriften aufgehoben (vgl. Einl. B Rn. 52 ff.) und in § 9 Nr. 2 die Möglichkeit eröffnet, die gesetzlichen Mindestarbeitsbedingungen für LAN durch einen TV zur ANÜ vollständig aufzuheben oder zu unterschreiten. Daneben wird die Zulässigkeit bestimmter Formen der ANÜ teilweise vom Vorliegen eines Tarifvertrags abhängig gemacht (z. B. im Baugewerbe; vgl. § 1b Satz 2) und die Möglichkeit eröffnet, über den Abschluss von TV zur ANÜ die Geltung des AÜG vollständig aufzuheben (§ 1 Abs. 3 Nr. 1).

3 Auch die **Aufhebung des staatlichen Arbeitsvermittlungsmonopols** (vgl. Einl. D. Rn. 2 ff.) veränderte mittelbar die Rahmenbedingungen zulässiger ANÜ, da ein wesentlicher Schutzzweck des AÜG, das Arbeitsvermittlungsmonopol der BA nach § 4 AFG a. F. zu sichern nicht mehr wie bei Erlass des AÜG gegeben ist. Da es der Gesetzgeber insoweit unterlassen hat, die Vorschriften des AÜG an die geänderten vermittlungsrechtlichen Bestimmungen anzupassen (vgl. *Bauer*, NZA 1995, 203) sind insbesondere im Zusammenhang mit der Aufhebung des § 13 a. F. erhebliche Probleme und Wertungswidersprüche bei der Anwendung des Gesetzes entstanden (vgl. Einl. D. Rn. 47 ff.).

2. Entstehungsgeschichte

§ 1 Abs. 1 Satz 1 war schon im Regierungsentwurf eines Gesetzes zur Regelung **4** der gewerbsmäßigen ANÜ (BR-Ds. 200/71, BT-Ds. VI/2303) enthalten, ihre heutige Fassung hat die Norm durch Art. 63 Nr. 3 Buchst. a AFRG vom 24. 3. 1997 (BGBl. I S. 594) erhalten. § 1 Abs. 1 Satz 2 wurde mit dem Siebten Gesetz zur Änderung des Arbeitsförderungsgesetzes vom 20. 12. 1985 (BGBl. I S. 2484) in das Gesetz eingefügt. Zurück geht die Vorschrift auf entsprechende Forderungen der Bauwirtschaft, die nach Verabschiedung des sektoralen Verbots des § 1b die Notwendigkeit sah, über die nach § 9 BRTV bestehenden Möglichkeiten der Freistellung hinaus (vgl. Einl. C. Rn. 142) die Betätigungsmöglichkeiten von Argen zu erweitern (vgl. BT-Ds. 10/4211, S. 33). Abs. 1 wurde durch das Erste Gesetz für moderne Dienstleistungen am Arbeitsmarkt (v. 23. 12. 2002, BGBl. I S. 4607) um Satz 3 ergänzt, der eine gemeinschaftsrechtliche geforderte Sonderregelung für Arbeitgeber mit Sitz in einem EWR-Mitgliedstaat, die sich an einer ARGE beteiligen, enthält (vgl. EuGH v. 25. 11. 2001 – Rs. C-493/99 – AP Nr. 3 zu Art. 49 EGV).

Abs. 2 trat ebenfalls von seinen Grundaussagen her mit der Verabschiedung des **5** Siebten Gesetzes zur Änderung des Arbeitsförderungsgesetzes in Kraft, wobei aufgrund der Beratungen des Ausschusses für Arbeit und Sozialordnung vom 9. 6. 1972 (BT-Ds. VI/3505) **keine Abgrenzungskriterien** zu Werkvertrag und ANÜ in das Gesetz aufgenommen wurden. Eine eher redaktionelle Klarstellung des Abs. 2 wurde durch das Beschäftigungsförderungsgesetz 1985 (BeschFG 1985; BGBl. I S. 710) vorgenommen, in dem die vormals enthaltenen Worte »weder« und »noch« durch die Worte »nicht« und »oder« ersetzt wurden. Mit der Änderung wurde der vormals bestehende Meinungsstreit, ob die in Abs. 2 aufgeführten Fallgestaltungen kumulativ oder alternativ vorliegen müssen, dahin gehend beendet, dass das Vorliegen einer der drei Tatbestandsalternativen ausreicht, um den Vermutungstatbestand zu erfüllen (vgl. die amtl. Begr. zum Gesetzentwurf v. 11. 10. 1984, BT-Ds. 10/2102, S. 32).
Eine von ihrem materiellen Gehalt her wesentliche Änderung brachte die mit dem 1. SKWPG beschlossene **Anhebung der Überlassungsdauer** auf neun Monate, die gem. Art. 6 § 3a Abs. 1 zunächst nur bis zum 1. 1. 2001 befristet war und anschließend wieder verkürzt auf drei Monate gelten sollte. Durch Aufhebung des Art. 6 § 3a in Art. 63 Nr. 15 AFRG sowie durch die gleichzeitige Erhöhung der **Höchsteinsatzdauer auf zwölf Monate** (Art. 63 Nr. 7 Buchst. e AFRG) wurde Abs. 2 redaktionell durch Art. 63 Nr. 3 Buchst. b der neuen Gesetzeslage angepasst. Nicht angepasst wurde die Vorschrift demgegenüber im Zusammenhang mit der Anhebung des Höchstüberlassungszeitraumes auf 24 Monate durch Art. 7 Nr. 1 des Job-AQTIV-Gesetzes (vgl. Rn. 194). Durch das Erste Gesetz für moderne Dienstleistungen am Arbeitsmarkt (v. 23. 12. 2002, BGBl. I S. 4607) wurde Abs. 2 wegen der gleichzeitig vorgenommenen Aufhebung des § 3 Abs. 1 Nr. 3–6 a. F. neugefasst.

Abs. 3 wurde durch das am 1. 1. 1985 in Kraft getretene BeschFG 1985 auf Vor- **6** schlag des Ausschusses für Arbeit und Sozialordnung (vgl. BT-Ds. 10/3206, S. 32 f.) neu in das Gesetz eingefügt. Nach Ansicht des Ausschusses rechtfertigt sich Abs. 3 Nr. 2 daraus, dass eine soziale Gefährdung von Leiharbeitnehmern im **Konzern** nicht gegeben sei; Abs. 3 Nr. 1 sei bei einem beschäftigungspolitisch begründeten **Personalaustausch** zur Vermeidung von Entlassungen gerechtfertigt, sozialen Missständen und Umgehungen werde durch die Notwendigkeit tarifvertraglicher Regelungen ausreichend vorgebeugt (ebd.). Durch Art. 63 Nr. 3 Buchst. c aa AFRG wurde durch den Zusatz »mit Ausnahme des § 1b« vom Gesetzgeber klargestellt, dass **Betriebe des Baugewerbes** von den Ausnahmevorschriften des Abs. 3 grundsätzlich ausgenommen sind. Gleichzeitig wurden Nr. 1 und 2 redaktionell geändert und Nr. 3, die eine Sonderregelung zur Auslandsüberlassung in **Gemeinschaftsunternehmen** auf der Grundlage zwischenstaatlicher Vereinbarungen enthält, neu in das Gesetz eingefügt. Durch Art. 18 Nr. 1 des 1. SGB-III-ÄndG wurde der Einleitungssatz des Abs. 3 um die Worte »§ 16 Abs. 1 Nr. 1b, Abs. 2 bis 5 sowie der §§ 17 und 18« ergänzt, gleichzeitig wurde die vormalige Fassung »§ 1b« durch die jetzige Fassung »§ 1b Satz 1« ersetzt.

3. Struktur des § 1

7 Der **Regelungsinhalt** des § 1 bezieht sich auf gewerberechtliche, vermittlungsrechtliche sowie arbeitsrechtliche Aspekte der ANÜ. Er enthält daneben auch wichtige Anhaltspunkte zur **Abgrenzung** der ANÜ zu anderen Schuldverhältnissen, insbesondere zum Werkvertrag. Dem Beziehungsgeflecht zwischen den verschiedenen Rechtsmaterien, die bei der Beantwortung von rechtlichen Fragen im Zusammenhang mit der ANÜ zu beachten sind, tragen dabei weder § 1 noch die sonstigen Vorschriften zur ANÜ ausreichend Rechnung. Das Gesetz zeigt aber an verschiedenen Stellen, dass ein Verstoß gegen arbeitsrechtliche Normen gleichzeitig Auswirkungen auf die Zulässigkeit des Gewerbes hat (z.B. § 3 Abs. 1 Nr. 1 bis 3 hinsichtlich der Erlaubnis), dass umgekehrt die Nichteinhaltung gewerberechtlicher Vorschriften die Wirksamkeit der Arbeits- und Unternehmensverträge berührt (z.B. §§ 1 Abs. 1 Satz 1, 9 Nr. 1, 10 Abs. 1) und dass Verstöße gegen gewerberechtliche Bestimmungen gleichzeitig vermittlungsrechtliche Auswirkungen haben (§§ 3 Abs. 1, 1 Abs. 2).

8 Schon bei Betrachtung der arbeitsrechtlichen Folgen gewerberechtlicher Verstöße des Verleihers (§§ 3 Abs. 1 Nr. 2, 1 Abs. 2 im Hinblick auf § 10; vgl. Einl. D. Rn. 47 ff.) zeigt sich, dass gesetzgeberische **Regelungsdefizite** vorhanden sind, die im Wege der Auslegung und Analogiebildung behoben werden müssen (grundsätzlich krit. gegenüber der Gesetzeskonzeption *Becker*, ZIP 1984, 782). Die **Aufhebung des staatlichen Arbeitsvermittlungsmonopols** bei Beibehaltung der textlichen Fassung der § 1 Abs. 1 erhöht und verbreitert die hiermit verbundenen Anwendungsprobleme. Soweit demgegenüber die Auffassung vertreten wird, dass eine nähere Reglementierung der arbeitsrechtlichen Bestimmungen zur ANÜ auf Grund der allgemeinen Regeln des BGB überflüssig sei (*Sandmann/ Marschall*, Art. 1 § 9 Anm. 2), ist dies schon deshalb unzutreffend, weil der grundlegende **Unterschied zum Normalarbeitsverhältnis** nach den Vorschriften des BGB – nämlich die Übertragbarkeit des Weisungsrechts (§ 613 Satz 2 BGB) – im AÜG überhaupt nicht geregelt wird.

9 Die vor dem mit dem AFRG beschlossenen Änderungen im AÜG vorgenommene Überbetonung vermittlungsrechtlicher Aspekte und die aus sozialpolitischer Sicht bedenklich **rudimentäre arbeitsrechtliche Reglementierung** (*Becker/Wulfgramm*, Einl. Rn. 121) machen es erforderlich, im Bereich des AÜG häufiger als in anderen Rechtsgebieten Rückgriff auf die Schutzzwecke des Gesetzes bzw. der jeweils anwendbaren Norm zu nehmen. Bei den unterschiedlichen Schutzzwecken der Einzelnormen ist dabei generell zu berücksichtigen, dass das **AÜG aus Gesichtspunkten des Arbeitnehmerschutzes konzipiert** ist und daher den grundsätzlich zwingenden Normen des gesetzlichen Arbeitsschutzes zuzuordnen ist (begrifflich brachte dies z.B. der Referentenentwurf des BMA v. 10.12.1970 für ein »Gesetz zum Schutz von Leiharbeitnehmern« – vgl. hierzu *Bogs*, BB 1971, 277 – besser zum Ausdruck). Soweit individuelle oder kollektive Interessen der Arbeitnehmer berührt sind, gebietet dies eine **restriktive Interpretation der Normen**. Das Gesetz steckt daneben auch die Grenzen ab, die der Vertragsfreiheit im Rechtsverkehr und der Ausübung von Ermessen im Rahmen von Entscheidungen der Erlaubnisbehörde gesetzt sind.

4. Grundlegende Zielsetzungen

Generell soll das AÜG der Zielsetzung dienen, »bei der ANÜ Verhältnisse herzustellen, die den **Anforderungen des sozialen Rechtsstaats** entsprechen und eine Ausbeutung der betroffenen Arbeitnehmer ausschließen« (vgl. auch Begründung des Regierungsentwurfes v. 15.6.1971, BT-Ds. VI/2303, S. 9). Um dies sicherzustellen, wurde in § 1 Abs. 1 ein generelles **Verbot der ANÜ mit Erlaubnisvorbehalt** eingeführt. Der Erlaubnis kommt hierbei auch die Funktion zu, die Einhaltung der Rechte des Arbeitnehmers aus dem Arbeitsverhältnis sicherzustellen und illegale Formen der Beschäftigung präventiv zu verhindern. **10**

Daneben hat die Erlaubnis eine arbeitsmarkt- und beschäftigungspolitische Funktion. Sie soll verhindern, dass **Dauerarbeitsplätze** bei Entleihern von Zeitarbeitnehmern eingenommen werden (*BAG* v. 8.11.1978 – 5 AZR 261/77 – AP Nr. 2 zu § 1 AÜG) und Arbeitgeber auf die Beschäftigung von Leiharbeitnehmern ausweichen, um sich ihrer arbeitsrechtlichen Verpflichtungen gegenüber dem Stammpersonal zu entziehen (vgl. Bericht des Abgeordneten *Jaschke*, BT-Ds. VI/3505). Das *BVerfG* hatte die Aufhebung des Verbots gewerbsmäßiger ANÜ in seiner Entscheidung vom 4.4.1967 – 1 BvR 84/65 – (vgl. Einl. B. Rn. 28f.) sogar auf die Annahme gestützt, dass »dafür, dass in Betrieben längere Zeit hindurch fremde Arbeitnehmer tätig sind, die ihnen von anderen Unternehmen überlassen sind, weiterhin nur zu diesem Unternehmen in Rechtsbeziehung stehen und der Weisungsbefugnis des Unternehmens, in dessen Betrieb sie tatsächlich arbeiten, nicht unterstehen, kaum eine Lebenserfahrung spricht«. Daher erstreckt sich hinsichtlich des verfassungsrechtlichen Gebots einer Zulassung gewerbsmäßiger Formen der ANÜ die **Bindungskraft** der Entscheidung nach § 31 BVerfGG nur auf solche Formen der ANÜ, bei denen **aushilfsweise kurzfristige Personalengpässe** überbrückt werden sollen. **11**

Neben der **Schutzfunktion** der Erlaubnis für den **Erhalt von Dauerarbeitsplätzen** in den Einsatzbetrieben soll die Erlaubnis sichern, dass der **Bestandsschutz des Arbeitsverhältnisses** des betroffenen Leiharbeitnehmers eingehalten wird. Zwar beschränkt sich die verfassungsrechtlich gebotene Zulassung gewerbsmäßiger ANÜ auf der Grundlage des Urteils des *BVerfG* vom 4.4.1967 ohnehin nur auf Fälle, »in denen die Arbeitskraft solcher Arbeitnehmer mobilisiert wird, die aus verschiedenen Gründen **keine Dauerstellung**, auch nicht für eine Teilzeitbeschäftigung, annehmen können oder wollen«; im Hinblick auf die Arbeitsvermittlung kann jedoch eine Erlaubnis zur ANÜ nur in Betracht kommen, wenn die **Arbeitsverträge** der Leiharbeitnehmer grundsätzlich **unbefristet** und in ihrer Laufzeit nicht von Einsatzmöglichkeiten bei Entleihern abhängig sind (vgl. § 9 Rn. 304ff.). **12**

In **gewerberechtlicher Hinsicht** hat die Erlaubnis die Funktion, den Verleiher von dem grundsätzlich bestehenden Verbot gewerbsmäßiger ANÜ zu befreien, wenn keinerlei Bedenken bestehen, dass er die Bestimmungen des AÜG und die hiermit verfolgten Schutzzwecke zuverlässig einhalten wird. Seit der Zulassung **13** privater Arbeitsvermittlung gehört hierzu auch, dass eine klare **Abgrenzung der Tätigkeit als Arbeitsvermittler und als Verleiher** gewährleistet ist (*Schüren/Hamann*, § 1 Rn. 30). Die führe Funktion der Erlaubnis zur Sicherung des Arbeitsvermittlungsmonopols der BA besteht daher nunmehr auch hinsichtlich der Einhaltung vermittlungsrechtlicher Vorschriften zur privaten Arbeitsvermittlung. Da durch die Erlaubnispflicht generell Missbrauchs- und Umgehungsformen zum AÜG vorgebeugt werden sollen, besteht die Funktion der Erlaubnis bei sog. **Mischunternehmen** (vgl. § 3 Rn. 57, 60) auch darin, eine klare Abgrenzung der Tätigkeit des Unternehmens als Verleiher und sonstiger gewerblicher Betätigungsformen sicherzustellen.

II. Die gewerbsmäßige Arbeitnehmerüberlassung (§ 1 Abs. 1 Satz 1)

1. Definition der Arbeitnehmerüberlassung

14 Neben der Anordnung der Erlaubnispflicht enthält **Abs. 1** eine **Legaldefinition der ANÜ**. ANÜ liegt danach vor, wenn ein Arbeitgeber (Verleiher, Entsendebetrieb, vgl. Rn. 268) gewerbsmäßig, d.h. mit Gewinnerzielungs- und Wiederholungsabsicht (vgl. Rn. 148 ff.), Arbeitnehmer (Leiharbeitnehmer, Fremdfirmenbeschäftigte, vgl. Einl. A. Rn. 3) Dritten (Entleihern, Einsatzbetrieben, vgl. § 3 Rn. 19) zur (fremdbestimmten) Arbeitsleistung überlässt. ANÜ setzt daher begrifflich immer die Beteiligung von drei Rechtssubjekten voraus. Der Einsatz eines Arbeitnehmers in eine andere Betriebsstätte desselben Arbeitgebers stellt von vornherein keine ANÜ dar (*Boewer*, DB 1982, 2033), ebenso wie der Selbstverleih von Einzelpersonen oder Kolonnen, die als Arbeitsverhältnis zum Einsatzbetrieb zu bewerten sind (*Boemke*, § 1 Rn. 11; *Schüren/Hamann*, § 1 Rn. 32; *Thüsing/Waas*; § 1 Rn. 27; *Hammacher*, BB 1997, 1686). Abs. 1 ist **nicht abdingbar**, sodass in allen Fällen, in denen die Begriffsmerkmale erfüllt sind, auch unabhängig vom Willen der Betroffenen oder etwaigen Inhalten von Vertragsurkunden ANÜ vorliegt.

15 Daneben stellt Abs. 1 klar, dass § 613 Satz 2 BGB, nach dem der Anspruch des Arbeitgebers auf die Arbeitsleistung im Zweifel nicht auf Dritte übertragen werden kann, der Zulässigkeit von ANÜ nicht entgegensteht, soweit die sonstigen arbeitsvertraglichen Voraussetzungen erfüllt sind (vgl. Rn. 37, 263).

16 Ob die ANÜ gewerbsmäßig betrieben wird und nach welchen Grundsätzen die **Abgrenzung** von anderen Formen des drittbezogenen Personaleinsatzes zu erfolgen hat (vgl. Einl. C. Rn. 33 ff.), ist im Gesetz nicht geregelt. Für eine gewerbsmäßige ANÜ i.S.d. § 1 Abs. 1 Satz 1 müssen grundsätzlich Folgende **Voraussetzungen** erfüllt sein:
1. Es muss ein Arbeitsverhältnis zwischen einem Arbeitgeber und einem Arbeitnehmer vorliegen (**Leiharbeitsvertrag**, vgl. Rn. 29 ff.).
2. Es muss eine vertragliche Beziehung zwischen dem Arbeitgeber und einem Dritten bestehen, auf dessen Grundlage der Leiharbeitnehmer dem Dritten zur Arbeitsleistung überlassen wird (**ANÜ-Vertrag**, vgl. Rn. 130 ff.).
3. Der Arbeitnehmer muss auf Grund des Arbeitsvertrages seine Arbeitsleistung beim Dritten **tatsächlich erbringen**.
4. Die tatsächliche Überlassung muss **gewerbsmäßig** erfolgen.
5. Es darf **keine Arbeitsvermittlung** (vgl. Einl. D. Rn. 4, 8 ff.) vorliegen.

2. Arbeitsrechtliche Voraussetzungen der Arbeitnehmerüberlassung

Ob ANÜ i.S.d. § 1 Abs. 1 Satz 1 vorliegt, beurteilt sich in erster Linie danach, **17** ob ein Arbeitgeber tätig wird, um **Arbeitnehmer Dritten zur Arbeitsleistung zu überlassen.** Hiermit wird zunächst klargestellt, dass trotz der Wahrnehmung **partieller Arbeitgeberfunktionen** durch den Entleiher arbeitsvertragliche Beziehungen nur zwischen den Vertragsparteien des Arbeitsvertrages bestehen. Die früher vertretene Auffassung zum sog. **Doppelarbeitsverhältnis** (vgl. *Nikisch,* Bd. I, S. 244) oder zur Arbeitgeberstellung des Entleihers auf Grund tatsächlicher Eingliederung hat damit in der gesetzlichen Regelung keinen Niederschlag gefunden (*Schüren/Hamann,* § 1 Rn. 6). Dass dem Entleiher auf Grund des ANÜ-Vertrages mit dem Verleiher das Recht zusteht, im Rahmen der Erfüllung von Leistungspflichten das Direktionsrecht auszuüben, bewirkt nicht das Zustandekommen des Arbeitsvertrages zum Entleiher. Dies würde auch dem **Geschäftswillen des Arbeitnehmers** bei Abschluss des Arbeitsvertrages widersprechen, ein dauerhaftes Arbeitsverhältnis zu seinem ANÜ ausübenden Vertragsarbeitgeber begründen zu wollen (*Immenga,* BB 1972, 808). Das AÜG hat insoweit spezialgesetzlich geregelt (§§ 10 Abs. 1, 1 Abs. 2), in welchen Fällen der Geschäftswille der Parteien des Arbeitsvertrages hinter sonstigen Schutzzwecken des Gesetzes zurückzustehen hat.

Da der **ANÜ-Vertrag** ausschließlich Rechte und Pflichten zwischen den Vertrags- **18** parteien begründet, kann er auch **keine arbeitsvertragliche Bindung des Arbeitnehmers** (an Dritte) **zum Entleiher** herstellen. Ein Vertrag zulasten Dritter ist auch im Wege der ANÜ nicht zulässig. Vielmehr kann die Befugnis eines Dritten (Entleiher), Arbeitgeberbefugnisse ohne arbeitsvertragliche Grundlage auszuüben, nur auf der Grundlage eigenständiger vertraglicher Verpflichtungen des Arbeitnehmers begründet werden. Diese Grundlage wird durch den Leiharbeitsvertrag mit dem Vertragsarbeitgeber (Verleiher) dadurch geschaffen, dass dieser im Unterschied zur gesetzlichen Grundkonzeption des Weisungsrechts (vgl. § 613 Satz 2 BGB) befugt ist, das **Weisungsrecht auf den Dritten zu übertragen.** Mit dieser vertraglichen Absprache wollen die Arbeitsvertragsparteien nicht den synallagmatischen Charakter von Arbeitsleistung und Vergütung nach § 611 Abs. 1 BGB durchbrechen. Vielmehr soll der Arbeitnehmer mit der Arbeitsleistung bei Entleihern auch seine vertraglichen Pflichten gegenüber dem Vertragsarbeitgeber erfüllen und hierdurch den Vergütungsanspruch auslösen (§ 362 Abs. 2 BGB). Der Arbeitsvertrag stellt dabei gleichzeitig einen **unechten Vertrag zugunsten Dritter** (potenzielle Entleiher) dar (*Becker/Wulfgramm,* § 11 Rn. 59; *Urban-Crell/Schulz,* Rn. 20). Ein eigenständiges Recht des Entleihers, die Arbeitsleistung unmittelbar vom Leiharbeitnehmer zu verlangen, ist hiermit nicht verbunden (*Becker/Wulfgramm,* Einl. Rn. 13; *Hempel,* 161 ff.; *Schaub,* § 120 Rn. 66 ff.). Dies würde auch dem Interesseund der Befugnis des Verleihers widersprechen, den verliehenen Arbeitnehmer jederzeit gegen einen anderen Arbeitnehmer **auszutauschen** (s.a. *Schüren/Schüren,* Einl. Rn. 131).

Demgegenüber wird in der Literatur z.T. die Auffassung vertreten, dass der **19** **Arbeitsvertrag mit dem Verleiher** gleichzeitig eine primäre Leistungspflicht des Arbeitnehmers zugunsten des gewerblichen Entleihers begründet und rechtlich als echter **Vertrag zugunsten Dritter** zu qualifizieren sei (ErfK/*Wank,* Einl. AÜG Rn. 52; *Schüren/Schüren,* Einl. Rn. 141). Dem Verleiher fiele dabei nach § 335 BGB ein einseitiges Forderungsrecht auf die Arbeitsleistung zu. Diese Auffassung legt dem **Geschäftswillen der Parteien** des Arbeitsvertrages einen Inhalt bei, der zumindest ohne ausdrückliche Vereinbarung bei Leiharbeitnehmern nicht unterstellt werden kann. Wie sich aus § 613 Satz 2 BGB ergibt (vgl. Rn. 34 ff.), kann eine Verpflichtung des Arbeitnehmers, unter dem **Weisungsrecht** eines Dritten zu arbeiten, nur mit dessen ausdrücklicher Zustimmung begründet werden. Der Erklärungsgehalt bezieht sich dabei ausschließlich auf die **tatsächliche Ausübung** des Weisungsrechts, die vertraglichen Beziehungen ausschließlich zum Verleiher und die damit verbundene Hauptleistungspflicht zur Erbringung der Arbeit bleiben hiervon unberührt. Würde man bei der ANÜ einen Vertrag zu Gunsten Dritter uneingeschränkt für zulässig erachten, wäre § 613 Satz 2 BGB jedoch überflüssig. Nach ihrem Zweck beschränkt die Vorschrift die Rechte des Arbeitgebers, den Arbeitnehmer zur Arbeitsleistung bei einem Dritten zu verpflichten, sie räumt jedoch nicht umgekehrt dem Dritten ein eigenes Recht ein, die Arbeitsleistung unmittelbar vom LAN zu verlangen. Auch hinsichtlich der Ansprüche des Dritten bei **Leistungsstörungen** kann ein Vertrag zugunsten Dritter nur angenommen werden, wenn der diesbezügliche Geschäftswille der Vertragsparteien deutlich zum Ausdruck kommt. Insoweit kann nicht unterstellt werden, dass sich der Arbeitnehmer bei Abschluss des Arbeitsvertrages verpflichten wollte, bei Leistungsstörungen Schuldner von Ansprüchen eines Dritten aus §§ 280 ff. BGB bzw. aus pVV sein zu wollen (vgl. hierzu Palandt-*Heinrichs*, § 328 Rn. 5). Daneben ist bei der ANÜ zu berücksichtigen, dass die Person des Dritten bei Abschluss des Vertrages nicht feststeht und ständig wechseln kann. Zwar ergibt sich aus § 332 BGB, dass den Versprechensempfängern die Befugnis eingeräumt werden kann, die **Person des Dritten** ständig zu ändern. Entgegen *Schüren/Schüren*, (Einl. Rn. 142) kann hieraus jedoch nicht der Schluss gezogen werden, die arbeitsvertraglichen Pflichten zwischen Versprechensempfänger und Versprechendem würden bei Leiharbeitnehmern dahin erweitert, dass der jeweilige Dritte einen Anspruch auf die Arbeitsleistung erhalte. Vielmehr zeigt der Wortlaut des § 332 BGB gerade, dass **die Person des Dritten vertraglich identifizierbar** »bezeichnet« sein muss und gerade nicht in einer unbestimmten Vielzahl möglicher späterer Vertragsparteien des Arbeitgebers als Versprechensempfänger bestehen darf (vgl. auch § 328 Abs. 2 BGB).

a) Arbeitgeberstellung des Verleihers

20 **Verleiher** kann grundsätzlich jede natürliche oder juristische Person des privaten wie öffentlichen Rechts sein (*Boemke*, § 1 Rn. 18; *Schüren/Hamann*, § 1 Rn. 47; *Thüsing/Waas*, § 1 Rn. 39). Die **Arbeitgeberstellung des Verleihers** ist nach § 1 Abs. 1 Satz 1 Voraussetzung dafür, dass das grundsätzlich bestehende Verbot gewerbsmäßiger ANÜ für einen Verleiher durch die Erteilung der Erlaubnis aufgehoben werden kann. Kommt einem Verleiher, d.h. demjenigen, der auf Grund des Überlassungsvertrages mit einem Dritten die Überlassung von Arbeitnehmern schuldet, nicht eine Arbeitgeberstellung zu, liegt keine nach § 1 Abs. 1 Satz 1 zulässige ANÜ vor. Die Arbeitgeberstellung des Verleihers muss dabei rechtlich hinsichtlich aller Hauptleistungspflichten aus dem Arbeitsverhältnis gegeben sein. Die befristete Entsendung von Arbeitnehmern zu anderen Arbeitgebern unter **Vereinbarung eines ruhenden Arbeitsverhältnisses** mit gesicherter Rückkehrmöglichkeit und **gleichzeitiger Begründung eines befristeten Arbeitsverhältnisses** zum anderen Arbeitgeber (vgl. hierzu *BAG* v. 22.3.1985 – 7 AZR 487/84 – AP Nr. 89 zu § 620 Befristeter Arbeitsvertrag; v. 28.8.1996 – 7 AZR 849/95) erfüllt nicht den Tatbestand einer ANÜ. Der **Strohmann** (vgl. § 3 Rn. 23), der selbst nicht

Arbeitgeber ist, kann nicht Verleiher i.S.d. Vorschrift sein, sondern ist als Vermittler zu behandeln (*Behrend*, BB 2001, 2644; a.A. *Boemke*, § 1 Rn. 18; *Thüsing/Waas*, § 1 Rn. 39). Auch ein **Ketten- oder Zwischenverleih** ist ausgeschlossen, da dem Verleiher in diesem Fall die Arbeitgeberstellung nur partiell aus seiner Stellung als gleichzeitiger Entleiher zukommt, ein Entleiher jedoch nicht in arbeitsvertraglichen Beziehungen zum Leiharbeitnehmer steht (*Schüren/Hamann*, § 1 Rn. 52; a.A. *Becker/Wulfgramm*, Art. 1 § 1 Rn. 49d, die den Mehrfachverleih als Problem der Nichtübernahme der üblichen Arbeitgeberpflichten i.S.v. Abs. 2 behandeln; unklar: *Schüren/Schüren*, Einl. Rn. 281). Soweit *Boemke* (§ 1 Rn. 12) den Kettenverleih für zulässig erachtet, wenn der Erstentleiher im Besitz der Erlaubnis zur ANÜ ist, weil es für die Arbeitgeberstellung des Verleihers ausreiche, dass er zur Übertragung des arbeitsrechtlichen Weisungsrechts befugt sei, steht dies im Widerspruch zu Abs. 2 der die Übernahme der üblichen Arbeitgeberpflichten und des Arbeitgeberrisikos ausdrücklich als Verpflichtung des »Überlassenden« vorschreibt.

Ob der Verleiher Arbeitgeber und der Leiharbeitnehmer Arbeitnehmer ist, beurteilt sich nach arbeitsrechtlichen Grundsätzen (*Becker/Wulfgramm*, Art. 1 § 1 Rn. 5; *Sandmann/Marschall*, Art. 1 § 1 Anm. 6, 7). Arbeitgeber ist danach, wer zumindest eine andere Person als Arbeitnehmer beschäftigt, wobei es im Rahmen der ANÜ unbeachtlich ist, dass der Verleiher den Leiharbeitnehmer nicht selbst beschäftigt, sondern die tatsächliche Beschäftigung im Rahmen der Überlassung bei Dritten erfolgt. **21**

Aus der Arbeitgebereigenschaft des Verleihers folgt, dass ihn sowohl alle **arbeitsrechtlichen als auch sozialrechtlichen Pflichten** treffen, die an die Arbeitnehmereigenschaft anknüpfen (*Becker*, ZIP 1984, 782).

b) Arbeitnehmereigenschaft des Leiharbeitnehmers

Die Anwendung des AÜG setzt voraus, dass die **Tätigkeit** der zur Arbeitsleistung verpflichteten Person die **eines Arbeitnehmers** ist (*BAG* v. 9.11.1994 – 7 AZR 217/94 – AP Nr. 18 zu § 1 AÜG). Auch **Gruppenarbeitsverhältnisse** können daher im Rahmen gewerbsmäßiger ANÜ begründet werden (*Schüren/Hamann*, § 1 Rn. 35) **Selbstständige** können nicht als Leiharbeitnehmer i.S.d. AÜG an Dritte überlassen werden. **22**

Ungeachtet der kontroversen Diskussion um den **Arbeitnehmerbegriff** ist Arbeitnehmer, wer auf Grund eines privatrechtlichen Vertrages im Dienste eines anderen zu fremdbestimmter Arbeit in persönlicher Abhängigkeit verpflichtet ist (st. Rspr.; vgl. *BAG* v. 10.4.1991 – 4 AZR 467/90 – AP Nr. 54 zu § 611 BGB Abhängigkeit). Danach scheiden für ANÜ von vornherein Personen aus, die in **einem öffentlich-rechtlichen Dienst- und Treueverhältnis** stehen (Beamte, Soldaten, Richter oder auch Strafgefangene). Ob i.ü. die Arbeitnehmereigenschaft von Beschäftigten gegeben ist, beurteilt sich ausschließlich nach **objektiven Kriterien**, entgegenstehende Parteivereinbarungen sind unbeachtlich (*BAG* v. 22.6.1994 – 7 AZR 506/93 – EzAÜG § 13 AÜG Nr. 4).

Soweit **Personen auf mitgliedschaftlicher Basis** ihre Arbeitsleistung erbringen (zu den sog. Schwestern-Gestellungsverträgen vgl. Einl. C. Rn. 102), sind sie keine Arbeitnehmer (*BAG* v. 6.7.1995 – 5 AZB 9/93). ANÜ scheidet in diesen Fällen aus (*Sandmann/Marschall*, Art. 1 § 1 Anm. 7; *Schüren/Hamann*, § 1 Rn. 45; differenzierend *Boemke*, § 1 Rn. 24). Allerdings darf die **Begründung vereinsrechtlicher Arbeitspflichten** nicht zur Umgehung zwingender arbeitsrechtlicher **23**

Schutzbestimmungen führen (*BAG*, a.a.O.). Dies ist anzunehmen, wenn der Zweck eines Vereins sowie die Satzung und die darauf beruhende vereinsrechtliche Stellung des Mitgliedes dazu dienen, die Rechtsbeziehungen zwischen Mitglied und Verein dem Arbeitsrecht zu entziehen und keine darüber hinausgehenden gemeinnützigen Zwecke verfolgt werden. Werden etwa **Beschäftigungsgesellschaften** in Form des eingetragenen Vereins tätig, sind die zur Arbeitsleistung verpflichteten Personen auch dann Arbeitnehmer, wenn sie zur Arbeitsleistung schon auf Grund der Vereinssatzung verpflichtet sind. Die auf dem Gesellschaftsvertrag beruhende Tätigkeit von Gesellschaftern oder von Organen juristischer Personen sowie die Tätigkeit von Vereinsmitgliedern auf Grund der Vereinszugehörigkeit begründet grundsätzlich keine Arbeitnehmerstellung (zum Arbeitnehmerstatus eines Gesamtprokuristen trotz Bestellung als Mitgeschäftsführer vgl. *BAG* v. 13.7. 1995 – 5 AZB 37/94 – DB 1995, 2271) und scheidet daher als Grundlage einer ANÜ aus.

24 Ob **Auszubildende** Arbeitnehmer sind, ist zwar außerhalb des BetrVG (vgl. § 5 Abs. 1 BetrVG) umstritten (vgl. DKK–*Trümner*, § 5 Rn. 99 m.w.N.); die praktische Tätigkeit von Auszubildenden muss jedoch nach § 6 Abs. 2 BBiG ausschließlich Ausbildungszwecken dienen, sie darf gerade **nicht zur Arbeitsleistung** erfolgen (zur Arbeitnehmereigenschaft bei Ausbildungsbetrieben vgl. *BAG* v. 12.9.1996 – 7 ABR 61/95). Ein für die ANÜ konstitutives Tatbestandsmerkmal ist daher bei Ausbildungsverhältnissen nicht erfüllt (i.E. ebenso *Schüren/Hamann*, § 1 Rn.37 ff.; a.A. *Boemke*, § 1 Rn.22). Wird entgegen dem Ausbildungsverhältnis dennoch ein Auszubildender an Dritte zur Arbeitsleistung überlassen, stellt dies i.d.R. eine Ordnungswidrigkeit nach § 99 Abs. 1 Nr.3 BBiG dar, die die Unzuverlässigkeit des Verleihers i.S.d. § 3 Abs. 1 Nr.1 indiziert (*Boemke*, § 1 Rn. 22; *Schüren/Hamann*, § 1 Rn. 40). Soweit neben dem **Ausbildungsverhältnis** im Rahmen von Teilzeitarbeit ein (Zweit-)Arbeitsverhältnis begründet werden kann (vgl. hierzu Rn. 32 und § 12 Rn. 21, 23), ist hinsichtlich des den Ausbildungsvertrag überschreitenden Teils der Beschäftigung die Arbeitnehmerstellung des Auszubildenden i.S.d. Abs. 1 Satz 1 zu bejahen.

24a Auch soweit ein **Teilzeitarbeitsverhältnis** vereinbart wird, kommt dem LAN die Arbeitnehmereigenschaft zu. Auch das Leiharbeitsverhältnis kann als Teilzeitarbeitsverhältnis vereinbart werden, soweit nicht eine Umgehung von § 11 Abs. 4 Satz 2 beabsichtigt ist (vgl. § 11 Rn. 43ff.). Dies ist z.B. der Fall, wenn ein Teilzeitarbeitsverhältnis mit der Nebenbestimmung vereinbart wird, daß der Arbeitnehmer auch zu einer dem Vollzeitarbeitsverhältnis entsprechenden Arbeitszeit verpflichtet ist oder dem Arbeitnehmer die Aufnahme eines Zweitarbeitsverhältnisses untersagt wird. Unzulässig ist es, wenn aufgrund von Vereinbarungen zur KAPOVAZ nach § 12 TzBfG oder aufgrund eines vereinbarten **Jahresarbeitszeitvolumens auf Abruf** (*BSG* v. 29.7.1992 – 11 RAr 51/91 – DB 1993, 1477) die Zeiten der tatsächlichen Beschäftigung vom Willen oder vom Bedarf des Verleihers abhängen. Werden hier die Beschäftigungspflichten des Arbeitgebers nicht durch Vereinbarung einer **verbindlichen Dauer und Lage der Arbeitszeit** festgelegt, sondern von den Beschäftigungsmöglichkeiten in den Einsatzbetrieben abhängig gemacht, ist dies wegen Verstoßes gegen § 11 Abs. 4 Satz 2 unzulässig, entsprechende Vereinbarungen sind unwirksam (*Buschmann/Ulber* 1989, 99; *Ulber*, Arbeitnehmer in Zeitarbeitsfirmen, 96ff.).

25 **Heimarbeiter** sind auch dann, wenn sie in der Hauptsache für den Betrieb des Auftraggebers arbeiten (vgl. § 5 Abs. 1 Satz 2 BetrVG), keine Arbeitnehmer (*Schüren/Hamann*, § 1 Rn.44; *Thüsing/Waas*, § 1 Rn.36). Nach § 2 Abs. 1 und 2 HAG erbringen Heimarbeiter und Hausgewerbetreibende ihre Arbeit in eigener, selbstgewählter Betriebsstätte und unterliegen dabei hinsichtlich der Lage und Dauer der Arbeitszeit nicht den Weisungen des Auftraggebers.

Freie Mitarbeiter und sonstige **arbeitnehmerähnliche Personen**, die nicht in persönlicher Abhängigkeit und Weisungsgebundenheit, sondern lediglich in wirtschaftlicher Unselbstständigkeit ihre Arbeitsleistung erbringen, sind i.d.R. keine Arbeitnehmer (vgl. Einl. C. Rn. 95 ff.). **26**

Die Beschäftigung von sog. **Scheinselbstständigen** (zur Abgrenzung vgl. *BAG* v. 22.6.1994 – 7 AZR 286/93 – CR 1995, 279) hat zur Tarnung illegaler ANÜ bundesweit stark zugenommen (vgl. Bericht der BA v. 14.5.1992 zum 7. Erfahrungsbericht der Bundesregierung, S. 38 f.). Das Arbeitsverhältnis unterscheidet sich vom Rechtsverhältnis des freien Mitarbeiters durch den **Grad der Abhängigkeit**, in der sich der zur Dienstleistung Verpflichtete jeweils befindet (*BAG* v. 9.6.1993 – 5 AZR 123/92 – DB 1994, 787). **Arbeitnehmer** ist danach derjenige, der seine Arbeitsleistung im Rahmen einer von Dritten bestimmten Arbeitsorganisation erbringt (*BAG* v. 9.11.1994 – 7 AZR 217/94), wobei die **Eingliederung in eine fremde Arbeitsorganisation** sich insbesondere in der Ausübung eines **Weisungsrechts des Dritten** hinsichtlich Inhalt, Durchführung, Zeit und Ort der Tätigkeit zeigt (*BAG* v. 9.6.1993, a.a.O.; *LG München* v. 15.5.1997 – 17 HKO 759/97; vgl. auch § 7 Abs. 1 und 4 SGB IV). Besteht die Verpflichtung des Mitarbeiters darin, innerhalb der Betriebsstätten eines Dritten seine Arbeit zu verrichten und soll er dort nach Weisungen des Dritten arbeiten, liegt ein (Leih-)Arbeitsverhältnis vor, dessen Zulässigkeit sich nach den Bestimmungen des AÜG richtet (*Boemke*, § 1 Rn. 25; *Schüren/Hamann*, § 1 Rn. 42 f.; *Thüsing/Waas*, § 1 Rn. 35). Ein Arbeitsverhältnis liegt auch vor, wenn der Verleiher selbst Weisungen erteilen kann, etwa indem er Zeit und Inhalt der beim Dritten auszuübenden Tätigkeit bestimmt oder der Mitarbeiter auf Grund des zugrunde liegenden Vertrages verpflichtet ist, auf einseitige Weisung des Verleihers hin bei einem bestimmten Entleiher tätig zu werden (*Sandmann/Marschall*, Art. 1 § 1 Anm. 10). **27**

Die für die Arbeitnehmereigenschaft erforderliche **Fremdbestimmung** bzw. **persönliche Abhängigkeit** liegt immer vor, wenn der Arbeitnehmer weder seine Arbeitszeit noch seine Tätigkeit frei bestimmen kann (*BAG* v. 22.6.1994 – 7 AZR 286/93 – AP Nr. 16 zu § 1 AÜG). Allerdings kann es die Art der Tätigkeit mit sich bringen, dass dem Mitarbeiter ein hohes Maß an Gestaltungsfreiheit, Eigeninitiative und fachlicher Selbstständigkeit verbleibt. Auch **Künstler** (zur Arbeitnehmereigenschaft von Fotomodellen vgl. *BSG* v. 12.12.1990 – 11 RAr 73/90 – EzAÜG § 3 AÜG Versagungsgründe Nr. 14) und Rundfunkmitarbeiter (*BAG* v. 9.3.1993 – 5 AZR 123/92 – DB 1994, 789) oder auch **hoch qualifizierte Arbeitskräfte**, denen **fachliche Weisungen** nicht oder nur eingeschränkt erteilt werden können, erfüllen daher den Arbeitnehmerbegriff, soweit die Arbeiten eingegliedert in die Betriebsorganisation eines Dritten durchgeführt werden, z.B. indem der Dritte innerhalb eines bestimmten zeitlichen Rahmens über die Arbeitsleistung des Mitarbeiters verfügen kann (*BAG* v. 30.11.1994 – 5 AZR 704/93 – DB 1995, 1767). **28**

c) Der Arbeitsvertrag

Die Voraussetzungen und Bedingungen, unter denen der Arbeitnehmer **abweichend von § 613 Satz 2 BGB** seine Arbeitsleistung beim Dritten zu erbringen hat, werden im **Arbeitsvertrag** geregelt. Der Dispositionsfreiheit sind hierbei durch das AÜG Grenzen gesetzt. Neben den nach §§ 9 und 11 zu beachtenden Vor- **29** schriften sind u.a. alle Absprachen unwirksam, die den Arbeitgeber von der Erfüllung der üblichen Arbeitgeberpflichten befreien sollen (vgl. § 1 Abs. 2). Die Überlassung von Personen an Dritte zur Arbeitsleistung kann wegen der **zwingenden Geltung der Vorschriften des AÜG** daher nur auf der Grundlage von Arbeitsverträgen erfolgen, die den zwingenden Bestimmungen des AÜG Rechnung tragen. Die Verpflichtung zur **Erfüllung der Arbeitgeberpflichten** kann nicht durch andere vertragliche Gestaltungsformen ausgeschlossen oder umgangen werden (*Becker/Wulfgramm*, Art. 1 § 1 Rn.54). Vereinbart der Überlassende mit der Person, die bei einem Dritten eingegliedert eine Arbeitsleistung erbringen soll, ein freies Mitarbeiterverhältnis oder ein sonstiges Vertragsverhältnis, bei dem die Arbeitgeberpflichten nicht in vollem Umfang zu erfüllen sind (Rn. 27), liegt bei dennoch ausgeführtem Vertrag (Rn. 197) die Vermutung unzulässiger Arbeitsvermittlung nach § 1 Abs. 2 vor.

30 Keine Umgehung der Bestimmungen des AÜG liegt demgegenüber i.d.R. vor, wenn der Einsatz des Arbeitnehmers im Drittbetrieb auf der Grundlage eines **eigenständigen Rechtsverhältnisses zwischen Arbeitnehmer und Drittem** beruht. Über die Freistellung von Arbeitnehmern an eine Arge im Baubereich hinaus (vgl. Rn.176) sind insbesondere im Rahmen der Tätigkeit von **Beschäftigungsgesellschaften** vertragliche Gestaltungsformen anzutreffen, bei denen der Arbeitnehmer mit einem Dritten ein **befristetes (Zweit-)Arbeitsverhältnis** abschließt und für den Zeitraum dieses Arbeitsverhältnisses das Arbeitsverhältnis zur Beschäftigungsgesellschaft ruht. Das Beschäftigungsverhältnis zum Dritten unterliegt hierbei hinsichtlich aller Leistungsbeziehungen den arbeitsrechtlichen Bestimmungen eines Normalarbeitsverhältnisses (i. E. so auch *Boemke*, § 1 Rn. 30), ein zusätzlicher sozialer Schutz des betroffenen Arbeitnehmers ist in diesem Fall nicht erforderlich. Durch das **ruhende Arbeitsverhältnis** zur Beschäftigungsgesellschaft ist vielmehr der Arbeitnehmer gegenüber einem ansonsten befristet Beschäftigten privilegiert, da er nach Ablauf der Befristung automatisch wieder in ein Arbeitsverhältnis eintritt (zu diesem Erfordernis vgl. *BAG* v. 28.8.1996 – 7 AZR 849/95).

31 **Vermittlungsrechtliche Bedenken** gegen eine derartige Vertragskonstruktion ergeben sich nicht. Die Verpflichtung des (Erst-)Arbeitgebers endet nicht mit der Arbeitsaufnahme des Arbeitnehmers im Drittbetrieb, vielmehr überdauert das Arbeitsverhältnis gerade die dortige Beschäftigung (vgl. *BAG*, a.a.O.). Hinsichtlich der Rechtsbeziehungen des Arbeitnehmers zum Dritten darf der Einsatz im Drittbetrieb allerdings regelmäßig nicht auf einer vertraglichen Absprache zwischen Erst- und Zweitarbeitgeber beruhen, sondern auf einem befristeten freiwilligen **Verzicht des Erstarbeitgebers auf Inanspruchnahme der Arbeitsleistung** des Arbeitnehmers (freiwillige Freistellung auf Wunsch des Arbeitnehmers). Etwas Anderes gilt nur in den Fällen, in denen der (Erst-)Arbeitgeber ein eigenständiges Interesse am Einsatz im Drittbetrieb verfolgt, v.a. wenn ihm gegenüber dem Dritten ein eigenständiger Vergütungsanspruch zusteht; in diesem Fall liegt ANÜ vor.

32 Die **Hauptleistungspflichten**, insbesondere die gegenseitigen Ansprüche auf Arbeitsleistung und Vergütung (§ 611 Abs. 1 BGB) sowie die materiellen Bedingungen des Arbeitsverhältnisses werden durch den Arbeitsvertrag zwischen Verleiher und Leiharbeitnehmer geregelt (vgl. Rn.48ff. und Kommentierung bei § 9 Rn.76ff.), etwaige daneben bestehende vertragliche Absprachen zwischen Verleiher oder auch Leiharbeitnehmer mit dem Entleiher können die Rechte und Pflichten aus dem Arbeitsverhältnis nur berühren, soweit sie als Bestandteil des Arbeitsvertrages vereinbart werden (vgl. auch *BAG* v. 8.7.1971 – 5 AZR 29/71 –

DB 1971, 1822). Ist der Arbeitnehmer z.B. auf Grund des Arbeitsvertrages mit dem Verleiher nur zur **Teilzeitarbeit** in Höhe von vier Stunden täglich verpflichtet oder ist die Fünf-Tage-Woche von Montag bis Freitag vereinbart und **vereinbart der Leiharbeitnehmer** darüber hinaus **mit dem Entleiher**, acht Stunden täglich zu arbeiten bzw. samstags Sonderschichten abzuleisten, so liegt hierin die Vereinbarung eines selbstständig zu beurteilenden **(Zweit-)Arbeitsverhältnisses** zwischen Entleiher und Leiharbeitnehmer, das nicht den Bestimmungen des AÜG unterliegt (vgl. § 12 Rn. 24 ff.). Für die Annahme von ANÜ ist immer erforderlich, dass der Arbeitnehmer auf Grund einer vertraglichen **Verpflichtung seines Arbeitgebers gegenüber dem Dritten** tätig wird (*BAG* v. 26.4.1995 – 7 AZR 850/94 – AP Nr. 19 zu § 1 AÜG). Bewegt sich die Arbeitsleistung des Arbeitnehmers nicht im Rahmen dieser vertraglichen Verpflichtung, liegt keine ANÜ vor. Der betroffene Arbeitnehmer hat dementsprechend bezüglich dieses Teils seiner Arbeitsleistung gegenüber dem Verleiher keine vergütungs- oder sonstigen arbeitsvertraglichen Ansprüche; diesbezügliche Ansprüche richten sich ausschließlich gegen den Entleiher.

Ebenso können die Rechte und Pflichten aus dem Arbeitsvertrag nicht durch **33** vertragliche **Vereinbarungen zwischen Verleiher oder Entleiher** erweitert oder verkürzt werden. Soll der Leiharbeitnehmer z.B. auf Grund des ANÜ-Vertrages entsprechend den beim Entleiher geltenden Bedingungen täglich länger arbeiten als arbeitsvertraglich vereinbart, steht dem Leiharbeitnehmer insoweit ein Leistungsverweigerungsrecht zu. Umgekehrt bleibt bei täglich verkürzter Arbeitszeit infolge entsprechender Bestimmungen des Entleiherbetriebs dennoch der Lohnanspruch auf das nach der vertraglich mit dem Verleiher vereinbarten Arbeitszeit zu bemessende Entgelt erhalten (§ 615 Satz 1 BGB; vgl. § 11 Rn. 99 ff.).

d) Das Weisungsrecht

Die entscheidende Besonderheit des Arbeitsvertrages zwischen Verleiher und **34** Leiharbeitnehmer besteht darin, dass der Verleiher als Arbeitgeber in Abweichung zum gesetzlichen Regelfall (§ 613 Satz 2 BGB) durch den Arbeitsvertrag die **Berechtigung** erhält, das **Weisungsrecht auf andere Arbeitgeber zu übertragen** (sog. **Leiharbeitnehmerklausel**; *Boewer*, DB 1982, 2036; *Heinze*, ZfA 1976, 190). Aus der Natur der Tätigkeit ergibt sich dabei, dass der Arbeitgeber grundsätzlich auch ohne besondere Vereinbarung berechtigt ist, den jeweiligen **Einsatzort** des Leiharbeitnehmers durch Weisung zu bestimmen (*Molitor*, DB 1995, 2061). Auf Grund der vertraglichen Abrede ist der Leiharbeitnehmer verpflichtet, bei **jedem Dritten** seine Arbeitsleistung zu erbringen; ein Leistungsverweigerungsrecht steht ihm aus Gründen, die in der Person des Entleihers ihre Ursache haben, grundsätzlich nicht zu (zu Ausnahmen im Arbeitskampf vgl. § 11 Abs. 5). Insbesondere wegen dieser gegenüber dem Normalarbeitsverhältnis grundsätzlich anderen Rechtsstellung des Leiharbeitnehmers muss eine **besondere, ausdrückliche und unmissverständliche Vereinbarung** zwischen Verleiher und Leiharbeitnehmer getroffen werden, nach der das **Weisungsrecht übertragbar** ist. Im Zweifelsfall kann keine Verpflichtung des Arbeitnehmers, auch als Leiharbeitnehmer tätig zu werden, angenommen werden. Allenfalls bei **reinen Verleihunternehmen**, deren Geschäftszweck ausschließlich auf gewerbsmäßige ANÜ gerichtet ist und die nicht nur als sog. Briefkastenfirmen in Erscheinung treten, kann eine Vermutung dafür sprechen, dass von vornherein ein Leiharbeitsverhältnis begründet werden sollte. Dies ergibt sich auch aus den Formvorschriften des § 11 AÜG, denen nicht nur Beweissicherungsfunktion zukommt, sondern die auch dazu dienen, dem Arbeitnehmer »bei Vertragsschluss« (vgl. § 11 Abs. 2 Satz 1) seine Rechtsstellung zu verdeutlichen.

34a Unterlässt es der Verleiher den Arbeitnehmer darauf hinzuweisen dass dieser im Rahmen gewerbsmäßiger ANÜ tätig werden soll oder klärt er ihn nicht ausdrücklich über seine Arbeitgebereigenschaft als Verleiher auf, liegt grundsätzlich keine Zustimmung des Arbeitnehmers zur Übertragbarkeit des Weisungsrechts vor. Der Verleiher muss den Arbeitnehmer ausdrücklich darauf hinweisen, dass er gewerbsmäßig ANÜ betreibt. Diese Hinweispflicht besteht schon bei der Aufgabe von **Stellenanzeigen** (*OLG Nürnberg* v. 30. 10. 1990 – 3 U 2002/90 – EzAÜG UWG Nr. 1). Verstößt ein Verleiher gegen diese Hinweispflichten, macht er im geschäftlichen Verkehr irreführende Angaben über die Beschaffenheit seiner gewerblichen Leistungen i.S.d. § 3 UWG (*OLG Nürnberg*, a.a.O.; a.A. *KG Berlin* v. 24. 4. 1992 – 5 U 381/92 – EzAÜG UWG Nr. 2), daneben ist er dem Arbeitnehmer nach §§ 241 Abs. 2, 282 BGB zum Schadensersatz verpflichtet.

35 Bei **Mischbetrieben**, deren Betriebszwecke sich nicht ausschließlich auf gewerbsmäßige ANÜ beschränken, kann demgegenüber ohne eindeutige Vereinbarung grundsätzlich keine vertragliche Abrede zur Übertragbarkeit des Weisungsrechts angenommen werden. Dasselbe gilt bei **Abordnungen im Konzern** (*Maschmann*, RdA 1996, 24).

36 Die vertragliche Absprache darüber, dass der Arbeitgeber berechtigt ist, das Weisungsrecht auf einen Dritten zu übertragen, ist unabhängig davon erforderlich, ob es sich um gewerbsmäßige oder nichtgewerbsmäßige ANÜ handelt (*Schüren/ Schüren*, Einl. Rn. 146; *Schaub*, § 120 I 1b). Auch in den Fällen **nichtgewerbsmäßiger** ANÜ soll abweichend von § 613 Satz 2 BGB das Weisungsrecht auf einen Dritten übertragen werden. Dies gilt auch in den Fällen des § 1a und – soweit nicht ein Konzernarbeitsverhältnis besteht – auch in den Fällen der **Konzernleihe** (§ 1 Abs. 3 Nr. 2), bei der lediglich die gesetzlichen Normen des AÜG, nicht jedoch andere arbeitsvertragliche Normen für unanwendbar erklärt werden. Lediglich in den Fällen des § 1 Abs. 3 Nr. 1, in denen ein **Tarifvertrag Voraussetzung der ANÜ** ist, kann auf eine ausdrückliche Vereinbarung zwischen Arbeitgeber und tarifgebundenem Arbeitnehmer verzichtet werden (zur Zulässigkeit entsprechender Tarifbestimmungen vgl. Rn. 234ff.); entgegenstehende arbeitsvertragliche Vereinbarungen gehen aber auch in diesem Fall vor.

37 Der **Geschäftsinhalt** und die Reichweite von **Leiharbeitnehmerklauseln** ist jeweils im Einzelfall zu ermitteln. Wird der Arbeitsvertrag mit einem reinen Verleihunternehmen abgeschlossen, ist der übereinstimmende Wille der Parteien des Arbeitsvertrages regelmäßig darauf gerichtet, eine ständige und dauerhafte Verpflichtung des Arbeitnehmers zur Erbringung der Arbeitsleistung bei Dritten auf Grund Unterordnung unter deren Weisungsrecht zu begründen (*Schüren/ Schüren*, Einl. Rn. 146). Anders zu beurteilen sind dagegen die Fälle gelegentlicher **nichtgewerbsmäßiger ANÜ**. Hier soll der Arbeitnehmer **einzelfallbezogen** auf Grund eines bestimmten in sich geschlossenen Sachverhalts oder Ereignisses und von vornherein zeitlich befristet bei einem anderen Arbeitgeber nach dessen Weisungen die Arbeitsleistung erbringen, um anschließend wieder dauerhaft seiner bisherigen Tätigkeit im Betrieb seines Vertragsarbeitgebers nachzukommen. Die erforderliche **Einverständniserklärung** des Arbeitnehmers nach § 613 Satz 2 BGB besitzt in diesen Fällen keinen **Bindungswillen**, der über den Einzelfall hinausgeht und auch denkbare zukünftige Fälle der ANÜ umfasst. In allgemeinen Geschäftsbedingungen ist eine entsprechende Regelung für die

Zukunft nach §§ 310 Abs. 4 Satz 2, 305 Abs. 3 BGB ausgeschlossen. Bei nicht-gewerbsmäßiger ANÜ ist daher in jedem Einzelfall vor Einsatz in einem Drittbetrieb (*Schüren/Schüren*, Einl. Rn. 146) eine **gesonderte** Vereinbarung zur ANÜ erforderlich, die wegen der Befristung des Einsatzes beim Entleiher der Schriftform nach § 14 Abs. 1 Satz 2 Nr. 1, Abs. 4 TzBfG bedarf. Dies ergibt sich auch daraus, dass die nichtgewerbsmäßige ANÜ begriffsnotwendig nicht auf Dauer angelegt sein darf (vgl. Rn. 219). Dem muss durch eine entsprechende arbeitsvertragliche Gestaltung Rechnung getragen werden. Im Bereich der nichtgewerbsmäßigen ANÜ sind daher Vertragsklauseln zulässig, die die Verpflichtung des Arbeitnehmers zur gelegentlichen ANÜ im Grundsatz begründen, im Einzelfall dennoch zusätzlich das Einverständnis des Arbeitnehmers zur Überlassung erforderlich machen.

Dieser Unterschied rechtfertigt sich daraus, dass der Arbeitnehmer bei gewerbs- **38** mäßiger ANÜ von vornherein erklärt, bei jedem Dritten seine Arbeitsleistung erbringen zu wollen, bei der nichtgewerbsmäßigen ANÜ der **Schwerpunkt seines Tätigkeitsprofils** jedoch im Verleiherbetrieb liegt und der Arbeitnehmer grundsätzlich nur bei diesem Arbeitgeber tätig werden will (Heinze, ZfA 1976, 195). Daher ist er auch gegenüber der Absprache bei gewerbsmäßiger ANÜ nicht verpflichtet, bei jedem Dritten zu arbeiten, sondern sowohl die Art der Arbeit, die wesentlichen **Arbeitsbedingungen** und die Person des Dritten müssen mit seinem Vertragsarbeitgeber vergleichbar sein. Je nach Reichweite der vertraglichen Verpflichtung des Arbeitnehmers muss der Arbeitgeber dies bei der Zuweisung von Tätigkeiten bei Dritten im Rahmen billigen Ermessens (§ 106 GewO) berücksichtigen. Die Absprache über eine Überlassung des Arbeitnehmers an Dritte im Einzelfall muss sich grundsätzlich auf Arbeiten beschränken, die dem vertraglich vereinbarten Tätigkeits- und Anforderungsprofil beim Verleiher entsprechen. In diesem Rahmen stellt die Absprache im Einzelfall eine Konkretisierung der im Arbeitsvertrag festgelegten grundsätzlichen Verpflichtung zur ANÜ dar. Sind die vorbeschriebenen Grenzen eingehalten, ist der Arbeitnehmer **verpflichtet, die Zustimmung im Einzelfall auch zu erteilen**.

Besondere arbeitsvertragliche Probleme treten im Zusammenhang mit der ANÜ **39** von sog. **Mischunternehmen** auf, die neben anderen Betriebszwecken auch gewerbsmäßige ANÜ betreiben. Zwar ist auch hier die Vereinbarung der sog. **Leiharbeitnehmerklausel** zwingend erforderlich, der **Umfang des Verpflichtungswillens** des Arbeitnehmers sowie die Voraussetzungen und Rechtsfolgen der Vereinbarung können jedoch je nach Fallkonstellation erheblich voneinander abweichen (zur Tarifbindung vgl. Rn. 106).

Grundsätzlich entscheiden auch in Mischbetrieben die vertraglich getroffenen Absprachen darüber, ob, unter welchen Bedingungen und in welchem Umfang der Arbeitnehmer zu Arbeiten in den Betriebsstätten des Arbeitgebers und daneben in Entleiherbetrieben eingesetzt werden kann. Fehlen trotz grundsätzlicher Verpflichtung zur ANÜ konkretisierende Absprachen, so kann der Arbeitgeber im Rahmen billigen Ermessens grundsätzlich frei darüber entscheiden, ob und in welchem Umfang er den Arbeitnehmer bei sich oder bei Dritten arbeiten lässt (§ 106 GewO). Er muss hierbei jedoch die **Grundsätze der Gleichbehandlung** beachten und darf nicht willkürlich nur einen Teil der Arbeitnehmer als Leiharbeitnehmer einsetzen und den damit verbundenen Zusatzbelastungen aussetzen.

Schwieriger sind die Fälle zu beurteilen, in denen das Mischunternehmen **40** zwar neben der gewerbsmäßigen ANÜ weitere Geschäftszwecke verfolgt, diese Betriebszwecke jedoch ebenso wie bei ANÜ in Betriebsstätten von Dritten ausgeführt werden. Zu nennen sind in diesem Zusammenhang vor allem **Montageunternehmen**, die sowohl als Werkunternehmen als auch als Verleiher – meist im Rahmen sog. **Vorhalteerlaubnisse** (vgl. § 2a Rn. 1) – tätig sind. Soweit hier illegale »**Scheinwerkverträge**« (vgl. Einl. C. Rn. 79) durchgeführt werden, besteht keine Verpflichtung des Arbeitnehmers, auf Grund der Leiharbeitnehmerklausel im Betrieb des Dritten seine Arbeitsleistung zu erbringen. Praktisch wird jedoch in den seltensten Fällen der Arbeitnehmer vor seinem Arbeitseinsatz beim Dritten über den Vertragstyp und die Gefahren, die aus **Rechtsunsicherheiten** hinsichtlich des Vertragstyps für illegale Beschäftigungsformen erwachsen, informiert. Vielmehr verweisen die Arbeitgeber darauf, dass selbst im Falle der Unwirksamkeit des Werkvertrages auf Grund der Erlaubnis zur ANÜ keine Gefahren drohen und daher unabhängig davon, ob Werkvertrag oder ANÜ vorliegt, der Arbeitnehmer zur Arbeitsleistung beim Dritten verpflichtet sei.

41 Einer derartigen Praxis muss die rechtliche Anerkennung versagt bleiben. Es gehört zu den üblichen **Arbeitgeberpflichten** des Verleihers (i.S.v. Abs. 2 i.V.m. § 3 Abs. 1 Nr. 1), die rechtlichen Grundlagen, auf denen der Einsatz des Arbeitnehmers beim Dritten beruht, eindeutig zu klären und dem Arbeitnehmer vor dessen Einsatz verbindlich zu erläutern. Die **Rechtsstellung des Arbeitnehmers** bei Einsatz in Drittbetrieben ist im Rahmen von ANÜ eine völlig andere als bei Einsatz innerhalb anderer (insbesondere werk-) vertraglicher Gestaltungsformen (vgl. Einl. C, Rn. 67 ff.). Dies zeigt sich nicht nur in Fällen des Leistungsverweigerungsrechts nach § 11 Abs. 5 sowie den auch hier gesetzlich normierten Hinweispflichten des Verleihers; auch die arbeitsvertraglichen Pflichten (z.B. § 9 Nr. 4) sowie die betriebsverfassungsrechtliche Stellung des Leiharbeitnehmers im Einsatzbetrieb (Einl. C, Rn. 124 ff.) ist eine völlig andere als bei anderen betriebsfremden Arbeitnehmern. Und letztlich muss der Arbeitnehmer **vor** jedem Einsatz im Drittbetrieb wissen, welche Gefahren mit der Beschäftigung hinsichtlich der Fiktionswirkungen der § 10, § 1 Abs. 2 verbunden sind. Im Hinblick auf die völlig unterschiedlichen Voraussetzungen, Rechtsfolgen und Gefahren eines werkvertraglichen Einsatzes und eines Einsatzes im Rahmen der ANÜ hat der Arbeitgeber dem Arbeitnehmer vor jedem Einsatz im Drittbetrieb **zu erklären, auf welcher Grundlage der Einsatz erfolgen soll.** Über mögliche Gefahren hat er den Arbeitnehmer umfassend aufzuklären und bestehende Zweifel ggf. durch Vorlage von Unterlagen auszuräumen. Sieht sich der Arbeitgeber außerstande, den der Arbeitsleistung zugrunde liegenden Vertragstyp eindeutig festzulegen oder bestehen **Zweifel oder Unklarheiten**, auf welcher vertraglichen Grundlage der Einsatz des Arbeitnehmers beim Dritten erfolgen soll, sind diese Hindernisse vom Verleiher auszuräumen (vgl. § 309 Nr. 12a BGB), bevor der Arbeitnehmer im Drittbetrieb seine Tätigkeit aufnimmt. Bis zu diesem Zeitpunkt hat der Arbeitnehmer ein Leistungsverweigerungsrecht. Daneben sind bestehende Unklarheiten auch ein Indiz dafür, dass der Arbeitgeber die erforderliche Zuverlässigkeit i.S.d. § 3 Abs. 1 Nr. 1 nicht besitzt, was die Versagung der Erlaubnis rechtfertigt.

42 Soweit bei Begründung des Arbeitsverhältnisses der Arbeitgeber ein reines Verleihunternehmen oder auch ein Mischunternehmen betreibt, wird i.d.R. gleichzeitig vereinbart, ob der Arbeitnehmer auch als Leiharbeitnehmer eingesetzt werden darf. Besondere arbeitsvertragliche Probleme treten jedoch auf, wenn ein Unternehmen zunächst keine ANÜ betreibt und erst später auch gewerbsmäßige ANÜ betreiben will. Die statistischen Daten verweisen auf einen entsprechenden Trend (vgl. Einl. E. Rn. 2). Unstrittig kann, soweit nicht tarifliche oder betriebliche Regelungen entgegenstehen, der Arbeitsvertrag auch **nachträglich**

dahin gehend **geändert** werden, dass der Arbeitnehmer zukünftig auch als Leiharbeitnehmer beschäftigt sein soll (*Schüren/Harmann*, § 1 Rn. 69; *Thüsing/ Waas*, § 1 Rn. 48). Da es sich hierbei gleichzeitig um eine Versetzung des Arbeitnehmers i.S.d. § 95 Abs. 3 BetrVG handelt, bedarf die **Abrede über die Änderung der Versetzungsbefugnis** der Zustimmung eines beim Verleiher bestehenden Betriebsrats (*LAG Baden-Württemberg* v. 19. 4. 1985 – 12 Sa 10/85 – EzAÜG § 10 AÜG Fiktion Nr. 39). Fraglich ist jedoch, ob der Arbeitgeber den Arbeitnehmer auch im Wege der **Änderungskündigung** zur Leiharbeit zwingen kann bzw. ob der Arbeitnehmer den Vergütungsanspruch aus Annahmeverzug nach § 615 BGB behält, wenn er sich weigert, seine Arbeitsleistung entsprechend einer Forderung des Arbeitgebers bei einem Dritten nach dessen Weisungen zu erbringen. Aus § 613 Satz 2 BGB folgt zunächst, dass eine auf den Arbeitsvertrag gestützte **Nebenpflicht** des Arbeitnehmers zur Vereinbarung einer Leiharbeitnehmerklausel nicht besteht. Daneben ist jedoch auch zu berücksichtigen, dass ANÜ grundsätzlch **sozialpolitisch unerwünschte Arbeitsstellen** betrifft (vgl. KKMW, § 14 Anm. 14) und zumindest außerhalb des Sozialrechts für den Arbeitnehmer unzumutbar ist (*SG Dortmund* v. 22. 1. 1992 – 29 AR 73/91). Spricht daher der Arbeitgeber eine Änderungskündigung allein zu dem Zwecke aus, den Arbeitnehmer fortan als Leiharbeitnehmer beschäftigen zu können, ist die entsprechende **Erzwingungskündigung** nach § 1 Abs. 2 KSchG nicht sozial gerechtfertigt und daher **rechtsunwirksam**. Weigert sich ein Arbeitnehmer, einer Weisung des Arbeitgebers bei einem Dritten unter Übertragung des Weisungsrechts seine Arbeit zu leisten, steht ihm darüber hinaus ein Leistungsverweigerungsrecht und bei Annahmeverzug des Arbeitgebers der Anspruch aus § 615 Satz 1 BGB zu.

Daneben liegt in der Zuweisung eines neuen Arbeitsbereichs als Leiharbeitnehmer und der hiermit verbundenen Verminderung des bisherigen Stammarbeitsbereichs regelmäßig eine **Versetzung** (*BAG* v. 2. 4. 1996 – 1 AZR 743/95 – DB 1996, 1880), so dass der Arbeitnehmer bei **verweigerter Zustimmung des Betriebsrats** zur Versetzung ebenfalls zur Leistungsverweigerung berechtigt ist (*BAG*, a.a.O.). **43**

Beim Leiharbeitsverhältnis besteht die **Besonderheit der Weisungsgebundenheit** des Arbeitnehmers darin, dass das Weisungsrecht zwischen Verleiher und Entleiher sektoral aufgespalten wird und der Leiharbeitnehmer daher einer **doppelten Weisungsgebundenheit** unterliegt (*Becker/Wulfgramm*, Art. 1 § 11 Rn. 35). Sowohl der Verleiher als auch der Entleiher haben bei der Ausübung des Weisungsrechts die Grundsätze billigen Ermessens (§ 106 GewO) zu beachten (besonders instruktiv insoweit *Hensler*, NZA 2001, 337). Die Besonderheit des Weisungsrechts des Verleihers liegt darin, dass er berechtigt ist, den Leiharbeitnehmer einem Entleiherbetrieb zuzuweisen und ihn jederzeit **abzuberufen** und einem anderen Entleiher zuzuweisen, soweit er hierbei sein Weisungsrecht im Rahmen der Grundsätze billigen Ermessens (§ 106 GewO) ausübt (*BAG* v. 24. 3. 1980, EzA § 611 BGB Direktionsrecht Nr. 2). Der Verleiher hat dabei schon aus seiner **Fürsorgepflicht** dafür Sorge zu tragen, dass dem Leiharbeitnehmer nur solche Arbeiten bei Entleihern zugewiesen werden, die seiner Qualifikation entsprechen (*Brötzmann/Musial*, NZA 1997, 17). **44**

Soweit es sich nicht um Arbeitsanweisungen inhaltlicher Art zur **Konkretisierung der Arbeitsleistung** beim Entleiher handelt, besteht das Weisungsrecht des Verleihers auch während des Einsatzes des Leiharbeitnehmers beim Dritten uneingeschränkt fort. Dies gilt auch, soweit sich der Verleiher die Ausübung von **45**

Weisungsbefugnissen nicht im ANÜ-Vertrag ausdrücklich vorbehalten hat (a. A. Becker/Wulfgramm, Art. 1 § 11 Rn. 35). Da der Arbeitsvertrag ausschließlich zwischen Verleiher und Leiharbeitnehmer geschlossen wird, bestimmt sich der Umfang der Arbeitspflichten und damit auch die Berechtigung des Arbeitgebers, die Arbeitspflichten unter Inanspruchnahme des Direktionsrechts zu konkretisieren, vorrangig immer aus dem Rechtsverhältnis zwischen Verleiher und Leiharbeitnehmer. Der Leiharbeitnehmer hat sich immer an Weisungen des Verleihers zu halten und muss **Weisungen des Entleihers** nur beachten, soweit er hierzu vom Verleiher ausdrücklich oder konkludent angewiesen ist (*Molitor*, DB 1960, 28).

46 Die Bestimmung von Beginn und Ende der **Arbeitszeit**, Lage der Arbeitszeit, die Anordnung von **Mehrarbeit** und die Gewährung von **Urlaub** müssen sich immer in dem rechtlichen Rahmen bewegen, den der Arbeitsvertrag oder ein TV der Konkretisierung des dem Verleiher zustehenden Weisungsrechts steckt (zur Mitbestimmung eines Betriebsrats im Verleiherbetrieb vgl. § 14 Rn. 37 f. und im Entleiherbetrieb vgl. § 14 Rn. 107 ff.). Wegen der ständig wechselnden Einsatzorte ist der Verleiher in besonderem Maße gehalten die Einsatzbedingungen so zu gestalten dass den familiären Bindungen und Verpflichtungen des Arbeitnehmers Rechnung getragen werden kann (*ArbG Bonn* v. 21. 9. 2000 – 1 Ca 3447/99 – NZA 2001, 132). Legt der Verleiher z. B. den Beginn der Arbeitszeit auf 7.00 Uhr fest, ist der Arbeitnehmer weder berechtigt noch verpflichtet, entsprechend betrieblichen Notwendigkeiten des Einsatzbetriebs auf Wunsch des Entleihers bereits um 6.00 Uhr die Arbeit aufzunehmen. Vielmehr muss immer dann, wenn der Inhalt der Arbeitspflichten einer Konkretisierung durch Ausübung des Weisungsrechts bedarf, **zunächst der Verleiher als Arbeitgeber das Weisungsrecht** ausüben. Nur in dem hierdurch gesteckten Rahmen ist dann der Entleiher befugt, Weisungsbefugnisse gegenüber dem Leiharbeitnehmer auszuüben und zwar ebenfalls nach den Grundsätzen billigen Ermessens nach § 106 GewO (*BAG* v. 27. 3. 1980 – 2 AZR 506/78 – EzA § 611 BGB Direktionsrecht Nr. 2). Hieraus folgt u. a., dass der Verleiher bei **Änderungen der Lage der Arbeitszeit**, die mit Erfordernissen des Entleiherbetriebs verbunden sind, i. d. R. eine viertägige **Ankündigungsfrist** entsprechend § 12 Abs. 2 TzBfG einzuhalten hat (*BAG* v. 17. 1. 1995 – 3 AZR 399/94 – AP Nr. 15 zu § 611 BGB Mehrarbeitsvergütung; *Hunold*, NZA 2001, 343). Dasselbe gilt, wenn der Verleiher dem Leiharbeitnehmer einen Arbeitsplatz beim Entleiher zuweist, der dem Arbeitnehmer im zumutbaren Rahmen eine tägliche Rückkehr zu seinem Wohnort unmöglich macht (vgl. § 275 Abs. 3 BGB; zum Aufwendungsersatzanspruch vgl. *Ulber*, Arbeitnehmer in Zeitarbeitsfirmen, 140 ff.).

47 Auch soweit das Direktionsrecht sachnotwendig auf den Entleiher übertragen wird, wird die Rechtsstellung des Verleihers als Arbeitgeber hierdurch nicht berührt. Er hat gegenüber dem Arbeitnehmer jederzeit das Recht, anderweitige **Anordnungen im Rahmen des Direktionsrechts** zu treffen, die nicht nur das auf den Entleiher übertragene Weisungsrecht einschränken oder aufheben, sondern auch (z. B. durch Zuweisung einer Arbeit bei einem anderen Entleiher) ganz beenden können. Das dem Entleiher übertragene Weisungsrecht besteht daher immer nur in den vertraglich durch den ANÜ-Vertrag eingeräumten Grenzen und unter dem Vorbehalt einer anderweitigen Ausübung des vorrangig dem Verleiher zustehenden Weisungsrechts. **Widerspricht** eine Weisung des Entleihers einer Weisung des Verleihers, geht die Weisung des Verleihers als Arbeitgeber vor. Der Arbeitnehmer hat bei widersprechenden Anordnungen von Verleiher und Entleiher der Anordnung des Arbeitgebers (Verleihers) Rechnung zu tragen.

e) Leistungsbeziehungen im Leiharbeitsverhältnis

aa) Allgemeine Rechte und Pflichten aus dem Arbeitsverhältnis

Alle für das Arbeitsverhältnis typischen Rechte und Pflichten treffen den Verlei- **48**
her. Dies betrifft z.B. die **Lohnzahlungs- und Beschäftigungspflicht** ebenso wie
Fürsorge- und Gleichbehandlungspflichten. Diese Pflichten werden für die Zeiten der faktischen Beschäftigung des Arbeitnehmers beim Dritten weder suspendiert noch eingeschränkt. Vielmehr hat der Verleiher geeignete Maßnahmen zu
treffen, damit er seine diesbezüglichen Pflichten und Fürsorgepflichten auch in
Zeiten der Überlassung erfüllen kann. Ist der Arbeitnehmer z.B. wegen erforderlicher Kinderbetreuungsaufgaben nur zur Arbeitsleistung vormittags verpflichtet, kann er dem Arbeitnehmer auch im Rahmen des Einsatzes beim Dritten
nur solche Arbeiten zuweisen, die vormittags geleistet werden müssen. Andernfalls steht dem Arbeitnehmer (auch soweit der Entleiher eine andere Zeit der
Arbeitsleistung festlegt) ein Zurückbehaltungsrecht zu (a.A. *Schaub*, § 120 IV 1);
der Verleiher bleibt zur uneingeschränkten Zahlung der Vergütung verpflichtet.
Auch die den Verleiher als Arbeitgeber treffenden **Arbeitsschutzpflichten** (§ 11
Abs. 6 Hs. 2) bleiben während des Einsatzes des Arbeitnehmers beim Entleiher
uneingeschränkt aufrechterhalten und können nicht auf den Entleiher übertragen werden. Dies gilt nicht nur für die Einhaltung der im Entleiherbetrieb geltenden öffentlich-rechtlichen Vorschriften des Arbeitsschutzrechts (vgl. § 11 Rn. 131),
sondern darüber hinaus auch für Vorschriften, die im Betrieb des Verleihers daneben bestehen. Soweit wegen der besonderen Natur der ANÜ nicht zwingend
etwas Anderes gesetzlich bestimmt ist oder zulässigerweise vereinbart wurde,
hat der Verleiher alle im Verleiherbetrieb **geltenden Gesetze, Tarifverträge,
Betriebsvereinbarungen und Arbeitsvertragsabsprachen** auch während der
Überlassung des Arbeitnehmers an Dritte in vollem Umfang **einzuhalten.**
Widersprechen die im Entleiherbetrieb geltenden Regelungen (z.B. bezüglich
der Arbeitszeit) diesen Rahmenbedingungen, ist der Arbeitgeber selbst bei wirksamem Überlassungsvertrag gehindert, den Arbeitnehmer zur Arbeitsleistung
beim Dritten zu verpflichten. Verstößt der Arbeitgeber gegen diese Pflichten,
so ist die Erlaubnis zur ANÜ gem. § 3 Abs. 1 Nr.1 zu versagen bzw. gem. § 5
Abs. 1 Nr.3 zu widerrufen. Das Leistungsverweigerungsrecht des Arbeitnehmers ist hiervon unabhängig gegeben.

Im Hinblick auf die **besondere Schutzwürdigkeit** des Arbeitnehmers sind die **49**
vertraglichen Gestaltungsspielräume zur Regelung der Rechte und Pflichten aus
dem Arbeitsverhältnis durch das Gesetz begrenzt und die **üblichen Arbeitgeberpflichten** weiter gehend gefasst (wegen der näheren Einzelheiten vgl. §§ 9,
11). Insbesondere durch die in § 1 Abs. 2 vorgenommene Verweisung auf § 3 Abs. 1
Nr.1 bis 3 wird klargestellt, dass sich der Verleiher nicht unter Hinweis auf die
Besonderheiten der ANÜ seiner Arbeitgeberpflichten entledigen kann. Er hat
vielmehr die gesamte Unternehmensorganisation und die Betriebsabläufe so zu
gestalten, dass die Wahrung aller Arbeitgeberpflichten gewährleistet ist. Von besonderer Bedeutung sind in diesem Zusammenhang die in § 3 Abs. 1 Nr.1 und 2
genannten Pflichten, v.a. zur Einhaltung der Vorschriften des Arbeitsschutzrechts
und der arbeitsrechtlichen Pflichten. Unter arbeitsrechtlichen Pflichten sind hierbei neben den im AÜG selbst normierten Pflichten **alle** sich aus dem Arbeitsrecht
ergebenden Arbeitspflichten zu verstehen, unabhängig davon, ob sie auf Gesetz,
Tarifvertrag, betrieblicher Regelung oder Arbeitsvertrag beruhen (§ 3 Rn. 53 ff.).

bb) Der Vergütungsanspruch

50 Rechtsgrundlage für den **Vergütungsanspruch** des Leiharbeitnehmers sind die arbeitsvertraglichen Absprachen. Auch die **Höhe der Vergütung** unterliegt der freien vertraglichen Vereinbarung (§ 9 Rn. 77). Wegen der wirtschaftlichen Unterlegenheit des Arbeitnehmers im Arbeitsverhältnis (*BAG* v. 4. 2. 1971 – 2 AZR 144/70 – DB 1971, 1164) besteht jedoch faktisch ein einseitiges Bestimmungsrecht des Arbeitgebers (*Peter*, AuR 1999, 290). Niedrig- und Dumpinglöhne im Bereich der ANÜ haben hier ihre entscheidende Ursache. Grenzen sind dem Arbeitgeber durch § 9 Nr. 2, die **Schranken der Verfassung** (z. B. Art. 3 Abs. 2 GG), durch **Diskriminierungsverbote** (§ 612 Abs. 3 BGB, Art. 1 § 2 Abs. 1 BeschFG 1985, § 75 BetrVG; vgl. hierzu *Däubler*, Bd. 2, 626 ff.) oder durch allgemeine schuldrechtliche Grundsätze (z. B. §§ 242, 138, 315 BGB) gesetzt, die jedoch einzelfallbezogen anzuwenden sind (kritisch hierzu *Däubler*, AiB 1996, 502). Die arbeitsvertraglichen Absprachen sind auch in den Fällen Grundlage des Vergütungsanspruchs, in denen das Arbeitsverhältnis einem **Tarifvertrag** unterliegt oder die **Mindestarbeitsbedingungen** nach § 9 Nr. 2 berücksichtigt werden müssen (vgl. § 9 Rn. 76 ff.). Dasselbe gilt, soweit die Mindestarbeitsbedingungen allgemeinverbindlich erklärter **TV nach dem AEntG** beachtet werden müssen (§ 1 Abs. 2a AEntG). Findet auf das Leiharbeitsverhältnis ein TV oder § 9 Nr. 2 AÜG bzw. § 1 Abs. 1 AEntG Anwendung, gehen die arbeitsvertraglichen Absprachen solange vor, wie sie gegenüber TV und Gesetz eine für den LAN günstigere Regelung enthalten (§ 9 Rn. 76). In der Praxis spielen einzelvertragliche Vergütungsabsprachen im Leiharbeitsverhältnis nur noch eine sehr geringe Rolle. Die weitaus überwiegende Zahl der Leiharbeitsverhältnisse unterliegt heute (meist infolge arbeitsvertraglicher Bezugnahme) einem TV zur ANÜ (vgl. § 9 Rn. 151 ff.), der regelmäßig auch die Vergütung regelt. Soweit ein derartiger TV Regelungen zur Vergütung enthält und auf das Arbeitsverhältnis Anwendung findet, hat der LAN gegen den Verleiher einen Vergütungsanspruch mindestens in Höhe der tariflich vorgesehenen Leistungen (§ 9 Rn. 255 ff.).

50a Aus § 11 Abs. 4 Satz 2 folgt u. a., dass mit dem LAN ein festes regelmäßiges **Arbeitszeitdeputat** vereinbart sein muss (vgl. Rn. 63 und § 11 Rn. 45). Nach diesem fest vereinbarten Deputat richten sich auch seine Ansprüche auf das regelmäßig zu zahlende Arbeitsentgelt. Ist ein **Teilzeitarbeitsverhältnis** vereinbart, hat der LAN daher auch nur einen anteiligen Anspruch auf das Arbeitsentgelt. Dies gilt jedoch nur, solange die Teilzeitabsprache nicht gegen die Regelungen zum Annahmeverzug (§ 11 Abs. 4 Satz 2) verstößt. Arbeitet der LAN in tatsächlicher Hinsicht regelmäßig länger als vertraglich vereinbart, oder muss er sich über die vertraglich vereinbarte Arbeitszeit hinaus für Arbeitseinsätze bei Entleihern bereithalten, hat er auch einen Anspruch auf regelmäßige Vergütung in Höhe der überschießenden Arbeitszeit.

Richtet sich der Vergütungsanspruch des LAN nach einem TV zur ANÜ, hat er auf der Grundlage einer **tarifvertragskonformen Eingruppierung** Anspruch auf alle Vergütungsbestandteile, für die der Tarifvertrag eine Regelung enthält. Sind im Tarifvertrag bzgl. einzelner Vergütungsbestandteile, die einem vergleichbaren Arbeitnehmer des Entleihers zu bezahlen sind (z. B. Erschwerniszulagen), **Regelungslücken** enthalten, hat der LAN einen Anspruch auf zusätzliche Vergütung (s. u. Rn. 51c). Insbesondere bei der Eingruppierung wird in der Praxis häufig eine Entgeltgruppe gewählt, die mit den tatsächlich ausgeübten Tätigkeiten des LAN nicht übereinstimmt. Der überwiegende Teil der LAN wird zwar für **Hilfs-**

tätigkeiten eingestellt, die lediglich die niedrigste Entgeltgruppe auslösen (vgl. z.B. § 3 ERTV BZA/DGB); in tatsächlicher Hinsicht werden die LAN aber in höherwertigen Tätigkeiten eingesetzt. Selbst wenn dies nach dem jeweils maßgeblichen Tarifvertrag zulässig ist, kann der LAN eine ggf. höhere Vergütung verlangen, wenn nach den beim Entleiher geltenden Eingruppierungsgrundsätzen die Tätigkeit als höherwertig einzustufen ist. Ein TV zur ANÜ enthält nur solange eine den Gleichbehandlungsgrundsatz ausschließende Regelung, wie eine **Gleichwertigkeit** mit den beim Entleiher geltenden Regelungen gewährleistet ist (§ 9 Rn. 241 ff.).

Trotz der Geltung der TV zur ANÜ haben einzelvertragliche Vergütungsabsprachen auch im Leiharbeitsverhältnis weiterhin eine Bedeutung. Dies gilt u.a. für folgende Fallgestaltungen: **51**

– das Arbeitsverhältnis unterliegt nicht den Bestimmungen des AÜG (z.B. die Konzernleihe nach § 1 Abs. 3 Nr. 2; Rn. 51a);
– es handelt sich um Vergütungsbestandteile, die nicht vom Diskriminierungsverbot des § 9 Nr. 2 erfasst werden (Rn. 51c) oder um den Vergütungsanspruch in verleihfreien Zeiten (Rn. 51d);
– der TV zur ANÜ oder in einem derartigen Tarifvertrag enthaltene Vergütungsregelungen sind unwirksam (Rn. 51b);
– der TV zur ANÜ weist hinsichtlich der Vergütung Regelungslücken auf (Rn. 51c);
– im Entleiherbetrieb bestehen Regelungen zur Vergütung, von denen auch Leiharbeitnehmer erfasst werden (Rn. 51e).

Liegt einer dieser Fälle vor, kommt den Vergütungsabsprachen weiterhin eine entscheidende Bedeutung zu.

Unterliegt die Überlassung des Arbeitnehmers – wie bei der **Konzernleihe** nach **51a** § 1 Abs. 3 Nr. 2 – nicht den Bestimmungen des AÜG, richtet sich der Vergütungsanspruch auch in Zeiten der Überlassung grundsätzlich nach den arbeitsvertraglichen Absprachen. Die in § 9 Nr. 2 enthaltenen Regelungen zu den Mindestentgeltbedingungen finden insoweit keine Anwendung. Dies gilt allerdings nur, solange die Voraussetzungen einer vorübergehenden Überlassung i.S.d. § 1 Abs. 3 Nr. 2 auch vorliegen (vgl. Rn. 253). Überschreitet der Einsatz in einem anderen konzernangehörigen Unternehmen den zeitlich zulässigen Rahmen, finden alle Bestimmungen des AÜG einschließlich des Gleichbehandlungsgebots nach § 9 Nr. 2 Anwendung. Dem überlassenen Arbeitnehmer stehen dann für die Zeit der Überlassung mindestens die Arbeitsentgeltansprüche zu, die einem **vergleichbaren Arbeitnehmer** im Einsatzbetrieb zustehen (vgl. § 9 Rn. 104 ff.). Dasselbe gilt, wenn Arbeitnehmer eines **Mischunternehmens**, das nicht einem Tarifvertrag zur ANÜ unterliegt, überlassen werden. Die arbeitsvertraglichen Vergütungsabsprachen gehen hier für den Zeitraum der Überlassung nur solange vor, wie das Arbeitsentgelt mindestens dem entspricht, das nach § 9 Nr. 2 einem vergleichbaren Arbeitnehmer zustehen würde. Bei der Entscheidung der Frage, ob die arbeitsvertraglichen Vereinbarungen gegenüber der gesetzlichen Gleichstellungsregel des § 9 Nr. 2 günstiger sind, ist jeweils ein **Günstigkeitsvergleich** i.S.e. Sachgruppenvergleichs vorzunehmen (§ 9 Rn. 108 ff.).

Ist der **TV zur ANÜ unwirksam**, richtet sich der Vergütungsanspruch des LAN **51b** nach den vertraglichen Absprachen unter Berücksichtigung des Gleichstellungsgrundsatzes nach § 9 Nr. 2 (vgl. § 9 Rn. 276). Sind danach die arbeitsvertraglichen Absprachen für den LAN ungünstiger, hat er nach § 10 Abs. 4 einen Anspruch auf das Arbeitsentgelt eines vergleichbaren Arbeitnehmers des Entleihers (vgl.

§ 10 Rn. 105 ff.). Dasselbe gilt, soweit nicht der gesamte Tarifvertrag zur ANÜ, sondern nur die **Teile des TV**, die Vergütungsregelungen enthalten, unwirksam sind (§ 9 Rn. 277; Rn. 51c).

51c   Enthält der Tarifvertrag **Regelungslücken** beim Arbeitsentgelt, stehen dem LAN insoweit nach § 10 Abs. 4 mindestens die Entgeltansprüche zu, die einem vergleichbaren Arbeitnehmer des Entleihers zu gewähren sind. Ob eine Regelungslücke vorliegt, bestimmt sich danach, ob der TV zur ANÜ eine eigenständige Regelung zu den von § 9 Nr. 2 erfassten Bestandteilen des Arbeitsentgelts (§ 9 Rn. 90 ff.) enthält. Regelungslücken sind in unterschiedlicher Qualität in allen Tarifverträgen zur ANÜ enthalten (vgl. § 9 Rn. 167, 200, 239). Generell nicht geregelt sind in den TV zur ANÜ der **Leistungslohn** (§ 9 Rn. 211) und Vergütungsbestandteile, die einem vergleichbaren Arbeitnehmer auf Grund **betrieblicher Regelungen** im Entleiherbetrieb zu gewähren sind (z. B. betriebliche Altersversorgung, Essensgeldzuschüsse). Hier hat der LAN mindestens Anspruch auf die Vergütung, die einem vergleichbaren Arbeitnehmer des Entleihers zu zahlen ist (§ 9 Rn. 94, 110). I. Ü. kann auf die Kommentierung zu § 10 (vgl. § 10 Rn. 88,109) verwiesen werden.

51d   Der Gleichbehandlungsgrundsatz nach § 9 Nr. 2 gilt nicht in **verleihfreien Zeiten** (vgl. § 9 Rn. 81; *Boemke/Lembke*, § 9 Rn. 21; *Thüsing/Pelzner*, § 3 Rn. 100; *Bauer/Krets*, NJW 2003, 539; *Ulber*, AuR 2003, 12), verbietet aber **Durchschnittslohnvereinbarungen**, nach denen dem LAN auf einzelvertraglicher Grundlage eine für Zeiten des Verleihs und Nichtverleihs verstetigte Vergütung zu zahlen ist (ErfK/*Wank*, § 3 Rn. 27a). In Zeiten der Nichtüberlassung richtet sich der Vergütungsanspruch des LAN nach den vertraglichen Vereinbarungen bzw. tariflichen Regelungen, soweit sie im Leiharbeitsverhältnis zur Anwendung kommen. Die Vereinbarung der Vergütung für verleihfreie Zeiten muss entsprechend des **Lohnausfallprinzips** der Höhe nach mindestens dem Vergütungsanspruch entsprechen, der dem LAN bei einem Verleih zugestanden hätte (*Boemke*, § 11 Rn. 110 ff.; ErfK/*Wank*, § 11 Rn. 24; *Schüren/Feuerborn*, § 11 Rn. 86). Neben der Grundvergütung sind daher auch alle sonstigen Lohnbestandteile wie Zulagen oder Zuschläge oder Zuwendungen mit entgeltwertem Charakter Bestandteil des Entgeltanspruchs (*Schüren/Feuerborn*, § 11 Rn. 96). Der Verleiher kann seine besonderen Pflichten zur Weiterzahlung des Arbeitsentgelts in verleihfreien Zeiten (§ 11 Abs. 4 Satz 2) nicht dadurch **umgehen**, dass er durch die Wahl alternativer rechtlicher Gestaltungsmittel seine Zahlungsverpflichtungen verkürzt oder sogar ganz ausschließt. Eine derartige Umgehung liegt z. B. vor, wenn er den LAN in verleihfreien Zeiten beurlaubt oder unbezahlt von der Arbeit freistellt (*Thüsing/Pelzner*, § 3 Rn. 71; a. A. *Boemke*, § 11 Rn. 118), ein Ruhen des Arbeitsverhältnisses vereinbart (KassHandb/*Düwell*, 4.5 Rn. 375) oder über Regelungen zur flexiblen Arbeitszeitgestaltung das Annahmeverzugsrisiko auf den LAN verlagert (vgl. Rn. 62 f. und § 11 Rn. 62; zur Jahresarbeitszeit a. A. *Schüren/Schüren*, Einl. Rn. 157). Verstößt die Absprache gegen § 11 Abs. 4 Satz 2, ist sie nach § 134 BGB nichtig (§ 11 Rn. 96, 99; *Schüren/Feuerborn*, § 11 Rn. 92). Ist die Vergütung für verleihfreie Zeiten unter Beachtung des § 11 Abs. 4 Satz 2 vereinbart, muss sie ihrer Höhe nach **angemessen** sein und darf nicht die Grenzen zu Sittenwidrigkeit und Lohnwucher überschreiten (ErfK/*Wank*, § 3 Rn. 27b; *Schüren/Schüren*, § 9 Rn. 215). § 11 Abs. 4 Satz 2 schränkt auch insoweit die Vertragsfreiheit ein (ErfK/*Wank*, § 3 Rn. 27; a. A. *Thüsing*, DB 2003, 446). Angemessen ist die Vergütung, solange sie der üblichen Vergütung i. S. d. § 612 Abs. 2 BGB entspricht. Einen Anhaltspunkt können dabei die Branchentarifverträge zur ANÜ darstellen (*Schüren/Schüren*, § 9 Rn. 215; *Ulber*, AuR 2003, 12).

Sind in **TV oder BV**, die **beim Entleiher** gelten, besondere Regelungen zum **51e** Arbeitsentgelt von LAN enthalten, gelten diese Regelungen nicht unmittelbar und zwingend im Leiharbeitsverhältnis (§ 9 Rn. 217; Rn. 234). Regelt ein beim Entleiher geltender TV oder eine BV, dass der LAN nur bei gleichen Entgeltbedingungen eingesetzt werden darf, beeinflusst dies zwar die Zulässigkeit der Beschäftigung des LAN (§ 9 Rn. 216 f.); der LAN kann hieraus jedoch grundsätzlich keinen unmittelbaren Vergütungsanspruch gegen den Verleiher herleiten. Entsprechende Ansprüche können aber durch arbeitsvertragliche Absprache zum Inhalt des Leiharbeitsverhältnisses gemacht werden. Liegt eine derartige Absprache vor, hat der LAN auch einen entsprechenden Anspruch gegen den Verleiher. Probleme treten in diesen Fällen auf, wenn bei der vereinbarten Überlassungsvergütung der nach dem Entleiher-TV maßgebliche (erhöhte) Vergütungsanspruch des LAN berücksichtigt wird, der Verleiher die erhöhte Vergütung jedoch zweckwidrig nicht an den LAN weiterreicht.

Ist vertraglich eine Vergütung vereinbart, die dem Gleichbehandlungsgrund- **51f** satz nach § 9 Nr. 2 Rechnung trägt oder auch höhere Vergütungsansprüche des LAN vorsieht, kann die Vereinbarung dennoch nach § 138 BGB wegen **Sittenwidrigkeit** unwirksam sein. Dies gilt zunächst, wenn die beim Entleiher zur Anwendung kommenden Entgeltregelungen ihrerseits gegen das Verbot des Lohnwuchers verstoßen. Es gilt aber auch in den Fällen, in denen für das Leiharbeitsverhältnis Vergütungsregelungen zur Anwendung kommen, die sich nicht in den Grenzen von § 138 BGB oder § 9 Nr. 2 bewegen (vgl. *Nägele*, BB 1997, 2162). Auch die Regelungen eines TV zur Vergütung können gegen § 138 BGB verstoßen (*Löwisch/Rieble*, TVG § 1 Rn. 219; *Däubler*, TVR Einl. Rn. 323; a. A. BAG v. 24. 3. 2004 – 5 AZR 303/03 – BB 2004, 1909) und der **Rechtskontrolle** unterliegen (*Schüren*, Festschrift 50 Jahre BAG, 877; *Raab*, ZfA 2003, 389). Dies gilt zumindest für TV zur ANÜ, die nicht zuletzt wegen des nur tarifdispositiv ausgestalteten Gleichbehandlungsgrundsatzes nur eine **eingeschränkte Richtigkeitsgewähr** in sich tragen (vgl. § 9 Rn. 303). Zusätzlich ist dabei zu berücksichtigen, dass auch TV zur ANÜ nur dann wirksame Regelungen zum Arbeitsentgelt enthalten, wenn die tarifliche Regelung eine im Vergleich zum Gleichbehandlungsgrundsatz **gleichwertige Regelung** enthält (*Schüren*, Festschrift 50 Jahre BAG, 877; vgl. § 9 Rn. 234 ff.). Die abgeschlossenen TV zur ANÜ lassen insbesondere in den unteren Entgeltgruppen erhebliche Zweifel aufkommen, ob die Vergütungsregelungen trotz des Diskriminierungsverbots nach § 9 Nr. 2 wirksam sind. Dies gilt zunächst für die in § 8.6 MTV BZA/DGB enthaltene Regelung, wonach Aufwendungsersatzansprüche des LAN das Tarifentgelt um bis zu 25 % vermindern können (vgl. § 9 Rn. 249). Für einen Helfer in Westdeutschland bedeutet dies im Jahr 2004 einen Tariflohn von 5,37 € in der Stunde. Ein Helferlohn von DM 11,50 im Jahre 1998 ist jedoch ebenso wegen **Lohnwuchers** sittenwidrig (*ArbG Bremen* v. 30. 8. 2000 – 5 Ca 5152/00 – NZA 2001, 27) wie ein Monatslohn für eine Pflegekraft von DM 1500 (*ArbG Herne* v. 5. 8. 1998 – 5 Ca 4010/97 – AiB 2000, 366). Das krasse Missverhältnis von Leistung des LAN und Vergütung durch den Verleiher kann sich auch daraus ergeben, dass die vom Entleiher gezahlte Überlassungsvergütung das vom Verleiher gezahlte Arbeitsentgelt um ein Vielfaches übersteigt. Bei einer gegenüber dem Arbeitsentgelt dreifach höheren Überlassungsvergütung liegt regelmäßig eine sittenwidrige Lohnvereinbarung vor (vgl. *ArbG Reutlingen*, AiB 1996, 499 m. Anm. *Däubler*). Daneben kann die Sittenwidrigkeit nicht nur aus dem geringen Effektivlohn des Leiharbeitnehmers folgen, sondern auch aus dem Verhältnis des Lohnes zu der

Vielzahl öffentlicher Subventionen, die Verleihern bei der (wegen der geringen Laufzeit der Arbeitsverhältnisse meist nur unterstellten) Eingliederung von Arbeitslosen gezahlt werden (zur PSA vgl. Einl. H Rn. 21 ff.). Die Liste der öffentlichen **Zuschüsse**, auf die Verleiher zurückgreifen, ist im 9. Erfahrungsbericht der BuReg (BT-Ds. 14/4220, 19 f.) eindrucksvoll beschrieben. Allein aus dem Sofortprogramm der BuReg zum Abbau der Jugendarbeitslosigkeit wird Verleihern bis zu einem Jahr ein Lohnkostenzuschuss von 60% auf das Arbeitsentgelt (einschließlich der pauschalierten Arbeitgeberanteile am Gesamtsozialversicherungsbeitrag) gewährt. Wird dem Leiharbeitnehmer dann trotz der Zuschüsse ein Bruttolohn von z. B. 12,00 DM gezahlt, beträgt die Belastung des Verleihers lediglich 4,80 DM pro Stunde. Auch ohne Berücksichtigung sonstiger Zuschüsse liegt hier ein krasses Missverhältnis von zugrunde liegendem Niedriglohn und Überlassungsentschädigung vor. Daneben lässt das Verhalten des Verleihers in subjektiver Hinsicht (vgl. hierzu Palandt-*Heinrichs*, § 138 Rn. 8) auf eine besonders verwerfliche und ausbeuterische Gesinnung schließen.

Insbesondere die in Ostdeutschland weiter abgesenkten Niedriglöhne in der Verleihbranche führen dazu, dass ein überwiegender Teil der LAN trotz geleisteter Vollzeitarbeit, seinen notwendigen Lebensunterhalt nicht mehr ohne eine **ergänzende Sozialhilfe** sichern kann. Niedriglohnabsprachen, die davon ausgehen, dass der Arbeitnehmer zwangsläufig auf ergänzende öffentliche Leistungen angewiesen ist, muss jedoch (auch unter dem Gesichtspunkt des unzulässigen Vertrags zu Lasten Dritter) die rechtliche Anerkennung versagt bleiben, sie sind sittenwidrig. Die Entgeltansprüche des Arbeitnehmers müssen die öffentlichen Sozialleistungen i. d. R. um 20 Prozent übersteigen (*ArbG Bremen* v. 30.8.2000, a.a.O.). Dies haben sowohl die Parteien des Arbeitsvertrags als auch die TV-Parteien bei der Vereinbarung der Vergütungshöhe zu berücksichtigen.

Insgesamt erscheint es danach angemessen mit dem *BGH* (v. 22.4.1997 – 1 StR 701/96 – AuR 1997, 453) und in Übereinstimmung mit der Spruchpraxis des Sachverständigenrats beim Europarat zu Art. 4 Abs. 1 ESC (vgl. hierzu *Peter*, AuR 1999, 294) ein Entgelt von 68% des maßgeblichen Tarifentgeltes als **unterste Grenze einer zulässigen Niedriglohnabsprache** anzunehmen (*SG Berlin* v. 18.1.2002 – S 58 AL 2003/01 – info also 2002, 114; vgl. auch *Hanau*, EwiR 2002, 419; a.A. *Schüren*, Festschrift für Däubler, 99, der die Grenze bei 20% untertariflicher Bezahlung ansetzt). Ausgangspunkt des maßgeblichen Tarifentgelts sind dabei grundsätzlich die nach § 9 Nr. 2 maßgeblichen Arbeitsentgelte in den Entleiherbranchen (anders zur früheren Rechtslage *BAG* v. 24.3.2004 – 5 AZR 303/03 – BB 2004, 1909).

Am Vorliegen einer **Zwangslage** des LAN i.S.d. § 138 Abs. 2 BGB kann dabei nicht gezweifelt werden. Zum einen droht dem LAN bei Ablehnung einer Beschäftigung eine Sperrzeit nach § 144 Abs. 1 Nr. 2 SGB III (vgl. Einl. E Rn. 14) zum anderen ist der Arbeitnehmer auf Grund seiner strukturellen Unterlegenheit bei der Vereinbarung der Arbeitsbedingungen (*BVerfG* v. 28.1.1992 – 1 BvR 1025/82 – AuR 1992, 187 ff.) nicht in der Lage, Einfluss auf die vom Verleiher festgelegte Vergütungshöhe zu nehmen (*LAG Berlin*, v. 20.2.1998 – 6 Sa 145/97 – AuR 1998, 468).

51g Wird der LAN in Entleiherbetrieben mit Tätigkeiten betraut, die dem Geltungsbereich eines **allgemeinverbindlich erklärten Tarifvertrags** oder einer Rechtsverordnung nach dem **AEntG** unterliegen (§ 1 Abs. 1 u. 3 AEntG), sind dem LAN ungeachtet seiner arbeitsvertraglichen Ansprüche mindestens die in diesem Tarifvertrag geregelten Mindestarbeitsbedingungen zu gewähren (§ 1 Abs. 2a

AEntG; *Thüsing/Pelzner*, § 1 Rn. 93). Erfasst werden von den nach dem AEntG allgemeinverbindlich erklärten Tarifverträgen im Bau- und Baunebengewerbe die **Mindestentgeltsätze** einschließlich der **Überstundensätze** (§ 1 Abs. 1 Satz 1 Nr. 1 AEntG) sowie die Dauer des **Erholungsurlaubs**, das Urlaubsgeld sowie ein zusätzliches Urlaubsentgelt (§ 1 Abs. 1 Satz 1 Nr. 2 AEntG). Die Ansprüche des LAN nach § 1 Abs. 2a AEntG sind Mindestansprüche. Soweit die arbeitsvertraglichen Absprachen für den LAN günstigere Regelungen enthalten, gehen diese vor. I. Ü. sind die Ansprüche des LAN auf Leistungen nach dem allgemeinverbindlich erklärten TV auf den **Zeitraum** begrenzt, in dem er Tätigkeiten beim Entleiher ausübt, die dem Geltungsbereich des TV unterfallen (vgl. auch § 9 Rn. 152). Urlaubsbezogene Ansprüche sind ggf. zeitanteilig zu gewähren.

Für TV, die **außerhalb des AEntG** nach § 5 Abs. 4 TVG **allgemeinverbindlich** **51h** **erklärt** sind, fehlt es an einer dem § 1 Abs. 2a AEntG entsprechenden Anspruchsgrundlage. Der LAN kann daher unmittelbare Ansprüche aus dem allgemeinverbindlich erklärten TV nur herleiten, wenn der Verleiher dem fachlichen **Geltungsbereich** des TV (§ 5 Abs. 4 TVG) unterliegt (Rn. 103). Verleihbetriebe, die der Verleihbranche als Dienstleistungsbranche angehören, unterliegen jedoch auf Grund ihrer anderen Betriebszwecke allenfalls in Ausnahmefällen (z. B. bei Mischunternehmen) dem fachlichen Geltungsbereich der TV zur ANÜ (§ 9 Rn. 165, 176). Ansonsten entfalten allgemeinverbindlich erklärte Branchentarifverträge im Leiharbeitsverhältnis grundsätzlich keine unmittelbaren und zwingenden Wirkungen (*LAG Schleswig-Holstein* v. 5.5.1972 – 3 Sa 103/72 – EzAÜG § 4 TVG Nr. 1; *Thüsing/Pelzner*, § 3 Rn. 94; vgl. Rn. 103). Die mangelnden Wirkungen eines allgemeinverbindlich erklärten TV für die Ansprüche des LAN bedeuten jedoch nicht, dass der allgemeinverbindlich erklärte TV keine Auswirkungen auf die Beschäftigung von LAN in den Betrieben hat, für die der TV nach § 5 Abs. 4 TVG gilt. Der **Zweck** eines allgemeinverbindlich erklärten TV liegt nicht nur in der Gewährleistung gleicher Arbeitsbedingungen in der Branche; er liegt auch darin, über die Vereinheitlichung der Arbeitsbedingungen **einheitliche Wettbewerbsbedingungen** der branchenangehörigen Betriebe zu garantieren (ErfK/ *Schaub*, § 5 TVG Rn. 2). Durch die Allgemeinverbindlichkeit soll insoweit verhindert werden, dass Unternehmen der Branche dadurch Wettbewerbsvorteile erlangen, dass sie AN billiger arbeiten lassen. Unzweifelhaft ist es von daher einem tarifunterworfenen Unternehmen verwehrt, eigene Arbeitnehmer unterhalb des tariflichen Niveaus zu beschäftigen. Dieses **Verbot der untertariflichen Beschäftigung** muss auch gelten, wenn der Arbeitgeber statt einer Eigenbeschäftigung auf den Einsatz von LAN zurückgreift. Die Zulässigkeit des Einsatzes von LAN kann grundsätzlich nicht weiter gehen, als die Zulässigkeit einer direkten Einstellung von Arbeitnehmern durch den Entleiher. Dies gilt nicht nur für gesetzliche Beschäftigungsverbote (z. B. § 4 MuSchG), sondern muss auch für einschränkende oder ausschließende Regelungen gelten, die vom Entleiher auf Grund eines TV oder einer BV einzuhalten sind. Kommt daher beim Entleiher ein allgemeinverbindlich erklärter TV zur Anwendung, ist der **Einsatz von LAN** nur dann zulässig, wenn das Niveau der materiellen Arbeitsbedingungen des Leiharbeitsverhältnisses mindestens dem Niveau entspricht, das der allgemeinverbindlich erklärte TV vorgibt.

Soweit keine vertragliche Vereinbarung getroffen wurde, ist gem. § 612 BGB **51i** die übliche Vergütung, d.h. grundsätzlich der Tariflohn, zu zahlen (*BAG* v. 11.6.1997 – 10 AZR 525/96; *LAG Bremen* v. 3.12.1992 – 3 Sa 304/90 – AiB 1992, 834; vgl. § 7 AEntG Rn. 15; *Peter*, AuR 1999, 292). Im Leiharbeitsverhältnis kann dabei wegen der Verpflichtung des Arbeitnehmers zum ständigen Wechsel des Arbeitsortes nicht auf die **ortsübliche Vergütung** abgestellt werden, sondern es müssen jeweils die im vereinbarten Einsatzgebiet geltenden üblichen Arbeitsbedingungen bzw. Flächentarifverträge zur ANÜ, mindestens aber die beim Entleiher nach § 9 Nr. 2 zu gewährenden materiellen Arbeitsbedingungen, zugrunde gelegt werden. Bei **Nichtigkeit der Vergütungsabsprache** nach § 138 BGB (vgl. Rn. 51) richtet sich die Vergütung nicht nach Bereicherungsgrundsätzen, sondern nach § 612 Abs. 2 BGB (*LAG Bremen*, a.a.O.). Der Höhe nach schuldet der Verleiher dabei mindestens das nach § 9 Abs. 2 maßgebliche Arbeitsentgelt, ansonsten den vollen tarifüblichen Lohn und nicht etwa einen Lohn auf dem jeweils niedrigsten, nicht mehr beanstandenswerten Niveau (*ArbG Herne* v. 5.8.1998 – 5 Ca 4010/97 – AiB 2000, 366).

52 Unter bestimmten Voraussetzungen kann sich trotz Einhaltung des Gleichbehandlungsgebots gem. § 9 Nr. 2 oder anders lautender arbeitsvertraglicher Vergütungsabrede ein erhöhter Lohnanspruch aus betrieblicher Übung oder aus dem Gleichbehandlungsgrundsatz ergeben (vgl. *Ulber*, Arbeitnehmer in Zeitarbeitsfirmen, 151). Zwar wird der **Grundsatz der Gleichbehandlung** aller LAN des Verleihers durch die Geltung der bei Entleihern geltenden materiellen Arbeitsbedingungen nach § 9 Nr. 2 eingeschränkt (ErfK/*Wank*, § 3 AÜG Rn. 29); dennoch muss der Verleiher bei der Beschäftigung von LAN dafür Sorge tragen, dass eine willkürliche Ungleichbehandlung der LAN sowohl im Vergleich zur sonstigen Stammbelegschaft (*Boemke*, § 14 Rn. 25; *Schüren/Hamann*, § 14 Rn. 348) als auch zwischen den LAN vermieden wird. Hiergegen verstößt der Verleiher z.B., wenn er bestimmten LAN jeweils nur Arbeitsplätze bei Entleihern mit geringem Entgeltniveau zuweist und bei gleicher Geeignetheit anderen LAN jeweils besser vergütete Arbeiten zuweist. Dasselbe gilt, wenn der Verleiher bestimmte LAN jeweils ortsnah verleiht und anderen LAN jeweils Einsatzorte zuweist, die mit einem hohen Aufwand an Reisezeiten verbunden sind u.ä. Die Ungleichbehandlung verstößt in diesen Fällen auch gegen § 75 BetrVG. § 75 BetrVG ist ein Schutzgesetz zugunsten der Arbeitnehmer, dagegen verstoßende Vereinbarungen sind gem. § 134 BGB unwirksam (*FESTL*, § 75 Rn. 98) und begründen einen Anspruch auf Gleichbehandlung. Bei **Mischunternehmen** bezieht sich der **Gleichbehandlungsanspruch** des Arbeitnehmers auf die Gesamtbelegschaft. Der Arbeitgeber kann diese Verpflichtung nicht dadurch **umgehen**, dass er hinsichtlich der ANÜ einen selbständigen Betrieb bildet (anders innerhalb eines Konzerns mit verschiedenen Arbeitgebern, vgl. *BAG* v. 20.8.1986 – 4 AZR 272/85 – AP Nr. 6 zu § 1 TVG TV: Seniorität). Die Pflicht des Arbeitgebers zur Gleichbehandlung nach § 75 Abs. 1 BetrVG bezieht sich auf alle Arbeitnehmer der Belegschaft, verbietet daher grundsätzlich Differenzierungen von Leiharbeitnehmern und sonstigen Betriebsangehörigen. Unterliegt die Stammbelegschaft z.B. den **Montagetarifverträgen**, wäre es unzulässig, Leiharbeitnehmer bei gleicher Arbeit von den tarifvertraglichen Leistungen auszuschließen.

53 Auch **Zuschläge, Zulagen und sonstige Lohnbestandteile** i.S.d. § 2 Abs. 1 Satz 2 Nr. 6 NachwG richten sich hinsichtlich der Höhe der Entgeltpflichtigkeit nach den tariflichen und vertraglichen Vereinbarungen (vgl. *Ulber*, a.a.O., 131 ff.). Durch ersatzlosen Wegfall der gesetzlichen Zuschläge zur Mehrarbeit nach § 15 AZO a.F. im Zuge der Verabschiedung des ArbZRG (zur Kritik vgl. *Buschmann/Ulber*, ArbZG, Vorbem. Rn. 7 f.) sind daher Mehrarbeitszuschläge für nach dem 1.7.1994 abgeschlossene Arbeitsverhältnisse nur bei einer ausdrücklichen arbeitsvertraglichen Regelung zu zahlen, so weit nicht ein Gleichstellungsanspruch nach § 9 Nr. 2 besteht. Demgegenüber ist der Verleiher bei **Nachtarbeit** nach § 6 Abs. 5 ArbZG auch ohne Vereinbarung verpflichtet, einen Zuschlag in Form eines bezahlten Freizeitausgleichs zu gewähren.

I.Ü. gilt gegenüber dem Normalarbeitsverhältnis bei Arbeitsverträgen mit reinen   **53a**
Verleihfirmen lediglich die Besonderheit, dass **Auslösungen** zum normalen Arbeitsentgelt zählen (*LAG Bremen* v. 23. 10. 1975 – 3 Sa 155/74 – EzAÜG Nr. 27) und daher bei Lohnersatzleistungen voll als Arbeitsentgelt zu berücksichtigen sind (*Becker/Wulfgramm*, Art. 1 § 11 Rn. 55c). **Reisekosten** hat der Verleiher ebenso wie sonstige Aufwendungen, die dem LAN bei der Ausführung der zugewiesenen Arbeiten entstehen, zu erstatten. Die jeweilige Anreise des LAN zum Entleiher stellt zwar einen Teil seiner eingegangenen Arbeitspflichten dar; anders als die hierfür erforderlichen **Wegezeiten** (die i. d. R. eine Vergütungspflicht als Arbeitszeit auslösen; *HessLAG* v. 26. 10. 2000 – 11 Sa 1976/99) sind die Aufwendungen, die hiermit verbunden sind, aber nicht durch den normalen Vergütungsanspruch abgegolten (so aber *Schüren/Schüren*, § 10 Rn. 186; zu einer tariflichen Regelung der Reisekosten vgl. § 8.3 ff. MTV BZA / DGB). Vielmehr ist bei den Fahrten zur täglichen Aufnahme der Arbeit bei Entleihern zu berücksichtigen, dass die hiermit verbundenen Fahrtkosten ausschließlich auf Veranlassung und im Interesse des Verleihers entstehen und vom LAN nicht (z. B. durch Verlegung des Wohnsitzes in die Nähe der Arbeitsstelle) beeinflusst werden können (*Ulber*, Arbeitnehmer in Zeitarbeitsfirmen, 140 ff.). Entstandene Reisekosten für Fahrten zum Einsatzort beim Entleiher sind dem LAN daher nach § 670 BGB zu erstatten (*SG Hamburg* v. 24. 9. 1992 – 13 AR 247/92; *LAG Köln* v. 15. 11. 2002 – 4 Sa 692/02). Der Anspruch ist auf Ersatz der tatsächlich entstandenen Fahrtkosten gerichtet (*Berndt*, NJW 1997, 2213; *Loritz*, NZA 1997, 1194), wobei Fahrtkosten, die bei einer Anreise von seinem Wohnort zum Sitz des Verleihers in Abzug zu bringen sind (*LAG Köln*, a.a.O.). Auf Verlangen ist dem LAN ein **Vorschuss** zu gewähren (§ 669 BGB). Wird der Vorschuss nicht gewährt oder verstößt der Verleiher gegen seine Verpflichtungen zur Zahlung der erforderlichen Reisekosten, steht dem LAN ein Leistungsverweigerungsrecht zu. Fallen durch die auswärtige Beschäftigung bei einem Entleiher **Übernachtungskosten** an, sind auch die hiermit verbundenen notwendigen Aufwendungen des LAN nach § 670 BGB erstattungsfähig (*BAG* v. 10. 3. 1976, AP Nr. 5 zu § 611 BGB Aufwandsentschädigung; vgl. auch § 8.4 MTV BZA / DGB). Vertraglichen Vereinbarungen, durch die der Arbeitgeber von seiner Verpflichtung zum Aufwendungsersatz befreit wird, sind im Leiharbeitsverhältnis enge Grenzen gesetzt. Ein **pauschalierter Aufwendungsersatz** ist nur möglich, wenn der LAN gleichzeitig eine Auslösung erhält (*BAG* v. 14. 2. 1996, NZA 1996, 883). I.Ü. sind Einschränkungen bei der Verpflichtung zur Zahlung eines Aufwendungsersatzes nur möglich, wenn sie für den Arbeitnehmer keine gegenüber einem Normalarbeitsverhältnis zusätzliche Belastung darstellen und durch die sonstigen Leistungen des Arbeitgebers kompensiert werden. Decken die vom Verleiher gezahlten Aufwendungsersatzleistungen nicht den tatsächlich entstandenen Aufwand ab und ist der Arbeitnehmer daher gezwungen, notwendige Aufwendungen aus dem Arbeitsentgelt zu finanzieren, kann dies zur Sittenwidrigkeit der Vergütungsabsprache führen. Insofern unterliegt die Wirksamkeit der in § 8.6 MTV BZA / DGB getroffenen Regelung, nach der Aufwendungsersatzansprüche zu einer Verminderung des Tariflohns um bis zu 25 % führen können, erheblichen Bedenken (vgl. *Ulber*, Arbeitnehmer in Zeitarbeitsfirmen, 137).

54 Hinsichtlich der Lohnersatzleistungen und der sonstigen **Vergütungspflichten bei Nichtleistung von Arbeit** (zu den Besonderheiten bei Annahmeverzug vgl. § 11 Rn. 60 ff.) ist die Rechtsstellung des Leiharbeitnehmers die Gleiche wie im Normalarbeitsverhältnis (vgl. *Ulber*, Arbeitnehmer in Zeitarbeitsfirmen, 138 f., 142 ff.). Der Verleiher ist im Krankheitsfall nach § 616 BGB, § 3 EFZG zur Lohnfortzahlung ebenso verpflichtet wie an Feiertagen (§ 2 EFZG). Im Falle der **Insolvenz** stehen dem Leiharbeitnehmer Lohn- und Lohnersatzansprüche nur gegen den Verleiher als Arbeitgeber zu (*Schüren/Schüren*, Einl. Rn. 169). Von einer Insolvenz des Entleihers bleiben Vergütungsansprüche des Leiharbeitnehmers unberührt, solange der Entleiher nicht auf Grund eines fingierten Arbeitsverhältnisses in die volle Arbeitgeberstellung eingerückt ist (vgl. hierzu § 10 Rn. 67, 74). Bei Insolvenz des Verleihers steht dem Leiharbeitnehmer neben den als Masseverbindlichkeit zu behandelnden Lohnansprüchen (vgl. § 55 InsO) ggf. auch der Ausgleichsanspruch auf Insolvenzgeld nach §§ 183 ff. SGB III zu (vgl. hierzu auch *Marschner*, DB 1996, 780). Gehört das Verleihunternehmen einem Konzern an, können auch Ansprüche aus Konzernhaftung in Betracht kommen. Zu Ansprüchen auf Lohnersatzleistungen i. ü. wird auf die Erläuterungen zu §§ 9, 11 verwiesen.

54a Wird in der Vergütungsabsprache nur der reine Lohn geregelt und werden hiermit bestimmte Leistungen nicht abgegolten, sodass die Vergütung nicht den **vollen Gegenwert** für die verlangte Arbeitsleistung darstellt, ist auch die über die Lohnabsprache hinausgehende, zusätzliche Vergütung nach § 612 Abs. 2 BGB zu bestimmen (*BAG* v. 22. 3. 1989 – 5 AZR 151/88 – n. v.). Bedeutung gewinnt dies insbesondere in den Fällen, in denen neben der Vergütung üblicherweise **Zuschläge** oder **Zulagen** gezahlt werden (z. B. Schichtzuschläge, Erschwerniszulagen) oder Arbeitnehmern ein Ausgleich für einen arbeitsbedingten Mehraufwand erstattet wird (Auslöse, Verpflegungsmehraufwand etc.) und die Arbeitsbedingungen beim Entleiher keine entsprechende Regelung enthalten. Sowohl dem Grunde als auch der Höhe nach haben sich entsprechende Vergütungsansprüche an der Tarifüblichkeit zu orientieren. Ist in der Branche, der der Entleiher angehört, z. B. Mehrarbeit höher vergütet als Normalarbeitszeit, steht dem Leiharbeitnehmer nach § 10 Abs. 4 ein Mehrarbeitszuschlag auch dann zu (*Däubler*, RIW 2000, 258), wenn der Entleiher auf Grund der vertraglichen Vereinbarungen mit der Stammbelegschaft nicht verpflichtet ist, den Zuschlag zu zahlen. Dies gilt auch für Arbeitnehmer, die im Zeitlohn eingestellt sind, beim Entleiher aber **Akkordtätigkeiten** verrichten. Sind die Arbeitnehmer umgekehrt für Akkordtätigkeiten eingestellt, werden sie aber im Zeitlohn eingesetzt, ist ihre Tätigkeit mindestens mit dem Akkorddurchschnitt zu vergüten (*Hunold*, NZA 2001, 337).

cc) Betriebsrisiko im Leiharbeitsverhältnis

55 Zu den besonderen arbeitsrechtlichen Pflichten des Verleihers nach dem AÜG gehört es, dass er als Arbeitgeber allein das **Beschäftigungsrisiko** trägt und der Vergütungsanspruch des Arbeitnehmers bei Nichtleistung von Arbeit nicht nur aus Annahmeverzug des Arbeitgebers (§ 615 BGB), sondern im Hinblick auf § 11 Abs. 4 Satz 2 unabdingbar bei jeglicher Form von mangelnden Beschäftigungsmöglichkeiten bzw. **Beschäftigungsschwankungen** besteht. Fehlen einem Verleiher über den Regelungsgehalt der arbeitsrechtlichen Grundsätze der Betriebsrisikolehre grundlegende **Kenntnisse**, begründet dies die Annahme der Unzuverlässigkeit nach § 3 Abs. 1 Nr. 1 (*SG Berlin* v. 29. 11. 1989 – S 51 Ar 1794/89 – DB 1990, 691); die Erteilung der Erlaubnis ist zu versagen.

Gem. § 11 Abs. 4 Satz 2 Halbsatz 1 kann die Pflicht des Verleihers, nach § 615 **56**
Satz 1 u. 3 BGB im Falle des **Annahmeverzugs** die Vergütung zu zahlen, im Leiharbeitsverhältnis nicht durch eine Vereinbarung mit dem Arbeitnehmer abbedungen werden. Die im Normalarbeitsverhältnis für zulässig erachtete **Abdingbarkeit** des § 615 Satz 1 BGB (vgl. *BAG* v. 6.11.1968 – 4 AZR 186/68 – AP Nr. 16
zu § 615 BGB Betriebsrisiko; *Becker/Wulfgramm*, Art. 1 § 11 Rn. 29; *Schüren/Feuer-
born*, § 11 Rn. 91) ist für das Leiharbeitsverhältnis nach § 11 Abs. 4 Satz 2 **ausgeschlossen**, dagegen verstoßende Vereinbarungen sind gem. § 134 BGB nichtig
(vgl. § 11 Rn. 60 ff.). Der Verleiher hat daher im Leiharbeitsverhältnis das **Betriebsrisiko** (§ 615 Satz 3 BGB) typischerweise alleine zu tragen, ein Mangel an
Beschäftigungsmöglichkeiten im Verleiherbetrieb oder ein fehlender Bedarf an
Leiharbeitnehmern in Einsatzbetrieben lässt seine Vergütungspflichten unberührt (*Schüren*/Feuerborn, § 11 Rn. 88).

Aus der uneingeschränkten Pflicht zur Zahlung der Vergütung folgt, dass der **57**
Verleiher in allen Fällen, in denen er dem Arbeitnehmer keine Arbeitsmöglichkeiten beim Entleiher im arbeitsvertraglich vereinbarten Umfang zuweisen kann,
die vertraglich vereinbarte Vergütung weiter bezahlen muss. Für **Fälle der KA** ist
es daher bei der ANÜ – unabhängig von deren Dauer und Umfang – generell
ausgeschlossen, den Verleiher von seiner Vergütungspflicht zu entbinden (vgl.
Rn. 64). Als Verbotsnorm schließt § 11 Abs. 4 Satz 2 dabei auch aus, in Betriebsvereinbarungen (vgl. § 87 Abs. 1 Satz 1 BetrVG) oder Tarifverträgen abweichende
Regelungen hinsichtlich der Vergütungspflicht (nicht jedoch hinsichtlich sonstiger Modalitäten der KA, z.B. zum betroffenen Personenkreis u.ä.) zu treffen.

Da das **Risiko vorübergehender Arbeitsausfälle** zu den unbeschränkbaren **58**
Risiken des Verleihers zählt, kann der Verleiher das Risiko nicht (auch nicht teilweise) dadurch verlagern, dass Kug nach den Bestimmungen der §§ 169 ff. SGB III
beantragt wird (vgl. Nr. 7.31 RdErl. der BA 307/76). Die **Zahlung von Kug** ist bei
Vorliegen eines Leiharbeitsvertrages **ausgeschlossen** (*Lohre/Mayer/Stevens-Bartol*,
§ 170 Rn. 10; *Becker/Wulfgramm*, Art. 1 § 1 Rn. 71). Bei **Mischunternehmen** ist es
dem Arbeitgeber auch verwehrt, durch Einbeziehung derjenigen Arbeitnehmer,
die zur ANÜ verpflichtet sind, rechtsmissbräuchlich ein Überschreiten der
Schwellenwerte nach § 170 Abs. 1 Nr. 4 SGB III zu erreichen. Ebenso ist § 143
Abs. 1 SGB III im Leiharbeitsverhältnis nicht anwendbar, wenn der Verleiher das
Arbeitsentgelt nicht zahlt und der Anspruch auf Arbeitslosengeld grundsätzlich
nach § 143 Abs. 1 SGB III ruht. Leiharbeitnehmer sind bei vorübergehend fehlender Beschäftigungsmöglichkeit des Verleihers nicht arbeitslos i.S.d. § 118 Abs. 1
SGB III und erfüllen daher regelmäßig nicht die Voraussetzungen des § 143 Abs. 1
SGB III. Etwas Anderes gilt nur, soweit der **Verleiher** die angebotene Arbeitsleistung endgültig nicht mehr annimmt und die **Vergütungszahlung einstellt**
(*Gagel*, § 101 Rn. 5 ff.). Dabei kommt es grundsätzlich nicht darauf an, ob es sich
um Fälle gewerbsmäßiger oder nichtgewerbsmäßiger ANÜ handelt oder ob es
sich um Mischbetriebe oder reine Verleihbetriebe handelt.

Hinsichtlich derjenigen Arbeitnehmer, die nach ihrem Arbeitsvertrag (zumindest **59**
auch) verpflichtet sind, im Rahmen gewerbsmäßiger ANÜ zu arbeiten, kann der
Arbeitgeber das **Betriebsrisiko** wegen der zwingenden Verbotsnorm des § 11
Abs. 4 Satz 2 **nicht auf den Arbeitnehmer verlagern**, und zwar auch **nicht teilweise**, indem er nur bezogen auf die Arbeitsverpflichtung außerhalb der ANÜ die
Vergütungspflicht nach § 615 Satz 1 BGB vertraglich abbedingt. Der Arbeitsvertrag
und insbesondere die vom Arbeitnehmer geschuldete Arbeitszeit lassen sich
grundsätzlich nicht in zwei unabhängig voneinander bestehende Rechtsverhält-

nisse aufteilen, vielmehr stehen die Leistungsinhalte und Vertragsverpflichtungen in einem untrennbaren wechselseitigen Bedingungszusammenhang. Ist der Arbeitnehmer bei einem Entleiher eingesetzt, erfüllt er mit seiner Arbeitsleistung alle Arbeitspflichten aus dem Arbeitsverhältnis, auch soweit sie sich auf vertragliche Arbeitspflichten unmittelbar im Verleiherbetrieb beziehen (und umgekehrt).

60 In den Fällen **nichtgewerbsmäßiger ANÜ** sind die Grundsätze zum besonderen Betriebsrisiko des Verleihers nur dort ausgeschlossen, wo im jeweiligen Einzelfall eine gesonderte Absprache zwischen Arbeitnehmer und Verleiher zur vorübergehenden ANÜ erforderlich ist (vgl. § 9 Rn. 25; § 11 Rn. 10; weiter gehend dagegen *Boemke*, § 11 Rn. 3 u. *Schüren/Feuerborn*, § 11 Rn. 15, die § 11 generell für die nichtgewerbsmäßige ANÜ unanwendbar erklären). Ist im Rahmen des Arbeitsvertrages dagegen vereinbart, dass den Arbeitnehmer auf Verlangen des Arbeitgebers jederzeit die Verpflichtung trifft, im Rahmen nichtgewerbsmäßiger ANÜ seine Arbeitsleistung auch bei Dritten zu erbringen, trifft der Schutzgedanke des § 11 Abs. 4 Satz 2 gleichermaßen zu. Der vom Arbeitnehmer gegenüber dem Normalarbeitsverhältnis zusätzlich übernommenen Pflicht, auch im Rahmen von ANÜ arbeiten zu müssen, steht hier als **Äquivalent** die Pflicht des Arbeitgebers gegenüber, in Fällen vorübergehenden Auftragsmangels sowohl für Beschäftigungsmöglichkeiten bei Dritten Sorge zu tragen als auch seiner Vergütungspflicht uneingeschränkt nachzukommen (*Lohre/Mayer/Stevens-Bartol*, § 63 Rn. 3).

61 § 11 Abs. 4 Satz 2 erfasst auch solche Arbeitsverträge, die im Rahmen des § 1a zur Leistung von ANÜ verpflichten (*Schüren/Hamann*, § 1a Rn. 63). Dies ergibt sich zunächst aus dem Wortlaut des § 1a Abs. 1 Satz 1, wonach der Verleiher nur von der Erlaubnis, nicht jedoch von den sonstigen Verpflichtungen des AÜG befreit wird. Es ergibt sich darüber hinaus aber auch aus der **arbeitsvertraglichen Abrede bei § 1a** (vgl. § 1a Rn. 29), da hier der Arbeitnehmer zur Vermeidung von KA, d. h. auch zur Vermeidung von Einschränkungen der Vergütungspflicht des Arbeitgebers aus § 615 Satz 1 u. 3 BGB, zur Arbeitsleistung im Rahmen von ANÜ verpflichtet sein soll. Hier wird abweichend von der Pflicht des Arbeitgebers, das Betriebsrisiko im Rahmen des § 615 BGB allein tragen zu müssen, vereinbart, dass der **Arbeitnehmer im Falle von Arbeitsmangel** im Beschäftigungsbetrieb durch Verpflichtung zur Leiharbeit einen **Teil des Betriebsrisikos übernimmt**. Dem entspricht es, wenn der Arbeitgeber zur Zahlung der Vergütung nach § 11 Abs. 4 Satz 2 auch im Falle von Auftragsmangel verpflichtet bleibt.

62 Aus dem Verbot des § 11 Abs. 4 Satz 2, das Betriebsrisiko im Falle vorübergehenden Auftragsmangels auf den Arbeitnehmer zu verlagern, folgt nicht nur, dass der Arbeitgeber die Differenz zwischen vertraglich vereinbarter und tatsächlich geleisteter Arbeitszeit zu vergüten hat. Vielmehr schließt die Vorschrift jegliche **vertragliche Gestaltungsform** aus, bei der die Vergütungspflichten des Arbeitgebers von Beschäftigungsschwankungen, die in der Sphäre des Arbeitgebers ihre Ursache haben, abhängen. Vereinbarungen zu unbezahltem Urlaub oder eine **Arbeit auf Abruf**, v. a. in Form der sog. KAPOVAZ nach § 12 TzBfG, verstoßen gegen § 11 Abs. 4 Satz 2 und sind daher **unwirksam** (*BSG* v. 16. 12. 1976 – 12/7 RAr 1989/75 – EzAÜG § 1 AÜG Arbeitsvermittlung Nr. 4; *Becker/ Wulfgramm*, Art. 1 § 3 Rn. 39b; *Brötzmann/Musial*, NZA 1997, 19, vgl. § 3 Rn. 74, § 11 Rn. 62; a. A. *Schüren/Schüren*, Einl. Rn. 156). Einschränkend vertritt *Schüren* die Auffassung, dass bei gesetzeskonform gestalteter Abrufarbeit immer ein festes Arbeitszeitdeputat vereinbart sein müsse und der Arbeitgeber daher das Arbeitsdeputat, das er nicht abruft, ohnehin nach § 615 Satz 1 BGB vergüten müsse (*Schüren*, Einl. Rn. 157). Selbst wenn dies zuträfe, ist zu berücksichtigen, dass § 12 TzBfG ausschließlich Arbeitsausfälle, die in der **Sphäre des Arbeitgebers** begründet liegen, betrifft und die Vorschrift damit gerade eine von der Verteilung des Betriebsrisikos i.S.d. § 615 Satz 1 BGB abweichende Regelung i.S.d. § 23 TzBfG enthält. Dies soll jedoch durch § 11 Abs. 4 Satz 2 ausgeschlossen werden, sodass **KAPOVAZ-Vereinbarungen** als solche im Rahmen von Leiharbeitsverhältnissen nach § 134 BGB **unwirksam** sind.

§ 134 BGB gilt auch bei allen übrigen **Arbeitszeitabsprachen**, die nicht ein genau **63** bestimmtes Arbeitszeitkontingent festlegen (*LAG Braunschweig* v. 24.10.1996 – 3 Sa 393/96 – NZA 1997, 127), sondern über ein bestimmtes Mindestkontingent hinaus eine vertragliche Verpflichtung des Leiharbeitnehmers festschreiben, auf einseitige Anordnung des Arbeitgebers, aus betriebsbedingten Gründen arbeiten zu müssen bzw. unbezahlt der Arbeit fernzubleiben. Vereinbaren die Parteien im zulässigen Rahmen eine pauschale Abgeltung von (dem Umfang nach genau festzulegende) Mehrarbeit, ist der Verleiher sowohl in den Fällen der Entgeltfortzahlungspflichten, als auch in den Fällen, in denen beim Entleiher keine der Mehrarbeit entsprechende Arbeitszeit geleistet werden muss, verpflichtet, die Pauschale kontinuierlich zu zahlen (vgl. *LAG Düsseldorf* v. 16.1.2001 – 8 Sa 1457/00 – NZA 2001, 363). Auch **Ruf- und Arbeitsbereitschaft** sowie **Bereitschaftsdienste** sind, soweit nicht ein festes Arbeitszeitkontingent mit entsprechender feststehender Vergütung vereinbart ist, beim Leiharbeitsvertrag i.d.R. nicht zulässig (vgl. *Ulber*, Arbeitnehmer in Zeitarbeitsfirmen, 88ff.). **Bereitschaftsdienst** ist darüber hinaus immer vergütungspflichtige Arbeitszeit (*EuGH* v. 9.11.2000 – Rs. C-303/98; *ArbG Gotha* v. 3.4.2001 – 3 BV 1/01). Legt man die nach h.M. gängige Definition von Bereitschaftsdienst zugrunde, liegt Bereitschaftsdienst vor, wenn sich der Arbeitnehmer für Zwecke des Betriebs an einer bestimmten Stelle innerhalb oder außerhalb des Betriebs aufzuhalten hat, um erforderlichenfalls seine volle Arbeitstätigkeit unverzüglich aufnehmen zu können (*BAG* v. 10.6.1959 – 4 AZR 567/56 – AP Nr.5 zu § 7 AZO; *Buschmann/Ulber*, ArbZG, § 2 Rn.17). Bei ANÜ liegt Bereitschaftsdienst nicht nur in den Fällen vor, in denen der Leiharbeitnehmer sich in der Betriebsstätte des Verleihers aufhält, um auf einen Einsatz bei einem Entleiher abrufbereit zur Verfügung zu stehen. Vielmehr liegt i.d.R. auch dann Bereitschaftsdienst vor, wenn der Arbeitnehmer sich auf Veranlassung des Verleihers und in seinem Interesse außerhalb des Betriebs – insbesondere zu Hause – zur Arbeitsleistung bereithalten muss. Bei der ANÜ ist zu berücksichtigen, dass die Betriebsstätte des Verleihers nicht der Ort ist, an dem der Leiharbeitnehmer seine Arbeitsleistung erbringt (vielfach dürften nicht einmal die für einen Bereitschaftsdienst notwendigen Aufenthaltsräume beim Verleiher vorhanden sein) und von dem aus er ggf. zu Entleihern entsandt wird. Vielmehr bildet regelmäßig der ständige Wohnsitz des Leiharbeitnehmers den Ort, von dem aus er seine Arbeit im Rahmen seiner regelmäßigen Arbeitszeit antritt. Es stellt einen Rechtsmissbrauch dar, wenn der Verleiher willkürlich eine von ihm nach § 11 Abs. 4 Satz 2 als regelmäßige Arbeitszeit zu vergütende beschäftigungsfreie Zeit als Rufbereitschaftszeit deklariert, um sich seiner uneingeschränkten Vergütungspflichten zu entziehen.

Formen von **gleitender Arbeitszeit** sind solange unbedenklich, wie ein festes vergütungspflichtiges Arbeitszeitkontingent vereinbart wird, das im Rahmen des § 3 ArbZG auf **Wunsch des Arbeitnehmers** flexibel innerhalb des Ausgleichszeitraums von sechs Monaten verteilt werden kann. Am Ende des sechsmonatigen Ausgleichszeitraums nach § 3 Satz 2 ArbZG muss hierbei der Arbeitgeber jedoch immer (bezogen auf den gesamten Zeitraum) seinen Vergütungspflichten auf der Grundlage der vertraglich vereinbarten wöchentlichen Arbeitszeit nachkommen. Eine Übertragbarkeit von **Zeitguthaben oder -salden** ist ausgeschlossen, so weit nicht tarifvertragliche Regelungen (vgl. § 7 Abs. 1 Nr. 1b ArbZG) etwas anderes bestimmen. Eine derartige Regelung ist z. B. in § 4.4 MTV BZA/DGB enthalten, wonach das Arbeitszeitkonto nach einem Zeitraum von jeweils 12 Monaten auszugleichen ist. Auch bei Anwendung der in den **TV zur ANÜ** enthaltenen Regelungen zur Flexibilisierung der Arbeitszeit (vgl. § 4.2ff. MTV BZA/DGB und § 3.2 MTV iGZ/DGB) müssen die aus § 11 Abs. 4 Satz 2 folgenden besonderen Vergütungspflichten des Verleihers bei den Verteilungsmodalitäten bei der Arbeitszeit eingehalten sein. Unterschreitet die beim Entleiher geleistete Arbeitszeit die vom LAN geschuldete regelmäßige Arbeitszeit, ist sie (ohne eine Nachleistungspflicht des LAN) uneingeschränkt zu vergüten und kann nicht im Rahmen eines **Arbeitszeitkontos** zu einem Arbeitszeitabzug oder -saldo führen (*Schüren/Schüren*, Einl. Rn. 165; a. A. *Boemke*, § 11 Rn. 115). Umgekehrt kann eine vom LAN geleistete Mehrarbeit nicht dazu verwandt werden, später eintretende verleihfreie Zeiten durch die Anordnung eines Freizeitausgleichs oder sonstige die Vergütungspflichten aus § 11 Abs. 4 Satz 2 einschränkende Zeitabsprachen (z. B. zusätzlicher unbezahlter Urlaub) zu überbrücken. Eine Verwendung von Zeitguthaben für Zeiten einer Nichtbeschäftigung des LAN ist nur zulässig, wenn sie ausschließlich auf in der Person des LAN liegenden Gründen beruht, eine Arbeitsbefreiung auf Veranlassung des Verleihers lässt demgegenüber die Verpflichtung zur Entgeltfortzahlung unberührt (a. A. *Boemke*, § 11 Rn. 118).

64 Die uneingeschränkte Pflicht des Verleihers das Betriebsrisiko allein zu tragen besteht nicht nur in Zeiten der Nichtbeschäftigung des Leiharbeitnehmers im Rahmen der vereinbarten regelmäßigen Arbeitszeit, sondern § 11 Abs. 4 Satz 2 verbietet auch die Vereinbarung einer **vorübergehenden Arbeitszeitverkürzung** ohne vollen Lohnausgleich oder die Wahl sonstiger Gestaltungsformen, mit denen die Vergütungspflichten eingeschränkt werden sollen. Dies betrifft insbesondere Vereinbarungen, nach denen die Hauptpflichten aus dem Leiharbeitsverhältnis (ggf. auch nur vorübergehend) suspendiert werden. Die Verpflichtung zur Tragung des Betriebsrisikos besteht auch, wenn der Verleiher statt der Vereinbarung einer vorübergehenden Arbeitszeitverkürzung mit Lohnausfall die Leistungspflichten aus dem Arbeitsvertrag vollständig beseitigen will. Schon die Befristungsbestimmungen (vgl. § 9 Rn. 304) verbieten es dem Verleiher, seine Verpflichtungen aus dem grundsätzlich auf Dauer angelegten Leiharbeitsverhältnis dadurch zu **umgehen**, dass er den Bestand des Arbeitsverhältnisses mit Einsatzmöglichkeiten in Drittbetrieben koppelt (*Schüren/Feuerborn*, § 11 Rn. 91; vgl. § 9 Rn. 42, 69). **Vereinbarungen**, die die Vergütungspflicht des Arbeitgebers aus § 611 Abs. 1 BGB in Zeiten mangelnder Aufträge von Entleihern entfallen lassen, sind nach § 134 BGB **unwirksam** (*Schüren/Feuerborn*, § 11 Rn. 92) und zwar unabhängig davon, ob die Vergütungspflichten durch Ablauf von Befristungen, Aufhebungsvertrag, Kündigungen mit anschließender Wiederbeschäftigung oder sonstigen Vereinbarungen zum Ruhen gebracht werden (z. B. unbezahlter Sonderurlaub oder unbezahlte längere Beschäftigungspausen; vgl. *Becker/Wulfgramm*, Art. 1 § 3 Rn. 39a; KassHandb/*Düwell*, 4.5 Rn. 375; a. A. *Boemke*, § 11 Rn. 118). Von den gesetzlichen Regeln zum Betriebsrisiko abweichende Vereinbarungen sind bei ANÜ immer unwirksam, wenn deren Ursachen in der Sphäre des Verleihers liegen oder auf Veranlassung des Verleihers abgeschlossen werden (vgl. § 9 Rn. 42, 69). Dem Arbeitnehmer steht in diesem Fall der **Vergütungsan-**

spruch nach § 611 Abs. 1 BGB für die gesamte Zeit der tatsächlichen Nichtbeschäftigung zu, wobei der Anspruch **nicht von einem gesonderten Angebot** des Arbeitnehmers **zur Arbeitsleistung abhängig** ist (§ 11 Rn. 103).

dd) Leistungsstörungen und Leistungsverweigerungsrecht

Kommt es hinsichtlich der unmittelbaren Leistungsbeziehungen zu **Leistungsstörungen**, richten sich die Rechte und Pflichten der Arbeitsvertragsparteien nach den allgemeinen Grundsätzen der Leistungsstörung im Arbeitsverhältnis (*Ulber*, Arbeitnehmer in Zeitarbeitsfirmen, 161 ff.). Der Arbeitnehmer kann daher seine Arbeitsleistung bei Fortbestehen seines Vergütungsanspruchs (§§ 298, 615 Satz 1 BGB) verweigern, wenn der Verleiher ihm nicht die **Vergütung** zahlt, wobei dieses Leistungsverweigerungsrecht mangels einer vertraglichen Beziehung zum Entleiher auch diesem gegenüber besteht (*Boemke*, § 11 Rn. 27; *Schüren/Schüren*, Einl. Rn. 159). **65**

Das **Leistungsverweigerungsrecht** des Leiharbeitnehmers **bei rückständiger Vergütung** wird weder durch eine Treuepflicht gegenüber dem Entleiher eingeschränkt (s. a. *BAG* v. 8. 7. 1971 – 5 AZR 29/71 – DB 1971, 1822), noch besteht eine Pflicht des Leiharbeitnehmers, den Entleiher vor Arbeitseinstellung zu informieren (a. A. *Boemke*, § 11 Rn. 27; *Schüren/Schüren*, Einl. Rn. 162). Mangels eines unmittelbaren Anspruchs des Entleihers gegen den Leiharbeitnehmer auf die Arbeitsleistung bestehen bei Nichterbringung der Leistung des Leiharbeitnehmers aus Gründen, die der Verleiher zu vertreten hat, gegenüber dem Entleiher keinerlei Pflichten. Auch Sonstige Pflichten (z. B. **Krankmeldung**) bestehen grundsätzlich nur gegenüber dem Verleiher, dem ggf. allein bei **Verstößen gegen Nebenpflichten** aus dem Arbeitsverhältnis Ansprüche aus pVV (§§ 241 Abs. 2, 280 BGB) gegen den Leiharbeitnehmer zustehen können.

Zwar kann der **Entleiher bei rückständiger Vergütung** die Lohn- und Gehaltsforderungen des Leiharbeitnehmers gegenüber dem Verleiher als **Dritter nach § 267 Abs. 1 BGB** erfüllen (*Schüren/Schüren*, Einl. Rn. 160); abgesehen davon, dass in diesem Fall die Zuverlässigkeit des Verleihers i. S. d. § 3 Abs. 1 Nr. 1 i. d. R. nicht mehr gegeben ist, wird der Entleiher jedoch bei Erfüllung von Lohn- und Gehaltsansprüchen des Leiharbeitnehmers schon wegen der hiermit verbundenen Übernahme einer Hauptleistungspflicht des Arbeitgebers (Vergütungszahlung) häufig in die volle Arbeitgeberstellung einrücken. **66**

Den **Sorgfaltspflichten** des Verleihers gegenüber dem Entleiher zur **Auswahl eines geeigneten Arbeitnehmers** (vgl. § 12 Rn. 14) entspricht die arbeitsvertragliche Pflicht, gegenüber dem Leiharbeitnehmer bei der Zuweisung von Entleihern unter angemessener Berücksichtigung der beiderseitigen Interessen nach den Grundsätzen billigen Ermessens (§ 106 GewO; vgl. *BAG* v. 23. 2. 1992 – 6 AZR 87/90 – AP Nr. 39 zu § 611 BGB Direktionsrecht) zu verfahren und den Arbeitnehmer im Rahmen der **Fürsorgepflicht** des Arbeitgebers nur solchen Entleihern zu überlassen, die ihrerseits die Fürsorgepflichten im Rahmen der Vertragsabwicklung ordnungsgemäß erfüllen und die Weisungsbefugnisse entsprechend den Grundsätzen von Recht und Billigkeit ausüben. Weist der Verleiher etwa dem Arbeitnehmer ständig andere Arbeitsplätze mit wechselndem Sitz der Betriebsstätten von Entleihern zu und nimmt er hierbei dem Arbeitnehmer jegliche **Möglichkeit zur Planung von Arbeitszeit und arbeitsfreier Zeit**, greift er in unzulässiger Weise in das Persönlichkeitsrecht des Arbeitnehmers (vgl. § 75 Abs. 2 BetrVG) ein. Dasselbe gilt, wenn der Verleiher einen Wechsel des Einsatzbetrie- **67** bes oder -ortes nicht rechtzeitig ankündigt. I.d.R. wird der Arbeitgeber in diesen Fällen entsprechend § 12 Abs. 2 TzBfG eine **Ankündigungsfrist** von 4 Tagen einzuhalten haben (vgl. *Hunold*, NZA 2001, 343; *Ulber*, Arbeitnehmer in Zeitarbeitsfirmen, 84). Der Arbeitgeber verstößt andernfalls gegen seine **Verpflichtung aus § 106 GewO**, die Leistung nach billigem Ermessen zu bestimmen. Dem Leiharbeitnehmer steht in diesem Fall bei Aufrechterhaltung des Vergütungsanspruchs ein Recht zur Leistungsverweigerung zu. Dasselbe gilt i.d.R. in den Fällen **grenzüberschreitender AÜ** (vgl. Rn. 261, 263).

68 Soweit die **Ursache der Leistungsstörung** in der **Sphäre des Entleiherbetriebs** liegt, sind hiermit je nach Ursache unterschiedliche Rechtsfolgen verbunden. Beschäftigt der Entleiher den überlassenen Leiharbeitnehmer rein tatsächlich nicht, richtet sich der Anspruch des Leiharbeitnehmers auf tatsächliche Beschäftigung nur gegen den Verleiher als Arbeitgeber. Der Leiharbeitnehmer ist bei **tatsächlicher Nichtbeschäftigung** des Entleihers bzw. in den Fällen, in denen der Entleiher eine nach dem **AÜ-Vertrag nicht geschuldete Arbeitsleistung verlangt**, berechtigt, die Arbeitsleistung so lange vollständig zu verweigern, bis ihm ein Arbeitsplatz zugewiesen wird, an dem er tatsächlich im Rahmen der vereinbarten Tätigkeit arbeiten kann. Dasselbe gilt, wenn der Entleiher dem Leiharbeitnehmer Tätigkeiten zuweist, deren Anforderungsprofil nicht den arbeitsvertraglich vereinbarten Leistungspflichten entspricht oder die aus anderen Gründen (z.B. wegen des Verstoßes gegen Arbeitsschutzvorschriften) für den Arbeitnehmer **unzumutbar** sind (*Boemke*, § 11 Rn. 28). Ist der Leiharbeitnehmer z.B. beim Verleiher als Elektriker eingestellt worden, so sind Lager- oder Reinigungsarbeiten in der Elektrowerkstatt des Entleihers für ihn unzumutbar, er ist zur Leistungsverweigerung berechtigt. Ob der Verleiher in diesem Fall vom Entleiher die **Überlassungsvergütung** verlangen kann, hängt davon ab, ob sich die vom Entleiher konkret geforderte Tätigkeit im Rahmen der nach dem Überlassungsvertrag geschuldeten Qualifikationen bewegt.

69 Sind die vom Entleiher geforderten **Tätigkeiten** vom Leiharbeitnehmer **nach dessen Arbeitsvertrag nicht geschuldet**, ist der Leiharbeitnehmer ebenfalls zur Leistungsverweigerung berechtigt (*ArbG Essen* v. 9.8.1988 – 6 Ca 1811/88 – EzAÜG § 11 Inhalt Nr. 3). **Wochenend- oder Mehrarbeit** bzw. Arbeit auf Abruf hat der Leiharbeitnehmer auf Verlangen des Entleihers nur zu leisten, wenn er nach dem Arbeitsvertrag hierzu auf Grund einer ausdrücklichen Absprache verpflichtet ist (zu den betriebsverfassungsrechtlichen Voraussetzungen beim Verleiher vgl. § 14 Rn. 38). Der Arbeitgeber ist auf Grund des allgemeinen Weisungsrechts nicht befugt, einseitig Wechselschicht-, Nacht- oder Wochenendarbeit oder sonstige von der normalen Arbeitszeit **abweichende Lagen der Arbeitszeit** anzuordnen (*Molitor*, DB 1995, 2601).

70 Der Leiharbeitnehmer ist insbesondere in den Fällen zur Leistungsverweigerung berechtigt, in denen der Einsatz im Drittbetrieb die **rechtlichen Grenzen zulässiger AÜ** überschreitet. Neben den Fällen des Erlöschens der Erlaubnis sind hier v.a. die Tatbestände zu nennen, bei denen die Vermutung des § 1 Abs. 2 ausgelöst wird, weil der Verleiher seinen Arbeitgeberpflichten nicht nachkommt. Aber auch bei **Überschreiten des Direktionsrechts** durch den Entleiher oder bei Verstößen gegen den **Arbeitsschutz** (§ 11 Abs. 6) oder gegen das Diskriminierungsverbot des § 9 Nr. 2 bzw. das **Gleichbehandlungsgebot** (§ 75 BetrVG) ist der Leiharbeitnehmer berechtigt, die Arbeitsleistung zu verweigern. Verstöße gegen die Grenzen des Direktionsrechts berechtigen nicht nur zur Leistungsverweigerung, wenn der Entleiher die Grenzen billigen Ermessens nach § 106 GewO

nicht einhält. Auch in den Fällen, in denen das Direktionsrecht unter **Missach-tung der Mitbestimmungsrechte** des Betriebsrats im Entleiherbetrieb (vgl. hierzu § 14 Rn. 44, 181) ausgeübt wird oder der Einsatz des Leiharbeitnehmers sonst gegen im Entleiherbetrieb gültige betriebliche Normen verstößt, ist der Leiharbeitnehmer zur **Leistungsverweigerung** berechtigt (vgl. *BAG* v. 5. 4. 2001 – 2 AZR 580/99).

ee) Laufzeit und Beendigung von Leiharbeitsverhältnissen

Da **arbeitsvertragliche Beziehungen nur zwischen Leiharbeitnehmer und Ver-leiher** bestehen, stehen die rechtlichen Gestaltungsmöglichkeiten bezüglich des Arbeitsverhältnisses nur diesen Vertragsparteien zu; die daneben bestehenden Rechtsbeziehungen zum Entleiher sind hiervon unabhängig. Der **Bestands-schutz des Arbeitsverhältnisses** ist zwar durch Regelungen des AÜG gegenüber dem Normalarbeitsverhältnis erweitert worden (vgl. z.B. § 11 Abs. 4 Satz 1). Die Bestimmungen des **gesetzlichen Kündigungsschutzes** (§§ 622 ff. BGB, KSchG etc.) finden jedoch – einschließlich solcher Bestimmungen zum besonderen Kün-digungsschutz bestimmter Personengruppen (vgl. z.B. §§ 85 ff. SGB IX, §§ 9 f. MuSchG, § 2 ArbPlSchG) – auch im Leiharbeitsverhältnis Anwendung.

Einem **besonderen Bestandsschutz** unterliegt das Leiharbeitsverhältnis vorran-gig durch die in § 11 Abs. 4 enthaltenen Regelungen zum Beschäftigungsrisiko des Verleihers (vgl. § 9 Rn. 304 ff. u. 340 ff.). Aus den Gleichstellungspflichten des § 9 Nr. 2 lassen sich demgegenüber keine Einschränkungen für die Beendigungs-möglichkeiten herleiten, da Regelungen zum Bestand des Arbeitsverhältnisses nicht von der Vorschrift erfasst werden (vgl. § 9 Rn. 82, 103; a.A. *Boemke*, § 10 Rn. 123 u. *Boemke/Lembke*, § 9 Rn. 34). Aus der Grundstruktur des Leiharbeits-verhältnisses als unbefristetes Dauerarbeitsverhältnis, das hinsichtlich seines Bestandes nicht von den Einsatzmöglichkeiten in Drittbetrieben abhängen darf (*Schüren/Schüren*, Einl. Rn. 148), folgt gleichzeitig eine Einschränkung der be-triebsbedingten Gründe für eine arbeitgeberseitige Kündigung. Durch Nutzung der von der Rechtsordnung zugelassenen Gestaltungsformen zur Beendigung von Arbeitsverhältnissen dürfen die Grundwertungen des AÜG nicht umgangen werden. Eine derartige Umgehung liegt z.B. vor, wenn der Verleiher die Zeiten, in denen er das Beschäftigungsrisiko aus § 11 Abs. 4 Satz 2 durch Ausspruch einer betriebsbedingten Kündigung auf Null reduziert (§ 9 Rn. 339c ff.). Neben den privatrechtlichen Gestaltungsmöglichkeiten zur Beendigung von Arbeits-verhältnissen erhält das AÜG für die **Fälle illegaler ANÜ** (§ 10 Abs. 1) und für Fälle unzulässiger Arbeitsvermittlung (§ 1 Abs. 2 AÜG) besondere Regelungen, nach denen das Leiharbeitsverhältnis auch ohne rechtsgeschäftliche Willens-erklärungen der Vertragsbeteiligten kraft Gesetzes enden kann (vgl. Einl. D. Rn. 65 ff.).

ff) Aufhebungsverträge

Auch im Leiharbeitsverhältnis ist eine Beendigung des Arbeitsverhältnisses durch **Abschluss eines Aufhebungsvertrages** (zur Schriftform vgl. § 623 BGB) grundsätzlich zugelassen. Einschränkungen ergeben sich allerdings auch hier aus dem besonderen Beschäftigungsrisiko des Verleihers, das auch durch Auf-hebungsverträge nicht umgangen werden darf (vgl. § 11 Rn. 104). Aufhebungs-verträge sind daher **zulässig**, soweit sie **auf Veranlassung des Arbeitnehmers** abgeschlossen werden und der **sachliche Grund der Aufhebung** ausschließlich in der Sphäre des Leiharbeitnehmers liegt (*Becker/Wulfgramm*, Art. 1 § 11 Rn. 62a; *Schüren/Schüren*, Einl. Rn. 96 ff.). Ein Aufhebungsvertrag liegt nur vor, wenn zunächst ein Leiharbeitsverhältnis begründet wurde und dies im Verlauf der Durchführung durch Vereinbarung beendet werden soll. Schließen die Parteien bei Beginn des Arbeitsverhältnisses gleichzeitig einen Aufhebungsvertrag, liegt nach § 117 Abs. 2 BGB ein **Scheingeschäft** vor (*Schüren/Schüren* § 9 Rn. 96). Die Wirksamkeit des Aufhebungsvertrags hängt dann davon ab, ob das Arbeitsverhältnis zu dem vorgesehenen Zeitpunkt auch durch eine wirksame Befristung hätte beendet werden können (vgl. § 9 Rn. 304). Danach ist die Vereinbarung des vorgesehenen Beendigungszeitpunktes insbesondere unwirksam, wenn hierdurch die Laufzeit des Arbeitsverhältnisses mit dem Zeitraum des Ersteinsatzes bei einem Entleiher **synchronisiert** wird (*Schüren/Schüren*, Einl. Rn. 219; Rn. 74).

gg) Befristungen des Leiharbeitsverhältnisses

74 Das Leiharbeitsverhältnis kann im Grundsatz wie jedes Arbeitsverhältnis befristet werden (vgl. § 9 Rn. 304 ff.). Eine **nachträglich** vereinbarte Befristung ist unwirksam (§ 9 Rn. 325). Die Befristung darf nicht zu einer Verlagerung des typischen Beschäftigungsrisikos des Verleihers nach § 11 Abs. 4 Satz 2 führen. Dies ist insbesondere der Fall, wenn die Laufzeit des Arbeitsverhältnisses mit der Dauer des Ersteinsatzes bei einem Entleiher **synchronisiert** wird (§ 9 Rn. 315). Hiergegen wird nicht nur verstoßen, wenn das Leiharbeitsverhältnis von vorne herein befristet wird, sondern auch, wenn die Parteien durch die Wahl funktionsgleicher rechtlicher Gestaltungsmittel im Verlauf des Arbeitsverhältnisses eine Synchronisation herbeiführen (*Schüren/Schüren*, § 9 Rn. 94). Unwirksam sind danach Aufhebungsverträge, nach denen das Arbeitsverhältnis mit der Beendigung des Ersteinsatzes bei einem Entleiher endet (Rn. 73) oder Vereinbarungen über eine **unbezahlte Freistellung** nach Beendigung des Ersteinsatzes (*Schüren/Schüren*, Einl. Rn. 221). Sieht der befristete Arbeitsvertrag gleichzeitig die Möglichkeit einer vorzeitigen Beendigung durch **Kündigung** vor (§ 15 Abs. 3 TzBfG), darf auch diese Vereinbarung nicht den Schutzzwecken der Befristungsbestimmungen und des § 11 Abs. 4 Satz 2 zuwiderlaufen (§ 9 Rn. 333). Eine ordentliche Kündigung ist daher unwirksam, wenn hierdurch das Arbeitsverhältnis zu einem Zeitpunkt beendet würde, der bei einem befristeten Arbeitsverhältnis die Unwirksamkeit der Befristungsabsprache begründen würde.

75 Wird das wirksam befristete Arbeitsverhältnis **nach Ablauf der Frist** zwischen den Vertragsparteien **fortgesetzt**, gilt es gem. § 15 Abs. 5 TzBfG als auf **unbestimmte Zeit abgeschlossen**. Ein Widerspruch des Verleihers gegen die Fortsetzung schließt die Wirkungen des § 15 Abs. 5 TzBfG nur aus, wenn er kurz vor Zeitablauf erklärt wird (*BAG* v. 26.7.2000, AP Nr.4 zu § 1 BeschFG 1996) oder unverzüglich, d.h. ohne schuldhaftes Zögern (§ 121 BGB), nach dem Beendigungszeitpunkt des Arbeitsverhältnisses ausgesprochen wird. Ist der Leiharbeitnehmer zum Zeitpunkt des Ablaufs des Arbeitsverhältnisses bei einem Dritten im Rahmen eines ANÜ-Vertrages eingesetzt, dessen Laufzeit über den Zeitpunkt der vorgesehenen Beendigung des Arbeitsverhältnisses hinausreicht, trifft den Verleiher gegenüber dem Leiharbeitnehmer eine besondere **Hinweis- und Kontrollpflicht** dahingehend, dass die Arbeit des Arbeitnehmers eingestellt wird. Auch muss er sich i.d.R. **beim Entleiher erkundigen**, ob der Leiharbeitnehmer seine Arbeit auch tatsächlich eingestellt hat. Nimmt er diese Pflichten nicht wahr, ist ein später erklärter Widerspruch i.S.d. § 15 Abs. 5 TzBfG nicht unverzüglich erfolgt und daher unbeachtlich. Dem Verleiher ist es verwehrt, durch Schweigen oder Untätigkeit zunächst den Leiharbeitnehmer beim Entleiher weiterarbeiten zu lassen und sich später, insbesondere wenn der ANÜ-Vertrag ausläuft, durch Widerspruch von seinen aus § 15 Abs. 5 TzBfG folgenden Verpflichtungen einseitig zu lösen.

hh) Vereinbarungen zum Ruhen des Arbeitsverhältnisses

Im Rahmen des **unternehmensübergreifenden Arbeitskräfteaustausches**, aber auch **zwischen Konzernunternehmen** sowie im Zusammenhang mit der Tätigkeit von **Beschäftigungsgesellschaften** werden häufig Vereinbarungen getroffen, nach denen das **Arbeitsverhältnis** für die Zeit der Beschäftigung im Fremdbetrieb beim bisherigen Arbeitgeber **ruht** und der Arbeitnehmer gleichzeitig ein befristetes (Zweit-)Arbeitsverhältnis mit dem Fremdunternehmen abschließt, dessen Bedingungen (meist in Form von Mindestarbeitsbedingungen) sich ausschließlich nach den Regelungen im Einsatzbetrieb richten (vgl. *BAG* v. 28.8.1996 – 7 AZR 849/95 – DB 1997, 1137; zu ARGE vgl. Rn.176). Tatbestandlich liegt hier kein Fall der ANÜ vor (*Boemke*, § 1 Rn.30; *Thüsing/Waas*, § 1 Rn.41). Das Dauerarbeitsverhältnis zum bisherigen Beschäftigungsbetrieb wird hier nicht beendet, sondern es werden nur bestimmte Hauptleistungspflichten befristet zum Ruhen gebracht. Sinnvoll kann eine derartige Vertragsgestaltung auch aus Gründen sein, die in der Person des Arbeitnehmers liegen, etwa bei Aufnahme eines Studiums oder einer sonstigen Ausbildung oder wenn der Arbeitnehmer auf Grund seiner Lebensplanung zeitweise von der Arbeit befreit sein will (z.B. längere Weltreise). **76**

Auch wenn nicht verkannt werden darf, dass eine **befristete Beschäftigung in einem anderen Unternehmen** mit zusätzlichen Belastungen für den Arbeitnehmer verbunden ist (Wegezeiten, veränderte Arbeitsumgebung etc.), ist der arbeits- und sozialrechtliche Schutz des Arbeitnehmers einschließlich der uneingeschränkten Geltung von (im Drittbetrieb geltenden) Betriebsvereinbarungen und Tarifverträgen bei einem gleichzeitigen Ruhen des (Erst-)Arbeitsverhältnisses gesichert. Tatbestandsmäßig liegt dabei selbst bei bestehendem Leiharbeitsverhältnis mit dem Erstarbeitgeber bzgl. des Zweitarbeitsverhältnisses **keine ANÜ** vor, da sich die gegenseitigen Rechte und Pflichten von Arbeitnehmer und Drittunternehmen ausschließlich nach dem zwischen ihnen abgeschlossenen Arbeitsvertrag richten und zwar unabhängig davon, ob und ggf. welche vertraglichen Absprachen daneben auch mit dem bisherigen Beschäftigungsunternehmen getroffen wurden (*Schüren/Hamann*, § 1 Rn.49). **77**

Im Rahmen des **Normalarbeitsverhältnisses** unterliegt der **Abschluss befristeter Arbeitsverhältnisse** mit Drittunternehmen unter gleichzeitiger Vereinbarung eines **ruhenden Arbeitsverhältnisses** mit dem Erstarbeitgeber keinen juristischen Bedenken. Der Arbeitnehmerschutz wird hinsichtlich einer Umgehung von Kündigungsschutzbestimmungen oder auch sonstiger Normen des Arbeitsschutzes wie jeder befristete Arbeitsvertrag durch eine **Missbrauchskontrolle** sichergestellt. Beim Leiharbeitsverhältnis müssen jedoch derartige Vertragsgestaltungen zusätzlich den einschränkenden Kriterien des AÜG zum Bestandsschutz Rechnung tragen. Aus der besonderen Gestaltung des Betriebs- und Beschäftigungsrisikos des Verleihers (vgl. Rn.55ff.) folgt, dass in der Sphäre des Verleihers liegende Gründe nicht zum Anlass genommen werden dürfen, das Beschäftigungsrisiko zu verlagern. Da die **Vergütungspflicht** als Hauptleistungspflicht **78** des Verleihers beim Leiharbeitsverhältnis **unabdingbar beim Verleiher** liegen muss (vgl. § 11 Abs. 4 Satz 2, § 615 BGB), kommen daher ruhende Arbeitsverhältnisse, die zur Suspendierung der Verpflichtung zur Zahlung des Arbeitsentgelts führen, grundsätzlich nur in Betracht, wenn ihre Ursache nicht in betriebsbedingten Gründen des Verleihers liegt.

79 Nur in den Ausnahmefällen, in denen in der Person des Leiharbeitnehmers liegende Gründe Anlass dafür sind, ein ruhendes Arbeitsverhältnis zu vereinbaren, und die Rahmenvereinbarung ausschließlich dem Zweck dient, dem Arbeitnehmer nach Ablauf der Ruhensdauer einen Weiterbeschäftigungs- bzw. Wiedereinstellungsanspruch einzuräumen, sind Ruhensvereinbarungen im Einzelfall zulässig. Dies ist z. B. nicht gewährleistet, wenn der Arbeitgeber das Erstarbeitsverhältnis im Ruhenszeitraum kündigen kann oder er den Endzeitpunkt des Ruhens bzw. den Anfangszeitpunkt der Weiterbeschäftigung (mit)bestimmen kann. Das Gleiche gilt, wenn den Arbeitnehmer auch während des Ruhenszeitraums aus bestimmten Anlässen oder auch auf Anordnung des Arbeitgebers eine Pflicht zur Erbringung von Arbeitsleistungen trifft. Bei derartigen Fallgestaltungen wird gegen die über § 11 Abs. 4 Satz 2 gesicherte Verpflichtung des Arbeitgebers, das **Betriebsrisiko allein und uneingeschränkt tragen** zu müssen, gleichermaßen verstoßen wie in sonstigen Fällen, in denen der Arbeitgeber versucht, seine Vergütungspflichten zeitweilig nicht zu erfüllen.

ii) Kündigung

80 Wie jedes Arbeitsverhältnis kann auch das Leiharbeitsverhältnis von beiden Seiten unter Einhaltung der Bestimmungen des Kündigungsschutzes **ordentlich gekündigt** werden. Bei einer betriebsbedingten Kündigung ist hinsichtlich der Rechtswirksamkeit nach § 1 Abs. 2 KSchG ausschließlich auf den Betrieb des Verleihers abzustellen (*Schaub*, § 120 III 4c; zur Änderungskündigung vgl. *Ulber*, Arbeitnehmer in Zeitarbeitsfirmen, 201).
Für den Leiharbeitnehmer besteht jederzeit die Möglichkeit, auch ohne Angabe von Gründen das Arbeitsverhältnis mit einer Frist von vier Wochen zum Fünfzehnten oder zum Ende eines Kalendermonats zu kündigen (§ 622 Abs. 1 BGB). Eine Geltung längerer Kündigungsfristen kann tarifvertraglich vereinbart werden (§ 622 Abs. 4 Satz 1 BGB). Ebenso sind einzelvertragliche Absprachen nach § 622 Abs. 4 Satz 2 BGB (vgl. § 11 Rn. 96) zulässig.

81 Das uneingeschränkte Kündigungsrecht des Arbeitnehmers darf (auch nicht mittelbar) dadurch eingeschränkt werden, dass dem Arbeitnehmer durch vertragliche **Absprachen** die Aufnahme einer **Anschlussbeschäftigung** bei einem anderen Arbeitgeber **erschwert** wird. Für den Fall der beabsichtigten Aufnahme einer Beschäftigung bei einem Entleiher ist dies durch § 9 Nr. 4 ausdrücklich gesetzlich klargestellt. Eigenkündigungen des Arbeitnehmers können im Einzelfall wegen Verstoßes gegen die Synchronisationsverbote des AÜG unwirksam sein (vgl. § 9 Rn. 305, § 11 Rn. 104).

82 Bei **arbeitgeberseitiger** ordentlicher Kündigung sind über die Fristen des § 622 Abs. 1 BGB hinaus auch die verlängerten Kündigungsfristen nach § 622 Abs. 2 BGB zu beachten (*Schüren/Schüren*, Einl. Rn. 224).

83 Bei vereinbarten **Probezeiten** ergeben sich je nach Qualität der Absprache unterschiedliche Rechtsfolgen. Ist ein befristetes Probearbeitsverhältnis mit festem Beendigungszeitpunkt vereinbart, so richtet sich dessen Zulässigkeit ausschließlich nach den einschränkenden Bestimmungen des § 14 Abs. 1 Satz 2 Nr. 5 TzBfG zur

Befristung von Arbeitsverhältnissen (vgl. § 9 Rn. 319 ff.). Wird im Rahmen eines **unbefristeten** Arbeitsverhältnisses eine **Probezeit mit verkürzter Kündigungsfrist** vereinbart (§ 622 Abs. 3 BGB; s. a. §§ 2.2, 9.3 MTV BZA/DGB), ist die Vereinbarung einer Probearbeitszeit im Leiharbeitsverhältnis nicht ausgeschlossen (*Becker/Wulfgramm*, Art. 1 § 3 Rn. 40; *Schüren/Schüren*, Einl. Rn. 224). Auch hier dürfen jedoch nicht die **Synchronisationsverbote** umgangen werden (vgl. § 9 Rn. 319). Fällt die vereinbarte Probezeit mit dem Zeitraum der erstmaligen Überlassung zusammen oder entspricht die Probezeit der verbliebenen Laufzeit eines abgeschlossenen ANÜ-Vertrages, so ist ein **befristetes Probearbeitsverhältnis** unzulässig. – I. Ü. kann ein Probearbeitsverhältnis befristet werden, wenn der Zeitraum der Befristung in einem angemessenen Verhältnis zum Zweck der Erprobung steht (§ 9 Rn. 320). Steht dagegen nicht die zweckentsprechende Erprobung des Arbeitnehmers im Vordergrund der Abrede, sondern die zeitlich begrenzte Bereitschaft des Verleihers zur Tragung des Betriebsrisikos entsprechend den Beschäftigungsmöglichkeiten in Drittbetrieben, ist die Vereinbarung einer verkürzten Kündigungsfrist während der Probezeit unwirksam; das Arbeitsverhältnis kommt als unbefristetes Dauerarbeitsverhältnis zustande. Ist die Probezeit wirksam vereinbart, richtet sich die **Kündigungsfrist** in den Ersten sechs Monaten nach § 622 Abs. 3 BGB (*Schüren*, Einl. Rn. 226; s. a. § 2.2 MTV BiGZ/DGB u. § 9.3 MTV BZA/DGB).

84 Nicht anwendbar ist die Sonderregelung des § 622 Abs. 5 Satz 1 Nr. 1 BGB zur **Kündigung von Aushilfsarbeitsverhältnissen**; darauf gerichtete Vereinbarungen sind im Leiharbeitsverhältnis nach § 11 Abs. 4 Satz 1 AÜG **unwirksam**. Hinsichtlich der Privilegierung von **Kleinunternehmen** (§ 622 Abs. 5 Satz 1 Nr. 2 BGB) enthält das AÜG demgegenüber keine besondere Regelung. In Verleihunternehmen, die nur bis zu zwanzig Arbeitnehmer regelmäßig beschäftigen (vgl. hierzu *Schüren/Schüren*, Einl. Rn. 226), kann daher im Arbeitsvertrag eine kürzere als die in § 622 Abs. 1 BGB (nicht jedoch § 622 Abs. 2 BGB; s. o. Rn. 82) genannte Frist vereinbart werden, soweit sie vier Wochen nicht unterschreitet. Auch soweit derartige Vereinbarungen getroffen werden, sind die Einschränkungen, die sich aus den Synchronisationsverboten und darauf gerichteten Umgehungsformen ergeben, zu beachten.

85 Über den allgemeinen gesetzlichen Kündigungsschutz hinaus traf das AÜG in §§ 3 Abs. 1 Nr. 4, 9 Nr. 3 a. F. eine **Sonderregelung** dahingehend, dass Kündigungen als solche unwirksam sind, wenn der Verleiher den Leiharbeitnehmer innerhalb von drei Monaten nach Beendigung des Arbeitsverhältnisses **wiederholt wiedereinstellt** (vgl. § 9 Rn. 339b und Voraufl. § 9 Rn. 54 ff.). Aus der Aufhebung dieser Bestimmung folgt jedoch nicht, dass es dem Verleiher nunmehr uneingeschränkt möglich ist, ein Leiharbeitsverhältnis unter Beachtung der Kündigungsfristen jederzeit zu beenden und nach Ablauf eines bestimmten Zeitraums mit dem LAN neu zu begründen. Vielmehr muss der Verleiher auch hinsichtlich des Kündigungszeitpunktes seinen Verpflichtungen zur Tragung des Beschäftigungsrisikos (*Sandmann/Marschall*, § 11 Rn. 23; § 11 Abs. 4 Satz 2) nachkommen. Ein **vorübergehender Auftragsmangel** rechtfertigt keine betriebsbedingte Kündigung (Rn. 87 u. § 11 Rn. 339g; a. A. *Dahl*, DB 2003, 1626). Ist ein Auftragsmangel nur vorübergehender Natur, ist die Kündigung unwirksam und das Arbeitsverhältnis bleibt auch in dem Zeitraum bestehen, der zwischen der faktischen Beendigung des ersten und dem Abschluss des zweiten Arbeitsvertrags liegt.

86 In **Kleinbetrieben** mit in der Regel zehn oder weniger Arbeitnehmern gelten nach § 23 Abs. 1 Satz 2 KSchG die Vorschriften der §§ 1 bis 13 KSchG grundsätz-

lich nicht. Diese unter **verfassungsrechtlichen Gesichtspunkten** problematische Regelung (vgl. *Kraushaar*, AuR 1988, 137) wurde vom *BAG* (DB 1991, 176)
und auch vom *BVerfG* (v. 27.1.1998, NZA 1998, 469) für verfassungsgemäß gehalten. Auch der *EuGH* (v. 30.11.1993, AuR 1994, 73) erblickt in der Vorschrift keinen Verstoß gegen EG-Recht. Im Rahmen der verfassungsrechtlichen Zulässigkeit wird man daher § 23 Abs. 1 KSchG auch auf Verleihbetriebe **anwenden**
müssen (*Becker/Wulfgramm*, Art. 1 § 11 Rn.65; *Schüren/Schüren*, Einl. Rn.226).
Auch die Nichtaufnahme des § 23 KSchG in § 11 Abs. 4 im Zuge der Anpassung
der Vorschrift an die geänderten Bestimmungen zum Kündigungsschutz (s.o.
Rn.85) spricht dagegen, Verleihbetriebe vom Geltungsbereich der Vorschrift auszunehmen.

86a Besonderheiten ergeben sich in Verleihbetrieben bei der Bestimmung der Zahl
der **in der Regel Beschäftigten** i.S.d. § 23 Abs. 1 Satz 2 KSchG. In **Mischbetrieben** sind auch die Stammarbeitnehmer in die Zahl der in der Regel Beschäftigten einzubeziehen (*Becker/Wulfgramm*, Art. 1 § 11 Rn.65; *Schüren/Schüren*, Einl.
Rn.227).

Da Leiharbeitnehmer grundsätzlich nur unbefristet beschäftigt werden dürfen,
kommt der Laufzeit des Leiharbeitsverhältnisses bei der Bestimmung der in der
Regel Beschäftigten keine Bedeutung zu. Auch Beschäftigungsschwankungen in
den Einsatzbetrieben dürfen nicht berücksichtigt werden, da derartige Schwankungen im Rahmen der arbeitsvertraglichen Beziehungen zwischen Verleiher
und Leiharbeitnehmer nicht zum Anlass genommen werden dürfen, die Rechtsstellung des Leiharbeitnehmers zu verschlechtern. Unter Berücksichtigung dieser Gesichtspunkte wird man in Verleihbetrieben daher bei **Berechnung** der in
der Regel Beschäftigten darauf abstellen müssen, wie viele Arbeitsverhältnisse
im Jahresdurchschnitt (*Backmeister/Trittin/Mayer*, KSchG, § 23 Rn.21) bzw. zum
Zeitpunkt des Kündigungsausspruches jeweils im Rahmen der Kündigungsfristen des § 622 Abs. 1 BGB bestanden haben. Da sich die Schutzzwecke des KSchG –
v.a. die Frage einer zulässigen Sozialauswahl – immer nach den Verhältnissen
zum **Zeitpunkt des Ausspruchs der Kündigung** richten, ist es beim Leiharbeitsverhältnis gerechtfertigt, alle Arbeitnehmer, die im Rahmen der Grundkündi-
gungsfrist beschäftigt waren, ungeachtet der Laufzeit der Beschäftigungsverhältnisse in die Zahl der regelmäßig Beschäftigten i.S.d. § 23 Abs. 1 Satz 2 KSchG
einzubeziehen. Auch § 23 Abs. 1 Satz 4 KSchG, wonach **kurzzeitig Beschäftigte**,
deren regelmäßige Arbeitszeit zwanzig Stunden wöchentlich nicht übersteigt,
nur quotenmäßig mitgezählt werden dürfen, ist in Verleihbetrieben nur eingeschränkt anwendbar, da entsprechende Absprachen (v.a. solche mit flexibler Arbeitszeit) auf Grund des Synchronisationsverbotes nur in Ausnahmefällen zulässig sind (vgl. § 11 Rn.63 ff.).

87 Ist eine Anwendbarkeit der §§ 1 ff. KSchG nach § 23 Abs. 1 KSchG nicht ausgeschlossen, beurteilt sich die Frage, ob die Kündigung wirksam ist, grundsätzlich danach, ob sie **sozial ungerechtfertigt** ist und ob der Arbeitnehmer länger als
sechs Monate beim Verleiher **beschäftigt** war (§ 1 Abs. 1 KSchG). Bei der **Wartezeit** von sechs Monaten sind vormalige Beschäftigungsverhältnisse beim Verleiher zu berücksichtigen, wenn die Unterbrechungszeit nur gering war (ErfK/
Wank, Einl. AÜG Rn. 41; *Schüren/Schüren*, Einl. Rn. 228; *Thüsing/Pelzner*, § 3
Rn. 113; a.A. *Boemke/Lembke*, § 9 Rn. 113), wovon i.d.R. bei Unterbrechungen von
weniger als drei Monaten auszugehen ist (Rn. 91).
Ob das Arbeitsverhältnis des Leiharbeitnehmers länger als sechs Monate bestanden hat, ist jeweils unter Berücksichtigung der besonderen gesetzlichen Bestim-

mungen zum Leiharbeitsverhältnis zu beurteilen. Da **Arbeitsunterbrechungen** im Leiharbeitsverhältnis grundsätzlich in die **Risikosphäre des Verleihers** fallen (Rn. 85), sind sie im Rahmen des § 1 Abs. 1 KSchG wie Beschäftigungszeiten eines ununterbrochenen Arbeitsverhältnisses zu behandeln. Daneben ist aber generell von einem **einheitlichen Arbeitsverhältnis** auszugehen, wenn zwischen dem bisherigen Arbeitsverhältnis zum Verleiher und einem nachfolgenden neu begründeten Arbeitsverhältnis ein enger **sachlicher Zusammenhang** besteht. § 14 Abs. 3 Satz 3 TzBfG enthält insoweit eine Grundwertung des Gesetzgebers, nach der dieser Zusammenhang immer gegeben ist, wenn die Unterbrechungen weniger als sechs Monate betragen haben. Hierbei handelt es sich jedoch nur um eine Mindestfrist. Ergibt sich auf Grund der tatsächlichen Feststellungen, dass die Arbeitsverhältnisse jeweils nur **auf Grund mangelnder Beschäftigungsmöglichkeiten** des Verleihers **unterbrochen** wurden, sind auch die Unterbrechungszeiten infolge der typischen Verteilung des Betriebsrisikos bei der ANÜ zugunsten des Leiharbeitnehmers als Beschäftigungszeiten eines einheitlichen Arbeitsverhältnisses nach § 1 Abs. 1 KSchG zu berücksichtigen (*Becker/Wulfgramm*, Art. 1 § 11 Rn. 65). Überlässt etwa der Verleiher den Leiharbeitnehmer überwiegend **Saisonbetrieben**, so sind beschäftigungsfreie Zeiten außerhalb der Saison auch dann als Beschäftigungszeit im Rahmen des § 1 Abs. 1 KSchG zu berücksichtigen, wenn die Befristung der jeweiligen Saisonarbeitsverhältnisse ausnahmsweise wirksam war.

88 Wie beim Normalarbeitsverhältnis ist auch im Leiharbeitsverhältnis eine ordentliche Kündigung durch den Arbeitgeber nach § 1 KSchG unwirksam, wenn sie nicht durch betriebliche oder in der Person oder dem Verhalten des Leiharbeitnehmers liegende Gründe sozial gerechtfertigt ist. Die allgemeinen Grundsätze zur Wirksamkeit ordentlicher Arbeitgeberkündigungen unterliegen im Leiharbeitsverhältnis allerdings Einschränkungen.

89 **Betriebsbedingte Gründe** für eine Kündigung kommen insbesondere in den Fällen in Betracht, in denen der Verleiher den Betrieb einstellt bzw. einschränkt (z. B. indem nur noch in einer Branche ANÜ betrieben werden soll) oder mangels Aufträgen von Entleihern **dauerhaft keine Beschäftigungsmöglichkeiten** mehr für Arbeitnehmer bestehen (*Becker/Wulfgramm*, Art. 1 § 11 Rn. 65b; ErfK/*Wank*, Einl. AÜG Rn. 41; *Thüsing/Pelzner*, § 3 Rn. 115). Dasselbe gilt, soweit die Erlaubnis entfällt (*BAG* v. 25. 8. 1999 – 7 AZR 75/98). Stellt der Verleiher den Betrieb ganz ein, ist in Unternehmen mit in der Regel mehr als 20 Beschäftigten bei Bestehen eines Betriebsrats nach Durchführung des Interessenausgleichsverfahrens nach §§ 111 f. BetrVG immer eine Kündigungsmöglichkeit durch den Verleiher gegeben. Bei **Mischbetrieben** ist allerdings zu beachten, dass Weiterbeschäftigungsmöglichkeiten in anderen Betrieben oder Betriebsteilen – nach § 1 Abs. 2 Satz 2 Nr. 1 und Satz 3 KSchG – die soziale Rechtfertigung der Kündigung ausschließen können; die Frage der **Weiterbeschäftigungsmöglichkeiten** ist immer unternehmens- und nicht betriebsbezogen vorzunehmen (*Schüren/Schüren*, Einl. Rn. 232). Eine **Stilllegung** des Betriebs liegt nur vor, wenn der **Betriebszweck »ANÜ«** unter gleichzeitiger Auflösung der Betriebsorganisation für eine unbestimmte, nicht nur vorübergehende Zeit aufgegeben wird (*BAG* v. 27. 9. 1984 – 2 AZR 309/83 – AP Nr 39 zu § 613a BGB). Eine Stilllegung scheidet dagegen aus, wenn der Verleiher lediglich das Unternehmen auflöst, die **Betriebszwecke** jedoch in einem anderen Unternehmen oder Unternehmensverbund **fortgeführt** werden (zum Betriebsübergang vgl. Einl. C. Rn. 158 ff.) oder innerhalb einer kurzen Zeit

nach Schließung der Verleihbetrieb wieder aufgenommen wird. Kündigungs-
rechtlich ist dabei eine Stillegungszeit von drei Monaten grundsätzlich unbeachtlich (s.a. *Becker/Wulfgramm*, Art. 1 § 11 Rn. 65d). Darüber hinaus ergibt sich
aus § 2 Abs. 5 Satz 2, dass selbst in den Fällen, in denen ein Arbeitnehmerverleih
drei Jahre nicht erfolgt, der Verleihbetrieb grundsätzlich als fortbestehend zu
behandeln ist. In Fällen des **Fortbestands einer Erlaubnis** ist eine Betriebsstilllegung daher nur anzunehmen, wenn der Verleiher mit der Betriebseinstellung
gleichzeitig gegenüber der Erlaubnisbehörde den Verzicht auf die Erlaubnis erklärt (zur Zulässigkeit vgl. *Becker/Wulfgramm*, Art. 1 § 2 Rn. 43).
Eine **Betriebsstilllegung** i.S.d. §§ 111 f. BetrVG liegt bei reinen Verleihunternehmen auch in den Fällen vor, in denen die **Erlaubnis** durch Fristablauf (§ 4 Abs. 1
Satz 2) oder Rücknahme bzw. Widerruf (§§ 4 f.) **erlischt**, da die Gründe einer Be-
triebsstillegung für die Anwendung der §§ 111 f. BetrVG grundsätzlich unbeachtlich sind. Die Kündigung des Arbeitsverhältnisses ist in diesen Fällen im Rahmen
der Nachwirkungsfrist von sechs Monaten (§ 2 Abs. 4 Satz 2) so auszusprechen
dass der Endzeitpunkt des Arbeitsverhältnisses innerhalb der Frist liegt.

90   Wird der **Betrieb** lediglich **eingeschränkt** (§ 111 Satz 2 Nr. 1 BetrVG), etwa indem
der Verleiher nur noch innerhalb einer bestimmten Branche tätig werden will
oder das Gewerbe nur noch im Rahmen langfristiger Geschäftsbeziehungen
zu bestimmten Kunden ausüben will, scheidet eine allein auf diesen Umstand
gestützte betriebsbedingte Kündigung grundsätzlich aus. Der vom Verleiher
bewusst herbeigeführte bzw. in Kauf genommene Mangel an Arbeitsmöglichkeiten stellt bezüglich seiner Verpflichtung zur uneingeschränkten Tragung der
Beschäftigungs- und Vergütungsrisiken in Fällen des **Auftragsmangels** einen
Verstoß gegen seine typischen Arbeitgeberpflichten aus dem Leiharbeitsverhältnis dar. Eine **Umgehung** des § 11 Abs. 4 Satz 2 durch Kündigungen, die auf eine
Betriebseinschränkung gestützt werden, ist dem Verleiher verwehrt. Betriebsbedingte Kündigungen, die auf einen vom Verleiher selbst herbeigeführten Auftragsmangel gestützt werden, sind im Leiharbeitsverhältnis i.d.R. **unwirksam**.

91   I.ü. kann das **Ausbleiben von Aufträgen** nur eingeschränkt vom Verleiher zum
Anlass genommen werden das Leiharbeitsverhältnis betriebsbedingt zu kündigen (*Ulber*, Arbeitnehmer in Zeitarbeitsfirmen, 206). Sind vorübergehend keine
Einsatzmöglichkeiten in Drittbetrieben vorhanden, stellt dies kein dringendes
betriebliches Erfordernis für eine betriebsbedingte Kündigung i.S.d. § 1 Abs. 2
KSchG dar (*Schaub*, § 120 III 5d). Über die dem Arbeitgeber schon im Normalarbeitsverhältnis zumutbare **Überbrückung beschäftigungsloser Zeiten** (vgl.
BAG v. 15. 12. 1994 – 2 AZR 327/94 – DB 1995, 979) ergibt sich aus § 11 Abs. 4 Satz
2, dass der Verleiher bei vorübergehenden Arbeitsausfällen uneingeschränkt zur
Zahlung der Vergütung verpflichtet bleibt und – wie in anderen Fällen der KA –
Kündigungen während der Kurzarbeitsperiode grundsätzlich ausgeschlossen
sind (vgl. *Lohre/Mayer/Stevens-Bartol*, SGB III, § 171 Rn. 3). Fraglich kann nur sein,
für welchen Zeitraum das Vergütungsrisiko des Verleihers uneingeschränkt besteht und wann der Verleiher seine diesbezüglichen Pflichten durch Kündigung
beenden kann. Dem Verleiher ist es grundsätzlich zuzumuten, bei fehlender Beschäftigungsmöglichkeit das Arbeitsverhältnis drei Monate aufrechtzuerhalten
und erst anschließend zu kündigen (*LAG Hessen* v. 17. 11. 1983 – 9 Sa 599/83 –
EzAÜG KSchG Nr. 2; *Becker/Wulfgramm*, Art. 1 § 11 Rn. 65d; *Schüren/Schüren*,
Einl. Rn. 230). Bei Auftragsmangel ist daher zunächst eine **Mindestwartefrist**
von drei Monaten abzuwarten, bevor der Verleiher betriebsbedingt kündigen
kann (*Sandmann/Marschall*, Art. 1 § 11 Anm. 23). Ergibt sich trotz entsprechender

Bemühungen (zu dieser Pflicht vgl. *LAG Hessen*, a.a.O.) nach Ablauf der drei Monate (*Schüren/Schüren*, Einl. Rn. 230 und *Becker/Wulfgramm*, Art. 1 § 11 Rn. 65d), dass auf absehbare Zeit – d.h. mindestens für den Zeitraum, den ein anderer Stellenbewerber zur Einarbeitung benötigen würde (*BAG* v. 15. 12. 1994 – 2 AZR 327/94 – DB 1995, 979) – keine Anschlussaufträge mehr zu erwarten sind, ist im Grundsatz auch eine betriebsbedingte Kündigung durch den Verleiher zulässig.

Liegen betriebsbedingte Gründe für eine ordentliche Kündigung vor, so ist die Kündigung dennoch unwirksam, wenn der Verleiher gegen Grundsätze der **Sozialauswahl** verstoßen hat (§ 1 Abs. 3 KSchG) oder Weiterbeschäftigungsmöglichkeiten (ggf. auch nach zumutbaren Umschulungs- und Weiterbildungsmaßnahmen) bestehen (§ 1 Abs. 2 Satz 3 KSchG). Die allgemeinen Grundsätze der Sozialauswahl gelten hierbei auch im Leiharbeitsverhältnis (*Becker/Wulfgramm*, Art. 1 § 11 Rn. 65d; *Schüren/Schüren*, Einl. Rn. 231 ff.). **92**

Auch für **personen- und verhaltensbedingte Kündigungen** gelten im Leiharbeitsverhältnis grundsätzlich die allgemeinen kündigungsschutzrechtlichen Grundsätze. Eine verhaltensbedingte Kündigung kann sowohl auf Pflichtverletzungen gegenüber dem Verleiher als auch auf solche gegenüber dem Entleiher gestützt werden (ErfK/*Wank*, Einl. AÜG Rn. 41; *Schüren/Schüren*, Einl. Rn. 239). Einschränkungen können sich jedoch aus der Natur der ANÜ ergeben. Insoweit ist zunächst zu berücksichtigen, dass die psychischen und physischen Arbeitsbelastungen von Arbeitnehmern, die an ständig wechselnden Arbeitsorten ihre Arbeitsleistung erbringen, ungleich höher sind als bei Stammarbeitnehmern. Hieraus ergibt sich, dass höhere **krankheitsbedingte Fehlzeiten** beim Leiharbeitsverhältnis aus der Art der Arbeit folgen und insoweit nicht dem Arbeitnehmer zugerechnet werden können (a. A. *Schüren/Schüren*, Einl. Rn. 236). Bei mangelnden fachlichen oder qualifikatorischen Voraussetzungen muss der Verleiher im Rahmen des § 1 Abs. 2 Satz 4 KSchG darlegen und beweisen, dass weder im Stammbetrieb noch bei Entleihern potenzielle Beschäftigungsmöglichkeiten vorhanden sind, die eine **leistungs- und qualifikationsgerechte Weiterbeschäftigung** ermöglichen (*Becker/Wulfgramm*, Art. 1 § 11 Rn. 65b; *Schüren/Schüren*, Einl. Rn. 238). Hierbei trifft ihn eine Pflicht, sich um entsprechende **anderweitige Einsatzmöglichkeiten** zu bemühen (*LAG Hessen* v. 17. 11. 1983 – 9 Sa 599/83 – EzAÜG Band 2, Nr. 137). Daneben sind die Weiterbeschäftigungspflichten nach zumutbaren Qualifikationsmaßnahmen im Leiharbeitsverhältnis erweitert, da die Anforderungsprofile der unterschiedlichen Tätigkeiten in den Entleiherbetrieben dem Verleiher grundsätzlich die Pflicht auferlegen, im Vorbereitungsstadium eines Einsatzes beim Entleiher entsprechende Qualifikationen zu vermitteln. **93**

Auch bei **verhaltensbedingter Kündigung** ergeben sich beim Leiharbeitsverhältnis aus den besonderen Umständen, unter denen der Leiharbeitnehmer seine Arbeit erbringt, gegenüber dem Normalarbeitsverhältnis Einschränkungen. Bei der Frage, ob **Pflichtwidrigkeiten des Leiharbeitnehmers** vorliegen, ist zwar auch im Leiharbeitsverhältnis nur auf die arbeitsvertragliche Absprache zwischen Verleiher und Leiharbeitnehmer abzustellen; faktisch erfüllt der Leiharbeitnehmer seine arbeitsvertraglichen Pflichten jedoch im Entleiherbetrieb. Bei der Frage, ob Pflichtwidrigkeiten des Leiharbeitnehmers vorliegen, ist daher hinsichtlich der **tatsächlichen Umstände** auch auf die Verhältnisse beim Entleiher, hinsichtlich der **rechtlichen Würdigung** jedoch ausschließlich auf die Vertragsbeziehung zwischen Verleiher und Leiharbeitnehmer abzustellen (weitergehend *Becker/Wulfgramm*, Art. 1 § 11 Rn. 65c). Ein Verstoß des Leiharbeitnehmers gegen **94** die betriebliche Ordnung im Entleiherbetrieb (z.B. Alkoholverbot) kann daher nur dann eine zur Kündigung berechtigende Pflichtverletzung darstellen, wenn das Verhalten des Arbeitnehmers auch nach den im Verleiherbetrieb geltenden Regelungen (v.a. auf Grund von Betriebsvereinbarungen nach § 87 Abs. 1 Nr. 1 BetrVG) eine Pflichtverletzung darstellt. Grundsätzlich müssen **abweichende Regelungen** zu den Arbeitsbedingungen **im Entleiherbetrieb** oder von der Normalleistung (vgl. *Ulber*, Arbeitnehmer in Zeitarbeitsfirmen, 126) abweichende Wertungsmaßstäbe des Entleihers bei der Beurteilung der Arbeitsleistung des Leiharbeitnehmers außer Betracht bleiben. Dies gilt insbesondere für die Frage, ob der Leiharbeitnehmer Schlecht- oder Minderleistungen erbringt. Die Pflicht des Leiharbeitnehmers zur Erbringung der **Normalleistung** ist nicht anhand der Leistungskriterien im Entleiherbetrieb (z.B. Regelung zu Vorgabezeiten) zu beurteilen, sondern ausschließlich anhand der Regelungen im Verleiherbetrieb. Selbst die Maßstäbe einer Normalleistung im Normalarbeitsverhältnis können beim Leiharbeitsverhältnis grundsätzlich nicht zur Leistungsbeurteilung herangezogen werden (vgl. *Ulber*, a.a.O.), da der Leiharbeitnehmer infolge der jeweils befristeten Arbeitseinsätze nicht über das leistungs- und produktivitätssteigernde Erfahrungswissen eines Arbeitnehmers verfügt, der ständig am selben Arbeitsplatz beschäftigt wird (*LAG Hessen* v. 18.7.1978 – 9 Sa 104/78 – EzAÜG § 626 BGB Nr. 1; *Becker/Wulfgramm*, Art. 1 § 11 Rn. 65c).

95 Selbst wenn der Leiharbeitnehmer dem Entleiher durch sein Verhalten einen **Schaden** zufügt, sind über die einschränkenden **Grundsätze der Arbeitnehmerhaftung** (§ 619a BGB) hinaus Pflichtverletzungen des Leiharbeitnehmers in einem breiteren Umfang typisch als beim Normalarbeitsverhältnis (*BGH* v. 10.7.1973 – VI ZR 66/72 – DB 1973, 1798). Sie bilden daher auch nur in einem gegenüber dem Normalarbeitsverhältnis eingeschränkten Umfang einen sachlich rechtfertigenden Grund für verhaltensbedingte Kündigungen von Leiharbeitnehmern.

96 Liegt eine kündigungsrelevante **Pflichtverletzung** des Leiharbeitnehmers vor, ist der Arbeitgeber regelmäßig verpflichtet, den Arbeitnehmer **zunächst abzumahnen** (vgl. § 314 Abs. 2 BGB; *Becker/Wulfgramm*, Art. 1 § 11 Rn. 65c). Eine durch den Entleiher ausgesprochene Abmahnung ist rechtlich unbeachtlich. Die Gegenmeinung (*Schüren/Schüren*, Einl. Rn. 239) übersieht, dass Wirksamkeitsvoraussetzung einer Abmahnung immer der unzweideutige Hinweis des Arbeitgebers sein muss, dass Inhalt oder Bestand des Arbeitsverhältnisses bei weiteren gleichartigen Pflichtverletzungen gefährdet ist (*Däubler*, Bd. 1, 474). Abgesehen davon, dass dem **Entleiher** mangels vertraglicher Arbeitgeberstellung **keine Gestaltungsrechte** hinsichtlich des Arbeitsvertrages zustehen (*Schüren/Schüren*, Einl. Rn. 223), kann man Erklärungen des Entleihers, die hinsichtlich der Rechtsfolgen in der Zukunft (ggf. bei Einsatz in anderen Entleihbetrieben) eintreten, keine rechtlich beachtlichen Wirkungen beimessen. Der **Entleiher** hat insoweit nur das Recht und die Pflicht, **Pflichtverletzungen** des Leiharbeitnehmers dem Verleiher unverzüglich **mitzuteilen**, damit für den Verleiher als Arbeitgeber keine Verwirkung des Rechts auf Abmahnung eintreten kann (*Brill*, NZA 1985, 110). Verstreicht die angemessene Frist zur Erklärung einer Abmahnung, kann sich der Verleiher gegenüber dem Leiharbeitnehmer nicht auf eine verspätete Unterrichtung durch den Entleiher berufen. Das schutzwürdige Vertrauen des Arbeitnehmers auf den Nichtausspruch der Abmahnung geht hier wegen des Zweckes der Abmahnungsfrist dem durch Pflichtverletzung des Entleihers entstandenen Rechtsverlust des Verleihers vor.

Bei schwer wiegenden Verstößen des Verleihers oder des Leiharbeitnehmers gegen Pflichten aus dem Arbeitsverhältnis ist eine **außerordentliche Kündigung** nach § 626 BGB grundsätzlich zulässig (*Becker/Wulfgramm*, Art. 1 § 11 Rn. 62a; *Schüren/Schüren*, Einl. Rn. 222). Grobe **Pflichtverletzungen des Entleihers** gegenüber dem Leiharbeitnehmer berechtigen den Leiharbeitnehmer grundsätzlich nicht zur außerordentlichen Kündigung des Arbeitsverhältnisses; seine Rechte sind insoweit auf die Geltendmachung des in diesen Fällen bestehenden **Leistungsverweigerungsrechts** (Rn. 65 ff.) beschränkt. Etwas Anderes gilt dann, wenn der Leiharbeitnehmer wiederholt an **Entleiher** verliehen wird, die ihre **Pflichten grob missachten,** und der Verleiher den Leiharbeitnehmer trotz eines entsprechenden Hinweises weiter an derartige Entleiher überlässt.

Ist oder wird der **Arbeitsvertrag** zwischen Verleiher und Leiharbeitnehmer wegen Fehlens oder Fortfalls der Erlaubnis (§ 9 Nr. 1) **unwirksam** (vgl. § 9 Rn. 22 ff., 70), kommt nach § 10 Abs. 1 ein Arbeitsverhältnis zum Entleiher zustande (vgl. Erl. § 10). Die Fiktionswirkungen des § 10 Abs. 1 können dabei gleichzeitig zur Beendigung des Arbeitsverhältnisses zum Verleiher führen, ohne dass es einer darauf gerichteten rechtsgeschäftlichen Willenserklärung bedarf (*Becker/Wulfgramm*, Art. 1 § 10 Rn. 10; zur verfassungskonformen Auslegung vgl. *HessLAG* v. 6. 3. 2001 – 2/9 Sa 1246/00; vgl. § 9 Rn. 13 ff.). Eingeschränkt gilt dies auch in den Fällen, in denen Leiharbeitnehmer unter Verstoß gegen die Übernahme der üblichen Arbeitgeberpflichten (vgl. § 1 Abs. 2) überlassen werden, da hier i.d.R. ein **Arbeitsverhältnis zum Entleiher** zustande kommt (vgl. § 1 Einl. D. Rn. 62 ff.). Bei gemischten Unternehmen können sich aus dem Arbeitsvertrag Besonderheiten ergeben (vgl. § 9 Rn. 24, 26 ff.). Ebenso sind Fälle denkbar, in denen dem Arbeitnehmer trotz Eintritts der Fiktionswirkungen des § 1 Abs. 2 bzw. § 10 Abs. 1 ein Anspruch auf Weiterbeschäftigung bzw. Wiedereinstellung gegen den Verleiher zusteht (vgl. § 9 Rn. 27, 30; Einl. D. Rn. 61) bzw. die Berufung auf ein fingiertes Arbeitsverhältnis ausgeschlossen ist (vgl. § 3 Rn. 71).

Hinsichtlich der weiteren Einzelheiten zu den Fiktionswirkungen wird auf die Erläuterungen zu § 1 Abs. 2 und § 10 verwiesen.

jj) Mitwirkungsrechte des Betriebsrats bei Kündigungen

Besteht im Verleiherbetrieb ein **Betriebsrat**, hat der Verleiher vor Ausspruch der Kündigung das **Anhörungsverfahren nach § 102 BetrVG** durchzuführen und bei Vorliegen der Voraussetzungen einer Betriebsänderung i.S.d. § 111 BetrVG zunächst das Interessenausgleichsverfahren (ggf. bis zur Beendigung des Einigungsstellenverfahrens) zu betreiben (vgl. § 14 Rn. 89 ff.).

Ausschließlich der Betriebsrat des Verleihers ist Beteiligter des Anhörungsverfahrens bzw. im Streitfall Beteiligter eines arbeitsgerichtlichen Beschlussverfahrens. Etwas Anderes kann allenfalls in den Fällen in Betracht kommen, in denen neben einer Kündigung durch den Verleiher gleichzeitig eine Kündigung durch den Entleiher bezogen auf ein nach § 10 Abs. 1 zustande gekommenes Arbeitsverhältnis infrage steht.

Eine **ohne Anhörung des Betriebsrats** ausgesprochene Kündigung ist nach § 102 Abs. 1 Satz 3 BetrVG **unwirksam.** Kündigungen vor Abschluss des **Interessenausgleichsverfahrens** können auch durch Geltendmachung eines entsprechenden Unterlassungsanspruchs des Betriebsrats im Wege der einstweiligen Verfügung verhindert werden (*LAG Berlin* v. 7. 9. 1995 – 10 TaBv 5/95 und 9/95). Im Falle einer **außerordentlichen Kündigung** von Betriebsratsmitgliedern oder Ar-

97

98

99

beitnehmern in Wahlfunktion (zur eingeschränkten Zulässigkeit vgl. § 15 KSchG) muss der Verleiher vor Ausspruch der Kündigung die Zustimmung des Betriebsrats einholen bzw. bei nichterteilter Zustimmung deren Ersetzung durch das Arbeitsgericht erreichen (§ 103 Abs. 1 und 2 BetrVG).

Hinsichtlich der Widerspruchsgründe gelten im Rahmen des § 102 Abs. 3 BetrVG die bei der ordentlichen Kündigung zu berücksichtigenden Besonderheiten aus dem Leiharbeitsverhältnis entsprechend (vgl. Rn. 87 ff.).

100 **Widerspricht der Betriebsrat** der Kündigung und erhebt der Leiharbeitnehmer **Kündigungsschutzklage**, muss der Arbeitgeber den Leiharbeitnehmer nach § 102 Abs. 3 Satz 1 BetrVG weiter beschäftigen. Bei einem Antrag des Arbeitgebers auf Entbindung von dieser Pflicht ist die **Weiterbeschäftigungspflicht** (§ 102 Abs. 3 Satz 2 Nr. 2 BetrVG) angesichts der besonderen Regelungen zum Betriebsrisiko bei ANÜ immer wirtschaftlich **zumutbar**. Die entgegengesetzte Auffassung von *Schüren* (Einl. Rn. 244) verkennt, dass der Weiterbeschäftigungsanspruch aus dem Beschäftigungsanspruch des Arbeitnehmers folgt und die bei ANÜ nach § 11 Abs. 4 Satz 2 geltenden Besonderheiten auch den Weiterbeschäftigungsanspruch erfassen.

f) Tarifvertragliche Regelungen im Verleiherbetrieb

101 Da den Verleiher alle Pflichten aus dem Arbeitsverhältnis treffen, kommen bei Tarifbindung auch alle in dessen Betrieb geltenden **Rechtsnormen eines Tarifvertrages** zur Anwendung. Dies gilt für alle Formen der ANÜ unabhängig davon, ob sie gewerbsmäßig oder nichtgewerbsmäßig betrieben werden, ob es sich um ein reines Verleihunternehmen oder ein Mischunternehmen handelt oder ob das AÜG überhaupt anwendbar ist (z. B. für die Konzernleihe nach § 1 Abs. 3 Nr. 2). Auch soweit der Verleiher nicht qua Tarifbindung einem TV zur ANÜ (vgl. § 9 Rn. 72 ff.), sondern einem sonstigen TV unterliegt, müssen von ihm auch unabhängig von Besonderheiten der ANÜ alle tariflichen Normen im Rahmen des Arbeitsverhältnisses eingehalten werden. **Abweichungen** von Tarifverträgen können vertraglich nur vereinbart werden, soweit sie für den Arbeitnehmer **günstiger** sind (§ 4 Abs. 3 TVG; § 9 Rn. 77). Dies kommt z. B. in Betracht, wenn die tariflichen Bestimmungen nach dem Arbeitsvertrag nur als **Mindestarbeitsbedingungen** (sog. Garantielohn) gelten sollen, dem LAN aber über den TV hinaus höhere Leistungen zugesagt werden oder dem LAN unabhängig von den Bestimmungen des TV für Zeiten des Einsatzes bei einem Entleiher ein Anspruch auf Gewährung dort ggf. geltender günstigerer Arbeitsbedingungen eingeräumt wird. Derartige Vereinbarungen werden insbesondere in den Fällen getroffen, in denen der Einsatz von LAN nach den Regelungen des Einsatzbetriebes davon abhängig ist, dass dem LAN mindestens die Leistungen eines vergleichbaren Stammarbeitnehmers gewährt werden müssen (vgl. § 9 Rn. 77 f.). Finden auf das Leiharbeitsverhältnis TV Anwendung, hat der Verleiher den Einsatz des Arbeitnehmers beim Entleiher so zu gestalten, dass alle Tarifnormen eingehalten werden; beim Abschluss des **ANÜ-Vertrages** mit dem Entleiher trifft ihn darauf bezogen eine entsprechende **Gestaltungspflicht** (§ 12 Rn. 2).

102 Ist der **Verleiher** nicht über einen TV zur ANÜ **tarifgebunden**, muss der Einsatz der tarifgebundenen Arbeitnehmer als Leiharbeitnehmer hinsichtlich Art, Ort und Zeit tarifvertraglich ausdrücklich zugelassen sein (zur Arge s. u. Rn. 190). Ist im TV keine ausdrückliche Norm zur Verpflichtung des Arbeitnehmers zu Leiharbeit enthalten, kann der Arbeitnehmer nur im Einzelfall mit seiner ausdrücklichen Zustimmung nach § 613 Satz 2 BGB zur ANÜ verpflichtet werden. Bei Unternehmen, die einem TV zur ANÜ unterliegen, ist demgegenüber grundsätzlich von einer tarifvertraglichen Verpflichtung des Arbeitnehmers auszugehen, als LAN seine Arbeit bei Dritten erbringen zu müssen (Rn. 37 und 105).

Eine **Allgemeinverbindlichkeitserklärung** der in den jeweiligen Entleihbetrieben geltenden Tarifverträge hat auf die tarifvertraglichen Ansprüche von Verleiher und LAN grundsätzlich keine Auswirkungen, da der **Geltungsbereich der Branchentarifverträge** nicht i.S.d. § 5 Abs. 1 Satz 1 Nr. 1 TVG zum fachlichen Geltungsbereich der Verleihbranche als Dienstleistungsgewerbe zählt (*LAG Frankfurt am Main* v. 19.12.1972 – 3 Sa 486/72 – EzAÜG Nr. 12; *LAG Hamm* v. 1.2.1996 – 4 Sa 1044/95 – EzAÜG § 622 BGB Nr. 2; *ArbG Lübeck* v. 17.1.1978 – 3 Ca 2309/77 – EzAÜG § 622 BGB Nr. 1; *Sandmann/Marschall*, Art. 1 § 11 Anm. 8; *Thüsing/Pelzner*, § 3 Rn. 94; vgl. auch Rn. 51h). Eine Allgemeinverbindlichkeitserklärung kommt nur in Betracht, soweit sich Unzulänglichkeiten aus einer mangelnden Tarifgebundenheit von Arbeitnehmern und Arbeitgebern innerhalb einer Branche ergeben (*Wiedemann*, § 5 Rn. 2), sie kann sich jedoch nicht auf branchenfremde Unternehmen beziehen. Soweit **Tarifverträge zu den Mindestentgeltsätzen** nach dem AEntG für allgemeinverbindlich erklärt wurden, sind ihre Bestimmungen im Geltungsbereich der Tarifverträge auch auf inländische Leiharbeitsverhältnisse anwendbar (vgl. § 1 Abs. 2a AEntG; Rn. 51g). Die Schutzzwecke des AEntG, einem Sozialdumping vorzubeugen, sind bei ANÜ unabhängig davon betroffen, ob Leiharbeitnehmer aus dem Ausland entsandt oder im Inland verliehen werden. **103**

Soweit keine tarifvertraglichen (vgl. insoweit den MTV über allgemeine betriebliche Arbeitsbedingungen im rheinisch-westfälischen Steinkohlenbergbau v. 1.7.1975 sowie § 2 Abs. 1 des MTV für die Arbeiter des rheinisch-westfälischen Steinkohlenbergbaus v. 16.7.1973) oder **arbeitsvertraglichen Regelungen** zur Geltung der Tarifverträge des Entleiherbetriebs während des jeweiligen Arbeitseinsatzes des Leiharbeitnehmers bestehen, kommen die **im Entleiherbetrieb geltenden Tarifverträge** nur **zur Anwendung** soweit kein TV zur ANÜ auf das Zeitarbeitsverhältnis Anwendung findet (§ 9 Nr. 2) und kein allgemeinverbindlich erklärter Tarifvertrag nach dem AEntG vorliegt (vgl. Rn. 51g). **104**

Soweit **Tarifverträge** zur ANÜ abgeschlossen werden, tritt das Problem auf, ob **§ 613 Satz 2 BGB** auch qua Tarifvertrag **abdingbar** ist und die Verpflichtung des Arbeitnehmers zur Arbeitsleistung unter dem Direktionsrecht eines Dritten auch tarifvertraglich **begründet** werden kann. Zutreffenderweise wird man dies im Rahmen der durch die Verfassung (vgl. *BVerfG* v. 6.10.1987 – 1 BvR 1468 und 1623/82 – BVerfGE 77, 84) gesetzten Grenzen für **zulässig** erachten müssen (vgl. Rn. 109). Auf Grund der Tarifautonomie ist den Tarifvertragsparteien ein breiter **Regelungsspielraum** zu den Bedingungen und Inhalten der arbeitsvertraglichen Pflichten der tarifunterworfenen Parteien eingeräumt (vgl. §§ 1, 4 TVG; *Becker/Wulfgramm*, Art. 1 § 11 Rn. 38). Dabei ist es den Tarifvertragsparteien auch gestattet Regelungen zu treffen die von (dispositiven) gesetzlichen Vorschriften abweichen, die für den Arbeitnehmer an sich günstiger sind (z.B. Vergütungsansprüche nach § 615 BGB und deren tarifvertraglicher Ausschluss bei KA). Auch die Zulässigkeit tarifvertraglicher Normen, die die **Arbeitspflichten des Arbeitnehmers erweitern** (z.B. Versetzungsregelungen, Pflicht zur auswärtigen Arbeitsleistung, Regelungen zur Mehrarbeit) sind von der **Tarifautonomie** gedeckt. Ungeachtet der besonderen Anforderungen, denen Tarifverträge zur ANÜ hin- **105** sichtlich des Persönlichkeitsschutzes des Arbeitnehmers gerecht werden müssen, (vgl. § 9 Rn. 198 ff.), bestehen daher auf Grund der **Abdingbarkeit des § 613 Satz 2** (Palandt-*Putzo*, § 613 Rn. 2) grundsätzlich keine Bedenken, in einem TV zur ANÜ (nicht jedoch in einer BV; Rn. 117) die Verpflichtung des Arbeitnehmers zur Arbeitsleistung unter dem Weisungsrecht eines Dritten zu begründen. Als **Inhaltsnorm** erfasst diese Regelung nur tarifgebundene Arbeitnehmer (§ 4 Abs. 1 Satz 1 TVG). Für nichttarifgebundene Arbeitnehmer ist immer eine entsprechende arbeitsvertragliche Absprache erforderlich (vgl. § 9 Rn. 286 ff.).

106 Besondere Probleme hinsichtlich **Geltung und Reichweite von Tarifverträgen** treten in den sog. **Mischunternehmen** auf (vgl. Rn. 39 u. § 9 Rn. 152). Soweit diese Unternehmen tarifgebunden sind, enthalten die Branchentarifverträge ganz überwiegend **keine besonderen Regelungen zur gewerbsmäßigen ANÜ**, sie beinhalten insbesondere keine den reinen Verleihtarifverträgen entsprechende Klausel zur Verpflichtung des Arbeitnehmers, im Rahmen gewerbsmäßiger ANÜ Arbeitsleistungen bei Dritten erbringen zu müssen.

Unterliegen Mischbetriebe den Flächentarifverträgen einer Branche, erstreckt sich der räumliche und persönliche Geltungsbereich des Branchentarifvertrags auf alle verbandsangehörigen Arbeitnehmer und Unternehmen der Branche. Die anzuwendenden Tarifverträge gelten daher auch für LAN, für die im Mischbetrieb regelmäßig keine anderen (Mindest-)Arbeitsbedingungen gelten, als für Arbeitnehmer, die nicht zur Leiharbeit verpflichtet sind (*BAG* v. 21. 3. 1984 – 4 AZR 61/82 – EzAÜG § 4 TVG Nr. 2). Werden bei Geltung eines Branchentarifvertrags Arbeitnehmer an Drittbetriebe verliehen, kommt der Gleichbehandlungsgrundsatz nach § 9 Nr. 2 uneingeschränkt zur Anwendung, da die Branchentarifverträge keine Tarifverträge i.S.d. Bestimmung sind (§ 9 Rn. 152). Ausnahmen kommen dann in Betracht, wenn der Branchentarifvertrag ausdrücklich auch als TV zur ANÜ i.S.v. § 9 Nr. 2 gelten soll (vgl. § 9 Rn. 153i) oder wenn spezifische Regelungen getroffen wurden, die den Besonderheiten bei der Überlassung von Arbeitnehmern Rechnung tragen sollen.

Unterliegt das Mischunternehmen keiner Tarifbindung, kann die Geltung eines TV zur ANÜ nur dann nach § 9 Nr. 2 **einzelvertraglich vereinbart** werden, wenn das Unternehmen dem fachlichen und persönlichen Geltungsbereich des TV unterliegt. Da das Verleihgewerbe der Dienstleistungsbranche zuzuordnen ist, können Mischunternehmen nur dann dem Geltungsbereich von TV zur ANÜ unterliegen, wenn sie neben sonstigen Arbeitnehmern **überwiegend** LAN beschäftigen (*Schüren/Schüren*, Einl. Rn. 252; *Thüsing/Mengel*, § 9 Rn. 42; *Grimm/Brock*, 125; vgl. § 9 Rn. 251, 291; vgl. Rn. 109). Ist dies nicht der Fall, wird die vollständige Bindung an den Branchentarifvertrag nicht dadurch beseitigt, dass das Unternehmen neben den **überwiegenden Betriebszwecken** (das *BAG* stellt auf die überwiegende Zahl der tarifunterworfenen Arbeitsverhältnisse ab, *BAG* v. 11. 3. 1981 – 4 AZR 1022/78 – AP Nr. 1 zu § 1 TVG Tarifverträge: Steinmetzgewerbe) Betriebszwecke verfolgt, die anderen Branchen (als der ANÜ) zuzuordnen sind. Dies stellt die Geltung der einheitlichen Branchentarifverträge auch für Arbeitnehmer, die branchenfremde Tätigkeiten ausüben, nicht in Frage. Nach **dem Industrieverbandsprinzip** grenzen die Tarifverträge ihren Geltungsbereich gerade nicht nach der Tätigkeit der Arbeitnehmer im Betrieb ab (*Schüren/Schüren*, Einl. Rn. 252). Deshalb sind die Branchentarifverträge auch dann anzuwenden, wenn **tarifunterworfene Arbeitnehmer als Leiharbeitnehmer** eingesetzt werden sollen (so implizit auch *BAG* v. 26. 4. 1995 – 7 AZR 850/94 – AP Nr. 19 zu § 1 AÜG).

Aus dem Grundsatz, dass bei Mischunternehmen **einheitlich die Industrie-verbands-Tarifverträge** zur Anwendung kommen (vgl. *BAG*, a.a.O.), folgt, dass sich die materiellen **Arbeitsbedingungen** (einschließlich der Vergütung) auch während der Zeiten, in denen der Arbeitnehmer bei Entleihern seine arbeitsvertraglichen Pflichten erfüllt, nach dem Tarifvertrag richten, der beim Verleiher gilt. Dabei ist jedoch der **Gleichbehandlungsgrundsatz** nach § 9 Nr. 2 zu beachten. Sind die beim Entleiher geltenden Arbeitsbedingungen eines vergleichbaren Arbeitnehmers günstiger als die tariflichen Regelungen beim Verleiher, hat der Arbeitnehmer für die Zeit der Überlassung einen Anspruch auf Gewährung der jeweils günstigeren Arbeitsbedingungen (vgl. § 9 Rn. 82 ff.). Der Arbeitnehmer ist jedoch (auch bei andersartiger Regelung im Entleiherbetrieb) nur in dem Rahmen zur Arbeitsleistung verpflichtet, den der beim Verleiher geltende **Tarifvertrag** zur Verfügung stellt. Ist danach z. B. eine 35-Stunden-Woche vereinbart, ist der Arbeitnehmer auch dem Entleiher nur zu einer entsprechenden Arbeitsleistung verpflichtet, i. ü. steht ihm ein Leistungsverweigerungsrecht zu. **107**

Die Einheitlichkeit und zwingende Wirkung der Tarifverträge kann vom Verleiher nicht dadurch **umgangen** werden, dass er für die Zeiten der Überlassung besondere **Absprachen** mit dem Leiharbeitnehmer trifft, die einen Teil der Normen des Tarifvertrages außer Kraft setzen. Derartige Absprachen verstoßen regelmäßig gegen § 4 Abs. 3 TVG bzw. § 9 Nr. 2, soweit sie für den Arbeitnehmer ungünstiger sind. **108**

Besonders häufig anzutreffen sind nicht tarifvertragskonforme Vertragsabsprachen in **Montagebereichen**, in denen die Arbeitgeber versuchen, die weit reichenden tarifvertraglichen Regelungen der **Montagetarifverträge** (z. B. zu Auslösesätzen) durch Sondervereinbarungen zur ANÜ außer Kraft zu setzen und ungünstigere Vergütungsabsprachen zu treffen. Derartige Vereinbarungen verstoßen regelmäßig gegen die zwingende Bindungskraft der tarifvertraglichen Normen und sind daher unwirksam. Bei mangelnder Tarifgebundenheit gilt dies auch, soweit die Geltung der **Tarifverträge** zur ANÜ **im Arbeitsvertrag vereinbart** wurde (vgl. Rn. 106). Infolge der gesetzlichen Regelung des Diskriminierungsverbots ist es nicht möglich, einvernehmlich **ergänzende Regelungen** zur ANÜ auf einzelvertraglicher Ebene zu treffen (vgl. § 9 Rn. 72 u. 113).

Auf Grund der **Vermutung für die Vollständigkeit und Richtigkeit tarifvertraglicher Regelungssysteme** stellt sich die Frage, ob **für tarifunterworfene Arbeitnehmer qua Arbeitsvertrag** eine Verpflichtung zur Arbeitsleistung im Rahmen einer ANÜ vereinbart werden kann. Da der Arbeitgeber den Arbeitnehmer nicht qua Konkretisierung des Weisungsrechts zur Arbeitsleistung bei Verleihern verpflichten kann, stellt eine entsprechende Verpflichtung eine **Erweiterung der Arbeitspflichten** des Arbeitnehmers dar. Eine derartige Erweiterung der Arbeitspflichten über die im Tarifvertrag zugelassenen Grenzen hinaus ist grundsätzlich zulässig (Rn. 105). Auszugehen ist davon, dass eine Vermutung für die Vollständigkeit des Tarifvertrages jedenfalls hinsichtlich der Hauptpflichten aus dem Arbeitsverhältnis spricht. Da das Weisungsrecht notwendiger Bestandteil des Arbeitsverhältnisses ist, spricht auch eine Vermutung dafür, dass eine **Übertragung dieses Weisungsrechts auf Dritte nach den Tarifverträgen ausgeschlossen** ist, soweit nicht eine ausdrückliche Regelung hierzu in den Tarifverträgen enthalten ist. Eine »unbewusste Regelungslücke«, die durch eine entsprechende arbeitsvertragliche Vereinbarung geschlossen werden könnte, kann in diesen Fällen nicht angenommen werden. Vielmehr zeigen tarifvertragliche Regelungen zu den **Voraussetzungen von Versetzungen**, Montageeinsätzen, Arbeitseinsätzen **109** außerhalb der eigenen Betriebsstätten oder Auslandseinsätzen, dass der Einsatz von Arbeitnehmern in fremden Betriebsstätten durch den Tarifvertrag **abschließend** geregelt und die zulässigen Fälle einer Entsendung von Arbeitnehmern beschränkt werden sollen. Die jeweiligen Tarifverträge knüpfen an bestimmte Voraussetzungen an, die der Vereinbarung für den Arbeitnehmer ungünstigerer, darüber hinausgehender Verpflichtungen zur Arbeitsleistung bei Dritten entgegenstehen. Es würde daneben auch eine **unzulässige Umgehung des bestehenden BMTV-Metall** bedeuten, wenn sich ein tarifgebundener Arbeitgeber aller tarifvertraglicher Pflichten entledigen könnte, indem er arbeitsvertragliche Vereinbarungen zur ANÜ mit tarifunterworfenen Arbeitnehmern abschließen würde (vgl. Rn. 106).

110 Bei der Beurteilung der Frage, ob trotz der Geltung eines Tarifvertrages ein **Gestaltungsspielraum** für abweichende bzw. darüber hinausgehende arbeitsvertragliche Absprachen zur Erweiterung der Arbeitspflichten des Arbeitnehmers besteht (§ 9 Rn. 197 f.), ist gerade im Bereich der ANÜ dem **Schutzgedanken kollektiver Regelungen** Rechnung zu tragen. Wie das *BVerfG* feststellt, ist ein ausreichender Schutz des Arbeitnehmers in diesem Bereich über arbeitsvertragliche Absprachen in der Regel nicht zu gewährleisten, sondern kann nur durch kollektive Regelungen erreicht werden (*BVerfG* v. 6. 10. 1987 – 1 BvR 1086, 1468 und 1623/82 – EzAÜG AFG Nr. 22; v. 28. 1. 1992 – 1 BvR 1025/82 – ArbuR 1992, 187). Es verbietet sich, auf dieser Grundlage aus dem Fehlen kollektiv-tarifvertraglicher Normen zur ANÜ Gestaltungsmöglichkeiten zur ANÜ auf arbeitsvertraglicher Ebene abzuleiten. Vielmehr folgt aus der Schutzfunktion des Tarifvertrages, dass bei beiderseitiger Tarifbindung eine Verpflichtung des Arbeitnehmers zur Arbeitsleistung im Rahmen der ANÜ nicht nur **tarifvertraglich zugelassen sein muss**, sondern in Tarifverträgen daneben auch die Bedingungen formuliert sein müssen, die einen ausreichenden Schutz des Arbeitnehmers sicherstellen. Ein anderes Ergebnis wäre i. ü. auch nicht mit § 4 Abs. 3 TVG, § 9 Nr. 2 AÜG vereinbar. Da § 613 BGB eine Norm des Arbeitnehmerschutzes darstellt, bewirken hiervon abweichende Bestimmungen grundsätzlich eine Schlechterstellung des Arbeitnehmers, sodass entgegen weit verbreiteter Praxis im Geltungsbereich von Tarifverträgen in **Mischbetrieben** eine **arbeitsvertragliche Vereinbarung zur ANÜ** grundsätzlich **ausgeschlossen** ist.

111 Die Ausführungen zur arbeitsrechtlichen **Zulässigkeit von ANÜ** auf Grund tarifvertraglicher Regelungen gelten grundsätzlich unabhängig davon, ob ein Fall **gewerbsmäßiger oder nichtgewerbsmäßiger ANÜ** vorliegt. Auch bei gelegentlicher ANÜ oder in den Fällen der §§ 1 Abs. 3 bzw. 1a können daher **tarifgebundene Arbeitgeber** nur dann den Arbeitnehmer an Dritte überlassen, wenn der Tarifvertrag ausdrücklich eine entsprechende Bestimmung enthält.

Die **Rechtsfolgen von Verstößen** des Arbeitgebers gegen diese tarifvertragliche Pflicht sind allerdings durch den Gesetzgeber bei nichtgewerbsmäßiger ANÜ zum Teil anders geregelt als bei gewerbsmäßiger ANÜ. Verstößt der Verleih gegen Vorschriften eines TV, führt ein entsprechender Verstoß nach § 1 Abs. 3 Nr. 1 zur Versagung der Erlaubnis zur ANÜ. In den Fällen der Konzernleihe nach Abs. 3 Nr. 2 (Rn. 246 ff.) ist das AÜG nicht anzuwenden, was u. a. auch zum Ausschluss des Übergangs des Arbeitsverhältnisses im Rahmen des § 10 führt. Demgegenüber treten bei der gelegentlichen ANÜ nach § 1a dieselben Rechtsfolgen wie bei gewerbsmäßiger ANÜ ein, da das Gesetz den Verleiher in diesen Fällen nur von der Erlaubnispflicht befreit, i. ü. jedoch alle Vorschriften des AÜG zur Anwendung kommen.

Verstößt der Verleiher gegen ihn treffende tarifvertragliche Pflichten, so ergeben **112** sich **für den Arbeitnehmer** unterschiedliche Rechtsfolgen. Der Arbeitnehmer hat nicht nur einen Erfüllungsanspruch sondern ist in diesen Fällen grundsätzlich zur **Leistungsverweigerung** berechtigt, zumal er andernfalls Gefahr läuft, über die Wirkungen eines fingierten Arbeitsverhältnisses sein Arbeitsverhältnis zum Verleiher zu verlieren (Rn. 73 ff. und § 10 Rn. 5, 34 ff.). Daneben bewirken Verstöße des Verleihers gegen Tarifverträge, dass die **Erlaubnis** entweder nach § 3 Abs. 1 Nr. 1 nicht erteilt werden darf oder aber nach § 5 Abs. 1 Nr. 3 zu widerrufen ist (§ 9 Rn. 255).

g) Betriebsvereinbarungen im Verleiherbetrieb

Das AÜG enthält hinsichtlich der **Mitbestimmungsrechte** eines im **Verleiher-** **113** **betrieb bestehenden Betriebsrats** keine besondere Regelung. § 14 Abs. 1 stellt lediglich klar, dass der Leiharbeitnehmer auch während der Tätigkeit beim Entleiher **Betriebsangehöriger des Verleihers** bleibt (vgl. hierzu § 14 Rn. 9 ff.). Dies folgt schon daraus, dass arbeitsvertragliche Beziehungen ausschließlich zwischen Verleiher und Leiharbeitnehmer bestehen, die Arbeitgeberstellung des Verleihers auch während des Einsatzes beim Entleiher uneingeschränkt aufrechterhalten bleibt und damit die kollektive Schutzfunktion des Betriebsverfassungsrechts und eines beim Verleiher bestehenden Betriebsrats uneingeschränkt aufrechterhalten bleiben muss. Die **Zuständigkeit** des **Verleiherbetriebsrats** besteht nicht nur, soweit keine Weisungsbefugnisse des Entleihers gegeben sind (vgl. *BAG* v. 19.6.2001 – 1 ABR 43/00 – DB 2001, 2301; ErfK/*Wank*, § 14 Rn. 4; a.A. Schüren/ Hamann, § 14 Rn. 334); sie besteht vielmehr grundsätzlich unbeschränkt, auch soweit ein im Entleiherbetrieb bestehender Betriebsrat im Rahmen seiner Zuständigkeiten auch für Leiharbeitnehmer tätig wird (vgl. § 14 Rn. 33 ff.).

Aus der **Betriebszugehörigkeit** des Leiharbeitnehmers zur Belegschaft des Ver- **114** leiherbetriebs (§ 14 Abs. 1) folgt, dass im Betrieb des Verleihers bestehende **Betriebsvereinbarungen**, Regelungsabsprachen oder Sonstige kollektive **betriebliche Normen** grundsätzlich uneingeschränkt auch für Leiharbeitnehmer **gelten** (ErfK/*Wank*, § 14 AÜG Rn. 2a). Dies gilt unabhängig davon, ob es sich um reine Verleihunternehmen oder Mischbetriebe handelt oder ob der Leiharbeitnehmer in der Betriebsstätte des Verleihers oder bei einem Dritten seine Arbeit verrichtet.

Durch den Abschluss von Betriebsvereinbarungen beim Verleiher bleiben die **115** Kompetenzen der Betriebsparteien auf Entleiherseite unberührt (ErfK/*Wank*, § 14 Rn. 2a). Beim Entleiher geltende tarifliche oder gesetzliche Regelungen können weder im Rahmen des Direktionsrechts des Verleihers noch durch Abschluss von Betriebsvereinbarungen eingeschränkt werden. I. ü. können die Betriebsparteien jedoch zu allen Angelegenheiten, die die Rechtsstellung des Leiharbeitnehmers sowohl im Verleiher- als auch im Entleiherbetrieb betreffen, Vereinbarungen abschließen. Zur Vermeidung von Friktionen mit beim Entleiher geltenden Regelungen sind beim Verleiher bestehende Betriebsvereinbarungen als beschränkende Vorgaben beim Abschluss des ANÜ-Vertrages zu berücksichtigen (*LAG Köln* v. 13.6.1996 – 10 TaBV 13/96). Trotz der partiellen **Ausübung von Arbeitgeberbefugnissen** durch den **Entleiher** bedarf der Leiharbeitnehmer während der Zeit seines Einsatzes im Entleiherbetrieb des gleichen **kollektiven Schutzes** durch den Betriebsrat, der auch ansonsten hinsichtlich der Begrenzung einseitiger Direktionsbefugnisse des Arbeitgebers besteht. Dies folgt schon aus dem Gleichbehandlungsgebot (§ 75 BetrVG), ist jedoch in § 14 Abs. 3 hinsichtlich der Zuständigkeit des Entleiherbetriebsrats für Leiharbeitnehmer für einen Teilbereich betriebsverfassungsrechtlicher Aufgaben auch gesetzlich geregelt. Hinsichtlich der weiteren Einzelheiten zur Zuständigkeit eines beim Entleiher bestehenden Betriebsrats sowie zur Geltung von im Entleiherbetrieb bestehenden Betriebsvereinbarungen auch für Leiharbeitnehmer wird auf die Erläuterungen zu § 14 verwiesen.

116 Die Kompetenzen des Verleihers und eines beim Verleiher gewählten Betriebsrats, die Arbeitsbedingungen von LAN durch **Betriebsvereinbarung** zu regeln, unterliegen einer Reihe von Besonderheiten und Beschränkungen. Soweit Arbeitsbedingungen betroffen sind, die vom **Diskriminierungsverbot** des § 9 Nr. 2 erfasst werden (vgl. § 9 Rn. 82ff.), besteht für die Betriebsparteien keine Möglichkeit, von den für einen vergleichbaren Arbeitnehmer des Entleihers geltenden Arbeitsbedingungen zu Lasten des LAN durch Betriebsvereinbarungen abzuweichen (§ 9 Rn. 72). § 9 Nr. 2 löst als gesetzliche Regelung die Regelungssperre des § 87 Abs. 1 Einleitungssatz BetrVG aus, so dass auch bei Vorliegen eines mitbestimmungspflichtigen Tatbestands nach § 87 Abs. 1 BetrVG keine Möglichkeit besteht, BV zu den wesentlichen Arbeitsbedingungen abzuschließen (zu Tariföffnungsklauseln vgl. Rn. 121). Die Regelungssperre gilt dabei auch, soweit ein TV zur ANÜ abgeschlossen wurde, der **Regelungslücken** bei den wesentlichen Arbeitsbedingungen aufweist (§ 9 Rn. 200, 210f.). So kommen z.B. beim **Leistungslohn**, der in den TV zur ANÜ nicht geregelt ist (vgl. § 9 Rn. 211), ausschließlich die beim Entleiher geregelten Leistungsbedingungen zur Anwendung, auch ergänzende BV nach § 87 Abs. 1 Nr. 10 und 11 BetrVG sind unzulässig (*Schüren/Hamann*, § 14 Rn. 374).

117 Der erhöhte Schutzbedarf von Leiharbeitnehmern macht es erforderlich, besondere Aktivitäten auf betrieblicher Ebene zu entfalten, um über kollektive betriebliche Normen **Regelungsdefizite** der TV zur ANÜ auszugleichen. Dies betrifft insbesondere die tariflich vereinbarten Dumpinglöhne (§ 9 Rn. 239), die teilweise kein existenzsicherndes Einkommen des LAN gewährleisten. Auch im Rahmen entsprechender **freiwilliger Betriebsvereinbarungen** haben die Betriebsparteien jedoch die auch ansonsten bestehenden Grenzen ihrer Zuständigkeit und Regelungskompetenzen zu beachten. Wegen der **Regelungssperre des § 77 Abs. 3 BetrVG** ist es den Betriebsparteien daher grundsätzlich verwehrt, die **Arbeitsentgelte** von Leiharbeitnehmern zu regeln, und zwar auch dann, wenn sie gegenüber bestehenden Tarifverträgen günstiger sind (*FESTL*, § 77 Rn. 97).
Ebenfalls nach § 77 Abs. 3 BetrVG ist es den Betriebsparteien verwehrt, qua Betriebsvereinbarung eine **Verpflichtung** der betriebsangehörigen Arbeitnehmer **zur ANÜ zu begründen**. Da eine entsprechende Verpflichtung als materielle Arbeitsbedingung die Hauptleistungspflichten des Arbeitnehmers (in Abweichung von § 613 BGB, nur unter dem Weisungsrecht des Vertragsarbeitgebers arbeiten zu müssen) erweitert, ist eine diesbezügliche Erweiterung der Hauptleistungspflichten des Arbeitnehmers der tarifvertraglichen Regelung vorbehalten (vgl. Rn. 105). Bei **Mischbetrieben**, die an die Branchentarifverträge gebunden sind, dürfte eine Verpflichtung des Arbeitnehmers zur Arbeitsleistung im Rahmen von ANÜ darüber hinaus regelmäßig ausgeschlossen sein (Rn. 106ff.).

118 Eine Verpflichtung, als Leiharbeitnehmer bei Dritten unter deren Weisungsrecht zu arbeiten, kann auch nicht auf der Grundlage eines TV zur ANÜ, der eine entsprechende Verpflichtung enthält, auf **Tarifaußenseiter** erstreckt werden (*FESTL*, § 77 Rn. 98). Praktisch wird dies vor allem in Fällen, in denen Arbeitgeber oder auch Arbeitgeberverbände **Haus- oder Flächentarifverträge nach § 1 Abs. 3 Nr. 1**

mit gewerkschaftlichen Splitterorganisationen, die nur einen ganz geringen Teil von Arbeitnehmern organisieren (z.B. CMV), abschließen und der verbandsgebundene Arbeitgeber versucht, im Wege der Betriebsvereinbarung die Verpflichtung zur ANÜ auch auf **Tarifaußenseiter** zu erstrecken. Eine derartige Wirkung ist wegen der Tarifsperre des § 77 Abs. 3 BetrVG nur im Wege der Allgemeinverbindlichkeitserklärung nach § 5 TVG zulässig (*Richardi*, § 77 Rn. 220f.). Eine Allgemeinverbindlichkeitserklärung liegt jedoch z.Zt. außerhalb des AEntG weder vor noch ist sie angesichts der geringen Tarifbindung der Verleiher zu erwarten (Rn. 102). Abzulehnen ist die Auffassung von *Becker/Wulfgramm* (Art. 1 § 1 Rn. 111), die über eine entsprechende Anwendung des § 3 Abs. 2 TVG den Tarifvertrag auf alle Arbeitnehmer erstrecken wollen. Die Zulassungsnorm des § 1 **Abs. 3 ist eine Inhaltsnorm** nach § 1 Abs. 1 TVG (*Kempen/Zachert*, § 1 Rn. 33), eine Bewertung als **Betriebsnorm** i.S.d. § 3 Abs. 2 TVG scheidet daher auch unabhängig von verfassungsrechtlichen Bedenken gegen eine analoge Anwendung der Vorschrift (vgl. *Wiedemann*, § 3 Rn. 67ff.) von vornherein aus.

Uneingeschränkt zulässig sind demgegenüber Betriebsvereinbarungen zu Regelungsgegenständen, die **nicht vom Diskriminierungsverbot erfasst** werden und auch nicht in einem TV zur ANÜ abschließend geregelt sind. Bedeutung haben insoweit **Auswahlrichtlinien** bei betriebsbedingten Kündigungen oder zu einer gerechten Verteilung der Einsätze bei Entleihern, die Vereinbarung von **Urlaubsgrundsätzen** und des Urlaubsplans (§ 87 Abs. 1 Nr. 5 BetrVG) oder auch Regelungen zur Auszahlung des Arbeitsentgelts (§ 87 Abs. 1 Nr. 4 BetrVG) oder Betriebsvereinbarungen zur Ausschreibung von Arbeitsplätzen und zu Personalfragebögen (§ 93 f. BetrVG). **119**

Regelungen beim Verleiher zur **Ordnung des Betriebs** und des Verhaltens der Arbeitnehmer im Betrieb (vgl. § 87 Abs. 1 Nr. 1 BetrVG) gelten für den Leiharbeitnehmer auch beim Einsatz im Fremdbetrieb (a.A. *Schüren/Hamann*, § 14 Rn. 356). Disziplinarmaßnahmen gegenüber dem Leiharbeitnehmer (vgl. § 14 Rn. 104) können Friktionen zwischen unterschiedlichen betrieblichen Bußordnungen beim Entleiher und Verleiher auftreten lassen. Anders sieht es demgegenüber hinsichtlich der Regelungen zum Verhalten der Arbeitnehmer »im Betrieb« aus (Regelungen zu **Torkontrollen, Zeiterfassung, Kleiderordnungen oder auch Rauchverboten** u.ä.). Soweit beim Verleiher entsprechende Regelungen vereinbart wurden, gelten diese für den Leiharbeitnehmer nicht, solange er seine Arbeitsleistung im Betrieb des Entleihers erbringt. Bestehen im Entleiherbetrieb widersprechende Vereinbarungen, gehen diese vor (vgl. § 14 Rn. 104). **120**

Dasselbe gilt, soweit zwingende **Normen des öffentlich-rechtlichen Arbeitsschutzes** betroffen sind oder soweit Verhaltenspflichten infrage stehen, die nicht im Arbeitsverhältnis, sondern im ANÜ-Vertrag ihre Ursache haben (z.B. Aufzeichnung der geleisteten Arbeitsstunden zum Zwecke der Abrechnung des Vergütungsanspruches des Verleihers). Besonderheiten gelten für Vereinbarungen im Bereich von öffentlich-rechtlichen Vorschriften des Arbeitsschutzrechts, da insoweit die beim **Entleiher** geltenden Bestimmungen Anwendung finden (§ 11 Abs. 6). Soweit hierbei zwingende Regelungen betroffen sind, bleibt wegen der Regelungssperre des § 87 Abs. 1 Einleitungssatz BetrVG ohnehin kein Regelungsspielraum im Rahmen der Ziff. 7. I.ü. sind **Betriebsvereinbarungen im Verleiherbetrieb** im Rahmen der Ziff. 7 und § 88 BetrVG auch bei Einsatz des Leiharbeitnehmers beim Entleiher zu beachten. **121**

Unterliegt der Verleihbetrieb einem **TV zur ANÜ**, ist beim Abschluss von Betriebsvereinbarungen die Regelungssperre nach § 87 Abs. 1 Einleitungssatz **122**

BetrVG zu beachten. Etwas anderes gilt nur, soweit der Tarifvertrag eine **Öffnungsklausel** für ergänzende betriebliche Regelungen enthält (vgl. § 9 Rn. 197 f.). Soweit in den TV zur ANÜ festgelegt ist, dass sich die **Lage der Arbeitszeit** nach den beim jeweiligen Entleiher geltenden Regelungen richten soll (vgl. § 4.1. MTV BZA/DGB), ist im Verleihbetrieb kein Raum für Betriebsvereinbarungen nach § 87 Abs. 1 Nr. 2 gegeben. Im Rahmen **flexibler Arbeitszeitsysteme** gilt dies jedoch nur, solange Ausgleichszeiträume betroffen sind, die bzgl. der vertraglich geschuldeten regelmäßigen Arbeitszeit des LAN einen vollständigen Zeitausgleich während des Einsatzes beim Entleiher ermöglichen. Entsteht durch die Arbeit beim Entleiher ein **Zeitguthaben** (Zeitschulden können wegen der Vergütungspflichten nach § 11 Abs. 4 Satz 2 i.d.R. nicht entstehen; vgl. Rn. 63), das in späteren Abrechnungszeiträumen verrechnet werden soll, steht dem Verleiherbetriebsrat insoweit das Mitbestimmungsrecht aus § 87 Abs. 1 Nr. 2 BetrVG zu (Boemke, § 14 Rn. 31). Auch die Verpflichtung des LAN zur Leistung von **Mehrarbeit**, Sonderschichten oder auch **Ruf- und Einsatzbereitschafen** setzen eine Betriebsvereinbarung nach § 87 Abs. 1 Nr. 3 BetrVG voraus, die gleichzeitig die Grenzen der Leistungspflichten des LAN beim Entleiher bestimmt (vgl. *BAG* v. 19.6.2001 – 1 ABR 43/00; *Schüren/Hamann*, § 14 Rn. 361). Dasselbe gilt für die Auswahl der LAN in Zeiten mangelnder Beschäftigungsmöglichkeiten. Mitbestimmungsrechtlich sind **verleihfreie Zeiten** wie Kurzarbeit zu behandeln (*Boemke*, § 14 Rn. 34; *Schüren/Hamann*, § 14 Rn. 366). Soweit ein beim Verleiher geltender TV keine Regelung zu den Modalitäten von Schicht- oder Wochenendarbeit enthält, kann der LAN bei einem Entleiher nur dann zur Schichtarbeit verpflichtet werden, wenn beim Verleiher die entsprechenden betriebsverfassungsrechtlichen Grundlagen geschaffen wurden und im Arbeitsvertrag eine entsprechende Verpflichtung vereinbart wurde. Insoweit bestehende arbeitsrechtliche Beschränkungen hat der Verleiher sowohl beim Abschluss von ANÜ-Verträgen als auch bei seiner sonstigen Geschäftätigkeit zu berücksichtigen (*BAG* v. 19.6.2001 – 1 ABR 43/00 – DB 2001, 2303).

123 Soweit beim Verleiher Betriebsvereinbarungen bestehen, erstreckt sich deren Geltungsbereich grundsätzlich auf die gesamte Belegschaft einschließlich der beschäftigten LAN (ErfK/*Wank*, § 14 Rn. 2a). Nur soweit **Leiharbeitnehmer** ausdrücklich aus dem Geltungsbereich von Betriebsvereinbarungen des Verleihers ausgeschlossen sind oder soweit **Sonderregelungen** für Leiharbeitnehmer vereinbart wurden, können Leiharbeitnehmer von ansonsten für die gesamte Belegschaft geltenden betrieblichen Regelungen **ausgeschlossen** sein. Angesichts der besonderen Arbeitsbedingungen und der ständig wechselnden Einsatzorte können derart **differenzierende Normen** sinnvoll und aus den in § 75 BetrVG normierten Schutzpflichten auch **geboten** sein. Um die zusätzlichen Belastungen des Leiharbeitnehmers auszugleichen, bestehen z.B. keine Bedenken, bei Regelungen zur Verteilung der Arbeitszeit Leiharbeitnehmern zusammenhängende Freizeitblöcke einzuräumen oder nur für Leiharbeitnehmer eine Regelung zu treffen, nach der Wegezeiten zu den wechselnden Einsatzorten als Arbeitszeit gelten und in Form von Freizeitausgleich genommen werden können. Allgemein lässt sich sagen, dass insbesondere im Bereich der sozialen Angelegenheiten der §§ 87 ff. BetrVG **Sonderregelungen für Leiharbeitnehmer** getroffen werden können, die den spezifischen Belastungen dieser Arbeitnehmergruppe Rechnung tragen (vgl. *BAG* v. 19.6.2001 – 1 ABR 43/00 – DB 2301, 2303). Derartige auf den unterschiedlichen Arbeitsbedingungen beruhende differenzierende Regelungen verstoßen nicht gegen den Gleichbehandlungsgrundsatz. (§ 9 Rn. 225 u. 230).

Vielmehr treten Fallkonstellationen auf, wo eine **schematische Gleichbehandlung** von Stammarbeitnehmern und Leiharbeitnehmern des Verleihers ihrerseits gegen die Grundsätze von Recht und Billigkeit (§ 75 BetrVG) verstoßen würden. Eine Vereinbarung, nach der **Wegezeiten, Dienstgänge und Dienstreisen** unterschiedslos für alle Arbeitnehmer des Betriebs pauschal mit fünfzehn Minuten Freizeitausgleich abgegolten werden (z. B. wegen der räumlich regelmäßig weit entfernten Arbeitsstätten des Leiharbeitnehmers gegenüber relativ kurzen Strecken bei Dienstgängen der Stammbelegschaft), würde Ungleiches gleich behandeln und daher gegen das **Gleichbehandlungsgebot** verstoßen. I. Ü. folgt jedoch aus dem **Gleichbehandlungsgrundsatz**, dass alle betrieblichen Normen unterschiedslos für alle Arbeitnehmer des Betriebs Anwendung finden. Dies gilt auch, wenn der Verleiher bestimmte Leistungen auf freiwilliger Grundlage gewährt (*Freitag*, NZA 2002, 294). Die unmittelbare und zwingende **Wirkung von Betriebsvereinbarungen** des Verleihers (§ 77 Abs. 4 Satz 1 BetrVG) besteht dabei in vollem Umfang auch bei Einsatz des Leiharbeitnehmers im Entleiherbetrieb. Dies hat für Verleiher und Entleiher erhebliche Konsequenzen hinsichtlich des **Gestaltungsspielraums bei ANÜ-Verträgen:** Der Verleiher kann dem Entleiher Arbeitnehmer nur für solche Arbeitsleistungen überlassen, die im Rahmen der arbeitsvertraglichen Pflichten des Leiharbeitnehmers und der Grenzen der beim Verleiher bestehenden betrieblichen Regelungen (daneben der beim Entleiher geltenden Normen, vgl. § 14 Rn. 100 ff.) liegen (*BAG*, a.a.O.).

124 Für den Katalog der **mitbestimmungspflichtigen Angelegenheiten** nach § 87 Abs. 1 BetrVG gilt, dass bestehende betriebliche Regelungen auch während des Einsatzes beim Entleiher eingehalten werden müssen und – soweit keine Betriebsvereinbarungen existieren – zunächst beim **Verleiher** die dem Mitbestimmungsrecht des Betriebsrats Rechnung tragenden Regelungen geschaffen werden müssen. Da ein Verzicht des Arbeitnehmers auf Rechte aus entsprechenden Betriebsvereinbarungen ausgeschlossen ist (§ 77 Abs. 4 BetrVG), ist der Arbeitnehmer andernfalls zur Leistungsverweigerung berechtigt (*Boemke*, § 14 Rn. 33). **Verstößt** der Arbeitgeber durch den Abschluss des **ANÜ-Vertrages** gegen seine Pflicht zur Einhaltung und Durchführung von Betriebsvereinbarungen oder sonstigen betrieblichen Regelungen oder hält er das im BetrVG vorgeschriebene Verfahren nicht ein, liegt gleichzeitig ein Verstoß gegen arbeitsrechtliche Pflichten i.S.d. § 3 Abs. 1 Nr. 1 vor.

125 Soweit ein Regelungsgegenstand dem Katalog mitbestimmungspflichtiger Angelegenheiten nach § 87 Abs. 1 BetrVG unterliegt, ist die Durchführung des Mitbestimmungsverfahrens bzw. der Abschluss einer Betriebsvereinbarung **Wirksamkeitsvoraussetzung** für die Anordnung von Maßnahmen gegenüber dem LAN. Dies gilt auch für die arbeitsvertragliche Verpflichtung des Leiharbeitnehmers zur Leistung von **Mehrarbeit** (*BAG* v. 22.12.1980 – 1 ABR 2/79 und 1 ABR 76/79 – AP Nr. 70 und 71 zu Art. 9 GG Arbeitskampf). Eine derartige **Verpflichtung** kann nur durch betriebliche Vereinbarung im Verleiherbetrieb begründet werden und bedarf der Zustimmung des Verleiherbetriebsrates (*BAG* v. 19.6.2001 – 1 ABR 43/00 – DB 2001, 2301). Die **Mitbestimmungsrechte des Entleiherbetriebsrats** können die Verpflichtung nicht begründen, sie müssen nur in Wahrnehmung der kollektiven Schutzfunktion des Entleiherbetriebsrats gegenüber der Gesamtbelegschaft des Entleiherbetriebs einschließlich der LAN (zusätzlich) wahrgenommen werden (*Boemke*, § 14 Rn. 32; vgl. § 14 Rn. 112 ff.). Darauf bezogen wird zu Recht die Auffassung von einer **doppelten Betriebszugehörigkeit** des Leiharbeitnehmers sowohl zum Verleiher- als auch zum Entleiherbetrieb vertreten (DKK-*Trümner*, § 5 Rn. 78 ff., *Bulla*, DB 1975, 1795; *Boemke*, § 14 Rn. 53; *Schüren/Hamann*, § 14 Rn. 26; a. A. *Becker/Wulfgramm*, Art. 1 § 14 Rn. 18). Die gegenteilige Auffassung, die aus der Übertragung partieller Direktionsbefugnisse auf den Entleiher folgert, dass ein mitbestimmungsfähiges Bestimmungsrecht des Verleihers hinsichtlich der Anordnung von Überstunden nicht mehr gegeben sei (*LAG Köln* v. 21. 10. 1994, MDR 1995, 393), wenn der Entleiher erst während des Einsatzes des Leiharbeitnehmers die Entscheidung zur Anordnung von Mehrarbeit trifft (*BAG*, a.a.O.), führt zu dem unhaltbaren Ergebnis, dass bei Nichtexistenz eines Betriebsrats im Entleiherbetrieb ein Dritter, der nicht Arbeitgeber ist, einseitig Überstunden anordnen kann, während der eigentliche Arbeitgeber hieran, ohne Beachtung der Mitbestimmungsrechte eines dort bestehenden Betriebsrats nach § 87 BetrVG gehindert wäre. Dies steht in Widerspruch zur kollektiven **Schutzfunktion des Verleiherbetriebsrats für die Gesamtbelegschaft**, der nach § 14 Abs. 1 Leiharbeitnehmer auch dann angehören, wenn und soweit sie im Entleiherbetrieb ihre Arbeitsleistung erbringen. Wegen der näheren Einzelheiten wird auf die Kommentierung zu § 14 (Rn. 9 ff.) verwiesen.

126 Zur Lösung der praktischen Schwierigkeiten, die sich aus **konfligierenden betrieblichen Regelungen** beim Verleiher einerseits und Entleiher andererseits ergeben, bieten sich verschiedene Wege an: Zum einen kann der Verleiher mit dem Betriebsrat **besondere Regelungen** vereinbaren, die Friktionen mit betrieblichen Normen beim Entleiher ausschließen (*BAG*, a.a.O.; vgl. Rn. 113, 117; § 14 Rn. 64 ff.). Dies bietet sich v. a. an, wenn die Geschäftsbeziehung zum Entleiher auf Dauer angelegt ist und regelmäßig und wiederholt Leiharbeitnehmer beim selben Entleiher zum Einsatz kommen. Daneben können in einer Betriebsvereinbarung für den Kreis mitbestimmungspflichtiger Angelegenheiten allgemeine Grundsätze geregelt werden, die beim Abschluss von ANÜ-Verträgen zu beachten sind und ein Mitbestimmungsrecht des BR im Einzelfall entfallen lassen. Ein vollständiger **Verzicht auf Mitbestimmung**, z. B. in Form einer **Blankettverweisung** auf Mitbestimmungsrechte des Entleiherbetriebsrats, ist jedoch unzulässig (DKK-*Klebe*, § 87 Rn. 39). Der Verleiher hat vielmehr bei Abschluss des ANÜ-Vertrags sicherzustellen, dass die Mitbestimmungsrechte des Verleiherbetriebsrats gewahrt bleiben (*BAG* v. 22. 4. 1986, AP Nr. 13 zu § 87 BetrVG Altersversorgung u. v. 18. 4. 2000, DB 2000, 2227; DKK-*Klebe*, § 87 Rn. 14; GK-*Wiese*, § 87 Rn. 84).

126a Die Grenzen betrieblicher Regelungsbefugnisse unter Wahrung der Tarifautonomie sind auch einzuhalten, wenn ein bisheriges Produktions- oder Dienstleistungsunternehmen seine **Betriebszwecke** dahingehend **ändert**, zukünftig nur noch als Verleihunternehmen tätig zu sein oder zusätzlich zu den bisherigen Betriebszwecken zukünftig auch ANÜ zu betreiben. Wegen der Andersartigkeit der Tätigkeit eines Unternehmens als normales Produktions- oder Dienstleistungsunternehmen und der Verleihertätigkeit erfüllt die **Umstellung der Betriebszwecke auf Arbeitnehmerverleih** regelmäßig den Tatbestand einer **Betriebsänderung** i.S.d. § 111 Satz 3 Nr. 4 BetrVG. Eine Betriebsänderung i.S.d. Bestimmung liegt nicht nur vor, wenn der bisherige Betrieb seine arbeitstechnischen Zwecke verändert (*BAG* v. 17. 12. 1985 – 1 ABR 78/83 – AP Nr. 15 zu § 111 BetrVG 1972), sondern auch dann, wenn der bisherige Betriebszweck um einen anderen arbeitstechnischen Zweck ergänzt oder erweitert wird. Soll zukünftig ANÜ als Dienstleistung angeboten werden, so erfüllt die Umstellung bzw. Erweiterung der Betriebszwecke die Voraussetzungen einer Betriebsänderung i.S.d. § 111 BetrVG. Ungeachtet der arbeitsvertraglichen Voraussetzungen hat der Verleiher – bei Existenz eines Betriebsrats und einer Belegschaftsgröße von mehr als zwanzig

Arbeitnehmern, (vgl. § 111 Satz 1 BetrVG) –, bevor er **erstmals gewerbsmäßig ANÜ betreiben** will bzw. die hierzu erforderliche **Erlaubnis beantragt**, das **Interessenausgleichsverfahren nach §§ 111 ff.** BetrVG zu betreiben, und zwar bei Nichteinigung bis in die Einigungsstelle (vgl. Rn. 173). Bevor dieses Verfahren nicht abgeschlossen ist, darf die unternehmerische Maßnahme nicht vollzogen werden. Dem Betriebsrat steht insoweit ein **Unterlassungsanspruch** zu, der ggf. auch im Wege der einstweiligen Verfügung durchgesetzt werden kann (*LAG Berlin* v. 7.9.1995 – 10 CaBV 5/95 und 9/95; Rn. 174). Führt der Unternehmer die Maßnahme vor Abschluss des Interessenausgleichsverfahrens durch, liegt hierin nicht nur ein **Verstoß** gegen seine betriebsverfassungsrechtlichen Pflichten, sondern der Verstoß stellt gleichzeitig einen **Versagungsgrund i.S.d. § 3 Abs. 1 Nr. 1** dar. Die Erlaubnis darf nicht erteilt werden, wenn hierdurch ein betriebsverfassungswidriger Zustand geschaffen oder perpetuiert wird.

Auch bei nicht abgeschlossenem Interessenausgleichsverfahren kann der Verleiher jedoch den **Antrag auf Erlaubniserteilung** nach § 2 Abs. 1 stellen, um nach Abschluss des Interessenausgleichsverfahrens unverzüglich das neue Gewerbe ausüben zu können. Dies gilt selbst in den Fällen, in denen der Betriebsrat eine einstweilige Verfügung auf vorläufige Unterlassung erwirkt hat. Die Erlaubnisbehörde darf die **Erlaubnis** jedoch **erst erteilen**, wenn das Interessenausgleichsverfahren abgeschlossen ist. In Ausnahmefällen, etwa wenn zwischen den Betriebsparteien strittig ist, ob das Interessenausgleichsverfahren ordnungsgemäß durchgeführt wurde, kann die Erlaubnis auch unter dem Vorbehalt des Widerrufs (§ 2 Abs. 3) erteilt werden. **127**

Kommt es zu einer **Einigung über einen Interessenausgleich**, so kann dieser das Ob, Wie und den Umfang der zukünftigen ANÜ regeln (*BAG* v. 27.10.1987 – 1 ABR 9/87 – AP Nr. 41 zu § 112 BetrVG 1972). Der Ausgleich wirtschaftlicher Nachteile (Auslöse, Wegezeiten, Belastungsausgleich etc.) bleibt dem **Sozialplan** (§ 112 Abs. 1 Satz 2 BetrVG) vorbehalten. Der Abschluss des Sozialplans ist jedoch weder Voraussetzung für die Durchführung der geplanten Betriebsänderung noch für die Erlaubniserteilung. Im Interessenausgleich kann auch vereinbart werden, dass die geplante unternehmerische Maßnahme ganz unterbleibt (*FESTL*, §§ 112, 112a Rn. 18). In diesem Fall ist es dem Verleiher verwehrt, ANÜ zu betreiben und eine Erlaubnis darf für das betroffene Unternehmen nicht erteilt werden (§ 3 Abs. 1 Nr. 1). Dem Unternehmer bleibt es allerdings unbenommen, durch Gründung eines neuen Unternehmens, auf das sich die Wirkungen des Interessenausgleichs nicht erstrecken, die Voraussetzung einer Erlaubniserteilung zu schaffen. In der Regel besteht der **Inhalt eines Interessenausgleichs** jedoch nicht darin, ANÜ zu verbieten, sondern es werden meistens Regelungen getroffen, durch die Abteilungen (z.B. nur Schlosserei oder Montage), Personengruppen (z.B. nur Arbeitnehmer ohne Kinder) sowie der räumlich begrenzte Einsatzbereich (nur innerhalb des Handwerkskammerbezirks) abgesteckt werden. Auch Ankündigungsfristen sowie Regelungen zur Mitbestimmung des Betriebsrats bei der Überlassung im Einzelfall stellen typische Regelungen eines Interessenausgleichs dar. Werden derartige Begrenzungen im Interessenausgleich vereinbart, wird hiermit gleichzeitig der **wirtschaftliche Betätigungsbereich des Verleihers**, gewerbsmäßige ANÜ unter Beachtung arbeitsrechtlicher Vorschriften zu betreiben, **eingeschränkt**. Etwaige Verstöße gegen diese Grenzen erfüllen den Tatbestand des § 3 Abs. 1 Nr. 1. Schon bei der **Erlaubniserteilung** hat die Behörde im Rahmen der rechtlichen Möglichkeiten (z.B. durch Beteiligung des Betriebsrates) sicherzustellen, dass die Grenzen, die der ANÜ durch den Interessenaus- **128** gleich gesteckt sind, auch eingehalten werden und die Erlaubnis daher möglichst gem. § 2 Abs. 2 mit entsprechenden Auflagen zu verbinden.

129 Auch beim Interessenausgleich sind die **Regelungskompetenzen der Betriebsparteien** einzuhalten. Zwar erfüllt der Interessenausgleich mangels unmittelbarer und zwingender Geltung für die Arbeitnehmer (§ 77 Abs. 4 Satz 1 BetrVG) nicht die Voraussetzungen einer Betriebsvereinbarung. Dennoch sind die inhaltlichen Begrenzungen zulässiger Betriebsvereinbarungen auch beim Interessenausgleich einzuhalten. Deshalb kann im Interessenausgleich (§ 112 Abs. 1 Satz 4 BetrVG ist auf den Interessenausgleich nicht anwendbar) **keine Verpflichtung des Arbeitnehmers vereinbart werden**, zukünftig auch als Leiharbeitnehmer tätig zu sein (§ 77 Abs. 3 BetrVG; vgl. Rn. 117, 125). Die arbeitsvertraglichen Voraussetzungen müssen vielmehr neben dem Interessenausgleich geschaffen werden. Liegt zwar ein wirksamer Interessenausgleich vor, liegen jedoch die besonderen arbeitsvertraglichen Voraussetzungen zur ANÜ nicht vor (Rn. 37), darf der Verleiher keine ANÜ betreiben. Verstößt er hiergegen, hält er damit seine arbeitsvertraglichen Pflichten nicht ein, sodass die Erlaubnis gem. § 3 Abs. 1 Nr. 1 zu versagen ist.

3. Der Arbeitnehmerüberlassungsvertrag

130 Die Erlaubnispflicht nach § 1 Abs. 1 setzt voraus, dass der Verleiher als Arbeitgeber **einem Dritten Arbeitnehmer zur Arbeitsleistung überlässt**, wobei das AÜG über § 12 hinaus keine weiteren Vorschriften enthält, welchen inhaltlichen Anforderungen der Vertrag zwischen Entleiher und Verleiher (**ANÜ-Vertrag**) Rechnung tragen muss. Aus Abs. 1 Satz 1 ergibt sich jedoch, dass der wesentliche Leistungsinhalt des Vertrages darauf gerichtet sein muss, dem Vertragspartner Arbeitnehmer für dessen Betriebszwecke (*BAG* v. 25. 10. 2000 – 7 AZR 487/99) zur Arbeitsleistung zur Verfügung zu stellen. Bei einem **Gemeinschaftsbetrieb** (vgl. Einl. C. Rn. 137), in dem das Weisungsrecht durch die beteiligten Arbeitgeber gemeinsam ausgeübt wird, liegt daher keine ANÜ vor (*BAG* v. 3. 12. 1997 – 7 AZR 764/96 – AP Nr. 19 zu § 1 AÜG; *Boemke*, § 1 Rn. 35; *Schüren/Hamann*, § 1 Rn. 564; *Thüsing/Waas*, § 1 Rn. 45).

131 Die **Abgrenzung** zu anderen Vertragsformen des drittfirmenbezogenen Personaleinsatzes kann im Einzelfall erhebliche Probleme bereiten (zur Abgrenzung vgl. Einl. C. Rn. 33 ff.). Nach ständiger Rechtsprechung ist die ANÜ dadurch gekennzeichnet, dass **dem Entleiher Arbeitskräfte zur Verfügung gestellt werden**, die dieser nach seinen eigenen Vorstellungen und Zielen in seinem Betrieb **wie eigene Arbeitskräfte** einsetzt, die Arbeitskräfte hierbei voll in den Betrieb des Entleihers integriert sind und ihre Arbeiten allein **nach dessen Weisungen** ausführen (*BAG* v. 8. 11. 1978 – 5 AZR 261/77 – AP Nr. 2 zu § 1 AÜG; v. 22. 6. 1994 – 7 AZR 286/93; *BSG* v. 11. 2. 1988 – 7 RAr 5/86 – AP Nr. 10 zu § 1 AÜG; *BGH* v. 8. 11. 1979 – 7 ZR 337/78 – AP Nr. 2 zu § 10 AÜG).

132 Die vertragliche **Hauptleistungspflicht des Verleihers** besteht gegenüber dem Entleiher darin, geeignete **Arbeitnehmer** entsprechend den vertraglich festgelegten Zwecksetzungen des Entleihers **auszuwählen** und ihm für die Dauer des Vertrages **zur Verfügung zu stellen**. Hat der Entleiher im ANÜ-Vertrag nicht schriftlich erklärt, welchen Anforderungen der LAN entsprechen muss oder welche Qualifikationen erforderlich sind, kann er sich auf Mängel oder Defizite des überlassenen Arbeitnehmers nicht berufen (*OLG Köln* v. 9. 7. 2002 – 22 U 258/01 – AuA 2002, 525). **Vorstrafen** hat der Verleiher dem Entleiher i. d. R. nur mitzuteilen, wenn der LAN mit Vermögensbetreuungspflichten betraut wird (*Klaes*, Anm. zu *OLG Köln* v. 9.7.2002, AuA 2002, 526). Der Verleiher trägt i.Ü. das volle **Beschaffungsrisiko** i.S.d. § 276 Abs. 1 Satz 1 BGB. Der Entleiher muss seinerseits dem Verleiher die vereinbarte Vergütung entrichten. Die gegenseitigen Leistungspflichten beim ANÜ-Vertrag (vgl. § 12 Rn. 26 ff.) entsprechen keinem der im BGB geregelten schuldrechtlichen Vertragstypen. Als Dienstverschaffungsvertrag ist er ein **Vertrag sui generis** (*Sandmann/Marschall*, Art. 1 § 12 Anm. 3; ErfK/*Wank*, Einl. AÜG Rn. 16; zur Rechtsnatur vgl. Rn. 17 f.), auf den die Vorschriften des allgemeinen Teils des BGB (§§ 1 bis 240 BGB) sowie des allgemeinen Teils des Schuldrechts Anwendung finden (*Becker/Wulfgramm*, Art. 1 § 12 Rn. 19). Soweit nicht zwingende Normen – insbesondere die Vorschriften des AÜG – entgegenstehen, können die Vertragsparteien daher die Leistungspflichten und deren Umfang frei vereinbaren (*Sandmann/Marschall*, Art. 1 § 12 Anm. 3).

133 Der Vertrag wirkt wie jeder schuldrechtliche Vertrag nur inter partes, das **Leiharbeitsverhältnis und der ANÜ-Vertrag** sind rechtlich immer als zwei voneinander **getrennte Schuldverhältnisse** zu behandeln. Bei der Frage, ob der Vertrag auf ANÜ gerichtet ist, kommt es nicht auf den Text der Vereinbarung an, sondern auf den tatsächlichen **Geschäftswillen** und die tatsächliche Durchführung (*BAG* v. 15.6.1983 – 5 AZR 111/81 – AP Nr. 5 zu § 10 AÜG; v. 28.1.1989 – 1 ABR 90/88 – AP Nr. 5 zu § 11 AÜG; ErfK/*Wank*, § 1 AÜG Rn. 15). Soll der überlassene Arbeitnehmer **eingegliedert in die Betriebsorganisation** des Dritten nach dessen Weisungen arbeiten, ist der Vertrag immer auf ANÜ gerichtet (*Schüren/Hamann*, § 1 Rn. 111, 180 f.).

134 Während die Rechtsprechung dem Begriff der tatsächlichen **Eingliederung** und dem Weisungsrecht als Abgrenzungskriterium zu anderen vertraglichen Gestaltungen zunächst klare Konturen gegeben hatte (*BAG* v. 10.2.1977 – 2 ABR 80/76 – AP Nr. 9 zu § 103 BetrVG 1972), ist in den letzten Jahren eine immer weit reichendere Aufweichung der Konturen feststellbar, die dadurch geprägt ist, eine Vielzahl von Fallgestaltungen der Fremdfirmenarbeit dem AÜG zu entziehen und hierbei auch die Mitbestimmungsrechte des Betriebsrats bei der Beschäftigung von Fremdfirmenarbeitnehmern einzuschränken. So wird in der Entscheidung des *BAG* v. 5.3.1991 (1 ABR 39/90 – AP Nr. 90 zu § 99 BetrVG 1972) auf die »**Personalhoheit**« abgestellt (kritisch hierzu *v. Hoyningen-Huene*, Anm. zu EzA § 99 BetrVG 1972 Nr. 102), die ihrerseits wiederum nur berührt sei, wenn Weisungen des Dritten nicht sachbezogen und ergebnisorientiert erteilt werden (*BAG* v. 1.12.1992 – 1 ABR 30/92 – EzAÜG § 14 AÜG Betriebsverfassung Nr. 35). Eine derartige **sachbezogene Weisung** liege insbesondere vor, wenn sich die Weisungen im Rahmen eines **Anweisungsrechts** des Bestellers nach § 645 Abs. 1 Satz 1 BGB bewegten (vgl. hierzu Einl. C. Rn. 71). Aus der Ausübung von Weisungsrechten durch den Dritten soll nach der jüngsten Rechtsprechung nicht mehr zwingend auf ANÜ geschlossen werden können. Gibt der Dritte unmittelbare **Einzelanweisungen**, so soll dies keine Vermutung für ANÜ begründen, sondern sei »nur eine Frage der praktikablen Vertragsdurchführung« (*BAG* v. 5.3.1991 – 1 ABR 39/90 – AP Nr. 90 zu § 99 BetrVG 1972). Eine Eingliederung liege nicht vor, »weil sie [die Arbeitnehmer, d. V.] aus dem zwischen ihnen und dem Dienst- bzw. Werkunternehmer bestehenden Rechtsverhältnis die Beachtung dieser Anweisung schulden« (*BAG*, a.a.O.). Inwieweit für den Arbeitnehmer durch den Vertrag zwischen seinem Arbeitgeber und dem Dritten eine schuldrechtliche Verpflichtung gegenüber dem Dritten begründet werden kann (Problem des unzulässigen Vertrags zulasten Dritter, vgl. Rn. 18 f., 33), wird in der Entscheidung nicht dargelegt. Noch bedeutsamer ist aber, dass das *BAG* überhaupt nicht darauf eingeht, dass der **Arbeitnehmer**, soweit dem Arbeitseinsatz beim Dritten kein Leiharbeitsverhältnis zugrunde liegt, **nach § 613 Satz 2 BGB gar nicht verpflichtet** ist, **Weisungen des Dritten Folge zu leisten** und eine entsprechende Verpflichtung gerade nicht durch den Vertrag zwischen Entsende- und Einsatzunternehmen begründet werden kann. Nach seiner Entscheidung v. 22.6.1994 (7 AZR 286/93 – AP Nr.16 zu § 1 AÜG), in der ebenfalls keinerlei Auseinandersetzung mit § 613 Satz 2 BGB erfolgt, kommt das *BAG* sogar zu dem Ergebnis, dass selbst bei festgestellter Ausübung des Weisungsrechts durch den Dritten keine ANÜ vorliegt, wenn »der Arbeitnehmer ausschließlich Pflichten erfüllt, die seinem Arbeitgeber gegenüber anderen Auftraggebern obliegen«.

135 Ein völlig neues Abgrenzungskriterium wurde vom *BAG* in der Entscheidung vom 5.3.1991 (1 ABR 39/90 – AP Nr.90 zu § 99 BetrVG 1972) eingeführt. Danach soll bei der Prüfung der Frage, ob sich die ausgeübten Tätigkeiten »als bloße ANÜ darstellen, nicht unberücksichtigt bleiben …, dass es sich bei dem Entsendebetrieb um ein **großes Unternehmen** [Hervorhebung d.V.] handelt« (*BAG*, a.a.O.). Im Ergebnis hinge danach – selbst bei identisch ausgeübter Tätigkeit im Einsatzbetrieb – die Frage, ob ANÜ vorliegt oder nicht, auch davon ab, ob es sich beim Verleiher um ein großes oder ein kleines Unternehmen handelt; dem kann nicht gefolgt werden.

136 Abgesehen davon, dass auf der Grundlage dieser Rechtsprechung eine auch im Interesse der Rechtssicherheit erforderliche **Grenzziehung zur ANÜ** praktisch kaum noch möglich ist, (vgl. ErfK/*Wank*, § 1 Rn.19) lässt die Rechtsprechung das besondere rechtliche Normengefüge, das die ANÜ kennzeichnet, außer acht. Zur Lösung des Problems ist davon auszugehen, dass der ANÜ die besondere arbeitsvertragliche Abrede nach § 613 Satz 2 BGB zugrunde liegt und daher die **Ausübung des arbeitsbezogenen Weisungsrechts** das wichtigste Merkmal der ANÜ darstellt (*Boemke*, § 1 Rn.81; *Schüren/Hamann*, § 1 Rn.180 f.). Die Ausübung des Weisungsrechts durch den Dritten ist **konstitutives Merkmal der ANÜ** (*Hamann* 1995, 155, 213). Steht fest, dass das Weisungsrecht von einem Dritten ausgeübt wird, und beruht die Ausübung des Weisungsrechts auf einem Vertrag mit dem entsendenden Unternehmen, liegt immer ANÜ vor (vgl. *BAG* v. 26.4.1995 – 7 AZR 850/94 – DB 1995, 2427; vgl. Einl. C Rn.67 ff.). In welcher Intensität hierbei das Weisungsrecht ausgeübt wird, ist unbeachtlich. Je nach Inhalt der Arbeitsaufgabe können arbeitsbezogene Weisungen sogar vollständig fehlen. Voraussetzung ist nur, dass es sich der Art nach um eine **weisungsgebundene Tätigkeit** handelt, bei der dem Einsatzbetrieb zumindest partiell eine Arbeitgeberfunktion zukommt (*BAG* v. 18.10.1994 – 1 ABR 9/94 – EzAÜG BetrVG Nr.68).

137 Obliegt dem Dritten die **Organisation der Tätigkeit** und dient die Tätigkeit der Verwirklichung des arbeitstechnischen Zwecks des Betriebs des Dritten, liegt ANÜ vor (Einl. C Rn.61). Dasselbe gilt, wenn der Dritte die **Arbeitsabläufe** oder die **Zeiten bestimmt**, innerhalb derer der Arbeitnehmer seine Leistung zu erbringen hat (Einl. C Rn.55). Die in § 7 Abs. 5 SGB IV enthaltenen Kriterien zum Ausschluss einer Tätigkeit als Selbstständiger führen im Rahmen der Abgrenzung von Werkvertrag und ANÜ dazu, dass bei Erfüllung der Voraussetzungen der Vorschrift immer die Arbeitsleistung des Arbeitnehmers im Vordergrund steht und daher ANÜ vorliegt. Nicht erforderlich ist hierbei, dass die Weisungen jeweils als Einzelanweisungen erfolgen. Vielmehr reicht es aus, wenn der Arbeitnehmer seine Arbeit im Rahmen allgemeiner **Vorgaben** des Dritten erbringen muss, z.B. auf der Grundlage einer allgemeinen Arbeitsordnung oder durch entsprechende Regelungen im zugrunde liegenden Überlassungsvertrag (Einl. C Rn. 58). Das Interesse des Dritten und ein entsprechender **Geschäftswille**, die Arbeitsleistung des Arbeitnehmers zu erlangen, können auch vorliegen, wenn der Dritte überhaupt keine Weisungen erteilt. Das Geschirrspülen bezüglich eines Geschäftsessens, für das Leiharbeitnehmer als zusätzliche Spülkräfte eingesetzt werden sollen, wird nicht dadurch dem Begriff der Arbeitsleistung i.S.d. AÜG entzogen, dass Weisungen seitens des Geschäftsinhabers oder seiner Repräsentanten nicht erteilt werden. Entscheidend ist hier allein, dass die Arbeitnehmer rein **tatsächlich integriert** in die Arbeitsabläufe oder den Produktionsprozess beim Entleiher arbeiten. Immer, wenn Fremdfirmenbeschäftigte betriebliche Funktionen oder Teilfunktionen **innerhalb der Betriebsstätte** des Einsatzbetriebs wahrnehmen und der Entsendebetrieb hinsichtlich der übernommenen Teilfunktionen nicht seinerseits die Voraussetzungen eines organisatorisch eigenständigen Betriebs erfüllt, ist eine **Eingliederung in die Arbeitsorganisation** des Entleiherbetriebs gegeben (vgl. Einl. C. Rn. 160; Rn. 27). Letzlich wird hiermit auch den unterschiedlichen Schutzzwecken des AÜG und der Erlaubnispflicht Rechnung getragen (zur teleologischen Methode vgl. ErfK/*Wank*, § 1 Rn. 24 ff.).

Eine auf ANÜ gerichtete Vertragsbeziehung zwischen Verleiher und Entleiher **138** kann sowohl durch entsprechende **vertragliche Vereinbarungen** als auch **konkludent** begründet werden (vgl. hierzu BAG v. 26.4.1995 – 7 AZR 850/94 – DB 1995, 2427). Regelmäßig dürfte jedoch ein konkludent und nicht dem **Schriftformerfordernis** des § 12 Rechnung tragender Überlassungsvertrag unwirksam sein (vgl. § 12 Rn. 3 ff.). Behaupten Verleiher oder Entleiher, dass trotz des Einsatzes von Fremdfirmenarbeitnehmern innerhalb der Betriebsstätte des Entsendebetriebs der **Geschäftswille** nicht darauf gerichtet ist, (zumindest vorrangig) die Arbeitsleistung von Arbeitnehmern durch den Entleiher zu schulden bzw. zu erlangen, muss der Gegenbeweis angetreten werden, dass keine ANÜ vorliegt. Der Gegenbeweis kann dabei u.a. nach den in § 7 Abs. 5 SGB genannten Kriterien geführt werden. Hinsichtlich der **tatsächlichen Ausführung der Arbeiten** spricht der **Beweis des ersten Anscheins** (*Zöller*, § 286 Rn. 16) infolge der Häufigkeit gleich gelagerter Fälle auf Grund allgemeiner Lebenserfahrung dafür, dass ANÜ gewollt ist. Von einer Üblichkeit einer andersartigen Vertragsgestaltung oder eines anders gerichteten Geschäftswillens der Vertragsparteien kann insoweit nicht ausgegangen werden (anders zumindest für die Stahlindustrie *BAG* v. 5.3.1991 – 1 ABR 39/90 – AP Nr. 90 zu § 99 BetrVG 1972).

Werden infolge des Vertrages – insbesondere hinsichtlich seiner tatsächlichen **139** Durchführung – **die Arbeitnehmer nicht zur Arbeitsleistung im Drittbetrieb** überlassen, unterliegt der Vertrag auch dann nicht den Bestimmungen des AÜG, wenn die Vertragsparteien **irrtümlich** von einer ANÜ ausgingen. Eine Erlaubnis ist in diesem Fall nicht erforderlich. Das Verhalten kann auch nicht als Ordnungswidrigkeit nach § 16 und mangels Strafbarkeit des Versuchs auch nicht nach §§ 15, 15a geahndet werden. Konsequenzen kann das Verhalten des vermeintlichen Verleihers allerdings dann besitzen, wenn er später eine Erlaubnis zur ANÜ beantragen will. Durch sein vormaliges Verhalten hat er insoweit zum Ausdruck gebracht, dass er etwaige Rechtsverstöße gegen das AÜG bewusst in Kauf nimmt, um das Gewerbe zu betreiben, was Zweifel an seiner Zuverlässigkeit i.S.d. § 3 Abs. 1 Nr. 1 begründet. Hinsichtlich der weiteren Einzelheiten zum ANÜ-Vertrag wird auf die Erläuterungen zum Werkvertrag (Einl. C Rn. 33 ff.) und zum ANÜ-Vertrag (§ 12 Rn. 9 ff.) verwiesen.

4. Arbeitnehmerüberlassung zur Arbeitsleistung

140 Eine den Bestimmungen des AÜG unterliegende ANÜ setzt voraus, dass der Entleiher auf Grund des ANÜ-Vertrages den Arbeitnehmer nach **eigenen betrieblichen Erfordernissen** im Betrieb nach **seinen Weisungen** einsetzen kann; der überlassene Arbeitnehmer muss die Arbeitsleistung **auf Grund seines Arbeitsvertrages** mit dem Überlassenden beim Entleiher erbringen. Für die Annahme einer ANÜ ist zumindest erforderlich, dass der Arbeitnehmer auf Grund einer vertraglichen Verpflichtung seines Arbeitgebers gegenüber dem Dritten zur Förderung von dessen Betriebszwecken tätig wird (*BAG* v. 26.4.1995 – 7 AZR 850/94 – DB 1995, 2427). Bewegt sich die unter dem Weisungsrecht des Entleihers erbrachte Arbeitsleistung des Arbeitnehmers **außerhalb** der zwischen Entsende- und Einsatzunternehmen getroffenen **Vertragsabsprachen**, kann die Arbeitsleistung des Arbeitnehmers grundsätzlich nicht dem entsendenden Arbeitgeber **zugerechnet** werden. Sie erfolgt dann in der Regel nicht im Rahmen einer dem Verleiher zurechenbaren ANÜ (vgl. Rn. 143).

a) Weisungsgebundene Tätigkeit des Arbeitnehmers

141 Im Rahmen der **Abgrenzung der ANÜ** zu sonstigen Vertragsgestaltungen kommt der Frage, ob die Tätigkeit des eingesetzten Arbeitnehmers ihrer Art nach **eine weisungsgebundene Tätigkeit** ist, die der Einsatzbetrieb durch eigene Weisungen konkretisiert, eine entscheidende Bedeutung zu (vgl. Einl. C. Rn. 88, 119). Bei **tatsächlicher Ausübung des Weisungsrechts** durch den Einsatzbetrieb scheiden zwar andere vertragliche Gestaltungsformen als der ANÜ-Vertrag zwischen Entleiher und Verleiher aus (Rn. 138). Für das Vorliegen von ANÜ muss jedoch **hinzukommen**, dass die bei Ausübung des Weisungsrechts verrichtete **Tätigkeit die eines Arbeitnehmers** ist. Wird etwa der Arbeitnehmer rein tatsächlich als **freier Mitarbeiter** eingesetzt (vgl. § 7 Abs. 5 SGB IV; Einl. C. Rn. 95 ff.), liegt begrifflich keine ANÜ vor. Ist jedoch lediglich der Vertrag zwischen dem entsendenden Unternehmen und dem beim Verleiher tätigen Mitarbeiter ein freies Mitarbeiterverhältnis, übt aber der freie Mitarbeiter im Einsatzbetrieb eine weisungsgebundene Tätigkeit als Arbeitnehmer aus, ist hinsichtlich des Vorliegens von ANÜ ausschließlich auf diese **tatsächliche Arbeitnehmertätigkeit** abzustellen (a. A. *OLG Frankfurt* v. 12.7.1989 – 7 U 230/88 – BB 1990, 778 mit krit. Anm. *Zahrnt*). Der zwischen Leiharbeitnehmer und Verleiher nach den Bestimmungen des AÜG abgeschlossene Leiharbeitsvertrag (vgl. Rn. 29 ff.) ist zwar notwendige Voraussetzung dafür, dass die ANÜ zulässig ist. Für die Frage, ob ANÜ vorliegt, kommt es jedoch allein darauf an, ob die beim Entleiher ausgeübte Tätigkeit die eines Arbeitnehmers ist (*Becker/Wulfgramm*, Art. 1 § 1 Rn. 49d; *Boemke*, § 1 Rn. 1).

142 Soll der überlassene Mitarbeiter im Einsatzbetrieb **Führungsaufgaben** wahrnehmen und übt er Aufgaben eines **leitenden Angestellten** i.S.d. § 5 Abs. 3 BetrVG aus, ändert dies nichts an seiner Arbeitnehmereigenschaft (*FESTL*, § 5 BetrVG Rn. 308). Auch in diesem Fall übt er in den Betrieb eingegliedert weisungsgebundene Tätigkeiten aus (*Richardi*, § 75 Rn. 6). Die **Übertragung von Arbeitgeberfunktionen** auf Dritte liegt jedoch regelmäßig außerhalb der **betriebsverfassungsrechtlichen Delegationsbefugnisse** des Arbeitgebers hinsichtlich der Übertragung von Arbeitgeberpflichten und führt wegen der hiermit verbundenen Verstöße gegen datenschutzrechtliche Bestimmungen (*ArbG Marburg* v.

10.10.1992 – 2 BV 21/92) und des damit vorliegenden Verstoßes gegen ein gesetzliches Verbot zur **Unwirksamkeit des Vertrages** (§ 134 BGB).

b) Der Arbeitnehmerüberlassungsvertrag als Grundlage der Arbeitnehmertätigkeit

Eine im Einsatzbetrieb nach dessen Weisungen ausgeübte Tätigkeit eines Arbeitnehmers ist nur dann als ANÜ zu qualifizieren, wenn die **Arbeitsleistung auf der Grundlage und im Rahmen eines ANÜ-Vertrages ausgeübt** wird. Die Tätigkeit des Arbeitnehmers muss daher im ANÜ-Vertrag ihre Grundlage haben und vom Geschäftswillen der Parteien gedeckt sein (*BAG* v. 26.4.1995 – 7 AZR 850/94 – DB 1995, 2427). Dies ist nicht der Fall, wenn zwischen entsendendem und überlassendem Unternehmen von vornherein ein den gesetzlichen Bestimmungen entsprechender **Werkvertrag** vereinbart wird, der eine Ausübung von Weisungsrechten ausschließt. Dasselbe gilt, soweit bei der Durchführung des Vertrages ohne Wissen und Wollen des entsendenden Unternehmens Weisungen vom Einsatzbetrieb erteilt und vom Arbeitnehmer befolgt werden. Zwar ist bei der Frage der Abgrenzung von Werkvertrag und ANÜ **im Zweifel auch auf die tatsächliche Durchführung** des Vertrages abzustellen (st. Rspr., vgl. zuletzt *BAG* v. 30.1.1991 – 7 AZR 497/89 – AP Nr.8 zu § 10 AÜG m.w.N.); dem **Verleiher** ist die Ausübung des Weisungsrechts durch den Entleiher jedoch nur dann **zurechenbar**, wenn sie von seinem Geschäftswillen mitgetragen ist (*BAG* v. 26.4.1995 – 7 AZR 850/94 – AP Nr.19 zu § 1 AÜG; *Boemke*, § 1 Rn.29). Dies ist, auch ohne Kenntnis der konkreten Umstände im Einzelfall, stets dann zu bejahen, wenn die Ausübung von Weisungsrechten durch den Entleiher auf Grund der übernommenen vertraglichen Verpflichtungen des Entsendebetriebs bei Vertragsschluss möglich erscheint. Auch die stillschweigende **Duldung** ist dem Fremdunternehmen grundsätzlich als Zustimmung zuzurechnen (a.A. *Boemke*, § 1 Rn.29; *Thüsing/Waas* § 1 Rn.57). Dies gilt i.d.R. selbst bei Unkenntnis des Fremdunternehmers, da er im Rahmen seiner **Weisungs- und Kontrollpflichten** grundsätzlich auch die Nichtausübung von Weisungsbefugnissen durch Dritte sicherzustellen hat. Nur soweit die Tätigkeit des Arbeitnehmers völlig außerhalb dieser Durchführungspflichten des Werkunternehmers liegt (z.B. wenn der Arbeitnehmer auf Weisung des Einsatzbetriebs Aushilfstätigkeiten in anderen Arbeitsbereichen übernimmt), ist die Ausübung von Weisungsrechten durch den Einsatzbetrieb nicht dem Verleiher zuzurechnen. In diesem Fall liegt keine ANÜ vor, sondern die Tätigkeit des Arbeitnehmers wird im Rahmen eines (auch durch konkludentes Verhalten) selbstständig begründeten Rechtsverhältnisses zwischen Einsatzbetrieb und eingesetztem Arbeitnehmer verrichtet (vgl. Rn.32, 140, 145 und § 12 Rn.21, 23).

143

Ob der Besteller beim Werkvertrag von der Ausübung der Weisungsbefugnis durch seine **Repräsentanten** Kenntnis hat oder nicht, ist für das Vorliegen von ANÜ unbeachtlich, da sie als seine **Erfüllungsgehilfen** (§ 278 BGB) tätig werden und der Entleiher sich daher jede Weisung der Repräsentanten zurechnen lassen muss.

144

c) Weisungsgebundene Arbeitsleistung im Rahmen des Leiharbeitsverhältnisses

145 Die tatsächliche Verrichtung weisungsgebundener Tätigkeiten eines Arbeitnehmers erfüllt nur dann den Tatbestand der ANÜ, wenn die Tätigkeit im Einsatzbetrieb auf der **Grundlage** und im Rahmen des zwischen Verleiher und Leiharbeitnehmer geschlossenen **Leiharbeitsverhältnisses** ausgeübt wird (vgl. Rn. 29 ff.). Wurde zwischen Verleiher und Leiharbeitnehmer kein zwischen diesen Parteien wirkender Arbeitsvertrag geschlossen, scheidet ANÜ aus; dem Einsatz des Arbeitnehmers beim Dritten liegt dann eine unzulässige Arbeitsvermittlung zugrunde (*Becker/Wulfgramm*, Art. 1 § 1 Rn. 54; Einl. D. Rn. 51). Das Gleiche gilt in den Fällen, in denen zwar ein Arbeitsverhältnis vereinbart wurde, dieses Arbeitsverhältnis jedoch nicht die **typischen Merkmale eines Leiharbeitsverhältnisses** hinsichtlich der Übertragbarkeit von Weisungsrechten erfüllt (vgl. § 9 Rn. 23; Rn. 18, 34). In diesem Fall befolgt der Arbeitnehmer Weisungen des Einsatzbetriebs nicht auf Grund eines dem Entleiher übertragenen Weisungsrechts, sondern der Entleiher übt ein **originäres Weisungsrecht** aus. Ihm kommt daher die vollständige Stellung eines Arbeitgebers zu, sodass Arbeitsvermittlung vorliegt (vgl. Einl. D. Rn. 4, 8 ff.).

Ist demgegenüber der Arbeitnehmer auf Grund der Vertragsabsprache mit dem Arbeitgeber verpflichtet, nach Weisungen eines Dritten die Arbeitsleistung zu erbringen, beruht die Ausübung der Tätigkeit auf Grund von Weisungen des Dritten grundsätzlich auf dem Leiharbeitsverhältnis. Etwas Anderes gilt nur, soweit **Entleiher und Leiharbeitnehmer** während des Einsatzes **selbstständige Absprachen** treffen, die nicht im Rahmen der aus dem Leiharbeitsverhältnis folgenden Arbeitspflichten liegen (vgl. Rn. 140, 143). Vereinbaren z. B. Entleiher und Leiharbeitnehmer ohne Wissen des Verleihers, dass der Arbeitnehmer wegen eines entsprechenden Bedarfs im Entleiherbetrieb über die im ANÜ-Vertrag vorgesehene Einsatzzeit hinaus beim Entleiher tätig sein soll (zum Zweitarbeitsverhältnis vgl. § 12 Rn. 21, 23), beruht die Tätigkeit nach Ablauf der Frist auch dann nicht auf dem Leiharbeitsverhältnis, wenn dieses weiterhin zum Verleiher besteht (vgl. § 12 Rn. 24 ff.). Eine als ANÜ zu qualifizierende, dem **Verleiher zurechenbare Tätigkeit** des Arbeitnehmers im Einsatzbetrieb kann nur dann vorliegen, wenn sie sich neben den vertraglichen Vereinbarungen zwischen Verleiher und Entleiher (vgl. hierzu *BAG* v. 26. 4. 1995 – 7 AZR 850/94 – DB 1995, 2427) auch im Rahmen der Absprachen zwischen Verleiher und Arbeitnehmer bewegt und auf dieser Grundlage verrichtet wird. Auswirkungen hat dies vor allem bei der Frage, ob die Vermutungswirkungen des § 1 Abs. 2 eintreten oder nicht. Vereinbaren etwa Arbeitnehmer und Einsatzunternehmen im Zeitraum der Abwicklung eines Werkvertrages, dass der Arbeitnehmer Mehrarbeit leisten und selbständig vergütet bekommen soll oder werden dem Einsatzbetrieb durch entsprechende Absprachen sonstige Arbeitgeber- und Weisungsbefugnisse eingeräumt, kann dies nicht dem entsendenden Unternehmen zugerechnet werden; die Merkmale eines Vermutungstatbestandes i.S.d. § 1 Abs. 2 sind von vornherein nicht erfüllt.

5. Gewerbsmäßigkeit der Arbeitnehmerüberlassung

a) Grundüberlegungen

Voraussetzung für die Erlaubnispflichtigkeit der ANÜ ist nach § 1 Abs. 1 Satz 1, **146**
dass sie **gewerbsmäßig** betrieben wird (*Becker/Wulfgramm*, Art. 1 § 1 Rn. 24). Ob
ANÜ vorliegt, ist demgegenüber nicht davon abhängig, ob sie gewerbsmäßig
oder nicht-gewerbsmäßig betrieben wird. Auch ist die Anwendbarkeit des AÜG
nicht davon abhängig, ob eine Gewerbsmäßigkeit der ANÜ vorliegt. Die gegenteilige Ansicht (vgl. *Sandmann/Marschall*, Art. 1 § 1 Anm. 25; *Schüren/Hamann*, § 1
Rn. 276), nach der es lediglich im Rahmen des § 1 Abs. 2 nicht auf die Gewerbsmäßigkeit ankommt, findet im Wortlaut des Gesetzes keine Stütze. Der Gesetzgeber hat sowohl für die Fälle, in denen keine ANÜ vorliegen soll (vgl. § 1 Abs. 1
Satz 2), als auch für die Fälle, in denen das AÜG nicht anzuwenden ist (vgl.
§ 1 Abs. 3), ausdrückliche Regelungen getroffen. I. ü. kommt ein Ausschluss
nichtgewerbsmäßiger Formen der ANÜ nur dort in Betracht, wo auf Grund
EG-rechtlicher Normen eine Differenzierung zwischen gewerbsmäßig und nichtgewerbsmäßig tätigen Unternehmen zugelassen ist. Eine **gemeinschaftsrechtskonforme Interpretation** der Vorschriften des AÜG gebietet es insoweit, z. B. die
EG-Richtlinie 91/383 zu atypischen Arbeitsverhältnissen (vgl. Einl. F. Rn. 38 ff.)
zur Entsendung und zum Nachweis (vgl. Einl. F. Rn. 49 f.) auf Verleiher und Entleiher unabhängig von der Gewerbsmäßigkeit der Tätigkeit einheitlich anzuwenden (zur Verpflichtung einer richtlinienkonformen Auslegung bei nichtumge-
setzten Richtlinien vgl. *BAG* v. 2.4.1996 – 1 ABR 47/95 – AP Nr. 5 zu § 87 BetrVG
Gesundheitsschutz). Der **Unternehmensbegriff** von EG-Richtlinien ist auch auf
solche Unternehmen anwendbar, die nicht auf Gewinnerzielung ausgerichtet
sind (*EuGH* v. 8.6.1994 – Rs. C-382/92 – EuroAS 1994, 8).
Nur soweit die Erlaubnis Tatbestandsvoraussetzung einer Norm ist (vgl. § 9 **147**
Nr. 1), ist eine Anwendbarkeit der Bestimmungen des AÜG auf Formen **nichtgewerbsmäßiger ANÜ** generell ausgeschlossen. I. ü. ist jedoch anhand der jeweiligen Schutzzwecke der Norm zu ermitteln, ob die Vorschrift auch auf Fälle nichtgewerbsmäßiger ANÜ anzuwenden ist (s. a. *Becker/Wulfgramm*, Art. 1 § 11 Rn. 5).
Sowohl die EG-Richtlinie 91/383 zu den atypischen Arbeitsverhältnissen als
auch die EG-Nachweisrichtlinie zwingen darüber hinaus dazu, selbst in Fällen,
in denen – wie nach § 1 Abs. 3 Nr. 2 – die Anwendung des AÜG gesetzlich ausgeschlossen ist, einen Teil der Normen unter Berücksichtigung des Europarechts
anzuwenden (vgl. Einl. F. Rn. 38 ff.). Insoweit wird auf die Erläuterungen zu den
jeweiligen Vorschriften verwiesen.

b) Begriff der Gewerbsmäßigkeit

Das AÜG selbst enthält keine eigenständige Definition des Begriffs der **Ge-** **148**
werbsmäßigkeit. Da das AÜG Regelungen zu unterschiedlichen Rechtsgebieten
trifft, ist fraglich, ob für die arbeits- und zivilrechtlichen Bestimmungen (z. B. §§ 9
bis 13), die strafrechtlichen (§§ 15 f.), die gewerberechtlichen und sozialrechtlichen Bestimmungen (§ 1, Art. 3) usw. ein einheitlicher Begriff der Gewerbsmäßigkeit zugrunde zu legen ist. Mit der heute nahezu einhellig vertretenen Auffassung in Rechtsprechung (vgl. *BAG* v. 21.3.1990 – 7 AZR 198/89 – AP Nr. 15 zu
§ 1 AÜG; *BayOLG* v. 19.11.1990 – 3 ObOWi 124/1990 – DB 1991, 128) und Literatur (*Becker/Wulfgramm*, Art. 1 § 1 Rn. 27; *Boemke*, § 1 Rn. 39; ErfK/*Wank*, § 1 Rn. 41;

Schüren/Hamann, § 1 Rn. 282) ist davon auszugehen, dass der Begriff der Gewerbsmäßigkeit im Rahmen des AÜG **im gewerberechtlichen Sinne** zu verstehen ist. Gewerbsmäßig ist danach jede nicht nur gelegentliche, sondern auf eine gewisse **Dauer angelegte** und auf die Erzielung unmittelbarer oder mittelbarer **wirtschaftlicher Vorteile** gerichtete **selbstständige Tätigkeit** (*BAG* v. 21. 3. 1990 – 7 AZR 198/89 – AP Nr. 15 zu § 1 AÜG; BSG v. 5. 5. 1998 – B 2 U 23/97 R – AuA 2000, 91), die auf die Teilnahme am allgemeinen wirtschaftlichen Verkehr gerichtet ist (*BFH* v. 13. 12. 1995 – XI R 43–45/89 – DB 1996, 994).

c) Selbstständige Tätigkeit

149 Eine **selbstständige Tätigkeit** setzt i. d. R. voraus, dass der Verleiher für eigene Rechnung und in eigenem Namen handelt (*Becker/Wulfgramm*, Art. 1 § 1 Rn. 28; *Boemke*, § 1 Rn. 40; *ErfK/Wank*, § 1 AÜG Rn. 43; *Sandmann/Marschall*, Art. 1 § 1 Anm. 36; *Schüren/Hamann*, § 1 Rn. 294) und er hierbei das Unternehmerrisiko trägt (*LSG Celle* v. 30. 8. 1977 – L 3 U 94/75 – EzAÜG Sozialversicherungsrecht Nr. 5). **Handelsvertreter**, die als selbstständige Gewerbetreibende i.S.d. § 84 Abs. 1 HGB ANÜ-Verträge mit Entleihern oder Leiharbeitsverhältnisse mit Arbeitnehmern im Namen eines Verleihers abschließen, betreiben keine ANÜ; gebunden wird durch die Verträge nur der jeweils vertretene Arbeitgeber bzw. Verleiher (*Becker/Wulfgramm*, Art. 1 § 1 Rn. 28; *Sandmann/Marschall*, Art. 1 § 1 Anm. 36). **Franchisenehmer** (vgl. hierzu *Buschmann/Ulber* 1989, 112), die auf eigene Rechnung Verleihertätigkeiten ausüben, sind selbstständige Gewerbetreibende, soweit sie das Unternehmerrisiko tragen (*Schüren/Hamann* § 1 Rn. 297 zum eingeschränkten Geschäftsrisiko und zur Haftung des Franchisegebers vgl. *BAG* v. 24. 4. 1980 – 3 AZR 911/77 – EzAÜG § 1 AÜG Gewerbsmäßige Arbeitnehmerüberlassung Nr. 12); sie können im Einzelfall aber auch Arbeitnehmer sein (*BAG* v. 16. 7. 1997 – 5 AZB 29/96).

150 Ansonsten hat die Selbstständigkeit der Tätigkeit für den Begriff der Gewerbsmäßigkeit lediglich die Funktion, **weisungsgebundene und abhängige Arbeit** im Rahmen von Arbeitsverhältnissen aus dem Gewerbebegriff **auszugrenzen**. Wird die Verleihtätigkeit weisungsgebunden ausgeübt, wird immer nur der vertretene Hintermann als gewerbsmäßig Handelnder vertraglich gebunden. In Einzelfällen – insbesondere beim **mittelbaren Arbeitsverhältnis** (vgl. Einl. C. Rn. 122) – können hier Probleme auftreten. Übt hier ein Arbeitnehmer weisungsgebundene Tätigkeit aus, kommt es ihm jedoch bei der Überlassung von Arbeitnehmern auf eine eigene Verwertung der Arbeitskraft an (vgl. hierzu *BAG* v. 16. 11. 1975 – 5 AZR 337/74 – AP Nr. 19 zu § 611 BGB Abhängigkeit), übt er trotz Arbeitnehmereigenschaft selbstständig ein Gewerbe aus. In diesen Fällen kann jedoch ein Missbrauch der Vertragsfreiheit vorliegen und ein Arbeitsverhältnis nach § 10 Abs. 1 fingiert sein (*BAG*, a.a.O.).

d) Dauerhaft angelegte Tätigkeit

151 Der Begriff der Gewerbsmäßigkeit erfordert, dass die **Tätigkeit auf eine gewisse Dauer angelegt** ist (*Boemke*, § 1 Rn. 41). An das Merkmal der Dauer sind insoweit keine hohen Anforderungen zu stellen, wobei insbesondere die sozialen Schutzzwecke des AÜG zu berücksichtigen sind (*BAG* v. 21. 3. 1990 – 7 AZR 198/89 – AP Nr. 15 zu § 1 AÜG). Im Prinzip sind nur Bagatellfälle vom Begriff der Gewerbsmäßigkeit ausgenommen, in denen ein Unternehmen rein zufällig auf Grund eines spontanen Entschlusses einem anderen Unternehmen einen Arbeitnehmer überlässt (ErfK/*Wank*, § 1 AÜG Rn. 47). Soweit die ANÜ nicht nachhaltig auf Gewinn gerichtet ist, kann von einer Nichtgewerbsmäßigkeit ausgegangen werden, wenn die Voraussetzungen von § 1 Abs. 2 Satz 1 SchwarzArbG erfüllt sind. Auf eine **Wiederholungsabsicht** kommt es hierbei nicht an (*Boemke*, § 1 Rn. 40; KassHandb/*Düwell* 4.5 Rn. 166). Auch kommt es nicht darauf an, welchen Umfang und welche Dauer die Überlassungstätigkeit ausmacht. Auch wenn ein Unternehmen nur einen Arbeitnehmer einem anderen Unternehmer überlässt, kann eine gewerbsmäßige ANÜ vorliegen (*BayOLG* v. 4. 4. 1989 – 3 ObOWi 32/89 – DB 1989, 1574). Dasselbe gilt, soweit Geschäftsbeziehungen nur zu einem Entleiher bestehen (*BAG* v. 26. 6. 1984 – 2 AZR 471/83 – EzAÜG § 1 AÜG Gewerbsmäßige Arbeitnehmerüberlassung Nr. 18). Nicht entscheidend ist auch, ob die Verleihtätigkeit nur fallweise und mit zeitlichen Unterbrechungen erfolgt (*Boemke*, § 1 Rn. 42). Vielmehr kommt es allein darauf an, ob nach den Unternehmensplanungen die **allgemeine Absicht** besteht, bei entsprechendem Bedarf auch Arbeitnehmer zu überlassen. Mit *Sandmann/Marschall* (Art. 1 § 1 Anm. 38) ist bei **Wirtschaftsunternehmen** grundsätzlich davon auszugehen, dass eine einmal vorgenommene ANÜ auch wiederholt betrieben wird (krit. insoweit *Schüren/Hamann*, § 1 Rn. 306). Dies gilt erst recht, wenn eine Vielzahl von Arbeitnehmern oder ganze Abteilungen an andere Unternehmen überlassen werden, da eine derartige Form der Überlassung mit einer veränderten Unternehmensplanung bezüglich des verfolgten Betriebszweckes bzw. des Personalbedarfs und der Personalnutzung verbunden ist, die nicht nur vorübergehende Auswirkungen hat, sondern auf Dauer angelegt ist (a. A. *Becker/Wulfgramm*, Art. 1 § 1 Rn. 28a).

Nicht entscheidend ist, ob die ANÜ an sich von einer gewissen Dauer ist oder **152** ob sie nur kurzzeitig erfolgt (*Becker/Wulfgramm*, Art. 1 § 1 Rn. 28a; *Sandmann/ Marschall*, Art. 1 § 1 Anm. 38). Die gegenteilige Auffassung des *BayOLG* (v. 19. 11. 1990 – 3 ObOWi 124/90 – BB 1991, 2018) übersieht, dass die **Motive** des Unternehmens dafür, dass es Arbeitnehmer überlässt (im entschiedenen Fall die erhoffte Akquisition von Aufträgen), **grundsätzlich unbeachtlich** sind, soweit zumindest auch eigene wirtschaftliche Interessen verfolgt werden und nicht lediglich eine einmalige Nachbarschaftshilfe gewährt werden soll.

Die ANÜ ist immer **auf Dauer angelegt**, wenn die Arbeitnehmer des Verleihers **153** aufgrund der arbeitsvertraglichen Absprache verpflichtet sind, in Drittbetrieben unter Übertragung des Weisungsrechts zu arbeiten und sich die Absprache nicht auf einen einzelnen Ausnahmefall bezieht, dessen Wiederholung ausgeschlossen ist (Rn. 37; § 9 Rn. 23). Schon auf Grund der vertraglichen Bindungen und der **dauerhaften Verpflichtung des Arbeitnehmers zur ANÜ** liegt hier die Absicht des Verleihers vor, ANÜ auch im Wiederholungsfalle zu betreiben. Dasselbe gilt, wenn ein **Kooperationsvertrag** mit einem anderen Unternehmen abgeschlossen wird, nach dem sich der Verleiher verpflichtet, bei Bedarf Personalengpässe des Vertragspartners durch Überlassung von Arbeitnehmern zu beheben (*Boemke*, § 1 Rn. 41). Hier ist die Tätigkeit auch dann auf Dauer angelegt, wenn es im Rahmen der Vertragsbeziehungen auch über einen längeren Zeitraum nicht zu einer ANÜ kommt (vgl. auch § 2 Abs. 5 Satz 2). Bedeutung gewinnt dies vor allem für Fälle der **Konzernleihe**, da in diesem Fall keine »vorübergehende ANÜ« (vgl. § 1 Abs. 3 Nr. 2) geplant ist und wegen der vorliegenden Gewerbsmäßigkeit die Bestimmungen des AÜG Anwendung finden (Rn. 250).

e) Gewinnerzielungsabsicht

154 Ein entscheidendes Kriterium für die Gewerbsmäßigkeit ist die **Gewinnerzielungsabsicht** des Verleihers (*BAG* v. 21.3.1990 – 7 AZR 198/89 – AP Nr.15 zu § 1 AÜG m.w.N.), wobei es nicht darauf ankommt, ob tatsächlich ein Gewinn erzielt wird. Für das Vorliegen gewerbsmäßiger ANÜ reicht es aus, wenn lediglich ein **mittelbarer Gewinn** angestrebt wird (*BAG* v. 21.3.1990 – 7 AZR 198/89 – AP Nr.15 zu § 1 AÜG; *Becker/Wulfgramm*, Art. 1 § 1 Rn.29; *Schüren/Hamann*, § 1 Rn.318f.). Will der Verleiher einen über die reinen Arbeitskosten hinausgehenden **Unternehmergewinn** erzielen, liegt die Gewinnerzielungsabsicht immer vor (*Boemke*, § 1 Rn.45; *ErfK/Wank*, § 1 AÜG Rn.48; *Schüren/Hamann*, § 1 Rn.315). Von daher wird auch die ANÜ durch **Mischunternehmen** grundsätzlich gewerbsmäßig betrieben (Boemke § 1 Rn.40f.). Strittig kann nur sein, ob in den Fällen, in denen durch ANÜ lediglich die Lohnkosten gedeckt werden oder sogar bilanztechnische Verluste entstehen, dennoch ein die Gewerbsmäßigkeit begründender mittelbarer Gewinn erzielt werden soll. Keine Gewinnerzielungsabsicht soll nach Auffassung des *BAG* vorliegen, wenn einem **gemeinnützigen Verleiher**, der nicht berechtigt ist einen Gewinn zu erzielen, lediglich die Personalkosten erstattet werden (v. 25.1.2005 – 1 ABR 61/03 – DB 2005, 1693). Dies kann jedoch nur solange gelten, wie die gemeinnützig tätige Einrichtung mit der ANÜ eigene satzungsmäßige Zwecke verfolgt, d.h. nicht lediglich als **Strohmann** agiert. Erfüllt das gemeinnützig anerkannte Verleihunternehmen demgegenüber lediglich Funktionen der **Personalbeschaffung** für den Entleiher (zum Konzernbezug vgl. Rn.250c) oder sollen durch dessen Einschaltung lediglich die im Entleiherbetrieb geltenden **Arbeitsbedingungen unterlaufen** werden, ist die Gewerbsmäßigkeit auch dann zu bejahen, wenn nur das Unternehmen einen wirtschaftlichen Vorteil erlangt, das die Arbeitnehmer anfordert. Abgesehen davon dürfte es in diesen Fällen auch an einer die Gewerbsmäßigkeit ausschließenden Gemeinnützigkeit des Überlassenden fehlen. Ein mittelbarer Gewinn kann im Einzelfall dann vorliegen, wenn bei unentgeltlicher Abordnung von Arbeitnehmern an Dritte **Steuervorteile** (z.B. durch Absetzbarkeit bei den Betriebsausgaben) entstehen (*Boemke*, § 1 Rn.47; vgl. hierzu *Kessler*, BB 1991, 1869). Bei **Wirtschaftsunternehmen** ist die Gewerbsmäßigkeit grundsätzlich zu bejahen (s.a. *Schüren/Hamann*, § 1 Rn.313; a.A. *Becker/Wulfgramm*, Art. 1 § 1 Rn.29), da hier nicht unterstellt werden kann, dass die Weiterbeschäftigung von Arbeitnehmern auf der Grundlage erfolgt, langfristige Verluste zu erzielen. Vielmehr reicht die **Absicht, Verluste zu vermindern**, aus, um die Gewinnerzielungsabsicht zu bejahen (*Boemke*, § 1 Rn.44; *Sandmann/Marschall*, Art. 1 § 1 Anm. 37; *Schüren/Hamann*, § 1 Rn.317). Schon die durch Weiterbeschäftigung eröffnete Möglichkeit des Arbeitgebers (unter Vermeidung einer Kündigung), die Arbeitskraft des Arbeitnehmers entsprechend den betrieblichen Erfordernissen weiterhin langfristig nutzen zu können, stellt einen wirtschaftlichen Vorteil für den Verleiher dar, der die Gewinnerzielungsabsicht begründet. Daher ist der Tatbestand einer gewerbsmäßigen ANÜ auch in den Fällen des § 1a begründet; das Kleinunternehmen wird hier nur von der Erlaubnispflichtigkeit befreit. Daneben ergibt sich aus § 1a, dass eine ANÜ, die zur Vermeidung von Kurzarbeit oder Entlassungen erfolgt, immer gewerbsmäßig i.S.d. § 1 Abs. 1 Satz 1 erfolgt.

155 Die **Erzielung mittelbarer wirtschaftlicher Vorteile** ist auch dann angestrebt, wenn der Verleiher lediglich versucht, durch die ANÜ die Geschäftsbeziehung zum Kunden zu verbessern oder zu pflegen (Werbeaktionen und Goodwill-

Aktionen u. ä.), oder wenn die Überlassung in der Erwartung erfolgt, hierdurch zukünftig Aufträge von Kunden zu erlangen (*BayOLG* v. 31.3.1978 – 4 ST 187/77 – NJW 1978, 1869; *Becker/Wulfgramm*, Art. 1 § 1 Rn. 29; *Sandmann/Marschall*, Art. 1 § 1 Anm. 37). Es reicht aus, wenn die Überlassung der Arbeitnehmer nach den Vorstellungen des überlassenden Unternehmens Mittel zur Gewinnerzielung ist (*BAG* v. 24.5.1995 – 7 AZR 48/94 – AP Nr. 57 zu § 118 BetrVG 1972; *Schüren/Hamann*, § 1 Rn. 317).

Im Rahmen der **Tätigkeit von Wirtschaftsunternehmen** kann i.d.R. davon **156** ausgegangen werden, dass die Gewinnerzielungsabsicht vorliegt (*Boemke*, § 1 Rn. 48). Soweit nicht ausdrückliche gesetzliche Vorschriften zum Ausschluss erwerbswirtschaftlicher Tätigkeiten der Unternehmen bestehen (z. B. für den Gesamthafenbetrieb vgl. § 1 Abs. 1 Satz 2 des Gesetzes, Einl. C. Rn. 118), beschränkt sich daher das Problem, ob eine Gewinnerzielungsabsicht zu bejahen ist, im Wesentlichen auf Tätigkeiten von Institutionen, die als **gemeinnützig** i.S.d. §§ 52 ff. AO anerkannt werden können (*Sandmann/Marschall*, Art. 1 § 1 Anm. 37). Erfolgt von derart **anerkannten Organisationen** eine Gestellung von Personal an Dritte innerhalb der satzungs- oder gesellschaftsvertragsgemäßen Zwecke, ist i.d.R. nicht davon auszugehen, dass eine ANÜ in Gewinnerzielungsabsicht vorliegt (*Becker/Wulfgramm*, Einl. Rn. 33; Boemke, § 1 Rn. 48; ErfK/*Wank*, § 1 AÜG Rn. 51; *Schüren/Hamann*, § 1 Rn. 322 ff.; zum Deutschen Sportbund vgl. *BAG* v. 15.4.1999 – 7 AZR 437/97 – DB 1999, 2315). Übersteigen jedoch die Einnahmen aus der ANÜ generell die Aufwendungen der Institutionen, ist die Gewinnerzielungsabsicht grundsätzlich zu bejahen, wenn die Einnahmen die Höhe der Kostendeckung überschreiten (*BAG* v. 24.5.1995, a.a.O.; *Thüsing/Waas*, § 1 Rn. 100) oder ein **erwerbswirtschaftlicher Gewinn** erzielt werden soll (s.a. *Schüren/Hamann*, § 1 Rn. 322). Wenn dagegen nur im Einzelfall ein Gewinn erzielt wird, ist dies solange unbeachtlich, wie der Gewinn für andere gemeinnützige Zwecke der Institution verwandt wird (*BAG*, a.a.O.). Es gehört zu den typischen sozialpolitischen Zwecksetzungen gemeinnütziger Organisationen, im Wege einer Mischkalkulation nach sozialen Kriterien Gewinne und Verluste auszugleichen. **Schwesterngestellungsverträge** (vgl. Einl. C. Rn. 102) erfüllen damit auf Grund der karitativaltruistischen Zwecksetzungen der Trägerorganisationen ebenso wenig die Voraussetzungen der Gewinnerzielungsabsicht (*Becker/Wulfgramm*, Einl. Rn. 33; *Schüren/Hamann*, § 1 Rn. 323; *Thüsing/Waas*, § 1 Rn. 101; in der Tendenz auch *BAG* v. 4.7.1979 – 5 AZR 8/78 – EzAÜG § 10 AÜG Inhalt Nr. 1) wie Selbsthilfeorganisationen, die ihren Mitgliedern Arbeitnehmer zur Arbeitshilfe vorübergehend zur Verfügung stellen (vgl. BT-Ds. VI 2303, S. 10; *Becker/Wulfgramm*, Einl. Rn. 34; *Sandmann/Marschall*, Art. 1 § 1 Anm. 37; *Schüren/Hamann*, § 1 Rn. 323).

Die **Scientology-Sekte** ist im Unterschied zu den USA (*Hartwig* 1994, 263) **157** **kein gemeinnützig tätiges Tendenzunternehmen** (*BAG* v. 22.3.1995 – 5 AZB 21/94 – DB 1995, 731), sondern als verfassungswidrig tätiges Wirtschaftsunternehmen und »verbrecherische Geldwäsche-Organisation« (vgl. *OVG Münster* v. 21.5.1996 – 5 B 993/95) zu betrachten das seine Arbeitgeberfunktionen mit kriminellen und terroristischen Mitteln ausübt (vgl. hierzu *Hartwig* 1994, 57). Ob die Tätigkeit des Unternehmens gemeinnützig (auch auf Grund religiös-kirchlicher oder karitativer Motive; *Becker/Wulfgramm*, Einl. Rn. 33) oder gewerbsmäßig erfolgt, kann nicht allein aufgrund von Satzung bzw. Gesellschaftsvertrag der Institution bestimmt werden. Vielmehr muss die **innere Verfassung** der jeweiligen Organisation den **Grundorientierungen des Grundgesetzes entsprechen** und sich im Rahmen der gesellschaftlich und kulturell anerkannten Wertorientie-

rungen im Rahmen des AÜG bewegen. Ist dies nicht der Fall (z.B. bei fundamen-
talistisch-islamisch orientierten Organisationen), kommt eine gemeinnützige,
nichtgewerbsmäßige Betätigung nicht in Betracht. Soweit das *BAG* in seiner Entscheidung v. 26.9.2002 (5 AZB 19/01 – DB 2003, 47) die **Arbeitnehmereigenschaft** von Scientology-Beschäftigten wegen einer vereinsrechtlichen Verpflichtung verneint hat, ist zu beachten, dass der Kläger im entschiedenen Fall ein
hauptamtlich tätiges Vorstandsmitglied war und daher maßgeblichen Einfluss
auf Leitung, Organisation und Führung der Sekte nehmen konnte.

158 Probleme bereitet auch die Frage, ob **Beschäftigungsgesellschaften** oder sonstige Gesellschaften zur Arbeitsförderung, Beschäftigungssicherung und Struk-
turentwicklung, soweit sie ANÜ betreiben, in Gewinnerzielungsabsicht tätig
werden. Eindeutig zu bejahen ist dies bei solchen Beschäftigungsgesellschaften,
die unternehmensrechtlich an ein oder mehrere **Wirtschaftsunternehmen ange-
bunden** sind, da hier mittelbare wirtschaftliche Vorteile (Weiterqualifizierung,
Streckung oder Vermeidung von Personalabbau und Fluktuationskosten etc.) mit
der ANÜ verbunden sind (*Schüren/Hamann*, § 1 Rn. 326). Darüber hinaus ist auch
bei rechtlich selbständigen Beschäftigungsgesellschaften unabhängig von der
Rechtsform die Gewerbsmäßigkeit immer zu bejahen, wenn **keine Gemeinnützigkeit i.S.d. §§ 52ff. AO** gegeben ist. Die obersten Finanzbehörden lehnen die
Anerkennung rechtlich selbstständiger Beschäftigungsgesellschaften als gemeinnützig i.d.R. ab. Im Hinblick auf die Schutzzwecke des AÜG darf der arbeits- und
sozialrechtliche Schutz des Leiharbeitnehmers (bei mitgliedschaftlicher Arbeitspflicht fehlt es nur an der Arbeitnehmereigenschaft, vgl. Einl. C. Rn. 102) grundsätzlich nicht davon abhängen, welche satzungs- oder gesellschaftsvertraglichen
Zwecke der Arbeitgeber verfolgt. Auch ist zu berücksichtigen, dass Verleiher,
die – wie Beschäftigungsgesellschaften – am allgemeinen Wettbewerb teilnehmen, grundsätzlich nach denselben Maßstäben behandelt werden müssen. Der
Zweck der Beschäftigungsgesellschaften, Arbeitnehmer nur vorübergehend zu
beschäftigen, bis sie im sog. ersten Arbeitsmarkt eine Dauerbeschäftigung finden, lässt die Gewinnerzielungsabsicht nicht entfallen. Dies gilt auch für die
ANÜ durch eine PSA (§ 37c SGB III Rn. 10; ErfK/*Wank*, § 1 AÜG Rn. 52). Auch die
Vermittlung Arbeitsloser durch private Arbeitsvermittler berührt die Gewerbsmäßigkeit der Betätigung als solche nicht.

159 Allein die **Wahrnehmung öffentlicher Aufgaben** (der Arbeitsmarktpolitik)
in privatrechtlicher Organisationsform lässt die Gewinnerzielungsabsicht nicht
entfallen (a.A. *Schüren/Hamann*, § 1 Rn. 327), da die tatsächliche Erzielung von
Gesamtgewinnen keine notwendige Voraussetzung für die Gewinnerzielungsabsicht ist (*LAG Frankfurt* v. 10.6.1983 – 6 Sa 62/83 – EzAÜG § 1 AÜG Erlaubnispflicht Nr. 11).

6. Ausschluss von Arbeitsvermittlung i.S.d. § 35 Abs. 1 Satz 2 SGB III

160 Ist die **Tätigkeit des Verleihers darauf gerichtet, Arbeitsvermittlung** i.S.d. § 35
Abs. 1 SGB III **zu betreiben** (vgl. Einl. D. Rn. 4), richtet sich die Tätigkeit des Verleihers ausschließlich nach den Vorschriften des SGB III zur Arbeitsvermittlung;
das **AÜG** findet insoweit **keine Anwendung** (*Sandmann/Marschall*, Art. 1 § 1
Anm. 39; *Schüren/Schüren*, § 1 Rn. 432). Hinsichtlich der Einzelheiten kann insoweit auf die Erläuterungen zur Arbeitsvermittlung (vgl. Einl. D.) verwiesen
werden. Am Grundsatz, dass das Vorliegen einer **Arbeitsvermittlung ANÜ
ausschließt**, hat sich durch Art. 63 Nr. 3 AFRG nichts geändert, wonach seit dem

1.4.1997 der vormalige Zusatz »ohne damit Arbeitsvermittlung nach § 13 Arbeitsförderungsgesetz zu betreiben« aus dem Tatbestand herausgenommen wurde (*Schüren/Hamann*, § 1 Rn. 344). Arbeitnehmerüberlassung und Arbeitsvermittlung bleiben auch zukünftig unterschiedliche Betätigungen auf dem Arbeitsmarkt und sind rechtlich selbstständig nebeneinander zu beurteilen (vgl. amtl. Begr. BT-Ds. 13/4941, S. 247).

Eine **Erlaubnis zur AÜ** darf nur erteilt werden, soweit die **Tätigkeit keine Arbeitsvermittlung** darstellt. Unbeachtlich ist hierbei, ob der Vermittelnde gleichzeitig Arbeitsvermittlung betreibt. Die Erlaubnis der BA zur AÜ und die Vermittlungstätigkeit sind sowohl hinsichtlich der Voraussetzungen und Rechtsfolgen als auch hinsichtlich ihres Bestands selbstständig und rechtlich voneinander zu unterscheiden (BT-Ds. 13/4941, S. 247). Durch den **früheren Wortlaut** von § 1 Abs. 1 Satz 1 (»ohne damit«) wurde lediglich **klargestellt** (vgl. *Düwell*, BB 1997, 46), dass die **vermittlungsrechtlichen Vorschriften** auch dann **vorgehen**, wenn Formen der AÜ betroffen sind, die gleichzeitig Arbeitsvermittlung darstellen (*Sandmann/Marschall*, Art. 1 § 1 Anm. 39). Eine Erlaubnis zur AÜ darf nur erteilt werden, wenn **ausgeschlossen** ist, dass die Tätigkeit des Verleihers **gleichzeitig** eine **vermittlungsrechtlich zu bewertende Tätigkeit** darstellen kann (*Schüren/Hamann*, § 1 Rn. 344; *Thüsing/Waas*, § 1 Rn. 102). Dies hat der Verleiher insbesondere durch eine entsprechende Betriebsorganisation sicherzustellen und nachzuweisen (vgl. auch Einl. D. Rn. 38 ff.). Schon auf Grund des äußeren Erscheinungsbildes des Verleihers muss hierbei für Dritte klar erkennbar sein, dass die Tätigkeit des Verleihers ausschließlich auf AÜ gerichtet und klar von einer evtl. zusätzlichen **Tätigkeit als Vermittler abgegrenzt** ist. Bestehen hier Zweifel, ist v. a. nicht zweifelsfrei ausgeschlossen, dass die Tätigkeiten gleichzeitig die Vermutungswirkungen des § 1 Abs. 2 auslösen können, ist die notwendige Abgrenzbarkeit der Tätigkeit zur Arbeitsvermittlung nicht gewährleistet; eine Erlaubnis zur AÜ darf nicht erteilt werden.   **161**

Ebenso wie die vom Gewerbetreibenden verfolgten Betriebszwecke eine **eindeutige Zuordnung** zur Arbeitsvermittlung oder AÜ ermöglichen müssen, müssen die Arbeitsverhältnisse der Arbeitnehmer, die auf Grund der Tätigkeit des Gewerbetreibenden begründet werden, eindeutig der Arbeitsvermittlung oder AÜ zuzuordnen sein. Das AÜG bestimmt insoweit, dass **immer nur ein Arbeitsverhältnis** entweder zum Verleiherarbeitgeber oder unmittelbar zum Arbeitgeber, dem der Arbeitnehmer vermittelt wird, bestehen kann (*Sandmann/ Marschall*, Art. 1 § 1 Anm. 43). Besonderheiten gelten bei der **vermittlungsorientierten AÜ** einer **PSA**. Hier ist die Arbeitnehmerüberlassung der Vermittlung eines späteren Arbeitsverhältnisses mit dem Entleiher vorgeschaltet, so dass die Tätigkeit des Verleihers sowohl als AÜ als auch als Arbeitsvermittlung zu qualifizieren ist (§ 37c SGB III, Rn. 59). Der Verleiher muss hier bei Beginn der Überlassung sowohl im Besitz der Genehmigung zur AÜ sein als auch die Berechtigung zur Arbeitsvermittlung haben (*Schüren/Hamann*, § 1 Rn. 354; *Thüsing/Waas*, § 1 Rn. 107; vgl. § 37c SGB III Rn. 10a).   **162**

Ob ein Leiharbeitsverhältnis oder ein Arbeitsverhältnis zu einem Dritten begründet werden soll, bestimmt sich nach dem **Geschäftswillen** von Arbeitnehmer und Verleiher bzw. Vermittler (*Schüren/Hamann*, § 1 Rn. 352). Ist von vornherein beabsichtigt, dass auf Grund der Vertragsabsprachen ein den besonderen Voraussetzungen des AÜG entsprechendes Leiharbeitsverhältnis begründet werden soll (Rn. 18, 34 ff.), liegt immer AÜ vor; sollen arbeitsvertragliche Beziehungen ausschließlich zum Dritten begründet werden, liegt immer Arbeitsver-   **163** mittlung vor. Entscheidendes **Abgrenzungskriterium** zwischen Arbeitsvermittlung und ANÜ ist immer die Frage, **wer Arbeitgeber sein soll** und wer die typischen Arbeitgeberpflichten und das Arbeitgeberrisiko trägt (*Sandmann/Marschall*, Art. 1 § 1 Anm. 40a). Hinsichtlich der Abgrenzung kann i. ü. auf die Erläuterungen zur Arbeitsvermittlung (vgl. Einl. D. Rn. 8 ff.) verwiesen werden.

164 **Verstößt** die Tätigkeit des Verleihers **gegen vermittlungsrechtliche Vorschriften**, sind die Voraussetzungen für eine Ausnahme vom grundsätzlichen Verbot gewerbsmäßiger ANÜ (vgl. § 9 Rn. 6) nicht erfüllt; eine **Erlaubnis** darf **nicht erteilt** werden (*Schüren/Hamann*, § 1 Rn. 344). Hierbei kommt es grundsätzlich nicht auf den Umfang oder die Häufigkeit von Verstößen an. Auch ein einmaliger Verstoß reicht i.d.R. aus, um dem Verleiher die Erteilung einer Erlaubnis zu versagen. Nach dem Wortlaut des § 1 Abs. 1 Satz 1, der **tätigkeitsbezogen** auf alle ANÜ-Fälle abstellt (die »Arbeitnehmer«), darf in keinem Einzelfall der Überlassung von Arbeitnehmern Arbeitsvermittlung betrieben werden. Eine Erlaubnis darf auch dann nicht erteilt werden, wenn der Antragsteller i. ü. die nach § 3 Abs. 1 geforderte Zuverlässigkeit nicht besitzt (vgl. § 3 Rn. 38 ff.).

165 Arbeitsrechtlich haben Verstöße des Verleihers gegen vermittlungsrechtliche Bestimmungen zur Folge, dass ein Arbeitsverhältnis zwischen Arbeitnehmer und Einsatzbetrieb zustande kommt (vgl. Einl. D. Rn. 48).

7. Erlaubnispflicht

a) Grundüberlegungen

166 Wird die ANÜ gewerbsmäßig betrieben, bedarf der Verleiher der **Erlaubnis der BA**. Die Erlaubnis muss **bei Aufnahme der Tätigkeit** als Verleiher bereits vorliegen (*Boemke*, § 1 Rn. 50). Der Verleiher darf vorher weder Leiharbeitsverhältnisse noch ANÜ-Verträge abschließen (§ 9 Nr. 1). Das Gesetz hat die Erteilung der Erlaubnis von besonderen Voraussetzungen abhängig gemacht (§ 3 Abs. 1 Nr. 1 bis 3), die den arbeits- und sozialrechtlichen Schutz des Leiharbeitnehmers sicherstellen sollen. Daneben liegt der **Zweck der Erlaubnispflichtigkeit** auch darin, zu verhindern, dass Dauerarbeitsplätze mit langfristig überlassenen Leiharbeitnehmern besetzt werden können (*BAG* v. 23. 11. 1988 – 7 AZR 34/88 – AP Nr. 14 zu § 1 AÜG). Durch die Erlaubnis wird sichergestellt, dass die Erlaubnisbehörde die Einhaltung der Bestimmungen des AÜG überwachen und kontrollieren kann (§§ 7 ff.). Sie dient daneben auch dem Zweck, eine klare **Abgrenzung** von Verleihtätigkeiten nach dem AÜG und sonstigen gewerbsmäßigen Tätigkeiten des Verleihers, insbesondere von Vermittlungstätigkeiten, zu gewährleisten. Befindet sich ein Gewerbetreibender im Besitz einer Erlaubnis nach anderen gewerberechtlichen Vorschriften (vgl. z. B. § 34a GewO), bedarf er bei Ausübung von ANÜ zusätzlich der Erlaubnis nach § 1 Abs. 1. Dies gilt insbesondere im Bewachungsgewerbe (so zutreffend *OLG Hamm* v. 14. 12. 1990 – 11 U 153/90 – EzAÜG § 1 AÜG Erlaubnispflicht Nr. 22; *Boemke*, § 1 Rn. 61). Insgesamt soll mit der Erlaubnis sichergestellt werden, dass im Bereich der ANÜ ein arbeits- und sozialrechtliches Normensystem besteht, das den Anforderungen eines sozialen Rechtsstaates entspricht (vgl. BT-Ds. VI/2303, S. 9 f.).

b) Subjektives Recht auf Erlaubniserteilung

Erfüllt ein Antragsteller (zum Verfahren vgl. Erl. zu § 2) alle Voraussetzungen **167** zur Erlaubniserteilung, ist die **Erlaubnisbehörde verpflichtet**, die Erlaubnis zu erteilen (allg. A., *Becker/Wulfgramm*, Art. 1 § 1 Rn. 18; *Sandmann/Marschall*, Art. 1 § 1 Anm. 50; *Schüren/Schüren*, § 3 Rn. 27). Dagegen muss die Erlaubnisbehörde die Erteilung der Erlaubnis versagen, wenn die Voraussetzungen eines Versagungstatbestandes nach § 3 Abs. 1 erfüllt sind. Die Erlaubnis ist immer **personen- bzw. rechtsträgerbezogen** und **nicht betriebsbezogen** zu erteilten (vgl. *Schüren/Schüren*, § 2 Rn. 23; § 2 Rn. 21; § 9 Rn. 62), sodass jeder Wechsel in der Person des Erlaubnisinhabers die Erteilung einer neuen Erlaubnis erfordert.

Ausgeschlossen ist die Erteilung einer **Erlaubnis** in den Fällen des § 1b Satz 1 für **168** die **ANÜ im Baugewerbe**. Wird jedoch auf der Grundlage von § 1b Satz 2 oder 3 gewerbsmäßige ANÜ betrieben, ist eine Erlaubnis nach Abs. 1 Satz 1 erforderlich (vgl. § 1b Rn. 75); das AÜG ist in diesem Fall vollständig anzuwenden. Die Erteilung bzw. Verlängerung der Erlaubnis ist auch in den Fällen ausgeschlossen, in denen der Erlaubnisinhaber von der Erlaubnis **keinen Gebrauch** macht. Aus § 2 Abs. 5 Satz 2 ergibt sich insoweit, dass eine Erlaubniserteilung nur in den Fällen in Betracht kommt, in denen der Verleiher nicht nur die Absicht erklärt, ANÜ betreiben zu wollen, sondern auch **tatsächlich** gewerbsmäßige ANÜ betreibt. Die Erteilung von sog. **Vorhalteerlaubnissen** (Rn. 40), die allein dazu dienen, im Fall der Fälle von der Erlaubnis einmal Gebrauch zu machen, ist nicht zulässig. Die Erteilung einer Erlaubnis an **Mischunternehmen**, die rein tatsächlich keine ANÜ betreiben, kommt daher (auch unabhängig davon, dass häufig die nach § 3 Abs. 1 Nr. 2 geforderte getrennte Betriebsorganisation für ANÜ nicht vorliegt) nicht in Betracht. Der Zweck der Erlaubnis besteht nicht darin, Unternehmen, die im Grenzbereich zulässiger werkvertraglicher Formen tätig sind, durch die Erteilung einer Erlaubnis gegen die Folgen illegaler Verträge oder Beschäftigung (z.B. hinsichtlich der Unwirksamkeitsfolgen nach § 9 Nr. 1) zu schützen. Dieselben Grundsätze gelten, soweit neben einer allgemeinen Gewerbeerlaubnis zur Arbeitsvermittlung auch die Erlaubnis nach Abs. 1 Satz 1 erteilt werden soll. **Vorhalteerlaubnisse**, die darauf hinauslaufen, im Fall illegaler ANÜ die Folgen unzulässiger Arbeitsvermittlung (Abs. 2) zu beseitigen sind **unzulässig** (zum Umfang vgl. Einl. E. Rn. 2). Eine Erlaubniserteilung kommt hier nur in Betracht, soweit im Rahmen jeweils **getrennter Betriebsorganisationen** auf beide Gewerbezweige gerichtete Geschäftstätigkeiten tatsächlich entfaltet werden (*Hamann*, NZS 1995, 247; a.A. *Schüren/Schüren*, § 2 Rn. 31). Hinsichtlich der Rechtsnatur und des Verfahrens der Erlaubniserteilung vgl. i.ü. Erl. zu § 2.

c) Sachlicher und persönlicher Geltungsbereich der Erlaubnispflicht

Von § 1 Abs. 1 Satz 1 werden grundsätzlich **alle Fälle gewerbsmäßiger ANÜ** **169** erfasst. Auch in den **Fällen des § 1b** Satz 2 und 3 ist trotz des Vorliegens eines Tarifvertrages eine Erlaubnis erforderlich, bevor ANÜ ausgeübt wird (Rn. 168). Nur unter den eingeschränkten Voraussetzungen des § 1 Abs. 3 Nr. 1 führt das Vorliegen eines Tarifvertrages zum Wegfall der Erlaubnispflichtigkeit. Das AÜG hat die Fälle, in denen eine Erlaubnis nicht erforderlich ist, abschließend geregelt. Nur soweit für bestimmte Gewerbe **spezialgesetzliche Regelungen** eine Anwendbarkeit von Bestimmungen des AÜG ausschließen, kann auf die Erlaubnis verzichtet werden (zum **Gesamthafenbetrieb** vgl. Einl. C. Rn. 118f.). I.ü. lassen jedoch nach den allgemeinen Vorschriften erteilte gewerberechtliche Erlaubnisse die Pflicht zur (zusätzlichen) Erteilung der Erlaubnis zur ANÜ unberührt. Auch **Mischunternehmen** unterliegen daher der Erlaubnispflicht, soweit sie gewerbsmäßige ANÜ betreiben.

d) Räumlicher Geltungsbereich

170 Nach dem **Territorialitätsprinzip** gilt die Erlaubnispflicht nach Abs. 1 Satz 1 für alle Formen gewerbsmäßiger ANÜ mit Inlandsbezug. Liegt der **Entleiherbetrieb im Inland**, so bedarf ein Verleiher unabhängig davon, ob er seinen Geschäftssitz im In- oder Ausland hat, immer der Erlaubnis der BA. **Ausländischen Verleihern**, die ihren Geschäftssitz nicht im EWR haben, kann die Erteilung der Erlaubnis gem. § 3 Abs. 3 und 5 versagt werden (vgl. Einl. B. Rn. 27; Einl. F. Rn. 5 ff., 28). I. ü. unterliegen ausländische Verleiher, die ihren Sitz im EWR haben, auch dann der Erlaubnispflicht, wenn nach dem Recht des Herkunftslandes eine besondere Erlaubnis zur ANÜ nicht erforderlich ist (vgl. *EuGH* v. 17. 12. 1981 – Rs. 279/80 – EzAÜG EGV Nr. 1).

171 Liegt der **Entleiherbetrieb im Ausland**, so ist die von einem inländischen Verleiher ausgeübte gewerbsmäßige **ANÜ ins Ausland ebenfalls erlaubnispflichtig** (*Schüren/Feuerborn*, Einl. Rn. 579). Dies ergibt sich schon aus § 3 Abs. 2, der eine Erlaubniserteilung bei Arbeitnehmerverleih in Staaten, die nicht dem EWR angehören, untersagt. Bei ANÜ mit Auslandsbezug hat der Verleiher alle Bestimmungen des AÜG zu beachten, besondere **Vorschriften des ausländischen Staates zur ANÜ** sind daneben einzuhalten (Kasseler Handbuch-*Düwell*, 4.5 Rn. 188). Nur in den Fällen, in denen ein deutscher Verleiher eine selbstständige Niederlassung im Ausland hat und von dort aus nicht nach Deutschland verleiht, entfällt die Erlaubnispflicht nach deutschem Recht.

172 Wird die Erlaubnis bedingungs- und auflagenfrei erteilt (vgl. § 2 Abs. 2), erstreckt sich der **Geltungsbereich** der Erlaubnis **räumlich** auf das gesamte Bundesgebiet und ist **gegenständlich** nicht auf bestimmte Gewerbe beschränkt (*Becker/Wulfgramm*, Art. 1 § 1 Rn. 41). Ist die Erlaubnis erteilt, hat sich der Verleiher hinsichtlich aller (auch nichtgewerbsmäßiger) Formen der ANÜ als gewerbsmäßig überlassender Verleiher behandeln zu lassen (Rn. 250). Der Erlaubnisinhaber kann sich in diesen Fällen nicht darauf berufen, einen Teil der ANÜ gewerbsmäßig, einen anderen Teil aber nichtgewerbsmäßig zu betreiben. Hieraus folgt, dass gesetzliche Vorschriften, nach denen bestimmte Formen der ANÜ privilegiert sind (z. B. §§ 1 Abs. 3, 1a), nicht zur Anwendung kommen, wenn dem Unternehmen eine Erlaubnis erteilt wurde. Daneben ist es einem Verleiher im Falle der erteilten Erlaubnis auch versagt, unter Berufung auf das Vorliegen nichtgewerbsmäßiger ANÜ im Einzelfall den Entlastungsbeweis im Rahmen des Abs. 2 antreten zu können (Rn. 210).

e) Erlaubniserteilung bei bestehendem Betriebsrat

173 Im Unterschied zu anderen gewerberechtlichen Erlaubnissen darf die Erlaubnis zur ANÜ nur erteilt werden, wenn die **betriebsverfassungsrechtlichen Voraussetzungen zur ANÜ** vorliegen (vgl. Rn. 126 ff.; § 3 Rn. 60; § 14 Rn. 89 ff.). Bedeutung gewinnt dies insbesondere in den Fällen, in denen ein bisheriges Produktions- oder Dienstleistungsunternehmen zukünftig nur ANÜ oder **neben den bisherigen Betriebszwecken zukünftig auch ANÜ** betreiben will. Will der Arbeitgeber hier die Arbeitnehmer auch zur Leiharbeit verpflichten, stellt die hiermit verbundene Übertragung neuer Teilfunktionen bzw. der Entzug eines Teils der bisher vom Arbeitnehmer wahrgenommenen Aufgaben beim Verleiher zunächst eine **Versetzung** i.S.v. § 95 Abs. 3 Satz 1 BetrVG dar (*BAG* v. 27.3.1980 – 2 AZR 506/78 – AP Nr. 26 zu § 611 BGB Direktionsrecht), sodass dem Arbeitgeber der Verleih von Arbeitnehmern ohne Durchführung des **Mitbestimmungsverfahrens nach § 99 BetrVG** arbeitsrechtlich untersagt ist. Daneben ist in diesen Fällen regelmäßig der Tatbestand einer **Betriebsänderung** i.S.d. § 111 Satz 3 Nr. 1 und 4 BetrVG erfüllt (*Buschmann/Ulber* 1989, 106; vgl. Rn. 126). Eine Änderung des Betriebszwecks liegt grundsätzlich schon dann vor, wenn ein Unternehmen zukünftig neben bisherigen Dienstleistungen auch andere Dienstleistungen anbieten will (*BAG* v. 17.12.1985 – 1 ABR 78/83 – AP Nr. 15 zu § 111 BetrVG 1972). Die ANÜ stellt gegenüber anderen Produktions- und Dienstleistungen immer eine andere Dienstleistung dar. Von daher ist das Unternehmen verpflichtet, das nach §§ 111 ff. BetrVG vorgeschriebene **Interessenausgleichsverfahren** – notfalls bis in die Einigungsstelle – zu betreiben, bevor mit der Ausübung gewerbsmäßiger ANÜ begonnen wird. Ist das Interessenausgleichsverfahren nicht abgeschlossen, sind die betriebsverfassungsrechtlichen Voraussetzungen zur gewerbsmäßigen ANÜ nicht erfüllt. Eine Erlaubnis darf in diesen Fällen gem. § 3 Abs. 1 Nr. 1 nicht erteilt werden (vgl. Rn. 127).

Will der Verleiher in den Fällen der Betriebsänderung nach § 111 BetrVG ANÜ **174** betreiben, steht dem Betriebsrat bis zur Beendigung des Interessenausgleichsverfahrens ein **Unterlassungsanspruch** zu, der ggf. auch im Wege der einstweiligen Verfügung gem. § 940 ZPO gesichert werden kann (*LAG Berlin* v. 7.9.1995 – 10 TaBV 5/95 und 9/95 – ArbuR 1996, 159; DKK-*Däubler*, §§ 112, 112a Rn. 23 m.w.N.; a.A. *Hümmerich/Spirolke*, BB 1996, 1986).

III. Abordnung von Arbeitnehmern zu einer Arbeitsgemeinschaft (§ 1 Abs. 1 Satz 2 und 3)

1. Entstehungszusammenhang

§ 1 Abs. 1 Satz 2 wurde mit Wirkung vom 1.1.1986 auf Grund Art. 11 des Siebten **175** Gesetzes zur Änderung des Arbeitsförderungsgesetzes vom 20.12.1985 (BGBl. I S. 2484) neu in das AÜG aufgenommen. Obwohl die Vorschrift für **alle Wirtschaftszweige** gilt, wollte der Gesetzgeber mit den Neuregelungen insbesondere den Bedürfnissen der **Bauwirtschaft** Rechnung tragen (vgl. *Knigge*, DB 1982, Beil. 4, S. 2 Fn. 1). Da die Erstellung größerer Objekte die Leistungskraft einzelner Unternehmen häufig überschreitet, besteht hier ein Bedürfnis nach einer abgestimmten, arbeitsteilig angelegten Projektorganisation, dem auf gemeinsamer vertraglicher Grundlage durch **Zusammenschluss in Arbeitsgemeinschaften (Arge)** entsprochen werden soll. Zielsetzung der Regelung ist v.a., rechtliche Unsicherheiten und Schranken zu beseitigen, die vormals bei der gemeinschaftlichen Herstellung von Großanlagen und Großbauten für die Unternehmen bestanden (BT-Ds. 10/3923, S. 32). Sind alle Voraussetzungen der Vorschrift erfüllt, werden **Bauarbeitsgemeinschaften** nicht vom Verbot des § 1b AÜG erfasst (*Schüren/Hamann*, § 1 Rn. 419; *Düwell*, BB 1995, 1084).

Dem Sozialschutz der Arbeitnehmer will Abs. 1 Satz 2 dadurch Rechnung tragen, dass durch das Erfordernis gemeinsam geltender Tarifverträge der Arge-Mitglieder eine Verschlechterung von Arbeitsbedingungen ausgeschlossen wird. Hiermit will der Gesetzgeber den entsprechenden verfassungsrechtlichen Anforderungen Rechnung tragen (vgl. § 1b Rn. 3 ff.).

175a Soweit von Abs. 1 Satz 2 auch **Unternehmen aus anderen Mitgliedstaaten der EU** erfasst werden, stand die vormalige Regelung nicht im Einklang mit der RiLi 91/383 EWG Atypische Arbeitsverhältnisse (vgl. Einl. F Rn. 52 ff.) und verstieß gegen die **Dienstleistungsfreiheit** nach Art. 49 EGV, da sie die Unternehmen zwingt, eine Niederlassung in Deutschland zu gründen, um die in Satz 2 geforderte Tarifbindung herbeizuführen (*EuGH* v. 25. 10. 2001 – Rs. C – 493/99 – AP Nr. 3 zu Art. 49 EGV). Der deutsche Gesetzgeber war daher gefordert, eine gemeinschaftsrechtskonforme Änderung der Regelung zu treffen. Dem wurde durch die Einfügung des **Satz 3** in Abs. 1 durch Art. 6 Nr. 1 Buchst. a des Ersten Gesetzes für moderne Dienstleistungen am Arbeitsmarkt (v. 23. 12. 2002, BGBl. I S. 4607) m. W. v. 1. 1. 2003 Rechnung getragen. Danach wird im Anwendungsbereich des Satzes 2 für Arbeitgeber mit Sitz in einem anderen Mitgliedstaat des EWR auf das Erfordernis der Tarifbindung verzichtet (*Ulber*, AuR 2003, 7).

2. Besonderheiten des BRTV-Bau

a) Freistellungen nach dem BRTV-Bau/Kurz- und langfristiger Einsatz

176 Im Unterschied zu den bestehenden **Rahmentarifverträgen für das Baugewerbe** (BRTV-Bau) liegt Abs. 1 Satz 2 eine andere arbeitsvertragliche Grundkonstruktion zugrunde. Gem. § 9 BRTV-Bau sind die arbeitsvertraglichen Grundlagen der Arbeit des Arbeitnehmers bei einer Arge **besonders geregelt**. Bei **längeren Arbeitseinsätzen** bei der Arge wird das Arbeitsverhältnis mit Zustimmung des Arbeitnehmers für die Zeit der Freistellung zur Arge beim Stammbetrieb zum **Ruhen** gebracht und der Arbeitnehmer mit Aufnahme der Arbeit bei der Arge unmittelbar im Rahmen eines zeitlich befristeten **Zwischenarbeitsverhältnisses** arbeitsvertraglich gebunden (§ 9 Ziff. 2.1 BRTV-Bau). Eine derartige tarifvertragliche Regelung ist zulässig (*LAG Düsseldorf* v. 17. 10 1974 – 3 Sa 313/74 – AuR 1975, 121). Soweit die Überlassung von Arbeitnehmern an die Arge in dieser Art der **Freistellung** durch Begründung eines (befristeten) Arbeitsverhältnisses unmittelbar zur Arge als Einsatzbetrieb tarifvertraglich geregelt ist, fehlt es an den Begriffsmerkmalen einer ANÜ, die Vorschriften des **AÜG** sind **nicht anzuwenden** (*Becker/Wulfgramm*, Nachtrag, Art. 1 § 1 Abs. 1 Rn. 2; *Boemke*, § 1 Rn. 108; ErfK/ *Wank*, § 1 Rn. 62b; *Thüsing/Waas*, § 1 Rn. 127; *Boewer*, DB 1982, 2033). Auch das Verbot des § 1b AFG greift in diesen Fällen nicht ein (*Becker/Wulfgramm*, a.a.O.). Vielmehr tritt der Arbeitnehmer **bei Freistellung** unmittelbar in ein **Arbeitsverhältnis zur Arge** ein, die ihrerseits alle tariflichen Ansprüche zu erfüllen hat (*BAG* v. 11. 3. 1975 – 1 ABR 77/74 – AP Nr. 1 zu § 24 BetrVG 1972). Wird die Arge dabei (wie regelmäßig) in der **Rechtsform einer BGB-Gesellschaft** betrieben, sind die hieran beteiligten Gesellschafter gemeinsam Arbeitgeber des Arbeitnehmers (BAG v. 16. 10. 1974 – 4 AZR 29/74 – AP Nr. 1 zu § 705 BGB). Die BGB-Gesellschaft kann **mangels eigener Rechtsfähigkeit nicht** Arbeitsvertragspartei und damit **Arbeitgeber** des Arbeitnehmers sein (a. A. *BGH* v. 29. 1. 2001, BB 2001, 374).

Bei der Freistellung ist der Arbeitnehmer **betriebsverfassungsrechtlich** neben dem Stammbetrieb auch dem Betrieb der Arge zuzuordnen (*BAG* v. 11. 3. 1975 – 1 ABR 77/74 – AP Nr. 1 zu § 24 BetrVG 1972; *Schüren/Hamann*, § 1 Rn. 371), was das aktive und passive Wahlrecht bei der Arge einschließt (*Knigge*, S. 198; offen gehalten in *BAG* v. 11. 3. 1975, a.a.O.).

b) Abordnungen

Für **kürzere Einsätze** bei einer Arge können die Arbeitnehmer auch im Geltungsbereich des BRTV-Bau **abgeordnet** werden (zum Begriff vgl. Rn. 188). Nach § 12 des Mustervertrages Bau 1979 kann die Abstellung von Arbeitnehmern an eine Arge neben der Freistellung auch in Form der Abordnung erfolgen. Nach dem Arge-Vertrag sind die **Gesellschafter hierbei verpflichtet,** der Arge das für die Durchführung der Arbeiten benötigte **Personal zur Verfügung zu stellen** (Knigge, a.a.O.). Auch bei der Abordnung können die Arbeitnehmer dem **Weisungsrecht der Arge** unterstellt werden, sie treten hier jedoch nicht in ein Arbeitsverhältnis zur Arge ein. Die Hauptleistungspflichten zwischen entsendendem Unternehmen als Arbeitgeber und dem abgestellten Arbeitnehmer bleiben für die Zeit der Abordnung in vollem Umfang aufrechterhalten, insbesondere ist das entsendende Unternehmen weiterhin zur Einhaltung der Tarifverträge (Rn. 178) und zur Lohnfortzahlung verpflichtet (Boewer, DB 1982, 2035).

Für die Zeit der Abordnung bleibt der entsandte Arbeitnehmer weiterhin **betriebsverfassungsrechtlich** dem entsendenden Betrieb zugeordnet, ein passives Wahlrecht in der Arge steht ihm nicht zu (*LAG Düsseldorf* v. 14.3.1996 – 5 TaBV 75/95 – DB 1996, 1832; *Knigge,* S. 158 ff.). Nach § 7 Satz 2 BetrVG ist er jedoch **wahlberechtigt,** soweit er länger als drei Monate in der Arge eingesetzt werden sollen, da die Vorschrift in allen Fällen zur Anwendung kommt, in denen Arbeitnehmer im Einsatzbetrieb derart eingegliedert werden, dass sie dem Weisungsrecht des Einsatzbetriebes unterliegen.

c) Rechtsfolgen bei Verstößen gegen den Tarifvertrag

Erfüllt die Arge nicht ihre **Arbeitgeberpflichten bei Freistellung** nach dem BRTV-Bau, treten alle Rechtsfolgen ein, die auch ansonsten mit Verstößen gegen bestehende Tarifverträge verbunden sind. Dasselbe gilt bei Abordnungen und sonstigen Formen der Personalgestaltung, die gegen Normen des Tarifvertrages verstoßen. Da die **Nichterfüllung tarifvertraglicher Pflichten** des Arbeitgebers bei Fremdfirmenarbeit grundsätzlich die Vermutungswirkungen des § 1 Abs. 2 auslöst, unterliegt die Personalgestaltung **bei Abordnungen** nach dem BRTV-Bau nur dann nicht den Vorschriften des AÜG, wenn alle Voraussetzungen des Abs. 1 Satz 2 vorliegen und der Arbeitgeber seinen tarifvertraglichen Verpflichtungen auch nachkommt (Rn. 187a). Ist dies nicht der Fall, ist die Abstellung daraufhin zu überprüfen, ob im Einzelfall gewerbsmäßige oder nichtgewerbsmäßige ANÜ vorliegt. Bei Erfüllung der jeweiligen Voraussetzungen finden alle Bestimmungen des AÜG unmittelbare Anwendung. Soweit danach ein **fingiertes Arbeitsverhältnis** zur Arge zustande kommt (vgl. § 10), wird das Arbeitsverhältnis zum Stammbetrieb dennoch nicht beendet, da auf Grund von § 9 BRTV-Bau das vorübergehend ruhende Arbeitsverhältnis zum Stammbetrieb bei Beendigung des Einsatzes bei der Arge bzw. beim Entleiher mit allen Rechten und Pflichten fortgesetzt wird. Dem Arbeitnehmer steht ggf. ein Wahlrecht zu (Einl. C. Rn. 142; Rn. 193).

177

178

3. Voraussetzungen der gesetzlichen Fiktion

a) Arbeitsgemeinschaft

179 Das Gesetz selbst enthält keine **Definition der Arge** (zu den Gestaltungsformen vgl. *Knigge*, DB 1982, Beil. 4, S. 2), stellt jedoch **Mindestbedingungen** auf, die erfüllt sein müssen, um durch die Mitgliedschaft in einer Arge das Vorliegen einer ANÜ auszuschließen. Danach müssen **mehrere Unternehmen** durch Erbringung jeweils **selbständiger Leistungen** im Rahmen eines Gemeinschaftsvertrages zur **gemeinsamen Herstellung eines Werkes** i.S.d. § 631 BGB verpflichtet sein. Reine **Dienstleistungs-Argen** oder **reine Verleihunternehmen** erfüllen nicht die Voraussetzungen des Abs. 1 Satz 2 (*Boemke*, § 1 Rn. 101; *Schüren/Hamann*, § 1 Rn. 381; *Thüsing/Waas*, § 1 Rn. 112). Die gemeinsame Herstellung eines Werkes erfordert zunächst, dass ein Werk i.S.d. § 631 BGB erstellt werden muss (allg. A., vgl. *Becker/Wulfgramm*, Nachtrag, Art. 1 § 1 Rn. 12; *Boemke*, § 1 Rn. 104; *Schüren/Hamann*, § 1 Rn. 379). Fehlt es an einer **werkvertragsfähigen Leistung** (vgl. Einl. C. Rn. 39 ff.), was u. a. für den gesamten Dienstleistungsbereich zutrifft (*Schüren/Hamann*, § 1 Rn. 380; *ErfK/Wank*, § 1 AÜG Rn. 56), scheidet eine Anwendbarkeit von Abs. 1 Satz 2 aus. Der Arbeitgeber muss **Mitglied** der Arbeitsgemeinschaft sein. Allein das Erbringen einer werkvertraglichen Leistung für die Arge reicht nicht aus, um das Vorliegen einer ANÜ nach Satz 2 auszuschließen (*ErfK/Wank*, § 1 AÜG Rn. 57; *Schüren/Hamann*, § 1 Rn. 382; *Thüsing/Waas*, § 1 Rn. 117).

180 Die **Erstellung des Werkes** muss der **Zweck** zur Gründung der Arge sein (*Thüsing/Waas*, § 1 Rn. 114). Allgemeine Kooperationsverträge von Unternehmen, Joint-ventures oder sonstige Formen der Zusammenarbeit verschiedener (insbesondere verbundener) Unternehmen erfüllen daher nicht die Begriffsmerkmale einer Arge i.S.d. Abs. 1 Satz 2 (*Becker/Wulfgramm*, Nachtrag, Art. 1 § 1 Rn. 9, die auch die Gründung einer AG oder KGaA in Betracht ziehen; *Boemke*, § 1 Rn. 104; *Thüsing/Waas*, § 1 Rn. 116; a. A. zu Kooperationsverträgen *BAG* v. 25.10.2000 – 7 AZR 487/99 – NZA 2001, 259; vgl. Einl. C. Rn. 33). Die Arge muss vielmehr für das zu erstellende Werk jeweils **zweckbefristet neu gegründet** werden. Sollen durch die Arge nur Bestehende Probleme der Personalbeschaffung durch Austausch von Arbeitskräften gelöst werden oder ist lediglich beabsichtigt, die aus der Erbringung werkvertraglicher Leistungen resultierenden Risiken oder die Gewinne auf die beteiligten Unternehmen nach einem bestimmten Schlüssel zu verteilen, steht nicht ein werkvertraglich zu erbringender Erfolg im Vordergrund der Vertragszwecke des Gemeinschaftsvertrages.

181 Soll ein **Werk gemeinsam erstellt** werden, müssen sich hierzu mehrere **rechtlich selbstständige Unternehmen** vertraglich verpflichten. Die Beteiligung mehrerer Betriebe desselben Unternehmens ist hierfür nicht ausreichend (*Boemke*, § 1 Rn. 103). Bezüglich des **Konzerns** sind die Besonderheiten nach § 1 Abs. 3 Nr. 2 zu beachten (vgl. Rn. 251). In welcher **Rechtsform** der Arge-Vertrag geschlossen wird, ist gesetzlich nicht vorgeschrieben (*Boemke*, § 1 Rn. 103; *ErfK/Wank*, § 1 AÜG Rn. 55; *Schüren/Harmann*, § 1 Rn. 376). Der Zusammenschluss erfolgt meist in Form einer Gesellschaft bürgerlichen Rechts nach §§ 705 ff. BGB (*Knigge*, a.a.O.), die den Vertragsparteien ein Höchstmaß an Gestaltungsfreiheit und gegenseitiger Unabhängigkeit gewährleistet. Andere vertragliche Gestaltungsformen sind denkbar (vgl. *Knigge*, a.a.O.). In jedem Fall ist aber erforderlich, dass dem **abordnenden Arbeitgeber** eine **gesellschaftsrechtliche Stellung** in der Arge zukommt (*Boemke*, § 1 Rn. 110; *Schüren/Hamann*, § 1 Rn. 382).

b) Selbstständige Erbringung von vertraglichen Leistungen

Auf Grund des Arge-Vertrages müssen **alle Mitglieder der Arge** zur **selbststän- 182 digen Erbringung** von in sich **abgrenzbaren Vertragsleistungen** verpflichtet sein und hierbei in **eigener Verantwortung** Teilleistungen erbringen (*BAG* v. 1.6.1994 – 7 AZR 7/93 – AP Nr. 11 zu § 10 AÜG; *Boemke*, § 1 Rn. 118; *Schüren/ Hamann*, § 1 Rn. 399). Ausnahmen gelten bei Beteiligung von Arbeitgebern mit Sitz im EWR (*Boemke/Lembke*, § 1 Rn. 16; vgl. Rn. 193c). Die jeweiligen Leistungen der Mitglieder müssen sich daher als **Teil der werkvertraglich geschuldeten Gesamtleistungen der Arge** gegenüber deren Auftraggeber darstellen (ErfK/ *Wank*, § 1 AÜG Rn. 61; *Weisemann*, DB 1989, 907) und ihrerseits die **Voraussetzungen eines Werkvertrages** i.S.d. Herbeiführung eines qualitativ und quantitativ individualisierbaren Arbeitsergebnisses erfüllen (*Schüren/Hamann*, § 1 Rn. 394). Ein reines Zurverfügungstellen von Arbeitnehmern reicht hierzu nicht aus (BT-Ds. 10/3923; *OLG Karlsruhe* v. 7.3.1990 – 3 Ss 172/89 – BB 1990, 1561), sodass **reine Verleihunternehmen** nicht Mitglied einer Arge sein können (*Schüren/ Hamann*, § 1 Rn. 394). Aber auch **Abordnungen** auf Grund des § 12 Arge-Mustervertrages erfüllen nicht die Merkmale einer eigenständigen werkvertraglichen Leistung, da das **Weisungsrecht** bezüglich des der Arge zur Verfügung gestellten Personals auf die Arge übertragen wird, womit der Tatbestand der ANÜ erfüllt wird (*Becker/Wulfgramm*, Nachtrag, § 1 Abs. 1 Rn. 5). In diesen Fällen finden alle Bestimmungen des AÜG Anwendung (zum Weisungsrecht i.ü. vgl. Rn. 188).

Ob die Mitglieder ihrerseits zur **Beauftragung von Subunternehmen** berechtigt **183** sind, richtet sich in erster Linie nach dem Arge-Vertrag. Auch unabhängig hiervon hat jedoch der Einsatz von Subunternehmen keine Auswirkungen auf die Fiktionswirkungen des Abs. 1 Satz 2 (*Boemke*, § 1 Rn. 118; *Schüren/Hamann*, § 1 Rn. 397), solange sich die Leistungen des Subunternehmens ihrerseits als werkvertragliche Leistungen im Rahmen der werkvertraglich geschuldeten Leistungen des Arge-Mitglieds darstellen und **das Subunternehmen** ebenfalls den nach Abs. 1 Satz 2 maßgeblichen **Tarifverträgen unterliegt** (a.A. *Becker/Wulfgramm*, Nachtrag, Art. 1 § 1 Abs. 1 Rn. 14; *Boemke*, § 1 Rn. 118). Nach dem Gesetzeswortlaut muss zwar der Arbeitgeber des abgeordneten Arbeitnehmers Mitglied der Arge sein. Im Hinblick auf die Schutzzwecke der Vorschrift unterliegt jedoch eine analoge Anwendung der Vorschrift unter den vorgenannten Voraussetzungen keinen Bedenken, wenn ein tarifgebundenes Subunternehmen bei inhaltsgleichem Abschluss des Verpflichtungsvertrages unmittelbar mit der Arge an der Privilegierung nach Abs. 1 Satz 2 teilnehmen würde.

Liegen zwischen dem Mitglied und dem Subunternehmen die Voraussetzungen **184** eines **Scheinwerkvertrages** vor (vgl. Einl. C. Rn. 79) oder beschränken sich die Leistungen des Subunternehmens auf die Überlassung von Arbeitnehmern, liegt ANÜ vor (*Schüren/Hamann*, § 1 Rn. 397). Ebenso ist eine Anwendbarkeit von Abs. 1 Satz 2 ausgeschlossen, wenn das Subunternehmen nicht gleichermaßen **tarifgebunden** ist wie das Arge-Mitglied. Wird im Rahmen derartiger **verdeckter ANÜ** das **Weisungsrecht durch Mitarbeiter der Arge ausgeübt**, kommt Abs. 1 Satz 2 nicht zur Anwendung. Dasselbe gilt in den Fällen, in denen ein Mitglied den werkvertraglichen Erfolg unter Einsatz **entliehener Arbeitnehmer** erbringt. In diesen Fällen fehlt es schon an der Voraussetzung, dass die im Rahmen des Abs. 1 Satz 2 eingesetzten Arbeitnehmer denselben Tarifverträgen desselben Wirtschaftszweiges unterliegen müssen (Rn. 103 ff., 187).

c) Arbeitnehmereigenschaft

185 Nur soweit Arbeitnehmer an die Arge **abgeordnet** werden, sind die Voraussetzungen der Privilegierung erfüllt. Erbringt das Arge-Mitglied selbst die werkvertraglichen Leistungen oder wird die im Rahmen der Arge geschuldete werkvertragliche Leistung eines Mitglieds durch andere Personen, insbesondere durch **freie Mitarbeiter** (vgl. *Becker/Wulfgramm*, Nachtrag, Art. 1 § 1 Abs. 1 Rn. 15), erbracht, ist kein Anwendungsfall des Abs. 1 Satz 2 gegeben. In diesen Fällen kommt die für eine ANÜ notwendige Übertragung von Weisungsrechten des Arbeitgebers nicht in Betracht, so dass unter denselben Voraussetzungen wie bei Subunternehmen (Rn. 183) eine Beteiligung an der Arge möglich ist (i. E. ebenso: *Boemke*, § 1 Rn. 118; *Schüren/Hamann*, § 1 Rn. 396).

d) Tarifverträge desselben Wirtschaftszweiges

186 **Alle** Mitglieder der Arge müssen den **Tarifverträgen desselben Wirtschaftszweiges** unterliegen. Soweit **nur ein Mitglied** anderen oder überhaupt keinen Tarifverträgen unterliegt, scheidet eine Anwendbarkeit des Abs. 1 Satz 2 insgesamt aus (*Boemke*, § 1 Rn. 114; *Schüren/Hamann*, § 1 Rn. 383; *Thüsing/Waas*, § 1 Rn. 119). Die Geltung der Tarifverträge kann dabei sowohl auf Tarifgebundenheit nach § 3 TVG als auch darauf beruhen, dass die geltenden Tarifverträge für allgemeinverbindlich erklärt wurden (§ 5 TVG), wobei die Bestimmungen des AEntG bei Einsatz ausländischer Arbeitnehmer zusätzlich eingehalten werden müssen (ErfK/*Wank*, § 1 AÜG Rn. 64; *Schüren/Hamann*, § 1 Rn. 389). Die **Tarifbindung des Arbeitgebers** reicht aus. Nicht ausreichend ist es, wenn die Geltung des Tarifvertrags allein auf Grund einer **Individualabrede** erfolgt (KassHandb/ *Düwell*, 4.5 Rn. 190; *Schüren/Hamann*, § 1 Rn. 389; a. A. *Boemke*, § 1 Rn. 114; ErfK/*Wank*, § 1 AÜG Rn. 59), da hierdurch ermöglicht würde, den Anwendungsbereich der Norm auch auf Unternehmen, die nicht demselben Wirtschaftszweig angehören, zu erstrecken. Für **nichtdeutsche Unternehmen**, die den jeweiligen ausländischen Tarifverträgen unterliegen, findet Abs. 1 Satz 2 keine Anwendung (*Schüren/Hamann*, § 1 Rn. 385; zu Unternehmen mit Sitz im EWR vgl. Rn. 193b ff.), da die Tarifverträge den Bestimmungen des TVG unterliegen müssen (*Thüsing/ Waas*, § 1 Rn. 120).

187 Für **alle Mitglieder der Arge** müssen die **Tarifverträge desselben Wirtschaftszweiges** gelten. Etwaige Differenzierungen auf Grund regional unterschiedlicher Regelungen in Flächentarifverträgen sind unbeachtlich (*Boemke*, § 1 Rn. 111). Ob derselbe Wirtschaftszweig betroffen ist, beurteilt sich in erster Linie nach den Satzungen der Gewerkschaften und Arbeitgeberverbände und den dort geregelten Zuständigkeitsverteilungen (§ 9 Rn. 176). Bei sog. **gemischten Unternehmen** ist auf den überwiegenden Unternehmenszweck abzustellen (*BAG* v. 11. 12. 1996 – 10 AZR 376/96; *Boemke*, § 1 Rn. 112; *Schüren/Hamann*, § 1 Rn. 386; *Thüsing/Waas*, § 1 Rn. 124; einschränkend *Becker/Wulfgramm*, Nachtrag, Art. 1 § 1 Abs. 1 Rn. 17), wobei sich die Verpflichtung des gemischten Unternehmens gegenüber der Arge nicht auf das Überlassen von Arbeitnehmern beschränken darf (BT-Ds. 10/3923, S. 32; *Schüren/Hamann*, § 1 Rn. 393). **Verleihunternehmen** gehören immer einem besonderen Wirtschaftszweig an (*Weisemann*, BB 1989, 907), für den andere Tarifverträge gelten. Sind **unterschiedliche Wirtschaftszweige** (z. B. Bau- und Metallhandwerk) betroffen, scheidet eine Anwendbarkeit des Abs. 1 Satz 2 aus; die Vorschriften über die ANÜ sind in vollem Umfang anwendbar (Schüren/Hamann,

§ 1 Rn. 386). Dies führt bei Beteiligung von reinen Verleihunternehmen dazu, dass die Fiktionswirkungen des Abs. 1 Satz 2 für alle Arge-Mitglieder entfallen.

4. Rechtsfolgen der Abordnung

a) Abordnung und Ausschluss von Arbeitnehmerüberlassung

Liegen die Voraussetzungen des Abs. 1 Satz 2 vor, gilt eine **Abordnung** von Arbeitnehmern zu einer Arge nicht als **ANÜ**, sodass alle gesetzlichen Vorschriften zur ANÜ einschließlich § 1b keine Anwendung finden (*Becker/Wulfgramm*, Nachtrag, Art. 1 § 1 Abs. 1 Rn. 20; *Boemke*, § 1 Rn. 119; ErfK/*Wank*, § 1 AÜG Rn. 63; *Schüren/Hamann*, § 1 Rn. 405; *Thüsing/Waas*, § 1 Rn. 129). Der **Begriff der Abordnung** ist gesetzlich nicht definiert. Unstrittig setzt eine Abordnung voraus, dass das Arbeitsverhältnis des Arbeitnehmers zum Vertragsarbeitgeber auch für die Zeit der Erbringung der Arbeitsleistung bei einem Dritten in vollem Umfang bestehen bleibt (*Boemke*, § 1 Rn. 107; *Sandmann/Marschall*, Art. 1 § 1 Rn. 82g; *Becker/Wulfgramm*, Nachtrag, Art. 1 § 1 Abs. 1 Rn. 22) und die Hauptleistungspflichten aus dem Arbeitsverhältnis durch die Entsendung unberührt bleiben. Eine Abordnung liegt danach vor, soweit der Arbeitnehmer **vorübergehend** in einer anderen Betriebsorganisation seine Arbeitsleistung unter Aufrechterhaltung des Arbeitsverhältnisses zum abordnenden Unternehmen erbringt (*Boemke*, § 1 Rn. 107). Im Unterschied zu Argen, die auf der Grundlage von § 9 BRTV-Bau selbst Arbeitgeber i.S.d. § 211 Abs. 1 SGB III werden (Rn. 176) und daher die Voraussetzungen zur Gewährung von **Kurzarbeitergeld** nach §§ 169 ff. SGB III erfüllen (vgl. RdErl. 307/76 BA Nr. 2.11), hängen die Voraussetzungen zur Gewährung von Kug in den Fällen des Abs. 1 Satz 2 davon ab, ob die betroffenen Arbeitnehmer nach ihrem Arbeitsvertrag überwiegend bei Entleihern eingesetzt werden können bzw. in einem Betrieb oder einer Betriebsabteilung zusammengefasst sind, die überwiegend ANÜ betreibt (RdErl. 307/76 BA Nr. 7.31 f.).

188

b) Ausübung des Weisungsrechts

Ob der Vertragsarbeitgeber **im Rahmen der Abordnung** das Weisungsrecht weiter ausübt oder ob das **Weisungsrecht auf die Arge übertragen** wird, ist im Rahmen des Abs. 1 Satz 2 grundsätzlich unbeachtlich (*Boemke*, § 1 Rn. 107; ErfK/*Wank*, § 1 AÜG Rn. 62a; *Schüren/Hamann*, § 1 Rn. 418; *Thüsing/Waas*, § 1 Rn. 125). Der Gesetzgeber wollte mit der Vorschrift festlegen, dass eine Überlassung von Arbeitnehmern an die Arge, die an sich die Begriffsmerkmale einer ANÜ erfüllt, auch bei Übertragung des Weisungsrechts nicht den Bestimmungen des AÜG unterliegen soll (BT-Ds. 10/4211, S. 33; abweichend *BAG* v. 26.2.1987 – 2 AZR 177/86 – DB 1987, 2158, das bei Abordnung zu einer Bau-Arge keine Übertragung des Weisungsrechts auf die Arge annimmt). Das von der Arge ausgeübte **Weisungsrecht** muss sich allerdings auf diejenigen Arbeitsleistungen **beschränken**, die dem Arge-Mitglied als Arbeitgeber des betroffenen Arbeitnehmers auf Grund der im Arge-Vertrag übernommenen selbständigen Vertragsleistungen obliegt. Wird diese Grenze (z.B. dadurch, dass die Arge dem Arbeitnehmer Weisungen erteilt, die sich auf Vertragsleistungen anderer Arge-Mitglieder beziehen) überschritten, sind die Voraussetzungen des Abs. 1 Satz 2 nicht erfüllt (a.A. *Boemke*, § 1 Rn. 107); es finden die gesetzlichen Vorschriften zur ANÜ Anwendung. Ausgeschlossen ist auch, dass das **Weisungsrecht** von einem Arge-Mitglied **auf ein**

188a

anderes Arge-Mitglied übertragen wird, da der Arbeitnehmer in diesem Fall seine Arbeitsleistung nicht mehr im Rahmen der selbstständigen werkvertraglichen Pflichten des verleihenden Arge-Mitglieds erbringt, sondern allenfalls werkvertragliche Pflichten des entleihenden Unternehmens erfüllt werden.

c) Arbeitsrechtliche Aspekte

aa) Arbeitsvertrag

189 Für die Zeit der Abordnung bleibt das **Arbeitsverhältnis** des Arbeitnehmers **zum abordnenden Unternehmen erhalten**. Ein Arbeitsverhältnis zur Arge kommt dabei nicht zustande (*Schüren/Hamann*, § 1 Rn. 413). Bei einer Ausübung des Weisungsrechts durch die Arge ist jedoch hinsichtlich der Schutzbelange des Arbeitnehmers die bei **gespaltener Arbeitgeberstellung** typische Interessenkonstellation gegeben. Die Arge treffen daher für die Zeit der Abordnung eigenständige Schutz- und Fürsorgepflichten gegenüber den Arbeitnehmern (*Schüren/Hamann*, § 1 Rn. 413; *Thüsing/Waas*, § 1 Rn. 129), v. a. hat sie für die Einhaltung der **Arbeitsschutzvorschriften** Rechnung zu tragen.

190 Ob der Arbeitnehmer zu Arbeitsleistungen im Rahmen eines Arge-Vertrages verpflichtet ist, beurteilt sich nach den **arbeitsvertraglichen Absprachen**, bei vorgesehener Übertragung des Weisungsrechts auf die Arge also insbesondere danach, ob eine besondere vertragliche **Abrede zur Übertragung des Weisungsrechts** auf die Arge vorliegt (Rn. 37). Im Unterschied zu den Fällen des § 1 Abs. 3 Nr. 1 (Rn. 105) reicht das Vorliegen eines Tarifvertrages (als notwendige Voraussetzung zur Anwendbarkeit der Vorschrift) im Rahmen des Abs. 1 Satz 2 alleine nicht aus, soweit die jeweils für den Wirtschaftszweig geltenden Tarifverträge nicht ausdrücklich eine entsprechende Bestimmung zur Übertragbarkeit des Weisungsrechts enthalten.

bb) Betriebsverfassung

191 Die **betriebsverfassungsrechtliche Stellung** des Arbeitnehmers im abordnenden Betrieb bleibt bei Abordnung an eine Arge ebenso unberührt wie die Rechte des Betriebsrats (*Schüren/Hamann*, § 1 Rn. 433). Danach steht dem Betriebsrat **bei der Abordnung** grundsätzlich das bei Versetzungen bestehende Mitbestimmungsrecht nach **§ 99 BetrVG** zu, soweit nicht im Einzelfall die Voraussetzungen der Ausnahmebestimmung des § 95 Abs. 3 Satz 2 BetrVG erfüllt sind (vgl. Einl. C. Rn. 136, 142). Die Mitwirkungsrechte eines ggf. bei der Arge gebildeten Betriebsrats sind zu beachten, soweit eigenständige Fürsorgepflichten der Arge infrage stehen (*Schüren/Hamann*, § 1 Rn. 371 und § 14 Rn. 437; vgl. § 14 Rn. 62 ff.). Bei befristet begründeten Arbeitsverhältnissen zur Arge auf Grund § 9 Ziff. 2.1 des BRTV-Bau unterliegt eine **vorzeitige Rückversetzung** des Arbeitnehmers zum Stammbetrieb dem Mitbestimmungsrecht des Betriebsrats der Arge nach § 102 Abs. 1 Sätze 1 und 2 BetrVG (*LAG Düsseldorf* v. 17. 10. 1974 – 3 Sa 313/74 – AuR 1975, 121), da mit der Rückversetzung gleichzeitig das befristete Zwischenarbeitsverhältnis beendet wird. Zu den Einzelheiten der betriebsverfassungsrechtlichen Fragen bei Abordnungen wird auf die Erläuterungen zu Einl. C. (Rn. 142 ff.) verwiesen.

5. Rechtsfolgen bei Fehlen oder Wegfall der Voraussetzungen des Abs. 1 Satz 2

Die in Abs. 1 Satz 2 aufgestellten **Voraussetzungen** müssen **für die gesamte Zeit** **192** der Abordnung kumulativ erfüllt sein, damit die Ausnahmeregelung Anwendung findet (*Becker/Wulfgramm*, Nachtrag, Art. 1 § 1 Abs. 1 Rn. 7; *Boemke*, § 1 Rn. 129; ErfK/*Wank*, § 1 AÜG Rn. 63; *Sandmann/Marschall*, Art. 1 § 1 Rn. 52 f.; *Schüren/Hamann*, § 1 Rn. 421). Fehlt es – und sei es nur bezüglich eines Arge-Mitglieds – an einer der Voraussetzungen der Vorschrift, greift die Privilegierung nicht ein. In diesem Fall muss jeweils selbstständig geprüft werden, ob der Arbeitnehmer seine Arbeitsleistung ausschließlich als **Erfüllungsgehilfe des Arbeitgebers** im Rahmen werkvertraglicher Leistungen erbracht hat oder ob (insbesondere bei Übertragung des Weisungsrechts auf die Arge) die Begriffsmerkmale gewerbsmäßiger oder nichtgewerbsmäßiger ANÜ erfüllt sind. Liegt eine ANÜ vor, sind alle hierzu geltenden Vorschriften zu beachten (*Schüren/Hamann*, § 1 Rn. 421); für das **Baugewerbe** ist insbesondere § 1b anwendbar. Sind die Bestimmungen des AÜG nicht eingehalten, treten alle bei illegaler ANÜ geltenden Rechtsfolgen einschließlich der Vermutungswirkungen unzulässiger Arbeitsvermittlung nach § 1 Abs. 2 ein.

Besonderheiten gelten allerdings hinsichtlich der möglicherweise eintretenden **193** **Rechtsfolgen nach § 10, § 1 Abs. 2**. Soweit die Arbeitsgemeinschaft – wie in der Praxis gebräuchlich – als **Gesellschaft bürgerlichen Rechts** gegründet wird, kann diese nach neuerer Rechtsprechung (vgl. *BGH* v. 29.1.2001, BB 2001, 374) wegen ihrer Rechtsfähigkeit auch Arbeitgeber im Rahmen einer fingierten Arbeitsverhältnisses sein (*Boemke*, § 1 Rn. 122). Hinsichtlich des Fortbestands des Arbeitsverhältnisses und der Weiterbeschäftigung des Arbeitnehmers beim (bisherigen) Arbeitgeber wird man dem Arbeitnehmer dabei ein **Wahlrecht** einräumen müssen, ob er sich (insbesondere wegen der Schwere der Verstöße des Arbeitgebers) auf ein fingiertes Arbeitsverhältnis nach § 10 berufen will oder ob er die Weiterbeschäftigung verlangt (Boemke, § 1 Rn. 122). Dem **Arbeitgeber** ist es dagegen aus Gesichtspunkten des Rechtsmissbrauchs **verwehrt**, sich seinerseits auf die Rechtsfolgen des § 10 zu berufen.

Kommt ein Arbeitgeber, der Mitglied der Arge ist, seinen **tarifvertraglichen Ver-** **193a** **pflichtungen** gegenüber den Arbeitnehmern nicht nach, hat dies grundsätzlich keine Auswirkungen auf die Fiktionswirkungen des Abs. 1 Satz 2 (*Schüren/Hamann*, § 1 Rn. 391; *Thüsing/Waas*, § 1 Rn. 123; zum BRTV-Bau vgl. Rn. 178). Im Einzelfall können jedoch hiervon unberührt die **Fiktionswirkungen des Abs. 2** eintreten. Nach dem Sinn und Zweck des Abs. 1 Satz 2 soll den Unternehmen lediglich die Möglichkeit zur Kooperation erleichtert werden, wobei der Gesetzgeber davon ausgeht, dass infolge der tarifvertraglichen Voraussetzungen **ein** **ausreichender Schutz der Arbeitnehmer** gewährleistet ist. Soweit über Tarifverträge Normen des grundsätzlich zwingenden Arbeitnehmerschutzes (wie des AÜG) außer Kraft gesetzt werden, kann dies unter Berücksichtigung der Schutz- und Gestaltungspflichten des Gesetzgebers, einen ausreichenden Arbeitsschutz zu gewährleisten (*BVerfG* v. 28.1.1992 – 1 BvR 1025/82, 1 BvL 16/83, 1 BvL 10/91 – AuR 1992, 187), jedoch nur gelten, wenn die Tarifverträge so erfüllt werden, dass der Arbeitsschutz ebenso gewährleistet wird wie im Rahmen gesetzlicher Regelungen. Die Anwendbarkeit von Arbeitnehmerschutzbestimmungen des AÜG ist im Rahmen des Abs. 1 Satz 2 nur soweit ausgeschlossen, wie die Tarifverträge einen gleichwertigen Schutz gewährleisten und die tarifgebundenen

Arbeitgeber ihren **tarifvertraglichen Verpflichtungen gegenüber Arbeitnehmern auch nachkommen**. Insoweit reicht zwar die Tarifgebundenheit der Arge-Mitglieder aus, um die Voraussetzungen des Abs. 1 Satz 2 zu erfüllen. Die Nichtanwendung der sonstigen Arbeitnehmerschutzbestimmungen des AÜG setzt aber voraus, dass das Arge-Mitglied den tarifvertraglichen Pflichten auch nachkommt (a. A. *Schüren/Hamann*, § 1 Rn. 391). Aus den **Schutzzwecken des AÜG** folgt insoweit, dass allein über eine formale Herstellung der Tarifgebundenheit des Arbeitgebers der Arbeitnehmer nicht ersatzlos seines ansonsten bestehenden Arbeitnehmerschutzes beraubt werden darf. Nur so wird auch einem **Missbrauch** der Mitgliedschaft in Argen vorgebeugt und verhindert, dass Unternehmen unter dem **Deckmantel formaler Tarifgebundenheit** die ansonsten eingreifenden Arbeitnehmerschutzbestimmungen des AÜG rechtsmissbräuchlich umgehen. Bei Nichteinhaltung der tarifvertraglichen Verpflichtungen durch ein Arge-Mitglied ist daher in den Fällen, in denen die Begriffsmerkmale einer ANÜ nach Abs. 1 Satz 1 erfüllt sind, auch Abs. 2 anwendbar, sodass bei Vorliegen von dessen Voraussetzungen ein Arbeitsverhältnis zur Arge fingiert wird (vgl. Einl. D. Rn. 47 ff.). Mittelbar wird damit die Arge verpflichtet, die Einhaltung der gemeinsamen Tarifverträge durch ihre Mitglieder zu überwachen und Mitglieder auszuschließen, die ihren Arbeitgeberpflichten nicht nachkommen.

6. Grenzüberschreitende Abordnungen (Abs. 1 Satz 3)

193b   Da die Anwendbarkeit von Abs. 1 Satz 2 eine Tarifbindung des Arge-Mitglieds voraussetzt (Rn. 186), kann ein **nichtdeutsches Unternehmen** nur dann in den Genuss der Privilegierung nach Satz 2 kommen, wenn es im Inland eine **Niederlassung** hat (*Schüren/Hamann*, § 1 Rn. 373; *Thüsing/Waas*, § 1 Rn. 132; weitergehend *Boemke/Lembke*, § 1 Rn. 9, die einen Betriebssitz im EWR für ausreichend erachten). Hat das Unternehmen keine Niederlassung im Inland, ermöglicht Satz 3 die Beteiligung an einer Arge nach Satz 2 auch für den Fall, dass für den Arbeitgeber nicht die deutschen Tarifverträge desselben Wirtschaftszweiges gelten.

193c   Satz 3 kommt nur für Unternehmen mit Geschäftssitz in einem **anderen Mitgliedstaat des EWR** zur Anwendung. Er entbindet dabei nur vom Erfordernis der Tarifbindung (*Boemke/Lembke*, § 1 Rn. 6; *Schüren/Hamann*, § 1 Rn. 373; *Ulber*, AuR 2003, 7). I. Ü. müssen alle Voraussetzungen des Satzes 2 erfüllt sein (*Boemke/Lembke*, § 1 Rn. 10; *Thüsing/Waas*, § 1 Rn. 132; *Ulber*, AuR 2003, 7) insbesondere muss das Unternehmen demselben Wirtschaftszweig angehören (*Boemke/Lembke*, § 1 Rn. 12; *Ulber*, AuR 2003, 7). Ob dies der Fall ist, beurteilt sich nach den Gesamtaktivitäten innerhalb des EWR (vgl. BT-Ds. 15/25 S. 38; *Sandmann/Marschall*, § 1 Rn. 52q; a. A. *Boemke/Lembke*, § 1 Rn. 13, die auch Tätigkeiten außerhalb des EWR einbeziehen).

193d   Ob einer **Diskriminierung inländischer Arbeitgeber** durch die seit dem 1. 1. 2003 geltende Neuregelung des § 1 Abs. 2a AEntG verhindert werden kann (so: *Schüren/Hamann*, § 1 Rn. 373a; *Thüsing/Waas*, § 1 Rn. 133), erscheint fraglich. Nach dieser Bestimmung hat ein in einem anderen Mitgliedstaat des EWR ansässiger Verleiher, der LAN in das Inland entsendet (beschränkt auf Bauleistungen i.S.v. §§ 1 und 2 Baubetriebe-VO), seinen Arbeitnehmern die Arbeitsbedingungen eines nach § 1 Abs.1, Abs. 2 oder Abs. 3 AEntG allgemeinverbindlich erklärten TV (bzw. einer Rechtsverordnung nach § 1 Abs. 3a AEntG) zu gewähren. Da die Abordnung zu einer Arge gerade nicht als ANÜ gilt (Rn. 188), ist zweifelhaft, ob bei Vorliegen der Voraussetzungen des Abs. 1 Satz 3 über § 1 Abs. 2a AEntG eine

Geltung der allgemeinverbindlich erklärten Tarifverträge erreicht werden kann. Wie sich aus dem Gesetzeszusammenhang von Satz 2 und Satz 3 ergibt, ist das Vorliegen einer ANÜ Tatbestandsvoraussetzung von Satz 3 mit der Folge, dass im Rahmen des Satzes 3 auch die gem. § 1 Abs. 2a AEntG maßgeblichen Arbeitsbedingungen zu gewähren sind. Die **Rechtsfolgen** von Satz 3 beschränken sich insoweit darauf, dass die Abordnung i.S.d. Satzes 2 nicht als ANÜ gilt (ErfK/ *Wank*, § 1 Rn. 62a; vgl. Rn. 188); die aus § 1 Abs. 2a AEntG zwingend vorgeschriebenen Rechtsfolgen einer grenzüberschreitenden ANÜ entfallen hierdurch aber nicht (*Ulber*, AuR 2003, 8).

Sind ausländische Unternehmen mit **Geschäftssitz außerhalb des EWR** an der Werkerstellung beteiligt, scheidet eine Anwendbarkeit von Abs. 1 Satz 2 und 3 insgesamt aus (*Boemke*, § 1 Rn. 113). Die Vorschriften des AÜG zur ANÜ (einschließlich § 1b) finden dann uneingeschränkt Anwendung. Etwas anderes gilt nur, wenn die Arbeitnehmer eines ausländischen Tochterunternehmens einem im Inland gelegenen Betrieb zuzuordnen sind und damit über den Betriebssitz (vgl. § 1 Abs. 1 und 2 BRTV-Bau) die Sozialkassentarifverträge Anwendung finden (*Düwell*, BB 1995, 1084) oder der Tarifvertrag ausdrücklich vorsieht, dass alle in seinem Geltungsbereich tätigen Unternehmen nach dem Arbeitsortsprinzip erfasst werden (vgl. BT-Ds. 13/2414 S. 8).   **193e**

IV. Die gesetzliche Vermutung des § 1 Abs. 2

1. Entstehungszusammenhang und Gesetzeszweck

Nach § 1 Abs. 2 wird unter bestimmten Voraussetzungen **vermutet**, dass statt einer ANÜ **illegale Arbeitsvermittlung** vorliegt. Die Vorschrift wurde im Verlauf des Gesetzgebungsverfahrens auf Vorschlag des Bundestagsausschusses für Arbeit und Sozialordnung in das Gesetz eingefügt (vgl. BT-Ds. VI/3505, S. 2). Durch Art. 8 BeschFG 1985 (BGBl. I S. 710) wurde durch Ersetzen der vorherigen Worte »weder« und »noch« durch »nicht« und »oder« klargestellt, dass die Vermutung schon bei Vorliegen einer der in Abs. 2 erwähnten Alternativen eingreift (vgl. BT-Ds. X/2102, S. 32). Nach verschiedenen Änderungen, die auf der sukzessiv erfolgten Anhebung der Höchstüberlassungsdauer nach § 3 Abs. 1 Nr. 6 a.F. beruhten (vgl. Vorauf. § 1 Rn. 194), wurde Abs. 2 im Zuge der Deregulierung der ANÜ durch das Erste Gesetz für moderne Dienstleistungen am Arbeitsmarkt (v. 23.12.2002, BGBl. I S. 4607) neu gefasst und an die ab dem 1.1.2004 geltenden Bestimmungen zu den üblichen Arbeitgeberpflichten und zum Arbeitgeberrisiko (§ 3 Abs. 1 Nr. 1 bis 3) angepasst.   **194**

Der **Zweck der Vorschrift** besteht zum einen darin, der BA die Durchführung des Gesetzes und die Verfolgung von Verstößen gegen das AÜG zu erleichtern, zum anderen aber auch darin, eine praktikable **Abgrenzung** von zulässiger ANÜ und unerlaubter Arbeitsvermittlung zu ermöglichen (vgl. BT-Ds. VI/505, S. 2). Die Grenzen zulässiger ANÜ werden dabei eingeschränkt, was eine Folge des schon aus Abs. 1 Satz 1 folgenden Vorrangs vermittlungsrechtlicher Vorschriften gegenüber der ANÜ ist (*Sandmann/Marschall*, Art. 1 § 1 Anm. 53). Da das Nichtvorliegen von Arbeitsvermittlung bei Abs. 1 Satz 1 ungeschriebenes **Tatbestandsmerkmal** einer ANÜ ist (vgl. Rn. 160 ff.), ergibt sich aus dem Gesetzeszusammenhang von Abs. 2 und Abs. 1 Satz 1, dass bei Vorliegen einer vermuteten Arbeitsvermittlung die tatbestandlichen Voraussetzungen einer ANÜ nicht vorliegen. Die Überlassung ist dann als Arbeitsvermittlung zu behandeln,   **195** solange die Vermutung nicht widerlegt ist. Die Fassung des Abs. 2 ist gesetzes-technisch und -systematisch missglückt (*Becker/Wulfgramm*, Art. 1 § 1 Rn. 46; *Franßen/Haesen*, Einl. Rn. 13; *Sandmann/Marschall*, Art. 1 § 1 Anm. 53). Im Hinblick auf die Zielsetzungen des AÜG, den arbeitsrechtlichen und sozialen **Schutz des Arbeitnehmers** zu sichern und geordnete Verhältnisse auf dem Arbeitsmarkt zu gewährleisten, stellt die Vorschrift dennoch eine der wichtigsten Vorschriften des AÜG dar. Der im Schrifttum teilweise vertretenen Auffassung, die Vorschrift sei nicht sinnvoll und durch die Neuregelungen des Arbeitsvermittlungsrechts (vgl. Einl. D Rn. 47f.) überholt (*Boemke*, § 1 Rn. 125; ErfK/*Wank*, § 1 AÜG Rn. 65f.; *Urban-Crell/Schulz*, Rn. 846), kann nicht gefolgt werden (i. E. ebenso *Schüren/Schüren*, § 1 Rn. 426f.; *Thüsing/Waas*, § 1 Rn. 143). Richtig ist, dass in den Fällen, in denen **eindeutig Arbeitsvermittlung** vorliegt, kein Raum für die Anwendung des Abs. 2 besteht (nach *Schüren/Schüren*, § 1 Rn. 437 ist das Element der Ungewiss-heit ungeschriebenes Tatbestandsmerkmal). Es gibt jedoch trotz der gesetzlichen Regelungen zur Arbeitsvermittlung und zur ANÜ (vgl. Ulber, AuR 2001, 451) Grenzfälle, für die Abs. 2 eine klare Zuordnung und Angrenzung ermöglicht. Daneben stellt die Vorschrift auch klar, dass die Übernahme bestimmter Arbeit-geberpflichten und des Arbeitgeberrisikos notwendige Voraussetzung dafür ist, dass der Vertragspartner des Arbeitnehmers im Rechtsverkehr als Verleiher und nicht als Vermittler zu behandeln ist. Die arbeitsvermittlungsrechtlichen Schutzzwecke der Norm beschränken sich insoweit nicht auf gewerberechtliche Aspekte, die schon im Rahmen der Erlaubniserteilung zu berücksichtigen sind (so aber Boemke, § 1 Rn. 125), sondern beziehen sich auch auf die Rechtsbezie-hung und Rechtsstellung von Arbeitnehmer und dessen Vertragspartner. Dies gilt insbesondere nach Aufhebung des § 13 a.F., die dazu führt, dass § 1 Abs. 2 nunmehr alleinige Grundlage für das Zustandekommen eines fingierten Ar-beitsverhältnisses mit dem Entleiher ist (vgl. Einl. D. Rn. 48 u. Rn. 223a ff.).

2. Anwendungsbereich des § 1 Abs. 2

196 Von Abs. 2 werden sowohl **gewerbsmäßige als auch nichtgewerbsmäßige** For-men der ANÜ erfasst (*BAG* v. 21. 3. 1990 – 7 AZR 198/89 – AP Nr. 15 zu § 1 AÜG; *Becker/Wulfgramm*, Art. 1 § 1 Rn. 46a; *Boemke*, § 1 Rn. 131; ErfK/*Wank*, § 1 AÜG; Rn. 64; *Sandmann/Marschall*, Art. 1 § 1 Anm. 55; *Thüsing/Waas*, § 1 Rn. 135; *Boewer*, DB 1982, 2036; a. A. *Schüren/Schüren*, § 1 Rn. 433). Hierfür spricht schon der Wort-laut der Vorschrift, die im Unterschied zu Abs. 1 Satz 1 kein gewerbsmäßiges Handeln des Überlassenden voraussetzt. Nicht anwendbar ist die Vorschrift in den Fällen des § 1 Abs. 3, insbesondere in den Fällen der **konzerninternen ANÜ** nach § 1 Abs. 3 Nr. 2 (*BAG* v. 21. 3. 1990 – 7 AZR 198/89 – AP Nr. 15 zu § 1 AÜG; *Becker/Wulfgramm*, Art. 1 § 1 Rn. 51c). Etwas Anderes gilt hier, wenn der Zeitraum einer zulässigen vorübergehenden ANÜ überschritten wird (Rn. 253) oder das verleihende Konzernunternehmen die Erlaubnis zur gewerbsmäßigen ANÜ be-sitzt. In diesem Fall muss sich der Verleiher(-Konzern) so behandeln lassen, als handele er in jedem Fall gewerbsmäßig (Rn. 153). Ein Verweis darauf, dass der Arbeitnehmer trotz der erteilten Erlaubnis im konkreten Einzelfall nichtgewerbs-mäßig überlassen sei, würde Zweifel, die hinsichtlich der Zuordnung seines Arbeitsverhältnisses zum Verleiher bzw. Entleiher entstehen, normwidrig zulas-ten des Arbeitnehmers begründen (vgl. hierzu *BAG* v. 23. 11. 1988 – 7 AZR 34/88 – AP Nr. 14 zu § 1 AÜG).

3. Voraussetzungen der Vermutung

Abs. 2 setzt voraus, dass ein Arbeitnehmer einem Dritten überlassen wird und **197** der Überlassende hierbei nicht die üblichen Arbeitgeberpflichten oder das Arbeitgeberrisiko trägt. Ob ein Arbeitnehmer überlassen wird, beurteilt sich nach den tatsächlichen Verhältnissen (*Boemke*, § 1 Rn. 130; *Sandmann/Marschall*, § 1 Rn. 55). Die Vermutungswirkungen können daher erst eintreten, wenn der Arbeitnehmer beim Dritten seine Arbeit aufnimmt. Die im Rahmen des § 1 Abs. 1 Satz 1 genügende Absicht, Arbeitnehmer zu überlassen, reicht nicht aus (*Sandmann/Marschall*, Art. 1 § 1 Anm. 55). Da Abs. 2 allein an die tatsächlichen Verhältnisse anknüpft, kommt es hinsichtlich des Arbeitnehmerbegriffs ausschließlich darauf an, ob die Tätigkeit rein faktisch eine **weisungsgebundene Tätigkeit** eines Arbeitnehmers ist (vgl. hierzu Einl. C. Rn. 96, 128). Ob die überlassene Person im Rahmen eines Rechtsverhältnisses, das nicht als Arbeitsverhältnis zu qualifizieren ist, angestellt wurde, ist unbeachtlich. Wird etwa eine Person als **freier Mitarbeiter** eingestellt (vgl. Einl. C. Rn. 95 ff.), arbeitet diese Person jedoch faktisch **eingegliedert** nach arbeitsorganisatorischen Weisungen des Einsatzbetriebs, ist der Überlassungstatbestand i.S.d. Abs. 2 erfüllt (vgl. *BAG* v. 22. 6. 1994 – 7 AZR 506/93 – EzAÜG § 13 AÜG Nr. 4; *Becker/Wulfgramm*, Art. 1 § 1 Rn. 49d). Vom Anwendungsbereich der Vorschrift **ausgenommen** sind alle Fälle, in denen Arbeitnehmer nicht zur Arbeitsleistung überlassen wurden, insbesondere Arbeitnehmer, die im Rahmen der Grenzen eines **zulässigen werkvertraglichen Einsatzes** im Einsatzbetrieb beschäftigt sind (Rn. 146 f., 151 ff.). Da Abs. 2 an die tatsächlichen Verhältnisse anknüpft, werden alle Überlassungsformen von der Vorschrift erfasst, bei denen es dem Dritten auf die Arbeitsleistung des Arbeitnehmers ankommt und der Arbeitnehmer auf Grund des Vertrages zwischen seinem Arbeitgeber und dem Dritten zur Förderung der Betriebszwecke des Dritten »in irgendeiner Weise innerhalb der **Betriebsorganisation des Dritten** [Hervorhebung d. V.] und nicht weiterhin allein für seinen Arbeitgeber tätig wird« (*BAG* v. 22. 6. 1994 – 7 AZR 286/93 – AP Nr. 16 zu § 1 AÜG; missverständlich für Unternehmenskooperationen *BAG* v. 25. 10. 2000 – 7 AZR 487/99). Selbst wenn man mit der jüngsten Rechtsprechung des *BAG* von einem breiten Anwendungsbereich des Anweisungsrechts des Werkbestellers ausgeht (vgl. Einl. C. Rn. 166), schließt das **Anweisungsrecht** auch im Rahmen eines wirksamen Werkvertrages nicht die Anwendbarkeit des Abs. 2 aus. Abs. 2 setzt im Unterschied zu § 1 Abs. 1 Satz 1 nicht voraus, dass die Begriffsmerkmale eines gewerbsmäßig tätigen Verleihers erfüllt sind, sondern knüpft allein an die tatsächliche Überlassung von Arbeitnehmern zur Arbeitsleistung an (*Sandmann/Marschall*, Art. 1 § 1 Anm. 55). Im Rahmen welchen Vertragstyps diese Überlassung im Einzelfall erfolgt, ist solange unbeachtlich, wie die eine ANÜ kennzeichnende **Arbeitsleistung** beim Dritten im Grundsatz auf einer (notwendigen) vertraglichen Absprache zwischen entsendendem Arbeitgeber und Drittem (vgl. hierzu *BAG* v. 26. 5. 1995 – 7 AZR 850/94 – DB 1995, 2427) beruht. Auch bei der Durchführung **gemischter Verträge** ist daher Abs. 2 hinsichtlich des Teils, der sich auf die Überlasssung zur Arbeitsleistung bezieht, in vollem Umfang anwendbar.

Die **Vermutungswirkungen** nach Abs. 2 treten nur ein, wenn der Arbeitgeber **198** hinsichtlich des konkret überlassenen Arbeitnehmers entweder nicht die **üblichen Arbeitgeberpflichten** oder nicht das **Arbeitgeberrisiko** übernimmt (§ 3 Abs. 1 Nr. 1 bis 3). Mit der textlichen Neufassung des Abs. 2 durch Art. 8 BeschFG 1985 (BGBl. I S. 710) ist klargestellt, dass das Vorliegen einer Tatbestandsalternative ausreicht, um die Vermutungswirkungen auszulösen. Die in Abs. 2 vorgenommene Aufzählung der Vermutungstatbestände enthält eine **abschließende Regelung** (*Boemke*, § 1 Rn. 132; *Sandmann/Marschall*, § 1 Anm. 58). Der diesbezügliche Meinungsstreit in der Literatur (vgl. hierzu *Franßen/Haesen*, Art. 1 § 1 Anm. 77; *Hempel* 1975, 135f.), insbesondere die Frage, ob auch Verstöße gegen § 11 Abs. 4 die Vermutungswirkungen auslösen (vgl. *Schüren*, § 1 Rn. 538ff.), ist eher akademischer Natur, da von § 3 Abs. 1 Nr. 1 jegliche Verstöße gegen das Arbeitsschutzrecht (und damit auch solche gegen Vorschriften des AÜG) erfasst werden.

a) Nichtübernahme der üblichen Arbeitgeberpflichten

199 Eine **Nichtübernahme der üblichen Arbeitgeberpflichten** liegt in allen Fällen vor, in denen die Erlaubnisbehörde nach § 3 Abs. 1 Nr. 1 bis 3 die Erlaubnis zu versagen hat und der Arbeitgeber seinen Pflichten in tatsächlicher Hinsicht nicht nachkommt. Der Kreis der üblichen Arbeitgeberpflichten ist weit zu stecken. Die Einhaltung aller arbeitsrechtlichen Pflichten (§ 3 Abs. 1 Nr. 1) stellt dabei nur einen kleinen Ausschnitt der üblichen Arbeitgeberpflichten dar. Auch die Einhaltung aller öffentlich-rechtlichen und privatrechtlichen Normen, die an die **Arbeitgeberstellung** anknüpfen, zählt zu den üblichen Arbeitgeberpflichten i.S.d. Abs. 2 (vgl. auch § 3 Rn. 53ff.). Unbeachtlich ist hierbei, auf welcher Rechtsgrundlage die Pflichten beruhen; auch **Tarifverträge oder Betriebsvereinbarungen** sowie die Einhaltung der Vorschriften des BetrVG gehören zu den üblichen Arbeitgeberpflichten (s.a. *Becker/Wulfgramm*, Art. 1 § 1 Rn. 49e; *Schüren/Schüren*, § 1 Rn. 627). Im Rahmen der Tatbestandsalternative ist allein darauf abzustellen, ob der Verleiher in tatsächlicher Hinsicht die Arbeitgeberpflichten nicht erfüllt (*Becker/Wulfgramm*, Art. 1 § 1 Rn. 49d; *Sandmann/Marschall*, Art. 1 § 1 Anm. 57; *Thüsing/Waas*, § 1 Rn. 136) bzw. deren Übernahme i.S.e. einer rechtsverbindlichen Verpflichtung ablehnt. Da auf die **üblichen Arbeitgeberpflichten** abzustellen ist, wird die Vermutung selbst dann ausgelöst, wenn das Verhalten des Arbeitgebers zwar vertragsgemäß ist, ein Teil der üblichen Arbeitgeberpflichten aber nur deshalb nicht eingehalten wird, weil die Pflichten vom Arbeitsvertrag nicht erfasst werden oder abbedungen sind (*Schüren/Schüren*, § 1 Rn. 627).

200 Eine Nichtübernahme von Arbeitgeberpflichten liegt auch vor, wenn der Verleiher gegen die **Gleichbehandlungspflichten** aus §§ 3 Abs. 1 Nr. 3, 9 Nr. 2, 10 Abs. 4 verstößt (*Thüsing/Waas*, § 1 Rn. 145). Ist eine Anwendung des Gleichbehandlungsgrundsatzes infolge der Anwendung eines Tarifvertrags zur ANÜ ausgeschlossen (vgl. § 9 Rn. 251ff.), werden Verstöße gegen den Tarifvertrag wegen der Nichteinhaltung arbeitsrechtlicher Pflichten von § 3 Abs. 1 Nr. 1 erfasst (*Schüren/Schüren*, § 1 Rn. 623; *Thüsing/Waas*, § 1 Rn. 144; vgl. Rn. 222).

b) Nichtübernahme des Arbeitgeberrisikos

201 Die **Tragung des Arbeitgeberrisikos** durch den Verleiher als Arbeitgeber hat im AÜG eine besondere Ausprägung erfahren (Rn. 55f.). Dies betrifft insbesondere die **Beschäftigungs- und Lohnzahlungspflichten** sowie den Bestandsschutz des Arbeitsverhältnisses. Es betrifft daneben aber auch die Pflichten zur Tragung des **Betriebsrisikos** bei vorübergehendem Auftragsmangel (vgl. § 11 Abs. 4 Satz 2; § 615 3 BGB). Verstöße des Arbeitgebers gegen diese besondere Ausgestaltung des Arbeitgeberrisikos bei ANÜ werden von § 3 Abs. 1 Nr. 1 erfasst; auf die Erläuterungen zu § 3 (Rn. 2ff.) kann insoweit verwiesen werden.

c) Überschreiten der höchstzulässigen Überlassungsdauer (§ 3 Abs. 1 Nr. 6 a. F.)

Bis zum 31.12.2003 traten die Vermutungswirkungen des Abs. 2 auch ein, **201a** wenn die **Dauer der Überlassung** den nach § 3 Abs. 1 Nr. 6 a. F. maßgeblichen Höchstzeitraum von zuletzt 24 Monaten überschritt (vgl. hierzu die Voraufl. § 1 Rn. 201 ff.). Durch den ersatzlosen Wegfall der Vorschrift entfallen die Vermutungswirkungen von § 3 Abs. 1 Nr. 6 a. F. für alle Überlassungsfälle, die erst nach dem 31.12.2003 den Höchstüberlassungszeitraum überschritten (s. aber Rn. 220).

Aus dem Wegfall der gesetzlich geregelten Höchstüberlassungsdauer für eine **201b** ANÜ wird z. T. der Schluss gezogen, dass seit dem 1.4.2004 eine **zeitlich unbegrenzte Überlassung** von LAN an einen Entleiher und damit verbunden eine uneingeschränkte **Besetzung von Dauerarbeitsplätzen** mit LAN zulässig sei (so: *Boemke/Lembke*, § 3 Rn. 20 f.). Sowohl das Bestehen einer begrenzten Einsatzfrist als auch die Übernahme des Beschäftigungsrisikos in verleihfreien Zeiten sind verfassungsrechtliche **Zulässigkeitsvoraussetzungen** der ANÜ (vgl. Einl. B Rn. 7). Dem wird durch § 1 Abs. 2 dadurch Rechnung getragen, dass bei Verstößen gegen die Übernahme des typischen Arbeitgeberrisikos des Verleihers eine Vermutung für das Vorliegen von Arbeitsvermittlung vorsieht (*Schüren/Schüren*, § 1 Rn. 634; vgl. Rn. 201). Bei einer zeitlich unbegrenzten Überlassung des LAN ist jedoch die Tragung des Arbeitgeberrisikos in verleihfreien Zeiten (vgl. § 11 Abs. 4 Satz 2; § 11 Rn. 94 ff.) regelmäßig ausgeschlossen. Fraglich kann hier nur sein, wann die zeitliche Grenze überschritten wird, ab der ein Verleiher nicht mehr das typische Arbeitgeberrisiko trägt und den Arbeitsbeziehungen zwischen Entleiher und LAN eine rechtlich relevante Bedeutung zukommt. Einen Anhaltspunkt kann insofern der in § 14 Abs. 2 TzBfG enthaltene Rechtsgedanke liefern, wonach sich das Schuldverhältnis spätestens nach 2 Jahren derart verdichtet hat, dass jede darüber hinausgehende Beschäftigung grundsätzlich nur im Rahmen eines unbefristeten Arbeitsverhältnisses erfolgen kann. I. Ü. wird man einzelfallbezogen darauf abstellen müssen, ob der Verleiher angesichts der Dauer der Überlassung noch das typische Arbeitgeberrisiko eines Verleihers trägt. Dies ist z. B. nicht der Fall, wenn der Verleiher durch eine **Synchronisation** von Überlassungszeitraum und Laufzeit des Leiharbeitsverhältnisses gegen die Vorschriften des TzBfG verstößt (*Schüren/Schüren*, § 1 Rn. 624) oder die Vorschriften zum Annahmeverzug (§ 11 Abs. 4 Satz 2) umgeht oder durch Ausspruch einer ordentlichen **Kündigung**, die zum Zeitpunkt der Beendigung der Überlassung wirksam wird, die Tragung des Arbeitgeberrisikos ausschließt (i. E. ebenso: *Schüren/Schüren*, § 1 Rn. 628 u. 635; *Thüsing/Waas*, § 1 Rn. 145).

Beabsichtigt der Verleiher schon bei Abschluss des Arbeitsvertrags den LAN **201c** nicht über den Zeitraum eines langfristig angelegten ANÜ-Vertrags hinaus zu beschäftigen, liegt eine **verdeckte Arbeitsvermittlung** vor (Einl. B Rn. 7; *Schüren/Schüren*, § 1 Rn. 634; *Thüsing/Waas*, § 1 Rn. 146; *Ulber*, AuR 2003, 10) und es kommt ein Arbeitsverhältnis mit dem Beschäftigungsunternehmen zustande (*Schüren/Schüren*, Einl. Rn. 736; *Mastmann/Offer*, AuR 2005, 330). Dasselbe gilt, wenn LAN in Saisonbetrieben für die Zeiten der Saison bei einem Entleiher beschäftigt werden (vgl. *LAG Hamm* v. 9.1.1996 – 6 Sa 687/95 – DB 1996, 632). Der Schwerpunkt der Arbeitgeber-Arbeitnehmerbeziehung liegt hier von vornherein ausschließlich in der Beziehung zwischen LAN und Entleiher (vgl. *BAG* v. 2.3.1994 – 5 AZR 462/93 – EzAÜG BetrAVG Nr. 3), der Verleiher fungiert allenfalls als Zahlstelle, ohne ein nennenswertes Arbeitgeberrisiko zu tragen (*Schüren/Schüren*, § 1 Rn. 459; *Thüsing/Waas*, § 1 Rn. 146; a. A. *Lembke*, BB 2003, 104).

201d Soweit ein LAN im Rahmen eines ANÜ-Vertrags beschäftigt wird, der zeitlich unbegrenzt abgeschlossen wurde, sind **Unterbrechungen des Einsatzes** unbeachtlich, soweit ihnen gegenüber dem Zeitraum der Beschäftigung beim Entleiher kein wesentliches Gewicht zukommt. Dies ist insbesondere der Fall, wenn zwischen den verschiedenen Einsätzen beim Entleiher ein **enger sachlicher Zusammenhang** besteht (*BAG* v. 23.11.1988 – 7 AZR 34/88 – AP Nr.14 zu § 1 AÜG) oder der Unterbrechungszeitraum nicht mindestens 25 % des vorangegangenen Überlassungszeitraums beträgt (vgl. hierzu Voraufl. § 3 Rn. 98, 118 u. 122). Krankheitsbedingte Fehlzeiten oder Zeiten des Urlaubs ändern daher in den Fällen zeitlich unbegrenzt vorgesehenen Einsatzes des LAN bei einem Entleiher nichts am Vorliegen verdeckter ANÜ. Löst demgegenüber der Unterbrechungszeitraum die Vergütungspflichten wegen Annahmeverzugs aus, sind die Voraussetzungen des Abs. 2 nicht erfüllt.

4. Vermutungswirkungen und Widerlegbarkeit der Vermutung

202 Sind die Voraussetzungen des Abs. 2 erfüllt, wird sowohl bei gewerbsmäßiger als auch nicht gewerbsmäßiger ANÜ vermutet, dass der überlassende Arbeitgeber illegale **Arbeitsvermittlung** betreibt. Die gesetzliche Vermutung hat zur **Folge**, dass die Überlassung von Arbeitnehmern an einen Dritten als Zusammenführung des Arbeitnehmers mit dem Dritten zur **Begründung eines Arbeitsverhältnisses** zu bewerten ist (*BAG* v. 21.3.1990 – 7 AZR 198/89 – AP Nr.15 zu § 1 AÜG; vgl. Einl. D. Rn.47ff.). Soweit es um den Eintritt der gesetzlichen Vermutung als solcher geht, besteht in Rechtsprechung und Literatur weitgehend Einigkeit (*Becker/Wulfgramm*, Art. 1 § 1 Rn.51e; *Boemke*, § 1 Rn.138; ErfK/*Wank*, § 1 AÜG Rn.68; *Sandmann/Marschall*, Art. 1 § 1 Anm. 61; *Schüren/Schüren*, § 1 Rn.436ff.; *Thüsing/Waas*, § 1 Rn.136).

203 Abs. 2 hat hinsichtlich seines materiellen Gehalts durch die **Zulassung privater Arbeitsvermittlung** keine Änderung erfahren. Die Rechtsfolge der Norm, vermutete (illegale) Arbeitsvermittlung, bleibt von den gesetzlichen Änderungen der Arbeitsvermittlung (vgl. Einl. D. Rn.1ff.) unberührt. Schon bislang war anerkannt, dass auf der **Rechtsfolgenseite** der Norm unerlaubte Arbeitsvermittlung vermutet wird (*BAG* v. 21.3.1990 – 7 AZR 198/89 – AP Nr.15 zu § 1 AÜG; a. A. *Schüren/Schüren*, § 1 Rn.441). Die **Rechtswidrigkeit** der Arbeitsvermittlung war insoweit »ungeschriebenes Rechtsfolgenmerkmal«; einer ausdrücklichen Erwähnung der Rechtswidrigkeit der Arbeitsvermittlung bedurfte es früher schon angesichts des seinerzeit bestehenden Arbeitsvermittlungsmonopols der BA (vgl. Einl. D. Rn.12ff.) nicht. Bei Vorliegen der Voraussetzungen des Abs. 2 erfüllt der Überlassende daher auch dann den Tatbestand illegaler Arbeitsvermittlung, wenn er die **Berechtigung zur Arbeitsvermittlung** hat (vgl. Einl. D. Rn.45; Rn.213; *Feuerborn/Hamann*, BB 1997, 2530; *Hamann*, BB 1999, 1655). Die gewerberechtlichen Voraussetzungen der Arbeitsvermittlung dienen der **Gewährleistung eines rechtmäßigen Handelns des Vermittlers**. Die Wirkungen einer berechtigten Arbeitsvermittlung erstrecken sich jedoch nicht darauf, Gesetzesverstößen des Verleihers gegen § 3 Abs. 1 Nr.1 bis 3 durch die Berechtigung zur Arbeitsvermittlung die Rechtmäßigkeit zu verleihen. Dem Verleiher ist es daher ausnahmslos verwehrt, die Vermutung des Abs. 2 durch den Verweis auf eine erteilte Erlaubnis zur Arbeitsvermittlung zu widerlegen (Einl. C Rn.83).

a) Reichweite des Vermutungstatbestandes

Unterschiedliche Auffassungen bestehen darüber, ob die Vermutung sowohl in **204** Fällen gewerbsmäßiger als auch nichtgewerbsmäßiger ANÜ eintritt und ob eine **Widerlegbarkeit der Vermutung** auch bei **gewerbsmäßiger ANÜ** möglich ist (Einl. D Rn. 47).

Schon aus den Gesetzesmaterialien geht hervor, dass der Gesetzgeber für Fälle **205** **nichtgewerbsmäßiger ANÜ** von einer Anwendbarkeit des Abs. 2 ausging und gerade für diese Fälle eine **Widerlegbarkeit der Vermutung** eröffnen wollte (vgl. BT-Ds. VI/3505, S. 2). Ausschlaggebend für die Gesetzesfassung war die Überlegung, bestimmte Überlassungsformen (z.B. im Bereich der Krankenpflege und der Landwirtschaft) auch in Fällen des Verstoßes gegen die in § 3 Abs. 1 geregelten Versagungsgründe vom Vorliegen einer Arbeitsvermittlung auszunehmen. Auch der Wortlaut der Vorschrift, nach dem gewerbsmäßiges Handeln im Unterschied zu Abs. 1 Satz 1 nicht erforderlich ist, spricht dafür, Abs. 2 auch auf Fälle nichtgewerbsmäßiger ANÜ anzuwenden (h.M., vgl. *BAG* v. 28.6.2000 – 7 AZR 45/99 – BB 2001, 98; *Becker/Wulfgramm*, Art. 1 § 1 Rn. 46; *Boemke*, § 1 Rn. 131; *Mohr/Pomberg*, DB 2001, 590; ErfK/*Wank*, § 1 AÜG Rn. 68; *Sandmann/Marschall*, Art. 1 § 1 Anm. 61; *Schüren*, § 1 Rn. 525; a.A. *Franßen/Haesen*, Art. 1 § 1 Rn. 73; *Schubel/Engelbrecht*, Art. 1 § 1 Anm. 24; *Schüren/Schüren*, § 1 Rn. 433).

Teilweise wird in der Literatur davon ausgegangen, dass es sich bei der in Abs. 2 **206** enthaltenen Vermutung um einen Fall der sog. **praesumtio facti** handelt (*Becker/Wulfgramm*, Art. 1 § 1 Rn. 48; *Boemke*, § 1 Rn. 138; *Sandmann/Marschall*, Art. 1 § 1 Anm. 61), bei der eine Rechtstatsache (Betreiben von Arbeitsvermittlung) vermutet wird (a.A. *Schüren/Schüren*, § 1 Rn. 427 u. *Behrend*, BB 2001, 2642, die in Abs. 2 eine Beweislastregel sieht). Hierbei wird davon ausgegangen, dass die Vermutung sowohl in Fällen gewerbsmäßiger als auch nichtgewerbsmäßiger ANÜ widerlegt werden könne (*Sandmann/Marschall*, § 1 Anm. 60). Begründet wird dies vor allem mit dem Wortlaut der Vorschrift und dem Entstehungszusammenhang (*Schüren/Schüren*, § 1 Rn. 436 f.). Die hierzu vorgetragenen Gründe vermögen nicht zu überzeugen. Vielmehr geht das *BAG* seit der Entscheidung vom 23.11.1988 (7 AZR 34/88 – AP Nr. 14 zu § 1 AÜG) zu Recht davon aus, dass die **Vermutung im Bereich der gewerbsmäßigen ANÜ unwiderlegbar** ist (*BAG* v. 26.7.2000 – 7 AZR 45/99 – BB 2001, 99; *LAG Hessen* v. 26.5.2000 – 2 Sa 423/99 – DB 2000, 1968). Dies gilt nach der Entscheidung des *BAG* vom 26.4.1995 (7 AZR 850/94 – AP Nr. 19 zu § 1 AÜG) nicht nur für Fälle des § 3 Abs. 1 Nr. 6 a.F., sondern **unterschiedslos** für alle in Abs. 2 erwähnten Tatbestände. Aus der Entstehungsgeschichte ergibt sich, dass die noch im Referentenentwurf enthaltenen Ausschlusstatbestände i.S.e. unwiderlegbaren Rechtsvermutung insbesondere deshalb zugunsten einer widerlegbaren gesetzlichen Vermutung umgestaltet wurden, weil bestimmte nichtgewerbsmäßige Überlassungsformen aus dem Vermittlungstatbestand ausgeklammert werden sollten (vgl. hierzu *Becker/Wulfgramm*, Art. 1 § 1 Rn. 47 f.). Eine unterschiedslose Behandlung aller Fälle gewerbsmäßiger und nichtgewerbsmäßiger ANÜ sollte mit der Gesetzesfassung gerade nicht erreicht werden, vielmehr ist der Gesetzgeber für eine flexible Handhabung eingetreten (vgl. BT-Ds. VI/3505, S. 2).

Eine **unterschiedliche Behandlung** von Fällen gewerbsmäßiger und nicht- **207** gewerbsmäßiger ANÜ ist im Zusammenhang der Vorschriften des AÜG auch im Hinblick auf die arbeitsrechtlichen Folgen der § 10, § 1 Abs. 2 geboten. Bei gewerbsmäßiger ANÜ richtet sich der **Bestand des Arbeitsverhältnisses** des

Arbeitnehmers zum Verleiherarbeitgeber danach, ob alle Vorschriften des AÜG eingehalten sind. Hierbei besteht die latente Gefahr, dass durch Verstöße des Entleihers gegen Vorschriften des AÜG der Bestand des Arbeitsverhältnisses **gefährdet wird**. Mit § 10 hat der Gesetzgeber dieser Gefahr besonders für den Fall, dass die Erlaubnis zur ANÜ fehlt oder wegfällt, begegnen wollen und eine besondere Regelung zum Schutz des Arbeitnehmers getroffen, die v.a. auch eine eindeutige **Zuordnung des Arbeitsverhältnisses** entweder zum Verleiher oder zum Entleiher ermöglichen soll. **Zweifel** an der Zuordnung des Arbeitsverhältnisses sollen dabei nicht zulasten des Arbeitnehmers gehen (vgl. amtl. Begr. BT-Ds. VI/2303, S. 15).

Das Interesse des Arbeitnehmers an einer eindeutigen Zuordnung des Arbeitsverhältnisses zu einem der beteiligten Arbeitgeber ist bei gewerbsmäßiger und nichtgewerbsmäßiger ANÜ **unterschiedlich** betroffen. Während sich in den Fällen **nichtgewerbsmäßiger ANÜ** die Rechtsfolgen des Vermutungstatbestandes nach Abs. 2 i.d.R. darauf beschränken, dass der Arbeitnehmer in einem Doppelarbeitsverhältnis steht und daher selbst bei Bestreiten oder Widerlegung der Vermutung durch den Entleiher zumindest seinen **Beschäftigungsanspruch** gegen den verleihenden Arbeitgeber behält (vgl. Einl. D. Rn. 60 ff., § 9 Rn. 82), sind **die Rechtsfolgen in den Fällen gewerbsmäßiger ANÜ** völlig anders. Hier ist bei Vorliegen der Voraussetzungen des Abs. 2 gleichzeitig die Erlaubnis bzw. deren Verlängerung nach § 3 Abs. 1 zwingend zu versagen mit der Folge, dass das Arbeitsverhältnis beendet werden muss bzw. der **Arbeitsvertrag** nach § 9 Nr. 1 **unwirksam** wird.

Diese Folge tritt auch ein, wenn der betroffene Leiharbeitnehmer zum Zeitpunkt des Wegfalls der Erlaubnis und damit der Beendigung des Arbeitsverhältnisses rein tatsächlich nicht bei einem Dritten eingesetzt wird. Würde hier die Vermutung des Abs. 2 für das Vorliegen von Arbeitsvermittlung widerlegt werden können, würde der Arbeitnehmer der **Gefahr ausgesetzt** sein, mangels fiktiv illegaler Arbeitsvermittlung in **keinem Arbeitsverhältnis zum Dritten** zu stehen, er würde **gleichzeitig** aber auch wegen des drohenden Fortfalls der Erlaubnis sein **Arbeitsverhältnis zum Verleiherarbeitgeber verlieren**. Dies stünde jedoch in eklatantem Widerspruch zum besonders ausgestalteten Bestandsschutz des Arbeitsverhältnisses und der Funktion des Abs. 2, Zweifel hinsichtlich der Person des Arbeitgebers nicht zulasten des Arbeitnehmers gehen zu lassen (Rn. 207). Es würde daneben aber auch bei gewerbsmäßiger ANÜ zu einem Wertungswiderspruch und einer Inkongruenz zwischen erlaubnisbezogenen Vorschriften (§ 3 Abs. 1) und vermittlungsrechtlichen Normen (§ 1 Abs. 2) zulasten des Arbeitnehmers führen.

208 Als Arbeitsschutzgesetz ist das **AÜG im Zweifel restriktiv** i.S.d. Arbeitnehmerschutzes **auszulegen und anzuwenden**, sodass Verstöße des Arbeitgebers, die den Tatbestand des Abs. 2 erfüllen, dazu führen, dass entsprechend den zwingenden Normen des AÜG auch **zwingend** (d.h. unwiderlegbar) die **Vermutungswirkungen des Abs. 2** ausgelöst werden und dadurch ein Arbeitsverhältnis zum Dritten fingiert wird (vgl. Einl. D Rn. 47 f.). Die **unterschiedliche Behandlung** von Fällen nichtgewerbsmäßiger ANÜ rechtfertigt sich daraus, dass der Gewerbetreibende und damit der Arbeitgeber bei Verstößen im Rahmen nichtgewerbsmäßiger ANÜ i.d.R. sein Gewerbe weiterhin unter Fortsetzung des Arbeitsverhältnisses betreiben kann, während bei gewerbsmäßiger ANÜ die Erlaubnis bzw. deren Verlängerung nach § 3 Abs. 1 zwingend zu versagen ist mit der Folge, dass das Arbeitsverhältnis nach § 9 Nr. 1 endet. Auch unabhängig von den Rechtsfolgen des § 1 Abs. 2 (vgl. Einl. D. Rn. 57 f.) kommt es daher bei gewerbsmäßiger ANÜ bei einem Wegfall der Erlaubnis zu einer Beendigung des bisherigen Arbeitsverhältnisses des Arbeitnehmers (zum Doppelarbeitsverhältnis vgl. Einl. D Rn. 60 ff. u. 73). Die **unterschiedliche Schutzbedürftigkeit des Arbeitnehmers** bei Verstößen gegen § 3 Abs. 1 danach, ob es sich um einen Fall gewerbsmäßiger oder nichtgewerbsmäßiger ANÜ handelt, ist als zulässiges **Differenzierungskriterium** bei der Reichweite des Vermutungstatbestands auf das Arbeitsverhältnis des betroffenen Arbeitnehmers zu berücksichtigen (vgl. auch *BAG* v. 5. 5. 1988 – 2 AZR 795/87 – AP Nr. 8 zu § 1 AÜG).

Aus den unterschiedlichen Rechtsfolgen von Verstößen gegen § 3 Abs. 1 ergibt **209** sich, dass die Vermutung des Abs. 2 **in allen Fällen gewerbsmäßiger ANÜ unwiderlegbar** ist (s. a. *BAG* v. 26. 4. 1995 – 7 AZR 850/94 – DB 1995, 2427 u. v. 3. 12. 1997 – 7 AZR 764/96 – AP Nr. 24 zu § 1 AÜG) und nur in Fällen nichtgewerbsmäßiger ANÜ eine Widerlegbarkeit der Vermutung in Betracht kommt (ErfK/*Wank*, § 1 Rn. 64; a. A. *Boemke*, § 1 Rn. 143; *Sandmann/Marschall*, § 1 Anm. 63; *Schüren/Schüren*, § 1 Rn. 433 ff.).

Ist der Verleiher im **Besitz der Erlaubnis**, muss er sich so behandeln lassen, **210** als liege **gewerbsmäßige ANÜ** vor. Der Verweis darauf, dass im Einzelfall keine gewerbsmäßige, sondern eine nichtgewerbsmäßige ANÜ vorgelegen habe und die Vermutung daher widerlegbar sei, ist ihm verwehrt. Mit den Regelungen des § 1 Abs. 2 soll gerade erreicht werden, **Zweifel** darüber, ob die Verleihertätigkeit als ANÜ nach § 1 oder als illegale Arbeitsvermittlung zu beurteilen ist, zu beseitigen (*BAG* v. 23. 11. 1988 – 7 AZR 34/88 – AP Nr. 14 zu § 1 AÜG). Diese Zweifel kann der Verleiher nicht normwidrig dadurch verstärken, dass er mit Verweis auf das Vorliegen einer nichtgewerbsmäßigen ANÜ Unsicherheiten hinsichtlich der Zuordnung des Arbeitsverhältnisses erst begründet.

Werk- oder dienstvertragliche Einsätze sind grundsätzlich vom Anwendungs- **211** bereich der Vorschrift **ausgenommen** (*BAG* v. 14. 6. 1984 – 2 AZR 215/83 – EzAÜG § 631 BGB Werkvertrag Nr. 7). Etwas Anderes gilt hier, soweit es sich um **Scheinwerk- oder -dienstverträge** handelt (vgl. Einl. C. Rn. 79 ff.), da hier unabhängig vom Vorliegen einer Erlaubnis nach § 1 Abs. 1 Satz 1 immer ein Fall gewerbsmäßiger ANÜ vorliegt (*Becker/Wulfgramm*, Art. 1 § 1 Rn. 51c), was zu einem Ausschluss der Widerlegbarkeit der Vermutung nach Abs. 2 führt.

Auch eine unterschiedliche Behandlung zwischen den Fällen des § 3 Abs. 1 Nr. 1 **212** bis 3 (wovon *Schüren/Schüren*, § 1 Rn. 455 ff., ausgeht) ist bei gewerbsmäßiger ANÜ nicht gerechtfertigt.

b) Widerlegung der Vermutung

In den Fällen **nichtgewerbsmäßiger ANÜ** kann die **Vermutung widerlegt** wer- **213** den, wenn Tatsachen vorliegen, die trotz des Verstoßes gegen § 3 Abs. 1 Nr. 1 bis 3 die Vermutung für das Vorliegen einer Arbeitsvermittlung ausschließen (*Becker/Wulfgramm*, Art. 1 § 1 Rn. 51c; *Sandmann/Marschall*, Art. 1 § 1 Anm. 63). Ob sich der Überlassende im Besitz einer Erlaubnis befindet, ist hierbei unbeachtlich (Rn. 203). Vielmehr ist im Rahmen einer **wertenden Gesamtbetrachtung** zu prüfen, ob nach der gesamten Ausgestaltung und Durchführung der vertraglichen Beziehung trotz des Verstoßes der **Schwerpunkt des Arbeitsverhältnisses** im Verhältnis zum überlassenden Arbeitgeber liegt (*BAG* v. 21. 3. 1990 – 7 AZR 198/89 – AP Nr. 15 zu § 1 AÜG; *Sandmann/Marschall*, Art. 1 § 1 Anm. 61; einschränkend *Schüren/Schüren*, § 1 Rn. 457).

Maßgeblich sind dabei die jeweiligen **Umstände des Einzelfalls**, z. B. Dauer des Arbeitsverhältnisses mit dem überlassenden Arbeitgeber, Grund und Dauer der einzelnen ANÜ, einzelvertragliche Zusicherung einer Bestandsgarantie durch den Vertragsarbeitgeber u. ä. (*BAG*, a.a.O.; *Sandmann/Marschall*, Art. 1 § 1 Anm. 63). Die Ansicht, nach der die Vermutung in den Fällen des § 3 Abs. 1 allgemein widerlegt sei, wenn es sich lediglich um einen **einmaligen Verstoß** handelt, widerspricht dem Schutzzweck der Norm, bezüglich des Arbeitsverhältnisses des konkret betroffenen Arbeitnehmers klare Zuordnungen zu ermöglichen und würde zu dem Ergebnis führen, dass bei gleichem Verstoß die Fiktionswirkungen auf die Arbeitsverhältnisse der betroffenen Arbeitnehmer je nach Zahl der wiederholten Verstöße rechtlich unterschiedlich behandelt werden müssten.

214 Generell wird man bei den Rechtsfolgen von Verstößen gegen § 3 Abs. 1 Nr. 1 bis 3 die unterschiedlichen **Schutzzwecke** hinsichtlich der erlaubnisrechtlichen Folgen und der arbeitsvertraglichen Folgen des Abs. 2 beachten müssen.

Nach § 3 Abs. 1 ist die Erlaubnis bzw. deren Verlängerung aus **gewerberechtlichen Gründen** des Gemeinwohls zwingend zu versagen. Abs. 2 und § 10 bezwecken demgegenüber auch den **Schutz des Beschäftigungsverhältnisses** des einzelnen Arbeitnehmers. Dies rechtfertigt es, die arbeitsrechtlichen Folgen von Verstößen gegen § 3 Abs. 1 Nr. 1 bis 3 dann als unerheblich zu betrachten wenn die Beibehaltung des bisherigen Arbeitsverhältnisses zum überlassenden Vertragsarbeitgeber dem Arbeitnehmer auch in Zukunft einen höheren Bestandsschutz und eine höhere soziale Sicherheit bietet als ein fingiertes Arbeitsverhältnis zum Dritten. Dies ist bei Verstößen gegen § 3 Abs. 1 Nr. 1 bis 3 jeweils getrennt zu beurteilen.

215 Um die **Vermutung widerlegen** zu können, muss der Überlassende **Tatsachen** vortragen und beweisen, aus denen sich ergibt, dass er den Arbeitnehmer trotz der Erfüllung eines Vermutungstatbestandes im Rahmen einer gesetzeskonformen ANÜ überlassen hat (*Schüren/Schüren*, § 1 Rn. 455) und den besonderen Arbeitgeberpflichten eines Verleihers nachkommt. Grundvoraussetzung ist hierbei, dass er als selbstständiger Verleiher auf dem Markt auftritt (*Schüren/Schüren*, § 1 Rn. 463) und nicht nur als Werkzeug eines Entleihers fungiert. Daneben muss der Überlassende darlegen, dass er den Arbeitnehmer im Rahmen eines Leiharbeitsverhältnisses **dauerhaft beschäftigen** wollte (*Schüren/Schüren*, § 1 Rn. 460; *Thüsing/Waas*, § 1 Rn. 147). Ist schon bei Abschluss des Arbeitsvertrags nicht beabsichtigt, einer Erstüberlassung weitere Überlassungen folgen zu lassen, ist eine Arbeitsvermittlung nachgewiesen (*Schüren/Schüren*, § 1 Rn. 460; *ders.*, Festschrift *Däubler*, S. 99). Dasselbe gilt, wenn der LAN unter Umgehung der Vorschriften zum Annahmeverzug (§ 11 Abs. 4 Satz 2) beschäftigt wird (§ 1 Rn. 56 ff.), insoweit ist der Antritt eines Gegenbeweises ausgeschlossen.

216 Für die Widerlegung der Vermutung ist weiter erforderlich, dass der Überlassende darlegt, dass er den LAN an **verschiedene Entleiher** überlassen wollte (*Schüren/Schüren*, § 1 Rn. 461; *Thüsing/Waas*, § 1 Rn. 148). Wollte der Überlassende den Arbeitnehmer im Rahmen eines befristeten Arbeitsverhältnisses von vorneherein nur bei einem einzigen Entleiher arbeiten lassen, liegt Arbeitsvermittlung vor (vgl. § 9 Rn. 313 f.). Eine **entleiherbezogene Einstellung** ist ein sicheres Indiz für das Vorliegen von Arbeitsvermittlung (*Schüren/Schüren*, § 1 Rn. 467; *Thüsing/Waas*, § 1 Rn. 149; *Behrend*, BB 2001, 2644).

aa) Widerlegung bei Nichtübernahme von Arbeitgeberpflichten

Die in § 3 Abs. 1 Nr. 1 enthaltene Auflistung der **Arbeitgeberpflichten eines Ver-** **217** **leihers** (vgl. § 3 Rn. 34 ff.) verdeutlicht, dass der Gesetzgeber die Ausübung des Verleihgewerbes auch bei solchen Pflichtverletzungen verhindern will, die bei einem normalen Arbeitgeber nicht automatisch zur Untersagung des Gewerbes führen (z. B. bei Verstößen gegen Vorschriften des Sozialversicherungsrechts). Von daher kann der Überlassende die Vermutung nicht dadurch widerlegen, dass er auf entsprechende Pflichtwidrigkeiten anderer Arbeitgeber (oder gar deren Üblichkeit) verweist, die für diese keine arbeits- oder gewerberechtliche Sanktionen zur Folge haben. Er muss vielmehr besondere Tatsachen vortragen, die Zweifel daran ausschließen, dass er die Arbeitgeberpflichten eines Verleihers ordnungsgemäß erfüllt.

In subjektiver Hinsicht kommt eine Widerlegung in Betracht, wenn der Verstoß **218** gering ist und auf einem **unbeabsichtigten**, irrtümlichen oder sonst entschuldbaren Verhalten des Überlassenden beruht (*Boemke*, § 1 Rn. 147; ErfK/*Wank*, § 1 Rn. 69; *Thüsing/Waas*, § 1 Rn. 150). Objektiv darf der Verstoß nicht schwerwiegend und eine **Wiederholbarkeit muss ausgeschlossen** sein. Verstößt der Überlassende gegen die in § 3 Abs. 1 Nr. 1 enthaltenen Hauptpflichten aus dem Arbeitsverhältnis, kann die Vermutung i. d. R. nicht widerlegt werden, eine Widerlegbarkeit ist nur bei Verstößen von geringem Gewicht möglich (ErfK/*Wank*, § 1 Rn. 69; a. A. *Boemke*, § 1 Rn. 148). Solche **geringfügigen Verstöße** kommen vor allem bei der **Verletzung von Nebenpflichten** aus dem Arbeitsverhältnis in Betracht, z. B. wenn das Arbeitsentgelt einmalig und entschuldbar verspätet ausgezahlt wird (*Boemke*, § 1 Rn. 147). Bei Verletzung von Hauptleistungspflichten aus dem Arbeitsverhältnis, insbesondere bei **Nichtzahlung des Arbeitsentgelts** oder Verstößen gegen Tarifverträge, die Abweichungen vom Gleichbehandlungsgrundsatz der §§ 3 Abs. 1 Nr. 3, 9 Nr. 2, 10 Abs. 4 enthalten (Rn. 200), kann die Vermutung der Nichtübernahme von Arbeitgeberpflichten dagegen grundsätzlich nicht widerlegt werden (a. A. *Boemke*, § 1 Rn. 148; *Thüsing/Waas*, § 1 Rn. 150). I. Ü. kann die Vermutung nach Abs. 2 dadurch widerlegt werden, dass die im Rahmen des § 3 Abs. 1 Nr. 1 maßgeblichen **Tatsachen widerlegt** werden oder dargelegt wird, dass die zugrunde gelegten Tatsachen hinsichtlich des Vorliegens eines Verstoßes rechtlich falsch gewürdigt wurden. Dies kommt v. a. in Betracht, wenn Zweifel an der Zuverlässigkeit des Überlassenden nicht auf die spezialgesetzlich geregelten Fällen des § 3 Abs. 1 Nr. 1 gestützt werden, sondern aus sonstigen Gründen geltend gemacht werden (vgl. § 3 Rn. 10 ff.).

bb) Widerlegung bei Nichtübernahme des Arbeitgeberrisikos

Trotz Aufhebung der Vorschriften zum **Arbeitgeberrisiko** nach § 3 Abs. 1 Nr. 3 – **219** 5 a. F. (vgl. Vorauflage § 1 Rn. 216) hat der Gesetzgeber in Abs. 2 Verstöße gegen das Arbeitgeberrisiko des Verleihers weiterhin als gesonderten Vermutungstatbestand aufrechterhalten. Obwohl das Arbeitgeberrisiko schon zu den arbeitsrechtlichen Pflichten des Verleihers i. S. d. § 3 Abs. 1 Nr. 1 zählt, wird hierdurch die besondere Bedeutung hervorgehoben, die dem Arbeitgeberrisiko des Verleihers nach § 11 Abs. 4 Satz 2 zukommt (Schüren/Schüren, § 1 Rn. 628). Nur in besonders gelagerten Ausnahmefällen kann hier ein Entlastungsbeweis geführt werden (*Thüsing/Waas*, § 1 Rn. 151). Verstößt der Verleiher gegen die Verpflichtung zur **Entgeltfortzahlung in verleihfreien Zeiten** oder stellt eine Befristung oder

Kündigung des Arbeitsverhältnisses eine unzulässige Umgehung der Vorschriften zum Annahmeverzug dar (vgl. § 9 Rn. 304 ff.), begründet dies immer die Vermutung von Arbeitsvermittlung (*Schüren/Hamann*, § 1 Rn. 359), wobei eine Entlastung des Verleihers nur in extremen Ausnahmefällen (z. B. wenn ein synchronisiertes Arbeitsverhältnis auch im Interesse des LAN abgeschlossen werden konnte) in Betracht kommt (*Thüsing/Waas*, § 1 Rn. 151). Dies gilt auch in den Fällen einer **entleiherbezogenen Einstellung** (vgl. Rn. 216) und bei Synchronisation (*Schüren/Schüren*, § 1 Rn. 628), da hier das Arbeitsverhältnis ausschließlich im Interesse des Dritten ohne eigenes Arbeitgeberrisiko des Überlassenden begründet wird.

cc) *Vermutung bei langfristiger Arbeitnehmerüberlassung (§ 3 Abs. 1 Nr. 6 a. F.)*

220 Nach § 3 Abs. 1 Nr. 6 a. F. war bei **Überschreiten einer Höchstüberlassungsdauer** von 24 (bei nichtgewerbsmäßiger ANÜ nach Abs. 2 a. F. von 12) Monaten der Tatbestand einer vermuteten Arbeitsvermittlung erfüllt (vgl. Voraufl. § 1 Rn. 218 ff.). Aus der Aufhebung der Vorschrift durch das Erste Gesetz für moderne Dienstleistungen am Arbeitsmarkt wird im Schrifttum z. T. der Schluss gezogen, dass nunmehr auch eine zeitlich unbegrenzte Überlassung des LAN an denselben Entleiher zulässig sei (*Boemke/Lembke*, § 3 Rn. 20) und die gesetzliche Vermutung von Arbeitsvermittlung nicht greife. Dem kann nicht gefolgt werden. Der Fortfall der gesetzlichen Höchstüberlassungsdauer hat zwar die starre zeitliche Grenze zulässiger ANÜ beseitigt; sie ändert jedoch nichts daran, dass ANÜ ihrer Natur nach immer **vorübergehend** sein muss (*Schüren*, FS Däubler, 90 ff.). Eine zeitlich unbegrenzte Überlassung von LAN ist daher auch im Rahmen nichtgewerbsmäßiger ANÜ nicht möglich. Daneben hat der Gesetzgeber trotz der Aufhebung des § 3 Abs. 1 Nr. 6 a. F. die Vorschriften zum Annahmeverzug des Verleihers nach § 11 Abs. 4 Satz 2 unverändert gelassen, so dass in den Fällen, in denen den Verleiher wegen der Dauer der Überlassung kein ins Gewicht fallendes Arbeitgeberrisiko trifft, weiterhin von der Erfüllung des Vermutungstatbestands nach Abs. 2 auszugehen ist (*Thüsing/Waas*, § 1 Rn. 146; vgl. Rn. 201b).

220a Die Vermutung kann bei nichtgewerbsmäßiger ANÜ widerlegt werden, wenn diese **vorübergehender Natur** war, wobei mit Einschränkungen auf die zur Konzernleihe geltenden Grundsätze zurückgegriffen werden kann (*BAG* v. 21. 3. 1990 – 7 AZR 198/89 – AP Nr. 15 zu § 1 AÜG). Die Einschränkungen ergeben sich daraus, dass außerhalb von Arbeitsverhältnissen in einem Konzern nicht von einer geringeren Gefährdung des arbeits- und sozialrechtlichen Schutzes des Arbeitnehmers (vgl. hierzu *BAG* v. 5. 5. 1988 – 2 AZR 795/87 – AP Nr. 8 zu § 1 AÜG) ausgegangen werden kann. Die Vermutung kann daher nur widerlegt werden, wenn der Einsatz des Arbeitnehmers zeitlich befristet erfolgte und eine Aufgabenstellung betrifft, die beim Dritten nicht dauerhaft anfällt. Nimmt der Arbeitnehmer dagegen **Daueraufgaben** wahr, spricht dies dafür, dass der Schwerpunkt des Arbeitsverhältnisses beim Entleiher liegt (*BAG*, a. a. O.).

dd) Widerlegung der Vermutung bei Verstößen gegen den Gleichbehandlungsgrundsatz

Nach Abs. 2 werden auch **Verstöße gegen den Gleichbehandlungsgrundsatz** **221**
des § 3 Abs. 1 Nr. 3 vom Vermutungstatbestand erfasst. Findet ein TV zur ANÜ
auf das Arbeitsverhältnis Anwendung, richten sich Verstöße (soweit keine Regelungslücken vorhanden sind, vgl. § 9 Rn. 167, 200) nach § 3 Abs. 1 Nr. 1 (*Schüren/*
Schüren, § 1 Rn. 627; *Thüsing/Waas*, § 1 Rn. 144). I. Ü. – insbesondere in den Fällen
nichtgewerbsmäßiger ANÜ (vgl. § 9 Rn. 73 u. § 10 Rn. 81) – wird immer Arbeitsvermittlung vermutet, wenn der Verleiher den Gleichbehandlungsanspruch
nach §§ 3 Abs. 1 Nr. 3, 9 Nr. 2, 10 Abs. 4 nicht erfüllt (*Schüren/Schüren*, § 1 Rn. 631;
Thüsing/Waas, § 1 Rn. 145). Ein Entlastungsbeweis kann dabei wegen der Bedeutung des Gleichbehandlungsgrundsatzes allenfalls in Ausnahmefällen, die sich
auf geringfügige Ansprüche des Arbeitnehmers beschränken, geführt werden.
Hierbei muss der Verleiher aber unwissentlich handeln (vgl. Rn. 218) und muss
darlegen können, dass er seinen **Erkundungspflichten** zur Festsstellung der
Gleichstellungsansprüche (§ 12 Rn. 6 f., 21) nachgekommen ist. Die von *Schüren*
vorgetragenen Gründe für einen erleichterten Gegenbeweis des Überlassenden
(*Schüren/Schüren*, § 1 Rn. 632) finden im Gesetz keine Stütze.

ee) Widerlegung der Vermutung bei Fehlern in der Betriebsorganisation

Ist der Verleiher nach der Gestaltung seiner Betriebsorganisation nicht in der **222**
Lage, die üblichen Arbeitgeberpflichten zu erfüllen (§ 3 Abs. 1 Nr. 2) wird nach
Abs. 2 Arbeitsvermittlung vermutet. Dies ist insbesondere der Fall, wenn der
Verleiher überhaupt nicht über eine **Betriebsstätte** mit einer ordnungsgemäßen
Büroorganisation oder Personalverwaltung verfügt (§ 3 Rn. 77). Im Übrigen kann
auf die Erläuterungen zu § 3 Rn. 75 ff.) verwiesen werden.

5. Rechtsfolgen bei Vorliegen eines Vermutungstatbestandes

Wird vom Überlassenden der **Entlastungsbeweis erbracht**, ist die Überlassung **223**
als ANÜ zu qualifizieren, deren Zulässigkeit sich nach den Bestimmungen des
AÜG richtet (*Boemke*, § 1 Rn. 152; *ErfK/Wank*, § 1 Rn. 69; *Schüren/Schüren*, § 1
Rn. 469; *Thüsing/Waas*, § 1 Rn. 153).
Greift die Vermutung des Abs. 2 unwiderlegbar ein oder gelingt es nicht, die **223a**
Vermutung zu widerlegen, ist die Überlassung als **Arbeitsvermittlung** zu qualifizieren (*BAG* v. 21. 3. 1990 – 7 AZR 198/89 – AP Nr. 15 zu § 1 AÜG u. v. 26. 4. 1995 –
7 AZR 850/94; *GK-Kreutz*, § 7 Rn. 45; *Schüren/Schüren*, § 1 Rn. 442; *Thüsing/Waas*,
§ 1 Rn. 154). Ob der Überlassende die Erlaubnis zur ANÜ besitzt oder neben der
ANÜ erlaubt oder unerlaubt auch das Gewerbe eines Arbeitsvermittlers betreibt
(vgl. Einl. D Rn. 38 ff.), ist für den Eintritt der Rechtsfolgen des Abs. 2 (nicht jedoch für Ordnungswidrigkeiten nach § 146 Abs. 2 Nr. 1 GewO; vgl. *Sandmann/*
Marschall, § 1 Anm. 64) unerheblich (*Schüren/Schüren*, § 1 Rn. 479). Soweit ein Fall
vermuteter Arbeitsvermittlung vorliegt, begründet dies jedoch Zweifel an der
Zuverlässigkeit des erlaubt tätigen Vermittlers und kann zur Untersagung des
Vermittlungsgewerbes führen (vgl. Einl. D Rn. 33 f.).
Abs. 2 hat sowohl gewerbe- als auch arbeits- und sozialrechtlichen Charakter **223b**
(*Hamann*, BB 1999, 1655). Greift die Vermutung ein, ist die **Erlaubnis** nach § 3
Abs. 1 zu versagen, eine erteilte Erlaubnis kann nach §§ 5 Abs. 1 Nr. 3 widerrufen

werden (*Boemke*, § 1 Rn. 158; ErfK/*Wank*, § 1 AÜG Rn. 70). Dies gilt auch, soweit der Verleiher gleichzeitig in erlaubter Weise Arbeitsvermittlung betreibt (*Schüren/Hamann*, § 1 Rn. 351). Umstritten sind die Rechtsfolgen des Vermutungstatbestandes in arbeitsrechtlicher Hinsicht. Geht man davon aus, dass Abs. 2 die für ein Arbeitsverhältnis zwischen Arbeitnehmer und Einsatzbetrieb erforderlichen Willenserklärungen ersetzt (*Hamann*, BB 1999, 1654), hat der Eintritt der Fiktion immer ein gesetzlich begründetes **Arbeitsverhältnis zwischen LAN und Entleiher** zur Folge. Zu demselben Ergebnis führt die Auffassung *Schüren*s, der in Abs. 2 lediglich eine Beweislastregel sieht (vgl. *Schüren/Schüren*, § 1 Rn. 442; *Schüren/Behrend*, NZA 2003, 526) und der in Abs. 2 geregelten Vermutung keine eigenständige Bedeutung zuerkennt (i.E. so auch ErfK/*Wank*, § 1 Rn. 70). Nach hier vertretener Auffassung kommt in den Fällen des Abs. 2 immer ein fingiertes Arbeitsverhältnis mit dem Entleiher zustande (vgl. hierzu Einl. D Rn. 47 f.). Demgegenüber schließt *Boemke* (§ 1 Rn. 156 im Anschluss an die Entscheidung des *BAG* v. 28. 6. 2000, BB 2000, 2522; vgl. hierzu Einl. D Rn. 47) arbeitsrechtliche Folgen des Abs. 2 vollständig aus und plädiert für eine ersatzlose Streichung der Vorschrift.

223c Würden sich die Rechtsfolgen des Abs. 2 auf die gewerberechtlichen Folgen des § 3 Abs. 1 beschränken, wäre Abs. 2 eine überflüssige Vorschrift. Es kann jedoch nicht davon ausgegangen werden, dass der Gesetzgeber Abs. 2 keinen **eigenständigen Regelungsgehalt** zukommen lassen will. Sowohl im Zuge der Aufhebung des staatlichen Arbeitsvermittlungsmonopols als auch bei der vollständigen Neuregelung des Rechts der ANÜ im Zuge der Hartz-Gesetzgebung (und damit auch nach der Änderung der Rechtsprechung des *BAG* zum fingierten Arbeitsverhältnis; vgl. Einl. D Rn. 47 f.) hat der Gesetzgeber die Vorschrift beibehalten und ihre Rechtsfolgen unberührt gelassen. Darüber hinaus ist die Norm durch das Erste Gesetz für moderne Dienstleistungen am Arbeitsmarkt (Einl. B, 52 ff.) sogar dahin gehend erweitert worden, dass nunmehr auch Verstöße gegen die Gleichbehandlungspflichten aus § 3 Abs. 1 Nr. 3 vom Vermutungstatbestand erfasst werden. Selbst wenn man vor Inkrafttreten der Neuregelung davon ausging, dass Abs. 2 infolge der Aufhebung des staatlichen Arbeitsvermittlungsmonopols bzw. des § 13 a.F. keine eigenständige Bedeutung mehr zukam, ist diese Auffassung durch die spätere (m.W.v. 1. 1. 2004 in Kraft getretene) Neuregelung überholt (i.E. ebenso *Schüren/Schüren*, § 1 Rn. 619). Bei nicht widerlegter Vermutung kommt daher in den Fällen des Abs. 2 ein Arbeitsverhältnis zum Entleiher zustande (vgl. Einl. D Rn. 47 ff.).

223d Das über Abs. 2 zustande gekommene Arbeitsverhältnis zum Entleiher ist ein normales Beschäftigungsverhältnis, das nicht den Einschränkungen des § 10 (z.B. der Befristungsbestimmung des § 10 Abs. 1 Satz 2) unterliegt (i.E. ebenso *Schüren/Schüren*, § 1 Rn. 482). Dem Arbeitnehmer sind entsprechend dem Grundsatz der **Gleichbehandlung** die Arbeitsbedingungen zu gewähren, die der Entleiher üblicherweise dem Arbeitnehmer bei Abschluss eines Arbeitsvertrags gewähren würde (*Schüren/Schüren*, § 1 Rn. 444 u. 478). Ein **zum Verleiher bestehendes Arbeitsverhältnis** wird durch den Eintritt der Fiktionswirkungen des Abs. 2 nicht berührt (vgl. Einl. D Rn. 60 ff.; *BAG* v. 19. 3. 2003 – 7 AZR 269 / 02; i.E. ebenso *Schüren/Schüren*, § 1 Rn. 443, 445, der aber ein fehlerhaftes Arbeitsverhältnis annimmt; a.A. ErfK/*Wank*, § 1 Rn. 70; *Thüsing/Waas*, § 1 Rn. 155). Das Entstehen eines **Doppelarbeitsverhältnisses** ist aber ausgeschlossen, wenn schon bei der Begründung des Arbeitsverhältnisses Arbeitsvermittlung vorliegt, da es hier zu keinem Zeitpunkt zu einer arbeitsvertraglichen Beziehung zwischen Überlassendem und Arbeitnehmer kommt. I. Ü. wird hinsichtlich der arbeitsrechtlichen Folgen des Abs. 2 auf die Erläuterungen zu Einl. D (Rn. 46 ff.) verwiesen.

V. Arbeitnehmerüberlassung zur Vermeidung von Kurzarbeit und Entlassungen auf Grund Tarifvertrages (§ 1 Abs. 3 Nr. 1)

1. Entstehungszusammenhang und Gesetzeszweck

§ 1 Abs. 3 Nr. 1 wurde durch Art. 8 Abs. 1 Nr. 1 BeschFG 1985 (BGBl. I S. 715) neu **224** in das AÜG eingefügt. Hiermit wurden die schon vormals praktizierten Formen sog. **Nachbarschaftshilfe** gesetzlich geregelt. Durch Art. 63 Nr. 2 Buchst. c aa AFRG wurde der Einleitungssatz mit Wirkung vom 1. 4. 1997 (vgl. Art. 83 Abs. 1 und 3 AFRG) um die Worte »mit Ausnahme des § 1b« ergänzt, womit klargestellt wurde, dass in den Fällen der ANÜ in Betriebe des Baugewerbes Abs. 3 nicht anwendbar ist. Durch Art. 18 Nr. 1 des 1. SGB- III-ÄndG wurde die Angabe »§ 1b« durch die jetzige Fassung »§ 1b Satz 1« ersetzt, sodass in den Fällen des § 1b Satz 2 der Abs. 3 zur Anwendung kommt. Verbunden mit dieser Änderung erfolgte eine Ergänzung des Einleitungssatzes von Abs. 3 um die Worte »§ 16 Abs. 1 Nr. 1b, Abs. 2 bis 5 sowie der §§ 17 und 18«. Die Ergänzung bewirkt, dass auch bei konzerninterner ANÜ Verstöße gegen das sektorale Verbot im Baubereich mit Bußgeld bewehrt werden, wenn der Verleiher keine Verleiherlaubnis besitzt (vgl. amtl. Begr. BT-Ds. 13/8994, S. 95). Nach Abs. 3 ist mit Ausnahme von § 1b Satz 1, § 16 Abs. 1 Nr. 1b, Abs. 2 bis 5 sowie §§ 17 und 18 das gesamte **AÜG nicht anzuwenden** (vgl. § 16 Rn. 7a), wenn zwischen **Arbeitgebern desselben Wirtschaftszweiges** ANÜ zur **Vermeidung von Kurzarbeit oder Entlassungen** erfolgt und dies in einem für Entleiher und Verleiher gleichermaßen geltenden **Tarifvertrag** vorgesehen ist (vgl. Liste der Tarifverträge im 9. Erfahrungsbericht der BuReg, S. 16). Mit dem Ausschluss der Anwendbarkeit des AÜG ist gleichzeitig auch klargestellt, dass im Anwendungsbereich des Abs. 3 Nr. 1 die **Gleichstellungsgrundsätze** von §§ 3 Abs. 1 Nr. 3, 9 Nr. 2, 10 Abs. 4 keine Anwendung finden. Die Regelung steht nicht im Einklang mit der EG-Richtlinie 91/383 (Einl. F. Rn. 38 ff.) sowie der in Art. 49 ff. EGV garantierten Dienstleistungsfreiheit und verstößt daher gegen Gemeinschaftsrecht (vgl. Einl. F. Rn. 15). Sie führt darüber hinaus zu einem nicht vertretbaren Ausschluss der Anwendbarkeit der Straf- und Ordnungswidrigkeitentatbestände der §§ 15 ff., was ebenfalls nicht mit gemeinschaftsrechtlichen Grundsätzen vereinbar ist (vgl. § 15a Rn. 2, 3). Hinsichtlich der Frage, ob ANÜ i.S.d. Abs. 3 vorliegt, gelten die allgemeinen Grundsätze. Abs. 3 erfasst sowohl nach seinem Entstehungszusammenhang als auch nach dem Sinn und Zweck der Vorschrift grundsätzlich nur Formen gelegentlicher, anlassbezogener ANÜ. Sie kommt daher **nicht** zur Anwendung, soweit der Verleiher die **Erlaubnis nach Abs. 1 Satz 1 besitzt** oder das verleihende Unternehmen im Rahmen seiner Personaleinsatzplanung systematisch oder dauerhaft ANÜ zur Vermeidung von Kurzarbeit oder Entlassungen betreibt (*Schüren/Hamann*, § 1 Rn. 499; einschränkend *Boemke*, § 1 Rn. 165).

Die Funktion des Abs. 3 Nr. 1 besteht nicht darin, den Unternehmen die Schaf- **225** fung einer personellen Vorhaltereserve zu ermöglichen und die damit verbundenen Beschäftigungsrisiken (präventiv) über nicht geschützte Formen der ANÜ auszuschalten. Vielmehr liegt der **Schutzzweck des Gesetzes** darin, bei drohenden Entlassungen (reaktiv) zusätzliche Möglichkeiten zum Erhalt der Arbeitsplätze für die Arbeitnehmer zu schaffen. Soweit ein Arbeitgeber **dauer-**

haft oder mit einer gewissen Regelmäßigkeit im Rahmen des Abs. 3 Nr. 1 ANÜ betreibt, bedarf es der Erlaubnis nach § 1 Abs. 1 Nr. 1, und zwar auch dann, wenn im Einzelfall die Voraussetzungen der Ausnahmevorschrift vorliegen (s. a. *Becker/Wulfgramm,* die den Anwendungsbereich allerdings generell auf die nichtgewerbsmäßige ANÜ beschränken, Art. 1 § 1 Rn. 104; a. A. *Schüren/ Hamann,* § 1 Rn. 492). Nach gegenteiliger Auffassung, die sich insbesondere auf andernfalls entstehende Abgrenzungsprobleme gewerbsmäßiger und nicht-gewerbsmäßiger ANÜ stützt, soll Abs. 3 Nr. 1 ohne Einschränkung auch auf die **gewerbsmäßige ANÜ** Anwendung finden (*Schüren/Hamann,* § 1 Rn. 492). Dies vermag in dieser Allgemeinheit nicht zu überzeugen. Da das AÜG **zwingende Normen des Arbeitnehmerschutzes** enthält, sind die Vorschriften grundsätz-lich restriktiv zu interpretieren (*Boemke,* § 1 Rn. 167). Die Vorschrift ist nicht ana-logiefähig (*Boemke,* § 1 Rn. 160; *Thüsing/Waas,* § 1 Rn. 160). Deshalb müssen bei gewerbsmäßiger ANÜ ausdrückliche Regelungen im Gesetz enthalten sein, die den Entleiher von der zwingenden Erlaubnispflicht des § 1 Abs. 1 Satz 1 be-freien. Wie sich aus § 1a ergibt, stellen nach Wertung des Gesetzgebers ANÜ zur Vermeidung von Kurzarbeit oder Entlassungen grundsätzlich **Fälle ge-werbsmäßiger ANÜ** dar, der Verleiher wird lediglich von der Erlaubnis befreit. Schon aus der gesetzlichen Formulierung (»die« Überlassung) ergibt sich, dass nur die auf einen **Einzelfall** bezogene und eine die näheren gesetzlichen Vo-raussetzungen erfüllende (Einzel-)Überlassung privilegiert werden soll. Dieser Rechtsgedanke gilt gleichermaßen auch für die Fälle des Abs. 3 Nr. 1: Nur so-weit im konkreten **Ausnahmefall** gewerbsmäßige ANÜ vorliegt, soll das Gesetz keine Anwendung finden, solange hierdurch Kurzarbeit oder Entlas-sungen vermieden werden können. Durch diese Auslegung werden auch **Wer-tungswidersprüche zu § 1b Satz 1** vermieden. Soweit im Einzelfall gewerbs-mäßige ANÜ vorliegt, kann im **Baugewerbe** auch nicht über Tarifverträge nach Abs. 3 Nr. 1 eine partielle Aufhebung des Verbots erreicht werden (a. A. *Becker/ Wulfgramm,* Art. 1 § 1 Rn. 103).

225a Sind die Voraussetzungen des Abs. 3 Nr. 1 erfüllt, geht dieser TV einem **TV zur ANÜ** nach § 3 Abs. 1 Nr. 3, 9 Nr. 2 **vor.** Der bundesweit geltende Zusatztarifver-trag zur ANÜ gem. §§ 3 Abs. 1 Nr. 3, 9 Nr. 2 (v. 23. 12. 2003; vgl. § 9 Rn. 153i), der den Verleih in der Metall- und Elektroindustrie regelt, enthält insoweit eine aus-drückliche Klarstellung. Fehlt es an den Voraussetzungen des Abs. 3 Nr. 1, sind jedoch alle Bestimmungen des AÜG, einschließlich der **Gleichstellungsgrund-sätze** von §§ 3 Abs. 1 Nr. 3, 9 Nr. 2, 10 Abs. 4 einzuhalten. Dies gilt unabhängig davon, ob die Überlassung als gewerbsmäßige oder nichtgewerbsmäßige ANÜ zu qualifizieren ist (§ 9 Rn. 73).

2. Arbeitgeber desselben Wirtschaftszweiges

226 § 1 Abs. 3 Nr. 1 setzt voraus, dass Entleiher und Verleiher **demselben Wirt-schaftszweig** angehören. Reine **Verleihunternehmen,** die als Dienstleistungs-unternehmen regelmäßig in andere Wirtschaftszweige überlassen und Arbeit-nehmer in tatsächlicher Hinsicht nicht selbst beschäftigen, können daher die Privilegierung von Abs. 3 Nr. 1 nicht in Anspruch nehmen (*Schüren/Hamann,* § 1 Rn. 499; *Thüsing/Waas,* § 1 Rn. 164; *Urban-Crell/Schulz,* Rn. 567; *Furier/Kaus,* AiB 2004, 361; einschränkend *Boemke,* § 1 Rn. 165). Der Wirtschaftszweig richtet sich danach, welche überwiegenden Unternehmenszwecke Verleiher und Entleiher als Arbeitgeber, d. h. auf Unternehmensebene, verfolgen. Bei **gemischten Unter-**

nehmen entscheidet der überwiegende Unternehmenszweck, wobei in erster Linie auf die überwiegend im Unternehmen zu leistende Arbeit abzustellen ist (*BAG* v. 17. 2. 1971 – 3 AZR 62/70 – AP Nr. 8 zu § 1 TVG Tarifverträge Bau; *Boemke*, § 1 Rn. 164). Auf **Mischunternehmen**, die neben anderen Wirtschaftszwecken auch gewerbsmäßige ANÜ betreiben, findet Abs. 3 Nr. 1 keine Anwendung (*Becker/Wulfgramm*, Art. 1 § 1 Rn. 106; *Schaub*, § 120 I 2c; HandbAR/*Bachner*, § 131 Rn. 79), da Verleihunternehmen immer einem anderen Wirtschaftszweig angehören. Die gegenteilige Auffassung (*Boemke*, § 1 Rn. 165; *Schüren/Hamann*, § 1 Rn. 500 f.), nach der diejenigen Arbeitnehmer, »die bislang im Betrieb eingesetzt waren«, ohne Einhaltung der AÜG-Vorschriften an **branchengleiche Unternehmen** verliehen werden dürfen (a.a.O.), unterstellt, dass dieErlaubnis nach Abs. 1 bei Mischunternehmen arbeitnehmer- und nicht unternehmensbezogen erteilt wird, was jedoch mit der Personen- und Rechtsträgergebundenheit der Erlaubnis (vgl. § 9 Rn. 62, § 2 Rn. 21) nicht im Einklang steht.

3. Vermeidung von Kurzarbeit oder Entlassungen

Die Überlassung (*Becker*, DB 1988, 2561) muss zwingend den **Zweck** verfolgen, **227** **Kurzarbeit oder Entlassungen zu vermeiden**, was anhand objektiver Maßstäbe zu beurteilen ist (*Schüren/Hamann*, § 1 Rn. 514) und nicht tarifdispositiv ist (ErfK/ *Wank*, § 1 Rn. 77). Maßgeblich sind hierbei die Umstände, die **vor** der Überlassung vorliegen. Spätere Entwicklungen bleiben außer Betracht. Auch ist es nicht entscheidend, ob am Ende der Überlassungsperiode nicht doch Entlassungen vorgenommen werden müssen oder Kurzarbeit vereinbart werden muss. Entscheidend ist nur, ob zum Zeitpunkt des Beginns der Überlassungsperiode davon ausgegangen werden kann, dass der Arbeitsmangel vorübergehender Natur ist und sich durch ANÜ beheben lässt (*Boemke*, § 1 Rn. 169; *Thüsing/Waas*, § 1. Rn. 174). Auch wenn während der geplanten Überlassungsperiode die Voraussetzungen von Kurzarbeit oder Entlassungen (z.B. durch zusätzliche Aufträge) entfallen, bleiben die auf der Grundlage von Abs. 3 Nr. 1 getroffenen Maßnahmen wirksam (*Schüren/Hamann*, § 1 Rn. 511). Die geschlossenen **ANÜ-Verträge** sind vollständig abzuwickeln, die Vertragsparteien können sich nicht einseitig durch außerordentliche Kündigung o. ä. von den übernommenen Vertragspflichten lösen.

a) Vermeidung von Kurzarbeit

Unter Kurzarbeit ist die **vorübergehende Verkürzung der betriebsüblichen** **228** **Arbeitszeit** i.S.v. §§ 169 ff. SGB III zu verstehen (*Boemke*, § 1 Rn. 167; ErfK/*Wank*, § 1 Rn. 77; *Buschmann/Ulber* 1989, 211). Darauf, ob die Kurzarbeit mit einer Verminderung der Entgeltansprüche der betroffenen Arbeitnehmer verbunden ist, kommt es nicht an (*Boemke*, § 1 Rn. 167; a. A. *Becker/Wulfgramm*, Art. 1 § 1 Rn. 107). Abs. 3 Nr. 1 hat vorrangig eine beschäftigungs-, nicht jedoch einkommenssichernde Funktion, so dass allein auf den **Mangel an Beschäftigungsmöglichkeiten** abzustellen ist. Hieraus folgt, dass die Voraussetzungen der Vorschrift nicht erfüllt sind, wenn der Arbeitgeber trotz ausreichender Beschäftigungsmöglichkeiten wegen fehlender Liquidität die Entgeltansprüche von Arbeitnehmern nicht befriedigen kann und deshalb die Arbeitszeit verkürzt (a. A. *Schüren/ Hamann*, § 1 Rn. 505). Die Frage, ob die Voraussetzungen von Kurzarbeit vorliegen, ist immer nach den Verhältnissen im Betrieb bzw. in einer Betriebsabteilung (vgl. § 171 Satz 2 SGB III) und **nicht unternehmensbezogen** zu beantworten (*Schüren/Hamann*, § 1 Rn. 506). Da in Abs. 3 Nr. 1 im Unterschied zu den Fällen des § 1a keine Höchstfristen bestehen, werden selbst die Fälle, in denen bis zu 24 Monaten Kurzarbeitergeld gewährt wird (vgl. § 182 Nr. 3 SGB III), erfasst.

228a Besondere Probleme treten im Zusammenhang mit der sog. Transferkurzarbeit nach § 216b SGB III auf, für die für einen Zeitraum bis zu 12 Monaten Kurzarbeitergeld gewährt wird (§ 216b Abs. 8 SGB III). Bei dieser Form der Kurzarbeit ist notwendige Voraussetzung, dass sie die Voraussetzungen einer Betriebsänderung i.S.d. § 111 BetrVG erfüllt (§ 216b Abs. 2 SGB III). Damit sind die Zwecksetzungen dieser Vorschrift mit denen vergleichbar, die bei drohenden Entlassungen im Rahmen des Abs. 3 Nr. 1 verfolgt werden (Rn. 231), sodass das Verhältnis der beiden Tatbestandsalternativen klärungsbedürftig ist. Dies lässt sich nur anhand der Zwecksetzungen beurteilen, die betriebsspezifisch mit Kurzarbeit zur Vermeidung von Entlassungen und mit AÜ zur Vermeidung von Kurzarbeit oder Entlassungen verfolgt werden. Bei der Transferkurzarbeit nach § 216b SGB III besteht (auch langfristig betrachtet) keine Möglichkeit für den Beschäftigungsbetrieb, den Arbeitnehmer wieder zu beschäftigen. Deshalb ist der Arbeitnehmer im Rahmen des § 172 Abs. 3 SGB III verpflichtet sich der Arbeitsvermittlung zur Verfügung zu stellen. Der Arbeitgeber muss sein generelles Einverständnis zur Aufnahme einer Beschäftigung dieses Arbeitnehmers bei einem anderen Arbeitgeber geben. Die strukturelle Kurzarbeit **unterscheidet** sich daher **von den Fällen des Abs. 3 Nr. 1** dadurch, dass der Arbeitgeber hier nicht nur zeitlich befristet keine Verwendung für den Arbeitnehmer hat, sondern nach Beendigung der Kurzarbeitsperiode das Arbeitsverhältnis beenden will (vgl. § 175 Abs. 2 SGB III). Der Wille zur **endgültigen Beendigung des Arbeitsverhältnisses** bildet hierbei das entscheidende **Abgrenzungskriterium** zwischen § 216b SGB III und § 1 Abs. 3 Nr. 1. Ist ein endgültiger Entlassungsentschluss vorhanden, scheidet eine Anwendbarkeit des Abs. 3 Nr. 1 aus (*Boemke*, § 1 Rn. 167; *Schüren/Hamann*, § 1 Rn. 505; *Thüsing/Waas*, § 1 Rn. 170), da in beiden Varianten der Vorschrift die **Weiterbeschäftigung des Arbeitnehmers** im Betrieb **nach der AÜ** vorausgesetzt ist (Rn. 232). Dieses Ergebnis wird auch dadurch gestützt, dass Abs. 3 nicht der Aufrechterhaltung strukturell bedingter, wirtschaftlich unsinniger Personalüberhänge im Unternehmen dienen soll, sondern der Vermeidung sozialschädlicher Arbeitsplatzverluste sowie der Sicherung des eingearbeiteten und entsprechend betriebsspezifisch qualifizierten Personals dient.

228b Ebenso wie für den Bezug von Kurzarbeitergeld muss Kurzarbeit im Rahmen des Abs. 3 Nr. 1 immer **vorübergehender Natur** sein (*Schüren/Hamann*, § 1 Rn. 515; *Thüsing/Waas*, § 1 Rn. 175; vgl. § 170 Abs. 1 Nr. 2 SGB III). I.Ü. sind jedoch die Vorschriften des SGB III für die Frage, ob Kurzarbeit i.S.d. Abs. 3 Nr. 1 vermieden werden soll, unbeachtlich. So muss zwar für den Bezug von Kurzarbeitergeld mindestens ein Drittel der Arbeitnehmer von Kurzarbeit betroffen sein (§ 170 Abs. 1 Nr. 4 SGB III), dies ist jedoch keine Voraussetzung dafür, ob Kurzarbeit im arbeitsrechtlichen oder betriebsverfassungsrechtlichen Sinne (vgl. § 87 Abs. 1 Nr. 3 BetrVG) vorliegt (a.A. *Boemke*, § 1 Rn. 167; *Schüren/Hamann*, § 1 Rn. 505). Liegen die Voraussetzungen der Kurzarbeit unterhalb der Schwellenwerte des § 170 Abs. 1 Nr. 4 SGB III und ist sie dennoch von einigem Gewicht, liegt auch Kurzarbeit i.S.d. Abs. 3 Nr. 1 vor (a.A. *Boemke*, § 1 Rn. 167; *ErfK/Wank*, § 1 Rn. 77, die das Vorliegen aller Voraussetzungen zum Bezug von Kurzarbeitergeld fordern).

229 Soweit die tarifvertraglichen und sonstigen arbeitsrechtlichen Voraussetzungen der Vorschrift (Rn. 237 ff.) erfüllt und die Möglichkeiten zu einem Einsatz bei einem Entleiher i.ü. gegeben sind, ist die **Kurzarbeit vermeidbar** i.S.d. § 170 Abs. 1 Nr. 3 SGB III; der Anspruch auf **Kurzarbeitergeld** entfällt. Der Tarifvertrag muss dabei allerdings zu Beginn der Kurzarbeitsperiode wirksam in Kraft sein und für Verleiher und Entleiher auf Grund beidseitiger Tarifgebundenheit auch gelten. Die **Arbeitsverwaltung** ist gehindert, Ansprüche auf Kurzarbeitergeld mit Verweis auf die tarifvertraglichen Möglichkeiten des Abs. 3 Nr. 1 abzuwehren und die Unternehmen unter Verstoß gegen die **Tarifautonomie** zum Abschluss entsprechender Tarifverträge zu zwingen.

b) Vermeidung von Entlassungen

ANÜ zur Vermeidung von Entlassungen erfordert zunächst, dass der Arbeit- **230** geber das **Arbeitsverhältnis ohne die ANÜ beenden will** (*Boemke*, § 1 Rn. 169) und die hierfür erforderlichen Voraussetzungen auch vorliegen. Nicht alle Formen der Beendigung von Arbeitsverhältnissen erfüllen die Voraussetzungen einer **Entlassung**. Vielmehr muss aus dem Sinn und Zweck der Vorschrift die ANÜ dazu dienen, das Arbeitsverhältnis nach Beendigung der Überlassungsdauer fortzusetzen. Für eine **ohne die ANÜ erforderliche Kündigung** müssen **betriebsbedingte Gründe** vorliegen, die nach Ablauf der Phase der ANÜ entfallen (*Boemke*, § 1 Rn. 168; ErfK/*Wank*, § 1 Rn. 79). Dies ist sowohl bei außerordentlichen Kündigungen oder Eigenkündigungen des Arbeitnehmers, daneben i.d.R. aber auch bei Aufhebungsverträgen auf Veranlassung des Arbeitgebers nicht der Fall (*Becker/Wulfgramm*, Art. 1 § 1 Rn. 107; *Boemke*, § 1 Rn. 168; a.A. *Schüren/Hamann*, § 1 Rn. 510; *Thüsing/Waas*, § 1 Rn. 173). Auch betriebsbedingte **Änderungskündigungen** werden nicht erfasst, da hier keine ansonsten beschäftigungslosen Zeiträume überbrückt werden sollen (Rn. 228).

Ebenso wie Kurzarbeit müssen auch **Entlassungen** von ihrem Umfang her von **231** einem bedeutenden Gewicht sein (Rn. 228b), sodass betriebsbedingte Einzelkündigungen nach § 1 Abs. 2 KSchG nicht ausreichen und die Kriterien von **anzeigepflichtigen Massenentlassungen** i.S.d. § 17 Abs. 1 KSchG anzulegen sind (*Becker/Wulfgramm*, Art. 1 § 1 Rn. 107; *Boemke*, § 1 Rn. 168; ErfK/*Wank*, § 1 Rn. 78; *Schüren/Hamann*, § 1 Rn. 509; *Thüsing/Waas*, § 1 Rn. 173). Dabei brauchen im Einzelfall nicht alle Voraussetzungen einer anzeigepflichtigen Massenentlassung vorzuliegen. Auch nichtanzeigepflichtige Betriebe mit 20 und weniger Arbeitnehmern werden von Abs. 3 Nr. 1 erfasst (*Boemke*, § 1 Rn. 168; *Thüsing/Waas*, § 1 Rn. 173). Auch dürfen im Unterschied zu § 17 KSchG nur betriebsbedingte Kündigungen berücksichtigt werden, sodass trotz gegebener Anzeigepflicht nicht notwendigerweise auch die für Entlassungen erforderliche Zahl betriebsbedingter Kündigungen vorliegen muss.

Der **Vermeidung von Entlassungen** dient die ANÜ nur, wenn der Arbeits- **232** mangel nach der Überlassungsperiode behoben werden kann, d.h. die betriebsbedingte Kündigung nicht nur zeitlich hinausgeschoben wird und wenn zu Beginn der Überlassung keine alternativen Beschäftigungsmöglichkeiten im Betrieb bestehen (*Boemke*, § 1 Rn. 168; *Schüren/Hamann*, § 1 Rn. 514). Sinn und Zweck des Abs. 1 liegen nicht darin, die ANÜ zu fördern, sondern bei Beschäftigungsschwierigkeiten der Betriebe zusätzliche **Möglichkeiten zur Sicherung der Arbeitsplätze** zu schaffen. Danach ist **ANÜ** immer die **Ultima Ratio**, wenn andere Möglichkeiten, den Abbau von Arbeitsplätzen zu verhindern (vgl. BT-Ds. 10/3206, S. 32 f.), ausscheiden (so im Ergebnis auch *Schüren/Hamann*, § 1 Rn. 516). Ob dies der Fall ist, beurteilt sich nicht allein nach den Planungen des Arbeitgebers, sondern ist im Zusammenhang mit allen betrieblichen Regelungsmöglichkeiten, insbesondere unter Beachtung der Mitbestimmungs- und Initiativrechte des Betriebsrats, zu beurteilen (Rn. 241).

4. Tarifvertragliche Erfordernisse

233 Die ANÜ muss in einem zwischen **Verleiher und Entleiher geltenden Tarifvertrag** ausdrücklich zugelassen sein (vgl. § 9 Rn. 153i). Ein nach Abs. 3 Nr. 1 abgeschlossener Tarifvertrag regelt dabei abschließend die Fälle zulässiger ANÜ und schließt eine ANÜ auf der Grundlage von § 1a aus. Abs. 3 Nr. 1 ist eine tarifliche Zulassungsnorm (*Becker/Wulfgramm*, Art. 1 § 1 Rn. 110), die sowohl Ermächtigungsgrundlage für die Tarifvertragsparteien ist als auch die Dispositionsbefugnisse des Gesetzgebers zur Außerkraftsetzung von Arbeitsschutznormen des AÜG an die Tarifparteien delegiert (*Boemke*, § 1 Rn. 170; *ErfK/Wank*, § 1 Rn. 73; *Schüren/Hamann*, § 1 Rn. 519; *Thüsing/Waas*,§ 1 Rn. 177). Die Einräumung von Befugnissen zur Außerkraftsetzung grundsätzlich zwingender Normen des gesetzlichen Arbeitsschutzes an die Tarifvertragsparteien ist nur **in engen Grenzen zulässig** (Rn. 105; § 9 Rn. 226 ff.). Deshalb ist der Anwendungsbereich der Vorschrift **restriktiv** zu fassen. Daneben müssen die Tarifverträge (anstelle des Gesetzes) dem AÜG vergleichbare Regelungen zum Schutz der Arbeitnehmer und der Dauerarbeitsplätze beim Entleiher enthalten. Eine reine tarifvertragliche Verweisung auf § 1 Abs. 3 Nr. 1 genügt diesen Anforderungen nicht (a. A. *Thüsing/Waas*, § 1 Rn. 181). Die **Ausnahmevorschrift** rechtfertigt sich allein daraus, dass die Tarifvertragsparteien mit den wirtschaftlichen und sozialen Verhältnissen der Branche besonders vertraut sind (BT-Ds. 10/3206, S. 33), sodass der Tarifvertrag auch den wirtschaftlichen und sozialen Bedürfnissen durch adäquate Regelungen Rechnung tragen muss. Dem steht die überwiegend vertretene Auffassung, dass die Tarifvertragsparteien im Rahmen des Abs. 3 Nr. 1 nur zur Außerkraftsetzung des gesamten AÜG (als Rechtsfolge) befugt sind (*Becker/Wulfgramm*, Art. 1 § 1 Rn. 110; *Schüren/Hamann*, § 1 Rn. 524), nicht entgegen. Vielmehr können im Tarifvertrag über eine sich im Rahmen der Zwecksetzung der Vorschrift haltende Konkretisierung der einzelnen Tatbestandsvoraussetzungen hinaus (z.B. Festlegung des erforderlichen Umfangs der Kurzarbeit oder von Entlassungen, *Becker/Wulfgramm*, Art. 1 § 1 Rn. 110) für alle Bereiche Regelungen getroffen werden, die ansonsten im Rahmen der Tarifautonomie liegen (so auch *Schüren/Hamann*, § 1 Rn. 520; a. A. *Boemke*, § 1 Rn. 171; *ErfK/Wank*, § 1 Rn. 73).

234 Entleiher und Verleiher müssen **demselben Tarifvertrag** unterliegen (so auch *Becker/Wulfgramm*, Art. 1 § 1 Rn. 111; *Boemke*, § 1 Rn. 172; *ErfK/Wank*, § 1 Rn. 72), die Gegenauffassung (*Schüren/Hamann*, § 1 Rn. 532) findet im Gesetz keine Stütze (KassHandb/*Düwell*, 4.5 Rn. 195). Soll die ANÜ auf der Grundlage von Abs. 3 Nr. 1 zulässigerweise im Rahmen des § 1b Satz 2 in **Betriebe des Baugewerbes** erfolgen, müssen daneben auch die tarifrechtlichen Voraussetzungen des § 1b Satz 2 erfüllt sein (*Düwell*, AuA 1997, 253). Voraussetzung ist danach u.a., dass sowohl der entleihende als auch der verleihende Betrieb die Kriterien eines Baugewerbebetriebes erfüllen (vgl. § 1b Rn. 26) und sowohl der Entleiher als auch der Verleiher denselben Rahmen- und Sozialkassentarifverträgen unterliegen (vgl. § 1b Rn. 29 ff.) bzw. von deren Allgemeinverbindlichkeit erfasst werden (vgl. § 1b Rn. 32 ff.). Rechtsnormen eines Tarifvertrages können immer nur die jeweils Tarifgebundenen erfassen (§ 4 Abs. 1 TVG). Die **beiderseitige Tarifbindung** von Verleiher und Entleiher an denselben Tarifvertrag ist daher zwingende Voraussetzung, um Tarifverträge nach § 1 Abs. 3 Nr. 1 im Unternehmen nutzen zu können. Nur **Verbands- und Flächentarifverträge**, nicht jedoch Firmentarifverträge, können hierbei abgeschlossen werden (Becker/Wulfgramm, Art. 1 § 1 Rn. 111; *Boemke*, § 1 Rn. 173; a. A. *Schüren/Hamann*, § 1 Rn. 541). Dies folgt schon generell aus der Überlegung, dass mit Entleiher und Verleiher **mindestens zwei verschiedene Unternehmen tarifgebunden** sein müssen und unternehmens- oder konzerninterne Möglichkeiten, einen Beschäftigungsabbau zu verhindern, generell der Nutzung von ANÜ im Rahmen des § 3 Nr. 1 vorgehen (*Rn. 227, 232*). Darüber hinaus liegt der Sinn und Zweck der Vorschrift nicht darin, einzelnen Unternehmen die Möglichkeit zu eröffnen, sich von den Bestimmungen des AÜG zu befreien, sondern es sollen unternehmensübergreifende, auf den **Wirtschaftszweig bezogene Möglichkeiten des Arbeitskräfteaustausches** zur Vermeidung von Entlassungen in anderen Unternehmen eröffnet werden. Für die **konzerninterne ANÜ** ist § 1 Abs. 3 Nr. 2 lex specialis gegenüber § 1 Abs. 3 Nr. 1. Eine Umgehung der Voraussetzungen von Nr. 2 durch Abschluss von konzernbezogenen Firmentarifverträgen im Rahmen der Nr. 1 ist ausgeschlossen.

Neben der Tarifbindung von Ver- und Entleiher müssen auch die **Arbeitnehmer** **235** **tarifgebunden**, d. h. Mitglieder der tarifvertragschließenden Gewerkschaft sein (i. E. ebenso *Boemke*, § 1 Rn. 174). Die gegenteilige Auffassung, die sich insbesondere auf eine analoge Anwendung von § 3 Abs. 2 TVG stützt (*Becker/Wulfgramm*, Art. 1 § 1 Rn. 111; *Boemke*, § 1 Rn. 174; *Schüren/Hamann*, § 1 Rn. 546), ist abzulehnen. Tarifvertragliche Regelungen zur ANÜ gelten als **Inhaltsnormen** grundsätzlich nur zwischen den beiderseits tarifgebundenen Arbeitsvertragsparteien (§ 4 Abs. 1 Satz 1 TVG; *Kempen/Zachert*, § 1 Rn. 16). Eine Erstreckung auf **Außenseiter** ist im Rahmen der Tarifautonomie nicht möglich und würde die negative Koalitionsfreiheit des nichttarifgebundenen Arbeitnehmers verletzen (zum Streikrecht vgl. § 11 Rn. 69b). Da es sich auch nicht um betriebliche oder betriebsverfassungsrechtliche Normen i.S.d. § 3 Abs. 2 TVG handelt (s. a. *Becker/Wulfgramm*, Art. 1 § 1 Rn. 112; a. A. *Schüren/Hamann*, § 1 Rn. 547) und eine analoge Anwendung der Vorschrift (deren Verfassungsmäßigkeit schon als solche äußerst umstritten ist, vgl. *Wiedemann*, § 3 Rn. 67 ff.) ausscheidet, kann **ohne Tarifbindung** des Arbeitnehmers ein abgeschlossener Tarifvertrag nur im Wege der **Allgemeinverbindlichkeitserklärung** nach § 5 TVG auf Tarifaußenseiter ausgeweitet werden (Rn. 102 f.). Eine arbeitsvertragliche Bezugnahme auf einen Tarifvertrag reicht nicht aus (*Boemke*, § 1 Rn. 174; KassHandb/*Düwell* 4.5 Rn. 194; a. A. ErfK/*Wank*, § 1 Rn. 75; *Schüren/Hamann*, § 1 Rn. 539).

Erst recht ist eine **Einbeziehung von Tarif-Außenseitern** nicht möglich, wenn **236** ein Arbeitgeberverband, dem Verleiher und Entleiher angehören, mit einer Gewerkschaft nur einen Tarifvertrag nach Abs. 3 Nr. 1 abschließt, ansonsten jedoch keine Regelung der in Tarifverträgen üblicherweise geregelten materiellen Arbeitsbedingungen getroffen wird. Hier fehlt es schon an dem tarifvertraglich zu gewährleistenden adäquaten Arbeitnehmerschutz für den Wegfall des gesetzlichen Arbeitsschutzes i.R.d. Abs. 3 Nr. 1 (Rn. 233). Hat der zuständige Arbeitgeberverband **i. ü. Tarifverträge mit einer anderen Gewerkschaft** abgeschlossen, die sich weigert, Tarifverträge nach Abs. 3 Nr. 1 abzuschließen ist es ihm verwehrt, mit einer anderen Gewerkschaft beschränkt auf den Anwendungsbereich des Abs. 3 Nr. 1 einen Tarifvertrag abzuschließen. Die vertragschließende Gewerkschaft kann hier nicht in die Koalitionsrechte und die Zuständigkeiten anderer Gewerkschaften eingreifen und deren Mitglieder im Rahmen ihrer Tarifautonomie rechtlich binden (a. A. *Boemke*, § 1 Rn. 173).

5. Arbeitsvertragliche Voraussetzungen

237 Eine gesonderte **arbeitsvertragliche Absprache** ist im Anwendungsbereich des Abs. 3 Nr. 1 grundsätzlich **nicht erforderlich**, da für die Tarifunterworfenen durch den Tarifvertrag zulässigerweise (Rn. 233) die arbeitsvertragliche Pflicht zur Arbeitsleistung im Rahmen der ANÜ begründet wird (a. A. *Schüren/Hamann*, § 1 Rn. 547 u. 550). In Betrieben mit Betriebsrat ist zusätzlich die Beachtung der **Mitbestimmungsrechte des Betriebsrats** (Rn. 126) Wirksamkeitsvoraussetzung für die Einführung von ANÜ (*Buschmann/Ulber* 1989, 217; a. A. *Dietz/Richardi*, § 87 Rn. 235), bei Verstößen steht dem Arbeitnehmer ein Leistungsverweigerungsrecht zu.

238 Wegen der weit reichenden Veränderung der Arbeitsumstände, die mit der ANÜ insbesondere hinsichtlich des Arbeitsortes verbunden sein können, ist in jedem Einzelfall zu prüfen, ob arbeitsvertraglich eine **Pflicht des Arbeitnehmers zur ANÜ abbedungen** oder in räumlicher Hinsicht zugunsten des Arbeitnehmers **eingeschränkt** ist (vgl. § 4 Abs. 3 TVG). **Versetzungsabsprachen** im Arbeitsvertrag gelten grundsätzlich auch für Fälle der ANÜ. Ist etwa im Arbeitsvertrag vereinbart, dass der Arbeitnehmer nur an einem bestimmten Ort oder innerhalb eines bestimmten Umkreises zur Arbeitsstätte des Arbeitgebers eingesetzt werden darf oder sind sonstige materielle Arbeitsbedingungen – insbesondere solche zur Arbeitszeit – im Arbeitsvertrag vereinbart, gelten diese auch für Fälle von ANÜ.

239 Auch wenn keine vom Tarifvertrag **abweichende Absprache** getroffen wurde, muss der Arbeitseinsatz beim Entleiher im Einzelfall für den Arbeitnehmer **zumutbar** sein, wobei im Vergleich zur gewerbsmäßigen ANÜ nach § 1 Abs. 1 Satz 1 erhöhte Anforderungen an die Zumutbarkeit zu stellen sind. Erforderlich ist zumindest, dass der Arbeitsplatz beim Entleiher mit dem Aufgaben- und Qualifikationsprofil sowie den sonstigen Umständen, unter denen die Arbeit am Arbeitsplatz beim Verleiher normalerweise zu verrichten ist, **vergleichbar** ist. **Auslandseinsätze** sind grundsätzlich ausgeschlossen, da sich der **räumliche Geltungsbereich der Tarifverträge** allenfalls auf das Staatsgebiet der Bundesrepublik Deutschland – meist aber nur auf Teile davon – erstreckt. I. Ü. richtet sich die Frage der Zumutbarkeit sowohl nach der Person des Entleihers als auch nach den persönlichen Verhältnissen des Arbeitnehmers. Der Gesundheitszustand, die familiäre Situation (vgl. § 80 Abs. 1 Nr. 2b BetrVG) oder auch das Alter u. ä. können es dem Arbeitgeber im Rahmen der **Fürsorgepflicht**, aber auch den Betriebsparteien nach § 75 BetrVG verwehren, den Arbeitnehmer zu verleihen. Daneben ist die Zumutbarkeit nur dann gegeben, wenn dem Arbeitnehmer hinreichend Zeit gelassen wird, sich auf die mit ANÜ verbundenen veränderten Arbeits- und Lebensumstände einzustellen. Soweit die Länge der **Ankündigungsfristen** nicht im Tarifvertrag geregelt ist, wird man die jeweils geltenden Kündigungsfristen als Anhaltspunkte heranziehen können, die auch in dem vergleichbaren Fall, dass der Arbeitgeber qua Änderungskündigung eine Verpflichtung des Arbeitnehmers zur Leiharbeit begründen will, gelten.

6. Mitbestimmung der betrieblichen Interessenvertretungen

240 Da die Arbeitsleistung im Rahmen der ANÜ nach Abs. 3 Nr. 1 an einem **anderen Arbeitsort** erbracht wird und der Arbeitnehmer üblicherweise gerade an einem bestimmten Arbeitsplatz beim Verleiher beschäftigt wird, liegen im Einzelfall einer ANÜ die Voraussetzungen einer **Versetzung** i.S.d. § 95 Abs. 3 BetrVG vor. Im Verleiherbetrieb werden daher durch Überlassung an den Entleiher die **Mitbestimmungsrechte des Betriebsrats** nach § 99 BetrVG ausgelöst. Dem **Betriebsrat des aufnehmenden Unternehmens** stehen die Mitbestimmungsrechte aus § 99 BetrVG gleichermaßen unter dem Gesichtspunkt der (befristeten) Einstellung zu (*BAG* v. 26.1.1993, DB 1993, 1475). Für die Zeit des Einsatzes des Arbeitnehmers im entleihenden Unternehmen gelten hinsichtlich der Rechte des Betriebsrats des Entleihers, der betriebsverfassungsrechtlichen Stellung des Leiharbeitnehmers sowie der Geltung und Reichweite von Betriebsvereinbarungen dieselben Grundsätze, die bei gewerbsmäßiger ANÜ im Entleiherbetrieb Anwendung finden (vgl. § 14 Rn. 62 ff.).

Im Unterschied zur Konzernleihe nach Nr. 2 (Rn. 246 ff.) beschränken sich die **241** **Mitwirkungsrechte des Betriebsrats beim Verleiher** im Rahmen der Nr. 1 nicht auf die Mitbestimmungsrechte bei Versetzungen. Vielmehr steht hier die ANÜ in unmittelbarem Zusammenhang mit der Frage, ob Entlassungen ausgesprochen werden oder ob Kurzarbeit eingeführt bzw. unterlassen wird. Soll ANÜ zur **Vermeidung von Kurzarbeit** eingeführt werden, sind hiermit gleichzeitig immer die Mitbestimmungsrechte des Betriebsrats nach § 87 Abs. 1 Nr. 3 BetrVG betroffen (*Buschmann/Ulber* 1989, 217). Dem Betriebsrat steht in diesem Fall ein **Initiativrecht** zu (*Buschmann/Ulber*, a.a.O.), sodass die Frage, ob, in welchem Umfang und ggf. unter welchen Bedingungen Kurzarbeit im Betrieb eingeführt oder auch durch ANÜ vermieden wird, nur unter Beachtung der Mitbestimmungsrechte des Betriebsrats entschieden werden kann (*Schüren/Hamann*, § 14 Rn. 463). Der Tarifvertrag schließt hierbei das Mitbestimmungsrecht nicht aus (vgl. § 87 Abs. 1 Einleitungssatz BetrVG), eine entsprechende tarifvertragliche Regelung zum generellen Ausschluss des Mitbestimmungsrechts wäre unwirksam (*BAG* v. 5.3.1974 – 1 ABR 28/73 – AP Nr. 1 zu § 87 BetrVG 1972 Kurzarbeit). Im Rahmen der Verhandlungen zur Kurzarbeit kann der Betriebsrat beschäftigungssichernde **Gestaltungsalternativen** einbringen (§ 92a BetrVG), die sich sowohl auf Umfang und Möglichkeiten von Kurzarbeit als auch auf Umfang und Modalitäten der ANÜ, die zu ihrer Vermeidung dienen soll, beziehen. Auch der generelle Ausschluss von ANÜ fällt hierbei unter den Regelungsbereich des § 87 Abs. 1 Nr. 3 BetrVG. Kommt es zu keiner einvernehmlichen Regelung zwischen Betriebsrat und Arbeitgeber und liegt kein Spruch einer Einigungsstelle vor, ist der Arbeitgeber gehindert, sowohl die Kurzarbeit als auch die ANÜ zur Vermeidung von Kurzarbeit einseitig anzuordnen. Die **vorherige Zustimmung** bzw. deren Ersetzung durch Spruch einer Einigungsstelle ist **Wirksamkeitsvoraussetzung**. Verstöße hiergegen können auch nicht durch nachträgliche Zustimmung geheilt werden (*FESTL*, § 87 Rn. 599). Ordnet der Arbeitgeber Kurzarbeit oder ANÜ an, ohne dass das Mitbestimmungsverfahren bis zu einem Spruch der Einigungsstelle erschöpft ist (so auch *Schüren/Hamann*, § 1 Rn. 517), steht dem Betriebsrat ein **Unterlassungsanspruch** zu (vgl. § 14 Rn. 45, 128 ff.), der ggf. auch im Wege einer einstweiligen Verfügung durchgesetzt werden kann.

In der **Betriebsvereinbarung** sind sowohl die Grundlagen als auch die Modali- **242** täten, unter denen Kurzarbeit oder ANÜ geleistet werden soll, festzulegen. Den besonderen Belastungen von ANÜ ist hierbei unter Beachtung der Pflichten aus § 75 BetrVG in besonderem Maße Rechnung zu tragen. Die pauschale Übernahme von Regelungen, die für in den Betriebsstätten beschäftigte Arbeitnehmer gelten (etwa bezüglich der Wegezeiten), reicht hierfür nicht aus. Vielmehr muss den **spezifischen Bedingungen der ANÜ** durch sachgerechte, positiv normierte

Regelungen Rechnung getragen werden. Zwingend erforderlich sind insoweit mindestens Regelungen, die mit der Verlegung des Arbeitsortes zusammenhängen, z.B. Regelungen zu Reisekostenübernahme, Verpflegungsmehraufwand, Auslöse (vgl. Rn. 123).

243 Soll die ANÜ zur Vermeidung von Entlassungen dienen, werden auch die **Mitwirkungsrechte des Betriebsrats bei Kündigungen (§ 102 BetrVG)** und Betriebsänderungen (§§ 111 ff. BetrVG) berührt. Auch unabhängig von der Frage, ob die Einführung von ANÜ im Betrieb generell den Tatbestand einer **Betriebsänderung** i.S.d. § 111 BetrVG erfüllt (Rn. 126, 173), steht sie im Anwendungsbereich von Abs. 3 Nr. 1 in unmittelbarem Zusammenhang mit der Frage, ob und ggf. in welchem Umfang ein Personalabbau im Betrieb erfolgen oder auch unterbleiben soll. Mangelt es an konkreten Vorstellungen oder Planungen des Arbeitgebers zum Personalabbau, scheidet eine ANÜ zur Vermeidung von Entlassungen schon begrifflich aus. Da grundsätzlich auch der reine **Personalabbau** eine Betriebsänderung i.S.d. § 111 BetrVG darstellt (vgl. § 14 Rn. 92) und im Rahmen des Abs. 3 Nr. 1 immer **wesentliche Teile der Belegschaft** berührt werden (Rn. 231), erfüllt die Einführung der ANÜ zur Vermeidung von Entlassungen den Tatbestand einer Betriebsänderung i.S.d. § 111 BetrVG (a. A. *Schüren/Hamann*, § 14 Rn. 464). Ohne vorherigen **Abschluss eines Interessenausgleichs**, der Einführung, Umfang und Bedingungen der ANÜ und den möglicherweise parallel erfolgenden Personalabbau regelt, können daher die Arbeitnehmer nicht im Rahmen des Abs. 3 Nr. 1 beim Entleiher eingesetzt werden. Hält der Arbeitgeber das Interessenausgleichsverfahren nicht bis zur Beendigung der Einigungsstelle (§ 112 Abs. 2 BetrVG) ein, kann der Betriebsrat die Unterlassung der ANÜ verlangen, ggf. auch per einstweiliger Verfügung (Rn. 99).

244 Die **Betriebsänderung** ist im Zusammenhang mit der Einführung von ANÜ immer **sozialplanpflichtig**. Ein Ausschluss der Erzwingbarkeit nach § 112a Abs. 1 BetrVG wegen Nichterreichens der Schwellenwerte kommt nicht in Betracht, da die geplante Betriebsänderung gerade nicht »allein« in der Entlassung von Arbeitnehmern bestehen soll, sondern daneben in der Aufnahme von ANÜ als (wenn auch zeitlich befristetem) weiterem Geschäftsfeld / Unternehmenszweck (zum notwendigen Inhalt von Interessenausgleich und Sozialplan vgl. Rn. 242).

245 Bei arbeitgeberseitig beabsichtigten **betriebsbedingten Kündigungen** einer Mehrzahl von Arbeitnehmern (andere Fälle müssen im Rahmen des Abs. 3 Nr. 1 unberücksichtigt bleiben; vgl. Rn. 230) stellt sich die Frage, ob der Betriebsrat auch unabhängig von Interessenausgleich und Sozialplan der Kündigung im Einzelfall mit Verweis auf (tatsächlich bestehende) **Möglichkeiten der ANÜ gem. § 102 Abs. 3 BetrVG widersprechen** kann, wenn im Betrieb ein Tarifvertrag nach § 1 Abs. 3 Nr. 1 gilt. Ein Widerspruchsrecht nach § 102 Abs. 3 Nr. 3 BetrVG, das selbst bei Weiterbeschäftigungsmöglichkeit innerhalb desselben Konzerns grundsätzlich nicht besteht (*BAG* v. 14. 10. 1982 – 2 AZR 568/80 – AP Nr. 1 zu § 1 KSchG 1969 Konzern; v. 27. 11. 1991 – 2 AZR 255/91 – DB 1992, 1247; zu Ausnahmen vgl. *BAG* v. 20. 1. 1994 – 2 AZR 489/93 – BB 1995, 933), kann in den Fällen der ANÜ zwischen rechtlich nicht verbundenen Unternehmen nicht in Betracht kommen. Ein Widerspruchsrecht nach § 102 Abs. 3 Nr. 5 BetrVG könnte jedoch bei entsprechendem Einverständnis des Arbeitnehmers gegeben sein, wenn die Möglichkeiten zur (vorübergehenden) ANÜ die Voraussetzungen einer **Weiterbeschäftigungsmöglichkeit unter geänderten Vertragsbedingungen** erfüllen würde. Da bei der ANÜ auf Grund Tarifvertrages die **Weiterbeschäftigungs-**

möglichkeit des Arbeitnehmers **nach Beendigung der Überlassungsperiode** gegeben sein muss (Rn. 227) und § 102 Abs. 3 Nr. 5 BetrVG den Fällen vergleichbar ist, in denen der Arbeitnehmer mit einer Änderungskündigung seitens des Arbeitgebers einverstanden ist, wird man in den Fällen, in denen eine auf die zukünftige Verpflichtung des Arbeitnehmers zur ANÜ gerichtete Änderungskündigung des Arbeitgebers zulässig wäre (Rn. 42), auch ein Widerspruchsrecht des Betriebsrats bejahen müssen. Da derjenige Arbeitnehmer, der von vornherein vertraglich verpflichtet ist, im Rahmen der ANÜ tätig zu werden, hinsichtlich der Weiterbeschäftigungsmöglichkeiten im Betrieb nicht schlechter gestellt werden darf als derjenige Arbeitnehmer, der nur über eine Änderungskündigung hierzu veranlasst werden kann, ist in den Fällen des § 1 Abs. 3 Nr. 1 bei tatsächlich gegebener Möglichkeit zur Beschäftigung bei einem Entleiher im Rahmen der ANÜ ein Widerspruchsrecht des Betriebsrats gegen betriebsbedingte Kündigungen nach § 102 Abs. 3 Nr. 5 BetrVG gegeben. Das Widerspruchsrecht ist allerdings ausgeschlossen, wenn das Interessenausgleichsverfahren abgeschlossen und der Arbeitnehmer im Interessenausgleich zur Entlassung vorgesehen ist.

VI. Arbeitnehmerüberlassung im Konzern (§ 1 Abs. 3 Nr. 2)

Nach § 1 Abs. 3 Nr. 2 findet das AÜG auf die **ANÜ innerhalb von Konzernen** **246** keine Anwendung, wenn der Arbeitnehmer seine Arbeit »vorübergehend« nicht bei seinem Vertragsarbeitgeber leistet und keine ANÜ in Betriebe des Baugewerbes nach § 1b Satz 1 vorliegt. Die gesetzlichen Regeln zum **Gleichbehandlungsgrundsatz** (§§ 3 Abs. 1 Nr. 3, 9 Nr. 2, 10 Abs. 4) finden daher bei der Konzernleihe keine Anwendung. Nur die Bestimmungen der §§ 16 Abs. 1 Nr. 1b und 2 bis 5, 17 und 18 finden Anwendung. Voraussetzung ist, dass sowohl das verleihende als auch das entleihende Konzernunternehmen ihren **Sitz im Inland** haben (a. A. *Boemke*, § 1 Rn. 181; *Thüsing/Waas*, § 1 Rn. 187) und die beteiligten Unternehmen nicht einen gemeinsamen Betrieb bilden (vgl. Einl. C. Rn. 147; Gaul, BB 1996, 1224). Die Mitbestimmungsrechte des Betriebsrates bestehen auch bei der vorübergehenden Entsendung von Arbeitnehmern in ausländische Tochtergesellschaften (*BAG* v. 20 2. 2001 – 1 ABR 30/00). Ob die Konzernunternehmen verschiedenen Wirtschaftszweigen angehören, ist unbeachtlich. Mit der Einfügung der **Ausnahmevorschrift** hat der Gesetzgeber die Personalflexibilität und den Arbeitskräfteaustausch zwischen Unternehmen desselben Konzerns erleichtern wollen, wobei Ausgangspunkt u. a. die Überlegung war, dass die mit ANÜ verbundenen arbeitsmarkt- und sozialpolitischen Gefährdungen wegen der anders gelagerten ökonomischen und beschäftigungspolitischen Ausgangsbedingungen in Konzernen als gering einzustufen sind. Angesichts zunehmender Tendenzen zum **Outsourcing**, wonach auch kleine konzernangehörige Unternehmen immer stärker im Rahmen von Konzernstrukturen zergliedert werden, trifft diese Einschätzung allerdings heute immer weniger zu. Auch nutzen die Unternehmer den Konzernverleih zunehmend um sich den Steuerpflichten zu entziehen (vgl. 9. Erfahrungsbericht der BuReg, S. 17). Die Regelung steht nicht im Einklang mit der EG-Richtlinie 91/383 zu atypischen Arbeitsverhältnissen (vgl. Einl. F. Rn. 38 ff.; *Wank*, DB 1996, 1134) und ist in **gemeinschaftsrechtskonformer Auslegung restriktiv** anzuwenden.

1. Anwendungsbereich

247 Nach dem Einleitungssatz von § 1 Abs. 3 könnten unter den Begriff der ANÜ sowohl **gewerbsmäßige** als auch **nichtgewerbsmäßige** ANÜ subsumiert werden (s. *Schüren/Hamann*, § 1 Rn. 492; offen gelassen in: *BAG* v. 3. 12. 1997 – 7 AZR 764/96). Sowohl die Vorgeschichte als auch die **Begrenzung** des Konzernprivilegs **auf Fälle »vorübergehender« ANÜ** zeigt jedoch, dass der Gesetzgeber die (nur bei Gewerbsmäßigkeit erforderliche) auf Dauer angelegte ANÜ (Rn. 151 ff.) mit ihren ganz unterschiedlichen arbeitsrechtlichen Voraussetzungen und Konsequenzen gerade nicht von der Geltung des Gesetzes befreien wollte (so auch *Becker/Wulfgramm*, Art. 1 § 1 Rn. 10, 113 ff.; i. E. ebenso *Boemke*, § 1 Rn. 179; *Schüren/Hamann*, § 1 Rn. 576). Richtigerweise wird man die Vorschrift daher nur auf Fälle nicht-gewerbsmäßiger ANÜ anwenden können (KassHandb/*Düwell*, 4.5 Rn. 198; HandbAR/*Bachner*, § 131 Rn. 86; *Becker*, DB 1988, 2564; *Schaub*, BB 1998, 2111) und hierbei auch **Regelungsbefugnisse der Tarifvertragsparteien** ausschließen müssen, die Ausnahmevorschrift auf Fälle gewerbsmäßiger konzerninterner ANÜ auszudehnen (*Becker*, DB 1988, 2561). In den Fällen, in denen ein Konzern mit **Gewinnerzielungsabsicht** (z. B. zur Vermeidung oder Verringerung von Verlusten, die andernfalls bei Entlassungen in Form von Sozialplanabfindungen entstehen könnten) **langfristig ANÜ** mit Bezug zu anderen Konzernunternehmen plant, liegt gewerbsmäßige ANÜ vor, und alle Vorschriften des AÜG finden Anwendung.

248 Grundsätzlich keine Anwendung findet Abs. 3 Nr. 2 auf die vorübergehende konzerninterne ANÜ in ein Unternehmen des **Baugewerbes**, da nach dem Wortlaut der Vorschrift Fälle des § 1b Satz 1 ausgenommen werden (*Düwell*, BB 1995, 1083). Da Abs. 3 allerdings lediglich eine Beschränkung des Verbots der ANÜ auf Fälle des § 1b Satz 1 enthält, ist die konzerninterne ANÜ in Betriebe des Baugewerbes von den Bestimmungen des AÜG befreit, soweit die Voraussetzungen des § 1b Satz 2 erfüllt sind (*Boemke*, § 1 Rn. 182; vgl. hierzu § 1b Rn. 31). Voraussetzung ist dabei u. a., dass sowohl das entleihende als auch das verleihende Konzernunternehmen denselben Rahmen- und Sozialkassentarifverträgen unterliegen bzw. von deren Allgemeinverbindlichkeit erfasst werden. Sog. **Personalführungsgesellschaften** (vgl. Einl. C. Rn. 113 ff.), bei denen konzernangehörige Verleihunternehmen dauerhaft Arbeitnehmer an andere Tochterunternehmen verleihen (vgl. Einl. C. Rn. 117), fallen nicht unter das Konzernprivileg (BT-Ds. 10/3206, S. 33; *Boemke*, § 1 Rn. 179; *Thüsing/Waas*, § 1 Rn. 199; *Schaub*, § 120 I 2c). Wenngleich die Profile von Personalführungsgesellschaften stark voneinander abweichen, können sie im Einzelfall alle Begriffsmerkmale der gewerbsmäßigen ANÜ nach Abs. 1 erfüllen. Soweit sie in eigenem Namen selbst Arbeitnehmer einstellen und beschäftigen und diese anderen Konzernunternehmen zur Verfügung stellen, unterliegen sie der **Erlaubnispflicht** nach § 1 Abs. 1 Satz 1 (*LAG Hamm* v. 23. 10. 1987 – 17 (9) Sa 578/87 – EzAÜG § 10 Fiktion Nr. 57; *Schüren/Hamann*, § 1 Rn. 576). Nach Auffassung des *BAG* (v. 3. 12. 1997 – 7 AZR 764/96) liegt jedoch auch in diesem Fall keine ANÜ vor, wenn sie im Rahmen eines Gemeinschaftsbetriebes erfolgt (vgl. Rn. 252) oder eine Tochtergesellschaft nicht über eine eigene Betriebsorganisation verfügt. Werden von der Personalführungsgesellschaft lediglich Aufgaben der **Personalverwaltung** wahrgenommen, ohne dass die Gesellschaft die für das Arbeitsverhältnis typischen Arbeitgeberfunktionen wahrnimmt, ist die Berufung auf das Konzernprivileg nicht ausgeschlossen (*Schüren/Hamann*, § 1 Rn. 585; vgl. Einl. C Rn. 124 f.). Beschränken sich die Aufgaben auf die Beschaffung und Auswahl von Personal oder **schließt die Gesellschaft** im Namen anderer Konzernunternehmen **Arbeitsverträge** ab, so handelt es sich hierbei grundsätzlich nicht um ein Problem der ANÜ, sondern der Arbeitsvermittlung (vgl. Einl. D. Rn. 27). Ebenfalls stellen sich keine Probleme der ANÜ, wenn das **konzernbezogene Arbeitsverhältnis** als zwei oder mehrere selbstständige Arbeitsverhältnisse zu behandeln ist und die Arbeitsleistung in den verschiedenen Konzernunternehmen allein auf der Grundlage der jeweils eigenständigen Arbeitsverhältnisse erfolgt (*Boemke*, § 1 Rn. 180). Dasselbe gilt, wenn ein **Konzernarbeitsverhältnis** dergestalt vereinbart wird, dass dem Konzernarbeitgeber ein **konzernweites Versetzungsrecht** eingeräumt wird oder der Arbeitskräfteaustausch zwischen den konzernangehörigen Unternehmen sich rechtlich nicht als Übertragung des Weisungsrechts auf einen Dritten, sondern als **Delegation von Direktionsrechten** der Konzernspitze innerhalb einer bestehenden Leistungshierarchie im Konzern darstellt (*BAG*, a.a.O.). In diesem Fall fehlt es schon an der für den Begriff der ANÜ konstitutiven Beteiligung von drei rechtlich selbstständigen, d.h. zu freien Unternehmerentscheidungen fähige Rechtspersonen (*BAG*, a.a.O.; *Boewer*, DB 1982, 2035). Es ist rechtlich nicht zu beanstanden, wenn der Arbeitnehmer nach dem Arbeitsvertrag von vornherein für den Unternehmens- *und* Konzernbereich eingestellt wird (zur sog. »Kombinationstheorie« bei gemischten Verträgen vgl. *BAG* v. 24. 8. 1972 – 2 AZR 437/71 – AP Nr. 2 zu § 611 BGB Gemischter Vertrag) oder er sich im Arbeitsvertrag mit **Versetzungen innerhalb der Unternehmens- und Konzerngruppe** einverstanden erklärt (*BAG* v. 27. 11. 1991 – 2 AZR 255/91 – AP Nr. 6 zu § 1 KSchG 1969). **Mitbestimmungsrechtlich** handelt es sich hierbei um Versetzungen i.S.d. § 95 Abs. 3 Satz 1 BetrVG (*BAG* v. 19. 2. 1991 – 1 ABR 36/90 – AP Nr. 26 zu § 95 BetrVG 1972), bei denen jede Versetzung der Mitbestimmung des Betriebsrats des abgebenden Betriebs nach § 99 BetrVG unterliegt. Auch im aufnehmenden Betrieb ist der Betriebsrat unter dem Gesichtspunkt der Einstellung gem. § 99 BetrVG zu beteiligen (*BAG* v. 9. 3. 1976 – 1 ABR 53/74), bei Verstößen hat der Betriebsrat unabhängig von § 101 BetrVG einen Unterlassungsanspruch (*LAG Frankfurt am Main* v. 1. 12. 1988 – 13 BV 24/88).

Bei einverständlicher **Beendigung des Arbeitsverhältnisses** zum bisherigen Konzernunternehmen und **anschließender Begründung eines neuen Arbeitsverhältnisses** mit einem anderen Konzernunternehmen (Arbeitgeberwechsel) liegt ebenfalls keine ANÜ vor (vgl. hierzu *Maschmann*, RdA 1996, 24). Allerdings kann hier eine rechtsmissbräuchliche **Umgehung der Sozialauswahl bei Kündigungen** vorliegen, wenn das Unternehmen zunächst Arbeitsplätze oder Aufträge in ein anderes konzernangehöriges Unternehmen verlagert (zum Vorliegen eines Betriebsüberganges in diesen Fällen vgl. *EuGH* v. 2. 12. 1999 – Rs. C-234/98 – NZA 2000, 587) und den Arbeitnehmer anschließend unter Verweis auf den Wegfall des Arbeitsplatzes im bisherigen Beschäftigungsunternehmen dazu veranlasst, im Rahmen von ANÜ nach Abs. 3 Nr. 2 bei dem anderen Konzernunternehmen seine Arbeit zu erbringen (*BAG* v. 10. 11. 1994 – 2 AZR 242/94 – DB 1995, 1285). I. ü. liegt bei Aufhebung des bisherigen und Begründung eines neuen Arbeitsverhältnisses zu einem anderen Konzernunternehmen auch dann keine ANÜ vor, wenn sich aus der Konzernzugehörigkeit resultierende Rechte und Pflichten im neuen Arbeitsverhältnis fortsetzen (z.B. Anrechnung der Betriebszugehörigkeit, Fortgeltung der betrieblichen Altersversorgungsansprüche; Boemke, § 1 Rn. 180). Derartige Fallgestaltungen treten auf, wenn der **Arbeitskräfteaustausch zwischen Konzernunternehmen** so geregelt wird, dass der Arbeitnehmer in den jeweiligen Beschäfti-

249

gungsunternehmen des Konzerns **selbstständige Arbeitsverhältnisse** abschließt (vollständiger Arbeitgeberwechsel ohne aufgespaltene Arbeitgeberstellung) bzw. mit dem bisherigen Vertragsarbeitgeber ein **ruhendes (Zweit-)Arbeitsverhältnis** vereinbart wird, das bei Beendigung des selbständigen befristeten Arbeitsverhältnisses zum anderen Konzernunternehmen wiederauflebt (vgl. *BAG* v. 28.8.1996 – 7 AZR 605/95 – DB 1997, 1137). Die **sachliche Rechtfertigung** der Befristung im Zusammenhang mit dem Entsendungsbeschluss des Arbeitgebers ist dabei nur gegeben, wenn der Arbeitnehmer bei fortdauernden arbeitsvertraglichen Beziehungen zu seinem bisherigen Arbeitgeber eine gesicherte Rückkehrmöglichkeit in seine bisherige Beschäftigung hat (*BAG* v. 22.3.1985 – 7 AZR 487/84 – AP Nr. 89 zu § 620 BGB Befristeter Arbeitsvertrag; v. 28.8.1996 – 7 AZR 849/95). Ein derart ruhendes Arbeitsverhältnis ist immer dann anzunehmen, wenn die wechselseitigen **Hauptpflichten** aus dem Arbeitsvertrag, die Pflicht des Arbeitnehmers zur Arbeitsleistung und die Pflicht des Arbeitgebers zur Zahlung der Vergütung, **vorübergehend suspendiert** sind (*BAG* v. 9.8.1995 – 10 AZR 539/94 – BB 1996, 329). Eine derartige Vertragsgestaltung wird häufig bei der Vereinbarung von konzern-/unternehmensgebundenen selbstständigen **Beschäftigungs- und Qualifizierungsgesellschaften** gewählt, ist daneben aber auch in Regelungen zum Interessenausgleich und Sozialplan üblich, um andernfalls notwendigen Personalabbau durch konzerninterne Lösungen des Arbeitskräfteaustausches zu verhindern. **Mitbestimmungsrechtlich** sind diese Fälle nicht als Versetzung, sondern als Kündigung des bisherigen Arbeitsverhältnisses (vgl. § 102 BetrVG) und Einstellung beim neuen Vertragsarbeitgeber nach § 99 BetrVG zu behandeln.

250 Wenn das **Konzernunternehmen** die **Erlaubnis** nach § 1 Abs. 1 besitzt oder auch als **Mischunternehmen mit Außenbezug** ANÜ betreibt, entfällt das Konzernprivileg vollständig (GK-*Kreutz*, § 7 Rn. 46). Das Unternehmen kann sich nicht darauf berufen, einen Teil der ANÜ gewerbsmäßig, einen anderen Teil aber nichtgewerbsmäßig im Rahmen des § 1 Abs. 3 zu betreiben. Dem steht schon entgegen, dass die Arbeitsverträge der betreffenden Leiharbeitnehmer keine gespaltenen Rechtspflichten enthalten dürfen. Soweit ein anerkennenswertes Bedürfnis innerhalb von Konzernen besteht, außerhalb der Grenzen des AÜG den konzerninternen Arbeitskräfteaustausch zu organisieren, stehen hinreichende andere Gestaltungsformen zur Verfügung (Rn. 249).

250a Insbesondere seit der Aufhebung der Höchstüberlassungsdauer nach § 3 Abs. 1 Nr. 6 a. F. sind immer mehr Konzerne dazu übergegangen, **konzerneigene Verleihunternehmen** zu gründen, die sich entweder auf den dauerhaften Verleih innerhalb des Konzerns beschränken oder die daneben bzw. nur bei mangelnden Beschäftigungsmöglichkeiten im Konzern ergänzend ANÜ betreiben (*Zumbeck*, Mitbestimmung 2005, 68). Zielsetzung ist hierbei durchgängig, die Personalkosten in den Konzernunternehmen durch Anwendung der tariflich geregelten Niedriglöhne im Verleihgewerbe (vgl. § 9 Rn. 228, 246f.) zu senken, »Lohnnebenkosten zu umgehen« (*Fiedler/Winter*, Personal 2005, 19) bzw. das normale **Betriebsrisiko** des Arbeitgebers bei mangelnden Beschäftigungsmöglichkeiten (§ 615 Satz 1 BGB) durch einen Verleih zu vermeiden. Die vom Gesetzgeber bezweckte Sprungbrettfunktion der ANÜ, mit der Chance auf eine Übernahme durch den Entleiher ist schon konzeptionell ausgeschlossen. Vielmehr erhalten neueingestellte Arbeitnehmer von vorne herein nur einen Arbeitsvertrag, der die Verpflichtung enthält, abweichend von § 613 Satz 2 BGB auf Anordnung des konzernangehörigen Verleihers auch bei anderen Konzerngesellschaften und teilweise auch bei einem Dritten ihre Arbeit zu erbringen. Daneben sind Formen der

Personalbedarfsdeckung anzutreffen, bei denen die Bestimmungen des TzBfG umgangen werden (*Osnabrügge*, NZA 2003, 644), befristete Arbeitsverhältnisse nicht verlängert oder tarifliche Regelungen zur Übernahme von Auszubildenden dadurch umgangen werden, dass mit einer konzernangehörigen Tochter im Rahmen eines unzulässigen **Rückverleihs** (*Willemsen/Annuß*, BB 2005, 440) ein Leiharbeitsverhältnis begründet wird und der Arbeitnehmer auf dem bisherigen Dauerarbeitsplatz als LAN beschäftigt wird (vgl. *LAG Berlin* v. 7. 1. 2005 – 6 Sa 2008/04 – BB 2005, 672). Wurde hierbei das vormalige Arbeitsverhältnis gekündigt, ist die Kündigung unwirksam (*BAG* v. 26. 9. 2002 – 2 AZR 636/01 – NZA 2003, 549). An der **Gewerbsmäßigkeit** der ANÜ bestehen hier keine Zweifel, da die Tätigkeit regelmäßig auf Dauer angelegt ist und nicht vorübergehend i.S.d. Abs. 3 Nr. 2 erfolgt. Strittig ist demgegenüber, ob derartige Formen des Personalaustauschs im Konzern der ANÜ oder der Arbeitsvermittlung zuzuordnen sind.

Keine ANÜ, sondern **AVM** liegt vor, wenn das konzerninterne Verleihunternehmen überhaupt nicht über eine eigene **Betriebsorganisation** verfügt, um die Pflichten einer Arbeitgebers zu erfüllen (vgl. § 3 Abs. 1 Nr. 2; *Brors/Schüren*, BB 2004, 2749; *Mastmann/Offer*, AuA 2005, 334). Dies ist insbesondere der Fall, wenn das Verleihunternehmen nicht selbstständig und eigenverantwortlich Einsatz, Betreuung und Verwaltung des entliehenen Personals organisiert, sondern andere Konzernunternehmen in ihrer Eigenschaft als Entleiher maßgeblichen Einfluss auf die Organisation der Verwaltung nehmen (*Mastmann/Offer*, a.a.O.). **250b**

Ist das konzernangehörige Verleihunternehmen vertraglich oder satzungs- bzw. gesellschaftsrechtlich verpflichtet, auf **Anforderung** von anderen Konzernunternehmen LAN zur Verfügung zu stellen, kann die Entscheidungs- und Vertragsfreiheit des Verleihers derart eingeengt sein, dass die notwendige **unternehmerische Entscheidungsfreiheit** des Verleihers nicht mehr gegeben ist. Die **Haftung** des Verleihers für ein Auswahlverschulden (vgl. § 12 Rn. 14) als typische Unternehmerpflicht des Verleihers und die **Ersetzungsbefugnis** des Verleihers bezüglich der überlassenen LAN (§ 12 Rn. 13) sind konstitutive Merkmale der ANÜ, die zwar im Einzelfall, nicht jedoch generell, an der ANÜ als Gattungsschuld etwas ändern dürfen und auch die Risikoverteilung bei den Gewährleistungspflichten nicht außer Kraft setzen können. Wird die Tätigkeit des Verleihers ausschließlich oder vorrangig nach den **Personalplanungen** konzernangehöriger Entleihunternehmen gesteuert oder richtet sich der Personalbedarf des Verleihers nach Zahl, Qualifikation oder Arbeitsbedingungen (Arbeitsort, Arbeitszeit, etc.) mit Ausnahme des Arbeitsentgeltes ausschließlich nach den Bedürfnissen der konzerneigenen Einsatzbetriebe, fungiert das überlassende Konzernunternehmen nicht als Verleiher, der auf dem Markt tätig wird, sondern als **Strohmann**, der Funktionen der **Personalbeschaffung** für die Konzernunternehmen wahrnimmt. Dies reicht nicht aus, um die Tätigkeit als ANÜ zu qualifizieren, sondern stellt eine Vermittlung von Arbeitskräften dar, bei denen sich die Funktion des Überlassenden darauf beschränkt, das Arbeitsentgelt und sonstige materielle Arbeitsbedingungen unter Umgehung der Arbeitsbedingungen der Einsatzbetriebe und der **Gleichstellungsgrundsätze** von §§ 3 Abs. 1 Nr. 3, 9 Nr. 2, 10 Abs. 4 zu verkürzen (anders z.B. der konzerneigene Verleih in der BASF-Gruppe, in der dem LAN marktgerechte Stundensätze gewährt werden; HBl. v. 24. 9. 2004). **250c**

Typischer Geschäftszweck eines gewerbsmäßig tätigen Verleihers ist es, Arbeitnehmer unter Übernahme des typischen Arbeitgeberrisikos eines Verleihers (vgl. **250d**

Rn. 55 ff., § 3 Rn. 21) bei verschiedenen Entleihern einzusetzen. Diese Voraussetzung ist nur erfüllt, wenn der Verleiher die LAN nicht ausschließlich an einen
Entleiher überlässt, sondern über einen **Kundenstamm** verschiedener Entleiher
verfügt und werbend **auf dem Markt** auftritt (so auch *Melms/Lipinski*, BB 2004,
2416; *Brors/Schüren*, BB 2004, 2745) um das Risiko von Nichteinsatzzeiten zu begrenzen (*Brors/Schüren*, BB 2005, 494). Eine derartige Orientierung der Geschäftstätigkeit eines konzernangehörigen Verleihunternehmens liegt jedoch meist
nicht vor und bildet auch nicht (zumindest nicht vorrangig und überwiegend)
den Geschäftszweck. Es erscheint schon fraglich, ob bei einem Verleih ausschließlich an konzernangehörige Unternehmen eine ANÜ an einen »Dritten« i.S.d. § 1
Abs. 1 Satz 1 AÜG vorliegt. Daneben ist der Zweck des Vertrages zwischen dem
konzernangehörigen Verleih- und Entleihunternehmen nicht darauf gerichtet,
einen Arbeitnehmer vorübergehend beim Entleiher zu beschäftigen, sondern
ausschließlich darauf, den Arbeitnehmer auf nicht absehbare Zeit unter Vermeidung des arbeitsrechtlichen Bestandsschutzes und unzulässiger Befristungen
nach dem TzBfG – ohne Unterschied zu dauerhaft beschäftigten Stammarbeitnehmern – im Betrieb einzusetzen (vgl. hierzu *Brors/Schüren*, BB 2004, 2748).
Hierdurch unterscheidet sich ein Konzernverleiher von einer **Personalführungsgesellschaft**, die bei einem wiederkehrenden, jeweils kurzzeitigen zusätzlichen
Personalbedarf der Konzernunternehmen Arbeitnehmer befristet zur Verfügung
stellt und dem Arbeitnehmer mittels des Leiharbeitsverhältnisses eine dauerhafte Beschäftigung garantiert (dies übersehen *Willemsen/Annuß*, BB 2005, 438).
Allein die Zielsetzung des Einsatzbetriebs, die Arbeits- und Tarifentgelte zu senken, ist jedoch kein Abgrenzungskriterium zwischen Stamm- und Leiharbeitnehmer, sondern die ANÜ wird nur vorgetäuscht, um die Rechtsstellung des LAN
zu verkürzen (*Brors/Schüren*, BB 2004, 2745). Entzieht sich der konzernangehörige Entleiher durch die Einschaltung des Verleihunternehmens zum Zwecke der
Personalkostenverlagerung lediglich seiner Stellung als Vertragsarbeitgeber, fungiert das überlassende Unternehmen als **Strohmann** (*LAG Berlin* v. 7.1.2005 –
6 Sa 2008/04 – BB 2005, 672). In diesen Fällen liegt **Arbeitsvermittlung** vor (*Brors/
Schüren*, BB 2004, 2749; GK-*Kreutz*, § 7 Rn. 47), ohne dass es eines Rückgriffs auf
eine nach Abs. 2 nur vermutete Arbeitsvermittlung bedarf.

2. Konzernbegriff

251 Nach dem Gesetz werden nur **Konzerne** i.S.d. § 18 AktG vom Konzernprivileg
erfasst. Damit sind sowohl der **Unterordnungskonzern** nach § 18 Abs. 1 AktG,
bei dem ein herrschendes Unternehmen und ein oder mehrere abhängige Unternehmen unter einer einheitlichen Leitung zusammengefasst sind, als auch der
Gleichordnungskonzern, bei dem keine Abhängigkeit der Unternehmen vorliegt, vom Anwendungsbereich des Abs. 3 Nr. 2 erfasst (*Schaub*, § 120 I 2c; ErfK/
Wank, § 1 Rn. 84; *Schüren/Hamann*, § 1 Rn. 562; *Thüsing/Waas*, § 1 Rn. 188). Die
Ausnahmebestimmung kommt nur für die ANÜ innerhalb des Konzerns zur An-
wendung, sie gilt nicht, soweit im Rahmen eines **Gemeinschaftsunternehmens**
Arbeitnehmer des einen Konzerns an ein Unternehmen eines anderen Konzerns
ausgeliehen werden sollen (ErfK/*Wank*, § 1 Rn. 86; *Schüren/Hamann*, § 1 Rn. 572).
Ein Konzern nach § 18 AktG setzt voraus, dass zumindest ein Konzernunterneh-
men eine AG oder eine KGaA ist (*Koppensteiner*, Vorbem. § 291 AktG, Rn. 11).
Soweit diese Voraussetzung nicht erfüllt ist, kommt allein auf der Grundlage des
Wortlauts des Abs. 3 Nr. 2 eine Geltung für Unternehmen in anderer Rechtsform

nicht in Betracht. Dennoch wird überwiegend die Meinung vertreten, dass die Vorschrift lediglich eine **rechtsformneutrale Verweisung** enthalte und damit auch in Fällen anwendbar sei, in denen lediglich die materiellen Elemente des Konzernbegriffs erfüllt sind (z. B. *Boemke*, § 1 Rn. 185; *Schüren/Hamann*, § 1 Rn. 559). Das *BAG* folgert aus dem Sinn und Zweck der Vorschrift, den Personalaustausch innerhalb eines Konzerns in gewissem Umfang zu erleichtern, dass dieses Regelungsbedürfnis unabhängig von der Rechtsform des dem Konzern angehörigen Unternehmens besteht und folgert hieraus, dass Abs. 3 Nr. 2 ohne Beschränkung auf die Rechtsform der AG oder KGaA Anwendung finden muss (*BAG* v. 5.5.1988 – 2 AZR 795/87 – AP Nr. 8 zu Art. 1 § 1 AÜG). Ausgehend von der Gesetzesbegründung (BT-Ds. 10/3206, S. 33) hielt der Gesetzgeber die Ausnahmevorschrift für vertretbar, weil im Rahmen des Austausches verschiedener Unternehmen innerhalb eines Konzerns nur der **interne Arbeitsmarkt** des betreffenden Konzerns betroffen und eine Gefährdung der Leiharbeitnehmer nicht gegeben sei. Auf dieser Grundlage ist eine differenzierte Betrachtung notwendig. Auszugehen ist zunächst davon, dass der Konzernbegriff ganz allgemein Erweiterungen erfahren hat, was auch die neuere arbeitsgerichtliche Rechtsprechung beeinflusst hat. Dies gilt insbesondere hinsichtlich der Rechtsprechung zur Haftung im **qualifiziert faktischen Konzern**, die sich nicht auf AG oder KGaA beschränkt, sondern auch im GmbH-Konzern gilt und selbst eine natürliche Person als herrschendes Unternehmen im Rahmen der Konzernhaftung begreift (*BAG* v. 8.3.1994 – 9 AZR 197/92 – BB 1994, 2350). Soweit die Haftungsgrundsätze zum qualifiziert faktischen Konzern zur Anwendung kommen können, erscheint es gerechtfertigt, die Vorschriften über die Konzernleihe **analog** auch auf Konzerne außerhalb der Rechtsform der AG oder KGaA **anzuwenden**, da eine soziale Gefährdung, die über die normalen Risiken hinausgeht, infolge der ANÜ nicht eintreten kann. Selbst bei Eintreten der Rechtsfolgen des § 10 und gleichzeitiger Zahlungsunfähigkeit des neuen Arbeitgeberunternehmens wäre der Arbeitnehmer über die Vorschriften zur Haftung im qualifiziert faktischen Konzern geschützt. Ähnliches gilt auch hinsichtlich der betriebsverfassungsrechtlichen Stellung des Arbeitnehmers auf der Grundlage einer erweiterten Auslegung des Konzernbegriffs im Rahmen des § 54 Abs. 1 BetrVG. Hier wird der Konzernbegriff rechtsformunabhängig verwandt (vgl. *FESTL*, § 54 Rn. 11), allerdings nur bezogen auf den Unterordnungskonzern und nicht auf den Gleichordnungskonzern. Soweit dieser Schutz nicht gegeben ist, scheidet eine erweiterte Anwendung des Abs. 3 Nr. 2 über den Wortlaut der Vorschrift hinaus aus, da die Vorschriften des AÜG grundsätzlich **restriktiv** i. S. d. Arbeitnehmerschutzes auszulegen sind.

I. ü. erfordert das Vorliegen eines Konzerns i. S. d. Abs. 3 Nr. 2 unabhängig von der Rechtsform, dass mehrere **rechtlich selbstständige Unternehmen** unter der **einheitlichen Leitung** des herrschenden Unternehmens zusammengefasst sind und dass das herrschende Unternehmen die nach § 18 Abs. 1 AktG vorausgesetzte Leitungsmacht auch tatsächlich ausübt (*BAG* v. 8.3.1994 – 9 AZR 197/92 – BB 1994, 2350). Die Feststellung, ob mehrere rechtlich selbstständige Unternehmen vorliegen, bereitet in der Praxis meist keine Schwierigkeiten. Soweit ein **Gemeinschaftsbetrieb** mehrerer selbstständiger Unternehmen vorliegt, scheidet ein als ANÜ (und nicht als Versetzung) zu qualifizierender Arbeitskräfteaustausch schon begrifflich aus (*Boemke*, § 1 Rn. 184; ErfK/*Wank*, § 1 Rn. 84; *Schüren/Hamann*, § 1 Rn. 564; *Thüsing/Waas*, § 1 Rn. 189). I. Ü. ist das Eingreifen des Konzernprivilegs vom Vorhandensein einer tatsächlich ausgeübten **einheitlichen**

252

Leitungsmacht hinsichtlich der beteiligten Verleih- und Entleihbetriebe abhängig (*LAG Hamm* v. 1. 9. 1987 – 7 Sa 591/87 – EzAÜG § 10 AÜG Fiktion Nr. 51; *Schüren/ Hamann*, § 1 Rn. 567). Von einer einheitlichen Leitungsmacht ist neben den in § 18 Abs. 1 AktG genannten Fällen auszugehen, wenn systematisch, gezielt und dauerhaft Einfluss auf die Geschäftspolitik und die Unternehmensleitung genommen werden kann. Einzelanweisungen im Rahmen des Weisungsrechts der Gesellschafter einer GmbH auf die Geschäftsführung reichen nicht aus. Allein die Möglichkeit zur Einflussnahme im Rahmen einheitlicher Leitungsmacht reicht zur Annahme eines Konzerns ebenfalls nicht aus, vielmehr muss die Leitungsmacht auch tatsächlich **ausgeübt** werden (*Boemke*, § 1 Rn. 186; *Thüsing/Waas*, § 1 Rn. 192).

3. Vorübergehende Arbeitnehmerüberlassung

253 Nur die »**vorübergehende**« ANÜ wird vom Konzernprivileg erfasst. Nicht nur die Überlassung als solche, sondern die **Tätigkeit außerhalb des Arbeitgeberunternehmens** muss vorübergehend sein (*Boemke*, § 1 Rn. 190; *Schüren/Hamann*, § 1 Rn. 576; *Thüsing/Waas*, § 1 Rn. 194). Von daher kommt die Ausnahmebestimmung nicht zur Anwendung, wenn der Arbeitnehmer nach der Überlassung an ein Konzernunternehmen an ein weiteres Konzernunternehmen verliehen werden soll (*Boemke*, a.a.O.; *Schüren/Hamann*, § 1 Rn. 574; *Thüsing/Waas*, § 1 Rn. 193). Unstrittig kann von einer vorübergehenden Überlassung nur dann gesprochen werden, wenn der **Zeitpunkt des Beginns und Endes der Tätigkeit** des Arbeitnehmers beim entleihenden Konzernunternehmen bei Aufnahme der Tätigkeit genau festgelegt ist und der Einsatz von vornherein **befristet** ist (*LAG Hessen* v. 26. 5. 2000 – 2 Sa 423/99 – DB 2000, 1968; *Boemke*, § 1 Rn. 187; *Schüren/Hamann*, § 1 Rn. 577, 582; *Thüsing/Waas*, § 1 Rn. 194; *Gaul*, BB 1996, 1224). Fehlt es zu Beginn der Überlassung an einem **Rückkehrrecht**, fehlt es immer an dem Merkmal einer »vorübergehenden« ANÜ (*Boemke*, § 1 Rn. 187; ErfK/*Wank*, § 1 Rn. 89; a. A. *ArbG Köln* v. 9. 2. 1995 – 2 Ca 6262/95 – BB 1995, 800). Dies ist nach objektiven Merkmalen zu beurteilen, sodass außerhalb von zeitlich oder zweckbefristeten Arbeitseinsätzen nicht von einem vorübergehenden Einsatz des Arbeitnehmers gesprochen werden kann, wenn es dem Arbeitnehmer freigestellt ist, ob und ggf. wann er wieder bei seinem Vertragsarbeitgeber die Arbeit fortsetzt. I.Ü. setzt eine »vorübergehende« ANÜ voraus, dass der **Schwerpunkt der Tätigkeit** des Arbeitnehmers vor und nach dem Einsatz beim Dritten im wesentlichen im verleihenden Arbeitgeberbetrieb verbleibt (KassHandb/*Düwell*, 4.5 Rn. 204). Eine dauerhafte oder sich ohne längere Unterbrechungszeiträume wiederholende Beschäftigung des Arbeitnehmers bei anderen Konzernunternehmen entspricht nicht dem Sinn und Zweck der Ausnahmevorschrift, nur nicht regelmäßige und nicht auf Dauer angelegte Arbeitnehmerüberlassungsfälle zu privilegieren (*Schüren/Hamann*, § 1 Rn. 583; *Thüsing/Waas*, § 1 Rn. 198). Das Tatbestandsmerkmal »**vorübergehend**« wird i.Ü. weit ausgelegt (*BAG* v. 5. 5. 1988 – 2 AZR 795/87 – AP Nr. 8 zu § 1 AÜG; *Schüren/Hamann*, § 1 Rn. 577; *Becker/Wulfgramm*, § 1 Rn. 120). Keine Begrenzungen hinsichtlich des höchstzulässigen Einsatzzeitraums ergeben sich aus den funktionsbedingten zeitlichen Grenzen der ANÜ (vgl. Einl. D Rn. 8), da die Vorschriften des AÜG nach dem Willen des Gesetzgebers bei der Konzernleihe gerade **keine Anwendung** finden sollen. Es erscheint jedoch zu weitgehend, wenn zum Teil selbst bei mehrjährigen Überlassungen noch von vorübergehenden Einsätzen gesprochen wird (*Becker/Wulfgramm*, a.a.O.; *Boemke*, § 1 Rn. 188; *Liebscher*, BB 1996, 801), wenn hierbei sichergestellt ist, dass der abgeordnete Arbeitnehmer nach der Überlassung wieder seine Arbeit im abordnenden Konzernunternehmen erbringen kann (*Becker*, DB 1988, 2561). Wegen der Vergleichbarkeit zu befristeten Arbeitsverhältnissen wird man zumindest die Maßstäbe und Kriterien anlegen müssen, die an das **Vorliegen sachlicher Gründe** bei Befristungen allgemein zu stellen sind (*BAG* v. 21.3.1990, BB 1991, 275; a.A. *Boemke*, § 1 Rn. 189). Liegt danach für den vorübergehenden Einsatz des Arbeitnehmers beim entleihenden Konzernunternehmen ein sachlicher Grund für eine Befristung vor, rechtfertigt sich gleichzeitig auch ein vorübergehender Einsatz des Arbeitnehmers in diesem Unternehmen (*Schüren/Hamann*, § 1 Rn. 579). Dies gilt unabhängig von der Dauer des Ereignisses, das dem Anlass zugrunde liegt. Ausgeschlossen wird hierdurch jedoch, dass **Dauerarbeitsplätze**, die langfristig im entleihenden Konzernunternehmen besetzt werden müssen, über Formen der Konzernleihe aufgelöst werden können. Nur hiermit wird im Rahmen der Konzernleihe den Beschäftigungsinteressen der Belegschaft sowohl im verleihenden als auch im entleihenden Konzernunternehmen sowie den verfassungsimmanenten Schranken flexibler Formen der Beschäftigungspolitik Rechnung getragen (vgl. *BVerfG* v. 6.10.1987 – 1 BvR 10/86 – BVerfGE 77, 84).

4. Arbeitsvertragliche Voraussetzungen

Liegen die Tatbestandsvoraussetzungen des Abs. 3 Nr. 2 vor, so ist für die Überlassung des Arbeitnehmers im konkreten Einzelfall jeweils eine **arbeitsvertragliche Absprache** zur ANÜ erforderlich (*Boemke*, § 1 Rn. 191; *ErfK/Wank*, § 1 Rn. 87; *Schüren/Hamann*, § 1 Rn. 590; vgl. *Fabricius* 1982, 47; *Maschmann*, RdA 1996, 24). Die für echte Leiharbeitsverhältnisse geltenden Kriterien gelten hier entsprechend. Selbst wenn danach im Arbeitsvertrag allgemein die Möglichkeit zur vorübergehenden Überlassung im Konzern vereinbart wurde, muss im Einzelfall die **Zustimmung** des betroffenen Arbeitnehmers eingeholt werden (*Thüsing/Waas*, § 1 Rn. 201; a.A.; *Schüren/Hamann*, § 1 Rn. 590; vgl. § 9 Rn. 25 ff.). Dies gilt auch bei wiederholter vorübergehender ANÜ, da eine Zustimmung des Arbeitnehmers im Einzelfall immer an die Person des entleihenden Unternehmens sowie an Zeit, Art und Umfang der dort zu verrichtenden Arbeit gebunden ist. Fehlt es an einer Grundlagenvereinbarung über die generelle Verpflichtung zur ANÜ, kann der Arbeitgeber den Arbeitnehmer ohne dessen Zustimmung nicht zur Arbeitsleistung in einem anderen Konzernunternehmen verpflichten.

254

5. Konzernleihe und Betriebsverfassung

Hinsichtlich bestehender **Betriebsvereinbarungen** und der Stellung der Betriebsräte ergeben sich bei der ANÜ im Konzern Besonderheiten. Da bei »vorübergehender« ANÜ der Arbeitnehmer ständig bei seinem Vertragsarbeitgeber i.S.d. § 95 Abs. 3 Satz 2 BetrVG beschäftigt ist und die Arbeit bei einem anderen Konzernunternehmen regelmäßig auch mit einer erheblichen Änderung der Arbeitsumstände und des Arbeitsortes verbunden ist (vgl. *BAG* v. 18.2.1986 – 1 ABR 27/84 – AP Nr. 33 zu § 99 BetrVG 1972), liegen die Voraussetzungen einer **Versetzung** i.S.d. § 95 Abs. 3 BetrVG auch dann vor, wenn der Überlassungszeitraum im Einzelfall einen Monat nicht überschreitet. Unstrittig steht dem **Betriebsrat** des aufnehmenden Konzernunternehmens unter dem Gesichtspunkt

255

der (befristeten) **Einstellung** das **Mitbestimmungsrecht aus § 99 BetrVG** zu (st. Rspr., vgl. *BAG* v. 20.9.1990 – 1 ABR 37/90 – AP Nr. 84 zu § 99 BetrVG 1972; v. 26.1.1993 – 1 AZR 303/92 – DB 1993, 1475; *Boemke*, § 1 Rn. 191; *Schüren/Hamann*, § 14 Rn. 470). Wegen des von vornherein befristeten Einsatzes kommen demgegenüber bei der **Beendigung der Tätigkeit** des Arbeitnehmers im entleihenden Konzernunternehmen keine Mitbestimmungsrechte des Betriebsrats aus dem Gesichtspunkt der Rückversetzung (Rn. 257; § 14 Rn. 26 ff.) in Betracht (*Schüren/Hamann*, § 14 Rn. 470). Während des Einsatzes richten sich demgegenüber alle Rechte des Betriebsrats und die betriebsverfassungsrechtliche Stellung des Leiharbeitnehmers im entleihenden Unternehmen nach allen bei nichtgewerbsmäßiger ANÜ geltenden Bestimmungen (*Schüren/Hamann*, § 14 Rn. 467; § 14 Rn. 50, 72). Wird der Arbeitnehmer länger als drei Monate beim entleihenden Konzernunternehmen eingesetzt, steht ihm das aktive Wahlrecht zum Entleiherbetriebsrat zu (vgl. § 7 Satz 2 BetrVG). Das Wahlrecht im Verleiherbetrieb besteht daneben fort und zwar auch, wenn der Arbeitnehmer an ein ausländisches Konzernunternehmen verliehen wird (*Hess. LAG* v. 27.2.2003 – 9 TaBV 51/03 – NZA-RR 2004, 142). Nach Auffassung des *BAG* (v. 10.3.2004 – 7 ABR 49/03 – AP Nr. 8 zu § 7 BetrVG 1972) sind die überlassenen Arbeitnehmer jedoch während des Einsatzes beim Entleiher keine Arbeitnehmer des Entleiherbetriebs i.S.v. § 9 BetrVG (zur betriebsverfassungsrechtlichen Stellung vgl. § 14 Rn. 47 ff.).

256 Schwieriger sind demgegenüber die **Beteiligungsrechte** nach § 99 BetrVG beim abgebenden Betrieb zu beurteilen. Dem **Betriebsrat des abgebenden Unternehmens** steht unter dem Gesichtspunkt der **Versetzung** zwar grundsätzlich das Mitbestimmungsrecht aus § 99 BetrVG zu (*BAG* v. 20.9.1990 – 1 ABR 37/90 – AP Nr. 84 zu § 99 BetrVG 1972; v. 19.2.1991 – 1 ABR 36/90 – DB 1991, 1627; v. 26.1.1993 – 1 AZR 303/92 – DB 1993, 1475; *Schüren/Hamann*, § 14 Rn. 471). Da eine auf Dauer angelegte Versetzung im Rahmen des Abs. 3 Nr. 2 ausscheidet, kommt es in diesem Zusammenhang auf den Meinungsstreit, inwieweit § 99 BetrVG bei **dauerhafter Versetzung** Anwendung finden kann, nicht an (vgl. hierzu *BAG* v. 20.9.1990, a.a.O., m.w.N.). Infolge des für den Einzelfall erforderlichen Einverständnisses des Arbeitnehmers zur Überlassung (Rn. 254; bei Nichteinverständnis des Arbeitnehmers müsste selbst bei vorliegender Zustimmung des Betriebsrats die Versetzung unterbleiben) könnte jedoch aus dem **Zweck des § 99 BetrVG** eine Einschränkung der Mitwirkungsbefugnisse des Betriebsrats gefordert sein, da der betroffene Arbeitnehmer nicht gegen seinen Willen geschützt zu werden braucht (*BAG* v. 30.4.1981 – 6 ABR 59/78 – AP Nr. 12 zu § 99 BetrVG 1972). Dieser Gesichtspunkt könnte zumindest, soweit eine **Änderungskündigung** zur Verpflichtung des Arbeitnehmers zur ANÜ nicht erforderlich ist (Rn. 42), insofern beachtlich sein, als die Versetzung gerade den Wünschen und der freien Entscheidung des Arbeitnehmers entspricht. Hierbei ist allerdings zu beachten, dass das Mitbestimmungsrecht nach § 99 BetrVG nicht nur zum Schutz des einzelnen Arbeitnehmers, sondern daneben auch dem **Schutz der Interessen der Gesamtbelegschaft** dient (§ 14 Rn. 70). Deshalb sind individualvertragliche Vereinbarungen zur Versetzung für die Mitbestimmungsrechte des Betriebsrats irrelevant (*BAG* v. 19.2.1991 – 1 ABR 36/90 – DB 1991, 1627). Steht – wie es im Rahmen der Konzernleihe immer der Fall ist – die Rückkehr des Arbeitnehmers bereits zum Zeitpunkt der Versetzung fest (Rn. 253), sind die **kollektiven Interessen** schon dadurch berührt, dass die entstehende Personallücke vorübergehend anderweitig gedeckt werden muss, wobei gleichzeitig berücksichtigt werden muss, dass dem Arbeitnehmer bei Rückkehr der Arbeitsplatz wieder zur Verfügung zu stellen ist. Die hiervon berührten kollektiven Schutzzwecke des § 99 BetrVG können durch ein etwaiges **Einverständnis des Arbeitnehmers** nicht außer Kraft gesetzt werden, sodass durch das Einverständnis zur »vorübergehenden« ANÜ das Mitbestimmungsrecht des Betriebsrats des abgebenden Betriebs nicht entfällt (*BAG* v. 18. 2. 1986 – 1 ABR 27/84 – AP Nr. 33 zu § 99 BetrVG; *Schüren/Hamann*, § 14 Rn. 471).

Da die **vorübergehende Entsendung** des Arbeitnehmers sowohl das Ausschei- **257** den des Arbeitnehmers aus und die spätere Rückkehr in den entsendenden Betrieb umfasst, handelt es sich um eine **einheitliche personelle Maßnahme** (*BAG* v. 14. 11. 1989 – 1 ABR 87/88 – DB 1990, 1093; *Schüren/Hamann*, § 14 Rn. 471). Dem Betriebsrat stehen daher bei der **Rückkehr des Arbeitnehmers** keine weiteren Mitbestimmungsrechte zu, der Arbeitnehmer setzt anschließend lediglich seine Tätigkeit im bisherigen Arbeitsbereich fort (*BAG* v. 18. 10. 1988 – 1 ABR 26/87 – DB 1989, 732).

Die Mitwirkungsrechte bei personellen Einzelmaßnahmen stehen jeweils den **258** örtlichen Betriebsräten zu. Eine **Zuständigkeit des Konzernbetriebsrats oder des Gesamtbetriebsrats** (*BAG* v. 30. 4. 1981 – 6 ABR 59/78 – AP Nr. 12 zu § 99 BetrVG 1972; *BAG* v. 26. 1. 1993 – 1 AZR 303/92 – DB 1993, 1475) ist hinsichtlich der personellen Einzelmaßnahmen **nicht gegeben** (*BAG* v. 23. 9. 1975 – 1 ABR 122/73 – AP Nr. 1 zu 50 BetrVG 1972). Etwas Anderes gilt jedoch hinsichtlich der Regelungsmaterien, die sich außerhalb des Bereichs personeller Einzelmaßnahmen bewegen. Da die ANÜ im Rahmen des Abs. 3 Nr. 2 notwendigerweise **konzernbezogen** erfolgt, können auch die Bedingungen, unter denen eine konzernweite ANÜ erfolgen darf, nur einheitlich und unternehmensübergreifend im Konzern geregelt werden. Grundsätze der allgemeinen Personalpolitik können ein zwingendes Erfordernis konzernbezogener Regelungen darstellen (DKK-*Trittin*, § 58 Rn. 31; *FESTL*, § 58 Rn. 13). Im Falle der Konzernleihe gilt dies umso mehr, als die örtlichen Betriebsräte oder der Gesamtbetriebsrat rechtlich gehindert sind, **Zulässigkeitskriterien zur ANÜ im Konzern** auf betrieblicher oder Unternehmens-Ebene verbindlich auch für andere Betriebe oder Unternehmen auszuhandeln. Für die Frage, ob und unter welchen allgemeinen Voraussetzungen ANÜ im Konzern betrieben werden darf, besteht daher eine **originäre Zuständigkeit des Konzernbetriebsrats** (*Schüren/Hamann*, § 14 Rn. 472). Dasselbe gilt für die Aufstellung von **Auswahlrichtlinien** nach § 95 Abs. 1 BetrVG, soweit sie sich auf Versetzungen im Rahmen der konzerninternen ANÜ beschränken (DKK-*Trittin*, § 58 Rn. 31). Eine abgeschlossene **Konzernbetriebsvereinbarung** ist trotz der rechtlichen Selbstständigkeit auch für die abhängigen Konzernunternehmen bindend (*FESTL*, § 58 Rn. 35) und gilt für alle Arbeitnehmer des Konzerns unmittelbar und zwingend nach § 77 Abs. 4 BetrVG.

Die originäre Zuständigkeit des Konzernbetriebsrats erstreckt sich nur auf Fragen, die die Ausfüllung des Tatbestandes einer **vorübergehenden ANÜ** betreffen und setzt voraus, dass der Regelungsgegenstand nicht auf betrieblicher oder Unternehmens-Ebene durch Betriebsrat oder Gesamtbetriebsrat geregelt werden kann. Deshalb können in einer Konzernbetriebsvereinbarung nur **Verfahrensgrundsätze** aufgestellt werden, wie in Fällen konzerninterner ANÜ der Abstimmungsprozess zwischen den beteiligten Unternehmen und Betrieben zu organisieren ist (z. B. wie die Mitbestimmungsverfahren in den beteiligten Unternehmen synchronisiert werden können). Keine Zuständigkeit des Konzernbetriebsrats ist dagegen in den sonstigen arbeitsrechtlichen sowie beschäftigungs- und sozialpolitischen Regelungsbereichen gegeben. Dies gilt insbesondere für Gegenstände, die der Mitbestimmung in sozialen Angelegenheiten nach § 87

BetrVG unterliegen. Hier kommt allenfalls in Ausnahmefällen eine originäre Zuständigkeit des Gesamtbetriebsrats in Betracht (*Richardi*, § 50 Rn. 12; *FESTL*, § 50 Rn. 12; DKK-*Trittin*, § 50 Rn. 32.

VII. Auslandsverleih auf der Grundlage zwischenstaatlicher Vereinbarungen (§ 1 Abs. 3 Nr. 3)

1. Entstehungsgeschichte und Gesetzeszweck

259   Nach § 1 Abs. 3 Nr. 3 findet das AÜG mit Ausnahme von § 1b Satz 1, § 16 Abs. 1 Nr. 1b, Abs. 2 bis 5 sowie §§ 17 und 18 auf die Überlassung von Leiharbeitnehmern an ein **deutsch-ausländisches Gemeinschaftsunternehmen**, an dem der **Verleiher beteiligt** ist, keine Anwendung, wenn dieses Unternehmen auf der Grundlage einer **zwischenstaatlichen Vereinbarung** gegründet wurde. Auf die Staatsangehörigkeit des verliehenen Arbeitnehmers kommt es hierbei ebenso wenig an wie auf die Dauer der Überlassung (*Düwell*, AuA 1997, 254). Die Vorschrift wurde durch Art. 63 Nr. 3 Buchst. c dd AFRG vom 24. 3. 1997 (BGBl. I S. 594) neu in das Gesetz eingefügt und trat am 1. 4. 1997 in Kraft (vgl. Art. 83 Abs. 1 und 3 AFRG). Ihr **Zweck** besteht im Wesentlichen darin, die Durchführung von sog. **Jointventures** zu erleichtern, indem inländische Arbeitnehmer auch **längerfristig** in das Auslandsunternehmen überlassen werden können, ohne den einschränkenden Bestimmungen des AÜG zu unterliegen (vgl. amtl. Begr. BT-Ds. 13/4941, S. 248). Hierbei soll sichergestellt werden, dass der verliehene Arbeitnehmer auch bei langfristigen Auslandseinsätzen dem deutschen Arbeits- und Sozialversicherungsrecht unterstellt bleibt (amtl. Begr., a.a.O.). Keine Anwendung findet Abs. 3 Nr. 3 bei einer ANÜ in **Betriebe des Baugewerbes** nach § 1b (vgl. § 1 Abs. 3 Einleitungssatz). Die Vorschrift ist lex specialis gegenüber der Konzernleihe nach Abs. 3 Nr. 2 sowie § 3 Abs. 2 (vgl. Rn. 267; a. A. *Schüren/Hamann*, § 1 Rn. 595) und steht nicht im Einklang mit der EG-Richtlinie 91/383 (Atypische Arbeit), deren Anwendungsbereich sich auf alle Leiharbeitsverhältnisse erstreckt (vgl. Art. 1 Nr. 2 der Richtlinie 91/383/EWG; Einl. F. Rn. 38 ff.).

2. Überlassung von Leiharbeitnehmern

260   § 1 Abs. 3 Nr. 3 kommt nur zur Anwendung, wenn Leiharbeitnehmer, die im Inland beschäftigt sind, **in das Ausland verliehen** werden (*Sandmann/Marschall*, Art. 1 § 1 Anm. 83). Ebenso wie bei der Konzernleihe nach § 1 Abs. 3 Nr. 2 ist der Anwendungsbereich der Vorschrift auf Fälle beschränkt, in denen das verleihende inländische Unternehmen **nicht** die **Erlaubnis zur ANÜ** besitzt (Rn. 250).
Bei unechten Leiharbeitsverhältnissen, d.h. in den Fällen, in denen der Arbeitnehmer auf Grund des Arbeitsvertrages generell verpflichtet ist, bei zugewiesenen Entleihern zu arbeiten (zur Definition vgl. *Schaub*, § 120 I 1b; KassHandb/ *Düwell*, 4.5 Rn. 162), können die Normen und Schutzzwecke des AÜG nicht dadurch außer Kraft gesetzt werden, dass der i. ü. gewerbsmäßig tätig werdende Verleiher i.R.d. Abs. 3 Nr. 3 Auslandsverleih betreibt.

261   Das Tatbestandsmerkmal des **Verleihs von Leiharbeitnehmern** i.S.d. Abs. 3 Nr. 3 ist nur erfüllt, wenn der Arbeitnehmer im Inlandsunternehmen als **Stammarbeitnehmer** beschäftigt ist und für einen **befristeten Zeitraum** im ausländischen Gemeinschaftsunternehmen auf Grund einer **Absprache im Einzelfall** seine Arbeit verrichten soll (*Boemke*, § 1 Rn. 194). Eine derartige Absprache ist nicht erforderlich, wenn das Gemeinschaftsunternehmen einem im Inland ansässigen **Konzern** angehört und der Arbeitnehmer schon auf Grund eines **Konzernarbeitsverhältnisses** zur Arbeitsleistung in anderen ausländischen Konzernunternehmen verpflichtet ist. Die Entsendung in das Auslandsunternehmen erfolgt hier in Wahrnehmung **des Direktionsrechts des Konzerns als Arbeitgeber** und richtet sich nach den für Versetzungen geltenden Grundsätzen (Rn. 248).

Auf die **Staatsangehörigkeit** des zu überlassenden Arbeitnehmers kommt es **262** i.R.d. Abs. 3 Nr. 3 nicht an (vgl. amtl. Begr. BT-Ds. 13/4941, S. 248), auch **ausländische Arbeitnehmer** aus Nicht-EG-Staaten dürfen in das ausländische Gemeinschaftsunternehmen verliehen werden. Voraussetzung ist hier aber grundsätzlich, dass sich der ausländische Arbeitnehmer im Besitz der nach § 4 Abs. 3 AufenthG, § 284 Abs. 1 Satz 1 SGB III erforderlichen **Arbeitsgenehmigung** befindet (*Sandmann/Marschall*, § 1 Anm. 84). Eine Ausnahme gilt hier nur, soweit in der dem Gemeinschaftsunternehmen zugrunde liegenden zwischenstaatlichen Vereinbarung eine Ausnahme vom Arbeitsgenehmigungserfordernis getroffen wurde (vgl. Einl. G Rn. 45 ff.). Die **Versagung einer** Aufenthaltsberechtigung an ausländische Arbeitnehmer kann im Falle einer ANÜ nach Abs. 3 Nr. 3 nicht auf § 40 Abs. 1 Nr. 2 AufenthG, § 6 Abs. 1 Nr. 2 ArGV (vgl. Einl. F. Rn. 14 ff.) gestützt werden, da Fälle der gewerbsmäßigen ANÜ nach § 1 Abs. 1 vom Anwendungsbereich des Abs. 3 Nr. 3 nicht erfasst werden (Rn. 260) und deshalb die Voraussetzungen des § 40 Abs. 1 Nr. 2 AufenthG regelmäßig nicht erfüllt sind.

3. Arbeitsvertragliche Voraussetzungen

§ 1 Abs. 3 Nr. 3 kommt nur zur Anwendung, wenn der Arbeitnehmer arbeits- **263** rechtlich zulässigerweise an das Auslandsunternehmen verliehen wird. Voraussetzung ist insoweit zunächst, dass eine besondere **arbeitsvertragliche (Versetzungs-)Absprache** zur Arbeitspflicht des Arbeitnehmers getroffen wurde (vgl. Rn. 261; *Urban-Crell/Schulz*, Rn. 575) und der Ort des ausländischen Gemeinschaftsunternehmens von dieser Abrede räumlich erfasst wird. Daneben ist im Einzelfall (so auch *Schüren/Hamann*, § 1 Rn. 605) erforderlich, dass auch die für die Überlassung nach § 613 Satz 2 BGB erforderliche Abrede getroffen wird, nach der der Arbeitnehmer verpflichtet ist, unter dem **Weisungsrecht des ausländischen Gemeinschaftsunternehmens** seine Arbeitsleistung zu erbringen (Rn. 37). Fehlt es an einer dieser arbeitsvertraglichen Voraussetzungen, ist eine Überlassung i.R.d. Abs. 3 Nr. 3 nicht zulässig, der Arbeitnehmer ist ggf. zur Leistungsverweigerung bezüglich des Auslandseinsatzes berechtigt. Dies gilt auch, soweit das verleihende Inlandsunternehmen nicht seiner Verpflichtung zur Aushändigung der **Niederschrift über die Arbeitsbedingungen** nach § 2 Abs. 2 NachwG nachkommt (vgl. § 11 Rn. 11). Die arbeitsvertraglichen Absprachen zu einem Auslandseinsatz i.R.d. Abs. 3 Nr. 3 müssen immer **befristet** sein. Über die Vorschrift kann nicht ein dauerhaftes Beschäftigungsverhältnis im Ausland als inländisches Leiharbeitsverhältnis umgestaltet werden. Die Auslandstätigkeit muss immer zeitlich begrenzt sein, andernfalls liegt die Begründung eines Arbeitsverhältnisses zum Auslandsunternehmen vor, dessen Zulässigkeit sich i.R.d. internationalen Privatrechts grundsätzlich nach der Rechtsordnung des ausländischen Staates und den Bestimmungen zur (Änderungs-)Kündigung richtet. Dem Arbeitgeber ist es jedoch grundsätzlich verwehrt, eine derartige (Änderungs-)Kündigung mit dem Ziel der Begründung eines Arbeitsverhältnisses bei einem anderen ausländischen Arbeitgeber auszusprechen (Rn. 42).

4. Deutsch-ausländisches Gemeinschaftsunternehmen auf der Grundlage zwischenstaatlicher Vereinbarungen

264 Ein deutsch-ausländisches Gemeinschaftsunternehmen liegt vor, wenn zwischen einem deutschen und einem ausländischen Unternehmen eine unternehmens- bzw. eigentums- oder gesellschaftsrechtliche Beziehung besteht. Dies ist nur der Fall, wenn das verleihende inländische Unternehmen seinen Geschäftssitz im Inland hat und es ihm möglich ist, auf Grund einer gesellschaftsrechtlich eingeräumten **Organstellung** Einfluss auf die Geschäftspolitik des Gemeinschaftsunternehmens zu nehmen (*Schüren/Hamann*, § 1 Rn. 601). Eine Niederlassung im Inland oder eine Beteiligung als Kommanditist (§§ 164, 170 HGB) oder als **stiller Gesellschafter** (§§ 230 ff. HGB) oder Sonstige allein schuldrechtliche Beziehungen zwischen verleihendem Inlandsunternehmen und Gemeinschaftsunternehmen (z. B. zur Durchführung gemeinsamer Projekte i. R. einer Arge – s. o. Rn. 176) reichen insoweit nicht aus. Unerheblich ist, in welcher gesellschaftsrechtlichen Form und mit welchen gesellschaftsrechtlichen **Anteilen** dem Umfang nach das Inlandsunternehmen am Gemeinschaftsunternehmen beteiligt ist (vgl. amtl. Begr. BT-Ds. 13/4941, S. 248; *Boemke*, § 1 Rn. 196). Der Anteil muss dem Verleiher jedoch die Möglichkeit einräumen, auf die Geschäftstätigkeit des Gemeinschaftsunternehmens Einfluss zu nehmen, andernfalls deuten die Geschäftsbeziehungen auf eine unzulässige Umgehung der Bestimmungen zur gewerbsmäßigen ANÜ hin. Dies gilt auch, wenn der Verleiher nicht an Gewinn und Verlust des Gemeinschaftsunternehmens beteiligt ist. Eine reine **Scheinbeteiligung**, bei der lediglich formal eine gesellschaftsrechtliche Beteiligung des Verleihunternehmens gegeben ist, tatsächlich aber eine andere natürliche oder juristische Person die Gesellschafter- bzw. Eigentumsrechte i. S. einer Verfügungsbefugnis wahrnimmt, reicht für eine Anwendbarkeit des Abs. 3 Nr. 3 nicht aus (*Schüren/Hamann*, § 1 Rn. 601; *Urban-Crell/Schulz*, Rn. 577). **Treuhänderisch** tätig werdende **Strohmanngesellschafter** (vgl. hierzu *Baumbach/Hueck*, § 1 Rn. 38 ff.) des Gemeinschaftsunternehmens können daher als inländisches Unternehmen nicht auf der Grundlage von Abs. 3 Nr. 3 Arbeitnehmer in das Auslandsunternehmen verleihen.

265 Das deutsch-ausländische Gemeinschaftsunternehmen muss auf der **Grundlage zwischenstaatlicher Vereinbarungen** (vgl. § 5 Nr. 4 und § 7 Anwerbestoppausnahme-Verordnung, s. Anhang 4; vgl. auch Einl. G. Rn. 53 f.) gegründet sein, z. B. auf Grund des deutsch-chinesischen Investitionsförderungs- und Schutzvertrages vom 7. 10. 1983 (BGBl. 1985 II S. 30). Sind die Voraussetzungen zur Gründung des Gemeinschaftsunternehmens nach den Bestimmungen der zwischenstaatlichen Vereinbarung nicht erfüllt, kann die Ausnahmevorschrift nicht zur Anwendung kommen (amtl. Begr. BT-Ds. 13/4941, S. 248; *Schüren/Hamann*, § 1 Rn. 600). Ein deutsch-ausländisches Gemeinschaftsunternehmen liegt auch vor, wenn der Verleiher nicht die deutsche Staatsangehörigkeit besitzt. Voraussetzung ist nur, dass der Verleiher zulässigerweise im Inland ein Gewerbe ausübt. Ist dies der Fall, können sich auch Angehörige aus Drittstaaten auf die Ausnahmevorschrift berufen (vgl. auch § 3 Abs. 5). Staatsangehörige aus Vertragsstaaten des EWR, denen unter den Voraussetzungen des § 3 Abs. 4 eine Erlaubnis zur ANÜ zu erteilen ist, können sich nur dann auf Abs. 3 Nr. 3 berufen, wenn das zugrunde liegende Arbeitsverhältnis deutschem Recht unterliegt. Sinn und Zweck der Vorschrift ist es, dem Arbeitnehmer die nach deutschem Recht maßgebliche arbeits- und sozialrechtliche Stellung zu erhalten. Im Wege der **te-**

leologischen **Reduktion** ist daher entsprechend dem Zweck der Norm nur dann eine Anwendbarkeit der Bestimmungen des AÜG ausgeschlossen, wenn sowohl das Unternehmen, das an dem ausländischen Gemeinschaftsunternehmen beteiligt ist, deutschem Recht unterliegt als auch die Rechtsstellung als Verleiher sich nach deutschem Recht richtet. Gemeinschaftsrechtliche Bedenken auf Grund der Dienstleistungs- oder Niederlassungsfreiheit (vgl. Einl. F. Rn. 11 ff., 14 ff.) bestehen insoweit nicht, da auch Inlandsunternehmen sich auf die Vorschrift nur berufen können, wenn sowohl das Arbeitsverhältnis des verliehenen Arbeitnehmers als auch das verleihende Unternehmen deutschem Recht unterliegen.

Erfüllt das deutsch-ausländische Gemeinschaftsunternehmen bei seiner Gründung die Voraussetzungen der zwischenstaatlichen Vereinbarung, ist der Zweck des Gemeinschaftsunternehmens grundsätzlich unbeachtlich. Allerdings darf sich der Zweck nicht darauf beschränken, dem inländischen Verleiher ANÜ im Ausland unter Umgehung der Vorschriften des AÜG zu ermöglichen. Das Rechtsverhältnis des Verleihers zum Gemeinschaftsunternehmen muss über eine gesetzliche Stellung als Verleiher hinausgehen. Ist dies nicht der Fall, z.B. weil das Unternehmen als Verleiher gewerbsmäßig ANÜ betreibt, ist die Ausnahmevorschrift nicht anwendbar. Unschädlich ist es, wenn die **Geschäftszwecke** des Gemeinschaftsunternehmens später erweitert werden, solange der der Gründung zugrunde liegende Geschäftszweck aufrechterhalten bleibt. Bei **ausländischen Tochterunternehmen** des Gemeinschaftsunternehmens kommt Abs. 3 Nr. 3 jedoch nur zur Anwendung, wenn der inländische Verleiher auf Grund seiner gesellschaftsrechtlichen Organrechte im Gemeinschaftsunternehmen auch auf die Geschäftstätigkeit des Tochterunternehmens maßgeblichen Einfluss ausüben kann (Rn. 264). **266**

Bilden das ausländische Gemeinschaftsunternehmen und das inländische entsendende Unternehmen einen **Konzern**, ist § 1 Abs. 3 Nr. 3 **lex specialis** gegenüber § 1 Abs. 3 Nr. 2 (vgl. amtl. Begr. BT-Ds. 13/4941, S. 248; a. A. *Schüren/Hamann*, § 1 Rn. 590; *Thüsing/Waas*, § 1 Rn. 203). Im Unterschied zur normalen **Konzernleihe mit Auslandsbezug** (Rn. 246) ist daher unter den besonderen Voraussetzungen des Abs. 3 Nr. 3 auch eine ANÜ mit Auslandsbezug innerhalb von Konzernen möglich. I.ü. hängt die Anwendbarkeit der Norm aber nicht davon ab, ob das entsendende deutsche Unternehmen und das aufnehmende ausländische Unternehmen einen Konzern bilden. **267**

5. Beteiligung des entsendenden Verleihers am Gemeinschaftsunternehmen

Voraussetzung für die Anwendbarkeit des § 1 Abs. 3 Nr. 3 ist, dass der **Verleiher**, dessen Arbeitnehmer verliehen werden sollen, **am Gemeinschaftsunternehmen beteiligt** ist (zur Beteiligung s. o. Rn. 264). Der **Verleiherbegriff** ist hierbei wie der Entleiherbegriff **rechtsträgerbezogen** (vgl. § 3 Rn. 119 ff.) zu verstehen. Soweit die übrigen Voraussetzungen erfüllt sind, kann daher das deutsche Unternehmen des Verleihers jeden Arbeitnehmer, mit dem ein Arbeitsvertrag abgeschlossen wurde, an das deutsch-ausländische Gemeinschaftsunternehmen verleihen, soweit die arbeitsvertraglichen Voraussetzungen vorliegen (Rn. 263). Hat das Verleihunternehmen **verschiedene Betriebe**, unterliegen alle Betriebe dem Anwendungsbereich der Norm, soweit die Betriebsstätten im Inland liegen. Ist der **Verleiher als natürliche Person** am deutsch-ausländischen Gemeinschaftsunternehmen beteiligt, werden alle Arbeitnehmer von Abs. 3 Nr. 3 erfasst, die im In- **268** land mit der natürlicen Person ein Arbeitsverhältnis begründet haben. Ist der Verleiher demgegenüber eine **juristische Person**, kommt eine ANÜ i.R.d. Norm nur in Betracht, soweit das Arbeitsverhältnis mit der juristischen Person selbst besteht; rechtlich selbstständige Tochter- oder Schwesterunternehmen erfüllen nicht die Voraussetzungen des entsendenden, am Gemeinschaftsunternehmen beteiligten Verleihers.

6. Entsendung in das Ausland

269 § 1 Abs. 3 Nr. 3 findet nur Anwendung, soweit der Arbeitnehmer vom **Inland in das Ausland** entsandt wird (*Schüren/Hamann*, § 1 Rn. 594). Eine ANÜ vom Ausland in das Inland unterliegt dagegen allen Bestimmungen des AÜG und AEntG sowie des Arbeitsgenehmigungsrechts (vgl. Einl. G. Rn. 35 ff.; Einl. F. Rn. 50). Der ausländische Entleiherbetrieb muss dem deutsch-ausländischen Gemeinschaftsunternehmen unmittelbar angehören und seinen Sitz in dem Staat haben, mit dem die zwischenstaatliche Vereinbarung getroffen wurde. Ist das Gemeinschaftsunternehmen lediglich **Tochter eines Konzerns**, ist daher ein **Auslandsverleih** nur dann nach Abs. 3 Nr. 3 privilegiert, wenn der Entsendebetrieb dem Gemeinschaftsunternehmen – nicht jedoch anderen Konzernunternehmen – zugeordnet ist. Auch muss der aufnehmende Auslandsbetrieb den Arbeitnehmer unmittelbar beschäftigen, ein **Weiterverleih** an andere Unternehmen ist wie in sonstigen Fällen des Kettenverleihs unzulässig (Rn. 20).

7. Dauer der Überlassung

270 Im Unterschied zur nur vorübergehend zulässigen Konzernleihe enthält § 1 Abs. 3 Nr. 3 **keine Beschränkung** hinsichtlich des **höchstzulässigen Überlassungszeitraums** ins Ausland. Nach der Intention des Gesetzgebers soll die Vorschrift auch ohne Einhaltung einer Höchstdauer eine ANÜ i.R.v. Jointventures ermöglichen (vgl. amtl. Begr. BT-Ds. 13/4941, S. 248). Dennoch darf die Überlassung ins Ausland **nicht auf Dauer** angelegt sein, da in diesem Fall i.d.R. eine Kündigung des bisherigen Arbeitsverhältnisses verbunden mit einer Einstellung im ausländischen Entleiherbetrieb vorliegt (*Schüren/Hamann*, § 1 Rn. 595). Auch bei der Überlassung nach Abs. 3 Nr. 3 muss der **Schwerpunkt des Arbeitsverhältnisses** immer im **Inland** liegen. Dies ist nur der Fall, wenn die Dauer der im Ausland auszuübenden **Tätigkeit** (vgl. auch § 2 Abs. 2 Nr. 1 NachwG) **zeitlich** begrenzt ist (*Thüsing/Waas*, § 1 Rn. 204). Die in § 14 Abs. 2 Satz 2 TzBfG vorgenommene Grenzziehung hinsichtlich der Zulässigkeit von Befristungen im Arbeitsverhältnis kann hierbei entsprechend auch für den Höchstzeitraum einer Auslandsüberlassung herangezogen werden (*Schüren/Hamann*, § 1 Rn. 595). I. ü. gelten die für Zweckbefristungen maßgeblichen Kriterien entsprechend (Rn. 253).

8. Rechtsfolgen

271 Sind die Voraussetzungen des Abs. 3 Nr. 3 erfüllt, findet das **AÜG keine Anwendung**. Hinsichtlich des Arbeitsverhältnisses kommen alle Normen des deutschen Arbeits- und Sozialversicherungsrechts zur Anwendung (vgl. amtl. Begr. BT-Ds. 13/4941, S. 248).

272 In **betriebsverfassungsrechtlicher Hinsicht** beurteilt sich der Auslandsverleih gem. Abs. 3 Nr. 3 nach denselben Grundsätzen, die auch für die Konzernleihe gelten (Rn. 255 ff.). Der Arbeitnehmer bleibt daher auch für die Zeit des Auslandseinsatzes Angehöriger des entsendenden deutschen Betriebs. Dem **Betriebsrat** des entsendenden Betriebs stehen alle betriebsverfassungsrechtlichen Befugnisse zu, insbesondere hat er bei der Entsendung ins Ausland unter dem Gesichtspunkt der **Versetzung** nach § 99 Abs. 1 BetrVG mitzubestimmen (Rn. 255; *Boemke*, § 1 Rn. 199).

§ 1a Anzeige der Überlassung

(1) Keiner Erlaubnis bedarf ein Arbeitgeber mit weniger als 50 Beschäftigten, der zur Vermeidung von Kurzarbeit oder Entlassungen an einen Arbeitgeber einen Arbeitnehmer bis zur Dauer von zwölf Monaten überlässt, wenn er die Überlassung vorher schriftlich der Bundesagentur für Arbeit angezeigt hat.
(2) In der Anzeige sind anzugeben
1. Vor- und Familiennamen, Wohnort und Wohnung, Tag und Ort der Geburt des Leiharbeitnehmers,
2. Art der vom Leiharbeitnehmer zu leistenden Tätigkeit und etwaige Pflicht zur auswärtigen Leistung,
3. Beginn und Dauer der Überlassung,
4. Firma und Anschrift des Entleihers.

Inhaltsübersicht   Rn.

Literaturhinweise

Ulber, Von der vorübergehenden Arbeitnehmerüberlassung zur entgeltlichen Arbeitsvermittlung auf Dauer, AuR 2001, 451; *ders.*, Personal-Service-Agenturen und Neuregelung der Arbeitnehmerüberlassung, AuR 2003, 7.

I. Entstehungszusammenhang und Gesetzeszweck

1 Nachdem die in der Vorschrift früher geregelte sog. Kollegenhilfe durch das BeschFG 1990 (BGBl. I S. 2406) zunächst nur unter der Voraussetzung erlaubnisfrei war, dass verleihender und entleihender Arbeitgeber demselben Wirtschaftszweig in demselben oder unmittelbar angrenzenden Handwerkskammerbezirk angehörten, wurden diese Beschränkungen durch Art. 2 Ziff. 2 Buchst. b) 1. SKWPG vom 21.12.1993 (BGBl. I S. 2353) mit Wirkung zum 1.1.1994 aufgehoben. Das zunächst nur bis zum 31.12.1995 befristete Gesetz (§ 1 Abs. 3 Buchst. b) BeschFG 1990) wurde durch das BeschFG 1995 verlängert und sollte nach Art. 6 § 3a a.F. mit Wirkung vom 1.1.2001 entfallen. Durch Art. 63 Nr.15 AFRG wurde die in Art. 6 § 3a angeordnete Befristung mit Wirkung vom 1.4.1997 (Art. 83 Abs. 3 AFRG) aufgehoben und der **Anwendungsbereich** auf **Kleinbetriebe mit weniger als 50** (vorher 20) **Beschäftigten** erweitert. Gleichzeitig wurde die **Höchstdauer der Überlassung** auf **zwölf** (vorher drei) **Monate** ausgedehnt (Art. 63 Nr.4 AFRG). Mit der Novellierung soll »Bedürfnissen der mittelständischen Wirtschaft entsprochen« werden (BT-Ds. 13/4941, S. 248). Der Anwendungsbereich der Norm ist auf Fälle beschränkt, in denen die ANÜ für einen Zeitraum von höchstens zwölf Monaten erfolgt. Übersteigt die Überlassung im Einzelfall die nach Abs. 1 maßgebliche **Höchstüberlassungsdauer von zwölf Monaten**, bedarf auch das Kleinunternehmen nach § 1 Abs. 1 Satz 1 der Erlaubnis. Die ANÜ unterliegt dann allen rechtlichen Bestimmungen einer erlaubnispflichtigen gewerbsmäßigen ANÜ.

2 Nach dem Sinn und **Zweck der Vorschrift** sollen insbesondere Kleinbetriebe, die sich in **wirtschaftlichen Schwierigkeiten** befinden und gegenüber Großunternehmen geringere Gestaltungsmöglichkeiten besitzen, Schwankungen des Arbeitsvolumens innerbetrieblich auszugleichen, in die Lage versetzt werden, auch **ohne die Erlaubnis** zur gewerbsmäßigen ANÜ **Arbeitnehmer an Dritte zu verleihen** (BT-Ds. 11/4952, S. 9ff.). Der praktische Anwendungsbereich der Vorschrift ist äußerst gering (vgl. 8. Erfahrungsbericht der BuReg, BT-Ds. 13/5498, S. 16).

Die **Befreiung von Kleinunternehmen** bis zu 50 Beschäftigten **von der Erlaub-** **3**
nispflicht unterliegt unter Berücksichtigung des Wegfalls der zunächst nur
befristet geltenden Vorschrift **verfassungsrechtlichen Bedenken** (vgl. auch
Schüren/Hamann, § 19 Rn. 6 f.; *Thüsing/Waas*, § 1a Rn. 7). Die Privilegierung von
Kleinunternehmen und die **Ungleichbehandlung von Unternehmen** mit mindestens 50 Beschäftigten ist willkürlich und kann im Hinblick auf Art. 3 GG
wegen des Wegfalls der Befristung nicht mehr mit vorübergehenden Gemein-
wohlüberlegungen zur Bewältigung des Problems der Massenarbeitslosigkeit
gerechtfertigt werden. Die geringen Fallzahlen sprechen insoweit eher **gegen** ein
arbeitsmarktpolitisches Bedürfnis. Bis zu einer Höchstüberlassungsdauer von
zwölf Monaten kann ein Kleinunternehmen gleichermaßen **gewerbsmäßige**
ANÜ betreiben wie Verleiher, ohne jedoch der Erlaubnispflicht zu unterliegen.
Der Umstand, dass das Kleinunternehmen die ANÜ zum Zwecke der Vermeidung von Kurzarbeit oder Entlassungen betreiben muss, rechtfertigt die Ungleichbehandlung nicht. Auch der gewerbsmäßig tätige Verleiher hat auf Grund
seiner besonderen **Beschäftigungsrisiken** ein (eher erhöhtes) **Interesse** daran,
Kurzarbeit zu vermeiden (vgl. § 11 Rn. 28) und Entlassungen durch ANÜ vorzubeugen.

Obwohl im Unterschied zu § 1 Abs. 3 die **Arbeitnehmerschutzvorschriften** **4**
des AÜG (mit Ausnahme der erlaubnisbezogenen Bestimmungen) **anwendbar**
bleiben, ergeben sich auch aus den grundlegenden Zwecken des AÜG, einen ausreichenden Arbeitnehmerschutz zu gewährleisten, verfassungsrechtliche Bedenken. Zwar sollen nach der amtlichen Begründung durch die Novellierung alle arbeitnehmerbezogenen Schutzvorschriften des AÜG weiterhin Anwendung
finden (vgl. BT-Ds. 13/4941, S. 248). Schon im Hinblick auf §§ 9 Nr. 1, 10 ist dies
jedoch unzutreffend, da der auf der Grundlage von § 1a **verliehene Arbeitneh-**
mer bei einer Überlassungsdauer bis zu zwölf Monaten **nicht** (jedenfalls nicht
unmittelbar) durch die Möglichkeit des Zustandekommens eines fingierten
Arbeitsverhältnisses **nach § 10 geschützt** ist (vgl. Rn. 27 u. § 9 Rn. 24). Es liegt insoweit eine gegen den Gleichheitsgrundsatz des Art. 3 GG verstoßende **Un-**
gleichbehandlung von Leiharbeitnehmern, die im Rahmen des § 1a verliehen
werden und solchen, die im Rahmen der normalen gewerbsmäßigen ANÜ bei einem Entleiher ihre Arbeitsleistung erbringen, vor. Dies gilt erst recht, wenn man
die mit dem AFRG (vgl. Art. 63 Nr. 9 AFRG) vorgenommene ersatzlose **Aufhe-**
bung des § 13 a. F. für verfassungsgemäß hält (vgl. hierzu Einl. B. Rn. 42 f.). Eine
restriktive, verfassungskonforme Interpretation der Norm kann hiermit verbundene Schwierigkeiten bei der Rechtsanwendung nur teilweise beseitigen.

II. Geltungsbereich

1. Sachlicher Geltungsbereich

Da sich die Erlaubnispflicht nach § 1 Abs. 1 nur auf Fälle gewerbsmäßiger ANÜ **5**
bezieht, werden Fälle **nichtgewerbsmäßiger ANÜ** oder sog. **nichtgewerbsmäßi-**
ger Kollegenhilfe nicht von § 1a erfasst (*OLG Celle* v. 27. 7. 1989 – 2 Ss [Owi]
133/89 – EzAÜG § 16 AÜG Nr. 3; *Boemke*, § 1a Rn. 4; *ErfK/Wank*, § 1a Rn. 5; *Schü-*
ren/Hamann, § 1a Rn. 9; *Thüsing/Waas*, § 1a Rn. 8); es besteht insofern auch keine
vorherige Anzeigepflicht gegenüber dem Landesarbeitsamt. Implizit enthält § 1a
Abs. 1 die Aussage, dass eine **ANÜ**, die **zur Vermeidung von Kurzarbeit und**
Entlassungen erfolgt, auch bei kürzerer als zwölfmonatiger Dauer den **Tatbe-**

stand einer gewerbsmäßigen ANÜ erfüllt. Soweit diese gewerbsmäßige ANÜ bereits die Voraussetzungen des § 1 Abs. 1 Satz 2 oder auch § 1 Abs. 3 erfüllt, findet § 1a keine Anwendung und die Anzeigepflicht entfällt ebenfalls (*Boemke*, § 1a Rn. 4; *Thüsing/Waas*, § 1a Rn. 9).

2. Persönlicher Geltungsbereich und Verleihererlaubnis

6 **Besitzt** der verleihende Arbeitgeber die **Erlaubnis** oder sind die Betriebszwecke des Unternehmens ohnehin (zumindest teilweise) auf ANÜ gerichtet (z. B. bei Mischbetrieben; *Schüren/Hamann*, § 1a Rn. 11), kann der Verleiher sich wie bei anderen privilegierenden Tatbeständen (vgl. § 1 Rn. 248, 250 zur Konzernleihe) **nicht auf § 1a berufen** (BT-Ds. 11/4952, S. 12; *Boemke*, § 1a Rn. 6; ErfK/*Wank*, § 1a Rn. 2; *Schüren/Hamann*, § 1a Rn. 11). Dies gilt auch, wenn die Erlaubnis nur in einem Einzelfall wegen Überschreitens der Höchstüberlassungsdauer von zwölf Monaten beantragt wurde und muss entsprechend gelten, wenn eine gem. § 2 Abs. 4 grundsätzlich befristete **Erlaubnis** durch Zeitablauf oder Rücknahme (§ 4) bzw. Widerruf (§ 5) **erloschen** ist (*Boemke*, § 1a Rn. 6; *Schüren/Hamann*, § 1a Rn. 12). Setzt hier der bisherige Erlaubnisinhaber (soweit er weniger als 50 Arbeitnehmer beschäftigt) seine Tätigkeit fort, indem er die Arbeitnehmer lediglich innerhalb der Zwölfmonatsfrist des § 1a Abs. 1 überlässt, kann er sich nicht darauf berufen, dass dies zur Vermeidung sonst notwendiger Entlassungen erfolgt. Es würde eine unzulässige **Umgehung** der Vorschriften über die Erlaubnispflicht darstellen, wenn der Verleiher sich der Erlaubnispflicht durch Nichtbeantragung unter Verweis auf § 1a entziehen könnte bzw. die Wirkungen eines Rücknahme- oder Widerrufsbescheids außer Kraft setzen könnte (s. a. *Schüren/Hamann*, § 1a Rn. 64; zweifelnd *Boemke*, § 1a Rn. 5).

7 In den **Fällen des § 1b** ist § 1a **nicht anzuwenden** (i. E. ebenso *Sandmann/Marschall*, Art. 1 § 1a Anm. 2; *Schüren/Hamann*, § 1a Rn. 64; *Thüsing/Waas*, § 1a Rn. 10). Die Vorschrift lässt lediglich die Erlaubnispflicht nach § 1 Abs. 1 entfallen, berührt jedoch den Charakter der Überlassung als gewerbsmäßige ANÜ nicht.

3. Tarifvertragliche Regelungen

7a Liegt ein **TV nach § 1 Abs. 3 Nr. 1** vor, schließt dieser bei **Tarifbindung** des Verleihers grundsätzlich die Möglichkeit aus, das Kleinunternehmerprivileg in Anspruch zu nehmen. (Rn. 17). Soweit der Entleiher nicht **demselben** Tarifvertrag wie der Verleiher unterliegt, kann von dem gesetzlichen Erfordernis der beiderseitigen Bindung an denselben Tarifvertrag (vgl. § 1 Rn. 234) grundsätzlich nicht dadurch abgewichen werden, dass der Verleiher ergänzend die Möglichkeiten nach § 1a nutzt. Ein Tarifvertrag nach § 1 Abs. 3 Nr. 1 besitzt die Vermutung der Vollständigkeit und schließt daher eine Berufung auf § 1a aus, soweit der Tarifvertrag nicht eine entsprechende **Öffnungsklausel** enthält.

7b Da § 1a nur von der Erlaubnispflicht, nicht jedoch von den sonstigen Vorschriften des AÜG befreit (Rn. 4), gelten im Anwendungsbereich der Vorschrift auch die **Gleichstellungsgrundsätze** von §§ 3 Abs. 1 Nr. 3, 9 Nr. 2, 10 Abs. 4 (*Schüren/Hamann*, § 1a Rn. 63; *Thüsing/Waas*, § 1a Rn. 32). Ansprüche des Arbeitnehmers aus § 10 Abs. 4 sind daher im Rahmen des § 1a nur ausgeschlossen, wenn ein für den Kleinunternehmer geltender **TV zur ANÜ** auf das Arbeitsverhältnis Anwendung findet. Dies ist nur der Fall, wenn sich der fachliche Geltungsbereich des TV zur ANÜ auch auf Fälle des § 1a erstreckt. Die abgeschlossenen Branchentarifverträge gelten nur für gewerbsmäßig tätige Zeitarbeitsunternehmen (vgl. § 1.2 MTV BZA/ DGB) und erfassen grundsätzlich nur Formen der gewerbsmäßigen ANÜ, bei der Kurzarbeit unzulässig ist (§ 1 Rn. 57 f.). Da der Anwendungsbereich des § 1a auf Unternehmen beschränkt ist, deren **Betriebszwecke** außerhalb von § 1a nicht auf gewerbsmäßige ANÜ gerichtet ist (Rn. 6), bleiben daher, selbst bei Tarifbindung des Kleinunternehmers an einen TV zur ANÜ, die gesetzlichen Gleichstellungs- ansprüche aus § 10 Abs. 4 i. d. R. bestehen. Etwas anderes gilt nur für **branchen- fremde Tarifverträge**, die nicht das Verleihgewerbe betreffen, aber tarifliche Regelungen zur ANÜ enthalten und eine Tarifbindung sowohl des Verleihers als auch des Entleihers voraussetzen (vgl. bundesweiter Zusatztarifvertrag Metall, v. 13. 12. 2003; § 9 Rn. 153i). Hier schließt der Tarifvertrag (beschränkt auf die jewei- lige Branche im Rahmen der Zuständigkeiten der Tarifparteien) den Gleichstel- lungsanspruch bei vorliegender Tarifbindung ausnahmsweise aus.

III. Voraussetzungen des Kleinunternehmerprivilegs

1. Unternehmen mit weniger als 50 Beschäftigten

Nach Abs. 1 sind **alle Unternehmen mit weniger als 50 Beschäftigten** von der **8** Erlaubnispflicht befreit. Da die **Zahl** der Beschäftigten **arbeitgeber-/unterneh- mens- und nicht betriebsbezogen** ermittelt werden muss, sind die Arbeitnehmer mehrerer Betriebe zusammenzuzählen (*Boemke*, § 1a Rn. 8; *Schüren/Hamann*, § 1a Rn. 22; *Sandmann/Marschall*, Art. 1 § 1a Anm. 5). Durch Formen der Betriebsauf- spaltung kann der Arbeitgeber sich nicht einer ansonsten bestehenden Erlaubnis- pflicht entziehen (BT-Ds. 11/4952, S. 11; *Thüsing/Waas*, § 1a Rn. 17). Sinngemäß gilt dies auch bei der Unternehmensaufspaltung, soweit die beteiligten Unternehmen einen **Gemeinschaftsbetrieb** bilden (vgl. Einl. C. Rn. 137). Bei der Berechnung der Zahl der **Beschäftigten** sind alle Arbeitnehmer des Unternehmens in die Berech- nung einzubeziehen (Rn. 10). Hierbei ist auf den Zeitpunkt der vorgesehenen ANÜ abzustellen (*Boemke*, § 1a Rn. 10). Neben den Arbeitern und Angestellten sind dies die Auszubildenden (§ 5 Abs. 1 Satz 1 BetrVG) und Heimarbeiter (§ 5 Abs. 1 Satz 2 BetrVG; KassHandb/*Düwell*, 4.5 Rn. 208; *Schüren/Hamann*, § 1a Rn. 17). Unter dem Begriff der **Beschäftigten** fallen alle im Betrieb tätigen Personen i.S.d. § 75 Abs. 1 Satz 1 BetrVG (vgl. Einl. C Rn. 125, 138 f.), so dass auch LAN und sonstige Fremdfirmenbeschäftigte bei der Zahl der Beschäftigten zu berücksichtigen sind (Rn. 10). Auf den Umfang der zeitlichen Verpflichtung des Arbeitnehmers kommt es nicht an, sodass auch **Teilzeitarbeitnehmer** und **geringfügig Beschäftigte** mit- zuzählen sind (*Schüren/Hamann*, § 1a Rn. 15; *Thüsing/Waas*, § 1a Rn. 14).

2. Ruhende Arbeitsverhältnisse

Da im Rahmen des § 1a weitgehend auf die tatsächlich beim Arbeitgeber vorhan- **9** dene Beschäftigungssituation abzustellen ist (vgl. Rn. 10), sind **ruhende Arbeits- verhältnisse**, soweit das Ruhen nicht von kurzfristiger Dauer ist, nicht bei den Beschäftigten mitzuzählen, obwohl sie ansonsten die Arbeitnehmereigenschaft besitzen. Dies gilt z.B. für Zeiten des Dienstes Wehrpflichtiger (vgl. §§ 1, 10 ArbPlSchG), Zivildienstleistender (§ 78 ZDG) oder auch für Arbeitnehmer, die Elternzeit nach dem BErzGG in Anspruch nehmen (*Boemke*, § 1a Rn. 9; *Thüsing/ Waas*, § 1a Rn. 15).

3. Sonstige in den Betrieb eingegliederte Beschäftigte

10 Da das Gesetz im Unterschied zum verwandten Arbeitgeberbegriff nicht auf die Arbeitnehmer, sondern auf die **Beschäftigten** abstellt, sind nicht nur Arbeitnehmer i.S.d. § 5 Abs. 1 BetrVG in die Berechnung einzubeziehen (ErfK/*Wank*, § 1a Rn. 3), sondern alle Personen, die im Betrieb **tätig** sind (vgl. § 75 Abs. 1 BetrVG) oder in den Betrieb des Arbeitgebers **eingegliedert** (vgl. hierzu Einl. C. Rn. 117 ff., 149 f.) arbeiten (a.A. für arbeitnehmerähnliche Personen *Schüren/Hamann*, § 1a Rn. 18; *Thüsing/Waas*, § 1a Rn. 15).

Ebenso wenig wie der Arbeitgeber sich durch Betriebsaufspaltungen der Erlaubnispflicht entziehen kann (Rn. 8), kann er sich durch **Verlagerung von Funktionen**, die innerhalb der Betriebsstätten zur Erreichung der Betriebszwecke durch Dritte ausgeführt werden, der **Erlaubnispflicht entziehen**. Ebenso wie bei § 1 Abs. 3 Nr. 1 liegt auch § 1a der Gedanke des Gesetzgebers zugrunde, dass **mangels sonstiger Beschäftigungsalternativen** des Arbeitgebers die ANÜ unter erleichterten Bedingungen zugelassen werden soll. Sind jedoch für von Kurzarbeit oder Entlassungen betroffene Arbeitnehmer **andere Arbeitsmöglichkeiten im Betrieb vorhanden**, die lediglich von betriebsfremden Personen besetzt sind, kann das Kleinunternehmen gegenüber anderen Arbeitgebern, die die anfallenden Arbeiten ausschließlich durch die Beschäftigung eigener Arbeitnehmer ausführen, **nicht** nach § 1a **privilegiert** werden. Unternehmen (wie z.B. selbstständige Vertriebsagenturen), die neben einer geringen Anzahl von Verwaltungskräften zum Teil mehrere Hundert **freie Mitarbeiter** beschäftigen, erfüllen (abgesehen von ihrem äußeren Erscheinungsbild) nach Sinn und Zweck der Vorschrift nicht die Voraussetzungen eines Kleinunternehmens. Auch Personen, die nach den oben beschriebenen Kriterien nicht die Voraussetzungen des Arbeitnehmerbegriffs erfüllen, sind daher bei der Ermittlung der Beschäftigtenzahl einzubeziehen (a.A. *Boemke*, § 1a Rn. 9; *Schüren/Hamann*, § 1a Rn. 19; *Thüsing/Waas*, § 1a Rn. 15).

IV. Beschränkung der Überlassung auf Arbeitnehmer

11 Der Umstand, dass auch andere als Arbeitnehmer bei der Beschäftigtenzahl mitzuzählen sind, bedeutet nicht, dass auch Personen, denen nicht die **Arbeitnehmereigenschaft** zukommt, auf der Grundlage von § 1a an einen Dritten überlassen werden können. Vielmehr gelten auch hier die allgemeinen Kriterien, sodass der Arbeitgeber nur befugt ist, Arbeitnehmer, mit denen zum Zeitpunkt der Überlassung bereits ein **Arbeitsverhältnis** besteht, an Dritte zu verleihen (§ 1 Rn. 17 ff.). Im Betrieb des Kleinunternehmers beschäftigte **Leiharbeitnehmer** sind ebenso wie sonstige **Fremdfirmenbeschäftigte**, die nicht in einem Arbeitsverhältnis zum Kleinunternehmen stehen, keine Arbeitnehmer, die auf der Grundlage von § 1a (weiter)verliehen werden können. Leiharbeitnehmer können schon nach den Grundsätzen des unzulässigen Kettenverleihs (vgl. § 1 Rn. 20) nicht an einen Dritten weiterverliehen werden.

V. Voraussetzungen im Entleiherbetrieb

12 Der Arbeitnehmer muss einem anderen entleihenden **Arbeitgeber** überlassen werden. Die Größe oder Beschäftigtenzahl des Entleiherunternehmens ist dabei unbeachtlich (*Schüren/Hamann*, § 1a Rn. 31 f.). Auch ist es nicht entscheidend, ob das Unternehmen demselben Wirtschaftszweig angehört wie der Verleiher. Aus-geschlossen ist allerdings, dass das **entleihende Unternehmen** selbst **gewerbs-mäßige ANÜ betreibt** und die Überlassung damit einen unzulässigen Zwischen-verleih darstellen würde (BT-Ds. 11/4952, S. 12; *Schüren/Hamann*, § 1a Rn. 12; a. A. *Boemke*, § 1a Rn. 14). Auch muss das entleihende Unternehmen nach dem Wort-laut von § 1a Abs. 1 die Begriffsmerkmale eines Arbeitgebers und nicht nur des Dritten i.S.d. § 1 Abs. 1 Satz 1 erfüllen. Kein Arbeitgeber i.S.d. Bestimmung ist ein Entleiher, der nicht mindestens einen Arbeitnehmer im Betrieb seines Unterneh-mens beschäftigt (*Boemke*, § 1a Rn. 13; vgl. § 1 Rn. 21). Hiermit wird in den Fällen des § 1a sichergestellt, dass der Arbeitnehmer nur solchen Personen überlassen werden kann, die den **Arbeitgeberpflichten** ebenso **nachkommen** wie der Ver-tragsarbeitgeber und die auch die für einen Arbeitgeber notwendige Betriebsor-ganisation besitzen. Fehlt es hieran oder ist der Entleiher aus anderen Gründen nicht in der Lage, die üblichen Arbeitgeberpflichten zu erfüllen, erfüllt er nicht die Voraussetzungen eines Arbeitgebers, der im Rahmen des § 1a Entleiher sein kann.

VI. Höchstzulässige Überlassungsfristen

1. Die Zwölfmonatsfrist

Die höchstzulässige Dauer für eine erlaubnisfreie Überlassung von Arbeitneh-mern nach § 1a beträgt **zwölf Monate**. Länger als zwölf Monate andauernde Per-sonalüberhänge können daher durch das Kleinunternehmen nicht im Rahmen einer erlaubnisfreien ANÜ überbrückt werden. Vielmehr ist das Unternehmen in diesem Fall verpflichtet, die nach § 1 Abs. 1 Satz 1 erforderliche Erlaubnis zu beantragen. Die Erlaubnispflichtigkeit der ANÜ besteht dabei in allen Fällen, in denen der **beabsichtigte Verleih** zwölf Monate übersteigen soll (vgl. Rn. 21). Die Erlaubnis muss nach dem Wortlaut von Abs. 1 nicht erst vorliegen, wenn der Zeitraum von zwölf Monaten nach Abs. 1 ausgeschöpft ist, sondern sie muss schon **zu Beginn** (»vorher«) einer Überlassung erteilt sein, wenn nach den Pla-nungen des Kleinunternehmens ein Überlassungszeitraum in Betracht gezogen wird, der zwölf Monate übersteigt.

Bei einer erlaubnisfreien Überlassung bis zu zwölf Monaten besteht die Gefahr, dass im Entleiherbetrieb auch **Dauerarbeitsplätze** ständig mit Leiharbeitneh-mern von Kleinunternehmen besetzt werden können. Auch wird entgegen den Zielsetzungen des historischen Gesetzgebers nicht mehr ausgeschlossen, dass zwischen den beteiligten Unternehmen planmäßig ein gemeinsamer **Arbeits-kräftepool** gebildet wird, der einen auf Dauer gerichteten **Personalaustausch** ermöglicht (BT-Ds. 11/4952, S. 12). Die mit Art. 63 AFRG geschaffenen Wertungs-widersprüche für ein in sich konsistentes Recht der ANÜ (Einl. B. Rn. 38 ff.; Rn. 2 f.) verstärken die verfassungsrechtlichen Bedenken gegen die Norm (vgl. Rn. 3 ff.), zumal eine Erforderlichkeit für mittelständische Unternehmen nicht ge-geben ist. Insoweit stehen **andere rechtliche Gestaltungsinstrumente**, z.B. die Errichtung eines Gemeinschaftsbetriebs mehrerer Unternehmen oder die Grün-dung eines eigenständigen gemeinsamen Verleihunternehmens, zur Verfügung. Arbeitsmarktpolitisch wird das Entstehen **geschlossener betrieblicher und überbetrieblicher Arbeitsmärkte** gefördert. Bei längerfristigem Personalbedarf können die Einsatzunternehmen verhindern, dass Arbeitssuchende aus den be-triebsexternen Arbeitsmärkten integriert werden.

13

2. Mehrfachverleih desselben Arbeitnehmers

14 Innerhalb der Zwölfmonatsfrist sind unterschiedliche, den betrieblichen Zwecksetzungen der ANÜ entsprechende Gestaltungsformen zulässig, sodass der Arbeitnehmer während der Überlassungsperiode auch nur teilweise beim Entleiher, zum anderen Teil auch beim Verleiher eingesetzt werden kann (*Schüren/Hamann*, § 1a Rn. 35). Beabsichtigen Verleiher und Entleiher bei Vertragsschluss von vornherein eine flexible Handhabung des Einsatzes, handelt es sich nicht um einen Fall von Mehrfachüberlassung, sondern es liegt ein einheitlich zu behandelnder Überlassungsfall vor, bei dem Zeiten der Eigenbeschäftigung beim verleihenden Unternehmen nicht zu einer Unterbrechung der höchstzulässigen Einsatzfrist führen. Bedeutung hat dies auch für die arbeitsvertraglichen und betriebsverfassungsrechtlichen Gesichtspunkte des Einsatzes (Rn. 30 f.).

15 Eine als Verstoß zu bewertende **Mehrfachüberlassung** liegt vor, wenn derselbe Arbeitnehmer **nach einer zwölfmonatigen Überlassung** kurzzeitig beim Verleiher arbeitet und anschließend **wieder** beim Entleiher eingesetzt werden soll. Nur **erhebliche Unterbrechungen**, d.h., soweit zwischen den Einsätzen beim Entleiher kein sachlicher Zusammenhang besteht, sind geeignet, Mehrfacheinsätze im Rahmen der ANÜ als rechtlich jeweils selbstständige Vorgänge zu behandeln (*BAG* v. 23. 11. 1988 – 7 AZR 34/88 – AP Nr. 14 zu § 1 AÜG; a. A. *Thüsing/Waas*, § 1a Rn. 23). Im Rahmen der Vorschrift kann eine Unterbrechung nur berücksichtigt werden, soweit die ohne ANÜ erforderliche Kurzarbeit oder Entlassung beim vormaligen Einsatz auf **anderen Gründen eines Auftragsmangels** beruhte (*Boemke*, § 1a Rn. 15; *ErfK/Wank*, § 1a Rn. 9; *Schüren/Hamann*, § 1a Rn. 36; *Thüsing/Waas*, § 1a Rn. 23). Insofern können rechtlich selbstständig zu bewertende Mehrfacheinsätze nur bei völlig zufälligen und unvorhersehbaren, im Rahmen der normalen Personalbedarfsplanung nicht berücksichtigungsfähigen Ereignissen in Betracht kommen (z. B. wenn ein Auftrag wegen plötzlichen Konkurses des Auftraggebers wegbricht). Auch in diesen Fällen muss allerdings gewährleistet sein, dass der Arbeitnehmer **nach dem Einsatz** im Betrieb des Entleihers wieder **langfristig beschäftigt** werden kann (*Schüren/Hamann*, § 1a Rn. 36).

3. Rollierende Arbeitnehmerüberlassung

16 Die zwölfmonatige **Überlassungsfrist** ist jeweils **arbeitnehmerbezogen** zu beachten, sodass das verleihende Unternehmen gleichzeitig auch **mehrere Arbeitnehmer**, ggf. auch an unterschiedliche Unternehmen, innerhalb der Frist überlassen kann (*Schüren/Hamann*, § 1a Rn. 37 f.). Eine Überschreitung der Fristen durch **rollierenden Verleih**, indem also mehrere Arbeitnehmer hintereinander geschaltet unter **Überschreitung der Frist** verliehen werden, ist allerdings nur eingeschränkt zulässig (a. A. *Schüren/Hamann*, § 1a Rn. 38 ff.). Wenngleich die Überlassungsfrist als solche arbeitnehmerbezogen ist, sind die Voraussetzungen des Ausnahmetatbestandes nur erfüllt, wenn bezogen auf die Gesamtbelegschaft **Kurzarbeit bzw. Personalabbau** durch die ANÜ **nach Ablauf der Frist** nicht mehr erfolgen muss. Liegen nach einem zwölfmonatigen Einsatz eines Arbeitnehmers diese Erfordernisse weiter vor (was seinerseits notwendige Voraussetzung einer erneuten ANÜ im Rahmen der Vorschrift wäre), liegt ein ebenso wie beim Mehrfachverleih zu betrachtender einheitlicher Vorgang vor (Rn. 15 f.). Der Arbeitsmangel besteht in diesem Fall gerade **nicht** entsprechend dem Sinn und Zweck des Gesetzes **vorübergehend** (so auch *Schüren*, § 1a Rn. 38; vgl. auch die

Dreimonatsfrist nach § 177 Abs. 3 SGB III). Ausnahmen können allerdings in Betracht kommen, wenn auf Grund unterschiedlicher Qualifikationen oder auch unterschiedlicher Tätigkeitsfelder verschiedener **Betriebsabteilungen** auch **unterschiedliche Anlässe** für den Arbeitsmangel bestehen. Wird z. B. zunächst der einzige Planungsingenieur eines Unternehmens zur Vermeidung einer betriebsbedingten Kündigung überlassen und müsste nach drei Monaten ein Betriebsschlosser ohne ANÜ entlassen werden, fehlt es an der Voraussetzung des inneren Zusammenhangs, sodass ANÜ zulässig wäre.

VII. Arbeitnehmerüberlassung zur Vermeidung von Kurzarbeit und Entlassungen

1. Verhältnis zu § 1 Abs. 3 Nr. 1

Die ANÜ im Rahmen des § 1a muss zum Zwecke der **Vermeidung von Kurzarbeit oder Entlassungen** erfolgen. Von ihrer Zwecksetzung ist die Vorschrift daher mit den Fällen des § 1 Abs. 3 Nr. 1 vergleichbar, sodass ergänzend auf die Erläuterungen zu dieser Vorschrift verwiesen werden kann (vgl. § 1 Rn. 224 ff.). Abweichungen ergeben sich daraus, dass der Zeitraum für die Überbrückung des Arbeitsmangels zeitlich begrenzt ist und ein **tarifvertraglicher Schutz** des Arbeitnehmers im Rahmen des § 1a **nicht zwingend** gegeben sein muss. Soweit Verleiher und Entleiher einem **gemeinsamen Tarifvertrag** nach § 1 Abs. 3 Nr. 1 unterliegen, ist § 1a insgesamt **nicht anwendbar** (§ 1 Rn. 233; vgl. Rn. 7a). Dies gilt insbesondere in den Fällen, in denen der Tarifvertrag kürzere als die nach § 1a zulässigen Überlassungszeiten vorsieht. Die Geltung eines Tarifvertrages nach § 1 Abs. 3 Nr. 1 hat aber auch zur Folge, dass **über denselben Wirtschaftszweig hinaus** ANÜ auch bei Vorliegen der sonstigen Voraussetzungen des § 1a nicht zulässig ist, soweit der Tarifvertrag nicht ausdrücklich eine andere Regelung enthält. **17**

2. Kurzarbeit

Da die Voraussetzungen der **Kurzarbeit** immer **betriebs- bzw. betriebsabteilungsbezogen** vorliegen müssen (vgl. § 171 Satz 2 SGB III), muss die Frage, ob eine vorübergehende Verkürzung der betriebsüblichen Arbeitszeit vorliegt, bei mehreren Betrieben des Kleinunternehmens jeweils betriebsspezifisch geprüft werden. Innerhalb des einzelnen Betriebs muss hierbei eine **nennenswerte Verkürzung der Arbeitszeit** von einigem Gewicht vorliegen, was bei Erfüllung der Voraussetzungen des § 170 SGB III immer der Fall ist. Im Einzelfall können jedoch auch Fallgestaltungen vom Kleinunternehmerprivileg erfasst werden, bei denen die **Schwellenwerte** für den Bezug von Kurzarbeitergeld **nicht erreicht** werden, da Kurzarbeit begrifflich nicht voraussetzt, dass die Vorschriften des SGB III zum Kurzarbeitgeld erfüllt sind (§ 1 Rn. 228b; a. A. *Boemke*, § 1a Rn. 11; *Schüren/Hamann*, § 1a Rn. 25). Kurzarbeit muss jedoch immer **unvermeidbar** i. S. d. § 170 Abs. 3 SGB III sein, sodass zunächst alle alternativen betrieblichen Gestaltungsmöglichkeiten (z. B. Abbau von Mehrarbeit und Fremdleistungen) zur Sicherung der Beschäftigung der Belegschaft ausgeschöpft sein müssen (*Schüren/Hamann*, § 1a Rn. 19). **18**

Soweit das Unternehmen aus mehreren Betrieben oder Betriebsabteilungen besteht, kann selbst bei Vorliegen der Voraussetzungen des § 170 SGB III in einzel- **19** nen Betrieben ANÜ auf Grund der Beschäftigungssituation im Unternehmen ausgeschlossen sein. Obwohl der erlaubnisbefreite Arbeitgeber (d.h. das Unternehmen) bezogen auf einzelne Betriebe oder Betriebsabteilungen Kurzarbeit einführen kann, kommt – auch wirtschaftlich betrachtet – eine Notwendigkeit zur Nutzung unternehmensexterner Beschäftigungsmöglichkeiten nur in Betracht, wenn **unternehmensinterne Möglichkeiten** zum Personalausgleich **nicht gegeben** sind. Sind freie Arbeitsplätze in anderen Betrieben oder Betriebsabteilungen zu besetzen oder können durch den Abbau von Mehrarbeit zusätzliche Beschäftigungsmöglichkeiten eröffnet werden, sind **vorrangig** die diesbezüglichen **internen Gestaltungsmöglichkeiten** im Unternehmen auszuschöpfen, bevor von einer Notwendigkeit zur Vermeidung von Kurzarbeit durch ANÜ auf Grund der vorübergehenden wirtschaftlichen Notlage des Kleinunternehmens ausgegangen werden kann.

3. Entlassungen

20 Ob **Entlassungen** i.S.d. § 1a erforderlich sind, beurteilt sich im Grundsatz nach den gleichen Maßstäben, die auch im Rahmen des § 1 Abs. 3 Nr. 1 Anwendung finden. Auf die diesbezüglichen Erläuterungen (§ 1 Rn. 227 ff.) wird verwiesen. Aus dem im Gesetz verwandten Begriff der Entlassungen folgt, dass immer **eine Mehrzahl von Arbeitnehmern** betroffen sein muss (ErfK/*Wank*, § 1a Rn. 7). Eine Anwendung der Vorschrift auf einzelne Kündigungen (so *Schüren/Hamann*, § 1a Rn. 27; ähnlich *Boemke*, § 1a Rn. 11) ist kontra legem auch unter Berücksichtigung der Schutzzwecke des Gesetzes nicht möglich. Hierzu besteht auch kein praktisches Bedürfnis, da Entlassungen durch Anordnung von Kurzarbeit bzw. bei Vorliegen der sonstigen Voraussetzungen auch durch eine ANÜ zur Vermeidung von Kurzarbeit (die auch bei einem Arbeitnehmer in Betracht kommt) vermieden werden können.

4. Zwecksetzungen der Arbeitnehmerüberlassung

21 Die ANÜ muss auf der **Zielsetzung** beruhen, hierdurch Kurzarbeit und Entlassungen zu vermeiden. Auch insoweit kann im Grundsatz auf die Erläuterungen zu § 1 Abs. 3 Nr. 1 (§ 1 Rn. 224 ff.) verwiesen werden. Zu beachten ist allerdings, dass der **Arbeitsmangel** nur für einen **Zeitraum von höchstens zwölf Monaten** bestehen darf. Ist zu Beginn des beabsichtigten Zeitraums der ANÜ absehbar, dass der Mangel auch nach Fristablauf fortbesteht, ist eine ANÜ nicht nach § 1a von der Erlaubnispflicht befreit (Rn. 13). Die **Vorhersehbarkeit** richtet sich dabei nach den spezifischen Bedingungen und dem Tätigkeitsprofil des jeweiligen Unternehmens unter Berücksichtigung der Planbarkeit des Arbeitsanfalls. So ist der Planungshorizont von Montageunternehmen mit längerfristigen Auftragsabwicklungen anders zu beurteilen als der eines Handwerksbetriebs mit kurzfristig schwankenden Reparaturaufträgen.

Bei der Frage, ob die ANÜ Kurzarbeit und Entlassungen auch nach Ablauf der Frist vermeiden kann, ist bei Bestehen mehrerer Betriebe auf die **Beschäftigungssituation im Gesamtunternehmen** abzustellen. Kann dem betroffenen Arbeitnehmer etwa **nach** Ablauf der Frist durch Versetzung in einen anderen Betrieb eine Weiterbeschäftigungsmöglichkeit angeboten werden, werden durch die ANÜ Kurzarbeit oder Entlassungen vermieden.

VIII. Anzeige der Arbeitnehmerüberlassung

Eine Befreiung von der Erlaubnispflicht setzt voraus, dass der Verleiher die ANÜ **22** **vorher schriftlich** der BA **angezeigt** hat (ErfK/*Wank*, § 1a Rn. 12; *Schüren/Hamann*, § 1a Rn. 49).

1. Inhalt

Der **notwendige Inhalt** der Anzeige ist in Abs. 2 des § 1a vorgeschrieben. Wird **23** den dort beschriebenen Anforderungen nicht Rechnung getragen, liegt keine wirksame Anzeige vor (a. A. *Boemke*, § 1a Rn. 17; zu den Rechtsfolgen vgl. Rn. 27). Soweit die Arbeitsverwaltung **vor** der Überlassung zusätzliche Angaben verlangt (vgl. § 7 Abs. 2), ist der Verleiher verpflichtet weitere Angaben zu machen. I. ü. regelt Abs. 2 abschließend den notwendigen Inhalt (*Sandmann/Marschall*, Art. 1 § 1a Anm. 4). Bei Verwendung der amtlichen **Vordrucke** der BA kann dem Anzeigenden kein Verstoß gegen die Anzeigepflicht vorgeworfen werden, wenn er die geforderten Angaben macht (*Schüren/Hamann*, § 1a Rn. 47).

2. Formvorschriften

Die Anzeige ist in **Schriftform** zu erstatten (§ 126 Abs. 1 BGB), sodass eine **hand- 24 schriftliche Unterzeichnung** durch den Verleiher erforderlich ist. Eine Anzeige in elektronischer Form muss den Anforderungen von §§ 126 Abs. 3, 126a Abs. 1 BGB genügen. Telefonische, mündliche oder sonst nicht der Schriftform genügende Anzeigen (z. B. Telefax) sind unwirksam. Erstattet ein Dritter in **Vertretung** des verleihenden Arbeitgebers die Anzeige, muss sich die **Vertretungsbefugnis** des Dritten aus einer allgemeinen Berechtigung zur uneingeschränkten Vertretung des Unternehmens gegenüber Dritten im Rechtsverkehr ergeben. Ein Handeln im Auftrag und nicht im Namen des Arbeitgebers reicht für das Vorliegen einer wirksamen Anzeige nicht aus. Generell unwirksam sind Anzeigen, die vom Entleiher oder den zur Überlassung vorgesehenen Arbeitnehmern erstattet werden. Im Unterschied zur normalen Kurzarbeit (vgl. § 72 Abs. 1 Satz 2 AFG) ist der **Betriebsrat** in den Fällen des § 1a nicht zur Anzeige befugt.

3. Zuständigkeit der Agenturen für Arbeit

Die Anzeige ist gegenüber der sachlich und örtlich zuständigen Dienststelle der **25** BA zu erstatten, wobei die Anzeige **vor** Beginn des Überlassungszeitraums bei der Behörde eingegangen sein muss (*Schüren/Hamann*, § 1a Rn. 51). Das Vorliegen einer juristischen Sekunde zwischen Eingang einer ordnungsgemäßen Anzeige und der Überlassung im konkreten Einzelfall ist hierfür ausreichend, die **Prüfungs- und Kontrollrechte** der Arbeitsverwaltung setzen grundsätzlich erst mit Eingang der Anzeige ein. **Jede** auf den einzelnen Arbeitnehmer abzustellende **Überlassung** unterliegt einer **gesonderten Anzeigepflicht** (*Boehmke*, § 1a Rn. 19; *Schüren/Hamann*, § 1a Rn. 43; *Thüsing/Waas*, § 1a Rn. 25). Dies ergibt sich hinsichtlich der Person des betroffenen Arbeitnehmers aus Abs. 2 Nr. 1 und 2, wobei auch die Angaben zu Beginn und Dauer der Überlassung (Abs. 2 Nr. 3) jeweils den konkreten Einzelfall betreffen müssen. In den Fällen, in denen innerhalb der Höchstfrist ein **mehrfacher Einsatz** des Leiharbeitnehmers bei dem Verleiher vorgesehen ist, wird man es allerdings als ausreichend ansehen müssen, wenn alle in Abs. 2 geforderten Angaben in einer zusammengefassten, **einheitlichen** Anzeige enthalten sind.

IX. Rechtsfolgen der Anzeige

26 Liegen die Voraussetzungen nach § 1a Abs. 1 vor und erstattet der Überlassende ordnungsgemäß die Anzeige, **entfällt** das Erfordernis der **Erlaubnispflicht** der ANÜ nach § 1 Abs. 1, d.h., hinsichtlich des gesetzlichen Verbots gewerbsmäßiger ANÜ mit Erlaubnisvorbehalt wird der Verleiher durch die Anzeige vom Erlaubnisvorbehalt befreit. Erstattet er die **Anzeige nicht rechtzeitig** (vgl. Rn. 28) oder soll die Überlassung länger als zwölf Monate dauern, bedarf er nach dem eindeutigen Wortlaut des § 1a der Erlaubnis. Besitzt der Verleiher bei Fehlen der Voraussetzungen des Abs. 1 oder bei nicht ordnungsgemäßer Anzeige nicht die Erlaubnis nach § 1 Abs. 1 Satz 1 oder wird der Höchstüberlassungszeitraum von zwölf Monaten überschritten, fehlt eine materiell-rechtliche Zulässigkeitsvoraussetzung der erlaubnisfreien ANÜ (*Boemke*, § 1a Rn. 16) und es treten die **Unwirksamkeitsfolgen des § 9 Nr. 1** ein (*Boemke*, § 1a Rn. 22 f.; ErfK/*Wank*, § 1a Rn. 12; vgl. hierzu § 9 Rn. 13, 26; Rn. 27 f.). Die Rechtsfolgen einer ordnungsgemäß erstatteten Anzeige sind auf den Wegfall des Erfordernisses einer Erlaubnis zur ANÜ beschränkt. Im Unterschied zu den Fällen des § 1 Abs. 3 sind i. Ü. **alle Vorschriften des AÜG** auf die ANÜ **anwendbar** (*Schüren/Hamann*, § 1b Rn. 63). Insbesondere kann der überlassene Arbeitnehmer nach § 10 Abs. 4 bestehende **Gleichstellungsansprüche** geltend machen (*Schüren/Hamann*, § 1a Rn. 63; *Thüsing/Waas*, § 1a Rn. 32; vgl. Rn. 7b). Bei Verstößen gegen die Arbeitgeberpflichten des Überlassenden kann nach § 1 Abs. 2 die Vermutung von Arbeitsvermittlung eingreifen (*Schüren/Hamann*, § 1a Rn. 65; vgl. hierzu Einl. D Rn. 47 ff.). Ergänzend kann auf die Erläuterungen zu den jeweils für die gewerbsmäßige ANÜ geltenden Vorschriften verwiesen werden. Liegen nicht alle Voraussetzungen des § 1a vor, treten dieselben Rechtsfolgen ein wie bei gewerbsmäßiger ANÜ ohne Erlaubnis.

X. Verstöße gegen die Anzeigepflicht

27 Besonderheiten können sich ergeben, wenn der Verstoß des Verleihers sich darauf beschränkt, dass die Anzeige nach Abs. 1 nicht den gesetzlichen Erfordernissen entspricht oder der Verleiher es ganz unterlässt, die ANÜ vorher dem Landesarbeitsamt anzuzeigen. Ist die ANÜ **bei Aufnahme der Tätigkeit** des Arbeitnehmers im Entleiherbetrieb nicht entsprechend den Formerfordernissen (Rn. 23 ff.) angezeigt, liegt ein Fall **illegaler ANÜ** ohne Erlaubnis vor. Neben der regelmäßig eintretenden Unwirksamkeit des ANÜ-Vertrages (vgl. § 9 Nr. 1; ErfK/*Wank*, § 1a Rn. 12; einschränkend *Schüren/Hamann*, § 1a Rn. 70) kommt damit ein **Arbeitsverhältnis** gem. § 10 **mit dem Entleiher** zustande (BT-Ds. 11/4952, S. 9; *Thüsing/Waas*, § 1a Rn. 36; vgl. § 9 Rn. 24). Nach dem eindeutigen Wortlaut des Abs. 1 (»vorher«) können die Rechtsfolgen nicht dadurch wieder rückgängig gemacht werden, dass der Verleiher dem Anzeigeerfordernis später Rechnung trägt und durch eine verspätet erstattete Anzeige den Mangel **rückwirkend** beseitigt (ErfK/*Wank*, § 1a Rn. 12; *Schüren/Hamann*, § 1a Rn. 73; KassHandb/*Düwell*, 4.5 Rn. 211).

28 Ist die Anzeige lediglich **unvollständig** und enthält nicht alle in Abs. 2 vorgeschriebenen Angaben, treten keine anderen Rechtsfolgen als bei verspäteter oder nicht erfolgter Anzeige ein (a.A. *Boemke*, § 1a Rn. 24; ErfK/*Wank*, § 1a Rn. 13; *Schüren/Hamann*, § 1a Rn. 78). Die **Art des Verstoßes** gegen die Anzeigepflicht ist grundsätzlich **unbeachtlich** und erfüllt den Tatbestand einer **Ordnungswidrigkeit** nach § 16 Abs. 1 Nr. 2a (vgl. § 16 Rn. 12). Die gegenteilige Auffassung (*Sandmann/Marschall*, Art. 1 § 1a Anm. 20; *Schüren*, § 1 Rn. 70), nach der Verstöße gegen § 1a Abs. 2 die Wirksamkeit der Anzeige unberührt lassen, übersieht, dass der in Abs. 2 vorgeschriebene Inhalt der Anzeige gesetzlich **zwingend** vorgeschrieben ist, was bei Unvollständigkeit dazu führt, dass keine wirksame Anzeige i.S.d. Abs. 1 vorliegt. Mit der Befreiung von der vorherigen Erlaubnis durch vorherige Anzeige hat der Gesetzgeber lediglich zum Ausdruck bringen wollen, dass die bei erlaubnisfreier ANÜ erhöhten Risiken illegaler Beschäftigung zur Beschäftigungssicherung in Kleinunternehmen in Kauf genommen werden sollen. Dem vorgeschriebenen Inhalt der Anzeige kommt dabei ebenso wie bei Anträgen auf Erteilung einer Erlaubnis die Bedeutung zu, die Erlaubnisbehörde vor Beginn der ANÜ in die Lage zu versetzen, etwaige **Verstöße** gegen Bestimmungen des AÜG zu unterbinden, soweit sich hierfür Anhaltspunkte aus der Anzeige ergeben. Anders als den statistischen Meldungen nach § 8 kommt der Anzeige **Erlaubnisfunktion** zu; dies gebietet eine restriktive, dem Wortlaut der Norm entsprechende Interpretation der gesetzlichen Bestimmungen zur Anzeigepflicht. Soweit sich der Verleiher außerstande sieht, den erleichterten Handlungserfordernissen bei der Erstattung der Anzeige Rechnung zu tragen, ist nach § 1 Abs. 2 zu vermuten, dass er auch außerstande ist, die üblichen Arbeitgeberpflichten zu erfüllen.

XI. Arbeitsvertragliche Voraussetzungen

Soweit die Voraussetzungen des § 1a Abs. 1 erfüllt sind, muss für jeden Einzelfall **29** der ANÜ gesondert geprüft werden, ob der betroffene Arbeitnehmer **arbeitsrechtlich verpflichtet** ist, im Rahmen der ANÜ beim Entleiher seine Arbeitsleistung zu erbringen. Soweit sich nicht aus dem **Vorliegen eines Tarifvertrages** etwas Anderes ergibt (Rn. 17), gelten insoweit die Erläuterungen zu § 1 Abs. 3 Nr. 1 entsprechend (§ 1 Rn. 224 ff.). Liegt nicht in jedem Einzelfall eine gesonderte Vereinbarung bzw. **Zustimmung des Arbeitnehmers zur ANÜ** vor (zur Leiharbeitnehmerklausel vgl. § 9 Nr. 24 ff.), ist der Arbeitnehmer nicht verpflichtet im Entleiherbetrieb zu arbeiten (*Thüsing/Waas*, § 1a Rn. 40; *Schüren/Hamann*, § 1a Rn. 55; vgl. § 1 Rn. 237). Der Verleiher verstößt in diesem Fall gegen seine Verpflichtung zur Einhaltung arbeitsrechtlicher Pflichten i.S.d. § 3 Abs. 1 Nr. 1. Da im Unterschied zu § 1 Abs. 3 Nr. 1 in den Fällen des § 1a der Arbeitnehmerschutz nicht durch Tarifverträge sichergestellt ist, kommt den Kontrollmaßnahmen der Arbeitsverwaltung besondere Bedeutung zu, um einen ausreichenden Schutz des Arbeitnehmers zu gewährleisten. Dies gilt insbesondere in Kleinbetrieben, in denen kein Betriebsrat besteht oder in denen die zur Bildung erforderliche Mindestzahl von fünf wahlberechtigten Arbeitnehmern (§ 1 Abs. 1 BetrVG) nicht erreicht wird.

XII. Betriebsverfassungsrechtliche Aspekte

1. Verleiherbetrieb

30 Besteht beim Verleiher ein **Betriebsrat**, gelten die Erläuterungen zu § 1 Abs. 3 Nr. 1 (§ 1 Rn. 240 ff.) entsprechend, soweit sich nicht aus der Betriebsgröße des Kleinunternehmens etwas Anderes ergibt. Ausgeschlossen ist danach in Unternehmen bis zu 20 Arbeitnehmern, dass der Betriebsrat die Aufstellung eines Interessenausgleichs und Sozialplans wegen einer **Betriebsänderung** i.S.d. § 111 BetrVG (vgl. § 1 Rn. 243 f.) im Zusammenhang mit der Einführung der ANÜ verlangen kann (vgl. auch *Schüren/Hamann*, § 1a Rn. 60). Auch ein Mitbestimmungsrecht des Betriebsrats bei Versetzungen im Einzelfall nach § 99 BetrVG scheidet aus, soweit nicht mehr als zwanzig wahlberechtigte Arbeitnehmer im Betrieb beschäftigt sind. I. Ü. sind die Befugnisse des Verleiherbetriebsrats und die betriebsverfassungsrechtliche Stellung des Arbeitnehmers dieselben wie bei sonstigen Formen der gewerbsmäßigen ANÜ (vgl. hierzu § 14 Rn. 9 ff., 24 ff.). Danach hat der Verleiherbetriebsrat bei der Überlassung unter dem Gesichtspunkt der Versetzung nach §§ 95 Abs. 3, 99 BetrVG mitzubestimmen (*Schüren/Hamann*, § 1a Rn. 59; *Thüsing/Waas*, § 1a Rn. 32, 41). Wird die Belegschaftsstärke von 50 Arbeitnehmern überschritten, liegt keine nach § 1a zulässige ANÜ vor, sondern eine unzulässige ANÜ ohne Erlaubnis, die den Betriebsrat zur Zustimmungsverweigerung nach § 99 Abs. 2 Nr. 1 BetrVG berechtigt.

2. Entleiherbetrieb

31 Anders als in den Fällen des § 1 Abs. 3 Nr. 1 findet hinsichtlich der **Mitwirkungsrechte** des **Betriebsrats beim Entleiher** § 14 Abs. 3 und 4 unmittelbar Anwendung (ErfK/*Wank*, § 1a Rn. 11; *Schüren/Hamann*, § 1a Rn. 66). Gegenüber sonstigen Fällen gewerbsmäßiger ANÜ ergeben sich daher keine Besonderheiten. Die **Vorlagepflicht** bezüglich der schriftlichen Erklärung des Verleihers (§ 14 Abs. 3 Satz 2) besteht analog für die Erklärung, dass der Verleiher die ANÜ entsprechend den Bestimmungen des Gesetzes angezeigt hat.

§ 1b Einschränkungen im Baugewerbe

Gewerbsmäßige Arbeitnehmerüberlassung in Betriebe des Baugewerbes für Arbeiten, die üblicherweise von Arbeitern verrichtet werden, ist unzulässig. Sie ist gestattet

1. **zwischen Betrieben des Baugewerbes und anderen Betrieben, wenn diese Betriebe erfassende, für allgemeinverbindlich erklärte Tarifverträge dies bestimmen,**
2. **zwischen Betrieben des Baugewerbes, wenn der verleihende Betrieb nachweislich seit mindestens drei Jahren von denselben Rahmen- und Sozialkassentarifverträgen oder von deren Allgemeinverbindlichkeit erfasst wird.**

Abweichend von Satz 2 ist für Betriebe des Baugewerbes mit Geschäftssitz in einem anderen Mitgliedstaat des Europäischen Wirtschaftsraumes gewerbsmäßige Arbeitnehmerüberlassung auch gestattet, wenn die ausländischen Betriebe nicht von deutschen Rahmen- und Sozialkassentarifverträgen oder für allgemeinverbindlich erklärten Tarifverträgen erfasst werden, sie aber nachweislich seit mindestens drei Jahren überwiegend Tätigkeiten ausüben, die unter den Geltungs-

bereich derselben Rahmen- und Sozialkassentarifverträge fallen, von denen der Betrieb des Entleihers erfasst wird.

Literaturhinweise

Becker, Gemeinschaftsrechtliche, sozialpolitische, arbeitsmarktpolitische und verfassungsrechtliche Aspekte des Verbots der Arbeitnehmerüberlassung im Baugewerbe, DB 1982, 2348; *ders.*, Kritische Anmerkungen zur geplanten Neuregelung der gewerbsmäßigen Arbeitnehmerüberlassung, ZRP 1981, 262; *Boewer*, Die Auswirkungen des Arbeitnehmerüberlassungsverbots auf die Bauwirtschaft, DB 1982, 2033; *Düwell*, Arbeitnehmerüberlassung in Betriebe des Baugewerbes, BB 1995, 1082; *Hoppe*, AFKG seit 1. Januar 1982 in Kraft, AuB 1982, 33; *Knopp*, Probleme des Arbeitsmarktes und die gesetzliche Neuregelung, DB 1982, 111; *Krüger*, Verbot der Leiharbeit – Gewerkschaftsforderung und Grundgesetz, 1986; *Langner*, Illegale Arbeitnehmerüberlassung im Baugewerbe und Möglichkeiten der Bekämpfung am Beispiel der gesetzlichen Krankenversicherung, ZfS 1985, 193; *Mayer/Paasch*, Verfassungsrechtliche Fragen des sektoralen Verbots der Arbeitnehmerüberlassung im Baugewerbe, AuR 1983, 329; *von Münch*, Zur Frage der Verfassungsmäßigkeit des § 12a Arbeitsförderungsgesetz in der Fassung des Arbeitsförderungs-Konsolidierungsgesetzes, Rechtsgutachten erstattet im Auftrag der Bundesvereinigung der Deutschen Arbeitgeberverbände, Februar 1983; *Opolny*, Die Zusatzversorgungskasse des Baugewerbes, AuA 1999,

403; *Pieroth*, Arbeitnehmerüberlassung unter dem Grundgesetz, 1981; *Schöne-born*, Illegale Beschäftigung im Baugewerbe am Niederrhein, im IG Bauer-Agrar-Umwelt, Schwarzbuch II, 1995; *Sahl/Bachner*, Die Neuregelung der Arbeitneh-merüberlassung im Baugewerbe, NZA 1994, 1063; *Schaub*, Die Abgrenzung der gewerblichen Arbeitnehmerüberlassung von Dienst- und Werkverträgen sowie sonstigen Verträgen der Arbeitsleistungen an Dritte, NZA, Beilage 1985 Nr. 3, 1; (vgl. auch die Literaturhinweise zu Art. 1 § 1).

I. Entstehungszusammenhang

1 Mit dem AFKG vom 22.12.1981 (BGBl. I S. 1497) wurde mit Wirkung vom 1.1.1982 durch die Einfügung des § 1b (§ 12a AFG a. F.) das **Verbot der gewerbs-mäßigen ANÜ im Baugewerbe** gesetzlich festgeschrieben. Hintergrund waren die erheblichen Missbräuche und Missstände, bei denen illegale ANÜ eher den Normalfall im Baubereich darstellte. Auch die Kontrollmöglichkeiten der Arbeitsverwaltung reichten nicht aus, um dem **Sozialstaatsgebot** entsprechende geregelte Verhältnisse auf diesem Teilarbeitsmarkt zu gewährleisten (BT-Ds. 9/799). Nach dem Regierungsentwurf sollte die gewerbsmäßige ANÜ in Betriebe des Baugewerbes zunächst uneingeschränkt verboten werden (BR-Ds. 369/81, Art. 1 § 1 Nr. 2). Wegen der gegebenen Vergleichbarkeit von Angestelltentätigkei-ten im Baugewerbe mit anderen Wirtschaftszweigen wurde jedoch die vom Aus-schuss für Arbeit und Sozialordnung empfohlene **Begrenzung auf Arbeitertätig-keiten** (BR-Ds. 9/966) in die endgültige Gesetzesfassung aufgenommen. Die private Arbeitsvermittlung in Betriebe des Baugewerbes ist uneingeschränkt zu-lässig.

2 Satz 2 des § 1b wurde durch das Änderungsgesetz im Bereich des Baugewerbes vom 6.9.1994 (BGBl. I S. 2459) eingefügt und ließ – ähnlich wie § 1 Abs. 3 Nr. 1 – **Ausnahmen vom Verbot** gewerbsmäßiger ANÜ zu, wenn die Betriebe **densel-ben Rahmen- und Sozialkassentarifverträgen** unterlagen. An der Funktion der Vorschrift, Missstände im Bereich des Baugewerbes einzugrenzen (vgl. Einl. B. Rn. 19), hatte sich hierdurch nichts geändert. Insbesondere ist der **Schutzzweck der Norm** durch die Änderung nicht darauf reduziert worden, den Sozialkassen des Baugewerbes den Beitragseinzug und die Verwaltung zu erleichtern (*Schü-ren/Hamann*, § 1b Rn. 17; a. A. *Löwisch*, ZfA 1996, 308). Durch Art. 63 Nr. 5 AFRG wurde die Vorschrift des § 12a AFG a. F. unverändert als neuer § 1b mit Wirkung vom 1.1.1998 (vgl. Art. 83 Abs. 1 und 3 AFRG) **in das AÜG übernommen**.

2a Durch Art. 2 des Ersten Gesetzes für moderne Dienstleistungen am Arbeitsmarkt (v. 23.12.2002) wurde Satz 2 neu gefasst und um Satz 3 ergänzt, der eine Sonder-regelung für die gewerbsmäßige ANÜ von Baubetrieben mit **Sitz im EWR** trifft (*Ulber*, AuR 2003, 8). Die Sonderregelung war erforderlich, weil Satz 2 a. F. gegen die Dienstleistungs- und Niederlassungsfreiheit nach Art. 43 und 49 EGV ver-stieß (*EuGH* v. 25.10.2001 – Rs. C-493/99 – EuZW 2001, 757; ErfK/*Wank*, § 1b Rn. 9). Diese trägt nunmehr gemeinschaftsrechtlichen Bedenken Rechnung (ErfK/*Wank*, § 1b Rn. 9; *Ulber*, AuR 2003, 8; a. A. *Boemke/Lembke*, § 1b Rn. 23).

II. Verfassungsrechtliche Aspekte des sektoralen Verbots

1. Meinungsstand

Auf Grund mehrerer Verfassungsbeschwerden aus dem Jahre 1982 hat das **3** *BVerfG* in seiner Entscheidung vom 6.10.1987 das **Verbot** der ANÜ in Betriebe des Baugewerbes (§ 12a AFG a.f.) **mit dem Grundgesetz vereinbar** erklärt (*BVerfG*, Beschluss v. 6.10.1987 – 1 BvR 1086, 1468 und 1623/82 – BVerfGE 77, 84). Vorausgegangen war eine äußerst kontrovers geführte Diskussion. Verfassungsrechtliche Bedenken äußerten vor allem *Becker* (ZRP 1981, 264) und *Scholz* (in: Maunz-Dürig, Art. 12 Rn. 284 Fußn. 8) sowie *v. Münch* in seinem Rechtsgutachten für die Bundesvereinigung der Deutschen Arbeitgeberverbände im Zusammenhang mit der Verfassungsbeschwerde. Demgegenüber vertritt *Pieroth* (1982) in seinem Gutachten (s.a. *Marschall*, RdA 1983, 20; *Knopp*, DB 1982, 111 sowie *Mayer/Paasch*, AuR 1983, 329) die Gegenposition. Auch wenn § 1b heute z.T. noch als zu weitgehend kritisiert wird (*Boemke*, § 1b Rn. 4; *ErfK/Wank*, § 1b Rn. 6), ist die Diskussion über die Verfassungsmäßigkeit des § 12a AFG weitgehend abgeebbt. Der Entscheidung des *BVerfG* kommt dennoch eine erhebliche Bedeutung zu. Dies gilt sowohl für die Möglichkeiten des Gesetzgebers, Änderungen bestehender Regelungen zur ANÜ zu beschließen, als auch hinsichtlich der Frage, wie Bestimmungen zur ANÜ im Lichte der Verfassung zu interpretieren sind.

2. Inhalt der Entscheidung des BVerfG vom 6.10.1987

a) Gestaltungsfreiheit des Gesetzgebers

Im Hinblick auf das Urteil des *BVerfG* vom 4.4.1967 (BVerfGE 21, 265; vgl. Einl. B. **4** Rn. 5 ff.), mit der die Verfassungswidrigkeit eines generellen Verbots der ANÜ festgestellt wurde, stellt das *BVerfG* (a.a.O., C. II. der Gründe) fest, dass die Bindungswirkung des § 31 BVerfGG den Gesetzgeber nicht hindert, eine inhaltsgleiche Neuregelung im Rahmen seiner Gestaltungsfreiheit und Gestaltungsverantwortung zu beschließen. Das GG schreibe keine starre Rechtsordnung vor, sondern die **Rechtsordnung müsse** »an wechselnde soziale Anforderungen und veränderte Ordnungsvorstellungen« **angepasst** werden.

Das sektorale Verbot der ANÜ im Baugewerbe hat in diesem Wirtschaftssektor **5** zu einer Eindämmung (wenn auch nicht vollständigen Beseitigung) der Missstände beitragen können (*Mayer/Paasch* 1986, 18). Ein Abgleiten ehemaliger Verleiher in die Illegalität war nicht feststellbar (KassHandb/*Düwell*, 4.5 Rn. 213). Die **Gründe**, die den Gesetzgeber zum Verbot im Baugewerbe bewegt haben, treffen heute gleichermaßen **auch auf andere Bereiche der Wirtschaft** zu, insbesondere in arbeitsintensiven Sektoren (z.B. Reinigungsbereich) und in Montagebereichen. Der Gesetzgeber ist nicht gehindert, für diese sowie weitere Bereiche ebenfalls sektorale Verbote zu erlassen oder im Rahmen seiner wirtschafts- und arbeitsmarktpolitischen Entschließungsfreiheit (*BVerfG*, a.a.O., C. III. 2a der Gründe) restriktivere Regelungen zu treffen. Die bei Erlass des AÜG vorgenommenen Prognosen und Grundannahmen hinsichtlich der realen Verhältnisse und den Notwendigkeiten eines ausreichenden arbeits- und sozialrechtlichen Schutzes des Arbeitnehmers sind durch die rechtstatsächlichen Entwicklungen im Bereich der ANÜ überholt und haben sich z.T. auch als fehlerhaft erwiesen. Von daher besteht Anlass für den Gesetzgeber, auf Grund seiner bei einer **Fehlprognose**

bestehenden Nachbesserungs- und Korrekturverpflichtungen (BVerfGE 65, 55 m.w.N.) zumindest in Teilbereichen einschränkende Regelungen der ANÜ zu treffen.

b) Tarifautonomie

6 Wichtig ist auch die Feststellung des *BVerfG*, dass das Verbot »überdies geeignet ist, die Effektivität der tarifvertraglichen Normsetzung zu stärken« (*BVerfG*, a.a.O., C. IV. 1a der Gründe). Durch den Einsatz betriebsfremder Arbeitnehmer wird in die **Tarifautonomie** insoweit **eingegriffen**, als die beim Entleiher bestehenden Tarifverträge faktisch nicht mehr alle im Betrieb beschäftigten Arbeitnehmer – insbesondere keine eingesetzten Leiharbeitnehmer – erfassen (Einl. C. Rn. 11 ff. u. Einl. E. Rn. 17 ff.). Das *BVerfG* stellt hierzu fest, dass durch legalen Entleih die **Tarifverträge faktisch unterlaufen** werden (*BVerfG*, a.a.O.). Diese Überlegungen treffen über die gesetzliche Fassung, nach der das sektorale Verbot des § 1b nur bei gewerbsmäßiger ANÜ Anwendung finden soll, auf die von der Vorschrift nicht erfasste (vgl. Rn. 12) **nichtgewerbsmäßige ANÜ** im Baubereich gleichermaßen zu, sodass die Vorschrift – auch unter dem Gesichtspunkt der privilegierenden Ungleichbehandlung echter ANÜ – insoweit verfassungsrechtlichen Bedenken unterliegt. Angesichts der Größenordnungen, in denen heute betriebsfremde Arbeitnehmer in den Betrieben arbeiten, ohne unter die jeweils gültigen Tarifverträge zu fallen (Einl. E. Rn. 5), ist die **Funktionsfähigkeit tarifvertraglicher Normsetzung** heute weit über den Baubereich hinaus gefährdet. Abgesehen von den Auswirkungen des § 174 SGB III (sog. »kalte Aussperrung«) ist auch die Möglichkeit zur Führung von Arbeitskämpfen für die Gewerkschaften dadurch erschwert, dass Fremdfirmenarbeitnehmer bei **Arbeitskämpfen** im Entleiherbetrieb grundsätzlich nicht von der Friedenspflicht befreit sind und das in § 11 Abs. 5 geregelte individuelle Leistungsverweigerungsrecht des Leiharbeitnehmers wegen dessen sozialer Abhängigkeit völlig wirkungslos ist.

7 Der **Gesetzgeber** ist gehalten, entsprechend seiner **Verpflichtung zur Aufrechterhaltung eines funktionsfähigen Systems der Tarifautonomie** Maßnahmen zu ergreifen, die eine Wiederherstellung der Tarifautonomie und Kampfparität durch Neuregelung der ANÜ Rechnung tragen. Das generelle Verbot ist insoweit nur eine Gestaltungsmöglichkeit. Der Gesetzgeber kann seiner Verpflichtung auch dadurch nachkommen, dass er einem Unterlaufen von Tarifverträgen dadurch begegnet, dass er »die **gesetzliche Einbeziehung des Leiharbeitnehmers** in die jeweilige beim Entleiher geltende **tarifvertragliche Ordnung** vorsieht« (*BVerfG*, a.a.O., C. IV. 1a der Gründe; *Ulber*, AuR 2001, 451), ohne den Tarifparteien der Verleihbranche die Möglichkeit zu eröffnen, die Tarifeinheit im Entleihbetrieb tarifvertraglich abzubedingen (vgl. §§ 3 Abs. 1 Nr. 3, 9 Nr. 2).

8 In einem Teil der gesetzlichen Neuregelungen, die seit dem Beschluss des *BVerfG* in Kraft getreten sind, hat der Gesetzgeber die auf der Tarifautonomie beruhenden Grundsätze berücksichtigt und die Einhaltung des **Grundsatzes der Tarifeinheit** zur Tatbestandsvoraussetzung erklärt (vgl. § 1 Abs. 1 Satz 2 und Abs. 3 Nr. 2). Dies gilt insbesondere für die in §§ 3 Abs. 1 Nr. 3, 9 Nr. 2 getroffene Regelung, wonach dem Leiharbeitnehmer grundsätzlich das tarifliche Entgelt des Einsatzbetriebes zu zahlen ist. Auch § 1b Satz 2 trägt diesen Anforderungen (nicht notwendigerweise anderen verfassungsrechtlichen Bedenken) Rechnung.

c) Verfassungsrechtliche Aspekte personalpolitischer Flexibilisierung

Das Ziel, über ein Verbot der Leiharbeit eine legale **Umgehung der Tarifverträge** **9**
zu **unterbinden**, ist nach Auffassung des *BVerfG* ein **vorrangiges, legitimes**
Ziel, um etwaige Flexibilitätsverluste der Unternehmen im Rahmen des Personaleinsatzes zu rechtfertigen (*BVerfG*, a.a.O., C. IV. 1b der Gründe). Eine angespannte Wettbewerbslage, Überlegungen zur Sicherung der Rentabilität oder
internationalen oder nationalen Wettbewerbsfähigkeit (*BVerfG*, a.a.O.) sind
keine Gesichtspunkte, die eine Einschränkung sonstiger Rechtsgüter von verfassungsrechtlichem Rang rechtfertigen können. Unter dem Aspekt, dass die
Arbeitsrechtsgesetzgebung in den vergangenen Jahren immer stärker dazu
übergegangen ist, **zwingende Normen des Arbeitsschutzes** zugunsten der Interessen der Unternehmen an flexibleren Formen der betrieblichen Beschäftigungs- und Arbeitszeitpolitik **aufzuheben**, gewinnen diese Ausführungen auch
über den Bereich der ANÜ hinaus Bedeutung. Sie geben jedoch insbesondere zu
einer verfassungsrechtlichen Überprüfung aller Neuregelungen zur ANÜ seit
dem sog. BeschFG 1985 Veranlassung. Alle seitherigen Gesetzesänderungen,
(insbesondere betrifft dies die Aufhebung der Höchsteinsatzfrist des § 3 Abs. 1
Nr. 6 a. F.), folgen ausschließlich dem Gedanken, die Möglichkeiten der Unternehmen zur Flexibilisierung des Personaleinsatzes und zum Abbau unternehmensgebundener Dauerarbeitsverhältnisse zu erweitern. Den hiermit verbundenen zusätzlichen **Gefährdungen des sozialen Schutzes** des Arbeitnehmers
trägt der Gesetzgeber dabei nur unzureichend Rechnung, sondern beschränkt
sich weitgehend darauf, vormals **illegale Formen der ANÜ** durch Aufhebung
von Arbeitsschutzvorschriften **zu legalisieren** (zur Kritik am AFRG vgl. Einl. C.
Rn. 32 ff.).

d) Arbeitsvertrag und Schutzpflichten des Gesetzgebers

Bei Gefährdungen des Arbeitnehmers ist der Gesetzgeber verpflichtet, geeignete **10**
Regelungen zum Schutz des Arbeitnehmers zu treffen (BVerfGE 77, 214 m.w.N.).
Mit dem **Arbeitsvertrag** allein ist kein sachlicher Ausgleich der Interessen zu gewährleisten, da es an einem annähernden **Kräftegleichgewicht fehlt** und die **Be**
dingungen freier Selbstbestimmung nicht gegeben sind (*BVerfG* v. 28. 1. 1992 –
1 BvR 1025/82, 1 BvL 16/83, 1 BvL 10/91). Die in der Entscheidung zur Aufhebung des Nachtarbeitsverbots für Arbeiterinnen aufgestellten Grundsätze zur
Regelungs- und Gestaltungspflicht des Gesetzgebers müssen bei der ANÜ erst
recht beachtet werden. Die Gefahren, Missstände und Gesetzesverstöße sowie
die teilweise menschenunwürdigen Arbeitsbedingungen zwingen mindestens
ebenso wie bei Nachtarbeit dazu, »die objektiven Grundentscheidungen der Verfassung im Grundrechtsabschnitt und im Sozialstaatsgebot durch gesetzliche
Vorschriften, die sozialem und wirtschaftlichem Ungleichgewicht entgegenwirken, zu verwirklichen« (*BVerfG*, a.a.O.; *Mayer*, Jahrbuch 1982, 218).
Da nicht zu erkennen ist, dass der Gesetzgeber seiner Gestaltungspflicht zur **11**
Gewährleistung eines ausreichenden Schutzes in absehbarer Zeit nachkommen
wird, kommt insbesondere den staatlichen Aufsichtsbehörden und der Rechtsprechung die Aufgabe zu, verfassungsrechtlich beachtliche **Gestaltungsdefi**
zite des Gesetzgebers durch eine **verfassungskonforme Auslegung der Vor**
schriften auszugleichen.

III. Geltungsbereich des § 1b

1. Gegenständlicher Geltungsbereich

12 § 1b untersagt grundsätzlich die **gewerbsmäßige ANÜ** im Baugewerbe, soweit es sich beim **Entleiherbetrieb** um einen **Betrieb des Baugewerbes** handelt (vgl. § 211 Abs. 1 SGB III; Rn. 14 ff.; zum Begriff des Baugewerbebetriebs bei gemeinnütziger Einrichtung vgl. *BAG* v. 20.4.1988 – 4 AZR 646/87 – AP Nr. 95 zu § 1 TVG Tarifverträge: Bau). Nicht entscheidend ist im Rahmen des Satz 1, ob der Verleiher ein Baugewerbe betreibt. So können Betriebe des Baugewerbes bei Erfüllung der Voraussetzungen des AÜG **in andere Gewerbezweige** verleihen (*Boemke*, § 1b Rn. 9; *Schüren/Hamann*, § 1b Rn. 27), während umgekehrt für Betriebe, die nicht dem Baugewerbe angehören, die Überlassung von Arbeitnehmern in das Baugewerbe untersagt ist. Ob eine gewerbsmäßige ANÜ vorliegt, beurteilt sich nach den allgemein gültigen Bestimmungen (vgl. § 1 Rn. 148 ff.). Nicht unter das Verbot fällt die **nichtgewerbsmäßige ANÜ** (*Boemke*, § 1b Rn. 6; *Schüren/Hamann*, § 1b Rn. 21; *Boewer*, DB 1982, 2033) und die sog. **gemeinnützige ANÜ** (vgl. § 1 Rn. 156). Der Missbrauch durch Träger von Arbeitsbeschaffungsmaßnahmen und durch gemeinnützig anerkannte Vereine ist in diesem Bereich – insbesondere in den neuen Bundesländern – besonders hoch (vgl. 9. Erfahrungsbericht der BuReg, S. 34). Auch die gemeinnützige ANÜ fällt nur dann nicht unter das Verbot, wenn sie nicht die Begriffsmerkmale gewerbsmäßiger ANÜ erfüllt (*Düwell*, BB 1995, 1082). Da z. B. die START-Zeitarbeit NRW GmbH gewerbsmäßige ANÜ betreibt, fällt sie auch unter die Verbotsnorm des § 1b (a. A. *Düwell*, a.a.O.). Ziel ist hier zwar, überwiegend soziale Randgruppen, v. a. schwervermittelbare Arbeitslose, durch geeignete Förder- und Qualifizierungsmaßnahmen wieder in den Arbeitsprozess einzugliedern (vgl. auch § 3 Abs. 1 Nr. 5). Diese Zielsetzung schließt jedoch nicht eine für die Gewerbsmäßigkeit erforderliche Gewinnerzielungsabsicht aus (vgl. § 1 Rn. 154 ff.).

13 Sind alle Tatbestandsvoraussetzungen des **§ 1b Satz 1** erfüllt, ist die Vorschrift **lex specialis** gegenüber allen Bestimmungen des AÜG zur gewerbsmäßigen ANÜ (einschränkend *Becker/Wulfgramm*, Art. 1 § 1 Rn. 84). Auch bei Vorliegen einer **vorübergehenden konzerninternen ANÜ** greift die Verbotsnorm ein (vgl. § 1 Abs. 3 Einleitungssatz; *Düwell*, BB 1995, 1083). Keine Anwendung findet die Vorschrift bei **Abordnung** von Arbeitnehmern zu einer **Arge**, wenn dabei die Voraussetzungen des § 1 Abs. 1 Satz 2 erfüllt sind (§ 1 Rn. 187; *Boemke*, § 1b Rn. 7; *Schüren/Hamann*, § 1b, Rn. 22; anders bei Überlassung durch ausländische Konzernunternehmen; vgl. *KassHandb/Düwell*, 4.5 Rn. 247). Auch in den Fällen des § 1a und § 1 Abs. 3 Nr. 1, 2 und 3 geht § 1b vor (*Boemke*, § 1b Rn. 10; *Schüren/ Hamann*, § 1b Rn. 23; *Thüsing/Waas*, § 1b Rn. 14; a. A. *Becker/Wulfgramm*, Art. 1 § 1 Rn. 84).

13a Von dem Verbot nicht erfasst werden die Fälle des **Überlassens von Baumaschinen mit Bedienungspersonal** (vgl. § 1 Abs. 2 Nr. 28 Baubetriebeverordnung), soweit es sich um hochwertige Groß- oder Spezialmaschinen handelt und hinsichtlich des gestellten Personals **kein arbeitsbezogenes Weisungsrecht** des Kunden besteht (*BAG* v. 16.6.1982 – 4 AZR 862/79 – BB 1982, 1343; *Düwell*, BB 1995, 1083). Hier ist in jedem Einzelfall zu prüfen, ob die Vermietung der Maschinen im Vordergrund der **Geschäftszwecke** steht oder die Überlassung des Personals (*BAG* v. 16.2.1982, AP Nr. 41 zu § 1 TVG Tarifverträge: Bau; ErfR/*Wank*, § 1b Rn. 3; *Schüren/Hamann*, § 13 Rn. 24 f.). Das Vorliegen eines Baugewerbebetriebs ist in diesen

Fällen nach § 211 Abs. 1 Satz 2 SGB III immer zu bejahen, da ausdrücklich nur die Überlassung von Betriebsmitteln ohne Bedienungspersonal vom Anwendungsbereich der Vorschrift ausgenommen wird.

2. Betriebe des Baugewerbes

Die Frage, ob es sich um **Betriebe oder Arbeitnehmer des Baugewerbes** handelt, **14** beurteilt sich nach den Begriffsbestimmungen des § 211 Abs. 1 SGB III (*BGH* v. 17.7.2000 – III ZR 78/99 – NZA 2000, 608; *Becker/Wulfgramm*, Art. 1 § 1 Rn. 93; *Boemke*, § 1b Rn. 12; *Schüren*, § 1 Rn. 385; *HKHH*, § 12a Rn. 12). Danach sind Betriebe des Baugewerbes solche Betriebe oder Betriebsabteilungen, die **überwiegend Bauleistungen** erbringen. Bauleistungen sind alle Bauarbeiten, die der Herstellung, Instandsetzung, Instandhaltung, Änderung oder Beseitigung von Bauwerken dienen. Eine Beschränkung der von § 1b erfassten Betriebe auf von der **Baubetriebeverordnung** vom 28.10.1980 (BGBl. I S. 2033) erfassten Betriebe (so *Sandmann/Marschall*, Art. 1 § 2 Anm. 2c unter Berufung auf die Beratungen im Ausschuss für Arbeit und Sozialordnung, BT-Ds. 9/966, S. 76; ähnlich *Schüren/Hamann*, § 1b Rn. 31) ist nicht gerechtfertigt und hätte die uneingeschränkte Zulassung von ANÜ im **Baunebengewerbe** zur Folge (wie hier KassHandb/*Düwell*, 4.5 Rn. 227). Insofern würde eine Anwendbarkeit des § 2 der Baubetriebe-VO dazu führen, dass insbesondere Betriebe des Ausbau- und Bauhilfsgewerbes nicht dem sektoralen Verbot unterlägen, was weder sachlich gerechtfertigt noch mit den Schutzzwecken des § 1b vereinbar wäre. Daneben würde eine Beschränkung des Anwendungsbereichs auf Betriebe der Baubetriebe-VO dazu führen, dass nicht witterungsabhängige Bauleistungen (z.B. Betriebe des Malerhandwerks) bzw. Betriebe, bei denen beim gegenwärtigen Stand der Technik eine Belebung der Winterbautätigkeit gar nicht möglich ist, vom Geltungsbereich des § 1b ausgeschlossen wären (krit. auch *Becker/Wulfgramm*, Art. 1 § 1 Rn. 93). Die Legaldefinition des § 211 Abs. 1 SGB III geht jedoch den Bestimmungen der Baubetriebeverordnung vor (*BSG* v. 14.9.1978 – 12 RAr 3/78 – AP Nr. 2 zu § 75 AFG); entscheidend ist ausschließlich, ob ein Betrieb überwiegend Bauleistungen i.S.d. Vorschriften erbringt (KassHandb/*Düwell*, 4.5 Rn. 228; *Paasch*, AiB 1988, 108).

In Betriebe des Baugewerbes ist die ANÜ untersagt. § 1b ist **betriebs- und nicht** **15** **unternehmensbezogen** anzuwenden. Der **Betriebsbegriff** ist dabei mit dem allgemeinen arbeitsrechtlichen Betriebsbegriff identisch. Auch eine **Betriebsabteilung**, d.h. ein organisatorisch, nicht aber rechtlich verselbstständigter Betrieb, nicht jedoch eine Baustelle, erfüllt die Voraussetzungen des Betriebs i.S.d. § 1b (vgl. § 211 Abs. 1 Satz 3 SGB III; *Schüren/Hamann*, § 1b Rn. 38). Dies gilt auch für Baubetriebsabteilungen **nichtbaugewerblicher Betriebe** (*Düwell*, BB 1995, 1083). Bei **Mischbetrieben** ohne Baubetriebsabteilungen müssen die Bautätigkeiten überwiegen, d.h. mehr als die Hälfte der gewerblichen Arbeitsplätze des Betriebs bzw. mehr als 50 Prozent der betrieblichen Gesamtarbeitszeit müssen der Erbringung von Bauleistungen zuzuordnen sein (*BAG* v. 18.4.1973, AP Nr. 13 zu § 1 TVG Tarifverträge Bau; v. 25.11.1987 – 4 AZR 361/87 – AP Nr. 18 zu § 1 TVG Tarifverträge Einzelhandel u. v. 18.5.1994 – 10 AZR 646/93 – AP Nr. 180 zu § 1 TVG Tarifverträge Bau; *Boemke*, § 1b Rn. 15; KassHandb/*Düwell*, 4.5 Rn. 230; *Schüren/Hamann*, § 1b Rn. 44; *Thüsing/Waas*, § 1b Rn. 22).

3. Persönlicher Geltungsbereich

16 Da die gewerbsmäßige ANÜ nur **in** Betriebe des Baugewerbes verboten ist, erfasst das Verbot nur den **Entleih von Arbeitnehmern**. Nicht erforderlich ist, dass sowohl der Entleiher als auch der Verleiher einen Betrieb des Baugewerbes betreiben. Entscheidend ist allein, ob der überlassene Arbeitnehmer beim Entleiher in tatsächlicher Hinsicht Arbeitertätigkeiten verrichtet. Hat ein **reines Verleihunternehmen** nur **Angestellte** beschäftigt und verleiht es an ein Bauunternehmen einen Angestellten für eine **tatsächlich ausgeübte Arbeitertätigkeit**, so greift die Verbotsnorm ein (*Thüsing/Waas*, § 1b Rn. 27; vgl. Rn. 18). Dies ergibt sich auch aus Satz 2 des § 1b, der die Zulässigkeit gewerbsmäßiger ANÜ in Betriebe des Baugewerbes abschließend regelt und u. a. an die Voraussetzung knüpft, dass sie **zwischen** Betrieben des Baugewerbes erfolgt. Als Unternehmen der Dienstleistungsbranche ist diese Voraussetzung bei reinen Verleihunternehmen regelmäßig nicht erfüllt.

17 Der **räumliche Geltungsbereich** des Verbots ist **nicht auf das Bundesgebiet beschränkt** (a. A. *Becker/Wulfgramm*, Art. 1 § 1 Rn. 97; KassHandb/*Düwell*, 4.5 Rn. 233), sondern erfasst wegen des in § 1 Wintergeld-Verordnung erweiterten räumlichen Geltungsbereiches (*Sandmann/Marschall*, Art. 1 § 2 Anm. 2c) jede **ANÜ mit Auslandsbezug** im europäischen Gebiet nördlich des 42. Grades nördlicher Breite, wenn der Entleiher ein Baugewerbe betreibt (a. A. *Boemke*, § 1b Rn. 5; *Schüren/Hamann*, § 1b Rn. 53). Werden die Arbeiten dagegen außerhalb Europas oder südlich des 42. Grades nördlicher Breite verrichtet, ist es Verleihern mit Geschäftssitz im Inland gestattet, Arbeitnehmer auch an ausländische Baubetriebe zu verleihen, soweit sie die gesetzlichen Voraussetzungen nach dem AÜG erfüllen (*Sandmann/Marschall*, Art. 1 § 2 Anm. 2c; *Thüsing/Waas*, § 1b Rn. 28). Ein inländisches Bauunternehmen kann das Verbot des Entleihs nicht dadurch **umgehen**, dass es mit einem ausländischen Verleiher (zu Baubetrieben mit Sitz im EWR-Ausland vgl. Rn. 46 ff.) ANÜ-Verträge abschließt und hierdurch Leiharbeitnehmer in Baubetrieben einsetzt (*Boemke*, § 1b Rn. 5). Dies folgt sowohl aus dem Territorialitätsprinzip als auch aus dem Schutzzweck der Norm, Arbeitnehmer vor den Gefahren illegaler Beschäftigung zu schützen, die bei Auslandsbezug eher verstärkt gegeben sind. I. ü. wird auch durch Satz 2 des § 1b klargestellt, dass nur bei Vorliegen eines Tarifvertrages zwischen Entleiher und Verleiher das Verbot nicht gelten soll; **Tarifverträge mit Unternehmen** oder Verbänden mit Sitz im Ausland sind jedoch **ausgeschlossen**.

18 Nur Arbeiten, die nach der Verkehrsanschauung **üblicherweise von Arbeitern verrichtet** werden, werden von der Verbotsnorm erfasst. Da die Abgrenzung im Einzelfall schwierig sein kann (vgl. HandbAR-*Kittner*, § 124), sind neben § 133 Abs. 2 SGB VI die **Eingruppierungsnormen** eines Tarifvertrages heranzuziehen (*BAG* v. 4. 7. 1966, AP Nr. 118 zu § 1 TVG-Auslegung; *BSG* v. 4. 12. 1957 – 1 RA 118/55 – AP Nr. 3 zu § 1 AVG). Die differenzierten **Berufsgruppenkataloge** zum Bundesrahmentarifvertrag Bau stellen insoweit praktikable Abgrenzungskriterien zur Verfügung (*Boemke*, § 1b Rn. 17; *Schüren/Hamann*, § 1b Rn. 49; *Thüsing/Waas*, § 1b Rn. 25). Allein die **tatsächlich ausgeübte Tätigkeit** entscheidet darüber, ob Arbeitertätigkeiten betroffen sind. Maßgeblich ist dabei die Art der im Einsatzbetrieb zu verrichtenden Arbeiten (*Mayer/Paasch* 1986, 14).

IV. Rechtsfolgen bei Verstößen

1. Unwirksamkeit des Überlassungsvertrages

Liegen die Voraussetzungen von § 1b Satz 1 vor, ist die gewerbsmäßige ANÜ **19** insgesamt verboten. Dies bedeutet, dass auch Verleiher, die sich im Besitz der **Erlaubnis** nach § 1 befinden, im Anwendungsbereich der Vorschrift **keine ANÜ betreiben** dürfen. **Überlassungsverträge**, die gegen das Verbot verstoßen, sind uneingeschränkt **unwirksam** (§ 134 BGB; *Boemke*, § 1b Rn. 20; ErfR/*Wank*, § 1b Rn. 8; *Schüren/Hamann*, § 1b Rn. 64; *Urban-Crell*/Schulz, Rn. 517).

2. Arbeitsrechtliche Folgen

Bezüglich der Folgen eines Verstoßes gegen § 1b für den **Arbeitsvertrag** werden **20** unterschiedliche Auffassungen vertreten. *Becker/Wulfgramm* (Art. 1 § 1 Rn. 98) vertreten die Auffassung, dass Leiharbeitsverträge, die auf ANÜ nach § 1b gerichtet sind, nach § 134 BGB uneingeschränkt nichtig sind und wollen dem **Schutzbedürfnis des Arbeitnehmers** über eine entsprechende Anwendung des § 10 Rechnung tragen (so auch *Lohre/Mayer/Stevens-Bartol*, § 12a Rn. 8). Demgegenüber vertreten *Sandmann/Marschall* (Art. 1 § 2 Anm. 14) die Auffassung, dass bei einem **verbotswidrigen Verleih** (mit Erlaubnis) § 9 Nr. 1 nicht erfüllt sei und eine Nichtigkeit des Arbeitsvertrages nach § 134 BGB nicht in Betracht komme, da § 1b gerade den Schutz des Leiharbeitnehmers bezwecke. Hamann (*Schüren*, § 1b Rn. 68 ff.) differenziert im Einzelnen danach, ob das Leiharbeitsverhältnis ausschließlich auf nach § 1b verbotene ANÜ gerichtet ist oder ob daneben auch Arbeiten außerhalb des Anwendungsbereichs des § 1b geschuldet sind (i. E. ebenso *Boemke*, § 1b Rn. 21 f.; KassHandb/*Düwell*, 4.5 Rn. 253 f.). Das *BAG* (v. 8. 7. 1998 – 10 AZR 274/97 – NZA 1999, 493) folgert aus dem Schutzzweck des § 1b, dass in den Fällen einer grundsätzlich untersagten ANÜ in Betriebe des Baugewerbes nach §§ 9 Nr. 1, 10 Abs. 1 ein **Arbeitsverhältnis zum Entleiher** zustande kommt, soweit der Verleiher keine Erlaubnis besitzt (so auch *Boemke*, § 1b Rn. 21). Ob diese Rechtsfolgen auch eintreten, wenn sich der Verleiher im Besitz der Erlaubnis befindet, wird in der Entscheidung (a.a.O.) ausdrücklich offen gelassen.

Grundsätzlich ist mit dem *BAG* (a.a.O.) davon auszugehen, dass in den Fällen **21** einer verbotswidrigen Überlassung nach Satz 1 **ohne Erlaubnis** der Arbeitsvertrag bei ausschließlicher Tätigkeit im Bauentleihbetrieben nichtig ist (*Schüren/Hamann*, § 1b Rn. 69) und §§ 9 Nr. 1, 10 Abs. 1 unmittelbar Anwendung finden, so dass (unabhängig von einer Nichtigkeit des Arbeitsvertrages nach § 134 BGB; *Boemke*, § 1b Rn. 22) ein Arbeitsverhältnis zum Entleiher fingiert wird (s.a. KassHandb/*Düwell*, 4.5 Rn. 252; *Schüren/Hamann*, § 1b Rn. 76). Hier kann nichts Anderes gelten als im Falle einer grundsätzlich nach Satz 2 gestatteten erlaubnispflichtigen ANÜ ohne Erlaubnis (s.u. Rn. 43). § 1b kann insoweit nicht entnommen werden, dass die Rechtsfolgen des § 10 AÜG durch das in § 1b Satz 1 enthaltene Verbot der ANÜ in Betriebe des Baugewerbes ausgeschlossen sind (*BAG*, a.a.O.). Dies gilt immer, wenn der Leiharbeitsvertrag von vornherein **ausschließlich** auf eine nach § 1b verbotene ANÜ ohne Erlaubnis gerichtet und daher von Anfang an nichtig ist (ebenso KassHandb/*Düwell*, 4.5 Rn. 252; a. A. *Schüren/Hamann*, § 1b Rn. 70; zu Mischarbeitsverhältnissen vgl. Rn. 23). Mit welchem **Inhalt** das Arbeitsverhältnis zum Entleiher zustande kommt, richtet sich dabei nach den Bestimmungen des § 10 (vgl. § 10 Rn. 21 ff., 49 ff.). Dasselbe gilt für die Vergütungsansprüche des Leiharbeitnehmers gegen den Verleiher aus dem faktisch vollzogenen Arbeitsverhältnis (vgl. § 9 Rn. 32) sowie für Schadensersatzansprüche gegen den Verleiher (vgl. § 10 Rn. 67 ff.; KassHandb/*Düwell*, 4.5 Rn. 252).

22 Erfolgt der verbotswidrige Verleih **mit Erlaubnis**, kann § 10 nach seinem Wortlaut nicht unmittelbar angewandt werden. In diesem Fall sind zwar sowohl der ANÜ-Vertrag als auch eine mit dem Arbeitnehmer vereinbarte ausschließliche Überlasssung an Baubetriebe nach § 134 BGB nichtig (*Boemke*, § 1b Rn. 22; zu Mischarbeitsverhältnissen vgl. Rn. 23); um die Rechtsfolgen des § 10 auszulösen, muss aber die Unwirksamkeit des Leiharbeitsvertrages gerade darauf beruhen, dass sich der Verleiher nicht im Besitz der Erlaubnis befindet. Allein andere Gründe, die zur Unwirksamkeit des Leiharbeitsvertrages führen, lösen demgegenüber nicht die Rechtsfolgen des § 10 Abs. 1 aus. Wie in sonstigen Fällen gewerbsmäßiger ANÜ mit Erlaubnis hat der Erlaubnisinhaber auch in den Fällen einer illegalen ANÜ nach § 1b Satz 1 die üblichen **Arbeitgeberpflichten** und das Arbeitgeberrisiko (§ 3 Abs. 1 Nr. 1 bis 3) zu tragen. Mit dem illegalen Verleih verstößt der Verleiher jedoch u. a. gegen Vorschriften des gesetzlichen Arbeitsschutzes (§ 1b) und verstößt gegen die grundsätzliche Arbeitgeberpflicht, Arbeitnehmer nur im Rahmen legaler Formen der ANÜ zu überlassen. Der darin liegende Verstoß gegen § 3 Abs. 1 Nr. 1 führt nicht nur zum Widerruf der Erlaubnis zur ANÜ (Rn. 24), sondern löst zugleich die (im Falle gewerbsmäßiger ANÜ nicht widerlegbaren; vgl. Rn. 206) **Fiktionswirkungen des § 1 Abs. 2** aus. Der Unwiderlegbarkeit der Vermutung (vgl. § 1 Rn. 206 ff.) kann dabei nicht entgegengehalten werden, dass eine Arbeitsvermittlung von Arbeitnehmern in Betriebe des Baugewerbes als solche zulässig ist (vgl. Rn. 1) und das überlassende Unternehmen ggf. auch die Berechtigung zur Arbeitsvermittlung besitzt (vgl. Einl. D. Rn. 25, 45). Vielmehr wird wie in sonstigen Fällen illegaler ANÜ mit Erlaubnis auch in den Fällen, in denen illegale ANÜ nach § 1b Satz 1 vorliegt, ein **Arbeitsverhältnis zum Entleiher** fingiert (vgl. Einl. D. Rn. 47 ff.). Wegen des schwerwiegenden Verstoßes des Entleihers gegen § 1b Satz 1 stehen dem Zustandekommen des fingierten Arbeitsverhältnisses dabei keine verfassungsrechtlichen Bedenken aus dem Gesichtspunkt des Eingriffs in die Vertragsfreiheit des Entleihers entgegen (vgl. Einl. D. Rn. 50).

Folgt man der hier vertretenen Auffassung nicht, nach der in den Fällen vermuteter Arbeitsvermittlung nach § 1 Abs. 2 ein fingiertes Arbeitsverhältnis zustande kommt, wird in den Fällen illegaler ANÜ nach § 1b mit Erlaubnis in **analoger Anwendung der §§ 10 Abs. 1, 9 Nr. 1** ein Arbeitsverhältnis fingiert (offen gehalten in *BAG* v. 8. 7. 1998 – 10 AZR 274/97 – NZA 1999, 493; a. A. *Schüren/Hamann*, § 1b Rn. 71). Da bei Verstößen gegen § 1b Satz 1 die Erlaubnis zur ANÜ zu widerrufen ist und daraus folgend i. d. R. das Arbeitsverhältnis zum Verleiher endet (zu Mischarbeitsverhältnissen vgl. § 9 Rn. 27; Rn. 23), verlöre der Arbeitnehmer ohne ein fingiertes Arbeitsverhältnis zum Entleiher entgegen den Schutzzwecken des AÜG infolge der Verstöße von Entleiher und Verleiher gegen § 1b Satz 1 seinen Arbeitsplatz als Existenzgrundlage. Dies rechtfertigt grundsätzlich auch eine analoge Anwendung des § 10 (vgl. Einl. D. Rn. 49). Hinzu kommt, dass der Geltungsbereich der Erlaubnis des Verleihers gerade nicht Fälle des § 1b Satz 1 erfasst und von daher immer eine nicht von der Erlaubnis gedeckte und damit auch ohne Erlaubnis erfolgende ANÜ vorliegt. Auch dies rechtfertigt es, die Rechtsfolgen von Verstößen nach denselben Grundsätzen zu behandeln, die auch sonst für Arbeitsverhältnisse gelten, die ohne das Vorliegen einer von Inhalt und Umfang wirksamen Erlaubnis zur ANÜ begründet werden (vgl. § 1 Rn. 221). Soweit daher in den Fällen des § 1b Satz 1 nicht schon nach § 1 Abs. 2 ein Arbeitsverhältnis zum Entleiher fingiert wird, kommt das Arbeitsverhältnis auf der Grundlage einer analogen Anwendung der §§ 10 Abs. 1, 9 Nr. 1 zustande.

Soweit der Arbeitnehmer nur **im Einzelfall** an einen Betrieb des Baugewerbes **23** verliehen wird, ist sowohl die zugrunde liegende Weisung des Verleihers als auch die nach § 613 Satz 2 erteilte Zustimmung des Arbeitnehmers gem. § 134 BGB unwirksam. Die Unwirksamkeit erfasst insoweit nicht die Wirksamkeit des Arbeitsverhältnisses, sodass das Arbeitsverhältnis des Arbeitnehmers zum verleihenden Arbeitgeber bestehen bleibt (*Boemke*, § 1b Rn. 21; *Schüren/Hamann*, § 1b Rn. 73). Für die Zeit des Einsatzes beim Entleiher kann er vom Verleiher die Arbeitsvergütung nach den Grundsätzen des fehlerhaften Arbeitsverhältnisses verlangen (*Boemke*, § 1b Rn. 22; KassHandb/*Düwell*, 4.5 Rn. 254; *Schüren/Hamann*, § 1b Rn. 75). Befindet sich der Verleiher nicht im Besitz einer Erlaubnis zur ANÜ, kommt nach § 10 daneben ein **fingiertes Arbeitsverhältnis** zum Entleiher zustande (*BAG* v. 8.7.1998 – 10 AZR 274/97 – NZA 1999, 493; vgl. Rn. 21). Bei Besitz der Erlaubnis gilt dasselbe, soweit die Vermutungswirkungen des § 1 Abs. 2 eintreten und dadurch ein Arbeitsverhältnis zum Entleiher fingiert wird (vgl. Rn. 22). Auf Grund des fingierten Arbeitsverhältnisses ist der Entleiher verpflichtet, auch für den unerlaubt überlassenen Arbeitnehmer die **Beiträge zu den Sozialkassen** des Baugewerbes abzuführen (*BAG*, a.a.O.).

Auch soweit der illegal tätige Verleiher ein **Mischunternehmen** betreibt und der Arbeitnehmer neben einer Tätigkeit im Mischbetrieb auch zur Leiharbeit verpflichtet ist, treten während des Zeitraums einer Überlassung in Betriebe des Baugewerbes die vorbezeichneten Rechtsfolgen ein (KassHandb/*Düwell*, 4.5 Rn. 254). Strittig ist insoweit, ob in Fällen, in denen das Arbeitsverhältnis nicht ausschließlich auf eine nach § 16 Satz 1 verbotene Überlassung gerichtet ist, der Arbeitsvertrag nach § 139 BGB insgesamt unwirksam ist oder nur eine **Teilnichtigkeit** des baugewerblichen Teiles angenommen werden kann (so KassHandb/*Düwell*, 4.5 Rn. 254). Da § 139 BGB abdingbar ist, kann von einer Teilnichtigkeit immer ausgegangen werden, wenn dies im Arbeitsvertrag zwischen Arbeitgeber und Arbeitnehmer vereinbart wurde. I. ü. kann nach dem Regel-Ausnahmeverhältnis des § 139 BGB von einer Teilnichtigkeit jedoch nur ausgegangen werden, wenn beide Vertragsparteien das Rechtsgeschäft auch ohne den nichtigen Teil vorgenommen hätten. Bei Mischarbeitsverhältnissen ist dies entsprechend den Umständen des Einzelfalles zu prüfen und kann nicht generell unterstellt werden. Zu berücksichtigen ist insoweit u.a., dass der Arbeitgeber bei Verstößen gegen § 1b Satz 1 illegale Beschäftigung betreibt und ein berechtigtes Interesse des Arbeitnehmers besteht, nicht zur Arbeitsleistung bei einem illegal tätigen Arbeitgeber verpflichtet zu sein. Die Anmerkungen zu § 9 (Rn. 27) gelten insoweit entsprechend. Danach wird man dem Arbeitnehmer ein Wahlrecht dahingehend einräumen müssen, ob er sich auf die Nichtigkeit des gesamten Rechtsgeschäftes oder nur auf die Nichtigkeit des Teiles beruft, der sich auf Fälle illegaler ANÜ nach § 1b Satz 1 bezieht.

3. Gewerberechtliche Folgen

24 Verstößt das verleihende Unternehmen gegen § 1b Satz 1, liegt hierin gleichzeitig ein **Verstoß gegen die üblichen Arbeitgeberpflichten** i.S.d. § 1 Abs. 2 i.V.m. § 3 Abs. 1 Nr. 1 (vgl. Rn. 22). Die gesetzlich vermutete **Unzuverlässigkeit** des Arbeitgebers kann bei Verstößen gegen § 1b nicht widerlegt werden (Rn. 22). Wollen daher Unternehmen, die gegen § 1b verstoßen haben, für Bereiche, in denen ANÜ zulässig ist, eine Erlaubnis erhalten, ist die **Erlaubnis** gem. § 3 Abs. 1 **zu versagen**, eine bereits bestehende Erlaubnis ist gem. § 5 Abs. 1 Nr. 3 zu **widerrufen** (*Becker/ Wulfgramm*, Art. 1 § 1 Rn. 99; *Boemke*, § 1b Rn. 23; *Schüren/Hamann*, § 1b Rn. 77).

4. Ordnungswidrigkeiten

25 Verstöße gegen § 1b werden hinsichtlich des Verhaltens des Verleihers und des Entleihers als **Ordnungswidrigkeit** geahndet. Hat der Verleiher eine **Erlaubnis**, richtet sich die Ordnungswidrigkeit nach § 16 Abs. 1 Nr. 1b, der in diesen Fällen auch den Entleiher mit einem Bußgeld bedroht (vgl. § 16 Rn. 7 ff.; allg. M., vgl. *Becker/Wulfgramm*, Art. 1 § 1 Rn. 100; *Schüren/Hamann*, § 1 Rn. 79;).
Falls der Verleiher **keine Erlaubnis** besitzt oder der Dritte Arbeitnehmer von einem Verleiher ohne Erlaubnis entleiht, wird § 16 Abs. 1 Nr. 1b durch die ordnungswidrigkeitenrechtlich speziellere Norm des § 16 Abs. 1 Nr. 1 und 1a verdrängt (BT-Ds. 9/846, S. 48 zu Art. 1 Nr. 58).

V. Ausnahmen vom Verbot (Satz 2)

26 Satz 2 wurde mit dem Änderungsgesetz im Bereich des Baugewerbes (v. 6. 9. 1994, BGBl. I S. 24599) in § 1b eingefügt. In ihrer ursprünglichen Fassung, die heute in modifizierter Form Satz 2 Buchst. b) entspricht (ErfK/*Wank*, § 1b Rn. 1), wurden Ausnahmen nur zugelassen, soweit **sowohl der Verleih- als auch der Entleihbetrieb** die Voraussetzungen eines Baugewerbebetriebs (vgl. Rn. 14 f.) erfüllten und denselben Rahmen- und Sozialkassentarifverträgen unterlagen. Durch das Erste Gesetz für moderne Dienstleistungen am Arbeitsmarkt (vgl. Rn. 2a) wurde mit Satz 2 Buchst. a) auch der **Verleih durch branchenfremde Betriebe** in Betriebe des Baugewerbes zugelassen, wenn ein gemeinsamer, für allgemeinverbindlich erklärter Tarifvertrag dies ausdrücklich bestimmt. Die Ausnahmen führen zu einer erheblichen **Einschränkung** des in Satz 1 angeordneten grundsätzlichen Verbots der ANÜ.

1. Arbeitnehmerüberlassung zwischen Betrieben des Baugewerbes und anderen Betrieben, Satz 2 Buchst. a)

27 Satz 2 Buchst. a) eröffnet die Möglichkeit, Arbeitnehmer in Baugewerbebetriebe aus jedem **anderen** branchenfremden Gewerbe zu überlassen (*Boemke/Lembke*, § 1b Rn. 10; *Sandmann/Marschall*, § 1b Anm. 15a), wenn ein allgemeinverbindlich erklärter Tarifvertrag dies zulässt und die beteiligten Betriebe gleichermaßen von diesem Tarifvertrag erfasst werden. Für den Verleih **zwischen** Baubetrieben gilt ausschließlich Satz 2 Buchst. b.

28 Die Ausnahmebestimmung setzt voraus, dass in einem wirksamen, im Rahmen der Tarifzuständigkeit abgeschlossenen **Tarifvertrag** (vgl. hierzu § 9 Rn. 171 ff.) **ausdrücklich** zugelassen wird (*Boemke/Lembke*, § 1b Rn. 14; *Thüsing/Waas*, § 1b

Rn. 34), dass nicht dem Baugewerbe zuzuordnende Betriebe Arbeitnehmer in Baubetriebe verleihen dürfen. Der Tarifvertrag muss dabei sowohl den entleihenden Baubetrieb als auch den branchenfremden Betrieb **erfassen** (ErfK/*Wank*, § 1b Rn. 6; *Schüren/Hamann*, § 1b Rn. 85; *Thüsing/Waas*, § 1b Rn. 34; *Urban-Crell/ Schulz*, Rn. 528; a. A. *Sandmann/Marschall*, § 1b Anm. 15a; *Boemke/Lembke*, § 1b Rn. 12). Dies ist nur der Fall, wenn sich die zuständigen Tarifvertragsparteien auf einen **branchenübergreifenden Tarifvertrag** verständigen (*Schüren/Hamann*, a. a. O.; *Thüsing/Waas*, § 1b Rn. 34).

Der branchenübergreifende TV muss **allgemeinverbindlich** erklärt sein. Hierdurch soll ausgeschlossen werden, dass gelbe Gewerkschaften, wie die *CGZP*, das grundsätzliche Verbot der ANÜ in Betriebe des Baugewerbes aufheben können (*Sandmann/Marschall*, § 1b Anm. 15a; dies übersehen *Boemke/Lembke*, § 1b Rn. 13 bei ihrer Kritik). Die Tarifbindung von verleihendem und entleihendem Betrieb reicht nicht aus (*Schüren/Hamann*, § 1b Rn. 85; i. E. ebenso *Boemke/Lembke*, § 1b Rn. 13; a. A. ErfK/*Wank*, § 1b Rn. 6, der selbst eine einseitige Tarifbindung von Verleiher und Entleiher ausreichen lässt). **29**

Sind die Tatbestandsvoraussetzungen von Satz 2 Buchst. a) erfüllt, ist die ANÜ in Betriebe des Baugewerbes im Grundsatz zulässig. Die Voraussetzungen und **Rechtsfolgen** einer ANÜ auf dieser Grundlage richten sich nach den allgemeinen Bestimmungen des AÜG (*Boemke/Lembke*, § 1b Rn. 15). Insbesondere muss sich der Entleiher im Besitz einer erforderlichen **Erlaubnis** befinden (ErfK/*Wank*, § 1b Rn. 7). Auch die nach **§ 1b Abs. 2a AEntG** geltenden Mindestarbeitsbedingungen sowie die **Gleichstellungsgrundsätze** der §§ 3 Abs. 1 Nr. 3, 9 Nr. 2, 10 Abs. 4 finden in vollem Umfang Anwendung, soweit der allgemeinverbindlich erklärte TV keine abweichende Regelung enthält (*Ulber*, AuR 2003, 8). **30**

2. Arbeitnehmerüberlassung zwischen Betrieben des Baugewerbes, Satz 2 Buchst. b)

Nach Satz 2 Buchst. b) ist die ANÜ zwischen **Betrieben des Baugewerbes** gestattet, wenn der verleihende Betrieb vor der Überlassung nachweislich seit mindestens drei Jahren von denselben Rahmen- und Sozialkassentarifverträgen oder von deren Allgemeinverbindlichkeit erfasst wird. Die **Ausnahmebestimmung** kommt nur zum Tragen, wenn sowohl der **verleihende als auch der entleihende** Betrieb (bzw. Betriebsabteilung) die Kriterien eines **Baugewerbebetriebs** (Rn. 14 f.) erfüllt (*Boemke/Lembke*, § 1b Rn. 17). **Reine Verleihunternehmen** fallen nicht unter den Anwendungsbereich der Vorschrift, da sie als Unternehmen der Dienstleistungsbranche einem anderen Tarifvertrag unterliegen (vgl. § 1 Rn. 103 u. Rn. 30). **Arbeitsförderungsgesellschaften**, die nicht selbst Bauleistungen erbringen (z. B. die Lübecker Handwerk hilft GmbH), sondern lediglich Arbeitnehmer in Baubetriebe überlassen, sind daher selbst dann vom Anwendungsbereich des Satz 2 ausgenommen, wenn sie denselben Sozialkassentarifverträgen oder demselben für allgemeinverbindlich erklärten Tarifvertrag unterliegen. Wegen der räumlich beschränkten Geltungsbereiche der Tarifverträge scheidet eine **grenzüberschreitende ANÜ** auf der Grundlage von § 1 Satz 2 regelmäßig aus, es sei denn, dass ein ausländisches Unternehmen im Inland einen Baubetrieb unterhält, der den Bestimmungen des Rahmen- und Sozialkassentarifvertrages unterliegt (*BayOblG* v. 26. 2. 1999, DB 1999, 1019). **31**

Die ANÜ muss **zwischen Betrieben des Baugewerbes** (Rn. 14 f.) erfolgen, d. h. die ANÜ ist nur **unmittelbar** zwischen einem entleihenden und verleihenden **32**

Unternehmen des Baugewerbes zulässig. Die Zwischenschaltung oder Nachschaltung eines weiteren Arbeitgebers ist ausgeschlossen. Vielmehr muss der verleihende Betrieb das **Weisungsrecht** vollständig auf den Entleiher übertragen, der seinerseits das Weisungsrecht in vollem Umfang ausüben muss. Damit ist insbesondere ausgeschlossen, dass die im Rahmen von **Arge-Verträgen** nach § 1 Abs. 1 Satz 2 bestehende Pflicht zur Erbringung selbstständiger Leistungen durch Formen der ANÜ auf der Grundlage von § 1b Satz 2 umgangen wird. Erst recht unzulässig wäre es, auf der Grundlage von Satz 2 entliehene Arbeitnehmer ganz oder z. T. dem Weisungsrecht von Mitarbeitern der Arge zu unterstellen (vgl. auch § 1 Rn. 187).

33 Fälle, bei denen nicht sowohl der Verleiher als auch der Entleiher die Voraussetzungen des Baugewerbebetriebs erfüllen, schließen eine Anwendbarkeit der Ausnahmebestimmung aus. Bei **Mischunternehmen**, die betriebs- oder betriebsabteilungsbezogen die Voraussetzungen eines Betriebs des Baugewerbes erfüllen, kommt eine Anwendung der Ausnahmebestimmung nur in den Fällen in Betracht, in denen beide Unternehmen denselben Bautarifverträgen unterliegen (vgl. Rn. 31, 39).

34 Sowohl der verleihende als **auch der entleihende Betrieb** müssen von demselben Rahmen- und Sozialkassentarifvertrag bzw. dessen Allgemeinverbindlichkeit **erfasst** werden (*Sandmann/Marschall*, § 1b Anm. 17; *Schüren/Hamann*, § 1b Rn. 87; *Thüsing/Waas*, § 1b Rn. 37; a. A. *Boehmke/Lembke*, § 1b Rn. 18). Der entsprechende **Flächentarifvertrag** muss von seinem **fachlichen und räumlichen Geltungsbereich** Verleiher und Entleiher gleichermaßen erfassen (a. A. zum räumlichen Geltungsbereich *Sandmann/Marschall*, § 1b Anm. 18). Eine Tarifunterworfenheit des Entleihers ist nicht erforderlich (*Thüsing/Waas*, § 1b Rn. 37; *Urban-Crell/Schulz*, Rn. 529). Eine Tarifbindung muss nur auf Seiten des verleihenden Arbeitgebers bestehen (*Thüsing/Waas*, § 1b Rn. 39; vgl. Rn. 32 alt). Unbeachtlich ist, ob auch der Arbeitnehmer tarifgebunden ist (*Sandmann/Marschall*, § 1b Anm. 18; *Schüren/Hamann*, § 1b Rn. 57; *Thüsing/Waas*, § 1b Rn. 39).

35 Die **Tarifunterworfenheit** des verleihenden Baugewerbebetriebs kann sowohl durch Verbandszugehörigkeit als auch durch **Allgemeinverbindlichkeitserklärung** nach § 5 TVG gegeben sein (*Boemke*, § 1b Rn. 28; *Schüren/Hamann*, § 1b Rn. 58; *Thüsing/Waas*, § 1b Rn. 40). Die Allgemeinverbindlichkeitserklärung der Sozialtarifverträge für das Baugewerbe ist verfassungsgemäß (*BAG* v. 10. 10. 1973 – 4 AZR 68/73 – AP Nr. 13 zu § 5 TVG; *BVerfG* v. 15. 7. 1980 – 1 BvR 24/74 – AP Nr. 17 zu § 5 TVG). Durch die Allgemeinverbindlichkeitserklärung gelten die Tarifnormen im jeweiligen Geltungsbereich auch für die **Tarifaußenseiter** nach § 5 Abs. 4 TVG unmittelbar und zwingend (zur Verfassungsmäßigkeit der Wirkungen vgl. *BVerfG* v. 24. 5. 1977 – 2 BvL 11/74 – AP Nr. 15 zu § 5 TVG).

36 Alle gesetzlichen **Wirksamkeitsvoraussetzungen der Allgemeinverbindlichkeitserklärung** müssen erfüllt sein, **bevor** der Einsatz eines Leiharbeitnehmers beim Entleiher im Rahmen des § 1b erfolgen soll. Dies bedeutet zunächst, dass der Tarifvertrag selbst wirksam in Kraft gesetzt sein muss und nicht durch Ablauf gem. § 5 Abs. 5 Satz 2 TVG beendet ist. Daneben muss der in der Allgemeinverbindlichkeitserklärung enthaltene Zeitpunkt des Beginns der Wirksamkeit erreicht sein (vgl. *Wiedemann*, § 5 Rn. 54 ff.). Eine **rückwirkende Allgemeinverbindlichkeitserklärung** auf einen Zeitpunkt vor ihrer Veröffentlichung ist nur unter bestimmten Voraussetzungen (vgl. *BAG* v. 25. 9. 1996 – 4 AZR 209/95) zulässig. Eine vor dem Zeitpunkt der Allgemeinverbindlichkeitserklärung erfolgte

unzulässige ANÜ nach Satz 1 wird durch eine ggf. eintretende Rückwirkung nicht mit ex-tunc-Wirkung wirksam.

Im Hinblick darauf, dass sich die Ausnahme vom Verbot des Satz 1 aus dem Umstand rechtfertigt, dass die **Tarifvertragsparteien** die Arbeitsbedingungen entsprechend den **sozialstaatlichen Vorgaben der Verfassung** regeln und auf Grund ihrer **Einwirkungspflichten** und -rechte auf die Verbandsunterworfenen auch durchsetzen können, ist eine Einhaltung der Tarifverträge im Rahmen einer Allgemeinverbindlichkeitserklärung, die auch Nicht-Verbandsunterworfene erfasst, nur in eingeschränktem Umfang gegeben. Dies rechtfertigt es, im Rahmen der Allgemeinverbindlichkeitserklärung **Einschränkungsklauseln** zu verabschieden (zur Zulässigkeit vgl. *BAG* v. 26.10.1983 – 4 AZR 219/81 – AP Nr.3 zu § 3 TVG), deren Inhalt allein darauf gerichtet ist, die Wirkungen der im Übrigen für allgemeinverbindlich erklärten Bautarifverträge für die Zulässigkeit von ANÜ nach § 1b Satz 2 für bestimmte Bereiche, Verleiher oder Entleiher nach objektiven Kriterien einzuschränken oder auch ganz auszuschließen. Im Rahmen des Ermessens des Bundesministers für Arbeit und Sozialordnung kann sich insoweit sogar eine **Pflicht zur Ermessensausübung** ergeben, wenn sich die dem Gesetz zugrunde liegende Prognose, im Rahmen von allgemeinverbindlich erklärten Tarifverträgen seien Missstände im Bereich der gewerblichen ANÜ ausgeschlossen, als unrichtig erweist. **37**

Sind Verleiher oder Entleiher an einen **spezielleren Tarifvertrag gebunden**, kommt eine Anwendung des VTV-Bau nicht in Betracht (*BAG* v. 26.1.1994 – 10 AZR – 611/91 – AP Nr.22 zu § 4 TVG Tarifkonkurrenz). Der **reine Verleihunternehmer** kann auch dann nicht vom fachlichen Geltungsbereich der Bau-Tarifverträge erfasst werden, wenn der Entleiher baugewerbliche Leistungen erbringt (*LAG Frankfurt am Main* v. 19.12.1972 – 3 Sa 486/72 – EzAÜG § 1 TVG Tarifverträge Nr.2). Daher fallen reine Verleihunternehmen grundsätzlich nicht unter die Ausnahme des Satz 2. Auch darf weder der Entleiher- noch der Verleiherbetrieb vom Geltungsbereich des Tarifvertrages ausgenommen sein, z.B. gem. § 1 Abs. 2 Abschn. VII VTV Bau (*BAG* v. 5.9.1990 – 4 AZR 92/90 – AP Nr.135 zu § 1 TVG Tarifverträge Bau). Dies ist insbesondere der Fall, wenn in weniger als 50 Prozent der Gesamtarbeitszeit **nicht baugewerbliche Tätigkeiten** verrichtet werden (*BAG* v. 18.5.1994 – 10 AZR 646/93 – AP Nr.180 zu § 1 TVG Tarifverträge Bau). **Handwerksbetriebe** werden auch dann nicht vom Geltungsbereich der Bautarifverträge erfasst, wenn sie teilweise auch baugewerbliche Leistungen erbringen (*BAG* v. 13.3.1991 – 4 AZR 436/90 – AP Nr.139 zu § 1 TVG Tarifverträge Bau). **38**

Bei **Mischunternehmen** ist grundsätzlich auf die **überwiegenden Geschäftszwecke** bzw. bezogen auf die Gesamtarbeitszeit die überwiegend ausgeübten Tätigkeiten abzustellen (*Opolony*, AuA 1999, 404), wobei im Zweifel die diesbezüglichen Satzungsbestimmungen der Tarifvertragsparteien herangezogen werden können (*BAG* v. 25.2.1987 – 4 AZR 240/86 - AP Nr.81 zu § 1 TVG Tarifverträge Bau). Die Vielzahl höchstrichterlicher Entscheidungen zur **Abgrenzung** des Geltungsbereichs der Bautarifverträge (vgl. AP § 1 TVG Tarifverträge Bau) verweist auf die hier vorhandenen Probleme. Liegt gegenüber den Bautarifverträgen ein speziellerer Tarifvertrag vor, können nach dem Prinzip der **Tarifeinheit im Betrieb** die Verfahrenstarifverträge für das Baugewerbe nicht zur Anwendung kommen (*BAG* v. 24.1.1990 – 4 AZR 561/89 – AP Nr.126 zu § 1 TVG Tarifverträge Bau). Ausgeschlossen ist, dass entgegen den Grundsätzen der Tarifeinheit das Mischunternehmen beschränkt auf den (Betriebs-)Bereich bau- **39** gewerblicher Leistungen **Mitglied in einem Arbeitgeberverband** wird, um das Verbot nach Satz 1 zu **umgehen**. Die Tarifbindung nach § 3 Abs. 1 TVG ist grundsätzlich arbeitgeber-/unternehmensbezogen und nicht betriebsbezogen. Zwar können die Tarifvertragsparteien den betrieblichen, fachlichen und persönlichen **Geltungsbereich** des Tarifvertrages unter bestimmten Voraussetzungen **eingrenzen** (*Wiedemann*, § 3 Rn. 17). Es ist ihnen jedoch selbst qua Anerkennungstarifvertrag verwehrt, die Geltung der Bautarifverträge zu vereinbaren und hiermit die ansonsten nicht gegebene Möglichkeit, durch Verbandsbeitritt die Tarifbindung zu erlangen, zu umgehen.

40 Der verleihende (nicht jedoch der entleihende) Betrieb muss seit mindestens drei Jahren von denselben **Rahmen- und Sozialkassentarifverträgen** oder von deren Allgemeinverbindlichkeit erfasst sein (*Sandmann/Marschall*, § 1b Anm. 17a). **Ausländische Verleiher** können daher nur dann die Privilegierung in Anspruch nehmen, wenn sie auf Grund eines inländischen Unternehmens oder einer Zweigniederlassung den in Deutschland geltenden Rahmen- und Sozialkassentarifverträgen unterliegen. Sowohl der Rahmen- als auch (kumulativ) der Sozialkassentarifvertrag müssen dabei im Verleihbetrieb gegolten haben (*Sandmann/ Marschall*, § 1b Rn. 17). Abzustellen ist hierbei auf **denselben Rahmen- und Sozialkassentarifvertrag** (*Thüsing/Waas*, § 1b Rn. 38a; *Schüren/Hamann*, § 1b Rn. 56; z.B. den für allgemeinverbindlich erklärten Tarifvertrag über das Sozialkassenverfahren im Baugewerbe – VTV vom 12. 11. 1986 i.d.F. v. 15. 12. 1993; a.A. *Boemke/ Lembke*, § 1b Rn. 20). Soweit derartige Rahmen- und Sozialkassentarifverträge bundesweit bestehen, schließen ausfüllende **tarifliche Ergänzungsvereinbarungen** auf regionaler Ebene eine Anwendbarkeit der Vorschrift nicht aus, wenn die Ergänzungsregelungen entweder durch eine tarifliche Öffnungsklausel in der Rahmenvereinbarung gestattet sind oder sich nicht auf die Hauptpflichten aus dem Arbeitsverhältnis erstrecken. Der allgemeinverbindlich erklärte Rahmentarifvertrag wird auch nicht verdrängt, wenn durch **einzelvertragliche Absprache** die Gültigkeit eines spezielleren Tarifvertrages vereinbart wird und der Arbeitgeber nicht verbandsgebunden ist (*BAG* v. 22. 9. 1993 – 10 AZR 207/92 – AP Nr. 21 zu § 4 TVG Tarifkonkurrenz).

41 Derselbe Rahmen- und Sozialkassentarifvertrag muss für den Verleiher **mindestens seit drei Jahren** vor Beginn der ANÜ verbindlich gelten. Die Ausnahme soll verhindern, dass entgegen dem grundsätzlich bestehenden sektoralen Verbot lediglich unter dem Deckmantel eines Baubetriebs ANÜ betrieben wird (vgl. BT-Ds. 15/91 S. 17).

42 Die Bindung des Verleihers an dieselben Rahmen- und Sozialkassentarifverträge muss **nachweislich** seit mindestens drei Jahren bestehen. Beweispflichtig ist insoweit der Verleiher (*Sandmann/Marschall*, § 1b Rn. 17a), der einen Anspruch gegen die Sozialkassen auf Ausstellung einer entsprechenden Bescheinigung hat. Kann er den Nachweis nicht erbringen, sind die Voraussetzungen der Ausnahmevorschrift nicht erfüllt, eine beantragte Erlaubnis ist dann zu versagen.

43 Sind die tatbestandlichen Voraussetzungen des § 1b Satz 2 Buchst. b) erfüllt, werden die Wirkungen der Verbotsnorm von Satz 1 aufgehoben. Die gewerbsmäßige ANÜ ist damit zulässig und rechtlich **wie jede andere Form gewerbsmäßiger ANÜ** nach den Bestimmungen des AÜG zu behandeln. Die Bestimmungen des AÜG finden dann uneingeschränkt Anwendung (*BAG* v. 8. 7. 1998 – 10 AZR 274/97 – NZA 1999, 494). Insbesondere muss der Verleiher bei Abschluss des ANÜ-Vertrages im **Besitz einer gültigen Erlaubnis** nach § 1 Abs. 1 sein. Fehlt die Erlaubnis, richten sich die Folgen nach §§ 9 Nr. 1, 10 Abs. 1.

Über § 2 Abs. 4 hinaus darf die **Erlaubnisbehörde** die zunächst auf ein Jahr be-   **44**
fristete Erlaubnis nur für den **Zeitraum** der Wirksamkeit der nach Satz 2 maßgeblichen Tarifverträge oder auch der Allgemeinverbindlichkeitserklärung erteilen,
da mit **Wegfall der Wirkungen des Tarifvertrages** die ANÜ wieder unzulässig
ist. Der Antragsteller hat im Einzelnen darzulegen und zu beweisen, dass er
den Rahmen- und Sozialkassentarifverträgen des Baugewerbes unterliegt, was
bei **Mischbetrieben** generell Zweifeln unterliegt (vgl. Rn. 39). Der Antragsteller
muss daneben der Erlaubnisbehörde darlegen bzw. beim Erstantrag glaubwür-
dig versichern, dass die Entleiherbetriebe, mit denen ANÜ betrieben werden soll,
ebenfalls von den Rahmen- und Sozialkassentarifverträgen des Baugewerbes erfasst werden. Der Antragsteller kann dieser Beweispflicht nachkommen, da ihm
beim Abschluss des ANÜ-Vertrages eine entsprechende Prüfungspflicht bezüglich der Person des Entleihers obliegt (wie umgekehrt dem Entleiher hinsichtlich
der Person des Verleihers) und der Vertragspartner entsprechend § 666 BGB zur
Auskunft verpflichtet ist.

Die **Meldepflichten** des Verleihers (§ 8) beinhalten nach § 8 Abs. 1 Nr. 3 insbeson-   **45**
dere die Verpflichtung, Angaben darüber zu machen dass auch der Entleiher ein
Baugewerbe betreibt und den Tarifverträgen nach Satz 2 unterliegt. Zweifeln hat
die Arbeitsverwaltung unverzüglich nachzugehen und bei Verstößen – soweit
nicht eine Bedingung i.S.d. § 2 Abs. 2 Satz 1 eingetreten ist – die Erlaubnis nach § 5
zu widerrufen.

VI. Ausnahmen vom Verbot für Baubetriebe mit Sitz im EWR (Satz 3)

Nach **Satz 3** ist die ANÜ für Baubetriebe mit **Geschäftssitz in einem anderen**   **46**
Mitgliedstaat des EWR unter bestimmten Voraussetzungen auch dann gestattet,
wenn sie **nicht** von deutschen Rahmen- und Sozialkassentarifverträgen oder
für allgemeinverbindlich erklärten Tarifverträgen erfasst werden. Von der Ausnahmevorschrift werden nur **Baubetriebe** erfasst (kritisch hierzu *Boemke/Lembke*,
§ 1b Rn. 22), was sich ausschließlich nach deutschem Recht beurteilt (*Boemke/*
Lembke, § 1b Rn. 26; vgl. Rn. 14 f.). Keine Anwendung findet die Vorschrift, wenn
die Arbeitnehmer des ausländischen Unternehmens im Inland eine Niederlassung unterhalten (*Ulber*, AuR 2003, 9) oder einem im Inland gelegenen Betrieb
zuzuordnen sind und damit über den Betriebssitz (vgl. § 1 Abs. 1 und 2 BRTV
Bau) die Sozialkassentarifverträge Anwendung finden (vgl. § 1 Rn. 193e).

Der ausländische Betrieb muss seinen **Geschäftssitz** in einem anderen **Mitglied-**   **47**
staat des EWR haben. Dies setzt voraus, dass der Betrieb im Ausland (d.h. außerhalb Deutschlands; *Sandmann/Marschall*, § 1b Anm. 18a) eigene **Bauleistungen**
in nennenswertem Umfang erbringt und hierzu auch die personellen, fachlichen
und materiellen Voraussetzungen besitzt, um als Baubetrieb tätig zu werden. Beschränkt sich die Tätigkeit auf eine reine Personalverwaltung oder die Auftrags-
beschaffung, sind diese Voraussetzungen nicht erfüllt, die Überlassung von Arbeitnehmern ist dann wie ein unzulässiger Verleih durch den Auslandsbetrieb zu
behandeln. Hierbei ist der Zweck der Vorschrift zu beachten, einen Missbrauch
der Ausnahmebestimmung vom Verbot der ANÜ zu verhindern.

Die **Tätigkeit** des Baubetriebs muss überwiegend unter den Geltungsbereich   **48**
derselben Rahmen- und Sozialkassentarifverträge fallen, von denen der **Entlei-**
her erfasst wird. Sie muss insoweit während der letzten drei Jahre **überwiegend**
(d.h. zu über 50% der betrieblichen Gesamtarbeitszeit im EWR) der Tätigkeit des
Entleihers innerhalb desselben Gewerbezweiges entsprechen (*Boemke/Lembke*,

§ 1b Anm. 18a; *Schüren/Hamann*, § 1b Rn. 61a). Abzustellen ist hierbei auf die gesamten Aktivitäten des Auslandsbetriebs im EWR (*Schüren/Hamann*, § 1b Rn. 61a; *Thüsing/Waas*, § 1b Rn. 46).

49 Der Auslandsbetrieb hat **nachzuweisen**, dass die Tätigkeiten mindestens seit drei Jahren unter den Geltungsbereich des beim Entleiher zur Anwendung kommenden Rahmen- und Sozialkassentarifvertrags fallen. Die Erläuterungen zu Satz 2 Buchst. a (Rn. 42) gelten insoweit entsprechend.

50 Sind die Voraussetzungen von Satz 3 erfüllt, wird der Auslandsbetrieb im Rahmen der Ausnahmen nach Satz 2 nur vom **Erfordernis der Tarifbindung befreit** (*Sandmann/Marschall*, § 1b Anm. 19; *Schüren/Hamann*, § 1b Rn. 61a; *Thüsing/Waas*, § 1b Rn. 46). Alle sonstigen Voraussetzungen einer zulässigen ANÜ hat der Auslandsbetrieb zu erfüllen (vgl. Rn. 30). Nach **§ 1 Abs. 2a AEntG** ist er insbesondere verpflichtet, dem LAN die vorgeschriebenen Mindestarbeitsbedingungen zu gewähren und die Beiträge an die gemeinsamen Sozialkassen zu entrichten.

§ 2 Erteilung und Erlöschen der Erlaubnis

(1) Die Erlaubnis wird auf schriftlichen Antrag erteilt.

(2) Die Erlaubnis kann unter Bedingungen erteilt und mit Auflagen verbunden werden, um sicherzustellen, daß keine Tatsachen eintreten, die nach § 3 die Versagung der Erlaubnis rechtfertigen. Die Aufnahme, Änderung oder Ergänzung von Auflagen sind auch nach Erteilung der Erlaubnis zulässig.

(3) Die Erlaubnis kann unter dem Vorbehalt des Widerrufs erteilt werden, wenn eine abschließende Beurteilung des Antrags noch nicht möglich ist.

(4) Die Erlaubnis ist auf ein Jahr zu befristen. Der Antrag auf Verlängerung der Erlaubnis ist spätestens drei Monate vor Ablauf des Jahres zu stellen. Die Erlaubnis verlängert sich um ein weiteres Jahr, wenn die Erlaubnisbehörde die Verlängerung nicht vor Ablauf des Jahres ablehnt. Im Fall der Ablehnung gilt die Erlaubnis für die Abwicklung der nach § 1 erlaubt abgeschlossenen Verträge als fortbestehend, jedoch nicht länger als zwölf Monate.

(5) Die Erlaubnis kann unbefristet erteilt werden, wenn der Verleiher drei aufeinanderfolgende Jahre lang nach § 1 erlaubt tätig war. Sie erlischt, wenn der Verleiher von der Erlaubnis drei Jahre lang keinen Gebrauch gemacht hat.

Inhaltsübersicht   Rn.

I. Vorbemerkung

In § 2 werden das **Verfahren der Erlaubniserteilung** sowie die Möglichkeiten **1**
geregelt, die Erlaubnis mit **Nebenbestimmungen** zu versehen (zur Kostenpflichtigkeit der Erlaubniserteilung vgl. § 2a). Daneben wird der **zeitliche Geltungsbereich** der Erlaubnis (Abs. 4 und 5) festgelegt. Durch Art. 63 Nr. 6
Buchst. a) und b) AFRG wurde in Abs. 4 Satz 4 die Fiktion des Fortbestehens der
Erlaubnis auf zwölf Monate verlängert und in Abs. 5 Satz 2 der Erlöschenstat-
bestand wegen nicht ausgeübter ANÜ von einem auf drei Jahre angehoben.
Zweck der Vorschrift ist es vor allem, die Einhaltung der Schutzvorschriften des
AÜG sicherzustellen (*Boemke*, § 2 Rn. 2; ErfK/*Wank*, § 2 Rn. 1) und schon präventiv den bei ANÜ bestehenden **Gefahren** von Gesetzesverstößen durch entsprechende Bedingungen und Auflagen (Abs. 2) **vorzubeugen.** Die mit dem **AFRG**
vorgenommene Verlängerung der Frist zum Eintritt des Erlöschenstatbestandes
wegen nicht ausgeübter gewerbsmäßiger ANÜ (Abs. 5) widerspricht dieser
Schutzfunktion, daneben aber auch dem Schutzzweck des § 3 Abs. 1, wonach
nur zuverlässigen Verleihern die Erlaubnis erteilt werden darf. Insoweit ist nicht
ersichtlich, wie ein Verleiher, der bis zu drei Jahren sein Gewerbe nicht ausgeübt
hat, den Nachweis seiner Zuverlässigkeit erbracht hat bzw. welche Tatsachen
hier für eine Annahme der Zuverlässigkeit sprechen. **Ohne** eine wirksam erteilte
und **gültige Erlaubnis** ist es einem **Verleiher untersagt**, gewerbsmäßige **ANÜ
zu betreiben** (§ 1 Abs. 1 Satz 1), die Erteilung einer Erlaubnis mit Rückwirkung
(vgl. § 9 Rn. 11 ff.) scheidet grundsätzlich aus (einschränkend *Sandmann/Mar-
schall*, Art. 1 § 2 Anm. 23).

Im Unterschied zu sonstigen gewerberechtlichen Erlaubnissen, die grundsätz- **2**
lich nur unbefristet erteilt werden dürfen (§ 53 Abs. 1 GewO), darf die Erlaubnis
zur gewerbsmäßigen ANÜ grundsätzlich nur **befristet** erteilt werden (Abs. 4)
und kann nur bei erwiesener Zuverlässigkeit des Erlaubnisinhabers unbefristet
verlängert werden (Abs. 5). Die Befristungsregelungen entsprechen der Verpflichtung des Gesetzgebers, geeignete Regelungen zum Schutz der Arbeitnehmer zu treffen und sind daher verfassungskonform. Aus dem Sinn und Zweck
der Vorschrift folgt, dass die Erlaubnisbehörde bei der Prüfung der gesetzlichen
und sonstigen Voraussetzungen der Erlaubniserteilung strengen **Prüfungspflichten** und der Antragsteller seinerseits hohen Anforderungen hinsichtlich
der Darlegungs- und Beweislast unterliegt. Im Antragsverfahren müssen insbesondere alle **Zweifel beseitigt** sein, ob der Verleiher nach Erteilung der Erlaubnis
seine üblichen **Arbeitgeberpflichten zuverlässig erfüllt** und ob er nach seiner
Betriebsorganisation und seinen wirtschaftlichen Verhältnissen in der Lage ist,
ANÜ im rechtlich zulässigen Rahmen zu betreiben. § 2 gebietet daher eine **re-**

striktive Auslegung materieller Gesetzesbestimmungen im Verwaltungsverfahren. Soweit die Voraussetzungen für eine Erlaubniserteilung nicht zweifelsfrei vom Antragsteller nachgewiesen werden können, darf die Erlaubnis nicht erteilt werden. Soweit nicht zwingende Versagungsgründe (z. B. i.S.d. § 3 Abs. 1) betroffen sind, können Unsicherheiten über das Vorliegen der Voraussetzungen einer Erlaubniserteilung auch über **Nebenbestimmungen** nur in eingegrenztem, die Schutzzwecke des AÜG nicht berührendem Umfang befristet geduldet werden (vgl. Rn. 22 ff.).

II. Rechtsnatur und Verfahren der Erlaubniserteilung

1. Allgemeines

3 Die **Erteilung der Erlaubnis** ist ein mitwirkungsbedürftiger, begünstigender **Verwaltungsakt** (allg. A., *Becker/Wulfgramm*, Art. 1 § 2 Rn. 4; *Boemke*, § 2 Rn. 4; *Sandmann/Marschall*, Art. 1 § 2 Anm. 1; *Schüren/Schüren*, § 2 Rn. 15; *Thüsing/ Kämmerer*, § 2 Rn. 3). Neben der Stellung des förmlichen Antrags treffen den Antragsteller alle **Mitwirkungspflichten**, die die Erlaubnisbehörde im Rahmen des Verfahrens für erforderlich hält. Begünstigt wird der Antragsteller durch die Erlaubniserteilung, weil er erst hierdurch befugt wird, gewerbsmäßig ANÜ zu betreiben und das ansonsten bestehende Verbot (§ 1 Abs. 1 Satz 1) mit der Erlaubniserteilung für ihn aufgehoben wird.

4 Das **Erlaubnisverfahren** unterliegt den Vorschriften des **VwVfG**, soweit im AÜG keine besonderen Bestimmungen (vgl. §§ 4 f.) getroffen sind (*Boemke*, § 2 Rn. 5; *Thüsing/Kämmerer*, § 2 Rn. 2; a. A. ErfK/*Wank*, § 2 Rn. 5; *Sandmann/Marschall*, § 2 Anm. 7; *Schüren/Schüren*, § 2 Rn. 10). Nach § 2 Abs. 2 Nr. 4 VwVfG sind zwar Verfahren nach dem Sozialgesetzbuch von einer Anwendung des Gesetzes ausgeschlossen; das Erlaubnisverfahren nach dem AÜG zählt jedoch zu keinem der im SGB aufgeführten Verfahren und ist im Katalog des Art. 2 § 1 SGB I nicht enthalten (vgl. *Boemke*, § 2 Rn. 5; ErfK/*Wank*, § 2 Rn. 5; *Sandmann/Marschall*, § 2 Anm. 7; *Schüren/Schüren*, § 2 Rn. 9; *Thüsing/Kämmerer*, § 2 Rn. 1 f.).

5 Das Zustandekommen und die Bestandskraft der **Erlaubnis** als Verwaltungsakt richten sich nach den Vorschriften des VwVfG. Für öffentlich-rechtliche Streitigkeiten bei der Auslegung und Anwendung des AÜG durch die BA sind ausschließlich die **Sozialgerichte** zuständig. Für das Widerspruchsverfahren gelten §§ 77 ff. SGG und für das Klageverfahren §§ 87 ff. SGG (*Boemke*, § 2 Rn. 42 f.; *Schüren/Schüren*, § 2 Rn. 12; *Thüsing/Kämmerer*, § 2 Rn. 35).

6 Liegen keine Gründe für eine Versagung der Erlaubnis vor, steht dem Antragsteller ein **Rechtsanspruch** auf Erteilung der Erlaubnis zu (*Boemke*, § 2 Rn. 14).

7 Die Erlaubnisbehörde **ermittelt von Amts wegen** den Sachverhalt und bestimmt Art und Umfang der hierzu erforderlichen Ermittlungen (vgl. § 24 Abs. 1 VwVfG). An das Vorbringen des Antragstellers ist die Behörde nicht gebunden. Über die erforderlichen **Beweismittel** hat sie nach pflichtgemäßem Ermessen selbst zu entscheiden, insbesondere kann sie Auskünfte verlangen, **Zeugen (uneidlich) vernehmen**, den Antragsteller zur Mitwirkung bei der Sachverhaltsermittlung auffordern (§ 26 Abs. 2 VwVfG), Urkunden und Akten beiziehen sowie Ortsbesichtigungen vornehmen und den Augenschein einnehmen. Ergeben die Ermittlungen, dass Umstände vorliegen können, die einer uneingeschränkten Stattgabe des Antrages entgegenstehen, ist dem Antragsteller **rechtliches Gehör** zu gewähren (vgl. *Becker/Wulfgramm*, Art. 1 § 2 Rn. 3; *Sandmann/Marschall*,

Art. 1 § 2 Anm. 8), bevor eine abschließende Entscheidung ergeht. Ein Anspruch auf Akteneinsicht steht dem Antragsteller bzw. Erlaubnisinhaber im Erlaubnisverfahren außerhalb eines sozialgerichtlichen Verfahrens (vgl. § 25 Abs. 1 SGG) nicht zu (*Sandmann/Marschall*, Art. 1 § 2 Anm. 13a).

2. Antragsteller

Die Erteilung einer Erlaubnis ist von einem **schriftlichen Antrag** abhängig **8** (Abs. 1), der in deutscher Sprache gestellt werden muss (§ 23 Abs. 1 VwVfG). Eine trotz mangelnder Schriftform erteilte Erlaubnis ist wirksam (a.A. *Sandmann/ Marschall*, § 2 Anm. 9) kann aber nach § 48 VwVfG zurückgenommen werden (*Boemke*, § 2 Rn. 11). **Antragsteller** kann jeder sein, der auch Inhaber einer Erlaubnis nach § 1 Abs. 1 sein kann. Neben natürlichen Personen können dies auch **Personengesamtheiten** (z.B. nichtrechtsfähige Vereine), **Personengesellschaften** (z.B. oHG, KG) oder **juristische Personen** des Privatrechts (z.B. AG, GmbH) oder des öffentlichen Rechts (z.B. Kirchen, Kommunen) sein (vgl. § 7 Abs. 1 Satz 2). Neben reinen Verleihunternehmen können auch **Mischbetriebe** (vgl. Einl. C. Rn. 84) sowie natürliche und juristische Personen, die Arbeitsvermittlung betreiben (vgl. Einl. D. Rn. 38 ff.), einen Antrag auf Erteilung der Erlaubnis zur ANÜ stellen. Unzulässig ist das Vorschieben eines Strohmannes (vgl. § 1 Rn. 20), der selbst kein ANÜ-Gewerbe betreiben will (*LSG Rheinland-Pfalz* v. 16.1.1981, EzAÜG § 3 AÜG Versagungsgründe Nr. 5).

Besitzt der Antragsteller eine **nach anderen Gesetzen erforderliche Erlaubnis** **9** oder Genehmigung (z.B. §§ 30 f. GewO, § 1 HandwO), ist zusätzlich die Erlaubnis nach § 2 zu beantragen. Das Erlaubnisverfahren nach § 2 ist **unabhängig von anderen Erlaubnisverfahren** (*Schüren/Schüren*, § 2 Rn. 26) durchzuführen, insbesondere hat eine nach anderen Gesetzen erteilte oder abgelehnte Erlaubnis keine Auswirkungen auf die Entscheidung im Rahmen des § 2. Allerdings können die Gründe einer Ablehnung von Erlaubnissen oder Genehmigungen nach anderen Gesetzen gleichzeitig Anhaltspunkte dafür bieten, ob der Antragsteller die erforderliche Zuverlässigkeit i.S.d. § 3 Abs. 1 Nr. 1 besitzt oder ob sonstige zur Erteilung der Erlaubnis erforderliche Voraussetzungen nicht erfüllt werden, sodass die Erlaubnisbehörde dem in diesen Fällen vorliegenden **Anfangsverdacht** vor Erlaubniserteilung nachgehen muss.

Die Erlaubnisbehörde treffen besondere Prüfungspflichten, damit der Antrag- **10** steller die Erlaubnis nicht zum Zwecke gewerbsmäßiger ANÜ, sondern zur **Verschleierung von Arbeitsvermittlung** beantragt. Dies gilt insbesondere, wenn er gleichzeitig Arbeitsvermittlung betreibt. Arbeitsvermittlung und ANÜ müssen immer voneinander **getrennt** betrieben werden. Dies ist nur der Fall, soweit nach den betrieblichen Gegebenheiten und der Betriebsorganisation (vgl. § 3 Abs. 1 Nr. 2) eine räumlich und personell getrennte, nach außen und insbesondere **im Rechtsverkehr unterscheidbare Ausübung** beider unterschiedlichen Gewerbebereiche gewährleistet ist (§ 3 Rn. 81). Die Erlaubnis hat insoweit auch sicherzustellen, dass über die Bestimmungen des AÜG zur Sicherstellung legaler Beschäftigung hinaus zulasten des Arbeitnehmers keine Beweisschwierigkeiten hinsichtlich der eindeutigen Zuordnung seines Arbeitsverhältnisses zum Arbeitgeber auftreten.

Besondere Darlegungspflichten treffen auch Antragsteller, die als **Mischunter-** **11** **nehmen** erstmals die Erlaubnis zur ANÜ beantragen. Über den Nachweis, dass die allgemeinen arbeitsrechtlichen Voraussetzungen zur ANÜ vorliegen (§ 3 Abs. 1

Nr. 1, vgl. § 3 Rn. 22 ff.), muss der Antragsteller in diesen Fällen auch nachweisen, dass die **betriebsverfassungsrechtlichen Voraussetzungen zur ANÜ** erfüllt sind. Auch Verstöße gegen Normen des BetrVG erfüllen den Vermutungstatbestand des § 3 Abs. 1 Nr. 1 (§ 3 Rn. 58). Da in betriebsratsfähigen Betrieben die Erweiterung der Betriebszwecke um den Bereich der ANÜ den Tatbestand einer Betriebsänderung i.S.d. §§ 111 ff. BetrVG erfüllt, muss der Antragsteller vor der Ausübung des neuen Geschäftsfeldes das Interessenausgleichsverfahren (ggf. bis zur Beendigung des Einigungsstellenverfahrens) betrieben haben (vgl. Einl. C. Rn. 154 ff.). Vor Abschluss des Interessenausgleichsverfahrens würde durch Ausübung von ANÜ durch den Antragsteller ein betriebsverfassungswidriger Zustand entstehen, der seinerseits einer Erlaubniserteilung nach § 3 Abs. 1 Nr. 1 entgegensteht (vgl. § 3 Rn. 60). Mischunternehmen, in denen ein Betriebsrat existiert, haben daher entweder einen abgeschlossenen **Interessenausgleich** vorzulegen, aus dem sich die Zulässigkeit zur ANÜ ergibt oder nachzuweisen dass der Versuch in der Einigungsstelle einen Interessenausgleich abzuschließen endgültig fehlgeschlagen ist; andernfalls darf die Erlaubnis zum gegebenen Zeitpunkt nicht erteilt werden. **Eine aufschiebend bedingte Erteilung der Erlaubnis** (Rn. 23 f.) kommt in diesem Zusammenhang nicht in Betracht, da abgesehen von der Möglichkeit, dass der Interessenausgleich ggf. ein Verbot der ANÜ vorsehen kann, auch sonstige Einschränkungen oder Bedingungen im Interessenausgleich vereinbart sein können, die bei der Erlaubniserteilung (z.B. durch Einschränkung ihres Geltungsbereichs oder in Form von Bedingungen nach Abs. 2) berücksichtigt werden müssen.

12 In **subjektiver Hinsicht** muss der Antragsteller alle Voraussetzungen erfüllen, die die Vermutungstatbestände des § 1 Abs. 2 zur Arbeitsvermittlung widerlegen. Ist zum Zeitpunkt der Erlaubniserteilung die Annahme gerechtfertigt, dass einer der Tatbestände des § 3 Abs. 1 Nr. 1 bis 3 erfüllt sein kann, kann die Erlaubnis nur unter dem Vorbehalt des Widerrufs (Abs. 3; Rn. 35) erteilt werden. Die in Abs. 2 vorgesehene Möglichkeit, Verstöße gegen § 3 durch Bedingungen und Auflagen zu unterbinden, ist nur für Sachverhalte eröffnet, die nach Erteilung der Erlaubnis eintreten.

13 Den Antragsteller trifft die **Verpflichtung darzulegen**, dass alle Voraussetzungen einer Erlaubniserteilung erfüllt sind, insbesondere hat er Angaben darüber zu machen, dass keinerlei Tatsachen oder Anhaltspunkte dafür gegeben sind, **dass Versagungstatbestände** i.S.d. § 3 Abs. 1 erfüllt sind. Die Ausgabe der **amtlichen Antragsvordrucke** der Behörden der Bundesanstalt beschränkt diese Verpflichtungen nicht. Die Vordrucke sind keine Wirksamkeitsvoraussetzung (*Boemke*, § 2 Rn. 8), sondern dienen vielmehr lediglich dazu, der Erlaubnisbehörde einen ersten Einblick davon zu verschaffen, ob für den Antragsteller die Erteilung einer Erlaubnis überhaupt in Betracht kommt. Nach dieser ersten Prüfung ist die Erlaubnisbehörde berechtigt und verpflichtet, **detailliertere Angaben** vom Antragsteller zu verlangen und entsprechende **Beweismittel** beibringen zu lassen. Bei Verwendung des Antragsvordruckes ist es der Erlaubnisbehörde allerdings verwehrt den Antrag auf Grund von Tatsachen abzulehnen die im Vordruck vom Antragsteller nicht gefordert werden. Vielmehr hat die Behörde in diesen Fällen – ebenso wie bei sonstigen Zweifeln am Vorliegen der Voraussetzungen für eine Erlaubniserteilung – dem Antragsteller zunächst Gelegenheit zur Stellungnahme und ggf. zum Antritt des Gegenbeweises zu geben.

14 Den Antragsteller trifft im Rahmen des Antragsverfahrens die Verpflichtung, alle **Tatsachen vorzutragen**, die für die Beurteilung des Antrags durch die Erlaubnisbehörde bedeutsam sind. Er hat bei Zweifeln den **Beweis anzutreten**. Hierzu zählen neben dem Nachweis der für die Erfüllung der Arbeitgeberpflichten erforderlichen tatsächlichen Voraussetzungen und **subjektiven Fähigkeiten** (z.B. Kenntnisse des Sozialversicherungs- und Arbeitsrechts, § 3 Abs. 1 Nr.1) auch der Nachweis, dass der Antragsteller in geordneten **Vermögensverhältnissen** lebt, keine für die Ausübung des Gewerbes erhebliche **Vorstrafen** (z.B. illegale Ausländerbeschäftigung) begangen hat und nach den vorhandenen Geschäftsräumen sowie sonstigen Umständen, die für die Ausübung des Gewerbes im Geschäfts- und Rechtsverkehr von Bedeutung sind, in der Lage ist seinen Verpflichtungen als Verleiher nachzukommen. Die Erlaubnisbehörde kann u.a. auch die **Vorlage von Führungszeugnissen** (*Sandmann/Marschall*, Art. 1 § 2 Anm. 13) oder sonstiger **Befähigungsnachweise** (Ausbildungsabschlüsse etc.) verlangen. Der Nachweis von allgemeinen Kenntnissen des Arbeits- und Sozialrechts reicht hierzu i.d.R. nicht aus. Vielmehr muss der Antragsteller (z.B. im Hinblick auf die Aufklärungspflichten nach § 12 Abs. 2, vgl. § 12 Rn. 40f.) vertiefende **Kenntnisse des Rechts der ANÜ** einschließlich rechtlich erheblicher Gesichtspunkte der Abgrenzung zur Arbeitsvermittlung und zu sonstigen Vertragsformen der Fremdfirmenarbeit nachweisen. Eine Tätigkeit im Bereich der Arbeitsverwaltung oder die Teilnahme an entsprechenden mehrwöchigen Schulungsveranstaltungen der Unternehmer-/Arbeitgeberverbände oder auch der Gewerkschaften oder der Berufsgenossenschaft reicht hierfür i.d.R. aus; die Vorlage eines bestimmten Zertifikats kann mangels eines speziellen Ausbildungsgangs für Verleiher nicht gefordert werden.

15 Soweit die Erlaubnisbehörde im rechtlich zulässigen Rahmen bei der Erlaubniserteilung Nachweise vom Antragsteller verlangt, hat der Antragsteller zur Vermeidung von Nachteilen mitzuwirken (vgl. auch § 7 Abs. 2, § 26 Abs. 2 VwVfG). Allerdings ist es der Behörde verwehrt, im Wege des unmittelbaren Zwangs den Antragsteller zur Erteilung von Auskünften oder zur Vorlage von Unterlagen zu zwingen (*Thüsing/Kämmerer*, § 2 Rn. 3). Erst recht ist der Einsatz der in § 7 Abs. 3 erwähnten Zwangsmittel untersagt, soweit er zum Zwecke der Prüfung der Voraussetzungen einer Erlaubniserteilung erfolgen soll. Vielmehr steht dem Antragsteller im Rahmen des Antragsverfahrens nicht nur das Recht zu, den **Antrag jederzeit zurückzunehmen**, sondern er ist auch berechtigt, alle **Auskünfte und Mitwirkungshandlungen zu verweigern**, die die Behörde zum Erlass des für ihn begünstigenden Verwaltungsakts für erforderlich hält. Kommt der Antragsteller seinen Mitwirkungspflichten nicht nach, kann die Behörde die **Mitwirkungshandlung nicht selbstständig erzwingen**, sondern ist verpflichtet, den Antrag zurückzuweisen.

3. Zuständigkeit zur Erlaubniserteilung

16 Nach § 17 ist die **BA** die **zuständige Behörde** zur Durchführung des Erlaubnisverfahrens sowie zur Erteilung und Überwachung der Erlaubnis. Daher kann der Antrag unabhängig vom Geschäftssitz des Antragstellers bei **jeder Dienststelle der BA** (insbesondere bei jeder Agentur für Arbeit) im Bundesgebiet gestellt werden. Behördenintern ist die Zuständigkeit durch den Präsidenten der BA so geregelt (Bundesanzeiger vom 16.8.1972, Nr.196, S. 5), dass die **Agenturen für Arbeit**, in denen der Verleiher seinen Geschäftssitz, bei mehreren Niederlassungen seinen Hauptsitz hat, örtlich zuständig ist. Für **ausländische Antragsteller**/Verleiher gilt dabei bundeseinheitlich je nach Herkunfstland eine besondere Zuständigkeitsverteilung (RDErl. BA v. 27.5.1994 – 1a IV – 5164.6 A/5160.4/7402.2):

Geschäftssitze	zuständige Regional-direktion für Arbeit	Geschäftssitze	zuständige Regional-direktion für Arbeit
Niederlande Großbritannien Irland	Nordrhein-Westfalen Josef-Gokeln-Str. 7 40474 Düsseldorf Postfach 101040 40001 Düsseldorf	Spanien Portugal	Baden-Württemberg Hölderlinstr. 36 70147 Stuttgart Postfach 102952 70025 Stuttgart
Belgien Frankreich Luxemburg	Rheinland-Pfalz– Saarland Eschbergerstrasse 68 66121 Saarbrücken Postfach 101844 66018 Saarbrücken	Dänemark Norwegen Schweden Finnland Island	Nord Projensdorferstr. 82 24106 Kiel Postfach 30017 24029 Kiel
		alle Übrigen Länder	Hessen Saonestraße 2–4 60528 Frankfurt/Main Postfach 710661 60496 Frankfurt/Main
Italien Griechenland Österreich Liechtenstein	Bayern Regensburger Str. 100 90478 Nürnberg Postfach 90328 Nürnberg		

4. Erteilung der Erlaubnis

17 Das Gesetz enthält **keine Formvorschriften** hinsichtlich der Erteilung der Erlaubnis. Auch bestehen bei Erstanträgen des Verleihers keine **Fristen**, innerhalb derer die Erlaubnisbehörde den Antragsteller zu bescheiden hat (anders für Verlängerungsanträge, § 2 Abs. 4 Satz 3; siehe hierzu Rn. 44). Entscheidet die Erlaubnisbehörde nicht binnen einer angemessenen Frist, kann der Antragsteller bei Ablauf einer Frist von sechs Monaten seit Antragstellung **Untätigkeitsklage nach § 88 Abs. 1** SGG erheben (*Schüren/Schüren*, § 2 Rn. 17). Aus Gründen der Beweissicherung wird die **Erlaubnis** unter Verwendung entsprechender Vordrucke der BA regelmäßig **schriftlich erteilt**. Kann ein Verleiher daher **im Rechtsverkehr** keine schriftlich erteilte Erlaubnis vorlegen, ist dies als Indiz dafür zu werten, dass die Erlaubnis nicht wirksam besteht (*Schüren/Schüren*, § 2 Rn. 19). Die Schriftform ist allerdings **nicht Wirksamkeitserfordernis** (so auch *Boemke*, § 2 Rn. 14; *Sandmann/Marschall*, § 2 Anm. 3; *Schüren/Schüren*, § 2 Rn. 19; a.A. *Becker/ Wulfgramm*, Art. 1 § 2 Rn. 7). Insoweit ergibt sich auch aus §§ 11 Abs. 1 Satz 2 Nr. 1, 12 Abs. 1 Satz 2, dass die abzugebenden Erklärungen hinsichtlich der Erlaubnis keine Schriftform voraussetzen. Wegen der Bedeutung der Erlaubnis im Rechtsverkehr hat der Antragsteller allerdings ein berechtigtes Interesse und einen **Anspruch** darauf, dass ihm die Behörde die erteilte Erlaubnis schriftlich bescheinigt.

18 Aus der **Erlaubnis** müssen sowohl die Erlaubnisbehörde, Ort und Datum der Erlaubniserteilung (vgl. § 11 Abs. 1 Satz 2 Nr. 1) sowie die eindeutige Erklärung hervorgehen, dass dem Antragsteller eine Erlaubnis zur ANÜ nach § 1 Abs. 1 Satz 1 erteilt wird (§ 37 VwVfG). Enthält die Erlaubnis keine sonstigen Angaben

(z. B. Bedingungen oder Auflagen nach Abs. 2) oder die nach Abs. 4 vorgeschriebene Befristung, wird die Erlaubnis grundsätzlich ohne Einschränkungen wirksam (vgl. *Schüren/Schüren*, § 2 Rn. 20). Die Erlaubnis kann in diesen Fällen nur unter den besonderen Voraussetzungen des § 4 Abs. 1 zurückgenommen werden, was ggf. zum Ersatz des Vertrauensschadens führt (§ 4 Abs. 2). Dasselbe gilt für sonstige Unklarheiten der Erlaubnis, die grundsätzlich zulasten der Erlaubnisbehörde gehen (*Schüren/Schüren*, § 2 Rn. 20).

Eine **Begründung** des Verwaltungsaktes ist nicht erforderlich, wenn dem Antrag **19** des Antragstellers uneingeschränkt stattgegeben wird (*Becker/Wulfgramm*, Art. 1 § 2 Rn. 10). Wird dagegen der **Antrag abgelehnt** oder nur unter Auflagen oder Bedingungen (Abs. 2) bzw. unter Ausübung des Ermessens der Behörde zulasten des Antragstellers erteilt, ist die Entscheidung zu begründen (§ 39 VwVfG) (*Becker/Wulfgramm*, Art. 1 § 2 Rn. 9; *Sandmann/Marschall*, Art. 1 § 2 Anm. 15; *Thüsing/Kämmerer*, § 2 Rn. 6). Da dem Antragsteller – abgesehen von Sachverständigengutachten und sonstigen entscheidungsrelevanten Unterlagen, auf die im Verwaltungsakt Bezug genommen wird – grundsätzlich **kein Recht auf Akteneinsicht** zusteht (vgl. Rn. 7; wie hier *Sandmann/Marschall*, § 2 Anm. 13a; weiter gehend *Becker/Wulfgramm*, Art. 1 § 2 Rn. 3 unter Bezug auf *LSG München* v. 7. 8. 1980 – L 9 / Al 181 / 78 – EzAÜG SGB Nr. 1), muss die Behörde besonders ausführlich alle Umstände mitteilen, die Grundlage für eine Beschwer des Antragstellers sind. Die Entscheidungsbegründung ist allerdings nicht Wirksamkeitsvoraussetzung des Verwaltungsakts, der Verwaltungsakt bleibt vielmehr bis zu seiner Erledigung mit dem bekannt gegebenen Inhalt wirksam. Dasselbe gilt hinsichtlich der erforderlichen **Rechtsbehelfsbelehrung,** bei deren Fehlen sich lediglich die Widerspruchs- bzw. Klagefrist auf ein Jahr verlängert (zum Rechtsbehelfs- und Sozialgerichtsverfahren vgl. Rn. 46 und Art. 2 Rn. 3).

Als Verwaltungsakt wird der Erlaubnisbescheid mit seiner **Bekanntgabe,** d. h. **20** mit Zugang beim Antragsteller, **wirksam.** Regelmäßig werden von der BA die Bescheide, die sich auf die Erlaubnis beziehen, durch Postzustellungsurkunde zugestellt. Mit Zustellung beginnt die Jahresfrist nach § 2 Abs. 4 Satz 1 zu laufen.

5. Inhaberschaft

Adressat des Erlaubnisbescheids ist der **Antragsteller.** Die Erlaubnis wird dabei **21** nicht betriebs-, sondern **personen- bzw. rechtsträgerbezogen** erteilt (*Boemke*, § 2 Rn. 16; *Schüren/Schüren*, § 2 Rn. 23; *KassHandb/Düwell*, 4.5 Rn. 177). Die Betriebsstätte des Antragstellers hat nur bei Betriebsänderungen im Rahmen des § 7 Abs. 1 Satz 1 Bedeutung. Liegt ein **Betriebsübergang** i. S. d. § 613a BGB vor, ist vom Übernehmer erneut eine Erlaubnis zu beantragen. Dasselbe gilt für die **Vermögensübertragung** und den **Formwechsel** nach §§ 174 ff., 190 ff. UmwG. Lediglich bei einem reinen Gesellschafterwechsel (der als solcher keinen Betriebsübergang i. S. d. § 613a BGB darstellt) bleibt die Identität der juristischen Person als Rechtsträger gewahrt. Bei Personengesamtheiten oder **Personengesellschaften** führen demgegenüber Änderungen oder Wechsel der Mitglieder dazu, dass eine neue Erlaubnis zu beantragen ist (*BSG* v. 12. 12. 1991 – 7 RAr 56/90 – DB 1992, 1636; *Schüren*, § 2 Rn. 25). Wegen der Gebundenheit der Erlaubnis an einen bestimmten Rechtsträger ist eine **Übertragbarkeit der Erlaubnis** auf Dritte oder auch das Einbringen in eine Gesellschaft **ausgeschlossen** (*Boemke*, § 2 Rn. 16). Dies gilt selbst dann, wenn eine natürliche Person, die Inhaberin einer Erlaubnis ist, in eine Gesellschaft eintritt, in der sie sämtliche Geschäftsanteile hält und

Geschäftsführerin ist (*LSG Stuttgart* v. 6.12.1983 – L 5 Ar 659/82 – EzAÜG § 2 Erlöschensgründe Nr. 1). Auf eine eventuelle Identität der **Geschäftsführer** unterschiedlicher Gesellschaften kommt es grundsätzlich nicht an (allg. M., *Sandmann/ Marschall*, § 2 Anm. 4; *Schüren/Schüren*, § 2 Rn. 23). Da die Erlaubnis nur beschränkt für die einzelne Gesellschaft zu erteilen und ein etwaiger Geschäftsführerwechsel hierbei unbeachtlich (vgl. § 7 Abs. 1 Satz 2) ist, kann allenfalls zu einer erneuten Prüfung der Zuverlässigkeit des Geschäftsführers (vgl. § 3 Rn. 23 ff.) Anlass bestehen.

III. Nebenbestimmungen zur Erlaubnis

1. Allgemeines

22 § 2 Abs. 2 und 3 enthalten eine ausdrückliche Ermächtigungsgrundlage für die Behörde, die Erlaubnis mit **Nebenbestimmungen** zu versehen, durch die dem Verleiher konkrete Verhaltenspflichten auferlegt werden (*BSG* v. 29.7.1992 – 7 RAR 34/91 – EzAÜG BeschFG Nr. 5). Derartige Nebenbestimmungen kommen nur in Betracht, soweit der Behörde ein **Ermessensspielraum** zusteht. Sind die gesetzlichen Voraussetzungen zur Erteilung der Erlaubnis gegeben (liegen insbesondere keine Versagungsgründe nach § 3 vor), hat die Behörde keinen Ermessensspielraum, um aus anderen Gründen den Verwaltungsakt mit Nebenbestimmungen zu versehen (*Boemke*, § 2 Rn. 19; *Becker/Wulfgramm*, Art. 1 § 2 Rn. 12 ff.). Ist nach den Vorschriften des AÜG zwingend die **Versagung** der Erlaubnis (z.B. nach § 3) vorgeschrieben, kommt eine Erteilung der Erlaubnis mit Nebenbestimmungen nicht in Betracht (a.A. *Schüren/Schüren*, § 2 Rn. 37). Umgekehrt ist die Behörde aus dem **Grundsatz der Verhältnismäßigkeit** und des Übermaßverbots **verpflichtet**, von der Möglichkeit der **Nebenbestimmung** Gebrauch zu machen, soweit durch die Nebenbestimmung der Schutzzweck der infrage stehenden Norm gleichermaßen erreicht werden kann. Bei der Ausübung des Ermessens kann dabei die Notwendigkeit einer Nebenbestimmung im Einzelfall auch gänzlich ausgeschlossen sein, z.B. wenn der Antragsteller Nichtdeutscher i.S.d. Art. 116 GG ist und seit Jahrzehnten seinen Wohnsitz im Inland hat, § 3 Abs. 3.

2. Bedingungen

23 Die Erlaubnis kann in Ausnahmefällen nach Abs. 2 Satz 2 unter **Bedingungen** erteilt werden, soweit hierdurch sichergestellt werden kann, dass **zukünftig keine Tatsachen eintreten**, die zur Versagung der Erlaubnis nach § 3 führen können. Unter »Bedingung« ist **begrifflich** die Abhängigkeit einer Rechtsfolge von einem zukünftigen ungewissen Ereignis zu verstehen (vgl. § 36 Abs. 2 Nr. 2 VwVfG; *Becker/Wulfgramm*, Art. 1 § 2 Rn. 17; *Sandmann/Marschall*, Art. 1 § 2 Anm. 17; *Schüren/Schüren*, § 2 Rn. 38). Bei der **aufschiebenden Bedingung** bleibt bis zum Eintritt des zukünftigen ungewissen Ereignisses die Erlaubnis schwebend unwirksam. Da sich die Bedingung nach dem Wortlaut von Abs. 2 Satz 1 nur auf später, d.h. nach Erteilung der Erlaubnis »eintretende« Tatsachen beziehen darf und hiermit korrespondierend zurzeit der Erlaubniserteilung feststehende Tatsachen nach § 3 Abs. 1 zur Versagung der Erlaubnis führen, scheidet die **Erlaubniserteilung** unter einer aufschiebenden Bedingung **grundsätzlich aus** (einschränkend *Boemke*, § 2 Rn. 21; a.A. *Schüren/Schüren*, § 2 Rn. 42; *ErfK/Wank*, § 2 Rn. 8; zu Ausnahmen bei Verleihern mit Sitz im Ausland vgl. *Sandmann/Marschall*, Art. 1 § 2 Anm. 18).

Demgegenüber kann eine **auflösende Bedingung** im Einzelfall **zulässig** sein **24** (a. A. *Becker/Wulfgramm*, Art. 1 § 2 Rn. 20; *Schüren/Schüren*, § 2 Rn. 39). Die von der Gegenmeinung geäußerten Bedenken, dass hierdurch eine unerträgliche Rechtsunsicherheit geschaffen werde (*Boemke*, § 2 Rn. 20), sind nur zutreffend, wenn sich die Tatsachen, die zum Eintritt der Bedingung und damit zum Wegfall der Erlaubnis führen, nicht aus der Erlaubnisurkunde ersehen lassen. I. Ü. treffen die Bedenken gleichermaßen auch für die aufschiebende Bedingung zu (so auch *Boemke*, § 2 Rn. 21), die jedoch nach allgemeiner Auffassung als zulässig angesehen wird (Rn. 23). Bei Kapitalgesellschaften, bei denen die Zuverlässigkeitsprüfung im Rahmen des § 3 Abs. 1 Nr. 1 weitgehend bezogen auf die Person des Geschäftsführers vorgenommen wird (vgl. § 3 Rn. 28), kann es im Einzelfall geboten sein die Erlaubnis von der Bedingung abhängig zu machen dass kein **Wechsel in der Geschäftsführung** vorgenommen wird, wobei zur Sicherheit im Rechtsverkehr die zur Abgabe rechtsgeschäftlicher Erklärungen befugten Gesellschafter in der Erlaubnis namentlich bezeichnet werden können. Allerdings folgt aus dem **Grundsatz der Verhältnismäßigkeit**, dass auf die Bedingung nur dort zurückgegriffen werden darf, wo die beabsichtigten Zwecke nicht mit einer weniger belastenden Auflage (*Becker/Wulfgramm*, Art. 1 § 2 Rn. 20) oder mittels eines Widerrufsvorbehalts (*Schüren/Schüren*, § 2 Rn. 44) erreicht werden können. Dies beurteilt sich auch danach, ob unter Berücksichtigung der Schutzzwecke des AÜG die beim Widerruf bestehende Nachwirkung (§ 5 Abs. 2 Satz 2) keine Verstöße gegen das AÜG befürchten lässt oder ob bei Eintritt des zukünftigen ungewissen Ereignisses eine sofortige Einstellung der Geschäftätigkeit des Verleihers mittels einer Bedingung sichergestellt werden muss.

Wird die Erlaubnis mit einer Bedingung versehen, hängt die Wirksamkeit der **25** Bedingung von der Bestandskraft der Erlaubnis ab. Die **Bedingung** ist **unselbstständiger Bestandteil** des Verwaltungsakts und deshalb auch nicht selbstständig angreifbar (*Becker/Wulfgramm*, Art. 1 § 2 Rn. 19; *Schüren/Schüren*, § 2 Rn. 43).

3. Auflagen

Im Unterschied zur Bedingung stellt die in Abs. 2 Satz 2 geregelte **Auflage** eine **26** **selbstständige Nebenbestimmung** zum Verwaltungsakt dar. Eine Auflage ist **begrifflich** eine Bestimmung, durch die dem Begünstigten eines Verwaltungsakts ein Tun, Dulden oder Unterlassen vorgeschrieben wird (vgl. § 36 Abs. 2 Nr. 4 VwVG, § 32 Abs. 2 Nr. 4 SGB X). Ist der Umfang einer gesetzlichen Verpflichtung umstritten, kann der Inhalt der Verpflichtung mit einer Auflage konkretisiert werden (*BSG* v. 6. 4. 2000 – B 11/7 AL 10/99 R – AP Nr. 1 zu § 11 AÜG). Die Auflage erfüllt nur dann das Bestimmtheitserfordernis von Verwaltungsakten, wenn ihr Gehalt für den Adressaten nach Art und Umfang aus sich heraus erkennbar und verständlich ist (*BSG*, a.a.O.). Die Wirksamkeit des Verwaltungsakts hängt nicht unmittelbar von der Erfüllung der Auflage ab (*Becker/Wulfgramm*, Art. 1 § 2 Rn. 21; *Sandmann/Marschall*, Art. 1 § 2 Anm. 19), die Nichterfüllung einer Auflage berechtigt die Erlaubnisbehörde jedoch zum Widerruf der Erlaubnis (Rn. 33). Mit der Auflage soll dem Begünstigten eine **besondere Verpflichtung** (Tun, Dulden, Unterlassen) auferlegt werden, die sich nicht schon zweifelsfrei aus dem Gesetz ergibt (*BSG* v. 14. 6. 1983 – 7 RAr 11/81 – EzAÜG § 2 Erlaubnisarten Nr. 3). Zulässig sind z.B. Auflagen zur Gestaltung der Betriebsorganisation (z. B. Trennung von Überlassungs- und Vermittlungsgewerbe), zum Verbot, unzuverlässiges Führungspersonal einzusetzen oder unwirksame Bestimmungen eines Arbeitsvertrags oder eines **TV zur ANÜ** (vgl. § 9 Rn. 150 ff.) anzuwenden (vgl. *Boemke*, § 2 Rn. 23; *Schüren/Schüren*, § 2 Rn. 49). Daneben kann die Auflage dazu dienen, die Einhaltung der Bestimmungen zum Arbeitsschutz oder zum Annahmeverzug (§ 11 Abs. 4 Satz 2) bei **flexiblen Arbeitszeitsystemen** zu gewährleisten (*Boemke*, a.a.O.). Als Auflagen bezeichnete Bestimmungen der Erlaubnis, die lediglich auf bestehende gesetzliche Verpflichtungen hinweisen oder diese wiederholen, sind keine (selbstständig angreifbaren) Auflagen i.S.d. Abs. 2. Im Übrigen ist die Auflage nicht vom Bestand der erteilten, befristeten Erlaubnis abhängig (*BSG* v. 6. 4. 2000 – B 11/7 AL 10/99 R – AP Nr. 1 zu § 11 AÜG) und selbstständig angreifbar. Ihre Erfüllung kann selbstständig nach den Bestimmungen des Verwaltungsvollstreckungsgesetzes (VwVG) durchgesetzt werden (*BSG* v. 19. 3. 1992 – VII RAr 34/91 – NZA 1993, 96). Der entgegenstehenden Ansicht von *Schubel/Engelbrecht* (Art. 1 § 6 Rn. 21) kann im Hinblick auf § 6 VwVG nicht gefolgt werden (*Sandmann/Marschall*, Art. 1 § 2 Anm. 19).

27 Nach Abs. 2 Satz 2 kann die Auflage erforderlichenfalls auch geändert oder ergänzt werden, sie kann daneben auch unabhängig vom Verfahren der Erteilung oder Verlängerung der Erlaubnis **nachträglich erlassen** werden (*SG Hamburg* v. 8. 10. 1986 – 13 AR 89/86 – EzAÜG § 2 AÜG Erlaubnisarten Nr. 4), ohne dass es eines ausdrücklichen Auflagenvorbehalts bedarf (§ 36 Abs. 2 Nr. 5 VwVfG). Dies gilt auch im Widerspruchsverfahren (vgl. § 86 Abs. 1 SGG) oder bei Anhängigkeit einer Anfechtungsklage (vgl. § 96 Abs. 1 SGG; siehe auch Art. 2 Rn. 7 ff.).

28 Ebenso wie bei der Bedingung muss **Zweck der Auflage** sein, dem zukünftigen Eintritt von Tatsachen entgegenzuwirken, die eine Versagung der Erlaubnis nach § 3 rechtfertigen würden (*Schüren/Schüren*, § 2 Rn. 51). Insofern widerspricht die gängige Praxis der Erlaubnisbehörden, in den Fällen Auflagen zu erteilen in denen Verleiher gegen ihre Arbeitgeberpflichten nach § 3 Abs. 1 verstoßen (vgl. 9. Erfahrungsbericht der BuReg, S. 22), dem Zweck der Auflage. Zweck der Auflage ist, dem Eintritt von Tatsachen bzw. einem Verhalten entgegenzuwirken, das mit negativen Rechtsfolgen für den Betroffenen verbunden sein kann. Die Auflage kann jedoch nicht gesetzlich zwingend angeordnete Rechtsfolgen beseitigen oder modifizieren (vgl. § 3 Rn. 15). Hier gelten die für die Bedingungen geltenden Einschränkungen (Rn. 23) entsprechend. Aus Gründen der Rechtssicherheit soll der Verleiher wissen, wie er sich im Rechtsverkehr verhalten muss, um den Bestand der Erlaubnis nicht zu gefährden. Die **Verhaltenspflichten**, die dem Adressaten der Auflage auferlegt werden, müssen im Verwaltungsakt konkret bezeichnet sein. Der Hinweis, dass bestimmte Handlungen des Verleihers nach Auffassung der Erlaubnisbehörde rechtswidrig sind, reicht nicht aus. Wird z. B. gerügt, dass die Inhalte der nach § 11 Abs. 1 zu erstellenden Urkunde nicht mit den Arbeitgeberpflichten des Verleihers in Einklang stehen, muss die Behörde aufzeigen, welches konkrete Verhalten dem Erlaubnisinhaber abverlangt wird (zu Arbeitsvertragsformularen vgl. *BSG* v. 6. 4. 2000 – B 11/7 AL 10/99 R – AiB 2001, 495 m. Anm. *Graue*).

29 Entsprechend ihrem Zweck, dem Erlaubnisinhaber Klarheit über die Rechtmäßigkeit seines Verhaltens zu verschaffen, ist die Auflage insbesondere in den Fällen das geeignete Gestaltungsinstrument, in denen Rechtsnormen **unbestimmte Rechtsbegriffe** enthalten oder in denen die einzuhaltenden Pflichten nicht eindeutig oder abschließend geregelt sind. Dies gilt insbesondere in den Fällen der ANÜ mit Auslandsbezug und der einzuhaltenden Bestimmungen des internationalen Privatrechts. Soweit die Bundesrepublik **völkerrechtliche** oder **zwischenstaatliche Verpflichtungen** zur Ausgestaltung von Arbeitsverhältnissen oder zum Schutz von Arbeitnehmern eingegangen ist und diese nicht durch innerstaatliche Umsetzung erfüllt (zur Nichtratifizierung von IAO-Übereinkommen vgl. *Lörcher*, RdA 1994, 284), insbesondere in den Fällen der **Nichtumsetzung von EG-Richtlinien** zum Arbeitsschutz, ist die Erlaubnisbehörde als Träger öffentlicher Verwaltung dennoch verpflichtet, die getroffenen Regelungen einzuhalten (*Gaul*, AuR 1995, 446). Im Rahmen des § 3 Abs. 1 Nr. 1 führt dies z. b. bezüglich der nicht vollständig umgesetzten EG-Richtlinie 91/383 zu den atypischen Arbeitsverhältnissen (vgl. Einl. F. Rn. 52 ff.) dazu, dass die Erlaubnis bei Nichteinhalten von Vorschriften nicht umgesetzter Teile der Richtlinie wegen Nichteinhaltens von Vorschriften des Arbeitsschutzrechts zu versagen wäre. Der Widerspruch, dass nicht umgesetzte EG-Richtlinien für Verleiher bzw. Arbeitgeber nicht unmittelbar angewandt werden dürfen, andererseits aber die **Erlaubnisbehörde an die Richtlinien gebunden** ist, ist durch eine entsprechende Auflage nach Abs. 2 aufzulösen (*Schüren/Schüren*, § 2 Rn. 50). Die Auflage entspricht insoweit dem Grundsatz der Verhältnismäßigkeit. Der Verleiher kann sich auf die Untätigkeit bzw. Rechtswidrigkeit gesetzgeberischen Handelns nur insoweit berufen, als es um die hierdurch begründete Versagung der Erlaubnis geht. Andererseits wird den Schutzzwecken nicht umgesetzter Richtlinien durch eine Auflage hinreichend Rechnung getragen, da im Fall der Nichteinhaltung der Auflage die Erlaubnis nach § 5 Abs. 1 Nr. 2 widerrufen werden kann.

Von der Auflage als Nebenbestimmung i.S.d. Abs. 2 ist die sog. **modifizierende Auflage** zu unterscheiden, die darauf gerichtet ist, den Inhalt des Verwaltungsaktes bzw. der Erlaubnis qualitativ zu verändern (allg. A., *BSG* v. 8. 4. 1987, BSGE 61, 235; *Becker/Wulfgramm*, Art. 1 § 2 Rn. 21a; *Schüren/Schüren*, § 2 Rn. 53). Derart modifizierende Auflagen sind im eigentlichen Sinne **keine Nebenbestimmungen** der Erlaubnis und unterliegen daher nicht den einschränkenden Kriterien des Abs. 2 i. V. m. § 3 (a. A. *Becker/Wulfgramm*, Art. 1 § 2 Rn. 21a). Vielmehr greifen sie unmittelbar und beschränkend in den **Umfang** der mit Erlaubnis **zulässigerweise betriebenen ANÜ** ein und beschränken damit die unternehmerische Freiheit des Erlaubnisinhabers/Gewerbetreibenden, z. B. indem die Erlaubnis zur ANÜ auf der Grundlage von § 1b Satz 2 sektoral auf das Baugewerbe beschränkt wird oder nur den Verleih von Facharbeitern gestattet. Will der Antragsteller hier eine uneingeschränkte Erlaubnis erhalten, muss er in diesen Fällen eine entsprechende **Verpflichtungsklage** erheben (*Schüren/Schüren*, § 2 Rn. 53; *Thüsing/Kämmerer*, § 2 Rn. 20). Die Anfechtungsklage ist in diesen Fällen nur dann die Richtige Klageart, wenn eine schon erteilte uneingeschränkte, auflagenfreie Erlaubnis nachträglich durch Auflagen eingeschränkt wurde (*BSG* v. 19. 3. 1992 – VII RAr 34/91 – NZA 1993, 95).

30

V. a. bei **Mischunternehmen**, die auch private Arbeitsvermittlung betreiben, wird häufig Veranlassung bestehen, mithilfe von Auflagen den Eintritt von Versagungstatbeständen nach § 3 **präventiv auszuschließen**. In Betracht kommen hier die Festschreibung von Verhaltenspflichten, die dem privaten Arbeitsvermittler zur Schaffung bzw. Gewährleistung **getrennter Betriebsorganisationen** von Arbeitsvermittlung und ANÜ auferlegt werden (vgl. § 3 Abs. 1 Nr. 2) oder die zur Erfüllung der Arbeitgeberpflichten i.S.d. § 3 Abs. 1 Nr. 1 bei Mischbetrieben sicherstellen, dass nur diejenigen Arbeitnehmer überlassen werden, die nach dem besonderen Arbeitsvertrag von Leiharbeitnehmern (vgl. § 1 Rn. 29 ff.) auch an Dritte überlassen werden dürfen.

31

32 Eine **nachträgliche Aufnahme von Auflagen** gem. Abs. 2 Satz 2 kommt v.a. in Betracht, wenn der Verleiher sich im Besitz einer unbefristeten Erlaubnis befindet (Abs. 5). Auch hier muss die Auflage einem zukünftigen Verhalten entgegenwirken, das ggf. einen Versagungstatbestand nach § 3 erfüllt. Bereits eingetretene Verstöße können demgegenüber nicht mit einer nachträglichen Auflage beseitigt werden, vielmehr richten sich die Voraussetzungen und Rechtsfolgen nach den Grundsätzen des Widerrufs (§ 5 Abs. 1 Nr. 3) bzw. der Versagung der Verlängerung der Erlaubnis (§ 3 Abs. 1 Einleitungssatz).

33 Bei **Nichterfüllung** der Auflage kann die Behörde ungeachtet der Vollstreckungsmöglichkeiten nach dem VwVG die Erlaubnis nach § 5 Abs. 1 Nr. 2 **widerrufen**. Daneben handelt der Erlaubnisinhaber ordnungswidrig (§ 16 Abs. 1 Nr. 3) und kann mit einer **Geldbuße** bis zu 2500 Euro belegt werden (§ 16 Abs. 2).

4. Widerrufsvorbehalt

34 Abs. 3 gibt der Behörde die Befugnis, die Erlaubnis unter den **Vorbehalt des Widerrufs** zu stellen, soweit eine abschließende Bearbeitung des Antrags wegen **mangelnder Beurteilungsreife** noch nicht möglich ist. Im Ergebnis dient der Widerrufsvorbehalt vornehmlich dem Interesse des Antragstellers an einer **Verfahrensbeschleunigung**. Die Behörde kann daher im Rahmen ihres Ermessens nicht frei darüber entscheiden, Erlaubnisse mit Widerrufsvorbehalt zu versehen. Bei Vorliegen einer der Tatbestände des § 3 Abs. 1 ist die Erlaubnis zu versagen. Mittels des Widerrufsvorbehalts kann die Feststellung, ob Versagungsgründe vorliegen, nicht (z.B. durch eine Erlaubnis auf Probe oder auf Bewährung, *Boemke*, § 2 Rn. 26; *Sandmann/Marschall*, Art. 1 § 2 Anm. 21) zeitlich verschoben werden.

35 Die Erteilung einer (i.ü. unbeschränkten) Erlaubnis unter Vorbehalt des Widerrufs setzt voraus, dass eine **abschließende Beurteilung** des Antrags aus Gründen, die nicht in der Person des Antragstellers ihre Ursache finden (so auch *Schüren/Schüren*, § 2 Rn. 61; a.A. *Thüsing/Kämmerer*, § 2 Rn. 17), **noch nicht möglich** und eine Aufschiebung der Entscheidung dem Antragsteller nicht zuzumuten ist (*Thüsing/Kämmerer*, § 2 Rn. 16; a.A. *Schüren/Schüren*, § 2 Rn. 62; s.a. Rn. 42). Bei Anträgen auf Erteilung einer unbefristeten Erlaubnis (Abs. 5 Satz 1) ist statt des Widerrufsvorbehalts nur die Möglichkeit gegeben, zunächst eine weitere befristete Erlaubnis zu erteilen, wenn die hierzu erforderlichen Voraussetzungen erfüllt sind. Ist auch für eine befristete Erlaubnisverlängerung keine abschließende Beurteilung des Antrags möglich, ist eine befristete Erlaubnisverlängerung unter Vorbehalt des Widerrufs zu prüfen. Die **Schutzzwecke** des AÜG (Vermeidung illegaler Beschäftigung, Sicherung der Arbeitsverhältnisse der Leiharbeitnehmer u.ä.) können einen **Widerrufsvorbehalt rechtfertigen**, was v.a. in den Fällen der Verlängerung befristeter Erlaubnisse in Betracht kommt, bei denen ein erlaubnisfreier Zustand zur Unwirksamkeit des Leiharbeitsverhältnisses (§ 9 Nr. 1) bzw. zum Übergang des Beschäftigungsverhältnisses auf einen Entleiher nach § 10 Abs. 1 führen würde. Bei **Ersterteilung** der Erlaubnis dürfte demgegenüber ein Widerrufsvorbehalt regelmäßig ausgeschlossen sein. Dies gilt insbesondere, wenn Zweifel an der Rechtstreue des Antragstellers bestehen (a.A. *Schüren/Schüren*, § 2 Rn. 62). Der Antragsteller kann sich hier auf keinen Vertrauenstatbestand stützen und die Behörde ist vor Erlaubniserteilung uneingeschränkt verpflichtet von Amts wegen alle Verdachtsmomente aufzuklären die zu einer Versagung der Erlaubnis nach § 3 verpflichten.

In Fällen der **Rechtsnachfolge** und des **Betriebsinhaberwechsels** (Rn. 24; Einl. C. **36** Rn. 177) kann demgegenüber die **Erlaubnis unter Vorbehalt des Widerrufs** erteilt werden, soweit das übergegangene Verleihunternehmen während der Gültigkeit der vormaligen Erlaubnis bereits ANÜ betrieben hat und der Rechtsnachfolger i. ü. rechtzeitig, d. h. unmittelbar nach Abschluss des den Betriebsbzw. Unternehmensübergang begründenden Rechtsgeschäfts, eine neue Erlaubnis beantragt hat (*Boemke*, § 2 Rn. 27). Die Schutzzwecke des AÜG, insbesondere auch das Interesse des Leiharbeitnehmers an der Aufrechterhaltung eines den gesetzlichen Bestimmungen des AÜG entsprechenden Arbeitsverhältnisses, gebieten es, hier auch bei mangelnder Beurteilungsreife die Erlaubnis (wenn auch eingeschränkt und nur befristet nach Abs. 4 Satz 1) zu erteilen. Voraussetzung ist hierbei allerdings, dass auf Grund der erkennbaren Tatsachen voraussichtlich die Erlaubnis auch nach endgültigem Abschluß der Prüfung des Antrags erteilt werden muss (*Sandmann/Marschall*, Art. 1 § 2 Anm. 21).

Der Widerrufsvorbehalt ist als **unselbstständige Nebenbestimmung** der Erlaub- **37** nis (*Sandmann/Marschall*, Art. 1 § 2 Anm. 22; *Schüren/Schüren*, § 2 Rn. 63) nicht selbstständig angreifbar. Vielmehr ist der Erlaubnisinhaber, der die Aufhebung des Widerrufsvorbehalts begehrt, darauf verwiesen, mit einer Verpflichtungsklage die Erteilung einer Erlaubnis ohne Widerrufsvorbehalt geltend zu machen (*Schüren/Schüren*, § 2 Rn. 63).

Der Ablauf der **Frist** zur Ausübung des Widerrufsvorbehalts darf den nach Abs. 4 **38** maßgeblichen Endzeitpunkt der befristeten Erlaubnis nicht überschreiten. Mit Fristablauf endet grundsätzlich auch der Widerrufsvorbehalt (*Becker/Wulfgramm*, Art. 1 § 2 Rn. 26; *Sandmann/Marschall*, Art. 1 § 2 Anm. 24).

Kommt die Behörde nach Abschluss der Ermittlungen zu dem Ergebnis, dass eine Erlaubnis oder ihre Verlängerung zu versagen ist, kann die Erlaubnis nach § 5 Abs. 1 Nr. 1 widerrufen werden. Insoweit wird auf die Kommentierung zu § 5 (siehe dort Rn. 4 ff.) verwiesen.

IV. Befristungen

Nach Abs. 4 Satz 1 ist die **Erlaubnis** bei erstmaliger Erteilung zwingend auf **39** **ein Jahr zu befristen**. Auch in den beiden darauf folgenden Jahren darf die Erlaubnis nur befristet erteilt werden (Abs. 5 Satz 1). Erst nach Ablauf von drei aufeinanderfolgenden Jahren **kann** eine unbefristete Erlaubnis erteilt werden (vgl. Rn. 49 ff.). Als Berufsausübungsregelung bestehen gegen die Befristungsregeln wegen der besonderen Schutzbedürftigkeit der Leiharbeitnehmer keine verfassungsrechtlichen Bedenken (*Sandmann/Marschall*, Art. 1 § 2 Anm. 25; *Schüren/ Schüren*, § 2 Rn. 65; a. A. *Schubel/Engelbrecht*, Art. 1 § 2 Rn. 24).

Soweit die Erlaubnis für jeweils ein Jahr befristet erteilt ist, ist es dem Verleiher **39a** nur in eingeschränktem Umfang möglich, ANÜ-Verträge oder Zeitarbeitsverträge ohne zeitliche Begrenzung unbefristet abzuschließen. Zum Zeitpunkt des Abschlusses des ANÜ-Vertrages steht nicht fest, ob die Erlaubnis nach Ablauf von einem Jahr noch besteht und der Vertrag vom Verleiher erfüllt werden kann. Die Abwicklungsfrist von zwölf Monaten nach Abs. 4 Satz 4 (vgl. Rn. 45 ff.) reicht insoweit i. d. R. nicht aus, um den höchstmöglichen Überlassungszeitraum auszuschöpfen. Wie sich aus Abs. 4 Satz 4 ergibt, ist der Abschluss eines ANÜ-Vertrages nicht allein aus dem Grunde ausgeschlossen, dass die Wirkungen der Erlaubnis während der Laufzeit des Vertrages entfallen. Die **Laufzeit des ANÜ-Vertrages** kann daher auch über den Endzeitpunkt einer befristet erteilten

Erlaubnis hinaus wirksam vereinbart werden. Entfallen während der Laufzeit des Vertrages die Wirkungen der Erlaubnis und reicht die Abwicklungsfrist nach Abs. 4 Satz 4 nicht aus, um den Vertrag vollständig zu erfüllen, kann sowohl der Verleiher als auch der Entleiher den Vertrag nach § 314 Abs. 1 BGB **fristlos kündigen**.

40 Stellt der Erlaubnisinhaber keinen **Antrag auf Verlängerung** nach Abs. 4 Satz 2, erlischt die Erlaubnis nach Ablauf des Jahres. Eine **Nachwirkung** nach Abs. 4 Satz 4 tritt auf Grund des eindeutigen Wortlauts der Vorschrift **nur im Falle der Ablehnung** des Verlängerungsantrags ein. Der Verleiher hat daher mit Ablauf der Frist die Ausübung gewerbsmäßiger ANÜ einzustellen. Danach abgeschlossene Verträge sind wegen Verstoßes gegen § 1 Abs. 1 Satz 1 gem. § 9 Abs. 1 unwirksam.

V. Verlängerung der Erlaubnis

41 Nach Abs. 4 Satz 2 muss der Erlaubnisinhaber zur Vermeidung von Rechtsnachteilen den **Antrag auf Verlängerung** der Erlaubnis spätestens drei Monate vor Ablauf der Jahresfrist nach Abs. 4 Satz 1 stellen. Aus dem Wortlaut der Bestimmung ergibt sich hierbei, dass die **Erlaubnis** so, wie sie im Zeitpunkt des Verlängerungsbescheides besteht, d.h. **einschließlich etwaiger Nebenbestimmungen, verlängert** wird. Kommt die Erlaubnisbehörde bei der Prüfung zu dem Ergebnis, dass die Erlaubnis auf Grund neu eingetretener Umstände nur unter Vorbehalt des Widerrufs erteilt werden dürfe (Rn. 42), ist eine befristete **neue** (Erst-) Erlaubnis zu erteilen. Ein Verlängerungsantrag enthält insoweit regelmäßig auch die Erklärung, hilfsweise eine neue Erlaubnis unter Widerrufsvorbehalt zu beantragen. Im Rahmen des Verfahrens ist die Erlaubnisbehörde verpflichtet, von Amts wegen alle Voraussetzungen zu prüfen, die auch bei der Ersterteilung der Erlaubnis überprüft werden müssen. Eine Begründung weitergeltender Nebenbestimmungen ist im Falle der Verlängerung der Erlaubnis nicht erforderlich. Nur soweit mit dem Verlängerungsbescheid neue Nebenbestimmungen nach Abs. 2 verbunden werden, besteht der gleiche Begründungszwang wie bei Ersterteilung der Erlaubnis.

42 Ein **erneuter Widerrufsvorbehalt** nach Abs. 3 ist bei Verlängerung der Erlaubnis **ausgeschlossen**, soweit er nicht auf neue Tatsachen gestützt wird (z. B. laufendes Ermittlungsverfahren wegen eines Vermögensdeliktes, drohende Insolvenz). Soweit *Schüren* (§ 2 Rn. 62) darin einen Widerspruch sieht, dass bei Ersterteilung der Erlaubnis grundsätzlich kein Widerrufsvorbehalt in Betracht kommt (Rn. 35), übersieht er in diesem Zusammenhang, dass die Erlaubnis grundsätzlich immer auf ein Jahr befristet werden muss, bevor (frühestens nach dreimaliger Befristung) eine unbefristete Erlaubnis zu erlangen (Abs. 5 Satz 1), und die Erlaubnisbehörde in jedem Erlaubnisverfahren eine neue Prognose hinsichtlich der Zuverlässigkeit des Antragstellers vornehmen muss. Der Widerrufsvorbehalt dient dazu, Beurteilungsschwierigkeiten, die einer Entscheidung innerhalb einer angemessenen Frist entgegenstehen, nicht zulasten des Antragstellers gehen zu lassen. Da der Widerrufsvorbehalt der Behörde ein Jahr Gelegenheit gegeben hat die Voraussetzungen einer abschließenden Beurteilung des Antrags zu schaffen kann somit **nach einem Jahr auch endgültig** darüber **entschieden** werden, ob die gesetzlichen Voraussetzungen für die Erlaubniserteilung vorliegen oder ob Gründe gegeben sind, die eine Versagung der Erlaubnis rechtfertigen (*Becker/Wulfgramm*, Art. 1 § 2 Rn. 26a; a. A. *Schüren/Schüren*, § 2 Rn. 62). Liegen die

Gründe, die einer abschließenden Beurteilung eines Verlängerungsantrags entgegenstehen, ausschließlich in Umständen, die erst **nach** der Erteilung der vormaligen Erlaubnis erkennbar werden, kann auch die Verlängerung der Erlaubnis unter dem Vorbehalt des Widerrufs erteilt werden (Rn. 41). Hat der Antragsteller allerdings rechtzeitig den Antrag gestellt (Abs. 4 Satz 2), ist zu beachten, dass der Gesetzgeber die Behörde verpflichtet, innerhalb der Dreimonatsfrist des Abs. 4 Satz 2 das Prüfungsverfahren abzuschließen. Ein Widerrufsvorbehalt, der diese Frist zulasten der Erlaubnisinhaber verlängert, ist nur statthaft, wenn die Verzögerung der Entscheidungsreife auf Umständen beruht, die in der Sphäre des Antragstellers ihre Ursache haben (z. B. bei Nichterfüllung von Mitwirkungspflichten).

Nach **Abs. 4 Satz 2** ist der Antrag auf Verlängerung der Erlaubnis spätestens drei **43** Monate vor Ablauf der Befristung nach Abs. 4 Satz 1 zu stellen. Bei Nichteinhaltung der Frist ist ein verspäteter Antrag als Antrag auf Erteilung einer neuen (Erst-)Erlaubnis umzudeuten (*Sandmann/Marschall*, § 2 Anm. 28; *Schüren/Schüren*, § 2 Rn. 67; *Thüsing/Kämmerer*, § 2 Rn. 21). Bei der **Dreimonatsfrist** handelt es sich um eine gesetzlich vorgeschriebene **Ausschlussfrist** mit der Folge, dass bei Nichteinhaltung der Frist die Ersterlaubnis durch Fristablauf endet und eine Verlängerung der Erlaubnis (und damit auch eine Nachwirkung nach Abs. 4 Satz 3 und 4) ausscheidet. **Versäumt** der Verleiher die Antragstellung innerhalb der Frist, kommt nach § 10 Abs. 1 auch dann ein **fingiertes Arbeitsverhältnis** zustande, wenn nach Ablauf der Vorerlaubnis eine neue Erlaubnis erteilt wird (*LAG Schleswig-Holstein* v. 6. 4. 1984 – 3 (4) Sa 597/92 – EzAÜG § 2 AÜG Erlöschensgründe Nr. 2). Ein außerhalb der Ausschlussfrist gestellter Verlängerungsantrag ist regelmäßig in einen Antrag auf Erteilung einer neuen Erlaubnis umzudeuten (*Sandmann/Marschall*, Art. 1 § 2 Anm. 28). Wird die Erlaubnis erteilt, ist sie rechtlich wie eine Ersterlaubnis zu behandeln, sodass z. B. die Dreijahresfrist nach Abs. 5 erneut zu laufen beginnt. Wirksam wird die Erlaubnis erst mit der Bekanntgabe, d. h. Zugang beim Antragsteller. Liegt der Zeitpunkt des Wirksamwerdens der (erneuten) Ersterlaubnis nach dem Zeitpunkt des Fristablaufs der vormaligen Erlaubnis, besteht in der Zwischenzeit keine wirksame Erlaubnis, sodass es in diesem Zeitraum dem Verleiher gem. § 1 Abs. 1 Satz 1 untersagt ist, gewerbsmäßige ANÜ zu betreiben (*Sandmann/Marschall*, Art. 1 § 2 Anm. 28). Verstößt der Verleiher hiergegen, ist eine erneute Erteilung der Erlaubnis abzulehnen.

Die Erlaubnisbehörde ist nach Abs. 4 Satz 3 verpflichtet, den **rechtzeitig gestell- 44 ten Verlängerungsantrag** bis zum Ablauf der befristet gültigen Erlaubnis zu bescheiden, andernfalls gilt die Erlaubnis für ein weiteres Jahr (so wie sie bei Ablauf der Jahresfrist bestand) als verlängert. Ein Widerrufsvorbehalt endet allerdings mit Ablauf der Jahresfrist (Rn. 38, 42) und erfasst nicht die nach Abs. 4 Satz 3 verlängerte Erlaubnis (*Becker/Wulfgramm*, Art. 1 § 2 Rn. 26a; *Boemke*, § 2 Rn. 31; a. A. *Schüren/Schüren*, § 2 Rn. 71; *Thüsing/Kämmerer*, § 2 Rn. 19). Die Behörde kann in den Fällen des Abs. 4 Satz 3 lediglich einen auch nachträglich zulässigen Auflagenbescheid nach Abs. 2 Satz 2 erlassen; sie kann die Wirkungen der Erlaubnis i. ü. jedoch nur unter den eingeschränkten Voraussetzungen einer Rücknahme (§ 4) oder eines Widerrufs (§ 5) beseitigen.

VI. Ablehnung der Erlaubnisverlängerung und Abwicklungsfrist

45 Lehnt die Behörde eine **Verlängerung des Antrags** ab, **erlischt** nach Ablauf der Jahresfrist die **Erlaubnis** (*Thüsing/Kämmerer*, § 2 Rn. 22). Der bisherige Erlaubnisinhaber darf daher anschließend nach § 1 Abs. 1 Satz 1 keine gewerbsmäßige ANÜ mehr betreiben. Dies umfasst nicht nur das Verbot, neue ANÜ-Verträge abzuschließen (so *Boemke*, § 2 Rn. 34), sondern untersagt dem Verleiher, auch neue Leiharbeitsverhältnisse innerhalb der Abwicklungsfrist zu begründen (ErfK/*Wank*, § 2 Rn. 14; *Schüren/Schüren*, § 2 Rn. 73, 77; *Thüsing/Kämmerer*, § 2 Rn. 23, 27). Bei Verstößen kann die Erlaubnisbehörde im Wege des **Verwaltungszwangs** nach § 6 einschreiten. Lediglich zum Zwecke der Abwicklung bereits bestehender Vertragsverbindungen gilt die Erlaubnis nach § 2 Abs. 4 Satz 4 für einen Zeitraum von höchstens zwölf Monaten als fortbestehend. Die Frist beginnt dabei entsprechend der Bestimmung des § 5 Abs. 2 zum Widerrufsbescheid mit dem Zugang des Ablehnungsbescheids bezüglich des Verlängerungsantrags (*Schüren/Schüren*, § 2 Rn. 72; a. A. *Boemke*, § 2 Rn. 32; *Thüsing/Kämmerer*, § 2 Rn. 22).

45a Gegen den ablehnenden Bescheid kann der Antragsteller **Widerspruch** und bei erfolglosem Vorverfahren (vgl. §§ 78 ff. SGG) **Verpflichtungsklage** beim Sozialgericht (§ 51 SGG) erheben (zum vorläufigen Rechtsschutz vgl. Art. 2 Rn. 7 ff.). Eine Kostenentscheidung kann dabei gem. § 22 VwKostG selbstständig angefochten werden (vgl. § 2a Rn. 11).

46 Die gesetzlich angeordnete **Nachwirkung** (Abs. 4 Satz 4) dient ausschließlich dem **Zweck**, Nachteile, die Dritten aus dem Wegfall der Erlaubnis drohen, zu beseitigen. Über die Frage der Abwicklung der Arbeitsverhältnisse hinaus (vgl. BT-Ds. VI/2303, S. 11) sollen dabei auch die Interessen der Entleiher geschützt werden (*Sandmann/Marschall*, Art. 1 § 2 Anm. 27).

47 Hinsichtlich **abgeschlossener Überlassungsverträge** ergibt sich daraus, dass der Verleiher die Verträge zum frühestmöglichen Kündigungstermin innerhalb der Höchstfrist von zwölf Monaten **kündigen** muss. Der Wegfall der Erlaubnis bzw. der Auslauf der Abwicklungsfrist des Abs. 4 Satz 4 stellt insoweit einen wichtigen Grund zur fristlosen Kündigung i.S.d. § 314 Abs. 1 BGB dar (*Boemke*, § 2 Rn. 33). Kündigt der Verleiher den Vertrag nicht unverzüglich nach Kenntniserlangung (vgl. § 314 Abs. 3 BGB) kann der Entleiher (unabhängig von einem eigenen Recht zur außerordentlichen Kündigung; § 314 Abs. 4 BGB; *Schüren/Schüren*, § 2 Rn. 90) nach Maßgabe der §§ 280 ff. BGB **Schadensersatz** verlangen (*Boemke*, § 2 Rn. 33; *Schüren/Schüren*, § 2 Rn. 91 f.; *Thüsing/Kämmerer*, § 2 Rn. 28). Der Ersatzanspruch kann dabei sowohl den großen Schadensersatz (§§ 280 Abs. 1, 283, 281 Abs. 1 Satz 1 und 2 BGB) als auch den kleinen Schadensersatz (§§ 280 Abs. 1 und 3, 281 f. BGB) umfassen. Eine Begrenzung der Ansprüche des Entleihers auf das negative Interesse würde in Fällen gewerbsmäßiger ANÜ ohne wirksame Erlaubnis zu unvertretbaren Ergebnissen führen. Dies gilt insbesondere in den Fällen des Widerrufs nach § 5, die ausschließlich auf einem gesetzeswidrigen Verhalten des Verleihers beruhen.

48 Die Bedeutung der Nachwirkungsregel des Abs. 4 Satz 4 für die Leiharbeitsverhältnisse ist je nach Art des Verleihbetriebs und Inhalts der Arbeitspflichten unterschiedlich. Handelt es sich um ein reines Verleihunternehmen, **entfällt durch den Wegfall der Erlaubnis jede Möglichkeit zur Weiterbeschäftigung**, sodass der Verleiher berechtigt ist, das Arbeitsverhältnis zum frühestmöglichen Zeitpunkt **ordentlich betriebsbedingt zu kündigen** (ErfK/*Wank*, §2 Rn. 14; *Schüren/Schüren*, § 2 Rn. 83; vgl. auch § 1 Rn. 80 ff.). Spricht der Verleiher keine Kündigung aus, **endet** das Leiharbeitsverhältnis nach § 9 Nr. 1 zwingend wegen fehlender Erlaubnis (*Thüsing/Kämmerer*, § 2 Rn. 26; a. A. *Boemke*, § 2 Rn. 34; *Schüren/Schüren*, § 2 Rn. 79). Die gegenteilige Auffassung, nach der sich die Rechtsfolgen nach den Grundsätzen einer Betriebsschließung richten sollen (so *Schüren*, a.a.O.) bzw. einen Anspruch des LAN aus Annahmeverzug zur Fortzahlung der Vergütung begründen (so *Boemke*, § 2 Rn. 34), steht mit den gesetzlichen Vorschriften zu den Rechtsfolgen einer ANÜ ohne Erlaubnis (einschließlich der Verpflichtung zum Erlass einer **Untersagungsverfügung** nach § 6) nicht im Einklang. Daneben entspricht es der **Funktion** des Abs. 4 Satz 4, die Regelung der Folgen einer Betriebsschließung für den Bestand der Arbeitsverhältnisse innerhalb der einjährigen Abwicklungsfrist zu beenden. Soweit das Leiharbeitsverhältnis bei Ablauf der Abwicklungsfrist nicht beendet wurde, kann der Leiharbeitnehmer nach § 10 Abs. 2 und §§ 275 Abs. 1, 280 Abs. 1 **Schadensersatz** verlangen (*Thüsing/Kämmerer*, § 2 Rn. 26). Bei einem Mischunternehmen (vgl. § 1 Rn. 86, 89) sind demgegenüber weitere Arbeitsplätze vorhanden, sodass eine Weiterbeschäftigungsmöglichkeit nicht ausgeschlossen ist. Abgesehen von der vorzunehmenden **Sozialauswahl** sind an die Zulässigkeit einer betriebsbedingten Kündigung hier hohe Maßstäbe anzulegen. Dies gilt insbesondere in den Fällen, in denen die Verlängerung aus Gründen schuldhaft gesetzwidrigen Verhaltens des Verleihers abgelehnt wurde. In diesen Fällen hat der Arbeitgeber über § 1 Abs. 2 KSchG hinaus (insoweit auch zumutbar) alle Anstrengungen zu unternehmen um eine Weiterbeschäftigung zu ermöglichen. Ist der Arbeitnehmer nach seinem Arbeitsvertrag ausnahmsweise ausschließlich zur Arbeitsleistung als Leiharbeitnehmer verpflichtet (vgl. § 1 Rn. 37, 263; § 9 Rn. 26 ff.), sind vor dem Ausspruch einer Kündigung alle Möglichkeiten zu prüfen, das Arbeitsverhältnis unter Ausspruch einer **Änderungskündigung** fortzusetzen. Nur soweit dies ausgeschlossen ist, ist eine ordentliche Kündigung unter Beachtung der gesetzlichen Voraussetzungen zulässig.

48a Wird der LAN während der Abwicklungsfrist neu eingestellt und bei einem Entleiher eingesetzt oder wird ein Einsatz des LAN nach Ablauf der Abwicklungsfrist fortgesetzt, wird nach § 10 Abs. 1 ein **Arbeitsverhältnis** zum Entleiher **fingiert**.

VII. Erteilung einer unbefristeten Erlaubnis

49 Die Erlaubnis wird nach Abs. 4 Satz 1 grundsätzlich nur befristet erteilt, ohne dass es darauf ankommt, wie lange der Verleiher ANÜ betreibt. Nach Abs. 5 Satz 1 kann die Erlaubnisbehörde **auf Antrag** eine **unbefristete Erlaubnis zur ANÜ** erteilen, wenn der Verleiher drei aufeinander folgende Jahre nach § 1 erlaubt tätig war. Nach der **Kann-Vorschrift** (*Becker/Wulfgramm*, Art. 1 § 2 Rn. 15a; a. A. *Schubel/Engelbrecht*, Art. 1 § 2 Rn. 28) steht es im Ermessen der Erlaubnisbehörde, ob sie in Abweichung von Abs. 4 Satz 1 eine unbefristete Erlaubnis erteilt (*Sandmann/Marschall*, Art. 1 § 2 Anm. 31; *Schüren/Schüren*, § 2 Rn. 106). Wegen der mit ANÜ verbundenen Gefahren illegaler Beschäftigung kommt die Erteilung einer unbefristeten Erlaubnis nur in Betracht, wenn dem Verleiher in der Vergangenheit **keinerlei Gesetzesverstöße** zur Last gelegt wurden und die **Prognose gerechtfertigt** ist, dass auf Grund absehbarer Kontinuität der bisherigen Ausübung des Gewerbes auch zukünftig die **Pflichten eines Verleihers erfüllt** werden. Soweit es sich nicht um gravierende Verstöße (z.B. gegen § 3) handelt, können kleinere Einzelverstöße, wie etwa eine einmalig verspätete statistische Meldung (§ 8), grundsätzlich nicht zum Anlass genommen werden, die Erteilung einer unbefristeten Erlaubnis zu versagen (*Sandmann/Marschall*, § 2 Anm. 31; *Schüren/Schüren*, § 2 Rn. 108; *Thüsing/Kämmerer*, § 2 Rn. 29), es sei denn, es besteht die begründete Annahme, der Verleiher verhalte sich auch zukünftig nicht gesetzeskonform. Solange die Behörde eine befristete Erlaubnis nur unter Bedingungen oder unter Vorbehalt des Widerrufs erteilen dürfte, ist die Erteilung einer unbefristeten Erlaubnis ausgeschlossen (ähnlich *Thüsing/Kämmerer*, § 2 Rn. 19). Bestehen demgegenüber keine begründeten Zweifel, dass sich der Erlaubnisinhaber zukünftig gesetzestreu verhalten wird, hat er auf Antrag einen **Anspruch** auf Erteilung einer unbefristeten Erlaubnis (*Becker/Wulfgramm*, Art. 1 § 2 Rn. 15a; *Boemke*, § 2 Rn. 37; *ErfK/Wank*, § 2 Rn. 17; *Sandmann/Marschall*, Art. 1 § 2 Anm. 31; *Schüren/Schüren*, § 2 Rn. 92, 94).

VIII. Erlöschen der Erlaubnis

1. Nichtgebrauch der Erlaubnis

50 Nach Abs. 5 Satz 2 **erlischt die unbefristete Erlaubnis** kraft Gesetzes, wenn der Verleiher von ihr **drei Jahre lang keinen Gebrauch** macht. Es handelt sich um eine Ausschluß – und nicht um eine Verfahrensfrist (*Sandmann/Marschall*, Art. 1 § 2 Anm. 33; *Schüren/Schüren*, § 2 Rn. 110), sodass eine Wiedereinsetzung in den vorigen Stand nicht möglich ist. Aus welchen Gründen der Verleiher von der Erlaubnis keinen Gebrauch gemacht hat, ist grundsätzlich unbeachtlich. Ein **Nichtgebrauchmachen i.S.d. Vorschrift** liegt vor, wenn vom Verleiher keinerlei Geschäftätigkeiten ausgeübt bzw. keine Rechtsgeschäfte vorgenommen wurden, die den Besitz einer Erlaubnis voraussetzen. Sowohl der Abschluss von Leiharbeitsverträgen als auch von Überlassungsverträgen (§ 9 Nr. 1) erfüllen daher den Tatbestand des Gebrauchmachens, wenn sie in tatsächlicher Hinsicht durchgeführt werden (*Sandmann/Marschall*, Art. 1 § 2 Anm. 33; a. A. *Thüsing/Kämmerer*, § 2 Rn. 30; einschränkend *Boemke*, § 2 Rn. 39 u. *Schüren/Schüren*, § 2 Rn. 111, die den Abschluß von Überlassungsverträgen ausnehmen).

51 Da die Erlaubnis nur für die gewerbsmäßige ANÜ erforderlich ist, wird die **Frist des Abs. 5 Satz 2 nicht unterbrochen**, wenn der Verleiher gelegentliche, **nichtgewerbsmäßige ANÜ** ausgeübt hat (*Becker/Wulfgramm*, Art. 1 § 2 Rn. 40). Derartige Fälle treten häufig bei **Mischunternehmen** auf, die die Erlaubnis lediglich vorsorglich für den Fall der Aufdeckung von Scheinwerkverträgen beantragen.

52 Die gängige Praxis, vorsorglich die Erlaubnis zur ANÜ zu beantragen (vgl. Einl. C. Rn. 83 f.; Rn. 1) wird durch die mit Art. 63 Nr. 6 Buchst. b) AFRG vorgenommene Ausweitung eines unschädlichen Zeitraums von vormals einem auf nunmehr drei Jahre nichtausgeübter gewerbsmäßiger ANÜ gefördert. Die statistischen Daten der BA (vgl. Einl. E. Rn. 2), nach denen eine Vielzahl von Mischbetrieben zu den jeweiligen Stichtagen keinen einzigen Leiharbeitnehmer beschäftigt hatte, verweisen insoweit darauf, dass in einer Vielzahl von Fällen die Erlaubnis nicht zum Zwecke der Ausübung von ANÜ beantragt wurde. Soweit der Gesetzgeber die zugrunde liegenden Umgehungsformen als »konstruierte Überlassungen« (vgl. amtl. Begr. BT-Ds. 13/4941, S. 249) legalisieren wollte, sind erhebliche **Zweifel am rechtsstaatlichen Handeln des Gesetzgebers** angezeigt (unkritisch auch 9. Erfahrungsbericht der BuReg, BT-Ds. 14/4220, S. 8).

2. Sonstige Erlöschenstatbestände

Neben den in § 2 geregelten Erlöschenstatbeständen des Eintritts einer Bedin- **53** gung (Rn. 24), des Fristablaufs ohne Verlängerung sowie der dreijährigen Nichtausübung regelt das Gesetz in § 4 (Rücknahme) und § 5 (Widerruf) weitere Fälle, in denen die Erlaubnis erlischt. Angesichts des nunmehr dreijährigen Fortbestehens der Erlaubnis bei nichtausgeübter gewerbsmäßiger ANÜ gewinnen diese Tatbestände (insbesondere der Widerruf nach § 5 Abs. 1 Nr. 3) schon im Hinblick auf die Frage, ob der Verleiher hier überhaupt noch eine nach § 3 Abs. 1 Nr. 2 erforderliche Betriebsorganisation zur ANÜ besitzt, erheblich an Bedeutung. Wegen der Personen- bzw. **Rechtsträgergebundenheit der Erlaubnis** (vgl. § 3 Rn. 14) erlischt die Erlaubnis bei **Tod** des Erlaubnisinhabers bzw. **Auflösung des Rechtsträgers** (*BSG* v. 12. 12. 1991 – 7 RAr 56/90 – DB 1992, 1636), und bei Personengesellschaften auch die dem Komplementär erteilte Erlaubnis. Erlischt die Erlaubnis infolge Tod des Inhabers, fehlt eine den Vorschriften der §§ 5 Abs. 2 Satz 2, 2 Abs. 4 Satz 4 entsprechende Nachwirkungsregelung. Die Schutzzwecke des AÜG gebieten es hier, über eine analoge Anwendung des § 46 GewO i.V.m. §§ 5 Abs. 2 Satz 2, 4 Abs. 4 Satz 4 die **Abwicklung der laufenden Geschäfte** befristet zuzulassen (i.E. ebenso *Becker/Wulfgramm*, Art. 1 § 2 Rn. 40; *Boemke*, § 2 Rn. 40; *ErfK/Wank*, § 2 Rn. 19; *Schüren/Schüren*, § 2 Rn. 97; a.A. *Sandmann/Marschall*, Art. 1 § 2 Anm. 34; kritisch *Thüsing/Kämmerer*, § 2 Rn. 33). Soweit die **Erben** das Verleihgeschäft fortsetzen wollen, können sie unverzüglich einen Antrag auf Erteilung einer Erlaubnis stellen. Soweit innerhalb der Zwölfmonatsfrist des Abs. 4 Satz 4 die Erlaubnis erteilt wird, kommt der Erlaubnis zwar **keine Rückwirkung** zu (a.A. *Sandmann/Marschall*, Art. 1 § 2 Anm. 23). Die zum Zeitpunkt des Wegfalls der Erlaubnis bestehenden Verträge können jedoch ununterbrochen fortgesetzt und neue Verträge nach Erlaubniserteilung abgeschlossen werden (vgl. Rn. 39a, § 10 Rn. 25). Damit werden sowohl die wirtschaftlichen Nachteile für das Unternehmen zeitlich begrenzt als auch den Schutzzwecken des AÜG für die betroffenen Arbeitnehmer ausreichend Rechnung getragen.

§ 2a Kosten

(1) Für die Bearbeitung von Anträgen auf Erteilung und Verlängerung der Erlaubnis werden vom Antragsteller Kosten (Gebühren und Auslagen) erhoben.
(2) Die Vorschriften des Verwaltungskostengesetzes sind anzuwenden. Die Bundesregierung wird ermächtigt, durch Rechtsverordnung die gebührenpflichtigen Tatbestände näher zu bestimmen und dabei feste Sätze und Rahmensätze vorzusehen. Die Gebühr darf im Einzelfall 2500 Euro nicht überschreiten.

I. Entstehungsgeschichte und Gesetzeszweck

1   Die Vorschrift des § 2a zur **Kostenpflichtigkeit** der Bearbeitung **von Anträgen auf Erteilung und Verlängerung von Erlaubnissen** wurde erst durch das BillBG vom 15.12.1981 (BGBl. I S. 1390) in das AÜG eingefügt. Der Zweck der Vorschrift liegt weniger in den grundlegenden Zielsetzungen des BillBG, Schwarzarbeit und illegale Beschäftigung zu bekämpfen, sondern sie beruht vorwiegend auf **fiskalischen Erwägungen**. Die mit dem erheblichen Prüfungsaufwand verbundene Bearbeitung von Anträgen und die hiermit einhergehende Belastung der Behörden sowie die zur Durchführung des AÜG aufzubringenden Kosten hinsichtlich der Infrastruktur rechtfertigen es, den Verwaltungsaufwand zumindest teilweise vom Begünstigten des Verwaltungsakts mittragen zu lassen. Dem trägt auch der mit Wirkung vom 1.1.1994 durch das 1. SKWPG vom 21.12.1983 (BGBl. I S. 2362) geänderte **Gebührenrahmen** Rechnung, der die vormals bestehende Höchstgrenze von 3000 DM auf jetzt 5000 DM erhöhte (Abs. 2 Satz 3; krit. zur Erhöhung *Feuerborn/Hamann*, BB 1994, 1349). Die Umstellung auf Euro erfolgte durch das 4. Euro-Einführungsgesetz (v. 21.12.2000, BGBl. I S. 1983). Ob durch die Gebührenpflichtigkeit und deren Höchstrahmen Antragsteller davon abgehalten werden, vorsorglich Erlaubnisse auf Vorrat zu beantragen (so *Becker/Wulfgramm*, Art. 1 § 2a Rn. 2; *Schüren/Schüren*, § 2a Rn. 5; *Becker*, BlStSozArbR 1982, 195), erscheint v.a. bei Mischunternehmen/-konzernen sowohl auf Grund der statistischen Daten der BA (vgl. Einl. E. Rn. 2 ff.) als auch auf Grund deren Kapitalausstattung mehr als fraglich. Daneben erscheint es jedoch im Hinblick auf Art. 12 Abs. 1 GG **verfassungsrechtlich bedenklich**, in den Zugang zum Gewerbe der ANÜ über Gebühren steuernd einzugreifen.

II. Sachlicher und persönlicher Geltungsbereich

2   Nach Abs. 1 **beschränkt sich die Kostentragungspflicht** auf die Bearbeitung von Anträgen auf **Erteilung und Verlängerung** der Erlaubnis. Für eine Erstreckung der Kostentragungspflicht des Erlaubnisinhabers auf sonstige Maßnahmen der Erlaubnisbehörde fehlt eine gesetzliche Grundlage. Nur soweit Maßnahmen der BA im Zusammenhang mit der Durchführung des AÜG nach anderen spezialgesetzlichen Regelungen zur Erhebung von Gebühren oder Auslagen ermächtigen, ist auf Grund dieser Regelungen eine Kostentragungspflicht des Betroffenen gegeben. Zu nennen sind in diesem Zusammenhang beispielsweise die **Kosten eines Strafverfahrens** nach § 15 auf Grund der StPO (nicht aber Kosten, die im Rahmen von Vorermittlungen der BA nach § 18 Abs. 2 entstehen), die Kosten eines Ordnungswidrigkeitenverfahrens nach § 16 auf Grund §§ 105 ff. OWiG sowie Kosten im Zusammenhang mit der Vollstreckung und der Anwendung unmittelbaren Zwangs (z.B. § 6) nach dem VwVG. Für die **Erteilung von Arbeitserlaubnissen für Werkvertragsarbeitnehmer** auf der Grundlage internationaler Abkommen (vgl. Einl. F. Rn. 66 ff.; Einl. G. Rn. 46) werden auf Grund einer auf § 287 Abs. 3 SGB III gestützten vom Verwaltungsrat der BA erlassenen **Anordnung** (v. 28.11.1997, ANBA 1998, 3) Gebühren erhoben.

3   **Keine Gebühren** dürfen für Maßnahmen erhoben werden, die im Zusammenhang mit der **Rücknahme** (§ 4) oder dem **Widerruf** (§ 5) von Erlaubnissen stehen oder die der BA ansonsten bei der Durchführung und Überwachung des AÜG entstehen.

Soweit sich nicht aus anderen gesetzlichen Bestimmungen etwas anderes ergibt **4** (zur Gebührenfreiheit juristischer Personen des öffentlichen Rechts vgl. § 8 VwKostG), trifft jeden Antragsteller, der eine Erlaubnis oder deren Verlängerung begehrt, die Kostentragungspflicht. Ob dem Antrag stattgegeben wird, ist dabei unerheblich. § 2a stellt allein auf die **Bearbeitung** des Antrags ab. Mit der **Antragstellung** wird gleichzeitig auch die Kostentragungspflicht begründet (*Sandmann/Marschall*, Art. 1 § 2a Anm. 3; *Schüren/Schüren*, § 2a Rn. 9), so dass sowohl in den Fällen der Ablehnung als auch in den Fällen der sonstigen Erledigung des Antrags (z. B. bei Rücknahme durch den Antragsteller) die Pflicht zur Kostenerstattung bestehen bleibt.

Antragsteller und damit Kostenschuldner (vgl. § 13 Abs. 1 Nr. 1 VwKostG) i.S.d. **5** Abs. 1 ist jede natürliche oder juristische Person, die durch mündliche oder schriftliche Erklärung gegenüber einer Dienststelle der BA (vgl. § 2 Rn. 16) zu erkennen gibt, dass sie – soweit erforderlich – eine Genehmigung zur ANÜ erhalten will. Auch **Eventual- oder Hilfsanträge** lösen daher die Kostentragungspflicht aus, sofern ein Prüfungsverfahren der BA zur Erteilung oder Nichterteilung der Erlaubnis eingeleitet wird. Will etwa ein Antragsteller, der bislang nach eigener Auffassung lediglich nichtgewerbsmäßige ANÜ im Rahmen der §§ 1 Abs. 3, 1a betrieben hat, von der Behörde lediglich **bescheinigt bekommen**, dass er keiner Erlaubnis bedarf, und tritt die Behörde anschließend (nach einem in diesem Fall zu fordernden Hinweis auf die Kostenfolge) in eine Prüfung ein, wird ein kostenpflichtiges Antragsverfahren i.S.d. Abs. 1 ausgelöst. Art und Inhalt der Entscheidung der Behörde sind hierbei unerheblich (a. A. *Schüren/ Schüren*, § 2a Rn. 9).

Die Kostentragungspflicht hängt nicht davon ab, ob der Antrag auf Grund sub- **6** jektiver Voraussetzungen des Antragstellers von vornherein aussichtslos ist, etwa weil der Geschäftssitz oder Betrieb außerhalb eines EU-Mitgliedstaates liegt, in dem ANÜ ausgeübt werden soll (vgl. § 3 Abs. 2 und 3). **Antragsteller aus** einem **EU-Mitgliedstaat** unterliegen ebenfalls der Kostentragungspflicht, ein Verstoß gegen das Diskriminierungsverbot des Art. 59 EGV liegt hierin nicht begründet (*EuGH* v. 17. 12. 1981 – Rs. 279/80 – AP Nr. 9 zu Art. 177 EGV). Dies gilt auch dann, wenn der Antragsteller im Staat seiner Niederlassung bereits eine Verleiherlaubnis besitzt.

III. Umfang der Kostentragungspflicht

Nach Abs. 1 umfasst die Kostentragungspflicht des Antragstellers sowohl **7** **Gebühren** als auch **Auslagen** (vgl. § 10 Verwaltungskostengesetz). Hinsichtlich der Gebühren ist der Höchstbetrag nach Abs. 2 Satz 3 auf 2500 € begrenzt.

IV. Kostenrahmen und -höhe (Abs. 2)

1. Verordnung über die Kosten der Erlaubnis zur gewerbsmäßigen Arbeitnehmerüberlassung (AÜKostV)

Nach **Abs. 2 Satz 1** sind die **Vorschriften des Verwaltungskostengesetzes** **8** (VwKostG) vom 23. 6. 1970 (BGBl. I S. 821 i.d.F. des Art. 41 EGAO v. 14. 12. 1976, BGBl. I S. 3341) auf die im Verfahren der Erlaubniserteilung entstehenden Kosten entsprechend **anzuwenden**. Daneben wird die Bundesregierung in Abs. 2 Satz 2 ermächtigt, die gebührenpflichtigen Tatbestände zu bestimmen und dabei feste

Sätze und Rahmensätze festzulegen, wobei nach Abs. 2 Satz 3 eine **Höchst-gebühr** von 2500 Euro im Einzelfall nicht überschritten werden darf. Die Bundes-regierung hat von dieser Ermächtigung nach Abs. 2 Satz 1 Gebrauch gemacht und mit Zustimmung des Bundesrats die **Verordnung über die Kosten der Er-laubnis zur gewerbsmäßigen ANÜ (AÜKostV)** vom 23. 6. 1982 (BGBl. I S. 692, geändert durch Art. 42 des 4. Euro-Einführungsgesetzes v. 21. 12. 2000, BGBl. I S. 1983) und Art. 94 des Gesetzes vom 23. 12. 2003 (BGBl. I S. 2848) erlassen. Die Verordnung hat folgenden Wortlaut:

§ 1 AÜKostV
Kostenpflichtige Amtshandlungen

Die Bundesagentur für Arbeit erhebt für die Erteilung und Verlängerung der Erlaub-nis nach Artikel 1 § 1 des Arbeitnehmerüberlassungsgesetzes Gebühren nach § 2 und Auslagen nach § 3 dieser Verordnung.

§ 2 AÜKostV
Höhe der Gebühren

Die Gebühr beträgt für die
1. Erteilung oder Verlängerung einer befristeten Erlaubnis   *750 Euro*
2. Erteilung einer unbefristeten Erlaubnis   *2000 Euro*

§ 3 AÜKostV
Auslagen

Als Auslagen werden die in § 10 Abs. 1 Nr. 2 bis 4 des Verwaltungskostengesetzes be-zeichneten Aufwendungen erhoben.

§ 4 AÜKostV
Berlin-Klausel (gestrichen)

§ 5 AÜKostV
Inkrafttreten

Diese Verordnung tritt am Tage nach der Verkündung in Kraft.

9 Die Verordnung legt in § 2 die **Gebührentatbestände** und in § 3 die **Auslagen** fest. Die **Festsetzung der Auslagen** ist **nicht von der Ermächtigungsgrundlage des § 2a Abs. 2 Satz 2 gedeckt**, vielmehr richtet sich die Erhebung von Auslagen nach dem VwKostG (Abs. 2 Satz 1). § 3 AÜKostV beschränkt die Erstattungs-pflichtigkeit von Auslagen auf die in § 10 Abs. 1 Nr. 2 bis 4 VwKostG vorgesehe-nen Tatbestände.

10 Die in § 2 AÜKostV vorgenommene **Begrenzung der Gebührensätze** bewegt sich im Rahmen der Ermächtigung nach § 2a Abs. 1 und 2 AÜG. Die Bundes-regierung hat insoweit begrenzt für die Erteilung oder Verlängerung einer **befris-teten Erlaubnis** eine **Gebühr von 750 Euro** und für die Erteilung einer **unbefris-teten Erlaubnis** eine **Gebühr von 2000 Euro** vorgesehen (§ 2 Nr. 1 und 2 AÜKostV). Sie hat damit von der Ermächtigung des Abs. 2 Satz 2 und 3 nur in eingeschränktem Umfang Gebrauch gemacht.

2. Verwaltungskostengesetz (VwKostG)

Soweit **nicht** die Gebühren in der AÜKostV **abschließend** und wirksam fest- **11**
gelegt sind, gelten für die Erhebung der Kosten sowie hinsichtlich der näheren
Ausgestaltung des **Verfahrens** die Vorschriften der §§ 8 bis 22 VwKostG, das auszugsweise im Folgenden wiedergegeben wird:

§ 8 VwKostG
Persönliche Gebührenfreiheit

(1) Von der Zahlung der Gebühren für Amtshandlungen sind befreit:
1. Die Bundesrepublik Deutschland und die bundesunmittelbaren juristischen Per-
   sonen des öffentlichen Rechts, deren Ausgaben ganz oder teilweise auf Grund
   gesetzlicher Verpflichtung aus dem Haushalt des Bundes getragen werden,
2. die Länder und die juristischen Personen des öffentlichen Rechts, die nach den
   Haushaltsplänen eines Landes für Rechnung eines Landes verwaltet werden,
3. die Gemeinden und Gemeindeverbände, sofern die Amtshandlungen nicht ihre
   wirtschaftlichen Unternehmen betreffen.
(2) Die Befreiung tritt nicht ein, soweit die in Absatz 1 Genannten berechtigt sind,
die Gebühren Dritten aufzuerlegen.
(3) Gebührenfreiheit nach Absatz 1 besteht nicht für Sondervermögen und Bundes-
betriebe im Sinne des Artikels 110 Abs. 1 des Grundgesetzes, für gleichartige Einrich-
tungen der Länder sowie für öffentlich-rechtliche Unternehmen, an denen der Bund
oder ein Land beteiligt ist.
(4) Zur Zahlung von Gebühren bleiben die in Absatz 1 genannten Rechtsträger für
Amtshandlungen folgender Behörden verpflichtet:
1. Bundesanstalt für Bodenforschung,
2. Physikalisch-Technische Bundesanstalt,
3. Bundesanstalt für Materialprüfung,
4. Bundessortenamt,
5. Deutsches Hydrographisches Institut,
6. Bundesamt für Schiffsvermessung,
7. See-Berufsgenossenschaft.

§ 10 VwKostG
Auslagen

(1) Soweit die Auslagen nicht bereits in die Gebühr einbezogen sind und die Erstat-
tung von Auslagen vorgesehen ist, die im Zusammenhang mit einer Amtshandlung
entstehen, werden vom Gebührenschuldner folgende Auslagen erhoben:
1. Fernsprechgebühren im Fernverkehr, Telegrafen- und Fernschreibgebühren,
2. Aufwendungen für weitere Anfertigungen, Abschriften und Auszüge, die auf
   besonderen Antrag erteilt werden; für die Berechnung der als Auslagen zu er-
   hebenden Schreibgebühren gelten die Vorschriften des § 136 Abs. 3 bis 6 der
   Kostenordnung,
3. Aufwendungen für Übersetzungen, die auf besonderen Antrag gefertigt werden,
4. Kosten, die durch öffentliche Bekanntmachung entstehen, mit Ausnahme der
   hierbei erwachsenden Postgebühren,
5. die in entsprechender Anwendung des Gesetzes über die Entschädigung von
   Zeugen und Sachverständigen zu zahlenden Beträge; erhält ein Sachverständiger

auf Grund des § 1 Abs. 3 jenes Gesetzes keine Entschädigung, so ist der Beitrag zu erheben, der ohne diese Vorschrift nach dem Gesetz zu zahlen wäre,

6. *die bei Geschäften außerhalb der Dienststelle den Verwaltungsangehörigen auf Grund gesetzlicher oder vertraglicher Bestimmungen gewährten Vergütungen (Reisekostenvergütung, Auslagenersatz) und die Kosten für die Bereitstellung von Räumen,*

7. *die Beiträge, die anderen in- und ausländischen Behörden, öffentlichen Einrichtungen oder Beamten zustehen; und zwar auch dann, wenn aus Gründen der Gegenseitigkeit, der Verwaltungsvereinfachung und dergleichen an die Behörden, Einrichtungen oder Beamten keine Zahlungen zu leisten sind,*

8. *die Kosten für die Beförderung von Sachen, mit Ausnahme der hierbei erwachsenden Postgebühren, und die Verwahrung von Sachen.*

(2) Die Erstattung der in Absatz 1 aufgeführten Auslagen kann auch verlangt werden, wenn für eine Amtshandlung Gebührenfreiheit besteht oder von der Gebührenerhebung abgesehen wird.

§ 11 VwKostG
Entstehung der Kostenschuld

(1) Die Gebührenschuld entsteht, soweit ein Antrag notwendig ist, mit dessen Eingang bei der zuständigen Behörde, im übrigen mit der Beendigung der gebührenpflichtigen Amtshandlung.

(2) Die Verpflichtung zur Erstattung von Auslagen entsteht mit der Aufwendung des zu erstattenden Betrages, in den Fällen des § 10 Abs. 1 Nr. 5 zweiter Halbsatz und Nr. 7 zweiter Halbsatz mit der Beendigung der kostenpflichtigen Amtshandlung.

§ 12 VwKostG
Kostengläubiger

Kostengläubiger ist der Rechtsträger, dessen Behörde eine kostenpflichtige Amtshandlung vornimmt.

§ 13 VwKostG
Kostenschuldner

(1) Zur Zahlung der Kosten ist verpflichtet,

1. *wer die Amtshandlung veranlaßt oder zu wessen Gunsten sie vorgenommen wird,*
2. *wer die Kosten durch eine vor der zuständigen Behörde abgegebene oder ihr mitgeteilte Erklärung übernommen hat,*
3. *wer für die Kostenschuld eines anderen kraft Gesetzes haftet.*

(2) Mehrere Kostenschuldner haften als Gesamtschuldner.

§ 14 VwKostG
Kostenentscheidung

(1) Die Kosten werden von Amts wegen festgesetzt. Die Entscheidung über die Kosten soll, soweit möglich, zusammen mit der Sachentscheidung ergehen. Aus der Kostenentscheidung müssen mindestens hervorgehen

1. *die kostenerhebende Behörde,*
2. *der Kostenschuldner,*
3. *die kostenpflichtige Amtshandlung,*

4. die als Gebühren und Auslagen zu zahlenden Beträge sowie
5. wo, wann und wie die Gebühren und die Auslagen zu zahlen sind.
Die Kostenentscheidung kann mündlich ergehen; sie ist auf Antrag schriftlich zu bestätigen. Soweit sie schriftlich ergeht oder schriftlich bestätigt wird, ist auch die Rechtsgrundlage für die Erhebung der Kosten sowie deren Berechnung anzugeben.
(2) Kosten, die bei richtiger Behandlung der Sache durch die Behörde nicht entstanden wären, werden nicht erhoben. Das gleiche gilt für Auslagen, die durch eine von Amts wegen veranlaßte Verlegung eines Termins oder Vertagung einer Verhandlung entstanden sind.

§ 15 VwKostG
Gebühren in besonderen Fällen

(1) Wird ein Antrag ausschließlich wegen Unzuständigkeit der Behörde abgelehnt, so wird keine Gebühr erhoben.
(2) Wird ein Antrag auf Vornahme einer Amtshandlung zurückgenommen, nachdem mit der sachlichen Bearbeitung begonnen, die Amtshandlung aber noch nicht beendet ist, oder wird ein Antrag aus anderen Gründen als wegen Unzuständigkeit abgelehnt, oder wird eine Amtshandlung zurückgenommen oder widerrufen, so ermäßigt sich die vorgesehene Gebühr um ein Viertel; sie kann bis zu einem Viertel der vorgesehenen Gebühr ermäßigt oder es kann von ihrer Erhebung abgesehen werden, wenn dies der Billigkeit entspricht.

§ 16 VwKostG
Vorschußzahlung und Sicherheitsleistung

Eine Amtshandlung, die auf Antrag vorzunehmen ist, kann von der Zahlung eines angemessenen Vorschusses oder von einer angemessenen Sicherheitsleistung bis zur Höhe der voraussichtlich entstehenden Kosten abhängig gemacht werden.

§ 17 VwKostG
Fälligkeit

Kosten werden mit der Bekanntgabe der Kostenentscheidung an den Kostenschuldner fällig, wenn nicht die Behörde einen späteren Zeitpunkt bestimmt.

§ 18 VwKostG
Säumniszuschlag

(1) Werden bis zum Ablauf eines Monats nach dem Fälligkeitstag Gebühren oder Auslagen nicht entrichtet, so kann für jeden angefangenen Monat der Säumnis ein Säumniszuschlag von eins vom Hundert des rückständigen Betrages erhoben werden, wenn dieser 100 Deutsche Mark übersteigt.
(2) Absatz 1 gilt nicht, wenn Säumniszuschläge nicht rechtzeitig entrichtet werden.
(3) Für die Berechnung des Säumniszuschlages wird der rückständige Betrag auf volle 100 Deutsche Mark nach unten abgerundet.
(4) Als Tag, an dem eine Zahlung entrichtet worden ist, gilt
1. bei Übergabe oder Übersendung von Zahlungsmitteln an die für den Kostengläubiger zuständige Kasse der Tag des Eingangs;
2. bei Überweisung oder Einzahlung auf ein Konto der für den Kostengläubiger zuständigen Kasse und bei Einzahlung mit Zahlkarte oder Postanweisung der Tag, an dem der Betrag der Kasse gutgeschrieben wird.

§ 19 VwKostG
Stundung, Niederschlagung und Erlaß

Für die Stundung, die Niederschlagung und den Erlaß von Forderungen des Bundes auf Zahlung von Gebühren, Auslagen und sonstigen Nebenleistungen gelten die Vorschriften der Bundeshaushaltsordnung. In Fällen, in denen ein anderer Rechtsträger als der Bund Kostengläubiger ist, gelten die für ihn verbindlichen entsprechenden Vorschriften.

§ 20 VwKostG
Verjährung

(1) Der Anspruch auf Zahlung von Kosten verjährt nach drei Jahren, spätestens mit dem Ablauf des vierten Jahres nach der Entstehung. Die Verjährung beginnt mit Ablauf des Kalenderjahres, in dem der Anspruch fällig geworden ist. Mit dem Ablauf dieser Frist erlischt der Anspruch.

(2) Die Verjährung ist gehemmt, solange der Anspruch innerhalb der letzten sechs Monate der Frist wegen höherer Gewalt nicht verfolgt werden kann.

(3) Die Verjährung wird unterbrochen durch schriftliche Zahlungsaufforderung, durch Zahlungsaufschub, durch Stundung, durch Aussetzen der Vollziehung, durch Sicherheitsleistung, durch eine Vollstreckungsmaßnahme, durch Vollstreckungsaufschub, durch Anmeldung im Insolvenzverfahren und durch Ermittlungen des Kostengläubigers über Wohnsitz oder Aufenthalt des Zahlungspflichtigen.

(4) Mit Ablauf des Kalenderjahres, in dem die Unterbrechung endet, beginnt eine neue Verjährung.

(5) Die Verjährung wird nur in Höhe des Betrages unterbrochen, auf den sich die Unterbrechungshandlung bezieht.

(6) Wird eine Kostenentscheidung angefochten, so erlöschen Ansprüche aus ihr nicht vor Ablauf von sechs Monaten, nachdem die Kostenentscheidung unanfechtbar geworden ist oder das Verfahren sich auf andere Weise erledigt hat.

§ 21 VwKostG
Erstattung

(1) Überzahlte oder zu Unrecht erhobene Kosten sind unverzüglich zu erstatten, zu Unrecht erhobene Kosten jedoch nur, soweit eine Kostenentscheidung noch nicht unanfechtbar geworden ist; nach diesem Zeitpunkt können zu Unrecht erhobene Kosten nur aus Billigkeitsgründen erstattet werden.

(2) Der Erstattungsanspruch erlischt durch Verjährung, wenn er nicht bis zum Ablauf des dritten Kalenderjahres geltend gemacht wird, das auf die Entstehung des Anspruchs folgt; die Verjährung beginnt jedoch nicht vor der Unanfechtbarkeit der Kostenentscheidung.

§ 22 VwKostG
Rechtsbehelf

(1) Die Kostenentscheidung kann zusammen mit der Sachentscheidung oder selbständig angefochten werden; der Rechtsbehelf gegen eine Sachentscheidung erstreckt sich auf die Kostenentscheidung.

(2) Wird eine Kostenentscheidung selbständig angefochten, so ist das Rechtsbehelfsverfahren kostenrechtlich als selbständiges Verfahren zu behandeln.

§ 11 VwKostG bestimmt, dass die **Gebühren mit Eingang des Antrags entstehen** **12** und die Auslagen bei Abschluss des Erlaubniserteilungsverfahrens (d. h. grundsätzlich mit Bekanntgabe der **Entscheidung über Antrag und Kosten**, vgl. §§ 14 Abs. 1 Satz 2, 17 VwKostG) **fällig** werden. **Kostenschuldner** ist hierbei der Antragsteller (§ 13 Abs. 1 Nr. 1 VwKostG). Die Gebührenermäßigungstatbestände (z. B. § 15 Abs. 2 VwKostG bei Antragsrücknahme) sind auch im Verfahren auf Erteilung einer Erlaubnis zur ANÜ anwendbar (h. M., *Becker/Wulfgramm*, Art. 1 § 2a Rn. 9; *Schüren/Schüren*, § 2a Rn. 19). Die Ermäßigung entstandener Auslagen richtet sich nach der Sondervorschrift des § 19 VwKostG über Stundung, Niederschlagung und Erlass. **Auslagen** können nach Abs. 1 i. V. m. Abs. 2 Satz 1, § 10 Abs. 1 VwKostG verlangt werden, wobei § 3 AÜKostV die erstattungsfähigen Auslagen auf Aufwendungen für Ausfertigungen, Abschriften und Auszüge, Übersetzungen und Kosten einer öffentlichen Bekanntmachung (§ 10 Abs. 1 Nr. 2 bis 4 VwKostG) beschränkt.

Nach § 22 VwKostG kann die Kostenentscheidung entweder zusammen mit der **13** Sachentscheidung oder auch selbstständig angefochten werden. Wird die Sachentscheidung angefochten, erstreckt sich der Rechtsbehelf auch auf die Kostenentscheidung (ErfK/*Wank*, § 2a AÜG Rn. 7).

§ 3 Versagung

(1) Die Erlaubnis oder ihre Verlängerung ist zu versagen, wenn Tatsachen die Annahme rechtfertigen, daß der Antragsteller

1. die für die Ausübung der Tätigkeit nach § 1 erforderliche Zuverlässigkeit nicht besitzt, insbesondere weil er die Vorschriften des Sozialversicherungsrechts, über die Einbehaltung und Abführung der Lohnsteuer, über die Arbeitsvermittlung, über die Anwerbung im Ausland oder über die Ausländerbeschäftigung, die Vorschriften des Arbeitsschutzrechts oder die arbeitsrechtlichen Pflichten nicht einhält;

2. nach der Gestaltung seiner Betriebsorganisation nicht in der Lage ist, die üblichen Arbeitgeberpflichten ordnungsgemäß zu erfüllen;

3. dem Leiharbeitnehmer für die Zeit der Überlassung an einen Entleiher die im Betrieb dieses Entleihers für einen vergleichbaren Arbeitnehmer des Entleihers geltenden wesentlichen Arbeitsbedingungen einschließlich des Arbeitsentgelts nicht gewährt, es sei denn, der Verleiher gewährt dem zuvor arbeitslosen Leiharbeitnehmer für die Überlassung an einen Entleiher für die Dauer von insgesamt höchstens sechs Wochen mindestens ein Nettoarbeitsentgelt in Höhe des Betrages, den der Leiharbeitnehmer zuletzt als Arbeitslosengeld erhalten hat; Letzteres gilt nicht, wenn mit demselben Verleiher bereits ein Leiharbeitsverhältnis bestanden hat. Ein Tarifvertrag kann abweichende Regelungen zulassen. Im Geltungsbereich eines solchen Tarifvertrages können nicht tarifgebundene Arbeitgeber und Arbeitnehmer die Anwendung der tariflichen Regelungen vereinbaren.

(2) Die Erlaubnis oder ihre Verlängerung ist ferner zu versagen, wenn für die Ausübung der Tätigkeit nach § 1 Betriebe, Betriebsteile oder Nebenbetriebe vorgesehen sind, die nicht in einem Mitgliedstaat der Europäischen Wirtschaftsgemeinschaft oder einem anderen Vertragsstaat des Abkommens über den Europäischen Wirtschaftsraum liegen.

(3) Die Erlaubnis kann versagt werden, wenn der Antragsteller nicht Deutscher im Sinne des Artikels 116 des Grundgesetzes ist oder wenn eine Gesellschaft oder juristische Person den Antrag stellt, die entweder nicht nach deutschem Recht gegründet ist oder die weder ihren satzungsmäßigen Sitz noch ihre Hauptverwaltung noch ihre Hauptniederlassung im Geltungsbereich dieses Gesetzes hat.

(4) Staatsangehörige der Mitgliedstaaten der Europäischen Wirtschaftsgemeinschaft oder eines anderen Vertragsstaates des Abkommens über den Europäischen Wirtschaftsraum erhalten die Erlaubnis unter den gleichen Voraussetzungen wie deutsche Staatsangehörige. Den Staatsangehörigen dieser Staaten stehen gleich Gesellschaften und juristische Personen, die nach den Rechtsvorschriften dieser Staaten gegründet sind und ihren satzungsgemäßen Sitz, ihre Hauptverwaltung oder ihre Hauptniederlassung innerhalb dieser Staaten haben. Soweit diese Gesellschaften oder juristische Personen zwar ihren satzungsmäßigen Sitz, jedoch weder ihre Hauptverwaltung noch ihre Hauptniederlassung innerhalb dieser Staaten haben, gilt Satz 2 nur, wenn ihre Tätigkeit in tatsächlicher und dauerhafter Verbindung mit der Wirtschaft eines Mitgliedstaates oder eines Vertragsstaates des Abkommens über den Europäischen Wirtschaftsraum steht.

(5) Staatsangehörige anderer als der in Absatz 4 genannten Staaten, die sich aufgrund eines internationalen Abkommens im Geltungsbereich dieses Gesetzes niederlassen und hierbei sowie bei ihrer Geschäftätigkeit nicht weniger günstig behandelt werden dürfen als deutsche Staatsangehörige, erhalten die Erlaubnis unter den gleichen Voraussetzungen wie deutsche Staatsangehörige. Den Staatsangehörigen nach Satz 1 stehen gleich Gesellschaften, die nach den Rechtsvorschriften des anderen Staates gegründet sind.

Inhaltsübersicht

Literaturhinweise

Bauer, D., Unterbrechungszeitraum und Umfang der erlaubten Mehrfachüberlassung nach dem Arbeitnehmerüberlassungsgesetz, BB 1986, 1079; *ders.*, Entleiher-Begriff und Umfang der erlaubten Mehrfachüberlassung nach dem AÜG, BB 1990, 1265; *ders.*, Zum Nebeneinander erlaubter Arbeitnehmerüberlassung und erlaubter Arbeitsvermittlung, NZA 1995, 203; *Bauer/Baeck/Merten*, Scientology – Fragerecht des Arbeitgebers und Kündigungsmöglichkeiten, DB 1997, 2534; *Becker, F.*, Betriebsverfassungsrechtliche Aspekte beim drittbezogenen Personaleinsatz, AuR 1982, 369; *Bückle, B.*, Beschäftigung von Leiharbeitnehmern ohne Arbeitserlaubnis, BB 1981, 1529; *Feuerborn/Hamann*, Liberalisierung der Arbeitnehmerüberlassung durch das Arbeitsförderungs-Reformgesetz, BB 1997, 2530; *Friedhofen/Weber*, Rechtsprobleme des befristeten Arbeitsvertrages nach Art. 1 § 1 des Beschäftigungsförderungsgesetzes 1985, NZA 1985, 337; *Gaul, B.*, Praktische Konsequenzen aus der Nichtumsetzung der EU-Arbeitsschutzrichtlinien, AuR 1995, 445; *Geraub*, Rechtliche Situation bei Fehlen einer Rechtswahl beim Auslandseinsatz, BB 1999, 2083; *Groeger*, Arbeitsrechtliche Aspekte des neuen Arbeitnehmerüberlassungsgesetzes, DB 1998, 470; *Hamann*, Gleichbehandlungsgrundsatz im AÜG, BB 2005, 2185; *Pieper*, Verordnung zur Umsetzung von EG-Arbeitsschutz-Richtlinien, AuR 1997, 21; *Postler*, Rechtsfragen der Neuregelung der Arbeitnehmerüberlassung, insbesondere zur Zulässigkeit der Kettenbefristung, NZA 1999, 179; *Rupp*, Ermessensspielraum und Rechtsstaatlichkeit, NJW 1969, 1273; *Schaeffer*, Der Begriff der Unzuverlässigkeit in § 35 Abs. 1 GewO, WiVerw. 1982, 100; *Schubel*, Beschäftigungsförderungsgesetz und Arbeitnehmerüberlassung, BB 1985, 1606; *ders.*, Entleiher-Begriff und Mehrfachüberlassung nach dem AÜG, BB 1990, 2118; *Ulber*, Rechtliche Grenzen des Einsatzes von betriebsfremden Arbeitnehmern und Mitbestimmungsrechte des Betriebsrates, AuR 1982, 54; *ders.*, Von der vorübergehenden Arbeitnehmerüberlassung zur entgeltlichen Arbeitsvermittlung auf Dauer, AuR 2001, 451; *ders.*, Personal-Service-Agenturen und Neuregelung der Arbeitnehmerüberlassung, AuR 2003, 7; *v. Seggern*, Verfassungsrechtliche Grenzen des Sozialabbaus, SozSi 1996, 367; *Windbichler, C.*, Mitbestimmung des Betriebsrates bei der Beschäftigung von Leiharbeitnehmern, DB 1975, 739. Siehe auch die Literaturangaben zu §§ 1, 9 bis 11 und zu Einl. D.

I. Entstehungszusammenhang und Gesetzeszweck

1   § 3, der im Verlauf des Gesetzgebungsverfahrens verschiedene Änderungen und Ergänzungen erfahren hatte (vgl. BT-Ds. VI/3505), besteht in seiner Grundstruktur bereits seit dem Inkrafttreten des AÜG. Wesentliche **Änderungen** erfolgten bis zur Verabschiedung des Gesetzes zur Reform der Arbeitsförderung (Arbeitsförderungs-Reformgesetz – AFRG) vom 27. 3. 1997 (BGBl. I S. 594) durch die verschiedenen sog. Beschäftigungsförderungsgesetze, durch die die **Höchstdauer der Überlassungsfrist** nach Abs. 1 Nr. 6 a. F. zunächst befristet bis zum 1. 1. 2001 um drei Monate heraufgesetzt wurde (vgl. Art. 6 § 3a AÜG a. F.) und durch die für **schwer vermittelbare Arbeitnehmer** in Abs. 1 Nr. 5 a. F. eine Sonderregelung zur Befristung des Leiharbeitsverhältnisses getroffen wurde.

2   Durch Art. 63 Nr. 7 AFRG wurde § 3 Abs. 1 Nr. 1, 3 bis 6 a. F. geändert. Die Änderungen in Nr. 1 betreffen die Anpassung der Ausländerbeschäftigung an die geänderten Begriffflichkeiten des SGB III. Strukturelle Änderungen haben dagegen Nr. 3 bis 6 a. F. erfahren, die durch den Zusatz »wiederholt« **Ausnahmen** vom vormals uneingeschränkten **Synchronisationsverbot** zuließen. In Nr. 6 a. F. wurde durch Anhebung der Höchsteinsatzfrist auf zwölf Monate grundlegend in die Funktion der Erlaubnis zum Schutz von Dauerarbeitsplätzen eingegriffen. Durch Art. 7 Nr. 1 Job-AQTIV-Gesetz (v. 10. 12. 2001, BGBl. I S. 3442), mit dem die Höchstüberlassungsdauer für Fälle gewerbsmäßiger ANÜ auf 24 Monate verlängert wurde, haben sich diese Gefahren erhöht (vgl. Einl. B. Rn. 49 f.). Die Neuregelung trat am 1. 1. 2002 uneingeschränkt in Kraft (Art. 10 Abs. 1 Job-AQTIV-Gesetz). Sie ermöglichte es, auch vor diesem Zeitpunkt bestehende ANÜ-Verträge hinsichtlich ihrer Laufzeit an die Neuregelung anzupassen. Die bislang entscheidendsten Veränderungen erfuhr Abs. 1 durch das Erste Gesetz über moderne Dienstleistungen am Arbeitsmarkt (v. 23. 12. 2002, BGBl. I S. 4607; *Lembke*, BB 2003, 98; *Ulber*, AuR 2003, 7; vgl. Einl. B Rn. 52 ff.). Die bis zum 31. 12. 2003 geltenden Regelungen (zum Übergangsrecht vgl. § 19) zum **Synchronisationsverbot** (vgl. § 9 Rn. 304 ff.) und zum erweiterten Kündigungsschutz von LAN (Abs. 1 Nr. 3 bis 5 a. F.) wurden ersatzlos aufgehoben. Daneben wurde auch die in Abs. 1 Nr. 6 a. F. enthaltene Regelung zur Höchstüberlassungsdauer ersatzlos gestrichen, was erhebliche Abgrenzungsprobleme zur Arbeitsvermittlung mit sich bringt. Quasi als Ausgleich für die Aufhebung des Arbeitsschutzes wurde Abs. 1 um die in Nr. 3 n. F. enthaltene Regelung zum Gleichbehandlungsgrundsatz von LAN mit Beschäftigten des Entleihers ergänzt. Durch diese Neuregelung soll der LAN vor unseriösen Verleihern geschützt werden (ErfK/*Wank*, § 3 Rn. 1). Die vom Gesetzgeber vorgenommenen Änderungen unterliegen erheblichen verfassungsrechtlichen Bedenken (vgl. Einl. B. Rn. 38 ff.; Rn. 6, 67, 83, 89, 99, 111 ff.).

3   In Abs. 2 bis 5 vorgenommene Änderungen bzw. Ergänzungen beruhen weitgehend auf mit der Schaffung des **Europäischen Wirtschaftsraums** (EWR) verbundenen Verpflichtungen zur Gleichbehandlung und zur Garantie der Niederlassungsfreiheit und des Dienstleistungsverkehrs (vgl. Art. 101a EWR-AusführungsG v. 27. 4. 1993, BGBl. I S. 512/556 i. d. F. vom 16. 12. 1993, BGBl. I S. 2436).

4   **Zweck** des § 3 ist es zum einen, den Leiharbeitnehmer vor unzuverlässigen Verleihern zu schützen und die Einhaltung der besonderen Arbeitgeberverpflichtungen bei Leiharbeit (vgl. § 1 Rn. 48 ff.) sicherzustellen. Durch Abs. 1 werden unzuverlässige Verleiher vom ANÜ-Gewerbe ausgeschlossen und die zulässige ANÜ von der Arbeitsvermittlung abgegrenzt (*Sandmann/Marschall*, Art. 1 § 3

Anm. 3). Daneben dient die Vorschrift der **Sicherung bestehender Dauer-arbeitsplätze** im Entleiherbetrieb (vgl. *BAG* v. 23.11.1988 – 7 AZR 34/88 – AP Nr. 14 zu § 1 AÜG; *Groeger*, DB 1998, 470) und der Unterbindung langfristiger gewerbsmäßiger ANÜ (*Boemke*, § 3 Rn. 3). Die Aufhebung der gesetzlich festgelegten Höchstüberlassungsdauer weckt erhebliche verfassungsrechtliche Bedenken, da nunmehr nicht (nur entsprechend der verfassungsrechtlich geschützten Funktion von Leiharbeit; vgl. Einl. B. Rn. 6 ff.) vorübergehender Arbeitsausfall in den Einsatzbetrieben abgedeckt werden kann, sondern auch dauerhafte Aufgabenstellungen unter gleichzeitigem Abbau von Stammarbeitsplätzen (kritisch auch *Feuerborn/Hamann*, BB 1997, 2530). Schon die Heraufsetzung der Überlassungsdauer auf sechs Monate hatte den Effekt, dass statt Stammarbeitnehmern vermehrt Leiharbeitnehmer eingestellt wurden und die Stammbelegschaft entsprechend reduziert werden konnte (vgl. Bericht der BA v. 14.5.1992 zum 7. Erfahrungsbericht der Bundesregierung, S. 25). Mit der Heraufsetzung der Grenze auf 24 Monate hatte die Bereitschaft von Entleihern, Dauerarbeitsplätze zu schaffen, weiter abgenommen (Bericht der BA v. 10.4.1996 zum 8. Erfahrungsbericht der Bundesregierung, S. 17). Die mit der der Regelung verbundene **beschäftigungspolitische Zielsetzung** des Gesetzgebers, nach der die Heraufsetzung der Überlassungsdauer zu einem Abbau von Überstunden führe (vgl. BT-Ds. 10/2102, S. 21) und damit neue Arbeitsplätze schaffe, war gerade nicht eingetreten (vgl. IG Metall-Umfrage zum BeschFG 1985). Dagegen haben sich die seinerzeit vom Bundesrat geäußerten Bedenken, dass eine Erweiterung der Überlassungsdauer zu einem sozial- und beschäftigungspolitisch unerwünschten Ansteigen der Leiharbeit führe (vgl. BR-Ds. 393/84, S. 14), in vollem Umfang bestätigt (vgl. die amtl. Statistiken, Einl. E. Rn. 2 ff.). Den verfassungsrechtlichen Bedenken (Rn. 2) ist möglichst durch eine verfassungskonforme Interpretation der Normen Rechnung zu tragen. Dies gilt insbesondere im Rahmen rollierender Einsatzsysteme, bei denen die Synchronisationsverbote und die für Leiharbeit typischen Arbeitgeberrisiken umgangen werden sollen.

V. a. im Zusammenhang mit § 1 Abs. 2 dienen Abs. 1 Nr. 1 bis 3 sowohl für Fälle **5** gewerbsmäßiger als auch nichtgewerbsmäßiger ANÜ (*Becker*, ArbuR 1982, 378) dazu, die zulässige **ANÜ von der Arbeitsvermittlung** unter Berücksichtigung des Grundsatzes, dass das Beschäftigungsverhältnis des Leiharbeitnehmers den Einsatz beim Entleiher überdauern muss, **abzugrenzen.**

In grundlegendem Widerspruch zu dem Grundsatz, dass das Beschäftigungsver- **6** hältnis des Leiharbeitnehmers den Einsatz beim Entleiher überdauern muss (*Schüren/Schüren*, § 3 Rn. 15), stehen die durch Art. 63 Nr. 7 Buchst. b) bis d) AFRG und das Erste Gesetz für moderne Dienstleistungen am Arbeitsmarkt vorgenommenen Änderungen des Abs. 1 Nr. 3 bis 6, die faktisch auch eine Koppelung der Dauer des Arbeitsverhältnisses zum Verleiher mit dem Einsatz in Drittbetrieben zulassen. Besonders deutlich wird dieser Widerspruch in der amtl. Begr. zum Gesetzentwurf aufgezeigt (vgl. BT-Ds. 13/4941, S. 249). Dort wird zwar einerseits festgestellt, dass die Abgrenzungskriterien von ANÜ und Arbeitsvermittlung sowohl wegen der unterschiedlichen Zulassungsnormen als auch wegen der unterschiedlichen Rechtsfolgen (insbesondere der Arbeitgeberstellung des Verleihers) wichtig sind (a.a.O.); gleichzeitig wird aber die **Arbeitgeberstellung des Verleihers** hinsichtlich des **Arbeitgeberrisikos** derart aufgeweicht, dass sie sich der Tätigkeit eines Arbeitsvermittlers genau in der Weise nähert, wie in der amtl. Begr. als unzulässig beschrieben. Danach müsse der Verleiher ein eigenes Arbeitgeberrisiko tragen, um sich vom Vermittler zu unterscheiden, insbesondere dürfe die

Dauer der Überlassung an einen Entleiher sich **nicht mit der Dauer des Beschäftigungsverhältnisses decken** (a.a.O.). Unter Verstoß gegen diese zutreffende Rechtsauffassung wird es dem Verleiher jedoch in den Fällen des Abs. 1 Nr. 3 bis 6 a. F. ermöglicht, die Dauer des Arbeitsverhältnisses bei Aufnahme der Beschäftigung über Befristungen (z. T. selbst ohne sachlichen Grund) auf die Dauer der Beschäftigung beim Entleiher zu beschränken (zu den Grenzen vgl. § 9 Rn. 307 ff.). Mit den grundlegenden **Zwecksetzungen des AÜG** als Arbeitnehmerschutzgesetz ist dies nicht vereinbar. Auch steht eine Politik der Deregulierung des Arbeitsrechts, die dem Arbeitnehmer nicht einmal **Rechtssicherheit** hinsichtlich einer klaren Zuordnung eines Arbeitsverhältnisses zu einem konkret feststehenden Arbeitgeber ermöglicht, nicht mehr mit den rechts- und sozialstaatlichen Grundsätzen der Verfassung im Einklang. Auch die Begründung des Gesetzgebers, dass die Neuregelung zulässig sei, da »eine Belastung der Versichertengemeinschaft nicht eintritt« (a.a.O.), lässt Bedenken gegen die Verfassungsgemäßheit der Normen nicht entfallen. Das **Sozialstaatsgebot** des GG kennt insoweit keinen Grundsatz, nach dem der Arbeitnehmerschutz unter dem Vorbehalt der Nichtbelastung der Sozialkassen steht bzw. aufgehoben werden kann. Die diesbezüglichen Ausführungen in der amtl. Begr. geben zu großer Besorgnis Veranlassung, insbesondere weil der Sozialschutz des Arbeitnehmers keine Rolle mehr spielt (*Düwell*, BB 1997, 46; *Feuerborn/Hamann*, BB 1997, 2530); eine grundsätzliche Überprüfung der Gesetze durch das BVerfG erscheint dringend angezeigt (s. a. Einl. B. Rn. 38 ff.).

7 (*z. Zt. nicht besetzt*)

II. Grundsatz der gebundenen Erlaubnis

1. Das präventive Verbot gewerbsmäßiger Arbeitnehmerüberlassung mit Erlaubnisvorbehalt

8 In Ergänzung zu § 1 Abs. 1 Satz 1, wonach gewerbsmäßige ANÜ nur mit Erlaubnis der BA zulässig ist, legt § 3 die Voraussetzungen fest, unter denen die Erlaubnis zur gewerbsmäßigen ANÜ (vgl. § 2 Rn. 17) **zwingend** versagt werden muss (*Boemke*, § 3 Rn. 6; *Schüren/Schüren*, § 3 Rn. 26). Liegen die Voraussetzungen des Abs. 1 vor, steht der Erlaubnisbehörde kein Ermessen zu, die Erlaubnis ggf. unter Bedingungen oder Auflagen oder vorläufig dennoch zu erteilen (*LSG Bremen* v. 17.12.1975 – L 5 Ar 1/75 – EzAÜG § 3 AÜG Versagungsgründe Nr. 1; a. A. *Boemke*, § 3 Rn. 5; *Schüren/Schüren*, § 3 Rn. 25). Mit Ausnahme der Fälle des Abs. 3 steht der Erlaubnisbehörde **kein Ermessen** bei der Entscheidung zu (Rn. 15 ff.). Der Antragsteller hat ein **subjektiv-öffentliches Recht** auf Erlaubniserteilung, sofern die gesetzlichen Voraussetzungen i. ü. erfüllt sind (*Becker/Wulfgramm*, Art. 1 § 3 Rn. 5; *Boemke*, § 3 Rn. 3; *Sandmann/Marschall*, Art. 1 § 3 Anm. 1; *Schüren/Schüren*, § 3 Rn. 20). In den Fällen **grenzüberschreitender ANÜ** müssen die Vorschriften des § 3 Abs. 1 sowohl bei Verleih ins Ausland als auch bei Verleih ausländischer Arbeitnehmer ins Inland eingehalten werden (*Schüren/Feuerborn*, § 3 Rn. 146 ff.; vgl. auch Erklärung Nr. 4 von Rat und Kommission zu Art. 1 Abs. 3 Buchst. c) EG-Entsenderichtlinie). Die Vorschriften des AÜG für ausländische Verleiher gelten beim Einsatz von Leiharbeitnehmern im Inland auch dann, wenn sie hierfür eine Erlaubnis nach dem Recht des Heimatstaates besitzen oder eine solche nach dessen Recht nicht benötigen (*BayObLG* v. 26.2.1999 – 3 OB OWi 4/99 – DB 1999, 1019).

Bei der Erteilung der **Erlaubnis** handelt es sich um einen begünstigenden **Ver-** **9** **waltungsakt**, gegen den der Verleiher im Falle der **Ablehnung** des Antrags **Widerspruch** einlegen kann (§ 83 SGG). Dasselbe gilt in den Fällen, in denen die Erlaubnisbehörde einen Verlängerungsantrag (§ 2 Abs. 4 Satz 2) ablehnt. Wird dem Widerspruch nicht abgeholfen, kann der Beschwerte binnen einen Monats nach Zustellung des Widerspruchsbescheides **Verpflichtungsklage** vor dem Sozialgericht erheben (§§ 54 Abs. 1, 87 SGG). Das **Vorverfahren** (§§ 78 bis 86 SGG) ist Zulässigkeitsvoraussetzung zur Erhebung der Verpflichtungsklage auf Erteilung bzw. Verlängerung der Erlaubnis (§ 78 Abs. 3 SGG; ebenso *Becker/Wulfgramm*, Art. 1 § 3 Rn. 96; a. A. *Sandmann/Marschall*, Art. 2 Anm. 11). Parallel zum Vorverfahren bzw. zur Verpflichtungsklage kann der Beschwerte im Rahmen der §§ 86 Abs. 4, 97 Abs. 2 Satz 2 SGG vorläufigen Rechtsschutz beantragen; hinsichtlich der weiteren Einzelheiten wird auf die Kommentierung zu Art. 2 (Rn. 45 ff.) verwiesen.

2. Exemplarische Aufzählung von Versagungsgründen

Nach h. M. enthält § 3 einen abschließenden **Katalog der Versagungsgründe** **10** (*Becker/Wulfgramm*, Art. 1 § 3 Rn. 6; *Boemke*, § 3 Rn. 7; *Sandmann/Marschall*, Art. 1 § 3 Anm. 1; *Schüren/Schüren*, § 3 Rn. 24, 28). Umstritten ist dies vor allem hinsichtlich der Versagungsgründe des Abs. 1. Das *LSG Bremen* (v. 17. 12. 1975 – L 5 Ar 11 / 75 – EzAÜG § 3 AÜG Versagungsgründe Nr. 1) hält die in § 3 Abs. 1 Nr. 1 bis 3 enthaltenen Versagungstatbestände nicht für erschöpfend. Dem ist zuzustimmen (so auch ErfK/*Wank*, § 3 Rn. 2; Rn. 10). Hat der Verleiher z. B. in der Vergangenheit gegen die aufgehobenen Vorschriften von Abs. 1 Nr. 3 bis 6 a. F. verstoßen, erfüllt dies weiterhin den Tatbestand der Unzuverlässigkeit (*Boemke/Lembke*, § 3 Rn. 26). Aus dem Wortlaut der Vorschrift lässt sich nicht ableiten, dass die Erlaubnis nur in den Fällen zu versagen ist, in denen einer der Tatbestände des Abs. 1 Nr. 1 bis 3 erfüllt ist. Vielmehr wollte der Gesetzgeber mit den verschiedenen Versagungsgründen u. a. die Regelungen treffen, die unter Berücksichtigung der spezifischen Arbeitgeberpflichten bei Leiharbeit sowie der Abgrenzung zur Arbeitsvermittlung auch verfassungsrechtlich geboten sind. Entsprechend dem **Schutzzweck der Erlaubnispflicht**, Missbräuchen im Bereich gewerbsmäßiger ANÜ entgegenzutreten, können daher die Schutzzwecke der Erlaubnis eine Versagung auch dann gebieten, wenn die Voraussetzungen des Abs. 1 nicht erfüllt sind oder in sonstiger Weise die Voraussetzungen eines unzulässigen Umgehungstatbestandes vorliegen (*Becker/Wulfgramm*, Art. 1 § 3 Rn. 8). Eine dahingehende Prüfung ist insbesondere in den Fällen geboten, in denen der Verleiher die ANÜ nicht entsprechend ihrer Funktion als **Instrument vorübergehender Personalbedarfsdeckung** (vgl. § 1 Rn. 201a ff.) betreibt, sondern Arbeitnehmer dauerhaft Verleihern zur **Besetzung von Dauerarbeitsplätzen** überlässt.

Vor allem bei **Mischunternehmen** oder sonstigen Unternehmen, die von der **11** Erlaubnis erkennbar keinen Gebrauch machen (zu den **Vorhalteerlaubnissen** vgl. auch § 1 Rn. 40, 168), kann unter Berücksichtigung des Rechtsgedankens aus § 2 Abs. 5 Satz 2 eine Erlaubnis auch dann versagt werden, wenn der Arbeitgeber alle in § 3 Abs. 1 genannten Voraussetzungen bzw. Pflichten erfüllt. Dasselbe gilt generell, wenn der Antragsteller keine gewerbsmäßige, sondern z. B. ausschließlich nichtgewerbsmäßige ANÜ betreiben will.

Infolge des recht weit gefassten Katalogs der Versagungsgründe, insbesondere **12** der nach Abs. 1 Nr. 1 geforderten **Zuverlässigkeit** des Verleihers, sind bislang kaum praktische Anwendungsprobleme hinsichtlich der Frage, ob § 3 Abs. 1 eine abschließende Regelung der Versagungsgründe enthält, entstanden. Angesichts der seit dem 1.1.2004 aufgehobenen Höchsteinsatzfristen des § 3 Abs. 1 Nr. 6 a. F. gewinnt das Problem jedoch zunehmend an Bedeutung. Zum einen muss bezweifelt werden, ob eine **Verlagerung des Schwerpunktes des Arbeitsverhältnisses** zum Entleiher tatsächlich erst bei einer sehr langfristigen Beschäftigungsdauer des Leiharbeitnehmers im Einsatzbetrieb eintreten kann (Rn. 111 ff.). Die Bestimmungen des KSchG enthalten insoweit die grundsätzliche gesetzgeberische Wertung, dass Arbeitsverhältnisse, die länger als sechs Monate **in einem Betrieb** bestanden haben, als Dauerarbeitsverhältnisse des (Beschäftigungs-) Betriebs zu behandeln sind. Dem Beschäftigungsunternehmen ist es insoweit grundsätzlich verwehrt, durch Nutzung vertraglicher Gestaltungsformen den zwingenden Kündigungsschutz zu umgehen (vgl. § 9 Rn. 305). Der Schwerpunkt des Arbeitsverhältnisses darf sich nicht zum Entleiherbetrieb hin verlagern. Da der Schutzzweck der Norm auch darin besteht, die in den Entleiherbetrieben bestehenden Stammarbeitsplätze durch Unterbindung langfristiger ANÜ zu sichern (*Becker/Wulfgramm*, Art. 1 § 3 Rn. 3), können auch durch einen **Austausch von Leiharbeitnehmern** nicht unbegrenzt und unbefristet alle Arbeitsplätze eines Unternehmens mit Leiharbeitnehmern besetzt werden. Dies steht weder mit den verfassungsrechtlichen Grenzen zulässiger ANÜ noch mit den Schutzzwecken der Norm für die Erhaltung der Dauerarbeitsplätze im Entleiherbetrieb in Einklang.

13 Der in Abs. 1 Nr. 1 bis 3 enthaltene **Katalog** von Versagungsgründen enthält daher **keine abschließende Regelung** (*LSG Bremen* v. 17.12.1975 – L 5 Ar 11/75 – EzAÜG § 3 AÜG Versagungsgründe Nr. 1; ErfK/*Wank*, § 3 Rn. 2; vgl. auch *Boemke*, § 3 Rn. 13). Vielmehr stecken die Nrn. 1 bis 3 lediglich die **Mindestgrenzen** ab, die eingehalten werden müssen, um zulässigerweise ANÜ zu betreiben. Die Erlaubnis ist darüber hinaus auch dann zu versagen, wenn sich aus dem Schutzzweck der Erlaubnis sowie aus den funktionsbedingten Grenzen zulässiger ANÜ ergibt, dass die Zwecke des AÜG, geordnete Verhältnisse auf dem Arbeitsmarkt zu garantieren, nicht eingehalten werden können (vgl. Rn. 22, 32). Hierbei können sowohl vermittlungs- und arbeitsschutzrechtliche, sozial- und arbeitsmarktpolitische als auch beschäftigungspolitische Überlegungen den Ausschlag geben.

3. Personen- und Rechtsträgergebundenheit der Erlaubnis

14 Liegen keine gesetzlichen Gründe zur Versagung der Erlaubnis vor, ist dem Antragsteller eine personen- bzw. **rechtsträgerbezogene** (nicht betriebsbezogene) **Erlaubnis** zu erteilen (vgl. § 2 Rn. 21). Bei Personen- oder Rechtsträgerwechsel muss daher die Erlaubnisbehörde erneut prüfen, ob Versagungsgründe hinsichtlich der Erteilung einer (neuen) Erlaubnis vorliegen.

Bei der Prüfung, ob Versagungsgründe zur Erteilung bzw. Verlängerung der Erlaubnis bestehen, ist immer auf die Person des Antragstellers abzustellen (Rn. 23). Mittelbar können jedoch auch in der Person eines Dritten liegende Gründe zur Versagung der Erlaubnis führen, wenn diese tatsächlich oder rechtlich den maßgeblichen Einfluss auf die Geschäftstätigkeit des Verleihers ausübt (*LSG Mainz* v. 16.1.1981 – L 6 Ar 65/80 – EzAÜG § 3 AÜG Versagungsgründe Nr. 5). Auch hier ist jedoch hinsichtlich der Versagungsgründe allein auf die Person des formellen Antragstellers abzustellen (a. A. *Becker/Wulfgramm*, Art. 1 § 3 Rn. 8). Eine etwaige Unzuverlässigkeit des Dritten wirkt sich jedoch dahin aus, dass auch der Antragsteller nicht die nach Abs. 1 Nr. 1 erforderliche Zuverlässigkeit besitzt (*LSG Mainz*, a.a.O.). Insoweit muss sich der Verleiher ein Handeln seiner **Repräsentanten** zurechnen lassen, wobei hinsichtlich etwaiger Verstöße auch die Grundsätze der Duldungs- und Anscheinsvollmacht zur Anwendung kommen (*BAG* v. 9.11.1994 – 7 AZR 217/94 – DB 1995, 1566).

III. Prüfung der Versagungsgründe durch die Erlaubnisbehörde

1. Grundsatz der zwingenden Versagung

Sind die Tatbestandsmerkmale eines Versagungsgrundes i.S.d. § 3 erfüllt, muss **15** die Erlaubnisbehörde die Erteilung bzw. Verlängerung der Erlaubnis ablehnen (*Boemke*, § 3 Rn. 14; *Schüren/Schüren*, § 3 Rn. 36). Ihr steht insoweit **kein Ermessen** zu. Der Grundsatz der Verhältnismäßigkeit kann dabei weder bei der Prüfung der tatbestandlichen Voraussetzungen eines Versagungsgrundes angewandt werden (a.A. *Schüren/Schüren*, § 3 Rn. 25) noch können bei Erlaubniserteilung – von extremen Ausnahmen abgesehen (Rn. 50) – vorliegende gesetzlich zwingende Versagungsgründe durch die Verhängung von Auflagen oder Bedingungen beseitigt werden (a.A. *BSG* v. 22.3.1979 – 7 RAr 47/78 – EzAÜG § 2 AÜG Erlaubnisverfahren Nr. 2; *Becker/Wulfgramm*, Art. 1 § 3 Rn. 9; *Sandmann/Marschall*, Art. 1 § 3 Anm. 1). Nach dem eindeutigen Wortlaut des § 2 Abs. 2 Satz 1 sind **Auflagen oder Bedingungen** nur zulässig, soweit sie sich auf **nach** Erteilung der Erlaubnis eintretende – nicht jedoch zum Zeitpunkt der Erlaubniserteilung vorliegende – Tatsachen beziehen. Liegen demgegenüber zum Zeitpunkt der Entscheidung der Erlaubnisbehörde Tatsachen vor, die einen zwingenden Versagungsgrund i.S.d. § 3 Abs. 1 begründen, ist nach der gesetzgeberischen Wertung – von Ausnahmefällen abgesehen, die der Verleiher nicht zu vertreten hat (Rn. 18, 50) – kein Raum für eine Anwendung des Verhältnismäßigkeitsgrundsatzes.

Mit Wortlaut und Zweck des Abs. 1 unvereinbar ist es auch, den zwingenden **16** Charakter der Versagungsgründe dadurch aufzuweichen, dass nur bei **wiederholten** bzw. **schwerwiegenden Verstößen** des Verleihers bzw. mehreren geringfügigen Verstößen eine Berechtigung der Behörde zur Versagung der Erlaubnis gegeben sei (*Becker/Wulfgramm*, Art. 1 § 3 Rn. 9; *Schüren/Schüren*, § 3 Rn. 37). Auch insoweit hat der Gesetzgeber mit Abs. 1 eine klare Wertung dahin getroffen, dass eine Gewährleistung der Schutzzwecke des AÜG bereits dann nicht sichergestellt ist, wenn eine der dort aufgeführten Tatbestandsalternativen erstmals erfüllt ist. Die gesetzlich festgelegten Versagungstatbestände sind daher strikt anzuwenden (*Sandmann/Marschall*, Art. 1 § 3 Anm. 1; *Schüren/Schüren*, § 3 Rn. 26).

Im Rahmen des Abs. 1 brauchen die einzelnen Tatbestände zum Zeitpunkt der **17** Erlaubniserteilung nicht bereits erfüllt worden sein (vgl. Rn. 18). Die Erlaubnis ist auch dann zu versagen, wenn ein Tatbestand des Abs. 1 Nr. 1 bis 3 erst zu einem späteren Zeitpunkt eintritt (*Sandmann/Marschall*, Art. 1 § 3 Anm. 4). Die Annahme der Unzuverlässigkeit im Rahmen des § 3 Abs. 1 ist nicht nur gerechtfertigt, wenn bereits ein Verhalten des Antragstellers vorliegt, das einen der Tatbestände erfüllt, sondern es reicht aus, wenn die **Willensrichtung** des Antragstellers darauf abzielt, Verstöße gem. Abs. 1 Nr. 1 bis 3 zu begehen oder deren Eintritt in Kauf zu nehmen. Ist auf Grund der Geschäftsunterlagen (vgl. § 7 Rn. 16) erkennbar, dass der Verleiher zukünftig nur noch Geschäftsbeziehungen zu einem Entleiher aufrechterhalten will, ist diese Willensrichtung bzw. der entsprechende Geschäftswille als Tatsache i.S.d. § 3 Abs. 1 ausreichend, um die Erlaubnis nach Abs. 1 Nr. 1 wegen der hiermit verbundenen Arbeitsvermittlung zu versagen.

2. Eingeschränkte Anwendbarkeit des Verhältnismäßigkeitsgrundsatzes

18 Der **Verhältnismäßigkeitsgrundsatz** ist zu beachten, wenn auf Grund der tatsächlichen Verhältnisse zum Zeitpunkt des Erlasses der behördlichen Entscheidung zwar kein zwingender Versagungsgrund i.S.d. § 3 Abs. 1 vorliegt, aber auf Grund einer **Zukunftsprognose** der Behörde die Annahme gerechtfertigt ist, dass derartige Versagungsgründe später erfüllt sein können (*Boemke*, § 3 Rn. 8). Abs. 1 setzt aus Gründen der Beweiserleichterung und Rechtssicherheit lediglich voraus, dass Tatsachen die **Annahme** rechtfertigen, dass einer der Versagungstatbestände eintritt. Im Zeitpunkt der Entscheidung muss daher eine negative Zukunftsprognose getroffen werden können (*Becker/Wulfgramm*, Art. 1 § 3 Rn. 12), die auf nachweisbare Tatsachen gestützt wird, aus denen der Schluss auf das Vorliegen eines Versagungsgrundes gerechtfertigt ist (*Boemke*, § 3 Rn. 10; *Sandmann/Marschall*, Art. 1 § 3 Anm. 4). Hierbei braucht die Behörde den zugrunde liegenden Sachverhalt nicht näher aufzuklären. Es genügt, wenn sie beweisen kann, dass **Tatsachen die Annahme** rechtfertigen (*Boemke*, a.a.O.; *Schüren/Schüren*, § 3 Rn. 54). Rechtskräftige Bescheide von Verwaltungsbehörden oder auch rechtskräftige gerichtliche Entscheidungen u.ä. sind von der Erlaubnisbehörde grundsätzlich als bindend zugrunde zu legen (vgl. § 18 Rn. 45, 47). Der den jeweiligen Entscheidungen zugrunde liegende Sachverhalt muss jedoch Bezüge zu den Versagungsgründen des Abs. 1 aufweisen (*Schüren/Schüren*, § 3 Rn. 78). **Verurteilungen** des Antragstellers, die im Rahmen der Ausübung des Verleihgewerbes keinerlei Bedeutung haben (z.B. wegen Beleidigung, Trunkenheit im Straßenverkehr), dürfen von der Behörde nicht berücksichtigt werden. Bestehen seitens der Behörde **Zweifel**, ob die nach Abs. 1 erforderliche Annahme gerechtfertigt ist, hat sie den Antragsteller vor einer ablehnenden Entscheidung zu hören und ihm Gelegenheit zur Stellungnahme und zur Erbringung von Gegenbeweisen zu geben. Beruht die Annahme der Behörde darüber hinaus nicht auf tatsächlich begangenen Verstößen, sondern auf konkreten Anhaltspunkten dafür, dass der Verleiher **zukünftig** derartige Verstöße begehen könnte, ist bei der Entscheidung auch dem Grundsatz der Verhältnismäßigkeit Rechnung zu tragen. Je mehr auf Grund objektiver Kriterien unter Berücksichtigung der allgemeinen Lebenserfahrung die Annahme eines Verstoßes nach Abs. 1 Nr. 1 bis 3 wahrscheinlich ist, desto mehr verdichtet sich auch die Verpflichtung der Behörde, entsprechend dem zwingenden Charakter des § 3 die Erlaubnis zu versagen. Beruht demgegenüber die Annahme der Behörde auf einer Vielzahl von Umständen oder Bedingungskonstellationen, deren Eintreten von einem **ungewissen** zukünftigen Verlauf abhängig ist, muss die Behörde im Rahmen des Verhältnismäßigkeitsgrundsatzes alle zur Verfügung stehenden Instrumentarien nutzen, um einerseits dem subjektiven Recht des Antragstellers auf Erlaubniserteilung, andererseits aber auch den Schutzzwecken des AÜG Rechnung zu tragen. Neben der Bedingung und der Auflage (§ 2 Abs. 1) kommt insoweit auch eine modifizierende Auflage (vgl. § 2 Rn. 30) in Betracht (*Becker/Wulfgramm*, Art. 1 § 3 Rn. 9; *Sandmann/Marschall*, Art. 1 § 3 Anm. 1; *Schüren/Schüren*, § 3 Rn. 43).

IV. Die Versagungsgründe des Abs. 1

Die Versagungsgründe des Abs. 1 verfolgen unterschiedliche **Schutzzwecke.** **19**
Verstöße hiergegen haben unterschiedliche Rechtsfolgen. Mit den gesetzlichen
Regelbeispielen (*Schüren/Schüren*, § 3 Rn. 42) wird sichergestellt, dass Verstöße
gegen die Vorschrift zwingend zu einem Ausschluss unzuverlässiger Verleiher
führen. Nach Abs. 1 ist die Erteilung und die Verlängerung der Erlaubnis zu versagen, über § 5 Abs. 1 Nr. 3 ist die Erlaubnisbehörde in diesen Fällen darüber
hinaus auch berechtigt, eine erteilte Erlaubnis zu widerrufen (vgl. § 5 Rn. 1). Der
Erlaubnisbehörde stehen damit hinreichende Handlungsinstrumente zur Verfügung, um Missstände auf dem Teilarbeitsmarkt der ANÜ zu unterbinden.

Neben der gewerberechtlichen Bedeutung hat Abs. 1 erhebliche Bedeutung für **20**
das Arbeitsverhältnis des beteiligten Arbeitnehmers, da Verstöße gegen die Vorschrift gem. § 1 Abs. 2 die Vermutung von Arbeitsvermittlung begründen und
i. d. R. zu einem Arbeitsverhältnis mit dem Drittunternehmen führen (vgl. § 1
Rn. 222; Einl. D. Rn. 47 ff.). Da § 1 Abs. 2 auch für **die nichtgewerbsmäßig betriebene** ANÜ gilt (vgl. § 1 Rn. 196, 205), stellt Abs. 1 in diesem Bereich die wichtigste
Norm zum Schutze des Arbeitnehmers und zur Unterbindung von Missständen
und unzulässigen Umgehungsformen dar.

Mit Abs. 1 werden grundsätzlich auch die Grenzen zwischen zulässiger ANÜ **21**
und Arbeitsvermittlung konkretisiert. Über Nr. 1 hinaus gilt dies auch für die
Abgrenzungskriterien zwischen ANÜ und Arbeitsvermittlung, nach denen der
Schwerpunkt des Arbeitsverhältnisses nicht beim Verleiher liegen muss und
daher ein entsprechendes Arbeitsverhältnis zum Entleiher zur Folge haben kann.
Über die Sicherstellung des arbeitsrechtlichen Schutzes des einzelnen Arbeitnehmers hinaus besteht der Schutzzweck der Nr. 1 dabei auch darin, die **Stammarbeitsplätze in den Einsatzbetrieben zu sichern** (vgl. Rn. 3) und das dort
vorhandene betriebliche Normengefüge bzw. bestehende betriebliche Sozial-
sicherungssysteme zu schützen. Nr. 1 i. V. m. § 14 TzBfG stellt sicher, dass ein
befristeter Arbeitskräftebedarf in den Einsatzbetrieben nur dann über Leiharbeitnehmer abgedeckt werden darf, wenn hierdurch die gesetzlichen **Befristungsbestimmungen** nicht umgangen werden. Das **Beschäftigungsrisiko** der Einsatzbetriebe bei Schwankungen des Arbeitsvolumens lässt sich damit im Rahmen
von Leiharbeit nicht auf den einzelnen Arbeitnehmer abwälzen (§ 9 Rn. 311).
Dem Betriebsrat steht insoweit das Recht zur Zustimmungsverweigerung bei der
Einstellung von Leiharbeitnehmern (vgl. hierzu § 14 Rn. 134 ff.) nach § 99 Abs. 2
Nr. 1 BetrVG zu.

1. Mangelnde Zuverlässigkeit (Nr. 1)

Nach Abs. 1 Nr. 1 ist die Erlaubnis zu versagen, wenn der Antragsteller nicht die **22**
erforderliche **Zuverlässigkeit** besitzt, um seinen Verpflichtungen als Verleiher
unter Berücksichtigung der Schutzzwecke und der ihm obliegenden besonderen
Verpflichtungen nach dem AÜG nachzukommen. Die Vorschrift enthält lediglich
Regelbeispiele (*Boemke*, § 3 Rn. 23; *ErfK/Wank*, § 3 Rn. 2; *Schüren/Schüren*, § 3
Rn. 64; *Thüsing/Pelzner*, § 3 Rn. 19) und stellt den Grundtatbestand aller Versa-
gungsgründe des Abs. 1 dar (*Boemke*, § 3 Rn. 13).
Bei dem Begriff der Zuverlässigkeit handelt es sich um einen **unbestimmten
Rechtsbegriff** ohne Beurteilungsspielraum (*BSG* v. 6. 2. 1992 – 7 RAr 140/90 – BB
1992, 2366; *SG Berlin* v. 29. 11. 1989 – S 51 Ar 1794/89 – DB 1990, 691; *Becker/Wulf-*

gramm, Art. 1 § 3 Rn. 15; *Sandmann/Marschall*, Art. 1 § 3 Anm. 5; *Schüren/Schüren*, § 3 Rn. 51), der sowohl in tatsächlicher als auch rechtlicher Hinsicht der vollen gerichtlichen Überprüfung und nicht dem Ermessen der Behörde unterliegt. Das AÜG enthält keine nähere Definition der Zuverlässigkeit. Die in Abs. 1 Nr. 1 enthaltenen Fallgestaltungen stellen lediglich **nicht abschließende Regelbeispiele** dar (*BSG*, a.a.O.; *Schüren/Schüren*, § 3 Rn. 42), in denen der Gesetzgeber eine **unwiderlegbare Vermutung** der Unzuverlässigkeit anordnet (vgl. Rn. 13). Nach allgemeinen gewerberechtlichen Grundsätzen (vgl. § 35 Abs. 1 GewO) ist ein Gewerbetreibender dann unzuverlässig, wenn er auf das konkret ausgeübte Gewerbe bezogen nicht die Gewähr dafür bietet, das Gewerbe in Zukunft ordnungsgemäß auszuüben (*BVerwG* v. 19.3.1970 – GewArch. 1971, 200; *Boemke*, § 3 Rn. 15; *ErfK/Wank*, § 3 Rn. 2; *Schüren/Schüren*, § 3 Rn. 52; *Thüsing/Pelzner*, § 3 Rn. 9). Daher ist der Begriff der Zuverlässigkeit i.S.d. Abs. 1 Nr. 1 unter spezifischer Beachtung der Gewerbeart der ANÜ zu konkretisieren (*LSG Mainz* v. 16.1.1981 – L 6 Ar 65/80 – EzAÜG § 3 AÜG Versagungsgründe Nr. 5). Unzuverlässig ist der Antragsteller, wenn in seiner Person Tatsachen vorliegen, denen zufolge zu besorgen ist, dass er sein Gewerbe nicht im Einklang mit den bestehenden rechtlichen Vorschriften ausüben wird (*BSG* v. 6.2.1992 – 7 RAr 140/90 – BB 1992, 2366; *Schüren/Schüren*, § 3 Rn. 53). Dies ist generell der Fall, wenn der Antragsteller schon vor Erteilung der Erlaubnis damit beginnt, gewerbsmäßige ANÜ zu betreiben (*SG Köln* v. 11.8.1977 – S 10 Ar 183/74 – EzAÜG § 3 AÜG Versagungsgründe Nr. 3). I.Ü. ist die Unzuverlässigkeit indiziert, wenn auf Grund des Verhaltens des Verleihers der **soziale Schutz** des LAN gefährdet ist (*ErfK/Wank*, § 3 Rn. 13; *Schüren/Schüren*, § 3 Rn. 75). Daneben weist *Schüren* (§ 3 Rn. 75) zu Recht darauf hin, dass auch der »**Schutz des Marktes**« einen Zweck der Versagensgründe darstellt. Hierzu zählen neben dem Schutz von Entleihern vor den Folgen illegaler ANÜ auch die Ausschaltung von Schmutzkonkurrenz durch unseriöse Verleiher.

23 Auf Grund der Personenbezogenheit der Erlaubnis ist hinsichtlich der Zuverlässigkeit immer auf die **Person des Antragstellers** abzustellen (*Boemke*, § 3 Rn. 18; *Schüren/Schüren*, § 3 Rn. 29, 58; *Thüsing/Pelzner*, § 3 Rn. 13). Wird das Verleihunternehmen von einer **natürlichen Person** betrieben, ist daher immer allein auf diese Person abzustellen. Dies gilt allerdings nur, soweit die natürliche Person die Geschäfte des Verleihunternehmens in tatsächlicher und rechtlicher Hinsicht auch alleine betreibt. Soweit die Geschäfte demgegenüber selbstständig von einem **beauftragten Dritten** wahrgenommen werden, muss auch dieser Dritte die notwendige Zuverlässigkeit besitzen (*Schüren/Schüren*, § 3 Rn. 59; *Thüsing/Pelzner*, § 3 Rn. 18). Schließt der Erlaubnisinhaber einen unzuverlässigen Dritten nicht von der Führung eines Verleihbetriebs aus, fehlt es auch dem Verleiher selbst an der Zuverlässigkeit (*BSG* v. 6.2.1992 – 7 RAr 140/90 – BB 1992, 2365). Dies gilt insbesondere für Mitglieder der »menschenverachtenden und kriminellen« Scientology-Sekte (vgl. hierzu *BSG* v. 14.12.2000 – B 11/7 AL 30/99 R – NZA-RR 2001, 650), die verfassungsfeindliche Ziele verfolgt, und deren Mitglieder wegen mangelnder Geeignetheit für Führungspositionen (*Bauer/Baeck/Merten*, DB 1997, 2534) und mangelnder Zuverlässigkeit weder Erlaubnisinhaber sein dürfen noch von einem Erlaubnisinhaber mit der Durchführung der Geschäfte eines Verleihers beauftragt werden dürfen (zum außerordentlichen Kündigungsrecht des Verleihers vgl. *LAG Berlin* v. 11.6.1997 – 13 Sa 19/97 – DB 1997, 2542; *ArbG München* v. 24.10.2000, NZA 2001, 296; *Bauer*, DB 1997, 2534). Ein vorheriger Entzug der Rechtsfähigkeit nach § 43 Abs. 2 BGB ist dabei nicht erforderlich. Wird der

Antragsteller nur als **Strohmann** für einen dahinter stehenden Dritten tätig, ist hinsichtlich der Zuverlässigkeit nicht nur auf die Zuverlässigkeit des Hintermanns abzustellen (*BSG*, a.a.O.; *Boemke*, § 3 Rn. 22; *Sandmann/Marschall*, Art. 1 § 3 Anm. 6), sondern die personenbezogene Erlaubnis ist zu versagen, weil der Erlaubnisinhaber selbst das Verleihgewerbe betreiben muss (*Schüren/Schüren*, § 3 Rn. 31; *Thüsing/Pelzner*, § 3 Rn. 18). Bei Strohmanngeschäften, die häufig von unzuverlässigen ehemaligen Erlaubnisinhabern bzw. bei Auslandsentsendungen betrieben werden (vgl. 9. Erfahrungsbericht der BuReg, S. 37), ist daher die Erteilung einer Erlaubnis sowohl dem Strohmann als auch dem Hintermann zu versagen und gegen beide ggf. nach § 6 mit den Mitteln des Verwaltungszwangs vorzugehen (differenzierend *Boemke*, § 3 Rn. 22).

Die Erteilung der Erlaubnis ist auch dann zu versagen, wenn der Antragsteller **24** eigenes Stammpersonal mit der Wahrnehmung von Aufgaben nach dem AÜG **beauftragt,** das nicht die notwendige Zuverlässigkeit besitzt (*Becker/Wulfgramm*, Art. 1 § 3 Rn. 28; *Sandmann/Marschall*, Art. 1 § 3 Anm. 6; *Schüren/Schüren*, § 3 Rn. 59), wobei es ausreicht, wenn der Antragsteller nicht willens oder in der Lage ist, unzuverlässige Dritte von der Führung der Geschäfte auszuschließen (*BSG* v. 6. 2. 1992 – 7 RAr 140/90 – BB 1992, 2365; *Boemke*, § 3 Rn. 21).

Ebenso wie bei natürlichen Personen ist auch bei **Personengesellschaften** (z. B. **25** OHG, KG) und **Personengesamtheiten** (z. B. Erbengemeinschaften; vgl. hierzu Rn. 26 u. § 2 Rn. 53) darauf abzustellen, wer das Gewerbe tatsächlich ausübt bzw. den maßgeblichen Einfluss auf die Führung der Geschäfte nimmt. Da die persönlich haftenden Gesellschafter bei der OHG ohne anders lautende Bestimmung im Gesellschaftsvertrag nach § 125 Abs. 1 HGB alleinvertretungsberechtigt sind, müssen hier **alle** zur Vertretung berechtigten Gesellschafter eine Erlaubnis beantragen und die erforderliche Zuverlässigkeit besitzen (*Becker/Wulfgramm*, Art. 1 § 3 Rn. 17; *Boemke*, § 3 Rn. 19; *ErfK/Wank*, § 3 Rn. 4; *Sandmann/Marschall*, Art. 1 § 3 Anm. 8; *Schüren/Schüren*, § 3 Rn. 61 f.). Liegt die Zuverlässigkeit bei einem der beteiligten Gesellschafter nicht vor, ist die Erlaubnis **insgesamt** zu versagen (*Thüsing/Pelzner*, § 3 Rn. 15). Die Gegenmeinung (*Becker/Wulfgramm*, Art. 1 § 3 Rn. 17; *Sandmann/Marschall*, Art. 1 § 3 Anm. 8; *Schüren/Schüren*, § 3 Rn. 62), nach der nur dem unzuverlässigen Gesellschafter die Erlaubnis zu versagen ist, übersieht, dass die OHG trotz des Umstandes, dass hier im Unterschied zu juristischen Personen sämtliche Gesellschafter als Gewerbetreibende zu behandeln sind, im eigenen Namen das Verleihgewerbe betreibt (§ 124 HGB) und die Vertretung durch einen Gesellschafter alle Gesellschafter bindet. Der Ausschluss eines Gesellschafters von der Vertretungsmacht bezüglich des Verleihgewerbes steht der Erlaubnisbehörde weder im Hinblick auf die gesellschaftsvertragliche Gestaltungsfreiheit zu (vgl. § 125 HGB) noch ist die Erlaubnisbehörde befugt, entgegen § 126 Abs. 2 HGB die Vertretungsmacht eines Gesellschafters mit Außenwirkung zu beschränken. Erst recht ist es jedoch der Erlaubnisbehörde untersagt, die Erteilung der Erlaubnis davon abhängig zu machen, dass nicht zuverlässige Gesellschafter aus der Personengesellschaft ausscheiden (s.a. *Franßen/Haesen*, Art. 1 § 3 Anm. 17; a.A. *Becker/Wulfgramm*, Art. 1 § 3 Rn. 17; *Schüren/Schüren*, § 3 Rn. 62). In diesem Fall würde eine neue Gesellschaft entstehen, deren Antrag auf Erlaubniserteilung ein erneutes, rechtlich selbstständig zu beurteilendes Antragsverfahren auslöst.

Bei **Gesamthandsgemeinschaften** wie z. B. der Erbengemeinschaft kommt hin- **26** zu, dass das gemeinschaftliche Verfügungsrecht der Erben (§ 2040 BGB) bis zur Auseinandersetzung (§ 2032 BGB) nicht aufgehoben oder eingeschränkt werden kann. Die in der Person eines Miterben begründete Unzuverlässigkeit führt daher zur Versagung der Erlaubnis, so dass die Erlaubnisbehörde nicht berechtigt ist, einzelnen Gesamthändern die Erlaubnis zu erteilen (a.A. *Sandmann/ Marschall*, Art. 1 § 3 Anm. 8) oder die Erlaubniserteilung vom Ausscheiden eines Gesamthänders abhängig zu machen (*Boemke*, § 3 Rn.19; a.A. *Schüren/Schüren*, § 3 Rn.62).

27 Bei der **KG** sind grundsätzlich nur die Komplementäre zur Vertretung und Geschäftsführung befugt, die Kommanditisten sind dagegen zur Vertretung der Gesellschaft grundsätzlich nicht berechtigt (§ 170 HGB). Sie sind auch von der Geschäftsführung grundsätzlich ausgeschlossen (§ 164 Satz 1 Halbsatz 1 HGB). Deshalb müssen bei der KG grundsätzlich nur die vertretungsberechtigten Komplementäre eine Erlaubnis beantragen und hierbei die nach Abs. 1 Nr. 1 erforderliche Zuverlässigkeit besitzen (*Boemke*, § 3 Rn. 19). Etwas anderes gilt allerdings, wenn die **Kommanditisten** auf Grund des Gesellschaftsvertrages, durch die Einräumung einer Prokura oder im Rahmen sonstiger vertraglich eingeräumter Vertretungsbefugnisse maßgeblichen Einfluss auf die Geschäftstätigkeit des Verleihunternehmens nehmen können (*Becker/Wulfgramm*, Art. 1 § 3 Rn.17; *Sandmann/Marschall*, Art. 1 § 3 Anm. 8; *Schüren/Schüren*, § 3 Rn 61). In diesen Fällen hat der Kommanditist zwar keine eigene Erlaubnis zu beantragen, die mangelnde Zuverlässigkeit des Kommanditisten begründet jedoch – wie in sonstigen Fällen unzuverlässiger vertretungsberechtigter Personen und den Strohmannfällen (vgl. Rn.23) – gleichzeitig auch die Unzuverlässigkeit der übrigen Gesellschafter (s.o. Rn.23f.).

28 Bei **juristischen Personen**, insbesondere bei Kapitalgesellschaften (z.B. GmbH, AG), ist immer die juristische Person als solche Antragsteller bzw. Erlaubnisinhaber (*LSG Celle* v. 24.2.1981 – L 7 AR 78/79 – EzAÜG § 1 AÜG Erlaubnispflicht Nr.7). Die Zuverlässigkeitsprüfung hat hier in Bezug auf alle zur Vertretung berechtigten Organe einschließlich der vertretungsberechtigten **Prokuristen** zu erfolgen (*Becker/Wulfgramm*, Art. 1 § 3 Rn.17; *Boemke*, § 3 Rn. 18; *Sandmann/Marschall*, Art. 1 § 3 Anm. 8; *Schüren/Schüren*, § 3 Rn. 60). Besitzt nur eine der hiernach zur Vertretung berechtigten Personen nicht die erforderliche Zuverlässigkeit, ist die Erlaubnis insgesamt zu versagen (*Sandmann/Marschall*, Art. 1 § 3 Anm. 8; *Boemke*, a.a.O.; *Schüren/Schüren*, a.a.O.). Uneingeschränkt gilt dies bei **Gesamtvertretung**. Soweit Alleinvertretungsmacht für einzelne Geschäftsführer oder Vorstandsmitglieder besteht, kann im Einzelfall auch eine Auflage nach § 2 Abs. 2 in Betracht kommen, nach der die zur Vertretung berechtigte unzuverlässige Person von der Ausübung von Angelegenheiten des AÜG ausgeschlossen ist (*Sandmann/Marschall*, Art. 1 § 3 Anm. 8; *Boemke*, a.a.O.; *Schüren/Schüren*, a.a.O.). Bei reinen Verleihunternehmen sowie bei Gesellschaften, bei denen nur eine Person zur Vertretung berechtigt ist, ist dies allerdings ausgeschlossen, da die Auflage hier faktisch zu einem unzulässigen Berufsverbot für den organschaftlichen Vertreter bzw. zur rechtlichen Handlungsunfähigkeit der Gesellschaft führen würde. Hier ist die Erlaubnis als solche zu versagen.

29 Auf die Zuverlässigkeit der **Gesellschafter** bei der GmbH oder der **Aktionäre** bei der AG kommt es im Rahmen des Abs. 1 Nr. 1 grundsätzlich nicht an (*Boemke*, § 3 Rn.18). Nach außen wird die GmbH durch die **Geschäftsführer** bzw. bei der AG durch den **Vorstand** vertreten (§ 35 Abs. 1 GmbHG, § 78 Abs. 1 AktG), so dass auf deren Zuverlässigkeit abzustellen ist. Nehmen allerdings die Gesellschafter der GmbH über entsprechende Regelungen im Gesellschaftsvertrag oder durch Beschlüsse in der Gesellschafterversammlung maßgeblichen Einfluss auf die Ge-

schäftsführung (§ 37 Abs. 1 GmbHG), ist die Zuverlässigkeitsprüfung auch auf den Gesellschaftsvertrag als Grundordnung der antragstellenden GmbH bzw. die Gesellschafter zu erstrecken, die ähnlich den Strohmannfällen (vgl. Rn. 23) die Geschäfte der Gesellschaft steuern (*Boemke*, § 3 Rn. 18). Im Konzernverbund gilt entsprechendes, wenn die Muttergesellschaft bzw. deren Organe über Beherrschungsverträge, Einzelweisungen oder auch nach den Grundsätzen des qualifiziert-faktischen Konzerns die Geschäftätigkeit des abhängigen Verleih-Tochter-Unternehmens maßgeblich beeinflussen (*Boemke*, a.a.O.).

Eine **mangelnde Zuverlässigkeit** des Verleihers ist immer dann gegeben, wenn **30** er nicht die Gewähr dafür bietet, dass er die als Gewerbetreibender und Arbeitgeber zu erfüllenden Pflichten unter Berücksichtigung der Besonderheiten der ANÜ im Einklang mit den bestehenden Rechtsvorschriften erfüllen kann (*Becker/Wulfgramm*, Art. 1 § 3 Rn. 15; *Sandmann/Marschall*, Art. 1 § 3 Anm. 5; *Schüren/Schüren*, § 3 Rn. 52). Abzustellen ist hierbei allein darauf, ob objektiv **Verstöße zu erwarten** sind. Hiervon ist grundsätzlich auszugehen, wenn der Verleiher nicht in **geordneten Vermögensverhältnissen** lebt und nicht über ein Mindestmaß liquider Mittel verfügt, um seinen Zahlungspflichten gegenüber dem LAN auch bei mangelnder Auftragslage nachzukommen (ErfK/*Wank*, § 3 Rn. 14; *Schüren/Schüren*, § 3 Rn. 76). Daneben ist eine Unzuverlässigkeit gegeben, wenn gegen den Verleiher rechtskräftig ein Bußgeld auf der Grundlage von § 16 verhängt wurde oder sonstige Ordnungswidrigkeiten begangen wurden, deren tatbestandliche Voraussetzung Bezüge zur Tätigkeit eines Verleihers aufweisen. Auf ein Verschulden kommt es insoweit nicht an (*Becker/Wulfgramm*, Art. 1 § 3 Rn. 16; ErfK/*Wank*, § 3 Rn. 14; *Sandmann/Marschall*, Art. 1 § 3 Anm. 7; *Thüsing/Pelzner*, § 3 Rn. 13). Für die Annahme der Unzuverlässigkeit reicht es aus, wenn der Verleiher nach seinem Verhalten oder nach seinem erkennbaren Willen den Schluss auf das Eintreten von Rechtsverstößen mit einer gewissen Wahrscheinlichkeit vermuten lässt. Bei **Erstanträgen** kann hierbei auch das bisherige Verhalten des Antragstellers bezüglich früherer Gewerbe oder Berufstätigkeiten berücksichtigt werden. Hat etwa der Verleiher, unabhängig davon, ob als Verleih- oder Baugewerbetreibender, gegen das Verbot der ANÜ nach § 1b verstoßen, begründet dies die Annahme der Unzuverlässigkeit (§ 1b Rn. 64). Dasselbe gilt, wenn der Antragsteller vor Erlaubniserteilung aus anderen Gründen bereits illegal gewerbsmäßige ANÜ betrieben hat (*Sandmann/Marschall*, Art. 1 § 3 Anm. 16).

Strafrechtliche Verurteilungen sind nur heranzuziehen, wenn sie einen Bezug **31** zur Tätigkeit eines Verleihers aufweisen und nicht dem Verwertungsverbot nach § 51 Abs. 1 BZRG unterliegen. Die Funktion der Erlaubnis besteht nicht darin, ein bisheriges Verhalten des Verleihers auf Grund der gewerberechtlichen Zulassungsnormen des AÜG zusätzlich zu sanktionieren oder gar zu ahnden (*Schüren/Schüren*, § 3 Rn. 55). Jedoch stellen **vermögensrechtliche Delikte** wie Diebstahl, Unterschlagung, Erpressung, Betrug u.ä. generell eine Tatsache dar, die die Annahme der Unzuverlässigkeit begründen (*Sandmann/Marschall*, Art. 1 § 3 Anm. 10). Erfüllen die Pflichtverletzungen des Verleihers den Tatbestand der **Schwarzarbeit** i.S.d. § 1 Abs. 2 SchwarzArbG, ist ohne weitere Prüfung von der Unzuverlässigkeit des Verleihers auszugehen (zur Wirksamkeit des Arbeitsvertrags vgl. *BAG* v. 26.2.2003 – 5 AZR 690/01 – NZA 2004, 314). Eine frühere Versagung einer Erlaubnis zur ANÜ oder auch zur Arbeitsvermittlung oder frühere Untersagungsverfügungen bezüglich anderer Gewerbe sind ebenfalls als Tatsachen zugrunde zu legen, die auf Unzuverlässigkeit schließen lassen (*Sandmann/Marschall*, Art. 1 § 3 Anm. 10).

32 Zur **Rechtsordnung**, die der Verleiher zu gewährleisten hat, gehören auch solche Normen, die nicht dem Arbeits- und Sozialrecht zuzuordnen sind, sondern die auf Grund sonstiger Vorschriften Verpflichtungen des Verleihers begründen. Hierzu zählen neben allen allgemein durch die Rechtsordnung angeordneten Verhaltenspflichten (*Sandmann/Marschall*, Art. 1 § 3 Anm. 10) insbesondere alle Verpflichtungen, die den Verleiher aus dem AÜG treffen. Dies betrifft z.B. die Anzeige- und Meldepflichten (§§ 7 Abs. 1, 8) ebenso wie die Unterrichtungs- und Erklärungspflichten (§§ 12 Abs. 1 Satz 2, Abs. 2 und 3, 11 Abs. 3 und 5) oder die Einhaltung des Schriftformerfordernisses nach § 12 Abs. 1 Satz 1. Soweit infolge **mangelhafter Betriebsorganisation** die Verstöße (bezogen auf die Nichterfüllung von Arbeitgeberpflichten, s.u. Rn. 53 ff.) nicht schon nach Abs. 1 Nr. 2 zur Versagung der Erlaubnis verpflichten, ist eine unzulängliche Betriebsorganisation, die zwar eine Erfüllung der üblichen Arbeitgeberpflichten sicherstellt, i.ü. jedoch nicht die Einhaltung sonstiger Rechtspflichten des Verleihers gewährleistet, als Tatsache im Rahmen des Abs. 1 Nr. 1 zu werten, die auf die Unzuverlässigkeit des Verleihers schließen lässt. Abs. 1 Nr. 1 stellt insoweit eine Generalnorm dar und bildet einen **Auffangtatbestand** auch in den Fällen, in denen die besonderen tatbestandlichen Voraussetzungen der Nr. 1 bis 3 nicht erfüllt sind, aber aus sonstigen Gründen Rechtsverstöße des Antragstellers zu vermuten sind (vgl. Rn. 13, 22). Dies ist v.a. dann der Fall, wenn der Antragsteller nicht ein Mindestmaß an **Kenntnissen des Arbeits- und Sozialversicherungsrechts** besitzt (ErfK/*Wank*, § 3 Rn. 14; *Sandmann/Marschall*, Art. 1 § 3 Anm. 12; *Schüren/Schüren*, § 3 Rn. 80) oder ihm sonstige zur Ausübung des Gewerbes elementare Kenntnisse fehlen (*BSG* v. 6.2.1992 – 7 RAr 140/90 – BB 1992, 2365). Wegen der einschneidenden Rechtsfolgen von Verstößen des Verleihers sowohl für den Arbeitnehmer (z.B. §§ 9 Nr. 1, 1 Abs. 2) als auch für den Vertragspartner des ANÜ-Vertrages (§§ 9 Nr. 1, 12), aber auch wegen der Nähe der ANÜ zur unzulässigen Arbeitsvermittlung und Beschäftigung sind die notwendigen elementaren Grundkenntnisse weit zu fassen. Fehlen dem Verleiher z.B. Kenntnisse über die Regelungsgehalte des § 28e Abs. 2 SGB IV, der §§ 104 ff. SGB VII oder über die arbeitsrechtlichen Grundsätze der Betriebsrisikolehre, ist bereits auf jeden einzelnen Punkt bezogen die Annahme gerechtfertigt, dass er die erforderliche Zuverlässigkeit nicht besitzt (*SG Berlin* v. 29.11.1989 – S 51 AR 1794/89 – DB 1990, 619). Zu Recht wird zwar darauf hingewiesen, dass auch **Berufsanfänger** zum ANÜ-Gewerbe zugelassen werden müssen und die Erteilung der Erlaubnis eine für längere Zeit betriebene Gewerbetätigkeit nicht voraussetzt (*Sandmann/Marschall*, Art. 1 § 3 Anm. 12). Dennoch ist der Erlaubnisinhaber verpflichtet, sich die notwendigen Kenntnisse anzueignen (a.A. *Schüren/Schüren*, § 3 Rn. 81). Kann er den hierzu erforderlichen Nachweis nicht über eine entsprechende Berufserfahrung oder die Teilnahme an Qualifizierungsmaßnahmen erbringen, muss bei Erstanträgen zumindest sichergestellt sein, dass das vom Verleiher eingesetzte Personal über die notwendige Sachkunde verfügt, um auf diese Weise fachkundige Defizite des Verleihers auszugleichen bzw. ihm den erforderlichen Kenntnisstand zu vermitteln (*BSG* v. 6.2.1992 – 7 RAr 140/90 – BB 1992, 2366). Nicht ausreichend ist es insoweit, wenn der Verleiher lediglich über einen **Beraterstab** Dritter (Steuerberater, Rechtsanwälte etc.) verfügt, die die notwendigen Fachkenntnisse besitzen (*SG Berlin* v. 29.11.1989 – S 51 AR 1794/89 – DB 1990, 691); vielmehr muss er wegen der Personengebundenheit der Erlaubnis selbst über die entsprechende Kenntnis verfügen.

33 Sind über die allgemeine Annahme mangelnder Zuverlässigkeit hinaus die Voraussetzungen eines Regelbeispiels erfüllt, ist die Erlaubnis zwingend zu versagen. Geht die Erlaubnisbehörde zu Unrecht vom Vorliegen des Tatbestandes eines der Regelbeispiele aus, kann der Verwaltungsakt dennoch rechtmäßig sein, wenn die zugrundeliegenden Tatsachen zutreffen und als solche die allgemeine Annahme mangelnder Zuverlässigkeit begründen.

a) Nichteinhalten von Vorschriften des Sozialversicherungsrechts

Zu den **sozialversicherungsrechtlichen Bestimmungen** i.S.d. Abs. 1 Nr. 1, die **34** der Verleiher einhalten muss, zählen zunächst alle Vorschriften, die sich auf die gesetzlichen Beitrags- und Abführungspflichten des Arbeitgebers bezüglich der Renten-, Kranken-, Arbeitslosen-, Pflege- und Unfallversicherung beziehen (*Boemke*, § 3 Rn. 24). Alle hierzu im SGB enthaltenen Beitragspflichten einschließlich etwaiger Umlagepflichten werden von Nr. 1 erfasst (zur Wirksamkeit des Arbeitsvertrags bei Hinterziehung von Sozialabgaben vgl. *BAG* v. 26.2.2003 – 5 AZR 690/01 – NZA 2004, 314). Zu den Vorschriften des Sozialversicherungsrechts zählt auch die **Schwerbehindertenabgabe** nach dem SchwbG, die der Verleiher zu tragen hat (*BVerwG* v. 13.12.2001 – 5 C 26/01 – NZA 2002, 386). Handelt es sich beim Verleiher um ein Bauunternehmen, das auf der Grundlage von § 1b Satz 2 zulässigerweise ANÜ betreibt, unterfallen darüber hinaus auch die gesetzlichen Umlagen für die produktive Winterbauförderung (vgl. VO v. 13.7.1972, BGBl. I S. 1201 i.d.F. vom 24.7.2000) den Vorschriften des Sozialversicherungsrechts (vgl. § 11 Rn. 63). Verstöße gegen die Abführungspflichten aus den Rahmen- und Sozialkassentarifverträgen führen als Verstoß gegen die arbeitsrechtlichen Pflichten des Arbeitgebers aus dem Tarifvertrag zur Annahme der Unzuverlässigkeit. Dasselbe gilt bei Nichterfüllung von Zahlungspflichten des Arbeitgebers für tarifliche und betriebliche Zusatzsysteme der Rentenversorgung oder sonstiger Sozialleistungssysteme, die zu einer Verminderung der Sozialversicherungsbeiträge führen und auf Grund derer dem Arbeitnehmer ein arbeitsvertraglicher Anspruch (bzw. eine Anwartschaft) eingeräumt ist.

Die öffentlich-rechtliche Pflicht des Arbeitgebers zur Aufbringung von **Beiträ-** **35** **gen zur Insolvenzversicherung** nach dem BetrAVG vom 19.12.1974 (BGBl. I S. 3610) i.d.F. vom 25.2.1992 (BGBl. I S. 297; vgl. § 10 Abs. 1 BetrAVG) rechnet zwar nicht zu den sozialversicherungsrechtlichen Bestimmungen i.S.d. Nr. 1; Verstöße gegen die Beitragspflichten (§ 10 BetrAVG) oder auch gegen die Mitteilungspflichten (§ 11 BetrAVG) bzw. gegen sonstige Pflichten des Arbeitgebers stellen jedoch einen Verstoß gegen Vorschriften des Arbeitsschutzrechts bzw. arbeitsrechtliche Pflichten des Verleihers dar und begründen daher ebenfalls die Annahme der Unzuverlässigkeit.

Zu den sozialversicherungsrechtlichen Pflichten des Verleihers, die von Nr. 1 er- **36** fasst werden, zählen neben den Beitragspflichten auch alle **Melde-, Anzeige-** **und Auskunftspflichten** (*Boemke*, § 3 Rn. 24; *Sandmann/Marschall*, Art. 1 § 3 Anm. 13; *Schüren/Schüren*, § 3 Rn. 66) sowie die Ausstellung von Entgeltbescheinigungen (ErfK/*Wank*, § 3 Rn. 8) und sonstige Nebenpflichten, die den Arbeitgeber durch Gesetz oder darauf beruhender Verordnungen im Zusammenhang mit der Sozialversicherung treffen (vgl. z.B. DEÜV v. 10.2.1998, BGBl. I S. 343). Verstöße gegen Nebengesetze mit sozialversicherungsrechtlichem Bezug (z.B. Beitragszahlungsverordnung v. 28.6.1997, BGBl. I S. 1928) begründen ebenfalls die Annahme der Unzuverlässigkeit (*Schüren/Schüren*, § 3 Rn. 66; zur verfassungskonformen Auslegung des § 2 BZVO bezüglich des Abführens des Gesamtsozialversicherungsbeitrags des Arbeitgebers vgl. *BSG* v. 22.2.1996 – 12 RK

42/94 – DB 1996, 2503), so dass auch Verstöße im Zusammenhang mit sozialversicherungsrechtlichen Bestimmungen des AÜG die Unzuverlässigkeit begründen. Dies gilt insbesondere bei Verstößen gegen das SchwarzArbG. Kommt der Verleiher seinen sozialversicherungsrechtlichen **Melde-, Beitrags-, oder Aufzeichnungspflichten** nicht nach, liegt Schwarzarbeit vor (§ 1 Abs. 2 Nr. 1 SchwarzArbG).

b) Verstöße gegen die Einbehaltung und Abführung der Lohnsteuer

37 Als Regelbeispiel nennt Nr. 1 bezüglich der steuerrechtlichen Verpflichtungen des Verleihers nur die Einbehaltung und Abführung der **Lohnsteuer** nach §§ 38 Abs. 3, 41a Abs. 1 Nr. 2 EStG sowie § 7 LStDV. Bei Nichtabführung von Lohnsteuern ist die Erteilung der Erlaubnis wegen Unzuverlässigkeit des Verleihers i.S.d. Nr. 1 zu versagen (*LSG Niedersachsen* v. 22.7.1977 – L 7 S (Ar) 31/77 – EzAÜG § 4 Rücknahme Nr. 1). Einbezogen sind auch Abführungspflichten des Arbeitgebers bei ANÜ mit Ausländerbezug (zur Abführungspflicht auf Grund Doppelbesteuerungsabkommen vgl. *LG Braunschweig* v. 3.5.1978 – 36 KLs 4 Js 22013/77 – EzAÜG § 1 AÜG Steuerrecht Nr. 1; *Boemke*, § 3 Rn. 26). Sonstige Verpflichtungen des Arbeitgebers im Zusammenhang mit der Lohnsteuer – auch soweit sie arbeitsrechtlicher Natur sind (z. B. die Verpflichtung zur ordnungsgemäßen Aufbewahrung, Ausführung und Rückgabe der Lohnsteuerkarte) – werden von der Regelbeispiels-Alternative nicht erfasst. Soweit sie nicht von anderen Regelbeispielen oder dem Versagungsgrund nach Nr. 2 erfasst werden, ist dennoch die Erlaubnis zu versagen, wenn der Verstoß gegen Verpflichtungen bezüglich der Lohnsteuer den allgemeinen Tatbestand der mangelnden Unzuverlässigkeit begründet. Dies gilt auch für alle **anderen Steuerarten**, so dass z. B. die Hinterziehung von Einkommen-, Gewerbe-, Vermögen-, Körperschaftoder Mehrwertsteuer ebenfalls die allgemeine Unzuverlässigkeit nach Nr. 1 begründen kann (*Becker/Wulfgramm*, Art. 1 § 3 Rn. 20; *Boemke*, § 3 Rn. 27; *Sandmann/ Marschall*, Art. 1 § 3 Anm. 14; *Schüren/Schüren*, § 3 Rn. 67; *Thüsing/Pelzner*, § 3 Rn. 21). Insofern ist der Schutzzweck des § 3 Abs. 1 zu beachten, nach dem der Verleiher, die auf Grund gesetzwidrigen Verhaltens keine geordneten Verhältnisse auf dem Teilarbeitsmarkt der ANÜ gewährleisten, vom Gewerbe (auch zum Schutz von Mitkonkurrenten) ausgeschlossen sein sollen. Hierbei sind im Einzelfall strenge Maßstäbe anzulegen. Ist etwa der Verleiher wegen **Steuerhinterziehung** rechtskräftig verurteilt, so ist unwiderlegbar von der mangelnden Zuverlässigkeit nach Nr. 1 auszugehen (vgl. *BGH* v. 5.5.1983 – 4 StR 133/83 – EzAÜG AFG Nr. 17). Dies gilt auch, wenn der Verstoß gegen die Abführungspflicht ein anderes Gewerbe des Verleihers betrifft (*LSG Niedersachsen* v. 22.7.1977, EzAÜG § 4 AÜG Rücknahme Nr. 1).

c) Verstöße gegen Vorschriften über die Arbeitsvermittlung

38 Im Hinblick auf die Bedeutung vermittlungsrechtlicher Bestimmungen für die Zulässigkeit von ANÜ (zur Abgrenzung vgl. Einl. D. 8ff.) sowie die Folgen vermittlungsrechtlicher Verstöße für die Rechtstellung des betroffenen Arbeitnehmers (vgl. Einl. D. Rn. 44ff.) nimmt Nr. 1 auch **Verstöße gegen vermittlungsrechtliche Bestimmungen** in den Katalog der Versagungsgründe auf. Der Versagungstatbestand ist auch erfüllt, wenn der Verleiher getrennt oder neben dem ANÜ-Gewerbe das Vermittlungsgewerbe betreibt und hierbei gegen vermittlungsrechtliche Vorschriften verstößt (*Schüren/Schüren*, § 3 Rn. 68). Auch ohne die Vorschrift könnte ein Verleiher, der tatsächlich Arbeitsvermittlung betreibt, schon auf Grund der Legaldefinition des § 1 Abs. 1 Satz 1 keine Erlaubnis erhalten (§ 1 Rn. 160 ff.). Der Begriff der vermittlungsrechtlichen Bestimmungen i.S.d. Nr. 1 ist weit zu fassen. Nicht nur Verstöße gegen die Arbeitsvermittlung ohne Berechtigung (Einl. D. Rn. 38 ff.) werden erfasst. Selbst wenn der Verleiher **zur Arbeitsvermittlung** berechtigt ist (zum Doppelgewerbe vgl. auch Einl. D. Rn. 38 ff.), kann er sich in seiner Eigenschaft als Verleiher nicht auf die gleichzeitig vorliegende Berechtigung zur Arbeitsvermittlung berufen (*Bauer*, NZA 1995, 204), wenn sein Verhalten den Tatbestand einer **vermuteten Arbeitsvermittlung** nach § 1 Abs. 2 begründet (*Schüren/Schüren*, § 3 Rn. 68; a.A. *Boemke*, § 3 Rn. 28). Der Verleiher hat ebenso wie ein Arbeitsvermittler das Vermittlungs- und Überlassungsgewerbe voneinander klar **abgegrenzt** im Rechtsverkehr zu betreiben. Verstöße des Verleihers gegen vermittlungsrechtliche Vorschriften liegen daher immer vor, wenn der Verleiher einen Sachverhalt oder eine Rechtsbeziehung nicht eindeutig der Arbeitsvermittlung oder der ANÜ zuordnet oder zuordnen kann.

Da § 292 SGB III ebenfalls zu den vermittlungsrechtlichen Bestimmungen gehört, **39** werden Verstöße gegen die Bestimmungen zur Auslandsvermittlung ebenfalls von dem Regelbeispiel erfasst (*Boemke*, § 3 Rn. 29).

Verstöße gegen das Vermittlungsrecht liegen auch bei rechtsmissbräuchlicher **40** Einlösung von **Vermittlungsgutscheinen** vor (*Thüsing/Pelzner*, § 3 Rn. 22; vgl. Einl. D Rn. 2b, 30). Dasselbe gilt, wenn eine **PSA** entgegen den gesetzlichen Zwecksetzungen keine Vermittlungsaktivitäten entfaltet (vgl. § 37c SGB III Rn. 4), oder sonst gegen ihre spezifischen Pflichten (z. B. Qualifizierungspflichten nach § 37c Abs. 1 SGB III) verstößt. Auch soweit die Angaben beim **Vergabeverfahren** nach § 37 Abs. 2 SGB III unzutreffend sind (§ 37c SGB III Rn. 12 ff.), Honorare oder **Vermittlungsprämien** nach § 37 Abs. 2 Satz 4 f. SGB III (vgl. § 37c SGB III Rn. 22 ff.) auf Grund falscher Angaben erschlichen werden oder überhöhte Provisionen verlangt bzw. sonst gegen § 297 SGB III verstoßen wird, ist die Erlaubnis zu entziehen (*Schüren/Schüren*, § 3 Rn. 68). Die Vorschriften zur PSA sind nach ihrer Zuordnung in Kap. 3 Abschnitt 2 des SGB III Vorschriften zur Arbeitsvermittlung.

Ein Verstoß gegen vermittlungsrechtliche Bestimmungen liegt auch vor, wenn **41** gegen § 40 Abs. 1 Nr. 2 AufenthG (Einl. 6 Rn. 37) verstoßen wird oder entgegen Bestimmungen **bilateraler Abkommen** (Einl. F. Rn. 78 ff.) ausländische Arbeitnehmer (z. B. Gastarbeitnehmer aus Polen) in die Bundesrepublik vermittelt werden (*Boemke*, § 3 Rn. 28; vgl. Art. 7 der Gastarbeitnehmer-Vereinbarung v. 5. 2. 1991, siehe Anhang 5).

d) Verstöße gegen Vorschriften über die Anwerbung im Ausland

Nach § 302 Abs. 1 Nr. 1 SGB III unterliegt die **Anwerbung** von Drittstaatenange- **42** hörigen (zum Begriff vgl. *Becker/Wulfgramm*, Art. 1 § 3 Rn. 22) **im Ausland** für eine **Beschäftigung im Inland** dem **Vermittlungsmonopol der BA**. Dasselbe gilt nach § 292 SGB III für bestimmte Berufe, soweit dies in einer Rechtsverordnung bestimmt ist (ErfK/*Wank*, § 3 Rn. 10). Seit dem Anwerbestopp-Beschluss der Bundesregierung vom 23. 11. 1973 findet unter Berücksichtigung der ASAV (Anhang 4) seitens der BA grundsätzlich keine Anwerbung von Arbeitnehmern im Ausland mehr statt (vgl. Einl. G. Rn. 50 ff.). Soweit keine vorherige Zustimmung der BA zur Anwerbung im Ausland erteilt wurde (§ 302 Abs. 2 SGB III), verstößt daher die Anwerbung gegen Vorschriften über die Anwerbung im Ausland i.S.d. Abs. 1 Nr. 1. Nicht erfasst von Abs. 1 Nr. 1 werden Verstöße gegen die Inlandsanwerbung nach § 302 Abs. 1 Nr. 2 SGB III.

43 Die **Anwerbung deutscher und gleichgestellter Arbeitnehmer** des EWR-Raumes im Ausland bedarf keiner besonderen Genehmigung. § 302 Abs. 1 SGB III bestimmt in Übereinstimmung mit Art. 3 Abs. 3a EWG-VO Nr. 1612/68 Freizügigkeit, dass die Anwerbevorschriften auf EG- und EWR-Ausländer nicht anwendbar sind. Ein Verstoß gegen die Anwerbung im Ausland i.S.d. Nr. 1 setzt dabei im Unterschied zur Inlandsanwerbung für eine Beschäftigung im Ausland nicht voraus, dass die Anwerbung außerhalb des Gebietes des EWR erfolgt. § 302 Abs. 1 Nr. 1 SGB III knüpft insoweit ausschließlich **arbeitnehmerbezogen** an die Staatsangehörigkeit an, während Nr. 2 der Vorschrift allein auf den **Ort** der ausländischen Beschäftigung abstellt.

43a Das eigenständige Regelbeispiel des Abs. 1 Nr. 1 von Verstößen gegen die »**Anwerbung im Ausland**« (vgl. Rn. 42) erfasst zwar nicht Fälle der Anwerbung für eine Beschäftigung im Ausland (§ 302 Abs. 1 Nr. 2 SGB III). Jedoch führen darauf bezogene Verstöße als Verstöße gegen vermittlungsrechtliche Bestimmungen i.S.d. §§ 288a ff. SGB III zur Annahme der Unzuverlässigkeit. Die unterschiedliche rechtliche Behandlung der beiden Anwerbungsvarianten des § 302 Abs. 1 SGB III ist im Hinblick auf die EWG-Verordnung Nr. 1612/68 Freizügigkeit (vgl. Einl. F. Rn. 17) gefordert, da auf Grund Art. 3 Abs. 2a der VO für die Anwerbung ausländischer Arbeitnehmer/Staatsangehöriger aus dem EWR keine Sonderregelung getroffen werden kann. Die (im Inland) erfolgende Anwerbung von Arbeitnehmern für eine **Beschäftigung im Ausland** nach § 302 Nr. 2 SGB III betrifft demgemäß von vornherein ausländische und deutsche Arbeitnehmer gleichermaßen. Auch die Anwerbung deutscher Arbeitnehmer für eine Beschäftigung im Ausland stellt daher einen Verstoß gegen § 302 Abs. 1 Nr. 2 SGB III als vermittlungsrechtlicher Norm nach Nr. 1 dar.

e) Verstöße gegen Vorschriften über die Ausländerbeschäftigung

44 Nach § 4 Abs. 3 Satz 1 AufenthG, § 284 Abs. 1 SGB III benötigen ausländische Arbeitnehmer für eine Beschäftigung im Inland eine **Arbeitsgenehmigung/EU** bzw,. eines **Aufenthaltstitels**, der zur Aufnahme einer Beschäftigung berechtigt. Hinsichtlich der Einzelheiten wird insoweit auf die Erläuterungen zur Arbeitsgenehmigung sowie zur ArGV und zum AufenthaltsG verwiesen (vgl. Einl. G. Rn. 1 ff.). Der Versagungstatbestand bei Verstößen gegen die Ausländerbeschäftigung wurde durch Art. 63 Nr. 7 Buchst. a) AFRG mit Wirkung vom 1. 1. 1998 (vgl. Art. 83 Abs. 1 und 2 AFRG) redaktionell an die Begriffe des SGB III angepasst, wobei die Änderung nunmehr klarstellt, dass alle Verstöße gegen die Ausländerbeschäftigung, d.h. auch Verstöße gegen das Recht der **Aufenthaltserlaubnis**, zur Versagung der Erlaubnis führen.

45 Arbeitnehmer aus **Mitgliedstaaten** der EU und des EWR sowie heimatlose Ausländer bedürfen keiner Arbeitsgenehmigung. Dies gilt nach § 284 Abs. 1 SGB III nicht für Staatsangehörige der **Beitrittsstaaten** (vgl. Einl. G, Rn. 11). Sie bedürfen während der 7-jährigen Übergangsfrist i.d.R. weiterhin einer **Arbeitsgenehmigung/EU**. Nach § 40 Abs. 1 Nr. 2 AufenthG, § 6 Abs. 1 Nr. 2 ArGV ist die Arbeitserlaubnis für ausländische Arbeitnehmer, die als **Leiharbeitnehmer** im Inland tätig werden wollen, zu versagen, so dass Arbeitnehmer, die nicht EU- oder EWR-Staatenangehörige sind, grundsätzlich keine Arbeitserlaubnis als Leiharbeitnehmer erhalten (vgl. Einl. G. Rn. 35 ff.). Dies gilt auch für EU-Staatsangehörige aus den Beitrittsstaaten, die nach § 284 einer Arbeitsgenehmigung/EU bedürfen (*Thüsing/Pelzner*, § 3 Rn. 23; vgl. Einl. G Rn. 36).

Die Ausnahmevorschrift des § 9 Nr. 5 ArGV, wonach Arbeitnehmer ausländischer Arbeitgeber bei bestimmten **Montagearbeiten** oder Werklieferungsverträgen von der Erlaubnispflicht befristet befreit sind, gilt nicht für die ANÜ, bei der lediglich die Arbeitsleistung des Arbeitnehmers geschuldet ist (Einl. G Rn. 34). Auch **Saison-Arbeitnehmer** (vgl. Einl. G. Rn. 49) erhalten keine Arbeitserlaubnis zur ANÜ. Sie dürfen als Leiharbeitnehmer weder beschäftigt noch überlassen werden. Dasselbe gilt für Arbeitnehmer, die auf der Grundlage von Regierungsabkommen mit Drittstaaten zur Erbringung werkvertraglicher Leistungen mit einer Zulassungsbescheinigung nach § 10 ArGV im Inland beschäftigt werden sollen (vgl. Einl. G Rn. 45 ff.).

Besitzt der ausländische Arbeitnehmer keinen Aufenthaltstitel oder keine gültige **46** Arbeitsgenehmigung/EU, darf der Arbeitgeber den Arbeitnehmer **nicht beschäftigen** (zu den Rechtswirkungen auf das Arbeitsverhältnis und den ANÜ-Vertrag vgl. Einl. G. Rn. 41 ff.). Der Verleiher verstößt hierbei auch in dem Fall gegen vermittlungsrechtliche Bestimmungen i.S.d. Abs. 1 Nr. 1, wenn er sich keine gültige bzw. nach Ablauf einer befristeten Arbeitserlaubnis wirksam verlängerte **Arbeitserlaubnis vorlegen** lässt (vgl. Einl. G Rn. 36).

Beruht ein Arbeitsverhältnis auf einer **unerlaubten Arbeitsvermittlung** oder **47** Anwerbung (vgl. § 42 BeschV), ist die Arbeitserlaubnis nach § 40 Abs. 1 Nr. 1 AufenthG, § 6 Abs. 1 Nr. 1 ArGV zu **versagen** (*Boemke*, § 3 Rn. 31). Die Vorschrift gilt für alle Tätigkeiten eines ausländischen Arbeitnehmers im Inland und führt im Rahmen des Abs. 1 Nr. 1 dazu, dass Verstöße eines Arbeitgebers gegen das hiermit verbundene **Beschäftigungsverbot** auch dann die Annahme der Unzuverlässigkeit begründen, wenn sie nicht im Rahmen gewerbsmäßiger ANÜ, sondern in anderen Gewerbezweigen (insbesondere von Mischunternehmen) begangen werden. Die Unzuverlässigkeit des Verleihers i.S.d. Abs. 1 Nr. 1 ist auch dann gegeben, wenn er gegen vermittlungsrechtliche oder erlaubnisrechtliche Bestimmungen verstoßen hat, die nicht auf seine Tätigkeit als Verleiher zurückzuführen sind (*Sandmann/Marschall*, Art. 1 § 3 Anm. 15; *Schüren/Schüren*, § 3 Rn. 68).

f) Nichteinhaltung von Vorschriften des Arbeitsschutzrechts

Nach § 11 Abs. 6 obliegt die Einhaltung der öffentlich-rechtlichen Vorschriften **48** des **Arbeitsschutzrechts** (auch unbeschadet der diesbezüglichen Verantwortlichkeiten des Entleihers) auch für die Zeiten des Einsatzes in Drittbetrieben dem Verleiher. Hierzu zählen insbesondere die Normen des ArbSchG vom 7. 8. 1996 (BGBl. I S. 1246), die auf § 18 ArbSchG basierenden Verordnungen und die VO zur Umsetzung von EG-Einzelrichtlinien zur EG-Rahmen-Richtlinie Arbeitsschutz vom 20. 12. 1996 (BGBl. I S. 1841; *Pieper*, ArbuR 1997, 21). § 11 Abs. 6 bezeichnet dabei die Einhaltung der öffentlich-rechtlichen Vorschriften des Arbeitsschutzrechts als **Pflicht für den Arbeitgeber**, so dass die aus § 11 Abs. 6 folgenden Pflichten auch dem Regelbeispiel auch der Nichteinhaltung arbeitsrechtlicher Pflichten des Arbeitgebers zuzuordnen sind (*Boemke*, § 3 Rn. 33; a. A. *Sandmann/Marschall*, Art. 1 § 3 Anm. 17).

Hat ein inländischer Verleiher das Arbeitsverhältnis mit dem Leiharbeitnehmer **49** im Ausland nach dem **Recht des Herkunftslandes** begründet, ist er zwar nicht arbeitsvertraglich, aber auf Grund zwingender Geltung arbeitsschutzrechtlicher

Normen verpflichtet, bei **Verleih** dieses Leiharbeitnehmers **in das Inland** alle Vorschriften des AÜG als Arbeitnehmerschutzgesetz einzuhalten (Art. 34 EGBGB, Einl. F. Rn. 4). Die in § 11 enthaltenen Verpflichtungen sind gegenüber den ausländischen Arbeitnehmern auch dann einzuhalten, wenn im Herkunftsland hierzu keine oder andere Regelungen getroffen wurden. Verstößt der Verleiher hiergegen, begründet die hiermit verbundene Nichteinhaltung von Vorschriften des Arbeitsschutzrechts die Unzuverlässigkeit i.S.v. Abs. 1 Nr. 1.

49a Die Vorschriften des Arbeitsschutzrechts i.S.d. Abs. 1 Nr. 1 sind schon nach dem Wortlaut der Vorschrift weitergefasst als die öffentlich-rechtlichen Vorschriften des Arbeitsschutzrechts i.S.d. § 11 Abs. 6. Neben öffentlich-rechtlichen Vorschriften (vgl. hierzu § 11 Rn. 87 ff.) umfassen die **Vorschriften des Arbeitsschutzrechts** i.S.d. Abs. 1 Nr. 1 **alle Rechtsnormen**, die dem Arbeitgeber zum **Schutz des Arbeitnehmers** Pflichten auferlegen. Nicht nur Vorschriften zum Gesundheits-, Unfallverhütungs- und Gefahrenschutz werden hiervon erfasst, sondern alle Normen, die einer Sicherung der ökonomischen, sozialen oder rechtlichen Stellung des Arbeitnehmers zu dienen bestimmt sind. Hierzu zählen v. a. auch Vorschriften zum **Arbeitsvertragsschutz**, durch die der Arbeitnehmer vor einer unsozialen Gestaltung der materiellen Arbeitsbedingungen geschützt werden soll (*Becker/Wulfgramm*, Art. 1 § 3 Rn. 24; a. A. *Schüren/Schüren*, § 3 Rn. 71).

50 Zum Arbeitsschutzrecht i.S.d. Abs. 1 Nr. 1 gehören auch alle Normen, die auf Grund der **internationalen Arbeits- und Sozialordnung** für Arbeitnehmer verbindlich gelten bzw. dem Arbeitgeber Verpflichtungen auferlegen, insbesondere Vorschriften der EU (s. hierzu Einl. F. Rn. 23 ff.). Zu nennen ist in diesem Zusammenhang auch die EG-Richtlinie 91/383 zu den atypischen Arbeitsverhältnissen und zur Arbeitszeit oder auch die EG-Entsende-Richtlinie (vgl. Einl. F Rn. 37 ff.), soweit sie von der Bundesrepublik bislang nicht vollständig umgesetzt wurde (vgl. Einl. F. Rn. 52 ff.). Im Unterschied zum Privatrecht sind die **EG-Richtlinien trotz Nichtumsetzung** von den Trägern öffentlicher Verwaltung **zu beachten** (*Gaul*, ArbuR 1995, 446), so dass die BA als gewerberechtliche Erlaubnisbehörde zur Beachtung der Richtlinienbestimmungen auch ohne innerstaatliche Umsetzung verpflichtet ist. Hieraus folgt jedoch nicht, dass bei Verstößen gegen EG-Richtlinien, die nicht vollständig umgesetzt wurden, die Erlaubnis zwingend nach Abs. 1 Nr. 1 zu versagen ist. Vielmehr hat die Behörde die Einhaltung nicht rechtzeitig umgesetzter Richtlinien entsprechend den Grundsätzen der **Verhältnismäßigkeit** zunächst mit den Mitteln der Auflage (vgl. § 2 Rn. 29) sicherzustellen. Erst wenn der Antragsteller trotz entsprechender Auflagen nicht in nationales Recht umgesetzte Richtlinien nicht einhält, liegt ein dem Verleiher zurechenbarer Verstoß gegen Vorschriften des Arbeitsschutzrechts i.S.v. Abs. 1 Nr. 1 vor, der die Versagung einer Erlaubnis bzw. deren Widerruf nach § 5 Abs. 1 Nr. 2 rechtfertigt.

51 Auch **tarifvertragliche Regelungen** oder **Betriebsvereinbarungen** bzw. betriebliche Regelungsabsprachen (z. B. nach §§ 87 Abs. 1 Nr. 7, 88 Nr. 1 BetrVG) enthalten Vorschriften des Arbeitsschutzrechts i.S.d. Nr. 1 soweit hierdurch öffentlich-rechtliche Vorschriften ausgestaltet werden.

Einzelvertraglich begründete arbeitsschutzrechtliche Verpflichtungen des Arbeitgebers unterliegen dagegen dem Anwendungsbereich des besonderen Regelungsbeispiels der Nichteinhaltung arbeitsrechtlicher Pflichten. Verstößt der Arbeitgeber gegenüber dem **Betriebsrat** gegen die aus §§ 81, 87 Abs. 1 Nr. 7, 89 Abs. 2 bis 5 BetrVG folgenden Beteiligungs- und Unterrichtungspflichten, liegt hierin ebenfalls ein Verstoß gegen Vorschriften des Arbeitsschutzrechts.

Bei ANÜ mit **Auslandsbezug** hat der Verleiher auch die arbeitsschutzrechtlichen **52** Normen einzuhalten, die beim Auslandseinsatz im Einsatzstaat (z.B. auf Grund der EG-Entsende-Richtlinie erlassene Normen) gelten bzw. die für den Arbeitnehmer auf Grund von Arbeitsschutzregelungen des Entsendestaates bei Inlandseinsätzen ausländischer Arbeitnehmer zu beachten sind. Dem Verleiher ist es insoweit untersagt, im Wege der freien Rechtswahl die Geltung von Arbeitsschutzvorschriften danach zu vereinbaren, welcher Staat die jeweils niedrigeren Schutzniveaus vorschreibt (Art. 1 Abs. 1 EGV). Ist etwa nach **ausländischem Recht** (auch soweit es sich um Mitgliedstaaten der EU handelt) ANÜ untersagt bzw. nur unter bestimmten Bedingungen oder unter bestimmten arbeitsvertraglichen Voraussetzungen zulässig, sind die diesbezüglichen Arbeitsschutznormen vom Verleiher auch bei Auslandseinsätzen zu beachten (zur Regelung der ANÜ im Ausland vgl. *Sandmann/Marschall*, Art. 1 § 3 Anm. 60ff.). Verstößt der Verleiher beim Einsatz von Leiharbeitnehmern im Ausland gegen diese Normen, begründet dies seine Unzuverlässigkeit wegen Nichteinhaltung der Vorschriften des Arbeitsschutzrechts i.S.d. Nr. 1 (vgl. § 1 Rn. 171).

g) Nichteinhaltung arbeitsrechtlicher Pflichten

Erfüllt der Verleiher nicht seine **arbeitsrechtlichen Pflichten**, ist die Erlaubnis **53** zwingend (a.A. *Sandmann/Marschall*, Art. 1 § 3 Anm. 18) zu versagen (vgl. Rn. 15ff.). Mit dem eigenständigen Versagungsgrund will der Gesetzgeber den grundlegenden **Schutzzwecken** des AÜG Rechnung tragen, Leiharbeitnehmer gegen Missbräuche im Bereich der ANÜ zu schützen und Gefährdungen des arbeits- und sozialrechtlichen Schutzes auszuschließen. Ein Pflichtenverstoß führt schon dann zwingend zur Versagung der Erlaubnis, wenn der Arbeitgeber die arbeitsrechtlichen Pflichten rein tatsächlich nicht einhält. Ein subjektives **Verschulden** ist nicht erforderlich. Vielmehr ist es ausreichend, wenn ihm die Nichteinhaltung objektiv zurechenbar ist. Der Auffassung, dass der Versagungstatbestand einen Verstoß gegen zwingende gesetzliche Pflichten voraussetzt (so *Sandmann/ Marschall*, § 3 Anm. 18; ErfK/*Wank*, § 3 Rn. 13) oder nur bei »arbeitsrechtlichen Mindestpflichten« in Betracht kommt (*Thüsing/Pelzner*, § 3 Rn. 26), kann nicht gefolgt werden. Ein Verstoß gegen Arbeitgeberpflichten wird nicht dadurch zum Kavaliersdelikt, dass er gegen vertragliche statt gesetzliche Pflichten verstößt. Dies gilt verstärkt angesichts der Aufhebung des besonderen gesetzlichen Arbeitsschutzes von LAN durch die Hartz-Gesetzgebung (Einl. B Rn. 54ff.) und der fortschreitenden Deregulierung gesetzlicher Normen des Arbeitsschutzes.

Liegt ein Verstoß gegen arbeitsrechtliche Pflichten des Verleihers als Arbeitgeber **54** vor, kommt es nicht darauf an, ob das rechtswidrige Handeln des Verleihers auch einen der Tatbestände der Nr. 2 bis 3 erfüllt. Umgekehrt können jedoch auch dann Verstöße gegen die arbeitsrechtlichen Pflichten des Verleihers vorliegen, wenn die Tatbestandsmerkmale von Nr. 2 oder 3 nicht vollständig erfüllt sind. Nr. 1 ist insofern auch ergänzend anwendbar (Rn. 10).

Verstöße gegen die **Gleichbehandlungsgrundsätze** von Abs. 1 Nr. 3 stellen nach **54a** § 9 Nr. 2 gleichzeitig einen Verstoß gegen die arbeitsrechtlichen Pflichten des Verleihers dar. Insoweit ist jedoch Nr. 3 **lex specialis** zu Nr. 1. Verstößt der Verleiher demgegenüber gegen seine Leistungspflichten aus § 10 Abs. 4, liegt ein Verstoß gegen arbeitsrechtliche Pflichten i.S.d. Nr. 1 vor (unklar *Schüren/Schüren*, § 3 Rn. 74). Dasselbe gilt, wenn der Verleiher Pflichten nicht erfüllt, die nicht vom Gleichstellungsgebot erfasst werden (vgl. § 9 Rn. 82).

54b Verstößt ein **ausländischer Verleiher** (auch unabhängig von § 1 Abs. 2a AEntG) gegen die Pflicht, die in § 7 Abs. 1 AEntG aufgezählten **Mindestarbeitsbedingungen** zu gewähren, liegt immer ein Gesetzesverstoß i.S.d. Nr. 1 vor. Zu den zwingend zu gewährenden Arbeitsbedingungen i.S.d. § 7 Abs. 1 Nr. 3 und 4 AEntG zählen u. a. die Mindestentgeltsätze sowie die Bedingungen zur Überlassung von Arbeitskräften insbesondere durch Leiharbeitsunternehmen. Erfasst werden danach u. a. alle Arbeitsbedingungen des AÜG und damit auch die Vorschriften zum Gleichstellungsanspruch des LAN nach §§ 3 Abs. 1 Nr. 3, 9 Nr. 2, 10 Abs. 4 (vgl. Einl. F Rn. 561ff.). Daneben sind die Gleichstellungsvorschriften des AÜG auch **international zwingende Normen** i.S.d. Art. 34 EGBGB, so dass auch ein ausländischer Verleiher zur Beachtung des Gleichstellungsgebots verpflichtet ist (*Sandmann/Marschall*, § 3 Anm. 69; *Schüren/Feuerborn*, Einl. Rn. 612).

55 Zu den arbeitsrechtlichen Pflichten zählen alle Rechtsnormen des **individuellen und kollektiven Arbeitsrechts**, soweit sie dem Arbeitgeber Pflichten auferlegen (*Becker/Wulfgramm*, Art. 1 § 3 Rn. 25; *Schüren/Schüren*, § 3 Rn. 70), unabhängig davon, ob sie auf Gesetz, TV, BV oder individualvertraglicher Grundlage (Arbeitsvertrag, betriebliche Übung, Gesamtzusage) beruhen (*Boemke*, § 3 Rn. 34). Täuscht der Verleiher im Falle der mangelnden oder eingeschränkten **Zahlungsfähigkeit** den LAN über seine Fähigkeit, die Vergütung zahlen zu können, ist die Unzuverlässigkeit schon wegen des hiermit verbundenen Betrugs i.S.d. § 263 StGB gegeben (*BGH* v. 18. 1. 2001 – 4 StR 315 / 00 – NJW 2001, 981). Auch Verstöße gegen die **Fürsorgepflicht** des Arbeitgebers oder gegen vertragliche Nebenpflichten werden von der Norm erfasst (*Thüsing/Pelzner*, § 3 Rn. 25). Ein Pflichtenverstoß i.S.d. Abs. 1 Nr. 1 liegt immer vor, wenn der Arbeitgeber gegenüber dem Leiharbeitnehmer bestehende Haupt- oder Nebenleistungspflichten aus dem Arbeitsverhältnis nicht einhält, insbesondere wenn er gesetzliche, tarifliche oder betriebsvereinbarungsmäßig bzw. arbeitsvertraglich begründete Ansprüche des Arbeitnehmers nicht erfüllt. Die Nichteinhaltung von Haupt- oder Nebenleistungspflichten nach dem AEntG und dem AÜG (§§ 9 bis 11; zum AEntG vgl. Rn. 61 f.) – v. a. die Verpflichtung zur Lohnfortzahlung bei Annahmeverzug des Verleihers (§ 11 Abs. 4) und zur Gewährung der Arbeitsbedingungen nach § 10 Abs. 4 – begründet ebenfalls die Unzuverlässigkeit i.S.v. Abs. 1 Nr. 1 (*Becker/ Wulfgramm*, Art. 1 § 3 Rn. 25; *Sandmann/Marschall*, Art. 1 § 3 Anm. 18), unabhängig davon, ob sie auf Gesetz, TV, BV oder individualvertraglicher Grundlage (Arbeitsvertrag, betriebliche Übung, Gesamtzusage) beruhen (*Boemke*, § 3 Rn. 34). Täuscht der Verleiher im Falle der mangelnden oder eingeschränkten **Zahlungsfähigkeit** den LAN über seine Fähigkeit, die Vergütung zahlen zu können, ist die Unzuverlässigkeit schon wegen des hiermit verbundenen Betrugs i.S.d. § 263 StGB gegeben (*BGH* v. 18. 1. 2001 – 4 StR 315 / 00 – NJW 2001, 981). Auch Verstöße gegen die **Fürsorgepflicht** des Arbeitgebers oder gegen vertragliche Nebenpflichten werden von der Norm erfasst (*Thüsing/Pelzner*, § 3 Rn. 25).

56 Fehlt es überhaupt an einer wirksam begründeten **arbeitsvertraglichen Verpflichtung des Arbeitnehmers**, als Leiharbeitnehmer unter dem Weisungsrecht eines Dritten zur Arbeitsleistung verpflichtet zu sein (vgl. § 1 Rn. 37), oder ist eine entsprechende Verpflichtung qua Arbeitsvertrag, Betriebsvereinbarung oder Tarifvertrag ausgeschlossen (vgl. § 1 Rn. 101 ff.), erfüllt bei dennoch erfolgter Überlassung der hierin liegende Verstoß gegen § 613 Satz 2 BGB gleichzeitig den Tatbestand der Nichteinhaltung von Arbeitgeberpflichten i.S.d. Nr. 1. Praktische Bedeutung gewinnt dies vor allem bei **Montagearbeitnehmern**, die häufig keine den Anforderungen des § 613 Satz 2 BGB Rechnung tragende rechtsgeschäftliche

Erklärung zur Übertragbarkeit des Weisungsrechts auf Dritte abgegeben haben. Erfolgt hier der Montageeinsatz nicht auf der Grundlage eines Werkvertrages, sondern im Rahmen von ANÜ, ist eine dem Montageunternehmen erteilte Erlaubnis nach § 5 Abs. 1 Nr. 3 i.V.m. § 3 Abs. 1 Nr. 1 zu widerrufen.

Zu den arbeitsrechtlichen Pflichten i.S.d. Nr. 1 gehören nicht nur solche Pflichten, **57** die der Arbeitgeber auf Grund eines entsprechenden Anspruchs des einzelnen Leiharbeitnehmers zu erfüllen hat. Vielmehr gehören hierzu alle Pflichten, die an die **Rechtsstellung des Verleihers als Arbeitgeber** und damit als Unternehmen anknüpfen (*Boemke*, § 3 Rn. 34). Der Verleiher braucht daher nicht erst gegen das Diskriminierungsverbot des § 611a BGB zu verstoßen, um eine Unzuverlässigkeit i.S.d. Nr. 1 zu begründen (*Thüsing/Pelzner*, § 3 Rn. 25). Die unzulässige Frage nach einer bestehenden Schwangerschaft reicht hierfür schon aus (*BSG* v. 6.4.2000 – B 11/7 AL 10/99 R – AP Nr. 1 zu § 11 AÜG). Bei **Mischunternehmen** oder Verleihern, die neben der ANÜ ein weiteres Gewerbe betreiben, führt dies dazu, dass auch die Nichteinhaltung von Arbeitgeberpflichten in anderen Gewerbearten unternehmensbezogen die Annahme der Unzuverlässigkeit i.S.v. Nr. 1 begründet. Hat das Verleihunternehmen mindestens 20 Arbeitsplätze, zu denen nach § 73 Abs. 1 SGB IX auch die Arbeitsplätze von Fremdfirmenbeschäftigten zählen, hat der Verleiher auch die Verpflichtung zur **Beschäftigung von schwerbehinderten Menschen** zu erfüllen (vgl. § 71 SGB IX; *Sandmann/Marschall*, Art. 1 § 3 Anm. 18; a.A. *Boemke*, § 3 Rn. 35). Dasselbe gilt beispielsweise hinsichtlich der Aushang- und Arbeitszeitnachweispflichten gem. § 16 ArbZG, der Nachweispflichten nach § 11 Abs. 1 oder hinsichtlich der Auslegungspflichten bezüglich abgeschlossener Betriebsvereinbarungen (§ 77 Abs. 2 Satz 3 BetrVG).

Zu den arbeitsrechtlichen Pflichten des Arbeitgebers gehört auch die Einhaltung **58** aller sich aus dem **BetrVG** oder den **Mitbestimmungsgesetzen** ergebenden Pflichten (*Schüren/Schüren*, § 3 Rn. 72f.). Hierzu gehört beispielsweise die Verpflichtung, zum Wohl der Arbeitnehmer mit den im Betrieb vertretenen **Gewerkschaften** zusammenzuarbeiten (§ 2 Abs. 1 BetrVG). Verstößt der Arbeitgeber gegen diese Verpflichtung, etwa indem er Gewerkschaftsbeauftragten den Zugang zum Betrieb verwehrt (vgl. § 2 Abs. 3 BetrVG), ist das Verhalten nicht nur nach § 23 Abs. 3 BetrVG sanktioniert, sondern führt auch ohne Durchführung eines Beschlussverfahrens zur Nichteinhaltung arbeitsrechtlicher Pflichten des Verleihers i.S.v. Nr. 1 und damit zur Versagung der Erlaubnis.

Die Beachtung der Rechte, die sich für den Arbeitnehmer aus der **Betriebsverfassung** ergeben, zählt ebenfalls zu den arbeitsrechtlichen Pflichten des Verleihers als Arbeitgeber (*Boemke*, § 3 Rn. 34; *Schüren/Schüren*, § 3 Rn. 72). Vorschriften, die die Rechtsstellung des Arbeitnehmers im Arbeitsverhältnis und im Betrieb betreffen (z.B. Pflichten zur Gleichbehandlung und zum Persönlichkeitsschutz, § 75 BetrVG), werden hiervon ebenso erfasst wie Rechte des Arbeitnehmers bei der Wahl des Betriebsrats (§§ 7f. BetrVG) oder die Mitwirkungs- und Beschwerderechte nach §§ 81ff. BetrVG. In diesem Zusammenhang trifft den Verleiher auch eine eigenständige Arbeitgeberpflicht, die Wahrnehmung der betriebsverfassungsrechtlichen Rechte des Leiharbeitnehmers während des Einsatzes beim Entleiher (§ 14 Abs. 2 Satz 2 und 3; vgl. § 14 Rn. 50ff.) sicherzustellen. Der Verleiher kann sich insoweit nicht auf ein pflichtwidriges Verhalten des Entleihers berufen (etwa weil der Entleiher dem Leiharbeitnehmer entgegen § 14 Abs. 2 Satz 2 untersagt, an einer Betriebsversammlung teilzunehmen). Vielmehr trifft ihn eine **Einwirkungspflicht** und bei bereits bekannten Verstößen des Entleihers auch eine vertragliche Gestaltungspflicht, die **Einhaltung betriebsverfassungsrecht-**

licher Normen im Entleiherbetrieb für von ihm beschäftigte Leiharbeitnehmer zu gewährleisten. Auch die Einhaltung von im Entleiherbetrieb abgeschlossenen **Betriebsvereinbarungen**, die für den Leiharbeitnehmer gelten (vgl. § 14 Rn. 125), gehört zu den arbeitsrechtlichen Pflichten des Verleihers. Der Verleiher ist insoweit verpflichtet, die Einhaltung betriebsverfassungsrechtlicher Bestimmungen durch eine entsprechende **Ausgestaltung des ANÜ-Vertrages** mit dem Entleiher zu gewährleisten (*BAG* v. 19. 6. 2001 – 1 ABR 43/00 – DB 2001, 2301; *Windbichler*, DB 1975, 739).

59   Nicht zu den arbeitsrechtlichen Pflichten des Verleihers gehört es dagegen, dass die **betriebsverfassungsrechtliche Ordnung im Entleiherbetrieb** als solche eingehalten wird. Verstößt der Entleiher oder ein dort bestehender Betriebsrat z.B. gegen Pflichten aus § 14 Abs. 3, kann dies i.d.R. (vgl. Rn. 58) nicht dem Verleiher zugerechnet werden. Verstöße gegen die Betriebsverfassung im Entleiherbetrieb sind nur insoweit dem Verleiher zurechenbar, wie die Norm, gegen die verstoßen wird, dem Schutz des Leiharbeitnehmers dient, auch außerhalb der Vereinbarungsautonomie der Betriebsparteien des Entleiherbetriebs verbindlich gilt und vom Verleiher in seiner Stellung als Arbeitgeber als eigene Pflicht auch einzuhalten bzw. zu gewährleisten ist (Rn. 58). Unabhängig hiervon verstößt der Verleiher jedoch gegen arbeitsvertragliche Pflichten, wenn er seinen **Kontroll- und Aufsichtspflichten** beim Einsatz des LAN in Entleiherbetrieben nicht nachkommt.

60   Der Verleiher verstößt auch dann gegen seine arbeitsrechtlichen Pflichten als Arbeitgeber, wenn er die **Beteiligungs- und Mitwirkungsrechte des Betriebsrats** aus dem BetrVG missachtet oder die Gründung eines Betriebsrates behindert (vgl. § 119 Abs. 1 Nr. 1 BetrVG); die Arbeitgeberpflichten sind insoweit umfassend (arg. e. § 23 Abs. 3 Satz 1 BetrVG). Verstößt der Arbeitgeber gegen seine Verpflichtungen zur vertrauensvollen Zusammenarbeit mit dem Betriebsrat (§§ 2 Abs. 1, 74 BetrVG), v.a. indem er gegen Mitwirkungs- oder Mitbestimmungsrechte des Betriebsrats verstößt, begründet dies die Annahme der Unzuverlässigkeit i.S.d. Abs. 1 Nr. 1 (einschränkend *Boemke*, § 3 Rn. 34). Bei Mischunternehmen, die als Verleiher erstmals die Erlaubnis beantragen, führt dies z.B. dazu, dass die Erlaubnis bei nicht abgeschlossenen Interessenausgleichsverfahren nach §§ 111 f. BetrVG wegen Verstoßes gegen arbeitsrechtliche Pflichten des Arbeitgebers zu versagen ist (vgl. § 1 Rn. 126 f., 173). Hinsichtlich der weiteren Einzelheiten zu den Arbeitgeberpflichten des Verleihers wird auf die Erläuterungen zu § 1 (siehe dort Rn. 48 ff.), § 9 (siehe dort Rn. 23), § 11 und § 12 (siehe dort Rn. 9 ff.) verwiesen.

h) Verstöße bei Arbeitnehmerüberlassung nach dem AEntG

61   Unterliegt die Tätigkeit des LAN einem allgemeinverbindlich erklärten Tarifvertrag des Baugewerbes i.S.d. §§ 1 und 2 Baubetriebeverordnung oder einer vom BMWA erlassenen Rechtsverordnung nach § 1 Abs. 3a AEntG, hat der Verleiher dem LAN nach § 1 Abs. 2a AEntG mindestens das **tarifliche Mindestentgelt** sowie die sonstigen in § 1 Abs. 1 Satz 1 AEntG aufgeführten Arbeitsbedingungen zu gewähren, soweit die Tätigkeit nicht wegen des sektoralen Verbots in der Bauwirtschaft nach § 1b Satz 1 untersagt ist. Dies gilt auch, soweit der Verleiher seinen **Sitz im Ausland** hat (*Boemke*, Einl. Rn. 20) oder ein inländischer Verleiher LAN in das Ausland entsendet (*Sandmann/Marschall*, Art. 1 § 3 Anm. 76). Eine Abweichung nach unten ist auch nicht durch einen **Tarifvertrag zur ANÜ** zulässig (vgl. § 9 Rn. 285; *Thüsing/Pelzner*, § 3 Rn. 30, 93).

Die Vorschriften des AEntG kommen sowohl bei gewerbsmäßiger wie bei nicht- **62**
gewerbsmäßiger ANÜ zur Anwendung (*Thüsing/Pelzner*, § 3 Rn. 32).

Überlässt der ausländische Arbeitgeber mit Sitz im Ausland LAN ins Inland **62a**
muss er seinen Melde- und **Anzeigepflichten** nach § 3 Abs. 2 AEntG nachkommen und der Anmeldung eine **Versicherung** beizufügen, dass er die in § 1 AEntG
enthaltenen Arbeitsbedingungen einhält (vgl. Voraufl. § 3 AEntG Rn. 5 f.). Verstößt er gegen diese Pflichten, ist ihm die Erlaubnis wegen Gesetzesverstoßes
nach Nr. 1 zu versagen (vgl. Einl. F Rn. 56a).

i. Verstöße gegen die Pflichten zur Übernahme des Beschäftigungsrisikos

§ 3 Abs. 1 Nr. 3 bis 5 enthielten bis zum 1. 1. 2004 besondere Bestimmungen zur **63**
Kündigung und zur Befristung von Leiharbeitsverhältnissen (vgl. Vorauflage
§ 3 Rn. 61 ff.). Diese Bestimmungen wurden mit dem Ersten Gesetz für moderne
Dienstleistungen am Arbeitsmarkt aufgehoben, so dass das Leiharbeitsverhältnis insoweit den allgemeinen arbeitsrechtlichen Grundsätzen unterliegt. Dennoch ergeben sich aus dem besonderen **Beschäftigungsrisiko** des Verleihers (§ 11
Abs. 4 Satz 2) Besonderheiten, denen der Verleiher Rechnung tragen muss, um
seinen arbeitsrechtlichen Pflichten i.S.v. Abs. 1 Nr. 1 nachzukommen.

Umstritten ist, ob die **Arbeit auf Abruf** von Abs. 1 Nr. 3 erfasst wird. Das *BSG* **64**
hat in seiner Entscheidung vom 16. 12. 1976 (12/7 RAr 89/75 – EzAÜG § 1 AÜG
Arbeitsvermittlung Nr. 4) die Vereinbarung einer Arbeit auf Abruf für »schlechthin unzulässig« erklärt, da es in einem solchen Fall dem Verleiher jeweils freiste-
hen würde, den Abruf vorzunehmen oder trotz Verfügbarkeit des Leiharbeitnehmers dessen angebotene Arbeitsleistung abzulehnen. In der Entscheidung vom
29. 7. 1992 (11 RAr 51/91 – DB 1993, 1477) hat es diese Grundsätze bestätigt und
auch die Vereinbarung eines **Jahresarbeitszeitvolumens** auf Abruf als mit den
Bestimmungen des Abs. 1 Nr. 3 unvereinbar erklärt. Die Rechtsprechung der In-
stanzengerichte (*LAG Frankfurt am Main* v. 14. 7. 1987 – 13 Sa 1007/86; *LAG Hamm*
v. 8. 8. 1991 – 4 Sa 403/91 – LAGE AÜG § 9 AÜG Nr. 4) und ein Teil der Literatur
(*Becker/Wulfgramm*, Art. 1 § 3 Rn. 39b; KassHandb/*Düwell*, 4.5 Rn. 341; *Sandmann/
Marschall*, Art. 1 § 3 Anm. 27; *Schüren/Schüren*, § 3 Rn. 108; *Buschmann/Dieball/Ste-
vens-Bartol*, TZA, § 4 BeschFG 1985 Rn. 90; *Buschmann/Ulber* 1989, 99; *Schaub*, § 120
IIIb 927) folgen dieser Rechtsprechung, wobei *Sandmann/Marschall* (a.a.O.) darüber hinaus darauf hinweisen, dass in Fällen der Vereinbarung einer Jahresarbeitszeit auf Abruf der jeweils bedarfsweise vorgenommene Abruf für eine Beschäftigung bei Entleihern den Tatbestand der **Arbeitsvermittlung** erfüllt und daher im
Leiharbeitsverhältnis unzulässig ist.

Demgegenüber hält *Schüren* (§ 3 Rn. 108 f.) in Übereinstimmung mit einer (rechtswidrigen) **Weisung des BMA** an die BA vom 5. 9. 1985 (AZ. IIb 5 – 22915/18 –
22912/1) die Vereinbarung von Abrufarbeit auf der Grundlage von § 12 TzBfG
auch im Leiharbeitsverhältnis für zulässig. Begründet wird dies damit, dass
hiernach nur noch die Vereinbarung eines **festen Arbeitszeitdeputats** (ggf. auch
unter gleichzeitiger Vereinbarung einer am Bedarf orientierten **Verteilung** der
Arbeitszeit) zulässig sei (*Schüren*, a.a.O.). Dem kann nicht gefolgt werden. § 12
TzBfG setzt – als Bestimmung zur KAPOVAZ – tatbestandsmäßig voraus, dass
Arbeitgeber und Arbeitnehmer vereinbaren, dass der Arbeitnehmer seine Arbeitsleistung **entsprechend dem Arbeitsanfall** zu erbringen hat. Eben dies widerspricht den besonderen Regelungen zum Betriebsrisiko des Verleihers (§ 11
Abs. 4 Satz 2), nach denen u.a. Dauer und Lage der vergütungspflichtigen Ar-

beitszeit im Arbeitsvertrag festgelegt sein müssen und nicht von den jeweiligen Einsatzmöglichkeiten in Drittbetrieben abhängen dürfen (*Buschmann/Ulber* 1989, 99 f.). Schon das Bereithalten der Arbeitskraft für einen Abruf durch den Verleiher löst im Leiharbeitsverhältnis die Vergütungspflicht aus (*Ulber*, Arbeitnehmer in Zeitarbeitsfirmen, 104). Die von Schüren vorgetragenen rechtlichen Argumente beziehen sich nur auf die **Rechtsfolgenseite** des § 12 TzBfG, der jedoch keinerlei Bedeutung hinsichtlich der grundsätzlichen **Unvereinbarkeit** von Abrufarbeit entsprechend den schwankenden Beschäftigungsmöglichkeiten beim Entleiher und den Grundsätzen des Betriebsrisikos bei ANÜ zukommt.

65 Abs. 1 Nr. 4 a. F. enthielt eine besondere Vorschrift, wonach das Arbeitgeberrisiko des Verleihers (§ 11 Abs. 4 Satz 2) nicht dadurch auf den LAN überwälzt werden darf, dass er das grundsätzlich unbefristete Leiharbeitsverhältnis bei Auftragslücken durch Kündigung beendet (*BSG* v. 23. 7. 1992 – 7 Rar 44/91 – Bln 1993, 437). Die Vorschrift verhinderte Umgehungen des Befristungsrechts durch das Verbot, den Leiharbeitnehmer jeweils unbefristet einzustellen, das Arbeitgeberrisiko aber dadurch auf den Leiharbeitnehmer zu verlagern, dass die unbefristeten Arbeitsverhältnisse jeweils durch Kündigung unterbrochen werden (*Becker/Wulfgramm*, Art. 1 § 3 Rn. 42; *Sandmann/Marschall*, Art. 1 § 3 Anm. 29; *Schüren/Schüren*, § 3 Rn. 112). Eine derartige Praxis verstößt schon gegen § 11 Abs. 4 Satz 2 und führt nicht nur zur Unwirksamkeit der Kündigung, sondern wegen Verstoßes des Verleihers **gegen arbeitsrechtliche Pflichten** dazu, dass die Erlaubnis schon nach Abs. 1 Nr. 1 zu versagen ist (s. o. Rn. 54, 66).

66 Aus § 11 Abs. 4 Satz 2 folgt u. a., dass die Laufzeit des Leiharbeitsverhältnisses grundsätzlich nicht mit der Laufzeit des Ersteinsatzes bei einem Entleiher übereinstimmen darf (**Synchronisationsverbot**). Es zählt zum typischen Betriebsrisiko des Verleihers, dass Zeiten mangelnder Einsatzmöglichkeiten in Entleiherbetrieben gegenüber den Beschäftigten des Verleihers vergütungspflichtig bleiben (vgl. § 1 Rn. 56 ff.). Absprachen, die gegen § 11 Abs. 4 Satz 2 verstoßen, sind nach § 134 BGB unwirksam (vgl. § 11 Rn. 61). Für das Arbeitsverhältnis des Leiharbeitnehmers folgt hieraus, dass grundsätzlich schon die **einmalige Synchronisation** der Laufzeit des Leiharbeitsverhältnisses an den Ersteinsatz bei einem Entleiher wegen Unwirksamkeit der Befristungsabsprache (vgl. § 16 Satz 1 TzBfG) als auf unbestimmte Zeit geschlossen zu behandeln ist (zu Ausnahmen vgl. Rn. 67). Die auf § 11 Abs. 4 Satz 2 beruhenden **arbeitsrechtlichen Folgen** von Verstößen gegen das Synchronisationsverbot bestehen dabei unabhängig von den gewerberechtlichen Folgen, die in Abs. 1 Nr. 5 eine besondere Regelung erfahren haben (vgl. Rn. 54, 66). Auch **vermittlungsrechtlich ist** ANÜ nur zulässig, wenn der Arbeitsvertrag des Leiharbeitnehmers den Zeitraum der Beschäftigung bei Entleihern überdauert (*BSG* v. 29. 7. 1970 – 7 RAr 44/68 – EzAÜG Nr. 5). Nach Auffassung des historischen Gesetzgebers gehört es zu den spezifischen Arbeitgeberrisiken des Verleihers, den Leiharbeitnehmer über die Zeit der erstmaligen Überlassung hinaus weiterzubeschäftigen und den Lohn bei fehlenden Einsatzmöglichkeiten in Entleiherbetrieben fortzuzahlen (BT-Ds. VI/2303, S. 12).

67 **Vermittlungsrechtlich** liegt bei zeitlicher Deckungsgleichheit (vgl. Rn. 74) von Leiharbeitsverhältnis und Ersteinsatz grundsätzlich Arbeitsvermittlung vor (vgl. Einl. D. Rn. 4, 11). Die Schutzzwecke des arbeitsrechtlichen Synchronisationsverbotes nach § 11 Abs. 4 Satz 2 und der Befristungsregelungen des TzBfG bestehen auch darin, sicherzustellen, dass mit dem Abschluss des Leiharbeitsvertrages die **Arbeitssuche** des Arbeitnehmers **beendet** ist. Andernfalls liegt Arbeitsvermittlung vor (*BSG* v. 21.7.1988 – 7 RAr 60/86 – NZA 1989, 74). Wie *Sandmann/Marschall* (Art. 1 § 3 Anm. 32a) zu Recht feststellen, liegen bei einer Synchronisation der Dauer des Arbeitsverhältnisses mit dem Verleiher und der Überlassungsdauer alle Verfügungsrechte über die Arbeitskraft des Leiharbeitnehmers beim Entleiher, von einer Arbeitnehmerbeziehung, bei der der Schwerpunkt des Arbeitsverhältnisses beim Verleiher liegt, kann dann nicht mehr gesprochen werden. Da diese Tatsache auch nicht durch rechtliche Konstruktionen abwendbar ist (*Sandmann/Marschall*, a.a.O.), ist bei rein **tatsächlicher Synchronisation** grundsätzlich auch der Tatbestand der Arbeitsvermittlung erfüllt.

Die vermittlungsrechtlichen Folgen von Verstößen gegen das Synchronisationsverbot können bei einer **einmaligen Synchronisation** ausnahmsweise dann ausgeschlossen sein, wenn die Koppelung der Laufzeit von ANÜ und Arbeitsvertrag nachträglich durch eine Eigenkündigung des Arbeitnehmers eintritt oder allein auf einem Wunsch des Arbeitnehmers beruht oder ausschließlich in seinem **Interesse** liegt. Dies kann z.b. der Fall sein, wenn der Arbeitnehmer nur deshalb eine Arbeit beim Verleiher aufnehmen will, weil ihm ansonsten Sperrzeiten beim Arbeitslosengeld drohen oder die Arbeitsbedingungen des Einsatzbetriebes eine Beschäftigung als Leiharbeitnehmer ausnahmsweise zumutbar erscheinen lassen (z.B. wegen der Koppelung der Vergütung an die beim Entleiher geltenden Tarifverträge). Soweit Zweifel daran bestehen, ob die einmalige Synchronisation ausschließlich auf dem Wunsch des Arbeitnehmers beruhte, gehen diese zu Lasten des Verleihers (KassHandb/*Düwell*, 4.5. Rn. 358a). Kann der Verleiher nicht nachweisen, dass die Befristung allein auf einem Wunsch des Leiharbeitnehmers beruhte, indiziert dies das Vorliegen einer Arbeitsvermittlung (*Schüren/Schüren*, § 3 Rn. 106). Im Übrigen liegt auch bei einmaliger Synchronisation nur dann keine Arbeitsvermittlung vor, wenn die Vertragsparteien bei Abschluss des Arbeitsvertrages davon ausgingen, dass der Leiharbeitnehmer allgemein bei einer unbestimmten Zahl von Entleihern eingesetzt werden soll und nicht allein bei einem bestimmten Entleiher (a.A. *Sandmann/Marschall*, Art. 1 § 3 Anm. 32). Ändern die Vertragsparteien nach Abschluss des Arbeitsvertrages ihren Geschäftswillen oder tritt durch rechtsgeschäftliche Beendigung des Leiharbeitsverhältnisses nachträglich die Situation ein, dass das Leiharbeitsverhältnis nur für die Zeit des Einsatzes beim Erstentleiher andauerte, hat dies keinen Einfluss auf den zunächst wirksamen und ohne Verstoß gegen vermittlungsrechtliche Bestimmungen abgeschlossenen Leiharbeitsvertrag. Maßgeblicher Zeitpunkt für die Frage, ob Arbeitsvermittlung oder ANÜ vorliegt, ist immer der Zeitpunkt, in dem die Vertragsbeziehungen zwischen Arbeitnehmer und Verleiher/Vermittler bzw. Dritten begründet werden (vgl. Einl. D. Rn. 11).

Im Wiederholungsfall liegt Arbeitsvermittlung auch dann vor, wenn die Synchronisation auf einem Wunsch des Arbeitnehmers beruhte oder nachträglich durch Kündigung oder Abschluss eines Aufhebungsvertrages eintritt (so auch *Sandmann/Marschall*, Art. 1 § 3 Rn. 32a). Dies gilt auch, wenn eine erstmalige Synchronisation ausnahmsweise durch in der Person des Arbeitnehmers liegende Gründe zulässig war (s.o. Rn. 67) und später ein neues Arbeitsverhältnis zu einem Zeitpunkt beendet wird, der mit dem Zeitpunkt der Beendigung des abermaligen Ersteinsatzes bei einem Entleiher zusammenfällt (*Sandmann/Marschall*, a.a.O.; vgl. Rn. 69f.). Hierbei kommt es nicht darauf an, ob bei Abschluss des Arbeitsvertrages eine Koppelung vereinbart oder intendiert war, sondern allein auf die Tatsache, dass eine zeitliche Deckungsgleichheit von Leiharbeitsvertrag und Ersteinsatz vorliegt. Bei wiederholter Synchronisation ist daher immer der Tat-

68

bestand einer unzulässigen Arbeitsvermittlung erfüllt und die Erlaubnis nach § 3 Abs. 1 Nr. 1 zu versagen.

69 In arbeitsrechtlicher Hinsicht ist die in der Synchronisation enthaltene Befristungsabsprache grundsätzlich unwirksam (vgl. Rn. 66) und das Arbeitsverhältnis gem. § 16 Satz 1 TzBfG als **Dauerarbeitsverhältnis** mit dem Verleiher zu behandeln (vgl. § 9 Rn. 337 ff.). Etwas anderes gilt bei einmaliger Synchronisation nur in den Ausnahmefällen, in denen in der Sphäre des Leiharbeitnehmers liegende Gründe die zeitliche Deckungsgleichheit von Leiharbeitsverhältnis und Ersteinsatz rechtfertigen (vgl. Rn. 67). Hier kommt ein von Anfang an wirksam befristetes Arbeitsverhältnis zustande, wobei (wegen der vermittlungsrechtlichen Zulässigkeit) die Fiktion eines Arbeitsverhältnisses zum Entleiher auf der Grundlage von § 1 Abs. 2 ausscheidet.

Diese Grundsätze kommen nicht zur Geltung, wenn die erstmalige Synchronisation nicht auf Wunsch des Arbeitnehmers erfolgt oder wiederholt synchronisiert ein weiteres Arbeitsverhältnis mit dem Verleiher begründet wird. Eine **wiederholte Synchronisation** ist auch dann ausgeschlossen, wenn sie auf Wunsch des Leiharbeitnehmers erfolgt.

70 Der von *Becker/Wulfgramm* vorgetragenen Argumentation, eine Versagung der Berufung auf sachliche, in der Person des Leiharbeitnehmers liegende Gründe gefährde das Recht des Arbeitnehmers auf freie **Arbeitsplatzwahl** (Art. 12 Abs. 1 GG) und verkehre den Schutzzweck der Norm zu Lasten des Arbeitnehmers in sein Gegenteil (*Becker/Wulfgramm*, Art. 1 § 3 Rn. 47), kann nur bei einmaliger Synchronisation (Rn. 67) gefolgt werden. Sie steht mit der auch vom *BVerfG* (v. 4. 4. 1967 – 1 BvR 84/65 – BVerfGE 21, 261) geforderten klaren Abgrenzung von Arbeitsvermittlung und ANÜ nicht in Einklang. Die Eingliederung des Arbeitnehmers in den Betrieb des Entleihers genügt danach selbst bei kurzer Dauer, um den Arbeitnehmer in ein Arbeitsverhältnis zum Entleiher zu bringen mit der Folge, dass der den Arbeitnehmer zuweisende Arbeitgeber verbotene Arbeitsvermittlung und nicht mehr erlaubte ANÜ betreibt (*BSG* v. 22. 3. 1978, a.a.O.).

71 Da grundsätzlich in allen Fällen wiederholter Deckungsgleichheit gegen § 11 Abs. 4 Satz 2 verstoßen wird, wird bei Verstößen gegen das Synchronisationsverbot gem. § 1 Abs. 2 das Vorliegen von Arbeitsvermittlung (bei gewerbsmäßiger ANÜ unwiderlegbar; vgl. § 1 Rn. 206 ff.) vermutet (zu Ausnahmen bei einmaliger Synchronisation vgl. Rn. 69). Die vermutete Arbeitsvermittlung führt in arbeitsrechtlicher Hinsicht zur **Fiktion eines Arbeitsverhältnisses** mit dem Entleiher (vgl. § 1 Rn. 206 f.), soweit nicht im Ausnahmefall der Vertragsfreiheit des Entleihers Vorrang vor den schutzwürdigen Interessen des Leiharbeitnehmers einzuräumen ist (vgl. Einl. D. Rn. 50). Dies ist nicht der Fall, wenn der Entleiher von der Synchronisierung bei Beginn der Tätigkeit des Leiharbeitnehmers Kenntnis hatte, oder die Einstellung beim Verleiher sogar auf seinen Wunsch hin erfolgte. Hier ist die von Anfang an vorliegende Arbeitsvermittlung dem Entleiher in vollem Umfang zurechenbar. Nicht zurechenbar sind dem Entleiher demgegenüber grundsätzlich die Fälle, in denen Verleiher und Leiharbeitnehmer (ggf. auch durch kollusives Zusammenwirken) bewusst die Rechtsfolgen des § 1 Abs. 2 herbeiführen, ohne dass der Entleiher hierauf Einfluss nehmen könnte. Zu nennen sind in diesem Zusammenhang z. B. durch Kündigungen oder Aufhebungsverträge nach Abschluss des ANÜ-Vertrages herbeigeführte Verstöße gegen das Synchronisationsverbot. Sind die Rechtsfolgen hierbei auf ein **Verhalten des Arbeitnehmers** zurückzuführen, stellt es eine **missbräuchliche Rechtsausübung** dar, wenn sich der Arbeitnehmer auf ein daraus folgendes fingiertes Arbeitsverhältnis zum Entleiher berufen würde. Ob i.ü. das Zustandekommen eines fingierten Arbeitsverhältnisses trotz Vorliegen der Voraussetzungen des § 1 Abs. 2 ausgeschlossen ist, richtet sich nach den Umständen des Einzelfalles. Dabei können nur in den Fällen anerkennenswerte Interessen des Entleihers berücksichtigt werden, in denen trotz des Verstoßes gegen das Synchronisationsverbot das Arbeitsverhältnis des Leiharbeitnehmers zum Verleiher als Dauerarbeitsverhältnis gesichert ist. Bei reinen Verleihbetrieben kann hiervon schon wegen der erlaubnisrechtlichen Folgen des § 3 Abs. 1 grundsätzlich nicht ausgegangen werden.

Das Synchronisationsverbot gilt unterschiedslos sowohl für die gewerbsmäßige **72** als auch für die nichtgewerbsmäßige ANÜ. Auch gemeinnützige Beschäftigungsgesellschaften, die nichtgewerbsmäßige ANÜ betreiben, müssen daher in arbeitsvertraglicher Hinsicht dem Verbot der Deckungsgleichheit grundsätzlich Rechnung tragen und die Arbeitsverträge entsprechend gestalten. Im Unterschied zur gewerbsmäßigen ANÜ ist jedoch bei Verstößen die daran anknüpfende Vermutung nach § 1 Abs. 2 im Rahmen nichtgewerbsmäßiger ANÜ widerlegbar (vgl. § 1 Rn.213ff.), soweit die Schutzzwecke der Norm beachtet und das Synchronisationsverbot in seinem Kern unberührt bleiben.

Bei Verstößen gegen das Synchronisationsverbot ist die Erteilung der Erlaubnis **73** bzw. deren Verlängerung zu versagen (a.A. *Becker/Wulfgramm*, Art. 1 § 3 Rn.46). Ein **einmaliger Verstoß** reicht dabei aber i.d.R. aus, um die Erlaubnis auf Grund des Verstoßes gegen arbeitsrechtliche bzw. auch vermittlungsrechtliche Normen nach Abs. 1 Nr.1 zu versagen (Rn.67f.).

j) Fallgestaltungen der Deckungsgleichheit

Aus § 11 Abs. 4 Satz 2 ergibt sich, dass die Arbeitsvertragsbeziehungen des Leih- **74** arbeitnehmers zum Verleiher den Ersteinsatz bei einem Entleiher überdauern müssen und eine Beschränkung der Arbeitsvertragsdauer auf die Laufzeiten der ANÜ-Verträge ausgeschlossen ist. Eine Beschränkung der Dauer des Arbeitsverhältnisses auf die Zeit des Ersteinsatzes ist nur dann zu verneinen, wenn das Leiharbeitsverhältnis den Ersteinsatz **erkennbar überdauert**, d.h. wenn den Arbeitgeber auch nach dem Ersteinsatz in relevantem Umgang Arbeitgeberpflichten treffen und er das für Leiharbeit typische Arbeitgeberrisiko tragen muss. Eine über den Ersteinsatz hinausgehende Beschäftigung von einem Tag reicht hierfür nicht aus (a.A. *Sandmann/Marschall*, Art. 1 § 3 Rn.36). Auch müssen Weiterbeschäftigungszeiträume, für die der Arbeitgeber auf Grund des Ersteinsatzes ohnehin zur Zahlung der Vergütung verpflichtet ist, außer Betracht bleiben. Hat der Arbeitnehmer etwa auf Grund des Ersteinsatzes Anspruch auf vergütungspflichtigen Freizeitausgleich (bei geleisteter Mehrarbeit, Zeitausgleich bei Gleitzeit, Freischichten etc.) oder hat er Anspruch auf Erholungsurlaub (a.A. hierzu *Becker/Wulfgramm*, Art. 1 § 3 Rn.50), müssen die entsprechenden Zeiten bei der Beurteilung der Frage, ob das Arbeitsverhältnis den Ersteinsatz überdauert, außer Betracht bleiben (a.A. *Sandmann/Marschall*, Art. 1 § 3 Rn.36). Die Grundlagen der entsprechenden Arbeitgeberpflichten beruhen hier ausschließlich auf der Beschäftigung im Rahmen des Ersteinsatzes, stehen jedoch in keinerlei Zusammenhang mit der Übernahme eines zusätzlichen, den Ersteinsatz überschreitenden Arbeitgeberrisikos des Verleihers.

Grundsätzlich muss der Zeitraum des Überdauerns des Arbeitsverhältnisses in **74a** einem **angemessenen Verhältnis** zum Zeitraum der Erstüberlassung stehen

(BT-Ds. VI/2303, S. 12; *Becker/Wulfgramm*, Art. 1 § 3 Rn. 49; *Sandmann/Marschall*, Art. 1 § 3 Anm. 36;). Die von der **BA** verwandte Formel, nach der das Arbeitsverhältnis den Ersteinsatz um **25 Prozent** des Überlassungszeitraums überdauern muss (vgl. hierzu *Becker/Wulfgramm*, Art. 1 § 3 Rn. 49), kann hierfür im Sinne eines **Mindestzeitraums** zugrunde gelegt werden; allerdings sind die Besonderheiten des Einzelfalls zu berücksichtigen (*BAG* v. 23. 11. 1988 – 7 AZR 34/88 – AP Nr. 14 zu § 1 AÜG). Auslegungsmaßstab ist auch hier, ob das vom Verleiher zu tragende, den Ersteinsatz übersteigende Arbeitgeberrisiko derart gewichtig ist, dass der **Schwerpunkt des Arbeitsverhältnisses**, der für die Zeit des Ersteinsatzes – quasi auflösend bedingt – beim Entleiher liegt, auf den Verleiher übergegangen ist. Bei einer Weiterbeschäftigungszeit, die lediglich den Zeitraum der jeweiligen Kündigungsfrist umfasst, ist diese Voraussetzung ebenso wenig erfüllt wie in den Fällen, bei denen es über den Ersteinsatz hinaus »zu einem Einsatz bei einem weiteren Überlasser von mindestens einem Tag kommt« (so *Sandmann/Marschall*, Art. 1 § 3 Rn. 36).

2. Fehlerhafte Betriebsorganisation (Nr. 2)

75 Nach Abs. 1 Nr. 2 erfüllen **Mängel in der Betriebsorganisation** des Verleihers dann den eigenständigen Versagungstatbestand, wenn sie keine ordnungsgemäße Erfüllung der **üblichen Arbeitgeberpflichten** (vgl. Rn. 53 ff.) gewährleisten. Betriebsorganisatorische Mängel, die nicht die Erfüllung von Arbeitgeberpflichten gefährden, können jedoch nach Abs. 1 Nr. 1 dazu führen, dass die Verletzung sonstiger Pflichten des Verleihers die Annahme der Unzuverlässigkeit begründet (Rn. 32). Zur ordnungsgemäßen Erfüllung der üblichen Arbeitgeberpflichten i.S.d. Abs. 1 Nr. 2 gehören neben den arbeitsrechtlichen Pflichten nach Abs. 1 Nr. 1 (s.o. Rn. 53 ff.) auch die sonstigen Regelbeispiele der Nr. 1, die auf dem Sozialversicherungsrecht, dem Steuerrecht oder dem Arbeitsschutzrecht beruhen (*Becker/Wulfgramm*, Art. 1 § 3 Rn. 33; *Boemke*, § 3 Rn. 45; *Schüren/ Schüren*, § 3 Rn. 88).

76 Die **organisatorischen Anforderungen**, denen der Verleiher bei der Gestaltung der Betriebsorganisation genügen muss, werden im Gesetz nicht näher festgelegt. Eine Reihe von Anforderungen ergibt sich jedoch mittelbar aus einzelnen Bestimmungen des AÜG, z.B. der Pflicht zur Aufbewahrung der geschäftlichen Unterlagen (§ 7 Abs. 2), den statistischen Meldepflichten (§ 8), den Dokumentationspflichten aus § 11 Abs. 4 oder auch aus den Schriftformerfordernissen des ANÜ-Vertrages (§ 12 Abs. 1 Satz 1). Zu einer **ordnungsgemäßen Betriebsorganisation** des Verleihers gehört es auch, dass er die Erreichung der Betriebszwecke eines Verleihbetriebs so organisiert, dass er das besondere **Betriebs- und Beschäftigungsrisiko** dauerhaft tragen kann. Hierzu gehört, dass er durch ausreichende Eigenaktivitäten bei der Vertragsakquisition und die Vorhaltung entsprechenden Personals im Grundsatz sicherstellen kann, dass der allgemeine Beschäftigungsanspruch von Leiharbeitnehmern (vgl. § 11 Rn. 107; § 12 Rn. 19) und die gegenüber dem Entleiher eingegangenen Verpflichtungen erfüllt werden können. Ist nach der Organisation des Verleihbetriebs eine Beschäftigung von Leiharbeitnehmern nur zufällig bei entsprechenden Anfragen von Entleihern möglich, kann der Verleiher auf Grund mangelnder Betriebsorganisation seine Arbeitgeberpflichten nicht i.S.d. Abs. 1 Nr. 2 ordnungsgemäß erfüllen. Dasselbe gilt, wenn der Verleiher die Erreichung der Betriebszwecke nicht so organisiert, dass er den Leiharbeitnehmern grundsätzlich dauerhafte Arbeitsverhältnisse zur

Verfügung stellen kann. »Die **Konzeption der Arbeitsplätze**« dahingehend, dass diese nur für begrenzte Zeit zur Verfügung stehen, unterliegt nur im Normalarbeitsverhältnis der freien Unternehmerentscheidung, die lediglich darauf geprüft werden kann, ob sie durch sachliche Gründe gerechtfertigt ist (*BAG* v. 25.4.1996 – 2 AZR 609/95 – BB 1997, 369). Bei gewerbsmäßiger ANÜ muss demgegenüber die Konzeption der Arbeitsplätze des Verleihers gerade so gestaltet sein, dass der Verleiher seinen uneingeschränkten Pflichten zur Tragung des Vergütungsrisikos bei Beschäftigungsmangel (vgl. § 11 Rn. 104 ff.) Rechnung tragen kann und er sich dieser Pflichten nicht unter Zugrundelegung dauerhaft befristeter Arbeitsverhältnisse bei den Betriebs- und Unternehmensplanungen entzieht.

Voraussetzung für eine ordnungsgemäße Betriebsorganisation ist immer, dass **77** überhaupt eine feste **Betriebsstätte** bzw. **Geschäftsräume** des Verleihers vorhanden sind (vgl. § 7 Abs. 3), die eine Erfüllung von Arbeitgeberpflichten unabhängig von der Betriebsorganisation des Entleihers (*Schüren/Schüren*, § 3 Rn. 85) ermöglichen. **Briefkastenfirmen** oder Räumlichkeiten, die keinen **Publikumsverkehr**, v.a. aber nicht eine jederzeitige Erreichbarkeit des Verleihers durch den Arbeitnehmer gewährleisten, erfüllen nicht die betriebsorganisatorischen Anforderungen zur Erfüllung von Arbeitgeberpflichten (vgl. BT-Ds. VI/2303, S. 11; *Boemke*, § 3 Rn. 47; ErfK/*Wank*, § 3 Rn. 15; *Sandmann/Marschall*, Art. 1 § 3 Anm. 19). Die Betriebsstätte muss räumliche und tatsächliche Voraussetzungen dafür bieten, dass den Anforderungen an eine ordnungsgemäße Durchführung der Betriebsverfassung – z.B. für die Durchführung von Betriebsversammlungen oder die Abhaltung von Sprechstunden des Betriebsrats – Rechnung getragen wird (*Becker/Wulfgramm*, Art. 1 § 3 Rn. 33).

Die Betriebsstätte muss bestimmten **Mindestanforderungen** genügen, insbeson- **78** dere muss eine ordnungsgemäße organisatorische und verwaltungsmäßige Abwicklung der Arbeitsverhältnisse gewährleistet sein. Zu den betriebsorganisatorischen Mindestanforderungen gehört in diesem Zusammenhang zunächst eine ordnungsgemäße **Buchhaltung** bezüglich aller das Arbeitsverhältnis berührenden Ansprüche (Lohnbuchhaltung, Urlaubslisten, Arbeitszeitnachweise u.ä.; *Thüsing/Pelzner*, § 3 Rn. 39). Daneben muss durch die Gestaltung der Betriebsorganisation sichergestellt sein, dass Lohnsteuer, Sozialversicherungsbeiträge und sonstige aus dem Arbeitsverhältnis herrührende Abgaben-, Beitrags- oder Zahlungsverpflichtungen ordnungsgemäß verwaltet, überwacht und auch abgeführt werden können (*Becker/Wulfgramm*, Art. 1 § 3 Rn. 33; *Sandmann/Marschall*, Art. 1 § 3 Anm. 20; *Schüren/Schüren*, § 3 Rn. 89). Wegen der Geltung des **Gleichbehandlungsgrundsatzes** nach Abs. 1 Nr. 3, 9 Nr. 2 gehört zur ordnungsgemäßen Betriebsorganisation des Verleihers auch, dass er jederzeit Zugriff auf die beim Entleiher zur Anwendung kommenden Bestimmungen, insbesondere die dort geltenden Tarifverträge und Betriebsvereinbarungen hat und dem LAN darauf bezogene Fragen erläutern kann. Bei Anwendung eines **TV zur ANÜ** muss er nicht nur diesen Tarifvertrag im Betrieb auslegen (§ 8 TVG), sondern er muss auch in der Lage sein, **Regelungslücken** dieses Tarifvertrags (vgl. § 9 Rn. 210) durch Prüfung und Sichtung aller beim Entleiher zur Anwendung kommenden Arbeitsbedingungen zu identifizieren. Fehlt es an einer entsprechenden Büroorganisation, ist der Verleiher nicht in der Lage, seinen Arbeitgeberpflichten bei der Erfüllung der gesetzlichen Gleichstellungsansprüche Rechnung zu tragen.

Fehlt es dem Verleiher an einer ausreichenden **Liquidität**, d.h. ist eine recht- **79** zeitige Erfüllung von Zahlungsverpflichtungen des Verleihers, die mit dem

Arbeitsverhältnis zusammenhängen, gefährdet, ist der Versagungstatbestand des Abs. 1 Nr. 2 in der Regel erfüllt (*Becker/Wulfgramm*, Art. 1 § 3 Rn. 33; *Boemke*, § 3 Rn. 47; *Sandmann/Marschall*, Art. 1 § 3 Anm. 21; *Schüren/Schüren*, § 3 Rn. 76; *Thüsing/Pelzner*, § 3 Rn. 40;).

80 Zu den betriebsorganisatorischen Pflichten des Verleihers gehört es, dass er selbst bzw. von ihm eingesetzte Repräsentanten die für die Erfüllung der spezifischen Arbeitgeberpflichten notwendigen Vorkenntnisse besitzen (*Schüren/ Schüren*, § 3 Rn. 87; s. o. Rn. 32). Dies gilt insbesondere für die Einhaltung der Gleichstellungsgrundsätze nach §§ 9 Nr. 2, 10 Abs. 4. Soweit der Verleiher Arbeitgeberfunktionen auf Dritte delegiert, muss er weiterhin seiner **Aufsichts- und Kontrollfunktion** nachkommen (*Sandmann/Marschall*, Art. 1 § 3 Anm. 20). Hierbei muss durch die Betriebsorganisation auch sichergestellt sein, dass während des Einsatzes des Leiharbeitnehmers beim Entleiher alle gegenüber dem Leiharbeitnehmer bestehenden Arbeitgeberpflichten erfüllt werden können. Hierzu gehört auch, dass der Verleiher regelmäßig kontrolliert, ob die im Entleiherbetrieb bestehenden Arbeitsschutzvorschriften (§ 11 Abs. 6) auch eingehalten werden (*Becker/Wulfgramm*, Art. 1 § 3 Rn. 33; *Schüren/Schüren*, § 3 Rn. 89).

81 Betreibt der Arbeitgeber neben der ANÜ noch ein weiteres Gewerbe und erfüllt dieses Gewerbe die Voraussetzungen eines Handelsgewerbes i.S.d. § 1 Abs. 2 HGB, treffen ihn die zur **Führung von Handelsbüchern** bestehenden gesetzlichen Pflichten (vgl. §§ 38 ff. HGB) auch bezüglich des Verleihgewerbes. Im Rahmen der Betriebsorganisation haben **Mischunternehmen** sicherzustellen, dass die auf ANÜ bezogenen **Geschäftsunterlagen** organisatorisch getrennt von anderen Geschäftsunterlagen geführt werden (§ 7 Rn. 12). Insoweit muss nach außen erkennbar sein, ob die Verpflichtungen des Verleihers auf der Arbeitgeberstellung gegenüber Leiharbeitnehmern beruhen (was die Erlaubnisbehörde jederzeit auf Grund der Geschäftsunterlagen prüfen können muss, §§ 7 Abs. 3, 11 Abs. 1 Satz 6) oder ob der Arbeitnehmer beispielsweise auf der Grundlage eines Werkvertrages (und damit außerhalb des Geltungsbereichs des AÜG) tätig wurde. **Mehrere Gewerbe** eines verleihenden Mischunternehmens dürfen daher nicht betriebsorganisatorisch (wohl aber unternehmens- bzw. gesellschaftsrechtlich) miteinander verbunden sein (a. A. *Boemke*, § 3 Rn. 49). Eine **betriebsorganisatorische Trennung** liegt nicht vor, wenn die personelle und organisatorische Abgrenzbarkeit fehlt, weil die Arbeitnehmer je nach Auftragslage für die beiden unterschiedlichen Betriebszwecke eingesetzt werden (*BAG* v. 22.4.1987 – 4 AZR 496/86 – AP Nr. 82 zu § 1 TVG Tarifverträge Bau). Dies gilt insbesondere bei gleichzeitigem Betrieb einer PSA oder wenn der Verleiher neben der ANÜ auch als Arbeitsvermittler tätig wird. Der erforderlichen klaren **Abgrenzung von ANÜ und Arbeitsvermittlung** muss hier durch eine entsprechende Betriebsorganisation Rechnung getragen werden (vgl. Einl. D. Rn. 38 ff.; § 2 Rn. 10), was die BA auch im Wege der Auflage (§ 2 Abs. 2) sicherstellen kann (*Bauer*, NZA 1995, 203). Eine Vermischung oder Verknüpfung von ANÜ und Arbeitsvermittlung ist unzulässig (*LAG Baden-Württemberg* v. 3.12.1998 – 11 Sa 31/98). Kann der Verleiher eine entsprechende betriebsorganisatorische Trennung nicht gewährleisten, muss er sich so behandeln lassen, als übe er gewerbsmäßig Arbeitsvermittlung aus; die Erteilung einer Erlaubnis zur ANÜ ist zu versagen.

3. Einhaltung des Diskriminierungsverbots (Nr. 3)

Nach Abs. 1 Nr. 3 ist der LAN während der Beschäftigung bei einem Entleiher **82** gegenüber vergleichbaren Arbeitnehmern des Entleihers bzgl. der wesentlichen Arbeitsbedingungen grundsätzlich gleich zu behandeln. Ausnahmen sind bei Anwendung eines TV zur ANÜ sowie bei Einstellung von Arbeitslosen in den ersten sechs Wochen der Beschäftigung zugelassen (§ 9 Rn. 72 ff.). Verstößt der Verleiher gegen die in Abs. 1 Nr. 3 enthaltenen Regelungen zum **Diskriminierungsverbot**, ist ihm die Erlaubnis zur ANÜ zu versagen. Die Vorschrift wurde im Zusammenhang mit den Änderungen des AÜG durch das Erste Gesetz für moderne Dienstleistungen am Arbeitsmarkt (v. 23.12.2002, BGBl. I S. 4607) m.W.v. 1.1.2003 neu in den Katalog der Versagungstatbestände des § 3 eingefügt (vgl. hierzu § 19). Verfassungsrechtliche Bedenken gegen die Wirksamkeit der Vorschrift sind unbegründet (*BVerfG* v. 29.12.2004 – 1 BvR 2283/03; vgl. § 9 Rn. 130 ff.).

Abs. 1 Nr. 3 entspricht von seinen Voraussetzungen her der inhaltsgleichen Vor- **83** schrift des § 9 Nr. 2, so dass ergänzend auf die Erläuterungen zu § 9 (Rn. 72 ff.) verwiesen werden kann. Im Unterschied zu § 9, der die arbeitsrechtlichen Folgen von Verstößen gegen das Diskriminierungsverbot betrifft, regelt Abs. 1 Nr. 3 die **Rechtsfolgen für die Erlaubnis** zur ANÜ. Die Vorschrift ist keine Anspruchsgrundlage für Leistungsansprüche des LAN auf Gleichstellung (§ 10 Rn. 86). Im Hinblick darauf, dass Verstöße gegen das Diskriminierungsverbot als Verstoß gegen die aus § 9 Nr. 2 folgenden arbeitsvertraglichen Pflichten des Verleihers schon nach Abs. 1 Nr. 1 erlaubnisrechtlich erfasst werden, kommt der Vorschrift im Wesentlichen ein klarstellender Charakter zu (*Schüren/Schüren*, § 3 Rn. 267). Die Aufnahme als besonderer Versagungstatbestand zeigt jedoch, dass der Gesetzgeber der Einhaltung des Gleichbehandlungsgrundsatzes eine besondere Bedeutung beimisst.

Wegen der besonderen Bedeutung des Diskriminierungsverbots (auch für die **84** Frage der Zuverlässigkeit des Verleihers i.S.d. Abs. 1 Nr. 1), erfüllt im Grundsatz **jeder Verstoß** des Verleihers die Voraussetzungen des Versagungstatbestandes. Ein Verstoß gegen Nr. 3 liegt nicht vor, wenn die beim Verleiher geltenden Arbeitsbedingungen für den LAN günstiger sind (vgl. § 9 Rn. 108 ff.; a. A. ErfK/ *Wank*, § 3 AÜG Rn. 28). Ein wiederholter Verstoß ist nicht erforderlich. Soweit die Voraussetzungen des Abs. 1 Nr. 3 erfüllt sind, sieht das Gesetz **zwingend** die Versagung der Erlaubnis vor.

Ob der Verleiher gegen die Vorschriften zum Diskriminierungsverbot verstößt, **85** beurteilt sich nach den tatsächlichen Verhältnissen. Kommt er gegenüber dem LAN seinen aus § 9 Nr. 2 folgenden Pflichten in **tatsächlicher Hinsicht** nach, kann die Erlaubnis i.d.R. auch dann nicht versagt oder widerrufen werden, wenn die arbeitsvertraglichen Vereinbarungen nicht den gesetzlichen Vorschriften entsprechen.

Liegt ein Verstoß gegen das Diskriminierungsverbot vor, ist eine Berufung des **86** Verleihers auf die **Unkenntnis** oder die Reichweite des Diskriminierungsverbots (vgl. § 9 Rn. 82 ff.) grundsätzlich unbeachtlich. Dies gilt insbesondere in den Fällen, in denen der Verleiher weder einer Tarifbindung unterliegt noch durch einzelvertragliche Bezugnahme die Anwendung eines TV zur ANÜ vereinbart wurde (vgl. § 9 Rn. 286 ff.). Der Verleiher hält das Diskriminierungsverbot nur ein, wenn er sich über die beim jeweiligen Entleiher zur Anwendung kommenden Arbeitsbedingungen (vgl. § 9 Rn. 82 ff.) genau **erkundigt**. Angaben des Entleihers (vgl. § 12 Rn. 6 f.) auf ihre Richtigkeit und Vollständigkeit überprüft und seinen hieraus folgenden Leistungspflichten in vollem Umfang auch nachkommt.

87 Findet auf das Leiharbeitsverhältnis ein **Tarifvertrag zur ANÜ** Anwendung (vgl. § 9 Rn. 150 ff.), hat der Verleiher zunächst alle aus dem TV folgenden Pflichten zu erfüllen. Verstößt der Verleiher zu Lasten des LAN gegen Vorschriften eines TV zur ANÜ, der Abweichungen vom gesetzlichen Gleichbehandlungsgrundsatz enthält, sind die Voraussetzungen von Abs. 1 Nr. 3 erfüllt. Da die Tarifverträge zur ANÜ hinsichtlich des Gleichbehandlungsgrundsatzes erhebliche **Regelungslücken** aufweisen (vgl. § 9 Rn. 110, 167, 237), hat der Verleiher auch Sorge dafür zu tragen, dass er die über den TV hinaus gehenden Pflichten zur Einhaltung des Diskriminierungsverbote erfüllt (vgl. hierzu § 9 Rn. 103). Hierzu gehört auch, dass er die Einhaltung während des Einsatzes beim Entleiher überwacht und Verstöße ggf. unterbindet. Verstößt er gegen diese Pflichten, ist die Erlaubnis zu versagen.

88 Sind **einzelne Regelungen** eines Branchen-TV zur ANÜ **unwirksam** (vgl. § 9 Rn. 229 ff.) spricht bei Unkenntnis des Verleihers (trotz der eingeschränkten Richtigkeitsgewähr eines TV zur ANÜ; § 9 Rn. 302) eine Vermutung dafür, dass er sich trotz der Unwirksamkeit gesetzestreu verhalten will. Ein Widerruf der Erlaubnis wäre hier i. d. R. unverhältnismäßig, eine beantragte Erlaubnis ist gem. § 9 Abs. 2 unter der Auflage zu erteilen, dass der Verleiher die Anwendung der unwirksamen Tarifnorm unterlässt.

89 Vom Willen des Verleihers zu einem gesetzeskonformen Verhalten kann nur eingeschränkt ausgegangen werden, wenn in einem **Firmen-TV** zur ANÜ eine unwirksame Bestimmung enthalten ist. Hier ist der Verstoß gegen das Diskriminierungsverbot auf ein eigenes Verhalten bzw. Verschulden des Verleihers zurückzuführen. Weicht der Firmen-TV zu Lasten des LAN von vergleichbaren Bestimmungen der bestehenden Flächen-TV zur ANÜ ab, oder stehen die tariflich geregelten Arbeitsbedingungen in einem krassen Missverhältnis zum gesetzlich fixierten Gleichbehandlungsgrundsatz (vgl. § 9 Rn. 205, 237), ist der Gesetzesverstoß grundsätzlich dem Verleiher unmittelbar zurechenbar. Nur soweit er einen Entlastungsbeweis führen kann und die Anwendung der Tarifbestimmung nach Erlangung der Kenntnis von deren Unwirksamkeit unterlässt, kann hier ausnahmsweise von einer Versagung bzw. einem Widerruf der Erlaubnis abgesehen werden.

90 Die Erlaubnisbehörde hat jeweils im Einzelfall zu **prüfen**, ob der Verleiher zulässigerweise vom Diskriminierungsverbot abweichende Arbeitsbedingungen gewährt. Bei **arbeitsvertraglicher Bezugnahme** auf einen TV zur ANÜ hat sie alle Angaben zu prüfen, die für die Rechtmäßigkeit der Bezugnahme von Bedeutung sind (§ 9 Rn. 286 ff.). Der Verleiher ist insoweit verpflichtet, die erforderlichen Auskünfte zu erteilen. Findet ein **TV zur ANÜ** auf das Leiharbeitsverhältnis Anwendung, hat die Erlaubnisbehörde auch die Wirksamkeit des Tarifvertrags zu prüfen (*Weyand/Düwell*, 71 f.). Fehlt es z. B. an der Tariffähigkeit oder Tarifzuständigkeit (vgl. § 9 Rn. 171 ff.) liegt kein TV vor, der den Verleiher zur Abweichung vom gesetzlichen Diskriminierungsverbot berechtigen könnte. Die Erlaubnisbehörde ist insoweit verpflichtet, das Vorliegen eines wirksamen TV zur ANÜ zu prüfen.

91 Ist der TV zur ANÜ wegen **mangelnder Tariffähigkeit** unwirksam (vgl. § 9 Rn. 184 ff.) und wendet der Verleiher den Tarifvertrag dennoch an, sind die Voraussetzungen zur Versagung der Erlaubnis zur ANÜ grundsätzlich erfüllt (i. E. ebenso *Schüren/Behrend*, NZA 2003, 525 f.). Die Erlaubnisbehörde ist ggf.

berechtigt, eine erteilte Erlaubnis zu widerrufen. Soll die Erlaubnis erteilt oder verlängert werden, ist durch eine entsprechende Auflage nach § 2 Abs. 2 sicher-zustellen, dass der Verleiher den unwirksamen TV nicht anwendet. Einer rechts-kräftigen Feststellung der mangelnden Tariffähigkeit im Rahmen eines Status-verfahrens nach § 97 ArbGG bedarf es dabei nicht (§ 9 Rn. 195). Die Rechtsfolgen von Verstößen gegen das Diskriminierungsverbot treten auch ein, wenn ein **aus-ländischer Verleiher** einen TV zur ANÜ anwendet (vgl. § 9 Rn. 150a, 290a). Soweit ein ausländischer Tarifvertrag zur ANÜ auf das Leiharbeitsverhältnis Anwendung findet, kann die Erlaubnisbehörde bei der Prüfung nicht von einer **Richtigkeits- bzw. Angemessenheitsgewähr** ausgehen, sondern hat genau zu prüfen, ob der TV den Mindestanforderungen eines inländischen TV zur ANÜ Rechnung trägt.

(unbesetzt) **92–125**

V. Versagungsgründe bei Arbeitnehmerüberlassung mit Auslandsbezug (Abs. 2 bis 5)

Das AÜG findet sowohl beim Verleih inländischer Arbeitnehmer ins Ausland als **126** auch dann Anwendung, wenn die ANÜ durch einen ausländischen **Verleiher mit Sitz im Ausland** in das Inland betrieben wird (*LAG Frankfurt am Main* v. 28. 8. 1981 – 13 Sa 50/81 – EzAÜG § 10 AÜG Fiktion Nr. 11; vgl. Einl. F Rn. 4). Wird die Anwendung deutschen Rechts dabei im Wege der Rechtswahl vereinbart, ist die zugrundeliegende Abrede nur wirksam, soweit hierdurch nicht ein weit-gehender Schutz nach ausländischem Recht unterlaufen wird (*Geraub*, BB 1999, 2084; Einl. F Rn. 3). Auch unter der Bundesflagge fahrende **Seeschiffe** unter-liegen dem Anwendungsbereich des AÜG (*BAG* v. 29. 6. 1984 – 12 RK 38/82 – EzAÜG § 10 AÜG Fiktion Nr. 31). Infolge der zunehmend grenzüberschreitenden Formen der Arbeitsteilung und der im EWR garantierten Freiheit des Dienstleis-tungsverkehrs und der Niederlassungsfreiheit einerseits (vgl. Einl. F. Rn. 14ff.) sowie der national-staatlich begrenzten Eingriffsbefugnisse der Erlaubnisbehör-den andererseits wird es notwendig, Regelungen zu treffen, die unter Beachtung des Gemeinschaftsrechts auch bei Formen der ANÜ mit Auslandsbezug eine Sicherstellung der Vorschriften des AÜG und der zugrunde liegenden Schutz-zwecke gewährleisten. § 3 Abs. 2 bis 5 soll insofern sicherstellen, dass die Erlaub-nisbehörde in die Lage versetzt wird, **Missbräuche ausländischer Verleiher** zu unterbinden (BT-Ds. VI/2303, S. 12) und bei **Entsendung von Arbeitnehmern ins Ausland** die Einhaltung der Bestimmungen des AÜG zu garantieren.

1. Versagungsgrund bei fehlender Betriebsstätte innerhalb des EWR (Abs. 2)

Nach Abs. 2 ist die Erlaubnis oder ihre Verlängerung zwingend zu versagen, **127** wenn für die Ausübung gewerbsmäßiger ANÜ nach § 1 Betriebe, Betriebsteile oder Nebenbetriebe vorgesehen sind, die nicht in einem Mitgliedstaat der EU oder einem Vertragsstaat des EWR-Abkommens liegen (*Schüren/Feuerborn*, Einl. Rn. 592). § 3 Abs. 2 stellt zunächst klar, dass für die gewerbsmäßige ANÜ, bei der Arbeitnehmer vom Inland aus **grenzüberschreitend verliehen** werden, unab-hängig von der ausländischen Rechtsordnung die Vorschriften des AÜG einzu-halten sind und insbesonders die Erteilung einer **Erlaubnis erforderlich** ist (*Thüsing/Pelzner*, § 3 Rn. 118). Ob der inländische Verleiher Deutscher ist oder ob es sich um ein ausländisches Verleihunternehmen (einschließlich solcher im EWR handelt), ist unbeachtlich; die nach Art. 49 EGV garantierte Dienstleistungsfreiheit verbietet es nicht, auch **Verleiher aus Mitgliedstaaten** der Erlaubnispflicht zu unterwerfen (*EuGH* v. 17. 12. 1981 – Rs 279/80 – EzAÜG EGV Nr. 1).

128 Nicht zum **EU-Raum** i.S.d. § 3 Abs. 2 (vgl. Art. 299 EGV) zählen die Hoheitszonen des Vereinigten Königreichs Großbritannien und Nordirland auf Zypern (Art. 299 Abs. 6b EGV) sowie die Kanalinseln und die Insel Man (Art. 299 Abs. 6c EGV). Auf Grund der besonderen Regelungen zum Beitritt Griechenlands, Spaniens und Portugals zur EU (BGBl. 1980 I S. 229; BGBl. 1985 II S. 1249) können Verleiher mit Sitz in diesen Staaten eine Verleiherlaubnis nur erhalten, soweit das Recht des Landes ihres Geschäftssitzes dem nicht entgegensteht (*Sandmann/Marschall*, Art. 1 § 3 Anm. 40). Entsprechendes gilt für Finnland, Österreich und Schweden auf Grund ihres Beitritts zur EU (Gesetz zu dem Vertrag v. 24. 6. 1994 über den Beitritt des Königreichs Norwegen, der Republik Österreich, der Republik Finnland und des Königreichs Schweden zur EU v. 2. 9. 1994, BGBl. 1994 II S. 2022; vgl. *Sandmann/Marschall*, Art. 1 § 3 Anm. 40).

129 Voraussetzung für das Vorliegen des Versagungstatbestandes nach Abs. 2 ist, dass für die Ausübung der Tätigkeit nach § 1 **Betriebe, Betriebsteile oder Nebenbetriebe außerhalb des EWR** vorgesehen sind. Ein Teil der Literatur (vgl. Kass-Handb/*Düwell*, 4.5 Rn. 185) will die Erlaubnis nach Abs. 2 immer versagen, wenn der Verleiher keine Betriebsstätte im EU-Raum oder im EWR besitzt. Unter **Ausübung der Tätigkeit** nach § 1 will ein anderer Teil der Literatur nur solche grenzüberschreitenden Formen der ANÜ subsumieren, bei denen **von** Betriebsstätten außerhalb des EWR Arbeitnehmer ins Inland verliehen werden (*Sandmann/Marschall*, Art. 1 § 3 Anm. 42, 44; *Schüren/Feuerborn*, § 3 Rn. 157). Danach soll Abs. 2 nicht anwendbar sein, wenn inländische Verleiher in einen Entsendestaat außerhalb des EWR verleihen, es sei denn, Geschäftsunterlagen des Verleihers befinden sich in dem außerhalb des EWR gelegenen Betriebsteil (*Sandmann/Marschall*, Art. 1 § 3 Anm. 44) und eine wirksame Kontrolle des Verleihers ist hierdurch gefährdet. Gem. § 40 Abs. 1 Nr. 2 AufenthG, § 6 Abs. 1 Nr. 2 ArGV darf Leiharbeitnehmern aus Drittstaaten keine Arbeitserlaubnis erteilt werden (vgl. Einl. G. Rn. 35 ff.), so dass ein Verleih, der von Betriebsstätten außerhalb des EWR-Raumes ausgeht, nur zulässig ist, wenn für die Erfüllung eines ANÜ-Vertrages Inlandsarbeitnehmer von Betriebsstätten, die in Drittstaaten liegen, überlassen werden. Eine derartige Fallgestaltung deutet eher auf eine Umgehung zwingender Bestimmungen des AÜG und eine damit unzulässige ANÜ hin (vgl. Einl. F. Rn. 28). Bei einer Begrenzung des Anwendungsbereiches der Norm auf ANÜ aus Drittstaaten, würde sich deren Bedeutung auf extreme Ausnahmefälle beschränken, in denen inländische Arbeitnehmer von einer in Drittstaaten gelegenen Betriebsstätte aus nach dem Inland, in dem sich der Hauptsitz des Verleihers befindet, verliehen würden. Eine derartige Einschränkung des Anwendungsbereiches des Abs. 2 ist mit den Gesetzeswerken der Norm nicht zu vereinbaren. Zweck der Norm ist es, eine wirksame **Kontrolle des Verleihers** durch die Erlaubnisbehörden zu gewährleisten. Hierzu müssen Betriebsstätten des Verleihers vorhanden sein, in denen sich die zur Überwachung des AÜG erforderlichen Geschäftsunterlagen befinden, so dass diese **Betriebsstätten** durch die Erlaubnisbehörde kontrolliert werden können. Liegen diese Betriebsstätten nicht im Inland, ist eine wirksame Kontrolle nicht mehr gewährleistet und auch die Versagung der Erlaubnis berechtigt. Auf Grund des EU-Dienstleistungsrechts (Art. 49 ff. EGV) sowie der EG-Richtlinie 47/43 vom 12. 1. 1967 ist der Anwendungsbereich der Norm nur insoweit eingeschränkt, als die Erlaubniserteilung nicht von einer Niederlassung im Inland abhängig gemacht werden darf (vgl. Einl. F. Rn. 13; *Sandmann/Marschall*, Art. 1 § 3 Anm. 42; *Schüren/Feuerborn*, § 3 Rn. 157 f.); den diesbezüglichen Verpflichtungen des Gesetzgebers wird jedoch schon durch Abs. 4 Rechnung getragen.

Über Fälle hinaus, in denen sich eine Betriebsstätte des Verleihers außerhalb des **130** EWR befindet, ist Abs. 2 auch anwendbar, soweit für den Verleih **Entleiher** vorgesehen sind, deren **Betriebsstätte** sich **außerhalb des EWR** befindet (a. A. *Boemke*, § 3 Rn. 109; *Thüsing/Pelzner*, § 3 Rn. 127). Die »Ausübung der Tätigkeit nach § 1« kann im Rahmen des Abs. 2 nicht darauf beschränkt werden, dass nur die Verwaltung von Geschäftsunterlagen oder der Abschluss von ANÜ-Verträgen als Ausübung erfasst wird (*Sandmann/Marschall*, Art. 1 § 3 Anm. 44). Vielmehr umfasst die **Tätigkeit** der gewerbsmäßigen ANÜ i.S.d. Abs. 2 auch das **tatsächliche Entsenden** bestimmter Arbeitnehmer in Betriebsstätten des Entleihers zur Arbeitsleistung. Eine effektive Erfüllung der Kontrollfunktionen erfordert insoweit, dass die Erlaubnisbehörde bzw. Aufsichtsbehörden eines Mitgliedstaates des EWR die Ausübung des Verleihgewerbes auch in tatsächlicher Hinsicht, d. h. während des Einsatzes des Leiharbeitnehmers beim Entleiher, kontrollieren kann. Wird die **Arbeitsleistung** in einer Betriebsstätte des Entleihers **außerhalb des EWR** erbracht, ist es zwar der Erlaubnisbehörde möglich, beim Verleiher im Inland vorhandene Geschäftsunterlagen auf die Einhaltung der Bestimmungen des AÜG hin zu überprüfen; Verstöße gegen **Schutzbestimmungen** des AÜG, die mit der tatsächlichen Ausübung von ANÜ in Verbindung stehen (z. B. die Einhaltung arbeitsrechtlicher Vorschriften nach Abs. 1 Nr. 1 bzw. allgemein der Einhaltung öffentlich-rechtlicher Arbeitsschutzvorschriften durch den Entleiher nach § 11 Abs. 6), können jedoch von der Erlaubnisbehörde bei Verleih ins Ausland nicht kontrolliert werden. Auch könnten Verfahren gegen den Entleiher nach §§ 15a, 16 Abs. 1 Nr. 1a nicht eingeleitet werden. Eine Einschränkung des Anwendungsbereiches des Abs. 2 allein darauf, die Überprüfungsmöglichkeiten der Erlaubnisbehörde auf Geschäftsunterlagen, die sich in Betriebsstätten des Verleihers befinden, zu sichern, ließe die Schutzzwecke der Norm hinsichtlich der **Gewährleistung** aller arbeits- und sozialrechtlichen sowie hinsichtlich arbeitsmarktpolitischer **Zwecke des Gesetzes** außer acht. Auch der Wortlaut der Vorschrift, der umfassend auf die Tätigkeit nach Abs. 1 abstellt, erfordert, Abs. 2 in allen Fällen des Verleihs anzuwenden, in denen Betriebsstätten außerhalb des EWR beteiligt sind. Unabhängig davon, ob diese Voraussetzung auf Verleiheroder Entleiherseite erfüllt ist, kommt daher Abs. 2 zur Anwendung.

Ob für die Ausübung der ANÜ Betriebe, Betriebsteile oder Nebenbetriebe außer- **131** halb des EWR vorgesehen sind, ist u.a. auf Grund der Unternehmensplanungen oder der erkennbar verfolgten Geschäftszwecke des Verleihers zu beurteilen. Sind die ausländischen Betriebsstätten unmittelbar an der Ausübung der ANÜ beteiligt, z.B. dadurch, dass sich Geschäftsunterlagen bei ihnen befinden, sind die Voraussetzungen des Abs. 2 erfüllt (*Schüren/Feuerborn*, § 3 Rn. 163; *Thüsing/Pelzner*, § 3 Rn. 127; a.A. *Boemke*, § 3 Rn. 108). Nicht erforderlich ist, dass die Betriebsstätten außerhalb des EWR bei Erlaubniserteilung bereits feststehen. Vielmehr reicht es aus, wenn sich aus dem Vortrag des Antragstellers bzw. den vorgelegten Unterlagen die **Möglichkeit** ergibt, dass die ANÜ auch Bezüge zu Betriebsstätten außerhalb des EWR hat.

Die nach Abs. 2 zwingend angeordnete Versagung verwehrt es der Erlaubnis- **132** behörde, die Erlaubnis nur unter Einschränkungen oder Bedingungen zu erteilen bzw. mit Auflagen zu verbinden (§ 2 Abs. 2; *Thüsing/Pelzner*, § 3 Rn. 128). Die Er-

laubnis ist vielmehr **insgesamt**, d.h. auch für den Bereich der ANÜ **zu versagen**, der nicht vom Anwendungsbereich des Abs. 2 erfasst wird (zu Ausnahmen siehe Rn. 145).

133 Ob **Betriebe, Betriebsteile oder Nebenbetriebe** i.S.d. Abs. 2 betroffen sind, beurteilt sich mangels eigener Begriffsdefinitionen im AÜG nach allgemeinen betriebsverfassungsrechtlichen Grundsätzen (h.M. *Becker/Wulfgramm*, Art. 1 § 3 Rn. 70 ff.; ErfK/*Wank*, § 3 Rn. 42; *Sandmann/Marschall*, Art. 1 § 3 Anm. 43 f.; *Schüren/Feuerborn*, § 3 Rn. 159 ff.; *Thüsing/Pelzner*, § 3 Rn. 126). Danach ist ein **Betrieb** »die organisatorische Einheit, innerhalb derer ein Arbeitgeber allein oder mit seinen Arbeitnehmern mit Hilfe von technischen und immateriellen Mitteln bestimmte arbeitstechnische Zwecke fortgesetzt verfolgt, die sich nicht in der Befriedigung von Eigenbedarf erschöpfen« (st. Rspr., vgl. *BAG* v. 14. 9. 1988 – 7 ABR 10/87 – AP Nr. 9 zu § 1 BetrVG 1972; *Richardi*, § 1 Rn. 15 ff.; differenzierend DKK-*Trümner*, § 1 Rn. 43). Auf die Art des verfolgten Zwecks oder die Verfolgung wirtschaftlicher Ziele kommt es hierbei nicht an. Da der Verleih von Arbeitnehmern, nämlich die Dienstleistung, Dritten Arbeitnehmer zur Arbeitsleistung zur Verfügung zu stellen, einen Betriebszweck darstellt (*Becker/Wulfgramm*, Art. 1 § 3 Rn. 70; *Schüren/Feuerborn*, § 3 Rn. 161), erfüllt jede **organisatorische Einheit**, von der aus ANÜ betrieben wird oder in der Arbeitnehmer auf Grund ANÜ ihre Arbeitsleistung erbringen, die Begriffsmerkmale des Betriebs. Darauf, ob die organisatorische Einheit gleichzeitig ein Unternehmen oder eine rechtlich selbstständige natürliche oder juristische Person ist, kommt es nicht an.

134 **Betriebsteile** sind räumlich und organisatorisch unterscheidbare Betriebsbereiche, die wegen ihrer Eingliederung in den Betrieb allein nicht bestehen können und deren Funktion darin besteht, dem arbeitstechnischen Zweck des Gesamtbetriebs zu dienen (*BAG* v. 25. 9. 1986 – 6 ABR 68/84 – AP Nr. 7 zu § 1 BetrVG 1972; *Richardi*, § 4 Rn. 8; *FESTL*, § 4 Rn. 5). Räumlich weit vom Hauptbetrieb entfernte **Niederlassungen** stellen danach **selbstständige Betriebe** dar, soweit sie in der Regel ständig mindestens fünf wahlberechtigte Arbeitnehmer beschäftigen (§ 4 Abs. 1 Satz 1 Nr. 1 BetrVG). Die Mindestbeschäftigtenzahl hat hierbei jedoch nur für die Betriebsratsfähigkeit des Betriebsteils Bedeutung (§ 4 Abs. 2 BetrVG); sie ist für die Frage, ob ein Betriebsteil i.S.d. Abs. 2 vorliegt, unbeachtlich (*Sandmann/Marschall*, Art. 1 § 3 Anm. 43). Bezogen auf die gewerbsmäßige ANÜ erfüllt die ANÜ vor allem in den Fällen gemischter Verträge (vgl. Einl. C. Rn. 108) eine Hilfsfunktion für den Hauptbetrieb, etwa bei der Überlassung von Maschinen mit Bedienungspersonal, wenn die Überlassung der Arbeitnehmer lediglich eine Nebenpflicht zur Maschinenüberlassung darstellt. Für **Verleiher mit Betriebsstätten außerhalb des EWR** ist daher der **Abschluss gemischter Verträge**, die hinsichtlich der Personalgestellung die Begriffsmerkmale einer ANÜ erfüllen, nach Abs. 2 insgesamt **untersagt**, da bezüglich der ANÜ eine Verleiherlaubnis nicht erteilt werden darf (Rn. 127). Dies gilt auch, soweit Drittstaaten betroffen sind, mit denen Regierungsabkommen zur Erbringung werkvertraglicher Leistungen abgeschlossen wurden.

135 **Nebenbetriebe** sind organisatorisch **selbstständige Betriebe**, die unter eigener Leitung auch einen **eigenen Betriebszweck** verfolgen, alle Voraussetzungen des Betriebs i.S.d. § 1 BetrVG erfüllen und meist auf Hilfeleistungen für einen Hauptbetrieb ausgerichtet sind (*FESTL*, § 4 Rn. 12; *Richardi*, § 4 Rn. 5; hinsichtlich der Hilfsfunktion bei Service-Niederlassungen verneinend *BAG* v. 25. 9. 1986 – 6 ABR 68/84 – AP Nr. 1 zu § 1 BetrVG 1972). Die betriebsverfassungsrechtliche Definition, nach der ein Nebenbetrieb nur vorliegt, wenn in der Regel mindestens fünf

ständig wählbare Arbeitnehmer beschäftigt sind, führt nicht dazu, dass Organisationseinheiten, die diese Mindestbeschäftigtenzahl unterschreiten, nicht die Voraussetzungen eines Nebenbetriebs i.S.d. § 3 Abs. 2 erfüllen. Wie beim Betriebsteil (Rn. 134) ist die **Mindestbeschäftigtenzahl** nur für die Betriebsratsfähigkeit des Nebenbetriebs von Bedeutung, bei der Frage, ob ein Nebenbetrieb i.S.d. Abs. 2 vorliegt, dagegen unbeachtlich (*Sandmann/Marschall*, Art. 1 § 3 Anm. 43).

Sind die Voraussetzungen des § 3 Abs. 2 erfüllt, ist die **Erlaubnis** zwingend **136** **zu versagen**; der Behörde steht keinerlei Ermessensspielraum zu (*Becker/ Wulfgramm*, Art. 1 § 3 Rn. 66; *Boemke*, § 3 Rn. 106; *ErfK/Wank*, § 3 Rn. 36; *Sandmann/ Marschall*, Art. 1 § 3 Anm. 41; *Schüren/Feuerborn*, § 3 Rn. 154; *Thüsing/Pelzner*, § 3 Rn. 119 u. 128). Werden die Voraussetzungen des Abs. 2 erst nach der Erteilung der Erlaubnis erfüllt, ist die erteilte Erlaubnis nach § 5 Abs. 1 Nr. 3 zu widerrufen. Auch insoweit steht der Erlaubnisbehörde kein Ermessen zu.

2. Versagungsgrund bei Angehörigen aus Nicht-EWR-Mitgliedstaaten sowie bei Gesellschaften und juristischen Personen, deren Führung schwerpunktmäßig außerhalb des EWR liegt (Abs. 3, 4)

Auf Grund der Art. 43 ff. EGV zur Niederlassungsfreiheit, der Art. 49 ff. zur **137** Dienstleistungsfreiheit und der EG-Richtlinie 67/43 vom 12. 1. 1967 muss ausländischen, im **EWR ansässigen Verleihunternehmen** unter denselben Voraussetzungen die Erlaubnis zur ANÜ erteilt werden wie inländischen Verleihern (vgl. Einl. F. Rn. 11 ff.).

Nach Abs. 3 i.V.m. Abs. 4 steht demgegenüber die Erteilung einer Erlaubnis an Verleiher, die **Nicht-EWR-Staatenangehörige** sind, im **Ermessen** der Erlaubnisbehörde. Ein genereller Ausschluss von Ausländern vom Gewerbe der ANÜ ist mit der Vorschrift nicht vereinbar (*BSG* v. 12. 12. 1990 – 11 RAr 49/90 – EzAÜG § 3 AÜG Versagungsgründe Nr. 14). Nicht-EWR-Staatenangehörigen gleichgestellt sind die Fälle, in denen eine **Gesellschaft** oder eine **juristische Person** den Antrag auf Erlaubnis stellt, die entweder nicht nach deutschem Recht gegründet ist oder die weder ihren satzungsmäßigen Sitz noch ihre Hauptverwaltung bzw. ihre Hauptniederlassung im Geltungsbereich des AÜG hat.

a) Inländergleichbehandlung (Abs. 4 Satz 1)

Für **natürliche Personen** stellt Abs. 4 Satz 1 klar, dass **Staatsangehörige aus** **138** **EWR-Mitgliedstaaten** (Einl. F. 11 ff.) mit deutschen Staatsangehörigen **gleichbehandelt** werden müssen und eine Anwendbarkeit des Abs. 3 insoweit ausgeschlossen ist. Nach dem 9. Erfahrungsbericht der BuReg (BT-Ds. 14/4220, 8) waren 1999 insgesamt 198 ausländische Verleiher im Besitz der Erlaubnis, davon 73 mit Betriebssitz in Frankreich und 45 in Großbritannien/Irland. Deutschen i.S.d. Art. 116 GG gleichgestellt sind **heimatlose Ausländer** i.S.d. Gesetzes über die Rechtsstellung heimatloser Ausländer im Bundesgebiet vom 25. 4. 1951 (BGBl. I S. 269). Ob ausländischen Verleihern eine Staatsangehörigkeit von Mitgliedstaaten des EWR-Abkommens zukommt, beurteilt sich ausschließlich nach dem **Staatsangehörigkeitsrecht** des jeweiligen Mitgliedstaates. Ist danach (bei Doppel-Staatsangehörigkeit zumindest auch) eine Staatsangehörigkeit zum Mitgliedstaat gegeben, besteht auch eine Verpflichtung der Erlaubnisbehörde zur **Inländergleichbehandlung** (vgl. Einl. F. Rn. 16 u. 25; zur Zusammenarbeit mit ausländischen Behörden vgl. EU-Verhaltenskodex v. 22. 4. 1999, ABl. EG C 125/1).

Ist eine entsprechende Staatsangehörigkeit nicht gegeben, beurteilt sich die Frage der Erlaubniserteilung nach Abs. 3 (Rn. 140).

b) Versagung gegenüber Gesellschaften und juristischen Personen

139 Ist der Verleiher eine **Gesellschaft** oder **juristische Person**, so ist die Frage, ob die Erlaubnis zu erteilen ist oder nach Abs. 3 versagt werden kann, danach zu beantworten, nach welchem Recht die Gründung erfolgte bzw. wo der satzungsmäßige Sitz, die Hauptverwaltung oder auch die Hauptniederlassung der Gesellschaft oder der juristischen Person liegt (Abs. 4 Satz 2).
Ob eine Gesellschaft oder eine juristische Person i.S.d. Abs. 3 vorliegt, beurteilt sich ausschließlich nach **deutschen Recht** (*Becker/Wulfgramm*, Art. 1 § 3 Rn. 81; *Boemke*, § 3 Rn. 114), im Rahmen des Abs. 4 Satz 2 sind jedoch auch die **Bestimmungen des EGV** zur Gleichstellung von Handelsgesellschaften im Rahmen des Niederlassungs- (Art. 43 EGV) und Dienstleistungsrechts (Art. 59 EGV) zu beachten. Gesellschaften nach deutschem Recht sind nur solche ohne eigene Rechtspersönlichkeit (z.B. OHG, KG, GbR) und juristische Personen mit eigener Rechtspersönlichkeit (z.B. AG, GmbH, Genossenschaften; *Becker/Wulfgramm*, Art. 1 § 3 Rn. 81; *Schüren/Feuerborn*, § 3 Rn. 188). Erfüllen deutschem Recht unterliegende Gesellschaften oder juristische Personen nicht die sonstigen Voraussetzungen des Abs. 3, können sie nach **Abs. 4 Satz 2** nur dann einen uneingeschränkten Anspruch auf Erlaubniserteilung geltend machen, wenn sie sich auf die **Gleichstellungsregelung** des Art. 48 EGV berufen können. Nach Art. 48 Satz 2 EGV sind Gesellschaften des bürgerlichen und des Handelsrechts einschließlich der Genossenschaften und die sonstigen juristischen Personen des öffentlichen und privaten Rechts natürlichen Personen grundsätzlich gleichzustellen. **Ausgenommen** sind hiervon jedoch ausdrücklich **Gesellschaften**, die **keinen Erwerbszweck** verfolgen. **Gemeinnützig** tätige **ANÜ-Gesellschaften**, die keine erwerbswirtschaftlichen Zwecke verfolgen und nicht als Gesellschaft oder juristische Person nach Abs. 3 privilegiert sind, können daher gem. Art. 48 Satz 2 EGV auch bei satzungsmäßigem Sitz, Hauptverwaltung oder Hauptniederlassung im EWR nicht nach Abs. 4 Satz 2 privilegiert werden. Andererseits fallen unter Abs. 4 Satz 2 auch solche **nichtrechtsfähigen Gesellschaften**, die nach dem Recht des Mitgliedstaates die Begriffsmerkmale einer Gesellschaft i.S.d. Art. 48 EGV erfüllen, nach deutschem Recht aber mangels Rechtsfähigkeit nicht unter die privilegierten Gesellschaften oder juristischen Personen nach Abs. 3 fallen.

c) Gründung und Ansässigkeit von Gesellschaften nach dem Recht der Mitgliedstaaten

140 Gesellschaften oder juristische Personen haben nur dann einen von Abs. 3 unberührten **Anspruch auf Erlaubniserteilung**, wenn sie entweder nach deutschem Recht oder nach dem Recht eines EU-Mitgliedstaates bzw. eines EWR-Vertragsstaates gegründet wurden. Die **Gründungsvoraussetzungen** und die Wirksamkeit der Gründung richten sich dabei nach den jeweils anwendbaren **Rechtsvorschriften der Mitgliedstaaten** (*Becker/Wulfgramm*, Art. 1 § 3 Rn. 81; *Boemke*, § 3 Rn. 118; *Schüren/Feuerborn*, § 3 Rn. 189). Um Umgehungen des Abs. 2 durch **Scheingründung** von Gesellschaften zu verhindern, ist der von *Sandmann/Marschall* vertretenen Auffassung zu folgen und neben der Gründung nach dem Recht eines Mitgliedstaates auch zu fordern, dass die Gesellschaft weiterhin der Rechtsordnung eines (nicht notwendig desselben) Mitgliedstaates unterliegt (Art. 1 § 3 Anm. 53; *Boemke*, § 3 Rn. 118; *Thüsing/Pelzner*, § 3 Rn. 134; a. A. ErfK/*Wank*, § 3 Rn. 51; *Schüren/Feuerborn*, § 3 Rn. 190). Hierdurch wird auch sichergestellt, dass Normen zum Arbeitnehmerschutz nicht durch freie Rechtswahl der Beteiligten ausgehebelt werden (vgl. Art. 6 Abs. 1 EVÜ; *Geraub*, BB 1999, 2084).

Selbst wenn die Gesellschaft oder juristische Person nach dem Recht eines Mit- **140a** gliedstaates gegründet wurde, kann die Erteilung der Erlaubnis nach § 3 Abs. 3 versagt werden, wenn der satzungsmäßige Sitz, die Hauptverwaltung oder die Hauptniederlassung **nicht im EWR** liegt (§ 3 Abs. 3, Abs. 4 Satz 2). Der Begriff »satzungsmäßiger Sitz« bezieht sich auf alle Gesellschaften, die die Begriffsmerkmale des Art. 48 EGV erfüllen. Auch der im **Gesellschaftervertrag** einer **GmbH** oder **OHG** festgelegte Sitz ist daher satzungsmäßiger Sitz i.S.d. Bestimmung (*Becker/Wulfgramm*, Art. 1 § 3 Rn. 82; *Boemke*, § 3 Rn. 115; *Sandmann/Marschall*, Art. 1 § 3 Anm. 54; *Schüren/Feuerborn*, § 3 Rn. 193). Das Erfordernis eines satzungsmäßigen Sitzes der Gesellschaft in einem Mitgliedstaat kann dann entfallen, wenn die Hauptverwaltung oder Hauptniederlassung der Gesellschaft innerhalb des EWR liegt. Die **Hauptverwaltung** eines Unternehmens ist die organisatorische Unternehmenseinheit, in der die wesentlichen strategischen Grundentscheidungen des Unternehmens getroffen und die Leitungsmacht über konzernangehörige Unternehmen bzw. unternehmensangehörige Betriebe ausgeübt wird (ähnlich *Becker/Wulfgramm*, Art. 1 § 3 Rn. 83; *Boemke*, § 3 Rn. 115; *Sandmann/Marschall*, Art. 1 § 3 Anm. 54; *Schüren/Feuerborn*, § 3 Rn. 195). Demgegenüber zeichnet sich die **Hauptniederlassung** dadurch aus, dass hier der Schwerpunkt des operativen Geschäfts des Unternehmens liegt. Liegt bei Mischunternehmen zwar die Hauptverwaltung oder die Hauptniederlassung im EWR, liegt jedoch hinsichtlich der ANÜ der **Schwerpunkt der Leitungsentscheidungen** bzw. des operativen Geschäfts außerhalb des EWR, liegt die Hauptverwaltung bzw. Hauptniederlassung nicht i.S.d. Vorschriften über die Erteilung einer Verleiherlaubnis nach § 3 Abs. 3 bzw. Abs. 4 Satz 2 im EWR. Vielmehr ist die Erlaubnis hier nach Abs. 2 zu versagen. Dies gilt auch, wenn zwar Hauptverwaltung oder Hauptniederlassung innerhalb eines Mitgliedstaates des EWR-Abkommens liegen, in tatsächlicher Hinsicht jedoch die ANÜ von Betriebsstätten außerhalb des EWR betrieben wird. Maßgeblich ist insoweit allein, **von welchem Ort** aus die ANÜ tatsächlich ausgeübt wird (*Schüren/Feuerborn*, § 3 Rn. 196; ähnlich *Sandmann/Marschall*, Art. 1 § 3 Anm. 54).

d) Tatsächliche und dauerhafte Verbindung der Verleihtätigkeit mit der Wirtschaft eines EWR-Mitgliedstaates (Abs. 4 Satz 3)

Liegt zwar der satzungsmäßige Sitz einer Gesellschaft oder juristischen Person **141** in einem EU- bzw. EWR-Mitgliedstaat, liegt jedoch weder die Hauptverwaltung noch die Hauptniederlassung in diesen Staaten, muss die Ausübung von ANÜ in einer **tatsächlichen und dauerhaften Verbindung** mit der Wirtschaft eines EWR-Mitgliedstaates stehen. Abs. 4 Satz 3 deckt sich mit den entsprechenden »allgemeinen Programmen zur Aufhebung der Beschränkungen der Niederlassungsfreiheit und zur Aufhebung der Beschränkungen des Dienstleistungsverkehrs« (AblEG Nr. 2 v. 15. 1. 1972, 32, 36; AblEG Nr. 10 v. 10. 2. 1962, 167), wonach im EG-Raum gegründete Gesellschaften nur dann unter den Kreis der Begünstigten fallen, wenn »ihre Tätigkeit in tatsächlicher und dauerhafter Verbindung mit der Wirtschaft eines Mitgliedstaats oder eines überseeischen Landes oder Hoheitsgebiets stehen«. Durch die Vorschrift soll sichergestellt werden, dass die **Ausübung des Niederlassungsrechts** nach Art. 48 EGV nur bei Ansässigkeit der Gesellschaft in einem EWR-Mitgliedstaat gewährleistet werden muss (*Becker/Wulfgramm*, Art. 1 § 3 Rn. 90).

141a Eine tatsächliche und **dauerhafte Verbindung** liegt nur vor, wenn der Verleiher über den Bestand und die Laufzeit bestehender ANÜ-Verträge hinaus gewerbsmäßige ANÜ mit der Wirtschaft eines Mitgliedstaates betreibt. Ist diese Voraussetzung erfüllt, kann auch zu Beginn der **Aufnahme der Verleihtätigkeit** oder bei **Mischunternehmen** eine Versagung der Erlaubnis nach Abs. 3 ausgeschlossen sein (*Sandmann/Marschall*, Art. 1 § 3 Anm. 55), wenn auf Grund der Planungen der Gesellschaft eine dauerhafte Betätigung als **gewerbsmäßiger** Verleiher (a. A. insoweit *Schüren/Feuerborn*, § 3 Rn. 199, der auch die nichtgewerbsmäßige ANÜ als Tätigkeit i.S.d. Vorschrift ansieht) beabsichtigt ist. In diesen Fällen dürfte die Erlaubnis jedoch regelmäßig mit einer nach § 2 Abs. 2 zulässigen Bedingung bzw. Auflage zu verbinden sein.

142 Liegt eine **Betriebsstätte** der Gesellschaft **im EWR**, ergibt sich aus dem Rechtsgedanken des Abs. 2, dass eine Versagung der Erlaubnis nicht auf den Mangel einer dauerhaften Verbindung mit der Wirtschaft eines Mitgliedstaates gestützt werden kann. In tatsächlicher Hinsicht reicht jedoch das Vorliegen einer Betriebsstätte nicht aus, um eine Tätigkeit als Verleiher i.S.d. Abs. 4 Satz 3 anzunehmen (so aber *Schüren/Feuerborn*, § 3 Rn. 198). Allein das Vorhandensein einer Betriebsstätte lässt nicht darauf schließen, dass (kumulativ) auch **in tatsächlicher Hinsicht ANÜ betrieben** wird. Vielmehr muss das Betreiben von ANÜ im Geschäftsverkehr erkennbar sein und vom Antragsteller auch dargelegt werden können.

143 Sind die Voraussetzungen des Abs. 4 Satz 3 erfüllt, steht die Erteilung der Erlaubnis nach Abs. 3 im **pflichtgemäßen Ermessen** der Erlaubnisbehörde. Im Fall des Gleichstellungsgebots nach Abs. 4 Satz 2 ist die Erlaubnis zu erteilen, soweit die allgemeinen Voraussetzungen erfüllt sind (*Becker/Wulfgramm*, Art. 1 § 3 Rn. 94). Danach hat der Verleiher z. B. nachzuweisen, dass er eine nach dem Recht des Entsendestaats erforderliche Genehmigung besitzt (Einl. F Rn. 2) oder der Verleih dort ohne Genehmigung zulässig ist (*Schüren/Feuerborn*, Einl. Rn. 581; a. A. *Boemke*, Einl. Rn. 14).

e) Ermessensausübung im Rahmen des Abs. 3

144 Besitzt der Antragsteller als natürliche Person nicht die Staatsangehörigkeit eines Mitgliedstaates oder erfüllt er als Gesellschaft oder juristische Person nicht die Voraussetzungen einer Gleichstellung nach Abs. 3 bzw. Abs. 4, hat die Erlaubnisbehörde auf Grund der **Kann-Vorschrift** des Abs. 3 nach pflichtgemäßem Ermessen darüber zu entscheiden, ob dennoch eine Erlaubnis erteilt wird (*Becker/ Wulfgramm*, Art. 1 § 3 Rn. 73; *Sandmann/Marschall*, Art. 1 § 3 Anm. 48; *Schüren/ Feuerborn*, § 3 Rn. 165ff.; *Thüsing/Pelzner*, § 3 Rn. 141).

144a Soweit **Niederlassungsabkommen** oder **bilaterale Verträge der EU** mit Drittstaaten betroffen sind, ist die in Abs. 5 getroffene Sonderregelung zu beachten (Rn. 148f.). Infolge der Erweiterung der EU hat demgegenüber das Europäische Niederlassungsabkommen vom 13. 12. 1955 (BGBl. II S. 1099; vgl. Einl. F. Rn. 11 f.) kaum noch praktische Bedeutung. In allen Vertragsstaaten (mit Ausnahme der Türkei), auf die das Abkommen anwendbar war, sind infolge des Beitritts zur EU bzw. infolge EWR-Vertragsstaatenzugehörigkeit die weiter gehenden Bestimmungen des EGV zur Niederlassungs- und Dienstleistungsfreiheit anwendbar.

Antragsteller aus der Türkei haben nach Art. 10 des Abkommens (EG-Assoziie- **144b** rungsabkommen mit der Türkei vgl. auch Einl. F. Rn. 60 u. Einl. G. Rn. 5 ff.) nur dann einen Anspruch auf Erlaubniserteilung, wenn nicht wichtige Gründe wirtschaftlicher oder sozialer Art der Erteilung entgegenstehen (*Boemke*, § 3 Rn. 113; *Schüren/Feuerborn*, § 3 Rn. 173). Infolge der Missstände auf dem Teilarbeitsmarkt der ANÜ sowie der bestehenden Massenarbeitslosigkeit in den Mitgliedstaaten ist diese Voraussetzung z. Zt. grundsätzlich erfüllt (i. E. ebenso *Sandmann/Marschall*, Art. 1 § 3 Anm. 51). Infolgedessen kommt eine Erlaubniserteilung für Staatsangehörige aus der Türkei i. d. R. nur in Betracht, wenn sie die besonderen Voraussetzungen des Art. 12 Buchst. a bis c des Abkommens (fünfjährige ununterbrochene Erwerbstätigkeit; zehn Jahre ununterbrochener Aufenthalt/Erlaubnis zum dauernden Aufenthalt) erfüllen (*Schüren/Feuerborn*, § 3 Rn. 173).

Die mit ehemaligen RGW-Staaten abgeschlossenen **bilateralen Regierungsab-** **144c** **kommen** (vgl. Einl. Rn. 65) untersagen demgegenüber meist explizit jede Ausübung von ANÜ (s. a. Rn. 134).

Ausgeschlossen ist eine Erlaubniserteilung, soweit einem Ausländer nur eine **145** **eingeschränkte Aufenthaltsgenehmigung** erteilt wurde, die ihm die Aufnahme eines selbstständigen Gewerbes untersagt (*Sandmann/Marschall*, Art. 1 § 3 Anm. 49; *Schüren/Feuerborn*, § 3 Rn. 175). Bei Antragstellern aus **Drittstaaten**, die **in das Inland Arbeitnehmer überlassen** wollen, ist daneben zu berücksichtigen, dass Nicht-EU-/-EWR-Staatenangehörigen nach § 40 Abs. 1 Nr. 2 AufenthG, § 6 Abs. 1 Nr. 2 ArGV (vgl. Einl. G. Rn. 35 f.; ErfK/*Wank*, § 3 Rn. 45) die allgemeine **Arbeitserlaubnis** nicht erteilt werden darf. Sollen solche Arbeitnehmer von Drittstaaten aus ins Inland verliehen werden, ist die Erlaubnis daher zwingend zu versagen (*BSG* v. 12. 12. 1990 – 11 RAr 49/90 – NZA 1991, 951). Dasselbe gilt, wenn Antragsteller aus Drittstaaten zwar den Verleih vom Inland aus betreiben, hierbei aber Arbeitnehmer aus Drittstaaten einsetzen bzw. einsetzen wollen. Daneben besteht bei Verleihern aus Nicht-EWR-Mitgliedstaaten regelmäßig Veranlassung, die Voraussetzungen des Abs. 2 zu prüfen. Hat der Antragsteller **auch** eine **Betriebsstätte außerhalb des EWR,** ist nach der Vorschrift die Erlaubnis immer zu versagen, wenn die ANÜ auch für derartige Betriebsstätten vorgesehen ist. Soll die ANÜ ausschließlich im Bereich des EWR betrieben werden, obwohl Betriebsstätten des Antragstellers außerhalb des EWR liegen, trifft den Antragsteller insoweit eine besondere Darlegungspflicht. Die Erlaubnis kann hier in Ausnahmefällen nur unter der Bedingung erteilt bzw. mit Auflagen verbunden werden (§ 2 Abs. 2), die sicherstellen, dass keine Verstöße gegen Abs. 2 eintreten können.

I. Ü. hat die Erlaubnisbehörde bei der Entscheidung alle bestehenden **Grenzen** **146** **pflichtgemäßer Ermessensausübung** zu beachten (*Becker/Wulfgramm*, Art. 1 § 3 Rn. 74; ErfK/*Wank*, § 3 Rn. 44; *Sandmann/Marschall*, Art. 1 § 3 Anm. 49; *Schüren/ Feuerborn*, § 3 Rn. 170 ff.). Abs. 3 enthält keine Ermächtigung für die Erlaubnisbehörde, Antragstellern aus Nicht-EWR-Mitgliedstaaten die Ausübung von gewerbsmäßiger ANÜ allgemein zu versagen oder Ausländer aus arbeitsmarktpolitischen Gründen **generell** vom Gewerbe der ANÜ auszuschließen (*BSG* v. 12. 12. 1990 – 11 RAr 49/90 – NZA 1991, 951). Vielmehr muss die Behörde in jedem **Einzelfall** ihr Ermessen auch ausüben und hierbei insbesondere den **Gleichheitsgrundsatz** der Verfassung (Art. 3 GG) sowie den **Verhältnismäßig-** **keitsgrundsatz** beachten (*Becker/Wulfgramm*, Art. 1 § 3 Rn. 74; *Sandmann/Marschall*, Art. 1 § 3 Anm. 48; *Schüren/Feuerborn*, § 3 Rn. 170). I. Ü. können sich jedoch Verleiher als Ausländer aus Drittstaaten nicht auf die Grundrechtsbindungen der

Verfassung berufen. Deshalb ist die Erlaubnisbehörde befugt, Verleihern aus Drittstaaten die Erlaubnis zu versagen, wenn ein entsprechendes Bedürfnis nach der **Arbeitsmarktlage** nicht gegeben ist (so zu Recht *Sandmann/Marschall*, Art. 1 § 3 Anm. 48) oder sonstige wirtschaftliche oder sozialpolitische Gründe der Erlaubniserteilung entgegenstehen (*Thüsing/Pelzner*, § 3 Rn. 141). Dies gilt auch, soweit die Überwachungsaufgaben der BA nicht in gleichem Maße wahrgenommen werden können wie bei inländischen Verleihern.

147 Beantragt ein ausländischer Verleiher die **Verlängerung** einer im Rahmen des Abs. 3 bereits **erteilten Erlaubnis**, kann die Verlängerung im Rahmen des Abs. 3 nicht auf Grund einer erneuten Ermessensausübung der Behörde verweigert werden. Sowohl der Wortlaut des Abs. 3, der im Unterschied zu den Abs. 1 und 2 die Verlängerung der Erlaubnis nicht einbezieht, als auch der Wille des Gesetzgebers beschränken den Anwendungsbereich der Vorschrift auf Fälle der **Ersterteilung** der Erlaubnis (*Boemke*, § 3 Rn. 122; *Erfk/Wank*, § 3 Rn. 46; *Sandmann/Marschall*, Art. 1 § 3 Anm. 52; *Schüren/Feuerborn*, § 3 Rn. 178). Jedoch können Anträge auf Verlängerung uneingeschränkt auf Grund veränderter Umstände oder bei Vorliegen einer der Versagungsgründe der Abs. 1 und 2 abgelehnt werden (*Schüren/Feuerborn*, § 3 Rn. 179). Auch unabhängig von der Entscheidung über die Verlängerung der Erlaubnis ist die Erlaubnisbehörde befugt, bei Vorliegen der gesetzlichen Voraussetzungen der §§ 4, 5 die Erlaubnis zurückzunehmen oder zu widerrufen. Ein Widerruf auf Grund eines Widerrufsvorbehalts nach § 2 Abs. 3 dürfte bei Antragstellern aus Nicht-EWR-Mitgliedstaaten dagegen regelmäßig ausgeschlossen sein (a. A. *Schüren/Feuerborn*, § 3 Rn. 179), da die Erlaubnisbehörde in diesen Fällen nur dann die Erlaubnis erteilen darf, wenn der Antragsteller zweifelsfrei alle Voraussetzungen erfüllt, die eine abschließende Beurteilung des Antrags ermöglichen.

3. Gleichstellung auf Grund internationaler Abkommen (Abs. 5)

148 Nach Abs. 5 können **Staatsangehörige aus Drittstaaten** bzw. Gesellschaften, die nach den Vorschriften des Drittstaates gegründet wurden (Abs. 5 Satz 2), ebenfalls die Erlaubnis zur ANÜ erhalten, soweit dies in **internationalen Abkommen** geregelt ist, die im Inland gelten. Bedeutung hat die Vorschrift vor allem im Zusammenhang mit **Assoziierungsabkommen** und sonstigen Verträgen, die auf eine Erweiterung des EWR abzielen. Soweit in derartigen Abkommen eine **Inländergleichbehandlung** bezüglich der Niederlassungsfreiheit vorgesehen und die Ausübung von ANÜ nicht ausdrücklich ausgeschlossen ist, ist Abs. 5 anwendbar. Der Anwendungsbereich der Vorschrift ist derzeit äußerst gering. Bis Mitte 1996 sind lediglich zwei Verleiherlaubnisse für zwei **türkische Staatsangehörige** auf der Grundlage von Abs. 5 erteilt worden (vgl. Bericht der BA zum 8. Erfahrungsbericht der Bundesregierung v. 10. 4. 1996, S. 18). Voraussetzung ist immer, dass der Antragsteller des Drittstaates eine **Niederlassung im Inland** besitzt, was nur der Fall ist, wenn die ANÜ auf Dauer angelegt ist (*Schüren/Feuerborn*, § 3 Rn. 200) und sich die zur Ausübung erforderlichen Betriebsmittel im Inland befinden. Demgegenüber reicht es nicht aus, wenn sich der Antragsteller im Rahmen nur vorübergehender Fälle von ANÜ auf eine nach dem Abkommen ggf. gewährleistete Inländergleichbehandlung bezüglich der Dienstleistungsfreiheit beruft, da Abs. 5 nur anwendbar ist, soweit eine Niederlassung vorhanden ist.

149 Die Gleichstellung mit deutschen Staatsangehörigen nach Abs. 5 darf nicht dazu führen, dass Angehörige aus Drittstaaten gegenüber solchen aus dem EWR unter erleichterten Voraussetzungen die Erlaubnis erhalten. Daher bleibt die Anwendbarkeit des Abs. 2 auch bei Vorliegen der sonstigen Voraussetzungen des Abs. 5 unberührt. Darüber hinaus gilt für Gesellschaften aus Drittstaaten, soweit sie nicht die besonderen Voraussetzungen des Abs. 4 Satz 2 und 3 erfüllen, dass sie **gegenüber Gesellschaften der EWR-Mitgliedstaaten nicht privilegiert** werden dürfen. Befindet sich etwa die Hauptniederlassung der Gesellschaft nicht im EWR, kommt ein Anspruch auf Erlaubniserteilung nur in Betracht, soweit die Gesellschaft in tatsächlicher und dauerhafter Verbindung mit der Wirtschaft eines Mitgliedstaates steht (*Boemke*, § 3 Rn. 120; vgl. hierzu Rn. 141 ff.). Im Rahmen ihrer **Ermessensentscheidung** hat die Behörde daher nicht nur darauf zu achten, ob nach dem internationalen Abkommen die Ausübung von ANÜ auf Grund der Niederlassungsfreiheit gewährleistet werden soll, sondern sie muss gleichzeitig ihr Ermessen so ausüben, dass Gesellschaften aus EWR-Mitgliedstaaten nicht gegenüber solchen aus Drittstaaten benachteiligt werden.

§ 4 Rücknahme

(1) Eine rechtswidrige Erlaubnis kann mit Wirkung für die Zukunft zurückgenommen werden. § 2 Abs. 4 Satz 4 gilt entsprechend.
(2) Die Erlaubnisbehörde hat dem Verleiher auf Antrag den Vermögensnachteil auszugleichen, den dieser dadurch erleidet, daß er auf den Bestand der Erlaubnis vertraut hat, soweit sein Vertrauen unter Abwägung mit dem öffentlichen Interesse schutzwürdig ist. Auf Vertrauen kann sich der Verleiher nicht berufen, wenn er
1. die Erlaubnis durch arglistige Täuschung, Drohung oder eine strafbare Handlung erwirkt hat;
2. die Erlaubnis durch Angaben erwirkt hat, die in wesentlicher Beziehung unrichtig oder unvollständig waren, oder
3. die Rechtswidrigkeit der Erlaubnis kannte oder infolge grober Fahrlässigkeit nicht kannte.
Der Vermögensnachteil ist jedoch nicht über den Betrag des Interesses hinaus zu ersetzen, das der Verleiher an dem Bestand der Erlaubnis hat. Der auszugleichende Vermögensnachteil wird durch die Erlaubnisbehörde festgesetzt. Der Anspruch kann nur innerhalb eines Jahres geltend gemacht werden; die Frist beginnt, sobald die Erlaubnisbehörde den Verleiher auf sie hingewiesen hat.
(3) Die Rücknahme ist nur innerhalb eines Jahres seit dem Zeitpunkt zulässig, in dem die Erlaubnisbehörde von den Tatsachen Kenntnis erhalten hat, die die Rücknahme der Erlaubnis rechtfertigen.

Literaturhinweise

Becker, H. J., Zur Rücknahme fehlerhafter begünstigender Verwaltungsakte des Bundesverwaltungsgerichtes, DÖV 1967, 729; *Göldner*, Die Rücknahme rechtswidriger begünstigender Verwaltungsakte, DÖV 1979, 805; *Johlen*, Ausgleichsanspruch bei der Rücknahme oder dem Widerruf begünstigender Verwaltungsakte, NJW 1976, 2155; *Ossenbühl*, Zum Problem der Rücknahme fehlerhafter begünstigender Verwaltungsakte, DÖV 1964, 511; *Richter*, Die Aufhebung von Verwaltungsakten auf Betreiben der Verwaltung und des Betroffenen, JuS 1990, 719; *Schenke*, Widerruf oder Rücknahme rechtswidrig gewordener Verwaltungsakte?, BayVBl. 1990, 107.

I. Entstehungszusammenhang und Gesetzeszweck

1　Sowohl wegen der Rechtswirkungen einer Erlaubnis im Rechtsverkehr (§ 9 Nr. 1) als auch wegen der konstitutiven Wirkung der Erlaubnis für die Berechtigung zur gewerbsmäßigen ANÜ (§ 1 Abs. 1 Satz 1; einschränkend *Becker/Wulfgramm*, Art. 1 § 4 Rn. 6) besteht für den Inhaber der Erlaubnis und für Dritte an der **Bestandskraft** einer erteilten Erlaubnis ein hohes Interesse. Schon unter dem Gesichtspunkt des Vertrauensschutzes wirft eine Aufhebung der Wirkungen einer erteilten Erlaubnis die Frage auf, ob die **Güterabwägung** zwischen den Folgen einer weiterbestehenden Erlaubnis und die mit einer Aufhebung der Erlaubnis verbundenen Schutzzwecke ergibt, dass die Schutzzwecke, die mit der Beendigung der Wirkungen einer Erlaubnis verfolgt werden, überwiegen. Der **Grundsatz der freien Rücknehmbarkeit** einer rechtswidrig erteilten Erlaubnis entbindet die Erlaubnisbehörde nicht davon, im Rahmen ihrer Ermessensausübung eine entsprechende Güterabwägung vorzunehmen. Die rechtsstaatlichen Grundsätze, die allgemein bei Widerruf oder Rücknahme begünstigender Verwaltungsakte gelten (vgl. §§ 48 f. VwVfG, §§ 44 ff. SGB X), sind daher auch im Rahmen der Regelungen zu beachten, die das AÜG zur Rücknahme (§ 4) und zum Widerruf (§ 5) getroffen hat. Der weite und unbestimmte Wortlaut, den § 4 Abs. 1 bei Rücknahme einer **rechtswidrigen** Erlaubnis im Verlauf des Gesetzgebungsverfahrens erhalten hat (vgl. hierzu ausführlich *Becker/Wulfgramm*, Art. 1 § 4 Rn. 1 ff.), lässt verfassungsrechtliche Bedenken aufkommen, ob die Bestimmung den **Bestimmtheitsgrundsätzen** Genüge tut. Diese Bedenken können hier nur angesichts der geringen praktischen Bedeutung der Vorschrift (vgl. 7. u. 8. Erfahrungsbericht der Bundesregierung, BT-Ds. 12/3130, S. 19; BT-Ds. 13/5498, S. 21) zurückgestellt werden. In den Jahren 1980 bis 1995 wurde die Erlaubnis nur in 18 Fällen zurückgenommen (*Boemke*, § 2 Rn. 2).

2　Wegen der besonderen Gefahren, die mit ANÜ für die Arbeitnehmer verbunden sind, insbesondere aber auch wegen der Nähe zu Formen illegaler Beschäftigung, besteht ein hohes **öffentliches Interesse**, ANÜ zu unterbinden, wenn die gesetzlichen Voraussetzungen nicht vorliegen bzw. entfallen sind oder die Bestimmungen des AÜG vom Erlaubnisinhaber nicht eingehalten werden. Der Gesetzgeber hat die **Rücknahme** und den Widerruf aus Gründen der Rechtssicherheit nur **mit Wirkung für die Zukunft** für zulässig erklärt und in beiden Fällen eine **Nachwirkung** der Erlaubnis im Rahmen der Höchstfrist des § 2 Abs. 4 Satz 4 zugelassen. Einen **Nachteilsausgleich** für den verloren gegangenen Schutz des Vertrauens des Erlaubnisinhabers auf den Fortbestand der Erlaubnis sieht das Gesetz allerdings nur in den Fällen der Rücknahme (§ 4 Abs. 2) sowie in den Fällen des Widerrufs auf Grund veränderter Rechtslage (§ 5 Abs. 1 Nr. 4) vor. Dies rechtfertigt sich daraus, dass von den Fällen des Widerrufs nach § 5 nur solche Tatbestände erfasst werden, die nach Erteilung der (rechtmäßigen) Erlaubnis eintreten, und Versagungstatbestände, die vor Erteilung der Erlaubnis erfüllt waren, abgesehen vom Widerrufsvorbehalt (§ 2 Abs. 2), nicht Rechtsgrundlage eines Widerrufs sein können (arg.e. § 5 Abs. 1 Nr. 3). Mit anderen Worten: In den Fällen des Widerrufs hat die Behörde immer rechtmäßig gehandelt. Demgegenüber kann die **rechtswidrig erteilte Erlaubnis** auf einem rechtswidrigen Verhalten sowohl der Erlaubnisbehörde als auch des Antragstellers beruhen. Soweit dem Erlaubnisinhaber hier kein schuldhaftes Verhalten vorgeworfen werden kann, ist es daher gerechtfertigt, unter den Voraussetzungen des § 4 Abs. 2 einen Nachteilsausgleichsanspruch zuzuerkennen.

II. Rechtswidrige Erlaubnis

Die Rücknehmbarkeit einer Erlaubnis nach Abs. 1 setzt voraus, dass die Erlaubnis zum **Zeitpunkt der Entscheidung rechtswidrig** erteilt wurde (*Sandmann/Marschall*, Art. 1 § 4 Anm. 4; *Schüren/Schüren*, § 4 Rn. 7; vgl. Rn. 6). Bei Straftaten des Verleihers, die nach § 3 Abs. 1 Nr. 1 zur Versagung der Erlaubnis verpflichten (vgl. § 3 Rn. 18, 31), kommt es auf den Zeitpunkt der Tat und nicht der Verurteilung an (*LSG Niedersachsen* v. 22.7.1977 – L 7 S (Ar) 31/77 – EzAÜG § 4 AÜG Rücknahme Nr. 1). Da eine dem § 5 Abs. 3 für den Widerruf entsprechende Regelung für Fälle der Rücknahme fehlt, ist es im Rahmen des § 4 nicht erforderlich, dass die Erlaubnis auch noch im Zeitpunkt der Rücknahme gegen geltendes Recht verstößt (a.A. *Boemke*, § 2 Rn. 5; *Sandmann/Marschall*, § 4 Anm. 6; *Schüren/Schüren*, § 4 Rn. 5, 7). War die Erlaubnis im Zeitpunkt der Erteilung zu versagen, so kann es für die Zulässigkeit der Rücknahme nicht darauf ankommen, ob vom Verleiher zum gegebenen Zeitpunkt zufällig gleichermaßen der Verstoß begangen wird. Die Frage, ob die Rechtswidrigkeit auch im **Zeitpunkt der Rücknahme** noch vorliegt, ist keine Frage der Zulässigkeitsvoraussetzungen der Rücknahme, sondern eine Frage der **Ermessensausübung** der Behörde. Dauert die Rechtswidrigkeit der Erlaubnis nach ihrer Erteilung an, ist die Erlaubnis grundsätzlich zurückzunehmen. Sind die **Umstände**, die die Rechtswidrigkeit bei ihrer Erteilung begründeten, dagegen mittlerweile **entfallen** (z.B. indem der Verleiher mittlerweile eine ordnungsgemäße Betriebsorganisation i.S.d. § 3 Abs. 1 Nr. 2 aufgebaut hat), kann die Behörde auch von einer Rücknahme absehen. **3**

Rechtswidrig ist die Erlaubnis, wenn ihre **Erteilung fehlerhaft** war. Das AÜG **4** selbst enthält insoweit keine eigene Definition der Rechtswidrigkeit. Insoweit muss auf die allgemeinen verwaltungsverfahrensrechtlichen Grundsätze zurückgegriffen (*Becker/Wulfgramm*, Art. 1 § 4 Rn. 9) werden. Danach ist entsprechend der Schwere des Verstoßes danach zu unterscheiden, ob ein unbeachtlicher sog. **Bagatellfehler**, ein schwerwiegender, **zur Nichtigkeit führender Fehler** oder ein die Rechtswidrigkeit des Verwaltungsaktes begründender normaler Fehler vorliegt. Ein unbeachtlicher Bagatellfehler, der keine Rücknahme rechtfertigt, liegt z.B. vor, wenn in einer Erlaubnis **Schreibfehler**, Rechenfehler und ähnliche **offenbare Unrichtigkeiten** enthalten sind (vgl. § 42 VwVfG; *Boemke*, § 2 Rn. 4; *Schüren/Schüren*, § 2 Rn. 10). Demgegenüber dürfte es in den Fällen der Verletzung von Form- oder Verfahrensvorschriften je nach Schwere des Verstoßes vom Einzelfall abhängen, ob sie unbeachtlich sind (vgl. §§ 45 f. VwVfG, §§ 41 f. SGB X; so auch *Becker/Wulfgramm*, Art. 1 § 4 Rn. 10).

5 Bei **Nichtigkeit der Erlaubnis** ist eine Rücknahme grundsätzlich nicht erforderlich, einer dennoch erfolgten Rücknahme kommt insoweit nur deklaratorische Bedeutung zu. Bei Nichtigkeit der Erlaubnis sind Ausgleichsansprüche nach Abs. 2 nicht gegeben (*Becker/Wulfgramm*, Art. 1 § 4 Rn. 16; ErfK/*Wank*, § 4 Rn. 2; *Schüren/Schüren*, § 4 Rn. 9). Nichtig ist die Erlaubnis, soweit sie an einem **besonders schwerwiegenden Fehler** leidet und dies bei verständiger Würdigung aller in Betracht kommenden Umstände offenkundig ist (vgl. § 44 Abs. 1 VwVfG, § 40 Abs. 1 SGB X), wobei auch die im VwVfG (§ 44 Abs. 2) genannten besonderen Nichtigkeitsgründe zur Nichtigkeit der Erlaubnis führen können (*Becker/Wulfgramm*, § 4 Rn. 20). Bezieht sich die Nichtigkeit lediglich auf **Auflagen**, mit denen eine ansonsten rechtsfehlerfrei erteilte Erlaubnis nach § 2 Abs. 2 verbunden ist, so führt dies regelmäßig nicht zur Nichtigkeit des gesamten Verwaltungsaktes (vgl. § 44 Abs. 4 VwVfG, § 40 Abs. 4 SGB X), da Auflagen gesetzlich auf Sachverhalte beschränkt sind, die nach Erteilung der Erlaubnis eintreten und daher keine Rechtswidrigkeit der Erlaubnis im Zeitpunkt ihrer Erteilung begründen können (so auch *Becker/Wulfgramm*, Art. 1 § 4 Rn. 21 f.).

6 **Rechtswidrig** ist die **Erlaubnis** immer erteilt worden, wenn zum **Zeitpunkt ihres Wirksamwerdens** Versagungsgründe i.S.d. § 3 vorlagen oder die Behörde sonstige zwingende gesetzliche Bestimmungen bei der Erteilung (z.B. das Befristungsgebot nach § 2 Abs. 4 Satz 1) missachtet hat. Unbeachtlich ist es hierbei, aus welchen Gründen Normen missachtet oder falsch angewandt wurden. Auch kommt es nicht darauf an, ob von einem **unrichtigen Sachverhalt** ausgegangen wurde oder ob ein festgestellter Sachverhalt im Rahmen der Versagungstatbestände unberücksichtigt blieb oder rechtlich falsch gewürdigt wurde (*Becker/Wulfgramm*, Art. 1 § 4 Rn. 24 ff.). Auch soweit der Behörde bei der Erlaubniserteilung ein **Ermessen** eingeräumt ist (z.B. § 3 Abs. 3) oder in den Fällen, in denen die Behörde den rechtlichen Gehalt unbestimmter Rechtsbegriffe (z.B. die nach § 3 Abs. 1 Nr. 1 erforderliche Zuverlässigkeit des Antragstellers) verkannt hat, liegt eine im Rahmen des Abs. 1 rücknehmbare rechtswidrige Erlaubnis vor. Da sich die Rechtswidrigkeit ausschließlich auf den Zeitpunkt der Erteilung bezieht und spätere Ereignisse die Rechtswidrigkeit weder beseitigen noch begründen können (Rn. 3), sind nachträgliche **Änderungen der gesetzlichen Grundlagen** anders als **Änderungen der höchstrichterlichen Rechtsprechung** im Rahmen des § 4 (zur nachträglichen Änderung der Rspr. vgl. § 5 Rn. 11 f.) unbeachtlich. Soweit Tatsachen oder Sachverhalte bei der Erlaubniserteilung berücksichtigt werden müssen, kommt es allein darauf an, ob der **Entstehungsursprung** vor dem Zeitpunkt der Erlaubniserteilung liegt, z.B. ob der Einsatz eines Arbeitnehmers ohne erforderlichen Aufenthaltstitel schon begonnen hat. Entsprechend ist bei der Begehung einer **Straftat** durch den Verleiher, die eine Versagung der Erlaubnis rechtfertigt, ausschließlich auf die Tatzeit und nicht auf den Zeitpunkt der Rechtskraft des Urteils abzustellen (*LSG Niedersachsen* v. 22.7.1977 – L 7 S (Ar) 31/77 – EzAÜG § 4 AÜG Rücknahme Nr. 1).

III. Freie Rücknehmbarkeit

7 Anders als bei der Rücknahme rechtswidriger begünstigender Verwaltungsakte im Verwaltungsrecht (vgl. z.B. § 45 Abs. 2 SGB X) enthält Abs. 1 für die Rücknahme rechtswidrig erteilter Erlaubnisse als belastender Verwaltungsakt keine einschränkenden Voraussetzungen (sog. **freie Rücknehmbarkeit** der Erlaubnis). Lediglich hinsichtlich des Nachteilsausgleichs ist in Abs. 2 eine Güterabwägung vorgeschrieben. Aus dem Grundsatz der freien Rücknehmbarkeit folgt nicht, dass die Behörde völlig frei entscheiden kann und auf den **Vertrauensschutz** des Erlaubnisinhabers keine Rücksicht nehmen muss (*Thüsing/Kämmerer*, § 4 Rn. 3; a. A. *Boemke*, § 2 Rn. 7; *Sandmann/Marschall*, Art. 1 § 4 Anm. 7). Vielmehr führen die allgemeinen **Grundsätze der Verhältnismäßigkeit** und des **Gleichheitsgrundsatzes** auch bei der Rücknahme von rechtswidrigen Erlaubnissen dazu, dass es der Behörde verwehrt sein kann, eine Rücknahme anzuordnen (*Schüren/ Schüren*, § 4 Rn. 15). Hierbei kommt es wesentlich darauf an, ob die Gründe, die eine Rücknahme begründen, aus der Sphäre des Erlaubnisinhabers oder aus der Sphäre der Behörde stammen. Eine Rücknahme ist immer auszusprechen, wenn der Erlaubnisinhaber deren Erteilung oder Verlängerung auf Grund eines Verhaltens erwirkt hat, das die Tatbestandsvoraussetzungen einer der Alternativen des Abs. 2 Satz 2 Nr. 1 bis 3 erfüllt. Auch ist die Erlaubnis immer zurückzunehmen, wenn im Zeitpunkt der Rücknahme ihre Erteilung oder **Verlängerung zu versagen** wäre. Hat umgekehrt die Behörde ihre Prüfungspflichten bei Erteilung oder Verlängerung der Erlaubnis verletzt und beruht die Rechtswidrigkeit allein auf diesem Verhalten, ist infolge einer **Ermessensreduzierung auf null** eine Rücknehmbarkeit grundsätzlich ausgeschlossen, wenn zum Zeitpunkt der Rücknahme eine Erlaubnis gleichen Inhaltes erlassen werden müsste (vgl. auch § 5 Abs. 3), d.h. der **Grund** der Rechtswidrigkeit mittlerweile **entfallen** ist. In den übrigen Fällen, in denen kein vom Antragsteller zu vertretendes Verhalten die Rechtswidrigkeit begründete, hat die Behörde jeweils zu prüfen, ob mittels weniger belastender Eingriffe, insbesondere auch durch **nachträgliche Auflagen** i.S.d. § 2 Abs. 2, der Rechtswidrigkeitsgrund beseitigt werden kann (*Becker/Wulfgramm*, Art. 1 § 4 Rn. 30; *Boemke*, § 2 Rn. 7; *Schüren/Schüren*, § 4 Rn. 15).

IV. Frist für die Rücknahme (Abs. 3)

Nach Abs. 3 ist eine Rücknahme nur **innerhalb eines Jahres** seit dem Zeitpunkt **8** zulässig, in dem die Erlaubnisbehörde **von den Tatsachen Kenntnis** erlangt hat, die die Rücknahme der Erlaubnis rechtfertigen. Die Jahresfrist ist eine Ausschlussfrist und hat vor allem in den Fällen Bedeutung, in denen sich der Verleiher im Besitz einer unbefristeten Erlaubnis nach § 2 Abs. 5 befindet. Erlangt die Erlaubnisbehörde bei **Anträgen auf Verlängerung** einer befristeten Erlaubnis Kenntnis von der die Rücknahme rechtfertigenden Tatsache, ist dies bei der Entscheidung über die Verlängerung zu berücksichtigen. Ggf. muss eine Verlängerung der Erlaubnis unter dem Vorbehalt des Widerrufs erfolgen (§ 2 Abs. 3), wenn noch nicht abschließend über die eine Rücknahme rechtfertigenden Tatsachen entschieden werden kann.

Der Beginn der **Ausschlussfrist** setzt voraus, dass die Erlaubnisbehörde **positive** **8a** **Kenntnis** von den Tatsachen erlangt, aus denen sich die Rechtswidrigkeit ergibt (*ErfK/Wank*, § 4 Rn. 11; *Schüren/Schüren*, § 4 Rn. 18; einschränkend *Boemke*, § 2 Rn. 11). **Erlaubnisbehörde** ist dabei die Behörde, die die Erlaubnis erteilt hat (*Sandmann/Marschall*, Art. 1 § 4 Anm. 14) und nicht die allgemein nach § 17 zuständige Bundesagentur für Arbeit (a. A. *Becker/Wulfgramm*, Art. 1 § 4 Rn. 36). **Läuft die Jahresfrist ab**, ohne dass die Behörde die Rücknahme angeordnet hat und dass der Bescheid gegenüber dem Erlaubnisinhaber durch Bekanntmachung wirksam wurde, ist eine Rücknahme nach Abs. 1 ausgeschlossen. Die Befugnisse der Behörde beschränken sich hier auf eine Nichtverlängerung der Erlaubnis bzw. auf einen Widerruf nach § 5.

V. Wirkungen der Rücknahme

9 Nach Abs. 1 Satz 1 kann die Erlaubnis nur mit **ex-nunc-Wirkung** für die Zukunft zurückgenommen werden. Mit dem Zugang des Rücknahmebescheids **erlischt** die Erlaubnis (*Boemke*, § 2 Rn. 3; *Schüren/Schüren*, § 4 Rn. 13). Darüber hinaus bestehende Möglichkeiten zur **Rückwirkung** der Rücknahme rechtswidriger Verwaltungsakte im sonstigen Verwaltungsrecht sind nach dem Wortlaut der Vorschrift **ausgeschlossen**. Vielmehr schreibt Abs. 1 Satz 2 aus Gründen des Vertrauensschutzes und der Rechtssicherheit vor, dass für einen Zeitraum von bis zu zwölf Monaten die zurückgenommene **Erlaubnis als fortbestehend gilt**, damit bestehende Verträge abgewickelt werden können (vgl. § 2 Rn. 48).

9a Will der Verleiher gegen den Rücknahmebescheid vorgehen, muss er **Widerspruch** erheben (§ 83 SGG) und das **Vorverfahren** nach §§ 78 bis 86 SGG durchführen. Die Durchführung des außergerichtlichen Vorverfahrens ist Zulässigkeitsvoraussetzung für die Erhebung der **Anfechtungsklage** (§ 78 Abs. 1 SGG). Auch unabhängig vom Schutz des Verleihers im Nachwirkungszeitraum kann dieser parallel zum Widerspruchsverfahren bzw. zur sozialgerichtlichen Anfechtungsklage **vorläufigen Rechtsschutz** auf **Aussetzung des Vollzugs** der Rücknahme (§§ 86 Abs. 4, 97 Abs. 2 Satz 2 SGG) beantragen, soweit im Einzelfall die erforderlichen Voraussetzungen erfüllt sind (vgl. insoweit die Kommentierung zu § 2).

VI. Nachteilsausgleich (Abs. 2)

10 Nach Abs. 2 steht einem Verleiher, dessen Erlaubnis zurückgenommen wird, ein **Nachteilsausgleichsanspruch** zu, wenn sein **Vertrauen** auf den Fortbestand der Erlaubnis unter Abwägung mit dem öffentlichen Interesse **schutzwürdig** ist. Das Erfüllen der in Abs. 2 Satz 2 Nr. 1 bis 3 aufgeführten Tatbestände, insbesondere unrichtige und unvollständige Angaben bei der Antragstellung, schließen dabei einen Nachteilsausgleichsanspruch regelmäßig aus (ErfK/*Wank*, § 4 Rn. 14). Sie stellen jedoch **keine abschließende Regelung** dar (*Becker/Wulfgramm*, Art. 1 § 4 Rn. 43). Vielmehr ist in allen Fällen, in denen die Gründe der Rechtswidrigkeit der Sphäre des Verleihers entstammen, ein Vertrauen in die Fortgeltung der Erlaubnis nicht schutzwürdig i.S.d. Abs. 2 Satz 1. Selbst wenn jedoch auf subjektiver Seite das Vertrauen des Erlaubnisinhabers schutzwürdig erscheint, steht der Nachteilsausgleich immer unter dem **Vorbehalt**, dass er auch unter Berücksichtigung des öffentlichen Interesses **gerechtfertigt** ist. Unter das öffentliche Interesse fällt hierbei insbesondere die Einhaltung aller Schutzbestimmungen des AÜG. Verstöße gegen § 3 Abs. 1 schließen daher wegen ihrer Bedeutung für die Vermeidung illegaler Beschäftigungsformen grundsätzlich einen Nachteilsausgleich aus. Ein Zurücktreten des öffentlichen Interesses hinter ein schutzwürdiges Vertrauen des Erlaubnisinhabers kann hier nur angenommen werden, wenn die Behörde die Rechtswidrigkeit der Erlaubnis bei ihrer Erteilung kannte und trotz korrekter und vollständiger Erfüllung aller Auskunfts- und Mitwirkungshandlungen des Antragstellers in Kenntnis möglicher Versagungsgründe unter **Verletzung ihrer Prüfungspflichten** die Erlaubnis erteilt hat.

11 Besteht ausnahmsweise ein Ausgleichsanspruch, ist er nach Abs. 2 Satz 3 auf das **negative Interesse** gerichtet, d.h. ein etwa entgangener Gewinn ist nicht ausgleichsfähig (*Boemke*, § 2 Rn. 10; ErfK/*Wank*, § 4 Rn. 16). In zeitlicher Hinsicht ergibt sich darüber hinaus die Beschränkung, dass der Anspruch nur den Zeitraum bis zum Ablauf der Frist, für die die Erlaubnis erteilt wurde, erfasst. Geltend gemacht werden muss der Anspruch innerhalb einer Frist von einem Jahr durch Antrag bei der Erlaubnisbehörde. Die Erlaubnisbehörde hat den Verleiher auf die Frist und ihren Beginn hinzuweisen, andernfalls beginnt die Frist nicht zu laufen (Abs. 2 Satz 5).

§ 5 Widerruf

(1) Die Erlaubnis kann mit Wirkung für die Zukunft widerrufen werden, wenn
1. **der Widerruf bei ihrer Erteilung nach § 2 Abs. 3 vorbehalten worden ist;**
2. **der Verleiher eine Auflage nach § 2 nicht innerhalb einer ihm gesetzten Frist erfüllt hat;**
3. **die Erlaubnisbehörde auf Grund nachträglich eingetretener Tatsachen berechtigt wäre, die Erlaubnis zu versagen, oder**
4. **die Erlaubnisbehörde auf Grund einer geänderten Rechtslage berechtigt wäre, die Erlaubnis zu versagen; § 4 Abs. 2 gilt entsprechend.**
(2) Die Erlaubnis wird mit dem Wirksamwerden des Widerrufs unwirksam. § 2 Abs. 4 Satz 4 gilt entsprechend.
(3) Der Widerruf ist unzulässig, wenn eine Erlaubnis gleichen Inhalts erneut erteilt werden müßte.
(4) Der Widerruf ist nur innerhalb eines Jahres seit dem Zeitpunkt zulässig, in dem die Erlaubnisbehörde von den Tatsachen Kenntnis erhalten hat, die den Widerruf der Erlaubnis rechtfertigen.

I. Allgemeines

Im Unterschied zur Rücknahme rechtswidrig erteilter Erlaubnisse regelt § 5 die **1** **Aufhebung von Erlaubnissen**, die **rechtmäßig erteilt** wurden (Widerruf; zum Gesetzeszweck vgl. auch § 4 Rn. 1 f.). Da der **Widerruf** die Wirkungen der Erlaubnis als rechtmäßigem begünstigendem Verwaltungsakt beseitigt (Abs. 2), bedurfte es einer ausdrücklichen **gesetzlichen Regelung der Widerrufsgründe.** Im Unterschied zur Rücknahme (§ 4) hat der Widerruf in der Praxis der BA eine erhebliche Bedeutung. Nach dem Bericht der BA zum 7. Erfahrungsbericht der Bundesregierung v. 14.5.1992 (S. 16 und Anlage 1), wurden von 1988 bis 1991 insgesamt 265 erteilte Erlaubnisse widerrufen, in 170 Fällen wurden Verlängerungsanträge abgelehnt.

1a § 5 Abs. 1 zählt die **Widerrufsgründe abschließend** auf (BT-Ds. VI/2303, S. 12; *Becker/Wulfgramm*, Art. 1 § 5 Rn. 8; *Sandmann/Marschall*, Art. 1 § 5 Anm. 3). Die **Wirkungen des Widerrufs** – einschließlich der eingeschränkten Nachwirkung der Erlaubnis entsprechend § 2 Abs. 4 Satz 4 (§ 5 Abs. 2 Satz 2) – ähneln denen der Rücknahme; allerdings ist mit Ausnahme der Fälle einer Änderung der Rechtslage (Abs. 1 Nr. 4) ein **Nachteilsausgleich** entsprechend § 4 Abs. 2 bei der Rücknahme im Falle des Widerrufs **nicht vorgesehen**. Die von Abs. 1 Nr. 3 erfassten Fallgestaltungen, für die nach allgemeinen verwaltungsrechtlichen Grundsätzen ein Ausgleichsanspruch in Betracht käme (vgl. § 49 Abs. 2 Nr. 3 VwVfG), können wegen des eindeutigen Wortlauts des Abs. 1 Nr. 2 bis 4 auch nicht in analoger Anwendung zu einem Ausgleichsanspruch führen. Rechtfertigen lässt sich der Ausschluss eines entsprechenden Anspruchs damit, dass in Fällen der Nr. 1 ein schutzwürdiges Vertrauen wegen des Willenrufsvorbehaltes nicht gegeben ist, bei Nr. 2 der Auftragsteller den Widerruf selbst verursacht und die Widerrufsgründe des Abs. 1 Nr. 3 ausschließlich in der Sphäre des Erlaubnisinhabers ihre Ursache haben bzw. auf gesetzwidrigem Verhalten des Verleihers beruhen (BT-Ds. VI/2303, S. 5; *Becker/Wulfgramm*, Art. 1 § 5 Rn. 16; *Schüren/Feuerborn*, § 5 Rn. 35).

2 Der nach Abs. 5 fristgemäß ausgesprochene Widerruf ist als **belastender Verwaltungsakt** im **Vorverfahren** (§§ 78 bis 86 SGG) mit dem Rechtsbehelf des **Widerspruchs** bzw. nach erfolgloser Durchführung des erforderlichen Vorverfahrens mit der **Anfechtungsklage** vor dem Sozialgericht (§ 51 Abs. 1 SGG) anfechtbar. Zu den näheren Einzelheiten des Verfahrens sowie zu den Möglichkeiten des Verleihers, im Falle des Widerrufs **vorläufigen Rechtsschutz** zu beantragen, wird auf die Erläuterungen zu Art. 2 (siehe dort Rn. 1 ff., 4 ff.) verwiesen.

II. Widerrufsgründe (Abs. 1)

3 Die **Widerrufsgründe des Abs. 1** lassen sich in zwei Fallgruppen einteilen. Während bei Nr. 1 und 2 der Verleiher auf Grund entsprechender Nebenbestimmungen nach § 2 schon bei der Erteilung der Erlaubnis davon ausgehen muss, dass die Erlaubnis bei Eintritt bestimmter Ereignisse keinen Bestand haben wird, und der Erlaubnisinhaber somit **kein schutzwürdiges Vertrauen** für sich in Anspruch nehmen kann, sind in den Fällen der Nr. 3 und 4 entweder in tatsächlicher Hinsicht oder bezüglich der Rechtslage nachträglich **Änderungen** eingetreten, die zum Zeitpunkt des Widerrufs eine Versagung der Erlaubnis rechtfertigen würden (arg. e. Abs. 3).

1. Vorbehalt des Widerrufs (Nr. 1)

4 Abs. 1 Nr. 1 setzt voraus, dass sich die Erlaubnisbehörde den **Widerruf** bei Erteilung der Erlaubnis nach § 2 Abs. 3 rechtmäßig **vorbehalten** hatte (a. A. *Thüsing/Kämmerer*, § 5 Rn. 5). Diese Fallgestaltung kommt nur in Betracht, wenn der Widerrufsvorbehalt darauf beruht, dass zum Zeitpunkt der Erlaubniserteilung eine **abschließende Beurteilung** des Antrags **nicht möglich war** und der weitere Verlauf der Prüfung durch die Behörde ergeben hat, dass die Erlaubnis versagt werden muss (allg. M., vgl. *Becker/Wulfgramm*, Art. 1 § 5 Rn. 9; *Sandmann/Marschall*, Art. 1 § 5 Anm. 2; *Schüren/Feuerborn*, § 5 Rn. 15). Da der Widerrufsvorbehalt nach § 2 Abs. 3 im wesentlichen dem **Interesse des Antragstellers** dient, trotz im öffentlichen Interesse liegender Bedenken und Risiken vorläufig eine Erlaubnis zu erhalten (vgl. § 2 Rn. 35 ff.), kann der Widerruf nach Abs. 1 Nr. 1 darüber hinaus dann erfolgen, wenn sich auf Grund der nach Erlaubniserteilung fortgesetzten Ermittlungen (zum Umfang der Ermittlungspflichten vgl. *BayLSG* v. 29. 7. 1986 – L 08/AL 0040/83 – EzAÜG § 3 AÜG Versagungsgründe Nr. 9) ergibt, dass entgegen der ursprünglichen Annahme der Erlaubnisbehörde begründeter Anlass zu der **Annahme** besteht, dass die mit der vorläufigen Erlaubnis verbundenen **Risiken nicht mehr in Kauf genommen werden können** (*Sandmann/Marschall*, Art. 1 § 5 Anm. 2; ErfK/*Wank*, § 5 Rn. 6; *Schüren/Feuerborn*, § 5 Rn. 15; a. A. *Boemke*, § 5 Rn. 7; *Thüsing/Kämmerer*, § 5 Rn. 4). Der Widerruf ist in diesem Fall nicht nach Abs. 3 ausgeschlossen, da eine Erlaubnis zum Zeitpunkt des Widerrufs von der Behörde gerade nicht erteilt werden müsste.

Ein Widerruf nach Abs. 1 Nr. 1 ist nicht zulässig, wenn die Erlaubnisbehörde im **5** Rahmen einer **Ermessensentscheidung nach § 3 Abs. 3** die Erlaubnis erteilt hat und den Widerrufsvorbehalt auf Tatbestandsmerkmale dieser Vorschrift stützt (so zu Recht *Sandmann/Marschall*, Art. 1 § 5 Anm. 3; *Schüren/Feuerborn*, § 5 Rn. 12; a. A. *Franßen/Haesen*, Art. 1 § 5 Rn. 3). Ein derartiger Widerrufsvorbehalt beruht nicht auf einer mangelnden Entscheidungsreife i.S.d. § 2 Abs. 3 und ist daher grundsätzlich rechtswidrig. Eine Widerrufsmöglichkeit ist jedoch generell nur dann gegeben, wenn der **Widerrufsvorbehalt selbst rechtmäßig** ist.

2. Nichterfüllung von Auflagen (Nr. 2)

Nach Abs. 1 Nr. 2 kann die Behörde die Erlaubnis widerrufen, wenn der Verleiher **6** eine **Auflage nicht** innerhalb einer ihm gesetzten Frist **erfüllt** hat. Erfasst werden von der Vorschrift jegliche Auflagen, die nach § 2 Abs. 2 zulässig sind (vgl. § 2 Rn. 26 ff.). Daher werden auch **Auflagen, die nach Erteilung der Erlaubnis** oder bei befristeter Erlaubnis auferlegt, geändert oder ergänzt werden, erfasst. Unerheblich ist es, ob die Auflage dem Verleiher ein positives Tun oder ein Unterlassen auferlegt (a. A. *Schüren/Feuerborn*, § 5 Rn. 17). Bei **Verstoß** gegen eine Auflage, die vom Verleiher ein **Unterlassen** fordert, entfällt lediglich die nach Abs. 1 Nr. 2 grundsätzlich erforderliche Fristsetzung (so auch *Thüsing/Kämmerer*, § 5 Rn. 6; *Sandmann/Marschall*, Art. 1 § 5 Anm. 4; ablehnend *Boemke*, § 5 Rn. 9; ErfK/*Wank*, § 5 Rn. 10). Hat der Verleiher eine Auflage nicht erfüllt, ist im Hinblick auf deren **selbstständige Anfechtbarkeit** und Vollstreckbarkeit (vgl. § 2 Rn. 46) fraglich, ob die Behörde zunächst gehalten ist, im Wege der Verwaltungsvollstreckung eine Erfüllung der Auflage zu betreiben (so *Becker/Wulfgramm*, § 5 Rn. 11). Auf Grund der auch beim Widerruf geltenden **Grundsätze der Erforderlichkeit und Verhältnismäßigkeit** wird man dies im Rahmen der Ermessensausübung der Behörde (»kann«) bei der Entscheidung über den Widerruf berücksichtigen müssen. Je nach Zweck und Inhalt der Auflage wird man dabei unter Berücksichtigung der spezifischen Voraussetzungen eines Widerrufs von Erlaubnissen (Abs. 3) zu differenzieren haben. Alleiniger **Zweck der Auflage** ist es sicherzustellen, dass keine Versagungstatbestände nach § 3 eintreten (§ 2 Abs. 2 Satz 1). Sie dient daher der Sicherstellung der Schutzzwecke des AÜG und bezieht sich auf Tatsachen, die bei einer Entscheidung über die Erteilung oder Verlängerung von Erlaubnissen zurzeit des Widerrufs zur Ablehnung der Erlaubnis führen würden. Dem **Übermaßverbot** wird beim Widerruf auf Grund nicht erfüllter Auflagen durch Abs. 3 ausreichend Rechnung getragen, da ein Auflagenverstoß dann nicht zum Widerruf der Erlaubnis berechtigt, wenn eine Erlaubnis zum Zeitpunkt des Widerrufs erneut erteilt werden müsste. Daneben wird der mit einer Auflage beschwerte Erlaubnisinhaber dadurch geschützt, dass ihm nach Abs. 1 Nr. 2 vor dem Widerruf eine angemessene **Frist zu ihrer Erfüllung** eingeräumt wird. Angesichts des Schutzzweckes der Auflage einerseits sowie des im Gesetz vorgesehenen Schutzes des Erlaubnisinhabers gegen einen Widerruf der Erlaubnis unter Missachtung des Übermaßverbotes andererseits ist die **Behörde** daher i. d. R. **nicht darauf verwiesen,** vor einem Widerruf die Auflage zwangsweise im Wege der **Verwaltungsvollstreckung** durchzusetzen (ebenso *Sandmann/Marschall,* Art. 1 § 5 Anm. 4; a. A. *Becker/Wulfgramm,* § 5 Rn. 11; *Boemke,* § 5 Rn. 11; *Franßen/Haesen,* Art. 1 § 5 Rn. 8; *Schüren/Feuerborn,* § 5 Rn. 20). Auch die Möglichkeit, bei Verstößen gegen Auflagen dem Verleiher nach § 16 Abs. 1 Nr. 3 ein Bußgeld aufzuerlegen, hat keinen Einfluss auf die **vorbehaltslose Befugnis** der Erlaubnisbehörde, bei Vorliegen der Voraussetzungen des Abs. 1 Nr. 2 die Erlaubnis unmittelbar **zu widerrufen.**

7 Bei **geringfügigen Auflagenverstößen** kann die Behörde im Ausnahmefall dazu berechtigt sein, zunächst die Durchsetzung der Auflage zu versuchen (*Thüsing/Kämmerer,* § 5 Rn. 7). Dies ist etwa denkbar, wenn die Verpflichtung des Verleihers zur Abgabe statistischer Meldungen (§ 8) – als Kriterium der Zuverlässigkeit im Rahmen des § 3 Abs. 1 Nr. 1 – durch eine entsprechende Auflage gesichert werden kann.

7a Die Widerrufsmöglichkeit nach Abs. 1 Nr. 2 ist nur gegeben, wenn die **Auflage als solche wirksam** ist; ob die Auflage unanfechtbar geworden ist oder der Verleiher Widerspruch oder Klage erhoben hat, ist unbeachtlich (*Sandmann/Marschall,* Art. 1 § 5 Anm. 4; *Schüren/Feuerborn,* § 5 Rn. 19). Nur wenn vor Bekanntgabe des Widerrufs im Widerspruchs- oder Klageverfahren die Rechtswidrigkeit der Auflage positiv festgestellt wird, ist ein Widerruf nach Abs. 1 Nr. 2 ausgeschlossen.

3. Nachträgliche Änderung von Tatsachen (Nr. 3)

8 Ein Widerruf nach Abs. 1 Nr. 3 ist möglich, wenn **nach** Erteilung der Erlaubnis **Tatsachen** eintreten, die eine Versagung der Erlaubnis nach § 3 rechtfertigen. Eine Beschränkung der Versagungsgründe auf Tatbestände nach § 3 Abs. 1 ist nicht gerechtfertigt (so aber *Becker/Wulfgramm,* Art. 1 § 5 Rn. 14), vielmehr bezieht sich die Vorschrift auf alle **Versagungsgründe** nach § 3 Abs. 1 bis 5 (*Sandmann/Marschall,* Art. 1 § 5 Anm. 5; *Schüren/Feuerborn,* § 5 Rn. 21). Liegen danach Versagungsgründe vor, setzt der Widerruf nur voraus, dass die **Tatsachen** erst **nach Erteilung der Erlaubnis eingetreten** sind, andernfalls richtet sich die Aufhebung der Erlaubnis nach den Vorschriften des § 4 über die Rücknahme (vgl. § 4 Rn. 6; *LSG Celle* 22. 7. 1977 – L 7 S (Ar) 31/77 – EzAÜG § 4 AÜG Rücknahme Nr. 1; *Becker/Wulfgramm,* Art. 1 § 5 Rn. 14; *Schüren/Feuerborn,* § 5 Rn. 22). Typischer Fall ist die nachträglich eintretende **Vermögenslosigkeit** des Erlaubnisinhabers, ein eröffnetes Insolvenzverfahren (*Sandmann/Marschall,* Art. 1 § 5 Anm. 5) oder ein nach Erlaubniserteilung begangener Verstoß gegen die in § 3 Abs. 1 Nr. 1 bis 3 enthaltenen Arbeitgeberpflichten des Verleihers.

8a Die Erlaubnis kann auch widerrufen werden, wenn der Verleiher entgegen den **Verhältnissen bei der Erlaubniserteilung** nicht mehr über die nach § 3 Abs. 1 Nr. 2 erforderliche **Betriebsorganisation** verfügt. Ggf. kann dies schon kurze Zeit nach Erteilung der Erlaubnis der Fall sein.

9 Bei **Fortsetzungshandlungen** des Verleihers, die bereits vor Erteilung der Erlaubnis begangen wurden und eine Versagung gerechtfertigt hätten, ist die

Behörde nicht darauf beschränkt, von der Möglichkeit der Rücknahme nach § 4 Gebrauch zu machen, sondern sie kann bei Vorliegen der Voraussetzungen des Abs. 1 Nr. 3 auch von der Widerrufsmöglichkeit Gebrauch machen (*Schüren/ Feuerborn*, § 5 Rn. 24). Voraussetzung ist hierbei nur, dass die Tatsachen, die **nach** der Erlaubniserteilung eintreten, isoliert betrachtet selbstständig einen Versagungstatbestand erfüllen. Hat der Verleiher somit bereits vor Erteilung der Erlaubnis gegen das Synchronisationsverbot verstoßen und verstößt er bei Abschluss eines Vertrages nach Erlaubniserteilung wiederholt hiergegen, reicht dies zum Widerruf nach Abs. 1 Nr. 3 aus.

4. Nachträgliche Veränderung der Rechtslage (Nr. 4)

Nach Abs. 1 Nr. 4 kann die Erlaubnis widerrufen werden, wenn auf Grund **geän-** **10** **derter Rechtslage** die Erlaubnis nunmehr zu versagen wäre. Unstrittig liegt eine Änderung der Rechtslage vor, soweit gesetzliche Vorschriften zur Erlaubniserteilung derart geändert werden, dass durch die Rechtsänderung ein **neuer Versagungsgrund** geschaffen worden ist (*Becker/Wulfgramm*, Art. 1 § 5 Rn. 15; *Sandmann/Marschall*, Art. 1 § 5 Anm. 7; *Schüren*, § 5 Rn. 26). Bedeutung kommt der Vorschrift derzeit insbesondere im Hinblick auf die seit dem 1.1.2004 in Kraft getretenen Regelungen zum **Gleichbehandlungsgrundsatz** (§§ 3 Abs. 1 Nr. 3, 9 Nr. 2, 10 Abs. 4) zu. War der Verleiher vor dem Inkrafttreten der Neuregelung im Besitz der Erlaubnis und verstößt er gegen die gesetzlichen Gleichstellungspflichten, rechtfertigt dies einen Widerruf der Erlaubnis nach Abs. 1 Nr. 4 (*Thüsing/Kämmerer*, § 5 Rn. 8).

Strittig ist, ob auch eine **Änderung der höchstrichterlichen Rechtsprechung** die **11** Begriffsmerkmale einer geänderten Rechtslage i.S.d. Abs. 1 Nr. 4 erfüllt (so ErfK/ *Wank*, § 5 Rn. 17; zur Problematik der Rückwirkung von Rechtsprechung vgl. grundlegend *Medicus*, NJW 1995, 2577). In der Literatur wird hierzu die Auffassung vertreten, dass die Änderung der höchstrichterlichen Rechtsprechung lediglich eine Auslegung bestehenden Rechts darstelle und daher auch (**rückwirkend**) bei Beurteilung der Rechtslage zurzeit der Erlaubniserteilung zugrunde gelegt werden müsse (*Becker/Wulfgramm*, Art. 1 § 5 Rn. 15; *Franßen/Haesen*, Art. 1 § 5 Rn. 11; *Schüren/Feuerborn*, § 5 Rn. 26). Da die Erlaubnis danach von Anfang an rechtswidrig erteilt wurde, folge hieraus, dass bei Änderung der höchstrichterlichen Rechtsprechung kein Widerruf, sondern lediglich eine Rücknahme nach § 4 in Betracht komme (*Franßen/Haesen*, Art. 1 § 5 Rn. 11). Demgegenüber vertreten *Sandmann/Marschall* (Art. 1 § 5 Anm. 7) unter Hinweis auf die Begründung des Regierungsentwurfes (BT-Ds. VI/3505, S. 3) die Auffassung, dass auch eine Änderung der höchstrichterlichen Rechtsprechung eine Änderung der Rechtslage i.S.d. Abs. 1 Nr. 4 sei und zum Widerruf berechtige.

Bei der Beurteilung der Frage, ob ein Verwaltungsakt rechtswidrig ist, ist grund- **11a** sätzlich darauf abzustellen, ob das **Recht bei Erlass des Verwaltungsaktes** unrichtig angewandt wurde (vgl. § 44 Abs. 1 Satz 1 SGB X). Nachträgliche Änderungen der höchstrichterlichen Rechtsprechung wirken dabei auf den **Zeitpunkt des Erlasses** des Verwaltungsaktes zurück (vgl. § 48 Abs. 2 SGB X), so dass eine Änderung der höchstrichterlichen Rechtsprechung dazu führt, dass eine erteilte Erlaubnis, die hätte versagt werden müssen, **von Anfang an rechtswidrig** ist. Da Abs. 1 Nr. 4 nach dem Wortlaut voraussetzt, dass die Rechtswidrigkeit erst **nach** Erlaubniserteilung eingetreten ist, kann die Erlaubnis bei Änderungen der höchstrichterlichen Rechtsprechung nicht nach Abs. 1 Nr. 4 widerrufen werden

(*Boemke*, § 5 Rn. 15; *Schüren/Feuerborn*, § 5 Rn. 26; *Thüsing/Kämmerer*, § 5 Rn. 10). Abs. 1 Nr. 4 ist daher **nur auf Fälle der Änderung der gesetzlichen Grundlagen** der Erlaubniserteilung anwendbar (vgl. § 4 Rn. 6).

12 Soweit das Vertrauen des Erlaubnisinhabers in die Aufrechterhaltung der zum Zeitpunkt der Erlaubniserteilung bestehenden Gesetzeslage **schutzwürdig** ist, kann dem Inhaber auf **Antrag** nach Abs. 1 Nr. 4 Hs. 2 ein **Ausgleichsanspruch** entsprechend § 4 Abs. 2 zuerkannt werden. Ein derartiger Anspruch dürfte in der Praxis nur in Ausnahmefällen in Betracht kommen. Hat der Gesetzgeber mit der Gesetzesänderung gleichzeitig eine (aus Gründen des Vertrauensschutzes i.d.R. auch verfassungsrechtlich gebotene) Übergangsregelung getroffen, die dem Betroffenen eine **angemessene Zeit der Abwicklung** bislang legaler Rechtsgeschäfte ermöglicht (vgl. z.B. § 19), ist dem Vertrauensschutz durch die entsprechende Regelung als lex specialis Rechnung getragen; Abs. 1 Nr. 4 i.V.m. § 4 Abs. 2 Hs. 2 ist nicht anwendbar. I.d.R. kann daher allenfalls bei **unbefristeten Erlaubnissen** nach § 2 Abs. 5 ein Ausgleichsanspruch in Betracht kommen. Dieser **Anspruch** ist allerdings **nur gegeben**, wenn **nicht gleichzeitig** einer der **Widerrufsgründe des Abs. 1 Nr. 1 bis 3** erfüllt ist (*Boemke*, § 5 Rn. 24; *Schüren/Feuerborn*, § 5 Rn. 35). Würde beispielsweise im Rahmen einer Gesetzesänderung für Verleiher, die gleichzeitig Arbeitsvermittlung betreiben, gesetzlich vorgesehen, dass private Arbeitsvermittler fortan keine gewerbsmäßige ANÜ betreiben dürfen und würde der Erlaubnisinhaber dennoch weiterhin gewerbsmäßig ANÜ betreiben, wäre schon nach Abs. 1 Nr. 3 ein Widerrufsgrund gegeben. Das **gleichzeitige** Vorliegen eines Widerrufsgrundes nach Abs. 1 Nr. 4 kann dabei nicht zu einem Ausgleichsanspruch führen, da ein **gesetzwidriges Verhalten** des Erlaubnisinhabers schon im öffentlichen Interesse unterbunden werden muss und daher im Rahmen der Güterabwägung nach § 4 Abs. 2 Satz 1 zu einem Ausschluss von Ausgleichsansprüchen führt.

III. Ausschluss des Widerrufs (Abs. 3 und 4)

1. Widerrufsfrist (Abs. 4)

13 Nach Abs. 4 ist der Widerruf nur **innerhalb eines Jahres** seit dem Zeitpunkt zulässig, in dem die Erlaubnisbehörde von den Tatsachen **Kenntnis** erhalten hat, die den Widerruf der Erlaubnis rechtfertigen. Die Vorschrift entspricht inhaltlich der in § 4 Abs. 3 getroffenen Regelung (vgl. § 4 Rn. 8). Ist die Erlaubnisbehörde in verschiedene Fachabteilungen gegliedert, die in unterschiedlicher Weise Zuständigkeiten nach dem AÜG wahrnehmen, genügt es für das **Inlaufsetzen der Frist**, wenn irgendein Sachbearbeiter Kenntnis von den maßgeblichen Tatsachen erhält, nach denen die Rechtswidrigkeit der Erlaubnis erkannt werden muss (*LSG Niedersachsen* v. 25. 11. 1993 – L 10 Ar 218/92 – EzAÜG § 5 AÜG Nr. 1).

13a Die **Ausschlussfrist** bezieht sich nicht auf Widerrufsgründe nach Abs. 1 Nr. 4. Insoweit ist schon fraglich, ob eine **Änderung der gesetzlichen Grundlage** die **Begriffsmerkmale der Tatsache** i.S.d. Abs. 4 erfüllt. Anders als bei den Widerrufsgründen des Abs. 1 Nr. 1 bis 3 wird dem **Vertrauensschutz** des Erlaubnisinhabers in den Fällen der Nr. 4 schon durch den **Ausgleichsanspruch** entsprechend § 4 Abs. 2 **Rechnung getragen**. Durch Abs. 4 soll die Verwaltung nicht gezwungen werden, entgegen den Grundsätzen gesetzmäßigen Verwaltungshandelns und entgegen dem öffentlichen Interesse gesetzwidrige Formen der ANÜ dauerhaft dulden zu müssen. Ein **Verschulden der Behörde** bei Nichteinhalten der Frist führt daher in den Fällen des Abs. 1 Nr. 4 nicht zum Ausschluss des Widerrufs, sondern ggf. zu **Amtshaftungsansprüchen** nach § 839 BGB i.V.m. Art. 34 GG (vgl. hierzu auch *Becker/Wulfgramm*, Art. 1 § 5 Rn. 25a und § 4 Rn. 51a; a.A. *Schüren/Feuerborn*, § 5 Rn. 36).

2. Unzulässigkeit des Widerrufs (Abs. 3)

Nach Abs. 3 ist der **Widerruf unzulässig**, wenn die Erlaubnisbehörde bei ent- **14** sprechendem Antrag erneut eine **Erlaubnis gleichen Inhalts erteilen** müsste. Die Vorschrift findet nur in den Fällen Anwendung, in denen die Erlaubnisbehörde die **Erlaubnis zwingend erteilen muss** bzw. in denen eine Ermessensreduzierung auf null vorliegt. Kommt eine erneute Erlaubniserteilung dagegen nur in Betracht, wenn neue **Nebenbestimmungen** erlassen werden oder wenn die Erlaubnis nur unter Anordnung eines Widerrufsvorbehalts erlassen werden könnte, ist der Widerruf nach Abs. 3 mangels gleichen Inhalts der Erlaubnisse nicht ausgeschlossen.

Wird der Widerruf nach Abs. 1 Nr. 1 auf einen entsprechenden **Vorbehalt** ge- **15** stützt, schließt Abs. 3 den Widerruf nur aus, wenn nunmehr eine abschließende Beurteilung des Antrags i.S.d. § 2 Abs. 3 möglich ist. In den Fällen der **Nichterfüllung von Auflagen** (Abs. 1 Nr. 2) ist ein Widerruf nur dann ausgeschlossen, wenn die Auflage Sachverhalte betrifft, die zurzeit des möglichen Widerrufs abgeschlossen sind und sich nicht auf Tatsachen bezieht, die auch zukünftig eintreten können (z.B. bei Aufgabe des weiteren Gewerbes eines Mischunternehmens und einer entsprechenden **Auflage zur getrennten Betriebsorganisation**, vgl. § 2 Rn. 31). I.d.R. führt jedoch der Verstoß gegen Auflagen schon nach § 3 Abs. 1 Nr. 1 zur Annahme der **Unzuverlässigkeit** des Verleihers, was eine Erlaubniserteilung gleichen Inhalts i.S.d. Abs. 3 ausschließt.

In den **Fällen des Abs. 1 Nr. 3** dürfte ein Ausschluss des Widerrufs kaum prak- **15a** tisch werden können, da die Erlaubnis hier zu jedem Zeitpunkt zu versagen ist und daher eine Erlaubnis gleichen Inhalts nicht erlassen werden könnte. Der **Anwendungsbereich der Vorschrift** ist daher **gering**. Ein Widerruf ist nur in den Fällen ausgeschlossen, in denen ein Rechtsanspruch auf Erteilung einer **uneingeschränkten** (wenn auch befristeten) Erlaubnis besteht und sich der Widerruf daher ausschließlich als Sanktion für ein Fehlverhalten des Erlaubnisinhabers erweisen würde (vgl. hierzu *Becker/Wulfgramm*, Art. 1 § 5 Rn. 17; *Schüren/Feuerborn*, § 5 Rn. 28).

IV. Rechtsfolgen des Widerrufs

Das **Wirksamwerden des Widerrufs**, d.h. die Bekanntgabe des belastenden Ver- **16** waltungsakts gegenüber dem Erlaubnisinhaber, hat gem. Abs. 2 zur Folge, dass die Erlaubnis unwirksam wird, und zwar gem. Abs. 1 mit **ex-nunc-Wirkung**. Eine Rückwirkung des Widerrufs ist ausgeschlossen. Mit **Bekanntgabe** muss daher der Verleiher alle Neugeschäfte unterlassen, die den Besitz einer Erlaubnis zur ANÜ voraussetzen. Insoweit treten die gleichen Rechtsfolgen wie bei der Rücknahme ein; hinsichtlich der Einzelheiten kann daher auf die Kommentierung zu § 4 (siehe dort Rn. 9) verwiesen werden. Zum Zeitpunkt des Widerrufs **abgeschlossene Verträge** können nach Abs. 2 Satz 2 entsprechend § 2 Abs. 4 Satz 4 innerhalb der Höchstfrist von zwölf Monaten nach Widerruf **abgewickelt** werden. Auch insoweit kann auf die Erläuterungen zu § 2 (siehe dort Rn. 48) verwiesen werden.

§ 6 Verwaltungszwang

Werden Leiharbeitnehmer von einem Verleiher ohne die erforderliche Erlaubnis überlassen, so hat die Erlaubnisbehörde dem Verleiher dies zu untersagen und das weitere Überlassen nach den Vorschriften des Verwaltungsvollstreckungsgesetzes zu verhindern.

Literaturhinweise

App, Verwaltungsvollstreckung wegen Geldleistungen, JuS 1987, 203; *ders.*, Verwaltungsvollstreckung wegen Handlungen, Duldungen oder Unterlassungen, JuS 1987, 455; *Bauer*, Zum Nebeneinander erlaubter Arbeitnehmerüberlassung und erlaubter Arbeitsvermittlung, NZA 1995, 203; *Noack*, Die Straf- und Ordnungswidrigkeitenbestimmungen des Arbeitnehmerüberlassungsgesetzes, BB 1973, 1313.

I. Gesetzeszweck

1 § 6, durch den die Erlaubnisbehörde ermächtigt und verpflichtet wird, einem Verleiher die **gewerbsmäßige Überlassung** von Arbeitnehmern ohne Erlaubnis zu **untersagen**, ergänzt die Vorschriften zur Aufhebung der Erlaubnis nach § 4 (Rücknahme) und § 5 (Widerruf). Durch die Vorschrift soll insbesondere Verstößen gegen die Erlaubnispflicht und sonstige gesetzliche Bestimmungen zur ANÜ vorgebeugt und ein präventiver Schutz möglicher Entleiher und Leiharbeitnehmer erreicht werden. § 6 ist verfassungsgemäß (*SG Hamburg* v. 23. 11. 2004 – S 13 AL 5/99). Von den Möglichkeiten des Verwaltungszwanges wird in der Praxis nur selten Gebrauch gemacht (vgl. 8. Erfahrungsbericht der BuReg, S. 40).

Die Vorschrift enthält eine besondere **Ermächtigungsgrundlage** für die Erlaubnisbehörde, in den Fällen fehlender Erlaubnis gegen den Verleiher einzuschreiten. Auch ohne die in § 6 enthaltene Ermächtigung ergibt sich jedoch schon aus der Erlaubnispflicht nach § 1 Abs. 1 Satz 1, dass die zur Durchführung des Gesetzes zuständige BA (§ 17) die erforderlichen Maßnahmen zur Verhinderung gewerbsmäßiger ANÜ ohne Erlaubnis einleiten und auch vollstrecken könnte (*Becker/Wulfgramm*, Art. 1 § 6 Rn. 2b).

Für den Bereich **illegaler privater Arbeitsvermittlung** enthält das SGB III keine   **2** besondere Ermächtigungsgrundlage zu Erlass und Vollstreckung von Untersagungsverfügungen, so dass sich die entsprechende Ermächtigung der Behörde ausschließlich aus § 35 GewO ergibt (vgl. Einl. D Rn. 33f.). Im Bereich illegaler ANÜ gewinnt die auf § 35 GewO gestützte Untersagungsverfügung in den Fällen eine Bedeutung, in denen keine von § 6 erfassten Verstöße gegen die Erlaubnispflicht, sondern **sonstige Verstöße** vorliegen, die die Vermutung von Arbeitsvermittlung begründen (§ 1 Abs. 2; vgl. Rn. 7).

Die **Vollstreckung** von Untersagungsverfügungen gem. § 6 richtet sich nach den   **3** Vorschriften des **Verwaltungsvollstreckungsgesetzes** (VwVG) vom 27.4.1953 (BGBl. I S. 157). Die VwVG der Länder finden daneben keine Anwendung, da nach § 17 die BA das Gesetz als Auftragsangelegenheit durchzuführen hat (vgl. hierzu die Kommentierung bei § 17).

II. Geltungsbereich

1. Arbeitnehmerüberlassung ohne Erlaubnis

§ 6 setzt voraus, dass die Tätigkeit des Verleihers eine Erlaubnis erfordert. Die   **4** Vorschrift kommt daher nur in den Fällen **einer gewerbsmäßigen, erlaubnispflichtigen ANÜ** zur Anwendung (*Sandmann/Marschall*, Art. 1 § 6 Anm. 2; *Schüren/Feuerborn*, § 6 Rn. 6). Sowohl in den Fällen nichtgewerbsmäßiger ANÜ als auch in sonstigen Fällen, in denen keine Erlaubnis erforderlich ist (§§ 1 Abs. 3), scheidet § 6 als Ermächtigungsgrundlage für ein Einschreiten der Behörde aus. Anwendbar ist die Vorschrift, soweit gewerbsmäßige ANÜ auf der Grundlage von **Scheinwerkverträgen** ausgeübt wird (*LSG Schleswig-Holstein* v. 19.4.1978 – L 1 Ar 20/76) oder **ANÜ im Baugewerbe** auf der Grundlage von § 1b Satz 2 und 3 ohne Erlaubnis betrieben wird.

Ohne die erforderliche Erlaubnis erfolgt die Überlassung, soweit der Verleiher   **5** nicht im Besitz einer **gültigen Erlaubnis** ist. Von § 6 werden daher nicht nur die Fälle erfasst, in denen der Verleiher eine Erlaubnis oder deren Verlängerung gar nicht erst beantragt hat bzw. in denen über einen Antrag auf Erlaubniserteilung noch nicht entschieden ist, sondern die Vorschrift greift auch dann ein, wenn die Erlaubnis wegen **Fristablaufs** (§ 2 Abs. 4), Rücknahme (§ 4), Widerrufs (§ 5) oder aus sonstigen Gründen (vgl. § 2 Abs. 5 Satz 2) zum Zeitpunkt der Überlassung **unwirksam ist**. Dasselbe gilt, wenn der Verleiher im Rahmen der Abwicklungsfrist nach § 2 Abs. 4 Satz 4 Neugeschäfte tätigt oder die Erlaubnis mit einer auflösenden Bedingung nach § 2 Abs. 2 Satz 1 erteilt wurde und durch **Eintritt der Bedingung** erlischt (vgl. § 2 Rn. 24, 53).

Die Leiharbeitnehmer müssen **unter Verstoß gegen die Erlaubnispflicht** überlassen werden. Unstrittig ist diese Voraussetzung erfüllt, soweit die **Überlassung tatsächlich vollzogen** ist. I.ü. besteht ein Meinungsstreit, unter welchen Voraussetzungen der Tatbestand des § 6 erfüllt ist. Während *Becker/Wulfgramm* die   **6** vorbeugende Untersagungsverfügung für unzulässig halten (Art. 1 § 6 Rn. 8), hält die Gegenmeinung eine Untersagungsverfügung auch bei unmittelbar **bevorstehendem Verstoß** für zulässig (*Boemke*, § 6 Rn. 4; *Thüsing/Kämmerer*, § 6 Rn. 2; *Schüren/Feuerborn*, § 6 Rn. 8), wobei **werbliche Angebote** und Ankündigungen an mögliche Entleiher für ein Einschreiten der Behörde nach § 6 ausreichen sollen (*Sandmann/Marschall*, Art. 1 § 6 Anm. 2; *Boemke*, § 6 Rn. 4; ErfK/*Wank*, § 6 Rn. 5).

Zur Bestimmung des Anwendungsbereiches des § 6 ist auf die Normzwecke der Erlaubnis (vgl. § 1 Rn. 166 ff.) abzustellen. Neben dem präventiven Schutz der Leiharbeitnehmer soll die Erlaubnis u.a. auch zum **Schutz Dritter im Rechtsverkehr** sicherstellen, dass nur seriöse Verleiher ANÜ betreiben. Die präventive Schutzfunktion der Erlaubnis für die betroffenen Leiharbeitnehmer erfordert es, dass Verstöße des Verleihers gegen die Erlaubnispflicht nicht erst bei unwirksam zustandekommenden Arbeitsverträgen (§ 9 Nr. 1) oder gar bei Eingreifen der Fiktion des § 10 unterbunden werden, sondern dass schon darauf abzielende **Vorbereitungshandlungen** unterbunden werden können (ErfK/*Wank*, § 6 Rn. 5; *Schüren/Feuerborn*, § 6 Rn. 8). Entsprechendes gilt für ANÜ-Verträge mit einem Entleiher (§ 9 Nr. 1). Der **Zweck der Untersagungsverfügung** nach § 6, Formen illegaler ANÜ bzw. Beschäftigung zu verhindern, rechtfertigt es daher, auch vorbereitende und werbende Tätigkeiten eines Verleihers zu untersagen (*SG Hamburg* v. 23. 11. 04 – S 13 AZ 5/99; *Sandmann/Marschall*, Art. 1 § 6 Anm. 2).

2. Sonstige Fälle illegaler Arbeitnehmerüberlassung

7 Befindet sich der Verleiher im Besitz einer **gültigen Erlaubnis**, scheidet § 6 als Grundlage einer Untersagungsverfügung auch dann aus, wenn das Vorliegen von **Arbeitsvermittlung nach § 1 Abs. 2 vermutet** wird (*Boemke*, § 6 Rn. 3). In diesen Fällen ist die BA darauf verwiesen, die Erlaubnis zur ANÜ zu widerrufen bzw. zurückzunehmen. Daneben kann die Gewerbeaufsicht nach § 35 GewO gegen den Verleiher in seiner Eigenschaft als Vermittler einschreiten.

3. Illegaler Entleiher

8 Keine Ermächtigungsgrundlage enthält § 6 für Untersagungsverfügungen, die sich **gegen den Entleiher** richten (*Sandmann/Marschall*, Art. 1 § 6 Anm. 4a; *Schüren/Feuerborn*, § 6 Rn. 11). Insoweit beschränken sich die Möglichkeiten der BA darauf, im Wege des **Straf- oder Bußgeldverfahrens** nach §§ 15a ff. gegen den Entleiher einzuschreiten.

III. Erlass der Untersagungsverfügung

1. Zwang zum Einschreiten

9 Wird ANÜ ohne die erforderliche Erlaubnis betrieben, ist die Behörde nach § 6 **verpflichtet**, eine **Untersagungsverfügung zu erlassen** (*SG Hamburg* v. 10. 12. 1997 – 2 AR 1313/97; ErfK/*Wank*, § 6 Rn. 3). Ein Ermessensspielraum, der es der Erlaubnisbehörde ermöglichte, bei nach § 1 Abs. 1 Satz 1 verbotener ANÜ dennoch ANÜ zu dulden, kommt im Rahmen des Anwendungsbereichs der Vorschrift nicht in Betracht. Der von *Sandmann/Marschall* vertretenen Auffassung, dass auch im Rahmen des ohnehin eingeschränkten Anwendungsbereichs des § 6 die Grundsätze der **Opportunität** des Verwaltungshandelns angewandt werden müssten (*Sandmann/Marschall*, Art. 1 § 6 Anm. 3), kann nicht gefolgt werden (*SG Hamburg* v. 23. 11. 2004 – S 13 AZ 5/99; *Becker/Wulfgramm*, Art. 1 § 6 Rn. 9; *Franßen/ Haesen*, Art. 1 § 6 Rn. 1; *Schüren/Feuerborn*, § 6 Rn. 12). Zu Recht weist *Noack* (BB 1973, 1314) darauf hin, dass das Opportunitätsprinzip im Rahmen des § 6 schon deswegen keine Anwendung findet, weil nur so weitere Ordnungswidrigkeiten nach § 16 Abs. 1 verhindert werden können.

2. Inhalt der Untersagungsverfügung

Mit der Untersagungsverfügung wird dem Adressaten die **Verpflichtung auf-** **10** **erlegt**, ein bestimmtes Tun zukünftig **zu unterlassen**. Hierbei ist der Grundsatz der Verhältnismäßigkeit zu beachten (*SG Hamburg* v. 23. 11. 2004 – S 13 AZ 5/99). Zu einem aktiven Tun, etwa die Beantragung einer Erlaubnis nach § 1 Abs. 1 Satz 1, kann der Adressat durch eine Untersagungsverfügung nicht gezwungen werden (*Sandmann/Marschall*, Art. 1 § 6 Anm. 2; *Schüren/Feuerborn*, § 6 Rn. 17). Eine entsprechende Beantragung dürfte i. ü. auch zwecklos sein, da der § 6 zugrunde liegende **Verstoß gegen die Erlaubnispflicht** gleichzeitig auch zur **Versagung** einer beantragten Erlaubnis nach § 3 Abs. 1 Nr. 1 führt.

Der **Inhalt** der Untersagungsverfügung muss **hinreichend bestimmt** sein und darf sich nicht auf den bloßen Hinweis auf die zugrunde liegende Verbotsnorm beschränken (vgl. *BSG* v. 26. 3. 1992 – 11 RAr 25/90 – NZS 1992, 67). Die untersagte Betätigung **als solche** muss so genau beschrieben und definiert werden, dass der Adressat den Inhalt der Unterlassungspflichten genau erkennen kann (*Becker/Wulfgramm*, Art. 1 § 6 Rn. 10; *Sandmann/Marschall*, Art. 1 § 6 Anm. 5; *Schüren/Feuerborn*, § 6 Rn. 16). Wesentlicher Inhalt der Untersagungsverfügung nach § 6 ist das **Verbot**, alle **Handlungen und Vorbereitungshandlungen zu unterlassen**, die darauf gerichtet sind, ANÜ-Verträge mit Entleihern oder Arbeitsverträge mit Leiharbeitnehmern abzuschließen bzw. auch ohne entsprechende vertragliche Grundlage Arbeitnehmer Dritten zur Arbeitsleistung zu überlassen (*Becker/Wulfgramm*, Art. 1 § 6 Rn. 10).

Adressat der Untersagungsverfügung ist immer derjenige Arbeitgeber, der ge- **11** gen die Vorschriften über die Erlaubnispflicht verstoßen hat. Bei **juristischen Personen** ist daher grundsätzlich nicht das Vertretungsorgan, sondern die juristische Person selbst, vertreten durch die Organe, Adressat des Verwaltungsaktes (*LSG Celle* v. 24. 2. 1981 – L 7 Ar 78/79 – EzAÜG § 1 AÜG Erlaubnispflicht Nr. 7; *Boemke*, § 6 Rn. 6). Bei einem »Strohmannverhältnis« ist nicht nur der **Strohmann**, sondern auch der **Hintermann** selbst als Betreiber von ANÜ ohne Erlaubnis Adressat (*ErfK/Wank*, § 6 Rn. 4; *Sandmann/Marschall*, Art. 1 § 6 Anm. 5; vgl. § 3 Rn. 23). Bei **illegaler ANÜ** ist eine Berufung darauf, dass der Strohmann nur als Werkzeug eines Dritten als Verleiher tätig wird, unter Berücksichtigung der Schutzzwecke der Norm (Rn. 6) rechtlich unerheblich (vgl. auch § 3 Rn. 23). Die Untersagungsverfügung nach § 6 ist in diesem Fall gegen den Hintermann und den Strohmann zu richten.

3. Wirksamwerden der Untersagungsverfügung

Als **belastender Verwaltungsakt** wird die Untersagungsverfügung **wirksam**, so- **12** bald sie dem Adressaten mit einer Rechtsbehelfsbelehrung (§ 66 SGG) **zugegan-** **gen** bzw. bekannt gemacht wurde. Eines Hinweises darauf, dass der Untersagungsverfügung keine aufschiebende Wirkung zukommt, bedarf es nicht (*Thüsing/Kämmerer*, § 6 Rn. 3; a. A. *Schüren/Feuerborn*, § 6 Rn. 15). Hinsichtlich Form und Frist gelten die allgemeinen Verwaltungsverfahrensvorschriften. Der Beschwerte kann gegen die Untersagungsverfügung **Widerspruch** (§§ 78 ff. SGG) und **Anfechtungsklage** (§ 54 Abs. 1 Satz 1 SGG, *LSG Celle* v. 24. 2. 1981 – L 7 Ar 87/79 – EzAÜG § 1 AÜG Erlaubnispflicht Nr. 7) erheben, die jedoch **keine aufschiebende Wirkung** haben (*Thüsing/Kämmerer*, § 6 Rn. 3 f.).

IV. Durchsetzung der Untersagungsverfügung

1. Untersagungsverfügung als Vollstreckungsgrundlage

13 Die **unmittelbaren Wirkungen** der Untersagungsverfügung beschränken sich darauf, dem Adressaten das Unterlassen eines bestimmten Verhaltens abzufordern. Die **Folgen von Verstößen** sowie die Maßnahmen, die die Behörde bei Verstößen ergreifen kann, sind nicht Bestandteil der Untersagungsverfügung. Vielmehr richtet sich die Durchsetzung nach den Vorschriften des VwVG über die **Erzwingung** von Handlungen, Duldungen oder Unterlassungen (§§ 6 ff. VwVG). Danach muss zunächst ein vollstreckungsfähiger Verwaltungsakt nach § 6 Abs. 1 VwVG vorliegen, bevor **Zwangsmittel** angewandt werden dürfen. Durch § 13 Abs. 2 Satz 2 VwVG ist die Behörde jedoch grundsätzlich (»soll«) verpflichtet, mit der Untersagungsverfügung gleichzeitig die Androhung der Zwangsmittel zu verbinden, da Rechtsmitteln keine aufschiebende Wirkung zukommt (Rn. 12); daneben liegen bei einem nach § 16 Abs. 1 Nr. 1 bußgeldbewehrten Verleih ohne Erlaubnis regelmäßig die Voraussetzungen zum **sofortigen Vollzug** nach § 6 Abs. 2 VwVG vor (*Becker/Wulfgramm*, Art. 1 § 6 Rn. 15; *Boemke*, § 6 Rn. 15).

2. Zwangsmittel

14 Für die Durchsetzung der auf Unterlassung gerichteten Untersagungsverfügung kommen nach § 9 Abs. 1 VwVG nur **Zwangsgeld** (§ 11 VwVG) und **unmittelbarer Zwang** (§ 12 VwVG) in Betracht. Vollzugsbehörden sind die Dienststellen der BA (§§ 6, 17 Abs. 1 i. V. m. § 7 Abs. 1 Halbs. 2 VwVG; *Thüsing/Kämmerer*, § 6 Rn. 6).

a) Zwangsgeld

15 Das Zwangsgeld nach § 11 VwVG hat die Funktion, den Adressaten dazu **zu veranlassen**, den Anordnungen der Behörde Folge zu leisten. Ist der Verleiher eine **juristische Person**, ist daher das Zwangsgeld gegenüber dieser juristischen Person anzudrohen und ggf. festzusetzen (*SG Frankfurt/Main* v. 28. 8. 1986 – S 14/AR 373/79 – EzAÜG § 1 AÜG Erlaubnispflicht Nr. 16). Das Zwangsgeld dient nicht der Sühne für begangenes Unrecht oder schuldhaft begangene Gesetzesverstöße und kann daher auch **neben einer Strafe oder Geldbuße** angeordnet werden (§ 13 Abs. 6 Satz 1 VwVG). Die **Höhe des Zwangsgeldes** beträgt gem. § 11 Abs. 3 VwVG, der bislang noch nicht auf Euro umgestellt ist, mindestens drei und höchstens zweitausend DM. Das Zwangsgeld kann auch **wiederholt** festgesetzt werden (§ 13 Abs. 6 Satz 2 VwVG; *Sandmann/Marschall*, Art. 1 § 6 Rn. 11), wenn das vorher angedrohte Zwangsmittel erfolglos war.

b) Unmittelbarer Zwang

Nach § 12 VwVG ist vor **Anwendung unmittelbaren Zwanges** zunächst ein **16**
Zwangsgeld zu verhängen (*Boemke*, § 6 Rn. 12). Dies entspricht auch dem **Verhältnismäßigkeitsgebot** des § 9 Abs. 2 VwVG. Nur wenn das Zwangsgeld nicht
zum Ziel führt oder untunlich ist, kann ohne Zwangsgeldandrohung sofort unmittelbarer Zwang angeordnet werden. Das Zwangsgeld führt nicht zum Ziel,
wenn der Pflichtige **trotz Vollstreckung des Zwangsgeldes** weiterhin ANÜ ohne
Erlaubnis betreibt. Zahlt der Pflichtige nicht freiwillig, so muss die Behörde auf
Grund des Verhältnismäßigkeitsgrundsatzes zunächst die zwangsweise Beitreibung versuchen, bevor andere Zwangsmittel angedroht werden.

Die Anordnung von **Ersatzzwangshaft bei Uneinbringlichkeit des Zwangsgel- 17
des** durch das Verwaltungsgericht nach § 16 Abs. 1 VwVG ist wegen der Schwere
des hiermit verbundenen Eingriffs in das Grundrecht nach Art. 2 Abs. 2 Satz 2
GG entsprechend dem Verhältnismäßigkeitsgebot i.d.R. **nicht zulässig** (vgl. *VG
Berlin* v. 8.10.1998 – 10 A 218.98 – NVwR 1999, 349; a.A. *Schüren/Feuerborn*, § 6
Rn. 22). Vielmehr darf die **Ersatzzwangshaft** gem. § 9 Abs. 2 VwVG gegenüber
dem unmittelbaren Zwang in diesen Fällen grundsätzlich nur **nachrangig** angeordnet werden. Nur in den Fällen, in denen die Anwendung unmittelbaren
Zwangs nach § 12 VwVG nicht zum Erfolg führt (z.B. bei ständig wechselndem
Geschäftssitz des illegal tätigen Verleihers), kommt die Anordnung von Ersatzzwangshaft nach § 16 VwVG in Betracht.

Führt das Zwangsgeld nicht zum Ziel, kann die Vollzugsbehörde nach § 12 **18**
VwVG **unmittelbaren Zwang** anwenden. § 2 Abs. 1 des Gesetzes über den unmittelbaren Zwang bei Ausübung öffentlicher Gewalt durch Vollzugsbeamte des
Bundes (UZwG) vom 10.3.1961 (BGBl. I S. 165) definiert den unmittelbaren
Zwang als **Einwirkung auf Personen oder Sachen** durch körperliche Gewalt,
ihre Hilfsmittel und durch Waffen, wobei die Anwendung unmittelbaren Zwanges die Einhaltung des **Verhältnismäßigkeitsgebots** nach § 4 UZwG voraussetzt.
Wichtigste Mittel zur Ausübung unmittelbaren Zwanges sind die **Wegnahme
bzw. Beendigung der Nutzungsmöglichkeiten der Betriebsmittel**, die Wegnahme wichtiger Geschäftsunterlagen und die **Schließung der Geschäftsräume**
(*Becker/Wulfgramm*, Art. 1 § 6 Rn. 23a; *Sandmann/Marschall*, Art. 1 § 6 Anm. 14;
Schüren/Feuerborn, § 6 Rn. 23).

3. Androhung von Zwangsmitteln

Nach § 13 Abs. 1 VwVG bedarf die **Anwendung** der Zwangsmittel grundsätzlich **19**
der **vorherigen schriftlichen Androhung** (vgl. *Schüren/Feuerborn*, § 6 Rn. 31 ff.).
Wegen der Möglichkeiten, Zwangsmittel wiederholt anzudrohen (§ 13 Abs. 6
Satz 2 VwVG), ist es hierbei auch zulässig, im Androhungsbescheid das Zwangsgeld **für jeden Fall der Zuwiderhandlung** anzudrohen (*Becker/Wulfgramm*, Art. 1
§ 6 Rn. 19; *Schüren/Feuerborn*, § 6 Rn. 36), wobei nach § 13 Abs. 3 VwVG allerdings
nicht gleichzeitig verschiedene Zwangsmittel angedroht werden dürfen.

Da der Einlegung von Rechtsmitteln gegen Untersagungsverfügungen nach
§ 6 keine aufschiebende Wirkung zukommt, soll gem. § 13 Abs. 2 VwVG mit der
Untersagungsverfügung gleichzeitig die Androhung von Zwangsmitteln (zur
Qualität der Androhung als Verwaltungsakt vgl. *BVerwG* v. 2.12.1988 – 4 C
16/85 – DVBl. 1989, 362) verbunden werden. Auch in diesem Fall ist die **Androhung zuzustellen** (§ 13 Abs. 7 VwVG).

4. Festsetzung von Zwangsmitteln

20 Ist der Bescheid über die **Androhung** des Zwangsmittels wirksam **zugestellt** und kommt der Adressat seiner Verpflichtung zur Erfüllung der Untersagungsverfügung nicht innerhalb der nach § 13 Abs. 1 Satz 2 VwVG gesetzten **Frist** nach, muss die Behörde das Zwangsmittel nach § 14 VwVG festsetzen. Der **Festsetzungsbescheid** ist ein selbstständiger **Verwaltungsakt** (*Thüsing/Kämmerer*, § 6 Rn. 8), durch den die Behörde die Anwendung des angedrohten Zwangsmittels anordnet. Wie bei der Androhung ist auch für den Festsetzungsbescheid die BA als Vollzugsbehörde i.S.d. § 7 VwVG zuständig (*Boemke*, § 6 Rn. 13).
Nach § 14 Satz 2 VwVG entfällt die Festsetzung, soweit der Verwaltungszwang ohne Erlass einer Untersagungsverfügung gem. § 6 Abs. 2 VwVG **sofort vollzogen** wird. Da nach § 16 Abs. 1 Nr. 1 der Verleih ohne Erlaubnis eine Ordnungswidrigkeit darstellt, sind bei gegebener Notwendigkeit unter Beachtung des Grundsatzes der Verhältnismäßigkeit auch die Voraussetzungen des sofortigen Vollzugs i.S.d. § 6 Abs. 2 VwVG erfüllt (einschränkend *Becker/Wulfgramm*, Art. 1 § 6 Rn. 16), ggf. ist keine gesonderte Festsetzung nach § 14 VwVG erforderlich.
Durch den Festsetzungsbescheid wird der **Vollstreckungstitel** geschaffen, der anschließend Grundlage der Vollstreckung ist. Wird ein Zwangsgeld festgesetzt, wird die Vollstreckung des Feststellungsbescheides als Leistungsbescheid nach den Vorschriften des § 3 Abs. 2 VwVG durch **Vollstreckungsanordnung** eingeleitet. Zuständig für den Erlass des Festsetzungsbescheides ist bis zur Vollstreckungsandrohung die BA als Vollzugsbehörde i.S.d. § 7 VwVG. Entgegen der Ansicht von *Becker/Wulfgramm* (Art. 1 § 6 Rn. 23a) gilt dies auch für die **Anordnung unmittelbaren Zwanges** (s.a. *Sandmann/Marschall*, Art. 1 § 6 Anm. 14; *Schüren/Feuerborn*, § 6 Anm. 25).

5. Anwendung von Zwangsmitteln

21 Gem. § 15 Abs. 1 VwVG werden die Zwangsmittel entsprechend ihrer Festsetzung angewendet, d.h. vollstreckt. Zuständig sind die in § 4 VwVG genannten Bundesbehörden als Vollstreckungsbehörden. Da für die Vollstreckung von **Zwangsgeldern** keine Behörde nach § 4 Buchst. a VwVG bestimmt ist, sind nach § 4 Buchst. b VwVG die **Hauptzollämter** als Vollstreckungsbehörden der Bundesfinanzverwaltung zuständig (*Boemke*, § 6 Rn. 14).
Nach § 15 Abs. 3 VwVG ist die **Vollstreckung** über die Fälle der Aufhebung des zugrundeliegenden Verwaltungsaktes hinaus auch dann **einzustellen**, wenn der **Zweck des Vollzuges erreicht** ist. Dies ist der Fall, wenn der illegal tätige Verleiher seiner Verpflichtung, gewerbsmäßige ANÜ ohne Erlaubnis zu unterlassen, nachkommt. Über den Wortlaut der Vorschrift hinaus wird teilweise die Auffassung vertreten, dass der Vollzug schon dann einzustellen sei, wenn der Pflichtige einen Antrag auf Erlaubnis zur ANÜ stellt und die Voraussetzungen der Zulassung erfüllt (so *Becker/Wulfgramm*, Art. 1 § 6 Rn. 5; *Boemke*, § 6 Rn. 20; *Schüren/Feuerborn*, § 6 Rn. 42). Dem kann nicht gefolgt werden. Erst mit **Erteilung** der Erlaubnis entfallen gleichzeitig die Voraussetzungen illegaler ANÜ ohne Erlaubnis. Bis zu diesem Zeitpunkt muss die Erlaubnisbehörde schon wegen der Rechtsfolgen des § 9 Nr. 1 alle zur Verfügung stehenden Möglichkeiten ausschöpfen, um den Verleiher an einem Tätigwerden und einer illegalen Teilnahme am Rechtsverkehr zu hindern. Etwas anderes kann allenfalls gelten, soweit sich die Unter-

sagungsverfügung inhaltlich allein auf die **Unterlassung werbender Tätigkeiten** eines Antragstellers bezieht (Rn. 6). Die Gegenmeinung lässt unberücksichtigt, dass ein Antragsteller, gegen den Zwangsmittel zur Durchsetzung einer Untersagungsverfügung eingesetzt werden müssen, regelmäßig nicht die in § 3 Abs. 1 Nr. 1 geforderte **Zuverlässigkeit** besitzt und daher auch **keine Erlaubnis erteilt** bekommen darf.

V. Rechtsbehelfe

Gegen die Untersagungsverfügung als belastenden Verwaltungsakt stehen dem **22** Verleiher als Rechtsbehelf der **Widerspruch** (§§ 78 ff. SGG; zu den Anforderungen an ein ordnungsgemäßes Widerspruchsverfahren vgl. *BSG* v. 12. 7. 1989 – 7 RAr 46/88 – NZA 1990, 157) und die **Anfechtungsklage** (§ 54 Abs. 1 SGG) vor dem SG (§ 51 Abs. 1 SGG) zur Verfügung. Nach § 18 VwVG gilt dies entsprechend für die Androhung von Zwangsmitteln, die ihrerseits als belastender Verwaltungsakt **selbstständig** angegriffen werden können.

Demgegenüber sind die **Rechtsmittel** gegen einen Bescheid über die **Fest-** **23** **setzung des Zwangsmittels** als belastendem Verwaltungsakt im VwVG nicht gesondert geregelt. Da die Festsetzung jedoch integraler Bestandteil des **mehrstufigen Verfahrens** zur Durchsetzung der Untersagungsverfügung ist, wird man auch hinsichtlich der Rechtsmittel den Rechtsgedanken des § 18 Abs. 1 VwVG, nach dem sich die Rechtsmittel jeweils danach richten, welche Rechtsmittel gegen den zugrunde liegenden Verwaltungsakt gegeben sind, heranziehen dürfen (i. E. ebenso *Becker/Wulfgramm*, Art. 1 § 4 Rn. 26). Auch die Festsetzung von Zwangsmitteln ist daher selbstständig mit dem **Widerspruch** (§ 78 SGG) und der **Anfechtungsklage** (§ 54 Abs. 1 SGG) angreifbar.

Die Anwendung von Zwangsmitteln bezüglich eines **Zwangsgeldes** richtet sich **24** nach § 5 VwVG, das eigentliche **Vollstreckungsverfahren** sowie der **Vollstreckungsschutz** nach den Vorschriften der Abgabenordnung (AO). Gem. § 349 AO kann danach vom Betroffenen **Beschwerde** und nach § 40 Abs. 1 AO Anfechtungsklage im **Finanzrechtsweg** nach § 33 Abs. 1 Nr. 2 FGO erhoben werden (*Schüren/Feuerborn*, § 6 Rn. 45). Für **Einwendungen oder Einreden Dritter** gegen die Vollstreckung ist demgegenüber der Rechtsweg zu den Zivilgerichten eröffnet (§ 5 Abs. 1 VwVG i. V. m. §§ 262 Abs. 1, 293 AO).

Hinsichtlich der **Anwendung unmittelbaren Zwanges** ist nach § 51 Abs. 1 SGG **25** der Rechtsweg zu den Sozialgerichten eröffnet (s. a. *Schüren/Feuerborn*, § 6 Rn. 46). Die entgegenstehende Ansicht (*Becker/Wulfgramm*, Art. 1 § 6 Rn. 26), die den Verwaltungsrechtsweg auf Grund mangelnder Zuständigkeit der BA für die Anwendung unmittelbaren Zwanges für gegeben hält, ist nach hier vertretener Auffassung (Rn. 20) abzulehnen.

§ 7 Anzeigen und Auskünfte

(1) Der Verleiher hat der Erlaubnisbehörde nach Erteilung der Erlaubnis unaufgefordert die Verlegung, Schließung und Errichtung von Betrieben, Betriebsteilen oder Nebenbetrieben vorher anzuzeigen, soweit diese die Ausübung der Arbeitnehmerüberlassung zum Gegenstand haben. Wenn die Erlaubnis Personengesamtheiten, Personengesellschaften oder juristischen Personen erteilt ist und nach ihrer Erteilung eine andere Person zur Geschäftsführung oder Vertretung nach Gesetz, Satzung oder Gesellschaftsvertrag berufen wird, ist auch dies unaufgefordert anzuzeigen.

(2) Der Verleiher hat der Erlaubnisbehörde auf Verlangen die Auskünfte zu erteilen, die zur Durchführung des Gesetzes erforderlich sind. Die Auskünfte sind wahrheitsgemäß, vollständig, fristgemäß und unentgeltlich zu erteilen. Auf Verlangen der Erlaubnisbehörde hat der Verleiher die geschäftlichen Unterlagen vorzulegen, aus denen sich die Richtigkeit seiner Angaben ergibt, oder seine Angaben auf sonstige Weise glaubhaft zu machen. Der Verleiher hat seine Geschäftsunterlagen drei Jahre lang aufzubewahren.

(3) In begründeten Einzelfällen sind die von der Erlaubnisbehörde beauftragten Personen befugt, Grundstücke und Geschäftsräume des Verleihers zu betreten und dort Prüfungen vorzunehmen. Der Verleiher hat die Maßnahmen nach Satz 1 zu dulden. Das Grundrecht der Unverletzlichkeit der Wohnung (Artikel 13 des Grundgesetzes) wird insoweit eingeschränkt.

(4) Durchsuchungen können nur auf Anordnung des Richters bei dem Amtsgericht, in dessen Bezirk die Durchsuchung erfolgen soll, vorgenommen werden. Auf die Anfechtung dieser Anordnung finden die §§ 304 bis 310 der Strafprozeßordnung entsprechende Anwendung. Bei Gefahr im Verzuge können die von der Erlaubnisbehörde beauftragten Personen während der Geschäftszeit die erforderlichen Durchsuchungen ohne richterliche Anordnung vornehmen. An Ort und Stelle ist eine Niederschrift über die Durchsuchung und ihr wesentliches Ergebnis aufzunehmen, aus der sich, falls keine richterliche Anordnung ergangen ist, auch die Tatsachen ergeben, die zur Annahme einer Gefahr im Verzuge geführt haben.

(5) Der Verleiher kann die Auskunft auf solche Fragen verweigern, deren Beantwortung ihn selbst oder einen der in § 383 Abs. 1 Nr. 1 bis 3 der Zivilprozeßordnung bezeichneten Angehörigen der Gefahr strafgerichtlicher Verfolgung oder eines Verfahrens nach dem Gesetz über Ordnungswidrigkeiten aussetzen würde.

Inhaltsübersicht

Literaturhinweise

Noack, Die Straf- und Ordnungswidrigkeitenbestimmungen des Arbeitnehmerüberlassungsgesetzes, BB 1973, 1313. Siehe ferner die Literaturhinweise zu §§ 3
und 6.

I.   Entstehungsgeschichte und Gesetzeszweck

Durch § 7 wird die Erlaubnisbehörde in die Lage versetzt, auch nach Erlaubnis- **1**
erteilung eine **Kontrolle des Verleihers** zu gewährleisten. Die Vorschrift hatte
im Verlauf des Gesetzgebungsverfahrens verschiedene Änderungen erfahren
(vgl. BT-Ds. VI/2303, S. 13 u. BT-Ds. VI/3505, S. 5), besteht aber in ihrer heutigen
Fassung seit Inkrafttreten des Gesetzes. Die im Referenten-Entwurf des Bundesministeriums für Arbeit und Sozialordnung vom 26. 9. 1975 beabsichtigte Einführung einer Auskunftspflicht auch des Entleihers sowie eines Zugangsrechts der
Erlaubnisbehörde zu dessen Geschäftsräumen (vgl. *Becker/Wulfgramm*, Art. 1 § 7
Rn. 1) ist trotz entsprechender Notwendigkeiten bislang gesetzlich nicht geregelt
worden.
Zweck der Vorschrift ist es, zur Sicherstellung des sozialen Schutzes des Leiharbeitnehmers und der sonstigen Schutzzwecke des AÜG die Kontroll- und
Überwachungsaufgaben der Erlaubnisbehörde zu gewährleisten. Hierzu sieht
das Gesetz sowohl **Anzeige- und Auskunftspflichten** des Verleihers (Abs. 1
und 2) als auch **Prüfungs- und Eingriffsrechte** der Erlaubnisbehörde bis hin zu
Durchsuchungen (Abs. 3 und 4) vor. Im Rahmen des Abs. 5 steht dem Verleiher
aus rechtsstaatlichen Grundsätzen ein Auskunftsverweigerungsrecht zu.

II.   Persönlicher Geltungsbereich

Abs. 1 gilt auf Grund des eindeutigen Wortlauts der Vorschrift nur für Verleiher **2**
nach Erteilung der Erlaubnis (Abs. 1 Satz 1) bzw. »wenn die Erlaubnis erteilt ist«
(Abs. 1 Satz 2), so dass Abs. 1 nur auf Verleiher, denen eine **Erlaubnis bereits
erteilt** wurde, anwendbar ist. Auch **Mischunternehmen** werden vom Anwendungsbereich der Vorschrift erfasst (*LSG Berlin* v. 26.1.1988 – L 14 Ar 7/86 –
EzAÜG § 7 AÜG Auskunftspflichten Nr. 1). Die **Abs. 2 bis 5** setzen nach ihrem

Wortlaut nicht die Erteilung der Erlaubnis voraus, sondern knüpfen allgemein an den **Verleiherbegriff** an (vgl. Rn. 11), der nicht von der Erteilung oder Nichterteilung einer Erlaubnis abhängig ist (vgl. § 1 Rn. 268; § 9 Rn. 56; *Franßen/Haesen*, Art. 1 § 7 Rn. 7, 27). Ein Teil der Literatur will dennoch den **persönlichen Geltungsbereich** aller Bestimmungen des § 7 auf Verleiher, die mit Erlaubnis der BA gewerbsmäßig ANÜ betreiben, beschränken (*Becker/Wulfgramm*, Art. 1 § 7 Rn. 5; ErfK/ *Wank*, § 7 Rn. 1; *Boemke*, § 7 Rn. 3; *Sandmann/Marschall*, Art. 1 § 7 Anm. 2; *Schüren/ Feuerborn*, § 7 Rn. 5; *Thüsing/Thüsing*, § 7 Rn. 3). Begründet wird dies u.a. damit, dass die Vorschrift auf Verleiher ohne Erlaubnis nicht »passt« (*Becker/Wulfgramm*, a.a.O.) und die Mittel des Verwaltungszwangs nach § 6 bzw. des Ordnungswidrigkeiten- und Strafrechts ausreichen, um wirkungsvoll gegen illegal tätige Verleiher vorgehen zu können. Weder der Wortlaut der Abs. 2 bis 5 noch der Sinn und Zweck der Vorschriften hinsichtlich der Sicherung der Kontrollfunktionen der BA bei der Einhaltung der Bestimmungen des AÜG rechtfertigen eine derartige Einschränkung (s.a. *Franßen/Haesen*, Art. 1 § 7 Rn. 27). Vielmehr setzen diese Kontrollfunktionen, auch hinsichtlich der hiermit verbundenen verfassungsrechtlich zulässigen Eingriffsbefugnisse, gerade an den **Gefahren** an, die aus illegalen Fällen der ANÜ erwachsen. Inwieweit durch § 7 Abs. 2 bis 5 gerade **illegal tätige Verleiher**, die sich an die Pflicht zur Einhaltung der erlaubnisrechtlichen Bestimmung des § 1 Abs. 1 Satz 1 (als einer der wichtigsten Bestimmungen des AÜG) nicht halten, von den Kontrollzwecken des § 7 nicht erfasst werden sollen, ist nicht begründbar (*Franßen/Haesen*, a.a.O.). Dasselbe gilt z.B. für die **Fälle des § 1a**, in denen zwar die Anzeigepflichten des Abs. 1 durch die Sonderregelung des § 1a Abs. 1 Satz 2, Abs. 2 entfallen, der Verleiher durch die Erlaubnisbefreiung nach § 1a Abs. 1 Satz 1 jedoch nicht von seinen sonstigen Verpflichtungen aus dem AÜG befreit wird. Im Unterschied zu Abs. 1 werden daher **von Abs. 2 bis 5 auch Verleiher** erfasst, die **keine Erlaubnis** zur ANÜ nach § 1 Abs. 1 Satz 1 besitzen. Verleiher i.S.d. Abs. 1 ist immer der Erlaubnisinhaber, soweit von Abs. 2 bis 5 Verleiher ohne Erlaubnis erfasst sind, immer diejenige natürliche oder juristische Person, die in tatsächlicher Hinsicht ANÜ betreibt (z.B. der Arbeitgeber i.S.d. § 1a Abs. 1 Satz 1).

III. Anzeigepflichten (Abs. 1)

3 Nach Abs. 1 ist ein Verleiher verpflichtet, nach Erteilung der Erlaubnis eintretende **Änderungen** der Erlaubnisbehörde unaufgefordert **anzuzeigen**. Abs. 1 Satz 1 bezieht sich dabei auf Veränderungen, die den Betrieb betreffen, während von Abs. 1 Satz 2 Veränderungen in der Vertretungsbefugnis von Personengesamtheiten, Personengesellschaften oder juristischen Personen erfasst werden.

4 Der Verleiher hat seinen **Anzeigepflichten unaufgefordert** nachzukommen (*Thüsing/Kämmerer*, § 7 Rn. 7), andernfalls handelt er nach § 16 Abs. 1 Nr. 4 ordnungswidrig. Daneben kann die Behörde den Verleiher zur Anzeige auffordern und ihn bei Nichterstattung der Anzeige mit den Mitteln des **Verwaltungszwangs** (vgl. § 6 Rn. 14 ff.) nach den Bestimmungen des VwVG zur Abgabe der erforderlichen Erklärungen **zwingen** (*BSG* v. 12.7.1989 – 7 RAr 46/88 – NZA 1990, 157; *Sandmann/Marschall*, Art. 1 § 7 Anm. 7; *Schüren*, § 7 Rn. 10). Verstößt der Verleiher **wiederholt** gegen seine Anzeigepflichten oder verletzt er diese nicht nur geringfügig, kann dies die Annahme der Unzuverlässigkeit i.S.d. § 3 Abs. 1 Nr. 1 begründen und zum **Widerruf der Erlaubnis** nach § 5 Abs. 1 Nr. 3 berechtigen (*Sandmann/Marschall*, Art. 1 § 7 Anm. 6; *Boemke*, § 7 Rn. 13; *Thüsing/Thüsing*, § 7 Rn. 12).

1. Anzeige betrieblicher Veränderungen (Abs. 1 Satz 1)

Nach Abs. 1 Satz 1 ist eine beabsichtigte **Verlegung, Schließung und Errichtung** **5** von **Betrieben, Betriebsteilen oder Nebenbetrieben** (vgl. § 4 BetrVG) vorher anzuzeigen, soweit sie die Ausübung von ANÜ betreffen. Unberührt hiervon bleiben die Anzeigepflichten nach § 14 Abs. 1 GewO (*Sandmann/Marschall*, Art. 1 § 7 Anm. 9).

Ob Betriebe, Betriebsteile oder Nebenbetriebe betroffen sind, beurteilt sich mangels eigener Begriffsdefinitionen im AÜG nach allgemeinen **betriebsverfassungsrechtlichen Grundsätzen** (*Boemke*, § 7 Rn. 4; *Thüsing/Kämmerer*, § 7 Rn. 8; zu den Begriffen vgl. § 3 Rn. 133 ff.). Dasselbe gilt hinsichtlich der Begriffsdefinitionen zur Verlegung, Schließung oder Errichtung von Betrieben (vgl. § 111 Satz 2 Nr. 1 und 2 BetrVG). **Verlegung** ist dabei jede wesentliche Veränderung der örtlichen Lage des Betriebs, soweit die Identität des Betriebs i. ü. erhalten bleibt (*FESTL*, § 111 Rn. 81; *Schüren/Feuerborn*, § 7 Rn. 13). Die Verlegung kann dabei auch ins **Ausland** erfolgen (DKK-*Däubler*, § 111 Rn. 69). Die **Identität des Betriebs** bleibt allerdings nicht erhalten, soweit wesentliche Teile der Belegschaft am neuen Arbeitsort nicht weiter beschäftigt werden (*FESTL*, § 111 Rn. 82) oder wesentliche Betriebsmittel nicht mitverlegt werden (*Boemke*, § 7 Rn. 5). In diesem Fall liegt eine Schließung und Neuerrichtung vor, die ebenfalls der Anzeigepflicht nach Abs. 1 Satz 1 unterliegt.

Entsprechend der Rechtsprechung des *BAG* zur Betriebsstilllegung (§ 111 Satz 2 Nr. 1 BetrVG) setzt eine **Schließung** voraus, dass der Verleiher den ernstlichen Entschluss gefasst hat, eine betrieblich-organisatorische Einheit für einen seiner Dauer nach unbestimmten, wirtschaftlich nicht unerheblichen Zeitraum aufzugeben (*BAG* v. 27. 9. 1984 – 2 AZR 309/83 – AP Nr. 39 zu § 613a BGB).

Veräußert der Erlaubnisinhaber einen Betrieb, Betriebsteil oder Nebenbetrieb, **6** erfüllt die damit verbundene Aufgabe (zumindest eines Teils) des bisherigen Gewerbes ebenfalls den Tatbestand einer **Schließung** i.S.d. Abs. 1 Satz 1. Entsprechend dem Zweck der Vorschrift soll die Erlaubnisbehörde alle Veränderungen erfahren, die die Voraussetzungen einer Erlaubniserteilung sowie den räumlichen und betriebsbezogenen Geltungsbereich einer erteilten Erlaubnis berühren. Da Veräußerungen sowohl Auswirkungen auf den Bestand einer Erlaubnis des Veräußerers haben können als auch den Besitz oder die Neuerteilung einer Erlaubnis des Erwerbers zur ANÜ zur Folge haben (vgl. § 2 Rn. 21), sind alle für die Ausübung zulässiger ANÜ maßgeblichen Daten vom Verleiher anzuzeigen. Dasselbe gilt, wenn der Verleiher zukünftig im Rahmen anderer gesellschaftsrechtlichen Organisationsformen (z.B. OHG, GmbH) ANÜ betreiben will.

Bei der **Errichtung** muss eine **neue betriebliche Einheit** (z.B. neue Geschäfts- **7** stelle oder unselbstständige Zweigniederlassung) eröffnet werden (*Becker/Wulfgramm*, Art. 1 § 7 Rn. 4; *Schüren/Feuerborn*, § 7 Rn. 13). Ist diese Voraussetzung erfüllt, beschränken sich die Pflichten des Verleihers i.d.R. darauf, den Anzeigepflichten nach Abs. 1 nachzukommen. Ist mit der Errichtung des Betriebs gleichzeitig die **Neugründung** eines weiteren Verleih**unternehmens** verbunden, muss der Verleiher über die Anzeigepflichten nach Abs. 1 hinaus (insoweit anders *Boemke*, § 7 Rn. 7) zunächst eine **Erlaubnis** zur ANÜ für das nachgegründete Unternehmen **beantragen** und erteilt bekommen, bevor von der neuen betrieblichen Einheit aus gewerbsmäßige ANÜ betrieben wird. Wird nur eine neue betriebliche Einheit errichtet, muss bezüglich dieser Einheit gewährleistet sein, dass der Verleiher seinen Verpflichtungen aus dem AÜG nachkommt, insbesondere muss die Gestaltung der **Betriebsorganisation** weiterhin die ordnungsgemäße Erfüllung der üblichen Arbeitgeberpflichten gewährleisten (§ 3 Abs. 1 Nr. 2). Die diesbezüglichen Auskunfts- und Darlegungspflichten des Verleihers richten sich nach Abs. 2 (Rn. 11 f.).

8   Die **Anzeige** nach Abs. 1 Satz 1 ist **vor** Eintritt der jeweiligen Veränderungen zu erstatten. Hierdurch soll der Erlaubnisbehörde die Möglichkeit gegeben werden, rechtzeitig organisatorische Maßnahmen zu ergreifen (z. B. Information eines anderen LAA bei Ortswechsel), um eine **ortsnahe Überwachung** des Verleihers zu gewährleisten und die Auswirkungen der betrieblichen Veränderungen auf Bestand und Reichweite einer erteilten Erlaubnis abschätzen zu können. Auch wird die Erlaubnisbehörde durch die Anzeige in die Lage versetzt, alle betrieblichen Veränderungen, die für die Beurteilung der Versagungstatbestände nach § 3 Abs. 1 Nr. 2 oder Abs. 2 von Bedeutung sein können, rechtzeitig zu erfahren.

9   Da ein **Widerruf** der Erlaubnis nach § 5 Abs. 1 Nr. 3 voraussetzt, dass nach Erlaubniserteilung Tatsachen eintreten, die zur Versagung der Erlaubnis berechtigen, kann allein auf Grund der Anzeige kein Widerruf nach dieser Vorschrift erfolgen (*Boemke*, § 7 Rn. 12). Vielmehr muss die betriebliche **Veränderung in tatsächlicher Hinsicht** auch eingetreten sein. Aus dem gleichen Grund beginnt auch die Jahresfrist, innerhalb derer der Widerruf zu erfolgen hat (§ 5 Abs. 4), erst mit Eintritt der Veränderung zu laufen (ErfK/*Wank*, § 7 Rn. 12; *Sandmann/Marschall*, Art. 1 § 7 Anm. 9; *Schüren/Feuerborn*, § 7 Rn. 14; *Thüsing/Thüsing*, § 7 Rn. 10).

2. Änderungen in der Vertretungsbefugnis (Abs. 1 Satz 2)

10   Nach Abs. 1 Satz 2 sind **Personengesamtheiten** (z. B. nichtrechtsfähiger Verein, Erbengemeinschaft), **Personengesellschaften** (BGB-Gesellschaft, OHG, KG) oder **juristische Personen** (z. B. AG, GmbH) zur Anzeige verpflichtet, wenn nach Erlaubniserteilung eine andere Person auf Grund Gesetz, Satzung oder Gesellschaftsvertrag zur **Geschäftsführung oder Vertretung** berufen wird.
Die Vorschrift steht in engem Zusammenhang damit, dass sich die Erlaubniserteilung – insbesondere auch die Zuverlässigkeitsprüfung im Rahmen des § 3 Abs. 1 Nr. 1 – bei den in Abs. 1 Satz 2 genannten Gesellschaften nach besonderen Kriterien richtet und – wie z. B. bei der OHG – auf mehrere Personen erstrecken kann (vgl. hierzu § 3 Rn. 23 ff.). Erfolgen hier Veränderungen in der Geschäftsführung oder Vertretung, die auf einer Berufung auf Grund Gesetz, Satzung oder Gesellschaftsvertrag beruhen, macht dies i. d. R. die **Erteilung einer neuen Erlaubnis** erforderlich (*Sandmann/Marschall*, Art. 1 § 7 Anm. 10). Wegen der Personengebundenheit der Erlaubnis kommt bei sonstigen natürlichen Personen, die Inhaber einer Erlaubnis sind, eine Anzeige von Veränderungen i. S. d. Abs. 1 Satz 2 nicht in Betracht. Beruht die Vertretungsbefugnis einer Person allein auf **rechtsgeschäftlich erteilter Vollmacht**, sind die Voraussetzungen einer Anzeigepflicht nach Abs. 1 Satz 2 ebenfalls nicht erfüllt (*Boemke*, § 7 Rn. 15; *Sandmann/Marschall*, Art. 1 § 7 Anm. 10; *Schüren/Feuerborn*, § 7 Rn. 16).

IV. Auskunftspflichten (Abs. 2)

11   Nach Abs. 2 hat der Verleiher **auf Verlangen** der Erlaubnisbehörde alle **Auskünfte** zu erteilen, die zur Durchführung des Gesetzes erforderlich sind. Hierzu zählen alle Tatsachen, die für die Beurteilung von Bedeutung sind, ob die Bestimmungen des AÜG vom Verleiher eingehalten werden. Durch Abs. 2 wird der Erlaubnisbehörde in Ergänzung zu Abs. 1 auch die Möglichkeit eröffnet, die **Auswirkungen anzeigepflichtiger Veränderungen** auf Bestand und Umfang einer erteilten Erlaubnis durch entsprechende Auskünfte des Verleihers überprüfen zu können. Von der Vorschrift werden jedoch nicht nur die erlaubnisbezogenen Vorschriften des AÜG, sondern alle Vorschriften erfasst, die ein Tätigwerden der Behörde erforderlich machen könnten (BT-Ds. VI/2303, S. 13; z. B. Verwaltungszwang nach § 6; vgl. *BSG* v. 12. 7. 1989 – 7 RAr 46/88 – NZA 1990, 157). Eine Beschränkung des Anwendungsbereichs auf Verleiher, die eine Erlaubnis nach § 1 Abs. 1 Satz 1 besitzen, verbietet sich daher (Rn. 2).

Im Unterschied zu Abs. 1 bestehen die Auskunftspflichten nach Abs. 2 Satz 1 bis 3 nur, soweit die Erlaubnisbehörde dies von sich aus verlangt. Den **Aufbewahrungspflichten** nach Abs. 2 Satz 4 muss der Verleiher dagegen auch unaufgefordert nachkommen.

1. Auskunftspflichten nach Abs. 2 Satz 1 und 2

Nach Abs. 2 Satz 1 ist die Erlaubnisbehörde berechtigt, jederzeit **Auskünfte** von **12** einem Verleiher zu verlangen, soweit sie dies zur Durchführung des Gesetzes für erforderlich hält. Die **Aufforderung** zur Auskunftserteilung **kann** dabei in Form eines selbstständig **anfechtbaren Verwaltungsaktes** erfolgen, der mit den Mitteln des VwVG vollstreckt werden kann (*BSG* v. 12. 7. 1989 – 7 RAr 46/88 – NZA 1990, 157; a. A. *Noack*, BB 1973, 1313). Dabei muss die Behörde im Auskunftsverlangen zu erkennen geben, dass sie den Verleiher zur Erteilung der Auskunft bindend verpflichten will.

Die Frage, welche Auskünfte zu welchem Zeitpunkt und in welchem Umfang erteilt werden sollen, steht im Ermessen der Erlaubnisbehörde (*Sandmann/Marschall*, Art. 1 § 7 Anm. 13; *Schüren/Feuerborn*, § 7 Rn. 20). Erforderlich ist lediglich, dass das Auskunftsverlangen Bezüge zu den Aufgaben der BA nach dem AÜG aufweist, die mit der Tätigkeit des Verleihers in Zusammenhang stehen. Die Auskunftspflicht soll es der Erlaubnisbehörde ermöglichen, im Interesse eines sozial- und arbeitsrechtlichen Mindestschutzes der Leiharbeitnehmer eine **fortlaufende Kontrolle und Überwachung** durchzuführen, um von vornherein gesetzwidrige Praktiken zu verhindern (*BSG*, a.a.O.). Bei **Mischunternehmen** kann die Behörde daher auch solche Auskünfte verlangen, die sich auf Fragen der Abgrenzung von ANÜ zu (Schein-) Werkverträgen einschließlich der Prüfung illegaler Arbeitsvermittlung nach § 1 Abs. 2 beziehen (*LSG Berlin* v. 26. 1. 1988 – L 14 Ar 7/86 – EzAÜG § 7 AÜG Auskunftspflichten Nr. 1; *Sandmann/Marschall*, Art. 1 § 7 Anm. 15; *Schüren/Feuerborn*, § 7 Rn. 24; *Boemke*, § 7 Rn. 19; *Thüsing/Thüsing*, § 7 Rn. 17; a. A. *Becker/Wulfgramm*, Art. 1 § 7 Rn. 9). Auskünfte über die **Geschäftsbeziehungen** des Verleihers zu anderen Verleihern, die sich nicht auf das Verhältnis von (ggf. auch illegal tätigen) Verleihern zu Entleihern beziehen, kann der Verleiher dagegen verweigern (*Sandmann/Marschall*, Art. 1 § 7 Anm. 12; *Schüren/Feuerborn*, § 7 Rn. 25).

Eine **Begründung des Auskunftsverlangens** ist seitens der Erlaubnisbehörde grundsätzlich **nicht erforderlich** (*Boemke*, § 7 Rn. 20; *Sandmann/Marschall*, Art. 1 § 7 Anm. 13; *Schüren/Feuerborn*, § 7 Rn. 20). Vielmehr ist der Verleiher, soweit er sich nicht nach Abs. 5 auf ein Aussageverweigerungsrecht berufen kann, verpflichtet, jedem Auskunftsverlangen der Behörde nachzukommen, das nicht außerhalb der Befugnisse der BA bei der Durchführung des AÜG liegt.

Nach Abs. 2 Satz 2 muss der Verleiher die Auskünfte **wahrheitsgemäß, vollständig, fristgemäß und unentgeltlich** erteilen. **Ausländische Verleiher** haben dabei die Auskunft in deutscher Sprache zu erteilen (§ 23 Abs. 1 VwVfG), hiermit verbundene Kosten gehen zu seinen Lasten (*Becker/Wulfgramm*, Art. 1 § 7 Rn. 8; *Sandmann/Marschall*, Art. 1 § 7 Anm. 14; *Schüren/Feuerborn*, § 7 Rn. 23).

2. Nachprüfungsrecht der Erlaubnisbehörde (Abs. 2 Satz 3)

13 Um die Richtigkeit der nach Abs. 2 Satz 1 und 2 erteilten **Auskünfte überprüfen** zu können, kann die Behörde die Vorlage der **geschäftlichen Unterlagen** verlangen, aus denen sich die Richtigkeit der Angaben des Verleihers ergibt. Auch kann sie verlangen, dass der Verleiher seine **Angaben** in sonstiger Weise **glaubhaft macht**.

Die Pflicht des Verleihers, der Erlaubnisbehörde auf Verlangen Geschäftsunterlagen vorzulegen, besteht in dem gleichen Umfang, in dem er nach Abs. 2 Satz 1 und 2 zur Auskunft verpflichtet ist. Betreibt der Verleiher daher ein **Mischunternehmen**, muss er sowohl Unterlagen von Leiharbeitnehmern als auch von sonstigen Arbeitnehmern vorlegen (*Boemke*, § 7 Rn. 24; *Sandmann/Marschall*, Art. 1 § 7 Anm. 15 unter Verweis auf *LAG Rheinland-Pfalz* v. 10.6.1988 – L 6 Ar 117/88; *Schüren*, § 7 Rn. 31; a.A. *Becker/Wulfgramm*, Art. 1 § 7 Rn. 9; *ErfK/Wank*, § 7 Rn. 16). I.ü. zählen zu den Geschäftsunterlagen alle verkörperten **Informationsträger**, die mit der Tätigkeit des Verleihunternehmens in Zusammenhang stehen. Hierzu zählen neben den vertraglichen Unterlagen bezüglich der Leiharbeitnehmer (§ 11 Abs. 1) und ANÜ-Verträge (§ 12) sowie Werkverträge (*Schüren/Feuerborn*, § 7 Rn. 31) u.a. auch der gesamte **Schriftwechsel**, die **Geschäftsbücher**, **Lohnlisten** und Unterlagen über die Abführung der Sozialversicherungsbeiträge und der Steuern (*Becker/Wulfgramm*, Art. 1 § 7 Rn. 9; *Sandmann/Marschall*, Art. 1 § 7 Anm. 15; *Schüren/Feuerborn*, § 7 Rn. 30). **Datenträger** wie PC's oder Daten, die sich auf EDV-gestützten (auch vernetzten) Systemen befinden, gehören hierbei auch dann zu den vorlagepflichtigen Geschäftsunterlagen, wenn der Datenträger sich **nicht in den Geschäftsräumen** des Verleihers **befindet**.

14 Ist es dem Verleiher **nicht möglich**, die Richtigkeit seiner Angaben gegenüber der Erlaubnisbehörde durch Unterlagen **nachzuweisen** (z.B. wenn Zweifel an seiner allgemeinen Zuverlässigkeit i.S.d. § 3 Abs. 1 Nr. 1 bestehen), oder ist die Vorlage von Unterlagen für den Verleiher mit einem unverhältnismäßigen Aufwand verbunden, kann die Erlaubnisbehörde von einer Vorlage der geschäftlichen Unterlagen absehen und dem Verleiher Gelegenheit geben, seine Angaben auf sonstige Weise **glaubhaft zu machen**. Die Entscheidung über die **Form der Beweisführung** liegt hierbei ausschließlich im **Ermessen** der Erlaubnisbehörde. Dem Verleiher steht kein Rechtsanspruch zu, statt der geforderten Unterlagen seine Angaben in sonstiger Weise nachzuweisen. Schon aus den Aufbewahrungspflichten nach Abs. 2 Satz 4 folgt, dass der Verleiher grundsätzlich in der Lage sein muss, Geschäftsunterlagen zur ANÜ auch vorzulegen. Dies gilt auch, soweit es sich beim Verleiher um ein **ausländisches Unternehmen** handelt. Bei ANÜ mit Auslandsbezug sind organisatorische Schwierigkeiten bei der Beschaffung und Vorlage von Unterlagen unbeachtlich; der Verleiher, der grenzüberschreitend ANÜ betreibt, hat denselben Anforderungen Rechnung zu tragen wie sonstige Verleiher, andernfalls ist die Erlaubnis nach § 3 Abs. 1 Nr. 1 und 2 zu versagen. **Geschäftliche Korrespondenz**, die bei ANÜ mit Auslandsbezug geführt wird, ist nicht nur in ihrer Originalfassung vorzulegen, sondern bei deren Abfassung in einer Fremdsprache sind **deutschsprachige Übersetzungen** beizufügen (*Becker/Wulfgramm*, Art. 1 § 7 Rn. 8; *Schüren/Feuerborn*, § 7 Rn. 32; *Thüsing/Thüsing*, § 7 Rn. 20; a. A. *Sandmann/Marschall*, Art. 1 § 7 Anm. 16), andernfalls ist die Erlaubnisbehörde berechtigt, **Übersetzungen auf Kosten** des Verleihers selbst anfertigen zu lassen (*Boemke*, § 7 Rn. 25; vgl. Rn. 12).

Inwieweit der Verleiher die Richtigkeit seiner Angaben mit der nach Abs. 2 Satz 3 **15** geforderten **hinreichenden Richtigkeitsgewähr** in sonstiger Weise glaubhaft machen kann, hängt von den Umständen des Einzelfalles ab. Im Wesentlichen kann sich die **anderweitige Glaubhaftmachung** jedoch nur auf Tatsachen erstrecken, die der Verleiher nicht im Rahmen der Dreijahresfrist des Abs. 2 Satz 4 dokumentiert aufzubewahren hat. Eine Glaubhaftmachung setzt i. ü. voraus, dass das angebotene oder geforderte **Beweismittel** dazu **geeignet** ist, mit einem überwiegenden Grad an Wahrscheinlichkeit die Richtigkeit der gemachten Angaben zu bestätigen (z. B. Vorlage eines freisprechenden Urteils bei Verdacht der Steuerhinterziehung u. ä.). Auch durch eine **Versicherung an Eides statt** kann der Verleiher seine Angaben glaubhaft machen (*Becker/Wulfgramm*, Art. 1 § 7 Rn. 9a; a. A. *Boemke*, § 7 Rn. 27; *Schüren/Feuerborn*, § 7 Rn. 34), allerdings kann die Erlaubnisbehörde weder eine entsprechende Beweisführung verlangen noch in eigener Zuständigkeit eine Versicherung an Eides Statt abnehmen (*Sandmann/Marschall*, Art. 1 § 7 Anm. 16; a. A. *Schüren/Feuerborn*, § 7 Rn. 34, die die Versicherung an Eides statt generell als Mittel der Glaubhaftmachung für unzulässig halten). Steht dem Verleiher außer der Versicherung an Eides statt kein anderes geeignetes Beweismittel zur Verfügung und weigert er sich zur Abgabe einer Versicherung an Eides statt, begründet dies in der Regel **Zweifel** an seiner Zuverlässigkeit bzw. an seiner Fähigkeit, eine **geordnete Betriebsorganisation** zu gewährleisten (§ 3 Abs. 1 Nr. 1 und 2) und führt auf Grund berechtigter Annahme von Tatsachen i. S. d. § 3 Abs. 1 Einleitungssatz grundsätzlich zur Versagung der Erlaubnis.

3. Aufbewahrungspflichten (Abs. 2 Satz 4)

Nach Abs. 2 Satz 4 ist der Verleiher (unbeschadet sonstiger gesetzlicher Auf- **16** bewahrungspflichten, vgl. § 11 Abs. 1 Satz 5 und 6 AÜG, § 44b HGB, § 147 Abs. 3 AO) verpflichtet, seine **Geschäftsunterlagen drei Jahre aufzubewahren**. Die Aufbewahrungspflicht erfasst dabei alle Geschäftsunterlagen, die der Erlaubnisbehörde eine jederzeitige **Überprüfung von Versagungstatbeständen** i. S. d. § 3 Abs. 1 ermöglichen (z. B. die Urkunden zur Gefahrenanalyse nach §§ 5f. ArbSchG) oder zu deren Vorlage der Verleiher im Rahmen des Abs. 2 Satz 3 verpflichtet ist (s. a. *Becker/Wulfgramm*, Art. 1 § 7 Rn. 10; *Schüren/Feuerborn*, § 7 Rn. 35). Aus dem Wortlaut des Abs. 2 Satz 4 folgt insoweit keine Einschränkung des weit zu fassenden Begriffs der Geschäftsunterlagen (*ErfK/Wank*, § 7 Rn. 16) auf Unterlagen, die unmittelbaren Geschäftszwecken zu dienen bestimmt sind (so aber *Sandmann/Marschall*, Art. 1 § 7 Anm. 17). Durch die allgemeine Gesetzesformulierung (»seine« Geschäftsunterlagen) wird klargestellt, dass nicht nur Unterlagen, die vom Verleiher zum Beweis seiner Angaben vorgelegt werden müssen, der Aufbewahrungspflicht unterliegen.

Entsprechend dem **Zweck der Norm**, der Erlaubnisbehörde zu ermöglichen, das **17** vom Verleiher ausgeübte ANÜ-Gewerbe in tatsächlicher Hinsicht auf die Einhaltung der Bestimmung des AÜG (auch nachträglich) zu **kontrollieren**, beginnt die **dreijährige Frist** immer erst in dem Zeitpunkt zu laufen, in dem die maßgebliche Geschäftsunterlage **keine Bedeutung mehr** für die nachfolgende Geschäftstätigkeit des Verleihers besitzt. Hinsichtlich der **Arbeitsverhältnisse von Leiharbeitnehmern beginnt die Frist** daher immer erst mit der **Beendigung** des Leiharbeitsverhältnisses **zu laufen** (*Franßen/Haesen*, Art. 1 § 11 Rn. 13). Die Gegenmeinung (*Boemke*, § 7 Rn. 29; *Schüren/Feuerborn*, § 7 Rn. 36), nach der die Frist bereits mit Entstehung der Geschäftsunterlage beginnen soll, würde insbesondere bei **langfristig angelegten Geschäftsbeziehungen** des Verleihers dazu führen, dass nach dreijähriger Geschäftsbeziehung der Verleiher dazu berechtigt wäre, Geschäftsunterlagen zu vernichten. Damit würden der BA Prüfungsmöglichkeiten auch in den Fällen entzogen, in denen die Geschäftsbeziehungen nicht erst seit drei Jahren bestanden haben (dies übersehen *Schüren/Feuerborn*, a.a.O.), sondern auch Prüfungsmöglichkeiten bezüglich **laufender bzw. auch zukünftig fortwirkender Verträge** entfallen. Insbesondere bei Grundlagen- oder Rahmenvereinbarungen beginnt daher die Dreijahresfrist immer erst zu laufen, wenn die Geschäftsbeziehung des Verleihers zum Dritten endgültig beendet ist oder nicht insgesamt auf eine vollständige neue, in sich geschlossene andere Grundlage gestellt wird.

V. Rechtsfolgen bei Verletzung von Anzeige-, Auskunfts- oder Aufbewahrungspflichten des Verleihers

18 Die Erlaubnisbehörde kann die Anzeige-, Vorlage- und Auskunftspflichten im Wege des **Verwaltungszwangs** nach dem VwVG durchsetzen (*BSG* v. 12.7.1989 – 7 RAr 46/88 – NZA 1990, 157; *Becker/Wulfgramm*, Art. 1 § 7 Rn. 9 und 11; *Sandmann/Marschall*, Art. 1 § 7 Anm. 5; *Schüren/Feuerborn*, § 7 Rn. 17 und 37). Als Rechtsbehelfe stehen dem Verleiher der **Widerspruch** und die **Anfechtungsklage** beim Sozialgericht zu (*BSG*, a.a.O.), soweit das Verlangen der Behörde den Anforderungen eines Verwaltungsaktes entspricht (Rn. 12).

Verstößt der Verleiher wiederholt oder schwerwiegend gegen die Anzeigepflichten nach Abs. 1, indiziert dies die **Annahme der Unzuverlässigkeit** des Verleihers und rechtfertigt den Widerruf der Erlaubnis nach §§ 5 Abs. 1 Nr. 3, 3 Abs. 1 Nr. 1 (*Becker/Wulfgramm*, Art. 1 § 7 Rn. 6; *Boemke*, § 7 Rn. 31; *Sandmann/Marschall*, Art. 1 § 7 Anm. 6; *Schüren/Feuerborn*, § 7 Rn. 17). Dasselbe gilt, wenn der Verleiher seinen Auskunftspflichten nach Abs. 2 Satz 1 und 2 nicht nachkommt (*Becker/Wulfgramm*, Art. 1 § 7 Rn. 11; *Sandmann/Marschall*, a.a.O.; *Schüren/Feuerborn*, § 7 Rn. 38; *Thüsing/Thüsing*, § 7 Rn. 24). **Verweigert** der Verleiher die Auskunft oder die Vorlage von Geschäftsunterlagen, ohne dass er sich auf ein Auskunftsverweigerungsrecht (Abs. 5) berufen kann, so verunmöglicht er hiermit die von der Erlaubnisbehörde für erforderlich gehaltenen Kontroll- und Überwachungsmaßnahmen. Dies stellt regelmäßig eine Tatsache dar, die die Annahme der Unzuverlässigkeit i.S.d. § 3 Abs. 1 Nr. 1 rechtfertigt. Dasselbe gilt, soweit der Verleiher seinen **Aufbewahrungspflichten nicht nachkommt**. Hier sind meist zusätzlich die Voraussetzungen eines Versagungstatbestandes nach § 3 Abs. 1 Nr. 2 erfüllt.

19 **Verletzt** der Verleiher seine **Anzeigepflichten** nach Abs. 1 oder seine **Auskunftspflichten** nach Abs. 2 Satz 1 und 2, handelt er nach § 16 Abs. 1 Nr. 4 und 5 **ordnungswidrig**, Verstöße gegen die **Aufbewahrungspflichten** nach Abs. 2 Satz 4 stellen nach § 16 Abs. 1 Nr. 6 eine **Ordnungswidrigkeit** dar (vgl. § 16 Rn. 12, 16 ff.). Die Ordnungswidrigkeiten können jeweils mit einer Geldbuße von bis zu 500 Euro geahndet werden (§ 16 Abs. 2).

VI. Betretungs- und Prüfungsrecht der Erlaubnisbehörde (Abs. 3)

Abs. 3 räumt den von der Erlaubnisbehörde beauftragten Personen das Recht **20** ein, in begründeten Einzelfällen **Grundstücke** und **Geschäftsräume** des Verleihers zu betreten und Prüfungen vorzunehmen. Der in Abs. 3 Satz 3 enthaltene Verweis auf Art. 13 GG stellt die Einhaltung der formalen Voraussetzungen des Grundrechtseingriffes sicher (Art. 19 Abs. 1 Satz 2 GG). Der Erlaubnisbehörde stehen die diesbezüglichen Befugnisse nicht generell, sondern bei vorliegenden Verdachtsmomenten nur **einzelfallbezogen** zu, wobei im Unterschied zu Abs. 2 die Prüfungsmaßnahmen jeweils begründet werden müssen.

1. Begründete Einzelfälle (Abs. 3 Satz 1)

Die Erlaubnisbehörde kann nach Abs. 3 nur einschreiten, wenn **konkrete An-** **21** **haltspunkte** vorliegen, die den **Verdacht eines gesetzwidrigen Verhaltens** des Verleihers begründen und zur Überprüfung des Verdachts ein **Betreten** der Geschäftsräume des Verleihers **erforderlich** machen (*BSG* v. 29.7.1992 – 11 RAr 57/91 – NZA 1993, 524; *Becker/Wulfgramm*, Art. 1 § 7 Rn. 12; *Sandmann/Marschall*, Art. 1 § 7 Anm. 20; *Schüren/Feuerborn*, § 7 Rn. 40). Dies ist immer der Fall, wenn der Verleiher seiner Pflicht zur Vorlage von Geschäftsunterlagen nach Abs. 2 Satz 3 nicht nachkommt oder Anhaltspunkte dafür vorliegen, dass Geschäftsunterlagen nicht entsprechend den Bestimmungen des AÜG (vgl. §§ 7 Abs. 2 Satz 4, 11 Abs. 1 Satz 5 und 6) aufbewahrt werden. Kommt der Verleiher seinen Anzeige- und Auskunftspflichten nach Abs. 1 oder 2 nicht nach, bestehen die Befugnisse der Erlaubnisbehörde nach Abs. 3 auch, wenn der Verleiher von einem **Aussageverweigerungsrecht** (Abs. 5) Gebrauch macht (*Becker/Wulfgramm*, Art. 1 § 7 Rn. 12; *Sandmann/Marschall*, Art. 1 § 7 Anm. 20; *Schüren/Feuerborn*, § 7 Rn. 40; *Thüsing/Thüsing*, § 7 Rn. 27; a. A. *Boemke*, § 7 Rn. 33).

Werden anlässlich einer Prüfung im Rahmen des Abs. 2 Personen befragt, die **22** nicht selbst anzeige- und auskunftspflichtig sind, besteht **keine Verpflichtung des Dritten**, Fragen der BA zu beantworten. Soweit diese **Personen Angehörige von auskunftspflichtigen Personen** sind und ihnen nach § 383 Abs. 1 Nr. 1 bis 3 ZPO ein Aussageverweigerungsrecht zusteht (vgl. Abs. 5), hat die Erlaubnisbehörde vor einer Befragung oder Vernehmung die Angehörigen entsprechend § 383 Abs. 2 ZPO über ihr **Recht zur Verweigerung der Auskunft zu belehren**. Ist die Belehrung unterblieben, darf die Aussage auf eine entsprechende Rüge des Verleihers hin nicht verwertet werden (*Zöller*, § 383 Rn. 21).

Die **Geltendmachung des Aussageverweigerungsrechts** durch den Verleiher nach Abs. 5 (Rn. 30) kann ein **Anhaltspunkt** für ein Einschreiten der Behörde nach Abs. 3 sein. Wann i. ü. ein Anhaltspunkt für das Vorliegen eines zum Einschreiten der Behörde berechtigenden konkreten Verdachts vorliegt, hängt von den Umständen des Einzelfalls ab. **Anzeigen** Dritter oder **Beschwerden** des Leiharbeitnehmers (*Noack*, BB 1973, 1303) können ebenso einen Verdacht begründen wie Tatsachen, die der Erlaubnisbehörde im Rahmen der Kooperations- und Unterrichtungspflichten nach § 18 bekannt werden.

2. Beauftragte der Erlaubnisbehörde

23 In der Regel werden die Bediensteten der BA die Prüfung beim Verleiher selbst vornehmen. Durch Abs. 3 Satz 1 wird die Erlaubnisbehörde jedoch auch **ermächtigt, Dritte** mit der Betretung des Grundstücks und der Prüfung **zu beauftragen** (*Becker/Wulfgramm*, Art. 1 § 7 Rn. 14; *Sandmann/Marschall*, Art. 1 § 7 Anm. 21; *Schüren/Feuerborn*, § 7 Rn. 43). Dies können sowohl **Bedienstete anderer Behörden** (vgl. § 18) sein als auch **sonstige Personen**, deren Mitwirkung die Erlaubnisbehörde bei der Durchführung der Prüfung für erforderlich hält (z. B. Dolmetscher, Sachverständige, EDV-Spezialisten). Ausgeschlossen ist insoweit lediglich, Personen oder Unternehmen zu beauftragen, die ein eigenes Interesse an der Prüfung haben. Ein Entleiher, der mit dem Verleiher in geschäftlichen Verbindungen stand oder steht, oder Arbeitnehmer des Verleihers können daher ebenso wenig auf der Grundlage von Abs. 3 Satz 1 beauftragt werden wie andere Verleiher oder Personen, die eine Anzeige erstattet oder gar ein Straf- oder Bußgeldverfahren nach §§ 15 ff. ausgelöst haben.

3. Umfang der Befugnisse

24 Nach Abs. 3 Satz 1 steht der Erlaubnisbehörde das Recht zu, die **Geschäftsräume** des Verleihers **zu betreten**. Insoweit wird das Grundrecht des Verleihers auf Unverletzlichkeit der Geschäftsräume als Wohnung i.S.d. Art. 13 GG eingeschränkt (Abs. 3 Satz 3). Nicht erfasst werden von der Vorschrift reinen **Wohnzwecken dienende Grundstücksteile** oder Räume bzw. Räumlichkeiten, an denen dem Verleiher nicht das alleinige Nutzungs- und Verfügungsrecht zusteht (*Sandmann/ Marschall*, § 7 Rn. 23). Hat etwa der Verleiher **Räumlichkeiten an Dritte vermietet** (*Thüsing/Thüsing*, § 7 Rn. 30) oder führt er mit anderen Unternehmen eine gemeinsame, auch räumlich zusammengefasste Lohnbuchhaltung, kann auf der Grundlage von Abs. 3 (wohl aber von Abs. 4) keine Betretung der Geschäftsräume erfolgen (ErfK/*Wank*, § 7 Rn. 21; *Boemke*, § 7 Rn. 36).

In den Fällen, in denen es der **Erlaubnisbehörde verwehrt** ist, **eine Prüfung in den Geschäftsräumen** des Verleihers **vorzunehmen**, ist sie – ungeachtet der Möglichkeit von Durchsuchungen nach Abs. 4 (Rn. 26 ff.) – darauf beschränkt, dem Verleiher auf der Grundlage von § 2 Abs. 2 die **Auflage** zu erteilen, die Organisation seines Betriebs und die Verwaltung der Geschäftsunterlagen so zu gestalten, dass eine Prüfung nach Abs. 3 ermöglicht wird. Bei Nichterfüllung der Auflage kann die Erlaubnisbehörde nach § 5 Abs. 1 Nr. 2 die Erlaubnis widerrufen. Bei **Verbindung von Geschäfts- mit Wohnräumen** liegt darüber hinaus regelmäßig eine Tatsache vor, die die Annahme rechtfertigt, dass keine ordnungsmäßige Betriebsorganisation i.S.v. § 3 Abs. 1 Nr. 2 vorliegt (*Schüren/Feuerborn*, § 7 Rn. 45). Soweit der BA ein Betretungs- und Prüfungsrecht zusteht, beschränkt sich dessen **Umfang** auf solche Betriebsteile und Geschäftsunterlagen, die mit der Ausübung von ANÜ in Verbindung stehen und die Durchführungspflichten der BA betreffen (zu Mischunternehmen vgl. Rn. 2, 13). Die Erlaubnisbehörde kann allerdings über die Instrumente des Abs. 3 nicht ihre bei Durchsuchungen von Geschäftsräumen des Verleihers eingeschränkten Befugnisse als Verwaltungsbehörde in einem **Ordnungswidrigkeitenverfahren** erweitern (a. A. *Sandmann/ Marschall*, Art. 1 § 7 Anm. 23; *Schüren/Feuerborn*, § 7 Rn. 47). Da im Ordnungswidrigkeitenverfahren nur bei **Gefahr im Verzug** Durchsuchungen zulässig sind (vgl. § 16 Rn. 47), kann die Erlaubnisbehörde bei der Verfolgung von Ordnungswidrigkeiten **nicht ergänzend** auf die Befugnisse nach Abs. 3 zurückgreifen. Insoweit sind auch die verfassungsrechtlichen Grundlagen des Eingriffs im Rahmen der Verfolgung von Ordnungswidrigkeiten (Art. 13 Abs. 2 GG) und von schweren Straftaten (Art. 13 Abs. 3 GG) zu unterscheiden.

4. Duldungspflicht des Verleihers (Abs. 3 Satz 2)

Der Verleiher hat das Betreten der Geschäftsräume sowie die Durchführung von **25** Prüfungen zu **dulden**. Eine aktive Mitwirkungspflicht besteht nur, soweit hiervon die Durchführung der Prüfung abhängig ist (z.b. Verschaffung des Zutritts zu Geschäftsräumen, Bereitstellung eines Arbeitsplatzes, Vorlage der Unterlagen; *Sandmann/Marschall*, Art. 1 § 7 Anm. 25; *Schüren/Feuerborn*, § 7 Rn.49). Die Erlaubnisbehörde kann anlässlich der Prüfung auch von ihren Rechten aus Abs. 2 Gebrauch machen; in diesem Fall ist der Verleiher verpflichtet, seinen Auskunfts- und Vorlagepflichten anläßlich der Prüfung nachzukommen.
Lässt sich die **Prüfung** von Unterlagen **nicht während des Prüfungstermins** vor Ort **abschließen**, ist die Erlaubnisbehörde berechtigt, die **Unterlagen vorübergehend** in ihren Gewahrsam zu nehmen (*Becker/Wulfgramm*, Art. 1 § 7 Rn.14a; *ErfK/Wank*, § 7 Rn.22; *Sandmann/Marschall*, Art. 1 § 7 Anm. 25; *Schüren/Feuerborn*, § 7 Rn.50). Dies folgt schon aus der Vorlagepflicht des Abs. 2 Satz 3. Weigert sich der Verleiher zur Herausgabe, kann die Erlaubnisbehörde auf Grund der einschränkenden Bestimmungen der §§ 12, 13, 6 Abs. 2 VwVG nur **in Ausnahmefällen** im Wege des **unmittelbaren Zwanges** die Mitnahme von Unterlagen anordnen.
Erfüllt der Verleiher seine **Pflicht zur Duldung** nicht, kann die Erlaubnisbehörde die Pflichten mit den Mitteln des **Verwaltungszwangs** durchsetzen (**BSG** v. 29.7.1992 – 11 RAr 57/91 – NZA 1993, 524; *Becker/Wulfgramm*, Art. 1 § 7 Rn.14b; *Boemke*, § 7 Rn.41; *ErfK/Wank*, § 7 Rn.23; *Schüren/Feuerborn*, § 7 Rn.51).

VII. Durchsuchungsrecht (Abs. 4)

Unter den näheren Voraussetzungen des Abs. 4 ist die BA auch befugt, **Durch-** **26** **suchungen** vorzunehmen.

1. Voraussetzungen einer Durchsuchung

Unter **Durchsuchung** ist die ohne oder gegen den Willen des Betroffenen durch- **26a** geführte **zwangsweise** Suche nach Geschäftsunterlagen in dessen Räumen zur **Sicherstellung** von Unterlagen zu verstehen (*Schüren/Feuerborn*, § 7 Rn.53). Gegenüber den weniger belastenden Auskunfts- und Prüfungsrechten nach Abs. 2 und 3 stellt die Durchsuchung das einschneidendere Mittel dar. Sie kann daher nach dem **Grundsatz der Verhältnismäßigkeit** nur dort in Betracht kommen, wo die Nutzung der Rechte aus Abs. 2 und 3 nicht ausreicht, um der BA die notwendigen Erkenntnisse zu verschaffen, oder keinen ausreichenden Erfolg verspricht (*ErfK/Wank*, § 7 Rn.25; *Sandmann/Marschall*, Art. 1 § 7 Anm. 27; *Schüren/Feuerborn*, § 7 Rn.54). Eine Durchsuchung setzt jedoch nicht notwendigerweise voraus, dass die Erlaubnisbehörde vorher erfolglos eine Auskunft verlangt hat oder eine erfolglose Prüfung nach Abs. 3 vorgenommen hat (so aber *SG Duisburg* v. 12.10.1988 – 16 Ar 135/86 – EzAÜG § 7 AÜG Prüfrecht Nr.2; *Becker/Wulfgramm*, Art. 1 § 7 Rn.15). Vielmehr ist bei begründetem **Verdacht auf Verstöße**, die die

Erlaubnisbehörde (bei Begründetheit des Verdachts) zum Widerruf der Erlaubnis berechtigen würden, eine Durchsuchung auch dann zulässig, wenn von den Rechten aus Abs. 2 und 3 **vorher kein Gebrauch** gemacht wurde (*BSG* v. 29. 7. 1992 – 11 RAr 57/91 – NZA 1993, 524; *Sandmann/Marschall*, Art. 1 § 7 Anm. 27; *Schüren/Feuerborn*, § 7 Rn. 54).

2. Richterliche Anordnung (Abs. 4 Satz 1 und 2)

27 Entsprechend Art. 13 Abs. 2 GG bedürfen Durchsuchungen nach Abs. 4 Satz 1 der **richterlichen Anordnung**. Zuständig ist der Richter des Amtsgerichts, in dessen Bezirk die Durchsuchung erfolgen soll. Unter Berücksichtigung der beschränkten Zwecke der Durchsuchung (zur Durchführung des AÜG vgl. Abs. 2 Satz 1) finden auf die Durchsuchung die **Vorschriften der §§ 102 ff. StPO** entsprechende Anwendung. Im Unterschied zu Abs. 3 kann sich die Durchsuchung sowohl auf **Geschäftsräume** als auch auf **Wohnräume** des Verleihers erstrecken (§ 102 StPO; *Becker/Wulfgramm*, Art. 1 § 7 Rn. 16; *Boemke*, § 7 Rn. 43; *Sandmann/Marschall*, Art. 1 § 7 Anm. 28; *Schüren/Feuerborn*, § 7 Rn. 56; *Thüsing/Thüsing*, § 7 Rn. 35). Die Durchsuchung kann auch außerhalb der **Geschäftszeiten** erfolgen, **nächtliche Hausdurchsuchungen** sind jedoch nur unter den besonderen Voraussetzungen des § 104 StPO zulässig (*Sandmann/Marschall*, § 7 Rn. 28).
Nach Abs. 4 Satz 2 kann der Verleiher gegen die richterliche Durchsuchungsanordnung nach den Bestimmungen der §§ 304 bis 310 StPO **Beschwerde** einlegen. Eine **weitere Beschwerde** nach § 310 StPO ist bei Durchsuchungsanordnungen **nicht statthaft** (*Becker/Wulfgramm*, Art. 1 § 7 Rn. 16a; *Boemke*, § 7 Rn. 56; *Schüren/Feuerborn*, § 7 Rn. 60). Die von *Sandmann/Marschall* vertretene gegenteilige Auffassung (Art. 1 § 7 Anm. 29) übersieht, dass auch § 310 Abs. 2 StPO nach Abs. 4 Satz für entsprechend anwendbar erklärt wird und damit die Möglichkeit einer weiteren Anfechtung der Beschwerdeentscheidung ausgeschlossen ist.
Da die **Beschwerde** nach § 307 Abs. 1 StPO **keine aufschiebende Wirkung** hat, kann der Vollzug der Durchsuchungsanordnung nur bei **Anordnung des Aussetzens der Vollziehung** (§ 307 Abs. 2 StPO) gehemmt werden. Der Verleiher kann dies gleichzeitig mit Einlegung der Beschwerde beantragen. Über die Beschwerde wird grundsätzlich ohne mündliche Verhandlung entschieden (§ 309 Abs. 1 StPO), in geeigneten Ausnahmefällen nach Anhörung der Erlaubnisbehörde (vgl. *Sandmann/Marschall*, Art. 1 § 7 Anm. 29).

3. Durchsuchung bei Gefahr im Verzuge (Abs. 4 Satz 3)

28 Entsprechend Art. 13 Abs. 2 GG kann die Erlaubnisbehörde bei **Gefahr im Verzuge** nach Abs. 4 Satz 3 **auch ohne richterliche Anordnung** Durchsuchungen vornehmen. Gefahr im Verzuge besteht, wenn bei vorheriger richterlicher Anordnung der **Zweck der Durchsuchungsmaßnahme gefährdet** wäre, etwa weil der Verleiher ggf. Geschäftsunterlagen und Beweismittel beiseite schaffen könnte (*Becker/Wulfgramm*, Art. 1 § 7 Rn. 17; *Sandmann/Marschall*, Art. 1 § 7 Anm. 31; *Schüren/Feuerborn*, § 7 Rn. 61).
Ebenso wie bei der richtlichen Anordnung erstreckt sich die Durchsuchungsbefugnis im Rahmen des Abs. 4 Satz 3 sowohl auf Geschäfts- als auch auf **Wohnräume** (*Sandmann/Marschall*, Art. 1 § 7 Anm. 31; *Schüren/Feuerborn*, § 7 Rn. 62). **Zugangsberechtigt** sind dabei sowohl die Bediensteten der BA als auch von ihr beauftragte dritte Personen (vgl. hierzu Rn. 23). Im Unterschied zu Abs. 4 Satz 1

muss die Durchsuchung bei Gefahr im Verzuge jedoch **während der Geschäftszeit** erfolgen. Die Geschäftszeit bestimmt sich dabei nicht nach den Öffnungszeiten, die dem Publikumsverkehr beim Verleiher zur Verfügung stehen, sondern im Grundsatz danach, welche Geschäftszeiten in der Verleihbranche **üblich** sind (*Sandmann/Marschall*, Art. 1 § 7 Anm. 30; *Schüren/Feuerborn*, § 7 Rn. 62). Betreibt der Verleiher in tatsächlicher Hinsicht auch außerhalb dieser üblichen Geschäftszeiten ANÜ (etwa indem er Leiharbeitnehmer überlässt, die in Schichtsystemen arbeiten), sind auch diese **Schichtzeiten** von der Geschäftszeit i.S.d. Abs. 4 Satz 3 erfasst. Nur so kann in den Fällen, in denen Gefahr im Verzug ist (auch während der **Nachtzeit** vgl. § 104 Abs. 1 StPO), wirksam der Zweck des Gesetzes erreicht werden.

Der von der Durchsuchung betroffene Verleiher kann – sofern er ein Feststellungsinteresse darlegen kann – beim Sozialgericht **Feststellungsklage** erheben (§§ 51, 55 SGG). Das **Feststellungsinteresse** kann sich hierbei aus den möglichen Folgen einer rechtswidrigen Durchsuchung im Erlaubnisverfahren sowie daraus ergeben, dass die **Rechtswidrigkeit eines Eingriffs in das Eigentum** festgestellt werden soll (*LSG NRW* v. 11. 4. 1979 – L 12 Ar 236/77 – EzAÜG § 7 AÜG Prüfrecht Nr. 1; *Becker/Wulfgramm*, Art. 1 § 7 Rn. 17a; *Sandmann/Marschall*, Art. 1 § 7 Anm. 32; *Schüren*, § 7 Rn. 62). Sind im Zusammenhang mit einer Durchsuchung Unterlagen des Verleihers beschlagnahmt worden, kann ihm bei Vorliegen einer Rechtswidrigkeit der Mitnahme der Unterlagen ein auf Herausgabe der Unterlagen gerichteter **Folgenbeseitigungsanspruch** zustehen (*LSG NRW*, a.a.O.).

4. Niederschrift (Abs. 4 Satz 4)

Über Durchsuchungen nach Abs. 4 ist unabhängig davon, ob die Durchsuchung **29** auf richterlicher Anordnung oder ohne richterliche Anordnung bei Gefahr im Verzuge beruht, noch in den Geschäfts- und ggf. Wohnräumen des Verleihers eine **Niederschrift** aufzunehmen, die das **wesentliche Ergebnis der Untersuchung** enthält. Soweit keine richterliche Anordnung ergangen ist, muss die Niederschrift auch **Tatsachen** enthalten, die die **Annahme einer Gefahr im Verzuge** begründen (Abs. 4 Satz 4). Wird die **Formvorschrift nicht eingehalten**, ist die **Durchsuchung** nach Art. 13 Abs. 2 GG **rechtswidrig** (*Becker/Wulfgramm*, Art. 1 § 7 Rn. 18; *ErfK/Wank*, § 7 Rn. 33). Die Erkenntnisse, die in der rechtswidrigen Durchsuchung gewonnen wurden, dürfen nicht als Beweismittel gegen den Verleiher verwandt werden (*Boemke*, § 7 Rn. 49). **Mindestinhalt der Niederschrift** sind sowohl der **Ablauf der Durchsuchung** (Grund der Durchsuchung, Zeit und Ort der Durchsuchung, anwesende Personen, Bezeichnung der durchsuchten Geschäftsräume sowie geprüfter oder mitgenommener Unterlagen, v.a. auch Vorkommnisse wie Widerstand des Verleihers u.ä.) als auch das **wesentliche Ergebnis** der Durchsuchung. Hierbei sind alle Ergebnisse zu dokumentieren, die den Anlass der Durchsuchung bestätigen oder widerlegen bzw. für zukünftige Maßnahmen der Erlaubnisbehörde von Bedeutung sein können. Bei einer Durchsuchung ohne richterliche Anordnung sind daneben die Tatsachen zu benennen, die zur Annahme einer Gefahr im Verzuge geführt haben.

Die Niederschrift erfüllt nur dann die Formerfordernisse nach Art. 13 Abs. 2 GG, wenn sie **an Ort und Stelle aufgenommen** wurde, d.h. bei Abschluss der Durchsuchung noch beim Verleiher aufgezeichnet und von der verantwortlich beauftragten Person der BA **unterzeichnet** wird (*Sandmann/Marschall*, Art. 1 § 7

Anm. 34; *Schüren/Feuerborn*, § 7 Rn. 65). Der Verleiher ist nicht verpflichtet, die Niederschrift zu unterzeichnen. Soweit technisch möglich, ist dem **Verleiher** jedoch auf dessen Verlangen eine **Durchschrift der Niederschrift** (z. B. durch Erstellung einer Fotokopie der handschriftlichen Niederschrift) noch beim Verleiher **auszuhändigen** (*Sandmann/Marschall*, Art. 1 § 7 Anm. 34; *Schüren/Feuerborn*, § 7 Rn. 65). Ergänzend ist die BA entsprechend § 107 StPO zur **Mitteilung** verpflichtet.

VIII. Aussageverweigerungsrecht (Abs. 5)

30 Nach Abs. 5 steht dem Verleiher im gesetzlich bestimmten Rahmen ein **Auskunftsverweigerungsrecht** zu, soweit er selbst oder Angehörige bei Auskunftserteilung der Gefahr eines Straf- oder Bußgeldverfahrens ausgesetzt würden. Das Aussageverweigerungsrecht muss **ausdrücklich erklärt und ausgeübt** werden (*Becker/Wulfgramm*, Art. 1 § 7 Rn. 21; *Sandmann/Marschall*, Art. 1 § 7 Anm. 36; *Schüren/Feuerborn*, § 7 Rn. 27), andernfalls muss sich der Verleiher so behandeln lassen, als stünde ihm ein entsprechendes Recht nicht zu.

Zur **Glaubhaftmachung** eines bestehenden **Aussageverweigerungsrechts** genügt es, dass der Verleiher wenigstens abstrakt oder **plausibel darlegen** kann, weshalb die Gefahr besteht, dass durch seine Aussage der durch Abs. 5 geschützte Personenkreis einer strafrechtlichen oder ordnungswidrigkeitenrechtlichen Verfolgung ausgesetzt werden könnte (*Sandmann/Marschall*, Art. 1 § 7 Anm. 36, *Schüren/Feuerborn*, § 7 Rn. 27). **Gegenständlich** ist das **Auskunftsverweigerungsrecht** auf Angaben und Äußerungen des Verleihers **beschränkt**, für die eine entsprechende Verpflichtung im Rahmen der Auskunftspflichten (Abs. 2 Satz 1 und 2) und unter Umständen auch der Anzeigepflichten nach Abs. 1 besteht. Das Aussageverweigerungsrecht schließt dagegen nicht die Befugnis der BA aus, vom Verleiher die Vorlage von Unterlagen nach Abs. 2 Satz 3 zu verlangen, Prüfungen im Rahmen des Abs. 3 vorzunehmen oder Durchsuchungen im Rahmen des Abs. 4 durchzuführen (*Sandmann/Marschall*, Art. 1 § 7 Anm. 20).

31 Die **Gefahr einer strafrechtlichen Verfolgung** i.S.d. Abs. 5 droht nicht nur, soweit die Straftatbestände der §§ 15 f. erfüllt sein könnten, sondern droht auch, wenn nach sonstigen strafrechtlichen Vorschriften des StGB oder strafrechtlicher Nebengesetze die Gefahr einer Strafverfolgung besteht. Dasselbe gilt hinsichtlich drohender **Bußgeldverfahren**, die nicht allein Ordnungswidrigkeiten nach § 16 Abs. 1 umfassen, sondern sich auch auf sonstige Ordnungswidrigkeitentatbestände erstrecken können.

Das Auskunftsverweigerungsrecht besteht nicht nur, wenn der Verleiher sich durch die Beantwortung von Fragen **selbst** der Gefahr einer Verfolgung aussetzen könnte, sondern auch, soweit **Angehörige** i.S.d. § 383 Abs. 1 Nr. 1 bis 3 ZPO einer entsprechenden Verfolgung ausgesetzt sein könnten. Danach gehören sowohl Verlobte und (auch frühere) Ehegatten des Verleihers als auch in gerader Linie Verwandte oder Verschwägerte sowie in der Seitenlinie bis zum dritten Grad Verwandte oder bis zum zweiten Grad verschwägerte Angehörige zum Personenkreis, der durch Abs. 5 geschützt wird.

Das Aussageverweigerungsrecht steht nicht nur einem Verleiher als natürlicher Person, sondern **allen Personen** zu, die im Rahmen des Abs. 1 und 2 **anzeige- oder auskunftspflichtig sind**. Insbesondere zur **Vertretung** berechtigte **Gesellschafter** oder Organe von Personengesamtheiten und juristischen Personen sind danach zur Auskunftsverweigerung berechtigt (*Sandmann/Marschall*, Art. 1 § 7 Anm. 35). Machen diese Personen von ihrem Auskunftsverweigerungsrecht Gebrauch, müssen die Voraussetzungen des Auskunftsverweigerungsrechts jeweils **personenbezogen** vorliegen. Daher lässt z.B. ein Auskunftsverweigerungsrecht eines Gesellschafters die Auskunftspflichten **anderer** Gesellschafter unberührt. Wird von einem Auskunftsverweigerungsrecht Gebrauch gemacht, dürfen aus der Verweigerung im Rahmen der **Beweiswürdigung** keine nachteiligen Schlüsse gegen den Betroffenen gezogen werden (ErfK/*Wank*, § 7 Rn. 37). Aus den **Tatsachen**, die von demjenigen vorgetragen werden, der sich auf das Auskunftsverweigerungsrecht beruft (Rn. 30), können jedoch von der Erlaubnisbehörde zulässigerweise **Schlüsse gezogen** werden, ob die Voraussetzung **mangelnder Zuverlässigkeit** nach § 3 Abs. 1 vorliegt und daher die Erlaubnisbehörde zum Widerruf der Erlaubnis nach § 5 Abs. 1 Nr. 3 berechtigt ist (vgl. BT-Ds. VI/2303, S. 13; *Becker/Wulfgramm*, Art. 1 § 7 Rn. 22; *Boemke*, § 7 Rn. 53; *Schüren/Feuerborn*, § 7 Rn. 28; *Thüsing/Thüsing*, § 7 Rn. 42). Dies gilt allerdings nur, soweit sich das Auskunftsverweigerungsrecht auf drohende Straftaten oder Ordnungswidrigkeiten bezieht, die zur Tätigkeit des Verleihers im Rahmen von ANÜ Bezüge aufweisen und nicht ausschließlich hiervon unabhängige Taten von Angehörigen i.S.d. § 383 Abs. 1 Nr. 1 bis 3 ZPO betrifft.

32

§ 8 Statistische Meldungen

(1) Der Verleiher hat der Erlaubnisbehörde halbjährlich statistische Meldungen über

1. die Zahl der überlassenen Leiharbeitnehmer getrennt nach Geschlecht, nach der Staatsangehörigkeit, nach Berufsgruppen und nach der Art der vor der Begründung des Vertragsverhältnisses zum Verleiher ausgeübten Beschäftigung,
2. die Zahl der Überlassungsfälle, gegliedert nach Wirtschaftsgruppen,
3. die Zahl der Entleiher, denen er Leiharbeitnehmer überlassen hat, gegliedert nach Wirtschaftsgruppen,
4. die Zahl und die Dauer der Arbeitsverhältnisse, die er mit jedem überlassenen Leiharbeitnehmer eingegangen ist,
5. die Zahl der Beschäftigungstage jedes überlassenen Leiharbeitnehmers, gegliedert nach Überlassungsfällen,

zu erstatten. Die Erlaubnisbehörde kann die Meldepflicht nach Satz 1 einschränken.
(2) Die Meldungen sind für das erste Kalenderhalbjahr bis zum 1. September des laufenden Jahres, für das zweite Kalenderhalbjahr bis zum 1. März des folgenden Jahres zu erstatten.
(3) Die Erlaubnisbehörde gibt zur Durchführung des Absatzes 1 Erhebungsvordrucke aus. Die Meldungen sind auf diesen Vordrucken zu erstatten. Die Richtigkeit der Angaben ist durch Unterschrift zu bestätigen.
(4) Einzelangaben nach Absatz 1 sind von der Erlaubnisbehörde geheimzuhalten. Die §§ 93, 97, 105 Abs. 1, § 111 Abs. 5 in Verbindung mit § 105 Abs. 1 sowie § 116 Abs. 1 der Abgabenordnung gelten nicht. Dies gilt nicht, soweit die Finanzbehörden die Kenntnisse für die Durchführung eines Verfahrens wegen einer Steuerstraftat sowie eines damit zusammenhängenden Besteuerungsverfahrens benötigen, an deren Verfolgung ein zwingendes öffentliches Interesse besteht, oder soweit es sich um vorsätzlich falsche Angaben des Auskunftspflichtigen oder der für ihn tätigen Personen handelt. Veröffentlichungen von Ergebnissen auf Grund von Meldungen nach Absatz 1 dürfen keine Einzelangaben enthalten. Eine Zusammenfassung von Angaben mehrerer Auskunftspflichtiger ist keine Einzelangabe im Sinne dieses Absatzes.

§ 8 AÜG

Literaturhinweise

Becker, Zur gesetzlichen Entwicklung auf dem Gebiet der gewerbsmäßigen Arbeitnehmerüberlassung, BlStSozArbR 1976, 225; *Marschall*, Gelöste und ungelöste Fragen der Arbeitnehmerüberlassung, RdA 1983, 18; *Marschner*, Die Übermittlung von Sozialdaten durch die Bundesanstalt für Arbeit, NZS 1996, 113; *Medding*, Das Sozialgeheimnis und seine Durchbrechungen, SGB 1986, 55; *Nabel*, Die Melde- und Anzeigepflichten der Arbeitgeber nach dem AFG, DB 1969, 1603; *Pickel*, Geheimhaltung und Offenbarung von Daten im Sozialrecht, MDR 1984, 885; *Theuerkauf*, Datenschutzrechtliche Bestimmungen des SGB X (§§ 67 bis 77) aus der Sicht der Praxis, SGB 1983, 475; *Walz*, Das neue Bundesdatenschutzgesetz, CR 1991, 364.

I. Entstehungsgeschichte und Gesetzeszweck

1   Um der BA einen **Überblick über die Entwicklungen** auf dem Teilarbeitsmarkt der ANÜ zu ermöglichen, werden dem Verleiher durch § 8 **statistische Meldepflichten** auferlegt. Die Vorschrift ist im Wesentlichen seit Erlass des AÜG unverändert bestehen geblieben. Nur Abs. 4 Satz 2 und 3 wurden durch Art. 87f. des Einführungsgesetzes zur Abgabenordnung (EGAO) vom 14.12.1976 (BGBl. I S. 3341, berichtigt in BGBl. 1977 I S. 667) geändert bzw. eingefügt. Durch die statistischen Meldungen erhält die BA nicht nur einen Einblick in die **arbeitsmarktpolitischen Entwicklungen** (Abs. 1 Nr. 1 bis 3), sie erhält gleichzeitig auch einen – wenn auch groben – Überblick darüber, ob der Verleiher gegen Vorschriften des **AÜG verstößt**. Insbesondere die nach Abs. 1 Nr. 1, 4 und 5 geforderten Angaben liefern Erkenntnisse darüber, ob der Verleiher die **Synchronisationsverbote** des AÜG eingehalten hat.

1a   Ein Blick in die amtlichen Statistiken zeigt, dass in der **überwiegenden Zahl** der Fälle **nicht** von einer **Einhaltung der Bestimmungen des AÜG** ausgegangen werden kann (vgl. Einl. E. Rn. 17 u. Einl. C. Rn. 35 ff.). Die BA bleibt insoweit gefordert, das ausreichende Personal zur Verfügung zu stellen, damit sie einem **Anfangsverdacht,** der sich aus einer Meldung nach Abs. 1 ergibt, wirksam nachgehen kann. Die seit Jahren bestehende Diskrepanz zwischen der statistisch überwiegenden **kurzzeitigen Dauer** der Arbeitsverhältnisse von Leiharbeitnehmern und den Regelungen des AÜG zum Betriebsrisiko (§ 11 Abs. 4 Satz 2) erweckt erhebliche Zweifel, ob die Erlaubnisbehörden z. Zt. ihren Prüfungs- und Kontrollpflichten im erforderlichen Umfang auch tatsächlich nachkommen können. Naturgemäß verschaffen die Meldungen nach Abs. 1 der Erlaubnisbehörde nur einen Überblick über die **Fälle legal ausgeübter ANÜ**. Der breite Bereich **illega-**

ler **ANÜ** und insbesondere Fälle, in denen der Arbeitgeber das Vorliegen eines Werkvertrages oder sonstiger nicht dem AÜG unterliegender **Formen der Fremdfirmenarbeit** behauptet, werden von der Vorschrift **nicht erfasst** (*Becker*, BlStSozArbR 1976, 232).

II. Meldepflichten des Verleihers

Die **Pflicht** zur **Abgabe der statistischen Meldungen** trifft alle Verleiher, die **2** **gewerbsmäßige ANÜ** betreiben. Auch die **grenzüberschreitende ANÜ** wird von der Meldepflicht erfasst (*Sandmann/Marschall*, Art. 1 § 8 Anm. 2). Auch soweit im **Baugewerbe** nach § 1b Satz 2 und 3 zulässigerweise ANÜ betrieben wird, ist der Verleiher verpflichtet, den Meldepflichten nachzukommen. In den **Fällen des § 1a** kann die **Anzeige** (§ 1a Abs. 2) die Meldepflicht nach § 8 Abs. 1 nur ersetzen, soweit ihr Inhalt reicht und der Verleiher nicht gleichzeitig im **Besitz einer Erlaubnis** nach § 1 Abs. 1 Satz 1 ist (*Boemke*, § 8 Rn. 3; a. A. *Thüsing/ Thüsing*, § 8 Rn. 3). Die Meldepflicht besteht nach Abs. 2 jeweils für das erste und zweite **Kalenderhalbjahr**. Der Verleiher hat jeweils **unaufgefordert** spätestens bis zum 1. September bzw. 1. März eines Jahres seinen Meldepflichten nachzukommen, einer Aufforderung durch die Erlaubnisbehörde bedarf es nicht (*Becker/Wulfgramm*, Art. 1 § 8 Rn. 4; *Schüren/Feuerborn*, § 8 Rn. 7). Bei **verspäteter Meldung** begeht der Verleiher eine **Ordnungswidrigkeit** (§ 16 Abs. 1 Nr. 7). Außerdem kann die Erlaubnisbehörde die Meldepflichten des Verleihers nach entsprechender Aufforderung mit den Mitteln des **Verwaltungszwangs** (vgl. § 6 Rn. 14 ff.) durchsetzen (*Becker/Wulfgramm*, Art. 1 § 8 Rn. 4; *Sandmann/Marschall*, Art. 1 § 8 Anm. 6; *Schüren/Feuerborn*, § 8 Rn. 7). **Verstößt** der Verleiher **wiederholt** gegen seine Meldepflichten, ist die Erlaubnisbehörde befugt, die Erlaubnis wegen nachträglich eintretender Unzuverlässigkeit des Verleihers gem. § 5 Abs. 1 Nr. 3 zu widerrufen (*Becker/Wulfgramm*, Art. 1 § 8 Rn. 8; ErfK/*Wank*, § 8 Rn. 6; *Schüren/Feuerborn*, § 8 Rn. 28; *Thüsing/Thüsing*, § 8 Rn. 6; vgl. § 3 Rn. 32). Da es sich bei den Meldungen nach Abs. 1 um durch Gesetz angeordnete, statistische Erhebungen für Bundeszwecke handelt, sind die Meldungen vom Verleiher nach § 15 Abs. 3 Satz 2 Bundesstatistikgesetz (BStatG) **unentgeltlich** zu erstatten.

III. Inhalt der statistischen Meldungen

Der **Inhalt** der statistischen Meldungen ist in Abs. 1 Satz 1 Nr. 1 bis 5 geregelt und **3** wird durch die von der BA nach Abs. 3 herausgegebenen **Erhebungsvordrucke** konkretisiert. Die teilweise **stichtagsbezogenen Angaben** im Antragsvordruck schränken zwar die **Aussagefähigkeit** der erstatteten Meldungen ein, die **Einschränkung der Meldepflicht** ist jedoch nach § 8 Abs. 1 Satz 2 ausdrücklich **zugelassen**. Nach der Mussvorschrift des Abs. 3 Satz 2 ist der Verleiher verpflichtet, die Antragsvordrucke zu verwenden und die **Richtigkeit der Angaben** auf diesen Vordrucken durch **eigenhändige Unterschrift** zu bestätigen (Abs. 3 Satz 3). Der Verleiher genügt nach dem eindeutigen Wortlaut von Abs. 3 seiner Meldepflicht nicht, wenn er die Meldung ohne Verwendung der Vordrucke erstattet (*Boemke*, § 8 Rn. 6; a. A. *Becker/Wulfgramm*, Art. 1 § 8 Rn. 6).

IV. Geheimhaltung von Einzelangaben (Abs. 4)

4 Abs. 4 regelt die **Geheimhaltung von Einzelangaben.** Abs. 4 Satz 5 bestimmt hierbei, dass die **Zusammenfassung von Angaben** mehrerer Auskunftspflichtiger keine Einzelangabe i.S.d. Abs. 4 ist. Durch die Vorschrift wird dem Interesse des Verleihers Rechnung getragen, den **Schutz von Unternehmensdaten** nicht durch die Erfüllung der Meldepflichten zu gefährden. Hat die Erlaubnisbehörde auch unabhängig von der statistischen Meldung nach Abs. 1 Kenntnis von der Einzelangabe erlangt, greift die Geheimhaltungspflicht nach Abs. 4 nicht ein (*Sandmann/Marschall*, Art. 1 § 8 Anm. 23). Allgemein erfordert die Geheimhaltungspflicht, dass **Dritten,** d.h. nicht mit der Durchführung des AÜG befassten Behörden (*Sandmann/Marschall*, Art. 1 § 8 Anm. 22), nach Inhalt und Form **keine Angaben zugänglich** gemacht werden, die unmittelbare Rückschlüsse auf die wirtschaftliche Situation eines bestimmten Verleihunternehmens zulassen (*Boemke*, § 8 Rn. 11). Die innere Verfasstheit des Unternehmens muss geheim bleiben, wobei insbesondere solche Einzelangaben geheim zu halten sind, die sich auf die **persönlichen und sächlichen Verhältnisse** des Verleihers (Umsatz, Gewinn, Kundenbeziehungen etc.) beziehen (*Becker/Wulfgram*, Art. 1 § 8 Rn. 9; *Schüren/Feuerborn*, § 8 Rn. 13). Nach Abs. 4 Satz 5 ist die Erlaubnisbehörde insoweit auch bei Zusammenfassung von Einzelangaben mehrerer Auskunftspflichtiger nur dann von der Geheimhaltungspflicht befreit, wenn die **Anonymität** der Einzeldaten gewahrt ist und die Zusammenfassung keine Rückschlüsse auf einzelne Verleihunternehmen zulässt (*Becker/Wulfgram*, Art. 1 § 8 Rn. 9; *Sandmann/ Marschall*, Art. 1 § 8 Anm. 21; *Schüren/Feuerborn*, § 8 Rn. 14).

4a Die Geheimhaltungspflicht bezüglich der Einzelangaben nach Abs. 4 Satz 1 bezieht sich nach Satz 4 der Vorschrift auch auf die **Veröffentlichung** von Ergebnissen. Es handelt sich hierbei lediglich um eine Klarstellung der ohnehin aus Satz 1 folgenden allgemeinen Geheimhaltungspflicht (*Schüren/Feuerborn*, § 8 Rn. 15).

5 Abs. 4 Satz 2 und 3 enthalten eine abweichende Regelung zu den allgemeinen Auskunfts-, Vorlage- und Anzeigepflichten nach der Abgabenordnung gegenüber Finanzbehörden. Von den Ausnahmen nach Satz 3 abgesehen, ist es der Erlaubnisbehörde danach **verwehrt,** auf Grund von Kenntnissen, die aus den statistischen Meldungen nach Abs. 1 gewonnen werden, **Strafanzeige zu erstatten** (*Becker/Wulfgram*, Art. 1 § 8 Rn. 11). Nach Satz 2 besteht die **Geheimhaltungspflicht** grundsätzlich auch **gegenüber den Finanzbehörden** (ErfK/*Wank*, § 8 Rn. 8; *Boemke*, § 8 Rn. 13). Dies gilt bezüglich der Auskunftspflichten (§ 93 AO), der Vorlage von Urkunden (§ 97 AO), des Abschlusses der Schweige- (§ 105 Abs. 1 AO) und Amtshilfepflicht (§ 111 Abs. 5 AO). Selbst die ansonsten bestehende Verpflichtung zur Anzeige bei dem **Verdacht einer Steuerstraftat** (§ 116 Abs. 1 AO) ist nach Satz 2 grundsätzlich aufgehoben.

5a Die Pflicht zur Geheimhaltung entfällt nach Satz 3, wenn die Finanzbehörden die Einzelangaben für die Durchführung eines **Steuerstrafverfahrens** sowie eines damit zusammenhängenden **Besteuerungsverfahrens** benötigen und zusätzlich an der Verfolgung ein **zwingendes öffentliches Interesse** besteht. Überwiegend wird hierfür gefordert, dass ein besonders schwerwiegender Fall von erheblichem Umfang und Gewicht vorliegt (*Becker/Wulfgram*, Art. 1 § 8 Rn. 11; *Sandmann/Marschall*, Art. 1 § 8 Anm. 20; *Schüren/Feuerborn*, § 8 Rn. 17). Ist ein zwingendes öffentliches Interesse nicht gegeben, so ist die Geheimhaltungspflicht nach Satz 3 nur dann aufgehoben, wenn der Verleiher oder die für ihn tätigen Personen **vorsätzlich falsche Angaben** gemacht haben.

V. Allgemeiner Datenschutz

Abs. 4 ist gegenüber sonstigen Bestimmungen zum Datenschutz nur lex spe- **6** cialis, soweit die Angaben statistische Daten nach Abs. 1 betreffen (Rn. 4). Die Vorschrift regelt **nicht abschließend** den **Datenschutz** oder die Datenübermittlungsbefugnisse der Erlaubnisbehörde. Die BA als bundesunmittelbare Körperschaft (§ 367 SGB III) unterliegt den Vorschriften des zweiten Abschnitts des Bundesdatenschutzgesetzes (BDSG) vom 27.11977 (BGBl. I S. 201) nach § 1 Abs. 2 Nr. 1 i.V.m. § 2 Abs. 1 BDSG. Gegenüber dem SGB III ist Abs. 4 jedoch **lex specialis** (*Thüsing/Thüsing*, § 8 Rn. 7), so dass auf Grund der Meldungen nach § 8 keine Unterrichtung anderer Behörden erfolgen darf (*Schüren/Feuerborn*, § 8 Rn. 25). Auch die besonderen Bestimmungen des SGB I über das **Sozialgeheimnis** (§ 35 SGB I) sind im Rahmen der Anwendung und Durchführung des AÜG im Grundsatz nicht anwendbar, da das AÜG nicht Teil des SGB I ist (*Becker/Wulfgramm*, Art. 1 § 8 Rn. 12; a. A. *Boemke*, § 8 Rn. 16; *Schüren/Feuerborn*, § 8 Rn. 20).

Nach den Vorschriften des BDSG ist das **Speichern** oder **Verändern** bzw. die **7** **Übermittlung personenbezogener Daten** nur zulässig, wenn dies zur regelmäßigen Erfüllung der Aufgaben der BA bei der Durchführung des AÜG oder der die Daten anfordernden Stelle erforderlich ist (§§ 14 Abs. 1, 15 Abs. 1 BDSG). Die BA hat hierbei gem. § 18 Abs. 1 BDSG die Einhaltung der Bestimmungen über den Datenschutz sicherzustellen. Hierbei sind insbesondere die erweiterten Geheimhaltungspflichten nach § 8 Abs. 4 zu beachten, die als **spezialgesetzliche Regelung** i.S.d. § 1 Abs. 4 Satz 1 BDSG den Bestimmungen **des BDSG** vorgehen (*Sandmann/Marschall*, Art. 1 § 8 Anm. 24; *Schüren/Feuerborn*, § 8 Rn. 25).

Soweit die BA im Zusammenhang mit ANÜ Aufgaben wahrnimmt, die der Er- **8** füllung einer **gesetzlichen Aufgabe nach dem SGB III** dienen (§ 69 Abs. 1 Nr. 1 SGB X), ist eine Offenbarung von personenbezogenen Daten unter den Voraussetzungen der §§ 67 bis 77 SGB X zulässig. Die jeweils zuständigen Erlaubnisbehörden sind befugt, unter den Voraussetzungen der §§ 67 ff. SGB X **Daten anzufordern** und zu **übermitteln**. Dasselbe gilt, soweit die Datenübermittlung der Sicherung geordneter Verhältnisse auf dem Arbeitsmarkt dient (*Becker/Wulfgramm*, Art. 1 § 8 Rn. 13; *Sandmann/Marschall*, Art. 1 § 8 Anm. 24; *Schüren/Feuerborn*, § 8 Rn. 23). Durch das BillBG werden die Auskunfts- und Offenbarungsbefugnisse und -pflichten der Erlaubnisbehörde erheblich erweitert, insbesondere findet § 69 Abs. 1 Nr. 1 SGB X auf den Datenaustausch zum Zwecke der **Bekämpfung illegaler Beschäftigung** uneingeschränkt Anwendung (*Becker/Wulfgramm*, Art. 1 § 8 Rn. 13; *Sandmann/Marschall*, Art. 1 § 8 Anm. 24; *Schüren/Feuerborn*, § 8 Rn. 23). Der Datenaustausch ist dabei nicht nur zwischen den Behörden der BA, sondern auch mit Dritten nicht im SGB genannten Stellen zulässig (vgl. auch die Kommentierung zu § 18).

Nach § 12 der Mitteilungsverordnung vom 1.9.1993 (BGBl. I S. 1554) ist die BA **9** berechtigt und verpflichtet, den örtlich **zuständigen Finanzämtern** jede **Erlaubniserteilung** unter Angabe von Namen, Firma und Auskunft des Erlaubnisinhabers **mitzuteilen**. Entsprechendes gilt für die Fälle der **Nichtverlängerung** oder des sonstigen **Wegfalls** von Erlaubnissen. Die Finanzbehörden ihrerseits sind durch § 21a AO ermächtigt, der BA alle Tatsachen mitzuteilen, die für die Erteilung und Versagung von Erlaubnissen von Bedeutung sein können oder die Hinweise darauf enthalten, dass unerlaubte ANÜ betrieben wird. Die BA wird hierdurch zum einen in die Lage versetzt, die nach § 3 Abs. 1 Nr. 1 erforderliche

Zuverlässigkeit des Verleihers bezüglich der Erfüllung seiner Steuer- und Abgabepflichten zu überprüfen. Darüber hinaus sind die Finanzbehörden nach § 31a Abs. 2 AO verpflichtet, bei Vorliegen eines Versagungsgrundes nach § 3 Abs. 1 oder in Fällen der ANÜ ohne Erlaubnis insbesondere im Bereich illegaler Scheinwerkverträge Daten zu übermitteln, die es der Erlaubnisbehörde ermöglichen, die erforderlichen Maßnahmen zu treffen, v.a. Untersagungsverfügungen nach § 6 zu erlassen.

§ 9 Unwirksamkeit

Unwirksam sind:

1. Verträge zwischen Verleihern und Entleihern sowie zwischen Verleihern und Leiharbeitnehmern, wenn der Verleiher nicht die nach § 1 erforderliche Erlaubnis hat,

2. Vereinbarungen, die für den Leiharbeitnehmer für die Zeit der Überlassung an einen Entleiher schlechtere als die im Betrieb des Entleihers für einen vergleichbaren Arbeitnehmer des Entleihers geltenden wesentlichen Arbeitsbedingungen einschließlich des Arbeitsentgelts vorsehen, es sei denn, der Verleiher gewährt dem zuvor arbeitslosen Leiharbeitnehmer für die Überlassung an einen Entleiher für die Dauer von insgesamt höchstens sechs Wochen mindestens ein Nettoarbeitsentgelt in Höhe des Betrages, den der Leiharbeitnehmer zuletzt als Arbeitslosengeld erhalten hat; Letzteres gilt nicht, wenn mit demselben Verleiher bereits ein Leiharbeitsverhältnis bestanden hat; ein Tarifvertrag kann abweichende Regelungen zulassen; im Geltungsbereich eines solchen Tarifvertrages können nicht tarifgebundene Arbeitgeber und Arbeitnehmer die Anwendung der tariflichen Regelungen vereinbaren,

3. Vereinbarungen, die dem Entleiher untersagen, den Leiharbeitnehmer zu einem Zeitpunkt einzustellen, in dem dessen Arbeitsverhältnis zum Verleiher nicht mehr besteht; dies schließt die Vereinbarung einer angemessenen Vergütung zwischen Verleiher und Entleiher für die nach vorangegangenem Verleih oder mittels vorangegangenem Verleih erfolgte Vermittlung nicht aus,

4. Vereinbarungen, die dem Leiharbeitnehmer untersagen, mit dem Entleiher zu einem Zeitpunkt, in dem das Arbeitsverhältnis zwischen Verleiher und Leiharbeitnehmer nicht mehr besteht, ein Arbeitsverhältnis einzugehen.

Literaturhinweise

Ankersen, Neues AÜG seit 1. 3. 2003 bundesweit in Kraft, NZA 2003, 421; *Bauer/ Krets*, Gesetze für moderne Dienstleistungen am Arbeitsmarkt, NJW 2003, 537; *Baumbach*, AiB 2003, 453; *Bayreuther*, Die Rolle des Tarifvertrags bei der AGB-Kontrolle von Arbeitsverträgen, RdA 2003, 81; *Bauer*, Zum Nebeneinander erlaubter Arbeitnehmerüberlassung und erlaubter Arbeitsvermittlung, NZA 1995, 203; *Becker, C.*, Zum fingierten Arbeitsvertrag nach § 10 Abs. 1 AÜG, BB 1978, 363; *Becker, F.*, Der arbeits- und sozialrechtliche Status der Leiharbeitnehmer, ZIP 1984, 782; *Behrend*, Arbeitnehmerüberlassung bis zu 24 Monaten-Job-AQTIV mit Hindernissen, NZA 2002, 372; *Benkert*, Änderungen im Arbeitnehmerüberlassungsgesetz durch »Hartz III«, BB 2004, 998; *Boemke*, BB 3/2004 S. I; *Böhm*, DB 2003, 2598; ders., Zeitenwende bei der Zeitarbeit: Start mit Irritationen, NZA 2003, 828; ders., Gesetzgebung korrigiert Rechtsprechung zur Provision für Arbeitsvermittlung nach Arbeitnehmerüberlassung, DB 2004, ders., Flucht aus dem Zeitvertrag in die Zeitarbeit, NZA 2004, 823; 1150; ders., Demontage der »Billig-

Tarifverträge« in der Zeitarbeit: Wachsende Risiken für die Kunden, DB 2005, 2023; *Brose*, Die betriebsverfassungsrechtliche Stellung von Leiharbeitnehmern nach den Änderungen des AÜG, NZA 2005, 797; *Buchner*, Leiharbeit: Ablösung der Verpflichtung zur Gewährung der im Entleiherbetrieb geltenden Arbeitsbedingungen (§ 10 Abs. 4 AÜG) durch Tarifregelungen, DB 2004,1042; *Dahl*, Die Arbeitsvermittlungsprovision nach vorangegangener Arbeitnehmerüberlassung, DB 2002, 1374; *Däubler*, Die neue Leiharbeit, KJ 2003, 99; *ders.*, Das umgesetzte Hartz-Modell: Bittere Pillen im Arbeits- und Sozialrecht, AiB 2002, 729; *Diehn*, AGB-Kontrolle von arbeitsvertraglichen Verweisungsklauseln, NZA 2004, 129; *Dieterich*, Gleichheitsgrundsätze im Tarifvertragsrecht, RdA 2005, 177; *Düwell*, Änderungen des AÜG durch das Arbeitsförderungs-Reformgesetz, BB 1997, 46; *Feudner*, Tarifzuständigkeit der Gewerkschaften, BB 2004, 2297; *Friedhofen/Weber*, Rechtsprobleme des befristeten Arbeitsverhältnisses nach Art. 1 § 1 des Beschäftigungsförderungsgesetzes 1985, NZA 1985, 337; *Frik*, Die Befristung von Leiharbeitsverträgen nach dem Teilzeit- und Befristungsgesetz, NZA 2005, 386 ff.; *Furier*, Leiharbeitnehmer im Betrieb, AIB 2004, 360; *Grimm/Brock*, Das Gleichbehandlungsgebot nach dem Arbeitnehmerüberlassungsgesetz und die Mitbestimmungsrechte des Betriebsrats des Entleiherbetriebs, DB 2003, 1113; *Grobys/Schmidt/Brocker*, Verfassungsmäßigkeit von »Equal Pay«?, NZA 2003, 777; *Hamann*, Gleichbehandlungsgrundsatz im AÜG, BB 2005, 2185; *Hanau*, Sozialrechtsreform ohne Juristen?, ZIP 2003, 187; *ders.* ZIP 2003, 1576; *ders.*, NZA 2003, 131; *Immenga*, Rechtsfolgen unzulässiger Leiharbeitsverhältnisse, BB 1972, 805; *Klaas*, Die Abwerbung von Arbeitskräften und unlauterer Wettbewerb, BB 1978, 1218; *Kokemoor*, Neuregelung der Arbeitnehmerüberlassung durch die Hartz-Umsetzungsgesetze, NZA 2003, 238; *Kreutz*, Streitfragen des Ersten Gesetzes für moderne Dienstleistungen am Arbeitsmarkt, AuR 2003, 41; *Lembke*, Die »Hartz-Reform« des Arbeitnehmerüberlassungsgesetzes, BB 2003, 98; *ders.*, Befristung von Arbeitsverträgen mit Leiharbeitnehmern nach »Hartz I«, DB 2003, 2702; *Liebscher*, Anm. zu ArbG Köln v. 6.2.1996, BB 1996, 801; *Löwisch*, Die Änderung von Arbeitsbedingungen auf individualrechtlichem Wege, NZA 1988, 633; *Lorenz/Schwedes*, Das Beschäftigungsförderungsgesetz, DB 1985, 1077; *Marschall*, Neuregelung der Leiharbeit notwendig?, DB 1975, 303; *Marschner*, Rechtliche Aspekte der Schwarzarbeit, AuA 1995, 84; *Martin*, Tarifverträge in der Leiharbeit, AuR 2004, 247; *Mastmann/Offer*, AuR 2005, 330; *Melms/Lipinski*, Absenkung des Tarifniveaus durch die Gründung von AÜG-Gesellschaften als alternative oder flankierende Maßnahme zum Personalabbau, BB 2004, 2409; *Postler*, Rechtsfragen der Neuregelung der Arbeitnehmerüberlassung, insbesondere zur Zulässigkeit der Kettenbefristung, NZA 1999, 179; *Rambach/Begerau*, »Unechte« Vermittlungsprovisionen aus dem Arbeitnehmerüberlassungsvertrag?, BB 2002, 937; *Reim*, Neue Flexibilität bei der Leiharbeit, ZTR 2003, 106; *ders.*, Neue Wege bei der Leiharbeit – Die Änderung des Arbeitnehmerüberlassungsgesetzes zum 1.1.2003, AiB 2003, 73; *ders.*, Gleichbehandlung von Leiharbeitnehmern, AiB 2005, 203; *Reipen*, Dubiose Gewerkschaften – Sozialversicherungsrechtliche Risiken für Zeitarbeitsunternehmen und ihre Kunden, NZS 2005, 407; *Richardi*, Der CGM-Beschluss des ArbG Stuttgart: Tariffähigkeit und Tarifzensur, NZA 2004, 1025; *ders.* ZfA 2003, 655; *Rieble*, BB 2004, 890; *Schrader*, Die arbeitsvertragliche Bezugnahme auf Tarifverträge, BB 2005, 714; *Schubel*, Beschäftigungsförderungsgesetz und Arbeitnehmerüberlassung, BB 1985, 1606; *Schüren/Behrend*, Arbeitnehmerüberlassung nach der Reform, Risiken der neuen Freiheit, NZA 2003, 521; *Schüren/Riederer v. Paar*, Risiken nichtiger Tarifverträge in der Leiharbeit AuR

2004, 243; *v. Seggern*, Verfassungsrechtliche Grenzen des Sozialabbaus, SozSich 1996, 367; *Thüsing*, Provisionsvereinbarungen bei Arbeitsvermittlung nach Arbeitnehmerüberlassung, DB 2003, 2122; *ders.*, Equal pay bei Leiharbeit, DB 2003, 446; *Tillmann*, Große Freiheit mit Stolpersteinen, AuA 2004, 21; *Ulber*, Von der vorübergehenden Arbeitnehmerüberlassung zur entgeltlichen Arbeitsvermittlung auf Dauer, AuR 2001, 451; *ders.*, Anm. zu BAG v. 9.4. 1987, AuR 1988, 156; *ders.*, Personal-Service-Agenturen und Neuregelung der Arbeitnehmerüberlassung, AuR 2003, 7; *Waas*, Das Spannungsverhältnis von Tarifvertrag und Gesetz beim Grundsatz der Entgeltgleichheit im neuen AÜG, BB 2003, 2175; *Wank*, Neuere Entwicklungen im Arbeitnehmerüberlassungsrecht, RdA 2003, 1; *Werthebach*, Die Befristung von Leiharbeitsverträgen nach dem Teilzeit- und Befristungsgesetz, NZA 2005, 1044; *Witt*, Keine AGB-Kontrolle tariflicher Regelungen?, NZA 2004, 135.

I. Überblick

1 § 9 enthält einen Teil der **arbeitsrechtlichen Sonderregelungen**, die der Gesetzgeber bei Erlass des Gesetzes wegen der besonderen Schutzbedürftigkeit von LAN für erforderlich hielt. Seit dem AFRG wurden die Schutzvorschriften sukzessive aufgeweicht bzw. vollständig aufgehoben (vgl. Einl. B Rn. 38 ff.). Dies betrifft zum einen die in Nr. 2 und 3 a. F. enthaltenen Sonderregelungen zur Befristung von Leiharbeitsverhältnissen und zum Kündigungsschutz bei Wiedereinstellung (vgl. hierzu Voraufl. § 9 Rn. 32 ff. u. Rn. 54 ff.).

2 Neben den Schutz des LAN bei illegalen Formen der ANÜ (Nr. 1) und vor Diskriminierungen (Nr. 2) sollen durch die Norm die Integrationschancen von LAN in den ersten Arbeitsmarkt verbessert werden (Nr. 3 und 4). Im Hinblick auf den **Zweck** der Norm, dem sozialen Schutz des LAN zu dienen (vgl. BT-Ds. VI/2303; *Schüren/Schüren*, § 9 Rn. 11) wird die Norm den Besonderheiten des Leiharbeitsverhältnisses nur unvollkommen gerecht.

3 Seine jetzige Fassung erhielt § 9 im Wesentlichen durch das Erste Gesetz für moderne Dienstleistungen am Arbeitsmarkt (v. 23.12.2002, BGBl. I S. 4607; vgl. Einl. B Rn. 52 ff.). Durch das Gesetz wurden die vormaligen Unwirksamkeitstatbestände bei Befristungen und wiederholter Einstellung aufgehoben und durch das § 3 Abs. 1 Nr. 3 entsprechende **Gleichstellungsgebot** von Nr. 2 ersetzt. Die Befristung von Leiharbeitsverhältnissen sowie der Kündigungsschutz richten sich nunmehr weitgehend nach den allgemeinen arbeitsrechtlichen Grundsätzen. Demgegenüber wurde durch das Gleichstellungsgebot zumindest formal der Schutz des LAN vor Diskriminierungen erweitert. Durch die Einfügung von Ausnahmen hat das Gleichstellungsgebot in der Praxis jedoch keine Wirkungen erzielen können (vgl. Einl. E Rn. 11 ff.). Die letzte Änderung erfuhr § 9 durch das Dritte Gesetz für moderne Dienstleistungen am Arbeitsmarkt (v. 23.12.2003, BGBl. I S. 2848), durch das die vormalige Unzulässigkeit von Vereinbarungen über **Vermittlungsprovisionen** durch Einfügung von Halbs. 2 für Formen der vermittlungsorientierten ANÜ aufgehoben wurde.

4 Hinsichtlich der arbeitsvertraglichen Pflichten wird die Vorschrift ergänzt durch § 11, hinsichtlich der betriebsverfassungsrechtlichen Stellung des Leiharbeitnehmers durch § 14. Ebenso wie § 9 Nr. 1 dienen § 10 und § 1 Abs. 2 dem **Schutz des Arbeitnehmers gegen illegale Formen der ANÜ** und der Arbeitsvermittlung. Die Vorschrift steht in engem Zusammenhang mit der Erlaubnispflicht nach § 1 Abs. 1 Satz 1 sowie den Versagungsgründen hinsichtlich der Erteilung bzw. der Verlängerung von Erlaubnissen nach § 3 Abs. 1 Nr. 1 und 3. Sie bildet darauf beschränkt die arbeitsrechtliche Parallelnorm zur gewerberechtlichen Zulassungsnorm des § 3. Die Nr. 3 und 4 sichern demgegenüber das **Grundrecht des Leiharbeitnehmers auf freie Wahl des Arbeitsplatzes** (Art. 12 Abs. 1 GG) unter sozialstaatlichen Gesichtspunkten ab (vgl. BT-Ds. VI/2303, S. 13) und beschränken damit ohnehin problematische **arbeitsvertragliche Wettbewerbsverbote**, die darauf gerichtet sind, den Abschluss von Arbeitsverträgen mit anderen, potenziell vorhandenen Arbeitgebern zu verhindern oder einzuschränken. Gleichzeitig bringt der Gesetzgeber mit der in Nr. 3 und 4 getroffenen Regelung zum Ausdruck, dass der Erwerb einer **dauerhaften Beschäftigung** in den (Entleiher-)Betrieben, die tatsächliche Beschäftigungsmöglichkeiten bieten, Vorrang hat vor ungesicherten Beschäftigungsverhältnissen im Rahmen der ANÜ.

Vermittlungsrechtliche Bedenken gegen die Vorschrift bestehen bezüglich der   **5** Aufhebung der besonderen Vorschriften zur Befristung und zum Kündigungsschutz (Nr. 2 und 3 a. F.), bezüglich Nr. 3 und 4 sind sie jedoch unbegründet (a. A. *Becker/Wulfgramm*, Art. 1 § 9 Rn. 6), da der Verleiher in den Fällen der Nr. 3 und 4 gerade die Begründung von Arbeitsverhältnissen mit Dritten verhindern will, sein Geschäftswille daher gerade nicht auf eine Vermittlungstätigkeit gerichtet ist, sondern auf die Verhinderung von Arbeitsvermittlung.

Obwohl das Leiharbeitsverhältnis sich vom Normalarbeitsverhältnis grundsätzlich dadurch unterscheidet, dass der Arbeitgeber in Abweichung von § 613 Satz 2 BGB das **Weisungsrecht auf einen Dritten übertragen** kann, hat der Gesetzgeber auf entsprechende Sondervorschriften im AÜG verzichtet. Daher ist es gerechtfertigt, von einer »rudimentären arbeitsrechtlichen Reglementierung des Leiharbeitsverhältnisses« zu sprechen (*Becker*, BlStSozArbR 76, 231). Die von *Sandmann/ Marschall* vertretene Gegenposition (Art. 1 § 9 Anm. 2) übersieht die Besonderheiten, die mit der Ausübung von Weisungsrechten durch den Entleiher verbunden sind (vgl. § 1 Rn. 17 ff., 44 ff.).

Neben Tatbeständen, die zur Unwirksamkeit des Arbeitsverhältnisses oder sons-   **6** tiger arbeitsvertraglicher Absprachen führen, wird in Nr. 1 auch die **Unwirksamkeit** des zwischen Verleiher und Entleiher abgeschlossenen **ANÜ-Vertrages bei fehlender Erlaubnis** angeordnet. Da die ANÜ nach der § 1 zugrunde liegenden Gesetzeskonzeption gem. § 1 Abs. 1 Satz 1 ohnehin nur als präventives gesetzliches Verbot mit Erlaubnisvorbehalt ausgestaltet ist, folgt bei einer ANÜ ohne Erlaubnis schon aus § 134 BGB die Nichtigkeit des ANÜ-Vertrages (ErfK/*Wank*, § 9 Rn. 3; a. A. *Boemke*, § 9 Rn. 2). Der in Nr. 1 getroffenen Regelung kommt daher eher eine klarstellende Funktion zu, insbesondere für die Fälle, in denen die Erlaubnis später fortfällt.

II.   Die einzelnen Unwirksamkeitstatbestände

1.   Unwirksamkeit des ANÜ-Vertrages (Nr. 1 1. Alt.)

a)   Zustandekommen des ANÜ-Vertrages

Als Schuldverhältnis eigener Art, das nicht arbeitsrechtlichen Bestimmungen un-   **7** terliegt (vgl. § 1 Rn. 130 ff.), richtet sich das wirksame **Zustandekommen des ANÜ-Vertrages** grundsätzlich nach den allgemeinen **Regeln des Schuldrechts des BGB.** Beim Überlassungsvertrag müssen daher die übereinstimmenden Willenserklärungen der Parteien darauf gerichtet sein, dass der Verleiher dem Entleiher Arbeitnehmer zur Arbeitsleistung zur Verfügung stellt und der Entleiher hierfür eine Vergütung schuldet (zur Abgrenzung zu anderen Vertragstypen vgl. Einl. C. Rn. 33 ff.). Wie die Parteien das Rechtsverhältnis bezeichnen, ist hierbei unbeachtlich. Entscheidend ist allein, ob der gemeinsame **Geschäftswille** rein tatsächlich auf ANÜ gerichtet ist (*BAG* v. 26. 7. 1984 – 2 AZR 471/83 – EzAÜG § 1 AÜG Gewerbsmäßige Arbeitnehmerüberlassung Nr. 18).

8 Da der Vertrag ausschließlich zwischen Verleiher und Entleiher geschlossen wird und der Arbeitnehmer durch den Vertrag nicht in Vertragsbeziehungen zum Entleiher tritt, ist die Zustimmung oder eine sonstige Mitwirkung des Arbeitnehmers zum Zustandekommen des Vertrages nicht erforderlich. Auch bei der Frage der Geschäftsfähigkeit (§§ 104 ff. BGB) oder des Vorliegens einer wirksam erteilten Vertretungsmacht (§§ 164 ff. BGB) ist ausschließlich auf die Person von Verleiher und Entleiher abzustellen.

9 Die Unwirksamkeit des ANÜ-Vertrages kann sich neben Nr. 1 auch aus sonstigen Bestimmungen des AÜG ergeben. Sollen nach dem ANÜ-Vertrag z. B. **Arbeitnehmer aus Nicht-EU-Staaten** ohne Aufenthaltstitel oder Arbeitserlaubnis verliehen werden, ist der Vertrag schon nach § 4 Abs. 3 Satz 1 AufenthG, § 284 SGB III, § 134 BGB nichtig (vgl. Einl. G. Rn. 24). Ein Schutz des Entleihers vor den Nichtigkeitsfolgen kommt nicht in Betracht, da der Entleiher bei Beschäftigung von Ausländern selbstständig das **Vorliegen einer Arbeitserlaubnis** prüfen muss (vgl. Art. 5 Rn. 4; *OLG Hamm* v. 14. 11. 1980 – 5 Sss (Owi) 67/80 – EzAÜG § 10 AÜG Fiktion Nr. 5; *Hessischer VGH* v. 21. 9. 1994 – 10 UE 985/94 – DB 1995, 1770). Neben oder auch unabhängig von Nr. 1 kann der Vertrag auch bei **Verstoß** gegen das **Schriftformerfordernis** des § 12 Abs. 1 **unwirksam** sein (vgl. § 12 Rn. 3 ff.; *Boemke*, § 9 Rn. 7).

10 Im Unterschied zur Unwirksamkeit des ANÜ-Vertrages wegen Verstoßes gegen das Schriftformerfordernis des § 12 Abs. 1 gem. § 125 BGB bestimmt sich die Reichweite der **Unwirksamkeitsfolgen** von Nr. 1 nach § 139 BGB. Dies rechtfertigt sich aus den unterschiedlichen Schutzzwecken der beiden Normen. Während § 12 Abs. 1 auch die Überwachungsaufgaben der Erlaubnisbehörde sicherstellen soll (vgl. § 12 Rn. 3 ff.), ist die Nichtigkeitsfolge von Nr. 1 ausschließlich zivilrechtlicher Natur. Während § 12 Abs. 1 auch die öffentlich-rechtlichen Voraussetzungen, unter denen ein Rechtsgeschäft nichtig ist, regelt, betrifft Nr. 1 die **zivilrechtlichen Rechtsfolgen** einer nichterteilten Erlaubnis. Bei **gemischten Verträgen** (vgl. § 1 Rn. 197), die nur z. T. auf ANÜ, z. T. aber auf andere Vertragszwecke gerichtet sind, ist daher jeweils nach § 139 BGB durch **Auslegung** zu ermitteln, ob die Vertragsparteien bei Vertragsschluss von einer Einheitlichkeit des Vertrages ausgingen oder von zwei Rechtsgeschäften, die auch selbstständig voneinander bestehen sollten. Sind etwa werk- oder dienstvertragliche Leistungen geschuldet und daneben auch reine ANÜ und verfolgen beide Vertragstypen in sich abgeschlossene selbstständige Vertragszwecke, so kann sich bei Unwirksamkeit des ANÜ-Vertrages nach Nr. 1 dennoch die Wirksamkeit des restlichen Vertrages aus § 139 BGB ergeben.

11 Keinen Fall der Teilnichtigkeit stellen die Fälle dar, in denen im Rahmen von **Werkverträgen** die Klausel aufgenommen wird, dass im Falle der Notwendigkeit zur Ausübung von Weisungsrechten durch den Werkbesteller **vorsorglich ANÜ vereinbart** wird. Hier ist der Vertrag von vornherein auf (potenzielle) ANÜ gerichtet. Fehlt hier die Erlaubnis bei Vertragsschluss, ist der gesamte Vertrag nach Nr. 1 gem. § 134 BGB unwirksam. Die **Einheitlichkeit des Vertrages** lässt sich hier nicht in zwei selbstständige Rechtsgeschäfte i. S. d. § 139 BGB auflösen, und auch der Umstand, dass der Verleiher nach Vertragsschluss – und möglicherweise sogar vor dem Zeitpunkt, in dem der Werkvertrag in ANÜ umschlägt – die Erlaubnis erteilt bekommt, ändert nichts daran, dass der Verleiher die Erlaubnis zur ANÜ **zurzeit des Vertragsabschlusses** nicht »hat« (vgl. Nr. 1). Ebenso wie der Wegfall der Erlaubnis keine Rückwirkung entfalten kann (*Becker/Wulfgramm*, Art. 1 § 9 Rn. 11; *Schüren/Schüren*, § 9 Rn. 21; s. § 3 Rn. 22), kann auch die nachträglich erteilte Erlaubnis dem nach § 134 BGB unwirksamen Rechtsgeschäft nicht nachträglich Wirksamkeit verleihen (vgl. § 2 Rn. 53; s.a. *Becker/Wulfgramm*, Art. 1 § 9 Rn. 11), und zwar auch nicht über § 139 BGB für die Zukunft (so nun auch *Schüren/Schüren*, § 9 Rn. 40; *ErfK/Wank*, § 9 Rn. 10).

Nach Aufhebung des Verbots privater Arbeitsvermittlung ergibt sich das Problem, ob Verträge, die nach Nr. 1 unwirksam sind, nach § 140 BGB bei Vorliegen einer Berechtigung zur Arbeitsvermittlung (zu den Rechtsfolgen vgl. Einl. D. Rn. 44) in einen wirksamen **Arbeitsvermittlungsvertrag umgedeutet** werden können, wenn der Abschluss des Vertrages gleichzeitig einen Verstoß gegen § 3 Abs. 1 darstellt und daher die Vermutung des § 1 Abs. 2 auslöst. Dies ist zu verneinen. Abs. 1 Nr. 2 stellt eine Sanktionsnorm bei Pflichtverletzungen des Verleihers oder des Entleihers dar. Das Verhalten der Vertragsparteien soll jedoch weder durch die Berechtigung zur Arbeitsvermittlung noch durch die Erlaubnis zur ANÜ sanktioniert noch sollen **Missbräuche bei der Wahl der Vertragsform** legalisiert werden (*Bauer*, NZA 1995, 204). Vielmehr obliegt es dem Erlaubnisinhaber, soweit er sowohl die Berechtigung zur Arbeitsvermittlung als auch die Erlaubnis zur ANÜ hat, eine klare **Abgrenzung beider Gewerbetätigkeiten** sicherzustellen (vgl. § 3 Rn. 38 u. 73). Die ANÜ, bei der der Verleiher als Erlaubnisinhaber alleiniger Vertragsarbeitgeber ist und bleibt, stellt gegenüber der Arbeitsvermittlung, bei der von vornherein beabsichtigt ist, dass der Gewerbetreibende als Vermittler keine Arbeitgeberstellung erlangen, der Vertragspartner dagegen alleiniger Arbeitgeber werden soll, ein **aliud** dar, nach dem auf Grund des insoweit eindeutig erklärten **Willens der Parteien** (bei entgegenstehendem Willen vgl. Einl. D. Rn. 43, 45 und 47) durch den Überlassungsvertrag gerade keine arbeitsvertraglichen Beziehungen zwischen Arbeitnehmer und Dritten begründet werden sollen (*LAG Köln* v. 20.8.1985 – 1 Sa 416/85 – EzAÜG § 10 AÜG Fiktion Nr. 43). Die Erklärungen der Parteien sind insoweit nicht einer Umdeutung nach § 140 BGB zugänglich (Palandt-*Heinrichs*, § 140 Rn. 8). Die **Umdeutung** eines wegen mangelnder Erlaubnis unwirksamen Überlassungsvertrages in eine wirksame Arbeitsvermittlung nach § 140 BGB und umgekehrt **scheidet** damit grundsätzlich aus, wenn der Überlassende keine Erlaubnis zur ANÜ besitzt.

12

b) Unwirksamkeit des Arbeitnehmerüberlassungsvertrags

Hat der Verleiher nicht die erforderliche Erlaubnis, ordnet Nr. 1 die Unwirksamkeit des ANÜ-Vertrages an. Die Rechtsfolge der Unwirksamkeit bleibt dabei auch nach der Neuregelung des Rechts der Leistungsstörungen (z.B. § 311a BGB) bestehen (vgl. BT-Ds. 14/6040 S. 165). Nr. 1 ist auch anwendbar, soweit ein **Kleinunternehmen** auf der Grundlage von § 1a ohne Erlaubnis Arbeitnehmer überlässt und es versäumt, die Überlassung vorher gegenüber dem Landesarbeitsamt anzuzeigen (*Boemke*, § 9 Rn. 8; vgl. § 1a Rn. 26). **Fehlt die Erlaubnis** bereits bei Vertragsschluss, ist der Vertrag auch nach § 1 Abs. 1 Satz 1 i.V.m. § 134 BGB von Anfang an unwirksam. Einer nachträglich erteilten Erlaubnis kommt keine Rückwirkung zu (vgl. § 2 Rn. 53), so dass selbst bei später erteilter Erlaubnis der

13

Vertrag insgesamt von Anfang an unwirksam ist (*LAG Köln* v. 20.8.1985 – 1 Sa 416/85 – EzAÜG § 10 AÜG Fiktion 43; *Becker/Wulfgramm*, Art. 1 § 9 Rn.11; *Boemke*, § 9 Rn.9; ErfK/*Wank*, § 9 Rn.9; *Schüren/Schüren*, § 9 Rn.39; *Thüsing/Mengel*, § 9 Rn.12). In diesem Fall kann nach Erteilung einer Erlaubnis nur für die Zukunft ein neuer ANÜ-Vertrag abgeschlossen werden, soweit die übrigen Voraussetzungen des AÜG erfüllt sind (*Becker/Wulfgramm*, Art. 1 § 9 Rn.11; *Boemke*, § 9 Rn.9). Auch bei Dauerschuldverhältnissen entscheiden die **bei Vertragsschluss maßgeblichen Umstände** über die Wirksamkeit des Vertrages (*Boemke*, § 9 Rn.9). Daneben dürfte selbst bei Annahme einer Umdeutungsmöglichkeit nach § 139 BGB der Vertrag regelmäßig wegen des Schriftformerfordernisses nach § 12 Abs. 1 unwirksam sein, da das **Schriftformerfordernis** auch die **Erklärung des Verleihers** zur vorliegenden Erlaubnis umfasst (vgl. § 12 Rn.4). Dies gilt auch, soweit man in der Fortführung des ANÜ-Vertrages nach Erlaubniserteilung konkludent einen Neuabschluss annimmt (so ErfK/*Wank*, § 9 Rn.9; *Schüren/Schüren*, § 9 Rn.40), da auch die Bestätigung des unwirksamen ANÜ-Vertrags der Schriftform bedürfte (§ 141 BGB; *Boemke*, § 9 Rn.9; *Thüsing/Mengel*, § 9 Rn.12).

14 **Entfällt die Erlaubnis** erst während der Abwicklung des ANÜ-Vertrages, ist hinsichtlich der Unwirksamkeitsfolgen danach zu unterscheiden, ob mit dem Fortfall der Erlaubnis die **Abwicklungsfrist** nach § 2 Abs. 4 Satz 4 in Gang gesetzt wird oder nicht. Grundsätzlich werden alle Verträge mit dem Fortfall der Erlaubnis mit ex-nunc-Wirkung unwirksam (h.M., *Becker/Wulfgramm*, Art. 1 § 9 Rn.11; *Boemke*, § 9 Rn.9; ErfK/*Wank*, § 9 Rn.6; *Sandmann/Marschall*, Art. 1 § 9 Anm. 19; *Schüren/Schüren*, § 9 Rn.39). In den Fällen des Ablaufs der Frist nach § 2 Abs. 4 Satz 1 ohne Antrag auf Verlängerung der Erlaubnis sowie in den Fällen des § 2 Abs. 5 Satz 2 bewirkt daher der Ablauf der Frist gleichzeitig die Unwirksamkeit des ANÜ-Vertrages nach Nr.1. Der Vertrag darf von diesem Zeitpunkt an nicht mehr erfüllt werden, die ANÜ ist einzustellen.

15 Demgegenüber wird in den Fällen des Widerrufs und der **Rücknahme** (§§ 5 Abs. 2 Satz 2, 4 Abs. 1 Satz 2) sowie der **Nichtverlängerung** nach § 2 Abs. 4 Satz 2 das Weiterbestehen der Erlaubnis für den noch nicht abgewickelten Teil des Vertrages bis zu einer Höchstdauer von zwölf Monaten fingiert (vgl. § 2 Rn.45ff.). Die Fiktionswirkungen beziehen sich dabei nur auf die Abwicklung von Vertragsinhalten, die vor dem Fortfall der Erlaubnis wirksam vereinbart wurden. Es ist den Parteien verwehrt, im Abwicklungszeitraum Änderungen der Vertragsinhalte (z.B. Veränderungen der Qualifikationsprofile der Arbeitnehmer) oder Erweiterungen (z.B. Verlängerung der Überlassungsdauer oder Erhöhung der Zahl der zu überlassenden Arbeitnehmer) vorzunehmen. Nach Ablauf des ursprünglich vereinbarten Zeitraumes der ANÜ, der innerhalb des gesetzlichen Abwicklungszeitraumes enden muss, wird der ANÜ-Vertrag unwirksam, die ANÜ ist einzustellen (*Boemke*, § 9 Rn.8).

c) Rechtsfolgen der Unwirksamkeit

16 Ist der ANÜ-Vertrag nach Nr.1 unwirksam, **entfällt** sowohl der **Vergütungsanspruch des Verleihers** (vgl. *OLG München* v. 24.3.1983 – 24 U 424/82 – EzAÜG § 631 BGB Werkvertrag Nr.3) als auch der Anspruch des Entleihers auf Überlassung der Arbeitnehmer. Der Verleiher ist ggf. zum Schadensersatz verpflichtet (Rn.21). Wird der ANÜ-Vertrag trotz Unwirksamkeit nach Nr.1 **abgewickelt**, ist fraglich, nach welchen Grundsätzen die **Rückabwicklung** zu erfolgen hat. Da der ANÜ-Vertrag nicht arbeitsrechtlichen Grundsätzen unterliegt, können die

Grundsätze fehlerhafter oder faktischer Arbeitsverhältnisse nicht zur Anwendung kommen (*Becker/Wulfgramm*, Art. 1 § 9 Rn. 18; *Schüren/Schüren*, § 9 Rn. 36; a. A. *OLG Hamburg* v. 13. 1. 1993 – 13 U 26/92 – EzAÜG § 9 AÜG Nr. 7). Vielmehr finden **bereicherungsrechtliche Grundsätze** Anwendung (*BGH* v. 28. 11. 1979 – VII ZR 337/78 – AP Nr. 2 zu § 10 AÜG u. v. 25. 6. 2002 – X ZR 83/00 – NJW 2002, 3317 [vgl. § 12 Rn. 29 ff.]; *Boemke*, § 9 Rn. 10; ErfK/*Wank*, § 9 Rn. 8; *Schüren/ Schüren*, § 9 Rn. 41; *Thüsing/Mengel*, § 9 Rn. 14). Da die gegenseitigen Leistungen von Verleiher und Entleiher, das Zurverfügungstellen der Leiharbeitnehmer zur Arbeitsleistung einerseits und die Zahlung der Vergütung andererseits, mangels wirksamen ANÜ-Vertrages ohne Rechtsgrund i.S.d. § 812 Abs. 1 Satz 1 BGB erfolgten, sind sie zurückzuerstatten. Soweit der Entleiher dem Verleiher die Überlassungsvergütung bereits gezahlt hat, hat der Verleiher sie ohne Rechtsgrund erlangt, so dass er nach § 812 Abs. 1 BGB zur Rückerstattung verpflichtet ist (*Boemke*, § 9 Rn. 13). Allerdings gilt dies nur, soweit nicht auch der Entleiher **bewusst** gegen das gesetzliche Verbot der ANÜ ohne Erlaubnis **verstoßen hat** (§ 817 Satz 2 BGB; vgl. *BGH* v. 17. 2. 2000 – III ZR 78/99 – NZA 2000, 608; ErfK/ *Wank*, § 9 Rn. 8; *Schüren/Schüren*, § 9 Rn. 49; a. A. *Boemke*, § 9 Rn. 11).

Hinsichtlich des Herausgabeanspruchs des Verleihers treten zwei Grundprobleme auf. Problematisch ist einmal, worin die **Bereicherung** des Entleihers liegt und zweitens, inwieweit der **Rückforderungsanspruch** nach § 817 Satz 2 BGB ausgeschlossen sein kann. **17**

Zahlt der Verleiher dem Arbeitnehmer die vertraglich vereinbarte Vergütung, so ist der Leiharbeitnehmer wegen des vollzogenen faktischen Arbeitsverhältnisses (zu den damit verbundenen Vergütungsansprüchen gegen den Entleiher s. u. Rn. 32) nicht verpflichtet, dem Verleiher die Vergütung zurückzuerstatten. Der Verleiher hat damit ggf. auf die eigene Schuld die Ansprüche des Leiharbeitnehmers auf Vergütung befriedigt, obwohl ihm kein Vergütungsanspruch gegen den Entleiher zusteht. Andererseits kann nicht unberücksichtigt bleiben, dass auch den **Entleiher** gem. § 10 Abs. 1 Satz 5 eine **Vergütungspflicht gegenüber dem Leiharbeitnehmer** mindestens in Höhe der mit dem Verleiher vereinbarten Vergütung trifft. Zahlt der Entleiher auf diese eigene Schuld, erfüllt er ebenfalls eine eigene Verbindlichkeit (vgl. § 1 Rn. 66). Ein bereicherungsrechtlicher Ausgleichsanspruch des Verleihers ist dann ausgeschlossen. Ein bereicherungsrechtlicher Ausgleichsanspruch kann daher nur in den Fällen in Betracht kommen, in denen der Entleiher die Forderung des Arbeitnehmers aus § 10 Abs. 1 nicht selbst befriedigt, er aber **durch die Zahlung des Verleihers von seiner Vergütungspflicht befreit** wird. Dies wäre z. B. der Fall, wenn der Verleiher als Dritter i.S.d. § 267 Abs. 1 BGB auf die Schuld des Entleihers zahlen würde. Hiervon kann jedoch nur in den Fällen ausgegangen werden, in denen alle Beteiligten von vornherein davon ausgehen, dass wegen des Fehlens der Erlaubnis ausschließlich ein Arbeitsverhältnis zum Entleiher besteht und dem Arbeitnehmer daher wegen des wissentlichen Mitwirkens auch aus dem faktischen Arbeitsverhältnis keinerlei Ansprüche gegen den Verleiher zustehen (Rn. 28, Einl. D. Rn. 47; zum Ausschluss nach § 817 BGB vgl. Rn. 16).

Über diese Ausnahmefälle hinaus dürfte jedoch ein bereicherungsrechtlicher **18** Ausgleich nach § 812 Abs. 1 BGB wegen Leistung des Verleihers auf die Schuld eines Dritten gem. § 267 Abs. 1 BGB (vgl. hierzu *BGH* v. 8. 11. 1979 – VII ZR 337/78 – AP Nr. 2 zu § 10 AÜG) regelmäßig ausscheiden, da es beim faktischen Arbeitsverhältnis regelmäßig am **Willen des Verleihers** fehlt, die Schuld eines Dritten zu tilgen (a. A. *Boemke*, § 9 Rn. 12). Eine analoge Anwendung des § 267

Abs. 1 BGB auf Fälle, in denen die Schuld des Dritten auch ohne eine entsprechende Willensrichtung des Leistenden getilgt wird oder zumindest eine der Erfüllung gleichkommende Wirkung eintritt (*BGH*, a.a.O.), ist wegen der insoweit eindeutigen **Leistungsbestimmung des Verleihers**, eine eigene Schuld aus dem Arbeitsverhältnis zu tilgen, ausgeschlossen (s.a. *Schüren/Schüren*, § 9 Rn. 52). Der Ausgleich ist in diesen Fällen nach den Grundsätzen der **Ausgleichspflicht der Gesamtschuldner** (§ 426 BGB) vorzunehmen. Wegen der inhaltlichen Gleichheit, der »Verknüpfung (vgl. *BGH*, a.a.O.) des Anspruchs des Arbeitnehmers gegen den Verleiher aus faktischem Arbeitsverhältnis und dem daneben bestehenden Anspruch aus § 10 Abs. 1 gegen den Entleiher, liegt eine im Rahmen des § 421 BGB ausreichende enge Verwandtschaft der Ansprüche vor (Palandt-*Heinrichs*, § 421 Rn. 4), so dass Verleiher und Entleiher bis zur nach § 10 Abs. 1 Satz 5 maßgeblichen Höhe des Arbeitsentgelts als Gesamtschuldner zu betrachten sind (*Schüren/Schüren*, § 9 Rn. 54; vgl. § 10 Abs. 3). Ungeachtet der dogmatischen Ableitung des Rückforderungsanspruchs des Verleihers gegen den Entleiher wird insoweit allgemein angenommen, dass der Anspruch des Leiharbeitnehmers **nur einmal** realisiert werden kann (*BGH*, a.a.O.; *Boemke*, § 9 Rn. 25; *Sandmann/Marschall*, Art. 1 § 10 Anm. 10).

19 Nach § 426 Abs. 1 Satz 1 BGB hängt die **Höhe des Ausgleichsanspruchs** des Verleihers gegen den Entleiher davon ab, ob über den Ausgleich nach gleichen Teilen hinaus i.S.d. Vorschrift »etwas anderes« bestimmt ist. Insoweit ist zu berücksichtigen, dass § 426 Abs. 1 Satz 1 BGB als Grundregel nur hilfsweise anzuwenden ist, wenn jeder andere **Verteilungsmaßstab** fehlt. Sowohl die Grundsätze des faktischen Arbeitsverhältnisses als auch die Haftungsregeln nach § 10 Abs. 1 sind Regeln zum Schutz des Arbeitnehmers. Sie sollen jedoch nicht Vertragspartner im Rahmen sonstiger, außerhalb des Arbeitsrechts angesiedelter Schuldverhältnisse schützen. Vielmehr wirkt sich das Synallagma von Vergütungsanspruch des Verleihers einerseits und Überlassungsanspruch des Entleihers andererseits im **Innenverhältnis** in Form einer **Verteilung von tatsächlichen Kosten und Nutzen** aus (*Schüren/Schüren*, § 9 Rn. 55). Daneben wirkt sich die vertragliche Nebenpflicht, auf die Vermögensinteressen des anderen Teils ausreichend Rücksicht zu nehmen (§ 241 Abs. 2 BGB), in den Fällen des § 10 Abs. 1 dahin aus, dass in der Höhe, in der die Schuld des Entleihers nach § 10 Abs. 1 Satz 5 erlischt, auch die interne Ausgleichspflicht gegenüber dem Verleiher – einschließlich der Lohnnebenkosten – besteht. Die Geltendmachung eines darüber hinausgehenden **Unternehmergewinns** in Form des Verkehrswertes der Überlassung ist ausgeschlossen (BGH, a.a.O.; *Becker/Wulfgramm*, Art. 1 § 9 Rn. 18; *Boemke*, § 9 Rn. 12; *Sandmann/Marschall*, Art. 1 § 10 Anm. 11; *Thüsing/Mengel*, § 9 Rn. 14). Die von *Schüren* (§ 9 Rn. 61; ähnlich KassHandb/*Düwell*, 4.5 Rn. 321) vertretene Gegenauffassung beruft sich zu Unrecht auf die Entscheidung des *BGH* vom 17.1.1984 (VI ZR 87/82 – EzAÜG § 10 AÜG Fiktion Nr. 22), da der *BGH* den Verkehrswert dort ausdrücklich und in Abgrenzung zu § 9 Nr. 1 auf Fälle des § 12 Abs. 1 beschränkt.

20 Der aus vertraglichen Nebenpflichten resultierende Ausgleichsanspruch des Verleihers auf Erstattung bezahlter Vergütung setzt voraus, dass der Anspruch seinen Grund nicht in einem vorsätzlichen, gegen die Vermögensinteressen des Entleihers verstoßenen Verhalten seine Ursache hat. Es würde gegen den **Grundsatz von Treu und Glauben** (§ 242 BGB) verstoßen, wenn der Verleiher den Entleiher durch wissentliche Herbeiführung der Rechtsfolgen der §§ 9 Nr. 1, 10 Abs. 1 schädigt und aus diesem schädigenden Verhalten Ansprüche herleiten könnte.

Einer Rückforderung von Leistungen, die unter **bewusstem Verstoß gegen ein gesetzliches Verbot** erbracht wurden, versagt die Rechtsordnung insoweit die Anerkennung (*Schüren/Schüren*, § 9 Rn. 49). Auch die Auffassung, nach der sich die Rückabwicklung in den Fällen des Nr. 1 nach bereicherungsrechtlichen Grundsätzen richten soll, schließt in diesem Fall gem. § 817 Satz 2 BGB einen Anspruch des Verleihers aus (*BGH* v. 8. 11. 1979 – VII ZR 337/79 – AP Nr. 2 zu § 10 AÜG; *Becker/Wulfgramm*, Art. 1 § 9 Rn. 18; KassHandb/*Düwell*, 4.5 Rn. 318; *Schüren/Schüren*, § 9 Rn. 48; *Thüsing/Mengel*, § 9 Rn. 14).

d) Haftung des Verleihers bei unwirksamem ANÜ-Vertrag

Ist der ANÜ-Vertrag wegen Fehlens oder Fortfalls der Erlaubnis gem. § 134 BGB **21** unwirksam, haftet der Verleiher aus **c.i.c.** (§ 311 Abs. 2 BGB) auf **Schadensersatz** nach §§ 241 Abs. 2, 280 Abs. 1 BGB (vgl. BT-Ds. 14/6040 S. 165; *Boemke*, § 9 Rn. 14; *Schüren/Schüren*, § 9 Rn. 64; *Thüsing/Mengel*, § 9 Rn. 14). Nach §§ 280 Abs. 3, 282 BGB umfasst der Anspruch auch das positive Interesse (den Schadensersatz statt der Leistung), so dass der Entleiher grundsätzlich alle Schäden geltend machen kann, die infolge der Nichtdurchführung des Vertrages entstehen. Eine Begrenzung der Schadensersatzansprüche auf das positive Interesse (vgl. § 307 Abs. 1 2. Halbsatz BGB a. F.) findet dabei nicht mehr statt.

Da den Verleiher das Beschaffungsrisiko trifft (vgl. § 1 Rn. 132) und er damit nach dem Inhalt des Schuldverhältnisses der uneingeschränkten Haftung nach § 276 Abs. 1 Satz 1 BGB unterliegt, hat er die Unwirksamkeit immer i.S.d. § 280 Abs. 1 Satz 2 BGB zu vertreten. Allerdings kann die Ersatzpflicht des Verleihers nach § 254 BGB gemindert oder ausgeschlossen sein. Danach sind die Voraussetzungen eines **Haftungsausschlusses** generell gegeben, wenn der Entleiher das Fehlen der Erlaubnis positiv kannte. Wegen der besonderen Prüfungspflichten des Entleihers hinsichtlich des Bestehens einer Erlaubnis ist aber auch i. ü. von einem **Mitverschulden des Entleihers** nach § 254 BGB auszugehen, wenn er seinen Sorgfaltspflichten bei der Überprüfung des Bestehens einer Erlaubnis (vgl. § 12 Rn. 4) nicht oder nicht im gebotenen Umfang nachkommt. Ausgeschlossen ist ein solches Mitverschulden, wenn der Verleiher Nachfragen des Entleihers bezüglich des Bestehens einer Erlaubnis bewusst wahrheitswidrig beantwortet. In diesen Fällen besteht ein deliktischer **Schadensersatzanspruch** aus § 823 Abs. 1 BGB bzw. aus § 823 Abs. 2 BGB i. V. m. § 263 StGB wegen Betrugs (*Boemke*, § 9 Rn. 14; *Schüren/Schüren*, § 9 Rn. 64) bzw. i. V. m. § 9 Nr. 1, der wegen seiner Schutzzwecke gleichzeitig ein **Schutzgesetz i.S.d. § 823 Abs. 2 BGB** darstellt.

2. Unwirksamkeit des Leiharbeitsverhältnisses (Nr. 1 2. Alt.)

a) Wirksamkeitserfordernisse des Leiharbeitsverhältnisses

Die **vertraglichen Grundlagen des Leiharbeitsverhältnisses** sind im Gesetz nur **22** unvollständig geregelt (vgl. § 1 Rn. 29 ff.). Nr. 1 bestimmt lediglich, dass Verträge zwischen Verleihern und Leiharbeitnehmern **unwirksam** sind, wenn der Verleiher nicht im Besitz der Erlaubnis nach § 1 Abs. 1 Satz 1 ist.

b) Inhalt der arbeitsvertraglichen Absprache

23 Obwohl der Arbeitnehmer im Rahmen der ANÜ seine Arbeitsleistung bei einem Dritten (Entleiher) nach dessen Weisungen und damit unter zumindest partieller Ausübung des arbeitgeberischen Direktionsrechts erbringt, wird im Gesetz (§ 1 Abs. 1 Satz 1) **nur der Verleiher** als **Arbeitgeber** bezeichnet. Ungeachtet der Frage, ob auch der Entleiher auf Grund der für die ANÜ typischen Aufspaltung der Arbeitgeberposition ebenfalls Arbeitgeber ist, ist immer nur der Verleiher Vertragsarbeitgeber des Arbeitnehmers (vgl. § 1 Rn. 47 ff.), und zwar mit allen Rechten und Pflichten. Er ist sowohl vertragsschließende Partei des Arbeitsvertrages als auch Gläubiger und Schuldner bezüglich aller Rechte und Pflichten aus dem Arbeitsverhältnis. Hieran ändert sich im Grundsatz auch nichts, wenn der Arbeitnehmer im Rahmen eines ANÜ-Vertrages beim Dritten seine Arbeitsleistung erbringt und dabei das Direktionsrecht auf den Dritten übertragen wird. Ein unmittelbarer einklagbarer **Anspruch auf die Dienste** des Leiharbeitnehmers wird dem Entleiher hierdurch ohne eine besondere, über die Leiharbeitnehmerklausel hinausgehende Vereinbarung nach § 613 Satz 2 BGB (vgl. § 1 Rn. 37) **nicht eingeräumt**. Soweit nicht deliktische Schadensersatzforderungen betroffen sind, bleibt vielmehr der Verleiher als Arbeitgeber Gläubiger aller Ansprüche aus dem Arbeitsverhältnis.

24 Von § 9 Nr. 1 werden nur **Leiharbeitsverhältnisse** erfasst, die bei Vorliegen der sonstigen Voraussetzungen den **Bestimmungen des AÜG** unterliegen. Die Vorschrift findet auch bei **ANÜ von Kleinunternehmen** auf der Grundlage von § 1a Anwendung, wenn die nach § 1a Abs. 1 erforderliche Anzeige gegenüber dem Landesarbeitsamt nicht oder nicht rechtzeitig erstattet wird (vgl. § 1a Rn. 27; *Boemke*, § 9 Rn. 8). Nur **Arbeitsverhältnisse**, bei denen in Abweichung von § 613 Satz 2 BGB eine **Pflicht des Arbeitnehmers** bestehen soll, auch **unter dem Weisungsrecht eines Dritten** die Arbeitsleistung zu erbringen, werden von Nr. 1 erfasst. Wird eine derartige Verpflichtung nicht vertraglich vereinbart, kann die Unwirksamkeitsfolge der Nr. 1 nicht eintreten, solange der Arbeitnehmer nicht – wie z. B. beim (Schein-)Werkvertrag – in tatsächlicher Hinsicht einem Entleiher überlassen wird (*Boemke*, § 9 Rn. 18). Bei reinen **Verleihunternehmen** ist grundsätzlich davon auszugehen, dass die Parteien ein den Bestimmungen des AÜG unterliegendes Leiharbeitsverhältnis abschließen wollten (vgl. § 1 Rn. 37). Bei **Mischunternehmen** ist demgegenüber regelmäßig eine besondere Absprache zur ANÜ erforderlich; im Zweifel ist nicht von einer Verpflichtung des Arbeitnehmers auszugehen, auch unter dem Weisungsrecht eines Dritten zu arbeiten (vgl. § 1 Rn. 39, 42).

c) Reichweite der Unwirksamkeitsfolge

25 Fehlt es zum **Zeitpunkt des Abschlusses** eines Leiharbeitsverhältnisses an einer Erlaubnis des Verleihers, ist der Arbeitsvertrag als Dauerschuldverhältnis nach Nr. 1 unwirksam, wobei die **Unwirksamkeit** grundsätzlich den **gesamten Vertrag** erfasst (zum Rechtsmissbrauch s. o. Rn. 13). Bei Arbeitsverträgen, die ausschließlich auf die Leistung von Leiharbeit gerichtet sind, kommt es dabei nicht darauf an, ob der LAN auch in **tatsächlicher Hinsicht** bei einem Entleiher eingesetzt wurde (a. A. *Boemke*, § 9 Rn. 18 f.). Von der Unwirksamkeit des Arbeitsvertrags wird ggf. auch eine arbeitsvertragliche Bezugnahme auf einen TV zur ANÜ erfasst (zu den Rechtsfolgen vgl. Rn. 32).

Ist der Arbeitnehmer nur verpflichtet, im Rahmen **nichtgewerbsmäßiger ANÜ** **25a**
bzw. in sonstigen Fällen gelegentlicher ANÜ, in denen im Einzelfall jeweils eine
gesonderte Absprache erforderlich ist (vgl. § 9 Rn. 25), seine Arbeitsleistung bei
Dritten zu erbringen und überlässt ihn der Verleiher anschließend gewerbsmäßig, treten die Unwirksamkeitsfolgen nur **beschränkt auf den Zeitraum** der
im Einzelfall vorliegenden **gewerbsmäßigen ANÜ** ein (Rn. 27). Hier wird das
Arbeitsverhältnis nach dem Willen der Parteien als Normalarbeitsverhältnis abgeschlossen und für die befristete Dauer der Überlassung auf eine besondere vertragliche Grundlage gestellt. Daher werden hier jeweils nur die Einzelabreden
(d.h. »der Vertrag« i.S.d. Nr. 1) von den Unwirksamkeitsfolgen erfasst.

Fehlt es an einem gemeinsamen **Geschäftswillen der Parteien** des Arbeitsvertra- **26**
ges, ein den Bestimmungen des AÜG unterliegendes Arbeitsverhältnis zu begründen, und wollen die Arbeitsvertragsparteien übereinstimmend ein Normalarbeitsverhältnis ohne die Verpflichtung zur Arbeit im Rahmen von ANÜ
begründen, richtet sich die Wirksamkeit des Vertrages ausschließlich nach den
für Normalarbeitsverhältnisse geltenden Bestimmungen. Es fehlt an einem auf
ANÜ gerichteten vertraglichen **Bindungswillen**, so dass der Vertrag grundsätzlich nicht nach § 9 Nr. 1 unwirksam ist. Dies gilt allerdings nur, wenn und solange
der Inhalt des Geschäftswillens auch in **tatsächlicher Hinsicht** bei der Durchführung des Vertrages **nicht den Tatbestand einer ANÜ erfüllt**. Wird etwa ein Arbeitnehmer ohne arbeitsvertragliche Absprache von einem **Kleinunternehmer**
auf der Grundlage von § 1a überlassen, ohne dass die Überlassung dem Landesarbeitsamt vorher angezeigt wurde, kommt mit der Aufnahme der Tätigkeit
beim Entleiher gem. § 10 Abs. 1 ein Arbeitsverhältnis zustande (vgl. BT-Ds.
11/4952, S. 9; § 1a Rn. 26ff.). Bewerten die Vertragsparteien den Vertragsinhalt lediglich juristisch falsch, erfüllt der Geschäftsinhalt jedoch die Begriffsmerkmale
einer ANÜ, ist der Vertrag bei fehlender Erlaubnis nach Nr. 1 von Anfang an unwirksam. Ist bei Vertragsschluss nach dem Geschäftsinhalt **keine Pflicht zur
ANÜ vereinbart**, stellt sich die Frage der Unwirksamkeit erst in dem Zeitpunkt,
in dem tatsächlich ANÜ ohne Erlaubnis ausgeübt wird.

Bei **gemischten Unternehmen** ergeben sich je nach Inhalt der arbeitsvertrag- **27**
lichen Absprachen unterschiedliche Rechtsfolgen. Auch kann sich hier aus **tarifvertraglichen Regelungen** etwas anderes ergeben. Wird etwa im Geltungsbereich des § 9 BRTV-Bau ANÜ betrieben, ohne dass die Voraussetzungen des § 1
Abs. 1 Satz 2 erfüllt sind, wird das Arbeitsverhältnis zum verbleibenden Arbeitgeber auf Grund der entsprechenden tarifvertraglichen Regelung nach Beendigung des Arbeitseinsatzes beim Dritten mit allen Rechten und Pflichten fortgesetzt (vgl. § 1 Rn. 178). Erklärt der Arbeitnehmer im Arbeitsvertrag lediglich seine
allgemeine Bereitschaft, auch als Leiharbeitnehmer tätig zu werden, ist jedoch im
Fall der Überlassung jeweils noch **seine Zustimmung im Einzelfall** einzuholen
bzw. eine konkrete Vertragsabsprache notwendig, ist nicht der Arbeitsvertrag
als solcher Grundlage der Überlassung im Einzelfall, sondern die Einzelabrede.
Wie in den sonstigen Fällen gelegentlicher ANÜ (Rn. 25) wird hier nicht der abgeschlossene Arbeitsvertrag als Dauerschuldverhältnis von den Unwirksamkeitsfolgen nach Nr. 1 erfasst, sondern lediglich die **Abrede** im Einzelfall. Wird
demgegenüber schon im Arbeitsvertrag eine dauerhafte Verpflichtung des
Arbeitnehmers begründet nach der der Arbeitnehmer auf Weisung des Arbeitgebers jederzeit verpflichtet ist, auch als Leiharbeitnehmer bei beliebigen Dritten
zu arbeiten (**Mischarbeitsverhältnis**), ist der Vertrag nach Nr. 1 grundsätzlich
unwirksam (*Sandmann/Marschall*, Art. 1 § 10 Rn. 3; a.A. *Boemke*, § 9 Rn. 20). Eine

Umdeutung nach § 140 BGB kommt dabei nur in den Fällen in Betracht, in denen die Vertragsparteien davon ausgingen, dass es sich bei späteren Überlassungsfällen um Fälle einer nicht erlaubnispflichtigen ANÜ handelt. I.ü. erfasst die **Unwirksamkeit** gem. § 139 BGB auch die arbeitsvertraglichen Absprachen, die sich nicht auf ANÜ beziehen. Zur Vermeidung von Wertungswidersprüchen muss sich dabei die Unwirksamkeit auf den gesamten Vertrag erstrecken (a. A. *Schüren/ Schüren*, § 9 Rn. 28). Ein **Verleiher**, der gegen die Erlaubnispflicht verstößt, kann gegen den Arbeitnehmer nicht einen auf Teilwirksamkeit des Arbeitsvertrages gestützten **Anspruch auf die Arbeitsleistung** haben, der seinerseits die Rechte und Pflichten des Arbeitnehmers aus dem nach § 10 Abs. 1 zustande gekommenen Arbeitsverhältnis zum Entleiher beeinträchtigt. Die Beschäftigungsrisiken und -pflichten, die dem Entleiher in den Fällen der Nr. 1 vom Gesetzgeber durch die Vorschrift des § 10 Abs. 1 auferlegt werden, aber auch der Anspruch des Entleihers auf die Arbeitsleistung, können nicht dadurch entfallen, dass der Arbeitnehmer infolge einer nur teilweisen Unwirksamkeit des Arbeitsvertrages zur Arbeitsleistung gegenüber dem Verleiher verpflichtet ist. Dies gilt zumindest dann, wenn man dem Leiharbeitnehmer in den Fällen des § 10 Abs. 1 kein Wahlrecht dahingehend einräumt, ob er das fingierte Arbeitsverhältnis zum Entleiher oder das mit dem Verleiher geschlossene Arbeitsverhältnis fortsetzt (§ 10 Rn. 63). Soweit ein Wahlrecht des Arbeitnehmers nicht gegeben ist, ist daher bei Arbeitsverträgen mit **Mischunternehmen** i.d.R. von der **Unwirksamkeit des gesamten Arbeitsvertrages** nach Nr. 1 auszugehen. Ein Teil des Schrifttums vertritt demgegenüber die Auffassung, dass auch bei uneingeschränkter Verpflichtung zur ANÜ nur eine Teilnichtigkeit bzgl. der Verpflichtung zur Leistung von Leiharbeit vorliege und der Bestand des Arbeitsverhältnisses zum Stammbetrieb i.Ü. unberührt bleibe (*Boemke*, § 9 Rn. 20; KassHandb/*Düwell*, 4.5. Rn. 254; *Schüren/Schüren*, § 9 Rn. 28 u. § 10 Rn. 157 ff.). I.E. führt diese Auffassung dazu, dass der Arbeitnehmer verpflichtet bleibt, bei einem Arbeitgeber zu arbeiten, der von ihm Arbeitsleistungen im Rahmen illegaler Beschäftigungsformen verlangt. Auch insoweit ist zu berücksichtigen, dass Abweichungen von den Unwirksamkeitsfolgen der Nr. 1 mit den Schutzzwecken der §§ 9 Nr. 1, 10 Abs. 1 korrespondieren müssen, was allein aus der Interessenlage des Arbeitnehmers zu bestimmen ist (so auch *ArbG Köln* v. 9.2.1996 – 2 CA 6295/95 – BB 1996, 800 mit zust. Anm. *Liebscher*). Dies führt im Hinblick auf § 139 BGB nicht zwangsläufig dazu, dass der Arbeitnehmer den Arbeitsvertrag auch ohne die Leiharbeitsklausel abgeschlossen hätte. Da der mutmaßliche Wille des Arbeitgebers in den Fällen der Nr. 1 unberücksichtigt bleibt, kommt es im Rahmen des § 139 BGB allein darauf an, ob der Arbeitnehmer (abweichend von der nach dem Gesetz regelmäßig vorliegenden Unwirksamkeit des gesamten Rechtsgeschäftes) den Arbeitsvertrag auch ohne die Vereinbarung von ANÜ abgeschlossen hätte. Hiervon kann zunächst dann nicht ausgegangen werden, wenn es dem Arbeitnehmer bei Begründung des (Misch-)Arbeitsverhältnisses gerade darauf ankam, nicht ausschließlich bei einem Arbeitgeber oder in einer Betriebsstätte zu arbeiten, sondern in unterschiedlichen Betrieben. Daneben ist es für einen Arbeitnehmer von grundsätzlicher Bedeutung, ob der Arbeitgeber in der Lage ist, seine **Arbeitgeberpflichten** ordnungsgemäß **zu erfüllen**, insbesondere indem er illegale Formen der Beschäftigung unterlässt, oder ob er den Arbeitnehmer den Gefahren illegaler Beschäftigung aussetzt. Es lassen sich bei Mischarbeitsverhältnissen mit uneingeschränkter Verpflichtung zur ANÜ (bei zusätzlichem Zustimmungserfordernis des Arbeitnehmers, s.o.) über die Annahme einer Teilnichtigkeit keine interessengerechten

Lösungen erzielen. Um den Schutzzwecken des § 10 Abs. 1 einerseits und dem Geschäftswillen des Arbeitnehmers bei Vertragsschluss andererseits gerecht zu werden, muss dem Arbeitnehmer vielmehr in den Fällen von Mischarbeitsverhältnissen ein **Wahlrecht** dahingehend eingeräumt werden, ob er sich auf die Unwirksamkeit des gesamten Arbeitsvertrages oder nur auf den Teil, der seine Verpflichtung zur Leiharbeit betrifft, beruft (vgl. auch Einl. D. Rn. 61; § 10 Rn. 63). In letzterem Fall bestehen die Ansprüche gegen den Entleiher nach § 10 Abs. 1 neben den sonstigen Ansprüchen aus dem Arbeitsverhältnis mit dem Verleiher (*Schüren/Schüren*, § 9 Rn. 33). Solange der Arbeitnehmer sein Wahlrecht nicht ausgeübt hat, ist es dabei dem Verleiher verwehrt, vom Arbeitnehmer die Arbeitsleistung zu verlangen.

28 Nur bei **kollusivem Zusammenwirken** und **Kenntnis des Leiharbeitnehmers** ist dieses Wahlrecht nach der § 10 zugrunde liegenden Wertung des Gesetzgebers ausgeschlossen. Trotz des für den Arbeitnehmer bestehenden ökonomischen Zwangs zum Eingehen eines Arbeitsverhältnisses und der Fragwürdigkeit freiwilliger Vertragsabsprachen im Arbeitsverhältnis greift hier ausschließlich die in Nr. 1 vorgenommene Grundwertung des Gesetzgebers, dass Verträge zwischen Leiharbeitnehmer und Verleiher, die unter Verstoß gegen die Erlaubnispflicht abgeschlossen werden, unwirksam sind. Liegt ein kollusives Verhalten von Verleiher und Leiharbeitnehmer vor, und darf der Entleiher gutgläubig vom Bestehen einer Erlaubnis ausgehen (bei Bösgläubigkeit vgl. Einl. D. Rn. 47), ist es rechtsmissbräuchlich, wenn sich der Leiharbeitnehmer gegenüber dem Entleiher auf das nach § 10 **fingierte Arbeitsverhältnis** beruft (vgl. § 10 Rn. 9 und 22). Vielmehr führt der bewusste Verstoß der Parteien des Arbeitsvertrages dazu, dass weder ein vertraglich begründetes Arbeitsverhältnis zum Verleiher noch ein fingiertes Arbeitsverhältnis zum Entleiher zustandekommt. Die Rechtsfolgen von bewussten Verstößen gegen die Erlaubnispflicht sind insoweit dieselben, die sich bei Verstoß gegen das Beschäftigungsverbot von Ausländern ohne Erlaubnis ergeben (vgl. hierzu Einl. G. Rn. 41 ff.).

d) Änderungen der tatsächlichen oder rechtlichen Grundlagen

29 Wie jedes Dauerschuldverhältnis unterliegen auch Leiharbeitsverträge einer Eigendynamik, die zu einer **Veränderung der Leistungsinhalte** führen und **geänderte Anforderungen an die Arbeit stellen**, wobei der ständigen Veränderung der Rahmenbedingungen, unter denen die Arbeit zu erbringen ist, durch eine entsprechende Anpassung der Arbeitsbedingungen und der vereinbarten Leistungsinhalte Rechnung getragen werden muss. Die zunehmende Vernetzung der Arbeit in überbetrieblich angelegten Formen der Arbeitsteilung bringt es mit sich, dass Arbeitnehmer immer häufiger auch in Fremdunternehmen einen Teil ihrer Arbeitsleistung erbringen. Soweit es sich hierbei um Formen vorübergehender Fremdfirmenarbeit handelt, die nicht die Begriffsmerkmale einer ANÜ erfüllen (zur Abgrenzung vgl. Einl. C. Rn. 33 ff.), kommt Nr. 1 nicht zur Anwendung; eine analoge Anwendung der Vorschrift ist ausgeschlossen. Die Zergliederung von Teiltätigkeiten im Rahmen eines betrieblichen Gesamtprozesses ist stets mit dem Problem konfrontiert, dass ein klar **abgrenzbares Arbeiten** von Fremdfirmenarbeitnehmern und Stammbelegschaft nur schwer aufrechterhalten werden kann, die Fremdfirmenarbeitnehmer daher sukzessive in den Betrieb eingegliedert und im Rahmen des arbeitsorganisatorischen Gesamtprozesses des Einsatzbetriebs ihre Arbeitsleistung erbringen. In diesen Fällen ist regelmäßig der Tatbestand einer ANÜ erfüllt (vgl. § 1 Rn. 133 ff.). Die insbesondere in der Automobilindustrie unter dem Stichwort der »fraktalen Fabrik« praktizierten Formen der **Arbeiten von Zulieferern am Band** des Herstellerbetriebs erfüllen daher regelmäßig den Tatbestand einer erlaubnispflichtigen gewerbsmäßigen ANÜ. Fehlt es hier an der Erlaubnis nach § 1, sind nach § 9 Nr. 1 die vertraglichen Absprachen zwischen Leiharbeitnehmer und Verleiher unwirksam. Daher tritt auch in diesen Fällen das Problem auf, welche vertraglichen Absprachen von dem Vertrag i.S.d. § 9 Nr. 1 erfasst werden und wieweit die Unwirksamkeitsfolgen greifen. Handelt es sich lediglich um Fälle vorübergehender, ausnahmsweise gewerbsmäßiger ANÜ, erfolgt die **Überlassung im Einzelfall** jeweils auf einer gesonderten Absprache (vgl. § 11 Rn. 8), so dass in diesen Fällen nur die befristete vertragliche Absprache, auf deren Grundlage der Einsatz im Fremdbetrieb erfolgt, nach § 9 Nr. 1 unwirksam ist. Der Arbeitsvertrag i.Ü. bleibt jedoch in diesem Fall in vollem Umfang wirksam (vgl. Rn. 25).

30 Anders sind die Fälle zu beurteilen, in denen Fremdfirmenarbeitnehmer langfristig im Einsatzbetrieb tätig sind und ein **Werk- oder Dienstvertrag** im Laufe der Zeit **in ANÜ umschlägt**. Fehlt es hier an der erforderlichen Erlaubnis, wird der Vertrag in dem Zeitpunkt **mit ex-nunc-Wirkung unwirksam**, in dem **erstmals** die **Begriffsmerkmale gewerbsmäßiger ANÜ erfüllt sind** (*BAG* v. 10. 2. 1977 – 2 ABR 80/76 – AP Nr. 9 zu § 103 BetrVG 1972). Den Eintritt der Rechtsfolgen des § 10 Abs. 1 hinsichtlich der **Beendigung des bisherigen Arbeitsverhältnisses** zum Entsendebetrieb kann der betroffene Arbeitnehmer durch Ausübung eines unter bestimmten Voraussetzungen bestehenden Wahlrechts (Rn. 27) abwenden.

31 **Entfällt die Erlaubnis** im Rahmen der Durchführung von Verträgen, treten auch hinsichtlich des zugrunde liegenden Arbeitsvertrages die Rechtsfolgen von Nr. 1 nur mit ex-nunc-Wirkung ein (*Becker/Wulfgramm*, Art. 1 § 9 Rn. 11; *Boemke*, § 9 Rn. 21; *ErfK/Wank*, § 9 Rn. 7; *Schüren/Schüren*, § 9 Rn. 13 u. 19). In den Fällen des § 2 Abs. 4 Nr. 4 sowie in den Fällen der Rücknahme (§ 4 Abs. 1 Satz 2) oder des Widerrufs (§ 5 Abs. 2 Satz 2) werden die Arbeitsverträge mit Ablauf der höchstzulässigen **Abwicklungsfrist**, spätestens jedoch nach zwölf Monaten unwirksam (vgl. auch § 10 Abs. 1 Satz 1 Hs. 2; *Becker/Wulfgramm*, Art. 1 § 9 Rn. 11; *Schüren*, § 9 Rn. 16).

e) Rückabwicklung des fehlerhaften Arbeitsverhältnisses

32 Ist der **Arbeitsvertrag unwirksam**, haben die Parteien aber dennoch ihre vermeintlichen Leistungspflichten erfüllt, erfolgte der Leistungsaustausch ohne Rechtsgrund, so dass die **Rückabwicklung** entsprechend allgemeinen zivilrechtlichen Grundsätzen nach den bereicherungsrechtlichen Vorschriften der §§ 812 ff. BGB zu erfolgen hätte (so *Boemke*, § 9 Rn. 24; *Sandmann/Marschall*, Art. 1 § 10 Anm. 7 f.). Dies mag in den Fällen der **Schwarzarbeit**, in denen beide Vertragsparteien typischerweise die Nichtigkeit des Arbeitsverhältnisses kennen, gerechtfertigt sein (so *Marschner*, AuA 1995, 84). I. ü. werden jedoch beim faktisch vollzogenen Arbeitsverhältnis die bereicherungsrechtlichen Vorschriften, die dem Arbeitnehmer den vom Arbeitsrecht gewährten Schutz rückwirkend entziehen würden (*Däubler*, Bd. 2, 123), der Interessenlage des Arbeitnehmers nicht gerecht, so dass auch beim unwirksamen Leiharbeitsverhältnis die arbeitsrechtlichen Grundsätze über das **faktische Arbeitsverhältnis** zur Anwendung kommen (*BGH* v. 31. 3. 1982 – 2 StR 744/81 – AP Nr. 4 zu § 10 AÜG; *Becker/Wulfgramm*, Art. 1 § 9 Rn. 18; *ErfK/Wank*, § 9 Rn. 7; *Schüren/Schüren*, § 9 Rn. 15 u. 24; *Thüsing/Mengel*, § 9

Rn. 20; *Gagel*, AuR 1985, 86; *Immenga*, BB 1972, 805; vgl. § 10 Rn. 67). Danach ist das unwirksame, von den Beteiligten jedoch praktizierte Arbeitsverhältnis für die Vergangenheit wie ein wirksam zustande gekommenes Arbeitsverhältnis zu betrachten. Dem Leiharbeitnehmer steht danach für die Zeit des faktischen Vollzugs des Arbeitsverhältnisses ein Anspruch auf Arbeitsvergütung gegen den Verleiher zu. Soweit dem LAN auf Grund des (unwirksamen) Leiharbeitsvertrags keine höheren Vergütungsansprüche zustehen sollten, richtet sich die Vergütung nach den **Gleichstellungsgrundsätzen** von §§ 3 Abs. 1 Nr. 3, 9 Nr. 2. Die Unwirksamkeit des Arbeitsvertrags erfasst in den Fällen von Nr. 1 nicht nur Arbeitsverträge mit arbeitsvertraglicher Bezugnahme auf einen TV zur ANÜ (Rn. 25) sondern führt dazu, dass sich das faktische Arbeitsverhältnis insgesamt nach den gesetzlichen Vorschriften richtet. Solange das nach Nr. 1 unwirksame Leiharbeitsverhältnis vollzogen wird, stehen dem LAN daher nicht nur die nach §§ 3 Abs. 1 Nr. 3, 9 Nr. 2 maßgeblichen Vergütungsansprüche eines vergleichbaren Arbeitnehmers des Entleihers zu (vgl. Rn. 90 ff. u. 104 ff.), sondern er hat auch Anspruch auf Gewährung der sonstigen wesentlichen Arbeitsbedingungen i.S.d. Vorschriften (Rn. 98 ff.). Für die Zukunft können sich die Arbeitsvertragsparteien nach Treu und Glauben jederzeit – ggf. u.U. unter Einhaltung einer Auflösungsfrist – durch **einseitige Erklärung lösen** (vgl. § 314 Abs. 1 BGB; *BAG* v. 26. 6. 1984 – 2 AZR 471/83 – EzAÜG § 631 BGB Werkvertrag Nr. 7; *Schüren/Schüren*, § 10 Rn. 153; *Thüsing/Mengel*, § 9 Rn. 18). Ein ggf. beim Verleiher bestehender **Betriebsrat** ist in diesem Fall – wie auch in sonstigen Fällen der Nichtigkeit des Leiharbeitsvertrages – nicht nach § 102 BetrVG zu beteiligen (*BAG* v. 10. 2. 1977 – 2 ABR 80/76 – AP Nr. 9 zu § 103 BetrVG 1972; DKK-*Kittner*, § 102 Rn. 22). *(unbesetzt)* **33–71**

III. Arbeitsentgelt und sonstige materielle Arbeitsbedingungen des Leiharbeitsverhältnisses (Nr. 2)

1. Inhalt und Anwendungsbereich

Nach **Nr. 2** sind Vereinbarungen im Leiharbeitsvertrag unwirksam, soweit dem Leiharbeitnehmer für Zeiten der Überlassung an einen Entleiher ab dem ersten Einsatztag nicht mindestens die wesentlichen Arbeitsbedingungen gewährt werden, die einem vergleichbaren Arbeitnehmer des Entleihers zu gewähren wären (**Diskriminierungsverbot**). Die Regelung sieht (begrenzt auf Fälle der ANÜ) für Zeiten der Beschäftigung bei einem Entleiher ein **Gleichbehandlungsgebot** i.S.e. Verschlechterungsverbots (*Boemke/Lembke*, § 9 Rn. 23 f.) für LAN (vgl. BT-Ds. 15/25, 38 f.; sog.»**equal pay**« und »**equal treatment**« mit Stammarbeitnehmern des Entleihers vor (*Bauer/Krets*, NJW 2003, 538). Soweit Fremdfirmenarbeitnehmer außerhalb einer ANÜ eingesetzt werden, ist die Vorschrift nicht anwendbar. Nr. 2 ist weder arbeitsvertraglich noch durch **Betriebsvereinbarung** abdingbar (*Boemke/Lembke*, § 9 Rn. 18 u. § 10 Rn. 10; Rn. 113 u. § 1 Rn. 113) und ist ein Schutzgesetz i.S.d. § 823 Abs. 2 BGB. Daraus folgt u.a. dass der **Entleiher** im Rahmen der Ausübung des übertragenen Direktionsrechts den LAN gegenüber der Stammbelegschaft in **tatsächlicher Hinsicht** nicht unterschiedlich behandeln darf (vgl. auch Rn. 207 u. 214). **72**

Ausnahmen bestehen bei Einstellung eines Arbeitslosen in den ersten sechs Wochen der Beschäftigung (Rn. 116 ff.) und bei Vorliegen eines Tarifvertrags zur ANÜ (Rn. 254). Die Vorschrift ist **tarifdispositiv** ausgestaltet. Verleihfreie Zeiten **73** werden von ihr nicht erfasst (zur Konzernleihe vgl. § 1 Rn. 51a). Nr. 2 ist sowohl auf die gewerbsmäßige als auch auf die **nichtgewerbsmäßige ANÜ** anwendbar (ErfK/*Wank*, § 3 Rn. 19; *Kokemoor*, NZA 2003, 242; *Ulber*, AuR 2003, 7; a. A. *Boemke*/*Lembke*, § 9 Rn. 15; *Richardi*, ZfA 2003, 655; offengehalten in *BAG* v. 25. 1. 2005 – 1 ABR 61/03 – DB 2005, 1693). Dies ergibt sich aus dem gesetzlichen Zusammenhang mit § 1 Abs. 2, der auch auf die nicht gewerbsmäßige ANÜ Anwendung findet (vgl. § 1 Rn. 196), und § 3 Abs. 1 Nr. 3, der den Nichtdiskriminierungsgrundsatz ausdrücklich einbezieht. Werden Arbeitnehmer von **Mischunternehmen** überlassen, kommt Nr. 2 für den Zeitraum der Überlassung ebenfalls zur Anwendung.

74 Nr. 2 wurde durch Art. 6 des Ersten Gesetzes für moderne Dienstleistungen am Arbeitsmarkt (v. 23. 12. 2002, BGBl. I S. 4607) neugefasst und trat uneingeschränkt am 1. 1. 2004 in Kraft (zur Rechtslage bis zum 31. 12. 2002 und bis zum 31. 12. 2003 § 19 Rn. 2). Nr. 2 entspricht von seinen Rechtsfolgen her betrachtet weitgehend der in § 10 Abs. 5 a. F. enthaltenen **Gleichbehandlungspflicht**, begrenzt jedoch das Diskriminierungsverbot auf wesentliche Arbeitsbedingungen. Die Vorschrift zielt sowohl hinsichtlich des Arbeitsentgelts (vgl. Rn. 90 ff.) als auch hinsichtlich der sonstigen materiellen Arbeitsbedingungen (Rn. 82 ff.) auf eine **Nichtdiskriminierung** i. S. e. Nichtschlechterstellung (Rn. 108 ff.) von Leiharbeitnehmern und vergleichbaren Arbeitnehmern des Entleiherbetriebes (Rn. 104 ff.) ab.

75 Nr. 2 trägt dem Gleichbehandlungsgrundsatz des Art. 3 GG Rechnung. Durch die gesetzlich vorgesehene Nichtdiskriminierung werden auch die im Hinblick auf Art. 9 Abs. 3 GG bestehenden verfassungsrechtlichen Bedenken ausgeräumt, die sich bislang aus der Einschränkung des Geltungsbereichs der im Entleiherbetrieb zur Anwendung kommenden Tarifverträge durch den Einsatz von Leiharbeitnehmern ergaben (vgl. Einl. C Rn. 11 ff.). Soweit **verfassungsrechtliche Bedenken** gegen die Wirksamkeit der Vorschrift erhoben wurden (*Schüren*/*Schüren*, § 9 Rn. 178; *Rieble*/*Klebeck*, NZA 2003, 23), die insbesondere im Hinblick auf mögliche Beeinträchtigungen der Vertrags- und unternehmerischen Handlungsfreiheit bestehen, sind diese unbegründet (*BVerfG* v. 29. 12. 2004 – 1 BvR 2283/03 – NZA 2005, 153; vgl. auch Rn. 130 ff.; *Ulber*, AuR 2003, 15).

2. Vorrang arbeitsvertraglicher Abreden zwischen Leiharbeitnehmer und Verleiher

76 Nr. 2 lässt die vertragliche Gläubiger-Schuldner-Beziehung zwischen LAN und Verleiher unberührt. Als Vertragsarbeitgeber ist nur der Verleiher **Schuldner** von Ansprüchen des LAN aus dem Arbeitsverhältnis. Im ANÜ-Vertrag kann der Entleiher zwar verpflichtet werden, auf dem Diskriminierungsverbot beruhende Ansprüche des LAN zu erfüllen (§ 267 BGB; *Sandmann*/*Marschall*, Art. 1 § 3 Anm. 21 c; vgl. § 10 Rn. 99 ff.); eine derartige Vereinbarung lässt jedoch die Schuldnerstellung des Verleihers als Arbeitgeber des LAN unberührt (§ 10 Rn. 111). Unmittelbare **Leistungsansprüche** des LAN **gegen den Entleiher** können sich jedoch aus Tarifverträgen oder Betriebsvereinbarungen ergeben, die beim Entleiher gelten (vgl. Rn. 157, 159). Arbeitsvertragliche Ansprüche gegen den Entleiher sind jedoch auch für Arbeitsbedingungen, die vom Diskriminierungsverbot erfasst werden, i. d. R. nicht gegeben (*BAG* v. 25. 1. 2005 – 1 ABR 61/03 – DB 2005, 1693; § 10 Rn. 92 ff.). Gewährt der Entleiher dem LAN Arbeitsbedingungen nicht, die dem LAN infolge des Nichtdiskriminierungsgrundsatzes zu gewähren sind (z. B. Kinderbetreuungseinrichtungen, Kantinen-, Parkplatznutzung etc.), sind allein auf arbeitsvertraglicher Grundlage keine unmittelbaren Ansprüche des LAN gegen den Entleiher gegeben. Dem LAN steht in diesem Fall lediglich ein gegen den Verleiher gerichteter Verschaffungsanspruch bzw. bei Nichterfüllung ein Anspruch auf finanzielle Kompensation zu (*Grimm/Brock*, Praxis der ANÜ, 112; vgl. § 10 Rn. 106).

Nr. 2 stellt – weder gegenüber dem Entleiher noch gegenüber dem Verleiher – **77** eine selbstständige Anspruchsgrundlage dar (vgl. § 10 Abs. 4), sondern legt nur zwingende **Mindestnormen** hinsichtlich der im Leiharbeitsverhältnis zu gewährenden Arbeitsbedingungen fest (*Boemke/Lembke*, § 9 Rn. 23 f.). Die **materiellen Arbeitsbedingungen** des Leiharbeitsverhältnisses richten sich auch im Anwendungsbereich der Nr. 2 grundsätzlich nach den Vereinbarungen, die Verleiher und Leiharbeitnehmer im **Arbeitsvertrag** getroffen haben (vgl. § 1 Rn. 20 ff. und 48 ff.). Sind diese Vereinbarungen günstiger als beim Entleiher, kommt Nr. 2 nicht zur Anwendung (*Thüsing/Mengel*, § 9 Rn. 34; *Urban-Crell/Schulz*, Rn. 370). Weichen die vereinbarten Arbeitsbedingungen von den beim Entleiher zur Anwendung kommenden Arbeitsbedingungen zu Ungunsten des LAN ab, sind sie nach Nr. 2 **unwirksam**, soweit das Leiharbeitsverhältnis nicht beim Verleiher geltenden **Tarifverträgen** zur ANÜ unterliegt (vgl. hierzu Rn. 149 ff.).

Am grundsätzlichen Vorrang arbeitsvertraglicher Absprachen wird auch durch **78** die in § 9 Nr. 2 enthaltenen Regelungen zu den **Mindestarbeitsbedingungen von Leiharbeitsverhältnissen** für den Zeitraum einer Überlassung an einen Entleiher nichts geändert. Die vertraglichen Leistungspflichten des LAN werden durch die Vorschrift nicht erweitert. Sowohl die Art der Tätigkeit als auch die Berufs- und Qualifikationsanforderungen und die geschuldete **Arbeitszeit** richten sich ausschließlich nach den Festlegungen im Arbeitsvertrag. Darüber hinausgehende Pflichten werden dem LAN durch Nr. 2 nicht auferlegt. Bestehen beim Entleiher Regelungen zur Pflicht zur Teilnahme an **Qualifizierungsmaßnahmen**, treffen den LAN außerhalb von Einarbeitungsqualifizierungen oder der Unterweisungs- und Erörterungspflichten nach §§ 12 Abs. 2 ArbSchG, 81 BetrVG keine Leistungspflichten. Auch während des Einsatzes im Entleiherbetrieb gelten grundsätzlich die Arbeitsbedingungen und die Begrenzungen der Leistungspflichten, die für das Leiharbeitsverhältnis vertraglich vereinbart wurden. Ein **teilzeitbeschäftigter LAN** ist daher auch dann nicht zur Vollzeitarbeit verpflichtet, wenn der Arbeitsplatz beim Entleiher nur mit vollzeitbeschäftigten AN besetzt wird (*Urban-Crell/Schulz* Rn. 366; *Lembke*, BB 2003, 101). Für den LAN günstigere Vertragsabsprachen gehen den jeweils zur Anwendung kommenden Mindestarbeitsbedingungen des Entleihers vor, insoweit gilt das **Günstigkeitsprinzip** (*Bauer/Krets*, NJW 2003, 538; *Reim*, ZTR 2003, 109).

Für die **Einsatzzeiten** bei Entleihern ist regelmäßig zu prüfen, ob die dem Leih- **79** arbeitnehmer auf Grund des Arbeitsvertrages gewährten Arbeitsbedingungen von ihrem materiellen Niveau her **mindestens** den Arbeitsbedingungen entsprechen, die nach Nr. 2 als Mindestarbeitsbedingungen einzuhalten sind (zum Günstigkeitsvergleich s. Rn. 108 ff.). Wird das gesetzlich vorgesehene Mindestniveau durch die vertraglichen Absprachen zwischen Verleiher und LAN erreicht oder überschritten, entfaltet die Vorschrift keine praktischen Wirkungen.

Trifft den Entleiher gegenüber dem LAN eine **eigene Pflicht**, materielle Arbeits- **80** bedingungen zu gewähren, ist Nr. 2 nicht anwendbar. Dies betrifft insbesondere Ansprüche aus Betriebsvereinbarungen, deren Geltungsbereich sich unmittelbar auf LAN erstreckt (Betriebsordnung, Schutzkleidung, Nutzung von Parkplätzen oder Kantine etc.). Die Einhaltung von Vorschriften zum Arbeits- und Gesundheitsschutz haben Verleiher und Entleiher nach § 11 Abs. 6 jeweils eigenständig sicherzustellen.

81 Die Vereinbarung mit dem Verleiher darf nur für die Einsatzzeiten bei Entleihern keine schlechteren Arbeitsbedingungen vorsehen (vgl. amtl. Begr. BT-Ds. 15/25 S. 38). Für **verleihfreie Zeiten** können dagegen auch einzelvertraglich ungünstigere Arbeitsbedingungen vereinbart werden, die ihre Grenzen in § 138 BGB und § 11 Abs. 4 Satz 2 finden (*Thüsing/Mengel*, § 9 Rn. 29; vgl. auch § 11 Rn. 99). Dabei verbietet § 11 Abs. 4 Satz 2 allerdings Vereinbarungen zur Absenkung des Annahmeverzugslohns (vgl. § 1 Rn. 51a ff., § 11 Rn. 103 ff.; *Weyand/Düwell*, 70). In verleihfreien Zeiten muss der Verleiher dem LAN eine Vergütung mindestens in der Höhe bezahlen, die ihm bei einem Verleih zugestanden hätte (*Boemke*, § 11 Rn. 110 ff.; vgl. § 1 Rn. 50 ff.). Die Vereinbarung günstigerer Arbeitsbedingungen bleibt den Arbeitsvertragsparteien generell unbenommen.

3. Arbeitsbedingungen des Entleihers

82 Nr. 2 soll hinsichtlich der **wesentlichen Arbeitsbedingungen** eine Schlechterstellung von LAN und Stammarbeitnehmern verhindern (vgl. amtl. Begr. BT-Ds. 15/25 S. 38). Der **Begriff** der Arbeitsbedingungen ist weit zu fassen. Er umfasst grundsätzlich alle materiellen und formellen Arbeitsbedingungen, die beim **Entleiher** zur Anwendung kommen (zur Wesentlichkeit vgl. Rn. 104 ff.). Nach der Gesetzesbegründung sollen alle nach dem allgemeinen Arbeitsrecht vereinbarten Bedingungen (BT-Ds. 15/25 S. 38), bei denen Leistung und Gegenleistung gem. § 612 Abs. 1 BGB üblicherweise in einem **gegenseitigen Abhängigkeitsverhältnis** stehen, erfasst werden. Einseitige Gestaltungsrechte (z. B. **Kündigungen**) werden daher vom Begriff der Arbeitsbedingungen i. S. d. Vorschrift nicht erfasst (vgl. Rn. 103). Die Dauer der Arbeitszeit oder des Urlaubs zählen jedoch gleichermaßen zu den Arbeitsbedingungen wie die Nutzung von Aus- und Weiterbildungseinrichtungen (*Sandmann/Marschall*, § 3 Anm. 21 d; *Schüren/Schüren*, § 9 Rn. 196) oder betriebliche Sozialleistungspakete (z. B. Kantinenessen) und sonstige soziale Einrichtungen (BT-Ds. 15/25, S, 38 f.).

83 Auf welcher **Rechtsgrundlage** die Arbeitsbedingungen beim Entleiher gewährt werden, ist unbeachtlich. Gesetzlich, tarifvertraglich oder betrieblich geregelte Arbeitsbedingungen werden ebenso vollumfänglich erfasst, wie Ansprüche auf der Grundlage arbeitsvertraglicher Absprachen, betrieblicher Übung oder Gesamtzusage (*Thüsing/Mengel*, § 9 Rn. 33). Sind die Arbeitsbedingungen in einem nach § 5 TVG **allgemeinverbindlich erklärten TV** geregelt, werden sie von Nr. 2 erfasst, auch wenn der Verleiher nicht dem fachlichen Geltungsbereich des TV unterliegt. Unbeachtlich ist für die Anwendung des Gleichbehandlungsgrundsatzes, ob die Rechtsgrundlage wirksam ist, da im Rahmen der Nr. 2 ausschließlich darauf abzustellen ist, ob der Entleiher die Arbeitsbedingungen **tatsächlich** gewährt (*Hanau*, ZIP 2003, 1576).

84 Werden einem vergleichbaren Stammarbeitnehmer betriebliche Sozialleistungen gewährt oder kann dieser betriebliche **Sozialeinrichtungen** nutzen, hat der Leiharbeitnehmer auch insoweit einen Anspruch auf Gleichstellung. Unter den Begriff der Sozialeinrichtung fallen u. a. alle Gemeinschaftseinrichtungen und -dienste, die die Merkmale einer Sozialeinrichtung i. S. d. § 87 Abs. 1 Nr. 8 BetrVG erfüllen. Danach müssen dem Leiharbeitnehmer Mietzuschüsse (*Behrend*, NZA 2002, 374), Einrichtungen zur Gemeinschaftsverpflegung (Kantinenessen, Essensgeldzuschüsse etc.) oder Pausenräume u. ä. ebenso offen stehen, wie Kinderbetreuungseinrichtungen und vom Entleiher zur Verfügung gestellte Beförderungsmöglichkeiten (vgl. *Schüren/Schüren*, § 9 Rn. 197). Auch Systeme der **betrieblichen Altersvorsorge** (die zu den Gegenleistungen für geleistete Arbeit gehören; vgl. *BAG* v. 28. 5. 2002 – 3 AZR 422/01; *Schüren/Schüren*, § 9 Rn. 200; zum Entgeltcharakter vgl. *BAG* v. 10. 3. 1972, AP Nr. 152 zu § 242 BGB Ruhegehalt) oder sonstige vom Entleiher gewährte Leistungen der sozialen Sicherheit (z. B. Leistungen bei Betriebsunfällen) sind dem Leiharbeitnehmer grundsätzlich wie Stammarbeitnehmern zu gewähren (einschränkend: *Bauer/Krets*, NJW 2003, 537). Ist dies aus tatsächlichen oder rechtlichen Gründen nicht möglich (z. B. Altersversorgung, Aktienoptionsprogramme), steht dem LAN gegen den Verleiher ein finanzieller Kompensationsanspruch zu (*Grimm/Brock*, Praxis der ANÜ, 112; *Schüren/Schüren*, § 9 Rn. 204; vgl. § 10 Rn. 115 f.).

Zu den Arbeitsbedingungen zählen sowohl solche, die auf kollektiver Grundlage **85** beruhen (z. B. Gesetz, Tarifvertrag, Betriebsvereinbarung) als auch solche, die einzelvertraglich vereinbart werden (*Boemke/Lembke*, § 9 Rn. 35).

Ist der **Entleiher tarifgebunden**, führt der Grundsatz des »gleichen Lohns für **86** gleiche Arbeit« zur Anwendbarkeit der beim Entleiher« geltenden Tarifverträge (vgl. Ausschussbericht BT-Ds. 15/91, S. 17). Gewährt der Entleiher den Stammbeschäftigten mit oder ohne **Gewerkschaftszugehörigkeit** unterschiedliche Arbeitsbedingungen, richtet sich die Vergleichbarkeit danach, ob der LAN Mitglied einer für den Verleihbetrieb zuständigen Gewerkschaft ist (a. A. ErfK/*Wank*, § 3 Rn. 25, der die jeweils ungünstigste Arbeitsbedingung anwenden will). Abgesehen davon, dass es dem LAN bei den u. U. täglich wechselnden Entleihern kaum möglich ist, jeweils der für den Entleihbetrieb zuständigen Gewerkschaft beizutreten, würde es gegen das Diskriminierungsverbot verstoßen, wenn Leiharbeitnehmer als Gewerkschaftsmitglied mit Nichtgewerkschaftsmitgliedern im Entleiherbetrieb gleichgestellt würden. Nr. 2 ändert nichts daran, dass sich die für das Leiharbeitsverhältnis maßgeblichen Arbeitsbedingungen und die Tarifbindung grundsätzlich nach den beim Verleiher maßgeblichen Bestimmungen richten (Rn. 78). Die Tarifgebundenheit von Verleiher und Leiharbeitnehmer richtet sich gem. § 3 Abs. 1 TVG ausschließlich nach den Parteien des (Leih-) Arbeitsvertrags. Arbeitgeber ist und bleibt jedoch auch bei Vorliegen der Voraussetzungen der Nr. 2 der Verleiher und nicht (auch nicht für die Zeit der Überlassung) der Entleiher.

Werden vom Entleiher an die Stammbelegschaft **über- oder außertarifliche Leis- 87 tungen** erbracht, hat der Leiharbeitnehmer nach dem arbeitsrechtlichen Gleichbehandlungsgrundsatz einen Anspruch auf Gleichbehandlung (ErfK/*Wank*, § 10 AÜG Rn. 23).

Soweit die Arbeitsbedingungen beim Entleiher in einer **Betriebsvereinbarung 88** geregelt sind, werden auch darin geregelte Ansprüche von Nr. 2 erfasst (Rn. 85). Insbesondere Betriebsvereinbarungen in sozialen Angelegenheiten (§ 87 Abs. 1 BetrVG) aber auch freiwillige Betriebsvereinbarungen, die dem Arbeitnehmer eine Rechtsposition einräumen, haben in diesem Zusammenhang Bedeutung.

Fehlt es beim Entleiher an einer kollektivvertraglichen Regelung, richtet sich der **89** Umfang der dem Leiharbeitnehmer zu gewährenden Arbeitsbedingungen danach, was ein vergleichbarer Stammarbeitnehmer (Rn. 104) des Entleihers bei **vergleichbarer Tätigkeit** am zugewiesenen Arbeitsplatz erhält. Dabei ist jeweils auf die Üblichkeit beim Entleiher abzustellen. Werden vom Entleiher einem vergleichbaren Arbeitnehmer bestimmte materielle Arbeitsbedingungen üblicherweise gewährt (z. B. Antrittsprämie bei Wochenendarbeit, Erschwerniszulagen) sind diese auch dann als materielle Arbeitsbedingungen i.S.d. Nr. 2 zu berücksichtigen, wenn den Stammarbeitnehmern kein einklagbarer Anspruch auf die Leistung eingeräumt ist.

4. Arbeitsentgelt

90 Obwohl das Arbeitsentgelt ohnehin zu den wesentlichen Arbeitsbedingungen zählt, hat der Gesetzgeber in Nr. 2 wegen der Bedeutung der Vergütung ausdrücklich einen klarstellenden Hinweis auf die Gleichbehandlung beim Arbeitsentgelt aufgenommen. Hinsichtlich des Begriffs des Arbeitsentgeltes kann auf die in Art. 141 Abs. 2 EGV enthaltene Begriffsdefinition zum Gleichbehandlungsgrundsatz und die hierzu ergangene Rechtsprechung des *EuGH* (vgl. z.B. Urteil v. 17.9.2002, Rs. A.G. Lawrence u.a. C-320/00) zurückgegriffen werden. Nach Art. 141 Abs. 2 EGV sind unter Entgelt die üblichen Grund- oder Mindestlöhne und -gehälter sowie alle sonstigen Vergütungen zu verstehen, die der Arbeitgeber aufgrund des Dienstverhältnisses dem Arbeitnehmer unmittelbar oder mittelbar in bar oder in Sachleistungen zahlt. Das Arbeitsentgelt umfasst neben der Grundvergütung alle **geldwerten Vergütungsbestandteile** (z.B. Sonderzuwendungen; *Behrend*, NZA 2002, 374), die vom Entleiher auf demselben Arbeitsplatz an einen Stammarbeitnehmer zu entrichten sind. Dazu gehören neben dem laufenden Arbeitsentgelt auch alle sonstigen mit Rücksicht auf das Arbeitsverhältnis gewährten Geld- oder Sachleistungen, die über die periodische Abgeltung der Arbeitsleistung hinausgehen und außerhalb des vertraglichen Synallagmas stehen (*Lembke*, BB 2003, 101). Zur Feststellung, ob der Gleichbehandlungsgrundsatz eingehalten wurde, ist jeweils eine **fiktive Eingruppierung** des Leiharbeitnehmers auf Grundlage der beim Entleiher geltenden Regelungen vorzunehmen (*Thüsing/Mengel*, § 9 Rn. 25).

91 Zum Arbeitsentgelt zählen neben der Vergütung auf der Grundlage der beim Entleiher geltenden Vergütungsordnung (z.B. Entgelttarifvertrag) zunächst alle **Zuschläge** (z.B. bei Mehr- und Nachtarbeit), **Zulagen** (z.B. Erschwerniszulagen, Antrittsprämien; *Schüren/Schüren*, § 9 Rn. 195), Sonderzuwendungen oder Jahressonderzahlungen (z.B. Urlaubs- oder Weihnachtsgeld; vgl. amtl. Begründung BT-Ds. 15/35 S. 38; *Sandmann/Marschall*, § 3 Anm. 21d; *Schüren/Schüren*, § 9 Rn. 199; *Hanau*, ZIP 2003, 1576).

92 Zum Arbeitsentgelt zählen auch alle **Lohnersatzleitungen**, die dem Leiharbeitnehmer bei Beschäftigung als Stammarbeitnehmer beim Entleiher zustehen würden. Dies betrifft z.B. die **Entgeltfortzahlung** im Krankheitsfall (§§ 3f. EFZG; vgl. amtl. Begr. BT-Ds. 15/25 S. 38; *Hanau*, ZIP 2003, 1576; *Kokemoor*, NZA 2003, 240; *Weyand/Düwell*, 77; a.A. ErfK/*Wank*, § 3 Rn. 21) oder die Fortzahlung der Vergütung bei Annahmeverzug (§ 615 BGB; zu verleihfreien Zeiten vgl. Rn. 81).

93 Leistungen des Arbeitgebers mit entgeltwertem Charakter (z.B. Überlassung eines Dienstfahrzeuges zum privaten Gebrauch) – insbesondere Sozialleistungen (vgl. amtl. Begründung BT-Ds. 15/25 S. 38) – werden ebenfalls vom Begriff des Arbeitsentgeltes erfasst. Dasselbe gilt für **vermögenswirksame Leistungen**, Systeme der betrieblichen Altersversorgung (*Schüren/Schüren*, § 9 Rn. 200; *Grimm/Brock*, Praxis der ANÜ, 111: *Reim*, ZTR 2003, 108; *Weyand/Düwell*, 77), familienbezogene Zulagensysteme u.ä. Leistungspakete, für die der Entleiher Leistungen erbringt, die als geldwerter Vorteil unmittelbar an die erbrachte Arbeitsleitung anknüpfen und daher (zumindest mittelbar) auch zum Arbeitsentgelt zählen (z.B. Umsatzbeteiligungen; vgl. *Schüren/Schüren*, § 9 Rn. 200; *Behrend*, NZA 2002, 374).

Wird der LAN in **Leistungslohnsystemen** eingesetzt, sind beim Arbeitsentgelt **94** alle Leistungsbestandteile zu berücksichtigen, die Einfluss auf Zusammensetzung und Höhe des Entgeltes haben. Neben Tarifverträgen und arbeitsvertraglichen Absprachen sind hierbei insbesondere in Betriebsvereinbarungen (vgl. § 87 Abs.1 Nr.10 und 11 BetrVG) getroffene Regelungen zu berücksichtigen.

Werden beim Entleiher bestimmte Vergütungsbestandteile **pauschalisiert** abge- **95** golten (z.b. Mehrarbeitspauschale), hat der Leiharbeitnehmer entsprechend der Dauer seines Einsatzes beim Entleiher einen anteiligen Ausgleichsanspruch.

Soweit das Arbeitsentgelt oder Teile davon nicht in Geld ausgezahlt, sondern als **96** Arbeitszeit verrechnet werden (z.b. Zeitkonten, Freizeitausgleich bei Mehrarbeit), hat der Leiharbeitnehmer einen Anspruch auf gleiche Entnahme eines Zeitguthabens wie ein Stammarbeitnehmer. Ist eine Zeitentnahme während der Dauer des Einsatzes beim Entleiher nicht möglich und stehen nach Beendigung des Einsatz betriebliche Gründe beim Verleiher einem Freizeitausgleich entgegen, ist die angesparte Arbeitszeit in Geld (ggf. einschließlich etwaiger Zuschläge) abzugelten. I.Ü. sind Differenzierungen zwischen Stamm- und Leiharbeitnehmern beim Arbeitsentgelt ausgeschlossen (*Grimm/Brock,* Praxis der ANÜ, 114)

Soweit Arbeitsbedingungen dem Arbeitsentgelt zuzuordnen sind, hat der LAN **97** gegen den Verleiher nach dem Grundsatz des »gleichen Lohns für gleiche Arbeit« (BT-Ds. 15/25, 83; *Lembke,* Bln 2003, 98) einen entsprechenden **Zahlungsanspruch**. In **verleihfreien Zeiten**, d.h. für Zeiten, in denen der Verleiher das besondere Beschäftigungsrisiko nach § 11 Abs. 4 Satz 2 zu tragen hat, richtet sich das zu zahlende Arbeitsentgelt grundsätzlich nach den Vereinbarungen zwischen Verleiher und Leiharbeitnehmer (vgl. amtl. Begr. BT-Ds. 15/25 S. 38; ausführlich ErfK/*Wank,* § 3 Rn.27f.; vgl. Rn.81).

5. Wesentliche Arbeitsbedingungen

Von Nr.2 werden nur **wesentliche Arbeitsbedingungen** erfasst. Hierzu gehören **98** mindestens die in § 2 Abs. 1 Satz 2 NachwG genannten Arbeitsbedingungen (*Thüsing/Mengel,* § 9 Rn.30; *Boemke/Lembke,* § 9 Rn.34; *Lembke,* BB 2003, 101). Im Zweifel ist davon auszugehen, dass eine Arbeitsbedingung wesentlich i.S.d. Nr.2 ist (*Boemke/Lembke,* § 9 Rn.34). Nach dem Zweck der Vorschrift, den LAN für den konkreten zeitlich befristeten Einsatz bei einem Entleiher mit der Stammbelegschaft gleichzustellen, sind alle Arbeitsbedingungen wesentlich, die auf Grund der beim Entleiher ausgeübten Tätigkeit des LAN für Stammarbeitnehmer gelten und nicht an Sachverhalte anknüpfen, die außerhalb des Überlassungszeitraums liegen (z.B. Vergütung in verleihfreien Zeiten) oder den Bestand des Arbeitsverhältnisses berühren (Rn.103).

Ob eine Arbeitsbedingung wesentlich ist, richtet sich nach den **Verhältnissen** **99** **beim Entleiher**, auf dessen vergleichbare Arbeitnehmer abzustellen ist. Sind keine vergleichbaren Arbeitnehmer vorhanden, kann entsprechend § 10 Abs. 1 Satz 4 auf die Arbeitnehmer vergleichbarer Betriebe abgestellt werden (vgl. § 10 Rn.56a) Vertragliche Absprachen, die den Kreis der beim Entleiher zu gewährenden wesentlichen Arbeitsbedingungen einschränken oder zum Nachteil des LAN modifizieren, sind nach Nr.2 unwirksam. Sind Arbeitsbedingungen, die nach allgemeinen arbeitsrechtlichen Grundsätzen als wesentlich zu behandeln sind, beim Entleiher nicht geregelt, kann auf entsprechende Regelungen in vergleichbaren Entleihbetrieben zurückgegriffen werden.

100   Der in der Gesetzesbegründung enthaltene Verweis auf die Einbeziehung der sozialen Einrichtungen besagt nicht nur, dass neben den üblicherweise gewährten Arbeitsbedingungen alle beim Entleiher konkret gewährten Leistungen auch dem Leiharbeitnehmer zustehen, sondern verweist auch darauf, dass sich der Gesetzgeber bei der Wortwahl auch am (zur Zeit des Gesetzgebungsverfahrens vorliegenden) Entwurf der EG-Richtlinie zu den Arbeitsbedingungen von Leiharbeitnehmern (KOM [2002] 702 endgültig) orientiert hat (*Thüsing*, DB 2003; *Schüren/Schüren* § 9 Rn. 196 f.). Bei der Bestimmung der wesentlichen Arbeitsbedingungen i.S.d. Nr. 2 kann daher ergänzend (nicht jedoch abschließend; so aber ErfK/*Wank*, § 3 AÜG Rn. 20) auf die Begriffsdefinitionen des Art. 3 Abs. 1 lit. f) des Entwurfes zurückgegriffen werden. Zu den Arbeitsbedingungen zählen danach neben dem Arbeitsentgelt (Rn. 90 ff.) insbesondere Regelungen zu Dauer der **Arbeitszeit**, zu Mehrarbeit, Pausen, Ruhezeiten, Nachtarbeit, bezahltem Urlaub (vgl. hierzu *Weyand/Düwell*, 78), arbeitsfreien Tagen, zur Lohnfortzahlung (*Sandmann/Marschall*, Art. 1 § 3 Anm. 21 d) oder zu Qualifikationsansprüchen (a. A. insoweit *Thüsing*, DB 2003, 447).

101   Zum Arbeitsentgelt zählen auch **Sachleistungen** (Gestellung eines Firmenwagens, Werkseinkauf, Aktienoptionen, Gewinnbeteiligungen; Rn. 93; *Weyand/Düwell*, 78), sowie der Zugang zu allen Gemeinschaftseinrichtungen und Diensten, insbesondere zur Gemeinschaftsverpflegung, zu Kinderbetreuungseinrichtungen (*Urban-Crell/Schulz*, Rn. 367) und zu Beförderungsmitteln (Art. 6 Abs. 4 Entwurf der EG-RiLi zur ANÜ). Können Sachleistungen nicht in Natur gewährt werden oder enthält der Entleiher dem LAN Sachleistungen vor, sind sie im Ausnahmefall aus sachlichen Gründen mit ihrem Geldwert zu erstatten (ErfK/*Wank*, § 3 Rn. 23; *Lembke*, BB 2003, 101; vgl. § 10 Rn. 116).

102   Eine **Einschränkung** des Kreises wesentlicher Arbeitsbedingungen kann sich aus der Natur des Leiharbeitsverhältnisses und dessen besonderer gesetzlichen Ausgestaltung ergeben. **Sachliche Gründe** für eine Einschränkung sind jedoch dann anzuerkennen, wenn eine unterschiedliche Behandlung auch innerhalb der Stammbelegschaft des Entleihers zulässig wäre (*Thüsing*, DB 2003, 447; weitergehend *Lembke*, BB 2003, 103). Regelungen zur **Kurzarbeit** im Entleiherbetrieb können wegen der besonderen Regelung des Annahmeverzugs (§ 11 Abs. 4 Satz 2) nicht auf Leiharbeitnehmer erstreckt werden. Dasselbe gilt für die Vergütungspflichten in Zeiten eines Annahmeverzuges beim Entleiher, z. B. für **Zeitkontenregelungen**, die den Entleiher von seiner Pflicht zur Fortzahlung der Vergütung während eines Arbeitsausfalls befreien oder eine Vor- oder Nachleistungspflicht für den Zeitraum des Arbeitsausfalls vorsehen.

103   Keine wesentlichen Arbeitsbedingungen i.S.d. Nr. 2 sind solche Arbeitsbedingungen, die die Begründung, Laufzeit oder Beendigung des Arbeitsverhältnisses betreffen. Da das Leiharbeitsverhältnis grundsätzlich die Dauer des Einsatzes bei einem Entleiher überdauern muss (vgl. § 1 Rn. 201b, 216, 219), sind hinsichtlich des **Bestands** des Leiharbeitsverhältnisses ausschließlich die mit dem Verleiher getroffenen Vereinbarungen maßgeblich (a. A. *Boemke*, § 10 Rn. 123; zur unzulässigen Synchronisation vgl. § 1 Rn. 201, § 3 Rn. 66). Dasselbe gilt für Regelungen zur Urlaubsgewährung (§ 87 Abs. 1 Nr. 5 BetrVG; *Weyand/Düwell*, 78), zu Modalitäten der Zahlung der Vergütung (Fälligkeit, Auszahlungszeitpunkt, Vorschüsse u. ä.; § 87 Abs. 1 Nr. 4 BetrVG), zu Ausschlussfristen oder für Reisekosten, die für Fahrten zur Betriebsstätte des Entleihers entstehen (vgl. § 1 Rn. 53a). Die **Entgeltfortzahlung** im Krankheitsfall (Rn. 92), ist grundsätzlich wesentliche Arbeitsbedingung i.S.d. Nr. 2 (*Sandmann/Marschall*, § 3 Anm. 21d), auf diesbezügliche Regelungen beim Entleiher kann sich der Leiharbeitnehmer jedoch nur berufen, soweit der Krankheitsfall während des Einsatzes eintritt und solange er innerhalb des geplanten Überlassungszeitraumes andauert.

6. Vergleichbarer Arbeitnehmer

Die dem Leiharbeitnehmer zu gewährenden Arbeitsbedingungen müssen als **104** Gesamtheit denen eines **vergleichbaren Arbeitnehmers** des Entleihers entsprechen (vgl. auch § 2 Abs. 1 Satz 3 TzBfG). Dem Verleiher ist es insoweit verwehrt, die Arbeitsbedingungen zu parzellieren und hierauf bezogen jeweils verschiedene Arbeitnehmer mit unterschiedlichen Arbeitsbedingungen zu Grunde zu legen (*Thüsing/Mengel*, § 9 Rn. 26). Vergleichbarer Arbeitnehmer ist der mit gleicher oder ähnlicher Tätigkeit beim Entleiher beschäftigte **Stammarbeitnehmer** (vgl. BT-Ds. 15/25 S. 38). Arbeitnehmer, die nicht in einem arbeitsvertraglichen Verhältnis zum Entleiher stehen (z.B. sonstige LAN oder Fremdfirmenbeschäftigte auf werk- oder dienstvertraglicher Grundlage), können nicht Bezugspunkt des vergleichbaren Arbeitnehmers i.S.v. Nr. 2 sein (*Thüsing/Mengel*, § 9 Rn. 24). Fehlt es **tätigkeitsbezogen** an einem vergleichbaren Arbeitnehmer im Betrieb, richten sich die Arbeitsbedingungen nach denen eines Stammarbeitnehmers in vergleichbaren Betrieben (vgl. § 10 Abs. 1 Satz 4; *BAG* v. 21.7.1993 EzAÜG § 10 Fiktion Nr. 78; ErfK/*Wank*, § 3 Rn. 25a; *Lembke*, BB 2003, 100; a.A. *Thüsing*, DB 2003, 447; *Bauer/Krets*, NJW 2003, 537) wobei auch die maßgeblichen Flächentarifverträge einen Maßstab bilden (*Schüren/Schüren*, § 9 Rn. 194).

Ausgangspunkt für die Bestimmung der Arbeitsbedingungen eines vergleich- **105** baren Arbeitnehmers ist der **konkrete Arbeitsplatz**, den der LAN **im Betrieb** besetzen soll (vgl. Art. 5 Satz 1 Entw. EG-RiLi zur ANÜ KOM 2002, 701). Eine unternehmens- oder konzernbezogene Betrachtung ist ausgeschlossen (*Thüsing/ Mengel*, § 9 Rn. 24). Die für den konkreten Arbeitsplatz zur Anwendung kommenden Arbeitsbedingungen (insbesondere Eingruppierung, Leistungs-/Zeitlohnsystem, Ein- oder Mehrschichtarbeit; *Grimm/Brock*, Praxis der ANÜ, 113) sind dem LAN so zu gewähren, wie bei einer **unmittelbaren Einstellung** durch den Entleiher (*Schüren/Schüren*, § 9 Rn. 190). Da auf das Anforderungsprofil des konkret zu besetzenden Arbeitsplatzes abzustellen ist, ist es dem Verleiher verwehrt, sich an den Arbeitsbedingungen eines beliebig vergleichbaren AN des Entleihers (so aber: *Thüsing*, DB 2003, 448) oder anderen Betrieben oder Unternehmen des Entleihers zu orientieren.

Kommen für **befristet** oder unbefristet Beschäftigte unterschiedliche Arbeits- **106** bedingungen zur Anwendung, ist nicht auf den zwischen Verleiher und LAN abgeschlossenen Arbeitsvertrag, sondern auf die im ANÜ-Vertrag vorgesehene Laufzeit abzustellen. Ist die Laufzeit des ANÜ-Vertrags befristet, ist der Leiharbeitnehmer wie ein befristet, ansonsten wie ein unbefristet eingestellter Stammarbeitnehmer des Entleihers zu behandeln.

Ist das Ob und/oder Wie einer zu gewährenden Arbeitsbedingung an **besondere** **107** **persönliche Merkmale** gebunden (z.B. Qualifikation, Berufsabschluss, Berufserfahrung), muss auch der Leiharbeitnehmer die hiermit verbundenen Voraussetzungen erfüllen. Dies gilt insbesondere, wenn die Ansprüche des vergleichbaren Arbeitnehmers von der **Dauer der Betriebszugehörigkeit** abhängen. In diesen Fällen ist darauf abzustellen, welche Zeiten der Leiharbeitnehmer beim jeweiligen Entleiher gearbeitet hat. Mehrere Einsatzzeiten sind dabei zusammenzurechnen, soweit sich aus der betrieblichen Regelung beim Entleiher nichts anderes ergibt.

7. Günstigkeitsvergleich

108   Nr. 2 beschränkt sich nach seinem Wortlaut darauf, für die Dauer des Einsatzes bei einem Entleiher eine Diskriminierung des LAN gegenüber Stammarbeitnehmern auszuschließen. Zielsetzung des Gesetzgebers ist es dabei, den Grundsatz »gleicher Lohn für gleiche Arbeit« im Bereich der ANÜ zu verwirklichen (vgl. amtl. Begr. BT-Ds. 15/25 S. 38) und eine **Schlechterstellung** des LAN gegenüber Stammarbeitnehmern **auszuschließen**. Soweit die vom Verleiher vertraglich zu gewährenden Arbeitsbedingungen günstiger sind, ist für eine Anwendbarkeit der Norm kein Raum gegeben (a. A. ErfK/*Wank*, § 3 Rn. 28). Im umgekehrten Fall greift das Diskriminierungsverbot.

109   Ob eine Schlechterstellung des Leiharbeitnehmers i.S.d. Nr. 2 vorliegt, ist jeweils für die konkrete Überlassung durch einen Vergleich der beim Entleiher maßgeblichen Arbeitsbedingungen mit den auf Grundlage des Leiharbeitsverhältnisses vom Verleiher zu gewährenden Arbeitsbedingungen zu ermitteln. Für die Einsatzzeiten bei Entleihern ist insoweit hinsichtlich der einzelnen zu gewährenden Arbeitsbedingungen jeweils ein **Günstigkeitsvergleich** vorzunehmen (*Boemke/Lembke*, § 9 R. 39; *Grimm/Brock*, Praxis der ANÜ, 117; *Thüsing*, DB 2003, 447; *Ulber*, AuR 2003, 11; a. A. ErfK/*Wank*, § 3 Rn. 28).

110   Ein Günstigkeitsvergleich kommt **nur in den Fällen** in Betracht, in denen die jeweilige Arbeitsbedingung sowohl beim Entleiher (für Stammarbeitnehmer) als auch beim Verleiher (auf Grund des Arbeitsvertrags) eine Regelung erfahren hat. Ist der Verleiher vertraglich verpflichtet, eine Arbeitsbedingung zu gewähren, die der Entleiher einem Stammbeschäftigten nicht gewährt (und die dort auch nicht betriebsüblich zu gewähren ist; vgl. Rn. 89), bleibt er zur Erfüllung der vertraglichen Absprachen verpflichtet. Werden beim Entleiher demgegenüber Arbeitsbedingungen gewährt, die dem Leiharbeitnehmer auf Grund des Arbeitsvertrags nicht vom Verleiher zu gewähren sind, scheidet ein Günstigkeitsvergleich aus. In diesem Fall hat der Verleiher die beim Entleiher maßgeblichen Arbeitsbedingungen nach Nr. 2 auch dem Leiharbeitnehmer vollumfänglich zu gewähren. Dies gilt insbesondere bei **Regelungslücken** des Leiharbeitsvertrags. Ist im Arbeitsvertrag des Leiharbeitsnehmers z. B. lediglich der Zeitlohn geregelt, wird der LAN jedoch beim Entleiher im **Leistungslohn** eingesetzt, kommen die insoweit beim Entleiher geltenden Arbeitsbedingungen vollumfänglich zur Anwendung. Dasselbe gilt für Zuschläge, betriebliche Sozialleistungspakete oder sonstige Leistungen mit geldwertem Charakter (z.B. vermögenswirksame Leistungen), die der Entleiher einem vergleichbaren Stammarbeitnehmer gewährt (vgl. Rn. 91).

111   Sind Arbeitsbedingungen bei Verleiher und Entleiher gleichermaßen zu gewähren, sind alle wesentlichen Arbeitsbedingungen in den Günstigkeitsvergleich einzubeziehen. Der Günstigkeitsvergleich hat dabei nach den zu § 4 Abs. 3 TVG entwickelten Kriterien zu erfolgen (*Thüsing*, DB 2003, 447). Abzustellen ist danach weder auf die einzelne isolierte Arbeitsbedingung noch auf einen Vergleich des bei Entleiher und Verleiher geltenden Gesamtregelungswerk der Arbeitsbedingungen. Vielmehr ist ein **Sachgruppenvergleich** vorzunehmen, bei dem jeweils die Regelungen zusammengefasst bewertet werden, die in einem sachlichen und einheitlichen Zusammenhang zueinander stehen (*BAG*, a.a.O.; *Boemke/Lembke*, § 9 Rn. 40; ErfK/*Schaub*, § 4 TVG Rn. 66; *Thüsing/Mengel*, § 9 Rn. 27). I. E. kommt dabei die jeweils günstigere Sachgruppenregelung zur Anwendung. Zur Vermeidung von Unstimmigkeiten sollte hierzu im Arbeitsvertrag ein nach Nr. 2

uneingeschränkt zulässiger Verweis auf die ausschließliche Geltung der jeweils beim Entleiher zur Anwendung kommenden Regelungen vereinbart werden (*Thüsing/Mengel*, § 9 Rn. 27).

Der Vergleich zwischen arbeitsvertraglich vereinbarten und vom Entleiher zu gewährenden Arbeitsbedingungen bereitet bei reinen Zahlungsansprüchen keine besonderen Schwierigkeiten. Probleme können hier allenfalls auftreten, wenn **Vergütungspauschalen** vereinbart sind (z. B. bei Mehrarbeit oder Rufbereitschaft vgl. Rn. 95) oder beim Entleiher geleistete Arbeitsstunden nicht unmittelbar in Geld, sondern in **Zeitwertguthaben** abgegolten werden (s. Rn. 96). Hier ist jeweils der anteilige Geldwert in Ansatz zu bringen. **112**

8. Rechtsfolgen bei Verstößen

Die Regelung zum Diskriminierungsverbot nach Nr. 2 ist weder durch BV noch arbeitsvertraglich **abdingbar** (*Boemke/Lembke*, § 9 Rn. 18; *Bauer/Krets*, NJW 2003, 108; *Reim*, ZTR 2003, 108), soweit nicht einer der beiden Ausnahmetatbestände erfüllt ist. Die Unabdingbarkeit des Anspruchs verbietet es auch, über arbeitsvertragliche **Pauschalvereinbarungen** Grund oder Höhe des Anspruchs zu Lasten des LAN zu verkürzen (*Sandmann/Marschall*, § 3 Anm. 21d). Entgegenstehende Individualvereinbarungen sind **unwirksam** (*Reim*, AiB 2005, 203). Soweit die vertraglichen Absprachen von den Mindestarbeitsbedingungen abweichen, die dem LAN nach den Arbeitsbedingungen des Entleihers zustehen, hat er nach § 10 Abs. 4 einen Gleichstellungsanspruch gegen den Verleiher (vgl. § 10 Rn. 80 i ff.). Aus **sachlichen Gründen** ist eine Abweichung vom Grundsatz der Gleichbehandlung regelmäßig nicht zulässig (*Thüsing*, DB 2003, 447; a. A. *Lembke*, BB 2003, 101). Etwas anderes gilt nur, soweit eine unterschiedliche Behandlung auch innerhalb der Stammbelegschaft zulässiger Weise erfolgt (*Thüsing*, a.a.O.). **113**

Treffen Verleiher und Leiharbeitnehmer arbeitsvertragliche Absprachen, die ein Unterschreiten der nach Nr. 2 zu gewährenden Mindestarbeitsbedingungen beinhalten, sind die diesbezüglichen Vereinbarungen **unwirksam**. Dasselbe gilt, wenn das Leiharbeitsverhältnis nach Nr. 1 unwirksam ist (§ 10 Rn. 109). Die Unwirksamkeit erfasst dabei nur den Teil der Absprachen, der gegen das Diskriminierungsverbot verstößt. Die **Rechtsfolgen** der Unwirksamkeit richten sich dabei auch dann nach § 10 Abs. 4 (vgl. § 10 Rn. 105 ff.), wenn der Verleiher dem LAN die Arbeitsbedingungen in tatsächlicher Hinsicht nicht gewährt (§ 10 Rn. 85). Danach steht dem LAN gegen den Verleiher für die Zeit der Überlassung ein **Leistungsanspruch** auf Gewährung der Arbeitsbedingungen zu, die einem vergleichbaren Arbeitnehmer des Entleihers zustehen würden. **114**

Da eine Verletzung des § 9 Nr. 2 gleichzeitig einen Verstoß gegen § 3 Abs. 1 Nr. 3 enthält, ist dem Verleiher gegebenenfalls die **Erlaubnis zur ANÜ zu entziehen** (vgl. § 3 Rn. 82 ff.). Eine Sanktionierung von Verstößen als Ordnungswidrigkeit ist im Gesetz nicht vorgesehen. **115**

IV. Mindestvergütung bei Einstellung eines zuvor arbeitslosen Arbeitnehmers (Nr. 2 Halbs. 3)

Eine Ausnahme vom Grundsatz der Gleichbehandlung hat der Gesetzgeber für den Fall der **erstmaligen Einstellung** eines zuvor **arbeitslosen Arbeitnehmers** durch den Verleiher vorgesehen. In diesem Fall kann der LAN für die Dauer von insgesamt höchstens sechs Wochen (Rn. 125) nicht die beim Entleiher geltenden **116**

Arbeitsbedingungen verlangen, wenn ihm für diesen Zeitraum **mindestens** das bisher bezogene Arbeitslosengeld als Nettoarbeitsentgelt gewährt wird. Die Ausnahmebestimmung greift nur ein, wenn hierüber eine **ausdrückliche Vereinbarung** im Arbeitsvertrag getroffen wurde (*Ulber*, AuR 2003, 11), die als wesentliche Vertragsbedingung i.S.d. § 2 Abs. 1 Satz 2 Nr. 6 NachwG schriftlich zu fixieren ist.

117 Der zuvor arbeitslose Arbeitnehmer muss **als Leiharbeitnehmer** neu eingestellt werden und darf vorher nicht schon einmal bei demselben Verleiher beschäftigt gewesen sein (a.A. *Thüsing/Mengel*, § 9 Rn. 36, wonach die Ausnahme nur bei zeitnaher Neueinstellung vorliegt). Die Voraussetzung einer Einstellung als LAN ist i.S.d. Nr. 2 nur erfüllt, wenn der Arbeitnehmer auf Grund des Arbeitsvertrages ausschließlich zum Zwecke der Überlassung an Dritte eingestellt wird. Bedeutung hat dies insbesondere, wenn der Verleiher ein **Mischunternehmen** betreibt. Wird der Arbeitnehmer für einen Mischbetrieb eingestellt, findet die Ausnahmebestimmung nur Anwendung, wenn sich die Pflichten zur Arbeitsleistung auf den Einsatz als Leiharbeitnehmer beschränken.

118 Eine Verkürzung des Nettoentgeltanspruchs auf das Arbeitslosengeld setzt voraus, dass der Leiharbeitnehmer **zuvor arbeitslos** war. Dies beurteilt sich nach den Bestimmungen des § 118 Abs. 1 SGB III (*Boemke/Lembke*, § 9 Rn. 49), wobei zusätzlich die Voraussetzungen des § 117 SGB III erfüllt sein müssen (ErfK/*Wank*, § 3 Rn. 30; *Ulber*, AuR 2003, 11; a.A. *Thüsing/Mengel*, § 9 Rn. 37, wonach der für Langzeitarbeitslose geltende § 18 SGB III Anwendung finden soll). Zuvor arbeitslos war der Leiharbeitnehmer nur, wenn er bis zur Arbeitsaufnahme bzw. bis zu dem Zeitpunkt, in dem die Vergütungspflicht des Verleihers einsetzt, arbeitslos war. Hat der Arbeitnehmer z.B. zwischen dem Zeitpunkt des Abschlusses des Arbeitsvertrages und dem Einsetzen der vertraglichen Vergütungspflicht eine Beschäftigung ausgeübt, die das Vorliegen von Arbeitslosigkeit i.S.d. Begriffsbestimmungen des SGB III ausschließt, sind die Voraussetzungen des Ausnahmetatbestandes nicht erfüllt (a.A. *Thüsing/Mengel*, § 9 Rn. 37).

119 Sonstige **Arbeitssuchende** fallen nicht unter den Anwendungsbereich der Ausnahmebestimmung (*Ulber*, AuR 2003, 8).

120 Da der Ausnahmetatbestand an den Erhalt des **zuletzt bezogenen Arbeitslosengeldes** anknüpft, kommt eine Anwendbarkeit grundsätzlich nur in Betracht, wenn der Arbeitslose vor Aufnahme der Beschäftigung beim Verleiher auch **tatsächlich** ein messbares Arbeitslosengeld bezogen hat. Dies entspricht den fiskalpolitischen Zwecken der Norm, zur Entlastung der öffentlichen Kassen Anreize für die Einstellung arbeitsloser Arbeitnehmer zu geben. Der Ausnahmetatbestand kommt daher nicht zur Anwendung, wenn der Arbeitnehmer zwar die Voraussetzungen eines Anspruchs auf Arbeitslosengeld nach § 117 Abs. 1 SGB III erfüllte, diesen Anspruch aber nicht geltend gemacht hatte (a.A. *Schüren/Schüren*, § 9 Rn. 208; *Kokemoor*, NZA 2003, 240). Dagegen werden Empfänger von Anschlussarbeitslosenhilfe bzw. von Arbeitslosengeld II vom Anwendungsbereich der Norm erfasst, soweit sie unmittelbar vor Bezug der Sozialleistung Arbeitslosengeld erhalten hatten (ErfK/*Wank*, § 3 Rn. 30).

121 Das vom Verleiher zu zahlende (Mindest-) **Nettoarbeitsentgelt** entspricht der Höhe nach mindestens dem vor Aufnahme der Beschäftigung zuletzt gezahlten Arbeitslosengeld. Grundlage ist hierbei der zuletzt ergangene Leistungsbescheid der BA, dessen Vorlage der Verleiher verlangen kann. Erhielt der Arbeitnehmer vor der Einstellung **Anschlussarbeitslosenhilfe** (vgl. Rn. 120), ist nicht auf die Höhe des zuletzt bezogenen Arbeitslosengeldes II, sondern auf die Höhe des fik-

tiv zu errechnenden Arbeitslosengeldes abzustellen (DA-BA Nr. 3.1.7 zu § 3; a. A. *Schüren/Schüren* § 9 Rn. 209).

Das zuletzt gezahlte Arbeitslosengeld ist die **Mindestvergütung**, die dem Arbeitnehmer in den ersten sechs Wochen als Nettoarbeitsentgelt, d. h. nach vorherigem Abzug aller Steuern und Sozialversicherungsabgaben, zu zahlen ist. Tarifverträge zur ANÜ können eine abweichende Regelung treffen (*Reim*, AiB 2003, 76). **122**

Entgegen dem Wortlaut der Ausnahmebestimmung, der sich scheinbar auf alle materiellen Arbeitsbedingungen erstreckt (»es sei denn«), werden Ansprüche, die sich nicht auf das reine Arbeitsentgelt beziehen, nicht durch den Mindestarbeitsentgeltanspruch ausgeschlossen (»mindestens«). Die von Nr. 2 nicht erfassten **sonstigen materiellen Arbeitsbedingungen** (vgl. Rn. 82 ff.) einschließlich der Vergütung in verleihfreien Zeiten sind dem Arbeitnehmer daher grundsätzlich uneingeschränkt und zusätzlich zu gewähren. Darüber hinaus ist eine unterschiedliche Behandlung von neu eingestellten, zuvor arbeitslosen oder nicht arbeitslosen Arbeitnehmern (und eine damit verbundene Verkürzung des Vergütungsanspruchs) nur gerechtfertigt, soweit Entgeltbestandteile betroffen sind, die sowohl beim Arbeitsentgelt als auch beim Arbeitslosengeld berücksichtigt werden. Wurden **Bestandteile des Arbeitsentgeltes** nicht beim Bemessungsentgelt (§ 132 SGB III) berücksichtigt, bleiben darüber hinausgehende Entgeltansprüche des Arbeitnehmers – auch soweit die Voraussetzungen der Ausnahmenorm i. Ü. erfüllt sind – unberührt. Aufwendungen, Mehrarbeitsvergütungen, Zuschläge und sonstige von der Grundvergütung nicht erfasste Entgeltbestandteile sind daher vom Verleiher neben dem maßgeblichen Mindestarbeitsentgelt und in der gleichen Höhe zu vergüten, wie anderen nicht zuvor arbeitslosen Arbeitnehmern. **123**

Das Mindestarbeitsentgelt entspricht dem Arbeitslosengeld nur, soweit die **Bezugsgrundlagen des Arbeitslosengeldes** denen des Anspruchs auf Arbeitsvergütung entsprechen. Nimmt der Arbeitnehmer beim Verleiher eine **Teilzeitbeschäftigung** auf und hatte er vormals auf der Grundlage einer Vollzeitbeschäftigung Arbeitslosengeld erhalten, ist der Mindestentgeltanspruch entsprechend § 133 Abs. 3 SGB III zeitanteilig zu kürzen. Im umgekehrten Fall ist die Ausnahmebestimmung nur soweit anwendbar, wie das auf der Grundlage einer vormaligen Teilzeitbeschäftigung bezogene Arbeitslosengeld hinsichtlich der berücksichtigten **wöchentlichen Arbeitszeit** (vgl. § 132 SGB III) im neuen Leiharbeitsverhältnis zeitanteilig berücksichtigt werden kann. In diesem Fall ist die Differenz zwischen der Arbeitszeit, die dem (Teilzeit-) Arbeitslosengeld zu Grunde liegt, und der tatsächlich beim Verleiher geleisteten höheren Arbeitszeit nach den allgemeinen Grundsätzen vergütungspflichtig. Dies entspricht dem Wortlaut (»mindestens«) und den fiskalpolitischen Zwecken der Norm und steht auch im Übrigen in Einklang mit Nr. 2 und Art. 3 GG, wonach eine Schlechterstellung/Ungleichbehandlung eines neu eingestellten Leiharbeitnehmers gegenüber sonstigen Arbeitnehmern nur gerechtfertigt ist, soweit die unterschiedlichen Rechtsfolgen an unterschiedliche Sachverhalte anknüpfen. **124**

Die Beschränkung des Mindestarbeitsentgelts bei vorangegangener Arbeitslosigkeit kann für **höchstens sechs Wochen** der Überlassung an einen Entleiher vereinbart werden. Infolge der überwiegend kurzen Laufzeit des Leiharbeitsverhältnisses hat die Vorschrift in der Praxis jedoch enorme Auswirkungen (vgl. *Reim*, ZTR 2003, 111). **Unterbrechungen** des Einsatzes bei einem Entleiher sind unschädlich, soweit sie auf demselben Leiharbeitsverhältnis beruhen (*Schüren/* **125**

Schüren § 9 Rn. 205; *Lembke*, BB 2003, 102; zum wiederholten Arbeitsverhältnis vgl. Rn. 117 u. 126). Die sechswöchige Beschränkung auf das Arbeitslosengeld als Mindestentgelt ist nach dem Wortlaut der Norm (»an einen Entleiher«) jedoch nur zulässig, soweit die Überlassung **denselben Entleiher** betrifft (*Schüren/Schüren*, § 9 Rn. 205; *Lembke*, BB 2003, 102; *Ulber*, AuR 2003, 11; a. A. *Thüsing/Mengel*, § 9 Rn. 38; *Gaul/Otto*, DB 2002, 2487). Der entgegenstehende Wille des Gesetzgebers (vgl. amtl. Begr. BT-Ds. 15/25 S. 39) hat im Gesetzestext keinen Niederschlag gefunden. Bei Wechsel des Einsatzes von einem (Erst-) Entleiher zu einem anderen Entleiher sind dem Arbeitnehmer daher auch dann die normalen Arbeitsbedingungen zu gewähren, wenn der Zweiteinsatz innerhalb der Sechswochenfrist erfolgt (*Schüren/Schüren* § 9 Rn. 25; *Lembke*, BB 2003, 102).

126 Eine Begrenzung des Mindestentgeltanspruchs auf das zuletzt bezogene Arbeitslosengeld ist ausgeschlossen, wenn mit demselben Verleiher zum **wiederholten Mal** ein Leiharbeitsverhältnis begründet wird. Das frühere Arbeitsverhältnis muss mit demselben Verleiher, d. h. mit derselben natürlichen oder juristischen Person oder deren Rechtsnachfolger, bestanden haben. Dies gilt grundsätzlich auch für verschiedene **Konzernunternehmen** (*Boemke/Lembke*, § 9 Rn. 53 f.; *Thüsing/Mengel*, § 9 Rn. 39); ein insbesondere zeitnaher Wechsel des Arbeitgebers deutet hier i. d. R auf eine unzulässige Umgehung des Diskriminierungsverbots hin. Das frühere Arbeitsverhältnis muss nach dem Wortlaut der Norm ein Leiharbeitsverhältnis gewesen sein. Bei reinen Verleihunternehmen ist diese Voraussetzung bei Identität des Arbeitgebers regelmäßig erfüllt. Betreibt der Verleiher dagegen ein **Mischunternehmen** (vgl. Rn. 117) liegt ein weiteres Leiharbeitsverhältnis i. S. d. Norm nur vor, wenn der Arbeitnehmer auch im Rahmen des früheren Arbeitsverhältnisses zur Arbeitsleistung im Rahmen einer ANÜ verpflichtet werden konnte.

127 Findet auf das Arbeitsverhältnis ein **Tarifvertrag zur ANÜ** Anwendung (vgl. Rn. 196 ff.), kann dieser nach Nr. 2 auch hinsichtlich des Mindestentgeltanspruchs in den ersten sechs Wochen der Beschäftigung eine (für den Arbeitnehmer günstigere oder ungünstigere) abweichende Regelung zulassen (Rn. 199). Die Abweichung muss im Tarifvertrag eindeutig zum Ausdruck kommen und die Grenzen der Gestaltungsmacht der Tarifvertragsparteien einhalten (vgl. hierzu Rn. 227 ff.). Der allgemein gehaltene Verweis, dass i. Ü., d. h. über die im Tarifvertragstext enthaltenen Regelungen hinaus, die gesetzlichen Bestimmungen zur ANÜ gelten, reicht hierfür nicht aus.

128 Verstöße gegen die Ausnahmevorschriften zum Mindestarbeitsentgelt bei Einstellung eines zuvor Arbeitslosen führen nach Nr. 2 zur **Unwirksamkeit** der diesbezüglichen Vergütungsvereinbarung und zur Versagung, zur Rücknahme oder zum Widerruf der Erlaubnis zur ANÜ (§ 3 Abs. 1 Nr. 3; vgl. amtl. Begr. BT-Ds. 15/25 S. 39). Dies gilt unabhängig davon, ob eine Tatbestandsvoraussetzung der Norm (z. B. arbeitsloser Arbeitnehmer) nicht vorliegt, oder ob die Rechtsfolgen (z. B. durch Falschberechnung des Nettoarbeitsentgeltes – Rn. 121 – oder Ausweitung des Sechswochenzeitraumes) abweichend geregelt werden.

129 Von der Unwirksamkeit nach Nr. 2 wird nur der Teil der Vergütungsabsprache erfasst, der an die Einstellung eines arbeitslosen Arbeitnehmers anknüpft, nicht jedoch das gesamte Arbeitsverhältnis. Der Gesetzgeber hat insoweit in § 10 Abs. 4 als lex specialis zu § 139 BGB angeordnet, dass Verstöße gegen die gesetzlichen Vergütungspflichten des Verleihers nur zur (Teil-) **Unwirksamkeit der Vergütungsvereinbarung** führen, nicht jedoch das gesamte Rechtsgeschäft erfassen.

Soweit die (ansonsten unwirksame) Vergütungsabsprache nicht durch einen **129a** Tarifvertrag zugelassen ist (Rn. 199), richten sich die Rechtsfolgen von Verstößen nach § 10 Abs. 4. Danach kann der Leiharbeitnehmer in dem Umfang, in dem die Vergütungsabsprache gegen Nr. 2 verstößt, das Arbeitsentgelt verlangen, das einem vergleichbaren Arbeitnehmer des Entleihers zu gewähren wäre (vgl. § 10 Rn. 105 ff.).

V. Verfassungsrechtliche Aspekte des Diskriminierungsverbots

1. Allgemeine Überlegungen

Regelungen zum Arbeitsentgelt und zu den sonstigen Arbeitsbedingungen un- **130** terliegen grundsätzlich nicht der staatlichen Regelungsmacht, sondern werden in autonomer Gestaltung der Tarif- oder Arbeitsvertragsparteien festgelegt (*BVerfG* v. 24. 4. 1996, BVerfGE 94, 283). §§ 1 Abs. 1 und 8 Abs. 2 des Gesetzes über die Festsetzung von Mindestarbeitsbedingungen (v. 11. 1. 1952, BGBl. I S. 17) gehen vom grundsätzlichen **Vorrang tariflicher Absprachen** zu Mindestarbeitsbedingungen aus. Ausnahmen von diesem Grundsatz sind dort zugelassen, wo das Tarifvertragssystem nicht den notwendigen und angemessenen Schutz des Arbeitnehmers gewährleisten kann oder andere mit Verfassungsrang ausgestattete Belange eine gesetzliche Regelung erfordern (*BVerfG* v. 29. 12. 2004 – 1 BvR 2283/03 – DB 2005, 110). Eine derartige Ausnahmeregelung enthält § 1 Abs. 2 des Gesetzes über die Festsetzung von Mindestarbeitsbedingungen. Die Voraussetzungen dieser Vorschrift waren bei der Neuregelung der §§ 3 Abs. 1 Nr. 3, 9 Nr. 2 n. F. sowohl hinsichtlich des geringen Organisationsgrads in der Verleihbranche (lit. a; vgl. Rn. 189 f.) als auch hinsichtlich der Erforderlichkeit (lit. b; vgl. Einl. E) und den bis zur Einfügung des Diskriminierungsverbots mangelnden Möglichkeiten einer Allgemeinverbindlicherklärung (lit. c) erfüllt.

Der Gesetzgeber hat sich entschlossen, unabhängig vom Gesetz über die Fest- **131** setzung von Mindestarbeitsbedingungen im AÜG eine (tarifdispositive) **gesetzliche Regelung der Mindestarbeitsbedingungen** von Leiharbeitnehmern zu treffen. Angesichts der außergewöhnlich hohen Entgeltabstände zwischen Leih- und Stammarbeitnehmern bei identischer Arbeit und der teilweise nicht mehr existenzsichernden Lohnhöhe in diesem **Niedriglohnbereich** präzisiert Nr. 2 dabei auch die Grenze zulässiger Diskriminierung und nach § 138 BGB sittenwidriger Lohnabsprachen (Rn. 245 ff.). Die Regelung ist Bestandteil des bestehenden gesetzlichen Systems des Arbeitsschutzes, das sich durch seinen zwingenden Charakter auszeichnet und Abweichungen zu Lasten des Arbeitnehmers i.d.R. ausschließt. Die Besonderheit des Diskriminierungsverbots liegt (abgesehen von den strukturellen Veränderungen beim Günstigkeitsprinzip; vgl. Rn. 228) darin, dass es sich auch auf die Festsetzung eines **Mindestentgeltes** erstreckt. Dabei werden die Bedingungen selbst nicht der Höhe nach festgelegt, sondern es wird auf vom Staat unbeeinflusste Regelungswerke (bei den Entleihern) verwiesen, in denen ein funktionsfähiges tarifvertragliches System zur Regulierung der materiellen Arbeitsbedingungen zur Verfügung steht.

Die **Normsetzungsprärogative** sichert den Tarifvertragsparteien eine primäre **132** Regelungsbefugnis im Bereich der Arbeits- und Wirtschaftsbedingungen (*BVerfG* v. 24. 5. 1999, AP Nr. 15 zu § 5 TVG), sie verleiht den Tarifvertragsparteien jedoch kein Normsetzungsmonopol (*BVerfG* v. 3. 4. 2001 – 1 BvL 32/97 – AP Nr. 2 zu § 10 BUrlG Kur). Die subsidiäre Zuständigkeit des Gesetzgebers bleibt hiervon jedoch unberührt. Dies gilt insbesondere für die Bereiche, in denen ein funktionsfähiges Tarifvertragssystem (wie bei der ANÜ) nicht besteht. Durch die Regelungen zum Diskriminierungsverbot hat der Gesetzgeber von seiner Zuständigkeit Gebrauch gemacht und hat hierbei durch die Tarifdispositivität der Norm die erforderlichen eigenständigen Regelungsbefugnisse der Tarifvertragsparteien gewahrt (*BVerfG* v. 29. 12. 2004 – 1 BvR 2283/03; Reim, AiB 2005, 204; *Weyand/Düwell*, 73). Gegen die Wirksamkeit der Regelungen zum Lohngleichheitsgebot für Leiharbeitnehmer werden **verfassungsrechtliche Bedenken** erhoben (vgl. hierzu *Grobys/Schmidt/Brocker*, NJW 2003, 777). Auffällig ist hierbei, dass die rechtstatsächlichen Entwicklungen seit Geltung des Diskriminierungsverbotes nichts mit den Befürchtungen und Grundannahmen gemein haben, von denen die Kritiker bei der verfassungsrechtlichen Prüfung der Regelung ausgehen. So wurde insbesondere davon ausgegangen, dass die Regelung ein »Tarifdiktat« der Gewerkschaften begründe (so *Bauer/Krets*, NJW 2003, 539; ähnlich *Boemke/Lembke*, § 9 Rn. 65 u. *Lembke*, BB 2003, 102) und den »Weg in den Gewerkschaftsstaat« vorbereite (*Rüthers*, NJW 2003, 552); Behauptungen, die angesichts des Niveaus der abgeschlossenen Tarifverträge zur ANÜ (Rn. 228) jeder realen Grundlage entbehren. Daneben wird die Freiwilligkeit von Lohndumpingabsprachen im Rahmen der Vertragsautonomie (*Thüsing*, DB 2003, 250) herangezogen, um einen Verfassungsverstoß zu begründen. Wenn auch nach mehr als zwei Jahren der Abschluss der Niedriglohntarifverträge nicht zur Kenntnis genommen wird, und in der rechtswissenschaftlichen Diskussion weiterhin von einer Teuerung der Leiharbeit von 50 % ausgegangen wird (vgl. *Brose*, NZA 2005, 797), kommen ernsthafte Zweifel an der Redlichkeit der Skeptiker auf. Weitaus ehrlicher (wenngleich nicht weniger bedenklich) sind da schon die Überlegungen von *Hamann* zu »Vermeidungsstrategien« des Gleichbehandlungsgrundsatzes (BB 2005, 2185), mit denen das »KO-Kriterium« (ebd.) des gleichen Lohns am gleichen Arbeitsplatz überwunden werden soll. Auffällig ist an der Diskussion auch, dass die besonderen Schutzbedürfnisse hinsichtlich der Berufsfreiheit von LAN, denen die Regelungen zum Diskriminierungsverbot Rechnung tragen (vgl. BVerfG v. 29. 12. 2004 – 1 BvR 2283/03 – Nr. 21), und die hiermit verbundenen verfassungsrechtlich verankerten Gestaltungspflichten des Gesetzgebers (vgl. unter Rn. 139) weitgehend ausgeblendet werden (Ausnahme insoweit: *Wank*, RdA 2003, 2). Selbst die **individuelle Koalitionsfreiheit** des Leiharbeitnehmers, gegen die verstoßen werde, wird mit der Begründung herangezogen, dass LAN durch einen Tarifvertrag zur ANÜ (der durchweg schlechtere Arbeitsbedingungen vorsieht; vgl. Rn. 228) zur Flucht aus dem Tarifvertrag und damit zum Gewerkschaftsaustritt gedrängt würden (*Lembke*, BB 2003, 103). Dass dem LAN infolge der Möglichkeit der arbeitsvertraglichen Inbezugnahme (Rn. 286 ff.) faktisch keine Möglichkeit zur Tarifflucht eröffnet ist, wird hierbei nicht einmal erwähnt (die Verleihbranche ist soweit ersichtlich der einzige Wirtschaftsbereich, in dem alle Arbeitsverhältnisse einem Tarifvertrag ohne Allgemeinverbindlicherklärung unterliegen).

133 Bei näherer Betrachtung weist die verfassungsrechtliche Auseinandersetzung um das Diskriminierungsverbot weit über die gesetzlichen Regelungen bei der ANÜ hinaus. Es geht offensichtlich auch darum, Gestaltungsmöglichkeiten und möglichen Grenzziehungen des Gesetzgebers im Bereich des Lohndumpings und des **Niedriglohnsektors** sowie der Entrechtung von Arbeitnehmern im Rahmen einer politisch motivierten Deregulierungsgesetzgebung die verfassungsrechtliche Grundlage zu entziehen. Insoweit müsste die Diskussion über verfassungsrechtliche Grundpositionen der Verleiher zumindest um Aspekte des sozialstaatlich gebotenen Schutzes des Arbeitnehmers ergänzt werden. Die Argumentationslinie der Kritiker weist jedoch in eine andere Richtung. Deutlich zeigt sich dies etwa bei den Kommentierungen zur Reichweite des Diskriminierungsverbots. So sollen nach Ansicht einer Vielzahl der Autoren bei unterschiedlich geregelten Arbeitsbedingungen nur die jeweils ungünstigsten Arbeitsbedingungen zur Anwendung kommen (*Bauer/Krets*, NJW 2003, 539; *Lembke*, BB 2003, 101; *Thüsing*, DB 2003, 448), eine Auffassung, die zwar dem Wunsch nach Ausweitung der Niedrigentlohnung entspricht, im Gesetz jedoch keine Grundlage findet.

134 Auch soweit die verfassungsrechtliche Auseinandersetzung um das Diskriminierungsverbot aus der Perspektive der Verleiher geführt wird, erscheint es verkürzt, die Diskussion auf Aspekte der Koalitionsfreiheit oder der Privatautonomie zu beschränken. Vielmehr unterliegt die Verleihbranche infolge einer Vielzahl unseriös und illegal operierender Verleiher auch heute noch einem Verdrängungswettbewerb, der die Existenz legal tätiger Unternehmen der Branche gefährdet. Die **Wettbewerbsfähigkeit** gesetzestreuer Verleiher wird in der Praxis nicht von einem Tarifdiktat der Gewerkschaften (*Bauer/Krets*, NJW 2003, 539) oder einem Bestimmungsmonopol des Leiharbeitnehmers bei der Vereinbarung von Arbeitsbedingungen beeinträchtigt, sondern von Verleihern, die über ein Preis- und Lohndumping seriöse Verleiher vom Markt verdrängen. Darauf bezogen verschlechtert das gesetzliche Gleichbehandlungsgebot und die damit verbundene Vereinheitlichung der Arbeits- und Wettbewerbsbedingungen nicht die Wettbewerbsbedingungen in der Verleihbranche (*BVerfG* v. 29.12.2004 – 1 BvR 2283/03 – Nr.32), sondern stellt auch ein geeignetes Mittel zum Schutz legal tätiger Verleiher gegen existenzgefährdende Schmutzkonkurrenz dar.

135 Letztlich sei noch darauf hingewiesen, dass in der breiten verfassungsrechtlichen Debatte um das Diskriminierungsverbot die Entscheidung des *BVerfG* v. 6.10. 1987 (1 BvR 1086/82, DB 1988, 605), in der die Erstreckung von Entleihertarifverträgen auf legal tätige Verleiher ausdrücklich als zulässiges Gestaltungsmittel des Gesetzgebers anerkannt wird, keine Berücksichtigung findet. Daneben wird die Auseinandersetzung nahezu ausschließlich aus der Verleiherperspektive geführt, was z.B. dazu führt, dass die aus dem Einsatz von LAN in den Entleiherbetrieben resultierenden Beeinträchtigungen der Tarifautonomie unberücksichtigt bleiben (s. Rn. 156 ff.).

2. Diskriminierungsverbot und Vertragsfreiheit des Leiharbeitnehmers

136 Durch Art. 12 Abs. 1 GG wird die wirtschaftliche Betätigungsfreiheit und die **Vertragsfreiheit** von Verleiher bzw. LAN bei der Vereinbarung der für das Arbeitsverhältnis maßgeblichen Arbeitsbedingungen verfassungsrechtlich geschützt. Im verfassungsrechtlich geschützten Rahmen können die Arbeitsvertragsparteien die Rechtsbeziehungen grundsätzlich eigenverantwortlich und frei von staatlichem Zwang regeln. Das Diskriminierungsverbot schränkt die Vertragsfreiheit ein, da es außerhalb der ausdrücklich normierten Ausnahmetatbestände abweichende vertragliche Regelungen nach unten ausschließt.

137 Eingriffe in die Vertragsfreiheit sind im Arbeitsverhältnis grundsätzlich mit jeder Arbeitsschutznorm verbunden, sie rechtfertigen sich aus der ungleichen Verhandlungsposition von Arbeitgeber und Arbeitnehmer (*BVerfG* v. 29.12.2004 – 1 BvR 2283/0 – Nr.17). Im Leiharbeitsverhältnis hat dieses **Machtungleichgewicht** u.a. dazu geführt, dass Leiharbeitnehmer für die gleiche Arbeit eines

Stammarbeitnehmers an demselben Arbeitsplatz durchschnittlich allenfalls 60 bis 70% des Arbeitsentgelts eines vergleichbaren Arbeitnehmers im Entleihbetrieb erhalten (*Wallwei*, EuroAS 2002, 161). Selbst der durchschnittliche Lohn eines Leiharbeitnehmers überschreitet damit zum Teil die Grenze zum Lohnwucher (vgl. § 1 Rn. 51 f.).

138 Insbesondere Kostensenkungsprogramme der Entleiher und die damit verbundene Reduzierung der Überlassungsvergütung des Verleihers führen tendenziell dazu, dass sukzessive auch das Arbeitsentgelt der LAN gesenkt wird. Faktisch wird damit das Arbeitsentgelt als wesentlicher Inhalt des Arbeitsvertrages ebenso wie die sonstigen materiellen Arbeitsbedingungen (z.B. Lage und Dauer der Arbeitszeit nach Entleiherbedürfnissen) nicht mehr zwischen den Parteien des Arbeitsvertrags ausgehandelt, sondern die wesentlichen Arbeitsbedingungen werden sachzwanglogisch zur **abhängigen Variablen** der Vertragsverhandlungen und -ergebnisse zwischen Verleiher und Entleiher. Insoweit besteht für einen Ausgleich der unterschiedlichen Interessen von LAN und Verleiher bei der Aushandlung der Arbeitsbedingungen allenfalls in Ausnahmefällen (z.B. bei Spezialisten) ein Verhandlungsspielraum zur Ausübung der Vertragsfreiheit. Erst recht kann unter diesen Umständen nicht von einer **Freiwilligkeit** des LAN gesprochen werden, vom Lohngleichheitsgrundsatz nach unten abweichende Regelungen zu treffen, was z.T. für die Begründung der Verfassungswidrigkeit des Diskriminierungsverbots herangezogen wird (vgl. *Thüsing*, DB 2003, 450). Die Vertragsfreiheit des LAN reduziert sich im Leiharbeitsverhältnis auf die **Abschlussfreiheit** und dies auch nur, soweit nicht bei Ablehnung eines Leiharbeitsverhältnisses eine Sperrzeit nach § 144 SGB III droht.

139 Im Rahmen der Privatautonomie lässt sich infolge des **Machtungleichgewichts** ein angemessener Ausgleich der Interessen von LAN und Verleiher nicht herstellen. Der Gesetzgeber ist insoweit gefordert, dem vorhandenen **wirtschaftlichen und sozialen Ungleichgewicht** durch geeignete Maßnahmen entgegenzuwirken (*BVerfG* v. 28.1.1992 – 1 BvR 1025/82 – AuR 1992, 187 m. Anm. *Blanke/Diederich*.). Hierbei kommt ihm ein breiter Gestaltungsspielraum zu. Das in Nr. 2 als Mindestarbeitsbedingung (tarifdispositiv) ausgestaltete Diskriminierungsverbot stellt insoweit ein verfassungsrechtlich gefordertes, geeignetes und dem Grundsatz der Verhältnismäßigkeit entsprechendes Mittel dar, um die gestörte Vertragsparität und das soziale Ungleichgewicht der Parteien des Leiharbeitsverhältnisses auszugleichen. Grundrechte des Leiharbeitnehmers werden durch die Vorschrift nicht verletzt, vielmehr dient sie dem Schutz der Berufsfreiheit des LAN (BVerfG v. 29.12.2004 – 1 BvR 2283/03 – Nr. 22; i.E. ebenso *Grobys/Schmidt/Becker*, NZA 2003, 778; a.A. *Rieble/Klebeck*, NZA 2003, 28).

3. Eingriffe in die Vertragsfreiheit des Verleihers

140 Art. 12 Abs. 1 GG schützt die Vertragsfreiheit des Verleihers bei der Vereinbarung der für das Arbeitsverhältnis maßgeblichen Arbeitsbedingungen. Mit dem Grundsatz »gleicher Lohn für gleiche Arbeit« wird die Abschluss- und Gestaltungsfreiheit des Verleihers beschränkt, so dass ein Eingriff in die verfassungsrechtlich geschützte **Privatautonomie** vorliegt (*Bauer/Krets*, NJW 2003, 538; *Grobys/Schmidt/Brocker*, NZA 2003, 778).

141 Als **Berufsausübungsregelung** (*BVerfG* v. 29.12.2004 – 1 BvR 2283/03 – Nr. 37; *Grobys/Schmidt/Brocker*, NZA 2003, 778) ist der Eingriff zulässig, soweit vernünftige Erwägungen des Gemeinwohls ihn zweckmäßig erscheinen lassen, die gewählten Mittel zur Erreichung des Zweckes geeignet und erforderlich sind und die Beschränkungen den Betroffenen zumutbar sind. Die Zwecke der in Nr. 2 getroffenen Regelung, zu einem Abbau der Arbeitslosigkeit beizutragen (vgl. amtl. Begr. BT-Ds. 15/23f.; *Boemke/Lembke*, § 9 Rn. 2; *Sandmann/Marschall*, § 3 Anm. 21a), den Leiharbeitnehmer vor Ungleichbehandlungen bei gleicher Arbeit zu schützen und die innerbetriebliche Lohngerechtigkeit zu gewährleisten, stellen insoweit verfassungsrechtlich legitimierte Ziele dar (*BVerfG* v. 29.12.2004 – 1 BvR 2283/03 – Nr. 24ff. – DB 2005, 110 u. v. 4.4.1967, BVerfGE 21, 255). Auch ist die Regelung geeignet, Arbeitslose infolge des Ausschlusses individuell vereinbarter Dumpinglöhne zur Aufnahme einer Beschäftigung als Leiharbeitnehmer zu bewegen, so dass die Regelung zu einer Reintegration von Arbeitslosen in das Erwerbsleben beitragen kann. Die Erforderlichkeit der Regelung ergibt sich neben dem Ausgleich des **Machtungleichgewichts** der Parteien des Arbeitsvertrags (Rn. 138f.) auch aus dem gesetzgeberisch gewollten Ausgleich für die gleichzeitig vorgenommenen Aufhebungen von Arbeitnehmerschutzbestimmungen (*Grobys/Schmidt/Brocker*, NZA 2003, 779). Die zwingende Regelung zur Gleichheit der Arbeitsbedingungen schafft insoweit erst den Rahmen, in dem der Leiharbeitnehmer sein Grundrecht aus Art. 12 Abs. 1 GG unter angemessenen Bedingungen verwirklichen kann (*BVerfG*, a.a.O. u.v. 6.10.1987 – 1 BvR 1086/82 – DB 1988, 608).

Hinsichtlich der **Verhältnismäßigkeit des Eingriffs** ist das Interesse des Verleihers an einer möglichst preisgünstigen Anbietung von Leiharbeitnehmern auf dem Markt mit dem Interesse des Leiharbeitnehmers an einer möglichst günstigen und diskriminierungsfreien Entlohnung für die geleistete Arbeit abzuwägen (*BVerfG* v. 29.12.2004 – 1 BvR 2283/03 – DB 2005, 110). Nicht unberücksichtigt bleiben darf dabei, dass der Leiharbeitnehmer infolge einer adäquaten Bezahlung das Arbeitsverhältnis auch längerfristig beim Verleiher aufrecht erhält und das Diskriminierungsverbot so auch dem Interesse des Verleihers an einer dauerhaften Nutzung der Arbeitskraft dient. Diesem Gesichtspunkt hat der Gesetzgeber auch dadurch Rechnung getragen, dass er bei nur kurzzeitiger Beschäftigung für die ersten sechs Wochen der Beschäftigung die Geltung des Gleichbehandlungsgrundsatzes ausschloss (Rn. 116ff.). Daneben hat er den zwingenden Charakter der Bestimmung dadurch relativiert, dass er die Möglichkeit abweichender Tarifverträge einschließlich der einzelvertraglichen Inbezugnahme ermöglicht (Rn. 286ff.). Der Eingriff in die Privatautonomie ist damit insgesamt verfassungsgemäß (*BVerfG* v. 29.12.2004 – 1 BvR 2283/03 – DB 2005, 110; *Grobys/Schmidt/Brocker*, NZA 2003, 780; *Reim*, AiB 2005, 203). **142**

4. Schutz der Tarifautonomie in den Entleiherbranchen

Der Einsatz von Leiharbeitnehmern hatte schon vor der Geltung des Diskriminierungsverbots dazu geführt, dass immer größere Teile der Belegschaften nicht mehr von den tariflichen Regelungen in Entleiherbetrieben erfasst wurden. Das Prinzip der **Tarifeinheit im Betrieb** (*BAG* v. 14.6.1989 u. v. 20.3.1991, AP Nr. 16 u. 20 zu § 4 TVG Tarifkonkurrenz; *Schaub*, AR-Handb., 2102f.) wird durch Leiharbeit ausgehöhlt, den Arbeitgebern steht durch Beschäftigung betriebsfremder LAN ein zusätzliches Instrument zur (legalen) Flucht aus dem Tarifvertrag zur Verfügung. Die hiermit verbundenen Gefahren für die **Effektivität des tarifvertraglichen Systems** haben sich seit der Hartz-Gesetzgebung und der hiermit einhergehenden Deregulierung des Rechts der ANÜ enorm verstärkt. Dies gilt **143** insbesondere im Hinblick auf den Wegfall der Höchstüberlassungsdauer für den Einsatz von LAN (§ 3 Abs. 1 Nr. 6 a. F.), der einen nahezu unbegrenzten Einsatz von Leiharbeitnehmern ermöglicht und seit Inkrafttreten der Norm zu einer tendenziell steigenden Besetzung von Dauerarbeitsplätzen mit LAN geführt hat. Zutreffender Weise begründet der Gesetzgeber die Gleichbehandlungspflicht von Stamm- und Leiharbeitnehmern daher auch mit der parallel vorgenommenen Deregulierung des Arbeitnehmerschutzes (vgl. amtl. Begr. BT-Ds. 15/25, S. 23 ff.).

144 Durch die strukturellen Veränderungen des gesetzlichen Rahmens der ANÜ wird nicht nur die Effektivität tarifvertraglicher Normsetzung in den Entleiherbetrieben negativ beeinflusst, sondern es wird auch die **Durchsetzungsfähigkeit der Gewerkschaften** in Tarifauseinandersetzungen gravierend verschlechtert (vgl. Rn. 188 ff.). In der Tarifauseinandersetzung der Metall- und Elektroindustrie des Jahres 2004 führte die Beschäftigung von ca. 800 LAN bei einer Gesamtbelegschaftsstärke von ca. 1600 AN in einem Autozuliefererbetrieb beispielsweise dazu, dass die IG Metall nicht mehr in der Lage war, Warnstreiks erfolgreich zu organisieren. Das Beispiel stellt keinen Einzelfall dar, sondern entspricht der allgemeinen Tendenz der Beschäftigungspolitik der Unternehmen, die Möglichkeiten der deregulierten ANÜ für einen Abbau der Eigenbeschäftigung zugunsten des Einsatzes von LAN zu nutzen. Die unterschiedlichen rechtlichen Grundlagen für unterschiedliche Arbeitsbedingungen von Stamm- und Leiharbeitnehmern führen mithin dazu, dass der Gesetzgeber Maßnahmen zur **Gewährleistung eines funktionsfähigen Systems der Tarifautonomie** zu ergreifen hat (*BVerfG* v. 6. 10. 1987 – 1 BvR 1086/82 – BVerfGE 77, 84; vgl. auch *Lembke*, Anm. zu BVerfG v. 29. 12. 2004, BB 2005, 499). Der in Nr. 2 normierte Gleichbehandlungsgrundsatz stellt insoweit ein nicht nur zulässiges, sondern verfassungsrechtlich gebotenes, geeignetes und (insbesondere im Hinblick auf die Möglichkeit eines generellen Verbots der ANÜ; vgl. Einl. B, 3 ff., 33 ff.) verhältnismäßiges Mittel dar (vgl. hierzu auch Rn. 139), um die Tarifeinheit im Betrieb zu sichern (*Weyand/Düwell*, 80) und verfassungsrechtlichen Bedenken gegen die Zulässigkeit unterschiedlicher Arbeitsbedingungen von Leih- und Stammarbeitnehmern zu begegnen.

5. Diskriminierungsverbot und negative Koalitionsfreiheit der Verleiher

145 Gegen die verfassungsrechtliche Zulässigkeit der Norm wird eingewandt, dass durch die Vorschrift Verleiher zu Tarifverhandlungen gezwungen werden, und das entsprechende »Tarifdiktat« die **Tarifautonomie der Verleiher** nach Art. 9 Abs. 3 GG verletzt (*Bauer/Krets*, NJW 2003, 539). Die abgeschlossenen Tarifverträge zeigen, dass derartige Befürchtungen unbegründet sind und von einer Beeinträchtigung der Handlungsfreiheit der Verleiher durch equal pay nicht gesprochen werden kann (vgl. Rn. 228 ff.). Fraglich ist dennoch, ob durch die **Tarifdispositivität** des Gleichbehandlungsgrundsatzes die negative Koalitionsfreiheit verletzt wird. Dies wird im Schrifttum z. T. mit der Begründung bejaht, dass die Verleiher faktisch zur Mitgliedschaft in einer Koalition gezwungen werden, da sie nur so das gesetzliche Mindestniveau unterschreiten könnten (*Hümmerich/Holzhausen/Welslau*, NZA 2003, 10). Die negative Koalitionsfreiheit soll Außenseiter vor einem erheblichen auch faktischen Druck schützen, sich einer Koalition anzuschließen (*BVerfG* v. 1. 3. 1979, BVerfGE 50, 367 u. v. 3. 4. 2001, BVerfGE 103, 304). Sie schützt jedoch nicht generell davor, auch zwangsweise dem Geltungsbereich einer fremden, kollektiven Norm unterworfen zu werden. Insoweit hat das *BVerfG* entschieden, dass selbst die Allgemeinverbindlicherklärung von Tarifverträgen nach § 5 TVG, die zu einer unausweichlichen Erstreckung von Tarifnormen auf Außenseiter führt, nicht gegen die negative Koalitionsfreiheit verstößt (vgl. *BVerfG* v. 14. 6. 1983, BVerfGE 64, 213).

Die Reichweite der tarifdispositiv ausgestalteten Gleichbehandlungspflicht nach **146** Nr. 2 ist jedoch (z. B. hinsichtlich der Arbeitsbedingungen in verleihfreien Zeiten vgl. Rn. 81) geringer als die eines allgemeinverbindlich erklärten Tarifvertrages, da es den Verleihern freigestellt ist, die Anwendung des Tarifvertrages zu vereinbaren oder davon abzusehen. Daneben verbleiben dem Verleiher (z. B. bei der Arbeitszeit oder der Laufzeit des Leiharbeitsverhältnisses) erhebliche vertragliche Regelungsspielräume, die Arbeitsbedingungen auch außerhalb von Tarifverträgen zur ANÜ zu regeln. Ein verfassungswidriger Eingriff in die negative Koalitionsfreiheit liegt daher nicht vor (*BVerfG* v. 29. 12. 2004 – 1 BvR 2283/03 – DB 2005, 110; i. E. ebenso: *Schüren/Schüren*, § 9 Rn. 175; *Grobys/Schmidt/Brocker*, NJW 2003, 781; a. A. *Rieble/Klebeck*, NZA 2003, 23).

6. Diskriminierungsverbot und positive Koalitionsfreiheit

Im Schrifttum werden verfassungsrechtliche Bedenken gegen das Gleichbehand- **147** lungsgebot z. T. darauf gestützt, dass den für die Verleihbranche zuständigen Gewerkschaften hierdurch Konkurrenz erwachse, was einen Verstoß gegen die **positive kollektive Koalitionsfähigkeit der Gewerkschaften** begründen könne (*Rieble/Klebeck*, NZA 2003, 23; *Thüsing*, DB 2003, 449). Unterstellt wird hierbei implizit, dass die tarifvertraglichen Regelungen im Rahmen von Nr. 2 von einer (mit anderer Tarifzuständigkeit ausgestatteten) anderen Gewerkschaft abgeschlossen werden (müssen) als der für den Entleiherbetrieb zuständigen Gewerkschaft. Dies ist jedoch unzutreffend (vgl. Rn. 152, 156 ff.). Tarifvertraglich abweichende Normen i. S. d. Vorschrift können nicht nur im Rahmen eines selbstständigen (neben den beim Entleiher geltenden Tarifverträgen) Tarifwerks vorliegen, sondern können auch Bestandteil der für den Entleiherbetrieb geltenden Tarifverträge sein oder als selbstständiges Regelungswerk zwischen den für den Entleiherbetrieb zuständigen Tarifparteien vereinbart werden (vgl. Rn. 156 ff.; zur Tarifkonkurrenz vgl. Rn. 282 ff.). Das Konkurrenzargument kann damit allenfalls solche Koalitionen betreffen, deren Zuständigkeit sich ausschließlich auf die Verleihbranche erstreckt. Soweit das Diskriminierungsverbot für derartige Koalitionen tatsächlich eine Beeinträchtigung der Koalitionsfreiheit bewirken sollte, ist dies jedoch verfassungsrechtlich legitimiert. Wie die Verfassungsgemäßheit einer Allgemeinverbindlicherklärung (vgl. Rn. 130) zeigt, ist selbst der generelle Ausschluss einer Gewerkschaft von der Möglichkeit, Tarifverträgen Geltung zu verschaffen, mit der Verfassung vereinbar. Hinzu kommt, dass infolge des verfassungsrechtlich gebotenen Schutzes der Tarifautonomie in den Entleiherbranchen (vgl. Rn. 143 f.) die **primäre Zuständigkeit** für abweichende tarifliche Regelungen bei den Tarifvertragsparteien der Entleiherbranchen liegt (vgl. Rn. 167 u. 215). Das Diskriminierungsverbot steht insoweit im Rahmen der Ausübung der Tarifautonomie gerade nicht in Konkurrenz zur positiven kollektiven Koalitionsfreiheit, sondern stellt diese durch eine Aufhebung des mit Leiharbeit verbundenen gespaltenen Tarifgefüges in den Entleihbetrieben (Rn. 143) erst her.

7. Tarifdispositivität und Verfassung

148 Das Diskriminierungsverbot kommt nur für die materiellen Arbeitsbedingungen zur Anwendung, die nicht in einem Tarifvertrag zur Arbeitnehmerüberlassung geregelt sind. Das gesetzliche Diskriminierungsverbot ist somit **tarifdispositiv** ausgestaltet. Sind die Arbeitsbedingungen tariflich geregelt, findet Nr. 2 Halbs. 1 keine Anwendung. Gegen diese Regelungssystematik wird z. T. eingewandt, sie verstoße gegen die positive kollektive Koalitionsfreiheit, da den Tarifvertragsparteien nur noch die Aufgabe zukomme, den qua Gesetz geltenden Leistungsumfang der Mindestarbeitsbedingungen zu unterschreiten (ErfK/*Wank*, § 9 Rn. 33a; *Rieble/Klebeck*, NZA 2003, 28). Dies ist schon vom Ausgangspunkt her unzutreffend, da die Norm sowohl Abweichungen nach oben als auch nach unten ermöglicht. Der Umstand, dass die abgeschlossenen Tarifverträge zur ANÜ das gesetzliche Mindestniveau ausschließlich unterschreiten (vgl. Rn. 228) liegt nicht an der Regelungssystematik der Nr. 2, sondern ausschließlich an der mangelnden Handlungs- und Durchsetzungsfähigkeit der Gewerkschaften (vgl. Rn. 144, 188 ff.). M.a.W.: die gesetzliche Regelung greift nicht in die Koalitionsfreiheit der Gewerkschaften ein, sondern sie versucht umgekehrt, die Ausübung der Koalitionsfreiheit der Gewerkschaften in einem Bereich zu ermöglichen, in denen die Gewerkschaften (schon mangels eines ausreichenden Organisationsgrades der Arbeitnehmer) zumindest zum gegebenen Zeitpunkt nicht in der Lage sind, auf der Grundlage von Art. 9 Abs. 3 GG allein aus eigener Kraft die Arbeits- und Wettbewerbsbedingungen einer Branche zu regeln.

VI. Tarifvertragliche Regelungen zur Arbeitnehmerüberlassung (Nr. 2 Halbs. 3)

149 Nach Nr. 2 Halbs. 3 kann vom gesetzlich vorgesehenen Gleichbehandlungsgrundsatz durch **tarifvertragliche** Regelungen zur Arbeitnehmerüberlassung abgewichen werden. Der Gesetzgeber hat das Diskriminierungsverbot **tarifdispositiv** ausgestaltet. Nach dem **Zweck der Norm** soll es den Tarifvertragsparteien ermöglicht werden, die Arbeitsbedingungen entsprechend den Bedürfnissen der Verleihbranche flexibel zu gestalten, Differenzen der unterschiedlichen Arbeitsentgelte bei Entleihern durch Pauschalierungen in Form einer Durchschnittsentlohnung auszugleichen und das Arbeitsentgelt für Zeiten des Verleihs und Nichtverleihs zu vereinheitlichen (amtl. Begr. BT-Ds. 15/25, S. 38). Nur soweit allgemeinverbindlich erklärte TV im Rahmen von § 1 Abs. 2a AEntG Anwendung finden, ist es den Tarifvertragsparteien verwehrt, verschlechternde Arbeitsbedingungen im Rahmen eines TV zur ANÜ zu vereinbaren (*Thüsing/Pelzner*, § 3 Rn. 30; *Thüsing/Mengel*, § 9 Rn. 45).

150 Überlässt ein **Verleiher mit Sitz im EWR** einen LAN ins Inland, sind für ihn dieselben Abweichungsmöglichkeiten gegeben wie für inländische Verleiher (Einl. F Rn. 25). Die Abweichungsmöglichkeiten vom Diskriminierungsverbot gelten daher auch, wenn der ausländische Verleiher auf Grund eigener Tarifbindung einem im Inland abgeschlossenen TV zur ANÜ unterliegt (Rn. 216 ff.) oder ein TV zur ANÜ einzelvertraglich in Bezug genommen wird (Rn. 290a). Unterliegt das Arbeitsverhältnis einem **ausländischen TV**, ist auch dieser TV geeignet, die gesetzlichen Regelungen zum Diskriminierungsverbot zu verdrängen, wenn er den Anforderungen entspricht, die für einen inländischen TV zur ANÜ gelten. Der ausländische TV muss daher sowohl den materiellen Gestaltungsrahmen tariflicher Regelungen zur ANÜ einhalten (Rn. 226 ff.) als auch hinsichtlich seiner Wirksamkeitsvoraussetzungen (Rn. 184 ff.) und Rechtsfolgen (z. B. § 4 TVG) einem im Inland abgeschlossenen TV zur ANÜ vergleichbar sein. Diese Voraussetzungen kann z. B. ein britischer TV nicht erfüllen, da dem Arbeitnehmer hier regelmäßig kein gerichtlich einklagbarer Rechtsanspruch eingeräumt wird.

1. Übersicht der Tarifverträge zur Arbeitnehmerüberlassung

Voraussetzung für die Ausnahmebestimmung ist das Vorliegen eines wirksamen **Tarifvertrags zur Arbeitnehmerüberlassung.** Sind die Einsatzbedingungen lediglich in einer **Betriebsvereinbarung** geregelt (vgl. Rn. 113, 286) oder besteht beim Verleiher eine sonstige betriebliche Regelung zum Verleih von LAN, bleibt der Grundsatz der Nichtdiskriminierung unberührt. Dasselbe gilt für arbeitsvertragliche Absprachen, die nicht auf einen Tarifvertrag zur ANÜ Bezug nehmen (vgl. Rn. 113 f.). **151**

Ein Tarifvertrag zur ANÜ liegt nur vor, wenn im Tarifvertrag zumindest **arbeitnehmerüberlassungsspezifische Regelungen** enthalten sind, die im Zusammenhang mit der besonderen Ausgestaltung des Weisungsrechts (vgl. § 1 Rn. 34 ff.) und der in den Entleiherbetrieb eingegliedert geleisteten Arbeit des LAN stehen. Die normalen Branchentarifverträge oder allgemeinverbindlich erklärte **TV nach dem AEntG (§ 1 Abs. 1 AEntG)** erfüllen diese Voraussetzungen regelmäßig nicht. Soweit die Tarifverträge eine von §§ 3 Abs. 1 Nr. 3, 9 Nr. 2 abweichende Regelung bezwecken, muss dies im Inhalt der Tarifverträge in hinreichender Weise zum Ausdruck kommen. Der allgemeine Hinweis, dass es sich um einen Tarifvertrag zur ANÜ handelt, reicht hierfür nicht aus. Soweit **Mischunternehmen** einer Tarifbindung unterliegen, gelten die anzuwendenden Tarifverträge nur dann auch als TV zur ANÜ i.S.v. Nr. 2, wenn zusätzliche, spezifische Regelungen getroffen wurden, die den Besonderheiten bei der Überlassung von Arbeitnehmern Rechnung tragen sollen (vgl. Rn 153 i). I. Ü. können TV zur ANÜ in Mischbetrieben nur angewandt werden, wenn der Arbeitnehmer ausschließlich als LAN von einem Verleiher beschäftigt wird (zum **persönlichen Geltungsbereich** vgl. § 1.3 MTV BZA/DGB; § 1 MTV iGZ/DGB), das Mischunternehmen überwiegend ANÜ betreibt (vgl. § 1 Rn. 106; *Schüren/Schüren*, Einl. Rn. 252) und der Arbeitnehmer in tatsächlicher Hinsicht als LAN bei Dritten seine Arbeitsleistung erbringt. **152**

Entsprechend den unterschiedlichen Erscheinungsformen der ANÜ können Tarifverträge zur Arbeitnehmerüberlassung verschiedene Sachverhalte regeln und auch von unterschiedlichen Tarifvertragsparteien mit unterschiedlichen Wirkungen abgeschlossen werden. In der Praxis lassen sich folgende **Tarifvertragstypen** und -strukturen unterscheiden: **153**

a) **Tarifverträge zur Vermeidung von Kurzarbeit oder Entlassungen** nach § 1 Abs. 3 Nr. 1 wirken grundsätzlich nur im Geltungsbereich eines für die jeweilige **Branche** abgeschlossenen Flächentarifvertrags (z. B. TV Fachverband Elektro- und Informationstechnik BW/IG Metall v. 14. 4. 2000 für das Elektrohandwerk). Daneben liegen Tarifverträge nach § 1 Abs. 3 Nr. 1 vor, die (beschränkt auf bestimmte Unternehmen) einen **betriebs-/unternehmensübergreifenden Personalaustausch** zur Vermeidung von Kurzarbeit und Entlassungen regeln (vgl. TV zwischen METALL NRW/IG Metall v. 31. 10. 2003 für Bielefeld u. v. 6. 9. 2003 für Bocholt). Die Tarifzuständigkeit liegt hier ausschließlich bei den jeweils für die Branchen zuständigen Koalitionen. Im Geltungsbereich eines derartigen Tarifvertrags findet das Diskriminierungsverbot wegen des in § 1 Abs. 3 Nr. 1 ausdrücklich erwähnten Ausschlusses keine Anwendung.

b) **Firmentarifverträge** zur vorübergehenden (nicht gewerbsmäßig betriebenen) **konzerninternen ANÜ** nach § 1 Abs. 3 Nr. 2 sind von ihrem Anwendungsbereich auf den Konzern beschränkt. Die Tarifzuständigkeit folgt hier der Zuständigkeit für den Abschluss der regulären Branchentarifverträge. Auch hier findet das Diskriminierungsverbot nach Nr. 2 keine Anwendung (§ 1 Abs. 3 Nr. 2).

c) **Tarifverträge zur ANÜ im Baugewerbe** (§ 1b Satz 2; vgl. § 1b Rn. 28 ff.), die von den für das Baugewerbe zuständigen Tarifvertragsparteien abgeschlossen werden (z. B. TV DL-Bau). Soweit die Tarifverträge die materiellen Arbeitsbedingungen auch bei ANÜ regeln und allgemeinverbindlich erklärt wurden, ist das Diskriminierungsverbot nicht anwendbar (vgl. § 1b Rn. 28 ff.)

d) Tarifverträge zum **Mindestentgelt bei ANÜ** im Rahmen des AEntG werden von den für das Bauhaupt- und Baunebengewerbe zuständigen Tarifvertragsparteien abgeschlossen. Soweit ihr inhaltlich beschränkter Regelungsbereich bzgl. des Arbeitsentgelts reicht (vgl. § 1 Abs. 2a AEntG), gehen die tariflichen Regelungen dem Gleichbehandlungsgrundsatz nach Nr. 2 auch im Rahmen von TV zur ANÜ vor, soweit sie für den Arbeitnehmer günstiger sind.

e) **Firmentarifverträge**, die den **Verleih von Arbeitnehmern** regeln. Zu unterscheiden sind dabei Regelungen in Tarifverträgen, die eine eigenständige und umfassende Regelung der Arbeitsbedingungen enthalten (VW, START-Zeitarbeit; TV Zeitarbeit von CGZP/und Neptun-Gruppe v. 13. 10. 2003), und solchen, die lediglich auf einen Flächentarifvertrag Bezug nehmen (wie meist bei Beschäftigungsgesellschaften) oder eine Mischform darstellen (TV IGM/GABIS).

f) **Firmentarifverträge**, die den **Entleih von Arbeitnehmern** und hierbei einzuhaltende Arbeitsbedingungen regeln (z. B. Standortsicherungs-TV DC/IGM, der eine Höchstbeschäftigungsquote von 1,5 % festlegt). Auch diese Tarifverträge stellen einen Tarifvertrag zur ANÜ i. S. d. Nr. 2 dar.

g) **Firmentarifverträge zu betrieblichen und betriebsverfassungsrechtlichen Fragen** nach §§ 3 Abs. 2 TVG, 3 Abs. 1 BetrVG (z. B. der bei randstad abgeschlossene TV mit IGM/ver.di (vgl. Rn. 256)

h) **Flächentarifverträge**, die den **Entleih** von AN durch tarifgebundene Arbeitgeber regeln (Bergbau)

i) **Flächentarifverträge**, die den **Verleih** von Arbeitnehmern durch tarifgebundene Arbeitgeber einer **Branche** bzw. durch **Mischbetriebe** regeln. Zu nennen ist in diesem Zusammenhang z. B. der zwischen den Metallarbeitgeberverbänden und der IG Metall abgeschlossene bundesweit geltende Zusatztarifvertrag zum AÜG in der Metall- und Elektroindustrie (v. 23. 12. 2003), der die abgeschlossenen Branchentarifverträge zur Grundlage des Verleihs erklärt, und ausdrücklich einen Tarifvertrag nach §§ 3 Abs. 1 Nr. 3, 9 Nr. 2 darstellt. Der zwischen dem Unternehmerverband Industrie-Service + Dienstleistungen e. V. und der IG BAU abgeschlossene TV über **industrielle Dienstleistungen** (v. 18. 12. 2003) enthält eine eigenständige, bundesweit geltende Regelung der ANÜ, die eine Geltung des Diskriminierungsverbots grundsätzlich ausschließt.

j) **Mehrgliedrige Flächentarifverträge**, die im Rahmen eines bestehenden Branchentarifvertrages den **Verleih** von AN **zwischen** mehreren tarifgebundenen

Arbeitgebern einer Region regeln (z.B. TV VME NRW/IGM NRW zum betriebs-/unternehmensübergreifenden Arbeitskräfteaustausch in den Regionen Bocholt bzw. Bielefeld v. 6.9.2004 bzw. 31.10.2003 OWL, Münster).

k) **Flächentarifverträge** zur ANÜ, die **branchenübergreifend** den **Verleih** von LAN regeln (z.B. die zwischen BZA und iGZ mit der Tarifgemeinschaft des DGB abgeschlossenen TV v. 22.7.2003 bzw. 29.5.2003 und die TV zwischen CGZP und INZ bzw. MVZ v. 24.6.2003). Diese Tarifverträge enthalten eine eigenständige Regelung der Arbeitsbedingungen von LAN und stellen daher eine tarifvertragliche Regelung i.S.d. Nr.2 dar.

2. Koalitions- und tarifrechtliche Fragen abweichender Tarifverträge zur ANÜ

Das in Nr.2 enthaltene Diskriminierungsverbot enthält den **Grundsatz**, dass die beim Entleiher geltenden wesentlichen Arbeitsbedingungen auch für das Arbeitsverhältnis von LAN maßgeblich sind (zu verfassungsrechtlichen Bedenken vgl. Rn.130ff.). Zu den wesentlichen Arbeitsbedingungen zählen auch diejenigen Arbeitsbedingungen, die in einem beim Entleiher zur Anwendung kommenden Tarifvertrag geregelt sind. Von ihrem Ausgangspunkt her sichert die Vorschrift daher auch die **Effektivität tarifvertraglicher Normsetzung** in Entleiherbetrieben (Rn.143 u. 157). Sie räumt insoweit die Bedenken aus, die sich auf der Grundlage der früheren Rechtslage im Hinblick auf die von Leiharbeit ausgehenden Gefährdungen der in Art. 9 Abs. 3 GG geschützten Tarifautonomie ergaben (Rn.143ff.). **154**

Eine **Ausnahme** vom Grundsatz der Geltung der Tarifordnung des Entleihers enthält Nr.2 Halbs. 3 für den Fall, dass in einem Tarifvertrag zur ANÜ abweichende Regelungen getroffen sind. Der Gesetzgeber hat das Diskriminierungsverbot **tarifdispositiv** ausgestaltet, was mit einer Reihe verfassungs- und tarifrechtlicher Probleme verbunden ist (Rn.226ff.). Sie betreffen zum einen die Frage, welche **Gestaltungsgrenzen** abweichende Tarifnormen hinsichtlich ihres materiellen Gehalts Rechnung tragen müssen (vgl. Rn.228ff.). Sie betreffen daneben aber auch die Frage, welche **Tarifzuständigkeiten** auf Verleiher- und Entleiherseite bei abweichenden Regelungen zur ANÜ gegeben sind (Rn.175ff.), welche Grenzen der Regelungskompetenz infolge der sowohl für Verleiher als auch für Entleiher bestehenden Tarifautonomie gesetzt sind (Rn.208, 227ff.) und wie Konkurrenzprobleme bei unterschiedlichen Regelungen zu lösen sind (Rn.282). **155**

a) Tarifautonomie und Arbeitsbedingungen in Entleiherbetrieben

Die in Art. 9 Abs. 3 GG verfassungsrechtlich geschützte **Tarifautonomie** sichert den Koalitionen das Recht, die Arbeits- und Wirtschaftsbedingungen umfassend zu regeln. Zu den Arbeitsbedingungen zählen alle rechtlichen, sozialen oder politischen Angelegenheiten, die im Zusammenhang mit abhängiger Arbeit stehen. Die Regelungskompetenz zu den Arbeitsbedingungen beschränkt sich dabei nicht auf Arbeitnehmer, die auf arbeitsvertraglicher Grundlage ein Arbeitsverhältnis zu einem tarifunterworfenen Arbeitgeber begründet haben. Vielmehr können die Arbeitsbedingungen auch unabhängig vom Vertragstyp und den **vertraglichen Grundlagen** im Betrieb ausgeübter Tätigkeiten (für arbeitnehmerähnliche Personen vgl. § 12a TVG) für alle mit den Betriebszwecken des Entleihers verbundenen **Tätigkeiten** tariflich geregelt werden. Tarifliche Regelungen **156** zur Arbeitnehmerüberlassung werden daher sowohl hinsichtlich der Arbeitsbedingungen von LAN als auch hinsichtlich der Bedingungen, unter denen ANÜ-Verträge abgeschlossen werden dürfen, von der Tarifautonomie in den Entleiherbranchen erfasst (Rn. 162).

157 Die Befugnis der für die **Entleiherbranchen zuständigen Tarifvertragsparteien**, die Arbeitsbedingungen von Leiharbeitnehmern (nicht nur im Rahmen eines Tarifvertrags zugunsten Dritter; vgl. Rn. 159) zu regeln oder diese auf LAN zu erstrecken, ergab sich schon vor der Geltung des Diskriminierungsverbots aus der Zulässigkeit solcher Tarifverträge zur ANÜ, die sowohl den Verleiher als auch den Entleiher erfassen (vgl. §§ 1 Abs. 3 Nr. 1, 1b Abs. 2; vgl. Rn. 153). Die (ausschließliche) Tarifzuständigkeit für derartige Tarifverträge folgt hier als **Annex** aus der Zuständigkeit zum Abschluss von Tarifverträgen in der Branche. In die Tarifautonomie der jeweils tarifabschließenden Tarifvertragsparteien kann hier nicht durch andere Koalitionen eingegriffen werden. Dies gilt auch für TV, die begrenzt auf eine Entleiherbranche tarifvertragliche Regelungen zur ANÜ enthalten (z. B. Tarifverträge im Baugewerbe nach § 1b Satz 2).

158 Der vorrangige Schutz der Tarifautonomie der für die Entleiherbranchen zuständigen Tarifvertragsparteien ergibt sich auch aus der Verpflichtung des Gesetzgebers ein **funktionsfähiges Tarifvertragssystem** zu gewährleisten (*BVerfG* v. 19. 10. 1966, AP Nr. 24 zu § 2 TVG). Durch den Einsatz von LAN beim Entleiher wird sowohl der Geltungsbereich und Wirkungsgrad tariflicher Normsetzung als auch die Durchsetzungsfähigkeit der Gewerkschaften in Tarifauseinandersetzungen massiv eingeschränkt. Das der Tarifautonomie zugrunde liegende **Machtgleichgewicht** der Tarifvertragsparteien (*Seiter*, ZFA 1970, 363) ist gestört. Auch das Prinzip der **Tarifeinheit im Betrieb** ist zerstört, wenn LAN in tatsächlicher Hinsicht den Arbeitsbedingungen bei Entleihern unterliegen, die hiermit verbundenen Gegenleistungen jedoch nicht von den beim Entleiher geltenden Tarifverträgen erfasst werden (*Weyand/Düwell*, 80; vgl. Rn. 143 f.). Verstärkt gilt dies nach Aufhebung der in § 3 Abs. 1 Nr. 6 a. F. enthaltenen Höchsteinsatzfrist und der hiermit verbundenen Möglichkeit, nahezu alle Arbeitsplätze im Betrieb mit LAN zu besetzen (zu den Grenzen vgl. Einl. D Rn. 8). Die gesetzlich zulässigen Möglichkeiten des Einsatzes von LAN können damit dazu führen, dass der Entleiher zwar die zwingenden Normen eines Tarifvertrags einzuhalten hat, die Normen aber faktisch nicht zur Anwendung kommen, wenn LAN nicht von den Tarifverträgen erfasst werden. Der Gleichbehandlungsgrundsatz gem. Nr. 2 stellt insofern ein geeignetes und angesichts eines zulässigen Verbots der ANÜ verhältnismäßiges Gestaltungsmittel des Gesetzgebers dar, um die **Effektivität tariflicher Normsetzung** zu stärken (*BVerfG* v. 6. 10. 1987 – 1 BvR 1086/82 – DB 1988, 608). Das *BVerfG* hat in seiner Entscheidung vom 6. 10. 1987 (a.a.O.) ausdrücklich darauf hingewiesen, dass eine **gesetzliche Einbeziehung** von LAN in die jeweilige beim Entleiher geltende tarifliche Ordnung ein zulässiges Gestaltungsmittel ist, um ein Unterlaufen der Entleihertarifverträge durch legalen Entleih zu verhindern.

159 Die **Normsetzungskompetenz** der für die Entleiherbranche zuständigen Tarifvertragsparteien beschränkt sich grundsätzlich nicht auf die von Nr. 2 erfassten wesentlichen Arbeitsbedingungen vergleichbarer Stammarbeitnehmer. Vielmehr können die Tarifvertragsparteien auch im Rahmen eines **Tarifvertrags zugunsten Dritter** (vgl. ErfK/*Schaub*, § 1 TVG Rn. 124) Regelungen treffen, die dem LAN **unmittelbare Ansprüche gegen den Entleiher** einräumen (z.B. Einstellungsanspruch bei Neueinstellungen des Entleihers) oder vom Tarifvertrag abweichende oder diesen ergänzende Regelungen treffen, die aus sachlichen Gründen

den Besonderheiten des Einsatzes von Leiharbeitnehmern Rechnung tragen (Rn. 102). Hierbei müssen sie sowohl dem Diskriminierungsverbot von Nr. 2 als auch dem **Gleichbehandlungsgrundsatz** nach Art. 3 GG Rechnung tragen. Daraus folgt z. b., dass LAN weder vom persönlichen Geltungsbereich eines Branchentarifvertrags noch willkürlich von Leistungen ausgeschlossen werden können, die vergleichbaren Stammarbeitnehmern (Rn. 104 ff.) zu gewähren sind.

160 Grenzen sind der tarifvertraglichen Gestaltungsfreiheit durch die ebenfalls verfassungsrechtlich geschützte **Privatautonomie** der Parteien des Leiharbeitsverhältnisses und die **Koalitionsfreiheit** in der Verleihbranche (Rn. 163 ff.) gesetzt. Sowohl die Normsetzungsbefugnis der tarifvertragsschließenden Entleiherverbände, Regelungen zur ANÜ zu treffen, als auch die mit dem Diskriminierungsverbot verbundene mittelbare Erstreckung der Entleihertarifverträge auf LAN (vgl. Rn. 86) erweitert nicht die in § 4 Abs. 1 TVG abgesteckten Grenzen des Wirkungsbereichs des Tarifvertrags (Rn. 161). Dies gilt auch außerhalb einer Allgemeinverbindlichkeit für solche Tarifverträge zur ANÜ, die sowohl den Entleiher als auch den Verleiher binden (vgl. Rn. 153). Der Gesetzgeber hätte das in Nr. 2 enthaltene Diskriminierungsverbot zwar in der Weise regeln können, dass die jeweilige beim Entleiher geltende Tarifordnung mit unmittelbarer Wirkung Inhalt des Leiharbeitsverhältnisses wird (Rn. 158). Er hat jedoch den tariflichen Bedingungen des Entleiherbetriebs unterhalb dieser Schwelle lediglich den Charakter zu gewährleistender Mindestarbeitsbedingungen zuerkannt und hierbei die tariflich zu berücksichtigenden Arbeitsbedingungen auf wesentliche beschränkt.

161 Nr. 2 erweitert nicht die **Wirkungen der Tarifnormen** nach § 4 Abs. 1 TVG und hat für die Parteien des Leiharbeitsverhältnisses keine unmittelbaren Wirkungen zur Folge (vgl. Rn. 160). Daraus folgt, dass Regelungen zur ANÜ, die in einem nur den Entleiher und nicht auch den Verleiher bindenden Tarifvertrag enthalten sind, den Verleiher nicht unmittelbar (sondern nur mittelbar über die Wirkungen des Diskriminierungsverbots) binden können. Unabhängig von der Tarifbindung der Parteien des Leiharbeitsverhältnisses nach § 3 TVG bestimmt sich die Reichweite der Wirkungen eines Tarifvertrags zur ANÜ nach § 4 TVG ausschließlich nach den Gegebenheiten im Verleihbetrieb (Rn. 201 ff.). Ist der Verleiher nach § 3 Abs. 1 TVG an einen Tarifvertrag zur ANÜ gebunden, hat der Arbeitnehmer auch dann keinen unmittelbaren Anspruch auf die Leistungen eines beim Entleiher geltenden Branchentarifvertrags, wenn der LAN Mitglied der vertragschließenden Gewerkschaft dieses TV ist.

162 Soweit eine unmittelbare Wirkung der beim Entleiher zur Anwendung kommenden Tarifnormen (§ 4 Abs. 1 TVG) für die Parteien des Leiharbeitsverhältnisses ausgeschlossen ist, berührt dies weder die **Wirksamkeit** der tariflichen Regelungen als solche noch die Wirkungen des Entleihertarifvertrages für die Tarifunterworfenen. Es bleibt den Tarifvertragsparteien in den Entleiherbranchen insoweit unbenommen, die Einsatzbedingungen von LAN in Entleiherbetrieben im Wege der **Selbstbindung** umfassend zu regeln. So können z. B. Regelungen zum Arbeitsschutz (§ 11 Abs. 6), zur Entlohnung oder zu sonstigen materiellen Arbeitsbedingungen getroffen werden, die vom Entleiher (auch ungeachtet entgegenstehender Regelungen beim Verleiher) bei Abschluss eines Arbeitnehmerüberlassungsvertrags einzuhalten oder dem LAN während des Einsatzes zu gewähren sind. Auch können die Tarifvertragsparteien die Beschäftigung von LAN bei tarifgebundenen Entleihern auf bestimmte Bereiche, Höchstbeschäftigungszahlen oder -zeiten begrenzen oder den Einsatz von Leiharbeitnehmern generell ausschließen.

b) Koalitionsfreiheit und Tarifautonomie in der Verleiherbranche

163 Die in Art. 9 Abs. 3 GG garantierte **Koalitionsfreiheit** ermöglicht es Verleihern, sich in Arbeitgeberverbänden zusammenzuschließen und eröffnet den Gewerkschaften u.a. die Möglichkeit, Leiharbeitnehmer zu organisieren. Auch im Bereich der ANÜ erstreckt sich die kollektive Koalitionsfreiheit auf das Recht, im Rahmen der **Tarifautonomie** die Arbeits- und Wirtschaftsbedingungen in der Branche frei und eigenverantwortlich zu regeln und Tarifverträge abzuschließen. Die Koalitionsfreiheit wird durch die gesetzliche Regelung zur Gleichbehandlung nicht verletzt (*BVerfG* v. 29.12.2004 – 1 BvR 2283/03 – DB 2005, 110).

164 Die Besonderheit der ANÜ besteht darin, dass die Ausübung der Tarifautonomie infolge des **aufgespaltenen Weisungsrechts** des Arbeitgebers und der mit ANÜ verbundenen Eingliederung des LAN in die Arbeitsorganisation des Entleihers auf praktische und rechtliche Grenzen stößt, die sich aus der Natur der ANÜ ergeben. Der Tarifautonomie in der Verleihbranche sind insoweit sowohl durch die verfassungsrechtlich geschützte Vertragsfreiheit als auch durch für die Entleiherbranchen gewährleistete Tarifautonomie (vgl. Rn. 156 u. 162) begrenzt. Diese Begrenzungen haben die Koalitionen der Verleihbranche bei Abschluss von Tarifverträgen zu beachten, dagegen verstoßende Tarifvereinbarungen sind (auch als unzulässiger Vertrag zu Lasten Dritter) unwirksam.

165 Die Verleihbranche ist von den zugrunde liegenden Betriebszwecken her eine eigenständige **Dienstleistungsbranche** (*BAG* v. 10.12.1997 – 4 AZR 247/96 – EzAÜG § 3 TVG Nr. 2). Die Betriebe, in denen die bei Verleihern beschäftigten LAN ihre Arbeit verrichten, unterliegen jedoch anderen Branchen. Tarifliche Regelungen zu den Arbeitsbedingungen von LAN stehen insoweit in einem sich aus der Natur des Gewerbes ergebenden Spannungsverhältnis der Tarifautonomie auf Verleiher- und Entleiherseite. Arbeitsbedingungen des Entleiherbetriebs, die auch ohne Berücksichtigung des Diskriminierungsverbots für LAN gelten (Rn. 162), werden daher nicht von der Tarifautonomie auf Verleiherseite erfasst.

166 Der Gesetzgeber hat die spezifischen Besonderheiten, die mit dem Auseinanderfallen von vertraglichem Arbeitgeber (Verleiher; vgl. § 1 Rn. 20 ff.) und faktischen Arbeitgeber (Entleiher; vgl. § 1 Rn. 44 ff.) verbunden sind, erkannt und ein Regelungssystem bereitgestellt, das den Problemen weitgehend Rechnung trägt. So sind z.B. Regelungen zum **Arbeitsschutz** in Entleiherbetrieben nach § 11 Abs. 6 der Regelungskompetenz auf Verleiherseite vollständig entzogen. Daraus folgt u.a., dass Regelungen zur **Arbeitszeit** im Entleiherbetrieb, die ihre Grundlagen in Tarifverträgen nach § 7 ArbZG haben, nicht der Regelungskompetenz der Tarifvertragsparteien in der Verleihbranche unterliegen.

167 Der Gesetzgeber hat in Nr. 2 das Verhältnis tariflicher Normsetzung bei Entleihern und Verleihern i.S.e. **Regel-Ausnahmeprinzips** festgelegt: für die wesentlichen Arbeitsbedingungen (vgl. Rn. 98 ff.) gelten danach grundsätzlich, und auch **vorrangig**, die bei Entleihern geltenden Tarifverträge (Rn. 215). Von dieser Regel kann durch Tarifverträge zur ANÜ abgewichen werden. Nur wenn und soweit das Leiharbeitsverhältnis beim Verleiher geltenden Tarifregelungen zur ANÜ unterliegt, finden die beim Entleiher geltenden Tarifregelungen keine Anwendung. Daraus folgt u.a., dass bei **Regelungslücken** eines TV zur ANÜ (Rn. 239) uneingeschränkt die beim Entleiher geltenden Tarifverträge Anwendung finden.

168 Weder das verfassungskonforme Diskriminierungsverbot (Rn. 145 ff.) noch Tarifverträge, die bei Entleihern gelten (vgl. Rn. 162), schränken die Möglichkeiten der für das Verleihgewerbe zuständigen Tarifvertragsparteien ein, im Rahmen der

Tarifautonomie **frei und unbeschränkt** Regelungen zu den Arbeitsbedingungen bei ANÜ zu treffen. Die **Normsetzungsbefugnis** erstreckt sich dabei sowohl auf Arbeitsbedingungen, die vom Diskriminierungsverbot nach Nr. 2 erfasst als auch nicht erfasst werden. Auch soweit die Ausnahmeregelung bei Neueinstellung eines Arbeitslosen Anwendung findet, können durch TV Abweichungen vereinbart werden (Rn. 127). Tarifvertraglich können nicht nur Arbeitsbedingungen geregelt werden, die beim Entleiher auf tariflicher Grundlage gewährt werden müssen, sondern auch Arbeitsbedingungen, die beim Entleiher auf Betriebsvereinbarungen oder auf einzelvertraglicher Grundlage beruhen (zu Ausnahmen vgl. Rn. 164 f.).

Grenzen sind der Regelungsbefugnis der Tarifvertragsparteien durch den allgemeinen **Gleichbehandlungsgrundsatz** (Art. 3 GG) und den mit dem **Diskriminierungsverbot** verfolgten Zielsetzungen des Gesetzgebers gesetzt, im Bereich der ANÜ den Grundsatz des gleichen Lohns für gleiche Arbeit zu gewährleisten (vgl. Rn. 227 ff. und Rn. 240). Daneben dürfen Verleihertarifverträge nicht in die verfassungsrechtlich geschützte Privat- und Tarifautonomie bzw. die **Koalitionsfreiheit von Entleihern** eingreifen. Beschränkungen ergeben sich hier insbesondere aus dem **Direktionsrecht** des Entleihers (vgl. § Rn. 207) beim Einsatz von Leiharbeitnehmern und der uneingeschränkten Befugnis die Bedingungen des Einsatzes von LAN in Entleiherbetrieben im Rahmen der Vertragsfreiheit des Entleihers frei zu gestalten.   **169**

Soweit die Regelungsbefugnis der für das Verleihgewerbe zuständigen Koalitionen durch Rechtspositionen des Entleihers eingeschränkt ist, berührt dies nicht die **Wirksamkeit der tariflichen Regelungen** als solche. Dies folgt schon daraus, dass die bei Entleihern geltenden Arbeitsbedingungen Regelungslücken aufweisen und (selbst für identische Tätigkeiten) unterschiedlich geregelt sein können. Es kann daher nur einzelfallbezogen beurteilt werden, ob ein den Verleiher bindender Tarifvertrag in Rechte des Entleihers eingreift. Ist dies der Fall, gehen die beim Entleiher geltenden Regelungen im konkreten Überlassungsfall vor (vgl. Rn. 164 u. 175).   **170**

c) Tariffähigkeit und -zuständigkeit bei Tarifverträgen zur ANÜ

Vor Einfügung des Diskriminierungsverbots in das Gesetz waren Tarifverträge in der Verleihbranche, in denen die Arbeitsbedingungen von LAN geregelt wurden, eher die Ausnahme. Sie beschränkten sich im Wesentlichen auf Tarifverträge zur konzerninternen ANÜ und zur Vermeidung von Kurzarbeit oder Entlassungen nach § 1 Abs. 3 Nr. 1 (vgl. Rn. 153) sowie **Firmentarifverträge,** die **Mischbetriebe** (vgl. *LAG Schleswig-Holstein* v. 5.5.1972 – 3 Sa 103/72 – EzAÜG § 4 TVG Nr. 1) oder vereinzelt auch Verleihunternehmen betrafen (z.B. randstad). Für Beschäftigungsgesellschaften wurde meist der fachliche Geltungsbereich eines Branchentarifvertrags zulässigerweise auf das Verleihgewerbe erstreckt (vgl. *BAG* v. 10.12.1997 – 4 AZR 247/96 – EzAÜG § 2 TVG Nr. 2). Flächen- oder Branchentarifverträge stellten i.Ü. jedoch die absolute Ausnahme dar (z.B. TV zur Weltausstellung mit Adecco).   **171**

Die mangelnde tarifvertragliche Regelungsdichte im Bereich der ANÜ beruhte sowohl auf dem geringen gewerkschaftlichen Organisationsgrad von LAN und der ablehnenden Position der Gewerkschaften, mit Verleihern Tarifverträge abzuschließen, als auch auf dem strategischen Interesse der Verleiher, die Rahmenbedingungen von ANÜ als Niedriglohnsektor zu sichern und kollektive, tariflich   **172** ausgehandelte sozialadäquate Arbeitsbedingungen zu verhindern. Mit der Einfügung des Diskriminierungsverbots und der damit verbundenen Berücksichtigung tariflicher Arbeitsbedingungen im Leiharbeitsverhältnis, hat sich an diesen **strategischen Orientierungen** der Verleiher, Leiharbeit als Niedriglohnsektor auszubauen, wenig verändert; im Unterschied zur vormaligen Rechtslage lässt sich dieses Ziel jedoch nicht mehr außerhalb einer tariflichen Regulierung, sondern nur noch durch den Abschluss von Tarifverträgen erreichen, die das in Nr. 2 gesetzlich vorgesehene Mindestniveau der Arbeitsbedingungen von LAN unterschreiten.

173 Es verwundert daher nicht, wenn die bestehenden Unternehmensverbände der Verleihbranche unmittelbar nach Verabschiedung der gesetzlichen Regelungen zum Diskriminierungsverbot an die Gewerkschaften herantraten, um (entleiher-) branchenübergreifende Flächentarifverträge mit den Gewerkschaften abzuschließen oder Firmentarifverträge zur AÜ vereinbart wurden, die den Grundsatz der Gleichbehandlung außer Kraft setzen sollten. Daneben bildeten sich auf Arbeitgeber- und Arbeitnehmerseite neue Verbände, deren **satzungsgemäßer Zweck** der Abschluss von Tarifverträgen zur AÜ ist. Innerhalb des ersten Jahres nach Inkrafttreten des Gesetzes wurden flächendeckend TV zur AÜ abgeschlossen, die dazu führten, dass nahezu alle Leiharbeitsverhältnisse qua Tarifbindung oder arbeitsvertraglicher Bezugnahme einem TV zur AÜ unterliegen.

174 Der **Aufbau eines funktionsfähigen Tarifsystems** in der Verleihbranche, das gesetzliche Regel-Ausnahmeverhältnis der zur Anwendung kommenden Tarifverträge bei Entleihern und Verleihern (Rn. 167) und der Umstand, dass im Leiharbeitverhältnis neben den zwischen Verleiher und LAN geltenden Arbeitsbedingungen immer auch die beim Entleiher geregelten Arbeitsbedingungen zur Anwendung kommen, führt zu einer Reihe (z.T. neuer) tarifrechtlicher Probleme. Dies gilt zum einen für die Frage, ob die neugegründeten Verbände den **Koalitionsbegriff** erfüllen und **tariffähig** sind (Rn. 171 ff.). Daneben besteht das Problem, ob und ggf. wieweit die Tarifvertragsparteien auf Entleiher- bzw. Verleiherseite für den Abschluss von Tarifverträgen zur AÜ zuständig sind (Rn. 175 ff.). Und schließlich ist fraglich, ob den nach Entleiherbranchen organisierten Gewerkschaften eine **Tarifzuständigkeit** für diese Branchen übergreifenden Tarifverträge zur AÜ zukommt (Rn. 176 ff.).

aa) Tarifzuständigkeiten auf Entleiherseite

175 Tarifvertragliche Regelungen zur AÜ, die den **Entleiher** nach § 3 Abs. 1 TVG binden (vgl. Rn. 156) können im Rahmen der Gesetze sowohl in Firmentarifverträgen als auch in Branchentarifverträgen, die entweder nur die tarifunterworfenen Entleiher oder auch Verleiher und Entleiher einer Branche binden, getroffen werden (vgl. Rn. 157). Tariffähigkeit und **Tarifzuständigkeit** richten sich hier nach den Verhältnissen im Entleiherbetrieb und beurteilen sich nach den allgemeinen Grundsätzen. Die Parteien des Tarifvertrags, der die Arbeitsbedingungen im Entleiherbetrieb verbindlich für die Stammbelegschaft regelt, sind auch für Regelungen zur AÜ in diesen Entleiherbetrieben zuständig und besitzen insoweit eine uneingeschränkte Regelungsbefugnis (s.o. Rn. 159). Die gilt auch, soweit der Tarifvertrag als **Tarifvertrag zugunsten Dritter** (Rn. 159) unmittelbare Ansprüche des LAN gegen den Entleiher regelt. In diese Regelungsbefugnis und Tarifzuständigkeit kann seitens der für die Verleihbranche zuständigen Tarifvertragsparteien nicht eingegriffen werden. Entgegenstehende

Vereinbarungen stellen einen unzulässigen Eingriff in die **Tarifautonomie der Parteien des Entleihertarifvertrags** dar (zur Problematik der Tarifkonkurrenz vgl. Rn. 282).

bb) Tarifzuständigkeiten auf Verleiherseite

Auch die Tarifvertragsparteien der Verleihbranche als eigenständiger Dienstleis- **176** tungsbranche (Rn. 165; *BAG* v. 10. 12. 1997 – 4 AZR 247/96 – EzAÜG § 3 TVG Nr. 2) können grundsätzlich unbeschränkt tarifvertragliche Regelungen zur ANÜ treffen. Zulässig sind dabei sowohl Firmen- als auch Flächen-/Branchen-tarifverträge (§§ 2 Abs. 1, 3 Abs. 1 TVG). Die **Tarifzuständigkeit** wird dabei durch die Arbeitgeberverbände und Gewerkschaften autonom in den Satzungen festgelegt (*BAG* v. 24. 7. 1990, AP Nr. 7 zu § 2 TVG Tarifzuständigkeit; ErfK/*Wank*, § 1 Rn. 59; *Schüren/Hamann*, § 1 Rn. 387). Dabei kommt es auf die Fassung der Satzung zum Zeitpunkt des Abschlusses des TV an (*BAG* v. 12. 11. 1996 – 1 ABR 22/96 – AP Nr. 11 zu § 2 TVG Tarifzuständigkeit). Eine der Satzung entgegenste-hende Praxis kann die fehlende Zuständigkeit nur in Ausnahmefällen (z. B. bei substanziellen Veränderungen/Neugliederungen von Wirtschaftssektoren) er-setzen (weitergehend: *Däubler*, TVR, Rn. 89 ff.).

Sehen die Tarifvertragsparteien in ihren **Satzungen** eine uneingeschränkte **177** Zuständigkeit für Tarifverträge zur ANÜ vor, ist von deren Tarifzuständigkeit aus-zugehen (*BAG* v. 12. 11. 1996 – 1 ABR 22/96 – AP Nr. 11 zu § 2 TVG Tarifzustän-digkeit). Soweit in den Satzungen keine ausdrückliche Regelung zur Zuständig-keit enthalten ist, ist eine Tarifzuständigkeit nur für solche Regelungen zur ANÜ gegeben, die entweder verbandsgebundene Verleiher der jeweiligen Branche be-treffen (vgl. Rn. 153) oder sich auf den Verleih in Branchen beziehen, die zumindest überwiegend in die Zuständigkeit des abschließenden Verbandes fallen.

Die **Tarifzuständigkeiten auf Arbeitgeberseite** sind in den jeweils beschlosse- **178** nen Satzungen relativ eindeutig geklärt. Sowohl die Satzungen der beiden gro-ßen Verleiherverbände BZA und IGZ (vgl. § 3 Abs. 2 der Satzung) als auch die Satzungen kleiner oder nur regional agierender Arbeitgeberverbände (wie AMP, INZ oder MVZ) enthalten Regelungen zur Tarifzuständigkeit im Verleih-gewerbe. Soweit keine ausschließlichen Tarifzuständigkeiten auf Entleiherseite betroffen sind (vgl. Rn. 164), sind daher die Verleiherverbände zum Abschluss von Tarifverträgen zur ANÜ befugt.

Unübersichtlicher stellt sich demgegenüber die **Tarifzuständigkeit auf Seiten** **179** **der Gewerkschaften** dar. Grundsätzlich ergibt sich die Tarifzuständigkeit und der damit verbundene Rahmen, innerhalb dessen die Gewerkschaften nach außen handeln können, aus den **Satzungen** der Gewerkschaften (h. M. vgl. *BAG* v. 24. 7. 1990, AP Nr. 7 zu § 2 TVG Tarifzuständigkeit; ErfK/*Schaub*, TVG § 2 Rn. 39). Auf der Grundlage der gewachsenen Organisationsstrukturen, die sich am **Industrieverbandsprinzip** und einem System von Verbandstarifverträgen in den Entleiherbranchen orientieren, enthalten die Satzungen der Einzelgewerk-schaften vielfach keine eindeutigen (vgl. hierzu *BAG* v. 12. 12. 1995, NZA 1996, 1042; zum Ultra-vires-Grundsatz vgl. auch *v. Venrooy*, ZfA 1983, 49) Regelungen zur branchenübergreifenden Tarifzuständigkeit beim Verleih von LAN, sondern beschränken sich meist auf eine allgemeine Zuständigkeit in Dienstleistungs-zweigen. Ihre satzungsmäßige Zuständigkeit erstreckt sich insoweit zwar auch auf Formen der ANÜ, die (brancheneigen oder branchenfremd) durch die nach dem Industrieverbandsprinzip organisierten Unternehmen, Betriebe, Betriebsabteilungen, Betriebsstätten oder Nebenbetriebe erfolgt (*Wiedemann*, TVG Einl. Rn. 396, § 2 Rn. 29), sie beschränkt sich i. Ü. aber (bei entsprechender Einbeziehung in den Geltungsbereich des Tarifvertrags) auf Formen des Verleihs, der entweder (zumindest überwiegend) in die Branche erfolgt oder von der Branche ausgeht, für die eine satzungsmäßige Zuständigkeit der jeweiligen Gewerkschaft gegeben ist. Soweit das *BAG* auf der Grundlage der früheren Rechtslage und der seinerzeitigen Ablehnung von Tarifverträgen zur ANÜ durch die DGB-Gewerkschaften eine (auch branchenbezogen begrenzte) fachliche Geltung der für die Entleiherbranchen abgeschlossenen Tarifverträge verneint hat (vgl. *BAG* v. 10. 12. 1997 – 4 AZR 247/96 – EzAÜG § 3 TVG Nr. 2), ist diese Auffassung infolge des Positionswechsels und der Neuordnung der Organisationszuständigkeiten zwischen den DGB-Gewerkschaften (Rn. 180) sowie durch Geltung des Diskriminierungsverbots, das an die Entleihertarifverträge anknüpft (Rn. 147), überholt.

180 Die Defizite und Überschneidungen der satzungsmäßigen Zuständigkeiten im Bereich der ANÜ widersprechen unter dem Dach des DGB teilweise dem Grundsatz »ein Betrieb – eine Gewerkschaft« (vgl. *BAG* v. 12. 11. 1996 – 1 ABR 33/96 – AP Nr. 11 zu § 2 TVG Tarifzuständigkeit). Dies hat die **DGB-Gewerkschaften** dazu veranlasst, für die **Organisationszuständigkeiten** im Bereich der ANÜ gemeinsame Grundsätze zu verabschieden und die Tarifzuständigkeiten in der Verleihbranche im Rahmen einer **Tarifgemeinschaft** aller DGB-Mitgliedsgewerkschaften unter koordinierender Führung des DGB wahrzunehmen. Die vom DGB Bundesausschuss unter Beteiligung aller Einzelgewerkschaften verabschiedete »Richtlinie über die Organisationszuständigkeit der DGB-Mitgliedsgewerkschaften für Arbeitnehmer/innen aus Betrieben der Zeit- und Leiharbeit (RL Organisationszuständigkeit Zeit- und Leiharbeit v. 5. 3. 2003), die für alle DGB-Gewerkschaften verbindlich gilt, sieht in Ziff. 1 vor, dass die Zuständigkeit für LAN ausschließlich bei der Mitgliedsgewerkschaft liegt, die für den **Entleihbetrieb zuständig** ist. Für das von Verleihern beschäftigte Verwaltungspersonal, das nicht an Dritte verliehen wird, soll demgegenüber in der Regel die Gewerkschaft ver.di zuständig sein. Mit der Richtlinie hat der DGB satzungsgemäß (Vgl. § 2 Ziff. 4 lit. h der DGB-Satzung) die Tarifzuständigkeiten in der Verleihbranche verbindlich geregelt. Der Richtlinie kommt daher analog einem Schiedsspruch bei Zuständigkeitsstreitigkeiten verbindliche **Außenwirkung** gegenüber der Arbeitgeberseite zu (vgl. *BAG* v. 25. 9. 1996 – 1 ABR 4/96). Zweck der Richtlinie ist u. a., durch deren Verbindlichkeit für alle DGB-Gewerkschaften überschneidende Tarifzuständigkeiten und (u. U. auch der Richtlinie widersprechende) Satzungsänderungen der Mitgliedsgewerkschaften zu verhindern. Obwohl der DGB satzungsmäßig keine eigene Tarifkompetenz besitzt, und daher nicht als Spitzenorganisation i. S. d. § 2 Abs. 2 und 3 TVG Tarifverträge abschließen kann, ist durch die Beteiligung aller Einzelgewerkschaften an der Tarifgemeinschaft sichergestellt, dass die ANÜ in **allen Entleiherbranchen** und damit in allen Einsatzfeldern der ANÜ bundesweit im Rahmen eines einheitlichen Tarifwerkes tariflich geregelt werden kann. Zweifel an der Tarifzuständigkeit sind angesichts der von allen DGB-Mitgliedsgewerkschaften übereinstimmend vorgenommenen Handhabung (vgl. hierzu *BAG* v. 14. 12. 1999, NZA 2000, 952) nicht begründet (a. A. *Ankersen*, NZA 2003, 421).

181 Die von der **DGB-Tarifgemeinschaft** abgeschlossenen Tarifverträge zur ANÜ gelten für alle Gewerkschaftsmitglieder, unabhängig davon, in welcher DGB-Einzelgewerkschaft sie organisiert sind (Nr. 5 Begründung RL Organisationszuständigkeit Zeit- und Leiharbeit). I. Ü. geht die **Tarifzuständigkeit von Tarifge-**

meinschaften nicht weiter, als die Tarifzuständigkeiten der ihr angeschlossenen Einzelgewerkschaften. Ihre Regelungskompetenz ist daher auf die Tarifzuständigkeit beschränkt, die sich aus einer Zusammenfassung der Tarifzuständigkeiten ihrer Mitglieder ergibt (vgl. RL, a.a.O. Ziff. 5 der Begr.).

Auch eine Tarifzuständigkeit der CGZP (zur Tariffähigkeit vgl. Rn. 190 ff.) als **182** **Tarifgemeinschaft des CGB** kommt für den Abschluss von Tarifverträgen zur ANÜ nur in Betracht, soweit eine Tarifzuständigkeit ihrer Mitglieder gegeben ist (*Feudner*, BB 2004, 2300; Rn. 181). Die im Zusammenhang mit der Hartz-Gesetzgebung im Jahre 2002 gegründete CGZP hat (neben einzelnen Firmentarifverträgen) mit der BVD, der INZ und der MVZ/AMP Flächentarifverträge zur ANÜ abgeschlossen. Soweit ersichtlich sind neben der CGM nur relativ unbekannte Verbände wie die Gewerkschaft Öffentlicher Dienst und Dienstleistungen sowie der Arbeitnehmerverband deutscher Milchkontroll- und Tierzuchtbediensteter Mitglied des CGB. Eine über die Zuständigkeiten dieser Mitglieder hinausreichende Tarifzuständigkeit für Tarifverträge zur ANÜ ist nicht gegeben (Rn. 181). Selbst bei Annahme einer Wirksamkeit der von der CGZP abgeschlossenen TV zur ANÜ (siehe hierzu Rn. 190 ff.) ist deren Geltungsbereich infolge der eingeschränkten Tarifzuständigkeiten ihrer Mitglieder auf bestimmte Wirtschaftsbereiche beschränkt und erstreckt sich z. B. im Bereich der Landwirtschaft nur auf Milchkontroll- und Tierzuchtbedienstete.

Soweit eine Tarifzuständigkeit nicht gegeben ist, hat dies grundsätzlich die **Nich-** **183** **tigkeit** der tariflichen Regelungen zur Folge (*BAG* v. 24. 7. 1990 – 1 ABR 46/89 – AP Nr. 7 zu § 2 Tarifzuständigkeit). Bei **teilweise gegebener Tarifzuständigkeit** sind jedoch die Regelungen in den Bereichen wirksam, für die eine Tarifzuständigkeit besteht (ErfK/*Schaub*, TVG § 2 Rn. 43).

cc) Tariffähigkeit bei Tarifverträgen zur ANÜ

Die **Tariffähigkeit** der Vertragsschließenden ist auf beiden Seiten Voraussetzung **184** für die Wirksamkeit der tarifvertraglichen Regelungen (*Kittner/Zwanziger*, HandbAR, § 10 Rn. 3). Auf Arbeitgeberseite ergeben sich insoweit weder bzgl. der abgeschlossenen Firmen- noch bzgl. der Flächentarifverträge Bedenken gegen die Tariffähigkeit der vertragsschließenden Parteien.

Soweit die **Gewerkschaften Tarifvertragspartei** sind, können je nach tarifver- **185** tragsschließender Partei, Regelungsgegenstand und Art des Tarifvertrags Zweifel an der Tariffähigkeit der Arbeitnehmerkoalition auftreten.

Von der Tariffähigkeit der **Mitgliedsgewerkschaften des DGB** kann in deren **186** jeweiligem Zuständigkeitsbereich grundsätzlich ausgegangen werden. Bei Firmentarifverträgen oder bei Beteiligung auf Entleiherseite bestehen insoweit an der Tariffähigkeit keine Zweifel. Etwas anderes gilt jedoch, soweit die DGB-Mitgliedsgewerkschaften **Flächentarifverträge zur ANÜ** mit Arbeitgeberverbänden der Verleiher abschließen.

Soweit die DGB-Mitgliedsgewerkschaften oder die DGB-Tarifgemeinschaft **187** (Rn. 180) Tarifverträge zur ANÜ abschließen, sind die Kriterien einer **demokratischen** (*BAG* v. 25. 11. 1986, AP Nr. 36 zu § 2 TVG; *Löwisch/Rieble*, TVG § 2 Rn. 20) und **gegnerunabhängigen** Organisation erfüllt. Die Tarifverträge zur ANÜ wurden nach den für alle Tarifverhandlungen geltenden Satzungsbestimmungen hinsichtlich der **Beteiligung der Mitglieder** bei den Tarifverhandlungen und der Beschlussfassung über die Annahme oder Ablehnung des Ergebnisses der Tarifverhandlungen abgeschlossen. Dem **Mitgliederwillen** der LAN (vgl. hierzu

Hanau, NZA 2003, 131), sich in den für die Entleihbetriebe zuständigen Gewerkschaften zu organisieren und dort am Willensbildungsprozess zu beteiligen, wurde dabei Rechnung getragen. Die erheblichen Probleme, die im Rahmen der **innergewerkschaftlichen Willens- und Konsensbildung** aus den sehr unterschiedlichen Vorstellungen der beteiligten Leiharbeitnehmergruppen und der differierenden Zielvorstellungen der Mitgliedsgewerkschaften der Tarifgemeinschaft erwachsen, lassen das Erfordernis eines demokratischen Willensbildungsprozesses nicht entfallen.

188 Es bestehen jedoch Zweifel, ob den DGB-Gewerkschaften die im konkreten tarifpolitischen Betätigungsfeld der ANÜ (*Schüren/Riederer v. Paar*, AuR 2004, 242) geforderte **soziale Mächtigkeit** zukommt (vgl. *BAG* v. 15.3.1977, AP Nr. 24 zu Art. 9 GG; *BVerfG* v. 20.10.1981 AP Nr. 31 zu § 2 TVG; *Hanau*, NZA 2003, 129), die es ihnen erlaubt, hinreichend Druck auf die Gegenseite auszuüben, um aus eigener Kraft ein Tarifergebnis zu erreichen. Durch den Zusammenschluss in einer Tarifgemeinschaft ist dabei die **Verbandsmächtigkeit** bei Beteiligung der DGB-Mitgliedsgewerkschaften sowohl in gebietsmäßiger als auch in branchenspezifischer Hinsicht (*Dütz*, DB 2389) gegeben.

189 Stellt man allein auf den **Organisationsgrad der LAN** in den Mitgliedsgewerkschaften des DGB ab (vgl. *Rieble*, FS für Wiedemann, 2003, 519; *Rieble/Klebeck*, NZA 2003, 28; gegen das Erfordernis einer Mindestmitgliederzahl: *Feudner*, BB 2004, 2301), könnte allenfalls die IG Metall, die den überwiegenden Teil der Betriebsräte in Verleihbetrieben stellt (vgl. hierzu *BAG* v. 4.4.2002, AP Nr. 16 zu § 2 TVG Tarifzuständigkeit), bei der aber auch nur ca. 1% der LAN organisiert sind, durchsetzungsfähig (vgl. *BAG* v. 6.6.2000, AP Nr. 55 zu § 2 TVG) und damit tariffähig sein (zweifelnd insoweit *Feudner*, a.a.O.). Selbst die Gewerkschaft ver.di, die eine satzungsmäßige Zuständigkeit für die Verleihbranche besitzt, wäre nicht tariffähig, da sie im Wesentlichen nur interne Verwaltungsangestellte nicht jedoch LAN organisiert hat. Die Mitgliederzahlen sind jedoch nicht allein entscheidend für das Vorliegen der Tariffähigkeit, sondern es kommt entscheidend auf die **Durchsetzungsfähigkeit** an (*ArbG Stuttgart* v. 12.9.2003 – 15 BV 250/96 – AuR 2004, 159; *Schöne*, DB 2004, 137). Eine Gewerkschaft – und ebenso eine Tarifgemeinschaft – muss soviel Druck ausüben können, dass die Arbeitgeberseite zu Verhandlungen bzw. zum Eingehen auf Verhandlungsangebote gezwungen werden kann (*BVerfG*, a.a.O.). Hiervon ist bei Beteiligung der DGB-Gewerkschaften grundsätzlich auszugehen, da sie – auch unabhängig von ihrer anerkannten Stellung im Arbeitsleben (*BAG* v. 23.4.1971, AP Nr. 2 zu § 97 ArbGG) – **auf Entleiherseite** die notwendige Durchsetzungskraft besitzen, um tarifliche Regelungen zu den Arbeitsbedingungen von LAN durchzusetzen (*Böhm*, DB 2003, 2598; *ders.*, DB 2004, 137; *Schüren/Schüren*, § 9 Rn. 220; *Schüren/Behrend*, NZA 2003, 525; *Schüren/Riederer v. Paar*, AuR 2004, 243; *Weyand/Düwell*, 72; i.E. ebenso *Hanau*, ZIP 2003, 1573; *Böhm*, DB 2003, 2598; a.A. *Boemke*, BB 3/2004 S. I).

190 Den in der **CGZP** vertretenen CGB-Mitgliedsgewerkschaften (Rn. 182) fehlt es schon an einer der DGB-Tarifgemeinschaft vergleichbaren **sozialen Mächtigkeit** und Durchsetzungskraft (vgl. hierzu *BAG* v. 15.2.1977, BB 1977, 593 u.v. 6.6.2000, AP Nr. 9 zu § 97 ArbGG; *ArbG Gera* v. 17.11.2002, AuR 2004, 149; *Weyand/Düwell*, 73; *Reipen*, NZS 2005, 407; gegen dieses Kriterium *Buchner*, DB 2004, 1042; a.A. *Boemke*, BB 3/2004 S. I). Dies gilt für die CGPZ gleichermaßen wie für die ihr angeschlossenen Mitglieder. Nur soweit sich bei Tarifverhandlungen zwei gleich starke Verhandlungspartner gegenüber sitzen kann von einem interessengerechten Ausgleich ausgegangen werden (*BVerfG* v. 26.6.1991, AP Nr. 117 zu Art. 9 Ar-

beitskampf). Das Vorliegen von Mächtigkeit und Durchsetzungskraft ist gerade im Bereich der tarifdispositiv ausgestalteten Bestimmungen zum Diskriminierungsverbot von Bedeutung. Tarifdispositives Gesetzesrecht unterstellt ein **Verhandlungsgleichgewicht**, denn nur eine ausgewogene Regelung darf an die Stelle des gesetzlichen Normalfalls treten (*Schüren/Schüren*, § 9 Rn. 218). Nach eigenen Angaben des CGM beträgt dessen gesamter Mitgliederbestand 97389 (vgl. *ArbG Stuttgart* v. 12. 9. 2003, BB 2004, 827), das sind weniger Mitglieder als die IGM allein im VW-Konzern organisiert hat. Außerhalb des CMV haben die Christengewerkschaften generell keinen Mitgliederbestand, der es ihnen erlaubt, Forderungen in Tarifverhandlungen einzubringen, auf die von den Arbeitgebern eingegangen werden müsste oder die in den Tarifabschlüssen ihren Niederschlag finden. Die CGB-Mitgliedsgewerkschaften beschränken sich weitgehend auf den Abschluss von Anschlusstarifverträgen anderer Gewerkschaften. Sie können jedoch nicht die erforderlichen eigenen tarifpolitischen Forderungen zur ANÜ entwickeln (vgl. hierzu *LAG Baden-Württemberg* v. 1. 10. 2004 – 4 TaBV 1/04 – AuR 2005, 335). Ihnen ist in einer Reihe arbeitsgerichtlicher Verfahren die Tariffähigkeit aberkannt worden (zur CGD vgl. *ArbG Gera* v. 17. 10. 2002 – 2 BV 3/00 – AuR 2003, 198 u. AuR 2004, 149; zur CGM vgl. *ArbG Stuttgart* v. 12. 9. 2003, AuR 2004, 159).

191 Allein der Abschluss der Tarifverträge zur ANÜ kann nicht die **Tariffähigkeit der CGZP** indizieren, da es sich um reine Gefälligkeitstarifverträge handelt (vgl. *BAG* v. 10. 9. 1985, AP Nr. 34 zu § 2 TVG u. v. 24. 7. 1990 – 1 ABR 46/89 – AP Nr. 7 zu § 2 TVG Tarifzuständigkeit; *Schüren/Behrend*, NZA 2003, 525; vgl. Einl. E Rn. 13f.), die sogar die von Arbeitgeberseite erwarteten Lohnkostenbelastungen (siehe randstad, Chancen 2004, 5) unterschreiten. In den abgeschlossenen Tarifverträgen zur ANÜ werden die gesetzlichen Mindestentgeltansprüche der LAN derart massiv verschlechtert, dass von einer auch die Interessen von Arbeitnehmern vertretenden Organisation, die die Arbeitsbedingungen im Interesse der Arbeitnehmer tatsächlich aushandelt (*BAG* v. 14. 12. 2004 – 1 ABR 51/03), nicht gesprochen werden kann (*Schüren/Riederer v. Paar*, AuR 2004, 244). Vielmehr sind sie ein Ergebnis des Diktats der Arbeitgeberseite und können daher als **Gefälligkeitstarifverträge** keine Tariffähigkeit indizieren (*Dütz*, DB 1996, 2388). Der mit der MVZ abgeschlossene Tarifvertrag sieht in der Eingangsstufe einen Mindestlohn von € 6,01 (Ost: € 5,60) vor, mit der INZ konnten immerhin € 6,30 (Ost: € 5,70) vereinbart werden. Der mit der Neptun-Gruppe abgeschlossene Tarifvertrag sieht für die ersten sechs Monate sogar einen Mindestlohn in Ostdeutschland von € 5,04 vor. I. E. verfolgen die von der CGZP abgeschlossenen TV zur ANÜ ausschließlich das Ziel, sukzessive das Niveau der »Billig-Tarifverträge« in der Verleihbranche zu reduzieren (*Böhm*, DB 2005, 2023). An der **Gegnerunabhängigkeit** bestehen erhebliche Zweifel, zumal die Gewerkschaftsbeiträge teilweise sogar vom Arbeitgeber übernommen werden (vgl. www.igmetall-zoom.de/archiv).

192 Auch eine für die Tariffähigkeit erforderliche **organisatorische Leistungsfähigkeit** (vgl. *BAG* v. 6. 6. 2000, AP Nr. 55 zu § 2 TVG) der CGZP gegenüber ihren Mitgliedern ist nicht gegeben. Die geringe personelle und sächliche Ausstattung ermöglicht es selbst dem CGM nicht, eine **flächendeckende Mitgliederbetreuung** (vgl. hierzu *BAG* v. 14. 12. 2004 – 1 ABR 51/03), die das gesamte Bundesgebiet umfassen würde, zu gewährleisten (*ArbG Stuttgart* v. 12. 9. 2003, BB 2004, 827). Es fehlt insoweit an der Verbandsmächtigkeit in der tarifvertragsrelevanten räumlichen Region (*Dütz*, DB 1996, 2389). Im Rahmen der ANÜ müssen nicht nur die ca. 15.000 zugelassenen Verleiher mit ihrem weitverzweigten Netz an Niederlassungen betreut werden, sondern die Leiharbeitnehmer müssen auch bei ihren Einsätzen bei den unterschiedlichen Entleihern betreut werden. Die hierzu notwendige Leistungsfähigkeit kann den Christengewerkschaften auf Grund ihres kleinen, zentralisierten Apparats (vgl. *BAG*, a.a.O.) insoweit allenfalls in einer bestimmten Region für den Abschluss von Firmen- nicht jedoch für bundesweite und branchenübergreifende Flächentarifverträge zukommen (vgl. hierzu *Rieble*, BB 2004, 890). Daneben erfordert die Besonderheit von Tarifverträgen zur ANÜ, die Abweichungen von den beim Entleiher geltenden Arbeitsbedingungen regeln sollen, eine verbreiterte **Infrastruktur** und erhöhte personelle Ressourcen. Soweit die Gewerkschaft Abweichungen vom Diskriminierungsverbot regeln will, muss sie zumindest eine Kenntnis der bei Entleihern gewährten Arbeitsbedingungen und der dort unterschiedlich ausgestalteten Tarifverträge besitzen. Die bei den DGB-Gewerkschaften schon zuständigkeitshalber vorhandene **Sachnähe** zu den Arbeitsbedingungen bei Entleihern ist bei den Christengewerkschaften nicht vorhanden. Die mangelnde Kenntnis und Sachnähe kann dabei nicht durch einen Blick in den Wirtschaftsteil der F.A.Z. kompensiert werden (so aber *Rieble*, BB 2004, 890), da die Medien, soweit überhaupt über die Arbeitsbedingungen berichtet wird, ihrerseits auf die Informationen aus den Gewerkschaften angewiesen sind. Da es an der erforderlichen Kenntnis der Arbeitsbedingungen, die (vom Diskriminierungsverbot abweichend) geregelt werden sollen, fehlt, stellen sich die Tarifverträge der CGZP zur ANÜ als rechtsmissbräuchliche Inanspruchnahme der durch Satz 2 verliehenen Tarifmacht, **willkürlich** und damit als Verstoß gegen Art. 3 GG dar. Die Tarifverträge regeln letztlich **nur die Wirtschaftsbedingungen** der Verleihbranche und sind daher nicht mehr vom verfassungsrechtlich garantierten Schutz der Betätigungsfreiheit einer Koalition (Art. 9 Abs. 3 GG) gedeckt. Einer Vereinigung, die nicht in der Lage ist, den Aufgaben einer Tarifpartei Rechnung zu tragen, kommt keine Tariffähigkeit zu (*BVerfG* v. 20.10.1981, DB 1982, 231; *BAG* v. 15.3.1977, AP Nr. 24 zu Art. 9 GG; *Dütz*, DB 1996, 2386).

193 An der **Gegnerunabhängigkeit** der CGB-Mitglieder und des CGZP bestehen angesichts des materiellen Gehalts der abgeschlossenen Tarifverträge sowie den Umständen, unter denen ihre Gründung beschlossen und die Tarifverträge zur ANÜ angeschlossen wurden, erhebliche Zweifel (*Schüren/Riederer v. Paar*, AuR 2004, 243). Diese begründen sich insbesondere darauf, dass die Beiträge der Gewerkschaftsmitglieder (soweit als LAN überhaupt vorhanden) nicht ausreichen, um eine gegnerunabhängige Betätigung als Gewerkschaft zu gewährleisten (vgl. hierzu *BAG* v. 14.12.2004 – 1 ABR 51/03). Trotz der Neuartigkeit und der Komplexität der Materie wurde der erste Tarifvertrag zur ANÜ bei gleichzeitiger Gründung der abschließenden Verbände unmittelbar nach der Verabschiedung des Gesetzes am 12.12.2002, unter Ausschluss der Öffentlichkeit und ohne irgendwelche bekannt gewordenen Auseinandersetzungen abgeschlossen. Der erforderliche **aktive Eingriff** in den Prozess der tariflichen Regelung von Arbeitsbedingungen (*BAG* v. 14.12.2004 – 1 ABR 51/03) ist nicht erkennbar. Für den Beobachter ist dies angesichts der unterschiedlichen und für einen Interessenausgleich nicht zugänglichen Positionen der Verleiher (die zu zwei getrennten Tarifabschlüssen mit der DGB-Tarifgemeinschaft führten) ein bemerkenswerter Vorgang.

194 Letztlich weisen weder die CGZP noch die dem CGB angehörigen Gewerkschaften eine **demokratische Struktur** (*BAG* v. 25.11.1986, AP Nr. 36 zu § 2 TVG; *Löwisch/Rieble*, TVG § 2 Rn. 20) auf, die eine Beteiligung an Abstimmungen ermöglicht (ErfK/*Schaub*, TVG § 2 Rn. 9). Eine Beteiligung von Mitgliedern bei Verhandlung und Abschluss der Tarifverträge zur ANÜ erfolgte – soweit ersichtlich – nicht. Daneben bestehen erhebliche Zweifel, ob überhaupt LAN bei den Christengewerkschaften organisiert sind. Einer Vereinigung ohne Mitglieder, deren Willensbildung allein von Hauptamtlichen ohne demokratische Kontrolle erfolgt, kann jedoch nicht die Tariffähigkeit einer Gewerkschaft zuerkannt werden.

Unabhängig davon, ob die CGB-Mitgliedsverbände überhaupt die Begriffsmerk- **195** male einer Koalition i.S.d. Art. 9 Abs. 3 GG erfüllen, kommt ihnen keine Tariffähigkeit zu. Die mangelnde Tariffähigkeit führt (mit ex tunc-Wirkung) zur **Nichtigkeit** der abgeschlossenen Tarifverträge. Dies gilt auch für den Zeitraum eines etwaigen **Statusverfahrens** zur Aberkennung der Gewerkschaftseigenschaft nach §§ 2a Abs. 1 Nr. 4, 97 ArbGG (*Böhm*, DB 2003, 2598; *Schüren/Riederer v. Paar*, AuR 2004, 244). Die gegenteilige Auffassung (vgl. *Buchner*, DB 2004, 1042; *Schöne*, DB 2004, 136), nach der die Nutzer eines nichtigen Tarifvertrags bis zum rechtskräftigen Abschluss eines Statusverfahrens **Vertrauensschutz** genießen, findet im geltenden Recht keine Stütze (*Weyand/Düwell*, 71). Für ein schutzwürdiges Vertrauen (*Schöne*, a.a.O.) besteht kein Bedürfnis, da bei Nichtigkeit des Tarifvertrags die gesetzliche Regelung zum Diskriminierungsverbot Anwendung findet.

3. Zulässige Inhalte eines Tarifvertrags zur ANÜ (Nr. 2 Halbs. 3)

a) Gestaltungsrahmen tarifvertraglicher Abweichungsmöglichkeiten

Nr. 2 Halbs. 3 eröffnet die Möglichkeit, vom Grundsatz der Nichtdiskriminierung **196** abweichende tarifliche Regelungen zu treffen. Nach dem **Zweck** der Norm soll Nr. 2 Halbs. 3 den Tarifvertragsparteien ermöglichen, die Arbeitsbedingungen von LAN entsprechend den Bedürfnissen der Verleihbranche flexibel zu gestalten, unterschiedliche Entgeltniveaus von Entleihern durch Pauschalierungen i.F. einer Durchschnittsberechnung auszugleichen und das Arbeitsentgelt für Zeiten des Verleihs und Nichtverleihs zu vereinheitlichen (vgl. amtl. Begr. BT-Ds. 15/25, S. 38). Diese Zwecksetzung können die Tarifvertragsparteien sowohl durch **abweichende Regelungen** zu allen wesentlichen Arbeitsbedingungen i.S.v. Nr. 2 verfolgen; sie können sich aber auch darauf beschränken, nur bestimmte Arbeitsbedingungen im TV zur ANÜ zu regeln.

Die Öffnungsklausel ermächtigt die Tarifvertragsparteien lediglich dazu, beim **196a** Entleiher zur Anwendung kommende wesentliche Arbeitsbedingungen hinsichtlich ihrer **Rechtsfolgen** abweichend zu regeln (Rn. 201a). Sie sind jedoch nicht befugt, die tatbestandlichen Voraussetzungen des Diskriminierungsverbots auszuschließen oder zu modifizieren. So können sie z.B. eine beim Entleiher als Facharbeitertätigkeit zu qualifizierende Arbeit nicht als Helfertätigkeit definieren oder die gesetzlich maßgeblichen Kriterien eines vergleichbaren Arbeitnehmers (Rn. 104) abweichend regeln.

Nach dem Wortlaut von Nr. 2 Halbs. 3 kann der Tarifvertrag vom Diskriminie- **197** rungsverbot abweichende Regelungen **zulassen**. Durch das Wort »zulassen« wird es den Tarifvertragsparteien ermöglicht, sowohl im Tarifvertrag selbst eine abschließende Regelung zu treffen (h.M.; vgl. *Bauer/Krets*, NJW 2003, 539; *Hümmerich/Holthausen/Welslau*, NZA 2003, 10; *Thüsing*, DB 2003, 447) als auch (konditionierte) Öffnungsklauseln für abweichende betriebliche (§ 77 Abs. 3 Satz 2 BetrVG) und einzelvertragliche Regelungen zu vereinbaren (*Thüsing/Mengel*,

§ 9 Rn. 41). Derartige Regelungen auf Grund einer Öffnungsklausel im TV sind jedoch nur bei Tarifbindung des Verleihers nicht jedoch auf Grund arbeitsvertraglicher Bezugnahme wirksam (Rn. 286).

198 Soweit der Tarifvertrag von der Möglichkeit der **Öffnungsklausel** Gebrauch macht, muss ein dem Gleichbehandlungsgrundsatz **vergleichbares** angemessenes **Schutzniveau** des LAN gewährleistet sein (vgl. BT-Ds. 15/25, S. 24; ErfK/ *Wank*, § 4 TVG Rn. 51; *Reim*, ZTR 2003, 110). Auch darf durch die kollektivvertragliche Regelung nicht gegen den gesetzlich normierten Grundsatz verstoßen werden, dass eine Abweichung vom Diskriminierungsverbot allein durch einzelvertragliche Absprache unzulässig ist (a.e.c. Nr. 2 Halbs. 4), was sich bei Anwendung von Tarifverträgen oder Betriebsvereinbarungen des Entleiherbetriebs auch aus §§ 4 Abs. 4 TVG, 77 Abs. 4 BetrVG ergibt. Tarifvertragliche Öffnungsklauseln für einzelvertragliche Absprachen zwischen Verleiher und LAN sind daher nur in engen Grenzen zulässig, die Hauptleistungspflichten sind zumindest in einem genau definierten Handlungsrahmen abschließend im Tarifvertrag zu regeln (*BAG* v. 27. 1. 1994 – 6 AZR 541/93 – AuR 1994, 104; § 1 Rn. 110). Eine verfassungsrechtlich unzulässige Regelungspflicht der Tarifvertragsparteien (vgl. *Rieble*, ZFA 2004, 422) ist hiermit nicht verbunden, da die Tarifvertragsparteien nur von einem gesetzlichen Recht, nicht jedoch einer Pflicht zur Abweichung Gebrauch machen und auf Grund des Gleichbehandlungsgrundsatzes auch ohne die Öffnungsklausel die Arbeitsbedingungen geregelt sind (*Böhm*, DB 2005, 2023).

199 Die Möglichkeit, eine vom Gleichbehandlungsgrundsatz abweichende tarifliche Regelung zu treffen, bezieht sich sowohl auf die Arbeitsbedingungen, die vom Nichtdiskriminierungsgrundsatz nach Nr. 2 Halbs. 1 erfasst werden (Rn. 82 ff.), als auch auf die gesetzliche Regelung zu den Mindestarbeitsbedingungen bei **Neueinstellung zuvor arbeitsloser AN** (h.M.; ErfK/*Wank*, § 3 Rn. 32; *Schüren/ Schüren*, § 9 Rn. 213; *Thüsing/Mengel*, § 9 Rn. 45). Auch bei tariflichen Regelungen zur Neueinstellung arbeitsloser AN haben die Tarifvertragsparteien dabei ein **angemessenes Schutzniveau** zu gewährleisten (amtl. Begr. BT-Ds. 15/25 S. 24).

200 Die abweichende tarifliche Regelung kann sich sowohl auf **einzelne** vom Diskriminierungsverbot erfasste Arbeitsbedingungen als auch auf **alle Arbeitsbedingungen** beziehen, die bei Entleihern auf Grundlage eines Tarifvertrags, einer Betriebsvereinbarung oder auf einzelvertraglicher Grundlage zur Anwendung kommen (*Sandmann/Marschall* § 3 Anm. 21h). Dies wird schon durch den Wortlaut der Bestimmung deutlich, nach der abweichende Regelungen und damit auch mehrere unterschiedliche Regelungen zu verschiedenen Regelungsbereichen getroffen werden können. Allein die Existenz eines Tarifvertrags zur ANÜ reicht daher nicht aus, um die Rechtsfolgen des Diskriminierungsverbots aufzuheben. Der Tarifvertrag lässt die Folgen des Diskriminierungsverbots nur für die Arbeitsbedingungen und in dem Umfang entfallen, wie er eine eigenständige und eindeutige, **vom Gesetz abweichende Regelung** enthält. Soweit im Tarifvertrag zur ANÜ **Regelungslücken** enthalten sind (Rn. 167), gelten die Arbeitsbedingungen des vergleichbaren LAN (*Sandmann/Marschall*, a.a.O.).

201 Die abgeschlossenen Branchentarifverträge zur Arbeitnehmerüberlassung (vgl. Rn. 153) sind unabhängig von den tarifschließenden Arbeitgeberverbänden sowohl hinsichtlich der Regelungsgegenstände als auch hinsichtlich des Niveaus der geregelten Arbeitsbedingungen im Wesentlichen identisch. Ihre Struktur folgt dabei den Gegebenheiten in anderen Branchen. Von den beiden relevanten Verleiherverbänden, dem BZA sowie der iGZ, wurden mit der DGB-Tarifgemeinschaft jeweils parallel zu einem **Manteltarifvertrag**, der die wesentlichen Arbeitsbedingungen des Leiharbeitsverhältnisses regelt, **Entgeltrahmen-** sowie **Entgelttarifverträge** abgeschlossen. Daneben wurde zwischen iGZ und DGB ein Tarifvertrag zur **Beschäftigungssicherung** abgeschlossen (vgl. auch Protokollerklärung von BZA und DGB zur Beschäftigungssicherung). Die von den christlichen Gewerkschaften abgeschlossenen Tarifverträge weisen eine ähnliche Struktur auf, sind jedoch wegen mangelnder Tariffähigkeit unwirksam (Rn. 190 ff.).

Die Normsetzungsbefugnis der Tarifvertragsparteien, vom Diskriminierungs- **201a** verbot abweichende Regelungen zu treffen, beschränkt sich auf die **Rechtsfolgen** der Norm (Rn. 196a). In einem TV zur ANÜ kann daher nicht bestimmt werden, dass für den LAN andere Arbeitsbedingungen wesentlich sind als für vergleichbare Arbeitnehmer des Entleihers. Entsprechendes gilt für die Vergleichbarkeit der Tätigkeit. Die Vergleichbarkeit bezieht sich immer auf die tatsächlich ausgeübte Tätigkeit des Arbeitnehmers beim Entleiher. Durch einen TV zur ANÜ können insoweit nur die Rechtsfolgen der Entlohnung i.S.d. equal-pay abweichend geregelt werden. Der Tarifvertrag kann jedoch nicht willkürlich bestimmen, dass eine vom LAN ausgeübte Tätigkeit nicht derjenigen entspricht, die nach objektiven Kriterien der Tätigkeit eines Stammarbeitnehmers des Entleihers vergleichbar ist. Übt der Arbeitnehmer z.B. nach den beim Entleiher geltenden Regelungen eine qualifizierte Facharbeitertätigkeit aus, kann ein TV zur ANÜ nicht bestimmen, dass die Tätigkeit als Helfertätigkeit zu bewerten ist. Insoweit muss der Aufbau des **Vergütungssystems** eines TV zur ANÜ ein Mindestmaß an abgestuften Entgeltdifferenzierungen enthalten, die eine **Eingruppierung** des LAN als (im Rahmen der Vergütungsordnung des Entleihers) vergleichbaren Arbeitnehmer ermöglicht.

Auf Grund der Vielzahl der tarifvertraglichen und betrieblichen Regelungen **202** in den Entleiherbranchen und -betrieben ist es praktisch unmöglich, einen Tarifvertrag zur ANÜ abzuschließen, der bundesweit branchen- und unternehmensübergreifend alle bei Entleihern geltenden wesentlichen Arbeitsbedingungen einer abweichenden Regelung unterzieht. Die abgeschlossenen Tarifverträge zur ANÜ konzentrieren sich daher auf **Kernbereiche der Arbeitsbedingungen**, die üblicherweise in Tarifverträgen geregelt werden (Grundarbeitsentgelt, Eingruppierungsgitter), und die sich allgemein auf alle Einsatzbereiche von Entleihern beziehen. Eine Ausnahme stellen insoweit die Tarifverträge dar, die alle in einer Branche bestehenden Tarifverträge auf das Leiharbeitsverhältnis erstrecken (vgl. z.B. der bundesweite Ergänzungstarifvertrag zur ANÜ in der Metall- und Elektroindustrie, vgl. Rn. 153). Die übrigen Tarifverträge weisen jedoch eine Vielzahl von **Regelungslücken** auf (vgl. Rn. 200). Der hiermit verbundene **Verzicht auf Normsetzung** durch die Tarifvertragsparteien stellt keinen Verstoß gegen Art. 3 Abs. 1 GG dar (*BAG* v. 27. 5. 2004 – 6 AZR 129/03 – DB 2004, 2538).

aa) Abweichungen von Betriebsvereinbarungen des Entleihers

Weitgehend ungeregelt sind in den abgeschlossenen Tarifverträgen zur ANÜ **203** die wesentlichen Arbeitsbedingungen, die dem Leiharbeitnehmer außerhalb eines beim Entleiher zur Anwendung kommenden Tarifvertrags auf Grund von **Betriebsvereinbarungen** und sonstigen betrieblichen Regelungen im Rahmen des Gleichbehandlungsgrundsatzes zu gewähren sind (vgl. Rn. 88). Betriebliche **Sozialleistungssysteme**, bezahlte Erholzeiten, Erschwerniszulagen und Regelungen zur betrieblichen Altersversorgung oder vom Entleiher veranlasste

Dienstreisen sind in keinem Tarifvertrag zur ANÜ besonders geregelt. In derart **ungeregelten Bereichen** hat der LAN grundsätzlich einen uneingeschränkten Anspruch auf Gewährung der beim Entleiher geltenden Arbeitsbedingungen. Dasselbe gilt für Arbeitsbedingungen, die vergleichbaren Stammarbeitnehmern des Entleihers auf **einzelvertraglicher Grundlage** gewährt werden (vgl. Rn. 85).

204 Soweit Arbeitsbedingungen betroffen sind, die in einer Betriebsvereinbarung beim Entleiher enthalten sind und im Tarifvertrag zur Arbeitnehmerüberlassung **abweichend geregelt** werden, ist eine Berufung des LAN auf den Gleichbehandlungsgrund grundsätzlich ausgeschlossen. Dies gilt jedoch nur, solange der Tarifvertrag die Regelungsgehalte der Betriebsvereinbarung **vollumfänglich** wirksam ersetzt. Ist z.B. in einer Betriebsvereinbarung beim Entleiher geregelt, dass Arbeitnehmer bei Schicht-, Nacht-, Sonn- und Feiertagsarbeit oder im Rahmen **flexibler Arbeitszeitsysteme** neben den tarifvertraglichen Zuschlägen weitere Leistungen beanspruchen können (z.B. Antrittsprämien, zusätzlichen Freizeitausgleich, bezahlte Pausen u.ä.), liegt eine abweichende tarifliche Regelung i.S.d. Nr. 2 Halbs. 3 nur vor, soweit neben den Zuschlägen auch die Zusatzleistungen im Tarifvertrag zur ANÜ geregelt sind. Dasselbe gilt etwa für betriebliche **Erschwernis- oder Leistungszulagen**, die der Entleiher auf Grund der besonderen Anforderungen des Arbeitsplatzes erbringt. Sind derartige Zuschläge oder Zulagen beim Entleiher **pauschaliert** in der Grundvergütung enthalten (vgl. Rn. 95), müssen die Berechnungsgrundlagen der zusätzlichen Vergütung auch in der Vergütungsordnung des ANÜ-Tarifvertrags eine besondere Berücksichtigung finden.

205 Generell ist bei der Frage, ob eine Regelung im Tarifvertrag zur ANÜ eine betriebliche Regelung ersetzen kann, zu berücksichtigen, dass abgeschlossene Betriebsvereinbarungen immer einen **Ausgleich der unterschiedlichen Interessen** von Arbeitgeber und Belegschaft widerspiegeln und sie daher von einem Kompromisscharakter gekennzeichnet sind. Die abweichende Tarifregelung muss sich daher nicht nur auf den Regelungsgegenstand und die in einer Betriebsvereinbarung geregelten Leistungspflichten des Arbeitnehmers beziehen, sondern muss auch bzgl. der hieraus folgenden **Rechtsfolgen** und Ansprüche des Arbeitnehmers, die hiermit in einem **untrennbaren Zusammenhang** stehen, eine entsprechende Regelung treffen. Enthält der Tarifvertrag zu den Rechtsfolgen keine Regelung, hat der LAN einen auf Nr. 2 gestützten Anspruch auf Gleichbehandlung. Insoweit kann auf die von der Rechtsprechung zum Günstigkeitsvergleich bei § 4 Abs. 3 TVG entwickelten Grundsätze (*BAG* v. 7.11.2002, RdA 2003, 368) zurückgegriffen werden. Ist zweifelhaft, ob der Tarifvertrag die betriebliche Regelung vollumfänglich ersetzt, kann auf die Grundsätze des **Sachgruppenvergleichs** zurückgegriffen werden (vgl. Rn. 239).

bb) Abweichungen von tariflichen Regelungen des Entleihers

206 Auf Grund des Diskriminierungsverbots sind dem Leiharbeitnehmer alle wesentlichen Arbeitsbedingungen zu gewähren, die in einem **beim Entleiher zur Anwendung kommenden Tarifvertrag** geregelt sind (Rn. 86). Nr. 2 Halbs. 3 eröffnet insoweit grundsätzlich für alle Arbeitsbedingungen die Möglichkeit, durch einen Tarifvertrag zur ANÜ vom Gleichbehandlungsgebot abweichende Regelungen zu treffen.

207 Der **Normsetzungsbefugnis** der Parteien des Tarifvertrags zur ANÜ sind durch die besonderen Bestimmungen des AÜG (vgl. auch Rn. 196a) und die in tat-

sächlicher Hinsicht beim Entleiher ausgeübte Tätigkeit des Leiharbeitnehmers Grenzen gesetzt (Rn. 169). Soweit beim Entleiher Tarifverträge gelten, die sich auf Arbeitsbedingungen beziehen, die mit der **tatsächlich geleisteten Tätigkeit** (z. B. tarifliche Erholzeitenregelungen) und dem darauf bezogenen (übertragenen) **Direktionsrecht** des Entleihers (insbesondere der Arbeitsorganisation und der Arbeitszeitgestaltung) in einem untrennbaren Zusammenhang stehen (Rn. 205), können in einem Tarifvertrag zur ANÜ, der die Arbeitsbedingungen des LAN beim Verleiher regelt, keine abweichenden Regelungen getroffen werden. Der tarifdispositive Nichtdiskriminierungsgrundsatz verbietet bzgl. der Art und Weise der ausgeübten Tätigkeit des LAN in tatsächlicher Hinsicht jede Art von unterschiedlicher Behandlung (vgl. Rn. 30). Dasselbe gilt für den gesetzlichen **Arbeitsschutz**, der sich unabdingbar nach § 11 Abs. 6 nach den beim Entleiher geltenden Bestimmungen richten muss.

Auch i. Ü. hat ein Tarifvertrag zur ANÜ die **Beschränkungen** einzuhalten, denen **208** das Leiharbeitsverhältnis auf Grund seiner besonderen gesetzlichen Ausgestaltung unterliegt (ErfK/*Wank*, § 3 Rn. 35). Dies gilt insbesondere, soweit im Tarifvertrag zur Arbeitnehmerüberlassung ein **Verweis** auf die beim Entleiher geltenden Arbeitsbedingungen vorgenommen wird (vgl. z. B. § 4.1 MTV BZA/DGB). Zulässigerweise kann in dem Tarifvertrag zwar geregelt werden, dass sich alle oder auch bestimmte Arbeitsbedingungen nach den Gegebenheiten beim Entleiher richten; dies gilt jedoch nur, solange die beim Entleiher geltenden Regelungen auch im Leiharbeitsverhältnis zulässig sind. Z. B. können beim Entleiher zur Anwendung kommende tarifliche oder betriebliche Bestimmungen zur **Kurzarbeit** oder zu **Zeitsalden** in Zeiten von Auftragsmangel wegen der in § 11 Abs. 4 Satz 2 getroffenen Regelung zum besonderen Beschäftigungsrisiko des Verleihers (vgl. § 1 Rn. 55 ff. u. § 11 Rn. 61 ff.) nicht durch einen Verweis auf die Regelungen beim Entleiher auf das Leiharbeitsverhältnis erstreckt werden.

Verweist der Tarifvertrag bzgl. der **Laufzeit oder Beendigung** des Leiharbeits- **209** verhältnisses auf Regelungen beim Entleiher, darf hierdurch nicht der besondere Kündigungsschutz bei ANÜ umgangen werden (vgl. § 11 Abs. 4 Satz 1). Dasselbe gilt z. B. für Regelungen zur Befristung von Arbeitsverhältnissen (ErfK/*Wank*, § 3 Rn. 35), die zwar beim Entleiher entsprechend einem dort vorliegenden vorübergehenden Arbeitsanfall nach § 14 Abs. 1 Satz 2 Nr. 1 **sachlich begründet befristet** werden können, die jedoch keine sachlich begründete Befristung des Leiharbeitsverhältnisses ermöglichen (vgl. Rn. 312 ff.).

Soweit im Tarifvertrag zur ANÜ Sachverhalte nicht geregelt sind bzw. eine ab- **210** weichende Regelungsbefugnis nicht besteht (Rn. 196a) oder hinsichtlich der wesentlichen Arbeitsbedingungen **Regelungslücken** bestehen, besteht trotz eines zur Anwendung kommenden Tarifvertrags zur ANÜ ein Anspruch des LAN gegen den Verleiher auf uneingeschränkte Gewährung der beim Entleiher geltenden Regelungen. Die Regelungslücken können dabei sowohl die tatbestandlichen Voraussetzungen (z. B. das Ob und Wie der Arbeitsleistung) als auch die Rechtsfolgen (z. B. zusätzliche Freizeit oder Vergütung) betreffen.

Sind derartige Regelungslücken vorhanden, kann der LAN über die tariflich vor- **211** gesehenen Leistungen hinaus die Gewährung aller Arbeitsbedingungen verlangen, auf die er infolge des Diskriminierungsverbots Anspruch nach den beim Entleiher geltenden Regelungen hat (vgl. § 10 Rn. 88). Da insbesondere der **Leistungslohn**, aber auch sonstige Vergütungspflichten bei besonderen Tätigkeitsprofilen (z. B. bei Montagetätigkeiten) in den abgeschlossenen Tarifverträgen zur ANÜ nicht geregelt sind, hat der LAN hier einen Anspruch auf **zusätzliche** Zahlung der Differenz von vertraglich geschuldetem (Zeitlohn-) Arbeitsentgelt und leistungsbezogenem Entgelt beim Entleiher.

212 *(unbesetzt)*

213 Soweit Tarifverträge zur ANÜ vorliegen, ist hinsichtlich der Zulässigkeit und Wirksamkeit zunächst danach zu unterscheiden, ob sich die **Tarifbindung der Tarifverträge** auf den Verleiher oder/und auf den Entleiher erstreckt (s. o. Rn. 153).

b) Tarifvertragliche Regelungen zur Arbeitnehmerüberlassung im Entleiherbetrieb

214 Nr. 2 geht hinsichtlich der Geltung tarifvertraglicher Regelungen für LAN von dem Grundsatz aus, dass die beim Entleiher zur Anwendung kommende tarifvertragliche Ordnung auch die Arbeitsbedingungen des Leiharbeitsverhältnisses bestimmt. Die Vorschrift **verbietet** es, tarifliche oder sonstige Regelungen im Entleiherbetrieb zu treffen, die hinsichtlich der Eingliederung in die Betriebsabläufe, der tatsächlich vom LAN ausgeübten Tätigkeit (Rn. 207) oder der **tatbestandlichen Voraussetzungen** des Diskriminierungsverbots (Rn. 196a) eine unterschiedliche Behandlung von LAN und Stammbelegschaft bewirken oder ermöglichen. Soweit nicht ausnahmsweise eine unterschiedliche Behandlung von Stamm- und LAN zulässig ist (vgl. Rn. 113), sind z. B. Regelungen, die unterschiedliche Kriterien für die Vergleichbarkeit von Arbeitnehmern (Rn. 104) oder die wesentlichen Arbeitsbedingungen (Rn. 98 ff.) i.S.d. Nr. 2 festlegen, unwirksam.

215 Verfassungsrechtliche Bedenken gegen die **Zulässigkeit von Tarifregelungen zur ANÜ im Entleihbetrieb** ergeben sich nicht. Das Recht, »zur Wahrung und Förderung der Arbeits- und Wirtschaftsbedingungen« Tarifverträge abzuschließen (Art. 9 Abs. 3 GG), umfasst auch das Recht, Regelungen zu den Arbeitsbedingungen von Leiharbeitnehmern in den Einsatzbetrieben zu treffen (Rn. 156 f.). Aus dem Gleichbehandlungsgrundsatz der Nr. 2 folgt eine (primäre) **tarifvertragliche Normsetzungsmacht** der für die Entleihbetriebe zuständigen Koalitionen, da durch die Vorschrift die in den Entleihbetrieben geltenden Tarifverträge nach den gesetzlichen Grundregeln als Mindestarbeitsbedingungen auf Leiharbeitnehmer erstreckt werden (vgl. Rn. 167). Dieser Normsetzungsmacht sind allerdings durch das Diskriminierungsverbot und den allgemeinen Gleichbehandlungsgrundsatz enge Grenzen gesetzt (Rn. 218 f.).

216 Die Reichweite der **Tarifbindung** von Entleihertarifverträgen zur ANÜ bestimmt sich nach § 3 TVG. Danach ist der **Entleiher**, soweit er dem tarifvertragsschließenden Arbeitgeberverband angehört oder einen Firmentarifvertrag abschließt, tarifgebunden. Auch die Tarifgebundenheit des LAN richtet sich nach § 3 Abs. 1 TVG, soweit er der tarifvertragsschließenden Gewerkschaft als Mitglied angehört (zu den Besonderheiten bei anderer Tarifbindung des Verleihers vgl. Rn. 218).

217 Ist der Entleiher tarifgebunden, hat er die im Tarifvertrag enthaltenen Regelungen zur ANÜ einzuhalten (vgl. Rn. 221 u. 162). Hiervon zu trennen ist die Frage, ob der Leiharbeitnehmer aus dem Entleihertarifvertrag bei identischer Tarifbindung unmittelbare und zwingende **Ansprüche** herleiten kann. Dies hängt nach § 4 Abs. 1 Satz 1 TVG davon ab, ob auch Leiharbeitnehmer unmittelbar (und nicht aufgrund der Wirkungen des Diskriminierungsverbots) in den **persönlichen Geltungsbereich** des Tarifvertrags einbezogen sind. Da die Branchentarifverträge regelmäßig an ein Arbeitsverhältnis zum tarifgebundenen Arbeitgeber (d.h. Entleiher) anknüpfen, scheidet jedoch ein Anspruch des LAN auf Gewährung der tariflich geregelten Arbeitsbedingungen gegen den Entleiher auch bei identischer Tarifbindung i.d.R. aus. Etwas anderes gilt nur, soweit **Betriebsnormen** i.S.d. § 3 Abs. 2 TVG betroffen sind (§ 4 Abs. 1 Satz 2 TVG) oder im Tarifvertrag ausdrücklich und unmissverständlich bestimmt wird, dass die Tarifregelung auch ohne das Bestehen einer arbeitsvertraglichen Beziehung zum Vertragsarbeitgeber auch für andere im Betrieb beschäftigte Personen wie z.B. LAN Anwendung finden soll (Rn.159). Ist dies der Fall, hat der LAN auch gegen den Entleiher einen unmittelbaren Anspruch auf Gewährung der tariflich geregelten Arbeitsbedingungen.

Die Folgen einer Tarifbindung des Entleihers an einen Tarifvertrag zur ANÜ sind **218** von den **Rechtsfolgen** zu unterschieden, die sich **für den Verleiher** und die Ansprüche aus dem Leiharbeitsverhältnis ergeben. Die Rechtsfolgen eines Entleihertarifvertrags, der Bestimmungen zu den Arbeitsbedingungen von LAN enthält, sind **im Rahmen des Diskriminierungsverbots** nach Nr. 2 zu berücksichtigen (vgl. Rn.83). I.Ü. richten sich die Wirkungen des Tarifvertrags nur dann uneingeschränkt nach § 4 Abs. 1 TVG, wenn der Verleiher nach § 3 Abs. 1 TVG an denselben Tarifvertrag wie der Entleiher gebunden ist (vgl. Rn.153). Der gleichermaßen tarifgebundene LAN hat ggf. gegen den Verleiher einen unmittelbaren Anspruch auf Einhaltung dieses Tarifvertrags. Unterliegt der Verleiher demgegenüber keiner oder einer **anderen Tarifbindung**, können die Rechtsnormen eines Entleihertarifvertrags keine unmittelbaren und zwingenden Wirkungen nach § 4 Abs. 1 TVG entfalten. Selbst bei vorliegender Tarifbindung des LAN an den Entleihertarifvertrag scheiden in diesem Fall tarifliche Ansprüche gegen den Verleiher auf Grundlage eines Entleihertarifvertrags aus.

Soweit in Tarifverträgen, die den Entleiher binden, Regelungen zum Einsatz **219** von Leiharbeitnehmern getroffen werden, sind die Grenzen, die der tarifvertraglichen Gestaltungsfreiheit durch das **Diskriminierungsverbot** gesetzt sind, einzuhalten (vgl. Rn.214). Im Anwendungsbereich des Diskriminierungsverbots nach Satz 2 ist es dem Entleiher (sowohl durch TV als auch durch Betriebsvereinbarung) verwehrt, die Arbeitsbedingungen von Leiharbeitnehmern im Vergleich zur Stammbelegschaft entgegen dem Gleichbehandlungsgrundsatz verbindlich zu regeln. Bedeutung hat dies insbesondere in den Fällen, in denen das Leiharbeitsverhältnis keinerlei Tarifverträgen unterliegt, der Tarifvertrag bei Tarifbindung des Verleihers **Regelungslücken** aufweist (vgl. Rn.210) oder in Tarifverträgen zur ANÜ, die den Verleiher binden, die Anwendbarkeit von Regelungen des Entleiherbetriebs vereinbart wird (vgl. z.B. § 4.1 MTV BZA/DGB bzgl. der Arbeitszeit). Der Gleichbehandlungsgrundsatz lässt nur dann einen Gestaltungsspielraum für eine **unterschiedliche Behandlung** von Leih- und Stammarbeitnehmern zu, wenn sachliche Gründe vorliegen, die ausschließlich in der zum Verleiher bestehenden vertraglichen Bindung des LAN ihre Ursache haben, z.B. Regelungen, die sich ausschließlich auf Stammarbeitnehmer beziehen (z.B. Auszahlungsmodalitäten beim Arbeitsentgelt). Unzulässig ist es demgegenüber, Differenzierungen vorzunehmen, die bei **gleicher Tätigkeit** eine unterschiedliche Behandlung oder materielle Besser- oder Schlechterstellung ermöglichen. Dies gilt insbesondere für Zulagen und bei Leistungslohn, der nach den vorliegenden Flächentarifverträgen der Verleihbranche bislang nicht geregelt wurde (vgl. Rn.211).

Erstreckt der beim Entleiher geltende Tarifvertrag **tätigkeitsbezogene Arbeits-** **220** **bedingungen** auch auf LAN, hat der LAN für den Zeitraum der Überlassung, soweit das **Direktionsrecht** des Entleihers reicht oder Betriebsnormen nach § 3

Abs. 1 TVG betroffen sind, einen Anspruch gegen den Entleiher auf eine entsprechende Gewährung. Ein unmittelbarer Anspruch auf die Gewährung darüber hinaus gehender Arbeitsbedingungen besteht, auch soweit sie vom Diskriminierungsverbot nach Satz 2 erfasst werden, nur gegen den Verleiher (Rn. 76). Etwas anderes gilt nur, wenn dem LAN im Tarifvertrag ausdrücklich ein unmittelbarer Anspruch gegen den Entleiher eingeräumt wird (Rn. 159), der die Leistungsbeziehungen zwischen Verleiher und LAN unberührt lässt.

221 I. Ü. richten sich die **Rechtsfolgen** eines den Entleiher bindenden Tarifvertrags zur ANÜ nach den allgemeinen Grundsätzen. Auf Grund der **zwingenden Normen des Tarifvertrags** dürfen vom Entleiher keine **ANÜ-Verträge** abgeschlossen und im Entleiherbetrieb keine Regelungen getroffen oder Weisungen erteilt werden, die gegen den Tarifvertrag verstoßen (z. B. bei Höchstbegrenzungsklauseln zum Einsatz von LAN; vgl. Rn. 153). Dies gilt auch, soweit die Arbeitsbedingungen des LAN aufgrund seines Arbeitsverhältnisses oder aufgrund einer Tarifbindung der Parteien des Leiharbeitsverhältnisses abweichend geregelt sind. Soweit die für das Leiharbeitsverhältnis geltenden Arbeitsbedingungen nicht den tariflichen Regelungen im Einsatzbetrieb entsprechen, muss die Beschäftigung des LAN beim Entleiher unterbleiben. Gegen den Tarifvertrag verstoßende Vereinbarungen sind unwirksam. Dem Betriebsrat des Entleiherbetriebs steht bei Verstößen neben einem Unterlassungsanspruch auch das Recht zum Widerspruch gegen die Einstellung des LAN nach § 99 BetrVG zu.

c) Tarifverträge zur ANÜ in der Verleihbranche (Nr. 2 Halbs. 3)

222 Die für die Verleihbranche zuständigen Tarifvertragsparteien (vgl. Rn. 171 ff.) können das Leiharbeitsverhältnis im gesetzlich zulässigen Rahmen grundsätzlich nach den gleichen Grundsätzen wie das Normalarbeitsverhältnis frei gestalten (zu den Grenzen der Normsetzungsbefugnis (vgl. Rn. 229 ff.). Das tarifdispositiv ausgestaltete Diskriminierungsverbot lässt dabei – auch soweit die Ausnahmeregelung bei Neueinstellung eines Arbeitslosen greift (vgl. Rn. 116 ff.) – Abweichungen sowohl **zugunsten** (nicht eindeutig ErfK/*Wank*, AÜG § 3 Rn. 32) als auch **zum Nachteil** des LAN zu (vgl. amtl. Begr. BT-Ds. 15/25 S. 38; *Boemke/Lembke*, § 9 Rn. 65; *Ulber*, AuR 2003, 11).

aa) Verbessernde Regelungen eines Tarifvertrags zur ANÜ

223 Soweit ein Tarifvertrag zur ANÜ das gesetzlich in Nr. 2 vorgesehene Mindestniveau der Arbeitsbedingungen anhebt, ergeben sich keine besonderen rechtlichen Probleme. Nr. 2 legt für LAN nur Mindestarbeitsbedingungen fest. Es bleibt den Tarifvertragsparteien i. Ü. unbenommen, für LAN gegenüber dem Gleichbehandlungsgrundsatz der Nr. 2 **günstigere Arbeitsbedingungen** zu vereinbaren. Soweit der Tarifvertrag zur ANÜ gegenüber Stammarbeitnehmern des Entleihers günstigere Arbeitsbedingungen enthält, findet Nr. 2 für diese Arbeitsbedingungen keine Anwendung.

224 Ob die Arbeitsbedingungen günstiger geregelt sind, ist jeweils im Rahmen eines **Günstigkeitsvergleichs** zu prüfen (*Boemke/Lembke*, § 9 Rn. 39; vgl. Rn. 66 ff.; a. A. ErfK/*Wank* § 3 AÜG Rn. 28). Der LAN hat ggf. bei **Tarifbindung** (§ 4 Abs. 1 TVG; Rn. 251) oder **arbeitsvertraglicher Bezugnahme** (Rn. 295) einen unmittelbar auf den Tarifvertrag gestützten Leistungsanspruch, der individualvertraglich nicht verkürzt werden kann (§ 4 Abs. 4 TVG).

Auch soweit der Tarifvertrag die Rechtsstellung des LAN gegenüber der gesetz- **225**
lichen Regelung verbessert, müssen die **außerhalb** der Vorgaben von Nr. 2
Halbs. 1 zur Anwendung kommenden Vorschriften (z. B. TzBfG) eingehalten
werden; sie unterliegen nicht der Disposition der Tarifvertragsparteien (ErfK/
Wank, § 3 AÜG Rn. 35). Daneben muss der Tarifvertrag den gesetzlichen Besonderheiten des Leiharbeitsverhältnisses Rechnung tragen (z. B. Unabdingbarkeit
von § 11 Abs. 4) und darf bezogen auf alle bei einem Verleiher beschäftigten LAN
(wohl aber gegenüber dem internen Verwaltungspersonal) keine **dem Gleichbehandlungsgrundsatz** nach Art. 3 GG zuwider laufenden Regelungen zu den
wesentlichen Arbeitsbedingungen treffen (*BAG* v. 27. 5. 2004 – 6 AZR 129/03 –
DB 2004, 2538). Dasselbe gilt für in einem **Mischbetrieb** beschäftigte LAN (vgl.
§ 1 Rn. 106), für die regelmäßig keine anderen Arbeitsbedingungen gelten, als für
Arbeitnehmer, die nicht zur Leiharbeit verpflichtet sind (*BAG* v. 21. 3. 1984 –
4 AZR 61/82 – EzAÜG § 4 TVG Nr. 2). Hiervon zu trennen ist die Frage, ob der für
den Mischbetrieb nach dem Industrieverbandsprinzip geltende TV gleichzeitig
auch einen TV zur ANÜ i. S. d. Nr. 2 darstellt. Grundsätzlich ist dies zu verneinen,
soweit der TV nicht ausdrücklich eine entsprechende Regelung enthält (vgl.
Rn. 153 i; so auch *Grimm/Brock*, Praxis der ANÜ, 125).

bb) Verschlechternde Regelungen durch Tarifverträge zur ANÜ

Tarifdispositives Gesetzesrecht beschränkt den Gestaltungsrahmen der Tarif- **226**
vertragsparteien, es unterliegt aber keinen grundsätzlichen rechtlichen Bedenken (a. A. *Däubler*, TVR Rn. 372) und ist in einer Vielzahl von Gesetzen enthalten
(vgl. z. B. § 7 Abs. 1 ArbZG, § 4 Abs. 4 Satz 1 EFZG, § 13 BUrlG).
Wie alle **tarifdispositiven Normen** des gesetzlichen Arbeitsschutzrechts unter- **227**
liegen auch abweichende Regelungen zum Nachteil des Leiharbeitnehmers auf
der Grundlage von Nr. 2 Grenzen der Gestaltungsfreiheit der Tarifvertragsparteien (*Schüren/Behrend*, NZA 2003, 521). Soweit eine Norm tarifdispositiv ausgestaltet ist, dispensiert das Gesetzesrecht nicht von seinen **Wertungsgrundlagen**,
sondern nur von der Ausgestaltung im Einzelnen (*Wiedemann*, TVG Einl. Rn. 396;
a. A. *Hanau*, NZA 2003, 521, der den Gleichbehandlungsgrundsatz nicht zur gesetzlichen Wertordnung rechnet). Besteht für einen Sachverhalt eine (tarifdispositive) gesetzliche Regelung, so kann nur diese den Maßstab für eine Angemes-
senheitskontrolle bilden (*Bayreuther*, RdA 2003, 85). Der dem Gesetz zugrunde
liegende **Schutzgedanke** ist bei tarifdispositiven Rechtsnormen **zwingend** ausgestaltet, den Tarifvertragsparteien verbleibt nur eine Dispositionsfreiheit bei der
Einzelausformung (*Wiedemann*, TVG Einl. Rn. 396; *Schüren/Behrend*, NZA 2003,
525). Die Zwecke der Arbeitsschutzgesetzgebung dürfen bei Zulassung ver-
schlechternder Tarifverträge nicht durch reine Lohnkostenüberlegungen und
eine Ökonomisierung des gesetzlichen Arbeitsschutzes konterkarriert werden.
Im Rahmen des § 9 Nr. 2 ist hierbei zu berücksichtigen, dass nur bei Übernahme
des besonderen Beschäftigungsrisikos durch den Verleiher (§ 11 Abs. 4 Satz 2) die
Möglichkeit gerechtfertigt ist, abweichende Tarifverträge abzuschließen (*Brors/
Schüren*, BB 2004, 2747).
Kennzeichnendes Merkmal der abgeschlossenen Tarifverträge zur ANÜ ist, **228**
dass nahezu ausschließlich Regelungen getroffen wurden, die das Gleichbehand-
lungsgebot und sonstige Vorschriften zum Arbeitnehmerschutz entgegen dem
Günstigkeitsprinzip zu Lasten des Arbeitnehmers **verschlechtern**. An ihrer
Wirksamkeit bestehen erhebliche Zweifel (*Schüren/Schüren*, § 9 Rn. 222; *Ulber*,

Arbeitnehmer in Zeitarbeitsfirmen, 131 ff.). Eine Wahrnehmung oder Erfüllung von **Schutzpflichten** der Tarifvertragsparteien (zum Untermaßverbot vgl. *BAG* v. 27. 5. 2004 – 6 AZR 129/03 – AP Nr. 309 zu Art. 3 GG) ist kaum erkennbar. Die Eingriffe betreffen insbesondere folgende Regelungsbereiche:

- flexible Arbeitszeit entsprechend den Bedürfnissen des Entleihers (vgl. § 4.1 MTV BZA/DGB; § 3.1.3 MTV iGZ/DGB)
- viermalige Verlängerungsmöglichkeit bei Befristungen ohne sachlichen Grund (§ 9.2 MTV BZA/DGB)
- Kündigungsmöglichkeit des Arbeitgebers bei befristetem Arbeitsverhältnis (§ 2.2 Abs. 4 MTV iGZ/DGB)
- Arbeitszeitkonten bis zu 200 Plusstunden ohne Mehrarbeitszuschläge (§ 4.5 Abs. 2 MTV BZA/DGB)
- Arbeitsentgelte zwischen 4,85 € (§ 2.6.1 TV AMP/CGZP) und 15,50 € in der höchsten Entgeltgruppe (§ 2 ETV BZA/DGB)
- Abschläge zwischen 13,5 % und 8,5 % bei Einsatz in den neuen Bundesländern (§ 3 ETV BZA/DGB; § 3 ETV iGZ/DGB)
- Verkürzung der Bemessungsgrundlagen für die Entgeltfortzahlung im Krankheitsfall auf die Grundvergütung (§ 13.3 MTV BZA/DGB)
- Wegfall der Entgeltfortzahlung im Krankheitsfall bei unbezahltem Freizeitausgleich (§ 3.2.3 MTV iGZ/DGB)
- Anrechnung von erstatteten Reisekosten und Verpflegungsmehraufwand auf das Arbeitsentgelt (§ 8.6 MTV BZA/DGB)
- Verkürzung bzw. vollständige Aufhebung der Zuschläge bei Sonn- und Feiertagsarbeit (§ 4.3 MTV iGZ/DGB;
- Sechsmonatige Probezeit und Verkürzung der gesetzlichen Kündigungsfrist bis auf zwei Tage (§ 3 MTV BZA/DGB; § 2.2 MTV iGZ/DGB)
- Verkürzung der Urlaubsvergütung auf die Grundvergütung (§ 13.2 MTV BZA/DGB; § 6.3 MTV iGZ/DGB
- Ausschluss der Vergütungspflicht für betriebsbedingte Wegezeiten bis zur 4. Stunde (§ 8.3 MTV BZA/DGB)
- Recht des Verleihers zur Verlegung des Urlaubs in die Kündigungsfrist (§ 11.5 MTV BZA/DGB)
- Ein- bzw. zweimonatige Ausschlussfristen zur Geltendmachung von Ansprüchen (§ 16 MTV BZA/DGB; § 10 MTV iGZ/DGB).

229 Tarifliche Regelungen zur Absenkung des Niveaus der Arbeitsbedingungen von LAN müssen insbesondere die **Schutzzwecke** von Nr. 2 und den gesetzlichen Grundsatz des »gleichen Lohns für gleiche Arbeit« (Rn. 97) berücksichtigen (*Schüren/Schüren*, § 9 Rn. 222; vgl. Rn. 231; a. A. *Thüsing/Mengel*, § 9 Rn. 44). Tarifliche Abweichungen, die eine Ungleichbehandlung von LAN gegenüber vergleichbaren Stammarbeitnehmern des Entleihers enthalten, bedürfen einer besonderen **sachlichen Rechtfertigung** (Rn. 232; *Grimm/Brock*, Praxis der ANÜ, 127).

230 Auch der **Gleichheitssatz** nach Art. 3 Abs. 1 GG, an den die Tarifvertragsparteien gebunden sind (*BAG* v. 29. 8. 2001 – 4 AZR 352/00 u. v. 27. 5. 2004 – 6 AZR 129/03 – RdA 2005, 177 m. Anm. *Dieterich*), engt die Regelungsspielräume bei Tarifverträgen zur ANÜ ein (*Melms/Lipinki*, Bln 2004, 2409). Uneingeschränkt gilt dies allerdings nur, wenn ausschließlich LAN Normadressaten sind. Eine unterschiedliche Behandlung von **internem Verwaltungspersonal** und LAN, die an die andersartigen Arbeitspflichten anknüpft, ist grundsätzlich zulässig (*BAG*, a. a. O.). Grenzen sind einer unterschiedlichen Behandlung hier nur in den Bereichen gesetzt, in denen eine Arbeitsbedingung betroffen ist, die keine nach Art und Gewicht bedeutsamen Unterschiede zwischen den Beschäftigtengruppen aufweist (*BVerfG* v. 11.1.1995, AP Nr. 209 zu Art. 3 GG). Gewährt der Verleiher z. B. familien- oder kinderabhängige Zuschläge, Mietzuschüsse in Ballungsräumen oder sonstige freiwillige Leistungen, die nicht auf der unterschiedlichen Tätigkeit von LAN und sonstigen Beschäftigten beruhen, muss er die Leistung auf Grund des Gleichbehandlungsgrundsatzes dem Grunde nach allen Arbeitnehmern gewähren.

Soweit ein Verleihertarifvertrag zur ANÜ die Arbeitsbedingungen von LAN **231** regelt, ist der gesetzliche Grundsatz des **gleichen Lohns für gleiche Arbeit** (vgl. Rn. 108) zu berücksichtigen (*Schüren/Behrend*, NZA 2003, 525). Tarifliche Abweichungen von diesem Grundsatz sollen nach dem Willen des Gesetzgebers nur zugelassen werden, wenn für LAN »ein angemessenes Schutzniveau« gewährleistet ist (vgl. amtl. Begr. BT-Ds. 15/25, 24; Rn. 237), das dem Schutzzweck der Tarifautonomie, die ungleiche Vertragsmacht des Arbeitnehmers auszugleichen (*BVerfG* v. 26.6.1991, AP Nr. 117 zu Art. 9 GG), gerecht wird. Der Standard der Tarifverträge darf sich nur in begrenztem Rahmen von den Branchen, in denen die LAN eingesetzt werden, entfernen (*Raab*, ZfA 2003, 410).

Der Grundsatz der Lohngleichheit von Stamm- und Leiharbeitnehmern ver- **232** pflichtet die Tarifvertragsparteien, nur für solche Sachverhalte und Regelungsfragen **Abweichungen** vorzunehmen, bei denen ein den Zwecken des Gesetzes entsprechender **sachlicher Grund** für eine Ungleichbehandlung gegeben ist (Rn. 229; *Grimm/Brock*, Praxis der ANÜ, 127; *Reim*, ZTR 2003, 109). Insoweit sind u.a. die Zielsetzungen des Gesetzgebers zu berücksichtigen, Arbeitslosen mit Vermittlungshemmnissen über Leiharbeit ein durch »soziale Sicherheit« gekennzeichnetes Arbeitsverhältnis zu verschaffen und über den Abbau von Überstunden einen »nachhaltigen Beitrag zum Abbau der Arbeitslosigkeit« zu erreichen (amtl. Begr. BT-Ds. 15/25 S. 24). Soweit eine Regelung im Tarifvertrag dieser auf berufliche Integration gerichteten Zielsetzung (*Schüren/Schüren*, § 9 Rn. 223) entspricht und ein angemessenes Schutzniveau gewährleistet ist (Rn. 230), kann der Tarifvertrag auch Abweichungen vom Nichtdiskriminierungsgrundsatz zu Lasten des LAN vorsehen.

Eine **willkürliche** tarifvertragliche Schlechterstellung von Leiharbeitnehmern **233** gegenüber Stammarbeitnehmern, die insbesondere dann in Betracht kommt, wenn der Tarifvertrag allein das Ziel der **Kostensenkung** verfolgt (*Schüren/Schüren*, § 9 Rn. 223),) ist unzulässig. Dasselbe gilt, soweit durch den Tarifvertrag lediglich die gesetzlich bezweckte Aufhebung der Diskriminierung rückgängig gemacht wird oder die Regelungsmacht auf die Betriebs- oder Arbeitsvertragsparteien delegiert wird (*Böhm*, DB 2005, 2023). Der zwischen CGZP und AMP abgeschlossene TV zur Beschäftigungssicherung ist insoweit unwirksam (*Böhm*, a.a.O.).

Das Diskriminierungsverbot ist zwar offen für abweichende Regelungen zu Las- **234** ten des LAN; eine unbeschränkte Gestaltungsmacht i.S. eines nach unten offenen Billiglohnniveaus ist hiermit jedoch nicht verbunden (ErfK/*Wank*, § 3 AÜG Rn. 33a; *Schüren/Schüren*, § 9 Rn. 223; *Reim*, ZTR 2003, 110)). Vielmehr muss für Abweichungen vom Gleichbehandlungsgrundsatz ein sachlicher Grund vorliegen (*Baumbach*, AiB 2003, 453) und die prinzipielle **Vergleichbarkeit** der Regelungen im Tarifvertrag zur ANÜ mit den Bedingungen des Entleiherbetriebs auf Grund der gesetzgeberischen Entscheidung zum Gleichbehandlungsgrundsatz erhalten bleiben (*Däubler*, KJ 2003, 99; *Raab*, ZfA 2003, 389; *Schüren/Behrend*, NZA 2003, 525) und die Ausgestaltung des tarifdispositiven Nichtdiskriminierungsgrundsatzes dem gesetzlichen Regel-Grundsatz entsprechen (*Schüren/Schüren*, § 9 Rn. 222).

235 Ab wann die **Grenze** einer zulässigen tarifvertraglichen Abweichung zu Lasten des LAN überschritten ist, ist umstritten und lässt sich nicht einheitlich für alle Arbeitsbedingungen bestimmen.

236 Leiharbeitsverhältnisse mit **kurzer Laufzeit** (vgl. Einl. E Rn. 8 f.), sowie Arbeitseinsätze, die **längerfristig** oder sogar **dauerhaft** bei demselben Entleiher erfolgen, rechtfertigen grundsätzlich keine Abweichung vom Gleichbehandlungsgrundsatz zu Lasten des Arbeitnehmers. Hier wird der Zweck des Gesetzes, dem LAN über einen TV zur ANÜ ein verstetigtes Einkommen zu gewährleisten (amtl. Begr. BT-Ds. 15/25 S. 38), auch ohne einen Tarifvertrag bereits erreicht. Ähnliches gilt bei **befristeten Arbeitsverhältnissen**, die faktisch nur in Ausnahmefällen eine Lohnzahlungspflicht in verleihfreien Zeiten (vgl. § 11 Abs. 4 Satz 2) auslösen, und daher tarifliche Regelungen zur Verstetigung des Arbeitsentgeltes nicht erfordern.

237 Allgemein hat sich der Gestaltungsrahmen abweichender Regelungen an den Zwecken des Gesetzes zu orientieren, dem LAN trotz der unterschiedlichen Arbeitsbedingungen der Entleiher ein verstetigtes Arbeitsentgelt zukommen zu lassen. Für **verleihfreie Zeiten**, die von Nr. 2 nur in eingeschränktem Umfang erfasst werden (Rn. 81), besteht hierbei ein weiter Gestaltungsrahmen. Die tariflich festgelegte Vergütung für verleihfreie Zeiten darf jedoch nicht gegen § 11 Abs. 4 Satz 2 verstoßen (a. A. ErfK/*Wank*, § 3 AÜG Rn. 35). Ein derartiger Verstoß liegt z. B. vor, wenn die der Vergütungspflicht zugrunde gelegte Dauer der Arbeitszeit gegenüber der regelmäßigen tariflichen Arbeitszeit verkürzt werden kann oder das Risiko verleihfreier Zeiten über flexible Arbeitszeitsysteme auf den LAN verlagert wird (vgl. *Ulber*, Arbeitnehmer in Zeitarbeitsfirmen, 112; vgl. § 11 Rn. 43 u. 106).

238 Von den Bemessungsgrundlagen zu trennen ist die **Höhe der Vergütungspflicht** je ausgefallener Zeiteinheit, die sich im Grundsatz am Lohnausfallprinzip zu orientieren hat (vgl. § 1 Rn. 55 ff., 91). Hiervon abweichend regeln die Tarifverträge zur ANÜ überwiegend, dass sich das fortzuzahlende Arbeitsentgelt nur nach der **Grundvergütung** (ohne Zuschläge u. ä.) richtet (vgl. z. B. § 2.2 Satz 2 ERTV iGZ/DGB). Gegen eine derartige Regelung bestehen keine Bedenken, solange auch die tariflich vereinbarte reine Grundvergütung der Höhe nach eine wirksame Entgeltabsprache darstellt (vgl. Rn. 245 ff.). Entspricht das tarifvertraglich vereinbarte Arbeitsentgelt dagegen nur unter Einbeziehung von (über die Grundvergütung hinausgehenden) weiteren Einkommensbestandteilen den gesetzlichen Mindestvoraussetzungen (Rn. 249), ist eine tarifliche Bestimmung zur eingeschränkten Vergütungspflicht in verleihfreien Zeiten unwirksam.

239 Soweit es i. Ü. vom Diskriminierungsverbot erfasste Arbeitsbedingungen anbelangt, beurteilt sich die Frage der Wirksamkeit abweichender Tarifverträge u. a. danach, ob die Tarifregelung das vom Gesetzgeber geforderte **angemessene Schutzniveau** gewährleistet (Rn. 230). Hierbei können vom Ausgangspunkt her die Grundsätze des Günstigkeits- und **Sachgruppenvergleichs** herangezogen werden (*Boemke/Lembke*, § 9 Rn. 39). **Regelungslücken** der TV (Rn. 110, 202) werden dabei nicht berücksichtigt, insoweit kommt ausschließlich der gesetzliche Gleichbehandlungsgrundsatz zur Anwendung. (*Sandmann/Marschall*, Art. 1 § 3 Rn. 21h; Rn. 200, 202). Ergibt der Vergleich eine Schlechterstellung des LAN, entspricht die Tarifregelung nur dann den Wertungsgrundlagen von Nr. 2 (Rn. 227), wenn eine kompensatorische Besserstellung in anderen Regelungs-

bereichen erfolgt. Der Tarifvertrag muss als **Gesamtregelungswerk** ein aus-
gewogenes Verhältnis zwischen den Eingriffen in die Ansprüche auf Gleichbehandlung zu Lasten und kompensatorisch gewährten zusätzlichen tariflichen
Leistungen zugunsten des LAN gewährleisten. Findet ein derartiger Interessenausgleich im Tarifvertrag keinen Niederschlag, oder besteht zu Lasten der LAN
ein krasses **Missverhältnis** (vgl. hierzu auch Rn. 205) zwischen der Einschränkung des gesetzlichen Gleichbehandlungsgrundsatzes und den gegenüber diesem Grundsatz erhöhten Leistungen des Arbeitgebers, bewegt sich der Tarifvertrag nicht in den Grenzen des tarifdispositiven Rechts und ist unwirksam. Die
abgeschlossenen Tarifverträge zur ANÜ enthalten nahezu ausschließlich Regelungen zu Lasten des LAN (vgl. Rn. 228), ihre Wirksamkeit unterliegt erheblichen
Zweifeln (*Schüren/Schüren* § 9 Rn. 222; *Schüren/Behrend*, NZA 2003, 525).

240 Durch die an sich überflüssige ausdrückliche Aufnahme des Arbeitsentgelts (vgl.
Rn. 90) hat der Gesetzgeber die Bedeutung des Grundsatzes des **gleichen Lohns
für gleiche Arbeit** bei der ANÜ besonders hervorgehoben. Abweichungen vom
Grundsatz der Lohngleichheit können nicht willkürlich erfolgen, sondern müssen sich an **sachlich gebotenen Differenzierungskriterien** orientieren, die den
Wertungsgrundlagen des Gesetzes entsprechen (*Schüren/Schüren*, § 9 Rn. 222).
Ausgangspunkt ist hierbei die Zielvorstellung des Gesetzgebers, die unterschiedlichen Entgeltniveaus bei Entleihern durch Vereinbarung eines verstetigten Arbeitsentgeltes auszugleichen. Von der Struktur her wird dieser Zielsetzung
nur in den zwischen BZA und DGB abgeschlossenen Tarifverträgen entsprochen.
Diese Tarifverträge garantieren dem LAN einen verstetigten monatlichen **Garantielohn**, der durch **Zuschläge** entsprechend den unterschiedlichen Bedingungen
der Entleiherbranchen aufgestockt werden soll (§ 6 ETV BZA/DGB).

241 I. Ü. wird man bei der Zulässigkeit abweichender TV zur ANÜ darauf abstellen müssen, inwieweit die Abweichung vom Gleichbehandlungsgrundsatz auf
sachlich gerechtfertigten Erwägungen beruht und dem Charakter der Nr. 2 als
Arbeitnehmerschutzbestimmung Rechnung trägt. *Schüren* hält hinsichtlich des
Arbeitsentgeltes die **Gestaltungsgrenzen** der Tarifvertragsparteien für überschritten, wenn der Tariflohn des Leiharbeitnehmers zusammen mit den tariflichen Lohnnebenleistungen unterhalb der Vergütung liegt, die einem **Anfänger**
im Einsatzbetrieb zu zahlen wäre (*Schüren/Schüren*, § 9 Rn. 223). Dem kann
für Fälle zugestimmt werden, in denen der Leiharbeitnehmer dauerhaft bei demselben Entleiher oder ausschließlich bei Entleihern mit gleichen tariflich geregelten Arbeitsbedingungen eingesetzt wird (kritisch hierzu ErfK/*Wank*, § 3 AÜG
Rn. 33a). Die Funktion des Tarifvertrags zur ANÜ liegt jedoch gerade darin, die
unterschiedlichen Arbeitsbedingungen verschiedener Entleiher über ein verstetigtes Arbeitseinkommen auszugleichen, so dass sich die Zulässigkeit tariflicher
Entgeltabsprachen nicht (allein) nach den Verhältnissen bei einem Entleiher
oder innerhalb einer Entleiherbranche richten kann. Dem trägt der Vorschlag von
Wank Rechnung, der eine den unterschiedlichen Bedingungen Rechnung tragende Regelung an Hand der bestehenden Entgeltgruppen vorschlägt und hierbei **lineare Abschläge** von ein bis zwei Entgeltgruppen für »noch vertretbar« hält
(ErfK/*Wank*, § 3 AÜG Rn. 33a). Soweit hiermit die Zwecke des Gesetzes, Arbeitslosen die Wiedereingliederung in das Erwerbsleben zu ermöglichen, verfolgt
werden, kann dem zugestimmt werden.

242 In ihren derzeit geltenden Fassungen fehlen in allen mit den Verleiherverbänden abgeschlossenen Tarifverträgen Entgeltregelungen, die auf die **unterschiedlichen Entgeltniveaus** in den Einsatzbetrieben bezug nehmen oder diese berück-

sichtigen. Vielmehr wurde entleiherunabhängig im Rahmen einheitlicher Eingruppierungsordnungen ein an Tätigkeitsmerkmalen orientiertes festes Arbeitsentgelt vereinbart. Auch eine derartige einheitliche Vergütungsordnung ohne Differenzierungen nach Entleihereinsätzen bewegt sich in dem Gestaltungsrahmen, den der Gesetzgeber den Tarifvertragsparteien eröffnet hat. Die Regelung muss dann aber insgesamt betrachtet einen Ausgleich zwischen den unterschiedlichen tariflichen Niveaus in den Entleiherbranchen bewirken und im Ergebnis einem nachvollziehbaren **Mittelwert** der unterschiedlichen Tarifentgelte bei Entleihern entsprechen.

243 Die Angemessenheit des Mittelwertes hat sich an den **Tarifverträgen der Entleiherbranchen** zu orientieren. Die Tarifvertragsparteien können dagegen nicht vor oder nach Inkrafttreten des Diskriminierungsverbots abgeschlossene Tarifverträge zur ANÜ als Maßstab der Vergütung zugrunde legen. Das Verleihergewerbe zählt zwar zur Dienstleistungsbranche (Rn. 176), so dass sich z. B. die übliche Vergütung i. S. d. § 612 Abs. 2 BGB nach den Tarifverträgen in der Verleiherbranche richtet (ErfK/*Preis*, § 612 BGB Rn. 38); der Tarifvertrag zur ANÜ i. S. d. Nr. 2 ist jedoch darauf gerichtet, die bei Entleihern geltenden Tarifregelungen zu ergänzen oder auch vollständig zu ersetzen. Notwendiger Bezugspunkt von abweichenden tariflichen Regelungen zum Arbeitsentgelt sind daher immer und uneingeschränkt die bei Entleihern zur Anwendung kommenden Tarifverträge (i. E. ebenso ErfK/*Wank*, § 3 Rn. 33a).

244 Für die Ermittlung eines entsprechenden Mittelwertes können sowohl die amtlichen Statistiken Berlin, der Mikrozensus und andere branchenübergreifende Statistiken zu den Tariflöhnen in Deutschland zugrunde gelegt werden. Auch ist es zulässig, die Garantielöhne an einem Mittelwert der Tarifentgelte in den Entleiherbranchen zu orientieren, in die überwiegend ANÜ verliehen werden.

245 Unwirksam ist eine Tarifregelung, durch die der Mindestlohn auf das **geringste tarifliche Arbeitsentgelt** reduziert wird, das überhaupt in einer beliebigen Branche gezahlt wird. Es widerspricht dem Regelgrundsatz der Gleichbehandlung, wenn die Tarifvertragsparteien für gleiche Tätigkeiten von Leih- und Stammarbeitnehmern willkürlich den niedrigsten Mindestlohn irgendeines Wirtschaftsbereichs zum Maßstab oder gar zum Inhalt der Vergütungsregelung machen.

246 Eine **absolute Gestaltungsgrenze** wird den Tarifvertragsparteien durch die Bestimmungen zum **Lohnwucher** (§ 138 BGB; vgl. § 1 Rn. 51 f.) gesetzt. Nach Auffassung des *BGH* ist die Grenze zum Lohnwucher überschritten, wenn das Arbeitsentgelt des Arbeitnehmers weniger als 67 % des Tarifentgelts beträgt. Nach den Empfehlungen des Sachverständigenrats nach Art. 4 ESC sind dem Arbeitnehmer mindestens 68 % des nationalen Durchschnittseinkommens als Mindestvergütung zu gewähren. Für einen Helfer wurde (für das Jahr 1997) ein Lohn von DM 11,50 (*ArbG Bremen* v. 30. 8. 2000–5 Ca 5152/00; *LAG Berlin* v. 20. 2. 1998 – 6 Sa 145/97 – AuR 1998, 468) für **sittenwidrig** erachtet. Selbst ohne Berücksichtigung der Tarifentgelte bei Entleihern unterschreiten die abgeschlossenen Tarifverträge zur ANÜ teilweise diese Mindestgrenzen (vgl. § 2.6.1 TV AMP/CGZP: 4,85 €; §§ 2 ETV, 8.6 MTV BZA/DGB 5,14 €; Rn. 249).

247 Bei tarifvertraglichen Vergütungsregeln zur ANÜ beurteilt sich sowohl die Angemessenheit als auch die Sittenwidrigkeit der Lohnabsprache nach den tariflichen Entgeltregeln in den Entleiherbranchen (Rn. 243). Vergleicht man die jeweils unterste Entgeltgruppe/das Eckentgelt der Tarifverträge im Elektrohandwerk Metall (11,18 € Stundenlohn bzw. 2198,58 € mtl.; Stand 29. 2. 2004) mit den entsprechenden Entgelten des Tarifvertrags von INZ/CGZP (6,30 € Stundenlohn bzw. 1547,00 € mtl.) liegt der Stundenlohn eines Helfers bei ca. 56 % des Tarif-lohns in Einsatzbetrieben. Der zwischen der CGZP und der ARTOS-Unterneh-mensgruppe abgeschlossene TV sieht für Helfertätigkeiten ein Entgelt von 4,85 € pro Stunde vor, das Monatsentgelt liegt mit 729,93 € bei 84 % der Ausbildungs-vergütung in der Metall- und Elektroindustrie Baden-Württemberg (869,00 €). Hier ist eine Angemessenheit des abweichend geregelten Tarifentgeltes nicht mehr gegeben und die Grenze zur Sittenwidrigkeit teilweise überschritten. Selbst ein Angestellter mit mindestens dreijähriger Berufsausbildung und mehr-jähriger Berufserfahrung erhält mit einem Tarifentgelt von € 6,90 (vgl. §§ 2 ETV, § 3.4 ERTV, § 8.6 MTV BZA/DGB) ca. 2,50 € weniger Tarifentgelt als ein unge-lernter Helfer, der als Einstiegslohn nach dem allgemeinverbindlicherklärten TV zu den Mindestlöhnen nach dem AEntG beanspruchen kann. Insbesondere für die unteren Entgeltgruppen enthalten die abgeschlossenen Tarifverträge zur Arbeitnehmerüberlassung damit ein Arbeitsentgelt, das dem Zweck des Geset-zes, einer Diskriminierung des LAN im Hinblick auf die Arbeitsbedingungen von Entleihern entgegenzuwirken, grundlegend widerspricht.

248 Selbst wenn die tariflich geregelten Entgelte der Höhe nach den Eindruck er-wecken, eine angemessene Abweichung vom Grundsatz der Gleichbehandlung zu rechtfertigen, kann die tarifliche Entgeltregelung unter Berücksichtigung wei-terer Bestimmungen des TV unangemessen bzw. sittenwidrig sein. Zu nennen sind in diesem Zusammenhang z.B. die Verpflichtung zu **Wegezeiten** ohne Entgeltan-spruch für die geleistete Arbeitszeit oder **Reisekosten**, die dem LAN aufgrund der (vom Verleiher betriebsbedingt veranlassten) Fahrten zu den unterschiedlichen und teilweise weit entfernten Einsatzorten bei Entleihern entstehen und in den meisten Fällen nicht erstattet werden. Rein **tatsächlich** steht dem LAN daher i.d.R. ein weitaus geringeres Einkommen zur Verfügung als ihm netto ausgezahlt wird. Soweit dies zutrifft, und das Tarifentgelt abzüglich der vom LAN übernommenen betriebsbedingten Aufwendungen nicht mehr angemessen ist, berührt dies die Wirksamkeit der Vergütungsabsprache. Sind demgegenüber im Tarifvertrag Reisekosten oder Aufwendungsersatzansprüche geregelt, können als Bezugsmaß-stab einer angemessenen Regelung die für (vergleichbare) Montagearbeitnehmer mit Wechseltätigkeit geltenden Tarifregelungen herangezogen werden.

249 Eine ausdrückliche Regelung für **Aufwendungsersatzansprüche** und Wege-zeiten ist in §§ 8.3 bis 8.7 MTV BZA/DGB enthalten. Die hierin getroffenen Rege-lungen veranschaulichen exemplarisch die Grundhaltung und das rechts- und sozialstaatliche Verständnis des größten Verleiherverbandes zur Neuordnung der Entlohnungsbedingungen in der Verleihbranche. Nach § 8.6 MTV BZA/DGB kann das tarifliche Arbeitsentgelt durch **Anrechnung** bezahlter Reisezeiten oder von Aufwendungsersatz bei Verpflegungsmehraufwand um bis zu 25 % des Bruttoentgeltes gekürzt werden (vgl. *Ulber*, Arbeitnehmer in Zeitarbeitsfirmen, 140 f.). Tatsächlich erhält der LAN dann nicht den Mindestlohn von € 6,85, son-dern einen Mindestlohn von € 5,14. Abgesehen von der direkten **Lohnkürzung** verkürzen sich durch die Regelung auch spätere Sozialversicherungsleistungen (Kranken- und Arbeitslosengeld, Rente u.ä.). Die Regelung ist unwirksam (*Ulber*, a.a.O.), bei Inanspruchnahme der Regelung sind i.d.R. die Voraussetzungen einer Straftat nach § 266a StGB erfüllt.

250 Soweit die Tarifverträge zur ANÜ i.Ü. Bedenken hinsichtlich der Einhaltung des gesetzlichen Gestaltungsrahmens unterliegen, wird auf die Erläuterungen zu den jeweiligen Arbeitsbedingungen des LAN verwiesen (ausführlich hierzu: *Ulber*, Arbeitnehmer in Zeitarbeitsfirmen, 2004).

4. Rechtsfolgen tariflicher Regelungen zur ANÜ

a) Rechtsfolgen wirksamer tarifvertraglicher Bestimmungen

aa) Rechtsfolgen für das Leiharbeitsverhältnis

251 Nr. 2 Halbs. 3 erfasst nur den Fall, dass sowohl der Verleiher als auch der LAN als Partei des Tarifvertrags tarifgebunden sind (*LAG Düsseldorf* v. 22.2.2005 – 8 Sa 1756/04; *Boemke/Lembke*, § 9 Rn. 67). Sind Verleiher und Leiharbeitnehmer **beiderseits tarifgebunden** (§ 3 Abs. 1 TVG), erstrecken sich die normativen Wirkungen eines Tarifvertrags zur ANÜ auf das gesamte Leiharbeitsverhältnis. Gegenüber dem Entleiher entfaltet der TV jedoch keine normative Bindung (*Thüsing/Mengel*, § 9 Rn. 34). **Mischunternehmen** unterliegen wegen des eingeschränkten fachlichen Geltungsbereichs nur dann einem TV zur ANÜ, wenn sie zumindest überwiegend LAN beschäftigen (*Thüsing/Mengel*, § 9 Rn. 42), oder der TV eine ausdrückliche Regelung enthält (vgl. Rn. 153 Ziff. i). Die **Tarifbindung** bestimmt sich i. Ü. ausschließlich nach den Verhältnissen in den Verleihbetrieben. Eine einseitige Tarifbindung des LAN an die an beim Entleiher geltenden Tarifverträge hat keine unmittelbaren und zwingenden Auswirkungen auf den Inhalt des Leiharbeitsvertrags. Bei mangelnder beiderseitiger Tarifbindung können die tariflichen Bestimmungen nur dann im Leiharbeitsverhältnis Anwendung finden, wenn hierzu eine wirksame **arbeitsvertragliche Abrede** getroffen wurde (vgl. Rn. 286 ff.).

252 Soweit ein Tarifvertrag zur ANÜ wirksam abgeschlossen wird, gelten seine Bestimmungen **unmittelbar und zwingend** (§ 4 Abs. 1 TVG). Grundsätzlich bestimmen sich auch **Wirksamkeit und Rechtsfolgen** eines Tarifvertrags, der Regelungen zur ANÜ enthält, nach den allgemeinen Grundsätzen. Danach gilt eine Vermutung dafür, dass der Tarifvertrag die Bedingungen des Leiharbeitsverhältnisses grundsätzlich abschließend regelt. Im Hinblick auf das Diskriminierungsverbot ergeben sich jedoch aus den gesetzlichen Bestimmungen der §§ 3 Abs. 1 Nr. 3, 9 Nr. 2 und 10 Abs. 4 Besonderheiten. Vom gesetzlichen Grundsatz der Gleichbehandlung abweichende Regelungen müssen insoweit ausdrücklich im Tarifvertrag abweichend geregelt werden. Bei **Regelungslücken** gilt uneingeschränkt der gesetzliche Gleichbehandlungsgrundsatz (Rn. 200).

253 Tarifverträge zur ANÜ enthalten meist sowohl Regelungen, die sich auf Nr. 2 beziehen, als auch solche, die ganz allgemein die Leistungsbeziehungen zwischen Arbeitgeber und Arbeitnehmer regeln, z. B. **Abschluss-** und Beendigungsnormen oder Ausschlussfristen u. ä. (vgl. Rn. 228). Soweit die Tarifnormen nicht wesentliche Arbeitsbedingungen i. S. v. Nr. 2 betreffen, beurteilt sich deren Wirksamkeit unabhängig davon, ob daneben Regelungen zu den wesentlichen Arbeitsbedingungen getroffen werden und ob diese ggf. wirksam sind. Die Unwirksamkeit tariflicher Bestimmungen zum »equal-pay« und »equal-treatment« berührt nicht die Wirksamkeit der sonstigen Regelungen des Tarifvertrags (Rn. 276).

254 Regelt ein Tarifvertrag zur ANÜ wirksam **Arbeitsbedingungen**, die dem Diskriminierungsverbot unterliegen, sind die Rechtsfolgen des Diskriminierungsverbots wirksam abbedungen. Ansprüche des LAN nach § 10 Abs. 4 sind ausgeschlossen. Ob der Tarifvertrag eine Regelung zur Abweichung vom Diskriminierungsverbot enthält, ist für die von Nr. 2 erfassten wesentlichen Arbeitsbedingungen jeweils getrennt im Rahmen eines **Sachgruppenvergleichs** zu ermitteln (Rn. 111; *Boemke/Lembke*, § 9 Rn. 39; *Thüsing*, DB 2003, 447).

bb) Rechtsfolgen für tarifgebundene Arbeitgeber

Soweit der **Arbeitgeber tarifgebunden** ist, richten sich die Rechtsnormen eines **255** Tarifvertrags zur ANÜ ausschließlich nach § 4 TVG. Dies gilt unabhängig davon, ob es sich um einen Tarifvertrag handelt, der den Verleiher oder den Entleiher bindet. Ist der Verleiher tarifgebunden, ist es ihm verwehrt, im Geltungsbereich des TV über eine arbeitsvertragliche Absprache einen anderen TV anzuwenden (Rn. 289). Findet der TV zur ANÜ auf das Leiharbeitsverhältnis Anwendung, hat der LAN einen unmittelbaren und unverzichtbaren **Anspruch** auf alle Leistungen, die der TV vorsieht. Verstößt der Verleiher gegen seine Pflichten zur Einhaltung und Durchführung des TV, sind nicht nur satzungsmäßige Sanktionen des Arbeitgeberverbandes zulässig, sondern gleichzeitig sind die Voraussetzungen der Unzuverlässigkeit nach § 3 Abs. 1 Nr. 1 erfüllt. Eine erteilte Erlaubnis ist ggf. zu widerrufen (§ 3 Rn. 100). Dasselbe gilt, wenn der Verleiher gegen den normativen Teil des TV verstößt, indem er LAN ungünstigere Arbeitsbedingungen gewährt, als der TV vorsieht.

In **betrieblichen oder betriebsverfassungsrechtlichen Fragen** (vgl. auch § 3 **256** BetrVG) gelten die Rechtsnormen auch, wenn nur der Arbeitgeber tarifgebunden ist (§ 3 Abs. 2 TVG; zur Verfassungsmäßigkeit vgl. *Thüsing*, ZIP 2003, 694). Allerdings muss wegen der hiermit verbundenen Beeinträchtigung der negativen Koalitionsfreiheit mindestens ein AN Mitglied der tarifvertragsschließenden Gewerkschaft sein (ErfK/*Schaub* § 3 TVG Rn. 24). Soweit ein Entleiher an den TV zur ANÜ gebunden ist, ist er auch bezüglich der im Betrieb beschäftigten Leiharbeitnehmer Arbeitgeber i.S. v. § 3 Abs. 2 TVG.

Die unmittelbaren und zwingenden Wirkungen des TV zur ANÜ erstrecken sich **257** nur auf die Arbeitsbedingungen, die im Tarifvertrag (ggf. auch abweichend vom Diskriminierungsverbot) ausdrücklich geregelt werden. § 4 Abs. 1 TVG findet dagegen keine Anwendung, soweit der Gleichbehandlungsgrundsatz der Nr. 2 wegen vorliegender **Regelungslücken** des TV (vgl. Rn. 252) Ansprüche des LAN nach § 10 Abs. 4 begründet (§ 10 Rn. 88).

Enthält der TV zur ANÜ hinsichtlich der Arbeitsbedingungen eine **Verweisung** **258** auf die gesetzlichen Bestimmungen zum Diskriminierungsverbot, entfalten diese Bestimmungen nur dann die Rechtsfolgen des § 4 Abs. 1 TVG, wenn ihnen ein konstitutiver und nicht rein deklaratorischer Charakter zukommt (vgl. hierzu *BAG* v. 10. 2. 1999, AuR 1999, 198 u. v. 5. 5. 1999, AuR 1999, 356). Enthält der Tarifvertrag für den Fall einer Änderung der gesetzlichen Grundlagen ein Kündigungsrecht oder eine Verhandlungspflicht, ist von einer **konstitutiv** wirkenden Regelung auszugehen.

cc) Beendigung der Wirkungen eines Tarifvertrags zur ANÜ

Soweit der TV wirksam ist, gelten seine Bestimmungen, bis er durch Zeitablauf **259** (bei Befristung), Aufhebungsvertrag (ErfK/*Schaub*, § 1 TVG Rn. 75) oder Kündigung **beendet** wird. Steht den Mitgliedern einer **Tarifgemeinschaft** oder bei Vorliegen eines sonstigen mehrgliedrigen Tarifvertrags ein eigenständiges Kündigungs- oder Aufhebungsrecht zu (vgl. *BAG* v. 8. 9. 1976, AP Nr. 5 zu § 1 TVG Form), bleibt der Tarifvertrag bei Beendigung für ein Mitglied mit den übrigen Mitgliedern der Tarifgemeinschaft bestehen.

Ist der **Tarifvertrag befristet** abgeschlossen, entfaltet er nach Ablauf der verein- **260** barten Laufzeit keine Wirkungen mehr. Tarifliche Befristungsvereinbarungen beschränken sich i.d.R. auf vorübergehende besondere Konstellationen (z.B. in Sanierungsfällen) und werden z.B. bei Beschäftigungsgesellschaften vereinbart, die nur für einen bestimmen Zeitraum gegründet werden.

261 I.d.R. werden TV jedoch unbefristet mit der Möglichkeit zur **Kündigung** abgeschlossen. Jeder Tarifvertrag ist ordentlich kündbar, wobei die Kündigungsvoraussetzungen sowie Form und Fristen meist im Tarifvertrag selbst geregelt werden. Fehlt es an einer Bestimmung, beträgt die **Kündigungsfrist** drei Monate (*BAG* v. 18.6.1997, NZA 1997, 1234).

262 Auch die abgeschlossenen Tarifverträge zur ANÜ regeln jeweils die Kündigungsmöglichkeiten und deren Modalitäten. Besonderheiten weisen dabei die abgeschlossenen TV zur ANÜ bei den Regelungen zur Laufzeit der **Entgelttarifverträge** auf, da diese normalerweise nur für einen kurzen Zeitraum vereinbart werden und an die fortlaufenden wirtschaftlichen Entwicklungen angepasst werden müssen. § 5 des ETV BZA/DGB nimmt diese Anpassungen vorweg und legt bis einschließlich 2007 jährliche Tariferhöhungen von jeweils 2,5% fest. Demgegenüber enthällt der ETV iGZ/DGB zunächst nur für das Jahr 2004 eine Entgeltregelung, die jährlich neu verhandelt werden muss.

263 Soweit ein Tarifvertrag gekündigt wird, gelten seine Rechtsnormen nach § 4 Abs. 5 TVG für bestehende Arbeitsverhältnisse (*BAG* v. 10.12.1997 – 4 AZR 247/96 – AP Nr.20 zu § 3 TVG) **weiter**, bis sie durch eine andere Abmachung ersetzt werden. Im Normalfall kann eine arbeitsvertragliche Absprache und im Bereich der mitbestimmungspflichtigen Angelegenheiten des § 87 BetrVG auch eine Betriebsvereinbarung eine **andere Abmachung** i.S.v. § 4 Abs. 5 TVG sein (*BAG* v. 24.2.1987, NZA 1987, 639; *Richardi*, BetrVG, § 87 Rn.151 f.). Wegen der ausschließlichen Normsetzungsbefugnis der Tarifvertragsparteien, vom Gleichbehandlungsgrundsatz abweichende Regelungen zu treffen (vgl. Rn. 113), kommen im Anwendungsbereich von Nr.2 nur Tarifverträge als andere Abmachung i.S.d. § 4 Abs. 5 TVG in Betracht. Bei Kündigung eines Tarifvertrags zur ANÜ können daher für Arbeitsbedingungen, die dem Anwendungsbereich von Nr.2 unterliegen, bis zum Abschluss eines neuen Tarifvertrags keine abweichenden Vereinbarungen getroffen werden (a.A. *Hamann*, BB 2005, 2188).

264 Es ist umstritten, ob die **Nachwirkungsregel** des § 4 Abs. 5 TVG auch für Tarifregelungen gilt, die ihre Grundlage ausschließlich in Normen des tarifdispositiven Gesetzesrechts haben (vgl. *Herschel*, ZfA 1976, 89; *ders.*, DB 1980, 688; einschr. *Däubler*, TVR Rn.1453, 1461; a.A: ErfK/*Wank*, § 3 AÜG Rn.35a; *Melms/ Lipinski*, Bln 2004, 2412; *Thüsing*, DB 2003, 448). Nach zutreffender Ansicht liegt der vorrangige **Zweck** des § 4 Abs. 5 TVG nicht darin, den Zeitraum bis zum Abschluss eines neuen Tarifvertrags kollektivvertragsbezogen zu überbrücken (*so Löwisch/Rieble*, § 4 TVG Rn.220); vielmehr soll die Norm zum Schutz des Arbeitnehmers arbeitnehmerbezogen sicherstellen, dass nach Wirksamwerden der Kündigung des Tarifvertrags kein »inhaltsloses« Arbeitsverhältnis besteht (vgl. ErfK/*Schaub*, § 4 TVG Rn.73).

265 Ein derart ungeregelter Zustand tritt im Falle fehlender Nachwirkung von Tarifregelungen zur ANÜ nach Nr.2 gar nicht erst ein: kommt ein Tarifvertrag nicht (mehr) zur Anwendung, gilt gem. Nr.2 der gesetzliche Grundsatz der Gleichbehandlung. Da bei Kündigung eines Tarifvertrags auf der Grundlage tarifdispositiven Rechts keine Regelungslücken entstehen, werden die Rechtsfolgen des Diskriminierungsverbots nach Nr.2 nicht durch eine **Nachwirkung** des Tarifvertrags zur ANÜ verdrängt (a.A. ErfK/*Wank* § 3 AÜG Rn.35; *Thüsing*, DB 2003, 449).

Soweit zum Normalarbeitsverhältnis eine andere Auffassung vertreten wird **266** *(BAG* v. 27.6.1978, AP Nr. 12 zu § 13 BUrlG), sind die zugrunde liegenden Überlegungen allenfalls auf diejenigen Arbeitsbedingungen übertragbar, die nicht **Tarifbestimmungen zum Arbeitsentgelt,** sondern andere wesentliche Arbeitsbedingungen i.S.v. Nr. 2 betreffen. Die Auseinandersetzung um die Nachwirkung tariflicher Normen, die auf tarifdispositivem Gesetzesrecht beruhen, war in der Vergangenheit auf Arbeitsbedingungen beschränkt, die gerade nicht das Arbeitsentgelt betrafen. Diese Arbeitsbedingungen (z.B. Arbeitszeit, Kündigungsschutz) unterscheiden sich vom tariflich geregelten Arbeitsentgelt gerade durch ihre unbeschränkte Laufzeit und sind fast ausnahmslos in langfristigen MTV geregelt, die ohne Kündigung zeitlich unbegrenzt Gültigkeit behalten. Sie können daher in einem bestimmten Rahmen eine auch längerfristige Nachwirkung nach § 4 Abs. 5 TVG entfalten, um bei u. U. langandauernden Tarifverhandlungen eine **Überbrückungsfunktion** einzunehmen.

Die Neuartigkeit und Besonderheit der Nr. 2 besteht jedoch gerade darin, dass **267** der Gesetzgeber hier eine **gesetzliche Bestimmung zum Arbeitsentgelt** vorgenommen hat. Die Höhe des Arbeitsentgelts ist jedoch regelmäßig nicht langfristig in demselben Tarifvertrag geregelt, sondern es steht meist schon bei Abschluss des Tarifvertrags fest, dass seine Wirkungen (i.d.R. durch Kündigung) auf einen kurzen Zeitraum von einem oder zwei Jahren begrenzt bleiben werden. Würde hier ein unmittelbar nach Inkrafttreten des Gesetzes abgeschlossener Tarifvertrag auch bei Kündigung qua Nachwirkung zeitlich unbegrenzt weiterwirken, wäre eine der Tarifvertragsparteien in der Lage, notwendige **Anpassungen der Tarifgehälter** auf Dauer zu verhindern (ein Arbeitskampf könnte zumindest von den Gewerkschaften z.Zt. nicht geführt werden; s. Rn.189f.). Im Rahmen von Tarifverträgen nach Nr. 2 ist darüber hinaus zu berücksichtigen, dass sich die Arbeitsentgelte der LAN grundsätzlich nach den beim Entleiher geltenden Bestimmungen richten, und daher auch die Regelungsgehalte des nach Nr. 2 tarifdispositiven Gesetzesrechts einem ständigen Wandel unterliegen. Tarifverträge zur ANÜ müssen diesen Veränderungen Rechnung tragen, sie dürfen nicht durch ein einmal fixiertes Niveau den Lohnabstand von Stammbelegschaft und LAN ständig vergrößern. Dies würde dem **Zweck der Nr. 2,** eine Diskriminierung von LAN auszuschließen, diametral widersprechen. Soweit in einem Tarifvertrag zur ANÜ ein Lohnabstand zum Entgeltniveau in Entleiherbetrieben wirksam vereinbart wurde, würde eine Nachwirkung des Tarifvertrags dazu führen, dass die in ihm enthaltenen Entgeltbestimmungen sukzessive nicht mehr dem sich verändernden Niveau der nach Nr. 2 jeweils maßgeblichen Arbeitsbedingungen entsprechen. Sie wären dann **unangemessen** und würden ihre Wirksamkeit verlieren (vgl. Rn. 239). Eine derartige Rechtsfolge läge jedoch außerhalb der Schutzzwecke des § 4 Abs. 5 TVG. Soweit Nr. 2 als Norm des tarifdispositiven Gesetzesrechts auch Regelungen zum Arbeitsentgelt einbezieht, ist daher eine **Nachwirkung von Entgelttarifverträgen zur ANÜ ausgeschlossen.**

b) Rechtsfolgen bei Unwirksamkeit tarifvertraglicher Bestimmungen zur ANÜ

Verstoßen die Tarifverträge zur ANÜ gegen geltendes Recht, sind hiermit je nach **268** Art des Verstoßes unterschiedliche **Rechtsfolgen** verbunden.

aa) Nichtigkeit von Tarifverträgen zur ANÜ

269 Fehlt es an der **Tariffähigkeit** einer Vertragspartei (Rn. 171 ff.), hat dies die Unwirksamkeit des gesamten Tarifvertrags bzw. die hierauf abzielende arbeitsvertragliche Bezugnahme zur Folge (*BAG* v. 24. 7. 1990, AP Nr. 7 zu § 2 TVG Tarifzuständigkeit; *Dieterich*, RdA 2005, 177). Es gilt dann uneingeschränkt der Gleichbehandlungsgrundsatz (*Grimm/Brock*, Praxis der ANÜ, 131). Maßgeblicher Zeitpunkt für die Tariffähigkeit ist hierbei das Datum des Abschlusses. Da die der **CGZP** angehörigen Mitgliedsverbände nicht tariffähig sind (Rn. 199 ff.), sind alle von ihr abgeschlossenen Tarifverträge **nichtig**. I. Ü. führt die mangelnde Tariffähigkeit einzelner **Mitglieder einer Tarifgemeinschaft** i. d. R. nur dann zur Unwirksamkeit des gesamten tariflichen Regelungswerks, wenn das Bestehen der Tariffähigkeit aller Mitglieder zur Bedingung für den Bestand des Tarifvertrags gemacht wurde (ErfK/*Schaub*, § 1 TVG Rn. 5; *Buchner*, DB 2004, 1043). Ist dies zweifelhaft, ist die Frage, ob die tariflichen Regelungen auch bei mangelnder Tariffähigkeit eines Mitglieds der Tarifgemeinschaft rechtlichen Bestand haben, danach zu beantworten, ob die Mitglieder der Tarifgemeinschaft den Tarifvertrag unabhängig von einander autonom kündigen können (vgl. *BAG* v. 8. 9. 1976, AP Nr. 5 zu § 1 TVG Form).

270 Auch soweit es bei Abschluss des Tarifvertrags an der **Tarifzuständigkeit** (Rn. 178 ff.) fehlt, ist der Tarifvertrag unwirksam (*BAG* v. 24. 7. 1990, AP Nr. 7 zu § 2 TVG Tarifzuständigkeit). Ist nur eine Seite der Tarifvertragsparteien nicht tariffähig, ist der Tarifvertrag insgesamt unwirksam (ErfK/*Schaub*, § 2 TVG Rn. 43). Bei mangelnder Zuständigkeit eines Mitglieds einer **Tarifgemeinschaft** ist der Tarifvertrag nur unwirksam, soweit er Regelungen enthält, die nur die unzuständige Tarifvertragspartei betreffen (*Buchner*, DB 2004, 1043). Ansonsten ist der Tarifvertrag jedoch nach den gleichen Grundsätzen wirksam, die bei mangelnder Tariffähigkeit einzelner Mitglieder zur Anwendung kommen (s. o. Rn. 269).

271 Soweit der Tarifvertrag wegen mangelnder Tariffähigkeit nichtig ist, liegt von Anfang an **kein Tarifvertrag** vor, der Rechtsfolgen auslösen könnte. Es gilt dann ausschließlich die gesetzliche Regelung zum Diskriminierungsverbot (*Schüren/Riederer v. Paar*, AuR 2004, 241; *Reipen*, NZS 2005, 407; a. A. *Buchner*, DB 2004, 1043). Die gegenteilige Auffassung, nach der sich die den nichtigen Tarifvertrag anwendenden Parteien des Arbeitsvertrags bis zur rechtskräftigen Feststellung der Tarifunfähigkeit auf einen **Vertrauensschutz** berufen können (*Buchner*, DB 2004, 1043; *Blank*, Die Tarifzuständigkeit der DGB-Gewerkschaften, 150 f.; *Schöne*, DB 2004, 136), findet im geltenden Recht keine Stütze. Es gibt keine Vermutung für die Rechtmäßigkeit von Tarifverträgen, die einen Vertrauensschutz für die Anwender begründen könnte (*BAG* v. 28. 7. 1992, AuR 1993, 60; a. A. *Buchner*, DB 2004, 1042). Für einen derartigen Vertrauensschutz besteht auch kein Bedürfnis, da die Rechtsfolgen der Nichtigkeit von Tarifverträgen zur ANÜ durch das Diskriminierungsverbot gesetzlich geregelt sind.

272 Ist der Tarifvertrag wegen fehlender Tarifmacht unwirksam, erstreckt sich die Unwirksamkeit auf **alle** in ihm enthaltenen Bestimmungen. Dies gilt auch für Regelungen im Tarifvertrag, die sich nicht auf Abweichungen vom Diskriminierungsverbot nach Nr. 2 beziehen. Bei Nichtigkeit des Tarifvertrags sind damit auch in ihm enthaltene **Verfallfristen** oder sonstige Regelungen, die von gesetzlichen Bestimmungen abweichen, unwirksam (i. E. ebenso *Schüren/Riederer v. Paar*, AuR 2004, 245). Bei Unwirksamkeit der Verfallfrist gilt das gesetzliche Verjährungsrecht (*BAG* v. 25. 5. 2005 – 5 AZR 572/04).

Soweit der Tarifvertrag (oder einzelne seiner Bestimmungen) lediglich wegen **273** **Überschreitens der Gestaltungsgrenzen** der Tarifvertragsparteien (Rn. 227 ff.) unwirksam ist, bleibt die Wirksamkeit der übrigen Bestimmungen des Tarifvertrags hiervon grundsätzlich unberührt. Die Gestaltungsmöglichkeiten der Tarifparteien beschränken sich nicht darauf, alle unter das Diskriminierungsverbot fallenden Arbeitsbedingungen in einem Gesamtwerk umfassend zu regeln, sondern sie können auch für **einzelne Arbeitsbedingungen** tarifliche Abweichungen vereinbaren, die in ihrer Wirksamkeit voneinander unabhängig sind (vgl. Rn. 196).

Ob ein **Beschlussverfahren** nach § 97 ArbGG durchgeführt wird, in dem die **274** mangelnde Tarifzuständigkeit bzw. -fähigkeit rechtskräftig festgestellt wird, ist für die Rechtsfolgen des nichtigen Tarifvertrags unerheblich (*Schüren/Riederer v. Paar*, AuR 2004, 242). Die Tariffähigkeit und -zuständigkeit ist Voraussetzung dafür, ob überhaupt ein Tarifvertrag vorliegt, einer Entscheidung nach § 97 ArbGG kommt lediglich deklaratorische Wirkung zu. Etwas anderes gilt nur bei einem revidierenden Beschluss, durch den eine früher festgestellte Tariffähigkeit aberkannt wird.

bb) Rechtsfolgen der Unwirksamkeit für das Leiharbeitsverhältnis

Soweit ein TV zur ANÜ **unwirksam** ist, entfallen seine dispensierenden Wirkun- **275** gen hinsichtlich der Einhaltung des Gleichbehandlungsgrundsatzes. Der LAN hat dann Ansprüche mindestens in der Höhe eines vergleichbaren Arbeitnehmers des Entleihers (*Schüren/Schüren*, § 9 Rn. 218; *Reipen*, NZS 2005, 407). Die Unwirksamkeit des TV berührt jedoch i. Ü. nicht die Wirksamkeit des vertraglich begründeten **Leiharbeitsverhältnisses**. Soweit durch die Unwirksamkeit Regelungslücken im Arbeitsverhältnis entstehen, die nicht durch gesetzliche Bestimmungen ersetzt werden können, lassen sich diese nach den Grundsätzen der ergänzenden Vertragsauslegung schließen.

Soweit nur **einzelne Bestimmungen** des Tarifvertrags unwirksam sind (Rn. 273), **276** bleibt die Wirksamkeit der übrigen Bestimmungen hiervon unberührt. Normen, die die Begründung, Beendigung oder Laufzeit des Leiharbeitsverhältnisses betreffen, werden vom Diskriminierungsverbot und damit auch von einer darauf bezogenen tariflichen Ausgestaltung von vorne herein nicht erfasst (Rn. 103). Soweit Regelungen eines TV zur ANÜ, die nicht dem Diskriminierungsverbot unterliegen, unwirksam sind, führt dies grundsätzlich nur zu einer **Teilunwirksamkeit** der betreffenden Regelungen. Das Arbeitsverhältnis kommt i. Ü. mit den Arbeitsbedingungen zustande, die ohne die unwirksamen Bestimmungen gelten würden.

Tarifvereinbarungen, die **gegen Nr. 2 verstoßen**, lassen die Wirksamkeit der übri- **277** gen Bestimmungen des TV unberührt. Sind nur einzelne der unter das Diskriminierungsverbot fallenden Arbeitsbedingungen unwirksam, hat dies wegen der rechtlichen Selbstständigkeit der einzelnen Arbeitsbedingungen (Rn. 196) nur eine Teilunwirksamkeit zur Folge. Soweit die tariflich geregelten Arbeitsbedingungen i. Ü. wirksame Abweichungen vom Diskriminierungsverbot enthalten, sind Ansprüche auf Gleichbehandlung nach § 10 Abs. 4 ausgeschlossen.

Soweit vom Diskriminierungsverbot abweichende tarifliche Regelungen un- **278** wirksam sind, entfallen **im Umfang der Unwirksamkeit** die dispensiven Wirkungen des Tarifvertrags hinsichtlich der Geltung des Nichtdiskriminierungsgebots (zum fingierten Arbeitsverhältnis vgl. *Schüren/Schüren*, § 1 Rn. 632). Der

LAN kann die nach § 10 Abs. 4 bestehenden Ansprüche auf Gleichbehandlung geltend machen (*Schüren/Riederer v. Paar*, AuR 2004, 244; § 10 Rn. 89 f.).

cc) Rechtsfolgen unwirksamer Tarifverträge bei arbeitsvertraglicher Bezugnahme

279 Soweit der wegen mangelnder Tariffähigkeit oder -zuständigkeit nichtige Tarifvertrag durch **arbeitsvertragliche Bezugnahme** (vgl. Rn. 286 ff.) nach Nr. 2 Halbs. 4 auf das Leiharbeitsverhältnis Anwendung finden soll, entfaltet die Abrede zur Geltung des Tarifvertrags keine rechtlichen Wirkungen (*Dieterich*, RdA 2005, 177). Dies gilt auch, soweit man im Normalarbeitsverhältnis den Verweis auf fehlerhafte Tarifverträge für wirksam erachtet (vgl. *BAG* v. 22. 1. 2002 – 9 AZR 601/00 – AP Nr. 55 zu § 11 BUrlG), da arbeitsvertragliche Vereinbarungen keine Abweichungen von den Gleichstellungsgrundsätzen von §§ 3 Abs. 1 Nr. 3, 9 Nr. 2 treffen können (Rn. 151, 286). I. Ü. treten dieselben Rechtsfolgen ein wie bei unmittelbarer Tarifbindung des LAN (vgl. Rn. 276 ff.). Dies gilt auch, wenn man die Übernahme nichtiger Tarifverträge durch arbeitsvertragliche Bezugnahme für zulässig erachtet und den Regelungen zur **AGB-Kontrolle** nach §§ 305 ff. BGB unterwirft (vgl. *BAG* 22. 1. 2002, AP Nr. 55 zu § 11 BUrlG). Die arbeitsvertragliche Abrede nach Nr. 2 Halbs. 4 setzt einen zum Zeitpunkt der Vereinbarung vorliegenden wirksamen Tarifvertrag voraus. Nur ein wirksamer Tarifvertrag kann Grundlage der Gestaltungsmöglichkeiten nach Nr. 2 Halbs. 4 sein. Die Arbeitsvertragsparteien können das nur tarifdispositive Diskriminierungsverbot infolge der ausschließlich den Tarifvertragsparteien vorbehaltenen Dispositionsbefugnisse nicht autonom gestalten oder außer Kraft setzen (*Schüren/Riederer v. Paar*, AuR 2004, 245).

280 Enthält der Arbeitsvertrag die Bezugnahme auf einen Tarifvertrag, der wegen mangelnder Tariffähigkeit oder -zuständigkeit nichtig ist, können die Rechtsfolgen der Unwirksamkeit nicht dadurch umgangen werden, dass für diesen Fall im Arbeitsvertrag **ersatzweise** die Anwendung eines anderen Tarifvertrags zur ANÜ vereinbart wird (Rn. 293). Eine derartige **salvatorische Klausel** ist insbesondere in Arbeitsverträgen anzutreffen, die den mit der CGZP abgeschlossenen Tarifverträgen unterliegen (vgl. z. B. § 17 des Musterarbeitsvertrag ZAG Personaldienste).

281 Die **Gestaltungsmöglichkeiten der Arbeitsvertragsparteien** im Rahmen von Nr. 2 Halbs. 4 sind begrenzt durch die von den Tarifvertragsparteien wahrgenommenen Gestaltungsrechte (vgl. Rn. 293). Von daher müsste für eine Regelung zur ersatzweisen Geltung eines anderen TV (oder bei einer Vereinbarung, nach der der Arbeitgeber zu einem einseitigen Wechsel des Tarifvertrags ermächtigt wird; vgl. Rn. 292) in dem Tarifvertrag, auf den (im Grundsatz) Bezug genommen wird, eine Regelung enthalten sein, dass im Falle der Nichtigkeit des Tarifvertrags ein anderer Tarifvertrag zur Anwendung kommen soll (Rn. 285). Dies ist jedoch schon wegen der Unwirksamkeit des zu Grunde liegenden TV ausgeschlossen und ist nicht einmal in den Tarifverträgen der CGZP vorgesehen (vgl. § 24 MTV MVZ/CGZP, der ggf. eine Verhandlungspflicht vorsieht). Selbst wenn jedoch eine entsprechende Regelung in einem ansonsten wirksamen Tarifvertrag getroffen würde, wäre die Wirksamkeit der Regelung davon abhängig, dass für den Tarifvertrag, der ersatzweise zur Anwendung kommen soll, dieselbe Tarifzuständigkeit besteht.

5. Konkurrenzfragen

Grundsätzlich unterliegt das LAV dem Tarifvertrag, für den eine **Tarifbindung** **282** **des Verleihers** besteht. Sind Arbeitsbedingungen sowohl beim Entleiher als auch beim Verleiher tariflich geregelt, geht der beim Verleiher zur Anwendung kommende TV vor, soweit er wirksam ist (vgl. Rn. 157 u. 269 ff.). Bei **Regelungslücken** im TV zur ANÜ kommen ergänzend die Bestimmungen des Entleiher-TV zur Anwendung (vgl. Rn. 237).

Konkurrenzprobleme können auftreten, wenn der Verleiher **mehreren Tarifver-** **283** **trägen** unterliegt, oder das LAV von **unterschiedlichen Entleihertarifverträgen** erfasst wird. Kommen unterschiedliche Entleihertarifverträge zur Anwendung, die bei Einsatz von LAN gelten sollen, gilt nach dem **Spezialitätsgrundsatz** der für die Tätigkeit beim Entleiher jeweils geltende Tarifvertrag (vgl. *Hanau*, NZA 2003, 131). Unterliegt der Verleiher mehreren TV (z. B. bei Mischbetrieben, die neben einem sonstigen Betriebszweck auch ANÜ als selbstständigen Betriebszweck verfolgen) gilt für den Betriebsteil, der ausschließlich ANÜ betreibt, grundsätzlich nur der TV zur ANÜ. Ist ein Branchen-TV gleichzeitig ein TV zur ANÜ (vgl. Rn. 153 i) und unterliegt der Verleiher einem weiteren TV, besteht **Ta-rifpluralität**. Hier kommt i. d. R. der TV zur Anwendung, der die überwiegende Zahl der Arbeitsverhältnisse erfasst. Hat der Verleiher mit unterschiedlichen Gewerkschaften **Firmentarifverträge** abgeschlossen, kommt jedoch der Spezialitätsgrundsatz zur Anwendung, soweit in den Tarifverträgen zulässigerweise (z. B. wegen der unterschiedlichen Arbeitsbedingungen bei Entleihern) unterschiedliche Sachverhalte geregelt werden. Ist dies nicht der Fall, findet nach dem Günstigkeitsprinzip der jeweils für den LAN günstigere Tarifvertrag Anwendung (*Däubler*, TVR Rn. 1493; *Reim*, AiB 2003, 75; *ders.*, ZTR 2003, 110).

Bei **arbeitsvertraglicher Bezugnahme** muss der anzuwendende Tarifvertrag **284** genau bestimmt sein (Rn. 292). Unterliegt ein nichttarifgebundener Verleiher dem räumlichen und fachlichen Geltungsbereich mehrer Tarifverträge zur ANÜ, besteht bei arbeitsvertraglicher Bezugnahme ein **Wahlrecht**, welcher Tarifvertrag Anwendung finden soll (Rn. 292). Die Anwendung unterschiedlicher TV zur ANÜ durch denselben Verleiher ist jedoch ausgeschlossen (Rn. 289).

Unterliegt die Tätigkeit des LAN beim Entleiher einem **allgemeinverbindlich er-** **285** **klärten TV** nach dem **AEntG**, kommen die Bestimmungen eines TV zur ANÜ hinsichtlich der allgemeinverbindlich erklärten Mindestarbeitsbedingungen des AEntG-TV nicht zur Anwendung, wenn sie für den LAN ungünstiger sind (*Sandmann/Marschall*, AÜG, Art. 1 § 3 Anm. 21 h; *Thüsing/Mengel*, § 9 Rn. 45). Dies gilt unabhängig davon, ob der Verleiher seinen Sitz im Inland oder Ausland hat (vgl. Rn. 150a).

VII. Arbeitsvertragliche Vereinbarungen und die Bezugnahme auf Tarifverträge zur Arbeitnehmerüberlassung (Nr. 2 Halbs. 4)

1. Anwendungsbereich

Soweit kein TV zur ANÜ auf das Arbeitsverhältnis Anwendung findet, richten **286** sich die Arbeitsbedingungen des LAN nach den arbeitsvertraglichen Absprachen (Rn. 76 ff.). Arbeitsvertragliche Absprachen oder Betriebsvereinbarungen, die zu Lasten des LAN Abweichungen vom Diskriminierungsverbot zulassen, sind grundsätzlich unwirksam (vgl. Rn. 113 f., 151) und haben die uneingeschränkte Geltung des gesetzlichen Gleichstellungsgrundsatzes zur Folge (offengelassen in *BAG* v. 23. 1. 2005 – 4 AZR 186/04). Nr. 2 Halbs. 4 eröffnet jedoch die Möglichkeit, **arbeitsvertraglich** die Anwendung eines **Verbandstarifvertrags zur ANÜ** (*Boemke/Lembke*, § 9 Rn. 71; *Thüsing/Mengel*, § 9 Rn. 41), der die Arbeitsbedingungen **abschließend** regelt, zu vereinbaren. Die Bezugnahmeklausel unterliegt nicht der Sperrwirkung des § 310 Abs. 4 Satz 1 BGB, sondern der **AGB-Kontrolle** (*Schrader*, BB 2005, 716; *Hamann*, BB 2005, 2185). Die Mitgliedschaft des LAN in einer anderen als der tarifvertragsschließenden Gewerkschaft steht der vertraglichen Inbezugnahme nicht entgegen (*BAG* v. 22. 1. 2002 – 9 AZR 601/00 – AP Nr. 55 zu § 11 BUrlG). Soweit der TV zur ANÜ eine Öffnungsklausel für ergänzende betriebliche oder arbeitsvertragliche Absprachen zulässt (Rn. 197 f.), kommt die Ausnahmebestimmung nicht zur Anwendung (vgl. *Thüsing/Mengel*, § 9 Rn. 41). Die Ausnahmeregelung setzt voraus, dass entweder beide Arbeitsvertragsparteien oder nur der Leiharbeitnehmer keiner Tarifbindung unterliegen (Rn. 251; zu Einschränkungen bei Tarifbindung des Verleihers Rn. 288 f.). Ohne die explizit getroffene Sonderregelung zur Inbezugnahme wäre eine einzelvertragliche Bezugnahme auf Tarifverträge, die zu Lasten des LAN vom Gleichbehandlungsgrundsatz abweichen, als gegenüber dem Leiharbeitnehmer ungünstigere Regelung unwirksam gewesen (*Grimm/Brock*, Praxis der ANÜ, 12). Die Ausnahmenorm kann sowohl von gewerbsmäßig als auch von nichtgewerbsmäßig tätigen Verleihern in Anspruch genommen werden (*Kokemoor*, NZA 2003, 242) und gilt auch für die PSA (vgl. § 37c SGB III Rn. 48 ff.). Wird die Bezugnahme wirksam vereinbart, kommt der entsprechenden Klausel hinsichtlich der Nichtanwendung des Gleichbehandlungsgrundsatzes eine **konstitutive** Bedeutung zu (*BAG* v. 26. 9. 2001 – 4 AZR 544/00 – BB 2002, 1264). Der LAN ist dann so zu stellen, als sei er tarifgebunden.

287 Soweit Vertragsinhalte oder Arbeitsbedingungen betroffen sind, die **nicht vom Diskriminierungsverbot erfasst** werden (Rn. 103), können die Arbeitsvertragsparteien das Leiharbeitsverhältnis **frei gestalten**. Dies gilt, wenn die Anwendung eines TV zur ANÜ bei mangelnder Tarifbindung vereinbart ist, auch für solche Arbeitsbedingungen, die zwar im Tarifvertrag geregelt sind, jedoch nicht vom Diskriminierungsgebot erfasst werden. Bedeutung hat dies z. B. für Regelungen zur Befristung oder Kündigung des Leiharbeitsverhältnisses, die nicht vom Diskriminierungsverbot erfasst werden (Rn. 81 f.). Die arbeitsvertragliche Absprache kann in diesen Fällen auch im Falle der Bezugnahme auf einen TV zur ANÜ von den Bestimmungen des Tarifvertrags abweichen, ohne dass die Wirksamkeit der Absprache hiervon berührt wird.

288 Die Ausnahmevorschrift kommt nur dann uneingeschränkt zur Anwendung, wenn der **Verleiher nicht tarifgebunden** ist. Gehört der Verleiher einem Arbeitgeberverband an, der einen Tarifvertrag zur ANÜ abgeschlossen hat, oder hat er einen Firmentarifvertrag zur ANÜ abgeschlossen, sind arbeitsvertragliche Vereinbarungen, die von den Bestimmungen dieser TV zur ANÜ zu Lasten des LAN abweichen, wegen der Zwecke des Diskriminierungsverbots auch bei fehlender Tarifbindung des LAN unzulässig (Rn. 289). Dies gilt insbesondere, wenn von einem (zum Zeitpunkt des Abschlusses des Leiharbeitsvertrags; vgl. *BAG* v. 1. 12. 2004 – 4 AZR 50/04) verbandsgebundenen Verleiher ein vorformulierter Arbeitsvertrag verwendet wird, der typischerweise eine **Gleichstellungsabrede** darstellt (vgl. *BAG* v. 19. 3. 2003 – 4 AZR 331/02, BB 2004, 162). Vertragsklauseln, nach denen auf das Leiharbeitsverhältnis trotz Tarifbindung des Verleihers für tarifungebundene LAN ein anderer TV zur ANÜ zur Anwendung kommen soll, verstoßen gegen den Zweck der Bezugnahme als Gleichstellungsabrede (*BAG* v. 19. 3. 2003 – 4 AZR 331/02 – BB 2004, 164) und sind unwirksam. Von der Unwirksamkeit werden dabei auch **salvatorische Klauseln** erfasst, nach denen bei Unwirksamkeit eines Tarifvertrags zur ANÜ hilfsweise ein anderer Tarifvertrag zur Anwendung kommen soll (Rn. 280f.).

289 Bei Tarifbindung des Verleihers ist eine arbeitsvertragliche Bezugnahme auf einen **anderen** Tarifvertrag auch dann ausgeschlossen, wenn nur der **Leiharbeitnehmer nicht tarifgebunden** ist. Entgegenstehende Absprachen sind wegen des Verbots der Diskriminierung von LAN (»gleicher Lohn für gleiche Arbeit«) unwirksam und verstoßen gegen das Willkürverbot. Im Unterschied zum Normalarbeitsverhältnis können die Parteien des Leiharbeitsvertrages nicht uneingeschränkt die vertraglichen Grundlagen bestimmen, sondern sie müssen die Beschränkungen, die sich aus der gesetzlich angeordneten Gleichstellung von LAN mit Stammarbeitnehmern des Verleihers ergeben, einhalten. Die Zwecke des Gesetzes einer Ungleichbehandlung von Stamm- und Leiharbeitnehmern vorzubeugen, kann der Verleiher nicht dadurch unterlaufen, dass er auf Grund der (ohnehin eingeschränkten) Vertragsfreiheit seinerseits die Voraussetzungen für eine Ungleichbehandlungen schafft, indem er unterschiedliche Arbeitsbedingungen vereinbart. Mit den Gleichstellungszwecken wäre es unvereinbar, wenn bei Einsatz mehrerer LAN eines Verleihers bei demselben Entleiher, solchen LAN, die derselben Tarifbindung wie der Verleiher unterliegen, andere Arbeitsbedingungen gewährt würden als einem tarifungebundenen LAN, mit dem der Verleiher die Anwendung eines anderen Tarifvertrags vereinbart hat (vgl. Rn. 255). Daneben widerspricht eine Absprache über die Anwendung eines anderen TV auch dem Zweck von Bezugnahmeklauseln, **einheitliche Arbeitsbedingungen** von tarifgebundenen und nicht tarifgebundenen Arbeitnehmern zu schaffen (*BAG* v. 4. 9. 1996, NZA 1997, 271). Dies folgt auch aus den Zwecken und der Systematik des gesetzlichen Regel-Ausnahme-Prinzips abweichender Regelungen. Abweichungen von den grundsätzlich zwingenden Normen zum Diskriminierungsverbot sollen bei Tarifbindung des Verleihers nur zugelassen werden, soweit der Verleiher seinen (ggf. auch schuldrechtlichen) Verpflichtungen aus dem TV gegenüber allen LAN nachkommt (Rn. 255). Nur soweit keine Tarifbindung vorliegt, ist eine arbeitsvertragliche Bezugnahme auf einen anderen Tarifvertrag zur ANÜ zulässig.

290 Auch soweit der Verleiher nicht tarifgebunden ist, kann die Anwendung eines Tarifvertrags zur ANÜ nur vereinbart werden, wenn der Verleiher sowohl dem **fachlichen** als auch dem **räumlichen und zeitlichen Geltungsbereich** des Tarifvertrags unterliegt (*Boemke/Lembke*, § 9 Rn. 71; *Grimm/Brock*, Praxis der ANÜ, 127; *Sandmann/Marschall*, AÜG, Art. 1 § 3 Rn. 21 h; *Thüsing/Mengel*, § 9 Rn. 42; *Weyand/Düwell*, 70). Beschränkt der TV zur ANÜ den **persönlichen Geltungsbereich** auf Verbandsmitglieder, ist die Bestimmung wegen Verstoßes gegen die in Nr. 2 letzter Halbs. enthaltene gesetzliche Regelung zur Inbezugnahme unwirksam (*Thüsing/Mengel*, § 9 Rn. 42), eine arbeitsvertragliche Bezugnahme kann dennoch vereinbart werden. **Mischunternehmen**, die nicht überwiegend LAN beschäftigen, fallen i.d.R. nicht unter den fachlichen Geltungsbereich eines TV zur ANÜ (*Schüren/Schüren*, Einl. Rn. 252; Rn. 251; *Hamann*, BB 2005, 2185). Ausgeschlossen ist die Bezugnahme auf einen Firmentarifvertrag (*Thüsing/Mengel*, § 9 Rn. 41) oder einen Tarifvertrag zur ANÜ, dessen Anwendungsbereich räumlich oder gegenständlich (z.B. auf vermittlungsorientierte ANÜ von PSA) beschränkt bzw. von bestimmten Voraussetzungen abhängig ist (z.B. Tarifverträge nach § 1 Abs. 3

Nr. 1; vgl. Rn. 153). Ist der Anwendungsbereich des Tarifvertrags **räumlich** begrenzt, kann eine arbeitsvertragliche Bezugnahme grundsätzlich nur erfolgen, wenn sowohl der Sitz des Verleihers als auch die Einsatzorte des LAN innerhalb des räumlichen Geltungsbereichs liegen. Bei **zeitlicher Begrenzung** des TV dürfen die Wirkungen des TV zur ANÜ bei Abschluss des Arbeitsvertrages nicht beendet sein (*Grimm/Brock*, a.a.O.).

290a Hat der Verleiher seinen **Sitz im EWR**, kann er einen TV zur ANÜ unter denselben Voraussetzungen einzelvertraglich in Bezug nehmen wie ein inländischer Verleiher. Der Einsatz im Inland muss auch hier dem Geltungsbereich eines TV zur ANÜ (Rn. 290) entsprechen. Soweit der persönliche Geltungsbereich des TV vom Sitz des Verleihers im Inland abhängig ist, kann der TV hiervon abweichend aus gemeinschaftsrechtlichen Gründen auch dann in Bezug genommen werden, wenn der Verleiher seinen Sitz im EWR hat.

291 **Gewerbsmäßig tätige Verleiher**, die ausschließlich ANÜ betreiben, sowie PSA unterliegen regelmäßig dem fachlichen Geltungsbereich der Verleihertarifverträge zur ANÜ. Die Anwendung von Tarifverträgen zur ANÜ, deren fachlicher Geltungsbereich sich am Industrieverbandsprinzip orientiert, kann nur dann wirksam vereinbart werden, wenn der Verleiher dem räumlichen und fachlichen Geltungsbereich des entsprechenden Tarifvertrags unterliegt (Rn. 290).

292 Soweit der nicht tarifgebundene Verleiher dem fachlichen und räumlichen Geltungsbereich **mehrerer Tarifverträge zur ANÜ** unterliegt, können die Parteien grundsätzlich frei vereinbaren, welcher Tarifvertrag für das Leiharbeitsverhältnis Anwendung finden soll (*Tillmann*, AuA 2004, 22). Aus der Vereinbarung muss dabei **eindeutig** hervorgehen, welcher Tarifvertrag zur ANÜ gelten soll. Fehlt es an einer eindeutigen oder vollumfänglichen Bezugnahme (Rn. 294) auf einen bestimmten Tarifvertrag, liegt keine wirksame Vereinbarung zur Abweichung vom gesetzlichen Gleichbehandlungsgebot vor. Die Bezugnahme auf irgendeinen Tarifvertrag im Rahmen einer großen dynamischen Verweisung (vgl. ErfK/*Schaub*, § 3 TVG Rn. 43) ist ebenso wie eine **Tarifwechselklausel**, die einen Wechsel des anwendbaren Tarifwerks auch im Falle fehlender kongruenter Tarifgebundenheit ermöglicht (vgl. z.B. § 28 Formulararbeitsvertrag F&G, Bielefeld), nicht zulässig (*Schrader*, BB 2005, 715). Zweifel gehen zu Lasten des Verleihers.

2. Voraussetzungen und Rechtsfolgen der Bezugnahme

293 Eine wirksame Absprache nach Nr. 2 Halbs. 4 liegt nur vor, wenn der Tarifvertrag zur ANÜ, soweit er Abweichungen vom Diskriminierungsverbot regelt (vgl. Rn. 287), **vollumfänglich** für das Leiharbeitsverhältnis gelten soll (*Melms/Lipinski*, BB 2004, 2409; *Tillmann*, AuA 2004, 22; a. A. *Boemke/Lembke*, § 9 Rn. 70; *Thüsing/Mengel*, § 9 Rn. 41; *Thüsing*, DB 2003, 449). Wird das Arbeitsverhältnis erst im **Nachwirkungszeitraum** eines TV zur ANÜ begründet, erfasst die Nachwirkung nicht neu abgeschlossene Arbeitsverträge (vgl. *BAG* v. 11. 6. 2002, NZA 2003, 570; *Thüsing/Mengel*, § 3 Rn. 89; a. A. *Wiedemann/Wank*, § 4 Rn. 327 ff.; *Thüsing/Mengel*, § 9 Rn. 41). Die Gleichbehandlungsgrundsätze können hier nicht durch den nur nachwirkenden Tarifvertrag abbedungen werden (zu Umgehungsstrategien vgl. *Hamann*, BB 2005, 2189). Die Ausnahmebestimmung verbietet jede einzelvertraglich begründete Abweichung vom Diskriminierungsverbot oder von Tarifverträgen zur ANÜ (zu Ausnahmen s. Rn. 287). Den Parteien des Leiharbeitsverhältnisses steht insoweit **kein eigener Gestaltungsspielraum** zur Verfügung.

Sie können die Regelungen eines Tarifvertrags weder inhaltlich modifizieren oder ergänzen (z.B. bei **Regelungslücken**) noch außer Kraft setzen. Nur eine Totalübernahme ist möglich (ErfK/*Schaub*, § 31 III. 3b), weshalb arbeitsvertraglich vereinbarte **salvatorische Klauseln** unzulässig sind. Sind die »tariflichen Regelungen« in einem **Tarifwerk** mehrerer Tarifverträge enthalten, müssen alle Verträge arbeitsvertraglich einbezogen werden. Unwirksam sind danach z.B. Vereinbarungen, die zwar einen Entgelttarifvertrag einbeziehen, den zugrunde liegenden Entgeltrahmen- oder Manteltarifvertrag aber nicht ausdrücklich einbeziehen. Lässt sich auch im Wege der Vertragsauslegung nicht unzweifelhaft ermitteln, dass das Tarifwerk vollumfänglich gelten soll, liegt keine wirksame (nur als Ausnahme zugelassene) Absprache i.S.d. Nr. 2 Halbs. 4 vor (einschränkend *Hamann*, BB 2005, 2185).

Hat der Verleiher mit einem LAN die Anwendung eines bestimmten Tarif- **294** vertrags zur ANÜ vereinbart, ist die Anwendung eines anderen Tarifvertrags bei weiteren Leiharbeitsverhältnissen desselben Verleihers grundsätzlich ausgeschlossen. Die Vereinbarung unterschiedlicher Arbeitsbedingungen auf der Grundlage unterschiedlicher Tarifverträge zur ANÜ widerspricht nicht nur den **Zwecken** des Diskriminierungsverbots (»gleicher Lohn für gleiche Arbeit«) und der Bezugnahme, **einheitliche Arbeitsbedingungen** für Tarifgebundene wie nicht Tarifgebundene zu schaffen (ErfK/*Schaub*, § 3 TVG Rn. 41), sondern ist willkürlich und verstößt gegen den (durch Nr. 2 verstärkt geltenden) **Gleichbehandlungsgrundsatz** (Rn. 288 f.). Der Zweck der Bezugnahme auf einen TV besteht gerade darin, die Geltung einheitlicher Arbeitsbedingungen für alle Arbeitnehmer zu erreichen (*BAG* v. 4.9.1996, NZA 1997, 271). Gegen den Gleichbehandlungsgrundsatz verstößt es auch, wenn der Verleiher bei einem Teil der Leiharbeitsverhältnisse auf die Vereinbarung einer Bezugnahme auf einen TV zur ANÜ verzichtet, einen anderen Teil jedoch arbeitsvertraglich den Bestimmungen eines TV zur ANÜ unterwirft. In diesen Fällen haben auf Grund des Gleichbehandlungsgrundsatzes alle beim Verleiher beschäftigten Leiharbeitnehmer einen Anspruch auf Gewährung der materiellen Arbeitsbedingungen, die dem LAN auf Grund des gesetzlichen Diskriminierungsverbots zustehen.

Ist die Anwendung eines Tarifvertrags zur ANÜ wirksam vereinbart, wird die **295** tarifliche Regelung **Inhalt des Arbeitsvertrags,** führt aber bei mangelnder Tarifbindung nicht zu einer zwingenden Wirkung der Tarifnormen nach § 4 Abs. 1 Satz 1 TVG (*BAG* v. 26.1.2005 – 10 AZR 331/04). Dies gilt auch für tarifliche **Ausschlussfristen** (*BAG* v. 17.4.2002 – 5 AZR 89/01 – AP Nr. 6 zu § 2 NachwG u. v. 25.5.2005 – 5 AZR 572/04; zu Verfallfristen vgl. § 11 Rn. 66). Dem LAN stehen dann auch ohne Tarifbindung (zur statischen Verweisung vgl. Rn. 299) alle Ansprüche aus dem TV zu und er nimmt an der Entwicklung des Tarifvertrags so teil, als sei er tarifgebunden (*BAG* v. 26.9.2001, NZA 2002, 634). Entgegenstehende Vereinbarungen verstoßen gegen den Grundsatz der Totalübernahme (Rn. 293) und führen zur Unwirksamkeit der Bezugnahmeklausel. Das Gleiche gilt bei Kündigung oder einzelvertraglicher Aufhebung einzelner Bedingungen des TV zur ANÜ.

Ist die Bezugnahmeklausel **unwirksam** (zur Unwirksamkeit des TV vgl. **296** Rn. 279), gilt die gesetzliche Regelung zum Diskriminierungsverbot. Dies folgt auch aus § 306 Abs. 2 BGB, der auf arbeitsvertragliche Absprachen nach Nr. 2 Halbs. 4 anwendbar ist (vgl. Rn. 302). Die Unwirksamkeit der Klausel lässt die Wirksamkeit des Arbeitsvertrags i. Ü. unberührt (*Boemke/Lembke*, § 9 Rn. 76; *Thüsing/Mengel*, § 9 Rn. 48; *Diehn*, NZA 129, 135).

3. Beendigung der Wirkungen der arbeitsvertraglichen Bezugnahme

297 Vereinbaren die Parteien arbeitsvertraglich die Geltung eines TV zur ANÜ, setzt dies einen zum **Zeitpunkt des Vertragsschlusses** geltenden **wirksamen** TV voraus, von dessen Geltungsbereich der Verleiher erfasst wird (Rn. 290; *Weyand/ Düwell*, 70). Wirkt der TV nur nach § 4 Abs. 5 TVG nach (vgl. *Thüsing/Mengel*, § 9 Rn. 41) ist eine Bezugnahmevereinbarung im **Nachwirkungszeitraum** nur bei beiderseitiger Tarifbindung möglich, da andernfalls § 4 Abs. 5 TVG nicht gilt (BAG v. 10. 12. 1997 – 4 AZR 247/96 – AP Nr. 20 zu § 3 TVG) und die für Nr. 2 Halbs. 4 erforderliche kollektivvertragliche Grundlage der Bezugnahmeklausel fehlt. Die Wirksamkeit des in Bezug genommenen TV bedarf jeweils der Prüfung im Einzelfall (*Weyand/Düwell*, 71). Ist der Tarifvertrag unwirksam oder gilt er durch Zeitablauf nicht mehr, ist die Absprache unwirksam (ErfK/*Schaub*, § 3 TVG Rn. 49; *Thüsing/Mengel*, § 9 Rn. 44; a. A. *Hamann*, BB 2005, 2188). Dasselbe gilt, wenn bei einem Tarifwerk (vgl. Rn. 291) lediglich ein Regelungswerk unwirksam oder nicht mehr in Kraft ist. Auf einen Vertrauensschutz kann sich der Verleiher in diesen Fällen nicht berufen (*Böhm*, DB 2004, 137; *Weyand/Düwell*, 71).

298 Enthält der Arbeitsvertrag eine **dynamische Verweisung**, gelten spätere Änderungen des Tarifvertrags auch für das Leiharbeitsverhältnis (Rn. 293). Bei Fehlen einer ausdrücklichen Vereinbarung ist bei mangelnder Tarifbindung des Arbeitgebers im Zweifel nicht von einer dynamischen Verweisung auszugehen (vgl. *BAG* v. 3. 11. 2004 – 5 AZR 622/03). Dies gilt nach Auffassung des *BAG* (a.a.O.) auch, wenn der Arbeitgeber in der Vergangenheit regelmäßig Tariflohnerhöhungen weitergegeben hat. Bei **Verbandsaustritt** verliert die dynamische Bezugnahmeklausel ihre Wirkungen (*BAG* v. 19. 3. 2003 – 4 AZR 331/02 – BB 2004, 164; zu den Rechtsfolgen vgl. Rn. 301). Dies gilt jedoch nur, wenn der Verleiher zum Zeitpunkt des Abschlusses der Gleichstellungsabrede tarifgebunden war (*BAG* v. 1. 12. 2004 – 4 AZR 50/04).

299 Enthält die arbeitsvertragliche Absprache eine **statische Verweisung**, sind die Wirkungen der Bezugnahmeklausel in zeitlicher Hinsicht auf die **Laufzeit des TV** beschränkt. Endet der Tarifvertrag in der z. Zt. des Vertragsschlusses geltenden Fassung, verliert die Absprache ihre Gültigkeit (*Hamann*, BB 2005, 2188). Die Rechtsfolgen von Nr. 2 Halbs. 4 treten nur ein, solange der in Bezug genommene Tarifvertrag **vollumfänglich** Bestandteil des Arbeitsverhältnisses ist (Rn. 293). Ist diese Voraussetzung nicht mehr erfüllt, gilt ausschließlich die gesetzliche Regelung zum Diskriminierungsverbot. Diese Wirkungen treten auch ein, wenn im Rahmen eines Tarifwerkes nur eine der getroffenen Vereinbarungen ihre Wirksamkeit verliert (Rn. 293).

300 Ein **einseitiger Wechsel** des anzuwendenden Tarifvertrags zur ANÜ infolge einer großen dynamischen Verweisung ist auf Grund einer Bezugnahmeklausel nach Nr. 2 nicht möglich. Gleiches gilt wegen der eingeschränkten Zulässigkeit von **Tarifwechselklauseln** bei Beitritt bzw. Wechsel des Arbeitgeberverbands durch den Verleiher (Rn. 292). Die arbeitsvertraglichen Absprachen bleiben in diesem Fall vollumfänglich bestehen (*Schrader*, BB 2005, 715). Dem LAN stehen in diesem Fall jedoch auf Grund des Gleichbehandlungsgrundsatzes darüber hinaus gehende Ansprüche zu, soweit die tariflichen Regelungen günstiger sind. Dies folgt auch daraus, dass eine Bezugnahmeklausel bei Tarifbindung des Arbeitgebers i. d. R. auch eine Gleichstellungsabrede enthält (*BAG* v. 19. 3. 2003 – 4 AZR 331/02 – BB 2004, 163).

Die Parteien des Leiharbeitsverhältnisses können die **Bezugnahmeklausel** ein- **301**
vernehmlich **aufheben** oder die Anwendung eines anderen Tarifvertrags zur
ANÜ vereinbaren, soweit der Verleiher dem räumlichen und fachlichen Geltungsbereich dieses Tarifvertrags unterliegt (Rn. 290). Im Falle der ersatzlosen
Aufhebung treten wieder die Rechtsfolgen des Diskriminierungsverbots ein.
Eine isolierte **Kündigung** der Klausel ist grundsätzlich nicht möglich und ist
i.d.R. als Änderungskündigung hinsichtlich des ganzen Arbeitsverhältnisses
zu behandeln. Eine **Änderungskündigung** des Verleihers zum Zwecke der Anwendung eines anderen Tarifvertrags zur ANÜ (die wegen des Gleichbehandlungsgrundsatzes auch nur gegenüber allen LAN ausgesprochen werden dürfte;
Rn. 294), ist jedoch zum Zwecke der **Kostensenkung** grundsätzlich ausgeschlossen (vgl. Rn. 339e).

Wird der in Bezug genommene Tarifvertrag geändert, werden die jeweiligen **302**
Änderungen bei einer dynamischen Verweisungsklausel Inhalt des Arbeitsverhältnisses. Bei statischer Verweisung bzw. bei **Kündigung des Tarifvertrags** würden nach allgemeinen Grundsätzen die tariflichen Regelungen gem. § 4 Abs. 5
TVG **nachwirken**, bis sie durch eine andere Abmachung ersetzt werden (*BAG*
v. 24.11.1999, AP Nr. 34 zu § 4 TVG Nachwirkung). Diese Rechtsfolge tritt jedoch
bei der tarifdispositiven Regelung der Nr. 2 Halbs. 4 selbst bei Tarifbindung des
Verleihers nicht ein (vgl. Rn. 263 ff.). Bei einem **Verbandsaustritt** kommt hinzu,
dass danach abgeschlossene Tarifverträge nicht von der Bezugnahmeklausel erfasst werden (BAG v. 19.3.2003 – 4 AZR 331/02 – BB 2004, 164) und insoweit
keine vollumfängliche Bezugnahme auf den jeweils gültigen Tarifvertrag vorliegt (Rn. 299). Bei einer arbeitsvertraglichen Bezugnahme ist zusätzlich zu beachten, dass die andere Abmachung i.S.d. § 4 Abs. 5 TVG (anders als im Normalfall) nicht eine arbeitsvertragliche Absprache sein darf (Rn. 263). Ausschließliche
Grundlage der Ansprüche aus dem Arbeitsverhältnis bleibt jedoch auch bei Bezugnahme auf einen Tarifvertrag ausschließlich der Arbeitsvertrag, der hinsichtlich des Anwendungsbereichs der Nr. 2 gerade nicht auf einzelvertraglicher
Grundlage verändert werden kann (vgl. Rn. 293).

Nach zutreffender Auffassung unterliegen arbeitsvertraglich in Bezug ge- **303**
nommene Tarifverträge insbesondere bei tarifdispositivem Gesetzesrecht der
Inhaltskontrolle nach §§ 307 ff. BGB (*Bayreuther*, RdA 2003, 86 f.). Darüber hinaus
unterliegen die derzeit bestehenden TV zur ANÜ erheblichen Zweifeln, ob ihnen eine **Richtigkeitsgewähr** zukommt (zur Richtigkeitskontrolle vgl. *Bayreuther*, RdA 2003, 90; *Witt*, NZA 2004, 135; vgl. § 1 Rn. 51 f.), da es an einem Kräftegleichgewicht der Tarifvertragsparteien und damit einer Vermutung für die
Ausgewogenheit der tariflichen Regelungen (ErfK/*Preis*, §§ 305 ff. BGB Rn. 11)
fehlt. Bei arbeitsvertraglicher Bezugnahme bestehen jedoch darüber hinaus gehende Bedenken, ob eine Inhaltskontrolle nach § 310 Abs. 4 BGB ausgeschlossen
ist (MünchAR/*Löwisch/Rieble*, § 269 Rn. 7). Dies ist zu verneinen, da das fehlende
Kräftegleichgewicht der Tarifvertragsparteien im Bereich der ANÜ nicht durch
eine besondere Machtstellung des LAN bei der Aushandlung der Bedingungen
des Arbeitsvertrags angenommen werden kann (i. E. so auch *Schüren/Riederer v.
Paar*, AuR 2004, 244).

VIII. Befristung des Leiharbeitsverhältnisses

1. Besonderheiten der Befristung

304 Schon im Normalarbeitsverhältnis hat der Arbeitgeber das **Unternehmerrisiko** eines Auftragsmangels zu tragen und kann es über eine Befristung des Arbeitsvertrags nicht auf den Arbeitnehmer abwälzen (*BAG* v. 12.9.1996 – 7 AZR 790/95 – DB 1997, 232 u. v. 22.3.2000 – 7 AZR 758/98 – NZA 2000, 881) Dieses Risiko hat der Arbeitgeber im Leiharbeitsverhältnis verstärkt zu tragen, da er dem Leiharbeitnehmer unabdingbar für **Zeiten mangelnder Beschäftigungsmöglichkeiten** die Vergütung fortzahlen muss (§ 11 Abs. 4 Satz 2). Die Einsatzmöglichkeiten bei Entleihern zur Nutzung der Arbeitskraft sind im Leiharbeitsverhältnis ausschließlich und uneingeschränkt der **Risikosphäre des Verleihers** zuzuordnen (*Buschmann/Ulber*, 1989, 99). Ob diesem Grundsatz in der Praxis Rechnung getragen wird, muss angesichts der überwiegend kurzen Dauer von Leiharbeitsverhältnissen bezweifelt werden (vgl. Einl. E Rn. 4 ff.).

305 Mit den in § 11 Abs. 4 Satz 2 AÜG enthaltenen Regelungen zum Annahmeverzug (vgl. § 11 Rn. 99) hat der Gesetzgeber diese Risikoverteilung schon bei Erlass des Gesetzes **zwingend** normiert. Durch diese Regelung zum Beschäftigungsrisiko ist jede Vereinbarung ausgeschlossen, bei der das Risiko eines Arbeitsausfalls auf den LAN verlagert wird. Dies gilt sowohl für die **Befristungsabsprachen** zu Beginn des Arbeitsverhältnisses als auch für rechtsgestaltende Erklärungen oder Vereinbarungen, durch die ein abgeschlossenes befristetes Arbeitsverhältnis wegen Auftragsmangels **vorzeitig beendet** oder hinsichtlich der aus § 11 Abs. 4 Satz 2 folgenden Vergütungspflichten zum **Ruhen** gebracht wird (vgl. § 1 Rn. 76 ff.). Beispielhaft sind in diesem Zusammenhang die Vereinbarung auflösender Bedingungen, **Eigenkündigungen** des LAN und Aufhebungsverträge zu nennen, die auf eine Umgehung der besonderen Regeln zum Annahmeverzug hinauslaufen (*Becker/Wulfgramm*, § 3 Rn. 32). Die uneingeschränkte Pflicht zur Tragung des Beschäftigungsrisikos beschränkt sich dabei nicht auf **Zeiten**, in denen während der Laufzeit des Arbeitsverhältnisses ein Arbeitsmangel auftritt. Durch § 11 Abs. 4 Satz 2 sind alle vertraglichen Gestaltungen untersagt, die dem besonderen Beschäftigungsrisiko des Verleihers zuwider laufen. Hieraus folgt u.a., dass der **Bestand** des Leiharbeitsverhältnisses nicht von vorhandenen Einsatzmöglichkeiten in Entleiherbetrieben abhängig gemacht werden darf (*Schüren/Behrend*, NZA 2003, 522). Die besondere Regelung zum Annahmeverzug begrenzt insoweit die **Gestaltungsmöglichkeiten** der Vertragsparteien sowohl hinsichtlich des Bestandes als auch der Laufzeit des Leiharbeitsverhältnisses (*Ulber*, Arbeitnehmer in Zeitarbeitsfirmen S. 90 ff.).

306 Bis zum Inkrafttreten des Ersten Gesetzes über moderne Dienstleistungen am Arbeitsmarkt (v. 23.12.2002, BGBl. I S. 4607) am 1.1.2004 (zur Übergangsregelung vgl. § 19 Rn. 2 f.) enthielt das AÜG **besondere Bestimmungen**, die in Ergänzung zu § 11 Abs. 4 Satz 2 verbindliche Regeln zum **Abschluss befristeter Arbeitsverträge** und zur **Kündigung** enthielten. Mit dem Gesetz wurden die vormals enthaltenen Bestimmungen zum Verbot wiederholter Befristungen (§§ 9 Nr. 2, 3 Abs. 1 Nr. 4 a.F.), zur Unwirksamkeit von Kündigungen bei Wiedereinstellung (§§ 9 Nr. 3, 3 Abs. 1 Nr. 4 a.F.) und das **Synchronisationsverbot** (§ 3 Abs. 1 Nr. 5 a.F.) aufgehoben (zur früheren Regelung vgl. Vorauflage § 9 Rn. 33 ff. und § 3 Rn. 66 ff.). Die Zulässigkeit von Befristungen und die Wirksamkeit von Kündigungen richten sich seither unter Berücksichtigung der Schutzzwecke des § 11

Abs. 4 Satz 2 nach den allgemeinen arbeitsrechtlichen Grundsätzen, insbesondere nach den Vorschriften des TzBfG und des KSchG (vgl. BT-Ds. 15/25 S. 39; ErfK/*Wank*, Einl. AÜG Rn. 6; *Lembke*, DB 2003, 2702). Die Voraussetzungen einer zulässigen Befristung des Leiharbeitsverhältnisses haben sich hierdurch nur scheinbar verringert (*Wank*, NZA 2003, 20).

2. Zulässigkeit von Befristungen des Leiharbeitsverhältnisses

Während der rechtliche Rahmen zulässiger Befristungen des Leiharbeitsverhältnisses bis zum 1.1.2004 (vgl. Rn. 306) relativ klar abgesteckt war, hat die Aufhebung der besonderen Bestimmungen des AÜG zur Befristung erhebliche **Rechtsunsicherheiten** mit sich gebracht. § 1 Abs. 1 Satz 1 konzipiert das Leiharbeitsverhältnis zwar als unbefristetes Arbeitsverhältnis, das einen besonderen Bestandsschutz genießt (*Schüren/Behrend*, NZA 2003, 523; vgl. § 1 Rn. 72); allgemein anerkannt ist aber, dass auch das Leiharbeitsverhältnis im Rahmen der Bestimmungen des TzBfG befristet werden darf. Dies gilt bei allen Formen der ANÜ, auch die **nichtgewerbsmäßige ANÜ** und das Arbeitsverhältnis in einer **PSA** unterliegen den Befristungsbestimmungen des TzBfG. Unterschiedliche Auffassungen bestehen darüber, welche Rechtsfolgen mit der Aufhebung des Synchronisationsverbots verbunden sind, und welche Einschränkungen sich aus § 11 Abs. 4 Satz 2 für die Befristungsgründe nach § 14 Abs. 1 TzBfG ergeben. **307**

Unterstellt man dem Gesetzgeber auch im Zeitalter der Deregulierungseuphorie, dass ihm die Folgen der Aufhebung von Bestimmungen des Arbeitnehmerschutzes bewusst sind (zweifelnd insoweit zutreffender Weise: *Böhm*, NZA 2003, 831; *Hanau*, ZIP 2003, 187; kritisch zur Gesetzgebung auch ErfK/*Wank*, Einl. AÜG Rn 11; *Hümmerich/Holthausen/Welslau*, NZA 2003, 9), und zieht man aus der Aufhebung von Normen den Schluss, dass die Normen von ihrem materiellen Gehalt her nicht mehr gelten sollen, folgt aus der **Aufhebung des Synchronisationsverbots**, dass es dem Verleiher zukünftig gestattet wäre, die Laufzeit des Leiharbeitsverhältnisses mit der Laufzeit von ANÜ-Verträgen zu synchronisieren (vgl. *Boemke/Lembke*, § 9 Rn. 100; *Bauer/Krets*, NJW 2003, 540; *Ulber*, AuR 2003, 9; i.E. ebenso *Lembke*, DB 2003, 2704). Mit einem derartigen Ergebnis sind jedoch **Wertungswidersprüche** sowohl im Hinblick auf § 11 Abs. 4 Satz 2 als auch im Hinblick auf die Zulässigkeit von Befristungsgründen verbunden, die grundsätzlich im Rechtsverhältnis der Vertragsparteien und nicht im Verhältnis zu Dritten ihre Ursache haben müssen (ErfK/*Wank*, Einl. AÜG Rn. 6; *Reim*, ZTR 2003, 112; vgl. Rn. 311). Dies spricht dafür, der Aufhebung des Synchronisationsverbots bei der Beurteilung zulässiger Befristungen im Leiharbeitsverhältnis keine besondere Bedeutung zukommen zu lassen. **308**

Der aus der Natur des Leiharbeitsverhältnisses resultierende erhöhte Schutzbedarf des Leiharbeitnehmers, dem mit den Regelungen des AÜG Rechnung getragen werden soll, erfordert, dass gerade hinsichtlich des Bestandsschutzes des Arbeitsverhältnisses Regelungen durch den Gesetzgeber getroffen werden, die den für die ANÜ typischen Beschäftigungsschwankungen Rechnung tragen und die hiermit verbundenen besonderen **Betriebsrisiken beim Verleiher belassen** und nicht auf den Leiharbeitnehmer abwälzen (vgl. Einl. B. Rn. 6 ff.). Soweit die Grundlagen der ANÜ dahin verschoben würden, dass den Verleiher unter Verstoß gegen § 11 Abs. 4 Satz 2 nicht mehr das besondere Beschäftigungs- und Betriebsrisiko trifft, müsste der Gesetzgeber dies durch eine entsprechende Änderung des § 11 Abs. 4 Satz 2 klarstellen (so auch ErfK/*Wank*, Einl. AÜG Rn. 7), **309**

Darüber hinaus würde in dem Fall, dass der Verleiher mit dem rechtlichen Gestaltungsmittel der Befristung die Dauer des Arbeitsverhältnisses von tatsächlich bestehenden Möglichkeiten des Verleihs an den Entleiher abhängig machen kann, der **Schwerpunkt des Arbeitsverhältnisses** nicht mehr beim Verleiher, sondern beim Entleiher liegen. Regelmäßig liegt dann ein Fall von (meist illegaler) Arbeitsvermittlung vor mit der Konsequenz, dass ein Arbeitsverhältnis mit dem Entleiher fingiert wird (vgl. Einl. D. Rn. 52). Eine **verfassungskonforme Auslegung der Vorschriften zur Befristung** gebietet es insoweit, Befristungen des Leiharbeitsverhältnisses auf solche Fälle zu beschränken, die in Abgrenzung zur Arbeitsvermittlung eine Arbeitgeberstellung des Verleihers garantieren und daneben den besonderen Schutzbedürfnissen des Leiharbeitnehmers und den Regelungen zum besonderen Beschäftigungsrisiko des Verleihers bei Leiharbeit Rechnung tragen (vgl. § 11 Rn. 28).

310 Nach § 14 TzBfG ist sowohl eine Befristung mit sachlichem Grund (§ 14 Abs. 1 TzBfG) als auch eine sachgrundlose Befristung (§ 14 Abs. 2, 2a, 3 TzBfG) möglich. Die Gründe für eine Befristung müssen dabei zum **Zeitpunkt des Abschlusses** des Arbeitsvertrags vorliegen (*Becker/Wulfgramm*, § 9 Rn. 20).

310a Wird ein zunächst unbefristetes Arbeitsverhältnis **nachträglich befristet**, ist die Befristungsabsprache nach § 14 Abs. 2 Satz 2 TzBfG unwirksam (Rn. 325), soweit kein sachlicher Grund für die Befristung besteht (zu den Anforderungen vgl. *BAG* v. 25. 4. 1996 – 2 AZR 609/95 – BB 1997, 369). Eine nachträgliche Befristung kommt dabei nur bei Vorliegen eines in der Person des LAN liegenden Grundes (Rn. 321 ff.) in Betracht. Gründe, die in der Person des Verleihers ihre Ursache haben (z. B. das Ausbleiben oder die vorzeitige Beendigung von ANÜ-Verträgen), können wegen § 11 Abs. 4 Satz 2 keinen Sachgrund darstellen. Dies gilt auch, wenn die Laufzeit eines befristeten Arbeitsverhältnisses durch Änderung der Befristungsabrede **nachträglich verkürzt** wird.

310b Eine gegen § 11 Abs. 4 Satz 2 verstoßende, als unzulässige nachträgliche Befristung zu behandelnde Abrede liegt auch vor, wenn durch Nutzung **funktionsgleicher** rechtlicher **Gestaltungsmittel** faktisch eine Beendigung des Arbeitsverhältnisses ohne Beachtung des Kündigungsschutzes erfolgt. Wird z. B. vereinbart, dass die gegenseitigen Pflichten aus dem Leiharbeitsverhältnis für eine bestimmte oder unbestimmte Zeit **ruhen** sollen, ist die Vereinbarung, soweit die Gründe in der Sphäre des Verleihers liegen, nach § 11 Abs. 4 Satz 2 unwirksam, da der Beginn der Ruhenszeit gleichzeitig zu einer Beendigung der Vergütungspflichten des Verleihers bei Annahmeverzug führt. Durch die Vorschrift soll unabdingbar verhindert werden, dass der Verleiher das Beschäftigungsrisiko zeitlich begrenzen und auf den LAN verlagern kann (*Werthebach*, NZA 2005, 1045). Unter diesem Gesichtspunkt sind auch Vereinbarungen zur Verlagerung des Beschäftigunsrisikos durch Anordnung von **Kurzarbeit** (vgl. § 11 Rn. 102) und zum **unbezahlten Urlaub** unwirksam. Gleichermaßen rechtswidrig verhält sich der Verleiher, wenn er dem LAN nur in **verleihfreien Zeiten** den Urlaub gewährt, mit der Folge dass der Urlaubsanspruch des Arbeitnehmers nicht erlischt.

311 Bei allen Befristungen ist zu beachten, dass das Beschäftigungs- und **Einsatzrisiko** des Verleihers nicht auf den LAN abgewälzt werden darf (ErfK/*Wank*, Einl. AÜG Rn. 7; vgl. Rn. 309). Daneben ist bei einer Befristung mit sachlichem Grund Voraussetzung, dass sich der Befristungsgrund aus der **Rechtsbeziehung zwischen Verleiher und LAN** herleiten lässt (ErfK/*Wank*, Einl. AÜG Rn. 6; *Schüren/Schüren*, § 3 Rn. 222; *Thüsing/Pelzner*, § 3 Rn. 103). Für die Zulässigkeit von Befristungen im Leiharbeitsverhältnis folgt daraus, dass die Möglichkeiten zur

Überlassung des LAN an Entleiher eine Befristung des Arbeitsverhältnisses nicht rechtfertigen können. Die Unplanbarkeit der zukünftigen Geschäftsentwicklung gehört zum typischen **unternehmerischen Beschäftigungsrisiko** des Arbeitgebers (*BAG* v. 22. 3. 2000 – 7 AZR 758/98 – AP Nr. 221 zu § 620 BGB Befristeter Arbeitsvertrag) und kann eine Befristung generell nicht rechtfertigen (*Thüsing/ Pelzner*, § 3 Rn. 104; *Wank*, NZA 2002, 20 f.). **Andere** als die in § 14 Abs. 1 Satz 2 TzBfG genannten **Befristungsgründe** können daher eine Befristung des Leiharbeitsverhältnisses nicht rechtfertigen (ErfK/*Wank*, Einl. AÜG Rn. 10; *Schüren/ Schüren*, § 3 Rn. 249; *Schüren/Behrend*, NZA 2003, 523).

Eine Befristung liegt nicht nur vor, wenn die Laufzeit des Arbeitsverhältnisses im Arbeitsvertrag als Befristung bezeichnet wird. Es kommt vielmehr ausschließlich darauf an, ob nach dem Willen der Vertragsparteien der Endzeitpunkt des Arbeitsverhältnisses feststeht. Auch in den Fällen, in denen bei Abschluss eines unbefristeten Arbeitsvertrags gleichzeitig ein **Zeitpunkt vereinbart** wird, zu dem das Arbeitsverhältnis arbeitgeber- oder arbeitnehmerseitig (durch Kündigung oder Aufhebungsvertrag) beendet werden soll, liegt eine Befristung vor. Hier steht der **Endzeitpunkt** der Arbeitsverhältnisse – wie bei der Befristung – schon zum Zeitpunkt des Vertragsschlusses fest. Wird der **Aufhebungsvertrag** erst während des Arbeitsverhältnisses geschlossen oder soll das Arbeitsverhältnis durch **Eigenkündigung** des Arbeitnehmers beendet werden, gebietet es die **Funktionsgleichheit mit der nachträglichen Befristung**, ebenfalls vom Grundsatz der Unwirksamkeit nach Nr. 2 auszugehen und Ausnahmen nur zuzulassen, wenn sich i. S. d. Nr. 2 aus der Person des Arbeitnehmers ein sachlicher Grund für die Befristung ergibt (Rn. 321). **311a**

a) Befristungen bei vorübergehendem betrieblichen Bedarf (§ 14 Abs. 1 Satz 2 Nr. 1 TzBfG)

Nach § 14 Abs. 1 Satz 2 Nr. 1 TzBfG kann das Arbeitsverhältnis befristet werden, wenn für die Arbeitsleistung nur ein **vorübergehender betrieblicher Bedarf** besteht. Voraussetzung ist danach, dass der Bedarf nach den Betriebszwecken des Verleihers vorübergehender Natur ist (*Werthebach*, NZA 2005, 1045; a. A. *Frik*, NZA 2005, 389). Die **Betriebszwecke** des Verleihers liegen in der dauerhaften Überlassung von LAN (*Schüren/Schüren*, § 3 Rn. 231) an unterschiedliche Entleiher, nur deren Bedarf an LAN ist vorübergehender Natur. Wird der LAN nur für diesen Bedarf eingestellt, handelt es sich nicht um eine zulässige Befristung, sondern um verdeckte Arbeitsvermittlung (*Schüren/Behrend*, NZA 2003, 522). Die erforderliche **Prognose**, dass nach Ablauf des befristeten Arbeitsvertrags kein Bedarf am LAN besteht (*BAG* v. 14. 1. 1982 – 2 AZR 245/80 – AP Nr. 64 zu § 620 BGB Befristeter Arbeitsvertrag), könnte der Verleiher nur belegen, wenn er darlegt, dass er sich um keine weiteren Anschlussaufträge mehr bemüht (*Weyand/ Düwell*, 82), er somit das Gewerbe faktisch aufgibt (vgl. Rn. 315). **312**

Die ANÜ unterscheidet sich von der **Arbeitsvermittlung** gerade dadurch, dass die Laufzeit des Arbeitsverhältnisses nicht von den Erfordernissen eines Dritten abhängig ist. Die uneingeschränkte Pflicht zur Tragung des Beschäftigungsrisikos in verleihfreien Zeiten stellt hierbei das entscheidende Abgrenzungskriterium zur Arbeitsvermittlung dar (*Schnoor*, RdA 1972, 194). Dieses Risiko wird jedoch vom Arbeitgeber nicht mehr getragen, wenn das Leiharbeitsverhältnis nur für einen Zeitraum besteht, in dem keine verleihfreien Zeiten eintreten können und die Beschäftigungsmöglichkeit des LAN auf Grund eines bestehenden **313**

ANÜ-Vertrages gesichert ist. I.d.R. erfüllt daher die **Synchronisation** der Laufzeit von Leiharbeitsverhältnis und ANÜ-Vertrag den Tatbestand einer Arbeitsvermittlung (so auch *Schüren/Schüren*, § 3 Rn. 234; *Schüren/Behrend*, NZA 2003, 522) und kann insofern kein zulässiger Sachgrund i.S.d. Nr. 1 sein. Etwas anders gilt nur bei der **vermittlungsorientierten ANÜ** einer **PSA** (vgl. Rn. 322 u. § 37c SGB III Rn. 39).

314 Die besondere Struktur des Leiharbeitsverhältnisses liegt darin, dass der LAN jeweils nur befristet bei Entleihern seine Arbeit erbringt. Von daher gehört die Möglichkeit, den LAN bei Dritten in tatsächlicher Hinsicht vorübergehend zu beschäftigen, zu den konstitutiven Merkmalen des Leiharbeitsverhältnisses. Schon diese **Eigenart** des Arbeitsverhältnisses verbietet es, die befristeten Möglichkeiten eines Einsatzes bei Entleihern als Sachgrund i.S.v. § 14 Abs. 1 Satz 2 Nr. 1 anzuerkennen (*Schüren/Behrend*, NZA 2003, 522; *Ulber*, AuR 2003, 9). Daneben stellt eine Befristung entsprechend den Einsatzmöglichkeiten bei Entleihern eine Umgehung der aus § 11 Abs. 4 Satz 2 folgenden Entgeltfortzahlungspflichten dar und ist daher unwirksam (Rn. 309). Die zum Zeitpunkt des Vertragsschlusses getroffene Prognose (vgl. ErfK/*Müller-Glöge*, § 14 TzBfG Rn. 22; *Boemke/Lembke*, § 9 Rn. 99), den LAN auf Grund der abgeschlossenen ANÜ-Verträge nur für eine begrenzte Zeit bei Entleihern einsetzen zu können, stellt keine zulässige Rechtfertigung einer Befristung dar (ErfK/*Wank*, Einl. AÜG Rn. 7; *Frik*, NZA 2005, 387; a.A. *Boemke/Lembke*, § 9 Rn. 100). Eine **Synchronisation** von Laufzeit des Leiharbeitsverhältnisses und Ersteinsatz bei einem Entleiher über eine entsprechende Befristung ist ausgeschlossen (*Schüren/Schüren*, Einl. Rn. 218).

315 Ein Sachgrund für eine zulässige Befristung nach Nr. 1 liegt vor, wenn der Verleiher beabsichtigt, die Geschäftstätigkeit vollständig einzustellen oder wenn im Rahmen der Auslauffrist nach § 2 Abs. 4 Satz 4 bestehende ANÜ-Verträge **abgewickelt** werden. Hier liegt der Grund der Befristung in den Verhältnissen beim Verleiher. Ob dies auch in Fällen gilt, in denen der Bedarf für bestimmte LAN auf dem gesamten Markt nur vorübergehend ist (so für **Saisonarbeitskräfte** *Schüren/Schüren*, § 3 Rn. 233 u. *Thüsing/Pelzner*, § 3 Rn. 104; *Schüren/Behrend*, NZA 2003, 522) unterliegt Zweifeln und kann allenfalls in den Fällen in Betracht kommen, in denen sich die Betriebszwecke des Verleihers auf die Überlassung in bestimmte Branchen beschränken.

b) Befristung zur Erleichterung einer Anschlussbeschäftigung (§ 14 Abs. 1 Satz 2 Nr. 2 TzBfG)

316 Nach § 14 Abs. 1 Satz 2 Nr. 2 TzBfG kann das Arbeitsverhältnis befristet werden, wenn die Befristung im Anschluss an ein Ausbildungsverhältnis oder ein Studium erfolgt, um den Übergang des LAN in eine Anschlussbeschäftigung zu ermöglichen (vgl. hierzu ErfK/*Müller-Glöge*, § 14 TzBfG Rn. 45 ff.). Da kein Fall bekannt ist, in dem ein Verleiher LAN ausbildet, ist der Anwendungsbereich der Norm im Bereich der ANÜ gering. Soweit das Leiharbeitsverhältnis ausnahmsweise im Anschluss an ein Ausbildungsverhältnis oder ein Studium begründet wird, kommt eine Befristung nach Nr. 2 grundsätzlich nur bei der **vermittlungsorientierten ANÜ** außerhalb einer PSA in Betracht (ErfK/*Wank*, Einl. AÜG Rn. 8; *Frik*, NZA 2005, 387; weitergehend *Boemke/Lembke*, § 9 Rn. 101), da die PSA keine Ausbildungsverhältnisse durchführen darf (§ 37c SGB III Rn. 33). Eine **Anschlussbeschäftigung** i.S.d. Norm liegt auch vor, wenn das spätere Arbeitsverhältnis mit einem Dritten begründet werden soll (ErfK/*Müller-Gröge*, § 14

TzBfG Rn. 50). Die Auffassung, dass dies im Leiharbeitsverhältnis nur einge-schränkt gilt, weil der Verleiher den LAN nicht zu dem Zweck einstellt, ihn an andere Arbeitgeber zu verlieren (so ErfK/*Wank*, Einl. AÜG Rn. 8), findet im Ge-setz keine Stütze.

c) Befristung zur Vertretung (§ 14 Abs. 1 Satz 2 Nr. 3 TzBfG)

§ 14 Abs. 1 Satz 2 Nr. 3 TzBfG rechtfertigt die Befristung eines Arbeitsverhältnis-ses zur **vorübergehenden Vertretung** eines anderen Arbeitnehmers (vgl. *BAG* v. 13.10.2004 – 7 AZR 654/03). Eine **Vertretungsfall** i.S.d. Bestimmung liegt nur vor, wenn der zu ersetzende Arbeitnehmer aus Gründen, die ausschließlich in dessen Person liegen, an der Erbringung der Arbeitsleistung für den Verleiher gehindert ist (vgl. BT-Ds. 14/4374 S. 22). Soll der einzustellende LAN dagegen ei-nen anderen LAN ersetzen, weil der Entleiher einen Austausch verlangt hat, ist die Vorschrift nicht einschlägig. Anwendungsfälle sind z.B. Vertretungen bei Krankheit und Urlaub oder für die Dauer des Beschäftigungsverbots nach dem MuSchG oder bei **Elternzeiten** nach § 21 BerzGG (*Schüren/Schüren*, § 3 Rn. 228; *Thüsing/Pelzner*, § 3 Rn. 105; *Boemke/Lembke*, § 9 Rn. 102). Abzustellen ist hierbei auf den Vertretungsbedarf des Verleihers (*Schüren/Behrend*, NZA 2003, 522), der nur bei langfristigen Leiharbeitsverhältnissen auftreten kann (ErfK/*Wank*, Einl. AÜG Rn. 9). **317**

d) Befristung wegen der Eigenart der Arbeitsleistung (§ 14 Abs. 1 Satz 2 Nr. 4 TzBfG)

§ 14 Abs. 1 Satz 2 Nr. 4 TzBfG rechtfertigt die Befristung, wenn die **Eigenart** der Arbeitsleistung eine Befristung erfordert. Da der LAN grundsätzlich uneinge-schränkt für alle Tätigkeiten eingesetzt werden kann, kommt eine Anwendung der Vorschrift beim Leiharbeitsverhältnis grundsätzlich nicht in Betracht (*Boem-ke/Lembke*, § 9 Rn. 103; ErfK/*Wank*, Einl. AÜG Rn. 10; *Schüren/Schüren*, § 3 Rn. 227; *Thüsing/Pelzner*, § 3 Rn. 108; *Frik*, NZA 2005, 387; *Lembke*, DB 2003, 2705; *Ulber*, AuR 2003, 9; *Wank*, NZA 2003, 21). **318**

e) Befristung zur Erprobung (§ 14 Abs. 1 Satz 2 Nr. 5 TzBfG)

Eine Befristung zum Zwecke der **Erprobung** des LAN ist nach § 14 Abs. 1 Satz 2 Nr. 5 TzBfG **einmalig** zulässig (ErfK/*Wank*, Einl. AÜG Rn. 10; *Thüsing/Pelzner*, § 3 Rn. 106; *Frik*, NZA 2005, 387; a.A. *Schüren/Behrend*, NZA 2003, 523; vgl. § 1 Rn. 83), und scheidet im Anschluss an eine sachgrundlose Befristung aus (*Lembke*, DB 2003, 2705). Ein Erprobungszweck liegt nur vor, wenn der Verleiher bei Ver-tragsschluss beabsichtigt, den LAN im Falle der Bewährung in ein unbefristetes Arbeitsverhältnis zu übernehmen (*Schüren/Behrend*, NZA 2003, 523). Eine Befris-tung zum Zwecke der Erprobung kommt daher nicht in Betracht, wenn die Lauf-zeit des Probearbeitsverhältnisses der **Dauer des Ersteinsatzes** des LAN bei einem Verleiher entspricht (i.E. so auch *Schüren/Schüren*, § 3 Rn. 242). **319**

Bei der **erstmaligen** Begründung des Arbeitsverhältnisses kann eine Befristung vereinbart werden, um dem Arbeitgeber eine ausreichende Zeit zu geben, die Geeignetheit des Leiharbeitnehmers für die vorgesehenen Aufgaben zu prüfen vgl. *BAG* v. 23.6.2004 – 7 AZR 636/03. Der Zeitraum der Befristung muss dem **Zweck der Erprobung** angemessen sein und darf die gesetzliche Mindestkündi- **320** gungsfrist nicht unterschreiten (*BAG* v. 17. 2. 1983 – 2 AZR 208/81 – AP Nr. 74 zu § 620 BGB Befristeter Arbeitsvertrag; *LAG Hamm* v. 8. 8. 1991 – 4 Sa 603/91 – LAGE § 9 AÜG Nr. 4; *Boemke/Lembke*, § 9 Rn. 104). Ob der Zeitraum angemessen ist, beurteilt sich dabei nach den Verhältnissen des Einzelfalls. Ein angemessener Zeitraum ist überschritten, sobald der Arbeitgeber in der Lage ist, die Fähigkeiten des Arbeitnehmers ausreichend beurteilen zu können (*BAG* v. 23. 6. 2004 – 7 AZR 440/03 – DB 2004, 2585). Bei Einstellung von Langzeitarbeitslosen muss dem Verleiher eine längere Probezeit zugestanden werden, als bei Arbeitnehmern, die mit einer langjährigen Berufserfahrung im Anschluss an ein Beschäftigungsverhältnis bei einem Verleiher arbeiten wollen. Wird der LAN für **Hilfstätigkeiten** eingestellt, die lediglich eine kurzzeitige Einarbeitung erfordern, ist eine Probezeit nur für den Zeitraum der notwendigen Einarbeitung gerechtfertigt, der i. d. R. drei Monate nicht übersteigen darf (*Schüren/Schüren*, § 3 Rn. 242). Bei qualifizierteren Tätigkeiten kann demgegenüber auch ein längerer Zeitraum vereinbart werden, der jedoch nicht länger als sechs Monate betragen darf (*Schüren/Schüren*, § 3 Rn. 240; *Thüsing/Pelzner*, § 3 Rn. 106). Die Einstellung eines **Sachbearbeiters** rechtfertigt i. d. R. eine dreimonatige Probezeit (*BAG*, a. a. O.). Schon wegen der zeitlich begrenzten Dauer der Erprobung scheidet für das i. d. R. zwölfmonatige Leiharbeitsverhältnis mit einer **PSA** eine nach Nr. 5 zulässige Befristung zur Erprobung aus (a. A. *Schüren/Schüren*, § 3 Rn. 241).

f) Befristung aus in der Person des LAN liegenden Gründen (§ 14 Abs. 1 Satz 2 Nr. 6 TzBfG)

321 Nach § 14 Abs. 1 Satz 2 Nr. 6 TzBfG, kann das Leiharbeitsverhältnis befristet werden, wenn **in der Person des LAN** liegende Gründe die Befristung rechtfertigen. Eine Beschränkung der Befristungsmöglichkeit auf Fälle, in denen ein auslaufendes Arbeitsverhältnis im Interesse des LAN zeitlich begrenzt verlängert wird (so ErfK/*Wank*, Einl. AÜG Rn. 10), ist dem Gesetz nicht zu entnehmen. Wegen der hohen Missbrauchsgefahr sind hohe Anforderungen an den Nachweis zu stellen, dass der LAN die Befristung aus eigenem Interesse wünscht. Voraussetzung einer Befristung ist, dass bei Vertragsschluss **objektive Anhaltspunkte** dafür vorliegen, dass der LAN ein Interesse gerade an einer befristeten Beschäftigung hat (*BAG* v. 6. 11. 1996, AP Nr. 188 zu § 620 BGB Befristeter Arbeitsvertrag; *Boemke*, § 3 Rn. 61). Allein der allgemeine Verweis auf einen entsprechenden **Wunsch des LAN** reicht nicht aus, um das Vorliegen sachlicher, in der Person des LAN liegender Gründe anzunehmen (*BSG* v. 16. 12. 1976 – 12/7 Rar 89/75 – EzAÜG § 1 Arbeitsvermittlung Nr. 4). Vielmehr kann die Befristung nur dann auf in der Person des LAN liegende Gründe gestützt werden, wenn der LAN ein Angebot des Verleihers auf Abschluss eines unbefristeten Arbeitsvertrags ablehnen müsste (*BAG* v. 4. 6. 2003 – 7 AZR 406/02 – DB 2003, 2287; *Ulber*, Arbeitnehmer in Zeitarbeitsfirmen, 91). Dies ist der Fall, wenn der LAN aufgrund eigener Lebensplanung (z. B. Auswanderung) oder sonstiger persönlicher Verpflichtungen (z. B. Aufnahme eines Arbeitsverhältnisses zu einem späteren Zeitpunkt bei einem Dritten) nicht in der Lage wäre, einen unbefristeten Arbeitsvertrag rechtskonform zu erfüllen (*LAG Hamm* v. 8. 8. 1991 – 4 Sa 603/91 – LAGE § 9 AÜG Nr. 4; *Boemke*, § 3 Rn. 61; *Schüren/Schüren* § 3 Rn. 247; *Thüsing/Pelzner*, § 3 Rn. 107).

322 Soweit LAN auf Grund einer Zuweisung der BA in einer **PSA** beschäftigt werden (vgl. § 37c SGB III Rn. 29), liegt der Befristungsgrund auch in der Person des Leiharbeitnehmers, da die Beschäftigung in der PSA die Befristung des Arbeitsverhältnisses vorausgesetzt (vgl. § 37c SGB III Rn. 37 ff.; so auch *Boemke/Lembke*, § 9 Rn. 105; *Lembke*, DB 2003, 2705; *Reipen*, Bln 2003, 790; *Schüren/Behrend*, NZA 2003, 523). Folgt man dem nicht, ist die Befristung als Zweckbefristung zu behandeln.

Durch die Befristung dürfen die Bestimmungen des Kündigungsschutzes nicht **323** umgangen werden. Von daher ist eine Befristung i.d.R. nur zulässig, wenn der LAN bei Abschluss eines unbefristeten Arbeitsverhältnisses auch bei **Einhaltung der Kündigungsfrist** gehindert wäre, den Vertrag bis zum Ablauf der vorgesehenen Laufzeit zu erfüllen. Befristungen dürfen weder den allgemeinen noch den besonderen Kündigungsschutz (z.B. bei geplanter Schwangerschaft oder bevorstehender Einziehung zum Wehrdienst; § 2 ArbPlSchG) umgehen und sind ggf. unwirksam (*Boemke*, § 3 Rn. 61).

g) Befristungen des Leiharbeitsverhältnisses ohne sachlichen Grund (§ 14 Abs. 2 bis 3 TzBfG)

(**§ 14 Abs. 2 TzBfG**) Nach § 14 Abs. 2 Satz 1 TzBfG ist die zeitliche Befristung ei- **324** nes Arbeitsverhältnisses bis zu einer Dauer von zwei Jahren auch **ohne einen sachlichen Grund** zur Befristung zulässig. Die Vorschrift gilt seit der Aufhebung der besonderen Befristungsbestimmungen des AÜG (vgl. Rn. 306) auch für Leiharbeitsverhältnisse und ermöglicht es dem Verleiher, bis zur **Höchstdauer von zwei Jahren** die Laufzeit des Leiharbeitsverhältnisses mit den Einsatzmöglichkeiten bei Entleihern zu **synchronisieren** (ErfK/*Wank*, Einl. AÜG Rn. 6; *Schüren/ Schüren*, § 3 Rn. 252; *Lembke*, DB 2702; *Ulber*, AuR 2003, 9).

Voraussetzung ist, dass der LAN vor Abschluss des befristeten Leiharbeitsver- **325** hältnisses noch nie **beim Verleiher beschäftigt** war (*Ulber*, Arbeitnehmer in Zeitarbeitsfirmen, 91; vgl. § 14 Abs. 2 Satz 2 TzBfG; einschränkend *Löwisch*, BB 2001, 255). Durch Abs. 2 Satz 2 wird auch ausgeschlossen, dass ein zunächst mit sachlichem Grund befristetes Arbeitsverhältnis ohne Sachgrund befristet verlängert wird (*Schüren/Behrend*, NZA 2003, 523) oder ein unbefristetes Arbeitsverhältnis **nachträglich befristet** wird (*Boemke/Lembke*, § 9 Rn. 96; *Schüren/Schüren*, § 3 Rn. 252; *Schüren/Behrend*, NZA 2003, 523).

Eine unwirksame nachträgliche Befristung liegt auch vor, wenn im Interesse des **325a** Verleihers vorübergehend ein **ruhendes Arbeitsverhältnis** vereinbart wird, da auch hier die gegenseitigen Pflichten aus dem Arbeitsverhältnis befristet zum Ruhen gebracht werden sollen und der Verleiher von seinen besonderen Beschäftigungs- und Lohnzahlungspflichten entbunden werden soll. Soweit aus in der Person des Arbeitnehmers liegenden Gründen **unbezahlte Beschäftigungspausen** ausnahmsweise vereinbart werden können, müssen im Einzelfall die sich aus der Person des Leiharbeitnehmers ergebenden und die Vereinbarung von Befristungspausen rechtfertigenden Gründe substantiiert dargelegt werden (*BSG* v. 29.7.1992 – 11 RAr 51/91 – DB 1993, 1478).

Ist das Leiharbeitsverhältnis zulässigerweise ohne Sachgrund befristet worden, **326** kann es bis zur Gesamtdauer von zwei Jahren höchstens dreimal **verlängert** werden (§ 14 Abs. 2 Satz 1 2. Halbs. TzBfG). Nach § 9 Nr. 2 a.F. zulässige **Kettenbefristungen** sind durch den Wegfall der Vorschrift seit dem 1.4.2004 ausgeschlossen (*Boemke/Lembke*, § 9 Rn. 119). Eine **Verlängerung** liegt nur vor, wenn sich die erneute Befristung **unmittelbar** an den vormals befristeten Arbeitsvertrag anschließt und die ursprünglich vereinbarten **Hauptleistungspflichten** inhaltlich (z.B. durch Ausweitung des Einsatzgebietes oder der Tätigkeitsanforderungen) nicht verändert werden (ErfK/*Müller-Glöge*, § 14 TzBfG Rn. 114; a. A. *Boemke/Lembke*, § 9 Rn. 128). Dabei müssen die Vertragsparteien während der ursprünglichen Vertragsdauer vereinbaren, dass der zunächst vereinbarte Endtermin bis zu dem neu vereinbarten Endtermin unter Beachtung des Lohnfortzahlungspflichten fortgesetzt wird (ErfK/*Müller-Glöge*, § 14 TzBfG Rn. 114; *Frik*, NZA 2005, 387). Das Arbeitsverhältnis darf nur so, wie es vereinbart war, über den zunächst vorgesehenen Zeitpunkt hinaus verlängert werden, ohne dass die vertragliche Binding auch nur eine juristische Sekunde (oder auch an einem Feiertag) unterbrochen ist (*Schüren/Schüren*, § 3 Rn. 253; *Thüsing/Pelzner*, § 3 Rn. 110; *Schüren/Behrend*, NZA 2003, 523). Hierbei müssen die Lohnfortzahlungspflichten nach § 11 Abs. 4 Satz 2 uneingeschränkt und ununterbrochen eingehalten werden. Wird das befristete Arbeitsverhältnis jeweils verlängert, um den LAN bei **demselben Entleiher** einzusetzen, indiziert dies als entleiherbezogene Einstellung das Vorliegen von Arbeitsvermittlung § 1 Rn. 216). Absprachen, nach denen zwischen dem vormals befristeten Arbeitsverhältnis und dem Verlängerungszeitraum ein **Ruhen des Arbeitsverhältnisses** vereinbart wird, sind daher unwirksam (vgl. Rn. 325a).

327 Durch einen **Tarifvertrag** kann sowohl die Anzahl der Verlängerungsmöglichkeiten wie die Höchstdauer von sachgrundlos befristeten Arbeitsverhältnissen **verlängert** werden (§ 14 Abs. 2 Satz 3 TzBfG). Sieht ein TV eine derartige Verlängerungsmöglichkeit vor (vgl. § 9.2 MTV BZA/DGB; § 3.3 MTV MVZ/CGZP), können auch nicht tarifgebundene Arbeitgeber durch **arbeitsvertragliche Bezugnahme** (vgl. hierzu Rn. 286) die Geltung der tariflichen Regelung vereinbaren.

328 (**§ 14 Abs. 2a TzBfG**) Besonderheiten gelten bei **Neugründung von Unternehmen** in den ersten vier Jahren der Geschäftstätigkeit. § 14 Abs. 2a TzBfG eröffnet hier die Möglichkeit, sachgrundlose Befristungen bis zur Höchstdauer von vier Jahren mehrmals zu verlängern. Bei Neugründung eines Verleihunternehmens besteht daher die Möglichkeit, die Arbeitsverhältnisse bis zum Ablauf der Vierjahresfrist dauerhaft mit vorhandenen Beschäftigungsmöglichkeiten bei Entleihern zu **synchronisieren**. Voraussetzung ist dabei aber, dass das Leiharbeitsverhältnis fortlaufend verlängert wird (*Thüsing/Pelzner*, § 3 Rn. 110) und der LAN nicht bei demselben Entleiher weiterbeschäftigt wird (vgl. Rn. 326)

329 Keine Neugründung i. s. d. § 14 Abs. 2a TzBfG liegt vor, wenn die Gründung des Unternehmens im Zusammenhang mit der rechtlichen **Umstrukturierung von Unternehmen und Konzernen** erfolgt. Ausreichend ist hierbei, wenn unternehmerische Aktivitäten von einer rechtlichen Einheit in eine andere rechtliche Einheit übertragen werden (*Lembke*, DB 2003, 2703). Verlagert daher ein Verleihunternehmen seine Geschäftstätigkeit im Bereich der ANÜ in ein anderes Unternehmen (z. B. durch Übertragung des Kundenstamms), kann es sich in dem neugegründeten Unternehmen nicht auf den Ausnahmetatbestand berufen. Zweifelhaft ist, ob die Voraussetzungen der Ausnahme auch erfüllt sind, wenn das neugegründete Unternehmen wegen eines **Betriebsübergangs** nach § 613a BGB in die Arbeitgeberstellung einrückt (so *Weyand/Düwell*, 112; differenzierend: *Thüsing/Stelljes*, BB 2003, 1680).

330 (**§ 14 Abs. 3 TzBfG**) Hat der LAN bei Beginn des befristeten Arbeitsverhältnisses **das 52. Lebensjahr** (ab 1. 1. 2007 das 58. Lebensjahr; Abs. 3 Satz 4) **vollendet**, soll nach § 14 Abs. 3 TzBfG eine sachgrundlose Befristung immer zulässig sein, wenn vorher kein unbefristeter Arbeitsvertrag mit dem Verleiher (weitergehend *Frik*, NZA 2005, 390, der auch ein vormaliges Arbeitsverhältnis zum Entleiher einbezieht) bestand, der mit dem neu abgeschlossenen Arbeitsvertrag in einem engen sachlichen Zusammenhang steht. Dies ist der Fall, wenn zwischen den beiden Arbeitsverhältnissen ein Zeitraum von weniger als sechs Monaten liegt (Abs. 3 Satz 3). Von der Vorschrift werden auch Leiharbeitsverhältnisse erfasst (ErfK/ *Wank*, Einl. AÜG Rn. 6; *Schüren/Schüren*, § 3 Rn. 255; *Thüsing/Pelzner*, § 3 Rn. 111; *Lembke* DB 2003, 2703), so dass bei älteren Arbeitnehmern eine zeitlich **unbegrenzte Synchronisation** von Leiharbeitsverhältnissen mit den jeweiligen Einsätzen bei Entleihern für möglich gehalten wird (so *Schüren/Schüren*, § 3 Rn. 255; *Schüren/Behrend*, NZA 2003, 524). Dem kann nicht gefolgt werden, da die Überlassung in diesem Fall als entleiherbezogene Einstellung Arbeitsvermittlung indiziert (vgl. Rn. 326, 326)

Schon im Hinblick auf das besondere **Betriebsrisiko** des Verleihers (vgl. Rn. 304 f.) bedarf § 14 Abs. 3 TzBfG einer restriktiven Auslegung. § 11 Abs. 4 Satz 2 enthält bezüglich des von § 14 Abs. 3 TzBfG erfassten Personenkreises keinerlei Einschränkungen. Von daher darf die Laufzeit des Arbeitsverhältnisses auch bei älteren Arbeitnehmern nicht zu einem Verstoß oder einer Umgehung des Beschäftigungsrisikos führen. Wird durch vertragsfreie Zeiten zwischen zwei befristeten Arbeitsverhältnissen das Beschäftigungsrisiko auf den LAN verlagert, ist die Befristung grundsätzlich unzulässig. Die Sechsmonatsfrist des Abs. 3 Satz 3 zum **sachlichen Zusammenhang** kann dabei als Maßstab dienen, um das Vorliegen eines Umgehungstatbestandes zu indizieren. Wird in diesem Zeitraum ein neues Arbeitsverhältnis mit demselben LAN sachgrundlos befristet, ist die Befristung unwirksam. **331**

Neben den Beschränkungen, die sich aus § 11 Abs. 4 Satz 2 ergeben, muss auch berücksichtigt werden, dass § 14 Abs. 3 TzBfG nach zutreffender Auffassung wegen Verstoßes gegen Art. 3 und 12 Abs. 1 GG **verfassungswidrig** ist (vgl. *Däubler*, AiB 2002, 729; *Dörner*, Der befristete Arbeitsvertrag, Rn. 622 ff.; *Kreutz*, AuR 2003, 43). Sie darf daher nicht zur Grundlage genommen werden, älteren LAN den Bestandsschutz des Arbeitsverhältnisses vollständig zu nehmen, so dass eine auf Abs. 3 beruhende Befristung unwirksam ist. Daneben unterliegt die Norm auch **gemeinschaftsrechtlichen Bedenken**, da sie gegen die Antidiskriminierungsbestimmungen der EU-Richtlinie 1999/70/EG verstößt (vgl. Vorlagebeschluss *ArbG München* v. 29. 10. 2003 – 26 CA 14314/03, NZA-RR 1/2005, 43; ErfK/*Müller-Glöge*, § 14 TzBfG Rn. 152 m.w.N.; *Däubler*, AiB 2002, 732; *Schiek*, KJ 2002, 18). **332**

3. Rechtsfolgen wirksamer Befristungsabsprachen

Ist der Arbeitsvertrag kalendermäßig befristet, **endet** das Arbeitsverhältnis mit Ablauf der vereinbarten Zeit, ohne dass es einer Kündigung bedarf (§ 15 Abs. 1 TzBfG). Voraussetzung ist, dass die Befristung wirksam ist und dem Schriftformerfordernis nach § 14 Abs. 4 TzBfG Rechnung trägt, andernfalls kommt ein unbefristetes Arbeitsverhältnis zustande (§ 16 TzBfG). Dies gilt auch, wenn ein befristet abgeschlossener Arbeitsvertrag erst nach Aufnahme der Tätigkeit des LAN schriftlich fixiert wird (*BAG* v. 16. 3. 2005 – 7 AZR 289/04 – NZA 2005, 923). Das **Schriftformerfordernis** gilt dabei nur für die Befristungsabsprache, nicht auch für die Angabe des der Befristung zu Grunde liegenden sachlichen Grundes (*BAG* v. 23. 6. 2004 – 7 AZR 636/03 – DB 2004, 2585). Bestehen Zweifel am Vorliegen eines sachlichen Grundes trägt der Arbeitgeber die Beweislast (Rn. 338). Der sachliche Grund muss bei Abschluss des Arbeitsvertrags vorgelegen haben. Eine vorzeitige **ordentliche Kündigung** des befristeten Arbeitsverhältnisses ist nur möglich, wenn die Kündigungsmöglichkeit im Arbeitsvertrag oder Tarifvertrag **333** ausdrücklich vereinbart ist (§ 15 Abs. 3 TzBfG), und die Vereinbarung nicht ihrerseits dem Zweck der Befristung widerspricht (*BAG* v. 16.6.1980 – 2 AZR 660/78 – AP Nr. 55 zu § 620 Befristeter Arbeitsvertrag). Wird zwischen den Vertragsparteien ein **Aufhebungsvertrag** geschlossen, hängt dessen Wirksamkeit wegen der **Funktionsgleichheit** mit der nachträglichen Befristung (vgl. Rn. 325) und zur Vermeidung von Missbrauch davon ab, ob für die Beendigung ein in der Person des LAN liegender Grund i.S.d. § 15 Abs. 1 Satz 2 Nr. 6 TzBfG vorliegt.

334 Wird das Arbeitsverhältnis über den vereinbarten Endzeitpunkt hinaus mit Wissen des Arbeitgebers **fortgesetzt**, ist es wie ein unbefristetes Arbeitsverhältnis zu behandeln, wenn der Verleiher nicht unverzüglich widerspricht (§ 15 Abs. 5 TzBfG). Ein ausdrückliches Einverständnis des Arbeitgebers ist hierbei nicht erforderlich.

335 Setzt der LAN ein befristetes Arbeitsverhältnis durch eine **Fortsetzung der Tätigkeit beim Entleiher** fort, kann im Einzelnen fraglich sein, wann ein Wissen des Arbeitgebers i.S.d. Vorschrift gegeben ist. Grundsätzlich wird man hier darauf abstellen müssen, dass die Fortsetzung der Tätigkeit des LAN beim Entleiher dem Verleiher nach denselben Kriterien zuzurechnen ist wie bei Beschäftigung als Stammarbeitnehmer. Der Verleiher ist insoweit auch verpflichtet, den Entleiher auf die Befristung des Leiharbeitsverhältnisses hinzuweisen und ihm den Zeitpunkt der Beendigung mitzuteilen. Verstößt er gegen diese Pflicht, kann er sich nicht rechtsmissbräuchlich auf eine Unkenntnis berufen, wenn der Entleiher die vom LAN angebotene Arbeit annimmt. Ist dem Verleiher die Fortsetzung der Tätigkeit nicht zurechenbar, ist sie nach den Grundsätzen des faktischen Arbeitsverhältnisses unmittelbar dem Entleiher zuzurechnen.

336 Setzt der LAN die Tätigkeit mit **Kenntnis des Entleihers** fort, liegt hierin regelmäßig der konkludente Abschluss eines Arbeitsvertrags. Wegen Nichteinhaltung der Schriftform ist dieser Vertrag unbefristet (Rn. 337). Etwas anderes gilt, wenn der LAN die Arbeit beim Entleiher mit dem Willen fortsetzt, das mit dem Verleiher abgeschlossene befristete Leiharbeitsverhältnis zu erfüllen, hier kommen die Grundsätze des faktischen Arbeitsverhältnisses zur Anwendung. Der Entleiher ist dem Verleiher gegenüber ggf. zum Schadensersatz verpflichtet, wenn mit dem Leiharbeitnehmer eine Fortsetzung des Leiharbeitsverhältnisses vereinbart war.

4. Rechtsfolgen unwirksamer Befristungsabsprachen

337 Sind die Voraussetzungen einer nach § 14 Abs. 1 bis 3 TzBfG zulässigen Befristung nicht gegeben oder wurde die Schriftform nicht eingehalten (§ 14 Abs. 4 TzBfG), ist die Befristungsabsprache **unwirksam**. Soweit die Befristungsabsprache unwirksam ist, ist das Arbeitsverhältnis nach § 16 TzBfG wie ein wirksames, unbefristetes Arbeitsverhältnis zu behandeln. Dies gilt auch, wenn sich Arbeitsvertragsparteien nach einer Kündigung auf die **Weiterbeschäftigung bis zum Abschluss des Kündigungsschutzprozesses** verständigen und die Absprache nicht dem Schriftformerfordernis genügt (*BAG* v. 22.10.2003 – 7 AZR 113/03 – NZA 2004, 1275). Ist im Zeitpunkt des Vertragsschlusses ungewiss oder bestehen in den Fällen des § 14 Abs. 1 Satz 2 Nr. 6 TzBfG **Unklarheiten** darüber, ob der Arbeitnehmer aus Gründen, die in seiner Person liegen, kein Interesse an einem unbefristeten Arbeitsverhältnis hat (vgl. Rn. 321 ff.), ist das Arbeitsverhältnis ebenfalls als unbefristetes Arbeitsverhältnis zu behandeln. Das Gesetz stellt in diesen Fällen das Instrument der Kündigung bereit, der bestehende Kündigungsschutz darf nicht durch Befristungsabsprachen umgangen werden (*BAG* v. 13. 5. 1982 – 2 AZR 87/80 – AP Nr. 68 zu § 620 Befristeter Arbeitsvertrag).

Bei Arbeitsverhältnissen mit **Mischunternehmen**, die nur teilweise eine Verpflichtung zur Leistung von Leiharbeit begründen, ist das gesamte Arbeitsverhältnis auch dann nach § 16 TzBfG unbefristet, wenn die Unwirksamkeit der Befristungsabrede nur die Verpflichtung zur Leistung von Leiharbeit betrifft. Dies gilt insbesondere, wenn die Befristung gegen § 11 Abs. 4 Satz 2 verstößt (Rn. 314). **337a**

Weigert sich der Arbeitgeber das Arbeitsverhältnis fortzusetzen, muss der LAN gem. § 17 TzBfG innerhalb von drei Wochen nach dem vereinbarten Ende des befristeten Arbeitsvertrags eine **Feststellungsklage** erheben. Der Antrag ist dabei darauf zu richten, dass das Arbeitsverhältnis auf Grund der Befristung nicht beendet ist. **338**

Bei bestehenden **Zweifeln**, ob für die Befristung ein Sachgrund vorliegt, trägt der Arbeitgeber die **Darlegungs- und Beweislast** (*Boemke*, § 3 Rn. 63; *Urban-Crell/ Schulz*, Rn. 1249). Da die Befristungsbestimmungen restriktiv zu interpretieren sind, unterliegt die Darlegungs- und Beweislast erhöhten Anforderungen (*BSG* v. 16. 12. 1976 – 12/7 RAR 89/75 – EzAÜG Arbeitsvermittlung Nr. 4). Insbesondere in den Fällen, in denen die Wirksamkeit der Befristung von in der Person des Arbeitnehmers liegenden Gründen abhängt, müssen auf Tatsachen gestützte Gründe substantiiert vorgetragen werden, die nach objektiven Kriterien auf ein Interesse des LAN an der Befristung schließen lassen (*BSG*, a.a.O.). **339**

Verstöße gegen die gesetzlichen Befristungsbestimmungen erfüllen wegen Verstoßes gegen Vorschriften des Arbeitsschutzes und die Nichteinhaltung von Arbeitgeberpflichten den Versagungstatbestand des § 3 Abs. 1 Nr. 1 und berechtigen die Erlaubnisbehörde bei bewussten Verstößen zum **Widerruf der Erlaubnis** (*Boemke*, § 3 Rn. 66). Daneben treten die Vermutungswirkungen des § 1 Abs. 2 ein. **339a**

IX. Kündigung des Leiharbeitsverhältnisses

1. Besonderheiten des Bestandsschutzes beim Leiharbeitsverhältnis (§ 9 Nr. 3 a. F.)

Nach § 9 Nr. 3 a. F. waren **Kündigungen** des Leiharbeitsvertrags durch den Verleiher unwirksam, wenn der Verleiher den Leiharbeitnehmer **wiederholt** innerhalb von drei Monaten nach Beendigung des Arbeitsverhältnisses erneut einstellte (vgl. Vorauflage § 9 Rn. 54). Der hiermit verbundene besondere kündigungsrechtliche Schutz des LAN wurde durch das Erste Gesetz zu modernen Dienstleistungen am Arbeitsmarkt (v. 23. 12. 2002, BGBl. I S. 4607) m.W.v. 1. 1. 2004 ersatzlos aufgehoben (zur Übergangsregelung vgl. § 19). Seither richtet sich die Wirksamkeit von Kündigungen nach den allgemeinen arbeitsrechtlichen Bestimmungen (§ 1 Rn. 80). **339b**

Der Gesetzgeber hat bei der Aufhebung der §§ 3 Abs. 1 Nr. 4, 9 Nr. 3 a. F. die in § 11 Abs. 4 enthaltenen Regelungen zum **besonderen Beschäftigungsrisiko** des Verleihers unberührt gelassen. Diese **zwingenden** Vorschriften wirken sich auch auf den Bestandsschutz beim Leiharbeitsverhältnis aus. Allgemein lässt sich dabei der Grundsatz aufstellen, dass die Pflichten des Verleihers zur **Vergütung in verleihfreien Zeiten** nicht durch eine vom Arbeitgeber veranlasste Beendigung des Leiharbeitsverhältnisses umgangen werden können. **339c**

Soweit im Schrifttum die Auffassung vertreten wird, der Verleiher könne nach Aufhebung des § 9 Nr. 3 a. F. das Leiharbeitsverhältnis jederzeit unter Beachtung **339d** der Bestimmungen des Kündigungsschutzgesetzes kündigen und ohne jede zeitliche Grenze den LAN (jeweils unter Beginn einer neuen Wartezeit nach § 1 Abs. 1 KSchG; *Boemke/Lembke*, § 9 Rn. 113) **erneut einstellen** (*Boemke/Lembke*, a.a.O.; *Thüsing/Pelzner*, § 3 Rn. 112) werden die Schutzzwecke des § 11 Abs. 4 nicht hinreichend berücksichtigt. Zuzugestehen ist dieser Auffassung zwar, dass die Aufhebung der besonderen Bestimmungen des AÜG a.F. andernfalls ihren Sinn verlieren (*Boemke/Lembke*, a.a.O.); die mit den Defiziten der AÜG-Gesetzgebung verbundenen **Wertungswidersprüche** lassen sich jedoch nicht dadurch beheben, dass man die Bestimmungen des AÜG zum besonderen Beschäftigungsrisiko des Verleihers unberücksichtigt lässt (vgl. hierzu Rn. 304 ff.). Vielmehr hat der Gesetzgeber dadurch, dass er die Verpflichtungen des Verleihers aus § 11 Abs. 4 Satz 2 AÜG im Zuge der Gesetzgebung unberührt ließ, zum Ausdruck gebracht, dass die Bestimmungen zum Beschäftigungsrisiko uneingeschränkt weiter gelten sollen (ErfK/*Wank*, Einl. AÜG Rn. 7; vgl. Rn. 305 ff.).

339e Bei der Einführung des **Gleichbehandlungsgrundsatzes** von §§ 3 Abs. 1 Nr. 3, 9 Nr. 2 haben eine Vielzahl von Verleihern bzgl. der bestehenden Leiharbeitsverhältnisse **Änderungskündigungen** ausgesprochen mit dem Ziel, die vormals bestehenden Vergütungsabsprachen zu beseitigen und die Niedriglöhne der abgeschlossenen TV zur ANÜ zur Anwendung zu bringen. Derartige Kündigungen zum Zwecke der **Kostensenkung** sind unwirksam (*LAG Düsseldorf* v. 22. 2. 2005 – 8 Sa 1756/04). Dies gilt auch, soweit auf das bestehende Arbeitsverhältnis kein TV zur ANÜ zur Anwendung kommt, und der Arbeitgeber die Änderungskündigung ausspricht, um die Anwendung eines TV zur ANÜ zu erreichen (*Hamann*, BB 2005, 2187). Unterliegt das Arbeitsverhältnis bereits einem TV zur ANÜ, kann auch die Anwendung eines anderen TV zur ANÜ nicht über eine Änderungskündigung erreicht werden.

2. Umgehung der Vorschriften zum Beschäftigungsrisiko

339f Die gesetzlichen Regelungen zum Kündigungsschutz und zur Zulässigkeit einer Befristung des Leiharbeitsverhältnisses stehen in einem inneren und wechselseitigen Wirkungszusammenhang. Danach ist es dem Verleiher nicht nur bei der **Befristung** des Leiharbeitsverhältnisses verwehrt, das Risiko mangelnder Beschäftigungsmöglichkeiten auf den LAN abzuwälzen (vgl. Rn. 304 ff.), sondern der Arbeitgeber darf sich auch durch die Wahl **anderer rechtlicher Gestaltungsmittel** insbesondere durch Ausspruch von **Kündigungen** nicht seinen besonderen Beschäftigungs- und Vergütungspflichten aus § 11 Abs. 4 Satz 2 entledigen. Soll durch die Kündigung eine **Synchronisation** der Laufzeiten von Leiharbeitsverhältnis und ANÜ-Vertrag erreicht werden, ist die Kündigung unwirksam (*Schüren/Behrend*, NZA 2003, 524). Beim **Mischarbeitsverhältnis**, das auch eine Verpflichtung zur Arbeitsleistung im Betrieb des Verleihers begründet, kann der Verleiher das Beschäftigungsrisiko nicht dadurch auf den LAN abwälzen, dass er den LAN vorübergehend im eigenen Betrieb beschäftigt und in dieser Zeit eine betriebsbedingte Kündigung wegen Auftragsmangels ausspricht (§ 1 Rn. 85) Soweit das Beschäftigungsrisiko reicht, sind gegen § 11 Abs. 4 Satz 2 verstoßende Kündigungen nach § 134 BGB **unwirksam** (*Schüren/Feuerborn*, § 11 Rn. 92).

339g Für die Frage der Wirksamkeit einer Kündigung durch den Verleiher kommt es entscheidend darauf an, unter welchen Voraussetzungen er die zwingenden Wirkungen des § 11 Abs. 4 Satz 2 beenden kann. Ein erster Anhaltspunkt ergibt sich daraus, dass die Vorschrift dem Verleiher die Anordnung von Kurzarbeit untersagt und für die **Zeiten des Auftragsmangels** die Vergütung fortzuzahlen hat (vgl. § 11 Rn. 104). Von daher hat der Verleiher das Beschäftigungsrisiko für Zeiten, in denen sich ein normaler Arbeitgeber seinen Vergütungspflichten bei Arbeitsmangel über die Nutzung von Kurzarbeit entziehen kann, uneingeschränkt zu tragen. Dies bedeutet, dass ein Arbeitsmangel nach derzeitiger Rechtslage **bis zu 15 Monate** (vgl. VO zu § 177 Abs. 1 Satz 3 SGB III v. 15.1.2003, BGBl. I S. 89 u. v. 22.12.2003, BGBl. I S. 2828) in das Beschäftigungsrisiko des Verleihers fällt.

Von der Wirksamkeit einer Arbeitgeberkündigung zu trennen ist die Frage, **339h** wann der Verleiher durch eine Kündigung mit anschließender **Neueinstellung** gegen § 11 Abs. 4 Satz 2 verstößt. § 9 Nr. 3 a.F. enthielt in zeitlicher Hinsicht eine klare Grenzziehung, wie lange der Verleiher das Beschäftigungsrisiko tragen muss und wann eine ordentliche arbeitgeberseitige Kündigung des Leiharbeitsverhältnisses zulässig ist. Bei Aufrechterhaltung der Lohnfortzahlungspflicht war danach dem Verleiher mindestens eine **Wartefrist** von drei Monaten zumutbar, bevor er das Leiharbeitsverhältnis wegen bestehenden Auftragsmangels kündigen konnte. Auch nach Aufhebung des § 9 Nr. 3 a.F. besteht für den Verleiher diese Wartefrist, deren Dauer von den erwartbaren Beschäftigungsmöglichkeiten abhängt (vgl. Rn. 339g u. § 1 Rn. 87 ff.).

3. Kündigung und Rückentleih

Die Aufhebung der Höchsteinsatzfrist des § 3 Abs. 1 Nr. 6 a.F. hat eine Vielzahl **339i** von Unternehmen zum Anlass genommen, **Dauerarbeitsplätze** nicht mehr durch Einstellung eigener Arbeitskräfte zu besetzen, sondern die Arbeiten über LAN durchzuführen (zu den Grenzen der Zulässigkeit vgl. § 1 Rn. 219 ff.). Zur Verfolgung dieser Zielsetzung sind gleichzeitig **Kündigungen** ausgesprochen worden, verbunden mit dem Angebot, den Arbeitnehmer im Rahmen eines mit einem Verleiher begründeten Leiharbeitsverhältnisses in tatsächlicher Hinsicht weiterzubeschäftigen. Derartige Kündigungen sind nicht sozial gerechtfertigt i.S.v. § 1 Abs. 1 KSchG und als **Austauschkündigungen** unwirksam (*BAG* v. 26.9.1996 – NJW 1997, 885 u. v. 16.12.2004 – 2 AZR 66/04; *Frik*, NZA 2005, 389). Dasselbe gilt im Konzern bei Kündigung des Arbeitsverhältnisses und anschließendem **Rückverleih** eines anderen Konzernunternehmens (vgl. § 1 Rn. 250a).

X. Anstellungsverbot und Vermittlungsprovisionen für Verleiher (Nr. 3)

1. Inhalt und Zweck der Norm

Nach Nr. 3 Halbs. 1 sind Vereinbarungen unwirksam, die dem **Entleiher** für die **340** Zeit nach Beendigung des Arbeitsverhältnisses des LAN beim Verleiher **untersagen**, den LAN selbst **einzustellen**. Die Vorschrift schützt in verfassungskonformer Weise die **Berufsfreiheit des LAN** und die freie Wahl des Arbeitsplatzes (ErfK/*Wank*, § 9 AÜG Rn. 11; *Schüren/Schüren*, § 9 Rn. 149 f.; *Thüsing/Mengel*, § 9 Rn. 51) und ist ein Schutzgesetz i.S.d. § 823 Abs. 2 BGB (*LAG Baden-Württemberg* v. 3.12.1998, LAGE § 9 AÜG Nr. 5). Nr. 3 Halbs. 2 enthält eine gesetzliche Klarstellung, dass die Vereinbarung einer angemessenen **Vermittlungsgebühr** nach vorangegangener Überlassung nicht per se ausgeschlossen ist. Während Halbs. 1 seit Inkrafttreten des AÜG unverändert besteht, wurde Halbs. 2 auf Wunsch der Verleiherverbände mit dem Dritten Gesetz für Moderne Dienstleistungen am Arbeitsmarkt (v. 23.12.2003, BGBl. I S. 2848) m.W.v. 1.1.2004 neu eingefügt (zur

Rückwirkungsproblematik vgl. *Böhm*, DB 2004, 1152). Mit der gesetzlichen Neuregelung soll der vormalige Streit, **ob** ein Verleiher bei vorangegangener ANÜ bei Einstellung **zusätzlich** eine Vermittlungsgebühr verlangen kann (dagegen zu Recht: *BGH* v. 3. 7. 2003 – III ZR 348/02 – BB 2003, 2015; *LAG Baden-Württemberg* v. 3. 12. 1998, LAGE Nr. 5 zu § 9 AÜG; *LG München* v. 17. 4. 2002 – 15 S 14596/01 – BB 2002, 1595; a. A. *Thüsing*, DB 2003, 2122; *Dahl*, DB 2002, 1374), beigelegt werden. Die Neuregelung trägt dieser Zielsetzung allerdings nur unvollkommen Rechnung, da einerseits die Voraussetzungen nicht gesetzlich geregelt werden, unter denen eine derartige Vereinbarung »nicht ausgeschlossen« ist, zum anderen aber auch die Frage, wann eine Vergütung »angemessen« ist (Rn. 355), der weiteren Entwicklung der Rechtsprechung überlassen wird (*Benkert*, BB 2004, 999).

341 Von der Vorschrift unberührt bleiben nach § 1 UWG **sittenwidrige Abwerbungen** von Leiharbeitnehmern (*LAG Köln* v. 22. 8. 1984 – 5 Sa 1306/83 – EzAÜG § 10 AÜG Fiktion Nr. 32; *Becker/Wulfgramm*, Art. 1 § 9 Rn. 30c; *Sandmann/Marschall*, Art. 1 § 9 Anm. 29; *Schüren/Schüren*, § 9 Rn. 154). Im Unterschied zu § 9 Nr. 2, der in § 3 Abs. 1 Nr. 3 eine nahezu inhaltsgleiche Regelung gefunden hat, hat ein Verstoß gegen § 9 Nr. 3 i. d. R. weder in vermittlungsrechtlicher Hinsicht nach § 1 Abs. 2 noch hinsichtlich der Versagungsgründe bei Erlaubniserteilung oder bezüglich der Fiktionswirkungen des § 10 Abs. 1 Auswirkungen. Die **Rechtsfolgen** von § 9 Nr. 3 sind vielmehr **ausschließlich zivilrechtlicher Natur**. Verstöße gegen § 9 Nr. 3 können jedoch – insbesondere im Wiederholungsfall – die Unzuverlässigkeit eines Verleihers nach § 3 Abs. 1 Nr. 1 begründen (*Becker/Wulfgramm*, Art. 1 § 9 Rn. 31; *Franßen/Haesen*, Art. 1 § 9 Anm. 30; a. A. *Schüren/Schüren*, § 9 Rn. 158).

342 **Zweck** von Nr. 3 Halbs. 1 ist, das Grundrecht des Leiharbeitnehmers auf freie Wahl des Arbeitsplatzes (Art. 12 Abs. 1 GG) zu schützen (*Boemke*, § 9 Rn. 49). Durch § 9 Nr. 3 wird zumindest für den Bereich der ANÜ klargestellt, dass über Verträge mit Dritten oder sonstige wettbewerbsbeschränkende Vereinbarungen nicht das Grundrecht des Leiharbeitnehmers auf freie Arbeitsplatzwahl eingeschränkt werden darf. Als **grundrechtsschützende Norm** ist § 9 Nr. 3 auch unter dem Gesichtspunkt des Eingriffs in die Vertragsfreiheit von Verleiher und Entleiher verfassungsrechtlich nicht zu beanstanden (*Becker/Wulfgramm*, Art. 1 § 9 Rn. 30), zumal mit der Vorschrift auch die Vertragsfreiheit des Entleihers, Arbeitsverträge mit Leiharbeitnehmern abschließen zu können, geschützt wird. Mittelbar wird durch § 9 Nr. 3 auch den grundlegenden **Zielsetzungen des Gesetzgebers** entsprochen, Arbeitsverhältnisse in den Betrieben zu fördern, bei denen tatsächliche Beschäftigungsmöglichkeiten vorhanden sind (sog. Klebeeffekt) und einer Ausuferung ungesicherter Beschäftigungsverhältnisse in Form der ANÜ Grenzen zu setzen. Auch unter diesen **arbeitsmarkt- und sozialpolitischen Zielsetzungen** ist die Vorschrift verfassungsgemäß (s. a. *Sandmann/Marschall*, Art. 1 § 9 Anm. 29). Abreden, die die Vertragsfreiheit des Entleihers zur Übernahme des LAN beeinträchtigen, sind nach § 134 BGB unwirksam. Dies gilt auch, soweit der Verleiher sich nach Nr. 3 Halbs. 2 eine **Vermittlungsgebühr** für den Fall versprechen lässt, dass der Leiharbeitnehmer nach dem Verleih in ein Arbeitsverhältnis zum Entleiher eintritt. Die Verpflichtung zur Zahlung der Vermittlungsgebühr darf die uneingeschränkte Entschließungs- und Vertragsfreiheit von Entleiher und Leiharbeitnehmer nicht einschränken und widerspricht dem Zweck der Nr. 3, das Überwechseln in Stammarbeitsplätze zu erleichtern (vgl. Rn. 345). Dasselbe gilt für sonstige vertragliche Gestaltungsformen, die den Entleiher zu einer Leistung verpflichten, wenn er den Arbeitnehmer nach Beendigung des Arbeitsverhältnisses zum Verleiher einstellt (z.B. Vertragsstrafe; vgl. Rn. 343).

Nr.3 2. Halbs. enthält lediglich eine **konditionierte Option** für die Parteien des **343** ANÜ-Vertrages, auch bei Zahlung einer Vergütung für die vorangegangene ANÜ unter gesetzlich nicht näher definierten Voraussetzungen zusätzlich eine Vermittlungsprovision vereinbaren zu können, wenn der Entleiher nach beendeter ANÜ den LAN einstellt. Die Vorschrift ist restriktiv anzuwenden, weshalb Vereinbarungen, die dem **Zweck** der Nr.3, die Berufsfreiheit des LAN und die freie Wahl des Arbeitsplatzes zu schützen (ErfK/*Wank*, § 9 AÜG Rn.15; *Sandmann/Marschall*, § 9 AÜG Rn.29), zuwider laufen, ausgeschlossen sind. Mit dem Wortlaut der Norm (»schließt nicht aus«) hat der Gesetzgeber in hinreichender Weise verdeutlicht, dass der Zweck des Arbeitnehmerschutzes **Vorrang** vor den wirtschaftlichen Interessen des Verleiher-Vermittlers am Erhalt einer zusätzlichen Vermittlungsprovision genießt (*Schüren/Schüren*, § 9 Rn.151). Die Vereinbarung einer zusätzlichen Vermittlungsprovision soll daher nur in Betracht kommen, wenn hierdurch die gesetzlich bezweckten Klebeeffekte (Rn.342), d.h. die Entscheidung des LAN zum Arbeitsplatzwechsel und die Übernahmeentscheidung des Entleihers, unabhängig von einer Provisionszahlungspflicht nicht beeinträchtigt werden.

2. Vereinbarungen zum Einstellungsverbot (Nr.3 Halbs. 1)

Die Voraussetzungen des § 9 Nr.3 sind immer erfüllt, wenn im **Überlassungs-** **344** **vertrag** eine Klausel enthalten ist, nach der es dem Entleiher untersagt ist, Leiharbeitnehmer zu einem Zeitpunkt einzustellen, in dem kein Arbeitsverhältnis mehr zum Verleiher besteht (*Schüren/Schüren*, § 9 Rn.152). Insbesondere selbstständige Vereinbarungen, Vertragsstrafen(*Boemke*, § 9 Rn.50) oder Rahmenvereinbarungen, die unabhängig vom Abschluss des ANÜ-Vertrages getroffen werden, unterliegen der Verbotsnorm (*Schüren/Schüren*, § 9 Rn.152). Über den Wortlaut der Vorschrift hinaus braucht sich die Vereinbarung nicht auf bestimmte oder namentlich bezeichnete Arbeitnehmer (»den« Leiharbeitnehmer) zu beziehen (*Thüsing/Mengel*, § 9 Rn.52). Vielmehr reicht es aus, wenn (z.B. auf Grund einer Rahmenvereinbarung) allgemein Arbeitnehmer des Verleihers dem Einstellungsverbot unterliegen sollen. Die Vorschrift gilt auch in den **Fällen illegaler ANÜ**, insbesondere beim Scheinwerkvertrag (*Becker/Wulfgramm*, Art. 1 § 9 Rn.29e; *Schüren/Schüren*, § 9 Rn.152) und gilt in den Fällen **nichtgewerbsmäßiger ANÜ** entsprechend (a.A. *Boemke*, § 9 Rn.1). Die Schutzzwecke der Norm sind bei gewerbsmäßigen und nichtgewerbsmäßigen Formen der ANÜ identisch.

§ 9 Nr.3 bezieht sich sowohl auf ein vereinbartes direktes Einstellungsverbot als **345** auch auf Absprachen, die nicht die Einstellung als solche untersagen, sondern dem Entleiher lediglich verbieten, seinerseits Initiativen zur Begründung eines Arbeitsverhältnisses mit dem Leiharbeitnehmer zu ergreifen (ErfK/*Wank*, § 9 Rn.12). Auch insoweit steht der Schutzzweck der Norm, Leiharbeitnehmern das **Überwechseln in Stammarbeitsplätze zu erleichtern**, entgegen (*Sandmann/Marschall*, Art. 1 § 9 Anm. 29).

Nicht von § 9 Nr.3 erfasst werden **Abwerbe- oder Einstellungsverbote**, die sich **346** auf Zeiträume beziehen, in denen das Arbeitsverhältnis mit dem Leiharbeitnehmer **noch besteht**. Hier würde der Entleiher die Abwerbung nur unter Verletzung vertraglicher Nebenpflichten (§ 241 Abs. 2 BGB) oder durch Aufforderung des Arbeitnehmers zum Vertragsbruch (z.B. durch Nichteinhalten der Kündigungsfristen) durchführen können, was regelmäßig gegen §§ 1, 13 UWG verstößt (*Boemke*, § 9 Rn. 52; *Schüren/Schüren*, § 9 Rn. 154; *Thüsing/Mengel*, § 9 Rn. 53; *Rambach/Begeran*, BB 2002, 942). Dagegen schützende Vertragsabsprachen sind zulässig und unterliegen nicht dem Verbot nach § 9 Nr. 3.

347 Ob ein nur für die Zeit eines bestehenden Leiharbeitsverhältnisses **zulässiges Abwerbeverbot** oder ein gegen § 9 Nr. 3 verstoßendes Einstellungsverbot vereinbart ist, muss jeweils im Einzelfall durch Auslegung ermittelt werden. Bezieht sich die Vertragsstrafe auch auf Sachverhalte, die der Verbotsnorm des § 9 Nr. 3 unterliegen, kann eine Teilnichtigkeit, die sich auf die Vertragsstrafeabrede beschränkt, nur angenommen werden, wenn hierdurch die Schutzzwecke von Nr. 3 (vgl. Rn. 342 und 345) nicht beeinträchtigt werden.

348 Die Verbotsnorm greift immer ein, wenn der **Zeitpunkt der Einstellung** durch den Entleiher nicht in den Zeitraum fällt, in dem das Arbeitsverhältnis zum Verleiher noch besteht. Bietet daher der Entleiher einem bei ihm eingesetzten Leiharbeitnehmer den Abschluss eines Arbeitsvertrages unter der **Bedingung einer Beendigung des bestehenden Leiharbeitsverhältnisses** zum Verleiher an, ist es unschädlich, dass zum Zeitpunkt der Abwerbungshandlung das Leiharbeitsverhältnis noch besteht (*Thüsing/Mengel*, § 9 Rn. 55). Allein der Zeitpunkt der Einstellung, d.h. der Zeitpunkt, in dem der Arbeitnehmer verpflichtet ist, seine Tätigkeit als Arbeitnehmer des Entleihers aufzunehmen (nicht der Abschluss des Arbeitsvertrages), grenzt zulässige Abwerbeverbote von der Verbotsnorm des § 9 Nr. 3 ab.

349 Von der Verbotsnorm werden auch solche **Nebenabreden** erfasst, die in einem sachlichen und inneren Zusammenhang mit Einstellungsverboten stehen und die die Möglichkeiten eines **ungehinderten Arbeitsplatzwechsels** des Leiharbeitnehmers zum Entleiher erschweren (*BGH* v. 3.7.2003 – III ZR 384/02 – DB 2003, 2125; *Benkert*, BB 2004, 993; *Becker/Wulfgramm*, Art. 1 § 9 Rn. 30a).

3. Vereinbarungen zur Vermittlungsgebühr (Nr. 3 Halbs. 2)

350 Nach Nr. 3 Halbs. 2 ist die Vereinbarung einer **Vermittlungsgebühr** nach vorangegangenem Verleih oder mittels vorangegangenem Verleih nicht ausgeschlossen. Dass neben der Vergütung für die ANÜ auch eine Gebühr für eine Arbeitsvermittlung geschuldet ist, muss aus dem Vertrag ausdrücklich hervorgehen, ein Verweis auf **allgemeine Geschäftsbedingungen** des Verleihers begründet keine wirksame Vergütungsvereinbarung (§ 307 Abs. 1 u. Abs. 2 Nr. 1 BGB; *LG Düsseldorf* v. 25.1.2002 – 22 S 54/01 – BB 2002, 946). Der LAN muss bei Abschluss des Arbeitsvertrags auf mögliche Provisionsklauseln in ANÜ-Verträgen hingewiesen werden (*Rambach/Begerau*, BB 2002, 942). Durch die Wortwahl (»nicht ausgeschlossen«) hat der Gesetzgeber klargestellt, dass der Verleiher neben der ANÜ-Vergütung eine zusätzliche Vermittlungsgebühr nur in begründeten Ausnahmefällen erhalten darf, i.Ü. aber die Schutzzwecke vom 1. Halbs. der Zahlung einer Vermittlungsgebühr entgegenstehen. Durch die Vermittlungsgebühr darf keine Erschwernis für die Begründung eines Arbeitsverhältnisses zwischen Entleiher und LAN geschaffen werden, das diesen Schutzzwecken von Nr. 3 Halbs. 1 zuwider läuft.

351 Bei Beschäftigung des LAN in einer **PSA** ist die Zahlung einer Vermittlungsgebühr durch den Entleiher ausgeschlossen (vgl. § 37c SGB III, Rn. 23f. u. 62). Dasselbe gilt in sonstigen Fällen, in denen die Agentur für Arbeit einen Verleiher nach § 37 Abs. 1 SGB III mit der Vermittlung gegen Vergütung beauftragt (§ 37 Abs. 3 SGB III).

Durch Nr. 3 werden die Möglichkeiten zur Vereinbarung einer Vermittlungs- **352** gebühr auf Fälle einer Vermittlung nach **vorangegangenem Verleih** oder mittels vorangegangenem Verleih begrenzt. Dies schließt Vereinbarungen aus, nach denen der Entleiher bei Einstellung von LAN, die ihm vom Verleiher nicht überlassen wurden (z. B. LAN, die früher beim Verleiher beschäftigt waren), zur Zahlung von Vermittlungsprovisionen verpflichtet wird. Auch muss die Einstellung des LAN **nach** einem vorangegangenen Verleih erfolgen, d. h. in einem unmittelbaren **zeitlichen Zusammenhang** mit der vorangegangenen tatsächlichen Beschäftigung des LAN beim Entleiher, stehen. Dies ist immer der Fall, wenn der Abschluss des Arbeitsvertrags zwischen Entleiher und LAN während des Einsatzes beim Entleiher erfolgt. Daneben ist der zeitliche Zusammenhang auch dann gegeben, wenn der LAN während des Einsatzes beim Entleiher das bestehende Leiharbeitsverhältnis kündigt, um später einen Arbeitsvertrag mit dem Entleiher zu schließen. Unschädlich ist es hierbei, wenn der LAN bis zum Ablauf der Kündigungsfrist bei einem anderen Entleiher eingesetzt wird. Unerheblich ist auch, ob die Arbeitsvermittlung schon bei Abschluss des ANÜ-Vertrags im Rahmen einer **vermittlungsorientierten ANÜ** (»mittels«) oder erst in der Zeit der Abwicklung des ANÜ-Vertrags oder nach dessen Beendigung vereinbart wird.

Die Vereinbarung einer Verpflichtung des Entleihers zur Zahlung einer Ver- **353** mittlungsprovision setzt voraus, dass eine **Arbeitsvermittlung** erfolgte (*BGH* v. 3. 7. 2003 – III ZR – 348/02 – BB 2003, 2017). Eine ANÜ, die ausschließlich zum Zwecke der Vermittlung erfolgt, ist nur in Ausnahmefällen zulässig (zur PSA vgl. § 37c SGB III Rn. 44) und hat unter dem Gesichtspunkt illegaler Arbeitsvermittlung gem. § 3 Abs. 1 Nr. 1 den Widerruf der Erlaubnis zur ANÜ zur Folge. I. Ü. kommt die Vereinbarung einer Vermittlungsgebühr nur in Betracht, wenn der Verleiher neben der ANÜ in **gewerberechtlich zulässiger Form** (vgl. Einl. D Rn. 4 u. 29) auch Arbeitsvermittlung betreibt (ErfK/*Wank*, § 9 Rn. 15; *Schüren/Schüren*, § 9 Rn. 155 f.; *Rambach/Begerau*, BB 2002, 937). ANÜ und Arbeitsvermittlung sind grundsätzlich zwei getrennte Gewerbe, die voneinander abgegrenzt ausgeübt werden müssen (vgl. Einl. D Rn. 29).

Der **Vermittlungsbegriff** deckt sich mit dem in § 35 Abs. 1 Satz 2 SGB III ent- **354** haltenen Begriff der Arbeitsvermittlung (vgl. Einl. D Rn. 4) und umfasst alle Tätigkeiten, die darauf gerichtet sind, Ausbildungs- oder Arbeitsuchende mit Arbeitgebern zur Begründung eines Ausbildungs- oder eines Beschäftigungsverhältnisses zusammenzuführen. Nicht jede ANÜ kann dabei automatisch auch als Vermittlungstätigkeit des Verleihers behandelt werden. Der Verleiher muss zumindest eine den gesetzlichen Vorschriften zu Arbeitsvermittlung und ANÜ entsprechende **Tätigkeit** entfaltet haben, die über das reine Zurverfügungstellen des LAN im Rahmen der ANÜ hinaus das Zustandekommen des Arbeitsverhältnisses zwischen Entleiher und LAN ermöglicht oder gefördert hat (*LG Düsseldorf* v. 25. 1. 2002 – 22 S 54/01 – BB 2002, 946; vgl. § 296 Abs. 1 SGB III). Dies ist der Fall, wenn Verleiher und Entleiher bei Abschluss des ANÜ-Vertrages oder im Verlauf der Überlassung vereinbaren, dass der Zweck der ANÜ auch darin bestehen soll, die Geeignetheit des LAN für eine spätere Einstellung zu überprüfen. Hier beschränken sich die **Vertragszwecke** nicht auf eine reine Überlassung, sondern sind auch auf eine Vermittlungstätigkeit gerichtet. Dies gilt insbesondere, wenn die Vermittlung »mittels« (d. h. auf der Grundlage) einer vorangegangenen Überlassung erfolgen soll.

355 Liegt eine Provisionsvereinbarung vor, muss die Höhe der vereinbarten Vergütung **angemessen** sein (vgl. BT-Ds. 15/1749, S. 29). Die in §§ 296 Abs. 3, 421g Abs. 2 Nr. 3 SGB III enthaltenen Höchstgrenzen können insoweit nicht herangezogen werden, da sie ausschließlich für Provisionsvereinbarungen zwischen Vermittler und Arbeitnehmer verbindlich sind. Die **Höhe der Vermittlungsprovision** darf im Hinblick auf die Einstellungsentscheidung keinen prohibitiven Charakter haben, so dass bei einfachen Tätigkeiten i.d.R. eine Gebühr bis zu 1000 € angemessen sein kann (*Benkert*, BB 2004, 1000). Die Vereinbarung einer Provision, die das 200-fache des Stundenverrechnungssatzes bei sofortiger Übernahme vorsieht (vgl. z.B. AGB randstad, 2001), überschreitet die Grenzen der Angemessenheit. Die Angemessenheit der Vergütung richtet sich grundsätzlich nach dem **wirtschaftlichen Gegenwert** der Vermittlungsbemühungen (*AG Düsseldorf* v. 17.1.2001, ZIP 2001, 438) nicht jedoch nach der Üblichkeit der Gebühr bei privaten Arbeitsvermittlern (a.A. *Thüsing*, DB 2003, 2124). Auf Seiten des Entleihers ist zu berücksichtigen, ob der Personalbedarf gerade durch den überlassenen LAN abgedeckt werden kann, ob die Lage auf dem Arbeitsmarkt eine Besetzung des Arbeitsplatzes erschwert und welcher Wert der Nichtübernahme des Beschäftigungsrisikos für Zeiten einer beabsichtigten Erprobung zukommt (*Rambach*, BB 2003, 2018). Die Verleihdauer ist dagegen kein Kriterium der Angemessenheit (*Benkert*, BB 2004, 999). Beim Wert der Leistung des Verleihers sind alle Umstände zu berücksichtigen, die mit der Vermittlungsabsprache in Zusammenhang stehen. Hierzu gehören sowohl die unmittelbar der Vermittlung dienenden Aktivitäten des Verleihers als auch Vermögensnachteile, die ihm aus einer ggf. getroffenen Vereinbarung mit dem Entleiher erwachsen, nach der der Entleiher berechtigt wird, den LAN unter Ausschluss von Schadensersatzansprüchen (vgl. Rn. 346 und 358) auch vor Ablauf einer Kündigungsfrist einstellen zu können.

356 Soweit die Auffassung vertreten wird, dass die Höhe der Vermittlungsgebühr einem spezifischen **wirtschaftlichen Risiko** des Verleihers Rechnung tragen soll (ErfK/*Wank*, § 9 Rn. 11), kann dem nicht gefolgt werden. Ein wirtschaftliches Risiko des Verleiher-Vermittlers kann nur dann bei der Angemessenheit berücksichtigt werden, wenn es auf Umständen beruht, die nicht jeder Arbeitgeber zu tragen hat. Insoweit hat jedoch jeder Arbeitgeber damit zu rechnen, dass der Arbeitnehmer das Arbeitsverhältnis unter Einhaltung der Kündigungsfrist ordentlich kündigt. Diese Kündigungsmöglichkeit soll jedoch nach Nr. 3 gerade verstärkt, nicht jedoch durch Vereinbarung von Vermittlungsprovisionen erschwert werden.

4. Rechtsfolgen bei Verstößen

357 Verstößt eine Vereinbarung gegen Nr. 3, ist sie unwirksam. § 9 Nr. 3 ist lex specialis zu § 655 BGB (vgl. Einl. D Rn. 44). Von der Unwirksamkeit werden nicht die übrigen Absprachen des ANÜ-Vertrages erfasst, es liegt lediglich eine **Teilnichtigkeit** vor (*Boemke*, § 9 Rn. 53; ErfK/*Wank*, § 9 Rn. 14; *Schüren/Schüren*, § 9 Rn. 157; *Thüsing/Mengel*, § 9 Rn. 57).

358 Schließt der LAN mit dem Entleiher einen Arbeitsvertrag, der vor Ablauf der Laufzeit des ANÜ-Vertrags beginnt, ist der Entleiher dem Verleiher nach § 280 BGB zum **Schadensersatz** verpflichtet.

359 Führt die unwirksame Vereinbarung einer Vermittlungsgebühr dazu, dass der Entleiher vom Abschluss eines Arbeitsvertrages mit dem LAN Abstand nimmt oder den Vertrag zur Vermeidung einer Provisionszahlung erst zu einem späteren Zeitpunkt abschließen will, sind der Verleiher und der Entleiher als Gesamtschuldner dem LAN nach § 823 Abs. 2 BGB i.V.m. § 9 Nr. 3 zum **Schadensersatz** verpflichtet (ErfK/*Wank*, § 9 AÜG Rn. 15).

Verstöße gegen Nr. 3 können sowohl die **gewerberechtliche Unzuverlässigkeit** **360** zur ANÜ als auch zur Arbeitsvermittlung begründen (*Becker/Wulfgramm*, § 9 Rn. 31; *Franßen/Haesen*, § 9 Anm. 20; *Thüsing/Mengel*, § 9 Rn. 57; *Rambach/Begerau*, BB 2002, 941). Dem Verleiher ist ggf. die Erlaubnis zur ANÜ nach § 3 Abs. 1 Nr. 1 zu widerrufen, einem Vermittler ist die weitere Ausübung des Gewerbes nach § 35 GewO zu untersagen (vgl. Einl. D Rn. 33). Verstößt die Vermittlungsvereinbarung daneben gegen Bestimmungen zur Arbeitsvermittlung (Rn. 353) oder wird sie von einer PSA getroffen, ist auch aus diesem Grund der Versagungstatbestand des § 3 Abs. 1 erfüllt.

XI. Unwirksamkeit von Abschlussverboten im Leiharbeitsvertrag (Nr. 4)

Korrespondierend zur Unwirksamkeit vereinbarter Einstellungsverbote nach § 9 **361** Nr. 3 erklärt § 9 Nr. 4 auch entsprechende **Absprachen zwischen Verleiher und Arbeitnehmer**, die auf die **Untersagung von Arbeitsverhältnissen mit Entleihern** nach Beendigung des Arbeitsverhältnisses mit dem Verleiher hinauslaufen, für **unwirksam**. Die Schutzzwecke der Norm sind darauf gerichtet, das verfassungsmäßig geschützte Recht des Leiharbeitnehmers auf freie Wahl des Arbeitsplatzes zu sichern bzw. zu konkretisieren. Dem LAN soll ohne jede Einschränkung ermöglicht werden, ein Dauerarbeitsverhältnis bei einem Entleiher aufzunehmen (*LAG Köln* v. 22.8.1984, DB 1984, 445; ErfK/*Wank*, § 9 Rn. 16).

Daneben sollen durch § 9 Nr. 4 die Chancen des Leiharbeitnehmers zum Erwerb **362** eines gesicherten Normalarbeitsverhältnisses verbessert werden. Insoweit können Entleiher und Leiharbeitnehmer auch ein **befristetes Arbeitsverhältnis nach Beendigung des Leiharbeitsverhältnisses** abschließen, wobei das Arbeitsverhältnis bei vorheriger legaler ANÜ auch auf der Grundlage von § 14 TzBfG befristet werden kann (*BAG* v. 8.12.1988 – 2 AZR 308/88 – AP Nr. 6 zu § 1 BeschFG 1985). § 9 Nr. 4 geht den Vorschriften des HGB über vertraglich vereinbarte **Wettbewerbsverbote** (§§ 74 ff. HGB) vor (s.a. *Becker/Wulfgramm*, Art. 1 § 9 Rn. 33; *Sandmann/Marschall*, Art. 1 § 9 Anm. 30; a.A. *Boemke*, § 9 Rn. 56), da § 9 Nr. 4 ein berechtigtes Interesse des Arbeitgebers i.S.v. § 74a Abs. 1 Satz 1 HGB ausschließt (ErfK/*Wank*, § 9 Rn. 17; a.A. *Schüren/Schüren*, § 9 Rn. 161). Deshalb erstrecken sich die Unwirksamkeitsfolgen auch auf Absprachen, die die Eingehung von Arbeitsverhältnissen mit solchen Entleihern verhindern sollen, bei denen der Leiharbeitnehmer **nicht eingesetzt** wurde und/oder im Rahmen der Abwicklung des Leiharbeitsverhältnisses nicht eingesetzt werden soll (a.A. *Becker/Wulfgramm*, Art. 1 § 9 Rn. 33). Ob der Leiharbeitnehmer im Betrieb des Entleihers bereits tatsächlich gearbeitet hat oder potentiell eingesetzt werden kann, macht hinsichtlich der mit § 9 Nr. 4 verfolgten Schutzzwecke keinen Unterschied. Ist im Arbeitsvertrag eine § 9 Nr. 4 widersprechende Klausel vereinbart, ist die **Klausel als solche unwirksam** (§ 134 BGB), auch wenn der Leiharbeitnehmer nicht bei einem Entleiher eingesetzt wird. Ergänzend hierzu weist *Schüren* zu Recht darauf hin, dass sich die Tätigkeit des Leiharbeitnehmers beim Verleiher strukturell auf einen anderen Gewerbezweig als den des Entleihers bezieht (vgl. § 1 Rn. 103, 187) und daher von einem zulässigen nachvertraglichen Wettbewerbsverbotes nicht erfasst werden kann (*Schüren/Schüren*, § 9 Rn. 161).

363 Ebenso wie § 9 Nr. 3 erfasst § 9 Nr. 4 auch **Nebenabreden**, die in einem inneren sachlichen Zusammenhang mit einem unwirksamen Abschlussverbot stehen. **Vertragsstrafenversprechen**, die darauf gerichtet sind, den Leiharbeitnehmer von der Begründung eines Arbeitsverhältnisses abzuhalten, sind daher nach § 9 Nr. 4 unwirksam (*Becker/Wulfgramm*, Art. 1 § 9 Rn. 33b; *Boemke*, § 9 Rn. 55). Dies gilt selbst in den Fällen, in denen sich der Verleiher verpflichtet, eine Karenzentschädigung zu zahlen (KassHandb/*Düwell*, 4.5 Rn. 362). Auch Abfindungsvereinbarungen, bei denen die Zahlung der Abfindung davon abhängig gemacht wird, dass der Arbeitnehmer bei einem bestimmten Entleiher kein Arbeitsverhältnis begründet, sind nach § 9 Nr. 4 unwirksam (*LAG Köln* v. 22. 8. 1984 – 5 Sa 221/84 – EzAÜG § 10 AÜG Fiktion Nr. 32) mit der Folge, dass eine auf die unwirksame Regelung gezahlte Abfindung wegen § 817 BGB nicht zurückgefordert werden kann (ErfK/*Wank*, § 9 Rn. 19; *Schüren/Schüren*, § 9 Rn. 166).

364 Soweit der Verleiher gleichzeitig gewerbsmäßige **Arbeitsvermittlung** betreibt und mit dem LAN für den Fall der Aufnahme eines Arbeitsverhältnisses zum Entleiher eine Vermittlungsgebühr nach § 296 SGB III vereinbart, ist auch diese Vereinbarung nach Nr. 4 **unwirksam**. Nach dem Zweck der Vorschrift ist jede Vereinbarung unwirksam, durch die eine Aufnahme des Beschäftigungsverhältnisses beim Entleiher durch die vertragliche Übernahme von damit in Zusammenhang stehenden Pflichten des LAN erschwert wird (*Rambach/Begerau*, BB 2002, 942). Daneben ist die Zulässigkeit der Vereinbarung einer Vermittlungsgebühr nach Nr. 3 Halbs. 2 ausdrücklich auf vertragliche Absprachen zwischen Verleiher und Entleiher beschränkt. Wird dennoch eine Vermittlungsvergütung zwischen LAN und Verleiher vereinbart, besteht für die Erlaubnisbehörde wegen des Verstoßes gegen Arbeitgeberpflichten und der betriebsorganisatorischen Vermengung des Gewerbes der ANÜ und der AVM regelmäßig Veranlassung zu der Prüfung, ob der Verleiher die für die Ausübung der gewerblichen Tätigkeiten erforderliche **Zuverlässigkeit** i.S.d. § 3 Abs. 1 Nr. 1 u. 2 besitzt.

365 Nicht erfasst werden von § 9 Nr. 4 Wettbewerbsverbote, die dem Arbeitnehmer untersagen, als **selbstständiger Verleiher tätig zu werden** und hierbei ehemaligen Entleihern Arbeitnehmer zu überlassen (*Becker/Wulfgramm*, Art. 1 § 9 Rn. 33a, 33b; *Boemke*, § 9 Rn. 56) oder mit ehemaligen Entleihern gemeinsam ANÜ zu betreiben. Ein darauf gerichtetes **nachvertragliches Wettbewerbsverbot** wird von § 9 Nr. 4 nicht berührt, da sich die Verbotsnorm schon von ihrem Wortlaut her nur auf Arbeitsverhältnisse, nicht jedoch auf sonstige nachvertragliche Rechtsbeziehungen zwischen ehemaligen Leiharbeitnehmern und Entleihern bezieht.

366 Sind die Voraussetzungen des § 9 Nr. 4 erfüllt, ist die **Vereinbarung** wegen Verstoßes gegen ein gesetzliches Verbot nach § 134 BGB **nichtig**. Die Nichtigkeit erfasst nur die Abrede selbst, die i. ü. getroffenen arbeitsvertraglichen Absprachen bleiben hiervon unberührt und wirksam (*Becker/Wulfgramm*, Art. 1 § 9 Rn. 34; *Boemke*, § 9 Rn. 57; *Sandmann/Marschall*, Art. 1 § 9 Anm. 32; *Schüren/Schüren*, § 9 Rn. 166; *Thüsing/Mengel*, § 9 Rn. 63). Da § 9 Nr. 4 die Freiheit der Berufswahl des Leiharbeitnehmers schützt, können Verstöße Schadensersatzansprüche des Arbeitnehmers nach § 823 Abs. 2 BGB auslösen. Dies ist z. B. der Fall, wenn der Entleiher wegen der Absprache von einer Festeinstellung des Leiharbeitnehmers Abstand nimmt (*LAG Baden-Württemberg*, a.a.O.).

§ 10 Rechtsfolgen bei Unwirksamkeit

(1) Ist der Vertrag zwischen einem Verleiher und einem Leiharbeitnehmer nach § 9 Nr. 1 unwirksam, so gilt ein Arbeitsverhältnis zwischen Entleiher und Leiharbeitnehmer zu dem zwischen dem Entleiher und dem Verleiher für den Beginn der Tätigkeit vorgesehenen Zeitpunkt als zustande gekommen; tritt die Unwirksamkeit erst nach Aufnahme der Tätigkeit beim Entleiher ein, so gilt das Arbeitsverhältnis zwischen Entleiher und Leiharbeitnehmer mit dem Eintritt der Unwirksamkeit als zustande gekommen. Das Arbeitsverhältnis nach Satz 1 gilt als befristet, wenn die Tätigkeit des Leiharbeitnehmers bei dem Entleiher nur befristet vorgesehen war und ein die Befristung des Arbeitsverhältnisses sachlich rechtfertigender Grund vorliegt. Für das Arbeitsverhältnis nach Satz 1 gilt die zwischen dem Verleiher und dem Entleiher vorgesehene Arbeitszeit als vereinbart. Im übrigen bestimmen sich Inhalt und Dauer dieses Arbeitsverhältnisses nach den für den Betrieb des Entleihers geltenden Vorschriften und sonstigen Regelungen; sind solche nicht vorhanden, gelten diejenigen vergleichbarer Betriebe. Der Leiharbeitnehmer hat gegen den Entleiher mindestens Anspruch auf das mit dem Verleiher vereinbarte Arbeitsentgelt.

(2) Der Leiharbeitnehmer kann im Falle der Unwirksamkeit seines Vertrages mit dem Verleiher nach § 9 Nr. 1 von diesem Ersatz des Schadens verlangen, den er dadurch erleidet, daß er auf die Gültigkeit des Vertrages vertraut. Die Ersatzpflicht tritt nicht ein, wenn der Leiharbeitnehmer den Grund der Unwirksamkeit kannte.

(3) Zahlt der Verleiher das vereinbarte Arbeitsentgelt oder Teile des Arbeitsentgelts an den Leiharbeitnehmer, obwohl der Vertrag nach § 9 Nr. 1 unwirksam ist, so hat er auch sonstige Teile des Arbeitsentgelts, die bei einem wirksamen Arbeitsvertrag für den Leiharbeitnehmer an einen anderen zu zahlen wären, an den anderen zu zahlen. Hinsichtlich dieser Zahlungspflicht gilt der Verleiher neben dem Entleiher als Arbeitgeber; beide haften insoweit als Gesamtschuldner.

(4) Der Leiharbeitnehmer kann im Falle der Unwirksamkeit der Vereinbarung mit dem Verleiher nach § 9 Nr. 2 von diesem die Gewährung der im Betrieb des Entleihers für einen vergleichbaren Arbeitnehmer des Entleihers geltenden wesentlichen Arbeitsbedingungen einschließlich des Arbeitsentgelts verlangen.

(5) *(Aufgehoben)*

§ 10 AÜG

Literaturhinweise

Bauer, Beseitung von Aufhebungsverträgen, NZA 1992, 1015; *Becker, C.*, Zum fingierten Arbeitsvertrag nach § 10 Abs. 1 AÜG, BB 1978, 363; *Becker, F.*, Betriebsverfassungsrechtliche Aspekte beim drittbezogenen Personaleinsatz, ArbuR 1982, 369; *Bepler*, Der Betriebsbegriff des Kündigungsschutzgesetzes und die Kleinbetriebsklausel, AuR 1997, 54; *Berkowsky*, Was ändert die Reform im Arbeitsrecht?, AuA 2002, 11; *Bernet*, Anm. zu BAG v. 11.4.1984, AP Nr. 7 zu § 10 AÜG; *Bertram/Ockenfels*, Der Schadensersatzanspruch des Leiharbeitnehmers gegen den Verleiher gem. § 10 AÜG, NZA 1985, 552; *Buchner*, Leiharbeit: Ablösung der Verpflichtung zur Gewährung der im Entleiherbetrieb geltenden Arbeitsbedingungen (§ 10 Abs. 4 AÜG) durch Tarifregelungen, DB 2004, 1042; *Bulla*, Das Wahlrecht von Leiharbeitnehmern bei Betriebsratswahlen, DB 1975, 1795; *Feuerborn/Hamann*, Neuregelungen im Arbeitnehmerüberlassungsgesetz, BB 1994, 1346; *Growe*, Anträge zur Effektivierung des Weiterbeschäftigungsanspruchs, NZA 996, 567; *Halbach*, Betriebsverfassungsrechtliche Aspekte des Einsatzes von Leiharbeitnehmern und Unternehmerarbeitern, DB 1980, 2389; *Hantel*, Nachträgliche

Befristung von Arbeitsverträgen, AuA 1996, 89; *Heußner*, Sozialversicherungsrechtliche Aspekte der Arbeitnehmerüberlassung (sog. Leiharbeit), DB 1973, 1800; *Immenga*, Rechtsfolgen unzulässiger Leiharbeitsverhältnisse, BB 1972, 805; *Kraushaar/Storz*, Kleinbetriebsklausel nach § 23 Abs. 1 S. 2 KSchG und EG-Recht, BB 1992, 1787; *Löwisch*, Die Änderung von Arbeitsbedingungen auf individualrechtlichem Wege, insbesondere durch Änderungskündigungen, NZA 1988, 633; 59; *Marschall*, Neuregelung der Leiharbeit notwendig?, DB 1975, 303; *ders.*, Gelöste und ungelöste Fragen der Arbeitnehmerüberlassung, RdA 1983, 18; *Martens*, Keine Lohnsteuerhaftung des Entleihers bei unerlaubter Arbeitnehmerüberlassung?, BB 1983, 1408; *Melms/Lipinski*, Absenkung des Tarifniveaus durch die Gründung von AÜG-Gesellschaften als alternative oder flankierende Maßnahme zum Personalabbau, BB 2004, 2409; *Ramm*, Eine Kritik des Arbeitnehmerüberlassungsgesetzes, DB 1973, 1170; *Schneider*, Zum fingierten Arbeitsvertrag nach § 10 Abs. 1 AÜG, BB 1978, 363; *Schwab*, Verwirkung des Anspruchs des Arbeitgebers auf Rückerstattung von Lohnüberzahlungen, BB 1995, 2212; *Spiolek*, Wer zahlt die Sozialversicherungsbeiträge bei illegaler Arbeitnehmerüberlassung?, BB 1991, 1038; *Stypmann*, Keine Bestrafung des unerlaubt handelnden Verleihers wegen Hinterziehung von Arbeitnehmer-Beitragsteilen, NJW 1983, 95; *Ulber*, Rechtliche Grenzen des Einsatzes von betriebsfremden Arbeitnehmern und Mitbestimmungsrechte des Betriebsrates, AuR 1982, 54; *ders.*, Besprechung von Becker, Erläuterungen zur Neuregelung der gewerbsmäßigen Arbeitnehmerüberlassung (Zeit-Arbeit), AuR 1982, 351; *ders.*, Anm. zu BAG v. 9.4.1987 – 2 AZR 280/86 – AuR 1988, 156; *ders.*, Anm. zu BAG v. 28.9.1988 – 1 ABR 85/87 – AiB 1989, 222; *ders.*, Von der vorübergehenden Arbeitnehmerüberlassung zur entgeltlichen Arbeitsvermittlung auf Dauer, AuR 2001, 451; *Wrede*, Anm. zu ArbG Köln v. 7.3.1996 – 17 Ca 6257/95 – DB 1996, 1342.

I. Entstehungszusammenhang und Gesetzeszweck

§ 10 steht in engem Zusammenhang mit den arbeitsrechtlichen Unwirksamkeits- **1**
folgen des § 9 Nr. 1 und 2 und den materiellen Ansprüchen des Leiharbeitnehmers bei Verstößen gegen die Erlaubnispflicht bzw. den Gleichbehandlungsgrundsatz (Abs. 4), und regelt deren Rechtsfolgen. Bei **Unwirksamkeit des Arbeitsvertrages** zum Verleiher nach § 9 Nr. 1 wird der Leiharbeitnehmer durch ein **fingiertes Arbeitsverhältnis** zum Entleiher nach § 10 Abs. 1 geschützt. Dies gilt auch, soweit das Arbeitsverhältnis wegen Verstoßes gegen das Verbot gewerbsmäßiger ANÜ in Betriebe des Baugewerbes nach § 1b Satz 1 unwirksam ist (*BAG* v. 8.7.1998 – 10 AZR 274/97 – NZA 1999, 493; vgl. § 1b Rn. 20). Bei **nichtgewerbsmäßiger** ANÜ scheidet jedoch (zumindest unmittelbar) eine Anwendung der Vorschrift aus (*BAG* v. 15.4.1999 – 7 AZR 437/97 – DB 1999, 2315). Durch § 10 Abs. 2 wird dem Leiharbeitnehmer ein Schadensersatzanspruch hinsichtlich eines darüber hinausgehenden Vertrauensschadens eingeräumt. Durch § 10 Abs. 3 wird der Verleiher verpflichtet, trotz der Nichtigkeitsfolgen des § 9 Nr. 1 Lohnnebenleistungen als fiktiver Arbeitgeber zu erfüllen, wobei gesamtschuldnerische Haftung mit dem Verleiher angeordnet wird (§ 10 Abs. 3 Satz 2). Verstoßen Vereinbarungen mit dem Verleiher gegen die Gleichstellungsgrundsätze von § 9 Nr. 2, gibt Abs. 4 dem LAN einen einklagbaren Anspruch gegen den Verleiher auf Gewährung der einem vergleichbaren Arbeitnehmer des Entleihers zu gewährenden wesentlichen Arbeitsbedingungen einschließlich des Arbeitsentgelts.

2 Abs. 1 und 2 bestehen in ihrer heutigen textlichen Fassung bereits seit Inkrafttreten des AÜG (vgl. Bericht des Abgeordneten Jaschke zu BT-Ds. VI/3505, S. 1). Abs. 3 wurde durch Art. 7 des Zweiten Gesetzes zur Bekämpfung der Wirtschaftskriminalität (2. WiKG) vom 15.5.1986 (BGBl. I S. 721) neu in § 10 eingefügt, der vorherige Abs. 3 wurde Abs. 4 a.F. Mit der Neuregelung sollte vor allem eine strafrechtliche Lücke geschlossen werden, die in den Fällen des § 10 Abs. 1 bestand, wenn der Verleiher **Beiträge zur Sozialversicherung** nicht abführte (krit. zur eingeschränkten Anwendbarkeit des Abs. 2 auf Fälle, in denen der Verleiher das Arbeitsentgelt tatsächlich auch zahlt, zu Recht *Schüren/Schüren*, § 10 Rn. 17 f.). Der *BGH* (v. 31.3.1982 – 2 StR 744/81 – AP Nr. 4 zu § 10 AÜG) hatte insoweit entschieden, dass in den Fällen unerlaubter ANÜ ausschließlich der Entleiher Arbeitgeber i.S.d. §§ 529 Abs. 1, 1428 Abs. 1 RVO, § 225 Abs. 1 AFG a.F. (zur **Abführungspflicht** hinsichtlich der Gesamtsozialversicherungsbeiträge vgl. jetzt § 28e SGB IV; Art. 3 Rn. 7 ff.) sei und daher eine Strafbarkeit des Verleihers ausscheide. Durch Abs. 3 Satz 2 sollten Zweifel beseitigt werden, die hinsichtlich der Haftung des Entleihers für Sozialversicherungsbeiträge in den Fällen bestanden, in denen der Verleiher das Arbeitsentgelt an den Leiharbeitnehmer tatsächlich zahlte (vgl. BT-Ds. 10/5058, S. 24). Nunmehr haftet auch der **Entleiher** als Arbeitgeber nach § 10 Abs. 1 gesamtschuldnerisch und kann sich ggf. neben dem Verleiher nach § 266a Abs. 2 StGB strafbar machen und zwar auch in den Fällen, in denen er für die Zeit der tatsächlichen Beschäftigung keinen Lohn zahlt (*BGH* v. 16.5.2000 – VI ZR 90/99 – NJW 2000, 2993). Durch Art. 7 Nr. 2 des Gesetzes zur Reform der arbeitsmarktpolitischen Instrumente (**Job-AQTIV-Gesetz** v. 10.12.2001, BGBl. I S. 3443) mit Wirkung vom 1.1.2001 wurde Abs. 5 a.F. neu in § 10 eingefügt und galt auch, soweit der Zeitpunkt des Beginns der Überlassung vor dem 1.1.2002 lag. Abs. 5 a.F. gab dem Leiharbeitnehmer bei einem länger als zwölf Monate dauernden Einsatz bei einem Entleiher einen Gleichbehandlungsanspruch. Die Vorschrift wurde mit dem Ersten Gesetz für moderne Dienstleistungen am Arbeitsmarkt (v. 23.12.2002, BGBl. I S. 4607) m.W.v. 1.1.2004 (§ 19) aufgehoben und durch Abs. 4 n.F. ersetzt. Gleichzeitig wurde Abs. 4 als Annexregelung zu den ebenfalls aufgehobenen Vorschriften des § 9 Nr. 2 und 3 a.F. gestrichen. Abs. 4 regelt die Rechtsfolgen, die sich aus Verstößen gegen die Gleichstellungsgrundsätze von § 9 Nr. 2 ergeben. Dem LAN steht in diesen Fällen ein Leistungsanspruch gegen den Verleiher auf Gewährung der materiellen Arbeitsbedingungen eines vergleichbaren Stammarbeitnehmers zu. Die Wirksamkeit des Arbeitsverhältnisses bleibt hiervon unberührt.

3 § 10 wurde im Zuge der Novellierung des AÜG durch Art. 63 AFRG (vgl. Einl. B. Rn. 32 ff.) trotz der ersatzlosen Aufhebung des § 13 a.F. nicht geändert. Soweit hierdurch in den Fällen **illegaler ANÜ** eine Schutzlücke entstanden ist, ist § 10 jedoch wegen der Zielsetzung des Gesetzgebers, den status quo des arbeits- und sozialrechtlichen Schutzes des Arbeitnehmers aufrechtzuerhalten (Einl. B. Rn. 40 f.), **analog** in den Fällen **anzuwenden**, in denen andernfalls durch Wegfall des § 13 eine Verkürzung der Rechtsstellung des betreffenden Arbeitnehmers eintreten würde (a.A. *Boemke*, § 10 Rn. 3 vgl. Einl. D. Rn. 49).

II. Fiktion eines Arbeitsverhältnisses zum Entleiher (Abs. 1)

4 Nach § 10 Abs. 1 wird **unabdingbar** in den Fällen der Unwirksamkeit des Arbeitsverhältnisses nach § 9 Nr. 1 ein **Arbeitsverhältnis zum Entleiher fingiert** (Satz 1; h.M. *Becker/Wulfgramm*, § 10 Rn. 4, 10; *Boemke*, § 10 Rn. 20; *ErfK/Wank*, § 10

Rn. 4; KassHandb/*Düwell*, 4.5 Rn. 269; *Schüren/Schüren*, § 10 Rn. 35; *Thüsing/Mengel*, § 10 Rn. 6). Die Fiktionswirkungen treten dabei unabhängig vom **Willen** oder von der **Kenntnis** der Beteiligten ein (*Becker/Wulfgramm*, § 10 Rn. 13; *Boemke*, § 10 Rn. 11; Erf*K/Wank*, § 10 Rn. 9; *Schüren/Schüren*, § 10 Rn. 31; *Thüsing/Mengel*, § 10 Rn. 11). Hinsichtlich des Inhalts und der Dauer des Arbeitsverhältnisses enthalten die Sätze 2 bis 5 Regelungen, insbesondere zur Arbeitszeit (Satz 3) und zum Vergütungsanspruch (Satz 5) als vom Entleiher einzuhaltende Mindestarbeitsbedingungen. Abs. 1 Satz 4 soll sicherstellen, dass das nach Satz 1 gesetzlich fingierte Arbeitsverhältnis einem vertraglich begründeten Arbeitsverhältnis gleichzustellen ist und die Gleichbehandlung mit den Stammarbeitnehmern des Entleihers gewährleisten (*Becker/Wulfgramm*, Art. 1 § 10 Rn. 5), indem die im Entleiherbetrieb geltenden materiellen Arbeitsbedingungen auch auf das fingierte Arbeitsverhältnis Anwendung finden müssen. Wurde der Leiharbeitnehmer zu einem Entleiher **ins Ausland verliehen**, kann Abs. 1 nicht angewandt werden (*Thüsing/Mengel*, § 10 Rn. 7), so dass die Ansprüche des Leiharbeitnehmers – soweit sein Arbeitsverhältnis zum Verleiher erlischt bzw. von vornherein unwirksam war – auf den Schadensersatzanspruch nach § 10 Abs. 2 beschränkt sind (vgl. Rn. 68 ff.).

1. Fiktionswirkung und arbeitsvertragliche Gestaltungsfreiheit

Mit der gesetzlichen Fiktion eines Arbeitsverhältnisses zum Entleiher bei Unwirksamkeit des Leiharbeitsverhältnisses nach § 9 Nr. 1 greift der Gesetzgeber in die privatautonome **Gestaltungsfreiheit der Arbeitsvertragsparteien** und in das durch Art. 12 GG geschützte Recht auf freie Wahl des Arbeitsplatzes (*Boemke*, § 10 Rn. 4; *Wrede*, DB 1996, 1343) ein. Dies gilt zumindest in den Fällen, in denen der Geschäftswille der beteiligten Vertragsparteien nicht von vornherein darauf gerichtet war, dass der Schwerpunkt des Arbeitsverhältnisses beim Entleiher liegen soll (zu dieser Fallgestaltung vgl. Einl. D. Rn. 47). Nach Abs. 1 wird der Arbeitnehmer entgegen seinem erklärten Willen bei Vertragsschluss einem Arbeitsverhältnis mit einem Dritten unterworfen, es tritt ähnlich wie bei § 613a BGB ein Arbeitgeberwechsel ein (*Thüsing/Mengel*, § 10 Rn. 6). Soweit hierdurch die Rechtsstellung des Arbeitnehmers erweitert wird, ist dies verfassungsrechtlich unbedenklich. Durch das fingierte Arbeitsverhältnis entstehen jedoch gleichzeitig neue Leistungspflichten gegenüber dem Entleiher, daneben soll nach h.M. auch das Arbeitsverhältnis zum bisherigen Verleiher erlöschen (vgl. Rn. 63 ff.). Ein derartiger Eingriff ist verfassungsrechtlich nur soweit unbedenklich, wie die **Schutzzwecke** des Gesetzes, den Leiharbeitnehmer vor unzuverlässigen Verleihern zu schützen und eine Absicherung des status quo der bisherigen materiellen Arbeitsbedingungen zu gewährleisten, dies erfordern. Hieraus folgt, dass dem Leiharbeitnehmer über ein vertraglich begründetes Arbeitsverhältnis hinausgehende **Gestaltungsmittel** zur Beendigung des nach § 10 Abs. 1 Satz 1 fingierten Arbeitsverhältnisses zustehen müssen (z.B. außerordentliche Kündigung nach § 626 Abs. 2 Satz 2 BGB; *HessLAG* v. 6.3.2001 – 2/9 Sa 1246/00; vgl. *Becker/Wulfgramm*, Art. 1 § 10 Rn. 4; Erf*K/Wank*, § 10 Rn. 13; *Sandmann/Marschall*, Art. 1 § 10 Anm. 19; s.u. Rn. 39), wobei es vertretbar erscheint, dem Leiharbeitnehmer hinsichtlich des fingierten Arbeitsverhältnisses zum Entleiher ein aus Art. 12 GG folgendes **Recht zum Widerspruch** gegen den Übergang des Arbeitsverhältnisses entsprechend § 613 BGB zuzugestehen (*HessLAG*, a.a.O.; *ArbG Köln* v. 7.3.1996 – 17 Ca 6257/95 – DB 1996, 1342, mit zustimmender Anm. *Wrede*; offen-

5

gehalten in *BAG* v. 3.12.1997 – 7 AZR 764/96; *Boemke*, § 10 Rn.23; a.A. ErfK/ *Wank*, § 10 Rn.4 u. 11; *Schüren/Schüren*, § 10 Rn.36). Der Arbeitnehmer ist über den in § 10 Abs. 2 geregelten Ersatz des Vertrauensschadens hinaus rechtlich so zu stellen, wie er bei wirksamer Begründung bzw. Fortbestand des Arbeitsverhältnisses zum Verleiher gestanden hätte. Dies betrifft über § 10 Abs. 2 hinaus auch die Rechtsstellung zum früheren Entleiher als jetzigem Arbeitgeber des nach Abs. 1 Satz 1 zustande gekommenen Arbeitsverhältnisses. Abs. 1 Satz 5 enthält insoweit den allgemeinen Rechtsgedanken, dass sich die vormals gegen den Verleiher bestehenden Ansprüche im Arbeitsverhältnis beim Entleiher als **Mindestarbeitsbedingungen** bzw. Mindestansprüche des Arbeitnehmers fortsetzen (i.E. so auch *Boemke*, § 10 Rn.4). Kündigungen des Arbeitsverhältnisses durch den vormaligen Entleiher und jetzigen Arbeitgeber sind daher in der Regel nur zulässig, soweit sie auch bei (Fort-) Bestehen des Arbeitsverhältnisses zum Verleiher arbeitgeberseitig wirksam ausgesprochen werden könnten.

6 Wegen der **zwingenden Geltung** des § 10 Abs. 1 Satz 1 können zwischen Verleiher und Entleiher geltende Absprachen weder den Bestand noch den Inhalt des Arbeitsverhältnisses berühren (KassHandb/*Düwell*, 4.5 Rn.297). Dies gilt zumindest, soweit der Arbeitnehmer nicht die Illegalität der ANÜ kannte (vgl. auch § 10 Abs. 2 Satz 2) und den Einsatz beim Entleiher dennoch wollte. Die in § 10 Abs. 1 Satz 2 enthaltene **Befristungsregelung** ist daher sowohl hinsichtlich ihres Anwendungsbereichs als auch hinsichtlich der Rechtsfolgen **restriktiv** anzuwenden. Ist etwa der dem Einsatz zugrunde liegende Überlassungsvertrag nach § 9 Nr.1 von Anfang an unwirksam, erfasst diese Unwirksamkeit auch die vertragliche Abrede über die Befristung des Arbeitseinsatzes beim Entleiher und kann als solche grundsätzlich keine rechtlich beachtliche Grundlage zur Befristung des Arbeitsverhältnisses nach Satz 2 darstellen.

7 Den Vertragsparteien ist es verwehrt, aus Absprachen, denen die Rechtsordnung die Anerkennung versagt, zu Lasten Dritter (hier des Arbeitnehmers durch Verkürzung des Kündigungsschutzes) für sie günstige Rechtsfolgen herzuleiten. Vielmehr verbieten es insoweit gerade die Schutzzwecke der §§ 9 Nr.1, 10 Abs. 1 Satz 1, den Parteien eines unwirksamen Überlassungsvertrages Gestaltungsmöglichkeiten einzuräumen, die die Rechtsstellung des Arbeitnehmers negativ berühren können. Die **Unwirksamkeit** der vertraglich vereinbarten **Laufzeit des ANÜ-Vertrages** (z.B. von einer Woche) nach § 9 Nr.1 kann daher hinsichtlich der Rechtsfolgen des § 10 Abs. 1 Satz 1 vom Entleiher nicht uneingeschränkt dahingehend geltend gemacht werden, dass das Arbeitsverhältnis dennoch zum Zeitpunkt des beabsichtigten Ablaufs des unwirksamen Vertrages automatisch endet (a.A. *Becker/Wulfgramm*, Art. 1 § 10 Rn.36). Der Gesetzgeber trägt diesem Gedanken z.T. dadurch Rechnung, dass er für die Wirksamkeit der Befristung des fingierten Arbeitsverhältnisses neben den zwischen Verleiher und Entleiher getroffenen Absprachen über die Überlassungsdauer zusätzlich das Vorliegen eines sachlich rechtfertigenden Grundes für die Befristung des Arbeitsverhältnisses verlangt (Rn.30ff.). Schon um Missbräuche zu verhindern, können Absprachen zwischen Verleiher und Entleiher, die die Rechtsstellung des Arbeitnehmers im Rahmen des nach Abs. 1 Satz 1 zustande gekommenen Arbeitsverhältnisses berühren, nur in besonders begründeten Ausnahmefällen Auswirkungen auf Bestand und Inhalt des fingierten Arbeitsverhältnisses haben.

8 Der Verleiher kann die Rechtsstellung des Arbeitnehmers in den Fällen des Abs. 1 nicht dadurch verkürzen, dass er den Arbeitnehmer **auswechselt** und hiermit das fingierte Arbeitsverhältnis beendet (Rn.34). Das nach § 10 Abs. 1 Satz 1 zustande gekommene Arbeitsverhältnis ist hinsichtlich seines Bestandes und Inhalts jeglicher Einflussmöglichkeit durch den Verleiher entzogen. Deshalb können auch die Unwirksamkeitsfolgen des § 9 Nr. 1 nicht bei **(Wieder-) Erteilung einer Überlassungserlaubnis** an den Verleiher enden (so aber *Schüren/Schüren*, § 10 Rn. 112; vgl. auch Rn. 20). Das – nicht nur schwebend – unwirksame Arbeitsverhältnis zum Verleiher kann insoweit nicht durch nachträgliche Erlaubniserteilung geheilt werden.

Durch § 10 Abs. 1 wird auch in die dem Entleiher zustehende **Vertragsfreiheit**   **9** eingegriffen, über Person und Vertragspartner sowie den Inhalt des Arbeitsvertrages frei zu entscheiden (vgl. Einl. D. Rn. 50). Soweit die **Schutzzwecke** der §§ 9 Nr. 1, 10 Abs. 1 Satz 1 reichen, ist dies verfassungsrechtlich unbedenklich, zumal ein schutzwürdiges Interesse des Entleihers nur in den (Ausnahme-)Fällen beachtlich sein kann, in denen er trotz seiner aus § 12 folgenden Prüfungspflichten bezüglich des Bestehens einer wirksamen Erlaubnis irrtümlich vom Fortbestand der Erlaubnis ausgehen durfte. Durch § 10 Abs. 1 Satz 2 begrenzt der Gesetzgeber i. ü. die Folgen des Eingriffs für den Entleiher durch eine Befristung der Laufzeit des Arbeitsverhältnisses und entspricht damit den verfassungsrechtlichen Vorgaben zur Einhaltung des Verhältnismäßigkeitsgrundsatzes. Den Wertungswidersprüchen, die sich hieraus bezüglich gleichermaßen geschützter Rechtspositionen des Arbeitnehmers ergeben (z. B. hinsichtlich der eingeschränkten Anwendbarkeit des § 10 Abs. 1 Satz 2; vgl. Rn. 25 ff.), wird durch die gesetzlichen Regelungen nur unvollkommen Rechnung getragen (so auch *Schüren/Schüren*, § 10 Rn. 12 ff.). Häufig wird aber entweder dem Entleiher oder aber dem Arbeitnehmer kein schützenswertes Vertrauen zur Seite stehen, das eine Einschränkung der Rechtsfolgen des § 10 Abs. 1 Satz 1 rechtfertigen könnte. Insoweit ist zunächst zu berücksichtigen, dass den Entleiher nach § 12 Abs. 1 und 2 eine eigenständige Pflicht trifft, das Bestehen und den Fortbestand einer Erlaubnis zu prüfen und ihm das Recht zusteht, den Leiharbeitnehmer in dem Zeitpunkt, in dem die Wirkungen der Erlaubnis entfallen, **zurückzuweisen** bzw. in tatsächlicher Hinsicht nicht weiterzubeschäftigen. Beim **Scheinwerkvertrag** (vgl. Einl. C. Rn. 79 ff.) liegt darüber hinaus die Ursache für das Eintreten der Rechtsfolgen des § 10 Abs. 1 Satz 1 in einem eigenständigen Pflichtenverstoß des Entleihers, indem er die Grenzen werkvertraglicher Befugnisse durch Wahrnehmung von Arbeitgeberfunktionen gegenüber dem Arbeitnehmer überschreitet. Nur in Ausnahmefällen dürfte daher in Betracht kommen, die grundsätzlich zwingenden Rechtsfolgen des § 10 Abs. 1 zugunsten des Entleihers einzuschränken bzw. den Schutz des Arbeitnehmers gegenüber einem schützenswerten Vertrauen des Entleihers zurücktreten zu lassen. Zu denken ist hier z. B. an Fälle, in denen Leiharbeitnehmer und Verleiher durch **kollusives Verhalten** in Kenntnis der Rechtsfolgen des § 10 Abs. 1 Satz 5 bewusst ein überhöhtes Arbeitsentgelt vereinbaren oder die Rechtsfolgen des § 10 Abs. 1 Satz 1 vom Arbeitnehmer herbeigeführt werden, ohne dass dies auch der Entleiher zu vertreten hat (vgl. Rn. 22 und § 9 Rn. 28).

Das Zustandekommen eines Arbeitsverhältnisses nach § 10 Abs. 1 Satz 1 recht-   **10** fertigt sich hinsichtlich des Eingriffs in die Vertragsfreiheit des Entleihers auch aus der Überlegung, dass der Einsatz des Arbeitnehmers im Entleiherbetrieb dem Entleiher auf Grund des zugrunde liegenden – wenngleich unwirksamen – ANÜ-Vertrages **zurechenbar** ist. Fehlt es an einer Zurechenbarkeit des Einsatzes, treten die Rechtsfolgen des Abs. 1 Satz 1 nicht ein. Allein der **im ANÜ-Vertrag festgelegte Zeitpunkt** der Arbeitsaufnahme durch einen Leiharbeitnehmer reicht hierbei nicht aus, damit mit dem konkret überlassenen Arbeitnehmer auch ein dem Entleiher zurechenbares Arbeitsverhältnis nach Abs. 1 Satz 1 begründet wird (*Boemke*, § 10 Rn. 14). Der gegenteiligen Auffassung (*Becker/Wulfgramm*, § 10 Rn. 12; *Sandmann/Marschall*, § 10 Anm. 4; *ErfK/Wank*, § 10 Rn. 5 f., 8; *Thüsing/Mengel*, § 10 Rn. 6), nach der das Arbeitsverhältnis nach Abs. 1 Satz 1 immer in dem Zeitpunkt zustande komme, zu dem die Arbeitsaufnahme im ANÜ-Vertrag vereinbart ist, kann im Grundsatz nicht gefolgt werden, weil der ANÜ-Vertrag dem Entleiher keinen Anspruch auf Überlassung eines bestimmten Arbeitnehmers einräumt (vgl. hierzu Rn. 24 und § 1 Rn. 130 ff.) und eine Konkretisierung der Person, mit der das Arbeitsverhältnis nach Abs. 1 Satz 1 zustande kommt, erst **nach der Auswahl** eines den Zwecken des ANÜ-Vertrages entsprechenden geeigneten Arbeitnehmers durch den Verleiher eintritt. Soweit und solange durch den Verleiher keine entsprechende Auswahl vorgenommen wurde, können die Rechtsfolgen des Abs. 1 Satz 1, die das Vorhandensein eines **konkret individualisierbaren Arbeitnehmers** voraussetzen, nicht eintreten. Dasselbe gilt, wenn der Verleiher zwar eine Auswahl trifft, diese Auswahl jedoch nicht den vertraglichen Pflichten zur Auswahl eines geeigneten Arbeitnehmers entspricht und den Entleiher daher berechtigen würde, den konkret ausgewählten Arbeitnehmer **zurückzuweisen**; darlegungs- und beweispflichtig ist insoweit der Entleiher. Schützenswerte Belange des Arbeitnehmers stehen dem nicht entgegen, da der gegen den Verleiher als Arbeitgeber gerichtete **Beschäftigungsanspruch** auch bei einem wirksamen Arbeitsvertrag nur soweit auch auf tatsächliche Beschäftigung bei Entleihern gerichtet ist, als der Arbeitnehmer die Voraussetzungen eines nach dem ANÜ-Vertrag geschuldeten geeigneten Arbeitnehmers konkret erfüllen kann.

10a Weist der Entleiher einen überlassenen Arbeitnehmer vor dem Beginn der tatsächlichen Arbeitsaufnahme zurück, weil dieser die nach dem ANÜ-Vertrag vorausgesetzte Eignung nicht besitzt, kommt ein Arbeitsverhältnis nach Abs. 1 Satz 1 nicht zustande (*Schüren/Schüren*, § 10 Rn. 30; a. A. *Thüsing/Mengel*, § 10 Rn. 10). Lässt der Entleiher allerdings zu, dass der überlassene Arbeitnehmer tatsächlich seine Arbeit im Entleiherbetrieb aufnimmt, ist der Einsatz dem Entleiher auch dann zuzurechnen, wenn der Arbeitnehmer die nach dem ANÜ-Vertrag geschuldeten Voraussetzungen nicht besitzt. Mit der **tatsächlichen Arbeitsaufnahme** des entsandten Arbeitnehmers treten hier die Rechtsfolgen des Abs. 1 Satz 1 immer zwingend ein (*Schüren/Schüren*, § 10 Rn. 43; *Ulber*, AuR 1982, 63).

11 Der zwingende Charakter des Abs. 1 Satz 1 verbietet es, **Absprachen** zwischen Entleiher und Arbeitnehmer zu treffen, nach denen der Eintritt der Rechtsfolgen im voraus ausgeschlossen oder begrenzt wird. Bei Eintritt der Fiktion bleibt es den Parteien des fingierten Arbeitsverhältnisses dagegen unbenommen, dieses einvernehmlich zu beenden oder die Vertragsinhalte und Arbeitsbedingungen auf einer **neuen vertraglichen Grundlage** zu regeln (*BAG* v. 19. 12. 1979 – 4 AZR 901/77 – AP Nr. 1 zu § 10 AÜG; *Becker/Wulfgramm*, Art. 1 § 10 Rn. 33; *Boemke*, § 10 Rn. 20; *Schüren/Schüren*, § 10 Rn. 37). Diese Regelungsbefugnis gilt jedoch nur, soweit die Arbeitsvertragsparteien das nach Abs. 1 Satz 1 zustande gekommene Arbeitsverhältnis **für die Zukunft** neu regeln wollen. Eine **rückwirkende Aufhebung** des Arbeitsverhältnisses auf den nach Abs. 1 Satz 1 maßgeblichen Zeitpunkt des Beginns (Rn. 21 ff.) ist regelmäßig **ausgeschlossen**. Dies ergibt sich sowohl aus Abs. 3 Satz 2 als auch aus der generellen Unzulässigkeit vertraglicher **Absprachen zu Lasten Dritter** (z. B. der Sozialversicherungsträger). Auch kann der Entleiher als Arbeitgeber die gesamtschuldnerische Haftung nach Abs. 3 Satz 2 nicht dadurch umgehen, dass er seine Arbeitgeberstellung durch Vereinbarungen mit dem Arbeitnehmer rückwirkend beseitigt.

2. Fallgestaltungen des fingierten Arbeitsverhältnisses

§ 10 Abs. 1 Satz 1 Hs. 1 geht von dem Regelfall aus, dass das Arbeitsverhältnis **12** des Leiharbeitnehmers schon bei **Beginn der Arbeitsaufnahme** beim Entleiher wegen fehlender Erlaubnis nach § 9 Nr. 1 unwirksam war. Bei reinen Verleihunternehmen bzw. bei Leiharbeitsverhältnissen, bei denen der Arbeitnehmer seine Arbeitsleistung in faktischer Hinsicht ausschließlich bei Dritten erbringt, stellt die Norm sicher, dass der Arbeitnehmer trotz fehlender Erlaubnis in einem wirksamen Arbeitsverhältnis steht und nicht durch Formen illegaler ANÜ seiner Existenzgrundlagen beraubt wird.

Anders beurteilt sich die Interessenlage des Arbeitnehmers dagegen in den **13** Fällen, in denen der Arbeitgeber ein **Mischunternehmen** ist bzw. der Arbeitsvertrag sowohl auf die Erbringung von Arbeitsleistungen in den Betriebsstätten seines Vertragsarbeitgebers als auch bei Dritten gerichtet ist (zu den arbeitsvertraglichen Besonderheiten vgl. § 9 Rn. 26 ff.). Der arbeitsvertragliche Schutz des betroffenen Arbeitnehmers wird hier nur in den Fällen ausschließlich über § 10 Abs. 1 Satz 1 gewährleistet, in denen das zugrunde liegende Arbeitsverhältnis **insgesamt** von den Unwirksamkeitsfolgen des § 9 Nr. 1 erfasst wird (vgl. § 9 Rn. 27). Dies rechtfertigt es, die zwingenden Rechtsfolgen des § 10 Abs. 1 Satz 1 (Erfk/*Wank*, § 10 Rn. 11) i.S. eines Widerspruchsrechts (Rn. 5) bzw. eines Wahlrechts des Arbeitnehmers zu begrenzen (vgl. § 9 Rn. 27, 30; a.A. ErfK/*Wank*, § 10 Rn. 11), soweit berechtigte Interessen des Arbeitnehmers dies erfordern und die Schutzzwecke des Gesetzes hierbei eingehalten werden. Derartige berechtigte Interessen liegen z.B. vor, wenn der Entleiher seinen **Sitz im Ausland** hat und die gesetzliche Fiktion des Abs. 1 damit nicht eintritt (Rn. 4). Ist der Arbeitsvertrag demgegenüber infolge von Anfang an vorliegender illegaler ANÜ nach § 9 Nr. 1 unwirksam, wird der arbeitsvertragliche Schutz des Arbeitnehmers in der Regel ausschließlich über § 10 Abs. 1 Satz 1 gewährleistet (vgl. Rn. 64). Die Auffassung, dass die Anwendbarkeit des § 10 Abs. 1 bei Mischarbeitsverhältnissen ausgeschlossen ist (so *Schüren/Schüren*, § 10 Rn. 21), steht mit dem zwingenden Charakter der Norm nicht in Einklang.

Tritt die **Unwirksamkeit** des Arbeitsverhältnisses zum Verleiher erst **nach Auf- 14 nahme der Tätigkeit** beim Entleiher ein, greift die Fiktion des § 10 Abs. 1 Satz 1 Hs. 2 mit ex-nunc-Wirkung erst mit dem Eintritt der Unwirksamkeit ein (ErfK/ *Wank*, § 10 Rn. 12). Typische Fallgestaltung ist hier, dass die Erlaubnis während des Einsatzes beim Entleiher erlischt (vgl. § 2 Rn. 50 ff.) bzw. die nach § 2 Abs. 4 Satz 4 maßgebliche Abwicklungsfrist abgelaufen ist. Daneben betrifft dies die Fallgestaltungen des Fremdfirmeneinsatzes, bei denen zunächst kein Einsatz des Arbeitnehmers im Rahmen von ANÜ erfolgte, der Einsatz im Laufe der Vertragsabwicklung jedoch in ANÜ umgeschlagen ist (vgl. § 9 Rn. 30).

Ist der Arbeitsvertrag im Einzelfall nicht nur nach § 9 Nr. 1 unwirksam, sondern **15** liegt **gleichzeitig** ein **Verstoß gegen § 1 Abs. 2** vor, geht § 10 Abs. 1 der Bestimmung des § 1 Abs. 2 grundsätzlich vor. Unklarheiten, ob das fingierte Arbeitsverhältnis nach § 10 oder § 1 Abs. 2 begründet wird, gehen nicht zu Lasten des Arbeitnehmers (vgl. Einl. D. Rn. 46). Soweit die Rechtsfolgen des § 1 Abs. 2 dem Arbeitnehmer einen weitergehenden Schutz gewähren als nach § 10 Abs. 1, kann sich der Arbeitnehmer hier wahlweise auf das nach § 1 Abs. 2 fingierte Arbeitsverhältnis berufen. Kommt etwa wegen fehlender Erlaubnis nach § 10 Abs. 1 Satz 2 nur ein befristetes Arbeitsverhältnis zustande und würde infolge eines gleichzeitigen Verstoßes gegen § 3 Abs. 1 ein unbefristetes Arbeitsverhältnis nach § 1 Abs. 2 zustande kommen (vgl. Einl. D. Rn. 58), würde es einen dem Schutzzweck des AÜG entgegenstehenden Wertungswiderspruch darstellen, wenn der Entleiher in den schwerwiegenden Fällen der ANÜ ohne Erlaubnis infolge der Befristungsregelung des § 10 Abs. 1 Satz 2 gegenüber den in der Regel weniger schwerwiegenden Fällen, in denen auf der Grundlage einer wirksam erteilten Erlaubnis Verstöße gegen das AÜG vorliegen, besser gestellt würde (a. A. *Schüren/Schüren*, § 10 Rn. 23, der ausschließlich eine Arbeitsvermittlung annimmt).

3. Voraussetzungen der Fiktion (Abs. 1 Satz 1)

16 Die Fiktion des § 10 Abs. 1 Satz 1 tritt ein, wenn das Leiharbeitsverhältnis nach § 9 Nr. 1 unwirksam ist. Unbeachtlich ist hierbei, ob auch der ANÜ-Vertrag nach § 9 Nr. 1 unwirksam ist, und zwar auch dann, wenn der Verleiher dem Entleiher wahrheitswidrig versichert hat, er besitze die Erlaubnis (a. A. *Ramm*, DB 1973, 1171). Der **Grund für die Unwirksamkeit** muss dabei im **Fehlen** der für die gewerbsmäßige ANÜ erforderlichen **Erlaubnis** nach § 1 Abs. 1 Satz 1 liegen (*Sandmann/Marschall*, Art. 1 § 10 Anm. 22; *Schüren/Schüren*, § 10 Rn. 27). Dies ist auch der Fall, soweit der Arbeitgeber von einem **Kleinunternehmen** auf der Grundlage von § 1a ohne Erlaubnis überlassen wird und die erforderliche **Anzeige** gegenüber dem Leiharbeitnehmer nicht vorher erstattet wurde (vgl. § 9 Rn. 26). Ist der Leiharbeitsvertrag demgegenüber aus anderen Gründen (z. B. wegen Willensmängeln) unwirksam, greift die Fiktion grundsätzlich nicht ein; hier gelten die allgemeinen arbeitsrechtlichen Grundsätze zur Abwicklung fehlerhafter Arbeitsverhältnisse. Ausnahmen können hier z. B. dann in Betracht kommen, wenn der Verleiher bei **Überlassung ausländischer Arbeitnehmer** gleichzeitig gegen § 15 verstößt und das Leiharbeitsverhältnis schon nach § 134 BGB nichtig ist (*Sandmann/Marschall*, Art. 1 § 10 Anm. 22; *Schüren/Schüren*, § 10 Rn. 29; a. A. *Franßen/Haesen*, Art. 1 § 15 Anm. 6; vgl. auch § 15 Rn. 20).

17 In der Sphäre des Entleihers liegende Gründe, die einer Beschäftigung des Arbeitnehmers entgegenstehen, haben keinen Einfluss auf das Zustandekommen eines Arbeitsverhältnisses nach § 10 Abs. 1. Maßgeblich sind insoweit ausschließlich die Verhältnisse beim Verleiher. Sind z. B. im Entleiherbetrieb **Beschäftigungsverbote** zu beachten, die einer Beschäftigung des Arbeitnehmers entgegenstehen, kann das Arbeitsverhältnis nur im zulässigen Rahmen einer Kündigung bzw. durch Aufhebungsvertrag beendet werden. Ist der **Betriebsrat** im Rahmen des § 14 Abs. 3 nicht ordnungsgemäß **beteiligt** worden, steht dies dem Zustandekommen eines Arbeitsverhältnisses nach Abs. 1 ebenfalls nicht entgegen (*Schüren/Schüren*, § 10 Rn. 32). Grundsätzlich gilt dies auch bei verweigerter Zustimmung zur Beschäftigung des Leiharbeitnehmers (vgl. § 14 Rn. 139, 141), allerdings darf der Leiharbeitnehmer in diesen Fällen in tatsächlicher Hinsicht nicht beschäftigt werden (*Schüren/Schüren*, § 10 Rn. 33).

18 Die Fiktion greift auch ein, wenn der Verleiher oder der Entleiher **irrtümlich** davon ausgehen, mangels Vorliegens einer gewerbsmäßigen ANÜ sei eine **Erlaubnis nicht erforderlich** (*Thüsing/Mengel*, § 10 Rn. 11). Sie erfasst damit insbesondere **Scheinwerkverträge** (ErfK/*Wank*, § 10 Rn. 2; *Schüren/Schüren*, § 10 Rn. 19 u. 61); § 10 Abs. 1 Satz 1 knüpft ausschließlich daran an, ob eine Erlaubnis nach § 1

Abs. 1 Satz 1 im konkreten Einzelfall nach objektiver Rechtslage erforderlich war (*Becker/Wulfgramm*, Art. 1 § 10 Rn. 13). Selbst wenn alle Beteiligten in subjektiver Hinsicht davon ausgehen, dass ein nicht den Vorschriften des AÜG unterliegender Fremdfirmeneinsatz (z. b. auf werkvertraglicher Grundlage) vorliege, sind die Voraussetzungen von § 10 Abs. 1 Satz 1 erfüllt. Dasselbe gilt in den Fällen des § 1 Abs. 3 und § 1a, soweit der jeweils maßgebliche **höchstzulässige Überlassungszeitraum** überschritten wird. Gehen die Beteiligten dagegen umgekehrt davon aus, dass ein Fall gewerbsmäßiger ANÜ vorliegt, erfolgt jedoch die Überlassung im Einzelfall **nichtgewerbsmäßig**, ist eine Anwendbarkeit von § 10 Abs. 1 trotz fehlender Erlaubnis ausgeschlossen (vgl. Rn. 1).

§ 10 Abs. 1 Satz 1 ist grundsätzlich nur auf **Fälle gewerbsmäßiger ANÜ** anwend- **19** bar (*Schüren/Schüren*, § 10 Rn. 26; *Thüsing/Mengel*, § 10 Rn. 5). In den Fällen nichtgewerbsmäßiger ANÜ richten sich die Folgen von Verstößen nach § 1 Abs. 2. Soweit man entgegen hier vertretener Auffassung bei Verstößen gegen § 3 Abs. 1 kein fingiertes Arbeitsverhältnis zum Einsatzbetrieb annimmt (Einl. D. Rn. 48), ist § 10 jedoch in den Fällen nichtgewerbsmäßiger ANÜ analog anzuwenden (Rn. 3 und Einl. D. Rn. 49).

Eine Anwendbarkeit von § 10 Abs. 1 ist immer gegeben, wenn während des Ein- **20** satzes des Leiharbeitnehmers beim Entleiher auch nur für eine **juristische Sekunde** das Arbeitsverhältnis nach § 9 Nr. 1 unwirksam ist. **Entfällt die Erlaubnis** erst während der Durchführung des Vertrages, kommt mit dem Wegfall der Erlaubnis ggf. unter Beachtung der Abwicklungsfristen des § 2 Abs. 4 Satz 4 ein Arbeitsverhältnis zustande (*Boemke*, § 10 Rn. 18; *ErfK/Wank*, § 10 Rn. 12; *Thüsing/ Mengel*, § 10 Rn. 13; *Schüren/Schüren*, § 10 Rn. 46). Eine erst während des Einsatzes erteilte Erlaubnis lässt das vormals nach § 10 Abs. 1 Satz 1 zustande gekommene Arbeitsverhältnis zum Entleiher unberührt (vgl. § 9 Rn. 11 und 13; *LAG Schleswig-Holstein* v. 6. 4. 1984, EzAÜG § 10 AÜG Fiktion Nr. 36; *ErfK/Wank*, § 10 Rn. 7; a. A. *Schüren/Schüren*, § 10 Rn. 112). Hier kommt allenfalls der Abschluss eines neuen Arbeitsverhältnisses in Betracht (*Becker/Wulfgramm*, Art. 1 § 10 Rn. 11), soweit nicht die Erlaubnisbehörde eine Rücknahme der Erlaubnis nach § 4 Abs. 1 verfügt hat (vgl. § 4 Rn. 9).

4. Beginn des fingierten Arbeitsverhältnisses (Abs. 1 Satz 1)

a) Fehlende Erlaubnis bei Abschluss des Arbeitsvertrages (Abs. 1 Satz 1 Hs. 1)

Fehlt die Erlaubnis bereits bei **Abschluss des Arbeitsvertrages**, kommt das Ar- **21** beitsverhältnis nach § 10 Abs. 1 Satz 1 Hs. 1 in dem Zeitpunkt zustande, zu dem die **Aufnahme der Tätigkeit** des Arbeitnehmers beim Entleiher in tatsächlicher Hinsicht beginnt (vgl. Rn. 10). Unstrittig entsteht damit das fingierte Arbeitsverhältnis nicht bereits bei Abschluss des Arbeitsvertrages mit dem Verleiher. Genauso unstrittig kommt das Arbeitsverhältnis – auch unabhängig von einem im Überlassungsvertrag vorgesehenen Zeitpunkt – zustande, wenn der Arbeitnehmer in tatsächlicher Hinsicht die Arbeit beim Entleiher aufgenommen hat (*BAG* v. 10. 12. 1977 – 2 ABR 80/76 – AP Nr. 9 zu § 103 BetrVG 1972). I. ü. wird jedoch in der Literatur die Auffassung vertreten, dass für den Beginn des Arbeitsverhältnisses ausschließlich auf die im **Überlassungsvertrag** getroffenen Absprachen abzustellen sei (*ErfK/Wank*, § 10 Rn. 5 f.; *Sandmann/Marschall*, Art. 1 § 10 Anm. 4; ähnlich KassHandb/*Düwell*, 4.5 Rn. 269; a. A. *Boemke*, § 10 Rn. 14 ff.) und weitere

Voraussetzungen nicht erforderlich seien (differenzierend *Schüren/Schüren*, § 10 Rn. 41 ff.), es insbesondere auf die tatsächliche Arbeitsaufnahme nicht ankomme (*Becker/Wulfgramm*, Art. 1 § 10 Rn. 12; *Thüsing/Mengel*, § 10 Rn. 9). Diese Auffassung wird weder den Besonderheiten des Überlassungsvertrages hinsichtlich der **Auswahlentscheidung** des Verleihers bezüglich der zu überlassenden Person (Rn. 10) gerecht, noch berücksichtigt sie in ausreichendem Umfang die **Interessen und Rechtspositionen** von Leiharbeitnehmer und Entleiher (Rn. 10). Will etwa der Leiharbeitnehmer auf Grund des unwirksamen Arbeits- und Überlassungsvertrages seine Arbeit beim Entleiher nicht aufnehmen, würde dies – bei im Rahmen des Abs. 1 unterstellter Unbeachtlichkeit der tatsächlichen Arbeitsaufnahme – dazu führen, dass der Arbeitnehmer trotz vorliegender Unwirksamkeit beider Verträge dem Entleiher gegenüber auf Grund des fingierten Arbeitsverhältnisses zur Arbeitsleistung verpflichtet wäre und sich bei Nichterfüllung ggf. schadensersatzpflichtig machen würde. Das steht im Widerspruch zum Recht des Arbeitnehmers, sich von einem gegen § 9 Nr. 1 verstoßenden (ggf. auch faktischen) Arbeitsverhältnis jederzeit durch einseitige Erklärung lösen zu können (vgl. Rn. 63). Gleiche **Wertungswidersprüche** können auftreten, wenn das zwischen Leiharbeitnehmer und Verleiher geschlossene Arbeitsverhältnis vertragsgemäß erst zu einem Zeitpunkt beginnen soll, der zeitlich nach dem Beginn der nach dem Überlassungsvertrag vorliegenden Arbeitsaufnahme liegt. Diese Konsequenzen sind mit dem **Zweck der Norm** als Arbeitnehmerschutzvorschrift und der verfassungsrechtlich geschützten Vertragsfreiheit des Arbeitnehmers (vgl. Rn. 5) nicht zu vereinbaren (im Ergebnis ebenso *Becker/Wulfgramm*, Art. 1 § 10 Rn. 14). Der Schutzzweck der Norm liegt ausschließlich darin, dem Arbeitnehmer als Ausgleich für den Verlust vertraglicher Ansprüche gegen den Verleiher gleichwertige Ansprüche gegen den Entleiher einzuräumen (*Becker*, BB 1978, 364). Die vorstehend beschriebenen Bedenken gegen die a. A. lassen sich nicht dadurch ausräumen, dass man dem Leiharbeitnehmer in diesen Fällen lediglich ein Recht zur außerordentlichen Kündigung zugesteht (*Becker/Wulfgramm*, Art. 1 § 10 Rn. 4; ErfK/*Wank*, § 10 Rn. 13; s. u. Rn. 34).

22 Auch in dem Falle, dass der Leiharbeitnehmer die **Illegalität der ANÜ** kannte, kann bei Nichtabstellen auf die tatsächliche Arbeitsaufnahme der Schutzzweck von § 10 Abs. 1 nicht soweit reichen, dass dem Arbeitnehmer schon **vor Arbeitsbeginn** ein Beschäftigungsanspruch auf gesicherter arbeitsrechtlicher Grundlage gem. § 10 Abs. 1 Satz 1 gegen den Entleiher zusteht. Vielmehr wird dieser Anspruch erst mit der Aufnahme der Tätigkeit beim Entleiher begründet, wobei das nach § 10 Abs. 1 Satz 1 **fingierte Arbeitsverhältnis** seine **Rechtfertigung** hier nicht in der Auswahlentscheidung des Verleihers auf Grund des Überlassungsvertrages, sondern in der **Entgegennahme** der vom Leiharbeitnehmer **angebotenen Arbeit** durch den Entleiher findet.

In den Fällen, in denen der Leiharbeitnehmer die **Illegalität der ANÜ kannte** und auf die Rechtsfolgen der Erbringung der Arbeitsleistung vom Verleiher nach § 11 Abs. 3 hingewiesen wurde, kann die Berufung auf das Zustandekommen eines fingierten Arbeitsverhältnisses für den Leiharbeitnehmer darüber hinaus generell ausgeschlossen sein (vgl. § 9 Rn. 28, § 11 Rn. 89). Hat der Entleiher seinen **Kontrollpflichten** bezüglich des Vorliegens bzw. Fortbestands der **Erlaubnis** in vollem Umfang **Rechnung getragen** und erbringt der Leiharbeitnehmer in Kenntnis der Illegalität seine Arbeitsleistung dennoch beim Entleiher, kann dieses (u. a. wegen des bestehenden Leistungsverweigerungsrechts, vgl. § 11 Rn. 89) **rechtswidrige Verhalten des Arbeitnehmers** nicht zu seinen Gunsten dahin geltend gemacht werden, dass schon zum Zeitpunkt des vorher abgeschlossenen ANÜ-Vertrages ein Arbeitsverhältnis zum gutgläubigen Entleiher zustande gekommen ist. Vielmehr ist in diesen Fällen i.d.R. davon auszugehen, dass die Berufung des Arbeitnehmers auf das nach § 10 zustande gekommene Arbeitsverhältnis **rechtsmissbräuchlich** ist (vgl. hierzu *BAG* v. 11.12.1996 – 5 AZR 708/95) bzw. einen Verstoß gegen Treu und Glauben (§ 242 BGB) darstellt und den Entleiher zur **außerordentlichen Kündigung** berechtigt.

Nach der für ANÜ typischen Ausgestaltung der Leistungsbeziehungen zwischen Verleiher und Entleiher hat der Verleiher bis zur Aufnahme der Tätigkeit des entsandten Leiharbeitnehmers das Recht, diesen jederzeit **auszuwechseln** (vgl. § 12 Rn.13). Deshalb kann auch die **Konkretisierung** des nach § 10 Abs. 1 Satz 1 fingierten Arbeitsverhältnisses **auf einen bestimmten Arbeitnehmer** erst mit der tatsächlichen Arbeitsaufnahme eintreten (*Schüren/Schüren*, § 10 Rn.44; *Thüsing/Mengel*, § 10 Rn.9, der hinsichtlich des Zeitpunktes auf die Anweisung des illegal tätigen Verleihers abstellt). Deutlich wird dies auch in den Fällen, in denen der Verleiher während der Laufzeit des Überlassungsvertrages von seinem Auswechslungsrecht Gebrauch macht (vgl. hierzu Rn.34 u. § 12 Rn.13) und einen anderen Leiharbeitnehmer beim Entleiher einsetzt. Ein Abstellen auf den vertraglich vereinbarten Zeitpunkt des Beginns der Tätigkeit würde hier dazu führen, dass dem **ersatzweise verliehenen Arbeitnehmer** rückwirkend ein nach § 10 Abs. 1 Satz 1 bestehendes Zweitarbeitsverhältnis zukommen würde. Dies ist von Sinn und Zweck des § 10 Abs. 1 nicht gedeckt. Vielmehr kommt auch hier erst mit der tatsächlichen Arbeitsaufnahme beim Entleiher ein gem. § 10 Abs. 1 Satz 1 fingiertes Arbeitsverhältnis zustande (im Ergebnis ebenso *Schüren/Schüren*, § 10 Rn.44).

Soweit die h.M. in der Literatur nicht auf die tatsächliche Aufnahme der Tätigkeit beim Entleiher abstellt, lässt sich für den Hauptanwendungsbereich des § 10 (Fälle des illegalen Scheinwerkvertrages) eine **Bestimmung des Beginns** des fingierten Arbeitsverhältnisses auf Grund der vertraglichen Absprache zwischen Verleiher und Entleiher in der Regel nicht vornehmen. Für den Werkvertrag typisch ist insoweit, dass Person und Zahl der vom Werkunternehmer eingesetzten Arbeitnehmer gerade nicht vertraglich festgelegt werden (vgl. Einl. C. Rn.61 ff.), sondern Person und Zahl der Arbeitnehmer erst mit der faktischen Arbeitsaufnahme beim Werkbesteller/Entleiher feststehen. Das *BAG* geht daher in seiner Entscheidung vom 10.2.1977 (2 ABR 80/76 – AP Nr.9 zu § 103 BetrVG 1972) zu Recht davon aus, dass hinsichtlich des Beginns des fingierten Arbeitsverhältnisses auf die **tatsächliche Arbeitsaufnahme** abzustellen ist (im Ergebnis ebenso *Schüren/Schüren*, § 10 Rn.43; *Thüsing/Mengel*, § 10 Rn.9, soweit kein vertraglich feststehender Zeitpunkt feststellbar ist; unklar *Sandmann/Marschall*, Art. 1 § 10 Anm. 4). Es ist kein Grund ersichtlich, weshalb Fälle illegaler ANÜ im Rahmen von Scheinwerkverträgen hinsichtlich des Beginns des fingierten Arbeitsverhältnisses anders zu behandeln wären als sonstige Fälle, in denen der Entleiher keine Erlaubnis besitzt.

Ausnahmsweise ist allein der nach dem Überlassungsvertrag vorgesehene Zeitpunkt des Beginns der Arbeitsaufnahme maßgeblich, wenn der Verleiher nach den Vertragsabsprachen die **Überlassung eines bestimmten Arbeitnehmers schuldet** oder der Entleiher sich mit einer vor der Arbeitsaufnahme getroffenen Auswahlentscheidung des Verleihers hinsichtlich eines bestimmten Arbeitnehmers einverstanden erklärt hat. In diesen Fällen steht die Person des Arbeitnehmers, mit der das fingierte Arbeitsverhältnis begründet wird, fest; dem Entleiher

23

24

stünde auch bei einem wirksamen ANÜ-Vertrag kein Zurückweisungsrecht mehr zu (Rn. 10).

b) Wegfall der Erlaubnis nach Aufnahme der Tätigkeit beim Entleiher (Abs. 1 Satz 2 Hs. 2)

25 Nach § 10 Abs. 1 Satz 1 Halbsatz 2 entsteht das fingierte Arbeitsverhältnis bei **nachträglichem Wegfall der Erlaubnis** erst bei Eintritt der Unwirksamkeit des bisherigen Arbeitsverhältnisses mit dem Verleiher (Rn. 20). Nach dem insoweit eindeutigen Wortlaut setzt die Vorschrift voraus, dass der Arbeitnehmer seine Tätigkeit in tatsächlicher Hinsicht bereits beim Entleiher aufgenommen hat (so auch *Thüsing/Mengel*, § 10 Rn. 12) und bei Beginn der Arbeitsaufnahme eine wirksame Erlaubnis vorhanden war. Die Erlaubnis darf dabei zu Beginn der Arbeitsaufnahme **nicht** lediglich nach § 2 Abs. 4 Satz 4 **als fortbestehend gelten**, da Verträge, die innerhalb der Abwicklungsfrist geschlossen werden, unwirksam sind (vgl. § 2 Rn. 45 ff.). Vielmehr müssen vor Beginn der Abwicklungsfrist sowohl der Arbeitsvertrag als auch der Überlassungsvertrag auf der Grundlage einer wirksamen Erlaubnis abgeschlossen sein. Fehlt es an einer dieser Voraussetzungen, beurteilt sich die Frage des Zustandekommens eines fingierten Arbeitsverhältnisses ausschließlich nach § 10 Abs. 1 Satz 1 Halbsatz 1.

Ebenso wie bei § 10 Abs. 1 Satz 1 Halbsatz 1 muss auch im Rahmen des Halbsatz 2 die Unwirksamkeit des Arbeitsverhältnisses gerade auf dem Fehlen einer wirksamen Erlaubnis **beruhen**. Sonstige Gründe, die während der Dauer der Überlassung zur Unwirksamkeit des Arbeitsverhältnisses führen, sind grundsätzlich unbeachtlich (vgl. aber Rn. 19).

Eine nachträgliche Unwirksamkeit des Arbeitsverhältnisses nach § 9 Nr. 1 tritt immer ein, wenn die Wirkungen einer wirksam erteilten Erlaubnis entfallen, d.h. i.d.R. nach Ablauf der Jahresfrist des § 2 Abs. 4 Satz 1 bzw. bei unbefristeten Erlaubnissen auch, soweit der Verleiher drei Jahre lang keinen Gebrauch von der Erlaubnis gemacht hat (§ 2 Abs. 5 Satz 2). In den übrigen Fällen des Erlaubnisfortfalls – insbesondere in den Fällen der Rücknahme (§ 4 Abs. 1 Satz 2) und des Widerrufs (§ 5 Abs. 2 Satz 2) – ist jeweils die Abwicklungsfrist des § 2 Abs. 4 Satz 4 zu beachten, was bei zunächst wirksam (vor der Überlassung an den Entleiher und mit Erlaubnis nach § 1 Abs. 1 Satz 1) abgeschlossenem Arbeitsvertrag dazu führt, dass das Arbeitsverhältnis zum Verleiher für höchstens zwölf Monate fortbesteht und erst anschließend das Arbeitsverhältnis zum Entleiher fingiert wird. Dies gilt auch, soweit der Grund des Erlöschens im **Tod des Erlaubnisinhabers** liegt (*Schüren/Schüren*, § 10 Rn. 48; vgl. § 2 Rn. 53).

5. Dauer des fingierten Arbeitsverhältnisses (Abs. 1 Satz 2)

26 Nach § 10 Abs. 1 Satz 2 gilt das fingierte Arbeitsverhältnis als **befristet**, wenn die **Tätigkeit** des Leiharbeitnehmers bei dem Entleiher nur befristet vorgesehen war und ein die Befristung des Arbeitsverhältnisses **sachlich rechtfertigender Grund** vorliegt. Die beiden Voraussetzungen müssen kumulativ vorliegen, andernfalls kommt ein unbefristetes Arbeitsverhältnis nach Maßgabe des § 10 Abs. 1 Satz 4 zustande (*Boemke*, § 10 Rn. 36 f.; *ErfK/Wank*, § 10 Rn. 30; *Thüsing/Mengel*, § 10 Rn. 35). Der nach § 14 Abs. 4 TzBfG erforderlichen **Schriftform** bedarf es dabei nicht (*Schüren/Schüren*, § 10 Rn. 52). Voraussetzung für die Befristungsfiktion ist zunächst, dass zwischen Verleiher und Entleiher **im Überlassungsvertrag** ein konkreter Überlasssungszeitraum getroffen wurde (zur eingeschränkten Berücksichtigung einer unwirksamen Vereinbarung des Überlassungszeitraums vgl. Rn. 6 f., 27), was i. d. R. nur bei einem (zunächst wirksamen) ANÜ-Vertrag in Betracht kommt. Auf eine Befristung des Arbeitsverhältnisses kommt es insoweit nicht an (allg. A., vgl. *Becker/Wulfgramm*, Art. 1 § 10 Rn. 35; *Schüren/Schüren*, § 10 Rn. 54). Eine wirksame Befristungsabrede liegt grundsätzlich nur vor, wenn der **Bedarf** für die Arbeitskraft des LAN **zeitlich begrenzt** ist (*Schüren/Schüren*, § 10 Rn. 54 u. 57) und scheidet aus, wenn zwischen den Parteien beabsichtigt ist, im Entleiherbetrieb **dauerhaft anfallende Arbeiten** von Fremdfirmenarbeitnehmern erledigen zu lassen (*Feuerborn/Hamann*, BB 1994, 1347). Soweit durch die illegale ANÜ betriebliche Daueraufgaben erfüllt werden, ist das Arbeitsverhältnis unbefristet (KassHandb/*Düwell*, 4.5 Rn. 278; *Schüren/Schüren*, § 10 Rn. 65). Hier fehlt es regelmäßig schon an der für eine Befristung erforderlichen **Bestimmtheit des Entzeitpunkts** der Vertragsbeziehung; dieser könnte nur durch den weiteren rechtlichen Gestaltungsakt einer ordentlichen oder außerordentlichen Kündigung herbeigeführt werden, was jedoch für das Eingreifen der Befristungsfiktion des § 10 Abs. 1 Satz 2 nicht ausreicht.

Bei der Frage, ob die Vertragsparteien einen unbefristeten Arbeitseinsatz beabsichtigt hatten, kommt es ausschließlich auf den Geschäftswillen an; einer schriftlich fixierten Befristung im ANÜ-Vertrag oder im illegalen Scheinwerkvertrag kommt allenfalls eine indizielle Bedeutung zu. Unbefristete **Rahmenverträge** zur Erbringung von Fremdleistungen (vgl. Einl. C. Rn. 39) erfüllen damit ebenso wenig einen i. S. d. § 10 Abs. 1 Satz 2 befristeten Einsatz (*Thüsing/Mengel*, § 10 Rn. 36) wie befristete Verträge im Einzelfall, wenn von vornherein ein unbestimmter, den einzelvertraglich festgelegten Zeitraum überschreitender Einsatz von Fremdfirmenarbeitnehmern vorgesehen war. Auch darauf, ob bezüglich einzelner Arbeitnehmer nur ein befristeter Arbeitseinsatz vorgesehen war, kommt es nicht an; entscheidend ist allein die **objektiv funktionswidrige Besetzung von Dauerarbeitsplätzen mit Leiharbeitnehmern** (vgl. § 1 Rn. 166). Ist etwa nach den Vertragsabsprachen vorgesehen, dass einzelne Arbeitnehmer nach einem bestimmten Zeitablauf im Rahmen **rollierender Verfahren** gegen andere Arbeitnehmer ausgetauscht werden sollen, ist eine Berufung auf einen befristet vorgesehenen Einsatz i. S. d. § 10 Abs. 1 Satz 2 ausgeschlossen (einschränkend *Schüren/Schüren*, § 10 Rn. 59; a. A. *Boemke*, § 10 Rn. 36). **27**

Auch ansonsten kann eine vorgesehene Befristung des Arbeitseinsatzes nur dann rechtlich anerkannt werden, wenn die Befristungsabrede auch bei Vorliegen einer gültigen Erlaubnis wirksam wäre. Der Entleiher wird durch die Befristungsfiktion des § 10 Abs. 1 Satz 2 grundsätzlich nur geschützt, soweit die Befristungsabrede bezüglich des Arbeitseinsatzes allein wegen der nachträglichen Unwirksamkeit des ANÜ-Vertrages nach § 9 Nr. 1 unwirksam ist (Rn. 7, 26).

Bei **Wegfall der Erlaubnis** während des beabsichtigten Zeitraums der Überlassung (§ 10 Abs. 1 Satz 1 Hs. 2) kann sich der Entleiher bezüglich der Laufzeit des Arbeitsverhältnisses dann nicht auf den Ablauf des vereinbarten Überlassungszeitraums berufen, wenn er vom Wegfall Kenntnis hatte, insbesondere weil der Verleiher seinen Unterrichtungspflichten nach § 12 Abs. 2 nachgekommen ist und der Leiharbeitnehmer ggf. nach Ablauf der gesetzlichen Abwicklungsfrist (§ 2 Abs. 4 Satz 4) weiter beschäftigt wird (vgl. § 15 Abs. 5 TzBfG). **28**

Zeitlichen Befristungen im ANÜ-Vertrag gleichgestellt sind **Zweckbefristungen** (vgl. *ArbG Oberhausen* v. 9. 4. 1985 – 2 Ca 83 / 85 – EzAÜG § 10 AÜG Fiktion Nr. 38), **29** soweit sie im Einzelfall wirksam sind und sich im zulässigen Gestaltungsrahmen von ANÜ bewegen (*Becker/Wulfgramm*, Art. 1 § 10 Rn. 35). Dies ist nicht der Fall, soweit der mit der Überlassung verfolgte Zweck auch über den Einzelfall hinaus fortbesteht. Beabsichtigt etwa der Entleiher, wegen des Abbaus der betrieblichen Personalreserve personelle Unterdeckungen im Rahmen der Geschäftsbeziehungen mit dem Verleiher **kontinuierlich** über den Einsatz von Leiharbeitnehmern auszugleichen, erfüllt dies nicht eine befristet vorgesehene Tätigkeit von Leiharbeitnehmern i.S.d. § 10 Abs. 1 Satz 2 (vgl. Rn. 27).

30   Ist im ANÜ-Vertrag eine befristet vorgesehene Tätigkeit wirksam vereinbart, gilt das Arbeitsverhältnis nur dann als befristet, wenn zusätzlich für die **Befristung des Arbeitsverhältnisses** zum Entleiher ein **sachlich rechtfertigender Grund** vorliegt. Ein sachlicher Grund für die Befristung ist auch erforderlich, wenn bei einer vertraglichen Befristungsabrede der Kündigungsschutz nach dem KSchG nicht umgangen würde, da § 14 Abs. 1 Satz 1 TzBfG grundsätzlich einen sachlichen Grund für die Befristung fordert (so auch *Boemke*, § 10 Rn. 39; i.E. so auch *Schüren/Schüren*, § 10 Rn. 60). Eine Befristung **ohne sachlichen Grund** ist schon nach dem Wortlaut von Abs. 1 Satz 2 ausgeschlossen (*Schüren/Schüren*, § 10 Rn. 56; *Thüsing/Mengel*, § 10 Rn. 41). Liegt kein sachlich rechtfertigender Grund vor und beruft sich der Entleiher auf die Befristung, muss der Leiharbeitnehmer innerhalb der 3-Wochenfrist des § 17 Satz 1 TzBfG **Klage** erheben (*Boemke*, § 10 Rn. 43). Ob ein sachlicher Grund für eine Befristung vorliegt, bestimmt sich nur dann nach § 14 Abs. 1 TzBfG, wenn die Befristungsgründe den Schutzzwecken des AÜG nicht zuwiderlaufen und den Besonderheiten des fingierten Arbeitsverhältnisses entsprechen (vgl. § 9 Rn. 304 ff.). I.Ü. kann der sachliche Grund für die Befristung des Arbeitsverhältnisses in der **Sphäre** sowohl **des Entleihers als auch des Arbeitnehmers** seine Grundlage haben (*Becker/Wulfgramm*, Art. 1 § 10 Rn. 35; *Thüsing/Mengel*, § 10 Rn. 40). Sachliche Gründe, die auf Seiten des Entleihers eine Befristung rechtfertigen können, kommen in Betracht, soweit mit dem befristeten Arbeitseinsatz tatsächlich ein **vorübergehender Arbeitskräftebedarf** (Krankheit, Urlaub eines Stammarbeitnehmers u.ä.) abgedeckt werden sollte (*Schüren/Schüren*, § 10 Rn. 57). Auch in diesen Fällen ist für die Befristung des Arbeitsverhältnisses erforderlich, dass die Befristung auch bei einer unmittelbaren arbeitsvertraglichen Begründung zwischen Entleiher und Leiharbeitnehmer wirksam wäre (*Schüren/Schüren*, § 10 Rn. 55). Dies ist nicht der Fall, wenn die Befristung i.S.d. Rspr. des BAG objektiv funktionswidrig ist (vgl. *BAG* v. 12.10.1960 – GS 1/59 – AP Nr. 16 zu § 620 BGB Befristeter Arbeitsvertrag), insbesondere wenn Bestimmungen des Kündigungsschutzes umgangen werden.

31   Sachliche Gründe, die aus der Person des Arbeitnehmers eine Befristung des Arbeitsverhältnisses rechtfertigen, liegen immer vor, wenn die Befristung des Leiharbeitsverhältnisses nach § 14 Abs. 1 Satz 2 Nr. 6 TzBfG im Interesse des Leiharbeitnehmers erfolgte (§ 9 Rn. 321 ff.). Darüber hinaus können jedoch auch Gründe, die aus Sicht des Arbeitnehmers in den spezifischen betrieblichen Bedingungen beim Entleiher ihre Ursache haben, eine Befristung sachlich rechtfertigen. Dies ist insbesondere dann der Fall, wenn in den Zeitraum des Arbeitseinsatzes beim Entleiher der Zeitpunkt der Beendigung des mit dem Verleiher geschlossenen Arbeitsverhältnisses fällt. Auch insoweit ist darauf abzustellen, ob die Befristungsgründe bei unmittelbarer Begründung eines Arbeitsvertrages zum Entleiher eine Befristung sachlich gerechtfertigt hätten. Hätte der Arbeitnehmer (z.B. wegen längerer Wegezeiten, auswärtigen Aufenthaltes oder wegen besonders hoher Arbeitsbelastungen) einen Arbeitsvertrag mit dem Entleiher

nur befristet abgeschlossen, stellt dies einen sachlich rechtfertigenden Grund aus der Interessensphäre des Arbeitnehmers dar.

Ist die Tätigkeit des Leiharbeitnehmers nach dem Überlassungsvertrag nur **32** befristet vorgesehen und liegt für die Befristung des Arbeitsverhältnisses ein sachlich rechtfertigender Grund vor, gilt das fingierte Arbeitsverhältnis als befristet. Im Regelfall wird das **Befristungsende** mit dem Ende der vorgesehenen Laufzeit des ANÜ-Vertrages korrespondieren (*Boemke*, § 10 Rn.40; *ErfK/Wank*, § 10 Rn.31), dies gilt jedoch nur, soweit auch ein vertraglich zwischen Entleiher und Arbeitnehmer begründetes befristetes Arbeitsverhältnis zu diesem Zeitpunkt geendet hätte. Würde dagegen ein **wirksam befristetes** vertraglich begründetes Arbeitsverhältnis erst nach dem Ablauf der vorgesehenen Überlassungsfrist enden, endet auch das fingierte Arbeitsverhältnis erst zu diesem späteren Zeitpunkt. Infolge des zusätzlichen Erfordernisses eines sachlich rechtfertigenden Grundes (»und«)für die Befristung des Arbeitsverhältnisses muss auch hinsichtlich der Beurteilung des **Endes der Befristung** immer darauf abgestellt werden, wann im Falle eines vertraglich begründeten befristeten Arbeitsverhältnisses dieses geendet hätte. Dieser Zeitpunkt kann im Einzelfall auch **vor dem Ablauf** der zwischen Entleiher und Verleiher vereinbarten Überlassungsdauer liegen. Lag z.B. für die Befristung des ursprünglichen Leiharbeitsverhältnisses ein sachlich rechtfertigender Grund i.S.d. § 14 Abs. 1 Satz 2 Nr.6 TzBfG vor, endet mit Ablauf der vereinbarten **Befristung des Leiharbeitsverhältnisses** gleichzeitig auch das nach § 10 Abs. 1 fingierte Arbeitsverhältnis (so auch *Boemke*, § 10 Rn.40; weitergehend *Schüren/Schüren*, § 10 Rn.58 f., der immer an die Befristungsdauer des Leiharbeitsverhältnisses anknüpfen will).

Wird trotz zunächst wirksamer Befristung der Arbeitseinsatz des Leiharbeit- **33** nehmers über den im ANÜ-Vertrag **vereinbarten Zeitraum hinaus** fortgesetzt, gilt das nach § 10 Abs. 1 zustande gekommene Arbeitsverhältnis gem. § 15 Abs. 5 TzBfG als auf unbestimmte Zeit abgeschlossen (*LAG Baden-Württemberg* v. 19.10.1984 – 7 Sa 28/84 – EzAÜG § 10 AÜG Fiktion Nr.33; *Boemke*, § 10 Rn.41; *ErfK/Wank*, § 10 Rn.33; *Thüsing/Mengel*, § 10 Rn.43). Liegen die Voraussetzungen für eine § 10 Abs. 1 Satz 2 Rechnung tragende wirksame Befristung nicht vor, gilt das Arbeitsverhältnis als **unbefristet** (§ 16 Satz 1 TzBfG; *Becker/Wulfgramm*, Art. 1 § 10 Rn.37; *Boemke*, § 10 Rn.42; *ErfK/Wank*, § 10 Rn.33; *Schüren/Schüren*, § 10 Rn.97; *Thüsing/Mengel*, § 10 Rn.44). Insbesondere beim **Scheinwerkvertrag**, bei dem eine Zeitbestimmung des Arbeitseinsatzes fehlt, sowie bei ANÜ-Verträgen, die dauerhafte Aufgabenstellungen im Entleiherbetrieb betreffen (so *Schüren/Schüren*, § 10 Rn.54 f., 97), kommt daher i.d.R. ein unbefristetes Arbeitsverhältnis zwischen Leiharbeitnehmer und Entleiher zustande.

6. Beendigung des fingierten Arbeitsverhältnisses

a) Beendigung bei befristetem Arbeitsverhältnis

Ist das fingierte Arbeitsverhältnis nach § 10 Abs. 1 Satz 2 befristet, endet es mit **34** Zeitablauf automatisch, ohne dass es einer Kündigung bedarf (§ 15 Abs. 1 TzBfG). Soweit *Schüren* (§ 10 Rn.59) auch bei **Auswechslung** des LAN eine Beendigung des fingierten Arbeitsverhältnisses annimmt, steht dies weder mit dem Wortlaut noch mit den Schutzzwecken des Abs. 1 in Einklang. Abgesehen davon, dass das von Schüren befürchtete Bestehen mehrerer fingierter Arbeitsverhältnisse im Rahmen der bestehenden Rechtsordnung nicht außergewöhnlich ist (zum Doppelarbeitsverhältnis vgl. Einl. D Rn. 60 ff.) übersieht Schüren, dass ein Abzug des LAN beim Verleiher nicht ohne weiteres zu einem fingierten Arbeitsverhältnis bei einem anderen Entleiher führt (z. B. infolge des Eintritts verleihfreier Zeiten oder bei Urlaub). Eine vorzeitige **ordentliche Kündigung des befristeten Arbeitsverhältnisses** ist regelmäßig ausgeschlossen (*Becker/Wulfgramm*, Art. 1 § 10 Rn. 36; *Boemke*, § 10 Rn. 41; Erf*K/Wank*, § 10 Rn. 33; *Schüren/ Schüren*, § 10 Rn. 97; *Thüsing/Mengel*, § 10 Rn. 42), da die erforderliche vertragliche Absprache (§ 15 Abs. 3 TzBfG) zwischen Entleiher und Leiharbeitnehmer nicht vorliegt. Allerdings kann das Arbeitsverhältnis bei Vorliegen eines wichtigen Grundes i.S.d. § 626 BGB **außerordentlich** gekündigt werden (Rn. 39; *Schüren/ Schüren*, § 10 Rn. 102; *Thüsing/Mengel*, § 10 Rn. 42), soweit dem Arbeitnehmer nicht ohnehin ein **Widerspruchsrecht** gegen das Zustandekommen des Arbeitsverhältnisses zusteht (vgl. Rn. 5). Dem Entleiher steht ein Recht zur außerordentlichen Kündigung nur zu, soweit er auch bei einem vertraglich begründeten Arbeitsverhältnis zur außerordentlichen Kündigung nach § 626 BGB berechtigt wäre. Eine Kündigung nach § 314 Abs. 1 BGB ist daneben ausgeschlossen. Für den Leiharbeitnehmer ist dagegen der mit dem fingierten Arbeitsverhältnis verbundene **Wechsel des Arbeitgebers** regelmäßig ein wichtiger Grund für den Ausspruch einer außerordentlichen Kündigung (*Becker/Wulfgramm*, Art. 1 § 10 Rn. 38; *Sandmann/Marschall*, Art. 1 § 10 Anm. 19; a. A. *Schüren/Schüren*, § 10 Rn. 103; Erf*K/Wank*, § 10 Rn. 35). Etwas anderes kann gelten, wenn der Leiharbeitnehmer das Fehlen der Erlaubnis und die Unwirksamkeit von Arbeits- und Überlassungsvertrag kannte (vgl. auch § 10 Abs. 2 Satz 2). Hier wäre es **rechtsmissbräuchlich**, wenn der Leiharbeitnehmer sich auf das Fehlen der Erlaubnis erst beruft, nachdem er seine Arbeit dem Entleiher angeboten bzw. bei diesem zeitweise gearbeitet hat.

35 Bei Nichteinhalten der Zweiwochenfrist des § 626 Abs. 2 Satz 1 BGB entfällt das Recht zur außerordentlichen Kündigung (*Sandmann/Marschall*, Art. 1 § 10 Anm. 19). Die für den Fristbeginn nach § 626 Abs. 2 Satz 2 BGB erforderliche **Kenntniserlangung** der maßgeblichen Tatsachen liegt bei einer außerordentlichen Kündigung durch den Leiharbeitnehmer bereits in dem Zeitpunkt vor, in dem der Leiharbeitnehmer vom Nichtbesitz der Erlaubnis Kenntnis erlangt hat (*Thüsing/Mengel*, § 10 Rn. 45; a. A. *Becker/Wulfgramm*, Art. 1 § 10 Rn. 38). Bei Wegfall der Erlaubnis beginnt die Frist dagegen erst mit Ablauf der gesetzlichen Abwicklungsfrist des § 2 Abs. 4 Satz 4, da das fingierte Arbeitsverhältnis erst in diesem Zeitpunkt entsteht (Rn. 25).

36 Da das fingierte Arbeitsverhältnis einem vertraglich begründeten Arbeitsverhältnis gleichgestellt ist, ist es den Parteien unbenommen, den Arbeitsvertrag vorzeitig im Wege des schriftlichen **Aufhebungsvertrages** zu beenden (allg. A., vgl. *BAG* v. 19.12.1979 – 4 AZR 907/77 – AP Nr. 1 zu § 10 AÜG; *Becker/Wulfgramm*, Art. 1 § 10 Rn. 36; *Sandmann/Marschall*, Art. 1 § 10 Anm. 21; *Schüren/Schüren*, § 10 Rn. 106 f.; *Thüsing/Mengel*, § 10 Rn. 46).

37 Wird das nach § 10 Abs. 1 Satz 2 befristete Arbeitsverhältnis nach Ablauf des Befristungszeitraums von beiden Vertragsparteien wissentlich fortgesetzt, gilt es gem. § 15 Abs. 5 TzBfG als auf unbestimmte Zeit verlängert (Rn. 33). Subjektive Voraussetzung auf Seiten des Entleihers ist hierbei lediglich, dass er von der nach Befristungsablauf fortgesetzten Tätigkeit des Leiharbeitnehmers als solcher zurechenbar Kenntnis hatte oder haben musste. Eine darüber hinausgehende Kenntnis von den tatsächlichen Voraussetzungen, die für das Eingreifen der Befristungsfiktion des § 10 Abs. 1 Satz 2 erforderlich sind, kann nicht gefordert werden (a. A. *Becker/Wulfgramm*, Art. 1 § 10 Rn. 36). Sind die Voraussetzungen des § 15 Abs. 5 TzBfG erfüllt, richten sich Bestand und Inhalt des Arbeitsverhältnisses nach den für ein unbefristetes Arbeitsverhältnis maßgeblichen Grundsätzen. In den Fällen der Verlängerung eines befristeten Arbeitsverhältnisses oder der Umwandlung des zunächst befristeten in ein unbefristetes Arbeitsverhältnis ist der **Betriebsrat** nach § 99 BetrVG zu beteiligen (*BAG* v. 7. 8. 1990 – 1 ABR 68/90 – AiB 1991, 120).

b) Beendigung bei unbefristetem Arbeitsverhältnis

Soweit das fingierte Arbeitsverhältnis **unbefristet** ist, kann es grundsätzlich unter den gleichen Voraussetzungen beendet werden wie ein vertraglich begründetes Normalarbeitsverhältnis (*BAG* v. 30. 1. 1991 – 7 AZR 497/89 – EzA § 10 AÜG Nr. 3; *LAG Köln* v. 29. 3. 1984 – 8 Sa 739/83 – EzAÜG § 10 AÜG Fiktion Nr. 27; *Boemke*, § 10 Rn. 44; ErfK/*Wank*, § 10 Rn. 33; *Schüren/Schüren*, § 10 Rn. 95; *Thüsing/Mengel*, § 10 Rn. 44). Dem **Verleiher** ist es verwehrt, aus eigenem Recht eine Beendigung des Arbeitsverhältnisses herbeizuführen. Eine vom Verleiher **ausgesprochene** Kündigung lässt den Fortbestand des fingierten Arbeitsverhältnisses unberührt (*LAG Köln* v. 28. 11. 1986 – 4 Sa 918/86 – EzAÜG § 10 AÜG Fiktion Nr. 46). Schließen Verleiher und Leiharbeitnehmer dagegen zu einem Zeitpunkt, zu dem der Arbeitnehmer sich nicht auf die Fiktion berufen hat, einen Aufhebungsvertrag, endet das fingierte Arbeitsverhältnis (*LAG München* v. 7. 9. 1998 – 10 Sa 130/98 – EzAÜG § 10 Fiktion Nr. 95). **38**

Zulässig ist sowohl der Abschluss eines **Aufhebungsvertrages**, der auf vollständige Beendigung des Arbeitsverhältnisses gerichtet ist, als auch eine Vereinbarung, wonach das fingierte Arbeitsverhältnis durch Vereinbarung beendet und gleichzeitig auf eine **neue arbeitsvertragliche Grundlage** gestellt wird (*BAG* v. 19. 12. 1979 – 4 AZR 901/77 – AP Nr. 1 zu § 10 AÜG; v. 30. 1. 1991 – 7 AZR 497/89 – EzAÜG § 10 AÜG Nr. 3). Die Verträge, mit denen die Aufhebung des bislang gesetzlich fingierten Arbeitsverhältnisses vereinbart wird, unterliegen nach § 623 BGB der **Schriftform** (*Thüsing/Mengel*, § 10 Rn. 10 u. 46).

Unter Berücksichtigung sonstiger gesetzlicher und kollektiver Regelungen sowie der für Inhalt und Dauer des Arbeitsverhältnisses nach § 10 Abs. 1 Satz 4 maßgeblichen Bestimmungen im Entleiherbetrieb kann das **neue** vertraglich begründete Arbeitsverhältnis auch **befristet werden**. In diesem Fall muss jedoch wie in allen Fällen, in denen ein zunächst unbefristetes Arbeitsverhältnis nachträglich befristet wird, ein sachlicher Grund für die Befristung i. S. d. § 14 Abs. 1 TzBfG vorliegen (*Hantel*, AuA 1996, 89). Im Unterschied zu den Fällen, in denen der Leiharbeitnehmer im unmittelbaren Anschluss an eine den Bestimmungen des AÜG entsprechende legale ANÜ einen Arbeitsvertrag mit dem Entleiher abschließt, ist eine Befristung ohne sachlichen Grund nach § 14 Abs. 1 Satz 1 TzBfG ausgeschlossen (vgl. hierzu auch *BAG* v. 8. 12. 1988 – 2 AZR 308/88 – AP Nr. 6 zu § 1 BeschFG 1985), weil die Befristung eines unbefristet fingierten Arbeitsverhältnisses keine Verlängerung eines befristeten Arbeitsvertrages i. S. d. § 14 Abs. 2 Satz 1 Halbsatz 2 TzBfG darstellt.

Im Hinblick auf die gesamtschuldnerische Haftung nach § 10 Abs. 3 sind Aufhebungsverträge **mit Rückwirkung** nicht zulässig. Dies kann im Einzelfall Probleme bereiten, insbesondere in den Fällen, in denen Entleiher und Arbeitnehmer nach Ablauf der vorgesehenen Überlassungszeit faktisch den Arbeitseinsatz beenden. Ein durch **konkludentes Verhalten** zustande gekommener Aufhebungsvertrag kommt abgesehen von der nicht eingehaltenen Schriftform (§ 623 BGB) nicht in Betracht, da die Vertragsparteien vom Bestand des Arbeitsverhältnisses keine Kenntnis hatten (*Schüren/Schüren*, § 10 Rn. 110). Soweit nicht ohnehin tarifvertragliche Regelungen (vgl. § 4 Abs. 4 TVG), Betriebsvereinbarungen (vgl. § 77 Abs. 4 BetrVG) oder sonstige Rechtsnormen einem **rückwirkenden Verzicht** auf Rechte aus dem Arbeitsverhältnis entgegenstehen, sind daher Vereinbarungen zwischen Entleiher und Arbeitnehmer mit ex-tunc-Wirkung nur zulässig, soweit sie nicht Rechte Dritter i.S.d. § 10 Abs. 3 beeinträchtigen können.

39 Ebenso wie beim befristet fingierten Arbeitsverhältnis ist der Arbeitnehmer – nicht jedoch der Entleiher (*Thüsing/Mengel*, § 10 Rn. 45) – wegen des mit § 10 Abs. 1 Satz 1 verbundenen Arbeitgeberwechsels berechtigt, das unbefristete Arbeitsverhältnis mit Kenntniserlangung durch **außerordentliche Eigenkündigung** zu beenden (*Thüsing/Mengel*, § 10 Rn. 42; Rn. 34) bzw. dem Übergang des Arbeitsverhältnisses zu widersprechen (Rn. 5). I.Ü. sind für eine ordentliche und außerordentliche Kündigung die Normen zu beachten, die auch bei einem vertraglich begründeten normalen Arbeitsverhältnis gelten (*BAG* v. 30.1.1991 – 7 AZR 497/89 – EzAÜG § 10 AÜG Nr. 3), wobei hinsichtlich der **Dauer des Arbeitsverhältnisses** nach Abs. 1 Satz 4 auch die im Entleiherbetrieb geltenden Vorschriften zu beachten sind. Die Schutzzwecke von Abs. 1 gebieten es, dabei eine Kündigungsbefugnis des Entleihers frühestens zum vorgesehenen Beendigungszeitpunkts des ANÜ-Vertrags anzunehmen (*ErfK/Wank*, § 10 Rn. 33; *Schüren/Schüren*, § 10 Rn. 97). I.Ü. sind die Bestimmungen des **KSchG** in vollem Umfang anwendbar. Strittig ist hierbei, ob **Beschäftigungszeiten**, die der Leiharbeitnehmer vor Beginn des fingierten Arbeitsverhältnisses im Entleiherbetrieb zurückgelegt hat, auf die Mindestbeschäftigungsdauer von sechs Monaten nach § 1 Abs. 1 Satz 1 KSchG anzurechnen sind. Gestützt auf eine Entscheidung des *ArbG Bochum* (v. 14.1.1982 – 2 Ca 495/81 – EzAÜG KSchG Nr. 1), will ein Teil der Lit. (*Becker/Wulfgramm*, Art. 1 § 10 Rn. 37a; *Schüren/Schüren*, § 10 Rn. 98) Zeiten, in denen der Leiharbeitnehmer erlaubt (bei unerlaubter Überlassung anders *Schüren*, a.a.O.) an einen Entleiher überlassen wurde, bei der **sechsmonatigen Wartefrist** nicht mitzählen (*Boemke*, § 10 Rn. 44; *ErfK/Wank*, § 10 Rn. 34; *Thüsing/Mengel*, § 10 Rn. 44). Gerechtfertigt ist dies nur, soweit (wie im entschiedenen Fall des *ArbG Bochum*) nach einer legalen Überlassung ein Arbeitsverhältnis zwischen Entleiher und Leiharbeitnehmer vertraglich begründet wird, da sich die gegenseitigen Ansprüche hier ausschließlich aus diesem neuen, rechtlich selbstständig zu beurteilenden Arbeitsverhältnis ergeben. Beim fingierten Arbeitsverhältnis wirken jedoch die **Ansprüche aus dem ursprünglichen Leiharbeitsverhältnis** weiter, was u.a. in § 10 Abs. 1 Satz 5 für den Vergütungsanspruch vom Gesetzgeber berücksichtigt wird. Fingiertes Arbeitsverhältnis und vorheriges Leiharbeitsverhältnis sind daher rechtlich miteinander **verzahnt**. Zu berücksichtigen ist auch, dass die Funktion der sechsmonatigen Wartezeit des § 1 Abs. 1 Satz 1 KSchG, die Geeignetheit des Arbeitnehmers zu überprüfen (*Bachmeister/Trittin*, KSchG, § 1 Rn. 39), auch durch eine vormalige Tätigkeit als Leiharbeitnehmer erfüllt wird. Dies rechtfertigt es, beim fingierten Arbeitsverhältnis auch die Beschäftigungszeiten bei der Wartezeit des § 1 Abs. 1 Satz 1 KSchG zu berücksichtigen, die der Leiharbeitnehmer vor Beginn des fingierten Arbeitsverhältnisses auf der Grundlage des Überlassungsvertrages beim Entleiher zurückgelegt hat (*Becker*, AuR 1982, 377).

40 Betriebliche oder tarifliche **Kündigungsverbote** (z.B. wegen Überschreitens bestimmter Altersgrenzen) muss der Entleiher bei betriebsbedingter Kündigung ebenso beachten (*Thüsing/Mengel*, § 10 Rn. 44) wie sonstige betriebliche und tarifliche Regelungen, die hinsichtlich der Voraussetzungen (z. B. Fristverlängerungen, vorherige Durchführung von Kurzarbeit) oder Folgen (z. B. Abfindungen, Überbrückungsgelder) Vorschriften enthalten (Abs. 1 Satz 4). Dies gilt auch im Rahmen der Prüfung, ob die Kündigung i. S. d. § 1 Abs. 2 KSchG sozial gerechtfertigt ist. In die **Sozialauswahl** hat der Arbeitgeber sowohl den Leiharbeitnehmer als auch die übrige Stammbelegschaft einzubeziehen (*Becker/Wulfgramm*, Art. 1 § 10 Rn. 37a). Kommt es bei der Sozialauswahl auf die Betriebszugehörigkeit an, sind auch insoweit vor Beginn des fingierten Arbeitsverhältnisses zurückgelegte Beschäftigungszeiten beim Entleiher mitzuzählen (Rn. 39).

In **Kleinbetrieben** mit i. d. R. fünf oder weniger Arbeitnehmern ausschließlich **41** der Auszubildenden kommen die Bestimmungen des ersten Abschnitts des KSchG auch im fingierten Arbeitsverhältnis nicht zur Anwendung (§ 23 Abs. 1 Satz 2 KSchG; vgl. *Bepler*, AuR 1997, 54). Der auf Grund des fingierten Arbeitsverhältnisses beschäftigte Arbeitnehmer zählt bei der Bestimmung der Mindestgröße mit (*Schüren/Schüren*, § 10 Rn. 99).

Vorschriften zum **besonderen Kündigungsschutz** finden auf das fingierte **42** Arbeitsverhältnis gleichermaßen Anwendung (*Thüsing/Mengel*, § 10 Rn. 44; *Schüren/Schüren*, § 10 Rn. 95). Dies gilt auch für den besonderen Kündigungsschutz von betriebsverfassungs- oder personalvertretungsrechtlichen Organen nach § 15 KSchG (a. A. *Becker/Wulfgramm*, Art. 1 § 10 Rn. 37b), und zwar auch in Kleinbetrieben (vgl. § 23 Abs. 1 Satz 2 KSchG). Die infolge der Fiktion des § 10 Abs. 1 Satz 1 eintretende Beendigung des bisherigen Arbeitsverhältnisses zum Verleiher steht einer Berücksichtigung bisheriger **Betriebsratsarbeit** beim Verleiher im Entleiherbetrieb nach § 15 KSchG nicht entgegen. Beim besonderen Kündigungsschutzes nach § 15 KSchG ist zu beachten, dass der Zweck der Norm nicht allein im Schutz des einzelnen Arbeitnehmervertreters besteht, sondern auch der Schutz des vertretungsrechtlichen Organs als solchem bezweckt ist (*Kittner/Trittin*, § 15 Rn. 1). Dieser Organschutz ist auch unabhängig von der Rechtsstellung des einzelnen Betriebsratsmitglieds und unabhängig von dessen Rechtsverhältnis betroffen. Durch § 15 KSchG soll dem Arbeitgeber jede Möglichkeit genommen werden, Betriebsratätigkeit zum Anlass zu nehmen, um eine Kündigung auszusprechen. Da das fingierte Arbeitsverhältnis und das vormalige Leiharbeitsverhältnis in einem inneren rechtlichen Zusammenhang stehen (Rn. 39), ist die Kündigung eines Arbeitnehmers, der vor Beginn des fingierten Arbeitsverhältnisses Betriebsratsaufgaben beim Verleiher wahrgenommen hat, innerhalb des ersten Jahres der Beschäftigung nach § 15 Abs. 1 Satz 2 KSchG unzulässig (zur Beendigung der Amtszeit des Betriebsrats in den Fällen des § 10 Abs. 1 vgl. Rn. 66).

Besteht das fingierte Arbeitsverhältnis, ohne dass die Parteien Kenntnis vom Be- **43** stand haben und wird das Arbeitsverhältnis **faktisch nicht durchgeführt**, bleibt der Beschäftigungsanspruch des Arbeitnehmers bzw. der Anspruch des Arbeitgebers auf Erbringung der Arbeitsleistung erhalten (*Becker/Wulfgramm*, Art. 1 § 10 Rn. 38a; *Schüren*, § 10 Rn. 112). Die Rechte können allerdings materiellrechtlich und prozessual nach Treu und Glauben **verwirkt werden** (*BAG* v. 30. 1. 1991 – 7 AZR 497/89 – AP Nr. 8 zu § 10 AÜG; *Boemke*, § 10 Rn. 80 u. 28; *Thüsing/Mengel*, § 10 Rn. 48), wobei schon eine viermonatige Untätigkeit des Arbeitnehmers nach Beendigung der Tätigkeit beim Entleiher zur Verwirkung führen kann (vgl. Kass-Handb/*Düwell*, 4.5 Rn. 276), wenn der LAN **positive Kenntnis** vom fingierten Arbeitsverhältnis hat (*LAG Köln* v. 3.6.2003 – 13 Sa 2/03). Solange die unerlaubte ANÜ andauert oder der Arbeitnehmer noch im Betrieb des Entleihers arbeitet, kann eine Verwirkung allerdings nicht eintreten (*LAG Köln* v. 29.3.1984 – 8 Sa 739/83 – EzAÜG § 10 AÜG Fiktion Nr. 27; *Becker/Wulfgramm*, Art. 1 § 10 Rn. 38a; *Sandmann/Marschall*, Art. 1 § 10 Anm. 21a; *Schüren/Schüren*, § 10 Rn. 130; vgl. auch *BAG* v. 18.2.2003, AP Nr. 5 zu § 13 AÜG m. Anm. *Boemke*). Auch setzt eine Verwirkung i. d. R. voraus, dass der Entleiher das fingierte Arbeitsverhältnis anerkannt hat (vgl. Rn. 74). Nach faktischer Beendigung des Arbeitseinsatzes kommt eine Verwirkung in Betracht, wenn Umstände vorliegen, aus denen sich ein **Vertrauenstatbestand** dahingehend ergibt, dass eine Geltendmachung der Rechte aus dem fingierten Arbeitsverhältnis nicht mehr erfolgt. Dies ist etwa der Fall, wenn der Arbeitgeber das fingierte Arbeitsverhältnis gegenüber dem Leiharbeitnehmer anerkennt und der Arbeitnehmer trotz angebotener Beschäftigung erst nach einem rechtlich beachtlichen Zeitraum bereit ist, seine Rechte aus dem fingierten Arbeitsverhältnis geltend zu machen bzw. den aus dem fingierten Arbeitsverhältnis folgenden Arbeitspflichten nachzukommen. Dieser Zeitraum dürfte regelmäßig überschritten sein, wenn entsprechend der Geltendmachung des Widerspruchsrechts i. R. d. § 613a BGB eine **Überlegungsfrist** von drei Wochen (*BAG* v. 22.4.1993, AP Nr. 102 zu § 613a BGB) verstrichen ist (*Schüren/Schüren*, § 10 Rn. 130). Solange der Verleiher seiner Verpflichtung nicht nachgekommen ist, dem Leiharbeitnehmer alle Tatsachen und Auskünfte zu erteilen, die dieser zur Beurteilung der Sachlage und zur Durchsetzung evtl. Ansprüche gegen Verleiher und Entleiher benötigt (zum Auskunftsanspruch vgl. *BAG* v. 11.4.1984 – 5 AZR 316/82 – AP Nr. 7 zu § 10 AÜG), beginnt die Überlegungsfrist nicht zu laufen. Sobald der Arbeitnehmer jedoch alle Umstände kennt, die für die Beurteilung seiner Rechtsstellung zu Verleiher und Entleiher von Bedeutung sind, kommt auch eine Verwirkung in Betracht, soweit der Entleiher als Arbeitgeber das fingierte Arbeitsverhältnis anerkannt hat. Es stellt eine **rechtsmissbräuchliche Berufung auf ein Arbeitsverhältnis** dar, wenn der Arbeitnehmer nach einer erheblichen Zeit, in der ihm vom Arbeitgeber ein Arbeitsverhältnis angeboten wurde, sich **nachträglich** auf ein Arbeitsverhältnis beruft (*BAG* v. 11.12.1996 – 5 AZR 708/95).

7. Durchsetzung des Beschäftigungsanspruchs

44 Da das fingierte Arbeitsverhältnis einem vertraglich begründeten Arbeitsverhältnis gleichzustellen ist, steht dem Arbeitnehmer ein **Anspruch auf tatsächliche Beschäftigung** im Entleiherbetrieb zu. Im Streitfall ist dieser Beschäftigungsanspruch jedoch nicht vor Abschluss einer rechtskräftigen Feststellung des Bestehens eines fiktiven Arbeitsverhältnisses gerichtlich durchsetzbar (*LAG Köln* v. 3.7.1992 – 13 Sa 130/92 – EzAÜG § 1 AÜG Gewerbsmäßige ANÜ Nr. 29; *Schüren/Schüren*, § 10 Rn. 114). Die Durchsetzung des Anspruchs ist für Leiharbeitnehmer meist mit Schwierigkeiten verbunden, da die beteiligten Unternehmen häufig das Vorliegen eines werkvertraglichen Einsatzes behaupten und grundsätzlich dem Arbeitnehmer die **Darlegungs- und Beweislast** dafür obliegt, dass eine erlaubnispflichtige ANÜ vorgelegen hat (*BAG* v. 30.1.1991 – 7 AZR 497/89 – AP Nr. 8 zu § 10 AÜG; *Thüsing/Mengel*, § 10 Rn. 49). Das reine Bestreiten der vom Leiharbeitnehmer vorgetragenen Umstände durch den Entleiher mit Nichtwissen ist allerdings gem. § 138 Abs. 1 ZPO unzulässig (*ArbG Bonn* v. 29.5.1985 – 3 Ca 350/85 – EzAÜG § 10 AÜG Fiktion Nr. 41).

Da sich der Beschäftigungsanspruch des Arbeitnehmers i.d.R. entweder nur ge- **45** gen den Arbeitgeber aus dem fingierten Arbeitsverhältnis oder – mangels Vorliegens einer erlaubnispflichtigen ANÜ – gegen den Verleiher/Vertragsarbeitgeber richtet (zum Wahlrecht des Arbeitnehmers in bestimmten Fällen vgl. § 9 Rn.27, 30), der Arbeitnehmer jedoch über die Person des Arbeitgebers im Ungewissen ist (oder beide das Bestehen eines Arbeitsverhältnisses bestreiten), besteht für ihn zusätzlich das Problem, dass er sich der Gefahr **widersprüchlichen Verhaltens** aussetzt, wenn er sowohl gegen den Verleiher als auch gegen den Entleiher Beschäftigungsansprüche aus dem Arbeitsverhältnis geltend machen will. Darauf bezogen hat das *LAG Köln* (v. 18.1.1985 – 5/4 Sa 925/83 – EzAÜG § 10 Fiktion 37) es zu Recht als zulässig erachtet, wenn der Leiharbeitnehmer bei **ungeklärter Rechtslage** Ansprüche sowohl gegen den Verleiher als auch gegen den Entleiher als fiktivem Arbeitgeber geltend macht. In seiner Entscheidung vom 11.4.1985 (5 AZR 316/82 – AP Nr.7 zu § 10 AÜG) hat das *BAG* dem Arbeitnehmer einen **Auskunftsanspruch** gegen den Verleiher zuerkannt, wonach dieser verpflichtet ist, den Arbeitnehmer über alle Umstände zu unterrichten, die zur Durchsetzung von Ansprüchen gegen Entleiher oder Verleiher von Bedeutung sein können. Die Auskunftspflicht besteht dabei unabhängig davon, ob das Leiharbeitsverhältnis nach § 9 Nr.1 unwirksam ist (*Thüsing/Mengel*, § 10 Rn.50; vgl. §§ 311 Abs. 2, 241 Abs. 2 BGB) oder der Arbeitnehmer im Rahmen einer ANÜ oder eines Werk- oder sonstigen Vertrages mit Drittfirmenbezug eingesetzt wurde. Der Arbeitnehmer hat nur Tatsachen vorzutragen, die den Verdacht auf eine unerlaubte ANÜ begründen (*BAG*, a.a.O.). Ist eines der Indizien für das Vorliegen eines Scheinwerkvertrages vorgetragen (vgl. Einl. C. Rn.79), hat der Arbeitnehmer seiner Darlegungslast Rechnung getragen.

Durch den Auskunftsanspruch soll der Arbeitnehmer in die Lage versetzt werden, Ansprüche gegen seinen Arbeitgeber durchzusetzen. Der Auskunftsanspruch dient damit auch der Vorbereitung einer **Feststellungsklage** hinsichtlich des Bestehens eines Arbeitsverhältnisses. Das *BAG* (a.a.O.) hat den Auskunftsanspruch gegen den Verleiher, unabhängig von der Frage, ob das Arbeitsverhältnis wirksam oder unwirksam ist, nicht allein aus der Schadensersatzpflicht nach § 10 Abs. 2 abgeleitet (kritisch hierzu *Bernet*, Anm. zu *BAG* v. 11.4.1984 – AP Nr.7 zu § 10 AÜG), sondern es hat den Auskunftsanspruch auch nach den Grundsätzen von Treu und Glauben (§ 242 BGB) zuerkannt. Dies rechtfertigt es, dem Arbeitnehmer neben dem Auskunftsanspruch gegen den Verleiher auch einen **Auskunftsanspruch gegen den Entleiher** zuzuerkennen (*Boemke*, § 10 Rn.79; vgl. § 311 Abs. 3 BGB). Der Auskunftsanspruch ist dabei nicht davon abhängig, dass der Arbeitnehmer das Vorliegen der Voraussetzungen des fingierten Arbeitsverhältnisses darlegt und beweist. Die Rechtsbeziehung, aus der sich dieser Anspruch auch unabhängig von §§ 311 Abs. 3, 241 Abs. 2 BGB ableiten lässt, ist die den Entleiher treffende Fürsorgepflicht sowie seine in § 14 Abs. 2 festgelegten betriebsverfassungsrechtlichen Pflichten, insbesondere das gegenüber dem Entleiher bestehende Anhörungs- und Erörterungsrecht des Arbeitnehmers (§ 82 Abs. 1 BetrVG; vgl. § 14 Rn. 59). Behauptet der Entleiher das Vorliegen eines Werkvertrages, steht dies einer für den Auskunftsanspruch ausreichenden Rechtsbeziehung nicht entgegen, da sich die **Fürsorgepflicht** des Arbeitgebers auf »alle im Betrieb tätigen Personen« (§ 75 Abs. 1 Satz 1 BetrVG) erstreckt, mithin auch werkvertragliche Einsatzformen erfasst (vgl. Einl. C. Rn.156). Der Arbeitnehmer hat auch insoweit lediglich Tatsachen vorzutragen, die den Verdacht auf eine unerlaubte ANÜ begründen.

46 Unabhängig von einer Klage auf Auskunftserteilung kann der Arbeitnehmer jederzeit **Klage auf Feststellung** des Bestehens eines Arbeitsverhältnisses vor dem Arbeitsgericht erheben (*Becker/Wulfgramm*, Art. 1 § 10 Rn. 38a; *Boemke*, § 10 Rn. 80; *Schüren/Schüren*, § 10 Rn. 124; *Thüsing/Mengel*, § 10 Rn. 49). Das **Rechtsschutzinteresse** ergibt sich hierbei regelmäßig aus der bestehenden Ungewissheit über die Person des Arbeitgebers. Dieses Interesse besteht sowohl bei einer Klage gegen den Verleiher als auch gegen den Entleiher. Durch die gleichzeitige Erhebung beider Klagen kann dem Arbeitnehmer ein widersprüchliches Verhalten nicht zur Last gelegt werden (*LAG Köln*, a.a.O.; *LAG Berlin* v. 25.7.1988 – 12 Sa 9/88 – EzAÜG § 10 AÜG Fiktion Nr. 63; *Sandmann/Marschall*, Art. 1 § 10 Anm. 21). Auch ist eine Verfahrensaussetzung nach § 148 ZPO bezüglich einer der beiden Feststellungsklagen bis zur Erledigung der anderen Feststellungsklage nicht zulässig (*LAG Baden-Württemberg* v. 21.10.1987 – 2 Ta 26/87 – EzAÜG § 10 AÜG Fiktion Nr. 52). Hat der Arbeitgeber in einer der beiden Feststellungsklagen rechtskräftig obsiegt und ist der jeweils andere Arbeitgeber dem Rechtsstreit als **Nebenintervenient** (§§ 66ff. ZPO) beigetreten, entfällt wegen der Rechtskraftwirkung auch das Feststellungsinteresse im Parallelverfahren (vgl. *LAG Düsseldorf* v. 6.6.1983 – 2 (6) Sa 104/83 – EzAÜG § 10 AÜG Fiktion 18). Bei Arbeitsverhältnissen mit reinen Verleihunternehmen gilt dies auch, soweit der Arbeitnehmer in einem Kündigungsrechtsstreit gegen seinen Vertragsarbeitgeber obsiegt (a.A. *Becker/Wulfgramm*, Art. 1 § 10 Rn. 38a). Besteht in betriebsverfassungsrechtlicher Hinsicht **Streit über den Status als Arbeitnehmer** oder Leiharbeitnehmer, kann der Status auch im arbeitsgerichtlichen Beschlußverfahren (§ 2 Abs. 1 Nr. 4 ArbGG) geklärt werden (*Boemke*, § 10 Rn. 83; *Bulla*, DB 1975, 1795). Im Hinblick auf bevorstehende **Betriebsratswahlen** ist dabei das Rechtsschutzinteresse immer zu bejahen, wenn der Status von Fremdfirmenbeschäftigten strittig ist (vgl. § 7 Satz 2 BetrVG).

47 Solange der Fremdfirmeneinsatz andauert, hat der Arbeitnehmer jederzeit das Recht, das Bestehen eines fingierten Arbeitsverhältnisses im Wege der Feststellungsklage klären zu lassen (*BAG* v. 18.2.2003 – 3 AZR 160/02 – AP Nr. 5 zu § 13 AÜG; *LAG Köln* v. 29.3.1984 – 8 Sa 739/83 – EzAÜG § 10 AÜG Fiktion 27; *LAG Berlin*, a.a.O.; *Becker/Wulfgramm*, Art. 1 § 10 Rn. 38a; *Boemke*, § 10 Rn. 29; *Schüren/Schüren*, § 10 Rn. 124; zum Weiterbeschäftigungsanspruch allgemein vgl. *Growe*, NZA 1996, 567). Ist der Arbeitnehmer im Betrieb des Entleihers nicht mehr tätig, kann das Recht, das Bestehen eines fingierten Arbeitsverhältnisses feststellen zu lassen, auch **prozessual verwirkt** werden (*BAG* v. 30.1.1991 – 7 AZR 239/90 – EzAÜG § 10 AÜG Fiktion Nr. 68; *LAG Düsseldorf* v. 26.1.1984 – 2 (16) Sa 1177/83 – EzAÜG § 10 AÜG Fiktion Nr. 23; *LAG Köln* v. 28.1.2002, NZA RR 2002, 458; *Becker/Wulfgramm*, Art. 1 § 10 Rn. 38a; *Boemke*, § 10 Rn. 28; *Schüren/Schüren*, § 10 Rn. 127ff.; *Sandmann/Marschall*, Art. 1 § 10 Anm. 21a). Auf die Einhaltung der dreiwöchigen **Klagefrist** des § 4 Satz 1 KSchG/§ 17 TzBfG kommt es insoweit nicht an (*Becker/Wulfgramm*, Art. 1 § 10 Rn. 38a; *Boemke*, § 10 Rn. 80; *Schüren/Schüren*, § 10 Rn. 124), vielmehr beurteilt sich die Frage der prozessualen Verwirkung nach denselben Grundsätzen, die für die materiell-rechtliche Verwirkung gelten (Rn. 43; vgl. auch *LAG Köln* v. 3.6.2003 – 13(3) Sa 2/03; *Kittner/Trittin*, § 102 BetrVG Rn. 263). Entsprechend den Grundsätzen, die für die Anwendbarkeit tariflicher Ausschlussfristen gelten, setzt eine Verwirkung gegenüber dem Verleiher dabei voraus, dass der Entleiher seine Schuldnerstellung aus dem fingierten Arbeitsverhältnis eingeräumt hat (*BAG* v. 27.7.1983 – 5 AZR 194/81 – EzAÜG § 10 AÜG Fiktion Nr. 20).

Hat der Arbeitnehmer in **erster Instanz** in einem Feststellungsverfahren **obsiegt**, **48**
hat er gegen den Entleiher einen Anspruch auf tatsächliche Beschäftigung (*ArbG Köln* v. 15. 2. 1989 – 10 Ca 8727/88 – DB 1989, 1092; *Boemke*, § 10 Rn. 81; *Sandmann/ Marschall*, Art. 1 § 10 Anm. 21b; einschränkend *Schüren/Schüren*, § 10 Rn. 114 f.). Das Feststellungsurteil ist ein Erkenntnis- und kein Gestaltungsurteil, so dass der Beschäftigte selbst bestimmen kann, ob und ggf. für welchen Zeitraum er rückwirkend den Status als Arbeitnehmer des Entleihers geltend macht (*BAG* v. 14. 3. 2001 – 4 AZR 152/00). Der **Beschäftigungsanspruch** kann bei Ablehnung der Beschäftigung durch den Arbeitgeber auch im Wege der **einstweiligen Verfügung** geltend gemacht werden (*Boemke*, § 10 Rn. 81). Tarifliche Ausschlussfristen sind für den Weiterbeschäftigungsanspruch irrelevant (*BAG* v. 15. 5. 1991 – 5 AZR 271/90 – AP Nr. 23 zu § 611 BGB Beschäftigungspflicht).

III. Inhalt des fingierten Arbeitsverhältnisses (Abs. 1 Satz 3 bis 5)

§ 10 Abs. 1 Satz 3 bis 5 enthält Grundsätze, nach denen sich der Inhalt des fingier- **49**
ten Arbeitsverhältnisses richtet. Das Tätigkeitsprofil bzw. die Arbeitsaufgaben, die der näheren Bestimmung des **Inhalts des Arbeitsverhältnisses** zugrunde liegen, richten sich dabei nach den Merkmalen, die im ANÜ-Vertrag bestimmt waren bzw. die der Arbeitnehmer im Entleiherbetrieb bislang wahrgenommen hatte (*Boemke*, § 10 Rn. 31; *Schüren/Schüren*, § 10 Rn. 67). Ohne Änderungskündigung ist eine Veränderung der Tätigkeit oder des Arbeitsortes nicht zulässig (*Sandmann/ Marschall*, Art. 1 § 10 Anm. 15). Hierbei kommt es nicht darauf an, ob der Leiharbeitnehmer im Arbeitsvertrag mit dem Verleiher andere, höher- oder minderqualifizierte Tätigkeiten vereinbart hatte. Die diesbezüglichen Vereinbarungen können sich nur mittelbar beim Mindestlohnanspruch nach § 10 Abs. 1 Satz 5 auswirken.

§ 10 Abs. 1 Satz 3 bis 5 ist **abdingbar**. Es bleibt Arbeitgeber und Arbeitnehmer un- **50**
benommen, im Wege einer einvernehmlichen Regelung das Arbeitsverhältnis auf eine neue vertragliche Grundlage zu stellen und die Arbeitsbedingungen neu zu regeln (*BAG* v. 19. 12. 1979 – 4 AZR 901/77 – AP Nr. 1 zu § 10 AÜG; *Becker/ Wulfgramm*, Art. 1 § 10 Rn. 17; *Boemke*, § 10 Rn. 20 u. 46; *Schüren/Schüren*, § 10 Rn. 73; *Sandmann/Marschall*, Art. 1 § 10 Anm. 21). Der arbeitsrechtliche Gleichbehandlungsgrundsatz (vgl. § 10 Abs. 1 Satz 4) ist auch im Rahmen eines vertraglich vereinbarten Arbeitsverhältnisses unter geänderten Bedingungen zu beachten. Führt die Vertragsänderung zu einer Schlechterstellung des Arbeitnehmers, ist er einer strengen Inhaltskontrolle zu unterziehen (so *Schüren/Schüren*, § 10 Rn. 73). Wegen der gesetzlich zwingenden Rechtsfolgen können die Ansprüche aus dem fingierten Arbeitsverhältnis **nicht rückwirkend** abbedungen werden (vgl. *BAG* v. 18. 2. 2003 – 3 AZR 160/02 – DB 2003, 2181; a. A. *Boemke*, § 10 Rn. 20).

Konkrete Anforderungen hinsichtlich des Inhalts des fingierten Arbeitsverhält- **51**
nisses sind in § 10 Abs. 1 Satz 3 bezüglich der **Arbeitszeit** und in § 10 Abs. 1 Satz 5 hinsichtlich des **Mindestarbeitsentgelts** enthalten. I. ü. gelten für das fingierte Arbeitsverhältnis alle beim Entleiher geltenden Vorschriften und sonstigen Regelungen bzw., soweit solche fehlen, diejenigen vergleichbarer Betriebe (§ 10 Abs. 1 Satz 4). Rückwirkende Ansprüche aus dem fingierten Arbeitsverhältnis werden hinsichtlich des Beginns der gesetzlichen Verjährungsfristen (§ 195 BGB) sowie tariflicher Ausschlussfristen erst fällig, wenn der Entleiher seine Schuldnerstellung eingeräumt hat (*LAG Rheinland-Pfalz* v. 19. 10. 1999 – 10 Ta 175/99 – BB 2000, 936; *Boemke*, § 10 Rn. 34; vgl. Rn. 47).

1. Arbeitszeit (Abs. 1 Satz 3)

52 Nach § 10 Abs. 1 Satz 3 bestimmt sich die **Arbeitszeit** beim fingierten Arbeitsverhältnis nach den Vereinbarungen, die zwischen Entleiher und Verleiher im ANÜ-Vertrag getroffen wurden. Zeiten, die im ANÜ-Vertrag vereinbart wurden, vom Entleiher aber wegen mangelnden Bedarfs nicht in Anspruch genommen wurden, gelten dabei als vereinbart. Die Regelung bezieht sich sowohl auf die **Dauer** als auch auf die **Lage** der Arbeitszeit (*Becker/Wulfgramm*, Art. 1 § 10 Rn.19; *Boemke*, § 10 Rn.46; *Schüren/Schüren*, § 10 Rn.75; *Thüsing/Mengel*, § 10 Rn.18). Die zwischen Verleiher und Entleiher vorgesehene Arbeitszeit ist dabei nur maßgeblich, soweit der Verleiher auf Grund der Vertragsabsprachen mit dem Leiharbeitnehmer berechtigt war, eine entsprechende Arbeitszeit zu verlangen. Die **TV zur ANÜ** (vgl. z.B. § 4.1 MTV BZA/DGB) sehen insoweit vor, dass sich die Lage der Arbeitszeit nach den Verhältnissen beim Entleiher richtet, so dass sich Friktionen nur bei der Arbeitszeitdauer ergeben können. Durch Satz 3 werden die Arbeitspflichten, die der Arbeitnehmer auch bei Wirksamkeit des ANÜ-Vertrages zu erfüllen hätte, nicht erweitert (*Ulber*, Arbeitnehmer in Zeitarbeitsfirmen, 95). Unabhängig von den getroffenen Vereinbarungen sind hinsichtlich der Arbeitszeit immer die TV und gesetzliche Normen zum Arbeitsschutz zu beachten, die einer Gestaltung von Lage und Dauer der Arbeitszeit (z.B. ArbZG) Grenzen setzen. Maßgeblich sind hierbei die Verhältnisse im Entleiherbetrieb. War etwa der Verleiher befugt, Arbeitnehmer nach § 10 Abs. 1 ArbZG auch sonn- und feiertags zu beschäftigen, kann der Entleiher den Arbeitnehmer nur dann außerhalb von Werktagen arbeiten lassen, wenn er ebenfalls die Voraussetzungen nach § 10 ArbZG erfüllt.

Hinsichtlich der Arbeitszeit sollen durch § 10 Abs. 1 Satz 3 Unsicherheiten und Streitigkeiten der Parteien des fingierten Arbeitsverhältnisses vermieden werden. Dies ist weitgehend sichergestellt, wenn an die bislang vom Arbeitnehmer geleistete Arbeitszeit angeknüpft wird, da sowohl Entleiher als auch Leiharbeitnehmer durch die bisherige Praxis der Arbeitszeitgestaltung zu erkennen gegeben haben, dass sie mit einer bestimmten Regelung zur Arbeitszeit einverstanden sind. Unter diesem Gesichtspunkt sowie unter dem Gesichtspunkt des Vertrauensschutzes ist die bisherige Praxis bei der Durchführung des ANÜ-Vertrages hinsichtlich der Arbeitszeit (auch im Sinne einer konkludent zustande gekommenen Vereinbarung zwischen Verleiher und Entleiher) auch dann maßgeblich, wenn eine Vereinbarung zur Arbeitszeit im ANÜ-Vertrag (insbesondere beim Scheinwerkvertrag) nicht ausdrücklich getroffen wurde. Die im Entleiherbetrieb geltenden Arbeitszeitregelungen kommen erst dann über § 10 Abs. 1 Satz 4 zur Anwendung, wenn (»im Übrigen«) die Arbeitszeit nicht nach § 10 Abs. 1 Satz 3 bestimmt werden kann (a.A. *Becker/Wulfgramm*, Art. 1 § 10 Rn.21). Die Arbeitszeit bestimmt sich dann nach § 10 Abs. 1 Satz 4, wenn eine Regelung im Vertrag zwischen Verleiher und Entleiher nicht getroffen wurde (*Boemke*, § 10 Rn.47; *Thüsing/Mengel*, § 10 Rn.19) und das fingierte Arbeitsverhältnis bereits mit dem Beginn der Arbeitsaufnahme beim Entleiher zustande kommt. Auch hier sind jedoch die im Arbeitsvertrag zwischen Verleiher und Leiharbeitnehmer vereinbarten Grenzen der Arbeitszeitgestaltung (s.o.) zu beachten.

53 Soweit sich die **Dauer der Arbeitszeit** nach § 10 Abs. 1 Satz 3 richtet, kann dies sowohl für den Arbeitnehmer als auch für den Entleiher zu nicht interessengerechten Konsequenzen führen. Hat etwa ein vollzeitbeschäftigter Arbeitnehmer – wie im ANÜ-Vertrag vereinbart – nur einen Teil seiner mit dem Verleiher vereinbarten wöchentlichen Arbeitszeit beim Entleiher gearbeitet, hat er gegen den Entleiher trotz seines Interesses an einer Vollzeitbeschäftigung nur einen Anspruch auf eine Teilzeitbeschäftigung und kann nur im Rahmen des § 9 TzBfG eine Verlängerung der Arbeitszeit verlangen. Dabei bleibt der Entleiher bei reduzierter Arbeitszeit anteilig zur **Zahlung des Arbeitsentgelts** in dem Umfang verpflichtet, den der Verleiher schuldete (vgl. Rn. 59; *Schüren/Schüren*, § 10 Rn. 84; *Boemke*, § 10 Rn. 57). Da durch die Fiktion des Arbeitsverhältnisses sichergestellt werden soll, dem betroffenen Arbeitnehmer seine Existenzgrundlage im bisherigen Umfang zu erhalten, ist den Parteien des fingierten Arbeitsverhältnisses – auch unter Berücksichtigung des Interesses des Entleihers, eine den Bedürfnissen des Entleiherbetriebes entsprechende **arbeitszeitgerechte Arbeitsleistung** zu erhalten – in diesen Fällen analog dem Rechtsgedanken aus § 313 Abs. 1 BGB die Möglichkeit eröffnet, mittels der ordentlichen (Änderungs-) Kündigung eine Anpassung der Arbeitszeit an den Entgeltanspruch für ein Vollzeitarbeitsverhältnis zu verlangen (ähnlich *Schüren/Schüren*, § 10 Rn. 84, der die Grenze der Anpassungsmöglichkeit der Arbeitszeitdauer in den unwirksamen arbeitsvertraglichen Vereinbarungen zwischen Verleiher und Leiharbeitnehmer zieht). Bei arbeitgeberseitiger Änderungskündigung gilt § 2 KSchG. Verlangt der Arbeitnehmer eine Anpassung der Arbeitszeit entsprechend der bisherigen Vertragsabsprachen mit dem Verleiher, ist der Entleiher über seine Verpflichtung nach § 9 TzBfG hinaus nach Treu und Glauben (§ 242 BGB) und unter Berücksichtigung der betriebsüblich vereinbarten Arbeitszeit auch nach den Grundsätzen der Gleichbehandlung (§ 10 Abs. 1 Satz 4) verpflichtet, dem Verlangen des Arbeitnehmers Rechnung zu tragen, soweit dem nicht unabweisbare betriebliche Bedürfnisse entgegenstehen.

Auch **Lage und Verteilung der Arbeitszeit** richten sich grundsätzlich nach den **54** zwischen Verleiher und Entleiher im ANÜ-Vertrag getroffenen Vereinbarungen. Auch hier müssen sich die Absprachen zwischen Verleiher und Entleiher im Rahmen der zwischen Verleiher und Leiharbeitnehmer getroffenen Vereinbarungen und der ggf. anwendbaren Tarifverträge halten (vgl. Rn. 52). Soweit diese Grenzen eingehalten sind, unterliegen Lage und Verteilung der Arbeitszeit grundsätzlich dem **Direktionsrecht des Arbeitgebers**, das durch die Mitbestimmungsrechte des Betriebsrats nach § 87 Abs. 1 Nr. 2 und 3 BetrVG begrenzt wird (*Boemke*, § 10 Rn. 46; *Schüren/Schüren*, § 10 Rn. 79). Ist daher im Überlassungsvertrag keine Bestimmung von Lage bzw. Verteilung der Arbeitszeit getroffen, ist der Entleiher in den Grenzen billigen Ermessens (§ 106 GewO) befugt, über die Lage der Arbeitszeit frei zu bestimmen (*Thüsing/Mengel*, § 10 Rn. 20). Betriebliche Regelungen (§ 10 Abs. 1 Satz 4) hat der Entleiher hierbei ebenso zu beachten wie die **Mitbestimmungsrechte** eines ggf. existierenden Betriebsrats nach § 87 Abs. 1 Nr. 2 und 3 BetrVG. Waren Lage und Verteilung der Arbeitszeit im Arbeitsvertrag des Arbeitnehmers mit dem Verleiher flexibel vereinbart, ist der Arbeitnehmer bei fehlender Regelung im Überlassungsvertrag im vereinbarten Rahmen verpflichtet, der vom Entleiher gewünschten flexiblen oder geänderten Arbeitszeitgestaltung Folge zu leisten (zur Mitbestimmung des Betriebsrates vgl. Rn. 55). Nur soweit das fingierte Arbeitsverhältnis schon einen erheblichen Zeitraum bestanden hat, kann im Einzelfall ein Vertrauenstatbestand für den Arbeitnehmer eingetreten sein, nach dem die bisherige Praxis beizubehalten ist. Dem Entleiher ist es dann nach Treu und Glauben (§ 242 BGB) verwehrt, einseitig eine Änderung herbeizuführen.

54a Ist es dem Arbeitnehmer nicht möglich, einer vom Arbeitgeber angeordneten Veränderung von Lage und Verteilung der Arbeitszeit Rechnung zu tragen und sind im Entleiherbetrieb keine arbeitsorganisatorischen Möglichkeiten gegeben, den Arbeitnehmer in der bisherigen Arbeitszeit zu beschäftigen, kann der Arbeitgeber das Arbeitsverhältnis ordentlich kündigen (zum Kündigungsrecht des Arbeitnehmers beim fingierten Arbeitsverhältnis vgl. Rn. 39). Bis zum Ablauf der Kündigungsfrist bleibt er allerdings verpflichtet, den Arbeitnehmer in der bislang praktizierten Form der Arbeitszeitgestaltung weiterzubeschäftigen.

55 Sind Entleiher und Arbeitnehmer beiderseits **tarifgebunden**, gelten die Normen des Tarifvertrages auch für das fingierte Arbeitsverhältnis, soweit sie für den Arbeitnehmer günstiger sind (*Thüsing/Mengel*, § 10 Rn. 19; § 4 Abs. 3 TVG). Dasselbe gilt für Betriebsvereinbarungen nach § 87 Abs. 1 Nr. 2 und 3 BetrVG (§ 77 Abs. 4 BetrVG; *Boemke*, § 10 Rn. 46; *Schüren/Schüren*, § 10 Rn. 80; *Thüsing/Mengel*, § 10 Rn. 19). Da sich die Mitbestimmungsrechte eines beim Entleiher bestehenden Betriebsrats hinsichtlich Lage und Verteilung der Arbeitszeit auch auf Leiharbeitnehmer erstrecken (vgl. § 14 Rn. 107 ff.), ist die für den Arbeitnehmer bereits vor Beginn des fingierten Arbeitsverhältnisses (ggf. nach der entsprechenden Betriebsvereinbarung) geltende Arbeitszeitregelung auch im anschließenden fingierten Arbeitsverhältnis maßgeblich (Rn. 52). Eine gegenüber Arbeitsvertrag bzw. Überlassungsvertrag abweichende Arbeitszeitregelung ist unbeachtlich, da der Arbeitnehmer sowohl als früherer Leiharbeitnehmer als auch als jetziger Direktbeschäftigter nur in den Grenzen der Arbeitszeitgestaltung eingesetzt werden darf, die durch das Mitbestimmungsrecht bzw. durch Betriebsvereinbarungen nach § 87 Abs. 1 Nr. 2 und 3 BetrVG gesteckt sind (*Becker/Wulfgramm*, Art. 1 § 10 Rn. 21; *Schüren/Schüren*, § 10 Rn. 79).

2. Sonstige Arbeitsbedingungen (Abs. 1 Satz 4)

56 Soweit sich die Laufzeit oder Arbeitszeit des fingierten Arbeitsverhältnisses nicht nach § 10 Abs. 1 Satz 2 und 3 richtet, finden auf das fingierte Arbeitsverhältnis alle für den **Entleiherbetrieb geltenden Vorschriften** und sonstigen Regelungen Anwendung (§ 10 Abs. 1 Satz 4 Hs. 1). Die Vorschrift ist abdingbar (*Boemke*, § 10 Rn. 56). Durch § 10 Abs. 1 Satz 4 Halbsatz 2 wird klargestellt, dass das **fingierte Arbeitsverhältnis** hinsichtlich aller Arbeitsbedingungen einem vertraglich begründeten Arbeitsverhältnis **gleichgestellt** ist (*Becker/Wulfgramm*, Art. 1 § 10 Rn. 32; *Schüren/Schüren*, § 10 Rn. 91). Bisherige **Beschäftigungszeiten** als Leiharbeitnehmer sind als Beschäftigungszeiten beim Entleiher anzurechnen (vgl. Rn. 39). Zu den im Entleiherbetrieb geltenden Vorschriften und sonstigen Regelungen zählen alle individual- und kollektivrechtlichen Normen des Arbeitsrechts, insbesondere Gesetze, Tarifverträge, Betriebsvereinbarungen und sonstige betriebliche Regelungen (zur Altersversorgung vgl. *BAG* v. 18. 2. 2003 – 3 AZR 160/02 – AP Nr. 5 zu § 13 AÜG), die dem Arbeitnehmer eine Rechtsposition einräumen (*Becker/Wulfgramm*, Art. 1 § 10 Rn. 31; *Boemke*, § 10 Rn. 49; ErfK/*Wank*, § 10 Rn. 28). Fraglich ist, ob beim Entleiher geltende TV auf das fingierte Arbeitsverhältnis nur dann Anwendung finden, wenn sowohl der Entleiher als auch der Entleiher tarifgebunden sind oder auf Grund betrieblicher Übung oder des Gleichbehandlungsgrundsatzes die Tarifverträge anzuwenden sind (so *Boemke*, § 10 Rn. 49; ErfK/*Wank*, § 10 Rn. 28; *Thüsing/Mengel*, § 10 Rn. 24). Zweifel ergeben sich insoweit aus den bei Unwirksamkeit des Leiharbeitsvertrags nach § 9 Nr. 2 bestehenden Gleichstellungsansprüchen, nach denen dem LAN die tariflichen

Regelungen des Entleihers bis zur Begründung des fiktiven Arbeitsverhältnisses auch bei mangelnder Tarifbindung zustanden (vgl. Rn. 87 u. 109). Aus Satz 5 ergibt sich jedoch, dass der Gesetzgeber die **Fortgeltung bisheriger Arbeitsbedingungen** des LAN auf das Arbeitsentgelt beschränken wollte. Dem vormaligen LAN sind daher ohne Tarifbindung nur hinsichtlich des **Arbeitsentgelts** nach Satz 5 die tariflichen Ansprüche als Mindestansprüche zu gewähren, die dem LAN auf Grund des **Gleichbehandlungsgrundsatzes** nach § 9 Nr. 2 zustanden (vgl. § 9 Rn. 90 ff. u. Rn. 60). Soweit eine tarifliche Regelung fehlt, hat der Arbeitnehmer (als übliche Vergütung i.S.d. § 612 Abs. 2 BGB) einen Anspruch auf dasselbe Entgelt wie Stammarbeitnehmer mit vergleichbarer Tätigkeit (*BAG* v. 7. 6. 1993, EzAÜG § 10 AÜG Fiktion Nr. 78). Auch ohne die Bestimmung des § 10 Abs. 1 Satz 4 ist jedoch der Arbeitgeber schon aus dem Gesichtspunkt der **Gleichbehandlung** verpflichtet, dem Arbeitnehmer alle Rechte zu gewähren, die auch den anderen Stammarbeitnehmern eingeräumt sind (*Boemke*, § 10 Rn. 48; *Thüsing/Mengel*, § 10 Rn. 25). Dies betrifft insbesondere **übertarifliche Zulagen** (ErfK/*Wank*, § 10 Rn. 24; *Thüsing/Mengel*, § 10 Rn. 25).

56a Soweit keine Regelungen i.S.d. § 10 Abs. 1 Satz 4 Halbsatz 1 vorhanden sind, richten sich die Arbeitsbedingungen nach denjenigen vergleichbarer Betriebe (§ 10 Abs. 1 Satz 4 Hs. 2). **Vergleichbare Betriebe** können dabei sowohl andere Betriebe des Entleihers als auch Betriebe anderer Arbeitgeber sein (*Thüsing/Mengel*, § 10 Rn. 27), soweit sie nach Größe und Betriebszweck mit dem Beschäftigungsbetrieb vergleichbar sind. Maßgeblich sind hier vor allem die üblichen Tarifbestimmungen der jeweiligen Branche, der der Entleiher angehört (*Schüren/Schüren*, § 10 Rn. 92).

57 § 10 Abs. 1 Satz 4 erfasst **alle Bedingungen des Arbeitsverhältnisses** und geht daher über den Kreis der dem LAN nach § 9 Nr. 2 zu gewährenden wesentlichen Arbeitsbedingungen hinaus. Hinsichtlich der Dauer des Arbeitsverhältnisses betrifft dies insbesondere auch Regelungen zum Kündigungsschutz. Auch die **Eingruppierung** und die **Höhe des Arbeitsentgelts** einschließlich sonstiger Leistungen des Arbeitgebers mit Entgeltcharakter werden von der Vorschrift erfasst. Fehlt es an betrieblichen Regelungen und lassen sich mangels Vorhandenseins sonstiger Stammarbeitnehmer oder Vergleichbarkeit der Arbeitsplätze oder der Arbeitnehmer (*Thüsing/Mengel*, § 10 Rn. 26) auch aus dem Gleichbehandlungsgrundsatz keine Anhaltspunkte für das betriebsübliche Entgelt herleiten, ist dem Leiharbeitnehmer bei Fehlen vergleichbarer Betriebe das übliche Arbeitsentgelt i.S.d. § 612 Abs. 2 BGB zu zahlen (*BAG* v. 15. 6. 1983 – 5 AZR 111/81 – AP Nr. 5 zu § 10 AÜG; *Schüren/Schüren*, § 10 Rn. 92).

3. Mindestarbeitsentgelt (Abs. 1 Satz 5)

58 Da der Entleiher beim fingierten Arbeitsverhältnis in die volle Arbeitgeberstellung einrückt, schuldet er dem Arbeitnehmer für die gesamte Dauer des fingierten Arbeitsverhältnisses die **Vergütung** (*Marschall*, DB 1975, 303). Auch für die **zurückliegenden Zahlungszeiträume** ist der Vergütungsanspruch dabei nicht auf die Höhe der Differenz begrenzt, um welche das beim Entleiher übliche Arbeitsentgelt das mit dem Verleiher vereinbarte Entgelt übersteigt (einschränkend *Schneider*, BB 1978, 365). Durch den Wortlaut von § 10 Abs. 1 Satz 5 (»mindestens«) wird festgelegt, dass der Entgeltanspruch des Arbeitnehmers gegen den Entleiher unabhängig von den Rechtsbeziehungen zum Verleiher und grundsätzlich auch unabhängig von etwaigen tatsächlich vom Verleiher erbrachten Leistungen besteht.

59 Nach § 10 Abs. 1 Satz 5 hat der Arbeitnehmer aus dem fingierten Arbeitsverhältnis mindestens Anspruch auf das mit dem Verleiher **vereinbarte Entgelt**. Ist die Vergütungsabsprache als solche sittenwidrig oder aus sonstigen Gründen unwirksam, ist nach § 612 Abs. 2 BGB die übliche Vergütung zu Grunde legen (*Schüren/Schüren*, § 10 Rn. 92), soweit sie für den LAN gegenüber den Gleichstellungsansprüchen aus § 9 Nr. 2 günstiger ist (vgl. § 9 Rn. 77). Bei **Fehlen** einer Vergütungsvereinbarung stand dem LAN nach § 10 Abs. 4 das einem vergleichbaren Arbeitnehmer des Entleihers geschuldete Arbeitsentgelt zu (*Boemke/Lembke*, § 10 Rn. 11; *Thüsing/Mengel*, § 10 Rn. 68 vgl. § 10 Rn. 87), das im Rahmen von Abs. 1 Satz 5 als Mindestentgelt auch dann zu zahlen ist, wenn es auf einem beim Entleiher anwendbaren Tarifvertrag beruhte. Auf eine **Tarifbindung** des Arbeitnehmers kommt es dabei nicht an (Rn. 60). Das vereinbarte Arbeitsentgelt ist dabei zeitbezogen zu verstehen, so dass der Arbeitnehmer bei einer Teilzeitbeschäftigung beim Entleiher (zum Begriff vgl. § 2 TzBfG) auch dann nur die Vergütung für die reduzierte Arbeitszeit verlangen kann, wenn mit dem Verleiher ein Vollzeitarbeitsverhältnis vereinbart war. § 11 Abs. 4 Satz 2 ist bzgl. des **Teilzeitarbeitsverhältnisses** (vgl. § 1 Rn. 24a) auf das fingierte Arbeitsverhältnis nicht anzuwenden, der Arbeitnehmer ist insoweit auf die Geltendmachung von Schadensersatzansprüchen gegen den Verleiher (Abs. 2) verwiesen (vgl. Rn. 68). Der **Mindestvergütungsanspruch** steht dem Arbeitnehmer so lange zu, wie die nach Abs. 1 Satz 4 zu bemessende Vergütung niedriger liegt (*BAG* v. 21.7.1993 – 5 AZR 554/92 – EzAÜG § 10 AÜG Nr. 7). Die Mindestniveaugarantie des § 10 Abs. 1 Satz 5 schützt den Arbeitnehmer dabei über den Verlust bisheriger Einkommensbestandteile hinaus auch dagegen, dass beim Entleiher geltende **Verfallfristen** einer Geltendmachung rückständiger Gehaltsforderungen entgegenstehen (*Boemke*, § 10 Rn. 34; *Däubler* Bd. 2, S. 961; *Becker*, BB 1978, 363; *Ulber*, AuR 1982, 351).

59a Unter das **Arbeitsentgelt** fallen alle im Arbeitsvertrag mit dem Verleiher vereinbarten Leistungen des Arbeitgebers mit **Entgeltcharakter** (*Boemke*, § 10 Rn. 54; *Erfk/Wank*, § 10 Rn. 23; *Schüren/Schüren*, § 10 Rn. 86; *Thüsing/Mengel*, § 10 Rn. 23). Erfasst werden dabei auch Vergütungsbestandteile, die nicht zum Arbeitsentgelt nach § 9 Nr. 2 (vgl. § 9 Rn. 90f.) zählen (Familienzulagen, Fahrtkostenzuschüsse, Essensgeld u. ä.; vgl. *Becker/Wulfgramm*, § 10 Rn. 25; *Boemke*, § 10 Rn. 54; *ErfK/Wank*, § 10 Rn. 23). Sie sind, bezogen auf den jeweiligen Abrechnungszeitraum (wöchentliche/monatliche Entlohnung etc.), einzeln zu bewerten (KassHandb/*Düwell*, 4.5 Rn. 271) und mit dem nach § 10 Abs. 1 Satz 4 maßgeblichen Arbeitsentgelt zu vergleichen. Ein breiter Günstigkeitsvergleich findet dabei nicht statt (KassHandb/*Düwell*, 4.5. Rn. 271; *Schüren/Schüren*, § 10 Rn. 86). **Überschreitet** das nach § 10 Abs. 1 Satz 4 maßgebliche **Arbeitsentgelt** das **Mindestarbeitsentgelt** nach § 10 Abs. 1 Satz 5, hat der Entleiher die Differenz zusätzlich zu vergüten. Eine Anpassung an die betrieblichen Vergütungsstrukturen kann der Entleiher nur über eine entsprechende Änderungsvereinbarung erreichen (*BAG*, a.a.O.). Eine Änderungskündigung ist insoweit grundsätzlich ausgeschlossen (KassHandb/*Düwell*, 4.5 Rn. 272). Liegt ein dringendes betriebliches Bedürfnis vor (vgl. *Schüren/Schüren*, § 10 Rn. 88), kann eine Änderungskündigung nur bei einer Existenzgefährdung des Betriebs ausgesprochen werden (*LAG Düsseldorf* v. 22.2.2005 – 8 Sa 1756/04 – DB 2005, 1116; *Ascheid/Preis/Schmidt*, § 2 KSchG Rn. 258). Bei **Lohnerhöhungen** der Stammbelegschaft kann der Differenzbetrag (entsprechend den Grundsätzen der Anrechnung übertariflicher Lohnbestandteile bei Tariflohnerhöhungen) sukzessive abgebaut werden. Der Anspruch aus § 10 Abs. 1 Satz 5 enthält eine statische Besitzstandsregelung (*Boemke*, § 10 Rn. 53 u. 58) und hat nicht den Charakter einer statischen Zulage. Die Vorschrift begründet insoweit keinen Anspruch des Leiharbeitnehmers, dass ihm ein bei Zustandekommen des fingierten Arbeitsverhältnisses vorhandener Vergütungsvorsprung gegenüber Stammarbeitnehmern des Entleihers ungeschmälert erhalten bleibt (*BAG* v. 21. 7. 1993 – 5 AZR 554/92 – EzAÜG § 10 AÜG Fiktion Nr. 8; Kass-Handb/*Düwell*, 4.5 Rn. 273).

Waren **Verleiher und Leiharbeitnehmer** beiderseits **tarifgebunden** oder war die **60** Anwendbarkeit tarifvertraglicher Vorschriften einzelvertraglich vereinbart, waren die Entgeltvorschriften dieses Tarifvertrages bis zur Einfügung der Gleichbehandlungsansprüche nach §§ 3 Abs. 1 Nr. 3, 9 Nr. 2 individualrechtlich auch im Rahmen des § 10 Abs. 1 Satz 5 zugrunde zu legen. §§ 3 Abs. 1 Nr. 3, 9 Nr. 2, 10 Abs. 4 gibt dem LAN nun aber hinsichtlich des Arbeitsentgelts einen arbeitsvertraglich **nicht abdingbaren** Anspruch (vgl. § 9 Rn. 113 f.) auf Gewährung der beim Entleiher geltenden tariflichen Leistungen. Dieser Anspruch kann nur dann über einen Tarifvertrag bzw. eine wirksame arbeitsvertragliche Bezugnahme verkürzt werden, wenn der Arbeitsvertrag als solcher wirksam ist (vgl. § 9 Rn. 25 und Rn. 87, 109). Ist jedoch wie in den Fällen des § 9 Nr. 1 der gesamte Arbeitsvertrag unwirksam, können die Rechtsfolgen des § 10 Abs. 4 nicht durch die Geltung eines Tarifvertrags oder einer arbeitsvertraglichen Inbezugnahme abbedungen werden (a. A. wohl ErfK/*Wank*, § 10 Rn. 26). Die Vorschriften von §§ 3 Abs. 1 Nr. 3, 9 Nr. 2 zur Gleichbehandlung können nur zugunsten des Arbeitnehmers angewandt werden (*LAG Düsseldorf* v. 22. 2. 2005 – 8 Sa 1756/04 – DB 2005, 1116), sie können jedoch bei einem illegal tätigen Verleiher nicht zu einer Verkürzung von Rechtspositionen des Arbeitnehmers führen. Soweit auf § 10 Abs. 4 beruhende Entgeltansprüche auf einem beim Entleiher geltenden Tarifvertrag beruhen, sind die Ansprüche auch dann als Mindestentgelt i.S.d. Abs. 1 Satz 5 maßgeblich, wenn der Arbeitnehmer nicht nach §§ 3 Abs. 1, 4 Abs. 1 TVG an den beim Entleiher geltenden TV gebunden ist. Der Mindestentgeltanspruch ist jedoch auch in diesem Fall lediglich ein individualvertraglicher Anspruch, § 4 TVG findet insoweit keine Anwendung (*Boemke*, § 10 Rn. 53).

Die Parteien des fingierten Arbeitsverhältnisses können qua **einvernehmlichem** **61** **Änderungsvertrag** (Rn. 50) die Entgeltbedingungen anders regeln (*BAG* v. 19. 12. 1979 – 4 AZR 901/77 – AP Nr. 1 zu § 10 AÜG; *Boemke*, § 10 Rn. 56; *Schüren/ Schüren*, § 10 Rn. 87; *Thüsing/Mengel*, § 10 Rn. 22). Dies wird insbesondere dann geboten sein, wenn die Arbeitszeit des Arbeitnehmers nach § 10 Abs. 1 Satz 3 einen geringeren Umfang ausmacht als die dem Mindestentgeltanspruch des § 10 Abs. 1 Satz 5 zugrundeliegende Arbeitszeit. Kommt keine einvernehmliche Änderung zustande, ist der Arbeitgeber bei Vorliegen eines dringenden betrieblichen Bedürfnisses berechtigt, eine ordentliche **Änderungskündigung** mit dem Ziel der **Angleichung** der Arbeitszeit an die für die Stammarbeitnehmer geltende **betriebsübliche Arbeitszeit** auszusprechen, soweit hierdurch der Mindestentgeltanspruch nach § 10 Abs. 1 Satz 5 nicht unterschritten wird (so auch *Thüsing/Mengel*, § 10 Rn. 31; einschränkend *Boemke*, § 10 Rn. 56; *Schüren/Schüren*, § 10 Rn. 87 f.).

IV. Ansprüche gegen den Verleiher bei Zustandekommen eines fingierten Arbeitsverhältnisses (Abs. 2)

62 Nach § 10 Abs. 2 steht dem Leiharbeitnehmer ein nicht auf das negative Interesse begrenzter Anspruch gegen den Verleiher auf **Ersatz des Vertrauensschadens** zu, wenn das Arbeitsverhältnis nach § 9 Nr. 1 unwirksam ist. Mit der Vorschrift werden die Folgen der Unwirksamkeit gesetzlich nur unvollkommen geregelt. Dies gilt insbesondere in den Fällen, in denen das Arbeitsverhältnis trotz Unwirksamkeit faktisch vollzogen wird oder die Parteien (unter Umständen sogar gutgläubig) vom Vorliegen eines Werkvertrages ausgingen. Probleme entstehen nicht nur bei der Rückabwicklung, sondern auch bei der Reichweite der Unwirksamkeitsfolgen des § 9 Nr. 1, insbesondere in Mischunternehmen.

1. Beendigung des bisherigen Arbeitsverhältnisses

63 **Fehlt** schon **bei Abschluss** des Leiharbeitsverhältnisses die **Erlaubnis**, ist das Leiharbeitsverhältnis nach § 9 Nr. 1 **von Anfang an unwirksam** (vgl. § 9 Rn. 25; zu verfassungsrechtlichen Bedenken vgl. *HessLAG* v. 6.3.2001 – 2/9 Sa 1246/00). In diesem Falle beschränken sich die Ansprüche des Arbeitnehmers gegen den Verleiher grundsätzlich auf den Ersatz des Vertrauensschadens nach § 10 Abs. 2 Satz 1. Setzen Verleiher und Leiharbeitnehmer das Arbeitsverhältnis faktisch in Vollzug, finden die Grundsätze des **faktisch vollzogenen Leiharbeitsverhältnisses** Anwendung (*Becker/Wulfgramm*, Art. 1 § 10 Rn. 14; *Schüren*, § 10 Rn. 133 f.; vgl. § 9 Rn. 32 und Rn. 67). Der Arbeitnehmer kann sich jederzeit von diesem Arbeitsverhältnis durch **einseitige Erklärung lösen**, ohne dass es einer Kündigung bedarf (*BAG* v. 26.6.1984 – 2 AZR 471/83 – EzAÜG § 1 AÜG Gewerbsmäßige Arbeitnehmerüberlassung Nr. 18; vgl. § 9 Rn. 32). In eingeschränktem Umfang gilt dies auch für den Verleiher, der i. Ü. auch aus c.i.c. (§ 311 Abs. 2 BGB) zum Schadensersatz verpflichtet ist (vgl. § 9 Rn. 21; weitergehend *Schüren/Schüren*, § 10 Rn. 143). Wird infolge einer entsprechenden Erklärung das faktische Arbeitsverhältnis **vor** dem nach § 10 Abs. 1 Satz 1 maßgeblichen Beginn des fingierten Arbeitsverhältnisses aufgehoben, greift die Fiktion des § 10 Abs. 1 Satz 1 nicht ein (*Becker/Wulfgramm*, Art. 1 § 10 Rn. 14; vgl. Rn. 21).

63a Bei **Mischarbeitsverhältnissen** ist es dem Verleiher wegen der in anderen Geschäftsbereichen vorhandenen legalen Beschäftigungsmöglichkeiten i.d.R. verwehrt, sich auf eine nach § 9 Nr. 1 eingetretene Unwirksamkeit des Arbeitsverhältnisses zu berufen. Es stellt regelmäßig einen Rechtsmissbrauch dar, wenn sich der Verleiher auf eine allein von ihm zu vertretende Unwirksamkeit des Arbeitsvertrages wegen fehlender Erlaubnis beruft (offen gehalten in *BAG* v. 3.12.1997 – 7 AZR 764/96; zur Kenntnis des Arbeitnehmers von der fehlenden Erlaubnis vgl. § 9 Rn. 28). Dem LAN steht dagegen grundsätzlich ein **Wahlrecht** dahingehend zu, ob er das Arbeitsverhältnis ohne eine Verpflichtung zur ANÜ fortsetzt, oder das fingierte Arbeitsverhältnis mit dem Entleiher erfüllt (a. A. *Schüren/Schüren*, § 10 Rn. 157 ff., der beim Mischarbeitsverhältnis nur für den Überlassungszeitraum ein fingiertes Arbeitsverhältnis annimmt).

64 Bei **Mischunternehmen** oder nachträglichem **Wegfall der Erlaubnis** stellt sich die Frage der Rechtsfolgen des § 9 Nr. 1 erst in dem Zeitpunkt, in dem tatsächlich ANÜ ohne Erlaubnis betrieben wird (vgl. Rn. 13 und § 9 Rn. 26 f.). Erfolgt bei Mischunternehmen die Überlassung auf Grund einer besonderen zeitlich befristeten **Einzelabrede**, treten die **Unwirksamkeitsfolgen** des § 9 Nr. 1 nur bezüglich dieser zeitlich befristeten Absprache ein. Nach Zeitablauf entfaltet das – in der Zwischenzeit nach den Grundsätzen des faktisch vollzogenen Arbeitsverhältnisses zu beurteilende – Arbeitsverhältnis wieder seine Wirkungen (§ 9 Rn. 27). Dasselbe gilt bei **unechten Leiharbeitsverhältnissen** (§ 9 Rn. 25a) sowie bei illegaler ANÜ ins Ausland, wenn der Arbeitnehmer die Fortsetzung des Arbeitsverhältnisses von seinem Vertragsarbeitgeber verlangt (vgl. § 9 Rn. 27; weiter gehend *Schüren/Schüren*, § 10 Rn. 157f., der bei Mischunternehmen immer nur Teilnichtigkeit bezüglich der Verpflichtung zur Leistung von Leiharbeit annimmt).

Verstößt ein **angeblich werkvertraglicher Einsatz** gegen die Erlaubnispflicht, **65** wird das Arbeitsverhältnis zum Verleiher grundsätzlich mit dem Zeitpunkt beendet, in dem durch den Einsatz erstmals der Tatbestand einer gewerbsmäßigen ANÜ erfüllt wird (*BAG* v. 10. 2. 1977 – 2 ABR 80/76 – AP Nr. 9 zu § 103 BetrVG 1972; vgl. § 9 Rn. 27). Nur in besonderen Ausnahmefällen, in denen der Arbeitnehmer die Unwirksamkeit nicht kannte (vgl. hierzu § 9 Rn. 30), kommt hier etwas anderes in Betracht.

Endet das Arbeitsverhältnis infolge der Durchführung des fingierten Arbeits- **66** verhältnisses, endet damit i. d. R. gleichzeitig auch ein vom Arbeitnehmer wahrgenommenes **Betriebsratsamt** (*Becker/Wulfgramm*, Art. 1 § 10 Rn. 16b; vgl. Einl. D, 78).

2. Rückabwicklung bei vollzogenem unwirksamen Arbeitsvertrag

Tritt die Unwirksamkeitsfolge des § 9 Nr. 1 ein und erfüllen die Arbeitsvertrags- **67** parteien dennoch ihre vertraglich vereinbarten Verpflichtungen, ist das Arbeitsverhältnis für die Zeit der faktischen Erfüllung des Vertrages nach den Grundsätzen des **faktischen Arbeitsverhältnisses** wie ein wirksam zustande gekommenes Arbeitsverhältnis zu behandeln (*Becker/Wulfgramm*, Art. 1 § 10 Rn. 15a, 16a; *Schüren/Schüren*, § 10 Rn. 133, *Thüsing/Mengel*, § 10 Rn. 20; vgl. § 9 Rn. 32; a. A. *Boemke*, § 9 Rn. 24; *Sandmann/Marschall*, Art. 1 § 10 Anm. 6ff.; *Marschall*, DB 1975, 303). Hieraus folgt nicht nur, dass der Verleiher gezahlten **Lohn** (dessen Mindestumfang sich nach §§ 3 Abs. 1 Nr. 3, 9 Nr. 2 bemisst) nicht zurückfordern kann, sondern er bleibt auch verpflichtet, für **beschäftigungslose Zeiten** den Lohn entsprechend den typischen Arbeitgeberrisiken des Verleihers zu zahlen (*Schüren/Schüren*, § 10 Rn. 144). Im Fall der Insolvenz hat das faktische Arbeitsverhältnis auch zur Folge, dass dem Arbeitnehmer für die letzten drei Monate vor Verfahrenseröffnung Ansprüche auf Insolvenzgeld nach §§ 183ff. SGB III zustehen (*Schüren/Schüren*, § 10 Rn. 147; *ErfK/Wank*, § 10 Rn. 42). Die Ansprüche des Arbeitnehmers auf **Insolvenzausfallgeld** lassen jedoch die auf § 10 Abs. 1 beruhenden Ansprüche unberührt (*LAG Düsseldorf* v. 25. 11. 1981 – 16 Sa 396/81). Sind die Parteien bis zum Eintritt des Leistungsfalls davon ausgegangen, dass das Arbeitsverhältnis wirksam ist, kann der Anspruch des Arbeitnehmers insofern nicht durch Verweis auf die Unwirksamkeitsfolgen des § 9 Nr. 1 beschnitten werden (*BSG* v. 25. 3. 1982 – 10 RAr 2/81 – EzAÜG § 10 Fiktion Nr. 13; *Becker/Wulfgramm*, Art. 1 § 10 Rn. 45a; *Sandmann/Marschall*, Art. 1 § 10 Anm. 14a; *Schüren/Schüren*, § 10 Rn. 149ff.). Bei **Bösgläubigkeit des Arbeitnehmers** entfällt allerdings der Anspruch (*Becker/Wulfgramm*, Art. 1 § 10 Rn. 4b). Soweit der Verleiher bis zur Übernahme der Arbeitgeberpflichten durch den Entleiher (z. B. durch Vorschusszahlungen) zu viel an Lohn gezahlt hat, ist der Arbeitnehmer zur Rückzahlung nach § 812 Abs. 1 BGB verpflichtet, soweit er sich nicht auf den Wegfall der Bereicherung (§ 818 Abs. 3 BGB) berufen kann (vgl. *BAG* v.

18. 1. 1995 – 5 AZR 817/93 – NZA 1996, 27; *Berkowsky*, AuA 2002, 12; krit. zur Rspr. des *BAG* bzgl. der Verwirkung von Rückerstattungsansprüchen des Arbeitgebers bei Lohnüberzahlungen *Schwab*, BB 1995, 2212).

3. Ansprüche gegen den Verleiher auf Ersatz des Vertrauensschadens (Abs. 2)

a) Anspruchsvoraussetzungen (Abs. 2 Satz 1)

68 Das fingierte Arbeitsverhältnis nach § 10 Abs. 1 stellt für den Arbeitnehmer nicht immer ein angemessenes **Äquivalent** für die gesetzlich angeordnete Unwirksamkeit des Arbeitsvertrages mit dem Verleiher nach § 9 Nr. 1 dar. Dies gilt insbesondere in den Fällen des § 10 Abs. 1 Satz 1 Halbsatz 2, in denen das Arbeitsverhältnis zum Entleiher nur befristet ist oder nur als Teilzeitarbeitsverhältnis besteht (vgl. Rn. 53), und der Arbeitnehmer der (über das grundsätzlich unbefristete Leiharbeitsverhältnis) garantierten langfristigen Absicherung seiner Beschäftigung verlustig wird. § 10 Abs. 2 Satz 1 gewährt dem Arbeitnehmer daher in den Fällen, in denen das Arbeitsverhältnis mit dem Verleiher unwirksam ist, einen Anspruch auf Ersatz des Schadens, den er dadurch erleidet, dass er auf die Gültigkeit des Vertrages vertraut (ErfK/*Wank*, § 10 Rn. 39; a. A. *Boemke*, § 10 Rn. 89; *Schüren/Schüren*, § 10 Rn. 171). Der Anspruch aus § 10 Abs. 2 Satz 1 setzt voraus, dass der **Grund** der Unwirksamkeit des Arbeitsvertrages in der **fehlenden Erlaubnis** des Verleihers liegt (*Becker/Wulfgramm*, Art. 1 § 10 Rn. 41; *Boemke*, § 10 Rn. 85; ErfK/*Wank*, § 10 Rn. 39; *Sandmann/Marschall*, Art. 1 § 10 Anm. 24; *Schüren/ Schüren*, § 10 Rn. 177 f.; *Thüsing/Mengel*, § 10 Rn. 53). Die Vorschrift ist ggf. neben deliktischen Ansprüchen nach §§ 826, 823 Abs. 2 BGB i. V. m. § 263 StGB sowie Ansprüchen gem. §§ 214 Abs. 2, 311 Abs. 2, 280 BGB Anspruchsgrundlage für Schadensersatzansprüche (*Boemke*, § 9 Rn. 26), setzt aber im Unterschied zu § 280 Abs. 1 Satz 2 BGB kein Verschulden voraus. Der Anspruch aus Abs. 2 besteht auch, wenn der Verleiher den Grund der Unwirksamkeit kannte oder kennen musste (ErfK/*Wank*, § 10 Rn. 40). § 10 Abs. 2 Satz 1 knüpft ausschließlich an die Unwirksamkeit des Arbeitsvertrages auf Grund objektiv fehlender Erlaubnis an. Unerheblich ist es hierbei, ob die Unwirksamkeit des Arbeitsvertrages wegen fehlender Erlaubnis von Anfang an eintritt oder erst später infolge Wegfalls der Erlaubnis oder wegen Umschlagens eines Normalarbeitsverhältnisses in ein Leiharbeitsverhältnis ohne Erlaubnis (ErfK/*Wank*, § 10 Rn. 39; *Schüren/Schüren*, § 10 Rn. 180; *Thüsing/Mengel*, § 10 Rn. 59).

69 Soweit dem Verleiher sonstige **Pflichtverstöße** bei Abschluss des Arbeitsvertrages oder im Verlauf der Durchführung des Arbeitsverhältnisses zur Last gelegt werden können, bleiben darauf beruhende Schadensersatzansprüche von § 10 Abs. 2 unberührt und unterliegen nicht der Einschränkung nach Abs. 2 Satz 2. Dies gilt insbesondere in den Fällen, in denen der Arbeitsvertrag auch unabhängig von den Unwirksamkeitsfolgen des § 9 Nr. 1 unwirksam wäre.

b) Ausschluss der Ersatzpflicht (Abs. 2 Satz 2)

70 Die Ersatzpflicht ist **ausgeschlossen**, soweit der Leiharbeitnehmer die Unwirksamkeit des Arbeitsvertrages wegen Fehlens der Erlaubnis kannte (§ 10 Abs. 2 Satz 2). Erforderlich ist insoweit positive Kenntnis des Leiharbeitnehmers vom Fehlen der Erlaubnis (*Becker/Wulfgramm*, Art. 1 § 10 Rn. 42; *Boemke*, § 10 Rn. 88;

ErfK/*Wank*, § 10 Rn. 40; *Sandmann/Marschall*, Art. 1 § 10 Anm. 23; *Schüren/Schüren*, § 10 Rn. 180 f.; *Thüsing/Mengel*, § 10 Rn. 54). Beim **Scheinwerkvertrag** ist auch die Kenntnis des Arbeitnehmers vom Vorliegen einer gewerbsmäßigen ANÜ erforderlich (*Boemke*, § 10 Rn. 88; *Schüren/Schüren*, § 10 Rn. 181 ff.).

Bei mangelnder Erfüllung der **Unterrichtungspflichten** durch den Verleiher (§ 11 **71** Abs. 3) ist i. d. R. von einer mangelnden Kenntnis des Leiharbeitnehmers auszugehen. I. ü. liegt **positive Kenntnis** des Leiharbeitnehmers von der Unwirksamkeit des Arbeitsvertrages nach § 9 Nr. 1 nur vor, wenn der Verleiher den Leiharbeitnehmer bei Vertragsschluss ausdrücklich auf das Fehlen der Erlaubnis aufmerksam gemacht hat. Verschweigt der Verleiher das Fehlen der Erlaubnis oder deutet er, ggf. auch aus eigener Unsicherheit, lediglich an, dass möglicherweise eine erlaubnispflichtige gewerbsmäßige ANÜ vorliege, für die die Erlaubnis fehle, ist die Geltendmachung des Schadensersatzanspruchs nicht nach § 10 Abs. 2 Satz 2 ausgeschlossen. **Zweifel** am Erfordernis der Erlaubnis zur gewerbsmäßigen ANÜ gehen grundsätzlich zu Lasten des Arbeitgebers und reichen nicht aus, um den Ersatzanspruch des Arbeitnehmers entfallen zu lassen (i. E. ebenso *Schüren/Schüren*, § 10 Rn. 182).

Eine Minderung des Schadensersatzanspruchs aus § 10 Abs. 2 nach den allgemei- **72** nen Grundsätzen des **Mitverschuldens** (§ 254 Abs. 1 BGB) ist regelmäßig ausgeschlossen (*Boemke*, § 10 Rn. 88; a. A. *Schubel/Engelbrecht*, Art. 1 § 10 Rn. 16). Die Beschränkung des Ausschlusstatbestandes auf Fälle positiver Kenntnis hat zur Folge, dass der Leiharbeitnehmer abweichend von § 276 BGB nur direkten Vorsatz zu vertreten hat (ErfK/*Wank*, § 10 Rn. 40). Im Einzelfall können jedoch die tatbestandlichen Voraussetzungen des Ersatzanspruchs (Vertrauen auf die Gültigkeit des Arbeitsvertrages) nach § 10 Abs. 2 Satz 1 nicht erfüllt sein.

c) Umfang der Ersatzpflicht

Nach § 10 Abs. 2 Satz 1 haftet der Verleiher für **alle Schäden**, die der Arbeitneh- **73** mer im Vertrauen auf die Gültigkeit des Arbeitsvertrages erleidet. Danach sind zunächst alle Nachteile auszugleichen, die dem Leiharbeitnehmer wegen solcher Ansprüche entstehen, die von der Dauer des Arbeitsverhältnisses abhängig sind, bei Wirksamkeit des Arbeitsvertrages entstanden wären und nur infolge der Nichtigkeit des Vertragsverhältnisses nach § 9 Nr. 1 entfallen (vgl. amtl. Begr. BT-Ds. VI, 2304, S. 14). Der Anspruch ist nicht auf das Erfüllungsinteresse begrenzt (allg. A. *Becker/Wulfgramm*, Art. 1 § 10 Rn. 44; ErfK/*Wank*, § 10 AÜG Rn. 40; *Boemke*, § 10 Rn. 84 u. 89 f.; *Schüren/Schüren*, § 10 Rn. 184). In den Fällen, in denen ein fingiertes Arbeitsverhältnis nach § 10 Abs. 1 Satz 1 nicht begründet wird und auch keine Ansprüche des Arbeitnehmers aus faktischem Arbeitsverhältnis gegeben sind (vgl. Rn. 63), hat der Arbeitnehmer nach Abs. 2 einen Ersatzanspruch gegen den Verleiher in Höhe des **vereinbarten Arbeitsentgelts** (*Sandmann/Marschall*, Art. 1 § 10 Anm. 26). Dasselbe gilt bei Nichterfüllung von Pflichten, die den Entleiher aus dem fingierten Arbeitsverhältnis treffen (Rn. 75). Daneben hat der Verleiher alle Vermögensnachteile auszugleichen, die dem Arbeitnehmer auf Grund des **Vertragsschlusses** entstanden sind (*Schüren/Schüren*, § 10 Rn. 187). § 284 BGB ist insoweit nicht anwendbar. Hat der Arbeitnehmer etwa Vermögensdispositionen getroffen, die er ohne das Leiharbeitsverhältnis nicht getroffen hätte (etwa Anschaffung und Finanzierung eines Pkw, um die wechselnden Einsatzorte erreichen zu können), ist der Verleiher nach § 10 Abs. 2 Satz 1 zum Schadensersatz verpflichtet. Das Gleiche gilt für etwaige Umzugskosten sowie

Bewerbungskosten (*Schüren/Schüren*, § 10 Rn. 187), die dem Arbeitnehmer infolge der Begründung des Arbeitsverhältnisses entstanden sind. Hat der Arbeitnehmer wegen des Leiharbeitsverhältnisses ein **bestehendes Arbeitsverhältnis gekündigt** oder aufgelöst, hat der Verleiher den Leiharbeitnehmer so zu stellen, wie er stehen würde, wenn die Beendigung des Arbeitsverhältnisses nicht erfolgt wäre (*Thüsing/Mengel*, § 10 Rn. 55; *Boemke*, § 10 Rn. 93). Mindestens hat der Arbeitnehmer danach einen Anspruch in Höhe der Vergütung, die ihm bei unterstellter frühestmöglicher arbeitgeberseitiger Kündigung seines früheren Arbeitgebers zugestanden hätte. War der frühere Arbeitgeber nicht berechtigt, eine betriebsbedingte Kündigung auszusprechen, hat der Verleiher dem Arbeitnehmer den früher erzielten Lohn so lange zu zahlen, bis der Arbeitnehmer eine anderweitige zumutbare Beschäftigung aufnimmt. § 10 Abs. 4 Satz 1 Halbsatz 2 i. V. m. § 11 KSchG ist insoweit entsprechend anwendbar.

Auch i. Ü. umfasst der Ersatzanspruch des § 10 Abs. 2 einen **entgangenen Gewinn** (§ 252 BGB; *Boemke*, § 10 Rn. 93). Hat der Arbeitnehmer etwa wegen des Leiharbeitsverhältnisses eine andere angebotene Stelle nicht angetreten und wäre diese Arbeitsstelle höher vergütet oder hinsichtlich ihres Bestandsschutzes für den Arbeitnehmer sicherer gewesen, ist der Verlust der Arbeitsstelle insoweit auch ersatzfähig. Auf ein Mitverschulden des Arbeitnehmers kommt es insoweit nicht an (Rn. 72).

74 **Unterlässt** der Arbeitnehmer im Vertrauen auf die Gültigkeit des Leiharbeitsverhältnisses die rechtzeitige **Geltendmachung von Ansprüchen**, ist der Verleiher zum Schadensersatz verpflichtet (ErfK/*Wank*, § 10 Rn. 41; *Schüren/Schüren*, § 10 Rn. 173; *Thüsing/Mengel*, § 10 Rn. 56). Hinsichtlich der Lohnansprüche aus dem fingierten Arbeitsverhältnis gegen den Entleiher kommen derartige Ansprüche auch in Betracht, soweit sie gem. § 195 BGB bereits verjährt sind (vgl. § 199 Abs. 2 BGB). Für tarifliche oder sonstige für das fingierte Arbeitsverhältnis maßgebliche **Verjährungsfristen** beginnt die Frist immer erst mit der Erklärung des Entleihers zu laufen, dass er das fingierte Arbeitsverhältnis anerkennt (§ 199 Abs. 1 Nr. 2 BGB; *BAG* v. 27. 7. 1983 – 5 AZR 194/81 – EzAÜG § 10 AÜG Fiktion Nr. 20; *LAG Rheinland-Pfalz* v. 19. 10. 1999 – 10 Ta 175/99 – EzAÜG § 10 AÜG Fiktion Nr. 99; *Becker/Wulfgramm*, Art. 1 § 10 Rn. 45; *Sandmann/Marschall*, Art. 1 § 10 Anm. 26; *Thüsing/Mengel*, § 10 Rn. 51). Bei **Insolvenz des Entleihers** haftet der Verleiher nach § 10 Abs. 2, soweit der Leiharbeitnehmer es in Unkenntnis des fingierten Arbeitsverhältnisses unterlässt, die Ansprüche auf Insolvenzgeld innerhalb der zweimonatigen Ausschlussfrist des § 324 Abs. 3 SGB III geltend zu machen (*Becker/Wulfgramm*, Art. 1 § 10 Rn. 45a; ErfK/*Wank*, § 10 Rn. 42; *Sandmann/ Marschall*, Art. 1 § 10 Anm. 26; *Thüsing/Mengel*, § 10 Rn. 57). Bei Insolvenz des Verleihers hat der Leiharbeitnehmer dagegen trotz Unwirksamkeit des Arbeitsverhältnisses i. d. R. Anspruch auf **Insolvenzausfallgeld** (Rn. 67), so dass eine Ersatzpflicht grundsätzlich ausgeschlossen ist (*Schüren/Schüren*, § 10 Rn. 190; *Thüsing/ Mengel*, § 10 Rn. 59).

75 Soweit der **Entleiher** die **Ansprüche aus dem fingierten Arbeitsverhältnis** – einschließlich des Mindestentgeltanspruchs nach § 10 Abs. 1 Satz 5 – **nicht erfüllt**, ist der Verleiher ebenfalls ersatzpflichtig (*Thüsing/Mengel*, § 10 Rn. 56; a. A. *Boemke*, § 10 Rn. 95). Uneingeschränkt gilt dies jedoch nur, soweit der Arbeitnehmer (etwa wegen Zahlungsunfähigkeit des Entleihers) seine Ansprüche nicht realisieren kann und ihm daher ein Vermögensschaden entsteht. Bestreitet der Entleiher nicht das Bestehen des fingierten Arbeitsverhältnisses und kommt er lediglich seinen Zahlungspflichten nicht nach, muss der Arbeitnehmer – notfalls im Wege der Leistungsklage – seine **Ansprüche zunächst gegen den Entleiher** geltend machen. Kosten der Rechtsverfolgung (z. B. etwaige Anwaltskosten) sind auch im Falle des Obsiegens insoweit vom Verleiher zu erstatten, als eine Zahlungspflicht des Entleihers wegen § 12a Abs. 1 Satz 1 ArbGG nicht besteht (einschränkend *Schüren/Schüren,* § 10 Rn. 174; a. A. *Boemke,* § 10 Rn. 95).

V. Gesamtschuldnerische Haftung nach Abs. 3

1. Pflichten des unerlaubt tätigen Verleihers bei tatsächlicher Zahlung des Arbeitsentgelts

Nach § 10 Abs. 3 Satz 1 ist der unerlaubt tätige Verleiher, der das vereinbarte **76** Arbeitsentgelt oder Teile davon in tatsächlicher Hinsicht an den Arbeitnehmer zahlt, verpflichtet, **gegenüber Dritten bestehende Zahlungspflichten** so zu erfüllen wie bei einem wirksamen Arbeitsvertrag. Voraussetzung der Haftung des Verleihers ist, dass der Arbeitsvertrag nach § 9 Nr. 1 wegen Fehlens der Erlaubnis zur ANÜ unwirksam ist oder im Verlauf des Leiharbeitsverhältnisses wegen Fortfalls der Erlaubnis unwirksam wird (*Thüsing/Mengel,* § 10 Rn. 61). Ist der Arbeitsvertrag auch aus anderen Gründen unwirksam, entfällt hierdurch nicht die Haftung nach Abs. 3 Satz 1 (a. A. *Boemke,* § 10 Rn. 99). Die Tatbestandsvoraussetzungen der Vorschrift decken sich i. Ü. mit Abs. 2 Satz 1 (vgl. Rn. 68).

Die Haftung nach Abs. 3 betrifft insbesondere die Beiträge zur Unfallversiche- **76a** rung (§ 150 Abs. 3 SGB VII), die sonstigen Beiträge zur Gesamtsozialversicherung und die Abführung der Lohnsteuer. Zahlt der Verleiher dem Arbeitnehmer ein Entgelt ohne seinen diesbezüglichen Zahlungspflichten nachzukommen, macht er sich trotz des fingierten Arbeitsverhältnisses wegen vollendeten Beitragsbetruges strafbar (*BGH* v. 13. 5. 1987 – 3 StR 460/86 – EzAÜG § 10 AÜG Sozialrecht Nr. 3), wenn er Sozialversicherungsbeiträge nicht abführt. Die Beitragspflichten zur **Gesamtsozialversicherung** sind in § 28e Abs. 2 Satz 3 und 4 SGB IV spezialgesetzlich geregelt (vgl. Art. 3 § 1 Rn. 7 ff.). Hinsichtlich der **Lohnsteuerhaftung** ist die Haftung in § 42d Abs. 6 bis 8 EStG ebenfalls spezialgesetzlich geregelt. Diese Regelungen entsprechen inhaltlich der in § 10 Abs. 3 angeordneten gesamtschuldnerischen Haftung von Verleiher und Entleiher. Die Bedeutung der Vorschrift liegt heute (zur früheren Rechtslage vgl. *BGH* v. 31. 3. 1982 – 2 StR 744/81 – BB 1982, 1671) im Wesentlichen darin, Vermögensinteressen von **Gläubigern des Arbeitnehmers** bzw. den Leiharbeitnehmer vor einer Veruntreuung von Teilen des Arbeitsentgelts zu schützen (*Becker/Wulfgramm,* Nachtrag zum AÜG, Art. 1 § 10 Rn. 19; *Sandmann/Marschall,* Art. 1 § 10 Anm. 26c; *Schüren/ Schüren,* § 10 Rn. 199). Sind etwa Teile des Lohns an einen Dritten **abgetreten** oder zugunsten eines Gläubigers des Arbeitnehmers **gepfändet,** ist der Verleiher in den Fällen des § 10 Abs. 3 Satz 1 verpflichtet, die daraus folgenden Ansprüche des Dritten zu erfüllen (*Boemke,* § 10 Rn. 101; *Schüren/Schüren,* § 10 Rn. 203; *Thüsing/Mengel,* § 10 Rn. 63; KassHandb/*Düwell,* 4.5 Rn. 266).

Voraussetzung für eine Zahlungspflicht des Verleihers ist, dass er trotz unwirk- **77** samen Arbeitsvertrages zumindest **Teile der Vergütung** an den Leiharbeitnehmer **zahlt.** Zahlt ausschließlich der Entleiher auf Grund des fingierten Arbeitsverhältnisses die Gesamtvergütung, ist der Tatbestand des § 10 Abs. 3 Satz 1 nicht erfüllt (*Becker/Wulfgramm,* Nachtrag zum AÜG, Art. 1 § 10 Rn. 20). Dasselbe gilt, soweit der Verleiher in tatsächlicher Hinsicht keinerlei Zahlungen hinsichtlich des Arbeitsentgelts an den Leiharbeitnehmer erbringt. Wegen des eindeutigen

Wortlauts der Vorschrift ist eine (zumindest teilweise) Lohnzahlung in tatsächlicher Hinsicht zwingende Voraussetzung der Haftung, der alleinige Vollzug des Arbeitsverhältnisses reicht insoweit nicht aus (*Boemke*, § 10 Rn. 99; ErfK/*Wank*, § 10 Rn. 45; *Thüsing/Mengel*, § 10 Rn. 61; a. A. *Schüren/Schüren*, § 10 Rn. 208). Wie in sonstigen Fällen des gesetzlichen Arbeitgeberwechsels (§ 613a Abs. 2 BGB) müssen sich die Gläubiger des Arbeitnehmers grundsätzlich an den jeweiligen Arbeitgeber des Arbeitsverhältnisses und damit in den Fällen des § 10 Abs. 1 Satz 1 an den Entleiher halten. Eine **tatsächliche Zahlung** durch den Verleiher erfordert nicht, dass dieser auf Grund einer gegenüber dem Arbeitnehmer bestehenden oder angenommenen eigenen Verpflichtung zahlt. Es reicht aus, wenn der Verleiher mit der Zahlung lediglich die Verpflichtungen des Entleihers aus dem fingierten Arbeitsverhältnis i.S.d. § 267 Abs. 1 Satz 1 BGB **als Dritter** erfüllen will (vgl. hierzu *BGH* v. 8. 11. 1979 – VII ZR 337/78 – AP Nr. 2 zu § 10 AÜG). Dasselbe gilt, wenn der Entleiher lediglich als **Zahlstelle** des Verleihers fungiert, in tatsächlicher Hinsicht aber der Verleiher die Lohnansprüche erfüllt (*Boemke*, § 10 Rn. 100; *Thüsing/Mengel*, § 10 Rn. 61).

78 Zahlt der Verleiher nur **Teile des Arbeitsentgelts** (z. B. Fahrtkosten, Verpflegungsmehraufwand), wird die Zahlungspflicht gegenüber Dritten auch hinsichtlich der »sonstigen Teile des Arbeitsentgelts«, d. h. hinsichtlich der Gesamtvergütung, die dem Arbeitnehmer bei wirksamem Arbeitsvertrag zugestanden hätte, begründet. Eine Einschränkung der Zahlungspflichten gegenüber Dritten auf Grund des Umfangs der tatsächlich erbrachten Leistungen des Verleihers ist gesetzlich nicht vorgesehen.

2. Gesamtschuldnerische Haftung (Abs. 3 Satz 2)

79 Soweit eine Zahlungspflicht des Verleihers nach § 10 Abs. 3 Satz 1 besteht, haftet der **Verleiher** (wie ein Arbeitgeber) gegenüber Dritten neben dem Entleiher als Arbeitgeber des fingierten Arbeitsverhältnisses als **Gesamtschuldner** (§ 426 BGB). Die gesamtschuldnerische Haftung des **Entleihers** ist auf den Umfang der Ansprüche des Arbeitnehmers aus dem fingierten Arbeitsverhältnis nach § 10 Abs. 1 begrenzt. Dessen Beitragspflichten hinsichtlich der Sozialversicherung bestehen auch, soweit der Verleiher das Arbeitsentgelt zahlt (*BSG* v. 18. 3. 1987 – 9b RU 16/85 – EzAÜG § 10 AÜG Sozialrecht Nr. 5; *Schüren/Schüren*, § 10 Rn. 212). Abs. 3 Satz 2 begründet lediglich eine zusätzliche Haftung des Entleihers für Beitragsschulden des Verleihers bzw. Gläubiger des Arbeitnehmers (ErfK/*Wank*, § 10 Rn. 43; *Schüren/Schüren*, § 10 Rn. 211). In diesem Rahmen ist er auch verpflichtet, die tariflich festgelegten **Sozialkassenbeiträge** an die ZVK des Baugewerbes zu entrichten, soweit eine unerlaubte ANÜ baugewerblicher Arbeitnehmer nach § 1b vorliegt (*BAG* v. 8. 7. 1998 – 10 AZR 274/97 – NZA 1999, 493). Da der Entleiher im Rahmen des § 10 Abs. 3 immer auf eine eigene Schuld zahlt, ist im Innenverhältnis eine **Ausgleichspflicht** des Verleihers nach § 426 Abs. 1 Satz 1, Abs. 2 BGB regelmäßig ausgeschlossen (*Boemke*, § 10 Rn. 101; a. A. *Becker/Wulfgramm*, Nachtrag zum AÜG, Art. 1 § 10 Rn. 40). Dem Entleiher können jedoch infolge des unwirksamen ANÜ-Vertrages Ansprüche nach dem Bereicherungsrecht (vgl. § 9 Rn. 16 ff.) oder Schadensersatzansprüche gegen den Verleiher zustehen (vgl. § 12 Rn. 38). Dies gilt insbesondere, soweit der Verleiher seinen Unterrichtungspflichten nach § 12 Abs. 2 nicht nachkommt. Umgekehrt hat der Verleiher gegen den Entleiher, soweit er den Leiharbeitnehmer entlohnt hat, einen Anspruch auf Ersatz der Aufwendungen, die der Entleiher erspart hat (*BGH* v. 8. 11. 1979 – VII ZR

337/78; vgl. § 9 Rn. 17 f.). Die Ausgleichspflicht umfasst dabei nach § 426 BGB auch etwaige Aufwendungen, die dem Verleiher durch die Erfüllung von Ansprüchen Dritter gegen den Entleiher nach Abs. 3 entstanden sind.

VI. Vergütungsanspruch bei unwirksamer Kündigung und Befristung (Abs. 4)

Ist eine vor dem 1.1.2004 ausgesprochene **Kündigung des Leiharbeitsverhältnisses wegen Wiedereinstellung** des Leiharbeitnehmers innerhalb der Dreimonatsfrist des § 9 Nr. 3 a. F. **unwirksam**, bestimmt § 10 Abs. 4 Satz 1 Hs. 1 a. F., dass der Vergütungsanspruch des Arbeitnehmers in Abweichung von §§ 615 Satz 1, 294 ff. BGB **nicht** von einem **Angebot des Arbeitnehmers** zur Arbeitsleistung **abhängig** ist. Nach § 10 Abs. 4 Satz 2 a. F. treten dieselben Rechtsfolgen ein, soweit das Leiharbeitsverhältnis gem. § 9 Nr. 2 a. F. vor dem 1.1.2004 **unwirksam befristet** wurde. Abs. 4 a. F. knüpft an den objektiven Tatbestand des Fortbestehens eines wirksamen Leiharbeitsverhältnisses über den nach § 9 Nr. 2 und 3 a. F. unwirksamen Beendigungszeitpunkt an; eines tatsächlichen oder wörtlichen Angebots des Arbeitnehmers bedurfte es nicht (*Becker/Wulfgramm*, Art. 1 § 10 Rn. 47; *Schüren/Schüren*, § 10 Rn. 217; einschränkend bei einer dem Arbeitnehmer bekannten unwirksamen Befristung *Sandmann/Marschall*, Art. 1 § 10 Anm. 31).   **80**

Abs. 4 wurde durch das Erste Gesetz für moderne Dienstleistungen am Arbeitsmarkt (v. 23.12.2002, BGBl. I S. 4607) im Zusammenhang mit der Aufhebung von § 9 Nr. 2 und 3 a. F. ersatzlos gestrichen. Die Rechtsfolgen unwirksamer Kündigungen und Befristungen richten sich seither nach den allgemeinen arbeitsrechtlichen Grundsätzen (vgl. § 9 Rn. 304 ff. und 339 b ff.). Macht der LAN seinen bei unwirksamer Befristung oder Kündigung bestehenden **Weiterbeschäftigungsanspruch** geltend, ist jedoch § 11 Abs. 4 Satz 2 zu beachten, wonach die Vergütungsansprüche des LAN bei Annahmeverzug infolge des besonderen Beschäftigungsrisikos des Verleihers **unabdingbar** sind (vgl. § 11 Rn. 94 ff.). Beim unwirksam befristeten Arbeitsverhältnis muss der LAN nach § 17 TzBfG innerhalb von drei Wochen Feststellungsklage erheben, um seine Ansprüche aus dem nach § 16 TzBfG unbefristeten Arbeitsverhältnis zu behalten (vgl. § 9 Rn. 337 f.; *Schüren/Schüren*, § 10 Rn. 218). In der Erhebung der Klage liegt, wie in sonstigen Fällen, in denen die Parteien über die Wirksamkeit der Befristung streiten, immer ein Angebot der Arbeitsleistung, so dass der Verleiher nach § 296 BGB in Annahmeverzug gerät (ErfK/*Müller-Glöge*, § 16 TzBfG Rn. 7), wenn die sonstigen Voraussetzungen erfüllt sind. Dasselbe gilt bei Unwirksamkeit einer Kündigung, wenn der Arbeitnehmer die nach § 4 KSchG erforderliche Feststellungsklage erhebt (ErfK/*Preis*, § 615 BGB Rn. 27 ff.). Streiten die Parteien über die Wirksamkeit einer Befristung oder Kündigung, ist nur ein weiteres Angebot des Arbeitnehmers nach §§ 293 ff. BGB entbehrlich (*Boemke*, § 11 Rn. 108). Die übrigen Voraussetzungen des Annahmeverzugs müssen demgegenüber erfüllt sein (*Schüren/Schüren*, § 10 Rn. 219).   **80a**

Damit der **Annahmeverzug** nach § 615 BGB eintritt, muss auf Seiten des Arbeitnehmers Leistungsbereitschaft und Leistungsfähigkeit vorliegen (ErfK/*Preis*, § 615 BGB Rn. 43 ff.; *Becker/Wulfgramm*, Art. 1 § 10 Rn. 47; *Schüren/Schüren*, § 10 Rn. 220). **Mangelnde Leistungsfähigkeit** des Arbeitnehmers i.S.v. § 297 BGB liegt nicht schon dann vor, wenn der Arbeitnehmer seit der faktischen Beendigung der Arbeit beim Verleiher eine Beschäftigung bei einem anderen Arbeitgeber aufgenommen hat; § 615 Satz 2 BGB schreibt insoweit lediglich eine Anrechnung   **80b** von erzieltem **Zwischenverdienst** entsprechend § 11 KSchG vor, lässt das Vorliegen von Annahmeverzug jedoch i. ü. unberührt. Bei krankheitsbedingter **Arbeitsunfähigkeit** richtet sich der Arbeitsentgeltanspruch ausschließlich nach § 3 EFZG; ein etwa über den Entgeltfortzahlungsanspruch hinausgehendes Arbeitseinkommen kann nicht aus dem Gesichtspunkt des Annahmeverzugs geltend gemacht werden. Einmalige Zuwendungen wie Weihnachtsgratifikationen, Urlaubszuschüsse, Jahressonderzahlungen u. ä., die bei der Höhe des fortzuzahlenden Arbeitsentgelts (vgl. § 4 EFZG) nicht berücksichtigt werden, muss der Arbeitgeber unabhängig von der in einem bestimmten Zeitabschnitt erbrachten Arbeitsleistung allein auf Grund des Bestehens des Arbeitsverhältnisses leisten (*Kunz/Wedde*, § 3 EFZG Rn. 64).

80c Eine die Folgen des Annahmeverzugs ausschließende **mangelnde Leistungsbereitschaft** des Arbeitnehmers liegt vor, wenn der Leiharbeitnehmer überhaupt nicht mehr bereit ist, für den Verleiher zu arbeiten (*Boemke*, § 10 Rn. 106; *Schüren/Schüren*, § 10 Rn. 225). Hier kann in der Leistungsverweigerung des Arbeitnehmers gleichzeitig der konkludente Ausspruch einer ordentlichen oder außerordentlichen Kündigung liegen, die jedoch nur bei Einhaltung der Schriftform (vgl. § 623 BGB) wirksam ist. Weigert sich der Arbeitnehmer lediglich, bei einem bestimmten Entleiher zu arbeiten, liegt kein Fall des Annahmeverzugs, da der Arbeitgeber hier seinerseits ein Angebot zur Entgegennahme der Arbeit des Arbeitnehmers gemacht hat, was eine Anwendbarkeit des § 10 Abs. 4 ausschließt. Die Höhe der vom Verleiher zu zahlenden **Vergütung** bestimmt sich nach § 615 Satz 1 BGB (zur Unabdingbarkeit des Anspruchs vgl. § 11 Abs. 4 Satz 2). Danach kann der Arbeitnehmer das Entgelt verlangen, das er bei tatsächlicher Beschäftigung in der Zwischenzeit erzielt hätte. Neben Grundvergütung und Zuschlägen zählen hierzu alle betrieblichen Sozialleistungen sowie Überstundenvergütungen, soweit sie vom Arbeitnehmer in der Zwischenzeit erzielt worden wären (*Becker/Wulfgramm*, Art. 1 § 10 Rn. 49; einschränkend *Schüren/Schüren*, § 10 Rn. 238 f.).

80d Sowohl bei unwirksamer Kündigung als auch bei unwirksamer Befristung muss der Arbeitnehmer sich einen erzielten oder erzielbaren **Zwischenverdienst** anrechnen lassen (§ 615 Satz 2 BGB; *Boemke*, § 11 Rn. 111; *Schüren/Schüren*, § 10 Rn. 227; *Thüsing/Mengel*, § 11 Rn. 44). Auch **ersparte Aufwendungen** (z. B. Fahrtkosten) dürfen **angerechnet** werden.

Eine **Anrechnung von Verdienst** aus anderweitiger Arbeit i. S. v. § 615 Satz 2 BGB kommt nur in Betracht, soweit das Arbeitsverhältnis nicht nach § 9 KSchG aufgelöst wird und das Einkommen gerade deshalb erzielt wird, weil der Arbeitnehmer die zugrunde liegende Arbeit im Falle seiner Weiterbeschäftigung beim Verleiher nicht hätte erbringen können (*Becker/Wulfgramm*, Art. 1 § 10 Rn. 50a). Verdienste aus **Nebenbeschäftigungen**, die der Arbeitnehmer auch bei Weiterbeschäftigung hätte ausüben können, bleiben daher im Rahmen der Vorschrift unberücksichtigt (*Boemke*, § 10 Rn. 109; *Schüren/Schüren*, § 10 Rn. 234). Eine Anrechenbarkeit von Zwischenverdienst ist darüber hinaus nur hinsichtlich der Entgeltbestandteile gegeben, die dem Arbeitnehmer auch bei einer Beschäftigung beim Verleiher zugestanden hätten. Besteht zwischen Leiharbeitnehmer und Verleiher lediglich ein **Teilzeitarbeitsverhältnis** oder stehen dem Arbeitnehmer über die Grundvergütung hinaus keinerlei Vergütungsansprüche zu, sind diejenigen Einkünfte, die der Arbeitnehmer in der Zwischenzeit über die dem Verleiher vertraglich geschuldete Arbeitszeit hinaus erzielt, ebenso anrechnungsfrei wie etwaige Erschwerniszulagen oder sonstige Sozialleistungen, die der Arbeitgeber des Zwischenarbeitsverhältnisses geleistet hat. **Besondere Arbeitsanstrengungen**, die der Arbeitnehmer in der Zeit des Annahmeverzugs erbracht hat, können grundsätzlich nicht zu einer Einschränkung der Zahlungspflicht des Arbeitgebers aus § 615 Satz 1 BGB führen (*Schüren/Schüren*, § 10 Rn. 238). Daher verbietet es sich auch, das während des Zeitraums des Annahmeverzugs erzielte Gesamteinkommen des Arbeitnehmers zu berücksichtigen. Vielmehr ist eine **zeitabschnittsweise Vergleichsberechnung** vorzunehmen (s. a. *Schüren/Schüren*, § 10 Rn. 238).

Hat es der Leiharbeitnehmer **böswillig unterlassen**, eine ihm **zumutbare Arbeit** **80e** anzunehmen, ist das hypothetisch erzielbare Einkommen anrechenbar. Ein böswilliges Unterlassen i.S.d. § 615 Satz 2 BGB liegt nur vor, wenn dem Arbeitnehmer ein konkretes Arbeitsangebot eines anderen Arbeitgebers vorliegt, das er trotz Zumutbarkeit der Arbeit nicht annimmt (*LAG Berlin* v. 19. 12. 1983, NZA 1984, 125; *Becker/Wulfgramm*, Art. 1 § 10 Rn. 50b; *Boemke*, § 10 Rn. 110). Es besteht keine Obliegenheit des Arbeitnehmers, sich als Arbeitssuchender beim Arbeitsamt zu melden oder dessen Vermittlung in Anspruch zu nehmen (*BAG* v. 16. 5. 2000 – 9 AZR 203/99 – AuA 2001, 572).

Der Arbeitnehmer muss die **Arbeitsaufnahme vorsätzlich verhindert** haben; **80f** eine darüber hinausgehende Absicht, den Verleiher zu schädigen, ist nicht erforderlich (anders insoweit *Schüren/Schüren*, § 10 Rn. 239). Ob die anderweitige Arbeit zumutbar war, bestimmt sich ausschließlich nach dem bisherigen Status des Arbeitnehmers beim Verleiher, § 121 SGB III findet insoweit keine Anwendung. War der Leiharbeitnehmer beim Verleiher als Facharbeiter beschäftigt, muss die angebotene Zwischentätigkeit ebenfalls den **Qualifikationsanforderungen** und Inhalten einer Facharbeitertätigkeit entsprechen. I. Ü. kann sich die Unzumutbarkeit auch daraus ergeben, dass sich die Umstände, unter denen der Arbeitnehmer die Arbeit leisten müsste (ungünstigere Arbeits- und Wegezeiten etc.), abweichen (*Becker/Wulfgramm*, Art. 1 § 10 Rn. 50b).

Hat der Arbeitnehmer während des Zeitraums des Annahmeverzugs **öffent-** **80g** **lich-rechtliche Leistungen** erhalten, gehen die Entgeltforderungen des Arbeitnehmers gegen den Arbeitgeber nach § 115 Abs. 1 SGB X in Höhe der Leistung auf die jeweiligen Leistungsträger über, eine Entlastung des Arbeitgebers ist insoweit ausgeschlossen (*BAG* v. 28.6.1984 – 2 AZR 207/83 – AP Nr.1 zu § 115 SGB X m. Anm. *Brackmann*; ErfK/*Wank*, § 11 Rn. 25; *Schüren/Schüren*, § 10 Rn. 243; *Thüsing/Mengel*, § 11 Rn. 45). Der einklagbare Vergütungsanspruch des Arbeitnehmers aus Annahmeverzug vermindert sich in Höhe der erbrachten öffentlich-rechtlichen Leistungen, soweit sie mit der unterlassenen Lohnfortzahlung aus dem Beschäftigungsverhältnis zum Verleiher **in Zusammenhang** stehen (*Boemke*, § 11 Rn. 113; a. A. ErfK/*Wank*, § 11 Rn. 25). Wurden bei der Berechnung der Leistungen mehrere Beschäftigungsverhältnisse des Arbeitnehmers berücksichtigt, vermindert sich der Vergütungsanspruch aus Annahmeverzug nur um den Teil der Leistungen, der dem Beschäftigungsverhältnis zum Verleiher zuzuordnen ist.

Die **Darlegungs- und Beweislast** für das Vorliegen des Annahmeverzugs trägt **80h** der Arbeitnehmer, während der Arbeitgeber für die anzurechnenden Zwischenverdienste nach § 615 Satz 2 BGB beweispflichtig ist (*BAG* v. 19.7.1978, EzA § 242 BGB Auskunftspflicht; *Becker/Wulfgramm*, Art. 1 § 10 Rn. 52).

VII. Ansprüche bei Verstößen gegen das Diskriminierungsverbot (Abs. 4)

1. Entstehungszusammenhang und Gesetzeszweck

80i Abs. 4 wurde durch das Erste Gesetz für moderne Dienstleistungen am Arbeitsmarkt (v. 23.12.2002, BGBl. I S. 4607) neu gefasst (zu § 10 Abs. 4 a.F. vgl. Vorauflage § 10 Rn. 80–85). Sie ersetzt u.a. die in § 10 Abs. 5 a.F. (m.W.v. 31.12.2003 außer Kraft getretenen) enthaltenen **Gleichstellungspflichten** des Verleihers bei einer länger als zwölf aufeinander folgenden Monate andauernden Überlassung desselben LAN (vgl. Vorauflage § 10 Rn. 86 ff.). Im Unterschied zu § 10 Abs. 5 a.F. regelt Abs. 4 nunmehr unabhängig von der Dauer der Überlassung die **Rechtsfolgen**, die sich aus vertraglichen Verstößen gegen die gleichzeitig eingefügten Pflichten aus §§ 9 Nr. 2, 3 Abs. 1 Nr. 3 zur Gleichbehandlung von Leiharbeitnehmern mit Stammarbeitnehmern des Verleihers ergeben.

81 Nr. 4 gilt ab dem 1.1.2004 uneingeschränkt für alle Leiharbeitsverhältnisse (§ 19 Rn. 2). Vor diesem Zeitpunkt ist die Vorschrift nur auf Leiharbeitsverhältnisse anwendbar, die einem nach dem 15.11.2002 abgeschlossenen TV zur ANÜ unterliegen (§ 19 Rn. 3). Die Vorschrift ist sowohl auf die gewerbsmäßige als auch auf die **nichtgewerbsmäßige ANÜ** anwendbar (*Kokemoor*, NZA 2003, 243; vgl. § 9 Rn. 73 und ErfK/*Wank*, § 3 Rn. 19; offengehalten in *BAG* v. 25.1.2005 – 1 ABR 61/03 – DB 2005, 1693) und kommt auch beim fehlerhaften Arbeitsverhältnis zur Anwendung (*Schüren/Schüren*, § 10 Rn. 288; *Thüsing/Mengel*, § 10 Rn. 65).

82 Der **Zweck der Norm** ist darauf gerichtet die Einhaltung der Bestimmungen der §§ 3 Abs. 1 Nr. 3, 9 Nr. 2 durch den Verleiher sicherzustellen und dem LAN eine gesetzliche **Anspruchsgrundlage** zur Durchsetzung seiner Ansprüche auf Gleichbehandlung bei Verstößen des Verleihers gegen die Vorschriften zum Diskriminierungsverbot zu geben. Abs. 4 sichert dem LAN nur das in § 9 Nr. 2 garantierte Mindestniveau an Arbeitsbedingungen. Wird dieses Mindestniveau schon auf Grund der Vertragsabsprachen erreicht oder überschritten, entfaltet die Vorschrift keine praktischen Wirkungen. Der **Anwendungsbereich** betrifft daher in erster Linie Fallgestaltungen, bei denen im Entleiherbetrieb günstigere Arbeitsbedingungen gelten als im Arbeitsvertrag mit dem Verleiher vereinbart.

2. Anspruchsvoraussetzungen

83 Nach Abs. 4 hat der LAN gegen den Verleiher einen gesetzlichen Anspruch auf Gewährung der Arbeitsbedingungen, die einem vergleichbaren Arbeitnehmer des Entleihers für die ausgeübte Tätigkeit zu gewähren sind, wenn die vertraglichen **Vereinbarungen nach § 9 Nr. 2 unwirksam** sind. Nicht alle Vergütungsvereinbarungen müssen dabei unwirksam sein, auch die Unwirksamkeit einer Vergütungsvereinbarung löst die Rechtsfolgen nach Abs. 4 aus (*Thüsing/Mengel*, § 10 Rn. 67). Die Voraussetzungen der Vorschrift sind immer erfüllt, wenn dem LAN auf Grund der arbeitsvertraglichen Absprachen ungünstigere Arbeitsbedingungen gewährt werden als einem vergleichbaren Stammarbeitnehmer des Entleihers (§ 9 Rn. 76, 223). Die Frage, ob Abs. 4 für den LAN eine **Mindestentgeltgarantie** enthält (vgl. *Lembke*, BB 2003, 101) ist daher unerheblich. Sind Vereinbarungen nach § 9 Nr. 2 unwirksam, gibt Abs. 4 dem LAN hinsichtlich des Arbeitsentgeltes einen Ergänzungsvergütungsanspruch (*Thüsing/Mengel*, § 9 Rn. 22) und hinsichtlich der sonstigen wesentlichen Arbeitsbedingungen einen

Anspruch auf Zahlung der **Differenz** zwischen vertraglich geschuldeten und den beim Entleiher zur Anwendung kommenden Regelungen.

Abs. 4 setzt voraus, dass die Vertragsabsprache zu **wesentlichen Arbeitsbedingungen** nach § 9 Nr. 2 unwirksam sind. Gleichgestellt sind Betriebsvereinbarungen beim Verleiher, die vom Gleichbehandlungsgrundsatz abweichen (*Boemke/Lembke*, § 10 Rn. 10; a. A. *Thüsing/Mengel*, § 10 Rn. 69). Hinsichtlich der Voraussetzungen, unter denen die Vereinbarung einer wesentlichen Arbeitsbedingung nach § 9 Nr. 2 unwirksam ist, kann i. Ü. auf die Erläuterungen zu § 9 (Rn. 82 ff.) verwiesen werden. Sind diese Voraussetzungen erfüllt, hat der LAN den aus Abs. 4 folgenden **Leistungsanspruch auf Gleichbehandlung**. Ausgeschlossen ist der Anspruch demgegenüber, wenn auf das Leiharbeitsverhältnis qua Tarifbindung oder einzelvertraglicher Bezugnahme ein **TV zur ANÜ** Anwendung findet, der Gleichstellungsansprüche aus § 9 Nr. 2 ausschließt (§ 9 Rn. 251 ff. und 293 ff). Hier richten sich die Ansprüche ausschließlich nach den tarifvertraglichen Regeln (*Schüren/Schüren*, § 10 Rn. 288). **84**

Unbeachtlich ist, ob der Verstoß dem Verleiher bekannt ist oder den Verleiher ein **Verschulden** bei der Vereinbarung der unwirksamen Bestimmung oder der Nichteinhaltung des Diskriminierungsverbots trifft. Die Voraussetzungen des § 9 Nr. 2 sind immer erfüllt, wenn der Verleiher in **tatsächlicher Hinsicht** gegen das Diskriminierungsverbot verstößt (*Boemke/Lembke*, § 10 Rn. 11; § 9 Rn. 114). Dementsprechend setzen Ansprüche nach Abs. 4 nicht die **Wirksamkeit des Arbeitsvertrags** voraus (*Schüren/Schüren*, § 10 Rn. 287; *Thüsing/Mengel*, § 10 Rn. 65). **85**

Betrifft die Unwirksamkeit der Vertragsabsprache Arbeitsbedingungen, die **nicht wesentlich** i. S. d. §§ 3 Abs. 1 Nr. 3, 9 Nr. 2 sind oder nicht vom Diskriminierungsverbot erfasst werden (§ 9 Rn. 81 f.), können daraus folgende Ansprüche grundsätzlich nicht auf Abs. 4 gestützt werden. Ist etwa die Absprache zur Vergütung in **verleihfreien Zeiten** unwirksam (vgl. § 11 Abs. 4 Satz 2), richten sich die Rechtsfolgen nach den allgemeinen arbeitsrechtlichen Grundsätzen (*Thüsing/Mengel*, § 10 Rn. 71). Dasselbe gilt bei unwirksamer Vereinbarung sonstiger nicht wesentlicher Arbeitsbedingungen, z. B. bei Verstoß gegen den allgemeinen Gleichbehandlungsgrundsatz, soweit der Verstoß nicht auch von § 9 Nr. 2 erfasst wird. **86**

Abs. 4 ist auch in den Fällen anwendbar, in denen der **Arbeitsvertrag** insgesamt **unwirksam** ist (Rn. 109) oder **keine Vergütungsvereinbarung** getroffen wurde (*Boemke/Lembke*, § 10 Rn. 11; *Thüsing/Mengel*, § 10 Rn. 68; Rn. 59). Die gesetzlich zwingend geregelten Vergütungsansprüche des LAN und die Ansprüche auf Gewährung der wesentlichen Arbeitsbedingungen richten sich bei Unwirksamkeit des Leiharbeitsvertrages grundsätzlich danach, welche Ansprüche dem LAN im Falle der Wirksamkeit des Leiharbeitsverhältnisses zustehen würden. Dies gilt nach Abs. 3 Satz 1 auch für Haftungsansprüche Dritter. Es würde dem Zweck des § 9 Nr. 2 widersprechen, wenn Verleiher, die unwirksame Arbeitsverträge anwenden, gegenüber Verleihern, die die Arbeitsbedingungen auf der Grundlage grundsätzlich wirksamer Arbeitsverträge gewähren, privilegiert würden. Eine derartige Privilegierung liegt insbesondere vor, wenn man bei Unwirksamkeit des Leiharbeitsvertrags die Ansprüche des LAN gem. § 612 Abs. 2 BGB auf die Niedrigstbedingungen eines bestehenden Tarifvertrags zur ANÜ (vgl. § 9 Rn. 228) begrenzt. **87**

Weist der Arbeits- oder Tarifvertrag **Regelungslücken** bei den Arbeitsbedingungen auf, die dem LAN nach § 9 Nr. 2 zu gewähren sind (vgl. § 9 Rn. 210 f.), ist Abs. 4 ebenfalls entsprechend anwendbar (Rn. 109). Bedeutung hat dies ins- **88** besondere beim **Leistungslohn** (vgl. § 9 Rn. 110) und bei Ansprüchen, die beim Entleiher auf betrieblicher Vereinbarung beruhen (vgl. § 9 Rn. 116). Regelungslücken bewirken zwar i. d. R. keine Unwirksamkeit der Vertragsabsprachen nach § 9 Nr. 2 (§ 9 Rn. 114); aus §§ 3 Abs. 1 Nr. 3, 9 Nr. 2 (die keine selbständige Anspruchsgrundlage für Ansprüche des LAN sind) ergibt sich jedoch, dass der Gesetzgeber den in Abs. 4 geregelten Gleichstellungsanspruch immer dann zwingend einräumen will, wenn die Voraussetzungen einer Abweichungsmöglichkeit vom Diskriminierungsverbot nicht erfüllt sind. Aus dem Gesetzeszusammenhang mit §§ 3 Abs. 1 Nr. 3, 9 Nr. 2 ergibt sich insoweit, dass dem LAN die Ansprüche aus Abs. 4 in allen Fällen zustehen, in denen der Verleiher in tatsächlicher Hinsicht gegen das Diskriminierungsverbot verstößt. Abs. 4 ist daher in allen Fällen **Anspruchsgrundlage**, in denen der Verleiher die Bestimmungen zum Diskriminierungsverbot nicht einhält.

89   Beruht der Verstoß auf einer **unwirksamen Bestimmung eines TV** zur ANÜ, ist der Anspruch aus Abs. 4 ebenso gegeben (*Boemke/Lembke*, § 10 Rn. 10; a. A. *Thüsing/Mengel*, § 10 Rn. 69), wie in den Fällen, in denen die Bestimmung eines Arbeitsvertrags nicht den Vorschriften des § 9 Nr. 2 entspricht (§ 9 Rn. 276).

90   Ist der auf das Arbeitsverhältnis anwendbare **Tarifvertrag nichtig** oder sind einzelne tarifvertragliche Regelungen zur Abweichung vom gesetzlichen Diskriminierungsverbot unwirksam (vgl. hierzu § 9 Rn. 269 ff.), ist Abs. 4 Anspruchsgrundlage für den Gleichstellungsanspruch des LAN (Rn. 109). Die Unwirksamkeit der für das Leiharbeitsverhältnis zur Anwendung kommenden Arbeitsbedingungen nach § 9 Nr. 2 folgt hier zwar schon aus der Unwirksamkeit der jeweiligen Rechtsgrundlage; nach dem Zweck der Vorschrift als Arbeitnehmerschutzvorschrift ist Abs. 4 in allen Fällen anwendbar, in denen der Verleiher gegen das Diskriminierungsverbot verstößt (Rn. 88).

91   Abs. 4 gilt **zwingend**. Die Rechtsfolgen können weder vertraglich noch durch TV zur ANÜ oder BV abbedungen werden. Auch die Wahl alternativer rechtlicher Gestaltungsmittel, die auf eine Umgehung des Abs. 4 hinauslaufen, ist unzulässig. Unwirksam sind danach z. B. Vereinbarungen, nach denen Ansprüche des LAN nach Abs. 4 **pauschal** abgegolten werden sollen (*Sandmann/Marschall*, Art. 1 § 3 Anm. 21 d; § 9 Rn. 95, 112, 204).

3.   Auswirkungen des Gleichbehandlungsgrundsatzes auf die Rechtsbeziehungen von Verleiher und Entleiher

92   Die Pflichten zur **Erfüllung von Ansprüchen** aus dem Leiharbeitsverhältnis treffen auf Grund der arbeitsvertraglichen Beziehungen grundsätzlich den **Verleiher** (§ 9 Rn. 76 ff.). Dies gilt auch für Ansprüche des LAN auf Gleichbehandlung nach den Vorschriften der §§ 3 Abs. 1 Nr. 3, 9 Nr. 2. Nach dem insoweit eindeutigen Wortlaut des Abs. 4 (»von diesem« Verleiher) trifft den Entleiher gegenüber dem Leiharbeitnehmer keine eigene Pflicht, Gleichbehandlungsansprüche aus Abs. 4 zu erfüllen. Hiervon zu trennen ist ggf. die Schuldnerstellung des Entleihers aus einem nach § 1 Abs. 2 fingierten Arbeitsverhältnis (vgl. Einl. D Rn. 56 ff.), das infolge der Vermutungswirkungen von § 1 Abs. 2 i. V. m. § 3 Abs. 1 Nr. 3 zustande gekommen ist (vgl. *Schüren/Schüren*, § 10 Rn. 291; *Thüsing/Mengel*, § 10 Rn. 65).

93   Soweit **Zahlungsansprüche** (z. B. Zuschüsse zum Kantinenessen), insbesondere Ansprüche auf Zahlung des **Arbeitsentgelts** (vgl. § 9 Rn. 90 ff.) in Frage stehen, ist es dem Verleiher uneingeschränkt möglich, Ansprüche des LAN unter Berücksichtigung des Gleichbehandlungsgrundsatzes zu erfüllen. Ohne eine besondere Vereinbarung (vgl. hierzu Rn. 99 ff.) treffen den Entleiher hier weder gegenüber dem LAN noch gegenüber dem Verleiher Erfüllungspflichten. Anders stellt sich demgegenüber die Situation dar, wenn Gleichbehandlungsansprüche betroffen sind, die an die tatsächlich im Entleiherbetrieb geleistete Arbeit und die hiermit verbundene **Eingliederung** des LAN in den Betrieb des Entleihers anknüpfen (Rn. 111). Daneben kann es dem Verleiher unmöglich sein, dem LAN dieselben Arbeitsbedingungen wie Stammarbeitnehmern des Entleihers zu gewähren, z. B. wenn Ansprüche ein bestehendes Arbeitsverhältnis mit dem Entleiher voraussetzen oder Stammarbeitnehmern erfolgsabhängige Mitarbeiterbeteiligungen eingeräumt werden zur betrieblichen Altersversorgung(vgl. Rn. 105 u. 115).

Auf Grund der Eingliederung in die Betriebsabläufe des Entleiherbetriebs und **94** der Ausübung des Direktionsrechts treffen den **Entleiher** nur in eingeschränktem Umfang (vgl. § 9 Rn. 80) eigene Pflichten, die auch vom Anwendungsbereich des Abs. 4 erfasst werden. I. Ü. kommt dem Entleiher jedoch im Verhältnis zum LAN auch in den Fällen **keine Schuldnerstellung** zu, in denen Gleichbehandlungsansprüche ausschließlich auf den konkreten Verhältnissen im Entleiherbetrieb oder den dort bestehenden Regelungen beruhen.

Aus tatsächlichen Gründen ist in vielen Fällen ausschließlich der Entleiher in der **95** Lage, Ansprüchen des LAN auf Gleichbehandlung Rechnung zu tragen. Stehen etwa Ansprüche auf **Nutzung von Sozialeinrichtungen** des Entleihers in Frage, oder hat der Entleiher **Pausen** oder Erholzeiten zu gewähren, ist es dem Verleiher in tatsächlicher Hinsicht **unmöglich**, die Erfüllungsansprüche des LAN zu befriedigen (vgl. hierzu Rn. 106 u. 111). Ohne besondere vertragliche Absprache (Rn. 98 ff.) trifft den Entleiher auch gegenüber dem Verleiher grundsätzlich keine Hauptleistungspflicht, Gleichbehandlungsansprüche des LAN aus Abs. 4 zu erfüllen. Dies bedeutet jedoch nicht, dass der Entleiher die Pflichten des Verleihers bei der Einhaltung des Gleichbehandlungsgrundsatzes während des Einsatzes des LAN nicht berücksichtigen muss. Aus dem Grundsatz von **Treu und Glauben** (§ 242 BGB) besteht vielmehr für den Entleiher die **vertragliche Nebenpflicht**, den LAN so zu beschäftigen, dass der Verleiher seinen primären Leistungspflichten aus Abs. 4 nachkommen kann (§ 241 Abs. 2 BGB). Hierzu gehört es, dass der Entleiher Gleichstellungsansprüche, deren Erfüllung dem Verleiher (auch in Form eines gleichwertigen Ersatzes; Rn. 106) nicht möglich ist, selbst zu erfüllen. Verletzt er diese Pflicht, ist er dem Verleiher nach Maßgabe des § 282 BGB zum **Schadensersatz** verpflichtet.

4. Anspruchsgegner von Gleichbehandlungsansprüchen

a) Arbeitgeberstellung von Verleiher und Entleiher

Abs. 4 gibt dem LAN einen Leistungsanspruch gegen den Verleiher (»von die- **96** sem«), der grundsätzlich so zu erfüllen ist, wie der Entleiher ihn gegenüber seinen Stammarbeitnehmern zu erfüllen hat. **Anspruchsgegner** von Ansprüchen aus Abs. 4 ist grundsätzlich der **Verleiher** (vgl. auch.Rn. 92). Bei vermuteter Arbeitsvermittlung (vgl. Einl. D Rn. 47 ff.) kann jedoch gleichzeitig eine Haftung des Entleihers begründet sein (*Schüren/Schüren*, § 10 Rn. 290 ff.; *Thüsing/Mengel*, § 10 Rn. 65).

Steht dem LAN ausnahmsweise ein unmittelbarer **Anspruch gegen den Entlei-** **97** **her** zu (z. B. beim Zweiarbeitsverhältnis, § 12 Rn. 23, 25, oder Ansprüchen aus der betriebsverfassungsrechtlichen Stellung im Entleiherbetrieb, § 14 Rn. 96 ff.), der nicht von Abs. 4 erfasst wird, ist ausschließlich der Entleiher Anspruchsgegner. Unterliegt dieser Anspruch jedoch gleichzeitig dem Anwendungsbereich des Abs. 4, treffen daneben auch den Verleiher die Pflichten aus Abs. 4 (ggf. als **Gesamtschuldner** nach § 421 BGB; a. A. *Thüsing/Mengel*, § 9 Rn. 48, wonach der Anspruch gegen den Entleiher entsprechende Ansprüche gegen den Verleiher verdrängt). Für die öffentlich-rechtlichen Pflichten des Arbeitsschutzes ist dies in § 11 Abs. 6 ausdrücklich geregelt (§ 11 Rn. 87 ff.). Aber auch bei allen sonstigen Ansprüchen auf Gleichbehandlung bleibt die Schuldnerstellung des Verleihers unberührt, wenn den Entleiher eine eigene Pflicht trifft, Gleichbehandlungsansprüche des LAN zu erfüllen (vgl. Rn. 94).

98 Selbst wenn es dem Verleiher **unmöglich** ist aus tatsächlichen (z.B. Nutzung einer Entleiherkantine) oder rechtlichen Gründen (z.B. Entleihereinrichtungen der betrieblichen Altersversorgung) eine identische Gleichstellung des Leiharbeitnehmers mit Stammbeschäftigten des Entleihers zu gewährleisten, bleibt allein der Verleiher gegenüber dem LAN verpflichtet Ansprüche aus Abs. 4 zu erfüllen (vgl. hierzu Rn. 100, 106, 112).

b) Rechtsgeschäftliche Übertragung von Gleichstellungspflichten auf den Entleiher

99 Zur Erfüllung des Anspruchs auf Gleichbehandlung kann im ANÜ-Vertrag vereinbart werden, dass der Entleiher im Rahmen einer **Erfüllungsübernahme** (§§ 329 BGB), durch **Schuldbeitritt** oder im Wege einer befreienden **Schuldübernahme** (§ 415 BGB) zur Erfüllung der Ansprüche aus Abs. 4 verpflichtet ist. Wird eine entsprechende Vereinbarung getroffen ist der Entleiher dem Verleiher gegenüber schuldrechtlich verpflichtet, die Ansprüche des LAN aus Abs. 4 zu erfüllen.

100 Soweit es dem Verleiher auf Grund der Eingliederung des LAN in den Entleiherbetrieb **unmöglich** ist, derartige Pflichten zu erfüllen (z.B. Gewährung von Pausen, Kantinenessen, Parkplatznutzung etc.), ist er bei Abschluss des ANÜ-Vertrags verpflichtet, mit dem Entleiher die Übernahme der diesbezüglichen Pflichten des Verleihers aus Abs. 4 zu vereinbaren (Rn. 112) und im ANÜ-Vertrag zu dokumentieren (§ 12 Rn. 6). Auch ohne Genehmigung des LAN (Rn. 104; § 415 Abs. 1 Satz 1 BGB) ist der Entleiher dann vertraglich verpflichtet (vgl. §§ 328 f., 415 Abs. 3 BGB), Ansprüche aus Abs. 4 im Rahmen der übernommenen Verpflichtungen zu erfüllen.

101 Haben Verleiher und Entleiher vereinbart, dass der Entleiher Ansprüche des LAN aus Abs. 4 erfüllen soll, ändert dies grundsätzlich nichts an der Schuldnerstellung des Verleihers gegenüber dem Leiharbeitnehmer (Rn. 96). Auch kann der Leiharbeitnehmer seine Ansprüche aus Abs. 4 allein auf Grund der **schuldrechtlich** übernommenen Verpflichtungen nicht unmittelbar gegen den Entleiher geltend machen (vgl. § 329 BGB). Etwas anderes gilt nur, wenn dem LAN im ANÜ-Vertrag (i.S.e. echten Vertrags zugunsten Dritter) das Recht eingeräumt wird, die Erfüllung auch vom Entleiher fordern zu können (§ 328 Abs. 1 BGB).

102 Hat der LAN nach § 415 Abs. 1 Satz 1 BGB die (formfreie) **Genehmigung** zu einer zwischen Verleiher und Entleiher im ANÜ-Vertrag vereinbarten **Schuldübernahme** erteilt (Rn. 104) oder weist er bei einer **Erfüllungsübernahme** die Schuldnerstellung des Entleihers nicht zurück (§ 333 BGB), kann der LAN seine Ansprüche unmittelbar gegen den Entleiher geltend machen (§ 328 Abs. 1 BGB). Bei

der Schuldübernahme kann die Genehmigung auch vor Abschluss der Vereinbarung erteilt werden. Sie ist jedoch nur wirksam, wenn der Verleiher den LAN von der beabsichtigten Schuldübernahmevereinbarung in Kenntnis setzt (§ 415 Abs. 1 Satz 2 BGB). Hat der Verleiher dem Leiharbeitnehmer die Schuldübernahme mitgeteilt und erteilt der LAN seine Genehmigung, wird der Verleiher von seiner Schuld befreit.

Ob eine Erfüllungsübernahme nach § 328 Abs. 1 BGB oder eine Schuldübernahme nach § 415 Abs. 1 BGB vereinbart wurde, ist jeweils im Einzelfall zu ermitteln. Fehlt es an einer **ausdrücklichen Regelung** im ANÜ-Vertrag, ist im Zweifel nicht davon auszugehen, dass der Entleiher eine entsprechende Verpflichtung übernehmen wollte. Uneingeschränkt gilt dies für Arbeitsentgeltansprüche des LAN gegen den Verleiher (Rn. 110); nur eingeschränkt gilt dies dagegen, soweit Gleichbehandlungsansprüche des LAN in Frage stehen, die ihre Grundlage in Fürsorgepflichten oder anderen Arbeitgeberpflichten bei der Eingliederung und Ausführung von Tätigkeiten im Entleiherbetrieb haben (Rn. 95, 100). **103**

Auch die Frage, ob der LAN einer **Schuldübernahme** nach § 415 Abs. 1 BGB **zugestimmt** hat, beurteilt sich jeweils nach den konkreten Umständen des Einzelfalls. Liegt keine ausdrückliche und unzweideutige Zustimmungserklärung vor, bleibt es bei den schuldrechtlichen Wirkungen der Schuldübernahme (99 f.). Wird die Genehmigung für einen bestimmten Überlassungsfall oder für konkret bezeichnete Ansprüche des LAN erteilt, treten die Rechtsfolgen der befreienden Schuldübernahme ein (Rn. 102). Dasselbe gilt, soweit dem Verleiher in einem **TV zur ANÜ** oder im **Arbeitsvertrag** allgemein die Möglichkeit eröffnet wird, Verpflichtungen aus dem Gleichstellungsgebot schuldbefreiend auf den Entleiher zu übertragen und soweit im ANÜ-Vertrag eine entsprechende Vereinbarung getroffen wird. Ist die Möglichkeit zur Vereinbarung einer Schuldübernahme nach § 415 BGB in einem **Formulararbeitsvertrag** oder sonstigen allgemeinen Geschäftsbedingungen des Verleihers enthalten, hat die Schuldübernahme nur unter den Voraussetzungen des § 309 Nr. 10 BGB befreiende Wirkung. Fehlt es i. Ü. an einer ausdrücklichen **Zustimmungserklärung**, ist im Zweifel nicht von einer Genehmigung auszugehen. Durch **schlüssiges Verhalten** oder im Wege der Vertragsauslegung kann jedoch im Einzelfall eine ausdrückliche Genehmigung entbehrlich sein. Allein in der Annahme von Erfüllungsleistungen des Entleihers durch den LAN, die dieser auch nach § 267 BGB erbringen kann, liegt jedoch keine konkludente Zustimmung zur Schuldübernahme (*LAG Hamm* v. 10. 10. 1990, DB 1990, 941). Vielmehr muss der LAN seine Zustimmung zur Entlassung des Verleihers aus der Haftung unzweideutig erkennen lassen (BGH WM 75, 331). **104**

5. Inhalt des Anspruchs aus Abs. 4

Sind die Voraussetzungen des Abs. 4 erfüllt (Rn. 84 ff.), hat der LAN ab dem ersten Tag des Einsatzes beim Entleiher (*Boemke/Lembke*) einen Anspruch auf Gewährung der Arbeitsbedingungen, die einem vergleichbaren Stammarbeitnehmer des Entleihers zu gewähren sind. Dem LAN wird durch die Vorschrift ein **Erfüllungsanspruch** gegen den Verleiher (*Thüsing/Mengel*, § 10 Rn. 65) dahin gehend eingeräumt, ihn so zu stellen, als sei er unmittelbar beim Entleiher als Stammarbeitnehmer beschäftigt. **105**

Nach seinem **Zweck** ist der Gleichstellungsanspruch darauf gerichtet, Diskriminierungen des Leiharbeitnehmers gegenüber Stammarbeitnehmern zu vermei- **106** den. Diesem Zweck wird auch Rechnung getragen, wenn dem LAN aus tatsächlichen oder rechtlichen Gründen nicht **dieselben Arbeitsbedingungen** gewährt werden können wie Stammarbeitnehmern, und der Verleiher eine dem Zweck der Arbeitsbedingung entsprechende **vergleichbare und wertgleiche Leistung** als Surrogat gewährt (*Schüren/Schüren*, § 9 Rn. 204;*Lembke*, BB 2003, 101; vgl. Rn. 115). Der Verleiher ist hierzu in zumutbarem Umfang (§ 275 Abs. 2 BGB) verpflichtet. Besteht z. B. im Entleiherbetrieb ein System der **betrieblichen Altersversorgung**, an dem der LAN trotz bestehendem Gleichbehandlungsanspruch nicht teilnehmen kann, kommt der Verleiher seinen Verpflichtungen aus Abs. 4 in vollem Umfang nach, wenn er dem LAN ein gleichwertiges Altersversorgungssystem anbietet.

107 Gegenständlich ist der Anspruch auf die Gewährung **wesentlicher Arbeitsbedingungen** (vgl. § 9 Rn. 98 ff.) begrenzt, die einem **vergleichbaren Arbeitnehmer** des Entleihers zu gewähren sind (§ 9 Rn. 104 ff.). Ist beim Entleiher hinsichtlich der rein tatsächlich vom LAN ausgeübten Tätigkeit **kein vergleichbarer Arbeitnehmer** vorhanden, richtet sich der Anspruch nach den Arbeitsbedingungen eines Stammarbeitnehmers in vergleichbaren Entleiherbetrieben (§ 9 Rn. 104). Zu den wesentlichen Arbeitsbedingungen zählt insbesondere das **Arbeitsentgelt** (vgl. § 9 Rn. 90 ff.).

108 Umfang und **Höhe** des Gleichstellungsanspruchs aus Abs. 4 richten sich grundsätzlich nach dem Niveau, das einem vergleichbaren Stammarbeitnehmer des Entleihers hinsichtlich der konkret in Frage stehenden Arbeitsbedingung zu gewähren ist. Anzuwenden sind hierbei die Grundsätze des **Sachgruppenvergleichs** (*Thüsing/Mengel*, § 9 Rn. 34; vgl. § 9 Rn. 111).

109 Ist der Arbeitsvertrag oder ein auf das Arbeitsverhältnis anzuwendender Tarifvertrag insgesamt **unwirksam** (Rn. 87 u. 90), ist der LAN trotz der Unwirksamkeit auch in Fällen illegaler ANÜ hinsichtlich aller Arbeitsbedingungen mit einem vergleichbaren Arbeitnehmer des Entleihers gleichzustellen (so wohl auch *Thüsing/Mengel*, § 10 Rn. 65). Werden nur **einzelne Arbeitsbedingungen** von der Unwirksamkeit nach § 9 Nr. 2 erfasst oder weist der Tarifvertrag oder der Arbeitsvertrag **Regelungslücken** auf, die zu einer Unwirksamkeit der Vertragsklausel nach § 9 Nr. 2 führen (Rn. 88), ist der Anspruch aus Abs. 4 im Rahmen der Unwirksamkeit gegeben. Betrifft der Gleichbehandlungsanspruch eine **Geldschuld**, steht dem LAN ein unmittelbar gegen den Verleiher gerichteter Zahlungsanspruch zu, dessen Höhe sich nach der Vergütung richtet, die einem Stammarbeitnehmer des Entleihers zu zahlen ist. Der Gleichstellungsanspruch beim **Arbeitsentgelt** umfasst dabei auch Zulagen, Zuschläge, Zuschüsse (z. B. Fahrtkosten- oder Essensgeldzuschüsse, verbilligter Werkseinkauf) oder leistungs- oder ertragsorientierte Vergütungsbestandteile (vgl. § 9 Rn. 91). Auch **vermögenswirksame Leistungen** sind dem LAN entsprechend den Regelungen des Entleiherbetriebs grundsätzlich in Geld zu gewähren.

110 Auch soweit der Gleichstellungsanspruch keine Zahlungsansprüche, sondern sonstige Ansprüche auf die Gewährung wesentlicher Arbeitsbedingungen betrifft, kann der LAN vom Verleiher nach Abs. 4 deren Erfüllung verlangen. Keine Probleme bestehen dabei, wenn der Verleiher autonom in der Lage ist, die Ansprüche zu befriedigen. Hat der LAN z. B. auf Grund entsprechender Regelungen beim Entleiher einen Anspruch auf Gewährung von Zeiten bezahlter **Freistellung von der Arbeit** oder stehen sonstige Gleichstellungsansprüche, die der Verleiher unabhängig vom Einsatz bei Verleiher erfüllen kann (z. B. Gestellung eines Firmenwagens), steht dem LAN ein entsprechender **Leistungs-**

anspruch zu. Dasselbe gilt, wenn der Verleiher dem LAN eine den Gleichstellungszwecken entsprechende vergleichbare und wertgleiche Leistung anbieten kann (Rn. 106).

Problematisch sind die Fälle, in denen Gleichstellungsansprüche in Frage stehen, **111** die an die Ausübung des Direktionsrechts durch den Entleiher und die **Eingliederung** des LAN in den Entleiherbetrieb anknüpfen oder deren Erfüllung dem Verleiher aus sonstigen tatsächlichen oder rechtlichen Gründen nicht möglich ist (s. o. Rn. 95). Soweit es hier dem Verleiher aus tatsächlichen Gründen **unmöglich** ist, Ansprüche zu erfüllen (z. B. Nutzung von Kantine und Parkplatz, Gewährung von Pausen) oder ein Surrogat anzubieten (Rn. 106), ist ein Leistungsanspruch des LAN gegen den Verleiher ausgeschlossen (§ 275 Abs. 1 BGB). Dem Gleichstellungsanspruch des LAN hat der Verleiher dann nach § 241 Abs. 1 und 2 BGB dadurch Rechnung zu tragen, dass er den Entleiher im ANÜ-Vertrag zur Erfüllung verpflichtet (vgl. hierzu Rn. 100 und § 12 Rn. 21; so auch *Sandmann/ Marschall*, Art. 1 § 10 Anm. 27; zu den Rechtsfolgen vgl. Rn. 116). Verweigert der Entleiher die Übernahme und ist es dem Verleiher hierdurch nicht möglich, Gleichbehandlungsansprüche des LAN aus Abs. 4 zu erfüllen, ist er verpflichtet, den Einsatz des Leiharbeitnehmers beim Verleiher zu unterlassen. Verstößt er gegen die Verpflichtung, ist er dem LAN nach § 282 BGB zum Schadensersatz verpflichtet.

Der LAN kann den Anspruch nach Abs. 4 nur für den **Zeitraum** geltend machen, **112** in dem er für einen Einsatz bei einem Entleiher vorgesehen ist. Mit der im ANÜ-Vertrag vereinbarten Beendigung des Einsatzes enden gleichzeitig die (nur für den jeweils konkreten Einsatz zur Anwendung kommenden) Rechtsfolgen des Abs. 4. Erkrankt z. B. der LAN im vorgesehenen Überlassungszeitraum, kann er daher eine **Entgeltfortzahlung** entsprechend den beim Entleiher geltenden Regelungen nur verlangen, solange die Erkrankung innerhalb des Zeitraums der vorgesehenen Überlassung liegt. Ist dies der Fall, kann der Verleiher seine Verpflichtungen aus Abs. 4 nicht dadurch umgehen, dass er den vorgesehenen Einsatz des Leiharbeitnehmers vorzeitig beendet.

6. Erfüllung des Anspruchs und Leistungsstörungen

Kommt der Verleiher seinen Verpflichtungen aus Abs. 4 nach (Rn. 105 ff.), **erlischt** **113** der Anspruch nach § 362 Abs. 1 BGB. Dieselben Rechtfolgen treten ein, soweit der Entleiher auf Grund einer Schuldübernahme nach § 415 BGB oder einer Erfüllungsübernahme nach §§ 328 f. BGB die Ansprüche des LAN erfüllt. Gewährt der Entleiher wesentliche Arbeitsbedingungen i. S. d. § 9 Nr. 2, ohne dass ihn eine rechtliche Verpflichtung trifft, hat auch die Leistung auf die fremde Schuld (§ 267) das Erlöschen des Anspruchs zur Folge.

Hat der Entleiher Verpflichtungen des Verleihers aus Abs. 4 rechtsgeschäft- **114** lich übernommen, ohne dass der Verleiher aus seiner Schuld befreit wird (vgl. Rn. 101), bleibt der Anspruch des LAN gegen den Verleiher bis zur vollständigen Erfüllung bestehen. Hat die Schuldübernahme dagegen **befreiende Wirkung**, kann der Leiharbeitnehmer seine Ansprüche aus Abs. 4 nur noch gegen den Entleiher geltend machen.

Ist der Anspruch aus Abs. 4 nicht auf eine Geldleistung, sondern auf die Gewäh- **115** rung sonstiger wesentlicher Arbeitsbedingungen gerichtet (Rn. 110), erlischt der Anspruch auch, wenn der Verleiher dem LAN zulässigerweise ein gleichwertiges **Surrogat** zur Verfügung stellt (*Behrend*, NZA 2002, 374; vgl. hierzu Rn. 106). Dem Verleiher steht hierbei im Rahmen des § 275 Abs. 2 und 3 BGB ein Leistungsverweigerungsrecht zu, soweit ihm die Gewährung des Surrogats unzumutbar ist. Wegen der Unabdingbarkeit des Anspruchs aus Abs. 4 sind hierbei strenge Anforderungen zu stellen. Auch Ansprüche auf die Gewährung einer **betrieblichen Altersversorgung** (vgl. § 9 Rn. 81) hat der Verleiher grundsätzlich dadurch zu erfüllen, dass er dem Leiharbeitnehmer ein dem Niveau nach entsprechendes, eigenes System der betrieblichen Altersversorgung zur Verfügung stellt (*Lembke*, BB 2003, 101; *Weyand/Düwell*, 78). Ausnahmen kommen hier nur in Betracht, wenn der Verleiher nur im Einzelfall und in unwesentlichem Umfang LAN an Entleiher verleiht, die ein System der betrieblichen Altersversorgung haben. Liegen die Voraussetzungen des § 275 Abs. 2 oder 3 BGB vor, kann der LAN nach § 283 BGB Schadensersatz statt der Leistung verlangen.

116 Ist es dem Verleiher **unmöglich**, Ansprüche aus Abs. 4 zu erfüllen, ist ein Leistungsanspruch gegen den Verleiher nach § 275 Abs. 1 BGB ausgeschlossen (a. A. *Thüsing/Mengel*, § 9 Rn. 32; *Urban-Crell/Schulz* Rn. 368, die dem LAN einen Kompensationsanspruch einräumen). Dem LAN steht in diesem Fall ein Anspruch gegen den Verleiher auf Übernahme der Verpflichtungen durch den Entleiher zu (vgl. Rn. 100 und 111). Dieser Anspruch ist selbständig einklagbar und umfasst die Verpflichtung des Verleihers, auf den Entleiher dahin einzuwirken, dass er den Gleichstellungsansprüchen Rechnung trägt. Verletzt der Verleiher diese Pflicht, ist er dem Leiharbeitnehmer nach § 282 BGB zum Schadensersatz verpflichtet. Weigert sich der Entleiher Gleichstellungspflichten zu übernehmen, deren Erfüllung dem Verleiher unmöglich ist, muss der Verleiher den Einsatz des LAN beim Entleiher unterlassen (Rn. 112). Wird der LAN dennoch verliehen, steht ihm nach Maßgabe des § 282 BGB ein Schadensersatzanspruch gegen den Entleiher zu. Daneben stellt die Weigerung des Entleihers i. d. R. eine Verletzung vertraglicher Nebenpflicht dar (Rn. 95), die ihn gegenüber dem Verleiher nach § 282 BGB zum **Schadensersatz** verpflichtet. Dasselbe gilt, wenn die gegen § 9 Nr. 2 verstoßende Entgeltzahlung auf schuldhaft **unrichtigen Angaben** des Entleihers beruht (ErfK/*Wank*, § 10 Rn. 47; *Thüsing/Mengel*, § 10 Rn. 73 *Bauer/Krets*, NJW 2002, 539).

7. Rechtsfolgen bei Verstößen

117 Ansprüche aus Abs. 4 kann der LAN beim Arbeitsgericht im Wege der Klage nach § 2 Abs. 1 Nr. 3 ArbGG geltend machen. Dies gilt auch, soweit Ansprüche unmittelbar gegen den Entleiher geltend zu machen sind (Rn. 102). Tarif- oder einzelvertraglich vereinbarte **Verfallfristen** sind hierbei auch zu beachten, wenn der Entleiher die Schuld nach § 415 Abs. 1 Satz 1 BGB übernommen hat (§ 417 Abs. 1 BGB).

118 Kommt der Verleiher seinen Verpflichtungen aus Abs. 4 nicht nach, steht dem LAN ein **Leistungsverweigerungsrecht** nach § 273 BGB zu, soweit es sich nicht um einen geringfügigen oder dauerhaft wiederkehrenden Anspruch handelt (§ 320 Abs. 2 BGB). Das Leistungsverweigerungsrecht besteht auch, soweit der Verleiher statt der Leistung nach § 282 BGB Schadensersatz zu leisten hat (vgl. Rn 116 f.). Hat der Entleiher im ANÜ-Vertrag Verpflichtungen des Verleihers übernommen (Rn. 99) und erfüllt er diese Verpflichtungen nicht, steht dem LAN ebenfalls ein Leistungsverweigerungsrecht nach § 273 BGB zu.

119 Sind mit Zustimmung des LAN die Voraussetzungen einer **Schuldübernahme** gem. § 415 Abs. 1 BGB erfüllt, steht dem LAN grundsätzlich nur gegenüber dem Entleiher ein Leistungsverweigerungsrecht zu. Ausnahmen gelten hier, wenn der Verleiher gegen eigene **Einwirkungs-, Überwachungs- und Kontrollpflichten** bei der Einhaltung von übernommenen Gleichstellungspflichten durch den Entleiher verletzt.

Verletzt der Verleiher seine Verpflichtungen aus Abs. 4, erfüllt dies (unabhängig von § 3 Abs. 1 Nr. 3) wegen Verletzung von Arbeitgeberpflichten den Versagungstatbestand des § 3 Abs. 1 Nr. 1 (i.E. ebenso *Boemke/Lembke*, § 10 Rn. 17; ErfK/ *Wank*, § 3 Rn. 19; *Thüsing/Mengel*, § 10 Rn. 73). Eine erteilte **Erlaubnis** ist danach bei Verstößen gegen Abs. 4 zu widerrufen.

120

§ 11 Sonstige Vorschriften über das Leiharbeitsverhältnis

(1) Der Nachweis der wesentlichen Vertragsbedingungen des Leiharbeitsverhältnisses richtet sich nach den Bestimmungen des Nachweisgesetzes. Zusätzlich zu den in § 2 Abs. 1 des Nachweisgesetzes genannten Angaben sind in die Niederschrift aufzunehmen:

1. Firma und Anschrift des Verleihers, die Erlaubnisbehörde sowie Ort und Datum der Erteilung der Erlaubnis nach § 1,
2. Art und Höhe der Leistungen für Zeiten, in denen der Leiharbeitnehmer nicht verliehen ist.

(2) Der Verleiher ist ferner verpflichtet, dem Leiharbeitnehmer bei Vertragsschluß ein Merkblatt der Erlaubnisbehörde über den wesentlichen Inhalt dieses Gesetzes auszuhändigen. Nichtdeutsche Leiharbeitnehmer erhalten das Merkblatt und den Nachweis nach Absatz 1 auf Verlangen in ihrer Muttersprache. Die Kosten des Merkblatts trägt der Verleiher.

(3) Der Verleiher hat den Leiharbeitnehmer unverzüglich über den Zeitpunkt des Wegfalls der Erlaubnis zu unterrichten. In den Fällen der Nichtverlängerung (§ 2 Abs. 4 Satz 3), der Rücknahme (§ 4) oder des Widerrufs (§ 5) hat er ihn ferner auf das voraussichtliche Ende der Abwicklung (§ 2 Abs. 4 Satz 4) und die gesetzliche Abwicklungsfrist (§ 2 Abs. 4 Satz 4 letzter Halbsatz) hinzuweisen.

(4) § 622 Abs. 5 Nr. 1 des Bürgerlichen Gesetzbuchs ist nicht auf Arbeitsverhältnisse zwischen Verleihern und Leiharbeitnehmern anzuwenden. Das Recht des Leiharbeitnehmers auf Vergütung bei Annahmeverzug des Verleihers (§ 615 Satz 1 des Bürgerlichen Gesetzbuchs) kann nicht durch Vertrag aufgehoben oder beschränkt werden; § 615 Satz 2 des Bürgerlichen Gesetzbuchs bleibt unberührt.

(5) Der Leiharbeitnehmer ist nicht verpflichtet, bei einem Entleiher tätig zu sein, soweit dieser durch einen Arbeitskampf unmittelbar betroffen ist. In den Fällen eines Arbeitskampfes nach Satz 1 hat der Verleiher den Leiharbeitnehmer auf das Recht, die Arbeitsleistung zu verweigern, hinzuweisen.

(6) Die Tätigkeit des Leiharbeitnehmers bei dem Entleiher unterliegt den für den Betrieb des Entleihers geltenden öffentlich-rechtlichen Vorschriften des Arbeitsschutzrechts; die hieraus sich ergebenden Pflichten für den Arbeitgeber obliegen dem Entleiher unbeschadet der Pflichten des Verleihers. Insbesondere hat der Entleiher den Leiharbeitnehmer vor Beginn der Beschäftigung und bei Veränderungen in seinem Arbeitsbereich über Gefahren für Sicherheit und Gesundheit, denen er bei der Arbeit ausgesetzt sein kann, sowie über die Maßnahmen und Einrichtungen zur Abwendung dieser Gefahren zu unterrichten. Der Entleiher hat den Leiharbeitnehmer zusätzlich über die Notwendigkeit besonderer Qualifikationen oder beruflicher Fähigkeiten oder einer besonderen ärztlichen Überwachung sowie über erhöhte besondere Gefahren des Arbeitsplatzes zu unterrichten.

(7) Hat der Leiharbeitnehmer während der Dauer der Tätigkeit bei dem Entleiher eine Erfindung oder einen technischen Verbesserungsvorschlag gemacht, so gilt der Entleiher als Arbeitgeber im Sinne des Gesetzes über Arbeitnehmererfindungen.

Inhaltsübersicht

Literaturhinweise

Becker/Wulfgramm, Neuregelung der gewerbsmäßigen Arbeitnehmerüberlassung, BlStSozArbR 1982, 81; *Buchholz*, Gesetz zur Umsetzung der EG-Rahmenrichtlinie Arbeitsschutz und weitere Arbeitsschutzrichtlinien, ZTR 1996, 495; *Brötzmann/Musial*, Annahmeverzug und Meldepflicht im Arbeitnehmerüberlassungsgewerbe, NZA 1997, 19; *Däubler*, Die Auswirkungen der Schuldrechtsmodernisierung auf das Arbeitsrecht, NZA 2001, 1329; *Gensch*, Arbeitsschutzprobleme beim Einsatz von Fremdfirmen am Beispiel der Reinigungsdienste, WSI-Mitt. 1989, 746; *Grünberger*, Nachweisgesetz und Änderung des Kündigungsschutzes, NJW 1995, 2809; *Höland*, Das neue Nachweisgesetz, AuR 1996, 87; *Kollmer*, Inhalt und Anwendungsbereich der vier neuen Verordnungen zum Arbeitsschutzgesetz, NZA 1997, 138; *Kursawe*, Die Aufklärungspflicht des Arbeitgebers bei Abschluss von Arbeitsverträgen, NZA 1997, 245; *Marschall*, Gelöste und ungelöste Fragen der Arbeitnehmerüberlassung, RdA 1983, 18; *Lörcher*, Die EG-Nachweis-Richtlinie (91/533/EWG) und ihre Umsetzung im innerstaatlichen Recht, AuR 1994, 450; *Pieper*, Das Arbeitsschutzgesetz, AuR 1996, 465; *Rewald*, Arbeitsvertragsnachweisgesetz und neue Massenentlassungsbestimmungen, AiB 1995, 625; *Preis*, Das Nachweisgesetz – lästige Förmelei oder arbeitsrechtliche Zeitbombe?, NZA 1997, 10; *Richter/Mitsch*, Praktische Konsequenzen aus dem neuen Nachweisgesetz, AuA 1996, 7; *Schiefer*, Gesetz zur Anpassung arbeitsrechtlicher Bestimmungen an das EG-Recht, DB 1995, 1910; *Schwarze*, Praktische Handhabung und dogmatische Einordnung des Nachweisgesetzes, ZfA 1997, 43; *Steinbach*, Gefährdungen der Arbeitnehmer durch Leiharbeit, WSI-Mitt. 1980, 263; *Wank*, Das Nachweisgesetz, RdA 1996, 21; *ders.*, Der neue Entwurf eines Arbeitsschutzgesetzes, DB 1996, 1134; *Wlotzke*, Das neue Arbeitsschutzgesetz – zeitgemäßes Grundlagengesetz für den betrieblichen Arbeitsschutz, NZA 1996, 1017; *Zwanziger*, Ausgewählte Einzelprobleme des Nachweisgesetzes, DB 1996, 2027. Siehe auch die Literaturhinweise zu §§ 1, 9, 10.

I. Entstehungsgeschichte

1 § 11 enthält für das Arbeitsverhältnis Bestimmungen zu den Dokumentations-, Auskunfts- und Nachweispflichten des Verleihers (Abs. 1 bis 3) und legt abweichend von bzw. ergänzend zu den allgemeinen arbeitsrechtlichen Regeln besondere Schutznormen für das Leiharbeitsverhältnis fest (Abs. 4 bis 7). Die Vorschrift enthält **zwingendes Recht** (*Thüsing/Mengel,* § 11 Rn. 1).

2 Von ihrem Regelungsgehalt her ist die Vorschrift in ihrem Kern seit Bestehen des AÜG in Kraft. Die in Abs. 1 geregelten **Nachweispflichten des Verleihers** gehen dabei auf die Nachweisrichtlinie der EG zurück (RiLi 91/533 EWG), die durch das Gesetz zur Anpassung arbeitsrechtlicher Bestimmungen an das EG-Recht (v. 28.7.1995, BGBl. I S. 946) in nationales Recht umgesetzt wurde. Nachdem die Nachweispflichten auf der Grundlage von Art. 2 des Gesetzes zunächst eigenständig im AÜG geregelt wurden, wurden die in Abs. 1 a.F. enthaltenen Pflichtangaben weitgehend aus dem AÜG herausgenommen und im Rahmen von Art. 6 Nr. 6 des Ersten Gesetzes für moderne Dienstleistungen am Arbeitsmarkt (v. 23.11.2002, BGBl. I S. 4607) durch einen Verweis auf das NachwG ersetzt. Seither beschränken sich die in Abs. 1 besonders aufgeführten zusätzlichen Nachweispflichten auf Besonderheiten des Leiharbeitsverhältnisses. Im Übrigen gelten für die Nachweispflichten die Bestimmungen des Nachweisgesetzes.

3 Nach der in § 19 enthaltenen Übergangsregelung ist Abs. 1 in seiner heutigen Fassung bereits am 1.1.2003 in Kraft getreten (vgl. *Ulber,* AuR 2003, 7).

II. Gesetzeszweck und Geltungsbereich

4 § 11 enthält in Ergänzung zu § 9 und § 10 **Vorschriften zu Inhalt und Form des Leiharbeitsverhältnisses.** Die Norm dient in erster Linie dem Schutz des Leiharbeitnehmers, erleichtert aber auch der Erlaubnisbehörde die Überwachungstätigkeit, insbesondere bei der Frage, ob der Verleiher seine Arbeitgeberpflichten i.S.d. § 3 Abs. 1 erfüllt. Durch die **Nachweispflichten** bzgl. der wesentlichen Arbeitsbedingungen soll Rechtssicherheit und Klarheit über Inhalt und Durchführung des vereinbarten Arbeitsverhältnisses gegeben und Auseinandersetzungen möglichst vermieden werden. Abs. 4 enthält abweichende Regelungen zu den Kündigungsfristen und regelt zwingend die besonderen **Vergütungspflichten** des Verleihers in **verleihfreien Zeiten.** Abs. 5 dient dem **Schutz der Tarifautonomie** und soll die Gefahren, die sich aus der Zerstörung des Prinzips der Tarifeinheit durch Leiharbeit ergeben, bei Arbeitskämpfen abmildern. Abs. 6 dient der Sicherstellung der Vorschriften des öffentlich-rechtlichen Arbeitsschutzes. Abs. 7 regelt den besonderen Anspruch des LAN gegen den Entleiher bei Erfindungen oder Verbesserungsvorschlägen i.S.d. Arbeitnehmererfindungsgesetzes.

5 § 11 enthält ebenso wie § 2 NachwG **zwingende** arbeitsrechtliche und arbeitsschutzrechtliche **Normen i.S.d. § 3 Abs. 1 Nr. 1,** bei Verstößen muss daher in der Regel die Erlaubnis versagt werden (*Sandmann/Marschall,* Art. 1 § 11 Anm. 3). Daneben kann der Verstoß mit einem Bußgeld bis zu 500 Euro geahndet werden (§ 16 Abs. 1 Nr. 8). Bei **Verstößen** gegen die **Formvorschriften** bleibt der Leiharbeitsvertrag wirksam (§ 125 BGB; *Schaub,* § 120 III 1; s.u. Rn. 14). Die in § 11 und § 2 NachwG enthaltenen Pflichtangaben hinsichtlich des **Mindestinhalts** und der Form der Vertragsabsprachen zwischen Verleiher und Leiharbeitnehmer sind nicht erschöpfend (*Thüsing/Mengel,* § 11 Rn. 1). Auch die im EG-Anpassungsgesetz v. 28.7.1995 aufgenommene Hinweispflicht, dass der Arbeitnehmer verpflichtet ist, an verschiedenen Orten beschäftigt zu sein (§ 2 Abs. 1 Satz 2 Nr. 4 NachwG), lässt die Probleme, die mit der für Leiharbeit verbundenen **Übertragung des Weisungsrechts** zusammenhängen, ungelöst. § 11 Abs. 1 erfüllt insoweit seine **Beweissicherungsfunktion** für den Arbeitnehmer gerade in den Streitfällen nur eingeschränkt, in denen die geltend gemachten Ansprüche oder die Rechtsstellung des Arbeitnehmers von der Vereinbarung zur Abdingbarkeit des § 613 Satz 2 BGB abhängen (z. B. §§ 9 Nr. 1, 10 Abs. 1, vgl. § 1 Rn. 37).

Strittig ist, ob § 11 nur auf die gewerbsmäßige ANÜ anwendbar ist (so *Schüren/Feuerborn*, § 11 Rn. 15; ErfK/*Wank* § 11 Rn. 1; *Thüsing//Kudlich*, § 11 Rn. 1) oder ob die Vorschrift ganz oder zumindest teilweise (so *Becker/Wulfgramm*, Art. 1 § 11 Rn. 5) auch auf andere Leiharbeitsverhältnisse anwendbar ist. Soweit gemeinschaftsrechtliche Normen zum Arbeitsschutz betroffen sind, müssen die einzelnen Bestimmungen des § 11 auch auf Leiharbeitsverhältnisse mit **nichtgewerbsmäßig** tätigen Verleihern angewandt werden, da der gemeinschaftsrechtliche Unternehmensbegriff unabhängig davon erfüllt ist, ob die wirtschaftliche Einheit auf Gewinnerzielung ausgerichtet ist oder nicht (*EuGH* v. 8. 6. 1994 – Rs. C-382/92 – EuroAS 1994, 8). Hinsichtlich der Pflichten des Arbeitgebers aus § 11 Abs. 1 hat der Meinungsstreit durch das NachwG an Bedeutung verloren, da nach § 2 Abs. 1 Satz 2 NachwG die in § 11 Abs. 1 Satz 1 aufgeführten Nachweispflichten bei anderen Arbeitsverhältnissen ebenfalls bestehen. Insbesondere muss auch bei Normalarbeitsverhältnissen und in Fällen nichtgewerbsmäßiger ANÜ der Hinweis darauf, ob der Arbeitnehmer an **verschiedenen Orten** beschäftigt werden kann, in der schriftlichen Urkunde nach § 2 Abs. 1 Satz 2 Nr. 4 NachwG enthalten sein. Gleiches gilt für die **Nachweispflichten bei Auslandseinsätzen** nach § 2 Abs. 2 NachwG. I. ü. wird man den Anwendungsbereich von § 11 je nach Schutzzweck der Regelungen unterschiedlich weit fassen müssen. Uneingeschränkte Anwendung findet § 11 auf Arbeitsverhältnisse, die von gewerbsmäßig tätigen Verleihern begründet werden. Auch **Mischunternehmen**, die gewerbsmäßig ANÜ betreiben, fallen unter den Anwendungsbereich der Norm. Arbeitnehmer, die ihre Arbeit ausschließlich im Stammbetrieb erbringen, gehören dagegen nicht zum Kreis der nach § 11 geschützten Personen, so dass § 11 bei Mischbetrieben nur auf die Arbeitsverhältnisse anwendbar ist, die eine Verpflichtung des Arbeitnehmers vorsehen, seine Arbeitsleistung auch in Fremdbetrieben zu erbringen, und hierbei zumindest auch dem Weisungsrecht des Einsatzbetriebes unterstellt werden können. Schon die Notwendigkeit der Kenntnis vom Bestehen oder Nichtbestehen einer Erlaubnis bewirkt hier, dass der betroffene Arbeitnehmer des durch § 11 Abs. 1 Satz 2 Nr. 1, Abs. 3 gewährten Schutzes bedarf.

§ 11 ist in vollem Umfang auf Arbeitsverhältnisse anwendbar, bei denen der Arbeitnehmer (ohne besondere Absprache im Einzelfall) allein auf Weisung des Arbeitgebers verpflichtet ist, in Fremdbetrieben zu arbeiten und dort gegebenenfalls Weisungen des Einsatzbetriebs zu befolgen hat. Dies gilt unabhängig davon, ob der Arbeitnehmer ständig als Leiharbeitnehmer verliehen wird oder ob er zwischen Einsätzen im Rahmen von ANÜ auch andere Tätigkeiten verrichtet. § 11 stellt auf das **Arbeitsverhältnis als solches** und nicht auf dessen Durchführung oder auf die Überlassung im Einzelfall ab.

Besteht keine generelle arbeitsvertragliche Pflicht zur ANÜ, kann der Arbeitnehmer nur **im Einzelfall** auf Grund einer besonderen vorherigen **Vertragsabsprache** bei Entleihern eingesetzt werden (vgl. § 1 Rn. 36 ff.). Hier unterliegt das Arbeitsverhältnis nur bezüglich dieser zeitlich befristeten Vertragsabsprache den Bestimmungen des § 11 (zur Vertragsänderung siehe Rn. 47).

9 In den übrigen Fällen der ANÜ ist je nach Art der ANÜ und den Schutzzwecken der Regelungen des § 11 zu unterscheiden. Bei der **Konzernleihe** und der ANÜ auf Grund Tarifvertrages nach § 1 Abs. 3 Nr. 1 und 2 findet § 11 keine Anwendung, soweit nicht in **europarechtskonformer Anwendung der Normen** das AÜG eine Anwendbarkeit der Vorschriften zwingend gebietet (vgl. Einl. F. Rn. 43). In den Fällen des § 1a liegt eine **gewerbsmäßige ANÜ** vor. Der Verleiher ist hier nur von der Erlaubnispflicht nach § 1 Abs. 1 Satz 1 befreit, die übrigen Bestimmungen des AÜG finden dagegen Anwendung. Daher ist die Anwendbarkeit des § 11 auf Arbeitsverhältnisse, die den Arbeitnehmer zur Arbeitsleistung im Rahmen von ANÜ nach § 1a verpflichten, nur bezüglich der erlaubnisbezogenen Bestimmungen (§ 11 Abs. 1 Satz 1 Nr. 1 und Abs. 2) ausgeschlossen, i. ü. finden jedoch alle Vorschriften des § 11 Anwendung. In den übrigen Fällen der ANÜ sind die **Schutzzwecke** des Abs. 5 (Schutz der Tarifautonomie), Abs. 6 (öffentlich-rechtlicher Arbeitsschutz) und Abs. 7 (Arbeitnehmererfindungen) unabhängig von der Art der ANÜ gleichermaßen berührt, so dass diese Bestimmungen **in allen Fällen der ANÜ** Anwendung finden (so auch *Becker/Wulfgramm*, Art. 1 § 11 Rn. 13).

10 Für die Anwendbarkeit des Abs. 4, der insbesondere die für ANÜ typische Tragung des **Beschäftigungsrisikos** durch den Verleiher sichern soll, kommt es darauf an, ob mit den Vertragsabsprachen zur Leistungspflicht des Arbeitnehmers in Fällen **nichtgewerbsmäßiger ANÜ** gleichzeitig eine entsprechende Risikoverteilung vorgenommen werden sollte (§ 1 Rn. 60). Grundsätzlich ist davon auszugehen, dass der Arbeitnehmer die **zusätzliche Verpflichtung** zur Leistung von Leiharbeit nur übernimmt, wenn ihr eine **Gegenleistung** des Arbeitgebers gegenübersteht. Dem Interesse des Arbeitgebers, den Arbeitnehmer gelegentlich auch bei Dritten beschäftigen zu können, entspricht das Interesse des Arbeitnehmers bei Vereinbarung einer entsprechenden Arbeitspflicht, auch ein Recht auf Beschäftigung bei Dritten zu haben, wenn ihm keine sonstigen Beschäftigungsmöglichkeiten durch den Arbeitgeber zugewiesen werden können. Von daher ist es interessengerecht, das Beschäftigungsrisiko des Arbeitgebers auch bei nichtgewerbsmäßiger ANÜ entsprechend den Regelungen zur gewerbsmäßigen ANÜ zu verteilen und eine Abdingbarkeit des § 615 BGB auszuschließen. Abs. 4 ist damit auf alle Arbeitsverhältnisse anzuwenden, die dem Arbeitnehmer eine **generelle Verpflichtung** zur Leistung gewerbsmäßiger ANÜ auf Anordnung des Arbeitgebers auferlegen. Ist der Arbeitnehmer dagegen nur auf Grund einer im Einzelfall getroffenen selbstständigen Absprache zu nichtgewerbsmäßiger ANÜ verpflichtet, findet § 11 jeweils nur im Einzelfall befristet für den Zeitraum der vorgesehenen Überlassung Anwendung.

III. Nachweis der wesentlichen Vertragsbedingungen (Abs. 1)

1. Nachweispflichten des Verleihers

11 Nach Abs. 1 Satz 1 i. V. m. § 2 Abs. 1 Satz 1 NachwG hat der Verleiher die *wesentlichen Vertragsbedingungen* in einer von ihm erstellten **Urkunde** niederzulegen und die unterzeichnete Urkunde dem LAN binnen eines Monats auszuhändigen. Nach Abs. 1 Satz 2 ist er daneben verpflichtet, Name und Anschrift des Verleihers sowie die Daten über eine erteilte **Erlaubnis** sowie die Vergütungspflichten in **verleihfreien Zeiten** zu dokumentieren. Die Urkunde bedarf der **Schriftform**, ein Nachweis in elektronischer Form ist nach § 2 Abs. 1 Satz 3 NachwG ausgeschlossen. Die Nachweisurkunde ist dem LAN spätestens einen Monat nach vereinbartem Vertragsbeginn auszuhändigen.

Der **Katalog** der in § 2 Abs. 1 Satz 2 NachwG aufgeführten Arbeitsbedingungen **12** ist **nicht abschließend** (ErfK/*Preis*, § 2 NachwG Rn. 8; *Schüren/Feuerborn*, § 11 Rn. 22; *Schoden*, NachwG, § 2 Rn. 20 f.). Er enthält nur Mindestangaben, die nach § 2 Abs. 1 Satz 1 NachwG ergänzt werden müssen, soweit sonstige wesentliche Bedingungen für das Arbeitsverhältnis gelten oder vertraglich vereinbart wurden (KassHandb/*Düwell*, 4.5 Rn. 329; *Schüren/Feuerborn*, § 11 Rn. 23; vgl. Rn. 18). Neben den in § 2 Abs. 1 Satz 2 NachwG enthaltenen Mindestangaben gehört hierzu insbesondere die Abrede, dass der LAN in Abweichung von § 613 Satz 2 BGB verpflichtet ist, auch unter dem Weisungsrecht eines Dritten zu arbeiten. Die Erlaubnisbehörde ist berechtigt, den Inhalt der Dokumentationspflichten zu konkretisieren und deren Einhaltung durch Auflagen nach § 2 Abs. 2 sicherzustellen.

Durch die Beurkundungspflicht wird der Verleiher gezwungen, die mit dem LAN **13** getroffenen Vereinbarungen **wahrheitsgetreu** abzufassen (zu Verstößen vgl. Rn. 82 ff.). Zusammen mit dem nach Abs. 2 zu übergebenden Merkblatt der BA soll sie Rechtssicherheit schaffen und den LAN über seine Rechtsstellung informieren (vgl. amtl. Begr. BT-Ds. 13/668 S. 8). Die Urkunde entfaltet hinsichtlich der vom Verleiher abgegebenen Erklärungen im Rahmen des § 416 ZPO **Beweiskraft** (*LAG Hamm* v. 27. 2. 1995 – 4 Sa 900/04 – AuR 1996, 119; ErfK/*Preis*, NachwG Einl. Rn. 17). Der Nachweis kann grundsätzlich nur vom LAN zu Lasten des Verleihers, nicht jedoch vom Verleiher zu Beweiszwecken verwertet werden (*Boemke*, § 11 Rn. 86; *Schwarze*, ZfA 1997, 65). Dem Arbeitgeber ist es verwehrt, sich darauf zu berufen, dass die Niederschrift die vertraglichen Vereinbarungen vollständig und richtig wiedergibt oder entgegen dem Text der Urkunde in Wirklichkeit etwas anderes vereinbart sei (*Zwanziger*, DB 1996, 2027). Behauptet der Arbeitgeber, dass die Urkunde entgegen seinen Dokumentationspflichten eine Vertragsabsprache nicht oder unvollständig wiedergibt, obliegt ihm die **Beweislast** (*LAG Niedersachsen* v. 21. 2. 2003 – 10 Sa 1683/02 – NZA-RR 2003, 520; ErfK/*Preis*, NachwG, Einl. Rn. 19; *Urban-Crell/Schulz*, Rn. 271; *Däubler*, NZA 1992, 545; *Wank*, RdA 1996, 24; *Zwanziger*, DB 1996, 2027; a. A. *BAG* v. 17. 4. 2002 – 5 AZR 89/01 – AP Nr. 6 zu § 2 NachwG; *Thüsing/Mengel*, § 11 Rn. 31). Auch kann er sich nicht zu seinen Gunsten darauf berufen, dass der Vertragsinhalt in der Urkunde richtig und vollständig wiedergegeben ist. Die Nachweispflichten dienen dem Schutz des Arbeitnehmers, der den Inhalt der Urkunde nicht zu unterzeichnen braucht. Von daher gibt es keine Vermutung für die Vollständigkeit und Richtigkeit der Urkunde (ErfK/*Preis*, NachwG, Einl. Rn. 20). Die Grundsätze zur Beweislast gelten auch, wenn der LAN den **Empfang** der Urkunde **schriftlich bestätigt** hat, wozu er auf Verlangen des Arbeitgebers verpflichtet ist. Bestätigt er allerdings auch die Richtigkeit und Vollständigkeit, oder sind die Vertragsbedingungen in einen von beiden Seiten unterschriebenen Arbeitsvertrag nach § 2 Abs. 4 NachwG aufgenommen, kann der Verleiher die Urkunde ebenso wie der LAN zu Beweiszwecken einsetzen.

Die Ausstellung des Nachweises bzw. die Abfassung eines schriftlichen Arbeits- **14** vertrags nach § 2 Abs. 4 NachwG sind **keine Wirksamkeitsvoraussetzung** für das Zustandekommen des Arbeitsverhältnisses (*Schüren/Feuerborn*, § 11 Rn. 21). Mit Ausnahme einer Befristungsabsprache (§ 14 Abs. 4 TzBfG) kommt der Leiharbeitsvertrag vielmehr unabhängig von der Einhaltung einer Schriftform mit den Vertragsbedingungen zustande, die zwischen den Parteien bei Abschluss des Arbeitsvertrags (ggf. auch nur mündlich) vereinbart wurden (*Becker/Wulf-*

gramm, § 11 Rn. 13; *Sandmann/Marschall,* § 11 Anm. 5; *Schüren/Feuerborn,* § 11 Rn. 21). Auch soweit im Nachweis eine Angabe zu Vertragsbedingungen fehlerhaft oder unvollständig ist, macht dies die betreffende Absprache nicht unwirksam (*EuGH* v. 8. 2. 2001 – Rs. c-350/99 – AP Nr. 2 zu § 2 NachwG). Die Wirksamkeit und der Inhalt der Absprache beurteilen sich auch hier ausschließlich danach, was die Parteien vereinbart haben.

15 Sind die in Abs. 1 Satz 2 Nr. 1 bis 12 genannten Vertragsbedingungen in einem **Formulararbeitsvertrag** oder in einer vorformulierten Urkunde enthalten, in der ein Verleiher die Arbeitsbedingungen einseitig festsetzt, erfüllt eine entsprechende **Vertragsurkunde** gem. § 305 Abs. 1 Satz 1 BGB die Voraussetzungen **allgemeiner Geschäftsbedingungen** (vgl. BT-Ds. 14/6857, S. 53). Auch die AGB sind dann in die Urkunde aufzunehmen (ErfK/*Wank,* § 11 AÜG Rn. 3). Dies gilt auch, wenn neben der Urkunde nach Abs. 1 ein gesonderter Arbeitsvertrag abgeschlossen wird (§ 305 Abs. 1 Satz 2 BGB). Die Geltung der Vorschriften der §§ 305 ff. BGB über allgemeine Geschäftsbedingungen kann nicht durch die Erstellung der nach Abs. 1 erforderlichen Urkunde umgangen werden (§ 306a BGB). Nach § 310 Abs. 4 Satz 2 BGB unterliegen die Inhalte der Urkunde unter Berücksichtigung der Besonderheiten des Arbeitsrechts der **Inhaltskontrolle** nach §§ 307 ff. BGB. Ein Ausschluss des Anwendungsbereichs der gesetzlichen Bestimmungen zu allgemeinen Geschäftsbedingungen nach § 305 Abs. 1 Satz 3 BGB dürfte praktisch kaum vorkommen, da eine Aushandlung von Vertragsbedingungen, bei denen der Leiharbeitnehmer Einfluss auf den Inhalt des Arbeitsvertrages nimmt, allenfalls in extremen Ausnahmefällen vorkommen dürfte. Im Regelfall verwendet der Verleiher bei Abschluss des Arbeitsvertrages immer Vertragsformulare, die insbesondere die Mindestangaben nach § 11 Abs. 1 enthalten. Derartige **Formulararbeitsverträge** sind immer für eine Vielzahl von Arbeitsverhältnissen bestimmt und erfüllen daher regelmäßig die Begriffsmerkmale allgemeiner Geschäftsbedingungen nach § 305 Abs. 1 Satz 1 BGB. Unerheblich ist hierbei, ob die vorformulierten Vertragsbedingungen in einer einheitlichen arbeitsvertraglichen Urkunde (§ 2 Abs. 4 NachwG) oder in einer gesonderten Niederschrift nach § 2 Abs. 1 Satz 1 NachwG enthalten sind. Die Merkblätter der BA nach § 11 Abs. 3 unterliegen jedoch nicht der Inhaltskontrolle (vgl. § 307 Abs. 3 Satz 1 BGB), da deren Inhalte i. d. R. weder Bestandteil der arbeitsvertraglichen Absprachen sind noch vom Verleiher als Verwender eigenständig vorformuliert werden. Bei arbeitsvertraglichen **Verweisungsklauseln** auf Tarifverträge, Betriebs- oder Dienstvereinbarungen (Rn. 52 ff.) findet eine Inhaltskontrolle wegen der nur eingeschränkten Richtigkeitsgewähr von TV zur ANÜ nur beschränkt statt (vgl. § 9 Rn. 302) oder dann, wenn nicht der gesamte Tarifvertrag einbezogen wird (*Däubler,* NZA 2001, 1335). Kein Problem der unzulässigen Kontrolle von Tarifverträgen stellt dagegen die Frage dar, ob die Auswahlentscheidung der in Bezug genommenen Tarifverträge (vgl. § 9 Rn. 292) oder Betriebsvereinbarungen selbst gerichtlich überprüft werden kann. Werden z. B. im Arbeitsvertrag mit einer Hotelfachkraft die Tarifverträge des Dachdeckerhandwerks für anwendbar erklärt, kann die entsprechende Klausel nach § 305c Abs. 1 BGB unwirksam sein. § 310 Abs. 4 Satz 2 BGB steht dem nicht entgegen, da die Anwendung der §§ 305 ff. BGB für Tarifverträge, Betriebs- und Dienstvereinbarungen nur ausgeschlossen ist, soweit die kollektiven Normen der jeweiligen Regelung betroffen sind. Eine Klausel über die **einzelvertraglich vereinbarte Inbezugnahme** auf einen TV zur ANÜ unterliegt damit der Inhaltskontrolle (vgl. § 9 Rn. 286).

2. Nachweispflicht zu den wesentlichen Vertragsbedingungen (Abs. 1 Satz 1)

a) Allgemeine Grundsätze

Nach Abs. 1 Satz 1 i.V.m. § 2 Abs. 1 Satz 1 NachwG hat der Verleiher eine **Ur-** **16** **kunde** über die **wesentlichen Vertragsbedingungen** des Leiharbeitsverhältnisses zu erstellen und diese dem LAN in unterzeichneter Form spätestens einen Monat nach vertraglich vereinbartem Vertragsbeginn **auszuhändigen.** Sind die wesentlichen Vertragsbedingungen in einem **schriftlichen Arbeitsvertrag** enthalten, entfällt eine gesonderte Dokumentationspflicht (§ 2 Abs. 4 NachwG; vgl. Rn. 67).

Die wesentlichen Vertragsbedingungen sind im Gesetz **nicht abschließend** ge- **17** regelt (ErfK/*Preis*, § 2 NachwG Rn. 8; *Schüren/Feuerborn*, § 11 Rn. 28). Abs. 1 und § 2 Abs. 1 NachwG enthalten nur **Mindestangabepflichten,** die **zwingend** einzuhalten sind (§ 5 NachwG). Gelten im Leiharbeitsverhältnis sonstige Vertragsbedingungen, die für die Rechtsstellung des LAN von Bedeutung sind, sind auch diese Bedingungen nachweispflichtig (*Schüren/Feuerborn*, § 11 Rn. 63).

Abs. 1 Satz 1 stellt klar, dass der Nachweis den **Besonderheiten des Leiharbeits-** **18** **verhältnisses** Rechnung tragen muss und die in Satz 2 enthaltenen Beispiele nicht abschließend sind. Die Nachweispflicht gem. § 2 NachwG erstreckt sich daher auch auf Arbeitsbedingungen, die abweichend oder ergänzend zum Normalarbeitsverhältnis das Leiharbeitsverhältnis prägen. Hierzu zählen neben der Verpflichtung des LAN, auch unter dem Weisungsrecht eines Dritten zu arbeiten (§ 613 Satz 2 BGB; vgl. § 1 Rn. 37), alle arbeitsrechtlichen Normen des AÜG, die von den allgemeinen arbeitsrechtlichen Grundätzen abweichen. Die Urkunde muss insoweit sowohl die **Leiharbeitnehmerklausel** (vgl. § 1 Rn. 37) als auch den Umfang der hieraus resultierenden Leistungspflichten des LAN enthalten (*Sandmann/Marschall,* Art. 1 § 11 Anm. 9). Zweifel am Bestehen oder Umfang der entsprechenden Klausel gehen zulasten des Verleihers (vgl. § 305c Abs. 2 BGB). Bei **Beschäftigung ausländischer Arbeitnehmer,** die der Arbeitsgenehmigung bedürfen (vgl. Einl. G. Rn. 35 ff.), gehört es zu dem wesentlichen Inhalt des Arbeitsverhältnisses nach § 11 Abs. 1 Satz 1, dass sich der Arbeitnehmer im Besitz einer wirksam erteilten Arbeitserlaubnis befindet und dies dokumentiert wird. Hierfür besteht schon deshalb eine Notwendigkeit, weil die Arbeitserlaubnis für die Tätigkeit eines Ausländers aus Drittstaaten als Leiharbeitnehmer gem. § 40 AufenthG, § 6 Abs. 1 Nr. 2 ArGV grundsätzlich zu versagen ist (vgl. Einl. G. Rn. 35 ff.) und die Erlaubnisbehörde im Rahmen ihrer Durchführungspflichten nicht nur das **Vorliegen der Arbeitsgenehmigung** überprüfen muss, sondern auf Grund des dokumentierten Arbeitsvertrages gleichzeitig auch prüfen muss, ob der Verleiher sich nach § 15 strafbar gemacht hat.

Besondere Bedeutung kommt der Dokumentation der Arbeitsbedingungen bei **19** der Frage zu, ob die vertraglich vereinbarten Arbeitsbedingungen einen **Verstoß gegen die Gleichbehandlungspflichten** aus § 9 Nr. 2 darstellen und daher unwirksam sind (§ 9 Rn. 113). Die vertraglich vereinbarten **wesentlichen Arbeitsbedingungen** i.S.d. § 9 Nr. 2 (vgl. § 9 Rn. 98 ff.) sind daher vollständig in der Urkunde zu dokumentieren, um die Einhaltung des Diskriminierungsverbots prüfen und bei Verstößen Ansprüche des LAN aus § 10 Abs. 4 durchsetzen zu können. Dasselbe gilt bei **Auslandsentsendung** von LAN in Mitgliedstaaten der EU, die unter den Anwendungsbereich der Entsende-Richtlinie / EU (vgl. Einl. F

Rn.56aff.) fallen (Rn.61). Hier sind die jeweils unterschiedlichen nationalen Regelungen zu den Mindestarbeitsbedingungen in den Mitgliedstaaten anzugeben.

20 I.Ü. sind **alle Vertragsbedingungen** wesentlich, deren Kenntnis für den LAN zur Wahrnehmung seiner Rechte von Bedeutung sind und deren Unkenntnis mit Nachteilen für ihn verbunden sein kann (*Linde/Lindemann*, NZA 2003, 651). Hierbei kommt es nicht darauf an, ob die Vertragsbedingung einzel- oder kollektivvertraglich vereinbart ist oder ob es sich um Haupt- oder Nebenpflichten des Leiharbeitsverhältnisses handelt. Insbesondere Arbeitsbedingungen, die nicht vom Diskriminierungsverbot erfasst sind, oder Vertragsbedingungen, die im Rahmen von **AGB** nach §§ 308f. BGB unwirksam sein können, sind daher schriftlich festzuhalten (Rn. 15).

b) Mindestangaben gem. § 2 Abs. 1 Satz 2 NachwG

aa) Name und Anschrift der Vertragsparteien (§ 2 Abs. 1 Satz 2 Nr. 1 NachwG)

21 Nach § 2 Abs. 1 Satz 2 Nr.1 muss die Niederschrift **Name und Anschrift** der Vertragsparteien enthalten. Die notwendigen Angaben beziehen sich auf die **Vertragsparteien**, d.h. den LAN und unter Bezeichnung der Rechtsform das Verleihunternehmen als Arbeitgeber. Darüber hinaus besteht die Verpflichtung nach § 11 Abs. 1 Satz 2 Nr.1, auch Firma und Anschrift des Verleihers, d.h. ggf. die Niederlassung oder Betriebsstätte, von der aus der Einsatz des LAN organisiert wird, zu benennen (Rn. 27). Die Vorschrift dient der Individualisierung und **Identifizierbarkeit** der Vertragsparteien (*Thüsing/Mengel*, § 11 Rn.8). Entsprechende Angaben können nur dann zu **Beweiszwecken** herangezogen werden und erfüllen nur in den Fällen einen Schutzzweck gegenüber dem Arbeitnehmer, wenn die Identität der in der Urkunde bezeichneten Person im schriftlichen Arbeitsvertrag durch Unterschrift des Arbeitnehmers bestätigt wurde. Im Übrigen soll die Vorschrift vor allem der Erlaubnisbehörde die Möglichkeit eröffnen, durch Abgleichen von Daten die Einhaltung der Arbeitgeberpflichten des Verleihers bzw. Entleihers zu überwachen. Bei Beschäftigung von Ausländern aus Nicht-EU-Staaten sind in diesem Zusammenhang zusätzlich die Angaben zur **Arbeitsgenehmigung** (Rn. 18) aufzunehmen.

bb) Zeitpunkt des Beginns des Arbeitsverhältnisses (§ 2 Abs. 1 Satz 2 Nr. 2 NachwG)

22 Nach § 2 Abs. 1 Satz 2 Nr. 2 NachwG ist der Zeitpunkt des vereinbarten Vertragsbeginns in der Urkunde anzugeben. Dies ist der Zeitpunkt, in dem der **Leiharbeitsvertrag** zwischen LAN und Verleiher gegenseitige **vertragliche Pflichten** auslöst und nicht der Zeitpunkt des Vertragsschlusses (so ErfK/*Wank*, § 11 AÜG Rn.8) oder der Tag der Arbeitsaufnahme durch den LAN (*Schüren/Feuerborn*, § 11 Rn.27; *Thüsing/Mengel*, § 11 Rn.9.; a.A. KassHandb/*Düwell*, 4.5 Rn.334, der auf den Tag der Arbeitsaufnahme abstellt). Die Angabe des genauen Tages, an dem das Leiharbeitsverhältnis beginnt, ist insbesondere für den Eintritt der Rechtsfolgen in verleihfreien Zeiten (Abs. 4 Satz 2; Rn. 99ff.) von Bedeutung.

23 Weicht der Zeitpunkt des Vertragsbeginns vom Zeitpunkt der vorgesehenen Arbeitsaufnahme ab, ist dies ebenfalls in der Urkunde oder im Arbeitsvertrag unter Angabe der Gründe anzugeben.

cc) Angaben bei befristetem Arbeitsverhältnis
(§ 2 Abs. 1 Satz 2 Nr. 3 NachwG)

§ 2 Abs. 1 Satz 2 Nr. 3 schreibt nach seinem Wortlaut nur die **vorhersehbare** **24** **Dauer** des Arbeitsverhältnisses vor. Bei zeitbefristetem Leiharbeitsvertrag ist dies die vereinbarte Laufzeit, bei einer Zweckbefristung das Ereignis, das die Beendigung des Arbeitsverhältnisses auslösen soll. Da insbesondere bei einer Zweckbefristung die Dauer ausschließlich vom **Befristungsgrund** abhängt, ist hier immer auch der Befristungsgrund mitzubenennen (*Schüren/Feuerborn*, § 11 Rn. 29; a. A. *Boemke/Lembke*, § 11 Rn. 14; *Thüsing/Mengel*, § 11 Rn. 10).

Ergänzt werden die Dokumentationspflichten des NachwG durch § 14 Abs. 4 **25** TzBfG, wonach die **Befristungsabrede** generell der Schriftform bedarf. Im Unterschied zum Normalarbeitsverhältnis, bei dem die **Angabe des Befristungsgrundes** nach h. M. nur bei einer Zweckbefristung erforderlich ist (ErfK/*Müller-Gröge*, § 14 TzBfG Rn. 146), ist wegen der nur eingeschränkten Zulässigkeit von Befristungen des Leiharbeitsvertrages (vgl. § 9 Rn. 304 ff.) und des gesetzlichen Verbots der Verlagerung von Beschäftigungsrisiken in verleihfreien Zeiten (§ 11 Abs. 4 Satz 2; vgl. Rn. 99 ff.) auch der **Befristungsgrund** anzugeben (a. A. *Boemke/Lembke*, § 11 Rn. 14; *Schüren/Feuerborn*, § 11 Rn. 29). Beruht die Befristung z. B. auf in der Person des LAN liegenden Gründen (§ 14 Abs. 1 Satz 2 Nr. 6 TzBfG), sind diese konkret zu bezeichnen. Eine Befristung ohne nähere Erläuterung oder die allgemeine Angabe »**auf Wunsch des Arbeitnehmers**« macht die Befristung **unzulässig** (*BSG* v. 16. 12. 1976 – 12/7 RAr 89/75 – EzAÜG § 1 AÜG Arbeitsvermittlung Nr. 4; *Becker/Wulfgramm*, Art. 1 § 11 Rn. 13). Auch muss sich aus den Angaben ergeben, dass der in der Person des Arbeitnehmers liegende sachliche Grund zum Zeitpunkt des Vertragsabschlusses besteht, andernfalls ist die Befristungsabrede unwirksam. Dasselbe gilt, soweit die Befristungsabrede nicht schriftlich getroffen und von beiden Parteien unterzeichnet wurde (§ 14 Abs. 4 TzBfG).

Ist die Schriftform der Befristungsabrede nicht gewahrt oder fehlen Angaben zur **26** Dauer, ist das Leiharbeitsverhältnis nach § 16 TzBfG wie ein unbefristetes Arbeitsverhältnis zu behandeln. Ist nur der Befristungsgrund nicht in der Urkunde enthalten, ist das Arbeitsverhältnis wie ein ohne Sachgrund befristetes Arbeitsverhältnis nach § 14 zu behandeln.

dd) Angaben zum Arbeitsort (§ 2 Abs. 1 Satz 2 Nr. 4 NachweisG)

Nach § 2 Abs. 1 Satz 2 Nr. 4 NachwG ist in der Urkunde zunächst der **Arbeitsort**, **27** d. h. der Sitz oder die Niederlassung des Verleihunternehmens oder -betriebs anzugeben (*Thüsing/Mengel*, § 11 Rn. 11). Vom **bestimmten Arbeitsort** i. S. d. Norm werden dabei alle Betriebsstätten oder Entleiherbetriebe erfasst, die innerhalb des **Gemeindebezirks** liegen, in dem sich der Sitz des Verleihers befindet. Enthält die Urkunde nur diesen bestimmten Arbeitsort, ist der LAN ohne nachweisbar andere Absprache nur zur Arbeitsleistung in den Grenzen des jeweiligen Gemeindebezirks verpflichtet (*Schüren/Feuerborn*, § 11 Rn. 31).

Soll der LAN an **verschiedenen Orten** beschäftigt werden, muss in der Urkunde **28** ein Hinweis über die diesbezügliche Verpflichtung des LAN aufgenommen werden. Anstelle des Arbeitsortes sind ggf. Angaben zum räumlichen **Einsatzgebiet** zu machen (Becker/Wulfgramm, § 11 Rn. 9; ErfK/*Wank*, § 11 AÜG Rn. 10). Das Einsatzgebiet kann sich dabei sowohl auf das In- und Ausland als auch Teile davon erstrecken. Bei **Auslandseinsätzen** sind neben der Angabe der Staaten zusätzlich die Nachweispflichten gem. § 2 Abs. 2 NachwG (Rn. 81) zu beachten. Dies gilt auch, wenn der LAN zu Auslandseinsätzen auf der Grundlage von § 1 Abs. 3 Nr. 3 verpflichtet werden soll.

29 Allein die Angabe des Einsatzgebietes reicht allerdings nicht aus, um den Nachweispflichten aus § 2 Abs. 1 Satz 2 Nr. 4 NachwG nachzukommen. Vielmehr ist die **Verpflichtung** des LAN zur auswärtigen Arbeit in die Urkunde aufzunehmen. Neben der diesbezüglichen Absprache sind hierbei auch die **Vertragsbedingungen** in die Urkunde aufzunehmen, die mit auswärtigen Arbeitseinsätzen verbunden sind (z.B. Fahrtkostenregelungen, Wegezeitvergütungen, Übernachtungskosten; ErfK/*Wank*, § 11 AÜG Rn. 10, *Schüren/Feuerborn*, § 11 Rn. 32; *Thüsing/Mengel*, § 11 Rn. 11; s.a. Rn. 81).

ee) Charakterisierung der Tätigkeit (§ 2 Abs. 1 Satz 2 Nr. 5 NachwG)

30 Nach § 2 Abs. 1 Satz 2 Nr. 5 NachwG ist in die Urkunde eine kurze Charakterisierung oder Beschreibung der vom Leiharbeitnehmer zu leistenden **Tätigkeit** aufzunehmen. Hierzu gehören zunächst alle Vertragsabsprachen, die abweichend von § 613 Satz 2 BGB eine Pflicht des LAN begründen, unter dem Weisungsrecht eines Dritten zu arbeiten (vgl. auch Rn. 18). Insbesondere bei Leiharbeitsverhältnissen von **Mischbetrieben** oder sonstigen Formen der ANÜ, die nicht von reinen Verleihunternehmen ausgeübt werden, müssen zumindest Art und Umfang der Leistungspflichten beschrieben sein. Ist der Arbeitnehmer nicht nur als LAN zur Arbeitsleistung verpflichtet, sondern soll er daneben auch im Stammbetrieb des Verleihers oder im Rahmen sonstiger Formen der Fremdfirmenarbeit zur Arbeitsleistung verpflichtet sein, ist dies in der Urkunde anzugeben (ErfK/*Wank*, § 11 Rn. 11; *Schüren/Feuerborn*, § 11 Rn. 34).

31 Die geschuldeten Tätigkeiten des Leiharbeitnehmers können allgemein umschrieben werden, sie müssen jedoch so konkret abgefasst sein, dass sich die **Tätigkeitsgrenzen**, innerhalb derer der LAN zur Arbeitsleistung bei Dritten verpflichtet ist, hinreichend bestimmen lassen. Der allgemeine Hinweis, dass der LAN als Helfer oder für Aushilfstätigkeiten eingestellt wird, reicht hierfür wegen der **Ungenauigkeit der Tätigkeitsangaben** nicht aus (*Preis*, NZA 1997, 10). So genügt etwa der allgemeine Hinweis, dass der LAN als Helfer eingestellt wird nicht den Nachweispflichten. Dasselbe gilt für Formulierungen, nach denen der LAN bei Bedarf auch andere zumutbare oder berufsfremde Tätigkeiten zu übernehmen hat (*Schüren/Feuerborn*, § 11 Rn. 34). Hier ist die vertraglich erforderliche **Versetzungsklausel** (*Thüsing/Mengel*, § 11 Rn. 14) so zu fassen, dass auch die Grenzen der anderweitig geschuldeten Tätigkeit erkennbar sind. Soweit auch die Zuweisung geringwertigerer Tätigkeiten von der Versetzungsklausel erfasst wird, ist zu beachten, dass eine derartige Zuweisung nur für einen vorübergehenden Zeitraum und nur unter Fortzahlung der höheren Grundvergütung erfolgen darf (so zutreffend: *Thüsing/Mengel*, § 11 Rn. 14).

32 Die Angabe charakteristischer **Berufsbilder** (z.B. Maschinenschlosser, Krankenschwester) im Arbeitsvertrag genügt den Anforderungen nur, soweit zusätzlich die **konkrete Tätigkeit** beschrieben wird (*EuGH* v. 4. 12. 1997 – Rs. C-253/96. NZA 1998, 137; *Schüren/Feuerborn*, § 11 Rn. 33; a. A. ErfK/*Wank*, § 11 Rn. 11). Ist das Tätigkeitsgebiet auf bestimmte Bereiche (z.B. Altenpflege) oder Branchen (z.B. Metallindustrie) beschränkt, ist auch dies dokumentationspflichtig (*Schüren/Feuerborn*, § 11 Rn. 33).

Die tätigkeitsbezogenen Angaben müssen im Hinblick auf das Diskriminie- **33**
rungsverbot des § 9 Nr. 2 so konkret beschrieben sein, dass die vertraglich zu gewährenden wesentlichen Arbeitsbedingungen einschließlich des Arbeitsentgeltes, soweit sie auf tätigkeitsbezogenen Merkmalen beruhen, aus der Urkunde
hervorgehen. Die ausgeübte Tätigkeit und das Arbeitsentgelt stehen immer in
einem unmittelbaren Zusammenhang, so dass die dem Arbeitsentgelt und der
Eingruppierung zu Grunde liegenden **Tätigkeitsmerkmale** schriftlich zu dokumentieren sind (ErfK/*Preis*, § 2 NachwG Rn. 15). Auch die **Lohnform** (Zeit- oder
Leistungslohn) sowie die Verpflichtung zu Nebenarbeiten sind anzugeben.

ff) Angaben zum Arbeitsentgelt und zur Fälligkeit der Vergütung (§ 2 Abs. 1 Satz 2 Nr. 6 NachwG)

Nach § 2 Abs. 1 Satz 2 Nr. 6 NachwG ist der Verleiher verpflichtet, alle Merkmale, **34**
die **Höhe und Zusammensetzung des Arbeitsentgeltes** bestimmen, in die Urkunde aufzunehmen. Der Vorschrift kommt im Zusammenhang mit den Gleichstellungspflichten gem. § 9 Nr. 2 eine erhebliche Bedeutung zu. Keine Anwendung findet die Bestimmung auf die Vergütung des LAN in **verleihfreien Zeiten**.
Insoweit ist Abs. 1 Satz 2 Nr. 2 lex specialis zu § 2 Abs. 1 NachwG.

Obwohl § 2 Abs. 1 Satz 2 Nr. 6 NachwG die Dokumentationspflichten des Ver- **35**
leihers detailliert festlegt, ergeben sich Besonderheiten, wenn sich das Arbeitsentgelt entsprechend §§ 3 Abs. 1 Nr. 3, 9 Nr. 2 ausschließlich nach den jeweils
beim Entleiher zur Anwendung kommenden Bestimmungen richtet (ErfK/
Wank, § 11 AÜG Rn. 12a). Damit der LAN hier dem Zweck der Norm entsprechend Klarheit über seine Rechtsstellung gewinnen kann, sind in diesem Fall zumindest die Entleiherbranchen anzugeben, in denen der LAN eingesetzt werden
soll. Auf Grund der Besonderheiten der gesetzlichen Regelung zur Vergütung
reicht der **allgemeine Verweis** auf die gesetzliche Regelung zum Arbeitsentgelt
nicht aus, um den Nachweispflichten beim Arbeitsentgelt im Arbeitsvertrag
nachzukommen. Der Verleiher hat in diesem Fall bei den wechselnden Einsätzen
bei Entleihern innerhalb der Monatsfrist nach § 3 NachwG jeweils eine **getrennte
Urkunde** zu den jeweils maßgeblichen Entgeltbedingungen zu erstellen (*Schü-
ren/Feuerborn*, § 11 Rn. 39; *Thüsing/Mengel*, § 11 Rn. 16; kritisch zur gesetzlichen
Regelung: *Hümmerich/Holthausen/Welslau*, NZA 2003, 11).

Von den Nachweispflichten werden mindestens die Bestandteile des Arbeitsent- **36**
geltes erfasst, die unter das gesetzliche **Gleichstellungsgebot** gem. §§ 9 Nr. 2, 3
Abs. 1 Nr. 3 fallen (vgl. § 9 Rn. 90 ff.). Soll das **Nettoarbeitsentgelt** bei Einstellung
eines Arbeitslosen in den ersten sechs Wochen der Beschäftigung gem. § 9 Nr. 2
dem zuletzt bezogenen Arbeitslosengeld entsprechen, ist dies in die Urkunde
aufzunehmen. Darüber hinaus sind alle Entgeltbestandteile angabepflichtig, die
neben den gesetzlichen Gleichstellungspflichten Bestandteil der Vergütungsvereinbarung zwischen Verleiher und LAN sind. Ist zwischen den Vertragsparteien
z. B. für den Fall einer vorzeitigen Beendigung des Arbeitsverhältnisses eine
Abfindung vereinbart oder soll der LAN bei betrieblichen Qualifizierungsmaßnahmen eine **Ausbildungsvergütung** erhalten oder zur Rückzahlung von Aus-
bildungskosten verpflichtet sein, sind diese Absprachen in die Urkunde aufzunehmen.

Enthält die Urkunde oder der Arbeitsvertrag keine Angaben zum Arbeitsentgelt, **37**
hat der LAN ohne einen Gegenbeweis des Verleihers mindestens Anspruch
auf das beim Entleiher maßgebliche Arbeitsentgelt eines vergleichbaren Stamm-

arbeitnehmers. Dasselbe gilt soweit im Arbeitsvertrag nicht alle von § 9 Nr. 2 erfassten Bestandteile des Arbeitsentgeltes (vgl. § 9 Rn. 90 ff.) aufgeführt sind. Bei **Regelungslücken** des Arbeitsvertrages kommt der Gleichstellungsanspruch des LAN uneingeschränkt zur Anwendung.

38 Soweit auf das Arbeitsverhältnis qua Tarifbindung oder arbeitsvertraglicher Bezugnahme ein **TV zur AÜ** Anwendung findet (vgl. § 9 Rn. 251 ff. u. Rn. 286 ff.), ist der Verleiher trotz der Hinweismöglichkeiten gem. § 2 Abs. 3 NachwG (vgl. Rn. 62) verpflichtet, die Regelungen zum Arbeitsentgelt in der Urkunde anzugeben, für die der TV nicht oder nicht erschöpfend alle zu dokumentierenden Entgeltbestandteile erfasst. Insbesondere hinsichtlich der Vielzahl von **Regelungslücken** der TV zur AÜ, die sich auf das Arbeitsentgelt beziehen (vgl. § 9 Rn. 200), muss der Verleiher trotz bestehendem TV seinen Nachweispflichten nachkommen. Zu dokumentieren sind hier z. B. die Absprachen zum **Leistungslohn**, zu üblicherweise betrieblich geregelten Sozialleistungspaketen und sonstigen Lohnnebenleistungen mit Entgeltcharakter.

39 Soweit der Verleiher nicht nach § 2 Abs. 3 NachwG von seinen Nachweispflichten befreit ist, ist in der Urkunde zunächst die für die geschuldete Tätigkeit maßgebliche **Grundvergütung** nach Zusammensetzung und Höhe anzugeben, d. h. im Zeitlohn die für die jeweilige Zeiteinheit abschnittsweise zu zahlende Vergütung und im Leistungslohn die Bemessungsfaktoren, die sich auf die Entgelthöhe auswirken (vgl. hierzu *Ulber*, AN in Zeitarbeitsfirmen, S. 127 ff.). Insbesondere beim **Leistungslohn** sind dabei alle Vergütungsregelungen, Lohnbestandteile und Bemessungsfaktoren aufzunehmen, die nach § 87 Abs. 1 Nr. 10 u. 11 BetrVG der Mitbestimmung des Betriebsrats unterliegen.

40 Der Nachweispflicht unterliegen alle **Zuschläge** (z. B. bei Mehr-, Nacht-, Sonn- oder Feiertagsarbeit) oder **Zulagen** (z. B. Belastungs- und Erschwerniszulagen), **variable Lohnbestandteile** sowie alle sonstigen **Lohnnebenleistungen mit Entgeltcharakter** (z. B. Sachleistungen, Firmenwagen, Essens- oder Fahrgeldzuschüsse, vermögenswirksame Leistungen, Arbeitgeberdarlehen, Vorschusszahlungen, Auslösung; vgl. *LAG Bremen* v. 23. 10. 1975 – 3 Sa 155/74 – EzAÜG § 1 TVG Tarifverträge Nr. 3; KassHandb/*Düwell*, 4.5 Rn. 336). Zum Arbeitsentgelt zählen auch solche Lohnnebenleistungen, die von einer bestimmten Laufzeit des Arbeitsverhältnisses abhängig sind (z. B. Treueprämien, Höhergruppierungen entsprechend der Dauer des Beschäftigungsverhältnisses) oder die zunächst nur eine (u. U. auch verfallbare) **Anwartschaft** begründen (z. B. betriebliche Altersversorgung, Aktienoptionspläne). **Prämien** (z. B. Provisionen, erfolgsabhängige Vergütungsbestandteile, Tantiemen, Bonuszahlungen) und **Sonderzahlungen** (zusätzliches Urlaubs- oder Weihnachtsgeld) sind im Gesetz ausdrücklich als Pflichtangaben aufgeführt.

41 Auch **freiwillige Leistungen** mit Entgeltcharakter (z. B. Zuschüsse zum Krankengeld) sind in der Urkunde anzugeben (ErfK/*Preis*, § 2 NachwG Rn. 18). Dies gilt auch, soweit die freiwillige Leistung mit einem **Widerrufsvorbehalt** versehen wird (*Preis*, NZA 1997, 15; a. A. *Schüren/Feuerborn*, § 11 Rn. 36; *Thüsing/Mengel*, § 11 Rn. 15). Zutreffenderweise weist *Preis* insoweit darauf hin, dass zumindest einmalig ein wesentlicher Vertragsbestandteil geregelt wird (ErfK/*Preis*, § 2 NachwG Rn. 18).

42 Das Gesetz ordnet auch die Angabe des **Fälligkeitszeitpunktes** aller Bestandteile des Arbeitsentgeltes an. Die Nachweispflichten beziehen sich dabei sowohl auf den Fälligkeitszeitpunkt periodischer als auch nicht periodischer oder einmaliger Leistungen einschließlich der maßgeblichen Zahlungszeiträume und der Art der Auszahlung (z.B. bargeldlos am 3. eines jeden Monats; *Schüren/Feuerborn*, § 11 Rn. 37; *Thüsing/Mengel*, § 11 Rn. 15). Soweit für Entgeltbestandteile unterschiedliche Fälligkeitszeitpunkte gelten, sind diese in der Urkunde genau zu benennen. Hängt der Zeitpunkt der Fälligkeit vom Eintritt eines bestimmten Ereignisses ab (z.B. Leistungen bei Geburt eines Kindes, Anwartschaftsrechte), ist auch dieses Ereignis anzugeben.

gg) Angaben zur Arbeitszeit (§ 2 Abs. 1 Satz 2 Nr. 7 NachwG)

Nach § 2 Abs. 1 Satz 2 Nr. 7 NachwG muss in der Urkunde die vereinbarte **43** **Arbeitszeit**, d.h. deren **Dauer und Lage** angegeben werden. Damit soll u.a. verhindert werden, dass der Verleiher die Arbeitszeit entgegen seinen Vergütungspflichten in verleihfreien Zeiten (Abs. 4 Satz 2; vgl. Rn. 103) ohne Zahlung des Arbeitsentgelts verkürzt (ErfK/*Wank*, § 11 AÜG Rn. 12d; *Schüren/Feuerborn*, § 11 Rn. 44; *Thüsing/Mengel*, § 11 Rn. 18). Formen der unbezahlten **Kurzarbeit** sind im Leiharbeitsverhältnis ausgeschlossen, sie kommen allenfalls in Mischbetrieben in Betracht.

Zur Arbeitszeit zählen alle Tatbestände, die vom ArbZG erfasst werden oder eine **44** Vergütungspflicht des Verleihers auslösen. Auch **Reisezeiten**, **Pausen**, bezahlte **Freistellungen von der Arbeit** (z.B. aus Anlass der Hochzeit, Geburt eines Kindes, Sonderurlaub) oder der **Ersatzruhetag** gem. § 6 Abs. 5 ArbZG gehören zur Arbeitszeit i.S.d. Norm.

Wegen der besonderen Regelungen zum Annahmeverzug (Rn. 99 ff.) muss im- **45** mer eine dem Umfang nach genau **feststehende Dauer** der Arbeitszeit angegeben sein, die nicht von Einsatzmöglichkeiten bei Entleihern abhängig sein darf. Es ist einem Verleiher untersagt, eine unregelmäßige Arbeitszeit zu vereinbaren, nach der die Einkommenssicherung des LA von Umständen abhängt, die nicht in der Sphäre des LAN, sondern des Verleihers liegen. Ist **Teilzeitarbeit** vereinbart, ist auch hier die Dauer der Arbeitszeit zu dokumentieren. Teilzeitarbeit darf aber nicht durch eine Kombination mit der Verpflichtung zu **Mehrarbeit**, die ebenfalls dokumentiert werden muss, zur Umgehung von Abs. 4 Satz 2 führen. Dies ist z.B. der Fall, wenn im Arbeitsvertrag eine 20-Stunden-Woche vereinbart wird, der LAN aber bei Einsatz in Entleiherbetrieben über Mehrarbeit jeweils 40 Stunden arbeitet (KassHandb/*Düwell*, 4.5 Rn. 371).

Auch die **Lage der Arbeitszeit** ist in der Urkunde anzugeben. Die Lage der **46** Arbeitszeit umfasst sowohl die **Benennung der Werktage**, an denen der LAN arbeiten muss, als auch eine ggf. vereinbarte Verpflichtung zu Arbeiten an **Sonn- und Feiertagen** oder im Rahmen von **Schicht- oder Nachtarbeit** (*Schüren/Feuerborn*, § 11 Rn. 44; vgl. auch *Buschmann/Ulber*, ArbZG, § 6 Rn. 19 ff.). Ist der LAN auch verpflichtet, abweichend von einer regelmäßigen Arbeitszeit zu arbeiten, ist er vor Anordnung der abweichenden Arbeitszeit verpflichtet, die viertägige **Ankündigungsfrist** nach § 12 Abs. 2 TzBfG zu beachten (*Hunold*, NZA 2001, 344).

Die Vereinbarung **flexibler Arbeitszeiten** ist im Leiharbeitsverhältnis nur in **47** engen Grenzen zulässig. Relativ unproblematisch ist eine Flexibilisierung der Arbeitszeit nur, wenn (z.B. im Rahmen von Gleitzeit) die Lage der Arbeitszeit nach den Bedürfnissen und auf Wunsch des LAN verändert werden kann. I.Ü. sind jedoch alle Formen flexibler Arbeitszeit untersagt, die auf eine Umgehung des Abs. 4 Satz 2 hinauslaufen. Formen der **Arbeit auf Abruf** oder sonstige kapazitätsorientierte variable Arbeitszeiten (§ 12 TzBfG), bei denen die Arbeitszeit von vorhandenen oder nicht vorhandenen Beschäftigungsmöglichkeiten (bzw.

einem Arbeitsanfall) beim Verleiher oder in Entleiherbetrieben abhängt, sind daher untersagt (*BSG* v. 29. 7. 1991, DB 1993, 1477; *LAG Frankfurt* v. 14. 7. 1987 – 13 Sa 1007/86; KassHandb/*Düwell,* 4.5 Rn. 341; *Buschmann/Ulber,* 1989, 100f.; *Schaub,* ARHandb, § 120 Rn. 47; a. A. *Schüren/Feuerborn,* § 11 Rn. 44, unklar: ErfK/ *Wank,* § 11 AÜG Rn. 12d). Dasselbe gilt für **Arbeitszeitkonten** oder Vereinbarungen zur **Jahresarbeitszeit,** soweit nicht eine Saldierung von geleisteten Arbeitsstunden mit verleihfreien Arbeitszeiten ausgeschlossen ist.

48   Wird vereinbart, dass sich die **Arbeitszeit** nach den Gegebenheiten beim jeweiligen **Entleiher** richtet, muss dies ebenfalls in der Urkunde angegeben werden. Ein entsprechender Verweis ist grundsätzlich zulässig, da er den in §§ 3 Abs. 1 Nr. 3, 9 Nr. 2 enthaltenen gesetzlichen Vorschriften zum Diskriminierungsverbot entspricht. Uneingeschränkt darf sich der Verweis jedoch nur auf die Lage der Arbeitszeit bei Entleihern beziehen (§ 106 GewO), wobei auch hier Betriebsvereinbarungen im Verleiherbetrieb nach § 87 Abs. 1 Nr. 2 u. 3 BetrVG vorgehen. Bei der Dauer der Arbeitszeit dürfen die vertraglich vereinbarten Grenzen der Arbeitszeit nicht überschritten werden (zum Vorrang arbeitsvertraglicher Absprachen vgl. § 9 Rn. 76 ff. und § 1 Rn. 20 ff. u. 48 ff.).

hh) Dauer des jährlichen Erholungsurlaubs (§ 2 Abs. 1 Satz 2 Nr. 8 NachwG)

49   Nach Nr. 8 muss die **Dauer** des jährlichen **Erholungsurlaubs** in die Urkunde aufgenommen werden. Die Vorschrift ergänzt insoweit die Angaben zu den Entgeltverpflichtungen bei Urlaub nach Nr. 6 (Rn. 40) und soll sicherstellen, dass dem Leiharbeitnehmer der gesetzliche Mindesturlaub von 24 Tagen nach § 3 Abs. 1 BUrlG auch gewährt wird. Über den gesetzlichen Mindesturlaub hinaus werden auch besserstellende tarifliche oder arbeitsvertragliche Regelungen von der Bestimmung erfasst. **Freischichtenregelungen** oder andere, nicht dem Urlaub dienende arbeitsbedingte Ausgleichszeiträume fallen demgegenüber unter Nr. 7; **Sonderurlaubsbestimmungen,** die sich auf bestimmte Anlässe beziehen (Hochzeit, Sterbefälle, Geburt u. ä.), betreffen Regelungen nach Nr. 7 (Rn. 44).

ii) Fristen für die Kündigung des Arbeitsverhältnisses (§ 2 Abs. 1 Satz 2 Nr. 9 NachwG)

50   Nach § 2 Abs. 1 Satz 2 Nr. 9 ist der Verleiher verpflichtet, die vertraglich vereinbarten **Kündigungsfristen** in die Urkunde aufzunehmen (*Thüsing/Mengel,* § 11 Rn. 21). Die Angabe ist insbesondere für die Prüfung erforderlich, ob der Verleiher die besonderen Bestimmungen zum Kündigungsschutz nach Abs. 4 Satz 1 einhält. Soweit i. Ü. ausschließlich tarifvertragliche oder gesetzliche Kündigungsfristen zur Anwendung kommen, genügt gem. § 2 Abs. 3 Satz 2 NachwG i. d. R. ein Verweis (ErfK/*Wank,* § 11 AÜG Rn. 15; *Schüren/Feuerborn,* § 11 Rn. 47). Soweit der Verleiher dem Geltungsbereich eines TV zur ANÜ unterliegt (vgl. § 9 Rn. 255) ist gem. § 622 Abs. 5 Satz 1 Nr. 2 BGB auch dann eine **arbeitsvertragliche Bezugnahme** auf tarifliche Kündigungsfristen möglich, wenn keine Tarifbindung besteht (*Schüren/Feuerborn,* § 11 Rn. 53).

51   Ein allgemeiner Verweis auf die gesetzlichen oder tarifvertraglichen Bestimmungen zu den Kündigungsfristen reicht nicht aus, wenn bei einem zeitlich **befristeten Arbeitsverhältnis** ausnahmsweise die Möglichkeit einer ordentlichen Kündigung vereinbart wird (vgl. § 9 Rn. 333). Daneben sind Kündigungsfristen, die an bestimmte Voraussetzungen, z. B. die Vereinbarung einer **Probezeit,** Übernahme durch den Entleiher, anknüpfen, in den Nachweis aufzunehmen. Hier sind immer zusätzliche Angaben dazu zu machen, mit welcher Frist das Arbeitsverhältnis beendet werden kann.

jj) Hinweis auf die Anwendung kollektiver Vereinbarungen (§ 2 Abs. 1 Satz 2 Nr. 10 NachwG)

Nach § 2 Abs. 1 Satz 2 Nr. 10 NachwG ist in den Nachweis auch ein **Hinweis** aufzunehmen, dass **Tarif-, Betriebs- oder Dienstvereinbarungen** bestehen, die für das Leiharbeitsverhältnis **normativ** und **zwingend** gelten. Liegt (z.B. bei mangelnder beiderseitiger Tarifgebundenheit oder bei Öffnungsklauseln für betriebliche oder einzelvertragliche Regelungen; § 9 Rn. 197 f.) keine zwingende Geltung vor, ist ein Hinweis nach Nr. 10 nicht ausreichend, sondern kann nur nach § 2 Abs. 3 NachwG zu Einschränkungen der Nachweispflicht führen. § 2 Abs. 3 NachwG regelt insoweit abschließend die Vertragsbedingungen, bei denen ein allgemeiner Hinweis auf kollektive Regelungen die Aufzeichnung des materiellen Gehaltes wesentlicher Vertragsbedingungen vollständig ersetzen kann. Soweit i.Ü. in den Kollektivvereinbarungen **wesentliche Vertragsbedingungen** i.S.v. § 2 Abs. 1 Satz 1 NachwG geregelt sind, die nicht normativ und zwingend gelten, sind diese konkret und **zusätzlich** aufzuführen (so auch mit ausführlicher Begründung: ErfK/*Preis*, § 2 NachwG Rn. 25 ff.; a.A. *Schüren/Feuerborn*, § 11 Rn. 55) Betriebsvereinbarungen gelten gem. § 77 Abs. 4 Satz 1 BetrVG normativ und zwingend. Dies gilt auch, soweit Leiharbeitnehmer im Nachwirkungszeitraum gekündigter Betriebsvereinbarungen nach § 77 Abs. 6 BetrVG in ein Arbeitsverhältnis eintreten (*FESTL*, § 77 Rn. 182). Dem Hinweis auf Betriebsvereinbarungen, die auf das Leiharbeitsverhältnis anzuwenden sind, kann jedoch die Bedeutung zukommen, dass in den Fällen, in denen die kollektiven **Wirkungen von Betriebsvereinbarungen entfallen** (§ 77 Abs. 5 und 6 BetrVG), durch Inbezugnahme eine einzelvertragliche Regelung zur **Weitergeltung** getroffen wird. Wurde z.B. eine Betriebsvereinbarung zur betrieblichen Lohngestaltung nach § 87 Abs. 1 Nr. 10 BetrVG abgeschlossen und besteht mittlerweile kein Betriebsrat mehr, wäre es an sich zulässig, durch einzelvertragliche Regelung im Sinne einer anderen Abmachung nach § 77 Abs. 6 BetrVG (*FESTL*, § 77 Rn. 183) die Geltung der Betriebsvereinbarung auszuschließen. Ist jedoch die Betriebsvereinbarung im Hinweis nach Nr. 10 enthalten, ist hiermit gleichzeitig klargestellt, dass trotz Wegfalls der kollektiven Wirkungen der Betriebsvereinbarung die getroffenen Regelungen für das Arbeitsverhältnis weitergelten sollen.

52

I.Ü. müssen die anwendbaren Kollektivvereinbarungen so in der Urkunde wiedergegeben werden, dass der Arbeitnehmer den Gehalt der für das Leiharbeitsverhältnis geltenden wesentlichen Vertragsbedingungen erkennt (*Schoden*, NachwG, § 2 Rn. 29). Angesichts der Dynamik tarifvertraglicher und in Betriebsvereinbarungen getroffener Regelungen beschränken sich die Pflichtangaben auf einen in **allgemeiner Form** gehaltenen Hinweis. Dem ist i.d.R. Genüge getan, wenn die anwendbaren Kollektivvereinbarungen **konkret bezeichnet** sind und ein Hinweis aufgenommen wird, an welcher Stelle im Betrieb Einsicht in die Regelungen genommen werden kann (ErfK/*Wank*, § 11 Rn. 16; *Thüsing/Mengel*, § 11 Rn. 22). Der Hinweis auf **TV zur ANÜ** ist nur möglich, wenn sowohl der LAN als auch der Verleiher dem **Geltungsbereich der Tarifverträge** unterliegt. Bei **Mischunternehmen** kann demgegenüber auch auf die Geltung der normalen Branchentarifverträge hingewiesen werden (*Schüren/Feuerborn*, § 11 Rn. 54). Sind

53

in dem Hinweis nach Nr. 10 auch **gekündigte oder abgelaufene tarifliche Regelungen** enthalten, ist hiermit gleichzeitig klargestellt, dass keine andere Abmachung i.S.d. § 4 Abs. 6 TVG getroffen wurde und die Regelungen daher weitergelten.

54 Gelten die TV zur ANÜ nur qua **arbeitsvertraglicher Bezugnahme,** muss sich der Hinweis ohne jede Einschränkung auf alle Tarifverträge (d.h. das gesamte Vertragswerk) beziehen (vgl. § 9 Rn. 293). Auch müssen die tarifvertragsschließenden Parteien benannt sein. Soweit keine beiderseitige Tarifbindung besteht, muss für den LAN auch erkennbar sein, ob eine **statische Verweisung** erfolgt oder die Vereinbarungen in ihrer jeweils gültigen Fassung zur Anwendung kommen sollen (ErfK/*Preis*, § 2 NachwG Rn. 23).

55 Die Pflichtangaben zu TV gelten gleichermaßen für **Betriebs- und Dienstvereinbarungen. Betriebsvereinbarungen** wirken nach § 77 Abs. 4 Satz 1 BetrVG immer unmittelbar und zwingend; der Hinweispflicht nach Nr. 10 kommt insoweit nur eine klarstellende Funktion zu.

Dem Verleiher ist es im Unterschied zu tarifvertraglichen Verweisungsnormen untersagt, nur einzelne Bestimmungen von Betriebsvereinbarungen für anwendbar zu erklären. Dies gilt auch, soweit auf die jeweils geltenden **Betriebsvereinbarungen im Entleiherbetrieb** Bezug genommen wird (§ 14 Rn. 66). Bei Bezugnahme auf kollektive Normen des Entleiherbetriebes sind die Normen nach individualarbeitsvertraglichen Grundsätzen zu behandeln. Dies bedeutet, dass hinsichtlich der Kontrolle der arbeitsvertraglichen Regelungen die Sperre des § 310 Abs. 4 Satz 1 BGB nicht greift. Bei Formulararbeitsverträgen unterliegen daher Betriebsvereinbarungen des Entleihers, die Inhalt des Arbeitsverhältnisses des Leiharbeitnehmers werden, der **Kontrolle allgemeiner Geschäftsbedingungen** nach § 307 ff. BGB (§ 310 Abs. 4 Satz 2 BGB; vgl. § 1 Rn. 51 und Rn. 14a). Soweit Betriebsvereinbarungen beim Verleiher bestehen, genügt es, wenn im Hinweis die Regelungskomplexe enthalten sind und der Ort angegeben wird, an dem eine Einsichtnahme erfolgen kann (ErfK/*Wank*, § 11 Rn. 16; KassHandb/*Düwell*, 4.5 Rn. 344). Da diese Einsichtnahme zu Beginn des Leiharbeitsverhältnisses bei Verweis auf **Betriebsvereinbarungen des Entleihers** nicht möglich ist (dies verkennen *Schüren/Feuerborn*, § 11 Rn. 57), findet § 2 Abs. 1 Satz 2 Nr. 10 NachwG insoweit keine Anwendung.

kk) Angaben bei geringfügiger Beschäftigung (§ 2 Abs. 2 Satz 2 NachwG)

56 Soweit das Leiharbeitsverhältnis die Voraussetzungen einer **geringfügigen Beschäftigung** nach § 8 Abs. 1 Nr. 1 SGB IV erfüllt, hat der Verleiher gem. § 2 Abs. 2 Satz 2 NachwG den Hinweis aufzunehmen, dass der LAN in der gesetzlichen Rentenversicherung bei Verzicht auf die Versicherungsfreiheit (§ 5 Abs. 2 Satz 2 SGB VI) die Stellung eines versicherungspflichtigen Arbeitnehmers erwerben kann, wenn er dies gegenüber dem Verleiher erklärt.

57 Ausgeschlossen ist ein geringfügiges Beschäftigungsverhältnis bei LAN, die in einer **PSA** beschäftigt sind (vgl. § 37c SGB III Rn. 27 ff.).

ll) Nachweispflichten bei weiteren wesentlichen Vertragsbedingungen

58 Die Mindestangaben nach § 2 Abs. 1 Satz 2 NachwG sind zu ergänzen, wenn für das Leiharbeitsverhältnis sonstige wesentliche Vertragsbedingungen gelten, die nicht vom gesetzlichen Katalog erfasst werden (§ 2 Abs. 1 Satz 1 NachwG). Wichtigste Angabe ist hierbei die Leiharbeitnehmerklausel (Rn. 18). Voraussetzung der Nachweispflicht ist auch bei sonstigen wesentlichen Vertragsbedingungen, dass eine diesbezügliche Einigung zwischen Verleiher und Arbeitnehmer bezüglich der Abreden besteht. Hinsichtlich der ohnehin nur eingeschränkten Beweiskraft der Urkunde (Rn. 13) ist die **Beweiskraft** der Urkunde für weitere Abreden gegenüber Abreden, die nach Satz 2 dokumentationspflichtig sind, noch weiter **eingeschränkt.** Als Arbeitnehmerschutzbestimmung soll die Dokumentationspflicht des Arbeitgebers den Arbeitnehmer schützen, sie soll jedoch nicht dem Arbeitgeber durch **einseitige Dokumentation** von Arbeitsbedingungen einen Beweisvorteil verschaffen.

Durch die Nachweispflicht zu weiteren wesentlichen Arbeitsbedingungen soll **59** sichergestellt werden, dass auch Abreden dokumentiert werden, die dem LAN abweichend vom Normalarbeitsverhältnis nur qua ausdrücklicher Vereinbarung zusätzliche Pflichten auferlegen. Dies gilt insbesondere, soweit sich die Nebenabrede auf **Vertragsstrafenklauseln,** nachvertragliche **Wettbewerbsverbote** (ErfK/*Preis*, § 2 NachwG Rn. 8) oder vertragliche **Ausschlussfristen** (*BAG* v. 23. 1. 2002 – AP Nr. 5 zu § 2 NachwG) oder **Vertragsstrafenvereinbarungen** (*Schüren/Feuerborn*, § 11 Rn. 68) bezieht, nach denen der Leiharbeitnehmer bei bestimmten Anlässen zur Zahlung einer Vertragsstrafe oder zu einem **erweiterten Schadensersatz** verpflichtet werden soll (vgl. § 309 Nr. 6 bis 8 BGB; § 9 Rn. 342). Trotz grundsätzlicher Bedenken gegen die Zulässigkeit von Vertragsstrafen im Arbeitsverhältnis (vgl. *Däubler*, Bd. 2, 358) werden Vertragsstrafenklauseln – zumindest eingeschränkt (*LAG Baden-Württemberg* v. 10. 4. 2003, DB 2003, 2551; *LAG Hamm* v. 24. 1. 2003, DB 2003, 2549) – auch im Leiharbeitsverhältnis für zulässig erachtet (*ArbG Berlin* v. 8. 10. 80 – 37 Ca 317/80 – EzAÜG § 242 BGB Nr. 2; *Becker/ Wulfgramm*, Art. 1 § 11 Rn. 13a; *Schüren*, § 11 Rn. 59; zu Betriebsbußenordnungen beim Entleiher vgl. § 14 Rn. 105). Voraussetzung ist aber stets, dass die Vertragsstrafe sich einem Verhalten des Arbeitnehmers zuordnen lässt, das in sachlichem und innerem Zusammenhang mit einem rechtswidrigen Vertragsverstoß steht und sich die Vertragsstrafe unmissverständlich formuliert auf diesen Sachverhalt bezieht. Hinsichtlich der Frage, ob eine derartige Vereinbarung getroffen wurde, kommt der einseitig unterzeichneten Urkunde des Verleihers kein Aussagewert zu. Etwas anderes kann insoweit bei schriftlichen Vereinbarungen im Arbeitsvertrag gelten (Rn. 13).

Auch soweit die **Vertragsstrafe vereinbart** ist, ergeben sich im Bereich der ANÜ **60** gegenüber dem Normalarbeitsverhältnis erhebliche **Einschränkungen** hinsichtlich ihrer Zulässigkeit bzw. Wirksamkeit (vgl. § 9 Rn. 82). Vertragsstrafen unterliegen der Inhaltskontrolle nach § 309 Nr. 6 BGB (vgl. *ArbG Berlin* v. 5. 10. 2001 – 36 Ca 3275/01). Generell **unwirksam** sind Vertragsstrafen, die als Sanktionsnormen im Zusammenhang besonderer im AÜG enthaltenen Schutznormen stehen (*Becker/Wulfgramm*, Art. 1 § 9 Rn. 30a; *Schüren/Feuerborn*, § 11 Rn. 68). Daneben ist zu berücksichtigen, dass Fälle, in denen dem Leiharbeitnehmer **Leistungsverweigerungsrechte** bezüglich der Arbeitsleistung zustehen, sowohl auf Grund der Bestimmungen des AÜG (vgl. § 11 Abs. 5) als auch hinsichtlich arbeitgeberseitiger Verstöße gegen arbeitsrechtliche Normen erheblich häufiger gegeben sind als in Normalarbeitsverhältnissen. Für derartige Fälle, in denen dem Leiharbeitnehmer ein Leistungsverweigerungsrecht zusteht (vgl. § 1 Rn. 33, 65ff.), scheiden Vertragsstrafeklauseln von vornehein aus (zur Vertragsstrafe bei ANÜ vgl. *SG Hamburg* v. 24. 9. 1992 – 13 AR 247 u. 928/92 – EzAÜG § 3 AÜG Versagungsgründe Nr. 17). Zulässig ist die Vereinbarung einer Vertragsstrafe für den

Fall, dass der LAN die Arbeit nicht aufnimmt oder sie beendet, ohne vorher fristgemäß zu kündigen (*BAG* v. 20.4.1989, EzAÜG § 611 BGB Leiharbeitsverhältnis;
Schüren/Feuerborn, § 11 Rn. 69; zur fristgemäßen Kündigung vor Dienstantritt vgl.
BAG v. 20.4.1989, EzAÜG Nr. 7 zu § 611 BGB Leiharbeitsverhältnis). Daneben
sind Vertragsstrafenvereinbarungen für Fälle schwerwiegender **Vertragsbrüche**
nur dann zulässig, wenn dem Interesse des Verleihers selbst bei bestehender
Schadensersatzpflicht des Arbeitnehmers nicht ausreichend Rechnung getragen
werden kann (z.B. wenn der Leiharbeitnehmer einem anderen Verleiher Kundenbeziehungen mitteilt).

c) Angaben bei Auslandseinsätzen (§ 2 Abs. 2 NachwG)

61   Nach § 2 Abs. 2 NachwG bestehen bei Auslandseinsätzen, die **länger als einen
Monat** dauern, zusätzliche Nachweispflichten, die bei jedem Auslandseinsatz
neu entstehen (*Richter/Mitsch*, AuA 1996, 7). Ergänzend gelten hierbei die Nachweispflichten nach §§ 2 Abs. 1, 3 NachwG, soweit der Auslandseinsatz mit
besonderen Vertragsbedingungen verbunden ist. Dies gilt z.B. bei Entsendung
von LAN in **Mitgliedstaaten der EU**, die unter den Anwendungsbereich der Entsende-Richtlinie / EU fallen (vgl. Rn. 19). Hier sind dem LAN die in den Mitgliedstaaten geltenden nationalen Umsetzungsregelungen der RiLi und die für den
Einsatz geltenden Mindestarbeitsbedingungen schriftlich bei jedem Auslandseinsatz erneut mitzuteilen. Danach hat der Arbeitgeber neben der **Dauer** der im
Ausland auszuübenden Tätigkeit auch die **Währung**, in der das Arbeitsentgelt
ausgezahlt wird, zu bezeichnen (zur Dokumentation von Umrechnungsverlus-
ten vgl. *Schoden*, § 2 Rn. 24; zum Kaufkraftausgleich vgl. *BAG* v. 21.11.1996 –
6 AZR 222/96). Der Wegfall der früher in § 11 Abs. 1 Nr. 6 AÜG a.F. enthaltenen
Dokumentationspflichten hinsichtlich der Zahlungsweise wurde durch § 2 Abs. 2
Nr. 2 NachwG nur teilweise kompensiert. Ist die Auszahlung des Arbeitsentgelts
in ausländischer Währung ausdrücklich vereinbart, kann der Geldbetrag auch
vor den deutschen Gerichten in ausländischer Währung eingeklagt werden (§ 244
BGB; *BAG* v. 26.7.1995 – 5 AZR 216/94 – AP Nr. 5 zu § 157 BGB). § 2 Abs. 2 Nr. 3
NachwG bezieht sich auf die Teile des Arbeitsentgelts, die bei Auslandseinsätzen
über die von § 2 Abs. 1 Satz 2 Nr. 6 NachwG erfassten Entgeltregelungen hinaus
zu gewähren sind. Ist im Leiharbeitsverhältnis vereinbart, dass der Arbeitgeber
für die **Kosten des Umzugs** eines vorübergehenden Auslandseinsatzes auf-
kommt, ist er grundsätzlich auch ohne nähere Vereinbarung zur Zahlung des
Rückumzugs verpflichtet (*BAG* v. 26.7.1995, a.a.O.). § 2 Abs. 3 Nr. 4 NachwG bezieht sich vor allem auf den **Weiterbeschäftigungsanspruch** des Arbeitnehmers
bei Beendigung der Auslandstätigkeit sowie auf die Zahlung der **Reisekosten**
u.ä. (vgl. BT-Ds. 13/1753, S. 13); darauf bezogene Angaben müssen ebenfalls in
der Niederschrift enthalten sein.

d) Ersetzung von Mindestangaben durch Verweisung (§ 2 Abs. 3 NachwG)

62   Nach § 2 Abs. 3 NachwG ist der Verleiher berechtigt, die Dokumentation der dort
genannten Mindestangaben durch Verweis auf Tarif- oder Betriebsvereinbarungen bzw. gesetzliche Regelungen zu **ersetzen**. Auch bei **ähnlichen Regelungen**
besteht eine Ersetzungsbefugnis, soweit der Regelung ein normativer Charakter
zukommt (ErfK/*Preis*, § 2 NachwG Rn. 41). Die Ausnahme kommt nur für die im

Gesetz abschließend aufgezählten Mindestangaben zu Abs. 1 Satz 2 Nr. 6 bis 9 und Abs. 2 Nr. 2 und Nr. 3 in Betracht.

Die Ersetzung erfordert einen Hinweis auf die jeweils einschlägigen Regelungen und bei Geltung der gesetzlichen Regelungen zum **Erholungsurlaub** oder zu den **Kündigungsfristen** einen Verweis auf die jeweilige gesetzliche Regelung (§ 2 Abs. 3 Satz 2 NachwG). Im Hinweis muss dabei zum einen die Vertragsbedingung, die in der Kollektivregelung näher konkretisiert wird, benannt werden (vgl. auch Rn. 52 ff.); zum anderen muss aber auch der Kollektivvertrag so genau bezeichnet sein, dass eine **Identifizierbarkeit** für den LAN gegeben ist und Verwechslungen ausgeschlossen sind (ErfK/*Preis*, § 2 NachwG Rn. 34). Darüber hinaus muss dem LAN ein freier Zugang zur Einsichtnahme in die Tarifverträge möglich sein (*Schüren/Feuerborn*, § 11 Rn. 55). Bei Vereinbarung einer großen **dynamischen Verweisung** muss der Nachweis einen ausdrücklichen Hinweis enthalten (vgl. § 9 Rn. 298 u. 302). **63**

Soweit der Verleiher dem Geltungsbereich von **TV zur ANÜ** unterliegt, besteht grundsätzlich dieselbe Ersetzungsbefugnis wie bei einem Normalarbeitsverhältnis (zu den Anforderungen an den Nachweis vgl. Rn. 53). Ausgeschlossen ist die Ersetzung jedoch beim **Arbeitsentgelt für verleihfreie Zeiten** (§ 11 Abs. 1 Satz 2 Nr. 2; vgl. Rn. 74). **64**

Finden auf das Leiharbeitsverhältnis infolge arbeitsvertraglicher oder tariflicher Vereinbarung (vgl. z. B. § 4.1 MTV BZA / DGB zur Arbeitszeit) die **beim Entleiher geltenden Regelungen** Anwendung, kann auch hierauf verwiesen werden (s. a. Rn. 52). Der Verleiher ist dann aber vor jedem Einsatz verpflichtet, die diesbezüglich beim Entleiher geltenden Arbeitsbedingungen schriftlich mitzuteilen (*Schüren/Feuerborn*, § 11 Rn. 40). **65**

Besonderheiten gelten, wenn für das Leiharbeitsverhältnis ein **TV zur ANÜ** qua **arbeitsvertraglicher Bezugnahme** gilt (vgl. § 9 Rn. 286). Da die Geltung des Tarifvertrags das Gleichstellungsgebot von §§ 3 Abs. 1 Nr. 3, 9 Nr. 2 außer Kraft setzt, müssen die in Bezug genommenen Tarifverträge in der Urkunde genau bezeichnet sein (§ 9 Rn. 292). Sind beide Vertragsparteien nicht tarifgebunden, ist auf **Verfallsfristen** auch bei bestehender Tarifregelung besonders hinzuweisen (*BAG* v. 17. 4. 2002 – 5 AZR 89/01 – AuR 2002, 467). **66**

e) Ersatz der Mindestangaben durch schriftlichen Arbeitsvertrag (§ 2 Abs. 4 NachwG)

Nach § 2 Abs. 4 NachwG ist die Ausstellung der Urkunde nach Abs. 1 entbehrlich, wenn die wesentlichen Vertragsbedingungen in einem **schriftlichen Arbeitsvertrag** festgehalten werden und dieser Arbeitsvertrag dem LAN ausgehändigt wurde. Handelt es sich um einen **Formular-** oder einen ansonsten standardisierten **Arbeitsvertrag** finden die Vorschriften der §§ 305 ff. BGB über allgemeine Geschäftsbedingungen Anwendung (§ 310 Abs. 4 Satz 2 BGB; vgl. Rn. 14a und 34 f.). Eine schriftliche Vereinbarung i.S.d. Abs. 4 liegt nur vor, soweit Verleiher und Leiharbeitnehmer **dieselbe** (oder die jeweils für die andere Partei bestimmte, inhaltlich identische) **Urkunde eigenhändig unterzeichnet** haben (§ 126 Abs. 2 BGB). Befristungen des Arbeitsverhältnisses müssen diese Voraussetzung erfüllen, um wirksam zu sein (§ 14 Abs. 4 TzBfG). Trotz des Wortlauts der Vorschrift wird auch bei Abschluss des Arbeitsvertrages in Schriftform das Arbeitsverhältnis nicht erst durch die schriftliche Vereinbarung »begründet«, sondern schon mit der zeitlich davor liegenden Einigung, es sei denn, es liegen **67** im Ausnahmefall (z.B. bei Vorverträgen) die Voraussetzungen der gewillkürten Schriftform nach § 127 BGB vor.

68 Der Vertrag muss alle nach § 2 Abs. 2 NachwG erforderlichen Angaben enthalten, über den Wortlaut hinaus aber auch alle sonstigen **wesentlichen Inhalte des Arbeitsverhältnisses** (Rn. 15 ff.). Die redaktionell missglückte Fassung der Vorschrift führt nicht dazu, dass sich beim schriftlichen Arbeitsvertrag geringere Anforderungen an die Dokumentationspflichten ergeben als bei einseitig erstellter Urkunde durch den Verleiher. Vielmehr folgt schon daraus, dass dem schriftlich abgefassten und von beiden Parteien unterzeichneten Arbeitsvertrag eine **Vermutung für Vollständigkeit und Richtigkeit** zukommt, dass alle wesentlichen Vertragspunkte auch im Arbeitsvertrag enthalten sein müssen. Ist dies nicht der Fall, so entfällt nicht die Pflicht des Verleihers zur Erstellung der Urkunde nach Abs. 1 Satz 1.

f) Nachweispflichten bei Änderung wesentlicher Vertragsbedingungen (§ 3 NachwG)

69 Gem. § 3 Satz 1 NachwG sind nachträgliche **Änderungen** der wesentlichen Vertragsbedingungen in einer **weiteren Urkunde** des Verleihers zu dokumentieren und dem LAN **schriftlich mitzuteilen**. Abgesehen von den Fällen einer arbeitsvertraglich vereinbarten Änderung der Vertragsbedingungen oder **Veränderungen des Aufgabenbereichs** (vgl. § 12 Abs. 1 Satz 3 ArbSchG), ist die Vorschrift in allen Fällen anwendbar, in denen der LAN Regelungen des Entleiherbetriebs unterliegt, die nicht vollumfänglich im Nachweis nach § 2 NachwG dokumentiert sind. Wegen der **unterschiedlichen Regelungen bei Entleihern** ist der Verleiher daher in der Praxis fortlaufend verpflichtet, dem Leiharbeitnehmer die geänderten Arbeitsbedingungen schriftlich mitzuteilen. Daneben sind dem LAN bei der jeweiligen **Zuweisung** Name und Anschrift des Entleihers sowie das konkrete Aufgabengebiet und die vorgesehene Dauer der Überlassung mitzuteilen (*Schüren/Feuerborn*, § 11 Rn. 65 f.).

70 Nach § 3 Satz 2 entfällt die zusätzliche Nachweispflicht, wenn **gesetzliche Vorschriften, Tarifverträge, Betriebs- oder Dienstvereinbarungen**, die für das Arbeitsverhältnis gelten, geändert werden. Eine **Änderung** i.S.d. Bestimmung liegt nicht bei einem neu abgeschlossenen Firmentarifvertrag vor (*BAG* v. 5. 11. 2003 – 5 AZR 469/02, DB 2005, 112). Voraussetzung ist, dass der Verleiher im zuerst erstellten Nachweis von der Ersetzungsmöglichkeit nach § 2 Abs. 3 NachwG Gebrauch gemacht hat (ErfK/*Preis*, § 3 NachwG Rn. 1). Eine Änderung i.S.d. Vorschrift liegt nur vor, wenn sich die Änderung auf das vertraglich geltende kollektive **Normenwerk** bezieht. Wird dagegen die zu Grunde liegende Kollektivregelung als solche verändert (z.B. durch Verbandswechsel) oder kommen beim Einsatz des LAN **beim Entleiher** andere TV oder BV zur Anwendung, müssen diese Änderungen schriftlich dokumentiert werden (*Schüren/Feuerborn*, § 11 Rn. 39; *Lembke*, BB 2003, 99).

71 Muss bei Veränderung einer wesentlichen Vertragsbedingung ein Nachweis erfolgen, muss er dem LAN **schriftlich** mitgeteilt werden. Die elektronische Form ist dabei ausgeschlossen (§ 2 Abs. 2 Satz 4 NachwG). Für die Mitteilungs-, Aushändigungs- und Aufbewahrungspflichten gelten die Erläuterungen zu § 2 Abs. 1 Satz 1 NachwG (Rn. 16 ff.) entsprechend.

3. Nachweispflichten nach § 11 Abs. 1 Satz 2

Abs. 1 Satz 2 trifft zur **Identifizierbarkeit des Verleihers** und zur erteilten **72** Erlaubnis zur ANÜ (Nr. 1) sowie zu den Vergütungspflichten des Verleihers in **verleihfreien Zeiten** (Nr. 2) eine besondere Regelung zur Nachweispflicht. Die Regelung ist zwingend und lex specialis zu den Bestimmungen des NachwG, so dass die in Satz 2 geforderten Mindestangaben nicht nach § 2 Abs. 3 NachwG durch Verweis auf kollektive Normen ersetzt werden können.

Nach **Abs. 1 Satz 2 Nr. 1** erstreckt sich die Nachweispflicht auf Firma und **73** Anschrift des Verleihers, die Erlaubnisbehörde sowie Ort und Datum der Erteilung der Erlaubnis nach § 1. Die Angaben zur **Firma** umfassen die Benennung der Rechtsform. Aus der dokumentierten **Anschrift** muss die genaue Adresse des Verleihers hervorgehen. Die Angabe einer Telefon- oder Fax-Nummer oder eines Postfaches reicht nicht aus (*Urban-Crell/Schulz*, Rn. 278). Neben den Angaben zu Firma und Anschrift des Verleihers soll der Arbeitnehmer durch **Angabe der Erlaubnisbehörde** die Möglichkeit erhalten, das Vorliegen einer **Erlaubnis** selbstständig zu **überprüfen**. Dem dient auch die Angabe von Ort und Datum der Erteilung der Erlaubnis nach § 1. Mit der Vorschrift wird der Arbeitnehmer in die Lage versetzt, das Bestehen einer Erlaubnis als (nach § 9 Nr. 1) Wirksamkeitsvoraussetzung des Arbeitsverhältnisses zu überprüfen. Aus dem Datum der Erteilung lässt sich auch das Enddatum der nach § 2 Abs. 4 Satz 1 grundsätzlich befristeten Erlaubnis erkennen. Auch unabhängig von seinen Mitteilungspflichten nach § 11 Abs. 3 ist der Arbeitgeber verpflichtet, das **Datum des Wegfalls der Erlaubnis** wegen der hiermit verbundenen Folgen für das Arbeitsverhältnis (vgl. § 10 Rn. 5, 34 ff.) in die Urkunde aufzunehmen. Mit Ablauf der Abwicklungsfrist ist der Bestand des grundsätzlich unbefristeten Arbeitsverhältnisses des Leiharbeitnehmers derart gefährdet, dass den Arbeitgeber bei Vorliegen einer befristeten Erlaubnis schon bei Abschluss des Arbeitsverhältnisses eine dahingehende Hinweispflicht trifft, die in der Urkunde auch dokumentiert sein muss. Verstößt der Arbeitgeber gegen diese Pflicht, ist er gegebenenfalls zum Schadensersatz nach § 280 BGB verpflichtet (Rn. 83). Ist die Erlaubnis nur unter **Auflagen oder Bedingungen** (vgl. § 2 Rn. 26 ff.) erteilt, die Einfluss auf Bestand oder Inhalt des Arbeitsverhältnisses haben, gilt entsprechendes. Ändern sich die Angaben ist gem. § 3 Satz 1 NachwG ein neuer schriftlicher Nachweis zu erstellen und dem Arbeitnehmer auszuhändigen.

Nach **Abs. 1 Satz 2 Nr. 2** ist der Verleiher verpflichtet, über die in § 2 Abs. 1 Satz 2 **74** Nr. 6 enthaltenen Pflichtangaben hinaus Art und Höhe der **Leistungen in verleihfreien Zeiten** anzugeben. Da § 2 Abs. 1 Satz 2 Nr. 10 und Abs. 3 NachweisG im Rahmen des Abs. 1 Satz 2 keine Anwendung findet, ist bzgl. der Vergütungspflichten in verleihfreien Zeiten ein Verweis **TV zur ANÜ** nicht ausreichend, um den Nachweispflichten nachzukommen. Vielmehr sind die Vergütungspflichten nach Art und Höhe genau in der Urkunde anzugeben. Den diesbezüglichen Angaben kommt eine hohe Bedeutung zu, da die Vergütung in verleihfreien Zeiten nicht vom Gleichbehandlungsgrundsatz des § 9 Nr. 2 erfasst wird. Neben der Höhe der Vergütung in Ausfallzeiten i.S.d. Abs. 4 Satz 2 ist auch anzugeben, ob sich die Vergütung immer nach einem bestimmten vereinbarten Arbeitsentgelt richtet, oder ob sich die Vergütung an dem Arbeitsentgelt orientiert, das dem LAN beim vormaligen Einsatz beim Entleiher gezahlt wurde. Nicht zulässig ist es dabei, die Vergütungspflicht an einer anderen Dauer der Arbeitszeit zu orientieren, als der im Arbeitsvertrag vereinbarten **regelmäßigen Arbeitszeit** (vgl. Rn. 103).

4. Aushändigungs- und Aufbewahrungspflichten des Verleihers

75 Nach § 2 Abs. 1 Satz 1 NachwG hat der Verleiher dem LAN die schriftliche Nachweisurkunde bzw. den schriftlichen Arbeitsvertrag (einschließlich der Angaben nach § 11 Abs. 1 Satz 2) spätestens einen Monat nach vereinbartem Vertragsbeginn **auszuhändigen**. Entsprechendes gilt bei Änderung der Vertragsbedingungen (§ 3 NachwG). Für nichtdeutsche Arbeitnehmer muss der Nachweis auf deren Verlangen in der Muttersprache abgefasst werden (§ 11 Abs. 2 Satz 2). Aushändigen bedeutet, dass dem LAN die schriftliche, vom Verleiher unterzeichnete Urkunde in **körperlicher Form** übergeben wird.

76 Der Verleiher hat die Nachweisurkunde jeweils in aktualisierter Fassung nach § 7 Abs. 2 Satz 4 unverzüglich nach ihrer Erstellung zu den Geschäftsunterlagen zu nehmen und mindestens drei Jahre lang **aufzubewahren** (*Schüren/Feuerborn*, § 11 Rn. 76; vgl. § 7 Rn. 17). Verstöße hiergegen sind nach § 16 Abs. 1 Nr. 6 bußgeldbewehrt und führen zumindest im Wiederholungsfall zum Widerruf der Erlaubnis (KassHandb/*Düwell*, 4.5 Rn. 349). Sinn und Zweck der Aufbewahrungspflicht ist es, Beweisschwierigkeiten des Leiharbeitnehmers im Falle des Abhandenkommens der ihm übergebenen Urkundenausfertigung zu vermeiden, daneben aber auch der Erlaubnisbehörde die Überwachung zu erleichtern. Beide Schutzzwecke sind insbesondere bei der Frage, wann die Aufbewahrungspflicht zu laufen beginnt, zu beachten. *Franßen/Haesen* wollen die **Frist**, mit der die Aufbewahrungsfrist zu laufen beginnt, grundsätzlich erst mit dem Ende des Leiharbeitsverhältnisses **beginnen** lassen (vgl. *Franßen/Haesen*, Art. 1 § 11 Anm. 13), während *Becker/Wulfgramm* auf den Vertragsabschluss abstellen (*Becker/Wulfgramm*, § 11 Rn. 14). Bezogen auf den **Schutzzweck der Norm**, die Kontrollmöglichkeiten der Erlaubnisbehörde zu sichern, wird man mit *Becker/Wulfgramm* (a.a.O.) und entsprechend dem Wortlaut der Vorschrift davon ausgehen müssen, dass die BA mit der Aufnahme der erstellten Urkunde bzw. des schriftlich abgefassten Arbeitsvertrages in die Geschäftsunterlagen des Verleihers die Möglichkeit zur Prüfung hat und es dem Verleiher nicht zuzumuten ist, den Verwaltungsaufwand zur Aufbewahrung unbegrenzt zu erbringen. Die Aufbewahrungspflichten enden daher grundsätzlich **drei Jahre nach Aushändigung** von Urkunde und Vertragstext und Übernahme der entsprechenden Vertragsdokumente in die Geschäftsunterlagen des Verleihers. Bei **langandauernden Leiharbeitsverhältnissen** können dagegen die Aufbewahrungspflichten nicht nach drei Jahren enden. Die Urkunde und auch der schriftliche Arbeitsvertrag geben die Arbeitsbedingungen wieder, die für das Arbeitsverhältnis zu jedem Zeitpunkt gelten. Dauert das **Arbeitsverhältnis länger als drei Jahre** zu unveränderten Vertragsbedingungen fort, muss auch nach diesem Zeitpunkt gewährleistet sein, dass die Erlaubnisbehörde ihren Kontrollpflichten nachkommen kann. Ist dies bereits über eine zusätzliche Urkunde nach § 3 NachwG möglich, läuft die Aufbewahrungspflicht bezüglich der früheren Urkunde drei Jahre nach Aushändigung aus. Ist dies nicht der Fall, folgt aus § 7 Abs. 2 eine Verpflichtung zur Aufbewahrung, die den Verleiher auch unabhängig vom Auslaufen der Aufbewahrungsfrist zur weiteren Aufbewahrung verpflichtet. Im Falle der Beendigung des Arbeitsverhältnisses muss der Verleiher die Unterlagen bezüglich des Arbeitsverhältnisses als **Geschäftsunterlagen** i.S.d. § 7 Abs. 2 Satz 4 in dem Zustand und mit dem Inhalt drei Jahre lang aufbewahren, in dem sie sich zurzeit der **Beendigung der Vertragsbeziehung** befinden.

Im Unterschied zur Übergabe des Merkblattes nach § 11 Abs. 2 beginnt die **Aus-** **77** **händigungsfrist** nicht schon bei Vertragsschluss, sondern erst im Zeitpunkt des vorgesehenen Vertragsbeginns (*Schüren/Feuerborn*, § 11 Rn. 71). Aus dem Sinn und Zweck der Vorschrift, dem Leiharbeitnehmer möglichst frühzeitig Klarheit über seine Rechtsstellung zu verschaffen, ist der Arbeitgeber jedoch gehalten, nicht den letztmöglichen Zeitpunkt der Aushändigung abzuwarten, sondern er muss seiner Aushändigungspflicht **unverzüglich** nachkommen. Durch das Abstellen auf den Vertragsbeginn wollte der Gesetzgeber lediglich klarstellen, dass dem Arbeitgeber die zur schriftlichen Abfassung des vorher wirksam vereinbarten Leiharbeitsverhältnisses notwendige Zeit gewährt werden soll, ohne gegen die Aushändigungspflichten zu verstoßen (so auch *Becker/Wulfgramm*, Art. 1 § 11 Rn. 13b; *Franßen/Haesen*, Art. 1 § 11 Anm. 11; *Schüren/Feuerborn*, § 11 Rn. 72; a. A. *Boemke*, § 11 Rn. 76).

Wird die Urkunde vom Verleiher nicht ausgefertigt oder dem LAN nicht in un- **78** terzeichneter Form übergeben, oder gibt sie die Vertragsabsprachen unrichtig oder unvollständig wieder, steht dem LAN gegen den Verleiher ein einklagbarer **Leistungsanspruch** auf Ausstellung und Aushändigung einer Urkunde mit dem Inhalt zu, der den gesetzlichen Bestimmungen entspricht und die Vertragsabsprachen wahrheitsgemäß wiedergibt (*LAG Niedersachsen* – 10 Sa 1683/02 – NZA-RR 2003, 520; *Boemke*, § 11 Rn. 89; *Birk*, NZA 1996, 288). Dasselbe gilt bei späteren Änderungen der Vertragsabsprachen (Rn. 69).

Die Aushändigungspflichten sind zu trennen von den **Unterrichtungs- und** **79** **Auskunftspflichten** des Verleihers über die Inhalte des Arbeitsverhältnisses. Insbesondere kann der Verleiher seinen Pflichten zur Auskunftserteilung über die beim Entleiher jeweils maßgeblichen Arbeitsbedingungen (Rn. 69) nicht durch einen Verweis auf den Nachweis entgehen. I. Ü. ist der Arbeitgeber aus der Fürsorgepflicht (so *Richardi/Thüsing*, BetrVG, § 82 Rn. 1) bzw. vertraglicher Nebenpflicht (vgl. auch § 81, 82 Abs. 2 Satz 1 BetrVG) verpflichtet, dem LAN alle Auskünfte im Zusammenhang mit den Vertrags- und Arbeitsbedingungen zu erteilen.

Die besonderen **Aufklärungspflichten** des Verleihers gegenüber dem Leih- **80** arbeitnehmer über die Besonderheiten des Leiharbeitsverhältnisses bleiben von § 11 unberührt. Derartige Aufklärungspflichten bestehen insbesondere, soweit das Profil der Entleiherbetriebe, mit denen der Verleiher Geschäftsbeziehungen pflegt, oder die **Arbeitsbedingungen**, die für den ausgeschriebenen Arbeitsplatz gelten sollen, von dem durchschnittlichen Normalstandard **abweichen**. Unterlässt es der Verleiher beispielsweise, den Leiharbeitnehmer über **besondere Gesundheitsgefahren aufzuklären**, die potenziell mit Einsätzen bei bestimmten Entleihern verbunden sein können (*Kursawe*, NZA 1997, 248), verletzt er seine Aufklärungspflichten. Der Leiharbeitnehmer ist ggf. beim konkreten Einsatz bei einem Entleiher zur **Leistungsverweigerung** berechtigt, kann den Arbeitsvertrag daneben aber auch gem. § 123 Abs. 1 BGB anfechten bzw. Schadensersatz aus positiver Forderungsverletzung (§§ 280 Abs. 1, 241 Abs. 2 BGB) verlangen (*Kursawe*, NZA 1997, 249).

Bei **Auslandseinsätzen** des Leiharbeitnehmers trifft den Verleiher zusätzlich die **81** Pflicht, dem Leiharbeitnehmer eine Urkunde unter Berücksichtigung der Angaben nach § 2 Abs. 2 NachwG auszuhändigen. Diese Verpflichtung entsteht bei jedem länger als einem Monat dauernden Auslandseinsatz **erneut**, was sich schon aus den nach § 2 Abs. 2 NachwG geforderten Mindestangaben (Währung, Dauer des Auslandsaufenthaltes etc.) ergibt. Auch bei **Mehrfachverleih** an denselben ausländischen Entleiher oder bei **wiederholtem Verleih** in denselben Staat ist die Urkunde **jeweils erneut** zu erstellen und auszuhändigen. Die Urkunde gibt insoweit nur die vertragliche Absprache zwischen Leiharbeitnehmer und Verleiher wieder. Schon unter dem Gesichtspunkt von **Wechselkursschwankungen** bedürfen Vereinbarungen zur Währung i.S.d. § 2 Abs. 2 Nr. 2 NachwG einer jeweils neuen Vereinbarung. Die bei Auslandseinsätzen erforderliche Urkunde ist dem Arbeitnehmer **spätestens bei der Abreise** zu übergeben. Wie bei Übergabe der Urkunde vor Beginn der Beschäftigung ist dies der späteste Zeitpunkt; auch insoweit besteht eine Verpflichtung des Verleihers, die Urkunde so rechtzeitig zu übergeben, dass der Leiharbeitnehmer sich Klarheit über seine Rechtsstellung verschaffen kann.

5. Verstöße gegen Nachweispflichten

82   Verstöße gegen die Nachweispflicht berühren weder die **Wirksamkeit** der Absprache, die nicht entsprechend den gesetzlichen Vorschriften nachgewiesen ist, noch haben sie Auswirkungen auf die Wirksamkeit des Arbeitsvertrags (zur Beweislast vgl. Rn. 13).

83   Kommt der AG seinen Nachweispflichten nicht nach, indem er den Nachweis nicht erstellt, liegt hierin eine **Ordnungswidrigkeit** nach § 16 Abs. 1 Nr. 8. Bei Nichterteilung des Nachweises kann auf die Grundsätze zur **Beweisvereitelung** zurückgegriffen werden (*LAG Niedersachsen* v. 21. 2. 2003 – 10 Sa 1683/02 – NZA-RR 2003, 520; *EuGH* v. 8. 2. 2001 Rs. C-350/99 – AP Nr. 4 zu § 2 NachwG). Verstöße gegen Nachweispflichten des Verleihers stellen gleichzeitig einen **Verstoß gegen Arbeitgeberpflichten** i.S.d. § 3 Abs. 1 Nr. 1 dar (*BSG* v. 8. 4. 2000 – B 11/AL 10/99 R – AiB 2001, 495). Dem Verleiher ist – zumindest bei vorsätzlichem Handeln – ggf. die Erlaubnis zur ANÜ zu entziehen (ErfK/*Wank*, AÜG, § 11 Rn. 30; *Schüren/Feuerborn*, § 11 Rn. 126; *Thüsing/Mengel*, § 11 Rn. 31). Dem LAN steht bei Verstößen ein **Leistungsverweigerungsrecht** zu (*Boemke*, § 11 Rn. 90; ErfK/*Preis*, NachwG, § 1 Rn. 13; *Preis*, NZA 1997, 12). Erleidet der LAN durch einen Verstoß des Verleihers gegen die Nachweispflichten einen Schaden (z.B. bei Eintritt von Verfallsfristen (vgl. Rn. 66), steht ihm gegen den Verleiher nach Ablauf der Monatsfrist (ohne vorherige Mahnung) ein **Schadensersatzanspruch** nach §§ 286 Abs. 1, 284 Abs. 2, 249 BGB zu (*BAG* v. 17. 2. 2002 – 5 AZR 89/01 – AP Nr. 6 zu § 2 NachwG; *Schrader*, NZA 2003, 345). Daneben ist entgegen der Auffassung des BAG (a.a.O.) auch ein deliktischer Schadensersatzanspruch aus § 823 Abs. 2 i.V.m. § 2 NachwG gegeben, da § 2 NachwG infolge seiner Schutzzwecke ein Schutzgesetz i.S.d. § 826 Abs. 2 BGB ist (so auch ErfK/*Preis*, NachwG, Einl. Rn. 12; *Birk*, NZA 1996, 281).

84   Erleidet der LAN durch einen Verstoß des Verleihers gegen die Nachweispflichten einen Schaden (z.B. bei Eintritt von Verfallsfristen (vgl. Rn. 66), steht ihm gegen den Verleiher nach Ablauf der Monatsfrist ohne vorherige Mahnung ein Schadensersatzanspruch nach §§ 286 Abs. 1, 284 Abs. 2, 249 BGB zu (*BAG* v. 17. 2. 2002 – 5 AZR 89/01 – AP Nr. 6 zu § 2 NachwG). Daneben ist entgegen der Auffassung des BAG (a.a.O.) auch ein deliktischer Schadensersatzanspruch aus § 823 Abs. 2 i.V.m. § 2 NachwG gegeben, da § 2 NachwG infolge seiner Schutzzwecke ein Schutzgesetz i.S.d. § 826 Abs. 2 BGB ist (so auch ErfK/*Preis*, NachwG, Einl. Rn. 12; *Birk*, NZA 1996, 281).

IV. Aushändigung des Merkblatts der Erlaubnisbehörde (Abs. 2)

Um den Leiharbeitnehmer über seine besonderen Rechte und Pflichten im Leih- **85**
arbeitsverhältnis ausreichend zu informieren, wird dem Verleiher durch § 11
Abs. 2 die Pflicht auferlegt, dem Arbeitnehmer **bei Vertragsschluss** ein **Merk-blatt der Erlaubnisbehörde** über den wesentlichen Inhalt des Gesetzes **auszu-händigen**. Verstöße hiergegen sind nach § 16 Abs. 1 Nr. 8 bußgeldbewehrt und
können zur Versagung der Erlaubnis führen (ErfK/*Wank*, § 11 Rn. 30; *Thüsing/
Mengel*, § 11 Rn. 35; *Schüren/Feuerborn*, § 11 Rn. 126). Die Aushändigungspflicht
des von der BA erstellten Merkblatts stellt eine selbstständige Pflicht des Verleihers dar. Soweit im Merkblatt der BA **Hinweispflichten** enthalten sind (z. B. der
in A.10. enthaltene Hinweis auf das Leistungsverweigerungsrecht bei Arbeitskämpfen in Entleiherbetrieben), wird der Verleiher durch die Aushändigung des
Merkblatts nicht von seinen gegenüber dem Leiharbeitnehmer bestehenden Hinweispflichten (vgl. § 11 Abs. 5 Satz 2) entbunden. Soweit das Merkblatt **rechtliche
Würdigungen** der Vorschriften des AÜG enthält (vgl. beispielsweise A.1. bezüglich des Umfangs der Leistungspflichten des Entleihers nach § 10 Abs. 1), entfalten entsprechende Hinweise im Merkblatt keine rechtlich relevanten Bindungs-
wirkungen. Die Übergabe des Merkblatts hat keinerlei Auswirkungen auf den
Inhalt der arbeitsvertraglichen Absprachen oder die Rechtsstellung des Arbeitnehmers. Seine Inhalte unterliegen nicht den Vorschriften nach §§ 305 ff. BGB
über allgemeine Geschäftsbedingungen.

Inhaltlich beschränkt sich das Merkblatt der BA auf Fälle **gewerbsmäßiger ANÜ**, **86**
die von reinen Verleihunternehmen ausgeübt werden. Insbesondere bei Mischunternehmen und der hier relevanten Abgrenzungsprobleme kommt die BA damit nur unzureichend ihren aus § 11 Abs. 2 folgenden Pflichten nach. Das Gleiche
gilt für die nichtgewerbsmäßige ANÜ, da auch hier das Interesse des Arbeitnehmers besteht, über den wesentlichen (wenn auch nur zum Teil anwendbaren)
Inhalt des Gesetzes informiert zu sein. Im Interesse der Rechtssicherheit besteht
eine aus § 11 Abs. 2 folgende Pflicht der BA auch für andere Formen von ANÜ
entsprechende Merkblätter herausgeben. Solange dies nicht geschehen ist, entfällt allerdings auch die Aushändigungspflicht nach Satz 1, soweit nichtgewerbsmäßige ANÜ vorliegt. Unabhängig hiervon folgt jedoch aus der **allgemeinen
Fürsorgepflicht** des Arbeitgebers, dass der Verleiher den Leiharbeitnehmer über
die rechtlichen Grundlagen des Leiharbeitsverhältnisses und die im konkreten
Überlassungsfall zu beachtenden Vorschriften des AÜG zu **unterrichten** hat (vgl.
auch §§ 81 f. BetrVG).

Im Unterschied zur Pflicht zur Aushändigung der Urkunde (§ 11 Abs. 1 Satz 4)
hat der Verleiher das Merkblatt schon **bei Vertragsschluss** dem Arbeitnehmer
zu **übergeben**. Hier fehlt es an der Notwendigkeit, dem Verleiher Zeit für die
textliche Abfassung der vereinbarten Arbeitsbedingungen zu geben (Rn. 76).
Vielmehr muss er sich das Merkblatt vor Vertragsschluss bei den Behörden der
BA besorgen und im Original dem Arbeitnehmer übergeben.

Nach § 11 Abs. 2 Satz 2 ist **nichtdeutschen Arbeitnehmern** (d.h. auch Arbeit- **87**
nehmern der EU auf deren **Verlangen**) das Merkblatt in ihrer **Muttersprache**
auszuhändigen. Daneben ordnet die Vorschrift an, dass auch die Urkunde nach
Abs. 1 ausländischen Leiharbeitnehmern in ihrer Muttersprache auszuhändigen
ist. Diese Verpflichtung besteht auch, soweit die Erlaubnisbehörde kein Merkblatt in der Muttersprache des LAN zur Verfügung stellen kann (ErfK/*Wank*, § 11
Rn. 20; a. A. *Schüren/Feuerborn* § 11 Rn. 82). Von § 11 Abs. 2 Satz 2 wird der gesamte

Abs. 1 erfasst, mithin auch die Fälle, in denen die Verpflichtung zur Ausstellung der Urkunde durch den Abschluss eines schriftlichen Arbeitsvertrages ersetzt wird (§ 2 Abs. 4 NachwG) oder Auslandseinsätze i.S.d. § 2 Abs. 2 NachwG in Frage stehen oder Vertragsänderungen betroffen sind. Über die Verpflichtung des Verleihers, die Urkunde bzw. den schriftlichen Arbeitsvertrag in der Muttersprache des ausländischen Arbeitnehmers abzufassen, hinaus sind die wesentlichen Vertragsbedingungen **auch in deutscher Sprache** abzufassen und zu den Geschäftsunterlagen zu nehmen. Dies ergibt sich schon daraus, dass es der Erlaubnisbehörde ermöglicht sein muss, ihren Überwachungspflichten im Rahmen der deutschen Amtssprache ungehindert nachzukommen (hinsichtlich der Verteilung des Sprachrisikos vgl. auch *Becker/Wulfgramm*, Art. 1 § 11 Rn. 15).

88 Nach § 11 Abs. 2 Satz 3 hat der Verleiher die **Kosten des Merkblatts** zu tragen. Dies betrifft nicht nur die Kostenschuld gegenüber der Erlaubnisbehörde, sondern auch das **Innenverhältnis** von Verleiher und Leiharbeitnehmer. Dem Verleiher ist es daher nach § 11 Abs. 2 Satz 3 verwehrt, die in diesem Zusammenhang entstehenden Kosten auf den Leiharbeitnehmer abzuwälzen.

V. Unterrichtungspflichten bei Erlaubniswegfall (Abs. 3)

89 Nach § 11 Abs. 3 hat der Verleiher den Leiharbeitnehmer über den Wegfall und den **Zeitpunkt des Erlaubniswegfalls** unverzüglich zu unterrichten. Die Vorschrift entspricht den Unterrichtungspflichten gegenüber dem Entleiher nach § 12 Abs. 2 und soll dem Arbeitnehmer Gelegenheit geben, sich so früh wie möglich auf den Wegfall der Erlaubnis einstellen zu können. Der **Schutzzweck** der Norm liegt in einem präventiven Schutz des Arbeitnehmers vor den Folgen illegaler Beschäftigung (*Thüsing/Mengel*, § 11 Rn. 36). Er besteht daneben auch darin, den Leiharbeitnehmer in die Lage zu versetzen, seine Ansprüche aus § 10 Abs. 1 gegenüber dem Entleiher geltend machen zu können (so auch *Becker/Wulfgramm*, Art. 1 § 11 Rn. 16; *Sandmann/Marschall*, Art. 1 § 11 Anm. 6). Dies gilt insbesondere in den Fällen, in denen der Arbeitnehmer bei einem Entleiher trotz Wegfalls der Erlaubnis nach § 1 Abs. 1 Satz 1 seine Arbeitsleistung erbringt, ohne vom Wegfall rechtzeitig informiert zu sein und ein Arbeitsverhältnis zum Entleiher nach § 10 fingiert wird. I. ü. ist dem Leiharbeitnehmer immer durch Gewährung einer angemessenen Frist die Möglichkeit einzuräumen, die tatsächlichen Rechtsverhältnisse nach Kenntniserlangung vom Erlaubniswegfall und Information über die Rechtsfolge (vgl. Rn. 92) zu klären (*BAG* v. 27.7.1983 – 5 AZR 194/81 – EzAÜG § 10 AÜG Fiktion Nr. 20). Ist diese Frist abgelaufen, kann der Arbeitnehmer nicht mehr uneingeschränkt und unbefristet die **von ihm erkannte Illegalität der Beschäftigung** dahingehend geltend machen, dass zu einem späteren Zeitpunkt gemäß § 10 Abs. 1 ein Arbeitsverhältnis zum Entleiher zustande gekommen ist (vgl. auch Rn. 92). Abgesehen von Fällen des **Rechtsmissbrauchs** und der **Verwirkung** kann die Berufung auf das nach § 10 zustande gekommene Arbeitsverhältnis hier gegen den **Grundsatz von Treu und Glauben** verstoßen (§ 242 BGB) und im Einzelfall zu einem Ausschluss von Ansprüchen des Arbeitnehmers aus dem fingierten Arbeitsverhältnis führen. Den Leiharbeitnehmer trifft insoweit auch gegenüber dem Entleiher die **Verpflichtung bei entsprechender Kenntnis** der tatbestandsbegründenden Umstände, sein Verhalten daraufhin auszurichten, dass **Formen illegaler Beschäftigung vermieden** werden und sich hieraus ergebende Rechtsfolgen (einschließlich der Rechtsfolgen aus § 10 Abs. 1) nicht eintreten. Dem Schutz des Leiharbeitnehmers gegen Folgen il-

legaler Beschäftigung wird hier durch ein entsprechendes **Leistungsverweigerungsrecht** und durch die Verpflichtung des Verleihers zur uneingeschränkten Lohnfortzahlung (vgl. § 11 Abs. 4 Satz 2 i.V. m. § 615 Satz 1 BGB) bzw. durch den Schadensersatzanspruch aus § 10 Abs. 2 Rechnung getragen.

Die Unterrichtungspflichten nach § 11 Abs. 3 treffen jeden Verleiher, der sich im **90** Besitz einer Erlaubnis befindet. Auch **Mischunternehmen** müssen ihre Arbeitnehmer über den Wegfall der Erlaubnis unterrichten, soweit die Arbeitnehmer auch zur Arbeitsleistung im Rahmen von ANÜ verpflichtet sind. Dasselbe gilt in den Fällen des § 1 Abs. 3 sowie § 1a, wenn der Vertragsarbeitgeber trotz der Erlaubnisbefreiung eine Erlaubnis beantragt und erteilt bekommen hat und diese später wegfällt.

Aus der schriftlichen Dokumentationsverpflichtung hinsichtlich des Bestehens **91** der Erlaubnis nach § 11 Abs. 1 Satz 1 und 2 Nr. 1 sowie darauf bezogener Änderungen nach § 3 NachwG folgt, dass die Unterrichtung über den Wegfall der Erlaubnis **schriftlich** zu erfolgen hat (KassHandb/*Düwell*, 4.5 Rn. 355; *Schüren/ Feuerborn* § 11 Rn. 85, 87, § 11 Rn. 73; a. A. *Becker/Wulfgramm*, Art. 1 § 11 Rn. 16; ErfK/*Wank* § 11 Rn. 21).

Entsprechend der Regelung in § 12 Abs. 2 Satz 2 erschöpfen sich die Pflichten des **92** Verleihers bei Wegfall der Erlaubnis nicht in der reinen Unterrichtung, sondern der Verleiher wird nach § 11 Abs. 3 Satz 2 darüber hinaus auch verpflichtet, den Leiharbeitnehmer auf das voraussichtliche **Ende der Abwicklung** und die gesetzliche **Abwicklungsfrist hinzuweisen.** Der Verleiher genügt den Hinweispflichten nicht schon dadurch, dass er auf die gesetzlichen Bestimmungen des § 2 Abs. 4 Satz 4 und die sich daraus ergebenden Rechtsfolgen hinweist. Vielmehr hat er den Arbeitnehmer schon im Hinblick auf die Fürsorgepflichten des Arbeitgebers auf alle Konsequenzen, die sich aus dem Wegfall der Erlaubnis bei Ende der Abwicklung und der gesetzlichen Abwicklungsfrist bzw. danach ergeben können, umfassend in tatsächlicher und nach § 11 Abs. 3 Satz 2 auch rechtlicher Hinsicht zu informieren (a. A. *Thüsing/Mengel*, § 11 Rn. 38). Daraus, dass der Arbeitnehmer durch die Erfüllung der Hinweispflichten des Verleihers umfassend über die **Rechtsfolgen des Fortfalls** der Erlaubnis in Kenntnis gesetzt ist, rechtfertigt sich auch, dass er sich zum Zeitpunkt des Wegfalls der Erlaubnis nicht uneingeschränkt auf eine für ihn hierdurch eintretende günstige Rechtsfolge berufen kann (Rn. 89).

Verstößt der Verleiher gegen die Unterrichtungspflicht nach § 11 Satz 1 bzw. die **93** erweiterten Aufklärungspflichten nach Satz 2, kann sich der Leiharbeitnehmer gegebenenfalls uneingeschränkt auf die Rechtsfolgen des § 10 Abs. 1 und 2 berufen. Daneben bleibt der **Verleiher** uneingeschränkt **zur Zahlung des Arbeitsentgelts** verpflichtet (§ 615 Satz 1 BGB, § 11 Abs. 4 Satz 2) und muss nach § 280 Abs. 1 BGB Schadensersatz leisten (ErfK/*Wank*, § 11 Rn. 30). Da bei Wegfall der Erlaubnis regelmäßig der Tatbestand einer **Betriebsänderung** i.S.d. § 111 BetrVG erfüllt ist, ist der Verleiher in diesem Fall auch zur Aufstellung eines Sozialplans nach § 112 BetrVG bzw. zur Zahlung von Nachteilsausgleichsansprüchen nach § 113 BetrVG verpflichtet und muss daneben ggf. aus positiver Forderungsverletzung auch einen darüber hinausgehenden Schaden ersetzen.

VI. Ausschluss der Abdingbarkeit von § 622 Abs. 5 Satz 1 Nr. 1 BGB und § 615 Satz 1 BGB (Abs. 4)

94 Abs. 4 soll in Ergänzung zu §§ 3 Abs. 1 Nr. 1 bis 3, 9 und 10 zum Schutze des LAN sicherstellen, dass das besondere **Beschäftigungsrisiko** des Verleihers nicht auf den LAN abgewälzt wird (ErfK/*Wank*, § 11 Rn. 22; *Sandmann/Marschall*, § 11 Anm. 22; *Schüren/Feuerborn*, § 11 Rn. 88; *Thüsing/Mengel*, § 11 Rn. 40). Die in Abs. 4 getroffenen besonderen Regelungen zu den **Kündigungsfristen bei Aushilfsarbeitsverhältnissen** (Abs. 4 Satz 1) und zum **Annahmeverzug in verleihfreien Zeiten** (Abs. 4 Satz 2) sind **zwingend** und können einzelvertraglich nicht abbedungen werden. Dem widersprechende Vereinbarungen sind nach § 134 BGB nichtig (*Schüren/Feuerborn*, § 11 Rn. 92).

1. Unabdingbarkeit des § 622 Abs. 5 Satz 1 Nr. 1 BGB (Abs. 4 Satz 1)

95 Abs. 4 Satz 1 verbietet die **einzelvertragliche Abkürzung** der gesetzlichen Kündigungsfristen für **Aushilfsarbeitsverhältnisse**, die drei Monate oder weniger bestehen (§ 622 Abs. 5 Satz 1 Nr. 1 BGB). Durch die Vorschrift soll verhindert werden, dass das Betriebs- und Lohnzahlungsrisiko des Verleihers entgegen der besonderen Ausgestaltung bei der ANÜ (vgl. § 1 Rn. 72 u. 201) auf den LAN verlagert werden kann (*Becker/Wulfgramm*, § 11 Rn. 28). Die Vorschrift nimmt nur § 622 Abs. 5 Satz 1 Nr. 1 BGB in Bezug, so dass eine einzelvertragliche Abkürzung in **Kleinbetrieben** mit i. d. R. nicht mehr als 20 Beschäftigten nach Nr. 2 auch im Leiharbeitsverhältnis möglich ist. Die Mindestkündigungsfrist muss hier jedoch mindestens 4 Wochen betragen. Im Übrigen können die **gesetzlichen Kündigungsfristen** nach Abs. 2 und die Mindestkündigungsfrist nach Abs. 3 bei Vereinbarung einer **Probezeit** einzelvertraglich nur verlängert, nicht jedoch verkürzt werden (§ 622 Abs. 5 Satz 3 BGB).

96 Über diese Beschränkungen hinaus unterliegt die einzelvertragliche Vereinbarung von Kündigungsfristen keinen weiteren Beschränkungen. Infolge der Aufhebung der §§ 3 Abs. 1 Nr. 4 und 5, 9 Nr. 2 a. F. durch das Erste Gesetz über moderne Dienstleistungen am Arbeitsmarkt (v. 23. 12. 2002, BGBl. I S. 4607) sind die besonderen Bestimmungen zum Kündigungsschutz beim Leiharbeitsverhältnis entfallen. **Grenzen** sind der Vertragsfreiheit jedoch weiterhin aus Abs. 4 Satz 2 durch das Verbot der Verlagerung des Beschäftigungsrisikos in verleihfreien Zeiten gesetzt. Wird z. B. bei einem befristeten Arbeitsverhältnis gleichzeitig das Recht zur ordentlichen Kündigung vereinbart und soll dem Verleiher durch die Kündigungsfrist nur ermöglicht werden, das Arbeitsverhältnis bei mangelnden Beschäftigungsmöglichkeiten zu kündigen, ist die Absprache wegen der unzulässigen **Umgehung von Abs. 4 Satz 2** unwirksam (vgl. § 9 Rn. 339 f.).

97 Keinen Beschränkungen unterliegt die freie Vereinbarung von Kündigungsfristen durch die Bestimmungen von §§ 3 Abs. 1 Nr. 3, 9 Nr. 2 zum **Gleichbehandlungsgebot.** Vereinbarungen, die den Bestand des Leiharbeitsverhältnisses betreffen, werden nicht von den wesentlichen Arbeitsbedingungen i. S. d. Bestimmungen erfasst (vgl. § 9 Rn. 82). Dies betrifft auch die hiermit in Zusammenhang stehenden Kündigungsfristen.

98 Abs. 4 Satz 1 lässt die Möglichkeiten unberührt, durch **TV** oder durch **einzelvertragliche Bezugnahme** auf einen entsprechenden TV auch kürzere als die nach § 622 Abs. 1 bis 3 BGB vorgesehenen gesetzlichen Kündigungsfristen zu vereinbaren (*Thüsing/Mengel*, § 11 Rn. 41), solange für den LAN keine längere Kündigungsfrist vorgesehen wird als für den Verleiher (§ 622 Abs. 6 BGB). Abs. 4 Satz 1 schließt die tarifvertragliche Vereinbarung von abweichenden Kündigungsfristen nach § 622 Abs. 4 BGB nicht aus (*Boemke*, § 11 Rn. 107). Die abweichende Regelung braucht dabei **nicht in einem TV zur ANÜ** getroffen zu werden, sondern findet auch dann auf das Arbeitsverhältnis Anwendung, wenn sie in einem sonstigen TV geregelt ist und qua Tarifbindung oder einzelvertraglicher Vereinbarung für das Leiharbeitsverhältnis gilt. Dies folgt daraus, dass Kündigungsfristen vom gesetzlichen Gleichbehandlungsgebot nicht erfasst werden (Rn. 97). Voraussetzung für die Anwendbarkeit tariflich vereinbarter Kündigungsfristen im Leiharbeitsverhältnis ist lediglich, dass der Verleiher dem **Geltungsbereich des TV** unterliegt. Auf die im Entleiherbetrieb geltenden tariflichen Kündigungsfristen kann daher nur verwiesen werden, wenn auch der Verleiher (z. B. bei Mischunternehmen) dem Geltungsbereich dieses TV unterliegt (so auch *Sandmann/Marschall*, § 11 Anm. 24; a. A. *Becker/Wulfgram*, § 11 Rn. 28; *Franßen/ Haesen*, § 11 Rn. 25; wohl auch ErfK/*Wank*, § 11 Rn. 23).

2. Unabdingbarkeit des § 615 Satz 1 BGB (Abs. 4 Satz 2)

Durch § 11 Abs. 4 Satz 2 wird es dem Verleiher verwehrt, das **Betriebsrisiko bei ANÜ** (vgl. § 1 Rn. 201) durch Abbedingen des § 615 Satz 1 BGB einzuschränken oder ganz auf den Arbeitnehmer zu verlagern. Hiermit wird insbesondere den Zielsetzungen des Gesetzgebers, den arbeits- und sozialrechtlichen Schutz der Leiharbeitnehmer trotz der im AFRG vorgenommenen Änderungen uneingeschränkt aufrechtzuerhalten (vgl. BT-Ds. 13/4941, S. 247), Rechnung getragen (a. A. *Willemsen/Annuß*, BB 2005, 438). Auch im Zusammenhang mit der Anfügung von Satz 3 des § 615 BGB im Zuge des Gesetzes zur Modernisierung des Schuldrechts wurde Abs. 4 Satz 2 nicht geändert. Soweit der Verleiher das **Risiko eines Arbeitsausfalls** zu tragen hat, ist Abs. 4 Satz 2 im Rahmen seines Anwendungsbereichs lex specialis gegenüber § 613 BGB. Abs. 4 Satz 2 ist eine **Verbotsnorm** i. S. d. § 134 BGB; dagegen verstoßende Vereinbarungen sind unwirksam (*Schüren/Feuerborn*, § 11 Rn. 92).

99

Abs. 4 Satz 2 schließt nur Vereinbarungen aus, die eine **Aufhebung oder Beschränkung** der Vergütungspflichten bei Annahmeverzug vorsehen. Mit dem ausdrücklichen Ausschluss von Beschränkungen ist durch das Gesetz klargestellt, dass nur **wertgleiche Regelungen** für verleihfreie Zeiten dem gesetzlichen Verbot Rechnung tragen können (Rn. 101). I. Ü. sind jedoch Regelungen zu Rechten und Pflichten der Vertragsparteien beim Annahmeverzug zulässig. Dabei ergeben sich keine Beschränkungen aus dem **Gleichbehandlungsgrundsatz** nach §§ 3 Abs. 1 Nr. 3, 9 Nr. 2, der auf die Vergütungspflichten in verleihfreien Zeiten grundsätzlich keine Anwendung findet (vgl. § 9 Rn. 81; a. A. ErfK/*Wank*, § 11 Rn. 24). Vielmehr können die für das Leiharbeitsverhältnis geltenden Regelungen zum Annahmeverzug sowohl zugunsten als auch zuungunsten des LAN von den beim Entleiher zur Anwendung kommenden Regelungen abweichen (vgl. BT-Ds. 15/25 S. 38; § 9 Rn. 81). Etwas anderes gilt, wenn der LAN ausschließlich an einen Verleiher verliehen wird, da hier die Überlegungen des Gesetzgebers, dem LAN ein verstetigtes Arbeitsentgelt zu garantieren, nur dann keine nach Abs. 4 Satz 2 verbotene **Beschränkung** der Regelungen zum Annahmeverzug darstellen, wenn das Arbeitsentgelt während des Annahmeverzugs dem Arbeitsentgelt entspricht, das der LAN während der Einsätze beim Entleiher erhält (i. E. ebenso: *Thüsing/Mengel*, § 11 Rn. 43).

100

101 Nach Abs. 4 Satz 2 kann das Recht des LAN auf Vergütung bei Annahmeverzug durch **Vertrag** weder aufgehoben noch beschränkt werden (*Boemke*, § 11 Rn. 105, 109; *Schüren/Feuerborn*, § 11 Rn. 91). Die Vorschrift untersagt nicht nur einzelvertragliche Vereinbarungen, sondern schließt auch entgegenstehende Regelungen in einem **TV zur ANÜ** aus. Sie steht im Zusammenhang mit den Zielsetzungen des Gesetzgebers, eine Verlagerung des Beschäftigungsrisikos in verleihfreien Zeiten auf den LAN auszuschließen. Die Vergütungspflichten des Verleihers in **verleihfreie Zeiten** sollen nach dem Willen des Gesetzgebers zwar **gestaltbar** sein (vgl. BT-Ds. 15/25 S. 38); die Gestaltung darf jedoch nicht zu einem Ausschluss der Risikoverteilung führen, sondern dient allein dem Zweck, dem LAN eine verstetigte Vergütung für Zeiten des Verleihs und Nichtverleihs zu garantieren (vgl. § 9 Rn. 149). Dieser Gestaltungsrahmen wäre überschritten, wenn den TV-Parteien die Möglichkeit eröffnet würde, die Vergütungspflichten des Verleihers bei Annahmeverzug auszuschließen oder hinsichtlich der zu berücksichtigenden Ausfallzeiten einzuschränken. Wurde im Arbeitsvertrag oder in einem Tarifvertrag eine Regelung zum Vergütungsanspruch des LAN bei Annahmeverzug getroffen, kommen die **Gleichstellungsgrundsätze** von §§ 3 Abs. 1 Nr. 3, 9 Nr. 2 nicht zur Anwendung (§ 9 Rn. 81). Fehlt es an einer derartigen Regelung, richtet sich der Vergütungsanspruch nach dem Entgelt, das einem vergleichbaren Arbeitnehmer des Entleihers bei Annahmeverzug zu gewähren ist (ErfK/*Wank*, § 11 Rn. 24; *Thüsing/Mengel*, § 11 Rn. 43).

102 Das Verbot des § 11 Abs. 4 Satz 2 beschränkt nicht nur die privatautonome Gestaltungsfreiheit, abweichende Regelungen zum Betriebsrisiko des Verleihers zu treffen, sondern hat zur Folge, dass das **Betriebsrisiko des Verleihers** auch nicht auf der Grundlage **öffentlich-rechtlicher Normen** oder durch sonstiges staatliches Handeln (in Form von Entschädigungen, Subventionen o.ä.) mittelbar verlagert werden kann. **Kurzarbeitergeld** nach §§ 169ff. SGB III kann daher bei Leiharbeit ebensowenig gezahlt werden (*Boemke*, § 11 Rn. 113) wie **Winterausfallgeld** nach § 214 SGB III an Verleihunternehmen, die nach § 1b zulässigerweise im Baugewerbe ANÜ betreiben (s.a. *Sandmann/Marschall*, Art. 1 § 11 Anm. 26; *Schüren/Feuerborn*, § 11 Rn. 26). Die Fördervoraussetzungen sind bei Bauverleihern nie erfüllt, da die gewerbsmäßige ANÜ als solche keine bauliche Leistung i.S.d. Vorschriften des § 211 Abs. 1 SGB III darstellt (*Lohre/Mayer/Stevens-Bartol*, § 75 Rn. 10) und das Arbeitsverhältnis hier schon aus anderen als witterungsbedingten Gründen (vgl. § 210 Nr. 2 SGB III) nicht gekündigt werden darf. Soweit **Kurzarbeit arbeitsvertraglich** oder durch eine **BV** nach § 87 Abs. 1 Nr. 3 BetrVG vereinbart wurde, berührt dies unabhängig von der Frage, ob eine derartige Vereinbarung im Leiharbeitsverhältnis zulässig ist, nicht den Vergütungsanspruch aus Abs. 4 Satz 2 (a.A. *Boemke*, § 11 Rn. 117). Die Vorschrift setzt lediglich voraus, dass verschuldensunabhängig (KassHandb/*Düwell*, 4.5 Rn. 366) in tatsächlicher Hinsicht ein Arbeitsmangel besteht, und hierdurch der LAN nicht im Rahmen der vertraglich vereinbarten Arbeitszeit eingesetzt werden kann (vgl. § 1 Rn. 57f.).

103 Da der Vergütungsanspruch des Arbeitnehmers bei **Annahmeverzug** des Verleihers an § 615 Satz 1 BGB anknüpft, ist der Verleiher in Zeiten tatsächlicher Nichtbeschäftigung verpflichtet, die vereinbarte **Vergütung** einschließlich aller Nebenleistungen mit Entgeltcharakter (§ 11 Abs. 1 Nr. 6) **weiter zu zahlen** (*Schüren/Feuerborn*, § 11 Rn. 96; *Boemke*, § 11 Rn. 110). Es gilt das **Lohnausfallprinzip** (ErfK/*Wank*, § 11 Rn. 24; *Schüren/Feuerborn* § 11 Rn. 96; *Thüsing/Mengel*, § 11 Rn. 43). Ein unabhängig von den Aufwendungen zu zahlendes Wegegeld hat hierbei ebenso Entgeltcharakter (*Becker/Wulfgramm*, Art. 1 § 11 Rn. 29) wie Auslösungen (*LAG Bremen* v. 23.10.1975 – 3 Sa 155/74 – EzAÜG § 1 TVG Tarifverträge Nr. 3). Vereinbaren die Parteien einen Monatslohn inklusive **Überstundenpauschale**, kann der Verleiher die Vergütung nicht auf eine der regelmäßigen Arbeitszeit entsprechende Vergütung reduzieren (*LAG Düsseldorf* v. 16.1.2001 – 8 Sa 1457/00 – BB 2001, 836). Der Anspruch auf Vergütung bei Annahmeverzug ist nicht von einem entsprechenden Angebot des Arbeitnehmers zur Arbeitsleistung abhängig (*Becker/Wulfgramm*, Art. 1 § 11 Rn. 55b; *Schüren/Feuerborn* § 11 Rn. 92; a.A. *Boemke*, § 11 Rn. 112 und 108; *Brötzmann/Musial*, NZA 1997, 17, die ein ausdrückliches Angebot bzw. sogar eine Verpflichtung des Leiharbeitnehmers, sich nach Einsatzmöglichkeiten zu erkundigen, fordern). Der Leiharbeitnehmer muss zwar **zwischen den Einsätzen** verschiedener Entleiher im Rahmen der vereinbarten Lage der Arbeitszeit für den Verleiher **erreichbar** und verfügbar sein; er kann jedoch nicht vertraglich verpflichtet werden, sich bei **Einsatzpausen** mehrmals täglich beim Verleiher zu melden (*LAG Frankfurt am Main* v. 23.1.1987 – 13 Sa 1007/86 – BB 1987, 1602; *Boemke*, § 11 Rn. 112; *Schüren/Feuerborn*, § 11 Rn. 93). Dies gilt auch für tarifvertragliche Regelungen.

Die Pflicht zur uneingeschränkten und zeitlich unbegrenzten **Fortzahlung der Vergütung bei Arbeitsmangel** kann der Verleiher nicht dadurch **umgehen**, dass er alternative rechtliche Gestaltungsmittel wählt, die im Ergebnis gleichermaßen seine Fortzahlungspflichten aufheben oder beschränken. Dies gilt insbesondere im Hinblick auf Arbeitgeberkündigungen sowie sonstige auf Veranlassung des Verleihers erfolgende **Absprachen**, die einen **Fortfall der Vergütungspflicht** des Verleihers zur Folge haben. **Betriebsbedingte Kündigungen** oder Befristungen sind daher nur dann im Leiharbeitsverhältnis wirksam, wenn sie nicht dem Zweck dienen, sich der unabdingbaren Vergütungspflicht aus § 11 Abs. 4 Satz 2 zu entziehen; andernfalls verstößt die Kündigung bzw. die Befristung gegen eine Verbotsnorm i.S.d. § 134 BGB. Dasselbe gilt bei **Eigenkündigung** des Arbeitnehmers, nachträglicher Umwandlung eines unbefristeten in ein befristetes Arbeitsverhältnis, dessen Endzeitpunkt mit dem Einsatz bei einem Entleiher übereinstimmt, oder dem Abschluss von Aufhebungsverträgen, soweit diese auf Veranlassung des Verleihers erfolgen (§ 9 Rn. 305, 339 f.). Da die Vergütungspflichten gem. § 11 Abs. 4 Satz 2 zeitlich unbegrenzt bestehen, trifft den Verleiher die uneingeschränkte **Darlegungs- und Beweislast** dafür, dass die Beendigung des Arbeitsverhältnisses aus anderen Gründen als in der Absicht erfolgte, die Vergütungspflichten zu umgehen bzw. verbotswidrig zu beenden. **104**

Wieweit die unbegrenzte Lohnfortzahlungsverpflichtung des Verleihers eine betriebsbedingte Kündigung ausschließt, ist dem Gesetz nicht zu entnehmen. Im Grundsatz wird man davon ausgehen müssen, dass lediglich bei **vorübergehendem Auftragsmangel** eine betriebsbedingte Kündigung ausgeschlossen ist (*Ascheid*, Rn. 255). Auszugehen ist davon, dass zumindest für den Zeitraum **von mindestens drei Monaten** der Auftragsmangel immer vorübergehend ist (vgl. § 1 Rn. 91 und § 9 Rn. 339g; KassHandb/*Düwell*, 4.5 Rn. 377; einschränkend *Boemke* § 11 Rn. 116; *Sandmann/Marschall*, Art. 1 § 11 Anm. 23; vgl. § 1 Rn. 85). Ob darüber hinaus ein Auftragsmangel vorübergehend ist, bestimmt sich nach den Verhältnissen des Einzelfalls (z.B. Umfang des normalen Geschäftsvolumens, Zahl der Leiharbeitsverhältnisse). In Analogie zu § 177 Abs. 1 Satz 1 SGB III wird man jedoch i.d.R. einen Zeitraum von längstens 15 Monaten zugrunde legen müssen, innerhalb dessen **betriebsbedingte Kündigungen** durch das besondere Betriebsrisiko des Verleihers ausgeschlossen werden (§ 9 Rn. 339g). **105**

106 Der Verleiher kann die Vergütungspflichten auch nicht dadurch **umgehen**, dass er in Zeiten mangelnder Beschäftigungsmöglichkeiten bei Entleihern dem Arbeitnehmer durch Anordnung von **Freizeitausgleich** für geleistete Mehrarbeit faktisch keinen Lohn zahlt (offen gehalten im *BAG* v. 17. 1. 1995 – 3 AZR 399/94; a. A. *Boemke*, § 11 Rn. 118) oder über flexible Formen der Arbeitszeitgestaltung das Betriebsrisiko auf den Arbeitnehmer zurückverlagert. Nach § 11 Abs. 4 Satz 2 soll das **Betriebsrisiko ausschließlich, uneingeschränkt und unabdingbar den Verleiher treffen**. Aushilfsarbeitsverhältnisse sind daher bei Leiharbeit ausgeschlossen (*Sandmann/Marschall*, Art. 1 § 11 Anm. 22; § 9 Rn. 312). Die Vereinbarung flexibler Arbeitszeiten – insbesondere **Abrufarbeitsverhältnisse** – im Leiharbeitsverhältnis ist unzulässig (vgl. § 1 Rn. 62; § 9 Rn. 47; § 3 Rn. 74; Kass-Handb/*Düwell*, 4.5 Rn. 341; *Schaub*, § 120 III 3c), wenn hierbei nicht ausgeschlossen ist, dass der Verleiher aus Anlass mangelnder Beschäftigungsmöglichkeiten bei Entleihern die Lage der Arbeitszeit derart festlegen kann, dass die aus § 11 Abs. 4 Satz 2 folgenden Vergütungspflichten entfallen (*Brötzmann/Musial*, NZA 1997, 19; vgl. § 1 Rn. 63f.). Arbeitszeitkontenregelungen, die während des Einsatzes bei einem Entleiher ein **Zeitsaldo** entstehen lassen können nicht durch Mehrarbeit in anderen Zeiträumen (wohl aber durch gleichzeitige Zuweisung eines weiteren Entleihers) ausgeglichen werden, sondern sind nach Abs. 4 vergütungspflichtig (§ 1 Rn. 63 ff.). Dies gilt auch bei Vereinbarung eines Ausgleichszeitraums von mehr als einer Woche (a. A. *Boemke*, § 11 Rn. 115). Nur soweit diese Grundsätze eingehalten sind, sind die in den TV zur ANÜ getroffenen Regelungen zur flexiblen Arbeitszeit wirksam (vgl. hierzu § 9 Rn. 228). Für **Formulararbeitsverträge**, die den Bestimmungen über allgemeine Geschäftsbedingungen unterliegen (vgl. Rn. 14a), ergibt sich dies auch aus dem Umgehungsverbot nach § 306a BGB. Daneben sind von der uneingeschränkten Vergütungspflicht des Abs. 4 Satz 2 abweichende Vereinbarungen nach § 307 Abs. 1 BGB unwirksam, da sie mit wesentlichen Grundgedanken der gesetzlichen Regelung nicht zu vereinbaren sind (§ 307 Abs. 2 Nr. 1 BGB, a. A. *Boemke*, § 11 Rn. 118). Zur Reichweite des Verbots und dagegen verstoßender Vereinbarungen sowie zur eingeschränkten Anwendbarkeit der Bestimmung im Rahmen nichtgewerbsmäßiger ANÜ wird i. ü. auf die Erläuterung zu § 1 (siehe dort Rn. 63) verwiesen.

107 § 11 Abs. 4 Satz 2 befreit den Verleiher nicht von seiner Pflicht, als Arbeitgeber den Arbeitnehmer auch in tatsächlicher Hinsicht zu beschäftigen. Der grundsätzlich bis zum Ablauf der Kündigungsfrist bestehende allgemeine **Beschäftigungsanspruch** des Arbeitnehmers (*ArbG Leipzig* v. 8. 8. 1996 – 18 GA 37/95 – BB 1997, 366) ist im Leiharbeitsverhältnis nur dadurch eingeschränkt, dass die entsprechende Verpflichtung des Verleihers entfällt, wenn trotz ausreichender Bemühungen keine Einsatzmöglichkeit für den Leiharbeitnehmer gegeben ist. Auch hier hat der Verleiher jedoch eine **Auswahl** der betroffenen Arbeitnehmer entsprechend dem **Gleichbehandlungsgrundsatz** zu treffen und darf auch unabhängig von der Erfüllung seiner Vergütungspflichten nicht willkürlich einzelne Arbeitnehmer oder Arbeitnehmergruppen von einer tatsächlichen Beschäftigung ausschließen.

108 Die **Anrechnungsbestimmung** des § 615 Satz 2 BGB hinsichtlich **ersparter Aufwendungen** und **erzielter anderweitiger Verdienste** findet nach der ausdrücklichen Bestimmung des § 11 Abs. 4 Satz 2 Hs. 2 auch im Leiharbeitsverhältnis Anwendung. Dies gilt unabhängig davon, ob im Arbeitsvertrag eine entsprechende Regelung enthalten ist oder nicht. Eine Ersparnis i.S.d. § 615 Satz 2 BGB liegt nur hinsichtlich solcher Aufwendungen vor, die der Arbeitnehmer selbst zu tra-

gen hat und die in Folge der unterbliebenen Arbeitsleistung entfallen (z.B. Fahrtkosten, soweit sie sich nicht auf Vorhaltekosten beziehen; Reinigung von Arbeitskleidung; *Boemke*, § 11 Rn. 111; *Schüren/Feuerborn*, § 11 Rn. 98). Die **Ersparnis
allgemeiner Lebenshaltungskosten**, die mit der Leistung abhängiger Arbeit
bei Dritten typischerweise erhöht anfallen (z.B. Mehraufwand für Verpflegung),
stellen demgegenüber keine Ersparnisse infolge des Unterbleibens der Arbeitsleistung i.S.d. § 615 Satz 2 BGB dar (a.A. *Becker/Wulfgramm*, Art. 1 § 11 Rn. 30a),
wenn die Aufwendungen nicht pauschal Bestandteil des Arbeitsentgelts sind.
Die in den **TV zur ANÜ** enthaltenen Regelungen zur pauschalen Anrechnung
von Aufwendungsersatz auf das Arbeitsentgelt (vgl. § 9 Rn. 249) erfüllen jedoch
nicht die Voraussetzungen von ersparten Aufwendungen i.S.v. § 615 Satz 2 BGB,
da hier durch den pauschalisierten Aufwendungsersatz das verstetigte Arbeitsentgelt auf Grund der Entgelttarifverträge nicht erhöht wird.
Erzielt der Leiharbeitnehmer während **Zeiten der Nichtbeschäftigung** anderweitig einen **Verdienst**, ist dieser nur anrechenbar, soweit er infolge der Nichtbeschäftigung beim Verleiher erzielt wird. Eine Anrechenbarkeit von Einkünften,
die der Leiharbeitnehmer aus ohnehin bestehenden Nebentätigkeiten oder aus
einem Zweitarbeitsverhältnis erzielt hat, können nicht nach § 615 Satz 2 BGB
angerechnet werden (*Boemke*, § 11 Rn. 11). Auch ist es nicht möglich, über Vereinbarungen zwischen Verleiher und Leiharbeitnehmer Regelungen zu treffen, die
die Anrechnung erzielter oder trotz Zumutbarkeit nicht erzielter Arbeitsentgelte
über die gesetzlich bestimmten Fällen hinaus erweitern. Wird etwa eine vertragliche Abrede dahingehend getroffen, dass der Leiharbeitnehmer im Falle der
Nichtbeschäftigungsmöglichkeit verpflichtet ist, ein (befristetes) Arbeitsverhältnis bei einem anderen Verleiher aufzunehmen, um durch das hierbei erzielbare
Einkommen den **Vergütungsanspruch** nach § 615 Satz 1 BGB zu **mindern**,
ist diese Abrede wegen Verstoßes gegen das Verbot nach § 11 Abs. 4 Satz 2 Hs. 1
unwirksam. Eine **Umgehung** der besonderen Bestimmungen zum Betriebsrisiko
des Verleihers über Vereinbarungen nach § 11 Abs. 4 Satz 2 Hs. 2 i.V.m. § 615 Satz
2 BGB ist dem Verleiher **untersagt** (§ 1 Rn. 55 ff.).

Ein böswilliges **Unterlassen erzielbarer Arbeitseinkünfte** durch den Leiharbeit-   **109**
nehmer liegt nur vor, soweit er das Bestehen einer anderen zumutbaren Arbeits-
möglichkeit kennt, der Dritte zur befristeten Einstellung bereit ist und der Arbeitnehmer den Abschluss eines zumutbaren Arbeitsverhältnisses ablehnt oder
vorsätzlich verhindert, dass ihm zumutbare Arbeit angeboten wird (*BAG* v.
16. 5. 2000 – 9 AZR 203/99 – AuA 2001, 572). Auch kann sich der Verleiher nur
dann auf § 615 Satz 2 BGB berufen, wenn die Nichtaufnahme einer Beschäftigung
trotz Erfüllung aller **Arbeitgeberpflichten** aus dem Arbeitsverhältnis erfolgt.
Dies ist z.B. nicht der Fall, wenn der Verleiher die **Mitbestimmungsrechte** eines
im Verleiherbetrieb bestehenden Betriebsrats **missachtet** oder willkürlich für einen bestimmten Arbeitnehmer ohne Beachtung sozialer Auswahlkriterien Kurzarbeit anordnet. Auch ist eine Berufung auf § 615 Satz 2 BGB dann ausgeschlossen, wenn dem Arbeitnehmer auf Grund des Arbeitsvertrages untersagt ist, eine
Nebenbeschäftigung aufzunehmen. In diesem Fall überschreitet der Arbeitgeber die Grenzen seines Direktionsrechts (*BAG* v. 3. 12. 1980 – 5 AZR 477/78 –
AP Nr. 4 zu § 615 BGB Böswilligkeit) und setzt sich in Widerspruch zu seinem
früheren Verhalten, was eine Anwendbarkeit des § 615 Satz 2 BGB grundsätzlich
ausschließt (*Palandt-Putzo*, § 615 Rn. 20).

Tritt ein **öffentlich-rechtlicher Sozialleistungsträger** wegen Nichterfüllung der   **110**
Vergütungspflichten des Verleihers **in Vorleistung** und ist hiermit gleichzeitig

ein gesetzlicher Forderungsübergang verbunden (vgl. § 115 Abs. 1 SGB X), ist der Arbeitnehmer insoweit nicht mehr Inhaber des Vergütungsanspruchs (i. E. ebenso ErfK/*Wank*, § 11 Rn. 25; *Schüren/Feuerborn*, § 11 Rn. 99 f). Der Arbeitgeber kann daher in dieser Höhe die Leistung gegenüber dem Arbeitnehmer verweigern (i. E. ebenso *Becker/Wulfgramm*, Art. 1 § 11 Rn. 30a; *Thüsing/Mengel* § 11 Rn. 45; *Boemke*, § 11 Rn. 113) ohne dass hiermit eine Anrechnung entsprechend § 11 Nr. 3 KSchG verbunden wäre. Dies ist keine Folge des § 615 Satz 2 BGB, sondern ergibt sich aus dem Übergang der Gläubigerstellung des Arbeitnehmers bezüglich der Ansprüche aus § 611 Satz 1 BGB auf den Leistungsträger (i. E. ebenso *Schüren/Feuerborn*, § 11 Rn. 99 ff.).

VII. Leistungsverweigerungsrecht des Arbeitnehmers in Arbeitskämpfen (Abs. 5)

1. Anwendungsbereich

111 Trotz des Gleichbehandlungsgebots nach §§ 3 Abs. 1 Nr. 3, 9 Nr. 2 ist durch die Anwendung der TV zur ANÜ das **Prinzip der Tarifeinheit** im Betrieb des Entleihers zerstört (vgl. Einl. C Rn. 28). Der Einsatz betriebsfremder Arbeitnehmer führt zu einer Verstärkung ohnehin vorhandener Disparitäten im Rahmen des Machtungleichgewichts zwischen Arbeitgebern und Gewerkschaften bei der Führung von Arbeitskämpfen (vgl. Einl. C. Rn. 13 f.). In Form der Fremdfirmenarbeit steht Arbeitgebern, die von einem Arbeitskampf betroffen sind, ein zusätzliches Instrument zur Verfügung, die Betriebszwecke in arbeitsorganisatorischer und die Unternehmensziele in wirtschaftlicher Hinsicht weiter zu verfolgen, ohne dass der ökonomische Druck, der durch Arbeitsniederlegungen ausgeübt werden soll, Wirkungen zeigen kann (vgl. Einl. C. Rn. 13). Mit § 11 Abs. 5 versucht der Gesetzgeber verfassungsrechtlichen Bedenken, die sich gegen die Zulässigkeit der ANÜ aus Art. 9 Abs. 3 GG ergeben (vgl. hierzu Einl. C. Rn. 14), entgegenzuwirken, indem er Leiharbeitnehmern bei **Arbeitskämpfen im Entleiherbetrieb** ein **individuelles Leistungsverweigerungsrecht** einräumt. Gleichzeitig soll mit der Vorschrift den aus Art. 9 Abs. 3 GG folgenden Verpflichtungen des Gesetzgebers entsprochen werden, ein funktionsfähiges Tarifvertragssystem und ein effektives Arbeitskampfsystem bereit zu stellen und zu garantieren (*Becker/Wulfgramm*, Art. 1 § 11 Rn. 41).

112 Der Anwendungsbereich des Abs. 5 ist auf Arbeitskämpfe in Entleiherbetrieben beschränkt. Ist der **Verleiher** von einem **Arbeitskampf** betroffen, gelten die allgemeinen Regeln des Arbeitskampfes (*Boemke*, § 11 Rn. 120; *Thüsing/Mengel*, § 11 Rn. 53). Bei rechtmäßigen Arbeitskämpfen im Zusammenhang mit den TV zur ANÜ (einschließlich solcher nach § 1 Abs. 3 Nr. 1) steht dem Verleiher notfalls das Recht zur **Aussperrung** und dem LAN (unabhängig vom zugewiesenen Entleiher) ein **Streikrecht** zu. Das Streikrecht umfasst hierbei auch das Recht, die Arbeitsleistung beim Entleiher zu verweigern und ist nicht davon abhängig, ob der LAN qua Tarifbindung dem Tarifvertrag unterliegt (vgl. § 9 Rn. 251) oder der TV qua arbeitsvertraglicher Bezugnahme auf das Arbeitsverhältnis Anwendung findet (vgl. § 9 Rn. 286 ff.).

113 Besonderheiten gelten im Zusammenhang mit Tarifauseinandersetzungen zu **TV nach § 1 Abs. 3 Nr. 1**. Auch TV nach § 1 Abs. 3 Nr. 1 erfassen nur die auf Grund der Gewerkschaftsmitgliedschaft unmittelbar tarifgebundenen Arbeitnehmer (§ 4 Abs. 1 TVG; § 1 Rn. 235). Tarifverträge nach § 1 Abs. 3 Nr. 1 können weder die Koalitionsfreiheit anderer Gewerkschaften beschränken, noch können sie nichtorganisierte Arbeitnehmer binden oder eine Verpflichtung zur Leistung von ANÜ für Arbeitnehmer begründen, die auf Grund **anderer Gewerkschaftszugehörigkeit** im Rahmen einer laufenden Tarifauseinandersetzung zum Streik berechtigt sind. Die gegenteilige Auffassung (vgl. hierzu § 1 Rn. 235) führt insoweit zu Wertungswidersprüchen, die nicht aufgelöst werden können. Da § 1 Abs. 3 Einleitungssatz eine unmittelbare Anwendbarkeit des § 11 Abs. 5 ausschließt, nach dieser Auffassung aber auch nicht tarifgebundene Arbeitnehmer von einem Tarifvertrag nach § 1 Abs. 3 erfasst sein sollen (so *Becker/Wulfgramm*, Art. 1 § 1 Rn. 112), teilweise darauf sogar verzichtet wird, dass Verleiher und Entleiher demselben Tarifvertrag unterliegen müssen (so *Schüren/Hamann*, § 1 Rn. 544), führt die Gegenmeinung zu dem unhaltbaren Ergebnis, dass tarifgebundene Arbeitnehmer infolge eines Tarifabschlusses einer anderen Gewerkschaft zu § 1 Abs. 3 bei Ende der Friedenspflicht auf Grund ihrer unmittelbaren Tarifgebundenheit zwar im eigenen Betrieb streiken dürfen, durch ANÜ nach § 1 Abs. 3 jedoch wegen bestehender Friedenspflicht aus einem Tarifvertrag einer anderen Gewerkschaft nicht berechtigt sind, von einem Streik- oder Leistungsverweigerungsrecht bei Einsatz in Entleiherbetrieben Gebrauch zu machen.

114 Abs. 5 lässt die allgemeinen Regeln des Arbeitskampfes unberührt (*Boemke*, § 11 Rn. 120; *Schüren/Feuerborn*, § 11 Rn. 103). Die Vorschrift erweitert die Rechtsstellung des LAN in Arbeitskämpfen, darf jedoch nicht zu einer Verkürzung von Rechten führen, die dem Arbeitnehmer bei Arbeitskämpfen zustehen. Unterliegt der LAN qua **Tarifbindung** dem Geltungsbereich eines beim Entleiher und Verleiher gleichermaßen geltenden Tarifvertrags (z.B. bei Mischbetrieben oder TV nach § 1 Abs. 3 Nr. 1; vgl. auch ZusatzTV Metall- und Elektroindustrie), bleibt das ggf. bestehende **Streikrecht** des Arbeitnehmers unberührt. Dem Arbeitnehmer steht in diesem Fall ein **Wahlrecht** zu, ob er vom Streikrecht und dem Leistungsverweigerungsrecht aus Abs. 5 Gebrauch macht. Macht der Arbeitnehmer bei Arbeitskämpfen im Entleiherbetrieb von einem eigenen Streikrecht Gebrauch, kommt Abs. 5 nicht zur Anwendung. Ob der LAN das Streikrecht oder das Leistungsverweigerungsrecht in Anspruch nimmt, beurteilt sich danach, ob er seine Arbeitskraft trotz Leistungsverweigerung im Entleiherbetrieb dem Verleiher zur anderweitigen Verwendung anbietet (Rn. 127). In diesem Fall bleiben seine Vergütungsansprüche in vollem Umfang erhalten.

115 Da der **Gleichbehandlungsgrundsatz** nach §§ 3 Abs. 1 Nr. 3, 9 Nr. 2 auch die beim Entleiher geltenden Tarifverträge umfasst, werden die Arbeitsbedingungen des LAN mittelbar auch von Veränderungen der Tarifregelungen beim Entleiher betroffen. Auch soweit ein TV zur ANÜ auf das Leiharbeitsverhältnis Anwendung findet, hat der Entleiher-TV (schon wegen der bestehenden **Regelungslücken**; vgl. § 9 Rn. 200) Auswirkungen auf seine Ansprüche aus dem Leiharbeitsverhältnis. Fraglich ist daher, ob dem LAN auf Grund der gesetzlichen Gleichstellungsregeln generell ein Streikrecht zusteht, wenn ein Entleiher von einem Arbeitskampf betroffen ist. Dies wird überwiegend verneint (ErfK/*Wank*, § 11 Rn. 29; KassHandb/*Düwell*, 4.5. Rn. 396; *Schüren/Feuerborn*, § 11 Rn. 103; *Thüsing/Mengel*, § 11 Rn. 47; *Urban-Crell/Schulz*, Rn. 317). Die hierbei vorgetragenen Argumente vermögen nur teilweise zu überzeugen. Soweit die Ablehnung des Streikrechts damit begründet wird, dass die nach §§ 3 Abs. 1 Nr. 3, 9 Nr. 2 geltenden Entleitertarifverträge nicht unmittelbar der Besserstellung des LAN dienen (ErfK/*Wank*, § 11 Rn. 26), kann dem nur gefolgt werden, soweit auf das Leiharbeitsverhältnis ein TV zur ANÜ Anwendung findet. Dasselbe gilt für die Begründung, dass nur im Verleiherbetrieb ein Arbeitskampf zu einer tariflichen Regelung führen könne, die für den Leiharbeitnehmer gilt (so *Schüren/Feuerborn*, § 11 Rn. 103). Findet demgegenüber auf das Leiharbeitsverhältnis kein TV zur ANÜ Anwendung, richten sich die Arbeitsbedingungen ausschließlich nach dem beim Entleiher zur Anwendung kommenden Tarifvertrag. Mit der positiven Koalitionsfreiheit des LAN lässt es sich nicht vereinbaren, wenn der LAN zwar uneingeschränkt einem TV unterworfen wird, ihm jedoch andererseits das Recht verwehrt wird, sich an Arbeitskampfmaßnahmen in gleicher Weise zu beteiligen, wie ein vergleichbarer Stammarbeitnehmer des Entleihers. Dies gilt insbesondere, wenn der LAN **Mitglied** der den Arbeitskampf beim Entleiher führenden Gewerkschaft ist, das Leiharbeitsverhältnis aber einem **anderen TV** unterliegt. In den Fällen, in denen die Geltung des gesetzlichen Gleichstellungsgrundsatzes nicht durch einen **TV zur ANÜ** aufgehoben ist, steht auch dem Leiharbeitnehmer das Recht zu, sich an Arbeitskampfmaßnahmen im Entleiherbetrieb zu beteiligen. Der Verleiher kann eine Beteiligung allerdings dadurch verhindern, dass er dem LAN eine Arbeit bei einem nicht vom Arbeitskampf bedrohten Entleiher zuweist.

116 Mit § 11 Abs. 5 trägt der **Gesetzgeber** nur unvollkommen seinen aus Art. 9. Abs. 3 GG folgenden **Gestaltungspflichten** Rechnung. Dies gilt zunächst im Hinblick darauf, dass die Vorschrift unmittelbar nur Fälle der ANÜ erfasst, nicht jedoch sonstige Formen der Fremdfirmenarbeit. Nach Sinn und Zweck der Vorschrift, die Tarifautonomie in Drittbetrieben zu schützen, macht es hierbei allerdings keinen Unterschied, ob die Arbeitnehmer im Rahmen gewerbsmäßiger oder **nichtgewerbsmäßiger ANÜ** eingesetzt werden (so auch *Becker/Wulfgramm*, Art. 1 § 11 Rn. 3; a. A. *Boemke*, § 11 Rn. 120), so dass die Vorschrift auch in den Fällen nichtgewerbsmäßiger ANÜ und in den **Fällen des §§ 1a f.** anwendbar ist.

117 Auch bei der **Konzernleihe** nach § 1 Abs. 3 Nr. 2 ist eine unmittelbare Anwendung von § 11 Abs. 5 ausgeschlossen. Hier richten sich die Rechte und Pflichten des Arbeitnehmers im entleihenden Konzernunternehmen nach den allgemeinen Grundsätzen zum Leistungsverweigerungsrecht in Arbeitskämpfen. Dies bringt nur solange keine Probleme mit sich, wie das verleihende und entleihende Konzernunternehmen demselben Tarifvertrag unterliegen. Insbesondere in **Mischkonzernen** unterliegen jedoch die Konzernunternehmen häufig **unterschiedlichen Tarifverträgen**, zum Teil versuchen auch die Konzerne, durch unternehmensrechtliche Umstrukturierungen einen Teil der Unternehmen aus der Tarifbindung herauszunehmen (vgl. Einl. C. Rn. 11 ff.), so dass Fallkonstellationen auftreten können, in denen im verleihenden Unternehmen ein der Friedenspflicht unterliegender Tarifvertrag oder überhaupt kein Tarifvertrag besteht, während im (anders) **tarifgebundenen Einsatzunternehmen** gerade ein Arbeitskampf stattfindet. Hinsichtlich der **Schutzzwecke des § 11 Abs. 5** ist die Konfliktsituation in diesen Fällen identisch mit den sonstigen von § 11 Abs. 5 erfassten Fällen, weshalb eine analoge Anwendung der Vorschrift geboten ist. Hierbei ist auch der historische Entstehungszusammenhang von § 1 Abs. 3 zu berücksichtigen: Vor Einfügung der Vorschrift mit dem BeschFG 1985 (vgl. Einl. C. Rn. 20 ff.) wurde die Konzernleihe allgemein als typische Erscheinungsform nichtgewerbsmäßiger ANÜ behandelt (vgl. *Becker/Wulfgramm*, § 1 Rn. 113), auf die § 11 Abs. 5 Anwendung fand (s. o. Rn. 71). Der Ausnahmebestimmung des § 1 Abs. 3 Nr. 2 liegt die Vorstellung des Gesetzgebers zugrunde, dass in einem Konzern der soziale Schutz des Arbeitnehmers ausreichend sichergestellt ist und die mit ANÜ verbundenen typischen Gefahren und Diskriminierungen hier nicht eintreten können. Tarif- und arbeitskampfrechtliche Überlegungen haben weder im Geset-

zeswortlaut noch im Rahmen der Beratung des Gesetzes eine Rolle gespielt; die zurzeit der Verabschiedung des Gesetzes geltende Rechtslage sollte insoweit von der Novellierung unberührt bleiben. Sowohl die **Schutzzwecke** des § 11 Abs. 5 als auch der **historische Entstehungszusammenhang** bei Einfügung des § 1 Abs. 3 Nr. 2 führen daher neben dem Gesichtspunkt, dass zum Schutz der Tarifautonomie bestehende Vorschrift des Abs. 5 gesetzessystematisch dem (außerhalb des AÜG geregelten) allgemeinen Tarif- und Arbeitskampfrecht zuzuordnen ist, zu einer analogen Anwendung bei Arbeitskämpfen in entleihenden Konzernunternehmen.

Arbeitnehmer, die nicht einem Entleiher auf der Grundlage von ANÜ nach dem **118** AÜG überlassen wurden, sondern im Rahmen **sonstiger Formen der Fremdfirmenarbeit** in von Arbeitskämpfen betroffenen Drittbetrieben ihre Arbeitsleistung erbringen (z. B. auf Grund eines Werkvertrages), werden von § 11 Abs. 5 unmittelbar nicht erfasst. Im Hinblick auf Art. 9 Abs. 3 GG wirft dies nur dann keine Probleme auf, wenn beide Unternehmen demselben Tarifvertrag unterliegen. Unterliegt jedoch das **Werkunternehmen** gar keiner Tarifbindung oder kommen hier andere Tarifverträge zur Anwendung als im Drittunternehmen, können bei Arbeitskämpfen im Einsatzbetrieb dieselben Probleme auftreten wie bei ANÜ. Die Frage, ob in diesen Fällen § 11 Abs. 5 analog anwendbar ist bzw. ob die der Vorschrift zugrundeliegenden, **aus Art. 9 Abs. 3 GG folgenden Schutzzwecke** auch hier zur Anwendung kommen können, kann nicht allgemein beantwortet werden, sondern es sind hierbei die unterschiedlichen Formen und Zwecke des jeweiligen Vertrags zu berücksichtigen. Wird der Werkvertrag vollständig in einer **eigenständigen Betriebsstätte** des Werkunternehmens oder innerhalb einer betriebsorganisatorisch eigenständigen Einheit, die die Voraussetzungen des § 4 BetrVG erfüllt (vgl. Einl. C. Rn. 127 f.), durchgeführt, scheidet eine analoge Anwendung aus. Hier berührt der Werkvertrag keine Arbeitsbereiche des Einsatzbetriebs, die durch Streik oder Arbeitsniederlegungen betroffen sein könnten. Vielmehr kann die Gewerkschaft hier den Arbeitskampf uneingeschränkt hinsichtlich aller Arbeitsplätze im Unternehmen des Bestellers führen; das Problem von Streikbrecherarbeiten tritt hier nicht auf.

Der immer weiter ausufernde Einsatz von Werkverträgen bis weit in Bereiche der **119** Produktion hinein (vgl. Einl. C. Rn. 23) bringt es jedoch (insbesondere auf der Grundlage der neueren Rechtsprechung des *BAG* zum Anweisungsrecht, vgl. Einl. C. Rn. 71, 128) mit sich, dass der werkvertragliche Einsatz von Fremdfirmenbeschäftigten auch in unmittelbar **vom Arbeitskampf betroffenen Abteilungen** bzw. Arbeitsplätzen erfolgt (zum Vergütungsrisiko des Werkunternehmers bei Arbeitskämpfen im Bestellerbetrieb vgl. *BAG* v. 7. 11. 1975 – 5 AZR 61/75 – AP Nr. 30 zu § 615 BGB Betriebsrisiko). Mittels des werkvertraglichen Einsatzes betriebsfremder Arbeitnehmer kann hier der ökonomische Druck, der durch Arbeitsniederlegungen ausgeübt werden soll, ebenso neutralisiert werden wie bei Einsatz von Leiharbeitnehmern. Die **vertragliche Gestaltungsform**, in der in die durch Art. 9 Abs. 3 GG geschützte Arbeitskampffähigkeit von Gewerkschaften eingegriffen wird, ist **kein Differenzierungskriterium**, das eine unterschiedliche Behandlung von Leiharbeitnehmern und sonstigen Fremdfirmenbeschäftigten rechtfertigt, soweit sie Streikbrecher- oder sonstige Arbeiten zur Kompensation der ökonomischen Wirkungen von Streiks ausführen. In diesen Fällen ist daher § 11 Abs. 5 auch bei werkvertraglichem Einsatz von Fremdfirmenarbeitnehmern **analog anzuwenden** (a. A. *Boemke*, § 11 Rn. 120). Da dem Arbeitnehmer nach § 11 Abs. 5 nur ein individuelles Leistungsverweigerungsrecht zuerkannt wird, werden die **Möglichkeiten** des bestreikten Unternehmens, unter Nutzung aller vertraglichen Gestaltungsmöglichkeiten Streikbrecherarbeiten durchzuführen, als solche hierdurch **nicht beschränkt** (vgl. Rn. 80).

2. Arbeitskämpfe im Entleiherbetrieb

120 Welche Voraussetzungen erfüllt sein müssen, damit der **Entleiher** »unmittelbar« von einem **Arbeitskampf betroffen** ist, lässt das Gesetz unbeantwortet. Die Rspr. des *BAG* zum eingeschränkten Mitbestimmungsrecht des Betriebsrats in Betrieben, die nur mittelbar von Arbeitskämpfen betroffen sind (*BAG* v. 22.12.1980 – 1 ABR 2/79 u. 1 ABR 76/79 – AP Nr. 70 u. 71 zu Art. 9 GG Arbeitskampf), die überwiegend auf Ablehnung gestoßen ist (vgl. DKK-*Klebe*, § 87 Rn. 92 f. m.w.N.), kann auf die Frage der Unmittelbarkeit von Arbeitskämpfen im Rahmen des § 11 Abs. 5 nicht übertragen werden. Die Vorschrift soll allein sicherstellen, dass das **Kräftegleichgewicht zwischen Arbeitgebern und Gewerkschaften** durch den Einsatz von Leiharbeitnehmern weder zu Lasten noch zugunsten einer Tarifvertragspartei verschoben wird. Das Leistungsverweigerungsrecht des Leiharbeitnehmers soll insoweit auch die verfassungsrechtlich gebotenen Grenzen für den Entleiher ziehen, über die Anordnung von Kurzarbeit für die Stammbelegschaft und die gleichzeitige Aufrechterhaltung der Betriebsabläufe über den Einsatz von Leiharbeitnehmern ein zusätzliches Arbeitskampfmittel zur Störung der Kampfparität in Arbeitskämpfen zu erhalten. Daher liegt eine **unmittelbare Betroffenheit** des Entleihers von Arbeitskämpfen i.S.d. Abs. 5 immer vor, wenn der Entleiherbetrieb dem räumlichen und **fachlichen Geltungsbereich** des umkämpften Tarifvertrags i.S.d. § 146 Abs. 3 S. 1 Nr. 1 und 2 SGB III unterliegt (*Boemke*, § 11 Rn. 121).

121 **Unmittelbar betroffen** ist ein Entleiher durch einen Arbeitskampf nicht nur, wenn der Betrieb selbst tatsächlich bestreikt wird oder der Entleiher aussperrt, sondern immer dann, wenn der Entleiherbetrieb unter den räumlichen und fachlichen Geltungsbereich eines Tarifvertrages fällt, auf den sich ein Arbeitskampf bezieht (*Boemke*, § 11 Rn. 121). Da sich nach der gesetzlichen Wertung des § 146 Abs. 3 SGB III ein Arbeitskampf der Gewerkschaften auch auf nur mittelbar vom Arbeitskampf betroffene Betriebe erstreckt, erfasst Abs. 5 auch solche Betriebe, die die Voraussetzungen des § 146 Abs. 3 Satz 1 Nr. 2 SGB III erfüllen (a.A. *Becker/Wulfgramm*, Art. 1 § 11 Rn. 45b).

122 Unbeachtlich ist es, ob der Entleiher tarifgebunden ist oder nicht. Auch **Erzwingungsstreiks**, mit denen eine Tarifbindung des Entleihers erst erreicht werden soll, werden von § 11 Abs. 5 erfasst. Grundsätzlich unbeachtlich ist auch, ob die Arbeitskampfmaßnahme arbeitskampfrechtlich **rechtmäßig** war oder nicht (*Becker/Wulfgramm*, Art. 1 § 11 Rn. 42; *Sandmann/Marschall*, Art. 1 § 11 Anm. 30; *Thüsing/Mengel* § 11 Rn. 48). Wird von Arbeitgeber- oder Gewerkschaftsseite z.B. irrtümlich von einem Auslaufen der Friedenspflicht ausgegangen und unzulässigerweise mit Arbeitskampfmaßnahmen begonnen, fallen daraus resultierende Folgen und Schadensersatzansprüche ausschließlich in die Risikosphäre der jeweiligen Tarifvertragspartei. Nur in Fällen offensichtlicher Unzulässigkeit (z.B. bei politischen Generalstreiks o.ä.) sind hier Ausnahmen denkbar, die ein Leistungsverweigerungsrecht entfallen lassen.

123 Nach Nr. 7.31 des RdErl. 307/76 der BA gehört auch ein arbeitskampfbedingter Arbeitsausfall zu den **typischen Beschäftigungsrisiken** des Verleihers, so dass kein Kurzarbeitergeld gezahlt wird.

3. Leistungsverweigerungsrecht

Nach § 11 Abs. 5 steht dem Leiharbeitnehmer in Fällen eines Arbeitskampfes im **124** Entleiherbetrieb lediglich ein **individuelles Leistungsverweigerungsrecht** zu. Das Leistungsverweigerungsrecht unterliegt dabei nicht **arbeitskampfrechtlichen Regeln**. Nur soweit der Leiharbeitnehmer unmittelbar auf Grund desselben Tarifvertrages tarifgebunden ist (vgl. Rn. 114), oder auf das Leiharbeitsverhältnis kein TV zur ANÜ Anwendung findet (Rn. 115), können die arbeitskampfrechtlichen Regeln zur Anwendung kommen. Hieraus folgt nicht nur, dass sich die gegenseitigen Verpflichtungen von Leiharbeitnehmer und Verleiher während eines Arbeitskampfes beim Entleiher ausschließlich nach Vertragsrecht richten. Auch die Rechtsstellung des Leiharbeitnehmers in einem Entleiherbetrieb, der vom Arbeitskampf betroffen ist, beurteilt sich nicht nach arbeitskampfrechtlichen Grundsätzen.

Abs. 5 soll den Leiharbeitnehmer davor schützen, dass er in Fällen eines Arbeitskampfes gegen seinen Willen als Streikbrecher im Entleiherbetrieb eingesetzt wird (vgl. BT-Ds. VI/2303, S. 14). § 11 Abs. 5 untersagt jedoch nicht, ANÜ-Verträge abzuschließen, um **Streikbrecherarbeiten** durchführen zu lassen (*ArbG München* v. 2.7.2001 – 6b BVGa 6/01 G; *Sandmann/Marschall*, Art. 1 § 11 Anm. 28) oder um Arbeitskampfmaßnahmen abzuwehren. Auch gewährt das Leistungsverweigerungsrecht gem. § 11 Abs. 5 dem Leiharbeitnehmer nicht das Recht, sich aktiv am Arbeitskampf im Entleiherbetrieb zu beteiligen (*Schüren/Schüren*, Einl. Rn. 254 ff.).

Ein Fall des § 11 Abs. 5 liegt nur vor, soweit der vom Arbeitskampf betroffene **125** Entleiherbetrieb bereit und in der Lage ist, die nach dem ANÜ-Vertrag geschuldete Arbeitsleistung des Arbeitnehmers auch **anzunehmen**. Ist ihm dies nicht möglich, (z. B., weil Streikposten die Werkstore verschlossen halten), kommt es auf ein Leistungsverweigerungsrecht des Leiharbeitnehmers nicht mehr an. Selbst wenn der Leiharbeitnehmer in einem solchen Fall erklärt, von seinem Leistungsverweigerungsrecht Gebrauch machen zu wollen, liegt (wegen der Berechtigung des Verleihers, eine Ersatzkraft stellen zu dürfen) kein Fall des § 298 BGB vor, sondern der Entleiher schuldet solange die **Überlassungsvergütung aus Annahmeverzug**, wie es dem Verleiher wegen des arbeitskampfbedingten Hindernisses im Entleiherbetrieb unmöglich ist, eine Ersatzkraft arbeiten zu lassen.

Ist es dem Verleiher wegen eines Arbeitskampfes im Entleiherbetrieb unmöglich, **126** den Leiharbeitnehmer zu beschäftigen, so können nicht die allgemeinen Grundsätze zur Tragung des **Betriebsrisikos in Arbeitskämpfen** nach der Sphärentheorie (vgl. *BAG* v. 7.11.1975 – 5 AZR 61/75 – AP Nr. 30 zu § 615 BGB Betriebsrisiko) zur Anwendung kommen (*Becker/Wulfgramm*, Art. 1 § 11 Rn. 44). Vielmehr wirkt sich die Unabdingbarkeit des § 615 Satz 1 BGB nach § 11 Abs. 4 Satz 2 auch bei Arbeitskämpfen in Entleiherbetrieben dahingehend aus, dass der Verleiher zur **Fortzahlung der Vergütung verpflichtet** bleibt (*BAG* v. 1.2.1973 – 5 AZR 382/72 – EzAÜG § 615 BGB Nr. 1 und 5 AZR 384/72 – AuR 1973, 117; *Becker/Wulfgramm*, Art. 1 § 11 Rn. 44; *Boemke*, § 11 Rn. 123; *Sandmann/Marschall*, Art. 1 § 11 Anm. 31; *Schüren/Schüren*, Einl. Rn. 257; a. A. *Melms/Lipinski*, BB 2004, 2413). Der Auffassung des *BAG* (a.a.O.), dass für Fälle des Arbeitskampfes eine von § 615 Satz 1 BGB abweichende Risikoverteilung auch beim Leiharbeitsverhältnis kollektivrechtlich oder einzelvertraglich vereinbart werden kann, kann wegen des zwingenden Charakters von § 11 Abs. 4 Satz 2 nicht gefolgt werden.

127   Die **Erklärung**, dass der Leiharbeitnehmer von seinem Leistungsverweigerungsrecht Gebrauch macht, ist **gegenüber dem Verleiher** als Vertragsarbeitgeber abzugeben (*Thüsing/Mengel*, § 11 Rn. 49; weiter gehend *Boemke*, § 11 Rn. 122, der
auch die Erklärung gegenüber dem Entleiher für ausreichend hält). Der Verleiher
ist in diesem Fall verpflichtet, dem Entleiher eine **Ersatzkraft** zu stellen, soweit
im ANÜ-Vertrag nicht ausdrücklich etwas anderes vereinbart ist (*Boemke*, § 11
Rn. 126). Dem Arbeitnehmer, der von seinem Leistungsverweigerungsrecht nach
§ 11 Abs. 5 Gebrauch macht, muss er dagegen einen **anderen Einsatzbetrieb** zuweisen, der nicht von einem Arbeitskampf betroffen ist. Ist er hierzu nicht in der
Lage, bleibt seine **Vergütungspflicht** nach § 615 Satz 1 BGB i.V.m. Abs. 4 Satz 2
bestehen (*Becker/Wulfgramm*, Art. 1 § 11 Rn. 45a; *Thüsing/Mengel*, § 11 Rn. 50; *ErfK/
Wank*, § 11 Rn. 26; *Schüren/Hamann*, § 11 Rn. 105 f.; a. A. *Boemke*, § 11 Rn. 127). Der
Leiharbeitnehmer seinerseits bleibt bei Geltendmachung des Leistungsverweigerungsrechts verpflichtet, bei anderen Entleihern, die nicht von Arbeitskämpfen betroffen sind, zu arbeiten.

4. Hinweispflichten des Verleihers

128   Nach § 11 Abs. 5 Satz 2 ist der Verleiher bei Arbeitskämpfen in Entleiherbetrieben
verpflichtet, den Arbeitnehmer vor einem Einsatz auf das bestehende Leistungsverweigerungsrecht **hinzuweisen**. Es handelt sich hierbei um eine selbstständige
Pflicht des Verleihers, die jeweils neu entsteht, wenn Arbeitseinsätze in arbeits-
kampfbetroffenen Entleihbetrieben in Frage stehen. Der allgemeine Hinweis bei
Abschluss des Arbeitsvertrages reicht nicht aus (*Boemke*, § 11 Rn. 128; *ErfK/Wank*,
§ 11 Rn. 26; *Sandmann/Marschall*, Art. 1 § 11 Anm. 30; *Schüren/Hamann*, § 11
Rn. 109). Beginnt der Arbeitskampf erst während des Einsatzes des Leiharbeitnehmers, muss der Verleiher seiner Hinweispflicht spätestens bei Beginn der
Arbeitskampfmaßnahme nachgekommen sein (*Boemke*, § 11 Rn. 128; *Becker/
Wulfgramm*, Art. 1 § 11 Rn. 18; *Schüren/Hamann*, § 11 Rn. 109; *Thüsing/Mengel*,
§ 11 Rn. 51). Andernfalls verstößt er gegen seine Pflichten aus dem Leiharbeitsverhältnis mit der Folge, dass er nicht die nach § 3 Abs. 1 Nr. 1 geforderte Zuverlässigkeit besitzt (*Schüren/Feuerborn*, § 11 Rn. 126; *ErfK/Wank*, § 11 Rn. 30).

5. Rechtsstellung des Leiharbeitnehmers bei Arbeitskämpfen

129   Da mangelnde Beschäftigungsmöglichkeiten in Entleiherbetrieben zum typischen Betriebsrisiko des Verleihers zählen, können **arbeitskampfbedingte Be-
schäftigungsausfälle** in Einsatzbetrieben weder die Beschäftigungs- noch die
Vergütungspflichten des Verleihers einschränken (*BAG* v. 1. 2. 1973 – 5 AZR 382,
383/72 – AuR 1973, 117). Gem. § 615 Satz 1 BGB i.V.m. § 11 Abs. 4 Satz 2 bleiben
die **Vergütungspflichten** daher unabhängig von der Zahl der von Arbeitskämpfen betroffenen Betriebe und der Dauer des Arbeitskampfes uneingeschränkt
bestehen (*ErfK/Wank*, § 11 Rn. 26; *Schüren/Feuerborn*, § 11 Rn. 105 f.; *KassHandb/
Düwell*, 4.5 Rn. 399; *Thüsing/Mengel*, § 11 Rn. 50; a. A. *Boemke*, § 11 Rn. 127). Darüber hinaus ist es dem Verleiher aber auch verwehrt, Arbeitskämpfe in Entleiherbetrieben zum Anlass zu nehmen, betriebsbedingte **Kündigungen** auszusprechen. Ein Auftragsmangel kann grundsätzlich nur dann zur Kündigung eines
Leiharbeitsverhältnisses berechtigen, wenn er nicht nur vorübergehender Natur
ist (vgl. § 1 Rn. 91). **Arbeitskämpfe** sind jedoch immer **zeitlich befristet** und stellen damit immer nur einen Fall vorübergehenden Auftragsmangels dar, hinsicht-

lich dessen eine uneingeschränkte Vergütungs- und Beschäftigungspflicht des Verleihers besteht, die nicht abbedungen werden kann. **Arbeitskampfbedingte betriebsbedingte Kündigungen** des Verleihers sind daher **unwirksam.** Wird dem Arbeitnehmer dennoch aus Gründen eines Arbeitskampfes in Ent- **130** leiherbetrieben gekündigt und wird die Kündigung (z. b. wegen Versäumung der Frist zur Erhebung der Kündigungsschutzklage nach § 4 KSchG) wirksam, sind die Ansprüche des Leiharbeitnehmers auf **Arbeitslosengeld** nicht nach § 146 SGB III eingeschränkt (a. A. *Becker/Wulfgramm*, Art. 1 § 11 Rn. 45c). Leiharbeitnehmer gehören (soweit sie nicht in Mischunternehmen beschäftigt sind) nicht dem fachlichen Geltungsbereich umkämpfter Tarifverträge in Entleiherbetrieben i.S.d. § 146 Abs. 1 Satz 2 SGB III an. Auch eine Beteiligung am Arbeitskampf i.S.d. § 146 Abs. 2 SGB III scheidet aus, da das Leistungsverweigerungsrecht aus § 11 Abs. 5 dem Leiharbeitnehmer keine Beteiligung an Arbeitskämpfen in Entleiherbetrieben ist und daher selbst bei Geltendmachung des Leistungsverweigerungsrechts eine aktive Beteiligung i.S.d. Bestimmung nicht vorliegt (*Schüren/Schüren*, Einl. Rn. 258). Insofern kommt allenfalls ein **Ruhen des Arbeitslosengeldanspruches** nach § 146 Abs. 3 SGB III in Betracht, da das Ruhen hier auch bei Nichtbeteiligung des Arbeitnehmers eintreten kann, wenn die Arbeitslosigkeit mittelbar arbeitskampfbedingt eintritt. *Becker/Wulfgramm* bejahen die Anwendbarkeit des § 116 Abs. 3 AFG a. F. auf Fälle, in denen der Leiharbeitnehmer in Folge von Arbeitskampfmaßnahmen in Entleiherbetrieben arbeitslos geworden ist (a.a.O., § 11 Rn. 45c). Dem kann nicht gefolgt werden, da nach dem insoweit eindeutigen Wortlaut der Vorschrift des § 146 Abs. 3 Satz 1 Nr. 1 und 2 SGB III der Verleiherbetrieb mindestens dem **fachlichen Geltungsbereich** des umkämpften Tarifvertrages zuzuordnen sein müsste. Dies ist jedoch bei reinen Verleihunternehmen i. d. R. (auch nach Ansicht von *Becker/Wulfgramm*, Art. 1 § 11 Rn. 38a) ausgeschlossen (s.a. § 1 Rn. 101ff.).

VIII. Öffentlich-rechtlicher Arbeitsschutz bei Arbeitseinsätzen im Entleiherbetrieb (Abs. 6)

§ 11 Abs. 6 stellt klar, dass die im Entleiherbetrieb geltenden **Arbeitsschutzvor-** **131** **schriften** uneingeschränkt auch **für Leiharbeitnehmer gelten**; der Bestimmung kommt insoweit nur eine deklaratorische Bedeutung zu (*Schüren/Feuerborn*, § 11 Rn. 112). Ergänzend gilt § 8 ArbSchG. Schon aus der **Fürsorgepflicht des Entleihers**, ausreichende Schutzmaßnahmen für Leiharbeitnehmer zu treffen (vgl. § 618 Abs. 1 BGB), folgt die Verpflichtung, im Zusammenhang mit der tatsächlichen Beschäftigung bestehende öffentlich-rechtliche Schutzpflichten gegenüber dem Arbeitnehmer einzuhalten (*Becker/Wulfgramm*, Art. 1 § 11 Rn. 60). Zu den **öffentlich-rechtlichen Vorschriften des Arbeitsschutzrechts** gehören neben dem Arbeitsschutz im engeren Sinne (z.B. ArbSchG, ArbZG, MuSchG, ArGV, Unfallverhütungsvorschriften nach §§ 15ff. SGB VII, Gefahrenschutzverordnungen nach §§ 120e ff. GewO u. ä.; *Schüren/Feuerborn*, § 11 Rn. 114; vgl. auch § 3 Rn. 48ff.) die auf § 19 ArbSchG basierende VO zur Umsetzung von EG-Einzelrichtlinien zur EG-Rahmenrichtlinie Arbeitsschutz (BGBl. I S. 1841; vgl. *Kollmer*, NZA 1997, 138) sowie landes- und EU-rechtliche Normen zum Arbeitsschutz und die **Bestimmungen des BetrVG** (vgl. *Becker/Wulfgramm*, Art. 1 § 3 Rn. 18ff.; vgl. auch das Merkblatt »Arbeitnehmer in Fremdbetrieben« der VBG, BGl 580).

§ 11 Abs. 6 ist auf alle Fälle **gewerbsmäßiger und nichtgewerbsmäßiger ANÜ** **132** anwendbar. Infolge der EG-Richtlinie 91/383 zu den atypischen Arbeitsverhältnissen ist die Vorschrift gemeinschaftsrechtskonform auch in den Fällen des § 1

Abs. 3 und bei **Abordnung an eine Arge** i.S.d. § 1 Abs. 1 Satz 2 anzuwenden (vgl. Einl. F. Rn. 40, 43). Auch werden dem Entleiher durch die EG-Richtlinie 91/383 zusätzliche Schutzpflichten gegenüber den Leiharbeitnehmern auferlegt, die er im Rahmen des Abs. 6 selbstständig zu erfüllen hat.

133 Während die uneingeschränkte Geltung **arbeitsplatzbezogener Arbeitsschutzvorschriften** infolge der tatsächlichen Beschäftigung des Leiharbeitnehmers in den Betriebsstätten des Entleihers rechtlich keine Probleme bereitet (zu den Arbeitsschutzproblemen in tatsächlicher Hinsicht vgl. *Gensch*, WSI-Mitt. 1989, 746), können bei Arbeitsschutznormen, deren Reichweite auch von anderen **arbeitsvertraglichen Pflichten** des Leiharbeitnehmers abhängt, Friktionen mit Bestimmungen des Verleihbetriebs auftreten. Nach § 11 Abs. 6 Satz 1 Halbsatz 1 ist der Entleiher z. B. zur Einhaltung der Grenzen der Arbeitszeit nach dem ArbZG verpflichtet. Regelungen zur Arbeitszeit beim Entleiher (z. B. Tarifverträge nach § 7 Abs. 1 ArbZG) erfassen jedoch den Leiharbeitnehmer nur eingeschränkt (vgl. § 14 Rn. 65 ff.). Ist beispielsweise im Tarifvertrag vorgesehen, dass Arbeitnehmer an 60 Tagen im Jahr ohne Zeitausgleich täglich zehn Stunden arbeiten dürfen (vgl. § 7 Abs. 1 Nr. 1c ArbZG) oder sind bereits 15 Sonntage i.S.d. § 11 ArbZG beschäftigungsfrei geblieben, verstößt der Entleiher gegenüber der Stammbelegschaft nicht gegen Bestimmungen des ArbZG, wenn er zehn Wochen hintereinander die 60-Stunden-Woche einführt bzw. alle restlichen Sonntage arbeiten lässt. Für Leiharbeitnehmer gilt in diesen Fällen demgegenüber i. d. R. weder der Tarifvertrag des Entleihers, noch ist bezüglich der Einhaltung des § 11 Abs. 1 ArbZG auf die Verhältnisse im Entleiher-, sondern ausschließlich im Verleihbetrieb abzustellen. Der Entleiher genügt seiner Verpflichtung zur Einhaltung öffentlich-rechtlicher Vorschriften des Arbeitsschutzrechts i.S.d. § 11 Abs. 6 nicht schon dadurch, dass er seine Pflichten gegenüber dem Leiharbeitnehmer in dem Umfang erfüllt, in dem die Verpflichtungen gegenüber der Stammbelegschaft bestehen. Vielmehr muss er den **Arbeitsschutz gegenüber den Leiharbeitnehmern** so gewährleisten, dass die aus der **Betriebszugehörigkeit** des Leiharbeitnehmers **zum Verleihbetrieb** (vgl. § 14 Abs. 1) resultierenden öffentlich-rechtlichen Arbeitsschutzpflichten eingehalten werden (a. A. *Boemke*, § 11 Rn. 140). Aus § 8 Abs. 1 Satz 1 ArbSchG folgt insoweit die **Pflicht** des Entleihers, mit dem Verleiher **zusammenzuarbeiten** und sich die erforderlichen Informationen zur Gewährleistung des Arbeitsschutzes zu beschaffen.

134 Die in § 2 Abs. 1 Satz 2 ArbZG getroffene Regelung, nach der **Arbeitszeiten bei mehreren Arbeitgebern** zusammenzurechnen sind, ist Ausdruck des allgemeinen Rechtsgrundsatzes, dass ein Arbeitgeber bei Vorliegen mehrerer Beschäftigungen bzw. bei Vorhandensein mehrerer Arbeitgeber den Arbeitsschutz unter Zusammenfassung aller Beschäftigungen und Arbeitsverhältnisse des betroffenen Arbeitnehmers gewährleisten muss. Die **im Entleiherbetrieb geltenden Normen** sind damit immer nur als **Mindestnormen** des Arbeitsschutzes zu betrachten, die der Entleiher zu erfüllen hat. Er hat daneben auch alle Einschränkungen zu beachten, die sich aus daneben oder darüber hinaus geltenden arbeitsschutzrechtlichen **Normen des Verleiherbetriebs** ergeben. Umgekehrt kann der Entleiher sich dem Leiharbeitnehmer gegenüber nicht darauf berufen, dass für diesen bestimmte Arbeitsschutznormen des Entleiherbetriebes nicht gelten (etwa weil nur der Verleiherbetrieb Tarifverträgen nach § 7 ArbZG unterliegt), die hinsichtlich der Stammbelegschaft einzuhalten sind. Eine **Schlechterstellung** des Leiharbeitnehmers gegenüber der Stammbelegschaft ist insoweit sowohl nach der EG-Richtlinie 91/383 als auch nach § 75 Abs. 1 BetrVG in Folge der Verpflichtung des Entleihers zur Gleichbehandlung von Stamm- und Fremdfirmen-arbeitnehmern **untersagt** (vgl. § 14 Rn. 62 ff.).

Durch § 11 Abs. 6 Sätze 2 und 3 werden entsprechend Art. 3 der EG-Richtlinie **135** 91/383 die Arbeitsschutzpflichten des Entleihers gesetzlich konkretisiert. Danach hat der Entleiher den Leiharbeitnehmer vor Beginn der Beschäftigung und bei Veränderungen in seinem Arbeitsbereich über Gefahren für Sicherheit und Gesundheit, denen er bei der Arbeit ausgesetzt sein kann, sowie über die Maß-nahmen und Einrichtungen zur Abwendung dieser Gefahren **zu unterrichten und zu unterweisen.** Beim Unterweisen handelt es sich um eine **arbeitsplatzspezifische Information,** die den Arbeitnehmer in die Lage versetzen muss, Arbeits-schutzanordnungen richtig zu erfassen, Gesundheitsgefahren zu erkennen und sich sicherheitsgerecht zu verhalten (*Buchholz,* ZTR 1996, 495; *Schüren/Feuerborn,* § 11 Rn. 116). Auch hat der Entleiher den Leiharbeitnehmer über die **Notwendigkeit besonderer Qualifikationen** oder beruflicher Fähigkeiten oder einer besonderen ärztlichen Überwachung sowie über erhöhte besondere Gefahren des Arbeitsplatzes zu unterrichten und ihn während seiner Arbeitszeit ausreichend und angemessen, erforderlichenfalls auch wiederholt zu unterweisen (§ 12 Abs. 1 und 2 Satz 1 ArbSchG). Daneben hat der Entleiher den **Betriebsarzt** nach § 2 Abs. 2 Satz 3 ASiG über die Beschäftigung von Leiharbeitnehmern zu unterrich-ten, damit dieser die Aufgaben des Arbeitsschutzes nach dem ASiG wahrnehmen kann. Verletzt der Entleiher die sich aus § 11 Abs. 6 ergebenden Pflichten, steht dem Leiharbeitnehmer ein **Leistungsverweigerungsrecht** zu (*BAG* v. 8. 7. 1971 – 5 AZR 29/71 – DB 1971, 1822; *Boemke,* § 11 Rn. 145; *Thüsing/Thüsing,* § 12 Rn. 37).

§ 11 Abs. 6 Satz 1 Halbsatz 2 stellt klar, dass der **Verleiher** als Vertragsarbeitgeber **136** durch den Einsatz von Leiharbeitnehmern in Entleiherbetrieben nicht von seinen **eigenen Pflichten** zur Einhaltung der öffentlich-rechtlichen Vorschriften des Arbeitsschutzes entbunden wird. Satz 1 Halbs. 2 stellt klar, dass der Verleiher **zusätzlich** zum Entleiher zur Einhaltung des Arbeitsschutzes verpflichtet ist (*Thüsing/Mengel,* § 11 Rn. 54). Abs. 6 ist weder lex specialis zu § 8 Abs. 2 ArbSchG (so ErfK/*Wank,* § 11 Rn. 27) noch liegt hinsichtlich der Pflichten des Verleihers eine gespaltene Fürsorgepflicht vor (so *Schüren/Feuerborn,* § 11 Rn. 111; wie hier *Thüsing/Mengel,* § 11 Rn. 54).

Satz 1 Halbs. 2 nimmt vielmehr auf alle Pflichten des Entleihers Bezug, so dass den Verleiher eine eigene Pflicht trifft, dass die im Entleiherbetrieb geltenden öffentlich-rechtlichen Vorschriften zum Arbeitsschutz eingehalten werden (*Thüsing/Mengel,* § 11 Rn. 54; zum Umfang der Pflichten vgl. Rn. 137). Eine Ausnahme enthält § 12 Abs. 2 Satz 1 ArbSchG bezüglich der **Unterweisungspflicht des Entleihers** (*Pieper,* AuR 1996, 465) zum Anforderungsprofil des Arbeitsplatzes, was den Verleiher von seinen diesbezüglichen **Kontroll- und Überwachungspflichten** nicht entbindet (§ 12 Abs. 2 Satz 3 ArbSchG; KassHandb/*Düwell,* 4.5 Rn. 406; *Schüren/Feuerborn,* § 11 Rn. 111). I. Ü. ist es jedoch dem Verleiher auf Grund von § 11 Abs. 6 Satz 1 Halbs. 2 verwehrt, den Entleiher gem. § 13 Abs. 2 ArbSchG mit der Wahrnehmung seiner Arbeitsschutzpflichten zu **beauftragen.**

Wird im Entleiherbetrieb gegen Vorschriften des Arbeitsschutzes **verstoßen,** **137** muss der Verleiher die Tätigkeit des Leiharbeitnehmers im Einsatzbetrieb aus eigener Verpflichtung unterbinden, andernfalls verstößt er gegen seine arbeits-vertraglichen Pflichten und gegen Vorschriften des Arbeitsschutzrechts i.S.d. § 3 Abs. 1 Nr. 1. **Die Verpflichtungen des Verleihers** im Rahmen des § 11 Abs. 6 sind grundsätzlich **Handlungs- und Durchführungspflichten,** d.h., der Verleiher ist verpflichtet, geeignete Maßnahmen zur Einhaltung des Arbeitsschutzes zu ergreifen und umzusetzen. Während des Einsatzes im Entleiherbetrieb fehlt ihm hierzu die autonome Umsetzungsbefugnis, so dass sich die Pflichten während des Zeitraums, in dem der Leiharbeitnehmer in Entleiherbetrieben eingesetzt ist, im Wesentlichen auf die Wahrnehmung von **Kontroll- und Überwachungspflichten** sowie auf die Pflicht zur Unterbindung von Verstößen beschränken (vgl. § 14 Rn.19). § 8 Abs. 1 Satz 2 ArbSchG verpflichtet jedoch den Verleiher und den Entleiher, Maßnahmen zur Gewährleistung des Arbeitsschutzes miteinander abzustimmen. Ergeben sich für den Verleiher in Wahrnehmung dieser Pflichten Anhaltspunkte für eine Nichteinhaltung öffentlich-rechtlicher Arbeitsschutzvorschriften im Entleiherbetrieb, hat er auf den Entleiher dahingehend **einzuwirken**, dass den Vorschriften des § 11 Abs. 6 Rechnung getragen wird. Hilft der Entleiher trotz eines entsprechenden Verlangens nicht ab, ist der Verleiher verpflichtet, die Überlassung des Leiharbeitnehmers einzustellen, bis eine Einhaltung der Verpflichtungen aus § 11 Abs. 6 durch den Entleiher gewährleistet ist (*Boemke*, § 11 Rn. 147). Solange der Verleiher berechtigt ist, wegen der Nichteinhaltung von Arbeitsschutzvorschriften durch den Entleiher ein **Zurückbehaltungsrecht** hinsichtlich der Überlassung von Leiharbeitnehmern auszuüben, bleibt der Entleiher aus Annahmeverzug zur Fortzahlung der vereinbarten Vergütung verpflichtet. Weigert sich der Entleiher, darüber hinaus generell Maßnahmen zur Gewährleistung des Arbeitsschutzes mit dem Verleiher abzustimmen, ist der Verleiher nach einer Abmahnung wegen des Verstoßes gegen § 8 Abs. 1 Satz 2 ArbSchG berechtigt, den Vertrag **außerordentlich zu kündigen** und ggf. Schadensersatz zu verlangen (§ 314 Abs. 1, 2 und 4 BGB).

138 Verletzen Entleiher oder Verleiher die sich aus § 11 Abs. 6 ergebenden Pflichten bzw. Fürsorge-, Kontroll- und Überwachungspflichten, haften sie dem Leiharbeitnehmer in allen Fällen schuldhafter Verletzung auf **Schadensersatz** (vgl. *Becker/Wulfgramm*, Art. 1 § 11 Rn. 61; *Boemke*, § 11 Rn. 143; *Schüren/Feuerborn*, § 11 Rn. 128; §§ 241 Abs. 2, 311 Abs. 3, 280 BGB). Für ein Verschulden des Stammpersonals hat der Entleiher nach § 278 BGB einzustehen (a. A. *Boemke*, § 11 Rn. 143). Dies gilt auch, soweit der **Entleiher Dritte beauftragt** (vgl. auch § 7 ArbSchG), die Arbeitsschutzpflichten in eigener Verantwortung wahrzunehmen (§ 13 Abs. 2 ArbSchG), da hier der Arbeitgeber nach § 13 Abs. 1 Nr. 5 ArbSchG neben dem Beauftragten verpflichtet bleibt (*Wlotzke*, NZA 1996, 1017). Bei arbeitsbedingten **Personenschäden**, die nicht vorsätzlich herbeigeführt wurden oder die bei der Teilnahme am allgemeinen Verkehr eingetreten sind, greift für den Entleiher das Haftungsprivileg nach § 104 Abs. 1 SGB VII ein (vgl. Art. 3 Rn. 20 f.; *Becker/Wulfgramm*, Art. 1 § 11 Rn. 61; *Boemke*, § 11 Rn. 144; *Sandmann/Marschall*, Art. 1 § 9 Anm. 7; vgl. BT-Ds. 13/2204, S. 100). Stammarbeitnehmer des Entleiherbetriebs sind gem. § 105 Abs. 1 AGB VII in gleichem Umfang von der Haftung befreit, wenn der Unfall eine betriebliche Tätigkeit des Unfallbetriebs betraf. Dies richtet sich ausschließlich danach, wessen Weisungsbefugnis der Fremdfirmenarbeitnehmer unterlag (*BAG* v. 5.5.1988 – 8 AZR 484/85 – DB 1989, 131). Bei ANÜ ist dies grundsätzlich der Entleiher, solange der Leiharbeitnehmer in seinem Betrieb eingesetzt wird. Der **Verleiher** seinerseits kann für Schäden, die der Leiharbeitnehmer verursacht, nicht in Anspruch genommen werden, da Leiharbeitnehmer bei Einsätzen in Drittbetrieben weder Erfüllungsgehilfen des Verleihers i.S.d. § 278 BGB noch dessen Verrichtungsgehilfen i.S.d. § 831 Abs. 1 BGB sind (*BAG* v. 27.5.1983 – 7 AZR 1210/79 – EzAÜG § 611 BGB Haftung Nr. 7). Etwas anderes kommt hier nur im Rahmen von **gemischten Verträgen**, etwa bei der Überlassung von Maschinen mit Bedienungspersonal, in Betracht: Neben der Weisungszuständigkeit des Einsatzbetriebs kommt hier auch eine Weisungszuständigkeit des Verleihers in Betracht. Folgt die Schädigung von Arbeitnehmern des Einsatzbetriebs hier aus Tätigkeiten, die in die Weisungszuständigkeit des Verleihers fallen, ist der Leiharbeitnehmer insoweit auch Verrichtungsgehilfe des Verleihers i.S.d. § 831 Abs. 1 BGB (*BAG* v. 5.5.1988 – 8 AZR 484/85 – DB 1989, 131). Wird der Leiharbeitnehmer von einem **Dritten** in Anspruch genommen, steht **139** ihm unter Berücksichtigung der Grundsätze eingeschränkter Arbeitnehmerhaftung gegen den Verleiher als Arbeitgeber ein Aufwendungsersatzanspruch entsprechend § 670 BGB zu (*LAG Düsseldorf* v. 5.10.1990 – 5 Sa 377/90 – DB 1990, 240). Hierbei ist die generell **erhöhte Schadensanfälligkeit der Tätigkeit** von Leiharbeitnehmern zu dessen Gunsten zu berücksichtigen (vgl. *BGH* v. 10.7. 1973 – VI ZR 66/72 – DB 1973, 1798).

IX. Rechtsstellung des Leiharbeitnehmers bei Arbeitnehmererfindungen im Entleiherbetrieb (Abs. 7)

Nach §§ 9ff. des Gesetzes über Arbeitnehmererfindungen (ArbNErfG) vom **140** 25.7.1957 (BGBl. I S. 756) i.d.F. v. 24.6.1994 (BGBl. I S. 1325) steht dem Arbeitnehmer gegen den Arbeitgeber ein Vergütungsanspruch zu, soweit der Arbeitgeber die **Erfindung** oder einen **technischen Verbesserungsvorschlag** in Anspruch nimmt. § 11 Abs. 7 legt insoweit fest, dass der **Entleiher** i.S.d. ArbNErfG als **Arbeitgeber** gilt, wenn der Leiharbeitnehmer während seiner Tätigkeit im Einsatzbetrieb eine Erfindung oder einen technischen Verbesserungsvorschlag (vgl. §§ 2f. ArbNErfG) macht. Die Vorschrift gilt sowohl bei gewerbsmäßiger als auch nichtgewerbsmäßiger ANÜ (a.A. *Boemke*, § 11 Rn. 155). Da der **Entleiher** nach § 11 Abs. 7 hinsichtlich aller Bestimmungen des ArbNErfG als Arbeitgeber gilt, ist er auch bei **freien Erfindungen** i.S.d. § 4 Abs. 2 Nr. 2 ArbNErfG **Berechtigter** i.S.d. §§ 18, 19 ArbNErfG (*Boemke*, § 11 Rn. 160; a.A. *Sandmann/Marschall*, Art. 1 § 11 Anm. 15; *Schüren*, § 11 Rn. 106). Der Verbesserungsvorschlag muss immer mit der Tätigkeit in Verbindung stehen, die der Leiharbeitnehmer beim Entleiher verrichtet und die auf den Betrieb des Entleihers bezogen ist (ErfK/*Wank*, § 11 AÜG Rn. 28). Soweit die Erfindung ausschließlich auf Tätigkeiten beruht, die der Leiharbeitnehmer im Verleihbetrieb erbracht hat, die Erfindung daher auf arbeits- und betriebsorganisatorischen Vorleistungen des Verleihers beruht, bleibt allein der Verleiher Arbeitgeber i.S.d. Bestimmungen des ArbNErfG.

Bei **technischen Verbesserungsvorschlägen** hat der Arbeitnehmer im Rahmen **141** des § 20 Abs. 1 ArbNErfG einen Vergütungsanspruch, dessen nähere Einzelheiten nach Abs. 2 der Vorschrift durch **Betriebsvereinbarung** oder **Tarifvertrag** geregelt werden. Da § 11 Abs. 7 insoweit keine Einschränkungen enthält, bilden Betriebsvereinbarungen oder tarifvertragliche Bestimmungen, die im Entleiherbetrieb zu technischen Verbesserungsvorschlägen gelten, auch die Rechtsgrundlage für entsprechende Ansprüche von Leiharbeitnehmern (*Boemke*, § 11 Rn. 160). Dies ergibt sich auch aus der Verpflichtung zur Gleichbehandlung aller Arbeitnehmer im Betrieb, so dass Betriebsvereinbarungen über das betriebliche Vorschlagswesen (§ 87 Abs. 1 Nr. 12 BetrVG) auch Leiharbeitnehmer erfassen (*ArbG Frankfurt am Main* v. 10.12.1985 – 8 Ca 50/75 – EzAÜG § 11 AÜG Inhalt Nr. 1). Die ausschließliche arbeitsvertragliche Beziehung des Leiharbeitnehmers zum Verleiher steht dem nicht entgegen, da es sich bei Verbesserungsvorschlägen typischerweise um Leistungen des Arbeitnehmers handelt, die über seine vertraglichen Leistungspflichten hinausgehen (*FESTL*, § 87 Rn. 541).

§ 12 Rechtsbeziehungen zwischen Verleiher und Entleiher

(1) Der Vertrag zwischen dem Verleiher und dem Entleiher bedarf der Schriftform. In der Urkunde hat der Verleiher zu erklären, ob er die Erlaubnis nach § 1 besitzt. Der Entleiher hat in der Urkunde anzugeben, welche besonderen Merkmale die für den Leiharbeitnehmer vorgesehene Tätigkeit hat und welche berufliche Qualifikation dafür erforderlich ist sowie welche im Betrieb des Entleihers für einen vergleichbaren Arbeitnehmer des Entleihers wesentlichen Arbeitsbedingungen einschließlich des Arbeitsentgelts gelten; Letzteres gilt nicht, sowie die Voraussetzungen einer der beiden in § 3 Abs. 1 Nr. 3 und § 9 Nr. 2 genannten Ausnahmen vorliegen.

(2) Der Verleiher hat den Entleiher unverzüglich über den Zeitpunkt des Wegfalls der Erlaubnis zu unterrichten. In den Fällen der Nichtverlängerung (§ 2 Abs. 4 Satz 3), der Rücknahme (§ 4) oder des Widerrufs (§ 5) hat er ihn ferner auf das voraussichtliche Ende der Abwicklung (§ 2 Abs. 4 Satz 4) und die gesetzliche Abwicklungsfrist (§ 2 Abs. 4 Satz 4 letzter Halbsatz) hinzuweisen.

(3) *(Aufgehoben)*

I. Entstehungsgeschichte und Gesetzeszweck

1 § 12 enthält entgegen seiner Überschrift weder eine Regelung der Rechtsbeziehungen von Verleiher und Entleiher, noch enthält er Anforderungen an den zulässigen Inhalt von ANÜ-Verträgen (vgl. hierzu auch § 1 Rn. 130 ff. u. § 9 Rn. 7 ff.). Die Vorschrift enthält vielmehr im Interesse der **Rechtssicherheit** und zum Schutz des Entleihers und Verleihers Formvorschriften und Unterrichtungspflichten des Verleihers und soll der Sicherung der Überwachung von Verleiher und Entleiher dienen (*Sandmann/Marschall*, Art. 1 § 12 Anm. 1 f.). Daneben dienen die in Abs. 1 Satz 3 geforderten Angaben dazu, dem Verleiher die Einhaltung seiner Fürsorge- und Schutzpflichten beim Einsatz des LAN im Entleiherbetrieb (vgl. § 11 Abs. 6) zu ermöglichen und seinen Gleichstellungspflichten nach § 10 Abs. 4 zu erfüllen.

§ 12 Abs. 1 Satz 3 wurde durch Art. 5 Nr. 2 des Gesetzes zur Umsetzung der **2** EG-Rahmenrichtlinie Arbeitsschutz und weiterer Arbeitsschutzrichtlinien v. 7. 8. 1996 (BGBl. I S. 1246) neu in das Gesetz eingefügt. Danach hat der Entleiher im schriftlich abzuschließenden ANÜ-Vertrag zu erklären, welche besonderen Merkmale die für den Leiharbeitnehmer vorgesehene **Tätigkeit** hat und welche berufliche **Qualifikation** dafür erforderlich ist. Hiermit wird sowohl der Umfang der **Leistungspflichten des Verleihers konkretisiert**, daneben wird aber auch der Rahmen der Dispositionsbefugnisse des Entleihers bezüglich der Verwendung der Arbeitskraft des Leiharbeitnehmers abgesteckt. Durch Art. 6 Nr. 7 des Ersten Gesetzes für moderne Dienstleistungen am Arbeitsmarkt (v. 23. 12. 2002, BGBl. I S. 4607) wurde § 12 Abs. 3 aufgehoben und Satz 3 im Zusammenhang mit der Einfügung des Diskriminierungsverbots nach §§ 3 Abs. 1 Nr. 3, 9 Nr. 2 um den Zusatz ergänzt, dass der Entleiher im ANÜ-Vertrag die vom Diskriminierungsverbot erfassten **wesentlichen Arbeitsbedingungen** eines vergleichbaren Stammarbeitnehmers (§ 9 Rn. 82 ff.) anzugeben hat. Diese Verpflichtung wurde durch das Dritte Gesetz über moderne Dienstleistungen am Arbeitsmarkt (v. 23. 12. 2003, BGBl. I S. 2848) durch Anfügen eines 2. Halbs. an Abs. 1 Satz 3 dahin präzisiert, dass die Angaben nur erforderlich sind, soweit die Geltung der wesentlichen Arbeitsbedingungen des Entleihers nicht durch das Vorliegen eines Ausnahmetatbestandes nach §§ 3 Abs. 1 Nr. 3, 9 Nr. 2 (TV zur ANÜ; Einstellung eines Arbeitslosen; vgl. § 9 Rn. 116 ff. u. 251 ff.) ausgeschlossen ist. Gleichzeitig wurde die in Abs. 3 a. F. enthaltene Meldepflicht des Entleihers gegenüber dem zuständigen Krankenversicherungsträger als Folge der Aufhebung der Meldepflicht nach § 28 a SGB IV zum 1. 4. 2003 aufgehoben. Bei Abschluss des ANÜ-Vertrags haben die Vertragsparteien sowohl der **Einhaltung des Diskriminierungsverbots** nach § 9 Nr. 2, als auch der Einhaltung von Tarifverträgen zur ANÜ sowie sonstiger Regelungen, die die Bedingungen und den Umfang der Leistungspflichten des LAN bestimmen, Rechnung zu tragen (§ 1 Rn. 51h u. 101). Dies gilt auch für die Mitbestimmungsrechte eines beim Verleiher bestehenden Betriebsrats (*BAG* v. 27. 1. 2004 – 1 ABR 7/03 – NZA 2004, 556). Verstößt der Verleiher gegen diese Pflichten, ist ihm wegen mangelnder Zuverlässigkeit die Erlaubnis nach § 3 Abs. 1 Nr. 1 zu versagen.

II. Form und Inhalt des ANÜ-Vertrages (Abs. 1)

1. Schriftformerfordernis

Nach § 12 Abs. 1 Satz 1 bedarf der Vertrag zwischen dem Verleiher und dem Ent- **3** leiher, d. h. jeder Vertrag (auch Rahmen- und Vorverträge; *Thüsing/Thüsing*, § 12 Rn. 10) bei dem Arbeitnehmer einem Dritten zur Arbeitsleistung zur Verfügung gestellt werden (vgl. § 1 Rn. 130 ff.), der **Schriftform** bzw. der elektronischen Form nach § 126a BGB. Dabei muss die Urkunde den Inhalt des gesamten Rechtsgeschäfts einschließlich der Nebenabreden umfassen (ErfK/*Wank*, § 12 Rn. 3; *Schüren/Feuerborn*, § 12 Rn. 13). Wird dem Schriftformerfordernis nicht Genüge getan, ist der **Vertrag gem. § 125 Satz 1 BGB nichtig** (*BGH* v. 17. 2. 2000 – III ZR 78/99 – NJW 2000, 1557; *OLG München* v. 12. 5. 1993 – 7 U 5740/92 – EzAÜG § 12 AÜG Nr. 2). Fehlt es an der Einhaltung der Schriftform, kann ein ANÜ-Vertrag **konkludent** nicht wirksam abgesschlossen werden (a. A. *BAG* v. 19. 1. 2000 – 7 AZR 11/99 – EzAÜG § 10 Fiktion Nr. 100). Neben der **Beweissicherung** und Zwecken der Nachprüfbarkeit von Angaben des Verleihers durch die Erlaubnisbehörde dient die Vorschrift dem Schutz des Entleihers. Besonders deutlich wird dies durch die in Satz 2 vorgeschriebene Verpflichtung des Verleihers, in der Urkunde zu **erklären**, ob er die **Erlaubnis** nach § 1 besitzt (*Schüren/Feuerborn*, § 12 Rn. 4; a. A. *Boemke*, § 12 Rn. 8). Der Zweck dieser Erklärungspflicht beschränkt sich allerdings nicht darauf, den Entleiher bei Vertragsschluss auf die Risiken und Folgen einer ANÜ ohne Erlaubnis (§§ 9 Nr. 1, 10 Abs. 1) hinzuweisen (*Becker/Wulfgramm*, Art. 1 § 12 Rn. 2) oder Rückabwicklungsansprüche bei unwirksamen ANÜ-Verträgen zu erleichtern (*Schüren/Feuerborn*, § 12 Rn. 5). Vielmehr wird durch den Gesetzeswortlaut von § 12 Abs. 1 Satz 2 auch klargestellt, dass das **Schriftformerfordernis** sowohl bei Verträgen **gewerbsmäßiger als auch bei nichtgewerbsmäßiger** ANÜ, auf die das Gleichstellungsgebot des § 9 Nr. 2 ebenfalls Anwendung findet (§ 9 Rn. 73) zu beachten ist (a. A. *Sandmann/Marschall* Art. 1 § 12 Anm. 2). Andernfalls hätte der Gesetzgeber statt des Wortes »ob« das Wort »dass« verwendet; »ob« beinhaltet gleichzeitig auch die Alternative, dass der Verleiher nicht im Besitz der Erlaubnis ist, was jedoch nur bei nichtgewerbsmäßiger ANÜ in Betracht kommen kann.

4 Dem Schriftformerfordernis ist nur Genüge getan, wenn **vor** dem tatsächlichen Einsatz des Leiharbeitnehmers im Entleiherbetrieb die **Vertragsurkunde schriftlich** abgefasst und von beiden Vertragsparteien eigenhändig durch Namensunterschrift oder mittels notariell beglaubigten Handzeichens **unterschrieben** wurde (§ 126 Abs. 1 und 3 BGB). Werden zwei identische Vertragsurkunden (z. B. in elektronischer Form nach §§ 126 Abs. 3, 126a BGB) erstellt und unterzeichnet jede Partei die für die andere Partei bestimmte Urkunde (§ 126 Abs. 2 Satz 2 BGB), kommt der Vertrag erst nach Unterzeichnung beider Vertragsurkunden zustande. Da der Verleiher »in der Urkunde« nach § 12 Abs. 1 Satz 1 die Erklärung abzugeben hat, dass er die Erlaubnis nach § 1 besitzt, ist dem Schriftformerfordernis nicht Genüge getan, wenn der von beiden Vertragsparteien unterzeichnete Vertrag nicht bei der Unterschrift die **Erklärung zur Erlaubnis** enthält. Dasselbe gilt, wenn in der schriftlichen Urkunde nicht die Angaben zum Anforderungsprofil des Arbeitsplatzes nach § 12 Abs. 1 Satz 3 und den wesentlichen Arbeitsbedingungen des vergleichbaren Stammarbeitnehmers enthalten sind (Rn. 6a). Die **Pflichten des Entleihers auf Prüfung einer wirksamen Erlaubnis** des Verleihers beschränken sich jedoch nicht darauf, eine diesbezügliche Erklärung des Verleihers zu verlangen. Vielmehr ist er gehalten, sich vom Verleiher auch die Erlaubnis nach § 1 **vorlegen** zu lassen (*Becker*, BlStSozArbR 1982, 81; vgl. § 16 Rn. 6). Auch **Rahmen- oder Vorverträge**, in denen sich die Beteiligten lediglich zum Abschluss späterer ANÜ-Verträge verpflichten, bedürfen der Schriftform (ErfK/*Wank*, § 12 AÜG Rn. 3; *Sandmann/Marschall*, Art. 1 § 12 Anm. 4; *Schüren/Feuerborn*, § 12 Rn. 14), wobei auch die jeweils konkretisierenden Einzelverträge den Erfordernissen nach Abs. 1 genügen müssen. Ein **telefonischer Abruf** von Leiharbeitnehmern bei Verleihern ist grundsätzlich ausgeschlossen. Zulässig wäre es allenfalls für eine genau im Vertrag fixierte Zahl von Leiharbeitnehmern, die namentlich benannt sein müssen, die Pflicht des Verleihers zu vereinbaren, diese feststehenden Arbeitnehmer jederzeit zum Arbeitseinsatz bereitzuhalten. Da die Urkunde auch Angaben zu den wesentlichen Arbeitsbedingungen des vergleichbaren Stammarbeitnehmers enthalten muss (Rn. 6a), muss auch ein **Rahmenvertrag** die vorgesehenen Arbeitsplätze, die von LAN in tatsächlicher Hinsicht (vgl. § 9 Rn. 104) besetzt werden sollen, konkret benennen. Stellen sich Zeiten der Nichtbeschäftigung beim Entleiher dabei lediglich als Unterbrechungen eines **einheitlichen Leistungszwecks** dar (z. B. bei Überlassung von Bedienungspersonal für Gaststätten in Stoßzeiten während der Saison), kann auch eine Vielzahl von Arbeitseinsätzen in einem **einheitlichen Vertrag** zusammengefasst werden. Dies gilt allerdings nur, soweit dem Verleiher keine rechtlichen Gestaltungsmöglichkeiten zur Verfügung stehen, seine vertraglichen Bindungen zu beseitigen (z.B. wenn er das Verlangen des Entleihers im Einzelfall zurückweisen kann) und durch den Vertragstext sichergestellt ist, dass die Erlaubnisbehörde die Einhaltung der Arbeitgeberpflichten des Verleihers (§ 1 Abs. 2) überwachen kann (*Sandmann/Marschall*, Art. 1 § 12 Anm. 2).

Auch die **Laufzeit** des ANÜ-Vertrags (Rn. 33) und der **Verwendungszweck** der überlassenen LAN sind im ANÜ-Vertrag anzugeben. Diese Angaben sind schon im Hinblick auf die gegenüber dem Betriebsrat nach § 14 Abs. 3 bestehenden Auskunftspflichten des Entleihers bei Einstellung des LAN (vgl. § 14 Rn. 45) notwendig. Liegt der Vertragszweck der Überlassung darin, dauerhaft LAN des Verleihers im Betrieb zu beschäftigen, liegt gem. § 1 Abs. 2 infolge der Verlagerung des Arbeitgeberrisikos **vermutete Arbeitsvermittlung** vor (vgl. § 1 Rn. 215 u. 218). Die Wirksamkeit des abgeschlossenen Vertrags richtet sich dann (unabhängig vom Zustandekommen eines fingierten Arbeitsverhältnisses; vgl. Einl. D Rn. 47 ff.) nach den Bestimmungen zum **Vermittlungsvertrag** (vgl. Einl. D Rn. 28, 44 f.).   **4a**

Ändern oder ergänzen die Vertragsparteien den **Vertrag** nachträglich in einem wesentlichen (d.h. die Hauptleistungspflichten betreffenden) Punkt, der hinsichtlich des Inhalts der Vertragsurkunde nach § 12 Abs. 1 Satz 1 der Schriftform bedarf, unterliegt auch die **Vertragsänderung der Schriftform**. Dies gilt insbesondere bei Änderung des Tätigkeitsprofils der vom LAN ausgeübten Tätigkeiten (Rn. 6e) und für solche Vertragsinhalte, die für die Überwachungstätigkeit der Erlaubnisbehörde von Bedeutung sind (*Schüren/Feuerborn*, § 11 Rn. 15; *Thüsing/Thüsing*, § 12 Rn. 10).   **5**

2. Inhalt der Vertragsurkunde

Das **Schriftformerfordernis** nach § 12 Abs. 1 Satz 1 bezieht sich auf das **gesamte Rechtsgeschäft** einschließlich etwaiger **Nebenabsprachen** und evtl. geltender **allgemeiner Geschäftsbedingungen** (*Becker/Wulfgramm*, Art. 1 § 12 Rn. 14; *Schüren/Feuerborn*, § 12 Rn. 13) sowie den Angaben zu den wesentlichen Arbeitsbedingungen eines vergleichbaren Arbeitnehmers (Rn. 6a). Allgemeine Geschäftsbedingungen des Verleihers unterliegen dabei im Rahmen des § 310 Abs. 1 BGB der für Unternehmer eingeschränkten Inhaltskontolle nach § 307 Abs. 1 u. 2 BGB (*OLG München* v. 3. 11. 1983 – 6 U 1390/83 – EzAÜG § 631 BGB Werkvertrag Nr. 5; *Becker*, Leitfaden, 4. Aufl., S. 55). Neben den gegenseitigen Leistungspflichten müssen in den Vertragstext alle Angaben aufgenommen werden, die für die Prüfung der Frage, ob die Bestimmungen des AÜG eingehalten sind, von Bedeutung sind (Rn. 1). Insbesondere muss die nach § 12 Abs. 1 Satz 2 erforderliche **Erklärung** des Verleihers, ob er im Besitz der Erlaubnis nach § 1 ist, **in der Vertragsurkunde selbst** enthalten sein (Rn. 1). Zwingend müssen in der Vertragsurkunde auch die **besonderen Merkmale** enthalten sein, die die für den Leiharbeitnehmer vorgesehene **Tätigkeit** aufweist, und welche **beruflichen Qualifikationen** dafür erforderlich sind. Hiermit wird zum einen sichergestellt, dass der Entleiher seinen selbstständigen Pflichten zur Einhaltung des Arbeitsschutzes (vgl. § 3 ArbSchG; § 11 Rn. 131 ff.) nachkommen kann. Darüber hinaus werden jedoch durch die Aufnahme von anforderungsbezogenen Merkmalen des Arbeitsplat-   **6** zes auch die gegenseitigen Rechte und Pflichten aus dem ANÜ-Vertrag einge-schränkt bzw. näher konkretisiert (Rn. 9 ff.). Soll der Entleiher im Zeitraum der Überlassung Arbeitgeberpflichten des Verleihers wahrnehmen (vgl. § 10 Rn. 99), müssen auch die diesbezüglichen Absprachen im ANÜ-Vertrag dokumentiert werden.

6a Auch die nach Abs. 1 Satz 3 geforderten Angaben zu den **wesentlichen Arbeits-bedingungen eines vergleichbaren Stammarbeitnehmers** des Entleihers (§ 9 Rn. 90 ff.) sind »in der Urkunde« schriftlich zu fixieren (*Sandmann/Marschall*, § 12 Anm. 2a; *Thüsing/Thüsing*, § 12 Rn. 21). Dies gilt auch, soweit die Voraussetzun-gen einer der beiden in §§ 3 Abs. 1 Nr. 3, 9 Nr. 2 genannten Ausnahmen vorliegen. Liegen die Voraussetzungen eines Ausnahmetatbestandes vor, ist der Entleiher zwar von der Angabe der konkreten Arbeitsbedingungen, die in einem TV zur ANÜ geregelt sind (bzw. die bei Einstellung eines Arbeitslosen in den ersten sechs Wochen der Beschäftigung zu gewähren sind; Rn. 6b), befreit (Satz 3 2. Halbs.); er muss jedoch den TV zur ANÜ bzw. die Bestimmungen des TV be-zeichnen, die den Befreiungstatbestand erfüllen. Daneben stellen die Ausnahme-tatbestände immer auf den (tätigkeits- und arbeitsplatzbezogen) **vergleichbaren Arbeitnehmer** (§ 9 Rn. 104) ab, so dass der Entleiher über die Angaben zum Tätigkeitsprofil hinaus (Rn. 6) auch Angaben zum konkret vergleichbaren Ar-beitnehmer, dessen Arbeitsbedingungen im TV zur ANÜ geregelt sind, machen muss (vgl. § 13 Rn. 11). Sind einzelne wesentliche Arbeitsbedingungen i.S.v. § 9 Nr. 2 nur **unvollständig** geregelt, und ist ein **Sachgruppenvergleich** (vgl. § 9 Rn. 111) vorzunehmen, muss der Entleiher auch die in den Sachgruppenvergleich einzubeziehenden Arbeitsbedingungen benennen.

6b Ist der Verleiher infolge der **Einstellung eines Arbeitslosen** für die ersten sechs Wochen der Beschäftigung von der Gewährung gleicher Arbeitsbedingungen be-freit (§ 9 Rn. 116 ff.) ist auch dieser Umstand (einschließlich des Endzeitpunktes der 6-Wochenfrist) im ANÜ-Vertrag festzuhalten. Soll der LAN über den Zeit-punkt des Ablaufes der 6 Wochenfrist hinaus beim Entleiher eingesetzt werden, ist er uneingeschränkt verpflichtet, Angaben zu den Arbeitsbedingungen des vergleichbaren Arbeitnehmers zu machen, soweit sich nicht aus der Geltung eines TV zur ANÜ etwas anderes ergibt.

6c Der Entleiher ist von den Dokumentationspflichten nur befreit, soweit der **TV zur ANÜ** bzw. die Absprache über die Inbezugnahme dieses TV **wirksam** ist (vgl. § 9 Rn. 268 ff.). Bei Unwirksamkeit bleiben die Verpflichtungen aus Satz 3 be-stehen. Bestehen **Zweifel** an der Wirksamkeit der maßgeblichen Regelungen (z.B. bei TV zur ANÜ, die von der CGZP geschlossen wurden; vgl. § 9 Rn. 190), hat der Entleiher dem (auch soweit sie während des Einsatzes des LAN bekannt werden) nachzugehen. Können die Zweifel nicht ausgeräumt werden, kann der Entleiher die mit einem unwirksamen Tarifvertrag verbundenen Nachteile nur dadurch vermeiden, dass der die maßgeblichen Arbeitsbedingungen trotz einer möglicherweise bestehenden Befreiung dokumentiert. Schon aus Haftungsgrün-den hat er hieran i.d.R. ein eigenes Interesse.

6d **(Satz 3 2. Halbs.)** Die Angaben zu wesentlichen Arbeitsbedingungen sind nur verzichtbar, soweit sie in einem TV zur ANÜ auch konkret geregelt sind. Allein das Vorliegen eines TV berechtigt den Entleiher nicht, die Angaben zu den Arbeitsbedingungen zu unterlassen. Vielmehr sind auch bei Vorliegen eines TV zur ANÜ alle wesentlichen Arbeitsbedingungen anzugeben, die nicht abschlie-ßend im TV geregelt sind (z.B. bei Bezugnahme des TV auf Arbeitsbedingungen des Entleihers; *Benkert*, BB 2004, 1000; *Weyand/Düwell*, 85). Bedeutung hat dies z.B. bei Bestandteilen des Arbeitsentgelts, die nicht unmittelbar die Vergütung geleisteter Zeiteinheiten (z.B. vermögenswirksame Leistungen, betriebliche Altersversorgung; § 9 Rn. 93) betreffen oder bei Einsatz von LAN im **Leistungslohn** (§ 9 Rn. 110), der in den TV zur ANÜ nicht geregelt ist. Hier sind alle Entgeltbestandteile, die für die Berechnung der Gesamtvergütung maßgeblich sind, anzugeben (vgl. § 9 Rn. 94). Weist der TV bei den wesentlichen Arbeitsbedingungen sonstige **Regelungslücken** auf (§ 9 Rn. 200), sind alle wesentlichen Arbeitsbedingungen, die im TV zur ANÜ nicht oder nicht vollständig geregelt sind oder betriebsüblich einem vergleichbaren Arbeitnehmer gewährt werden, in die Urkunde aufzunehmen (vgl. § 13 Rn. 8). Insbesondere bei Arbeitsbedingungen, die betrieblich geregelt sind, weisen die TV nur eine geringe Regelungsdichte und -intensität auf. Die Nutzung betrieblicher Sozialeinrichtungen (z.B. Parkplätze, Kantine; vgl. § 9 Rn. 84) und anderer **betrieblicher Leistungssysteme** (z.B. verbilligter Werkseinkauf, Gestellung eines Firmenwagens, Aktienoptionen, vermögenswirksame Leistungen; vgl. § 9 Rn. 93) sind i.d.R. nicht Inhalt tariflicher Regelungen zur ANÜ. Praktisch ist daher kein Fall denkbar, in dem der Verleiher vollständig von seinen Dokumentationspflichten befreit wird.

Soweit die Voraussetzungen eines Ausnahmetatbestandes nicht vorliegen, hat **6e** der Entleiher die wesentlichen Arbeitsbedingungen des vergleichbaren Arbeitnehmers nach Grund, Zusammensetzung und Höhe in den ANÜ-Vertrag aufzunehmen (§ 13 Rn. 10f.). Die **Dokumentationspflichten** erstrecken sich dabei auf alle Angaben, die der Verleiher benötigt, um Gleichstellungsansprüche des LAN aus § 10 Abs. 4 zu prüfen und Verstöße gegen das Diskriminierungsverbot zu vermeiden (*Sandmann/Marschall*, Art. 1 § 12 Anm. 2a; *Benkert*, BB 2004, 1000). Ändert sich die Tätigkeit des Leiharbeitnehmers während der Überlassung derart, dass sich die Merkmale des vergleichbaren Arbeitnehmers verändern, hat der Entleiher dem Verleiher die nunmehr maßgeblichen, geänderten wesentlichen Arbeitsbedingungen in Schriftform mitzuteilen (Rn. 5).

Soweit der Entleiher im ANÜ-Vertrag Angaben zu den wesentlichen Arbeits- **6f** bedingungen machen muss, steht dem Verleiher ein entsprechender **Auskunftsanspruch** zu (vgl. amtl. Begr. BT-Ds. 15/25 S. 39; ErfK/*Wank*, § 12 AÜG Rn. 1; *Schüren/Schüren*, § 12 Rn. 58), der mit dem Auskunftsanspruch des LAN aus § 13 korrespondiert. Verweigert der Entleiher die Auskunft, muss der Verleiher den Abschluss des ANÜ-Vertrags unterlassen, um Verstöße gegen das Diskriminierungsverbot auszuschließen. Verstößt der Entleiher i.Ü. gegen seine Auskunftspflichten, und werden daher die in die Urkunde aufzunehmenden wesentlichen Arbeitsbedingungen **falsch** oder **unvollständig dokumentiert**, fehlt ein den Formerfordernissen des Abs. 1 Satz 3 entsprechender notweniger Vertragsinhalt. Der ANÜ-Vertrag ist dann nach § 125 BGB nichtig (Rn. 4). Soweit der Verleiher die Fehlerhaftigkeit der Angaben nicht kennt, kann sich der Entleiher jedoch nicht hierauf berufen (§ 242 BGB). Unabhängig hiervon ist der Entleiher dem Verleiher nach § 280 Abs. 1 BGB zum Schadensersatz verpflichtet, wenn er seine Auskunftspflichten verletzt (*Thüsing/Mengel*, § 9 Rn. 50, § 10 Rn. 72).

Damit der Entleiher seinen Auskunftspflichten nachkommen kann, ist der **Ver-** **6g** **leiher** seinerseits verpflichtet, dem Entleiher die Arbeitsbedingungen mitzuteilen, die nach den Bedingungen des Leiharbeitsverhältnisses für den vorgesehenen Einsatz gelten. Erst auf dieser Grundlage ist der Entleiher im Stande, das Bestehen einer Dokumentationspflicht zu den wesentlichen Arbeitsbedingungen zu prüfen. Verweigert der Verleiher die notwendigen Auskünfte, oder werden die Auskünfte nicht richtig oder unvollständig erteilt, ist wegen der hiermit verbundenen Unzuverlässigkeit der Versagungstatbestand des § 3 Abs. 1 Nr. 1 erfüllt. Dasselbe gilt, wenn der Entleiher die nach Abs. 1 Satz 3 erforderlichen Angaben mit Duldung oder Wissen des Verleihers nicht wahrheitsgemäß und vollständig schriftlich dokumentiert.

6h Zu den wesentlichen Bedingungen des ANÜ-Vertrags, die schriftlich festgehalten werden müssen, gehören die gegenseitigen Leistungspflichten von Verleiher und Entleiher (vgl. Rn. 9 ff.).

7 Bei **gemischten Verträgen**, die nur teilweise die Kriterien einer ANÜ erfüllen, z. T. aber anderen Vertragstypen zuzuordnen sind (insbesondere bei **Montagearbeiten** von Mischunternehmen, die sowohl im Rahmen von Werkverträgen als auch im Rahmen von ANÜ ausgeführt werden sollen), müssen **alle Vertragsbestandteile** in die Urkunde aufgenommen werden, auch soweit sich Teile des Rechtsgeschäfts auf Vertragstypen beziehen, die als solche nicht einem Schrifterfordernis unterliegen.

7a Aus dem Sinn und Zweck des Schriftformerfordernisses, der Erlaubnisbehörde die Möglichkeit zur Überwachung legal ausgeübter ANÜ zu geben, folgt, dass gerade die Schnittstellen von legaler ANÜ und sonstigen legalen und illegalen Vertragsformen der Fremdfirmenarbeit hinsichtlich ihrer **Abgrenzung überprüfbar** sein müssen. Betrifft daher der Teil des Vertrages, der nicht auf ANÜ gerichtet ist, Vertragsleistungen, die ihrerseits nur durch Einsatz von Fremdfirmenarbeitnehmern erfüllt werden können (z. B. Lieferung von Maschinen mit Bedienungspersonal), muss die Erlaubnisbehörde anhand der Vertragsurkunde überprüfen können, ob der Ausschluss eines Teils der Arbeitnehmer aus dem Geltungsbereich des AÜG zu Recht erfolgt ist oder nicht. Betrifft der Gesamtvertrag ein einheitliches Leistungspaket oder liegt ihm ein **einheitlicher Leistungszweck** zugrunde (worauf ein zeitnaher Abschluss regelmäßig hindeutet), bedarf auch der Teil, der sich nicht auf ANÜ bezieht, der Aufnahme in die Vertragsurkunde und damit der Schriftform.

8 Auch Verträge, deren Vertragszwecke nicht auf die Überlassung von Arbeitnehmern zur Arbeitsleistung gerichtet sind (z. B. wirksam abgeschlossene Werkverträge), unterliegen dann dem Schriftformerfordernis des § 12 Abs. 1, wenn **für Ausnahme- oder Eventualfälle** im Rahmen ihrer Durchführung ein Arbeitseinsatz im Rahmen einer **ANÜ** möglich ist. Dies bezieht sich vor allem auf eine gängige Praxis, nach der Werkverträge abgeschlossen werden und die beteiligten Unternehmen (neben der vorsorglichen Beantragung einer Erlaubnis) ihrerseits (häufig auch als Nebenabsprache) vereinbaren, dass im Falle des Hineinwachsens des Werkvertrags in ANÜ bei der Vertragsabwicklung der Einsatz der Arbeitnehmer als (legale) ANÜ gelten soll. Wie Vorverträge (s. o. Rn. 4) unterliegt in diesem Fall der gesamte Vertrag dem **Schriftformerfordernis**, bei Verstößen ergreift die Nichtigkeitsfolge des § 125 BGB den gesamten Vertrag.

3. Leistungspflichten von Verleiher und Entleiher

a) Leistungspflichten des Verleihers

9 Die **Hauptleistungspflicht des Verleihers** besteht darin, dem Entleiher im vertraglich vorgesehenen Zeitraum und Umfang entsprechend den vertraglich festgelegten und § 12 Abs. 1 Satz 3 entsprechenden Kriterien **geeignete Arbeitskräfte zur Arbeitsleistung zur Verfügung zu stellen** (OLG Hamburg v. 30. 5. 1973 – 5 U 33/73 – EzAÜG § 611 BGB Haftung Nr. 3). Der Verleiher hat insoweit das **Be-**

schaffungsrisiko i.S.d. § 276 Abs. 1 Satz 1 BGB zu tragen (*Schüren/Schüren*, Einl. Rn. 98; vgl. § 1 Rn. 132) und bleibt zur Leistung verpflichtet, wenn er keinen geeigneten Arbeitnehmer zur Verfügung stellen kann. § 275 Abs. 1 BGB findet insoweit keine Anwendung. Entsendet der Verleiher zum vereinbarten Zeitpunkt keinen geeigneten LAN, kommt er gegenüber dem Entleiher in Verzug. Ist ihm die Überlassung nicht möglich, weil kein geeigneter Arbeitnehmer zur Verfügung steht, haftet er dem Entleiher nach §§ 280 Abs. 1 u. Abs. 3, 283 BGB (ErfK/*Wank*, Einl. AÜG Rn. 18). I.Ü. beschränkt sich seine Verpflichtung darauf, einen für die vorgesehenen Arbeitsaufgaben **geeigneten Arbeitnehmer** fristgerecht zur Verfügung zu stellen (*BGH* v. 13.5.1975 – VI ZR 247/53 – AP Nr. 1 zu § 12 AÜG; *Becker/Wulfgramm*, Art. 1 § 12 Rn. 21; *Schüren/Feuerborn*, § 12 Rn. 27). Soweit nichts anderes vereinbart ist, schuldet der Verleiher damit **nicht einen bestimmten Arbeitnehmer**, sondern er hat im Rahmen der erforderlichen Maßnahmen der Personalbeschaffung lediglich sicherzustellen, dass ein geeigneter Arbeitnehmer zum Fälligkeitszeitpunkt für die vereinbarte Leistungszeit zur Verfügung steht. Welche Arbeitnehmer für die Arbeitsaufgabe geeignet ist, richtet sich in erster Linie nach den **Vertragsabsprachen** und den Arbeitsaufgaben, die der Leiharbeitnehmer übernehmen soll. Der für die Überlassung vorgesehene Arbeitnehmer muss insbesondere den besonderen Anforderungen und Merkmalen der beim Entleiher **vorgesehenen Tätigkeit** Rechnung tragen können. Neben der fachlichen gehört hierzu auch die charakterliche Eignung für die vorgesehene Arbeitsaufgabe (*BGH* v. 13.5.1975 – VI ZR 247/73 – VersR 1975, 804). Beschäftigungsverbote für bestimmte Arbeitnehmer (z.B. nach MuSchG, JArbSchG, SchwbG) können dem ebenso entgegenstehen wie sonstige Vorschriften zum Arbeitsschutz. § 12 Abs. 1 Satz 3 soll auch sicherstellen, dass ein Verleiher Arbeitnehmer nur für solche Tätigkeiten und Arbeitsplätze überlässt, die den geltenden **Arbeitsschutzbestimmungen entsprechen** und bezüglich derer der Verleiher in der Lage ist, seinen Arbeitgeberpflichten hinsichtlich des Arbeitsschutzes auch während des Einsatzes von Leiharbeitnehmern in Drittbetrieben nachzukommen (vgl. §§ 3, 11 ArbSchG; § 11 Rn. 136 ff.). Aus dem Anforderungsprofil der Arbeitsaufgabe können sich sowohl hinsichtlich der Qualifikation als auch sonstiger beruflicher Fähigkeiten und Fertigkeiten Voraussetzungen ergeben, die der Leiharbeitnehmer erfüllen muss. Auch charakterliche Eigenschaften (z.B. strafrechtliches Verhalten eines Buchhalters; vgl. *BGH*, a.a.O.) und sonstige subjektive Merkmale (z.B. eine Mutterschaft, die nach § 8 MuSchG das Verbot von Nacht- sowie Sonn- und Feiertagsarbeit zur Folge hat), können Kriterien dafür darstellen, ob der Arbeitnehmer geeignet ist oder nicht (vgl. *Sandmann/Marschall*, Art. 1 § 12 Anm. 6).

10 Die Verpflichtung des Verleihers, dem Entleiher für dessen Zwecke geeignete Arbeitnehmer zur Verfügung zu stellen, bezieht sich auch darauf, dass der überlassene **Arbeitnehmer nach seinen arbeitsvertraglichen Verpflichtungen** sowie bestehenden Tarifverträgen und Betriebsvereinbarungen **seine Arbeit so erbringen muss**, wie es im Rahmen der beim Entleiher organisierten Arbeitsabläufe erforderlich ist. Soll der Leiharbeitnehmer z.B. im Rahmen eines **Schichtsystems** oder in Nacht- und Wochenendarbeit eingesetzt werden, muss dies vom Entleiher nach Abs. 1 Satz 3 in der Urkunde erklärt werden. Der Verleiher muss dem Entleiher dann entsprechend den **Angaben in der Vertragsurkunde** Arbeitnehmer zur Verfügung stellen, die auf Grund ihres Arbeitsvertrages zu einer entsprechenden Arbeitsleistung auch verpflichtet sind. Sind demgegenüber keine Absprachen zur Arbeitszeit getroffen worden, ist der Verleiher nur verpflichtet,

Arbeitnehmer zu überlassen, die während der branchenüblichen regelmäßigen **Normalarbeitszeit** in Einschicht-Arbeitsweise zur Arbeitsleistung verpflichtet sind. Lehnt der Entleiher in diesem Fall die Leiharbeitnehmer ab, bleibt er aus Annahmeverzug (§ 293 BGB) zur Zahlung der Vergütung verpflichtet.

11 Bei **Ausländerbeschäftigung** trifft den Verleiher die Verpflichtung, sich vom Bestehen einer ggf. erforderlichen, und nur in Ausnahmefällen erteilten **Arbeitsgenehmigung** zu vergewissern (vgl. Einl. G. Rn. 36, § 9 Rn. 9; § 11 Rn. 21). Gegenüber dem Entleiher erfüllt er seine Pflichten zur Überlassung geeigneter Arbeitnehmer nur, wenn sich diese – soweit erforderlich – im Besitz einer gültigen Arbeitserlaubnis befinden. Solange der Verleiher nicht zweifelsfrei nachweisen kann, dass der überlassene Arbeitnehmer im Besitz einer gültigen Arbeitserlaubnis ist, ist der Entleiher zur Zurückweisung des Arbeitnehmers berechtigt. Den **Entleiher** trifft zwar auch eine selbstständige Pflicht, das **Vorliegen einer Arbeitserlaubnis zu prüfen**, wenn der Verleiher ihm Ausländer aus Drittstaaten überlässt (vgl. Einl. G. Rn. 36; § 9 Rn. 9, 21; vgl. auch § 15a Rn. 15); diese Pflicht stellt jedoch keine vertragliche Nebenpflicht gegenüber dem Verleiher aus dem ANÜ-Vertrag dar, da auf dessen Grundlage dem Entleiher regelmäßig kein Recht zur Auswahl des Arbeitnehmers zusteht. Eine gegenüber dem Verleiher bestehende Pflicht zur Prüfung der Arbeitserlaubnis besteht daher ebenso wenig wie ein Recht des Entleihers, die Annahme der Arbeitsleistung legal überlassener ausländischer Arbeitnehmer zu verweigern.

12 Da der Verleiher grundsätzlich nur die Überlassung allgemein geeigneter Arbeitnehmer schuldet, handelt es sich hierbei ihrer Natur nach um eine **Gattungsschuld** nach § 243 BGB, so dass den Verleiher ein uneingeschränktes Beschaffungsrisiko trifft (vgl. Rn. 9). Daraus folgt zunächst, dass der überlassene Arbeitnehmer von seinen beruflichen und qualifikatorischen Voraussetzungen her im Rahmen der Festlegungen nach § 12 Abs. 1 Satz 3 nur **Ansprüchen mittlerer Art und Güte** (§ 243 Abs. 1 BGB) entsprechen muss, was sich nach objektiven Maßstäben beurteilt. Der Entleiher ist nicht berechtigt, einen Arbeitnehmer zurückzuweisen, der auf Grund seiner **durchschnittlichen Arbeitsleistungen** (*Becker/Wulfgramm*, Art. 1 § 12 Rn. 21) besonderen Leistungsansprüchen des Entleihers nicht Rechnung trägt (zur Normalleistung bei Leiharbeit vgl. *Ulber*, Arbeitnehmer in Zeitarbeitsfirmen, 126). Hat der Verleiher bei der **Auswahl** des überlassenen Arbeitnehmers den Anforderungen des § 243 Abs. 1 BGB Rechnung getragen, hat er insoweit seine Verpflichtungen aus dem ANÜ-Vertrag erfüllt. Bei Zurückweisung des Arbeitnehmers durch den Entleiher bleibt der Entleiher aus Annahmeverzug zur Weiterzahlung der Vergütung verpflichtet.

13 Obwohl der Verleiher nur die Überlassung eines geeigneten Arbeitnehmers schuldet, treten die Rechtsfolgen des § 243 Abs. 2 BGB, nicht schon dadurch ein, dass der konkret überlassene Arbeitnehmer seine Arbeit beim Entleiher aufnimmt (oder sogar schon vorher mit der Auswahl des Arbeitnehmers; so aber *Becker/Wulfgramm*, Art. 1 § 12 Rn. 21). Vielmehr ergibt sich aus der Natur der ANÜ als Dauerschuldverhältnis, dass der Verleiher dem Entleiher **für die gesamte Laufzeit des Vertrages einen geeigneten Arbeitnehmer** zur Verfügung stellen muss und dass damit die Konkretisierung i.S.d. § 243 Abs. 2 BGB erst mit Ablauf des vorgesehenen Überlassungszeitraums eintritt (s.a. *Schüren/Feuerborn*, § 12 Rn. 24). Bis zu diesem Zeitpunkt ist der Verleiher verpflichtet, dem Entleiher ständig einen geeigneten Arbeitnehmer zur Verfügung zu stellen. Die Geeignetheit hat er dabei durch geeignete Maßnahmen (z. B. regelmäßige Kontrollen) während der gesamten Laufzeit des ANÜ-Vertrages sicherzustellen

(*BGH* v. 13.5.1975 – VI ZR 247/73 – VersR 1975, 904). Bei einem etwaigen **Ausfall** (z.B. Krankheit, Urlaub u.ä.) ist er verpflichtet, eine adäquate Ersatzkraft zu stellen. Bei **Unmöglichkeit oder Unvermögen** des Arbeitnehmers zur Arbeitsleistung tritt daher für den Verleiher keine Schuldbefreiung nach § 275 Abs. 1 BGB ein (a.A. *Becker/Wulfgramm*, Art. 1 § 12 Rn. 49). Vielmehr bleibt er zur Leistung verpflichtet, soweit sie nicht ausnahmsweise mit einem unvertretbaren Aufwand verbunden ist und daher ein Recht zur Leistungsverweigerung nach § 275 Abs. 2 BGB gibt. Dem Beschaffungsrisiko entspricht andererseits die **Berechtigung des Verleihers**, den Leiharbeitnehmer jederzeit beim Entleiher **abzurufen** und anderweitig einzusetzen. Diese **Ersetzungsbefugnis** kann, soweit nicht vertraglich ausgeschlossen, nur dann nach Treu und Glauben (§ 242 BGB) ausgeschlossen sein, wenn das spezifische Anforderungsprofil der übertragenen Arbeitsaufgabe (etwa bei einer erforderlichen längeren Einarbeitungszeit) dazu führt, dass eine Erreichung der Vertragszwecke nur bei kontinuierlichem Einsatz desselben Arbeitnehmers gewährleistet ist. Auch i.ü. hat jedoch der Verleiher bei **Austausch von Arbeitnehmern** auf die berechtigten Interessen des Entleihers Rücksicht zu nehmen (vgl. § 241 Abs. 2 BGB). Zumindest ist dem Entleiher im Rahmen einer angemessenen **Ankündigungsfrist** Gelegenheit zu geben, sich auf den Wechsel des Arbeitnehmers einzustellen. Insbesondere muss er ausreichend Zeit haben, um die erforderlichen betriebsorganisatorischen Maßnahmen zu treffen, z.B. um das Mitbestimmungsverfahren nach §§ 14 Abs. 3, 99 BetrVG (vgl. § 14 Rn. 143, 184) ordnungsgemäß durchführen zu können.

Entspricht die Auswahl des Arbeitnehmers **nicht** den vorbeschriebenen Anforderungen, tritt **keine Konkretisierung** des Schuldverhältnisses auf den überlassenen Arbeitnehmer nach § 243 Abs. 2 BGB ein, wenn der Entleiher den Leiharbeitnehmer bei dessen Arbeitsaufnahme zurückweist (Palandt-*Heinrichs*, § 243 Rn. 6; *Thüsing/Thüsing*, § 12 Rn. 25). Der Verleiher bleibt dann zur Überlassung anderer geeigneter Arbeitnehmer verpflichtet. Kommt er dieser Verpflichtung nicht nach, stehen dem Entleiher die Rechte aus §§ 280 ff. BGB auch unabhängig von einem Verschulden des Verleihers zu (*Schüren/Schüren*, Einl. Rn. 338). I.Ü. beschränkt sich die **Haftung** des Verleihers auf ein **Verschulden bei der Auswahl** (*BGH* v. 13.5.1975 – VI ZR 257/53 – AP Nr. 1 zu § 12 AÜG; *AG Frankfurt* v. 10.9.1993 – 32 C 1825/93 – EzAÜG § 278 BGB Nr. 1; *Becker/Wulfgramm*, Art. 1 § 12 Rn. 39 ff.; *Sandmann/Marschall*, Art. 1 § 12 Anm. 5; *Schüren/Schüren*, Einl. Rn. 338). Bei schuldhafter Verletzung seiner Pflicht zur Auswahl eines geeigneten Arbeitnehmers haftet er dem Entleiher aus positiver Forderungsverletzung nach § 241 Abs. 2 i.V.m. § 280 BGB (*Thüsing/Thüsing*, § 12 Rn. 25; *BGH* v. 9.3.1971 – VI ZR 138/69 – EzAÜG § 611 BGB Haftung Nr. 1; *Becker/Wulfgramm*, Art. 1 § 12 Rn. 39; *Schüren/Schüren*, Einl. Rn. 338). Als anspruchsbegründende Tatsache hat hierbei der Entleiher darzulegen und zu beweisen, dass der Arbeitnehmer ungeeignet war und der Verleiher in schuldhafter Weise seine Auswahlpflichten verletzt hat (*OLG Hamburg* v. 30.5.1973 – 5 U 33/73 – EzAÜG § 611 BGB Haftung Nr. 3).

14

Bei **Schlechtleistung** oder sonstigem Fehlverhalten des Leiharbeitnehmers bei seiner Tätigkeit im Entleiherbetrieb ist eine über das Auswahlverschulden hinausgehende Haftung des Verleihers ausgeschlossen (*Thüsing/Thüsing*, § 12 Rn. 32). Während seines Einsatzes im Entleiherbetrieb ist der Leiharbeitnehmer ausschließlich **Erfüllungsgehilfe des Entleihers** (§ 278 BGB), der seinerseits auch als Geschäftsherr i.S.d. § 831 BGB die maßgeblichen Weisungen erteilt. Hinsichtlich der deliktischen Haftung ist der Leiharbeitnehmer daher ausschließlich **Ver-**

15

richtungsgehilfe des Entleihers; eine Haftung des Verleihers (auch nach § 840 BGB als Gesamtschuldner) ist daneben nicht gegeben (*Becker/Wulfgramm*, Art. 1 § 12 Rn. 43 ff.).

b) Leistungspflichten des Entleihers

16 Die **Hauptleistungspflicht des Entleihers** besteht darin, die für die Überlassung vereinbarte **Vergütung** an den Verleiher zu entrichten und die **Arbeitsleistung** des überlassenen Arbeitnehmers **anzunehmen**. Zur Vergütung gehört ggf. die Zahlung einer **Vermittlungsgebühr**, die der Entleiher bei Übernahme des LAN nach vorangegangener ANÜ zu zahlen hat (§ 9 Nr. 3 Halbs. 2).Die Festlegung der Vergütung unterliegt der **freien Vereinbarung** der Vertragsparteien. Sie könnte wie beim Werkvertrag in Form eines **Festpreises** vereinbart werden; regelmäßig erfolgt jedoch eine Vergütung nach **Zeiteinheiten**, die der LAN beim Entleiher leistet. Durch die Gleichbehandlungspflichten nach § 9 Nr. 2 unterliegt die Vereinbarung der Vergütung und die **Preisgestaltung** erheblichen Schwierigkeiten. Der **Verleiher** muss zum einen die beim Entleiher geltenden Arbeitsbedingungen und die darauf folgenden Belastungen genau kennen; zum anderen muss er auch wissen, welche Arbeitsbedingungen nicht von einem für das Leiharbeitsverhältnis geltenden Tarifvertrag erfasst werden (zu Regelungslücken der TV zur ANÜ vgl. § 9 Rn. 167, 200, 205) und daher Gleichstellungsansprüche nach § 10 Abs. 4 auslösen können (§ 10 Rn. 88, 109). Die diesbezüglichen **Risiken** muss der Verleiher bei der Preiskalkulation berücksichtigen können, er sollte daher auf einer umfassenden Dokumentation der Arbeitsbedingungen beim Entleiher bestehen (zu Verstößen vgl. Rn. 27a). Umgekehrt muss auch der **Entleiher Leistungspflichten**, die sich für ihn unmittelbar oder mittelbar aus dem Gleichbehandlungsgrundsatz ergeben, bei der Höhe der Überlassungsvergütung berücksichtigen. Soweit er dem LAN auf Grund der Ausübung des Direktionsrechts oder auf Grund kollektiver Regelungen, die auch für LAN zur Anwendung kommen, Leistungen erbringen muss (z.B. Parkraumgewährung, Freizeitausgleich, Kantinenessen), muss er diese Leistungen preismindernd berücksichtigen. Hat er dies unterlassen, steht ihm **kein Rückgriff** beim Verleiher offen. Ist eine Vergütung nicht vereinbart, richtet sich der Vergütungsanspruch entsprechend § 612 Abs. 2 BGB im Zweifel nach der üblichen Vergütung (*Thüsing/Thüsing*, § 12 Rn. 35). Diese setzt sich sowohl aus den Lohn- und Lohnnebenkosten als auch aus einem **Unternehmergewinn** zusammen (*Becker/Wulfgramm*, Art. 1 § 12 Rn. 24). **Deckt sich** in den Fällen gewerbsmäßiger ANÜ die vom Verleiher gezahlte **Vergütung mit dem Lohn**, den der Arbeitnehmer bezahlt bekommt, besteht in der Regel Anlass zu der **Vermutung**, dass der Verleiher keine gewerbsmäßige ANÜ betreibt, sondern lediglich **als Arbeitsvermittler** für den Entleiher tätig wird (*Thüsing/Thüsing*, § 12 Rn. 35). Dasselbe gilt, wenn der grundsätzlich **befristet** abzuschließende ANÜ-Vertrag (vgl. ErfK/*Wank*, Einl. AÜG Rn. 22) einen zeitlich unbegrenzten Einsatz des LAN beim Entleiher ermöglicht und daher nach § 1 Abs. 2 zu einer Verlagerung des Arbeitgeberrisikos führt. Bei den Lohnnebenkosten im Rahmen der üblichen und angemessenen Vergütung ist über die tatsächlich entstehenden Lohnnebenkosten hinaus auch zu berücksichtigen, dass den Verleiher auf Grund des erhöhten Beschäftigungs- und Betriebsrisikos (vgl. § 11 Rn. 60 ff.) Kosten belasten können (z.B. bei mangelnden Beschäftigungsmöglichkeiten), die einen normalen Arbeitgeber nicht treffen oder die dieser (z.B. bei Kurzarbeit) vermeiden oder zumindest minimieren kann.

Da der **Vergütungsanspruch** des Verleihers entsprechend § 614 Satz 1 BGB regel- **17** mäßig erst bei Beendigung der ANÜ **fällig** wird (siehe auch *Schüren/Feuerborn*, § 12 Rn. 34), ist es dem Verleiher praktisch verwehrt, bei Nichtzahlung der Vergütung oder Zahlungsverzug Zurückbehaltungs- oder Rücktrittsrechte geltend machen zu können. Etwas anderes gilt nur, soweit entsprechend § 614 Satz 2 BGB eine abschnittsweise **Zahlung nach Abrechnungszeiträumen** vereinbart wurde. Befindet sich hier der Entleiher im Zahlungsverzug, kann der Verleiher die weitere Überlassung des Arbeitnehmers bis zur Beendigung des Verzugs einstellen (§ 273 BGB) und den Leiharbeitnehmer anderweitig beschäftigen. Die Geltendmachung eines darüber hinausgehenden Schadens (§§ 280 ff. BGB) bleibt hiervon unberührt.

Da zwischen Entleiher und Leiharbeitnehmer keine unmittelbaren arbeits- **18** vertraglichen Beziehungen bestehen (vgl. § 1 Rn. 50 ff.), treffen den **Entleiher** gegenüber dem Leiharbeitnehmer **keinerlei unmittelbare Lohnzahlungspflichten** (*Becker/Wulfgramm*, Art. 1 § 12 Rn. 24; zu Ausnahmen vgl. § 14 Rn. 127). Vielmehr spricht in Fällen der Lohn- und Gehaltszahlung (oder Bestandteilen davon) durch den Entleiher eine Vermutung dafür, dass ein Arbeitsverhältnis begründet wurde und daher Arbeitsvermittlung vorliegt (zur Erfüllungsübernahme vgl. § 10 Rn. 99, 102). Eine Ausnahme kann hier in den Fällen angenommen werden, in denen der Verleiher seinerseits mit der Lohnzahlung in Rückstand gerät und der Leiharbeitnehmer ohne Zahlung einer Vergütung durch den Entleiher beabsichtigt, seine weitere Arbeitsleistung zu verweigern (vgl. hierzu § 1 Rn. 56 ff.). Hier zahlt der **Entleiher als Dritter nach § 267 Abs. 1 BGB** in Erfüllung einer fremden Schuld, nicht jedoch in Erfüllung einer bestehenden oder von den Beteiligten angenommenen eigenständigen Verbindlichkeit des Entleihers als Arbeitsvertragspartei.

Kann der Entleiher den LAN nicht im vertraglich vereinbarten Umfang beschäf- **19** tigen, trägt er das **Verwendungsrisiko** und bleibt zur Zahlung der Überlassungsvergütung verpflichtet (ErfK/*Wank*, Einl. AÜG Rn. 19). Zu den **Hauptleistungspflichten des Entleihers** zählt auch seine Verpflichtung, die angebotene **Arbeitsleistung des Arbeitnehmers anzunehmen** und diesen tatsächlich (unter Beachtung der sich aus der partiellen Betriebszugehörigkeit des Leiharbeitnehmers im Entleiherbetrieb ergebenden **Fürsorgepflichten des Entleihers**, vgl. § 11 Rn. 131, 134) zu beschäftigen (*Becker/Wulfgramm*, Art. 1 § 12 Rn. 27; *Thüsing/ Thüsing*, § 12 Rn. 36). Die gegenteilige Auffassung, nach der die Abnahme der Arbeitsleistung lediglich eine Obliegenheit des Entleihers darstellt (so *Schüren/ Feuerborn*, § 12 Rn. 35; ErfK/*Wank*, § 12 Rn. 15), ist abzulehnen. Beim Leiharbeitsvertrag besteht die Besonderheit, dass dem **Anspruch des Arbeitnehmers** gegen den Verleiher **auf tatsächliche Beschäftigung** nur durch den Entleiher entsprochen werden kann, und der Verleiher somit (für den Entleiher erkennbar) mit Abschluss des ANÜ-Vertrages auch seine arbeitsvertragliche Verpflichtung zur tatsächlichen Beschäftigung des Leiharbeitnehmers für die Zeit der Überlassungsdauer durch die Beschäftigung des Leiharbeitnehmers beim Entleiher erfüllen will. Mit der Erklärung des Entleihers, die Arbeitskraft eines Leiharbeitnehmers für einen bestimmten Zeitraum nutzen zu wollen, erklärt der Entleiher auch, dass er die gegenüber dem Leiharbeitnehmer bestehende Verpflichtung des Verleihers zur tatsächlichen Beschäftigung innerhalb dieses Zeitraums erfüllen wird. Da der **Vertragszweck** aus Sicht des Verleihers wesentlich auch auf die Erfüllung seiner tatsächlichen Beschäftigungspflichten gegenüber dem Arbeitnehmer gerichtet ist, ist die Abnahme der Arbeitsleistung durch den Entleiher nicht nur eine Obliegenheit (i.S. eines Rechtsgebots im eigenen Interesse), sondern eine Hauptleistungspflicht gegenüber dem Verleiher. Kommt der Entleiher dieser Verpflichtung nicht nach, gerät er in Annahmeverzug (§ 298 BGB; *Thüsing/ Thüsing*, § 12 Rn. 36) und schuldet dem Verleiher die Vergütung, die er bei Beschäftigung des Arbeitnehmers (ggf. einschließlich etwaiger Zuschläge für Nachtarbeit o. ä.) geschuldet hätte (KassHandb/*Düwell*, 4.5 Rn. 436). Auch der Leiharbeitnehmer kann in diesem Fall vom Verleiher den Lohn (einschließlich etwaiger Zuschläge) verlangen, den er bei tatsächlicher Beschäftigung erhalten hätte.

20 Aus der Hauptleistungspflicht des Entleihers zur tatsächlichen Beschäftigung folgt gegenüber dem Verleiher nicht nur die **Auskunftspflicht** gem. § 13 und die (selbstständig einklagbare) Verpflichtung, ein **Zeugnis über die Arbeitsleistung des Arbeitnehmers** während des Zeitraums der Überlassung auszustellen. Das berechtigte Interesse des Arbeitnehmers, für die jeweils befristeten Arbeitseinsätze ein **Zwischenzeugnis** zu verlangen, kann infolge der ausschließlich zum Verleiher als Arbeitgeber bestehenden arbeitsvertraglichen Beziehungen (vgl. § 1 Rn. 114) nur diesem gegenüber durchgesetzt werden (*Thüsing/Thüsing*, § 12 Rn. 39; a.A. *Becker/Wulfgramm*, Art. 1 § 11 Rn. 68, die dem Leiharbeitnehmer in entsprechender Anwendung von § 630 BGB, § 73 HGB u. § 113 GewO auch gegenüber dem Entleiher einen Anspruch zubilligen). Der **Verleiher**-Arbeitgeber hat einen unmittelbaren **Anspruch gegenüber dem Entleiher**, die Auskunftspflichten gegenüber dem LAN nach § 13 zu erfüllen und eine Ausstellung des Zwischenzeugnisses über die Arbeitsleistung des Arbeitnehmers zu erstellen. Infolge der Hauptleistungspflicht zur tatsächlichen Beschäftigung ist der Entleiher daher (ausschließlich) gegenüber dem Verleiher verpflichtet, ein Zeugnis über die Arbeitsleistung des Leiharbeitnehmers zu erstellen.

21 Neben den Hauptleistungspflichten treffen den Entleiher eine Reihe von **Nebenleistungspflichten**, die sich insbesondere aus seiner **Stellung als faktischer Arbeitgeber** und dem übertragenen Direktionsrecht ergeben. Kommen während des Einsatzes der LAN **beim Entleiher geregelte Arbeitsbedingungen** zur Anwendung, die auch für LAN gelten, ist der Entleiher auch dem Verleiher gegenüber zu deren **Einhaltung** verpflichtet. Verstößt er gegen diese Pflicht, ist er ihm zum Schadensersatz verpflichtet. Ein Schaden kann z.B. entstehen, wenn der LAN infolge einer rechtswidrigen Nichteinhaltung von Arbeitsbedingungen durch den Entleiher von einem **Leistungsverweigerungsrecht** Gebrauch macht. Daneben ist der Entleiher auf Verlangen verpflichtet, **Gleichstellungsansprüche** des LAN aus § 10 Abs. 4, deren Erfüllung dem Verleiher **unmöglich** ist, (bei entsprechender Reduzierung der Überlassungsvergütung) zu übernehmen (vgl. § 10 Rn. 100, 111, 116). Stellt sich im Verlauf des Einsatzes beim Entleiher heraus, dass dem LAN Gleichstellungsansprüche bzgl. solcher Arbeitsbedingungen zustehen, die weder nach Abs. 1 Satz 3 dokumentiert noch in einem TV zur ANÜ geregelt sind, hat der Verleiher einen entsprechenden Auskunftsanspruch (*Thüsing/Thüsing*, § 12 Rn. 22). Zu den Nebenpflichten des Entleihers gehört es auch, in Fragen des **Arbeits- und Gesundheitsschutzes** mit dem Verleiher zusammenzuarbeiten (§ 8 Abs. 1 Satz 1 ArbSchG) und Maßnahmen der Gefahrenverhütung mit diesem abzustimmen (§ 8 Abs. 1 Satz 2 ArbSchG; *Pieper*, AuR 1996, 465). Daneben hat der Entleiher die aus § 11 Abs. 6 folgenden Arbeitsschutzpflichten nicht nur gegenüber dem Leiharbeitnehmer, sondern auch gegenüber dem Verleiher einzuhalten (ErfK/*Wank*, Einl. AÜG Rn. 21). Dies umfasst die Verpflichtung, im Entleiherbetrieb Vorkehrungen zu treffen, dass Leiharbeitnehmer hin-

sichtlich der Gefahren für ihre Sicherheit und Gesundheit angemessene Anweisungen erhalten (§ 8 Abs. 2 ArbSchG). **Überschreitet der Entleiher** die **Grenzen,** die dem **arbeitgeberischen Direktionsrecht** auch im Normalarbeitsverhältnis gesetzt sind, verstößt er gegen die Grundsätze des § 75 BetrVG und gegen sonstige aus dem Direktionsrecht folgende Fürsorgepflichten des Arbeitgebers (vgl. *Schüren/Schüren,* Einl. Rn. 410). Es bleibt der Entleiher bei darauf beruhender berechtigter **Arbeitseinstellung** durch den Leiharbeitnehmer nicht nur zur Fortzahlung der Vergütung verpflichtet, sondern er wird auch aus dem Gesichtspunkt positiver Forderungsverletzung gegenüber dem Verleiher schadensersatzpflichtig.

Absprachen zwischen Entleiher und Leiharbeitnehmer, die sich auf Verpflichtungen aus dem Arbeitsverhältnis zum Verleiher auswirken können oder gegenüber dem Verleiher bestehende Arbeitspflichten des Leiharbeitnehmers beeinträchtigen, können im Einzelfall gegen **Nebenpflichten des Entleihers** aus dem ANÜ-Vertrag **verstoßen** und für den Verleiher einen Anspruch aus positiver Forderungsverletzung begründen (§§ 241 Abs. 2, 280 BGB). So darf der Entleiher den Leiharbeitnehmer nicht zu einem **Arbeitsplatzwechsel** unter Verstoß gegen dessen Arbeitspflichten aus einem bestehenden Arbeitsverhältnis zum Verleiher auffordern (*Becker/Wulfgramm,* Art. 1 § 9 Rn. 30c; *Schüren/Feuerborn,* § 12 Rn. 39) oder ein entsprechendes Angebot des Leiharbeitnehmers unter Bruch von Kündigungsfristen annehmen (ErfK/*Wank,* Einl. AÜG Rn. 31; *Schüren/Feuerborn,* § 12 Rn. 39). Zulässig sind in diesem Zusammenhang demgegenüber alle Abreden und Vorbereitungshandlungen, die auf das Zustandekommen eines Arbeitsverhältnisses zwischen Entleiher und Leiharbeitnehmer nach einer Beendigung des Arbeitsverhältnisses mit dem Verleiher gerichtet sind (§ 9 Nrn. 3 u. 4; vgl. § 9 Rn. 361 ff.). **22**

Vereinbart der Entleiher mit dem Leiharbeitnehmer während der Überlassungszeit ein **Zweitarbeitsverhältnis,** kann hierin – ungeachtet eines möglichen Verstoßes des Leiharbeitnehmers gegen seine Pflichten aus dem Arbeitsverhältnis zum Verleiher – ebenfalls ein **Verstoß gegen Nebenpflichten** aus dem ANÜ-Vertrag liegen. Mangels einer zumindest konkludenten Zustimmung des Verleihers bzw. einer Vereinbarung zwischen Verleiher und Entleiher liegt hinsichtlich dieses Zweitarbeitsverhältnisses, ebenso wenig wie bei Vereinbarung sonstiger unmittelbarer Vertragsverhältnisse zwischen Leiharbeitnehmer und Entleiher, **keine** den Bestimmungen des AÜG unterliegende **ANÜ** vor (*BAG* v. 26.4.1995 – 7 AZR 850/94 – NZA 1996, 92). Soll der Leiharbeitnehmer z. B. nach dem Überlassungsvertrag acht Stunden täglich beim Entleiher arbeiten (zur Teilzeitarbeit vgl. Rn. 24) und vereinbaren Entleiher und Leiharbeitnehmer neben einem Vollzeitarbeitsverhältnis zum Verleiher ein Zweitarbeitsverhältnis mit einer täglichen Arbeitszeit von (weiteren) zwei Stunden, verstößt der Entleiher gegen seine Pflicht, auf die Interessen des Verleihers ausreichend Rücksicht zu nehmen (zur Nichtigkeit des Zweitarbeitsverhältnisses bei **Überschreiten der Höchstarbeitszeit** nach dem ArbZG vgl. *LAG Nürnberg* v. 19.9.1995 – 2 Sa 429/94 – NZA 1996, 882). Dies folgt daraus, dass dem Entleiher keinerlei Rechte zustehen, den Einsatz und die wirtschaftliche Nutzung der Arbeitskraft des Arbeitnehmers durch den Verleiher-Arbeitgeber einzuschränken. Der Vergütungsanspruch des Verleihers, der sowohl den Unternehmergewinn als auch die erhöhten Lohnnebenkosten für die Beschäftigung und Bereithaltung von Leiharbeitnehmern umfasst, korrespondiert mit der entsprechenden Vergütungspflicht des Entleihers, auch für die Bereitstellung und allgemeine Personalvorhaltung den Verleiher zu **23** entschädigen. Diesem **besonderen Inhalt der Vergütungspflicht** beim ANÜ-Vertrag und den daraus folgenden konkreten Vergütungspflichten des Entleihers im Einzelfall kann sich dieser nicht dadurch entziehen, dass er den Umfang der vom Leiharbeitnehmer abgeforderten Arbeitsleistung im ANÜ-Vertrag kostensenkend reduziert und die Arbeitskraft des überlassenen Leiharbeitnehmers i.ü. (unter Ausschluss von Nutzungsrechten des Verleihers) durch arbeitsvertragliche Absprachen mit dem Leiharbeitnehmer alleine nutzt. Hierbei ist auch zu berücksichtigen, dass dem Verleiher im Umfang der Arbeitszeit eines Zweitarbeitsverhältnisses die Möglichkeit genommen wird, die **Arbeitskraft des Arbeitnehmers bis zur höchstzulässigen Arbeitszeit (§ 3 ArbZG) zu nutzen**, insbesondere auch Mehrarbeit anzuordnen (zur Zusammenrechnung der Arbeitszeiten mehrerer Arbeitgeber vgl. *Buschmann/Ulber*, § 3 Rn.7). In der Regel verstößt der Entleiher daher mit der Vereinbarung eines Zweitarbeitsverhältnisses gegen Nebenpflichten aus dem ANÜ-Vertrag. Der Ersatzanspruch des Verleihers aus § 280 BGB ist zeitlich durch die Beendigung des ANÜ-Vertrages oder die Beendigung des Arbeitsverhältnisses mit dem Leiharbeitnehmer begrenzt.

24 Der Entleiher ist am Abschluss eines Zweitarbeitsverhältnisses mit dem Leiharbeitnehmer nicht gehindert, wenn der Verleiher ihm auf Grund einer vom Leiharbeitnehmer arbeitsvertraglich geschuldeten reduzierten Arbeitszeit (zum Gestaltungsrahmen von Teilzeit-Leiharbeitsverhältnissen vgl. § 11 Rn.44) den Leiharbeitnehmer nicht in dem Umfang zur Verfügung stellen kann, der den betrieblichen Bedürfnissen des Entleihers entspricht. Ein Interessenkonflikt zwischen den Interessen des Entleihers an einer Personalbedarfsdeckung und den Interessen des Verleihers an einer Aufrechterhaltung der Nutzungsmöglichkeiten des Leiharbeitnehmers liegt hier nicht vor, da ein **berechtigtes Interesse des Verleihers an einer Nutzung der Arbeitskraft** des Arbeitnehmers nur im Rahmen der durch den **Arbeitsvertrag gesteckten Grenzen** anerkannt werden kann. Ist danach der Leiharbeitnehmer nur zu **Teilzeitarbeit** verpflichtet, kann bis zu den Grenzen der darüber hinausgehenden gesetzlich zulässigen Höchstarbeitszeit (vgl. § 3 ArbZG) auch ein Zweitarbeitsverhältnis zwischen Leiharbeitnehmer und Entleiher vereinbart werden (vgl. § 1 Rn.24a, 32).

25 In Ausnahmefällen können auch **berechtigte Interessen des Leiharbeitnehmers** den Abschluss eines Zweitarbeitsverhältnisses rechtfertigen. Dies gilt z.B., wenn der Verleiher nur bereit ist, mit dem Arbeitnehmer ein **Teilzeitarbeitsverhältnis** mit geringerer Arbeitszeit abzuschließen und der Leiharbeitnehmer daher zur Existenzsicherung auf ein Zweitarbeitsverhältnis angewiesen ist (vgl. § 1 Rn.24a). Den Entleiher trifft hier vor Abschluss des Zweitarbeitsverhältnisses die Pflicht, den Verleiher zu informieren.

III. Rechtsfolgen bei Formmangel

1. Leistungspflichten

26 Wird gegen das **Schriftformerfordernis** des § 12 Abs. 1 Satz 1 **verstoßen**, ist der Vertrag gem. § 125 Satz 1 **nichtig** (*OLG München* v. 12.5.1993 – 7 U 5740/92 – EzAÜG § 12 AÜG Nr.2). Die Nichtigkeit erfasst dabei den gesamten Vertrag einschließlich etwaiger Nebenabreden (*Schüren/Feuerborn*, § 12 Rn.16; KassHandb/ *Düwell*, 4.5 Rn.412). Das Schriftformerfordernis bezieht sich sowohl auf Verträge, die auf **gewerbsmäßige** als auch **nichtgewerbsmäßige ANÜ** gerichtet sind (s.o. Rn.3). Des Schriftformerfordernisses sowie der Erklärung des Verleihers nach

§ 12 Abs. 1 Satz 2 bedarf es auch, soweit **ausländische Verleiher** Arbeitnehmer ins Inland überlassen wollen, da auch sie der Erlaubnispflicht nach § 1 Abs. 1 Satz 1 unterliegen (vgl. § 1 Rn. 126a, 137 ff.). Ausgenommen sind lediglich die Fälle der Konzernleihe (§ 1 Abs. 3 Nr. 2) und der ANÜ auf Grund Tarifvertrages nach § 1 Abs. 3 Nr. 1, da hier das AÜG nicht anzuwenden ist.

Die **Nichtigkeit** erfasst gem. § 139 BGB den **gesamten Vertrag** einschließlich etwaiger Nebenabreden. Genügt nur ein Teil des Vertrages dem Schriftformerfordernis, etwa indem Allgemeine Geschäftsbedingungen oder sonstige Nebenabsprachen nicht in die Vertragsurkunde einbezogen werden, führt auch dies zur Nichtigkeit des gesamten Vertrages (*Becker/Wulfgramm*, Art. 1 § 12 Rn. 15; ErfK/*Wank*, § 12 AÜG Rn. 3). **26a**

Fehlt in der Vertragsurkunde die nach § 12 Abs. 1 Satz 2 erforderliche **Erklärung des Verleihers**, ob er die **Erlaubnis** nach § 1 besitzt, ist der **Vertrag** ebenfalls wegen Verstoßes gegen das Schriftformerfordernis nach § 125 Satz 1 BGB **nichtig**. Dies gilt sowohl in Fällen gewerbsmäßiger wie nichtgewerbsmäßiger ANÜ (Rn. 3). Die Erklärung soll einerseits den Entleiher dagegen schützen, dass ihn die Rechtsfolgen des § 10 Abs. 1 bei nichtvorhandener Erlaubnis treffen (*Sandmann/Marschall*, Art. 1 § 12 Anm. 2). Sie entspricht jedoch auch der Verpflichtung des Entleihers, vor Abschluss des ANÜ-Vertrages die Zulässigkeit der ANÜ zu prüfen. Bei begründeten Zweifeln an der Richtigkeit der Erklärung des Verleihers hat sich der Entleiher die **Erlaubnis** daher **vorlegen zu lassen**. Die Prüfungspflicht des Entleihers, ob die gesetzlichen Bestimmungen zur ANÜ eingehalten sind, beschränkt sich in den Fällen **nichtgewerbsmäßiger ANÜ**, d.h. in den Fällen, in denen der Verleiher nach § 12 Abs. 1 Satz 2 erklärt, dass er die Erlaubnis nicht besitzt, nicht darauf, die Erklärung als richtig zu unterstellen. Vielmehr spricht bei ANÜ eine Vermutung dafür, dass sie gewerbsmäßig betrieben wird, so dass der Entleiher sich eine ausreichende Sicherheit verschaffen muss, dass ein Fall nichtgewerbsmäßiger ANÜ ggf. auch tatsächlich vorliegt. Bei wiederholter Überlassung ist dies regelmäßig ausgeschlossen (vgl. § 1 Rn. 151; *Boemke*, § 12 Rn. 11). **27**

Besonderheiten gelten, wenn in der Vertragsurkunde nach Abs. 1 Satz 3 erforderliche **Angaben zu den wesentlichen Arbeitsbedingungen** fehlen bzw. unrichtig oder unvollständig sind. Wegen der Vielzahl der in Frage kommenden Arbeitsbedingungen des Entleihers sowie der Unübersichtlichkeit tariflicher Regelungen zur ANÜ, kann es hier im Einzelfall gegen **Treu und Glauben** verstoßen, wenn sich eine Vertragspartei auf den Mangel der Schriftform beruft. Dies gilt jedoch nur, solange die fehlende oder unrichtige Angabe Arbeitsbedingungen betrifft, die keine nennenswerten Belastungen für eine Vertragspartei zur Folge haben (z.B. Gewährung von Pausen) und der Mangel nicht bewusst von einer Vertragspartei herbeigeführt wurde (z.B. Verschweigen von besonderen Zusatzvergütungen oder Gratifikationen im Entleiherbetrieb). **27a**

Ist der **ANÜ-Vertrag** wegen Formmangels **nichtig**, werden durch den ANÜ-Vertrag **keine Leistungspflichten** zwischen Verleiher und Entleiher begründet (ErfK/*Wank*, § 12 AÜG Rn. 4). Dies gilt grundsätzlich auch in den Fällen, in denen die Berufung auf den Formmangel gegen Treu und Glauben verstößt, etwa wenn der Verleiher den Entleiher arglistig von der Wahrung der Schriftform abhält, um seinen Verpflichtungen aus dem ANÜ-Vertrag nicht nachkommen zu müssen (a. A. *OLG München* v. 12. 5. 1993 – 7 U 5740/92 – EzAÜG § 12 AÜG Nr. 3; *Boemke*, § 12 Rn. 11; *Schüren/Feuerborn*, § 12 Rn. 18; zu Ausnahmen vgl. Rn. 6 f.). § 12 Abs. 1 dient nicht nur dem Schutz der Vertragspartner, sondern ist gleichzeitig eine im öffentlichen Interesse und zur Gewährleistung der Überwachungsaufga **28** ben der Erlaubnisbehörde erlassene Norm (vgl. Rn. 1), die bei Verstößen jegliche Leistungsansprüche aus dem ANÜ-Vertrag ausschließt. Konsequenterweise enthält daher das Gesetz auch keine Regelung dahingehend, dass der Formmangel bei **faktisch erfolgter Durchführung** des Vertrages geheilt wird. Vielmehr bleibt auch bei faktisch durchgeführter ANÜ der gegen das Schriftformerfordernis nach Abs. 1 verstoßende Vertrag nichtig (*OLG Köln* v. 9.7.2002, AUA 2002, 525; *Schüren/Feuerborn*, § 12 Rn. 17).

2. Rückabwicklung

29 Wird trotz nichtigen Vertrages der Arbeitnehmer beim Entleiher tätig, erfolgt die **ANÜ ohne Rechtsgrund**, so dass sich die Rückabwicklung nach **Bereicherungsrecht** (§§ 812 ff. BGB) richtet (*BGH* v. 17.2.2000 – III ZR 78/99 – NZA 2000, 608; *ErfK/Wank*, § 12 AÜG Rn. 5; *Schüren/Feuerborn*, § 12 Rn. 19 f.). Die gegenteilige Auffassung von *Becker/Wulfgramm* (Art. 1 § 12 Rn. 16a), die in den Fällen des § 12 Abs. 1 die Rückabwicklung nach den Grundsätzen fehlerhafter Gesellschafts- und Arbeitsverträge und nicht nach Bereicherungsrecht vornehmen wollen (so auch *OLG Hamburg* v. 13.1.1993 – 13 U 26/92 – EzAÜG § 9 AÜG Nr. 7), kann nicht geteilt werden (*BGH*, a.a.O.; *OLG Köln* v. 9.7.2002, AUA 2002, 525; vgl. § 9 Rn. 16). Der zwischen Verleiher und Entleiher abgeschlossene ANÜ-Vertrag richtet sich gerade nicht nach arbeitsrechtlichen Grundsätzen; es fehlt an der besonderen Schutzbedürftigkeit, die beim Arbeitsverhältnis eine Rückabwicklung außerhalb des Bereicherungsrechts nach den Grundsätzen fehlerhafter Arbeitsverträge rechtfertigt (so auch *Schüren/Feuerborn*, § 12 Rn. 19 f.; *ErfK/Wank*, § 12 Rn. 4).

30 Der **Umfang der Bereicherung** des Entleihers, der mit einer vom Entleiher gezahlten Überlassungsvergütung zu saldieren ist, bestimmt sich beim formnichtigen ANÜ-Vertrag nach dem Umfang der genutzten Arbeitsleistung des Leiharbeitnehmers (*ErfK/Wank*, § 12 AÜG Rn. 5). Dabei ist grundsätzlich nicht die übliche Überlassungsvergütung i.S.d. Verkehrswertes der ANÜ zugrunde zu legen (so aber *BGH*, a.a.O.; *Schüren/Feuerborn*, § 12 Rn. 21), sondern der Verleiher kann lediglich die **Arbeitskosten**, die der Entleiher durch die vom Verleiher übernommene Zahlung des Arbeitsentgelts erspart hat (unter Ausschluss eines Unternehmergewinns), geltend machen (so auch *BGH* v. 8.11.1979, a.a.O.). Eine unterschiedliche Beurteilung des Umfangs der Bereicherung danach, ob es sich um einen nach § 125 BGB nichtigen Vertrag oder um ein nach § 139 BGB nichtiges Rechtsgeschäft handelt (so aber *BGH* v. 17.2.2000, a.a.O.), ist nicht gerechtfertigt.

31 Der Verstoß gegen das Schriftformerfordernis und die damit verbundene **Nichtigkeit des ANÜ-Vertrages** hat **keine unmittelbaren Auswirkungen auf das Arbeitsverhältnis** des Leiharbeitnehmers, soweit der Verleiher sich tatsächlich im Besitz der Erlaubnis befindet (*Boemke*, § 12 Rn. 12). Bei einem **wiederholten Verstoß** gegen das Schriftformerfordernis kann dies jedoch den Verdacht indizieren, dass der Verleiher nicht die nach § 3 Abs. 1 Nr. 1 geforderte Zuverlässigkeit zur Ausübung der Tätigkeit besitzt, und damit neben einem Widerruf der Erlaubnis auch zur Folge haben, dass über § 1 Abs. 2 ein Arbeitsverhältnis zum Entleiher zustande kommt (vgl. Einl. D. Rn. 47 ff.).

32 **Sozialversicherungsrechtlich** bleiben auch bei Unwirksamkeit des ANÜ-Vertrages die Pflichten des Verleihers **und Entleihers** (vgl. Art. 3 Rn. 7 f.) bestehen, soweit der Arbeitnehmer tatsächlich seine Arbeitsleistung im Entleiherbetrieb erbringt. Allein die tatsächliche Arbeitsleistung bringt die sozialrechtlichen Pflichten zur Entstehung (*Sandmann/Marschall*, Art. 1 § 12 Anm. 2).

IV. Beendigung des Überlassungsverhältnisses

Da die gewerbsmäßige und nichtgewerbsmäßige **ANÜ** immer nur für **vorüber-** **33**
gehende Personalbedarfsfälle zulässig ist (vgl. § 1 Rn.166, § 3 Rn.114; ErfK/
Wank, Einl. AÜG Rn.22f; *Schüren/Feuerborn*, § 12 Rn.41) ist im ANÜ-Vertrag immer der Endzeitpunkt der Laufzeit des Vertrages anzugeben. Der **ANÜ-Vertrag**
ist regelmäßig **zeitlich befristet** und endet automatisch mit Zeitablauf (*Becker/*
Wulfgramm, Art. 1 § 12 Rn.54; *Schüren/Feuerborn*, § 12 Rn.41). Soweit Verträge
zwischen Verleihern und Entleihern zeitlich unbefristet abgeschlossen werden,
ist dies nur in Form von Rahmenverträgen, die die Geschäftsgrundlage der ANÜ
allgemein regeln (s.o. Rn.4), zulässig.

Der **ANÜ-Vertrag** kann auch unter Vereinbarung einer **auflösenden Bedingung** **34**
abgeschlossen werden, was insbesondere in Fällen in Betracht kommt, in denen
sich der Zeitraum für den erhöhten Personalbedarf beim Entleiher (z.B. bei
Erkrankung eines Arbeitnehmers) zum Zeitpunkt des Vertragsschlusses nicht
abschätzen lässt. Mit Eintritt der Bedingung endet dann auch das ANÜ-Verhält-
nis.

Auch bei dem grundsätzlich befristeten ANÜ-Vertrag bleibt es den Parteien un- **35**
benommen, vertragliche **Absprachen zur Beendigung** des Vertrages zu treffen.
So können die Parteien jederzeit die **Aufhebung** des Vertrages vereinbaren.
Auch ist eine **Kündigung** im Rahmen **vertraglich vereinbarter Kündigungs-**
rechte möglich. Ohne eine besondere vertragliche Vereinbarung ist jedoch eine
ordentliche Kündigung sowohl bei Befristung des Vertrages als auch wegen Fehlens gesetzlicher Kündigungsbestimmungen nur bei Rahmenverträgen möglich
(*Becker/Wulfgramm*, Art. 1 § 12 Rn.59; *Schüren/Feuerborn*, § 12 Rn.41). Wie bei
anderen Dauerschuldverhältnissen besteht jedoch bei Vorliegen eines wichtigen
Grundes, insbesondere bei schwerwiegenden Vertragsverstößen, ein Recht
zur **außerordentlichen Kündigung** nach § 314 BGB (*Becker/Wulfgramm*, Art. 1
§ 12 Rn.61; ErfK/*Wank*, Einl. AÜG Rn.27; *Schüren/Feuerborn*, § 12 Rn.42). Soweit
ein Recht zur außerordentlichen Kündigung nach § 314 BGB besteht, geht die
Vorschrift § 323 BGB vor (vgl. amt. Begr. BT-Ds. 14/6040, S. 177). Der wichtige
Grund i.S.d. § 314 Abs. 1 Satz 2 BGB kann sowohl der Sphäre des Verleihers als
auch der Sphäre des Entleihers entstammen. Auf ein Verschulden kommt es dabei nicht an. Entscheidend ist allein, ob dem kündigenden Teil eine Fortsetzung
des Vertrages nicht zugemutet werden kann. Wegen des Beschaffungsrisikos des
Verleihers (vgl. Rn. 9 und 12) und seiner Verpflichtung, bei Ausfall eines Arbeitnehmers jederzeit einen Ersatz zu stellen, kann sich der Verleiher auf eine **Unzu-**
mutbarkeit nur berufen, soweit die Gründe der beabsichtigten Kündigung
außerhalb seiner diesbezüglichen Garantieverpflichtungen liegen. Geringere
Anforderungen bestehen demgegenüber, wenn sich der Entleiher wegen Unzumutbarkeit vom Vertrag lösen will. Ist etwa ein Auftrag, für den der Leiharbeitnehmer eingestellt wurde, ohne Verschulden des Entleihers entfallen oder werden im Betrieb wegen **Auftragsmangels** Kündigungen oder die Einführung von
Kurzarbeit erforderlich, sind die Voraussetzungen eines wichtigen Grundes i.S.d.
§ 314 Abs. 1 Satz 2 BGB erfüllt. In diesem Fall muss der Entleiher unverzüglich
kündigen (§ 314 Abs. 2 BGB) und ist dem Verleiher ggf. zum Schadensersatz verpflichtet (§ 314 Abs. 4 BGB).

Ein Recht zur außerordentlichen Kündigung kann nach § 313 Abs. 3 Satz 2 BGB **35a**
gegeben sein, wenn die **Geschäftsgrundlage** des ANÜ-Vertrages nachträglich
entfällt (§ 313 Abs. 1) und eine Anpassung des Vertrages an die entscheidend

veränderten Umstände nicht möglich ist. Wie bei § 314 BGB (Rn. 35) ist auch im Rahmen des § 313 Abs. 1 BGB Voraussetzung, dass die Umstände, die sich verändert haben, nicht Inhalt des Vertrages wurden. Soweit das Beschaffungsrisiko des Verleihers (vgl. Rn. 9 und 12) betroffen ist, ist daher eine Kündigung ausgeschlossen. Auch für den Entleiher dürfte jedoch eine Kündigung wegen Wegfalls der Geschäftsgrundlage nur in Ausnahmefällen in Betracht kommen. In der Praxis dürfte sich die Bedeutung des § 313 BGB weitgehend auf langfristige **Rahmenvereinbarungen** zur Fremdfirmenarbeit (Rn. 4) beschränken. Treten hier nach Vertragsschluss Umstände ein, bei deren Kenntnis die Vertragsparteien die vertraglichen Leistungspflichten nicht eingegangen wären, kann im Einzelfall neben einem Recht zur ordentlichen Kündigung (Rn. 35) ein Kündigungsrecht nach § 313 Abs. 3 Satz 2 BGB gegeben sein. In Betracht kommen hier z. B. Betriebs- oder Teilbetriebsschließungen und Betriebseinschränkungen beim Entleiher oder Verleiher.

36 Ergibt sich während der Laufzeit des ANÜ-Vertrags, dass der Verleiher die üblichen Arbeitgeberpflichten oder das Arbeitgeberrisiko nicht übernimmt, und wird daher nach § 1 Abs. 2 das Vorliegen einer **Arbeitsvermittlung vermutet**, entfallen ab diesem Zeitpunkt die Wirkungen des ANÜ-Vertrags. Beruht die Vermutung auf der Nichteinhaltung von Arbeitgeberpflichten des Verleihers oder sonstigen Umständen, die der Sphäre des Verleihers zuzuordnen sind, ist er dem Entleiher nach § 280 Abs. 1 BGB zum **Schadensersatz** verpflichtet. Der Schaden umfasst dabei auch die Belastungen des Entleihers, die auf dem Zustandekommen eines **fingierten Arbeitsverhältnisses** (vgl. Einl. D, Rn. 47 ff.) beruhen (*Thüsing/Thüsing*, § 12 Rn. 44). Ausgeschlossen ist der Schadensersatzanspruch, wenn die Vermutungswirkungen auf Umständen beruhen, die in der Sphäre des Entleihers liegen. Dies ist z. B. der Fall, wenn der Entleiher den LAN nicht nur für einen vorübergehenden Personalbedarf einsetzt, sondern auf Dauerarbeitsplätzen einsetzt und hierdurch das **Arbeitgeberrisiko** i. S. v. § 1 Abs. 2 verlagert wird.

37 **Fällt die Erlaubnis** nach Abschluss des ANÜ-Vertrages **fort**, so hängt die Rechtsfolge für den Bestand des Vertrages von Grund des Wegfalls ab. Erlischt die Erlaubnis durch Zeitablauf nach § 2 Abs. 4 Satz 1, endet damit gem. § 9 Nr. 1 automatisch auch der Überlassungsvertrag (*Becker/Wulfgramm*, Art. 1 § 12 Rn. 64; *Schüren/Feuerborn*, § 12 Rn. 46; *Thüsing/Thüsing*, § 12 Rn. 41). Wird die Erlaubnis dagegen gem. § 2 Abs. 4 nicht verlängert oder wird sie nach § 4 zurückgenommen oder nach § 5 widerrufen, tritt die Beendigungswirkung erst nach Ablauf der zwölfmonatigen **Abwicklungsfrist** (§§ 2 Abs. 4 Satz 4, 4 Abs. 1 Satz 1, 5 Abs. 1) ein. Dasselbe gilt bei Tod des Erlaubnisinhabers und Fortsetzung des Gewerbes durch die Erben (vgl. hierzu § 2 Rn. 53).

V. Unterrichtungspflichten bei Wegfall der Erlaubnis (Abs. 2)

38 Zum Schutz des Entleihers vor den Folgen, die mit einer fehlenden Erlaubnis verbunden sind, verpflichtet § 12 Abs. 2 den Verleiher, den Entleiher über den **Fortfall der Erlaubnis** unabhängig vom Erlöschensgrund unverzüglich **zu unterrichten** (Satz 1) und ihn über die **Rechtsfolgen aufzuklären** (Satz 2). Die Vorschrift ist ein Schutzgesetz i. S. d. § 823 Abs. 2 BGB; daneben ist der Verleiher dem Entleiher bei Verstößen aus dem Gesichtspunkt **positiver Forderungsverletzung** nach § 280 BGB schadensersatzpflichtig (*Thüsing/Thüsing*, § 12 Rn. 44). Soweit der Entleiher seinen Sorgfaltspflichten hinsichtlich der Überwachung einer bestehenden Erlaubnis genügt (vgl. Rn. 4), können sich die diesbezüglichen

Ansprüche auch auf Schäden erstrecken, die dem Entleiher aus einem nach § 10 Abs. 1 fingierten Arbeitsverhältnis erwachsen (s. a. Rn. 36). Bestehen beispielsweise für den Entleiher nach Ablauf des im Überlassungsvertrag vorgesehenen Zeitraums keine Beschäftigungsmöglichkeiten für den Leiharbeitnehmer und ist der Entleiher dennoch aus dem fingierten Arbeitsverhältnis zur Weiterbeschäftigung verpflichtet, kann er die hieraus folgenden Vermögensschäden gegen den Verleiher geltend machen (vgl. § 9 Rn. 21). Dasselbe gilt hinsichtlich der Vergütungsansprüche des Leiharbeitnehmers gegen den Entleiher aus § 10 Abs. 1 (vgl. § 10 Rn. 59), soweit diese das mit dem Verleiher verarbeitete Entgelt für die Überlassung übersteigen.

Aus den Unterrichtungs- und Erklärungspflichten des § 12 Abs. 1 Satz 2 und **39** Abs. 2 folgt, dass den Entleiher eine Pflicht trifft, das Bestehen bzw. das **Fortbestehen einer Erlaubnis zu überprüfen** und fortlaufend zu überwachen (vgl. Rn. 4). Nimmt der Entleiher seine diesbezüglichen Informationsmöglichkeiten nicht ausreichend wahr, muss er hieraus folgende Nachteile in Kauf nehmen (*BGH* v. 21. 3. 1982 – 2 StR 744/81 – BB 1982, 1671). Hierbei darf er nicht allein auf die Angaben des Verleihers vertrauen. Er muss vielmehr ggf. **eigene Erkundungen** vornehmen (*OLG Hamm* v. 14. 11. 1980 – 5 SsOWi 1967/80 – AP Nr. 7 zu § 19 AFG). Ausreichend ist hierbei, wenn er sich die gültige Überlassungserlaubnis vorlegen lässt bzw. bei Ablauf von deren Befristung erneut deren Vorlage verlangt.

Durch § 12 Abs. 2 Satz 1 wird der Verleiher verpflichtet, in allen Fällen, in denen **40** es zu einem **Wegfall der Erlaubnis** kommt, den Entleiher **unverzüglich** zu **unterrichten**. Der Erlöschensgrund ist dabei unbeachtlich. Unverzüglich bedeutet ohne schuldhaftes Zögern (§ 121 Abs. 1 BGB). Daraus folgt, dass der Verleiher den Entleiher **vor** dem (zukünftigen) Zeitpunkt des Fortfalls der Erlaubnis informieren muss. Damit, dass die Unterrichtung unverzüglich zu erfolgen hat, wird klargestellt, dass der Verleiher dem Entleiher einen größtmöglichen Zeitraum einräumen muss, um sich auf die Folgen des Fortfalls einstellen zu können (einschränkend *Schüren/Feuerborn*, § 12 Rn. 49). Überdauert der Überlassungsvertrag den Zeitpunkt des Fortfalls der Erlaubnis, ist dem Verleiher hierbei keinerlei Überlegungsfrist zuzubilligen (einschränkend *Becker/Wulfgramm*, Art. 1 § 12 Rn. 6). Ist der Fortfall schon bei Abschluss des ANÜ-Vertrages absehbar (etwa weil der Verleiher keinen Verlängerungsantrag stellen will), muss der Verleiher dies schon zum Zeitpunkt des Vertragsschlusses mitteilen. Umgekehrt kann die Verpflichtung zur Unterrichtung nach Abs. 1 Satz 1 dann entfallen, wenn ein **berechtigtes Interesse des Entleihers** an der Mitteilung nicht gegeben ist. Davon ist regelmäßig auszugehen, wenn der ANÜ-Vertrag vor dem Wegfall der Erlaubnis und nicht erst im **Nachwirkungszeitraum** des § 2 Abs. 4 Satz 4 endet. Liegt der ANÜ dagegen eine dauerhafte Rechtsbeziehung oder eine Rahmenvereinbarung zugrunde, auf Grund deren der Entleiher seine Personalplanung langfristig aufbaut, ist der Verleiher auch dann zur Unterrichtung nach § 12 Abs. 2 Satz 1 verpflichtet, wenn er dem Entleiher zum konkreten Zeitpunkt des Wegfalls keinen Arbeitnehmer überlassen hat.

Die Unterrichtungspflichten nach Abs. 2 Satz 1 werden durch Satz 2 dahin- **41** gehend erweitert, dass den Verleiher **Aufklärungspflichten** hinsichtlich der **Rechtsfolgen des Erlaubnisfortfalls** und der ggf. geltenden gesetzlichen Abwicklungsfrist (§ 2 Abs. 4 Satz 4) treffen. Hierbei genügt es nicht, wenn der Verleiher lediglich auf die gesetzlichen Bestimmungen und das Ende der Abwicklung hinweist (a. A. *Thüsing/Thüsing*, § 12 Rn. 45). Vielmehr muss er über alle

Umstände und Rechtsfolgen aufklären, die für einen auch unwissenden und rechtsunkundigen Entleiher im konkreten Fall von Bedeutung sind. Hierzu gehört nicht nur der Hinweis, dass neue Verträge nicht abgeschlossen werden dürfen, sondern auch die Angaben der Gründe des Wegfalls der Erlaubnispflicht und hieraus sich ergebende **Auswirkungen auf die Rechtsstellung des Entleihers**. Wird etwa die Verlängerung der Erlaubnis versagt, weil dem Verleiher wegen Verstoßes gegen Bestimmungen des § 3 Abs. 1 Nr. 1 die Verlängerung versagt werden muss, hat der Entleiher ein berechtigtes Interesse, über die für ihn hiermit verbundenen Risiken, insbesondere über Umstände, aus denen sich ein fingiertes Arbeitsverhältnis nach § 1 Abs. 2 ergeben kann (vgl. Einl. D. Rn. 47 ff.), rechtzeitig aufgeklärt zu werden.

42 Die **Unterrichtung** nach Satz 1 und der Hinweis nach Satz 2 müssen **in schriftlicher Form** erfolgen (*Schüren/Feuerborn*, § 12 Rn. 51; a. A. *Becker/Wulfgramm*, Art. 1 § 12 Rn. 7, 9; *Thüsing/Thüsing*, § 12 Rn. 9). Aus Abs. 1 Satz 2 folgt insoweit, dass Erklärungen über das Bestehen oder Nichtbestehen einer Erlaubnis der Schriftform Genüge tun müssen (s. o. Rn. 31) und dass die diesbezüglichen Pflichten des Verleihers als Annexverpflichtung und wegen gleich gelagerter Bedürfnisse der Beweissicherung auch in Fällen des Fortfalls der Erlaubnis bestehen (ebenso *Schüren/Feuerborn*, § 12 Rn. 53).

VI. Rechtsweg

43 Für **Streitigkeiten** aus dem zwischen Verleiher und Entleiher bestehenden Rechtsverhältnis ist nach § 13 GVG der Rechtsweg zu den **ordentlichen Gerichten** eröffnet. Dies betrifft auch die Fälle, in denen durch den Einsatz beim Entleiher Interessen des Arbeitnehmers berührt sind, die der Arbeitnehmer mangels eigener vertragicher Ansprüche gegen den Entleiher nicht durchsetzen kann, z. B. bei Klagen des Verleihers gegen den Entleiher auf Erteilung eines Zwischenzeugnisses (vgl. Rn. 20). Eine Rechtswegzuweisung nach § 2 ArbGG ist insoweit nicht gegeben.

§ 13 Auskunftsanspruch des Leiharbeitnehmers

Der Leiharbeitnehmer kann im Falle der Überlassung von seinem Entleiher Auskunft über die im Betrieb des Entleihers für einen vergleichbaren Arbeitnehmer des Entleihers geltenden wesentlichen Arbeitsbedingungen einschließlich des Arbeitsentgelts verlangen; dies gilt nicht, soweit die Voraussetzungen einer der beiden in § 3 Abs. 1 Nr. 3 und § 9 Nr. 2 genannten Ausnahmen vorliegen.

I. Entstehungszusammenhang und Gesetzeszweck

§ 13 gibt dem LAN gegen den Entleiher einen **Auskunftsanspruch** zu den **1**
wesentlichen Arbeitsbedingungen eines vergleichbaren Stammarbeitnehmers,
soweit das Diskriminierungsverbot nach § 9 Nr. 2 Anwendung findet. Die Vorschrift wurde durch Art. 6 Nr. 8 des Ersten Gesetzes für moderne Dienstleistungen am Arbeitsmarkt (v. 23. 12. 2002, BGBl. I S. 4607) m.W.v. 1. 1. 2004 in das AÜG
eingefügt. Durch das Dritte Gesetz für moderne Dienstleistungen am Arbeitsmarkt (v. 23. 12. 2003, BGBl. I S. 2848) wurde § 13 durch Anfügung des letzten
Halbs. dahingehend ergänzt, dass der Anspruch zur Durchsetzung von Gleich-
behandlungsansprüchen des LAN nach § 10 Abs. 4 erforderlich sein muss und
die Auskunftspflicht des Entleihers von einem entsprechenden Verlangen des
LAN abhängig ist. § 13 n. F. ersetzt die bis zum 31. 3. 1997 geltende Regelung in
§ 13 a. F., wonach dem LAN bei vermuteter Arbeitsvermittlung Ansprüche gegen
den Entleiher aus einem fingierten Arbeitsverhältnis zustanden (vgl. Vorauflage
§ 13 Rn. 2 ff. u. Einl. D Rn. 47 ff.).

Zweck der Norm ist es, dem LAN die Prüfung zu ermöglichen, ob der Verleiher **2**
seinen Verpflichtungen aus §§ 3 Abs. 1 Nr. 3, 9 Nr. 2 zur Einhaltung des Gleichbehandlungsgrundsatzes nachgekommen ist und dem LAN bei Nichteinhaltung
des gesetzlichen Diskriminierungsverbots Ansprüche gegen den Verleiher zustehen (*Böhm*, NZA 2003, 831). Auch soll dem LAN der Vergleich zwischen tatsächlich gewährten und rechtlich geschuldeten Arbeitsbedingungen ermöglicht
werden (*Ulber*, AuR 2003, 13). Sie ist auch anwendbar, soweit das Leiharbeitsverhältnis nach § 9 Nr. 1 unwirksam ist, da die Gleichstellungsansprüche aus § 10
Abs. 4 auch in diesem Fall bestehen (§ 10 Rn. 85).

II. Anspruchsvoraussetzungen

Der Auskunftsanspruch nach § 13 besteht gegen den **Entleiher.** Unabhängig hier- **3**
von ist der **Verleiher** nach § 82 Abs. 2 BetrVG und auf Grund des allgemeinen
arbeitsrechtlichen Auskunftsanspruchs nach § 242 BGB verpflichtet, dem Arbeitnehmer Auskunft über alle Arbeitsbedingungen des Leiharbeitsverhältnisses
einschließlich der Zusammensetzung des Arbeitsentgeltes zu erteilen (*BAG*
v. 21. 11. 2000 – 9 AZR 655/99 – EzA § 242 BGB Auskunftspflicht Nr. 6; § 108 Abs. 1
GewO; *Behrend*, NZA 2002, 374; a.A. *Thüsing/Mengel*, § 10 Rn. 66). Die hierzu erforderlichen Angaben hat er sich beim Entleiher zu beschaffen (§ 12 Abs. 1 Satz 3;
vgl. *Thüsing/Thüsing*, § 12 Rn. 22).

Eine **Pflicht zur Auskunftserteilung** über die wesentlichen Arbeitsbedingungen **4**
eines vergleichbaren Arbeitnehmers (Rn. 11) durch den Entleiher besteht nur auf
(ggf. auch formlosem) **Verlangen** des LAN. Solange der LAN den Anspruch gegenüber dem Verleiher nicht geltend macht, ist der Entleiher grundsätzlich nicht
zur Auskunft verpflichtet.

Auskunftsansprüche, die ihre Grundlage im **Rechtsverhältnis des LAN mit dem** **5**
Entleiher haben und auf einer Nebenpflicht aus diesem Schuldverhältnis beruhen (vgl. Rn. 3), bleiben von § 13 unberührt. Dies betrifft insbesondere Ansprüche, die auf der betriebsverfassungsrechtlichen Stellung des LAN im Entleiherbetrieb beruhen (§§ 81 ff. BetrVG) oder Arbeitsschutzpflichten nach § 12 Abs. 2
ArbSchG oder Leistungspflichten nach dem ArbeitnehmererfindungsG berühren (vgl. § 11 Rn. 140 f.). Bestehen Auskunftsansprüche des LAN gegen den Entleiher, die außerhalb des Anwendungsbereichs des § 13 ihre Rechtsgrundlage ha-

ben, ist der Entleiher auch ohne ausdrückliches Verlangen des LAN (Rn. 4) zur Auskunftserteilung verpflichtet.

6 Der Auskunftsanspruch besteht nur, soweit **wesentliche Arbeitsbedingungen** i.S.d. §§ 3 Abs. 1 Nr. 3, 9 Nr. 2 einschließlich des **Arbeitsentgelts** betroffen sind (vgl. hierzu § 9 Rn. 90 ff., 98 ff.), die einem **vergleichbaren Arbeitnehmer** des Entleihers gewährt werden müssen (vgl. § 9 Rn. 104 ff.). Sind sonstige Arbeitsbedingungen betroffen (§ 9 Rn. 103), scheidet ein Anspruch aus § 13 aus.

III. Ausschlusstatbestände (Halbs. 2)

7 Nach **Halbs.** 2 entfällt der Auskunftsanspruch, wenn in einem **TV zur ANÜ** wirksam von den Grundsätzen des Diskriminierungsverbots abgewichen wurde. Dem Entleiher steht ggf. ein Recht zur **Auskunftsverweigerung** zu. Die Ausnahmebestimmung soll den Entleiher vor unberechtigten Auskunftsansprüchen des LAN schützen und greift immer ein, wenn auf Grund des TV feststeht, dass dem LAN auf Grund der Auskunft im Vergleich zu den arbeitsvertraglichen Ansprüchen keine weitergehenden Ansprüche zustehen. Steht nicht zweifelsfrei fest, dass dem Leiharbeitnehmer auch bei Auskunft des Entleihers keine Ansprüche nach § 10 Abs. 4 zustehen, bleibt der Auskunftsanspruch entsprechend seines Zwecks (Rn. 2) erhalten. Bedeutung hat dies insbesondere, wenn die **Unwirksamkeit des TV** zur ANÜ feststeht (§ 9 Rn. 176 ff.) oder erhebliche Zweifel an der Wirksamkeit von Bestimmungen des Tarifvertrags bestehen (vgl. § 9 Rn. 237 ff.). Soweit TV zur ANÜ auf das Leiharbeitsverhältnis angewandt werden, die von der *CGZP* abgeschlossen wurden und daher unwirksam sind (vgl. § 9 Rn. 190 ff.), besteht immer ein uneingeschränkter Auskunftsanspruch des LAN. Eine vom LAN beabsichtigte Geltendmachung von Ansprüchen aus § 10 Abs. 4, die auf der Unwirksamkeit von Bestimmungen eines TV zur ANÜ beruhen, kann der Entleiher nicht durch Hinweis auf das (als Ausnahme konzipierte) Auskunftsverweigerungsrecht nach Halbs. 2 verunmöglichen.

8 Der Auskunftsanspruch ist nur ausgeschlossen, soweit die wesentlichen Arbeitsbedingungen in einem TV zur ANÜ abweichend vom Diskriminierungsverbot der §§ 3 Abs. 1 Nr. 3, 9 Nr. 2 abschließend geregelt sind. Verweist der TV zur ANÜ auf Regelungen im Entleiherbetrieb, besteht der Anspruch fort (*Thüsing/Mengel,* § 13 Rn. 7). Soweit der Tarifvertrag **Regelungslücken** enthält (vgl. § 9 Rn. 110, 167, 237, 282), besteht der Auskunftsanspruch für alle wesentlichen Arbeitsbedingungen, die im TV nicht geregelt wurden. Insbesondere beim **Leistungslohn** und bei Gleichstellungsansprüchen, die auf betrieblichen Regelungen im Entleiherbetrieb beruhen (§ 10 Rn. 88, 109), ist daher immer ein Auskunftsanspruch des Leiharbeitnehmers gegeben. Da die wesentlichen Arbeitsbedingungen i.S.d. § 9 Nr. 2 in keinem der bestehenden TV zur ANÜ umfassend geregelt wurden, hat der LAN auch bei Anwendung eines TV zur ANÜ praktisch immer einen (inhaltlich begrenzten) Auskunftsanspruch nach § 13.

9 Der **Auskunftsanspruch** ist **ausgeschlossen**, wenn der LAN als **Arbeitsloser** vom Verleiher neu eingestellt wurde und im Arbeitsvertrag wirksam nach § 9 Nr. 2 für die ersten sechs Wochen der Beschäftigung eine Vergütung in Höhe des Arbeitslosengeldes vereinbart wurde (vgl. § 9 Rn. 116 ff.). Der Auskunftsanspruch nach § 13 besteht hier erst nach Ablauf der Sechs-Wochen-Frist.

IV. Inhalt des Auskunftsanspruchs

Soweit der Auskunftsanspruch nicht nach Halbs. 2 ausgeschlossen ist, hat der **10** Entleiher dem Leiharbeitnehmer **alle Auskünfte zu erteilen**, die dieser für eine Prüfung möglicher Gleichstellungsansprüche nach § 10 Abs. 4 benötigt. Soweit kein TV zur ANÜ den Anspruch ausschließt, hat er daher Auskunft über alle wesentlichen Arbeitsbedingungen zu erteilen, die einem vergleichbaren Stammarbeitnehmer des Entleihers zu gewähren sind. Beim **Arbeitsentgelt** hat er mindestens die in § 108 Abs. 1 Satz 2 u. 3 GewO geforderten Angaben zu machen. Daneben müssen dem Leiharbeitnehmer alle Informationen gegeben werden, die er im Rahmen des **Günstigkeitsvergleichs** (vgl. § 9 Rn. 108) zur Geltendmachung von Ansprüchen aus § 10 Abs. 4 benötigt. Ist hierbei ein **Sachgruppenvergleich** vorzunehmen (vgl. § 9 Rn. 111), muss der Entleiher nicht nur die einbezogenen Regelungen nach Grund und Höhe angeben, sondern auch die Kriterien ihrer Zusammenfassung. Weist der ansonsten wirksame TV lediglich Regelungslücken auf (zum Leistungslohn vgl. § 9 Rn. 94 u. 110), oder sind nur einzelne Bestimmungen des TV unwirksam, beschränkt sich der Auskunftsanspruch auf die ungeregelten Arbeitsbedingungen bzw. die unwirksamen Bestimmungen des TV.

Da die Gleichstellungsansprüche des LAN wesentlich davon abhängen, welche **11** Arbeitsbedingungen einem **vergleichbaren Arbeitnehmer** des Entleihers gewährt werden müssen (§ 9 Rn. 104 ff.), muss der LAN bei Geltendmachung von Ansprüchen nach § 10 Abs. 4 die Kriterien kennen, die für die Vergleichbarkeit zu Grunde zu legen sind. Ein entsprechender Auskunftsanspruch gegen den Entleiher (zum Anspruch gegen den Verleiher vgl. Rn. 3) lässt sich dem Wortlaut des § 13 nicht entnehmen. Jedoch ergibt sich aus dem Zweck der Norm, dem LAN alle Informationen zur Prüfung und Geltendmachung von Gleichstellungsansprüchen zu geben (Rn. 2), dass der Entleiher auch die dem vergleichbaren Arbeitnehmer zu Grunde liegenden Kriterien mitteilen muss. Ein zusätzlicher Aufwand ist für den Entleiher hiermit nicht verbunden, da er die entsprechende Prüfung schon bei Abschluss des ANÜ-Vertrags mit dem Verleiher vornehmen muss (§ 12 Abs. 1 Satz 2; vgl. § 12 Rn. 6 a ff.).

Soweit die Voraussetzungen des § 13 erfüllt sind, hat der LAN gegen den Entlei- **12** her einen **selbstständig einklagbaren** Auskunftsanspruch, der nach § 2 Abs. 1 Nr. 4a ArbGG beim zuständigen Arbeitsgericht geltend zu machen ist. Der Auskunftsanspruch besteht für den **Zeitraum**, für den er dem Entleiher überlassen wird (*Thüsing/Mengel* § 13 Rn. 3). Der LAN kann den Anspruch ab dem Zeitpunkt geltend machen, zu dem feststeht, dass er dem Entleiher überlassen werden soll. Auch nach Beendigung eines Einsatzes bei einem Entleiher besteht der Anspruch fort, solange der LAN unter Berücksichtigung etwaiger **Verfallsfristen** (§ 10 Rn. 117) Ansprüche aus § 10 Abs. 4 gegen den Verleiher geltend machen kann.

Soweit sich in dem Zeitraum, in dem der LAN beim Entleiher beschäftigt ist, we- **13** sentliche **Arbeitsbedingungen ändern**, kann der LAN den Auskunftsanspruch (auch bei vorheriger Auskunftserteilung des Entleihers) erneut geltend machen. Ansonsten ist der Entleiher nur einmalig zur Auskunftserteilung verpflichtet (vgl. § 108 Abs. 2 GewO).

V. Rechtsfolgen bei Verstößen

14 Verstöß der Entleiher gegen seine Pflichten aus § 13, indem er eine Auskunft nicht, nicht richtig oder unvollständig erteilt, steht dem LAN ein **Zurückbehaltungsrecht** nach § 273 Abs. 1 BGB zu (*Thüsing/Mengel*, § 13 Rn. 10). Daneben ist er dem LAN nach § 280 Abs. 1 BGB zum **Schadensersatz** verpflichtet. Der Schaden des LAN liegt hier regelmäßig darin, dass er infolge der Pflichtverletzung aus § 10 Abs. 4 folgende Ansprüche gegen den Verleiher nicht oder (z. B. wegen einer Verfallsfrist) nicht rechtzeitig geltend machen kann. Daneben kommen Ansprüche auf Ersatz der Aufwendungen in Betracht, die ihm aus Anstrengungen zu einer anderweitigen Erlangung der vom Entleiher verweigerten Auskünfte entstehen (*Sandmann/Marschall*, Art. 1 § 13 Anm. 3). Insoweit ist jedoch zu berücksichtigen, dass bei Verletzung der Auskunftspflichten des Entleihers zunächst vom Verleiher die erforderlichen Auskünfte verlangt werden müssen (vgl. Rn. 3).

15 Verstöße gegen § 13 sind nicht bußgeldbewehrt. Sie können jedoch nach § 3 Abs. 1 Nr. 1 den **Versagungstatbestand** mangelnder Zuverlässigkeit erfüllen, wenn der Verleiher Verstöße des Entleihers gegen § 13 duldet oder seinen eigenen Auskunftspflichten (Rn. 3) nicht ordnungsgemäß nachkommt.

§ 14 Mitwirkungs- und Mitbestimmungsrechte

(1) Leiharbeitnehmer bleiben auch während der Zeit ihrer Arbeitsleistung bei einem Entleiher Angehörige des entsendenden Betriebs des Verleihers.

(2) Leiharbeitnehmer sind bei der Wahl der Arbeitnehmervertreter in den Aufsichtsrat im Entleiherunternehmen und der Wahl der betriebsverfassungsrechtlichen Arbeitnehmervertretungen im Entleiherbetrieb nicht wählbar. Sie sind berechtigt, die Sprechstunden dieser Arbeitnehmervertretungen aufzusuchen und an den Betriebs- und Jugendversammlungen im Entleiherbetrieb teilzunehmen. Die §§ 81, 82 Abs. 1 und die §§ 84 bis 86 des Betriebsverfassungsgesetzes gelten im Entleiherbetrieb auch in bezug auf die dort tätigen Leiharbeitnehmer.

(3) Vor der Übernahme eines Leiharbeitnehmers zur Arbeitsleistung ist der Betriebsrat des Entleiherbetriebs nach § 99 des Betriebsverfassungsgesetzes zu beteiligen. Dabei hat der Entleiher dem Betriebsrat auch die schriftliche Erklärung des Verleihers nach § 12 Abs. 1 Satz 2 vorzulegen. Er ist ferner verpflichtet, Mitteilungen des Verleihers nach § 12 Abs. 2 unverzüglich dem Betriebsrat bekanntzugeben.

(4) Die Absätze 1 und 2 Sätze 1 und 2 sowie Absatz 3 gelten für die Anwendung des Bundespersonalvertretungsgesetzes sinngemäß.

Literaturhinweise

Ankersen, Anm. zu BAG v. 19. 6. 2001 – 1 ABR 43/00 – BB 2001, 2582; *Beck*, Leih-
arbeit, Werkverträge, illegale Arbeitnehmerüberlassung – Handlungsmöglichkeiten für Betriebsräte, BetrR 1989, 173; *Becker*, Die betriebsverfassungsrechtliche
Stellung der Leiharbeitnehmer, BlStSozArbR 1972, 129; *ders.*, Betriebsverfassungsrechtliche Aspekte beim drittbezogenen Personaleinsatz, AuR 1982, 369;
Brötz, Frühwarnsystem zur Bekämpfung der Leiharbeit, AiB 1983, 169; *Brors*,
»Leiharbeitnehmer wählen ohne zu zählen« – eine kurzlebige Entscheidung,
NZA 2003, 1380; *Brose*, Die betriebsverfassungsrechtliche Stellung von Leiharbeitnehmern nach den Änderungen des AÜG, NZA 2005, 797; *Bulla*, Das Wahl-
recht von Leiharbeitnehmern bei Betriebsratswahlen, DB 1975, 1795; *Däubler*,

Wählen aber nicht zählen – vermeidbare Rigiditäten im Betriebsverfassungsrecht, AuR 2004, 81; *ders.*, Probleme beim Übergang zum neuen Betriebsverfassungsrecht, DB 2001, 1669; *Dauner/Lieb,* Der innerbetriebliche Fremdfirmeneinsatz auf Dienst- und Werkvertragsbasis im Spannungsfeld zwischen AÜG und BetrVG, NZA 1992, 817; *Dewender,* Die Rechtsstellung der Leiharbeitnehmer nach den §§ 7 Satz 2 und 9 BetrVG, RdA 2003, 274; *Erdlenbruch,* Die betriebsverfassungsrechtliche Stellung gewerbsmäßig überlassener Arbeitnehmer, 1992; *Feuerborn/Hamann,* Neuregelungen im Arbeitnehmerüberlassungsgesetz, BB 1994, 1346; *Frerichs/Möller/Ulber,* Leiharbeit und betriebliche Interessenvertretung, 1981; *Gaul,* Betriebsverfassungsrechtliche Aspekte einer Entsendung von Arbeitnehmern ins Ausland, BB 1990, 697; *Gick,* Gewerbsmäßige Arbeitnehmerüberlassung zwischen Verbot und Umgestaltung, 1984; *Grimm/Brock,* Das Gleichbehandlungsgebot nach dem Arbeitnehmerüberlassungsgesetz und die Mitbestimmungsrechte des Betriebsrats des Entleiherbetriebs, DB 2003, 1113; *Halbach,* Betriebsverfassungsrechtliche Aspekte des Einsatzes von Leiharbeitnehmern und Unternehmensarbeitern, DB 1980, 2389; *Hamann,* Betriebsverfassungsrechtliche Auswirkungen der Reform der Arbeitnehmerüberlassung, NZA 2003, 526; *ders.*, Mitbestimmung in Arbeitszeitfragen bei der gewerbsmäßigen Arbeitnehmerüberlassung, AuR 2002, 322; *ders.*, Beteiligungsrechte des Betriebsrats beim Einsatz von Fremdpersonal, WiB 1996, 369; *Heigl/Wahsner,* Abweichende Beschäftigung und Personalräte, PersR 1991, 113; *Heinze,* Rechtsprobleme des sog. echten Leiharbeitsverhältnisses, ZfA 1976, 183; *Henssler,* Aufspaltung, Ausgliederung und Fremdvergabe, NZA 1994, 294; *Herbst,* Kann der Betriebsrat über Zugangskontrollen für Fremdfirmenmitarbeiter mitbestimmen?, AiB 1987, 275; *Herbst/Krüger,* Einsatz von Fremdfirmen-Arbeitnehmern im Betrieb und Möglichkeiten der Gegenwehr für den Betriebsrat, AiB 1983, 167; *Hirsch-Kreinsen,* Leiharbeit in Maschinenbaubetrieben, WSI-Mitt. 1983; *Hornung/Steidle,* Biometrie am Arbeitsplatz – sichere Kontrollverfahren versus ausuferndes Kontrollpotential, NZA 2003, 1113; *Hueck,* Anm. zu BAG v. 11. 3. 1976, AP Nr. 1 zu § 95 BetrVG 1972; *Hunold,* Zum Umfang der Unterrichtungspflicht des Arbeitgebers gemäß § 99 Abs. 1 BetrVG bei Beschäftigung von Leiharbeitnehmern, BB 1976, 648; *ders.*, Zur Entwicklung des Einstellungsbegriffs in der Rechtsprechung, NZA 1990, 46; *Jedzig,* Mitbestimmung des Betriebsrats bei der Beschäftigung von Fremdarbeitnehmern auf Grund Werkverträgen mit Drittfirmen, DB 1989, 978; *Kadel/Koppert,* Der Einsatz von Leiharbeitnehmern unter rechtlichen und personalpolitischen Aspekten, BB 1990, 2331; *Kreuder,* Fremdfirmeneinsatz und Beteiligung des Betriebsrats, AuR 1993, 316; *Krüger,* Ungeschützte Beschäftigungsverhältnisse, AiB 1998, 621; *Leisten,* Einstweilige Verfügung zur Sicherung von Mitbestimmungsrechten des Betriebsrats beim Einsatz von Fremdfirmen, BB 1992, 266; *Marschall,* Gelöste und ungelöste Fragen der Arbeitnehmerüberlassung, RdA 1983, 18; *Maschmann,* Abordnung und Versetzung im Konzern, RdA 1996, 24; *Maurer,* Betriebsverfassungsrechtliche Zugehörigkeit des Leiharbeitnehmers nach dem Arbeitnehmerüberlassungsgesetz, BB 1974, 512; *Mayer,* Der Schutz von Leiharbeitnehmern und das AÜG, AuR 1974, 353; *Mayer/Krüger,* Leiharbeit in der betrieblichen Praxis, BetrR 1986, 218; *Maschmann,* Leiharbeitnehmer und Betriebsratswahl nach dem BetrVG-Reformgesetz, DB 2001, 2446; *Molitor,* Das allgemeine Weisungsrecht, DB 1995, 2601; *Müllner,* Aufgespaltene Arbeitgeberstellung und Betriebsverfassungsrecht, 1978; *Mumot,* Die betriebsverfassungsrechtlichen Beteiligungsrechte bei der Beschäftigung von Leiharbeitnehmern, Diss. Bonn 1975; *Nicolai,* Zum Zählen und Wählen bei Betriebsratswahlen, DB 2003, 2599; *Plander,*

Fremdfirmeneinsatz und Betriebsverfassung, AiB 1990, 19; *ders.*, Der Betriebsrat als Hüter des zwingenden Rechts, 1982; *Prütting*, Unterlassungsanspruch und einstweilige Verfügung in der Betriebsverfassung, RdA 1995, 257; *Ramm*, Die Aufspaltung der Arbeitgeberfunktionen (Leiharbeitsverhältnis, mittelbares Arbeitsverhältnis, Arbeitnehmerüberlassung und Gesamthafenarbeitsverhältnis) ZfA 1973, 263; *Ratayczak*, Leiharbeitnehmer – Arbeitnehmer 2. Klasse?, AiB 2003, 276; *Reipen*, Dubiose Gewerkschaften – Sozialversicherungsrechtliche Risiken für Zeitarbeitsunternehmen und Kunden, NZS 2005, 407; *Rüthers/Bakker*, Arbeitnehmerüberlassung und Betriebsinhaberwechsel, ZfA 1990, 245; *Säcker*, Arbeitnehmerüberlassung im Konzern und Betriebsorganisation, FS Quack, S. 421; *Schiefer*, Keine Berücksichtigung von Leiharbeitnehmern bei der Ermittlung von Schwellenwerten im Betriebsverfassungsgesetz, DB 2002, 1774; *Stückmann*, Betriebsverfassungsrechtliche Mitbestimmung im arbeitnehmer- und betriebsratslosen Betrieb, DB 1999, 1902; *Ulber*, Personal-Service-Agenturen und Neuregelung der Arbeitnehmerüberlassung, AuR 2003, 7; *ders.*, Rechtliche Grenzen des Einsatzes von betriebsfremden Arbeitnehmern und Mitbestimmungsrechte des Betriebsrats, AuR 1982, 54; *ders.*, Anm. zu BAG v. 9. 4. 1987, AuR 1988, 156; *ders.*, Anm. zu BAG v. 28. 9. 1988, AiB 1989, 222; *Ulber/Frerichs*, Arbeitnehmerüberlassung und Mitbestimmung des Betriebsrats, AiB 1981, 148; *Walker*, Zum Unterlassungsanspruch des Betriebsrats bei mitbestimmungswidrigen Maßnahmen des Arbeitgebers, DB 1995, 1961; *Wagner*, Die werkvertragsbedingte Beschäftigung betriebsfremder Arbeitnehmer als Einstellung i.S.d. § 99 BetrVG, AuR 1992, 40; *Wensing/Freise*, Beteiligungsrechte des Betriebsrats bei der Übernahme von Leiharbeitnehmern, BB 2004, 2238; *Wiese*, Beteiligungsrechte des Betriebsrats bei Drittbeziehungen des Arbeitgebers, NZA 2003, 1113; *Windbichler*, Die Mitbestimmung des Betriebsrats bei der Beschäftigung von Leiharbeitnehmern, DB 1975, 739.

I. Entstehungsgeschichte und Gesetzeszweck

1 § 14 enthielt in seiner ursprünglichen Fassung eine Strafvorschrift, nach der die Verletzung von Geheimhaltungspflichten durch Angehörige oder Beauftragte einer mit Aufgaben des AÜG betrauten Behörde unter Strafe gestellt war. Die diesbezügliche Strafvorschrift wurde durch Art. 250 Nr. 2 EGStGB v. 2. 3. 1974 (BGBl. I S. 489) mit Wirkung vom 1. 1. 1975 aufgehoben. Als betriebsverfassungsrechtliche Norm wurde § 14 mit Wirkung vom 1. 1. 1982 auf Grund von Art. 1 Nr. 1 BillBG v. 15. 12. 1981 (BGBl. I S. 1390) neu in das Gesetz eingefügt. Bis zu diesem Zeitpunkt enthielt das AÜG keine eigenen Vorschriften zur betriebsverfassungsrechtlichen Stellung des Leiharbeitnehmers oder zu den Mitwirkungs- und Mitbestimmungsrechten von Betriebs- oder Personalrat im Entleiherbetrieb.

1a Schon vor der Einfügung des § 14 hatte das *BAG* in verschiedenen Entscheidungen zur **betriebsverfassungsrechtlichen Stellung des Leiharbeitnehmers** Präzisierungen vorgenommen. Bereits im grundlegenden Beschluss vom 14. 5. 1974 (1 ABR 40/73 – AP Nr. 2 zu § 99 BetrVG 1972) war klargestellt worden, dass der **Betriebsrat des Entleiherbetriebs** bei der Einstellung von Leiharbeitnehmern nach § 99 BetrVG zu beteiligen ist, wobei dem Betriebsrat in einer weiteren Entscheidung (v. 6. 6. 1978 – 1 ABR 66/75 – AP Nr. 6 zu § 99 BetrVG 1972) auch ein Recht auf Einsichtnahme in die ANÜ-Verträge, nicht jedoch in die Arbeitsverträge der Leiharbeitnehmer zugestanden wurde. Geändert wurde die Vorschrift durch Art. 2 BetrVerf-Reformgesetz. Der voher enthaltene Zusatz in Abs. 2 Satz 1, dass Leiharbeitnehmer im Entleiherbetrieb nicht wahlberechtigt sind, wurde mit

Wirkung vom 28.7.2001 aufgehoben und an die Neufassung des § 7 BetrVG angepasst (vgl. Einl. B. Rn. 48). Zuletzt geändert wurde § 10 durch Art. 7 Nr. 3 Job-AQTIV-Gesetz, durch dessen Buchstabe a) in der Überschrift die Wörter »des Betriebs- und Personalrates« gestrichen wurden und in Abs. 2 Satz 1 ein Ausschluss von Leiharbeitnehmern bei der Wahl in den Aufsichtsrat eines Entleiherunternehmens gesetzlich normiert wurde.

Die gesetzliche Regelung stellt in Abs. 1 lediglich klar, dass der Leiharbeitnehmer **2** auf Grund seiner arbeitsvertraglichen Beziehung zum Verleiher (vgl. § 1 Rn. 29 ff.) auch während der Zeiten der Beschäftigung beim Entleiher Angehöriger des entsendenden Verleiherbetriebs bleibt. Durch Abs. 2 Satz 1 i.d.F. des Art. 2 BetrVerf-Reformgesetz werden Leiharbeitnehmer von der **Wählbarkeit** bei Betriebsratswahlen in Entleiherbetrieben ausgesschlossen. I.ü. enthalten Abs. 2 Satz 2 und 3 und Abs. 3 eine **exemplarische Auflistung** betriebsverfassungsrechtlicher Vorschriften, die im Zusammenhang mit der Beschäftigung von Leiharbeitnehmern Anwendung finden sollen. Eine abschließende Regelung der Mitwirkungsrechte des Betriebsrats ist mit diesen gesetzlichen Bestimmungen nach dem Willen des Gesetzgebers nicht getroffen worden (vgl. BT-Ds. 9/847, S. 9; *BAG* v. 15.12.1992 – 1 ABR 38/92 – AP Nr. 7 zu § 14 AÜG; *Becker*, AuR 1982, 369; *Stückmann*, DB 1999, 1903). Vielmehr sind über die gesetzlichen Regelungen hinaus auch sonstige Bestimmungen des BetrVG entsprechend anwendbar, soweit die jeweiligen Schutzzwecke der Normen eine **Gleichbehandlung** von Leiharbeitnehmern mit den sonstigen Stammarbeitnehmern des Entleihers erfordern (*Becker/Wulfgramm*, Art. 1 § 14 Rn. 4; *Sandmann/Marschall*, Art. 1 § 14 Anm. 3; *Schüren/Hamann*, § 14 Rn. 10; BAG v. 19.6.2001 – NZA 2001, 1263).

Abs. 4 sieht für den Geltungsbereich des **Bundespersonalvertretungsgesetzes** **3** (vgl. § 1 BPersVG) eine entsprechende Anwendbarkeit der Absätze 1 und 2 Satz 1 und 2 sowie von Abs. 3 vor. Soweit die Personalvertretung der **Länder** betroffen ist, gilt die Bestimmung nicht unmittelbar; hier sind jeweils die landesrechtlichen Bestimmungen zur Personalvertretung maßgeblich (vgl. § 107c LPVG Niedersachsen, § 72 Abs. 4 Nr. 19 LPVG Nordrhein-Westfalen). Fehlen derartige landesrechtliche Bestimmungen, sind die Bestimmungen des § 14 Abs. 1 und 2 Satz 1 und 2 sowie Abs. 3 wegen Vergleichbarkeit der Interessenlage bei Neueinstellungen und Beschäftigung von Leiharbeitnehmern sowohl bei gewerbsmäßiger als auch bei **nichtgewerbsmäßiger ANÜ** entsprechend anzuwenden (vgl. auch *BVerwG* v. 3.9.1990 – 6 P 20/88 – AP Nr. 2 zu § 4 BPersVG; *Heigl/Wahsner*, PersR 1991, 120 m.w.N.).

II. Geltungsbereich des § 14

§ 14 erstreckt sich auf **alle Formen gewerbsmäßiger und nichtgewerbsmäßiger** **4** **ANÜ** einschließlich ihrer **illegalen Formen** (vgl. *BAG* v. 28.9.1989 – 1 ABR 85/87 – AP Nr. 60 zu § 99 BetrVG 1972 u. v. 10.3.2004 – 7 ABR 49/03 – BB 2004, 2753; ErfK/*Wank*, § 14 Rn. 16; *Becker*, AuR 1982, 378; *Schaub*, § 120 VI 4). Die Vorschrift ist auch bei Verleih von Arbeitnehmern in das **Ausland** anwendbar (*BAG*, a.a.O.; *Sandmann/Marschall*, § 14 Anm. 2). Eine unmittelbare Anwendbarkeit ist lediglich bei einer ANÜ nach § 1 Abs. 3 sowie in den Fällen der Fremdfirmenarbeit ausgeschlossen, in denen Arbeitnehmer nicht zur Arbeitsleistung überlassen werden, sondern ausschließlich im Rahmen der Betriebsorganisation ihres Vertragsarbeitgebers nach dessen Weisungen ihre Arbeit erbringen (vgl. Einl. C Rn. 46). Ein Teil der Literatur will § 14 unmittelbar nur in Fällen **erlaubter ge-**

werbsmäßiger ANÜ anwenden (*Becker/Wulfgramm*, Art. 1 § 14 Rn. 12; *Sandmann/ Marschall*, Art. 1 § 14 Anm. 7; *Schüren/Hamann*, § 14 Rn. 14; *Thüsing/Thüsing*, § 14 Rn. 8; zur unerlaubten ANÜ vgl. Rn. 5) und leitet dies aus der in § 14 verwandten Terminologie ab, wonach das AÜG unter dem Begriff des Verleihers nur den gewerbsmäßig handelnden Verleiher verstehe. Dieser Auffassung kann nicht gefolgt werden, da die Gewerbsmäßigkeit der ANÜ nur insoweit Tatbestandsmerkmal des § 1 Abs. 1 Satz 1 ist, wie die (gewerberechtliche) Erlaubnispflicht berührt ist. Hinsichtlich der **arbeitsvertraglichen Beziehungen** liegt ANÜ i.S.d. § 1 Abs. 1 Satz 1 dagegen immer vor, »wenn ein Arbeitgeber (Verleiher) einem anderen Unternehmer (Entleiher) Arbeitskräfte zur Arbeitsleistung zur Verfügung stellt, die voll in den Betrieb des Entleihers eingegliedert sind und ihre Arbeiten allein nach dessen Weisungen ausführen« (*BAG* v. 18. 1. 1989 – 7 ABR 62/87 – AP Nr. 2 zu § 14 AÜG). Ob der Arbeitgeber gewerbsmäßig handelt, ist für die Definition des Verleihers als Arbeitgeber nicht entscheidend. Auch ist zu berücksichtigen, dass die **Schutzfunktion der Betriebsverfassung** vorrangig an die **faktische Eingliederung** des Arbeitnehmers in den Betrieb anknüpft (*Becker*, AuR 1982, 371). Diese beurteilt sich unabhängig davon, ob die Eingliederung auf der Grundlage gewerbsmäßiger oder nichtgewerbsmäßiger ANÜ erfolgt (*LAG Nürnberg* v. 29. 5. 1985 – 3 TaBV 6/84 – EzAÜG § 1 AÜG Erlaubnispflicht Nr. 15).

4a Für die **nichtgewerbsmäßige ANÜ** ist in Rechtsprechung und Literatur überwiegend anerkannt, dass § 14 – mit Ausnahme der auf die gewerbsmäßige ANÜ zugeschnittenen Bestimmungen des Abs. 3 Satz 2 und 3 – anwendbar ist (*BAG* v. 28. 9. 1988 – 1 ABR 85/87 – AP Nr. 60 zu § 99 BetrVG 1972 und v. 22. 3. 2000 – 7 ABR 34/98 – DB 2000, 2330; *Becker/Wulfgramm*, Art. 1 § 14 Rn. 13; *ErfK/Wank*, § 14 AÜG Rn. 1; *Sandmann/Marschall*, Art. 1 § 14 Anm. 2; *Thüsing/Thüsing*, § 14 Rn. 7; *Ulber*, AuR 1982, 62; *BAG* v. 10. 3. 2004 – 7 ABR 49/03 – BB 2004, 2753). Der gegenteilen Auffassung, nach der eine Erstreckung des § 14 auf Fälle echer Leiharbeit eine unzulässige Verkürzung der allgemeinen betriebsverfassungsrechtlichen Stellung des Arbeitnehmers bedeute (so *Boemke*, § 14 Rn. 4; *FESTL*, § 5 Rn. 216 ff.); kann nicht gefolgt werden. In betriebsverfassungsrechtlicher Hinsicht ist die Stellung des LAN hinsichtlich seiner **Eingliederung** in den Entleiherbetrieb bei nichtgewerbsmäßiger und gewerbsmäßiger ANÜ dieselbe (*Thüsing/ Thüsing*, § 14 Rn. 7). Ein beachtenswerter Unterschied liegt allenfalls darin, dass der LAN bei nichtgewerbsmäßiger ANÜ nur ausnahmsweise bei einem Entleiher eingesetzt ist und die Überlassungsdauer i.d.R. kürzer ist als bei gewerbsmäßiger ANÜ. Es wäre ein den Schutzzwecken der Betriebsverfassung widersprechender **Wertungswiderspruch**, wenn man nicht gewerbsmäßig überlassenen LAN, die i.d.R. eingegliedert in dem Verleiherbetrieb ihre Arbeit erbringen, gegenüber gewerbsmäßig überlassenen LAN, die in faktischer Hinsicht beim Verleiher keine Tätigkeiten ausüben, eine stärkere betriebsverfassungsrechtliche Stellung beim Entleiher einräumen würde. Von daher ist auch die Auffassung abzulehnen, nach der echter LAN schon nach Ablauf einer Mindesteinsatzzeit von 6 Monaten das **passive Wahlrecht** (§ 8 BetrVG) im Einsatzbetrieb zusteht (so: *Boemke*, § 14 Rn. 64; *FESTL*, § 5 Rn. 216; differenzierend *Schüren/Hamann*, § 14 Rn. 412, der § 14 nur für die ersten 12 Monate der Überlassung analog anwenden will). § 14 AÜG ist Ausdruck eines allgemeinen Rechtsgedankens zur betriebsverfassungsrechtlichen Zuständigkeit bei **gespaltener Arbeitgeberstellung** (*BAG* v. 2. 11. 1993 – 1 ABR 36/93 – DB 1994, 985), so dass gegen eine **analoge Anwendung** der Vorschrift auf alle Fälle der Fremdfirmenarbeit, die mit einer partiellen Ausübung von Arbeitgeberbefugnissen durch den Einsatzbetrieb verbunden sind, keinerlei rechtliche Bedenken bestehen. Auch Auszubildende, die vorübergehend in anderen Betrieben zur Ausbildung beschäftigt sind, sind »in ähnlicher Weise« wie Leiharbeitnehmer betriebsverfassungsrechtlich zu behandeln (*BAG* v. 13.3.1991 – 7 ABR 89/89 – BB 1992, 66).

In den Fällen, in denen auf Grund der Fiktion des § 10 Abs. 1 ein **Arbeitsverhält-** **5** **nis zum** (vormaligen) **Entleiher** zustande kommt, insbesondere in den Fällen illegaler **Scheinwerkverträge**, verliert der Arbeitnehmer mit Aufnahme der Beschäftigung beim Entleiher seinen bisherigen Status als Leiharbeitnehmer (vgl. § 10 Rn. 5, 34 ff.). In diesen Fällen ist der Status eines Leiharbeitnehmers i.S.d. § 14 nicht mehr gegeben, so dass sich die betriebsverfassungsrechtliche Stellung des Arbeitnehmers und die Mitwirkungsrechte des Betriebsrats des Entleiher-betriebs unmittelbar nach den für den Entleiherbetrieb geltenden Bestimmungen des BetrVG richten (*BAG* v. 31.1.1989 – 1 ABR 72/87 – DB 1989, 982; *Becker/ Wulfgramm*, Art. 1 § 14 Rn. 16; *Sandmann/Marschall*, Art. 1 § 14 Anm. 7; *Thüsing/ Thüsing*, § 14 Rn. 8). Nimmt der **Verleiher** die **Arbeitgeberfunktion faktisch** weiter **wahr** und beschränkt der Entleiher sich auf die Wahrnehmung der bei ANÜ reduzierten Arbeitgeberfunktionen, bleibt die betriebsverfassungsrechtliche Stellung des Leiharbeitnehmers beim Verleiher trotz der Betriebszugehörigkeit zum Entleiherbetrieb erhalten (*Boemke*, § 14 Rn. 6; *Schüren/Hamann*, § 14 Rn. 477). Die betriebsverfassungsrechtliche Stellung des (vormaligen) Leiharbeitnehmers als Arbeitnehmer des Entleihers darf beim gesetzlich fingierten Arbeitsverhältnis nicht über § 14 AÜG verkürzt werden. Da der Arbeitnehmer wegen der faktisch wahrgenommenen Arbeitgeberfunktionen durch den Verleiher in tatsächlicher Hinsicht auch weiter in den Verleiherbetrieb eingegliedert bleibt, sind die Schutzfunktionen der Betriebsverfassung dort ebenso berührt wie bei einem Leiharbeitsverhältnis, das nicht nach § 9 Nr. 1 unwirksam ist. Die Interessenlage des Arbeitnehmers beim unwirksamen, aber faktisch durchgeführten Leih-arbeitsverhältnis ist hier in betriebsverfassungsrechtlicher Hinsicht dieselbe wie bei einem wirksamen Leiharbeitsverhältnis. Die faktische Eingliederung beim Verleiher reicht aus, um den betriebsverfassungsrechtlichen Arbeitnehmer-begriff zu erfüllen (vgl. DKK-*Trümner*, § 5 Rn. 7 ff.), so dass der Arbeitnehmer bei Nichtbeachtung der gesetzlichen Fiktion des § 10 Abs. 1 hinsichtlich seiner betriebsverfassungsrechtlichen Stellung entsprechend § 14 Abs. 1 neben seiner Betriebszugehörigkeit zum Entleiherbetrieb auch Betriebsangehöriger des Ver-leiherbetriebs ist (im Ergebnis ebenso *Becker/Wulfgramm*, Art. 1 § 14 Rn. 15; *Boemke*, § 14 Rn. 6; *Schüren/Hamann*, § 14 Rn. 477).

Erfüllt der Fremdfirmeneinsatz nicht die Merkmale einer ANÜ, liegt insbeson- **6** dere ein gesetzlich zulässiger **Einsatz von Arbeitnehmern auf werkvertrag-licher Basis** vor, scheidet eine unmittelbare Anwendbarkeit des § 14 aus (*Boemke*, § 14 Rn. 8; ErfK/*Wank*, § 14 AÜG Rn. 17; *Thüsing/Thüsing*, § 14 Rn. 10). Es bestehen dann keine arbeitsrechtlichen Beziehungen des Arbeitnehmers zum Drittbetrieb (*Becker/Wulfgramm*, Art. 1 § 14 Rn. 17). Allerdings fehlt es in betriebsverfassungs-rechtlicher Hinsicht nicht an einer **Vergleichbarkeit der Interessenlagen** (so aber *Becker*, AuR 1982, 378 ff.). Vielmehr ist auch hier anhand der jeweiligen **Schutzfunktionen** betriebsverfassungsrechtlicher Normen zu prüfen, inwieweit Bestimmungen des BetrVG auch bei anderen Formen der Fremdfirmenarbeit anwendbar sind, die nicht ein Arbeitsverhältnis des Arbeitnehmers zum Einsatz-betrieb voraussetzen (DKK-*Klebe*, § 87 Rn. 6a). Dies gilt insbesondere für die Mitbestimmungsrechte des Betriebsrats, die neben dem Schutz des einzelnen Arbeitnehmers auch den kollektiven **Schutz der Gesamtbelegschaft** berühren.

Insoweit wird auf die Erläuterungen zum Werkvertrag (vgl. Einl. C. Rn. 147) verwiesen. Liegt ein legaler Werkvertrag vor, ist § 14 auch in den Fällen nicht anwendbar, in denen das Zusammenwirken von Fremdbetrieb und Einsatzbetrieb die Voraussetzungen eines **gemeinsamen Betriebs** erfüllt, da hier die Bestimmungen des BetrVG unmittelbar und einheitlich für alle Stamm- und Fremdfirmenarbeitnehmer anzuwenden sind (vgl. Einl. C. Rn. 162 ff.). Ein derartiger gemeinsamer Betrieb liegt regelmäßig vor, wenn ein einheitlicher Leitungsapparat verschiedener Unternehmen vorhanden ist, der die technische Arbeitsorganisation lenkt, die Betriebsmittel gemeinsam genutzt werden und die **Arbeitnehmer arbeitsorganisatorisch zusammenwirken** (§ 1 Abs. 2 BetrVG; *BAG* v. 18. 1. 1990 – 2 AZR 355/89 – AP Nr. 9 zu § 23 KSchG 1969 m. w. N.). Soweit die Fremdfirma nicht selbst die Voraussetzungen eines eigenständigen Betriebs innerhalb der Betriebsorganisation des Einsatzbetriebs erfüllt (vgl. Einl. C. Rn. 64 f., 69), dürften die Voraussetzungen eines Gemeinschaftsbetriebs insbesondere in den Fällen gegeben sein, in denen der Werkbesteller dem Fremdfirmenarbeitnehmer in tatsächlicher Hinsicht **Weisungen** erteilt. Hierbei kommt es nicht darauf an, ob die Weisungen auf das Anweisungsrecht des Werkbestellers (vgl. Einl. C. Rn. 24, 35) oder auf das Direktionsrecht des Arbeitgebers gestützt werden. Entscheidend ist allein, dass die vorhandenen **Betriebsmittel** gemeinschaftlich zur Erreichung des werkvertraglichen Erfolges eingesetzt werden und die Organisation der Arbeiten verzahnt zwischen Fremd- und Einsatzunternehmen geplant bzw. durchgeführt wird (*Kreuder*, AuR 1993, 316). Selbst wenn man für das Vorliegen eines Gemeinschaftsbetriebs eine sog. Betriebsführungsvereinbarung verlangt (so GK-*Kraft*, § 4 Rn. 24; ablehnend zu Recht DKK-*Trümner*, § 1 Rn. 74b; *FESTL*, § 1 Rn. 84 f.; *Kohte*, RdA 1992, 302), die nach der Vermutungsregel des § 1 Abs. 2 BetrVG nicht erforderlich ist, liegt eine derartige Vereinbarung mit der werkvertraglich begründeten **Übertragung von Weisungsbefugnissen** auf den Werkbesteller regelmäßig vor (zum Vorliegen einer konkludenten Führungsvereinbarung auf Grund tatsächlicher Umstände vgl. auch *BAG* v. 18. 1. 1990, a. a. O.; DKK-*Trümner*, § 1 Rn. 75). Spricht die tatsächliche Handhabung für eine einheitliche Leitung, liegt auch ein Gemeinschaftsbetrieb vor; entgegenstehende Erklärungen der Beteiligten sind unbeachtlich.

7 Liegt zwischen Fremd- und Einsatzunternehmen ein Gemeinschaftsbetrieb vor, sind die **Fremdfirmenarbeitnehmer** betriebsverfassungsrechtlich dem gemeinsamen Betrieb zugeordnet, das Arbeitsverhältnis zum Fremdfirmenunternehmen bleibt hiervon unberührt. Infolge der **Zuordnung zum Gemeinschaftsbetrieb**, die u. a. auch das aktive und passive Wahlrecht zum Betriebsrat einschließt, besteht für eine (auch analoge) Anwendung von § 14 in diesen Fällen kein Bedürfnis.

8 Handelt es sich um **illegale Werk- oder Dienstverträge**, die nicht zu einem fingierten Arbeitsverhältnis führen (Rn. 6), und unterliegt die Überlassung des Arbeitnehmers den Bestimmungen des AÜG, ist § 14 in demselben Umfang anwendbar wie in sonstigen Fällen illegaler ANÜ (vgl. Rn. 135).

III. Betriebsverfassungsrechtliche Zuordnung von Leiharbeitnehmern (Abs. 1)

9 Nach Abs. 1 bleibt der Leiharbeitnehmer auch während der Zeit seiner Arbeitsleistung beim Entleiher Angehöriger des entsendenden Betriebs des Verleihers. Durch die Vorschrift, die auch bei nichtgewerbsmäßiger ANÜ in das Ausland gilt (*BAG* v. 22. 3. 2000 – 7 ABR 34 / 98 – DB 2000, 2330), wird klargestellt, dass die **betriebsverfassungsrechtliche Stellung des Leiharbeitnehmers** im Verleiher-betrieb sowie die Rechte eines dort existierenden **Betriebsrats** auch dann in vollem Umfang aufrechterhalten bleiben, wenn der Leiharbeitnehmer eingeglie-dert in den Betrieb eines Dritten seine Arbeitsleistung erbringt (ErfK/*Wank*, § 14 Rn. 3; *FESTL*, § 5 Rn. 235; *Sandmann/Marschall*, Art. 1 § 14 Anm. 4; GK-*Kreutz*, § 7 Rn. 40; *Richardi*, § 5 Rn. 93). Der Wortlaut des Abs. 1 schließt dabei nicht aus, dass neben der **Betriebszugehörigkeit** zum Verleiherbetrieb auch eine solche **zum Entleiher** besteht (*Schüren/Hamann*, § 14 Rn. 31). Allerdings ergibt sich daraus, dass allein der Verleiher Vertragsarbeitgeber des Leiharbeitnehmers ist und auch während des Einsatzes beim Entleiher bleibt (vgl. § 1 Rn. 20, 47), dass bestimmte Schutzfunktionen der Betriebsverfassung nur im Verleiherbetrieb berührt sind und nur dort wahrgenommen werden können (*Becker/Wulfgramm*, Art. 1 § 14 Rn. 18).

Dadurch, dass der Leiharbeitnehmer seine Arbeitsleistung eingegliedert in die **10** Betriebsorganisation des Entleiherbetriebs erbringt und dabei dem **Weisungs-recht des Entleihers** unterliegt, ist er in tatsächlicher Hinsicht ebenso in die Be-triebsorganisation des Entleihers **eingegliedert** wie dessen Stammarbeitnehmer. Auch seine **Schutzbedürftigkeit** ist insoweit keine andere als die der sonstigen Belegschaft. Wie sich aus § 7 Satz 2 BetrVG ergibt, ist ungeachtet der Betriebszu-gehörigkeit des Leiharbeitnehmers zum Verleiherbetrieb nach Abs. 1 immer auch **eine partielle Betriebszugehörigkeit** des Leiharbeitnehmers zum Entleiher-betrieb gegeben (*Becker/Wulfgramm*, Art. 1 § 14 Rn. 19; DKK-*Trümner*, § 5 Rn. 78; *FESTL*, § 5 Rn. 218; GK-*Kreutz*, § 7 Rn. 40; *Sandmann/Marschall*, Art. 1 § 14 Anm. 10; *Schüren-Hamann*, § 14 Rn. 28, 44; *Stückmann*, DB 1999, 1903; a. A. *Hamann*, NZA 2003, 527, der von einer doppelten Betriebsangehörigkeit ausgeht). Der Gesetz-geber hat dementsprechend in Abs. 2 und 3 **beispielhaft** einige Bestimmungen des BetrVG aufgeführt, die an die partielle Betriebszugehörigkeit des Leiharbeit-nehmers anknüpfen. Die Vorschriften enthalten dabei keine abschließende Regelung (vgl. BT-Ds. 9 / 847, S. 9). Vielmehr finden im Entleiherbetrieb die Be-stimmungen des BetrVG in allen Bereichen Anwendung, die nicht einen Arbeits-vertrag zum Betriebsinhaber voraussetzen (vgl. *BAG* v. 15. 12. 1992 – 1 ABR 38 / 92 – AP Nr. 7 zu § 14 AÜG; *Becker/Wulfgramm*, Art. 1 § 14 Rn. 19; DKK-*Trümner*, § 5 Rn. 78; ähnlich *Schüren / Hamann*, § 14 Rn. 43, der aber generell von einer dop-pelten Betriebszugehörigkeit des Leiharbeitnehmers ausgeht).

1. Betriebsverfassung im Verleiherbetrieb

Da der Leiharbeitnehmer nach Abs. 1 »auch« während des Einsatzes beim Dritten **11** **Arbeitnehmer des Entsendebetriebs** bleibt, ist er im Rahmen des BetrVG grund-sätzlich wie ein Arbeitnehmer zu behandeln, der ständig seine Arbeitsleistung in den Betriebsstätten seines Arbeitgebers, d.h. beim Verleiher, erbringt (*Boemke*, § 14 Rn. 14; ErfK/*Wank*, § 14 Rn. 2a; *Schüren/Hamann*, § 14 Rn. 111). Abweichungen von den zwingenden gesetzlichen Bestimmungen des BetrVG können sich nur ergeben, soweit das BetrVG Abweichungen ausdrücklich zulässt (z.B. bei Verset-zungen des Leiharbeitnehmers; *BAG* v. 19. 6. 2001 – 1 ABR 43 / 00 – BB 2001, 2582; vgl. § 95 Abs. 3 Satz 2 BetrVG) oder aus den Besonderheiten des Leiharbeitsver-hältnisses, insbesondere der Leiharbeitnehmer-Klausel (vgl. § 1 Rn. 37), folgen. I. ü. finden jedoch alle Bestimmungen des BetrVG im Verleiherbetrieb uneinge-schränkt Anwendung. Auch soweit der Arbeitsvertrag des Leiharbeitnehmers anfechtbar oder unwirksam ist, bleibt er Arbeitnehmer i.S.d. BetrVG, solange er vom Verleiher tatsächlich beschäftigt wird (*BAG* v. 15.11.1957 – 1 AZR 189/57 – AP Nr.2 zu § 125 BGB; DKK-*Trümner*, § 5 Rn.9; *Richardi*, § 9 Rn.85ff.; a.A. GK-*Kreutz*, § 7 Rn.41).

12 Abs.1 hat eine klarstellende Funktion (*Boemke*, § 14 Rn.11). Der praktische Anwendungsbereich von Abs.1 ist bei Verleihern bezüglich der kollektiven Normen des BetrVG in tatsächlicher Hinsicht weitgehend auf **Mischunternehmen** und Fälle nichtgewerbsmäßiger ANÜ beschränkt. Reine **Verleihunternehmen** haben in den überwiegenden Fällen keinen Betriebsrat (vgl. Bericht der BA v. 14.5.1992 zum 7. Erfahrungsbericht der Bundesregierung, S. 24); der betriebsverfassungsrechtliche Schutz muss hier über die Wahrnehmung der Beteiligungsrechte des Entleiherbetriebsrats sichergestellt werden.

a) Organisationsvorschriften des BetrVG

13 Die **Wahl eines Betriebsrates** beim Verleiher unterliegt allen Vorschriften des Betriebsverfassungsgesetzes für die Betriebsratswahl. Bei der erstmaligen Betriebsratswahl ist daher (bei Kleinbetrieben mit bis zu fünfzig Arbeitnehmern ggf. auch im vereinfachten Verfahren nach §§ 14a, 17a BetrVG) zunächst eine Betriebsversammlung nach § 17 Abs. 2 BetrVG zur **Bestellung eines Wahlvorstandes** durchzuführen. Nur wenn trotz Einladung keine Betriebsversammlung stattfindet, ist eine gerichtliche Bestellung des Wahlvorstandes nach § 17 Abs. 3 BetrVG möglich (*BAG* v. 26.2.1992 – 7 ABR 27/91 – AP Nr.6 zu § 17 BetrVG 1972). Auch i.ü. finden alle Bestimmungen des BetrVG auf die Wahlen in Betrieben des Verleihers Anwendung. Mehrere Niederlassungen des Verleihers, die die Voraussetzungen der §§ 1 und 4 BetrVG erfüllen, haben daher jeweils selbstständige Betriebsräte zu wählen (*LAG Köln* v. 20.11.1998 – 11 TaBV 6/98 – AiB 1999, 641 m. Anm. *Roos*). Hiervon abweichend können auf der Grundlage eines Tarifvertrages mehrere Betriebe eines Unternehmens nach § 3 Abs. 1 Nr.1 BetrVG einen gemeinsamen Betriebsrat wählen, wenn dies die Bildung von Betriebsräten erleichtert. Die Vorschrift kommt wegen der Besonderheiten der ständig auswärtigen Arbeit von Leiharbeitnehmern, insbesondere in Verleihunternehmen zur Anwendung. So hat die IGM mit dem Zeitarbeitsunternehmen *randstad* für die rd. 20000 Beschäftigten einen Tarifvertrag abgeschlossen, nach dem in ganz Deutschland vier sog. Regionalbetriebsräte gewählt werden, die alle Arbeitnehmer der jeweiligen Region vertreten.

13a Ob die Wahl eines Betriebsrates beim Verleiher möglich ist, hängt nach § 1 BetrVG davon ab, ob im Betrieb in der Regel mindestens fünf wahlberechtigte Arbeitnehmer, von denen drei wählbar sind, ständig beschäftigt sind. Da Leiharbeitnehmer grundsätzlich nur unbefristet beschäftigt werden dürfen und eine Befristung i.d.R. nur eingeschränkt zulässig ist (vgl. § 9 Rn.304ff.), sind **Leiharbeitnehmer** aus Sicht des Verleiherbetriebs immer als **ständig beschäftigte Arbeitnehmer** zu behandeln (*LAG Köln*, a.a.O.). Dem Verleiher ist es insoweit verwehrt, sich auf eine nur vorübergehende, befristete Beschäftigung von Leiharbeitnehmern zu berufen; die ansonsten bei Aushilfsarbeitsverhältnissen bestehenden Probleme hinsichtlich der Bestimmung der Zahl der regelmäßig beschäftigten Arbeitnehmer (*FESTL*, § 1 Rn.272) bestehen hinsichtlich der Berücksichtigung aller beschäftigten Leiharbeitnehmer nicht. Dies gilt auch, soweit nach anderen Vorschriften des BetrVG auf die in der Regel Beschäftigten abgestellt wird (z.B. bei Freistellungen nach § 38 BetrVG). Soweit Leiharbeitnehmer im **Ausland** ihre Arbeitsleistung erbringen (vgl. hierzu *Gaul*, BB 1990, 697), sind sie als Leiharbeitnehmer auch dann mitzuzählen, wenn sie in eine im Ausland bestehende betriebliche Organisation eingegliedert sind, da ihr Einsatz grundsätzlich nur befristet erfolgen darf und dem Verleiher als Arbeitgeber jederzeit das Recht des Rückrufs zusteht (*BAG* v. 7.12.1989 – 2 AZR 228/89 – AP Nr. 27 zu Internationales Privatrecht; *FESTL*, § 1 Rn. 23 f.).

Soweit Leiharbeitnehmer das achtzehnte Lebensjahr vollendet haben, sind sie   **14** nach § 7 Satz 1 BetrVG für die Wahl des Betriebsrats im Verleiherbetrieb **wahlberechtigt** und bei sechsmonatiger Betriebszugehörigkeit auch **wählbar** (§ 8 BetrVG). Hinsichtlich der Betriebszugehörigkeit sind Unterbrechungen des Leiharbeitsverhältnisses, nicht zu berücksichtigen, wenn zwischen den Arbeitsverhältnissen ein innerer Sachzusammenhang besteht (*FESTL*, § 8 Rn. 40).

Dem Leiharbeitnehmer steht das Recht zu, an allen **Betriebs- und Abteilungs-**   **15** **versammlungen** des Verleihers (§ 42 BetrVG) teilzunehmen (*Becker/Wulfgramm*, Art. 1 § 14 Rn. 45; *Sandmann/Marschall*, Art. 1 § 14 Anm. 5; *Schüren/Hamann*, § 14 Rn. 120), wobei das Recht auf Arbeitsbefreiung auch gegenüber dem Entleiher besteht. Der Verleiher hat bei der Wahrnehmung betriebsverfassungsrechtlicher Ansprüche neben der Lohnfortzahlung auch Wegezeiten des Leiharbeitnehmers und ggf. dessen Fahrtkosten vom auswärtigen Einsatzort zu erstatten (§ 44 Abs. 1 BetrVG). Der Verleiher kann den Betriebsrat wegen der Besonderheiten der ANÜ grundsätzlich nicht darauf verweisen, für die Gruppe der Leiharbeitnehmer **Teilversammlungen** nach § 42 Abs. 1 Satz 3 BetrVG durchzuführen und diese ggf. außerhalb der betrieblichen Arbeitszeit stattfinden zu lassen (vgl. § 44 Abs. 1 Satz 1 BetrVG). Vielmehr folgt aus der Funktion der Betriebsversammlung, das Zusammengehörigkeitsgefühl der Gesamtbelegschaft zu stärken, dass gerade denjenigen Arbeitnehmern ein Teilnahmerecht an der Betriebsversammlung einzuräumen ist, die infolge der Besonderheiten ihres Arbeitsverhältnisses ansonsten nur geringere Anbindungsmöglichkeiten an den Betrieb haben und nur reduziert Kommunikationsmöglichkeiten mit Betriebsrat und Gesamtbelegschaft wahrnehmen können. Aus den mit ANÜ verbundenen besonderen Problemen kann sich zwar bei **Mischbetrieben** die Notwendigkeit zu Abteilungsversammlungen nach § 42 Abs. 2 Satz 1 BetrVG ergeben. Organisatorischen Problemen, die sich für den Verleiher aus dem Teilnahmerecht von Leiharbeitnehmern (v.a. infolge der zeitlich befristeten Unterbrechung der Arbeit beim Entleiher) an Betriebsversammlungen ergeben, muss er durch vorbeugende Maßnahmen begegnen; die wirtschaftlichen Folgen sind hierbei unbeachtlich (*FESTL*, § 42 Rn. 54 f.). Für die **Zeit** der Teilnahme des Leiharbeitnehmers an **Betriebsversammlungen beim Verleiher** ist der Entleiher – wie in anderen Fällen, in denen der Leiharbeitnehmer in Wahrnehmung betriebsverfassungsgesetzlich eingeräumter Rechte beim Verleiher an einer tatsächlichen Erbringung der Arbeitsleistung verhindert ist – ohne besondere Vereinbarung nicht verpflichtet, die vereinbarte **Vergütung** weiter zu bezahlen (*Becker/Wulfgramm*, Art. 1 § 14 Rn. 44; *Boemke*, § 14 Rn. 17; a.A. ErfK/*Wank*, § 14 Rn. 8; *Schüren/Hamann*, § 14 Rn. 122). Er ist jedoch verpflichtet, den Leiharbeitnehmern die notwendige Freizeit zu gewähren (ErfK/*Wank*, § 14 Rn. 8; *Becker*, AuR 1982, 373). Der Verleiher hat den Entleiher bei Abschluss des ANÜ-Vertrages auf mögliche **Leistungsstörungen**, die aus der **Wahrnehmung von Rechten aus dem BetrVG** auftreten können (z. B. Termine von Betriebsversammlungen), hinzuweisen und die Folgen ggf. vertraglich zu regeln. Kommt es infolge der Wahrnehmung von Rechten des Leiharbeitnehmers aus dem BetrVG zu Leistungsstörungen, ist der Entleiher bei mangelnder vertraglicher Regelung berechtigt, Schadensersatz zu verlangen, soweit er davon ausgehen konnte, dass der ANÜ-Vertrag trotz Wahrnehmung betriebsverfassungsrechtlicher Rechte vollständig erfüllt wird.

16 Nimmt der Leiharbeitnehmer **Betriebsratsfunktionen** mit einem erheblichen Zeitaufwand wahr, muss der Verleiher dies dem Entleiher mitteilen, da es dem Entleiher insoweit grundsätzlich nicht zumutbar ist, für die Zeiten von Betriebsratstätigkeit ständig neue Leiharbeitnehmer des Verleihers in seinem Betrieb einzusetzen und einzuarbeiten.

17 Ebenso wie hinsichtlich des Teilnahmerechts an Betriebsversammlungen steht dem Leiharbeitnehmer auch das Recht zu, **Sprechstunden des Verleiherbetriebsrats** aufzusuchen (§ 39 BetrVG; *Becker/Wulfgramm*, Art. 1 § 14 Rn. 44; *Schüren/Hamann*, § 14 Rn. 117) und den Betriebsrat soweit erforderlich auch außerhalb der Sprechzeiten **aufzusuchen** (*BAG* v. 23.6.1983 – 6 AZR 65/80 – AP Nr. 45 zu § 37 BetrVG 1972; *LAG Berlin* v. 3.11.1980, EzA Nr. 1 zu § 39 BetrVG 1972; *DKK-Blanke*, § 39 Rn. 20) Auf den Anlass oder die Gründe der Besuchs- oder Sprechstunde kommt es hierbei nicht an (*Schüren/Hamann*, § 14 Rn. 118; a. A. *Boemke*, § 14 Rn. 16; *Thüsing/Thüsing*, § 14 Rn. 19). Der Verleiher hat hierbei die Vergütung fortzuzahlen (§ 39 Abs. 3 BetrVG), wobei der **Vergütungsanspruch**, wie bei der Teilnahme an Betriebsversammlungen, sich auch auf die Vergütung der **Wegezeiten** und etwaige **Fahrtkosten** vom Entleiherbetrieb zum Verleiher erstreckt (*Boemke*, § 14 Rn. 16; *Schüren/Hamann*, § 14 Rn. 119, 121; Rn. 15).

18 Soweit Leiharbeitnehmer **Funktionen der Betriebsverfassung** wahrnehmen (z. B. als Betriebsrat, Wahlvorstand, Mitglied der Jugend- und Auszubildendenvertretung), sind sie von ihrer Tätigkeit beim Entleiher nach §§ 37 Abs. 2, 20 Abs. 3, 65 Abs. 1 BetrVG unter **Fortzahlung des Arbeitsentgelts** einschließlich der aufgewandten Wege- und Reisezeiten zu befreien (*BAG* v. 11.7.1978 – 6 AZR 387/75 – AP Nr. 57 zu § 37 BetrVG 1972 und v. 15.2.1989 – 7 AZR 193/88 – AP Nr. 70 zu § 37 BetrVG 1972; *DKK-Blanke*, § 37 Rn. 28; *FESTL*, § 37 Rn. 36; *Schüren/Hamann* § 14 Rn. 135). I. Ü. sind Leiharbeitnehmer in Betriebsratsfunktionen hinsichtlich der Vergütung so zu stellen, wie vergleichbare Arbeitnehmer (§ 37 Abs. 4 BetrVG), wobei auf die für Außendienstmitarbeiter geltenden Grundsätze zurückgegriffen werden kann (*LAG Berlin* v. 28.6.1996, AiB 1997, 228 m. Anm. *Roos*). Einer Zustimmung des Verleihers zur Arbeitsbefreiung von Betriebsräten bedarf es nicht; erst recht stehen dem Entleiher keine Rechte bei Bestimmung von Lage und Dauer der Betriebsratszeiten zu. Der Leiharbeitnehmer ist jedoch gehalten, sich vor Verlassen des Arbeitsplatzes beim Entleiher jeweils **abzumelden** und den Verleiher über das Verlassen des Arbeitsplatzes zu unterrichten, damit er eine Ersatzkraft stellen kann (*Thüsing/Thüsing*, § 14 Rn. 19). Die Anforderungen an die Mitteilungspflichten dürfen dabei nicht so weit gehen, dass die Wahrnehmung der Betriebsratsfunktion beeinträchtigt wird (vgl. *BAG* v. 23.6.1983 – 6 AZR 65/80 – AP Nr. 45 zu § 37 BetrVG 1972; *DKK-Blanke*, § 37 Rn. 32). Wird es kurzfristig erforderlich, dass der Leiharbeitnehmer Betriebsratsaufgaben wahrnehmen muss, kann die Befugnis (und Verpflichtung) zur Aufgabenwahrnehmung nicht durch ein aufwendiges Mitteilungs- oder Abmeldeverfahren eingeschränkt werden. Auch kann der Verleiher den Arbeitnehmer nicht darauf verweisen, dass **dringende betriebliche Erfordernisse** (des Entleihers oder Verleihers) einer Aufgabenwahrnehmung entgegenstehen. Vielmehr ist bei Wahrnehmung von Betriebsratsaufgaben im Rahmen der Aufgabenverteilung des Gremiums grundsätzlich nur erforderlich, dass das Betriebsratsmitglied die Arbeitsversäumnis zur Erfüllung der ihm obliegenden Aufgaben selbst für notwendig halten durfte (*BAG* v. 6. 8. 1981 – 6 AZR 505/78 – AP Nr. 39 zu § 37 BetrVG 1972; DKK-*Blanke*, § 37 Rn. 23; *FESTL*, § 37 Rn. 38). Liegen in Ausnahmefällen, die jedoch nicht auf die typische Pflicht des Leiharbeitnehmers zur Erbringung auswärtiger Arbeitsleistungen gestützt werden können, betriebsbedingte Gründe dafür vor, dass der Leiharbeitnehmer **außerhalb der Arbeitszeit** Betriebsratsaufgaben wahrnehmen muss, hat er nach § 37 Abs. 3 BetrVG Anspruch auf bezahlten Freizeitausgleich.

b) Mitwirkungs- und Beschwerderechte des Leiharbeitnehmers (§§ 81 ff. BetrVG)

Nach § 81 Abs. 1 BetrVG ist der Verleiher verpflichtet, den Leiharbeitnehmer fortlaufend über seinen Aufgabenbereich, die hiermit verbundenen Anforderungen sowie Unfall- und Gesundheitsgefahren einschließlich darauf bezogener Verhütungsmaßnahmen zu unterrichten. Die Vorschrift gilt als Bestimmung zur Konkretisierung der **allgemeinen Fürsorgepflicht** des Arbeitgebers auch in betriebsratslosen Verleihbetrieben (*FESTL*, § 81 Rn. 2; *Schüren/Hamann*, § 14 Rn. 124). Die **Unterrichtungspflichten** beziehen sich dabei auf alle **Arbeitsschutzbestimmungen** und Gefahren, die mit der konkreten Tätigkeit des Leiharbeitnehmers verbunden sind, wobei den Verleiher bei Einsatz des Leiharbeitnehmers bei Dritten weiterhin eine selbstständige Unterrichtungspflicht trifft (§ 11 Abs. 6), die nicht auf den Entleiher übertragen werden kann. Der Verleiher muss sich daher vor jeder Entsendung rechtzeitig beim Entleiher über Arbeitsaufgabe, Arbeitsplatz und Arbeitsbedingungen **erkundigen** (*Becker/Wulfgramm*, Art. 1 § 14 Rn. 46; *Schüren/Hamann*, § 14 Rn. 124), ob und ggf. welche Fragen hinsichtlich des Arbeitsschutzes auftreten können und welche **vorbeugenden Maßnahmen** ergriffen werden müssen. Aus der Fürsorgepflicht des Arbeitgebers folgt dabei, dass er sich fortlaufend über die **Einhaltung des Arbeitsschutzes** beim Entleiher informieren und hierbei auch stichprobenartige **Kontrollen** vor Ort vornehmen muss (*Schüren/Hamann*, § 14 Rn. 125). Über etwaige Veränderungen hat er den Leiharbeitnehmer zu unterrichten (§ 81 Abs. 2 BetrVG). Ergibt sich, dass gegen Bestimmungen des Arbeitsschutzes **verstoßen** wird, muss der Verleiher beim Entleiher **Abhilfe verlangen**. Bei Nichtabhilfe steht dem Leiharbeitnehmer (ungeachtet der Pflicht des Verleihers, den Leiharbeitnehmer nicht auf dem betreffenden Arbeitsplatz einzusetzen) ein Leistungsverweigerungsrecht zu (vgl. § 11 Rn. 135).

19

Beschwert sich der Leiharbeitnehmer beim Verleiher über Benachteiligungen im Entleiherbetrieb (§ 84 BetrVG), hat dieser der **Beschwerde** nachzugehen (*Boemke*, § 14 Rn. 22; *Schüren/Hamann*, § 14 Rn. 133); der Arbeitnehmer hat einen Anspruch auf rechtlichen Bescheid (*Richardi*, § 84 Rn. 18; DKK-*Buschmann*, § 84 Rn. 13). Da das Beschwerderecht individualrechtlichen Charakter hat, steht dem Leiharbeitnehmer das Beschwerderecht auch in **betriebsratslosen Betrieben** zu (DKK-*Buschmann*, § 84 Rn. 2; *Richardi*, § 84 Rn. 2; *FESTL*, § 84 Rn. 1). Besteht beim Verleiher ein Betriebsrat, hat der Leiharbeitnehmer zusätzlich das Recht, sich beim Betriebsrat zu beschweren (§ 85 Abs. 1 BetrVG). Bestehen zwischen Betriebsrat und Verleiher Meinungsverschiedenheiten über die Berechtigung der Beschwerde, kann der Betriebsrat die **Einigungsstelle** anrufen, deren Spruch die Einigung ersetzt (§ 85 Abs. 2 Satz 1 und 2 BetrVG).

19a

Dem Leiharbeitnehmer steht nach § 82 Abs. 1 BetrVG das Recht zu, in allen betrieblichen Angelegenheiten, die seine Person betreffen, von den zuständigen

20

betrieblichen Personen gehört zu werden und zu beabsichtigten Maßnahmen des Arbeitgebers **Stellung zu nehmen**. Dies betrifft insbesondere Fragen, die mit der Zuweisung von Arbeitsplätzen bei Entleihern, der Einsatzplanung des Verleihers, der Arbeitszeit und der räumlichen Lage des Arbeitsortes in Verbindung stehen (*Becker/Wulfgramm*, Art. 1 § 14 Rn. 47; *Schüren/Hamann*, § 14 Rn. 128). Nach § 82 Abs. 2 BetrVG kann der Arbeitnehmer ungeachtet des Auskunftsanspruchs gegen den Entleiher nach § 13 auch verlangen, dass ihm die **Berechnung und Zusammensetzung seines Arbeitsentgelts** (einschließlich etwaiger Leistungen nach § 10 Abs. 4) erläutert wird und dass ihm die **Beurteilung** seiner Leistungen sowie die Möglichkeiten seiner **beruflichen Entwicklung** im Betrieb erörtert werden. Das Erörterungsrecht mit dem Verleiher bezieht sich dabei auch auf **Leistungsbeurteilungen**, die der **Entleiher** in Erfüllung entsprechender Aufgabenpflichten aus dem ANÜ-Vertrag erstellt hat (vgl. § 12 Rn. 20). Insoweit ist nach jeder Überlassung eine aussagekräftige **(Zwischen-)Beurteilung** abzugeben und auf Verlangen des Arbeitnehmers mit dem Verleiher zu erörtern.

21 Nach § 83 BetrVG kann der Leiharbeitnehmer auch **Einsicht** in die beim Verleiher geführten **Personalakten** nehmen. Führt der **Entleiher Personalakten** über den Leiharbeitnehmer bzw. erfasst, speichert oder dokumentiert er Daten, die die Leistung und das Verhalten des Arbeitnehmers im Entleiherbetrieb betreffen (z.B. zum Zwecke der Zeugniserteilung), steht dem Leiharbeitnehmer auch beim Entleiher ein entsprechender Anspruch zu (*Schüren/Hamann*, § 14 Rn. 131). Die Nichterwähnung des § 83 BetrVG in § 14 Abs. 2 Satz 3 ist unerheblich (*BAG* v. 19.6.2001 – 1 ABR 43/00 – BB 2001, 2582) und führt zu keiner anderen Beurteilung (a.A. *Becker/Wulfgramm*, Art. 1 § 14 Rn. 49), da der Zweck des § 83 BetrVG, dem Arbeitnehmer eine Transparenz aller über ihn geführten Personalvorgänge zu gewähren, unabhängig davon betroffen ist, ob sich die Vorgänge beim Verleiher oder Entleiher befinden. Als allgemeiner Ausfluss der Fürsorgepflicht (vgl. *FESTL*, § 83 Rn. 1) ist § 83 BetrVG auch auf **dokumentierte Personaldaten**, die sich in den **Unterlagen des Entleihers** befinden, anwendbar.

22 Nimmt der Leiharbeitnehmer **Mitwirkungs- oder Beschwerderechte** nach §§ 81 ff. BetrVG wahr, sind diese grundsätzlich unter Fortzahlung des Arbeitsentgelts **während der Arbeitszeit** auszuüben (DKK-*Buschmann*, § 82 Rn. 2; *FESTL*, § 82 Rn. 2; GK-*Wiese*, § 82 Rn. 3). Der Entleiher ist hierbei zu einer Arbeitsfreistellung verpflichtet (GK-*Wiese*, § 39 Rn. 31). Die Einführung von Rahmenregelungen zum Anhörungsverfahren des Verleihers ist hierbei unter Beachtung der Mitbestimmungsrechte des Betriebsrats nach § 87 Abs. 1 Nr. 1 BetrVG zulässig (DKK-*Buschmann*, § 82 Rn. 2; *Hess/Schlochauer/Glaubitz*, § 82 Rn. 7). Gewährt der Verleiher dem Arbeitnehmer Anhörungs- und Erörterungsrechte nicht oder nicht rechtzeitig bzw. nicht im gebotenen Umfang, stehen dem Leiharbeitnehmer nicht nur die Beschwerderechte aus §§ 84f. BetrVG zu, sondern er kann von sich aus die betrieblichen Stellen aufsuchen, wobei ihm insoweit auch ein Leistungsverweigerungsrecht zusteht (*Galperin/Löwisch*, § 82 Rn. 15; a.A. *Richardi*, § 82 Rn. 10). Der Verleiher ist verpflichtet einer Beschwerde des LAN nachzugehen und im Falle von deren Berechtigung beim Entleiher auf Abhilfe zu dringen, ihn trifft insoweit eine **Einwirkungspflicht** (*Schüren/Hamann*, § 14 Rn. 75; a.A. *Thüsing/ Thüsing*, § 14 Rn. 73).

23 **Verstößt** der Verleiher gegen ihn treffende **betriebsverfassungsrechtliche Pflichten**, liegt hierin gleichzeitig ein Verstoß gegen arbeitsrechtliche Pflichten i.S.d. § 3 Abs. 1 Nr. 1 (vgl. § 3 Rn. 55), was je nach Schwere des Verstoßes oder im Wiederholungsfall zur Versagung der Erlaubnis oder deren Verlängerung (§ 5

Abs. 1 Nr. 3) verpflichtet. In Verstößen gegen eine ordnungsgemäße Führung der **Personalakten** liegt gleichzeitig auch ein Verstoß gegen die Aufbewahrungspflichten nach §§ 7 Abs. 3 Satz 4 (vgl. § 7 Rn. 11).

c) Mitwirkung und Mitbestimmung des Verleiherbetriebsrats

Aus der **Betriebszugehörigkeit** des Leiharbeitnehmers zum Verleiherbetrieb **24** folgt die grundsätzliche Zuständigkeit des Verleiherbetriebsrats für die Belange der LAN (*Schüren/Hamann*, § 14 Rn. 332). Betriebsrat und Arbeitgeber haben Leiharbeitnehmer mit den übrigen Stammarbeitnehmern nach Recht und Billigkeit **gleich zu behandeln** und die freie Entfaltung der **Persönlichkeit zu schützen** und zu fördern (§ 75 BetrVG). Insoweit besteht eine Handlungspflicht des Verleiherbetriebsrats, jede unterschiedliche Behandlung von Leiharbeitnehmern und Stammpersonal zu verhindern (*Becker*, AuR 1982, 374). Aus dem verfassungsrechtlichen Gleichberechtigungs- und Gleichbehandlungsgebot folgt dabei nicht nur, dass der Betriebsrat auch bezüglich der Leiharbeitnehmer alle Zuständigkeiten und Schutzfunktionen wahrnehmen muss, sondern auch, dass er dort, wo sich aus der Natur des Leiharbeitsverhältnisses **Abweichungen gegenüber dem Normalarbeitsverhältnis** oder ein besonderer Regelungsbedarf ergeben, entsprechend initiativ werden muss. Dabei hat er insbesondere darauf zu achten, dass die Arbeitsbedingungen der Leiharbeitnehmer trotz ihrer Pflicht zur auswärtigen Arbeitsleistung eine Vereinbarkeit von Familie und Beruf ermöglichen (§ 80 Abs. 1 Nr. 2b BetrVG). Aus der Verpflichtung, die Arbeitnehmer nach Recht und Billigkeit zu behandeln, folgt auch die Verpflichtung, auf die Einhaltung der gesetzlichen Bestimmungen des AÜG, aber auch des SGB III zu achten und Formen illegaler Beschäftigung zu unterbinden (§ 80 Abs. 1 Nr. 1 BetrVG; *Becker/Wulfgramm*, Art. 1 § 14 Rn. 77; *FESTL*, § 80 Rn. 6).

Zu den **allgemeinen Aufgaben** des Verleiherbetriebsrats gehört nach § 80 Abs. 1 **24a** Nr. 2 BetrVG darüber zu wachen, dass die auf das Arbeitsverhältnis anzuwendenden Gesetze, TV und BV eingehalten und durchgesetzt werden. Besondere Bedeutung hat hierbei die Pflicht zur Einhaltung der gesetzlichen Gleichbehandlungsgrundsätze (§ 75 Abs. 1 Satz 1 BetrVG, 9 Nr. 2 AÜG), denen sowohl bei der Ausgestaltung des Arbeitsvertrags als auch bei der Durchführung des Leiharbeitsverhältnisses Rechnung zu tragen ist (*FESTL*, § 80 Rn. 12). **BV beim Verleiher** gelten grundsätzlich sowohl für Stamm- als auch für Leiharbeitnehmer nach § 77 Abs. 4 BetrVG unmittelbar und zwingend, soweit nicht ihr Geltungsbereich ausdrücklich unter Beachtung der Grundsätze des § 75 Abs. 1 Satz 1 BetrVG eingeschränkt ist oder eine ausschließliche Zuständigkeit des Entleiherbetriebsrats besteht (*Boemke*, § 14 Rn. 26; *Thüsing/Thüsing*, § 14 Rn. 23). Soweit **TV zur ANÜ** auf das Arbeitsverhältnis Anwendung finden, erstrecken sich die Überwachungsaufgaben sowohl auf die Einhaltung der Bestimmungen des TV durch den Verleiher (z.B. korrekte Eingruppierung und Entlohnung) als auch durch den Entleiher (z.B. bei der Arbeitszeit). Hierbei hat der BR auch darauf zu achten, ob und ggf. in welchem Umfang der TV vom Gleichbehandlungsgrundsatz des § 9 Nr. 2 abweichende Regelungen enthält. Bei **Regelungslücken des TV** (vgl. § 9 Rn. 200, 202) hat der Verleiher-BR auch zu überwachen, ob dem LAN die einem vergleichbaren Arbeitnehmer des Entleihers zu gewährenden Arbeitsbedingungen gewährt werden. Hierzu muss der Verleiher die erforderlichen Auskünfte erteilen und entsprechende Unterlagen vorlegen, wozu er auf Grund der Angaben des Entleihers im ANÜ-Vertrag (vgl. § 12 Rn. 6a ff.) in der Lage ist.

24b Unterliegt das Leiharbeitsverhältnis keinem TV zur ANÜ, hat der Verleiher-betriebsrat alle Arbeitsbedingungen, die dem LAN auf Grund der **Gleichstel-lungsgrundsätze** von §§ 3 Abs. 1 Nr. 3, 9 Nr. 2 zu gewähren sind, zu überwachen. Damit ihm dies möglich ist, hat der Verleiher die hierzu erforderlichen Unterla-gen, insbesondere die beim Entleiher geltenden TV und BV vorzulegen. Ergän-zend hierzu kann sich der Verleiher-BR auch an einen beim Entleiher bestehen-den BR wenden, um die notwendigen Informationen zu erhalten. Ihm steht allerdings kein Recht zu, Auskünfte unmittelbar vom Entleiher zu verlangen.

25 Den Verleiher treffen im Zusammenhang mit der Beschäftigung von Leih-arbeitnehmern erhöhte **Informations- und Vorlagepflichten** (§ 80 Abs. 2 BetrVG), um dem Betriebsrat eine pflichtgemäße Erfüllung seiner Aufgaben zu ermöglichen. Insofern werden nicht nur die arbeitsvertraglich relevanten Berei-che von den Unterrichtungspflichten erfasst, sondern diese erstrecken sich auch auf alle Angaben, die sich auf die Ausübung des Verleihgewerbes und die Einhaltung der gesetzlichen Bestimmungen beziehen. Soweit keine mit dem Be-triebsrat abgestimmten Formulararbeitsverträge (vgl. § 11 Rn. 15, 67) verwendet werden, sind ihm zur Prüfung, ob alle Schutzbestimmungen des AÜG eingehal-ten sind, die Arbeitsverträge vorzulegen (*BAG* v. 19.10.1999 – 1 ABR 75/98 – DB 2000, 1031). Dem **Verleiherbetriebsrat** sind auch die **ANÜ-Verträge** und die Überlassungserlaubnis (*Schüren/Hamann*, § 14 Rn. 338) so rechtzeitig **vorzulegen**, dass er diese auf die Einhaltung der gesetzlichen Bestimmungen überprüfen kann (*Boemke*, § 14 Rn. 27; *Thüsing/Thüsing*, § 14 Rn. 25; *Schüren/Hamann*, § 14 Rn. 351). Dies folgt zum einen aus seinem Recht auf Prüfung mitbestimmungs-pflichtiger Tatbestände im Zusammenhang mit der Entsendeentscheidung des Arbeitgebers (*BAG* v. 19.6.2001 – 1 ABR 43/00 – BB 2001, 2582 mit zustimmender Anm. *Ankersen*); es gilt aber auch im Hinblick auf die sich aus §§ 10, 1 Abs. 2 er-gebenden Folgen von Verstößen für die Arbeitsverhältnisse und gilt unabhängig davon, ob es sich um Formen gewerbsmäßiger oder nichtgewerbsmäßiger ANÜ handelt. Aus dem **Schutzzweck** des § 80 Abs. 2 BetrVG folgt dabei, dass dem Betriebsrat des Verleihers wegen der gleich gelagerten Gefährdung auch bei **werkvertraglicher Entsendung** und bei auswärtigen **Montageeinsätzen** der Un-terrichtungsanspruch zusteht.

25a Die Wahrnehmung und Ausübung allgemeiner **Schutzfunktionen** des Ver-leiherbetriebsrats beschränken sich nicht auf die Vorgänge, die sich unmittelbar in den Betriebsstätten des Verleihers vollziehen. Vielmehr stehen dem Betriebsrat die Rechte und Pflichten nach dem BetrVG **vollumfänglich** auch in den Zeiten zu, in denen der Leiharbeitnehmer beim Entleiher seine Arbeitsleistung erbringt (vgl. *BAG* v. 19.6.2001 – 1 ABR 43/00 – BB 2001, 2582; ErfK/*Wank*, § 14 Rn. 4; *Sandmann/Marschall*, § 14 Anm. 6). Eine (nur teilweise bestehende) primäre Zuständigkeit des Entleiherbetriebsrats kommt allenfalls in Fragen der Lage der betriebsüblichen Arbeitszeit beim Entleiher in Betracht (*BAG*, a.a.O.; einschrän-kend: *Schüren/Hamann*, § 14 Rn. 334). Die umfassende **Zuständigkeit des Ver-leiherbetriebsrats** wird hierdurch nicht berührt. **Besuche** und Gespräche am **auswärtigen Arbeitsplatz** des Leiharbeitnehmers gehören insoweit ebenso zu seinen Aufgaben wie eine Besichtigung der Arbeitsplätze oder Betriebsbegehun-gen bei Entleihern (vgl. *BAG* v. 17.1.1989 – 1 AZR 805/87 – AP Nr. 1 zu § 2 LPVG NRW u. v. 13.6.1989 – 1 ABR 4/88 – AP Nr. 36 zu § 80 BetrVG 1982; *Boemke*, § 14 Rn. 27; *Schüren/Hamann*, § 14 Rn. 350; DKK-*Buschmann*, § 80 Rn. 39; *FESTL*, § 80 Rn. 80). Dem BR steht insoweit ein **Zugangsrecht** zum Entleiherbetrieb zu (*BAG*, a.a.O.; *Wiese*, NZA 2003, 1118). Auch ist der Betriebsrat berechtigt, **Kontakt mit**

einem bei Entleihern bestehenden Betriebsrat aufzunehmen, wobei schon die beabsichtigte Entsendung oder ein geplanter ANÜ-Vertrag ausreichen, um hierfür einen konkreten betrieblichen Anlass zu bieten (vgl. hierzu *LAG Düsseldorf* v. 30. 6. 1987 – 16 TaBv 41/87; *ArbG München* v. 29. 8. 1991 – 12 BV 53/91 – BB 1991, 2375; DKK-*Blanke*, § 37 Rn. 16; *FESTL*, § 37 Rn. 30). In Bereichen, in denen sowohl eine Zuständigkeit des Verleiher- als auch des Entleiherbetriebsrats gegeben ist – insbesondere im Bereich der mitbestimmungspflichtigen sozialen Angelegenheiten nach § 87 Abs. 1 BetrVG – kann sich sogar (ungeachtet der entsprechenden Informationspflichten des Arbeitgebers) eine **Verpflichtung zur Kooperation** der beteiligten Betriebsräte ergeben, um einen sowohl den betrieblichen Regelungen des Verleiher- als auch des Entleiherbetriebs entsprechenden Einsatz des Leiharbeitnehmers ermöglichen zu können (vgl. Rn. 95 ff.).

aa) Mitbestimmung in personellen Angelegenheiten

Da der Leiharbeitnehmer ausschließlich in arbeitsvertraglichen Beziehungen **26** zum Verleiher steht (vgl. § 1 Rn. 20, 47), steht dem **Verleiherbetriebsrat** uneingeschränkt das **Mitbestimmungsrecht** nach § 99 BetrVG bei **Einstellungen, Eingruppierung, Umgruppierung und Versetzungen** zu (*Becker/Wulfgramm*, Art. 1 § 14 Rn. 85; *Schüren/Hamann*, § 14 Rn. 336). Besonderheiten ergeben sich nur, soweit aus der Natur des Leiharbeitsverhältnisses vom Normalarbeitsverhältnis abweichende Absprachen hinsichtlich der Arbeitsorganisation und der Befugnis zur Übertragung des Weisungsrechts auf Dritte betroffen sind. Bei **Neueinstellung** von Leiharbeitnehmern ist der Verleiherbetriebsrat immer nach § 99 BetrVG zu beteiligen. Der Verleiher kann das Beteiligungsrecht nicht dadurch umgehen, dass er wegen des kurzfristig auftretenden Personalbedarfs beim Entleiher einseitig eine vorläufige personelle Maßnahme nach § 100 Abs. 1 BetrVG trifft (zur Zulässigkeit einer einstweiligen Verfügung vgl. *ArbG München* v. 3. 5. 2001 – 6b BVGa 3/01 G). Auch insoweit ist zu berücksichtigen, dass das Leiharbeitsverhältnis i. d. R. nicht an die Einsatzmöglichkeiten bei Entleihern gekoppelt werden darf (str., vgl. Rn. 182). Soweit die Beschäftigung als Leiharbeitnehmer gegen Bestimmungen des AÜG, des Rechts der Ausländerbeschäftigung oder sonstige Normen des Arbeitsschutzes verstößt, ist er berechtigt, die Zustimmung zur Einstellung nach § 99 Abs. 2 Nr. 1 BetrVG zu verweigern. Dies gilt auch bei Einstellung in Mischbetrieben (*Schüren/Hamann*, § 14 Rn. 341) oder wenn ein ausländischer Arbeitnehmer die erforderliche **Aufenthaltserlaubnis** nicht besitzt (vgl. Einl. G.) oder der Verleiher trotz Gewerbsmäßigkeit der ANÜ nicht im Besitz der nach § 1 Abs. 1 Satz 1 erforderlichen Erlaubnis ist (*Schüren/Hamann*, § 14 Rn. 184). Bei **befristet** abgeschlossenen **Leiharbeitsverhältnissen** finden die Grundsätze der Rechtsprechung zum eingeschränkten Zustimmungsverweigerungsrecht bei Befristungen (§ 99 Abs. 2 Nr. 3 Halbsatz 2 BetrVG; vgl. *BAG* v. 16. 7. 1985 – 1 ABR 35/83 – AP Nr. 21 zu § 99 BetrVG 1972; kritisch hierzu *Buschmann/Ulber* 1989, 86; *Klebemann*, AuR 1992, 253) Anwendung. Bei Verstößen gegen das Synchronisationsverbot kann der BR nach § 99 Abs. 2 Nr. 1 BetrVG die Zustimmung verweigern (*Schüren/Hamann*, § 14 Rn. 340). Stellt der Verleiher einen externen Bewerber unbefristet ein, kann der Betriebsrat die Zustimmung verweigern, wenn ein gleichgeeigneter Arbeitnehmer befristet beschäftigt ist und bei der Auswahlentscheidung nicht berücksichtigt wurde (§ 99 Abs. 2 Nr. 3 2. Halbsatz BetrVG).

Mit der Einstellung ist regelmäßig eine **Eingruppierung** des LAN in die für ihn **26a** maßgebliche Entgeltgruppe verbunden. Für das Bestehen des Mitbestimmungsrechts des Verleiherbetriebsrats nach § 99 Abs. 1 BetrVG unbeachtlich ist hierbei, ob sich die Eingruppierung nach einer kollektiven Vergütungsordnung beim Verleiher oder beim Entleiher richtet (*Hamann*, NZA 2003, 531). Da die Eingruppierung i.d.R. ein Arbeitsverhältnis voraussetzt, steht das Mitbestimmungsrecht nach § 99 BetrVG unstrittig nur dem Verleiherbetriebsrat zu (*FESTL*, § 99 Rn.73a; s.a. Rn.146a).

26b Das Mitbestimmungsrecht des Betriebsrats bei der Eingruppierung besteht neben dem Mitbestimmungsrecht bei der Einstellung. Eine **fehlerhafte Eingruppierung** berechtigt den BR nur zur Zustimmungsverweigerung für die Eingruppierung, nicht jedoch für die Einstellung (*BAG* v. 20.12.1988, AP Nr.62 zu § 99 BetrVG 1972). Bei Unwirksamkeit eines TV zur ANÜ kann der BR daher nur die Zustimmung zur Eingruppierung, nicht jedoch die Zustimmung zur Einstellung verweigern.

26c Findet auf das Arbeitsverhältnis ein TV zur ANÜ Anwendung, steht dem Verleiherbetriebsrat das MBR bei der Eingruppierung zu. Allein die im TV vorgesehene **Entgeltgruppeneinteilung** ist dabei für die richtige Eingruppierung maßgeblich. Eine BV oder sonstige betriebliche Lohnordnung beim Verleiher kann nicht Grundlage der Eingruppierung sein, da die Gleichstellungsgrundsätze von §§ 3 Abs. 1 Nr. 3, 9 Nr. 2 weder arbeitsvertraglich noch qua BV abbedungen werden können (vgl. § 9 Rn.72, 113). Die abgeschlossenen TV zur ANÜ sehen i.d.R. eine tätigkeitsbezogene Eingruppierung vor (vgl. §§ 2.1, 3 ERTV BZA/DGB; §§ 2.1 3 ERTV iGZ/DGB), der jeweils ein tarifliches Entgelt zugeordnet ist (vgl. § 2 ETV BZS/DGB; § 2 ETV iGZ/DGB). Findet auf das Leiharbeitsverhältnis kein wirksamer TV zur ANÜ Anwendung oder enthält der TV **Regelungslücken** (z.B. beim Leistungslohn; vgl. § 9 Rn.200, 202), findet ausschließlich der gesetzliche Gleichstellungsgrundsatz gem. §§ 3 Abs. 1 Nr. 3, 9 Nr. 2 Anwendung (zur Mitbestimmung des Entleiherbetriebsrats vgl. Rn.146a).

26d Findet auf das Leiharbeitsverhältnis kein TV zur ANÜ Anwendung, ist der LAN auf Grund der **Gleichstellungsregeln** von §§ 3 Abs. 1 Nr. 3, 9 Nr. 2 in die beim Entleiher bestehende kollektive Vergütungsordnung einzugruppieren (Rn.146a; *Schüren/Hamann*, § 14 Rn.345a). Die Eingruppierung in eine beim Verleiher bestehende Vergütungsordnung ist daher bei Bestehen eines Gleichstellungsanspruchs nach § 10 Abs.4 nur zulässig, soweit dem LAN hierdurch gegenüber der beim Entleiher geltenden Vergütungsordnung höhere Entgeltansprüche eingeräumt werden. Soweit dies durch die beim Verleiher geltende Vergütungsordnung gewährleistet ist, erstreckt sich das Mitbestimmungsrecht des Verleiherbetriebsrats auch auf die Frage, ob die Eingruppierung auf der Grundlage der Vergütungsordnung des Verleihers den Eingruppierungsmerkmalen eines **vergleichbaren Arbeitnehmers** des Entleihers entspricht (vgl. Rn.146a; a.A. *Schüren/Hamann*, § 14 Rn.345b). Nach §§ 3 Abs. 1 Nr. 3, 9 Nr. 2 richtet sich jedoch das Arbeitsentgelt und damit auch die richtige Eingruppierung nach den beim Entleiher geltenden Regelungen. Besteht beim Verleiher **keine kollektive Vergütungsanordnung**, liegen die Begriffsmerkmale einer Eingruppierung nicht vor (*FESTL*, § 99 Rn.77). In diesem Fall besteht kein Mitbestimmungsrecht des BR bei der Eingruppierung (*Hamann*, NZA 2003, 532). Ein Zustimmungsverweigerungsrecht kann hier jedoch hinsichtlich der Einstellung in Betracht kommen, wenn der Verleiher bei der Vergütung nicht den Grundsatz des equal pay einhält und damit gegen ein Gesetz i.S.d. § 99 Abs. 2 Nr. 1 BetrVG verstößt.

26e Der Verleiher muss das Mitbestimmungsverfahren nach §§ 99 BetrVG aus dem Gesichtspunkt der **Umgruppierung** bei jedem Wechsel des Entleihers erneut durchführen (*Boehmke/Lembke*, § 10 Rn. 16; *FESTL* § 99 Rn. 87a; *Schüren/Hamann*, § 14 Rn. 345c; a. A. *Grimm/Brock*, 182 f.) Dasselbe gilt, wenn sich die Tätigkeit des LAN während des Einsatzes bei einem Entleiher ändert und hiermit ein Wechsel der Vergütungsgruppe verbunden ist. Findet auf das Arbeitsverhältnis ein **TV zur ANÜ** Anwendung, ist bei der Frage, ob eine mitbestimmungspflichtige Umgruppierung vorliegt, ausschließlich auf die Regelungen dieses TV an. Die TV zur ANÜ sehen insoweit teilweise vor, dass bei einer zeitweisen Übertragung höherwertiger Tätigkeiten keine neue Eingruppierung vorzunehmen ist (so § 2.3 ERTV BZA/DGB), sondern der LAN lediglich eine Zulage in Höhe der Differenz zwischen dem nach der Ersteingruppierung maßgeblichen und dem für die vorübergehend ausgeübten Tätigkeiten vorgesehenen Entgelt zu zahlen ist (vgl. § 2.3 ERTV BZA/DGB; § 2.2 ERTV iGZ/DGB).

26f Der Verleiher ist verpflichtet, dem BR die zur Überprüfung der Eingruppierung erforderlichen **Unterlagen**, insbesondere die beim Entleiher geltenden TV und BV vorzulegen (*FESTL*, § 99 Rn. 73a; *Schüren/Hamann*, § 14 Rn. 345a; *Hamann*, NZA 2003, 532). Außerdem muss er dem BR eine genaue Beschreibung der beim Entleiher ausgeübten Tätigkeit des LAN vorlegen, damit er die korrekte, d. h. objektiven Kriterien Rechnung tragende Eingruppierung (*Reipen*, NZS 2005, 407) in die jeweils maßgebliche Vergütungsordnung überprüfen kann. Der Verleiher hat auch darzulegen, nach welchem **vergleichbaren Arbeitnehmer** des Entleihers der LAN eingruppiert werden soll. Zur Überprüfung der Abgaben des Verleihers ist der BR berechtigt, den Arbeitsplatz beim Entleiher zu besichtigen (Rn. 25a) und die Angaben des Verleihers bzw. des Entleihers im ANÜ-Vertrag (vgl. § 12 Abs. 1 Satz 3) nachzuprüfen.

26g Ist der Entgelttarifvertrag zur ANÜ unwirksam oder verstößt die vorgesehene Ein- oder Umgruppierung gegen einen TV zur ANÜ, kann der BR die **Zustimmung** nach § 99 Abs. 2 Nr. 1 BetrVG **verweigern**. Dasselbe gilt, wenn kein TV zur ANÜ Anwendung findet und die vorgesehene Eingruppierung gegen die beim Entleiher geltende Vergütungsordnung verstößt. Ein Verstoß liegt dabei auch vor, wenn die Festlegung des vergleichbaren Arbeitnehmers des Entleihers nicht zutreffend erfolgte.

27 Bei reinen Verleihunternehmen ist der Leiharbeitnehmer in der Regel verpflichtet, seine Arbeitsleistung **in wechselnden Einsatzbetrieben** zu erbringen. Aus der Eigenart des Leiharbeitsverhältnisses ergibt sich hier, dass der Arbeitnehmer nicht ständig an einem bestimmten Arbeitsplatz, sondern an wechselnden Arbeitsorten seine Arbeitsleistung erbringt (*Hamann*, NZA 2003, 532). Daher erfüllt die jeweilige **Zuweisung eines Arbeitsplatzes** bei Entleihern in der Regel nicht die Begriffsmerkmale einer **Versetzung** im betriebsverfassungsrechtlichen Sinne (*BAG* v. 19. 6. 2001 – 1 ABR 43/00 – BB 2001, 2582; § 95 Abs. 3 BetrVG; *Becker/Wulfgramm*, Art. 1 § 14 Rn. 86; DKK-*Kittner*, § 99 Rn. 112; *FESTL*, § 99 Rn. 56; *Schüren/Hamann*, § 14 Rn. 342). Vielmehr kann der Verleiher auf Grund seines Weisungsrechts dem Arbeitnehmer **autonom** Arbeitsstellen bei Entleihern zuweisen, solange er hierbei die Grenzen billigen Ermessens (§ 315 BGB) und den vertraglich vorgesehenen Aufgabenbereich des LAN einhält (*Boemke*, § 14 Rn. 49; einschränkend *Thüsing/Thüsing*, § 14 Rn. 43). Dies ist nicht der Fall, wenn die Grenzen der arbeitsvertraglichen Pflichten des Leiharbeitnehmers, die auf Grund von beim Verleiher geltenden betrieblichen oder tariflichen Regelungen bestehen, auf Grund **anders gearteter Regelungen beim Entleiher** nicht eingehalten werden können (*LAG Berlin* v. 26. 9. 1996 – 10 Sa 55/96 – DB 1997, 936; vgl. *Ulber*, Arbeitnehmer in Zeitarbeitsfirmen, 144 ff.). Keine Versetzung liegt i. d. R. auch in sonstigen Fällen der Fremdfirmenarbeit vor, in denen der Arbeitnehmer **typischerweise** an **wechselnden Arbeitsorten** seine Arbeitsleistung erbringt, etwa bei Bau- und Montagearbeitnehmern, im Rahmen der Abordnung an eine Arge jedoch nur, soweit die Beteiligung an Argen durch den Arbeitgeber üblicherweise erfolgt und zu den arbeitsvertraglichen Pflichten des Arbeitnehmers zählt (DKK-*Kittner*, § 99 Rn. 111; *FESTL*, § 99 Rn. 52).

28 Eine **Versetzung** im betriebsverfassungsrechtlichen Sinne ist nur dann nach § 95 Abs. 3 Satz 2 BetrVG zu verneinen, wenn der Arbeitnehmer auch in tatsächlicher Hinsicht **ständig** seinen Arbeitsplatz wechselt. Ist von vornherein beabsichtigt, den Arbeitnehmer über Jahre hinweg im Drittbetrieb arbeiten zu lassen, liegt unabhängig vom zugrunde liegenden Arbeitsverhältnis eine Versetzung vor (*BAG* v. 2. 11. 1993 – 1 ABR 36/93 – AP Nr. 32 zu § 95 BetrVG Gesamthafenarbeitnehmer). Dasselbe gilt bei **Mischbetrieben**, wenn der Arbeitnehmer nicht ständig an wechselnden Arbeitsorten eingesetzt wird oder hierzu nicht verpflichtet ist. Hier stellt die Zuweisung eines anderen (nicht im Stammbetrieb befindlichen) Arbeitsplatzes – insbesondere die Unterstellung des Arbeitnehmers unter das Weisungsrecht eines Dritten – regelmäßig eine **erhebliche Änderung der Umstände** dar, unter denen die Arbeit zu erbringen ist, und erfüllt damit den Versetzungsbegriff des § 95 Abs. 1 Satz 1 BetrVG (a. A. *Schüren/Hamann*, § 14 Rn. 343). Das *BAG* entscheidet die Frage, ob eine Verkleinerung des bisherigen Arbeitsbereichs (als Stammarbeitnehmer) bei gleichzeitiger Übertragung neuer Aufgaben (als Leiharbeitnehmer) vorliegt, zu Recht auch nach qualitativen Merkmalen, wobei das bisherige Gepräge der Tätigkeit des Arbeitnehmers als Innendienstbeschäftigter im Vergleich zu einer zukünftigen Beschäftigung im Außenbereich eine **Aufgabenänderung** darstellt, die als Versetzung der Zustimmung des Betriebsrats bedarf (*BAG* v. 2. 4. 1996 – 1 AZR 743/95 – DB 1996, 1880). Eine **Änderung des Arbeitsvertrages** dahingehend, dass der Arbeitnehmer zukünftig auch als Leiharbeitnehmer bei Dritten seine Arbeit verrichten soll, erfüllt daher den Tatbestand einer mitbestimmungspflichtigen Versetzung (Rn. 29a). Bei den Formen **nichtgewerbsmäßiger ANÜ**, bei denen regelmäßig eine besondere Absprache zur Übertragung des Weisungsrechts im Einzelfall erforderlich ist (§ 9 Rn. 25), ist eine Verpflichtung zur Arbeitsleistung an ständig wechselnden Arbeitsorten ohnehin nicht gegeben. Soll hier im Einzelfall ein Arbeitnehmer an Entleiher überlassen werden, sind die Voraussetzungen der Ausnahmevorschrift des § 95 Abs. 3 Satz 2 BetrVG nicht erfüllt; es handelt sich um eine mitbestimmungspflichtige Versetzung im Einzelfall.

29 Bei **konzerninterner ANÜ** nach § 1 Abs. 3 Nr. 2 ist der **Betriebsrat** des entsendenden Betriebs ebenfalls unter dem Gesichtspunkt der Versetzung zu **beteiligen** (*BAG* v. 18. 2. 1986 – 1 ABR 27/84 – AP Nr. 33 zu § 99 BetrVG; vgl. § 1 Rn. 255 ff.), die Rückkehr des Leiharbeitnehmers in den abordnenden Betrieb löst hier allerdings nicht erneut (unter dem Gesichtspunkt der Einstellung) Beteiligungsrechte des Verleiherbetriebsrats aus (*BAG* v. 18. 10. 1988 – 1 ABR 26/87 – DB 1990, 1093; *Becker/Wulfgramm*, Art. 1 § 14 Rn. 87; *Schüren*, § 14 Rn. 278). Entsprechendes gilt im Rahmen von **ANÜ auf Grund Tarifvertrages** nach § 1 Abs. 3 Nr. 1 oder bezüglich der ANÜ von **Kleinbetrieben** nach § 1a.

29a Eine Versetzung liegt immer vor, soweit der Arbeitnehmer auf Grund einer Änderung des Arbeitsvertrages zukünftig auch zu Leiharbeit verpflichtet ist und erstmals bei einem Dritten seine Arbeit aufnehmen soll (*Schüren/Hamann*, § 14 Rn. 337, 345; s. o. Rn. 28). Hier werden jedoch häufig gleichzeitig die Voraussetzungen einer **Betriebsänderung** i.S.d. § 111 BetrVG erfüllt sein, so dass der

Verleiher vor der Überlassung im Einzelfall verpflichtet ist, das Interessenausgleichsverfahren durchzuführen (vgl. § 1 Rn. 126) und einen Sozialplan zu erstellen. Auch bei einer einvernehmlichen Änderung der Arbeitsverträge ist der Betriebsrat gehalten, die zukünftig mit der Leistung von Leiharbeit verbundenen **Nachteile** (Wegezeiten, auswärtige Unterbringung, Reisekosten etc.) **im Rahmen der Interessenausgleichs- und Sozialplanverhandlungen auszugleichen**. Kommt keine Regelung im Sozialplan zustande, kommt bezüglich nicht ausgeglichener Nachteile auch eine Zustimmungsverweigerung zur Versetzung nach § 99 Abs. 1 Nr. 1 bzw. 4 BetrVG in Betracht. Liegen die gesetzlichen, tarifvertraglichen oder arbeitsvertraglichen Voraussetzungen für eine Verpflichtung zur auswärtigen Arbeitsleistung nicht vor, fehlt es insbesondere an der Vereinbarung einer Leiharbeitsklausel (vgl. § 1 Rn. 37), ist der Betriebsrat nicht nur nach § 99 Abs. 2 Nr. 1 BetrVG zur **Zustimmungsverweigerung** berechtigt, sondern er ist verpflichtet, alles zu tun, um die Folgen illegaler Beschäftigung und die hiermit verbundenen weitreichenden Folgen für das Arbeitsverhältnis des Arbeitnehmers (§§ 10, 1 Abs. 2) zu verhindern. Hierzu hat er den Leiharbeitnehmer auf sein Leistungsverweigerungsrecht aufmerksam zu machen und die Aufhebung der personellen Maßnahme durch das Arbeitsgericht (§ 101 Satz 1 BetrVG), notfalls im Wege der einstweiligen Verfügung (*ArbG München* v. 3. 5. 2001 – 6b BVGa 3/01 G; DKK-*Kittner*, § 101 Rn. 24 ff.), durchzusetzen.

Die **Mitbestimmung** des Verleiherbetriebsrats bei **Kündigungen** (§§ 102 f. **30** BetrVG) besteht bei der Entlassung von Leiharbeitnehmern gleichermaßen wie bei Stammarbeitnehmern (*Becker/Wulfgramm*, Art. 1 § 14 Rn. 88; *Schüren/Hamann*, § 14 Rn. 397). Der Betriebsrat hat im Anhörungsverfahren insbesondere das Recht, solche Bedenken gegen die Kündigung zu äußern (§ 102 Abs. 2 Satz 3 BetrVG), die sich aus gesetzlichen **Einschränkungen des Kündigungsrechts** bei Leiharbeit ergeben (vgl. § 1 Rn. 72). Hierbei hat er insbesondere zu berücksichtigen, dass der Verleiher das Risiko fehlender Beschäftigungsmöglichkeiten für einen Zeitraum von mindestens drei Monaten zu tragen hat (vgl. § 11 Rn. 105). Hinsichtlich der **Weiterbeschäftigungsmöglichkeiten** des Leiharbeitnehmers (§ 102 Abs. 3 Nr. 3 bis 5 BetrVG) ist sowohl auf die Stammarbeitsplätze beim Verleiher als auch auf potenzielle Möglichkeiten der Beschäftigung bei Entleihern und sonstigen Dritten abzustellen (a. A. *Schüren/Hamann*, § 14 Rn. 399; *Thüsing/ Thüsing*, § 14 Rn. 45). Der Betriebsrat muss auf die bestehenden Möglichkeiten ausdrücklich im Widerspruchsschreiben hinweisen und hierbei auf die nach h. M. abschließend aufgeführten Widerspruchsgründe Bezug nehmen (*BAG* v. 12. 9. 1985 – 2 AZR 324/84 – AP Nr. 7 zu § 102 BetrVG 1972 Weiterbeschäftigung).

In den Fällen **illegaler ANÜ**, in denen mit dem nach §§ 10 Abs. 1, 1 Abs. 2 zustan- **31** degekommenen Arbeitsverhältnis zum Entleiher gleichzeitig auch das Arbeitsverhältnis zum Verleiher kraft Gesetzes endet (vgl. § 10 Rn. 63 ff.), kommt ein gesetzlicher Anspruch des Betriebsrats auf Beteiligung nach den Vorschriften der §§ 102 f. BetrVG nicht in Betracht (vgl. *BAG* v. 10. 2. 1977 – 2 ABR 80/76 – AP Nr. 9 zu § 103 BetrVG mit Anm. *Moritz*; *Becker/Wulfgramm*, Art. 1 § 14 Rn. 93 f.; *Thüsing/ Thüsing*, § 14 Rn. 44). Beim **Doppelarbeitsverhältnis** oder bei Bestehen eines Wahlrechts des Arbeitnehmers bezüglich der Fortsetzung des Arbeitsverhältnisses zum Verleiher oder Entleiher (vgl. Einl. D. Rn. 61; § 10 Rn. 13) muss der Verleiher dagegen das Anhörungsverfahren durchführen; eine ohne Anhörung des Betriebsrats ausgesprochene Kündigung ist unwirksam (§ 102 Abs. 1 Satz 3 BetrVG).

bb) Mitbestimmung in sozialen Angelegenheiten

32 Im Katalog des § 87 Abs. 1 BetrVG sind die Mitbestimmungsrechte des Verleiher-betriebsrats aufgeführt, die im **Bereich der sozialen Angelegenheit** bestehen. **Zweck** der Mitbestimmung ist hierbei der Schutz des Arbeitnehmers gegen eine einseitige oder willkürliche Ausübung des Direktionsrechts durch den Arbeit-geber und ein **Mitspracherecht** des Betriebsrats bei der Festlegung der wichtigs-ten **Arbeitsbedingungen** (*FESTL*, § 87 Rn. 3). Das Mitbestimmungsrecht umfasst dabei nicht nur die Befugnis, im Bereich der sozialen Angelegenheiten **Betriebs-vereinbarungen** abzuschließen (vgl. auch § 88 BetrVG), sondern es besteht auch im **Einzelfall**, soweit der Regelungsgegenstand einen kollektiven Bezug auf-weist (DKK-*Klebe*, § 87 Rn. 16; *Schüren/Hamann*, § 14 Rn. 354).

33 Aus der betriebsverfassungsrechtlichen Zuordnung des Leiharbeitnehmers zum Verleiherbetrieb folgt, dass dem Betriebsrat auch im Bereich der sozialen Ange-legenheiten die **Mitbestimmungsrechte nach § 87 BetrVG** zustehen. Die Mit-bestimmungsrechte des Betriebsrats eines entsendenden Betriebs bleiben regel-mäßig bestehen, wenn sich die Arbeitnehmer auf Anweisung des Arbeitgebers in den Betrieb eines anderen Arbeitgebers begeben (*BAG* v. 27.1.2004 – 1 ABR 7/03 – DB 2004, 1733). Eine daneben bestehende **Zuständigkeit des Entleiher-betriebsrats**, die sich auch aus möglicherweise konfligierenden Interessen der Stammbelegschaft des Entleiherbetriebs und beschäftigten Leiharbeitnehmern ergibt, lässt die Mitbestimmungsrechte des Verleiherbetriebs nicht entfallen, (ErfK/*Wank*, § 14 AÜG Rn. 4; einschränkend insoweit *BAG* v. 19.6.2001 – 1 ABR 43/00 – BB 2001, 2582 m. krit. Anm. *Ankersen; Becker/Wulfgramm*, Art. 1 § 14 Rn. 80; *Schüren/Hamann*, § 14 Rn. 353; vgl. auch *BAG* v. 15.12.1992 – 1 ABR 38/92 – AP Nr. 7 zu § 14 AÜG und v. 19.6.2001 – 1 ABR 443/00).

34 Die Mitbestimmungsrechte des Verleiherbetriebsrats erstrecken sich auf alle Ar-beitnehmer des Betriebs; der **kollektive Bezug** und der **kollektive Interessen-ausgleich** hat daher grundsätzlich bezogen auf die gesamte Stammbelegschaft zu erfolgen. Leiharbeitnehmer können lediglich bezüglich der Regelungsmoda-litäten und -notwendigkeiten Besonderheiten unterliegen, die jedoch das Beste-hen des Mitbestimmungsrechts als solchem unberührt lassen. Richtigerweise löst schon die **Übertragung der Weisungsbefugnisse** des Verleihers auf den Ent-leiher die Mitbestimmungsrechte des Verleiherbetriebsrats aus (so zutreffend *Ankersen*, Anm. zu *BAG* v. 19.6.2001 – 1 ABR 43/00 – BB 2001, 2582). Das *BAG* (a.a.O.) macht die Ausübung von Weisungsrechten des Entleihers zu Recht von einer entsprechenden Vereinbarung im ANÜ-Vertrag abhängig und erklärt einen hiermit verbundenen Entzug von Mitbestimmungsrechten des Verleiherbetriebs-rates für unzulässig. Danach ist ein Mitbestimmungsrecht des Verleiherbetriebs-rats in den sozialen Angelegenheiten des § 87 Abs. 1 BetrVG gegeben, wenn schon auf Grund des **ANÜ-Vertrages** Tatbestände betroffen sind, die dem Mitbe-stimmungsrecht unterliegen (*BAG*, a.a.O.) oder die in Betriebsvereinbarungen des Verleiherbetriebes anders geregelt sind (vgl. Rn. 25 und § 12 Rn. 10). Ein kol-lektiver Tatbestand ist dabei auch in den Fällen gegeben, in denen der Verleiher die Überlassung eines vom Entleiher konkret ausgewählten Arbeitnehmers schuldet (ebd.). Steht demgegenüber bei Beginn der ANÜ noch nicht fest, ob durch entsprechende Weisungen des Entleihers mitbestimmungspflichtige Tat-bestände ausgelöst werden, schließen hiermit verbundene Mitbestimmungs-rechte des Entleiherbetriebsrats nur dann Mitbestimmungsrechte des Verleiher-betriebsrates aus, wenn **der kollektive Bezug** der Maßnahme sich auf die

Belegschaft des Entleihers beschränkt. I.ü. kann jedoch im Einzelfall auch eine Doppelzuständigkeit von Verleiher- und Entleiherbetriebsrat gegeben sein. Regelungen zur **Arbeitszeit** oder die Anordnung von **Mehrarbeit** bei Einsatz von Leiharbeitnehmern in Entleiherbetrieben (vgl. hierzu *BAG* v. 15.12.1992, a.a.O.) berühren nicht nur die kollektiven Interessen der Belegschaft des Entleiherbetriebs, sondern gleichzeitig auch die Interessen der **Gesamtbelegschaft** des Verleiherbetriebs (z.B. hinsichtlich der Möglichkeiten, über eine Umverteilung des zusätzlichen Arbeitsvolumens der Mehrarbeit bei Entleihern Beschäftigung beim Verleiher zu sichern bzw. die Belastungen ungünstigerer oder längerer Arbeitszeiten gleichmäßig auf die Gesamtbelegschaft zu verteilen; einschränkend *BAG* v. 19.6.2001, a.a.O.). Die von der h.M. insbesondere für den Bereich des § 87 Abs. 1 Nr. 2 BetrVG vertretene Auffassung, nach der eine **Verlagerung mitbestimmungsrechtlicher Zuständigkeiten** von Abmachungen zwischen Verleiher und Entleiher abhängig gemacht wird (*Becker/Wulfgramm*, Art. 1 § 14 Rn. 81), hätte insbesondere in betriebsratslosen Entleiherbetrieben zur Folge, dass der Leiharbeitnehmer seines kollektiven Schutzes völlig verlustig wird. Vereinbar ist dies weder mit den Schutzzwecken des § 14, die auf einen zusätzlichen Schutz des Leiharbeitnehmers durch partielle Zuständigkeiten eines beim Entleiher bestehenden Betriebsrats gerichtet sind, noch mit dem besonderen **Schutzbedürfnis** von Leiharbeitnehmern, das nur kollektiv gewährleistet werden kann.

34a Praktischen Schwierigkeiten, die sich aus einer möglicherweise **doppelten Zuständigkeit von Verleiher- und Entleiherbetriebsrat** ergeben können (DKK-*Klebe*, § 87 Rn. 6; *FESTL*, § 99 Rn. 20), kann dadurch begegnet werden, dass im Bereich der mitbestimmungspflichtigen Angelegenheiten des § 87 Abs. 1 BetrVG vorsorgliche Regelungen und Betriebsvereinbarungen abgeschlossen werden, die den Besonderheiten der ANÜ Rechnung tragen (*BAG*, a.a.O.). Derartige Regelungen konkretisieren nicht nur die Arbeitspflichten des Leiharbeitnehmers, sondern befähigen den Verleiher (entsprechend seiner diesbezüglichen Verpflichtung) auch, den Entleiher über den Umfang der vertraglichen Leistungspflichten des Leiharbeitnehmers in Kenntnis zu setzen. Der **Entleiher** ist ebenso wie ein beim Entleiher bestehender Betriebsrat **verpflichtet**, die Grenzen der arbeitsvertraglichen **Leistungspflichten und -grenzen des Leiharbeitnehmers einzuhalten** (vgl. Rn. 101 und § 12 Rn. 10). Korrespondieren diese Pflichten nicht mit betrieblichen Regelungen, die im Entleiherbetrieb gelten, müssen sich Entleiher und ggf. Entleiherbetriebsrat an diese Grenzen halten (GK-*Wiese*, § 5 Rn. 71). Dem LAN steht ein Leistungsverweigerungsrecht zu (*Schüren/Hamann*, § 14 Rn. 362) und der Betriebsrat des Entleihers kann bei Friktionen die Zustimmung zur Einstellung des Leiharbeitnehmers nach § 99 Abs. 2 Nr. 1 und 4 BetrVG verweigern (vgl. Rn. 173 ff.).

35 Sind im Verleiherbetrieb **Betriebsvereinbarungen** zum Katalog der mitbestimmungspflichtigen Angelegenheiten vorhanden, gelten diese für Leiharbeitnehmer auch beim Einsatz in Entleiherbetrieben uneingeschränkt (§ 1 Rn. 113 ff.). Bei Verstößen steht dem LAN ein Leistungsverweigerungsrecht zu (*Boemke*, § 14 Rn. 114). Der Verleiherbetriebsrat kann deren Durchführung vom Arbeitgeber verlangen (§ 77 Abs. 1 BetrVG), wobei zur **Durchführungspflicht des Arbeitgebers** auch gehört, dass er bei der Gestaltung des **ANÜ-Vertrages** mit dem Verleiher auf die Einhaltung von Bestimmungen einer im Verleiherbetrieb gültigen Betriebsvereinbarung achtet (*BAG* v. 19.6.2001 – 1 ABR 43/00 – BB 2001, 2582 u. v. 27.1.2004 – 1 ABR 7/03 – AuR 2004, 106; *Schüren/Hamann*, § 14 Rn. 362). Verstößt der Verleiher gegen diese Pflicht, kann der Betriebsrat im Wege des Beschlussverfahrens (§ 2a ArbGG) die Durchführung bzw. die Unterlassung entgegenstehender Handlungen verlangen, bei groben Verstößen kommt auch ein Verfahren nach § 23 Abs. 3 BetrVG in Betracht. Unterlässt der Verleiher die nach § 87 BetrVG vorgeschriebene Beteiligung des Betriebsrats oder erteilt der Betriebsrat seine Zustimmung zu einer Maßnahme im Einzelfall nicht, kann der Arbeitgeber die Maßnahme (soweit nicht eine Einigungsstelle die Zustimmung ersetzt hat) **nicht einseitig** durchführen. Dem Leiharbeitnehmer steht in diesem Fall ein Leistungsverweigerungsrecht zu (DKK-*Klebe*, § 87 Rn.5), der Betriebsrat hat gegen den Verleiher einen Anspruch auf **Unterlassung** (*BAG* v. 3.5.1994 – 1 ABR 24/93 – AP Nr. 23 zu § 23 BetrVG; DKK-*Klebe*, § 87 Rn.7), der auch im Wege der einstweiligen Verfügung durchgesetzt werden kann. Für den Bereich des BPersVG ist dagegen die Geltendmachung eines Unterlassungsanspruches ausgeschlossen (*LAG Düsseldorf* v. 30.11.2000 – 11 Ta BV 73/00 – EzAÜG § 14 AÜG Personalvertretung Nr. 9).

36 In Fragen der **Ordnung des Betriebs** und des Verhaltens der Arbeitnehmer im Betrieb (§ 87 Abs. 1 Nr. 1 BetrVG) dient das Mitbestimmungsrecht des Betriebsrats unter anderem dem Zweck, die Persönlichkeit des Arbeitnehmers zu schützen und die Zusammenarbeit von Arbeitgeber und Arbeitnehmern sowie Arbeitnehmern untereinander zu fördern (*BAG* v. 27.1.2004 – 1 ABR 7/03 – DB 2004, 1733; *FESTL*, § 87 Rn.63). Dem Betriebsrat des Verleihers steht daher das Recht zu, in allen Fragen, die das Ordnungsverhalten der Arbeitnehmer (nicht jedoch arbeitsbezogene Einzelanweisungen) betreffen, **mitzubestimmen** (i. E. ebenso ErfK/*Wank*, § 14 Rn. 4; *Sandmann/Marschall*, § 14 Anm. 6). Betriebsvereinbarungen des Verleiherbetriebs finden zwar während des Einsatzes beim Entleiher keine Anwendung (*Boemke*, § 14 Rn.30); das Mitbestimmungsrecht beschränkt sich aber nicht auf Zeiten, in den sich der LAN in Betriebsstätten des Verleihers aufhält (ErfK/*Wank*, § 14 AÜG Rn.4; a.A. *Boemke*, § 14 Rn.30; *Schüren/Hamann*, § 14 Rn.357; *Thüsing/Thüsing*, § 14 Rn.26). § 87 Abs. 1 Nr.1 ist zwar Ausfluss des Weisungsrechts des Arbeitgebers, den Arbeitnehmer einer betrieblichen Ordnung zu unterwerfen (so zutreffender Weise *Schüren/Hamann*, § 14 Rn.356); dieses Weisungsrecht wird durch den Verleiher jedoch auch wahrgenommen, wenn er den LAN durch den ANÜ-Vertrag einer Betriebsordnung beim Entleiher unterwirft. Die Ausübung des Mitbestimmungsrechts durch den Verleiherbetriebsrat begrenzt insoweit das Weisungsrecht des Verleihers, den LAN nur einer Betriebsordnung bei Entleihern zu unterwerfen, die dem Zweck des Mitbestimmungsrechts, die Persönlichkeit des Arbeitnehmers zu schützen, entspricht. Die gegenteilige Auffassung würde dazu führen, dass der Verleiher trotz Bestehen eines Betriebsrats die Schutzzwecke des § 87 Abs. 1 Nr. 1 dadurch unterlaufen könnte, dass er den LAN in betriebsratslosen Entleiherbetrieben einsetzt. Ist der Leiharbeitnehmer nach der beim Verleiher bestehenden Arbeitsordnung nicht verpflichtet, eine bestimmte **Arbeitskleidung** zu tragen, oder ist er berechtigt, zu **rauchen** oder während der Arbeitspausen **Alkohol** zu trinken u. ä., kann – soweit keine öffentlich-rechtlichen Bestimmungen des Arbeitsschutzes betroffen sind – durch den Entleiher auch dann keine entgegenstehende Anweisung erteilt werden, wenn der dort bestehende Betriebsrat ordnungsgemäß beteiligt wurde. Auch Tor- und sonstigen **Kontrollen des Entleihers** (z.B. bei krankheitsbedingten Fehlzeiten) hat der Leiharbeitnehmer nur insoweit Folge zu leisten, als beim Verleiher keine entgegenstehenden Betriebsvereinbarungen existieren (§ 77 Abs. 4 Satz 1 und 2 BetrVG) und eine entsprechende arbeitsvertragliche Pflicht im Leiharbeitsvertrag vereinbart wurde (vgl. § 1 Rn.46, 67ff.). **Betriebsbußord-**

nungen, deren Zulässigkeit ohnehin Bedenken unterliegt (vgl. DKK-*Klebe*, § 87 Rn. 56 m.w.N.), oder die Verhängung von Betriebsbußen im Einzelfall unterliegen, soweit sie die Verletzung arbeitsvertraglicher Nebenpflichten betreffen, **ausschließlich** der **Zuständigkeit des Verleiherbetriebsrats.** Auch berechtigt die partielle Übertragung von Weisungsrechten auf den Entleiher diesen nicht dazu, disziplinarische Maßnahmen gegen den Leiharbeitnehmer zu ergreifen. Soweit Betriebsbußen ihre rechtliche Grundlage nicht außerhalb des Arbeitsvertrages haben (vgl. hierzu Rn. 105), ist der Entleiher darauf beschränkt, bei Fehlverhalten des Leiharbeitnehmers diesen zurückzuweisen; die Rechte des Entleihers aus dem ANÜ-Vertrag sind insoweit lediglich arbeits-, nicht jedoch verhaltensbezogen, soweit nicht zwingende Bestimmungen des Arbeitsschutzes betroffen sind.

Das Mitbestimmungsrecht des Verleiherbetriebsrats hinsichtlich **Beginn und** **37** **Ende der Arbeitszeit** einschließlich der **Pausen** sowie der Verteilung der Wochenarbeitszeit auf die Wochentage nach § 87 Abs. 1 Nr. 2 BetrVG besteht nur, soweit nicht ein Gesetz oder eine beim Verleiher geltende tarifliche Regelung eine abschließende Regelung enthält. Danach können beim Verleiher z.B. Betriebsvereinbarungen zur Verteilung der Arbeitszeit auf fünf Arbeitstage, Wechselschichtdienste, Wochenend- und Feiertagsarbeit u.ä. abgeschlossen werden (*Boemke*, 14 Rn. 31; *Schüren/Hamann*, § 14 Rn. 361; a.A. *Thüsing/Thüsing*, § 14 Rn. 27). Die abgeschlossenen TV zur ANÜ enthalten jeweils die Klausel, dass sich **Beginn und Ende der täglichen Arbeitszeit** einschließlich der **Pausen** und die **Verteilung der Arbeitszeit** auf die einzelnen Wochentage nach den beim Entleiher geltenden Bestimmungen richten (vgl. § 4.1 MTV BZA/DGB; § 3.1.3 MTV iGZ/DGB). Auf Grund von § 87 Abs. 1 Einl.-Satz BetrVG ist insoweit kein Raum für ein Mitbestimmungsrecht des Verleiherbetriebsrats gegeben, es besteht eine ausschließliche Zuständigkeit des Entleiherbetriebsrats (vgl. Rn. 108). Ausnahmen gelten hier, wenn der LAN die Arbeitszeit nicht vollständig innerhalb der bei einem Entleiher geltenden Arbeitszeitregelung erbringt. Sehen Gleitzeit- oder Arbeitszeitkonten beim Entleiher z.B. vor, dass ein bestimmtes Zeitguthaben an einem Brückentag genommen werden muss, und ist der LAN zum Ausgleichstag nicht mehr beim Entleiher eingesetzt, besteht auch das Mitbestimmungsrecht des Verleiherbetriebsrats bei der Lage des Ausgleichstags. Dasselbe gilt, wenn der LAN den Einsatzbetrieb im Rahmen von Zeitkontenregelungen während eines Abrechnungszeitraums (§ 3 Satz 2 ArbZG) den Entleiher wechselt oder innerhalb eines Abrechnungszeitraums bei mehreren Entleihern eingesetzt wird (§ 2 Abs. 1 Satz 1 Halbs. 2 ArbZG). Auch **Rahmen-regelungen,** die eine Verpflichtung des LAN zur Rufbereitschaft in Entleiherbetrieben betreffen, unterliegen der Mitbestimmung.

Die Verpflichtung des Betriebsrats, eine **tarifwidrige Gestaltung der Arbeitszeit** **37a** zu unterbinden (§ 80 Abs. 1 Nr. 1 BetrVG), zwingt den Verleiherbetriebsrat dazu, sein Mitbestimmungsrecht im Rahmen des § 87 Abs. 1 Nr. 2 BetrVG so auszuüben, dass auch eine tarifwidrige Praxis während der Einsatzzeiten des Leiharbeitnehmers beim Entleiher unterbunden bleibt. Dies betrifft neben der Verteilung der Arbeitszeit auch die Frage der **Dauer der Arbeitszeit**, die sich ausschließlich nach den im Verleiherbetrieb geltenden tarifvertraglichen Regelungen richtet (vgl. aber § 3.1.3 Satz 1 MTV; 6 Z/BZA, wonach die monatliche Arbeitszeit an die des Entleihers angepasst wird) und einer Regelungsmacht der Betriebsparteien entzogen ist (§ 77 Abs. 3 BetrVG). Im Bereich der Arbeitszeit ergeben sich daher zwangsläufig Probleme, wenn die im Verleiherbetrieb bestehenden Tarifverträge und Betriebsvereinbarungen **von Regelungen im Entleiher-betrieb abweichen** und der LAN deshalb zur Leistungsverweigerung berechtigt ist (*Schüren/Hamann*, § 14 Rn. 362). Diese Probleme sind im Rahmen der gesetz-lich eröffneten rechtlichen Gestaltungsmöglichkeiten zu lösen, ohne dass die Zu-ständigkeit des Verleiherbetriebsrats eingeschränkt wird und dabei auch die Schutzfunktionen des Entleiherbetriebsrats beachtet werden (teilweise anderes *Becker/Wulfgramm*, Art. 1 § 14 Rn. 81; *Schüren/Hamann*, § 14 Rn. 363). Hierzu kön-nen für Leiharbeitnehmer im tariflich und arbeitsvertraglich zulässigen Rahmen **Sonderregelungen** zur Arbeitszeit getroffen werden (*BAG* v. 19. 6. 2001 – 1 ABR 43/00 – BB 2001, 2582), wobei allerdings der **Gleichbehandlungsgrundsatz** aller im Verleiherbetrieb beschäftigten Arbeitnehmer beachtet werden muss. Üblich sind derartige Sonderregelungen vor allem hinsichtlich eines **arbeitszeitbezoge-nen Belastungsausgleichs** des Arbeitnehmers, der unter anderem auch die zu-sätzlichen Wegezeiten von Leiharbeitnehmern ausgleichen soll (z. B. Berücksich-tigung der Wegezeiten als vergütungspflichtige Arbeitszeit, Freischichten, Verkürzung und Verteilung der Arbeitszeit auf 4-Tage-Woche etc.). Daneben ist es aber auch möglich, unter Beachtung des Gleichbehandlungsgrundsatzes im Entleiherbetrieb von den üblichen betrieblichen Arbeitszeitregelungen abwei-chende **Betriebsvereinbarungen für Leiharbeitnehmer** abzuschließen, die eine Einhaltung der für den Leiharbeitnehmer geltenden Vorschriften beim Verleiher gewährleisten. Kommt eine derartige Regelung nicht auf freiwilliger Basis zustande, darf der Leiharbeitnehmer nur im Rahmen der für ihn im Verleiher-betrieb geltenden Regelungen beschäftigt werden; die Betriebsparteien sind ggf. darauf angewiesen, einen Spruch der Einigungsstelle abzuwarten (§ 87 Abs. 2 BetrVG; zum Zustimmungsverweigerungsrecht des Entleiherbetriebsrats nach § 99 in diesen Fällen vgl. Rn. 173).

38 Die Grundsätze zur partiellen Zuständigkeit von Verleiher- und Entleiher-betriebsrat in Fragen der Arbeitszeit gelten auch, soweit im Verleiher- oder Ent-leiherbetrieb **Verkürzungen oder Verlängerungen** der betriebsüblichen **Arbeits-zeit** (§ 87 Abs. 1 Nr. 3 BetrVG) beabsichtigt sind (*BAG* v. 19. 6. 2001 – 1 ABR 43/00 – BB 2001, 2582; *Becker/Wulfgramm*, Art. 1 § 14 Rn. 81; *Thüsing/Thüsing*, § 14 Rn. 28; einschränkend: *Schüren/Hamann*, § 14 Rn. 363). Gehen die Arbeitszeitverände-run-gen auf **Anordnungen des Verleihers** zurück oder steht schon bei Beginn des Einsatzes bei einem Entleiher fest, dass der LAN über seine regelmäßige vertrag-lich geschuldete Arbeitszeit hinaus Mehrarbeit leisten muss, ist das Mitbestim-mungsrecht des Verleiherbetriebsrats nach § 87 Abs. 1 Nr. 3 BetrVG gegeben (*BAG*, a.a.O.; *Boemke*, § 14 Rn. 34; *Thüsing/Thüsing*, § 14 Rn. 28). Dies gilt auch soweit der Verleiher nach dem ANÜ-Vertrag einen bestimmten vom Entleiher ausgesuchten LAN überlassen soll (*BAG*, a.a.O.). Das Mitbestimmungsrecht be-steht allerdings nur, solange die Dauer der vertraglichen Arbeitszeit des LAN auch während des Einsatzes bei einem Entleiher maßgeblich ist. Richtet sich die Arbeitszeit demgegenüber nach den jeweils beim Entleiher geltenden Arbeits-zeitbestimmungen, ist für ein Mitbestimmungsrecht des Verleiherbetriebsrats kein Raum (zum MBR des Entleiherbetriebsrats vgl. Rn. 116). Entsprechende Re-gelungen in einem **TV zur ANÜ** (vgl. § 4.1 MTV BZA/DGB; § 3.1.3 MTV iGZ/DGB) schließen darüber hinaus das Mitbestimmungsrecht nach § 87 Abs. 1 Ein-leitungssatz BetrVG aus (Rn. 39b). Die Anordnung von **Mehrarbeit** für Leih-arbeitnehmer beim Entleiher weist auch kollektive Bezüge zur betriebsüblichen Arbeitszeit im Verleiherbetrieb auf. Insoweit ist zu berücksichtigen, dass dem Verleiher bei ANÜ grundsätzlich eine Ersetzungsbefugnis hinsichtlich aller bei ihm beschäftigten und überlassenen Leiharbeitnehmer zusteht und sich daher die Frage, ob, für welchen Leiharbeitnehmer und für welchen Zeitraum Mehrarbeit angeordnet werden soll, auf die **Gesamtbelegschaft** des Verleiherbetriebs bezieht und hinsichtlich des **kollektiven Bezugs** des Regelungsbereichs keine Unterschiede zu sonstigen Fällen der Mehrarbeitsanordnung im Verleiherbetrieb ergeben.

Bewegt sich die Arbeitszeit des LAN einschließlich der Mehrarbeit nicht im **38a** Rahmen der arbeitsvertraglich vorgesehenen wöchentlichen oder monatlichen Regelarbeitszeit, ist der LAN zur Leistung von Mehrarbeit nur verpflichtet, wenn im Arbeitsvertrag eine entsprechende Verpflichtung vorgesehen ist und dem Entleiher im ANÜ-Vertrag die **Befugnis zur Anordnung** von Überstunden **übertragen** wurde (*Boemke*, § 14 Rn. 35; *Sandmann/Marschall*, § 14 Anm. 6; *Schüren/Hamann*, § 14 Rn. 363 f.; *Thüsing/Thüsing*, § 14 Rn. 28). Die Übertragung der Anordnungsbefugnis auf den Entleiher (nicht jedoch die Anordnung der Überstunden selbst) bedarf der Zustimmung des Verleiherbetriebsrats (*Boemke*, a.a.O.)

Fragen der **Auszahlung des Arbeitsentgelts** sowie der **Urlaubsgewährung** **39** (§ 87 Abs. 1 Nr. 4 und 5 BetrVG) berühren ausschließlich die arbeitsvertraglichen Beziehungen zwischen Verleiher und Leiharbeitnehmer; hier besteht eine ausschließliche Zuständigkeit des Verleiherbetriebsrats (*Becker/Wulfgramm*, Art. 1 § 14 Rn. 81; *Boemke*, § 14 Rn. 35 ff.; *Schüren/Hamann*, § 14 Rn. 367 f.; *Thüsing/Thüsing*, § 14 Rn. 30 f.). Beim Entleiher geltende Urlaubspläne sind weder für den Verleiher (im Hinblick auf die Vergütungspflicht des Entleihers) noch für den Leiharbeitnehmer (hinsichtlich des Urlaubsanspruches) verbindlich. Bei einem **Betriebsurlaub** im Entleiherbetrieb hat der Verleiher den Leiharbeitnehmer anderweitig zu beschäftigen und ihm bei mangelnden Beschäftigungsmöglichkeiten die Vergütung fortzuzahlen (§ 11 Abs. 4 Satz 2). Regelungen zu **Werkmietwohnungen** unterliegen infolge des Bestehens eines Arbeitsverhältnisses zum Arbeitgeber als Tatbestandsvoraussetzung des Mitbestimmungsrechts nach § 87 Abs. 1 Nr. 9 BetrVG i.d.R. nur im Verleiherbetrieb der Mitbestimmung (*Schüren/Hamann*, § 14 Rn. 372). Etwas anderes kann hier gelten, wenn der Verleiher nach § 10 Abs. 4 verpflichtet ist, dem Leiharbeitnehmer die beim Entleiher geltenden Arbeitsbedingungen zu gewähren.

Die Mitbestimmungsrechte des Verleiherbetriebsrates (zum Entleiherbetriebsrat **39a** vgl. Rn. 127b) bei der Durchführung von **Gruppenarbeit** beschränken sich auf die innerbetriebliche Stammbelegschaft (i.E. ebenso: *Schüren/Hamann*, § 14 Rn. 378; *Thüsing/Thüsing*, § 14 Rn. 36). Dies ergibt sich aus der in § 87 Abs. 1 Nr. 13 2. Halbsatz BetrVG vorgenommenen Legaldefinition, nach der auf den betrieblichen Arbeitsablauf und die übertragene Gesamtaufgabe abgestellt und damit an die tatsächlichen Verhältnisse bei der **Durchführung** von Gruppenarbeit angeknüpft wird.

Soweit ein **TV zur ANÜ** vorsieht, dass sich die Arbeitszeit des LAN nach den **39b** beim Entleiher geltenden Arbeitszeitregelungen richtet (vgl. § 4.1, 6 MTV BZA/ DGB; §§ 3.1.3, 4.1.1 MTV iGZ/DGB), und die Mehrarbeitsbestimmungen des TV zur ANÜ eingehalten sind, besteht grundsätzlich kein Mitbestimmungsrecht des Verleiherbetriebsrats bei der Anordnung von Mehrarbeit beim Entleiher. Der LAN ist dann grundsätzlich zur Leistung der Mehrarbeit nach den beim Entleiher geltenden Regelungen verpflichtet; die Verlängerung der individuellen Arbeitszeit beurteilt sich dann aber auch ausschließlich nach den Regelungen beim Entleiher. Friktionen können hier auftreten, wenn die beim Entleiher zu Grunde zu legende **Mehrarbeitsdefinition** andere Arbeitszeiten als Mehrarbeit erfasst als die TV zur ANÜ (vgl. § 6 MTV BZA/DGB; § 4.1.1 MTV iGZ/DGB).

39c Die **Zuschläge** bei Mehrarbeit richten sich nach den Regelungen im Tarifvertrag zur ANÜ (vgl. § 7.1 MTV BZA/DGB; § 4.1.2 MTV iGZ/DGB). Dies gilt jedoch nur, soweit der TV zur ANÜ die beim Entleiher gewährten Zusatzleistungen bei Mehrarbeit auch regelt. Dies ist nur hinsichtlich des Grundzuschlages der Fall. Soweit der Entleiher verpflichtet ist, sonstige Leistungen (Antrittsprämien, zusätzliche Freizeit o.ä.) zu erbringen, enthalten die TV zur ANÜ Regelungslücken, so dass der LAN nach §§ 9 Nr. 2, 10 Abs. 4 Anspruch auf diese Leistungen hat (vgl. § 9 Rn. 200). Durch eine **BV beim Verleiher** können diese Ansprüche nicht zu Lasten des LAN verkürzt werden (vgl. § 10 Rn. 88, 109).

40 In den übrigen Regelungsbereichen des § 87 Abs. 1 BetrVG kann je nach Fallgestaltung sowohl eine Zuständigkeit des Verleiherbetriebsrats als auch eine daneben bestehende Zuständigkeit des Entleiherbetriebsrats gegeben sein. Für Regelungen zur **Unfallverhütung** und zum **Gesundheitsschutz** (§ 87 Abs. 1 Nr. 7 BetrVG) ergibt sich die **parallele Zuständigkeit** unmittelbar aus § 11 Abs. 6 AÜG (einschränkend *Boemke*, § 14 Rn. 39; *Schüren/Hamann*, § 14 Rn. 370; *Thüsing/Thüsing*, § 14 Rn. 33). Für Regelungen zum **betrieblichen Vorschlagswesen** (§ 87 Abs. 1 Nr. 12 BetrVG) ergibt sich die Parallelzuständigkeit aus § 11 Abs. 7 (vgl. § 11 Rn. 95).

41 Bei der Einführung und Anwendung **von technischen Einrichtungen zur Verhaltens- und Leistungsüberwachung** (§ 87 Abs. 1 Nr. 6 BetrVG) können sowohl beim Verleiher als auch beim Entleiher bestehende Einrichtungen das Mitbestimmungsrecht beider Betriebsräte auslösen (so auch *Schüren/Hamann*, § 14 Rn. 369). Im Entleiherbetrieb können diese Mitbestimmungsrechte hinsichtlich der Leiharbeitnehmer jedoch nur insoweit in Betracht kommen, wie dem Entleiher Direktionsrechte hinsichtlich der Verhaltens- und Leistungskontrolle (Rn. 36) des Leiharbeitnehmers zustehen. Außerdem folgt aus der grundsätzlichen Zuständigkeit des Verleihers zur Führung der **Personalakten**, dass der Entleiher nur solche Daten mittels technischer Einrichtungen erfassen und speichern darf, die zur Erfüllung etwaiger Pflichten gegenüber dem Arbeitnehmer bzw. dem Verleiher (zum Zwischenzeugnis vgl. Rn. 20) aus seiner partiellen Arbeitgeberstellung erwachsen. Insoweit sind die gesetzlichen Melde- und Auskunftspflichten gegenüber der Erlaubnisbehörde oder die **Kontrollmeldungen** gegenüber den Sozialversicherungsträgern Grundlage für eine zulässige Verarbeitung und Nutzung von Daten (DKK-*Buschmann*, § 83 Rn. 19). I.Ü. sind jedoch bei Leiharbeitnehmern immer die besonderen Bestimmungen des **Bundesdatenschutzgesetzes** (BDSG) hinsichtlich der Speicherung und Nutzung von Daten über technische Einrichtungen zu beachten. Aus der (nur) partiellen Arbeitgeberstellung folgt dabei, dass sich der Entleiher nur **eingeschränkt** auf § 28 Abs. 1 Nr. 1 und 2 BDSG berufen kann und eine etwa dem Verleiher gegebene **Einwilligung** des Leiharbeitnehmers zur Verarbeitung und Nutzung personenbezogener Daten (vgl. § 4 Abs. 1 BDSG) nicht zur Verarbeitung und Nutzung der Daten durch den Entleiher berechtigt.

42 Da das Mitbestimmungsrecht nach § 87 Abs. 1 Nr. 8 BetrVG nur **Sozialeinrichtungen** umfasst, deren Wirkungsbereich auf den Betrieb, das Unternehmen oder den Konzern beschränkt ist, stehen dem Verleiher- und Entleiherbetriebsrat jeweils nur im Rahmen dieser (sich nicht überschneidenden) Wirkungsbereiche Mitbestimmungsrechte zu (*Boemke*, § 14 Rn. 40; *Schüren/Hamann*, § 14 Rn. 371; *Thüsing/Thüsing*, § 14 Rn. 34). Aus dem **Gleichbehandlungsgrundsatz** folgt, dass das Mitbestimmungsrecht so ausgeübt werden muss, dass auch Leiharbeitnehmern der Zugang und die Nutzung der sozialen Einrichtungen beim Verleiher ermöglicht werden muss (*Schüren/Hamann*, § 14 Rn.371). Ist eine Gleichbehandlung wegen der auswärtigen Erbringung der Arbeitsleistung nicht möglich, ist dem Leiharbeitnehmer wegen des Entgeltcharakters der sozialen Leistung (*Richardi*, § 87 Rn.609) vom Verleiher eine anderweitige (meist finanzielle) **Entschädigung** zu gewähren (*Schüren/Hamann*, § 14 Rn.371). Das Mitbestimmungsrecht des Verleiherbetriebsrats bei Sozialeinrichtungen ist so auszuüben, dass keine Verkürzung der (Mindest-)Ansprüchen nach § 10 Abs. 4 erfolgt, die dem LAN auf Grund der Gleichbehandlungsgrundsätze gem. §§ 3 Abs. 1 Nr.3, 9 Nr.2 zustehen (vgl. § 9 Rn.82). Mit Ausnahme der betrieblichen Altersversorgung enthalten die TV zur ANÜ insoweit keine vom Gleichbehandlungsgebot abweichenden Regelungen. Durch BV kann insoweit keine abweichende Regelung getroffen werden. Etwas anderes gilt nur hinsichtlich solcher Regelungskomplexe, für die eine Möglichkeit für wertgleiche Regelungen besteht (vgl. § 10 Rn.106). Hier ist der BR nach § 87 Abs. 1 Nr.8 zu beteiligen, wenn im Verleiherbetrieb allgemeine Verteilungsgrundsätze zur Anwendung kommen sollen.

Das Mitbestimmungsrecht nach **§ 87 Abs. 1 Nr.10 BetrVG** betrifft die innerbetriebliche Lohngerechtigkeit und erstreckt sich daher einheitlich auf alle Stamm- und Leiharbeitnehmer des Verleihers (*Boemke*, § 14 Rn.41; *Schüren/Hamann*, § 14 Rn.373). Von daher hat der Verleiherbetriebsrat bei der betrieblichen Lohngestaltung, insbesondere auch bei freiwilligen Leistungen des Verleihers **in einsatzfreien Zeiten**, mitzubestimmen. Ein Mitbestimmungsrecht des Verleiherbetriebsrats nach § 87 Abs. 1 Nr.10 BetrVG in Fragen der **betrieblichen Lohngestaltung** kommt nur in Betracht, soweit sich das Arbeitsentgelt des LAN nicht gem. §§ 3 Abs. 1 Nr.3, 9 Nr.2 nach den beim Entleiher geltenden Regelungen richtet (so auch *Schüren/Hamann*, § 14 Rn.374). Daneben ist das Mitbestimmungsrecht bei den **Entlohnungsgrundsätzen** eingeschränkt. Ob der LAN im **Zeit- oder Leistungslohn** arbeitet, richtet sich ausschließlich nach seinen arbeitsvertraglichen Verpflichtungen und den beim Entleiher maßgeblichen Regelungen. Ein Mitbestimmungsrecht des Verleiherbetriebsrats besteht daneben nicht. Kommt ein **TV zur ANÜ** zur Anwendung, sind ergänzende Regelungen zur Lohngestaltung beim Verleiher zulässig, soweit **übertarifliche Leistungen** oder auf die Gesamtbelegschaft bezogene Regelungen der innerbetrieblichen Lohngerechtigkeit in Frage stehen, oder Regelungskomplexe betroffen sind, die nicht zu den wesentlichen Arbeitsbedingungen i.S.d. § 9 Nr.2 zählen (vgl. § 9 Rn.81). Sind demgegenüber nicht in einem TV zur ANÜ geregelte Fragen der betrieblichen Lohngestaltung betroffen, können die hier bestehenden Regelungslücken wegen des Gleichbehandlungsgebots nicht durch eine Betriebsvereinbarung des Verleihers zu Lasten des LAN beseitigt werden (vgl. § 9 Rn.72). Ein Mitbestimmungsrecht des Verleiherbetriebsrats ist insoweit ausgeschlossen, soweit Fragen der betrieblichen Lohngestaltung nur beim Entleiher nicht jedoch im TV zur ANÜ geregelt sind. Unbenommen bleibt es den Betriebsparteien, allgemeine **Rahmenregelungen** zur Lohngestaltung (z.B. BV zu Weihnachts- oder Jubiläumsgeldern, Treueprämien) abzuschließen, die unabhängig von entsprechenden Regelungen beim Entleiher Mindestansprüche des LAN begründen. Dies gilt auch für freiwillige Leistungen des Verleihers (z.B. Ansprüche auf **betriebliche Altersversorgung**), soweit sie nicht schon nach § 87 Abs. 1 Nr.8 BetrVG mitbestimmungspflichtig sind. Dem BR steht für derartige Rahmenregelungen das Mitbestimmungsrecht nach § 87 Abs. 1 Nr.10 BetrVG einschließlich eines Initiativrechts zu.

43

43a Bei den **leistungsbezogenen Arbeitsentgelten**, insbesondere bei der Festsetzung der **Akkord- und Prämiensätze**, kommt ein Mitbestimmungsrecht des Verleiherbetriebsrats nach **§ 87 Abs. 1 Nr. 11 BetrVG** nur in Betracht, soweit sich die Ansprüche des LAN nicht auf Grund des Gleichstellungsgrundsatzes gem. §§ 3 Abs. 1 Nr. 3, 9 Nr. 2 nach den beim Entleiher zur Anwendung kommenden Regelungen richtet (*Schüren/Hamann*, § 14 Rn. 375; vgl. § 9 Rn. 94). Beim Verleiher können **Mindestbedingungen** und Mindestsätze vereinbart werden, auf die der Leiharbeitnehmer immer Anspruch hat, wenn dem Leiharbeitnehmer daneben ein Anspruch auf höhere Vergütung eingeräumt wird, wenn die beim Entleiher zur Anwendung kommenden Regelungen den dort beschäftigten **Arbeitnehmern höhere leistungsbezogene Vergütungsbestandteile** einräumen. Hinsichtlich der Grundvergütung sind hierbei jedoch ausschließlich die beim Verleiher bestehenden Regelungen maßgeblich. Kommen TV und ANÜ zur Anwendung, kommt ein Mitbestimmungsrecht des Verleiherbetriebsrats allenfalls bei den **vergleichbaren leistungsbezogenen Entgelten** (z. B. Leistungszulagen im Zeitlohn (*FESTL*, § 87 Rn. 530) in Betracht. Da der **Leistungslohn** in den TV zur ANÜ nicht geregelt ist (§ 9 Rn. 110), kommen hier ausschließlich die Gleichstellungsansprüche des LAN zur Anwendung (§ 10 Rn. 88, 109), die sich nach den beim Entleiher geltenden Regelungen richten. Ein Mitbestimmungsrecht des Verleiherbetriebsrats ist darauf bezogen ausgeschlossen (*Schüren/Hamann*, § 14 Rn. 375).

d) Verstöße des Verleihers gegen Normen der Betriebsverfassung

44 Verstößt der Verleiher gegen seine **Verpflichtungen aus dem BetrVG**, sind darauf beruhende Maßnahmen in der Regel unwirksam. Dem Betriebsrat steht bei groben Verstößen ein **Unterlassungsanspruch** zu (§ 23 Abs. 3 Satz 1 BetrVG). Bei mitbestimmungspflichtigen Maßnahmen ist die **Zustimmung** des Betriebsrats daneben **Wirksamkeitsvoraussetzung** für die Rechtmäßigkeit der Maßnahmen (*BAG* v. 22. 10. 1980 – 1 ABR 2/79 – AP Nr. 70 zu Art. 9 GG Arbeitskampf u. v. 4. 5. 1982 – 3 AZR 1202/79 – AP Nr. 6 zu § 87 BetrVG 1972 Altersversorgung u. v. 26. 1. 1988 – 1 AZR 531/86 – AP Nr. 50 zu § 99 BetrVG 1972; DKK-*Klebe*, § 87 Rn. 4; *FESTL*, § 87 Rn. 599; *Galperin/Löwisch*, § 87 Rn. 16; *Schüren/Hamann*, § 14 Rn. 362; a. A. *Richardi*, § 87 Rn. 116). Dem Leiharbeitnehmer steht dann ein **Leistungsverweigerungsrecht** auch im Entleiherbetrieb zu, soweit er Anordnungen befolgen soll, die unter Missachtung der Mitbestimmungsrechte des Verleiherbetriebsrats erteilt werden (*Schüren/Hamann*, § 14 Rn. 362; *Boemke*, § 14 Rn. 33).

45 Der Anspuch des Verleiherbetriebsrates gegen den Verleiher auf **Unterlassung** der beabsichtigten Maßnahme (*BAG* v. 3. 5. 1994 – 1 ABR 24/93 – AP Nr. 23 zu § 23 BetrVG 1972 unter Aufgabe der früheren Rspr.; DKK-*Klebe*, § 87 Rn. 7) kann notfalls auch im Wege der **einstweiligen Verfügung** durchgesetzt werden. Der Unterlassungsanspruch kann dabei auch darauf gerichtet sein, dem Verleiher zu untersagen, ANÜ-Verträge abzuschließen, die unter (wegen der Unzulässigkeit von Globalanträgen allerdings konkret zu bezeichnenden) Verstößen gegen das BetrVG abgeschlossen werden sollen. Die **unternehmerische Entscheidungsfreiheit** des Verleihers wird hierbei entsprechend dem Sozialstaatsprinzip der Verfassung zulässigerweise durch die Mitbestimmung **eingeschränkt** (BVerfG v. 18. 12. 1985 – 1 BvR 143/83 – AP Nr. 15 zu § 87 BetrVG 1972 Arbeitszeit; *BAG* v. 19. 6. 2001 – 1 ABR 43/00 – BB 2001, 2582 und v. 27. 1. 2004 – 1 ABR 7/03 – DB 2004, 1733; DKK-*Klebe*, § 87 Rn. 20). Bei groben Verstößen des Verleihers kommen je nach Art und Schwere des Verstoßes auch Verfahren nach §§ 23 Abs. 3, 119, 121 BetrVG in Betracht.

Da die Einhaltung der Bestimmungen des BetrVG zu den **üblichen Arbeitgeber-** **46** **pflichten** des Verleihers i.S.d. § 1 Abs. 2 bzw. zu dessen **arbeitsrechtlichen Pflichten** i.S.d. § 3 Abs. 1 Nr. 1 zählt (vgl. § 3 Rn. 58), ist bei **Verstößen** des Verleihers – insbesondere soweit sie auf eine Diskriminierung der Leiharbeitnehmer hinauslaufen – die Erlaubnis zu versagen bzw. nach § 5 Abs. 1 Nr. 3 zu widerrufen, auch ohne dass ein Wiederholungsfall vorliegt. Daneben kann je nach Schwere des Verstoßes und unabhängig davon, ob es sich um einen Fall gewerbsmäßiger oder nichtgewerbsmäßiger ANÜ handelt, auch ein Arbeitsverhältnis zum Entleiher nach § 1 Abs. 2 zustande kommen (vgl. Einl. D. Rn. 48 ff.). Auf die mangelnde Kenntnis des konkreten Arbeitseinsatzes des Leiharbeitnehmers entgegen bestehender Regelungen im Verleiherbetrieb oder von Verstößen des Verleihers gegen die Betriebsverfassung kann sich der Entleiher nicht berufen, da ihn im Rahmen seiner **Fürsorgepflichten** (vgl. § 75 BetrVG) auch gegenüber Leiharbeitnehmern eine eigene Pflicht trifft, die rechtlichen Grenzen der Leistungspflichten des Leiharbeitnehmers einzuhalten.

IV. Betriebsverfassungsrechtliche Stellung des Leiharbeitnehmers im Entleiherbetrieb

1. Wahlrechte im Entleiherbetrieb (Abs. 2 Satz 1)

Nach § 7 Satz 1 BetrVG sind alle Arbeitnehmer des Betriebes bei der Wahl des Be- **47** triebsrates wahlberechtigt, die das 18. Lebensjahr vollendet haben. Auf die Dauer der Betriebszugehörigkeit kommt es hierbei nicht an. Nur das **passive Wahlrecht** ist von einer Betriebszugehörigkeit von sechs Monaten abhängig (§ 8 Abs. 1 Satz 1 BetrVG). Durch das BetrVG-Reformgesetz (v. 23. 7. 2001, BGBl. I S. 1852) wurde § 7 BetrVG um Satz 2 ergänzt und der vormals in § 14 Abs. 2 Satz 1 AÜG enthaltene Hinweis gestrichen, dass Leiharbeitnehmern bei der Wahl eines Betriebsrates beim Entleiher kein aktives Wahlrecht zusteht. Nach § 7 Satz 2 BetrVG steht nunmehr auch Fremdfirmenbeschäftigten das **aktive Wahlrecht** zu, wenn sie einem Entleiher zur Arbeitsleistung überlassen werden und länger als drei Monate im Betrieb eingesetzt werden sollen (Rn. 47b). Das Wahlrecht umfasst das Recht Wahlvorschläge zu machen und zu unterstützen, an den erforderlichen Wahlversammlungen teilzunehmen und die Betriebsratswahlen nach § 19 BetrVG anzufechten (*Maschmann*, DB 2001, 2449). Das Wahlrecht steht dem Leiharbeitnehmer dabei ab dem ersten Tag des Einsatzes beim Entleiher zu. Entscheidend ist nur, ob der geplante Einsatz länger als drei Monate dauern soll und z. Zt. der Wahl andauert (arg. e § 13 Abs. 2 Satz 1 BPersVG; vgl. amtl. Begr. Teil B. Nr. 7 BB 2004, 2753; GK-*Kreutz*, § 7 Rn. 72; a. A. *Maschmann*, DB 2001, 2447).

Vom Geltungsbereich des § 7 Satz 2 BetrVG werden alle Arbeitnehmer erfasst, die **47a** auf der Grundlage des AÜG als Leiharbeitnehmer bei einem Entleiher eingesetzt werden sollen. Ob der Einsatz dabei im Rahmen gewerbsmäßiger oder **nichtgewerbsmäßiger ANÜ** oder mit der nach § 1 Abs. 1 Satz 1 erforderlichen Erlaubnis erfolgt, ist unbeachtlich (*BAG*, v. 10. 3. 2004 – 7 ABR 49/03; *Richardi*, § 1 Rn. 125; *Maschmann*, DB 2001, 2446; *Konzen*, RdA 2001, 83; vgl. Rn. 49). Auch kommt die Vorschrift in allen Fällen zur Anwendung, bei denen bestimmte Überlassungsformen vom Anwendungsbereich des AÜG ausgeschlossen sind (z. B. in den Fällen des § 1 Abs. 3; BAG, a.a.O.) oder nicht als ANÜ gelten (§ 1 Abs. 1 Satz 2). Nach dem **Zweck der Bestimmung** sollen nicht nur Formen der Fremdfirmenarbeit, die die Begriffsmerkmale einer ANÜ i.S.d. AÜG erfüllen, vom Anwendungsbereich erfasst werden (vgl. amtl. Begr. Teil B. Nr. 7: »insbesondere Leiharbeitnehmer«). Das Tatbestandsmerkmal der **Überlassung zur Arbeitsleistung** in § 7 Satz 2 BetrVG ist vielmehr weit zu fassen. Abzustellen ist nicht auf die rechtliche Einordnung des dem Einsatz zugrunde liegenden Vertrages, sondern es kommt entscheidend darauf an, ob der Arbeitnehmer in **tatsächlicher** Hinsicht eingegliedert beim Dritten Arbeitsleistungen erbringt, denen gegenüber den sonstigen Vertragszwecken nicht nur eine untergeordnete Bedeutung zukommt. Diese Voraussetzung ist regelmäßig erfüllt, wenn der Einsatzbetrieb die vom Fremdfirmenbeschäftigten erbrachten Arbeitsleistungen bisher mit Stammarbeitnehmern erbracht hat oder ebenso im Rahmen der Begründung von (ggf. auch befristeten) Arbeitsverhältnissen erbringen könnte.

Nach der amtlichen Begründung (vgl. allgem. Teil A. III. 3) soll die gesamte Randbelegschaft, die im Rahmen von Arbeitsverträgen zu Dritten ihre Arbeitsleistung im Betrieb erbringt, in den Schutz der betrieblichen Mitbestimmung einbezogen werden (GK-*Kreutz*, § 7 Rn. 63). Diesem Schutzzweck entspricht es, wenn auch Fremdfirmenbeschäftigte, die **auf werkvertraglicher Basis** Arbeitsleistungen im Betrieb erbringen, in den Geltungsbereich der betriebsverfassungsrechtlichen Ordnung einbezogen werden (*Däubler*, AiB 2001, 286; DKK-*Schneider*, § 9 Rn. 10e; offengehalten *BAG* v. 21.7.2004 – 7 ABR 38/03; a.A. ErfK/*Wank*, § 14 Rn. 5; *Thüsing/Thüsing*, § 14 Rn. 62; *Reichold*, Beil. zu NZA 24/2001, 37). Voraussetzung ist hierbei nur, dass sie als **Arbeitnehmer** eines Dritten eingesetzt werden und zumindest teilweise der Weisungsbefugnis des Inhabers des Einsatzbetriebes unterliegen. Danach sind zunächst diejenigen Arbeitnehmer in den Geltungsbereich des § 7 Satz 2 BetrVG einbezogen, deren Einsatz vom Dritten zumindest partiell durch die Ausübung von typischen Weisungsbefugnissen des Arbeitgebers gesteuert wird. Einer vollständigen Eingliederung des Arbeitnehmers (vgl. Einl. C. Rn. 125 f.) in die Betriebsabläufe des Einsatzbetriebes bedarf es hierbei nicht. Vielmehr kommt es darauf an, ob die Organisation der Arbeiten des Arbeitnehmers durch den Einsatzbetrieb mit beeinflusst ist und hierdurch unmittelbar auch der Inhalt oder die Art und Weise der vom Arbeitnehmer erbrachten Arbeit von diesem beeinflusst wird. Die Ausübung des **Anweisungsrechtes des Werkbestellers** (vgl. Einl. C. Rn. 71 ff.) reicht daher i.d.R. aus, um die Voraussetzungen des § 7 Satz 2 BetrVG zu erfüllen. Dasselbe gilt, wenn der Arbeitnehmer Normen im Einsatzbetrieb unterliegt, die das Weisungsrecht des Arbeitgebers berühren und zum Schutz des Arbeitnehmers Mitwirkungsrechte des Betriebsrates zur Folge haben (*Däubler*, AiB 2001, 686). Soweit z.B. Fremdfirmenbeschäftigte Betriebsvereinbarungen zu Arbeitsschutzbestimmungen oder einer Betriebsordnung des Einsatzbetriebes unterliegen (vgl. Einl. C. Rn. 125 ff.) oder Arbeitgeberbefugnisse vom Dritten wahrgenommen werden (z.B. bei Zeiterfassung; vgl. *ArbG Braunschweig* v. 11.10.2000 – 6 BV 27/00), die der Mitbestimmung des Betriebsrates unterliegen, ist auch eine für § 7 Satz 2 BetrVG ausreichende (beschränkte) Betriebszugehörigkeit des Fremdfirmenbeschäftigten gegeben.

47b Das aktive Wahlrecht von Fremdfirmenarbeitnehmern nach § 7 Satz 2 BetrVG ist nur gegeben, wenn der geplante Einsatz des Arbeitnehmers beim Dritten nach der vertraglichen Planung bei Beginn des Einsatzes (*Boemke*, § 14 Rn. 64; *Schüren/Hamann*, § 14 Rn. 53 f.; DKK-*Schneider*, § 7 Rn. 8a; *Thüsing/Thüsing*, § 14 Rn. 58) länger als drei Monate dauern soll. Auf die tatsächliche Einsatzdauer kommt es insoweit nicht an (ErfK/*Wank*, § 14 Rn. 5; GK-*Kreutz*, § 7 Rn. 72). Ist diese Voraussetzung nicht erfüllt, steht dem Arbeitnehmer das aktive Wahlrecht nicht zu. Ein **passives Wahlrecht** ist darüber hinaus nach Abs. 2 Satz 1 auch dann ausgeschlossen, wenn der Arbeitnehmer länger als drei Monate beim Dritten eingesetzt werden soll. Dies gilt nach Auffassung des *BAG* (v. 10. 3. 2004 – 7 ABR 49/03– BB 2004, 2753) – trotz des insoweit eindeutigen Wortlauts von § 8 Abs. 1 Satz 1 BetrVG – auch in den Fällen **nichtgewerbsmäßiger ANÜ**. Die gesetzlichen Regelungen werden der Situation der Fremdfirmenbeschäftigten und der Gefahr von Diskriminierungen, denen sie im Einsatzbetrieb ausgesetzt sind (vgl. Einl. C. Rn. 19 f.), nur unvollkommen gerecht. Vor der Einfügung des § 14 Abs. 2 Satz 1 in das AÜG durch Art. 1 Nr. 1 des BillBG v. 15. 12. 1981 (vgl. Rn. 1) wurde zwar ein aktives Wahlrecht von Leiharbeitnehmern überwiegend verneint (a. A. schon zur früheren Rechtslage *Franßen/Haesen*, Einl. Rn. 37; *Ramm*, DB 1973, 1174), und auch ein passives Wahlrecht wurde (allerdings auf der Grundlage der seinerzeit dreimonatigen Höchstüberlassungsfrist nach § 3 Abs. 1 Nr. 6) wegen der fehlenden sechsmonatigen Betriebszugehörigkeit abgelehnt (vgl. *BAG* v. 14. 5. 1974 – 1 ABR 40/73 – AP Nr. 2 zu § 99 BetrVG 1972). Infolge des Wegfalls der früher in § 3 Abs. 1 Nr. 6 enthaltenen Höchstüberlassungsdauer von 24 Monaten stellt der Ausschluss vom Wahlrecht bei einer Beschäftigungsdauer von drei Monaten eine ungerechtfertigte **Ungleichbehandlung** der Leiharbeitnehmer gegenüber sonstigen, insbesondere auch befristet beschäftigten, Arbeitnehmern dar (kritisch auch *Becker/Wulfgramm*, Art. 1 § 14 Rn. 32; *Schüren/Hamann*, § 14 Rn. 59; *Becker*, AuR 1982, 373; *Mayer*, ArbuR 1986, 353; *Plander*, AiB 1990, 29; *Ratayczak*, AiB 1997, 600; *Stückmann*, DB 1999, 1903). Auch befristet beschäftigte Stammarbeitnehmer sind ungeachtet der Dauer der Befristung wahlberechtigt und bei einer sechsmonatigen Betriebszugehörigkeit auch wählbar (DKK-*Schneider*, § 7 Rn. 11; FESTL, § 7 Rn. 22). Der Ausschluss der Leiharbeitnehmer vom Wahlrecht, der insbesondere wegen der geringen Betriebsanbindung auf Grund der nur kurzzeitig bis drei Monate andauernden Betriebszugehörigkeit gerechtfertigt war (*Frerichs/Möller/ Ulber* 1981, 88; vgl. auch *Richardi*, § 5 Rn. 100), stellt sich gegenüber befristet Beschäftigten, die sich hinsichtlich der faktischen **Eingliederung** in den Betrieb durch nichts von (ebenso befristet) beschäftigten Leiharbeitnehmern unterscheiden, eine **unzulässige Diskriminierung** dar (DKK-*Trümner*, § 5 Rn. 78a; *Schüren/ Hamann*, § 14 Rn. 59; *Ratayczak*, AiB 1997, 600; *Hamann*, NZA 2003, 530; a. A. *Maschmann*, DB 2001, 2448; *Thüsing/Thüsing*, § 14 Rn. 48). Dies gilt insbesondere hinsichtlich des generellen Ausschlusses vom passiven Wahlrecht (kritisch auch KassHandb/*Düwell*, 4.5 Rn. 464). Verfassungsrechtliche Bedenken bestehen auch, soweit dem Betriebsrat des Entleiherbetriebs hinsichtlich beschäftigter Leiharbeitnehmer, deren Interessen er wahrnehmen muss (vgl. Rn. 62 ff.), mangels Wahlrechts des Leiharbeitnehmers die **demokratische Legitimationsgrundlage** zum Teil entzogen wird (Art. 20 Abs. 1 GG; *Feuerborn/Hamann*, BB 1994, 1348) und ein Teil der Leiharbeitnehmer von der Wahl einer Interessenvertretung ausgeschlossen wird, die seine Arbeitsbedingungen mitgestaltet. Eine unterschiedliche rechtliche Behandlung von Leiharbeitnehmern ist nur gerechtfertigt, soweit eine **Kurzzeitigkeit** der Belegschaftszugehörigkeit in Frage steht (so auch *Schüren*, a.a.O.; a. A. *Sandmann/Marschall*, Art. 1 § 14 Anm. 8), die eine Anbindung des Arbeitnehmers an den Einsatzbetrieb ausschließt. Selbst wenn man dies bei einer Überlassungsdauer von weniger als drei Monaten als gegeben erachtet, besteht für einen Ausschluss des Arbeitnehmers vom passiven Wahlrecht (nach der gesetzlich erforderlichen Betriebszugehörigkeit von sechs Monaten; vgl. § 8

Satz 1 BetrVG) kein sachlicher Grund für eine Ungleichbehandlung mit befristet Beschäftigten (KassHandb/*Düwell*, 4.5 Rn. 464). Überschreitet die **Überlassungsdauer** die für den Einsatz des Kündigungsschutzes maßgebliche Frist von **sechs Monaten** (§ 1 Abs. 1 KSchG), ist eine unterschiedliche Behandlung von Leiharbeitnehmern und sonstigen Arbeitnehmern des Entleiherbetriebs hinsichtlich des aktiven Wahlrechts nicht gerechtfertigt (*Boemke*, § 14 Rn. 64).

48 Die vorstehenden Bedenken gegen den Ausschluss des Leiharbeitnehmers vom passiven und zum Teil auch aktiven Wahlrecht treffen erst recht zu, wenn man entgegen der hier vertretenen Auffassung den Entleiherbegriff betriebs- und nicht unternehmensbezogen anwendet (vgl. § 3 Rn. 119 ff.) und der Leiharbeitnehmer im Rahmen **rollierender Verfahren** jahrelang bei demselben Entleiher – wenn auch in verschiedenen Betrieben – eingesetzt wird. Die betriebsverfassungsrechtlich vorgeschriebene unternehmensbezogene Zusammenrechnung von **Beschäftigungszeiten** (vgl. § 8 Abs. 1 Satz 2 BetrVG), die nach dem Willen des Gesetzgebers gerechtfertigt ist, um die Geeignetheit der Wahlbewerber hinsichtlich der Kenntnis der betrieblichen Verhältnisse sicherzustellen (vgl. BT-Ds. VI/1786, S. 2), würde hier durch § 14 Abs. 2 Satz 1 unterlaufen, indem Leiharbeitnehmer auch dann vom passiven Wahlrecht ausgeschlossen würden, wenn sie **ständig** bei demselben Entleihunternehmen arbeiten würden (i.E. ebenso *Richardi*, § 5 Rn. 100).

49 § 7 Satz 2 und Abs. 2 Satz 1 sind auch in den Fällen **nichtgewerbsmäßiger ANÜ** anwendbar, (*BAG* v. 10.3.2004 – 7 ABR 49/03 – BB 2004, 2753; *Becker/Wulfgramm*, Art. 1 § 14 Rn. 35; *Däubler*, AiB 2001, 685; DKK-*Trümner*, § 5 Rn. 77; ErfK/*Wank*, § 14 Rn. 5; *Thüsing/Thüsing*, § 14 Rn. 60; *Schüren/Hamann*, § 14 Rn. 417; a.A. für echte Leiharbeitsverhältnisse *LAG Hamm* v. 16.3.1988 – 3 TaBV 76/87 – EzAÜG BetrVG Nr. 34; *Löwisch/Kaiser*, § 7 Rn. 5) und gilt auch im Rahmen des Arbeitnehmerverleihs nach § 1a (vgl. Rn. 4). Nicht anzuwenden ist die Vorschrift dagegen in den Fällen **illegaler ANÜ**, in denen nach §§ 10, 1 Abs. 2 ein Arbeitsverhältnis zum Entleiher fingiert wird (*Becker/Wulfgramm*, Art. 1 § 14 Rn. 37; DKK-*Trümner*, § 5 Rn. 79; a.A. *Schüren/Hamann*, § 14 Rn. 485) sowie bei auf Dauer angelegten Überlassungsformen, die nach den Grundsätzen des Gemeinschaftsbetriebes (Einl. C. Rn. 147) zu behandeln sind (*LAG Baden-Württemberg* v. 26.11.1999 – 16 TaBV 9/98). Hier steht dem Leiharbeitnehmer uneingeschränkt das aktive und passive Wahlrecht im Entleiherbetrieb zu (GK-*Kreutz*, § 7 Rn. 66). Beim passiven Wahlrecht sind hinsichtlich der Erfordernisse der sechsmonatigen Betriebszugehörigkeit (§ 8 Abs. 1 BetrVG) die **Beschäftigungszeiten** als Leiharbeitnehmer und als Stammarbeitnehmer zusammenzuzählen (DKK-*Schneider*, § 8 Rn. 11; *Richardi*, § 8 Rn. 21; *FESTL*, § 8 Rn. 37; KassHandb/*Düwell*, 4.5 Rn. 465; *Thüsing/ Thüsing*, § 14 Rn. 48; a.A. *ArbG Berlin* v. 23.5.1990, EzA § 8 BetrVG 1972 Nr. 7; vgl. auch § 1 Rn. 88 ff.), soweit das fingierte Arbeitsverhältnis i.S.v. § 8 Abs. 1 Satz 2 BetrVG unmittelbar nach einer vormaligen Überlassung begründet wird. Unterschiedliche Auffassungen bestehen nur, soweit die Parteien den **unwirksamen Leiharbeitsvertrag** tatsächlich praktizieren. *Becker/Wulfgramm* wollen bei tatsächlicher Durchführung des **faktischen Arbeitsverhältnisses** Abs. 2 Satz 1 anwenden und dem Leiharbeitnehmer nur im Verleiherbetrieb ein Wahlrecht einräumen (a.a.O., § 14 Rn. 36). Dem steht jedoch entgegen, dass das fingierte Arbeitsverhältnis ein vollwertiges Arbeitsverhältnis zum Entleiher begründet und der Leiharbeitnehmer sowohl auf Grund eines Arbeitsverhältnisses als auch auf Grund der Eingliederung **Arbeitnehmer des Entleiherbetriebs** ist (zur Eingliederung vgl. auch Einl. C. Rn. 125, 160 f.). *Trümner* (DKK, § 5 Rn. 79) will demgegenüber dem Leiharbeitnehmer beim fingierten Arbeitsverhältnis nur im Entleiherbetrieb ein aktives und passives Wahlrecht einräumen. Hiergegen spricht jedoch, dass auch das faktische Arbeitsverhältnis betriebsverfassungsrechtlich wie ein bestehendes Arbeitsverhältnis zu behandeln ist (*FESTL*, § 5 Rn. 20) und daher auch ein aktives und passives Wahlrecht begründet. Mit *Schüren/Hamann* (§ 14 Rn. 485 ff.) ist daher in den Fällen, in denen nach §§ 10, 1 Abs. 2 ein Arbeitsverhältnis fingiert wird, das Leiharbeitsverhältnis aber faktisch weiter durchgeführt wird, ein **aktives und passives Wahlrecht** des Leiharbeitnehmers **sowohl im Verleiher- als auch im Entleiherbetrieb** zu bejahen.

Hängt die Geltung oder der Umfang betriebsverfassungsrechtlicher Normen **49a** von der Zahl der im Betrieb beschäftigten Arbeitnehmer ab, ist äußerst strittig, ob bei den jeweiligen **Schwellenwerten** Fremdfirmenbeschäftigte zu berücksichtigen sind. Die Frage ist je nach Norm und Normzweck, daneben aber auch nach Funktion und Dauer der Beschäftigung von Leiharbeitnehmern unterschiedlich zu beantworten. Bei der **Gründung eines Betriebsrates** ist nach § 1 Abs. 1 Satz 1 BetrVG auf die Zahl der wahlberechtigten bzw. wählbaren Arbeitnehmer abzustellen. Soweit Fremdfirmenarbeitnehmer nach § 7 Satz 2 BetrVG wahlberechtigt sind (Rn. 47 ff.), werden sie bei der Mindestzahl des § 1 Abs. 1 Satz 1 BetrVG mitberücksichtigt soweit sie im Entleiherbetrieb ständig oder **in der Regel** eingesetzt werden (*ArbG Frankfurt* v. 22. 5. 2002, AiB 2003, 626; *Boemke*, § 14 Rn. 55, 57; DKK-*Schneider*, § 7 Rn. 8; *Schüren/Hamann*, § 14 Rn. 109; *Däubler*, AuR 2004, 81; *Hamann*, NZA 2003, 530; *Schüren*, RdA 2004, 187; a. A. ErfK/*Wank*, § 14 AÜG Rn. 6; GK-*Kreutz*, § 7 Rn. 75; *Schiefer*, DB 2002, 1776). Ein ständiger Einsatz liegt grundsätzlich vor, wenn LAN auf Dauerarbeitsplätzen im Entleiherbetrieb eingesetzt werden. I. Ü. richtet sich die Frage, ob LAN i.S.d. § 1 Abs. 1 BetrVG i.d.R. beschäftigt werden, nach den allgemeinen betriebsverfassungsrechtlichen Grundsätzen (vgl. *BAG* v. 16. 4. 2003, AP Nr. 1 zu § 9 BetrVG 2002). Kommt es bei der **Zahl der Betriebsratsmitglieder** darauf an, wie viele wahlberechtigte Arbeitnehmer i.d.R. beim Entleiher beschäftigt sind (§ 9 Satz 1 BetrVG) sind LAN uneingeschränkt mitzuzählen (*LAG Düsseldorf* v. 31. 10. 2002, DB 2003, 292; *ArbG Darmstadt* v. 22. 10. 2002 – 8 BV 4/02; *ArbG Frankfurt* v. 22. 5. 2002, AiB 2003, 526; *Boemke*, § 14 Rn. 56; DKK-*Schneider*, § 7 Rn. 7; ErfK/*Eisemann*, § 9 BetrVG Rn. 2; *FESTL*, § 9 Rn. 21; *Brors*, NZA 2003, 1381; *Däubler*, AuR 2001 u. AuR 2004, 81, 2448; *Hamann*, NZA 2003, 530; *Reichold*, NZA 2001, 861; *Schüren*, Anm. zu *BAG* v. 16. 4. 2003, RdA 2004, 184; a. A. *BAG* v. 16. 4. 2003 – 7 ABR 53/02 – AP Nr. 1 zu § 9 BetrVG 2002; ErfK/*Wank*, § 14 Rn. 6; GK-*Kreutz*, § 7 Rn. 75; *Schüren/Hamann*, § 14 Rn. 109; *Dewender*, RdA 2003, 274; *Hanau*, RdA 2001, 65; *Löwisch*, BB 2001, 1737; *Schiefer*, DB 2002, 1774; einschränkend Richardi, § 1 Rn. 125). Dies ergibt sich auch aus einer gemeinschaftsrechtskonformen Anwendung des Art. 2 Abs. 2 der RiLi 91/383/EU (Einl. F Rn. 45). § 7 Satz 2 BetrVG bestimmt insoweit eindeutig, dass LAN wahlberechtigte Arbeitnehmer sind. Das Gesetz stellt insoweit gerade nicht darauf ab, ob sie in einem **arbeitsvertraglichen Verhältnis** zum Entleiher stehen (*Hamann*, NZA 2003, 529). Die gegenteilige Auffassung des *BAG* (a.a.O.; ebenso GK-*Kreutz*, § 7 Rn. 18 ff.), nach der sowohl das Bestehen eines (nicht notwendig wirksamen) Arbeitsverhältnisses als auch eine tatsächliche Eingliederung in den Entleiherbetrieb erforderlich sei (sog. »**Zwei-Komponenten-Lehre**«; ablehnend z.B. *Boemke*, AR-Blattei SD Betriebszugehörigkeit Rn. 16 ff.; *Schneider/Trümmer*, Festschrift für Gnade, 1992, 188 ff.), führt zu dem unhaltbaren Ergebnis, dass bei einem Entleiher, der eine Vielzahl von LAN einsetzt, selbst jedoch nur eine geringe Zahl von Führungskräften beschäftigt und daher die Zahl der erforderlichen Arbeitnehmer zur Gründung eines Betriebsrats (§ 1 Abs. 1 BetrVG) unterschreitet, überhaupt kein Betriebsrat gebildet werden könnte. Dies lässt sich mit den Zielsetzungen des Gesetzgebers bei der Novellierung der AÜG, die Diskriminierung von LAN aufzuheben (vgl. BT-Ds. 14/6352, S. 54), nicht vereinbaren (vgl. *Däubler*, AuR 2003, 190; a.A. *Brose*, NZA 2005, 797). Auch die Funktion der Schwellenwerte des § 9 BetrVG, parallel zu dem Anstieg der Arbeitnehmer, die der Betriebsrat zu vertreten hat, auch die Zahl der Betriebsratsmitglieder anwachsen zu lassen, gebietet eine Berücksichtigung von LAN (DKK-*Schneider*, § 7 Rn. 7; a.A. *BAG* v. 10.3.2004 – 7 ABR 49/03 – BB 2004, 2753; *ArbG Mönchengladbach* v. 3.7.2002, NZA RR 2003, 22)). Aus der **partiellen Betriebszugehörigkeit** des LAN folgt i.d.R. kein geringerer Arbeitsaufwand, sondern der Betriebsrat hat infolge der vorübergehenden Arbeitseinsätze von LAN und deren besonderer Schützbedürftigkeit gegenüber Stammarbeitnehmern einen erhöhten Arbeitsaufwand, der sich nach dem Zweck des Gesetzes auch in der Zahl der Betriebsratsmitglieder niederschlagen muss (*ArbG Frankfurt* v. 22.5.2002, AuR 2003, 190; *Däubler*, AuR 2004, 81; *Reichold*, NZA 2001, 861). LAN sind daher bei der Zahl der Betriebsratsmitglieder nach § 9 BetrVG zu berücksichtigen, soweit sie wahlberechtigt sind (DKK-*Schneider*, § 9 Rn. 10bf.). Übersteigt die Zahl der gesetzlich geforderten Betriebsratsmitglieder fünf, richtet sich die Betriebsratsgröße dagegen ausschließlich nach der Zahl der Arbeitnehmer im Betrieb (*ArbG Darmstadt* v. 22.10.2002 – 8 Bv 4/02; DKK-*Trümner*, § 5 Rn. 78; *Frerichs/Möller/Ulber* 1981, 88; *Reichold*, Beil. zu NZA 24/2001, 37; a.A. zur früheren Rechtslage *BAG* v. 18.1.1989 – 7 ABR 21/88 – AP Nr. 1 zu § 9 BetrVG 1972; *Becker/Wulfgramm*, Art. 1 § 14 Rn. 33). Auf die Wahlberechtigung kommt es dabei nicht an. Soweit Leiharbeitnehmer (a.A. bei Einsatz von Fremdfirmenarbeitnehmern auf werkvertraglicher Grundlage *LAG Berlin* v. 1.2.1988 – 9 TaBV 6/87 – DB 1988, 1228) **regelmäßig** im Betrieb arbeiten, sind sie bei der Größe des Betriebsrats zu berücksichtigen, da insoweit immer auf die Zahl der regelmäßig vorhandenen **Arbeitsplätze** abzustellen ist (*LAG Hamm* v. 3.4.1997 – 4 Sa 693/96 – DB 1997, 881; *Richardi*, § 1 Rn. 126). Die gegenteilige Auffassung, der zufolge nur Arbeitnehmer im Rahmen des § 9 BetrVG zu berücksichtigen sind, die in einem arbeitsvertraglichen Verhältnis zum Entleiherbetrieb stehen und dort eingegliedert sind, ist abzulehnen (DKK-*Schneider*, § 9 Rn. 10f.). Sie findet auch im Wortlaut der Norm keine Stütze. Auch soweit i.Ü. Bestimmungen des BetrVG auf »in der Regel« beschäftigte Arbeitnehmer abstellen (z.B. §§ 38 Abs. 1, 99 Abs. 1, 106 Abs. 1, 111 Satz 1 BetrVG), ist die Berücksichtigung von Leiharbeitnehmern nur ausgeschlossen, soweit die Beschäftigung von Leiharbeitnehmern üblicherweise nicht erfolgt und nur Folge eines unplanbaren, zufällig anfallenden Personalengpasses ist. Wie bei Aushilfskräften (*LAG Düsseldorf* v. 26.9.1990, DB 1990, 238), die in einer bestimmten Anzahl als regelmäßig beschäftigt gelten, sind auch Leiharbeitnehmer mitzuzählen, soweit sie der Zahl nach einen normalen Zustand im Betrieb darstellen (*FESTL*, § 1 Rn. 279). Auch bei der **Freistellung von BR-Mitgliedern** nach § 38 BetrVG sind LAN mitzuzählen, soweit sie zum Kreis der i.d.R. Beschäftigten (Rn. 48a) zählen (*Boemke*, § 14 Rn. 55; DKK-*Schneider*, § 7 Rn. 8; DKK-*Wedde*, § 38 Rn. 9; *FESTL*, § 38 Rn. 9; *Brors/Schüren*, BB 2004, 2751; *Däubler*, AuR 2001, 286; *Hamann*, NZA 2003, 530; *Reichold*, NZA 2001, 861). Die gegenteilige Auffassung (*BAG* v. 22.10.2003 – 7 ABR 3/03 – DB 2004, 939; ErfK/*Wank*, § 14 Rn. 14; *Richardi*, § 1 Rn. 124; *Hamann*, NZA 2003, 526; *Nicolai*, DB 2003, 2599; *Schiefer*, DB 2002002, 1774), nach der es auch im Rahmen des § 38 BetrVG auf das Bestehen einer arbeitsvertraglichen Beziehung zum Entleiher ankommen soll, ist abzulehnen. Ebenso wie bei § 9 BetrVG will der Gesetzgeber durch die **Freistellungsstaffeln** des § 38 BetrVG dem unterschiedlichen Arbeitsanfall des Betriebsrats bei der Bewältigung seiner betriebsverfassungsrechtlichen Aufgaben Rechnung tragen. Diese Aufgaben beschränken sich nicht auf die Stammbelegschaft, sondern fallen (entgegen der Auffassung des *BAG*, a.a.O. in einem vom Umfang her eher erhöhten Maß) ebenso bei der Beschäftigung von LAN im Betrieb an. Vom Zweck der Norm ist daher eine Einbeziehung von LAN in die Freistellungsstaffeln gesetzlich geboten. Soweit man dem nicht folgt, ist der BR im Rahmen des § 37 Abs. 2 BetrVG (auch ohne Abstimmung mit dem Arbeitgeber) von seiner Arbeit freizustellen, soweit Arbeiten im Zusammenhang mit der Beschäftigung von LAN anfallen. Bei einer erheblichen Zahl von Fremdfirmenbeschäftigten hat er dabei auch einen Anspruch auf eine zusätzliche Freistellung, ohne dass der BR weitere substantiierte Erklärungen zur Arbeitsbelastung abgeben muss (*ArbG Berlin* v. 31.1.2001 – 43 BV 31216/00 – AiB 2001, 541). Bei der Freistellung von Betriebsratsmitgliedern (§ 38 Abs. 1 BetrVG) ist daher die Anzahl **regelmäßig beschäftigter Leiharbeitnehmer** ebenso zu berücksichtigen (*ArbG Berlin* v. 31.1.2001 – 43 BV 31216/00; DKK-*Blanke*, § 38 Rn. 8; *Frerichs/Möller/Ulber* 1981, 89; *Reichold*, a.a.O.) wie etwa im Rahmen des § 111 BetrVG oder der Bildung eines Wirtschaftsausschusses nach § 106 BetrVG (DKK-*Däubler*, § 106 Rn. 112; *Schüren/Hamann*, § 14 Rn. 324).

Nach §§ 10 Abs. 2 Satz 2, 18 Satz 2 MitbestG 1976 steht allen nach § 7 Satz 2 **49b** BetrVG wahlberechtigten Arbeitnehmern das aktive Wahlrecht zum **Aufsichtsrat** eines mitbestimmten Unternehmens zu. Dasselbe gilt für kleinere Kapitalgesellschaften nach § 76 Abs. 2 Satz 1 BetrVG, der sowohl die nach § 7 Satz 1 als auch die nach § 7 Satz 2 BetrVG bei Betriebsratswahlen wahlberechtigten Arbeitnehmer einbezieht. Soweit daher Fremdfirmenbeschäftigte bei der Betriebsratswahl im Entleiherbetrieb nach § 7 Satz 2 BetrVG wahlberechtigt sind (vgl. Rn. 47b), steht ihnen auch das **aktive Wahlrecht** bei der Wahl der Arbeitnehmervertreter in den Aufsichtsrat eines Entleiherunternehmens zu. Bei der Ermittlung der Unternehmensgröße, die für die Art der Aufsichtsratswahl zu Grunde zu legen ist, sind LAN mitzuberücksichtigen, soweit sie i.d.R. beschäftigt werden (*Boemke*, § 14 Rn. 60; vgl. Rn. 49a). Demgegenüber sind Leiharbeitnehmer nach Abs. 2 Satz 1 vom **passiven Wahlrecht** bei den Aufsichtsratswahlen generell ausgeschlossen. Dies gilt auch, soweit sie im Entleiherunternehmen ein Jahr eingesetzt sind und die sonstigen Wählbarkeitsvoraussetzungen des § 7 Abs. 3 MitbestG 1976 erfüllen. Gegen den Ausschluss vom passiven Wahlrecht zum Aufsichtsrat erheben sich dieselben Bedenken wie beim Ausschluss der Wählbarkeit zum Betriebsrat des Entleiherbetriebes (vgl. Rn. 47b).

2. Betriebsverfassungsrechtliche Individualrechte des Leiharbeitnehmers (Abs. 2 Satz 2 und 3)

Schon aus der partiellen Betriebszugehörigkeit des Leiharbeitnehmers auch zur **50** Belegschaft des Entleiherbetriebs (vgl. Rn. 9ff.) folgt, dass ihm die hiermit verbundenen **betriebsverfassungsrechtlichen Individualrechte** auch im **Entleiherbetrieb** zustehen. Der Gesetzgeber hat in § 14 Abs. 2 Satz 2 und 3 insoweit eher klarstellend (*Boemke*, § 14 Rn. 66; a.A. ErfK/*Wank*, § 14 Rn. 4) und zum Zwecke der Rechtssicherheit eine Reihe der wichtigsten betriebsverfassungsrechtlichen Individualrechte aufgeführt, die dem Leiharbeitnehmer auch im Entleiherbetrieb zustehen sollen. Die in den Vorschriften enthaltene Aufzählung ist **nicht abschlie-**

ßend (BT-Ds. 9/847, S. 9; *BAG* v. 15.12.1992 – 1 ABR 38/92 – AP Nr.7 zu § 14 AÜG; ErfK/*Wank*, § 14 Rn.14; *Sandmann/Marschall*, Art. 1 § 14 Anm. 2; *Schüren/ Hamann*, § 14 Rn.73). Vielmehr bleibt die Anwendbarkeit sonstiger Bestimmungen des BetrVG unberührt.

50a Gelten im Entleiherbetrieb **Tarifverträge**, die betriebliche oder **betriebsverfassungsrechtliche Fragen** regeln, gelten die Bestimmungen bei Tarifbindung des Entleihers auch für Leiharbeitnehmer. Die in Abs. 2 Satz 3 i.V.m. § 86 Satz 1 BetrVG angeordnete Anwendung im Entleiherbetrieb geltender Tarifverträge auch auf Leiharbeitnehmer hat insoweit eine eher klarstellende Bedeutung.

50b Abs. 2 ist im Lichte der EG-Richtlinie 91/383 (vgl. Einl. F. Rn. 38 ff.) **europarechtskonform auszulegen**. Hieraus ergeben sich nicht nur erweiterte Auskunfts- und Unterrichtungspflichten des Entleihers. Vielmehr ist Abs. 2 über seinen unmittelbaren (d.h. auch Formen nichtgewerbsmäßiger ANÜ betreffenden; i.E. so auch *Becker/Wulfgramm*, Art. 1 § 14 Rn.67; *Schüren/Hamann*, § 14 Rn.138) Anwendungsbereich hinaus auf **alle Fälle** entsprechend anzuwenden, in denen Arbeitnehmer Dritten zur Arbeitsleistung überlassen werden. Ebenso wie der Arbeitnehmerbegriff ist auch der arbeitsrechtliche (Vertrags-)Arbeitgeberbegriff vom betriebsverfassungsrechtlichen Arbeitgeberbegriff zu unterscheiden (*BAG* v. 8.12.1988 – 2 AZR 308/88 – AP Nr. 6 zu § 1 BeschFG 1985). Soweit das BetrVG auf den Arbeitgeber abstellt, ist nicht erforderlich, dass eine vertragliche Beziehung zwischen Arbeitgeber und Arbeitnehmer vorhanden ist; vielmehr reicht es aus, wenn der Arbeitnehmer auf Grund seiner faktischen (je nach Tätigkeit unterschiedlich stark ausgeprägten) **Eingliederung** in die Betriebsabläufe des Einsatzbetriebs ebenso **schutzbedürftig** ist wie vergleichbare Stammarbeitnehmer. Abs. 2 Satz 2 und 3 kommt daher bei der **Konzernleihe** und der ANÜ auf Grund Tarifvertrages (§ 1 Abs. 3 Nr.1 und 2) ebenso analog zur Anwendung wie bei Formen Argebezogener ANÜ nach § 1 Abs. 1 Satz 2 (vgl. auch Einl. C. Rn.135; i.E. ebenso *Becker/Wulfgramm*, Nachtrag, AÜG, Art. 1 § 1 Abs. 1 Rn.22; *Schüren/ Hamann*, § 14 Rn.139, 387 ff.).

51 In den Fällen **illegaler ANÜ** und sonstiger illegaler Formen der Fremdfirmenarbeit, bei denen ein Arbeitsverhältnis zwischen Entleiher und Leiharbeitnehmer nach §§ 10 Abs. 1, 1 Abs. 2 fingiert wird, erübrigt sich eine Anwendung des Abs. 2 (*Thüsing/Thüsing*, § 14 Rn.75). Hier kommen alle Bestimmungen des BetrVG unmittelbar zur Anwendung (vgl. Rn.5). Hinsichtlich der betriebsverfassungsrechtlichen Stellung des Arbeitnehmers im Rahmen von Werkverträgen wird auf die Erläuterungen zu Einl. C. Rn.124 ff. verwiesen.

a) Teilnahmerecht an Sprechstunden des Entleiherbetriebsrats (Abs. 2 Satz 2)

52 Nach § 14 Abs. 2 Satz 2 ist der Leiharbeitnehmer berechtigt, unter Fortzahlung des Arbeitsentgeltes die **Sprechstunden** der betrieblichen Interessenvertretung des Entleihers zu besuchen und an **Betriebsversammlungen** und Jugendversammlungen im Entleiherbetrieb teilzunehmen. Der Besuch von Sprechstunden des Betriebsrats (§ 39 Abs. 1 BetrVG) oder der Jugend- und Auszubildendenvertretung (§ 39 Abs. 2 BetrVG) richtet sich nach den beim Entleiher geltenden Regelungen. Der Betriebsrat ist zwar in der Entscheidung frei, ob und ggf. in welchem Umfang er Sprechstunden auch für Leiharbeitnehmer einrichtet, **Zeit und Ort** hat er aber mit dem Arbeitgeber zu vereinbaren (§ 39 Abs. 1 BetrVG). Sind Sprechstunden eingerichtet, können Leiharbeitnehmer nach § 14 Abs. 2 Satz 2 nicht von einem Besuch ausgeschlossen werden. Dies gilt auch, soweit der Betriebsrat anstelle der Sprechstunden oder zusätzlich hierzu den Arbeitnehmern Möglichkeiten zur Kommunikation anbietet, etwa runde Tische zur Erörterung von Problemen u. ä. Die Sprechstunden des Entleiherbetriebsrats kann der Leiharbeitnehmer **während der Arbeitszeit** in Anspruch nehmen; ihm steht ein Freistellungsanspruch gegen den Entleiher zu (*Boemke*, § 14 Rn. 67); der Verleiher bleibt als Arbeitgeber nach § 39 Abs. 3 BetrVG zur Fortzahlung der Vergütung einschließlich etwaiger Zuschläge verpflichtet (*Becker/Wulfgramm*, Art. 1 § 14 Rn. 58; *Boemke*, § 14 Rn. 68; DKK-*Blanke*, § 39 Rn. 26; *Richardi*, § 39 Rn. 27; *Sandmann/Marschall*, Art. 1 § 14 Anm. 11; *Schüren/Hamann*, § 14 Rn. 78, 80). Die **Kosten**, die im Zusammenhang mit der Wahrnehmung betriebsverfassungsrechtlicher Befugnisse des Leiharbeitnehmers im Entleiherbetrieb verbunden sind, fallen dabei in die **Sphäre des Entleihers**. Die Wahrnehmung von Beteiligungsrechten ist Teil der Arbeitsleistung und ist daher auch vom Entleiher gegenüber dem Verleiher zu vergüten, soweit keine andere Regelung im ANÜ-Vertrag getroffen wurde (*Becker/Wulfgramm*, Art. 1 § 14 Rn. 58; *Boemke*, § 14 Rn. 68; ErfK/*Wank*, § 14 Rn. 8; *Sandmann/Marschall*, Art. 1 § 14 Anm. 11; *Schüren/Hamann,*§ 14 Rn. 81).

b) Teilnahmerecht an Betriebs- sowie Jugend- und Auszubildendenversammlungen (Abs. 2 Satz 2)

53 Nach § 14 Abs. 2 Satz 2 ist der Leiharbeitnehmer berechtigt, im Entleiherbetrieb unter Fortzahlung des Arbeitsentgeltes an **Betriebsversammlungen** (§§ 42 ff. BetrVG), einschließlich des Besuchs von Wahlversammlungen nach § 14a Abs. 1 BetrVG oder der Bestellung eines Wahlvorstandes nach § 17 Abs. 2 BetrVG (*Schüren/Hamann*, § 14 Rn. 84; GK-*Kreutz*, § 7 Rn. 76) und – soweit der Leiharbeitnehmer das 25. Lebensjahr noch nicht vollendet hat – ggf. auch an **Jugend- und Auszubildendenversammlungen** (§ 71 BetrVG) teilzunehmen. Das Recht umfasst ggf. auch den Besuch von Teilversammlungen (§ 42 Abs. 1 Satz 2 BetrVG) und Abteilungsversammlungen (§ 42 Abs. 2 BetrVG; *Thüsing/Thüsing*, § 14 Rn. 78). Das Recht auf Teilnahme an den Betriebsversammlungen im Entleiherbetrieb ist ein Rechtsanspruch des Leiharbeitnehmers. Dem Verleiher ist es verwehrt, den Anspruch dadurch zu umgehen, dass er den Leiharbeitnehmer für die Zeit der Betriebsversammlung bei einem anderen Entleiher einsetzt.

53a Lädt der Arbeitgeber zu sog. **Mitarbeiterversammlungen** ein, besteht im Rahmen der durch die Themen gesteckten Grenzen (zur Zulässigkeit vgl. *BAG* v. 27. 6. 1989 – 1 ABR 28/88 – AP Nr. 5 zu § 42 BetrVG 1972) entsprechend § 14 Abs. 2 Satz 2 ebenfalls ein **Teilnahmerecht** der Leiharbeitnehmer; eine Ungleichbehandlung von Leiharbeitnehmern und sonstigen Arbeitnehmern ist dem Arbeitgeber bei gleichgelagerter Betroffenheit verwehrt.

53b Die Belegschaftsversammlungen haben grundsätzlich **während der Arbeitszeit** stattzufinden (§ 44 Abs. 1 Satz 1 BetrVG). Bei Teilnahme des Leiharbeitnehmers bleibt der Verleiher für die Zeit des Arbeitsausfalls **vergütungspflichtig**, durch die Teilnahme bedingte **Fahrtkosten** sind ihm vom Verleiher zu erstatten (a. A. *Boemke*, § 14 Rn. 69), der den Entleiher für erstattungspflichtig hält. Der Entleiher hat seinerseits dem Verleiher die durch den Besuch von Betriebsversammlungen ausfallende Arbeitszeit wie geleistete Arbeit zu vergüten (*Thüsing/Thüsing*, § 14 Rn. 79; *Becker*, AuR 1982, 373). Die beim Besuch von Sprechstunden des Betriebsrats gemachten Ausführungen (s. o. Rn. 52) gelten entsprechend.

c) Mitwirkungs- und Beschwerderechte des Leiharbeitnehmers (Abs. 2 Satz 3)

54 Durch § 14 Abs. 2 Satz 3 wird klargestellt, dass die **Mitwirkungs- und Beschwer-derechte** des Arbeitnehmers nach §§ 81 ff. BetrVG für den Leiharbeitnehmer nicht nur im Verleiherbetrieb sondern auch im Entleiherbetrieb bestehen. Soweit die Vorschriften nicht ausdrücklich dem Betriebsrat Rechte oder Pflichten einräumen (z. B. § 85 BetrVG), gelten die Vorschriften auch in nicht betriebsratsfähigen und betriebsratslosen Betrieben (DKK-*Buschmann*, § 81 Rn. 3; *FESTL*, § 81 Rn. 2). § 14 Abs. 2 Satz 3 nimmt die Rechte des Arbeitnehmers aus §§ 82 Abs. 2 und 86a BetrVG und das Recht auf **Einsichtnahme in die Personalakten** nach § 83 BetrVG nicht ausdrücklich in Bezug. Dies schließt jedoch eine Anwendbarkeit dieser Bestimmungen nicht aus (a. A. ErfK/*Wank*, § 14 Rn. 10); die Aufzählung im Gesetz ist lediglich beispielhaft (Rn. 50).

54a Ein Ausschluss des Leiharbeitnehmers von den **Anhörungs- und Erörterungs-rechten** im Entleiherbetrieb ist nur gerechtfertigt, soweit dem LAN nach § 13 ein Anspruch auf die Erläuterung des vom Verleiher zu zahlenden Arbeitsentgelts zusteht (vgl. § 13 Rn. 7 ff.). Kommt der Gleichstellungsgrundatz von §§ 3 Abs. 1 Nr. 3, 9 Nr. 2 zur Anwendung oder hängt die Zusammensetzung des Arbeits-entgeltes von Bemessungsfaktoren ab, die von der Arbeitsleistung des Arbeit-nehmers beim Entleiher bestimmt werden (Dauer der Arbeitszeit, Akkord-zuschläge etc.), ist der Entleiher auch insoweit zur Erörterung verpflichtet. Dies gilt insbesondere, wenn der Verleiher nach § 10 Abs. 4 verpflichtet ist, dem Leih-arbeitnehmer die beim Entleiher geltenden Arbeitsbedingungen (einschließlich des Arbeitsentgelts) zu gewähren oder der Leiharbeitnehmer den Auskunfts-anspruch nach § 13 geltend macht. Auch i. Ü. sind Leiharbeitnehmer jedoch nicht von der Geltendmachung der Rechte ausgeschlossen (a. A. *Becker/Wulfgramm*, Art. 1 § 14 Rn. 62; *Sandmann/Marschall*, Art. 1 § 14 Anm. 14; *Schüren/Hamann*, § 14 Rn. 128). Auch ungeachtet der Verpflichtung des Entleihers zur **Zeugnis-erstellung** (vgl. § 12 Rn. 20; Rn. 20) kommen mittelbare **Leistungsbeurteilungen** des Entleihers in Betracht, etwa soweit der Leiharbeitnehmer im Akkord- oder Prämienlohn eingesetzt wird oder der Entleiher wegen Schlechtleistung die Ver-gütung dem Verleiher vorenthalten oder mindern will. Hier kann der Leiharbeit-nehmer nicht auf ein entsprechendes Erörterungsrecht mit dem Verleiher ver-wiesen werden; vielmehr folgt schon aus der allgemeinen **Fürsorgepflicht des Entleihers** (§ 75 BetrVG), dass er dem Leiharbeitnehmer Auskunft über den je-weiligen Leistungsstand geben muss.

55 Auch das Recht des Arbeitnehmers, die Möglichkeiten seiner **beruflichen Ent-wicklung** im Betrieb zu **erörtern**, ist für den Leiharbeitnehmer im Entleiher-betrieb gegeben (einschränkend *Boemke*, § 14 Rn. 75; *Schüren/Hamann*, § 14 Rn. 94). Dies folgt schon aus den Zwecksetzungen des § 9 Nr. 4, mit dem der Gesetzgeber die Möglichkeiten zur Übernahme des Leiharbeitnehmers in eine **Festanstellung beim Entleiher** gerade **fördern** wollte.

56 Auch vom Recht auf **Einsicht in Personalakten** des Entleihers (§ 83 Abs. 1 BetrVG) kann der Leiharbeitnehmer nicht generell ausgeschlossen werden. Per-sonalakten beziehen sich gerade nicht nur auf Vorgänge, die »alleinige Sache« des Verleihers als Arbeitgeber sind (*Boemke*, § 14 Rn. 76; so aber ErfK/*Wank*, § 14 Rn. 10; *Thüsing/Thüsing*, § 14 Rn. 95; *Schüren/Hamann*, § 14 Rn. 95 f.; *Sandmann/ Marschall*, Art. 1 § 14 Anm. 14). Vielmehr bezieht sich der Begriff der Personalakte auch auf solche Vorgänge, die sich z. B. auf Erkrankungen, Anerkennungen, Abmahnungen oder Verwarnungen oder Mitarbeitergespräche nach § 82 BetrVG oder Beschwerden nach §§ 84ff. BetrVG beziehen (zum Begriff vgl. *FESTL*, § 83 Rn.3). Auch Vorgänge, die das betriebliche Vorschlagswesen betreffen (vgl. § 87 Abs. 1 Nr.12 BetrVG), zählen zu den Personalakten. Macht der Leiharbeitnehmer etwa eine **Erfindung** beim Verleiher, folgt schon aus § 11 Abs. 7, dass er ein **Einsichtsrecht** in entsprechend dokumentierte Vorgänge hat. Soweit das Verhalten des Leiharbeitnehmers sich nach im Entleiherbetrieb geltenden Regeln richtet, stellen **dokumentierte Verhaltenspflichten** im Anwendungsbereich des § 87 Abs. 1 Nr.1 BetrVG (vgl. Rn.104ff.) ebenfalls Daten einer Personalakte dar, in die der Leiharbeitnehmer Einsicht nehmen kann. Daher steht dem Leiharbeitnehmer sowohl bei Daten, die für eine Leistungsbeurteilung von Bedeutung sind, als auch bei Daten über das Verhalten des Leiharbeitnehmers im Entleiherbetrieb ein Einsichtsrecht nach § 83 BetrVG zu. Dies gilt auch, soweit die Daten über EDV erfasst bzw. gespeichert werden (so auch *Becker/Wulfgramm*, Art. 1 § 14 Rn.63).

d) Unterrichtungs- und Erörterungspflicht des Entleihers (§ 81 BetrVG i.V.m. § 14 Abs. 2 Satz 3)

Nach § 14 Abs. 2 Satz 3 treffen den Entleiher u.a. die in § 81 BetrVG erwähnten **57** **Unterrichtungs- und Erörterungspflichten** (*Richardi*, Vor § 81 Rn.4). Danach ist der Entleiher verpflichtet, den Leiharbeitnehmer über dessen Aufgabe und Verantwortung sowie über die **Art seiner Tätigkeit** und ihre **Einordnung in den Betriebsablauf** zu unterrichten (vgl. § 11 Abs. 6 Satz 2 und 3). Die Unterrichtung muss dabei vor Aufnahme der Tätigkeit erfolgen (DKK-*Buschmann*, § 81 Rn.5; vgl. auch Art. 3, 4 der EG-Richtlinie 91/383, Einl. F. Rn.38ff.). Das Gleiche gilt, soweit **Veränderungen** im Tätigkeitsbereich des Leiharbeitnehmers erfolgen sollen (§ 81 Abs. 2 BetrVG, § 11 Abs. 6 Satz 2). Die Unterrichtungspflichten umfassen den Unfall- und Gesundheitsschutz sowie bestehende Einrichtungen der Gefahrenabwehr (§ 81 Abs. 1 Satz 2 BetrVG). Daneben muss der Entleiher wegen der ihm obliegenden allgemeinen Fürsorgepflicht und der Pflicht zur Einhaltung des **Arbeitsschutzes** gegenüber Leiharbeitnehmern (§ 11 Abs. 6) alle den Arbeitsschutz berührenden Regelungen und Maßnahmen mit dem Arbeitgeber besprechen und Verhaltensmaßregeln zur Gefahrenabwehr **erläutern**.

Auch § 81 Abs. 3 BetrVG ist nach § 14 Abs. 2 Satz 3 zwischen Leiharbeitnehmern **58** und Entleiher anzuwenden. **Veränderungen des Arbeitsbereichs** des Leiharbeitnehmers i.S.d. § 81 Abs. 3 Satz 2 BetrVG liegen dabei schon vor, wenn dem Leiharbeitnehmer vorübergehend eine andere als die bisherige Tätigkeit zugewiesen werden soll (DKK-*Buschmann*, § 81 Rn.10). Art. 7 der EG-Richtlinie 91/383 schreibt darüber hinaus generell Auskunfts- und Unterrichtspflichten hinsichtlich des Qualifikationsprofils des dem Leiharbeitnehmer zugewiesenen Arbeitsplatzes vor. Die **Unterrichtungs- und Erörterungspflichten** nach Abs. 3 und § 17 ArbSchG beziehen sich auf alle Planungen und Maßnahmen, die den vom Leiharbeitnehmer eingenommenen Arbeitsplatz betreffen einschließlich der Fragen von **Qualifizierungsmaßnahmen** (z.B. Einarbeitungslehrgänge etc.; vgl. DKK-*Buschmann*, § 81 Rn.13; einschränkend *Boemke*, § 14 Rn.73). Sie beziehen sich darüber hinaus auf alle Veränderungen, die dem Leiharbeitnehmer die Möglichkeiten einräumen, einen Stammarbeitsplatz beim Entleiher zu erhalten und an einer entsprechenden **innerbetrieblichen Stellenausschreibung** (§ 93 BetrVG; vgl. Rn.79ff.) teilzunehmen. Insoweit ist der Entleiher dem Leiharbeitnehmer ebenso wie einem Stammarbeitnehmer gegenüber verpflichtet, durch

Unterrichtung und Erörterung die Voraussetzungen dafür zu schaffen, dass der Leiharbeitnehmer die Möglichkeiten prüfen und ggf. die erforderlichen Schritte (Bewerbung etc.) einleiten kann, um ein berufliches Fortkommen auf zukunftsträchtigen Arbeitsplätzen des Entleihers zu erlangen.

58a Obwohl § 81 Abs. 4 BetrVG nicht in Abs. 2 Satz 3 erwähnt ist, findet die Norm auch bei Einsatz von LAN im Entleiherbetrieb Anwendung, soweit Tätigkeiten oder Arbeitsbedingungen betroffen sind, die auch bei einem Stammarbeitnehmer das Unterrichtungs- und Erörterungsrecht auslösen würden (*Schüren/Hamann*, § 14 Rn. 89; *Thüsing/Thüsing*, § 14 Rn. 81; a. A. *Boemke*, § 14 Rn. 73).

e) Anhörungsrecht des Leiharbeitnehmers (§ 82 Abs. 1 BetrVG i.V.m. § 14 Abs. 2 Satz 3)

59 Durch § 14 Abs. 2 Satz 3 hat der Gesetzgeber klargestellt, dass auch dem Leiharbeitnehmer im Entleiherbetrieb das Recht nach § 82 Abs. 1 BetrVG zusteht, in Angelegenheiten, die seine Person und die Bedingungen seines Einsatzes beim Entleiher betreffen, **gehört zu werden**, zu ihn betreffende Maßnahmen **Stellung zu nehmen** und **Vorschläge** zur Gestaltung von Arbeitsplatz und Arbeitsablauf zu unterbreiten (vgl. § 17 Abs. 2 ArbSchG). Das Erörterungsrecht umfasst auch die berufliche Entwicklung des LAN, insbesondere Übernahmemöglichkeiten durch den Entleiher, sowie die Erläuterung des Arbeitsentgelts, soweit dem LAN ein Gleichstellungsanspruch auf equal-pay zusteht (*Thüsing/Thüsing*, § 14 Rn. 86; a. A. *Schüren/Hamann*, § 14 Rn. 94 f.). Der Kreis der »betrieblichen Angelegenheiten«, auf den sich das Anhörungsrecht bezieht, ist weit zu fassen (*FESTL*, § 82 Rn. 5). Er umfasst – auch unabhängig von den Beschwerderechten aus §§ 84 ff. BetrVG (vgl. Rn. 60) – alle Fälle, in denen sich der Leiharbeitnehmer von Repräsentanten des Arbeitgebers, dem Betriebsrat oder auch anderen Arbeitnehmern benachteiligt fühlt. Dem Vorschlagsrecht bezüglich der Gestaltung des Arbeitsplatzes und der Arbeitsabläufe (§ 82 Abs. 2 Satz 2 BetrVG) entspricht die Berechtigung des Entleihers, Erfindungen oder technische Verbesserungsvorschläge für sich in Anspruch nehmen zu können (§ 11 Abs. 7; vgl. § 11 Rn. 140 ff.). Das **Vorschlagsrecht** ist jedoch nicht auf vergütungspflichtige Ansprüche nach dem Arbeitnehmererfindungsgesetz beschränkt. Vielmehr ist der Leiharbeitnehmer berechtigt, jeglicherlei Vorschläge zu unterbreiten, die der Verbesserung der Produktionsabläufe und der Humanisierung der Arbeitsbedingungen beim Entleiher dienen. Auch Angelegenheiten, die mit dem betrieblichen Vorschlagswesen (vgl. § 87 Abs. 1 Nr. 12 BetrVG) in Zusammenhang stehen, werden vom Vorschlagsrecht erfasst.

f) Beschwerde- und Vorschlagsrechte des Leiharbeitnehmers beim Entleiher (§§ 84 ff. BetrVG i.V.m. § 14 Abs. 2 Satz 3)

60 Nach § 86a Satz 1 BetrVG kann der Leiharbeitnehmer dem Betriebsrat vom Verleiher und Entleiher Themen zur Beratung vorschlagen. Das **Vorschlagsrecht** ist dabei gegenständlich nicht beschränkt und umfasst den Anspruch, über das Ergebnis der Beratung informiert zu werden. Wird der Themenvorschlag von fünf Prozent der Belegschaft unterstützt, ist der Betriebsrat nach § 86a Satz 2 BetrVG verpflichtet, das Thema innerhalb von zwei Monaten auf die Tagesordnung einer Betriebsratssitzung zu setzen (*Boemke*, § 14 Rn. 78). Der Leiharbeitnehmer kann daneben ebenso wie Stammarbeitnehmer die **Beschwerderechte** aus §§ 84 f.

BetrVG in Anspruch nehmen (§ 14 Abs. 2 Satz 3), wenn er sich vom Entleiher oder von Arbeitnehmern des Betriebs benachteiligt oder ungerecht behandelt oder in sonstiger Weise beeinträchtigt fühlt (ErfK/*Wank*, § 14 Rn. 11). Eine derartige Benachteiligung liegt insbesondere vor, wenn der LAN unter Verstoß gegen die Gleichbehandlungsgrundsätze von §§ 3 Abs. 1 Nr. 3, 9 Nr. 2 diskriminiert wird, oder er auf Grund der Angaben des Entleihers nach § 12 Abs. 1 Satz 3 Nachteile erleidet, z. B. weil er auf Grund der Angaben in eine niedrigere Entgeltgruppe eingruppiert wird, als im TV zur ANÜ oder auf Grund des equal-pay-Grundsatzes vorgesehen (zur Eingruppierung vgl. Rn. 26 a ff., 140). Beim Entleiher bestehende Tarifverträge oder Betriebsvereinbarungen zum Beschwerdeverfahren gelten auch für Leiharbeitnehmer (§ 14 Abs. 2 Satz 3 i. V. m. § 86 BetrVG). Das Recht umfasst auch Beschwerden über den Verleiher, da Verstöße gegen den Arbeitsschutz (§ 11 Abs. 6) oder arbeitsvertragliche Pflichten des Verleihers (vgl. § 3 Abs. 1 Nr. 1) auch die betriebsverfassungsrechtliche Stellung des Leiharbeitnehmers im Entleiherbetrieb berühren (a. A. *Thüsing/Thüsing*, § 14 Rn. 92; *Hamann*, WiB 1996, 370). Hierbei kann er sich entweder unmittelbar an die zuständigen betrieblichen Stellen wenden und ein Mitglied des Betriebsrats hinzuziehen (§ 84 Abs. 1 BetrVG) oder nach seiner Wahl (vgl. ErfK/*Wank*, § 14 Rn. 12) sich zunächst an den **Betriebsrat des Entleiherbetriebs** wenden. Hält der Arbeitgeber bzw. der Betriebsrat die Beschwerde für berechtigt, muss der Entleiher der Beschwerde abhelfen (§ 84 Abs. 2 BetrVG); der Betriebsrat muss beim Arbeitgeber auf Abhilfe hinwirken (§ 85 Abs. 1 BetrVG).

60a Bei **Meinungsverschiedenheiten** zwischen Arbeitgeber und Betriebsrat über die Berechtigung der Beschwerde eines LAN kann der Betriebsrat die **Einigungsstelle** anrufen, deren Spruch ggf. die Einigung zwischen Betriebsrat und Arbeitgeber ersetzt (§ 85 Abs. 2 BetrVG). Mit der Zuständigkeit und Spruchmöglichkeit von betrieblichen Einigungsstellen des Entleihers selbst in Angelegenheiten, die ausschließlich den Leiharbeitnehmer betreffen, hat der Gesetzgeber deutlich zum Ausdruck gebracht, dass grundsätzlich alle **Institutionen der Betriebsverfassung** im Entleiherbetrieb auch für Leiharbeitnehmer gelten. Dies wird auch durch die nach § 14 Abs. 2 Satz 3 ausdrücklich einbezogene Vorschrift des § 86 BetrVG deutlich, nach der **tarifliche und betriebliche Vereinbarungen** zum Beschwerdeverfahren auch für Leiharbeitnehmer gelten. Einer Unterwerfung des Leiharbeitnehmers unter eine betriebliche oder tarifliche Vereinbarung bedarf es insoweit nicht (a. A. *Schüren/Hamann*, § 14 Rn. 104). Tarifverträge, die betriebsverfassungsrechtliche Fragen regeln, gelten unabhängig von der Tarifunterworfenheit der Arbeitnehmer im Betrieb, soweit der Arbeitgeber tarifgebunden ist (§ 3 Abs. 2 TVG).

61 Aus der Erhebung der Beschwerde darf dem Leiharbeitnehmer kein Nachteil entstehen (§ 84 Abs. 3 BetrVG). Nach § 17 Abs. 2 Satz 1 und 2 ArbSchG gilt dies auch, soweit der Entleiher einer Beschwerde des Leiharbeitnehmers nicht abhilft und dieser sich an die **Aufsichtsbehörden** wendet. Die Vorschrift konkretisiert insoweit das in § 612a BGB enthaltene **Benachteiligungsverbot bei zulässiger Ausübung von Rechten** durch Arbeitnehmer (*Thüsing/Thüsing*, § 14 Rn. 89). Für Leiharbeitnehmer hat die Vorschrift insofern Bedeutung, als sie dem Entleiher auch untersagt, die Erhebung der Beschwerde dem **Verleiher anzuzeigen**, soweit sie sich nicht auf Sachverhalte bezieht, die unmittelbar die gegenseitigen Leistungspflichten aus dem ANÜ-Vertrag, sondern die allgemeinen Rechte des Leiharbeitnehmers auf Persönlichkeitsschutz betreffen. Verstößt der Entleiher gegen § 84 Abs. 3 BetrVG, ist er dem Leiharbeitnehmer wegen Verstoßes gegen ein Schutzgesetz i.S.d. § 823 Abs. 2 BGB und aus positiver Forderungsverletzung (§§ 280, 241 Abs. 2, 311 Abs. 3 BGB) unmittelbar zum Schadensersatz verpflichtet (DKK-*Buschmann*, § 84 Rn. 20; *FESTL*, § 84 Rn. 21a).

V. Beteiligungsrechte des Entleiherbetriebsrats (Abs. 3)

1. Allgemeine Rechte des Entleiherbetriebsrats

62 § 14 Abs. 3 regelt unmittelbar nur die Beteiligungsrechte des Entleiherbetriebsrats bei der Einstellung von Leiharbeitnehmern und verpflichtet den Entleiher, den Betriebsrat über das Vorliegen der Erlaubnis des Verleihers zur ANÜ zu unterrichten und Änderungen mitzuteilen. Die Vorschrift enthält **keine abschließende Regelung**; der Gesetzgeber hat die Geltung und Erweiterung von Beteiligungsrechten des Entleiherbetriebsrats für Leiharbeitnehmer ausdrücklich der Rechtsprechung vorbehalten (BT-Ds. 9/847, S. 9; *BAG* v. 5.12.1992 – 1 ABR 38/92 – AP Nr. 7 zu § 14 AÜG; *Becker/Wulfgramm*, Art. 1 § 14 Rn. 95; ErfK/*Wank*, § 14 AÜG Rn. 1; *Schüren/Hamann*, § 14 Rn. 138). Schon aus der betriebsverfassungsrechtlichen **Zuordnung des Leiharbeitnehmers zum Entleiherbetrieb** (vgl. Rn. 47) ergeben sich **Aufgaben** für den **Entleiherbetriebsrat**, die dessen Zuständigkeit und die entsprechenden Rechte und Pflichten aus dem BetrVG auslösen. § 75 Abs. 1 BetrVG enthält insoweit den allgemeinen Grundsatz, dass Betriebsrat und Arbeitgeber »alle im Betrieb tätigen Personen« – d. h. auch **Leiharbeitnehmer und sonstige Fremdfirmenbeschäftigte** (DKK-*Berg*, § 75 Rn. 5; *Richardi*, § 75 Rn. 6; *FESTL*, § 75 Rn. 10 f.; *Becker/Wulfgramm*, Art. 1 § 14 Rn. 108; *Schüren/Hamann*, § 14 Rn. 106; a. A. GK-*Kreutz*, § 75 Rn. 13, 16) – nach den Grundsätzen von Recht und Billigkeit behandeln müssen. Die hieraus folgenden **Gleichbehandlungspflichten des Betriebsrats** (*BAG* v. 22.3.2005 – 1 AZR 49/04 – NZA 2005, 773) verpflichten ihn nicht nur dazu, einer diskriminierenden Ungleichbehandlung von Leiharbeitnehmern entgegenzuwirken, sondern verpflichten den Betriebsrat, auch Leiharbeitnehmern Rechte auf Teilhabe an betrieblichen Einrichtungen, die allen Arbeitnehmern offen stehen (z. B. Werkskantine, Werkseinkauf, Werkskindergarten), einzuräumen. Soweit die Schutzpflichten des Entleiherbetriebsrats durch Beteiligungsrechte verstärkt werden (z. B. durch Mitbestimmungsrechte nach § 87 Abs. 1 Nr. 8), erstreckt sich die Mitbestimmung des Entleiherbetriebsrats auch auf Leiharbeitnehmer. Der Entleiherbetrieb hat seine **Schutzfunktionen** gegenüber Leiharbeitnehmern so wahrzunehmen und Beteiligungsrechte so auszuüben, dass dem Grundsatz der Gleichbehandlung von Leiharbeitnehmern und Stammarbeitnehmern einschließlich der Gleichstellungsgrundsätze von §§ 3 Abs. 1 Nr. 3, 9 Nr. 2 Rechnung getragen wird. Soweit das *BAG* für Fälle nichtgewerbsmäßiger ANÜ die Auffassung vertritt, dass weder aus dem allgemeinen arbeitsrechtlichen **Gleichbehandlungsgrundsatz** noch aus § 75 Abs. 1 BetrVG eine Verpflichtung des Einsatzbetriebs zur Gleichbehandlung der Arbeitnehmer verschiedener Arbeitgeber folge (v. 25.1.2005 – 1 ABR 61/03 – DB 2005, 1693), ist dies nur solange vertretbar, wie der Verleiher trotz der Ungleichbehandlung durch den Entleiher seinen Gleichstellungspflichten aus § 10 Abs. 4 nachkommen kann und den Entleiher (z. B. aus einer BV nach § 87 Abs. 1 Nr. 1 BetrVG) keine eigenen Pflichten gegenüber dem LAN treffen (§ 10 Rn. 94 ff.) bzw. der Entleiher nicht aus vertraglicher Nebenpflicht zur Einhaltung des gesetzlichen Gleichbehandlungsgrundsatzes aus §§ 3 Abs. 1 Nr. 3, 9 Nr. 2, 10 Abs. 4 verpflichtet ist (§ 10 Rn. 95). Dasselbe gilt für die Berechnungsgrundlagen von Vergütungsansprüchen nach § 10 Abs. 4, die sowohl bei **Regelungslücken** eines TV zur ANÜ (§ 9 Rn. 200) als auch bei der Bestimmung des vergleichbaren Arbeitnehmers i.S.v. §§ 3 Abs. 1 Nr. 3, 9 Nr. 2 maßgeblich sind. Die Betriebsparteien des Entleihers handeln hier willkürlich, wenn sie die Arbeitsbedingungen von LAN ohne sachliche Rechtfertigung anders regeln als für die Stammbelegschaft (Rn. 99). Dasselbe gilt, wenn sie dem Entleiher in mitbestimmungspflichtigen Angelegenheiten ein **Alleinentscheidungsrecht** einräumen (*BAG* v. 29. 9. 2004 – 5 AZR 559/03). Verstößt der Betriebsrat grob oder wiederholt gegen diese Pflichten, kommt ein Ausschluss von Betriebsratsmitgliedern bzw. die Auflösung des Betriebsrats in Betracht (§ 23 Abs. 1 BetrVG).

62a Das Recht und die Pflicht des Entleiherbetriebsrats, Mitbestimmungsrechte auch für LAN auszuüben, knüpfen zum einen an die Eingliederung des LAN in die Betriebsorganisation des Entleihers an, richten sich zum anderen aber auch danach, ob der Verleiher oder der Entleiher eine mitbestimmungspflichtige Entscheidung trifft, die den LAN berührt (*BAG* v. 19. 6. 2001 – 1 ABR 43/00; *DKK-Klebe*, § 87 Rn. 6; *FESTL*, 87 Rn. 12; *Thüsing/Thüsing*, § 14 Rn. 100). Soweit das MBR des Entleihersbetriebsrats Regelungsgegenstände betrifft, die im Rahmen der **Gleichstellungsgrundsätze** nach §§ 3 Abs. 1 Nr. 3, 9 Nr. 2 zu den wesentlichen Arbeitsbedingungen zählen (vgl. § 9 Rn. 98 ff.), hat der Entleiherbetriebsrat dabei auch für LAN alle Mitbestimmungsrechte wahrzunehmen. Durch eine BV beim Verleiher können weder die Ansprüche des LAN aus der BV des Entleihers noch die MBR des Entleiherbetriebsrats ausgeschlossen werden (§ 9 Rn. 72 u. 113). Wird beim Entleiher z.B. eine Betriebsvereinbarung zum **Prämienlohn** oder zur **betrieblichen Altersversorgung** abgeschlossen (§ 87 Abs. 1 Nr. 8, 10, 11; vgl. § 9 Rn. 84), erstreckt sich das Mitbestimmungsrecht auch auf die Vertretung der LAN (*DKK-Klebe*, § 87 Rn. 6; *FESTL*, § 5 Rn. 239 u. § 87 Rn. 12; a. A. *Thüsing/Thüsing*, § 14 Rn. 101). Die Mitbestimmungsrechte eines beim Verleiher bestehenden Betriebsrats beschränken sich insoweit auf **Regelungslücken** beim Entleiher und ermöglichen für den LAN günstigere Arbeitsbedingungen. Der Auffassung, nach der die Mitbestimmungsrechte von Verleiher- und Entleiherbetriebsrat aufgeteilt sind und nur alternativ bestehen (*Thüsing/Thüsing*, § 14 Rn. 100), kann nicht gefolgt werden, vielmehr kann bei bestimmten Regelungsgegenständen auch eine **Doppelzuständigkeit** von Entleiher- und Verleiherbetriebsrat gegeben sein. Durch das Mitbestimmungsrecht des Entleiherbetriebsrats bei Regelungen zur **betrieblichen Altersversorgung** wird das entsprechende Mitbestimmungsrecht des Verleiherbetriebsrats nicht ausgeschlossen, vielmehr ergänzen sie sich wechselweise (zum Günstigkeitsprinzip vgl. § 9 Rn. 108 ff.). Dasselbe gilt z. B. für mitbestimmungspflichtige Regelungen zur Rufbereitschaft, die beim Entleiher auch LAN erfassen soll, die aber beim Verleiher (soweit mit § 11 Abs. 4 Satz 2 vereinbar; vgl. § 1 Rn. 63) ebenfalls als Rahmenregelung mitbestimmungspflichtig ist (Rn. 37).

63 Die **allgemeinen Aufgaben**, die der Betriebsrat nach § 80 Abs. 1 BetrVG wahrzunehmen hat, erstrecken sich grundsätzlich auch auf Leiharbeitnehmer (*BAG* v. 31. 1. 1989 – 1 ABR 72/87 – DB 1989, 982; *Becker/Wulfgramm*, Art. 1 § 14 Rn. 108; *Schüren/Hamann*, § 14 Rn. 213). § 80 Abs. 2 Satz 1 2. Halbsatz BetrVG erstreckt die **Unterrichtungspflicht** des Arbeitgebers ausdrücklich auch auf Personen, die nicht in einem Arbeitsverhältnis zum Einsatzbetrieb stehen. Beim Einsatz betriebsfremder Arbeitnehmer hat der Entleiherbetriebsrat danach insbesondere auf die Einhaltung der gesetzlichen Bestimmungen des AÜG und SGB III sowie des Arbeitserlaubnisrechts zu achten und darüber **zu wachen**, dass die Verpflichtungen des Entleihers zur **Einhaltung aller Normen des Arbeitsschutzes** (§ 11 Abs. 6) erfüllt werden. Die Verpflichtung des Betriebsrats, über die **Durchführung von Tarifverträgen und Betriebsvereinbarungen** zu wachen (§ 80 Abs. 1 Nr. 1 BetrVG) ist nicht auf den Arbeitsschutz begrenzt. Vielmehr muss der Betriebsrat die Einhaltung aller im Entleiherbetrieb geltenden tariflichen und betrieblichen Normen sicherstellen und darauf achten, dass durch den Einsatz von Fremdfirmenarbeitnehmern weder gegen Normen verstoßen wird, die für die Stammbelegschaft noch gegen solche, die – ggf. auch nach §§ 3 Abs. 1 Nr. 3, 9 Nr. 2 – für LAN gelten (*Boemke*, § 14 Rn. 82; *Thüsing/Thüsing*, § 14 Rn. 104). Sollen Überstunden für Leiharbeitnehmer oder auch sonstige Fremdfirmenbeschäftigte angeordnet werden oder soll der Leiharbeitnehmer in Schichtarbeit arbeiten, löst dies nicht nur die Mitbestimmungsrechte des Entleiherbetriebsrats nach § 87 Abs. 1 Nr. 2 und 3 BetrVG aus (vgl. Rn. 107 ff.); vielmehr sind ggf. bestehende Betriebsvereinbarungen zu diesen Regelungsbereichen auch bei Einsatz von Fremdfirmenarbeitnehmern einzuhalten. Die **Regelungssperre** des § 87 Abs. 1 Einleitungssatz BetrVG beinhaltet insoweit auch die Verpflichtung, bei Einsatz von Leiharbeitnehmern die im Entleiherbetrieb bestehenden Tarifverträge einzuhalten. Ist beispielsweise nach dem Tarifvertrag eine Beschäftigung von Arbeitnehmern mit einer **Arbeitszeit** von weniger als 20 Stunden untersagt, muss auch der Einsatz von Leiharbeitnehmern dieser Tarifbestimmung entsprechen. Bei Verstößen hat der Betriebsrat nicht nur die Zustimmung zur Lage der Arbeitszeit der Leiharbeitnehmer zu verweigern (§ 87 Abs. 1 Nr. 2 BetrVG), sondern er ist auch berechtigt, die Zustimmung zur Einstellung des Leiharbeitnehmers nach § 99 BetrVG zu verweigern (vgl. *BAG* v. 28. 1. 1992 – 1 ABR 45/91 – AP Nr. 95 zu § 99 BetrVG 1972).

64 Der Konflikt, der sich aus einer **Inkongruenz** von tariflichen und betrieblichen **Regelungen im Entleiherbetrieb** und anderen betrieblichen und tariflichen Regelungen zu den materiellen **Arbeitsbedingungen des Leiharbeitnehmers** beim Verleiher ergibt (vgl. § 1 Rn. 115, 126), lässt sich nicht dadurch lösen, dass im Entleiherbetrieb zwingend geltende Tarifverträge und Betriebsvereinbarungen bei Einsatz von Leiharbeitnehmern nicht angewandt werden können. Vielmehr folgt aus den Aufgaben des Betriebsrats, die **kollektiven Interessen der Stammbelegschaft** bei Einsatz von Leiharbeitnehmern zu wahren (*BAG* v. 27. 7. 1993 – 1 ABR 7/93 – AP Nr. 3 zu § 99 BetrVG 1972), dass materielle Arbeitsbedingungen – auch soweit sie in **Betriebsvereinbarungen** (z. B. nach § 87 Abs. 1 Nr. 10 und 11 BetrVG) geregelt sind, **nicht** durch Einsatz von Leiharbeitnehmern **unterlaufen** werden. Es ist insoweit Aufgabe des Betriebsrats, eine Verschlechterung materieller Arbeitsbedingungen der Stammbelegschaft über Fremdfirmenarbeitnehmer mit Billiglöhnen zu verhindern und der Gefährdung der bestehenden Arbeitsplätze durch Fremdfirmen, die Lohndumping betreiben, entgegenzuwirken.

65 Dass die **materiellen Arbeitsbedingungen** der beim **Entleiher** geltenden Tarifverträge und Betriebsvereinbarungen eingehalten werden müssen, bedeutet nicht, dass dem Leiharbeitnehmer hinsichtlich aller Arbeitsbedingungen auch ein unmittelbarer Leistungsanspruch auf Gewährung dieser Arbeitsbedingungen gegen den Entleiher zusteht. Soweit allein der Verleiher als Vertragsarbeitgeber Schuldner von Ansprüchen des Leiharbeitnehmers ist, scheiden **Ansprüche gegen den Entleiher** grundsätzlich aus (§ 9 Rn. 76). Ausgeschlossen ist aber auch, dass beim Entleiher geltende Regelungen Ansprüche des Leiharbeitnehmers gegen den Verleiher verkürzen. Ist der Arbeitnehmer z.B. nach seinem Arbeits-vertrag zu zuschlagspflichtiger Schichtarbeit eingestellt, ist der Verleiher auch bei zuschlagsfreier (Normal-)**Schichtarbeit im Entleiherbetrieb** verpflichtet, etwaige Wechselschichtzuschläge weiter zu bezahlen. Hat ein beim Verleiher bestehender Betriebsrat in diesem Fall der Anordnung von Schichtarbeit nicht zugestimmt, ist der Leiharbeitnehmer bei Aufrechterhaltung seines Anspruchs auf volle Lohnfortzahlung zur Leistungsverweigerung berechtigt (*LAG Baden-Württemberg* v. 27.10.1994 – 4 Sa 55/94 – AiB 1995, 291). Der **Vergütungs-anspruch** richtet sich einschließlich aller Lohnbestandteile und Zuschläge (auch solchen i.S.d. § 87 Abs. 1 Nr.10 und 11 BetrVG) grundsätzlich nach den beim Ver-leiher geltenden betrieblichen und tariflichen Regelungen (vgl. § 1 Rn.50f.). Auf günstigere tarifliche oder betriebliche Regelungen beim Entleiher kann sich der Leiharbeitnehmer nur im Anwendungsbereich des § 10 Abs.4 berufen. Auch ist es dem Entleiherbetriebsrat verwehrt, seine Befugnisse hinsichtlich der Einhal-tung tariflicher und betrieblicher Normen aus § 80 Abs. 1 Nr.1 BetrVG gegenüber dem Verleiher geltend zu machen.

66 Zur **Sicherung** des Geltungsbereichs von im Entleiherbetrieb bestehenden zwin-genden **betrieblichen und tariflichen Normen** einerseits sowie der Beachtung entgegenstehender für den Leiharbeitnehmer geltender Regelungen beim Verlei-her andererseits bieten sich unterschiedliche Lösungsmöglichkeiten an. Soweit die Absprachen zwischen Verleiher und Leiharbeitnehmer im Vergleich zu den im Entleiherbetrieb anwendbaren betrieblichen und tariflichen Normen günsti-ger sind, können auch im Anwendungsbereich der §§ 3 Abs.1 Nr.3, 9 Nr.2 dem widersprechende Regelungen beim Entleiher nicht auf Leiharbeitnehmer ange-wandt werden. Für tarifvertragliche Regelungen folgt dies aus § 4 Abs. 3 TVG, für Betriebsvereinbarungen aus dem **Günstigkeitsprinzip** (vgl. hierzu *BAG* v. 12.12.2000 – 1 AZR 183/00; *FESTL*, § 77 Rn.196 m.w.N.; vgl. § 9 Rn.77). I.Ü. kön-nen Verstöße, die durch den Einsatz von Leiharbeitnehmern gegen tarifliche und betriebliche Regelungen beim Verleiher eintreten, dadurch ausgeschlossen wer-den, dass **arbeitsvertraglich vereinbart** wird, dass die beim Entleiher geltenden materiellen Arbeitsbedingungen jeweils als **Mindestarbeitsbedingungen** auch für das Leiharbeitsverhältnis gelten. Eine derartige Regelung entspricht § 9 Nr.2 und begegnet solange keinen Bedenken, wie die Verpflichtung des Verleihers zur Tragung des Beschäftigungsrisikos (vgl. § 1 Rn.55ff. u. § 11 Rn.99ff.) nicht um-gangen werden kann. Entsprechende Regelungen können auch im Leiharbeits-vertrag vereinbart werden. Ist dies nicht geschehen, können Verleiher und Ent-leiher im **ANÜ-Vertrag** auch vereinbaren, dass der Entleiher dem Verleiher über die vereinbarte Grundvergütung hinaus die Differenz zwischen der beim Entlei-her üblichen und beim Verleiher geltenden Vergütung zur Auszahlung an den Leiharbeitnehmer überweist oder dass bestimmte Leistungen (z.B. betriebliche Erschwerniszuschläge oder leistungsabhängige Lohnbestandteile nach § 87 Abs. 1 Nr.10 und 11 BetrVG) **unmittelbar** an den Leiharbeitnehmer gezahlt wer-den (vgl. Rn.43, 125 u. § 10 Rn.101ff.), wobei allerdings die Einhaltung der Ar-beitgeberpflichten des Verleihers (Abführung von Steuern und Sozialversiche-rungsbeiträgen u.ä.) gewährleistet sein muss.

67 Soweit die Auffassung vertreten wird, die sich aus § 80 Abs. 1 Nr.4, 5 und 6 BetrVG ergebenden Befugnisse fielen nicht in den Aufgabenbereich des Entlei-herbetriebsrats (*Boemke*, § 14 Rn.87; *Schüren/Hamann*, § 14 Rn.222), kann dem nicht gefolgt werden (*Thüsing/Thüsing*, § 14 Rn.108). Schon aus den allgemeinen Grundsätzen des § 75 BetrVG folgt eine besondere, uneinschränkte (*Thüsing/Thü-*

sing, § 14 Rn. 114; a. A. GK-*Kreutz*, § 75 Rn. 16) **Schutzpflicht des Entleiherbetriebs** hinsichtlich der Förderung und Eingliederung schwerbehinderter oder sonst besonders schutzbedürftiger Personen bzw. älterer Arbeitnehmer (§ 80 Abs. 1 Nr. 4 und 6 BetrVG). Soweit es um die Vorbereitung der **Wahlen** der Jugend- und Auszubildendenvertretung, aber auch um die Vorbereitung sonstiger Wahlen im Betrieb (Betriebsrat, Arbeitnehmervertreter in Aufsichtsräten etc.) geht, muss der Betriebsrat im Rahmen des § 80 Abs. 1 Nr. 5 BetrVG jeweils das aktive und passive Wahlrecht der Fremdfirmenarbeitnehmer (Rn. 47 ff.) sorgfältig **prüfen**, z. B. um Arbeitnehmer, die infolge illegaler ANÜ oder infolge von Scheinwerkverträgen Arbeitnehmer des Stammbetriebs geworden sind, auf die jeweilige **Wählerliste** zu setzen (was u. a. auch eine Pflicht des Entleihers zur Vorlage von Werkverträgen nach § 80 Abs. 2 BetrVG begründet; vgl. Einl. C. Rn. 149). Daneben kann insbesondere bei **überbetrieblichen Ausbildungsverbünden** sowohl eine Betriebszugehörigkeit zum entsendenden Stamm- als auch zum Einsatzbetrieb gegeben sein (vgl. DKK-*Trümner*, § 5 Rn. 109), so dass **Auszubildende** auch beim Einsatzbetrieb zur Jugend- und Auszubildendenvertretung wahlberechtigt und wählbar sein können (*LAG Hamm* v. 16. 3. 1988, DB 1988, 2058).

68 Der Entleiher ist nach § 80 Abs. 2 Satz 1 und 2 BetrVG verpflichtet, den Betriebsrat **umfassend** über alle Angelegenheiten zu **unterrichten**, die mit dem Einsatz von Fremdfirmenarbeitnehmern zusammenhängen, und entsprechende **Unterlagen** zur Verfügung zu stellen. Den Unterrichtungspflichten muss der Unternehmer so rechtzeitig nachkommen, dass der Betriebsrat prüfen kann, ob auf ihn Aufgaben zukommen, denen er sich auf Grund seiner Beteiligungsrechte widmen muss. Sie bestehen daher schon **vor der Übernahme** von Leiharbeitnehmern und unabhängig von Unterrichtungspflichten des Entleihers nach § 99 Abs. 1 BetrVG (*BAG* v. 31. 1. 1989 – 1 ABR 72/87 – AP Nr. 33 zu § 80 BetrVG 1972 u. v. 9. 7. 1991 – 1 ABR 45/90 – AP Nr. 94 zu § 99 BetrVG). Auch bestehen die Unterrichtungspflichten unabhängig davon, ob objektive Anhaltspunkte für das Vorliegen eines Scheinwerk- oder Scheindienstvertrages vorliegen (*Becker*, AuR 1982, 369). Der Entleiher muss den Unterrichtungspflichten gegenüber dem Betriebsrat so nachkommen, dass für den Betriebsrat noch vor dem **Abschluss des Vertrages mit dem Fremdunternehmen** die Möglichkeit zur Einflussnahme auf die Vertragsgestaltung besteht (*LAG Köln* v. 9. 8. 1989 – 5 TaBV 3/89 – AiB 1990, 76 mit Anm. *Paasch*). Die **Unterrichtungspflichten** beschränken sich nicht auf Formen der ANÜ nach dem AÜG, sondern bestehen für **alle Formen der Beschäftigung betriebsfremder Personen** (§ 80 Abs. 2 Satz 1 2. Halbsatz BetrVG), einschließlich des Einsatzes von Arbeitnehmern auf werkvertraglicher Grundlage (*BAG*, a. a. O.; *Becker/Wulfgramm*, Art. 1 § 14 Rn. 131; *Jedzig*, DB 1989, 978; *Schüren/Hamann*, § 14 Rn. 228; *Ulber*, Mitbest. 1986, 27). Der Entleiher ist verpflichtet, dem Betriebsrat alle Unterlagen einschließlich der **Verträge und Vertragsentwürfe zur Verfügung zu stellen**. Neben den ANÜ- bzw. Werkverträgen zählen hierzu auch **Kontrolllisten**, die über die Einsatztage und die Einsatzzeiten der Fremdfirmenbeschäftigten Auskunft geben (*BAG* v. 31. 1. 1989, a. a. O.; DKK-*Buschmann*, § 80 Rn. 89). Insgesamt muss der Betriebsrat auf Grund der Unterrichtung durch den Arbeitgeber in der Lage sein, die langfristigen **Auswirkungen** des Einsatzes betriebsfremder Arbeitnehmer zu erkennen und darauf beruhend auch **Frühwarnsysteme** (vgl. *Brötz*, AiB 1983, 169) zu entwickeln.

69 Ergibt sich im Zusammenhang mit der Durchführung von Fremdfirmenarbeit, insbesondere auch bei der Prüfung der Verträge, dass der Betriebsrat nicht die notwendigen fachlichen und rechtlichen Kenntnisse besitzt, um die Auswirkungen im Betrieb (oder die **rechtlichen Probleme** bei der Abgrenzung legaler und illegaler Überlassungsformen, vgl. Einl. C. Rn. 33 ff.) abschätzen zu können, ist er befugt, sachkundige Arbeitnehmer des Betriebes als Auskunftspersonen (§ 80 Abs. 2 Satz 3 BetrVG) oder **Sachverständige** nach näherer Vereinbarung mit dem Arbeitgeber auf dessen Kosten hinzuzuziehen (§ 80 Abs. 3 BetrVG). Die Erforderlichkeit der Hinzuziehung von Sachverständigen ist dabei angesichts der rechtlichen Probleme bei der Abgrenzung von legalen und illegalen Überlassungsformen i.d.R. zu bejahen.

Die Frage, ob und ggf. in welchem Umfang dem Betriebsrat des Entleiherbetriebs **70** bei Einsatz von Leiharbeitnehmern **Beteiligungsrechte** zustehen, kann nicht allein danach beantwortet werden, ob der betroffene Leiharbeitnehmer auf Grund seiner Stellung im Betrieb gleichermaßen schutzbedürftig ist wie Stammarbeitnehmer. Vielmehr besteht die **Schutzfunktion des Entleiherbetriebsrats** auch darin, die individuellen und kollektiven Interessen der Stammbelegschaft zu fördern und zu schützen. Der Entleiherbetriebsrat hat zwar die Belange im Betrieb beschäftigter Fremdfirmenarbeitnehmer wahrzunehmen; er hat jedoch gleichermaßen darauf zu achten, dass durch den Einsatz von Leiharbeitnehmern die Interessen der betrieblichen Belegschaften gewahrt und nicht durch Einsatz betriebsfremder Arbeitnehmer gefährdet werden. Der **Konflikt**, in den der Betriebsrat bei Einsatz unternehmensfremder Arbeitnehmer gerät (vgl. *Frerichs/ Möller/Ulber* 1981, 34 ff.), lässt sich nicht dadurch lösen, dass man die betriebsverfassungsrechtlichen Handlungsinstrumentarien des Betriebsrats bezüglich der Leiharbeitnehmer isoliert betrachtet und die hinsichtlich der Stammarbeitnehmer bestehenden Mitwirkungs- und Mitbestimmungsrechte des Entleiherbetriebsrats daneben bestehen lässt. Vielmehr sind durch den Einsatz betriebsfremder Arbeitnehmer immer auch die **kollektiven Interessen der Gesamtbelegschaft** berührt. Die Anwendbarkeit von Bestimmungen des BetrVG im Zusammenhang mit dem Einsatz von Leiharbeitnehmern ist daher über § 14 Abs. 3 hinaus immer dann gegeben, wenn Beteiligungsrechte des Betriebsrats berührt sind, die dazu dienen, (auch) die Interessen der bereits im Betrieb beschäftigten Arbeitnehmer zu wahren (*BAG* v. 8. 12. 1988 – 2 AZR 308/88 – AP Nr. 6 zu § 1 BeschFG 1985). Der Gesetzgeber hat dies mit der in § 14 Abs. 3 vorgenommenen Verweisung auf die Mitbestimmung des Entleiherbetriebs bei der Einstellung von Leiharbeitnehmern exemplarisch geregelt, wobei die in § 14 Abs. 3 Satz 2 und 3 **erweiterten Auskunftspflichten** bezüglich der Erlaubnis auch der Zielsetzung entsprechen, dem Entleiherbetriebsrat alle Rechte einzuräumen, die dazu dienen, Formen der illegalen ANÜ im Betrieb zu unterbinden. Auch über § 14 Abs. 3 i. V. m. § 99 BetrVG hinaus werden **Beteiligungsrechte** des Betriebsrats ausgelöst, soweit durch den Einsatz von Fremdfirmenarbeitnehmern kollektive Interessen der Gesamtbelegschaft berührt sind. Dies gilt über die ANÜ hinaus **in allen Fällen**, in denen Arbeitnehmer im Betrieb Arbeiten verrichten oder Funktionen übernehmen, die auch von der Stammbelegschaft wahrgenommen werden oder wahrgenommen werden können (zum Werkvertrag vgl. Einl. C. Rn. 161).

Wenn der Gesetzgeber dem Betriebsrat selbst bei vorübergehenden personellen **71** Einzelmaßnahmen die Mitbestimmungsrechte bei Einsatz von Leiharbeitnehmern gibt, muss dies erst recht gelten, wenn der Einsatz von Leiharbeitnehmern Bestandteil einer **Gesamtplanung** des Unternehmens ist und daher die **bestehenden Arbeitsplätze gefährdet** (vgl. §§ 80 Abs. 1 Nr. 8, 92a BetrVG). Die von Fremdfirmenarbeit ausgehenden Gefahren für die Sicherheit der Arbeitsplätze bestehen gleichermaßen für die sozialen Sicherungssysteme im Entleiherbetrieb. Insbesondere zur Einhaltung im Betrieb geltender gesetzlicher, tariflicher oder auch durch Betriebsvereinbarung geregelter Angelegenheiten (§ 80 Abs. 1 Nr. 1 BetrVG; vgl. *BAG* v. 31. 1. 1989 – 1 ABR 72/87 – AP Nr. 33 zu § 80 BetrVG 1972) muss der Betriebsrat dafür Sorge tragen, dass **keine Verstöße** durch den Einsatz von Fremdfirmenarbeitnehmern erfolgen und dass die zugunsten der Leiharbeitnehmer geltenden Rechtsvorschriften eingehalten werden (*BAG*, a.a.O.). Dies gilt sowohl bezüglich der allgemeinen strategischen Unternehmensplanung, es gilt aber auch hinsichtlich des Abschlusses von Betriebsvereinbarungen oder der Ausübung von Beteiligungsrechten im Einzelfall.

2. Anwendungsbereich des Abs. 3

72 § 14 Abs. 3 gilt sowohl für die **gewerbsmäßige** als auch für die **nichtgewerbsmäßige ANÜ** (*BAG* v. 25. 1. 2005 – 1 ABR 61/03 – DB 2005, 1693; *Becker/Wulfgramm*, Art. 1 § 14 Rn. 123; *Richardi*, § 1 Rn. 125; a. A. *Schüren/Hamann*, § 14 Rn. 139; vgl. Rn. 49). § 14 Abs. 3 gilt darüber hinaus aber auch in allen **Fällen illegaler ANÜ**, soweit nicht schon auf Grund des fingierten Arbeitsverhältnisses alle Bestimmungen des BetrVG unmittelbar Anwendung finden (*BAG* v. 31. 1. 1989 – 1 ABR 72/87 – AP Nr. 33 zu § 80 BetrVG 1972; vgl. Rn. 5; ErfK/*Wank*, § 14 Rn. 16; a. A. *Schüren/Hamann*, § 14 Rn. 139).

72a Bei **Abordnung zu einer Arge** i.S.d. § 1 Abs. 1 Satz 2 unterliegen die abgeordneten Arbeitnehmer meist unmittelbar der Betriebsverfassung beim aufnehmenden Betrieb. Im Ergebnis besteht insoweit Einigkeit, dass dem Entleiherbetriebsrat dieselben Beteiligungsrechte zustehen wie bei ANÜ (vgl. auch Einl. C. Rn. 133 ff.; *Becker/Wulfgramm*, Nachtrag AÜG § 1 Abs. 1 Rn. 22; ErfK/*Wank*, § 14 Rn. 16; a. A. *Schüren/Hamann*, § 14 Rn. 139). Ein passives Wahlrecht der abgeordneten Arbeitnehmer besteht allerdings nicht (*LAG Düsseldorf* v. 14. 3. 1996 – 5 Ta BV 75/95 – DB 1996, 1832).

72b Im Anwendungsbereich des § 1 Abs. 3 ist zwar für die **konzerninterne ANÜ** sowie die ANÜ auf Grund Tarifvertrages zur Vermeidung von Kurzarbeit oder Entlassungen die Anwendung des § 14 ausgeschlossen; die Beteiligungsrechte des Entleiherbetriebsrats ergeben sich jedoch hier unmittelbar aus dem BetrVG (vgl. § 1 Rn. 255 f.). § 1 Abs. 3 schließt insoweit nur die Anwendung des AÜG, nicht aber Beteiligungsrechte nach dem BetrVG aus (i.E. ebenso DKK-*Trümner*, § 5 Rn. 88; *FESTL*, § 99 Rn. 19; *Schüren/Hamann*, § 14 Rn. 467 ff.). Daher stehen dem Betriebsrat des Entleiherbetriebs die Mitwirkungsbefugnisse aus § 99 BetrVG ebenso zu wie dem **Betriebsrat des abgebenden Betriebs** unter dem Gesichtspunkt der Versetzung (zu den Beteiligungsrechten vgl. § 1 Rn. 255).

72c In den Fällen der **ANÜ von Kleinunternehmen** nach § 1a findet § 14 Abs. 3 unmittelbare Anwendung (*Schüren/Hamann*, § 14 Rn. 139); die Vorschrift befreit den Verleiher nur von der Erlaubnispflicht, lässt die Geltung der übrigen Bestimmungen des AÜG aber unberührt.

72d Da § 14 nur auf Leiharbeitnehmer Anwendung findet, gilt die Vorschrift im Rahmen eines legalen **werkvertraglichen Einsatzes** im Entleiherbetrieb nur eingeschränkt (vgl. Einl. C. Rn. 159 ff.). Bei illegalen Scheinwerkverträgen ist die Vorschrift dagegen wie in sonstigen Fällen illegaler ANÜ, die ein fingiertes Arbeitsverhältnis zur Folge haben, anzuwenden.

3. Mitwirkungsrechte in allgemeinen personellen Angelegenheiten (§§ 92 ff. BetrVG)

Obwohl ANÜ als Instrument des Personaleinsatzes entsprechend ihrer Funktion **73** nur zur Abdeckung von **vorübergehendem**, zusätzlichem **Arbeitsbedarf** eingesetzt werden darf, bewirken neue Konzepte zu Lean-Production, atmender Fabrik oder der sog. Personalplanung der unteren Linie (vgl. Einl. D. Rn. 4), dass in den Betrieben zum Teil ständig eine **personelle Unterdeckung** vorhanden ist, die eine Beschäftigung betriebsfremder Arbeitnehmer, und seit Aufhebung des § 3 Abs. 1 Nr. 6 zunehmend auch LAN, im Betrieb erforderlich macht. Auch betriebliche Teilfunktionen, die auf Grund von Auftrags- oder Marktschwankungen nicht verstetigt anfallen, werden wegen der hiermit verbundenen Beschäftigungsrisiken betrieblicherseits externalisiert. Die rechtlichen Instrumentarien, deren sich die Unternehmen dabei bedienen, sind verschieden; entscheidend ist meist allein, dass die dauerhafte Erfüllung der betrieblichen Funktionen gewährleistet bleibt und gleichzeitig die **Beschäftigungsrisiken** nicht beim Beschäftigungsbetrieb verbleiben, insbesondere der arbeitsrechtliche **Kündigungsschutz** und sonstige Fluktuations- bzw. Sozialplankosten nicht den Beschäftigungsbetrieb treffen.

Der mit dem Einsatz beschäftigungspolitischer Flexibilisierungsinstrumente verbundene **Abbau von Stammarbeitsplätzen** reduziert nicht nur die Sicherheit der **74** bestehenden Arbeitsplätze und die bestehenden Beschäftigungsmöglichkeiten der Stammarbeitnehmer. Er greift auch tief in die herkömmlichen Sozialstrukturen im Betrieb ein und spaltet die Belegschaft in zwei **Gruppen von Arbeitnehmern mit unterschiedlichem Status**, der sowohl eine Gleichbehandlung aller im Betrieb tätigen Personen i.S.d. § 75 BetrVG verunmöglicht, daneben aber auch den Grundsatz der **Tarifeinheit im Betrieb** aushöhlt und Arbeitnehmern mit gleicher Tätigkeit am selben Arbeitsplatz unterschiedliche materielle Arbeitsbedingungen zuweist (vgl. Einl. C. Rn. 10 ff.).

Da Fremdfirmenarbeit im Betrieb heute meist Bestandteil eines umfassenden, **75** planerisch angelegten Gesamtkonzepts der **strategischen Unternehmensplanung ist,** kann die Nutzung von Mitbestimmungsrechten des Betriebsrats im Einzelfall nur einen geringen Einfluss auf den mit Fremdfirmenarbeit verbundenen **Abbau der Stammarbeitsplätze** und die hieraus folgende **Zerstörung des Normalarbeitsverhältnisses** ausüben. Vielmehr ist neben der Nutzung von Mitwirkungsrechten im Einzelfall ebenso notwendig, auf die vorgelagerten Stadien der **Unternehmens- und Personalplanung** sowie die Gestaltung von Arbeitsablauf und -organisation Einfluss zu nehmen (vgl. *Frerichs/Möller/Ulber* 1981, 63 ff.). Das BetrVG stellt dem Betriebsrat darauf bezogen eine Reihe von Beteiligungsrechten zur Verfügung, die auch bei Einsatz von Leiharbeitnehmern und bei sonstiger Fremdfirmenarbeit im Betrieb zur Geltung kommen.

a) Personalplanung und Maßnahmen der Beschäftigungssicherung (§ 92 f. BetrVG)

Nach § 92 Abs. 1 BetrVG hat der Arbeitgeber den Betriebsrat über die **Personalplanung** zu informieren und mit ihm Maßnahmen unter Vermeidung von Härten **76 zu beraten.** Unter »Personalplanung« wird überwiegend eine Methode zur Planung einer möglichst weitgehenden Übereinstimmung zwischen künftigen Arbeitsanforderungen (qualitativ und quantitativ) und dem dazu einsetzbaren Personal nach Qualifikation und Zahl verstanden, wobei die unternehmerischen

Ziele und die Interessen der Arbeitnehmer soweit wie möglich in Einklang zu bringen sind (DKK-*Schneider*, § 92 Rn. 1). Der Einsatz von Fremdfirmenbeschäftigten im Rahmen **dauerhaft anfallender Aufgaben im Betrieb** (z. B. Reinigungsarbeiten, vgl. *LAG Köln* v. 9.8.1989 – 5 TaBV 3/89 – AiB 1900, 76) ist insoweit Bestandteil der betrieblichen Personalplanung (GK-*Kraft*, § 92 Rn. 14; *Ulber*, AuR 1982, 64). Dasselbe gilt, wenn eine vorhandene Personalreserve abgebaut und vorübergehende Bedarfsfälle zukünftig über Leiharbeitnehmer abgedeckt werden sollen (*Hamann*, WiB 1996, 370). Führen Personalplanungsmaßnahmen zu **Entlassungen** des Stammpersonals bei gleichzeitiger Neubesetzung des Arbeitsplatzes durch betriebsfremde Arbeitnehmer, ist die Personalplanungsmaßnahme und eine darauf gestützte **Kündigung rechtswidrig** (*BAG* v. 16.12.2004 – 2AZR 66/04 – NZA 2005, 761; *Ulber/Frerichs*, AiB 1981, 148).

77 Eine Personalplanung i.S.d. § 92 BetrVG liegt nicht nur bei einer organisierten und bewusst als solcher beschriebenen Planung vor, sondern auch bei intuitiv kurzfristiger **Maßnahmenplanung** (*FESTL*, § 92 Rn. 10). Tritt daher im Betrieb das Problem auf, ob ein kurzfristig anfallender Arbeitsbedarf durch Fremdfirmenbeschäftigte oder durch andere personelle oder arbeitsorganisatorische Maßnahmen ausgeglichen werden soll, liegt eine personalplanerische Maßnahme i.S.d. § 92 BetrVG vor (*Becker/Wulfgramm*, Art. 1 § 14 Rn. 113; *Frerichs/Möller/Ulber* 1981, 65f.).

77a Die **Beteiligungsrechte** des Betriebsrats beschränken sich nicht auf den Einsatz von Leiharbeitnehmern, sondern gelten **umfassend**, soweit durch Fremdfirmenarbeitnehmer Arbeiten im Betrieb verrichtet werden sollen (*BAG* v. 31.1.1989 – 1 ABR 72/87 – AP Nr. 33 zu § 80 BetrVG 1972 u. v. 9.7.1991 – 1 ABR 45/90 – AP Nr. 94 zu § 99 BetrVG 1972; *Becker/Wulfgramm*, Art. 1 § 14 Rn. 112; *Boemke*, § 14 Rn. 127; DKK-*Schneider*, § 92 Rn. 34; *FESTL*, § 92 Rn. 19; *Schüren/Hamann*, § 14 Rn. 289; *Plander*, AiB 1990, 19). Dabei kann der Betriebsrat auf der Grundlage von §§ 92 Abs. 2, 92a BetrVG selbst **initiativ** werden und dem Arbeitgeber Vorschläge zum Abbau der Fremdfirmenarbeit zum Zwecke der Beschäftigungssicherung bzw. zur Neueinstellung von Arbeitnehmern unterbreiten (*BAG*, a.a.O.).

78 Der Arbeitgeber muss den Betriebsrat nicht nur anhand von **Unterlagen** über die Personalplanung **unterrichten**, sondern er muss mit dem Betriebsrat über Art und Umfang der erforderlichen Maßnahmen sowie über die Vermeidung von Härten **beraten** (§ 92 Abs. 1 Satz 2 BetrVG). Hält der Arbeitgeber die Vorschläge für ungeeignet, muss er dies, insbesondere bei Vorschlägen des BR zur Beschäftigungssicherung nach § 92a BetrVG (in Betrieben mit mehr als 100 Arbeitnehmern schriftlich) begründen (§ 92a Abs. 2 BetrVG). Im Rahmen von Vorschlägen zur Beschäftigungssicherung nach § 92a Abs. 1 BetrVG ist der Arbeitgeber verpflichtet, auf **Vorschläge des Betriebsrats** einzugehen, die auf einen Abbau von Fremdleistungen und den Erhalt der bestehenden Arbeitsplätze gerichtet sind. Der Arbeitgeber kommt seinen Unterrichtungs- und Beratungspflichten nur nach, wenn er dem Betriebsrat alle erforderlichen Unterlagen vorlegt. Im Zusammenhang mit den allgemeinen Unterrichtungspflichten nach § 80 Abs. 2 BetrVG sind ihm dabei die erforderlichen **Unterlagen** zeitweilig zur Prüfung zu **überlassen** (*BAG* v. 20.11.1984 – 1 ABR 64/82 – DB 1985, 924; DKK-*Schneider*, § 92 Rn. 40; *FESTL*, § 92 Rn. 31; einschränkend insoweit *Richardi*, § 92 Rn. 30; *Jedzig*, DB 1989, 1138). Zu den vorlagepflichtigen Unterlagen gehören nicht nur die abstrakten Planungsunterlagen, sondern auch **abgeschlossene ANÜ- und Werkverträge** einschließlich der **Kontrolllisten** mit den Arbeitszeiten der Fremdfirmenbeschäftigten (*BAG* v. 31.1.1989 – 1 ABR 72/87 – AP Nr. 33 zu § 80 BetrVG 1972 u. v.

9.7.1991 – 1 ABR 45/90 – AP Nr. 94 zu § 99 BetrVG 1972; *Becker/Wulfgramm*, Art. 1 § 14 Rn. 131; DKK-*Schneider*, § 92 Rn. 40; *FESTL*, § 92 Rn. 31; *Schüren/Hamann*, § 14 Rn. 290; *Ulber*, Mitbest. 1986, 27; kritisch *Hunold*, BB 1989, 1694). Im Unterschied zu den Vorlagepflichten des Arbeitgebers im Rahmen des § 80 Abs. 2 Satz 2 BetrVG, die ein entsprechendes Verlangen des Betriebsrats voraussetzen (*BAG* v. 9.7.1991, a.a.O.), hat der Arbeitgeber die Vertragsunterlagen im Rahmen des § 92 Abs. 1 Satz 1 BetrVG von sich aus **vorzulegen.**

b) Ausschreibung von Arbeitsplätzen bei Fremdfirmenarbeit (§ 93 BetrVG)

Nach § 93 Satz 1 BetrVG kann der Betriebsrat verlangen, dass **Arbeitsplätze,** die   **79** besetzt werden sollen, vor ihrer Besetzung innerhalb des Betriebs **ausgeschrieben** werden. Das Mitbestimmungsrecht besteht auch, soweit **freie Mitarbeiter** im Betrieb eingesetzt werden sollen (*BAG* v. 27.3.1993 – 1 ABR 7/93 – BB 1993, 2233). Hinsichtlich **Form und Inhalt der Ausschreibung** steht dem Betriebsrat kein erzwingbares Mitbestimmungsrecht zu (*BAG* v. 27.10.1992 – 1 ABR 4/92 – AP Nr. 29 zu § 95 BetrVG 1972). Nach dem Wortlaut der Vorschrift ist für ein berechtigtes Verlangen des Betriebsrats lediglich erforderlich, dass ein »Arbeitsplatz« im Betrieb besetzt werden soll. Die Vorschrift findet daher auch **Anwendung**, soweit **Arbeitsplätze mit betriebsfremden Arbeitnehmern besetzt** werden sollen (*BAG* v. 27.3.1993 – 1 ABR 7/93 – AP Nr. 3 zu § 93 BetrVG 1972; *Becker/Wulfgramm*, Art. 1 § 14 Rn. 113; *FESTL*, § 93 Rn. 5; *Frerichs/Möller/Ulber* 1981, 68; *Schüren/Hamann*, § 14 Rn. 292; *Thüsing/Thüsing*, § 14 Rn. 150), wobei es nicht darauf ankommt, ob dem Betriebsrat bei der späteren Einstellung auch ein Mitbestimmungsrecht nach § 99 BetrVG zusteht (a.A. *BAG*, a.a.O.). Dies muss gerade dann gelten, wenn man mit dem *BAG* (a.a.O.) die Funktion des Beteiligungsrechts nach § 93 BetrVG »allein (in der Wahrnehmung) der Interessen der vom Betriebsrat vertretenen Arbeitnehmerschaft« sieht. Diese **kollektive Schutzfunktion** ist unabhängig von dem Rechtsverhältnis betroffen, das der Arbeitgeber wählen will, um den Arbeitsplatz zu besetzen.

Hat der Betriebsrat die innerbetriebliche Ausschreibung von Arbeitsplätzen   **79a** verlangt, können sich auch **Leiharbeitnehmer** sowie **sonstige Fremdfirmenbeschäftigte**, denen betriebsverfassungsrechtliche Individualrechte zustehen (vgl. Rn. 50 ff.), am **Ausschreibungsverfahren beteiligen** (*Boemke*, § 14 Rn. 129; *Schüren/Hamann*, § 14 Rn. 293). Die Frage, ob Stammarbeitnehmern gegenüber Fremdfirmenarbeitnehmern bei Besetzung der freien Stelle der Vorrang einzuräumen ist, betrifft nicht die Frage, welcher Personenkreis am Bewerbungsverfahren teilnehmen kann, sondern ist eine Frage der Einstellungs- oder Versetzungsentscheidung und der darauf bezogenen **Auswahlkriterien** und Mitwirkungsrechte des Betriebsrats nach § 99 BetrVG (vgl. Rn. 169). Der Arbeitgeber ist verpflichtet, einem Verlangen des Betriebsrats nach innerbetrieblicher Stellenausschreibung nachzukommen. Verstößt er gegen seine Pflichten nach § 93 BetrVG, ist der Betriebsrat berechtigt, die Zustimmung zur personellen Maßnahme nach § 99 Abs. 2 Nr. 5 BetrVG zu verweigern.

c) Mitbestimmung des Entleiherbetriebsrats bei Personalfragebögen und Beurteilungsgrundsätzen (§ 94 BetrVG)

80 Hinsichtlich der Erstellung von **Personalfragebögen** hat das **Mitbestimmungsrecht** des Betriebsrats nach § 94 Abs. 1 BetrVG bei Fremdfirmenarbeit nur Bedeutung, wenn der Entleiher bei der Auswahl von Leiharbeitnehmern Personalfragebögen einsetzt oder dem Verleiher im Rahmen des ANÜ-Vertrages **Vorgaben** zu Person, Eignung, Kenntnissen und Fähigkeiten der zu überlassenden Arbeitnehmer machen kann (zur Definition vgl. *BAG* v. 21.9.1993 – 1 ABR 28/93 – AP Nr. 4 zu § 94 BetrVG 1972; DKK-*Klebe*, § 94 Rn. 3), um den Personalbedarf vorübergehend abzudecken (*Becker/Wulfgramm*, Art. 1 § 14 Rn. 113; *Boemke*, § 14 Rn. 130; *Schüren/Hamann*, § 14 Rn. 296).

81 Bei der **Überlassung** von LAN einer PSA, deren Festeinstellung bei Beginn des Einsatzes als LAN schon feststeht, kommt die Bestimmung wegen der später erfolgenden Übernahme des Arbeitnehmers in ein Dauerarbeitsverhältnis schon zu dem Zeitpunkt zur Anwendung, in dem der Arbeitnehmer erstmals als Leiharbeitnehmer beim Entleiher eingesetzt werden soll. Von § 94 BetrVG werden auch Arbeitnehmer erfasst, die noch nicht im Betrieb beschäftigt sind (DKK-*Klebe*, § 94 Rn. 5; *Richardi*, § 94 Rn. 5). Für LAN einer PSA ist daneben zu beachten, dass persönliche Angaben in Personalfragebögen, die den im Anschluss an die ANÜ wirksam werdenden unbefristeten Arbeitsvertrag betreffen und allgemein für den Betrieb verwandt werden, ebenfalls der Zustimmung des Betriebsrats bedürfen.

82 Die Bedeutung des § 94 BetrVG im Bereich der Fremdfirmenarbeit liegt darin, dass nach Abs. 2 der Vorschrift auch **allgemeine Beurteilungsgrundsätze**, d.h. allgemeine Regelungen, die das Verhalten und die Leistung des Arbeitnehmers im Betrieb nach einheitlichen Kriterien gewährleisten sollen (vgl. *BAG* v. 23.10.1984 – 1 ABR 2/83 – AP Nr. 8 zu § 87 BetrVG 1972 Ordnung des Betriebs; DKK-*Klebe*, § 94 Rn. 28; *FESTL*, § 94 Rn. 29; *Jedzig*, DB 1991, 753/859), der Mitbestimmung des Betriebsrats unterliegen. **Leistungsbewertungen**, die der Entleiher über das Verhalten und die Leistung von Leiharbeitnehmern während des Einsatzes vornimmt (zur Zeugniserteilung vgl. Rn. 20) und die nach abstrakten Kriterien erfolgen, unterliegen daher dem Mitgestaltungsrecht des Betriebsrats nach § 94 Abs. 2 BetrVG (*Gick*, 139; *Schüren/Hamann*, § 14 Rn. 297; *Thüsing/Thüsing*, § 14 Rn. 151; differenzierend je nach Bedürfnis *Becker/Wulfgramm*, Art. 1 § 14 Rn. 113; *Müllner* 1978, 89).

83 **Leistungsbeurteilungen** (auch im Sinne von **Zwischenzeugnissen** vgl. hierzu *Däubler*, Bd. 2, 614) des Entleihers über den Leiharbeitnehmer, die auf Grund mitbestimmter allgemeiner Beurteilungsgrundsätze nach § 94 Abs. 2 BetrVG erteilt werden, sind zwar Grundlage entsprechender Leistungsbeurteilungen beim Verleiher, sie binden jedoch weder den Verleiher noch den Leiharbeitnehmer im Innenverhältnis. Bestehen z.B. im Verleiherbetrieb oder auch sonst bei entsendenden Unternehmen betriebliche Regelungen zu allgemeinen Beurteilungsgrundsätzen i.S.d. § 94 Abs. 2 BetrVG, ist die Beurteilung des Leiharbeitnehmers nach diesen Grundsätzen vorzunehmen. Will der Leiharbeitnehmer gegen Beurteilungen in Zwischenzeugnissen des Verleihers bezüglich seiner Arbeitsleistung bei Entleihern vorgehen, z.B. indem er auf die Erteilung eines korrekten Zwischenzeugnisses klagt, ist die Begründetheit einer Klage in erster Linie davon abhängig, welche **Beurteilungsgrundsätze im Verleiherbetrieb** gelten. Solange der Leiharbeitnehmer (auch unabhängig von einer Klage gegen den Verleiher) nach

§ 82 Abs. 2 Satz 1 BetrVG i.V.m. §§ 84f. BetrVG **Beschwerde** gegen eine Beurteilung eingelegt hat oder bei Meinungsverschiedenheiten eine **Einigungsstelle** nach § 85 Abs. 2 Satz 1 und 2 BetrVG nicht verbindlich entschieden hat (die ggf. einen durchsetzbaren Rechtsanspruch des Leiharbeitnehmers auf Abhilfe begründen; vgl. *FESTL*, § 85 Rn. 9), ist das gerichtliche Verfahren auf Änderung eines (Zwischen-)Zeugnisses auszusetzen.

d) Auswahlrichtlinien im Entleiherbetrieb (§ 95 BetrVG)

Nach § 95 Abs. 1 BetrVG bedürfen **Auswahlrichtlinien** des Arbeitgebers der **84** Zustimmung des Betriebsrats. In Betrieben mit mehr als 500 Arbeitnehmern kann der Betriebsrat die Aufstellung von Auswahlrichtlinien verlangen. Auswahlrichtlinien sind **Grundsätze**, die allgemein oder für bestimmte Arten von Tätigkeiten oder Arbeitsplätzen festlegen, welche Voraussetzungen bei der **Durchführung personeller Einzelmaßnahmen** vorliegen müssen oder nicht vorliegen dürfen und welche sonstigen Gesichtspunkte im Hinblick auf die Arbeitnehmer zu berücksichtigen sind (DKK-*Klebe*, § 95 Rn. 4; *FESTL*, § 95 Rn. 7). Sie sollen dazu dienen, Konflikte zwischen Arbeitgebern und Betriebsrat sowie einzelnen Arbeitnehmern mit dem Arbeitgeber bei der Auswahl, die im Zusammenhang mit personellen Einzelmaßnahmen getroffen werden muss, zu vermeiden (*Frerichs/Möller/Ulber* 1981, 68). In der Praxis werden häufig **Punktesysteme** vereinbart, die anhand bestimmter Kriterien, wie Qualifikation, Berufserfahrung, Betriebszugehörigkeit und bisheriger Leistungsbeurteilung abgestuft und gewichtet einer Auswahlentscheidung im Einzelfall zugrunde gelegt werden (zu den Zulässigkeitsgrenzen vgl. *BAG* v. 27. 10. 1992 – 1 ABR 4 / 92 – AP Nr. 29 zu § 95 BetrVG 1972). Soweit sich **Leiharbeitnehmer** beim Entleiher für eine Arbeitsstelle oder die Teilnahme an einer sonstigen Maßnahme (z.B. Qualifizierung) **bewerben**, gelten für sie auch Auswahlrichtlinien im Entleiherbetrieb (*Becker/Wulfgramm*, Art. 1 § 14 Rn. 113; *Frerichs/Möller/Ulber* 1981, 67; *Schüren/Hamann*, § 14 Rn. 301; *Thüsing/Thüsing*, § 14 Rn. 152). Da der **Betriebszugehörigkeit** (vgl. Rn. 49) in Auswahlrichtlinien häufig ein hohes Gewicht zukommt, führen Auswahlrichtlinien meist dazu, dass Leiharbeitnehmer bei der Auswahl unberücksichtigt bleiben. Um die Ziele des Gesetzgebers zu erreichen, die Integration von Leiharbeitnehmern in Form der Übernahme durch den Entleiher in Stammarbeitsverhältnisse zu fördern (vgl. § 9 Nr. 3 und 4), ist es insoweit zulässig, die **Übernahme von Fremdfirmenbeschäftigten** in Auswahlrichtlinien **besonders zu regeln**. Dies gilt insbesondere für die Übernahme von LAN einer PSA. Andererseits kann in Auswahlrichtlinien aber auch vorgesehen werden, dass Leiharbeitnehmer bevorzugt **versetzt** werden können (*Halbach*, DB 1980, 2391), soweit dem Entleiher im ANÜ-Vertrag ein entsprechendes Recht eingeräumt wurde.

Die wichtigste Bedeutung im Bereich der Fremdfirmenarbeit kommt Auswahl- **85** richtlinien zu, die die **Voraussetzungen regeln**, unter denen **Fremdfirmenarbeitnehmer im Betrieb** eingesetzt oder versetzt werden dürfen oder in denen bestimmte Formen der Fremdfirmenarbeit ausgeschlossen werden. Derartige Auswahlrichtlinien sind grundsätzlich zulässig (*Boemke*, § 14 Rn. 131; *Schüren/ Hamann*, § 14 Rn. 300). Geregelt werden kann in diesem Zusammenhang beispielsweise der **Vorrang von** (auch befristeten) **Neueinstellungen**, die Eingrenzung von Fremdfirmenarbeit auf bestimmte Anlässe oder Bereiche oder Größenordnungen oder auch der generelle **Ausschluss** des Einsatzes betriebsfremder

Arbeitnehmer im Betrieb (*Ulber/Frerichs*, AiB 1981, 148). In Großbetrieben werden häufig auch **paritätisch besetzte Kommissionen** zur Fremdleistungsplanung gebildet, bei denen dem Betriebsrat erweiterte Mitbestimmungsrechte bei der Personal- und Fremdleistungsplanung eingeräumt werden, die spätere Konflikte bei Einsatz von Fremdfirmenarbeitnehmern im Einzelfall verhindern helfen.

86 Obwohl die **Rechtsnatur von Auswahlrichtlinien** als Betriebsvereinbarung (so *BAG* v. 11.3.1976 – 2 AZR 43/75 – AP Nr. 1 zu § 95 BetrVG mit Anmerkung Hueck) im einzelnen umstritten ist (zum Meinungsstreit vgl. DKK-*Klebe*, § 95 Rn. 11 m.w.N.), kann der Betriebsrat die **Einhaltung von Auswahlrichtlinien** (auch außerhalb des Anwendungsbereichs des § 99 Abs. 2 Nr. 2 BetrVG) auf der Grundlage von § 77 Abs. 1 Satz 1 BetrVG **durchsetzen**. Verstößt der Arbeitgeber durch den Einsatz von Fremdfirmenarbeitnehmern gegen die Auswahlricht-linie, kann der Betriebsrat vom Arbeitgeber die **Unterlassung** der Beschäftigung betriebsfremder Arbeitnehmer verlangen und diesen Anspruch ggf. auch im Wege der **einstweiligen Verfügung** geltend machen (*BAG* v. 10.11.1987 – 1 ABR 55/88 – AP Nr. 24 zu § 77 BetrVG 1972; DKK-*Berg*, § 77 Rn. 5; vgl. auch § 99 Abs. 2 Nr. 2 BetrVG; Rn. 168 ff.).

4. Beteiligungsrechte in wirtschaftlichen Angelegenheiten (§§ 106 ff. BetrVG)

a) Wirtschaftsausschuss (§§ 106 ff. BetrVG)

87 Gehört der Entleiherbetrieb einem Unternehmen an, das in der Regel mehr als 100 Arbeitnehmer ständig beschäftigt, ist dort ein **Wirtschaftsausschuss** zu bil-den, der die Aufgabe hat, wirtschaftliche Angelegenheiten mit dem Unterneh-mer zu beraten und den Betriebsrat zu informieren (§ 106 Abs. 1 BetrVG). Soweit Leiharbeitnehmer regelmäßig in Betrieben des Entleihunternehmens arbeiten, sind diese bei der Zahl der ständig beschäftigten Arbeitnehmer i.S.d. § 106 Abs. 1 Satz 1 BetrVG mitzuzählen (vgl. Rn. 18; DKK-*Schneider*, § 106 Rn. 12; *FESTL*, § 1 Rn. 276; *Schüren/Hamann*, § 14 Rn. 321; a.A. *Boemke*, § 14 Rn. 138; ErfK/*Wank*, § 14 Rn. 30; einschränkend: *Thüsing/Thüsing*, § 14 Rn. 180, der auf die Wahlberech-tigung abstellt).

87a Zu den **wirtschaftlichen Angelegenheiten**, die mit dem Wirtschaftsausschuss zu beraten sind, gehören nach § 106 Abs. 3 BetrVG u.a. **Rationalisierungsvorhaben** (Nr. 4), die Einschränkung oder Stilllegung von Betrieben oder Betriebsteilen (Nr. 6) oder die **Änderung der Betriebsorganisation** oder des Betriebszwecks (Nr. 9). Insbesondere in den Fällen, in denen das Unternehmen plant, zukünftig statt einer Eigenfertigung **zu einer Fremdvergabe überzugehen** oder Abteilun-gen oder Funktionen betrieblicherseits aufzulösen und durch Drittfirmen er-ledigen zu lassen, sind wirtschaftliche Angelegenheiten i.S.d. § 106 Abs. 3 BetrVG betroffen (*Walle*, NZA 1999, 520). Dasselbe gilt, wenn das Unternehmen eine bestehende Personalreserve abbauen und **Personalbedarfslücken** zukünf-tig regelmäßig über den **Einsatz von Leiharbeitnehmern** ausgleichen will (so auch *Sandmann/Marschall*, Art. 1 § 14 Anm. 18a; ErfK/*Wank*, § 14 Rn. 30; *Schüren/ Hamann*, § 14 Rn. 322; a.A. *Boemke*, § 14 Rn. 139).

88 Im Rahmen der wirtschaftlichen Angelegenheiten ist der Unternehmer auch ver-pflichtet, die dazugehörigen **Unterlagen vorzulegen**, soweit dadurch nicht Be-triebs- oder Geschäftsgeheimnisse des Unternehmens gefährdet werden. Zu den Unterlagen i.S.d. Bestimmung gehören nicht nur allgemeine Rationalisierungspläne bzw. Liefer- und Bezugsverträge im Rahmen des **Bezugs von Fremdleistungen** (DKK-*Däubler*, § 106 Rn. 48), sondern hierzu gehören auch **Werk- und ANÜ-Verträge** einschließlich darauf beruhender Folge- oder Annex-Absprachen (Rahmen- und Ausführungsverträge, Änderungen der Vertragsbedingungen etc.). § 106 Abs. 2 BetrVG gibt dem **Betriebsrat** jedoch nicht einen unmittelbaren Anspruch auf Vorlage von Fremdfirmenverträgen und der hierzu erforderlichen Unterlagen an sich, vielmehr steht der Anspruch nur dem Wirtschaftsausschuss zu (*BAG* v. 9.7.1991 – 1 ABR 45/90 – AP Nr. 94 zu § 99 BetrVG 1972). Werkverträge gehören nicht zu den geheimhaltungsbedürftigen Unterlagen i.S.d. § 106 Abs. 2 BetrVG (*BAG* v. 31.1.1989 – 1 ABR 72/87 – AP Nr. 33 zu § 80 BetrVG 1972).

b) Beteiligungsrechte des Betriebsrats bei Betriebsänderungen (§§ 111 ff. BetrVG)

Nach § 111 BetrVG ist der Unternehmer bei geplanten **Betriebsänderungen** verpflichtet, den Betriebsrat zu informieren und mit ihm die geplanten Änderungen zu beraten. Liegt eine Betriebsänderung vor, sind die Vorschriften über Verhandlung und Abschluss von **Interessenausgleich und Sozialplan** (§§ 112 f. BetrVG) zu beachten. Hinsichtlich der **wirtschaftlichen Entscheidung** des Arbeitgebers, bislang im Betrieb von der Stammbelegschaft ausgeübte Funktionen zukünftig über eine **Fremdvergabe** erledigen zu lassen, stellen die Beteiligungsrechte nach §§ 111 ff. BetrVG das wichtigste Handlungsinstrument des Betriebsrats dar, Fremdfirmenarbeit im Betrieb zu beeinflussen (*BAG* v. 18.10.1994 – 1 ABR 9/94 – CR 1995, 155; *LAG Frankfurt* v. 19.4.1988 – 5 TaBV Ga 52/88; a.A *Boemke*, § 14 Rn. 140). Die **Beteiligungsrechte des Betriebsrats** bei Betriebsänderungen bestehen nur in Unternehmen mit in der Regel mehr als 20 wahlberechtigten Arbeitnehmern; Leiharbeitnehmer sind bei der Frage, ob die Schwellenwerte erreicht werden, zu berücksichtigen (*FESTL*, § 111 Rn. 25; *Schüren/Hamann*, § 14 Rn. 324; *Thüsing/Thüsing*, § 14 Rn. 182; zu Ausnahmen vgl. Rn. 47 ff.). **89**

Betriebsänderungen i.S.d. § 111 BetrVG liegen nicht nur vor, wenn eines der **90** **Regelbeispiele** nach Satz 2 erfüllt ist (DKK-*Däubler*, § 111 Rn. 33, 84; *FESTL*, § 111 Rn. 40; a.A. *Richardi*, § 111 Rn. 41; offen gelassen in *BAG* v. 6.12.1988 – 1 ABR 47/87 – AP Nr. 26 zu § 111 BetrVG 1972). Vielmehr greift die Vorschrift auch bei **sonstigen Betriebsänderungen** ein, die mit wesentlichen Nachteilen für die Belegschaft verbunden sind. Bei ANÜ gilt dies insbesondere, wenn bisherige Stammarbeitsplätze zukünftig mit Leiharbeitnehmern besetzt werden sollen (*Hamann*, WiB 1996, 369). Ausgeschlossen ist eine Anwendbarkeit nur, soweit der Einsatz der Fremdfirmenarbeitnehmer vorübergehender Natur ist, etwa wenn auf Grund **saisonbedingter Auftragsschwankungen** oder bei **vorübergehend erhöhtem Personalbedarf** oder bei von vornherein **zeitlich begrenzten Projekten** Leiharbeitnehmer im Betrieb beschäftigt werden sollen (*Schüren/Hamann*, § 14 Rn. 327). Ist Zweck der Betriebsänderung, bestehende **Arbeitsplätze** zukünftig mit **Fremdfirmenarbeitnehmern** zu besetzen, ist auch im Rahmen der §§ 111 ff. BetrVG zu berücksichtigen, dass damit verbundene (Änderungs-)**Kündigungen von Stammarbeitnehmern** immer **sozial ungerechtfertigt** i.S.d. § 1 Abs. 2 Satz 1 KSchG sind (*ArbG Bielefeld* v. 16.1.1981 – 5 Ca 2135/80; *Schüren/Hamann*, § 14 Rn. 327; *Grimm/Brock*, 178; *Hamann*, a.a.O.; *Preis*, AuR 1997, 60; *Ulber/Frerichs*, AiB 1981, 149; *Ulber*, AiB 1989, 222; vgl. Einl. C Rn. 155 u. § 9 Rn. 339i). Dies gilt auch, soweit der Entschluß des Unternehmens ausschließlich darauf beruht, durch die Beschäftigung von Leiharbeitnehmern die Lohnkosten zu senken (*BAG* v.

26.9.1996 – 2 AZR 200/96 – AuR 1996, 454). Da in diesem Fall der Arbeitsplatz als solcher nicht wegfällt, liegen keine dringenden betrieblichen Gründe i.S.d. Vorschrift vor. Die Rspr. des *BAG* zur eingeschränkten **Überprüfbarkeit** unternehmerischer **Rationalisierungsentscheidungen** steht dem nicht entgegen, da Voraussetzung für eine nicht auf ihre Notwendigkeit oder Zweckmäßigkeit hin überprüfbare Rationalisierungsentscheidung ist, dass sie »zur Einsparung von Arbeitsplätzen« erfolgt (*BAG* v. 24.10.1979 – 2 AZR 940/77 – AP Nr. 8 zu § 1 KSchG 1969 Betriebsbedingte Kündigung). Eine Einsparung von Arbeitsplätzen soll aber bei Besetzung bisheriger Stammarbeitsplätze durch Fremdfirmenbeschäftigte gerade nicht erreicht werden, so dass auf der Rationalisierungsmaßnahme beruhende Kündigungen auch ungeachtet der Frage, ob hiermit die Grenzen der Willkür und damit des Rechtsmissbrauchs überschritten werden (so *ArbG Bielefeld*, a.a.O.), unwirksam sind. Da die Beschäftigungsmöglichkeiten im Betrieb nicht entfallen, liegt in diesen Fällen eine sozial nicht gerechtfertigte »**Austauschkündigung**« vor (*BAG* v. 26.9.1996 – 2 AZR 478/95 – AuR 1996, 454).

91 Die **Unwirksamkeit** auf einer Betriebsänderung beruhender Maßnahmen kann der Betriebsrat schon im Verahren nach §§ 111 f. BetrVG geltend machen; er braucht insoweit nicht das daneben bestehende Anhörungsverfahren nach § 102 BetrVG abzuwarten. **Bei Einsatz von Leiharbeitnehmern** und **gleichzeitiger Kündigung von Stammbeschäftigten** kann der Entleiherbetriebsrat allerdings regelmäßig der **Kündigung** gem. § 102 Abs. 3 Nr. 3 BetrVG **widersprechen** und zwar unabhängig davon, ob die zu kündigenden Arbeitnehmer auf den Arbeitsplätzen tatsächlich eingesetzt werden können (*ArbG Stuttgart* v. 5.6.1996 – 6 GA 23/96).

92 Ist mit der **Fremdvergabe** beabsichtigt, **Betriebe** oder wesentliche Betriebsteile **einzuschränken** oder **stillzulegen**, kann der Tatbestand einer Betriebsänderung nach § 111 Satz 2 Nr. 1 BetrVG erfüllt sein. Auch soweit **Arbeitsaufgaben bzw. Funktionen aufgelöst** und anschließend von Fremdfirmen erledigt werden sollen (z.B. die Reinigung der Betriebsräume), ist dabei nach Auffassung des *BAG* grundsätzlich erforderlich, dass die auch sonst bei reinem Personalabbau maßgeblichen **Schwellenwerte** des § 17 Abs. 1 KSchG erreicht werden (*BAG* v. 6.11.1988 – 1 ABR 47/87 – AP Nr. 26 zu § 111 BetrVG 1972). Eine geringfügige Unterschreitung ist hierbei unschädlich (*BAG* v. 7.8.1990 – 1 AZR 445/89 – AP Nr. 30 zu § 111 BetrVG 1972; *LAG Berlin* v. 1.8.1995 – 10 TaBV 5/95 – AuR 1996, 159). Werden die Schwellenwerte nicht erreicht, kann aber auch bei geringerem Personalabbau einer der anderen Tatbestände einer Betriebsänderung i.S.v. § 111 Satz 2 BetrVG erfüllt sein. (Hinsichtlich der Abgrenzungsfragen zum Betriebsübergang vgl. Einl. C. Rn. 172 ff.) Bei den für einen Personalabbau als Betriebseinschränkung i.S.d. § 111 Satz 2 Nr. 2 BetrVG maßgeblichen Zahlen sind die Arbeitsplätze, die von Leiharbeitnehmern besetzt und zukünftig fortfallen sollen, mitzuzählen (*Schüren/Hamann*, § 14 Rn. 324). Im Rahmen der Vorschrift kommt es nicht darauf an, ob zum Zeitpunkt der Betriebsänderung Arbeitsplätze zufälligerweise und vorübergehend mit Leiharbeitnehmern besetzt sind (*Schüren/Hamann*, § 14 Rn. 329). Vielmehr kommt es gerade darauf an, ob **langfristig** ein **Arbeitsplatzabbau** geplant ist, der unabhängig von der Person (aber auch dem Rechtsverhältnis) des Stelleninhabers eintreten soll. Dies gilt entsprechend, soweit es die Erreichung der für die Erzwingbarkeit eines Sozialplans maßgeblichen Schwellenwerte nach § 112a Abs. 1 BetrVG betrifft (s.o. Rn. 18; a.A. *Becker/Wulfgramm*, Art. 1 § 14 Rn. 121). Nur so ist i.ü. auch eine rechtsmissbräuchliche

Umgehung der Sozialplanbestimmungen ausgeschlossen. Die Gegenmeinung würde dem Unternehmen die Möglichkeit eröffnen, entgegen den **Schutzzwecken** der §§ 111 ff. BetrVG bei geplanten Betriebsänderungen über den Einsatz von Fremdfirmenarbeitnehmern einen Ausgleich von Nachteilen für die Stammarbeitnehmer zu verhindern. Dies gilt insbesondere für den mit dem Umwandlungsbereinigungsgesetz v. 28.10.1994 (BGBl. I S. 3210) neu eingefügten Tatbestand der **Betriebsaufspaltung** (§ 111 Satz 2 Nr. 3 BetrVG). Soweit aus einem bisher organisatorisch einheitlichen Betrieb **Teilfunktionen abgespalten** und zukünftig durch Fremdfirmen erledigt werden sollen (z. B. Lackiererei oder Gießerei eines Betriebs bzw. die Montage), ist auch unabhängig von der Zahl der betroffenen Arbeitnehmer oder Arbeitsplätze der Tatbestand einer Betriebsänderung i.S.d. § 111 Satz 2 Nr. 3 erfüllt. Dasselbe gilt, wenn mit Fremdvergaben eine Änderung von Zahl, Gliederung und Aufbau der Betriebsabteilungen (i.S.d. **Änderung der Betriebsorganisation** nach § 111 Satz 2 Nr. 4 BetrVG; vgl. *FESTL*, § 111 Rn. 92) verbunden ist oder eine bislang im Betrieb vorhandene Personalreserve durch Organisation einer **aus Leiharbeitnehmern rekrutierten Personalreserve mit** entsprechendem **Springereinsatz** ersetzt werden soll.

Liegen die Voraussetzungen einer Betriebsänderung nach § 111 BetrVG vor, **93** muss das **Interessenausgleichsverfahren** bis in die **Einigungsstelle** durchgeführt werden, bevor die unternehmerische Maßnahme umgesetzt wird (§ 112 Abs. 2 Satz 1 und 2 BetrVG). Verstößt der Unternehmer gegen diese Verpflichtung, steht dem **Betriebsrat** ein Anspruch auf **Unterlassung** zu, der auch im Wege der einstweiligen Verfügung durchgesetzt werden kann (*LAG Frankfurt* v. 30.8.1984 – 4 TaBV Ga 114/84 – DB 1985, 178; *LAG Berlin* v. 7.9.1995 – 10 TaBV 5/95 u. 9/95 – AuR 1996, 159; DKK-*Däubler*, §§ 112, 112a Rn. 23 m.w.N.; *Dütz*, DB 1984, 115; a.A. *FESTL*, § 111 Rn. 135; zum Unterlassungsanspruch allgemein vgl. auch *BAG* v. 3.5.1994 – 1 ABR 24/93 – AP Nr. 23 zu § 23 BetrVG 1972).

Neben dem Interessenausgleichsverfahren, das auch zur vollständigen Aufgabe **94** der Pläne des Unternehmers zur Einführung oder Ausweitung von Fremdfirmenarbeit führen kann, sind bei Durchführung der Betriebsänderung die hiermit verbundenen **Nachteile** im Rahmen eines **Sozialplans** (vgl. § 112 Abs. 1 Satz 2 BetrVG) **auszugleichen**. Kommt zwischen Unternehmer und Betriebsrat keine Einigung über den Sozialplan zustande, entscheidet die Einigungsstelle ggf. durch Spruch verbindlich (§ 112 Abs. 4 BetrVG). Nach § 112 Abs. 5 Nr. 2a BetrVG hat die Einigungsstelle insbesondere im SGB III vorgesehene Förderungsmöglichkeiten zur Vermeidung von Arbeitslosigkeit zu berücksichtigen. Bei **reinem Personalabbau** ist hinsichtlich der Erzwingbarkeit des Sozialplans § 112a BetrVG zu beachten.

Mit Ausnahme derjenigen Leiharbeitnehmer, denen nach Beendigung des Leih- **94a** arbeitsverhältnisses ein Arbeitsvertrag mit dem Entleiher in Aussicht gestellt wurde, können **Leiharbeitnehmer keine Begünstigten oder Anspruchsberechtigten** eines beim Entleiher abgeschlossenen Sozialplans sein. § 10 Abs. 4 findet insoweit keine Anwendung Abgesehen davon, dass infolge des besonderen Betriebsrisikos des Verleihers (vgl. § 1 Rn. 55 ff.) der Mangel oder der Wegfall von Beschäftigungsmöglichkeiten bei Entleihern keine (über die beim Leiharbeitsverhältnis normalen) Risiken und Nachteile mit sich bringt, ist die **Schutzfunktion** der §§ 111 ff. BetrVG gerade auf den Schutz der Stammbelegschaft beschränkt. Bei Abbau von Arbeitsplätzen im Entleiherbetrieb, die zum Zeitpunkt der Betriebsänderung mit Leiharbeitnehmern besetzt sind, sind daher Leiharbeitnehmer ohne eine (freiwillig getroffene) anderslautende Regelung (zur Zulässigkeit vgl. Rn. 97) vom persönlichen Geltungsbereich darauf beruhender Sozialpläne ausgeschlossen (i.E. ebenso *Becker/Wulfgramm*, Art. 1 § 14 Rn. 121; *Schüren/Hamann*, § 14 Rn. 331; *Thüsing/Thüsing*, § 14 Rn. 184).

5. Beteiligungsrechte in sozialen Angelegenheiten (§§ 87 ff. BetrVG)

95 Da der Leiharbeitnehmer für Zeiten der Überlassung **eingegliedert in die Betriebsorganisation** des Entleihers unter dessen **Direktionsrecht** seine Arbeitsleistung erbringt, besteht für ihn ebenso wie für die übrige Stammbelegschaft das Bedürfnis, die zum Schutz der Arbeitnehmer bestehenden Mitbestimmungsrechte, die das Direktionsrecht begrenzen sollen, zur Anwendung zu bringen. Da der Gleichstellungsgrundsatz nach §§ 3 Abs. 1 Nr. 5, 9 Nr. 2 auch materielle Leistungsansprüche umfasst, erstreckt sich das Mitbestimmungsrecht des Entleiherbetriebsrats aber auch auf Regelungsgegenstände, die ein Recht auf Teilhabe und Leistung eröffnen (z. B. § 87 Abs. 1 Nr. 8; vgl. DKK-*Klebe*, § 87 Rn. 6). Im Grundsatz ist daher heute allgemein anerkannt, dass die **Beteiligungsrechte des Entleiherbetriebsrats** nach §§ 87 ff. BetrVG sich auf alle Formen der Beschäftigung betriebsfremder Arbeitnehmer erstrecken, bei denen der Einsatzbetrieb zumindest partiell Weisungsrecht ausübt (vgl. Rn. 47 ff.) und damit **auch auf Leiharbeitnehmer erstrecken** (*BAG* v. 15. 12. 1992 – 1 ABR 38/92 – AP Nr. 7 zu § 14 AÜG und v. 19. 6. 2001 – 1 ABR 43/00 – BB 2001, 2582; *LAG Frankfurt* v. 17. 3. 1992 – 5 TaBV 147/91; *Becker/Wulfgramm*, Art. 1 § 14 Rn. 109; DKK-*Klebe*, § 87 Rn. 6; *FESTL*, § 87 Rn. 12; *Sandmann/Marschall*, Art. 1 § 14 Anm. 16; *Schüren/Hamann*, § 14 Rn. 231; *Thüsing/Thüsing*, § 14 Rn. 117). Welche Beteiligungsrechte im einzelnen für Leiharbeitnehmer Anwendung finden, hängt sowohl von dem **Schutzzweck** der einzelnen Beteiligungstatbestände als auch von der begrenzten Reichweite des Direktionsrechts des Entleihers ab (*Schüren/Hamann*, § 14 Rn. 232). Daneben besteht bei Einsatz betriebsfremder Arbeitnehmer das Problem, dass (trotz der partiellen Betriebszugehörigkeit des Leiharbeitnehmers) im Rahmen der Mitbestimmung des Betriebsrats nicht nur ein **kollektiver Interessenausgleich** zwischen den (insbesondere bei Anordnung von Mehrarbeit) **unterschiedlichen Interessenlagen** und -orientierungen der Stammbelegschaft gefunden werden muss, sondern dass die individuellen und kollektiven Interessen der Stammbelegschaft auf **anders gelagerte Interessen der Leiharbeitnehmer** stoßen können. Aufgabe des Betriebsrats ist es hier, sowohl die Interessen der Stammbelegschaft als auch die Belange der Leiharbeitnehmer wahrzunehmen (vgl. BT-Ds. 9/947, S. 8 f.) und einer **interessenvereinheitlichenden Konfliktlösung** zuzuführen.

96 Soweit die Mitbestimmungsrechte des Entleiherbetriebsrats auch für Leiharbeitnehmer zur Anwendung kommen, gelten darauf beruhende **Betriebsvereinbarungen** (unabhängig von §§ 3 Abs. 1 Nr. 3, 9 Nr. 2) auch für diesen Personenkreis nach § 77 Abs. 4 BetrVG **unmittelbar und zwingend** (GK-*Kreutz*, § 77 Rn. 182). Etwas anderes gilt nur, soweit Leiharbeitnehmer nach dem festgelegten **persönlichen Geltungsbereich** der Betriebsvereinbarung ausdrücklich **ausgenommen** werden oder die Auslegung eine Herausnahme der Leiharbeitnehmer aus dem Geltungsbereich ergibt (vgl. *LAG Frankfurt* v. 17. 3. 1992 – 5 TaBV 147/91). Dass der Leiharbeitnehmer in einem Arbeitsverhältnis zum Verleiher steht, steht der unmittelbaren Geltung von Betriebsvereinbarungen nicht entgegen, allerdings gehen günstigere Absprachen in einem TV zur ANÜ oder im Leiharbeitsvertrag verschlechternden Betriebsvereinbarungen des Entleihers vor (vgl. zuletzt *BAG* v. 12. 12. 2000 – 1 AZR 183/00). Die **normativen Regelungen einer Betriebsver-**

einbarung werden auch hinsichtlich der Stammarbeitnehmer **nicht Bestandteil des Arbeitsvertrages** (vgl. *FESTL*, § 77 Rn. 125; GK-*Raab*, § 5 Rn. 71), sondern wirken lediglich von außen auf die Arbeitsverhältnisse ein. Eine vertraglich vereinbarte Übernahme von Betriebsvereinbarungen durch die Arbeitsvertragsparteien ist zur Wirksamkeit von Betriebsvereinbarungen und ihrer Geltung für die Arbeitnehmer nicht erforderlich (zur Arbeitszeit vgl. auch § 4.1 MTV BZA/DGB u. § 3.1.3 MTV iGZ/DGB). Wird etwa **Mehrarbeit** auf Grund einer entsprechenden Betriebsvereinbarung auch **für Leiharbeitnehmer** eingeführt und hierbei dem Arbeitnehmer ein zusätzlicher Freizeitausgleich von 50 Prozent der geleisteten Arbeitszeit gewährt, hat auch der Leiharbeitnehmer einen entsprechenden **Anspruch**; der Verleiher bleibt dann auch für diesen arbeitsfreien Ausgleichszeitraum zur Zahlung der Vergütung verpflichtet (ebenso der Entleiher gegenüber dem Verleiher).

Sieht eine Betriebsvereinbarung im Rahmen der Regelungsgegenstände des § 87 **97** Abs. 1 BetrVG vor, dass den **Stammarbeitnehmern** des Betriebs **finanzielle Leistungen vom Arbeitgeber** gewährt werden müssen, und werden Leiharbeitnehmer im Geltungsbereich der Betriebsvereinbarung beim Entleiher eingesetzt, stehen dem Leiharbeitnehmer auf Grund der unmittelbaren und zwingenden Wirkung von Betriebsvereinbarungen auf das Arbeitsverhältnis (vgl. Rn. 96) auch die diesbezüglichen **Ansprüche** zu. Es macht insoweit keinen Unterschied, ob der Leiharbeitnehmer Zuschläge in immaterieller Form (z. B. durch Zeitzuschläge mit Freizeitausgleich) oder in materieller Form (Ausgleichszahlungen) erhält (vgl. Rn. 96). Das Weisungsrecht des Entleihers und darauf beruhende mitbestimmte Maßnahmen leiten sich immer aus dem vom Verleiher übertragenen Weisungsrecht ab (*BAG* v. 19. 6. 2001 – 1 ABR 43/00 – BB 2001, 2582). Soweit sich für den Leiharbeitnehmer aus Regelungen oder Weisungen des Entleihers Verpflichtungen ergeben, die sich aus dem originären Weisungsrecht des Verleihers ableiten, müssen Arbeitgeberpflichten, die der Entleiher auf Grund seiner eingeschränkten Arbeitgeberstellung gegenüber dem Leiharbeitnehmer nicht erfüllen muss, grundsätzlich vom Verleiher erfüllt werden, soweit nicht in einem TV zur ANÜ eine abweichende Regelung enthalten ist. Etwas anderes gilt, wenn dem Leiharbeitnehmer in der Betriebsvereinbarung ein **unmittelbarer Zahlungsanspruch** gegen den Entleiher eingeräumt wird. In diesem Fall liegt entsprechend § 328 Abs. 1 BGB eine zulässige Vereinbarung zugunsten des Leiharbeitnehmers vor (zur Rechtsnatur von Betriebsvereinbarungen i. ü. vgl. *FESTL* § 77 Rn. 13 f.; vgl. § 10 Rn. 101 ff.). Wie sich aus § 11 Abs. 7, aber auch aus entsprechenden unmittelbaren Ansprüchen des Leiharbeitnehmers gegen den Entleiher bei sonstigen betrieblichen Verbesserungsvorschlägen (vgl. Rn. 127) ergibt, stellt es keine systemwidrige Durchbrechung der den Verleiher treffenden Vergütungspflichten dar, wenn dem Leiharbeitnehmer unmittelbare Zahlungsansprüche gegen den Entleiher eingeräumt werden, die mit der Erbringung der Arbeitsleistung des Leiharbeitnehmers im Entleiherbetrieb in Zusammenhang stehen.

Das eigentliche Problem, das bei der Beschäftigung von Leiharbeitnehmern hin- **98** sichtlich der Reichweite des Mitbestimmungsrechts des Entleiherbetriebsrats und darauf beruhender Betriebsvereinbarungen auftritt, liegt in dem **Vorrang gesetzlicher**, insbesondere aber auch **tariflicher Regelungen** nach § 87 Abs. 1 Einleitungssatz BetrVG. Findet auf das Leiharbeitsverhältnis ein TV, insbesondere ein **TV zur ANÜ**, Anwendung, der Mitbestimmungsrechte nach § 87 Abs. 1 BetrVG einschränkt, kann dieser TV wegen des fehlenden Geltungsbereichs im Entleiherbetrieb nicht den Tarifvorrang nach § 87 Abs. 1 Einleitungssatz BetrVG auslösen. Einschränkungen des Mitbestimmungsrechts des Entleiherbetriebsrats können sich nur aus Tarifverträgen ergeben, an die der Entleiher unmittelbar gebunden ist (*FESTL*, § 87 Rn. 42). Enthält der TV zur ANÜ Regelungen, nach denen sich die Arbeitsbedingungen des LAN nach den beim Entleiher geltenden Regelungen richten (zur Arbeitszeit vgl. § 4.1 MTV BZA/DGB; § 3.1.3 MTV iGZ/DGB), besteht ggf. auch das entsprechende Mitbestimmungsrecht des Entleiherbetriebsrats uneingeschränkt.

98a Nur soweit in dem beim Entleiher geltenden Tarifvertrag eine **abschließende Regelung** zu den mitbestimmungspflichtigen Angelegenheiten (vgl. hierzu *BAG* v. 3.12.1991 – GS 1/90 u. GS 2/90 – AP Nr. 51 u. 52 zu § 87 BetrVG Lohngestaltung) enthalten ist, entfällt das Mitbestimmungsrecht des Entleiherbetriebsrats. Der Ausschluss des Mitbestimmungsrechts nach § 87 Abs. 1 Einleitungssatz BetrVG bei Vorliegen einer tariflichen Regelung rechtfertigt sich daraus, dass dem Zweck des Mitbestimmungsrechts, das Direktionsrecht des Arbeitgebers zu begrenzen, bereits durch den Tarifvertrag entsprochen wird (DKK-*Klebe*, § 87 Rn. 30; *FESTL*, § 87 Rn. 38). Der **Tarifvorrang** kann daher nur soweit gelten, wie dem Schutzbedürfnis des Arbeitnehmers durch die tarifliche Regelung Rechnung getragen wird. Bei LAN ist dies immer der Fall, wenn auf Grund der **Gleichstellungsgrundsätze** von §§ 3 Abs. 1 Nr. 3, 9 Nr. 2 die beim Entleiher geltenden TV auch im Leiharbeitsverhältnis zur Anwendung kommen (§ 9 Rn. 72 ff.; i. E. ebenso: *Urban-Crell/Schulz*, Rn. 1084) oder das Leiharbeitsverhältnis den Tarifverträgen des Entleihers unterliegt (z. B. beim Mischarbeitsverhältnis; vgl. auch § 9 Rn. 153h).

Unterliegt das Leiharbeitsverhältnis demgegenüber **nicht** dem **fachlichen und persönlichen Geltungsbereich** der Entleihertarifverträge, sondern einem TV zur ANÜ, kommen die Mitbestimmungsrechte des Entleiherbetriebsrats nach § 87 BetrVG vollumfänglich zur Anwendung (*FESTL*, § 87 Rn. 44; *Schüren/Hamann*, § 14 Rn. 235). Soweit das Leiharbeitsverhältnis einem **TV zur ANÜ** unterliegt, hat der Entleiherbetriebsrat hinsichtlich der eingesetzten LAN daher auch dann mitzubestimmen, wenn das Mitbestimmungsrecht für die Stammbelegschaft durch § 87 Abs. 1 Einleitungssatz BetrVG ausgeschlossen wird. Insoweit gelten die für AT-Angestellte geltenden Grundsätze entsprechend (vgl. *FESTL*, § 87 Rn. 44). Ebenso wie für AT-Angestellte ist für Leiharbeitnehmer ein tarifvertraglicher Schutz beim Entleiher nicht gegeben und eine Wiederherstellung dieses Schutzes über die Geltung der Mitbestimmungsrechte nach § 87 Abs. 1 BetrVG geboten. Auch eine **Ungleichbehandlung** mit anderen Stammarbeitnehmern kann hierdurch vermieden werden, da die Ausübung des Mitbestimmungsrechts durch den Betriebsrat eine **Gleichstellung von Leiharbeitnehmern mit den übrigen Beschäftigten** gebietet und sich diesbezügliche Betriebsvereinbarungen an den einschlägigen Normen des Entleihertarifvertrages zu orientieren haben. Insoweit handelt es sich um eine zulässige **Anpassungsregelung** zur **Angleichung der Arbeitsbedingungen** von Leiharbeitnehmern an die tariflichen Bedingungen der Arbeitnehmer des Entleiherbetriebs (vgl. *LAG Frankfurt* v. 17.3.1992 – 5 TaBV 147/91). Für Leiharbeitnehmer geltende andere Regelungen eines TV zur ANÜ lassen sich hierbei von Betriebsrat und Arbeitgeber des Entleiherbetriebs im Rahmen des Günstigkeitsprinzips ebenso berücksichtigen wie bei atypischen Arbeitsverhältnissen der Stammbelegschaft (*LAG Frankfurt*, a.a.O.).

Unerheblich ist hierbei, ob auch beim **Verleiher** ein **BR** besteht und ob diesem BR Zuständigkeiten im Rahmen des § 87 BetrVG zukommen (vgl. Rn. 32 ff.). Ein ausreichender **Schutz des Leiharbeitnehmers** kann über die Wahrnehmung von

Mitbestimmungsrechten eines beim Verleiher bestehenden Betriebsrats nicht gewährleistet werden. Zwar schließen **Mitbestimmungsrechte des Entleiher-betriebsrats** nach § 87 Abs. 1 BetrVG die **daneben bestehenden Rechte eines Verleiherbetriebsrats** nicht aus, sondern sie sind (abgesehen von Regelungen, die die innere Ordnung beim Entleiher betreffen, wie Torkontrollen, Kantinen-regelung, Unfallverhütung) z.b. auch im Bereich von **Arbeitszeitregelungen** nach § 87 Abs. 1 Nr. 2 und 3 BetrVG grundsätzlich zusätzlich zu Mitbestim-mungsrechten des Entleiherbetriebsrats gegeben (vgl. Rn. 34; a.A. für § 87 Abs. 1 Nr. 2 – BAG v. 15. 12. 1992 – 1 ABR 38/92 – AP Nr. 7 zu § 14 AÜG). Eine der Funk-tion des Mitbestimmungsrechts entsprechende **Begrenzung des Direktions-rechts** des Entleihers kann jedoch sowohl aus Rechtsgründen als auch wegen der fehlenden Sachnähe und Kenntnisse der Betriebsabläufe durch den Verleiherbe-triebsrat kaum erreicht werden (*Plander*, AiB 1990, 19). Soweit Mitbestimmungs-rechte des Entleiherbetriebsrats für LAN bestehen, werden diese **nicht** durch da-neben bestehende Mitbestimmungsrechte eines Verleiherbetriebsrats **beschränkt** (vgl. Rn. 62a).

Von der Frage, ob und in welchem Umfang sich Mitbestimmungsrechte des **98b** Entleiherbetriebsrats auch auf LAN erstrecken, ist die Frage zu trennen, welche **Gestaltungsspielräume** den Betriebsparteien bei Regelungen im Rahmen des § 87 BetrVG zukommen. Soweit die **Gleichstellungsgrundsätze** nach §§ 3 Abs. 1 Nr. 3, 9 Nr. 2 Anwendung finden, sind die Betriebsparteien i.d.R. berechtigt und verpflichtet, die Rechte und Pflichten von LAN und Stammbelegschaft identisch zu regeln. Dasselbe gilt grundsätzlich auch, soweit das Leiharbeitsverhältnis einem **TV zur ANÜ** unterliegt (i.E. ebenso: *Schüren/Hamann*, § 14 Rn. 235; zum Anspruch auf die Gegenleistung vgl. Rn. 65). Auch soweit für unterschiedliche Arbeitnehmergruppen im Betrieb unterschiedliche tarifvertragliche Regelungen zur Anwendung kommen, ist der Arbeitgeber nach Art. 3 Abs. 1 GG verpflichtet, die im Betrieb auf Grund seines Direktionsrechts tätigen Arbeitnehmer gleich zu behandeln (DKK-*Berg*, § 75 Rn. 5; *Schüren/Hamann*, § 14 Rn. 231); jede **unter-schiedliche Behandlung** bedarf eines sachlichen Grundes (*BAG* v. 17.10.1995 – 3 AZR 882/94). Da die Fürsorge- und Gleichbehandlungspflichten des Entlei-hers, soweit ihm ein Direktionsrecht zusteht, für Stammarbeitnehmer und LAN gleichermaßen gelten, kann ein sachlicher Grund für eine unterschiedliche Be-handlung i.d.R. nicht auf die fehlende arbeitsvertragliche Bindung des LAN gestützt werden (anders z.B. bei § 87 Abs. 1 Nr. 4; vgl. Rn. 39). Zulässig sind dem-gegenüber Regelungen, welche die Leistungspflichten des LAN aus der BV von der Erfüllung des (einem vergleichbaren Stammarbeitnehmer zustehenden) Gegenleistungsanspruchs durch den Verleiher abhängig machen oder an den befristeten Zeitraum der Beschäftigung des LAN anknüpfen, so dass sich die Zu-lässigkeit abweichender Regelungen für LAN nach den für befristet Beschäftigte geltenden Kriterien richtet.

Probleme treten auf, wenn ein TV zur ANÜ im Bereich der mitbestimmungs- **99** pflichtigen Angelegenheiten des § 87 BetrVG Regelungen enthält, die entweder mit den beim Entleiher geltenden tariflichen Regelungen konfligieren oder die durch eine BV beim Entleiher anders geregelt sind bzw. **abweichend geregelt** werden sollen. Durch eine Betriebsvereinbarung des Entleihers oder einen dort geltenden Tarifvertrag kann nicht zu Lasten des LAN in Rechte eingegriffen wer-den, die diesem auf Grund seines Arbeitsvertrags oder einer beim Verleiher gel-tenden BV bzw. eines auf das Leiharbeitsverhältnis anwendbaren TV zustehen (i.E. ebenso: *Boemke*, § 14 Rn. 114). Eine **Kompetenz für abweichende Regelun-**

gen steht insoweit für BV nur dem Verleiherbetriebsrat (§ 77 Abs. 4 Satz 2 BetrVG) und für TV nur den Parteien des Verleihertarifvertrags (§ 4 Abs. 3 TVG) zu. Unproblematisch sind die Fälle, in denen LAN vom Geltungsbereich einer BV des Entleihers erfasst werden, die für den LAN gegenüber den beim Verleiher anzuwendenden Regelungen eine günstigere Rechtsstellung einräumt. Hier gilt das **Günstigkeitsprinzip** (§ 4 Abs. 3 TVG; DKK-*Berg*, § 77 Rn. 18; *FESTL*, § 77 Rn. 196 f.). Sieht die BV beim Entleiher dagegen Regelungen vor, die für den LAN gegenüber seiner Rechtsstellung beim Verleiher ungünstiger sind (z. B. unbezahlte Mehrarbeit auf Grund eines Sanierungstarifvertrags), stellt sich die Frage, ob auch LAN in den Geltungsbereich der BV einbezogen werden können und ggf. zur Leistung verpflichtet sind. Ausgeschlossen ist eine Leistungspflicht des LAN dabei in den Fällen, in denen er nach den Bedingungen des Arbeitsvertrags nicht zur Leistung verpflichtet ist.

100 Soweit dem Entleiher ein Direktionsrecht gegenüber LAN zusteht, unterliegen auch LAN der BV zu den Regelungsgegenständen des § 87 BetrVG (*Thüsing/Thüsing*, § 14 Rn. 118). Einer **ausdrücklichen Einbeziehung** bedarf es insoweit nicht. Es gelten die allgemeinen Auslegungsgrundsätze (*Schüren/Hamann*, § 14 Rn. 283). Nur soweit für LAN im Ausnahmefall besondere Regelungen gelten sollen, ist ausdrücklich auf den eingeschränkten Geltungsbereich hinzuweisen (*Urban-Crell/Schulz*, Rn. 1083).

101 Lassen sich keine Regelungsmöglichkeiten finden, die sowohl den kollektiven Normen des Entleiherbetriebs und den kollektiven Interessen der dort vorhandenen Stammbelegschaft als auch den arbeitsrechtlichen Ansprüchen und Pflichten des Leiharbeitnehmers Rechnung tragen (zu Verleiher-BV vgl. Rn. 35), ist ein **Einsatz des Leiharbeitnehmers** im Rahmen von ANÜ **nicht möglich**, der Verleiher muss dem LAN dann einen anderen Entleiher zuweisen (*Boemke/Lembke*, § 9 Rn. 79). Als Lösungsalternative bietet sich hier insbesondere – unter Beachtung der Gestaltungsgrenzen ruhender Arbeitsverhältnisse bei ANÜ – ein **befristetes Arbeitsverhältnis zwischen Leiharbeitnehmer und Entleiherunternehmen** bei gleichzeitigem Ruhen des bisherigen Arbeitsverhältnisses zum Entleiher an (vgl. § 1 Rn. 76 ff.). Die hiermit verbundenen Einschränkungen der Nutzungsmöglichkeiten von ANÜ im Rahmen unternehmerischer Entscheidungsfreiheiten entsprechen sowohl den Zielsetzungen des AÜG, die Stammarbeitsplätze in den Einsatzbetrieben zu schützen (vgl. § 1 Rn. 166), als auch den (verfassungsrechtlich zulässigen, vgl. *BVerfG* v. 12. 12. 1985 – 1 BvR 143/83 – AP Nr. 15 zu § 87 BetrVG 1972 Arbeitszeit) Einschränkungen der unternehmerischen Entscheidungsfreiheit durch die betriebsverfassungsrechtliche Mitbestimmung bei ANÜ (vgl. hierzu *BAG* v. 22. 10. 1991 – 1 ABR 28/91 – AP Nr. 7 zu § 14 AÜG und v. 19. 6. 2001 – 1 ABR 43/00 – BB 2001, 2582).

102 Die Mitbestimmung nach § 87 BetrVG, das »Herzstück« der Betriebsverfassung (*Däubler*, Bd. 1, 540), soll das Direktionsrecht des Arbeitgebers begrenzen, soweit die Maßnahme des Arbeitgebers einen kollektiven Bezug aufweist (kritisch hierzu DKK-*Klebe*, § 87 Rn. 15 f.). Ein derartiger **kollektiver Bezug** ist immer **zu bejahen**, wenn eine Gruppe von Arbeitnehmern betroffen ist (*Schüren/Hamann*, § 14 Rn. 233) oder dem Arbeitgeber bei der Anordnung einer Maßnahme ein **Regelungsspielraum** verbleibt (*Buschmann/Ulber* 1989, 49). Beim Einsatz betriebsfremder Arbeitnehmer ergibt sich der kollektive Bezug (auch bei Anweisungen im Einzelfall) meist schon daraus, dass der Arbeitgeber die Maßnahme statt gegenüber dem Leiharbeitnehmer auch gegenüber einem Stammarbeitnehmer anordnen könnte und umgekehrt (DKK-*Klebe*, § 87 Rn. 6).

Beantragt der Arbeitgeber im Rahmen der mitbestimmungspflichtigen Angelegenheiten des § 87 Abs. 1 BetrVG die Zustimmung des Betriebsrats zu **Einzelmaßnahmen**, muss der Betriebsrat bei seiner Entscheidung sowohl die Interessen der Stammbelegschaft als auch die Interessen der Leiharbeitnehmer berücksichtigen. Hierbei kann er seine **Zustimmung** auch **an Bedingungen knüpfen** etwa derart, dass die Zustimmung nur erteilt wird, wenn der Arbeitgeber zukünftig auf den Einsatz von Leiharbeitnehmern verzichtet oder zusagt, mit im Betrieb beschäftigten Leiharbeitnehmern ein festes Arbeitsverhältnis zu begründen. Anders als § 99 Abs. 2 BetrVG macht § 87 BetrVG die **Verweigerung der Zustimmung** nicht vom Vorliegen bestimmter Gründe abhängig (*LAG Nürnberg* v. 6. 11. 1990 – 4 TaBV 13/90 – AiB 1991, 120).

103

a) Fragen der Ordnung des Betriebs (§ 87 Abs. 1 Nr. 1 BetrVG)

Das Mitbestimmungsrecht in Fragen der **Ordnung des Betriebs** und des **Verhaltens der Arbeitnehmer** im Betrieb erstreckt sich im Grundsatz auch auf Leiharbeitnehmer (*LAG Hamm* v. 24. 5. 1973, DB 1973, 1511; *LAG Frankfurt* v. 17. 3. 1992 – 5 TaBV 147/91; *Becker/Wulfgramm*, Art. 1 § 14 Rn. 109; *Boemke*, § 14 Rn. 112; DKK-*Klebe*, § 87 Rn. 6a; *Schüren/Hamann*, § 14 Rn. 236; *Thüsing/Thüsing*, § 14 Rn. 118). Der Hauptanwendungsbereich der Vorschrift liegt dabei in Vorschriften zur **Torkontrolle** und **Zeiterfassung**, Führung von Anwesenheitslisten, Regelungen zum Verhalten auf dem Werksgelände oder auch zur Behandlung von Arbeitsmaterial bzw. zum Tragen von Schutzkleidung etc. (vgl. DKK-*Klebe*, § 87 Rn. 50 ff.; *FESTL* § 87 Rn. 62). Soweit nur die **äußere Ordnung** des Betriebs (vgl. *Müllner* 1978, 79), die einen ungestörten Arbeitsablauf gewährleisten soll, betroffen ist, ergeben sich bei Beschäftigung von Leiharbeitnehmern i. d. R. keine Besonderheiten. Mit der Zustimmung zur ANÜ (vgl. § 1 Rn. 37) hat der Leiharbeitnehmer gleichzeitig auch sein Einverständnis erteilt, sich der in Entleiherbetrieben geltenden Betriebsordnung zu unterwerfen; einer besonderen arbeitsvertraglichen Abrede bedarf es insoweit nicht (a. A. *Sandmann/Marschall*, Art. 1 § 9 Anm. 3). Geht es demgegenüber um das **Verhalten des Leiharbeitnehmers** im Betrieb, können sich aus der arbeitsvertraglichen Bindung zum Verleiher und dem hiermit verbundenen Recht auf Gewährleistung des allgemeinen Persönlichkeitsschutzes durch den Vertragsarbeitgeber Besonderheiten ergeben. Zwar erstreckt sich das **Verbot von Alkoholkonsum** zur Gewährleistung eines ungestörten Betriebsablaufs auch auf Leiharbeitnehmer. Ordnet aber eine Betriebsvereinbarung an, dass der Arbeitnehmer sich unter bestimmten Bedingungen einem **Alkoholtest** unterwerfen muss, der nicht auf Grund öffentlich-rechtlicher Normen gefordert ist, kann eine entsprechende auf § 87 Abs. 1 Nr. 1 BetrVG beruhende Arbeitsordnung nicht auf Leiharbeitnehmer erstreckt werden (Rn. 36). Dem Entleiher steht insoweit kein **Direktionsrecht** zu, das ein Mitbestimmungsrecht des Betriebsrats auslösen könnte. Dasselbe gilt etwa hinsichtlich der Führung formalisierter **Krankengespräche** (vgl. *BAG* v. 8. 11. 1994 – 1 ABR 22/94 – AP Nr. 24 zu § 87 BetrVG 1972 Ordnung des Betriebs), da insoweit nur der **Verleiher als Arbeitgeber** einen Anspruch auf Auskunft besitzt. Unterliegt der Leiharbeitnehmer in derartigen Fällen, auf Grund seiner besonderen Rechtsstellung nicht dem Geltungsbereich von Betriebsvereinbarungen nach § 87 Abs. 1 Nr. 1 BetrVG, ist der Entleiher berechtigt, die Annahme der Arbeitsleistung des Leiharbeitnehmers zu verweigern (zu den Rechten i. ü. vgl. Rn. 36); der Betriebsrat kann dies unter den Voraussetzungen des § 104 Satz 1 BetrVG auch vom Arbeitgeber verlangen (vgl. Rn. 179).

104

105 Probleme können auftreten, soweit im Entleiherbetrieb **Betriebsbußenvereinbarungen** bestehen (vgl. *Frerichs/Möller/Ulber* 1981, 82 f.) oder mit Zustimmung des Betriebsrats im Einzelfall eine **Betriebsbuße** für Leiharbeitnehmer verhängt werden soll (zu den rechtsstaatlichen Anforderungen an das Verfahren vgl. DKK-*Klebe*, § 87 Rn. 60 ff.). Zu differenzieren ist hier zunächst nach dem **Zweck**, der mit der Betriebsbuße nach den beim Entleiher geltenden Regelungen verfolgt werden soll. Dient die Betriebsbuße allein dazu, statt einer ansonsten zulässigen Beförderungssperre, Abmahnung oder Kündigung dem Arbeitnehmer die Gelegenheit zu geben, durch Zahlung einer Geldbuße eine derartige personelle Einzelmaßnahme abzuwenden, kann eine entsprechende Betriebsvereinbarung **mangels Abmahnungs- oder Kündigungsbefugnis des Entleihers** (vgl. § 1 Rn. 96) nicht auf Leiharbeitnehmer erstreckt werden (*Schüren/Hamann*, § 14 Rn. 238). I. Ü. ist zu berücksichtigen, dass die Betriebsbuße ihre **rechtliche Grundlage** nicht im Arbeitsvertrag hat (*FESTL*, § 87 Rn. 79), sondern zur Durchsetzung mitbestimmter Betriebsordnungen eine Annex-Kompetenz bei deren Durchführung darstellt. Soweit daher Leiharbeitnehmer der Mitbestimmung des Entleiherbetriebsrats nach § 87 Abs. 1 Nr. 1 BetrVG unterliegen, sind auch in Betriebsbußenordnungen enthaltene Sanktionen auf Leiharbeitnehmer anwendbar (*LAG Hamm* v. 24. 5. 1973, DB 1973, 1511; *Boemke*, § 14 Rn. 112; *Frerichs/Möller/Ulber* 1981, 82 f.; *Müllner* 1978, 80; *Schüren/Hamann*, § 14 Rn. 238).

106 Soweit das Mitbestimmungsrecht des Betriebsrats reicht, müssen die **Mitbestimmungsrechte** für Leiharbeitnehmer und Stammbelegschaft **nach einheitlichen Grundsätzen** wahrgenommen werden. Der Gleichbehandlungsgrundsatz (vgl. Rn. 98b) verbietet insoweit unterschiedliche Regelungen. Auch Verpflichtungen, die der Entleiher gegenüber dem Verleiher im ANÜ-Vertrag übernommen hat (z. B. Stundennachweise), stellen weder das Mitbestimmungsrecht noch die für Leiharbeitnehmer gleichermaßen geltenden Inhalte darauf beruhender Betriebsvereinbarungen in Frage. Der **Entleiher** muss den Verleiher insoweit schon **bei Abschluss des ANÜ-Vertrages** auf etwaige Grenzen, die der Erfüllung von Leistungspflichten infolge betrieblicher Regelungen entgegenstehen, **hinweisen** und für eine entsprechende **Vertragsgestaltung** Sorge tragen (*BAG* v. 18. 4. 2000 – NZA 2000, 1167).

b) Arbeitszeitregelungen (§ 87 Abs. 1 Nr. 2 BetrVG)

107 Nach § 87 Abs. 1 Nr. 2 BetrVG hat der Betriebsrat über **Beginn und Ende der täglichen Arbeitszeit** einschließlich der Pausen sowie bei der **Verteilung der Arbeitszeit** auf die einzelnen Werktage mitzubestimmen. Nicht erfasst werden von der Vorschrift Regelungen zur Dauer der wöchentlichen Arbeitszeit (*BAG* v. 31. 1. 1989 – 1 ABR 69/87 – AP Nr. 15 zu § 87 BetrVG 1972 Tarifvorrang; *Richardi*, § 87 Rn. 262; *FESTL*, § 87 Rn. 104; a. A. DKK-*Klebe*, § 87 Rn. 71). Die **Dauer der Arbeitszeit** richtet sich nach den vertraglichen Absprachen des Leiharbeitnehmers (*Hamann*, WiB 1996, 371; *Schüren/Hamann*, § 14 Rn. 239). Durch Festlegung von Beginn und Ende der täglichen Arbeitszeit unterliegt allerdings mittelbar auch die Länge der Arbeitszeit dem Mitbestimmungsrecht des Betriebsrats.

108 Sinn und **Zweck des Mitbestimmungsrechts** ist es, die Interessen der Arbeitnehmer an der Lage ihrer Arbeitszeit – und damit zugleich der Freizeit – für die Gestaltung ihres Privatlebens zur Geltung zu bringen (*BAG* v. 15. 12. 1992 – 1 ABR 38/92 – AP Nr. 7 zu § 14 AÜG; *FESTL*, § 87 Rn. 101). Bei Einsatz von Leiharbeitnehmern im Entleiherbetrieb sind diese Interessen gleichermaßen berührt wie bei Stammarbeitnehmern (*Hamann*, AuR 2002, 323); dem Betriebsrat des Entleihers steht daher auch hinsichtlich der Festlegung von Beginn und Ende der Arbeitszeit sowie der Pausen von **Leiharbeitnehmern** das Mitbestimmungsrecht nach § 87 Abs. 1 Nr. 2 BetrVG zu (*BAG*, a.a.O.; *Becker/Wulfgramm*, Art. 1 § 14 Rn. 109; *Frerichs/Möller/Ulber* 1981, 83f.; *Schüren/Hamann*, § 14 Rn. 242; GK-*Wiese*, § 87 Rn. 290), wobei insbesondere auf eine Vereinbarkeit von Arbeitszeit und Familie zu achten ist (§ 80 Abs. 1 Nr. 2b BetrVG). Auch sonstige Regelungen zur Arbeitszeit, die hinsichtlich der Stammarbeitnehmer mitbestimmungspflichtig sind, unterliegen bezüglich der Leiharbeitnehmer dem Mitbestimmungsrecht des Betriebsrats nach § 87 Abs. 1 Nr. 2 BetrVG (*Becker*, ArbuR 1982, 376). Der Strategie der Arbeitgeber, über den Einsatz von Leiharbeitnehmern auch für die Stammbelegschaft die **Betriebszeiten** sukzessive zu **erweitern** (*Hirsch-Kreinsen*, WSI-Mitt. 1983), sind daher über das Mitbestimmungsrecht des Entleiherbetriebsrats Grenzen gesetzt (*Richardi*, § 87 Rn. 342). Der Entleiherbetriebsrat hat nach § 87 Abs. 1 Nr. 2 BetrVG mitzubestimmen, wenn Leiharbeitnehmer **Schichtarbeit** leisten sollen oder gar nur für Leiharbeitnehmer eine zweite Schicht eingeführt werden soll (*LAG Rheinl.-Pfalz* v. 16. 12. 1981 – 2 TaBV 25/81). Bei Schichtarbeit sind Leiharbeitnehmer auch nicht vom Mitbestimmungsrecht des Entleiherbetriebsrats bei der **Schichtplangestaltung** ausgenommen (*LAG Frankfurt* v. 24. 10. 1989 – 5 TaBVGa 155/89 – DB 1990, 2126; *Boemke*, § 14 Rn. 113; *Schüren/Hamann*, § 14 Rn. 244). Der Entleiher ist beispielsweise nicht befugt, einseitig Leiharbeitnehmer den einzelnen Schichten oder den bestehenden **Dienstplänen** zuzuordnen (*LAG Baden-Württemberg* v. 5. 8. 2005, 5 TaBV 5/05) oder Sonderschichten für Leiharbeitnehmer anzuordnen (*LAG Frankfurt*, a.a.O.). Auch **Wochenend- oder Feiertagsarbeit von Leiharbeitnehmern** unterliegt der Mitbestimmung des Betriebsrats (*FESTL*, § 87 Rn. 137; *Däubler*, DB 1988 Beil. 7; *Ulber*, AuR 1987, 249; *Zmarzlik*, BB 1991, 901).

109 Im Rahmen der Mitbestimmung ist zu beachten, dass der Leiharbeitnehmer Regelungen zur Arbeitszeit im Entleiherbetrieb nur zu beachten hat, soweit sie sich **in den Grenzen der mit dem Verleiher getroffenen Absprachen** bzw. der TV zur ANÜ bewegen (*Schüren/Hamann*, § 14 Rn. 239; GK-*Raab*, § 5 Rn. 67). Eine **einseitige Weisungsbefugnis**, den Leiharbeitnehmer von Normal- in Wechselschicht umzusetzen oder ihn zu Nacht- oder Sonntagsarbeit heranzuziehen, kommt weder dem Verleiher noch dem Entleiher zu (vgl. *Molitor*, DB 1995, 2601). Für den Entleiher folgt dies schon daraus, dass er das Direktionsrecht nicht aus einer originären Arbeitgeberstellung, sondern lediglich aus der übertragenen Befugnis des Verleihers ableitet (*BAG* v. 2. 3. 1994 – 5 AZR 463/93 – EzAÜG BetrAVG Nr. 3). Die **TV zur ANÜ** sehen vor, dass sich die Lage der Arbeitszeit einschließlich der Pausen und der Verteilung auf die einzelnen Wochentage, nach den beim Entleiher geltenden Regelungen richtet (vgl. § 4.1 MTV BZA/DGB; § 3.1.3 MTV iGZ/DGB). Eine derartige Regelung ist sowohl in einem Tarifvertrag als auch arbeitsvertraglich zulässig, und berechtigt die Betriebsparteien des Verleiherbetriebs im entsprechenden Umfang verbindliche Regelungen für LAN zu treffen.

110 Ist im Betrieb **Gleitzeit** eingeführt, sind auch Leiharbeitnehmer aus einer entsprechenden Betriebsvereinbarung berechtigt und verpflichtet. Dies gilt auch, wenn im Rahmen qualifizierter Gleitzeitregelungen übertragbare Gleitzeitguthaben und -salden auftreten können (vgl. *Boemke*, § 14 Rn. 113; DKK-*Klebe*, § 87 Rn. 80; *FESTL*, § 87 Rn. 137) und der Arbeitnehmer innerhalb des Überlassungszeitraumes einen Zeitausgleich erreichen kann. Ist dies nicht möglich, hat der Verleiher dem LAN ein Zeitguthaben zu vergüten (*Schüren/Hamann*, § 14 Rn. 246). Die Vergütungspflicht trifft den Verleiher dabei auch, wenn der Entleiher nach dem ANÜ-Vertrag nicht berechtigt war, Gleitzeitguthaben entstehen zu lassen (a. A. *Schüren/Hamann*, § 14 Rn. 246: Vergütungspflicht des Entleihers). **Gleitzeitguthaben** können dabei im Einzelfall nach den Bedingungen des Leiharbeitsverhältnisses als Mehrarbeit gelten und einen entsprechenden Vergütungsanspruch auslösen (vgl. § 1 Rn. 63 u. § 11 Rn. 106). **Gleitzeitsalden**, die nicht auf Grund einer autonomen Entscheidung des LAN entstehen (vgl. Rn. 111), sind nach § 11 Abs. 4 Satz 2 uneingeschränkt als **vergütungspflichtige Arbeitszeit** zu behandeln (*Hamann*, AuR 2002, 322). Entgegenstehende tarifliche (vgl. § 4.2 MTV BZA/DGB) oder arbeitsvertragliche Vereinbarungen sind insoweit unwirksam. Der Entleiher ist dem Verleiher im Falle von Zeitsalden aus Annahmeverzug verpflichtet, die vereinbarte Überlassungsvergütung zu zahlen (*Schüren/Hamann*, § 14 Rn. 246).

111 Sind dem Leiharbeitnehmer auf Grund der beim Entleiher bestehenden Arbeitszeitregelungen individuelle Entscheidungsspielräume eingeräumt (z.B. Freiwilligkeitsregelungen oder Gleitzeitspielräume), hat er bei Inanspruchnahme der Regelungen die mit dem Verleiher getroffenen **arbeitsvertraglichen Vereinbarungen einzuhalten** (*Thüsing/Thüsing*, § 14 Rn. 120). Bei Gleitzeitregelungen darf er beispielsweise durch individuelle Zeitentnahmen keine **Gleitzeitsalden** entstehen lassen, die den Vergütungsanspruch des Verleihers gegen den Entleiher beeinträchtigen (vgl. § 3.2.2 MTV iGZ/DGB). Auch darf er umgekehrt den Gleitzeitrahmen im Rahmen der höchstzulässigen Arbeitszeit von 60 Stunden wöchentlich (vgl. § 3 Satz 2 ArbZG) nicht so ausschöpfen, dass eine spätere Einsatzmöglichkeit bei anderen Entleihern innerhalb des sechsmonatigen Ausgleichszeitraums (vgl. *Buschmann/Ulber*, § 3 Rn. 3) ausgeschlossen ist, da die **Arbeitszeiten bei mehreren Entleihern** nach § 2 Abs. 1 Satz 1 Halbs. 2 ArbZG **zusammenzurechnen** sind. Kann der Entleiher den Leiharbeitnehmer auf Grund bestehender Betriebsvereinbarungen nicht in dem Maße einsetzen, wie im ANÜ-Vertrag vereinbart, ist er nicht befugt, die Vergütungspflichten gegenüber dem Verleiher in entsprechendem Umfang zu kürzen. Ist z.B. der Leiharbeitnehmer nach seinem Arbeitsvertrag verpflichtet, 40 Stunden wöchentlich zu arbeiten, und gilt beim Entleiher eine betriebsübliche Wochenarbeitszeit von 35 Stunden, kann der Entleiher den Leiharbeitnehmer nur dann 40 Stunden beschäftigen, wenn der Entleiherbetriebsrat einer entsprechenden **Verlängerung der Arbeitszeit** nach § 87 Abs. 1 Nr. 3 BetrVG zugestimmt hat (vgl. Rn. 116). Erteilt der Betriebsrat keine Zustimmung und wird diese auch nicht durch den Spruch einer Einigungsstelle ersetzt, bleibt der Entleiher im Umfang seiner vertraglichen Pflichten zur Abnahme der angebotenen Arbeitsleistung verpflichtet, dem Verleiher die Vergütung fortzuzahlen.

c) Einführung von Kurz- oder Mehrarbeit (§ 87 Abs. 1 Nr. 3 BetrVG)

112 Das **Mitbestimmungsrecht** des Betriebsrats nach § 87 Abs. 1 Nr. 3 BetrVG bei vorübergehenden Verlängerungen oder Verkürzungen der betriebsüblichen Arbeitszeit gilt auch **bei Einsatz von Leiharbeitnehmern** (*BAG* v. 22.10.1991 – 1 ABR 28/91 – AP Nr. 7 zu § 14 AÜG und v. 19.6.2001 – 1 ABR 43/00 – BB 2001, 2582; *LAG Frankfurt* v. 19.4.1988 – 5 TaBVGa 52/88 – AiB 1988, 313; *LAG Düsseldorf* v. 21.4.1988 – 5 (2) TaBV 1/88 – AiB 1988, 219; *ArbG Mannheim* v. 1.4.1987 – 8 BVGa 8/87 – AiB 1987, 141; *Becker/Wulfgramm*, Art. 1 § 14 Rn. 109; *Boemke*, § 14

Rn. 115; *Frerichs/Möller/Ulber* 1981, 85; *Schüren/Hamann*, § 14 Rn. 249; a. A. *FESTL*, § 87 Rn. 137; *Richardi*, § 87 Rn. 342; differenzierend GK-*Wiese*, § 87 Rn. 376). Ob eine mitbestimmungspflichtige Verlängerung oder **Verkürzung der betriebsüblichen Arbeitszeit** i.S.d. § 87 Abs. 1 Nr. 3 BetrVG vorliegt, bestimmt sich ausschließlich nach den beim Entleiher geltenden Arbeitszeitvorschriften. Gilt im Entleiherbetrieb eine tägliche Arbeitszeit von sieben Stunden und ist der Leiharbeitnehmer arbeitsvertraglich zu einer Arbeitszeit von acht Stunden verpflichtet, wäre die achte Arbeitsstunde des Leiharbeitnehmers **Mehrarbeit** und unterläge dem Mitbestimmungsrecht des Betriebsrats. Ist der Leiharbeitnehmer umgekehrt nur zu einer geringeren als der betriebsüblichen Arbeitszeit beim Entleiher verpflichtet (zur Mitbestimmung des Verleiherbetriebsrats in diesem Fall vgl. Rn. 34 und 37), besteht das Mitbestimmungsrecht des Betriebsrats des Entleihers (*BAG* v. 19. 6. 2001 – 1 ABR 43/00 – BB 2001, 2582).

Bei vorübergehenden **Verkürzungen** der betriebsüblichen Arbeitszeit dürfte nur **113** in seltenen Fällen das Mitbestimmungsrecht praktisch werden. Infolge des beim Entleiher verringerten betrieblichen Arbeitsvolumens liegen hier in den seltensten Fällen gleichzeitig Personalengpässe vor, die eine Abdeckung eines zusätzlichen vorübergehenden Personalbedarfs über Leiharbeitnehmer erforderlich machen. Will der Entleiher **Leiharbeitnehmer** einsetzen und **gleichzeitig Kurzarbeit** für die Stammbelegschaft einführen, ist der Betriebsrat regelmäßig berechtigt, in Ausübung der Schutzfunktion für die Stammbelegschaft die **Zustimmung** zur Einstellung von Leiharbeitnehmern und die Zustimmung zur Kurzarbeit zu **verweigern**, solange durch die Arbeit von Fremdfirmenarbeitnehmern den Stammarbeitnehmern potentiell vorhandenes Arbeitsvolumen vorenthalten wird (*Hamann*, AuR 2002, 322). Ausnahmen kommen hier in den Fällen in Betracht, in denen während einer Kurzarbeitsperiode Arbeitnehmer mit bestimmten Qualifikationen oder Fertigkeiten ausfallen, die innerbetrieblich nicht ersetzt werden können.

Soweit Leiharbeitnehmer von beim Entleiher bestehenden Betriebsvereinbarun- **114** gen betroffen sind, die gegenüber seinen arbeitsrechtlichen Verpflichtungen nur eine reduzierte Arbeitszeit zulassen, sind sie dem Verleiher gegenüber verpflichtet, ihre **Arbeitsleistung in Höhe der Differenz** von vertraglich geschuldeter und tatsächlich beim Entleiher geleisteten Arbeitszeit **anzubieten**. Der Verleiher ist nicht berechtigt, die Vergütung bei einer verkürzten Arbeitszeit im Entleiherbetrieb zu kürzen (§ 11 Abs. 4 Satz 2 AÜG; so auch *Schüren/Hamann*, § 14 Rn. 254; *Hamann*, AuR 2002, 330), auch erhalten die Leiharbeitnehmer kein Kurzarbeitergeld nach den Bestimmungen des SGB III (vgl. § 11 Rn. 28). Bei Einsatz von Leiharbeitnehmern während einer **Kurzarbeitsperiode** sind Entleiher und Betriebsrat gehalten, **Fremdfirmenarbeit** im Betrieb unter Nutzung aller vorhandenen Gestaltungsinstrumente **abzubauen**; andernfalls besteht die Gefahr, dass die Arbeitsverwaltung Kurzarbeitergeld wegen Vermeidbarkeit des Arbeitsausfalls nicht bewilligt (§ 170 Abs. 4 SGB III; *Lohre/Mayer/Stevens-Bartol*, § 64 Rn. 5).

Soll während eines **Arbeitskampfes** (zur Rechtsstellung des Leiharbeitnehmers **115** vgl. § 11 Rn. 80), von dem der Entleiher unmittelbar oder mittelbar betroffen ist, **Kurzarbeit** eingeführt werden, gelten die Mitbestimmungsrechte des Betriebsrats gem. § 87 Abs. 1 Nr. 3 BetrVG nach Auffassung des *BAG* nur eingeschränkt (*BAG* v. 24. 4. 1979 – 1 ABR 43/77 – AP Nr. 63 zu § 9 GG Arbeitskampf u. v. 22. 12. 1980 – 1 ABR 2/79 – AP Nr. 70 zu § 9 GG Arbeitskampf; a. A. zu Recht DKK-*Klebe*, § 87 Rn. 92 ff.; *FESTL*, § 87 Rn. 174; *Wolter*, AuR 1979, 333). Wird arbeitskampfbedingte Kurzarbeit eingeführt, unterliegt in nur mittelbar betroffenen Betrieben das »**Wie**« der Kurzarbeit (Zeitraum, betroffener Arbeitnehmerkreis u.a.; vgl. DKK-*Klebe*, § 87 Rn. 93; *FESTL*, § 87 Rn. 169 ff.; GK-*Wiese*, § 87 Rn. 407 ff.) weiterhin dem **Mitbestimmungsrecht** des Betriebsrats, so dass hier der Betriebsrat auch das Arbeitsvolumen von Leiharbeitnehmern mit beeinflussen kann (zum Unterrichtsanspruch vgl. *BAG* v. 10.12.2002 – 1 ABR 7/02). Er kann insbesondere über die Auswahl der von Kurzarbeit betroffenen Personen Einfluss auf die Kurzarbeit von Leiharbeitnehmern nehmen, wobei er v.a. berücksichtigen kann, dass dem Leiharbeitnehmer nach § 11 Abs. 5 ein Leistungsverweigerungsrecht zusteht, ohne dass der Leiharbeitnehmer seinen Vergütungsanspruch verliert (vgl. § 11 Rn. 111 ff.).

116 **Mitbestimmungspflichtige Mehrarbeit** liegt immer vor, wenn Arbeitnehmer länger arbeiten sollen als in der betriebsüblichen Arbeitszeit des Entleihers (*Grimm/Brock*, 175). Der Betriebsrat hat nach § 87 Abs. 1 Nr. 3 BetrVG auch hinsichtlich des Einsatzes von **Leiharbeitnehmern** darüber mitzubestimmen, wie der zusätzliche Arbeitsbedarf abgedeckt werden soll (*BAG* v. 22.10.1991 – 1 ABR 28/91 – AP Nr. 7 zu § 14 AÜG). Die Ausübung des Mitbestimmungsrechts kann dabei sowohl dem Freizeit- als auch dem Verdienstinteresse der Stammbelegschaft dienen (*Hamann*, AuR 2002, 324), und damit mittelbar auch den Einsatz von Fremdfirmenarbeitnehmern ausschließen bzw. erfordern. Das MBR des Entleiherbetriebsrats knüpft daran an, dass der Entleiher die mitbestimmungspflichtige Entscheidung trifft (GK-*Wiese*, § 87 Rn. 376). Ist die vertraglich geschuldete regelmäßige Arbeitszeit des LAN **kürzer** als die betriebsübliche Arbeitszeit beim Entleiher, liegt bezüglich der Differenz von vertraglich geschuldeter und dem Entleiher zu leistenden Arbeitszeit für den LAN Mehrarbeit vor. Diese Mehrarbeit unterliegt jedoch nicht dem Mitbestimmungsrecht des Entleiherbetriebsrats, sondern löst schon bei Abschluss des ANÜ-Vertrags das Mitbestimmungsrecht des Verleiherbetriebsrats aus (*BAG* v. 19.6.2001 – 1 ABR 43/00 – BB 2001, 2582– *Thüsing/Thüsing*, § 14 Rn. 122; vgl. Rn 38; a.A. *Schüren/Hamann*, § 14 Rn. 250). Das Mitbestimmungsrecht des Entleiherbetriebsrats erstreckt sich über die Anordnung von Mehrarbeit für Leiharbeitnehmer hinaus auch auf die grundsätzliche Frage, ob hinsichtlich der kollektiven Interessen der Stammbelegschaft statt des Einsatzes von Fremdfirmenarbeitnehmern eine **Neueinstellung** **zweckmäßiger** wäre (*Krüger*, AiB 1998, 639). Der Entleiher kann das Mitbestimmungsrecht des Betriebsrats, ob und ggf. in welchem Umfang und in welcher Art ein vorübergehender Arbeitsbedarf abgedeckt werden soll, nicht dadurch **umgehen**, dass er statt mitbestimmungspflichtiger Mehrarbeit **alternative Instrumente** einsetzt, die entweder ganz mitbestimmungsfrei sind oder die bei Einstellung von Leiharbeitnehmern nur hinsichtlich der Einstellung einer (gegenüber § 87 BetrVG eingeschränkten) Mitwirkung des Entleiherbetriebsrats unterliegen (*BAG*, a.a.O.; *LAG Frankfurt* v. 24.10.1989 – 5 TaBVGa 155/89 – DB 1990, 2126 u. v. 20.2.1990 – 5 TaBV 70/89 – DB 1991, 396; *LAG Düsseldorf* v. 21.4.1988 – 5 (2) TaBV 1/88 – AiB 1988, 219; a.A. *Schüren/Hamann*, § 14 Rn. 252, der das Initiativrecht des BR unberücksichtigt lässt). Der Entleiher hat daher bei **einem vorübergehenden** **erhöhten Arbeitsanfall** immer die **Mitbestimmungsrechte** des Betriebsrats nach § 87 Abs. 1 Nr. 3 BetrVG zu beachten, wenn er den Einsatz von Fremdfirmenarbeitnehmern zur Abdeckung des Arbeitskräftebedarfs erwägt oder der BR von seinem entsprechenden Initiativrecht Gebrauch macht (*LAG Baden-Württemberg*, v. 5.8.2005 – 5 Ta Bv 5/05). Dies gilt unabhängig davon, ob der Entleiher Leiharbeitnehmer einsetzen will oder auf **andere Formen der Fremdfirmenarbeit**, etwa die Beschäftigung freier Mitarbeiter oder einen **werkvertraglichen Einsatz** von

Fremdfirmenarbeitnehmern, Rückgriff nehmen will (vgl. Einl. C. Rn. 156). Auch unabhängig von der im einzelnen strittigen Frage, ob dem Betriebsrat bei der Beschäftigung von Arbeitnehmern auf werkvertraglicher Grundlage Mitbestimmungsrechte nach § 99 BetrVG zustehen, kann daher der Betriebsrat in den Fällen vorübergehender Personalbedarfsdeckung immer auf den Einsatz betriebsfremder Arbeitnehmer Einfluss nehmen (zu Verstößen gegen das Mitbestimmungsrecht vgl. Rn. 130). **Einschränkungen** ergeben sich hier nur daraus, dass vom Mitbestimmungsrecht nur Fälle vorübergehender Arbeitszeitverlängerungen erfasst werden, d. h. dass das Mitbestimmungsrecht nur dann besteht, wenn der erhöhte (das Gesamtarbeitsvolumen der Stammbelegschaft übersteigende) Arbeitsanfall **nicht dauerhaft** und unter Ausschluss von Mehrarbeit für die Stammbelegschaft über Fremdfirmenarbeit abgedeckt werden soll. Die auf Dauer angelegte Ausgliederung von Betrieben oder Betriebsteilen von Unternehmen kann der Betriebsrat nicht über die Nutzung von Mitbestimmungsrechten nach § 87 Abs. 1 Nr. 3 BetrVG beeinflussen.

d) Mitbestimmung bei der Auszahlung von Arbeitsentgelt (§ 87 Abs. 1 Nr. 4 BetrVG)

Im Anwendungsbereich des § 87 Abs. 1 Nr. 4 BetrVG sind Mitwirkungsrechte **117** des Entleiherbetriebsrats in der Regel ausgeschlossen, da grundsätzlich nur den **Verleiher** die **Vergütungspflicht** und die Pflicht zur **Auszahlung des Arbeitsentgelts** trifft. Alle Beteiligungsrechte, die in Zusammenhang mit der Entlohnung stehen, stehen daher grundsätzlich nur dem Verleiherbetriebsrat zu (*BAG* v. 15. 12. 1992 – 1 ABR 38/92 – AP Nr. 7 zu § 14 AÜG; *Becker/Wulfgramm*, Art. 1 § 14 Rn. 109; *Frerichs/Möller/Ulber* 1981, 86; *Schüren/Hamann*, § 14 Rn. 256). **Ausnahmen** kommen hier nur im Rahmen von § 10 Abs. 4 und in den Fällen in Betracht, in denen mit Zustimmung des Leiharbeitnehmers im ANÜ-Vertrag die Pflicht zur Auszahlung der Arbeitsvergütung vom Entleiher übernommen wird oder entgeltwerte Leistungen oder Zuschüsse zum Entgelt durch den Entleiher erbracht wird (*Boemke*, § 14 Rn. 116; *Schüren/Hamann*, § 14 Rn. 256; *Thüsing/Thüsing*, § 14 Rn. 124) oder der Entleiher das Arbeitsentgelt nach § 267 Abs. 1 BGB unmittelbar an den Leiharbeitnehmer zahlt (vgl. hierzu § 1 Rn. 66 u. § 10 Rn. 101 ff.). Soweit diese Ausnahmefälle vorliegen, können zwar die im Betrieb des Entleihers hierzu getroffenen Vereinbarungen zur Anwendung kommen, die Verpflichtungen des Verleihers im Zusammenhang mit der Entlohnung bleiben hiervon jedoch unberührt. Insbesondere bleibt der Verleiher als Arbeitgeber verpflichtet, hinsichtlich aller aus dem Leiharbeitsvertrag erzielten unmittelbaren und mittelbaren Vermögensvorteile seinen **Abgaben- und Beitragspflichten** gegenüber den Trägern der Sozialversicherung nachzukommen und alle Lohnbestandteile im Rahmen einer ordnungsgemäßen Buchhaltung zu **dokumentieren**. Verstößt er gegen diese Verpflichtungen, ist die Erlaubnis nach § 3 Abs. 1 Nr. 1 und 2 zu versagen bzw. zu widerrufen (vgl. § 3 Rn. 34 ff.).

e) Betriebsurlaub (§ 87 Abs. 1 Nr. 5 BetrVG)

Fragen der **Urlaubsgewährung** betreffen grundsätzlich nur das Rechtsverhältnis **118** zwischen Verleiher und Leiharbeitnehmer (*Becker/Wulfgramm*, Art. 1 § 14 Rn. 109; *Schüren/Hamann*, § 14 Rn. 257), so dass insoweit **nur** dem **Verleiherbetriebsrat** die **Mitbestimmungsrechte** aus § 87 Abs. 1 Nr. 5 BetrVG zustehen (*Thüsing/*

Thüsing, § 14 Rn. 125). Dies gilt auch, soweit dem LAN auf Grund des **Gleichbehandlungsgrundsatzes** nach §§ 3 Abs. 1 Nr. 3, 9 Nr. 2 derselbe Urlaubsanspruch zusteht, wie Stammarbeitnehmern. Im ANÜ-Vertrag kann aber vereinbart werden, dass dem Entleiher das Recht zur Urlaubsgewährung zustehen soll. In diesem Fall besteht auch das Mitbestimmungsrecht des Entleiherbetriebsrats (*Boemke*, § 14 Rn. 117; *Thüsing/Thüsing*, § 14 Rn. 125). Wird jedoch im Rahmen der Urlaubsplanung beim Entleiher der Einsatz von Leiharbeitnehmern erwogen, bestehen insoweit mittelbar auch Mitbestimmungsrechte des Entleiherbetriebsrats. Er kann z.B. unter Geltendmachung seines entsprechenden **Initiativrechts** verlangen, dass für Fälle des Bildungsurlaubs oder von Sonderurlaub u.ä. im Rahmen allgemeiner Urlaubsgrundsätze der **Einsatz von Leiharbeitnehmern** geregelt wird oder dass für bestimmte Arbeitnehmer oder Arbeitnehmergruppen, deren Urlaubsgewährung betriebsbedingt mit Schwierigkeiten verbunden ist (z.B. auf Grund spezifischer Qualifikationen oder wegen der Bedeutung des Arbeitsplatzes für die Aufrechterhaltung der Betriebsabläufe), Leiharbeitnehmer während des Erholungsurlaubs eingesetzt werden (*Schüren/Hamann*, § 14 Rn. 258). Auch kann der Betriebsrat bei Streit zwischen einem Arbeitnehmer und dem Arbeitgeber über die Festsetzung der zeitlichen Lage des Urlaubs den Einsatz von Leiharbeitnehmern im Einzelfall vorschlagen und notfalls über den **Spruch einer Einigungsstelle** durchsetzen (DKK-*Klebe*, § 87 Rn. 118; *FESTL*, § 87 Rn. 211), so dass dem Arbeitnehmer der Urlaub gewährt werden muss. Die Kompetenzen der Einigungsstelle beschränken sich ggf. auf die Festlegung der zeitlichen **Lage** des Urlaubs; sie umfassen nicht das Recht, dem Entleiher eine Verpflichtung zur Beschäftigung eines Leiharbeitnehmers für die Urlaubszeit aufzuerlegen.

f) Mitbestimmung bei technischen Einrichtungen (§ 87 Abs. 1 Nr. 6 BetrVG)

119 Nach § 87 Abs. 1 Nr. 6 BetrVG hat der Betriebsrat bei der **Einführung und Anwendung technischer Einrichtungen** mitzubestimmen, wenn diese dazu geeignet sind, das Verhalten oder die Leistung des Arbeitnehmers zu **überwachen**. Zweck des Mitbestimmungsrechts ist es, den Persönlichkeitsschutz des einzelnen Arbeitnehmers gegen anonyme Kontrolleinrichtungen zu gewährleisten und dem Arbeitnehmer einen präventiven Schutz gegen rechtlich unzulässige Eingriffe in das Persönlichkeitsrecht zu gewähren (DKK-*Klebe*, § 87 Rn. 135; *Richardi*, § 87 Rn. 480; *FESTL*, § 87 Rn. 215). Das Mitbestimmungsrecht konkretisiert dabei den aus § 75 BetrVG folgenden allgemeinen **Persönlichkeitsschutz** des Arbeitnehmers (*BAG* v. 14.5.1974 – 1 ABR 45/73 – AP Nr. 1 zu § 87 BetrVG 1972 Überwachung) und gilt von dieser Schutzfunktion her für den Entleiherbetriebsrat auch bei Einsatz von Leiharbeitnehmern (*Becker/Wulfgramm*, Art. 1 § 14 Rn. 109; *Boemke*, § 14 Rn. 118; *Schüren/Hamann*, § 14 Rn. 259; *Thüsing/Thüsing*, § 14 Rn. 126), wenn deren Leistung oder Verhalten erfasst wird (a.A. GK-*Wiese*, § 87 Rn. 578).

g) Regelungen zur Arbeitssicherheit und zum Gesundheitsschutz (§ 87 Abs. 1 Nr. 7 BetrVG)

120 Nach § 87 Abs. 1 Nr. 7 BetrVG hat der Betriebsrat bei Regelungen, die der Ausfüllung gesetzlicher **Arbeitsschutz- und Unfallverhütungsvorschriften** dienen, mitzubestimmen. Normzweck ist die Ausfüllung vorhandener gesetzlicher Rahmenvorschriften (*BAG* v. 28.7.1981 – 1 ABR 65/79 – AP Nr. 3 zu § 87 BetrVG 1972

Arbeitssicherheit) zum öffentlich-rechtlichen Arbeitsschutz sowie deren Effektivierung und betriebliche Umsetzung (DKK-*Klebe*, § 87 Rn. 167). Soweit der **Normzweck** betroffen ist, folgt aus der unmittelbaren Anwendbarkeit der für den Entleiherbetrieb geltenden öffentlich-rechtlichen Vorschriften des Arbeitsschutzes auf die Tätigkeit des Leiharbeitnehmers beim Entleiher (§ 11 Abs. 6 Halbsatz 1), dass **Leiharbeitnehmer** uneingeschränkt dem Mitbestimmungsrecht des Entleiherbetriebsrats unterliegen (*Becker/Wulfgramm*, Art. 1 § 14 Rn. 109; *Boemke*, § 14 Rn. 119; *Schüren/Hamann*, § 14 Rn. 260; *Thüsing/Thüsing*, § 14 Rn. 127; GK-*Wiese*, § 87 Rn. 610). Eine unterschiedliche Behandlung von LAN und Stammarbeitnehmern ist unzulässig. Besonderheiten können sich hier nur ergeben, wenn Regelungsbereiche betroffen sind, die ausschließlich in den Bereich des Verleihers fallen (z. B. bei Arbeitsunfällen, die der Leiharbeitnehmer auf dem Weg von der Betriebsstätte des Entleihers zum Verleiher zwecks Wahrnehmung von Betriebsratsaufgaben erleidet).

h) Mitbestimmung bei Sozialeinrichtungen (§ 87 Abs. 1 Nr. 8 BetrVG)

Nach § 87 Abs. 1 Nr. 8 BetrVG steht dem Betriebsrat bei Form, Ausgestaltung und Verwaltung von **betrieblichen Sozialeinrichtungen** ein **Mitbestimmungsrecht** zu. Neben Pensions- und Unterstützungskassen, die Rechte für die Arbeitnehmer immer von einem meist langjährigen Bestehen eines Arbeitsverhältnisses zum Betrieb abhängig machen, zählen zu den Sozialeinrichtungen auch Einrichtungen zum täglichen Gebrauch, wie **Werkskantinen**, Kindergärten, **Parkplätze** und Sportanlagen oder auch Werksbibliotheken (DKK-*Klebe*, § 87 Rn. 226; *Richardi*, § 87 Rn. 619 ff.; *FESTL*, § 87 Rn. 347 f.; *Thüsing/Thüsing*, § 14 Rn. 129). Nach dem Willen des Gesetzgebers ist der Arbeitgeber grundsätzlich in der Entscheidung frei, ob er eine Sozialeinrichtung i.S.d. § 87 Abs. 1 Nr. 8 BetrVG schafft (BT-Ds. VI/1786, S. 49), wobei die mitbestimmungsfreie Entscheidung auch die Festlegung des Zwecks der Sozialeinrichtung sowie des begünstigten Personenkreises umfasst (*BAG* v. 26. 4. 1988 – 3 AZR 168/86 – AP Nr. 16 zu § 87 BetrVG 1972 Altersversorgung; DKK-*Klebe*, § 87 Rn. 213; *Richardi*, § 87 Rn. 628 f.; *FESTL*, § 87 Rn. 352 f.). Im Rahmen der vom Arbeitgeber getroffenen **Zweckbestimmung** unterliegt die **Auswahl der Arbeitnehmer** der Verwaltung der Sozialeinrichtung (DKK-*Klebe*, § 87 Rn. 216; *FESTL*, § 87 Rn. 333) und damit auch der Mitbestimmung des Betriebsrats. **121**

Aus dem Grundsatz der **Gleichbehandlung von Leiharbeitnehmern** und Stammarbeitnehmern (vgl. Rn. 42) folgt (auch unabhängig von §§ 3 Abs. 1 Nr. 3, 9 Nr. 2), dass Leiharbeitnehmer grundsätzlich auch bei der **Nutzung von Sozialeinrichtungen** gleichbehandelt werden müssen und ihnen ein Recht auf Teilhabe zusteht (*Becker*, AuR 1982, 376). Dies gilt jedoch nur, soweit den Arbeitnehmern des Entleihers Nutzungsrechte eingeräumt werden, die unabhängig von der Dauer der Betriebszugehörigkeit bestehen und daher einen **grundlosen Ausschluss** von Leiharbeitnehmern verbieten (*LAG Hamm* v. 24. 5. 1973, DB 1973, 1511; *Becker/Wulfgramm*, Art. 1 § 14 Rn. 109; *Frerichs/Möller/Ulber*, 1981, 86; *Plander*, AiB 1990, 19; *Boemke*, § 14 Rn. 120; *Schüren/Hamann*, § 14 Rn. 263; *Grimm/Brock*, 177). Daneben ist zu beachten, dass die Nutzung von Sozialeinrichtungen zu den wesentlichen Arbeitsbedingungen i.S.v. §§ 3 Abs. 1 Nr. 3, 9 Nr. 2 zählt (§ 9 Rn. 84) und daher Ansprüche des LAN begründet, soweit keine abweichende Regelung in einem TV zur ANÜ enthalten ist. In diese Ansprüche des LAN können die Betriebsparteien beim Entleiher nicht willkürlich eingreifen (*Schüren/Hamann*, **122**

§ 14 Rn. 261; *Thüsing/Thüsing*, § 14 Rn. 129). Soweit im Einzelfall eine Gleichbehandlung von LAN und Stammbelegschaft eingeschränkt oder ausgeschlossen werden soll, bedarf dies einer ausdrücklichen, sachlich begründeten Ausnahmeregelung. Die **Nutzung von Parkplätzen und der Werkskantine** ist beispielsweise Leiharbeitnehmern ebenso einzuräumen wie der Stammbelegschaft. I. ü. kann hinsichtlich der Einhaltung des Gleichbehandlungsgrundsatzes vergleichsweise auf die Rechtsstellung befristet beschäftigter Arbeitnehmer bei der Nutzung betrieblicher Sozialeinrichtungen abgestellt werden kann. Kommt nach dem Zweck der Sozialeinrichtung das Mitbestimmungsrecht des Entleiherbetriebsrats auch bezüglich im Betrieb beschäftigter Leiharbeitnehmer zur Anwendung, hat der Betriebsrat sein Mitbestimmungsrecht so auszuüben, dass Leiharbeitnehmern eine **gleichberechtigte Teilhabe** eingeräumt wird. Verstößt der Entleiher durch Ausschluss von Leiharbeitnehmern von betrieblichen Sozialeinrichtungen gegen Gleichbehandlungspflichten, kann der Betriebsrat auf Unterlassung klagen (vgl. Rn. 128).

i) Beteiligungsrechte bei Werkmietwohnungen (§ 87 Abs. 1 Nr. 9 BetrVG)

123 Nach § 87 Abs. 1 Nr. 9 BetrVG hat der Betriebsrat bei der Zuweisung und Kündigung sowie bei der Festlegung der Nutzungsbedingungen von **Wohnräumen** jeder Art (DKK-*Klebe*, § 87 Rn. 229) mitzubestimmen. Das Mitbestimmungsrecht bezieht sich nur auf **Mietverträge**, die **mit Rücksicht auf das Arbeitsverhältnis** abgeschlossen werden, umfasst jedoch nicht die Überlassung von Wohnraum aus anderen Gründen (*BAG* v. 28. 7. 1992 – 1 ABR 22 / 92 – NZA 1993, 272). Hinsichtlich sog. **Werkdienstwohnungen** besteht **kein Mitbestimmungsrecht** (DKK-*Klebe*, § 87 Rn. 231; *FESTL*, § 87 Rn. 385), so dass Vereinbarungen, wonach der Entleiher dem Leiharbeitnehmer im Zusammenhang mit der ANÜ aus betrieblichen Gründen eine Dienstwohnung zuweist, nicht vom Anwendungsbereich der Vorschrift erfasst werden. I. Ü. setzt das Mitbestimmungsrecht nach § 87 Abs. 1 Nr. 9 BetrVG voraus, dass die Zuweisung von Wohnraum »mit Rücksicht auf das **Bestehen** eines **Arbeitsverhältnisses**« erfolgt. Stellt man allein darauf ab, dass der LAN vertraglich nur zum Verleiher in einem Arbeitsverhältnis steht, scheidet ein Mitbestimmungsrecht des Entleiherbetriebsrats aus (so: *Becker/Wulfgramm*, § 14 Rn. 109; *Schüren/Hamann*, § 14 Rn. 265). Diese Auslegung ist jedoch nicht zwingend. Vielmehr kann das Tatbestandsmerkmal auch lediglich zur Abgrenzung von beim Entleiher beschäftigten und fremden Personen dienen (so *Thüsing/Thüsing*, § 14 Rn. 132). Danach wäre ein Mitbestimmungsrecht des Entleiherbetriebsrats auch bei LAN gegeben. Auszugehen ist davon, dass es sich beim Mitbestimmungsrecht nach § 87 Abs. 1 Nr. 9 BetrVG um einen Sonderfall des § 87 Abs. 1 Nr. 8 BetrVG handelt (*FESTL*, § 87 Rn. 379), und Werkmietwohnungen ebenso wie andere Sozialeinrichtungen von **Gleichstellungsansprüchen** des LAN nach § 3 Abs. 1 Nr. 3, 9 Nr. 2 erfasst werden (vgl. § 9 Rn. 84). Dies rechtfertigt es die Mitbestimmungsrechte nach § 87 Abs. 1 Nr. 9 BetrVG ebenso wie bei sonstigen sozialen Einrichtungen auch auf LAN zu erstrecken (i. E. ebenso: *Thüsing/Thüsing*, § 14 Rn. 132). Das Mitbestimmungsrecht besteht immer wenn der Entleiher im Rahmen der **Zweckbestimmung** bezüglich der Wohnungsnutzung den **Kreis der Nutzungsberechtigten** über Stammarbeitnehmer hinaus erweitert hat. Fallen hier Leiharbeitnehmer unter den Kreis potenziell Nutzungsberechtigter oder werden die Werkmietwohnungen aus einem einheitlichen Bestand ohne feste Zuordnung sowohl an Arbeitnehmer des

Betriebs als auch an Personen vergeben, die nicht in einem Arbeitsverhältnis zum Einsatzbetrieb stehen, erstreckt sich das Mitbestimmungsrecht bei der Zuweisung von Werksmietswohnungen nach § 87 Abs. 1 Nr. 9 BetrVG auch auf die Zuweisung von Wohnraum an Dritte (*BAG* v. 28. 7. 1992 – 1 ABR 22/92 – DB 1993, 740; *Thüsing/Thüsing*, § 14 Rn. 133). Dies gilt nach Auffassung des *BAG* auch für Arbeitnehmer, die in den Beschäftigungsbetrieb faktisch **eingegliedert** sind (*BAG*, a.a.O.), so dass in Einzelfällen auch über Leiharbeitnehmer hinaus Mitbestimmungsrechte des Entleiherbetriebsrats bei der Beschäftigung von Fremdfirmenarbeitnehmern im Zusammenhang mit der Überlassung von Werkmietswohnungen gegeben sein können.

Darüber hinaus kann dann das Mitbestimmungsrecht des Entleiherbetriebsrats **124** für **Leiharbeitnehmer** ausgelöst werden, wenn diese vom Entleiher zu einer **auswärtigen Arbeitsstelle** entsandt werden und ihnen mit Rücksicht auf die Notwendigkeit einer auswärtigen Unterbringung **Wohnraum zugewiesen** wird. Hier unterscheidet sich – insbesondere in betriebsverfassungsrechtlicher Hinsicht – die Rechtsstellung des Leiharbeitnehmers durch nichts von der Stellung eines Stammarbeitnehmers, so dass sich aus dem Gesichtspunkt der **Gleichbehandlung** das Mitbestimmungsrecht des Entleiherbetriebsrats insoweit auch auf Leiharbeitnehmer erstreckt (*Schüren/Hamann*, § 14 Rn. 266). Das Ergebnis rechtfertigt sich dabei auch aus der Überlegung, dass dem Verleiherbetriebsrat in den beschriebenen Ausnahmefällen keinerlei Mitwirkungsbefugnisse zustehen und der Leiharbeitnehmer daher ohne entsprechende Mitbestimmungsrechte des Entleiherbetriebsrats schutzlos gestellt würde (*BAG*, a.a.O.).

j) Betriebliche Lohngestaltung (§ 87 Abs. 1 Nr. 10 BetrVG)

Fragen der **betrieblichen Lohngestaltung**, v. a. die Aufstellung von Entlohnungs- **125** grundsätzen, unterliegen dem **Mitbestimmungsrecht** des Betriebsrats nach § 87 Abs. 1 Nr. 10 BetrVG. Zum Lohn gehören alle Geldleistungen und geldwerten Leistungen, die im Rahmen des Arbeitsverhältnisses gewährt werden (*FESTL*, § 87 Rn. 412), z. B. **Erschwerniszulagen**, die Zahlung eines **zusätzlichen Urlaubsgeldes** oder Provisionen und Gewinnbeteiligungen; vgl. *FESTL*, § 87 Rn. 414). In Fragen der betrieblichen Lohngestaltung sind den Betriebsparteien durch den **Tarifvorrang** des § 87 Abs. 1 Einleitungssatz BetrVG meist Grenzen gesteckt. Insbesondere dürfen Angestelltentätigkeiten, die nach tariflicher Regelung nur im Zeitlohn ausgeübt werden dürfen, nicht über Betriebsvereinbarungen nach § 87 Abs. 1 Nr. 10 BetrVG in ein Leistungslohnsystem überführt werden; entsprechende Vereinbarungen sind unzulässig (*BAG* v. 14. 11. 1974 – 1 ABR 65/73 – AP Nr. 1 zu § 87 BetrVG 1972). I. ü. lassen die Tarifverträge jedoch den Betriebsparteien in Fragen der Lohngestaltung meist **Regelungsspielräume**, die im Rahmen des Mitbestimmungsrechts nach § 87 Abs. 1 Nr. 10 BetrVG aufgefüllt werden müssen.

Zweck des Mitbestimmungsrechts ist neben der Durchsichtigkeit des inner- **125a** betrieblichen Lohngefüges auch die Herstellung und Wahrung der **innerbetrieblichen Lohngerechtigkeit** (*BAG* v. 3. 12. 1991 – GS 2/90 – AP Nr. 51 zu § 87 BetrVG 1972 Lohngestaltung; DKK-*Klebe*, § 87 Rn. 241; *Richardi*, § 87 Rn. 408; *FESTL*, § 87 Rn. 408). Entsprechend diesem Normzweck ist auch die Geltung und Reichweite des Mitbestimmungsrechts bei Einsatz von Leiharbeitnehmern zu bestimmen. Zu berücksichtigen sind hierbei neben den **Schutzbedürfnissen der Leiharbeitnehmer** gegen Diskriminierung im Entleiherbetrieb auch die kollektiven Interessen der Stammbelegschaft an einer Einhaltung der Grundsätze innerbetrieblicher Lohngerechtigkeit (gleicher Lohn für gleiche Arbeit) und einer Abwehr drohender **Gefahren eines Lohndumpings** über Fremdfirmenarbeit. Ausgeschlossen sind derartige Gefährdungen bei Einsatz von Leiharbeitnehmern nur, soweit der Grundsatz der Lohngleichheit nach §§ 3 Abs. 1 Nr. 3, 9 Abs. 2 gilt oder die bestehenden Gestaltungsmöglichkeiten (Rn. 43) zur **Anpassung der Entgeltbedingungen** des Leiharbeitnehmers an das Lohngefüge im Entleiherbetrieb genutzt werden (a. A. *Thüsing/Thüsing*, § 14 Rn. 135). Geschieht dies nicht, ist es dem Entleiher im Rahmen des § 87 Abs. 1 Nr. 10 BetrVG ebenso wie bei § 87 Abs. 1 Nr. 2 BetrVG bei der Arbeitszeit verwehrt, über den Einsatz von Leiharbeitnehmern einseitig bestehende **Betriebsvereinbarungen zu unterlaufen** oder die Mitbestimmungsrechte des Betriebsrats in Fragen der Lohngestaltung zu **umgehen**. Das Mitbestimmungsrecht umfasst alle Fragen der betrieblichen Lohngestaltung, die von einem Einsatz von Leiharbeitnehmern berührt werden bzw. gegen die ggf. durch deren Einsatz verstoßen wird. Schon aus der **kollektiven Schutzfunktion** des Mitbestimmungsrechts zur Wahrnehmung der Interessen der Stammarbeitnehmer folgt insoweit, dass dem Entleiherbetriebsrat auch die Befugnis zustehen muss, über die Nutzung der Mitbestimmungsrechte **Verstöße** gegen Grundsätze der betrieblichen Lohngestaltung zu verhindern und damit auch der insbesondere auf Lohnungleichheiten bestehenden Diskriminierung von Leiharbeitnehmern in Einsatzbetrieben entgegenzuwirken.

125b Soweit aus dem Umstand, dass allein der Verleiher die Vergütung schuldet, geschlossen wird, dass das Mitbestimmungsrecht nach § 87 Abs. 1 Nr. 10 BetrVG sich nicht auf LAN erstreckt (*Thüsing/Thüsing*, § 14 Rn. 134f.) oder nur bei bestimmten **Nebenleistungen** des Entleihers mit Entgeldcharakter (wie Essensgeld- oder Fahrgeldzuschüssen) besteht (so *Boemke*, § 14 Rn. 121 u. *Schüren/ Hamann*, § 14 Rn. 267), kann dem nicht gefolgt werden. Leistungen aus Betriebsvereinbarungen zur Lohngestaltung gehören zu den wesentlichen Arbeitsbedingungen i.S.v. §§ 3 Abs. 1 Nr. 3, 9 Nr. 2 (vgl. § 9 Rn. 90) und sind dem Leiharbeitnehmer daher zwingend zu gewähren, soweit kein TV zur ANÜ Anwendung findet. LAN unterliegen daher mittelbar auch **Betriebsvereinbarungen zur betrieblichen Lohngestaltung** (und dem MBR des Entleiherbetriebsrats; DKK-*Klebe*, § 87 Rn. 6), ohne dass es einer ausdrücklichen Einbeziehung bedarf. Eine **Regelungsbefugnis** der Betriebsparteien beim Verleiher scheidet insoweit aus, so dass die Regelungsbefugnis allein bei den Betriebsparteien des Entleihers besteht (a. A. *Schüren/Hamann*, § 14 Rn. 268). Sollen Ansprüche aus Entleiher-Betriebsvereinbarungen zur Lohngestaltung für LAN verkürzt oder ausgeschlossen werden, bedarf es einer besonderen Regelung, die eines sachlichen Grundes zur Ungleichbehandlung bedarf.

k) Leistungsbezogene Entgelte (§ 87 Abs. 1 Nr. 11 BetrVG)

126 Nach § 87 Abs. 1 Nr. 11 BetrVG steht dem Entleiherbetriebsrat bei der **Festsetzung von Akkord- und Prämiensätzen** sowie allen Entgeltformen, bei denen eine unmittelbare Beziehung zwischen Leistung und Entgelt besteht, ein **Mitbestimmungsrecht** zu (vgl. *Ulber*, Arbeitnehmer in Zeitarbeitsfirmen, 114ff.). Die Vorschrift wirft im Zusammenhang mit dem Einsatz von Leiharbeitnehmern eine Reihe individual- und betriebsverfassungsrechtlicher Fragen auf, v.a. in den Fällen, in denen – z.T. systematisch – **Leiharbeitnehmer im Zeitlohn** beim Verleiher **eingestellt** werden, beim Entleiher aber **im Leistungslohn eingesetzt** werden (vgl. z. B. den Fall *ArbG Frankfurt* v. 25. 2. 1987 – 14 Cs 120/86, der außergerichtlich durch Zahlung der Akkordzuschläge durch den Entleiher an den Verleiher beendet wurde, ohne dass dem Leiharbeitnehmer ein zwingender Anspruch auf die Zahlung eingeräumt wurde). Bei der Bestimmung der Reichweite des MBR des Entleiherbetriebsrats bei leistungsbezogenen Arbeitsentgelten, ist davon auszugehen, dass dem LAN insoweit nach §§ 3 Abs. 1 Nr. 3, 9 Nr. 2 derselbe Anspruch eingeräumt ist wie Stammarbeitnehmern. Da **tarifvertragliche Regelungen zur ANÜ** im Leistungslohn nicht bestehen (vgl. § 9 Rn. 94, 211), bestimmen in diesem Bereich ausschließlich die beim Entleiher geltenden Regelungen die Arbeitsbedingungen des LAN. LAN werden daher grundsätzlich von BV zum Leistungslohn erfasst. Von daher erstreckt sich das MBR des Entleiherbetriebsrats nach § 87 Abs. 1 Nr. 11 auch auf LAN (a. A. *Boemke*, § 14 Rn. 121; *Schüren/Hamann*, § 14 Rn. 269; *Thüsing/Thüsing*, § 14 Rn. 137). Nur so kann auch dem Zweck des *MBR*, den Arbeitnehmer vor einer **Überforderung** zu schützen (*FESTL*, § 87 Rn. 500; DKK-*Klebe*, § 87 Rn. 269), Rechnung getragen werden. Die Ausübung des MBR muss dabei den Grundsätzen der Gleichbehandlung Rechnung tragen, ermöglicht jedoch aus sachlichem Grund auch differenzierende Regelungen für LAN und Stammbelegschaft. Insbesondere beim **Gruppenakkord** wäre es danach zulässig, Erschwernisse der Stammbelegschaft infolge des Einsatzes ungeübter LAN durch Sonderleistungen auszugleichen. Als Sonderregelung zu § 87 Abs. 1 Nr. 10 BetrVG (vgl. DKK-*Klebe*, § 87 Rn. 268; *FESTL*, § 87 Rn. 497) unterliegt das Mitbestimmungsrecht des Entleiherbetriebsrats nach § 87 Abs. 1 Nr. 11 BetrVG den gleichen Grundsätzen, die auch für § 87 Abs. 1 Nr. 10 BetrVG zur Anwendung kommen; auf die Ausführungen zu Rn. 125 ff. kann insoweit verwiesen werden. Eine Beschränkung des Mitbestimmungsrechts auf Fälle, in denen allen Arbeitnehmern projektbezogen eine Erfolgsprämie bezahlt werden soll, ist nicht gerechtfertigt (so aber *Schüren/Hamann*, § 14 Rn. 270). Vielmehr bezweckt auch § 87 Abs. 1 Nr. 11 BetrVG, die **innerbetriebliche Lohngerechtigkeit** zu gewährleisten (*BAG* v. 29. 3. 1977 – 1 ABR 123/74 – AP Nr. 1 zu § 87 BetrVG 1972 Provision), so dass es dem Entleiher ebenso wie bei anderen Regelungsgegenständen des § 87 Abs. 1 BetrVG verwehrt ist, leistungsbezogene betriebliche **Entgeltsysteme** durch den Einsatz von Leiharbeitnehmern einseitig zu **unterlaufen** (a. A. *Schüren/Hamann*, § 14 Rn. 269).

l) Betriebliches Vorschlagswesen (§ 87 Abs. 1 Nr. 12 BetrVG)

Der Betriebsrat hat nach § 87 Abs. 1 Nr. 12 BetrVG über die **Grundsätze des be-** **127** **trieblichen Vorschlagswesens** mitzubestimmen. Soweit nicht Erfindungen oder technische Verbesserungsvorschläge nach dem Arbeitnehmererfindungsgesetz betroffen sind (vgl. § 11 Abs. 7), gilt das Mitbestimmungsrecht des Entleiherbetriebsrats auch für sonstige **Verbesserungsvorschläge**, die der **Leiharbeitnehmer beim Entleiher** macht (*Becker/Wulfgramm*, Art. 1 § 14 Rn. 109; *Boemke*, § 14 Rn. 122; *Schüren/Hamann*, § 14 Rn. 271; *Thüsing/Thüsing*, § 14 Rn. 138). Hierbei kommt es nicht darauf an, ob der Leiharbeitnehmer zurzeit der Unterbreitung des Vorschlags noch beim Entleiher beschäftigt ist. Entsprechend dem Sinn und Zweck der Bestimmung, eine Optimierung der betrieblichen Abläufe zu fördern und eine gerechte Bewertung darauf bezogener Vorschläge der Arbeitnehmer zu gewährleisten (DKK-*Klebe*, § 87 Rn. 290; *FESTL*, § 87 Rn. 536), besteht das Mitbestimmungsrecht des Entleiherbetriebsrats auch, wenn der Leiharbeitnehmer zur

Ausarbeitung des Vorschlags einen Zeitraum benötigt, der die Beendigung seines Einsatzes beim Entleiher überschreitet.

127a Erfüllt ein Verbesserungsvorschlag des Leiharbeitnehmers die Voraussetzungen der Norm einer **Betriebsvereinbarung** zum betrieblichen Vorschlagswesen beim Entleiher, steht ihm unter Berücksichtigung des Gleichbehandlungsgrundsatzes ein **unmittelbarer Anspruch gegen den Entleiher** auf Zahlung der ggf. geschuldeten Anerkennungsprämie zu (DKK-*Klebe*, § 87 Rn. 299; *Schüren/Hamann*, § 14 Rn. 272). Die Anwendung differenzierender Kriterien zwischen Vorschlägen von Leiharbeitnehmern und Stammbelegschaft ist dabei ausgeschlossen (a.A. GK-*Wiese*, § 87 Rn. 1029). Die Anerkennungsprämie ist nicht Bestandteil der Vergütung, die der Verleiher als Arbeitgeber schuldet, Schuldner ist insoweit ausschließlich der Entleiher. Verstöße gegen Arbeitgeberpflichten des Verleihers kommen insoweit weder hinsichtlich der Abgabepflichten noch im Hinblick auf erlaubnisrechtliche Tatbestände (§ 3 Abs. 1 Nr. 1) in Betracht.

m) Durchführung von Gruppenarbeit (§ 87 Abs. 1 Nr. 13 BetrVG)

127b Nach § 87 Abs. 1 Nr. 13 BetrVG hat der Betriebsrat bei der Aufstellung von Grundsätzen über die Durchführung von Gruppenarbeit ein Mitbestimmungsrecht. Nach der Legaldefinition des 2. Halbsatzes der Vorschrift liegt **Gruppenarbeit** vor, wenn im Rahmen des betrieblichen Gesamtablaufs eine Gruppe von Arbeitnehmern eine ihr übertragene Gesamtaufgabe im Wesentlichen eigenverantwortlich erledigt. Im Grundsatz können auch Leiharbeitnehmer infolge des übertragenen Weisungsrechts im Rahmen von Gruppenarbeitssystemen eingesetzt werden. Ggf. erstreckt sich das MBR des Entleiherbetriebsrats auch auf LAN (DKK-*Klebe*, § 87 Rn. 6; *Schüren/Hamann*, § 14 Rn. 275; *Thüsing/Thüsing*, § 14 Rn. 139). Die bei Gruppenarbeit latent vorhandene Gefahr der Diskriminierung und Selbstausbeutung (vgl. amt. Begr. Teil B. zu Art. 1 Nr. 56) muss dabei auch für LAN ausgeschlossen sein. Ungeachtet der verschiedenen Ausprägungen der Gruppenarbeit ist infolge der unterschiedlichen Vergütungsregelungen eine **Gleichbehandlung** von Leiharbeitnehmern und Stammbelegschaft nur zu erreichen, wenn eine unterschiedliche Entlohnung ausgeschlossen ist. **Ergebnisorientierte Entlohnungssysteme** stellen auch im Rahmen von Gruppenarbeit nur dann keine Diskriminierung dar, wenn alle Arbeitnehmer, und damit auch Leiharbeitnehmer, denselben Entlohnungsgrundsätzen unterliegen (Rn. 126). Auch die Haftungsregelungen im Zusammenhang mit Gruppenarbeit können nur dann für Leiharbeitnehmer gelten, wenn dem Arbeitnehmer ein Äquivalent in Form einer besonderen Vergütung gewährt wird. Andernfalls (z.B. bei einer abweichenden Regelung in einem TV zur ANÜ) ist ein Einsatz von Leiharbeitnehmern im Rahmen von Gruppenarbeit unzulässig. Da der Zweck des Mitbestimmungsrechts darin liegt, einer Selbstausbeutung der Gruppenmitglieder durch den Gruppendruck und einer Ausgrenzung leistungsschwächerer Arbeitnehmer vorzubeugen, bestehen keine Bedenken, im Rahmen von Betriebsvereinbarungen nach § 87 Abs. 1 Nr. 13 BetrVG die Einsatzbedingungen dahin zu regeln, dass Leiharbeitnehmer nur dann in Gruppenarbeitssystemen eingesetzt werden dürfen, wenn diese den gleichen Entlohnungsgrundsätzen unterliegen wie die Stammbelegschaft. Soweit dem Leiharbeitnehmer in der Betriebsvereinbarung kein unmittelbarer Zahlungsanspruch gegen den Entleiher eingeräumt wird (vgl. Rn. 97) besteht dann nach § 10 Abs. 4 eine Vergütungspflicht des Verleihers, soweit keine abweichende Regelung in einem TV zur ANÜ enthalten ist.

n) Wirkungen von Betriebsvereinbarungen, Durchsetzung der Mitbestimmungsrechte und Rechtsfolgen von Verstößen (§ 87 Abs. 2 BetrVG)

Bestehen im Bereich der Regelungstatbestände des § 87 Abs. 1 BetrVG **Betriebsvereinbarungen**, deren Geltungsbereich auch Leiharbeitnehmer erfasst, kann der Betriebsrat vom Entleiher deren **Durchführung** (§§ 77 Abs. 1 Satz 1, 80 Abs. 1 Nr. 1 BetrVG) und ggf. die **Unterlassung verbotswidriger Maßnahmen** (auch im Wege der einstweiligen Verfügung) **verlangen** (*ArbG München* v. 13. 6. 2001 – 6b BVGa 3/016; DKK-*Berg*, § 77 Rn. 5; *FESTL*, § 77 Rn. 7; *Schüren/Hamann*, § 14 Rn. 277 u. 279). **128**

Soweit im Entleiherbetrieb keine Regelungen bestehen, von denen auch Leiharbeitnehmer erfasst werden, steht dem Entleiherbetriebsrat, soweit sein Mitbestimmungsrecht reicht, ein uneingeschränktes **Initiativrecht** zu, den Abschluss entsprechender Regelungen zu fordern (vgl. *BAG* v. 14. 11. 1974 – 1 ABR 65/73 – AP Nr. 1 zu § 87 BetrVG 1972 u. v. 4. 3. 1986 – 1 ABR 15/84 – AP Nr. 3 zu § 87 BetrVG Kurzarbeit; DKK-*Klebe*, § 87 Rn. 17; *FESTL*, § 87 Rn. 583; *Galperin/Löwisch*, § 87 Rn. 27; *Schüren/Hamann*, § 14 Rn. 278). Infolge der **Schutzfunktion des Entleiherbetriebsrats für Leiharbeitnehmer** besteht dabei eine **Pflicht** des Entleiherbetriebsrats zur Wahrnehmung des Initiativrechts, soweit ohne eine betriebliche Regelung eine diskriminierende Ungleichbehandlung von Leiharbeitnehmern eintreten oder gegen den allgemeinen Persönlichkeitsschutz des Leiharbeitnehmers verstoßen würde (*Schüren/Hamann*, § 14 Rn. 278; vgl. Rn. 98a). **128a**

Besteht zwischen Betriebsrat und Entleiher **Streit** darüber, ob eine **Betriebsvereinbarung auch Leiharbeitnehmer erfasst** oder wie eine Betriebsvereinbarung im Zusammenhang mit dem Einsatz von Leiharbeitnehmern auszulegen ist, ist die diesbezügliche **Rechtsstreitigkeit** im Beschlussverfahren (§ 2a ArbGG) zu entscheiden. Das **Beschlussverfahren** ist auch durchzuführen, soweit der Entleiher das Mitbestimmungsrecht des Betriebsrats hinsichtlich im Betrieb beschäftigter Leiharbeitnehmer leugnet. Die Frage kann hierbei auch im Rahmen eines Vorabentscheidungsverfahrens vor Durchführung eines Einigungsstellenverfahrens geklärt werden (*FESTL*, § 87 Rn. 608); ein Abschluss des Beschlussverfahrens durch eine rechtskräftige Entscheidung ist nicht Voraussetzung für die Durchführung eines Einigungsstellenverfahrens. Vielmehr kann der Betriebsrat nach § 87 Abs. 2 BetrVG jederzeit die **Einigungsstelle anrufen**, wenn mit dem Entleiher keine Einigung über mitbestimmungspflichtige Regelungsgegenstände erzielt werden kann oder der Entleiher auf Forderungen des Betriebsrats nach entsprechenden Regelungen nicht eingeht. Die Einsetzung der Einigungsstelle (§ 98 ArbGG) setzt dabei nicht voraus, dass sich der Regelungsgegenstand auf den Einsatz von Leiharbeitnehmern auf der Grundlage des AÜG bezieht. Vielmehr ergibt sich aus der Schutzfunktion der Mitbestimmungsrechte für die Interessen der Stammbelegschaft, dass die Einigungsstelle auch bei **Einsatz von Fremdfirmenarbeitnehmern auf werkvertraglicher Basis** (wenn auch eingeschränkt) zuständig ist (*LAG Düsseldorf* v. 21. 4. 1988 – 5 (2) TaBV 1/88 – AiB 1988, 219). **129**

Solange keine Einigung zwischen Betriebsrat und Arbeitgeber erzielt wird und auch kein verbindlicher Spruch der Einigungsstelle vorliegt, darf der Arbeitgeber **Maßnahmen**, die dem Mitbestimmungsrecht des Betriebsrats nach § 87 Abs. 1 BetrVG unterliegen, **nicht einseitig durchführen**. Die Einigung zwischen Arbeitgeber und Betriebsrat bzw. ein Spruch der Einigungsstelle ist insoweit **Wirksamkeitsvoraussetzung** dafür, dass der Arbeitgeber die Maßnahme durch- **130** führen kann (*Buschmann/Ulber*, 1989, 204, 217; *FESTL*, § 87 Rn. 599; *Schüren/ Hamann*, § 14 Rn. 277). Die bedeutsamste Auswirkung hieraus für den Bereich der Fremdfirmenarbeit besteht darin, dass der **Entleiher** so lange **am Einsatz** (bzw. der Art des Einsatzes) **von Fremdfirmenarbeitnehmern gehindert** ist, wie das Einigungsstellenverfahren nicht durch Spruch **beendet** ist. Solange kein Spruch ergangen ist, steht dem Betriebsrat – auch unabhängig vom Vorliegen grober Verstöße des Arbeitgebers i.S.v. § 23 Abs. 3 Satz 1 BetrVG – ein Anspruch gegen den Arbeitgeber auf **Unterlassung der mitbestimmungswidrigen Maßnahme** zu (*BAG* v. 3. 5. 1994 – 1 ABR 24/93 – AP Nr. 23 zu § 23 BetrVG 1972 unter Aufgabe der gegenteiligen früheren Auffassung; DKK-*Klebe*, § 87 Rn. 306; *FESTL*, § 87 Rn. 610; *Prütting*, RdA 1995, 257; a. A. *Walker*, BB 1995, 1961), der auch im Wege der einstweiligen Verfügung durchgesetzt werden kann (*LAG Baden-Württemberg*, v. 5. 8. 2005 – 5 Ta Bv 5/05). Dies gilt uneingeschränkt auch, soweit **Fremdfirmenarbeitnehmer** im Entleiherbetrieb **unter Verstoß gegen die Mitbestimmungsrechte** des Betriebsrats eingesetzt werden sollen (*BAG* v. 22. 10. 1991 – 1 ABR 28/91 – AP Nr. 7 zu § 14 AÜG, *LAG Frankfurt* v. 19. 4. 1988 – 5 TaBVGa 52/88 – BB 1988, 2464 u. v. 24. 10. 1989 – 5 TaBVGa 155/89 – DB 1990, 2128; *ArbG Mannheim* v. 1. 4. 1987 – 8 BVGa 8/87 – AiB 1987, 141). Der Unterlassungsanspruch setzt nicht das Bestehen eines Leiharbeitsverhältnisses oder die Eingliederung von Fremdfirmenarbeitnehmern in die Arbeitsorganisation des Entleihers voraus, sondern er beruht darauf, dass der Einsatz der betriebsfremden Person gegen die Mitbestimmungsrechte des Entleiherbetriebsrats sowie die darauf beruhende betriebliche Ordnung beim Entleiher verstößt und entgegen der Funktion des Mitbestimmungsrechts aus § 87 Abs. 1 BetrVG die **Berücksichtigung kollektiver Interessen der Stammbelegschaft missachtet**. Außerhalb des Anwendungsbereichs des § 99 BetrVG (vgl. Rn. 134 ff.) stellen damit die Mitbestimmungsrechte des Entleiherbetriebsrats in sozialen Angelegenheiten das wichtigste Handlungsinstrument dar, um Fremdfirmenarbeit im Betrieb zu gestalten und auf das erforderliche Maß zu begrenzen.

130a Soweit der LAN wirksam durch eine BV beim Entleiher erfasst wird, gilt diese nach § 77 Abs. 4 Satz 1 BetrVG **unmittelbar** und **zwingend** (*FESTL*, § 77 Rn. 35; a. A. *Schüren/Hamann*, § 14 Rn. 255). Der Entleiher kann unmittelbar gegenüber dem LAN alle Rechte aus der BV geltend machen, umgekehrt hat der LAN einen Anspruch gegen den Entleiher auf Einhaltung der BV. Hält der Entleiher die Bestimmungen einer BV nicht ein, steht dem LAN ein **Leistungsverweigerungsrecht** zu (*Boemke*, § 14 Rn. 114; *Schüren/Hamann*, § 14 Rn. 277). Dieses Recht besteht auch, wenn die nach dem **Arbeitsvertrag** des LAN geltenden Arbeitsbedingungen die in einer BV des Entleihers statuierten Leistungspflichten nicht zulassen (*Boemke*, § 14 Rn. 114; *Schüren/Hamann*, § 14 Rn. 243).

130b Soweit keine Zahlungsansprüche des LAN betroffen sind, oder der Entleiher aus anderen Gründen gehindert ist, Ansprüche des LAN selbst zu erfüllen (z. B. Ansprüche auf einen Freizeitausgleich, der erst nach Beendigung der Überlassung gewährt werden muss), ergeben sich sowohl bei der Erfüllung als auch bei etwaigen Leistungsstörungen meist keine Probleme. Dasselbe gilt, soweit in BV des Entleihers Arbeitsbedingungen geregelt sind, die mit Ansprüchen des LAN auf Grund des **Gleichstellungsgrundsatzes** (§§ 3 Abs. 1 Nr. 3, 9 Nr. 2) in Zusammenhang stehen, da hier der Verleiher kraft Gesetzes Schuldner der entsprechenden Gegenleistungsansprüche ist (§ 10 Rn. 92 ff.). Gerade im Rahmen der Regelungsgegenstände des § 87 BetrVG haben BV des Entleihers für Ansprüchen des LAN aus § 10 Abs. 4 große praktische Bedeutung, da die TV zur ANÜ insbesondere beim equal-treatment erhebliche **Regelungslücken** aufweisen (z.B. beim Leistungslohn, bei Erschwerniszulagen, bei Sozialeinrichtungen wie betrieblicher Altersversorgung; vgl. § 9 Rn. 110), die nach §§ 3 Abs. 1 Nr. 3, 9 Nr. 2 einen Gleichstellungsanspruch des LAN auslösen.

Probleme treten auf, wenn der LAN zwar im Rahmen seiner Schuldnerstellung **130c** Ansprüche des Entleihers aus der BV erfüllen muss, hinsichtlich der **Gegenleistung** (wegen der Art des Anspruchs) aber nicht der Entleiher, sondern der Verleiher Schuldner ist. Regelmäßig ist dies bei Entgeltansprüchen des LAN der Fall, da insoweit grundsätzlich nur der Verleiher Schuldner von Ansprüchen des LAN ist (vgl. § 9 Rn. 6; § 1 Rn. 50 ff.). Ist die Gegenleistung (z.B. Zuschläge bei Mehrarbeit) in einem TV zur ANÜ, der auf das Leiharbeitsverhältnis Anwendung findet, anders als beim Entleiher geregelt, stellt sich die Frage, ob der LAN zwar über BV des Entleihers zu einer Leistung verpflichtet werden kann, der Verleiher aber als Arbeitgeber die Gegenleistung auf Grund eines abweichenden Tarifvertrags zur ANÜ **ablehnen** kann. Man könnte insoweit die Auffassung vertreten, dass sich die unmittelbare und zwingende Wirkung von Entleiherbetriebsvereinbarungen nach § 77 Abs. 4 Satz 1 BetrVG (einschließlich der hiermit in Zusammenhang stehenden TV beim Entleiher) unmittelbar auch auf das Leiharbeitsverhältnis erstreckt; und dem LAN daher (unabhängig von §§ 3 Abs. 1 Nr. 3, 9 Nr. 2) auf Grund des Günstigkeitsprinzips (Rn. 98c) ein Anspruch gegen den Verleiher auf Gewährung der Gegenleistung zustünde. Dies würde jedoch auf einen grundsätzlich unzulässigen Vertrag zu Lasten Dritter hinauslaufen und den Geltungsbereich von BV des Entleihers nach § 87 BetrVG systemwidrig über die Betriebsparteien hinaus auf Dritte (den Verleiher) ausdehnen. Auszugehen ist vielmehr davon, dass sich die **Regelungsbefugnis** der Tarifvertragsparteien, vom Gleichbehandlungsgrundsatz des § 9 Nr. 2 abweichende Regelungen treffen zu können, immer nur auf die **Rechtsfolgen** vom Gleichstellungsansprüchen, nicht jedoch auf deren Voraussetzungen bezieht.

Daneben kann eine **einseitige** den Arbeitnehmer belastende **Leistungspflicht** des LAN aus Betriebsvereinbarungen des Entleihers ohne entsprechende Gegenleistung nicht wirksam vereinbart werden (DKK-*Berg*, § 77 Rn. 40; *FESTL*, § 77 Rn. 66). Vielmehr muss dem AN (entsprechend der Verpflichtung der Betriebsparteien alles zu regeln, was mit dem Regelungsgegenstand in Verbindung steht; *FESTL*, § 87 Rn. 21) immer die Gegenleistung gewährt werden, die im Rahmen der Gesamtregelung als Gegenleistung gewährt werden soll. Liegt nach den beim Entleiher zur Anwendung kommenden tariflichen oder betrieblichen Regelungen Mehrarbeit vor, ist die geleistete Mehrarbeit auch im Rahmen eines TV zur ANÜ als Mehrarbeit zu behandeln und als solche ggf. (nach den Bestimmungen dieses TV) zuschlagspflichtig zu vergüten. Dasselbe gilt etwa für Entleiher-BV zu **Dienstreisen**, die als Arbeitszeit gelten, hinsichtlich des Entgeltanspruchs. Entgelt- oder **Aufwendungsersatzansprüche**, die in einer BV des Entleihers geregelt sind, und durch Anordnung des Entleihers (z.B. Anordnung einer Dienstreise) ausgelöst werden, können insoweit auch nicht durch einen TV zur ANÜ nach § 3 Abs. 1 Nr. 3 Halbs. ausgeschlossen werden.

o) Freiwillige Betriebsvereinbarungen und betrieblicher Arbeitsschutz (§§ 88 f. BetrVG)

131 Über die der zwingenden Mitbestimmung des Entleiherbetriebsrats nach § 87 Abs. 1 BetrVG unterliegenden sozialen Angelegenheiten hinaus können Entleiher und Betriebsrat auf der Grundlage von § 88 BetrVG **zum Schutz von Leiharbeitnehmern weitere Regelungen** treffen. Die Regelungskompetenz beschränkt sich dabei nicht auf die in § 88 Nr. 1 bis 3 BetrVG **beispielhaft** aufgeführten Regelungsbereiche (DKK-*Berg*, § 88 Rn. 1; *FESTL*, § 87 BetrVG Rn. 2; *Schüren/Hamann*, § 14 Rn. 281). Insbesondere können die Betriebsparteien den **Katalog mitbestimmungspflichtiger Angelegenheiten** nach § 87 BetrVG **erweitern** (DKK-*Berg*, § 88 Rn. 6) oder auch den persönlichen Geltungsbereich der Vorschrift dahingehend ausweiten, dass **Leiharbeitnehmer allen Betriebsvereinbarungen** und Mitbestimmungsrechten des Betriebsrats nach § 87 Abs. 1 BetrVG **unterliegen**. Ausgeschlossen sind freiwillige Betriebsvereinbarungen allerdings, soweit der **Tarifvorrang** nach § 77 Abs. 3 BetrVG greift oder die Materie durch tarifvertragliche Regelungen, die im Entleiherbetrieb zur Anwendung kommen, abschließend geregelt ist (DKK-*Berg*, § 88 Rn. 2; *FESTL*, § 88 Rn. 4).

132 Soweit **freiwillige Betriebsvereinbarungen** abgeschlossen wurden, erstreckt sich ihr **Geltungsbereich** im Rahmen des § 88 Nr. 1 und 2 BetrVG **auch auf Leiharbeitnehmer** soweit deren Regelungsgegenstand an die tatsächliche Eingliederung anknüpft (*Becker/Wulfgramm*, Art. 1 § 14 Rn. 110; *Boemke*, § 14 Rn. 123; *Thüsing/Thüsing*, § 14 Rn. 140). I. ü. sind Leiharbeitnehmer auch ohne ausdrückliche Regelung dann in den Geltungsbereich einbezogen, wenn die Regelungsmaterie an die **Eingliederung** des Arbeitnehmers in den Betrieb anknüpft oder ein Ausschluss des Leiharbeitnehmers gegen die Gleichbehandlungspflichten aus § 75 Abs. 1 BetrVG verstoßen würde (*Schüren/Hamann*, § 14 Rn. 282).

133 In Fragen des **Arbeitsschutzes** (§ 89 BetrVG) hat der Betriebsrat für Leiharbeitnehmer dieselben Beteiligungsrechte und -pflichten wie für Stammarbeitnehmer (*Thüsing/Thüsing*, § 14 Rn. 145; *Boemke*, § 14 Rn. 124; *Schüren/Hamann*, § 14 Rn. 284). Einschränkungen würden hier gegen die gesetzliche Verpflichtung verstoßen, alle im Entleiherbetrieb geltenden Normen des Arbeitsschutzes einzuhalten (§ 11 Abs. 6).

6. Mitwirkungsrechte des Entleiherbetriebsrats bei Übernahme von Leiharbeitnehmern (§ 99 BetrVG i.V.m. Abs. 3)

a) Anwendungsbereich des Abs. 3

134 Nach § 14 Abs. 3 Satz 1 ist der Entleiherbetriebsrat **vor der Übernahme eines Leiharbeitnehmers** nach § 99 BetrVG zu beteiligen. Abs. 3 Satz 1, der weitgehend auf der Rechtsprechung des *BAG* (v. 14.5.1974 – 1 ABR 40/73 – AP Nr. 2 zu § 99 BetrVG 1972) zur Mitbestimmung des Entleiherbetriebsrats bei Einstellungen von Leiharbeitnehmern beruht (BT-Ds. 9/847, S. 8), stellt eine **eigenständige Rechtsgrundlage** für die **Mitbestimmung des Entleiherbetriebsrats** dar. Es handelt sich bei der Vorschrift um eine **Rechtsfolgenverweisungsnorm** (*Becker/Wulfgramm*, Art. 1 § 14 Rn. 96; *Buschmann/Ulber* 1989, 108; *ErfK/Wank*, § 14 AÜG Rn. 20; *Sandmann/Marschall*, Art. 1 § 14 Anm. 16; offen gelassen KassHandb/*Düwell*, 4.5 Rn. 476), so dass das Mitbestimmungsrecht aus § 99 BetrVG bei Einstellung von Leiharbeitnehmern auch in **Unternehmen mit zwanzig und weniger wahl-**

berechtigten Arbeitnehmern zur Anwendung kommt (ErfK/*Wank*, § 14 Rn. 20; a. A. *Erdlenbruch* 1992, 182; *Boemke*, § 14 Rn. 94; *Wensing/Freise*, BB 2004, 2238; *Schüren/Hamann*, § 14 Rn. 144; *Thüsing/Thüsing*, § 14 Rn. 147). Das Ergebnis rechtfertigt sich daraus, dass wegen des besonderen Status des Leiharbeitnehmers die kollektiven, materiellen Arbeitsbedingungen der Stammbelegschaft weiter gehend betroffen sind als bei Neueinstellungen und der Entleiherbetriebsrat dies auch in Kleinbetrieben schon bei der Übernahme der Zustimmungsverweigerungsgründe des § 99 Abs. 2 BetrVG geltend machen soll (anders *Erdlenbruch* 1992, 182).

§ 14 Abs. 3 gilt sowohl in den Fällen gewerbsmäßiger als auch **nichtgewerbsmäßiger ANÜ** (*BAG* v. 25.1.2005 – 1 ABR 61/03 – DB 2005, 1693; *Richardi*, § 1 Rn. 128 u. § 5 Rn. 99; differenzierend GK-*Kreutz*, § 7 Rn. 44) einschließlich aller Formen **illegaler ANÜ** (vgl. *BAG* v. 31.1.1989 – 1 ABR 72/87 – AP Nr. 33 zu § 80 BetrVG 1972; *Thüsing/Thüsing*, § 14 Rn. 156; *Ulber*, AuR 1982, 54; a. A. *Schüren/ Hamann*, § 14 Rn. 138 f.). Eine **Differenzierung** der **Zustimmungsverweigerungsgründe** von § 99 Abs. 2 BetrVG danach, ob es sich um Formen der gewerbsmäßigen oder nichtgewerbsmäßigen ANÜ handelt (so *BAG* v. 25.1.2005 – 1 ABR 61/03 – DB 2005, 1693), ist nicht gerechtfertigt, da die Gewinnerzielungsabsicht des Verleihers bei der ANÜ (§ 1 Rn. 154) aus Sicht des Einsatzbetriebs, an den das Mitbestimmungsrecht nach § 99 BetrVG anknüpft, irrelevant ist. Auch in den **Fällen des § 1a** und bei Abordnung zu einer Arge nach § 1 Abs. 1 Satz 2 kommt die Vorschrift unmittelbar zur Anwendung (ErfK/*Wank*, § 14 Rn. 16; *Schüren/ Hamann*, § 14 Rn. 139; GK-*Kreutz*, § 7 Rn. 42). Ausgeschlossen ist eine unmittelbare Anwendbarkeit nur in den Fällen der **Konzernleihe** (§ 1 Abs. 3 Nr. 2) und der **ANÜ auf Grund Tarifvertrages** nach § 1 Abs. 3 Nr. 1 (*BAG* v. 10.3.2004 – 7 ABR 49/03) sowie für die grenzüberschreitende ANÜ an ein deutsch-ausländisches Gemeinschaftsunternehmen nach § 1 Abs. 3 Nr. 3 (*Schüren/Hamann*, § 14 Rn. 139). Bei konzerninterner ANÜ ist der Betriebsrat des aufnehmenden Unternehmens jedoch unter dem Gesichtspunkt der Einstellung unmittelbar nach § 99 BetrVG zu beteiligen (vgl. *BAG* v. 26.1.1993 – 1 AZR 303/92 – DB 1993, 1475; *Maschmann*, RdA 1996, 24; vgl. § 1 Rn. 255 f.) und kann die Zustimmung zur Einstellung verweigern, wenn die Voraussetzungen einer vorübergehenden Überlasssung i.S.d. § 1 Abs. 3 Nr. 2 nicht erfüllt sind (*BAG* v. 16.6.1998 – 1 ABR 59/97 – EzAÜG § 14 AÜG Betriebsverfassung Nr. 41). Der Betriebsrat hat auch mitzubestimmen, wenn Leiharbeitnehmer auf der Grundlage von § 1 Abs. 3 Nr. 1 im Betrieb beschäftigt werden sollen, da auch hier die für die Mitbestimmung nach § 99 BetrVG ausreichende **Eingliederung** des Arbeitnehmers in den Betrieb des Entleihers vorliegt.

§ 14 Abs. 3 Satz 1 ist auch anwendbar, soweit **LAN einer PSA** im Rahmen **vermittlungsorientierter ANÜ** bei einem Entleiher beschäftigt werden sollen. Wird dabei der Arbeitnehmer zunächst nur für einen befristeten Zeitraum als LAN beschäftigt, werden bei einer späteren **Übernahme** die Mitbestimmungsrechte des Entleiherbetriebsrats nach § 99 BetrVG unter dem Gesichtspunkt der Einstellung erneut ausgelöst (*Boemke*, § 14 Rn. 97; *Schüren/Hamann*, § 14 Rn. 152; vgl. Rn. 138 ff.). Abs. 3 Satz 1 umfasst nicht die Übernahme eines LAN in ein Arbeitsverhältnis beim Entleiher. Steht bei Beginn der Beschäftigung als LAN allerdings verbindlich fest, dass der LAN im unmittelbaren Anschluss an die ANÜ in ein Arbeitsverhältnis zum Entleiher eintreten soll, werden die bestehenden Mitbestimmungsrechte des Entleiherbetriebsrats bei der späteren Einstellung schon zum Zeitpunkt der Übernahme als LAN ausgelöst. Die Besonderheit der **Aus-**

135

136

übung des **Mitbestimmungsrechts** des Entleiherbetriebsrats besteht hier darin, dass der Betriebsrat schon bei der Übernahme des Arbeitnehmers als Leiharbeitnehmer **gleichzeitig** auch die bei einer **späteren Übernahme als Eigenbeschäftigter** (unter dem Gesichtspunkt der Einstellung) bestehenden Mitbestimmungsrechte wahrnehmen muss. Insoweit sind die Fälle mit Fallgestaltungen, in denen ein befristetes Probearbeitsverhältnis vereinbart wird und schon bei Abschluss des Probearbeitsverhältnisses feststeht, dass der Arbeitnehmer bei Bewährung auf unbestimmte Zeit weiterbeschäftigt wird (vgl. *BAG* v. 7.8.1990 – 1 ABR 68/89 – AiB 1991, 120), vergleichbar. In den Fällen, in denen die spätere Einstellung schon bei der Übernahme als LAN feststeht, können die bei Übernahme des Leiharbeitnehmers und bei Einstellung als Arbeitnehmer bestehenden Mitwirkungsrechte nach § 99 BetrVG **nur einheitlich** ausgeübt werden. Hat der Betriebsrat zwar keine Bedenken gegen die vorübergehende Beschäftigung als Leiharbeitnehmer, bestehen jedoch Bedenken gegen eine spätere Einstellung als Arbeitnehmer, muss er dies schon bei der Übernahme als Leiharbeitnehmer geltend machen. Der Charakter des § 14 Abs. 3 Satz 1 als **Rechtsfolgenverweisungsnorm** (Rn. 134) beinhaltet insoweit die Zusammenfassung der bei Einstellung von Leiharbeitnehmern und bei späterer Festeinstellung bestehenden unterschiedlichen Mitbestimmungstatbestände. Der Betriebsrat kann und muss daher in diesen Fällen schon bei der Einstellung als Leiharbeitnehmer sowohl die auf ANÜ als auch die auf Festeinstellung beruhenden **Bedenken** im Rahmen des Zustimmungsverweigerungsrechts geltend machen.

137 Der Entleiher ist im Falle einer vertraglichen Verpflichtung zur späteren Einstellung schon bei Übernahme des Arbeitnehmers als Leiharbeitnehmer verpflichtet, seinen **Unterrichtungspflichten** sowohl hinsichtlich der Beschäftigung als Leiharbeitnehmer als auch hinsichtlich der Beschäftigung als späterer Stammarbeitnehmer nachzukommen. Ist der Entleiher hierzu nicht in der Lage, z.B. indem er keine **Bewerbungsunterlagen** des Arbeitnehmers besitzt oder sonst über Art und Inhalt der späteren Tätigkeit des Leiharbeitnehmers keine Auskunft geben kann, beginnt die Anhörungsfrist nach § 99 Abs. 3 BetrVG nicht zu laufen. Steht nach den Aussagen des Arbeitgebers nicht unzweifelhaft fest, dass dem Entleiherbetriebsrat sowohl für den Einsatz als LAN als auch für die spätere Einstellung als Stammarbeitnehmer kein Grund zur Zustimmungsverweigerung zusteht. Die **Frist für die Zustimmungserklärung** des BR beginnt erst zu laufen, wenn der Entleiher die zum Ausräumen der Bedenken erforderlichen Informationen erteilt hat.

138 In den Fällen, in denen zunächst eine Einstellung als Leiharbeitnehmer und erst im Verlauf des Einsatzes eine Festeinstellung des Leiharbeitnehmers in Aussicht genommen wird, ist zunächst das Mitbestimmungsverfahren nach § 14 Abs. 3 Satz 1 hinsichtlich der Übernahme als Leiharbeitnehmer und später ein **weiteres Mitbestimmungsverfahren** nach § 99 BetrVG bezüglich der **Einstellung als Stammarbeitnehmer** durchzuführen (*BAG* v. 16.6.1998 – 1 ABR 59/97 – EzAÜG § 14 AÜG Betriebsverfassung Nr. 41; *Boemke*, § 14 Rn. 97; DKK-*Kittner*, § 99 Rn. 56; *Schüren/Hamann*, § 14 Rn. 152; *Thüsing/Thüsing*, § 14 Rn. 161; a.A. *Wensing/Freise*, BB 2004, 2239). Hier wird mit dem Arbeitnehmer ein neues Arbeitsverhältnis **begründet**, und sowohl der arbeitsvertragliche als auch der betriebsverfassungsrechtliche Status des Arbeitnehmers durch die vollständige Eingliederung in den Betrieb des Entleihers auf eine neue Grundlage gestellt. Der Fall ist insoweit mit der Verlängerung eines befristeten Arbeitsverhältnisses oder der Umwandlung eines befristeten in ein unbefristetes Arbeitsverhältnis vergleichbar, auch hier ist der Betriebsrat nach § 99 BetrVG erneut zu beteiligen (*BAG* v. 7. 8. 1990 – 1 ABR 68/89 – AiB 1991, 120).

Kein weiteres Mitbestimmungsverfahren wird in den Fällen ausgelöst, in denen bei Beginn oder während des Einsatzes von Fremdfirmenbeschäftigten nach §§ 10 Abs. 1, 1 Abs. 2 kraft Gesetzes ein **fingiertes Arbeitsverhältnis** zum Entleiher zustande kommt (str.; wie hier *Becker/Wulfgramm*, Art. 1 § 14 Rn. 126; *Buschmann/Ulber* 1989, 111; *Däubler*, Bd. 2, S. 961; *Erdlenbruch* 1992, 230; *Halbach*, DB 1980, 2392; Kass*Handb/Düwell*, 4.5 Rn. 482a; *Ulber*, AuR 1982, 63; *Wensing/Freise*, BB 2004, 2242; a. A. DKK-*Kittner*, § 99 Rn. 57; *Hamann*, WiB 1996, 373; *Schüren/ Hamann*, § 14 Rn. 495; *Thüsing/Thüsing*, § 14 Rn. 158). Den Betriebsparteien steht insoweit weder der nach § 99 Abs. 2 BetrVG vorausgesetzte Entscheidungsspielraum zu, noch kann der Entleiherbetriebsrat die Begründung des fingierten Arbeitsverhältnisses wegen der **zwingend** angeordneten Rechtsfolgen der §§ 10 Abs. 1, 1 Abs. 2 durch eine Zustimmungsverweigerung verhindern oder rückgängig machen (*Becker/Wulfgramm*, Art. 1 § 14 Rn. 126; *Grimm/Brock*, 168; GK–*Kraft*, § 99 Rn. 31; a. A. *Schüren/Hamann*, § 14 Rn. 495; *Richardi*, § 5 Rn. 97). Die Fallgestaltungen, in denen Arbeitnehmer überlassen werden und auf Grund der Illegalität im Verlauf der Überlassung in ein unbefristetes Normalarbeitsverhältnis zum Entleiher eintreten, sind mit denen vergleichbar, in denen auf Grund einer unwirksamen Befristungsabrede oder wegen Verstoßes gegen § 14 TzBfG ein unbefristetes Arbeitsverhältnis zustande kommt (vgl. *BAG* v. 28. 6. 1994 – 1 ABR 59/93 – AP Nr. 4 zu § 99 BetrVG 1972 Einstellung).

Das nach § 10 Abs. 1 **fingierte Arbeitsverhältnis** ist in betriebsverfassungsrechtlicher Hinsicht dadurch **legitimiert** (zum Problem der Legitimationswirkungen einer Zustimmung des Betriebsrats vgl. *Ulber*, AuR 1982, 54), dass der Betriebsrat **bei der Einstellung** des Leiharbeitnehmers nach § 99 BetrVG **beteiligt** wurde und er bei Bedenken gegen das Vorliegen einer den Bestimmungen des AÜG Rechnung tragenden ANÜ die Zustimmung verweigern konnte (Rn. 137). Vom **Zustimmungsverweigerungsrecht** beim Einsatz von Leiharbeitnehmern wird nicht nur die Übernahme des Leiharbeitnehmers als solche erfasst, sondern es kann auch auf solche Tatbestände gestützt werden, die im späteren Verlauf eine Illegalität der ANÜ begründen und damit das Zustandekommen eines Arbeitsverhältnisses zum Entleiher zur Folge haben können (*BAG* v. 28. 9. 1988 – 1 ABR 85/87 – AP Nr. 66 zu § 99 BetrVG 1972). Da § 14 Abs. 3 Satz 1 sowohl für Fälle gewerbsmäßiger wie nichtgewerbsmäßiger ANÜ als auch bei illegaler ANÜ Anwendung findet, ist in allen Fällen, in denen der Betriebsrat vor Übernahme des Arbeitnehmers nach § 99 BetrVG beteiligt wurde, **kein Raum für ein weiteres Mitbestimmungsverfahren** bei Einstellungen nach § 99 BetrVG gegeben, wenn später die **Fiktionswirkungen** der §§ 10 Abs. 1, 1 Abs. 2 **eintreten.** Soweit ein Mitbestimmungsrecht des Betriebsrats bei Einstellungen wegen der Fiktionswirkung des § 10 Abs. 1 entfällt, ist dennoch das Mitbestimmungsverfahren nach § 99 BetrVG bezüglich der vorzunehmenden **Eingruppierung** des Arbeitnehmers in die beim Entleiher geltende Vergütungsordnung durchzuführen (*Halbach*, DB 1980, 2392). Die Unterrichtungsansprüche des Betriebsrats sind hierbei auch dann gegeben, wenn der Entleiher den Betriebsrat bei der seinerseitigen Einstellung als Leiharbeitnehmer über die Eingruppierung informiert hat.

Besonderheiten ergeben sich in den Fällen, in denen Beteiligungsrechte des Entleiherbetriebsrats bei Einsatz von Fremdfirmenarbeitnehmern nach § 14 Abs. 3 nicht gegeben sind, v. a. wenn der **Einsatz auf der Grundlage von Werkverträgen** erfolgt (vgl. hierzu Einl. C. Rn. 159 ff.). Folgt man nicht der hier vertretenen

139

140

141

Auffassung, dass bei **dauerhaften betrieblichen Aufgabenstellungen** auch der Einsatz von Arbeitnehmern auf werk- oder dienstvertraglicher Grundlage der Mitbestimmung des Betriebsrats des Einsatzbetriebs unterliegt (*Schüren/Hamann*, § 14 Rn. 532; *FESTL* § 99 Rn. 62 f.; vgl. Einl. C. Rn. 147; zum Mitbestimmungsrecht des Betriebsrats des Einsatzbetriebs bei Gestellungsverträgen vgl. *BAG* v. 22. 4. 1997 – 1 ABR 74/96 – DB 1997, 936), liegt bei werkvertraglichen Einsatzformen, die im Verlauf der Durchführung die Tatbestände der §§ 10 Abs. 1, 1 Abs. 2 erfüllen, dem fingierten Arbeitsverhältnis **keine Legitimation der betrieblichen Interessenvertretung** zugrunde. Ein Teil der Literatur versucht das Problem dadurch zu lösen, dass in Fällen, in denen der Fremdfirmenbeschäftigte im Verlauf des Arbeitseinsatzes zum Stammarbeitnehmer wird, erst damit die Arbeitnehmereigenschaft begründet wird (so DKK-*Kittner*, § 99 Rn. 57) und deshalb ein (weiteres) Mitbestimmungsverfahren durchzuführen sei (DKK-*Kittner*, a.a.O.; *Schüren/Hamann*, § 14 Rn. 515; *Thüsing/Thüsing*, § 14 Rn. 158 u. 189). Würde man dem folgen, hätte dies zur Konsequenz, dass selbst Fremdfirmenarbeitnehmer, die **langjährig** ihre Arbeit im Einsatzbetrieb erbracht haben und die möglicherweise schon eine erhebliche Zeit in einem nach §§ 10 Abs. 1, 1 Abs. 2 zustandegekommenen Arbeitsverhältnis stehen, in der Gefahr stehen, durch die Geltendmachung von Zustimmungsverweigerungsgründen durch den Betriebsrat das Arbeitsverhältnis zu verlieren. Berücksichtigt man hierbei, dass auch das Arbeitsverhältnis zum früheren Arbeitgeber in den Fällen der §§ 10 Abs. 1 in der Regel beendet ist, könnte bei Durchführung eines Mitbestimmungsverfahrens nach § 99 BetrVG der Fall eintreten, dass der Arbeitnehmer ganz **ohne Arbeitsverhältnis** dasteht. Dies steht weder mit den Schutzzwecken in Einklang, noch entspricht es der **Schutzfunktion des Mitbestimmungsrechts** nach § 99 BetrVG, die Beschäftigungsinteressen der **Stammbelegschaft** (vgl. hierzu *BAG* v. 28. 9. 1988 – 1 ABR 85/87 – AP Nr. 60 zu § 99 BetrVG 1972), zu der **auch der betroffene Arbeitnehmer** aus dem fingierten Arbeitsverhältnis gehört, wahrzunehmen. Das Problem, wie die Begründung von Arbeitsverhältnissen nach §§ 10 Abs. 1, 1 Abs. 2 mit den Schutzfunktionen des Mitbestimmungsrechts nach § 99 BetrVG und darüber hinaus auch der institutionellen Sicherung der Beteiligungsrechte des Betriebsrats bei Einstellungen schlechthin in Einklang zu bringen ist, kann nicht dadurch gelöst werden, dass (in zeitlicher Hinsicht quasi von hinten) das fingierte und auch durchgeführte Arbeitsverhältnis je nachdem, **wann die Illegalität erkannt** wird, durch die Einräumung von Mitbestimmungsrechten – und damit auch Zustimmungsverweigerungsrechten – wieder beseitigt wird. Vielmehr muss das Problem entsprechend § 14 Abs. 3 dadurch gelöst werden, dass dem Entleiherbetriebsrat **bei allen Formen der Fremdfirmenarbeit** die **Mitbestimmungsrechte** zustehen, die auch bei ANÜ zur Anwendung kommen. Nur so lassen sich auch die betriebsverfassungsrechtlichen Legitimationsprobleme bei fingierten Arbeitsverhältnissen lösen, was i. ü. auch zur Überprüfung der restriktiven Rechtsprechung des *BAG* zum Mitbestimmungsrecht des Einsatzbetriebsrats beim Werkvertrag Anlass gibt (vgl. hierzu Einl. C. Rn. 161 ff.).

142 Die betriebsverfassungsrechtlichen Probleme und das faktische Außerkraftsetzen der Mitbestimmung bei illegalen Formen werkvertraglichen Einsatzes verweisen dabei darauf, dass eine Einschränkung der Anforderungen an den **Einstellungsbegriff** nicht ausreicht, um die Mitbestimmungsrechte des Betriebsrats bei **illegalen Formen der Fremdfirmenarbeit** zu sichern. Vielmehr wird es hinsichtlich der Unterbindung von illegaler Beschäftigung im Betrieb in Zukunft verstärkt darauf ankommen, die Mitbestimmungsrechte des Betriebsrats nach

§ 99 BetrVG anderen und z.T. geringeren Anforderungen zu unterwerfen. Dies gilt erst recht, wenn man mit der Rechtsprechung des *BAG* davon ausgeht, dass in den Fällen von Verstößen gegen § 3 Abs. 1 kein Arbeitsverhältnis zum Verleiher fingiert wird (vgl. Einl. D. Rn. 47 ff.). Illegale Formen der Fremdfirmenarbeit könnten dann mitbestimmungsfrei vom Arbeitgeber praktiziert werden. Das Abstellen auf eine **Eingliederung**, die beim Werkvertrag ohnehin immer erst im Verlauf der Durchführung des Vertrages erkennbar wird, ist **ungeeignet**, um illegale Beschäftigung im Betrieb zu verhindern und einem weiteren Anstieg illegaler Beschäftigung in der Gesamtwirtschaft Einhalt zu gebieten. Der Einstellungsbegriff im Rahmen des § 99 BetrVG bedarf insoweit auch einer Überprüfung, ob nicht allein wegen des **objektiven Umstandes**, dass **Arbeitsplätze im Einsatzbetrieb durch Arbeitnehmer besetzt** werden, das Vorliegen einer Einstellung i.S.d. Vorschrift gerechtfertigt ist, bzw. eine Einstellung auch dann vorliegt, wenn lediglich potenziell die Gefahr besteht, dass durch den Einsatz von Fremdfirmenbeschäftigten die Rechtsfolgen der §§ 10 Abs. 1, 1 Abs. 2 später eintreten und damit die Mitbestimmungsrechte des Betriebsrats umgangen werden können.

Wird ein im Einsatzbetrieb beschäftigter **Leiharbeitnehmer** gegen einen anderen **143** Leiharbeitnehmer **ausgetauscht**, ist unabhängig davon, ob der Wechsel der Person des Leiharbeitnehmers auf demselben oder einem neuen ANÜ-Vertrag beruht, das **Mitbestimmungsverfahren** nach § 99 BetrVG i.V.m. § 14 Abs. 3 Satz 1 **erneut durchzuführen** (*ArbG Verden/Aller* v. 1.8.1989 – 2 BV 24/89 – AiB 1989, 318; DKK-*Kittner*, § 99 Rn. 133; *FKHE*, § 99 Rn. 12; ErfK/*Wank*, § 14 Rn. 22; *Hamann*, WiB 1996, 370; *Sahel/Bachner*, NZA 1994, 1063; *Schüren/Hamann*, § 14 Rn. 151; *Thüsing/Thüsing*, § 14 Rn. 160; a. A. *Hunold*, BB 1976, 652; *Wensing/Freise*, BB 2004, 2239)). Dasselbe gilt, wenn Leiharbeitnehmer über den ursprünglich **geplanten Zeitpunkt hinaus weiter beschäftigt** werden sollen (*LAG Frankfurt* v. 9.2.1988 – 5 TaBV 113/87 – EzAÜG § 14 AÜG Betriebsverfassung Nr. 16; *Boemke*, § 14 Rn. 35; *Schüren/Hamann*, § 14 Rn. 160). Die Mitwirkungsrechte des Abs. 1 knüpfen – wie generell bei § 99 BetrVG (vgl. *BAG* v. 1.8.1989 – 1 ABR 54/88 – AP Nr. 68 zu § 99 BetrVG) – an die **Übernahme eines konkreten**, in der Person individualisierten **Leiharbeitnehmers** an; der Betriebsrat muss hinsichtlich jedes im Betrieb eingesetzten Leiharbeitnehmers prüfen können, ob Gründe vorliegen, die einer Beschäftigung des Leiharbeitnehmers (z.B. wegen fehlender Arbeitserlaubnis) entgegenstehen und durch Zustimmungsverweigerung geltend gemacht werden können.

Wird ein konkret überlassener **Leiharbeitnehmer** innerhalb des Entleiher- **144** betriebs **versetzt**, löst dies ebenfalls die **Mitwirkungsrechte des Entleiherbetriebsrats** nach § 99 BetrVG aus (*Boemke*, § 14 Rn. 36; *Sandmann/Marschall*, Art. 1 § 14 Anm. 22; *Schüren/Hamann*, § 14 Rn. 307, 150; GK-*Raab*, § 5 Rn. 67). § 95 Abs. 3 Satz 2 BetrVG schließt begrifflich nur Versetzungen durch den Verleiher zu verschiedenen Entleihern aus (vgl. § 1 Rn. 43), berührt jedoch nicht die Frage, ob Veränderungen im Tätigkeitsbereich des Leiharbeitnehmers bei Entleihern eine Versetzung i.S.d. § 95 Abs. 3 BetrVG darstellen (a. A. *Becker*, AuR 1982, 375). Daher kommt es auch nicht darauf an, welcher Aufgabenbereich des Leiharbeitnehmers im ANÜ-Vertrag festgelegt wurde (so aber *Schüren/Hamann*, § 14 Rn. 308 ff., der sich zu Unrecht auf *FESTL*, § 99 Rn. 135 beruft), sondern ausschließlich auf die **tatsächlichen Umstände der Versetzung**. Ebenso wie arbeitsvertragliche Vereinbarungen das Vorliegen einer Versetzung i.S.d. § 95 Abs. 3 BetrVG i.d.R. nicht beeinflussen können (DKK-*Kittner*, § 99 Rn. 88), können **Absprachen im ANÜ-Vertrag** den betriebsverfassungsrechtlichen **Versetzungsbegriff** nicht einengen oder erweitern. Auch ein ausdrücklich vom Arbeitnehmer erklärtes Einverständnis mit einer Versetzung schließt nicht das Mitwirkungsrecht des Betriebsrats aus, sondern führt lediglich zu einer eingeschränkten Anwendbarkeit des Zustimmungsverweigerungsrechts im Rahmen des § 99 Abs. 2 Nr. 4 BetrVG (*BAG* v. 2.4.1996 – 1 ABR 39/95 – AP Nr. 9 zu § 99 BetrVG 1972 Versetzung).

b) Voraussetzungen des Mitbestimmungsrechts (Abs. 3 Satz 1)

145 Nach § 14 Abs. 3 Satz 1 ist alleinige Tatbestandsvoraussetzung für die Auslösung der Beteiligungsrechte nach § 99 BetrVG, dass ein **Leiharbeitnehmer zur Arbeitsleistung übernommen** wird. Der Begriff der **Übernahme** ist dabei nicht gleichzusetzen mit dem Einstellungsbegriff des § 99 BetrVG. Der Personenkreis, der nach § 7 Satz 2 BetrVG potenziell wahlberechtigt ist, unterliegt immer dem Mitbestimmungsrecht des Betriebsrates bei Einstellungen, wobei es im Rahmen des § 99 BetrVG nicht auf die Dauer des Einsatzes beim Entleiher ankommt (*Boemke*, § 14 Rn. 95). Das Gesetz knüpft allein an den tatsächlichen Einsatz (vgl. § 7 Satz 2 BetrVG) beim Dritten sowie daran an, dass die Arbeitsleistung des Arbeitnehmers den Geschäftszweck der Übernahme darstellt (*Sandmann/Marschall*, Art. 1 § 14 Anm. 18; *Schüren/Hamann*, § 14 Rn. 146). Allein die tatsächliche Arbeitsaufnahme des Arbeitnehmers für den Entleiher im Rahmen von dessen Betriebszwecken und -abläufen reicht aus; unerheblich ist insoweit, ob der Entleiher tatsächlich auch Weisungen erteilt, solange eine **Weisungsgebundenheit der Tätigkeit** vorliegt. Auf welcher vertraglichen Grundlage der Leiharbeitnehmer zur Arbeitsleistung übernommen werden soll oder ob ein schriftlicher ANÜ-Vertrag abgeschlossen wurde, ist für das Bestehen des Beteiligungsrechts des Betriebsrats unmaßgeblich.

146 **Bestreitet der Entleiher**, dass dem Betriebsrat die **Beteiligungsrechte** aus § 14 Abs. 3 zustehen, kann der Betriebsrat die Frage des Bestehens eines Mitbestimmungsrechts im arbeitsgerichtlichen Beschlussverfahren (§ 2a Abs. 1 Nr. 1, Abs. 2 ArbGG) klären lassen (*BAG* v. 5.10.2000 – 1 ABR 52/99; *Richardi*, § 99 Rn. 239; ErfK/*Wank*, § 14 Rn. 21). Setzt der Entleiher den Leiharbeitnehmer ohne die nach § 99 BetrVG erforderliche Zustimmung des Betriebsrats im Betrieb ein, kann der Betriebsrat nach § 101 Satz 1 BetrVG die **Aufhebung der Beschäftigung von Fremdfirmenarbeitnehmern** verlangen (*BAG* v. 1.8.1989 – 1 ABR 54/88 – AP Nr. 68 zu § 99 BetrVG 1972; *Schüren/Hamann*, § 14 Rn. 209). Dem Leiharbeitnehmer steht ggf. ein Leistungsverweigerungsrecht zu (*BAG* v. 5.4.2001 – 2 AZR 580/99; *Richardi*, § 99 Rn. 229). Daneben steht dem Betriebsrat (vgl. *BAG* v. 3.5.1994 – 1 ABR 24/93 – AP Nr. 23 zu § 23 BetrVG 1972) bei mitbestimmungswidrigem Verhalten des Entleihers auch ein allgemeiner **Unterlassungsanspruch** auf Aufhebung der Beschäftigung des Leiharbeitnehmers zu (DKK-*Kittner*, § 101 Rn. 23; *Richardi*, § 99 Rn. 241a f.), der auch im Wege der einstweiligen Verfügung gesichert werden kann (*ArbG München* v. 3.5.2001 – 6b BVGa 3/01 G; DKK-*Kittner*, § 101, Rn. 24 f.).

146a Unstrittig bestehen die MBR des Entleiherbetriebsrats nach § 99 BetrVG bei der **Übernahme** (als Einstellung; Rn. 134) und einer **Versetzung** i.S.d. § 95 Abs. 3 BetrVG (Rn. 144). Umstritten ist jedoch, ob und ggf. in welchem Umfang dem Entleiherbetriebsrat beim Einsatz von LAN auch die MBR bei **Ein- und Umgruppierungen** zustehen. Besteht beim Entleiher keine **kollektive Vergütungsordnung**, liegen die Begriffsmerkmale einer Eingruppierung nicht vor (*FESTL*, § 99 Rn. 77) und ein MBR scheidet aus. Liegt eine solche vor, wird ein Mitbestimmungsrecht des Entleiherbetriebsrats bei Eingruppierungen teilweise mit dem Hinweis verneint, dass sich die Eingruppierung nur aus dem Vertrag zwischen Verleiher und LAN ergebe (ErfK/*Wank*, § 14 Rn. 24). Nach dem **Gleichbehandlungsgrundsatz** gem. §§ 3 Abs. 1 Nr. 3, 9 Nr. 2 richtet sich jedoch das Arbeitsentgelt und damit auch die richtige Eingruppierung (als Mindestarbeitbedingung) nach den beim Entleiher geltenden Regelungen. Ein **Regelungsspielraum** hinsichtlich dieser Mindestarbeitsbedingung besteht für die Betriebsparteien beim Verleiher nicht, (§ 9 Rn. 72, 113). Da der Grundsatz der gleichen Entlohnung nicht allein an die bestehenden kollektiven Regelungen beim Entleiher anknüpft, sondern die dem vergleichbaren Arbeitnehmer tatsächlich gewährte Vergütung maßgeblich ist (vgl. § 9 Rn. 90ff.), liegt eine ordnungsgemäße Eingruppierung daneben nur vor, wenn der LAN so eingruppiert wird, wie der vergleichbare Arbeitnehmer in tatsächlicher Hinsicht. Allein der Entleiherbetriebsrat kann beurteilen, welche Eingruppierungsmerkmale auf Grund der für den Arbeitsplatz erforderlichen und vom LAN tatsächlich ausgeübten Tätigkeit erfüllt sind, die für Eingruppierung eines **vergleichbaren Arbeitnehmers** gelten. Selbst wenn man für die Mitbestimmung bei Eingruppierungen das Bestehen eines Arbeitsverhältnisses fordert (*FESTL*, § 99 Rn. 73a), ergibt sich das Mitbestimmungsrecht des Entleiherbetriebsrats bei der Eingruppierung von LAN als **Annexkompetenz** aus dem Gleichstellungsgrundsatz von §§ 3 Abs. 1 Nr. 3, 9 Nr. 2 (a. A. für die nichtgewerbsmäßige ANÜ *BAG* v. 25. 1. 2005 – 1 ABR 61/03 – BB 2005, 2189). Das Mitbestimmungsrecht des Verleiherbetriebsrats bei Eingruppierungen (Rn. 26a) bleibt daneben bestehen.

Unterliegt das Leiharbeitsverhältnis einem **TV zur ANÜ**, ist die kollektive Vergütungsordnung des Entleihers für Gleichstellungsansprüche des LAN aus § 10 Abs. 4 nur maßgeblich, soweit der TV unwirksam ist (wie beim Leistungslohn; vgl. § 9 Rn. 94, 110, 211) oder **Regelungslücken** aufweist (vgl. § 10 Rn. 88 und § 9 Rn. 110). Bestehen solche Regelungslücken, unterliegt auch die Festlegung der Eingruppierung des LAN entsprechend der eines vergleichbaren Arbeitnehmers des Entleihers dem MBR des Entleiherbetriebsrats. I. Ü. ist jedoch ein Mitbestimmungsrecht ausgeschlossen, da die Eingruppierung auf der Grundlage des für den LAN maßgeblichen Tarifvertrags ausschließlich dem MBR des Verleiherbetriebsrats zusteht (Rn. 26c). Dem Entleiherbetriebsrat steht jedoch das Recht zu, Verstöße gegen den Gleichbehandlungsgrundsatz wegen falscher Wahl des vergleichbaren Arbeitnehmers (und damit fehlerhafter Eingruppierung) bei der Zustimmungsverweigerung geltend zu machen (vgl. Rn. 157).

c) Unterrichtungspflichten des Entleihers (§ 99 Abs. 1 BetrVG, § 14 Abs. 3 Satz 1 und 2)

Nach § 14 Abs. 3 Satz 1 i. V. m. § 99 Abs. 1 Satz 1 BetrVG hat der Entleiher den **147** Betriebsrat vor der Übernahme eines Leiharbeitnehmers **rechtzeitig** und **umfassend zu unterrichten**. Durch § 14 Abs. 3 Satz 2 und 3 werden die Unterrichtungspflichten des Arbeitgebers nach § 99 Abs. 1 BetrVG bei Einsatz von Leiharbeitnehmern erweitert (*Sandmann/Marschall*, Art. 1 § 14 Anm. 20). Bevor der Entleiher seine Unterrichtungspflichten nicht ordnungsgemäß erfüllt hat, beginnt die **Wartefrist** zur Zustimmungsverweigerung nach § 99 Abs. 3 BetrVG nicht zu laufen (*FESTL*, § 99 Rn. 138; *Schüren/Hamann*, § 14 Rn. 172).

Die **Unterrichtungspflichten** des Entleihers gelten auch bei Einsatz von LAN un- **148** eingeschränkt (*Thüsing/Thüsing*, § 14 Rn. 163), beziehen sich auf alle Tatsachen und Umstände, die für die Beurteilung der Frage, ob Zustimmungsverweigerungsgründe im Rahmen des § 99 Abs. 2 BetrVG vorliegen können, von Bedeutung sind (*Erdlenbruch* 1992, 185; *Frerichs/Möller/Ulber* 1981, 70 ff.; *Schüren/ Hamann*, § 14 Rn. 154). Da Vertragsgrundlage für den Einsatz des Leiharbeitnehmers nicht der Arbeitsvertrag mit dem Verleiher, sondern der ANÜ-Vertrag ist, können sich **Abweichungen** zu den normalen Unterrichtspflichten des Arbeitgebers bei Einstellungen ergeben (*Becker/Wulfgramm*, Art. 1 § 14 Rn. 97; *Hunold*, BB 1976, 648; *Schüren / Hamann*, § 14 Rn. 154; a. A. DKK-*Kittner*, § 99 Rn. 133).

149 Da dem Entleiher i. d. R. keine **Bewerbungsunterlagen** von Leiharbeitnehmern vorliegen (zur Ausnahme bei geplanter Übernahme vgl. Rn. 136), ergeben sich Modifikationen hinsichtlich der Pflicht des Entleihers, Bewerbungsunterlagen einzustellender Arbeitnehmer vorzulegen. Hier gilt bei der ANÜ die entsprechende Pflicht des Entleihers, dem Betriebsrat **Einsicht in die ANÜ-Verträge** zu gewähren (*BAG* v. 6. 6. 1978 – 1 ABR 66/75 – AP Nr. 6 zu § 99 BetrVG 1972; *Sandmann/Marschall*, Art. 1 § 14 Anm. 20; einschränkend GK-*Kraft*, § 99 Rn. 88), und zwar durch Aushändigung der Verträge einschließlich etwaiger **Nebenabsprachen** für höchstens eine Woche (*FESTL*, § 99 Rn. 156). Soweit dem Entleiher **Angebote mehrerer Verleiher** vorliegen, besteht die Verpflichtung, alle Angebote dem Betriebsrat vorzulegen (vgl. *BAG* v. 6. 4. 1973 – 1 ABR 13/72 – DB 1973, 778). Dasselbe gilt, soweit **neben Angeboten** von Verleihern **auch Bewerbungen** von Arbeitnehmern vorliegen. Die Entscheidung des Betriebsrats im Rahmen des § 99 BetrVG ist eine umfassende **Auswahlentscheidung**, die vom Entleiher nicht dadurch beschränkt werden kann, dass er dem Betriebsrat nur einen Teil der Unterlagen bezüglich der in Frage kommenden Leiharbeitnehmer bzw. Bewerber vorlegt.

150 Die Verpflichtung des Entleihers zur Vorlage der ANÜ-Verträge beinhaltet nach § 14 Abs. 3 Satz 2 die Verpflichtung zur **Vorlage der schriftlichen Erklärung** des Verleihers, dass er die **Erlaubnis besitzt** (*Ulber/Frerichs*, AiB 1981, 150). Insoweit genügt der Entleiher seinen Unterrichtungspflichten nicht, wenn im ANÜ-Vertrag lediglich eine entsprechende Erklärung des Verleihers enthalten ist. Vielmehr muss der Entleiher dem Betriebsrat alle **Informationen** geben, die dieser zur **Prüfung** der Frage benötigt, ob ein legaler Einsatz von Leiharbeitnehmern vorliegt (*Thüsing/Thüsing*, § 14 Rn. 185). Hierzu gehören nicht nur die Angabe der Behörde, die die Erlaubnis erteilt hat, sowie die Angabe des Datums und des Aktenzeichens der Erlaubniserteilung, sondern auch **Auskünfte über etwaige Auflagen** i. S. d. § 2 Abs. 2 u. ä. Entsprechend der **Funktion des § 14 Abs. 3**, illegale Formen der Beschäftigung zu verhindern, muss der Betriebsrat vom Entleiher so unterrichtet werden, dass **Zweifel** am Bestehen einer uneingeschränkt wirksamen Erlaubnis und eines rechtmäßigen Einsatzes **ausgeschlossen** sind und der Betriebsrat die Angaben des Verleihers, ggf. durch Einholung einer Auskunft der Erlaubnisbehörde, überprüfen kann.

151 Der **ANÜ-Vertrag** ist so vorzulegen, wie er mit dem Verleiher abgeschlossen werden soll, andernfalls kommt der Entleiher seinen Unterrichtungspflichten nicht ordnungsgemäß nach. Neben der **Vergütung** (a. A. *Boemke*, § 14 Rn. 99; *Schüren/ Hamann*, § 14 Rn. 164, die übersehen, dass die Vergütung im schriftlich vorzulegenden ANÜ-Vertrag enthalten sein muss) muss sich aus dem Vertrag insbesondere die **Zahl der zu überlassenden Arbeitnehmer** sowie Daten zu deren Person (vgl. Rn. 152) und v. a. die **Laufzeit** des Vertrages einschließlich der geplanten **Überlassungszeiträume** der einzelnen Leiharbeitnehmer ergeben. Ist der Entleiher zum **Zeitpunkt der Unterrichtung** (u. U. noch) nicht imstande, den nach § 12 Abs. 1 Satz 1 schriftlich abzuschließenden ANÜ-Vertrag vorzulegen, beginnt weder die **Äußerungsfrist** nach § 99 Abs. 3 BetrVG zu laufen (Kass-Handb/*Düwell*, 4.5 Rn. 485) noch kann (wegen der dann vorliegenden Verstöße gegen ein Gesetz i.S.d. § 99 Abs. 2 Nr. 1 BetrVG) eine Zustimmung durch den Betriebsrat erteilt werden. Die **Vorlage von Rahmenverträgen zur ANÜ** (zur begrenzten Wirksamkeit derartiger Verträge vgl. § 12 Rn. 4, 33) erfüllt die Voraussetzungen des § 14 Abs. 3 Satz 2 nur, wenn bei der Überlassung im Einzelfall eine entsprechende schriftliche Bestätigung des Verleihers vorgelegt wird, die den Voraussetzungen des § 12 Abs. 1 Satz 1 genügt. Ein **telefonischer Abruf** von Leiharbeitnehmern **verstößt** auch auf der Grundlage von Rahmenverträgen gegen das **Schriftformerfordernis** des § 12 Abs. 1 Satz 1 und kann daher keine Grundlage für den Einsatz von Leiharbeitnehmern bilden.

Aus dem Zweck des § 14 Abs. 3, illegale Beschäftigungsformen im Betrieb zu verhindern, folgt gleichermaßen, dass der Entleiher über die arbeitnehmerbezogenen Daten normaler Einstellungen hinaus **Auskunft über alle Fragen** geben muss, die eine **legale Beschäftigung** von Leiharbeitnehmern nach dem AÜG betreffen. Die diesbezüglichen **Unterrichtungspflichten** können nicht durch Regelungen des ANÜ-Vertrages eingeschränkt werden. Auch kann sich der Entleiher gegenüber dem Betriebsrat nicht auf mangelnde Kenntnis berufen. Vielmehr hat der Entleiher als Vertragspartner des Verleihers die Möglichkeit, »tatsächlich und rechtlich dem Verlangen des Betriebsrats zu entsprechen« (*BAG* v. 6. 6. 1978 – 1 ABR 66/75 – AP Nr. 6 zu § 99 BetrVG 1972; *Boemke*, § 14 Rn. 98). Daher hat der Entleiher über die ohnehin erforderlichen **Angaben zu Name, Person, Alter, Geschlecht, Nationalität, Beruf, Anschrift und Qualifikation, Schwerbehinderteneigenschaft** u. ä. (vgl. *ArbG Verden/Aller* v. 1. 8. 1989 – 2 BV 24/89 – AiB 1989, 318; *Boemke*, § 14 Rn. 98; DKK-*Kittner*, § 99 Rn. 133; *Frerichs/Möller/Ulber* 1981, 72; einschränkend *Hunold*, BB 1976, 648 u. *Schüren/Hamann*, § 14 Rn. 161) hinaus alle **Informationen zu erteilen, die mit den spezifischen Voraussetzungen der ANÜ** in Zusammenhang stehen. Bezüglich der **Nationalität** der Arbeitnehmer bedeutet dies z. B., dass bei Beschäftigung ausländischer Leiharbeitnehmer aus Nicht-EG-Staaten das Bestehen einer wirksam erteilten **Arbeitserlaubnis** nachzuweisen ist, da diese Leiharbeitnehmern grundsätzlich nicht erteilt werden darf (vgl. Einl. G. Rn. 35 ff.).

153 Daneben hat der Entleiher Auskunft über alle **Tatsachen** zu geben, die im Rahmen des § 3 Abs. 1 zur **Versagung der Erlaubnis** führen können und daher über § 1 Abs. 2 (auch unabhängig vom Bestehen einer Erlaubnis des Verleihers) zu einem Arbeitsverhältnis zum Entleiher führen können (*Thüsing/Thüsing*, § 14 Rn. 185). Darüber hinaus hat der Entleiher Auskunft darüber zu erteilen, ob das Leiharbeitsverhältnis einem Tarifvertrag zur ANÜ unterliegt und die **Dauer des geplanten Einsatzes** des Leiharbeitnehmers anzugeben. Aber auch soweit sonstige **Zweifel** daran bestehen, dass der Verleiher die **üblichen Arbeitgeberpflichten** erfüllt oder das Arbeitgeberrisiko übernimmt (§ 1 Abs. 2), muss der Entleiher entsprechende Bedenken des Betriebsrats durch entsprechende Auskünfte und Nachweise entkräften. Dies beinhaltet z. B. die Pflicht des Entleihers, alle Zweifel auszuräumen, die bezüglich der Einhaltung von Arbeitgeberpflichten i.S.d. § 3 Abs. 1 Nr. 1 bis 3 bestehen (*Boemke*, § 14 Rn. 103). Hierzu gehören auch die arbeitsvertraglichen Pflichten des Verleihers gegenüber dem Leiharbeitnehmer sowie die **Einhaltung von Betriebsvereinbarungen und Tarifverträgen** einschließlich der Beteiligungsrechte eines Betriebsrats beim Verleiher (vgl. § 3 Rn. 60). Allge-

mein muss der Entleiher alle Zweifel ausräumen, die hinsichtlich der Rechtmäßigkeit der ANÜ bestehen; der Betriebsrat muss sicher sein, dass er tatsächlich
nur einer Übernahme des Leiharbeitnehmers und nicht einer nach § 10 fingierten
Einstellung zustimmt (*Sandmann/Marschall*, Art. 1 § 14 Anm. 20).

154 Soweit der gesetzliche **Gleichstellungsanspruch** nach §§ 3 Abs. 1 Nr. 3, 9 Nr. 2
zur Anwendung kommt, muss der Entleiher alle Auskünfte über die für einen
vergleichbaren Arbeitnehmer geltenden **materiellen Arbeitsbedingungen** einschließlich des **Arbeitsentgelts** erteilen (s. a. § 12 Abs. 1 Satz 2). Bei unrichtiger
oder unvollständiger Auskunft ist der BR zur Zustimmungsverweigerung berechtigt (*Grimm/Brock*, DB 2003, 1115). Zum Arbeitsentgelt gehören auch Angaben zur **Eingruppierung** (*BAG* v. 9. 3. 1976 – 1 ABR 53/74 – AuR 1976, 152; a. A.
ErfK/*Wank*, § 14 Rn. 24; *Schüren/Hamann*, § 14 Rn. 166). Widersprechen die erteilten Auskünfte den für den LAN maßgeblichen Vorschriften zur Entlohnung oder
zu sonstigen materiellen Arbeitsbedingungen, ist der BR i. d. R. wegen Verstoßes
gegen die gesetzlichen Vorschriften der §§ 3 Abs. 1 Nr. 3, 9 Nr. 2 berechtigt, die
Zustimmung zur Einstellung nach § 99 Abs. 2 Nr. 1 BetrVG zu verweigern (zur
Eingruppierung vgl. Rn. 146a). Dasselbe gilt, wenn die Angaben zu den materiellen Arbeitsbedingungen im ANÜ-Vertrag (§ 12 Abs. 1 Satz 2) unrichtig oder unvollständig sind.

Auch soweit ein **TV zur ANÜ** auf das Leiharbeitsverhältnis Anwendung findet,
benötigt der Entleiherbetriebsrat alle Informationen, die ihm eine Prüfung ermöglichen, ob der Einsatz des LAN gegen im **Entleiherbetrieb geltende Tarifverträge oder BV** verstößt. Dies gilt insbesondere bei Inkongruenz der Regelungen zu den materiellen Arbeitsbedingungen beim Verleiher einerseits und beim
Entleiher andererseits sowie in den Fällen, in denen der TV zur ANÜ keine Regelung enthält (z. B. beim Leistungslohn; vgl. 110) oder **Regelungslücken** aufweist (z. B. beim equal-treatment; vgl. § 9 Rn. 72).

Ist etwa nach dem im Entleiherbetrieb geltenden Tarifvertrag eine wöchentliche
Mindestarbeitszeit von mehr als zwanzig Stunden vorgeschrieben und ist der Betriebsrat daher berechtigt, die Zustimmung zur Einstellung von Arbeitnehmern
mit einer geringeren Arbeitszeit im Rahmen des § 99 Abs. 2 Nr. 1 BetrVG zu verweigern (*BAG* v. 28. 1. 1991 – 1 ABR 45/91 – AP Nr. 95 zu § 99 BetrVG 1972), muss
der Arbeitgeber auch bei Anwendbarkeit eines Tarifvertrages zur ANÜ die **materiellen Arbeitsbedingungen des Leiharbeitsverhältnisses** einschließlich der
arbeitsvertraglich geschuldeten Arbeitszeit mitteilen, damit der Betriebsrat Zustimmungsverweigerungsrechte im Rahmen des § 99 Abs. 2 BetrVG prüfen kann.
Hierzu gehören auch Mitteilungen über die **Eingruppierung** des Leiharbeitnehmers, wenn z. B. wegen einer höheren Vergütung des Leiharbeitnehmers Unru-
hen unter den Stammarbeitnehmern des Einsatzbetriebs entstehen können (*BAG*
v. 9. 3. 1976 – 1 ABR 53/74 – AuR 1976, 152).

155 Da der Zweck des Mitbestimmungsrechts sowohl in der Wahrnehmung der Interessen der Leiharbeitnehmer als auch in der **Wahrnehmung der kollektiven Interessen der Gesamtbelegschaft** besteht, ist die Kenntnis der Voraussetzungen
der materiellen Arbeitsbedingungen des Leiharbeitnehmers auch Voraussetzung
dafür, dass der Betriebsrat **prüfen** kann, ob nach den im Entleiherbetrieb geltenden **Betriebsvereinbarungen** – insbesondere solchen nach § 87 Abs. 1 BetrVG
(vgl. Rn. 95 ff.) – ein Einsatz des Leiharbeitnehmers in der im ANÜ-Vertrag geregelten Art (z. B. wegen quotenmäßiger Begrenzung oder einer Gleichstellungs-
klausel) überhaupt **zulässig** ist. Andernfalls wird in der Regel ein Zustimmungsverweigerungsgrund nach § 99 Abs. 2 Nr. 1 vorliegen (vgl. Rn. 167). Der Entleiher

kann seinen diesbezüglichen Auskunftspflichten z.T. dadurch nachkommen, dass er den Arbeitsvertrag sowie die beim Verleiher geltenden Betriebsvereinbarungen und Tarifverträge dem Betriebsrat vorlegt. Das *BAG* (v. 6.6.1978 – 1 ABR 66/75 – AP Nr.6 zu § 99 BetrVG 1972) verneint insoweit einen Anspruch des Betriebsrats auf **Vorlage der Arbeitsverträge**, nicht jedoch der **beim Verleiher bestehenden Betriebsvereinbarungen und Tarifverträge**. Hieraus kann aber nicht der Schluss gezogen werden, dass der Entleiher generell nicht zur Auskunft über die materiellen Arbeitsbedingungen des Leiharbeitsverhältnisses verpflichtet wäre, sondern nur, dass **Vertragsklauseln**, die **ausschließlich** das **konkrete Leiharbeitsverhältnis** betreffen, oder sonstige Inhalte, die nur im Rahmen der Vertragsbeziehungen des Leiharbeitnehmers zum Verleiher Bedeutung haben, von einer Auskunftspflicht des Entleihers ausgeschlossen sind. Das *BAG* (a.a.O.) führt insoweit aus, dass »dem Verlangen des Betriebsrats des Entleiherbetriebs, ihm die vertraglichen Arbeitsbedingungen der bei der Antragsgegnerin (d.h. des Verleihers) beschäftigten Leiharbeitnehmer mitzuteilen, durch die Überlassung der – nicht ausgefüllten – **Formularverträge** Genüge getan ist«. Was die materiellen Arbeitsbedingungen der Arbeitnehmer anbelangt, ist somit (insbesondere seit Geltung des Gleichstellungsgrundsatzes) nicht der Auskunftsanspruch des Entleiherbetriebsrats zu verneinen (a.A. *Becker/Wulfgramm*, Art. 1 § 14 Rn.97; *Erdlenbruch* 1992, 186; *Sandmann/Marschall*, Art. 1 § 14 Anm. 19; *Schüren/Hamann*, § 14 Rn.165), sondern lediglich der Leistungsanspruch auf Vorlage der konkret abgeschlossenen Leiharbeitsverträge (i.E. ebenso DKK-*Kittner*, § 99 Rn.133). Ergeben sich die materiellen Arbeitsbedingungen des Leiharbeitnehmers aus allgemein verwandten **Musterregelungen** oder einem TV zur ANÜ, der auf das Leiharbeitsverhältnis Anwendung findet, reicht deren Vorlage in der Regel aus, um eine Überprüfung der Rechtmäßigkeit des Einsatzes des Leiharbeitnehmers vornehmen zu können.

156   Neben den Auskünften zur Person des Leiharbeitnehmers hat der Entleiher dem Betriebsrat unter Vorlage der erforderlichen Unterlagen Auskunft über die **Auswirkungen der geplanten Maßnahme** auf die Beschäftigung im Betrieb zu geben (§ 99 Abs. 1 Satz 1 Hs. 2 BetrVG; *Frerichs/Möller/Ulber* 1981, 72; *Schüren/Hamann*, § 14 Rn.155). Zu den Auskunftspflichten gehört insoweit nicht nur, dass der Entleiher bezogen auf den konkreten Arbeitsplatz Einsatzdauer, Arbeitszeit und Grund der Beschäftigung des Leiharbeitnehmers darlegt. Er hat auch darzulegen, warum andere **Alternativen**, insbesondere Neueinstellungen, nicht in Betracht zu ziehen sind (vgl. § 92a BetrVG), und zu erläutern, warum und inwieweit der aufgetretene **Personalengpaß** tatsächlich **vorübergehender Natur** ist. Der Betriebsrat muss in die Lage versetzt werden, vollständig überprüfen zu können, ob die Zielsetzungen des Gesetzgebers, »dass die gewerbsmäßige ANÜ auf die Fälle begrenzt bleibt, in denen sie sinnvoll ist, nämlich zur **Überbrückung eines kurzfristigen Bedürfnisses**, z.B. vorübergehender dringender Arbeiten, während die **ANÜ auf längere Zeit** ... **unterbunden** werden soll« (*BAG* v. 28.1.1992 – 1 ABR 45/91 – AP Nr.95 zu § 99 BetrVG 1972), auch eingehalten werden. Zu den Informationspflichten über die Auswirkungen auf die Stammbelegschaft gehört auch, dass der Arbeitgeber den **Stellenwert**, den der Einsatz der Leiharbeitnehmer im Rahmen der **Unternehmens- und Personalplanung** einnimmt, erläutert und darauf bezogene Unterlagen vorlegt (DKK-*Kittner*, § 99 Rn.110). Leiharbeit ist häufig Bestandteil langfristiger strategischer Unternehmensplanungen, bei der Leiharbeitnehmer immer nur ein Glied in der Kette unternehmerischer **Rationalisierungsentscheidungen** sind (vgl. *Kock*, 1990, 13ff.).

u. Einl. E. Rn. 2 ff.). Typisch ist hier, dass Arbeitsplätze in einem ersten Schritt mit Leiharbeitnehmern besetzt werden, in einem zweiten Schritt Werkverträge abgeschlossen werden und in einem dritten Schritt der Betriebsteil aufgelöst oder veräußert wird (so z.B. im Fall *BAG* v. 9.7.1991 – 1 ABR 45/90 – DB 1992, 327). Nutzt der Betriebsrat hier nicht schon beim Einsatz der Leiharbeitnehmer seine Mitwirkungsrechte (ggf. auch nach §§ 111 ff., 92 BetrVG), ist der **langfristig geplante Arbeitsplatzabbau** meist »sachzwanglogisch« nicht mehr zu verhindern.

157 Der Entleiher muss Angaben zum **vorgesehenen Arbeitsplatz**, zur Art der Tätigkeit und zu Lage und Dauer der täglichen und wöchentlichen Arbeitszeit des LAN machen (*Schüren/Hamann*, § 14 Rn. 156). Die Verpflichtung des Arbeitgebers, die materiellen Arbeitsbedingungen und die **Eingruppierung** mitzuteilen (§ 99 Abs. 1 Satz 2 BetrVG), besteht bei Übernahme von Leiharbeitnehmern hinsichtlich der Eingruppierung und Entlohnung uneingeschränkt, soweit die gesetzlichen Regeln zum **equal-pay** und **equal-treatment** Anwendung finden (*BAG* v. 9.3.1976 – 1 ABR 53/74 – AuR 1976, 152; *Debus*, 129; *Frerichs/Möller/Ulber*, 72; *Grimm/Brock*, DB 2003, 1113; a.A. *Schüren/Hamann*, § 14 Rn. 166). Dies entspricht dem Schutzzweck der Mitbestimmung nach § 99 BetrVG. Benachteiligungen des LAN hinsichtlich der Gewährung gleicher Arbeitsbedingungen vergleichbarer Arbeitnehmer des Entleihers können hier durch die Mitwirkungsrechte eines Verleiherbetriebsrats, der die materiellen Arbeitsbedingungen des Entleihers nicht kennt (und schon von daher keinen Vergleich vornehmen kann) und auf diese keinen Einfluss nehmen kann, nicht wirksam verhindert werden.

Richtet sich die Entlohnung dagegen nach einem **TV zur ANÜ**, sind die Unterrichtungspflichten des Entleihers bei der Eingruppierung eingeschränkt (*BAG*, a.a.O.). Hier muss der Entleiher vor allem Auskunft darüber geben, welche materiellen Arbeitsbedingungen, die vom Gleichbehandlungsgrundsatz nach §§ 3 Abs. 1 Nr. 3, 9 Nr. 2 erfasst werden, im TV zur ANÜ nicht geregelt sind (vgl. § 9 Rn. 200; a.A. *Schüren/Hamann*, § 14 Rn. 166). Auch muss der Entleiher darlegen, dass in Fragen, in denen die Lohnansprüche des Leiharbeitnehmers (insbesonders bei Zuschlägen und Leistungslohn) mittelbar auch beim Entleiher Bedeutung erlangen können (z.B. im Rahmen der Mitbestimmungsrechte nach § 87 BetrVG, vgl. Rn. 125 ff.), keine **Verstöße gegen beim Entleiher bestehende Vorschriften** eintreten können, insbesondere aber auch Benachteiligungen i.S.d. § 99 Abs. 2 Nr. 4 BetrVG ausgeschlossen sind.

158 **Verstößt** der Entleiher gegen seine Unterrichtungspflichten oder hat er vom BR geforderte Auskünfte noch nicht erteilt, beginnt die einwöchige **Äußerungsfrist** des § 99 Abs. 3 BetrVG nicht zu laufen (*FESTL*, § 99 Rn. 138; *Schüren/Hamann*, § 14 Rn. 172; *Boemke*, § 14 Rn. 98). Dies gilt auch, wenn der Entleiher dem BR noch keine erschöpfende Auskunft erteilt hat, ob er die Prüfung zur Einstellung eines **schwerbehinderten Arbeitnehmers** nach § 81 Abs. 1 SGB IX vorgenommen hat (*BAG* v. 14.11.1989 – 1 ABR 88/88 – DB 1990, 936). Der Entleiher darf den LAN dann nicht im Betrieb tätig werden lassen, ist dem Verleiher aber aus Annahmeverzug zur Zahlung der Überlassungsvergütung verpflichtet (*Boemke*, § 14 Rn. 101; *Schüren/Hamann*, § 14 Rn. 174).

d) Zustimmungsverweigerungsrechte (§ 99 Abs. 2 BetrVG)

159 § 14 Abs. 3 Satz 1 nimmt uneingeschränkt Bezug auf § 99 Abs. 2 BetrVG. Der Katalog der grundsätzlich **abschließend aufgeführten Zustimmungsverweigerungsgründe** gilt daher **uneingeschränkt** auch, soweit **Leiharbeitnehmer** im Betrieb eingesetzt werden sollen (*BAG* v. 28.9.1988 – 1 ABR 85/87 – AP Nr. 60 zu § 99 BetrVG 1972; *Becker/Wulfgramm*, Art. 1 § 14 Rn. 98; DKK-*Kittner*, § 99 Rn. 11; KassHandb/*Düwell*, 4.5 Rn. 487; *Schüren/Hamann* § 14 Rn. 180; GK-*Raab*, § 5 Rn. 67; einschränkend *Sandmann/Marschall*, Art. 1 § 14 Anm. 21 f.). Hinsichtlich des materiellen Gehalts des Zustimmungsverweigerungsrechts ist dabei der Katalog der Zustimmungsverweigerungsgründe des § 99 Abs. 2 BetrVG unter Berücksichtigung der Besonderheiten der ANÜ maßgeblich. Soweit die Auffassung vertreten wird, dass **sozial- oder arbeitsmarktpolitische Erwägungen** im Bereich der ANÜ wie bei sonstigen Einstellungen nach § 99 BetrVG keine rechtserheblichen Gründe für eine Zustimmungsverweigerung des Betriebsrats bei der Einstellung von Leiharbeitnehmern im Einzelfall darstellen können (*Becker/Wulfgramm*, Art. 1 § 14 Rn. 158; *Erdlenbruch* 1992, 190; *Sandmann/Marschall*, Art. 1 § 14 Anm. 21; *Schüren/Hamann*, § 14 Rn. 180; a. A. zu Recht *LAG Baden-Württemberg* v. 18.10.1995 – 2 TaBV 3/95), wird dies der besonderen rechtlichen Ausgestaltung der ANÜ – insbesondere bei Beschäftigung in einer PSA – nicht gerecht. Schon im Hinblick auf die seit den BeschFG 1985, 1990 und 1994 (vgl. Erl. Einl. B. Rn. 20 ff.) vorgenommenen Änderungen der Einsatzbedingungen bei Leiharbeit so wie der Einfügung des § 80 Abs. 1 Nr. 8 in das BetrVG bedarf dies insoweit der Korrektur, als der Gesetzgeber mit den Erweiterungen der Einsatzmöglichkeiten von Leiharbeitnehmern die **Zielsetzung** verbindet, dass hiermit Arbeitsplätze geschaffen werden, und damit auch die betrieblichen Nutzungsmöglichkeiten der erweiterten Instrumente **davon abhängig** sein sollen, ob der Einsatz von Leiharbeitnehmern der **Schaffung zusätzlicher Arbeitsplätze** dient. An der **Funktion von Leiharbeit**, kurzfristige Personalengpässe zu überbrücken und ANÜ mit längerer Laufzeit zu unterbinden (*BAG* v. 28.1.1992 – 1 ABR 49/91 – AP Nr. 95 zu § 99 BetrVG 1972), hat sich auch nach der Aufhebung der gesetzlichen **Höchstüberlassungsdauer** des § 3 Abs. 1 Nr. 6 a. F. nichts geändert. Zwar ist die zeitliche Begrenzung ersatzlos entfallen, dennoch sind die Grundsätze der Abgrenzung zur Arbeitsvermittlung weiterhin anzuwenden (vgl. Einl. D, Rn. 8 u. § 9 Rn. 308 ff.). Soweit die Auffassung vertreten wird, dass LAN nunmehr auf unbegrenzte Zeit überlassen werden können (*BAG* v. 28.1.2005 – 1 ABR 61/03 – DB 2005, 1693), müssen dennoch die Grenzziehungen zur Arbeitsvermittlung eingehalten sein. Aus der Funktion der ANÜ ergibt sich allgemein, dass ein den Bestimmungen des AÜG entsprechender Einsatz von Leiharbeitnehmern nur dann im Rahmen des Gesetzes erfolgt, wenn einem zeitlich **befristeten Überbrückungscharakter** der personellen Maßnahme Rechnung getragen wird. Dieser Grundsatz ist bei der Beurteilung aller Zustimmungsverweigerungsgründe mit zu berücksichtigen. Insbesondere darf mit dem Einsatz von Leiharbeitnehmern nicht ein **Personalabbau im Betrieb** verbunden sein. Es muss vielmehr gewährleistet sein, dass zusätzliche Beschäftigung (z.B. durch gleichzeitigen Abbau von Mehrarbeit oder durch Hereinnahme zusätzlicher Aufträge) geschaffen wird.

160 I.ü. sind die Zustimmungsverweigerungsrechte des Betriebsrats sowohl hinsichtlich ihrer **Auswirkungen** auf den betroffenen **Leiharbeitnehmer** als auch hinsichtlich ihrer Auswirkungen für die **Stammbelegschaft** zu beurteilen. Ein ausschließliches Abstellen auf die Interessen der Stammbelegschaft (so *BAG* v. 27.7.1993 – 1 ABR 7/93 – BB 1993, 2233; a.A. aber *BAG* v. 18.10.1994 – 1 ABR 9/94 – EzAÜG § 14 AÜG Betriebsverfassung Nr. 36) findet im Gesetz (vgl. § 99 Abs. 2 Nr. 4 BetrVG) keine Stütze. Der Betriebsrat darf daher das Zustimmungsverweigerungsrecht nicht rechtsmissbräuchlich (vgl. hierzu DKK-*Kittner*, § 99 Rn. 166) derart ausüben, dass er die Zustimmung beim Einsatz von Leiharbeitnehmern grundsätzlich **ohne sachliche Gründe verweigert** oder die Interessen der Leiharbeitnehmer prinzipiell hinter die Interessen der Stammbelegschaft zurücktreten lässt. Eine **diskriminierende Ungleichbehandlung** von Leiharbeitnehmern und Stammarbeitnehmern ist dem Betriebsrat nicht erst während der Beschäftigungszeit von Leiharbeitnehmern **untersagt** (vgl. Rn. 62), sondern schon im Rahmen des Entscheidungsprozesses über die Einstellungsmaßnahme. Nach Auffassung des *BAG* (v. 12. 11. 2002 – 1 ABR 1/02) soll eine sachgrundlose Zustimmungsverweigerung u. a. dann vorliegen, wenn der BR die Beschäftigung des LAN mit der Begründung verweigert, der Einsatz solle auf einem **Dauerarbeitsplatz** erfolgen (zustimmend: *Hamann*, NZA 2003, 533). Dies gilt jedoch nur, solange der LAN entsprechend der Funktion der ANÜ für einen vorübergehenden Personalbedarf eingesetzt wird und keine Arbeitsvermittlung vermutet wird (vgl. § 1 Rn. 198 ff.). Der Betriebsrat braucht dagegen die Interessen der Leiharbeitnehmer nicht in dem Maße zu berücksichtigen wie die der Stammarbeitnehmer. Eine Grenze bildet insoweit die **andersartige betriebsverfassungsrechtliche Stellung des Leiharbeitnehmers** (vgl. Rn. 47) sowie die unterschiedliche Reichweite der Beteiligungsrechte und Schutzpflichten des Betriebsrats gegenüber Fremdfirmenarbeitnehmern. Aus der **Schutzfunktion** des Mitbestimmungsrechtes nach § 99 BetrVG bei Einsatz von Leiharbeitnehmern, auch die **kollektiven Interessen der Stammbelegschaft zu wahren** (*BAG* v. 28. 9. 1988 – 1 ABR 85/87 – AP Nr. 60 zu § 99 BetrVG 1972), folgt, dass der Betriebsrat die Zustimmungsentscheidung v. a. aus dem Blickwinkel der Gefahren zu betrachten hat, die von ANÜ für den Bestand der Arbeitsplätze im Betrieb ausgehen. Bei einer längeren Überlassungsdauer sind diese Gefahren immer gegeben (*BAG*, a.a.O.). Die beschäftigungspolitischen Gefahren gelten gleichermaßen auch für die Gefahren, die vom **Lohndumping** für die sozialen Besitzstände der Stammarbeitnehmer ausgehen. Auch insoweit besteht die Gefahr, dass über den Einsatz von Leiharbeitnehmern die **betrieblichen Sozialleistungssysteme unterlaufen** werden sollen und mit Verweis auf billigere Leiharbeitnehmer Einkommenseinbußen für die Stammarbeitnehmer drohen (vgl. *Frerichs/Möller/Ulber* 1981, 29 ff.). Dasselbe gilt in Fragen der Arbeitszeit und Arbeitszeitgestaltung, insbesondere, wenn Leiharbeitnehmer am Wochenende oder **außerhalb der betriebsüblichen Arbeitszeiten** eingesetzt werden sollen, um im Betrieb insgesamt Schichtarbeit einzuführen oder die Betriebsnutzungszeiten auszudehnen.

161 Für den **Ausgleich** der z. T. **widerstreitenden Interessen** von Leiharbeitnehmern und Stammbelegschaft lässt sich keine allgemein gültige Formel finden; die Gewichtung und Berücksichtigung der jeweiligen Interessen ist jeweils bei den einzelnen Zustimmungsverweigerungsgründen unterschiedlich vorzunehmen.

aa) Zustimmungsverweigerungsgründe nach § 99 Abs. 2 Nr. 1 BetrVG

162 Nach § 99 Abs. 2 Nr. 1 BetrVG kann der Betriebsrat die **Zustimmung verweigern**, wenn die Übernahme des Leiharbeitnehmers gegen ein **Gesetz**, eine Verordnung, eine Unfallverhütungsvorschrift oder gegen einen **Tarifvertrag**, eine **Betriebsvereinbarung** oder eine gerichtliche Entscheidung bzw. behördliche Anordnung **verstößt**. Das Zustimmungsverweigerungsrecht des Betriebsrats nach § 99 Abs. 2 Nr. 1 BetrVG ist bei Einstellungen immer dann gegeben, wenn die **tatsächliche Beschäftigung** von Arbeitnehmern durch eine Verbotsnorm aus Gründen des kollektiven oder individuellen Arbeitnehmerschutzes verhindert werden soll (*LAG Baden-Württemberg* v. 18. 10. 1995 – 2 TaBV 3/95). Nach Auffassung des *BAG* ist dies nur der Fall, wenn der Zweck der Verbotsnorm nur dadurch erreicht wird, dass die Einstellung insgesamt unterbleibt (v. 26. 6. 1994 – 1 ABR 59/93 – DB 1995, 326 u. v. 25. 1. 2005 – 1 ABR 61/03 – BB 2005, 2189). Von diesem Ausgangspunkt her, der dem Schutzgedanken des Mitbestimmungsrechts (vgl. § 99 Abs. 2 Nr. 4 BetrVG) nur unvolkommen Rechnung trägt, verneint das *BAG* in Fällen **nichtsgewerbsmäßiger ANÜ** ein Zustimmungsverweigerungsrecht des Betriebsrats bei Verstößen gegen das Gleichstellungsgebot aus § 9 Nr. 2 (v. 25. 1. 2005 – 1 ABR 61/03 – DB 2005, 1693; ebenso *FESTL*, § 99 Rn. 163b). Dies wird dem Zweck des Diskriminierungsverbots nicht gerecht (Einl. D Rn. 33). Die Vorschriften von §§ 9 Nr. 2, 10 Abs. 4 geben dem LAN einen **Leistungsanspruch** (nicht nur einen Schadensersatzanspruch) auf Gewährung der wesentlichen Arbeitsbedingungen eines vergleichbaren Arbeitnehmers des Entleihers (§ 10 Rn. 96). Zumindest in den Fällen, in denen keine Abweichungen auf Grund eines **TV zur ANÜ** zugelassen sind (vgl. Rn. 160), kann dieser Anspruch nicht erfüllt werden, wenn der Entleiher die Gleichstellungsgrundsätze nicht einhält. Allenfalls bei Zahlungsansprüchen können hier Einschränkungen bestehen, allerdings ist auch hier zu beachten, dass diese Ansprüche meist an die tatsächlich ausgeübte Tätigkeit anknüpfen und voraussetzen, dass der Entleiher den LAN in tatsächlicher Hinsicht wie einen vergleichbaren Arbeitnehmer behandelt. Die gesetzlichen Gleichstellungsansprüche des LAN nach §§ 9 Nr. 2, 10 Abs. 4 lassen sich daher nur realisieren, wenn Verstöße durch ein Unterbleiben der Beschäftigung unterbunden werden. Das **Leistungsverweigerungsrecht** des LAN bei Verstößen (§ 10 Rn. 118) korrespondiert insoweit mit dem Recht des Entleiherbetriebsrats zur Zustimmungsverweigerung. Die **kollektiven Schutzzwecke** des § 99 BetrVG sind unabhängig davon zu beachten, dass Leistungsansprüche aus §§ 10 Abs. 4 auf individualrechtlichem Wege zu verfolgen sind (vgl. hierzu *BAG* v. 25. 1. 2005 – 1 ABR 61/03 – DB 2005, 1693). Das fehlende Mitbestimmungsrecht des Verleiherbetriebsrats bei der Entsendung von LAN zu den verschiedenen Entleihern (Rn. 27), durch das Verstöße gegen die Gleichbehandlungspflichten unterbunden werden könnten, wird insoweit durch das Mitbestimmungsrecht des Entleiherbetriebsrats bei der Übernahme von LAN nach § 14 Abs. 3 AÜG i. V. m. § 99 BetrVG ersetzt.

Als **Gesetzesverstöße** kommen zunächst alle Verstöße in Betracht, die den Betriebsrat auch bei Festeinstellung eines Arbeitnehmers zur Zustimmungsverweigerung berechtigen würden (vgl. hierzu DKK-*Kittner*, § 99 Rn. 172 ff.; *FESTL*, § 87 Rn. 161 ff.). Bei der Beschäftigung von Leiharbeitnehmern bilden darüber hinaus v. a. Verstöße gegen die Vorschriften des **AÜG** einen Zustimmungsverweigerungsgrund (*BAG* v. 16. 6. 1998 – 1 ABR 59/97 – EzAÜG § 14 AÜG Betriebsverfassung Nr. 41; *Becker/Wulfgram*, Art. 1 § 14 Rn. 99; DKK-*Kittner*, § 99 Rn. 175; *Erdlenbruch* 1992, 191; *Schüren/Hamann*, § 14 Rn. 183; *Ulber*, ArbuR 1982, 54). Hierbei berechtigen Verstöße gegen die Regelungen der §§ 3 Abs. 1 Nr. 3, 9 Nr. 2 oder die **Erlaubnispflicht** ebenso zur Zustimmungsverweigerung wie Verstöße gegen das Schriftformerfordernis nach § 12 Abs. 1 oder die Pflicht zur Vorlage des schriftlichen Überlassungsvertrages (KassHandb/*Düwell*, 4.5 Rn. 488). Ist dem **Schriftformerfordernis** einschließlich der Erklärung des Verleihers nach § 12 Abs. 1 Satz 2 – auch zu den tätigkeits- und qualifikationsbezogenen Merkmalen (vgl. § 12 Rn. 6) – nicht Genüge getan, ist die Zustimmung nach § 99 Abs. 2 Nr. 1 BetrVG zu verweigern. Ein Recht zur Zustimmungsverweigerung nach § 99 Abs. 2 Nr. 1 BetrVG ist auch gegeben, wenn der Arbeitgeber vor der Erstellung eines

Arbeitnehmers nicht gem. § 81 Abs. 1 Satz 1 SGB IX geprüft hat, ob der freie Arbeitsplatz mit einem **schwerbehinderten Arbeitnehmer** besetzt werden kann (*BAG* v. 14. 11. 1989 – 1 ABR 88/88 – DB 1990, 936). Auch Verstöße gegen die **Gleichstellungsgrundsätze** von §§ 3 Abs. 1 Nr. 3, 9 Nr. 2 stellen einen Verstoß gegen ein Gesetz i.S.d. § 99 Abs. 2 Nr. 1 BetrVG dar (*Hamann*, NZA 2003, 533). Ggf. steht dem Entleiherbetriebsrat das Recht zur Zustimmungsverweigerung nach § 99 Abs. 2 Nr. 1 BetrVG zu (*Furier/Kaus*, AiB 2004, 360; *Grimm/Brock*, 171; *dies.*, DB 2003, 1113; *Hayen*, AiB 2003, 533; a. A. *Hamann*, NZA 2003, 526). Die Einhaltung der Bestimmungen zum Diskriminierungsverbot ist **Rechtmäßigkeitsvoraussetzung** der ANÜ (*Hayen*, a.a.O.). Dabei kommt es nicht darauf an, ob der Verstoß auf einem Verhalten des Verleihers oder Entleihers beruht (*Grimm/Brock*, a.a.O.). Auch soweit der Verleiher die Gleichstellungsgrundsätze (entweder unmittelbar oder mittelbar wegen Nichteinhaltung eines TV zur ANÜ) nicht beachtet, liegt ein Gesetzesverstoß vor, da auch die Nichteinhaltung der tarifdispositiven gesetzlichen Regeln im Hinblick auf die dann zur Anwendung kommenden gesetzlichen Regelungen einen Gesetzesverstoß vergründen kann (*Grimm/Brock*, DB 2003, 1116; *Reim*, AiB 2003, 74; a. A. *FESTL*, § 99 Rn. 163b; *Schüren/Hamann*, § 14 Rn. 189; *BAG* v. 25. 1. 2005 – 1 ABR 61/03 – DB 2005, 1693; *ErfK/Wank*, § 14 Rn. 25).

163 Zur Zustimmungsverweigerung wegen Gesetzesverstoßes berechtigen auch sonstige **Verstöße gegen Vorschriften des AÜG**, die Auswirkungen auf die Rechtsbeziehung des Leiharbeitnehmers zum Verleiher oder zum Entleiher haben können. Dies bezieht sich insbesondere auf die gesetzliche Regelung zu den materiellen Arbeitsbedingungen und auf Fallgestaltungen, die die Vermutung nach § 1 Abs. 2 auslösen können und daher der personellen Einzelmaßnahme nicht den Charakter der Übernahme eines Leiharbeitnehmers i.S.d. § 14 Abs. 3 Satz 1 geben, sondern den einer Einstellung nach § 99 BetrVG (*Sandmann/Marschall*, Art. 1 § 14 Anm. 20). Allgemein anerkannt war dies für **Verstöße gegen die Höchsteinsatzfrist** des § 3 Abs. 1 Nr. 6 AÜG a.F. (vgl. *BAG* v. 28. 9. 1988 – 1 ABR 85/87 – AP Nr. 60 zu § 99 BetrVG 1972; *Becker/Wulfgramm*, Art. 1 § 14 Rn. 99; DKK-*Kittner*, § 99 Rn. 175; *Frerichs/Möller/Ulber* 1981, 74; KassHandb/*Düwell*, 4.5 Rn. 488; *Sandmann/ Marschall*, Art. 1 § 14 Anm. 22; *Schüren/Hamann*, § 14 Rn. 191). **Verstöße gegen die Bestimmungen des § 3 Abs. 1 Nr. 1 bis 3** berechtigen zur Zustimmungsverweigerung, da auch hier (bei gewerbsmäßiger ANÜ unwiderlegbar, vgl. § 1 Rn. 206 f.) die Vermutungswirkungen des § 1 Abs. 2 ausgelöst werden (*Becker/Wulfgramm*, Art. 1 § 14 Rn. 99; *Boemke*, § 14 Rn. 103; *Frerichs/Möller/Ulber* 1981, 74; a. A. *BAG* v. 25. 1. 2005 – 1 ABR 61/03 – DB 2005, 1593; *Schüren/Hamann*, § 14 Rn. 189). Mit dem Wegfall der gesetzlich festgelegten Höchstüberlassungsdauer muss je nach Dauer der Überlassung in jedem Einzelfall geprüft werden, ob der Schwerpunkt des Arbeitsverhältnisses angesichts der vorgesehenen Überlassungsdauer beim Verleiher verbleibt oder Arbeitsvermittlung nach § 1 Abs. 2 vermutet wird (Einl. D Rn. 8; ähnlich *Schüren/Hamann*, § 14 Rn. 191). Soweit die Auffassung vertreten wird, dass § 1 Abs. 2 keine gesetzliche Wertung enthält, eine Beschäftigung des LAN zu unterlassen (*BAG* v. 25. 1. 2005 – 1 ABR 61/03 – DB 2005, 1693), kann dem nicht gefolgt werden. Verstöße gegen die Arbeitgeberpflichten und das Arbeitgeberrisiko des Verleihers, die nach § 3 Abs. 1 zur zwingenden Untersagung der Gewerbeausübung führen, berechtigen den LAN nicht nur zur Leistungsverweigerung, sondern verpflichten den Verleiher, eine tatsächliche Beschäftigung des LAN unter Verstoß gegen die Arbeitgeberpflichten zu unterlassen (*Grimm/Brock*, DB 2003, 116; *Reim*, AiB 2003, 74; a. A. *FESTL*, § 99 Rn. 163b).

Der Entleiher muss diesbezügliche **Bedenken des Betriebsrats** im Rahmen seiner Unterrichtungspflichten nach § 99 Abs. 1 BetrVG ausräumen (Rn. 150). Gleiches gilt für die Erfüllung der üblichen **Arbeitgeberpflichten des Verleihers** nach § 3 Abs. 1 Nr. 1 BetrVG, wobei in diesem Zusammenhang neben Verstößen gegen arbeitsvertragliche Pflichten gegenüber dem Leiharbeitnehmer (z. B. Verstöße gegen das Synchronisationsverbot) auch Verstöße des Verleihers gegen seine betriebsverfassungsrechtlichen Pflichten (vgl. § 3 Rn. 58) Bedeutung gewinnen (*Boemke*, § 14 Rn. 103; a. A. *Schüren/Hamann*, § 14 Rn. 190). Besteht im Betrieb des Verleihers ein Betriebsrat und verstößt der Verleiher (v. a. bei Formen nichtgewerbsmäßiger ANÜ) gegen **Beteiligungsrechte des Betriebsrats im Verleiherbetrieb**, ist der Entleiherbetriebsrat zur Zustimmungsverweigerung berechtigt. In Wahrnehmung des Zustimmungsverweigerungsrechts steht ihm dabei auch die Befugnis zu, **mit dem Verleiherbetriebsrat Kontakt** aufzunehmen und alle Fragen, die mit dem geplanten Einsatz des Leiharbeitnehmens in Zusammenhang stehen, zu erörtern. Insoweit kann er – schon im Hinblick auf den Ausschluss von Benachteiligungen i.S.d. § 99 Abs. 2 Nr. 4 BetrVG – auch Auskünfte darüber einholen, welchen Betriebsvereinbarungen und Tarifverträgen der Leiharbeitnehmer im Verleiherbetrieb unterliegt und ob der Verleiher seine hieraus folgenden Pflichten einhält.

Da ausländischen Arbeitnehmern aus Nicht-EG-Staaten nach § 40 Abs. 1 Nr. 2 AufenthG, § 6 Abs. 1 Nr. 2 ArGV keine allgemeine Arbeitserlaubnis zur ANÜ erteilt wird (Einl. G Rn. 35 f.), hat der Betriebsrat darauf zu achten, dass beim Einsatz ausländischer Arbeitnehmer keine Verstöße gegen die **Vorschriften über die Arbeitsgenehmigung** eintreten. Solange der Entleiher dem Betriebsrat die Arbeitserlaubnis eines Nicht-EG-Staatenangehörigen nicht vorlegt, ist der Betriebsrat zur Zustimmungsverweigerung berechtigt (vgl. *BAG* v. 22. 1. 1991 – 1 ABR 18/90 – AP Nr. 86 zu § 99 BetrVG 1972). Verstöße gegen das **ArbZG** berechtigen den Betriebsrat auch dann zur Zustimmungsverweigerung (*Boemke*, § 14 Rn. 103), wenn die Zeiten der Beschäftigung des Leiharbeitnehmers im Einsatzbetrieb zusammen mit anderen Beschäftigungszeiten des Leiharbeitnehmers die durchschnittliche **Arbeitszeit von acht Stunden** täglich überschreiten (§ 3 i.V. m. § 2 Abs. 1 Satz 1 ArbZG). Dasselbe gilt hinsichtlich der Einhaltung von **Ruhezeiten** (§ 5 Abs. 1 ArbZG), der Ersatzruhetage (§ 11 Abs. 3 ARbZG) oder sonstiger zwingender Normen des ArbZG wie eines **bezahlten Freizeitausgleichs bei Nachtarbeit** (§ 6 Abs. 5 ArbZG) u. ä. Die Berechtigung zur Zustimmungsverweigerung steht in diesen Fällen außer Zweifel, da den Entleiher eine eigene Pflicht trifft, Bestimmungen des öffentlich-rechtlichen Arbeitsschutzes einzuhalten (§ 11 Abs. 6).

164

Auch **Verstöße gegen das BertrVG**, insbesondere gegen den **Gleichbehandlungsgrundsatz** des § 75 Abs. 1 BetrVG, berechtigen zur Zustimmungsverweigerung (*BAG* v. 1. 2. 1989 – 4 ABR 86/88 – AP Nr. 63 zu § 99 BetrVG 1972; DKK-*Kittner*, § 99 Rn. 175; *Richardi*, § 99 Rn. 191; *FESTL*, § 99 Rn. 164; *Plander*, Betriebsrat als Hüter, 23; a. A. *Hess/Schlochauer/Glaubitz*, § 99 Rn. 110), so dass der Betriebsrat bei Vorliegen derartiger Verstöße die Zustimmung zur Übernahme verweigern kann.

165

Verstöße gegen einen Tarifvertrag i.S.d. § 99 Abs. 2 Nr. 1 BetrVG liegen vor, wenn der Entleihertarifvertrag auf das Leiharbeitsverhältnis Anwendung findet (vgl. § 9 Rn. 83) oder im Entleiherbetrieb ein Tarifvertrag gilt, der den **Einsatz von Leiharbeitnehmern** im Rahmen von ANÜ **ausschließt**, oder sonstige tarifvertragliche **Abschlussverbote** oder -gebote betroffen sind, gegen die durch den

166

Einsatz verstoßen wird (*FESTL*, § 99 Rn. 173; *Frerichs/Möller/Ulber* 1981, 74; *Schüren/Hamann*, § 14 Rn. 194; zum MTV rheinisch-westfälischer Steinkohlenbergbau vgl. *Kock* 1990, 166 f.). Darüber hinaus liegen Verstöße gegen Tarifverträge aber auch vor, wenn durch den vorgesehenen Einsatz des Leiharbeitnehmers tarifvertragliche Bestimmungen im Entleiherbetrieb nicht eingehalten werden können, z. B. wenn der Leiharbeitnehmer **außerhalb** der Grenzen tarifvertraglicher **Bestimmungen zur Arbeitszeit** eingesetzt werden soll (*BAG* v. 28. 1. 1992 – 1 ABR 45/91 – AP Nr. 95 zu § 99 BetrVG 1972; a. A. *Schüren/Hamann*, § 14 Rn. 195). Dasselbe gilt, wenn durch den Einsatz des Leiharbeitnehmers und der für ihn maßgeblichen Arbeitszeit tarifliche **Grenzen der durchschnittlichen Höchstarbeitszeit** aller Beschäftigten im Betrieb (vgl. z. B. die 18-Prozent-Quote des § 7.1.4 MTV-Metall Nordwürttemberg-Nordbaden) nicht eingehalten werden (*LAG Baden-Württemberg* v. 18. 10. 1995 – 2 TaBV 3/95). In den Fällen des **§ 1 Abs. 3 Nr. 1** sind darüber hinaus alle Bestimmungen einzuhalten, die nach dem Tarifvertrag erfüllt sein müssen, wobei der Betriebsrat in diesen Fällen insbesondere dann zur Zustimmungsverweigerung berechtigt ist, wenn beim Verleiher keine Entlassungen drohen und auch keine Kurzarbeit vermieden werden muss.

167 **Verstöße gegen** im Entleiherbetrieb bestehende **Betriebsvereinbarungen** kommen insbesondere in Betracht, wenn die in einer beim Entleiher geltenden BV geregelten materiellen Arbeitsbedingungen nach § 9 Nr. 2 für Ansprüche des LAN maßgeblich sind. Bedeutung hat dies u. a. wenn der LAN im **Leistungslohn** eingesetzt werden soll, da insoweit keine tariflichen Regelungen in den TV zur ANÜ getroffen wurden (vgl. § 9 Rn. 110). Ist in einem Interessenausgleich der **Einsatz von Leiharbeitnehmern ausgeschlossen** oder an bestimmte Voraussetzungen gebunden, die bezüglich des geplanten Einsatzes des Leiharbeitnehmers nicht eingehalten sind, liegt ebenfalls ein Verstoß gegen Betriebsvereinbarungen vor (*Becker/Wulfgramm*, Art. 1 § 14 Rn. 99; *Schüren/Hamann* § 14 Rn. 196; DKK-*Kittner*, § 99 Rn. 178 f.). Verstößt der Einsatz gegen entsprechende Regelungen, ist der Betriebsrat zur Zustimmungsverweigerung berechtigt (*BAG* v. 16. 6. 1998 – 1 ABR 59/97 – EzAÜG § 14 AÜG Betriebsverfassung Nr. 41; *ArbG Heilbronn* v. 2. 4. 2003 – 7 BV 19/02). Aber auch sonstige Betriebsvereinbarungen (v. a. solche zur **Mehrarbeit** nach § 87 Abs. 1 Nr. 3 BetrVG, vgl. Rn. 96) bzw. zur **Personalplanung** oder zur **Fremdleistungsplanung** können Bedingungen enthalten, die bei Einsatz von Leiharbeitnehmern eingehalten werden müssen. Dies gilt insbesondere für Betriebsvereinbarungen, die das Verfahren bei Bewerbungen regeln (*AG München* v. 13. 6. 2001 – 6b BVGa 3/01 G). Betrifft der Verstoß Bestimmungen einer Betriebsvereinbarung, die **nicht unmittelbar** auch für den Einsatz von Leiharbeitnehmern Anwendung finden, sondern nur allgemein für die Stammbelegschaft (insbesondere zur Arbeitszeit) im Betrieb gelten, ist ein Zustimmungsverweigerungsgrund zur Einstellung so lange gegeben, wie keine **Anpassung der Einsatzbedingungen** des Leiharbeitnehmers an die Bestimmungen der Betriebsvereinbarung im ANÜ-Vertrag erreicht wird (vgl. hierzu auch Rn. 66). Ein **Einsatz von Fremdfirmenarbeitnehmern**, die unter **Verstoß gegen Mitbestimmungsrechte des Betriebsrats nach § 87 Abs. 1 BetrVG** eingesetzt werden sollen, berechtigt den Betriebsrat immer zur **Zustimmungsverweigerung** (*BAG* v. 22. 10. 1991 – 1 ABR 28/91 – AP Nr. 7 zu § 14 AÜG; *LAG Frankfurt am Main* v. 19. 4. 1988 – 55 TaBV GA 52/88 – LAGE § 99 BetrVG 1972 Nr. 12; DKK-*Kittner*, § 99 Rn. 175; a. A. *Schüren/Hamann*, § 14 Rn. 197). Dies gilt insbesondere, wenn der LAN außerhalb der mit dem BR vereinbarten Arbeitszeit beschäftigt werden soll (*LAG Baden-Württemberg* v. 20. 5. 1999, AiB 2000, 36).

bb) Verstöße gegen Auswahlrichtlinien (§ 99 Abs. 2 Nr. 2 BetrVG)

Bestehen im Entleiherbetrieb **Auswahlrichtlinien** nach § 95 BetrVG (vgl. Rn. 84), **168** ist der Betriebsrat nach § 99 Abs. 2 Nr. 2 BetrVG zur Zustimmungsverweigerung berechtigt, wenn der Einsatz des Leiharbeitnehmers gegen eine Auswahlrichtlinie verstößt (*BAG* v. 24.5.1974 – 1 ABR 40/74 – AP Nr. 2 zu § 99 BetrVG 1972; *Becker/Wulfgramm*, Art. 1 § 14 Rn. 100; *Boemke*, § 14 Rn. 104; *Frerichs/Möller/Ulber* 1981, 74f.; *Schüren/Hamann*, § 14 Rn. 198; *Thüsing/Thüsing*, § 14 Rn. 169). Auswahlrichtlinien können sich dabei auch auf die Festlegung eines **Negativkatalogs** beschränken (DKK-*Klebe*, § 95 Rn. 4; *FESTL*, § 95 Rn. 12), sie können daher allein darin bestehen, den **Einsatz von Fremdfirmenarbeitnehmern** ganz **auszuschließen** oder von bestimmten Voraussetzungen abhängig zu machen (*Boemke*, § 14 Rn. 104; DKK-*Klebe*, § 95 Rn. 27).

Auswahlrichtlinien, die sich auf die Einstellung, Kündigung oder auch Beför-   **168a** derung oder Versetzung von Stammarbeitnehmern beziehen, erfassen von ihrem **Geltungsbereich** her grundsätzlich uneingeschränkt **auch die Einstellung von Leiharbeitnehmern** (*Erdlenbruch* 1992, 174ff.; *Frerichs/Möller/Ulber* 1981, 75). Die Funktion der Auswahlrichtlinien besteht gerade darin, den Interessen der **Stammbelegschaft** gegenüber Arbeitnehmern des außerbetrieblichen Arbeitsmarktes den **Vorrang** einzuräumen. Ausnahmen können nur insoweit in Betracht kommen, wie die Auswahlrichtlinie ausdrücklich eine andere Regelung für die Beschäftigung betriebsfremder Arbeitnehmer enthält (a.A. *Becker/Wulfgramm*, Art. 1 § 14 Rn. 100; *Boemke*, § 14 Rn. 104; *Schüren/Hamann*, § 14 Rn. 199). Die gegenteilige Auffassung vermag nicht zu überzeugen, da die Schutzfunktion einer Auswahlrichtlinie, die für die Stammbelegschaft vorrangige Beschäftigungspflichten des Arbeitgebers gegenüber der Neueinstellung von Arbeitnehmern regelt, ebenso betroffen ist wie bei der Beschäftigung von LAN. I.ü. sind Auswahlrichtlinien Grundlage aller personellen Einzelmaßnahmen (DKK-*Klebe*, § 95 Rn. 1) und beschränken sich von ihrem Geltungsbereich nicht auf Maßnahmen, die im Rahmen des § 99 BetrVG der Zustimmung des Betriebsrats unterliegen. Kommen für den vom Leiharbeitnehmer zu besetzenden Arbeitsplatz auch Stammarbeitnehmer in Frage, denen nach den Auswahlrichtlinien der Vorrang einzuräumen ist, kann der Betriebsrat die Zustimmung zur Übernahme des Leiharbeitnehmers verweigern (*Ulber/Frerichs*, AiB 1981, 149). Dies gilt auch in den Fällen, in denen Teilzeitbeschäftigten ein Anspruch auf vorrangige Besetzung des Arbeitsplatzes nach § 9 TzBfG zusteht.

cc) Benachteiligung von Stammarbeitnehmern (§ 99 Abs. 2 Nr. 3 BetrVG)

Soweit mit der personellen Einzelmaßnahme eine **Benachteiligung von Stamm-**   **169** **arbeitnehmern** verbunden sein kann, ist der Entleiherbetriebsrat auch bei der Übernahme von Leiharbeitnehmern gem. § 99 Abs. 2 Nr. 3 BetrVG zur Zustimmungsverweigerung berechtigt (*BAG* v. 14.5.1974 – 1 ABR 40/73 – AP Nr. 2 zu § 99 BetrVG 1972; *Becker/Wulfgramm*, Art. 1 § 14 Rn. 101; *Frerichs/Möller/Ulber* 1981, 75f.; *Schüren/Hamann*, § 14 Rn. 201; *Thüsing/Thüsing*, § 14 Rn. 17). Schon die Spaltung der Belegschaft in Arbeitnehmer mit und ohne vollständige Betriebszugehörigkeit stellt i.d.R. eine Benachteiligung dar (*ArbG Wiesbaden* v. 23.7.1997 – 7 BV 3/97 – NZA 1998, 165). Dies gilt insbesondere, wenn durch die Beschäftigung des Leiharbeitnehmers sachlich nicht gerechtfertigte, **unterschiedliche Arbeitsbedingungen** im Betrieb geschaffen werden, die sich ungünstig auf die

Zusammenarbeit der Beschäftigten auswirken oder zu einer Benachteiligung der vorhandenen Beschäftigten führen (*BVerwG* v. 20. 5. 1992 – 6P 4/90 – BVerwGE 90, 194). Auch ohne Auswahlrichtlinien ist der Betriebsrat berechtigt, die Zustimmung zu verweigern, wenn gleichzeitig einem **Stammarbeitnehmer**, der den vom Leiharbeitnehmer zu besetzenden Arbeitsplatz bislang innehatte, **gekündigt** wird (*LAG Düsseldorf* v. 10. 2. 2004 – 6 Sa 1723/03) oder eine derartige Kündigung Folge des Einsatzes von Leiharbeitnehmern sein kann (*Becker/Wulfgramm*, Art. 1 § 14 Rn. 101; *Boemke*, § 14 Rn. 105; *Frerichs/Möller/Ulber* 1981, 75; *Schüren/Hamann*, § 14 Rn. 202; *Stückmann*, DB 1999, 1903). Dies gilt insbesondere in den Fällen der sozial nicht gerechtfertigten **Austauschkündigung**, bei der die Beschäftigungsmöglichkeit als solche nicht entfällt, der Arbeitgeber aber beabsichtigt, die formale Arbeitgeberstellung aufzugeben und die Durchführung der Aufgaben Dritten zu übertragen (*BAG* v. 26. 9. 1996 – 2 AZR 478/95 – AuR 1996, 454 u. v. 16. 12. 2004 – 2 AZR 66/04 – NZA 2005, 761).

170 Von § 99 Abs. 2 Nr. 3 BetrVG werden auch **Änderungskündigungen** von Stammarbeitnehmern erfasst, soweit diese mit dem Einsatz des Leiharbeitnehmers im Zusammenhang stehen (*Schüren/Hamann*, § 14 Rn. 202). Zwar ist eine Änderungskündigung, die hinsichtlich eines vom Fremdfirmenarbeitnehmer einzunehmenden Arbeitsplatzes ausgesprochen wird, immer **sozial ungerechtfertigt** i.S.d. § 1 Abs. 2 Satz 1 KSchG (*ArbG Bielefeld* v. 16. 1. 1981 – 5 Ca 2135/80); der betroffene Arbeitnehmer muss jedoch gegen die Änderungskündigung gerichtlich vorgehen (§§ 2, 4 KSchG), was als solches schon einen Nachteil i.S.d. § 99 Abs. 1 Nr. 3 BetrVG darstellt.

171 Wesentliche **sonstige Nachteile der Stammarbeitnehmer** i.S.d. § 99 Abs. 2 Nr. 3 BetrVG können dann vorliegen, wenn der **Status quo** der gegenwärtigen Besitzstände von Stammarbeitnehmern **gefährdet** ist oder zukünftige Entwicklungschancen beeinträchtigt oder zunichte gemacht werden (DKK-*Kittner*, § 99 Rn. 186; *Richardi*, § 99 Rn. 206; *FESTL*, § 99 Rn. 188). Nach § 9 TzBfG ist diese Voraussetzung immer erfüllt, wenn einem **Teilzeitbeschäftigten** ein Anspruch auf vorrangige Besetzung des Arbeitsplatzes zusteht. Dasselbe gilt nach § 99 Abs. 2 Nr. 3 2. Halbsatz BetrVG, wenn (z. B. auf der Grundlage von Rahmenvereinbarungen) dauerhaft Leiharbeitnehmer im Betrieb eingesetzt werden sollen und ein **befristet Beschäftigter** gleichgeeignet ist. Abzulehnen ist die Auffassung des *BAG*, wonach das Vorrecht eines befristet beschäftigten Stammarbeitnehmers auf Übernahme in ein Vollzeitarbeitsverhältnis nicht gegeben sei, wenn es um die Besetzung eines »Arbeitsplatzes für Fremdpersonal« gehe (v. 25. 1. 2005 – 1 ABR 61/03 – DB 2005, 1693). Einen solchen spezifischen Arbeitsplatz für Fremdpersonal kann es auf Grund der gesetzlichen Gleichstellungsgrundsätze von §§ 3 Abs. 1 Nr. 3, 9 Nr. 2 nicht geben. Die Gleichbehandlungspflichten von LAN und Stammbelegschaft sollen nicht nur Diskriminierungen von LAN verhindern, sondern dürfen auch den vergleichbaren Arbeitnehmer nicht schlechter stellen. Die Vorschriften stellen gerade nicht auf eine unterschiedliche Zuordnung des Arbeitsplatzes für Fremd- und Eigenbeschäftigte ab, sondern verbieten **arbeitnehmerbezogen** eine Diskriminierung. Bei gleicher Eignung eines befristet Beschäftigten für eine dauerhaft zu erfüllende Tätigkeit kann daher der BR die Zustimmung zur Übernahme eines LAN verweigern.

Versetzungen auf einen Arbeitsplatz mit **schlechteren Arbeitsbedingungen** sind ebenso ein Nachteil (*Becker/Wulfgramm*, Art. 1 § 14 Rn. 101; *Schüren/Hamann*, § 14 Rn. 202; *Thüsing/Thüsing*, § 14 Rn. 171) wie die Verschlechterung beruflicher Entwicklungs- und **Aufstiegsmöglichkeiten** (DKK-*Kittner*, § 99 Rn. 186), wenn der Leiharbeitnehmer einen Arbeitsplatz einnimmt, der andernfalls (ggf. auch nach entsprechenden Qualifizierungsmaßnahmen) von einem anderen Stammarbeitnehmer im Wege des Aufstiegs hätte eingenommen werden können. Nachteile für die Stammarbeitnehmer können sich auch daraus ergeben, dass der **172** Leiharbeitnehmer in Unkenntnis der bestehenden Betriebsabläufe zusätzlich **von der Stammbelegschaft eingearbeitet werden** muss (*Boemke*, § 14 Rn. 105) und im Rahmen der arbeitsteilig angelegten Arbeitsprozesse die gegenüber Stammarbeitnehmern geringere »Normalleistung« des Leiharbeitnehmers von der Stammbelegschaft kompensiert werden muss (*Becker/Wulfgramm*, Art. 1 § 14 Rn. 101; *Frerichs/Möller/Ulber* 1981, 75; *Sandmann/Marschall*, Art. 1 § 14 Anm. 22; *Schüren/Hamann*, § 14 Rn. 202; einschränkend *Thüsing/Thüsing*, § 14 Rn. 171). Dies gilt v. a. im **Leistungslohn**, bei dem Leiharbeitnehmer auf Grund ihres mangelnden Erfahrungswissens häufig nur einfache, repetetive Teilarbeiten zugewiesen bekommen und hierdurch **Akkordrichtsätze** der Stammbelegschaft, die bisher erreicht wurden, **unterschritten** werden (*Frerichs/Möller/Ulber* 1981, 75). Es können jedoch auch umgekehrt Fälle vorkommen, in denen die **Leistungsnormen** durch den Einsatz von Leiharbeitnehmern **heraufgesetzt** werden sollen und daher ein Zustimmungsverweigerungsrecht auslösen (DKK-*Kittner*, § 99 Rn. 189). Insbesondere Formen der Personalpolitik, die auf den Aufbau einer sog. »olympiareifen Stammbelegschaft« gerichtet sind, bergen die Gefahr in sich, dass Leistungsnormen durch den Einsatz jüngerer und leistungsfähigerer Leiharbeitnehmer im Betrieb heraufgesetzt werden; sie führen auch dazu, dass **ältere** oder auch **leistungsgeminderte Arbeitnehmer** in der Gefahr stehen, tendenziell ihren Arbeitsplatz zu verlieren. Die Arbeitsplätze von Pförtnern oder bezüglich der Bewachungsdienste, die vor allem älteren oder auch (betriebs-) unfallgeschädigten Arbeitnehmern vorbehalten waren, wurden schon in der Vergangenheit unter **Verstoß gegen die Grundsätze der §§ 75, 80 Abs. 1 Nr. 4 und 6 BetrVG** in einem Maße über Fremdfirmenarbeit abgebaut, das weder mit den Schutzpflichten der Betriebsparteien gegenüber besonders benachteiligten Personengruppen (vgl. §§ 75 Abs. 1, 80 Abs. 1 Nr. 4 und 6 BetrVG) in Einklang steht noch mit mangelnden Handlungsmöglichkeiten der Betriebsräte gerechtfertigt werden kann. § 99 Abs. 2 Nr. 3 BetrVG stellt insoweit ein Handlungsinstrumentarium zur Verfügung, um derartigen Entwicklungsprozessen (auch in anderen Bereichen) Einhalt zu gebieten (DKK-*Kittner*, § 99 Rn. 189).

dd) Benachteiligung des Leiharbeitnehmers (§ 99 Abs. 2 Nr. 4 BetrVG)

Das Recht des Betriebsrats zur Zustimmungsverweigerung nach § 99 Abs. 2 Nr. 4 **173** BetrVG besteht auch, soweit der **Leiharbeitnehmer** selbst durch die Übernahme in den Entleiherbetrieb **benachteiligt** wird (*Becker/Wulfgramm*, Art. 1 § 14 Rn. 102; *Boemke*, § 14 Rn. 106; *Frerichs/Möller/Ulber* 1981, 76; *Schüren/Hamann*, § 14 Rn. 204). Dies ist immer der Fall, wenn für den Leiharbeitnehmer sachlich nicht gerechtfertigte, unterschiedliche Arbeitsbedingungen gelten sollen (*BVerwG* v. 20. 5. 1992 – 6 P 4/90 – BVerwGE 90, 194). Eine Benachteiligung i.S.d. § 99 Abs. 2 Nr. 4 BetrVG kann sich aus dem **Verlust einer Rechtsposition** (z. B. dem Verlust des Arbeitsverhältnisses zum Verleiher wegen der Rechtsfolgen des § 10), aber auch aus **tatsächlichen Nachteilen** ergeben, wie sie etwa bei ungünstigen Auswirkungen auf die Umstände der Arbeit anzunehmen sind (BAG v. 2. 4. 1996 – 1 ABR 39/95 – AP Nr. 5 zu § 99 BetrVG 1972 Versetzung). Auch liegt eine Benachteiligung immer vor, wenn die **Arbeitsbedingungen**, die der zu besetzende Arbeitsplatz mit sich bringt, von den arbeitsvertraglichen **Leistungspflichten des Leiharbeitnehmers abweichen.** Dies gilt insbesondere, wenn der geplante Einsatz **Rechte des Leiharbeitnehmers** aus beim Verleiher geltenden Tarifverträgen oder Betriebsvereinbarungen **verkürzen** oder vollständig **beseitigen** würde. Im Rahmen der Vorschrift können insbesondere auch **Verstöße gegen den Gleichbehandlungsgrundsatz** (§ 75 BetrVG) gerügt werden (vgl. *BAG* v. 1. 2. 1989 – 4 ABR 86/88 – AP Nr. 63 zu § 99 BetrVG 1972; *FESTL*, § 99 Rn. 164; a. A. *Richardi*, § 99 Rn. 228; *Schüren/Hamann*, § 14 Rn. 204), wobei die Anforderungen an diesbezügliche Verstöße im Rahmen des § 99 Abs. 2 Nr. 4 BetrVG gegenüber Nr. 1 (vgl. Rn. 165) geringer sind (*DKK-Kittner*, § 99 Rn. 195).

174 Werden dem Leiharbeitnehmer **Arbeiten** zugewiesen, die wegen ihrer Schwere oder Gefährlichkeit oder sonstiger **besonderer Belastungen** (Schmutz, Hitze etc.) von Stammarbeitnehmern nicht verrichtet werden, kann hierin eine sachlich ungerechtfertigte Benachteiligung von Leiharbeitnehmern liegen (*Becker/Wulfgramm*, Art. 1 § 14 Rn. 102; *ErfK/Wank*, § 14 AÜG Rn. 26; *Frerichs/Möller/Ulber* 1981, 76; *Sandmann/Marschall*, Art. 1 § 14 Anm. 22; a. A. *Boemke*, § 14 Rn. 106; *Richardi*, § 99 Rn. 228; *Schüren/Hamann*, § 14 Rn. 204). Dasselbe gilt, soweit für diese Arbeitsplätze der Stammbelegschaft besondere **Schmutzzulagen** oder sonstige Erschwerniszulagen gewährt werden, von denen der Leiharbeitnehmer **ausgeschlossen** bleibt.

175 Eine Benachteiligung des Leiharbeitnehmers liegt auch vor, wenn der Leiharbeitnehmer nach seinem Arbeitsvertrag für bestimmte qualifizierte Leistungen eingestellt wurde, er aber beim Entleiher nur für **Hilfstätigkeiten** mit geringeren oder gar keinen Qualifikationsanforderungen eingesetzt werden soll (*Frerichs/Möller/Ulber* 1981, 76; *Ulber*, Arbeitnehmer in Zeitarbeitsfirmen, 80f.). Ebenso kann der Betriebsrat seine Zustimmung verweigern, wenn der Leiharbeitnehmer für Tätigkeiten eingesetzt werden soll, die den Absprachen des **ANÜ-Vertrages widersprechen** (*Boemke*, § 14 Rn. 106; *Erdlenbruch* 1992, 176; *Schüren/Hamann*, § 14 Rn. 204).

176 Bei der Frage, ob eine ungerechtfertigte **Ungleichbehandlung** vorliegt, ist ausschließlich auf die **Verhältnisse im Entleiherbetrieb** abzustellen. Der Entleiherbetriebsrat kann etwaige Ungleichbehandlungen, die der Einsatz im Vergleich zu anderen Leiharbeitnehmern des Verleihers mit sich bringt, nicht im Rahmen der Vorschrift rügen. Es ist ihm grundsätzlich auch verwehrt, Nachteile, die mit der gesetzlichen Ausgestaltung der ANÜ verbunden sind (ständig wechselnde Einsatzorte, andere Vergütungsabsprachen etc.), geltend zu machen (*Becker/Wulfgramm*, Art. 1 § 14 Rn. 102; *Sandmann/Marschall*, Art. 1 § 14 Anm. 21; *Schüren/Hamann*, § 14 Rn. 204). Dies betrifft aber nur die gesetzlich zwingend geregelte Ausgestaltung des Leiharbeitsverhältnisses und lässt die sonstigen Handlungspflichten des Betriebsrates, z. B. hinsichtlich der Beachtung des Grundsatzes der Vereinbarkeit von Beruf und Familie nach § 80 Abs. 1 Nr. 2b BetrVG, unberührt. Beruhen die **Nachteile** auf dem ANÜ-Vertrag zwischen Entleiher und Verleiher, ist der Betriebsrat nicht gehindert, die Nachteile im Rahmen des Zustimmungsverweigerungsrechts geltend zu machen (*Boemke*, § 14 Rn. 106; *Schüren/Hamann*, § 14 Rn. 204). Die Übernahme eines Leiharbeitnehmers unterliegt insoweit denselben Regelungen, die auch bei Festeinstellung eines Arbeitnehmers gelten. Hier ist nach überwiegender Meinung anerkannt, dass ein **Einverständnis** des Arbeitnehmers mit Benachteiligungen **nicht** das Zustimmungsverweigerungsrecht ausschließt (*DKK-Kittner*, § 99 Rn. 194; *FESTL*, § 99 Rn. 202; *Heinze* 1982, Rn. 322, 324; a. A. *BAG* v. 2. 4. 1996 – 1 ABR 39/95 – AP Nr. 9 zu § 99 BetrVG 1972

Versetzung hinsichtlich einer Versetzung; *Richardi*, § 99 Rn. 231). Dem unbeachtlichen Einverständnis des Arbeitnehmers bei einer Neueinstellung entspricht insoweit eine entsprechende **unbeachtliche Zustimmung des Verleihers** im ANÜ-Vertrag bzw. mittelbar auch die Zustimmung des Leiharbeitnehmers auf Grund des Leiharbeitsvertrages.

In den Fällen der **Übernahme** von Arbeitnehmern einer PSA ist der Betriebsrat in **177** besonderer Weise gehalten, im Rahmen des Beteiligungsverfahrens nach § 99 BetrVG Benachteiligungen auszuschließen. U. U. ist hier die Übernahme die einzige Chance des Arbeitnehmers, in den Arbeitsmarkt reintegriert zu werden. Bei etwaigen Verstößen werden daher **Verhandlungen mit dem Entleiher** zu einer Anpassung der Einsatzbedingungen im Vorfeld der Zustimmungsverweigerung eher den Interessen des betroffenen Arbeitnehmers gerecht, als mittels der Zustimmungsverweigerung dem Leiharbeitnehmer die Chance auf Erhalt eines Arbeitsplatzes ganz zu verwehren.

ee) Fehlende innerbetriebliche Ausschreibung (§ 99 Abs. 2 Nr. 5 BetrVG)

Hat der Betriebsrat nach § 93 BetrVG eine **innerbetriebliche Ausschreibung** ver- **178** langt und ist diese vom Arbeitgeber **nicht durchgeführt** worden, ist der Betriebsrat nach § 99 Abs. 2 Nr. 5 BetrVG zur **Zustimmungsverweigerung** berechtigt. Die Vorschrift ist auch anwendbar, soweit Arbeitsplätze mit Leiharbeitnehmern besetzt werden sollen (*BAG* v. 14. 5. 1974 – 1 ABR 40/73 – AP Nr. 2 zu § 99 BetrVG 1972; *Becker/Wulfgramm*, Art. 1 § 14 Rn. 103; *Boemke*, § 14 Rn. 107; *Schüren/Hamann*, § 14 Rn. 205; *Thüsing/Thüsing*, § 14 Rn. 173; *Ulber/Frerichs*, AiB 1981, 150) oder wenn der Arbeitgeber freie Mitarbeiter einsetzen will (*BAG* v. 27. 7. 1993 – 1 ABR 7/93 – BB 1993, 2233). Voraussetzung für die Anwendbarkeit der Vorschrift ist lediglich, dass die **Ausschreibung unterblieben** ist; es kommt i. ü. nicht darauf an, ob neben dem Leiharbeitnehmer noch andere innerbetriebliche Bewerber für die Besetzung des Arbeitsplatzes in Betracht kommen (DKK-*Kittner*, § 99 Rn. 201; *FESTL*, § 99 Rn. 203; a. A. *Richardi/Thüsing*, § 99 Rn. 238, die aber die Wirksamkeit einer Zustimmungsverweigerung unberührt lassen). Dem Unterlassen einer vom Betriebsrat im Einzelfall verlangten Ausschreibung stehen die Fälle gleich, in denen der Arbeitgeber gegen **Betriebsvereinbarungen zur Stellenausschreibung** oder sonst im Betrieb gültige **Ausschreibungsrichtlinien** verstößt (DKK-*Kittner*, § 99 Rn. 197; *FESTL*, § 99 Rn. 206; *Richardi*, § 99 Rn. 235). Auch hier ist der Betriebsrat zur Zustimmungsverweigerung berechtigt.

ff) Störung des Betriebsfriedens (§ 99 Abs. 2 Nr. 6 BetrVG)

Bestehen begründete Anhaltspunkte dafür, dass durch die Übernahme des Leih- **179** arbeitnehmers der **Betriebsfrieden gestört** wird, kann der Entleiherbetriebsrat nach § 99 Abs. 2 Nr. 6 BetrVG die Zustimmung verweigern (zum Konfliktpotenzial bei Beschäftigung von Leiharbeitnehmern vgl. *Kadel/Koppert*, BB 1990, 2331). Die Vorschrift ist auch bei der Übernahme von Leiharbeitnehmern anwendbar (*Becker/Wulfgramm*, Art. 1 § 14 Rn. 104; *Frerichs/Möller/Ulber* 1981, 77; GK-*Raab*, § 104 Rn. 4; *Schüren/Hamann*, § 14 Rn. 206; *Thüsing/Thüsing*, § 14 Rn. 174). Bei der **Beschäftigung von Leiharbeitnehmern** können sich begründete Tatsachen für erwartbare Betriebsstörungen insbesondere aus **früheren Einsätzen** beim Entleiher ergeben. Aber auch soweit aus Einsätzen des Leiharbeitnehmers bei anderen Entleihern entsprechende Betriebsstörungen wegen zurückliegenden Fehlverhaltens zu erwarten sind, kann der Betriebsrat die Zustimmung verweigern. Die Gefahr einer Störung des Betriebsfriedens muss ihre Ursache dabei in einem erwartbaren Verhalten eines bestimmten Leiharbeitnehmers haben (vgl. KassHandb/*Düwell*, 4.5 Rn. 493). Beruht die erwartbare Gefährdung dagegen ausschließlich auf erwartbaren **Reaktionen von Stammarbeitnehmern**, berechtigt dies den Betriebsrat nicht zur Zustimmungsverweigerung (*Boemke*, § 14 Rn. 108; *Schüren/Hamann*, § 14 Rn. 206).

e) Ausübung und Rechtsfolgen der Zustimmungsverweigerung (§ 99 Abs. 3 und 4 BetrVG)

180 Will der Betriebsrat die Zustimmung zur Einstellung von Leiharbeitnehmern verweigern, muss er dies dem Entleiher gem. § 99 Abs. 3 BetrVG **innerhalb einer Woche** nach Abschluss des Unterrichtungsverfahrens (vgl. Rn. 137) unter **Angabe von Gründen mitteilen**, andernfalls gilt seine Zustimmung zur Einstellung als erteilt. Verweigert er die Zustimmung zur Einstellung, muss er in der schriftlichen **Ablehnung** alle **Gründe nennen** (*BAG* v. 3. 7. 1984 – 1 ABR 74/82 – AP Nr. 20 zu § 99 BetrVG 1972), die einen Verstoß gegen die in § 99 Abs. 1 Nr. 1 bis 6 BetrVG aufgeführten Tatbestände möglich erscheinen lassen, und hierbei alle Verstöße geltend machen, die nach seiner Auffassung vorliegen (DKK-*Kittner*, § 99 Rn. 162 ff.; *Richardi*, § 99 Rn. 199 ff.).

181 **Verweigert der Betriebsrat die Zustimmung** innerhalb der Wochenfrist, darf der Entleiher den Leiharbeitnehmer ohne eine gerichtliche Zustimmungsersetzung nicht einsetzen (*Boemke*, § 14 Rn. 110; *Schüren/Hamann*, § 14 Rn. 208; *Thüsing/Thüsing*, § 14 Rn. 175). Die **Zustimmung** des Betriebsrats bzw. deren Ersetzung durch das Arbeitsgericht ist **Wirksamkeitsvoraussetzung** dafür, dass der Arbeitgeber die geplante Maßnahme umsetzen kann. Dem Leiharbeitnehmer steht bis zur Zustimmung des Entleiherbetriebsrats bzw. deren gerichtlicher Ersetzung (§ 99 Abs. 4 BetrVG) ein Leistungsverweigerungsrecht zu (Rn. 146), und zwar auch dann, wenn der Einsatz auf Grund seines Arbeitsvertrages im Wege des Direktionsrechts angeordnet werden kann (*BAG* v. 2. 4. 1996 – 1 AZR 743/95 – AP Nr. 34 zu § 95 BetrVG 1972).

181a Hält der Arbeitgeber trotz verweigerter Zustimmung an der geplanten Beschäftigung des Leiharbeitnehmers fest, hat er das gem. § 99 Abs. 4 BetrVG erforderliche **Zustimmungsersetzungsverfahren** durchzuführen (*Hamann*, WiB 1996, 373). Wird das Beschlussverfahren (§§ 2a Abs. 1 Nr. 1, 80 Abs. 1 ArbGG) durchgeführt und gibt das Gericht dem Antrag des Arbeitgebers statt, kann der Arbeitgeber den Leiharbeitnehmer einstellen; im Falle einer **Ablehnung** muss die geplante **Beschäftigung unterbleiben**. Weder der betroffene Leiharbeitnehmer noch der Verleiher sind Beteiligte des Beschlussverfahrens; der Verleiher ist auch nicht als Nebenintervenient zu beteiligen (DKK-*Kittner*, § 99 Rn. 210).

182 Nach § 100 Abs. 1 BetrVG ist der Arbeitgeber in Ausnahmefällen auch **vor erteilter Zustimmung** des Betriebsrats berechtigt, den Arbeitnehmer **vorläufig** zu beschäftigen, wenn dies **aus sachlichen Gründen dringend** erforderlich ist. Wegen des **Missbrauchsrisikos** der Ausnahmeregelung sind strenge Maßstäbe an das Vorliegen der Voraussetzungen anzulegen (DKK-*Kittner*, § 100 Rn. 1). Wegen der Kurzzeitigkeit des Einsatzes von Leiharbeitnehmern können durch deren vorläufige Beschäftigung im Rahmen des § 100 BetrVG die Mitbestimmungsrechte nach § 14 Abs. 3 Satz 1 faktisch ausgehöhlt werden (*FESTL*, § 99 Rn. 241a), weshalb bei Beschäftigung von Leiharbeitnehmern § 100 Abs. 1 BetrVG grundsätzlich nicht anwendbar ist (vgl. Rn. 26). Dennoch wird die **Anwendbarkeit der Vorschrift** auch **in Fällen der ANÜ** bejaht (*BAG* v. 10. 8. 1989 – 1 ABR 54/88 – AP Nr. 68 zu § 99 BetrVG 1972; *LAG Frankfurt am Main* v. 7. 4. 1987 – 4 TaBV 150/86 – AuR 1989, 321; *ArbG Göttingen* v. 5. 1. 1973 – 2 BV 41/72 – DB 1973, 339; *Becker/ Wulfgramm*, Art. 1 § 14 Rn. 105; *Schüren/Hamann*, § 14 Rn. 209; a. A. zu Recht *FESTL*, § 99 Rn. 241b). Der Umstand, dass der Entleiher bei Bestreiten der Dringlichkeit der Maßnahme innerhalb von drei Tagen das Beschlussverfahren nach § 100 Abs. 2 Satz 2 BetrVG einleiten muss, stellt insoweit keine ausreichende Sanktion dar, um **Missbräuchen** beim Einsatz von Leiharbeitnehmern zu begegnen (*Leisten*, BB 1992, 266; zur einstweiligen Verfügung vgl. Rn. 183).

Beschäftigt der Entleiher den Leiharbeitnehmer ohne Zustimmung des Betriebsrats oder hält er eine **vorläufige Beschäftigung** nach § 100 Abs. 2 Satz 3, 4 BetrVG aufrecht, kann der Betriebsrat gem. § 101 Satz 1 BetrVG die **Aufhebung der Beschäftigung verlangen** (*BAG* v. 1. 8. 1989 – 1 ABR 54/88 – AP Nr. 68 zu § 99 BetrVG 1972). Bei **wiederholten Verstößen** steht dem Betriebsrat daneben – auch unabhängig von einem Verfahren wegen groben Verstoßes gegen die betriebsverfassungsrechtlichen Pflichten des Arbeitgebers nach § 23 Abs. 3 BetrVG (*LAG Frankfurt* v. 9. 2. 1988 – 5 TaBV 113/87 – EzAÜG § 14 AÜG Betriebsverfassung Nr. 16) – ein allgemeiner Unterlassungsanspruch zu (*Boemke*, § 14 Rn. 110; *FESTL*, § 99 Rn. 241a; *Thüsing/Thüsing*, § 14 Rn. 175; *Schüren/Hamann*, § 14 Rn. 209) **183**

Gerade im Bereich der Fremdfirmenarbeit können die §§ 100 f. BetrVG eine **Sicherstellung der Mitbestimmung** durch Nutzung entsprechender Instrumente des Rechtsschutzes nicht ausreichend gewährleisten. Der Betriebsrat hat aber die Möglichkeit, neben dem Beschlussverfahren durch Antrag auf Erlass einer **einstweiligen Verfügung** die Untersagung der Beschäftigung von Leiharbeitnehmern zu verlangen (*LAG Frankfurt* v. 15 12. 1987 – NZA 1989, 232; *LAG Köln* v. 13. 8. 2002 – 12 Ta 244/02; *ArbG Hameln* v. 12. 10. 1990 – 2 BVGa 15/90 – DB 1990, 2611; *DKK-Kittner*, § 100 Rn. 37 u. § 101 Rn. 19; *FESTL*, § 99 Rn. 241b; *Leisten*, BB 1992, 266), weil es sich bei der Einstellung von Leiharbeitnehmern um kurzfristige Maßnahmen handelt, bei denen selbst bei formal korrektem Verfahren des Arbeitgebers die Mitbestimmungsrechte des Betriebsrats über §§ 99, 101 BetrVG aus Zeitgründen niemals gesichert werden können (*ArbG München* v. 3. 5. 2001 – 6b BVGa 3/01 G; *ArbG Siegen* v. 12. 7. 2002, AiB 2004, 116; vgl. *LAG Baden-Württemberg* v. 5. 8. 2005 – 5 TaBV 5/05). § 101 BetrVG steht insoweit dem Erlass einer einstweiligen Verfügung nicht entgegen (a. A. *Schüren/Hamann*, § 14 Rn. 209:; vgl. auch *BAG* v. 20. 2. 2001 – 1 ABR 30/00 – DB 2001, 2054; nicht eindeutig *FESTL*, § 101 Rn. 13 u. § 99 Rn. 241 a f.). Da das Mitbestimmungsrecht des Betriebsrats in Fällen kurzzeitiger Fremdfirmeneinsätze regelmäßig leerliefe, wenn es nicht einstweilen gesichert wird, ist hier der erforderliche **Verfügungsgrund** immer gegeben (*ArbG München* v. 13. 6. 2001 – 6b BVGa 3/01 G; so auch *Leisten*, BB 1992, 266). **183a**

7. Beteiligungsrechte des Entleiherbetriebsrats bei Beendigung des Einsatzes von Leiharbeitnehmern (Abs. 3 Satz 3, §§ 102 ff. BetrVG)

Wird der ANÜ-Vertrag im Rahmen der Vorschriften des AÜG ordnungsgemäß abgewickelt und der Einsatz des Leiharbeitnehmers beendet, stehen dem **Entleiherbetriebsrat keine Rechte** zu, eine **Entlassung des Leiharbeitnehmers durch den Entleiher** zu beeinflussen. Die Rechte aus § 102 BetrVG stehen ausschließlich dem Verleiherbetriebsrat zu. Dies gilt auch, soweit der **Einsatz** des Leiharbeitnehmers beim Entleiher **vorzeitig beendet** wird (*Becker/Wulfgramm*, § 14 Rn. 118; **184**

Boemke, § 14 Rn.136; DKK-*Kittner*, § 102 Rn.8; *Sandmann/Marschall*, Art. 1 § 14 Anm. 23; *Schüren/Hamann*, § 14 Rn.315; *Thüsing/Thüsing*, § 14 Rn.177; a. A. *Ramm*, ZfA 1973, 292; *Windbichler*, DB 1975, 739). Auch die vorzeitige Beendigung des Überlassungsvertrages stellt keine Kündigung eines Arbeitsverhältnisses i.S.d. § 102 BetrVG dar (*Becker/Wulfgramm*, a.a.O.; GK-*Raab*, § 102 Rn.23). Dasselbe gilt, soweit der Leiharbeitnehmer vorzeitig durch einen anderen **Leiharbeitnehmer ausgetauscht** wird (zum Mitbestimmungsverfahren nach § 99 BetrVG in diesem Fall vgl. Rn.143).

185 Bei vorzeitiger »Rückversetzung« eines an eine **Arge** nach dem BRTV-Bau **abge-ordneten Arbeitnehmers** ist ein bei der Arge bestehender Betriebsrat zu beteiligen; bei einer Kündigung ist jedoch ausschließlich der Betriebsrat des Stammbetriebs befugt, die Rechte aus § 102 BetrVG wahrzunehmen (DKK-*Kittner*, § 102 Rn.18; *FESTL*, § 102 Rn.18).

186 Der Entleiherbetriebsrat ist in allen Fällen zu beteiligen, in denen ein **fingiertes Arbeitsverhältnis** zum Entleiher zustande gekommen ist und der **Einsatz** des Arbeitnehmers im Entleiherbetrieb **beendet** werden soll (*Becker/Wulfgramm*, Art. 1 § 14 Rn.126; DKK-*Schneider*, § 102 Rn.8; GK-*Raab*, § 102 Rn.23). Bestehen **Zweifel**, ob es sich bei der Person, die die Arbeit im Betrieb beenden soll, um einen **Fremdfirmenbeschäftigten oder** um einen **Arbeitnehmer** handelt, ist das **Anhörungsverfahren** nach § 102 Abs. 1 BetrVG durchzuführen (*LAG Frankfurt* v. 20.6.1979 – 10/7 Sa 821/78 – EzAÜG BetrVG Nr. 4). Das fingierte Arbeitsverhältnis ist in jeglicher Hinsicht einem vertraglich begründeten Arbeitsverhältnis gleichzusetzen. Wird der Leiharbeitnehmer vom Entleiher in den Fällen der §§ 10 Abs. 1, 1 Abs. 2 nicht weiter beschäftigt und führt er das Anhörungsverfahren nicht durch, ist die **Kündigung** neben einem Verstoß gegen § 623 BGB auch nach § 102 Abs. 1 Satz 2 BetrVG **unwirksam**. Hierbei kommt es nicht darauf an, ob der Entleiher eine auch durch Auslegung zu ermittelnde Kündigungserklärung abgegeben hat. Im Verhalten des Entleihers hinsichtlich der Nichtweiterbeschäftigung des Leiharbeitnehmers liegt wie in den Fällen der Unzulässigkeit von Befristungen eine **konkludent erklärte Kündigung**, die dem Beteiligungsrecht des Entleiherbetriebsrats nach § 102 BetrVG unterliegt.

187 Hört der Arbeitgeber den Betriebsrat vor einer Kündigung ordnungsgemäß an, richtet sich das weitere Verfahren und das **Vorliegen von Widerspruchsgründen** i.S.d. § 102 Abs. 3 BetrVG nach denselben Grundsätzen, die bei Kündigungen von Stammarbeitnehmern gelten. War der illegal beschäftigte Leiharbeitnehmer **Mitglied** eines beim Verleiher bestehenden **Betriebsrats** oder gehörte er sonst zu dem nach § 103 Abs. 1 BetrVG geschützten Personenkreis beim Verleiher, hat der Entleiher bei Kündigung des fingierten Arbeitsverhältnisses nicht die Zustimmung des Entleiherbetriebsrats nach § 103 BetrVG einzuholen, sondern nur das Verfahren nach § 102 BetrVG einzuhalten. Er hat aber den auch im fingierten Arbeitsverhältnis **fortbestehenden Kündigungsschutz** nach § 15 Abs. 1 Satz 1 KSchG im Rahmen der **Kündigungsfristen** zu beachten (vgl. § 10 Rn.42).

188 In den Fällen des **Wegfalls der Erlaubnis** ist der Entleiher nach § 14 Abs. 3 Satz 3 verpflichtet, dem Betriebsrat die entsprechende Mitteilung des Verleihers nach § 12 Abs. 2 unverzüglich vorzulegen. Nach Wegfall der Erlaubnis bzw. dem Ablauf einer ggf. laufenden **Abwicklungsfrist** (§ 2 Abs. 4 Satz 2) kommt ein Einsatz des Arbeitnehmers als Leiharbeitnehmer nicht mehr in Betracht. Wird der Leiharbeitnehmer über diesen Zeitpunkt hinaus vom Entleiher **weiter beschäftigt**, wird nach § 10 Abs. 1 ein **Arbeitsverhältnis fingiert** (vgl. § 10 Rn.25); eine Nichtweiterbeschäftigung des Leiharbeitnehmers unterliegt danach den Beteili-

gungsrechten des Entleiherbetriebsrats nach § 102 BetrVG. Wird demgegenüber der Leiharbeitnehmer mit Ablauf der Abwicklungsfrist nicht weiterbeschäftigt, liegt ebenso wie bei sonstigen vorzeitigen Beendigungen des Arbeitseinsatzes keine Kündigung vor, die Beteiligungsrechte des Entleiherbetriebsrats auslösen könnte.

Stört der Leiharbeitnehmer während seiner Beschäftigung den **Betriebsfrieden,** **189** so kann der Betriebsrat unter denselben Voraussetzungen, die bei Stammarbeitnehmern gelten (vgl. hierzu DKK-*Schneider,* § 104 Rn. 2 ff.; a. A. *FESTL,* § 104 Rn. 3 ff.), die Beendigung des Einsatzes des Leiharbeitnehmers vom Entleiher verlangen. § 104 BetrVG ist insoweit auch auf Leiharbeitnehmer entsprechend anwendbar (*Becker/Wulfgramm,* Art. 1 § 14 Rn. 120; *Boemke,* § 4 Rn. 137; *Erdlenbruch,* 207; *Gick,* 140; GK-*Raab,* § 99 Rn. 4; *Schüren/Hamann,* § 14 Rn. 207, 318; *Thüsing/Thüsing,* § 14 Rn. 178). Gibt der Entleiher einem entsprechenden Antrag des Betriebsrats nicht statt, muss der Betriebsrat das arbeitsgerichtliche Beschlussverfahren einleiten (§ 104 Satz 2 u. 3 BetrVG). Der Betriebsrat kann sein Begehren nicht im Wege eines Antrags auf Erlass einer einstweiligen Verfügung geltend machen (*Schüren/Hamann,* § 14 Rn. 319), da die in § 104 Satz 2 BetrVG enthaltene Regelung (auch gegenüber § 23 Abs. 3 BetrVG) eine abschließende Sondervorschrift darstellt (DKK-*Kittner,* § 104 Rn. 16; *FESTL,* § 104 Rn. 19).

VI. Mitwirkungsrechte der Personalvertretung (Abs. 4)

1. Anwendungsbereich des Abs. 4

Nach § 14 Abs. 4 gelten die in Abs. 1 und 2 sowie Abs. 3 genannten Vorschriften **190** für die **Anwendung des Bundespersonalvertretungsgesetzes** (BPersVG) (vgl. hierzu § 1 BPersVG) entsprechend. Die Vorschriften des § 14 Abs. 1 und 3 gelten dagegen **unmittelbar,** soweit **Betriebe** betroffen sind, die zwar ausschließlich oder überwiegend der öffentlichen Hand gehören, aber in **privater Rechtsform –** nicht jedoch als sog. Eigenbetriebe – betrieben werden (*BAG* v. 18. 1. 1989 – 7 ABR 62/87 – AP Nr. 2 zu § 14 AÜG; *FESTL,* § 130 Rn. 4; *Thüsing/Thüsing,* § 14 Rn. 193). Bei der LTU erstreckt sich das Beteiligungsrecht der Personalvertretung beim Einsatz von Leiharbeitnehmern gem. § 73 Abs. 1 des Tarifvertrages der LTU auch auf **Leiharbeitnehmer,** die auf **ausländischen Teilstrecken** eingesetzt werden (*BAG* v. 10. 9. 1985 – 1 ABR 28/83 – EzAÜG § 14 AÜG Personalvertretung Nr. 1).

Im Bereich der Personalvertretung nach den **Landespersonalvertretungsgeset-** **191** **zen** sind die **Länder** berufen, jeweils eigenständige Sonderregelungen für die ANÜ zu treffen (BT-Ds. 9/847, S. 9; *BVerwG* v. 20. 5. 1992 – 6 P 4.90 – AP Nr. 2 zu § 80 LPVG Rheinland-Pfalz; *Becker/Wulfgramm,* Art. 1 § 14 Rn. 134; *Sandmann/Marschall,* Art. 1 § 14 Anm. 24; *Schüren/Hamann,* § 14 Rn. 553; für eine **analoge Anwendung** dagegen *Heigl/Wahsner,* PersR 1991, 113). Das Land **Niedersachsen** hat in § 115 LPVG Niedersachsen eine § 14 Abs. 4 entsprechende Regelung getroffen, das Land **Nordrhein-Westfalen** hat in § 72 Abs. 4 Nr. 19 LPVG NRW den **Abschluss von ANÜ-Verträgen** der Mitbestimmung des Personalrats unterworfen. Da die Beschäftigung von Leiharbeitnehmern auch im Rahmen der Personalvertretungsgesetze der Länder als **Einstellung** zu werten ist, finden die diesbezüglichen **Beteiligungsrechte des Personalrats** im Rahmen der LPVG auch **bei der Übernahme von Leiharbeitnehmern** Anwendung (*BVerwG,* a.a.O., u. v. 6. 9. 1995 – 6 P 9.93 – EzAÜG § 14 AÜG Personalvertretung Nr. 7; *LAG Düsseldorf*

v. 30. 11. 2000 – 11 Ta BV 73 / 00 – n. rkr.; *Heigl/Wahsner,* a.a.O.; *Boemke,* § 14 Rn. 142; ErfK/*Wank,* § 14 Rn. 31; *Sandmann/Marschall,* Art. 1 § 14 Anm. 24; *Schüren/Hamann,* § 14 Rn. 580).

192 Ebenso wie § 14 Abs. 1 bis 3 erfasst auch Abs. 4 sowohl Fälle der gewerbsmäßigen als auch der **nichtgewerbsmäßigen ANÜ** (*BVerwG,* a.a.O.; *Schüren/Hamann,* § 14 Rn. 555; *Heigl/Wahsner,* a.a.O.) einschließlich aller Formen illegaler ANÜ (a.A. insoweit *Boemke,* § 14 Rn. 143).

193 Ist der **Verleiher** eine natürliche oder juristische Person, auf die das allgemeine individuelle und kollektive Arbeitsrecht einschließlich des **BetrVG Anwendung** findet, ergeben sich aus § 14 Abs. 4 hinsichtlich der Geltung der betriebsverfassungsrechtlichen Normen **beim Verleiher** keine Einschränkungen oder Abweichungen, wenn der Entleiherbetrieb nicht betriebsratsfähig ist. Sowohl die arbeits- und betriebsverfassungsrechtliche Stellung des Leiharbeitnehmers als auch die Beteiligungsrechte eines beim Verleiher bestehenden Betriebsrats gelten uneingeschränkt auch in den Fällen, in denen der **Entleiher** nicht den Bestimmungen des BetrVG, sondern den Personalvertretungsgesetzen des Bundes oder der Länder unterliegt.

194 Dasselbe gilt, soweit auf den Entleiher als **Tendenzbetrieb** oder Religionsgemeinschaft (vgl. § 118 Abs. 1 und 2 BetrVG) die Bestimmungen des BetrVG nicht oder nur eingeschränkt zur Anwendung kommen. Soweit der Entleiher die Begriffsmerkmale eines Tendenzbetriebs i.S.d. § 118 Abs. 1 Satz 1 und 2 BetrVG erfüllt, sind die in § 14 Abs. 2 und 3 aufgeführten Individualrechte des Arbeitnehmers und die Beteiligungsrechte des Entleiherbetriebsrats beim Einsatz von Leiharbeitnehmern i.d.R. uneingeschränkt gegeben, da **Leiharbeitnehmer typischerweise Tätigkeiten** verrichten, die unabhängig von der Eigenart des **Tendenzbetriebs in jedem Betrieb anfallen,** weshalb die Vorschriften des BetrVG bei personellen Maßnahmen in vollem Umfang zur Anwendung kommen (*FESTL,* § 118 Rn. 36). Bei **Gestellungsverträgen** (vgl. Einl. C. Rn. 94) kann jedoch eine Mitbestimmung des Personalrats bei Einstellungen im Einzelfall ausgeschlossen sein (*BVerwG* v. 23. 4. 1993 – 6 P 14.92 – EzAÜG Personalvertretung Nr. 4).

2. Personalvertretungsrechtliche Stellung des Leiharbeitnehmers

195 Durch den Verweis auf Abs. 1 stellt § 14 Abs. 4 klar, dass Leiharbeitnehmer auch während ihres Einsatzes in einer (Entleiher-) Dienststelle Angehörige des Betriebs des Verleihers bleiben und dort ihr aktives und passives Wahlrecht behalten (BVerwG v. 20. 5. 1992 – 6 P 4/90 – BVerwGE 90, 194; *Altvater* u.a., § 4 Rn. 7). Etwas anderes kommt nur in Betracht, soweit **Abordnungen i.S.d. § 13 Abs. 2 BPersVG** (zur Versetzung vgl. auch § 76 Abs. 2 Nr. 8 BPersVG) vorliegen, d.h. bei vorübergehender Zuweisung einer Beschäftigung von länger als drei Monaten in einer anderen als der zuständigen Dienststelle des Beschäftigten. Hier verliert der Beschäftigte (ähnlich der dauerhaften Versetzung eines Arbeitnehmers vom Betrieb eines Unternehmens in einen anderen Betrieb desselben Unternehmens) seine Betriebszugehörigkeit zur abordnenden Dienststelle, wenn nicht bei Ablauf von drei Monaten feststeht, dass der Arbeitnehmer nach weiteren sechs Monaten in die abordnende Dienststelle zurückkehrt (§ 13 Abs. 2 Satz 3 BPersVG; *Becker/Wulfgramm,* Art. 1 § 14 Rn. 137; *Schüren/Hamann,* § 14 Rn. 565; a.A. *Boemke,* § 14 Rn. 144).

196 Wird ein Leiharbeitnehmer einer **Dienststelle überlassen,** stehen dem Dienstherrn als Entleiher dieselben Arbeitgeberfunktionen zu wie einem privatwirtschaftlich tätigen Entleiher. Der Dienstherr übt daher in demselben und »mit erheblichem Umfang Arbeitgeberfunktionen aus«, wobei die **Weisungsgebundenheit** des Arbeitnehmers auch die entsprechenden **personalvertretungsrechtlichen Schutzrechte** auslöst (*BVerwG* v. 20.5.1992 – 6 P 4.90 – AP Nr. 2 zu § 80 LPVG Rheinland-Pfalz).

Durch die Verweisung auf Abs. 2 Satz 2 und Abs. 3 stellt § 14 Abs. 4 klar, dass **197** neben der betriebsverfassungsrechtlichen Zugehörigkeit des Leiharbeitnehmers zum Verleiherbetrieb auch eine **partielle personalvertretungsrechtliche Zugehörigkeit** zur entleihenden Dienststelle gegeben ist (*Becker/Wulfgramm*, Art. 1 § 14 Rn. 135; *Gick*, 133; für doppelte Betriebszugehörigkeit *Boemke*, § 14 Rn. 145 u. *Schüren/Hamann*, § 14 Rn. 563; *Thüsing/Thüsing*, § 14 Rn. 195). Einem LAN steht daher ohne die Beschränkungen des § 7 Satz 2 BetrVG das **aktive Wahlrecht** zum Personalrat des Entleiherbetriebs zu (*Altvater u.a.*, 13 Rn. 7). Durch die Verweisung auf Abs. 2 Satz 1 wird durch § 14 Abs. 4 ein **passives Wahlrecht** des Leiharbeitnehmers bezüglich der Personalvertretung in der entleihenden Dienststelle ausgeschlossen (*Altvater u.a.*, § 4 Rn. 7; *Becker/Wulfgramm*, Art. 1 § 14 Rn. 136; *Gick*, 133; *Sandmann/Marschall*, Art. 1 § 14 Anm. 25; *Schüren/Hamann*, § 14 Rn. 564 u. 569). Unberührt hiervon bleiben jedoch das Wahlrecht und die Wählbarkeit von Leiharbeitnehmern für die **Vertretung der nicht ständig Beschäftigten** nach § 65 BPersVG (*Richardi*, § 65 Rn. 25; *ErfK/Wank*, § 14 Rn. 32; *Gick*, 133; *Schüren/ Hamann*, § 14 Rn. 569; *Thüsing/Thüsing*, § 14 Rn. 198; a. A. *Becker/Wulfgramm*, Art. 1 § 14 Rn. 138). Durch die Verweisung auf Abs. 2 Satz 2 wird der Leiharbeitnehmer nach Abs. 4 berechtigt, die **Sprechstunden des Personalrats** und der Jugendvertretung aufzusuchen (§§ 43, 62 BPersVG; *Altvater u.a.*, § 43 Rn. 6) und an den **Personal- und Jugendversammlungen** teilzunehmen (§§ 48, 63 BPersVG). Da den §§ 81 ff. BetrVG entsprechende Vorschriften im BPersVG fehlen, erklärt § 14 Abs. 4 die Bestimmung des Abs. 3 Satz 3 nicht für anwendbar (*Schüren/Hamann*, § 14 Rn. 576). Dem Leiharbeitnehmer stehen jedoch bei der entleihenden Dienststelle alle **Schutzrechte** zu, die aus der Weisungsgebundenheit seiner Tätigkeit folgen (*BVerwG* v. 20.5.1992 – 6 P 4.90 – AP Nr. 2 zu § 80 LPVG Rheinland-Pfalz; *ErfK/Wank*, § 14 Rn. 33; *Thüsing/Thüsing*, § 14 Rn. 201).

3. Mitbestimmung in sozialen Angelegenheiten (§ 75 Abs. 3 BPersVG i.V.m. Abs. 4)

Durch die in § 14 Abs. 4 angeordnete sinngemäße Anwendung des Abs. 2 Satz 1 **198** und 2 wird klargestellt, dass der Personalrat auch in solchen Angelegenheiten zu beteiligen ist, die nicht von der unvollständigen Aufzählung des Abs. 2 erfasst sind. Damit gelten im Bereich des BPersVG die nach § 87 Abs. 1 BetrVG bei Einsatz von Leiharbeitnehmern zur Anwendung kommenden Bestimmungen (vgl. Rn. 32 ff.) sinngemäß auch für die Personalvertretung nach § 75 Abs. 1, 3 BPersVG (*ErfK/Wank* § 14 Rn. 33; *Schüren/Hamann*, § 14 Rn. 579). Soweit § 75 Abs. 3 BPersVG über den **Bereich sozialer Angelegenheiten** hinaus dem Personalrat Mitbestimmungsrechte einräumt (z. B. Nr. 6 bis 10, 13 f.), gelten die nach dem BetrVG gegebenen Mitbestimmungsrechte des Betriebsrats entsprechend.

4. Mitbestimmung in personellen Angelegenheiten (§ 75 Abs. 1 BPersVG i.V. m. Abs. 4)

199 Durch die in § 14 Abs. 4 vorgenommene Einbeziehung des Abs. 3 auf die entsprechend anwendbaren Bestimmungen des BPersVG hat auch der Personalrat nach § 75 Abs. 1 Nr. 1 BPersVG bei der **Einstellung von Leiharbeitnehmern** mitzubestimmen (*LAG Düsseldorf* v. 30. 11. 2000 – 11 Ta BV 73 / 00; *Becker/Wulfgramm*, Art. 1 § 14 Rn. 140; *Boemke*, § 14 Rn. 151; *ErfK/Wank*, § 14 Rn. 33; *Heigl/Wahsner*, PersR 1991, 113; *Schüren/Hamann*, § 14 Rn. 578; *Thüsing/Thüsing*, § 14 Rn. 202). Der **Einstellungsbegriff** i.S.d. Eingliederung im personalvertretungsrechtlichen Sinn ist mit dem Einstellungsbegriff des BetrVG identisch. Er umfasst **alle Beschäftigungsverhältnisse**, bei denen in tatsächlicher Hinsicht eine **Eingliederung** vorliegt (*Welkoborski*, LPVG NRW, § 72 Rn. 5). Im Einzelfall gilt dies auch bei **Einsatz von Arbeitnehmern auf werkvertraglicher Basis** (*ders.*, a.a.O., § 72 Rn. 132; *Altvater* u. a., § 75 Rn. 6). Daher gelten die Erläuterungen zum Mitbestimmungsrecht des Betriebsrats bei der Einstellung von Leiharbeitnehmern einschließlich der besonderen **Unterrichtungspflichten** nach Abs. 3 Satz 2 und 3 im Grundsatz auch für die Beteiligungsrechte des Personalrats (vgl. Rn. 123). Hinsichtlich der **Zustimmungsverweigerungsgründe** gilt jedoch ausschließlich der in § 77 Abs. 2 BPersVG abschließend geregelte **Versagungskatalog** (*Becker/Wulfgramm*, Art. 1 § 14 Rn. 140; *Schüren/Hamann*, § 14 Rn. 578). Danach ist der Personalrat insbesondere in den Fällen, in denen ein Betriebsrat nach § 99 Abs. 2 Nr. 1, 3, 4 und 6 BetrVG zur Zustimmungsverweigerung berechtigt ist, ebenfalls zur **Zustimmungsverweigerung bei Einsatz von Leiharbeitnehmern** berechtigt. Die Zustimmung kann dabei u.a. verweigert werden, wenn durch den Einsatz von Leiharbeitnehmern die Schaffung neuer Arbeitsplätze oder die Anhebung vorhandener Planstellen umgangen werden soll (*LAG Düsseldorf*, a.a.O.). Auch die Schaffung sachlich nicht gerechtfertigter Arbeitsbedingungen berechtigt den Personalrat zur Zustimmungsverweigerung (*BVerwG* v. 20.5.1992 – 6 P 4/90 – BVerwGE 90, 194). Das weitere Verfahren richtet sich nach §§ 69 ff. BPersVG.

200 **Verweigert** der Personalrat seine **Zustimmung** unter Berufung auf einen der im Versagungskatalog des § 77 Abs. 2 BPersVG aufgeführten Gründe, darf der **Leiharbeitnehmer nicht** in der Dienststelle **beschäftigt werden** (§ 69 Abs. 1 BPersVG). Dem Dienststellenleiter ist es insoweit verwehrt, die zur Zustimmungsverweigerung des Personalrats vorgetragenen Tatsachen zu überprüfen (*BVerwG* v. 22.7.1979 – 6 P 38.78 u. v. 20.6.1986 – 6 P 4.83). Bei Streitigkeiten liegt das Letztentscheidungsrecht bei der **Einigungsstelle** (§ 69 Abs. 4 i.V. m. § 71 BPersVG; *Heigl/Wahsner*, PersR 1991, 121). Bestreitet die Dienststelle das Mitbestimmungsrecht des Personalrates beim Einsatz von Leiharbeitnehmern, kann der Personalrat ein **Verfahren auf Feststellung** des Mitbestimmungsrechtes einleiten (*BVerwG*, a.a.O.). Ein Unterlassungsanspruch steht dem Personalrat im Unterschied zum Betriebsrat bei mitbestimmungswidrigen Maßnahmen dagegen nicht zu (*LAG Düsseldorf*, a.a.O.).

§ 15 Ausländische Leiharbeitnehmer ohne Genehmigung

(1) Wer als Verleiher einen Ausländer, der einen erforderlichen Aufenthaltstitel nach § 4 Abs. 3 des Aufenthaltsgesetzes, eine Aufenthaltsgestattung oder eine Duldung, die zur Ausübung der Beschäftigung berechtigen, oder eine Genehmigung nach § 284 Abs. 1 des Dritten Buches Sozialgesetzbuch nicht besitzt, entgegen § 1 einem Dritten ohne Erlaubnis überläßt, wird mit Freiheitsstrafe bis zu drei Jahren oder mit Geldstrafe bestraft.

(2) In besonders schweren Fällen ist die Strafe Freiheitsstrafe von sechs Monaten bis zu fünf Jahren. Ein besonders schwerer Fall liegt in der Regel vor, wenn der Täter gewerbsmäßig oder aus grobem Eigennutz handelt.

Literaturhinweise

Becker, Zur gesetzlichen Entwicklung auf dem Gebiet der gewerbsmäßigen Arbeitnehmerüberlassung, BlStSozArbR 1976, 225; *Bilsdorfer*, Straffreiheit für illegale Arbeitnehmerverleiher?, BB 1982, 1866; *Bückle*, Beschäftigung von Leiharbeitnehmern ohne Arbeitserlaubnis, BB 1981, 1529; *Brill*, Der ausländische Arbeitnehmer in der arbeitsgerichtlichen Rechtsprechung, BB 1976, 1276; *Brunkhorst/Wetzel*, Ausländerrecht und soziale Wirklichkeit, DuR 1986, 152; *Eichenhofer*, Arbeitsrechtliche Folgen der Arbeit ohne Arbeitserlaubnis, NZA 1987, 732; *Engels*, Auswirkungen der fehlenden Arbeitserlaubnis auf das Arbeitsverhältnis ausländischer Arbeitnehmer, RdA 1976, 165; *Franzheim*, Das strafrechtliche Instrumentarium zur Bekämpfung der illegalen Arbeitnehmerüberlassung, JR 1982, 889; *ders.*, Das strafrechtliche Instrumentarium zur Bekämpfung der Entleiher von illegal verliehenen Leiharbeitnehmern, ZRP 1984, 303; *Joost*, Zur Erlaubnispflicht und Strafbarkeit bei betriebsbedingten Arbeitnehmerüberlassungen, DB 1980, 161; *Marschall*, Gelöste und ungelöste Fragen der Arbeitnehmerüberlassung, RdA 1983, 18; *Marschner*, Die Arbeitserlaubnis für ausländische Arbeitnehmer, BB 1995, 774; *Martens*, Illegale Arbeitnehmerüberlassung, WzS 1983, 8; *Nägele*, Wucher ein arbeitsrechtliches Problem, BB 1997, 2162; *Noack*, Die Straf- und Ordnungswidrigkeitenbestimmungen des Arbeitnehmerüberlassungsgesetzes, BB 1973, 1313; *Richter*, Illegale Arbeitnehmerüberlassung: Der Nachweis von Vorsatz und Fahrlässigkeit bei Scheinwerkverträgen, BB 1992, 421; *Spindler*, Lohnwucher – ein neues Rechtsproblem, AuR 1999, 296; *Stypmann*, Keine Bestrafung des unerlaubt handelnden Verleihers wegen Hinterziehung von Arbeitnehmer-Beitragsteilen?, NJW 1983, 95.

I. Entstehungsgeschichte und Gesetzeszweck

1 Nach § 15 macht sich ein **Verleiher**, der **Ausländer ohne** einen **Aufenthaltstitel** oder eine erforderliche **Arbeitsgenehmigung** nach § 284 Abs. 1 Satz 1 SGB III **überlässt** (Einl. G Rn. 1 ff.), **strafbar**, soweit er gleichzeitig wegen Nichtbesitz einer erforderlichen Erlaubnis zur ANÜ gegen § 1 Abs. 1 Satz 1 verstößt. § 15 Abs. 1, der vom materiellen Regelungsgehalt her in seiner jetzigen Fassung auf Art. 250 EGStGB v. 2. 3. 1974 (BGBl. I S. 469) beruht, wurde durch Art. 63 Nr. 10 AFRG mit Wirkung vom 1. 1. 1998 (Art. 83 Abs. 3 AFRG) redaktionell an die Bestimmungen des gleichzeitig in Kraft getretenen SGB III angepasst. Zuletzt wurde § 15 m. W. v. 1. 1. 2005 an die Bestimmungen des neuen Ausländerrechts angepasst (vgl. Einl. G Rn. 1 ff.) Von der Bestimmung werden alle Formen der Ausländerbeschäftigung erfasst, die nicht im Rahmen der **Freizügigkeit** (Einl. F Rn. 16 ff.) Zugang zum deutschen Arbeitsmarkt gewähren (vgl. Einl. G Rn. 10). Insbesondere Fälle, in denen zur Aufnahme einer Beschäftigung ein **Aufenthaltstitel** nach § 4 Abs. 3 AufenthG oder eine **Arbeitsberechtigung EU** erforderlich ist (§ 284 SGB III; vgl. Einl. G Rn. 11 ff.) werden von der Vorschrift erfasst. § 15 Abs. 1 sieht im Regelfall ein **Strafmaß** von **Freiheitsstrafe** bis zu drei Jahren **oder Geldstrafe** vor. § 15 Abs. 2, der durch Art. 2 Nr. 1 des Gesetzes zur Änderung des AFG und des AÜG v. 25. 6. 1975 mit Wirkung vom 1. 7. 1975 in Kraft trat (BGBl. I S. 1542), sieht einen Strafrahmen von sechs Monaten bis zu fünf Jahren Freiheitsstrafe vor.

1a Mit der Vorschrift soll parallel zu den Fällen unerlaubter Arbeitsvermittlung nach § 406 f. SGB III auch die Überlassung von ausländischen Arbeitnehmern ohne die erforderliche Arbeitserlaubnis unter Strafe gestellt werden. Von § 15 wird dabei ein **strafbares Verhalten des Verleihers** erfasst, § 15a erfasst ein strafbares Verhalten des Entleihers.

1b Der **Zweck der Vorschrift** liegt in der Sicherung der Vorschriften des Arbeitsgenehmigungsrechts (vgl. Einl. G. Rn. 10 ff.) und dem **Schutz des deutschen Arbeitsmarktes**. Daneben soll durch die Strafandrohung auch dem erhöhten **Schutzbedürfnis der ausländischen Arbeitnehmer** vor einer Ausbeutung durch illegal tätige Verleiher Rechnung getragen werden (BT-Ds. VI/2303, S. 15; *BGH* v. 14. 4. 1981 – 1 StR 676/80 – EzAÜG § 1 AÜG Gewerbsmäßige Arbeitnehmerüberlassung Nr. 14; *Becker/Wulfgramm*, Art. 1 § 15 Rn. 2; *Schüren/Feuerborn*, § 15 Rn. 1).

II. Vergehen nach Abs. 1

2 Nach § 15 Abs. 1 ist in Ergänzung zu §§ 404 Abs. 2 Nr. 3, 407 SGB III und § 16 Abs. 1 Nr. 1 die Überlassung von ausländischen Arbeitnehmern ohne einen Aufenthaltstitel nach § 4 Abs 3 AufenthG oder die nach § 284 Abs. 1 Satz 1 SGB III erforderliche Arbeitsgenehmigung unter Strafe gestellt (Rn. 7). Die Tat ist ein **Vergehen** (§ 12 Abs. 2 StGB), wobei die Strafbarkeit **vorsätzliches Handeln** des Verleihers voraussetzt (§ 15 StGB).

1. Täterkreis

Als Täter kommen nur Verleiher in Betracht, die **gewerbsmäßige ANÜ** i.S.d. § 1 **3**
Abs. 1 Satz 1 betreiben und hierzu nicht die erforderliche Erlaubnis besitzen. Eine
Strafbarkeit wegen Teilnahme (§§ 26 ff. StGB) bleibt unberührt, soweit der Gehilfe
beim illegalen Verleih von Ausländern mitwirkt, z.B. indem er den Lohn an Leiharbeitnehmer auszahlt (*Sandmann/Marschall*, Art. 1 § 15 Anm. 6; einschränkend:
Thüsing/Kudlich, vor § 15 ff. Rn. 25). In den **Fällen des § 1 Abs. 3** ist § 15 weder bei
ANÜ auf der Grundlage eines Tarifvertrages (§ 1 Abs. 3 Nr. 1) noch im Rahmen
der Konzernleihe (§ 1 Abs. 3 Nr. 2; vgl. auch Einl. G Rn. 17) noch bei Auslandsüberlassung von Gemeinschaftsunternehmen (§ 1 Abs. 3 Nr. 3) anwendbar
(*Boemke*, § 15 Rn. 4; zur Kritik vgl. § 15a Rn. 2 f.). **Kleinunternehmer** mit weniger
als 50 Beschäftigten, die auf der **Grundlage von § 1a** ausländische Arbeitnehmer
ohne Genehmigung verleihen, können **nicht Täter** nach § 15 sein, da nicht nur
allgemein das Erfordernis der Erlaubnis Tatbestandsmerkmal des § 15 ist (so aber
Schüren/Hamann, § 1a Rn. 71), sondern die Vorschrift ausschließlich auf § 1 Bezug
nimmt, nicht jedoch Fälle des § 1a einschließt. Die zivil- und gewerberechtlichen
Folgen einer ANÜ ohne vorherige Anzeige nach § 1a Abs. 1 (vgl. § 1a Rn. 26 ff.)
können wegen des **Bestimmtheitsgebots** und des **Analogieverbots** der Verfassung (Art. 103 Abs. 2 GG; vgl. hierzu § 16 Rn. 19, 30) nicht auf die strafrechtliche
Sanktionsnorm des § 15 übertragen werden (*Thüsing/Kudlich*, § 15 Rn. 10). § 15 ist
daher **bei unterlassener Anzeige** durch den Kleinunternehmer **nicht anwendbar**. Für dieses (unbefriedigende) Ergebnis spricht auch die Ordnungswidrigkei-
tenregelung in § 16 Nr. 2a, wonach der Kleinunternehmer auch bei nicht rechtzei-
tiger Anzeige nach § 1a Abs. 1 nicht wie ein Verleiher ohne Erlaubnis nach § 16
Abs. 1 Nr. 1 behandelt wird und die Tat statt mit einer Geldbuße von 25 000 Euro
lediglich mit einer Geldbuße von 2500 Euro bedroht ist (§ 16 Abs. 2), ohne dass
der Verstoß gegen die Anzeigepflicht auch von § 16 Abs. 1 erfasst werden könnte
(vgl. § 16 Rn. 3).

Ist der Verleiher im **Besitz der Erlaubnis** zur ANÜ, liegt bei **unerlaubter Aus-** **3a**
länderbeschäftigung eine **Ordnungswidrigkeit** nach § 404 Abs. 2 Nr. 3 SGB III
vor (vgl. Einl. G. Rn. 38 u. Art. 4 Rn. 10 ff.), die unter den Voraussetzungen
der §§ 406 Abs. 1 Nr. 3, 407 SGB III als Straftat qualifiziert ist. Liegt im Einzelfall eine erlaubnispflichtige gewerbsmäßige ANÜ vor, kommt es im Rahmen
des Abs. 1 nicht darauf an, in welchem Umfang der Verleiher ANÜ betreibt.
Auch **Mischunternehmen** und die Ausübung illegaler ANÜ im Rahmen von
Scheinwerkverträgen werden vom Anwendungsbereich der Vorschrift erfasst,
wobei die Überlassung **eines Arbeitnehmers** ausreicht, um die Strafbarkeit
zu begründen (*BGH* v. 14. 4. 1981 – 1 StR 676/80 – JR 1982, 260). Ist der Verleiher
eine **juristische Person** oder **Personenhandelsgesellschaft**, machen sich die
vertretungsberechtigten Mitglieder des Organes der juristischen Person bzw.
die vertretungsberechtigten Gesellschafter einer Personenhandelsgesellschaft
(vgl. § 14 Abs. 1 Nr. 1 und 2 StGB) strafbar, soweit sie den Tatbestand des Abs. 1
erfüllen.

Im Unterschied zu § 15 Abs. 2 (vgl. Rn. 16) ist der **Begriff der Gewerbsmäßig-** **4**
keit im Rahmen des § 15 Abs. 1 ausschließlich gewerberechtlich zu bestimmen
(*Becker/Wulfgramm*, Art. 1 § 15 Rn. 3a; *Schüren/Feuerborn*, § 15 Rn. 28; zum Begriff
der Gewerbsmäßigkeit vgl. § 1 Rn. 148 ff.), wobei lediglich der Verleih als solcher
gewerbsmäßig betrieben werden muss. Nicht erforderlich ist, dass der gewerbsmäßige Verleih **illegal** betrieben wird. Auch eine einzige Überlassung eines Aus-

länders ohne Arbeitsberechtigung kann eine Strafbarkeit des ansonsten legal tätigen Verleihers nach Abs. 1 begründen (*Thüsing/Kudlich*, § 15 Rn. 6).

5 Der **Strohmann**, der selbst nicht Arbeitgeber des Leiharbeitnehmers ist (vgl. § 1 Rn. 20), kann sich nicht als Täter oder Mittäter (vgl. § 25 Abs. 1 und 2 StGB) strafbar machen, da es ihm insoweit am **persönlichen Merkmal** der **Verleihereigenschaft** fehlt. Bei Zusammenschluss von mindestens drei Personen in einer festen Organisation kann jedoch trotz mangelnder Mittäterschaft der handelnden Personen im Rahmen des § 15 eine Strafbarkeit nach § 129 StGB (**Bildung krimineller Vereinigungen**) gegeben sein (vgl. hierzu *BGH* v. 13. 1. 1983 – 4 StR 578/72 – AP Nr. 6 zu § 1 AÜG). Dies kommt jedoch nur in Betracht, soweit die Begehung von Straftaten nicht nur den Zweck darstellt, illegale ANÜ mit ausländischen Arbeitnehmern ohne Erlaubnis zu betreiben (§ 129 Abs. 2 Nr. 2 StGB; *BGH*, a.a.O.; *Sandmann/Marschall*, Art. 1 § 15 Anm. 6). Bei einem **Strohmanngeschäft** wird mit der Tätigkeit des Vermittlers häufig der Tatbestand einer unerlaubten Arbeitsvermittlung von und nach dem Nicht-EWR-Ausland erfüllt sein, so dass sich der Strohmann ggf. nach § 406 Abs. 1 Nr. 1 SGB III strafbar macht. Daneben (meist in Tateinheit nach § 52 Abs. 1 StGB) kommt eine Strafbarkeit des Strohmanns als **Anstifter** (§ 26 StGB) oder wegen **Beihilfe** (§ 27 StGB) in Betracht, wobei in diesen Fällen die Strafe nach § 28 Abs. 1 StGB zu mildern ist.

6 Eine Strafbarkeit des Verleihers nach § 15 konnte bei **Einschaltung eines Strohmanns** gleichzeitig auch eine Strafbarkeit wegen **Teilnahme an einer unerlaubten Arbeitsvermittlung** nach § 406 Abs. 1 Nr. 1 SGB III a.F. begründen. I.Ü. konnte sich der Täter jedoch bezogen auf denselben ausländischen Arbeitnehmer nur alternativ nach § 406 Abs. 1 Nr. 1 SGB III a.F. oder nach § 15 strafbar machen. Lässt sich trotz Ausschöpfung aller Beweismittel nicht eindeutig klären, ob sich der Täter nach § 406 Abs. 1 Nr. 1 SGB III a.F. oder nach § 15 AÜG strafbar gemacht hat, ist eine **Wahlfeststellung** zulässig (*Becker/Wulfgramm*, Art. 1 § 15 Rn. 3c; *Sandmann/Marschall*, Art. 1 § 15 Anm. 8; *Schüren/Feuerborn*, § 15 Rn. 60). Beide Vorschriften dienten gleichermaßen dem Schutz des deutschen Arbeitsmarktes (*Hennig/Kühl/Heuer/Henke*, AFG, § 227 Rn. 3) sowie dem Schutz von EU-Arbeitnehmern vor der Konkurrenz ausländischer Arbeitnehmer aus Drittstaaten (*Becker/Wulfgramm*, Art. 1 § 15 Rn. 3c; *Sandmann/Marschall*, Art. 1 § 15 Anm. 8; *Schüren/Feuerborn*, § 15 Rn. 60), wobei das rechtlich **missbilligte Verhalten** eines illegalen Verleihers und eines illegalen Vermittlers **rechtsethisch und psychologisch vergleichbar** sind (vgl. § 16 Rn. 35).

2. Ausländer ohne Arbeitsgenehmigung oder Aufenthaltstitel

7 § 15 setzt voraus, dass der Verleiher einen Ausländer beschäftigt, der entweder einen nach § 4 Abs. 3 AufenthG erforderlichen Aufenthaltstitel, eine Aufenthaltsgestattung oder eine Duldung, die zur Ausübung einer Beschäftigung berechtigen, **oder** die nach § 284 SGB III erforderliche Arbeitsgenehmigung nicht besitzt. Die illegale Beschäftigung **eines** Ausländers reicht aus (*BayObLG* v. 4. 4. 1989, DB 1989, 54; Schüren/Feuerborn, § 15 Rn. 9). Ist eine der Tatbestandesalternativen erfüllt, reicht dies für eine Strafbarkeit aus. **Ausländer** ist jeder nicht deutsche Staatsangehörige oder Volkszugehörigkeit gem. Art. 116 GG.

7a Nach Abs. 1 darf der Ausländer nicht den nach § 4 Abs. 3 AufenthG erforderlichen **Aufenthaltstitel** besitzen (vgl. hierzu Einl. G Rn. 15 ff.), der erkennen lässt, ob die Ausübung einer Erwerbstätigkeit erlaubt ist (§ 4 Abs. 2 Satz 2 AufenthG).

Nach § 18 Abs. 2 AufenthaltsG wird die Berechtigung zur Aufnahme einer un- selbstständigen Beschäftigung im Aufenthaltstitel mitgeregelt. Liegt ein solcher Titel oder eine **Duldung** oder **Gestattung** vor, kommt eine Strafbarkeit nach § 15 nicht in Betracht. Eine Strafbarkeit nach Abs. 1 scheidet auch aus, wenn der Besitz eines Aufenthaltstitels **unmittelbar** auf Grund einer zwischenstaatlichen Vereinbarung (vgl. Einl. G Rn. 45 ff.), eines Gesetzes oder einer Rechtsverordnung (vgl. §§ 4 ff. BeschV; Einl. G Rn. 16) **gestattet** ist (§ 4 Abs. 3 Satz 2 AufenthaltsG). Ist die Aufnahme einer Beschäftigung von einer **Zustimmung der BA** abhängig (Einl. G Rn. 16 ff.), scheidet eine Strafbarkeit nur dann nach § 4 Abs. 3 AufenthG aus, wenn die Zustimmung **vor** Aufnahme der Beschäftigung erteilt wurde. Ist der Arbeitnehmer bei Aufnahme der Beschäftigung nicht im Besitz des erforder- lichen Titels, steht dies einer Strafbarkeit nach Abs. 1 auch dann nicht entgegen, wenn die Genehmigung rückwirkend erteilt wird (AG Kehl v. 13.7.1987 – 2 Ds 21/87 –EzAÜG § 15 AÜG Nr. 2; *Boemke*, § 15 Rn. 13).

Besonderheiten gelten bei Beschäftigung von Arbeitnehmern aus den **EU-Bei-** **7b** **trittsstaaten** (vgl. Einl. G Rn. 11 ff.). Staatsangehörige aus den Beitrittsstaaten der EU, die gegenüber den Angehörigen sonstiger Mitgliedsstaaten nur eine ein- geschränkte Freizügigkeit genießen, bedürfen in einer Übergangsfrist i. d. R. wei- terhin einer **Arbeitsberechtigung/EU** nach § 284 Abs. 1 Satz 1 SGB III (Einl. G Rn. 12). Ausnahmen hiervon lässt § 12a Abs. 1 Satz 1 ArGV zu. Dies gilt auch für die Fälle, in denen die Arbeitnehmer im Rahmen der EU-Dienstleistungsfreiheit oder der bilateralen **Werkvertragsabkommen** in das Inland entsandt werden (Einl. G Rn. 12, 53).

Besitzt der Ausländer nicht die **erforderliche formelle Genehmigung** zur Be- **7c** schäftigung im Inland, ist eine Strafbarkeit auch dann gegeben, wenn die mate- riellen Voraussetzungen zur Erteilung des entsprechenden Titels vorliegen (*Thü-* *sing/Kudlich*, § 15 Rn. 29). Eine derartige Berechtigung liegt jedoch bei der Beschäftigung ausländischer LAN i. d. R. schon deshalb nicht vor, weil § 40 Abs. 1 Nr. 2 AufenthG (bzw. § 6 Abs. 1 Nr. 2 ArGV für Staatsangehörige aus den EU-Bei- trittsstaaten) eine **Beschäftigung als LAN** grundsätzlich ausschließt (vgl. Rinl. G Rn. 35 f.).

3. Unerlaubtes Überlassen des Arbeitnehmers

Der Tatbestand des § 15 Abs. 1 ist erfüllt, wenn der Verleiher ohne Erlaubnis **8** nach § 1 Abs. 1 Satz 1 **ausländische Arbeitnehmer**, die die erforderliche Arbeits- erlaubnis nicht besitzen, **überlässt**. Die Überlassung eines Ausländers reicht hierbei aus (*BayObLG* v. 4.4.1989 – 30b OWi 32/89 – DB 1989, 154). Bei **mehrfacher** **Überlassung von Ausländern** ohne Arbeitsgenehmigung kann sowohl Abs. 2 er- füllt sein (vgl. Rn. 16) als auch Tatmehrheit (§ 53 Abs. 1 StGB) vorliegen. Eine Überlassung an einen Dritten (d.h. jede andere natürliche oder juristische Per- son) i. S. d. Vorschrift setzt dabei voraus, dass der ausländische Arbeitnehmer **in** **tatsächlicher Hinsicht** einem Entleiher **überlassen** wird, d.h. der **früheste Zeit-** **punkt** einer Strafbarkeit beginnt mit der Weisung des Verleihers an den auslän- dischen Arbeitnehmer, bei einem Entleiher seine Arbeit zu leisten. Ob sich der Entleiherbetrieb im Inland oder im Ausland befindet, ist dabei unerheblich (a. A. *Sandmann/Marschall*, Art. 1 § 15 Rn. 11; *Schüren/Feuerborn* § 15 Rn. 9; differenzie- rend: *Thüsing/Kudlich* § 15 Rn. 16 ff.). Der Abschluss eines Arbeitsvertrages ohne Zuweisung einer bestimmten Arbeitsstelle stellt noch keine Ausführungshand- lung dar, sondern lediglich eine straflose Vorbereitungshandlung. Eine **Strafbar-**

keit **wegen Versuchs** scheidet ebenfalls aus, da die Tat kein Verbrechen i.S.d. § 12 Abs. 1 StGB darstellt und als **Vergehen** (§ 12 Abs. 2 StGB) nicht ausdrücklich in § 15 als strafbar bestimmt ist (§ 23 Abs. 1 StGB).

9 Ist der Verleiher zum Zeitpunkt der Überlassung nicht mehr im Besitz einer Erlaubnis nach § 1 Abs. 1, gilt jedoch die Erlaubnis nach § 2 Abs. 4 Satz 4 im Rahmen der **Abwicklungsfrist** als fortbestehend, scheidet eine Strafbarkeit des Verleihers nach § 15 im Abwicklungszeitraum aus. Im Rahmen der Vorschrift müssen die Verstöße des Verleihers gegen die Erlaubnispflicht nach § 1 Abs. 1 Satz 1 und die Bestimmungen des Aufenthalts- oder Arbeitsgenehmigungsrechts immer kumulativ vorliegen. Im Abwicklungszeitraum sind jedoch Verstöße gegen § 1 Abs. 1 Satz 1 ausgeschlossen, soweit die Tätigkeit des Verleihers Verträge betrifft, die vor Wegfall der Erlaubnis bereits abgeschlossen wurden und in der Abwicklungsfrist abgewickelt werden. Wird der Arbeitsvertrag oder der Überlassungsvertrag dagegen erst **im Abwicklungszeitraum abgeschlossen** (vgl. § 2 Rn. 45 ff.), ist bei Vorliegen der übrigen Voraussetzungen des Abs. 1 eine **Strafbarkeit des Verleihers** gegeben.

4. Vorsatz

10 Da § 15 fahrlässiges Handeln des Verleihers nicht ausdrücklich mit Strafe bedroht, ist für eine Strafbarkeit **vorsätzliches Handeln** des Verleihers erforderlich (§ 15 StGB). **Bedingter Vorsatz** reicht hierbei aus (*Becker/Wulfgramm*, Art. 1 § 15 Rn. 9; *Schüren/Feuerborn*, § 15 Rn. 36). Der **Versuch** des Vergehens (§ 12 Abs. 2 StGB) ist nach § 15 StGB nicht strafbar. Der Vorsatz des Verleihers muss sich auf alle Tatbestandsmerkmale des Abs. 1 erstrecken (§ 16 Abs. 1 StGB), wobei dem Verleiher insbesondere die **Tatumstände** des Vorliegens einer erlaubnispflichtigen ANÜ sowie einer Überlassung ausländischer Arbeitnehmer ohne die erforderliche Arbeitserlaubnis **bekannt** sein müssen. Bei erkennbaren Anhaltspunkten dafür, dass der Arbeitnehmer Ausländer ist, hat er sich die Berechtigung zur Beschäftigung **nachweisen** zu lassen (vgl. § 5 Abs. 1 FreizügG; für Staatsangehörige aus der Türkei vgl. § 4 Abs. 5 AufenthG; Einl. G Rn. 28 ff.; *Boemke*, § 16 Rn. 21; zu den Erkundungspflichten vgl. auch Rn. 11 u. § 15a Rn. 15). Vor allem beim Scheinwerkvertrag kann es in Einzelfällen Schwierigkeiten bereiten, dem Verleiher vorsätzliches Handeln bezüglich des Verstoßes gegen die Erlaubnispflicht nachzuweisen. Allein die Kenntnis von Umständen, die das Vorliegen eines **Scheinwerkvertrages** indizieren (vgl. Einl. C. Rn. 72 ff.), reicht in der Regel nicht aus, um bedingten Vorsatz zu bejahen (a. A. *Schüren/Feuerborn*, § 15 Rn. 38). Vielmehr muss der Täter die für die ANÜ typische **Ausübung von Arbeitgeber-Weisungsrechten durch den Entleiher** kennen (vgl. *BayObLG* v. 25.1.1991 – 3 ObWi 149/90 – BB 1991, 1718) oder zumindest billigend in Kauf nehmen (*Thüsing/Kudlich*, § 15 Rn. 15). Fehlt es hieran, ist ein vorsätzliches Handeln des Verleihers nach § 16 Abs. 1 StGB ausgeschlossen. Bei **fahrlässigem Verhalten** begeht der Verleiher lediglich eine **Ordnungswidrigkeit** nach § 16 Abs. 1 Nr. 1 AÜG bzw. § 404 Abs. 1 Nr. 2 SGB III (vgl. § 16 Rn. 9).

5. Schuld

11 Kennt der Verleiher alle Tatumstände, geht er jedoch bei der Überlassung davon aus, er benötige keine Verleiherlaubnis oder der ausländische Arbeitnehmer benötige keine Arbeitsgenehmigung, kann die Schuld des Täters nach § 17 Satz 2

StGB entfallen, wenn der Verleiher den **Verbotsirrtum** nicht vermeiden konnte. Bezieht sich der Verbotsirrtum nur auf das Erfordernis der Erlaubnis zur ANÜ, kommt jedoch eine Strafbarkeit wegen Beschäftigung von Ausländern ohne Genehmigung in größerem Umfang oder wegen beharrlich wiederholter Beschäftigung nach § 407 Abs. 1 SGB III in Betracht. Bei Überlassung ausländischer Arbeitnehmer ist der Verleiher verpflichtet, sich nach den deren Beschäftigung regelnden einschlägigen **Rechtsvorschriften** zuverlässig **zu erkundigen** (*OLG Hamm* v. 14.11.1980 – 5 SsOWi 1967/80 – AP Nr.7 zu § 19 AFG), so dass ein Verbotsirrtum insoweit vermeidbar ist (*Thüsing/Kudlich*, vor §§ 15ff. Rn.16). Hat der Verleiher es unterlassen, den ausländischen Arbeitnehmer zumindest nach seiner konkreten Staatsangehörigkeit zu fragen, **verstößt** er gegen die bei Ausländerbeschäftigung gebotenen **Erkundungspflichten**, was einen nicht vermeidbaren Verbotsirrtum ausschließt (*OLG Düsseldorf* v. 4.9.1979 – 5 Ss (OWi) 480/79 – 477/79 I – EzAÜG § 1 AÜG Gewerbsmäßige Arbeitnehmerüberlassung Nr.10; *Becker/Wulfgramm*, Art. 1 § 15 Rn.10; *Sandmann/Marschall*, Art. 1 § 10 Anm. 12; *Schüren/Feuerborn*, § 15 Rn.41). Dasselbe gilt bei Unterlassung der gebotenen Erkundigung über die **Erlaubnispflichtigkeit** der Tätigkeit des Verleihers. Ist der **Verbotsirrtum vermeidbar**, kann die Strafe nach §§ 17 Satz 2, 49 Abs. 1 StGB gemildert werden. Dies kann z.B. dann geboten sein, wenn sich der Verleiher in dem (vermeidbaren) Verbotsirrtum befindet, der Herkunftsstaat des ausländischen Arbeitnehmers liege im Bereich des EWR.

6. Strafhöhe und Konkurrenzen

Das **Höchstmaß** der Freiheitsstrafe nach § 15 Abs. 1 beträgt **drei Jahre**, das Mindestmaß einen Monat (§ 38 Abs. 2 StGB). Bei Verhängung einer **Geldstrafe** sind mindestens fünf und höchstens 360 Tagessätze zu verhängen (§ 40 Abs. 1 StGB). Auch außerhalb des Anwendungsbereichs des § 15 Abs. 2 Satz 2 kann nach § 41 StGB **neben** einer Freiheitsstrafe auch eine Geldstrafe verhängt werden, wenn sich der Verleiher durch die Tat **bereichert** oder zu bereichern versucht hat und dies unter Berücksichtigung der persönlichen und wirtschaftlichen Verhältnisse des Täters angebracht ist. Diese Voraussetzungen sind in den Fällen von §§ 15f. i.d.R. erfüllt (*Boemke*, § 15 Rn.23). **12**

Da die Überlassung eines Ausländers ohne Genehmigung in jedem Einzelfall den Tatbestand des § 15 Abs. 1 erfüllt, liegt bei **mehrfacher Überlassung** ohne Fortsetzungszusammenhang i.d.R. Tatmehrheit (§ 53 Abs. 1 StGB) vor, soweit nicht **ein besonders schwerer Fall** wegen gewerbsmäßigem Handeln nach § 15 Abs. 2 vorliegt (vgl. Rn.16; zweifelnd insoweit: *Thüsing/Kudlich*, § 15 Rn.23). Tateinheitlich (§ 52 StGB) mit Abs. 1 kann sich der Verleiher bei Mehrfachüberlassung unter den Voraussetzungen des §§ 10, 11 Abs. 1 Nr.1a SchwarzArbG strafbar machen, wenn eine Strafbarkeit des Verleihers nach Abs. 2 wegen Besitzes einer Erlaubnis zur ANÜ ausscheidet. Wird eine in § 404 Abs. 2 Nr.3 SGB III bezeichnete Handlung vorsätzlich begangen und wird der Arbeitnehmer zu Arbeitsbedingungen beschäftigt, die in einem **auffälligen Missverhältnis** zu den Arbeitsbedingungen vergleichbarer deutscher Arbeitnehmer stehen, ist die Tat nach § 10 Abs. 1 SchwarzArbG mit Geldstrafe oder Freiheitsstrafe bis zu drei Jahren (in schweren Fällen nach Abs. 2 mit Freiheitsstrafe von sechs Monaten bis zu fünf Jahren) strafbewehrt. Beschäftigt der Arbeitgeber entgegen § 284 Abs. 1 SGB III oder § 4 Abs. 3 AufenthG gleichzeitig **mehr als fünf Ausländer** oder **wiederholt** er beharrlich eine in § 404 Abs. 2 Nr.3 oder 4 SGB III bezeichnete Handlung, **12a** macht er sich nach § 11 Abs. 1 SchwarzArbG strafbar. Handelt er aus **grobem Eigennutz**, kann eine Freiheitsstrafe bis zu drei Jahren oder Geldstrafe verhängt werden.

III. Besonders schwerer Fall (Abs. 2)

13 Nach § 15 Abs. 2 Satz 1 beträgt die Freiheitsstrafe bei illegalem Verleih ausländischer Arbeitnehmer ohne Arbeitserlaubnis **in besonders schweren Fällen** bis zu fünf Jahren. Die Norm beinhaltet eine **Strafverschärfung** gegenüber § 15 Abs. 1 (*Becker/Wulfgramm*, Art. 1 § 15 Rn. 12; *Sandmann/Marschall*, Art. 1 § 15 Anm. 15; *Schüren/Feuerborn*, § 15 Rn. 25) und ändert nichts an der Einstufung des Straftatbestandes als **Vergehen** (§ 12 Abs. 2 und 3 StGB). Der **Versuch** ist daher **nicht strafbar**. Auch scheidet eine Strafbarkeit als Täter oder Mittäter aus, soweit der Tatbeteiligte nicht selbst gewerbsmäßig ANÜ ohne Erlaubnis betreibt bzw. die besonderen Voraussetzungen des § 14 StGB erfüllt sind (vgl. Rn. 5).

13a Soweit ein Täter oder Teilnehmer (Anstifter oder Gehilfe, § 28 Abs. 1 StGB) sich nach dem Grundtatbestand des § 15 Abs. 1 strafbar gemacht hat, kommt eine Strafbarkeit in den Fällen des § 15 Abs. 2 Satz 2 nur in Betracht, soweit bei **den Beteiligten selbst** ein gewerbsmäßiges oder aus grobem Eigennutz erfolgendes Handeln vorliegt (§ 28 Abs. 2 StGB).

14 Die in § 15 Abs. 2 Satz 2 genannten beiden **Regelbeispiele** enthalten **keine abschließende Aufzählung** eines besonders schweren Falles (*BGH* v. 24. 6. 1987 – 3 StR 200/87 – EzAÜG § 15 AÜG Nr. 1; *Thüsing/Kudlich*, § 15 Rn. 26; *Sandmann/ Marschall*, Art. 1 § 15 Anm. 15; *Schüren/Feuerborn*, § 15 Rn. 26). Vielmehr ist ein besonders schwerer Fall immer in Betracht zu ziehen, wenn sich die Tat **vom Durchschnitt** der erfahrungsgemäß vorkommenden Fälle in solcher Weise **abhebt**, dass die Anwendung des Ausnahmestrafrahmens geboten erscheint (*BGH*, a.a.O.; *Hennig/Kühl/Heuer/Henke*, AFG, § 227 Rn. 21). Abzustellen ist hierbei auf die objektiven und subjektiven Tatumstände, auf Grund derer der in § 15 Abs. 1 zur Verfügung stehende **Strafrahmen nicht ausreichend** erscheint, um das Unrecht der konkreten Tat ausreichend zu ahnden (*BGH*, a.a.O.; *Becker/Wulfgramm*, Art. 1 § 15 Rn. 17; *Sandmann/Marschall*, Art. 1 § 15 Anm. 16).

15 Erfüllt der Verleiher gleichzeitig den Tatbestand einer **Lohnsteuerhinterziehung** nach § 370 Abs. 1 AO i.V.m. §§ 38 Abs. 3, 41a EStG (vgl. *BGH* v. 5. 5. 1983 – 4 StR 133/83 – EzAÜG AFG Nr. 17), einen **Betrugstatbestand** gem. § 263 StGB (vgl. *BGH* v. 25. 1. 1984 – 3 StR 278/83 – EzAÜG Sozialversicherungsrecht Nr. 17) oder den Tatbestand eines Vorenthaltens und **Veruntreuens von Arbeitsentgelt** nach § 266a Abs. 1 StGB, besteht mit Straftaten nach § 15 AÜG keine Tateinheit i.S.d. § 52 Abs. 1 StGB (*Schüren/Feuerborn*, § 15 Rn. 67). Vielmehr ist gem. § 53 Abs. 1 StGB wegen Tatmehrheit auf eine Gesamtstrafe zu erkennen. Der über § 15 Abs. 1 hinausgehende Unrechtsgehalt des Verhaltens des Verleihers hinsichtlich der Sonderstraftatbestände ist hierbei im Rahmen der **Strafhöhe** zu berücksichtigen; die Tathandlung erfüllt jedoch in der Regel nicht gleichzeitig die Voraussetzungen eines schweren Falles i.S.d. § 15 Abs. 2 Satz 2.

1. Regelbeispiele des gewerbsmäßigen Handelns (Abs. 2 Satz 2 1. Alt.)

16 Ein **besonders schwerer Fall** nach § 15 Abs. 2 Satz 2 liegt u. a. vor, wenn der Täter **gewerbsmäßig** handelt. Der **Begriff der Gewerbsmäßigkeit** ist im Rahmen des § 15 Abs. 2 Satz 2 im **strafrechtlichen Sinne** zu verstehen; das gewerbsmäßige

Handeln des Verleihers im gewerberechtlichen Sinne gehört bereits zum Tatbestand nach § 15 Abs. 1 (vgl. Rn. 4) und darf nach § 46 Abs. 3 StGB als gesetzliches Tatbestandsmerkmal bei der Strafzumessung nicht strafverschärfend berücksichtigt werden (*BayObLG* v. 24. 6. 1977 – 4 St 93/76 – DB 1977, 1561; *Becker/Wulfgramm*, Art. 1 § 15 Rn. 14; *Schüren/Feuerborn*, § 15 Rn. 28). Nach der amtlichen Begründung zum Regierungsentwurf (BT-Ds. 7/3100, S. 6) handelt der Verleiher gewerbsmäßig, wenn er sich aus **wiederholter Tatbegehung** (vgl. hierzu *BGH* v. 14. 4. 1981 – 1 StR 676/80 – EzAÜG § 1 AÜG Gewerbsmäßige Arbeitnehmerüberlassung Nr. 14) eine nicht nur vorübergehende **Einnahmequelle verschafft**, wobei es sich nicht um die Haupteinnahmequelle zu handeln braucht. Diese Voraussetzung wird häufig schon bezüglich der notwendigen Gewerbsmäßigkeit der erlaubnispflichtigen ANÜ beim Grundtatbestand nach § 15 Abs. 1 erfüllt sein. Im Unterschied zu Abs. 1 muss sich die Gewerbsmäßigkeit im strafrechtlichen Sinne bei Abs. 2 aber auch darauf beziehen, dass die Überlassung gerade ausländischer Arbeitnehmer ohne Arbeitserlaubnis gewerbsmäßig (d. h. u. a. auch wiederholt bzw. über einen längeren Zeitraum hinweg) erfolgt (BT-Ds. 7/3100, S. 7; *BGH*, a. a. O.; *AG Kehl* v. 13. 7. 1987 – 2 Ds 21/87 – EzAÜG § 15 AÜG Nr. 2; *Becker/Wulfgramm*, Art. 1 § 15 Rn. 14; *Sandmann/Marschall*, Art. 1 § 15 Anm. 17; *Schüren/Feuerborn*, § 15 Rn. 30). Sind die Begriffsmerkmale der Gewerbsmäßigkeit i. S. d. Abs. 2 erfüllt, ist ein fortgesetzter Verstoß des Verleihers gegen Abs. 1 bereits vom Tatbestand erfasst. Es liegt dann hinsichtlich der verschiedenen Einzelverstöße keine Tatmehrheit vor (vgl. Rn. 12), sondern der Täter macht sich wegen einer Tat in einem besonders schweren Fall i. S. d. Abs. 2 strafbar.

Liegt im strafrechtlichen Sinne gewerbsmäßiges Handeln des Täters vor, ist auch **17** ein schwerer Fall i. S. d. § 15 Abs. 2 Satz 1 gegeben (so auch *Thüsing/Kudlich*, § 15 Rn. 30). Darüber hinaus ist zumindest i. d. R. nicht erforderlich, dass sich der Täter als besonders strafwürdig erweist, z. B. weil nichtdeutsche Arbeitnehmer ausgebeutet oder sonst erheblich benachteiligt werden (so aber *BGH*, a. a. O.; *Sandmann/Marschall*, Art. 1 § 15 Anm. 18). Da ein ausbeuterischer bzw. erheblich benachteiligender Umgang mit ausländischen Leiharbeitnehmern schon nach dem zweiten Regelbeispiel **des Handelns aus grobem Eigennutz strafverschärfend** wirkt, läuft die Auffassung des *BGH* auf eine Vermischung der beiden Regelbeispielsalternativen hinaus (*Bückle*, BB 1981, 1531) und lässt eine **Abgrenzung i. S. des Wortlauts** nicht mehr zu (so auch *Becker/Wulfgramm*, Art. 1 § 15 Rn. 14). Bei **wiederholtem illegalem Verleih** unerlaubt überlassener ausländischer Arbeitnehmer ohne Arbeitserlaubnis ist daher immer ein gewerbsmäßiges Handeln des Verleihers i. S. d. Abs. 2 Satz 2 gegeben. Nur so kann auch der **Zweck der Norm**, einer – über Abs. 1 hinausgehenden – Absicht des Täters, sich aus der illegalen Überlassung ausländischer Arbeitnehmer ohne Arbeitserlaubnis eine dauerhafte Einnahmequelle zu verschaffen, (präventiv strafverschärfend) zu begegnen, Rechnung getragen werden. Soweit die Gesamtumstände ergeben, dass die Schuld trotz im strafrechtlichen Sinne vorliegender Gewerbsmäßigkeit vom Normalfall abweicht, kann dem im Rahmen des § 46 Abs. 2 StGB ausreichend Rechnung getragen werden; insoweit steht § 46 Abs. 3 StGB einer Berücksichtigung nicht entgegen.

2. Handeln aus grobem Eigennutz (Abs. 2 Satz 2 2. Alt.)

18 Handelt der Täter aus **grobem Eigennutz**, liegt nach dem zweiten Regelbeispiel des § 15 Abs. 2 Satz 2 ebenfalls ein besonders schwerer Fall vor. Nach der amtlichen Begründung handelt der Täter dann aus grobem Eigennutz, wenn er in **besonders anstößigem Maße** nach **wirtschaftlichen Vorteilen** strebt (BT-Ds. 7/3100, S. 6). Allein das Streben nach deutlich höheren Gewinnspannen als üblich reicht hierfür nicht aus. Auch kann ein besonders schwerer Fall i.d.R. nicht angenommen werden, wenn der Verleiher den ausländischen Arbeitnehmer zu **Arbeitsbedingungen** tätig werden lässt, die in einem **auffälligen Missverhältnis** (vgl. § 15a Rn.9) zu den Arbeitsbedingungen vergleichbarer deutscher Arbeitnehmer stehen. Bezugspunkt sind hierbei die einem LAN nach § 9 Nr.2 zu gewährenden Mindestarbeitsbedingungen. Sowohl aus einem Vergleich von § 15a Abs. 1 Satz 2 und § 15a Abs. 1 Satz 1 AÜG als auch aus einem Vergleich von § 406 Abs. 1 Nr.3 und § 406 Abs. 2 SGB III a.F. (vgl. Art. 4 Rn.6f.) ergibt sich, dass nach der Wertung des Gesetzgebers das Vorliegen eines auffälligen Missverhältnisses allein nicht den Unwertgehalt eines schweren Falles erfüllt (zur Strafbarkeit wegen Lohnwuchers vgl. Rn.19). Vielmehr muss auf Täterseite hinzukommen, dass das Streben nach einem Vorteil in besonders anstößigem Ausmaß erfolgt (vgl. BT-Ds. 7/3100, S. 6 zu Art. 1 Nr.2) oder er skrupellos die **Notlage** der ausländischen Arbeitnehmer ausnutzt, um hieraus einen wirtschaftlichen Vorteil zu erzielen (*Becker/Wulfgramm*, Art. 1 § 15 Rn.16; *Boemke*, § 15 Rn.31). Dies ist z.B. der Fall, wenn der Verleiher dem ausländischen Arbeitnehmer mit Hinweis auf die drohende Ausweisung wegen mangelnder Arbeitserlaubnis **menschenunwürdige Arbeitsbedingungen** aufzwingt oder einen Lohn gewährt, der eine eigenständige Existenzsicherung des Arbeitnehmers nicht gewährleistet.

3. Strafmaß

19 In den besonders schweren Fällen des § 15 Abs. 2 beträgt der **Strafrahmen** Freiheitsstrafe von sechs Monaten bis zu fünf Jahren. Auch wenn § 15 Abs. 2 im Unterschied zu § 15 Abs. 1 nicht die wahlweise Verhängung einer Geldstrafe vorsieht, ist unter den weiteren Voraussetzungen des § 46 StGB die zusätzliche Verhängung einer Geldstrafe möglich (*Becker/Wulfgramm*, Art. 1 § 15 Rn.18; vgl. Rn.12).

19a Hat der Verleiher den ausländischen Arbeitnehmer zu **Arbeitsbedingungen** beschäftigt, die in einem **auffälligen Missverhältnis** zu den Arbeitsbedingungen vergleichbarer deutscher Arbeitnehmer stehen (vgl. § 9 Nr.2 u. § 7 AEntG), kann er sich tateinheitlich wegen **Lohnwuchers** nach § 291 StGB strafbar gemacht haben (*BGH* v. 22.4.1997 – 1 StR 701/96 – AuR 1997, 453). Die Strafbarkeit wegen Lohnwuchers hängt dabei nicht davon ab, ob ein Ausländer mit oder ohne erforderliche Arbeitsgenehmigung beschäftigt wird oder ob der Verleiher der Erlaubnis nach § 1 Abs. 1 Satz 1 bedarf. Selbst bei Vorliegen einer erlaubten Arbeitsvermittlung kann eine Strafbarkeit wegen Lohnwuchers in Betracht kommen (vgl. § 291 Abs. 1 Satz 1 StGB), soweit die Arbeitsbedingungen des **vermittelten Arbeitnehmers** ein auffälliges Missverhältnis aufweisen. Der *BGH* nimmt dies z.B. bei einem Bruttogehalt für einen Maurer von 12,70 DM an, wenn der Tariflohn 19,05 DM beträgt. Ist der Tatbestand des Lohnwuchers erfüllt, ist der Arbeitgeber wegen der Unwirksamkeit der Gehaltsvereinbarung nach § 138 Abs. 2 BGB verpflichtet, das übliche Gehalt (d.h. das nach § 9 Nr.2 maßgebliche Arbeitsentgelt) nachzuzahlen (*Spindler*, AuR 1999, 298).

4. Folgen von Verstößen gegen § 15

Da § 15 das Fehlen einer Erlaubnis zur ANÜ voraussetzt, ist der **Überlassungs-** **20**
vertrag zwischen Verleiher und Entleiher im Anwendungsbereich der Vorschrift
immer nach § 9 Nr. 1 unwirksam. Entsprechendes gilt für den **Leiharbeitsver-**
trag, der auch unabhängig von den Rechtsfolgen des Verstoßes gegen § 284 SGB
III nach § 9 Nr. 1 unwirksam ist (zur Rückabwicklung des fehlerhaften Arbeitsverhältnisses vgl. § 9 Rn. 32). Soweit die fehlende Arbeitsgenehmigung nicht eine
Nichtigkeit des Arbeitsverhältnisses zur Folge hat (vgl. Einl. G. Rn. 42), kommt
gem. § 10 Abs. 1 auch bei fehlender Arbeitserlaubnis ein **fingiertes Arbeitsver-**
hältnis zum Entleiher zustande (*OLG Hamm* v. 14. 11. 1980 – 5 Ss 1967/80 – AP
Nr. 7 zu § 19 AFG; *Sandmann/Marschall*, Art. 1 § 10 Anm. 22; *Schüren/Feuerborn*,
§ 15 Rn. 80; a. A. *Franßen/Haesen*, Art. 1 § 15 Rn. 6; *Schubel/Engelbrecht*, Art. 1 § 15
Rn. 13). Der Entleiher darf den Leiharbeitnehmer jedoch in tatsächlicher Hinsicht
nicht beschäftigen (§ 284 SGB III) und ist daher berechtigt, das Arbeitsverhältnis
ordentlich zu kündigen (*Becker/Wulfgramm*, Art. 1 § 15 Rn. 11). I. ü. ist das Arbeitsverhältnis nach den allgemeinen arbeitsrechtlichen Grundsätzen des faktischen Arbeitsverhältnisses zu behandeln (vgl. § 9 Rn. 32).

Tritt demgegenüber wegen fehlender Arbeitserlaubnis die **Nichtigkeit des** **21**
Arbeitsvertrages nach § 134 BGB ein, können die allgemeinen Grundsätze des
faktischen Arbeitsverhältnisses auf das fingierte Arbeitsverhältnis nicht ohne
weiteres angewandt werden (vgl. *Franßen/Haesen*, Art. 1 § 15 Rn. 6; *Schubel/Engel-*
brecht, Art. 1 § 15 Rn. 13). In diesen Fällen ein **fingiertes Arbeitsverhältnis** zu verneinen, würde jedoch gerade für die besonders schutzbedürftige Gruppe illegal
beschäftigter ausländischer Arbeitnehmer den **Schutzzwecken** der §§ 10 Abs. 1,
15 widersprechen (*Sandmann/Marschall*, Art. 1 § 10 Anm. 22; *Schüren/Feuerborn*,
§ 15 Rn. 81). Dies rechtfertigt es, die Grundsätze des faktischen Arbeitsverhältnisses in den Fällen des § 15 auch dann auf das gem. § 10 fingierte Arbeitsverhältnis
anzuwenden, wenn der Verstoß gegen das Vorliegen einer gültigen Arbeitserlaubnis ansonsten die Nichtigkeit eines vertraglich begründeten Arbeitsverhältnisses zur Folge hätte.

Ist der Verleiher nach § 15 rechtskräftig verurteilt, schließt dies die Erteilung **22**
einer später beantragten **Erlaubnis** nach § 3 Abs. 1 Nr. 1 wegen **mangelnder Zu-**
verlässigkeit aus (*Thüsing/Kudlich* § 15 Rn. 38; zur Unterrichtungspflicht durch
die Staatsanwaltschaft vgl. § 18 Rn. 41 ff. und Nr. 47 der Mitra v. 29. 4. 1998, BAnz
Nr. 89a v. 30. 5. 1998). Bei **Versagung** durch die Erlaubnisbehörde bedarf es dabei
keiner weiteren Darlegung von Gründen.

Nach § 21 SchwarzArbG können bei einem Wettbewerb um einen Bauauftrag **23**
der in § 98 Nr. 1 bis 3 und 5 GWB genannten Auftraggeber **Bewerber** bis zu drei
Jahren **ausgeschlossen** werden, die nach §§ 15, 15a 16 Abs. 1 Nr. 1, 1b oder 2 AÜG
zu einer Freiheitsstrafe von mehr als drei Monaten oder zu einer Geldstrafe verurteilt oder mit einer Geldbuße von wenigstens 2500 € belegt worden sind. Dasselbe gilt, wenn schon vor Durchführung des Straf- oder Bußgeldverfahrens kein
Zweifel an einer schwerwiegenden Verfehlung besteht (Abs. 1 Satz 2).

§ 15a Entleih von Ausländern ohne Genehmigung

(1) Wer als Entleiher einen ihm überlassenen Ausländer, der einen erforderlichen Aufenthaltstitel nach § 4 Abs. 3 des Aufenthaltsgesetzes, eine Aufenthaltsgestattung oder eine Duldung, die zur Ausübung der Beschäftigung berechtigen, oder eine Genehmigung nach § 284 Abs. 1 des Dritten Buches Sozialgesetzbuch nicht besitzt, zu Arbeitsbedingungen des Leiharbeitsverhältnisses tätig werden läßt, die in einem auffälligen Mißverhältnis zu den Arbeitsbedingungen deutscher Leiharbeitnehmer stehen, die die gleiche oder eine vergleichbare Tätigkeit ausüben, wird mit Freiheitsstrafe bis zu drei Jahren oder mit Geldstrafe bestraft. In besonders schweren Fällen ist die Strafe Freiheitsstrafe von sechs Monaten bis zu fünf Jahren; ein besonders schwerer Fall liegt in der Regel vor, wenn der Täter gewerbsmäßig oder aus grobem Eigennutz handelt.

(2) Wer als Entleiher

1. gleichzeitig mehr als fünf Ausländer, die einen erforderlichen Aufenthaltstitel nach § 4 Abs. 3 des Aufenthaltsgesetzes, eine Aufenthaltsgestattung oder eine Duldung, die zur Ausübung der Beschäftigung berechtigen, oder eine Genehmigung nach § 284 Abs. 1 Satz 1 des Dritten Buches Sozialgesetzbuch nicht besitzen, tätig werden läßt oder

2. eine in § 16 Abs. 1 Nr. 2 bezeichnete vorsätzliche Zuwiderhandlung beharrlich wiederholt,

wird mit Freiheitsstrafe bis zu einem Jahr oder mit Geldstrafe bestraft. Handelt der Täter aus grobem Eigennutz, ist die Strafe Freiheitsstrafe bis zu drei Jahren oder Geldstrafe.

Literaturhinweise

Vgl. die Literaturhinweise bei §§ 15, 16.

I. Entstehungsgeschichte und Gesetzeszweck

1 § 15a wurde durch Art. 2 Nr. 2 des Gesetzes zur Änderung des AFG und des AÜG v. 25. 6. 1975 (BGBl. I S. 1542) mit Wirkung vom 1. 7. 1975 neu in das AÜG eingefügt. Durch Art. 8 Nr. 3 des BeschFG 1985 v. 26. 4. 1985 (BGBl. I S. 710) wurde der vormalige Abs. 1 zu Abs. 1 Satz 1, und der frühere Abs. 2 wurde Abs. 1 Satz 2. Gleichzeitig wurde der heutige Abs. 2 neu in das Gesetz eingefügt.

Durch Art. 63 Nr. 11 AFRG wurde die Vorschrift mit Wirkung vom 1.1.1998 (vgl. **1a** Art. 83 Abs. 3 AFRG) an die zum gleichen Zeitpunkt in Kraft tretenden **Bestimmungen des SGB III redaktionell angepasst**. M.W.v. 1.1.2005 wurde die Vorschrift an die geänderten Bestimmungen des AufenthaltsG zur Arbeitsgenehmigung und zum Aufenthaltstitel angepasst.

Die Vorschrift ergänzt die Bußgeldvorschriften des § 16 Abs. 1 Nr. 2 und soll als **2** **Straftatbestand** dazu beitragen, wirksamer die illegale Beschäftigung ausländischer Arbeitnehmer bekämpfen zu können. Wegen der besonderen Struktur der §§ 15, 15a kann jedoch der Nachweis einer Straftat nur in den seltensten Fällen gelingen (vgl. 9. Erfahrungsbericht der BuReg, S. 33 u. BT-DS. 14/4220 S. 32 f.). § 15a Abs. 1 Satz 1 steht in engem Zusammenhang mit § 10 f. SchwarzArbG, nach der sich ein Arbeitgeber bei **ausbeuterischer** oder wiederholt **unerlaubter Ausländerbeschäftigung** strafbar macht. Die Vorschrift soll zum einen verhindern, dass der ausländische Arbeitnehmer – auch über die Entlohnung hinaus – zu diskriminierenden Arbeitsbedingungen beschäftigt wird. Sie dient sowohl dem **Persönlichkeits- als auch dem Gesundheitsschutz** der Arbeitnehmer und ist daher auch eine zur Umsetzung der EG-Richtlinie 91/383 zur atypischen Arbeit (*Boemke*, § 15a Rn. 2; vgl. Einl. F. Rn. 38 ff.) notwendige Sanktionsnorm (vgl. hierzu *EuGH* v. 8.6.1994 – Rs. C-382/92 u. C-383/92, Euro-ASS 9/1994, 9). **Gemeinschaftsrechtliche Vollzugsdefizite** bestehen allerdings hinsichtlich der Nichtanwendbarkeit des § 15a in den Fällen des § 1 Abs. 3 (vgl. Rn. 3), da nach der EG-Richtlinie 91/383 alle Formen von ANÜ gleichermaßen geschützt werden müssen (vgl. Einl. F. Rn. 42). Durch die Vorschrift soll auch verhindert werden, dass durch illegale Ausländerbeschäftigung die **Arbeitsmarktchancen** von Deutschen und ihnen gleichgestellten Arbeitnehmern des EWR verschlechtert werden. Diesem **Schutzzweck** dient auch § 15a Abs. 2 (vgl. BT-Ds. 10/2012, S. 32), der allein wegen des Umfangs von Verstößen gegen das Beschäftigungsverbot von § 4 Abs. 3 AufenthG, § 284 SGB III den **Ordnungswidrigkeitentatbestand** des § 16 Abs. 1 Nr. 2 **als Straftat qualifiziert**. Durch die Vorschriften sollen insbesondere Entleiher erfasst werden, die im Zusammenwirken mit illegal tätigen Verleihern durch kollusives Verhalten die Hinterziehung von Steuern und Sozialversicherungsbeiträgen ermöglichen (BT-Ds. 10/2102, S. 32).

II. Grundtatbestand des § 15a

Eine Strafbarkeit des Entleihers hat in allen Fällen des § 15a zur Voraussetzung, **3** dass der **Entleiher** einen **ausländischen Arbeitnehmer**, der die erforderliche aufenthalts- oder arbeitsgenehmigungsrechtliche Voraussetzungen (vgl. § 15 Rn. 7 ff. u. Einl. G Rn. 10 ff.) nicht besitzt, **tätig werden lässt. Tauglicher Täter** kann daher nur ein Entleiher sein, der i.S.d. § 1 Abs. 1 Satz 1 gegenüber dem Arbeitnehmer die **Stellung eines »Dritten«** und nicht die eines Arbeitgebers besitzt. Ob der Arbeitnehmer im Rahmen gewerbsmäßiger oder **nichtgewerbsmäßiger ANÜ** überlassen wurde oder ob der ANÜ-Vertrag wirksam ist, ist hierbei unbeachtlich (*Boemke*, § 15a Rn. 4; zum fingierten Arbeitsverhältnis vgl. Rn. 4). Die gegenteilige Auffassung, nach der eine Strafbarkeit des Entleihers nur bei einer mit Erlaubnis der BA betriebenen gewerbsmäßigen ANÜ gegeben sein kann (so ErfK/*Wank*, § 15a Rn. 2; *Schüren/Feuerborn*, § 15a Rn. 9), ist vom Wortlaut des § 15a, der im Unterschied zu § 15 gerade nicht auf die Erlaubnis des Verleihers abstellt, nicht gedeckt. I. ü. lässt diese Auffassung den Schutzzweck der Norm, illegale Ausländerbeschäftigung zu verhindern, unberücksichtigt, wobei kein Grund erkennbar ist, weshalb der Schutzzweck bei nichtgewerblicher ANÜ nicht berührt ist oder der Unrechtsgehalt bei Verstößen, je nachdem, ob ein Fall gewerbsmäßiger oder nichtgewerbsmäßiger ANÜ vorliegt, unterschiedlich wäre (*Thüsing/Kudlich*, § 11 Rn. 11). Nur in den Fällen, in denen die Anwendbarkeit des AÜG insgesamt ausgeschlossen ist (§ 1 Abs. 3), scheidet eine Strafbarkeit als Entleiher nach § 15a aus. Im Hinblick auf die Schutzbedürftigkeit der betroffenen Arbeitnehmer ist die **strafrechtliche Privilegierung des Entleihers in den Fällen des § 1 Abs. 3** nicht gerechtfertigt; sie verstößt daneben gegen Gemeinschaftsrecht (vgl. Rn. 2). Demgegenüber kann sich der Entleiher, dem **auf der Grundlage von § 1a Arbeitnehmer überlassen** werden, nach § 15a strafbar machen. Bei § 15a ist im Unterschied zu § 15 das Erfordernis einer Erlaubnis nach § 1 Abs. 1 Satz 1 nicht Tatbestandsmerkmal, so dass trotz **Straffreiheit des Verleihers in den Fällen des § 15** (vgl. § 15 Rn. 3) eine Strafbarkeit des Entleihers gegeben sein kann.

4 Ist der **Entleiher** wegen fehlender Erlaubnis des Verleihers zur ANÜ nach § 10 Abs. 1 »fiktiver« Arbeitgeber geworden, richtet sich die **Strafbarkeit nicht nach § 15a, sondern nach §§ 406, 407 SGB III, §§ 10 f. SchwarzArbG und § 302a StGB** (vgl. § 15 Rn. 19 und Art. 4 Rn. 6, 8; *Becker/Wulfgramm*, Art. 1 § 15a Rn. 3; *Boemke*, § 15a Rn. 4; *Sandmann/Marschall*, Art. 1 § 15a Anm. 2; *Schüren/Feuerborn*, § 15 Rn. 9; zweifelnd: *Thüsing/Kudlich* § 15a Rn. 10). Die Fiktionswirkungen des § 10 Abs. 1 Satz 1 beschränken sich nicht auf das Arbeitsverhältnis, sondern sind auch für das Straf- und Ordnungswidrigkeitenrecht maßgeblich (*BGH* v. 24. 6. 1987 – 3 StR 200/87; *OLG Hamm* v. 14. 11. 1980 – 5 SsOWi 1967/80 – AP Nr. 7 zu § 19 AFG). Auch beim **Scheinwerkvertrag** sowie in Fällen, in denen die Beteiligten **irrtümlich** nicht vom Vorliegen einer erlaubnispflichtigen gewerbsmäßigen ANÜ ausgehen und der Arbeitsvertrag nach § 9 Nr. 1 von Anfang an unwirksam ist, scheidet daher eine Strafbarkeit des Entleihers nach § 15a aus. Dasselbe gilt in den Fällen, in denen der Entleiher nach § 1 Abs. 2 Arbeitgeber des Leiharbeitnehmers wird (vgl. Einl. D. Rn. 47 ff.). Die Strafbarkeit von Personen, die selbst nicht Entleiher sind, beurteilt sich bei § 15a nach den gleichen Grundsätzen, die für § 15 gelten. Insoweit wird auf die Erläuterungen zu § 15 (§ 15 Rn. 5 f.) verwiesen.

5 Die Tatbestände des § 15a setzen ebenso wie § 15 voraus, dass der eingesetzte ausländische Leiharbeitnehmer weder eine **Arbeitsgenehmigung** nach § 284 SGB III noch einen **Aufenthaltstitel** nach § 4 Abs. 3 AufenthaltsG besitzt (vgl. § 15 Rn. 7 ff.). Besitzt der ausländische Arbeitnehmer eine entsprechende Genehmigung oder ist eine solche nicht erforderlich, scheidet eine Strafbarkeit nach § 15a aus, jedoch kann sich der Entleiher hier wegen **Lohnwuchers** nach § 291 StGB strafbar gemacht haben (*BGH* v. 22. 4. 1997 – 1 StR 701/96 – AuR 1997, 453; vgl. § 15 Rn. 19a). Im übrigen setzt eine Strafbarkeit nach § 15a voraus, dass der illegal beschäftigte ausländische Arbeitnehmer in rein **tatsächlicher Hinsicht** beim Entleiher **beschäftigt** wird (*Schüren/Feuerborn*, § 15a Rn. 12). Dies ergibt sich schon aus dem Wortlaut des § 15a Abs. 1 Satz 1, der neben der Überlassung auch ein **Tätigwerden des Arbeitnehmers** erfordert. Allein der Abschluss eines ANÜ-Vertrages reicht insofern nicht aus. Frühester **Zeitpunkt**, in dem der Entleiher den Tatbestand erfüllen kann, ist die **Zuweisung** einer bestimmten **Arbeit** oder eines bestimmten **Arbeitsplatzes durch den Entleiher** bzw. allgemein der Zeitpunkt, in dem der Entleiher erstmals von seinen Rechten aus dem Überlassungsvertrag hinsichtlich der Verwendung der Arbeitsleistung des Leiharbeitnehmers Gebrauch macht bzw. Gebrauch machen kann (*Thüsing/Kudlich* § 15a Rn. 13). Solange der Verleiher noch keine Auswahl hinsichtlich des dem Entleiher zu überlassenden Arbeitnehmers getroffen hat, scheidet eine Strafbarkeit des Entleihers nach § 15a aus. Da auch der **Versuch** einer Straftat nach § 15a nicht strafbar ist (§§ 23 Abs. 1, 12 Abs. 2 StGB), kann der Entleiher in diesen Fällen vor Einsatz des Leiharbeitnehmers strafrechtlich nicht belangt werden.

III. Die einzelnen Straftatbestände

1. Tätigwerdenlassen zu ausbeuterischen Arbeitsbedingungen (Abs. 1 Satz 1)

Sind die Voraussetzungen des Grundtatbestandes erfüllt, muss für eine Strafbarkeit nach Abs. 1 Satz 1 hinzukommen, dass der Entleiher den Leiharbeitnehmer zu **Arbeitsbedingungen** des Leiharbeitsverhältnisses tätig werden lässt (vgl. § 9 Nr. 2), die in einem **auffälligen Missverhältnis** zu den Arbeitsbedingungen deutscher Leiharbeitnehmer stehen, die die gleiche oder eine vergleichbare Tätigkeit ausüben (vgl. Rn. 9). Nach Angabe der BA sind diese Voraussetzungen im Bereich der illegalen Beschäftigung ausländischer Arbeitnehmer besonders häufig erfüllt, da hier »häufig mit krimineller Energie die Arbeitskraft der eingesetzten Ausländer unter teilweise schlechtesten Beschäftigungsumständen ausgenutzt wird« (Bericht der BA v. 14. 5. 1992 zum 7. Erfahrungsbericht der Bundesregierung, S. 46). Da Abs. 1 Satz 1 auf die **Kenntnis des Entleihers** von den »Arbeitsbedingungen des Leiharbeitnehmers« abstellt, folgt aus der Vorschrift mittelbar auch eine Verpflichtung des Entleihers, sich vor dem Einsatz von Leiharbeitnehmern nach den materiellen Bedingungen zu **erkundigen** und eine entsprechende Verpflichtung des Verleihers über die Arbeitsbedingungen des (konkreten) Leiharbeitsverhältnisses Auskunft zu geben. **6**

Nach dem Willen des Gesetzgebers ist hinsichtlich der **Vergleichbarkeit der** **7** **Arbeitsbedingungen** von den zwischen Leiharbeitnehmer und Verleiher konkret vereinbarten Arbeitsbedingungen auszugehen (vgl. BT-Ds. 7/3100, S. 7), wobei diese mit den **Arbeitsbedingungen deutscher Leiharbeitnehmer** verglichen werden müssen (*Becker/Wulfgramm*, Art. 1 § 15a Rn. 5; *Sandmann/Marschall*, Art. 1 § 15a Anm. 3; *Schüren/Feuerborn*, § 15a Rn. 16). Gem. § 3 Abs. 1 Nr. 3, 9 Nr. 2 stehen einem deutschen Leiharbeitnehmer bei mangelnder Tarifbindung mindestens die beim Entleiher zu gewährenden Arbeitsbedingungen zu. Soweit auf die Leiharbeitsverträge beim Verleiher *Tarifverträge zur ANÜ* Anwendung finden oder beim Entleiher **allgemeinverbindlich erklärte Tarifverträge** zur Anwendung kommen, oder die Mindestarbeitsbedingungen nach § 1 Abs. 1 bzw. § 7 AEntG gelten, bilden auch diese Tarifverträge einen Vergleichsmaßstab. I.Ü. braucht eine Vergleichbarkeit mit den Arbeitsbedingungen der Stammarbeitnehmer des Entleihers im Rahmen des Abs. 1 Satz 1 nicht vorzuliegen. **Vergleichsgruppe** sind nach dem Wortlaut der Vorschrift ausschließlich deutsche Leiharbeitnehmer (*Schüren/* *Feuerborn*, § 15a Rn. 16; kritisch insoweit *Becker/Wulfgramm*, Art. 1 § 15a Rn. 5). Dass der Gesetzgeber nur deutsche Leiharbeitnehmer in § 15a Abs. 1 Satz 1 erwähnt, ist nur sachgerecht und konsequent, soweit ausländischen Arbeitnehmern nach § 40 Abs. 1 Nr. 2 AufenthG, § 6 Abs. 1 Satz 1 Nr. 2 ArGV eine Arbeitserlaubnis als Leiharbeitnehmer nicht erteilt werden darf. **Arbeitnehmer aus Staaten des** **EWR**, für die die Beschränkungen von § 40 Abs. 1 Nr. 2 AufenthG, § 6 Abs. 1 Satz 2 ArGV nicht gelten, sind dagegen trotz des Wortlauts der Vorschrift in den Vergleich **einzubeziehen** (a. A. *Boemke*, § 15a Rn. 7; *Thüsing/Kudlich* § 15a Rn. 17). Auswirkungen hat dies insbesondere hinsichtlich solcher Arbeitsbedingungen, die typischerweise mit **Auslandseinsätzen** verbunden sind (z.B. Gewährung von Unterkunft und Verpflegung). Die Arbeitsbedingungen des ausländischen Leiharbeitnehmers aus Drittstaaten müssen daher mit den Arbeitsbedingungen der deutschen und gleichgestellten Leiharbeitnehmer eines Verleihers verglichen werden. Hat der Verleiher keine sonstigen deutschen Leiharbeitnehmer beschäftigt, ist auf die Verhältnisse anderer Verleiher abzustellen (*Sandmann/Marschall*, Art. 1 § 15a Anm. 3; *Schüren/Feuerborn*, § 15a Rn. 17). Hinsichtlich der Vergleichbarkeit der Arbeitsbedingungen ist ausschließlich auf das **Tätigkeitsprofil** abzustellen, das der tatsächlich ausgeübten Beschäftigung des ausländischen Arbeitnehmers entspricht. Die Tätigkeitsmerkmale müssen hierbei im Wesentlichen einander entsprechen (*Becker/Wulfgramm*, Art. 1 § 15a Rn. 6; *Sandmann/Marschall*, Art. 1 § 15a Anm. 3). Nicht entscheidend ist hierbei, bei welchen Entleihern die Arbeitnehmer eingesetzt werden oder ob bei Überlassung ausländischer Arbeitnehmer nur eine geringere Vergütung für die Überlassung erzielt werden kann.

8 In die Vergleichsrechnung sind **alle materiellen und formellen Arbeitsbedingungen** einzubeziehen, die für deutsche Leiharbeitnehmer gelten (*Boemke*, § 15a Rn. 8; einschränkend: *Thüsing/Kudlich*, § 15a Rn. 21). Bei fehlender Tarifbindung des Verleihers oder Unwirksamkeit einer arbeitsvertraglichen Bezugsklausel sind dies mindestens die **wesentlichen Arbeitsbedingungen** i. S. d. § 9 Nr. 2 (vgl. § 9 Rn. 98). Darauf, ob die deutschen Leiharbeitnehmer entsprechende Ansprüche geltend machen oder ob der Verleiher die für die Arbeitsverhältnisse geltenden Bedingungen einhält, kommt es nicht an. Verweigert der Verleiher deutschen Leiharbeitnehmern zu Unrecht Leistungen, auf die ein Anspruch des Arbeitnehmers besteht, sind die Leistungen, so wie sie geschuldet sind, in die Vergleichsbetrachtung einzubeziehen und als erbracht zu berücksichtigen (vgl. § 10 Rn. Abs. 4).

8a Zu den **Arbeitsbedingungen i.S.d. Abs. 1 Satz 1** zählen alle wesentlichen **Mindestarbeitsbedingungen**, die einem deutschen Arbeitnehmer nach den Gleichstellungsbestimmungen der §§ 3 Abs. 1, 9 Nr. 2 zu gewähren sind. Gewährt der Verleiher deutschen Arbeitnehmern darüber hinaus gehende Ansprüche sind die erhöhten Ansprüche Bezugsgrundlage. Die höheren Leistungen können sich dabei auf das Arbeitsentgelt, Zulagen, Urlaub, Sachbezüge sowie alle sonstigen **Leistungen des Arbeitgebers mit Entgeltcharakter** (instruktiv *AG Kehl* v. 13.7.1987 – 2 Ds 21/87 – EzAÜG § 15 AÜG Nr. 2) beziehen. Aber auch alle sonstigen Arbeitsbedingungen (Arbeitszeit, Kündigungsschutz, Urlaub oder auch betriebliche Sozialleistungspakete) sowie alle Umstände, unter denen der Arbeitnehmer seine Arbeitsleistung in tatsächlicher Hinsicht zu erbringen hat, sind in die Vergleichsrechnung einzubeziehen (*Sandmann/Marschall*, Art. 1 § 15a Anm. 4). Eine Beschränkung nur auf die wesentlichen Arbeitsbedingungen (so *Becker/Wulfgramm*, Art. 1 § 15a Rn. 7; *Thüsing/Kudlich* § 15a Rn. 21) kann der Vorschrift nicht entnommen werden (*Boemke*, § 15a Rn. 8).

9 Bei **Gesamtbetrachtung aller Arbeitsbedingungen** von deutschen Leiharbeitnehmern muss sich im Vergleich zu den ausländischen Leiharbeitnehmern ein **auffälliges Missverhältnis** ergeben. Ein derartiges Missverhältnis kann sich auch daraus ergeben, dass dem ausländischen Arbeitnehmer Zuschläge vorenthalten werden oder eine Verpflichtung zu unbezahlter Arbeit besteht (*Nägele*, BB 1997, 2162). Eine zu missbilligende Ungleichheit liegt insbesondere dann vor, wenn vergleichbare deutsche Leiharbeitnehmer mit den ungünstigsten Arbeitsbedingungen immer noch besser gestellt sind als die ausländischen Leiharbeitnehmer (*Hennig/Kühl/Heuer/Henke*, AFG, § 227a Rn. 9). Auch ist von einem auffälligen Missverhältnis i.d.R. auszugehen, wenn ein deutscher Leiharbeitnehmer zu den Arbeitsbedingungen des ausländischen Arbeitnehmers nicht arbeiten würde oder ihm wegen **Unzumutbarkeit der Arbeit** oder aus sonstigen Gründen Leistungsverweigerungsrechte zustehen würden (z.B. auch nach § 11 Abs. 5), die dem ausländischen Leiharbeitnehmer vorenthalten werden (*Thüsing/Kudlich* § 15a Rn. 25). Ein derartiges Missverhältnis ist z.B. bei einem Barlohn von 10 DM gegeben (*AG Kehl* v. 13.7.1987 – 2 Ds 21/87 – EzAÜG § 15 AÜG Nr. 2). Wann i.ü. ein auffälliges Missverhältnis vorliegt, lässt sich nicht nach allgemeinen Kriterien beurteilen (*Nägele*, BB 1997, 2162). Beim Lohn wird allgemein angenommen, dass bei einem **Lohnabstand von 20 Prozent** ein auffälliges Missverhältnis vorliegt (*Becker/Wulfgramm*, Art. 1 § 15a Rn. 8; *Sandmann/Marschall*, Art. 1 § 15a Anm. 4; *Schüren/Feuerborn*, § 15a Rn. 20; einschränkend *Boemke*, § 15a Rn. 9). Gleiches gilt bei Sittenwidrigkeit des Arbeitsvertrages (ErfK/*Wank*, § 15a Rn. 4; *Schüren/Feuerborn*, § 15a Rn. 21). Verglichen werden darf dabei nur der in Deutschland **tatsächlich** gezahlte oder geschuldete **Lohn** für vergleichbare Tätigkeiten deutscher Arbeitnehmer; der Arbeitgeber kann nicht mit Verweis auf eine **erhöhte Kaufkraft** im Heimatstaat des Ausländers niedrigere Löhne zahlen und sich hierdurch einer Strafbarkeit entziehen (*BGH* v. 22.4.1997 – 1 StR 701/96 – AuR 1997, 453; *Thüsing/Kudlich*, § 15a Rn. 24).

2. Umfangreicher Entleih ausländischer Arbeitnehmer (Abs. 2 Satz 1 Nr. 1)

Lässt der Entleiher gleichzeitig **mehr als fünf** ausländische Arbeitnehmer, die die   **10** erforderliche Arbeitserlaubnis nicht besitzen, tätig werden, macht er sich nach § 15a Abs. 2 Satz 1 Nr. 1 strafbar (zur Strafbarkeit des Verleihers vgl. Einl. G. Rn. 40). In den Fällen **illegaler ANÜ**, in denen der Entleiher infolge eines **fingierten Arbeitsverhältnisses** in die volle Arbeitgeberstellung einrückt, ist eine Strafbarkeit nach Abs. 2 Satz 1 Nr. 1 grundsätzlich ausgeschlossen; hier ist jedoch meist eine Strafbarkeit nach § 407 Abs. 1 Nr. 1 SGB III §§ 10 f. SchwarzArbG gegeben (vgl. Rn. 4).

Voraussetzung für eine Strafbarkeit nach Abs. 2 Satz 1 Nr. 1 ist, dass **mehr als**   **11** **fünf** ausländische Leiharbeitnehmer **gleichzeitig** eingesetzt werden. Die Gleichzeitigkeit braucht dabei nicht bezüglich derselben Arbeitnehmer vorzuliegen; **rollierende Verfahren** oder eine **Auswechselung der Arbeitnehmer** durch andere Arbeitnehmer sind so lange unerheblich, wie immer die Zahl von mindestens sechs beschäftigten ausländischen Leiharbeitnehmern gleichzeitig erreicht wird (*Becker/Wulfgramm*, Art. 1 § 15a Rn. 8a; *Schüren/Feuerborn*, § 15a Rn. 22). Ob die ausländischen Leiharbeitnehmer von demselben oder verschiedenen bzw. **wechselnden Verleihern** überlassen wurden, ist im Rahmen der Vorschrift irrelevant (so auch *Schüren/Feuerborn*, § 15a Rn. 23).

3. Beharrlich wiederholter Entleih (Abs. 2 Satz 1 Nr. 2)

Nach **Abs. 2 Satz 1 Nr. 2** macht sich der Entleiher strafbar, wenn er **vorsätzlich**   **12** **Verstöße** gegen das Verbot, ausländische Arbeitnehmer ohne Arbeitserlaubnis tätig werden zu lassen (vgl. § 16 Abs. 1 Nr. 2), begeht und diese **beharrlich wiederholt** (zur Strafbarkeit des Verleihers vgl. Einl. G. Rn. 40). Eine beharrliche Wiederholung setzt voraus, dass sich der Entleiher **mindestens zweimal** über das Verbot der Beschäftigung illegaler ausländischer Leiharbeitnehmer hinweggesetzt hat (*Boemke*, § 15a Rn. 16; *Sandmann/Marschall*, Art. 1 § 15a Anm. 9; *Schüren/*

Feuerborn, § 15a Rn. 26; *Thüsing/Kudlich*, § 15a Rn. 28). Der **Vorsatz** des Täters hinsichtlich der in § 16 Abs. 1 Nr. 2 bezeichneten Zuwiderhandlung gehört im Rahmen des Abs. 2 Satz 1 Nr. 2 **zum Tatbestand**. Eine beharrliche wiederholte Zuwiderhandlung liegt nach dem Willen des Gesetzgebers immer vor, wenn der Täter trotz Abmahnung, Ahndung oder sonst **hemmend wirkender Erfahrungen oder Erkenntnisse** an der illegalen Beschäftigung festhält (BT-Ds. 10/2102, S. 32). Diese Voraussetzung ist immer erfüllt, wenn der Entleiher in der Vergangenheit von der BA durch Bußgeldbescheid (vgl. § 16 Rn. 43 ff.), Verwarnung oder sonstigen schriftlichen Hinweis auf das Unrecht einer illegalen Beschäftigung ausländischer Arbeitnehmer hingewiesen wurde (*Becker/Wulfgramm*, Art. 1 § 15a Rn. 8b). Auch ohne dass der Entleiher von Dritten auf das Unrecht seiner Tat bereits hingewiesen wurde, liegt jedoch eine beharrliche Wiederholung vor, wenn er in Kenntnis des Unrechts geplant und auf Dauer angelegt ausländische Arbeitnehmer ohne Arbeitsgenehmigung beschäftigt (*Boemke*, § 15a Rn. 17). Ein solcher Fall liegt insbesondere vor, wenn der Täter systematisch ausländische Arbeitnehmer einsetzt oder die Einsätze so unterbricht, dass er sich einer **Strafbarkeit nach Abs. 2 Satz 1 Nr. 1 entziehen** kann (vgl. Rn. 11). Ist der Entleiher infolge **fingierten Arbeitsverhältnisses** in die volle Arbeitgeberstellung eingerückt, scheidet eine Strafbarkeit nach Abs. 2 Satz 1 Nr. 2 aus; die Strafbarkeit richtet sich hier nach § 10, 11 SchwarzArbG (vgl. Rn. 4).

4. Besonders schwere Fälle (Abs. 1 Satz 2, Abs. 2 Satz 2)

13   15a Abs. 1 Satz 2 enthält entsprechend dem Wortlaut des § 15 Abs. 2 und § 407 Abs. 2 SGB III eine **Strafverschärfung** in **besonders schweren Fällen**. Insoweit gelten die Erläuterungen zu § 15 Abs. 2 (§ 15 Rn. 13) entsprechend. Ein **gewerbsmäßiges Handeln** des Entleihers i.S.d. Abs. 1 Satz 2 Hs. 2 erfordert, dass der Entleiher sich gerade durch den **wiederholten Einsatz** illegal beschäftigter ausländischer Arbeitnehmer, die ausbeuterischen Bedingungen unterliegen, **eine Einnahmequelle von einiger Dauer** und einigem Umfang verschaffen will (*Becker/Wulfgramm*, Art. 1 § 15a Rn. 10; *Schüren/Feuerborn*, § 15a Rn. 28). Dies ist insbesondere der Fall, wenn der Entleiher gerade deswegen auf illegal beschäftigte ausländische Leiharbeitnehmer zurückgreift, weil für legal beschäftigte deutsche Leiharbeitnehmer ein **höheres Entgelt** gezahlt werden müsste.

14   Aus **grobem Eigennutz** (Abs. 1 Satz 2 Hs. 2 und Abs. 2 Satz 2) handelt der Entleiher, wenn er in **besonders anstößigem Maße wirtschaftliche Vorteile** erstrebt (vgl. § 15 Rn. 18). Dies ist insbesondere der Fall, wenn er im Zusammenwirken mit dem illegal tätigen Verleiher aus den ausbeuterischen Arbeitsbedingungen des ausländischen Leiharbeitnehmers einen **besonders hohen Gewinn** erzielen will. In den Fällen des Abs. 2 Satz 2 handelt es sich um besonders schwere Fälle des Abs. 2 Satz 1 Nr. 1 und 2, wenn der **Entleiher** aus grobem Eigennutz handelt (*Becker/Wulfgramm*, Art. 1 § 15a Rn. 10; *Schüren/Feuerborn*, § 15a Rn. 29). Beim **Anstifter** oder **Gehilfen** muss in der eigenen Person grober Eigennutz vorliegen, um der **Strafverschärfung** zu unterliegen (§ 28 Abs. 2 StGB).

IV. Vorsatz

15   Eine **Strafbarkeit des Entleihers** kommt in den Fällen des § 15a nur bei **Vorsatz** in Betracht (§ 15 StGB). Der Vorsatz muss sich bei allen Tatbestandsalternativen darauf beziehen, ausländische Leiharbeitnehmer ohne die erforderliche Arbeitserlaubnis als Entleiher zu beschäftigen. Ein **Irrtum** hinsichtlich der Notwendigkeit einer Arbeitserlaubnis bei Beschäftigung ausländischer Arbeitnehmer ist ebenso wie in den Fällen des § 15 als vermeidbarer Verbotsirrtum zu behandeln (vgl. § 15 Rn. 11; *Becker/Wulfgramm*, Art. 1 § 15a Rn. 9). Den Entleiher treffen bei Beschäftigung ausländischer Leiharbeitnehmer **Erkundungspflichten** (*OLG Hamm* v. 14. 11. 1980 – 5 SsOWi 1967/80 – AP Nr. 7 zu § 19 AFG), deren Nichterfüllung für die Bejahung eines bedingten Vorsatzes des Entleihers ausreichen (vgl. auch *Hess. VGH* v. 21. 9. 1994 – 10 ME 985/1994 – DB 1995, 1770; a. A. *Boemke*, § 15a Rn. 10).

In den Fällen des § 15a Abs. 1 Satz 1 muss der Vorsatz des Täters auch die **Kennt-** **15a** **nis** umfassen, dass der ausländische Leiharbeitnehmer **ausbeuterischen Arbeitsbedingungen** unterliegt (*Becker/Wulfgramm*, Art. 1 § 15a Rn. 9; *Schüren/Feuerborn*, § 15a Rn. 31). Hat er diese Kenntnis nicht positiv, kommt eine Strafbarkeit wegen **bedingten Vorsatzes** in Betracht, wenn der Entleiher seine **Erkundungspflicht** (vgl. Rn. 6) hinsichtlich der Arbeitsbedingungen, die für den Leiharbeitnehmer auf Grund der Vereinbarungen mit dem Verleiher gelten, verstößt (*Boemke*, § 15a Rn. 10; *Schüren/Feuerborn*, § 15a Rn. 33; *Thüsing/Kudlich*, § 15a Rn. 33). Gleiches gilt, soweit sich der ausländische Leiharbeitnehmer nach §§ 81, 82 Abs. 1, 84 BetrVG i. V. m. § 14 Abs. 2 Satz 3 an den Entleiher oder einen dort bestehenden Betriebsrat gewandt hat und hierbei für den Entleiher Anhaltspunkte für das Vorliegen **ausbeuterischer Arbeitsbedingungen erkennbar** wurden.

Liegen dem Entleiher Anhaltspunkte für ausbeuterische Arbeitsbedingungen **16** vor und nimmt der Entleiher ohne entsprechende Erkundungen **billigend in Kauf**, dass der Leiharbeitnehmer trotz ausbeuterischer Arbeitsbedingungen bei ihm tätig wird, liegt bedingter Vorsatz vor. Dies ist auch der Fall, wenn die **mit dem Verleiher vereinbarte Vergütung** derart von einer üblicherweise zu zahlenden Vergütung abweicht, dass der Schluss auf eine entsprechend niedrigere Vergütung des ausländischen Leiharbeitnehmers nahe liegt (*Boemke*, § 15a Rn. 10). Daneben können aber auch die **Arbeitsbedingungen**, die für den Arbeitsplatz zutreffen, den der Leiharbeitnehmer beim Entleiher besetzen soll, Anhaltspunkte für ausbeuterische Arbeitsbedingungen liefern. War es dem Entleiher schon bislang wegen der unzumutbaren Arbeitsbedingungen nicht möglich, den Arbeitsplatz mit anderen als ausländischen Leiharbeitnehmern zu besetzen, reicht dies aus, um zumindest bedingten Vorsatz des Entleihers zu bejahen.

V. Strafhöhe

In den Fällen des Abs. 1 Satz 1 sowie den besonders schweren Fällen des Abs. 2 **17** Satz 2 ist die Tat mit **Freiheitsstrafe bis zu drei Jahren** oder mit **Geldstrafe** bedroht. Der Strafrahmen in den besonders schweren Fällen des Abs. 1 Satz 2 beträgt sechs Monate bis fünf Jahre Freiheitsstrafe. Bei **Mehrfachverstößen** i. S. d. Abs. 2 Satz 1 ist auf Freiheitsstrafe bis zu einem Jahr oder auf Geldstrafe zu erkennen, soweit der Täter nicht aus grobem Eigennutz handelt und daher dem erhöhten Strafrahmen des Abs. 2 Satz 2 von bis zu drei Jahren Freiheitsstrafe oder Geldstrafe unterliegt (zu Konkurrenzen vgl. § 15 Rn. 12a).

VI. Ausschluss bei Vergabe öffentlicher Aufträge

Wird der Entleiher nach § 15a zu einer Freiheitsstrafe von mehr als drei Monaten **18** oder einer Geldstrafe von mehr als 90 Tagessätzen oder mit einer Geldbuße von mindestens 2500 € belegt, soll er nach § 21 Abs. 1 Satz 1 Nr. 3 SchwarzArbG von der **Teilnahme an einem Wettbewerb** um einen Bauauftrag (§ 98 Nr. 1 bis 3 und 5 GWB) ausgeschlossen werden. Der Ausschluss kann dabei auch schon vor der Durchführung eines Straf- oder Bußgeldverfahrens vorgenommen werden, wenn angesichts der Beweislage kein Vernünftiger Zweifel am Verstoß besteht (§ 21 Abs. 1 Satz 2 SchwarzArbG).

§ 16 Ordnungswidrigkeiten

(1) Ordnungswidrig handelt, wer vorsätzlich oder fahrlässig
1. entgegen § 1 einen Leiharbeitnehmer einem Dritten ohne Erlaubnis überläßt,
1a. einen ihm von einem Verleiher ohne Erlaubnis überlassenen Leiharbeitnehmer tätig werden läßt,
1b. entgegen § 1b Satz 1 gewerbsmäßig Arbeitnehmer überläßt oder tätig werden läßt,
2. einen ihm überlassenen ausländischen Leiharbeitnehmer, der einen erforderlichen Aufenthaltstitel nach § 4 Abs. 3 des Aufenthaltsgesetzes, eine Aufenthaltsgestattung oder eine Duldung, die zur Ausübung der Beschäftigung berechtigen, oder eine Genehmigung nach § 284 Abs. 1 des Dritten Buches Sozialgesetzbuch nicht besitzt, tätig werden läßt,
2a. eine Anzeige nach § 1a nicht richtig, nicht vollständig oder nicht rechtzeitig erstattet,
3. einer Auflage nach § 2 Abs. 2 nicht, nicht vollständig oder nicht rechtzeitig nachkommt,
4. eine Anzeige nach § 7 Abs. 1 nicht, nicht richtig, nicht vollständig oder nicht rechtzeitig erstattet,
5. eine Auskunft nach § 7 Abs. 2 Satz 1 nicht, nicht richtig, nicht vollständig oder nicht rechtzeitig erteilt,
6. seiner Aufbewahrungspflicht nach § 7 Abs. 2 Satz 4 nicht nachkommt,
6a. entgegen § 7 Abs. 3 Satz 2 eine dort genannte Maßnahme nicht duldet,
7. eine statistische Meldung nach § 8 Abs. 1 nicht, nicht richtig, nicht vollständig oder nicht rechtzeitig erteilt,
8. einer Pflicht nach § 11 Abs. 1 oder Abs. 2 nicht nachkommt,

(2) Die Ordnungswidrigkeit nach Absatz 1 Nr. 1 bis 1b kann mit einer Geldbuße bis zu fünfundzwanzigtausend Euro, die Ordnungswidrigkeit nach Absatz 1 Nr. 2 mit einer Geldbuße bis zu fünfhunderttausend Euro, die Ordnungswidrigkeit nach Absatz 1 Nr. 2a und 3 mit einer Geldbuße bis zu zweitausendfünfhundert Euro, die Ordnungswidrigkeit nach Absatz 1 Nr. 4 bis 8 mit einer Geldbuße bis zu fünfhundert Euro geahndet werden.

(3) Verwaltungsbehörden im Sinne des § 36 Abs. 1 Nr. 1 des Gesetzes über Ordnungswidrigkeiten sind für die Ordnungswidrigkeiten nach Absatz 1 Nr. 1 bis 2 a die Behörden der Zollverwaltung, für die Ordnungswidrigkeiten nach Absatz 1 Nr. 3 bis 8 die Bundesagentur für Arbeit.

(4) § 66 des Zehnten Buches Sozialgesetzbuch gilt entsprechend.

(5) Die Geldbußen fließen in die Kasse der zuständigen Verwaltungsbehörde. Sie trägt abweichend von § 105 Abs. 2 des Gesetzes über Ordnungswidrigkeiten die notwendigen Auslagen und ist auch ersatzpflichtig im Sinne des § 110 Abs. 4 des Gesetzes über Ordnungswidrigkeiten.

Inhaltsübersicht   Rn.

Literaturhinweise

Vgl. die Literaturhinweise zu § 15.

I. Entstehungsgeschichte und Gesetzeszweck

1 § 16, mit dem von den Straftatbeständen der §§ 15, 15a nicht erfasstes **Verwaltungsunrecht bei der Ausübung von ANÜ** geahndet wird, ist seit Inkrafttreten des AÜG mehrmals geändert worden. Eine ursprünglich bei Verstößen gegen Abs. 1 Nr. 2 gesetzlich geregelte Mindestgeldbuße von 1000 DM wurde wegen bestehender Bedenken hinsichtlich der Vereinbarkeit mit dem Rechtsstaatsprinzip des GG (Art. 20 GG; vgl. Vorlagebeschluss nach Art. 100 Abs. 1 GG, § 80 BVerfGG des *BayObLG* v. 14.11.1973 – 4 St 548/73 OWi – EzAÜG AFG Nr. 2) durch Art. 250 Nr. 4 des EGStGB v. 2.3.1974 (BGBl. I S. 469) wieder aufgehoben. Gleichzeitig wurde der Höchstbetrag der angedrohten Geldbuße bei Beschäftigung von nichtdeutschen Arbeitnehmern ohne Arbeitserlaubnis auf 50000 DM und bei Verstößen gegen Auflagen der BA (Abs. 1 Nr. 3) von 3000 DM auf 5000 DM erhöht und Abs. 5 neu eingefügt. Durch das *BillBG* v. 15.12.1981 (BGBl. I S. 1390) wurden Abs. 1 Nr. 1a und Nr. 9 als neue Bußgeldtatbestände eingefügt und der Bußgeldrahmen erhöht. Durch Art. 8 Nr. 4 BeschFG 1985 (BGBl. I S. 710) wurde Abs. 1 Nr. 9 der gleichzeitig in Kraft getretenen Verlängerung der Höchsteinsatzfrist des § 3 Abs. 1 Nr. 6 auf sechs Monate angepasst und dahin geändert, dass auch die erstmalige Überschreitung der Höchsteinsatzfrist des § 3 Abs. 1 Nr. 6 a. F. eine Ordnungswidrigkeit darstellt. Außerdem wurde Abs. 4 den Vollstreckungsvorschriften des SGB X angepasst. Das *AG Kempten* hält die Vorschrift (auf Grund eines außergewöhnlichen Verfassungsverständnisses) für verfassungswidrig (v. 25.6.1992 – 2 Gs OWi 13 Js 16650/90 – EzAÜG § 16 AÜG Nr. 5). Durch das BeschFG 1990 (BGBl. 1989 I S. 2406) wurde die Bestimmung des § 1a in das AÜG eingefügt und gleichzeitig Abs. 1 Nr. 2a neu in den Katalog der Bußgeldtatbestände aufgenommen. Eine Änderung des Abs. 1 Nr. 9 a. F. erfolgte durch das 1. SKWPG v. 1.1.1994, in dem die Vorschrift an die zunächst befristet bis zum 31.12.2000 erhöhte Höchsteinsatzfrist von neun Monaten (vgl. Art. 6 § 3a Abs. 1 a. F. Rn. 5) angepasst wurde. Durch Art. 63 Nr. 12 Buchst. a) AFRG wurde mit Wirkung vom 1.1.1998 (vgl. Art. 83 Abs. 3 AFRG) Abs. 1 Nr. 1b neu in das Gesetz eingefügt und Abs. 1 Nr. 2 redaktionell an die Begriffsbestimmungen des SGB III angepasst. Abs. 1 Nr. 8 wurde durch Art. 63 Nr. 12 Buchst. a) Doppelbuchst. cc) AFRG um Verstöße gegen § 11 Abs. 1 S. 5 und 6 erweitert. Hierdurch wurde u. a. gemeinschaftsrechtlichen Erfordernissen der EU-Nachweisrichtlinie Rechnung getragen, auf Grund deren Verstöße gegen die Nachweis- und Arbeitsschutzbestimmungen des § 11 mit Sanktionen gegen die beteiligten Unternehmen belegt werden müssen (*EuGH* v. 8.6.1994 – Rs. C-382/92 u. C-383/92 – EuroAS 9/1994, 9). Abs. 1 Nr. 9 wurde durch Art. 63 Nr. 12 Buchst. a) Doppelbuchst. dd) mit Wirkung v. 1.4.1997 (vgl. Art. 83 Abs. 3 AFRG) an die mit dem AFRG gleichzeitig geänderte Höchsteinsatzfrist des § 3 Abs. 1 Nr. 6 a. F. auf zwölf Monate angepasst. Abs. 2 wurde durch Art. 63 Nr. 12b AFRG mit Wirkung v. 1.1.1998 (vgl. Art. 83 Abs. 3 AFRG) um den in Abs. 1 Nr. 1b neu aufgenommenen Ordnungswidrigkeitentatbestand erweitert, wobei ein Bußgeldrahmen bis zu 50000 DM festgelegt wurde. In Art. 18 Nr. 2a Abs. 1 SGB III-ÄndG wurde Abs. 1 Nr. 1b neugefasst und der Bußgeldrahmen für Ordnungswidrigkeiten nach Abs. 1 Nr. 2 auf 500000 DM erhöht (Art. 18 Nr. 2b des 1. SGB III-ÄndG). Durch das 4. Euro-EG v. 21.12.2000 (BGBl I S. 1983) gilt ab dem 1.1.2002 ein jeweils in Euro lautender Bußgeldrahmen. Zuletzt geändert wurde § 16 durch Art. 7 Nr. 4 Job-AQTIV-Gesetz (v. 10.12.2001, BGBl. I S. 3443), dessen Buchst. a) aa) Verstöße gegen die Gewährung von Arbeitsbedingungen nach § 10 Abs. 5 als

Ordnungswidrigkeiten qualifiziert (Nr. 7a) und eine redaktionelle Anpassung von Abs. 1 Nr. 9 a. F. an die gleichzeitig vorgenommene Anhebung der Höchsteinsatzfrist des § 3 Abs. 1 Nr. 6 a. F. auf 24 Monate vornimmt. Wesentliche Änderungen erfolgten im Zusammenhang mit der Deregulierung der ANÜ durch das Erste und Dritte Gesetz für moderne Dienstleistungen am Arbeitsmarkt (vgl. Einl. B Rn. 52 ff.). M. W. v. 1. 1. 2004 wurden die vormals in Abs. 1 Nr. 7a und Nr. 8 enthaltenen Bußgeldtatbestände gestrichen. Gleichzeitig wurde Abs. 1 Nr. 6a neu eingefügt.

Gegenüber den Strafvorschriften der §§ 15, 15a, die sich vor allem auf die illegale **2** Ausländerbeschäftigung im Zusammenhang mit ANÜ beziehen, sollen nach § 16 allgemein **Verstöße**, die von den beteiligten Unternehmen im Zusammenhang **bei der Durchführung von ANÜ** begangen werden, als Verwaltungsunrecht geahndet werden. § 16 Abs. 1 Nr. 1b, Abs. 2 bis 5 ist Kraft ausdrücklicher gesetzlicher Anordnung auch in den Fällen des § 1 Abs. 3, insbesondere bei konzerninterner ANÜ, anwendbar. Abs. 1 Nr. 1 und 1a dienen der **Sicherung der Zwecke der Erlaubnis** und damit der Gewährleistung geordneter Verhältnisse auf dem Teilarbeitsmarkt der ANÜ. Abs. 1 Nr. 1b sichert das **sektorale Verbot der Bauwirtschaft** nach § 1b. Abs. 1 Nr. 2 soll **illegaler Ausländerbeschäftigung entgegenwirken** und auf den Entleiher mittelbar Zwang ausüben, auf die Einhaltung der Vorschriften des Arbeitsgenehmigungsrechts zu achten. Abs. 1 Nr. 3 gibt der BA die Möglichkeit, den Verleiher durch Verhängung von Geldbußen zur Einhaltung von Auflagen nach § 2 Abs. 2 anzuhalten, während Abs. 1 Nr. 2a und Abs. 1 Nr. 4 bis 8 sicherstellen sollen, dass der Verleiher die in den Vorschriften des AÜG geregelten Anzeige-, Melde-, Arbeitgeber- und Dokumentationspflichten ordnungsgemäß erfüllt.

II. Die einzelnen Ordnungswidrigkeitstatbestände (Abs. 1)

1. Arbeitnehmerüberlassung ohne Erlaubnis (Abs. 1 Nr. 1)

Überlässt ein Verleiher ohne die nach § 1 Abs. 1 Satz 1 erforderliche Erlaubnis **3** Arbeitnehmer an Dritte, handelt er nach Abs. 1 Nr. 1 ordnungswidrig. Die Vorschrift ist auf **Mischunternehmen** ebenso anwendbar wie auf Fälle des **Scheinwerkvertrages**. Auch Verleiher, die nach ausländischem Recht eine Erlaubnis zur ANÜ besitzen, fallen bei Verleih in das Inland ohne Erlaubnis in den Anwendungsbereich der Norm (*BayObLG* v 26. 2. 1999 – 30b OWi 4/99 – EzAÜG § 16 AÜG Nr. 10; *Thüsing/Kudlich*, § 16 Rn. 10). Voraussetzung ist lediglich, dass die überlassene Person in einem Arbeitsverhältnis zum entsendenden Arbeitgeber steht (vgl. *BayObLG* v. 21. 1. 1991 – 5 ObWi 149/90 – AP Nr. 1 zu § 16 AÜG). Täter kann aber nur sein, wer **gewerbsmäßig** ANÜ ohne Erlaubnis betreibt. Die **gelegentliche entgeltliche Überlassung**, die eine fortgesetzt planmäßige Tätigkeit vermissen lässt, unterliegt nicht der Bußgeldbestimmung des Abs. 1 Satz 1 (*OLG Celle* v. 11. 3. 1986 – 2 Ss (OWi) 17/86 – EzAÜG § 16 AÜG Nr. 1). Gleichgestellt sind jedoch die Fälle, in denen ein Arbeitgeber unter Überschreitung der Grenzen des Gesetzes ANÜ betreiben (vgl. § 1 Abs. 3 Nr. 1 bis 3, § 1a) und daher von den Bestimmungen des AÜG bzw. der Erlaubnispflicht nicht befreit sind. I. ü. können jedoch **Kleinunternehmer** mit weniger als 50 Beschäftigten, die auf der Grundlage von § 1a ANÜ betreiben, allein wegen der Verletzung der Anzeigepflicht nach § 1a Abs. 1 nicht Täter nach Abs. 1 Nr. 1, sondern nur Täter nach Abs. 1 Nr. 2a sein. Abs. 1 Nr. 2a bezieht in den Tatbestand ausdrücklich die Fälle einer nicht rechtzeitig erstatteten Anzeige nach § 1a Abs. 1 ein und ist insoweit **lex specialis** gegenüber Abs. 1 Nr. 1 (vgl. auch § 15 Rn. 3).

4 Ist der Verleiher keine natürliche Person, richtet sich die Verantwortlichkeit von Mitgliedern des **vertretungsberechtigten Organs** einer juristischen Person bzw. des vertretungsberechtigten Gesellschafters einer Personenhandelsgesellschaft nach § 9 Abs. 1 Nr. 1 und 2 OWiG. Auch der **gesetzliche Vertreter** eines Verleihers sowie Personen, die von Verleihern zur selbstständigen Aufgabenwahrnehmung beauftragt werden (§ 9 Abs. 1 Nr. 3, Abs. 2 OWiG), sind ggf. im Rahmen der Ordnungswidrigkeitentatbestände verantwortlich. Auf die entsprechenden Ausführungen bei § 15 (§ 15 Rn. 3) und § 15a (§ 15a Rn. 4) kann insoweit verwiesen werden. Der **Strohmann** kann ebenso wie bei § 15 (vgl. § 15 Rn. 5; weiter gehend *Boemke*, § 16 Rn. 5) nur dann Täter im Rahmen des Abs. 1 Nr. 1 sein, wenn er gegenüber den LAN die Arbeitgeberstellung einnimmt (*OLG Düsseldorf* v. 18. 8. 1978 – 5 Ss (OWi) 324/78 – 403/78 I – EzAÜG § 1 AÜG Gewerbsmäßige Arbeitnehmerüberlassung Nr. 5; weitergehend Boemke, § 16 Rn. 5), er kann jedoch wegen Beteiligung an einer Ordnungswidrigkeit (§ 14 OWiG) verantwortlich gemacht werden (*OLG Düsseldorf*, a.a.O.; *Schüren/Feuerborn*, § 16 Rn. 19).

5 Die Überlassung **eines** Leiharbeitnehmers oder die Überlassung an einen Dritten reicht aus, um einen Verstoß nach Abs. 1 Nr. 1 zu begehen (*BayObLG* v. 4. 4. 1989 – 30b OWi 32/89 – DB 1989, 154). Überlässt der Verleiher **gleichzeitig mehrere Leiharbeitnehmer**, liegt Tateinheit nach § 19 OWiG vor (*BayObLG* v. 29. 6. 1999 – 30b OWi 50/99 – EzAÜG § 16 AÜG Nr. 12; *Thüsing/Kudlich*, § 11 Rn. 11). Bei Überlassung an mehrere Entleiher oder bei **Mehrfachüberlassung** an denselben Entleiher aufgrund jeweils selbstständiger Überlassungsfälle liegt **Tatmehrheit** nach § 20 OWiG vor (*Boemke*, § 16 Rn. 13). Ob mehrere selbstständig zu behandelnde Überlassungsfälle vorliegen, beurteilt sich dabei nicht nach den Vereinbarungen zwischen Verleiher und Entleiher. Vielmehr kommt es darauf an, ob dem Mehrfachverleih ein einheitlicher Tatentschluss (z. B. auf Grund entsprechender Planung) zugrunde liegt, der die verschiedenen Überlassungsfälle erfasst. Dies kann insbesondere bei langfristigen **Rahmenverträgen** mit demselben Entleiher der Fall sein.

2. Beschäftigung von Leiharbeitnehmern bei Arbeitnehmerüberlassung ohne Erlaubnis (Abs. 1 Nr. 1a)

6 Nach Abs. 1 Nr. 1a handelt ein **Entleiher** ordnungswidrig, wenn er einen Leiharbeitnehmer tätig werden lässt, der ihm von einem Verleiher **ohne Erlaubnis** überlassen wurde. Kein tauglicher Täter ist im Rahmen der Vorschrift der Entleiher, der von einem **Kleinunternehmer** auf der Grundlage § 1a Arbeitnehmer entleiht, ohne dass die erforderliche Anzeige erstattet wurde. Die im Hinblick auf § 15a bestehende Strafbarkeitslücke (vgl. § 15a Rn. 3) wird hierdurch nur unvollständig geschlossen (*Thüsing/Kudlich*, § 16 Rn. 13). Voraussetzung für eine Anwendbarkeit des Abs. 1 Nr. 1a ist, dass der Leiharbeitnehmer in **tatsächlicher Hinsicht** für den Entleiher tätig wird, der Abschluss des ANÜ-Vertrages reicht insoweit nicht aus. Der Begriff des Tätigwerdenlassens i.S.d. Vorschrift deckt sich mit der wortgleichen Verwendung in § 15a Abs. 1 Satz 1; hinsichtlich der Einzelheiten wird insoweit auf die Ausführungen zu § 15a (vgl. § 15a Rn. 5) verwiesen. Da auch **fahrlässiges Handeln** den Bußgeldtatbestand erfüllt, handelt der Entleiher auch dann schuldhaft, wenn er vom Bestehen einer Erlaubnis ausgeht, jedoch gegen seine diesbezüglichen Erkundungspflichten verstößt. Über die aus

§ 12 Abs. 1 Satz 2 folgenden Pflichten hinaus muss der Verleiher alle zumutbaren Anstrengungen unternehmen, sich vom Vorliegen einer gültigen Erlaubnis zu vergewissern (*OLG Hamm* v. 14.11.1980 – 5 Ss OWi 1967/80 – AP Nr.7 zu § 19 AFG), andernfalls lässt er die im Verkehr erforderliche Sorgfalt außer acht (*Urban-Crell/Schulz*, Rn. 881; a.A. *Thüsing/Kudlich*, § 16 Rn. 15). Zumutbar ist dabei insbesondere, dass sich der Entleiher die gültige **Verleiherlaubnis vorlegen** lässt (*Becker/Wulfgramm*, Art. 1 § 16 Rn. 9a), soweit ihm nicht auch andere Erkenntnisquellen (etwa eine jeweils aktuelle Liste des LAA über die Erlaubnisinhaber u.ä.) zur Verfügung stehen (a.A. *Boemke*, § 16 Rn. 15; *Schüren/Feuerborn*, § 16 Rn.25). Nur soweit der Entleiher trotz Erfüllung aller Sorgfaltspflichten **gutgläubig** vom Vorliegen eines nicht den Bestimmungen des AÜG unterliegenden Werkvertrages ausgehen durfte, kann hinsichtlich der Erkundungspflichten bezüglich der Erlaubnis etwas anderes gelten. Kann danach dem Entleiher kein Vorwurf fahrlässigen Verhaltens gemacht werden, kommt im Einzelfall die Verhängung einer Geldbuße wegen **Verletzung der Aufsichtspflicht in Betrieben** nach § 130 OWiG in Betracht.

3. Arbeitnehmerüberlassung in Betriebe des Baugewerbes (Abs. 1 Nr. 1b)

Überlässt ein **Verleiher** unter Verstoß gegen das **Verbot der ANÜ in Betriebe des Baugewerbes** (§ 1b Satz 1) gewerbsmäßig Arbeitnehmer an einen Dritten oder lässt ein **Dritter** unter Verstoß gegen § 1b **Arbeitnehmer tätig werden**, handeln sie nach Abs. 1 Nr.1b **ordnungswidrig**. Die Vorschrift wurde durch Art. 63 Nr.12 a) aa) AFRG mit Wirkung v. 1.1.1998 (vgl. Art. 83 Abs. 3 AFRG) in das Gesetz eingefügt und sollte – zunächst beschränkt auf Fälle, in denen der Verleiher eine Erlaubnis zur ANÜ nach § 1 Abs. 1 Satz 1 besitzt – die vormals geltende inhaltsgleiche Regelung des § 228 Abs. 1 Nr.3 AFG a.F. übernehmen. Durch Art. 19 Nr.2a des 1. SGB III-ÄndG wurde der Anwendungsbereich von Abs. 1 Nr.1b erweitert, indem auf das vormalige Erfordernis verzichtet wurde, dass sich der Verleiher im Besitz der Erlaubnis befindet. **7**

Abs. 1 Nr.1b kommt unabhängig davon zur **Anwendung**, ob sich der Verleiher im Besitz der Erlaubnis nach § 1 Abs. 1 Satz 1 befindet oder nicht (*Boemke*, § 16 Rn. 17). Dies gilt sowohl für einen Verstoß als Verleiher als auch für Verstöße eines Entleihers, der den überlassenen Arbeitnehmer tätig werden lässt. Vom Anwendungsbereich der Norm werden auch die Fälle von ANÜ erfasst, auf die das AÜG nach § 1 Abs. 3 grundsätzlich keine Anwendung findet. Auch die gegen § 1b Satz 1 verstoßende Überlassung von Arbeitnehmern zwischen Konzernunternehmen ist nach Abs. 1 Nr.1b mit einem Bußgeld bedroht; § 1 Abs. 3 stellt insoweit ausdrücklich klar, dass die Norm auch bei **konzerninterner ANÜ** Anwendung findet (vgl. amtl. Begr. BT-Ds. 13/8994, S. 95). Von ihrem **Tatbestand** her setzt die Vorschrift nur voraus, dass **Arbeitnehmer** entgegen § 1b Satz 1 **gewerbsmäßig überlassen werden**. Nichtgewerbsmäßige Formen der ANÜ im Baubereich unterliegen grundsätzlich nicht dem Verbot des § 1b Satz 1 (vgl. § 1b Rn. 12) und sind daher auch nicht nach Abs. 1 Nr.1b mit einem Bußgeld bedroht. Der **Begriff der Gewerbsmäßigkeit** i.S.d. Abs. 1 Nr.1b ist i.Ü. ebenso wie bei § 1b Satz 1 im gewerberechtlichen Sinne zu verstehen (vgl. hierzu § 1 Rn. 148ff.); das Verhalten des Täters braucht keinen darüber hinausgehenden Unrechtsgehalt aufzuweisen. **7a**

Täter kann bezüglich der Überlassung von Arbeitnehmern in Betriebe des Baugewerbes (Abs. 1 Nr.1b 1. Alt.) zunächst der **Verleiher** als Arbeitgeber sein, soweit i.Ü. die Voraussetzungen des § 1b Satz 1 erfüllt sind. Im Unterschied zu **7b**

Abs. 1 Nr. 1 kann jedoch auch der **Strohmann** (vgl. Rn. 4) tauglicher Täter nach Abs. 1 Nr. 1b sein (so auch *Thüsing/Kudlich*, § 16 Rn. 18). Die unterschiedliche Behandlung des Verhaltens des Strohmanns im Rahmen des Abs. 1 Nr. 1b rechtfertigt sich daraus, dass sich die Verbotsnorm gegen jedermann richtet, während der Verstoß im Rahmen des Abs. 1 Nr. 1 immer an die Person des Arbeitgebers anknüpft.

8 Beschäftigt der **Entleiher** unter Verstoß gegen § 1b Leiharbeitnehmer im Baugewerbe, handelt auch er (als Täter) nach Abs. 1 Nr. 1b ordnungswidrig. Die Bußgeldvorschrift knüpft dabei allein an das **Tätigwerdenlassen** des Arbeitnehmers, d. h. an die tatsächliche Beschäftigung, an. Insoweit kann auf die Erläuterungen zu Abs. 1 Nr. 2 (s. Rn. 11) verwiesen werden.

8a In der ab 1. 1. 1998 geltenden Fassung ist Abs. 1 Nr. 1b nunmehr in allen Fällen, in denen Arbeitnehmer entgegen § 1b überlassen oder tatsächlich beschäftigt werden, **lex specialis** gegenüber Abs. 1 Nr. 1a. Dies gilt insbesondere für Fälle der ANÜ auf der Grundlage von § 1 Abs. 3, die nach dessen Wortlaut nicht von Abs. 1 Nr. 1a erfasst werden. Bei Verstößen gegen das Verbot der ANÜ in Betriebe des Baugewerbes, die bis zum 31. 12. 1997 begangen wurden, muss die Ordnungswidrigkeitenvorschrift des § 228 Abs. 1 Nr. 3 AFG a. F. angewandt werden, wonach nur ein Verleiher, der eine Erlaubnis zu ANÜ nach § 1 Abs. 1 Satz 1 besitzt, ordnungswidrig handeln konnte. Bei Nichtvorliegen einer Erlaubnis des Verleihers ging daher bei Verstößen gegen § 1b (§ 12a AFG a. F.) Abs. 1 Nr. 1a vor, soweit der Verleiher nicht im Besitz einer Erlaubnis war (BT-Ds. 9/846, S. 48 zu Nr. 58; *Becker/Wulfgramm*, Art. 1 § 1 Rn. 101).

4. Beschäftigung eines ausländischen Leiharbeitnehmers ohne Arbeitsgenehmigung (Abs. 1 Nr. 2)

9 Nach Abs. 1 Nr. 2 handelt die Person (vgl. Rn. 11) ordnungswidrig, der einen überlassenen **ausländischen Leiharbeitnehmer ohne die erforderliche Aufenthaltsberechtigung** tätig werden lässt. Die Voraussetzungen der Vorschrift decken sich mit dem Grundtatbestand des § 15a Abs. 1 Satz 1, so dass ergänzend auf die Erläuterungen zu dieser Vorschrift (vgl. § 15a Rn. 5) verwiesen werden kann (vgl. auch Einl. G Rn. 11 ff. und § 15 Rn. 7 ff.). Für die Erfüllung des Tatbestandes ist allein darauf abzustellen, ob der Entleiher den LAN **faktisch tätig werden** lässt (zum fingierten Arbeitsverhältnis vgl. Rn. 30). Da der Entleiher den Tatbestand auch bei fahrlässigem Verhalten erfüllt, enthält Nr. 2 für den Entleiher gleichzeitig die Pflicht, sich vom Bestehen einer Arbeitsberechtigung vor Aufnahme der Beschäftigung zu überzeugen (vgl. BT-Ds. VI/2303 S. 15; *Schüren/Feuerborn*, § 16 Rn. 30).

10 Abs. 1 Nr. 2 steht in engem Zusammenhang mit § 404 Abs. 2 Nr. 3 SGB III, wonach die Beschäftigung eines ausländischen Arbeitnehmers ohne Arbeitserlaubnis eine Ordnungswidrigkeit mit einem Bußgeldrahmen bis zu 250000 Euro darstellt. Im Unterschied zu Abs. 1 Nr. 2 ist jedoch **bei § 404 Abs. 2 Nr. 3 SGB III der Arbeitgeber**, d. h. der Verleiher, **Normadressat**. Auch der Entleiher handelt als Arbeitgeber nach § 404 Abs. 2 Nr. 3 SGB III ordnungswidrig, soweit er auf Grund von §§ 10 Abs. 1, 1 Abs. 2 in die fiktive Arbeitgeberstellung eingerückt (vgl. Rn. 30) ist (*OLG Hamm* v. 14. 11. 1980 – 5 Ss OWi 1967/80 – AP Nr. 7 zu § 19 AFG; *Becker/Wulfgramm*, Art. 1 § 16 Rn. 10; *Boemke*, § 16 Rn. 23; ErfK/*Wank*, § 16 Rn. 9; *Sandmann/Marschall*, Art. 1 § 16 Anm. 29; *Schüren/Feuerborn*, § 16 Rn. 31; a. A. *Bückle*, BB 1981, 1529).

Ist der Entleiher nicht nach § 404 Abs. 2 Nr. 3 SGB III verantwortlich, setzt § 16 **11** Abs. 1 Nr. 2 nicht voraus, dass der **Täter** Entleiher im Rahmen einer gewerbsmäßigen ANÜ i.S.d. § 1 Abs. 1 Satz 1 ist (vgl. hierzu § 15a Rn. 3). Der **Anwendungsbereich der Vorschrift** beschränkt sich nicht auf Fälle legaler gewerbsmäßiger ANÜ i.S.d. § 1 Abs. 1 Satz 1 (a. A. *Schüren/Feuerborn*, § 16 Rn. 31; vgl. auch § 15a Rn. 3). Im Unterschied zu § 15a Abs. 1 Satz 1, der neben dem Tätigwerdenlassen des überlassenen Arbeitnehmers zusätzlich fordert, dass der Täter »als Entleiher« handelt, muss der Täter im Rahmen des Abs. 1 Nr. 2 nicht einmal als Entleiher einer ANÜ tätig werden. Vielmehr handelt jede Person ordnungswidrig, die einen Leiharbeitnehmer im Rahmen der eigenen Betriebsorganisation unter Verstoß gegen Bestimmungen zur Ausländerbeschäftigung tätig werden lässt. Auch soweit Arbeiten von einem Werk- oder Subunternehmer innerhalb der **Betriebsorganisation eines Dritten** durchgeführt werden, ist der Tatbestand bei illegaler Ausländerbeschäftigung erfüllt. Der Sinn und **Zweck der Vorschrift** liegt nicht darin, bestimmte Formen des legalen Arbeitnehmerverleihs zu sanktionieren, sondern soll allein die **tatsächliche (illegale) Beschäftigung ausländischer Arbeitnehmer** ohne Arbeitserlaubnis, die nicht in einem Arbeitsverhältnis zum Beschäftigungsbetrieb stehen, sanktionieren (i. E. ebenso *BayObLG* v. 22. 2. 1995 – 3 ObOWi 13/95 – BB 1995, 1358). Weder vom Wortlaut noch vom Zweck der Norm ist es insofern gerechtfertigt, Formen nichtgewerbsmäßiger ANÜ oder die ANÜ nach § 1a vom Anwendungsbereich der Vorschrift auszunehmen. Beschäftigt daher ein Entleiher im Rahmen **nichtgewerbsmäßiger ANÜ** ausländische Arbeitnehmer ohne Arbeitserlaubnis, handelt er nach Abs. 1 Nr. 2 ordnungswidrig. Erfüllt die nichtgewerbsmäßige ANÜ die Voraussetzungen nach § 1 Abs. 2 und wird deswegen ein Arbeitsverhältnis fingiert, richtet sich die Verantwortlichkeit des Entleihers als Arbeitgeber nach § 404 Abs. 2 Nr. 3 SGB III (s. o. Rn. 10). Bleibt ausschließlich der Verleiher Arbeitgeber, richtet sich die Verantwortlichkeit des Entleihers bei nichtgewerbsmäßiger ANÜ ausschließlich nach Abs. 1 Nr. 2 (*BayObLG* v. 22. 2. 1995 – 3 ObOWi 13/95 – BB 1995, 1358).

5. Verletzung von Anzeigepflichten nach § 1a (Abs. 1 Nr. 2a)

Nach Abs. 1 Nr. 2a handelt der Arbeitgeber in den Fällen der **ANÜ von Klein- 12 unternehmen** gem. § 1a ordnungswidrig, wenn er seinen **Anzeigepflichten** nicht im erforderlichen Umfang und rechtzeitig nachkommt oder falsche Angaben macht (*Schüren/Feuerborn*, § 16 Rn. 33). Die Vorschrift ist **lex specialis** gegenüber Abs. 1 Nr. 1 (vgl. Rn. 3), und zwar auch soweit das Kleinunternehmen die rechtzeitige Erstattung der Anzeige nach § 1a Abs. 1 unterlässt und sich daher so behandeln lassen muss, als liege eine erlaubnispflichtige ANÜ nach § 1 Abs. 1 Satz 1 vor (vgl. § 1a Rn. 26 ff.). Soweit i. Ü. die besonderen Voraussetzungen des § 1a Abs. 1 nicht vorliegen (z. B. bei mehr als 49 Arbeitnehmern oder einer länger als zwölf Monate dauernden Überlassung), richtet sich das straf- und ordnungswidrigkeitenrechtliche Verhalten des verleihenden Arbeitgebers nach den für gewerbsmäßig tätige Verleiher anwendbaren Normen. Liegen die Voraussetzungen einer nicht erlaubnis-, aber anzeigepflichtigen ANÜ nach § 1a vor, muss der Arbeitgeber die in § 1a Abs. 2 geforderten **Angaben** ebenso vollständig und richtig machen wie die Angaben, die sich auf die Voraussetzungen des § 1a Abs. 1 beziehen; andernfalls handelt er ordnungswidrig.

6. Verstöße gegen Auflagen (Abs. 1 Nr. 3)

13 Nach Abs. 1 Nr. 3 handelt der gewerbsmäßig tätige Verleiher ordnungswidrig, wenn er einer **Auflage** nach § 2 Abs. 2 (vgl. § 2 Rn. 26 ff.) nicht, nicht vollständig oder **nicht rechtzeitig nachkommt**. Obwohl die Auflage nach den Bestimmungen des VwVG selbstständig durchgesetzt werden kann (vgl. Art. 2 Rn. 6, 13), sind die Verwaltungsbehörden (vgl. Rn. 43 f.) daneben befugt, ein Bußgeld nach Abs. 1 Nr. 3 zu verhängen. Da der Anfechtung einer Auflage keine aufschiebende Wirkung zukommt (vgl. § 86 Abs. 2 SGG; Art. 2 Rn. 6), kann ein Bußgeld auch verhängt werden, wenn die Auflage noch nicht rechtskräftig geworden ist (*Boemke*, § 16 Rn. 26; *Schüren/Feuerborn*, § 16 Rn. 35; *Thüsing/Kudlich*, § 16 Rn. 33; a. A. *Becker/Wulfgramm*, Art. 1 § 16 Rn. 11; *Sandmann/Marschall*, Art. 1 § 16 Anm. 30). Auf Grund des auch im Ordnungswidrigkeitenrecht bestehenden Opportunitätsgrundsatzes (vgl. § 47 Abs. 1 OWiG) wird die Verwaltungsbehörde jedoch in der Regel gehalten sein, das **Bußgeldverfahren so lange auszusetzen**, bis über die **Auflage rechtskräftig** entschieden ist (*Becker/Wulfgramm*, Art. 1 § 16 Rn. 11; *Sandmann/Marschall*, Art. 1 § 16 Anm. 30; *Thüsing/Kudlich*, § 16 Rn. 34).

7. Verstöße gegen die Anzeige- und Auskunftspflichten nach § 7 Abs. 1 und Abs. 2 Satz 1 (Abs. 1 Nr. 4 und 5)

14 Nach Abs. 1 Nr. 4 handelt der Verleiher ordnungswidrig, soweit er gegen seine **Anzeigepflichten** nach § 7 Abs. 1 verstößt (vgl. § 7 Rn. 3 ff.); gleiches gilt nach Abs. 1 Nr. 5 bei Verstößen gegen seine **Auskunftspflichten** nach § 7 Abs. 2 Satz 1 (vgl. § 7 Rn. 11 ff.). Steht dem Verleiher nach § 7 Abs. 5 ein **Aussageverweigerungsrecht** zu, kann gegen ihn im Umfang des Aussageverweigerungsrechts kein Bußgeld nach Abs. 1 Nr. 5 verhängt werden (*Schüren/Feuerborn*, § 16 Rn. 39). Dasselbe gilt in den Fällen, in denen der Verleiher seinen Pflichten zur Vorlage von Unterlagen oder zur Glaubhaftmachung nach § 7 Abs. 3 Satz 3 nicht nachkommt, da die Vorschrift (auch im Zusammenhang mit Abs. 1 Nr. 6) vom Katalog der Ordnungswidrigkeitentatbestände des § 16 Abs. 1 ausgenommen ist. Bei **Verstößen gegen § 7 Abs. 2 Satz 3** bleibt der Erlaubnisbehörde aber die Möglichkeit, Verwaltungszwang auszuüben (vgl. § 7 Rn. 18) oder die **Erlaubnis zu entziehen** (*Sandmann/Marschall*, Art. 1 § 16 Anm. 31).

8. Verletzung der Aufbewahrungspflichten nach § 7 Abs. 2 Satz 4 (Abs. 1 Nr. 6)

15 Verletzt der Verleiher seine **Pflicht, die Geschäftsunterlagen** (§ 7 Abs. 2 Satz 4) drei Jahre lang **aufzubewahren**, handelt er nach Abs. 1 Nr. 6 ordnungswidrig. Zu den Geschäftsunterlagen gehören auch die schriftlichen Nachweise zu den wesentlichen Vertragsbedingungen nach § 11 Abs. 1 (*Schüren/Feuerborn*, § 16 Rn. 37; vgl. § 11 Rn. 11, 40 f.). Verstöße gegen die diesbezüglichen Aufbewahrungspflichten werden jedoch von Abs. 1 Nr. 8 – als lex specialis – erfasst.

16 Abs. 1 Nr. 6 stellt neben Abs. 1 Nr. 8 einen selbstständigen Bußgeldtatbestand dar. **Verstößt der Verleiher sowohl gegen** die **Aufbewahrungspflichten** des § 7 Abs. 2 Satz 4 als auch gegen die **Dokumentations- bzw. Aufbewahrungspflichten** nach § 11 Abs. 1 und Abs. 2, liegt in der Regel Tatmehrheit (§ 19 OWiG) vor. Nur eine Ordnungswidrigkeit nach Abs. 1 Nr. 8 begeht der Verleiher dagegen in den Fällen, in denen er seiner Pflicht zur Erstellung der Urkunde nach § 11 Abs. 1 überhaupt nicht nachkommt.

9. Verstöße gegen Duldungspflichten nach § 7 Abs. 3 Satz 2 (Abs. 1 Nr. 6a)

Nach § 7 Abs. 3 ist die Erlaubnisbehörde in Einzelfällen berechtigt, in den Geschäftsräumen des Verleihers Prüfungen vorzunehmen (vgl. hierzu § 7 Rn. 21 f.). Hierzu erforderliche Maßnahmen hat der Verleiher nach § 7 Abs. 3 Satz 2 zu **dulden**. Wird gegen die Duldungspflicht verstoßen, ist der Tatbestand von Abs. 1 Nr. 6a erfüllt. Als **Täter** kommt in den Fällen von Nr. 6a nicht nur der Verleiher, sondern jede vertretungsberechtigte Person in Betracht, die qua Gesetz oder Vollmacht zur Wahrnehmung des Hausrechts des Verleihers befugt ist (Rn. 24). **16a**

10. Verstöße gegen statistische Meldepflichten (Abs. 1 Nr. 7)

Verstößt der Verleiher gegen seine in § 8 Abs. 1 festgelegten **statistischen Meldepflichten**, handelt er nach Abs. 1 Nr. 7 ordnungswidrig. Auch wenn in Abs. 1 Nr. 7 nur die nach § 8 Abs. 1 bestehenden Pflichten erwähnt sind, ergibt sich aus dem Zusatz »rechtzeig«, dass auch Verstöße gegen § 8 Abs. 2 einbezogen sind (i. E. so auch *Becker/Wulfgramm*, Art. 1 § 16 Rn. 14). Dasselbe gilt für Verstöße gegen § 8 Abs. 3, was aus den Begriffen »nicht, nicht richtig, nicht vollständig« (erteilt) folgt. Soweit die Erlaubnisbehörde die **Meldepflicht eingeschränkt** hat (§ 8 Abs. 1 Satz 2), kommen Verstöße des Verleihers nur auf Grundlage dieser eingeschränkten Meldepflicht in Betracht. **17**

11. Verstöße gegen die Nachweispflichten des § 11 Abs. 1 oder Nichtaushändigung des Merkblatts nach § 11 Abs. 2 (Abs. 1 Nr. 8)

Kommt der Verleiher seinen **Nachweispflichten** nach § 11 Abs. 1 nicht nach oder verletzt er seine Pflichten zur **Aushändigung des Merkblatts** nach § 11 Abs. 2, handelt er nach Abs. 1 Nr. 8 ordnungswidrig. Dasselbe gilt, wenn der Verleiher bei **Auslandsentsendung** seinen **Aushändigungspflichten** oder seinen **Aufbewahrungspflichten** nach § 2 Abs. 1 Satz 1 u. Abs. 2 NachwG nicht nachkommt. Von der Vorschrift erfasst werden Verstöße gegen das NachwG, soweit sie sich auf die rechtzeitige Erfüllung der Aushändigungspflichten des Verleihers bei Auslandstätigkeit des Leiharbeitnehmers beziehen. Obwohl Abs. 1 Nr. 8 alle in § 11 Abs. 2 genannten Pflichten des Verleihers in bezug nimmt, sind Verstöße gegen die Kostentragungspflicht nach § 11 Abs. 2 Satz 3 nicht als Ordnungswidrigkeit nach Abs. 1 Nr. 8 zu behandeln (i. E. ebenso *Becker/Wulfgramm*, Art. 1 § 16 Rn. 15; *Sandmann/Marschall*, Art. 1 § 16 Anm. 34). Der Anwendungsbereich ist insoweit auf Verstöße gegen Pflichten zur Aushändigung des Merkblatts begrenzt. **18**

Verstößt der Verleiher gegen seine Pflicht, den wesentlichen **Inhalt des Arbeitsverhältnisses** in einer Urkunde **zu dokumentieren**, diese zu unterzeichnen (§ 11 Abs. 1 Satz 1) oder den nach § 11 Abs. 1 Satz 2 erforderlichen Mindestinhalt in die Urkunde aufzunehmen, handelt er nach Abs. 1 Nr. 8 ordnungswidrig. Gleichgestellt sind Fälle, in denen ein schriftlicher Arbeitsvertrag ohne die diesbezüglichen Angaben abgeschlossen wird (vgl. § 11 Abs. 1 Satz 4; *Schüren/Feuerborn*, § 16 Rn. 42). **18a**

19 Seit der Änderung von Abs. 1 Nr. 8 durch Art. 63 Nr. 12 lit. a) cc) AFRG erfasst
die Vorschrift auch Verstöße gegen die Aushändigungspflichten beim Nachweis
der wesentlichen Vertragsbedingungen (*Boemke*, § 16 Rn. 35). Erfolgte der Verstoß
vor Inkrafttreten der Norm am 1. 4. 1997, kann die Tat wegen des Rückwirkungs-
verbots (Art. 103 Abs. 2 GG) nicht nach Abs. 1 Nr. 8 geahndet werden. Die in der
Literatur z. T. vertretene Auffassung, nach der auch auf der Grundlage der vormaligen Fassung des Abs. 1 Nr. 8 Verstöße gegen § 11 Abs. 1 Satz 5 geahndet werden konnten, ist abzulehnen. Die offensichtlich bestehende Gesetzeslücke wollen
Becker/Wulfgramm nach den »allgemein anerkannten Grundsätzen der Auslegung einer Straf- bzw. Ordnungswidrigkeitenvorschrift« schließen (*Becker/Wulf-
gramm*, Art. 1 § 16 Rn. 15a) und Verstöße des Verleihers mit einer Geldbuße nach
Abs. 1 Nr. 8 belegen. Zu demselben Ergebnis gelangen *Franßen/Haesen* (Art. 1 § 16
Rn. 12). Dem kann nicht gefolgt werden (i. E. ebenso *Sandmann/Marschall*, Art. 1
§ 16 Anm. 35). Sowohl die verfassungsrechtlichen Vorgaben zum **Bestimmtheits-
gebot und Analogieverbot** straf- und ordnungswidrigkeitsrechtlicher Eingriffs-
normen (Art. 103 Abs. 2 GG) als auch die entsprechenden Grundsätze im Recht
der Ordnungswidrigkeiten (§ 3 OWiG) verbieten es, **Gesetzeslücken**, die bei
Normen mit straf- oder strafentsprechendem Charakter auftreten, über den
Wortlaut der Vorschrift hinaus zu schließen. Etwas anderes kann gelten, soweit
allgemein gültige Normen des Völkerrechts (Art. 25 GG) oder Menschenrechts-
verletzungen vorliegen bzw. Normen der EU betroffen sind, die nicht in nationales Recht transformiert wurden (vgl. Rn. 1). Derartige Normverletzungen kommen bezüglich der Aushändigungspflichten zwar grundsätzlich auch auf Grund
von Art. 4 der EG-Nachweis-Richtlinie 91/533 (vgl. § 11 Rn. 2) in Betracht, da die
Richtlinie am 30. 6. 1993 vollständig hätte umgesetzt werden müssen (vgl. Art. 9
Abs. 1 der Richtlinie) und der nationale Gesetzgeber auch verpflichtet war, zu
diesem Zeitpunkt ein geeignetes Sanktionssystem gegen Verstöße zur Verfügung
zu stellen (*EuGH* v. 8. 6. 1994 – Rs. C-382/92 u. C-383/92 – EuroAS 9/1994, 9);
im Unterschied zu den gewerbe- und zivilrechtlichen Folgen von Normenverstö-
ßen gegen nicht umgesetzte EU-Richtlinien (vgl. Einl. F. Rn. 53 ff. und § 2 Rn. 29)
können jedoch nicht umgesetzte EU-Richtlinien ordnungswidrigkeitenrechtlich
nur dann eine rechtliche Relevanz besitzen, wenn zumindest dem Bestimmt-
heitsgebot der Verfassung (Art. 103 Abs. 2 GG) Rechnung getragen ist. Da die
EU-Richtlinie insoweit keine Bestimmung zur Sanktion von Verstößen in Form
von Straf- oder Bußgeldtatbeständen enthält, kann wegen Art. 103 Abs. 2 GG ein
Verstoß gegen die Aushändigungspflichten bei Auslandseinsätzen von Leiharbeitnehmern erst ab dem 1. 4. 1997 geahndet werden. Hierbei reicht es aus,
wenn der Leiharbeitnehmer zwar vor diesem Zeitpunkt in das Ausland entsandt
wurde, der Auslandseinsatz aber am 1. 4. 1997 noch andauerte.

20–22 *(unbesetzt)*

III. Täterschaft und Teilnahme bei Ordnungswidrigkeiten auf Grund von Verstößen gegen das AÜG

1. Ordnungswidrigkeiten nach Abs. 1

23 **Täter** einer Ordnungswidrigkeit nach Abs. 1 Nr. 1, 2a bis 8 ist der gewerbsmäßig
tätige Verleiher. In den Fällen des Abs. 1 Nr. 8 kann neben dem gewerbsmäßigen
auch der **nichtgewerbsmäßig tätige Verleiher** Täter sein (zur eingeschränkten
Bedeutung der Unterscheidung zwischen gewerbsmäßiger und nichtgewerbs-

mäßiger ANÜ im Rahmen von Ordnungswidrigkeiten vgl. *OLG Düsseldorf* v. 4.9.1979 – 5 Ss (OWi) 480/79 – 477/79 – EzAÜG § 1 AÜG Gewerbsmäßige Arbeitnehmerüberlassung Nr. 9). In den Fällen des Abs. 1 Nr. 2a kann nur der **Kleinunternehmer**, der im Rahmen der Voraussetzungen des § 1a Abs. 1 Arbeitnehmer überlässt, Täter sein. Der **Entleiher** ist Täter bei Ordnungswidrigkeiten nach Abs. 1 Nr. 1a, 1b und 2 zum Täterbegriff (vgl. auch Rn. 11).

Handeln Verleiher oder Entleiher qua gesetzlich, gesellschaftsrechtlich oder **24** vertraglich eingeräumter **Vertretungsbefugnis** über Dritte (zum Strohmanngeschäft vgl. Rn. 4), sind im Rahmen des § 16 Abs. 1 auch die vertretungsberechtigten Mitglieder des Organs einer juristischen Person (§ 9 Abs. 1 Nr. 1 OWiG), die vertretungsberechtigten Gesellschafter einer Personenhandelsgesellschaft (§ 9 Abs. 1 Nr. 2 OWiG), der gesetzliche Vertreter (§ 9 Abs. 3 OWiG) oder Personen, die qua Beauftragung den **Betrieb leiten** oder in eigener Verantwortung Aufgaben im Rahmen des AÜG wahrnehmen (§ 9 Abs. 2 Satz 1 Nr. 1 und 2 OWiG), taugliche Täter (Rn. 4), auch wenn sie selbst nicht die **persönlichen Merkmale** des Verleihers oder Entleihers erfüllen (*Becker/Wulfgramm*, Art. 1 § 16 Rn. 17; *Sandmann/Marschall*, Art. 1 § 16 Anm. 3; *Schüren/Feuerborn*, § 16 Rn. 16).

Neben vertretungsberechtigten Personen oder Organen kann unter den besonderen Voraussetzungen des § 30 Abs. 1 OWiG auch gegen die **juristische Person** **25** oder die **Personenvereinigungen** selbst eine **Geldbuße festgesetzt** werden, wenn das Unternehmen **bereichert** ist oder bereichert werden sollte. Maßgeblich hierfür ist auch bezüglich der Höhe der Geldbuße (vgl. § 17 Abs. 4 *OWiG*) der wirtschaftliche Vorteil, den das Unternehmen aus der ANÜ erzielt hat (*OLG Düsseldorf* v. 4.9.1979 – 5 Ss (OWi) 480/79 – 477/79 – EzAÜG § 1 AÜG Gewerbsmäßige Arbeitnehmerüberlassung Nr. 9).

Daneben kommt in den Fällen des § 16 Abs. 1 eine ordnungswidrigkeitsrecht- **26** liche Verantwortlichkeit des **Inhabers eines Betriebes oder Unternehmens** nach § 130 Abs. 1 OWiG in Betracht, wenn der Inhaber **Aufsichtsmaßnahmen unterlässt**, um Zuwiderhandlungen gegen Pflichten des Inhabers aus dem AÜG zu verhindern, die mit Strafe oder Bußgeld bedroht sind (*Schüren/Feuerborn*, § 16 Rn. 18). Die Vorschrift hat vor allem in Großunternehmen mit zergliederter Organisation der Entscheidungsstrukturen Bedeutung (*Sandmann/Marschall*, Art. 1 § 16 Anm. 3a). Daneben hat die Vorschrift im Rahmen illegaler Werkvertragspraktiken Bedeutung, da auch die Verletzung von Aufsichtsmaßnahmen hinsichtlich Bestellung, sorgfältiger Auswahl und Überwachung von Aufsichtspersonen eine Verantwortlichkeit des Inhabers begründen (§ 130 Abs. 1 Satz 2 OWiG).

Beteiligen sich mehrere als **Täter, Anstifter oder Gehilfen** an der Begehung der **27** Ordnungswidrigkeit (zur Beteiligung vgl. § 14 OWiG), so handelt jeder von ihnen ordnungswidrig, ohne dass es auf die persönliche Eigenschaft des Beteiligten als Verleiher oder Entleiher ankommt (§ 14 Abs. 1 Satz 2 OWiG). § 14 Abs. 3 Satz 2 OWiG ist in den Fällen des § 16 Abs. 1 nicht anwendbar. Die Beteiligung setzt nur eine rechtswidrige Verwirklichung eines der Tatbestände des Abs. 1 voraus (§ 14 Abs. 2 OWiG), ein **vorsätzliches Verhalten** ist i. ü. **nicht erforderlich** (vgl. § 10 OWiG). **Fahrlässigkeit** reicht sowohl nach der ausdrücklichen Regelung des § 16 Abs. 1 Einleitungssatz als auch nach § 130 Abs. 1 Satz 1 OWiG aus (a. A. *Becker/Wulfgramm*, Art. 1 § 16 Rn. 19; *Schüren/Feuerborn*, § 16 Rn. 45). Bei Geldbußen, die auf der Grundlage von § 30 Abs. 1 OWiG gegen juristische Personen oder Personenvereinigungen festgesetzt werden, kommt es nach § 30 Abs. 2 Satz 2 OWiG auf ein Verschulden nicht an.

28 Gegen Beteiligte, die nicht Täter, aber notwendige Teilnehmer an der Ordnungs-widrigkeit sind (wie z.B. der überlassene Arbeitnehmer bei Abs. 1 Nr. 1, 1a), kann keine Geldbuße wegen **Beteiligung** festgesetzt werden (*Becker/Wulfgramm*, Art. 1 § 16 Rn. 19; *Sandmann/Marschall*, Art. 1 § 16 Anm. 4; *Schüren/Feuerborn*, § 16 Rn. 21). Sie können jedoch als Täter auf Grund anderer Bußgeldvorschriften (z.B. nach § 404 Abs. 2 Nr. 3 SGB III der ausländische Arbeitnehmer ohne Arbeits-erlaubnis) ordnungswidrigkeitenrechtlich verantwortlich sein.

2. Sonstige Ordnungswidrigkeiten und Straftaten bei Pflichtverstößen im Zusammenhang mit Arbeitnehmerüberlassung

a) Ausübung einer illegalen Beschäftigung als ausländischer Leiharbeitnehmer ohne Arbeitserlaubnis

29 Ein **ausländischer Leiharbeitnehmer**, der ohne einen Aufenthaltstitel (Einl. G Rn. 15 ff.) eine nach § 284 SGB III erforderliche Arbeitsgenehmigung (Einl. G Rn. 11 ff.) eine Beschäftigung im Inland ausübt, handelt nach § 404 Abs. 2 Nr. 3 SGB III ordnungswidrig. Daneben kommt eine Strafbarkeit nach § 95 Abs. 1 Nr. 2 AufenthG in Betracht.

b) Vermutete Arbeitsvermittlung nach § 1 Abs. 2 AÜG

30 Besitzt der Verleiher die Erlaubnis nach § 1 Abs. 1 und wird wegen Nichteinhal-tung der üblichen Arbeitgeberpflichten oder des Arbeitgeberrisikos gem. § 1 Abs. 2 **Arbeitsvermittlung vermutet**, bleibt der Verleiher als Arbeitgeber im Rahmen des § 16 bei allen Tatbeständen verantwortlich, die an die Arbeitgeber-eigenschaft anknüpfen (*Schüren/Feuerborn*, § 16 Rn. 61). Rückt der Entleiher dabei infolge des Zustandekommens eines **fingierten Arbeitsverhältnisses** in die Arbeitgeberstellung ein, ändert sich hierdurch nichts daran, dass ihm der Arbeitnehmer i.S.v. Nr. 2 überlassen wurde (vgl. Rn. 9). In diesem Fall han-delt er jedoch bei illegaler Beschäftigung von Ausländern schon als Arbeitgeber nach § 404 Abs. 2 Nr. 3 SGB III ordnungswidrig (Rn. 10).

IV. Vorsatz, Fahrlässigkeit und Versuch

31 Die Ordnungswidrigkeiten nach Abs. 1 können vom Täter sowohl **vorsätzlich** als auch **fahrlässig** begangen werden (§ 10 OWiG). Bei fahrlässigem Handeln kann die Tat jedoch im **Höchstmaß** lediglich mit der Hälfte der in Abs. 2 genannten Höchstbeträge der Geldbuße geahndet werden.

32 Kannte der Täter bei Begehung der Tat einen Umstand nicht, der zum gesetz-lichen Tatbestand gehört, handelt er wegen des **Irrtums** nicht vorsätzlich (§ 11 Abs. 1 Satz 1 OWiG), er kann jedoch wegen fahrlässigen Verhaltens ein Bußgeld auferlegt bekommen (*Becker/Wulfgramm*, Art. 1 § 16 Rn. 32). Da Verleiher und Ent-leiher hinsichtlich ihrer Verpflichtungen zur Einhaltung der Bestimmungen des AÜG besondere Erkundigungspflichten obliegen (vgl. Rn. 6, 22), ist ein **Verbots-irrtum** im Rahmen der Bußgeldtatbestände des § 16 Abs. 1 meist vermeidbar i.S.d. § 11 Abs. 2 OWiG (*Becker/Wulfgramm*, Art. 1 § 16 Rn. 23; *Sandmann/Marschall*, Art. 1 § 16 Anm. 6; *Schüren/Feuerborn*, § 16 Rn. 51). Dies gilt insbesondere in den Fällen illegaler Ausländerbeschäftigung ohne Arbeitserlaubnis (*Hess. VGH* v. 10.9.1994 – 10 ME 985/94 – DB 1995, 1770). Hat sich der Täter dagegen von fachkundigen Dritten (nicht jedoch in Fällen der Vertretung, vgl. §§ 30, 130 OWiG, vgl. Rn. 4, 24 ff.) beraten lassen und verkennt er wegen falscher Auskunft den rechtlichen Gehalt einer Vorschrift, liegt ein Verbotsirrtum i.S.d. § 11 Abs. 2 OWiG vor (*Schüren/Feuerborn*, § 16 Rn. 51).

Ein Schuldvorwurf entfällt nicht schon dadurch, dass der Täter die komplizierte **33** Rechtslage im Bereich der ANÜ einschließlich der schwierigen Abgrenzungsfragen zu anderen vertraglich zulässigen Gestaltungsformen der Fremdfirmenarbeit nicht beurteilen kann. Es genügt vielmehr, wenn der Täter auf Grund einer **Parallelwertung in der Laiensphäre** den unrechtstypischen Gehalt seines Verhaltens erfasst (*Richter*, BB 1992, 421; *Sandmann/Marschall*, Art. 1 § 16 Anm. 6).

Da die Ahndung des **Versuchs** in § 16 nicht ausdrücklich angeordnet ist, kommt **34** die Verhängung eines Bußgeldes wegen Versuchs nach § 13 Abs. 2 OWiG nicht in Betracht.

V. Wahlfeststellung und Konkurrenzen

Ebenso wie im Rahmen der Straftatbestände der §§ 15, 15a ist hinsichtlich der **35** Ordnungswidrigkeiten nach Abs. 1 eine **Wahlfeststellung** möglich, soweit die besonderen Voraussetzungen hierfür (insbesondere eine rechtsethische und psychologische Vergleichbarkeit der Verhaltensweisen und des geschützten Rechtsguts) erfüllt sind (vgl. § 15 Rn. 6). Eine Wahlfeststellung zwischen den Ordnungswidrigkeiten nach § 16 Abs. 1 Nr. 1 und § 404 Abs. 2 Nr. 9 SGB III (*Becker/ Wulfgramm*, Art. 1 § 16 Rn. 20; *Sandmann/Marschall*, Art. 1 § 16 Anm. 8; *Schüren/ Feuerborn*, § 16 Rn. 80) als auch zwischen § 16 Abs. 1 Nr. 2 und § 404 Abs. 2 Nr. 3 SGB III (vgl. Art. 4 Rn. 11; *Becker/Wulfgramm*, Art. 1 § 16 Rn. 20; *Sandmann/ Marschall*, Art. 1 § 16 Anm. 8; *Schüren/Feuerborn*, § 16 Rn. 80) möglich. Beschäftigt der Entleiher überlassene ausländische Arbeitnehmer ohne die erforderliche Arbeitserlaubnis und besitzt der Verleiher nicht die nach § 1 Abs. 1 Satz 1 erforderliche Überlassungserlaubnis, stellen die Verstöße **tateinheitlich** zusammentreffende Ordnungswidrigkeiten nach Nr. 2, § 404 Abs. 2 Nr. 3 SGB III und Abs. 1 Nr. 1a dar (*BayObLG* v. 22. 2. 1995 – 3 ObOWi 13/95 – BB 1995, 1358). Erfüllen Ordnungswidrigkeiten nach § 16 Abs. 1 gleichzeitig einen qualifizierten **Straftatbestand** (was insbesondere bei Abs. 1 Nr. 1 und 2 im Hinblick auf §§ 15, 15a der Fall sein kann), ist gem. § 21 Abs. 1 OWiG grundsätzlich nur das Strafgesetz anwendbar. Wird eine Strafe nicht verhängt, kann jedoch gem. § 21 Abs. 2 OWiG ein Bußgeld festgesetzt werden.

Verwirklichen Entleiher oder Verleiher durch **mehrere Handlungen**, die weder **36** eine natürliche noch eine rechtliche Handlungseinheit darstellen, mehrere Tatbestände des § 16 Abs. 1, ist grundsätzlich für jede Ordnungswidrigkeit eine gesonderte Geldbuße festzusetzen (Tatmehrheit i.S.d. § 20 OWiG; *Becker/Wulfgramm*, Art. 1 § 16 Rn. 21). Entscheidend ist hierbei, ob die Taten i.S.d. § 19 Abs. 1 OWiG auf Grund eines einheitlichen Entschlusses begangen werden (*BayObLG* v. 29. 6. 1999 – 30b OWi 50/99 – DB 1999, 2220).

Nur soweit **dieselbe Handlung** gleichzeitig **mehrere Verstöße** i.S.d. des Abs. 1 **37** beinhaltet (z.B. weil der Verstoß gegen Aufbewahrungspflichten des Verleihers nach Abs. 1 Nr. 6 gleichzeitig einen Verstoß gegen eine entsprechende Auflage der Erlaubnisbehörde im Rahmen des Abs. 1 Nr. 3 darstellt) oder soweit durch dieselbe Handlung **dieselbe Vorschrift** des Abs. 1 mehrmals verletzt wird (z.B. bei gleichzeitiger Beschäftigung mehrerer ausländischer Leiharbeitnehmer ohne Arbeitserlaubnis nach Abs. 1 Nr. 2), ist nach den Grundsätzen der **Tateinheit** (§ 19

Abs. 1 OWiG) nur eine einheitliche Geldbuße festzusetzen. Dasselbe gilt, soweit Ordnungswidrigkeiten nach dem SGB III tateinheitlich mit solchen des AÜG (Abs. 1 Nr. 1a) zusammentreffen.

VI. Höhe der Geldbuße (Abs. 2)

38 Abs. 2 legt einen unterschiedlichen Bußgeldrahmen für die in Abs. 1 bezeichneten Ordnungswidrigkeiten fest. Die **Beschäftigung eines Ausländers ohne Arbeitserlaubnis** durch Entleiher (Abs. 1 Nr. 2) ist danach mit der höchsten Geldbuße des Abs. 2 von bis zu 500000 Euro bedroht, was dem Bußgeldrahmen entspricht, der nach § 404 Abs. 2 Nr. 3, Abs. 3 SGB III den Verleiher bei illegaler Ausländerbeschäftigung ohne Genehmigung der BA trifft. Bei ANÜ ohne die erforderliche Erlaubnis nach § 1 Abs. 1 Satz 1 beträgt hinsichtlich des ordnungswidrigen Verhaltens sowohl des Verleihers (Abs. 1 Nr. 1) als auch des Entleihers (Abs. 1 Nr. 1a) das angedrohte Bußgeld bis zu 25000 Euro. Kommt der Verleiher **Anzeigepflichten** nach § 1a nicht nach (Abs. 1 Nr. 2a) oder erfüllt er eine **Auflage** nach § 2 Abs. 2 nicht (Abs. 1 Nr. 3), kann eine Geldbuße bis zu 2500 Euro festgesetzt werden. Bei Verstößen des Verleihers gegen die in Abs. 1 Nr. 4 bis 8 bezeichneten **Anzeige-, Auskunfts-, Dokumentations- oder Aufbewahrungspflichten** beträgt das Bußgeld bis zu 500 Euro.

39 Das **Mindestmaß der Geldbuße** beträgt nach § 17 Abs. 1 OWiG (i.d.F. vom 26.1.1998, BGBl. I S. 156) 5 Euro, bei **fahrlässigem Handeln** ist das Höchstmaß der Geldbuße auf die Hälfte der in Abs. 2 genannten Höchstbeträge begrenzt (§ 17 Abs. 2 OWiG). I.ü. hängt die Höhe der Geldbuße von der Bedeutung der Ordnungswidrigkeit sowie dem Vorwurf, der den Täter trifft, ab, wobei auch die wirtschaftlichen Verhältnisse des Täters berücksichtigt werden können (§ 17 Abs. 3 OWiG). Die **Höhe der Geldbuße** soll i.ü. den wirtschaftlichen Vorteil übersteigen, den der Täter aus der Ordnungswidrigkeit gezogen hat (§ 17 Abs. 4 OWiG; vgl. *BayObLG* v. 8.2.1990 – 3 Ob Owi 5/90 – EzAÜG § 1 AÜG Erlaubnispflicht Nr. 21). Naturgemäß muss dabei der wirtschaftliche Vorteil auf Grund allgemein vorhandener Vergleichsdaten geschätzt werden. Die Gerichte (*OLG Düsseldorf* v. 4.9.1979 – 5 Ss (OWi) 480/79 – 477/79 I – EzAÜG § 1 AÜG Gewerbsmäßige Arbeitnehmerüberlassung Nr. 10; *BGH* v. 13.1.1983 – 4 StR 578/82 – NJW 1983, 1334; *AG Gießen* v. 13.4.1987 – 54 Owi 15 Js 22376/86 – EzAÜG § 1 AÜG Gewerbsmäßige Arbeitnehmerüberlassung Nr. 24) halten einen wirtschaftlichen Vorteil von 3 DM pro Arbeitsstunde für den Entleiher und von 1 DM pro Arbeitsstunde für den Verleiher für angemessen (so auch *Sandmann/Marschall*, Art. 1 § 16 Anm. 36). Insbesondere bei illegaler Ausländerbeschäftigung sind diese Sätze jedoch regelmäßig als zu gering zu betrachten, die Geldbuße verliert hier ihren **abschreckenden Charakter**. Das Höchstmaß der Geldbuße könnte bei Zugrundelegung vorbeschriebener Stundensätze in den Fällen des Abs. 1 Nr. 1 und 1a erst bei 50000 geleisteten Arbeitsstunden erreicht sein, was mit Sinn und Zweck der Vorschrift nicht in Einklang steht. Von daher ist im Einzelfall die **geschätzte Bruttolohnsumme** (*BGH* v. 13.1.1983 – 4 StR 578/82 – EzAÜG, a.a.O.) einschließlich der zu zahlenden Einkommensteuer (*BayObLG* v. 25.4.1995 – 3 ObOWi 11/95 – DB 1995, 1084) als Mindestbezugsgröße zugrunde zu legen, wobei auch darauf abzustellen ist, welche Lohn- und Lohnnebenkosten dem Verleiher bzw. Entleiher bei einer §9 Nr. 2 entsprechenden Vergütung entstanden wären und welche Aufwendungen aus der Vergütung des Leiharbeitnehmers tatsächlich entstanden sind (zum Vergleichsmaßstab vgl. § 15a Rn. 8 ff.).

Nach § 29a OWiG kann der **Verfall** eines aus der Begehung der Ordnungswid- **40** rigkeit erlangten **Vermögensvorteils angeordnet werden**, wenn gegen den Täter eine Geldbuße nicht festgesetzt wird (§ 29a Abs. 1 OWiG) oder einem Dritten der Vermögensvorteil zugeflossen ist und eine Gewinnabschöpfung nach § 17 Abs. 4 OWiG nicht möglich ist (*Thüsing/Kudlich*, § 16 Rn. 57).

Bei juristischen Personen oder Personenvereinigungen, die aus dem Verhalten **41** ihrer Vertreter **bereichert** sind, kann ebenfalls eine Geldbuße festgesetzt werden (§ 30 Abs. 1 OWiG), deren Höhe sich nach § 30 Abs. 2 OWiG richtet und die als Nebenfolge insbesondere der Gewinnabschöpfung dient (*AG Düsseldorf* v. 27.7.1983 – 201 OWi 18 Js 723/83).

Beträgt die Geldbuße in den Fällen des § 16 Abs. 1 Nr. 1 und 2 mindestens 2500 **42** Euro, ist das Unternehmen nach §21 Abs. 1 S. 1 Nr. 3 SchwarzarbG von der **Vergabe öffentlicher Aufträge ausgeschlossen**.

VII. Verfolgung der Ordnungswidrigkeiten (Abs. 3)

1. Zuständigkeiten

Nach Abs. 3 sind für die Verfolgung von Ordnungswidrigkeiten nach Abs. 1 Nr. 1 **43** bis 2a die Behörden der **Zollverwaltung** und bei den Ordnungswidrigkeiten nach Abs. 1 Nr. 3 bis 8 die BA **zuständige Verwaltungsbehörde** i.S.d. § 36 Abs. 1 Nr. 1 OWiG. Die örtliche Zuständigkeit richtet sich gem. § 37 OWiG nach dem Ort der Tatbegehung (Abs. 1 Nr. 1), dem Wohnsitz des Betroffenen zurzeit der Einleitung des Bußgeldverfahrens (Abs. 1 Nr. 2) oder nach dessen allgemeinem Aufenthaltsort (Abs. 3).

Die Verfolgung von Ordnungswidrigkeiten soll grundsätzlich **ortsnah erfolgen**. **44**

2. Opportunitätsgrundsatz

Ob die Behörden im Einzelfall ein Bußgeldverfahren einleiten, liegt nach § 47 **45** Abs. 1 Satz 1 OWiG in deren **pflichtgemäßem Ermessen**. Dies gilt auch, soweit die Behörden auf Grund entsprechender Mitteilungen der Strafvollstreckungs- bzw. Strafverfolgungsbehörden nach § 18 Abs. 3 und 4 tätig werden. Eine pflichtgemäße Ermessensausübung setzt immer voraus, dass vor der Entscheidung darüber, ob das Verfahren weitergeführt oder nach § 47 Abs. 1 Satz 2 OWiG eingestellt werden soll, vorliegenden Anhaltspunkten für die Begehung eines Ordnungswidrigkeitstatbestands nachgegangen und der **Sachverhalt ausreichend ermittelt** wurde (*Becker/Wulfgramm*, Art. 1 § 16 Rn. 30; *Sandmann/Marschall*, Art. 1 § 16 Anm. 10). Bei **Untätigkeit der Behörde** oder bei nicht ausreichendem Nachgehen eines **Anfangsverdachts** liegt eine pflichtgemäße Ermessensausübung nicht vor (*Thüsing/Kudlich*, § 16 Rn. 69). Auch i. ü. kann die Behörde nicht willkürlich von einer weiteren Verfolgung absehen. Neben der Einhaltung des Gleichbehandlungsgrundsatzes (*Becker/Wulfgramm*, Art. 1 § 16 Rn. 30; *Schüren/Feuerborn*, § 16 Rn. 89) hat sie insbesondere die Schutzzwecke der Tatbestände des Abs. 1 zu beachten, Missstände im Bereich der ANÜ zu verhindern. Vom Grundsatz her sind danach Ordnungswidrigkeiten immer zu verfolgen (so auch *Sandmann/Marschall*, Art. 1 § 16 Anm. 10), soweit nicht die Zwecke eines Bußgeldbescheides schon durch andere Maßnahmen der Erlaubnisbehörde erreicht werden. In den Fällen des Abs. 1 Nr. 1a und 2 dürfte danach eine **Einstellung des Verfahrens** nach § 47 Abs. 1 Satz 2 OWiG grundsätzlich nicht in Betracht kommen. I.ü. kann die Erlaubnisbehörde das Verfahren auch ruhen lassen, solange der Betroffene gegen den zugrunde liegenden Verwaltungsakt Einspruch einlegt oder Klage erhoben hat (*Becker/Wulfgramm*, Art. 1 § 16 Rn. 30; *Sandmann/Marschall*, Art. 1 § 16 Anm. 10) und nicht der Eintritt der Verfolgungsverjährung (§§ 31 ff. OWiG), die je nach Ordnungswidrigkeit in den Fällen des Abs. 1 zwischen sechs Monaten (Nr. 4 bis 8) und drei Jahren (Nr. 1 bis 2) liegt, droht.

3. Ermittlungsverfahren

46 Für die **Verfolgung von Ordnungswidrigkeiten**, d.h. für die Einleitung und Durchführung des Bußgeldverfahrens, sind nach §§ 35 Abs. 1, 46 Abs. 2 OWiG die in Abs. 3 genannten Behörden zuständig (Rn. 43). Ergeben sich Anhaltspunkte dafür, dass eine **Straftat** (z.B. nach §§ 15, 15a) vorliegt, ist die Sache an die Staatsanwaltschaft abzugeben (§ 41 Abs. 1 OWiG; vgl. auch Nr. 2.17 Abs. 2 RdErl. Nr. 90/82 der BA v. 21. 4. 1982). Leitet die Staatsanwaltschaft **kein Strafverfahren** ein, gibt sie die Sache an die zuständige Behörde zurück (§ 41 Abs. 2 OWiG). Übernimmt die Staatsanwaltschaft nach § 42 OWiG die Verfolgung einer Ordnungswidrigkeit, ist die zuständige Behörde von der Staatsanwaltschaft nach Maßgabe der Vorschriften des § 63 OWiG zu beteiligen und gem. Abs. 3 Satz 1 über den Verfahrensgang zu informieren. Ergeben sich Anhaltspunkte für das Vorliegen einer Ordnungswidrigkeit, sind auch die **Polizeibehörden** nach pflichtgemäßem Ermessen befugt, Ordnungswidrigkeiten zu erforschen und dabei alle unaufschiebbaren Maßnahmen zu treffen, um eine Verdunklung der Sache zu verhüten (§ 53 Abs. 1 Satz 1 OWiG). Sie müssen die Akte jedoch unverzüglich zur weiteren Durchführung des Verfahrens an die BA bzw. die Staatsanwaltschaft weiterleiten (§ 53 Abs. 1 Satz 3 OWiG). Für das **Ermittlungsverfahren** gelten nach § 46 Abs. 1 OWiG die Bestimmungen der Strafprozessordnung (§§ 48 ff. StPO) entsprechend. Die Einleitung ist davon abhängig, ob in tatsächlicher Hinsicht hinreichende Anhaltspunkte für eine Ordnungswidrigkeit vorliegen (§§ 152 Abs. 2, 160 StPO). Grundsätzlich muss die Behörde auch unabhängig von der Erkenntnisquelle **jedem Anfangsverdacht nachgehen**, auch anonyme Anzeigen reichen insoweit aus (*Becker/Wulfgramm*, Art. 1 § 16 Rn. 33; *Sandmann/ Marschall*, Art. 1 § 16 Anm. 14; *Thüsing/Kudlich*, § 16 Rn. 68). Zur Anzeige ist jedermann berechtigt. Auch ein Betriebsrat beim Verleiher oder Entleiher kann Verstöße anzeigen, ohne dass Betriebsratsmitgliedern hieraus Nachteile erwachsen dürfen (*BVerfG* v. 17. 7. 2001 – 1 BvR 2049/00 – NZA 2001 – 888).

47 Im Rahmen der Ermittlungen hat die Behörde allen belastenden und entlastenden Umständen nachzugehen und das entsprechende **Beweismaterial** zusammenzutragen (§ 160 Abs. 2 StPO). Dem Betroffenen hat sie gem. §§ 55 OWiG, 163a Abs. 1 StPO Gelegenheit zur Stellungnahme zu geben. I.ü. können Zeugen und Sachverständige vernommen und Auskünfte von allen öffentlichen Behörden verlangt werden (§ 46 Abs. 2 OWiG, § 161a Abs. 1 StPO). Auch eine Durchsuchung der Wohnung oder der Geschäftsräume des Betroffenen ist bei Gefahr im Verzuge gestattet (§ 46 Abs. 2 OWiG, §§ 105 Abs. 1 Satz 1, 102 StPO). Dasselbe gilt hinsichtlich einer Beschlagnahme von Gegenständen, die als Beweismittel für die Untersuchung von Bedeutung sein können, sofern sie nicht freiwillig herausgegeben werden (§ 46 Abs. 2 OWiG, §§ 98 Abs. 1 Satz 1, 94 StPO). Von dem jeweils Betroffenen und anderen Personen, die von Maßnahmen der Verwaltungsbehörde im Rahmen des Bußgeldverfahrens betroffen sind, kann nach § 62 OWiG **Antrag auf gerichtliche Entscheidung** gestellt werden. Sobald die Ermittlungen abgeschlossen sind und das Verfahren nicht eingestellt wird (§ 47 Abs. 1 Satz 2 OWiG), wird das Ermittlungsverfahren durch einen entsprechenden Aktenvermerk (§ 61 OWiG) abgeschlossen (vgl. auch § 69 Abs. 3 Satz 1 OWiG).

4. Abschluss des Bußgeldverfahrens

Abgeschlossen wird das Bußgeldverfahren entweder durch **Einstellung** (§ 47 Abs. 1 Satz 2 OWiG), **Verwarnung** (§§ 56 ff. OWiG) oder **Bußgeldbescheid** (§§ 65 ff. OWiG). **48**

a) Einstellung des Verfahrens

Abgesehen von sonstigen Grenzen der Ermessensausübung (vgl. Rn. 45) steht es der Behörde nicht frei, das Verfahren auf Grund des **Opportunitätsgrundsatzes** nach Belieben gem. § 47 Abs. 1 Satz 2 OWiG einzustellen. Vielmehr sind in den §§ 65, 56 Abs. 1 Satz 2 OWiG besondere Grundsätze enthalten, die die Behörden binden und den **Verhältnismäßigkeitsgrundsatz** bei Sanktionen gegen begangene Ordnungswidrigkeiten konkretisieren. § 65 OWiG schreibt dabei im Grundsatz vor, dass bei Ordnungswidrigkeiten ein Bußgeldbescheid zu erlassen ist. Nur soweit **geringfügige Ordnungswidrigkeiten** begangen wurden, kann nach § 56 Abs. 1 Satz 1 OWiG eine **Verwarnung** erteilt werden, wobei eine **Verwarnung ohne Verwarnungsgeld** (§ 56 Abs. 1 Satz 1 OWiG) nur in Betracht kommt, wenn davon auszugehen ist, dass der Betroffene den zugrunde liegenden Gesetzesverstoß auch ohne Verwarnungsgeld zukünftig unterlassen wird. Insoweit bestehen erhebliche Zweifel, ob die hohe Zahl nicht verfolgter Fälle und Verfahrenseinstellungen (2537 Fälle von 14410 insgesamt; vgl. 9. Erfahrungsbericht der BuReg, S. 20, 29) diesen Erfordernissen Rechnung trägt. Eine **Einstellung des Verfahrens** bewegt sich nur dann in den Grenzen zulässiger Ermessensausübung, wenn geringfügige Verstöße i.S.d. § 56 Abs. 1 Satz 1 OWiG vorliegen, ein überwiegendes öffentliches Interesse an einer Ahndung des Verstoßes verneint werden kann und auf subjektiver Seite des Betroffenen auf Grund bestehender Anhaltspunkte davon auszugehen ist, dass auch ohne eine Verwarnung mit Verwarnungsgeld zukünftig Gesetzesverstöße unterbleiben. Liegen diese Voraussetzungen vor, ist das Verfahren nach § 47 Abs. 1 Satz 2 OWiG einzustellen und die Einstellung einem Anzeigenden mitzuteilen. Bei vorheriger Anhörung des Betroffenen ist ihm die Einstellung nach § 50 Abs. 1 Satz 1 OWiG bekannt zu machen (*Becker/Wulfgramm*, Art. 1 § 16 Rn. 37; *Sandmann/Marschall*, Art. 1 § 16 Anm. 20). **49**

b) Verwarnung

Liegt ein **geringfügiger Verstoß** i.S.d. § 56 Abs. 1 Satz 1 OWiG vor, ist zunächst zu prüfen, ob **statt** eines Bußgeldbescheides eine **Verwarnung** ausgesprochen werden kann. Da Ordnungswidrigkeiten grundsätzlich sowohl nach der Bedeutung der Ordnungswidrigkeit (objektiv) als auch nach dem Vorwurf, der dem Täter gemacht wird, (subjektiv) zu beurteilen sind (§ 17 Abs. 3 Satz 1 OWiG), scheidet in den Fällen des Abs. 1 Nr. 1 bis 1b sowie Abs. 1 Nr. 2 wegen der Obergrenze des Bußgeldrahmens von 25000 bzw. 500000 Euro das Vorliegen einer **geringfügigen Ordnungswidrigkeit** aus (vgl. § 17 Abs. 1 OWiG). Auch in den Fällen des Abs. 1 Nr. 2a, 3 und 9, in denen eine Geldbuße bis zu 2500 Euro angedroht ist, dürfte in der Regel eine Geringfügigkeit der Ordnungswidrigkeit im Hinblick auf **50**

§ 17 Abs. 1 OWiG nicht gegeben sein. Wie in den Fällen des Abs. 1 Nr. 4 bis 8 kann hier jedoch auf Grund der Person des Betroffenen und der Schwere des Verstoßes eine Verwarnung den Grundsätzen der Verhältnismäßigkeit entsprechen. Hält die BA eine Verwarnung ohne Verwarnungsgeld für unzureichend, soll sie nach § 56 Abs. 1 OWiG gleichzeitig ein Verwarnungsgeld erheben (*Becker/Wulfgramm*, Art. 1 § 16 Rn. 38), dessen Höhe von 5 bis 35 Euro betragen kann (§ 56 Abs. 2 Satz 1 OWiG). Soweit diese Voraussetzungen erfüllt sind, kann die Tat nicht mehr unter den rechtlichen und tatsächlichen Voraussetzungen verfolgt werden, unter denen die Verwarnung erteilt wurde (§ 56 Abs. 4 OWiG).

c) Bußgeld

51   Wird ein Bußgeldbescheid erlassen, richtet sich dessen Inhalt nach § 66 Abs. 1 und 2 OWiG. Der **Bußgeldbescheid** ist dem Betroffenen nach § 50 Abs. 1 Satz 2 OWiG durch Zustellung **bekannt zu machen**. Mit Zustellung beginnt die zweiwöchige Einspruchsfrist des § 67 Abs. 1 Satz 1 OWiG.

5. Rechtsbehelfe

52   Gegen den Bußgeldbescheid kann der Betroffene – auch beschränkt auf einzelne Taten, Beschwerdepunkte oder auch die Höhe der Geldbuße (§ 67 Abs. 2 OWiG) – innerhalb von zwei Wochen ab Zustellung **Einspruch** bei der Verwaltungsbehörde einlegen (§ 67 Abs. 1 Satz 1 OWiG). Ist der Einspruch nicht innerhalb der **Frist** oder nicht in der vorgeschriebenen Form oder aus anderen Gründen nicht wirksam eingelegt und liegen die Voraussetzungen für eine Wiedereinsetzung in den vorigen Stand auf Antrag des Betroffenen nicht vor (vgl. *Sandmann/Marschall*, Art. 1 § 16 Anm. 25), ist er als unzulässig zu verwerfen (§ 69 Abs. 1 Satz 1 OWiG). In diesem Fall kann der Betroffene innerhalb von zwei Wochen ab Zustellung der verwerfenden Entscheidung Antrag auf gerichtliche Entscheidung nach § 69 Abs. 1 S. 2 OWiG stellen. Sind die Vorschriften über die Einlegung des Einspruches nicht beachtet worden, verwirft das Gericht den Einspruch nach § 70 Abs. 1 OWiG als unzulässig.

53   Ist der **Einspruch** wirksam eingelegt worden, prüft die Behörde nach Maßgabe des § 69 Abs. 2 OWiG, ob der Bußgeldbescheid aufrechterhalten oder zurückgenommen wird. Wird der Bußgeldbescheid aufrechterhalten, werden die Akten der Staatsanwaltschaft übersandt, die nach § 69 Abs. 4 OWiG über den weiteren Gang des Verfahrens befindet. Legt die **Staatsanwaltschaft** die Akten gem. § 69 Abs. 4 Satz 2 dem Richter beim Amtsgericht (§ 68 OWiG) vor, entscheidet das Gericht entweder auf Grund einer Hauptverhandlung (§ 71 OWiG) oder durch Beschluss (§ 72 OWiG). Im Unterschied zur Entscheidung auf Grund einer Hauptverhandlung (vgl. *OLG Düsseldorf* v. 22. 2. 1979 – 5 Ss (OWi) 633/78 – 21/71 I – EzAÜG § 1 AÜG Gewerbsmäßige Arbeitnehmerüberlassung Nr. 8) kann das Gericht im Rahmen des Beschlussverfahrens keine Entscheidung treffen, die im Vergleich zum Bußgeldbescheid zum Nachteil des Betroffenen abweicht (*Becker/Wulfgramm*, Art. 1 § 16 Rn. 40). Gegen die Entscheidung des Gerichts ist unter den Voraussetzungen der §§ 79 f. OWiG **Rechtsbeschwerde** zulässig.

54   Gegen Anordnungen, Verfügungen oder sonstige Maßnahmen im Bußgeldverfahren können die Betroffenen oder sonstige beschwerte Dritte gem. § 62 Abs. 1 Satz 1 OWiG **Antrag auf gerichtliche Entscheidung** stellen. Hauptanwendungsfälle sind die Beschlagnahme von Gegenständen, Anordnungen zur Zeugenvernehmung oder zu Durchsuchungen, gegen die sich der Betroffene oder Dritte zur Wehr setzen wollen (*Becker/Wulfgramm*, Art. 1 § 16 Rn. 41a; *Sandmann/Marschall*, Art. 1 § 16 Anm. 26). Der Antrag hat nach § 62 Abs. 2 Satz 2 OWiG, § 307 StPO keine aufschiebende Wirkung; das Gericht kann jedoch die Vollziehung aussetzen (vgl. hierzu auch Art. 2 Rn. 12).

VIII. Vollstreckung der Geldbuße (Abs. 4)

Gem. Abs. 4 gilt für die **Vollstreckung** der Geldbuße § 66 SGB X entsprechend. **55**
Die Vorschrift hat folgenden Wortlaut:

§ 66 SGB X
Vollstreckung

(1) Für die Vollstreckung zugunsten der Behörden des Bundes, der bundesunmittelbaren Körperschaften, Anstalten und Stiftungen des öffentlichen Rechts gilt das Verwaltungs-Vollstreckungsgesetz. In Angelegenheiten des § 51 des Sozialgerichtsgesetzes ist für die Anordnung der Ersatzzwangshaft das Sozialgericht zuständig. Die oberste Verwaltungsbehörde kann bestimmen, dass die Aufsichtsbehörde nach Anhörung der in Satz 1 genannten Behörden für die Vollstreckung fachlich geeignete Bedienstete als Vollstreckungsbeamte und sonstige hierfür fachlich geeignete Bedienstete dieser Behörde als Vollziehungsbeamte bestellen darf; die fachliche Eignung ist durch einen qualifizierten beruflichen Abschluss, die Teilnahme an einem Lehrgang einschließlich berufspraktischer Tätigkeit oder entsprechende mehrjährige Berufserfahrung nachzuweisen. Die oberste Verwaltungsbehörde kann auch bestimmen, dass die Aufsichtsbehörde nach Anhörung der in Satz 1 genannten Behörden für die Vollstreckung von Ansprüchen auf Gesamtsozialversicherungsbeiträge fachlich geeignete Bedienstete
1. der Verbände der Krankenkassen oder
2. einer bestimmten Krankenkasse
als Vollstreckungsbeamte und sonstige hierfür fachlich geeignete Bedienstete der genannten Verbände und Krankenkassen als Vollziehungsbeamte bestellen darf. Der nach Satz 4 beauftragte Verband der Krankenkassen ist berechtigt, Verwaltungsakte zur Erfüllung der mit der Vollstreckung verbundenen Aufgabe zu erlassen.
(2) Absatz 1 Satz 1 bis 3 gilt auch für die Vollstreckung durch Verwaltungsbehörden der Kriegsopferversorgung; das Land bestimmt die Vollstreckungsbehörde.
(3) Für die Vollstreckung zugunsten der übrigen Behörden gelten die jeweiligen landesrechtlichen Vorschriften über das Verwaltungsvollstreckungsverfahren. Für die landesunmittelbaren Körperschaften, Anstalten und Stiftungen des öffentlichen Rechts gilt Absatz 1 Satz 2 bis 5 entsprechend.
(4) Aus einem Verwaltungsakt kann auch die Zwangsvollstreckung in entsprechender Anwendung der Zivilprozessordnung stattfinden. Der Vollstreckungsschuldner soll vor Beginn der Vollstreckung mit einer Zahlungsfrist von einer Woche gemahnt werden. Die vollstreckbare Ausfertigung erteilt der Behördenleiter, sein allgemeiner Vertreter oder ein anderer auf Antrag eines Leistungsträgers von der Aufsichtsbehörde ermächtigter Angehöriger des öffentlichen Dienstes. Bei den Versicherungsträgern und der Bundesagentur für Arbeit tritt in Satz 3 an die Stelle der Aufsichtsbehörden der Vorstand.

Nach § 66 Abs. 1 Satz 1 SGB X erfolgt die **Vollstreckung von Geldbußen** nach den Bestimmungen des VwVG. Nach § 4 VwVG sind mangels anderweitiger Bestimmungen danach die **Hauptzollämter** für die Beitreibung von Geldbußen nach § 16 AÜG zuständig. Daneben steht den Behörden der BA nach § 66 Abs. 4 SGB X die Möglichkeit zur Verfügung, nach den Vorschriften der §§ 704 ff. ZPO zu **vollstrecken** (*Becker/Wulfgramm*, Art. 1 § 16 Rn. 44; *Schüren/Feuerborn*, § 16 Rn. 99). Die **Vollstreckungsverjährung** richtet sich nach § 34 OWiG. Die Vollstreckungsverjährungsfrist beträgt danach bei Geldbußen von mehr als 500 Euro fünf Jahre, bei Geldbußen bis zu 500 Euro drei Jahre (§ 4 Abs. 2 OWiG).

IX. Verbleib der Geldbußen, Kosten- und Entschädigungspflicht (Abs. 5)

56 Nach Abs. 5 Satz 1 fließen die Geldbußen in die Kassen der nach Abs. 3 zuständigen Verwaltungsbehörde. Abs. 5 Satz 2 bestimmt dabei abweichend von § 105 Abs. 2 OWiG, dass nicht die ansonsten zuständigen Bundes- oder Landeskassen, sondern die jeweils zuständigen Verwaltungsbehörden **Auslagen des Betroffenen** zu erstatten haben, soweit deren Ersatz (insbesondere bei Einstellung des Verfahrens nach § 105 Abs. 2 OWiG, § 467a StPO) verlangt werden kann. Diese Behörden sind abweichend von § 110 Abs. 4 OWiG entschädigungspflichtig, soweit durch Verfolgungsmaßnahmen im Bußgeldverfahren dem Betroffenen oder Dritten **rechtswidrig** (*Sandmann/Marschall*, Art. 1 § 16 Anm. 47) ein **Vermögensschaden** zugefügt wurde.

§ 17 Bundesanstalt für Arbeit

Die Bundesagentur für Arbeit führt dieses Gesetz nach fachlichen Weisungen des Bundesministers für Wirtschaft und Arbeit durch. Verwaltungskosten werden nicht erstattet.

Inhaltsübersicht · Rn.

Literaturhinweise

Vgl. die Literaturhinweise zu §§ 1 bis 3.

I. Allgemeines

1 § 17 besteht von einer redaktionellen Änderung abgesehen bereits seit Inkrafttreten des Gesetzes in seiner jetzigen Fassung. Im Unterschied zu sonstigen Vorschriften des AÜG ist § 17 auch in den Fällen des § 1 Abs. 3 anwendbar. Durch die Vorschrift wird der BA die **Durchführung des AÜG** als **Auftragsangelegenheit** und nicht als Selbstverwaltungsangelegenheit übertragen. Hieraus folgt u.a.

auch, dass für öffentlich-rechtliche Streitigkeiten im Zusammenhang mit dem AÜG die **Sozialgerichte zuständig** sind (*Schüren/Hamann*, § 17 Rn. 3). Die **fachliche Weisungskompetenz** steht dem Bundesminister für Wirtschaft und Arbeit zu. Verwaltungskosten werden der BA jedoch nicht erstattet (Satz 2), was hinsichtlich der damit verbundenen Finanzierung gesetzlicher Aufgaben aus Beitragsmitteln der Arbeitnehmer und Arbeitgeber nicht gerechtfertigt erscheint (*Schüren/Hamann*, § 17 Rn. 8, *Thüsing/Thüsing*, § 17 Rn. 4; a. A. *Sandmann/Marschall*, Art. 1 § 17 Anm. 4; vgl. Rn. 8).

II. Organisation der Verwaltungsaufgaben

Die **Organisation** der mit der Durchführung des AÜG verbundenen Aufgaben **2** liegt mangels anderer gesetzlicher Regelung in der **Zuständigkeit der BA**. Nach § 14 Abs. 1 Nr. 15 der vom Verwaltungsrat beschlossenen Satzung der BA (v. 14. 11. 2002, BAnz. Nr. 56, 5082) bestimmt der Vorstand der BA, von welchen Organen und Dienststellen der BA die Aufgaben wahrgenommen werden. Dieser hat Regionaldirektionen und in beschränktem Umfang auch den Agenturen für Arbeit die **Durchführung des AÜG übertragen**. Nur soweit es um die Bereitstellung des Verwaltungspersonals und der sächlichen Verwaltungsmittel geht, bestehen eigenständige Regelungskompetenzen und damit verbundene Mitwirkungsrechte der Selbstverwaltungsorgane der BA (*Becker/Wulfgramm*, Art. 1 § 17 Rn. 2; *Sandmann/Marschall*, Art. 1 § 17 Anm. 2). Auf Grund der vorhandenen personellen Ausstattung ist die BA seit Jahren nicht in der Lage, ihre Aufgaben bei der Durchführung des AÜG zu erfüllen (*Kock*, WSI-Mitt. 1989, 24).

III. Fachliche Weisungszuständigkeit des Bundesministeriums für Wirtschaft und Arbeit

Die nach § 401 SGB III generell bestehende **Rechtsaufsicht über die BA** durch **3** das Bundesministerium für Wirtschaft und Arbeit wird durch § 17 dahin erweitert, dass dem Bundesminister auch die fachliche Weisungskompetenz bzw. die **Fachaufsicht** zugewiesen wird. Die Weisungskompetenz umfasst insoweit sowohl allgemeine Weisungen als auch **Weisungen im Einzelfall** (*Becker/Wulfgramm*, Art. 1 § 17 Rn. 2; *Sandmann/Marschall*, Art. 1 § 17 Anm. 1; *Schüren/Hamann*, § 17 Rn. 5). Im Unterschied zur unbeschränkten Rechtsaufsicht ist die **Fachaufsichtsbefugnis** des BMWA durch die gesetzlichen Bestimmungen des AÜG **begrenzt**; für **Ermessensentscheidungen** kann das BMWA insoweit nur Ermessensrichtlinien aufstellen, die Raum für Einzelfallentscheidungen lassen (*BSG* v. 12. 12. 1990 – 11 RAr 49/90 – EzAÜG § 3 AÜG Versagungsgründe Nr. 14).

Ausfluss der allgemeinen Weisungskompetenz sind u. a. die **DA zum AÜG**, die **4** auf Weisung des BMWA erlassen werden. Die DA wurden im Laufe der Jahre ständig novelliert, wobei den **Änderungen** meistens entsprechende Wünsche der Arbeitgeberverbände zugrunde lagen. Die DA stehen zu einem Teil **nicht mit den Bestimmungen des AÜG** bzw. den Weisungskompetenzen des Bundesministeriums nach § 17 **in Einklang** (kritisch auch *Feuerborn*, CR 1995, 97). § 17 kann vom BMWA **nicht** als **Ermächtigungsgrundlage für gesetzesmodifizierende oder gar ändernde Regelungen** zum AÜG genutzt werden, es kann nur auf der Grundlage und unter Beachtung des Gesetzes fachliche Weisungen erteilen (*Schüren/Hamann*, § 17 Rn. 7). Die Behörden der BA sind befugt, **gesetzwidrige Weisungen** des BMWA im Einzelfall nicht zu befolgen.

5 Auf Grund der fachlichen Weisungskompetenz des BMWA steht den **Selbstverwaltungsorganen** kein eigenständiges Recht zu, anstelle oder in Ergänzung zu Weisungen des BMWA selbst DA in fachlicher Hinsicht zu erlassen. Sie sind insofern auf Informations- und Anhörungsrechte bei der Ausgestaltung von Weisungen unter Beteiligung der Sozialpartner beschränkt (*Sandmann/Marschall*, Art. 1 § 17 Anm. 2).

6 Soweit das BMWA **im Einzelfall Weisungen** erteilt, sind aus den wenigen bekannten Fällen ebenfalls Zweifel angebracht, ob das BMWA die Grenzen seiner Weisungskompetenzen nach § 17 hinreichend beachtet. So ist z. B. die vom BMWA vertretene Auffassung, dass befristete Arbeitsverträge bzw. **KAPOVAZ-Vereinbarungen** auf Grund der Bestimmung des BeschFG 1985 (jetzt TzBfG) auch bei ANÜ zulässig seien (vgl. Schreiben des BMA an die BA v. 5.9.1985 – II b 5 – 22915/18 – zur Gültigkeit von KAPOVAZ-Verträgen im Leiharbeitsverhältnis), **rechtswidrig** (*BAG* v. 23.11.1988 – 7 AZR 34/88 – DB 1989, 1573; *BSG* v. 29.7.1992 – 11 RAr 51/91 – AP Nr. 3 zu § 3 AÜG; *LAG Frankfurt* v. 14.7.1987 – 13 Sa 1007/1986; *Buschmann/Ulber* 1989, 99). Die Behörden **müssen** in derartigen Fällen auch entgegen allgemeinen Weisungen gegen den Verleiher einschreiten und ggf. die Erlaubnis nach § 3 Abs. 1 Nr. 1 versagen.

7 Soweit im Rahmen des § 17 Weisungen erteilt werden, entfalten diese nur gegenüber den Organen und Behörden der BA **Rechtswirkungen** (*Schüren/Hamann*, § 17 Rn. 6). Für Dritte, insbesondere für die beteiligten Arbeitnehmer und Unternehmen sowie für andere Behörden oder Gerichte, entfalten sie demgegenüber keinerlei Rechtswirkungen (*Boemke*, § 17 Rn. 8; zur Selbstbindung vgl. *Thüsing/ Thüsing*, § 17 Rn. 3). Das *BAG* hat insoweit zu Recht entgegen der diesbezüglichen **Verwaltungsanweisung der BA** eine rechtswidrige Anweisung im Rahmen des § 3 Abs. 1 Nr. 6 a. F. als **unbeachtlich** zurückgewiesen und eine gesetzeskonforme Anwendung des AÜG vorgenommen (*BAG* v. 28.9.1988 – 1 ABR 87/87 – AiB 1989, 222 mit Anm. *Ulber*).

IV. Verwaltungskosten (Satz 2)

8 Nach § 17 Satz 2 werden der BA die bei der Durchführung des AÜG entstehenden **Verwaltungskosten nicht erstattet**. Im Zusammenhang mit dem Erlaubnisverfahren nach § 2a können **Kosten vom Antragsteller** erhoben werden (vgl. § 2a). Die Kostentragungspflicht betrifft sowohl die Bereitstellung der sächlichen und persönlichen Mittel zur Durchführung des Gesetzes als auch die Kosten, die sich aus den umfangreichen Kooperationspflichten mit anderen Behörden sowie damit verbundener Auskunfts- und Ermittlungspflichten ergeben (vgl. § 18). Im Hinblick auf die vorrangige Finanzierung der Aufgaben der BA aus Mitteln der Beitragszahler erscheint die in § 17 Satz 2 getroffene Regelung zur Kostentragungspflicht (überwiegend versicherungsfremder Leistungen) nicht gerechtfertigt (*Schüren/Hamann*, § 17 Rn. 8; a. A. *Sandmann/Marschall*, Art. 1 § 17 Anm. 4), insbesondere soweit die der BA in den letzten Jahren übertragenen **zusätzlichen Aufgaben** weitgehend der Bekämpfung von Formen illegaler Beschäftigung dienen (verfassungsrechtliche Bedenken äußert *Thüsing*, a.a.O., § 17 Rn. 4). Die **Einnahmen**, die der BA aus verhängten Geldbußen nach § 16 Abs. 5 zufließen (vgl. § 16 Rn. 56), decken angesichts des Ausmaßes illegaler Beschäftigung (vgl. Einl. E. Rn. 11) nicht annähernd den Aufwand, der der BA durch die Wahrnehmung der Aufgaben erwächst. Entsprechend dem in § 363 Abs. 3 SGB III enthaltenen Grundsatz, dass der Bund die Ausgaben für Aufgaben, die er der BA übertragen hat, zu übernehmen hat, erscheint eine Neuregelung der in § 17 Satz 2 enthaltenen Kostentragungspflicht erforderlich.

§ 18 Zusammenarbeit mit anderen Behörden

(1) Zur Verfolgung und Ahndung der Ordnungswidrigkeiten nach § 16 arbeiten die Bundesagentur für Arbeit und die Behörden der Zollverwaltung insbesondere mit folgenden Behörden zusammen:
1. den Trägern der Krankenversicherung als Einzugsstellen für die Sozialversicherungsbeiträge,
2. den in § 71 des Aufenthaltsgesetzes genannten Behörden,
3. den Finanzbehörden,
4. den nach Landesrecht für die Verfolgung und Ahndung von Ordnungswidrigkeiten nach dem Schwarzarbeitsbekämpfungsgesetz zuständigen Behörden,
5. den Trägern der Unfallversicherung,
6. den für den Arbeitsschutz zuständigen Landesbehörden,
7. den Rentenversicherungsträgern,
8. den Trägern der Sozialhilfe.

(2) Ergeben sich für die Bundesagentur für Arbeit oder die Behörden der Zollverwaltung bei der Durchführung dieses Gesetzes im Einzelfall konkrete Anhaltspunkte für
1. Verstöße gegen das Schwarzarbeitsbekämpfungsgesetz,
2. eine Beschäftigung oder Tätigkeit von Ausländern ohne erforderlichen Aufenthaltstitel nach § 4 Abs. 3 des Aufenthaltsgesetzes, eine Aufenthaltsgestattung oder eine Duldung, die zur Ausübung der Beschäftigung berechtigen, oder eine Genehmigung nach § 284 Abs. 1 des Dritten Buches Sozialgesetzbuch,
3. Verstöße gegen die Mitwirkungspflicht nach § 60 Abs. 1 Satz 1 Nr. 2 des Ersten Buches Sozialgesetzbuch gegenüber einer Dienststelle der Bundesagentur für Arbeit, einem Träger der gesetzlichen Kranken-, Pflege-, Unfall- oder Rentenversicherung oder einem Träger der Sozialhilfe oder gegen die Meldepflicht nach § 8a des Asylbewerberleistungsgesetzes,
4. Verstöße gegen die Vorschriften des Vierten und Siebten Buches Sozialgesetzbuch über die Verpflichtung zur Zahlung von Sozialversicherungsbeiträgen, soweit sie im Zusammenhang mit den in den Nummern 1 bis 3 genannten Verstößen sowie mit Arbeitnehmerüberlassung entgegen § 1 stehen,
5. Verstöße gegen die Steuergesetze,
6. Verstöße gegen das Ausländergesetz,
unterrichtet sie die für die Verfolgung und Ahndung zuständigen Behörden, die Träger der Sozialhilfe sowie die Behörden nach § 71 des Ausländergesetzes.

(3) In Strafsachen, die Straftaten nach den §§ 15 und 15a zum Gegenstand haben, sind der Bundesagentur für Arbeit und den Behörden der Zollverwaltung zur Verfolgung von Ordnungswidrigkeiten
1. bei Einleitung des Strafverfahrens die Personendaten des Beschuldigten, der Straftatbestand, die Tatzeit und der Tatort,
2. im Falle der Erhebung der öffentlichen Klage die das Verfahren abschließende Entscheidung mit Begründung
zu übermitteln. Ist mit der in Nummer 2 genannten Entscheidung ein Rechtsmittel

verworfen worden oder wird darin auf die angefochtene Entscheidung Bezug genommen, so ist auch die angefochtene Entscheidung zu übermitteln. Die Übermittlung veranlaßt die Strafvollstreckungs- oder die Strafverfolgungsbehörde. Eine Verwendung

1. der Daten der Arbeitnehmer für Maßnahmen zu ihren Gunsten,
2. der Daten des Arbeitgebers zur Besetzung seiner offenen Arbeitsplätze, die im Zusammenhang mit dem Strafverfahren bekannt geworden sind,
3. der in den Nummern 1 und 2 genannten Daten für Entscheidungen über die Einstellung oder Rückforderung von Leistungen der Bundesagentur für Arbeit ist zulässig.

(4) Gerichte, Strafverfolgungs- oder Strafvollstreckungsbehörden sollen den Behörden der Zollverwaltung Erkenntnisse aus sonstigen Verfahren, die aus ihrer Sicht zur Verfolgung von Ordnungswidrigkeiten nach § 16 Abs. 1 Nr. 1 bis 2 erforderlich sind, übermitteln, soweit nicht für die übermittelnde Stelle erkennbar ist, daß schutzwürdige Interessen des Betroffenen oder anderer Verfahrensbeteiligter an dem Ausschluß der Übermittlung überwiegen. Dabei ist zu berücksichtigen, wie gesichert die zu übermittelnden Erkenntnisse sind.

Inhaltsübersicht   Rn.

I. Entstehungsgeschichte und Gesetzeszweck

Um die unterschiedlichen **Zuständigkeiten und Kompetenzen** von Behörden, **1**
die mit der **Verfolgung illegaler Formen der Beschäftigung** befasst sind, zu bündeln und deren wirksame Bekämpfung zu ermöglichen, wurde § 18 durch Art. 1
Nr. 3 des Gesetzes zur Bekämpfung der illegalen Beschäftigung (BillBG) vom
15. 12. 1981 (BGBl. I S. 1390) mit Wirkung vom 1. 1. 1982 in das Gesetz eingefügt.
Die zunächst als § 17a eingefügte Vorschrift erhielt redaktionelle Änderungen
und Ergänzungen durch Art. 8 Nr. 6 BeschFG 1985 (BGBl. I S. 730), Art. 29 JuMiG
vom 18. 6. 1997 (BGBl. I S. 1430, gem. Art. 37 Abs. 1 JuMiG in Kraft getrteten am
1. 6. 1998), sowie Art. 63 Nr. 13 AFRG vom 24. 3. 1997 (BGBl. I S. 594) und Art. 18
Nr. 3 des 1. SGB III-ÄndG. Die Einfügung der Vorschrift stand in engem sachlichen Zusammenhang mit der Verabschiedung weiterer zum 1. 1. 1982 in Kraft
getretener Gesetze, die die Möglichkeiten der Bekämpfung illegaler Beschäftigung verbessern sollen. Hierbei handelt es sich insbesondere um die Vorschriften
der §§ 317b, 520 Abs. 2, 1543e RVO a. F./§ 211 SGB VII; § 2a SchwArbG, § 79 Abs. 2
AuslG, § 139b Abs. 7 und 8 GewO, §§ 304, 308, 405 SGB III/§ 233b AFG a. F. und
§ 31a AO (vgl. hierzu auch die Erl. zu § 8). Weitere Änderungen erfolgten durch
das 3. und 4. Gesetz für moderne Dienstleistungen am Arbeitsmarkt, sowie
durch das Gesetz über den Arbeitsmarktzugang im Rahmen der EU-Osterweiterung (v. 23. 4. 2004, BGBl. I S. 602), durch das die vormalige Kooperationspflicht
der BA nach Abs. 1 auf die Zollverwaltung überging. Zuletzt geändert wurde § 18
durch Art. 11 Nr. 21 des Zuwanderungsgesetzes (v. 30. 7. 2004, BGBl. I S. 190; vgl.
Einl. G Rn. 1), der eine Anpassung der früheren Vorschriften zum Aufenthalts-
und Arbeitsgenehmigungsrecht an die neuen ausländerrechtlichen Vorschriften
des Aufenthaltsgesetzes (vgl. hierzu Einl. G Rn. 1 ff.) vornimmt.

Mit § 18 sollen Defizite in der **Zusammenarbeit** der Behörden behoben werden, **2**
die vom Gesetzgeber vor Verabschiedung des BillBG im Zusammenhang mit
der Verfolgung und Ahndung von Ordnungswidrigkeiten nach § 16 festgestellt
wurden (vgl. BT-Ds. 9/847, S. 10). Die Vorschrift geht hinsichtlich der Inhalte der
Kooperations- und Unterrichtungspflichten erheblich über die allgemein zulässigen Formen der Amtshilfe nach Art. 35 Abs. 1 GG hinaus und verpflichtet die
Behörden der Zollverwaltung und der BA zur Zusammenarbeit und Unterrichtung (*Becker/Wulfgramm*, Art. 1 § 18 Rn. 2; *Sandmann/Marschall*, Art. 1 § 18 Anm. 5).
Die Kooperations- und Unterrichtungspflichten der in Abs. 1 Nr. 1 bis 8 genannten Behörden mit der Zollverwaltung bzw. der BA sind jeweils spezial gesetzlich
geregelt (vgl. § 321 SGB VI, § 31a AO, § 211 SGB VII, § 150a GewO).

II. Zusammenarbeit bei Ordnungswidrigkeiten nach § 16

1. Ordnungswidrigkeiten im Sinne des § 16 (Abs. 1)

3 Die Rechtspflicht zur Zusammenarbeit nach § 18 Abs. 1 beschränkt sich auf die **Verfolgung und Ahndung** der in § 16 aufgeführten **Bußgeldtatbestände** und bezieht Fälle des ANÜ nach § 1 Abs. 3 ein. Sie bezieht sich dabei nicht nur auf Fälle illegaler ANÜ bzw. Beschäftigung, sondern auch auf sonstige Verstöße eines Verleihers oder Entleihers im Rahmen von ANÜ. Vom Wortlaut der Vorschrift wird die Verfolgung von **Straftatbeständen** nach §§ 15, 15a nicht von § 18 Abs. 1 erfasst. Dies ist insofern konsequent, als die Verfolgung von Straftaten nach §§ 15, 15a in erster Linie den Staatsanwaltschaften obliegt (§ 152 StPO) und auch deren Ahndung nicht durch die Behörden der BA, sondern nur durch ein Gericht erfolgen kann. Die Strafvorschriften der §§ 15 f. beinhalten jedoch gleichzeitig entweder den Ordnungswidrigkeitentatbestand des § 16 Abs. 1 Nr. 1 oder der Nr. 2. Sie stellen daher nur Qualifikationen der Bußgeldtatbestände des § 16 dar (*Becker/Wulfgramm*, Art. 1 § 18 Rn. 5; *Sandmann/Marschall*, Art. 1 § 18 Anm. 7). Daher erstreckt sich die Verpflichtung zur Zusammenarbeit auch auf die Straftatbestände des §§ 15, 15a (*Schüren/Hamann*, § 18 Rn. 12; *Thüsing/Kudlich*, § 18 Rn. 5; *Boemke*, § 18 Rn. 4; *ErfK/Wank*, § 18 Rn. 3; zur **Abgabepflicht der Behörde** bei Vorliegen einer Straftat vgl. § 41 OWiG), wobei die hiermit in Zusammenhang stehenden Unterrichtungspflichten nach § 18 Abs. 2 Nr. 2 daneben bestehen.

4 Nicht einbezogen in die Verpflichtung zur Zusammenarbeit waren bis zum 1. 1. 1998 Verstöße gegen den **Verleih von Arbeitnehmern im Baugewerbe** nach § 1b (§ 228 Abs. 1 Nr. 3 AFG a. F.). Durch die mit Art. 63 Nr. 5 und Nr. 12a) aa) mit Wirkung v. 1. 1. 1998 vorgenommene Einfügung von Verstößen gegen § 1b in den Bußgeldkatalog des § 16 erstreckt sich nunmehr die Verpflichtung zur Zusammenarbeit auch auf Verstöße gegen das sektorale Verbot der ANÜ im Baugewerbe (vgl. Art. 83 Abs. 3 AFRG; *Sandmann/Marschall*, § 18 Anm. 8; *Schüren/Hamann*, § 18 Rn. 10).

5 **Verstöße**, die im Zusammenhang mit einer zulässigen, aber erlaubnispflichtigen ANÜ im Rahmen des **§ 1b Satz 2** begangen werden, unterliegen nicht dem Anwendungsbereich des § 404 SGB III, sondern sind nach den Vorschriften der §§ 15, 15a, 16 AÜG zu verfolgen. Durch den mit dem Änderungsgesetz im Bereich des Baugewerbes vom 6. 9. 1994 (BGBl. I S. 2459) eingefügten § 12a Satz 2 AFG a. F. (§ 1b Satz 2) wird die insoweit zulässige ANÜ in vollem Umfang den Vorschriften des AÜG unterstellt, so dass auch § 18 zur Anwendung kommt.

6 Ebenfalls nicht erfasst werden von § 404 Abs. 2 Nr. 9 SGB III die Fälle, in denen der Verleiher nichtdeutsche Arbeitnehmer ohne die erforderliche Erlaubnis verleiht, da insoweit die Bußgeld- und Strafvorschriften des AÜG vorgehen. Auch insoweit besteht aber die Verpflichtung zur Zusammenarbeit nach § 18 Abs. 1.

2. Behörden der Zusammenarbeit

7 Die in § 18 Abs. 1 Nr. 1 bis 8 vorgenommene **Aufzählung der Behörden** ist **nicht abschließend** (vgl. BT-Ds. 9/847, S. 10). Vielmehr wird durch das Wort »insbesondere« klargestellt, dass die Zusammenarbeit – soweit zur Verfolgung von Ordnungswidrigkeiten nach § 16 erforderlich – auch mit anderen Behörden zu erfolgen hat (*Thüsing/Kudlich*, § 18 Rn. 3; *Boemke*, § 18 Rn. 5, 15; *Schüren/Hamann*, § 18 Rn. 13). Zu nennen sind hier die **Polizeibehörden** und **Staatsanwaltschaften**

sowie die Behörden der **Gewerbeaufsicht**, insbesondere soweit Gewerbeanzeigen nach § 14 GewO auf den Verdacht illegaler ANÜ hindeuten (vgl. hierzu *Sandmann/Marschall*, Art. 1 § 18 Anm. 23). Nach § 14 Abs. 5 Nr. 5 GewO sind die Gewerbeaufsichtsbehörden befugt, Daten von Gewerbeanzeigenden zu übermitteln, soweit dies zur Durchführung der im AÜG genannten Aufgaben erforderlich ist.

a) Träger der Krankenversicherung als Einzugsstellen für die Sozialversicherungsbeiträge (Abs. 1 Nr. 1)

Abs. 1 Nr. 1 ordnet eine Verpflichtung zur Zusammenarbeit mit den für die **8** Einziehung des Gesamtsozialversicherungsbeitrages** zuständigen **Trägern der Krankenversicherung** an (vgl. auch § 308 Abs. 3 Nr. 3 SGB III; § 19 Rn. 2). Hierbei handelt es sich um die allgemeinen Ortskrankenkassen (§§ 143 f. SGB V), die Betriebskrankenkassen (§§ 147 f. SGB V), die Innungskrankenkassen (§§ 157 f. SGB V), die Seekrankenkasse (§ 165 SGB V), die landwirtschaftlichen Krankenkassen (§ 166 SGB V), die Bundesknappschaft (§ 167 SGB V) und die Ersatzkassen (§§ 168 f. SGB V). Nach § 306 Abs. 1 Satz 1 Nr. 1 und 4 SGB V sind die Krankenkassen ihrerseits zur Zusammenarbeit mit der BA bei der Verfolgung von Ordnungswidrigkeiten verpflichtet.

b) Die in § 71 des Aufenthaltsgesetzes genannten Behörden (Abs. 1 Nr. 2)

Abs. 1 Nr. 2 schreibt die Verpflichtung zur Zusammenarbeit mit den nach § 71 **9** AufenthG zuständigen **Ausländerbehörden** vor. Die Zuständigkeit der Ausländerbehörde ist in den Bundesländern unterschiedlich geregelt (§ 71 Abs. 1 Satz 2 AufenthG). Die polizeiliche Kontrolle des grenzüberschreitenden Verkehrs (§ 71 Abs. 3 AufenthG) liegt überwiegend beim Bundesgrenzschutz.
§ 90 AufenthG regelt die Verpflichtung der Ausländerbehörden zur Unterrich- **10** tung (§ 90 Abs. 1 AufenthG) und **Zusammenarbeit mit den Arbeitsagenturen** (§ 90 Abs. 2 AufenthG), insbesondere soweit es die Beschäftigung von Ausländern ohne Aufenthaltstitel nach § 4 AufenthG oder ohne Arbeitsgenehmigung nach § 284 Abs. 1 Satz 1 SGB III (vgl. Einl. G Rn. 12 ff.) anbelangt oder die Mitwirkungspflichten bei Veränderungen der Grundlagen zum Bezug von Sozialleistungen nach § 60 Abs. 1 Satz 2 SGB I oder Verstöße gegen das SchwarzarbG betrifft. I. ü. richtet sich die Zuständigkeit der Ausländerbehörden nach den Bestimmungen der Länder.

c) Finanzbehörden (Abs. 1 Nr. 3)

Finanzbehörden i.S.d. Abs. 1 Nr. 3 sind die steuereinziehenden Behörden (Fi- **11** nanzämter, Oberfinanzdirektionen, Bundesamt für Finanzen), die Zollbehörden (Zollämter, Zollfahndungsstellen) sowie die Länderministerien für Finanzen und der Bundesfinanzminister. Hinsichtlich der Unterrichtung und Zusammenarbeit der zuständigen Arbeitsämter mit den Finanzbehörden gelten ergänzend die §§ 304 Abs. 2 Nr. 4, 308 Abs. 3 Nr. 4, 405 Abs. 4 SGB III. Nach § 31a AO sind die Finanzbehörden ihrerseits berechtigt, der BA erlaubnisrelevante Tatsachen und Anhaltspunkte für eine unerlaubte ANÜ mitzuteilen (vgl. Rn. 34).

d) Die nach Landesrecht für die Verfolgung und Ahndung von Ordnungswidrigkeiten nach dem Gesetz zur Bekämpfung der Schwarzarbeit zuständigen Behörden (Abs. 1 Nr. 4 a. F.)

12 *(aufgehoben)*

e) Träger der Unfallversicherung (Nr. 5)

13 **Träger der Unfallversicherung** sind die Berufsgenossenschaften (Anlage 1 zu § 114 Abs. 1 Nr. 1 SGB VII) und die landwirtschaftlichen Berufsgenossenschaften (Anlage 2 zu § 114 Abs. 1 Nr. 2 SGB VII), der Bund, die BA, die Länder, Gemeinden und Gemeindeunfallversicherungsverbände als Träger der Unfallversicherung (§ 114 Abs. 1 SGB VII). Hinsichtlich der Unterrichtung und Zusammenarbeit der Arbeitsämter mit den Trägern der Unfallversicherung gelten ergänzend die §§ 304 Abs. 2 Satz 1 Nr. 6, 308 Abs. 3 Satz 1 Nr. 6, 405 Abs. 4 SGB III. § 211 SGB VII ordnet entsprechend Abs. 1 Nr. 5 dabei eine **Pflicht zur Zusammenarbeit** der Träger der Unfallversicherung mit der BA insbesondere bei Verstößen gegen das Arbeitserlaubnisrecht (Nr. 2), das AÜG (Nr. 4) sowie die Pflichten zur Zahlung von Sozialversicherungsbeiträgen (Nr. 5) an. § 211 Satz 1 SGB VII geht über die nach Abs. 1 Nr. 5 bestehenden Verpflichtungen hinaus, da die Verpflichtung zur Zusammenarbeit der Träger der Unfallversicherung mit den Behörden der BA bezüglich aller **Verstöße gegen Vorschriften des AÜG und SGB III** besteht, mithin nicht das Vorliegen eines Ordnungswidrigkeitentatbestandes i.S.d. § 16 voraussetzt (*Becker/Wulfgramm*, Art. 1 § 18 Rn. 11; *Sandmann/Marschall*, Art. 1 § 18 Anm. 19; *Thüsing/Kudlich*, § 18 Rn. 8).

f) Die für den Arbeitsschutz zuständigen Landesbehörden (Abs. 1 Nr. 6)

14 Die Zuständigkeit der **für den Arbeitsschutz zuständigen Behörden** (vgl. § 21 Abs. 1 ArbSchG) ist landesrechtlich unterschiedlich geregelt. Neben den Gewerbeaufsichtsämtern sind dies insbesondere die Ämter für Arbeitsschutz, daneben aber auch Sonderbehörden wie die für die Bergaufsicht zuständigen Bergämter. § 23 Abs. 3 ArbSchG v. 7. 8. 1996 (BGBl. I S. 1246) enthält u. a. für Fälle von Verstößen gegen das Arbeitserlaubnisrecht (Nr. 1), das **AÜG (Nr. 4)** und das Ausländerrecht (Nr. 6) besondere **Unterrichtungspflichten** und entsprechende **Pflichten zur Zusammenarbeit** mit den Behörden der Bundesagentur (§ 23 Abs. 3 Satz 2 ArbSchG). Die Pflichten zur Unterrichtung und Zusammenarbeit gehen über die in Abs. 1 Nr. 6 geregelten Kooperationspflichten hinaus, da die Vorschrift alle Verstöße gegen das AÜG erfasst und nicht auf die Verfolgung und Ahndung von Ordnungswidrigkeiten nach § 16 beschränkt ist.

g) Hauptzollämter (Abs. 1 Nr. 7 a. F.)

15 Abs. 1 Nr. 7, der die Verpflichtung zur **Zusammenarbeit mit den Hauptzollämtern** regelte, wurde durch Art. 63 Nr. 13a AFRG v. 27. 3. 1997 (BGBl. I S. 594) mit Wirkung vom 1. 1. 1998 in das Gesetz eingefügt. Durch die auf einen entsprechenden Änderungsantrag der Fraktionen von CDU / CSU und F.D.P. eingefügte Vorschrift (vgl. BT-Ds. 13/4941 Nr. 8) sollte über den vormaligen Rechtszustand hinaus auch eine Verpflichtung zur Zusammenarbeit der Hauptzollämter bei der Verfolgung von Ordnungswidrigkeiten nach § 16 begründet werden. Da die Behörden der Zollverwaltung mittlerweile originär für die Bekämpfung von Formen illegaler ANÜ zuständig sind und sich die Kooperationspflichten des Abs. 1 nicht mehr an die BA, sondern an die Behörden der Zollverwaltung richten, war die Vorschrift überflüssig geworden (vgl. Rn. 1).

h) Rentenversicherungsträger (Abs. 1 Nr. 7)

Nach Abs. 1 Nr. 7 arbeitet die BA bei der Verfolgung und Ahndung von Ordnungswidrigkeiten auch mit den **Rentenversicherungsträgern** zusammen (§§ 23 Abs. 2 SGB I, 125 ff. SGB VI). Die Vorschrift korrespondiert mit § 321 SGB VI, der allgemein die Zusammenarbeit der Rentenversicherungsträger mit anderen Behörden bei der Verfolgung und Ahndung von Ordnungswidrigkeiten regelt. Insbesondere bei Verstößen gegen das SchwarzArbG, das Arbeitsgenehmigungsrecht und das AÜG sind die Rentenversicherungsträger nach § 321 Satz 1 Nr. 1, 2 und 4 SGB VI verpflichtet, mit der BA zusammenzuarbeiten und diese als nach § 18 zuständige Behörde zu unterrichten (§ 321 Satz 2 SGB VI).   **15a**

i) Träger der Sozialhilfe (Abs. 1 Nr. 8)

Abs. 1 Nr. 8 wurde durch Art. 18 Nr. 3a 1. SGB III-ÄndG neu in das Gesetz eingefügt. Die Einfügung folgt dem Zweck des Gesetzes, Leistungsmissbrauch und Formen der illegalen Beschäftigung besser bekämpfen zu können (vgl. BT-Ds. 13/8994, S. 2). Nach §§ 6 Abs. 1, 13 Abs. 1 SchwArbG sind die Sozialhilfeträger (§ 96 BSHG) bei der Verfolgung von Ordnungswidrigkeiten bei Leistungsmissbrauch zur Zusammenarbeit verpflichtet.   **15b**

3. Inhalt der Zusammenarbeit

Nach § 18 Abs. 1 sind die Behörden der Zollverwaltung zur Zusammenarbeit verpflichtet, wobei alle Tatsachen, die einen **Anfangsverdacht** für das Vorliegen eines Ordnungswidrigkeitstatbestands begründen, die **Rechtspflicht zur Zusammenarbeit** (ErfK/*Wank*, § 18 Rn. 2) auslösen. Aus der Verpflichtung zur Kooperation mit den in Abs. 1 Nr. 1 bis 7 genannten Behörden ergibt sich eine **wechselseitige Verpflichtung** zur Zusammenarbeit (*Becker/Wulfgramm*, Art. 1 § 18 Rn. 3; *Boemke*, § 18 Rn. 16; *Sandmann/Marschall*, Art. 1 § 18 Anm. 6; *Schüren/Hamann*, § 18 Rn. 45; *Thüsing/Kudlich*, § 18 Rn. 6). Die Vorschriften des Datenschutzes werden durch Abs. 1 nicht eingeschränkt (vgl. BT-Ds. 9/875, S. 22 f.; zu Abs. 2 vgl. Rn. 22). Die **Formen der Kooperation** sind im einzelnen nicht gesetzlich geregelt. § 18 Abs. 1 ermöglicht es jedoch, die zur Verfolgung und Ahndung notwendigen Maßnahmen in Kooperation mit anderen Behörden durchzuführen, wobei alle Maßnahmen gemeinsam ergriffen werden können, die in den Kompetenz- und Zuständigkeitsbereich auch nur einer Behörde fallen (vgl. *Schüren/Hamann*, § 18 Rn. 47). **Gemeinsame Überprüfungen der Betriebsstätten** und der dort eingesetzten Arbeitnehmer sind danach ebenso zulässig (vgl. auch § 304 SGB III) wie Durchsuchungen und Verkehrskontrollen, auch soweit hierbei unmittelbarer Zwang angewandt werden muss. Voraussetzung ist hier nur, dass das Verwaltungshandeln in den Zuständigkeitsbereich einer der beteiligten Behörden fällt, rechtmäßig ist und die Maßnahme selbst von der **zuständigen Behörde** und nicht (auch nicht mittelbar) von Behörden der Zollverwaltung verantwortlich **organisiert und geleitet** wird (*Boemke*, § 1 Rn. 17).   **16**

17 Ergänzend zu § 18 regeln §§ 2 Abs. 2, 6 SchwarzArbG allgemein die Zusammenarbeit der Behörden der BA mit anderen öffentlichen Stellen. Das Recht zur Koordinierung lässt jedoch die Zuständigkeit der anderen Behörden unberührt, der BA steht kein Weisungsrecht zu (§ 2 Abs. 2 Satz 2 SchwarzArbG; *Becker/Wulfgramm*, Art. 1 § 18 Rn. 13).

III. Unterrichtungspflichten der BA und der Behörden der Zollverwaltung gegenüber anderen Behörden (Abs. 2)

18 Im Unterschied zu Abs. 1 bestehen die in **Abs. 2 aufgeführten Unterrichtungspflichten** als einseitige Rechtspflicht nur für die BA und die Behörden der Zollverwaltung. Allerdings sind die in Abs. 2 genannten Behörden meist aus anderen gesetzlichen Vorschriften verpflichtet, ihrerseits die BA bei Verstößen gegen Vorschriften des AÜG zu unterrichten (vgl. Rn. 9; §§ 2, 6 u. 13 SchwarzArbG).

19 Die **Adressaten** der Unterrichtungspflicht sind in Abs. 2 abschließend aufgezählt (*Becker/Wulfgramm*, Art. 1 § 18 Rn. 15; *Sandmann/Marschall*, Art. 1 § 18 Anm. 27; *Schüren/Hamann*, § 18 Rn. 48; *Thüsing/Kudlich*, § 18 Rn. 9). Adressaten sind dabei die für die Verfolgung und Ahndung zuständigen Behörden, die Träger der Sozialhilfe und die nach § 71 AufenthG zuständige Behörde. Über Abs. 2 hinaus kann sich jedoch aus den nach Abs. 1 bestehenden Kooperationspflichten mittelbar auch eine Unterrichtungspflicht ergeben, die nicht von Abs. 2 erfasst ist.

20 Die Unterrichtungspflicht greift ein, wenn die BA oder die Zollverwaltung **bei der Durchführung des AÜG** Erkenntnisse erlangt, die auf Verstöße der in Abs. 2 Nr. 1 bis 6 genannten Art hindeuten. Hierbei kommt es nicht darauf an, auf welchen Erkenntnisquellen die Erkenntnisse beruhen. Die **Geheimhaltungspflichten** nach § 8 Abs. 4 sind jedoch auch im Rahmen der Unterrichtungspflichten nach Abs. 2 zu beachten (*Sandmann/Marschall*, Art. 1 § 18 Anm. 31; *Schüren/Hamann*, § 18 Rn. 54). Voraussetzung für ein Recht und eine Pflicht zur Unterrichtung ist, dass ein **innerer Zusammenhang** mit den Zuständigkeiten der BA oder der Zollverwaltung im Rahmen des AÜG besteht. Werden der Behörde nur zufällig Tatsachen im Rahmen von Vorgängen bekannt, die nicht in deren Zuständigkeit zur Durchführung des AÜG fallen, scheidet Abs. 2 als Grundlage für ein Recht zur Unterrichtung aus (a.A. *Sandmann/Marschall*, Art. 1 § 18 Anm. 28; *Schüren/Hamann*, § 18 Rn. 50). Eine entsprechende Verpflichtung kann sich in diesen Fällen allerdings auf Grund anderer Vorschriften ergeben (vgl. z.B. § 405 Abs. 4 SGB III).

21 Die Unterrichtungspflicht nach Abs. 2 greift ein, wenn konkrete Anhaltspunkte für Verstöße gegen die in Nr. 1 bis 6 abschließend aufgeführten gesetzlichen Vorschriften vorliegen (*Thüsing/Kudlich*, § 18 Rn. 10). Ein **Verstoß** liegt dabei auch vor, soweit keine Straftat oder Ordnungswidrigkeit vorliegt. Darauf bezogen ist nur erforderlich, dass ein durch Tatsachen begründeter **Anfangsverdacht** gegeben ist, der es möglich erscheinen lässt, dass ein Verstoß vorliegt (*Boemke*, § 18 Rn. 18). Ein dringender oder hinreichender Tatverdacht im Sinne der §§ 103, 203 StPO ist nicht gefordert (*Becker/Wulfgramm*, Art. 1 § 18 Rn. 17; *ErfK/Wank*, § 18 Rn. 13; *Sandmann/Marschall*, Art. 1 § 18 Anm. 32).

22 Soweit die BA oder die Zollverwaltung die Erkenntnisse im Rahmen ihrer Zuständigkeiten bei der Durchführung des AÜG erlangt, geht Abs. 2 den Vorschriften über den allgemeinen **Datenschutz**, insbesondere aber auch über das **Steuergeheimnis** (§ 30 AO) und das **Sozialgeheimnis** (§ 35 SGB I) vor (*Sand-*

mann/Marschall, Art. 1 § 18 Anm. 43; *Schüren/Hamann*, § 18 Rn. 52). Das Statistikgeheimnis nach § 8 Abs. 4 geht den Unterrichtungspflichten nach Abs. 2 vor (*Thüsing/Kudlich*, § 20 Rn. 10 f.).

1. Verstöße gegen das Schwarzarbeitsbekämpfungsgesetz (Abs. 2 Nr. 1)

Der Text des Schwarzarbeitsbekämpfungsgesetzes (v. 1.8.2004, zuletzt geändert **23** durch Art. 6 des Gesetzes v. 24.6.2005, BGBl. I S. 1841; SchwarzArbG) ist im Anhang (siehe Anhang 2) auszugsweise abgedruckt. **Schwarzarbeit** leistet u.a., wer als Erbringer von Werk- oder Dienstleistungen wie der Arbeitsvermittlung oder der ANÜ die Aufnahme des Gewerbes nicht **anzeigt** (§ 1 Abs. 2 Nr. 4 SchwarzArbG), seinen sozialversicherungsrechtlichen **Melde-, Beitrags- oder Aufzeichnungspflichten** nicht nachkommt (§ 1 Abs. 2 Nr. 1 SchwarzArbG) oder seine steuerlichen Pflichten nicht erfüllt (§ 1 Abs. 2 Nr. 2 SchwarzArbG). Die Behörden der Zollverwaltung prüfen u.a., ob Ausländer nicht entgegen § 284 Abs. 1 SGB III, § 4 Abs. 3 S. 1 AnfenthG zu **ungünstigeren Arbeitsbedingungen** als vergleichbare deutsche Arbeitnehmer beschäftigt werden (§ 2 Abs. 1 Nr. 4 SchwarzArbG). Zur Durchführung der Prüfungen sind sie nach §§ 3 f. SchwarzArbG u.a. befugt, die Geschäftsräume des Arbeitgebers zu betreten und Einsicht in Geschäftsunterlagen zu nehmen. Daneben prüfen die Behörden der Zollverwaltung, ob die Arbeitsbedingungen nach Maßgabe des **AEntG** eingehalten werden (§ 2 Abs. 1 Nr. 5 SchwarzArbG) und überprüfen die Einhaltung der **Meldepflichten nach § 28a SGB IV** bei Dienst- und Werkleistungen (§ 2 Abs. 2 Nr. 1 SchwarzArbG).

Die Behörden der Zollverwaltung sind nach § 13 Abs. 1 SchwarzArbG zur **23a** **Zusammenarbeit** verpflichtet und müssen der BA nach § 6 Abs. 3 Nr. 1 und Nr. 9 SchwarzArbG Verstöße gegen das AÜG und AEntG mitteilen. Umgekehrt muss die BA z.B. die Behörden der Zollverwaltung bei deren Prüfungen nach dem SchwarzArbG **unterstützen** (§ 2 Abs. 2 Nr. 2 SchwarzArbG). Daneben sind sie Behörden bei Ordnungswidrigkeiten nach § 8 SchwarzArbG zur gegenseitigen Zusammenarbeit verpflichtet (§ 13 Abs. 2 SchwarzArbG), und müssen nach § 6 Abs. 1 SchwarzArbG Informationen austauschen und zusammenarbeiten. Nach § 6 Abs. 2 SchwarzArbG sind die Behörden der Zollverwaltung berechtigt, **Datenbestände der BA** über Arbeitsgenehmigungen/EU und Zustimmungen zur Beschäftigung im Rahmen der Werkvertragsabkommen automatisiert abzurufen.

Ergeben sich **Verstöße gegen das AÜG** oder das AEntG sind die Behörden der **23b** Zollverwaltung nach § 6 Abs. 3 Nr. 2 und 9 SchwarzArbG verpflichtet, die Behörden der BA zu unterrichten. § 18 Abs. 2 Nr. 1 hat insoweit lediglich eine ergänzende Funktion.

2. Beschäftigung oder Tätigkeit von Ausländern ohne Aufenthaltstitel (Abs. 2 Nr. 2)

Abs. 2 Nr. 2 verpflichtet die BA sowie die Zollverwaltung, bei **Verstößen** gegen **24** § 284 Abs. 1 Satz 1 SGB III oder gegen das **Arbeitsgenehmigungsrecht** (vgl. hierzu Einl. G Rn. 35 f.) die für die Verfolgung und Ahndung zuständige Behörde zu unterrichten. Nach § 40 Abs. 1 Nr. 2 AufenthG, § 6 Abs. 1 Nr. 2 ArGV ist die Erteilung eines Aufenthaltstitels für Ausländer aus Nicht-EU-Staaten grundsätzlich zu versagen, wenn der ausländische Arbeitnehmer als Leiharbeitnehmer tätig werden will (vgl. Einl. G. Rn. 35). Von Abs. 2 Nr. 2 erfasst werden sowohl Verstöße gegen §§ 404 Abs. 2 Nr. 3 und 3, 406 Abs. 1 SGB III, als auch Verstöße gegen § 407 SGB III (*Becker/Wulfgramm*, Art. 1 § 18 Rn. 19; Erfk/*Wank*, § 18 Rn. 19; *Schüren/Hamann*, § 18 Rn. 72). Soweit die Tätigkeit oder Beschäftigung von Ausländern ohne die erforderliche Arbeitserlaubnis oder den Aufenthaltstitel lediglich eine **Ordnungswidrigkeit** nach § 404 Abs. 2 Nr. 3 SGB III darstellt, sind für deren Verfolgung und Ahndung nach § 405 Abs. 1 SGB III die Behörden der BA zuständig. Darauf bezogen statuiert Abs. 2 Nr. 2 auch eine **Unterrichtungspflicht zwischen verschiedenen Dienststellen** und Abteilungen der BA (*Becker/Wulfgramm*, Art. 1 § 18 Rn. 19; *Boemke*, § 18 Rn. 22; *Schüren/Hamann*, § 18 Rn. 73).

25 **Verstöße des Entleihers** nach § 16 Abs. 1 Nr. 2 werden ohnehin in eigener Zuständigkeit der Zollverwaltung bei der Durchführung des AÜG verfolgt und werden daher nicht von Abs. 2 Nr. 2 erfasst. Demgegenüber ist bei **Verstößen gegen das Aufenthalts- und Arbeitserlaubnisrecht**, die nach §§ 15, 15a strafbewehrt sind, die zuständige Staatsanwaltschaft (vgl. auch § 41 OWiG) zu unterrichten. Vom **Begriff der Beschäftigung** i.S.d. Abs. 2 Nr. 2 wird insoweit sowohl die Beschäftigung von Leiharbeitnehmern durch den Verleiher als Arbeitgeber als auch die tatsächliche Beschäftigung des Leiharbeitnehmers durch den Entleiher erfasst (so auch *Sandmann/Marschall*, Art. 1 § 18 Anm. 34; *Becker/Wulgramm*, Art. 1 § 18 Rn. 21; *Schüren/Hamann*, § 18 Rn. 72).

3. Verstöße gegen Mitwirkungs- und Meldepflichten (Abs. 2 Nr. 3)

26 Nach § 60 Abs. 1 Satz 1 Nr. 2 SGB I ist ein **Sozialleistungsempfänger** verpflichtet, **Änderungen in den Verhältnissen**, die für die Leistung erheblich sind oder über die im Zusammenhang mit der Leistung Erklärungen abgegeben worden sind, unverzüglich **mitzuteilen**. Die Vorschrift bezieht sich auf alle Fälle, in denen die Einkommensverhältnisse des Leistungsempfängers Grundlage des Leistungsbescheides oder hinsichtlich des Umfangs der Sozialleistung ein Bestimmungsfaktor bei ihrer Höhe sind. Um einem Missbrauch des Bezugs von Sozialleistungen besser vorbeugen und einen unberechtigten Bezug besser bekämpfen zu können, sind die Unterrichtungspflichten durch Art. 18 Nr. 3b) aa) 1. SGB III-ÄndG erheblich erweitert worden. Die Unterrichtungspflicht nach Abs. 2 Nr. 3 besteht nunmehr nicht nur, wenn der Leistungsempfänger gegenüber Dienststellen der BA gegen die Mitwirkungspflichten des § 60 Abs. 1 Satz 1 Nr. 2 SGB I verstößt, sondern auch, wenn der Verstoß gegenüber sonstigen in der Vorschrift genannten Trägern erfolgt. Abs. 2 Nr. 3 steht in engem Zusammenhang mit der inhaltsgleichen Regelung in § 13, 8 Abs. 1 SchwarzArbG und ergänzt die Vorschriften, die gegenüber der BA eine entsprechende Unterrichtungs- und Zusammenarbeitsverpflichtung enthalten (vgl. § 321 Satz 1 Nr. 4, Satz 2 SGB VI; § 113 Satz 3 SGB IV; § 306 Satz 1 Nr. 3 SGB V; § 211 Satz 1 Nr. 3, Satz 2 SGB VII).

27 Als von der BA gewährte Sozialleistungen i.S.v. § 60 Abs. 1 Nr. 2 SGB I kommen in erster Linie das **Arbeitslosengeld** (§§ 117 ff. SGB III) und das **Arbeitslosengeld II** in Betracht (vgl. *Boemke*, § 18 Rn. 23). Übt der Empfänger von Arbeitslosengeld während des Bezuges der Leistung eine entgeltpflichtige Beschäftigung aus, ist dies der BA mitzuteilen und das Nettoarbeitsentgelt im Rahmen der §§ 141 SGB III anzurechnen.

28 Die Unterrichtungspflicht nach Abs. 2 Nr. 3 beschränkt sich nicht auf Fälle, in denen der Verdacht auf einen unrechtmäßigen Bezug von Arbeitslosengeld besteht (*Boemke*, § 18 Rn. 23; *Schüren/Hamann*, § 18 Rn. 76). Die Vorschrift greift vielmehr in allen Fällen ein, in denen **erzieltes Einkommen berücksichtigt werden muss**, soweit Leistungen durch die BA als zuständigem Leistungsträger erbracht werden (z. B. bei Bezug von Kurzarbeitergeld nach § 179 Abs. 3 SGB III).

Voraussetzung für die Unterrichtungspflicht ist, dass die Behörde in Ausübung von Zuständigkeiten nach dem AÜG **konkrete Anhaltspunkte** für einen **Verstoß gegen die Mitwirkungspflichten** nach § 60 Abs. 1 Satz 1 Nr. 2 SGB I erlangt hat. Sonstige Verstöße gegen Mitwirkungspflichten des Leistungsempfängers – insbesondere von § 60 Abs. 1 Satz 1 Nr. 1 SGB I erfasste Fälle, in denen der Leistungsempfänger die Leistung durch falsche oder unvollständige Angaben von vornherein zu Unrecht bezieht – können die Unterrichtungspflicht nicht auslösen (*Becker/Wulfgramm*, Art. 1 § 18 Rn. 20; *Schüren/Hamann*, § 18 Rn. 79). Ergänzend gelten jedoch die Unterrichtungspflichten im Rahmen der allgemeinen Zusammenarbeit nach Abs. 1 (*Thüsing/Kudlich*, § 18 Rn. 13). **28a**

Die Unterrichtungspflicht wird durch alle Erkenntnisse ausgelöst, die im Rahmen der Durchführung des AÜG gewonnen werden. Die **Tatsachen** können dabei sowohl auf Grund des **Erlaubnisverfahrens** (§ 2), der Ausübung von **Verwaltungszwang** (§ 6) oder in Wahrnehmung aller nach dem AÜG bestehenden **Kontrollbefugnisse** (z. B. § 7) **zur Kenntnis gelangt** sein. Voraussetzung ist lediglich, dass die Erkenntnisse im Rahmen von zulässigem Verwaltungshandeln, d. h. im Rahmen der Zuständigkeit der Behörden, nach dem AÜG gewonnen wurde. Ermittelt etwa die Bundesagentur wegen Verdachts, dass der Verleiher nicht seine Arbeitgeberpflichten im Sinne des § 3 Abs. 1 Nr. 1 erfüllt, und stellt sich hierbei heraus, dass der Verdacht unbegründet ist, muss die Erlaubnisbehörde die Leistungsabteilung des Arbeitsamtes dennoch unterrichten, wenn sich im Rahmen der Ermittlungen ergeben hat, dass Anhaltspunkte für einen Verstoß gegen § 60 Abs. 1 Satz 1 Nr. 2 SGB I vorliegen. Dasselbe gilt, wenn gegen einen Werkunternehmer wegen des Verdachts illegaler ANÜ ermittelt wird. **29**

Hat die Behörde die Erkenntnisse außerhalb oder **unter Überschreitung ihrer Kompetenzen** erlangt (etwa im Rahmen einer Durchsuchung ohne vorherige richterliche Anordnung; § 7 Abs. 4 Satz 1), dürfen die Erkenntnisse nicht im Rahmen des Abs. 2 Nr. 3 weitergegeben werden (*Schüren/Hamann*, § 18 Rn. 79). Dasselbe gilt in den Fällen, in denen ein rechtswidriges Handeln der Behörde ein Beweisverwertungsverbot begründet. **30**

4. Verstöße gegen die Vorschriften des Vierten und Siebten Buches Sozialgesetzbuch über die Verpflichtung zur Zahlung von Sozialversicherungsbeiträgen, soweit sie im Zusammenhang mit den in Nr. 1 bis 3 genannten Verstößen sowie mit ANÜ entgegen § 1 stehen (Abs. 2 Nr. 4)

Nach Abs. 2 Nr. 4 sind die zuständigen Behörden zu unterrichten, soweit konkrete Anhaltspunkte für die **Verletzung von Beitragspflichten** vorliegen, die mit Verstößen nach Abs. 1 Nr. 1 bis 3 oder ANÜ entgegen § 1 in Zusammenhang stehen. Ergänzend gelten die Unterrichtungspflichten der BA nach §§ 6, 13 SchwarzArbG. **Verstöße** i. S. v. Abs. 2 Nr. 4 liegen vor, wenn der Arbeitgeber gegen seine Verpflichtung zur Entrichtung der **Kranken- und Rentenversicherungsbeiträge** sowie der Beiträge zur Bundesanstalt als **Gesamtversicherungsbeitrag** (§§ 28d ff. SGB IV) oder seine Beitragspflichten zur **gesetzlichen Unfallversicherung** (§§ 150 ff. SGB VII) verstößt. Die Verstöße müssen **im Zusammenhang mit Verstößen** nach Abs. 2 Nr. 1 (Verstöße gegen das SchwarzArbG), Abs. 2 Nr. 2 (illegale Ausländerbeschäftigung ohne Arbeitsgenehmi- **31** gung), Abs. 2 Nr. 3 (Verstoß gegen Mitteilungspflichten nach § 60 Abs. 1 Satz 1 Nr. 2 SGB I) sowie unerlaubte ANÜ entgegen § 1 stehen. Die Voraussetzungen der Vorschrift sind erfüllt, wenn Sozialabgaben nicht richtig abgeführt sind, die **entweder** mit in Nr. 1 bis 3 genannten Verstößen **oder** mit einer illegalen ANÜ nach § 1 in Zusammenhang stehen (a. A. *Boemke*, § 18 Rn. 26 ff.; *Thüsing/Kudlich*, § 18 Rn. 13). Der Zweck der Vorschrift, auch Formen illegaler ANÜ bei der Beitragshinterziehung zu erfassen, beschränkt sich nicht auf Fälle, in denen zusätzlich Verstöße i. S. d. Nr. 1 bis 3 vorliegen. **Verstöße gegen § 1** liegen nicht nur vor, wenn der Verleiher gegen die Erlaubnispflicht nach § 1 Abs. 1 Satz 1 verstößt, sondern es sind auch Verstöße gegen § 1 Abs. 2 von der Unterrichtungspflicht erfasst (a. A. *Boemke*, § 18 Rn. 27). Ergibt sich auf Grund routinemäßiger Überprüfungen von Verleihern, die mindestens alle vier Jahre durchzuführen sind (§ 28p SGB IV), dass Sozialversicherungsbeiträge nicht oder unvollständig entrichtet wurden, führt die hiermit verbundene **Nichterfüllung der Arbeitgeberpflichten** (§ 3 Abs. 1 Nr. 1) über § 1 Abs. 2 zu einem Verstoß gegen § 1 i. S. d. § 18 Abs. 2 Nr. 4; die Behörde ist zur Unterrichtung verpflichtet (a. A. *Becker/Wulfgramm*, Art. 1 § 18 Rn. 21; einschränkend i. S. eines allgemeinen Rechts zur Unterrichtung *Schüren/ Hamann*, § 18 Rn. 81 f.).

32 **Adressat der Unterrichtung** sind die Krankenkassen als Einzugsstellen für den Gesamtversicherungsbeitrag (§ 28h SGB IV) sowie die Berufsgenossenschaften bzw. Unfallversicherungsträger für die Beträge zur gesetzlichen Unfallversicherung.

5. Verstöße gegen Steuergesetze (Abs. 2 Nr. 5)

a) Unterrichtungspflichten der Bundesanstalt

33 Die Unterrichtungspflicht nach Abs. 2 Nr. 5 wird bei jeglichem Verstoß gegen eine **steuergesetzliche Bestimmung** ausgelöst. Bundes- und landesgesetzliche Steuerbestimmungen werden von der Vorschrift ebenso erfasst wie Verstöße gegen die hierzu erlassenen **Durchführungsbestimmungen** (*Sandmann/Marschall*, Art. 1 § 18 Anm. 37; *Boemke*, § 18 Rn. 32; *Schüren/Hamann*, § 18 Rn. 85). Die Vorschrift bezweckt, insbesondere Steuerhinterziehungen bei ANÜ zu unterbinden und eine Erhöhung des Steueraufkommens zu erreichen (vgl. BT-Ds. 9/847, S. 12). Sie steht in engem Zusammenhang mit den Unterrichtungspflichten nach § 6 Abs. 3 Nr. 4 SchwarzArbG sowie § 2 Abs. 2 Satz 1 Nr. 1 SchwarzArbG.

b) Unterrichtungspflichten der Finanzbehörden

34 Die **Finanzbehörden** sind ihrerseits nach § 31a Abs. 2 AO berechtigt, **Tatsachen mitzuteilen**, die für Erteilung und Bestand der **Erlaubnis zur ANÜ** von Bedeutung sind oder auf unerlaubte ANÜ hindeuten. § 31a Abs. 2 AO ermächtigt die Finanzbehörden lediglich dazu, die BA zu unterrichten, stellt jedoch i. ü. die Entscheidung, ob die Unterrichtung erfolgt, in das pflichtgemäße **Ermessen** der Finanzbehörden (vgl. hierzu Rundschreiben des Bundesministers für Finanzen vom 29. 2. 1988, BStBl. I S. 106; *Boemke*, § 18 Rn. 33). § 31a der Abgabenordnung lautet wie folgt:

§ 31a AO **35**
Mitteilung zur Bekämpfung der illegalen Beschäftigung und des
Leistungsmissbrauchs

(1) Die Offenbarung der nach § 30 geschützten Verhältnisse des Betroffenen ist zulässig, soweit sie der Bekämpfung der Schwarzarbeit dient und der Betroffene schuldhaft seine steuerlichen Pflichten verletzt hat. Gleiches gilt, wenn ein Arbeitnehmer ohne die erforderliche Genehmigung nach § 284 Abs. 1 Satz 1 des Dritten Buches Sozialgesetzbuch beschäftigt oder tätig wird.
(2) Die Finanzbehörden sind berechtigt, der Bundesanstalt für Arbeit Tatsachen mitzuteilen, die zu der Versagung, der Rücknahme oder dem Widerruf einer Erlaubnis nach dem Arbeitnehmerüberlassungsgesetz führen können. Sie dürfen der Bundesanstalt Anhaltspunkte für eine unerlaubte Arbeitnehmerüberlassung mitteilen.
(3) Die Finanzbehörden sind berechtigt, den Sozialleistungsträgern und Subventionsgebern Tatsachen mitzuteilen, die zur Aufhebung eines Verwaltungsakts, auf Grund dessen Sozialleistungen erbracht worden sind oder erbracht werden, zur Erstattung von Sozialleistungen führen können oder subventionserheblich im Sinne des § 264 Abs. 8 des Strafgesetzbuches sind. Eine Verwendung der mitgeteilten Tatsachen für andere Zwecke ist nur unter den Voraussetzungen des § 30 Abs. 4 und 5 zulässig.

Hauptanwendungsfall des § 31a Abs. 2 AO sind Erkenntnisse der Finanz- **36** behörde, die auf das **Vorliegen unerlaubter ANÜ** hindeuten. Dies kann sich sowohl aus Steuerunterlagen des Verleihers als auch des Entleihers ergeben (*Schüren/Hamann*, § 18 Rn. 93). Die Aufhebung des Steuergeheimnisses beschränkt sich im Rahmen des § 31a Abs. 2 AO nicht auf den Verleiher, sondern gilt für alle Steuerpflichtigen (auch Arbeitnehmer), wobei es auf ein Verschulden oder auch eine schuldhafte Verletzung der Steuerpflichten (vgl. § 31a Abs. 1 Satz 1 AO) nicht ankommt (*Sandmann/Marschall*, Art. 1 § 18 Anm. 41). **Verstöße gegen das Aufenthalts- und Arbeitsgenehmigungsrecht** stellen im Rahmen von ANÜ gleichzeitig Verstöße gegen das AÜG (§§ 15, 15a, 16 Abs. 2 Nr. 2) dar und werden daher von § 31a Abs. 2 als lex specialis gegenüber § 31a Abs. 1 Satz 2 AO erfasst, sie setzen daher keine schuldhafte Verletzung steuerlicher Pflichten voraus (a. A. *Schüren/Hamann*, § 18 Rn. 94).

Bei **unerlaubter ANÜ** reicht **jeder Anhaltspunkt** aus, um die BA zu unterrichten **37** (*Becker/Wulfgramm*, Art. 1 § 18 Rn. 22; *Sandmann/Marschall*, Art. 1 § 18 Anm. 41), ein konkreter Anfangsverdacht ist nicht erforderlich. I.ü. besteht das Recht der Finanzbehörden zur Unterrichtung nur, soweit Tatsachen bekannt sind, die zur Versagung, Rücknahme oder zum Widerruf einer Erlaubnis berechtigen. Werden Vorschriften über die Einbehaltung und Abführung der Lohnsteuer verletzt (vgl. § 3 Abs. 1 Nr. 1), besteht das Unterrichtungsrecht uneingeschränkt. I.ü. wird man je nach Schwere des Verstoßes im Einzelfall abzuwägen haben, ob die Durchbrechung des **Steuergeheimnisses** gegenüber den Schutzzwecken des AÜG bezüglich erlaubnisrechtlicher Vorschriften im Rahmen einer **Güterabwägung** gerechtfertigt ist (so auch *Schüren*, § 18 Rn. 61). Das Recht zur Mitteilung ist grundsätzlich immer zu bejahen, soweit die Erlaubnisbehörde (z.B. in den Fällen des § 3 Abs. 1) verpflichtet ist, die Erlaubnis zu versagen. Bei Ermessensentscheidungen nach § 3 Abs. 3 dürfte demgegenüber das Recht des Steuerpflichtigen auf Schutz des Steuergeheimnisses (§ 30 AO) grundsätzlich vorrangig sein.

6. Verstöße gegen das Aufenthaltsgesetz (Abs. 2 Nr. 6)

38 Nach Abs. 2 Nr. 6 sind die BA und die Zollverwaltung verpflichtet, bei **Verstößen gegen das Aufenthaltsgesetz** (vgl. Einl. G Rn. 38 ff.) die zuständigen Behörden sowie die Träger der Sozialverwaltung sowie die nach § 71 AufenthG zuständigen Behörden (Rn. 9) zu unterrichten. Von der Vorschrift wird jeglicher Verstoß gegen das Aufenthaltsgesetz erfasst (*Sandmann/Marschall*, § 18 Anm. 38). In erster Linie sind damit die nach § 71 AufenthG in aufenthalts-, pass- und visarechtlichen Angelegenheiten zuständigen Behörden zu unterrichten. Auch soweit der Verstoß auf Rechtsverordnungen (§§ 42, 99 AufenthG; vgl. Einl. G Rn. 5 f.), zwischenstaatlichen Vereinbarungen (Einl. G Rn. 7) und sonstigen mit der Durchführung des Gesetzes in Zusammenhang stehenden Vorschriften beruht (z. B. § 284 SGB III; vgl. Einl. G Rn. 11), wird die Unterrichtungspflicht ausgelöst. Liegen Anhaltspunkte für eine **Straftat** oder **Ordnungswidrigkeit** nach §§ 95 ff. AufenthaltsG vor (zu Straftaten nach § 15 f. vgl. Rn. 41 ff.), sind auch die zuständigen Strafverfolgungsbehörden zu unterrichten. Den Meldepflichten nach Abs. 2 Nr. 6 entsprechen den Unterrichtungspflichten der Ausländerbehörden nach § 90 AufenthaltsG.

7. Sonstige Unterrichtungspflichten

39 Die gegenseitigen Unterrichtungspflichten sind in § 18 Abs. 2 nur unvollständig geregelt. Auch **Dienststellen der BA**, die nicht Erlaubnisbehörde i. S. d. AÜG sind, sind verpflichtet, die Erlaubnisbehörde zu unterrichten, soweit Tatsachen darauf hindeuten, dass Verstöße gegen das AÜG vorliegen (*Sandmann/Marschall*, Art. 1 § 18 Anm. 42; *Schüren/Hamann*, § 18 Rn. 102). I. ü. sind in einer Reihe spezialgesetzlicher Regelungen Vorschriften enthalten, nach denen andere Behörden verpflichtet sind, die BA bei Anhaltspunkten für das Vorliegen von Verstößen gegen das AÜG zu unterrichten. Dies gilt z. B. für die Ämter für Arbeitsschutz (§ 23 Abs. 3 ArbSchG), die Behörden der Gewerbeaufsicht (§ 139b Abs. 7 GewO) und die Träger der Unfallversicherung (§ 211 SGB VII). Auch haben die Rentenversicherungsträger nach § 321 SGB VI mit der BA zusammenzuarbeiten und diese zu unterrichten, wenn konkrete Anhaltspunkte für einen Verstoß gegen das AÜG oder die Vorschriften zur Zahlung des Gesamtsozialversicherungsbeitrages vorliegen (§ 321 Satz 1 Nr. 4 und 5 SGB VI).

8. Form und Inhalt der Unterrichtung

40 Der **Inhalt und die Form**, in der die Behörden ihren **Unterrichtungspflichten** gegenüber anderen Behörden nachkommen, sind gesetzlich nicht geregelt. Durch schriftliche, mündliche oder fernmündliche Unterrichtung kann die Behörde ihren Unterrichtungspflichten daher gleichermaßen nachkommen (*Sandmann/ Marschall*, Art. 1 § 18 Anm. 43; *Schüren/Hamann*, § 18 Rn. 103). Von der Unterrichtungspflicht gedeckt ist dabei auch die **Übersendung von Unterlagen**, soweit sie im Einzelfall erforderlich sind, um den Adressaten der Unterrichtungspflicht über die im Einzelfall vorliegenden Anhaltspunkte für Verstöße i. S. d. Abs. 2 Nr. 1 bis 6 zu informieren (*Sandmann/Marschall*, Art. 1 § 18 Anm. 43). Die Unterlagen dürfen dabei jedoch keine Angaben enthalten, die nicht von den Zielsetzungen des Abs. 2 als Ermächtigungsgrundlage für die Unterrichtungspflichten gedeckt sind. Auch ansonsten ist ein Recht und eine Pflicht zur Information nur gegeben, soweit die Behörden im Rahmen der gesetzlich gesteckten Grenzen bei der Durchführung des AÜG Erkenntnisse erlangen. Überschreiten die Behörden im Einzelfall ihre nach dem AÜG bestehenden Kompetenzen, darf der Empfänger die übersandte Information nicht zu Beweiszwecken verwenden.

IV. Mitteilungspflichten gegenüber der BA und den Behörden der Zollverwaltung bei Straftaten (Abs. 3 und 4)

1. Übermittlungspflichten bei Ordnungswidrigkeiten

Ergänzend zu den Zusammenarbeitspflichten mit anderen Behörden nach Abs. 1 **41** werden in **Abs. 3 und 4 Übermittlungspflichten von Behörden und Gerichten** gegenüber der BA und den Behörden der Zollverwaltung **im Zusammenhang mit Straftaten** nach §§ 15, 15a festgelegt. **Ausschließlicher Zweck** der Vorschrift ist es, eine bessere Verfolgung von Ordnungswidrigkeiten zu gewährleisten. Eine besondere Form der Datenübermittlung ist dabei nicht vorgeschrieben; die Erläuterungen zu Abs. 2 (Rn. 40) gelten insoweit entsprechend. Werden die Daten zu anderen als den im Gesetz genannten Zwecken **übermittelt**, dürfen die Daten nicht verwertet werden (zum Beweisverwertungsverbot vgl. auch § 7 Rn. 29).

2. Datenübermittlung bei Straftaten nach §§ 15, 15a (Abs. 3)

Nach **Abs. 3 Satz 1** hat die Strafvollstreckungs- bzw. die Strafverfolgungs- **42** behörde (Abs. 3 Satz 3) der zuständigen Behörde bei **Straftaten nach §§ 15 und 15a** Daten bzw. Unterlagen zu übermitteln. Abs. 3 Satz 1 ist Ermächtigungsgrundlage für die Behörde, die Daten zu übermitteln. **Zweck der Übermittlung** muss daher in den Fällen des Abs. 3 immer sein, über mögliche **Verstöße gegen Ordnungswidrigkeitsvorschriften** zu unterrichten, die die Behörde in eigener Zuständigkeit verfolgt. Neben Ordnungswidrigkeiten nach dem AÜG (vgl. § 16) werden dabei auch Verstöße gegen sonstige Bußgeldbestimmungen (vgl. § 404 SGB III) vom Anwendungsbereich der Vorschrift erfasst (*Boemke*, § 18 Rn. 41; *Thüsing/Kudlich*, § 18 Rn. 15; *Schüren/Hamann*, § 18 Rn. 106).

Nach **Abs. 3 Satz 1 Nr. 1 und 2** bestehen die **Übermittlungspflichten** sowohl **43** bei Einleitung des Strafverfahrens als auch bei Erhebung der öffentlichen Klage. Bei **Einleitung des Strafverfahrens** sind die Personaldaten des Beschuldigten, der Straftatbestand, die Tatzeit und der Tatort zu übermitteln. Die Übermittlungspflichten beziehen sich dabei auf alle Straftatbestände der Anklage; soweit Tatmehrheit (§ 53 StGB) besteht, sind auch Straftaten, die nicht in Zusammenhang mit Ordnungswidrigkeiten stehen, mitzuteilen (*Schüren/Hamann*, § 18 Rn. 105; a. A. *Boemke*, § 18 Rn. 37). Dies gilt im Falle der **Erhebung der öffentlichen Klage** auch hinsichtlich der Übermittlung der das Verfahren abschließenden Entscheidung mit Begründung (Abs. 1 Satz 1 Nr. 2).

Abs. 3 Satz 2 soll sicherstellen, dass die BA über den der Entscheidung zugrunde **44** liegenden Sachverhalt auch in den Fällen ausreichend informiert ist, in denen die das Verfahren abschließende Entscheidung keine ausreichende Darstellung des Tathergangs oder keine ausführliche Begründung enthält. Bei **Verwerfung von Rechtsmitteln** oder im Falle der **Bezugnahme auf die angefochtene Entscheidung** ist daher auch die angefochtene Entscheidung zu übermitteln.

Soweit die Datenübermittlung entsprechend den Zwecken des Gesetzes zulässig **45** ist (vgl. Rn. 41), ist eine **Verwendung der Daten** im Rahmen des **Abs. 3 Satz 4** auch außerhalb eines Bußgeldverfahrens zulässig (*Schüren/Hamann*, § 18 Rn. 109). Insoweit geht Abs. 3 den allgemeinen Vorschriften über den Datenschutz vor. Die hiermit teilweise verbundene Einschränkung des **Datenschutzes** unterliegt – auch hinsichtlich der sozialleistungsbezogenen Bestimmung des Abs. 3 Satz 4 Nr. 3 – keinen verfassungsrechtlichen Bedenken (zur zwangsweisen Erhebung von Daten bei Gewährung von Sozialleistungen vgl. *BVerfG* v. 15. 12. 1983, BVerfGE 65, 45). Auch über die in Nrn. 1 bis 3 genannten Fälle hinaus ist eine Verwendung von Daten durch die BA zulässig, soweit sie allgemein zugänglich sind oder öffentlich bekannt gemacht wurden. Hat etwa ein Verleiher eine Straftat nach § 15 begangen, ist auf Grund der Öffentlichkeit von Hauptverhandlung und Entscheidungsverkündung eine Verwendung der nach Abs. 3 Satz 1 Nr. 2 übermittelten Entscheidung auch im Rahmen des Erlaubnisverfahrens zulässig (vgl. § 3 Rn. 18, 31).

46 Nach **Abs. 3 Satz 4 Nr. 1** ist eine Verwendung übermittelter **Daten von Arbeitnehmern** zu ihren Gunsten immer zulässig. Will etwa ein ausländischer Arbeitnehmer nach Verurteilung oder Einleitung eines Strafverfahrens gegen Entleiher oder Verleiher einen Aufenthaltstitel oder eine Arbeitsgenehmigung beantragen, können z. B. Erkenntnisse, nach denen die Arbeitsbedingungen des Arbeitnehmers in einem auffälligen Missverhältnis i.S.d. § 15a Abs. 1 Satz 1 stehen (vgl. § 15a Rn. 6 ff.), bei Prüfung der Voraussetzungen des Aufenthaltstitels zu Gunsten des Arbeitnehmers unberücksichtigt bleiben, wenn sichergestellt ist, dass bei der zukünftigen Beschäftigung vergleichbare Arbeitsbedingungen gelten. Umgekehrt dürfen die Daten jedoch nicht zu Lasten des Arbeitnehmers verwendet werden, um eine **bestehende Arbeitsgenehmigung** aufzuheben.

47 Nach **Abs. 3 Satz 4 Nr. 2** darf die BA auch **Daten des Arbeitgebers zur Besetzung seiner offenen Arbeitsplätze** verwenden. Im Unterschied zu Satz 4 Nr. 1 dürfen die übermittelten Daten auch zuungunsten des Arbeitgebers verwertet werden. In erster Linie dient die Vorschrift der Verbesserung der Vermittlungstätigkeiten des Arbeitsamtes nach §§ 35 ff. SGB III (*Boemke*, § 18 Rn. 43; *Schüren/Hamann*, § 18 Rn. 112; vgl. Einl. D. Rn. 2). Daneben können die übermittelten Daten aber auch dazu verwendet werden, die Einstellungspraxis des Verleihers daraufhin zu überprüfen, ob Vorschriften des AÜG, die im Zusammenhang mit der Einstellung von Leiharbeitnehmern stehen, eingehalten werden. Ergibt sich aus den übermittelten Daten beispielsweise, dass der Verleiher die Gleichbehandlungsgrundsätze nach §§ 3 Abs. 1 Nr. 3, 9 Nr. 2 nicht einhält, ist die **Erlaubnis** gem. § 3 Abs. 1 Nr. 3 zu **versagen** bzw. eine erteilte Erlaubnis nach § 5 Abs. 1 Nr. 3 zu **widerrufen**.

48 Nach **Abs. 3 Satz 4 Nr. 3** ist eine Verwendung der in Nrn. 1 und 2 genannten Daten auch für Entscheidungen über die **Einstellung oder Rückforderung von Leistungen der BA** zulässig. Zweck der Vorschrift ist es, der BA die Wahrnehmung ihrer Prüfungsaufgaben bei Leistungsmissbrauch zu erleichtern. Ob die Leistungen dem Arbeitgeber oder dem Arbeitnehmer gewährt wurden, ist unbeachtlich (*Schüren/Hamann*, § 18 Rn. 113). Abs. 3 Satz 4 Nr. 3 ist lex specialis gegenüber Nr. 1, nach dem die Verwendung der Daten von Arbeitnehmern nur für Maßnahmen zu ihren Gunsten vorgesehen ist (*Boemke*, § 18 Rn. 44; *Schüren/Hamann*, § 18 Rn. 113). Die BA soll nach Satz 4 Nr. 3 auch bei den Arbeitnehmer belastenden Leistungskürzungen befugt sein, die übermittelten Daten zu verwenden. Ergeben die Daten etwa, dass der Arbeitnehmer wegen einer ausgeübten Beschäftigung die Voraussetzungen zum Bezug von Arbeitslosengeld nicht erfüllt (vgl. § 118 Abs. 1 SGB III), können die Leistungen auf Grund der gewonnenen Erkenntnisse (gem. § 331 Abs. 1 SGB III auch vorläufig) eingestellt bzw. zu Unrecht bezogenes Arbeitslosengeld zurückgefordert werden.

3. Übermittlungspflichten bei Verdacht von Ordnungswidrigkeiten nach § 16 Abs. 1 Nr. 1 bis 2 (Abs. 4)

Durch **Abs. 4** werden neben den **Strafverfolgungs- und Strafvollstreckungsbe-** **49** **hörden auch die Gerichte ermächtigt,** der Zollverwaltung Daten zu übermitteln, die nicht Straftaten nach §§ 15 f. betreffen und für die **Verfolgung von Ordnungswidrigkeiten** von Bedeutung sind. Die **Datenübermittlung** darf dabei nur bezogen auf Tatbestände nach § 16 Abs. 1 Nr. 1 bis 2 erfolgen, ist somit **gegenständlich beschränkt.** Auch ist eine **Verwendung der Daten** auf Zwecke des Bußgeldverfahrens beschränkt, Abs. 3 Satz 4 findet (auch analog) keine Anwendung (*Boemke*, § 18 Rn. 47).

Im Unterschied zu Abs. 3 ist die Datenübermittlung im Rahmen des Abs. 4 nicht **50** zwingend vorgeschrieben, sondern als Soll-Vorschrift gefasst. Im übrigen setzt **Abs. 4 Satz 1** nur allgemein voraus, dass in einem Verfahren, das bei Gericht anhängig ist oder von den Strafverfolgungs- oder Strafvollstreckungsbehörden betrieben wird, **Erkenntnisse** gewonnen wurden, nach denen das Vorliegen einer Ordnungswidrigkeit möglich erscheint. Dies ist immer der Fall, wenn nach den bekannt gewordenen Tatsachen ein begründeter **Anfangsverdacht** (vgl. Rn. 21) besteht (*Schüren/Hamann*, § 18 Rn. 116), z. B. weil der Tatbestand einer **Ordnungswidrigkeit nach § 16 Abs. 1 Nr. 1 bis 2** erfüllt ist. Ein begründeter Tatverdacht i.S.d. §§ 103, 203 StPO ist jedoch nicht gefordert. Die übermittelnde Stelle hat bei der Mitteilung nach **Abs. 4 Satz 2** zu berücksichtigen, wie **gesichert** die zu übermittelnden Erkenntnisse sind. Da mit Ausnahme von § 16 Abs. 1 Nr. 1b alle Tatbestände des § 16 Abs. 1 Nr. 1 bis 2 an das Fehlen einer schriftlich gefassten Erlaubnis anknüpfen, können in der Praxis vor allem in den Fällen der Arbeitnehmerüberlassung im Baugewerbe Probleme auftreten, ob die vorliegenden **Erkenntnisse ausreichend gesichert** sind. Bei Erfüllung der Voraussetzung eines Anfangsverdachts sind die Erkenntnisse i.d.R. als gesichert zu behandeln.

Nach Abs. 4 Satz 1 soll eine **Übermittlung** von Erkenntnissen **unterbleiben,** **51** wenn schutzwürdige Interessen des Betroffenen oder anderer Verfahrensbeteiligter an dem Ausschluss der Übermittlung überwiegen. Die Vorschrift ist Ausdruck des **Verhältnismäßigkeitsgrundsatzes** (*Thüsing/Kudlich*, § 18 Rn. 23; *Schüren/Hamann*, § 18 Rn. 115), stellt es jedoch nicht in das Ermessen der übermittelnden Stelle, ob ein Betroffener der Gefahr einer Verfolgung wegen der Ordnungswidrigkeit ausgesetzt werden soll (vgl. § 16 Rn. 49). Insoweit können **schutzwürdige Interessen des Betroffenen** nur in Ausnahmefällen einen Ausschluss der Übermittlung gestatten (*Boemke*, § 14 Rn. 49) etwa, wenn der zugrunde liegende Sachverhalt durch Informationen bekannt wurde, die dem Steuergeheimnis unterliegen, oder wenn sonstige vertrauliche Informationen die Erkenntnisquelle bilden. Ob **andere Verfahrensbeteiligte** ein schutzwürdiges Interesse am Ausschluss der Übermittlung besitzen, unterliegt geringeren Anforderungen als beim Betroffenen selbst. Insbesondere Fürsorgepflichten (z. B. im Rahmen der Bewährungshilfe) oder ein besonderes Vertrauensverhältnis zum Täter kommen hier als Gründe für einen Ausschluss in Betracht. Ist ein **Arbeitnehmer Verfahrensbeteiligter** und beziehen sich die zu übermittelnden Daten auf eine Ordnungswidrigkeit des Arbeitgebers, dürften wegen der wirtschaftlichen und sozialen Abhängigkeit des Arbeitnehmers regelmäßig schutzwürdige Belange einer Übermittlung entgegenstehen. Zu berücksichtigen ist insoweit auch, dass dem Arbeitgeber im Falle einer **Anzeige des Arbeitnehmers** ein Recht zur außerordentlichen Kündigung des Arbeitsverhältnisses zustehen kann (vgl. *BAG* v. 5.2.1959, AP Nr. 2 zu § 70 HGB; *LAG Baden-Württemberg* v. 20.10.1976, EzA § 1 KSchG Verhaltensbedingte Kündigung Nr. 8; vgl. auch *BVerfG* v. 17.7.2001 – 1 BvR 2049/00 – NZA 2001, 888).

§ 19 Übergangsvorschrift

§ 1 Abs. 2, § 1b Satz 2, die §§ 3, 9, 10, 12, 13 und 16 in der vor dem 1. Januar 2003 geltenden Fassung sind auf Leiharbeitsverhältnisse, die vor dem 1. Januar 2004 begründet worden sind, bis zum 31. Dezember 2003 weiterhin anzuwenden. Dies gilt nicht für Leiharbeitsverhältnisse im Geltungsbereich eines nach dem 15. November 2002 in Kraft tretenden Tarifvertrages, der die wesentlichen Arbeitsbedingungen einschließlich des Arbeitsentgelts im Sinne des § 3 Abs. 1 Nr. 3 des § 9 Nr. 2 regelt.

Literaturhinweis

Ankersen, Neues AÜG seit 1.3.2003 bundesweit in Kraft, NZA 2003, 421.

1 § 19 wurde in der vorliegenden Fassung (zu früheren Fassungen vgl. die Erläuterungen zu § 19 der Vorauflage) durch Art. 6 Nr. 10 des Ersten Gesetzes für moderne Dienstleistungen am Arbeitsmarkt (v. 23.12.2002, BGBl. I S. 4607) in das Gesetz eingefügt. Die Vorschrift wurde in der verabschiedeten Fassung in letzter Sekunde im Vermittlungsausschuss verändert und sollte den Verleihern ermöglichen, sich in einer **Übergangsfrist** bis zum 31.12.2003 auf die Neufassung des AÜG einzustellen und Tarifverträge zur ANÜ nach §§ 3 Abs. 1 Nr. 3, 9 Nr. 2 abzuschließen (*Ulber*, AuR 2003, 7). Nr. 2 ist ebenso wie die anderen Änderungen des AÜG am 1.1.2003 **in Kraft getreten.** Für **PSA** galt bis zum 31.12.2003 die Übergangsregelung nach § 434g Abs. 5 SGB III (vgl. Erl. zu § 37c SGB III).

2 Nach **Satz 1** waren die durch Art. 6 Nr. 10 des Gesetzes erfolgten Änderungen (mit Ausnahme der Änderungen bei §§ 1 Abs. 1 Satz 3, 1b Satz 3, 11 Abs. 1 u. 2) bis zum 31.12.2003 grundsätzlich nicht auf Leiharbeitsverhältnisse anzuwenden, die vor dem 1.1.2004 begründet wurden (*Thüsing/Thüsing*, § 19 Rn. 3; a. A. *Ankersen*, NZA 2003, 421, der durch den Abschluss des TV INZ/CGZP ab dem 1.1.2003 alle Bestimmungen des AÜG in der Neufassung anwenden will). Insoweit sollten ausschließlich die Vorschriften des AÜG in der bis zum 31.12.2002 geltenden Fassung zur Anwendung kommen. § 19 verschiebt dabei lediglich den Zeitpunkt der Anwendung der Neuregelungen auf den 1.1.2004. Nach diesem Zeitpunkt sind die Neuregelungen uneingeschränkt und unabhänig vom Zeitpunkt ihrer Begründung auf alle Leiharbeitsverhältnisse anzuwenden (*Hamann*, BB 2005, 2185).

3 **Satz 2** lässt hinsichtlich der Anwendbarkeit der Neuregelungen unter bestimmten Voraussetzungen Ausnahmen zu. Soweit **nach dem 15.11.2002** ein **Tarifvertrag zur ANÜ** abgeschlossen wurde, der die wesentlichen Arbeitsbedingungen i.S.d. § 9 Nr. 2 regelt, gelten für Tarifunterworfene ab In-Kraft-Treten des Tarifvertrages alle Bestimmungen des AÜG in der ab 1.1.2003 geltenden Fassung (Rn. 1). Vor dem Zeitpunkt des Inkrafttretens konnte die Wirkung des TV weder tarifvertraglich noch einzelvertraglich herbeigeführt werden (*Weyand/Düwell*, 85). Tarifverträge, die vor diesem Zeitpunkt in Kraft waren, fallen nur dann unter die Ausnahmebestimmung, wenn zwischen den Tarifvertragsparteien eine entsprechende Anpassung ausdrücklich vereinbart wurde (*Grimm/Brock*, Praxis der ANÜ, 126; a. A. *Boemke/Lembke*, § 9 Rn. 74 u. § 19 Rn. 11). Dies gilt auch für Firmentarifverträge oder Tarifverträge, die auf Mischbetriebe Anwendung finden. Die Ausnahmebestimmung kommt sowohl bei unmittelbarer Tarifbindung von **4** Verleiher und LAN als auch bei **arbeitsvertraglicher Bezugnahme** (§ 9 Rn. 286 ff.) zur Anwendung (*Schüren/Schüren*, § 19 Rn. 1). Soweit dem Leiharbeitnehmer auf Grund seines Arbeitsvertrags günstigere Arbeitsbedingungen gewährt werden mussten als nach dem TV zur ANÜ sind diese Bedingungen dem Arbeitnehmer weiterzugewähren (ErfK/*Wank*, § 18 AÜG Rn. 7), soweit nicht eine einvernehmliche Änderung des Arbeitsvertrags erfolgt.

Artikel 2
Änderung des Sozialgerichtsgesetzes

Das Sozialgerichtsgesetz wird wie folgt geändert:
1. Dem § 86 wird folgender Absatz 4 angefügt:
   »(4) Absatz 3 gilt entsprechend, wenn eine Erlaubnis nach Artikel 1 § 1 des Gesetzes zur Regelung der gewerbsmäßigen Arbeitnehmerüberlassung vom 7. August 1972 (Bundesgesetzbl. I S. 1393) zurückgenommen, widerrufen oder nicht verlängert wird.«
2. § 97 Absatz 2 wird wie folgt geändert:
   a) Nach Satz 1 wird folgender Satz 2 eingefügt:
      »Dasselbe gilt, wenn ein Verwaltungsakt angefochten wird, mit dem eine Erlaubnis nach Artikel 1 § 1 des Gesetzes zur Regelung der gewerbsmäßigen Arbeitnehmerüberlassung vom 7. August 1972 (Bundesgesetzbl. I S. 1393) zurückgenommen, widerrufen oder nicht verlängert wird.«
   b) Die bisherigen Sätze 2 und 3 werden Sätze 3 und 4.
3. § 97 Abs. 3 Satz 2 erhält folgende Fassung:
   »Absatz 2 Satz 4 gilt entsprechend.«

Literaturhinweise

Becker, Die Einordnung der gewerbsmäßigen Arbeitnehmerüberlassung in das deutsche Sozialrecht, BlStSozArbR 1981, 241; *ders.*, Der arbeits- und sozialrechtliche Status der Leiharbeitnehmer, ZIP 1984, 782; *Fritz*, Die Beschäftigung ausländischer Arbeitnehmer – Konsequenzen und Zusammenspiel sozialversicherungs-, arbeitserlaubnis- und ausländerrechtlicher Vorschriften, SozVers 1987, 281; *Gitter/Henker*, Die Gesetzliche Unfallversicherung in der sozialgerichtlichen Rechtsprechung und Literatur, in Wannagat (Hrsg.), Jahrbuch des Sozialrechts der Gegenwart, Bd. 10, 1988, S. 89; *Louven/Louven*, Sozialversicherungsrechtliche Probleme bei der Entsendung von Arbeitnehmern ins Ausland, NZA 1992, 9; *dies.*, Das Territorialitätsprinzip im Internationalen Sozialrecht, NZA 1991, 497; *Marburger*, Die Pflichten des Entleihers von Arbeitnehmern in der Sozialversicherung, SGB 1983, 426; *Marschner*, Rechtliche Aspekte der Schwarzarbeit, AuA 1995, 84; *Noack*, Das AÜG und seine Auswirkungen auf die gesetzliche Unfallversicherung, SozVers. 1973, 41; *Schuler*, Das Internationale Sozialrecht der Bundesrepublik Deutschland, 1988; *Sienknecht*, Sozialversicherungsrechtliche Aspekte der Beschäftigung von ausländischen Leiharbeitnehmern ausländischer Verleihfirmen im Geltungsbereich des Sozialgesetzbuches, SozVers 1981, 119; *Spiolek*, Wer zahlt die Sozialversicherungsbeiträge bei illegaler Arbeitnehmerüberlassung?, BB 1991, 1038.

I. Gesetzeszweck

1 Nach § 51 Abs. 1 Nr. 4 SGG entscheiden die Gerichte der Sozialgerichtsbarkeit u.a. über **öffentlich-rechtliche Streitigkeiten** der Arbeitsförderung und der übrigen **Aufgaben der BA**. Für **Streitigkeiten**, die mit der **Durchführung des AÜG** (vgl. § 17) und den damit verbundenen Aufgaben der BA zusammenhängen, sind daher die **Sozialgerichte zuständig**, soweit nicht ein besonderer Rechtsweg eröffnet ist (z.B. bei Einsprüchen gegen Bußgeldbescheide nach § 16; vgl. § 68 OWiG). Die Sozialgerichte sind insbesondere zuständig für Streitigkeiten im Zusammenhang mit der Erteilung, der Versagung, dem Widerruf oder der Rücknahme der Erlaubnis. Durch Art. 2 i.V.m. § 86 Abs. 3 und 4 SGG in der bis zum 1.1.2002 geltenden Fassung werden dem Verleiher, soweit die Erlaubnisbehörde die Erlaubnis zur ANÜ zurückgenommen, widerrufen oder nicht verlängert hat, Möglichkeiten des **vorläufigen Rechtsschutzes** eingeräumt. § 86 Abs. 3 und 4 SGG wurden durch Art. 17 des Gesetzes v. 17.8.2001 (BGBl. I S. 2144) m.W. v. 2.1.2002 aufgehoben. Seither kann die Erlaubnisbehörde nach § 86a Abs. 4 i.V.m. Abs. 3 SGG die **Aussetzung der Vollziehung** anordnen, und der Erlaubnisinhaber, soweit von ihm Widerspruch gegen einen Verwaltungsakt der BA eingelegt oder Anfechtungsklage erhoben wurde, beim Gericht der Hauptsache einen Antrag auf Aussetzung der Vollziehung nach § 86b Abs. 1 Nr. 2 SGG beantragen.

2 Die **Rücknahme** (§ 4), der **Widerruf** (§ 5) oder auch die **Nichtverlängerung** einer bestehenden Erlaubnis haben zur Folge, dass der Verleiher mit Ablauf der Frist nach § 2 Abs. 4 Satz 1 bzw. der Bekanntgabe der Rücknahme bzw. des Widerrufs (§ 5 Abs. 2) sein **Gewerbe nicht mehr werbend ausüben darf** und ggf. nur noch im Rahmen des § 2 Abs. 4 Satz 4 zur Abwicklung laufender Geschäfte berechtigt ist. War dem Verleiher daher bereits eine Erlaubnis erteilt worden, ist ihm in diesen Fällen die legale Ausübung des Gewerbes nicht mehr möglich; die Folgen der Beendigung treffen ihn faktisch in seiner nach Art. 12, 14 GG verfassungsrechtlich geschützten Rechtsstellung. Durch Art. 2 werden aus rechtsstaatlichen Erwägungen dem Verleiher Möglichkeiten eröffnet, **die Folgen eines Wegfalls einer bestehenden Erlaubnis** (nicht jedoch der Versagung einer erstmalig beantragten Erlaubnis) **einstweilig aussetzen** zu lassen (vgl. BT-Ds. VI/2303, S. 16). Wird **erstmalig** eine **Erlaubnis zur ANÜ beantragt**, kann grundsätzlich keine (auch nur vorläufige) Erlaubnis im Wege des vorläufigen Rechtsschutzes erstritten werden (*LSG Hamburg* v. 16. 5. 1991 – V EA Bs 41/91 – EzAÜG § 1 Erlaubnispflicht Nr. 20).

Die durch Art. 2 geänderten Regelungen der §§ 86 und 97 SGG gelten nach den **2a** gesetzlichen Änderungen durch Art. 17 des Gesetzes v. 17. 8. 2001 (BGBl. I S. 2144) seit dem 2. 1. 2002 in folgender Fassung:

§ 86 SGG
Neuer Bescheid während des Vorverfahrens, Wirkung des Widerspruchs

Wird während des Vorverfahrens der Verwaltungsakt abgeändert, so wird auch der neue Verwaltungsakt Gegenstand des Vorverfahrens; er ist der Stelle, die über den Widerspruch entscheidet, unverzüglich mitzuteilen.

§ 86a SGG
Aufschiebende Wirkung von Widerspruch und Anfechtungsklage

(1) Widerspruch und Anfechtungsklage haben aufschiebende Wirkung. Das gilt auch bei rechtsgestaltenden und feststellenden Verwaltungsakten sowie bei Verwaltungsakten mit Drittwirkung.

(2) Die aufschiebende Wirkung entfällt

1. *bei der Entscheidung über Versicherungs-, Beitrags- und Umlagepflichten sowie der Anforderung von Beiträgen, Umlagen und sonstigen öffentlichen Abgaben einschließlich der darauf entfallenden Nebenkosten,*
2. *in Angelegenheiten des sozialen Entschädigungsrechts und der Bundesagentur für Arbeit bei Verwaltungsakten, die eine laufende Leistung entziehen oder herabsetzen,*
3. *für die Anfechtungsklage in Angelegenheiten der Sozialversicherung bei Verwaltungsakten, die eine laufende Leistung herabsetzen oder entziehen,*
4. *in anderen durch Bundesgesetz vorgeschriebenen Fällen,*
5. *in Fällen, in denen die sofortige Vollziehung im öffentlichen Interesse oder im überwiegenden Interesse eines Beteiligten ist und die Stelle, die den Verwaltungsakt erlassen oder über den Widerspruch zu entscheiden hat, die sofortige Vollziehung mit schriftlicher Begründung des besonderen Interesses an der sofortigen Vollziehung anordnet.*

(3) In den Fällen des Absatzes 2 kann die Stelle, die den Verwaltungsakt erlassen oder die über den Widerspruch zu entscheiden hat, die sofortige Vollziehung ganz oder teilweise aussetzen. In den Fällen des Absatzes 2 Nr. 1 soll die Aussetzung der Vollziehung erfolgen, wenn ernstliche Zweifel an der Rechtmäßigkeit des angegriffenen Verwaltungsaktes bestehen oder wenn die Vollziehung für den Abgaben- oder Kostenpflichtigen eine unbillige, nicht durch überwiegende öffentliche Interessen gebotene Härte zur Folge hätte. In den Fällen des Absatzes 2 Nr. 2 ist in Angelegenheiten des sozialen Entschädigungsrechts die nächsthöhere Behörde zuständig, es sei denn, diese ist eine oberste Bundes- oder eine oberste Landesbehörde. Die Entscheidung kann mit Auflagen versehen oder befristet werden. Die Stelle kann die Entscheidung jederzeit ändern oder aufheben.

(4) Die aufschiebende Wirkung entfällt, wenn eine Erlaubnis nach Artikel 1 § 1 des Arbeitnehmerüberlassungsgesetzes in der Fassung der Bekanntmachung vom 3. Februar 1995 (BGBl. I S. 158), das zuletzt durch Artikel 2 des Gesetzes vom 23. Juli 2001 (BGBl. I S. 1852) geändert worden ist, aufgehoben oder nicht verlängert wird. Absatz 3 gilt entsprechend.

§ 86b SGG
Anordnung bzw. Wiederherstellung der sofortigen Vollziehung, Anordnung der aufschiebenden Wirkung, einstweilige Anordnung

(1) Das Gericht der Hauptsache kann auf Antrag

1. *in den Fällen, in denen Widerspruch oder Anfechtungsklage aufschiebende Wirkung haben, die sofortige Vollziehung ganz oder teilweise anordnen,*
2. *in den Fällen, in denen Widerspruch oder Anfechtungsklage keine aufschiebende Wirkung haben, die aufschiebende Wirkung ganz oder teilweise anordnen,*
3. *in den Fällen des § 86 a Abs. 3 die sofortige Vollziehung ganz oder teilweise wiederherstellen.*

Ist der Verwaltungsakt im Zeitpunkt der Entscheidung schon vollzogen oder befolgt worden, kann das Gericht die Aufhebung der Vollziehung anordnen. Die Wiederherstellung der aufschiebenden Wirkung oder die Anordnung der sofortigen Vollziehung kann mit Auflagen versehen oder befristet werden. Das Gericht der Hauptsache kann auf Antrag die Maßnahmen jederzeit ändern oder aufheben.

(2) Soweit ein Fall des Absatzes 1 nicht vorliegt, kann das Gericht der Hauptsache auf Antrag eine einstweilige Anordnung in Bezug auf den Streitgegenstand treffen, wenn die Gefahr besteht, dass durch eine Veränderung des bestehenden Zustands die Verwirklichung eines Rechts des Antragsstellers vereitelt oder wesentlich erschwert werden könnte. Einstweilige Anordnungen sind auch zur Regelung eines vorläufigen Zustands in Bezug auf ein streitiges Rechtsverhältnis zulässig, wenn eine solche Regelung zur Abwendung wesentlicher Nachteile nötig erscheint. Das Gericht der Hauptsache ist das Gericht des ersten Rechtszugs und, wenn die Hauptsache im Berufungsverfahren anhängig ist, das Berufungsgericht. Die §§ 920, 921, 923, 926, 928 bis 932, 938, 939 und 945 der Zivilprozessordnung gelten entsprechend.

(3) Die Anträge nach den Absätzen 1 und 2 sind schon vor Klageerhebung zulässig.

(4) Das Gericht entscheidet durch Beschluss.

II. Widerspruchsverfahren und Aussetzungsantrag

3 Die Durchführung des **Widerspruchsverfahrens** nach §§ 78 ff. SGG ist **Voraussetzung** dafür, dass der Verleiher nach den Bestimmungen des SGG die **sozialgerichtliche Klage** erheben kann. Dies gilt für eine **Verpflichtungsklage auf Verlängerung** einer bestehenden Erlaubnis gem. § 78 Abs. 3 SGG ebenso (*Boemke*, § 2 Rn. 43 f.; a. A. *Sandmann/Marschall*, Art. 2 Anm. 11; differenzierend *Thüsing/Kämmerer*, § 2 Rn. 37 f.) wie für **Anfechtungsklagen bei Rücknahme und Widerruf** der Erlaubnis (ebenso *Becker/Wulfgramm*, § 3 Rn. 96). Da Entscheidungen der BA nach dem AÜG grundsätzlich nicht durch Verwaltungsakte des Vorstands der BA erlassen werden (vgl. § 17 Rn. 2), zumindest eine Delegation der Entscheidungsbefugnisse der BA auf nachgeordnete Behörden vorliegt (vgl. *Mayer-Ladewig*, SGG, § 78 Rn. 6), ist in Erlaubnisangelegenheiten nach dem AÜG eine Ausnahme vom Vorverfahrenszwang nach § 78 Abs. 1 Satz 2 Nr. 2 SGG regelmäßig nicht gegeben. Solange ggf. das erforderliche **Vorverfahren** nicht (mit der

Erhebung des Widerspruchs, vgl. § 83 SGG) **eingeleitet ist**, hat der Verleiher keine Möglichkeit, gegen den ihn belastenden Verwaltungsakt im sozialgerichtlichen Verfahren **vorläufigen Rechtsschutz** zu beantragen (vgl. Rn. 12). Da die **Einlegung eines Widerspruchs** allein **keine aufschiebende Wirkung hat** (§ 86a Abs. 4 SGG), steht der Erlaubnisinhaber daher selbst bei rechtswidriger Rücknahme, Nichtverlängerung oder Widerruf der Erlaubnis in der Gefahr, durch den tatsächlichen Vollzug des Verwaltungsakts Nachteile zu erleiden, die selbst bei einer Abhilfe nach § 85 Abs. 1 SGG nicht mehr rückgängig gemacht werden könnten. Durch § 86a Abs. 4 und 3 SGG wird ihm insoweit (auch entsprechend dem aus Art. 19 Abs. 4 GG abzuleitenden Grundsatz, dass Hoheitsakte nicht so kurzfristig vollzogen werden dürfen, dass Rechtsschutz nicht mehr möglich ist) die Möglichkeit eröffnet, schon **während des Vorverfahrens die Aussetzung des Vollzugs zu beantragen** und hiermit die Folgen des Wegfalls der Erlaubnis vorläufig zu beseitigen. Versäumt es der Verleiher, **form- und fristgerecht** (§ 84 SGG) innerhalb eines Monats nach Bekanntgabe des Verwaltungsakts schriftlich **Widerspruch** einzulegen (vgl. § 84 SGG), ist ein Aussetzungsverfahren nicht zulässig.

1. Antrag

Die **Aussetzung des Vollzugs** des Verwaltungsakts, der die Rücknahme, den **4** Widerruf oder die Nichtverlängerung der Erlaubnis betrifft, setzt einen entsprechenden **Antrag des Verleihers** voraus, der auch zusammen mit dem schriftlichen Widerspruch nach § 84 SGG gestellt werden kann. Eine Aussetzung von Amts wegen oder auf Anregung eines Beteiligten oder einer anderen Behörde ist nicht zulässig.

Sachlich und örtlich zuständig ist die Behörde, die auch über den Widerruf zu **4a** befinden hat (§ 85 Abs. 2 Nr. 3 SGG i.V.m. dem Beschluss des Verwaltungsrats der BA betreffend die Widerspruchsstelle gem. § 85 Abs. 2 Nr. 3 v. 11.12.89, ANBA 1980, 119; *Sandmann/Marschall*, Art. 2 Rn. 11). Eine Frist zur Stellung des Aussetzungsantrags sieht das Gesetz nicht vor.

2. Ermessensausübung

Die **Widerspruchsstelle** hat gem. § 86a Abs. 3, 4 SGG nach **pflichtgemäßem Ermessen** **5** (»können«) über die Aussetzung zu entscheiden. Wird der Widerspruch für begründet erachtet, ist ihm abzuhelfen (§ 85 Abs. 1 SGG). Soweit ein Antrag auf Aussetzung der Vollziehung gestellt wurde, sind bei der Entscheidung die **Erfolgsaussichten** des Widerspruchs in Betracht zu ziehen und die öffentlichen Interessen an der Vollziehung des Verwaltungsakts mit den privaten Interessen des Erlaubnisinhabers an der Aussetzung abzuwägen (vgl. § 86a Abs. 3 SGG; *Meyer-Ladewig*, SGG, § 86 Rn. 9). Wegen der besonderen Schutzzwecke des AÜG sowie der zwingenden Ausgestaltung der Versagungsgründe des § 3 Abs. 1 wird nur in **Ausnahmefällen** ein Überwiegen eines schutzwürdigen Interesses des Verleihers gegenüber dem öffentlichen Interesse am sofortigen Vollzug des Verwaltungsakts gegeben sein (*Sandmann/Marschall*, Art. 2 Anm. 20; *Schüren/Schüren*, § 2 Rn. 123; *Thüsing/Kämmerer*, § 2 Rn. 37). Soweit ein vollständiger Vollzug der Aussetzung auf Grund eines grundsätzlich überwiegenden öffentlichen Interesses nicht möglich ist, hat die Widerspruchsstelle auch zu prüfen, ob eine **teilweise Aussetzung** nach § 86a Abs. 3 S. 1 SGG als das gegenüber der Ablehnung mildere Mittel möglich ist. Maßgebend ist hierbei vor allem, ob nach den rechtlichen Ausführungen und den Tatsachen, auf die der Verleiher seinen Widerspruch stützt, eine erfolgreiche Anfechtung des Verwaltungsakts möglich erscheint. Eine ausnahmsweise Aussetzung kann z.b. dann in Betracht kommen, wenn im Widerspruchsverfahren **weitere Sachverhaltsaufklärungen** erfolgen müssen, die auch Ergebnisse zugunsten des Verleihers erwarten lassen (*Sandmann/Marschall*, Art. 2 Anm. 20). Dasselbe gilt, wenn das Ergebnis der Aufklärungen dazu führen kann, dass die Erlaubnis unter Bedingungen erteilt oder mit Auflagen versehen werden kann (§ 2 Abs. 2 AÜG).

6 Ist eine uneingeschränkte Aussetzung nicht möglich, insbesondere weil die Rücknahme oder der Widerruf hinsichtlich ihrer Wirkung nur einheitlich geregelt werden können, hat die Erlaubnisbehörde im Rahmen ihres **Ermessens** auch zu prüfen, ob eine einstweilen vollständige Aussetzung des Vollzugs verbunden mit einer **selbständigen Auflage** (vgl. § 2 Abs. 2) dem öffentlichen Interesse, das dem Erlass des belastenden Verwaltungsakts zugrunde liegt, ausreichend Rechnung tragen kann (§ 86a Abs. 3 Satz 4 SGG). Ist dies der Fall, hat die Erlaubnisbehörde den Vollzug einstweilen auszusetzen und nach § 2 Abs. 2 Satz 2 eine Auflage zu erteilen (*Boemke*, § 2 Rn. 47; *Thüsing/Kämmerer*, § 2 Rn. 37). Der Betroffene muss ggf. gegen die Auflage als belastendem Verwaltungsakt (vgl. § 2 Rn. 26 ff.) selbständig Widerspruch einlegen, der **Erlass einer Auflage** im Widerspruchsverfahren ist bezüglich der Rücknahme, des Widerrufs oder der Nichtverlängerung der Erlaubnis **keine Änderung des Verwaltungsakts** i.S.d. § 86 SGG; der Erlass der Auflage wird nicht Gegenstand des Vorverfahrens nach § 78 ff. SGG.

3. Entscheidung der Widerspruchsstelle und Folgen des Aussetzungsbescheids

7 Aus § 86a Abs. 3 Satz 2 i.V.m. Abs. 4 SGG ergibt sich, dass die Widerspruchsbehörde, d.h. die Regionaldirektion der BA, über einen gestellten Aussetzungsantrag grundsätzlich **vor der endgültigen Entscheidung über den Widerspruch befinden** muss. Andernfalls würde der Sinn und **Zweck** des Aussetzungsantrags vereitelt und das nach Art. 19 Abs. 4 GG geschützte Interesse des Betroffenen an der Gewährung vorläufigen Rechtsschutzes unzulässigerweise verkürzt. Das Gesetz legt zwar keine **Frist** für die Entscheidung über einen Aussetzungsantrag fest. Wegen der Schutzzwecke des vorläufigen Rechtsschutzes hat die Widerspruchsbehörde jedoch in einer angemessenen Frist und **in der Regel unverzüglich** nach Eingang des Antrags zu entscheiden und darf nicht das Ergebnis von Ermittlungen abwarten, die zur Überprüfung der Rechtmäßigkeit des Verwaltungsakts im Rahmen des Widerspruchsverfahrens erforderlich sind. Entscheidet die Widerspruchsbehörde nicht in einer angemessenen Frist von drei bzw. sechs Monaten, kann der Betroffene **Untätigkeitsklage** (§ 88 Abs. 1 u. 2 SGG) erheben und notfalls den Erlass einer einstweiligen Anordnung beantragen (*Meyer-Ladewig*, SGG, § 86 Rn. 9).

8 **Lehnt die Widerspruchsstelle die Aussetzung ab**, kann der Verleiher den ablehnenden Bescheid nicht selbständig anfechten. Vielmehr wird mit der Ablehnung der Aussetzung der zugrunde liegende Verwaltungsakt Gegenstand des Vorverfahrens.

9 Wird dem **Aussetzungsantrag** ganz oder teilweise **stattgegeben**, entfaltet der Verwaltungsakt, der dem Aussetzungsantrag zugrunde liegt und gegen den sich das gleichzeitig anhängige Widerspruchsverfahren richtet, im Umfang des

Aussetzungsbescheids keine Wirkungen. In den Fällen der Nichtverlängerung der Erlaubnis bedeutet dies, dass der Verleiher seine Geschäftstätigkeit nicht auf Abwicklungsgeschäfte gem. § 2 Abs. 4 Satz 4 zu beschränken braucht, sondern als Verleiher auch **Neugeschäfte** tätigen kann. Die Aussetzung bedeutet jedoch nicht, dass sich die Erlaubnis gem. § 2 Abs. 4 Satz 3 Hs. 1 um ein Jahr verlängert (a. A. *Boemke*, § 2 Rn. 47; *Sandmann/Marschall*, Art. 2 Anm. 22). Aus Gründen der Rechtssicherheit sollte jedoch im Aussetzungsbescheid eine Frist benannt werden, nach deren Ablauf seine Wirkungen entfallen. Gegen eine derartige Fristbestimmung ergeben sich keine Bedenken, da die Behörde nach § 86a Abs. 3 Satz 4 SGG ausdrücklich befugt ist, die Versagung der Erlaubnis nur befristet auszusetzen.

Die **Schutzzwecke** des vorläufigen Rechtsschutzes räumen dem Begünstigten   **9a**
immer nur eine **Rechtsposition** ein, die bezüglich der Entscheidung in der Hauptsache/im Widerspruchsverfahren **auflösend bedingt** ist. Andernfalls würde durch die Stattgabe eines Aussetzungsantrags faktisch eine (stattgebende) Entscheidung über den Widerspruch vorweggenommen und bei Unbegründetheit des Widerspruchs durch die Aussetzungsentscheidung ein nach § 3 Abs. 1 rechtswidriger Zustand bezüglich zwingender Versagungsgründe geschaffen. Auch muss berücksichtigt werden, dass die Tatsachen, Beweismittel und Gründe, die der Entscheidung im Aussetzungsverfahren zugrunde liegen, schon infolge der **eingeschränkten Amtsermittlungspflichten** (vgl. Rn. 7) dazu führen, dass einem stattgebenden Aussetzungsbescheid nicht die Wirkungen einer rechtswidrigen Verlängerung der Erlaubnis zukommen können. Daher ist die Widerspruchsbehörde bei der Entscheidung über den Widerspruch auch **nicht** an ihre Entscheidungen im Aussetzungsverfahren (auch nicht hinsichtlich der zugrunde zu legenden Tatsachen oder Beweiswürdigung) **gebunden**. Auch sind die Wirkungen der Aussetzung sowohl hinsichtlich ihres materiellen Gehalts als auch in zeitlicher Hinsicht darauf beschränkt, dass über den Widerspruch gegen einen Nichtverlängerungsbescheid noch nicht entschieden ist. Wird über den Widerspruch entschieden, **enden** mit Ablauf des Widerspruchsverfahrens gleichzeitig auch die **Wirkungen des Aussetzungsbescheids**. Die Wirkungen der Aussetzung sind **zeitlich** darauf **beschränkt**, dass über den Widerspruch gegen den Nichtverlängerungsbescheid noch nicht entschieden ist. Dies gilt auch in den Fällen, in denen die Aussetzung die Rücknahme oder den Widerruf einer Erlaubnis nach §§ 4f. betrifft.

Die **Wirkungen der Aussetzung** gehen auch i. ü. nicht weiter als ein erfolgreicher   **10**
Widerspruch gegen den Verwaltungsakt. Ist die Verlängerung einer **befristeten Erlaubnis** nach § 2 Abs. 4 abgelehnt worden, **enden** auch bei Aussetzung des Vollzugs nach Ablauf der Jahresfrist des § 2 Abs. 4 Satz 1 die Wirkungen des Aussetzungsbescheids. Der Verleiher muss ggf. unter Beachtung der Frist des § 2 Abs. 4 Satz 2 einen **weiteren Verlängerungsantrag** stellen, um das Verleihgewerbe auch zukünftig uneingeschränkt ausüben zu können. Bei uneingeschränkter Aussetzung der Rücknahme oder des Widerrufs einer **unbefristeten Erlaubnis** (Art. 1 § 2 Abs. 5) ist der Verleiher durch die Aussetzung befugt, weiterhin uneingeschränkt und unbefristet das Verleihgewerbe zu betreiben. Wegen des Ausnahmecharakters einer Aussetzung und der hiermit verbundenen Gefahren für das öffentliche Interesse (vgl. Rn. 5) wird die Widerspruchsstelle jedoch im Rahmen ihrer Ermessensausübung gehalten sein, nur eine zeitlich befristete »teilweise« Aussetzung i. S. d. § 86a Abs. 3 Satz 4 SGG auszusprechen (zur selbständigen Auflage vgl. Rn. 6).

11 Entscheidet die Widerspruchsbehörde nicht binnen **angemessener Frist** sachlich über den Widerspruch, kann der Verleiher auch unabhängig von einem Aussetzungsverfahren nach § 86a Abs. 3, 4 SGG **Untätigkeitsklage** nach § 88 Abs. 2 SGG erheben. Als angemessen gilt hierbei nach § 88 Abs. 2 SGG eine Frist von drei Monaten.

III. Aussetzung durch das Sozialgericht (Nr. 2)

12 Durch Art. 2 Nr. 2 i. V. m. § 97 Abs. 2 Satz 1 und 2 SGG a. F. / § 86b Abs. 1 Satz 1 Nr. 2 SGG wird dem Verleiher, dessen **Widerspruch** gegen die Nichtverlängerung bzw. die Rücknahme oder den Widerruf der Erlaubnis **erfolglos** war, die Möglichkeit eröffnet, den **Vollzug** des angefochtenen Verwaltungsakts in allen Instanzen des Klageverfahrens durch das Gericht **einstweilen aussetzen** zu lassen (§§ 153 Abs. 1, 165 SGG). Entsprechendes gilt für die Aussetzung der Vollziehung eines Auflagenbescheids nach § 2 Abs. 2 Satz 2 AÜG (*LSG Hamburg* v. 5. 5. 1992 – V EABs 25/92 – EzAÜG SGG Nr. 3). Eine dem Antrag stattgebende Aussetzungsentscheidung kommt nur in Betracht, wenn für die Klage gegen den Verwaltungsakt eine **hinreichende Erfolgsaussicht** besteht (*SG Duisburg* v. 9. 9. 1986 – S 12 Ar 175/86 – EzAÜG § 3 AÜG Versagungsgründe Nr. 10). Bei der Entscheidung des Gerichts gelten die Kriterien zur pflichtgemäßen Ermessensausübung entsprechend (*LSG Celle* v. 22. 7. 1977 – L 7 S (Ar) 31/77 – EzAÜG § 4 AÜG Rücknahme Nr. 1), die auch im Rahmen des § 86a Abs. 3 und 4 SGG für die Entscheidung der Widerspruchsstelle bei der Aussetzung maßgeblich sind (s. Rn. 5).

13 Im Hinblick darauf, dass § 86a Abs. 4 SGG ausdrücklich anordnet, dass die aufschiebende Wirkung des Widerspruchs oder der Anfechtungsklage in den Fällen der Aufhebung oder Nichtverlängerung der Erlaubnis entfällt, müssen besonders gewichtige Gründe vorliegen, um einem Aussetzungsantrag nach § 86b Abs. 1 Satz 1 Nr. 2 SGG stattzugeben. Im Rahmen der Ermessensausübung hat das Sozialgericht allerdings nicht die Möglichkeit, bei der Interessenabwägung dem öffentlichen Interesse durch **Auflagen** (vgl. Rn. 6) Rechnung zu tragen, da der Erlass des diesbezüglichen Verwaltungsakts nur in die Kompetenz der Erlaubnisbehörde fällt. Die **Erlaubnisbehörde** ist allerdings ihrerseits befugt, auch im Aussetzungsverfahren eine **selbständige Auflage** zu erlassen (§ 86a Abs. 3 Satz 4 SGG; *LSG Hessen* v. 18. 12. 1980 – L1/B 10/77 – EzAÜG § 2 AÜG Erlaubnisverfahren Nr. 3) und hat im Rahmen des Anhörungsverfahrens vor ihrer Stellungnahme entsprechende **Möglichkeiten zu prüfen**. Die Kriterien der Ermessensausübung, die im Aussetzungsverfahren nach § 86a Abs. 3, 4 SGG zur Anwendung kommen, gelten entsprechend (vgl. Rn. 5).

14 Wird dem Aussetzungsantrag durch das Gericht stattgegeben und der **Vollzug** des Verwaltungsakts **ausgesetzt**, richten sich die **Wirkungen** der Aussetzung nach dem Inhalt der Entscheidung, i. ü. nach denselben Grundsätzen, die auch bei der Aussetzung durch die Widerspruchsstelle zur Anwendung kommen (s. Rn. 8f.). Das Gericht entscheidet durch Beschluss (§ 86b Abs. 4 SGG). Lehnt das Gericht den Antrag auf Aussetzung ab, kann der Verleiher dagegen **Beschwerde** nach § 172 Abs. 1 SGG einlegen.

IV. Änderung des § 97 Abs. 3 SGG (Nr. 3)

Nr. 3 beinhaltete lediglich eine **redaktionelle Folgeänderung,** die sich aus der **15**
Einfügung des neuen Satz 2 in § 97 Abs. 2 SGG durch Nr. 2 ergab. Durch Art. 1
Nr. 9 des Gesetzes zur Änderung des SGG v. 30. 7. 1974 (BGBl. I S. 1625) wurde die
inhaltliche Regelung des früheren § 97 Abs. 3 SGG zum Abs. 4 der Vorschrift.
Nach Aufhebung der Vorschrift (Rn. 2a) sind die Regelungen von § 97 SGG a. F.
seit dem 2. 1. 2002 nunmehr in § 86b SGG enthalten.

Artikel 3
Änderung sozialversicherungsrechtlicher Vorschriften

§ 1 Änderung der Reichsversicherungsordnung

Die Reichsversicherungsordnung wird wie folgt geändert:
1. Nach § 317 wird folgender § 317a eingefügt:
    »§ 317a
    (1) Wird ein Arbeitnehmer von einem anderen Arbeitgeber gegen Vergütung
    einem anderen (Entleiher) zur Arbeitsleistung überlassen, so hat dieser den
    Arbeitnehmer, dessen Arbeitgeber sowie Beginn und Ende der Überlassung zu
    melden. § 318a gilt entsprechend.
    (2) Der Bundesminister für Arbeit und Sozialordnung bestimmt durch Rechtsver-
    ordnung mit Zustimmung des Bundesrates Inhalt, Form und Frist der Meldung
    nach Absatz 1, die Stelle, bei der die Meldung zu erstatten ist, und das Nähere
    über die weitere Bearbeitung der Meldung.«
2. Dem § 393 wird folgender Absatz 3 angefügt:
    »(3) Für die Erfüllung der Zahlungspflicht des Arbeitgebers haftet der Entlei-
    her (§ 317a) wie ein selbstschuldnerischer Bürge. Seine Haftung beschränkt
    sich auf die Beitragsschulden für die Zeit, für die ihm der Arbeitnehmer über-
    lassen worden ist. Er kann die Zahlung verweigern, solange die Kasse den
    Arbeitgeber nicht unter Fristsetzung gemahnt hat und die Frist nicht verstri-
    chen ist. § 28 Abs. 1 gilt.«
3. § 520 wird wie folgt geändert:
    a) Dem Absatz 1 wird folgender Satz 3 angefügt:
        »§ 393 Abs. 3 gilt.«
    b) Absatz 2 erhält folgende Fassung:
        »(2) Die §§ 317a und 318a gelten.«
4. § 708 wird wie folgt geändert:
    a) Nach Absatz 2 wird folgender Absatz 3 eingefügt:
        »(3) Die Vorschriften einer Berufsgenossenschaft gelten im Falle des § 648
        auch für Versicherte, deren Arbeitsunfälle eine andere Berufsgenossen-
        schaft zu entschädigen hat.«
    b) Der bisherige Absatz 3 wird Absatz 4.
5. In § 713 werden die Worte »durch ein Unternehmen« durch die Worte »durch
    Beschäftigte eines Unternehmens« ersetzt.
6. Dem § 729 wird folgender Absatz 4 angefügt:
    »(4) § 393 Abs. 3 gilt entsprechend.«

7. Dem § 1396 Abs. 1 wird folgender Satz 2 angefügt:
   »§ 393 Abs. 3 gilt entsprechend.«
8. Dem § 1401 wird folgender Absatz 5 angefügt:
   »(5) Zahlt der nach § 393 Abs. 3 Haftende die Beiträge, so trägt die Einzugsstelle die Angaben nach Absatz 2 in die Versicherungskarte ein; steht der
   Einzugsstelle die Versicherungskarte nicht zur Verfügung, so stellt sie eine Bescheinigung mit den in Absatz 2 genannten Angaben aus und übersendet
   diese dem zuständigen Träger der Rentenversicherung.«
9. § 1543c Abs. 1 wird wie folgt geändert:
   a) Nach Satz 1 wird folgender Satz 2 eingefügt:
      »Dies gilt auch gegenüber einer anderen Genossenschaft, die den Unfall
      zu entschädigen hat.«
   b) Der bisherige Satz 2 wird Satz 3.
10. Dem § 1553 wird folgender Absatz 4 angefügt:
   »(4) Im Falle des § 648 hat jeder Unternehmer den Unfall dem zur Entschädigung verpflichteten Versicherungsträger anzuzeigen. Der Unternehmer, der
   einem anderen Versicherungsträger angehört, hat diesem ein weiteres Stück
   seiner Anzeige zu übersenden.«

§ 2 Änderung des Angestelltenversicherungsgesetzes

Das Angestelltenversicherungsgesetz wird wie folgt geändert:
1. Dem § 118 Abs. 1 wird folgender Satz 2 angefügt:
   »§ 393 Abs. 3 der Reichsversicherungsordnung gilt entsprechend.«
2. Dem § 123 wird folgender Absatz 5 angefügt:
   »(5) Zahlt der nach § 393 Abs. 3 der Reichsversicherungsordnung Haftende
   die Beiträge, so trägt die Einzugsstelle die Angaben nach Absatz 2 in die Versicherungskarte ein; steht der Einzugsstelle die Versicherungskarte nicht zur
   Verfügung, so stellt sie eine Bescheinigung mit den in Absatz 2 genannten
   Angaben aus und übersendet diese dem zuständigen Träger der Rentenversicherung.«

§ 3 Änderung des Reichsknappschaftsgesetzes

Das Reichsknappschaftsgesetz wird wie folgt geändert:
1. § 114 wird wie folgt geändert:
   a) Absatz 1 Satz 4 erhält folgende Fassung:
      »§ 393 Abs. 3 und § 397a der Reichsversicherungsordnung gelten entspre-
      chend.«
   b)Folgender Absatz 3 wird angefügt:
      »(3) Zahlt der nach § 393 Abs. 3 Reichsversicherungsordnung Haftende
      Beiträge zur Rentenversicherung der Arbeiter oder Angestellten, so gilt
      § 1401 Abs. 5 der Reichsversicherungsordnung.«
2. § 115 erhält folgende Fassung:
                         »§ 115
Unterbleibt die Anmeldung nach § 114 Abs. 2, so kann die Bundesknappschaft
die Zahlung der Versicherten, für welche Beiträge zu entrichten sind, sowie die
Höhe des beitragspflichtigen Entgelts nach ihrem Ermessen bestimmen.«

Inhaltsübersicht

Literaturhinweise

Bauschke, Die so genannte Fremdfirmenproblematik, NZA 2000, 1201; *HVBG/ BAGUV/BLB (Hrsg.)*, Erstkommentierung des Unfallversicherungs-Einordnungs-gesetzes (UVEG), 1996; *Reipen*, Dubiose Gewerkschaften – Sozialversicherungs-rechtliche Risiken für Zeitarbeitsunternehmen und ihre Kunden, NZS 2005, 407. Siehe auch die Literaturhinweise zu Art 1 §§ 1, 10 AÜG.

I. § 1 Änderung der Reichsversicherungsordnung (RVO)

1. Kontrollmeldung durch den Entleiher nach § 317a RVO/§ 28a Abs. 4 SGB IV (§ 1 Nr. 1)

1 Die **Kranken-, Renten-, Pflege- und Arbeitslosenversicherung** des legal verliehenen Leiharbeitnehmers knüpft an das **Arbeitsverhältnis zum Verleiher** als Arbeitgeber, der auch den **Gesamtsozialversicherungsbeitrag** abzuführen hat, an. § 28a Abs. 1 SGB IV stellt die Grundnorm dar, die hiermit in Zusammenhang stehende Meldepflichten des Arbeitgebers begründet. Nach Abs. 1 ist der **Arbeitgeber** (Verleiher) **verpflichtet**, jeden der Kranken-, Renten-, Pflege- oder Arbeitslosenversicherungspflicht unterliegenden Arbeitnehmer der nach § 28i SGB IV zuständigen **Einzugsstelle** für den Gesamtsozialversicherungsbeitrag (i.d.R. der zuständigen Krankenkasse) **zu melden**. Die Meldung ist grundsätzlich jährlich zu erstatten (§ 28a Abs. 2 SGB IV). Ihr **Inhalt** richtet sich nach § 28 Abs. 3 SGB IV. Danach trifft den Verleiher als Arbeitgeber (uneingeschränkt auch in Fällen **nichtgewerbsmäßiger ANÜ**) zwar eine Meldepflicht bezüglich des Beginns und der Beendigung des Leiharbeitsverhältnisses (§ 28 Abs. 1 Nr. 1 und 2 SGB IV; vgl. Begründung zum Regierungsentwurf BT-Ds. 11/2221, S. 20), hinsichtlich der **einzelnen Überlassungen** an Entleiher ist jedoch eine selbstständige Meldepflicht des Verleihers nicht vorgesehen. Die Meldepflichten beschränken sich nicht auf **sozialversicherungspflichtig beschäftigte Arbeitnehmer** i.S.d. § 2 SGB IV. Auch bei geringfügigen Beschäftigungsverhältnissen bestehen die Meldepflichten nach § 28a Abs. 9 SGB IV.

2 § 28a Abs. 4 SGB IV enthielt eine selbstständige Regelung zur **Meldepflicht des Entleihers**, die immer besteht, wenn ein Leiharbeitnehmer im Rahmen **gewerbsmäßiger oder vergütungspflichtiger nichtgewerbsmäßiger ANÜ** (*Becker*, DB 1988, 2563) im Entleiherbetrieb beschäftigt wird. Auf die Dauer der Überlassung kam es hierbei nicht an. Auch bestand die Meldepflicht des Entleihers **unabhängig von der Sozialversicherungspflichtigkeit** der Beschäftigung des Leiharbeitnehmers. § 28 a Abs. 4 SGB IV wurde durch Art. 2 Nr. 8 Buchst. b des Ersten Gesetzes für Reformen am Arbeitsmarkt (v. 23. 12. 2002, BGBl. I S. 4621) m.W.v. 1. 1. 2003 aufgehoben. Soweit ein Entleiher im Rahmen einer gesetzeskonformen ANÜ LAN einsetzt, bestehen seit diesem Zeitpunkt keine eigenständigen Meldepflichten des Entleihers gegenüber den Einzugsstellen (zum Inhalt der Meldungen vgl. Vorauflage Rn. 3 f.). § 28a SGB IV, zuletzt m.W.v. 30. 3. 2005 geändert durch Art. 1 Nr. 6 des Gesetzes v. 21. 3. 2005 (BGBl. I S. 818) hat folgende Fassung:

§ 28a SGB IV
Meldepflicht

(1) Der Arbeitgeber hat der Einzugsstelle für jeden in der Kranken-, Pflege-, Renten-versicherung oder nach dem Recht der Arbeitsförderung kraft Gesetzes versicherten Beschäftigten

1. bei Beginn der versicherungspflichtigen Beschäftigung,

2. bei Ende der versicherungspflichtigen Beschäftigung,

3. (weggefallen)

4. (weggefallen)

5. bei Änderungen in der Beitragspflicht,

6. *bei Wechsel der Einzugsstelle,*
7. *(weggefallen)*
8. *bei Unterbrechung der Entgeltzahlung,*
9. *bei Auflösung des Arbeitsverhältnisses,*
10. *bei Änderung des Familiennamens oder des Vornamens,*
11. *bei Änderung der Staatsangehörigkeit,*
12. *bei einmalig gezahltem Arbeitsentgelt, soweit es nicht in einer Meldung aus anderem Anlaß erfaßt werden kann,*
13. *bei Beginn der Berufsausbildung,*
14. *bei Ende der Berufsausbildung,*
15. *bei Wechsel von einer Betriebsstätte im Beitrittsgebiet zu einer Betriebsstätte im übrigen Bundesgebiet oder umgekehrt,*
16. *bei Beginn der Altersteilzeitarbeit,*
17. *bei Ende der Altersteilzeitarbeit,*
18. *bei Änderung des Arbeitsentgelts, wenn die in § 8 Abs. 1 Nr. 1 genannte Grenze über- oder unterschritten wird,*
19. *bei nach § 23b Abs. 2 bis 3 gezahltem Arbeitsentgelt oder*
20. *bei Wechsel von einem Wertguthaben, das im Beitrittsgebiet und einem Wertguthaben, das im übrigen Bundesgebiet erzielt wurde,*
eine Meldung zu erstatten.
(2) Der Arbeitgeber hat jeden am 31. Dezember des Vorjahres Beschäftigten nach Absatz 1 zu melden (Jahresmeldung).
(...)
(5) Der Arbeitgeber hat dem Beschäftigten den Inhalt der Meldung schriftlich mitzuteilen.
(...)
(9) Die Absätze 1 bis 8 gelten entsprechend für versicherungsfrei geringfügig Beschäftigte mit der Maßgabe, daß für geringfügig Beschäftigte nach § 8 Abs. 1 Nr. 2 eine Jahresmeldung nicht zu erstatten ist.

(*unbesetzt*)   **3–5**

II. Bürgenhaftung des Entleihers nach § 393 Abs. 3 RVO/§ 28e Abs. 2 SGB IV (§ 1 Nr. 2)

Der durch Art. 5 des Gesundheitsreformgesetzes (GRG) v. 20.12.1988 (BGBl. I   **6**
S. 2477) **aufgehobene § 393 Abs. 3 RVO** ist mit Wirkung v. 1.1.1989 durch das
Gesetz v. 20.12.1988 (BGBl. I S. 2330) **durch § 28e Abs. 2 SGB IV ersetzt** worden.
§ 28e Abs. 2 SGB IV lautet:

»(2) Für die Erfüllung der Zahlungspflicht des Arbeitgebers haftet bei einem wirksamen Vertrag der Entleiher wie ein selbstschuldnerischer Bürge, soweit ihm Arbeitnehmer gegen Vergütung zur Arbeitsleistung überlassen worden sind. Er kann die Zahlung verweigern, solange die Einzugsstelle den Arbeitgeber nicht gemahnt hat und die Mahnfrist nicht abgelaufen ist. Zahlt der Verleiher das vereinbarte Arbeitsentgelt oder Teile des Arbeitsentgelts an den Leiharbeitnehmer, obwohl der Vertrag nach § 9 Nr. 1 des Arbeitnehmerüberlassungsgesetzes unwirksam ist, so hat er auch den hierauf entfallenden Gesamtsozialversicherungsbeitrag an die Einzugsstelle zu zahlen. Hinsichtlich der Zahlungspflicht nach Satz 3 gilt der Verleiher neben dem Entleiher als Arbeitgeber; beide haften insoweit als Gesamtschuldner.«

1. Bürgenhaftung des Entleihers bei wirksamem Arbeitnehmer-überlassungsvertrag (§ 28e Abs. 2 Satz 1 SGB IV)

7 Nach § 28e Abs. 1 Satz 1 SGB IV ist der **Verleiher** als Arbeitgeber **zur Zahlung des Gesamtsozialversicherungsbeitrags verpflichtet.** Dies gilt auch für das **faktisch vollzogene Arbeitsverhältnis** (vgl. § 10 Rn. 76 f.), das ebenfalls ein entgeltliches Beschäftigungsverhältnis i.S.d. §§ 7 Abs. 1, 14 Abs. 1 SGB IV darstellt. Der **illegal tätige Verleiher** ist sozialversicherungsrechtlich solange Arbeitgeber des Leiharbeitnehmers, wie er eine Vergütung an den Arbeitnehmer zahlt oder das fehlerhafte Arbeitsverhältnis faktisch durchführt (*Spiolek*, BB 1991, 1038). Auch in den Fällen illegaler ANÜ macht sich daher der Verleiher wegen Vorenthaltens von Arbeitsentgelt nach § 266a StGB **strafbar**, wenn er den Gesamtsozialversicherungsbeitrag nicht zahlt (*BGH* v. 13.6.2001 – 3 StR 126/01 – wistra 2001, 464). Der **Entleiher** ist Beitragsschuldner nach Abs. 1 Satz 1, soweit er **Arbeitgeber** eines **fingierten Arbeitsverhältnisses** ist. § 28e Abs. 2 SGB IV gibt der Einzugsstelle in allen Fällen einer entgeltlichen ANÜ die Möglichkeit, neben dem Arbeitgeber nach Abs. 1 den Entleiher als weiteren Beitragsschuldner in Anspruch zu nehmen (vgl. auch § 10 Abs. 3 AÜG).

8 Liegt ein **wirksamer ANÜ-Vertrag** zwischen Verleiher und Entleiher vor, schreibt § 28e Abs. 2 Satz 1 SGB IV eine **selbstschuldnerische Bürgenhaftung des Entleihers** hinsichtlich der Beiträge zur Sozialversicherung vor. Durch die Bürgenhaftung soll insbesondere sichergestellt werden, dass der Leiharbeitnehmer vor **Rentenausfallschäden** bewahrt wird (*Becker*, ZIP 1984, 783). Die Haftung beschränkt sich dabei auf den Teil der Beitragspflichten, die auf die Zeit der Überlassung entfallen (*Sandmann/Marschall*, Art. 3 § 1 Anm. 15; *Schüren/Schüren*, Einl. Rn. 691; a.A. *Spiolek*, BB 1991, 1044, Fußn. 78, die die Beschränkung der Haftung auf die Überlassungszeit mit der in § 28e SGB IV verbundenen Neuregelung als entfallen betrachtet). Sowohl die Haftung des Verleihers nach § 28e Abs. 1 Satz 1 SGB IV als auch die Bürgenhaftung des Entleihers nach § 28 Abs. 2 SGB IV erstreckt sich auf Entgeltzahlungsansprüche des LAN auf Grund der **Gleichstellungsgrundsätze** von §§ 3 Abs. 1 Nr. 3, 9 Nr. 2, 10 Abs. 4 AÜG (*Reipen*, NZS 2005, 407). Auch wenn der Verleiher wegen der **Nichtigkeit des Tarifvertrags zur ANÜ** nachträglich zur Zahlung des nach § 9 Nr. 2 maßgeblichen Arbeitsentgelts verpflichtet ist, löst dies die Bürgenhaftung des Entleihers für den Gesamtsozialversicherungsbeitrag aus (*Reipen*, a.a.O.).

9 Die **Bürgenhaftung** setzt nicht voraus, dass eine gewerbsmäßige ANÜ nach Art. 1 § 1 Abs. 1 Satz 1 vorliegt. Vielmehr genügt jede Form **entgeltlicher ANÜ**, auch nichtgewerbsmäßige Formen werden somit erfasst (*Becker/Wulfgramm*, Art. 3 § 1 Rn. 3; *Sandmann/Marschall*, Art. 3 § 1 Anm. 2 u. 17; *Schüren/Schüren*, Einl. Rn. 691). Voraussetzung ist allerdings das Vorliegen eines **wirksamen ANÜ-Vertrages**. Ist der **ANÜ-Vertrag** wegen fehlender Erlaubnis des Verleihers **unwirksam, haftet der Entleiher** nicht als Bürge nach § 28e Abs. 2 SGB IV, sondern **als Arbeitgeber** des nach § 10 Abs. 1 fingierten Arbeitsverhältnisses nach § 28e Abs. 1 SGB IV (a.A. *Becker/Wulfgramm*, Art. 3 § 1 Rn. 3).

10 Bei **legaler grenzüberschreitender ANÜ** ist Art. 13 Abs. 2, Art. 14 Nr. 1a der EG-Verordnung Nr. 1408/71 Soziale Sicherheit (vgl. Einl. F. Rn. 26 ff.) zu beachten. Werden daher ausländische Arbeitnehmer von einem **inländischen Entleiher** entliehen, unterliegen die ausländischen Leiharbeitnehmer innerhalb der ersten zwölf Monate ihrer Beschäftigung hinsichtlich des Gesamtsozialversicherungsbeitrags immer nur den Vorschriften des Entsendestaats. Die materiellen

Bestimmungen des deutschen Sozialversicherungsrechts finden in diesen Fällen grundsätzlich keine Anwendung (*Becker/Wulfgramm*, Art. 1 § 3 Rn. 105; *Sandmann/Marschall*, Art. 1 § 3 Rn. 70; *Schüren/Schüren*, Einl. Rn. 638); es liegt eine **Einstrahlung** i.S.d. § 5 SGB IV vor. Bei legaler grenzüberschreitender ANÜ haftet der Entleiher daher in den ersten zwölf Monaten nicht nach § 28e Abs. 2 Satz 1 SGB IV für die Sozialversicherungsbeiträge (anders bei dauerhafter Entsendung; vgl. *OLG Köln* v. 28.2.97, NZA 1998, 29). In den Fällen **illegaler grenzüberschreitender ANÜ** in das Inland haftet der Entleiher dagegen als Arbeitgeber aus einem fingierten Arbeitsverhältnis unmittelbar nach § 28e Abs. 1 SGB IV (vgl. Rn. 9).

2. Leistungsverweigerungsrecht des Entleihers (§ 28e Abs. 2 Satz 2 SGB IV)

Nach § 28e Abs. 2 Satz 2 SGB IV steht dem Entleiher ein **temporäres Leistungsverweigerungsrecht** zu (*Becker/Wulfgramm*, Art. 3 § 1 Rn. 5), solange der Träger der gesetzlichen Krankenversicherung den **Verleiher nicht unter Fristsetzung gemahnt** hat und die Mahnfrist nicht abgelaufen ist. Nach diesem Zeitpunkt haftet der Entleiher nach den Bestimmungen des BGB über die selbstschuldnerische Bürgenhaftung. Nach § 773 Abs. 1 Nr. 1 i.V.m. § 771 BGB ist es ihm daher **verwehrt**, die **Einrede der Vorausklage** zu erheben, so dass eine etwaige Beitragsschuld nach Ablauf der Mahnfrist unmittelbar sowohl gegen den Verleiher als auch gegen den Entleiher geltend gemacht werden kann (*Becker/Wulfgramm*, Art. 3 § 1 Rn. 5). I. ü. stehen dem Entleiher alle Einreden zu, die auch der Verleiher geltend machen kann (§ 768 Abs. 1 BGB). **11**

Ebenso wie der Verleiher kann auch der Entleiher **Einreden und Einwendungen gegen den Beitragsbescheid** im Wege des **Widerspruchs** und der **Anfechtungsklage** vor den Sozialgerichten geltend machen (§§ 78 ff., 54 Abs. 1 SGG; vgl. Art. 2 Rn. 3 ff.; *Becker/Wulfgramm*, Art. 3 § 1 Rn. 5; *Sandmann/Marschall*, Art. 3 § 1 Anm. 17). **12**

3. Haftung bei faktischem Vollzug eines unwirksamen Leiharbeitsverhältnisses (§ 28e Abs. 2 Satz 3 und 4 SGB IV)

Entsprechend § 10 Abs. 3 (vgl. § 10 Rn. 79) ordnet § 28e Abs. 2 Satz 3 und 4 SGB IV für die Fälle, in denen der **Verleiher das Arbeitsentgelt trotz Unwirksamkeit des Leiharbeitsverhältnisses zahlt**, an, dass Verleiher und Entleiher hinsichtlich der Beiträge zur Sozialversicherung als **Gesamtschuldner** (§ 421 BGB) haften. Der **Grund für die Unwirksamkeit** des Arbeitsvertrages muss dabei in der **fehlenden Erlaubnis** des Verleihers nach § 9 Nr. 1 AÜG liegen. Im Unterschied zu § 28e Abs. 2 Satz 1 SGB IV ist daher eine gesamtschuldnerische Haftung nach Satz 3 und 4 der Vorschrift auf Fälle der **gewerbsmäßigen ANÜ beschränkt** und erfasst daneben nur solche Arbeitsverhältnisse, bei denen der Entleiher auf Grund von § 10 Abs. 1 (nicht jedoch auf Grund von § 1 Abs. 2 AÜG) in die volle Arbeitgeberstellung einrückt. Die tatbestandlichen Voraussetzungen der Vorschrift entsprechen § 10 Abs. 3 Satz 1; insoweit kann auf die Erläuterungen zu § 10 (§ 10 Rn. 79) verwiesen werden. Mit der Beschränkung der Haftung des illegal tätigen Verleihers auf die tatsächliche Zahlung von Arbeitsentgelt (a. A. *Sandmann/Marschall*, Art. 3 Rn. 18) steht der Verleiher damit bei Verstößen gegen § 1 Abs. 2 AÜG besser da als bei legaler ANÜ (krit. insoweit zu Recht *Spiolek*, BB 1991, 1038; unklar *Schüren/Schüren*, Einl. Rn. 255). **13**

4. Ausgleichspflichten von Verleiher und Entleiher

14 Wird der Entleiher nach Abs. 2 Satz 1 als Bürge in Anspruch genommen, geht die **Forderung der Einzugsstelle** gegen den Verleiher nach § 774 Satz 1 BGB auf ihn **über**. Das Gleiche gilt nach § 426 Abs. 2 BGB in den Fällen des Abs. 2 Satz 3 und 4, soweit der Verleiher vom Entleiher Ausgleich verlangen kann. Eine derartige **Ausgleichspflicht** ist in der Regel gegeben, da grundsätzlich der Entleiher als Arbeitgeber aus dem nach § 10 Abs. 1 AÜG fingierten Arbeitsverhältnis zur Zahlung des Gesamtsozialversicherungsbeitrags verpflichtet ist; die Erläuterungen zu § 10 (§ 10 Rn. 79) gelten insoweit entsprechend.

III. Kontrollmeldung und Haftung bei Ersatzkassenmitgliedschaft des Leiharbeitnehmers (§ 1 Nr. 3)

15 Durch § 1 Nr. 3 sollte sichergestellt werden, dass der Verleiher seinen Pflichten zur Zahlung des Beitragsteils gegenüber Leiharbeitnehmern nachkommt und der Entleiher hierfür gleichermaßen in Anspruch genommen werden kann (vgl. *Becker/ Wulfgramm*, Art. 3 § 1 Rn. 2). § 520 RVO wurde durch Art. 5 des GRG v. 20. 12. 1988 (BGBl. I S. 2477) aufgehoben; auf die **Mitglieder von Ersatzkassen** finden seit dem 1. 1. 1989 die Vorschriften über die Meldepflichten und über den Einzug des Gesamtsozialversicherungsbeitrags nach dem SGB IV Anwendung. Danach bestehen seit dem 1. 1. 2003 keine Meldepflichten des Entleihers (vgl. Rn. 2), solange er nicht über ein fingiertes Arbeitsverhältnis in die Arbeitgeberstellung einrückt (Rn. 7).

IV. Geltung der Vorschriften der Berufsgenossenschaften bei Arbeitnehmer-überlassung (§ 1 Nr. 4)

16 § 708 RVO i. d. F. des Einführungsgesetzes zum Strafgesetzbuch vom 2. 3. 1974 (BGBl. I S. 469; gem. Art. 326 Abs. 1 in Kraft seit dem 1. 1. 1975) wurde durch das Gesetz zur Einordnung des Rechts der gesetzlichen Unfallversicherung in das Sozialgesetzbuch (Unfallversicherungseinordnungsgesetz v. 7. 8. 1996; BGBl. I S. 1254) in §§ 15, 16 Abs. 1 SGB VII **neu gefasst**. Die Vorschriften lauten:

§ 15 SGB VII
Unfallverhütungsvorschriften

(1) Die Unfallversicherungsträger erlassen als autonomes Recht Unfallverhütungsvorschriften über

1. *Einrichtungen, Anordnungen und Maßnahmen, welche die Unternehmer zur Verhütung von Arbeitsunfällen, Berufskrankheiten und arbeitsbedingten Gesundheitsgefahren zu treffen haben, sowie die Form der Übertragung dieser Aufgaben auf andere Personen,*

2. *das Verhalten der Versicherten zur Verhütung von Arbeitsunfällen, Berufskrankheiten und arbeitsbedingten Gesundheitsgefahren,*

3. *vom Unternehmer zu veranlassende arbeitsmedizinische Untersuchungen und sonstige arbeitsmedizinische Maßnahmen vor, während und nach der Verrichtung von Arbeiten, die für Versicherte oder Dritte mit arbeitsbedingten Gefahren für Leben und Gesundheit verbunden sind,*

4. *Voraussetzungen, die der Arzt, der mit Untersuchungen oder Maßnahmen nach Nummer 3 beauftragt ist, zu erfüllen hat, sofern die ärztliche Untersuchung nicht durch eine staatliche Rechtsvorschrift vorgesehen ist,*

5. die Sicherstellung einer wirksamen Ersten Hilfe durch den Unternehmer,
6. die Maßnahmen, die der Unternehmer zur Erfüllung der sich aus dem Gesetz über Betriebsärzte, Sicherheitsingenieure und andere Fachkräfte für Arbeitssicherheit ergebenden Pflichten zu treffen hat,
7. die Zahl der Sicherheitsbeauftragten, die nach § 22 unter Berücksichtigung der in den Unternehmen für Leben und Gesundheit der Versicherten bestehenden arbeitsbedingten Gefahren und der Zahl der Beschäftigten zu bestellen sind.

In der Unfallverhütungsvorschrift nach Satz 1 Nr. 3 kann bestimmt werden, daß arbeitsmedizinische Vorsorgeuntersuchungen auch durch den Unfallversicherungsträger veranlaßt werden können.

(2)–(5)...

§ 16 SGB VII
Geltung bei Zuständigkeit anderer Unfallversicherungsträger
und für ausländische Unternehmen

(1) Die Unfallverhütungsvorschriften eines Unfallversicherungsträgers gelten auch, soweit in dem oder für das Unternehmen Versicherte tätig werden, für die ein anderer Unfallversicherungsträger zuständig ist.
(2) Die Unfallverhütungsvorschriften eines Unfallversicherungsträgers gelten auch für Unternehmer und Beschäftigte von ausländischen Unternehmen, die eine Tätigkeit im Inland ausüben, ohne einem Unfallversicherungsträger anzugehören.

§ 710 RVO i.d.F. des Art. 225 Nr. 28 des Einführungsgesetzes zum Strafgesetzbuch **17** vom 2.3.1974 (BGBl. I S. 469) wurde durch das UVEG ebenfalls geändert und unter Erweiterung der Ordnungswidrigkeitstatbestände in § 209 SGB VII neu gefasst. Die Vorschrift lautet:

§ 209 SGB VII
Bußgeldvorschriften

(1) Ordnungswidrig handelt, wer vorsätzlich oder fahrlässig
1. einer Unfallverhütungsvorschrift nach § 15 Abs. 1 oder 2 zuwiderhandelt, soweit sie für einen bestimmten Tatbestand auf diese Bußgeldvorschrift verweist,
2. einer vollziehbaren Anordnung nach § 17 Abs. 1 Satz 2, auch in Verbindung mit Abs. 3, oder § 19 Abs. 2 zuwiderhandelt,
3. (...)
4. entgegen § 138 die Versicherten nicht unterrichtet,
5. (...) bis 8. (...)
9. entgegen § 193 Abs. 1 Satz 1, auch in Verbindung mit Satz 2, Abs. 2, 3 Satz 3, Abs. 4 oder 6 eine Anzeige nicht, nicht richtig oder nicht rechtzeitig erstattet,
10. (...)
11. (...)
(2) Ordnungswidrig handelt, wer als Unternehmer Versicherten Beiträge ganz oder zum Teil auf das Arbeitsentgelt anrechnet.
(3) Die Ordnungswidrigkeit kann in den Fällen des Absatzes 1 Nr. 1 bis 3 mit einer Geldbuße bis zu zehntausend Euro, in den Fällen des Absatzes 2 mit einer Geldbuße bis zu fünftausend Euro, in den übrigen Fällen mit einer Geldbuße bis zu zweitausendfünfhundert Euro geahndet werden.

18 § 648 RVO wurde durch das UVEG aufgehoben und in § 133 Abs. 2 SGB VII neu gefaßt. Die Vorschrift lautet:

§ 133 SGB VII
Zuständigkeit für Versicherte

(1) ...
(2) Werden Versicherte einem Unternehmen von einem anderen Unternehmen überlassen, bestimmt sich die Zuständigkeit für die Versicherten nach der Zuständigkeit für das überlassende Unternehmen, sofern dieses zur Zahlung des Arbeitsentgelts verpflichtet ist.

§ 150 SGB VII
Beitragspflichtige

(1) Beitragspflichtig sind die Unternehmer, für deren Unternehmen Versicherte tätig sind oder zu denen Versicherte in einer besonderen, die Versicherung begründenden Beziehung stehen. Die nach § 2 versicherten Unternehmer sowie die nach § 3 Abs. 1 Nr. 1 und § 6 Abs. 1 Versicherten sind selbst beitragspflichtig.
(...)
(3) Für die Beitragshaftung bei der Arbeitnehmerüberlassung gilt § 28e Abs. 2 und 4 des Vierten Buches und für die Beitragshaftung bei der Ausführung eines Dienst- oder Werkvertrages im Baugewerbe gilt § 28e Abs. 3a des Vierten Buches entsprechend.

19 Unfallversicherungsrechtlich kommt es bei der Frage, ob der Verletzte für den Unfall- oder seinen Stammbetrieb tätig geworden ist, grundsätzlich nur darauf an, welchem **Aufgabenbereich seine Tätigkeit zuzuordnen** ist. Die Direktions- oder Weisungsbefugnis des Unternehmens des Unfallbetriebs ist dabei ohne Bedeutung (*BGH* v. 9.7.1996 – VI ZR 155/95 – BB 1996, 2256). Die im **AÜG** vorgenommene Zuordnung der Arbeitgeberstellung an den Verleiher führt dazu, dass der **Verleiher bei erlaubter ANÜ** grundsätzlich für alle sozialrechtlichen Pflichten verantwortlich ist, die an die Arbeitgebereigenschaften anknüpfen (*Becker*, ZIP 1984, 782). Auch für den Bereich der **Unfallversicherung** ist der Verleiher als Arbeitgeber verpflichtet, die **Beiträge zur Berufsgenossenschaft** zu entrichten, so dass die Vorschriften des Sechsten Kapitels **SGB VII** uneingeschränkt zur Anwendung kommen. Nach § 150 Abs. 3 SGB VII richtet sich die **Beitragshaftung des Entleihers** nach § 28e Abs. 2 und 4 SGB IV, er haftet daher für die Beiträge wie ein selbstschuldnerischer Bürge (vgl. Rn. 6 ff.). Bei legaler ANÜ richtet sich die **Zuständigkeit des Unfallversicherungsträgers** gem. § 133 Abs. 2 SGB VII nach der für den Verleiher zuständigen Berufsgenossenschaft. Daneben ist der Verleiher nach § 11 Abs. 2 SGB VII solange Beitragsschuldner, wie er auf Grund eines faktischen Arbeitsverhältnisses zur Zahlung des Arbeitsentgelts **verpflichtet** ist. Allein die tatsächliche Entgeltzahlung reicht insoweit nicht aus, in den **Strohmannfällen** ist daher allein auf den Entleiher abzustellen. Ist der Entleiher in den **Fällen illegaler ANÜ** Arbeitgeber des Arbeitnehmers eines **fingierten Arbeitsverhältnisses** geworden und ist er daher zur Zahlung des Arbeitsentgelts verpflichtet, ist die für den **Entleiher zuständige Berufsgenossenschaft** für den Arbeitnehmer zuständig (§ 133 Abs. 2 SGB VII; *BSG* v. 27.5.1986 – 2 RU 62/84 – EzAÜG § 1 AÜG Arbeitsvermittlung Nr. 10). Der **Beitragseinzug** erfolgt durch die für reine Verleihunternehmen zuständigen Verwaltungs-Berufsgenossenschaften. Bei **Mischunternehmen**, die auch andere Betriebszwecke verfolgen (vgl. Einl. C. Rn. 84), richtet sich die Zuständigkeit des Unfallversicherungsträgers danach, welcher Bereich den Schwerpunkt der Tätigkeiten des Unternehmens ausmacht (*Sandmann/Marschall*, Art. 3 § 1 Anm. 22; *Schüren/Schüren*, Einl. Rn. 666; *Bereiter-Hahn/Schieke/Mehrtens*, Gesetzliche Unfallversicherung, § 646 RVO Rn. 5).

Nach Art. 3 § 1 Nr. 4 i. V. m. § 16 Abs. 1 SGB VII gelten die **Unfallverhütungsvor- 20 schriften** für alle in einem Betrieb tätigen Arbeitnehmer. Auf das Rechtsverhältnis zum Einsatzbetrieb kommt es nicht an. Damit werden sowohl LAN als auch sonstige Fremdfirmenbeschäftigte, die in Drittbetrieben Arbeiten ausführen, von Unfallverhütungsvorschriften erfasst. § 16 Abs. 1 SGB VII soll den **Besonderheiten der Fremdfirmenarbeit** Rechnung tragen, die sich aus der tatsächlichen Erbringung der Arbeitsleistung des Arbeitnehmers in einem Drittbetrieb ergeben, und beseitigt Unklarheiten bei der **Haftung für Beiträge** zur Unfallversicherung. Im Hinblick darauf, dass der Leiharbeitnehmer eingegliedert in die Betriebsabläufe des Entleihers seine Arbeit erbringt, sind sowohl der Entleiher als auch sonstige Fremdfirmenbeschäftigte eines auftraggebenden Unternehmens gem. §§ 104 Abs. 1, 105 SGB VII **haftungsmäßig privilegiert**, wenn einem Leiharbeitnehmer bei Ausführung seiner Tätigkeit im Entleiherbetrieb ein Personenschaden zugefügt wird (*Bauschke*, NZA 2000, 1205; *Sandmann/Marschall*, Art. 1 § 9 Anm. 7). Umgekehrt ist auch der **Leiharbeitnehmer als Betriebsangehöriger** i. S. d. § 105 Abs. 1 SGB VII **von der Haftung für unvorsätzlich zugefügte Personenschäden befreit**, die er anderen Arbeitnehmern des Entleiherbetriebs zufügt (*Schüren/Schüren*, Einl. Rn. 671; *Waltermann*, NJW 1997, 3401).

Nach § 133 Abs. 2 SGB VII hat der für den Verleiher zuständige Unfallversiche- 21 rungsträger **Arbeitsunfälle** zu entschädigen, die ein Leiharbeitnehmer bei einem Einsatz in einem Entleiherbetrieb erleidet. Durch die in Art. 3 § 1 Nr. 4a vorgenommene Einfügung des Abs. 3 bei § 708 RVO a. F. / § 16 Abs. 1 SGB VII wird (in Ergänzung zur Regelung des § 11 Abs. 6 AÜG) klargestellt, dass Leiharbeitnehmer während ihres Einsatzes in Drittbetrieben sowohl den für den Verleiher als auch für den **Entleiherbetrieb geltenden Unfallverhütungsvorschriften** unterliegen (vgl. hierzu auch *Verwaltungs-Berufsgenossenschaft Hrsg.*, Schriftenreihe Prävention SP 38.1, 1989). Der Entleiher ist verpflichtet, auch für Leiharbeitnehmer die notwendigen Unfallverhütungsmaßnahmen zu treffen (§ 11 Abs. 6 *AÜG*), wobei ihn hierbei wegen der besonders hohen Unfallrisiken von Leiharbeitnehmern (vgl. 7. Erfahrungsbericht der Bundesregierung, BT-Ds. 12/3180, S. 14) besondere Sorgfaltspflichten treffen.

V. Überwachung des Leiharbeitnehmers durch die Berufsgenossenschaft des Verleihers (§ 1 Nr. 5)

Durch § 713 RVO a. F. / § 17 Abs. 2 SGB VII wird sichergestellt, dass die Aufsichts- 22 beamten des für den Verleiher zuständigen Unfallversicherungsträgers befugt sind, die Tätigkeiten des Leiharbeitnehmers **auch im Entleiherbetrieb zu überwachen**. Nach § 17 Abs. 2 Satz 2 SGB VII sollen sich die für Entleiher und Verleiher zuständigen Unfallversicherungsträger hierbei möglichst auf einen für die Wahrnehmung der Aufgaben zuständigen Unfallversicherungsträger verständigen. Die Vorschrift gilt bei allen Formen der Fremdfirmenarbeit, insbesondere auch bei der Erbringung von Arbeitsleistungen in Fremdbetrieben auf der Grundlage von Werkverträgen (*Sandmann/Marschall*, Art. 3 § 1 Anm. 3 u. 27). Ergänzend zu § 17 Abs. 2 SGB VII wird durch § 211 Satz 1 Nr. 4 SGB VII sichergestellt, dass durch eine **Zusammenarbeit** insbesondere **mit den Behörden der BA** Verstöße gegen Unfallverhütungsvorschriften wirksam bekämpft werden können. Bei Verstößen gegen die Bußgeldbestimmungen des § 209 SGB VII hat die Erlaubnisbehörde die **Erlaubnis** i.d.R. wegen Verstoßes gegen arbeitsschutz-rechtliche Bestimmungen i.S.d. § 3 Abs. 1 Nr. 1 AÜG **zu versagen.**

VI. Entleiherhaftung für Unfall- und Rentenversicherungsbeiträge (§ 1 Nr. 6 und 7)

23 Durch den eingefügten § 729 Abs. 4 RVO a.F./§ 150 Abs. 3 SGB VII (§ 1 Nr. 6) wurde die **selbstschuldnerische Bürgenhaftung des Entleihers** entsprechend § 28e Abs. 2 und 4 SGB IV auch für die Unfallversicherungsbeiträge festgeschrie-ben (vgl. Rn. 11, 13).

24 § 393 Abs. 3 RVO a.F. wurde durch Art. 2 Nr. 7 des Gesetzes v. 20.12.1988 (BGBl. I S. 2330) in das SGB IV übernommen und durch § 28e Abs. 2 und 4 SGB IV ersetzt. Ebenso wurde § 1396 Abs. 1 RVO durch Art. 35 Nr. 1 des Unfallversicherungs-Einordnungsgesetzes (UVEG v. 7.8.1996, BGBl. I S. 1254) aufgehoben und durch § 174 Abs. 1 SGB VI/§ 28e SGB IV ersetzt. Die selbstschuldnerische Bürgenhaf-tung des Entleihers für den Gesamtsozialversicherungsbeitrag ist nunmehr in § 28e Abs. 2 SGB IV geregelt (vgl. Rn. 13).

VII. Nachweis der Beitragszahlung durch den Entleiher (§ 1 Nr. 8)

25 Der durch § 1 Nr. 8 dem § 1401 RVO angefügte Abs. 5 ist durch Art. 2 Nr. 1 des Gesetzes v. 20.12.1988 (BGBl. I S. 2330) gestrichen worden. Der **Nachweis der Entrichtung von Beiträgen** durch den Entleiher auf der Versichertenkarte des Arbeitnehmers ist entfallen und durch die in der DEÜV (v. 10.2.1998, BGBl. I S. 343) enthaltenen Regelungen ersetzt worden (vgl. § 2 Nr. 3 DEÜV).

VIII. Meldepflichten des Entleihers gegenüber der Verleiher-Berufsgenossenschaft (§ 1 Nr. 9)

26 Durch Art. 3 § 1 Nr. 9 werden die Unterstützungs- und Auskunftspflichten des Unternehmers nach § 1543c Abs. 1 RVO a.F./§§ 191, 192 Abs. 3, 209 Nr. 8 SGB VII auf entsprechende Pflichten der Verleiher-Berufsgenossenschaft ausgedehnt. §§ 191, 192 Abs. 5 SGB VII lauten:

§ 191 SGB VII
Unterstützungspflicht der Unternehmer

Die Unternehmer haben die für ihre Unternehmen zuständigen Unfallversicherungs-träger bei der Durchführung der Unfallversicherung zu unterstützen; das Nähere regelt die Satzung.

§ 192 SGB VII
Mitteilungs- und Auskunftspflichten von Unternehmern und Bauherren

(5) Bauherren sind verpflichtet, auf Verlangen des zuständigen Unfallversiche-rungsträgers die Auskünfte zu geben, die zur Erfüllung der gesetzlichen Aufgaben des Unfallversicherungsträgers (§ 199) erforderlich sind. Dazu gehören

1. *die Auskunft darüber, ob und welche nicht gewerbsmäßigen Bauarbeiten ausgeführt werden,*
2. *die Auskunft darüber, welche Unternehmen mit der Ausführung der gewerbsmäßigen Bauarbeiten beauftragt sind.*

Bei **Arbeitsunfällen in Entleiherbetrieben** ist der Verleiher meist nicht in der Lage, seiner zuständigen Berufsgenossenschaft, die bei Arbeitsunfällen entschädigungspflichtig ist (vgl. Rn. 21), die nach § 1543c Abs. 1 Satz 1 RVO a. F. notwendigen Auskünfte zu erteilen. Die nach § 1543c Abs. 1 Satz 2 RVO a. F. bestehende **Auskunftspflicht**, insbesondere über Behandlung und Zustand des Verletzten zu berichten, und die in § 1543c Abs. 1 Satz 2 RVO a. F. enthaltene **Unterstützungspflicht** auch gegenüber einem Unfallversicherungsträger, der nicht für den Unternehmer zuständig ist, aber einen Versicherungsfall zu entschädigen hat (z. B. bei Doppelarbeitsverhältnissen), wurden in § 191 SGB VII nicht übernommen. Die entsprechende Verpflichtung der Unternehmer ergibt sich nunmehr jedoch allgemein aus § 192 Abs. 3 SGB VII (vgl. UVEG, Erstkommentierung, § 192 Anm. 4). Durch § 192 Abs. 3 SGB VII wird daher der Entleiher gegenüber dem für den Entleiher zuständigen Unfallversicherungsträger des Verleihers zur entsprechenden Auskunft verpflichtet, wobei er auch Ermittlungen der Verwaltungs-Berufsgenossenschaft des Verleihers in seinem Betrieb zu ermöglichen und zu unterstützen hat (*Becker/Wulfgramm*, Art. 3 § 1; *Sandmann/Marschall*, Art. 3 § 1 Anm. 32).

IX. Anzeigepflichten bei Arbeitsunfällen (§ 1 Nr. 10)

In § 1553 RVO a. F./§§ 193 Abs. 1 und 7 SGB VII sind die Anzeigepflichten des Unternehmers bei Arbeitsunfällen geregelt. § 193 SGB VII lautet: **27**

§ 193 SGB VII
Pflicht zur Anzeige eines Versicherungsfalls durch die Unternehmer

(1) Die Unternehmer haben Unfälle von Versicherten in ihren Unternehmen dem Unfallversicherungsträger anzuzeigen, wenn Versicherte getötet oder so verletzt werden, daß sie mehr als drei Tage arbeitsunfähig werden. Satz 1 gilt entsprechend für Unfälle von Versicherten, deren Versicherung weder eine Beschäftigung noch eine selbständige Tätigkeit voraussetzt.
(2)–(4) ...
(5) Die Anzeige ist vom Betriebs- oder Personalrat mit zu unterzeichnen. Der Unternehmer hat die Sicherheitsfachkraft und den Betriebsarzt über jede Unfall- oder Berufskrankheitenanzeige in Kenntnis zu setzen. Verlangt der Unfallversicherungsträger zur Feststellung, ob eine Berufskrankheit vorliegt, Auskünfte über gefährdende Tätigkeiten von Versicherten, haben die Unternehmer den Betriebs- oder Personalrat über dieses Auskunftsersuchen unverzüglich zu unterrichten.
(6) ...
(7) Bei Unfällen in Unternehmen, die der allgemeinen Arbeitsschutzaufsicht unterstehen, hat der Unternehmer eine Durchschrift der Anzeige der für den Arbeitsschutz zuständigen Landesbehörde zu übersenden. (...)
(8)–(9) ...

Nach § 193 Abs. 1 SGB VII ist der **Verleiher** verpflichtet, **Unfälle**, die der Leih-arbeitnehmer in einem Drittbetrieb erleidet, der für ihn zuständigen Verwal-tungs-Berufsgenossenschaft **anzuzeigen**. Durch die Beteiligung der Betriebs- und Personalräte stellt Abs. 5 sicher, dass die Anzeige von Versicherungsfällen wahrheitsgemäß erfolgt und die betrieblichen Interessenvertretungen über den Eintritt von Versicherungsfällen rechtzeitig unterrichtet werden.

X. Änderung des Angestelltenversicherungsgesetzes (§ 2 Nr. 1)

28 Das Angestelltenversicherungsgesetz wurde durch Art. 83 Nr. 1 des RRG 1992 v. 18.12.1989 (BGBl. I S. 2661) mit Wirkung v. 31.12.1991 aufgehoben und mit Wirkung v. 1.1.1992 durch die Bestimmungen des SGB VI ersetzt. Durch die in § 28e SGB IV enthaltene Regelung ist der **Entleiher** auch für den Gesamtversiche-rungsbeitrag von Angestellten **als selbstschuldnerischer Bürge** hinsichtlich der Zahlung des **Gesamtsozialversicherungsbeitrags** verpflichtet (vgl. Rn. 8).

XI. Nachweis der Beitragsentrichtung durch den Entleiher (§ 2 Nr. 2)

29 Wie § 1401 Abs. 5 RVO ist auch der durch § 2 Nr. 2 eingefügte § 123 Abs. 5 AVG durch Art. 3 Nr. 1 des Gesetzes v. 20.12.1988 (BGBl. I S. 2330) mit Wirkung v. 1.1.1992 aufgehoben worden. Die Erläuterungen zu § 1 Nr. 1 gelten insoweit entsprechend (vgl. Rn. 1 ff.).

XII. Änderung des Reichsknappschaftsgesetzes (§ 3)

30 Das **Reichsknappschaftsgesetz** ist durch Art. 83 Nr. 3, Art. 85 RRG 1992 v. 18.12.1989 (BGBl. I S. 2261) mit Wirkung v. 31.12.1991 **aufgehoben** worden. Die auch im Bereich der Knappschaft bestehende selbstschuldnerische Bürgenhaf-tung des Entleihers sowie dessen Pflichten zur Abgabe von Kontrollmeldungen sind nunmehr in den Bestimmungen der §§ 28d bis 28n und § 28r SGB IV ge-regelt. Auf die Erläuterungen zu § 1 Nr. 1 (vgl. Rn. 1 ff.) kann insoweit verwiesen werden.

Artikel 4
Änderung des Arbeitsförderungsgesetzes

Das Arbeitsförderungsgesetz vom 25. Juni 1969 (Bundesgesetzbl. I S. 582), zuletzt geändert durch das Zweite Gesetz zur Änderung und Ergänzung des Arbeits-förderungsgesetzes vom 19. Mai 1972 (Bundesgesetzbl. I S. 791), wird wie folgt geändert:

1. § 179 Satz 1 wird wie folgt geändert:

a) Die Worte »die Zahltage (§ 393)« werden durch die Worte »die Zahltage (§ 393 Abs. 1 Satz 1 und 2 sowie Abs. 2) und die Haftung des Entleihers als selbstschuldnerischer Bürge (§ 393 Abs. 3)« ersetzt.

b) Der Klammerzusatz »(§ 520)« wird durch den Klammerzusatz »(§ 520 Abs. 1 Satz 1 und 2)« ersetzt.

2. § 227 erhält folgende Fassung:

»§ 227

Wer

1. ohne vorherige Zustimmung der Bundesanstalt nach § 18 Abs. 1 Satz 2 oder ohne Auftrag der Bundesanstalt nach § 23 Abs. 1 Satz 2 einen Arbeitnehmer für eine Beschäftigung als Arbeitnehmer im Ausland oder im Ausland für eine Beschäftigung als Arbeitnehmer im Inland anwirbt oder vermittelt oder

2. einen nichtdeutschen Arbeitnehmer, der die nach § 19 Abs. 1 Satz 1 erforderliche Erlaubnis nicht besitzt, ohne Auftrag der Bundesanstalt nach § 23 Abs. 1 Satz 1 im Inland vermittelt,

wird mit Freiheitsstrafe bis zu einem Jahr oder mit Geldstrafe nicht unter tausend Deutsche Mark bestraft.«

3. In § 229 Abs. 2 wird das Wort »dreitausend« durch das Wort »zehntausend« ersetzt; vor dem Wort »geahndet« wird eingefügt: », jedoch nicht unter tausend Deutsche Mark,«.

I. Haftung des Entleihers für Beitragsschulden nach dem AFG/SGB IV (Nr. 1)

§ 179 AFG wurde durch das Gesetz v. 20.12.1988 (BGBl. I S. 2330) sowie das **1** Gesetz zur Strukturreform im Gesundheitswesen (GRG) v. 20.12.1988 (BGBl. I S. 2477) vollständig neu gefasst. Die **Haftung des Entleihers als selbstschuldnerischer Bürge** auch für die Entrichtung von Beiträgen an die BA ergibt sich nunmehr aus § 28e Abs. 2 SGB IV; auf die Erläuterungen zur Haftung des Entleihers für den Gesamtsozialversicherungsbeitrag wird insoweit verwiesen (vgl. Art. 3 Rn. 7).

Die **Meldepflichten des Verleihers** als Arbeitgeber (bzw. des Entleihers als **2** Arbeitgeber des fiktiven Arbeitsverhältnisses nach §§ 10, 13) ergeben sich heute aus § 28a Abs. 1 SGB IV. Verstoßen Verleiher vorsätzlich oder grob fahrlässig gegen die Meldepflichten aus § 28a Abs. 1 SGB IV, handeln sie ordnungswidrig und können mit einer Geldbuße bis zu 25000 € belegt werden (§ 111 Abs. 1 Nr. 2 SGB IV).

II. Strafbarkeit illegaler Ausländervermittlung und Ausländerbeschäftigung (Nr. 2 i.V. m. § 406 Abs. 1 SGB III/§ 227 AFG a.F.)

Durch Art. 4 Nr. 2 wurde § 227 AFG a. F. dahin gehend geändert, dass auch die **3** illegale Vermittlung ausländischer Arbeitnehmer im Inland und die illegale Beschäftigung von Ausländern zu diskriminierenden Arbeitsbedingungen unter

Strafe gestellt wurde. Die Vorschrift hat im Verlauf der Rechtsentwicklung verschiedene Änderungen erfahren und wurde durch Art. 3 Nr. 10 des Gesetzes v. 23.7.2004 (BGBl. I S. 1842) m.W.v. 1.8.2004 bzw. des **Zuwanderungsgesetzes** (v. 30.7.2004, BGBl. I S. 1950) m.W.v. 1.1.2005 aufgehoben. Die von § 406 SGB III erfassten Verstöße sind nunmehr in anderen Vorschriften und Gesetzen enthalten (vgl. § 18 Rn. 23).

4 Nach § 292 SGB III ist die **Auslandsvermittlung** nur noch auf Grundlage einer entsprechenden Rechtsverordnung des BMWA untersagt. Verstöße sind nach § 404 Abs. 2 Nr. 9 SGB III bußgeldbewehrt, wenn in der Rechtsverordnung auf diese Vorschrift verwiesen wird. Die **Vermittlung** ausländischer Arbeitnehmer **in das Inland** ist nach § 40 Abs. 1 Nr. 1 AufenthG unzulässig (vgl. Einl. G Rn. 37).

4a Die **Anwerbung** von Ausländern aus nicht dem EWR angehörigen Mitgliedstaaten im Ausland bzw. deren Anwerbung im Inland für eine Tätigkeit außerhalb des EWR darf nach § 302 Abs. 1 Nr. 1 und 2 SGB III nur die BA durchführen. Wird die Anwerbung in Form der Anstiftung und Hilfeleistung zum **Einschleusen von Ausländern** betrieben, kommt eine Strafbarkeit nach § 96 AufenthG in Betracht (vgl. Art. 5 Rn. 5).

4b Die Zulässigkeit der Ausländerbeschäftigung richtet sich nach den Bestimmungen des AufenthG (vgl. Einl. G Rn. 15ff.). Nach § 404 Abs. 2 Nr. 3 SGB III ist die **illegale Ausländerbeschäftigung** bußgeldbewehrt und kann mit einer Geldbuße bis zu 500000 € geahndet werden (Rn. 11). Dieselbe Geldbuße kann nach § 404 Abs. 1 SGB III bei **Beauftragung von Subunternehmen** verhängt werden, wenn eines der beauftragten Unternehmen Ausländer ohne einen erforderlichen Aufenthaltstitel beschäftigen.

5 Die Beschäftigung von Ausländern ohne Aufenthaltstitel zu **Arbeitsbedingungen**, die in einem auffälligen Missverhältnis zu den Arbeitsbedingungen vergleichbarer deutscher Arbeitnehmer stehen, ist nach § 10 SchwarzArbG strafbar. Voraussetzung einer Strafbarkeit ist, dass eine in § 404 Abs. 2 Nr. 3 SGB III bezeichnete Handlung **vorsätzlich** begangen wird, und der Arbeitnehmer zu Arbeitsbedingungen beschäftigt wird, die in einem **auffälligen Missverhältnis** zu den Arbeitsbedingungen vergleichbarer deutscher Arbeitnehmer stehen. Die Tat ist nach § 10 Abs. 1 SchwarzArbG mit Geldstrafe oder Freiheitsstrafe bis zu drei Jahren (in schweren Fällen nach Abs. 2 mit Freiheitsstrafe von sechs Monaten bis zu fünf Jahren) strafbewehrt.

1. Tatbestand des § 406 Abs. 1 Nr. 3 SGB III a.F./ § 10 Abs. 1 SchwarzArbG

6 Der Tatbestand des § 10 Abs. 1 SchwarzArbG entspricht dem Tatbestand des § 227a AFG a.F., allerdings gehört der **Vorsatz zum Tatbestand**. I. ü. setzt der Tatbestand voraus, dass der Grundtatbestand des § 404 Abs. 2 Nr. 3 SGB III (illegale Ausländerbeschäftigung ohne Genehmigung, vgl. Einl. G. Rn. 4ff.) erfüllt ist und der Ausländer zu **Arbeitsbedingungen** beschäftigt wird, die in einem **auffälligen Missverhältnis** zu denen vergleichbarer deutscher Arbeitnehmer stehen. Hinsichtlich des Vorliegens dieser Tatbestandsvoraussetzung wird auf die Erläuterungen zu § 15a AÜG (vgl. § 15a Rn. 9) verwiesen.

2. Besonders schwere Fälle (§§ 10 Abs. 2, 11 Abs. 2 SchwarzArbG)

§ 406 Abs. 2 SGB III a.F. enthielt eine Strafverschärfung in den Fällen, in denen   **7**
der Täter gewerbsmäßig oder aus grobem Eigennutz handelte (vgl. hierzu § 15a
Rn. 14). §§ 10 Abs. 2, 11 SchwarzArbG entsprechen weitgehend den bisher
in §§ 406 Abs. 2, 407 SGB III a.F. enthaltenen Strafbarkeitsgründen begründen
darüber hinaus auch eine **Strafbarkeit des illegal beschäftigten Ausländers**,
wenn er beharrlich und wiederholt eine illegale Beschäftigung im Inland ausübt
(§ 11 Abs. 1 Nr. 2 Buchst. b) SchwarzArbG). Beschäftigt der Arbeitgeber entgegen § 284 Abs. 1 SGB III oder § 4 Abs. 3 AufenthG gleichzeitig **mehr als fünf
Ausländer** oder **wiederholt** er beharrlich eine in § 404 Abs. 2 Nr. 3 oder 4 SGB III
bezeichnete Handlung, macht er sich nach § 11 Abs. 1 SchwarzArbG strafbar
(vgl. auch § 407 SGB III i.d. bis zum 17. 3. 2005 gültigen Fassung). Handelt er aus
grobem Eigennutz (§ 11 Abs. 2 SchwarzArbG; vgl. auch § 15 Rn. 14 u. § 407
Abs. 2 SGB III a.F.), kann eine Freiheitsstrafe bis zu drei Jahren oder Geldstrafe
verhängt werden.

3. Verschulden, Versuch, Wahlfeststellung

Da fahrlässiges Handeln nicht ausdrücklich unter Strafe gestellt ist (§ 15 StGB),   **8**
kann die Tat nur **vorsätzlich** begangen werden, wobei sich der Vorsatz bei §§ 10 f.
SchwarzArbG auch auf den Tatbestand der Beschäftigung ausländischer Arbeitnehmer ohne Genehmigung erstrecken muss. Fehlt es hieran, kommt eine Strafbarkeit wegen Lohnwuchers nach § 291 StGB in Betracht (vgl. § 15a Rn. 5). Der
Versuch ist nicht strafbar (§ 23 Abs. 1 StGB). Wird die Tat nicht nach § 10 Abs. 1
SchwarzArbG bestraft, konnte nach § 404 Abs. 2 Nr. 6 SGB III a.F. eine Geldbuße
gegen den Täter verhängt werden (§ 21 Abs. 2 OWiG). I. ü. ist zwischen Art. 1 § 15
und § 10 Abs. 1 SchwarzarbG **Wahlfeststellung** möglich (vgl. hierzu sowie zu
Konkurrenzen zu anderen Bestimmungen § 15 Rn. 6 und § 16 Rn. 35). Wird der
Täter nach §§ 15 f. AÜG zu einer Freiheitsstrafe von mehr als drei Monaten oder
einer Geldstrafe von wenigstens 250 000 € verurteilt, ist er nach § 21 Schwarz-
ArbG von der **Vergabe öffentlicher Aufträge auszuschließen.**

III. Erhöhung des Bußgeldrahmens bei § 404 SGB III/§ 229 AFG a. F. (Nr. 3)

Durch Nr. 3 wurde der **Bußgeldrahmen** des § 229 AFG a.F. erhöht, wobei der   **9**
Bußgeldrahmen des § 229 Abs. 3 AFG i.d.F. des BillBG v. 15. 12. 1981 (BGBl. I
S. 1390) maßgeblich war.
Die Vorschrift wurde durch Art. 1 des AFRG v. 24. 3. 1997 (BGBl. I S. 594) in   **10**
§ 404 SGB III neu gefasst und zuletzt durch Art. 3 Nr. 4 Buchst. a) des Gesetzes
v. 14. 3. 2005 (BGBl. I S. 721) m.W.v. 18. 3. 2005 geändert. § 404 SGB III hat heute folgende Fassung:

§ 404 SGB III
Bußgeldvorschriften

(1) Ordnungswidrig handelt, wer als Unternehmer Dienst- oder Werkleistungen in
erheblichem Umfang ausführen lässt, indem er einen anderen Unternehmer beauf-
tragt, von dem er weiß oder fahrlässig nicht weiß, dass dieser zur Erfüllung dieses
Auftrags

1. *entgegen § 284 Abs. 1 oder § 4 Abs. 3 Satz 1 des Aufenthaltsgesetzes einen Ausländer beschäftigt oder*
2. *einen Nachunternehmer einsetzt oder zulässt, dass ein Nachunternehmer tätig wird, der entgegen § 284 Abs. 1 oder § 4 Abs. 3 Satz 1 des Aufenthaltsgesetzes einen Ausländer beschäftigt.*

(2) Ordnungswidrig handelt, wer vorsätzlich oder fahrlässig
(...)

3. *entgegen § 284 Abs. 1 oder § 4 Abs. 3 Satz 1 des Aufenthaltsgesetzes einen Ausländer beschäftigt,*
4. *entgegen § 284 Abs. 1 oder § 4 Abs. 3 Satz 1 des Aufenthaltsgesetzes eine Beschäftigung ausübt,*
5. *entgegen § 39 Abs. 2 Satz 3 des Aufenthaltsgesetzes eine Auskunft nicht richtig erteilt,*
6. *einer vollziehbaren Anordnung nach § 288a Abs. 1 zuwiderhandelt,*
7. *entgegen § 288a Abs. 2 Satz 1 eine Auskunft nicht, nicht richtig, nicht vollständig oder nicht rechtzeitig erteilt oder eine Unterlage nicht, nicht richtig, nicht vollständig oder nicht rechtzeitig vorlegt,*
8. *entgegen § 288a Abs. 3 Satz 2 eine Maßnahme nicht duldet,*
9. *einer Rechtsverordnung nach § 292 zuwiderhandelt, soweit sie für einen bestimmten Tatbestand auf diese Bußgeldvorschrift verweist,*
10. *(weggefallen)*
11. *entgegen § 296 Abs. 2 oder § 296a eine Vergütung oder einen Vorschuss entgegennimmt,*
12. *entgegen § 298 Abs. 1 als privater Vermittler Daten erhebt, verarbeitet oder nutzt,*

(...)

(3) Die Ordnungswidrigkeit kann in den Fällen der Absätze 1 und 2 Nr. 3 mit einer Geldbuße bis zu fünfhunderttausend Euro, in den Fällen des Absatzes 2 Nr. 1, 5 bis 9 und 11 bis 13 mit einer Geldbuße bis zu dreißigtausend Euro, in den Fällen des Absatzes 2 Nr. 2, 4, 16 und 26 mit einer Geldbuße bis zu fünftausend Euro, in den übrigen Fällen mit einer Geldbuße bis zu zweitausend Euro geahndet werden.

11 Nach § 404 Abs. 2 Nr. 3 SGB III, der inhaltlich § 229 Abs. 1 Nr. 2 AFG a. F. entspricht, ist die **Beschäftigung ausländischer Arbeitnehmer ohne** einen Aufenthaltstitel oder eine nach § 284 Abs. 1 Satz 1 SGB III erforderliche **Genehmigung** bußgeldbewehrt. Das Höchstmaß der Geldbuße beträgt 500 000 Euro (Abs. 3). Da sich das in § 284 Abs. 1 Satz 1 SGB III enthaltene **Beschäftigungsverbot** an alle Arbeitgeber richtet, die einen ausländischen Arbeitnehmer ohne die erforderliche Genehmigung beschäftigen, kommen als **Täter** bei ANÜ sowohl der **Verleiher** als Vertragsarbeitgeber als auch der **Entleiher**, soweit er infolge eines fingierten Arbeitsverhältnisses in die Arbeitgeberstellung des Verleihers einrückt, in Betracht (vgl. § 15a Rn. 4). Zwischen § 404 Abs. 2 Nr. 3 SGB III und § 16 Abs. 1 Nr. 2 AÜG ist **Wahlfeststellung** möglich (vgl. § 16 Rn. 35).

12 Überlässt ein Verleiher, der die Erlaubnis zur ANÜ nicht besitzt, einen ausländischen Arbeitnehmer ohne Aufenthaltstitel oder die nach § 284 Abs. 1 Satz 1 SGB III erforderliche Genehmigung, liegt nach § 15 AÜG eine Straftat vor (vgl. Erl. zu § 15 AÜG).

Artikel 5
Änderung des Ausländergesetzes

Dem § 24 des Ausländergesetzes vom 28. April 1965 (Bundesgesetzbl. I S. 353), zuletzt geändert durch das Kostenermächtigungs-Änderungsgesetz vom 23. Juni 1970 (Bundesgesetzbl. I S. 805), wird folgender Absatz eingefügt:
»(6a) Wer einen nichtdeutschen Arbeitnehmer, der nach § 12 Abs. 1 Satz 1 den Geltungsbereich dieses Gesetzes unverzüglich zu verlassen hat, beschäftigt, haftet für die Abschiebekosten. Absatz 6 Satz 1 bleibt unberührt.«

Inhaltsübersicht Rn.

I. Entstehungsgeschichte und Gesetzeszweck

Der durch Art. 5 in § 24 Ausländergesetz eingefügte neue Abs. 6a entsprach **1** inhaltlich § 82 Abs. 4 Ausländergesetz i.d.F. v. 9.7.1990 (BGBl. I S. 1354). Mit der Aufhebung des AuslG und dem Inkrafttreten des AufenthG am 1.1.2005 wurde die Durchsetzung der Ausreisepflichten eines illegal eingereisten Ausländers in §§ 57 ff. – AufenthG neu geregelt und § 82 Abs. 4 AuslG durch § 66 Abs. 4 AufenthG, der die Kostentragungspflichten eines Beschäftigungsunternehmens für die Abschiebe- und Zurückweisungskosten regelt, ersetzt. § 66 Abs. 4 AufenthG hat folgenden Wortlaut:

(4) Für die Kosten der Abschiebung oder Zurückschiebung haftet, wer den Ausländer als Arbeitnehmer beschäftigt hat, wenn diesem die Ausübung der Erwerbstätigkeit nach den Vorschriften dieses Gesetzes nicht erlaubt war. In gleicher Weise haftet, wer eine nach § 96 strafbare Handlung begeht. Der Ausländer haftet für die Kosten nur, soweit sie von dem anderen Kostenschuldner nicht beigetrieben werden können.

Im Unterschied zur früheren Fassung des § 24 AuslG **haftet der ausländische** **2** **Arbeitnehmer** für die Abschiebe- und Zurückschiebungskosten nicht gesamtschuldnerisch, sondern nach § 66 Abs. 4 Satz 3 AufenthG nur **subsidiär**. Durch die Vorschrift soll sichergestellt werden, dass ein **Arbeitgeber**, der ausländische Arbeitnehmer illegal beschäftigt, hinsichtlich der Abschiebekosten **Kostenschuldner** ist. Die Vorschrift soll dabei auch Abschreckungscharakter haben (*Hess. VGH* v. 21.9.1994 – 10 UE 985/94 – DB 1995, 1770) und zielt auf eine wirksamere Bekämpfung von Formen illegaler Ausländerbeschäftigung ab (Bericht des Arbeordneten *Jaschke* zu BT-Ds. VI/3505, S. 5).

II. Voraussetzungen des § 66 Abs. 4 Satz 1 AufenthG

§ 66 Abs. 4 Satz 1 AufenthG setzt voraus, dass jemand einen Ausländer als Ar- **3** beitnehmer beschäftigt hat. Als **Kostenschuldner** kommen insoweit sowohl der **Verleiher als Vertragsarbeitgeber** als auch der Entleiher eines nach Art. 1 §§ 10, 1

Abs. 2 AÜG zustande gekommenen Arbeitsverhältnisses in Betracht (*BVerwG* v. 13.11.1979 – 1 C 31.78 – EzAÜG AuslG Nr.1; *Becker/Wulfgramm*, Art. 5 Rn.5; *Sandmann/Marschall*, Art. 5 Anm. 3; *Schüren*, Art. 5 Rn.6). Beim illegalen **Scheinwerkvertrag** haftet daher der Auftraggeber als Arbeitgeber des fingierten Arbeitsverhältnisses. Mehrere Arbeitgeber des Arbeitnehmers haften als Gesamtschuldner (*BVerwG* v. 23.10.1979 – 1 C 48.75 – EzAÜG AuslG Nr.3).

4 Nach dem Wortlaut des § 66 Abs. 4 Satz 1 AufenthG setzt die Haftung nicht ein wirksam zustande gekommenes Arbeitsverhältnis voraus, sie knüpft vielmehr allein an die **tatsächliche Beschäftigung** des ausländischen Arbeitnehmers bei einer Person an. Daher ist es gerechtfertigt, auch unabhängig vom Vorliegen einer Erlaubnis nach Art. 1 § 1 Abs. 1 (a.A. *Sandmann/Marschall*, Art. 5 Anm. 2) die Haftung auf alle **Entleiher** und Einsatzbetriebe zu erstrecken, bei denen ausländische Arbeitnehmer illegal arbeiten, wenn der Einsatzbetrieb seine Sorgfaltspflichten zur Vermeidung illegaler Ausländerbeschäftigung verletzt hat. Vom Haftungsrisiko des § 66 Abs. 4 AufenthG soll grundsätzlich jeder erfasst werden, der den unerlaubten Aufenthalt veranlasst oder gefördert hat (so auch *Sandmann/Marschall*, Art. 5 Anm. 3), so dass auch **Geschäftsführer** einer juristischen Person, die zum eigenen Vorteil Ausländer illegal beschäftigen, haften (*VGH Baden-Württemberg* v. 11.6.1985 – 11 S 760/82 – EzAÜG AuslG Nr.4). Da den Entleiher bei der Beschäftigung von Ausländern eine besondere Pflicht zur Überprüfung der arbeitserlaubnisrechtlichen Bestimmungen trifft (vgl. § 12 Rn.11), kann er auch als Kostenschuldner nach § 66 Abs. 4 AufenthG in Anspruch genommen werden.

5 Die **Haftung für die Abschiebe- und Zurückschiebungskosten** setzt voraus, dass die **Tätigkeit** des Ausländers nach den Vorschriften des AufenthG oder des SGB III **nicht erlaubt** war. Dies ist insbesondere der Fall, wenn der Ausländer nicht über einen Aufenthaltstitel oder über eine nach § 284 Abs. 1 SGB III erforderliche Arbeitserlaubnis verfügt (vgl. Einl. G. Rn.4ff.) oder nach § 50 AufenthG zur Ausreise verpflichtet ist und nach §§ 57ff. AufenthG abgeschoben oder zurückgewiesen werden kann. § 66 Abs. 4 Satz 2 AufenthG begründet darüber hinaus eine selbständige Kostentragungspflicht für alle Anstifter oder Hilfeleistenden bei Vorliegen einer Strafbarkeit nach § 96 AufenthG wegen **Einschleusens von Ausländern**.

6 Eine Haftung für die Abschiebekosten setzt ein **Verschulden** des Kostenschuldners hinsichtlich der Unkenntnis der Ausreisepflicht des ausländischen Arbeitnehmers voraus – (*BVerwG* v. 23.10.1979 – 1 C 39.78 und 1 C 48.75 – EzAÜG AuslG Nr.2 und 3; *Becker/Wulfgramm*, Art. 5 Rn.2; *Sandmann/Marschall*, Art. 5 Anm. 5; *Schüren*, Art. 5 Rn.11). **Fahrlässige Unkenntnis** reicht hierbei aus, wobei diese schon dann vorliegt, wenn sich der Arbeitgeber auf die Behauptung des ausländischen Arbeitnehmers verlässt, er sei zum Aufenthalt befugt (*BVerwG* v. 22.7.1987, NJW 1988, 662; *Sandmann/Marschall*, Art. 5 Rn.5). Den Arbeitgeber trifft insoweit eine positive **Nachforschungspflicht**, sich über den Aufenthaltsstatus des ausländischen Arbeitnehmers (z.B. durch Vorlage des Passes bzw. der Aufenthaltserlaubnis) und den Umfang der diesem erlaubten Erwerbstätigkeit zu informieren (*Hess. VGH* v. 21.9.1994 – 10 UE 985/94 – DB 1995, 1770).

III. Umfang der Erstattungspflicht

7 Zu den **erstattungspflichtigen Kosten** gehören alle Kosten und Auslagen, die durch die Abschiebung entstehen oder sonst mit ihr in Zusammenhang stehen, z.B. Beförderungskosten, Kosten der Unterkunft und Verpflegung oder auch Kosten der Abschiebungshaft (vgl. § 67 AufenthG).

Artikel 6
Schlussvorschriften

§ 1 Berlin-Klausel

Dieses Gesetz gilt nach Maßgabe des § 13 Abs. 1 des Dritten Überleitungsgesetzes vom 4. Januar 1952 (Bundesgesetzbl. I S. 1) auch im Land Berlin. Rechtsverordnungen, die auf Grund dieses Gesetzes erlassen werden, gelten im Land Berlin nach § 14 des Dritten Überleitungsgesetzes.

§ 2 Krankenversicherung der unständig Beschäftigten im Land Hamburg

(1) Der Senat der Freien und Hansestadt Hamburg kann für die unständig Beschäftigten (§ 441 der Reichsversicherungsordnung) bis zu einer bundeseinheitlichen Neuregelung Näheres über die zur Durchführung der Krankenversicherung erforderlichen Meldungen, über Berechnung, Zahlung und Nachweis der Krankenversicherungsbeiträge sowie über Berechnung und Zahlung der Barleistungen bestimmen. In der Rechtsverordnung kann auch bestimmt werden,
1. daß die Arbeitgeber von unständig Beschäftigten ihren Beitragsteil selbst zu tragen haben,
2. daß die Arbeitgeber dabei den Beitragsteil für den Versicherten zu verauslagen haben, wenn dieser seiner Pflicht zur Beitragsentrichtung nicht nachgekommen ist,
3. welche Zeit als vorübergehend im Sinne des § 446 der Reichsversicherungsordnung anzusehen ist,
4. welche Verstöße gegen Pflichten, die die Rechtsverordnung Arbeitgebern oder unständig Beschäftigten auferlegt, als Ordnungswidrigkeit mit einer Geldbuße geahndet werden können.
(2) Ordnungswidrig handelt, wer vorsätzlich oder fahrlässig einer Rechtsverordnung nach Absatz 1 zuwiderhandelt, soweit diese für einen bestimmten Tatbestand auf diese Bußgeldvorschrift verweist. Die Ordnungswidrigkeit kann mit einer Geldbuße geahndet werden. Verwaltungsbehörde im Sinne des § 36 Abs. 1 Nr. 1 des Gesetzes über Ordnungswidrigkeiten ist die Krankenkasse. Die Geldbußen fließen in deren Kasse; sie werden wie Gemeindeabgaben beigetrieben. Die Krankenkasse trägt abweichend von § 105 Abs. 2 des Gesetzes über Ordnungswidrigkeiten die notwendigen Auslagen; sie ist auch ersatzpflichtig im Sinne des § 110 Abs. 4 des Gesetzes über Ordnungswidrigkeiten.

§ 3 Übergangsregelung

Wenn Verleiher, die bei Inkrafttreten des Gesetzes gewerbsmäßig Arbeitnehmer überlassen, die Erlaubnis nach Artikel 1 § 1 binnen zwei Monaten nach Inkrafttreten des Gesetzes beantragen, gilt die Erlaubnis bis zur Entscheidung der Erlaubnisbehörde über den Antrag als erteilt, sofern kein Versagungsgrund nach Artikel 1 § 3 Abs. 2 vorliegt. Wird die Erlaubnis versagt, so gilt dies als Widerruf einer Erlaubnis.

§ 3a Zeitliche Begrenzung der Verlängerungsregel[1]

(1) Mit Wirkung vom 1. Januar 2001 werden Artikel 1 § 1a, Artikel 1 § 16 Abs. 1 Nr. 2a und in Artikel 1 § 16 Abs. 2 die Zahl »2a« und das nachfolgende Komma gestrichen sowie in Artikel 1 § 3 Abs. 1 Nr. 6 und in Artikel 1 § 16 Abs. 1 Nr. 9 jeweils das Wort »neun« durch das Wort »drei« ersetzt.

(2) Absatz 1 gilt nicht für Verträge zwischen Verleiher und Entleiher, wenn die Überlassung an den Entleiher vor dem 1. Januar 2001 begonnen hat.

§ 3b Übergangsvorschrift zum Gesetz über den Nachweis der für ein Arbeitsverhältnis geltenden wesentlichen Bedingungen (Nachweisgesetz)

Hat ein Leiharbeitsverhältnis bereits am 28. Juli 1995 bestanden, ist dem Leiharbeitnehmer auf sein Verlangen eine Urkunde oder eine schriftliche Vereinbarung im Sinne des Artikels 1 § 11 Abs. 1 unverzüglich auszuhändigen, es sei denn, eine früher ausgestellte Urkunde oder eine schriftliche Vereinbarung enthält alle nach Artikel 1 § 11 Abs. 1 erforderlichen Angaben.

§ 4 Inkrafttreten

Dieses Gesetz tritt zwei Monate nach seiner Verkündung in Kraft. Artikel 6 § 2 tritt am Tage nach der Verkündung in Kraft.

Inhaltsübersicht

I. § 1 Berlin-Klausel (aufgehoben)

1 Auf Grund der früher erforderlichen Berlin-Klausel galt das AÜG auf Grund des Übernahmegesetzes v. 18. 8. 1972 (*GVBl. Berlin, S.* 1656) mit dem Zeitpunkt des Inkrafttretens auch im Land Berlin. Bereits mit dem Einigungsvertrag v. 21. 8. 1990 (Anlage I, Kapitel VIII, Sachgebiet E, Abschnitt II Nr. 2; BGBl. I S. 889) wurde die Geltung des AÜG auf ganz Deutschland erstreckt. Durch Art. 3 Nr. 2a BeschFG 1994 v. 26. 7. 1994 (BGBl. I S. 1786) wurde die **Vorschrift aufgehoben**.

---

[1] mit Wirkung vom 1. 4. 1997 aufgehoben durch Art. 63 Nr. 15 AFRG vom 24. 3. 1997 (BGBl. IS. 594)

II. § 2 Krankenversicherung der unständig Beschäftigten im Land Hamburg (gegenstandslos)

§ 2 weist nach allgemeiner Auffassung keine Bezüge zum AÜG auf (*Becker/Wulf-gramm*, Art. 6 § 2; *Sandmann/Marschall*, Art. 6 § 2; *Schüren*, Art. 6 § 2 Rn. 1). Die Bestimmung ist daher gegenstandslos.   **2**

III. § 3 Übergangsregelung (gegenstandslos)

§ 3 enthielt die **für gewerbsmäßig tätige Verleiher** erforderliche **Übergangsrege-lung** bezüglich der durch das Inkrafttreten des AÜG erforderlichen Erlaubnis. Die Vorschrift ist wegen des Zeitablaufs gegenstandslos geworden.   **3**

IV. § 3a Zeitliche Begrenzung der Verlängerungsregelung (aufgehoben)

§ 3a wurde durch Art. 8 Abs. 1 Nr. 7 BeschFG 1985 v. 26. 4. 1985 (BGBl. I S. 710) in   **4**
das AÜG eingefügt. Die seinerzeit von drei auf sechs Monate **verlängerte Über-lassungsfrist** des Art. 1 § 3 Nr. 6 sollte **befristet** bis zum 31. 12. 1989 gelten. Durch das BeschFG 1990 v. 22. 12. 1989 (BGBl. I S. 2406) wurde § 3a neu gefasst und die Regelung über die sechsmonatige Überlassungsdauer des Art. 1 § 3 Nr. 6 bis zum 31. 12. 1995 **befristet verlängert**. Die neu eingefügte **Kollegenhilfe** des Art. 1 § 1a wurde ebenfalls **befristet** bis zum 31. 12. 1995 zugelassen.
Durch Art. 2 Ziff. 2 des 1. SKWPG v. 21. 12. 1993 (BGBl. I S. 2353) wurde die Über-   **5**
lassungsdauer des § 3 Abs. 1 Nr. 6 mit Wirkung v. 1. 1. 1994 **erneut** um weitere drei Monate auf neun Monate befristet bis zum 31. 12. 1995 verlängert und § 3a redaktionell angepasst. Ihre bis zum 31. 3. 1997 gültige Fassung erhielt die Vorschrift durch Art. 3 Nr. 2 des BeschFG 1994 v. 26. 7. 1994 (BGBl. I S. 1786). Durch das Gesetz wurde die Übergangsregelung von neun Monaten und die Zulässig-keit der Kollegenhilfe nach Art. 1 § 1a befristet bis zum 31. 12. 2000 verlängert worden. Nach der bis zum 31. 3. 1997 gültigen Fassung des § 3a Abs. 1 sollte ab dem 1. 1. 2001 die Höchstdauer der Überlassungsfrist nach Art. 1 § 3 Abs. 1 Nr. 6 wieder drei Monate betragen. Die nur anzeigepflichtige Kollegenhilfe nach Art. 1 § 1a sollte nicht mehr zulässig sein, sondern wieder in vollem Umfang den Be-stimmungen über die Erlaubnispflicht bei gewerbsmäßiger ANÜ unterliegen.
Nach § 3a Abs. 2 galt für ANÜ-Verträge, bei denen die Überlassung vor dem   **6**
1. 1. 2001 begonnen hat, eine **Übergangsregelung**, nach der bereits vor diesem Zeitpunkt abgeschlossene und mit der Durchführung begonnene Verträge ent-sprechend den bis zum 31. 12. 2000 gültigen Bestimmungen abgewickelt werden durften (zur Aufhebung des § 3 Abs. 1 Nr. 6 AÜG vgl. Einl. D Rn. 52 ff.).
Durch Art. 63 Nr. 15 AFRG v. 24. 3. 1997 (BGBl. I S. 594) wurde **Art. 6 § 3a ersatzlos**   **7**
aufgehoben. In der amtl. Begründung zum Gesetzentwurf heißt es hierzu ledig-lich, dass sich die Verlängerung der Höchstdauer bewährt habe (vgl. BT-Ds. 13/4941, S. 251). Angesichts der Tatsache, dass überhaupt nur ein Drittel aller Leiharbeitsverhältnisse drei Monate und länger bestehen (vgl. Einl. E. Rn. 10 ff.), bleibt offen, worin diese Bewährung bestanden haben soll. Es entsteht eher der Eindruck, dass **Deregulierung als Maxime gesetzgeberischen Handelns** den Blick auf gesellschaftliche Realitäten ebenso verstellt wie einen Blick in die soli-darischen Prinzipien der Verfassung, die kollektive Normen zur **Gewährleis-tung eines angemessenen Arbeitnehmerschutzes** zugunsten derer, die des Schutzes besonders bedürfen, erforderlich machen. Die Aufhebung des § 3a und

des § 3 Abs. 1 Nr. 6 a. F. ist mit der **Funktion der Arbeitnehmerüberlassung** als Instrument vorübergehender Personalbedarfsdeckung (vgl. Einl. E. Rn. 3, 6) nicht vereinbar (Einl. B. Rn. 42 f.).

V. § 3b Übergangsvorschrift zum Gesetz über den Nachweis der für ein Arbeitsverhältnis geltenden wesentlichen Bedingungen (Nachweisgesetz)

8 Art. 6 § 3b wurde durch Art. 2 Nr. 2 des Gesetzes zur Anpassung arbeitsrechtlicher Bestimmungen an das EG-Recht v. 20.7.1995 (BGBl. I S. 946) in das Gesetz eingefügt. Durch die Vorschrift wird der Arbeitgeber auch bei bestehendem Leiharbeitsverhältnis verpflichtet, dem Arbeitnehmer **auf Verlangen** die Urkunde nach § 11 Abs. 1 unverzüglich auszuhändigen. Soweit eine früher ausgestellte Urkunde alle nach § 11 Abs. 1 erforderlichen Angaben enthält, ist der Verleiher von seiner Verpflichtung befreit.

VI. § 4 Inkrafttreten

9 Das AÜG ist am 11.8.1972 verkündet worden (BGBl. I S. 1393) und trat mit Ausnahme von Art. 6 § 2 am 12.10.1972 in Kraft. Art. 6 § 2 trat wegen seiner Dringlichkeit bereits am Tage nach der Verkündung am 12.8.1972 in Kraft (Satz 2). In den **neuen Bundesländern** einschließlich des Ostteils von Berlin ist das AÜG am 29.9.1990 in Kraft getreten (Art. 1, 10 Abs. 1 Einigungsvertragsgesetz v. 23.9.1990, BGBl. II S. 889 i. V. m. Art. 8, 45 Einigungsvertrag v. 21.8.1990, BGBl. II S. 889 und der Bekanntmachung v. 16.10.1990, BGBl. II S. 1360).

Anhang 1

Arbeitnehmer-Entsendegesetz (AEntG)

Gesetzestext

Gesetz über zwingende Arbeitsbedingungen bei grenzüberschreitenden Dienstleistungen Arbeitnehmer-Entsendegesetz AEntG vom 26. Februar 1996 (BGBl I 1996, 227), zuletzt geändert durch Art. 2 Abs. 24 G v. 12.8.2005 (BGBl I 2354)

§ 1 Zwingende Arbeitsbedingungen im Baubereich

(1) Die Rechtsnormen eines für allgemeinverbindlich erklärten Tarifvertrages des Bauhauptgewerbes oder des Baunebengewerbes im Sinne des §§ 1 und 2 der Baubetriebe-Verordnung vom 28. Oktober 1980 (BGBl. I S. 2033), zuletzt geändert durch Artikel 1 der Verordnung vom 13. Dezember 1996 (BGBl. I S. 1954), die

1. die Mindestentgeltsätze einschließlich der Überstundensätze oder
2. die Dauer des Erholungsurlaubs, das Urlaubsentgelt oder ein zusätzliches Urlaubsgeld

zum Gegenstand haben, finden auch auf ein Arbeitsverhältnis zwischen einem Arbeitgeber mit Sitz im Ausland und seinem im räumlichen Geltungsbereich des Tarifvertrages beschäftigten Arbeitnehmer zwingend Anwendung, wenn der Betrieb oder die selbständige Betriebsabteilung im Sinne des fachlichen Geltungsbereichs des Tarifvertrages überwiegend Bauleistungen gemäß § 211 Abs. 1 des Dritten Buches Sozialgesetzbuch erbringt und auch inländische Arbeitgeber ihren im räumlichen Geltungsbereich des Tarifvertrages beschäftigten Arbeitnehmern mindestens die am Arbeitsort geltenden tarifvertraglichen Arbeitsbedingungen gewähren müssen. Ein Arbeitgeber im Sinne des Satzes 1 ist verpflichtet, seinem im räumlichen Geltungsbereich eines Tarifvertrages nach Satz 1 beschäftigten Arbeitnehmer mindestens die in dem Tarifvertrag vorgeschriebenen Arbeitsbedingungen zu gewähren. Dies gilt auch für einen unter den Geltungsbereich eines Tarifvertrages nach Satz 1 fallenden Arbeitgeber mit Sitz im Inland unabhängig davon, ob der Tarifvertrag kraft Tarifbindung nach § 3 des Tarifvertragsgesetzes oder aufgrund der Allgemeinverbindlicherklärung Anwendung findet. Tarifvertrag nach Satz 1 ist auch ein Tarifvertrag, der die Erbringung von Montageleistungen auf Baustellen außerhalb des Betriebssitzes zum Gegenstand hat.

(2) Absatz 1 gilt unter den dort genannten Voraussetzungen auch für allgemeinverbindlich erklärte Tarifverträge im Bereich der Seeschiffahrtsassistenz.

(2a) Wird ein Leiharbeitnehmer von einem Entleiher mit Tätigkeiten beschäftigt, die in den Geltungsbereich eines für allgemeinverbindlich erklärten Tarifvertrages nach Absatz 1, Absatz 2 oder Absatz 3 oder einer Rechtsverordnung nach Absatz 3a fallen, so hat ihm der Verleiher zumindest die in diesem Tarifvertrag oder dieser Rechtsverordnung vorgeschriebenen Arbeitsbedingungen zu gewähren sowie die der gemeinsamen Einrichtung nach diesem Tarifvertrag zustehenden Beiträge zu leisten.

(3) Sind im Zusammenhang mit der Gewährung von Urlaubsansprüchen nach Absatz 1 die Einziehung von Beiträgen und die Gewährung von Leistungen durch allgemeinverbindliche Tarifverträge einer gemeinsamen Einrichtung der Tarifvertragsparteien übertragen, so finden die Rechtsnormen solcher Tarifverträge auch auf einen

ausländischen Arbeitgeber und seinen im räumlichen Geltungsbereich des Tarifvertrages beschäftigten Arbeitnehmer zwingend Anwendung, wenn in den betreffenden Tarifverträgen oder auf sonstige Weise sichergestellt ist, daß

1. der ausländische Arbeitgeber nicht gleichzeitig zu Beiträgen nach dieser Vorschrift und Beiträgen zu einer vergleichbaren Einrichtung im Staat seines Sitzes herangezogen wird und
2. das Verfahren der gemeinsamen Einrichtung der Tarifvertragsparteien eine Anrechnung derjenigen Leistungen vorsieht, die der ausländische Arbeitgeber zur Erfüllung des gesetzlichen, tarifvertraglichen oder einzelvertraglichen Urlaubsanspruchs seines Arbeitnehmers bereits erbracht hat.

Ein Arbeitgeber im Sinne des Absatzes 1 Satz 1 ist verpflichtet, einer gemeinsamen Einrichtung der Tarifvertragsparteien die ihr nach Satz 1 zustehenden Beiträge zu leisten. Dies gilt auch für einen unter den Geltungsbereich eines Tarifvertrages nach Satz 1 fallenden Arbeitgeber mit Sitz im Inland unabhängig davon, ob der Tarifvertrag kraft Tarifbindung nach § 3 des Tarifvertragsgesetzes oder aufgrund der Allgemeinverbindlicherklärung Anwendung findet.

(3a) Ist ein Antrag auf Allgemeinverbindlicherklärung eines Tarifvertrages nach Absatz 1 Satz 1 oder Absatz 3 Satz 1 gestellt worden, kann das Bundesministerium für Wirtschaft und Arbeit unter den dort genannten Voraussetzungen durch Rechtsverordnung ohne Zustimmung des Bundesrates bestimmen, daß die Rechtsnormen dieses Tarifvertrages auf alle unter den Geltungsbereich dieses Tarifvertrages fallenden und nicht tarifgebundenen Arbeitgeber und Arbeitnehmer Anwendung finden. Vor Erlaß der Rechtsverordnung gibt das Bundesministerium für Wirtschaft und Arbeit den in den Geltungsbereich der Rechtsverordnung fallenden Arbeitgebern und Arbeitnehmern sowie den Parteien des Tarifvertrages Gelegenheit zur schriftlichen Stellungnahme. Die Rechtsverordnung findet auch auf ein Arbeitsverhältnis zwischen einem Arbeitgeber mit Sitz im Ausland und seinem im Geltungsbereich der Rechtsverordnung beschäftigten Arbeitnehmer zwingend Anwendung. Unter den Geltungsbereich eines Tarifvertrages nach Absatz 1 oder Absatz 3 fallende Arbeitgeber mit Sitz im Inland sind verpflichtet, ihren Arbeitnehmern mindestens die in der Rechtsverordnung vorgeschriebenen Arbeitsbedingungen zu gewähren sowie einer gemeinsamen Einrichtung der Tarifvertragsparteien die ihr nach Satz 1 zustehenden Beiträge zu leisten; dies gilt unabhängig davon, ob die entsprechende Verpflichtung kraft Tarifbindung nach § 3 des Tarifvertragsgesetzes oder aufgrund der Rechtsverordnung besteht. Satz 4 Halbsatz 1 gilt auch für Arbeitgeber mit Sitz im Ausland und ihre im Geltungsbereich der Rechtsverordnung beschäftigten Arbeitnehmer.

(4) u. (5) *(weggefallen)*

§ 1a Generalunternehmerhaftung/Haftung des gewerblichen Auftraggebers

Ein Unternehmer, der einen anderen Unternehmer mit der Erbringung von Bauleistungen im Sinne des § 211 Abs. 1 des Dritten Buches Sozialgesetzbuch beauftragt, haftet für die Verpflichtungen dieses Unternehmers, eines Nachunternehmers oder eines von dem Unternehmer oder einem Nachunternehmer beauftragten Verleihers zur Zahlung des Mindestentgelts an einen Arbeitnehmer oder zur Zahlung von Beiträgen an eine gemeinsame Einrichtung der Tarifvertragsparteien nach § 1 Abs. 1 Satz 2 und 3, Abs. 2a, 3 Satz 2 und 3 oder Abs. 3a Satz 4 und 5 wie ein Bürge, der auf die Einrede der Vorausklage verzichtet hat. Das Mindestentgelt im Sinne des Satzes 1 umfaßt nur den Betrag, der nach Abzug der Steuern und der Beiträge zur Sozialversicherung und zur

Arbeitsförderung oder entsprechender Aufwendungen zur sozialen Sicherung an den Arbeitnehmer auszuzahlen ist (Nettoentgelt).

§ 2 Kontrollmöglichkeiten

(1) Für die Prüfung der Arbeitsbedingungen nach § 1 sind die Behörden der Zollverwaltung zuständig.

(2) §§ 2 bis 6, 14, 15, 20, 22 und 23 des Schwarzarbeitsbekämpfungsgesetzes sind entsprechend anzuwenden mit der Maßgabe, daß die dort genannten Behörden auch Einsicht in Arbeitsverträge, Niederschriften nach § 2 des Nachweisgesetzes und andere Geschäftsunterlagen nehmen können, die mittelbar oder unmittelbar Auskunft über die Einhaltung der Arbeitsbedingungen nach § 1 geben, und die nach § 5 Abs. 1 des Schwarzarbeitsbekämpfungsgesetzes zur Mitwirkung Verpflichteten diese Unterlagen vorzulegen haben; §§ 16 bis 19 des Schwarzarbeitsbekämpfungsgesetzes finden Anwendung. § 6 Abs. 3 des Schwarzarbeitsbekämpfungsgesetzes findet entsprechende Anwendung. Die genannten Behörden dürfen nach Maßgabe der datenschutzrechtlichen Vorschriften auch mit Behörden anderer Mitgliedstaaten des Europäischen Wirtschaftsraums, die entsprechende Aufgaben wie nach diesem Gesetz durchführen oder für die Bekämpfung illegaler Beschäftigung zuständig sind oder Auskünfte geben können, ob ein Arbeitgeber die Arbeitsbedingungen nach § 1 einhält, zusammenarbeiten. Für die Datenverarbeitung, die dem in Absatz 1 genannten Zweck oder der Zusammenarbeit mit den Behörden des Europäischen Wirtschaftsraums dient, findet § 67 Abs. 2 Nr. 4 des Zehnten Buches Sozialgesetzbuch keine Anwendung.

(2a) Soweit die Rechtsnormen eines für allgemeinverbindlich erklärten Tarifvertrages nach § 1 Satz 1 Nr. 1 oder einer entsprechenden Rechtsverordnung nach § 1 Abs. 3a auf das Arbeitsverhältnis Anwendung finden, ist der Arbeitgeber verpflichtet, Beginn, Ende und Dauer der täglichen Arbeitszeit des Arbeitnehmers aufzuzeichnen und diese Aufzeichnungen mindestens zwei Jahre aufzubewahren.

(3) Jeder Arbeitgeber mit Sitz im Ausland ist verpflichtet, die für die Kontrolle der Einhaltung der Rechtspflichten nach § 1 Abs. 1 Satz 2, Abs. 2a, 3 Satz 2 und Abs. 3a Satz 5 erforderlichen Unterlagen im Inland für die gesamte Dauer der tatsächlichen Beschäftigung des Arbeitnehmers im Geltungsbereich dieses Gesetzes, mindestens für die Dauer der gesamten Bauleistung, insgesamt jedoch nicht länger als zwei Jahre in deutscher Sprache, auf Verlangen der Prüfbehörde auch auf der Baustelle, bereitzuhalten.

(4) (weggefallen)

§ 3 Anmeldepflichten

(1) Soweit die Rechtsnormen eines für allgemein verbindlich erklärten Tarifvertrages nach § 1 Abs. 1, 2a oder 3 oder einer Rechtsverordnung nach § 1 Abs. 3a auf das Arbeitsverhältnis Anwendung finden, ist ein Arbeitgeber mit Sitz im Ausland, der einen oder mehrere Arbeitnehmer innerhalb des Geltungsbereichs dieses Gesetzes beschäftigt, verpflichtet, vor Beginn jeder Bauleistung eine schriftliche Anmeldung in deutscher Sprache bei der zuständigen Behörde der Zollverwaltung vorzulegen, die die für die Prüfung wesentlichen Angaben enthält. Wesentlich sind die Angaben über

1. Namen, Vornamen und Geburtsdaten der von ihm im Geltungsbereich dieses Gesetzes beschäftigten Arbeitnehmer,
2. Beginn und voraussichtliche Dauer der Beschäftigung,
3. den Ort der Beschäftigung (Baustelle),

4. den Ort im Inland, an dem die nach § 2 Abs. 3 erforderlichen Unterlagen bereitgehalten werden,
5. Name, Vorname, Geburtsdatum und Anschrift in Deutschland des verantwortlich Handelnden,
6. Name, Vorname und Anschrift in Deutschland eines Zustellungsbevollmächtigten, soweit dieser nicht mit dem in Nummer 5 genannten verantwortlich Handelnden identisch ist.

(2) Überläßt ein Verleiher mit Sitz im Ausland einen oder mehrere Arbeitnehmer zur Arbeitsleistung einem Entleiher im Geltungsbereich dieses Gesetzes, so hat er unter den Voraussetzungen des Absatzes 1 Satz 1 vor Beginn jeder Bauleistung der zuständigen Behörde der Zollverwaltung schriftlich eine Anmeldung in deutscher Sprache mit folgenden Angaben zuzuleiten:
1. Namen, Vornamen und Geburtsdaten der von ihm in den Geltungsbereich dieses Gesetzes überlassenen Arbeitnehmer,
2. Beginn und Dauer der Überlassung,
3. Ort der Beschäftigung (Baustelle),
4. den Ort im Inland, an dem die nach § 2 Abs. 3 erforderlichen Unterlagen bereitgehalten werden,
5. Name, Vorname und Anschrift in Deutschland eines Zustellungsbevollmächtigten,
6. Name und Anschrift des Entleihers.

In dem Vertrag zwischen Verleiher und Entleiher kann vorgesehen werden, dass nach der ersten Meldung des Verleihers eintretende Änderungen bezüglich des Ortes der Beschäftigung von dem Entleiher zu melden sind.

(3) Der Arbeitgeber oder der Verleiher hat der Anmeldung eine Versicherung beizufügen, daß er die in § 1 vorgeschriebenen Arbeitsbedingungen einhält.

(4) Die zuständige Behörde der Zollverwaltung im Sinne der Absätze 1 und 2 unterrichtet die zuständigen Finanzämter.

§ 4 Verwaltungszustellung

Für die Anwendung dieses Gesetzes gilt die im Inland gelegene Baustelle als Geschäftsraum und der mit der Ausübung des Weisungsrechts des Arbeitgebers Beauftragte als Gehilfe im Sinne des § 11 Abs. 3 des Verwaltungszustellungsgesetzes.

§ 5 Ordnungswidrigkeiten

(1) Ordnungswidrig handelt, wer vorsätzlich oder fahrlässig
1. entgegen § 1 Abs. 1 Satz 2, oder Abs. 3a Satz 5 als Arbeitgeber mit Sitz im Ausland oder entgegen § 1 Abs. 1 Satz 3 oder Abs. 3a Satz 4 als Arbeitgeber mit Sitz im Inland einem Arbeitnehmer eine dort genannte Arbeitsbedingung nicht gewährt,
1a. entgegen § 1 Abs. 2a den vorgeschriebenen Mindestlohn nicht zahlt,
2. entgegen § 1 Abs. 3 Satz 2 oder Abs. 3a Satz 5 als Arbeitgeber mit Sitz im Ausland oder entgegen § 1 Abs. 3 Satz 3 oder Abs. 3a Satz 4 als Arbeitgeber mit Sitz im Inland einen Beitrag nicht leistet,
3. entgegen § 2 Abs. 2 Satz 1 in Verbindung mit § 5 Abs. 1 Satz 1 des Schwarzarbeitsbekämpfungsgesetzes eine Prüfung nicht duldet oder bei einer Prüfung nicht mitwirkt,
4. entgegen § 2 Abs. 2 Satz 1 in Verbindung mit § 5 Abs. 1 Satz 2 des Schwarzarbeitsbekämpfungsgesetzes das Betreten eines Grundstücks oder Geschäftsraums nicht duldet,

5. entgegen § 2 Abs. 2 Satz 1 in Verbindung mit § 5 Abs. 3 Satz 1 des Schwarzarbeitsbekämpfungsgesetzes Daten nicht, nicht richtig, nicht vollständig, nicht in der vorgeschriebenen Weise oder nicht rechtzeitig übermittelt,

6. entgegen § 2 Abs. 2a eine Aufzeichnung nicht, nicht richtig oder nicht vollständig erstellt oder nicht oder nicht mindestens zwei Jahre aufbewahrt,

7. entgegen § 2 Abs. 3 eine Unterlage nicht, nicht richtig, nicht vollständig oder nicht in der vorgeschriebenen Weise bereithält,

8. entgegen § 3 Abs. 1 Satz 1 oder Abs. 2 eine Anmeldung nicht, nicht richtig, nicht vollständig, nicht in der vorgeschriebenen Weise oder nicht rechtzeitig vorlegt oder zuleitet oder

9. entgegen § 3 Abs. 3 eine Versicherung nicht beifügt.

(2) Ordnungswidrig handelt, wer Bauleistungen im Sinne des § 211 Abs. 1 des Dritten Buches Sozialgesetzbuch in erheblichem Umfang ausführen läßt, indem er als Unternehmer einen anderen Unternehmer beauftragt, von dem er weiß oder fahrlässig nicht weiß, daß dieser bei der Erfüllung dieses Auftrags

1. gegen § 1 verstößt oder

2. einen Nachunternehmer einsetzt oder zuläßt, daß ein Nachunternehmer tätig wird, der gegen § 1 verstößt.

(3) Die Ordnungswidrigkeit kann in den Fällen des Absatzes 1 Nr. 1, 1a und 2 sowie des Absatzes 2 mit einer Geldbuße bis zu fünfhunderttausend Euro, in den übrigen Fällen mit einer Geldbuße bis zu fünfundzwanzigtausend Euro geahndet werden.

(4) Verwaltungsbehörden im Sinne des § 36 Abs. 1 Nr. 1 des Gesetzes über Ordnungswidrigkeiten sind die in § 2 Abs. 1 genannten Behörden jeweils für ihren Geschäftsbereich.

(5) Die Geldbußen fließen in die Kasse der Verwaltungsbehörde, die den Bußgeldbescheid erlassen hat. Für die Vollstreckung zugunsten der Behörden des Bundes und der unmittelbaren Körperschaften und Anstalten des öffentlichen Rechts sowie für die Vollziehung des dinglichen Arrestes nach § 111d der Strafprozeßordnung in Verbindung mit § 46 des Gesetzes über Ordnungswidrigkeiten durch die in § 2 Abs. 1 genannten Behörden gilt das Verwaltungs-Vollstreckungsgesetz. Die nach Satz 1 zuständige Kasse trägt abweichend von § 105 Abs. 2 des Gesetzes über Ordnungswidrigkeiten die notwendigen Auslagen; sie ist auch ersatzpflichtig im Sinne des § 110 Abs. 4 des Gesetzes über Ordnungswidrigkeiten.

(6) Die Behörden der Zollverwaltung unterrichten das Gewerbezentralregister über rechtskräftige Bußgeldentscheidungen nach den Absätzen 1 bis 3, sofern die Geldbuße mehr als zweihundert Euro beträgt.

(7) Gerichte und Staatsanwaltschaften sollen den nach diesem Gesetz zuständigen Behörden Erkenntnisse übermitteln, die aus ihrer Sicht zur Verfolgung von Ordnungswidrigkeiten nach den Absätzen 1 und 2 erforderlich sind, soweit nicht für das Gericht oder die Staatsanwaltschaft erkennbar ist, daß schutzwürdige Interessen des Betroffenen oder anderer Verfahrensbeteiligter an dem Ausschluß der Übermittlung überwiegen. Dabei ist zu berücksichtigen, wie gesichert die zu übermittelnden Erkenntnisse sind.

§ 6 Ausschluß von öffentlichen Aufträgen

Von der Teilnahme an einem Wettbewerb um einen Liefer-, Bau- oder Dienstleistungsauftrag der in § 98 des Gesetzes gegen Wettbewerbsbeschränkungen genannten Auftraggeber sollen Bewerber für eine angemessene Zeit bis zur nachgewiesenen Wiederherstellung ihrer Zuverlässigkeit ausgeschlossen werden, die wegen eines Verstoßes nach § 5 mit einer Geldbuße von wenigstens zweitausendfünfhundert Euro belegt worden sind. Das gleiche gilt auch schon vor Durchführung eines Bußgeldverfahrens, wenn im Einzelfall angesichts der Beweislage kein vernünftiger Zweifel an einer schwerwiegenden Verfehlung nach Satz 1 besteht. Die für die Verfolgung oder Ahndung der Ordnungswidrigkeiten nach § 5 zuständigen Behörden dürfen den Vergabestellen auf Verlangen die erforderlichen Auskünfte geben. Die Vergabestelle fordert im Rahmen ihrer Tätigkeit beim Gewerbezentralregister Auskünfte über rechtskräftige Bußgeldentscheidungen wegen einer Ordnungswidrigkeit nach § 5 Abs. 1 oder 2 an oder verlangt von Bewerbern die Vorlage entsprechender Auskünfte aus dem Gewerbezentralregister, die nicht älter als drei Monate sein dürfen.

§ 7 Zwingende Arbeitsbedingungen

(1) Die in Rechts- oder Verwaltungsvorschriften enthaltenen Regelungen über
1. die Höchstarbeitszeiten und Mindestruhezeiten,
2. den bezahlten Mindestjahresurlaub,
3. die Mindestentgeltsätze einschließlich der Überstundensätze,
4. die Bedingungen für die Überlassung von Arbeitskräften, insbesondere durch Leiharbeitsunternehmen,
5. die Sicherheit, den Gesundheitsschutz und die Hygiene am Arbeitsplatz,
6. die Schutzmaßnahmen im Zusammenhang mit den Arbeits- und Beschäftigungsbedingungen von Schwangeren und Wöchnerinnen, Kindern und Jugendlichen und
7. die Gleichbehandlung von Männern und Frauen sowie andere Nichtdiskriminierungsbestimmungen

finden auch auf ein Arbeitsverhältnis zwischen einem im Ausland ansässigen Arbeitgeber und seinem im Inland beschäftigten Arbeitnehmer zwingend Anwendung.

(2) Die Arbeitsbedingungen nach Absatz 1 Nr. 1 und 4 bis 7 betreffenden Rechtsnormen eines für allgemeinverbindlich erklärten Tarifvertrages nach § 1 Abs. 1 finden unter den dort genannten Voraussetzungen auch auf ein Arbeitsverhältnis zwischen einem Arbeitgeber mit Sitz im Ausland und seinem im räumlichen Geltungsbereich dieses Tarifvertrages beschäftigten Arbeitnehmer zwingend Anwendung.

§ 8 Gerichtsstand

Ein Arbeitnehmer, der in den Geltungsbereich dieses Gesetzes entsandt ist oder war, kann eine auf den Zeitraum der Entsendung bezogene Klage auf Gewährung der Arbeitsbedingungen nach §§ 1, 1a und 7 auch vor einem deutschen Gericht für Arbeitssachen erheben. Diese Klagemöglichkeit besteht auch für eine gemeinsame Einrichtung der Tarifvertragsparteien nach § 1 Abs. 3 in bezug auf die ihr zustehenden Beiträge.

§ 9 Inkrafttreten

Dieses Gesetz tritt am 1. März 1996 in Kraft.

Anhang 2

Schwarzarbeitsbekämpfungsgesetz
SchwarzArbG 2004

Gesetz zur Bekämpfung der Schwarzarbeit und illegalen Beschäftigung vom 23. Juli 2004 (BGBl I 2004, 1842) Zuletzt geändert durch Art. 6 Gesetz vom 24.6.2005 (BGBl I 1841) (Auszüge)

Abschnitt 1
Zweck

§ 1 Zweck des Gesetzes

(1) Zweck des Gesetzes ist die Intensivierung der Bekämpfung der Schwarzarbeit.

(2) Schwarzarbeit leistet, wer Dienst- oder Werkleistungen erbringt oder ausführen lässt und dabei

1. als Arbeitgeber, Unternehmer oder versicherungspflichtiger Selbstständiger seine sich auf Grund der Dienst- oder Werkleistungen ergebenden sozialversicherungsrechtlichen Melde-, Beitrags- oder Aufzeichnungspflichten nicht erfüllt,

2. als Steuerpflichtiger seine sich auf Grund der Dienst- oder Werkleistungen ergebenden steuerlichen Pflichten nicht erfüllt,

3. als Empfänger von Sozialleistungen seine sich auf Grund der Dienst- oder Werkleistungen ergebenden Mitteilungspflichten gegenüber dem Sozialleistungsträger nicht erfüllt,

4. als Erbringer von Dienst- oder Werkleistungen seiner sich daraus ergebenden Verpflichtung zur Anzeige vom Beginn des selbstständigen Betriebes eines stehenden Gewerbes (§ 14 der Gewerbeordnung) nicht nachgekommen ist oder die erforderliche Reisegewerbekarte (§ 55 der Gewerbeordnung) nicht erworben hat,

5. als Erbringer von Dienst- oder Werkleistungen ein zulassungspflichtiges Handwerk als stehendes Gewerbe selbstständig betreibt, ohne in der Handwerksrolle eingetragen zu sein (§ 1 der Handwerksordnung).

(3) Absatz 2 findet keine Anwendung für nicht nachhaltig auf Gewinn gerichtete Dienst- oder Werkleistungen, die

1. von Angehörigen im Sinne des § 15 der Abgabenordnung oder Lebenspartnern,

2. aus Gefälligkeit,

3. im Wege der Nachbarschaftshilfe oder

4. im Wege der Selbsthilfe im Sinne des § 36 Abs. 2 und 4 des Zweiten Wohnungsbaugesetzes in der Fassung der Bekanntmachung vom 19. August 1994 (BGBl. I S. 2137) oder als Selbsthilfe im Sinne des § 12 Abs. 1 Satz 2 des Wohnraumförderungsgesetzes vom 13. September 2001 (BGBl. I S. 2376), zuletzt geändert durch Artikel 7 des Gesetzes vom 29. Dezember 2003 (BGBl. I S. 3076),

erbracht werden. Als nicht nachhaltig auf Gewinn gerichtet gilt insbesondere eine Tätigkeit, die gegen geringes Entgelt erbracht wird.

Abschnitt 2
Prüfungen

§ 2 Prüfungsaufgaben

(1) Die Behörden der Zollverwaltung prüfen, ob

1. die sich aus den Dienst- oder Werkleistungen ergebenden Pflichten nach § 28a des Vierten Buches Sozialgesetzbuch erfüllt werden oder wurden,
2. auf Grund der Dienst- oder Werkleistungen Sozialleistungen nach dem Zweiten und Dritten Buch Sozialgesetzbuch oder Leistungen nach dem Altersteilzeitgesetz zu Unrecht bezogen werden oder wurden,
3. die Angaben des Arbeitgebers, die für die Sozialleistungen nach dem Dritten Buch Sozialgesetzbuch erheblich sind, zutreffend bescheinigt wurden,
4. Ausländer nicht entgegen § 284 Abs. 1 des Dritten Buches Sozialgesetzbuch oder § 4 Abs. 3 Satz 1 des Aufenthaltsgesetzes und nicht zu ungünstigeren Arbeitsbedingungen als vergleichbare deutsche Arbeitnehmer oder Arbeitnehmerinnen beschäftigt werden oder wurden und
5. Arbeitsbedingungen nach Maßgabe des Arbeitnehmer-Entsendegesetzes eingehalten werden oder wurden.

Die Prüfung der Erfüllung steuerlicher Pflichten im Sinne von § 1 Abs. 2 Nr. 2 obliegt den zuständigen Landesfinanzbehörden. Die Behörden der Zollverwaltung sind zur Mitwirkung an Prüfungen der Landesfinanzbehörden berechtigt. Die Behörden der Zollverwaltung prüfen zur Erfüllung ihrer Mitteilungspflicht nach § 6 Abs. 1 Satz 1 in Verbindung mit Abs. 3 Nr. 4, ob Anhaltspunkte dafür bestehen, dass Steuerpflichtige den sich aus den Dienst- oder Werkleistungen ergebenden steuerlichen Pflichten nicht nachgekommen sind. Grundsätze der Zusammenarbeit werden von den obersten Finanzbehörden des Bundes und der Länder im gegenseitigen Einvernehmen geregelt.

(1a) Die nach Landesrecht für die Verfolgung und Ahndung von Ordnungswidrigkeiten nach diesem Gesetz zuständigen Behörden prüfen, ob

1. der Verpflichtung zur Anzeige vom Beginn des selbstständigen Betriebes eines stehenden Gewerbes (§ 14 der Gewerbeordnung) nachgekommen oder die erforderliche Reisegewerbekarte (§ 55 der Gewerbeordnung) erworben wurde,
2. ein zulassungspflichtiges Handwerk als stehendes Gewerbe selbstständig betrieben wird und die Eintragung in die Handwerksrolle vorliegt.

(2) Die Behörden der Zollverwaltung werden bei den Prüfungen nach Absatz 1 unterstützt von

1. den Finanzbehörden,
2. der Bundesagentur für Arbeit,
3. den Einzugsstellen (§ 28i des Vierten Buches Sozialgesetzbuch),
4. den Trägern der Rentenversicherung,
5. den Trägern der Unfallversicherung,
6. den Trägern der Sozialhilfe,
7. den nach dem Asylbewerberleistungsgesetz zuständigen Behörden,
8. den in § 71 Abs. 1 bis 3 des Aufenthaltsgesetzes genannten Behörden,
9. den für den Arbeitsschutz zuständigen Landesbehörden,
10. den Polizeivollzugsbehörden der Länder auf Ersuchen im Einzelfall und
11. den nach Landesrecht für die Verfolgung und Ahndung von Ordnungswidrigkeiten nach diesem Gesetz zuständigen Behörden.

Die Aufgaben dieser Stellen nach anderen Rechtsvorschriften bleiben unberührt. Die Prüfungen können mit anderen Prüfungen der in diesem Absatz genannten Stellen verbunden werden; die Vorschriften über die Unterrichtung und Zusammenarbeit bleiben hiervon unberührt. Verwaltungskosten der unterstützenden Stellen werden nicht erstattet.

§ 3 Befugnisse bei der Prüfung von Personen

(1) Zur Durchführung der Prüfungen nach § 2 Abs. 1 sind die Behörden der Zollverwaltung und die sie gemäß § 2 Abs. 2 unterstützenden Stellen befugt, Geschäftsräume und Grundstücke des Arbeitgebers und des Auftraggebers von selbstständig tätigen Personen während der Arbeitszeit der dort tätigen Personen zu betreten und dabei

1. von diesen Auskünfte hinsichtlich ihrer Beschäftigungsverhältnisse oder ihrer Tätigkeiten einzuholen und

2. Einsicht in von ihnen mitgeführte Unterlagen zu nehmen, von denen anzunehmen ist, dass aus ihnen Umfang, Art oder Dauer ihrer Beschäftigungsverhältnisse oder Tätigkeiten hervorgehen oder abgeleitet werden können.

(2) Ist eine Person zur Ausführung von Dienst- oder Werkleistungen bei Dritten tätig, gilt Absatz 1 entsprechend.

(3) Die Behörden der Zollverwaltung und die sie gemäß § 2 Abs. 2 unterstützenden Stellen sind zur Durchführung der Prüfungen nach § 2 Abs. 1 ermächtigt, die Personalien der in den Geschäftsräumen oder auf dem Grundstück des Arbeitgebers, Auftraggebers oder des Dritten tätigen Personen zu überprüfen. Sie können zu diesem Zweck die in Satz 1 genannten Personen anhalten, sie nach ihren Personalien (Vor-, Familien- und Geburtsnamen, Ort und Tag der Geburt, Beruf, Wohnort, Wohnung und Staatsangehörigkeit) befragen und verlangen, dass sie mitgeführte Ausweispapiere zur Prüfung aushändigen.

(4) Im Verteidigungsbereich darf ein Betretensrecht nur im Einvernehmen mit dem Bundesministerium der Verteidigung ausgeübt werden.

(5) Die Bediensteten der Zollverwaltung dürfen Beförderungsmittel anhalten. Führer von Beförderungsmitteln haben auf Verlangen zu halten und den Zollbediensteten zu ermöglichen, in das Beförderungsmittel zu gelangen und es wieder zu verlassen. Die Zollverwaltung unterrichtet die Polizeivollzugsbehörden über groß angelegte Kontrollen.

§ 4 Befugnisse bei der Prüfung von Geschäftsunterlagen

(1) Zur Durchführung der Prüfungen nach § 2 Abs. 1 sind die Behörden der Zollverwaltung und die sie gemäß § 2 Abs. 2 unterstützenden Stellen befugt, Geschäftsräume und Grundstücke des Arbeitgebers und Auftraggebers von Dienst- oder Werkleistungen während der Geschäftszeit zu betreten und dort Einsicht in die Lohn- und Meldeunterlagen, Bücher und andere Geschäftsunterlagen zu nehmen, aus denen Umfang, Art oder Dauer von Beschäftigungsverhältnissen hervorgehen oder abgeleitet werden können.

(2) Die Behörden der Zollverwaltung sind zur Durchführung der Prüfungen nach § 2 Abs. 1 befugt, Einsicht in die Unterlagen zu nehmen, aus denen die Vergütung der Dienst- oder Werkleistungen hervorgeht, die natürliche oder juristische Personen oder Personenvereinigungen in Auftrag gegeben haben.

(3) Die Behörden der Zollverwaltung sind zur Durchführung der Prüfungen nach § 2 Abs. 1 befugt, bei dem Auftraggeber, der nicht Unternehmer im Sinne des § 2 des Umsatzsteuergesetzes 1999 ist, Einsicht in die Rechnungen, einen Zahlungsbeleg

oder eine andere beweiskräftige Unterlage über ausgeführte Werklieferungen oder sonstige Leistungen im Zusammenhang mit einem Grundstück zu nehmen. (…)

§ 6 Unterrichtung und Zusammenarbeit von Behörden

(1) Die Behörden der Zollverwaltung und die sie gemäß § 2 Abs. 2 unterstützenden Stellen sind verpflichtet, einander die für deren Prüfungen erforderlichen Informationen einschließlich personenbezogener Daten und die Ergebnisse der Prüfungen zu übermitteln, soweit deren Kenntnis für die Erfüllung der Aufgaben der Behörden oder Stellen erforderlich ist. Die Behörden der Zollverwaltung einerseits und die Strafverfolgungsbehörden und die Polizeivollzugsbehörden andererseits übermitteln einander die erforderlichen Informationen für die Verhütung und Verfolgung von Straftaten und Ordnungswidrigkeiten, die in Zusammenhang mit einem der in § 2 Abs. 1 genannten Prüfgegenstände stehen. An Strafverfolgungsbehörden und Polizeivollzugsbehörden dürfen personenbezogene Daten nur übermittelt werden, sofern tatsächliche Anhaltspunkte dafür vorliegen, dass die Daten für die Verhütung und Verfolgung von Straftaten oder Ordnungswidrigkeiten, die in Zusammenhang mit einem der in § 2 Abs. 1 genannten Prüfgegenstände stehen, erforderlich sind.

(2) Die Behörden der Zollverwaltung dürfen zur Wahrnehmung ihrer Aufgaben nach § 2 Abs. 1 sowie zur Verfolgung von Straftaten oder Ordnungswidrigkeiten die Datenbestände der Bundesagentur für Arbeit über erteilte Arbeitsgenehmigungen-EU und Zustimmungen zur Beschäftigung sowie über im Rahmen von Werkvertragskontingenten beschäftigte ausländische Arbeitnehmer und Arbeitnehmerinnen automatisiert abrufen; die Strafverfolgungsbehörden sind zum automatisierten Abruf nur berechtigt, soweit dies zur Verfolgung von Straftaten oder Ordnungswidrigkeiten erforderlich ist. § 79 Abs. 2 bis 4 des Zehnten Buches Sozialgesetzbuch gilt entsprechend.

(3) Die Behörden der Zollverwaltung unterrichten die jeweils zuständigen Stellen, wenn sich bei der Durchführung ihrer Aufgaben nach diesem Gesetz Anhaltspunkte ergeben für Verstöße gegen

1. dieses Gesetz,
2. das Arbeitnehmerüberlassungsgesetz,
3. Bestimmungen des Vierten und Siebten Buches Sozialgesetzbuch zur Zahlung von Beiträgen,
4. die Steuergesetze,
5. das Aufenthaltsgesetz,
6. die Mitwirkungspflicht nach § 60 Abs. 1 Satz 1 Nr. 1 und 2 des Ersten Buches Sozialgesetzbuch oder die Meldepflicht nach § 8a des Asylbewerberleistungsgesetzes,
7. die Handwerks- oder Gewerbeordnung,
8. sonstige Strafgesetze oder
9. das Arbeitnehmer-Entsendegesetz.

Nach § 5 Abs. 1 Satz 4 in Verwahrung genommene Urkunden sind der Ausländerbehörde unverzüglich zu übermitteln.

(4) Bestehen Anhaltspunkte dafür, dass eine nach § 5 Abs. 1 Satz 4 in Verwahrung genommene Urkunde unecht oder verfälscht ist, ist sie an die zuständige Polizeivollzugsbehörde zu übermitteln. (…)

Abschnitt 3
Bußgeld- und Strafvorschriften

§ 8 Bußgeldvorschriften

(1) Ordnungswidrig handelt, wer
1. a)
entgegen § 60 Abs. 1 Satz 1 Nr. 1 des Ersten Buches Sozialgesetzbuch eine Tatsache, die für eine Leistung nach dem Sozialgesetzbuch erheblich ist, nicht richtig oder nicht vollständig anzeigt,
(...)
c) entgegen § 8a des Asylbewerberleistungsgesetzes die Aufnahme einer Erwerbstätigkeit nicht, nicht richtig, nicht vollständig oder nicht rechtzeitig meldet,
d) der Verpflichtung zur Anzeige vom Beginn des selbstständigen Betriebes eines stehenden Gewerbes (§ 14 der Gewerbeordnung) nicht nachgekommen ist oder die erforderliche Reisegewerbekarte (§ 55 der Gewerbeordnung) nicht erworben hat oder
(...)
(3) Die Ordnungswidrigkeit kann in den Fällen des Absatzes 1 Nr. 1 Buchstabe a bis c sowie Nr. 2 in Verbindung mit Nr. 1 Buchstabe a bis c mit einer Geldbuße bis zu dreihunderttausend Euro, in den Fällen des Absatzes 1 Nr. 1 Buchstabe d und e sowie Nr. 2 in Verbindung mit Nr. 1 Buchstabe d und e mit einer Geldbuße bis zu fünfzigtausend Euro, in den Fällen des Absatzes 2 Nr. 1 Buchstabe a und Nr. 3 mit einer Geldbuße bis zu dreißigtausend Euro und in den übrigen Fällen mit einer Geldbuße bis zu tausend Euro geahndet werden.
(...)

§ 10 Beschäftigung von Ausländern ohne Genehmigung oder ohne Aufenthaltstitel und zu ungünstigen Arbeitsbedingungen

(1) Wer vorsätzlich eine in § 404 Abs. 2 Nr. 3 des Dritten Buches Sozialgesetzbuch bezeichnete Handlung begeht und den Ausländer zu Arbeitsbedingungen beschäftigt, die in einem auffälligen Missverhältnis zu den Arbeitsbedingungen deutscher Arbeitnehmer und Arbeitnehmerinnen stehen, die die gleiche oder eine vergleichbare Tätigkeit ausüben, wird mit Freiheitsstrafe bis zu drei Jahren oder mit Geldstrafe bestraft.
(2) In besonders schweren Fällen des Absatzes 1 ist die Strafe Freiheitsstrafe von sechs Monaten bis zu fünf Jahren. Ein besonders schwerer Fall liegt in der Regel vor, wenn der Täter gewerbsmäßig oder aus grobem Eigennutz handelt.

§ 11 Beschäftigung oder Erwerbstätigkeit von Ausländern ohne Genehmigung oder ohne Aufenthaltstitel in größerem Umfang

(1) Wer
1. vorsätzlich gleichzeitig mehr als fünf Ausländer entgegen § 284 Abs. 1 des Dritten Buches Sozialgesetzbuch oder § 4 Abs. 3 Satz 1 des Aufenthaltsgesetzes beschäftigt oder
2. eine in
   a) § 404 Abs. 2 Nr. 3 oder
   b) § 404 Abs. 2 Nr. 4

des Dritten Buches Sozialgesetzbuch bezeichnete vorsätzliche Handlung beharrlich wiederholt,

wird mit Freiheitsstrafe bis zu einem Jahr oder mit Geldstrafe bestraft.

(2) Handelt der Täter in den Fällen des Absatzes 1 Nr. 1 oder 2 Buchstabe a aus grobem Eigennutz, ist die Strafe Freiheitsstrafe bis zu drei Jahren oder Geldstrafe.

Abschnitt 4
Ermittlungen

§ 12 Allgemeines zu den Ordnungswidrigkeiten

(1) Verwaltungsbehörden im Sinne des § 36 Abs. 1 Nr. 1 des Gesetzes über Ordnungswidrigkeiten sind

1. in den Fällen des § 8 Abs. 1 Nr. 1 Buchstabe a bis c und Nr. 2 in Verbindung mit Nr. 1 Buchstabe a bis c die Behörden der Zollverwaltung und die zuständigen Leistungsträger jeweils für ihren Geschäftsbereich,
2. in den Fällen des § 8 Abs. 1 Nr. 1 Buchstabe d und e und Nr. 2 in Verbindung mit Nr. 1 Buchstabe d und e die nach Landesrecht zuständige Behörde,
3. in den Fällen des § 8 Abs. 2 die Behörden der Zollverwaltung.
(...)

§ 13 Zusammenarbeit in Bußgeldverfahren

(1) Die Behörden der Zollverwaltung arbeiten insbesondere mit den in § 2 Abs. 2 genannten unterstützenden Stellen zusammen.

(2) Ergeben sich für die in § 2 Abs. 2 Nr. 2 bis 11 genannten unterstützenden Stellen im Zusammenhang mit der Erfüllung ihrer gesetzlichen Aufgaben Anhaltspunkte für in § 8 genannte Verstöße, unterrichten sie die für die Verfolgung und Ahndung von Ordnungswidrigkeiten nach diesem Gesetz zuständigen Behörden. § 31a der Abgabenordnung bleibt unberührt.

(3) Gerichte und Staatsanwaltschaften sollen den nach diesem Gesetz zuständigen Stellen Erkenntnisse übermitteln, die aus ihrer Sicht zur Verfolgung von Ordnungswidrigkeiten nach § 8 erforderlich sind, soweit nicht für das Gericht oder die Staatsanwaltschaft erkennbar ist, dass schutzwürdige Interessen des Betroffenen oder anderer Verfahrensbeteiligter an dem Ausschluss der Übermittlung überwiegen. Dabei ist zu berücksichtigen, wie gesichert die zu übermittelnden Erkenntnisse sind.
(...)

§ 21 Ausschluss von öffentlichen Aufträgen

(1) Von der Teilnahme an einem Wettbewerb um einen Bauauftrag der in § 98 Nr. 1 bis 3 und 5 des Gesetzes gegen Wettbewerbsbeschränkungen genannten Auftraggeber sollen Bewerber bis zu einer Dauer von drei Jahren ausgeschlossen werden, die oder deren nach Satzung oder Gesetz Vertretungsberechtigte nach

1. § 8 Abs. 1 Nr. 2, §§ 9 bis 11,
2. § 404 Abs. 1 oder 2 Nr. 3 des Dritten Buches Sozialgesetzbuch,
3. §§ 15, 15a, 16 Abs. 1 Nr. 1, 1b oder 2 des Arbeitnehmerüberlassungsgesetzes oder
4. § 266a Abs. 1 bis 4 des Strafgesetzbuches

zu einer Freiheitsstrafe von mehr als drei Monaten oder einer Geldstrafe von mehr als neunzig Tagessätzen verurteilt oder mit einer Geldbuße von wenigstens zweitausendfünfhundert Euro belegt worden sind. Das Gleiche gilt auch schon vor Durchführung eines Straf- oder Bußgeldverfahrens, wenn im Einzelfall angesichts der Beweislage kein vernünftiger Zweifel an einer schwerwiegenden Verfehlung nach Satz 1 besteht. Die für die Verfolgung oder Ahndung zuständigen Behörden nach Satz 1 Nr. 1 bis 4 dürfen den Vergabestellen auf Verlangen die erforderlichen Auskünfte geben. Öffentliche Auftraggeber nach Satz 1 fordern bei Bauaufträgen Auskünfte des Gewerbezentralregisters nach § 150a der Gewerbeordnung an oder verlangen vom Bewerber die Vorlage entsprechender Auskünfte aus dem Gewerbezentralregister, die nicht älter als drei Monate sein dürfen. Der Bewerber ist vor der Entscheidung über den Ausschluss zu hören.

(2) Eine Verfehlung nach Absatz 1 steht einer Verletzung von Pflichten nach § 241 Abs. 2 des Bürgerlichen Gesetzbuchs gleich.

(...)

Anhang 3

Richtlinie 96/71/EG des Europäischen Parlaments und des Rates vom 16. Dezember 1996 über die Entsendung von Arbeitnehmern im Rahmen der Erbringung von Dienstleistungen

DAS EUROPÄISCHE PARLAMENT UND DER RAT DER EUROPÄISCHEN UNION –

gestützt auf den Vertrag zur Gründung der Europäischen Gemeinschaft, insbesondere auf Artikel 57 Absatz 2 und Artikel 66,

auf Vorschlag der Kommission,

nach Stellungnahme des Wirtschafts- und Sozialausschusses,

gemäß dem Verfahren des Artikels 189b des Vertrags,

in Erwägung nachstehender Gründe:

(1) Die Beseitigung der Hindernisse für den freien Personen- und Dienstleistungsverkehr zwischen den Mitgliedstaaten gehört gemäß Artikel 3 Buchstabe c) des Vertrages zu den Zielen der Gemeinschaft.

(2) Für die Erbringung von Dienstleistungen sind nach dem Vertrag seit Ende der Übergangzeit Einschränkungen aufgrund der Staatsangehörigkeit oder einer Wohnsitzvoraussetzung unzulässig.

(3) Die Verwirklichung des Binnenmarktes bietet einen dynamischen Rahmen für die länderübergreifende Erbringung von Dienstleistungen. Das veranlaßt eine wachsende Zahl von Unternehmen, Arbeitnehmer für eine zeitlich begrenzte Arbeitsleistung in das Hoheitsgebiet eines Mitgliedstaats zu entsenden, der nicht der Staat ist, in dem sie normalerweise beschäftigt werden.

(4) Die Erbringung von Dienstleistungen kann entweder als Ausführung eines Auftrags durch ein Unternehmen, in seinem Namen und unter seiner Leitung im Rahmen eines Vertrags zwischen diesem Unternehmen und dem Leistungsempfänger oder in Form des Zurverfügungstellens von Arbeitnehmern für ein Unternehmen im Rahmen eines öffentlichen oder privaten Auftrags erfolgen.

(5) Voraussetzung für eine solche Förderung des länderübergreifenden Dienstleistungsverkehrs sind ein fairer Wettbewerb sowie Maßnahmen, die die Wahrung der Rechte der Arbeitnehmer garantieren.

(6) Mit der Transnationalisierung der Arbeitsverhältnisse entstehen Probleme hinsichtlich des auf ein Arbeitsverhältnis anwendbaren Rechts. Es liegt im Interesse der betroffenen Parteien, die für das geplante Arbeitsverhältnis geltenden Arbeits- und Beschäftigungsbedingungen festzulegen.

(7) Das Übereinkommen von Rom vom 19. Juni 1980 über das auf vertragliche Schuldverhältnisse anzuwendende Recht[1], das von zwölf Mitgliedstaaten unterzeichnet wurde, ist am 1. April 1991 in der Mehrheit der Mitgliedstaaten in Kraft getreten.

---

[1] ABl. Nr. L 266 vom 09.10.1980, S. 1.

(8) In Artikel 3 dieses Übereinkommens wird als allgemeine Regel die freie Rechtswahl der Parteien festgelegt. Mangels einer Rechtswahl ist nach Artikel 6 Absatz 2 auf den Arbeitsvertrag das Recht des Staates anzuwenden, in dem der Arbeitnehmer in Erfüllung des Vertrages gewöhnlich seine Arbeit verrichtet, selbst wenn er vorübergehend in einen anderen Staat entsandt ist, oder das Recht des Staates, in dem sich die Niederlassung befindet, die den Arbeitnehmer eingestellt hat, sofern dieser seine Arbeit gewöhnlich nicht in ein und demselben Staat verrichtet, es sei denn, daß sich aus der Gesamtheit der Umstände ergibt, daß der Arbeitsvertrag engere Verbindungen zu einem anderen Staat aufweist; in diesem Fall ist das Recht dieses anderen Staates anzuwenden.

(9) Nach Artikel 6 Absatz 1 dieses Übereinkommens darf die Rechtswahl der Parteien nicht dazu führen, daß dem Arbeitnehmer der Schutz entzogen wird, der ihm durch die zwingenden Bestimmungen des Rechts gewährt wird, das nach Absatz 2 mangels einer Rechtswahl anzuwenden wäre.

(10) Nach Artikel 7 dieses Übereinkommens kann – zusammen mit dem für anwendbar erklärten Recht – den zwingenden Bestimmungen des Rechts eines anderen Staates, insbesondere des Mitgliedstaats, in dessen Hoheitsgebiet der Arbeitnehmer vorübergehend entsandt wird, Wirkung verliehen werden.

(11) Nach dem in Artikel 20 dieses Übereinkommens anerkannten Grundsatz des Vorrangs des Gemeinschaftsrechts berührt das Übereinkommen nicht die Anwendung der Kollisionsnormen für vertragliche Schuldverhältnisse auf besonderen Gebieten, die in Rechtsakten der Organe der Europäischen Gemeinschaften oder in dem in Ausführung dieser Akte harmonisierten innerstaatlichen Recht enthalten sind oder enthalten sein werden.

(12) Das Gemeinschaftsrecht hindert die Mitgliedstaaten nicht daran, ihre Gesetze oder die von den Sozialpartnern abgeschlossenen Tarifverträge auf sämtliche Personen anzuwenden, die – auch nur vorübergehend – in ihrem Hoheitsgebiet beschäftigt werden, selbst wenn ihr Arbeitgeber in einem anderen Mitgliedstaat ansässig ist. Das Gemeinschaftsrecht verbietet es den Mitgliedstaaten nicht, die Einhaltung dieser Bestimmungen mit angemessenen Mitteln sicherzustellen.

(13) Die Gesetze der Mitgliedstaaten müssen koordiniert werden, um einen Kern zwingender Bestimmungen über ein Mindestmaß an Schutz festzulegen, das im Gastland von Arbeitgebern zu gewährleisten ist, die Arbeitnehmer für eine zeitlich begrenzte Arbeitsleistung in das Hoheitsgebiet eines Mitgliedstaats entsenden, in dem eine Dienstleistung zu erbringen ist. Eine solche Koordinierung kann nur durch Rechtsvorschriften der Gemeinschaft erfolgen.

(14) Ein »harter Kern« klar definierter Schutzbestimmungen ist vom Dienstleistungserbringer unabhängig von der Dauer der Entsendung des Arbeitnehmers einzuhalten.

(15) In bestimmten Einzelfällen von Montage- und/oder Einbauarbeiten sind die Bestimmungen über die Mindestlohnsätze und den bezahlten Mindestjahresurlaub nicht anzuwenden.

(16) Die Anwendung der Bestimmungen über die Mindestlohnsätze und den bezahlten Mindestjahresurlaub bedarf außerdem einer gewissen Flexibilität. Beträgt die Dauer der Entsendung nicht mehr als einen Monat, so können die Mitgliedstaaten unter bestimmten Bedingungen von den Bestimmungen über die Mindestlohnsätze abweichen oder die Möglichkeit von Abweichungen im Rahmen von Tarifverträgen vorsehen. Ist der Umfang der zu verrichtenden Arbeiten gering, so können die Mitgliedstaaten von den Bestimmungen über die Mindestlohnsätze und den bezahlten Mindestjahresurlaub abweichen.

(17) Die im Gastland geltenden zwingenden Bestimmungen über ein Mindestmaß an

Schutz dürfen jedoch nicht der Anwendung von Arbeitsbedingungen, die für die Arbeitnehmer günstiger sind, entgegenstehen.

(18) Es sollte der Grundsatz eingehalten werden, daß außerhalb der Gemeinschaft ansässige Unternehmen nicht besser gestellt werden dürfen als Unternehmen, die im Hoheitsgebiet eines Mitgliedstaats ansässig sind.

(19) Unbeschadet anderer Gemeinschaftsbestimmungen beinhaltet diese Richtlinie weder die Verpflichtung zur rechtlichen Anerkennung der Existenz von Leiharbeitsunternehmen, noch hindert sie die Mitgliedstaaten, ihre Rechtsvorschriften über das Zurverfügungstellen von Arbeitskräften und über Leiharbeitsunternehmen auf Unternehmen anzuwenden, die nicht in ihrem Hoheitsgebiet niedergelassen, dort aber im Rahmen der Erbringung von Dienstleistungen tätig sind.

(20) Die Richtlinie berührt weder die von der Gemeinschaft mit Drittländern geschlossenen Übereinkünfte noch die Rechtsvorschriften der Mitgliedstaaten, die den Zugang von Dienstleistungserbringern aus Drittländern zu ihrem Hoheitsgebiet betreffen. Ebenso bleiben die einzelstaatlichen Rechtsvorschriften, die die Einreise und den Aufenthalt von Arbeitnehmern aus Drittländern sowie deren Zugang zur Beschäftigung regeln, von dieser Richtlinie unberührt.

(21) Welche Bestimmungen im Bereich der Sozialversicherungsleistungen und -beiträge anzuwenden sind, ist in der Verordnung (EWG) Nr. 1408/71 des Rates vom 14. Juni 1971 zur Anwendung der Systeme der sozialen Sicherheit auf Arbeitnehmer und deren Familien, die innerhalb der Gemeinschaft zu- und abwandern, geregelt.

(22) Diese Richtlinie berührt nicht das Recht der Mitgliedstaaten über kollektive Maßnahmen zur Verteidigung beruflicher Interessen.

(23) Die zuständigen Stellen in den Mitgliedstaaten müssen bei der Anwendung dieser Richtlinie zusammenarbeiten. Die Mitgliedstaaten haben geeignete Maßnahmen für den Fall der Nichteinhaltung dieser Richtlinie vorzusehen.

(24) Es muß sichergestellt werden, daß diese Richtlinie ordnungsgemäß angewandt wird. Hierzu ist eine enge Zusammenarbeit zwischen der Kommission und den Mitgliedstaaten vorzusehen.

(25) Spätestens fünf Jahre nach Annahme dieser Richtlinie hat die Kommission die Anwendung dieser Richtlinie zu überprüfen und, falls erforderlich, Änderungsvorschläge zu unterbreiten –

HABEN FOLGENDE RICHTLINIE ERLASSEN:

Artikel 1
Anwendungsbereich

(1) Diese Richtlinie gilt für Unternehmen mit Sitz in einem Mitgliedstaat, die im Rahmen der länderübergreifenden Erbringung von Dienstleistungen Arbeitnehmer gemäß Absatz 3 in das Hoheitsgebiet eines Mitgliedstaats entsenden.

(2) Diese Richtlinie gilt nicht für Schiffsbesatzungen von Unternehmen der Handelsmarine.

(3) Diese Richtlinie findet Anwendung, soweit die in Absatz 1 genannten Unternehmen eine der folgenden länderübergreifenden Maßnahmen treffen:

a) einen Arbeitnehmer in ihrem Namen und unter ihrer Leitung in das Hoheitsgebiet eines Mitgliedstaats im Rahmen eines Vertrags entsenden, der zwischen dem entsendenden und dem in diesem Mitgliedstaat tätigen Dienstleistungsempfänger geschlossen wurde, sofern für die Dauer der Entsendung ein Arbeitsverhältnis zwischen dem entsendenden Unternehmen und dem Arbeitnehmer besteht, oder

b) einen Arbeitnehmer in eine Niederlassung oder ein der Unternehmensgruppe angehörendes Unternehmen im Hoheitsgebiet eines Mitgliedstaats entsenden, sofern für die Dauer der Entsendung ein Arbeitsverhältnis zwischen dem entsendenden Unternehmen und dem Arbeitnehmer besteht, oder

c) als Leiharbeitsunternehmen oder als einen Arbeitnehmer zur Verfügung stellendes Unternehmen einen Arbeitnehmer in ein verwendendes Unternehmen entsenden, das seinen Sitz im Hoheitsgebiet eines Mitgliedstaats hat oder dort seine Tätigkeit ausübt, sofern für die Dauer der Entsendung ein Arbeitsverhältnis zwischen dem Leiharbeitsunternehmen oder dem einen Arbeitnehmer zur Verfügung stellenden Unternehmen und dem Arbeitnehmer besteht.

(4) Unternehmen mit Sitz in einem Nichtmitgliedstaat darf keine günstigere Behandlung zuteil werden als Unternehmen mit Sitz in einem Mitgliedstaat.

Artikel 2
Begriffsbestimmung

(1) Im Sinne dieser Richtlinie gilt als entsandter Arbeitnehmer jeder Arbeitnehmer, der während eines begrenzten Zeitraums seine Arbeitsleistung im Hoheitsgebiet eines anderen Mitgliedstaats als demjenigen erbringt, in dessen Hoheitsgebiet er normalerweise arbeitet.

(2) Für die Zwecke dieser Richtlinie wird der Begriff des Arbeitnehmers in dem Sinne verwendet, in dem er im Recht des Mitgliedstaats, in dessen Hoheitsgebiet der Arbeitnehmer entsandt wird, gebraucht wird.

Artikel 3
Arbeits- und Beschäftigungsbedingungen

(1) Die Mitgliedstaaten sorgen dafür, daß unabhängig von dem auf das jeweilige Arbeitsverhältnis anwendbaren Recht die in Artikel 1 Absatz 1 genannten Unternehmen den in ihr Hoheitsgebiet entsandten Arbeitnehmern bezüglich der nachstehenden Aspekte die Arbeits- und Beschäftigungsbedingungen garantieren, die in dem Mitgliedstaat, in dessen Hoheitsgebiet die Arbeitsleistung erbracht wird,
– durch Rechts- oder Verwaltungsvorschriften und/oder
– durch für allgemein verbindlich erklärte Tarifverträge oder Schiedssprüche im Sinne des Absatzes 8, sofern sie die im Anhang genannten Tätigkeiten betreffen,
festgelegt sind:
a) Höchstarbeitszeiten und Mindestruhezeiten;
b) bezahlter Mindestjahresurlaub;
c) Mindestlohnsätze einschließlich der Überstundensätze; dies gilt nicht für die zusätzlichen betrieblichen Altersversorgungssysteme;
d) Bedingungen für die Überlassung von Arbeitskräften, insbesondere durch Leiharbeitsunternehmen;
e) Sicherheit, Gesundheitsschutz und Hygiene am Arbeitsplatz;
f) Schutzmaßnahmen im Zusammenhang mit den Arbeits- und Beschäftigungsbedingungen von Schwangeren und Wöchnerinnen, Kindern und Jugendlichen;
g) Gleichbehandlung von Männern und Frauen sowie andere Nichtdiskriminierungsbestimmungen.
Zum Zwecke dieser Richtlinie wird der in Unterabsatz 1 Buchstabe c) genannte Begriff der Mindestlohnsätze durch die Rechtsvorschriften und/oder Praktiken des Mitgliedstaats bestimmt, in dessen Hoheitsgebiet der Arbeitnehmer entsandt wird.

(2) Absatz 1 Unterabsatz 1 Buchstaben b) und c) gilt nicht für Erstmontage- und/oder Einbauarbeiten, die Bestandteil eines Liefervertrags sind, für die Inbetriebnahme der gelieferten Güter unerläßlich sind und von Facharbeitern und/oder angelernten Arbeitern des Lieferunternehmens ausgeführt werden, wenn die Dauer der Entsendung acht Tage nicht übersteigt.

Dies gilt nicht für die im Anhang aufgeführten Bauarbeiten.

(3) Die Mitgliedstaaten können gemäß ihren üblichen Verfahren und Praktiken nach Konsultation der Sozialpartner beschließen, Absatz 1 Unterabsatz 1 Buchstabe c) in den in Artikel 1 Absatz 3 Buchstaben a) und b) genannten Fällen nicht anzuwenden, wenn die Dauer der Entsendung einen Monat nicht übersteigt.

(4) Die Mitgliedstaaten können gemäß ihren Rechtsvorschriften und/oder Praktiken vorsehen, daß durch Tarifverträge im Sinne des Absatzes 8 für einen oder mehrere Tätigkeitsbereiche in den in Artikel 1 Absatz 3 Buchstaben a) und b) genannten Fällen von Absatz 1 Unterabsatz 1 Buchstabe c) sowie von dem Beschluß eines Mitgliedstaats nach Absatz 3 abgewichen werden kann, wenn die Dauer der Entsendung einen Monat nicht übersteigt.

(5) Die Mitgliedstaaten können in den in Artikel 1 Absatz 3 Buchstaben a) und b) genannten Fällen eine Ausnahme von Absatz 1 Unterabsatz 1 Buchstaben b) und c) vorsehen, wenn der Umfang der zu verrichtenden Arbeiten gering ist.

Die Mitgliedstaaten, die von der in Unterabsatz 1 gebotenen Möglichkeit Gebrauch machen, legen die Modalitäten fest, denen die zu verrichtenden Arbeiten entsprechen müssen, um als Arbeiten von geringem Umfang zu gelten.

(6) Die Dauer der Entsendung berechnet sich unter Zugrundelegung eines Bezugszeitraums von einem Jahr ab Beginn der Entsendung.

Bei der Berechnung der Entsendungsdauer wird die Dauer einer gegebenenfalls im Rahmen einer Entsendung von einem zu ersetzenden Arbeitnehmer bereits zurückgelegten Entsendungsdauer berücksichtigt.

(7) Die Absätze 1 bis 6 stehen der Anwendung von für die Arbeitnehmer günstigeren Beschäftigungs- und Arbeitsbedingungen nicht entgegen.

Die Entsendungszulagen gelten als Bestandteil des Mindestlohns, soweit sie nicht als Erstattung für infolge der Entsendung tatsächlich entstandene Kosten wie z.B. Reise-, Unterbringungs- und Verpflegungskosten gezahlt werden.

(8) Unter »für allgemein verbindlich erklärten Tarifverträgen oder Schiedssprüchen« sind Tarifverträge oder Schiedssprüche zu verstehen, die von allen in den jeweiligen geographischen Bereich fallenden und die betreffende Tätigkeit oder das betreffende Gewerbe ausübenden Unternehmen einzuhalten sind.

Gibt es kein System zur Allgemeinverbindlicherklärung von Tarifverträgen oder Schiedssprüchen im Sinne von Unterabsatz 1, so können die Mitgliedstaaten auch beschließen, folgendes zugrunde zu legen:

– die Tarifverträge oder Schiedssprüche, die für alle in den jeweiligen geographischen Bereich fallenden und die betreffende Tätigkeit oder das betreffende Gewerbe ausübenden gleichartigen Unternehmen allgemein wirksam sind, und/oder

– die Tarifverträge, die von den auf nationaler Ebene repräsentativsten Organisationen der Tarifvertragsparteien geschlossen werden und innerhalb des gesamten nationalen Hoheitsgebiets zur Anwendung kommen,

sofern deren Anwendung auf die in Artikel 1 Absatz 1 genannten Unternehmen eine Gleichbehandlung dieser Unternehmen in bezug auf die in Absatz 1 Unterabsatz 1 genannten Aspekte gegenüber den im vorliegenden Unterabsatz genannten anderen Unternehmen, die sich in einer vergleichbaren Lage befinden, gewährleistet.

Gleichbehandlung im Sinne dieses Artikels liegt vor, wenn für die inländischen Unternehmen, die sich in einer vergleichbaren Lage befinden,

- am betreffenden Ort oder in der betreffenden Sparte hinsichtlich der Aspekte des Absatzes 1 Unterabsatz 1 dieselben Anforderungen gelten wie für die Entsendeunternehmen und
- die Anforderungen ihnen gegenüber mit derselben Wirkung durchgesetzt werden können.

(9) Die Mitgliedstaaten können vorsehen, daß die in Artikel 1 Absatz 1 genannten Unternehmen Arbeitnehmern im Sinne von Artikel 1 Absatz 3 Buchstabe c) diejenigen Bedingungen garantieren, die in dem Mitgliedstaat, in dessen Hoheitsgebiet die Arbeitsleistung erbracht wird, für Leiharbeitnehmer gelten.

(10) Die Richtlinie berührt nicht das Recht der Mitgliedstaaten, unter Einhaltung des Vertrags für inländische und ausländische Unternehmen in gleicher Weise

- Arbeits- und Beschäftigungsbedingungen für andere als die in Absatz 1 Unterabsatz 1 aufgeführten Aspekte, soweit es sich um Vorschriften im Bereich der öffentlichen Ordnung handelt,
- Arbeits- und Beschäftigungsbedingungen, die in Tarifverträgen oder Schiedssprüchen nach Absatz 8 festgelegt sind und andere als im Anhang genannte Tätigkeiten betreffen,

vorzuschreiben.

Artikel 4
Zusammenarbeit im Informationsbereich

(1) Zur Durchführung dieser Richtlinie benennen die Mitgliedstaaten gemäß ihren Rechtsvorschriften und/oder Praktiken ein oder mehrere Verbindungsbüros oder eine oder mehrere zuständige einzelstaatliche Stellen.

(2) Die Mitgliedstaaten sehen die Zusammenarbeit der Behörden vor, die entsprechend den einzelstaatlichen Rechtsvorschriften für die Überwachung der in Artikel 3 aufgeführten Arbeits- und Beschäftigungsbedingungen zuständig sind. Diese Zusammenarbeit besteht insbesondere darin, begründete Anfragen dieser Behörden zu beantworten, die das länderübergreifende Zurverfügungstellen von Arbeitnehmern, einschließlich offenkundiger Verstöße oder Fälle von Verdacht auf unzulässige grenzüberschreitende Tätigkeiten, betreffen.

Die Kommission und die in Unterabsatz 1 bezeichneten Behörden arbeiten eng zusammen, um etwaige Schwierigkeiten bei der Anwendung des Artikels 3 Absatz 10 zu prüfen.

Die gegenseitige Amtshilfe erfolgt unentgeltlich.

(3) Jeder Mitgliedstaat ergreift die geeigneten Maßnahmen, damit die Informationen über die nach Artikel 3 maßgeblichen Arbeits- und Beschäftigungsbedingungen allgemein zugänglich sind.

(4) Jeder Mitgliedstaat nennt den anderen Mitgliedstaaten und der Kommission die in Absatz 1 bezeichneten Verbindungsbüros und/oder zuständigen Stellen.

Artikel 5
Maßnahmen

Die Mitgliedstaaten sehen geeignete Maßnahmen für den Fall der Nichteinhaltung dieser Richtlinie vor.

Sie stellen insbesondere sicher, daß den Arbeitnehmern und/oder ihren Vertretern für die Durchsetzung der sich aus dieser Richtlinie ergebenden der Verpflichtungen geeignete Verfahren zur Verfügung stehen.

Artikel 6
Gerichtliche Zuständigkeit

Zur Durchsetzung des Rechts auf die in Artikel 3 gewährleisteten Arbeits- und Beschäftigungsbedingungen kann eine Klage in dem Mitgliedstaat erhoben werden, in dessen Hoheitsgebiet der Arbeitnehmer entsandt ist oder war; dies berührt nicht die Möglichkeit, gegebenenfalls gemäß den geltenden internationalen Übereinkommen über die gerichtliche Zuständigkeit in einem anderen Staat Klage zu erheben.

Artikel 7
Durchführung

(1) Die Mitgliedstaaten erlassen die Rechts- und Verwaltungsvorschriften, die erforderlich sind, um dieser Richtlinie spätestens ab dem 16. Dezemeber 1999 nachzukommen. Sie setzen die Kommission hiervon unverzüglich in Kenntnis.

(2) Wenn die Mitgliedstaaten diese Vorschriften erlassen, nehmen sie in den Vorschriften selbst oder durch einen Hinweis bei der amtlichen Veröffentlichung auf diese Richtlinie Bezug. Die Mitgliedstaaten regeln die Einzelheiten dieser Bezugnahme.

Artikel 8
Überprüfung durch die Kommission

Spätestens zum 16. Dezember 2001 überprüft die Kommission die Anwendung dieser Richtlinie, um dem Rat erforderlichenfalls entsprechende Änderungen vorzuschlagen.

Artikel 9

Diese Richtlinie ist an die Mitgliedstaaten gerichtet.
Geschehen zu Brüssel am 16. Dezember 1996.

ANHANG

Die in Artikel 3 Absatz 1 zweiter Gedankenstrich genannten Tätigkeiten umfassen alle Bauarbeiten, die der Errichtung, der Instandsetzung, der Instandhaltung, dem Umbau oder dem Abriß von Bauwerken dienen, insbesondere

1. Aushub
2. Erdarbeiten
3. Bauarbeiten im engeren Sinne
4. Errichtung und Abbau von Fertigbauelementen
5. Einrichtung oder Ausstattung
6. Umbau

 7. Renovierung
 8. Reparatur
 9. Abbauarbeiten
10. Abbrucharbeiten
11. Wartung
12. Instandhaltung (Maler- und Reinigungsarbeiten)
13. Sanierung.

Anhang 4

Durchführungsanweisungen (DA) zum Gesetz zur Regelung der gewerbsmäßigen Arbeitnehmerüberlassung

(Auszug)
Stand: Januar 2004

DA zu § 1

1. Erlaubnispflicht (§ 1)

1.1 Grundsätzliches (§ 1 Abs. 1)

Gewerbsmäßige Arbeitnehmerüberlassung ist grundsätzlich verboten, es sei denn, der Verleiher verfügt über eine entsprechende Erlaubnis. In bestimmten Fällen reicht eine Anzeige aus (s. § 1a).
Es handelt sich rechtstechnisch um ein präventives Verbot mit Erlaubnisvorbehalt.

1.1.1 Allgemeines zur Erlaubnispflicht

Grundsatz
ANÜ ist dadurch gekennzeichnet, dass drei Beteiligte vorhanden sein müssen:
- Verleiher,
- Entleiher und
- Leiharbeitnehmer.

Der Leiharbeitnehmer steht zum Verleiher in einem Arbeitsverhältnis, das wegen wechselnder Einsätze bei Entleihern einem besonderen durch das AÜG geregelten Schutz unterliegt.
Während der Entleiher zum Verleiher durch den Überlassungsvertrag (s. § 12) in einer Rechtsbeziehung steht, entsteht zwischen Entleiher und Leiharbeitnehmer keine arbeitsvertragliche Beziehung.
Gewerbsmäßige ANÜ darf nur mit Erlaubnis der BA durchgeführt werden.
Leiharbeit ist ein Erfolg versprechender Weg, vorhandene Beschäftigungspotenziale zu erschließen. Im AÜG ist seit 01.01.2004 der Grundsatz festgeschrieben, dass Leiharbeitnehmer während der Dauer der Überlassung wie vergleichbare Arbeitnehmer des entleihenden Betriebes hinsichtlich der wesentlichen Arbeits- und Beschäftigungsbedingungen behandelt werden müssen (Gleichstellungsgrundsatz, equal-treatment, equal-pay).
Abweichungen hiervon sind nur durch tarifvertragliche Regelungen und für zuvor arbeitslose Leiharbeitnehmer in den ersten sechs Wochen der Überlassung an einen Entleiher durch einzelvertragliche Vereinbarung zulässig.
Gleichzeitig wird die Arbeitnehmerüberlassung durch Aufhebung des Synchronisationsverbotes, des besonderen Befristungsverbotes sowie des Wiedereinstellungsverbotes flexibilisiert. Die Einschränkungen hinsichtlich der Höchstüberlassungsdauer von maximal 24 Monaten sind ebenfalls entfallen.
Für die Befristungen von Arbeitsverhältnissen gilt nunmehr ausschließlich das Teilzeit- und Befristungsgesetz (TzBfG, s. DA 3–1.1)

Nach § 37 c SGB III sind in jedem Arbeitsamtsbezirk PSA für die vermittlungsorientierte Zeitarbeit einzurichten; das Betreiben einer PSA ist gewerbsmäßige Arbeitnehmerüberlassung und unterliegt daher dem AÜG.

Territorialer Anwendungsbereich
Das AÜG gilt auch für das Überlassen von Arbeitnehmern in Länder außerhalb der Bundesrepublik Deutschland und für das Überlassen von Arbeitnehmern aus dem Ausland. Grenzüberschreitende ANÜ in die Bundesrepublik Deutschland ist nur aus Ländern der EU bzw. des EWR erlaubt (s. § 3 Abs. 2).

Schiffe
Schiffe, die unter der Bundesflagge fahren, stellen einen Teil des Territoriums der Bundesrepublik Deutschland dar.

Ausländische Baustellen
Das AÜG ist nach dem Territorialitätsprinzip immer dann anwendbar, wenn die Arbeitnehmerüberlassung einen Bezug zum deutschen Staatsgebiet (Inlandsbezug) aufweist. Werden auf ausländischen Baustellen deutscher Entleiher Arbeitskräfte eines ortsansässigen (ausländischen) Verleihers entliehen, liegt keine nach dem AÜG erlaubnispflichtige Tätigkeit vor. Der deutsche Arbeitsmarkt ist nicht berührt.

1.1.2 Begriffsbestimmungen

Verleiher
Das Gesetz bezeichnet als Verleiher denjenigen, der Arbeitnehmer überlässt (§ 1 Abs. 1).
Der Verleiher ist nach dem AÜG Arbeitgeber im arbeitsrechtlichen Sinne. Das Vorliegen eines Arbeitsverhältnisses ist nach den allgemeinen Grundsätzen des Arbeitsrechts zu beurteilen.

Pflichten
Der Verleiher übernimmt mit der Beschäftigung eines Leiharbeitnehmers das Arbeitgeberrisiko und die Arbeitgeberpflichten insbesondere nach Arbeits-, Steuer- und Sozialversicherungsrecht (s. auch § 3 Abs. 1 Nrn. 1–3). Erfüllt er diese Pflichten nicht, kann die Vermittlungsvermutung (§ 1 Abs. 2) zutreffen. Unabhängig davon kann sich die Frage der Zuverlässigkeit (§ 3 Abs. 1 Nr. 1) stellen.
Verleiher kann jeder sein, der auch Arbeitgeber sein kann, z.B. natürliche und juristische Personen, Personengesellschaften und -gesamtheiten. Ändert sich die Rechtsform eines Arbeitgebers, kann dies Auswirkungen auf eine erteilte Erlaubnis haben (s. auch § 7).

Entleiher
Dem Entleiher (»Dritten«) werden die Leiharbeitnehmer vom Verleiher zur Arbeitsleistung überlassen.

Betriebsbegriff
Verleih kann nur zwischen einzelnen Betrieben stattfinden. Als Entleiher, d.h. Dritter im Sinne des AÜG ist, wer ist der Betrieb anzusehen, der aufgrund Aufgabenbereich und Organisation eigenständig handelt und zur selbständigen Einstellung und Entlassung von Arbeitnehmern der überlassenen Art berechtigt ist (vgl. § 4 Betriebsverfassungsgesetz – BetrVG und Rechtsprechung hierzu).

Das gleiche gilt für Verwaltungen und Betriebe des öffentlichen Dienstes.
Betriebliche Organisationseinheiten, die diese Voraussetzungen nicht erfüllen, können nicht als Entleiher im Sinne des AÜG anerkannt werden, selbst wenn sie eine gewisse Eigenverantwortung und Selbständigkeit genießen.

Betrieb, Nebenbetrieb, Betriebsteil

Betrieb ist eine organisatorische Einheit, innerhalb derer ein Arbeitgeber allein oder gemeinsam mit seinen Arbeitnehmern mit Hilfe von sachlichen und immateriellen Mitteln bestimmte arbeitstechnische Zwecke fortgesetzt verfolgt.

Zwischen Nebenbetrieben ist Verleih möglich, bei Betriebsteilen hingegen nicht.

Nebenbetriebe sind organisatorisch selbständige Betriebe, deren Zweck aber immer eng auf den Hauptbetrieb ausgerichtet ist, also dem Hauptbetrieb dienende Zwecke verfolgt.

Betriebsteile sind Abteilungen von Betrieben, die organisatorisch unselbständig sind und wegen ihrer Eingliederung in den Hauptbetrieb nicht allein betrieben werden können. Sie haben jedoch in der Regel einen eigenen Arbeitnehmerbestand und eigene technische Betriebsmittel.

Arbeitnehmerbegriff

Der Begriff ist nicht gesetzlich definiert. Kriterien für die Ausübung einer Beschäftigung als Arbeitnehmer sind insbesondere:

Persönliche Abhängigkeit, Umfang der Weisungsgebundenheit hinsichtlich Zeit, Dauer und Ort der Arbeitsausführung, Eingliederung in den Betrieb, Notwendigkeit, mit anderen Personen zusammenzuarbeiten bzw. sich ihnen unterzuordnen, Form der Vergütung (Einzelhonorare oder Monatsentgelt). Auf die sozialversicherungs- oder steuerrechtliche Beurteilung kommt es nicht allein an, die Kriterien können aber entsprechend herangezogen werden.

Auch in Teilzeit oder geringfügig Beschäftigte sind Arbeitnehmer (§ 8 SGB IV).

Dienste höherer Art

In bestimmten Fällen – insbesondere bei »Diensten höherer Art« (§ 622 BGB) – kann die Weisungsgebundenheit, soweit sie die Ausführung der Arbeit betrifft, weitgehend eingeschränkt sein (z.B. hochwertige Architekten- oder Ingenieurleistungen). In diesen Fällen erhält das Merkmal der Eingliederung in einen übergeordneten Organismus für die Abgrenzung zwischen abhängig geleisteter Arbeit und selbständig verrichteten Diensten größeres Gewicht.

Scheinselbständige

Arbeitnehmer sind auch Personen, die formal wie selbständig Tätige auftreten, tatsächlich aber abhängig Beschäftigte sind (Scheinselbständige).

Es gilt unverändert die Legaldefinition der Beschäftigung in § 7 Abs. 1 SGB IV zusammen mit den von der Rechtsprechung entwickelten Grundsätzen zur Abgrenzung zwischen einer abhängigen Beschäftigung und einer selbständigen Tätigkeit. Der Status eines Auftragnehmers richtet sich nicht nach dem Willen der Vertragspartner, sondern danach, wie sich die tatsächlichen Verhältnisse gestalten. Wird von vertraglich getroffenen Vereinbarungen abgewichen, ist die tatsächliche Durchführung der Erwerbstätigkeit maßgebend.

Auch weiterhin hat der Auftraggeber (Arbeitgeber) die Pflicht zu prüfen, ob ein Auftragnehmer (Arbeitnehmer) bei ihm abhängig beschäftigt ist oder selbständig tätig ist. Im Zweifelsfall empfehlen die Spitzenverbände der Sozialversicherungträger daher das Anfrageverfahren zur Statusklärung bei den Rentenversicherungsträgern nach § 7 a SGB IV einzuleiten (Clearingstelle der BfA).

Arbeitnehmerähnliche Selbständige
Im Gegensatz zu den »scheinselbständigen Arbeitnehmern« sind die »arbeitnehmer-ähnlichen Selbständigen« unzweifelhaft selbständig tätig. Es handelt sich dabei um Selbständige, die keine versicherungspflichtigen Arbeitnehmer beschäftigen sowie auf Dauer und im wesentlichen nur einen Auftraggeber haben (vgl. § 2 Satz 1 Nr. 9 SGB VI).

Keine Arbeitnehmer
In der Regel stehen in keinem Arbeitsverhältnis:
- Mitglieder von Orden oder Schwesternschaften
- Genossen einer Genossenschaft und Vereinsmitglieder im Verhältnis zu ihrer Organisation
- Mitarbeitende Gesellschafter einer GmbH mit einem Beteiligungsverhältnis von mindestens 50 %. Mitarbeitende Gesellschafter einer GmbH stehen nicht in einem abhängigen Verhältnis zu dieser Gesellschaft, wenn sie ihre Geschicke maßgeblich beeinflussen können. Einen maßgeblichen Einfluss übt der Gesellschafter in jedem Fall aus, wenn er durch sein Kapital mit mindesten 50 % am Kapital beteiligt ist und sein Stimmrecht bei der Beschlussfassung in der Gesellschafterversammlung nicht von dem Beteiligungsverhältnis abweicht. Ein solcher Gesellschafter hat die Möglichkeit ihm nicht genehme Beschlüsse zu Fall zu bringen.
- Strafgefangene

Ein Strafgefangener ist nicht Arbeitnehmer, da er in der Regel zugewiesene Arbeit (§ 37 Abs. 2 StVollzG) verrichtet. Die Verpflichtung zur Ausübung dieser zugewiesenen Arbeit ergibt sich nicht aus einem Arbeitsvertrag, sondern aus § 41 StVollzG. Eine Ausnahme bildet lediglich das freie Beschäftigungsverhältnis gem. § 39 StVollzG, das auf einem Arbeitsvertrag basiert.

Freie Mitarbeiter
Die Bezeichnung eines Arbeitnehmers als »freier Mitarbeiter« ist unerheblich. Maßgebend ist, ob die überlassene Arbeitskraft im Betrieb des Entleihers eine Tätigkeit in persönlicher und weisungsgebundener Abhängigkeit wie ein Arbeitnehmer zu leisten hat, oder ob die Tätigkeit der überlassenen Arbeitskraft so frei und unabhängig vom Weisungsrecht des Entleihbetriebes auszuüben ist, dass nicht mehr von einer abhängigen Tätigkeit gesprochen werden kann.
Werden »so genannte freie Mitarbeiter« zur Arbeitsleistung überlassen und beim Entleiher als Arbeitnehmer eingesetzt, liegt ANÜ vor.
In Fällen mit Auslandsberührung entscheidet das deutsche materielle Recht, ob jemand als Arbeitnehmer, ob jemand als Arbeitnehmer anzusehen ist.

Überlassen zur Arbeitsleistung
Überlassen i.S. des AÜG bedeutet die Zurverfügungstellung eines Arbeitnehmers zur Arbeitsleistung an Dritte. Der Dritte erhält durch den Überlassungsvertrag das Recht, den Leiharbeitnehmer wie ein Arbeitgeber anzuweisen.

Auszubildende
ANÜ liegt nicht vor, wenn Auszubildende Dritten zu Ausbildungszwecken, z.B. auch im Rahmen eines Ausbildungsverbunds, überlassen werden.

Kettenverleih

Ketten-, Zwischen- oder Weiterverleih liegt vor, wenn ein Entleiher die ihm von einem Verleiher verliehenen Leiharbeitnehmer wiederum anderen Entleihern zur Arbeitsleistung zur Verfügung stellt. Dies ist nach dem AÜG nicht gestattet; der Weiterverleiher wird nicht Arbeitgeber der Leiharbeitnehmer, kann daher die Vorschriften des § 3 Abs. 1 nicht einhalten und verstößt gegen § 1 Abs. 2.

Auch bei 100%iger Personenidentität der Beteiligten kann Kettenverleih vorliegen, es sei denn, das AÜG ist aufgrund der Vorschriften zum Konzernverleih nicht anzuwenden.

1.1.3 Gewerbsmäßigkeit

Begriff

Für das AÜG gilt der allgemeine gewerberechtliche Begriff der Gewerbsmäßigkeit. Er setzt Gewinnerzielungsabsicht und Wiederholungsabsicht voraus.

Die für die Annahme der Gewerbsmäßigkeit erforderliche Gewinnerzielungsabsicht bezieht sich auf das Gesamtunternehmen. Die Gewinnerzielungsabsicht liegt auch dann vor, wenn nur Verluste verringert werden sollen.

Bei ANÜ durch einen am Wirtschaftsleben teilnehmenden Betrieb (Gewerbebetrieb) ist grundsätzlich Gewerbsmäßigkeit anzunehmen. Gewerbsmäßigkeit ist auch gegeben, wenn es sich bei der ANÜ um eine im Geschäftsinteresse liegende Kundenserviceleistung handelt. Nur wenn außergewöhnliche Umstände – z.B. Unentgeltlichkeit der ANÜ, Hilfe in Katastrophenfällen – vorliegen, kann bei ANÜ durch einen Gewerbebetrieb Gewerbsmäßigkeit verneint werden.

Zur Erlaubnisfreiheit bei fehlender Gewerbsmäßigkeit (siehe DA 1.1.3 – Gemeinnützigkeit).

Hauptzweck, Nebenzweck

Für die Frage der Gewerbsmäßigkeit bleibt es unerheblich, ob ANÜ für einen Betrieb Hauptzweck oder nur Nebenzweck ist. Gewerbsmäßige ANÜ liegt vom Betriebszweck unabhängig immer dann vor, wenn ein Arbeitnehmer des Betriebes in Gewinnerzielungsabsicht an einen Dritten überlassen wird.

Mischbetriebe

Als Mischbetriebe werden solche Betriebe bezeichnet, die sowohl Arbeitnehmer in eigener Betriebsstätte beschäftigen als auch bei sich bietender Gelegenheit Arbeitnehmer Dritten zur Arbeitsleistung überlassen.

Die Anwendung des AÜG hängt allein von der Frage der Gewerbsmäßigkeit ab. Unerheblich ist es daher beispielsweise, in welchem Umfang Arbeitnehmer in der jeweiligen betrieblichen Sparte eingesetzt werden oder welche Umsätze mit ANÜ in der Relation zu den übrigen betrieblichen Tätigkeiten erzielt werden.

Gemeinnützigkeit

Einrichtungen, denen die Gemeinnützigkeit nach § 52 AO von den Finanzbehörden zuerkannt wurde, handeln grundsätzlich nicht gewerbsmäßig.

Entscheidungen i.S. von § 52 AO treffen ausschließlich die Finanzbehörden. Es reicht nicht aus, wenn ein Verleiher beabsichtigt, die Gemeinnützigkeit zu erlangen und in seine Satzung entsprechende Bestimmungen aufnimmt (s. Sonderstellung landwirtschaftliche Hilfsorganisationen).

Die Voraussetzung für die Gemeinnützigkeit wird durch eine Bescheinigung nach § 52 Abgabenordnung (AO) der Finanzverwaltung nachgewiesen. Für den Bereich der Arbeitnehmerüberlassung muss sich die Gemeinnützigkeit ausdrücklich aus der Bescheinigung gem. § 52 AO ergeben. Das zuständige Finanzamt wird die Frage der Gemeinnützigkeit auch unter dem Aspekt des Verleihs von Arbeitskräften bewerten und dies in der Bescheinigung zur Gemeinnützigkeit zum Ausdruck bringen. Die Anerkennung der sonstigen Tätigkeiten der Gesellschaft als gemeinnützig ist nicht entscheidend.

Anwendung AEntG
In derartigen Fällen von gemeinnütziger Arbeitnehmerüberlassung in Betriebe des Baugewerbes liegt auch kein Verstoß gegen § 1 b AÜG vor, da es sich um nicht gewerbsmäßige Arbeitnehmerüberlassung handelt.
Wird die Arbeitnehmerüberlassung als ein besonderes Betätigungsfeld der gemeinnützigen Beschäftigungsgesellschaft aus Sicht der Finanzbehörden als steuerpflichtiger wirtschaftlicher Geschäftsbetrieb qualifiziert, liegt gewerbsmäßige Arbeitnehmerüberlassung vor.
Die Anerkennung der sonstigen Tätigkeiten der Gesellschaft als gemeinnützig ist nicht entscheidend.
Mit dem Widerruf der Gemeinnützigkeit wird die ANÜ erlaubnispflichtig (es sei denn, Erlaubnisfreiheit besteht aufgrund anderer Ausnahmevorschriften).
Unabhängig von der Prüfung der Frage der Erlaubnispflicht nach dem AÜG ist bei gemeinnützigen Beschäftigungsgesellschaften von der Anwendbarkeit des das Arbeitnehmer-Entsendegesetzes (AEntG) auszugehen.
Auch für gemeinnützige Verleiher besteht nach § 1 Abs. 2 a AEntG die Verpflichtung, Mindestlöhne und Urlaubskassenbeiträge zu zahlen, soweit deren Leiharbeitnehmer von einem Entleiher mit Tätigkeiten beschäftigt werden, die in den Geltungsbereich eines für allgemeinverbindlich erklärten Tarifvertrages nach § 1 Abs. 1, Abs. 2 oder Abs. 3 AEntG oder nach einer Rechtsverordnung nach § 1 Abs. 3 a AEntG fallen.
(zur Frage der Anwendung des Gleichstellungsgrundsatzes – auch für nicht gewerbsmäßige Verleiher s. DA 3.1.5, 3.1.6).

1.1.4 ANÜ und spezialgesetzliche Normen

Bewachung nach § 34a GewO (Nach Auffassung des BMWA benötigt auch ein Bewachungsunternehmen, das verleiht, eine Verleiherlaubnis)
§ 34a GewO und die Verordnung über das Bewachungsgewerbe gehen als spezialgesetzliche Normen der Anwendung des AÜG vor.
Auf Bewachungstätigkeiten i.S. von § 34a GewO findet das AÜG daher keine Anwendung. Die Erlaubnispflicht nach der Gewerbeordnung ersetzt nur dann nicht die Erlaubnis nach dem AÜG, wenn neben (oder an Stelle der Bewachungstätigkeit) andere Tätigkeiten ausgeübt werden. Für die Abgrenzung zwischen Bewachung und ANÜ ist nicht maßgebend, ob ein selbständiger Dienstvertrag vorliegt.

Zweifel an der Zuverlässigkeit des Erlaubnisinhabers nach § 34a GeWO
Lassen Sachverhalte Zweifel an der Zuverlässigkeit des Inhabers einer Erlaubnis nach § 34a GewO aufkommen, sollte die entsprechende Erlaubnisbehörde unterrichtet werden, damit sie prüfen kann, ob das Verhalten der Bewachungsunternehmen gegen die GewO verstößt. Von Maßnahmen nach dem AÜG ist in diesen Fällen abzusehen.

Bewachung in gemischten Gruppen

ANÜ liegt auch dann nicht vor, wenn die Mitarbeiter des Bewachungsunternehmens in das Unternehmen des jeweiligen Kunden eingegliedert sind, dessen Weisungsbefugnis unterstellt werden oder Bewachungsaufgaben in gemischten Gruppen mit Mitarbeitern des zu bewachenden Unternehmens ausüben.

Überlassung zwischen Bewachungsunternehmen

Keine Anwendung findet das AÜG auch in den Fällen, in denen der Inhaber einer Erlaubnis nach § 34a GewO seine Arbeitnehmer nicht unmittelbar zur Wahrnehmung von Bewachungsaufgaben bei einem Kunden einsetzt, sondern sie einem anderen Unternehmen i.S.v. § 34a GewO zum Einsatz bei dessen Kunden überlässt. Dies gilt auch, wenn er die Arbeitnehmer nur zu diesem Zweck einstellt.

Bewachung und andere Tätigkeiten

Überlässt ein nach § 34a GewO zugelassenes Bewachungsunternehmen Dritten Arbeitnehmer nicht ausschließlich für Bewachungszwecke, sondern auch für andere Tätigkeiten (z.B. Kurier- und Botendienste, Führen von Kraftfahrzeugen, Schneeräumen, Rasenmähen), ist eine Verleiherlaubnis erforderlich, sofern nicht die Bewachungstätigkeit deutlich überwiegt und damit die Gesamttätigkeit prägt. Das bedeutet, dass der Anteil der Bewachungstätigkeit – auf den jeweils eingesetzten Arbeitnehmer bezogen – erheblich höher liegen muss als der der übrigen Tätigkeiten. Dies wird immer dann der Fall sein, wenn andere Tätigkeiten nur gelegentlich oder in unbedeutendem Umfang ausgeübt werden. Entscheidend für die Beurteilung ist nicht die schriftliche Vereinbarung sondern die tatsächliche Ausgestaltung.

Gestellung von Sicherungsposten bei Gleisbauarbeiten

Für die Gestellung von Sicherungsposten bei Gleisbauarbeiten durch ein Bewachungsunternehmen mit einer Erlaubnis nach § 34a GewO ist – aufgrund der BAG-Rechtsprechung – zusätzlich eine Erlaubnis nach dem AÜG erforderlich, weil Sicherungsposten im Bereich der Bundesbahn nicht wie bei echten Bewachungsaufgaben das Eigentum oder sonstige Rechte des Bewachten gegen Eingriffe Dritter schützen. Sie sichern die Bediensteten der Deutschen Bahn gegen die von den Einrichtungen der Deutschen Bahn selbst ausgehenden Gefahren.

Werden jedoch im Zusammenhang mit Bauleistungen im Rahmen eines Werkvertrages Sicherungsposten gestellt, findet das AÜG keine Anwendung, wenn dies eindeutig eine Nebenleistung des vereinbarten Werkvertrages darstellt.

Bedient sich in diesem Fall das Bauunternehmen mangels eigener Kräfte der Sicherungsposten eines erlaubt tätigen Bewachungsunternehmens, geht auch hier § 34a GewO als Spezialgesetz dem AÜG vor.

Die Gestellung von Sicherungsposten an Bauunternehmen durch Verleiher ist dagegen nur nach § 1b Satz 2 Buchstabe a AÜG zulässig.

Güterkraftverkehr nach dem Güterkraftverkehrsgesetz (GüKG)

Der Inhaber einer Genehmigung für den Güterverkehr bzw. einer Erlaubnis für den Güternahverkehr bedarf für die Beförderung von Gütern mit einem Kraftfahrzeug für andere keiner Verleiherlaubnis nach dem AÜG, auch wenn diese Beförderung durch seine Arbeitnehmer vorgenommen wird und seine Arbeitnehmer bei der Beförderung Weisungen der anderen unterliegen. Eine Genehmigung nach dem GÜKG erstreckt sich aber nicht auf den Verleih von Kraftfahrzeugführern ohne Kraftfahrzeug.

Vermieten von Kraftwagen mit Fahrer nach dem Personenbeförderungsgesetz (PBefG)

Mietwagenunternehmen benötigen gemäß Personenbeförderungsgesetz für ihre Tätigkeit keine Erlaubnis nach dem AÜG. Eine Genehmigung nach dem Personenbeförderungsgesetz erstreckt sich jedoch nicht auf den Verleih von Kraftfahrzeugführern ohne Kraftfahrzeug.

Verleih von Hafenarbeitern aufgrund des »Gesamthafenbetriebsgesetzes«

Das Gesetz über die Schaffung eines besonderen Arbeitgebers für Hafenarbeiter (»Gesamthafenbetriebsgesetz«) geht als sondergesetzliche Bestimmung den Vorschriften des AÜG vor.

Gesamthafenbetriebe, wie sie z.B. in Hamburg, Bremen, Lübeck und Rostock gebildet wurden, können Hafenarbeiter einstellen und an ihre Mitglieder verleihen.

Sie haben nach § 2 Abs. 1 des Gesamthafenbetriebsgesetzes u.a. den Begriff der Hafenarbeit und ihre Aufgaben bindend festzulegen; dies bedarf der Genehmigung durch die oberste Arbeitsbehörde des Landes.

Unter diesen Voraussetzungen fällt die Überlassung von Gesamthafenbetriebsarbeitern an Hafeneinzelbetriebe nicht unter das AÜG.

Ohne Verleiherlaubnis ist auch der Personalaustausch zwischen Hafeneinzelbetrieben möglich, soweit dies nach der Satzung des Gesamthafenbetriebes vorgesehen ist und die Verteilung seitens der Gesamthafenbetriebsgesellschaft erfolgt.

Überlässt ein Gesamthafenbetrieb Arbeitnehmer zu anderen als Hafenarbeiten, findet das Gesamthafenbetriebsgesetz keine Anwendung. Ob eine ANÜ zu anderen als Hafenarbeiten gewerbsmäßig erfolgt, ist nach den allgemeinen Grundsätzen zur Gewerbsmäßigkeit zu entscheiden. Gesamthafenbetriebe dürfen zwar nicht erwerbswirtschaftlich tätig werden, eine Anerkennung der Gemeinnützigkeit seitens der Finanzbehörde liegt in der Regel aber nicht vor.

1.1.5 Besondere Fallgestaltungen/-beispiele

Kooperationsverträge

Im Rahmen der wirtschaftlichen Zusammenarbeit, an der häufig auch ausländische Partner/Gewerbebetriebe beteiligt sind, wird oftmals vereinbart, auch personelle Ressourcen zur Verfügung zu stellen (so gen. Kooperationsverträge). In der Regel wird hier Arbeitnehmerüberlassung vorliegen, die auch als gewerbsmäßig einzustufen ist. Bei Prüfung der Frage der Gewerbsmäßigkeit ist – auch wenn im Einzelfall für die ANÜ kein Entgelt gezahlt wird – zu berücksichtigen, dass sich die Personalgestellung im Geschäftsinteresse des Entsendenden im Hinblick auf zu erwartende Geschäftsverbindungen oder zur Pflege derselben vollzieht.

Diese Kriterien gelten auch für Entwicklungskooperationen mit Universitäten.

Zuwendungsprojekte

Bei Kooperationen im Zusammenhang mit Zuwendungsprojekten der EU sind Fallgestaltungen denkbar, die die typischen Gefahren der Leiharbeit nicht aufweisen, so dass nicht von gewerbsmäßiger ANÜ auszugehen ist. Beispiel: Abstellung eines Gastwissenschaftlers von seinem Arbeitgeber an ein Gastunternehmen i. R. eines von der EU geförderten wissenschaftlichen Projekts.

Maschinenringe (MR)

Selbsthilfeorganisationen im Bereich der Land- und Forstwirtschaft (Maschinen- und Betriebshilfsringe – MR) handeln beim Zurverfügungstellen von Betriebshelfern nicht in Gewinnabsicht und damit nicht gewerbsmäßig, soweit die Gemeinnützigkeit in der jeweiligen Satzung des MR verankert ist.

Das gilt auch für die Fälle, in denen land- und forstwirtschaftliche Betriebe Betriebshelfer Mitgliedern eines MR zu dem jeweils festgelegten Verrechnungssätzen zur Verfügung stellen.

Bei MR, die bereits vor dem Inkrafttreten des AÜG tätig waren, schließt das Fehlen der ausdrücklichen Anerkennung der Gemeinnützigkeit nach dem Willen des Gesetzgebers die Nichtgewerbsmäßigkeit jedoch nicht aus. Unschädlich ist im Übrigen der Austausch von Betriebshelfern zwischen Mitgliedern selbständiger (in der Regel benachbarter) MR.

Erlaubnisfreiheit gilt nicht für Betriebe mit mehreren Betriebsabteilungen wenn diese Betriebe bei einer Gesamtschau nicht der Land- oder Forstwirtschaft zuzuordnen sind. Das Zurverfügungstellen von Betriebshelfern an Mitglieder von MR, die sich zu Gewerbebetrieben entwickelt haben, und damit den ursprünglichen Charakter eines land- oder forstwirtschaftlichen Betriebes verloren haben, stellt gewerbsmäßige ANÜ dar. Öffnen sich MR auch für nicht der Landwirtschaft zugehörige Personen und Institutionen, kann von nichtgewerbsmäßiger ANÜ durch die Mitglieder der MR nur dann ausgegangen werden, wenn diese überwiegend land- oder forstwirtschaftliche Betriebe sind und die Landwirtschaftsbehörden den betreffenden MR als förderungsfähig anerkennen (s. auch Erl. v. 29.07.02).

Beistellungen

Bedingt sich der Auftraggeber (Besteller) eines Werkvertrages aus, eigene Arbeitskräfte an der Erstellung des Werkes auf seinem Betriebsgelände mitwirken zu lassen, kann diese Beistellung des Personals grundsätzlich ANÜ sein (denn eine Entsendung in fremde Betriebsstätten gehört nicht zum Wesen der ANÜ).

Bei Anwendung der für gemischte Verträge geltenden Grundsätze tritt jedoch die Beistellung von Arbeitskräften (d.h. die ANÜ) zurück, wenn der Auftraggeber sich überwiegend zur Zahlung von Werklohn in Form von Geld verpflichtet hat. In diesem Fall ist vom Vorliegen eines Werkvertrages auszugehen.

»Personalpool«

Sofern eine zentrale Personalverwaltung oder eine Personalführungsgesellschaft mehrerer rechtlich eigenständiger Arbeitgeber Personalausgleich durch Verleih betreibt, liegt regelmäßig gewerbsmäßige ANÜ vor.

»Selbstverleih«

ANÜ setzt immer drei Beteiligte voraus: Verleiher, Leiharbeitnehmer, Entleiher. Aus diesem Grunde ist sog. Selbstverleih rechtlich nicht möglich, da zwischen Verleiher und Leiharbeitnehmer in diesen Fällen Personenidentität besteht. In der Regel ist bei einer derartigen Konstellation der Betreffende entweder Arbeitnehmer des »Entleihers«/Arbeitgebers oder Werkunternehmer, wenn er z.B. im Rahmen eines Werkvertrages für den »Entleiher«, d.h. den Auftraggeber bzw. Besteller tätig wird.

Makeln von ANÜ-Verträgen

Das Makeln von ANÜ-Verträgen stellt keine erlaubnispflichtige Tätigkeit i. S. des AÜG dar.

Ruhen des Arbeitsverhältnisses/Zweitbeschäftigungsverhältnis z.B. im Fußball-sport

ANÜ liegt nicht vor, wenn ein Arbeitnehmer ein weiteres Beschäftigungsverhältnis unter gleichzeitiger Ruhendstellung des ursprünglichen Beschäftigungsverhältnisses eingeht.

Kein Verleih ist der sog. Verleih von Fußballspielern nach den Statuten des Deutschen Fußball-Bundes (DFB). Hiernach können Lizenz- und Vertragsspieler ihren Verein nur wechseln, wenn sie in die Transferliste des DFB aufgenommen worden sind. Der Nachweis über die Kündigung oder Beendigung des laufenden Arbeitsvertrages ist dem DFB mit dem Antrag zur Aufnahme in die Transferliste vorzulegen. Bevor demnach ein Lizenz- oder Vertragsspieler bei einem anderen Verein einen neuen Vertrag unterschreiben kann, müssen die arbeitsrechtlichen Beziehungen zu seinem bisherigen Verein gelöst sein; eine vertraglich ausbedungene Rückkehrmöglichkeit zum abgebenden Verein ist dabei unschädlich.

Freistellungen nach § 9 BRTV Bau

ANÜ liegt ferner nicht vor, wenn ein Arbeitgeber des Baugewerbes von der Möglichkeit des § 9 Bundesrahmentarifvertrag Bau (BRTV Bau) Gebrauch macht und einen Arbeitnehmer zur Arbeitsleistung in einer Arbeitsgemeinschaft, an der er beteiligt ist, freistellt.

Während der Dauer der Freistellung ruht das Arbeitsverhältnis des Arbeitnehmers zum Stammbetrieb; mit der Arbeitsaufnahme tritt der Arbeitnehmer in ein Arbeitsverhältnis zur Arbeitsgemeinschaft. (s. auch DA 1.1.1.3 – Arge).

1.1.6 Abgrenzung zu anderen Formen des drittbezogenen Personaleinsatzes

Allgemeines

Von der ANÜ abzugrenzen ist das Tätigwerden von Erfüllungsgehilfen im Rahmen von Werk-, Dienst-, Dienstverschaffungs- und Geschäftsbesorgungsverträgen.

Einzelfallberatung

Hinsichtlich konkreter Abgrenzung im Einzelfall sind Fragesteller auf die Beratung durch Angehörige der rechtsberatenden Berufe sowie berufsständische Vereinigungen zu verweisen. Unabhängig davon ergeben sich aus dem »Merkblatt zur Abgrenzung zwischen Arbeitnehmerüberlassung Entsendung von Arbeitnehmern im Rahmen von Werk- und selbständigen Dienstverträgen sowie anderen Formen drittbezogenen Personaleinsatzes« (AÜG10) allgemeine Abgrenzungskriterien.

Wertende Gesamtbetrachtung

Bei der Unterscheidung zwischen ANÜ und anderen Formen drittbezogenen Personaleinsatzes darf nicht schematisch vorgegangen werden.

Das Vorliegen eines oder mehrerer Kriterien muss noch nicht für oder gegen einen bestimmten Vertragstyp sprechen; dies gilt insbesondere, wenn für ein solches Kriterium eine objektiv berechtigte Notwendigkeit bestand. Im Hinblick auf die Vielfalt der denkbaren Vertragsgestaltungen gibt erst eine (qualitative) Gewichtung der maßgeblichen Abgrenzungskriterien im Rahmen einer wertenden Gesamtbetrachtung zuverlässigen Aufschluss über die Zuordnung drittbezogenen Personaleinsatzes zu einer bestimmten Vertragsform.

Vertragsgemäße/tatsächliche Durchführung

Grundsätzlich ist der Geschäftsinhalt der zwischen den Beteiligten vereinbarten Verträge entscheidend. Der Geschäftsinhalt kann sich sowohl aus den schriftlichen Vereinbarungen der Beteiligten als auch aus der praktischen Durchführung der Verträge ergeben. Widersprechen sich allerdings schriftliche Vereinbarungen und tatsächliche Durchführung des Vertrages, so kommt es auf die tatsächliche Durchführung an. Diese ist für die Ermittlung des Vertragstyps maßgebend (vgl. BAG vom 15.6.1983 DBIR 2876a SonstR/Art1 § 10 AÜG = NJW 1984, 2912).

1.1.7 Werkverträge

Allgemeines

Aufgrund der Werkvertragsvorschriften des BGB (§§ 631 ff.) und der ständigen Rechtsprechung des BAG 1), der sich auch andere Bundesgerichte angeschlossen haben 2), liegen gefestigte Maßstäbe für die Abgrenzung zwischen Werkverträgen und Verträgen auf ANÜ nach § 1 AÜG vor.

Kriterien

Elemente des Werkvertrages sind:
– Vereinbarung und Erstellung eines qualitativ individualisierbaren und dem Werkunternehmer zurechenbaren Werkergebnisses
– Unternehmerische Dispositionsfreiheit des Werkunternehmers gegenüber dem Besteller.
– Weisungsrecht des Werkunternehmers gegenüber seinen im Betrieb des Bestellers tätigen Arbeitnehmern, wenn das Werk dort zu erstellen ist.
– Tragen des Unternehmerrisikos, insbesondere der Gewährleistungen, durch den Werkunternehmer.
– Erfolgsorientierte Abrechnung der Werkleistung.

Werkergebnis; Abgrenzbarkeit

Voraussetzung für einen Werkvertrag ist u.a., dass das zu erstellende Werk von vornherein ausreichend genau beschrieben ist, um so die erforderliche qualitative Individualisierung vorzunehmen und das Werkergebnis dem Werkunternehmer zuordnen zu können. Diese Voraussetzung gilt auch dann als erfüllt, wenn das Werkergebnis als Ziel zwar klar definiert ist, sich die einzelnen Realisierungsschritte aber erst während der Durchführung ergeben (z.B. Erstellung eines Personalabrechnungssystems durch Software, Reparaturarbeiten an einer Anlage). Unbestimmte vertragliche Ziele (z.B. Mitarbeit im Betrieb) indizieren den Verdacht, dass gar nicht beabsichtigt ist, ein näher beschriebenes Werk zum Gegenstand des Vertrages zu machen.

Ein typisches Element des Werkvertrages ist der projekt- und erfolgsbezogene Einsatz der im Betrieb des Werkbestellers tätig werdenden Arbeitnehmer des Werkunternehmers. Allein der Umstand, dass Arbeitnehmer des Bestellerbetriebes der Tätigkeit des Werkunternehmers vergleichbare Arbeiten auf dem eigenen Werksgelände durchführen (z.B. Softwareerstellung durch Arbeitnehmer des Bestellers und gleichzeitige, aber auf ein anderes Projekt bezogene Softwareerstellung durch Arbeitnehmer des Werkunternehmers), steht dem nicht entgegen. Die mangelnde Abgrenzbarkeit des Arbeitsergebnisses bezogen auf die von den Arbeitnehmern des Bestellerbetriebes verrichtete Arbeit deutet darauf hin, dass tatsächlich ANÜ betrieben wird.

Werkvertragsfähige Leistungen

Gegen einen Werkvertrag können – trotz der heutzutage im modernen Arbeitsleben fortschreitenden Arbeitsteilung – folgende Vertragsinhalte sprechen:

- Wenn gleichzeitig oder über einen bestimmten Zeitraum eine Summe von Klein- und Kleinst-»Projekten« vergeben wird (Aufteilung des Gewerks bis zur »Atomisierung«, z.B. Schweißnähte, Verputzarbeit geringen Umfangs im Leistungslohn);
- wenn lediglich die Leistung (nicht erfolgsbezogener) einfacherer Arbeiten benötigt wird (z.B. Schreibarbeiten, Botendienste, einfache Zeichenarbeiten, Maschinenbedienung, Dateneingabe vgl. aber hierzu Ziff. 1.5 zum Dienstvertrag).

Anhaltspunkte dafür, ob überhaupt eine werkvertragsfähige Leistung vorliegt, können auch den schriftlichen Vereinbarungen der Vertragsparteien entnommen werden. Das Werk muss in aller Regel im Angebot präzise beschrieben sein. Allgemeine Formulierungen ohne Präzisierung des Auftraggegenstandes wie »Montage ...« oder »Schweißen ...« genügen nicht. Die Beschreibung der auszuführenden Arbeiten soll so eindeutig sein, dass im Konfliktfalle (Abrechnung, Haftung wegen mangelnder Ausführung) bestimmbar ist, wer die Arbeiten ausgeführt hat. Eine genaue Beschreibung der einzelnen Realisierungsschritte ist jedoch nicht notwendig, wenn der Leistungserfolg im Vertrag hinreichend bestimmt ist.

»Werkvertragsfähige« Unternehmen

Für die Zuordnung der zwischen den Vertragsparteien vereinbarten Geschäftsinhalte zu einem bestimmten Vertragstyp kann im Einzelfall auch die Prüfung der Frage hilfreich sein, ob ein Unternehmer nach seiner materiellen Ausstattung (Kapital, Maschinen, Fahrzeuge, Werkzeuge, Materialien, eine dem Unternehmen entsprechende büromäßige Organisation, Versicherungsschutz usw.) sowie der eigenen fachlichen Kompetenz und die seiner Erfüllungsgehilfen überhaupt in der Lage ist, einen anderen Geschäftszweck als den der ANÜ zu betreiben. Ist z.B. die auftragnehmende Vertragspartei in ihrer unternehmerischen Eigenverantwortung und Dispositionsfreiheit dadurch stark eingeschränkt, dass nur der Besteller über die für die Erfüllung des Vertrages wesentlichen Betriebsmittel verfügt, so spricht dieser Umstand eher für einen ANÜ-Vertrag. Das gleiche gilt, wenn der Werkunternehmer kein hinreichend qualifiziertes Personal beschäftigt, welches die geschuldete Leistung selbständig planen und organisieren und schließlich auch selbständig und eigenverantwortlich durchführen und überwachen kann.

Arbeitsmittel

Der Einsatz eigener Arbeitsmittel und Materialien durch Werkunternehmer bzw. ihre Erfüllungsgehilfen spricht regelmäßig gegen ANÜ. Auch bei Nutzung von Fremdmaterial oder beigestellten Betriebsstoffen (z.B. Schmiermitteln) braucht nicht ANÜ vorzuliegen.

Ordnungsvorschriften

Die Beachtung oder Nichtbeachtung öffentlich-rechtlicher Ordnungsvorschriften (z.B. HandwO, GewO, 2. DEVO) ist kein zuverlässiges Abgrenzungskriterium. Allerdings kann die Verletzung einschlägiger Vorschriften auf mangelnde fachliche Qualifikation hindeuten. Ferner kann z.B. das Fehlen eines handwerklichen Befähigungsnachweises (Meisterprüfung) zusätzlich die Auffassung stützen, dass kein Werkvertrag vorliegt.

Unternehmerische Dispositionsfreiheit

Bei Werkverträgen organisiert der Unternehmer die zur Erreichung eines wirtschaftlichen Erfolges notwendigen Handlungen selbst, wobei er sich eines Erfüllungsgehilfen bedienen kann. Dabei bleibt der Unternehmer für die Erfüllung der im Vertrag vorgesehenen Dienste oder für die Herstellung des geschuldeten Werks verantwortlich. Daher kann ein Werkvertrag nur bejaht werden, wenn der Unternehmer Art, Ablauf und Einteilung der Arbeiten selbst bestimmt und der Dritte kein Weisungsrecht gegenüber den Arbeitnehmern des Herstellers hat (vgl. BAG, Urteil vom 10.2.1997 = EzAÜG1 Nr.32 = AP nr.9 zu § 103 BetrVG); vgl. aber auch **»Weisungsbefugnis«.**

Zu den Abgrenzungskriterien wird auch auf die Urteile des BGH v. 16.07.2002 – X ZR 27/01 und v. 25.06.2002 X ZR 83/00 verwiesen.

Vertragstypische Rechte/Pflichten des Werkunternehmers sind insbesondere:
- Entscheidung über Auswahl der eingesetzten Arbeitnehmer (Zahl, Qualifikation und Person),
- Ausbildung und Einarbeitung,
- Bestimmung der Arbeitszeit und Anordnung von Überstunden,
- Gewährung von Urlaub und Freizeit,
- Durchführung der Anwesenheitskontrolle,
- Überwachung der Ordnungsmäßigkeit der Arbeitsabläufe.

Werden derartige Funktionen vom angeblichen Werkbesteller wahrgenommen, so spricht dies für ANÜ.

Eingliederung

Die organisatorische Eingliederung in die Arbeitsabläufe oder in den Produktionsprozess des Bestellerbetriebes spricht grundsätzlich für ANÜ. Der Bestellerbetrieb kann aber z.B. besonderen Sicherheitsvorschriften hinsichtlich der auf seinem Gelände beschäftigten Arbeitnehmer unterliegen oder aus Kapazitätsgründen nur für den Ansatz einer beschränkten Zahl von Werkvertragsarbeitnehmern aufnahmefähig sein. Auch müssen betriebliche Gegebenheiten der Bestellerseite im Rahmen der Eingliederungsprüfung berücksichtigt werden; so können z.B. werkvertragliche Instandhaltungsarbeiten, Anlageumbauten oder -erweiterungen auf betriebliche Produktionsabläufe abzustimmen sein, um Produktionsausfälle zu mindern. Immer aber muss ein abgrenzbares Werkergebnis vorliegen.

Eingliederung ist nicht schon dann gegeben, wenn im Rahmen eines Vertrages Entwicklungs- und Planungsarbeiten von den Vertragsparteien gemeinsam im Betrieb eines der Vertragspartner durchgeführt werden; immer aber muss eine abgrenzbare und einem Vertragspartner zurechenbare Leistung vorliegen.

Weisungsbefugnis

Der Werkunternehmer hat sicherzustellen, dass er selbst oder seine Repräsentanten (z.B. Meister, Obermonteure, Projektleiter, Vorarbeiter) Weisungs- und Aufsichtsbefugnisse tatsächlich ausüben. Beim Einsatz von Erfüllungsgehilfen muss gewährleistet sein, dass diese im Betriebsgelände des Werkbestellers tätigen Arbeitnehmer ihre Arbeitsleistung in weitgehender Selbständigkeit, d.h. ohne Unterstellung unter das Weisungsrecht des Werkbestellers oder dessen Repräsentanten erbringen. Dies schließt nicht aus, dass der Besteller betriebsspezifische Hinweise/Anweisungen (z.B. Anweisung zur Schadensvermeidung) gibt.

Außerdem kann der Werkbesteller gegenüber dem Werkunternehmer ein vertraglich ausbedungenes (An-)Weisungsrecht haben (vgl. § 645 BGB). Es kann auch gegenüber dem entsandten Erfüllungsgehilfen (Repräsentanten) des Werkunternehmers bestehen. Ein sehr weitgehendes Anweisungsrecht des Werkbestellers kann im Einzelfall dafür sprechen, dass der Erfüllungsgehilfe im Ergebnis dem Weisungsrecht des Werkbestellers unterliegt. Das (An-) Weisungsrecht des Werkbestellers unterscheidet sich aber grundlegend vom (Arbeitgeber-)Weisungsrecht des Werkunternehmers; es beinhaltet lediglich projektbezogene Ausführungsanweisungen und ist damit gegenständlich beschränkt auf die Herstellung des jeweils geschuldeten Werkes; es darf sich nicht auf die einzelne Arbeitsverrichtung, sondern nur auf das Arbeitsergebnis (auch Sachfortschrittskontrolle beziehen).

Unternehmerrisiko

Der Werkunternehmer trägt im Vergleich zum Verleiher ein erhöhtes Unternehmerrisiko. Der Werkunternehmer trägt die Vergütungsgefahr (§ 644 i.V.m. §§ 640 und 646 BGB) und die Gewährleistungspflicht (§ 633 Abs. 1 BGB). Dabei muss er sich das Verschulden seiner Erfüllungsgehilfen anrechnen lassen (§ 278 BGB). Ein »echter« Werkunternehmer wird gegen diese Risiken entsprechend abgesichert sein (Versicherungen, Rückstellungen). Werkvertragstypisch ist auch die Vereinbarung einer Konventionalstrafe. Der Verleiher muss demgegenüber nur für die fristgerechte Gestellung von Arbeitnehmern und Auswahlverschulden einstehen.

Vergütungsgefahr

Besteht im Falle des zufälligen Untergangs des geschuldeten (Teil-) Werks vor Abnahme durch den Werkbesteller trotz erbrachter Arbeitsleistungen der im Bestellerbetrieb tätig gewesenen Arbeitnehmer kein Anspruch auf Vergütung für die aufgewandte Arbeitszeit sowie für die sonstigen Kosten (z.B. für den Einsatz von Maschinen oder Werkzeug), spricht dies in aller Regel für einen Werkvertrag.

Gewährleistungspflicht

Kennzeichnend für den Werkvertrag ist der Umstand, dass der Werkunternehmer dem Besteller die vertragsgemäße, mangelfreie und rechtzeitige (fristgerechte) Herstellung des Werkes (§ 633 Abs. 1 BGB) schuldet; der Besteller braucht ein fehlerhaftes Werk nicht abzunehmen.

Für das Bestehen einer Gewährleistungspflicht sprechen insbesondere folgende Rechte des Bestellers:
- Einrede des nicht erfüllten Vertrages (§ 320 BGB),
- Beseitigung des Mangels (Nachbesserung gem. § 633 Abs. 2, 3 BGB),
- Rückgängigmachung des Vertrages (Wandelung) oder die Herabsetzung der Vergütung (Minderung) gem. § 634 BGB,
- Schadenersatz wegen Nichterfüllung (§ 635 BGB),
- Rücktritt vom Vertrag (§ 636 BGB).

Diese Rechte müssen nicht ausdrücklich vereinbart sein, da sie sich aus dem Gesetz ergeben. Sie dürfen allerdings nicht vertraglich abbedungen sein.

Abdingbarkeit

Das Abbedingen der Gewährleistungspflicht spricht dann nicht für ANÜ, wenn es durch »Allgemeine Geschäftsbedingungen« oder z.B. die »Verdingungsordnung für Bauleistungen – VOB« oder ähnliche Regelungswerke (»Leistungs- und Honorarordnung der Ingenieure – LHO«, »Honorarordnung für Architekten und Ingenieure – HOAI«) erfolgt.

Umgehungsformen

Auf das Vorliegen von ANÜ deutet dagegen hin, wenn in den Verträgen zwar Regelungen über die Gewährleistungspflicht und die Vergütungsgefahr vorgesehen und – zur Tarnung – auch Leistungen gewährt, aber dann wieder rückvergütet werden. Gleiches gilt, wenn bei einer summenmäßigen Haftungsbeschränkung und bei einem Ausschluss des Rücktrittrechts die Gewährleistung in keinem Verhältnis mehr zu den tatsächlichen Gefahren steht.

Erfolgsorientierte Abrechnung

Auch die Bemessungsgrundlage für das Entgelt kann aufschlussreich sein. Bei einem Werkvertrag wird die Vergütungsregelung regelmäßig entweder in einer Pauschalsumme für das Gesamtwerk oder einzelne Teilabschnitte (Pauschalpreis) oder in einem Einheitspreis nach den vereinbarten Berechnungsmaßstäbe (Material- und Zeitaufwand, Aufmaß, Regiekosten) bestehen. Dies schließt die Abrechnung nach Stundensätzen in bestimmten Fällen nicht aus, insbesondere wenn objektiv feststellbare Tatsachen vorliegen, die einer Kalkulierbarkeit entgegenstehen oder wenn im Rahmen bestimmter Regelungswerke (z.B. Honorarordnung für Architekten und Ingenieure – HOAI-) die Abrechnung nach Stundensätzen zugelassen wird.

Auch wenn die Abrechnung nicht auf Stundenbasis, sondern nach Kubikmetern, Kilogramm oder Tonnen vorgenommen wird, kann gewerbsmäßige ANÜ vorliegen (LSG SH, Urteil vom 29.03.1978 – L1Ar63/77 – und 19.04.1978 – L1Ar20/76 –). Das gleiche gilt, wenn vom (Teil-)Werkergebnis (z.B. Baufortschritt) unabhängige Abschlagszahlungen oder solche ohne Schlussrechnung vorgenommen werden.

1.1.8 Dienstvertrag

ANÜ/selbständiger Dienstvertrag

Anders als bei Werkvertragsverhältnissen wird bei Dienstverträgen kein bestimmter Erfolg, sondern eine bestimmte Tätigkeit geschuldet. Ein Dienstvertrag liegt nur dann vor, wenn der dienstleistende Unternehmer die geschuldeten Dienste entweder in Person oder mittels seiner Erfüllungsgehilfen unter eigener Verantwortung und nach eigenem Plan ausführt (Organisation der Dienstleistung, zeitliche Disposition, Zahl der Erfüllungsgehilfen, Eignung der Erfüllungsgehilfen usw.). Das bedeutet insbesondere, dass die Erfüllungsgehilfen in Bezug auf die Ausführung der zu erbringenden Dienstleistung im wesentlichen frei von Weisungen seitens des Arbeitgeberrepräsentanten des Drittbetriebes sind und ihre Arbeitszeit selbst bestimmen können (Urteil des BSG vom 23.06.1982 – DBIR Nr.2790a AFG/§ 13 – SozRecht 4100 § 13 Nr.6). Ein drittbezogener Personaleinsatz auf dienstvertraglicher Basis ist daher nur in den aufgezeigten engen Grenzen möglich, etwa bei Dienstleistungen, die gegenständlich umschrieben werden können.

1.1.9 Dienstverschaffungsvertrag

ANÜ/Dienstverschaffungsvertrag

Da ANÜ eine Form der Dienstverschaffung, nämlich die Verschaffung von Arbeitsleistungen ist, kann ein von ANÜ abzugrenzender Dienstverschaffungsvertrag nur dann in Betracht kommen, wenn ein Vertragspartner die Verpflichtung übernimmt, dem anderen Vertragspartner nicht die Arbeitsleistung, sondern die selbständige Dienstleistung eines Dritten zu verschaffen. Voraussetzung dafür ist, dass der Dritte in wirtschaftlicher und sozialer Selbständigkeit und Unabhängigkeit die Dienste (z.B. als

Wirtschaftsprüfer) leistet. Arbeitsvertragliche Beziehungen bzw. aufgrund der tatsächlichen Verhältnisse gegebene persönliche Abhängigkeit zu einem Vertragspartner schließen einen derartigen Dienstverschaffungsvertrag aus. Es liegt dann entweder ANÜ oder Arbeitsvermittlung vor.

1.1.10 Geschäftsbesorgungsvertrag

ANÜ/Geschäftsbesorgungsvertrag
Vom Werkvertrag zu unterscheiden ist der Geschäftsbesorgungsvertrag (§ 675 BGB), der auf eine selbständige Tätigkeit wirtschaftlicher Art gerichtet ist und eine Geschäftsbesorgung zum Gegenstand hat.
Ein Geschäftsbesorgungsvertrag liegt z.B. vor, wenn ein Rechtsanwalt mit der Prozessführung beauftragt wird oder eine Werbefirma den Auftrag erhält, eine Werbeaktion mit eigenen personellen und sachlichen Mitteln durchzuführen.
Zu den Abgrenzungskriterien wird auch auf die Urteile des BGH v. 16.07.2002 – X ZR 27/01 und v. 25.06.2002 X ZR 83/00 verwiesen.

1.1.11 Personalgestellung als Neben-/Folgeleistung

Personalgestellung als Nebenleistung
Wird als Nebenleistung eines Kauf- oder Mietvertrages über Anlagen, Geräte, Systeme oder Programme Bedienungs-, Wartungs-, Montage- oder Einweisungspersonal überlassen (z.B. Computer und Programme mit Einweisungspersonal, Spezialbaumaschine mit Fahrer, Flugzeug mit Pilot), wird in aller Regel nicht von ANÜ auszugehen sein, wenn der wirtschaftliche Wert der Anlagen, Geräte, Systeme oder Programme erheblich höher ist als die Arbeitsleistung. Bei der Vermietung einer Schreibmaschine mit Personal muss dagegen ANÜ angenommen werden.
Maßgebend bei solchen gemischten Verträgen ist, ob die Gebrauchsüberlassung des Gerätes im Vordergrund steht und die dazu erfolgte Personalgestellung nur dienende Funktion hat, indem sie den Einsatz des Gerätes erst ermöglichen soll, d.h. eindeutig als Nebenleistung anzusehen ist.

Personalgestellung als Folgeleistung zw. selbständige Hauptleistung
Wird schwerpunktmäßig die Beschaffung der Arbeitsleistung als Ziel verfolgt und hat die Überlassung des Gerätes dabei nur untergeordnete Bedeutung oder ist sie selbständiger Hauptzweck, liegt Arbeitnehmerüberlassung vor. Das Führen von LKW durch Fremdpersonal verfolgt nicht den primären Zweck, den vertragsgemäßen Gebrauch der gemieteten LKW zu gewährleisten, sondern verfolgt regelmäßig den Hauptzweck der Personalgestellung (s. BAG-Urteil v. 17.02.1993; 7 AZR 167/92) und erfüllt damit den Tatbestand der Arbeitnehmerüberlassung.

Personalgestellung als Folgeleistung
Entsendet ein Unternehmen, das technische Produktionsanlagen, Einrichtungen oder Systeme herstellt und errichtet, eigenes Stammpersonal zu einem Betreiber derartiger Anlagen, Einrichtungen oder Systeme, um typische Revisions-, Instandhaltungs-, Inbetriebnahme-, Änderungs-, Erweiterungsarbeiten oder Ingenieurleistungen daran durchzuführen, so ist in der Regel nicht von ANÜ auszugehen, wenn das entsendende Unternehmen das Unternehmerrisiko trägt und seine unternehmerische Dispositionsfreiheit gewährleistet ist.

... im EDV-Bereich

Entsendet ein Unternehmen, das Software-Programme herstellt, eigenes Stammpersonal

- zu einem Anwender, um ein derartiges Programm auf dessen Anlagen ablauffähig zu machen oder zu entwickeln, oder
- zu einem anderen Hersteller (sog. Entwickler), um aus vom entsendenden Unternehmen erstellten Teilprogrammen ein Gesamtprogramm auf dessen Anlagen zu entwickeln oder zu erproben,

so ist in der Regel nicht von ANÜ auszugehen, wenn das entsendende Unternehmen das Unternehmerrisiko trägt und seine unternehmerische Dispositionsfreiheit gewährleistet ist. Die kontinuierliche Anwendung eines Programms durch Fremdkräfte ist in der Regel ANÜ.

... bei Zulieferung

Entsendet ein Unternehmen, das Material, Teile oder Komponenten für Fertigungsprozesse des Bestellers liefert, eigenes Personal zu dem Besteller zum Einbau der Liefergegenstände, so ist in der Regel nicht von ANÜ auszugehen, wenn der Einbau einen geschuldeten Teil der vertraglich festgelegten Gesamtleistung darstellt. Dies gilt nicht, wenn der wirtschaftliche Wert der einzubauenden Teile nicht erheblich höher als der Wert der Arbeitsleistung ist.

1.1.12 Dienstleistungszentren/Agenturen

Personalgestellung durch Dienstleistungszentren

Die allgemeinen Abgrenzungskriterien sind auch auf die Tätigkeit von Dienstleistungszentren/-agenturen für Privathaushalte anzuwenden. Insbesondere sind folgende Kriterien von Bedeutung:

Leistungsumfang

Wird bei einem Privathaushalt z.B. die »gründliche Reinigung aller Räume und Erledigung aller Hauswirtschaftsarbeiten« vereinbart, so spricht das für ANÜ. Werden hingegen individualisierbare Werkergebnisse vereinbart, z.B. Reinigung aller Außenfenster zweimal monatlich, der Innenfenster halbjährlich, spricht dies für Werkvertrag.

Dispositionsfreiheit

Ist das Dienstleistungszentrum frei, wie viele und welche Personen es in den Privathaushalt entsendet, spricht dies für Werkvertrag, ist dagegen die Zahl und erst recht die Person genau festgelegt, so spricht dies für ANÜ.

Weisungsrecht

Liegt das Weisungsrecht gegenüber dem entsandten Arbeitnehmer bei dem Dienstleistungszentrum (z.B. das Dienstleistungszentrum legt fest, was und in welcher Reihenfolge die entsandte Person im Privathaushalt arbeitet), spricht dies für Werkvertrag. Bestimmt dies hingegen der Privathaushalt, spricht dies für ANÜ. Allerdings ist es unschädlich, wenn der Privathaushalt auf das Werk bezogene Anweisungen gibt, also z.B. die Weisung, beim Staubsaugen von Teppichen andere Düsen zu verwenden als auf Steinfußboden oder ein bestimmtes Putzmittel auf bestimmten Flächen zu benutzen.

Unternehmerrisiko

Beim Werkvertrag trägt das Dienstleistungszentrum das Unternehmerrisiko, insbesondere die Gewährleistungshaftung. Bei ANÜ wird keine Gewähr geleistet und keine Haftung für Ergebnisse getragen. Muss der Privathaushalt also auch dann bezahlen, wenn eine Reinigung fehlerhaft ist und werden (tatsächlich, weil nicht auf den Vertrag, sondern auf die Abwicklung abgestellt wird) keine Gewährleistungsansprüche bei schlechter Arbeit der entsandten Dienstleistungskräfte geltend gemacht, so spricht dies für ANÜ.

Abrechnung

Ein wichtiges Merkmal ist die Abrechnung, weil nach der Rechtsprechung aus der Art der Abrechnung abgeleitet werden kann, worauf es den Vertragspartnern ankam, nämlich auf die zeitweise Überlassung eines Arbeitnehmers (Abrechnung auf Stundenbasis) oder auf Arbeitsergebnisse (Abrechnung nach Werkergebnisse, z.B. Reinigung pro qm Raumfläche, Fensterfläche, Zahl und Art der zubereiteten Speisen).

1.1.13 Arbeitsgemeinschaften (§ 1 Abs. 1 Satz 2)

Begriff

Eine Arbeitsgemeinschaft (Arge) ist der Zusammenschluss mehrerer Betriebe auf der Grundlage eines entsprechenden Vertrages. Die von der Arbeitsgemeinschaft gewählte Rechtsform, in der Regel eine Gesellschaft des Bürgerlichen Rechts (§§ 705–740 BGB), ist dabei ohne Bedeutung.

Keine ANÜ ist die Abordnung von Arbeitnehmern zu einer Arge, die zur Herstellung eines Werkes gebildet wurde.

Voraussetzung ist, dass

– der Arbeitgeber Mitglied der Arge ist,

– für alle Mitglieder der Arge Tarifverträge desselben Wirtschaftszweiges gelten,

– und alle Mitglieder aufgrund des Arge-Vertrages zur selbständigen Erbringung von Vertragsleistungen verpflichtet sind.

Tarifverträge

Für alle Mitglieder der Arbeitsgemeinschaft müssen Tarifverträge desselben Wirtschaftszweiges gelten; Voraussetzung ist Tarifgebundenheit i.S.v. § 3 Tarifvertragsgesetz (TVG) oder Allgemeinverbindlichkeit i.S.v. § 5 TVG.

Arbeitsgemeinschaften, an denen Unternehmen beteiligt sind, für die Tarifverträge außerhalb des Geltungsbereichs des TVG gelten, unterliegen dagegen den Vorschriften des ANÜ-Rechts.

Wirtschaftszweig

Unter Wirtschaftszweig ist nicht die sehr eng gefasste, in der Statistik und Arbeitsmarktforschung geltende Begriffsbestimmung zu verstehen. Vielmehr sind damit entsprechend dem allgemeinen Sprachgebrauch die großen Teilbereiche der Gesamtwirtschaft wie z.B. das Baugewerbe, die Chemische Industrie oder der Bergbau gemeint.

Arge mit EWR-Bezug

Bei der Anwendung des § 1 Abs. 1 Satz 3 AÜG ist auch für die Unternehmen aus anderen Mitgliedsstaaten des EWR weiter Voraussetzung für das Eingreifen dieser Vorschrift, dass sie demselben Wirtschaftszweig wie die anderen Mitglieder der Arbeitsgemeinschaft angehören.

Dabei kommt es nicht darauf an, welchem Wirtschaftszweig die ausländischen Betriebe nach ihrer Tätigkeit in Deutschland angehören, sondern zu welchem Wirtschaftszweig sie nach ihrer Gesamttätigkeit im EWR gehören.

Sollte die Zugehörigkeit zu einem Wirtschaftszweig nicht offenkundig sein, sind die Unternehmen zur Vorlage von Nachweisen aufzufordern, wobei § 2 Abs. 2 Satz 1 AEntG eingreift.

Selbständige Erbringung

Die Verpflichtung zur selbständigen Erbringung von (Werk-) Vertragsleistungen muss tatsächlich erfüllt werden und darf nicht nur förmlicher Inhalt der vertraglichen Vereinbarung sein.

Musterarbeitsgemeinschaftsvertrag Bau

Bei einer Abordnung bzw. Personalgestellung unter Verwendung des Muster-Arbeitsgemeinschaftsvertrages des Hauptverbandes der Deutschen Bauindustrie ist stets davon auszugehen, dass neben der Personalgestellung von dem Personal stellenden Mitglied der Arbeitsgemeinschaft mindestens eine weitere vertragliche Verpflichtung gegenüber der Arbeitsgemeinschaft übernommen bzw. erfüllt wird.

Von der Abordnung zu unterscheiden ist die Freistellung nach § 9 BRTV Bau (s. 1.1.5 am Ende).

1.2 Vermutung der Arbeitsvermittlung – AV – (§ 1 Abs. 2)

Allgemeines

Die vermutete Arbeitsvermittlung durch den Überlassenden kann lediglich gegen die Vorschrift des § 146 Abs. 2 Nr.1 Gewerbeordnung verstoßen, nach der die Nichtanzeige des Beginns eines Gewerbes mit Geldbuße bis 1000 € bedroht ist.

Die Vermutung gilt sowohl für die gewerbsmäßige als auch die nicht gewerbsmäßige ANÜ.

Widerlegbarkeit

Der Verdacht, dass AV betrieben wird, kann durch den Nachweis des Verleihers ausgeräumt werden, dass die ihn begründeten Tatsachen nicht vorliegen bzw. dass der Verleiher anders, als zunächst angenommen, z.B. die betreffende wesentliche Arbeitgeberverpflichtung doch eingehalten hat.

Die Vermutung, dass AV betrieben wurde, wird durch den Nachweis widerlegt, dass der Schwerpunkt der arbeitsrechtlichen Beziehungen beim Verleiher liegt.

Darüber hinaus liegt die Vermutung der AV grundsätzlich auch dann vor, wenn die ANÜ zur Sicherung des sozialen Besitzstandes des überlassenen Arbeitnehmers vorgenommen wird (z.B. Überlassung von Arbeitnehmern des öffentlichen Dienstes oder gemeinnütziger Einrichtungen an private oder öffentliche Betriebe). Die Vermutung der (unerlaubten) AV ist in diesen Fällen allerdings als widerlegt anzusehen, wenn das Arbeitsverhältnis zwischen Verleiher und Leiharbeitnehmer aufrechterhalten und die Arbeitgeberpflichten und Arbeitgeberrisiken voll erfüllt bzw. getragen werden.

1.3 Nichtanwendung des AÜG (§ 1 Abs. 3)

Grundsätzliches

Abs. 3 nimmt drei Fallgestaltungen generell von der Anwendung des AÜG aus, obwohl im Einzelfall rein begrifflich gewerbsmäßige Arbeitnehmerüberlassung vorliegt. Auch in den Ausnahmefällen des Abs. 3 ist das Verbot der ANÜ in das Baugewerbe zu beachten.

1.3.1 ANÜ zur Vermeidung von Kurzarbeit oder Entlassungen

Voraussetzungen

Durch die zeitweise Überlassung von Arbeitnehmern eines mit Absatz- oder Produktionsschwierigkeiten kämpfenden Unternehmens an ein Unternehmen mit besserer Beschäftigungslage sollen Entlassungen oder Kurzarbeit vermieden werden.
Als Sondervariante – nicht als Regelfall – reicht es aus, wenn im aufnehmenden Betrieb Entlassungen oder Kurzarbeit vermieden werden, die nötig würden, wenn der abgebende Betrieb die entsandten Spezialkräfte nicht entsenden würde
Andere Gründe, z.B. Kundenwünsche aufgrund von Geschäftsbeziehungen und Ausgleich von Auftragsspitzen erfüllen nicht die gesetzlichen Voraussetzungen.

Prüfung der Voraussetzungen

Die Dienststellen der BA müssen grundsätzlich nicht prüfen, ob ein vorgenommener Personalaustausch tatsächlich zur Vermeidung von Kurzarbeit oder Entlassungen erfolgt ist. Lediglich wenn begründeter Anlass für den Verdacht besteht (z.B. durch Anzeigen), dass die Regelung des Tarifvertrages missbraucht wird, ist einem solchen nachzugehen.
Nicht gesetzeskonform ist es, wenn grundsätzlich jede unter Bezugnahme auf einen entsprechenden Tarifvertrag erfolgende ANÜ von vornherein als geeignet angesehen würde, Kurzarbeit oder Entlassungen zu vermeiden.
Nicht erforderlich ist es, dass vor der Arbeitnehmerüberlassung Kurzarbeit beantragt wird oder die von der Entlassung bedrohten Arbeitnehmer namentlich benannt werden.

Tarifverträge

Für die Nichtanwendung des AÜG auf die Arbeitnehmerüberlassung zwischen Arbeitgebern desselben Wirtschaftszweiges zur Vermeidung von Kurzarbeit oder Entlassung reicht es aus, wenn ein für den Entleiher und Verleiher geltender Tarifvertrag dies vorsieht. Eine Allgemeinverbindlichkeitserklärung des Tarifvertrages ist nicht erforderlich. Ebenso ist weder die Tarifbindung des Arbeitnehmers noch die des Arbeitgebers Voraussetzung.
Die Beteiligten müssen sich an die betreffende Tarifvereinbarung halten. Wird z.B. durch einen Tarifvertrag ausdrücklich die Nichtanwendung des AÜG »maximal auf drei Monate« beschränkt, liegen Überlassungen von mehr als drei Monaten außerhalb des Tarifvertrages, so dass das AÜG in diesen Fällen anzuwenden ist.

1.3.2 ANÜ zwischen Konzernunternehmen

Allgemeines

Ein Konzernunternehmen ist dann von der Anwendung des AÜG befreit, wenn seine Arbeitnehmer nur vorübergehend ihre Arbeit nicht bei ihm, sondern bei einem anderen Konzernunternehmen leisten.

Begriff

Die Zugehörigkeit zu einem Konzernunternehmen i.S. des § 18 des Aktiengesetzes setzt nicht voraus, dass es sich bei diesen Unternehmen um eine Aktiengesellschaft oder Kommanditgesellschaft auf Aktien handeln muss.

§ 18 des Aktiengesetzes lautet:

(1) Sind ein herrschendes und ein oder mehrere abhängige Unternehmen unter der einheitlichen Leitung des herrschenden Unternehmens zusammengefasst, so bilden sie einen Konzern; die einzelnen Unternehmen sind Konzernunternehmen. Unternehmen, zwischen denen ein Beherrschungsvertrag (§ 291) besteht oder von denen das eine in das andere eingegliedert ist (§ 319), sind als unter einheitlicher Leitung zusammengefasst anzusehen. Von einem abhängigen Unternehmen wird vermutet, dass es mit dem herrschenden Unternehmen einen Konzern bildet. – Unterordnungskonzern

(2) Sind rechtlich selbständige Unternehmen, ohne dass ein Unternehmen von dem anderen abhängig ist, unter einheitlicher Leitung zusammengefasst, so bilden sie auch einen Konzern, die einzelnen Unternehmen sind Konzernunternehmen. – Gleichordnungskonzern

Das Aktiengesetz definiert nicht, was »einheitliche Leitung« ist. Es begründet nur Konzernvermutungen: unwiderleglich, für den Fall, dass es zu einem Beherrschungsvertrag gem. § 291 oder zur Eingliederung gem. § 319 gekommen ist (vertraglicher Unterordnungskonzern) und widerleglich für den Fall der Abhängigkeit (faktischer Unterordnungskonzern).

Auch beim **Gleichordnungskonzern (§ 18 Abs. 2 AktG)** kann sich die einheitliche Leitung aus vertraglichen Absprachen oder aus den faktischen Verhältnissen ergeben. Ein vertraglicher Gleichordnungskonzern liegt z.B. vor, wenn die Unternehmen sich der einheitlichen Leitung einer für diesen Zweck gegründeten Interessengemeinschaft, die für die Gesamtplanung und die Investitionen zuständig ist, unterstellen. Ein Gleichordnungskonzern kann auch infolge der faktischen Verhältnisse bei wechselseitigen Beteiligungen auf der Gesellschafterebene entstehen.

Vertraglicher Unterordnungskonzern:

Die rechtliche Absicherung der einheitlichen Leitung beruht hier insbesondere auf dem Beherrschungsvertrag (§ 291) oder der Eingliederung i.S.v. § 319.

Beherrschungsvertrag: Die Leitung der Gesellschaft wird auf das herrschende Unternehmen übertragen. Die Geschäfte werden nicht mehr unter eigener Verantwortung, sondern primär entsprechend den verbindlich erteilten Weisungen geführt.

Eingliederung: alle Aktien bzw. Geschäftsanteile der eingegliederten Gesellschaft befinden sich in der Hand der anderen Gesellschaft.

Faktischer Unterordnungskonzern (§ 17 AktG):

Abhängig ist ein rechtlich selbständiges Unternehmen, über das ein anderes – das herrschende Unternehmen – einen beherrschenden Einfluss ausübt, insbesondere die Geschäftspolitik in den entscheidenden Punkten beeinflusst. Maßgebend ist stets die Sicht der abhängigen Gesellschaft. Aus ihrem Blickwinkel ist zu beurteilen, ob sie einem fremden unternehmerischen Willen ausgesetzt ist. Für das Bestehen eines Abhängigkeitsverhältnisses ist entscheidend, dass das herrschende Unternehmen über Mittel verfügt, die es ihm ermöglichen, das abhängige Unternehmen seinem Willen zu unterwerfen und diesen bei ihm durchzusetzen. Als Beherrschungsmittel kommen vor allem Stimmrechte und Entsendungsrechte (vgl. § 101 AktG) in Betracht.

Multinationale Konzerne

Der Begriff »Konzernunternehmen im Sinne des § 18 des Aktiengesetzes« gilt auch für die ANÜ innerhalb multinationaler Konzerne; damit fällt auch die grenzüberschreitende Entsendung innerhalb eines Konzerns unter die Ausnahme des § 1 Abs. 3 Nr. 2.

Mehrmütterkonzern

Die gesetzliche Umschreibung eines Unterordnungskonzerns als Zusammenfassung eines oder mehrerer abhängiger Unternehmen »unter der einheitlichen Leitung des herrschenden Unternehmens« (§ 18 Abs. 1 Satz 1 AktG) schließt nach der herrschenden Meinung nicht aus, dass ein Unternehmen auch von mehreren Unternehmen gemeinsam beherrscht wird und auf diese Weise in eine mehrfache Konzernzugehörigkeit eingebunden sein kann. Es liegt dann in gesellschaftsrechtlicher Hinsicht ein Mehrmütterkonzern vor. Hierbei kommt es entscheidend darauf an, ob für die Ausübung gemeinsamer Herrschaft eine ausreichend sichere Grundlage besteht. Eine solche Grundlage können nicht nur vertragliche oder organisatorische Bindungen, sondern auch rechtliche und tatsächliche Umstände sonstiger Art bilden. Es muss sichergestellt sein, dass die »Muttergesellschaften« im Verhältnis zum abhängigen Unternehmen einheitlich handeln. Auch diese Fälle erfasst die Vorschrift des § 1 Abs. 3 Nr. 2.

Vorübergehende Arbeitsleistung

Voraussetzung für das Vorliegen einer vorübergehenden Arbeitsleistung bei einem anderen Arbeitgeber des gleichen Konzerns ist, dass der Arbeitnehmer nicht zum Zwecke des Ausleihens von seinem Arbeitgeber angestellt wurde. Damit fallen Konzernunternehmen oder Betriebsabteilungen, die ihre Arbeitnehmer nicht selbst beschäftigen, sondern diese anderen Konzernunternehmen zur Arbeitsleistung zur Verfügung stellen, nicht unter die Ausnahmeregelung des § 1 Abs. 3 Nr. 2.

Das Kriterium »vorübergehend« ist immer dann als erfüllt anzusehen, wenn von vornherein eine Befristung geplant ist, unabhängig davon, wie lange diese Befristung währt. Sie kann aus in der Natur der Sache liegenden Gründen im Einzelfall sogar mehrere Jahre dauern. Das Ziel der späteren Weiterbeschäftigung beim ursprünglichen Arbeitgeber muss aber fortbestehen.

Konzernverleih im Baugewerbe

§ 1 Abs. 3 Nr. 2 schließt die Anwendung des AÜG auf den Konzernverleih im Sinne der Nr. 2 dieser Vorschrift aus, nicht aber die Anwendung des § 1b. Deshalb ist (erlaubnisfreier) Konzernverleih im Baugewerbe nur im Rahmen des § 1b Satz 2 möglich (s. DA 1.1.13).

1.3.3 ANÜ zu deutsch-ausländischen Gemeinschaftsunternehmen

Allgemeines

Die Anwendung des AÜG ist in den Fällen ausgeschlossen, in denen ein Unternehmen mit Geschäftssitz in Deutschland einen oder mehrere seiner Arbeitnehmer in das Ausland in ein deutsch-ausländisches Gemeinschaftsunternehmen überlässt, an dem es beteiligt ist; ein Verleih vom Ausland nach Deutschland ist über diese Ausnahmevorschrift nicht möglich.

Voraussetzungen

Voraussetzung ist ferner, dass das deutsch-ausländische Gemeinschaftsunternehmen auf der Grundlage zwischenstaatlicher Vereinbarungen gegründet sein muss (z.B. deutsch-chinesischer Investitionsförderungs- und -schutzvertrag vom 7. Oktober 1983 – BGBl. 1985 II S. 30); weitere zwischenstaatliche Vereinbarungen sind ferner mit einigen kleineren afrikanischen Staaten abgeschlossen worden. Jointventures mit Unternehmen aus den MOE-Staaten fallen nicht unter die Regelung, weil es – zumindest derzeit – an entsprechenden zwischenstaatlichen Vereinbarungen fehlt.

Auf die Staatsangehörigkeit des verliehenen Leiharbeitnehmers kommt es nicht an, ebenfalls nicht auf die Dauer des Verleihs an die Gemeinschaftsunternehmen. Auch die Größe des Anteils des deutschen Verleihers an dem Gemeinschaftsunternehmen ist unbeachtlich. Es bedarf auch keiner konzernmäßigen Verflechtung des deutschen mit dem deutsch-ausländischen Gemeinschaftsunternehmen.

Anhang 5

Bekanntmachung der deutsch-polnischen Vereinbarung über die
Beschäftigung von Arbeitnehmern zur Erweiterung ihrer beruflichen
und sprachlichen Kenntnisse (Gastarbeitnehmer-Vereinbarung)

Vom 5. Februar 1991

Die in Warschau am 7. Juni 1990 unterzeichnete Vereinbarung zwischen der Regierung
der Bundesrepublik Deutschland und der Regierung der Republik Polen über die Beschäftigung von Arbeitnehmern zur Erweiterung ihrer beruflichen und sprachlichen
Kenntnisse (Gastarbeiter-Vereinbarung) ist nach ihrem Artikel 11 Abs. 1
am 6. Dezember 1990
in Kraft getreten; sie wird nachstehend veröffentlicht.

Bonn, den 5. Februar 1991

Der Bundesminister
für Arbeit und Sozialordnung
Im Auftrag
Dr. Rosenmöller

**Vereinbarung zwischen der Regierung der Bundesrepublik Deutschland und
der Regierung der Republik Polen über die Beschäftigung von
Arbeitnehmern zur Erweiterung ihrer beruflichen und sprachlichen
Kenntnisse (Gastarbeitnehmer-Vereinbarung)**

Die Regierung der Bundesrepublik Deutschland
und
die Regierung der Republik Polen
sind wie folgt übereingekommen

Artikel 1

(1) Diese Vereinbarung findet Anwendung auf Personen mit Wohnsitz im Geltungsbereich dieser Vereinbarung, die eine Beschäftigung als Gastarbeitnehmer ausüben
wollen.

(2) Die zuständigen Stellen für die Durchführung dieser Vereinbarung sind:

a) die Bundesanstalt für Arbeit (Zentralstelle für Arbeitsvermittlung Frankfurt/Main);

b) das Büro für Arbeit der Wojwodschaft, Warschau.

Artikel 2

(1) Gastarbeitnehmer sind Arbeitnehmer, die

a) eine abgeschlossene Berufsausbildung haben,

b) zur Vervollkommnung ihrer Berufs- und Sprachkenntnisse eine vorübergehende
Beschäftigung ausüben und

c) bei Aufnahme der Beschäftigung nicht jünger als 18 und nicht älter als 35 Jahre alt
sind.

(2) Die Beschäftigung als Gastarbeitnehmer beträgt in der Regel ein Jahr, sie kann jedoch bis zu insgesamt 18 Monaten verlängert werden.

(3) Sofern ein Beschäftigungsverhältnis vorzeitig beendet wird, bemüht sich die zuständige Stelle der gastgebenden Seite darum, den Gastarbeitnehmer in ein anderes, gleichwertiges Arbeitsverhältnis zu vermitteln.

Artikel 3

(1) Den Gastarbeitnehmern werden die erforderlichen Genehmigungen unverzüglich nach Maßgabe der innerstaatlichen Vorschriften über die Einreise und den Aufenthalt von Ausländern erteilt, die es ihnen ermöglichen, für die Dauer ihrer Beschäftigung in dem Gastland zu leben und zu arbeiten.

(2) Die Aufenthaltserlaubnis ist in der Form des Sichtvermerks vor der Einreise bei der zuständigen Auslandsvertretung des Gastlands zu beantragen.

(3) Die für die Beschäftigung erforderliche Genehmigung wird unabhängig von der Lage und Entwicklung des Arbeitsmarktes erteilt.

Artikel 4

Die Vergütung und die sonstigen Arbeitsbedingungen richten sich nach den Tarifverträgen und den arbeitsrechtlichen sowie den sozialversicherungsrechtlichen Bestimmungen des Gastlands.

Artikel 5

(1) Die Zahl der Gastarbeitnehmer, die auf jeder Seite zugelassen werden kann, wird auf jährlich 1000 festgelegt.

(2) Eine Änderung dieser Höchstzahl kann zwischen beiden Seiten durch Notenwechsel vereinbart werden.

(3) Sofern die Höchstzahl nicht erreicht wird, werden die nicht in Anspruch genommenen Plätze nicht auf das folgende Jahr übertragen. Eine Verlängerung der Dauer des Beschäftigungsverhältnisses nach Artikel 2 gilt nicht als Neuzulassung.

Artikel 6

(1) Gastarbeitnehmer, die nach dieser Vereinbarung für eine Beschäftigung zugelassen werden wollen, können an die für die Durchführung dieser Vereinbarung zuständigen Stelle ihrer Seite Vermittlungsgesuche richten. Die zuständige Stelle legt für die Auswahl der Vermittlungsgesuche Kriterien fest. Sie leitet die berücksichtigten Gesuche an die zuständige Stelle der anderen Seite weiter.

(2) Die zuständigen Stellen beider Seiten fördern das Austauschprogramm und bemühen sich, eine geeignete Beschäftigung für die Gastarbeitnehmer zu finden; sie teilen die Ergebnisse ihrer Bemühungen der zuständigen Stelle der jeweils anderen Seite mit.

Artikel 7

Die Arbeitsvermittlung ist kosten- und gebührenfrei. Im übrigen finden hinsichtlich der Kosten und Entrichtung von Gebühren die Rechtsvorschriften der jeweiligen Seite Anwendung.

Artikel 8

(1) Zur Durchführung dieser Vereinbarung sind der Bundesminister für Arbeit und Sozialordnung der Bundesrepublik Deutschland sowie der Minister für Arbeit und Sozialpolitik der Republik Polen bevollmächtigt.

(2) Die Bevollmächtigten können bilaterale Arbeitsgruppen zur Erörterung der Fragen, die mit der Durchführung dieser Vereinbarung zusammenhängen, bilden.

Artikel 9

Entsprechend dem Viermächte-Abkommen vom 3. September 1971 wird diese Vereinbarung in Übereinstimmung mit den festgelegten Verfahren auf Berlin (West) ausgedehnt.

Artikel 10

Diese Vereinbarung wird vom Tag der Unterzeichnung an vorläufig angewendet.

Artikel 11

(1) Diese Vereinbarung tritt in Kraft, sobald beide Seiten einander notifiziert haben, daß die jeweiligen innerstaatlichen Voraussetzungen für das Inkrafttreten erfüllt sind. Als Tag des Inkrafttretens der Vereinbarung wird der Tag des Eingangs der letzten Notifikation angesehen.

(2) Diese Vereinbarung gilt für die Dauer von drei Jahren. Sie verlängert sich jeweils um ein weiteres Jahr, sofern sie nicht von einer der beiden Seiten mindestens sechs Monate vor Ende eines Kalenderjahres schriftlich gekündigt wird.

(3) Die aufgrund dieser Vereinbarung bereits erteilten Genehmigungen bleiben für den gewährten Zeitraum von einer Kündigung unberührt.

Geschehen zu Warschau am 7. Juni 1990 in zwei Urschriften, jede in deutscher und polnischer Sprache, wobei jeder Wortlaut gleichermaßen verbindlich ist.

Für die Regierung der Bundesrepublik Deutschland
Dr. G. Knackstedt
Dr. Norbert Blüm

Für die Regierung der Republik Polen
Jacek Kuron

Anhang 6

Manteltarifvertrag Zeitarbeit

Zwischen dem Bundesverband Zeitarbeit Personal-Dienstleistungen e.V. (BZA), Prinz Albert Straße 73, 53113 Bonn

und den unterzeichnenden Mitgliedsgewerkschaften des DGB

wird folgender

»Manteltarifvertrag Zeitarbeit«

vereinbart:

§ 1 Geltungsbereich

Dieser Tarifvertrag gilt
§ 1.1 räumlich:
für die Bundesrepublik Deutschland;
§ 1.2 fachlich:
für die tarifgebundenen Mitgliedsunternehmen des Bundesverbandes Zeitarbeit Personal-Dienstleistungen e.V. (einschließlich ihrer Hilfs- und Nebenbetriebe);
§ 1.3 persönlich:
für die Arbeitnehmer (Mitarbeiter), die von dem Zeitarbeitunternehmen (Arbeitgeber) einem Entleiher (Kundenbetrieb) im Rahmen des Arbeitnehmerüberlassungsgesetzes (AÜG) überlassen werden und Mitglieder einer der vertragsschließenden Gewerkschaften sind.
Einzelvertraglich können von den Regelungen dieses Tarifvertrages abweichende Vereinbarungen getroffen werden mit Mitarbeitern, die außertariflich beschäftigt sind, wenn ihr Jahresverdienst den tariflichen Jahresverdienst der höchsten tariflichen Entgeltgruppe übersteigt.

§ 2 Dauer der Arbeitszeit/Vollzeitarbeit

Die individuelle regelmäßige monatliche Arbeitszeit beträgt 151,67 Stunden; dies entspricht einer durchschnittlichen wöchentlichen Arbeitszeit von 35 Stunden. Diese muss im Durchschnitt von 12 Kalendermonaten nach Maßgabe des § 4 erreicht werden.
In den Fällen, in denen ein Mitarbeiter dauerhaft in ein Unternehmen mit längerer Arbeitszeitdauer überlassen wird, können die Arbeitsvertragsparteien eine entsprechend längere Arbeitszeit (max. 40 Stunden/Woche) vereinbaren. Die Vergütung wird in diesem Fall entsprechend angepasst.
Die individuelle regelmäßige jährliche Arbeitszeit ergibt sich aus der monatlichen Arbeitszeit gem. Satz 1 multipliziert mit 12.

§ 3   Teilzeitarbeit

Teilzeitarbeit liegt vor, wenn die vereinbarte individuelle regelmäßige monatliche Arbeitszeit des Mitarbeiters geringer ist als 151,67 Stunden.

§ 4   Verteilung der Arbeitszeit/Flexibilisierung

§ 4.1 Die tatsächliche Lage der Arbeitszeit wird an die des Kundenbetriebes angepasst. Beginn und Ende der täglichen Arbeitszeit einschließlich der Pausen und die Verteilung der Arbeitszeit auf die einzelnen Wochentage richten sich nach den im jeweiligen Kundenbetrieb gültigen Regelungen bzw. Anforderungen des Kundenbetriebes.

Umkleiden, Waschen sowie Ruhepausen im Sinne des Arbeitszeitgesetzes (z.B. Frühstücks-, Mittags-, Kaffeepausen) gelten nicht als Arbeitszeit, es sei denn, für die Arbeitnehmer im Entleihbetrieb gelten abweichende Regelungen.

§ 4.2 Zum Ausgleich der monatlichen Abweichungen zwischen der nach § 2/§ 3 vereinbarten individuellen regelmäßigen Arbeitszeit des Mitarbeiters und der tatsächlichen Arbeitszeit nach § 4.1 wird ein Arbeitszeitkonto eingerichtet. In das Arbeitszeitkonto können Plus- und Minusstunden eingestellt werden.

§ 4.3[1] Plusstunden sind die über die individuelle regelmäßige monatliche Arbeitszeit hinaus entstandenen Arbeitsstunden. Minusstunden sind die unter der individuellen regelmäßigen monatlichen Arbeitszeit liegenden Arbeitsstunden.

Das Arbeitszeitkonto darf max. 200 Plusstunden umfassen.

Zur Beschäftigungssicherung kann das Arbeitszeitkonto bei saisonalen Schwankungen im Einzelfall bis zu 230 Plusstunden umfassen.

Beträgt das Guthaben mehr als 150 Stunden, ist der Arbeitgeber verpflichtet, die über 150 Stunden hinausgehenden Plusstunden inklusive der darauf entfallenden Sozialversicherungsabgaben gegen Insolvenz zu sichern und die Insolvenzsicherung dem Mitarbeiter nachzuweisen. Ohne diesen Nachweis darf das Arbeitszeitkonto abweichend von Abs. 2 und 3 max. 150 Stunden umfassen und der Mitarbeiter ist nicht verpflichtet, über 150 Stunden hinausgehende Plusstunden zu leisten.

Durch Feiertage ausgefallene Arbeitsstunden werden in Höhe der ausgefallenen Arbeitszeit entsprechend der Arbeitszeitverteilung gemäß § 4.1 auf das Arbeitszeitkonto gebucht.

§ 4.4 Das Arbeitszeitkonto ist spätestens nach 12 Monaten auszugleichen.

Ist der Zeitausgleich in diesem Zeitraum nicht möglich, ist er in den folgenden 3 Monaten vorzunehmen. Dazu hat der Arbeitgeber mit dem betroffenen Mitarbeiter spätestens nach Ablauf der 12 Monate gemäß Abs. 1 eine entsprechende Vereinbarung zu treffen mit dem Ziel, einen vollständigen Zeitausgleich vorzunehmen.

Ist auch in diesem Zeitraum der Zeitausgleich aus betrieblichen Gründen nicht möglich, kann ein Übertrag in den nächsten Ausgleichszeitraum mit maximal 150 Stunden erfolgen. Die darüber hinaus gehenden Stunden sind in Geld auszugleichen.

---

[1] **Protokollnotiz zu § 4.3:**
Die Tarifvertragsparteien werden zu Beginn des Jahres 2005 auf Antrag einer Seite auf Basis der bis dahin gemachten Erfahrungen in Verhandlungen darüber eintreten, ob die o. a. Stundengrenzen entfallen oder neu festgelegt werden und ob eine Begrenzung von Minusstunden vorgenommen wird.

Die Übertragung dieser Zeitguthaben erfolgt im Rahmen der Zeitkontengrenzen gemäß § 4.3 und weitet diese nicht aus.

§ 4.5 Der Ausgleich der Zeitkonten erfolgt in der Regel durch Freizeitentnahme nach folgenden Maßgaben:

a) Nach Vereinbarung mit dem Mitarbeiter ist jederzeit ein Ausgleich der Plusstunden durch Freizeit möglich.

b) Der Mitarbeiter kann verlangen, während der Einsatzzeit beim Kunden je 35 Plusstunden einen Arbeitstag aus dem Zeitkonto in Freizeit zu erhalten. Dieser Anspruch kann nur einmal je Kalendermonat für max. zwei Arbeitstage geltend gemacht werden.

Voraussetzung für diesen Anspruch ist die Einhaltung einer Ankündigungsfrist von einer Woche.

Der Arbeitgeber ist berechtigt, dem Freizeitverlangen aus dringenden betrieblichen Gründen zu widersprechen. Als dringender betrieblicher Grund in diesem Sinne gilt die Ablehnung des Kundenbetriebes, soweit kein Ersatzmitarbeiter zur Verfügung steht.

Im Falle der Ablehnung des Freistellungsantrags hat der Mitarbeiter Anspruch auf eine verbindliche Vereinbarung über die spätere Lage der beantragten Freistellungstage.

c) Aufgrund einer Vereinbarung zwischen Mitarbeiter und Arbeitgeber können weitere Freistellungstage in einem Monat festgelegt oder Freistellungstage mehrerer Monate zusammengefasst werden.

d) Durch Vereinbarung zwischen Mitarbeiter und Arbeitgeber können im Ausgleichszeitraum bis zu 70 Stunden aus dem Zeitkonto in Geld ausgeglichen werden.

Ist der Mitarbeiter an einem festgelegten Freistellungstag arbeitsunfähig erkrankt, bleibt dieser Tag ein Freistellungstag und wird nicht zum Entgeltfortzahlungstag; eine Rückübertragung in das Zeitguthaben erfolgt nicht.

§ 4.6 Im Falle des Ausscheidens des Mitarbeiters ist der Saldo auf dem Arbeitszeitkonto wie folgt auszugleichen: Plusstunden werden abgegolten, Minusstunden werden bei Eigenkündigung des Mitarbeiters bzw. außerordentlicher Kündigung bis zu 35 Stunden verrechnet, soweit eine Nacharbeit betrieblich nicht möglich ist.

§ 5 Arbeitsbereitschaft/Bereitschaftsdienst/Rufbereitschaft/Ruhezeiten

Soweit Mitarbeiter in Kundenbetrieben mit Arbeitsbereitschaft oder Bereitschaftsdienst oder in Rufbereitschaft eingesetzt werden und für den Kundenbetrieb entsprechend § 7 ArbZG betriebliche und/oder tarifliche Sonderregelungen zur Arbeitszeit und Ruhezeit gelten, gelten diese entsprechend mit der Maßgabe, dass die jeweilige Regelung vollumfänglich für den Mitarbeiter zur Anwendung kommt.

§ 6 Mehrarbeit

Mehrarbeitstunden sind die Arbeitsstunden, die zusätzlich geleistet werden und die nicht an der tatsächlichen Arbeitszeit im Kundenbetrieb orientiert über die nach §§ 2 bis 4 festgelegte individuelle regelmäßige Arbeitszeit hinaus angeordnet werden.

§ 7 Nacht-, Sonntags- und Feiertagsarbeit/Zuschläge

§ 7.1 Zuschlagspflichtig sind die vollen Arbeitsstunden, durch die die vereinbarte individuelle regelmäßige monatliche Arbeitszeit des Mitarbeiters nach § 2/§ 3 in einem Monat um mehr als 15 % überschritten wird.
Der Zuschlag beträgt 25 % des jeweiligen tariflichen Stundenentgeltes nach §§ 2 bis 4 des Entgelttarifvertrages.

§ 7.2 Nachtarbeit ist die Arbeit in der Zeit zwischen 23.00 Uhr und 6.00 Uhr.
Die Höhe des Zuschlags für Nachtarbeit richtet sich nach der Zuschlagsregelung des Kundenbetriebes. Sie beträgt höchstens 25 % des jeweiligen tariflichen Stundenentgeltes nach §§ 2 bis 4 des Entgelttarifvertrages.

§ 7.3 Sonn- und Feiertagsarbeit ist die an Sonntagen bzw. gesetzlichen Feiertagen geleistete Arbeit in der Zeit zwischen 0.00 Uhr und 24.00 Uhr. § 9 Abs. 2 und 3 Arbeitszeitgesetz finden Anwendung.
Entscheidend für die Frage, ob Feiertagsarbeit vorliegt, ist das Feiertagsrecht des Arbeitsortes.
Die Höhe des Zuschlags für Sonntags- und Feiertagsarbeit richtet sich nach den Zuschlagsregelungen des Kundenbetriebes. Sie beträgt höchstens 50 % des jeweiligen tariflichen Stundenentgelts nach §§ 2 bis 4 des Entgelttarifvertrages für Sonntagsarbeit und höchstens 100 % für Feiertagsarbeit sowie für Arbeit an Heiligabend und Silvester nach 14.00 Uhr.

§ 7.4 Treffen mehrere der vorgenannten Zuschläge zusammen, ist nur der jeweils höchste zu zahlen.

§ 8 Einsatzregelungen

§ 8.1 Soweit dem Mitarbeiter Aufgaben im Kundenbetrieb übertragen sind, unterliegt er dem Direktionsrecht des Kundenbetriebes. Das allgemeine Direktionsrecht des Arbeitgebers bleibt hiervon unberührt.

§ 8.2 Der Mitarbeiter ist verpflichtet, auf Anordnung des Arbeitgebers an wechselnden Einsatzorten tätig zu werden.
Beschränkende Regelungen bedürfen der ausdrücklichen vertraglichen Vereinbarung.
Der Mitarbeiter hat Anspruch auf eine Einsatzmeldung mit den wesentlichen Inhalten seines Einsatzes im Kundenbetrieb.

§ 8.3 Sofern für den einfachen Weg außerhalb der Arbeitszeit von der Niederlassung/Geschäftsstelle zum Einsatzort beim Kundenbetrieb mehr als 1,5 Stunden bei Benutzung des zeitlich günstigsten öffentlichen Verkehrsmittels aufgewendet werden müssen, erhält der Mitarbeiter die über 1,5 Stunden hinausgehende Wegezeit je Hin- und Rückweg mit den tariflichen Entgelten nach §§ 2 bis 4 des Entgelttarifvertrages bezahlt, sofern er diese Wegezeit tatsächlich aufgewandt hat.

§ 8.4 Beträgt der zeitliche Aufwand für die Wegezeit im Sinne von § 8.3 mehr als 2 Stunden, hat der Mitarbeiter Anspruch auf Übernahme von Übernachtungskosten nach folgender Maßgabe:
Das Zeitarbeitsunternehmen übernimmt grundsätzlich die Organisation der Unterbringung und die Kosten in voller Höhe. Bei erforderlicher Eigenorganisation einer Unterkunft durch den Mitarbeiter werden die Kosten nach vorheriger xGenehmigung und Vorlage einer entsprechenden Quittung/Rechnung vom Arbeitgeber übernommen bzw. erstattet. Alternativ kann eine Übernachtungspauschale in Höhe der steuerlichen Sätze vereinbart werden.

§ 8.5 Der Mitarbeiter hat Anspruch auf Verpflegungskostenmehraufwand (VMA) nach Maßgabe der steuerlichen Vorschriften.

§ 8.6 Der Arbeitgeber ist berechtigt, tarifliche Leistungen gemäß § 8.4 und § 8.5 anstelle des Tarifentgeltes zu zahlen, soweit das Netto-Gesamteinkommen des Mitarbeiters das tarifliche Netto-Gesamteinkommen übersteigt, das sich aus dem Bruttoentgelt gemäß §§ 2 bis 4 Entgelttarifvertrages ergibt. Dafür dürfen maximal 25 % vom Bruttoentgelt verrechnet werden. Dies gilt auch für außer- und übertarifliche Aufwendungsersatzleistungen (z.B. Fahrgeld), soweit sie ein- zelvertraglich vereinbart sind.

§ 8.7 Sonstiger Aufwendungsersatz gemäß § 670 BGB ist einzelvertraglich zu regeln.

§ 9 Begründung/Beendigung des Arbeitsverhältnisses

§ 9.1 Die Begründung des Arbeitsverhältnisses erfolgt aufgrund eines schriftlich abzu- schließenden Arbeitsvertrages.
Bei unentschuldigtem Nichterscheinen am ersten Arbeitstag gilt der Arbeitsver- trag als nicht zustande gekommen.

§ 9.2 Der Arbeitsvertrag kann abweichend von § 14 Abs. 2 S. 1 Teilzeit- und Be- fristungsgesetz bis zu einer Gesamtdauer von zwei Jahren auch ohne Vorliegen eines sachlichen Grundes befristet werden. Innerhalb dieser Zeitspanne kann das Arbeitsverhältnis bis zu viermal verlängert werden. § 14 Abs. 2 S. 2 und 3 Teilzeit- und Befristungsgesetz bleiben unberührt.

§ 9.3 Die ersten sechs Monate des Beschäftigungsverhältnisses gelten als Probezeit. Während der Probezeit kann das Arbeitsverhältnis mit einer Frist von einer Wo- che in den ersten 3 Monaten gekündigt werden. Danach gelten die gesetzlichen Kündigungsfristen während der Probezeit gemäß § 622 Abs. 3 BGB von zwei Wochen.
Bei Neueinstellungen kann die Kündigungsfrist während der ersten zwei Wo- chen des Beschäftigungsverhältnisses arbeitsvertraglich auf einen Tag verkürzt werden. Als Neueinstellungen gelten Arbeitsverhältnisse mit Mitarbeitern, die mindestens drei Monate lang nicht in einem Arbeitsverhältnis zum Arbeitgeber standen.

§ 9.4 Im Übrigen gelten für die Kündigung des Arbeitsverhältnisses durch den Arbeit- geber oder den Mitarbeiter beiderseits die Fristen des § 622 Abs. 1 und 2 BGB. Die Kündigung hat schriftlich zu erfolgen (§ 623 BGB).

§ 9.5 Die gesetzlichen Vorschriften über die fristlose Kündigung bleiben unberührt.

§ 9.6 Nach Ausspruch einer Kündigung ist der Arbeitgeber berechtigt, den Mitarbei- ter unter Fortzahlung seines Entgeltes freizustellen. Plusstunden aus dem Ar- beitszeitkonto werden angerechnet und Resturlaubsansprüche gewährt.

§ 11 Urlaub

§ 11.1 Der Mitarbeiter hat in jedem Kalenderjahr Anspruch auf bezahlten Erholungs- urlaub. Urlaubsjahr ist das Kalenderjahr.

§ 11.2[1] Die dem Mitarbeiter zustehende Urlaubsdauer richtet sich nach der Dauer der ununterbrochenen Betriebszugehörigkeit.
Der Urlaub beträgt

---

[1] **Protokollnotiz zu § 11.3**
§ 1 Abs. 1 Nr. 2 Arbeitnehmer-Entsendegesetz bleibt unberührt.

- im ersten Jahr   24 Arbeitstage,
- im zweiten Jahr   25 Arbeitstage,
- im dritten Jahr   26 Arbeitstage,
- im vierten Jahr   28 Arbeitstage,
- ab dem fünften Jahr   30 Arbeitstage.

Bei Ausscheiden innerhalb der ersten sechs Monate des Bestehens des Beschäftigungsverhältnisses erwirbt der Arbeitnehmer einen Urlaubsanspruch gemäß §§ 3 und 5 Bundesurlaubsgesetz.

Verteilt sich die individuelle regelmäßige wöchentliche Arbeitszeit des Mitarbeiters auf mehr oder weniger als fünf Arbeitstage in der Woche, erhöht oder vermindert sich der Urlaub entsprechend.

Fällt ein Feiertag in den Urlaub des Mitarbeiters, richtet sich die Frage, ob dieser nicht als Urlaubstag zu rechnen ist, nach dem Feiertagsrecht des Sitzes des Arbeitgebers; wird der Einsatz beim Kundenunternehmen zum Zwecke des Urlaubs unterbrochen, richtet sich dies nach dem Feiertagsrecht des Arbeitsortes.

Im Ein- und Austrittsjahr hat der Mitarbeiter gegen den Arbeitgeber Anspruch auf so viele Zwölftel des ihm zustehenden Urlaubs, als er volle Monate bei ihm beschäftigt war.

Ein Urlaubsanspruch besteht insoweit nicht, als dem Mitarbeiter für das Urlaubsjahr bereits von einem anderen Arbeitgeber Urlaub gewährt oder abgegolten worden ist. Der Mitarbeiter hat eine entsprechende Bescheinigung des vorherigen Arbeitgebers vorzulegen.

§ 11.3 Kann der Urlaub wegen Beendigung des Arbeitsverhältnisses ganz oder teilweise nicht gewährt werden, so ist er abzugelten.

§ 11.4 Bei der Urlaubsplanung sind bereits feststehende Kundenbetriebseinsätze zu berücksichtigen. Bereits genehmigte Urlaubstage stehen für Kundenbetriebseinsätze nicht zur Verfügung.

§ 11.5 Bei Beendigung des Arbeitsverhältnisses ist der Urlaubsanspruch während der Kündigungsfrist zu gewähren und zu nehmen. Besteht die Möglichkeit hierzu nicht, ist er insoweit abzugelten.

§ 11.6 Im Übrigen gelten die Bestimmungen des Bundesurlaubsgesetzes.

§ 12 Arbeitsversäumnis/Freistellung

§ 12.1 Ist der Mitarbeiter durch Krankheit oder sonstige unvorhersehbare Ereignisse an der Arbeitsleistung verhindert, so hat er dem Arbeitgeber dies unverzüglich, möglichst fernmündlich, mitzuteilen und dabei die Arbeitsunfähigkeit bzw. andere Gründe und die voraussichtliche Dauer seiner Verhinderung anzugeben. Dieselbe Verpflichtung besteht, wenn die Verhinderung länger andauert, als dem Arbeitgeber bereits mitgeteilt.

Bei krankheitsbedingter Arbeitsunfähigkeit ist der Mitarbeiter gemäß § 5 Abs. 1 Satz 2 Entgeltfortzahlungsgesetz verpflichtet, dem Arbeitgeber eine ärztliche Bescheinigung über die Arbeitsunfähigkeit sowie deren voraussichtliche Dauer einzureichen. Der Arbeitgeber ist berechtigt, die Vorlage der ärztlichen Bescheinigung früher zu verlangen. Dauert die Arbeitsunfähigkeit länger als in der Bescheinigung angegeben, so ist der Mitarbeiter verpflichtet, erneut eine ärztliche Bescheinigung vorzulegen. Bei krankheitsbedingter Arbeitsverhinderung ist der Beginn der Wiederaufnahme der Tätigkeit dem Arbeitgeber möglichst frühzeitig, spätestens jedoch 1 Arbeitstag vor Wiederaufnahme mitzuteilen.

§ 12.2 Der Mitarbeiter darf bei vorhersehbaren Ereignissen nur mit vorheriger Zustimmung des Arbeitgebers der Arbeit fern bleiben.

§ 12.3 Bei folgenden Ereignissen, die auf einen regelmäßigen Arbeitstag des Mitarbeiters fallen, wird bezahlte Freistellung gewährt:

a) beim Tod naher Angehöriger
- Ehegatten, Kinder, Eltern sowie des eingetragenen Lebenspartners   2 Tage
- Geschwister, Schwiegereltern   1 Tag

b) bei eigener Eheschließung, Eintragung der eigenen Lebenspartnerschaft sowie bei Niederkunft der Ehefrau   1 Tag

c) bei Wahrnehmung öffentlich auferlegter Pflichten (z.B. aus Ehrenämtern, Ladung als Zeuge oder vergleichbaren Sachverhalten) unter Anrechnung der hierfür erhaltenen Entschädigung auf das Arbeitsentgelt   Freistellung für die erforderliche Zeit

d) Umzug aus dienstlicher Veranlassung   1 Tag

Die Höhe des weiter zu zahlenden Arbeitsentgelts bemisst sich nach § 13.3.

§ 12.4 Mit § 12.3 sind die in Anwendung des § 616 BGB möglichen Fälle festgelegt.

§ 13 Entgeltvorschriften

§ 13.1 Die Mitarbeiter erhalten ein Monatsentgelt auf Basis ihrer vereinbarten individuellen regelmäßigen Arbeitszeit, das spätestens bis zum 15. Banktag des Folgemonats in der Regel unbar ausgezahlt wird.

§ 13.2 Das Monatsentgelt setzt sich aus den festen Entgeltbestandteilen des laufenden Monats (das jeweilige tarifliche Entgelt nach §§ 2 bis 4 des Entgelttarifvertrages) und den variablen Entgeltbestandteilen (z.B. Zuschläge und sonstige schwankende Entgelte) zusammen.

§ 13.3 Bei Anspruch des Mitarbeiters auf ein weiter zu zahlendes Arbeitsentgelt (z.B. bei Krankheit) werden die festen Entgeltbestandteile gemäß Abs. 2 weiter gezahlt. Bei der Urlaubsvergütung sind zusätzlich die Zuschläge für Sonn- und Feiertagsarbeit sowie Nachtarbeit zu zahlen, soweit der Mitarbeiter ohne den Urlaub Anspruch auf diese gehabt hätte.

§ 13.4 Besteht für einen Monat ein anteiliger Entgeltanspruch (z.B. bei Ein- oder Austritt im Laufe des Monats) oder ist das Monatsentgelt aus anderen Gründen (z.B. unbezahlte Ausfallzeiten) zu kürzen, so ermittelt sich der Entgeltanspruch nach dem Verhältnis der anzurechnenden Sollarbeitszeiten des Mitarbeiters in dem Monat zu den Sollarbeitszeiten des ganzen Monats.

§ 14 Entgeltumwandlung

Mitarbeiter haben einen Anspruch, tarifliche Entgeltbestandteile zugunsten einer Versorgungszusage zum Zwecke der Altersversorgung umzuwandeln.

Sie können verlangen, dass ihre zukünftigen Entgeltansprüche bis zu 4% der jeweiligen Beitragsbemessungsgrenze der Rentenversicherung für betriebliche Altersversorgung verwandt werden. Bei dieser Entgeltumwandlung dürfen 1/160 der Bezugsgröße nach § 18 Abs. 1 des Vierten Buches Sozialgesetzbuch nicht unterschritten werden.

Die Einzelheiten werden zwischen Arbeitgeber und Mitarbeiter schriftlich vereinbart.

§ 15   Jahressonderzahlungen

§ 15.1 Ab dem zweiten Jahr des ununterbrochenen Bestehens des Beschäftigungsverhältnisses hat der Mitarbeiter Anspruch auf Jahressonderzahlungen in Form von zusätzlichem Urlaubs- und Weihnachtsgeld. Ab dem 01.01.2006 entsteht der Anspruch auf diese Jahressonderzahlungen nach 6 Monaten ununterbrochenen Bestehens des Beschäftigungsverhältnisses.

Die Auszahlung des Urlaubsgeldes erfolgt mit der Abrechnung für den Monat Juni eines jeden Jahres, die Auszahlung des Weihnachtsgeldes erfolgt mit der Abrechnung für den Monat November eines jeden Jahres.

Das Urlaubs- und Weihnachtsgeld erhöht sich mit zunehmender Dauer der Betriebszugehörigkeit, berechnet auf die Stichtage 30. Juni und 30. November.

§ 15.2 Das Urlaubs- und Weihnachtsgeld beträgt, abhängig von der Dauer des ununterbrochenen Bestehens des Arbeitsverhältnisses,

- im zweiten Jahr jeweils 150 Euro brutto,
- im dritten und vierten Jahr jeweils 200 Euro brutto,
- ab dem fünften Jahr jeweils 300 Euro brutto.

Teilzeitbeschäftigte erhalten die Sonderzahlungen anteilig entsprechend der vereinbarten individuellen regelmäßigen monatlichen Arbeitszeit.

§ 15.3[1] Voraussetzung für den Anspruch auf Auszahlung der Sonderzahlungen ist das Bestehen eines ungekündigten Beschäftigungsverhältnisses zum Auszahlungszeitpunkt.

Anspruchsberechtigte Mitarbeiter, deren Arbeitsverhältnis im Kalenderjahr ruht, erhalten keine Leistungen. Ruht das Arbeitsverhältnis im Kalenderjahr teilweise, so erhalten sie eine anteilige Leistung.

Mitarbeiter, die bis zum 31. März des Folgejahres aus dem Arbeitsverhältnis ausscheiden, haben das Weihnachtsgeld zurückzuzahlen. Dies gilt nicht im Fall einer betriebsbedingten Kündigung durch den Arbeitgeber.

§ 16   Ausschlussfristen

Ansprüche aus dem Arbeitsverhältnis sind innerhalb von zwei Monaten (bei Ausscheiden ein Monat) nach Fälligkeit schriftlich geltend zu machen.

Lehnt die Gegenpartei den Anspruch schriftlich ab, so muss der Anspruch innerhalb von einem Monat nach der Ablehnung bzw. dem Fristablauf gerichtlich geltend gemacht werden.

Ansprüche, die nicht innerhalb dieser Fristen geltend gemacht werden, sind ausgeschlossen.

---

[1]   **Protokollnotiz zu § 15.3**
Bei der Berechnung der Dauer des ununterbrochenen Bestehens des Arbeitsverhältnisses werden Zeiten, in denen das Arbeitsverhältnis ruht, nicht mitgerechnet. Ausgenommen sind arbeitsbedingte Erkrankungen und Arbeitsunfälle bis zu einem Zeitraum von 12 Monaten nach Ablauf der Entgeltfortzahlung.

§ 17 Schlussbestimmungen

§ 17.1 Mitarbeiter werden nicht in Betrieben eingesetzt, die durch einen rechtmäßigen Arbeitskampf unmittelbar betroffen sind. § 11 Abs. 5 AÜG gilt entsprechend. Ausnahmsweise kann der Einsatz im Rahmen des für den Kundenbetrieb vereinbarten Notdienstes erfolgen.

Sofern Mitarbeiter mittelbar von Arbeitskampfmaßnahmen betroffen sind, kann Kurzarbeit beantragt werden. Die Tarifvertragsparteien sagen für die jeweilige Durchsetzung der Kurzarbeit ihre Unterstützung zu. Dabei sind alle notwendigen Möglichkeiten auszuschöpfen.

§ 17.2 Die Berechnung des ununterbrochenen Bestehens des Beschäftigungsverhältnisses im Sinne dieses Tarifvertrages erfolgt ab Stichtag 1. Januar 2002.

§ 18 In-Kraft-Treten und Kündigung

§ 18.1 Dieser Manteltarifvertrag tritt für die tarifgebundenen Arbeitgeber und Mitarbeiter am 1. Januar 2004 in Kraft.

Er kann mit einer Frist von sechs Monaten, erstmals zum 31. Dezember 2007, gekündigt werden.

§ 18.2 Dieser Manteltarifvertrag tritt mit Unterzeichnung bereits insoweit in Kraft, als dieser durch einzelvertragliche schriftliche Vereinbarung mit dem Mitarbeiter bereits ab diesem Termin zur Geltung gebracht werden kann (§ 19 AÜG).

Wird vor dem Termin des In-Kraft-Tretens dieses Tarifvertrages gemäß § 18.1 das AÜG geändert oder wird eine solche Änderung in das Gesetzgebungsverfahren eingebracht, tritt der Manteltarifvertrag nur dann in Kraft, wenn nicht eine der Tarifvertragsparteien ihn widerruft. Der Widerruf ist zulässig bis 15. Dezember 2003.

Wird das AÜG nach In-Kraft-Treten des Manteltarifvertrages grundsätzlich geändert, steht beiden Tarifvertragsparteien abweichend von § 18.1 Abs. 2 ein außerordentliches Kündigungsrecht mit Monatsfrist zum Monatsende zu.

Bonn/Berlin, den 22. Juli 2003

Bundesverband Zeitarbeit Personal-Dienstleistung e.V. (BZA)
und
Tarifgemeinschaft des DGB

Anhang 7

Entgeltrahmentarifvertrag Zeitarbeit

Zwischen dem Bundesverband Zeitarbeit Personal-Dienstleistungen e.V. (BZA), Prinz Albert Straße 73, 53113 Bonn

und den unterzeichnenden Mitgliedsgewerkschaften des DGB

wird folgender

»Entgeltrahmentarifvertrag Zeitarbeit«

vereinbart:

§ 1 Geltungsbereich

Dieser Tarifvertrag gilt für die Mitglieder der Tarifvertragsparteien, die unter den Geltungsbereich (§ 1) des Manteltarifvertrages fallen.

§ 2 Eingruppierungsgrundsätze

§ 2.1 Die Mitarbeiter werden aufgrund ihrer überwiegenden Tätigkeit in eine Entgeltgruppe dieses Tarifvertrages eingruppiert. Für die Eingruppierung ist ausschließlich die tatsächlich ausgeübte Tätigkeit maßgebend.

§ 2.2 Berufliche Qualifikation ohne Ausübung der Tätigkeiten begründet keine Höhergruppierung.

§ 2.3 Vorübergehende Tätigkeiten einer höheren Entgeltgruppe rechtfertigen keine neue Eingruppierung. Sofern zeitweise Arbeiten einer höherwertigen Entgeltgruppe übertragen werden, ist ab der 6. Woche eine Zulage in Höhe der Differenz zwischen dem tariflichen Entgelt der niedrigeren Entgeltgruppe und dem für die Tätigkeit vorgesehenen Entgelt zu zahlen.

§ 2.4 Mitarbeiter können zu vorübergehenden Tätigkeiten, die einer niedrigeren Entgeltgruppe zuzuordnen sind, verpflichtet werden. In diesem Fall erfolgt keine Veränderung der Vergütung.

§ 3 Entgeltgruppen

Die Mitarbeiter sind gemäß ihrer tatsächlichen, überwiegenden Tätigkeit in einer der nachfolgenden Entgeltgruppen einzugruppieren. Die jeweiligen Tätigkeitsbeschreibungen sind für die Eingruppierung maßgebend.

Entgeltgruppe 9
Tätigkeiten, die ein Hochschulstudium bzw. Tätigkeiten, die ein Fachhochschulstudium und mehrjährige Berufserfahrung erfordern.

Entgeltgruppe 8
Tätigkeiten, die ein Fachhochschulstudium erfordern.

Entgeltgruppe 7
Tätigkeiten, die zusätzlich zu den Merkmalen der Entgeltgruppe 6 mehrjährige Berufserfahrung erfordern.

Entgeltgruppe 6
Tätigkeiten, die eine Meister bzw. Technikerausbildung oder vergleichbare Qualifikationen erfordern.

Entgeltgruppe 5
Tätigkeiten, die Kenntnisse und Fertigkeiten erfordern, die durch eine mindestens dreijährige Berufsausbildung vermittelt werden. Zusätzlich sind Spezialkenntnisse erforderlich, die durch eine Zusatzausbildung vermittelt werden sowie eine langjährige Berufserfahrung.

Entgeltgruppe 4
Tätigkeiten für die Kenntnisse und Fertigkeiten erforderlich sind, die durch eine mindestens dreijährige Berufsausbildung vermittelt werden und die eine mehrjährige Berufserfahrung voraussetzen.

Entgeltgruppe 3
Tätigkeiten für die Kenntnisse und Fertigkeiten erforderlich sind, die durch eine Berufsausbildung vermittelt werden. Diese Kenntnisse und Fertigkeiten können auch durch mehrjährige Tätigkeitserfahrung in der Entgeltgruppe 2 erworben werden.

Entgeltgruppe 2
Tätigkeiten, die eine Anlernzeit erfordern, die über die in der Entgeltgruppe 1 erforderliche Anlernzeit hinaus geht sowie Einarbeitung erfordern.

Entgeltgruppe 1
Tätigkeiten, die eine kurze Anlernzeit erfordern.

§ 4   In-Kraft-Treten und Kündigung

§ 4.1 Dieser Entgeltrahmentarifvertrag tritt für die tarifgebundenen Arbeitgeber und Mitarbeiter am 1. Januar 2004 in Kraft.
Er kann mit einer Frist von sechs Monaten, erstmals zum 31. Dezember 2007 gekündigt werden.

§ 4.2 Dieser Entgeltrahmentarifvertrag tritt mit Unterzeichnung bereits insoweit in Kraft, als dieser durch einzelvertragliche schriftliche Vereinbarung mit dem Mitarbeiter bereits ab diesem Termin zur Geltung gebracht werden kann (§ 19 AÜG).
Wird vor dem Termin des In-Kraft-Tretens dieses Tarifvertrages gemäß § 4.1 das AÜG geändert oder wird eine solche Änderung in das Gesetzgebungsverfahren eingebracht, tritt der Entgeltrahmentarifvertrag nur dann in Kraft, wenn nicht eine der Tarifvertragsparteien ihn widerruft. Der Widerruf ist zulässig bis 15. Dezember 2003.
Wird das AÜG nach In-Kraft-Treten des Entgeltrahmentarifvertrages grundsätzlich geändert, steht beiden Tarifvertragsparteien abweichend von § 4.1 Abs. 2 ein außerordentliches Kündigungsrecht mit Monatsfrist zum Monatsende zu.

Bonn/Berlin, den 22. Juli 2003

Bundesverband Zeitarbeit Personal-Dienstleistung e.V. (BZA)
und
Tarifgemeinschaftz des DGB

Anhang 8

Entgelttarifvertrag Zeitarbeit

Zwischen dem Bundesverband Zeitarbeit Personal-Dienstleistungen e.V. (BZA), Prinz Albert Straße 73, 53113 Bonn

und den unterzeichnenden Mitgliedsgewerkschaften des DGB

wird folgender

»Entgelttarifvertrag Zeitarbeit«

vereinbart:

§ 1 Geltungsbereich

Dieser Tarifvertrag gilt für die Mitglieder der Tarifvertragsparteien, die unter den Geltungsbereich (§ 1) des Manteltarifvertrages fallen.

§ 2 Entgelte

Es werden folgende Stundensätze und Zuschläge gezahlt. Die Ansprüche auf Zahlung der Zuschläge ergeben sich aus § 4 dieses Tarifvertrages.

Entgeltgruppe	Stundensatz in Euro			
	2004	**2005**	**2006**	**2007**
1	6,85	7,02	7,20	7,38
2	7,25	7,43	7,62	7,81
3	8,70	8,92	9,14	9,37
4	9,20	9,43	9,67	9,91
5	10,40	10,66	10,93	11,20
6	11,50	11,79	12,08	12,38
7	12,50	12,81	13,13	13,46
8	13,50	13,84	14,18	14,54
9	15,50	15,89	16,28	16,69

§ 3 Entgeltdifferenzierung

Für Mitarbeiter, die in Unternehmen/Betrieben in den Bundesländern Brandenburg, Mecklenburg-Vorpommern, Sachsen, Sachsen-Anhalt und Thüringen überlassen werden, können die Entgelte (§ 2) reduziert werden um:

- im Jahr 2004 bis zu 13,5%
- im Jahr 2005 bis zu 10,5%
- im Jahr 2006 bis zu 8,5%

Es gelten die in der Anlage ausgewiesenen Tabellen.

Für Mitarbeiter im Land Berlin kann diese Entgeltdifferenzierung nur erfolgen, wenn sie in Kundenunternehmen/-betriebe überlassen werden, in denen die Entgelte nach »Ost/West« differenziert werden.

Spätestens im Jahr 2006 werden die Tarifvertragsparteien Verhandlungen mit dem Ziel aufnehmen, eine Angleichung Ost/West vorzunehmen.

§ 4[1] Zuschläge

Erfolgt ein ununterbrochener Einsatz bei dem gleichen Kunden, wird der einsatzbezogene Zuschlag fällig und zwar in Höhe von
- 2,0% nach Ablauf von 3 Monaten
- 3,5% nach Ablauf von 6 Monaten
- 5,0% nach Ablauf von 9 Monaten
- 7,5% nach Ablauf von 12 Monaten

Wird der Einsatz für einen Zeitraum von bis zu 3 Monaten unterbrochen, so wird der einsatzbezogene Zuschlag nach der Unterbrechung unter Anrechnung der vorausgegangenen Überlassungszeiten fällig.

Es gelten die in der Anlage ausgewiesenen Tabellen.

§ 5 Tarifentwicklung in den Jahren 2004 bis 2007

Die Tarifvertragsparteien vereinbaren für die Laufzeit dieses Tarifvertrages folgende Steigerungen der unter § 2 genannten Stundensätze, die jeweils zum 1. Januar des genannten Kalenderjahres gültig werden und sich kumulativ bezogen auf das jeweilige Vorjahr verstehen:

Zum 1. 1. 2005: 2,5%

Zum 1. 1. 2006: 2,5%

Zum 1. 1. 2007: 2,5%

Es gelten die in der Anlage ausgewiesenen Tariftabellen.

Die Tarifvertragsparteien werden spätestens im letzten Quartal des Jahres 2007 Verhandlungen über die Steigerung der dann gültigen Stundensätze aufnehmen.

§ 6 Verhandlungsverpflichtung Branchenzuschlag

Unter Berücksichtigung der besonders schwierigen wirtschaftlichen Situation der Zeitarbeitsunternehmen zum Zeitpunkt des Abschlusses dieses Tarifvertrages vereinbaren die Tarifvertragsparteien, Verhandlungen zur Regelung von Branchenzuschlägen spätestens bis zum 1. 10. 2004 aufzunehmen. Ziel dieser Verhandlungen ist die Vereinbarung von solchen Zuschlägen unter gleichberechtigter Berücksichtigung der wirtschaftlichen Leistungsfähigkeit der Unternehmen und des Grundgedankens »gleicher Lohn für gleiche Arbeit«.

---

[1] **Protokollnotiz zu § 4**
Die für die Berechnung der Zuschläge erhebliche Überlassungszeit beginnt mit In-Kraft-Treten bzw. vorheriger Anwendung des Entgelttarifvertrages gemäß § 8.

§ 7 Sonstiges

§ 7.1[1] Zwischen den Tarifvertragsparteien dieses Tarifvertrages und dem Arbeitgeber des Kundenbetriebes kann eine abweichende tarifliche Regelung zur Vergütung der Einsatzzeiten in diesem Kundenbetrieb (dreiseitige Vereinbarung) getroffen werden, wenn diese für die dort eingesetzten Mitarbeiter des Zeitarbeitunternehmens günstiger ist.

§ 7.2 Die jeweils gültigen Mindestlöhne im Sinne des § 1 Abs. 1 Satz 1 Nr. 1 Arbeitnehmer-Entsendegesetz sind für jede tatsächlich geleistete Stunde mindestens zu zahlen.

§ 8 In-Kraft-Treten und Kündigung

§ 8.1 Dieser Entgelttarifvertrag tritt für die tarifgebundenen Arbeitgeber und Mitarbeiter am 1. Januar 2004 in Kraft.
Er kann mit einer Frist von sechs Monaten, erstmals zum 31. Dezember 2007 gekündigt werden.

§ 8.2 Dieser Entgelttarifvertrag tritt mit Unterzeichnung bereits insoweit in Kraft, als dieser durch einzelvertragliche schriftliche Vereinbarung mit dem Mitarbeiter bereits ab diesem Termin zur Geltung gebracht werden kann (§ 19 AÜG).
Wird vor dem Termin des In-Kraft-Tretens dieses Tarifvertrages gemäß § 8.1 das AÜG geändert oder wird eine solche Änderung in das Gesetzgebungsverfahren eingebracht, tritt der Entgelttarifvertrag nur dann in Kraft, wenn nicht eine der Tarifvertragsparteien ihn widerruft. Der Widerruf ist zulässig bis 15. Dezember 2003.
Wird das AÜG nach In-Kraft-Treten des Entgelttarifvertrages grundsätzlich geändert, steht beiden Tarifvertragsparteien abweichend von § 8.1 Abs. 2 ein außerordentliches Kündigungsrecht mit Monatsfrist zum Monatsende zu.

Bonn/Berlin, den 22. Juli 2003

Bundesverband Zeitarbeit Personal-Dienstleistung e.V. (BZA)
und
Tarifgemeinschaft des DGB

---

[1] **Protokollnotiz zu § 7.1**
Tarifvertragspartei in diesem Sinne ist für die Seite der Gewerkschaften die jeweils für den Kundenbetrieb zuständige DGB Mitgliedsgewerkschaft.

Anlage zum Entgelttarifvertrag vom 22. Juli 2003

Entgelttabelle 2004 in Euro

Entgelt-gruppe	Stundensatz	2,0%	3,5%	5,0%	7,5%	Entgelt-schlüssel
1	6,85	6,99	7,09	7,19	7,36	74%
2	7,25	7,40	7,50	7,61	7,79	79%
3	8,70	8,87	9,00	9,14	9,35	95%
4	9,20	9,38	9,52	9,66	9,89	100%
5	10,40	10,61	10,76	10,92	11,18	113%
6	11,50	11,73	11,90	12,08	12,36	125%
7	12,50	12,75	12,94	13,13	13,44	136%
8	13,50	13,77	13,97	14,18	14,51	147%
9	15,50	15,81	16,04	16,28	16,66	168%

Sonderregelung Ost 2004: −13,5%

Entgelt-gruppe	Stundensatz	2,0%	3,5%	5,0%	7,5%
1	5,93	6,04	6,13	6,22	6,37
2	6,27	6,40	6,49	6,58	6,74
3	7,53	7,68	7,79	7,90	8,09
4	7,96	8,12	8,24	8,36	8,55
5	9,00	9,18	9,31	9,45	9,67
6	9,95	10,15	10,30	10,44	10,69
7	10,81	11,03	11,19	11,35	11,62
8	11,68	11,91	12,09	12,26	12,55
9	13,41	13,68	13,88	14,08	14,41

Entgelttabelle 2005 in Euro

Entgelt-gruppe	Stundensatz	2,0%	3,5%	5,0%	7,5%	Entgelt-schlüssel
1	7,02	7,16	7,27	7,37	7,55	74%
2	7,43	7,58	7,69	7,80	7,99	79%
3	8,92	9,10	9,23	9,36	9,59	95%
4	9,43	9,62	9,76	9,90	10,14	100%
5	10,66	10,87	11,03	11,19	11,46	113%
6	11,79	12,02	12,20	12,38	12,67	125%
7	12,81	13,07	13,26	13,45	13,77	136%
8	13,84	14,11	14,32	14,53	14,88	147%
9	15,89	16,21	16,44	16,68	17,08	168%

Sonderregelung Ost 2005: −10,5%

Entgelt-gruppe	Stundensatz	2,0%	3,5%	5,0%	7,5%
1	6,28	6,41	6,50	6,60	6,76
2	6,65	6,78	6,88	6,98	7,15
3	7,98	8,14	8,26	8,38	8,58
4	8,44	8,61	8,74	8,86	9,07
5	9,54	9,73	9,87	10,02	10,26
6	10,55	10,76	10,92	11,08	11,34
7	11,47	11,70	11,87	12,04	12,33
8	12,38	12,63	12,82	13,00	13,31
9	14,22	14,50	14,72	14,93	15,29

Anhang 8

Entgelttabelle 2006 in Euro

Entgelt-gruppe	Stundensatz	2,0%	3,5%	5,0%	7,5%	Entgelt-schlüssel
1	7,20	7,34	7,45	7,56	7,74	74%
2	7,62	7,77	7,88	8,00	8,19	79%
3	9,14	9,32	9,46	9,60	9,83	95%
4	9,67	9,86	10,00	10,15	10,39	100%
5	10,93	11,15	11,31	11,47	11,75	113%
6	12,08	12,32	12,51	12,69	12,99	125%
7	13,13	13,40	13,59	13,79	14,12	136%
8	14,18	14,47	14,68	14,89	15,25	147%
9	16,28	16,61	16,85	17,10	17,51	168%

Sonderregelung Ost 2006: −8,5%

Entgelt-gruppe	Stundensatz	2,0%	3,5%	5,0%	7,5%
1	6,59	6,72	6,82	6,91	7,08
2	6,97	7,11	7,21	7,32	7,49
3	8,36	8,53	8,66	8,78	8,99
4	8,84	9,02	9,15	9,29	9,51
5	10,00	10,20	10,35	10,50	10,75
6	11,06	11,28	11,44	11,61	11,88
7	12,02	12,26	12,44	12,62	12,92
8	12,98	13,24	13,43	13,63	13,95
9	14,90	15,20	15,42	15,65	16,02

Entgelttabelle 2007 in Euro

Entgelt-gruppe	Stundensatz	2,0%	3,5%	5,0%	7,5%	Entgelt-schlüssel
1	7,38	7,52	7,63	7,75	7,93	74%
2	7,81	7,96	8,08	8,20	8,39	79%
3	9,37	9,56	9,70	9,84	10,07	95%
4	9,91	10,11	10,25	10,40	10,65	100%
5	11,20	11,42	11,59	11,76	12,04	113%
6	12,38	12,63	12,82	13,00	13,31	125%
7	13,46	13,73	13,93	14,13	14,47	136%
8	14,54	14,83	15,05	15,26	15,63	147%
9	16,69	17,03	17,28	17,53	17,94	168%

Stichwortverzeichnis

Die fett gedruckten Zahlen beziehen sich auf die Paragraphen des Arbeitnehmerüberlassungsgesetzes (AÜG). Die Verweise auf die Einleitung sind mit **Einl.** *gekennzeichnet.*

Stichwortverzeichnis

Stichwortverzeichnis

Stichwortverzeichnis

Stichwortverzeichnis

Stichwortverzeichnis

Stichwortverzeichnis

Stichwortverzeichnis

Stichwortverzeichnis

Stichwortverzeichnis

Stichwortverzeichnis

Stichwortverzeichnis

Stichwortverzeichnis

Stichwortverzeichnis

Stichwortverzeichnis

Stichwortverzeichnis

Stichwortverzeichnis

Kompetenz verbindet

Wolfgang Däubler / Michael Kittner / Thomas Klebe (Hrsg.)

BetrVG –
Betriebsverfassungsgesetz

mit Wahlordnung und EBR-Gesetz
Kommentar für die Praxis
10., überarbeitete und aktualisierte Auflage
2006. 2.200 Seiten, gebunden

»Wie schon bei den Vorauflagen besticht die
klare Gliederung der Erläuterungen (in bis zu
vier Gliederungsebenen) und die unübertroffene
Detailfülle. Man findet vieles, was man woan-
ders vergeblich sucht. (...) Dass das Werk in die
Hand eines jeden Juristen gehört, der sich mit
dem Betriebsverfassungsrecht beschäftigt,
bedarf inzwischen keiner weiteren Erläuterung
mehr. Ob als Anwalt, Betriebsrat, Verbandsjurist
oder Personaler: Man kommt in der praktischen
Arbeit nicht ohne das Buch aus.«

Fachanwalt für Arbeitsrecht Dr. Martin Diller,
in »NJW«

Bund-Verlag

Kompetenz verbindet

Otto-Ernst Kempen / Ulrich Zachert (Hrsg.)

TVG –
Tarifvertragsgesetz

Kommentar für die Praxis
4., überarbeitete und aktualisierte Auflage
2006. 1.100 Seiten, gebunden

Das Tarifvertragsrecht ist in wesentlichen Punkten neu gefasst und in den Betrieben neu umgesetzt worden. Der komplett überarbeitete, bewährte Kommentar erläutert zuverlässig und wissenschaftlich fundiert das gesamte Tarifvertragsgesetz und die darauf aufbauende neue BAG-Rechtsprechung. Der Kommentar ist die ideale Grundlage, um bestehende Tarifverträge beurteilen zu können. Er zeigt darüber hinaus die zahlreichen Gestaltungsmöglichkeiten, die dieses Gesetz bietet.Die Kernthemen:
- Günstigkeitsprinzip und gesetzliche Öffnungsklauseln
- Vorteilsregeln für Gewerkschaftsmitglieder
- neue Entwicklungen zum Gewerkschaftsbegriff
- gewerkschaftlicher Unterlassungsanspruch bei tarifwidrigem Verhalten des Arbeitgebers
- gesetzlicher Mindestlohn und die Allgemeinverbindlicherklärung
- Tarifgeltung bei Umstrukturierung von Unternehmen
- arbeitsvertragliche Verweisungsklauseln auf den Tarifvertrag

Bund-Verlag

Michael Kittner / Ralf Pieper

ArbSchR –
Arbeitsschutzrecht

Kommentar für die Praxis
zum Arbeitsschutzgesetz, Arbeitssicherheitsgesetz
und anderen Arbeitsschutzvorschriften
3., überarbeitete und aktualisierte Auflage
2006. 800 Seiten, gebunden

Arbeits- und Gesundheitsschutz sind wichtige Bestandteile
der Mitbestimmung. Das Arbeitsschutzgesetz regelt die
Pflichten der Arbeitgeber, aber auch die Rechte und
Pflichten der Beschäftigten. Umfassende Änderungen
des Arbeitsschutzgesetzes wie auch der Arbeitsschutz-
verordnungen haben eine Neubearbeitung des Standard-
werkes notwendig gemacht. Die Autoren kommentieren
sämtliche Neuerungen. Darunter:

- die Gefahrstoffverordnung 2005
- die Arbeitsstättenverordnung 2004
- die Betriebssicherheitsverordnung 2002
- Arbeitssicherheitsgesetz und SGB VII

Ein Anhang enthält wichtige Materialien und Regelungen
wie: · Thesen zur Neuordnung des Arbeitsschutzrechts
· Leitlinien zur zukünftigen Gestaltung des Regelwerks im
Arbeitsschutz · Unfallverhütungsvorschriften.

Bund-Verlag

Kompetenz verbindet

Hans Hermann Wohlgemuth / Thomas Lakies
Annette Malottke / Stefanie Pieper / Beatrix Proyer

BBiG –
Berufsbildungsgesetz

Kommentar für die Praxis
3., überarbeitete und aktualisierte Auflage
2006. 703 Seiten, gebunden

Mit dem am 1. April 2005 in Kraft getretenen
Berufsbildungsreformgesetz hat sich das Berufsbildungsrecht stark verändert. Alle mit der Berufsbildung Befassten
sollten über diese Veränderungen gründlich informiert
sein. Auf alle wichtigen Fragen der Praxis gibt dieser Kommentar präzise und umfassend Antworten.

Zu beziehen in jeder gut sortierten Fachbuchhandlung oder direkt
beim Verlag unter E-Mail: kontakt@bund-verlag.de

Bund-Verlag

Kompetenz verbindet

Franz Josef Düwell / Gert-Albert Lipke (Hrsg.)

ArbGG – Arbeitsgerichtsgesetz

Kommentar für die Praxis
2., aktualisierte Auflage
2005. 1.248 Seiten, gebunden

Verständlich und übersichtlich kommentieren die Autoren sowohl die Normen des ArbGG als auch wichtige Nebengesetze – besonders die ZPO und das GVG. Der Kommentar stellt bereits die geplanten Änderungen durch das Rechtsdienstleistungsgesetz und das EG-Vollstreckungstitel-Durchführungsgesetz vor. Vollständig eingearbeitet sind:

- · das zum 1.7.2004 in Kraft getretene Kostenrechtsmodernisierungsgesetz
- · das Anhörungsrügengesetz
- · das Justizkommunikationsgesetz
- · die praktische Umsetzung der ZPO-Reform – erste Entscheidungen und Literaturstimmen

Der Kommentar ist auf dem Stand vom Mai 2005.

Zu beziehen in jeder gut sortierten Fachbuchhandlung oder direkt beim Verlag unter E-Mail: kontakt@bund-verlag.de

Bund-Verlag

Kompetenz verbindet

Michael Kittner / Bertram Zwanziger (Hrsg.)

Arbeitsrecht

Handbuch für die Praxis
3., überarbeitete und aktualisierte Auflage
2005. 2.847 Seiten, gebunden

Die Neuauflage des Handbuchs Arbeitsrecht bietet eine
aktuelle, umfassende und praxisnahe Anleitung für die
Rechtsberatung und Rechtsanwendung. Zugleich dient
sie als zuverlässiges Nachschlagewerk für das gesamte
Arbeitsrecht. Auf dem neuesten Stand sind folgende
Änderungen eingearbeitet:
- Hartz I bis IV
- das Gesetz zu Reformen am Arbeitsmarkt
- Änderungen im Schwerbehindertenrecht
- Altersteilzeitgesetz
- betriebliche Altersvorsorge und Alterseinkünftegesetz
- Änderungen im Verfahrensrecht durch das Kosten-
  rechtsmodernisierungsgesetz und das 1. Justiz-
  modernisierungsgesetz
- Zuwanderungsgesetz
- das neue Berufsbildungsrecht

»Das neuartige Konzept überzeugt. Das Werk hilft dem
Praktiker bei der Lösung der Alltagsprobleme ebenso wie
es grundsätzlichen Überlegungen Raum gibt. Der Erfolg
wird nicht auf sich warten lassen. Dem Buch ist große Ver-
breitung zu wünschen...«
**Vors. Richter am BAG Dr. Gerhard Reinecke,
in NZA**

Bund-Verlag